Transliteração e Tradução do Alcorão Sagrado

القرآن الكريم

مكتوب حرفيا ومترجم
باللغة البرتغالية [1]

Preparação:
Prof. Samir El Hayek

Dados Internacionais de Catalogação
na Publicação (CIP)
(CÂMARA BRASILEIRA DO LIVRO, SP, Brasil)

O Primeiro Alcorão Transliterado, Traduzido e Árabe
Produzido e Escrito por Samir El Hayek
Arte e Edição por Gabriel de Oliveira Mendes

Alcorão I. Samir El Hayek, 2025

DA-2025
093774

بسم الله الرحمن الرحيم
Bismillahir Rahmanir Rahim

Apelo aos leitores

O tradutor empreendeu seus melhores esforços para produzir uma cópia livre de erros desta edição do Significado dos Versículos do Alcorão Sagrado. Ficaríamos muito gratos se os nossos leitores nos informassem sobre qualquer erro tipográfico que possa ter escapado aos nossos revisores na tradução e comentários desta edição

Os Editores.

Introdução

A composição e o arranjo dos versículos dentro de cada surata do Alcorão sãofixados por Deus e foram diretamente intimados ao Profeta Muhammad. Al-Tirmizi relata que ‘Abdullah ibn ‘Abbás, um companheiro próximo e erudito do Profeta, disse ter perguntado a ‘Otman ibn ‘Affan, o terceiro califa universalmente reconhecido como tendo autorizado a compilação do texto alcorânico como o temos hoje, por que a Surata 8, al-Anfal, composta por menos de 100 versículos, foi colocada antes da Surata 9, At Tauba, que compreende mais de 100 versículos e que, ao contrário de outras suratas, não contém a frase inicial usual de "Em nome de Deus, o Clemente, o Misericordioso". Ele então lhe perguntou por que a Surata 8 estava agrupada com as sete suratas longas [que aparecem no início do Alcorão]. Otman respondeu: “O Profeta (Allah o abençoe e lhe dê paz) costumava receber versículos ou| passagens de várias suratas ao mesmo tempo. Ele chamava os escribas e os instruía a colocar versículos específicos em lugares específicos em suas respectivas suratas. Al-Anfal foi uma das primeiras suratas reveladas em Medina, enquanto At Tauba foi uma das mais recentes, mas seus temas eram tão semelhantes que suspeitei que pudessem ser uma única surata. O Profeta faleceu sem esclarecer esse ponto específico. Portanto, eu as coloquei uma após a outra, sem separação.” Este relato deixa claro que a disposição dos versículos dentro de cada surata foi decidida de acordo com as instruções do Profeta. Além disso, ahádice autênticos relatados por al-Bukharī e Musslim mencionam que o Profeta costumava recitar o Alcorão para o Arcanjo Gabriel todas as noites durante o mês do Ramadan, e que tanto o Profeta quanto Gabriel recitavam o Alcorão inteiro um para o outro. Desnecessário dizer que ele recitou o Alcorão no arranjo correto de seus versículos e suratas. Qualquer pessoa que estude o Alcorão atentamente e experimente a experiência única e rica de viver em seu ambiente identificará imediatamente o caráter distinto de cada uma de suas suratas. Cada surata tem uma aura e uma personalidade próprias, com características únicas e bem definidas, e uma sensação que a diferencia de todas as demais. Além disso, cada surata gira em torno de um tema central, ou de uma série de temas principais relacionados entre si por um fio condutor ou ideia comum. Cada surata irradia sua própria atmosfera de significado e essência, dentro da qual seu tema, ou temas, são discutidos usando o mesmo estilo e abordagem bem integrados e coordenados. Elatambém possui seu próprio ritmo e pulsação musical especiais, que se harmonizam com o significadoe o contexto de seus tópicos e conteúdo.Essas características gerais marcantes são comuns a todas as suratas.

Quanto à surata de Al Bacara, ela lida com várias questões que giram em total harmonia em torno de linhas centrais intimamente relacionadas. Por um lado, a surata discute a atitude dos israelitas em relação ao Islam e à crescente comunidade muçulmana em Madina. Descreve aspectos da recepção hostil que deram à nova religião e sua reação ao Profeta Mohammad e à crescente comunidade de seus seguidores. Ele explora a aliança íntima e profana que se desenvolveu entre os judeus e os hipócritas de Madina, professando fé no Islam, por um lado, e entre os judeus e os idólatras árabes do resto da Arábia, por outro. A surata, tendo estabelecido o fracasso dos israelitas em defender a confiança de Deus e honrar sua aliança com Ele, discute as vicissitudes enfrentadas pela comunidade muçulmana durante seus anos de formação e a maneira e o ambiente em que se desenvolveu e preparou e se mobilizou para a grande tarefa de herdar a confiança do estabelecimento da soberania de Deus na Terra. A surata retira de forma decisiva e rápida os israelitas de sua associação com Abraão, o grande proponente da crença monoteísta e a fonte de todas as honras e privilégios que a acompanham. Este tema central forma a espinha dorsal do assunto da surata como um todo e sombreia o crescimento e o progresso do Islam e da comunidade muçulmana em Madina durante o período de 622 a 632 dC.

Para definir o conteúdo desta surata em seu contexto apropriado, seria pertinente lançar mais luz sobre o ambiente histórico e o ambiente religioso e social em que os versículos foram revelados. Antes de fazermos isso, no entanto, é importante ressaltar que, em termos gerais, o que os muçulmanos tiveram que enfrentar naqueles primeiros dias foi uma miniatura e um ensaio do que ocorreu ao longo da história posterior do Islam, embora com algumas variações de escopo e detalhes. Os reveses e as conquistas, os aliados e os oponentes foram invariavelmente os mesmos. Este fato destaca o papel e o status do Alcorão como a referência de autoridade incontestável, imutável e incontestável para os princípios e sistemas religiosos, éticos e legislativos do Islam. Além disso, afirma a propriedade única do texto do Alcorão como sendo sempre novo e sensível às mudanças inevitáveis que vêm com a perpetuação e o progresso da vida humana. Com essas qualidades, o Alcorão continua sendo a eterna luz orientadora para os muçulmanos, apesar das dificuldades e sofrimentos que eles têm que sofrer ou da animosidade e hostilidade que têm de enfrentar. Este, por si só, é um aspecto da inimitabilidade e da veracidade e beleza insuperáveis de cada versículo do Alcorão.

سُورَةُ الفَاتِحَةِ

Surat Al Fátiha

Juzi Um

Surat 1. Al Fátiha (da Abertura) Juzi' 1 (Parte 1)

بِسۡمِ ٱللَّهِ ٱلرَّحۡمَٰنِ ٱلرَّحِيمِ ١

1. Bismilláhir Rahmánir Rahím
1. Em nome de Deus, o Clemente, o Misericordioso

ٱلۡحَمۡدُ لِلَّهِ رَبِّ ٱلۡعَٰلَمِينَ ٢

2. Alhamdu lilláhi Rabbil 'álamin
2. Louvado seja Deus, Senhor do Universo,

ٱلرَّحۡمَٰنِ ٱلرَّحِيمِ ٣

3. Ar-Rahmánir-Rahim
3. O Clemente, o Misericordioso,

مَٰلِكِ يَوۡمِ ٱلدِّينِ ٤

4. Máliki Yaumid-Din
4. Soberano do Dia do Juízo.

إِيَّاكَ نَعۡبُدُ وَإِيَّاكَ نَسۡتَعِينُ ٥

5. Iyyáka na'budu wa lyyáka nasta'in
5. Só a Ti adoramos e só de Ti imploramos ajuda!

ٱهۡدِنَا ٱلصِّرَٰطَ ٱلۡمُسۡتَقِيمَ ٦

6. Ihdinas-Sirátal-Mustaquim
6. Guia-nos à senda reta,

صِرَٰطَ ٱلَّذِينَ أَنۡعَمۡتَ عَلَيۡهِمۡ غَيۡرِ ٱلۡمَغۡضُوبِ عَلَيۡهِمۡ وَلَا ٱلضَّآلِّينَ ٧

7. Sirátal-lazina an'amta 'alaihim ghayril-maghdubi 'alaihim wa lad-dhállin
7. À senda dos que agraciaste, não à dos abominados, nem à dos extraviados.

سُورَةُ البَقَرَةِ

Surat Al Bacara

Surat 2. Al Bacara (A Vaca) Juzi' 1 (Parte 1)

بِسْمِ ٱللَّهِ ٱلرَّحْمَٰنِ ٱلرَّحِيمِ

Bismilláhir Rahmánir Rahím

Em nome de Deus, o Clemente, o Misericordioso

الٓمٓ ١

1. Alif, Lám, Mim

1. Alef, Lam, Mim.

ذَٰلِكَ ٱلْكِتَٰبُ لَا رَيْبَ ۛ فِيهِ ۛ هُدًى لِّلْمُتَّقِينَ ٢

2. Zálikal Kitábu lá raiba fih; hudal lilmuttaquin

2. Eis o Livro que é indubitavelmente a orientação dos tementes a Allah;

ٱلَّذِينَ يُؤْمِنُونَ بِٱلْغَيْبِ وَيُقِيمُونَ ٱلصَّلَوٰةَ وَمِمَّا رَزَقْنَٰهُمْ يُنفِقُونَ ٣

3. Allazina yu'minuna bilghaibi wa yuquimunas saláta wa mimmá razaqnáhum yunfiqun

3. Que creem no desconhecido, praticam a oração e gastam daquilo com que os agraciamos;

وَٱلَّذِينَ يُؤْمِنُونَ بِمَآ أُنزِلَ إِلَيْكَ وَمَآ أُنزِلَ مِن قَبْلِكَ وَبِٱلْءَاخِرَةِ هُمْ يُوقِنُونَ ٤

4. Wallazina yu'minuna bimá unzila ilaika wa má unzila min qablika wa bil Ákhirati hum yuquinun

4. Que creem no que te foi revelado (ó Mohammad), no que foi revelado antes de ti e estão cientes da outra vida.

أُو۟لَٰٓئِكَ عَلَىٰ هُدًى مِّن رَّبِّهِمْ ۖ وَأُو۟لَٰٓئِكَ هُمُ ٱلْمُفْلِحُونَ ٥

5. Ulá'ika 'alá hudan mir rabbihim wa ulá'ika humul muflihun

5. Estes possuem a orientação do seu Senhor e estes serão os bem-aventurados.

إِنَّ ٱلَّذِينَ كَفَرُوا۟ سَوَآءٌ عَلَيْهِمْ ءَأَنذَرْتَهُمْ أَمْ لَمْ تُنذِرْهُمْ لَا يُؤْمِنُونَ ٦

6. Innal lazina kafarú sawá'un 'alaihim a-anzartahum am lam tunzirhum lá yu'minun

6. Quanto aos incrédulos, tanto se lhes dá que os admoestes ou não os admoestes; não crerão.

سُورَةُ البَقَرَةِ

Surat Al Bacara

خَتَمَ ٱللَّهُ عَلَىٰ قُلُوبِهِمْ وَعَلَىٰ سَمْعِهِمْ ۖ وَعَلَىٰٓ أَبْصَٰرِهِمْ غِشَٰوَةٌ ۖ وَلَهُمْ عَذَابٌ عَظِيمٌ ﴿٧﴾

7. Khatamal láhu 'alá qulúbihim wa 'alá sam'i-him wa 'alá absárihim ghicháwatun wa lahum 'azábun 'azim

7. Allah selou os seus corações e os seus ouvidos; seus olhos estão velados e sofrerão um severo castigo.

وَمِنَ ٱلنَّاسِ مَن يَقُولُ ءَامَنَّا بِٱللَّهِ وَبِٱلْيَوْمِ ٱلْءَاخِرِ وَمَا هُم بِمُؤْمِنِينَ ﴿٨﴾

8. Wa minan nássi man yaqulu ámanna billáhi wa bil yaumil ákhiri wamá hum bimu'minin

8. Entre os humanos há os que dizem: Cremos em Allah e no Dia do Juízo Final. Contudo, não são crentes.

يُخَٰدِعُونَ ٱللَّهَ وَٱلَّذِينَ ءَامَنُوا۟ وَمَا يَخْدَعُونَ إِلَّآ أَنفُسَهُمْ وَمَا يَشْعُرُونَ ﴿٩﴾

9. Yukhádi'unal láha wallazina ámanu wa má yakhda'una illá anfusahum wa má yach'urun

9. Pretendem enganar a Allah e aos crentes, quando só enganam a si mesmos, sem se aperceberem disso.

فِى قُلُوبِهِم مَّرَضٌ فَزَادَهُمُ ٱللَّهُ مَرَضًا ۖ وَلَهُمْ عَذَابٌ أَلِيمٌۢ بِمَا كَانُوا۟ يَكْذِبُونَ ﴿١٠﴾

10. Fi qulubihim maradhun fazádahumul láhu maradha; wa lahum 'azábun alímum bimá kánu yakzibun

10. Em seus corações há enfermidade, e Allah os aumentou em enfermidade, e sofrerão um castigo doloroso por suas mentiras.

وَإِذَا قِيلَ لَهُمْ لَا تُفْسِدُوا۟ فِى ٱلْأَرْضِ قَالُوٓا۟ إِنَّمَا نَحْنُ مُصْلِحُونَ ﴿١١﴾

11. Wa izá quila lahum lá tufsidú fil ardi qálu innamá na<u>h</u>nu musli<u>h</u>un

11. Se lhes é dito: Não causeis corrupção na terra, afirmam: Ao contrário, somos pacificadores.

أَلَآ إِنَّهُمْ هُمُ ٱلْمُفْسِدُونَ وَلَٰكِن لَّا يَشْعُرُونَ ﴿١٢﴾

12. Alá innahum humul mufsiduna wa lákin lá yach'urun

12. Certamente, eles são os corruptores, mas não o sentem.

سُورَةُ البَقَرَةِ

Surat Al Bacara

وَإِذَا قِيلَ لَهُمْ ءَامِنُواْ كَمَآ ءَامَنَ ٱلنَّاسُ قَالُوٓاْ أَنُؤْمِنُ كَمَآ ءَامَنَ ٱلسُّفَهَآءُ أَلَآ إِنَّهُمْ هُمُ ٱلسُّفَهَآءُ وَلَٰكِن لَّا يَعْلَمُونَ ﴿١٣﴾

13. Wa izá quila lahum áminu kamá ámanan nássu qálu anu'minu kamá ámanas sufahá'; alá innahum humus sufahá'u wa lákin lá ya'lamun

13. Se lhes é dito: Crede, como creem os demais humanos, dizem: Temos de crer como creem os tolos? Em verdade, eles são os tolos, porém não o sabem.

وَإِذَا لَقُواْ ٱلَّذِينَ ءَامَنُواْ قَالُوٓاْ ءَامَنَّا وَإِذَا خَلَوْاْ إِلَىٰ شَيَٰطِينِهِمْ قَالُوٓاْ إِنَّا مَعَكُمْ إِنَّمَا نَحْنُ مُسْتَهْزِءُونَ ﴿١٤﴾

14. Wa izá laqul lazina ámanu qálu ámanna wa izá khalau ilá chayátinihim qálu inná ma'akum innamá nahnu mustahzi'un

14. E quando se deparam com os crentes, asseveram: Cremos. Porém, quando a sós com os seus sedutores, dizem: Nós estamos convosco; apenas zombamos deles.

ٱللَّهُ يَسْتَهْزِئُ بِهِمْ وَيَمُدُّهُمْ فِى طُغْيَٰنِهِمْ يَعْمَهُونَ ﴿١٥﴾

15. Alláhu yastahzi'u bihim wa yamudduhum fi tughyánihim ya'mahun

15. Mas Allah zombará deles, e os abandonará, vacilantes, em suas transgressões.

أُوْلَٰٓئِكَ ٱلَّذِينَ ٱشْتَرَوُاْ ٱلضَّلَٰلَةَ بِٱلْهُدَىٰ فَمَا رَبِحَت تِّجَٰرَتُهُمْ وَمَا كَانُواْ مُهْتَدِينَ ﴿١٦﴾

16. Ulá'ikal lazinach taraud dalálata bilhudá famá rabihat tijáratuhum wa má kánu muhtadin

16. São os que trocaram a orientação pelo extravio; mas tal troca não lhes trouxe proveito, nem foram iluminados.

مَثَلُهُمْ كَمَثَلِ ٱلَّذِى ٱسْتَوْقَدَ نَارًا فَلَمَّآ أَضَآءَتْ مَا حَوْلَهُۥ ذَهَبَ ٱللَّهُ بِنُورِهِمْ وَتَرَكَهُمْ فِى ظُلُمَٰتٍ لَّا يُبْصِرُونَ ﴿١٧﴾

17. Maçaluhum kamaçalil lazis tauqada náran falammá adá'at má haulahu zahabal láhu binúrihim wa tarakahum fi zulumátin lá yubsirun

17. Parecem-se com aquele que fez arder um fogo; mas, quando este iluminou tudo que o rodeava, Allah extinguiu lhes a luz, deixando-os sem ver, nas trevas.

صُمٌّۢ بُكۡمٌ عُمۡيٞ فَهُمۡ لَا يَرۡجِعُونَ ﴿١٨﴾

18. Çummum bukmun 'umyun fahum lá yarji'un

18. São surdos, mudos, cegos e não se retraem (do erro).

أَوۡ كَصَيِّبٖ مِّنَ ٱلسَّمَآءِ فِيهِ ظُلُمَٰتٞ وَرَعۡدٞ وَبَرۡقٞ يَجۡعَلُونَ أَصَٰبِعَهُمۡ فِيٓ ءَاذَانِهِم مِّنَ
ٱلصَّوَٰعِقِ حَذَرَ ٱلۡمَوۡتِۚ وَٱللَّهُ مُحِيطُۢ بِٱلۡكَٰفِرِينَ ﴿١٩﴾

19. Au kasaiyibim minas samá'i fihi zulumátun wa ra'dun wa barqun, yaj'aluna asabi'ahum fi ázánihim minas sawá'iqui hazaral maut' walláhu muhitum bilkáfirin

19. Ou como (aqueles que, surpreendidos por) nuvens do céu, carregadas de chuva, causando trevas, trovões e relâmpagos, tapam os seus ouvidos com os dedos, devido aos estrondos, por temor à morte; mas Allah está inteirado dos incrédulos.

يَكَادُ ٱلۡبَرۡقُ يَخۡطَفُ أَبۡصَٰرَهُمۡۖ كُلَّمَآ أَضَآءَ لَهُم مَّشَوۡاْ فِيهِ وَإِذَآ أَظۡلَمَ عَلَيۡهِمۡ قَامُواْۚ وَلَوۡ
شَآءَ ٱللَّهُ لَذَهَبَ بِسَمۡعِهِمۡ وَأَبۡصَٰرِهِمۡۚ إِنَّ ٱللَّهَ عَلَىٰ كُلِّ شَيۡءٖ قَدِيرٞ ﴿٢٠﴾

20. Yakádul barqu yakhtafu absárahum kullamá adhá'a lahum machau fihi wa izá azlama 'alaihim qámú; wa lau chá'al láhu lazahaba bisam'ihim wa absárihim; innal láha 'alá kulli chai'in Qadir

20. Pouco falta para que o relâmpago lhes ofusque a vista. Todas as vezes que brilha, andam à mercê do fulgor dele e, quando some, nas trevas se detêm e, se Allah quisesse, privá-los-ia da audição e da visão, porque é Onipotente.

يَٰٓأَيُّهَا ٱلنَّاسُ ٱعۡبُدُواْ رَبَّكُمُ ٱلَّذِي خَلَقَكُمۡ وَٱلَّذِينَ مِن قَبۡلِكُمۡ لَعَلَّكُمۡ تَتَّقُونَ ﴿٢١﴾

21. Yá aiyuhan nássu 'ubudú Rabbakumul lazi khalaqakum wallazina min qablikum la'allakum tattaqún

21 Ó humanos, adorai ao vosso Senhor, Que vos criou, bem como aos vossos antepassados, quiçá assim tornar-vos-íeis virtuosos.

ٱلَّذِي جَعَلَ لَكُمُ ٱلۡأَرۡضَ فِرَٰشٗا وَٱلسَّمَآءَ بِنَآءٗ وَأَنزَلَ مِنَ ٱلسَّمَآءِ مَآءٗ فَأَخۡرَجَ بِهِۦ
مِنَ ٱلثَّمَرَٰتِ رِزۡقٗا لَّكُمۡۖ فَلَا تَجۡعَلُواْ لِلَّهِ أَندَادٗا وَأَنتُمۡ تَعۡلَمُونَ ﴿٢٢﴾

22. *Allazi já'ala lakumul ardha firáchan wassamá'a biná-an wa anzala minas samá'i má-an fa akhraja bihí minas çamaráti rizqan lakum falá taj'alú lilláhi andádan wa antum ta'lamún*

22. Ele fez-vos da terra um leito, e do céu um teto, e envia do céu a água, com a qual faz brotar os frutos para o vosso sustento. Não atribuais rivais a Allah, conscientemente.

وَإِن كُنتُمْ فِي رَيْبٍ مِّمَّا نَزَّلْنَا عَلَىٰ عَبْدِنَا فَأْتُوا۟ بِسُورَةٍ مِّن مِّثْلِهِۦ وَٱدْعُوا۟
شُهَدَآءَكُم مِّن دُونِ ٱللَّهِ إِن كُنتُمْ صَٰدِقِينَ ﴿٢٣﴾

23. *Wa in kuntum fi raibin mimmá nazzalná 'alá 'abdiná fa'átú bi Súratin mim miçlihi wad'ú chuhadá'akum min dúnil láhi in kuntum sádiquin*

23. E se tendes dúvidas a respeito do que revelamos ao Nosso servo (Mohammad), componde uma Surata semelhante às dele (o Alcorão) e apresentai as vossas testemunhas, independentemente de Allah, se estiverdes certos.

فَإِن لَّمْ تَفْعَلُوا۟ وَلَن تَفْعَلُوا۟ فَٱتَّقُوا۟ ٱلنَّارَ ٱلَّتِي وَقُودُهَا ٱلنَّاسُ وَٱلْحِجَارَةُ ۖ أُعِدَّتْ
لِلْكَٰفِرِينَ ﴿٢٤﴾

24. *Fa-in lam taf'alú wa lan taf'alú fattaqun Náral latí waqúduhan nássu walhijáratu u'iddat lilkáfirin*

24. Porém, se não o fizerdes, e certamente não podereis fazê-lo, temei, então, o fogo infernal cujo combustível serão os homens e as pedras; fogo que está preparado para os incrédulos.

وَبَشِّرِ ٱلَّذِينَ ءَامَنُوا۟ وَعَمِلُوا۟ ٱلصَّٰلِحَٰتِ أَنَّ لَهُمْ جَنَّٰتٍ تَجْرِي مِن تَحْتِهَا
ٱلْأَنْهَٰرُ ۖ كُلَّمَا رُزِقُوا۟ مِنْهَا مِن ثَمَرَةٍ رِّزْقًا ۙ قَالُوا۟ هَٰذَا ٱلَّذِي رُزِقْنَا مِن قَبْلُ ۖ
وَأُتُوا۟ بِهِۦ مُتَشَٰبِهًا ۖ وَلَهُمْ فِيهَآ أَزْوَٰجٌ مُّطَهَّرَةٌ ۖ وَهُمْ فِيهَا خَٰلِدُونَ ﴿٢٥﴾

25. *Wa bachchiril lazína ámanú wa 'amilus sáliháti anna lahum jannátin tajrí min tahtihal anháru kullamá ruziqú min-há min çamaratin rizqan qálu házal lazí ruziqná min qablu wa utú bihí mutachabihá, wa lahum fíhá azwájum mutahharatun wa hum fíha khálidun*

25. Anuncia (ó Mohammad) aos crentes que praticam o bem, que obterão jardins abaixo dos quais correm os rios. Toda vez que forem agraciados com os seus frutos, dirão: Eis aqui o que nos fora concedido antes! Porém, só o serão (os frutos) na aparência. Ali terão pares imaculados e ali morarão eternamente.

۞ إِنَّ ٱللَّهَ لَا يَسْتَحْيِۦٓ أَن يَضْرِبَ مَثَلًا مَّا بَعُوضَةً فَمَا فَوْقَهَا ۚ فَأَمَّا ٱلَّذِينَ
ءَامَنُوا۟ فَيَعْلَمُونَ أَنَّهُ ٱلْحَقُّ مِن رَّبِّهِمْ ۖ وَأَمَّا ٱلَّذِينَ كَفَرُوا۟ فَيَقُولُونَ
مَاذَآ أَرَادَ ٱللَّهُ بِهَٰذَا مَثَلًا ۘ يُضِلُّ بِهِۦ كَثِيرًا وَيَهْدِى بِهِۦ كَثِيرًا ۚ وَمَا
يُضِلُّ بِهِۦٓ إِلَّا ٱلْفَٰسِقِينَ ﴿٢٦﴾

26. ۞ *Innal láha lá yastahyí an yadhriba maçalan má ba'údhatan famá fauqahá; fa ammal lazína ámanú faya'lamúna annahul haqqu mir rabbihim wa ammal lazína kafarú fayaqulúna mázá arádal láhu biházá maçalá; yudhillu bihí kaçíran wa yahdí bihí kacíra; wa má yudhillu bihí illal fássiquin*

26. Allah não Se furta em exemplificar com um insignificante mosquito ou com algo superior (ou inferior) a ele. E os crentes sabem que esta é a verdade emanada de seu Senhor. Quanto aos incrédulos, asseveram: Que quererá significar Allah com tal exemplo? Com isso Ele desvia muitos e encaminha a muitos outros. Mas, com isso, só desvia os depravados,

ٱلَّذِينَ يَنقُضُونَ عَهْدَ ٱللَّهِ مِنۢ بَعْدِ مِيثَٰقِهِۦ وَيَقْطَعُونَ مَآ أَمَرَ ٱللَّهُ بِهِۦٓ أَن
يُوصَلَ وَيُفْسِدُونَ فِى ٱلْأَرْضِ ۚ أُو۟لَٰٓئِكَ هُمُ ٱلْخَٰسِرُونَ ﴿٢٧﴾

27. *Allazína yanqudhúna 'ahdal láhi mim ba'di miçáquihí wa yaqta'una má ámaral láhu bihí an yússala wa yufsidúna fil ard; úlá'ika humul khássirún*

27. Que violam o pacto com Allah, depois de o terem concluído; separam o que Allah tem ordenado manter unido e fazem corrupção na terra. Estes serão os perdedores.

كَيْفَ تَكْفُرُونَ بِٱللَّهِ وَكُنتُمْ أَمْوَٰتًا فَأَحْيَٰكُمْ ۖ ثُمَّ يُمِيتُكُمْ ثُمَّ
يُحْيِيكُمْ ثُمَّ إِلَيْهِ تُرْجَعُونَ ﴿٢٨﴾

28. *Kaifa takfuruna billáhi wa kuntum amwátan fa ahyákum çumma yumítukum çumma yuhyíkum çhummá ilaihi turja'ún*

28. Como ousais negar a Allah, uma vez que nada éreis e Ele vos deu a vida, depois vos fará morrer, depois vos ressuscitará e então retornareis a Ele?

سُورَةُ البَقَرَةِ

Surat Al Bacara

هُوَ ٱلَّذِى خَلَقَ لَكُم مَّا فِى ٱلْأَرْضِ جَمِيعًا ثُمَّ ٱسْتَوَىٰٓ إِلَى ٱلسَّمَآءِ فَسَوَّىٰهُنَّ سَبْعَ
سَمَٰوَٰتٍۚ وَهُوَ بِكُلِّ شَىْءٍ عَلِيمٌ ﴿٢٩﴾

29. Huwal lazí khalaqa lakum má fil ardi jamí'an çummas tawá ilas samá'i fassau wáhunna sab'a samáwát; wa Huwa bikulli chai'in 'Alim

29. Ele foi Quem vos criou tudo quanto existe na terra; então, dirigiu Sua vontade até ao firmamento do qual fez, ordenadamente, sete céus, porque é Onisciente.

وَإِذْ قَالَ رَبُّكَ لِلْمَلَٰٓئِكَةِ إِنِّى جَاعِلٌ فِى ٱلْأَرْضِ خَلِيفَةًۖ قَالُوٓا۟ أَتَجْعَلُ فِيهَا
مَن يُفْسِدُ فِيهَا وَيَسْفِكُ ٱلدِّمَآءَ وَنَحْنُ نُسَبِّحُ بِحَمْدِكَ وَنُقَدِّسُ لَكَۖ قَالَ
إِنِّىٓ أَعْلَمُ مَا لَا تَعْلَمُونَ ﴿٣٠﴾

30. Wa iz qála rabbuka lil malá'ikati inní já'ilun fil ardi khalífatan qálú ataj'alu fíha má yufssidu fíha wa yasfikud dimá'a wa na<u>h</u>nu nussabbi<u>h</u>u bi<u>h</u>amdika wa nuqaddissu laka qála inní a'lamu má lá ta'lamún

30. (Recorda-te, ó Profeta) de quando teu Senhor disse aos anjos: Vou instituir um legatário na terra! Perguntaram-Lhe: Estabelecerás nela quem ali fará corrupção, derramando sangue, enquanto nós celebramos Teus louvores, glorificando-Te? Disse (o Senhor): Eu sei o que vós ignorais.

وَعَلَّمَ ءَادَمَ ٱلْأَسْمَآءَ كُلَّهَا ثُمَّ عَرَضَهُمْ عَلَى ٱلْمَلَٰٓئِكَةِ فَقَالَ أَنۢبِـُٔونِى بِأَسْمَآءِ
هَٰٓؤُلَآءِ إِن كُنتُمْ صَٰدِقِينَ ﴿٣١﴾

31. Wa 'allama Ádamal assmá'a kullahá çumma 'aradhahum 'alal malá'ikati faqála ambi'úní bi assmá'i há'ulá'i in kuntum sádiquin

31. Ele ensinou a Adão os nomes (de todas as coisas) e depois os apresentou aos anjos e lhes falou: Nomeai-os para Mim se estiverdes certos.

قَالُوا۟ سُبْحَٰنَكَ لَا عِلْمَ لَنَآ إِلَّا مَا عَلَّمْتَنَآۖ إِنَّكَ أَنتَ ٱلْعَلِيمُ ٱلْحَكِيمُ ﴿٣٢﴾

32. Qálú sub<u>h</u>ánaka lá 'ilma laná illá má 'allamtaná innaka antal 'alímul <u>h</u>aquim

32. Disseram: Glorificado sejas! Não possuímos mais conhecimento além do que Tu nos proporcionaste, porque somente Tu és Prudente, Sapientíssimo.

قَالَ يَٰٓـَٔادَمُ أَنۢبِئۡهُم بِأَسۡمَآئِهِمۡۖ فَلَمَّآ أَنۢبَأَهُم بِأَسۡمَآئِهِمۡ قَالَ أَلَمۡ أَقُل لَّكُمۡ إِنِّيٓ أَعۡلَمُ
غَيۡبَ ٱلسَّمَٰوَٰتِ وَٱلۡأَرۡضِ وَأَعۡلَمُ مَا تُبۡدُونَ وَمَا كُنتُمۡ تَكۡتُمُونَ ٣٣

33. Qála yá Ádamu ambi'hum biassmá'ihim falammá ambáhum bi assmá'ihim qála alam aqul lakum inní a'lamu ghaibas samáwáti wal ardhi wa a'lamu má tubduna wa má kuntum taktumún

33. Ele ordenou: Ó Adão, revela-lhes os seus nomes. E quando ele lhes revelou os seus nomes, asseverou (Allah): Não vos disse que conheço o mistério dos céus e da terra, assim como o que manifestais e o que ocultais?

وَإِذۡ قُلۡنَا لِلۡمَلَٰٓئِكَةِ ٱسۡجُدُواْ لِأٓدَمَ فَسَجَدُوٓاْ إِلَّآ إِبۡلِيسَ أَبَىٰ وَٱسۡتَكۡبَرَ وَكَانَ مِنَ
ٱلۡكَٰفِرِينَ ٣٤

34. Wa iz qulná lilmalá'ikatis judú li Ádama fasajadú illá Iblíssa abá wastakbara wa kána minal káfirín

34. E quando dissemos aos anjos: Prostrai-vos ante Adão! Todos se prostraram, exceto Lúcifer que, ensoberbecido, se negou, e incluiu-se entre os incrédulos.

وَقُلۡنَا يَٰٓـَٔادَمُ ٱسۡكُنۡ أَنتَ وَزَوۡجُكَ ٱلۡجَنَّةَ وَكُلَا مِنۡهَا رَغَدًا حَيۡثُ شِئۡتُمَا وَلَا تَقۡرَبَا هَٰذِهِ
ٱلشَّجَرَةَ فَتَكُونَا مِنَ ٱلظَّٰلِمِينَ ٣٥

35. Wa qulná yá Ádamu skun anta wa zawjukal jannata wa kulá mín-ha raghadan haiçu chi'tumá wa lá taqrabá házihich chajarata fatakúná minazzálimin

35. Determinamos: Ó Adão, habita o Paraíso com a tua esposa e desfrutai (juntos) dele da sua abundância como vos aprouver; porém, não vos aproximeis desta árvore, porque vos contareis entre os injustos.

فَأَزَلَّهُمَا ٱلشَّيۡطَٰنُ عَنۡهَا فَأَخۡرَجَهُمَا مِمَّا كَانَا فِيهِۖ وَقُلۡنَا ٱهۡبِطُواْ بَعۡضُكُمۡ لِبَعۡضٍ
عَدُوّٞۖ وَلَكُمۡ فِي ٱلۡأَرۡضِ مُسۡتَقَرّٞ وَمَتَٰعٌ إِلَىٰ حِينٖ ٣٦

36. Fa azallahumach Chaitánu 'an-há fa akhrajahumá mimmá kání fihi; wa qulná ihbitú ba'dukum liba'din 'aduuwun wa lakum fil ardhi mustaqarrun wa matá'un ilá hín

36. Todavia, Satã os seduziu, fazendo com que saíssem do estado (de felicidade) em que se encontravam. Então dissemos: Descei! Sereis inimigos uns dos outros, e, na terra, tereis residência e gozo por um determinado tempo.

سُورَةُ البَقَرَةِ

Surat Al Bacara

فَتَلَقَّىٰٓ ءَادَمُ مِن رَّبِّهِۦ كَلِمَٰتٍ فَتَابَ عَلَيْهِ ۚ إِنَّهُۥ هُوَ ٱلتَّوَّابُ ٱلرَّحِيمُ ﴿٣٧﴾

37. Fatalaqqá Ádamu mir Rabbihi Kalimátin fatába 'alaihi; innahú Huwat Tauwábur Rahim

37. Adão obteve do seu Senhor algumas palavras de inspiração, e Ele o perdoou, porque é o Remissório, o Misericordiosíssimo.

قُلْنَا ٱهْبِطُوا۟ مِنْهَا جَمِيعًا ۖ فَإِمَّا يَأْتِيَنَّكُم مِّنِّى هُدًى فَمَن تَبِعَ هُدَاىَ فَلَا خَوْفٌ عَلَيْهِمْ وَلَا هُمْ يَحْزَنُونَ ﴿٣٨﴾

38. Qulna ihbitú min-há jamí'an fa immá ya'tiyannakum minní hudan faman tabi'a hudáya falá khaufun 'alaihim walá hum yahzanun

38. E ordenamos: Descei todos daqui! Quando vos chegar de Mim a orientação, aqueles que seguirem a Minha orientação não serão presas do temor, nem se angustiarão.

وَٱلَّذِينَ كَفَرُوا۟ وَكَذَّبُوا۟ بِـَٔايَٰتِنَآ أُو۟لَٰٓئِكَ أَصْحَٰبُ ٱلنَّارِ ۖ هُمْ فِيهَا خَٰلِدُونَ ﴿٣٩﴾

39. Wallazína kafarú wa kazzabú bi áyátiná ulá'ika Asshábun Nári hum fíhá khálidun

39. Aqueles que descrerem e desmentirem os Nossos versículos serão os condenados ao inferno, onde permanecerão eternamente.

يَٰبَنِىٓ إِسْرَٰٓءِيلَ ٱذْكُرُوا۟ نِعْمَتِىَ ٱلَّتِىٓ أَنْعَمْتُ عَلَيْكُمْ وَأَوْفُوا۟ بِعَهْدِىٓ أُوفِ بِعَهْدِكُمْ وَإِيَّٰىَ فَٱرْهَبُونِ ﴿٤٠﴾

40. Yá Baní Isrá'ila zkurú ni'matiyal latí na'amtu 'alaikum wa aufú bi 'Ahdí úfi bi ahdikum wa iyyáya farhabún

40. Ó israelitas, recordai-vos das Minhas mercês, com as quais vos agraciei. Cumpri o vosso compromisso, que cumprirei o Meu compromisso, e temei somente a Mim.

وَءَامِنُوا۟ بِمَآ أَنزَلْتُ مُصَدِّقًا لِّمَا مَعَكُمْ وَلَا تَكُونُوٓا۟ أَوَّلَ كَافِرٍۭ بِهِۦ ۖ وَلَا تَشْتَرُوا۟ بِـَٔايَٰتِى ثَمَنًا قَلِيلًا وَإِيَّٰىَ فَٱتَّقُونِ ﴿٤١﴾

41. Wa áminú bimá anzaltu musaddiqal limá ma'akum wa lá takúnú auwala káfirim bihí wa lá tachtarú bi Áyátí çamanan qalílan wa iyyáya fattaqún

سُورَةُ البَقَرَةِ

Surat Al Bacara

41. E crede no que revelei, e que corrobora a revelação que vós tendes; não sejais os primeiros a negá-lo, nem negocieis as Minhas leis a vil preço, e temei a Mim, somente

وَلَا تَلْبِسُوا۟ ٱلْحَقَّ بِٱلْبَٰطِلِ وَتَكْتُمُوا۟ ٱلْحَقَّ وَأَنتُمْ تَعْلَمُونَ ﴿٤٢﴾

42. Wa lá talbissul haqqa bilbátili wa taktumul haqqa wa antum ta'lamún

42. E não disfarceis a verdade com a falsidade, nem a oculteis, sabendo-a.

وَأَقِيمُوا۟ ٱلصَّلَوٰةَ وَءَاتُوا۟ ٱلزَّكَوٰةَ وَٱرْكَعُوا۟ مَعَ ٱلرَّٰكِعِينَ ﴿٤٣﴾

43. Wa aquimus saláta wa átuz zakáta warka'ú ma'arráqui'in

43. Praticai a oração, pagai o zakat e inclinai-vos, juntamente com os que se inclinam.

۞ أَتَأْمُرُونَ ٱلنَّاسَ بِٱلْبِرِّ وَتَنسَوْنَ أَنفُسَكُمْ وَأَنتُمْ تَتْلُونَ ٱلْكِتَٰبَ ۚ أَفَلَا
تَعْقِلُونَ ﴿٤٤﴾

44. ۞ *Ata'murúnan nássa bilbirri wa tansauna anfusakum wa antum tatlunal Kitáb; afalá ta'quilún*

44. Ordenais, acaso, às pessoas a prática do bem e esqueceis, vós mesmos, de fazê-lo, apesar de lerdes o Livro? Não raciocinais?

وَٱسْتَعِينُوا۟ بِٱلصَّبْرِ وَٱلصَّلَوٰةِ ۚ وَإِنَّهَا لَكَبِيرَةٌ إِلَّا عَلَى ٱلْخَٰشِعِينَ ﴿٤٥﴾

45. Wasta'inú bisabri wasaláh; wa innahá lakabíratun illá 'alal khâchi'ín

45. Amparai-vos na perseverança e na oração. Sabei que ela (a oração) é deveras árdua, salvo para os humildes,

ٱلَّذِينَ يَظُنُّونَ أَنَّهُم مُّلَٰقُوا۟ رَبِّهِمْ وَأَنَّهُمْ إِلَيْهِ رَٰجِعُونَ ﴿٤٦﴾

46. Allazína yazunnúna annahum muláqú Rabbihim wa annahum ilaihi ráji'ún

46. Que sabem que encontrarão o seu Senhor e a Ele retornarão.

يَٰبَنِىٓ إِسْرَٰٓءِيلَ ٱذْكُرُوا۟ نِعْمَتِىَ ٱلَّتِىٓ أَنْعَمْتُ عَلَيْكُمْ وَأَنِّى فَضَّلْتُكُمْ عَلَى ٱلْعَٰلَمِينَ ﴿٤٧﴾

47. Yá Baní Isrá'íla izkurú ni'matiyal latí na'amtu 'alaikum wa anní fadhaltukum 'alal 'álamin

47. Ó Israelitas, recordai-vos das Minhas mercês, com as quais vos agraciei, e de que vos preferi aos vossos contemporâneos.

سُورَةُ البَقَرَةِ
Surat Al Bacara

وَٱتَّقُواْ يَوۡمٗا لَّا تَجۡزِي نَفۡسٌ عَن نَّفۡسٖ شَيۡـٔٗا وَلَا يُقۡبَلُ مِنۡهَا شَفَٰعَةٞ وَلَا يُؤۡخَذُ مِنۡهَا
عَدۡلٞ وَلَا هُمۡ يُنصَرُونَ ﴿٤٨﴾

48. Wattaqú Yaumal lá tajzí nafssun 'an nafssin chai'an wa lá yuqbalu min-há chafá'atun wa lá yu'khazu min-há 'adlun wa lá hum yunsarun

48. E temei o dia em que nenhuma alma poderá advogar por outra, nem lhe será admitida intercessão alguma, nem lhe será aceita compensação, nem ninguém será socorrido.

وَإِذۡ نَجَّيۡنَٰكُم مِّنۡ ءَالِ فِرۡعَوۡنَ يَسُومُونَكُمۡ سُوٓءَ ٱلۡعَذَابِ يُذَبِّحُونَ أَبۡنَآءَكُمۡ
وَيَسۡتَحۡيُونَ نِسَآءَكُمۡۚ وَفِي ذَٰلِكُم بَلَآءٞ مِّن رَّبِّكُمۡ عَظِيمٞ ﴿٤٩﴾

49. Wa iz najjainákum min áli Fir'auna yasúmúnakum sú'al 'azábi yuzabbihúna abná'akum wa yastahyúna nissá'akum; wa fí zálikum balá'um mir Rabbikum 'azím

49. Recordai-vos de quando vos livramos do povo do Faraó, que vos aplicava o mais cruel castigo, degolando os vossos filhos e deixando com vida as vossas mulheres. Naquilo tivestes uma grande prova do vosso Senhor.

وَإِذۡ فَرَقۡنَا بِكُمُ ٱلۡبَحۡرَ فَأَنجَيۡنَٰكُمۡ وَأَغۡرَقۡنَآ ءَالَ فِرۡعَوۡنَ وَأَنتُمۡ تَنظُرُونَ ﴿٥٠﴾

50. Wa iz faraqná bikumul bahra fa anjainákum wa agh-raqná ála Fir'auna wa antum tanzurún

50. E de quando dividimos o mar e vos salvamos, e afogamos o povo do Faraó, enquanto olháveis.

وَإِذۡ وَٰعَدۡنَا مُوسَىٰٓ أَرۡبَعِينَ لَيۡلَةٗ ثُمَّ ٱتَّخَذۡتُمُ ٱلۡعِجۡلَ مِنۢ بَعۡدِهِۦ وَأَنتُمۡ
ظَٰلِمُونَ ﴿٥١﴾

51. Wa iz wá'adná Mussa arba'ina lailatan çumma attakhaztumul 'ijla mim ba'dihí wa antum zálimun

51. E de quando instituímos o pacto das quarenta noites com Moisése que vós, em sua ausência, adorastes o bezerro, condenando-vos.

ثُمَّ عَفَوۡنَا عَنكُم مِّنۢ بَعۡدِ ذَٰلِكَ لَعَلَّكُمۡ تَشۡكُرُونَ ﴿٥٢﴾

52. Çumma 'afauná 'ankum mim ba'di zálika la'allakum tachkurún

52. Então, perdoamos-vos, depois disso, para que ficásseis agradecidos.

وَإِذْ ءَاتَيْنَا مُوسَى ٱلْكِتَٰبَ وَٱلْفُرْقَانَ لَعَلَّكُمْ تَهْتَدُونَ ﴿٥٣﴾

53. Wa iz átainá Mussal kitába wal Furqána la'allakum tahtadún

53. E de quando concedemos a Moisés o Livro e o Discernimento, para que vos orientásseis!

وَإِذْ قَالَ مُوسَىٰ لِقَوْمِهِۦ يَٰقَوْمِ إِنَّكُمْ ظَلَمْتُمْ أَنفُسَكُم بِٱتِّخَاذِكُمُ ٱلْعِجْلَ
فَتُوبُوٓاْ إِلَىٰ بَارِئِكُمْ فَٱقْتُلُوٓاْ أَنفُسَكُمْ ذَٰلِكُمْ خَيْرٌ لَّكُمْ عِندَ بَارِئِكُمْ فَتَابَ عَلَيْكُمْ إِنَّهُۥ
هُوَ ٱلتَّوَّابُ ٱلرَّحِيمُ ﴿٥٤﴾

54. Wa iz qála Mussa liqaumihí yá qaumi innakum zalamtum anfussakum bittikházikumul 'ijla fatúbú ilá Bári'ikum faqtulú anfussakum zálikum khairul lakum 'inda Bári'ikum fatába 'alaikum; innahú Huwat Tauwábur Ra<u>h</u>im

54. E de quando Moisés disse ao seu povo: Ó povo meu, por certo que vos condenastes, ao adorardes o bezerro. Voltai, portanto, arrependidos, penitenciando-vos para o vosso Criador, e imolai-vos mutuamente. Isso será preferível aos olhos de vosso Criador. Ele vos absolverá, porque é o Remissório, o Misericordiosíssimo.

وَإِذْ قُلْتُمْ يَٰمُوسَىٰ لَن نُّؤْمِنَ لَكَ حَتَّىٰ نَرَى ٱللَّهَ جَهْرَةً فَأَخَذَتْكُمُ ٱلصَّٰعِقَةُ
وَأَنتُمْ تَنظُرُونَ ﴿٥٥﴾

55. Wa iz qultum yá Mussa lan nu'mina laka <u>h</u>attá naral láha jahratan fa akhazatkumus sá'iqatu wa antum tanzurún

55. E de quando dissestes: Ó Moisés, não creremos em ti até que vejamos Allah claramente! E a centelha vos fulminou, enquanto olháveis.

ثُمَّ بَعَثْنَٰكُم مِّنۢ بَعْدِ مَوْتِكُمْ لَعَلَّكُمْ تَشْكُرُونَ ﴿٥٦﴾

56. Çumma ba'asnákum mim ba'di mautikum la'allakum tachkurún

56. Então, vos ressuscitamos, após a vossa morte, para que assim, talvez, Nos agradecêsseis.

وَظَلَّلْنَا عَلَيْكُمُ ٱلْغَمَامَ وَأَنزَلْنَا عَلَيْكُمُ ٱلْمَنَّ وَٱلسَّلْوَىٰ كُلُواْ مِن طَيِّبَٰتِ مَا
رَزَقْنَٰكُمْ وَمَا ظَلَمُونَا وَلَٰكِن كَانُوٓاْ أَنفُسَهُمْ يَظْلِمُونَ ﴿٥٧﴾

57. Wa zallalná 'alaikumul ghamáma wa anzalná 'alaikumul Manna was Salwá kulú min taiyibáti má razaqnákum wa má zalamúná wa lákin kánú anfusahum yazlimún

57. E vos agraciamos com as sombras das nuvens e vos enviamos o maná e as codornizes, dizendo-vos: Comei de todas as coisas boas com que vos agraciamos! (Porém, o desagradeceram) e, com isso, não Nos prejudicaram, mas prejudicaram a si mesmos.

وَإِذۡ قُلۡنَا ٱدۡخُلُواْ هَٰذِهِ ٱلۡقَرۡيَةَ فَكُلُواْ مِنۡهَا حَيۡثُ شِئۡتُمۡ رَغَدٗا وَٱدۡخُلُواْ ٱلۡبَابَ
سُجَّدٗا وَقُولُواْ حِطَّةٞ نَّغۡفِرۡ لَكُمۡ خَطَٰيَٰكُمۡۚ وَسَنَزِيدُ ٱلۡمُحۡسِنِينَ ٥٨

58. Wa iz qulnad dkhulú házihil qaryata fakulú min-há haiçu chi'tum raghadan wadkhulul bába sujjadan wa qúlú hittatun naghfir lakum khatáyákum; wa sanazídul muhsinín

58. E de quando vos dissemos: Entrai nessa cidade e comei da abundância dela com vos aprouver, mas entrai pela porta, prostrando-vos, e dizei: Remissão! Então, perdoaremos as vossas faltas e aumentaremos a recompensa dos benfeitores.

فَبَدَّلَ ٱلَّذِينَ ظَلَمُواْ قَوۡلًا غَيۡرَ ٱلَّذِي قِيلَ لَهُمۡ فَأَنزَلۡنَا عَلَى ٱلَّذِينَ ظَلَمُواْ
رِجۡزٗا مِّنَ ٱلسَّمَآءِ بِمَا كَانُواْ يَفۡسُقُونَ ٥٩

59. Fabaddalal lazína zalamú qaulan ghairal lazí quila lahum fa anzalná 'alal lazína zalamú rijzam minas samá'i bimá kánú yafsuqun

59. Os injustos substituíram as palavras por outras que não lhes haviam sido ditas, pelo quê enviamos sobre eles um castigo do céu, por sua depravação.

۞ وَإِذِ ٱسۡتَسۡقَىٰ مُوسَىٰ لِقَوۡمِهِۦ فَقُلۡنَا ٱضۡرِب بِّعَصَاكَ ٱلۡحَجَرَۖ فَٱنفَجَرَتۡ
مِنۡهُ ٱثۡنَتَا عَشۡرَةَ عَيۡنٗاۖ قَدۡ عَلِمَ كُلُّ أُنَاسٖ مَّشۡرَبَهُمۡۖ كُلُواْ وَٱشۡرَبُواْ مِن رِّزۡقِ
ٱللَّهِ وَلَا تَعۡثَوۡاْ فِي ٱلۡأَرۡضِ مُفۡسِدِينَ ٦٠

60. ۞ *Wa izis tasqá Mussa liqaumihí faqulnad drib bi 'asákal hajara fanfajarat minhu içnatá 'achrata 'aynan qad 'alima kúllu unásim machrabahum kulú wachrabú mir rizquil láhi wa lá ta'çau fil ardhi mufssidín*

60. E de quando Moisés Nos implorou água para o seu povo, e lhe dissemos: Golpeia a rocha com o teu cajado! E de pronto brotaram dela doze mananciais, e cada

grupo reconheceu o seu. Assim, comei e bebei da graça de Allah, e não prevariqueis na terra, causando corrupção.

وَإِذْ قُلْتُمْ يَٰمُوسَىٰ لَن نَّصْبِرَ عَلَىٰ طَعَامٍ وَٰحِدٍ فَٱدْعُ لَنَا رَبَّكَ يُخْرِجْ لَنَا مِمَّا تُنۢبِتُ ٱلْأَرْضُ مِنۢ بَقْلِهَا وَقِثَّآئِهَا وَفُومِهَا وَعَدَسِهَا وَبَصَلِهَا ۖ قَالَ أَتَسْتَبْدِلُونَ ٱلَّذِى هُوَ أَدْنَىٰ بِٱلَّذِى هُوَ خَيْرٌ ۚ ٱهْبِطُوا۟ مِصْرًا فَإِنَّ لَكُم مَّا سَأَلْتُمْ ۗ وَضُرِبَتْ عَلَيْهِمُ ٱلذِّلَّةُ وَٱلْمَسْكَنَةُ وَبَآءُو بِغَضَبٍ مِّنَ ٱللَّهِ ۗ ذَٰلِكَ بِأَنَّهُمْ كَانُوا۟ يَكْفُرُونَ بِـَٔايَٰتِ ٱللَّهِ وَيَقْتُلُونَ ٱلنَّبِيِّـۧنَ بِغَيْرِ ٱلْحَقِّ ۗ ذَٰلِكَ بِمَا عَصَوا۟ وَّكَانُوا۟ يَعْتَدُونَ ﴿٦١﴾

61. *Wa iz qultum yá Mussa lan nasbira 'alá ta'ámin wáhidin fad'ú laná rabbaka yukhrij laná mimmá tumbitul ardhu mim baqlihá wa quiçá'ihá wa fúmihá wa 'adasihá wa basalihá qála atastabdilúnal lazí huwa adná billazí huwa khayr; ihbitú misran fa inna lakum má sa'altum; wa dhuribat 'alaihimuz zillatu walmaskanatu wa bá'ú bighadhabim minal láh; zálika bi annahum káno yakfurúna bi áyátil láhi wa yaqtulúnan Nabiyyína bighairil haqq; zálika bimá 'asau wa kánú ya'tadún*

61. E de quando dissestes: Ó Moisés, jamais nos conformaremos com um só tipo de alimento! Roga ao teu Senhor que nos proporcione tudo quanto a terra produz: suas hortaliças, seus pepinos, seus alhos, suas lentilhas e suas cebolas! Perguntou-lhes: Quereis trocar o melhor pelo pior? Pois bem: Voltai para o Egito, onde tereis o que implorais! E foram condenados à humilhação e à indigência, e incorreram na ira de Allah; isso, porque negaram os versículos de Allah e assassinaram injustamente os profetas. E também porque se rebelaram e foram agressores.

إِنَّ ٱلَّذِينَ ءَامَنُوا۟ وَٱلَّذِينَ هَادُوا۟ وَٱلنَّصَٰرَىٰ وَٱلصَّٰبِـِٔينَ مَنْ ءَامَنَ بِٱللَّهِ وَٱلْيَوْمِ ٱلْءَاخِرِ وَعَمِلَ صَٰلِحًا فَلَهُمْ أَجْرُهُمْ عِندَ رَبِّهِمْ وَلَا خَوْفٌ عَلَيْهِمْ وَلَا هُمْ يَحْزَنُونَ ﴿٦٢﴾

62. *Innal lazína ámanú wallazína hádú wan nasárá was Sábi'ína man ámana billáhi wal yaumil ákhiri wa 'amila sálihan falahum ajruhum 'inda Rabbihim wa lá khaufun 'alaihim wa lá hum yahzanún*

سُورَةُ البَقَرَةِ

Surat Al Bacara

62. Os crentes, os judeus, os cristãos e os sabeus, enfim todos os que creem em Allah, no Dia do Juízo Final, e praticam o bem, receberão a sua recompensa do seu Senhor e não serão presas do temor, nem se angustiarão.

وَإِذْ أَخَذْنَا مِيثَٰقَكُمْ وَرَفَعْنَا فَوْقَكُمُ ٱلطُّورَ خُذُوا۟ مَآ ءَاتَيْنَٰكُم بِقُوَّةٍ وَٱذْكُرُوا۟ مَا فِيهِ
لَعَلَّكُمْ تَتَّقُونَ ﴿٦٣﴾

63. Wa iz akhazná miçáqakum wa rafa'ná fauqakumut Túra khuzú má atainákum biquwatin wazkurú má fihi la'allakum tattaqún

63. E de quando exigimos o vosso compromisso e levantamos acima de vós o Monte, dizendo-vos: Apegai-vos com firmeza ao que vos concedemos e observai-lhe o conteúdo, quiçá (Me) temais.

ثُمَّ تَوَلَّيْتُم مِّنۢ بَعْدِ ذَٰلِكَ ۖ فَلَوْلَا فَضْلُ ٱللَّهِ عَلَيْكُمْ وَرَحْمَتُهُۥ لَكُنتُم مِّنَ
ٱلْخَٰسِرِينَ ﴿٦٤﴾

64. Çumma tawallaitum mim ba'di zálika falaulá fadlul láhi 'alaikum wa rahmatuhú lakuntum minal khássirín

64. Apesar disso, recusastes aquilo depois, e, se não fosse pela graça de Allah e pela Sua misericórdia para convosco, contar-vos-íeis entre os desventurados.

وَلَقَدْ عَلِمْتُمُ ٱلَّذِينَ ٱعْتَدَوْا۟ مِنكُمْ فِى ٱلسَّبْتِ فَقُلْنَا لَهُمْ كُونُوا۟ قِرَدَةً
خَٰسِـِٔينَ ﴿٦٥﴾

65. Wa laqad 'alimtumul lazína i'tadau minkum fis Sabti faqulná lahum kúnú quiradatan khássi'ín

65. Já sabeis o que ocorreu àqueles, dentre vós, que profanaram o sábado; a esses dissemos: Sede símios desprezíveis!

فَجَعَلْنَٰهَا نَكَٰلًا لِّمَا بَيْنَ يَدَيْهَا وَمَا خَلْفَهَا وَمَوْعِظَةً لِّلْمُتَّقِينَ ﴿٦٦﴾

66. Faja'alnáhá nakálal limá baina yadaihá wa má khalfahá wa mau'izatal lilmuttaquin

66. E disso fizemos um exemplo para os seus contemporâneos e para os seus descendentes, e uma exortação para os tementes a Allah.

سُورَةُ البَقَرَةِ

Surat Al Bacara

وَإِذْ قَالَ مُوسَىٰ لِقَوْمِهِۦٓ إِنَّ ٱللَّهَ يَأْمُرُكُمْ أَن تَذْبَحُوا۟ بَقَرَةً ۖ قَالُوٓا۟ أَتَتَّخِذُنَا هُزُوًا ۖ
قَالَ أَعُوذُ بِٱللَّهِ أَنْ أَكُونَ مِنَ ٱلْجَٰهِلِينَ ﴿٦٧﴾

67. Wa iz qála Mussa liqaumihí innal láha ya'murukum an tazbahú baqaratan qálú atattakhizuna huzuwan qála a'úzu billáhi an akúna minal jáhilín

67. E de quando Moisés disse ao seu povo: Allah vos ordena sacrificar uma vaca. Disseram: Zombas, acaso, de nós? Respondeu: Guarde-me Allah de contar-me entre os ignorantes!

قَالُوا۟ ٱدْعُ لَنَا رَبَّكَ يُبَيِّن لَّنَا مَا هِىَ ۚ قَالَ إِنَّهُۥ يَقُولُ إِنَّهَا بَقَرَةٌ لَّا فَارِضٌ وَلَا بِكْرٌ
عَوَانٌۢ بَيْنَ ذَٰلِكَ ۖ فَٱفْعَلُوا۟ مَا تُؤْمَرُونَ ﴿٦٨﴾

68. Qálud-'ú laná rabbaka yubaiyin laná má hí; qála innahú yaqúlu innahá baqaratun lá fáridhun wa lá bikrun 'awánum baina zálika faf'alú má tu'marún

68. Disseram: Roga ao teu Senhor para que nos indique como ela deve ser. Explicou-lhes: Ele afirma que há de ser uma vaca que não seja nem velha, nem nova, de meia-idade. Fazei, pois, o que vos é ordenado.

قَالُوا۟ ٱدْعُ لَنَا رَبَّكَ يُبَيِّن لَّنَا مَا لَوْنُهَا ۚ قَالَ إِنَّهُۥ يَقُولُ إِنَّهَا بَقَرَةٌ
صَفْرَآءُ فَاقِعٌ لَّوْنُهَا تَسُرُّ ٱلنَّٰظِرِينَ ﴿٦٩﴾

69. Qálud-d'ú laná Rabbaka yubaiyil laná má launuhá; qála innahú yaqúlu innahá baqaratun safrá'ú fáqui'u launuhá tasurrun názirin

69. Disseram: Roga ao teu Senhor, para que nos indique a cor dela. Tornou a explicar: Ele diz que tem de ser uma vaca de cor amarela que agrade aos observadores.

قَالُوا۟ ٱدْعُ لَنَا رَبَّكَ يُبَيِّن لَّنَا مَا هِىَ إِنَّ ٱلْبَقَرَ تَشَٰبَهَ عَلَيْنَا وَإِنَّآ إِن شَآءَ ٱللَّهُ
لَمُهْتَدُونَ ﴿٧٠﴾

70. Qálud-d''ú laná Rabbaka yubaiyil laná má hiya innal baqara tachábaha 'alainá wa inná in chá'al láhu lamuhtadún

70. Disseram: Roga ao teu Senhor para que nos indique como deve ser, uma vez que todo o bovino nos parece igual e, se a Allah aprouver, seremos guiados.

سُورَةُ البَقَرَةِ

Surat Al Bacara

قَالَ إِنَّهُۥ يَقُولُ إِنَّهَا بَقَرَةٌ لَّا ذَلُولٌ تُثِيرُ ٱلْأَرْضَ وَلَا تَسْقِى ٱلْحَرْثَ مُسَلَّمَةٌ لَّا شِيَةَ
فِيهَا ۚ قَالُوا۟ ٱلْـَٔـٰنَ جِئْتَ بِٱلْحَقِّ ۚ فَذَبَحُوهَا وَمَا كَادُوا۟ يَفْعَلُونَ ﴿٧١﴾

71. Qála innahú yaqúlu innahá baqaratul lá zalúlun tuçírul ardha wa lá tasquil harça mussallamatul lá chiyata fíhá; qálu l'ána ji'ta bilhaqq; fazabahúhá wa má kádu yaf'alun

71. Disse-lhes: Ele diz que tem de ser uma vaca não treinada para o labor da terra ou para a rega dos campos; sem defeitos, sem manchas. Disseram: Agora falaste a verdade. E a sacrificaram, ainda que pouco faltasse para que não o fizessem.

وَإِذْ قَتَلْتُمْ نَفْسًا فَٱدَّٰرَْٰٔتُمْ فِيهَا ۖ وَٱللَّهُ مُخْرِجٌ مَّا كُنتُمْ تَكْتُمُونَ ﴿٧٢﴾

72. Wa iz qataltum nafsan faddára'tum fíhá walláhu mukhrijum má kuntum taktumún

72. E de quando assassinastes um ser e disputastes a respeito disso; mas Allah revelou tudo quanto ocultáveis.

فَقُلْنَا ٱضْرِبُوهُ بِبَعْضِهَا ۚ كَذَٰلِكَ يُحْىِ ٱللَّهُ ٱلْمَوْتَىٰ وَيُرِيكُمْ ءَايَـٰتِهِۦ لَعَلَّكُمْ
تَعْقِلُونَ ﴿٧٣﴾

73. Faqulna idhribúhu biba'dhihá; kazálika yuhyil láhul mautá wa yurikum áyátihi la'allakum ta'quilún

73. Então ordenamos: Golpeai-o (o morto) com um pedaço dela (rês sacrificada). Assim Allah ressuscita os mortos e vos manifesta os Seus sinais, para que raciocineis.

ثُمَّ قَسَتْ قُلُوبُكُم مِّنۢ بَعْدِ ذَٰلِكَ فَهِىَ كَٱلْحِجَارَةِ أَوْ أَشَدُّ قَسْوَةً ۚ وَإِنَّ مِنَ ٱلْحِجَارَةِ
لَمَا يَتَفَجَّرُ مِنْهُ ٱلْأَنْهَـٰرُ ۚ وَإِنَّ مِنْهَا لَمَا يَشَّقَّقُ فَيَخْرُجُ مِنْهُ ٱلْمَآءُ ۚ وَإِنَّ مِنْهَا لَمَا
يَهْبِطُ مِنْ خَشْيَةِ ٱللَّهِ ۗ وَمَا ٱللَّهُ بِغَـٰفِلٍ عَمَّا تَعْمَلُونَ ﴿٧٤﴾

74. Çumma qasat qulúbukum mim ba'di zálika fahiya kalhijárati au-achadu qaswat; wa inna minal hijárati lamá yatafajjaru min-hul anhar; wa inna min-ha lamá yaccchaqqaqu fayakhruju min-hul má-a; wa inna min-ha lamá yahbitu min khachyatil láhi; wamal láhu bigháfilin 'ammá ta'malun

74. Apesar disso os vossos corações se endurecem; são como as rochas, ou ainda mais duros. De algumas rochas brotam rios, e outras se fendem e delas mana a água, e

há ainda outras que desmoronam, por temor a Allah. Mas Allah não está desatento a tudo quanto fazeis.

۞ أَفَتَطْمَعُونَ أَن يُؤْمِنُوا لَكُمْ وَقَدْ كَانَ فَرِيقٌ مِّنْهُمْ يَسْمَعُونَ كَلَامَ اللَّهِ ثُمَّ
يُحَرِّفُونَهُ مِنۢ بَعْدِ مَا عَقَلُوهُ وَهُمْ يَعْلَمُونَ ٧٥

75. ۞ *Afatatma'úna an yu'minú lakum waqad kána faríqum min-hum yasma'úna Kalámal láhi çumma yuharrifúnahú mim ba'di má 'aqalúhu wa hum ya'lamún*

75. Aspirais, acaso, a que os judeus creiam em vós, sendo que alguns deles escutavam as palavras de Allah e, depois de as terem compreendido, alteravam-nas conscientemente?

وَإِذَا لَقُوا الَّذِينَ آمَنُوا قَالُوا آمَنَّا وَإِذَا خَلَا بَعْضُهُمْ إِلَىٰ بَعْضٍ قَالُوا
أَتُحَدِّثُونَهُم بِمَا فَتَحَ اللَّهُ عَلَيْكُمْ لِيُحَاجُّوكُم بِهِۦ عِندَ رَبِّكُمْ أَفَلَا تَعْقِلُونَ ٧٦

76. *Wa izá laqul lazína ámanú qálú ámanná wa izá khalá ba'dhuhum ilá ba'dhin qálú atuhaddisúnahum bimá fatahal láhu 'alaikum liyuhájjúkum bihí 'inda rabbikum; afalá ta'quilún*

76. Quando se encontram com os crentes, declaram: Cremos! Porém, quando se reúnem entre si, dizem: Relatar-lhes-eis o que Allah vos revelou para que, com isso, vos refutem perante o vosso Senhor? Não raciocinais?

أَوَلَا يَعْلَمُونَ أَنَّ اللَّهَ يَعْلَمُ مَا يُسِرُّونَ وَمَا يُعْلِنُونَ ٧٧

77. *Awalá ya'lamúna annal láha ya'lamu má yusirrúna wa má y''linún*

77. Ignoram, acaso, que Allah sabe tanto o que ocultam, como o que manifestam?

وَمِنْهُمْ أُمِّيُّونَ لَا يَعْلَمُونَ الْكِتَابَ إِلَّا أَمَانِيَّ وَإِنْ هُمْ إِلَّا يَظُنُّونَ ٧٨

78. *Wa min-hum ummiyyúna lá ya'lamúnal kitába illá amániya wa in hum illá yazunnún*

78. Entre eles há iletrados que não compreendem o Livro, a não ser segundo os seus desejos, e não fazem mais do que conjecturar.

فَوَيْلٌ لِّلَّذِينَ يَكْتُبُونَ الْكِتَابَ بِأَيْدِيهِمْ ثُمَّ يَقُولُونَ هَٰذَا مِنْ عِندِ اللَّهِ
لِيَشْتَرُوا بِهِۦ ثَمَنًا قَلِيلًا فَوَيْلٌ لَّهُم مِّمَّا كَتَبَتْ أَيْدِيهِمْ وَوَيْلٌ لَّهُم مِّمَّا
يَكْسِبُونَ ٧٩

79. Fawailul lillazína yaktubúnal kitába bi aidihim çumma yaqúlúna hází min 'indil láhi liyachtarú bihí çamanan qalílan fawailul lahum mimmá katabat aydíhim wa wailul lahum mimmá yaksibún

79. Ai daqueles que copiam o Livro (alterando-o) com as suas mãos, e então dizem: Isto emana de Allah, para negociá-lo a vil preço. Ai deles, pelo que as suas mãos escreveram! E ai deles, pelo que lucraram!

وَقَالُواْ لَن تَمَسَّنَا ٱلنَّارُ إِلَّآ أَيَّامًا مَّعۡدُودَةً قُلۡ أَتَّخَذۡتُمۡ عِندَ ٱللَّهِ عَهۡدًا
فَلَن يُخۡلِفَ ٱللَّهُ عَهۡدَهُۥٓۖ أَمۡ تَقُولُونَ عَلَى ٱللَّهِ مَا لَا تَعۡلَمُونَ ٨٠

80. Wa qálú lan tamassanan Náru illá ayyáman ma'dúdat; qul attakhaztum 'indal láhi 'ahdan falai yukhlifal láhu 'ahdahú am taqúlúna 'alal láhi má lá ta'lamún

80. E asseveram: O fogo não nos atormentará, senão por dias contados. Pergunta-lhes: Recebestes, acaso, de Allah um compromisso? Pois sabei que Allah jamais quebra o Seu compromisso. Ou dizeis de Allah o que ignorais?

بَلَىٰ مَن كَسَبَ سَيِّئَةً وَأَحَٰطَتۡ بِهِۦ خَطِيٓـَٔتُهُۥ فَأُوْلَٰٓئِكَ أَصۡحَٰبُ ٱلنَّارِۖ
هُمۡ فِيهَا خَٰلِدُونَ ٨١

81. Balá man kasaba sayyi'atan wa ahátat bihí khatí'atuhú fa-ulá'ika Asshábun Nári hum fihá khálidún

81. Qual! Aqueles que lucram por meio de um mal, e estão envolvidos por suas faltas, serão os condenados ao inferno, no qual permanecerão eternamente.

وَٱلَّذِينَ ءَامَنُواْ وَعَمِلُواْ ٱلصَّٰلِحَٰتِ أُوْلَٰٓئِكَ أَصۡحَٰبُ ٱلۡجَنَّةِۖ هُمۡ فِيهَا
خَٰلِدُونَ ٨٢

82. Wallazina ámanú wa 'amilus sálihái ulá'ika Asshábul Jannati hum fiha khálidún

82 Os fiéis, que praticam o bem, serão os diletos do Paraíso, onde morarão eternamente.

وَإِذۡ أَخَذۡنَا مِيثَٰقَ بَنِيٓ إِسۡرَٰٓءِيلَ لَا تَعۡبُدُونَ إِلَّا ٱللَّهَ وَبِٱلۡوَٰلِدَيۡنِ إِحۡسَانًا وَذِي
ٱلۡقُرۡبَىٰ وَٱلۡيَتَٰمَىٰ وَٱلۡمَسَٰكِينِ وَقُولُواْ لِلنَّاسِ حُسۡنًا وَأَقِيمُواْ ٱلصَّلَوٰةَ
وَءَاتُواْ ٱلزَّكَوٰةَ ثُمَّ تَوَلَّيۡتُمۡ إِلَّا قَلِيلًا مِّنكُمۡ وَأَنتُم مُّعۡرِضُونَ ٨٣

83. Wa iz akhazná miçaqa Baní Isrá'íla lá ta'budúna illal láha wa bil wálidaini ihsánan wa zil qurbá walyatámá walmassáquini wa qúlú linnássi husnan wa aquimus saláta wa átuz Zakáta çumma tawallaitum illá qalílam minkum wa antum mu'ridhún

83. E de quando exigimos o compromisso dos israelitas, ordenando-lhes: Não adoreis senão a Allah; tratai com benevolência vossos pais e parentes, os órfãos e os necessitados; falai ao próximo com doçura; observai a oração e pagai o zakat. Porém, vós o renegastes desdenhosamente, salvo um pequeno número dentre vós.

وَإِذْ أَخَذْنَا مِيثَٰقَكُمْ لَا تَسْفِكُونَ دِمَآءَكُمْ وَلَا تُخْرِجُونَ أَنفُسَكُم مِّن دِيَٰرِكُمْ
ثُمَّ أَقْرَرْتُمْ وَأَنتُمْ تَشْهَدُونَ ﴿٨٤﴾

84. Wa iz akhazná miçáqakum lá tasfikúna dimá'akum wa lá tukhrijúna anfusakum min diyárikum çumma aqrartum wa antum tachhadún

84. E de quando exigimos o vosso compromisso, ordenando-vos: Não derrameis o vosso sangue, nem vos expulseis reciprocamente de vossas casas; logo o confirmastes e testemunhastes.

ثُمَّ أَنتُمْ هَٰٓؤُلَآءِ تَقْتُلُونَ أَنفُسَكُمْ وَتُخْرِجُونَ فَرِيقًا مِّنكُم مِّن دِيَٰرِهِمْ
تَظَٰهَرُونَ عَلَيْهِم بِٱلْإِثْمِ وَٱلْعُدْوَٰنِ وَإِن يَأْتُوكُمْ أُسَٰرَىٰ تُفَٰدُوهُمْ وَهُوَ مُحَرَّمٌ
عَلَيْكُمْ إِخْرَاجُهُمْ ۚ أَفَتُؤْمِنُونَ بِبَعْضِ ٱلْكِتَٰبِ وَتَكْفُرُونَ بِبَعْضٍ ۚ فَمَا
جَزَآءُ مَن يَفْعَلُ ذَٰلِكَ مِنكُمْ إِلَّا خِزْىٌ فِى ٱلْحَيَوٰةِ ٱلدُّنْيَا ۖ وَيَوْمَ ٱلْقِيَٰمَةِ
يُرَدُّونَ إِلَىٰٓ أَشَدِّ ٱلْعَذَابِ ۗ وَمَا ٱللَّهُ بِغَٰفِلٍ عَمَّا تَعْمَلُونَ ﴿٨٥﴾

85. Çumma antum há'ulá'i taqtulúna anfusakum wa tukhrijúna fariqam minkum min diyárihim tazáharúna 'alaihim bil içmi wal'udwáni wa in yatúkum usará tufádúhum wahuwa muharramun 'alaikum ikhrájuhum; afatu'mi-núna biba'dhil Kitábi wa takfurúna biba'dh; famá jazá'u mai yaf'alu zálika minkum illá khizyun fil hayátid-dunyá wa yaumal quiyámati yuraddúna ilá achaddil 'azáb; wa mal láhu bigháfilin 'ammá ta'malún

85. No entanto, vede o que fazeis: estais-vos matando; expulsais das vossas casas alguns de vós, contra quem demonstrais injustiça e violação; e quando os fazeis

prisioneiros, pedis resgate por eles, apesar de saberdes que vos era proibido bani-los. Credes, acaso, em uma parte do Livro e negais a outra? Aqueles, dentre vós, que tal cometeram, não receberão, em troca, senão a desonra, na vida terrena e, no Dia da Ressurreição, serão submetidos ao mais severo dos castigos. E Allah não está desatento em relação a tudo quanto fazeis.

أُوْلَٰٓئِكَ ٱلَّذِينَ ٱشۡتَرَوُاْ ٱلۡحَيَوٰةَ ٱلدُّنۡيَا بِٱلۡأٓخِرَةِۖ فَلَا يُخَفَّفُ عَنۡهُمُ ٱلۡعَذَابُ وَلَا هُمۡ يُنصَرُونَ ٨٦

86. Ulá'ikal lazína chtaraul hayátad dunyá bil ákhirati falá yukhaffafu 'an-humul 'azábu wa lá hum yunsarún)

86. São aqueles que negociaram a vida futura pela vida terrena; a esses não lhes será atenuado o castigo, nem serão socorridos.

وَلَقَدۡ ءَاتَيۡنَا مُوسَى ٱلۡكِتَٰبَ وَقَفَّيۡنَا مِنۢ بَعۡدِهِۦ بِٱلرُّسُلِۖ وَءَاتَيۡنَا عِيسَى ٱبۡنَ مَرۡيَمَ ٱلۡبَيِّنَٰتِ وَأَيَّدۡنَٰهُ بِرُوحِ ٱلۡقُدُسِۗ أَفَكُلَّمَا جَآءَكُمۡ رَسُولُۢ بِمَا لَا تَهۡوَىٰٓ أَنفُسُكُمُ ٱسۡتَكۡبَرۡتُمۡ فَفَرِيقٗا كَذَّبۡتُمۡ وَفَرِيقٗا تَقۡتُلُونَ ٨٧

87. Wa laqad átainá Mussal Kitába wa qaffainá mim ba'dihí bir Russuli wa átainá 'Íssa bna-Maryamal baiyináti wa ayyadnáhu bi Rúhil Qudus; afakullamá já'akum Rasúlum bimá lá tahwá anfussukumus takbartum fafaríqan kazzabtum wa faríqan taqtulún

87. Concedemos o Livro a Moisés, e depois dele enviamos muitos mensageiros, e concedemos a Jesus, filho de Maria, as evidências, e o fortalecemos com o Espírito da Santidade. Cada vez que vos era apresentado um mensageiro contrário aos vossos interesses, vós vos ensoberbecíeis! Desmentíeis uns e assassináveis outros!

وَقَالُواْ قُلُوبُنَا غُلۡفُۢۚ بَل لَّعَنَهُمُ ٱللَّهُ بِكُفۡرِهِمۡ فَقَلِيلٗا مَّا يُؤۡمِنُونَ ٨٨

88. Wa qálú qulúbuná ghulf; bal la'anahumul láhu bikufrihim faqalílam má yu'minún

88. Disseram: Nossos corações são insensíveis! Qual! Allah os amaldiçoou por sua incredulidade. Quão pouco acreditavam!

وَلَمَّا جَآءَهُمۡ كِتَٰبٞ مِّنۡ عِندِ ٱللَّهِ مُصَدِّقٞ لِّمَا مَعَهُمۡ وَكَانُواْ مِن قَبۡلُ
يَسۡتَفۡتِحُونَ عَلَى ٱلَّذِينَ كَفَرُواْ فَلَمَّا جَآءَهُم مَّا عَرَفُواْ كَفَرُواْ بِهِۦۚ
فَلَعۡنَةُ ٱللَّهِ عَلَى ٱلۡكَٰفِرِينَ ٨٩

89. Wa lammá já'ahum Kitábum min 'indil láhi musaddiqul limá ma'ahum wa kánú min qablu yastaftihúna 'alal lazína kafarú falammá já'ahum má 'arafú kafarú bih; fala'natul láhi 'alal káfirín

89. Quando, da parte de Allah, lhes chegou um Livro (Alcorão), confirmante do deles, apesar de antes terem implorado a vitória sobre os incrédulos, quando lhes chegou o que sabiam, negaram-no. Que a maldição de Allah caia sobre os incrédulos!

بِئۡسَمَا ٱشۡتَرَوۡاْ بِهِۦٓ أَنفُسَهُمۡ أَن يَكۡفُرُواْ بِمَآ أَنزَلَ ٱللَّهُ بَغۡيًا أَن يُنَزِّلَ ٱللَّهُ
مِن فَضۡلِهِۦ عَلَىٰ مَن يَشَآءُ مِنۡ عِبَادِهِۦۖ فَبَآءُو بِغَضَبٍ عَلَىٰ غَضَبٖۚ وَلِلۡكَٰفِرِينَ
عَذَابٞ مُّهِينٞ ٩٠

90. Bi'samá chtarau bihí anfussahum an yakfurú bimá anzalal láhu baghyan an yunazzilal láhu min fadhlihí 'alá man yachá'u min 'ibádihí fabá'ú bighadhabin 'alá ghadhab; wa lilkáfirína 'azábum muhín

90. A que vil preço se venderam, ao renegarem o que Allah tinha revelado! Fizeram-no injustamente, inconformados com que Allah revelasse a Sua graça a quem Lhe aprouvesse, dentre os Seus servos. Assim, atraíram sobre si abominação após abominação. Os incrédulos sofrerão um castigo afrontoso.

وَيَكۡفُرُونَ بِمَا وَرَآءَهُۥ وَهُوَ ٱلۡحَقُّ مُصَدِّقٗا لِّمَا مَعَهُمۡۗ قُلۡ فَلِمَ
تَقۡتُلُونَ أَنۢبِيَآءَ ٱللَّهِ مِن قَبۡلُ إِن كُنتُم مُّؤۡمِنِينَ ٩١ وَإِذَا قِيلَ
لَهُمۡ ءَامِنُواْ بِمَآ أَنزَلَ ٱللَّهُ قَالُواْ نُؤۡمِنُ بِمَآ أُنزِلَ عَلَيۡنَا

91. Wa izá quila lahum áminú bimá anzalal láhu qálú nu'minu bimá unzila 'alainá wa yakfurúna bimá wará'ahú wa huwal haqqu musaddiqan limá ma'ahum; qul falimá taqtulúna Ambiyá'al láhi min qablu in kuntum mu'minín

سُورَةُ البَقَرَةِ

Surat Al Bacara

91. Quando lhes é dito: Crede no que Allah revelou!, dizem: Cremos no que nos foi revelado. E rejeitam o que está além disso (Alcorão), embora seja a verdade corroborante da que já tinham. Dize-lhes: Por que, então, assassinastes os profetas de Allah, se éreis crentes?

۞ وَلَقَدْ جَآءَكُم مُّوسَىٰ بِٱلْبَيِّنَٰتِ ثُمَّ ٱتَّخَذْتُمُ ٱلْعِجْلَ مِنۢ
بَعْدِهِۦ وَأَنتُمْ ظَٰلِمُونَ ﴿٩٢﴾

92. ۞ *Wa laqad já'akum Mussa bilbaiyináti çummat takhaztumul 'ijla mim ba'dihí wa antum zálimun*

92. Já Moisés vos havia apresentado as evidências e, em sua ausência, adorastes o bezerro, condenando-vos.

وَإِذْ أَخَذْنَا مِيثَٰقَكُمْ وَرَفَعْنَا فَوْقَكُمُ ٱلطُّورَ خُذُوا۟
مَآ ءَاتَيْنَٰكُم بِقُوَّةٍ وَٱسْمَعُوا۟ ۖ قَالُوا۟ سَمِعْنَا وَعَصَيْنَا وَأُشْرِبُوا۟
فِى قُلُوبِهِمُ ٱلْعِجْلَ بِكُفْرِهِمْ ۚ قُلْ بِئْسَمَا يَأْمُرُكُم
بِهِۦٓ إِيمَٰنُكُمْ إِن كُنتُم مُّؤْمِنِينَ ﴿٩٣﴾

93. Wa iz akhazná miçáqakum wa rafa'ná fauqakumut Túra khuzú má atainákum biquwatin wasma'ú qálú sami'ná wa 'asainá wa uchribú fí qulúbihimul 'ijla bikufrihim; qul bi'samá yá'murukum bihí ímánukum in kuntum mu'minin

93. E quando aceitamos o vosso compromisso e elevamos o Monte acima de vós, dizendo-vos: Recebei com firmeza tudo quanto vos concedermos e escutai!, disseram: Já escutamos, porém nos rebelamos! E, por sua incredulidade, incutiram em seus corações a adoração do bezerro. Dize-lhes: Quão detestável é isso a que vossa crença vos inspira, se é que sois crentes!

قُلْ إِن كَانَتْ لَكُمُ ٱلدَّارُ ٱلْـَٔاخِرَةُ عِندَ ٱللَّهِ خَالِصَةً مِّن دُونِ
ٱلنَّاسِ فَتَمَنَّوُا۟ ٱلْمَوْتَ إِن كُنتُمْ صَٰدِقِينَ ﴿٩٤﴾

سُورَةُ البَقَرَةِ

Surat Al Bacara

94. *Qul in kánat lakumud Dárul Ákhiratu 'indal láhi khálisatam min dúnin nássi fatamannawul mauta in kuntum sádiquin*

94. Dize-lhes: Se a última morada, ao lado de Allah, é exclusivamente vossa, em detrimento dos demais, desejai então a morte, se estiverdes certos.

وَلَن يَتَمَنَّوۡهُ أَبَدَۢا بِمَا قَدَّمَتۡ أَيۡدِيهِمۡۚ وَٱللَّهُ عَلِيمُۢ بِٱلظَّٰلِمِينَ ﴿٩٥﴾

95. *Wa lan yatamannauhu abadan bimá qaddamat aydíhim; walláhu 'alímum bizzálimín*

95. Porém, jamais a desejariam, por causa do que cometeram as suas mãos; e Allah bem conhece os injustos.

وَلَتَجِدَنَّهُمۡ أَحۡرَصَ ٱلنَّاسِ عَلَىٰ حَيَوٰةٖ وَمِنَ ٱلَّذِينَ أَشۡرَكُواْۚ يَوَدُّ
أَحَدُهُمۡ لَوۡ يُعَمَّرُ أَلۡفَ سَنَةٖ وَمَا هُوَ بِمُزَحۡزِحِهِۦ مِنَ ٱلۡعَذَابِ أَن
يُعَمَّرَۗ وَٱللَّهُ بَصِيرُۢ بِمَا يَعۡمَلُونَ ﴿٩٦﴾

96. *Wa latajidannahum a<u>h</u>rasan nássi 'alá <u>h</u>ayátin wa minal lazína achrakú; yawaddu ahaduhum lau yu'ammaru alfa sanatin wa má huwa bi muza<u>h</u>zihihí minal 'azábi an yu'ammar; walláhu basírum bimá ya'malún*

96. Tu os acharás mais ávidos de viver do que ninguém, muito mais do que os idólatras, pois cada um deles desejaria viver mil anos; porém, ainda que vivessem tanto, isso não os livraria do castigo, porque Allah bem vê tudo quanto fazem.

قُلۡ مَن كَانَ عَدُوّٗا لِّجِبۡرِيلَ فَإِنَّهُۥ نَزَّلَهُۥ عَلَىٰ قَلۡبِكَ بِإِذۡنِ ٱللَّهِ
مُصَدِّقٗا لِّمَا بَيۡنَ يَدَيۡهِ وَهُدٗى وَبُشۡرَىٰ لِلۡمُؤۡمِنِينَ ﴿٩٧﴾

97. *Qul man kána 'aduwal li Jibríla fa-innahú nazzalahú 'alá qalbika bi iznil láhi musaddiqan limá baina yadaihi wa hudan wa buchrá lilmu'minín*

97. Dize-lhes: Quem for inimigo de Gabriel, saiba que ele, com o beneplácito de Allah, impregnou-te (o Alcorão) no coração, para confirmar o que foi revelado antes; é orientação e anúncio de boas-novas para os crentes.

سُورَةُ البَقَرَةِ

Surat Al Bacara

مَن كَانَ عَدُوًّا لِّلَّهِ وَمَلَٰٓئِكَتِهِۦ وَرُسُلِهِۦ وَجِبْرِيلَ وَمِيكَىٰلَ
فَإِنَّ ٱللَّهَ عَدُوٌّ لِّلْكَٰفِرِينَ ﴿٩٨﴾

98. *Man kána 'aduwal lilláhi wa malá'ikatihí wa Rusulihí wa Jibríla wa Míkála fa innal láha 'aduwul lilkáfirín*

98. Quem for inimigo de Allah, dos Seus anjos, dos Seus mensageiros, de Gabriel e de Miguel, saiba que Allah é adversário dos incrédulos.

وَلَقَدْ أَنزَلْنَآ إِلَيْكَ ءَايَٰتٍۭ بَيِّنَٰتٍ ۖ وَمَا يَكْفُرُ بِهَآ إِلَّا ٱلْفَٰسِقُونَ ﴿٩٩﴾

99. *Wa laqad anzalná ilaika Áyátim baiyinátin wa má yakfuru bihá illal fássiqún*

99. Revelamos-te versículos esclarecedores, e ninguém ousará negá-los, senão os depravados.

أَوَكُلَّمَا عَٰهَدُوا۟ عَهْدًا نَّبَذَهُۥ فَرِيقٌ مِّنْهُم ۚ بَلْ أَكْثَرُهُمْ لَا
يُؤْمِنُونَ ﴿١٠٠﴾

100. *Awa kullamá 'áhadú wa'ahdan nabazahú faríqun min-hum; bal akçaruhum lá yu'minún*

100. Será possível que, cada vez que contraem um compromisso, haja entre eles um grupo que o quebre? Em verdade, a maioria não crê.

وَلَمَّا جَآءَهُمْ رَسُولٌ مِّنْ عِندِ ٱللَّهِ مُصَدِّقٌ لِّمَا مَعَهُمْ نَبَذَ
فَرِيقٌ مِّنَ ٱلَّذِينَ أُوتُوا۟ ٱلْكِتَٰبَ كِتَٰبَ ٱللَّهِ وَرَآءَ ظُهُورِهِمْ
كَأَنَّهُمْ لَا يَعْلَمُونَ ﴿١٠١﴾

101. *Wa lammá já'ahum Rasúlum min 'indil láhi musaddiqun limá ma'ahum nabaza faríqum minal lazína útul Kitába Kitábal láhi wará'a zuhúrihim ka annahum lá ya'lamun*

101. E quando lhes foi apresentado um Mensageiro (Mohammad) de Allah, que confirmou o que já possuíam, alguns dos adeptos do Livro (os judeus) atiraram às costas o Livro de Allah como se não o conhecessem.

وَٱتَّبَعُواْ مَا تَتْلُواْ ٱلشَّيَٰطِينُ عَلَىٰ مُلْكِ سُلَيْمَٰنَ ۖ وَمَا كَفَرَ سُلَيْمَٰنُ وَلَٰكِنَّ
ٱلشَّيَٰطِينَ كَفَرُواْ يُعَلِّمُونَ ٱلنَّاسَ ٱلسِّحْرَ وَمَآ أُنزِلَ عَلَى
ٱلْمَلَكَيْنِ بِبَابِلَ هَٰرُوتَ وَمَٰرُوتَ ۚ وَمَا يُعَلِّمَانِ مِنْ أَحَدٍ حَتَّىٰ
يَقُولَآ إِنَّمَا نَحْنُ فِتْنَةٌ فَلَا تَكْفُرْ ۖ فَيَتَعَلَّمُونَ مِنْهُمَا مَا يُفَرِّقُونَ
بِهِۦ بَيْنَ ٱلْمَرْءِ وَزَوْجِهِۦ ۚ وَمَا هُم بِضَآرِّينَ بِهِۦ مِنْ أَحَدٍ إِلَّا بِإِذْنِ
ٱللَّهِ ۚ وَيَتَعَلَّمُونَ مَا يَضُرُّهُمْ وَلَا يَنفَعُهُمْ ۚ وَلَقَدْ عَلِمُواْ لَمَنِ
ٱشْتَرَىٰهُ مَا لَهُۥ فِى ٱلْءَاخِرَةِ مِنْ خَلَٰقٍ ۚ وَلَبِئْسَ مَا شَرَوْاْ بِهِۦٓ
أَنفُسَهُمْ ۚ لَوْ كَانُواْ يَعْلَمُونَ ١٠٢

102. Wattaba'ú má tatluch Chayátínu 'alá mulki Sulaimána wa má kafara Sulaimánu wa lákinnach Chayatína kafarú yu'allimúnan násas sihra wa má unzila 'alal malakaini bi Bábila Hárúta wa Márút; wa má yu'allimáni min ahadin hattá yaqúlá innamá nahnu fitnatun falá takfur fayata'allamúna min-humá má yufarriqúna bihí bainal mar'i wa zawjih; wamá hum bidhárrína bihí min ahadin illá bi-iznil lah; wa yata'allamúna má yadhurruhum wa lá yanfa'uhum; wa laqad 'alimú lamanich taráhu má lahú fil Ákhirati min khalaq; wa labi'sa má charau bihí anfussahum; lau kánú ya'lamún

102. E seguiram o que os demônios apregoavam, acerca do Reinado de Salomão. Porém, Salomão nunca foi incrédulo; outrossim foram os demônios que incorreram na incredulidade. Ensinaram aos homens a magia e o que foi revelado aos dois anjos, Harut e Marut, na Babilônia. Ambos, a ninguém instruíram, sem que dissessem: Somos apenas uma prova; não vos torneis incrédulos! Porém, os homens aprendiam de ambos como desunir da sua esposa o marido. Mas, com isso não podiam prejudicar a ninguém, a não ser com a anuência de Deus. Os homens aprendiam o que lhes era prejudicial e não o que lhes era benéfico, sabendo que aquele que assim agisse, jamais participaria da ventura da Outra Vida. A que vil preço se venderam! Se soubessem!

وَلَوْ أَنَّهُمْ ءَامَنُواْ وَٱتَّقَوْاْ لَمَثُوبَةٌ مِّنْ عِندِ ٱللَّهِ خَيْرٌ ۖ لَّوْ كَانُواْ
يَعْلَمُونَ ١٠٣

103. Wa lau annahum ámanú wattaqau lamaçúbatum min 'indil láhi khairun lau kánú ya'lamun

103. Todavia, se tivessem acreditado, e temido, teriam obtido a melhor recompensa de Deus. Se o soubessem!

يَـٰٓأَيُّهَا ٱلَّذِينَ ءَامَنُوا۟ لَا تَقُولُوا۟ رَٰعِنَا وَقُولُوا۟ ٱنظُرْنَا وَٱسْمَعُوا۟ ۗ
وَلِلْكَـٰفِرِينَ عَذَابٌ أَلِيمٌ ﴿١٠٤﴾

104. Yá ayyuhal lazína ámanú lá taqúlú rá'iná wa qúlun zurná wasma'ú; wa lilkáfirína 'azábun alím

104. Ó crentes, não digais (ao Profeta Mohammad): "*Rá'ina*", outrossim dizei: "*Anzurna*" e escutai. Sabei que os incrédulos sofrerão um doloroso castigo.

مَّا يَوَدُّ ٱلَّذِينَ كَفَرُوا۟ مِنْ أَهْلِ ٱلْكِتَـٰبِ وَلَا ٱلْمُشْرِكِينَ
أَن يُنَزَّلَ عَلَيْكُم مِّنْ خَيْرٍ مِّن رَّبِّكُمْ ۗ وَٱللَّهُ يَخْتَصُّ
بِرَحْمَتِهِۦ مَن يَشَآءُ ۚ وَٱللَّهُ ذُو ٱلْفَضْلِ ٱلْعَظِيمِ ﴿١٠٥﴾

105. Má yawaddul lazína kafarú min ahlil kitábi wa lal muchrikína ai-yunazzala 'alaikum min khairim mir Rabbikum; walláhu yakhtassu birahmatihí mai-yacha-u; walláhu zul fadhlil'azím

105. Aos incrédulos, dentre os adeptos do Livro, e aos idólatras, agradaria que não vos fosse enviada nenhuma mercê do vosso Senhor; mas Deus concede a Sua Clemência exclusivamente a quem Lhe apraz, porque é Agraciante por excelência.

۞ مَا نَنسَخْ مِنْ ءَايَةٍ أَوْ نُنسِهَا نَأْتِ بِخَيْرٍ مِّنْهَآ أَوْ مِثْلِهَآ ۗ أَلَمْ
تَعْلَمْ أَنَّ ٱللَّهَ عَلَىٰ كُلِّ شَىْءٍ قَدِيرٌ ﴿١٠٦﴾

106. ۞ Má nansakh min áyatin au nunsihá na-ti bikhairim min-há au miçlihá; alam ta'lam annal láha 'alá kulli chai'in qadír

106. Não ab-rogamos nenhum versículo, nem fazemos com que seja esquecido (por ti), sem substituí-lo por outro melhor ou semelhante. Ignoras, por acaso, que Deus é Onipotente?

سُورَةُ البَقَرَةِ

Surat Al Bacara

أَلَمْ تَعْلَمْ أَنَّ ٱللَّهَ لَهُۥ مُلْكُ ٱلسَّمَٰوَٰتِ وَٱلْأَرْضِ ۗ وَمَا لَكُم
مِّن دُونِ ٱللَّهِ مِن وَلِىٍّ وَلَا نَصِيرٍ ﴿١٠٧﴾

107. Alam ta'lam annal láha lahú mulkus samáwáti wal ardh; wa má lakum min dúnil láhi min waliyyin wa lá nasir

107. Porventura, não sabes que a Deus pertence o reino dos Céus e da Terra e que, além de Deus, (vós) não tereis outro protetor, nem defensor?

أَمْ تُرِيدُونَ أَن تَسْـَٔلُوا۟ رَسُولَكُمْ كَمَا سُئِلَ مُوسَىٰ مِن قَبْلُ ۗ
وَمَن يَتَبَدَّلِ ٱلْكُفْرَ بِٱلْإِيمَٰنِ فَقَدْ ضَلَّ سَوَآءَ ٱلسَّبِيلِ ﴿١٠٨﴾

108. Am turidúna an tas'alú Rasúlakum kamá su'ila Mussa min qabl; wa mai yatabaddalil kufra bil ímáni faqad dhalla sawá'as sabíl

108. Pretendeis interrogar o vosso Mensageiro, como anteriormente foi interrogado Moisés? (Sabei que) aquele que permuta a fé pela incredulidade desvia-se da verdadeira senda.

وَدَّ كَثِيرٌ مِّنْ أَهْلِ ٱلْكِتَٰبِ لَوْ يَرُدُّونَكُم مِّنۢ بَعْدِ
إِيمَٰنِكُمْ كُفَّارًا حَسَدًا مِّنْ عِندِ أَنفُسِهِم مِّنۢ بَعْدِ مَا تَبَيَّنَ
لَهُمُ ٱلْحَقُّ ۖ فَٱعْفُوا۟ وَٱصْفَحُوا۟ حَتَّىٰ يَأْتِىَ ٱللَّهُ بِأَمْرِهِۦٓ ۗ إِنَّ ٱللَّهَ
عَلَىٰ كُلِّ شَىْءٍ قَدِيرٌ ﴿١٠٩﴾

109. Wadda kaçírum min ahlil kitábi lau yaruddúnakum mim ba'di ímánikum kuffáran hasadam min 'indi anfussihim mim ba'di má tabaiyana lahumul haqqu fa'fú wasfahú hattá yátiyal láhu bi amrih; innal láha 'alá kulli chai'in qadír

109. Muitos dos adeptos do Livro, por inveja, desejariam fazer-vos voltar à incredulidade, depois de terdes acreditado, apesar de lhes ter sido evidenciada a verdade. Tolerai e perdoai, até que Deus faça cumprir os Seus desígnios, porque Deus é Onipotente.

وَأَقِيمُواْ ٱلصَّلَوٰةَ وَءَاتُواْ ٱلزَّكَوٰةَۚ وَمَا تُقَدِّمُواْ لِأَنفُسِكُم مِّنْ خَيْرٍ
تَجِدُوهُ عِندَ ٱللَّهِۗ إِنَّ ٱللَّهَ بِمَا تَعْمَلُونَ بَصِيرٞ ١١٠

110. Wa aquimus saláta wa átuz zakáh; wa má tuqaddimú li anfussikum min khairin tajidúhu 'indal láh; innal láha bimá ta'malúna basir

110. Observai a oração, pagai o zakat e sabei que todo o bem que apresentardes para vós mesmos, encontrareis em Deus, porque Ele bem vê tudo quanto fazeis.

وَقَالُواْ لَن يَدْخُلَ ٱلْجَنَّةَ إِلَّا مَن كَانَ هُودًا أَوْ نَصَٰرَىٰۗ تِلْكَ
أَمَانِيُّهُمْۗ قُلْ هَاتُواْ بُرْهَٰنَكُمْ إِن كُنتُمْ صَٰدِقِينَ ١١١

111. Wa qálú lai yadkhulal jannata illá man kána Húdan au Nasará; tilka amániyyuhum; qul hátú burhánakum in kuntum sádiquin

111. Disseram: Ninguém entrará no Paraíso, a não ser que seja judeu ou cristão. Tais são as suas ideias imaginárias. Dize-lhes: Mostrai a vossa prova se estiverdes certos.

بَلَىٰ مَنْ أَسْلَمَ وَجْهَهُۥ لِلَّهِ وَهُوَ مُحْسِنٞ فَلَهُۥٓ أَجْرُهُۥ عِندَ رَبِّهِۦ
وَلَا خَوْفٌ عَلَيْهِمْ وَلَا هُمْ يَحْزَنُونَ ١١٢

112. Balá man asslama wajhahú lilláhi wa huwa muhsinun falahú ajruhú 'inda rabbi wa lá khaufun 'alaihim walá hum yahzanún

112. Qual! Aqueles que se submeteram a Deus e são caritativos obterão a recompensa, em seu Senhor, e não serão presas do temor, nem se angustiarão.

وَقَالَتِ ٱلْيَهُودُ لَيْسَتِ ٱلنَّصَٰرَىٰ عَلَىٰ شَيْءٖ وَقَالَتِ ٱلنَّصَٰرَىٰ لَيْسَتِ
ٱلْيَهُودُ عَلَىٰ شَيْءٖ وَهُمْ يَتْلُونَ ٱلْكِتَٰبَۗ كَذَٰلِكَ قَالَ ٱلَّذِينَ لَا
يَعْلَمُونَ مِثْلَ قَوْلِهِمْۚ فَٱللَّهُ يَحْكُمُ بَيْنَهُمْ يَوْمَ ٱلْقِيَٰمَةِ فِيمَا كَانُواْ فِيهِ
يَخْتَلِفُونَ ١١٣

113. Wa qálatil Yahúdu laisatin Nasárá 'alá chai'in-wa qálatin Nasárá laisatil Yahúdu 'alá chai'in wahum yatlúnal Kitáb; kazálika qálal lazína la ya'lamúna miçla qaulihim; falláhu yahkumu bainahum Yaumal Quiyámati fímá kánú fíhi yakhtalifún

113. Os judeus dizem: Os cristãos não têm em que se apoiar! E os cristãos dizem: Os judeus não têm em que se apoiar!, apesar de ambos lerem o Livro. Assim também os tolos dizem coisas semelhantes. Porém, Deus julgará entre eles, quanto às suas divergências, no Dia da Ressurreição.

وَمَنْ أَظْلَمُ مِمَّن مَّنَعَ مَسَٰجِدَ ٱللَّهِ أَن يُذْكَرَ فِيهَا ٱسْمُهُۥ وَسَعَىٰ فِى
خَرَابِهَآ ۚ أُو۟لَٰٓئِكَ مَا كَانَ لَهُمْ أَن يَدْخُلُوهَآ إِلَّا خَآئِفِينَ ۚ لَهُمْ
فِى ٱلدُّنْيَا خِزْىٌ وَلَهُمْ فِى ٱلْءَاخِرَةِ عَذَابٌ عَظِيمٌ ﴿١١٤﴾

114. Wa man azlamu mimmam-mana'a masájidal láhi ai-yuzkara fihas muhú wa sa'á fi kharábihá; ulá'ika má kána lahum ai yadkhulúhá illá khá'ifin; lahum fiddunyá khizyun wa lahum fil ákhirati 'azábun 'azim

114. Haverá alguém mais injusto do que aquele que impede que o nome de Deus seja celebrado em seus santuários, mas se esforça por destruí-los? Estes não deveriam adentrá-los senão, temerosos; sobre eles recairá, pois, a desonra deste mundo e, no outro, sofrerão um severo castigo.

وَلِلَّهِ ٱلْمَشْرِقُ وَٱلْمَغْرِبُ ۚ فَأَيْنَمَا تُوَلُّوا۟ فَثَمَّ وَجْهُ ٱللَّهِ ۚ إِنَّ ٱللَّهَ وَٰسِعٌ
عَلِيمٌ ﴿١١٥﴾

115. Wa lilláhil machriqu walmaghrib; fa aynamá tuwallú façamma wajhul láh; innal láha Wási'un Alím

115. Tanto o levante como o poente pertencem a Deus e, aonde quer que vos dirijais, notareis o Seu Rosto, porque Deus é Munificente, Sapientíssimo.

وَقَالُوا۟ ٱتَّخَذَ ٱللَّهُ وَلَدًا ۗ سُبْحَٰنَهُۥ ۖ بَل لَّهُۥ مَا فِى ٱلسَّمَٰوَٰتِ
وَٱلْأَرْضِ ۖ كُلٌّ لَّهُۥ قَٰنِتُونَ ﴿١١٦﴾

116. Wa qálut takhazal láhu waladan subhánahú bal lahú má fis samáwáti wal ardhi kullul lahú qánitún

116. Dizem (os cristãos): Deus gerou um filho! Glorificado seja! Pois a Deus pertence tudo quanto existe nos Céus e na Terra, e tudo está consagrado a Ele.

بَدِيعُ ٱلسَّمَٰوَٰتِ وَٱلْأَرْضِ ۖ وَإِذَا قَضَىٰٓ أَمْرًا فَإِنَّمَا يَقُولُ لَهُۥ كُن
فَيَكُونُ ﴿١١٧﴾

117. Badí'us samáwáti wal ardhi wa izá qadhá amran fa innamá yaqúlu lahú kun fayakún

117. Ele é o Originador dos Céus e da Terra e, quando decreta algo, basta-Lhe dizer: Seja! e é.

وَقَالَ ٱلَّذِينَ لَا يَعْلَمُونَ لَوْلَا يُكَلِّمُنَا ٱللَّهُ أَوْ تَأْتِينَآ ءَايَةٌ ۗ كَذَٰلِكَ
قَالَ ٱلَّذِينَ مِن قَبْلِهِم مِّثْلَ قَوْلِهِمْ ۘ تَشَٰبَهَتْ قُلُوبُهُمْ ۗ قَدْ بَيَّنَّا
ٱلْءَايَٰتِ لِقَوْمٍ يُوقِنُونَ ﴿١١٨﴾

118. Wa qálal lazína lá ya'lamúna lau lá yukallimunal láhu au ta'tíná áyah; kazálika qálal lazína min qablihim miçla qaulihim; tachábahat qulúbuhum; qad baiyannal áyáti liqaumin yuquinún

118. Os tolos dizem: Por que Deus não fala conosco, ou nos apresenta um sinal? Assim falaram, com as mesmas palavras, os seus antepassados, porque os seus corações se assemelhavam aos deles. Temos elucidado os versículos para a gente com convicção.

إِنَّآ أَرْسَلْنَٰكَ بِٱلْحَقِّ بَشِيرًا وَنَذِيرًا ۖ وَلَا تُسْـَٔلُ عَنْ أَصْحَٰبِ
ٱلْجَحِيمِ ﴿١١٩﴾

119. Inná arsalnáka bilhaqqui bachíran wa nazíran wa lá tuss'alu 'an Asshábil Jahím

119. Por certo (ó Mensageiro) que te enviamos com a verdade, como alvissareiro e admoestador, e que não serás responsabilizado pelos malvados.

سُورَةُ البَقَرَةِ

Surat Al Bacara

وَلَن تَرْضَىٰ عَنكَ ٱلْيَهُودُ وَلَا ٱلنَّصَٰرَىٰ حَتَّىٰ تَتَّبِعَ مِلَّتَهُمْ ۗ قُلْ إِنَّ هُدَى ٱللَّهِ
هُوَ ٱلْهُدَىٰ ۗ وَلَئِنِ ٱتَّبَعْتَ أَهْوَآءَهُم بَعْدَ ٱلَّذِى جَآءَكَ مِنَ ٱلْعِلْمِ ۙ مَا لَكَ مِنَ
ٱللَّهِ مِن وَلِىٍّ وَلَا نَصِيرٍ ﴿١٢٠﴾

120. *Wa lan tardhá 'ankal Yahúdu wa lan Nasárá hattá tattabi'a millatahum; qul inna hudal láhi huwal hudá; wa la'init taba'ta ahwá'ahum ba'dal lazí já'aka minal 'ilmi má laka minal láhi min waliyyin wa lá nasír*

120. Nem os judeus, nem os cristãos, jamais estarão satisfeitos contigo, a menos que abraces os seus credos. Dize-lhes: Por certo que a orientação de Deus é a Orientação (por excelência)! Se te renderes aos seus desejos, depois de te ter chegado o conhecimento, fica sabendo que não terás, em Deus, Protetor, nem Defensor.

ٱلَّذِينَ ءَاتَيْنَٰهُمُ ٱلْكِتَٰبَ يَتْلُونَهُۥ حَقَّ تِلَاوَتِهِۦٓ أُو۟لَٰٓئِكَ يُؤْمِنُونَ بِهِۦ ۗ وَمَن
يَكْفُرْ بِهِۦ فَأُو۟لَٰٓئِكَ هُمُ ٱلْخَٰسِرُونَ ﴿١٢١﴾

121. *Allazína átainráhumul Kitába yatlúnahú haqqa tiláwatihí ulá'ika yu'minúna bih; wa mai yakfur bihí fa ulá'ika humul khásirún*

121. Aqueles a quem concedemos o Livro recitam-no como ele deve ser recitado. São os que acreditam nele; porém, aqueles que o negarem serão desventurados.

يَٰبَنِىٓ إِسْرَٰٓءِيلَ ٱذْكُرُوا۟ نِعْمَتِىَ ٱلَّتِىٓ أَنْعَمْتُ عَلَيْكُمْ وَأَنِّى فَضَّلْتُكُمْ عَلَى
ٱلْعَٰلَمِينَ ﴿١٢٢﴾

122. *Yá Baní Isrá'ílaz-kurú ni'matiyal latí an'amtu 'alaikum wa anní faddaltukum 'alal 'álamín*

122. Ó israelitas, recordai-vos das Minhas mercês com as quais vos agraciei, e de que vos preferi aos vossos contemporâneos.

سُورَةُ البَقَرَةِ

Surat Al Bacara

وَٱتَّقُواْ يَوۡمٗا لَّا تَجۡزِي نَفۡسٌ عَن نَّفۡسٖ شَيۡـٔٗا وَلَا يُقۡبَلُ مِنۡهَا عَدۡلٞ وَلَا
تَنفَعُهَا شَفَٰعَةٞ وَلَا هُمۡ يُنصَرُونَ ﴿١٢٣﴾

123. Wattaqú yaumal lá tajzí nafsun 'an nafsin chai'an wa lá yuqbalu min-há 'adlun wa lá tanfa'uhá chafá'atun wa lá hum yunssarún

123. E temei o dia em que nenhuma alma poderá advogar por outra alma, nem lhe será aceita compensação, nem lhe será admitida intercessão alguma, nem ninguém será socorrido.

۞ وَإِذِ ٱبۡتَلَىٰٓ إِبۡرَٰهِـۧمَ رَبُّهُۥ بِكَلِمَٰتٖ فَأَتَمَّهُنَّۖ قَالَ إِنِّي جَاعِلُكَ لِلنَّاسِ إِمَامٗاۖ
قَالَ وَمِن ذُرِّيَّتِيۖ قَالَ لَا يَنَالُ عَهۡدِي ٱلظَّٰلِمِينَ ﴿١٢٤﴾

124. ۞ Wa izi btalá Ibráhíma Rabbuhú bi Kalimátin fa atammahunna qála Inní já'iluka linnássi Imáman qála wa min zurriyyatí qála lá yanálu 'ahdiz zálimín

124. E quando o seu Senhor pôs à prova Abraão, com certos mandamentos, que ele observou, disse-lhe: Designar-te-ei Imam dos homens. (Abraão) perguntou: E também o serão os meus descendentes? Respondeu-lhe: Minha promessa não alcançará os injustos.

وَإِذۡ جَعَلۡنَا ٱلۡبَيۡتَ مَثَابَةٗ لِّلنَّاسِ وَأَمۡنٗا وَٱتَّخِذُواْ مِن مَّقَامِ إِبۡرَٰهِـۧمَ مُصَلّٗىۖ
وَعَهِدۡنَآ إِلَىٰٓ إِبۡرَٰهِـۧمَ وَإِسۡمَٰعِيلَ أَن طَهِّرَا بَيۡتِيَ لِلطَّآئِفِينَ وَٱلۡعَٰكِفِينَ
وَٱلرُّكَّعِ ٱلسُّجُودِ ﴿١٢٥﴾

125. Wa iz ja'alnal Baita maçábatal linnássi wa amnan wattakhizú mim Maqámi Ibráhíma musallá; wa 'ahidná ilá Ibráhíma wa Ismá'íla an tahirá Baitiya littá'ifína wal'ákifína warrukka'is sujúd

125. Lembrai-vos que estabelecemos a Casa, para congresso e local de segurança para a humanidade; e adotai a Estância de Abraão por oratório. E estipulamos um pacto com Abraão e Ismael, dizendo-lhes: Purificai a Minha Casa, para os circundantes (da Caaba), os retraídos, os que se inclinam e se prostram.

سُورَةُ البَقَرَةِ

Surat Al Bacara

وَإِذْ قَالَ إِبْرَٰهِـۧمُ رَبِّ ٱجْعَلْ هَٰذَا بَلَدًا ءَامِنًا وَٱرْزُقْ أَهْلَهُۥ مِنَ ٱلثَّمَرَٰتِ مَنْ
ءَامَنَ مِنْهُم بِٱللَّهِ وَٱلْيَوْمِ ٱلْـَٔاخِرِ ۖ قَالَ وَمَن كَفَرَ فَأُمَتِّعُهُۥ قَلِيلًا ثُمَّ أَضْطَرُّهُۥٓ
إِلَىٰ عَذَابِ ٱلنَّارِ ۖ وَبِئْسَ ٱلْمَصِيرُ ﴿١٢٦﴾

126. Wa iz qála Ibráhímu Rabbij'al házá baladan áminan warzuq ahlahú minas çamaráti man ámana min-hum billáhi wal yaumil ákhiri qála wa man kafara fa'umatti'uhú qalílan çumma adhtarruhú ilá 'azábin Nári wa bi'salmasir

126. E quando Abraão implorou: Ó Senhor meu, faze com que esta cidade seja de paz, e agracia com frutos os seus habitantes que creem em Deus e no Dia do Juízo Final! Deus respondeu: Quanto aos incrédulos dar-lhes-ei um desfrutar transitório e depois os condenarei ao tormento infernal. Que triste destino!

وَإِذْ يَرْفَعُ إِبْرَٰهِـۧمُ ٱلْقَوَاعِدَ مِنَ ٱلْبَيْتِ وَإِسْمَٰعِيلُ رَبَّنَا تَقَبَّلْ مِنَّآ ۖ
إِنَّكَ أَنتَ ٱلسَّمِيعُ ٱلْعَلِيمُ ﴿١٢٧﴾

127. Wa iz yarfa'u Ibráhímul qauá'ida minal Baiti wa Ismá'ílu Rabbaná taqabbal minná innaka Antas Samí'ul 'Alím

127. E quando Abraão e Ismael levantaram os alicerces da Casa, exclamaram: Ó Senhor nosso, aceita-a de nós, pois Tu és Oniouvinte, Sapientíssimo.

رَبَّنَا وَٱجْعَلْنَا مُسْلِمَيْنِ لَكَ وَمِن ذُرِّيَّتِنَآ أُمَّةً مُّسْلِمَةً لَّكَ وَأَرِنَا
مَنَاسِكَنَا وَتُبْ عَلَيْنَآ ۖ إِنَّكَ أَنتَ ٱلتَّوَّابُ ٱلرَّحِيمُ ﴿١٢٨﴾

128. Rabbaná waj'alná muslimaini laka wa min zurriyyatiná ummatam muslimatal laka wa ariná manásikaná wa tub 'alainá innaka antat Tauwábur Rahim

128. Ó Senhor nosso, permite que nos submetamos a Ti e que surja, da nossa descendência, uma nação submissa à Tua vontade. Ensina-nos os nossos ritos e absolve-nos, pois Tu és o Remissório, o Misericordiosíssimo.

رَبَّنَا وَٱبْعَثْ فِيهِمْ رَسُولًا مِّنْهُمْ يَتْلُوا۟ عَلَيْهِمْ ءَايَٰتِكَ وَيُعَلِّمُهُمُ
ٱلْكِتَٰبَ وَٱلْحِكْمَةَ وَيُزَكِّيهِمْ ۚ إِنَّكَ أَنتَ ٱلْعَزِيزُ ٱلْحَكِيمُ ﴿١٢٩﴾

129. Rabbaná wab'as fíhim Rasúlam min-hum yatlú 'alaihim áyátika wa yu'allimuhumul Kitába wal Hikmata wa yuzakkíhim; innaka Antal 'Azízul Hakím

129. Ó Senhor nosso, faze surgir, dentre eles, um Mensageiro, que lhes transmita as Tuas leis e lhes ensine o Livro, e a sabedoria, e os purifique, pois Tu és o Poderoso, o Prudentíssimo.

وَمَن يَرۡغَبُ عَن مِّلَّةِ إِبۡرَٰهِـۧمَ إِلَّا مَن سَفِهَ نَفۡسَهُۥۚ وَلَقَدِ ٱصۡطَفَيۡنَٰهُ
فِي ٱلدُّنۡيَاۖ وَإِنَّهُۥ فِي ٱلۡأٓخِرَةِ لَمِنَ ٱلصَّٰلِحِينَ ﴿١٣٠﴾

130. Wa mai yarghabu 'am-Millati Ibráhíma illá man safiha nafsah; wa laqadis tafaináhu fid-dunyá wa innahú fil ákhirati laminas sálihín

130. E quem rejeitaria o credo de Abraão, a não ser o insensato? Já o escolhemos (Abraão), neste mundo e, no outro, contar-se-á entre os virtuosos.

إِذۡ قَالَ لَهُۥ رَبُّهُۥٓ أَسۡلِمۡۖ قَالَ أَسۡلَمۡتُ لِرَبِّ ٱلۡعَٰلَمِينَ ﴿١٣١﴾

131. Iz qála lahú Rabbuhú aslim qála aslamtu li Rabbil 'álamín

131. E quando o seu Senhor lhe disse: Submete-te a Mim!, respondeu: Eis que me submeto ao Senhor do Universo.

وَوَصَّىٰ بِهَآ إِبۡرَٰهِـۧمُ بَنِيهِ وَيَعۡقُوبُ يَٰبَنِيَّ إِنَّ ٱللَّهَ ٱصۡطَفَىٰ لَكُمُ
ٱلدِّينَ فَلَا تَمُوتُنَّ إِلَّا وَأَنتُم مُّسۡلِمُونَ ﴿١٣٢﴾

132. Wa wassá bihá Ibráhímu baníhi wa Ya'qúb, yá baniyya innal láha stafá lakumud dína falá tamútunna illá wa antum muslimún

132. Abraão legou esta crença aos seus filhos, e Jacó aos seus, dizendo-lhes: Ó filhos meus, Deus vos legou esta religião; apegai-vos a ela, e não morrais sem serdes submissos (a Deus).

أَمۡ كُنتُمۡ شُهَدَآءَ إِذۡ حَضَرَ يَعۡقُوبَ ٱلۡمَوۡتُ إِذۡ قَالَ لِبَنِيهِ مَا تَعۡبُدُونَ
مِنۢ بَعۡدِيۖ قَالُواْ نَعۡبُدُ إِلَٰهَكَ وَإِلَٰهَ ءَابَآئِكَ إِبۡرَٰهِـۧمَ وَإِسۡمَٰعِيلَ
وَإِسۡحَٰقَ إِلَٰهًا وَٰحِدًا وَنَحۡنُ لَهُۥ مُسۡلِمُونَ ﴿١٣٣﴾

133. Am kuntum chuhadá'a iz hadhara Ya'qúbal mautu iz qála libaníhi má ta'budúna mim ba'dí qálú na'budu iláhaka wa iláha ábá'ika Ibráhíma wa Ismá'íla wa Isháqa Iláhan wáhidan wa nahnu lahú muslimún

133. Estáveis, acaso, presentes, quando a morte se apresentou a Jacó, que perguntou aos seus filhos: Que adorareis após a minha morte? Responderam-lhe: Adoraremos o teu Deus e o Deus de teus pais: Abraão, Ismael e Isaac; o Deus Único, a Quem nos submetemos.

تِلْكَ أُمَّةٌ قَدْ خَلَتْ لَهَا مَا كَسَبَتْ وَلَكُم مَّا كَسَبْتُمْ وَلَا تُسْـَٔلُونَ عَمَّا كَانُوا۟ يَعْمَلُونَ ﴿١٣٤﴾

134. Tilka ummatun qad khalat lahá má kasabat wa lakum má kasabtum wa lá tus'alúna 'ammá kánú ya'malún

134. Aquela é uma nação que já passou; colherá o que mereceu e vós colhereis o que merecerdes, e não sereis responsabilizados pelo que fizeram.

وَقَالُوا۟ كُونُوا۟ هُودًا أَوْ نَصَـٰرَىٰ تَهْتَدُوا۟ قُلْ بَلْ مِلَّةَ إِبْرَٰهِـۧمَ حَنِيفًا وَمَا كَانَ مِنَ ٱلْمُشْرِكِينَ ﴿١٣٥﴾

135. Wa qálú kúnú Húdan au Nasará tahtadú; qul bal Millata Ibráhíma Hanífan wa má kána minal muchrikín

135. Disseram: Sede judeus ou cristãos, que estareis bem iluminados. Responde-lhes: Qual! Seguimos o credo de Abraão, o monoteísta, que jamais se contou entre os idólatras.

قُولُوٓا۟ ءَامَنَّا بِٱللَّهِ وَمَآ أُنزِلَ إِلَيْنَا وَمَآ أُنزِلَ إِلَىٰٓ إِبْرَٰهِـۧمَ وَإِسْمَـٰعِيلَ وَإِسْحَـٰقَ وَيَعْقُوبَ وَٱلْأَسْبَاطِ وَمَآ أُوتِىَ مُوسَىٰ وَعِيسَىٰ وَمَآ أُوتِىَ ٱلنَّبِيُّونَ مِن رَّبِّهِمْ لَا نُفَرِّقُ بَيْنَ أَحَدٍ مِّنْهُمْ وَنَحْنُ لَهُۥ مُسْلِمُونَ ﴿١٣٦﴾

136. Qúlú ámanná billáhi wa má unzila ilainá wa má unzila ilá Ibráhíma wa Ismá'íla wa Isháqa wa Ya'qúba wal Asbáti wa má útiya Mussa wa 'Íssá wa má útiyan Nabiyyúna mir Rabbihim lá nufarriqú baina ahadim min-hum wa nahnu lahú muslimún

136. Dizei: Cremos em Deus, no que nos tem sido revelado, no que foi revelado a Abraão, a Ismael, a Isaac, a Jacó e às tribos; no que foi concedido a Moisés e a Jesus e no que foi dado aos profetas por seu Senhor; não fazemos distinção alguma entre eles, e a Ele nos submetemos.

فَإِنْ ءَامَنُوا۟ بِمِثْلِ مَآ ءَامَنتُم بِهِۦ فَقَدِ ٱهْتَدَوا۟ ۖ وَّإِن تَوَلَّوْا۟ فَإِنَّمَا هُمْ فِى
شِقَاقٍ ۖ فَسَيَكْفِيكَهُمُ ٱللَّهُ ۚ وَهُوَ ٱلسَّمِيعُ ٱلْعَلِيمُ ﴿١٣٧﴾

137. Fa in ámanú bimiçli má ámantum bihí faqadi htadau wa in tawallau fa innamá hum fí chiqáq; fasayakfikahumul láh; wa Huwas Samí'ul 'Alím

137. Se crerem no que vós credes, iluminar-se-ão; se se recusarem, estarão em dissidência. Deus ser-vos-á suficiente contra eles, e Ele é o Oniouvinte, o Sapientíssimo.

صِبْغَةَ ٱللَّهِ ۖ وَمَنْ أَحْسَنُ مِنَ ٱللَّهِ صِبْغَةً ۖ وَنَحْنُ لَهُۥ عَٰبِدُونَ ﴿١٣٨﴾

138. Sibghatal láhi wa man ahsanu minal láhi sibghatan wa nahnu lahú 'ábidún

138. Eis aqui a religião de Deus! Quem melhor que Deus para designar uma religião? Somente a Ele adoramos!

قُلْ أَتُحَآجُّونَنَا فِى ٱللَّهِ وَهُوَ رَبُّنَا وَرَبُّكُمْ وَلَنَآ أَعْمَٰلُنَا وَلَكُمْ
أَعْمَٰلُكُمْ وَنَحْنُ لَهُۥ مُخْلِصُونَ ﴿١٣٩﴾

139. Qul atuhájjunaná fil láhi wa Huwa Rabbuná wa Rabbukum wa laná a'máluná wa lakum a'málukum wa nahnu lahú mukhlissún

139. Pergunta-lhes: Discutireis conosco sobre Deus, apesar de ser Ele o nosso e o vosso Senhor? Somos responsáveis por nossas ações assim como vós por vossas, e somos sinceros para com Ele.

أَمْ تَقُولُونَ إِنَّ إِبْرَٰهِۦمَ وَإِسْمَٰعِيلَ وَإِسْحَٰقَ وَيَعْقُوبَ
وَٱلْأَسْبَاطَ كَانُوا۟ هُودًا أَوْ نَصَٰرَىٰ ۗ قُلْ ءَأَنتُمْ أَعْلَمُ أَمِ ٱللَّهُ ۗ وَمَنْ

أَظۡلَمُ مِمَّن كَتَمَ شَهَٰدَةً عِندَهُۥ مِنَ ٱللَّهِۗ وَمَا ٱللَّهُ بِغَٰفِلٍ عَمَّا
تَعۡمَلُونَ ١٤٠

140. Am taqúluna inna Ibráhíma wa Ismá'íla wa Isháqa wa Ya'qúba wal Asbáta kánú Húdan au Nasára; qul 'a-antum a'lamu amil láh; wa man azlamu mimman katama chahádatan 'indahú minal láh; wa mal láhu bighâfilin 'ammá ta'malún

140. Podeis acaso, afirmar que Abraão, Ismael, Isaac, Jacó e as tribos eram judeus ou cristãos? Dize: Acaso, sois mais sábios do que Deus o é? Haverá alguém mais injusto do que aquele que oculta um testemunho recebido de Deus? Sabei que Deus não está desatento a quanto fazeis.

تِلۡكَ أُمَّةٞ قَدۡ خَلَتۡۖ لَهَا مَا كَسَبَتۡ وَلَكُم مَّا كَسَبۡتُمۡۖ وَلَا تُسۡـَٔلُونَ
عَمَّا كَانُواْ يَعۡمَلُونَ ١٤١

141. Tilka ummatun qad khalat lahá má kasabat wa lakum má kasabtum wa lá tus'alúna 'ammá kánú ya'malún

141. Aquela é uma nação que já passou; colherá o que mereceu e vós colhereis o que merecerdes, e não sereis responsabilizados pelo que fizeram.**(Fim de Juzi 1)**

سُورَةُ البَقَرَةِ

Surat Al Bacara

Juzi 2

۞ سَيَقُولُ ٱلسُّفَهَآءُ مِنَ ٱلنَّاسِ مَا وَلَّىٰهُمْ عَن قِبْلَتِهِمُ ٱلَّتِي كَانُواْ عَلَيْهَا ۚ قُل لِّلَّهِ
ٱلْمَشْرِقُ وَٱلْمَغْرِبُ ۚ يَهْدِي مَن يَشَآءُ إِلَىٰ صِرَٰطٍ مُّسْتَقِيمٍ ﴿١٤٢﴾

142. ۞ Sayaqúlus sufahá'u minan nássi má walláhum 'an Quiblatihimul latí kánú 'alaihá; qul lilláhil machriqu walmaghrib; yahdí mai yachá'u ilá Sirátim Mustaquim

142. Os tolos dentre os humanos perguntarão: Que foi que os desviou da sua tradicional *quibla*? Dize-lhes: Só a Deus pertencem o levante e o poente. Ele encaminha à senda reta a quem Lhe apraz.

وَكَذَٰلِكَ جَعَلْنَٰكُمْ أُمَّةً وَسَطًا لِّتَكُونُواْ شُهَدَآءَ عَلَى ٱلنَّاسِ وَيَكُونَ
ٱلرَّسُولُ عَلَيْكُمْ شَهِيدًا ۗ وَمَا جَعَلْنَا ٱلْقِبْلَةَ ٱلَّتِي كُنتَ عَلَيْهَآ إِلَّا لِنَعْلَمَ مَن
يَتَّبِعُ ٱلرَّسُولَ مِمَّن يَنقَلِبُ عَلَىٰ عَقِبَيْهِ ۚ وَإِن كَانَتْ لَكَبِيرَةً إِلَّا عَلَى ٱلَّذِينَ
هَدَى ٱللَّهُ ۗ وَمَا كَانَ ٱللَّهُ لِيُضِيعَ إِيمَٰنَكُمْ ۚ إِنَّ ٱللَّهَ بِٱلنَّاسِ لَرَءُوفٌ
رَّحِيمٌ ﴿١٤٣﴾

143. Wa kazálika ja'alnákum ummatan wasatan litakúnú chuhadá'a 'alan nássi wa yakúnar Rassúlu 'alaikum chahídá; wa má ja'alnal quiblatal latí kunta 'alaihá illá lina'lama mai yattabi'ur Rassúla mimmai yanqalibu 'alá 'aquibayh; wa in kánat lakabíratan illá 'alal lazína hadalláh; wa máa kánal láhu liyudí'a ímánakum; innal láha binnássi la Ra'úfur Rahim

143. E, deste modo (ó muçulmanos), constituímos-vos em uma nação de centro, para que sejais testemunhas da humanidade, assim como o Mensageiro o será para vós. Nós não estabelecemos a *quibla* que tu (ó Mohammad) seguias, senão para distinguir aqueles que seguem o Mensageiro, daqueles que desertam, ainda que tal mudança seja penosa, salvo para os que Deus orienta. E Deus jamais anularia a vossa obra, porque é Compassivo e Misericordiosíssimo para com a humanidade.

قَدْ نَرَىٰ تَقَلُّبَ وَجْهِكَ فِي ٱلسَّمَآءِ ۖ فَلَنُوَلِّيَنَّكَ قِبْلَةً تَرْضَىٰهَا ۚ فَوَلِّ
وَجْهَكَ شَطْرَ ٱلْمَسْجِدِ ٱلْحَرَامِ ۚ وَحَيْثُ مَا كُنتُمْ فَوَلُّواْ وُجُوهَكُمْ شَطْرَهُۥ ۗ

وَإِنَّ ٱلَّذِينَ أُوتُواْ ٱلۡكِتَٰبَ لَيَعۡلَمُونَ أَنَّهُ ٱلۡحَقُّ مِن رَّبِّهِمۡۗ وَمَا ٱللَّهُ بِغَٰفِلٍ عَمَّا
يَعۡمَلُونَ ﴿١٤٤﴾

144. Qad nará taqalluba wajhika fis samá'i fala nuwalliyannaka quiblatan tardháhá; fawalli wajhaka cshatral Masjidil haram; wa haiçu má kuntum fawallú wujúhakum chatrahu; wa innal lazína útul kitába laya'lamúna annahul haqqu mir Rabbihim; wa mal láhu bigháfilin 'ammá ya'malún

144. Vimos-te (ó Mensageiro) orientar o rosto para o céu; portanto, orientar-te-emos até uma *quibla* que te satisfaça. Orienta teu rosto (ao cumprires a oração) para a Sagrada Mesquita (de Makka)! E vós (crentes), onde quer que vos encontreis, orientai vossos rostos até ela. Aqueles que receberam o Livro, bem sabem que isto é a verdade de seu Senhor; e Deus não está desatento a quanto fazem.

وَلَئِنۡ أَتَيۡتَ ٱلَّذِينَ أُوتُواْ ٱلۡكِتَٰبَ بِكُلِّ ءَايَةٖ مَّا تَبِعُواْ قِبۡلَتَكَۚ وَمَآ أَنتَ بِتَابِعٖ
قِبۡلَتَهُمۡۚ وَمَا بَعۡضُهُم بِتَابِعٖ قِبۡلَةَ بَعۡضٖۚ وَلَئِنِ ٱتَّبَعۡتَ أَهۡوَآءَهُم مِّنۢ بَعۡدِ
مَا جَآءَكَ مِنَ ٱلۡعِلۡمِ إِنَّكَ إِذٗا لَّمِنَ ٱلظَّٰلِمِينَ ﴿١٤٥﴾

145. Wa la'in ataital lazína útul kitába bikulli áyatim má tabi'ú Quiblatak; wa má anta bitábi'in Quiblatahum; wa má ba'dhuhum bitábi'uin Quiblata ba'dh; wa la'init taba'ta ahwá'ahum mim ba'di má já'aka minal 'ilmi innaka izal laminaz zálimín

145. Ainda que apresentes qualquer espécie de sinal ante aqueles que receberam o Livro, jamais adotarão tua *quibla* nem tu adotarás a deles; nem tampouco eles seguirão a *quibla* de cada um, mutuamente. Se te rendesses aos seus desejos, apesar do conhecimento que tens recebido, contar-te-ias entre os injustos.

ٱلَّذِينَ ءَاتَيۡنَٰهُمُ ٱلۡكِتَٰبَ يَعۡرِفُونَهُۥ كَمَا يَعۡرِفُونَ أَبۡنَآءَهُمۡۖ وَإِنَّ فَرِيقٗا مِّنۡهُمۡ
لَيَكۡتُمُونَ ٱلۡحَقَّ وَهُمۡ يَعۡلَمُونَ ﴿١٤٦﴾

146. Allazína átaináhumul kitába ya'rifúnahú kamá ya'rifúna abná'ahum wa inna faríqam minhum layaktumúnal haqqa wa hum ya'lamún

146. Aqueles a quem concedemos o Livro, conhecem-no, como conhecem a seus próprios filhos, se bem que alguns deles ocultam a verdade, sabendo-a.

ٱلۡحَقُّ مِن رَّبِّكَۖ فَلَا تَكُونَنَّ مِنَ ٱلۡمُمۡتَرِينَ ﴿١٤٧﴾

147. Alhaqqu mir Rabbika falá takúnana minal mumtarín

147. (Esta é a) Verdade emanada de teu Senhor. Não sejas dos que dela duvidam!

وَلِكُلٍّ وِجْهَةٌ هُوَ مُوَلِّيهَا ۖ فَاسْتَبِقُوا الْخَيْرَاتِ ۚ أَيْنَ مَا تَكُونُوا يَأْتِ بِكُمُ اللَّهُ
جَمِيعًا ۚ إِنَّ اللَّهَ عَلَىٰ كُلِّ شَيْءٍ قَدِيرٌ ﴿١٤٨﴾

148. Wa likullin wijhatun huwa muwallíhá fastabiqul khairát; ayna má takúnú yáti bikumulláhu jamí'á; innal láha 'alá kulli chai'in qadír

148. Cada qual tem um objetivo traçado por Ele. Empenhai-vos na prática das boas ações, porquanto, onde quer que vos acheis, Deus vos fará comparecer, a todos, perante Ele, porque Deus é Onipotente.

وَمِنْ حَيْثُ خَرَجْتَ فَوَلِّ وَجْهَكَ شَطْرَ الْمَسْجِدِ الْحَرَامِ ۖ وَإِنَّهُ لَلْحَقُّ مِن
رَّبِّكَ ۗ وَمَا اللَّهُ بِغَافِلٍ عَمَّا تَعْمَلُونَ ﴿١٤٩﴾

149. Wa min haiçu kharajta fawalli wajhaka chatral Masjidil Harám; wa innahú lalhaqqu mir Rabbik; wa malláhu bigháfilin 'ammá ta'malún

149. Aonde quer que te dirijas (ó Mohammad), orienta teu rosto para a Sagrada Mesquita, porque isto é a verdade do teu Senhor e Deus não está desatento a quanto fazeis

وَمِنْ حَيْثُ خَرَجْتَ فَوَلِّ وَجْهَكَ شَطْرَ الْمَسْجِدِ الْحَرَامِ ۚ وَحَيْثُ مَا كُنتُمْ فَوَلُّوا
وُجُوهَكُمْ شَطْرَهُ لِئَلَّا يَكُونَ لِلنَّاسِ عَلَيْكُمْ حُجَّةٌ إِلَّا الَّذِينَ ظَلَمُوا
مِنْهُمْ فَلَا تَخْشَوْهُمْ وَاخْشَوْنِي وَلِأُتِمَّ نِعْمَتِي عَلَيْكُمْ وَلَعَلَّكُمْ تَهْتَدُونَ ﴿١٥٠﴾

150. Wa min haiçu kharajta fawalli wajhaka chatral Masjidil Harám; wa haiçu má kuntum fawallú wujúhakum chatrahú li'allá yakúna linnássi 'alaikum hujjatun illal lazína zalamú min-hum falá takhchawhum wakhchawní wa liutimma ni'matí 'alaikum wa la'allakum tahtadún

150. Aonde quer que te dirijas, orienta teu rosto para a Sagrada Mesquita. Onde quer que estejais (ó muçulmanos), voltai vossos rostos na direção dela, para que ninguém, salvo os injustos, tenha argumento com que refutar-vos. Não os temais! Temei a Mim, a fim de que Eu vos agracie com Minhas mercês, para que vos ilumineis.

سُورَةُ البَقَرَةِ
Surat Al Bacara

كَمَآ أَرۡسَلۡنَا فِيكُمۡ رَسُولٗا مِّنكُمۡ يَتۡلُواْ عَلَيۡكُمۡ ءَايَٰتِنَا وَيُزَكِّيكُمۡ
وَيُعَلِّمُكُمُ ٱلۡكِتَٰبَ وَٱلۡحِكۡمَةَ وَيُعَلِّمُكُم مَّا لَمۡ تَكُونُواْ تَعۡلَمُونَ ﴿١٥١﴾

151. Kamá arsalná fíkum Rassúlam minkum yatlú 'alaikum áyátina wa yuzakkíkum wa yu'allimukumul kitába wal hikmata wa yu'allimukum má lam takúnú ta'lamún

151. Assim também escolhemos, dentre vós, um Mensageiro de vossa raça para vos recitar Nossos versículos, purificar-vos, ensinar-vos o Livro e a sabedoria, bem como tudo quanto ignorais.

فَٱذۡكُرُونِيٓ أَذۡكُرۡكُمۡ وَٱشۡكُرُواْ لِي وَلَا تَكۡفُرُونِ ﴿١٥٢﴾

152. Fazkurúní azkurkum wachkurú lí wa lá takfurún

152. Recordai-vos de Mim, que Eu Me recordarei de vós. Agradecei-Me e não Me sejais ingratos!

يَٰٓأَيُّهَا ٱلَّذِينَ ءَامَنُواْ ٱسۡتَعِينُواْ بِٱلصَّبۡرِ وَٱلصَّلَوٰةِۚ إِنَّ ٱللَّهَ مَعَ ٱلصَّٰبِرِينَ ﴿١٥٣﴾

153. Yá ayyuhal lazína ámanus ta'inú bissabri was Saláh; innal láha ma'as-sábirín

153. Ó crentes, amparai-vos na perseverança e na oração, porque Deus está com os perseverantes.

وَلَا تَقُولُواْ لِمَن يُقۡتَلُ فِي سَبِيلِ ٱللَّهِ أَمۡوَٰتُۢۚ بَلۡ أَحۡيَآءٞ وَلَٰكِن لَّا تَشۡعُرُونَ ﴿١٥٤﴾

154. Wa lá taqúlú limai yuqtalu fí sabílil láhi amwát; bal ahyá'un wa lákil lá tach'urún

154. E não digais que estão mortos aqueles que sucumbiram pela causa de Deus. Ao contrário, estão vivos, porém vós não percebeis isso.

وَلَنَبۡلُوَنَّكُم بِشَيۡءٖ مِّنَ ٱلۡخَوۡفِ وَٱلۡجُوعِ وَنَقۡصٖ مِّنَ ٱلۡأَمۡوَٰلِ وَٱلۡأَنفُسِ وَٱلثَّمَرَٰتِۗ
وَبَشِّرِ ٱلصَّٰبِرِينَ ﴿١٥٥﴾

155. Wa lanabluwannakum bichai'im minal khawfi waljú'i wa naqssi minal amwáli wal anfussi waçamarát; wa bachchiris sábirín

155. Certamente que vos poremos à prova mediante o temor, a fome, a perda dos bens, das vidas e dos frutos. Mas tu (ó Mensageiro) anuncia (a bem-aventurança) aos perseverantes.

سُورَةُ البَقَرَةِ

Surat Al Bacara

ٱلَّذِينَ إِذَآ أَصَٰبَتۡهُم مُّصِيبَةٞ قَالُوٓاْ إِنَّا لِلَّهِ وَإِنَّآ إِلَيۡهِ رَٰجِعُونَ ١٥٦

156. Allazína izá assábathum mussíbatun qálú inná lilláhi wa inná ilaihi ráji'ún

156. Aqueles que, quando os aflige uma desgraça, dizem: Somos de Deus e a Ele retornaremos.

أُوْلَٰٓئِكَ عَلَيۡهِمۡ صَلَوَٰتٞ مِّن رَّبِّهِمۡ وَرَحۡمَةٞۖ وَأُوْلَٰٓئِكَ هُمُ ٱلۡمُهۡتَدُونَ ١٥٧

157. Ulá'ika 'alaihim salawátun mir Rabbihim wa rahma; wa ulá'ika humul muhtadún

157. Estes serão cobertos pelas bênçãos e pela misericórdia de seu Senhor, e estes são os bem encaminhados.

۞ إِنَّ ٱلصَّفَا وَٱلۡمَرۡوَةَ مِن شَعَآئِرِ ٱللَّهِۖ فَمَنۡ حَجَّ ٱلۡبَيۡتَ أَوِ ٱعۡتَمَرَ فَلَا
جُنَاحَ عَلَيۡهِ أَن يَطَّوَّفَ بِهِمَاۚ وَمَن تَطَوَّعَ خَيۡرٗا فَإِنَّ ٱللَّهَ شَاكِرٌ عَلِيمٌ ١٥٨

158. ۞ *Innas Safá wal-Marwata min cha'á'iril láhi faman hajjal Baita awi'tamara falá junáha aalaihi ai yattawwafa bihimá; wa man tatawwa'a khairan fa innal láha Chákirun 'Alím*

158. As colinas de Assafa e Almarwa fazem parte dos rituais de Deus e, quem peregrinar à Casa, ou cumprir a 'umra, não cometerá pecado algum em percorrer a distância entre elas. Quem fizer (algo) espontaneamente, além do que for obrigatório, saiba que Deus é Retribuidor, Sapientíssimo.

إِنَّ ٱلَّذِينَ يَكۡتُمُونَ مَآ أَنزَلۡنَا مِنَ ٱلۡبَيِّنَٰتِ وَٱلۡهُدَىٰ مِنۢ بَعۡدِ مَا بَيَّنَّٰهُ لِلنَّاسِ
فِي ٱلۡكِتَٰبِ أُوْلَٰٓئِكَ يَلۡعَنُهُمُ ٱللَّهُ وَيَلۡعَنُهُمُ ٱللَّٰعِنُونَ ١٥٩

159. Innal lazína yaktumúna má anzalná minal baiyináti walhudá mim ba'di má baiyannáhu linnássi fil kitábi ulá'ika yal'anuhumul láhu wa yal'anuhumul lá'inún

159. Aqueles que ocultam as evidências e a Orientação que revelamos, depois de as havermos elucidado aos humanos, no Livro, serão malditos por Deus e pelos que amaldiçoam,

إِلَّا ٱلَّذِينَ تَابُواْ وَأَصۡلَحُواْ وَبَيَّنُواْ فَأُوْلَٰٓئِكَ أَتُوبُ عَلَيۡهِمۡ وَأَنَا ٱلتَّوَّابُ
ٱلرَّحِيمُ ١٦٠

160. Illal lazína tábú wa aslahú wa baiyanú fa ulá'ika atúbu 'alaihim; wa Anat Tauwábur Rahím

160. Salvo os que se arrependeram, emendaram-se e declararam (a verdade); a estes absolveremos, porque somos o Remissório, o Misericordiosíssimo.

إِنَّ ٱلَّذِينَ كَفَرُواْ وَمَاتُواْ وَهُمۡ كُفَّارٌ أُوْلَٰٓئِكَ عَلَيۡهِمۡ لَعۡنَةُ ٱللَّهِ وَٱلۡمَلَٰٓئِكَةِ وَٱلنَّاسِ
أَجۡمَعِينَ ١٦١

161. Innal lazína kafarú wamátú wa hum kuffárun ulá'ika 'alaihim la'natul láhi walmalá'ikati wannássi ajma'ín

161. Sobre os incrédulos, que morrem na incredulidade, cairá a maldição de Deus, dos anjos e de toda a humanidade,

خَٰلِدِينَ فِيهَاۖ لَا يُخَفَّفُ عَنۡهُمُ ٱلۡعَذَابُ وَلَا هُمۡ يُنظَرُونَ ١٦٢

162. Khálidína fíha lá yukhaffafu 'anhumul 'azábu wa lá hum yunzarún

162. Que pesará sobre eles eternamente. O castigo não lhes será atenuado, nem lhes será dado prazo algum.

وَإِلَٰهُكُمۡ إِلَٰهٞ وَٰحِدٞۖ لَّآ إِلَٰهَ إِلَّا هُوَ ٱلرَّحۡمَٰنُ ٱلرَّحِيمُ ١٦٣

163. Wa iláhukum illáhun wáhid, lá iláha illá huwar Rahmánur Rahím

163. Vosso Deus é Um só. Não há mais divindade além d'Ele, o Clemente, o Misericordiosíssimo.

إِنَّ فِي خَلۡقِ ٱلسَّمَٰوَٰتِ وَٱلۡأَرۡضِ وَٱخۡتِلَٰفِ ٱلَّيۡلِ وَٱلنَّهَارِ وَٱلۡفُلۡكِ ٱلَّتِي
تَجۡرِي فِي ٱلۡبَحۡرِ بِمَا يَنفَعُ ٱلنَّاسَ وَمَآ أَنزَلَ ٱللَّهُ مِنَ ٱلسَّمَآءِ مِن مَّآءٖ فَأَحۡيَا بِهِ
ٱلۡأَرۡضَ بَعۡدَ مَوۡتِهَا وَبَثَّ فِيهَا مِن كُلِّ دَآبَّةٖ وَتَصۡرِيفِ ٱلرِّيَٰحِ وَٱلسَّحَابِ
ٱلۡمُسَخَّرِ بَيۡنَ ٱلسَّمَآءِ وَٱلۡأَرۡضِ لَأٓيَٰتٖ لِّقَوۡمٖ يَعۡقِلُونَ ١٦٤

164. Inna fikhalquis samáwáti wal ardi wakhtiláfil laili wannahári walfulkil latí tajrí fil bahri bimá yanfa'unnássa wa má anzalal láhu minas samá'i mim má'in fa ahyá bihil arda ba'da mautihá wa basça fíhá min kulli dábbatin wa tasrífir riyáhi wassahábil musakhkhari bainas samá'i wal ardhi la áyátil liqaumin ya'quilún

سُورَةُ البَقَرَةِ

Surat Al Bacara

164. Na criação dos Céus e da Terra; na alteração do dia e da noite; nos navios que singram o mar para o benefício do homem; na água que Deus envia do céu, com a qual vivifica a terra, depois de haver sido árida e onde disseminou toda a espécie animal; na mudança dos ventos; nas nuvens submetidas entre o Céu e a Terra, (nisso tudo) há sinais para os sensatos.

وَمِنَ ٱلنَّاسِ مَن يَتَّخِذُ مِن دُونِ ٱللَّهِ أَندَادًا يُحِبُّونَهُمْ كَحُبِّ ٱللَّهِ ۖ وَٱلَّذِينَ
ءَامَنُوٓا۟ أَشَدُّ حُبًّا لِّلَّهِ ۗ وَلَوْ يَرَى ٱلَّذِينَ ظَلَمُوٓا۟ إِذْ يَرَوْنَ ٱلْعَذَابَ أَنَّ ٱلْقُوَّةَ لِلَّهِ
جَمِيعًا وَأَنَّ ٱللَّهَ شَدِيدُ ٱلْعَذَابِ ﴿١٦٥﴾

165. Wa minan nássi mai yattakhizu min dúnil láhi andádai yuhibbúnahum kahubbil láhi wallazína ámanú achaddu hubbal lillah; wa lau yaral lazína zalamú iz yaraunal 'azába annal quwwata lilláhi jamí'an wa annal láha chadídul 'azáb

165. Entre os humanos há aqueles que adotam, em vez de Deus, rivais (a Ele) aos quais professam igual amor que a Ele; mas os crentes só amam fervorosamente a Deus. Ah, se os injustos pudessem ver (a situação em que estarão) quando virem o castigo (que os espera!); concluirão que o poder pertence a Deus e Ele é Severíssimo no castigo.

إِذْ تَبَرَّأَ ٱلَّذِينَ ٱتُّبِعُوا۟ مِنَ ٱلَّذِينَ ٱتَّبَعُوا۟ وَرَأَوُا۟ ٱلْعَذَابَ وَتَقَطَّعَتْ بِهِمُ
ٱلْأَسْبَابُ ﴿١٦٦﴾

166. Iz tabarra'al lazínat tubi'ú minal lazínattaba'ú wa ra awul 'azába wa taqatta'at bihimul asbáb

166. Então, os chefes negarão os seus partidários, virão o tormento, e romper-se-ão os vínculos que os uniam.

وَقَالَ ٱلَّذِينَ ٱتَّبَعُوا۟ لَوْ أَنَّ لَنَا كَرَّةً فَنَتَبَرَّأَ مِنْهُمْ كَمَا تَبَرَّءُوا۟ مِنَّا ۗ كَذَٰلِكَ
يُرِيهِمُ ٱللَّهُ أَعْمَٰلَهُمْ حَسَرَٰتٍ عَلَيْهِمْ ۖ وَمَا هُم بِخَٰرِجِينَ مِنَ ٱلنَّارِ ﴿١٦٧﴾

167. Wa qálal lazínat taba'ú lau anna laná karratan fanatabarra a min-hum kamá tabarra'ú minná; kazálika yuríhimulláhu a'málahum hassarátin 'alaihim wa má hum bikhárijína minan Nár

167. E os partidários dirão: Ah, se pudéssemos voltar (à terra), repudiá-los-íamos como eles nos repudiaram! Assim Deus lhes demonstrará que suas ações são a causa de seus lamentos, e jamais se salvarão do fogo infernal.

يَٰٓأَيُّهَا ٱلنَّاسُ كُلُواْ مِمَّا فِي ٱلۡأَرۡضِ حَلَٰلٗا طَيِّبٗا وَلَا تَتَّبِعُواْ خُطُوَٰتِ
ٱلشَّيۡطَٰنِۚ إِنَّهُۥ لَكُمۡ عَدُوّٞ مُّبِينٌ ﴿١٦٨﴾

168. Yá ayyuhan nássu kulú mimmá fil ardi halálan taiyiban wa lá tattabi'ú khutuwátich Chaitan; innahú lakum 'aduwwum mubín

168. Ó humanos, desfrutai de todo o lícito e do que a terra contém de salutar, e não sigais os passos de Satanás, porque é vosso inimigo declarado.

إِنَّمَا يَأۡمُرُكُم بِٱلسُّوٓءِ وَٱلۡفَحۡشَآءِ وَأَن تَقُولُواْ عَلَى ٱللَّهِ مَا لَا تَعۡلَمُونَ ﴿١٦٩﴾

169. Innamá ya'murukum bissú'i walfahchá'i wa an taqúlú alal láhi má lá ta'lamún

169. Ele só vos induz ao mal e à obscenidade e a que digais de Deus o que ignorais.

وَإِذَا قِيلَ لَهُمُ ٱتَّبِعُواْ مَآ أَنزَلَ ٱللَّهُ قَالُواْ بَلۡ نَتَّبِعُ مَآ أَلۡفَيۡنَا عَلَيۡهِ ءَابَآءَنَآۚ أَوَلَوۡ
كَانَ ءَابَآؤُهُمۡ لَا يَعۡقِلُونَ شَيۡـٔٗا وَلَا يَهۡتَدُونَ ﴿١٧٠﴾

170. Wa izá quila lahumuttabi'ú má anzalal láhu qálú bal nattabi'u má alfainá 'alaihi ábá'aná; awalau kána abá'uhum lá ya'quilúna chai'an wa lá yahtadún

170. Quando lhes é dito: Segui o que Deus revelou, dizem: Qual! Só seguimos as pegadas dos nossos pais! Segui-las-iam ainda que seus pais fossem destituídos de compreensão e orientação?

وَمَثَلُ ٱلَّذِينَ كَفَرُواْ كَمَثَلِ ٱلَّذِي يَنۡعِقُ بِمَا لَا يَسۡمَعُ إِلَّا دُعَآءٗ وَنِدَآءٗۚ صُمُّۢ
بُكۡمٌ عُمۡيٞ فَهُمۡ لَا يَعۡقِلُونَ ﴿١٧١﴾

171. Wa maçalul lazína kafarú kamaçalil lazí yan'iqu bimá lá yassma'u illá du'á'an wa nidá'a; summum bukmun 'umyun fahum lá ya'quilún

171. O exemplo de quem aconselha os incrédulos é semelhante ao daquele que chama as bestas, as quais não ouvem senão gritos e vozerios. São surdos, mudos, cegos, porque são insensatos.

يَٰٓأَيُّهَا ٱلَّذِينَ ءَامَنُواْ كُلُواْ مِن طَيِّبَٰتِ مَا رَزَقۡنَٰكُمۡ وَٱشۡكُرُواْ لِلَّهِ إِن
كُنتُمۡ إِيَّاهُ تَعۡبُدُونَ ﴿١٧٢﴾

172. Yá ayyuhal lazína ámanú kulú min taiyibáti má razaqnákum wachkurú lilláhi in kuntum iyyáhu ta'budún

172. Ó crentes, desfrutai de todo o bem com que vos agraciamos e agradecei a Deus, se só a Ele adorais.

إِنَّمَا حَرَّمَ عَلَيْكُمُ ٱلْمَيْتَةَ وَٱلدَّمَ وَلَحْمَ ٱلْخِنزِيرِ وَمَآ أُهِلَّ بِهِۦ لِغَيْرِ ٱللَّهِ
فَمَنِ ٱضْطُرَّ غَيْرَ بَاغٍ وَلَا عَادٍ فَلَآ إِثْمَ عَلَيْهِ ۚ إِنَّ ٱللَّهَ غَفُورٌ رَّحِيمٌ ﴿١٧٣﴾

173. Innamá harrama 'alaikumul maitata waddama wa lahmal khinzíri wa má uhilla bihí lighairil láhi famanid turra ghaira bághin wa lá 'ádin falá içma 'alaih; innal láha Ghafúrur Rahím

173. Ele só vos vedou a carniça, o sangue, a carne de suíno e tudo o que for sacrificado sob invocação de outro nome que não seja o de Deus. Porém, quem, sem intenção nem abuso, for impelido a isso, não será recriminado, porque Deus é Indulgente, Misericordiosíssimo.

إِنَّ ٱلَّذِينَ يَكْتُمُونَ مَآ أَنزَلَ ٱللَّهُ مِنَ ٱلْكِتَٰبِ وَيَشْتَرُونَ بِهِۦ ثَمَنًا
قَلِيلًا ۙ أُولَٰٓئِكَ مَا يَأْكُلُونَ فِى بُطُونِهِمْ إِلَّا ٱلنَّارَ وَلَا يُكَلِّمُهُمُ ٱللَّهُ يَوْمَ
ٱلْقِيَٰمَةِ وَلَا يُزَكِّيهِمْ وَلَهُمْ عَذَابٌ أَلِيمٌ ﴿١٧٤﴾

174. Innal lazína yaktumúna má anzalal láhu minal kitábi wa yashtarúna bihí çamanan qalílan ulá'ika má yákulúna fí butúnihim illan Nára wa lá yukallimuhumul láhu Yawmal Quiyámati wa lá yuzakkíhim wa lahum 'azábun alím

174. Aqueles que ocultam o que Deus revelou, no Livro, e o negociam a preço irrisório, não saciarão suas entranhas senão com fogo infernal. Deus não lhes falará no Dia da Ressurreição nem os purificará, e sofrerão um doloroso castigo.

أُولَٰٓئِكَ ٱلَّذِينَ ٱشْتَرَوُا۟ ٱلضَّلَٰلَةَ بِٱلْهُدَىٰ وَٱلْعَذَابَ بِٱلْمَغْفِرَةِ ۚ فَمَآ
أَصْبَرَهُمْ عَلَى ٱلنَّارِ ﴿١٧٥﴾

175. Ulá'ikal lazínach tarawud dhalálata bilhudá wal'azába bilmaghfirah; famá asbarahum 'alan Nár

175. São aqueles que trocam a Orientação pelo extravio, e o perdão pelo castigo. Que resistência haverão de ter para suportarem o fogo infernal!

ذَٰلِكَ بِأَنَّ ٱللَّهَ نَزَّلَ ٱلْكِتَٰبَ بِٱلْحَقِّ ۗ وَإِنَّ ٱلَّذِينَ ٱخْتَلَفُوا۟ فِى
ٱلْكِتَٰبِ لَفِى شِقَاقٍۭ بَعِيدٍ ﴿١٧٦﴾

176. Zálika bi annal láha nazzalal kitába bilhaqq; wa innal lazínakh talafú fil kitábi lafí chiqáquim ba'íd

176. Isso, porque Deus revelou o Livro com a verdade, e aqueles que disputaram sobre ele incorreram em profunda dissensão.

۞ لَّيْسَ ٱلْبِرَّ أَن تُوَلُّوا۟ وُجُوهَكُمْ قِبَلَ ٱلْمَشْرِقِ وَٱلْمَغْرِبِ وَلَٰكِنَّ ٱلْبِرَّ مَنْ ءَامَنَ
بِٱللَّهِ وَٱلْيَوْمِ ٱلْءَاخِرِ وَٱلْمَلَٰٓئِكَةِ وَٱلْكِتَٰبِ وَٱلنَّبِيِّۦنَ وَءَاتَى ٱلْمَالَ عَلَىٰ حُبِّهِۦ
ذَوِى ٱلْقُرْبَىٰ وَٱلْيَتَٰمَىٰ وَٱلْمَسَٰكِينَ وَٱبْنَ ٱلسَّبِيلِ وَٱلسَّآئِلِينَ وَفِى
ٱلرِّقَابِ وَأَقَامَ ٱلصَّلَوٰةَ وَءَاتَى ٱلزَّكَوٰةَ وَٱلْمُوفُونَ بِعَهْدِهِمْ إِذَا عَٰهَدُوا۟ ۖ
وَٱلصَّٰبِرِينَ فِى ٱلْبَأْسَآءِ وَٱلضَّرَّآءِ وَحِينَ ٱلْبَأْسِ ۗ أُو۟لَٰٓئِكَ ٱلَّذِينَ صَدَقُوا۟ ۖ وَأُو۟لَٰٓئِكَ
هُمُ ٱلْمُتَّقُونَ ﴿١٧٧﴾

177. ۞ *Laisal birra an tuwallú wujúhakum quibalal macshriqui walmaghribi wa lákinnal birra man ámana billáhi wal yaumil ákhiri wal malá'ikati wal kitábi wan nabiyyína wa átal mála 'alá hubbihí zawil qurbá wal yatámá walmassáquina wabnas sabíli wassá'ilína wa firriqábi wa aqámas saláta wa átaz zakáta walmúfúna bi ahdihim izá 'áhadú wassábirína fil baassái waddarrá'i wa hínal baass; ulá'ikal lazína sadaqú wa ulá'ika humul muttaqún*

177. A virtude não consiste só em que orienteis vossos rostos até ao levante ou ao poente. A verdadeira virtude é a de quem crê em Deus, no Dia do Juízo Final, nos anjos, no Livro e nos profetas; de quem distribui seus bens em caridade por amor a Deus, entre parentes, órfãos, necessitados, viajantes sem recursos, mendigos e em resgate de cativos (escravos). Aqueles que observam a oração, pagam o zakat, cumprem os compromissos contraídos, são pacientes na miséria e na adversidade, ou durante os combates, esses são os verazes, e esses são os tementes (a Deus).

يَٰٓأَيُّهَا ٱلَّذِينَ ءَامَنُواْ كُتِبَ عَلَيۡكُمُ ٱلۡقِصَاصُ فِي ٱلۡقَتۡلَىۖ ٱلۡحُرُّ بِٱلۡحُرِّ وَٱلۡعَبۡدُ بِٱلۡعَبۡدِ
وَٱلۡأُنثَىٰ بِٱلۡأُنثَىٰۚ فَمَنۡ عُفِيَ لَهُۥ مِنۡ أَخِيهِ شَيۡءٞ فَٱتِّبَاعُۢ بِٱلۡمَعۡرُوفِ وَأَدَآءٌ إِلَيۡهِ
بِإِحۡسَٰنٖۗ ذَٰلِكَ تَخۡفِيفٞ مِّن رَّبِّكُمۡ وَرَحۡمَةٞۗ فَمَنِ ٱعۡتَدَىٰ بَعۡدَ ذَٰلِكَ فَلَهُۥ عَذَابٌ
أَلِيمٞ ١٧٨

178. Yá ayyuhal lazína ámanú kutiba 'alaikumul quissásu fil qatlá alhurru bilhurri wal'abdu bil'abdi wal unçá bil unçá; faman 'ufiya lahú min akhíhi chai'un fattibá'um bilma'rúfi wa adá'un ilaihi bi ihssan; zálika takhfífum mir rabikum wa rahmah; famani' tadá ba'da zálika falahú 'azábun alim

178. Ó crentes, está-vos preceituado o talião para o homicídio: livre por livre, escravo por escravo, mulher por mulher. Mas, se o irmão do morto perdoar o assassino, devereis indenizá-lo espontânea e voluntariamente. Essa é uma mitigação e misericórdia de vosso Senhor. Mas quem vingar-se, depois disso, sofrerá um doloroso castigo.

وَلَكُمۡ فِي ٱلۡقِصَاصِ حَيَوٰةٞ يَٰٓأُوْلِي ٱلۡأَلۡبَٰبِ لَعَلَّكُمۡ تَتَّقُونَ ١٧٩

179. Wa lakum fil quissási hayátun yá ulil albábi la'allakum tattaqún

179. Tendes, no talião, a segurança da vida, ó sensatos, para que vos refreeis.

كُتِبَ عَلَيۡكُمۡ إِذَا حَضَرَ أَحَدَكُمُ ٱلۡمَوۡتُ إِن تَرَكَ خَيۡرًا ٱلۡوَصِيَّةُ لِلۡوَٰلِدَيۡنِ
وَٱلۡأَقۡرَبِينَ بِٱلۡمَعۡرُوفِۖ حَقًّا عَلَى ٱلۡمُتَّقِينَ ١٨٠

180. Kutiba 'alaikum izá hadara ahadakumul mautu in taraka khairanil wassiyyatu lilwálidaini wal aqrabína bilma'rúfi haqqan 'alalmuttaquin

180. Está-vos prescrito que quando a morte se apresentar a algum de vós, se deixar bens, que faça testamento equitativo em favor de seus pais e parentes; este é um dever dos que temem a Deus.

فَمَنۢ بَدَّلَهُۥ بَعۡدَمَا سَمِعَهُۥ فَإِنَّمَآ إِثۡمُهُۥ عَلَى ٱلَّذِينَ يُبَدِّلُونَهُۥٓۚ إِنَّ ٱللَّهَ سَمِيعٌ عَلِيمٞ ١٨١

181. Famam baddalahú ba'da má sami'ahú fa innamá içmuhú 'alallazína yubaddilúnah; innal láha samí'un 'Alim

181. E aqueles que o alterarem, depois de o haverem ouvido, estarão cometendo (grave) delito. Sabei que Deus é Oniouvinte, Sapientíssimo.

سُورَةُ البَقَرَةِ

Surat Al Bacara

فَمَنۡ خَافَ مِن مُّوصٖ جَنَفًا أَوۡ إِثۡمٗا فَأَصۡلَحَ بَيۡنَهُمۡ فَلَآ إِثۡمَ عَلَيۡهِۚ إِنَّ ٱللَّهَ غَفُورٞ
رَّحِيمٞ ١٨٢

182. Faman kháfa mim mússin janafan au içman fa aslaha bainahum falá içmá 'alayh; innal láha Ghafúrur Rahím

182. Mas quem, suspeitando parcialidade ou injustiça da parte do testador, emendar o testamento para reconciliar as partes, não será recriminado, porque Deus é Indulgente, Misericordiosíssimo.

يَٰٓأَيُّهَا ٱلَّذِينَ ءَامَنُواْ كُتِبَ عَلَيۡكُمُ ٱلصِّيَامُ كَمَا كُتِبَ عَلَى
ٱلَّذِينَ مِن قَبۡلِكُمۡ لَعَلَّكُمۡ تَتَّقُونَ ١٨٣

183. Yá ayyuhal lazina ámanú kutiba 'alaikumus Siyámu kamá kutiba 'alal lazina min qablikum la'allakum tattaqún

183. Ó crentes, está-vos prescrito o jejum, tal como foi prescrito aos vossos antepassados, para que temais a Deus.

أَيَّامٗا مَّعۡدُودَٰتٖۚ فَمَن كَانَ مِنكُم مَّرِيضًا أَوۡ عَلَىٰ سَفَرٖ فَعِدَّةٞ مِّنۡ أَيَّامٍ
أُخَرَۚ وَعَلَى ٱلَّذِينَ يُطِيقُونَهُۥ فِدۡيَةٞ طَعَامُ مِسۡكِينٖۖ فَمَن تَطَوَّعَ خَيۡرٗا فَهُوَ خَيۡرٞ
لَّهُۥۚ وَأَن تَصُومُواْ خَيۡرٞ لَّكُمۡۖ إِن كُنتُمۡ تَعۡلَمُونَ ١٨٤

184. Ayyámam ma'dúdát; faman kána minkum maridhan au 'alá safarin fa'iddatum min ayyámin ukhar; wa 'alal lazina yutiqúnahú fidyatun ta'ámu misquinin faman tatauwa'a khairan fahuwa khairul lahú wa an tassúmú khairul lakum in kuntum ta'lamún

184. Jejuareis determinados dias; porém, quem de vós não cumprir o jejum, por achar-se enfermo ou em viagem, jejuará, depois, o mesmo número de dias. Mas quem, só à custa de muito sacrifício, consegue cumpri-lo, tiver de o quebrar, redimir-se-á, alimentando um necessitado; porém, quem se empenhar em fazer além do que for obrigatório, será melhor. Mas, se jejuardes, será preferível para vós, se quereis sabê-lo.

شَهۡرُ رَمَضَانَ ٱلَّذِيٓ أُنزِلَ فِيهِ ٱلۡقُرۡءَانُ هُدٗى لِّلنَّاسِ وَبَيِّنَٰتٖ مِّنَ
ٱلۡهُدَىٰ وَٱلۡفُرۡقَانِۚ فَمَن شَهِدَ مِنكُمُ ٱلشَّهۡرَ فَلۡيَصُمۡهُۖ وَمَن كَانَ مَرِيضًا

أَوْ عَلَىٰ سَفَرٍ فَعِدَّةٌ مِّنْ أَيَّامٍ أُخَرَ ۗ يُرِيدُ ٱللَّهُ بِكُمُ ٱلْيُسْرَ وَلَا يُرِيدُ
بِكُمُ ٱلْعُسْرَ وَلِتُكْمِلُوا۟ ٱلْعِدَّةَ وَلِتُكَبِّرُوا۟ ٱللَّهَ عَلَىٰ مَا هَدَىٰكُمْ
وَلَعَلَّكُمْ تَشْكُرُونَ ﴿١٨٥﴾

185. Chahru Ramadánal lazí unzila fíhil Qur'ánu hudal linnássi wa baiyinátim minal hudá wal furqan; faman chahida minkumuch chahra falyassumhu wa man kána marídhan au 'alá safarin fa'iddatum min ayyámin ukhar; yurídul láhu bikumul yusra wa lá yurídu bikumul 'usra wa litukmilul 'iddata wa litukabbirul láha 'alá má hadákum wa la'allakum tachkurún

185. O mês de Ramadan foi o mês em que foi revelado o Alcorão, orientação para a humanidade e evidência de orientação e Discernimento. Por conseguinte, quem de vós presenciar o novilúnio deste mês deverá jejuar; porém, quem se achar enfermo ou em viagem jejuará, depois, o mesmo número de dias. Deus vos deseja a comodidade e não a dificuldade, mas cumpri o número (de dias), e glorificai a Deus por ter-vos orientado, a fim de que (Lhe) agradeçais.

وَإِذَا سَأَلَكَ عِبَادِى عَنِّى فَإِنِّى قَرِيبٌ ۖ أُجِيبُ دَعْوَةَ ٱلدَّاعِ إِذَا دَعَانِ ۖ
فَلْيَسْتَجِيبُوا۟ لِى وَلْيُؤْمِنُوا۟ بِى لَعَلَّهُمْ يَرْشُدُونَ ﴿١٨٦﴾

186. Wa izá saalaka 'ibádí 'anní fa inní qaríbun ujíbu da'wataddá'i izá da'áni falyastajíbú lí wal yu'minú bí la'allahum yarchudún

186. Quando Meus servos te perguntarem por Mim, dize-lhes que estou próximo e ouvirei o rogo do suplicante quando a Mim se dirigir. Que atendam o Meu apelo e que creiam em Mim, a fim de que se encaminhem.

أُحِلَّ لَكُمْ لَيْلَةَ ٱلصِّيَامِ ٱلرَّفَثُ إِلَىٰ نِسَآئِكُمْ ۚ هُنَّ لِبَاسٌ لَّكُمْ وَأَنتُمْ لِبَاسٌ
لَّهُنَّ ۗ عَلِمَ ٱللَّهُ أَنَّكُمْ كُنتُمْ تَخْتَانُونَ أَنفُسَكُمْ فَتَابَ عَلَيْكُمْ وَعَفَا
عَنكُمْ ۖ فَٱلْـَٔـٰنَ بَـٰشِرُوهُنَّ وَٱبْتَغُوا۟ مَا كَتَبَ ٱللَّهُ لَكُمْ ۚ وَكُلُوا۟ وَٱشْرَبُوا۟ حَتَّىٰ يَتَبَيَّنَ
لَكُمُ ٱلْخَيْطُ ٱلْأَبْيَضُ مِنَ ٱلْخَيْطِ ٱلْأَسْوَدِ مِنَ ٱلْفَجْرِ ۖ ثُمَّ أَتِمُّوا۟ ٱلصِّيَامَ إِلَى ٱلَّيْلِ ۚ وَلَا

تُبَٰشِرُوهُنَّ وَأَنتُمْ عَٰكِفُونَ فِى ٱلْمَسَٰجِدِ ۗ تِلْكَ حُدُودُ ٱللَّهِ فَلَا تَقْرَبُوهَا ۗ
كَذَٰلِكَ يُبَيِّنُ ٱللَّهُ ءَايَٰتِهِۦ لِلنَّاسِ لَعَلَّهُمْ يَتَّقُونَ ١٨٧

187. Uhilla lakum laylatas Siyámir rafaçu ilá nissá'ikum; hunna libássullakum wa antum libásullahunn; 'alimal láhu annakum kuntum takhtánúna anfusakum fatába 'alaikum wa 'afá 'ankum fa la'anna baachirúhunna wabtaghú má katabal láhú lakum; wa kulú wachrabú hattá yatabaiyana lakumul khaitul abyadu minal khaitil aswadi minal fajri summa atimmus Siyáma ilal layl; wa lá tubáchirú hunna wa antum 'ákifúna fil massájid; tilka hudúdul láhi falá taqrabúhá; kazálika yubaiyinul láhu ayátihi linnássi la'allahum yattaqún

187. Está-vos permitido, nas noites do jejum, acercar-vos de vossas mulheres, porque elas são vossas vestimentas e vós o sois delas. Deus sabe o que vós fazíeis secretamente; porém, absolve-vos e vos perdoa. Acercai-vos agora delas e desfrutai do que Deus vos prescreveu. Comei e bebei até à alvorada, quando puderdes distinguir o fio branco do fio negro. Retornai, então, ao jejum, até ao anoitecer, e não vos acerqueis delas enquanto estiverdes retraídos nas mesquitas. Tais são as normas de Deus; não as transgridais de modo algum. Assim Deus elucida os Seus versículos aos humanos, a fim de que O temam.

وَلَا تَأْكُلُوٓا۟ أَمْوَٰلَكُم بَيْنَكُم بِٱلْبَٰطِلِ وَتُدْلُوا۟ بِهَآ إِلَى ٱلْحُكَّامِ لِتَأْكُلُوا۟
فَرِيقًا مِّنْ أَمْوَٰلِ ٱلنَّاسِ بِٱلْإِثْمِ وَأَنتُمْ تَعْلَمُونَ ١٨٨

188. Wa lá ta'kulú amwálakum bainakum bilbátili wa tudlú bihá ilal hukkámi lita'kulú faríqam min amwálin nássi bil içmi wa antum ta'lamún

188. Não consumais os vossos bens ilicitamente, nem os useis para subornar os juízes, a fim de vos apropriardes ilegalmente, com conhecimento, de algo dos bens alheios.

۞ يَسْـَٔلُونَكَ عَنِ ٱلْأَهِلَّةِ ۖ قُلْ هِىَ مَوَٰقِيتُ لِلنَّاسِ وَٱلْحَجِّ ۗ وَلَيْسَ ٱلْبِرُّ بِأَن
تَأْتُوا۟ ٱلْبُيُوتَ مِن ظُهُورِهَا وَلَٰكِنَّ ٱلْبِرَّ مَنِ ٱتَّقَىٰ ۗ وَأْتُوا۟ ٱلْبُيُوتَ مِنْ
أَبْوَٰبِهَا ۚ وَٱتَّقُوا۟ ٱللَّهَ لَعَلَّكُمْ تُفْلِحُونَ ١٨٩

189. ۞ Yass'alúnaka 'anil ahillati qul hiya mawáquitu linnássi wal Hajj; wa laisal birru bi an ta'tul buyúta min zuhúrihá wa lákinnal birra manit taqá; wa'tul buyúta min abwábihá; wattaqul láha la'allakum tuflihún

189. Interrogar-te-ão sobre os novilúnios. Dize-lhes: Servem para auxiliar o homem no cômputo do tempo e no conhecimento da época da peregrinação. A virtude não consiste em que entreis nas casas pelas portas traseiras; a verdadeira virtude é a de quem teme a Deus. Entrai, pois, nas casas pelas portas apropriadas e temei a Deus, para que prospereis.

وَقَٰتِلُواْ فِي سَبِيلِ ٱللَّهِ ٱلَّذِينَ يُقَٰتِلُونَكُمۡ وَلَا تَعۡتَدُوٓاْۚ إِنَّ ٱللَّهَ لَا يُحِبُّ ٱلۡمُعۡتَدِينَ ١٩٠

190. Wa qátilú fí sabílil láhil lazína yuqátilúnakum wa lá ta'tadú; innal láha lá yuhibbul mu'tadin

190. Combatei, pela causa de Deus, aqueles que vos combatem; porém, não pratiqueis agressão, porque Deus não estima os agressores.

وَٱقۡتُلُوهُمۡ حَيۡثُ ثَقِفۡتُمُوهُمۡ وَأَخۡرِجُوهُم مِّنۡ حَيۡثُ أَخۡرَجُوكُمۡۚ وَٱلۡفِتۡنَةُ أَشَدُّ مِنَ ٱلۡقَتۡلِۚ وَلَا
تُقَٰتِلُوهُمۡ عِندَ ٱلۡمَسۡجِدِ ٱلۡحَرَامِ حَتَّىٰ يُقَٰتِلُوكُمۡ فِيهِۖ فَإِن قَٰتَلُوكُمۡ فَٱقۡتُلُوهُمۡۗ كَذَٰلِكَ جَزَآءُ
ٱلۡكَٰفِرِينَ ١٩١

191. Waqtulúhum haiçu saquiftumúhum wa akhrijúhum min haiçu akhrajúkum; walfitnatu achaddu minal qatl; wa lá tuqátilúhum 'indal Masjidil Harámi hattá yaqátilúkum fíhi fa in qátalúkum faqtulúhum; kazálika jazá'ul káfirín

191. Matai-os onde quer que os encontreis e expulsai-os de onde vos expulsaram, porque a intriga é mais grave do que o homicídio. Não os combatais nas cercanias da Mesquita Sagrada, a menos que vos ataquem. Mas, se aí vos combaterem, matai-os. Tal será o castigo dos incrédulos.

فَإِنِ ٱنتَهَوۡاْ فَإِنَّ ٱللَّهَ غَفُورٞ رَّحِيمٞ ١٩٢

192 Fa ininn-tahau fa innal láha Ghafúrur Rahím

192. Porém, se desistirem, sabei que Deus é Indulgente, Misericordiosissimo.

وَقَٰتِلُوهُمۡ حَتَّىٰ لَا تَكُونَ فِتۡنَةٞ وَيَكُونَ ٱلدِّينُ لِلَّهِۖ فَإِنِ ٱنتَهَوۡاْ فَلَا عُدۡوَٰنَ إِلَّا عَلَى
ٱلظَّٰلِمِينَ ١٩٣

193. Wa qátilúhum hatta lá takúna fitnatun wa yakúnad dínu lilláhi fa-inin tahau falá 'udwána illá 'alaz zálimín

193. E combatei-os até terminar a intriga e prevalecer a religião de Deus. Porém, se desistirem, não haverá mais hostilidades, senão contra os injustos.

ٱلشَّهۡرُ ٱلۡحَرَامُ بِٱلشَّهۡرِ ٱلۡحَرَامِ وَٱلۡحُرُمَٰتُ قِصَاصٞۚ فَمَنِ ٱعۡتَدَىٰ عَلَيۡكُمۡ فَٱعۡتَدُواْ عَلَيۡهِ
بِمِثۡلِ مَا ٱعۡتَدَىٰ عَلَيۡكُمۡۚ وَٱتَّقُواْ ٱللَّهَ وَٱعۡلَمُوٓاْ أَنَّ ٱللَّهَ مَعَ ٱلۡمُتَّقِينَ ١٩٤

194. Ach Chahrul Harámu bich Chahril Harámi wal hurumátu quisás; famani'tadá 'alaikum fa'tadú alaihi bimisli ma'tadá 'alaikum; wattaqul láha wa'lamú annal láha ma'al muttaquin

194. Se vos atacarem no mês sagrado, combatei-os no mesmo mês, e todas as profanações serão castigadas com a pena de talião. A quem vos agredir, rechaçai-o, da mesma forma; porém, temei a Deus e sabei que Ele está com os que O temem.

وَأَنفِقُواْ فِي سَبِيلِ ٱللَّهِ وَلَا تُلۡقُواْ بِأَيۡدِيكُمۡ إِلَى ٱلتَّهۡلُكَةِ وَأَحۡسِنُوٓاْۚ إِنَّ ٱللَّهَ يُحِبُّ
ٱلۡمُحۡسِنِينَ ١٩٥

195. Wa anfiqú fi sabílil láhi wa lá tulqú bi aydíkum ilat tahlukati wa ahsinú; innal láha yuhibbul muhsinín

195. Fazei gastos pela causa de Deus, sem permitir que as vossas mãos contribuam para vossa destruição, e praticai o bem, porque Deus aprecia os benfeitores.

وَأَتِمُّواْ ٱلۡحَجَّ وَٱلۡعُمۡرَةَ لِلَّهِۚ فَإِنۡ أُحۡصِرۡتُمۡ فَمَا ٱسۡتَيۡسَرَ مِنَ ٱلۡهَدۡيِۖ وَلَا تَحۡلِقُواْ رُءُوسَكُمۡ
حَتَّىٰ يَبۡلُغَ ٱلۡهَدۡيُ مَحِلَّهُۥۚ فَمَن كَانَ مِنكُم مَّرِيضًا أَوۡ بِهِۦٓ أَذٗى مِّن رَّأۡسِهِۦ فَفِدۡيَةٞ مِّن صِيَامٍ
أَوۡ صَدَقَةٍ أَوۡ نُسُكٖۚ فَإِذَآ أَمِنتُمۡ فَمَن تَمَتَّعَ بِٱلۡعُمۡرَةِ إِلَى ٱلۡحَجِّ فَمَا ٱسۡتَيۡسَرَ مِنَ ٱلۡهَدۡيِۚ فَمَن
لَّمۡ يَجِدۡ فَصِيَامُ ثَلَٰثَةِ أَيَّامٖ فِي ٱلۡحَجِّ وَسَبۡعَةٍ إِذَا رَجَعۡتُمۡۗ تِلۡكَ عَشَرَةٞ كَامِلَةٞۗ ذَٰلِكَ لِمَن لَّمۡ
يَكُنۡ أَهۡلُهُۥ حَاضِرِي ٱلۡمَسۡجِدِ ٱلۡحَرَامِۚ وَٱتَّقُواْ ٱللَّهَ وَٱعۡلَمُوٓاْ أَنَّ ٱللَّهَ شَدِيدُ
ٱلۡعِقَابِ ١٩٦

196. Wa atimmul Hajja wal 'Umarata lilláh; fain uhsirtum famas taisara minal hadyi walá tahliqú ru'ússakum hatta yablughal hadyu mahillah; faman kána minkum marídhan au bihí azam mir ra'sihí fafidyatum min Siyámin au sadaqatin au nusuk; fa izá amintum faman tamatta'a bil 'Umrati ilal Hajji fama staisara minal hadyi; famal lam yajid fa Siyámu çaláçati ayyámin fil

Hajji wa sab'atin izá raja'tum; tilka 'acharatun kámilah; zálika limal lam yakun ahluhú hádiril Masjidil Harám; wattaqul láha wa'lamú annal láha chadídul 'iqáb

196. E cumpri a peregrinação e a 'umra, a serviço de Deus. Porém, se fordes impedidos disso, dedicai uma oferenda do que vos seja possível, e não corteis os vossos cabelos até que a oferenda tenha alcançado o lugar destinado ao seu sacrifício. Quem de vós se encontrar enfermo, ou sofrer de alguma infecção na cabeça, e a raspar, redimir-se-á mediante o jejum, a caridade ou a oferenda. Entretanto, em condição de paz, aquele que realizar a 'Umra antes da peregrinação, deverá, terminada esta, fazer uma oferenda daquilo que possa. E quem não estiver em condições de fazê-lo, deverá jejuar três dias, durante a peregrinação, e sete, depois do seu regresso, totalizando dez dias. Esta penitência é para aquele que não reside próximo ao recinto da Mesquita Sagrada. Temei a Deus e sabei que é Severíssimo no castigo.

ٱلْحَجُّ أَشْهُرٌ مَّعْلُومَٰتٌ ۚ فَمَن فَرَضَ فِيهِنَّ ٱلْحَجَّ فَلَا رَفَثَ وَلَا فُسُوقَ وَلَا
جِدَالَ فِى ٱلْحَجِّ ۗ وَمَا تَفْعَلُوا۟ مِنْ خَيْرٍ يَعْلَمْهُ ٱللَّهُ ۗ وَتَزَوَّدُوا۟ فَإِنَّ خَيْرَ
ٱلزَّادِ ٱلتَّقْوَىٰ ۚ وَٱتَّقُونِ يَٰٓأُو۟لِى ٱلْأَلْبَٰبِ ﴿١٩٧﴾

197. Al-Hajju achhurum ma'-lúmát; faman farada fíhinnal hajja falá rafasa wa lá fussúqa wa lá jidála fil Hajj; wa má taf'alú min khairin ya'lamhul láh; wa tazauwadú fa inna khairaz zádit taqwá; wattaqúni yá ulil albáb

197. A peregrinação se realiza em meses determinados. Quem a empreender, deverá abster-se das relações sexuais, da perversidade e da polêmica. Tudo o que fizerdes de bom, Deus o saberá. Equipai-vos de provisões, mas sabei que a melhor provisão é a devoção. Temei-Me, pois, ó sensatos.

لَيْسَ عَلَيْكُمْ جُنَاحٌ أَن تَبْتَغُوا۟ فَضْلًا مِّن رَّبِّكُمْ ۚ فَإِذَآ
أَفَضْتُم مِّنْ عَرَفَٰتٍ فَٱذْكُرُوا۟ ٱللَّهَ عِندَ ٱلْمَشْعَرِ ٱلْحَرَامِ ۖ
وَٱذْكُرُوهُ كَمَا هَدَىٰكُمْ وَإِن كُنتُم مِّن قَبْلِهِۦ لَمِنَ
ٱلضَّآلِّينَ ﴿١٩٨﴾

198. Laiça 'alaikum junáhun an tabtaghú fadhlam mir rabbikum; fa izá afadhtum min 'Arafátin fazkurul láha 'indal-Mach'aril Harámi waz kurúhu kamá hadákum wa in kuntum min qablihí laminad dhállín

198. Não sereis censurados se procurardes a graça do vosso Senhor (durante a peregrinação). Quando descerdes do monte Arafat, recordai-vos de Deus perante o Monumento Sagrado, e recordai-vos de como vos iluminou, ainda quando éreis, antes disso, dos extraviados.

ثُمَّ أَفِيضُوا۟ مِنْ حَيْثُ أَفَاضَ ٱلنَّاسُ وَٱسْتَغْفِرُوا۟ ٱللَّهَ ۚ إِنَّ ٱللَّهَ
غَفُورٌ رَّحِيمٌ ١٩٩

199. Çumma afidú min haiçu afádhan nássu wastaghfirul láh; innal láha Ghafúrur-Rahím

199. Descei, também, de onde descem os demais, e implorai o perdão de Deus, porque é Indulgente, Misericordiosíssimo.

فَإِذَا قَضَيْتُم مَّنَـٰسِكَكُمْ فَٱذْكُرُوا۟ ٱللَّهَ كَذِكْرِكُمْ ءَابَآءَكُمْ أَوْ
أَشَدَّ ذِكْرًا ۗ فَمِنَ ٱلنَّاسِ مَن يَقُولُ رَبَّنَآ ءَاتِنَا فِى ٱلدُّنْيَا وَمَا لَهُۥ
فِى ٱلْـَٔاخِرَةِ مِنْ خَلَـٰقٍ ٢٠٠

200. Fa-izá qadhaitum manássikakum fazkurul láha kazikrikum ábáakum au achadda zikrá; faminannássi mai yaqúlu Rabbaná átiná fid dunyá wa má lahú fil Ákhirati min khaláq

200. Quando celebrardes os vossos ritos, recordai-vos de Deus como vos recordais dos vossos pais, ou com mais fervor. Entre os humanos há aqueles que dizem: Ó Senhor nosso, concede-nos o nosso bem-estar terreno! Porém, não participarão da ventura da Outra Vida.

وَمِنْهُم مَّن يَقُولُ رَبَّنَآ ءَاتِنَا فِى ٱلدُّنْيَا حَسَنَةً وَفِى ٱلْـَٔاخِرَةِ حَسَنَةً
وَقِنَا عَذَابَ ٱلنَّارِ ٢٠١

201. Wa min-hum mai yaqúlu rabbaná átina fid dunyá hassanatan wa fil ákhirati hassanatan wa quiná azában Nár

201. Outros dizem: Ó Senhor nosso, concede-nos a graça deste mundo e do futuro, e preserva-nos do tormento infernal!

سُورَةُ البَقَرَةِ

Surat Al Bacara

أُوْلَٰٓئِكَ لَهُمۡ نَصِيبٞ مِّمَّا كَسَبُواْۚ وَٱللَّهُ سَرِيعُ ٱلۡحِسَابِ ﴿٢٠٢﴾

202. Ulá'ika lahum nassíbum mimmá kassabú; wal láhu sarí'ul hissáb

202. Estes, sim, lograrão a porção que tiverem merecido, porque Deus é Destro em ajustar contas.

۞ وَٱذۡكُرُواْ ٱللَّهَ فِيٓ أَيَّامٖ مَّعۡدُودَٰتٖۚ فَمَن تَعَجَّلَ فِي يَوۡمَيۡنِ فَلَآ إِثۡمَ
عَلَيۡهِ وَمَن تَأَخَّرَ فَلَآ إِثۡمَ عَلَيۡهِۖ لِمَنِ ٱتَّقَىٰۗ وَٱتَّقُواْ ٱللَّهَ وَٱعۡلَمُوٓاْ أَنَّكُمۡ إِلَيۡهِ
تُحۡشَرُونَ ﴿٢٠٣﴾

203. ۞ *Wazkurul láha fí ayyámin ma'dúdátin; faman ta'ajjala fí yaumaini falá içmá 'alaihi wa man ta akhara falá içma 'alayhi; limanit-taqá; wattaqul láha wa'lamú annakum ilaihi tuhcharún*

203. Recordai-vos de Deus em dias contados. Mas, quem se apressar em (deixar o local) após dois dias, não será recriminado; tampouco pecará aquele que se atrasar, se for temente a Deus. Temei a Deus, pois, e sabei que sereis reunidos perante Ele.

وَمِنَ ٱلنَّاسِ مَن يُعۡجِبُكَ قَوۡلُهُۥ فِي ٱلۡحَيَوٰةِ ٱلدُّنۡيَا وَيُشۡهِدُ ٱللَّهَ عَلَىٰ مَا فِي
قَلۡبِهِۦ وَهُوَ أَلَدُّ ٱلۡخِصَامِ ﴿٢٠٤﴾

204. Wa minan nássi mai yu'jibuka qauluhúú fil hayátid dunyá wa yuchhidul láha'alá má fí qalbihí wa huwa aladdul khissám

204. Entre os homens há aquele que, falando da vida terrena, te encanta, invocando Deus por Testemunha de tudo quanto encerra o seu coração, embora seja o mais encarniçado dos inimigos (d'Ele).

وَإِذَا تَوَلَّىٰ سَعَىٰ فِي ٱلۡأَرۡضِ لِيُفۡسِدَ فِيهَا وَيُهۡلِكَ ٱلۡحَرۡثَ وَٱلنَّسۡلَۚ وَٱللَّهُ لَا
يُحِبُّ ٱلۡفَسَادَ ﴿٢٠٥﴾

205. Wa izá tawallá sa'á fil ardi liyufsida fíha wa yuhlikal harça wannasl; walláhu lá yuhibbul fassád

205. E quando se retira, eis que a sua intenção é percorrer a terra para causar a corrupção, devastar as semeaduras e o gado, mesmo sabendo que a Deus desgosta a corrupção.

سُورَةُ البَقَرَةِ

Surat Al Bacara

وَإِذَا قِيلَ لَهُ ٱتَّقِ ٱللَّهَ أَخَذَتْهُ ٱلْعِزَّةُ بِٱلْإِثْمِ فَحَسْبُهُۥ جَهَنَّمُ وَلَبِئْسَ ٱلْمِهَادُ ﴿٢٠٦﴾

206. Wa izá quila lahut taquil láha akhazathul izzatu bil-içm; fahasbuhú jahannam; wa labi'sal mihád

206. Quando lhe é dito que tema a Deus, apossa-se dele a soberbia, induzindo-o ao pecado. Mas o inferno ser-lhe-á suficiente castigo. Que funesta morada!

وَمِنَ ٱلنَّاسِ مَن يَشْرِى نَفْسَهُ ٱبْتِغَآءَ مَرْضَاتِ ٱللَّهِ وَٱللَّهُ رَءُوفٌۢ بِٱلْعِبَادِ ﴿٢٠٧﴾

207. Wa minan nássi mai yachri nafsahub tighá'a mardhátil láh; walláhu ra´úfum bil'ibád

207. Entre os homens há também aquele que se sacrifica para obter a complacência de Deus, porque Deus é Compassivo para com os servos.

يَٰٓأَيُّهَا ٱلَّذِينَ ءَامَنُوا۟ ٱدْخُلُوا۟ فِى ٱلسِّلْمِ كَآفَّةً وَلَا تَتَّبِعُوا۟ خُطُوَٰتِ ٱلشَّيْطَٰنِ إِنَّهُۥ لَكُمْ عَدُوٌّ مُّبِينٌ ﴿٢٠٨﴾

208. Yá ayyuhal lazína ámanud khulú fis silmi káffatan wa lá tattabi'ú khutuwátich Chaitan; innahú lakum 'aduwwum mubin

208. Ó crentes, abraçai o Islam na sua totalidade e não sigais os passos de Satanás, porque é vosso inimigo declarado.

فَإِن زَلَلْتُم مِّنۢ بَعْدِ مَا جَآءَتْكُمُ ٱلْبَيِّنَٰتُ فَٱعْلَمُوٓا۟ أَنَّ ٱللَّهَ عَزِيزٌ حَكِيمٌ ﴿٢٠٩﴾

209. Fa in zalaltum min ba'di má já'atkumul baiyin1tu fa'lamú annal láha 'Azízun haquim

209. Porém se tropeçardes, depois de vos terem chegado as evidências, sabei que Deus é Poderoso, Prudentíssimo.

هَلْ يَنظُرُونَ إِلَّآ أَن يَأْتِيَهُمُ ٱللَّهُ فِى ظُلَلٍ مِّنَ ٱلْغَمَامِ وَٱلْمَلَٰٓئِكَةُ وَقُضِىَ ٱلْأَمْرُ وَإِلَى ٱللَّهِ تُرْجَعُ ٱلْأُمُورُ ﴿٢١٠﴾

سُورَةُ البَقَرَةِ

Surat Al Bacara

210. Hal yanzurúna illá ai ya'tiya humul láhu fí zulalim minal ghamámi walmalá'ikatu wa qudhiyal amr; wa ilal láhi turja'ul umúr

210. Aguardam acaso que lhes venha o Próprio Deus, na sombra dos cirros, juntamente com os anjos e, assim, tudo esteja terminado? Sabei que tudo retornará a Deus.

سَلۡ بَنِيٓ إِسۡرَٰٓءِيلَ كَمۡ ءَاتَيۡنَٰهُم مِّنۡ ءَايَةِۭ بَيِّنَةٖۗ وَمَن يُبَدِّلۡ نِعۡمَةَ ٱللَّهِ مِنۢ
بَعۡدِ مَا جَآءَتۡهُ فَإِنَّ ٱللَّهَ شَدِيدُ ٱلۡعِقَابِ ﴿٢١١﴾

211. Sal Baní Isrá'íla kam átaináhum min áyatim baiyinah; wa mai yubaddil ni'matal láhi mim ba'di má já'athu fa innal láha schadídul 'iqáb

211. Pergunta aos israelitas quantos sinais evidentes lhes temos mostrado. Mas quem deturpa conscientemente as mercês de Deus, depois de lhas terem chegado, saiba que Deus é Severíssimo no castigo.

زُيِّنَ لِلَّذِينَ كَفَرُواْ ٱلۡحَيَوٰةُ ٱلدُّنۡيَا وَيَسۡخَرُونَ مِنَ ٱلَّذِينَ ءَامَنُواْۘ وَٱلَّذِينَ
ٱتَّقَوۡاْ فَوۡقَهُمۡ يَوۡمَ ٱلۡقِيَٰمَةِۗ وَٱللَّهُ يَرۡزُقُ مَن يَشَآءُ بِغَيۡرِ حِسَابٖ ﴿٢١٢﴾

212. Zuyyina lillazína kafarul hayátud dunyá wa yaskharúna minal lazína ámanú; wallazínat taqau fauqahum yaumal Quiyámah; walláhu yarzuqu mai yachá'u bighairi hissab;

212. Foi abrilhantada a vida terrena aos incrédulos e, por isso, zombam dos crentes; porém, os tementes prevalecerão sobre eles no Dia da Ressurreição, porque Deus agracia imensuravelmente, quem Lhe apraz.

كَانَ ٱلنَّاسُ أُمَّةٗ وَٰحِدَةٗ فَبَعَثَ ٱللَّهُ ٱلنَّبِيِّـۧنَ مُبَشِّرِينَ وَمُنذِرِينَ وَأَنزَلَ مَعَهُمُ
ٱلۡكِتَٰبَ بِٱلۡحَقِّ لِيَحۡكُمَ بَيۡنَ ٱلنَّاسِ فِيمَا ٱخۡتَلَفُواْ فِيهِۚ وَمَا ٱخۡتَلَفَ فِيهِ إِلَّا ٱلَّذِينَ
أُوتُوهُ مِنۢ بَعۡدِ مَا جَآءَتۡهُمُ ٱلۡبَيِّنَٰتُ بَغۡيَۢا بَيۡنَهُمۡۖ فَهَدَى ٱللَّهُ ٱلَّذِينَ ءَامَنُواْ لِمَا
ٱخۡتَلَفُواْ فِيهِ مِنَ ٱلۡحَقِّ بِإِذۡنِهِۦۗ وَٱللَّهُ يَهۡدِي مَن يَشَآءُ إِلَىٰ صِرَٰطٖ مُّسۡتَقِيمٍ ﴿٢١٣﴾

213. Kánan nássu ummatan wáhidatan fab'açal láhun Nabiyyína mubachchirína wa munzir'na wa anzala ma'ahumul kitába bilhaqqui liyahkuma bainan nássi fímakhtalafú fíh; wa makhtalafa fíhi 'illallazína útúhu mim ba'di má já'athumul baiyinátu baghyam bainahum fahadal láhul lazína ámanú limakhtalafú fíhi minal haqqui bi iznih; walláhu yahdí mai yachaú ilá Sirátim Mustaquim

213. No princípio os povos constituíam uma só nação. Então, Deus enviou os profetas como alvissareiros e admoestadores e enviou, por eles, o Livro, com a verdade, para dirimir as divergências entre os homens. Porém, aqueles que o receberam só divergiram a seu respeito, depois de lhes terem chegado as evidências, por egoística teimosia. Porém, Deus, com a Sua graça, orientou os crentes para a verdade quanto àquilo que é a causa das suas divergências; Deus encaminha à senda reta quem Lhe apraz.

أَمۡ حَسِبۡتُمۡ أَن تَدۡخُلُواْ ٱلۡجَنَّةَ وَلَمَّا يَأۡتِكُم مَّثَلُ ٱلَّذِينَ خَلَوۡاْ مِن
قَبۡلِكُمۖ مَّسَّتۡهُمُ ٱلۡبَأۡسَآءُ وَٱلضَّرَّآءُ وَزُلۡزِلُواْ حَتَّىٰ يَقُولَ ٱلرَّسُولُ وَٱلَّذِينَ
ءَامَنُواْ مَعَهُۥ مَتَىٰ نَصۡرُ ٱللَّهِۗ أَلَآ إِنَّ نَصۡرَ ٱللَّهِ قَرِيبٞ ٢١٤

214. Am hasibtum an tadkhulul jannata wa lammá yá-tikum maçalul lazína khalau min qablikum massathumul ba'ssáu waddarrá'u wa zulzilú hattá yaqúlar Rassúlu wallazína ámanú ma'ahú matá nasrul láh; alá inna nasral láhi qarib

214. Pretendeis, acaso, entrar no Paraíso, sem antes terdes de passar pelo que passaram os vossos antecessores? Açoitaram-nos a miséria e a adversidade, que os abalaram profundamente, até que, mesmo o Mensageiro e os crentes, que com ele estavam, disseram: Quando chegará o socorro de Deus? Acaso o socorro de Deus não está próximo?

يَسۡـَٔلُونَكَ مَاذَا يُنفِقُونَۖ قُلۡ مَآ أَنفَقۡتُم مِّنۡ خَيۡرٖ فَلِلۡوَٰلِدَيۡنِ
وَٱلۡأَقۡرَبِينَ وَٱلۡيَتَٰمَىٰ وَٱلۡمَسَٰكِينِ وَٱبۡنِ ٱلسَّبِيلِۗ وَمَا تَفۡعَلُواْ مِنۡ خَيۡرٖ
فَإِنَّ ٱللَّهَ بِهِۦ عَلِيمٞ ٢١٥

215. Yass'alúunaka mázá yunfiqúna qul má anfaqtum min khairin falil wálidaini wal aqrabína walyatámá wal masságuini wabnis sabíl; wa má taf'alú min khairin fa innal láha bihí 'alím

215. Perguntam-te que parte devem gastar (em caridade)? Dize-lhes: Toda a caridade que fizerdes, deve ser para os pais, parentes, órfãos, necessitados e viajantes sem recursos. E sabei que todo o bem que fizerdes, Deus dele tomará consciência.

كُتِبَ عَلَيۡكُمُ ٱلۡقِتَالُ وَهُوَ كُرۡهٞ لَّكُمۡۖ وَعَسَىٰٓ أَن تَكۡرَهُواْ شَيۡـٔٗا وَهُوَ خَيۡرٞ
لَّكُمۡۖ وَعَسَىٰٓ أَن تُحِبُّواْ شَيۡـٔٗا وَهُوَ شَرّٞ لَّكُمۡۚ وَٱللَّهُ يَعۡلَمُ وَأَنتُمۡ لَا
تَعۡلَمُونَ ٢١٦

216. Kutiba alaikumul quitálu wa huwa kurhul lakum wa 'asá an takrahú chai'an wa huwa khairul lakum wa 'assá an tuhibbú chai'an wa huwa charrul lakum; walláhu ya'lamu wa antum lá ta'lamún

216. Está-vos prescrita a luta (pela causa de Deus), embora a repudieis. É possível que repudieis algo que seja um bem para vós e, quiçá, gosteis de algo que vos seja prejudicial; todavia, Deus sabe, e vós ignorais.

يَسۡـَٔلُونَكَ عَنِ ٱلشَّهۡرِ ٱلۡحَرَامِ قِتَالٖ فِيهِۖ قُلۡ قِتَالٞ فِيهِ كَبِيرٞۚ وَصَدٌّ عَن
سَبِيلِ ٱللَّهِ وَكُفۡرُۢ بِهِۦ وَٱلۡمَسۡجِدِ ٱلۡحَرَامِ وَإِخۡرَاجُ أَهۡلِهِۦ مِنۡهُ أَكۡبَرُ عِندَ
ٱللَّهِۚ وَٱلۡفِتۡنَةُ أَكۡبَرُ مِنَ ٱلۡقَتۡلِۗ وَلَا يَزَالُونَ يُقَٰتِلُونَكُمۡ حَتَّىٰ يَرُدُّوكُمۡ عَن
دِينِكُمۡ إِنِ ٱسۡتَطَٰعُواْۚ وَمَن يَرۡتَدِدۡ مِنكُمۡ عَن دِينِهِۦ فَيَمُتۡ وَهُوَ
كَافِرٞ فَأُوْلَٰٓئِكَ حَبِطَتۡ أَعۡمَٰلُهُمۡ فِي ٱلدُّنۡيَا وَٱلۡأٓخِرَةِۖ وَأُوْلَٰٓئِكَ
أَصۡحَٰبُ ٱلنَّارِۖ هُمۡ فِيهَا خَٰلِدُونَ ٢١٧

217. Yass'alúnaka 'anich Chahril Harámi quitálin fíhi qul quitálun fíhi kabírun wa saddun 'an sabílil láhi wa kufrum bihí wal Masjidil Harámi wa ikhráju ahlihí minhu akbaru 'indal láh; walfitnatu akbaru minal qatl; wa lá yazálúna yuqátilúnakum hatta yaruddúkum 'an di nikum ini statá'ú; wa mai yartadid minkum 'an dínihi fayamut wahuwa káfirun fa ulá'ika habitat a'máluhum fid dunyá wal ákhirati wa ulá'ika ashábun Nári hum fíhá khálidún

217. Quando te perguntarem se é lícito combater no mês sagrado, dize-lhes: A luta durante este mês é um grave pecado; porém, desviar os crentes da senda de Deus, negá-Lo, privar os demais da Mesquita Sagrada e expulsar dela (Makka) os seus habitantes é mais grave ainda, aos olhos de Deus, porque a perseguição é pior do que o homicídio. Os incrédulos, enquanto puderem, não

cessarão de vos combater, até vos fazerem renunciar à vossa religião; porém, aqueles dentre vós que renegarem a sua fé e morrerem incrédulos tornarão as suas obras sem efeito, neste mundo e no outro, e serão condenados ao inferno, onde permanecerão eternamente.

إِنَّ ٱلَّذِينَ ءَامَنُواْ وَٱلَّذِينَ هَاجَرُواْ وَجَٰهَدُواْ فِي سَبِيلِ ٱللَّهِ أُوْلَٰٓئِكَ يَرۡجُونَ
رَحۡمَتَ ٱللَّهِۚ وَٱللَّهُ غَفُورٞ رَّحِيمٞ ﴿٢١٨﴾

218. Innal lazína ámanú wallazína hájarú wa jáhadú fí sabílil láhi ulá'ika yarjúna rahmatal láh; walláhu Ghafúrur Rahím

218. Aqueles que creram, migraram e combateram pela causa de Deus poderão esperar de Deus a misericórdia, porque Deus é Indulgente, Misericordiosíssimo.

۞ يَسۡـَٔلُونَكَ عَنِ ٱلۡخَمۡرِ وَٱلۡمَيۡسِرِۖ قُلۡ فِيهِمَآ إِثۡمٞ كَبِيرٞ وَمَنَٰفِعُ
لِلنَّاسِ وَإِثۡمُهُمَآ أَكۡبَرُ مِن نَّفۡعِهِمَاۗ وَيَسۡـَٔلُونَكَ مَاذَا يُنفِقُونَ قُلِ ٱلۡعَفۡوَۗ
كَذَٰلِكَ يُبَيِّنُ ٱللَّهُ لَكُمُ ٱلۡأٓيَٰتِ لَعَلَّكُمۡ تَتَفَكَّرُونَ ﴿٢١٩﴾

219. ۞ *Yass'alúnaka 'anilkhamri walmaissiri qul fíhimá içmun kabírun wa manáfi'u linnássi wa içmuhumá akbaru min naf'ihimá; wa yass'alúnaka máza yunfiqúna qulil-'afwa; kazálika yubaiyinul láhu lakumul-áyáti la'allakum tatafakkarún*

219. Interrogam-te a respeito da bebida inebriantee do jogo de azar; dize-lhes: Em ambos há benefícios e malefícios para o homem; porém, os seus malefícios são maiores do que os seus benefícios. Perguntam-te o que devem gastar (em caridade). Dize-lhes: Gastai o que sobrar das vossas necessidades. Assim Deus vos elucida os Seus versículos, a fim de que mediteis,

فِي ٱلدُّنۡيَا وَٱلۡأٓخِرَةِۗ وَيَسۡـَٔلُونَكَ عَنِ ٱلۡيَتَٰمَىٰۖ قُلۡ إِصۡلَاحٞ لَّهُمۡ خَيۡرٞۖ وَإِن
تُخَالِطُوهُمۡ فَإِخۡوَٰنُكُمۡۚ وَٱللَّهُ يَعۡلَمُ ٱلۡمُفۡسِدَ مِنَ ٱلۡمُصۡلِحِۚ وَلَوۡ شَآءَ ٱللَّهُ
لَأَعۡنَتَكُمۡۚ إِنَّ ٱللَّهَ عَزِيزٌ حَكِيمٞ ﴿٢٢٠﴾

220. Fid dunyaa wal ákhira; wa yass'alúnaka 'anil yatámá qul issláhul lahum khayr, wa in tukhálitúhum fa ikhwánukum; walláhu ya'lamul mufsida minalmuslih; wa law chá'al láhu la-a'natakum; innal láha 'Azízun Hakím

220. Nesta vida e na Outra. Consultar-te-ão a respeito dos órfãos; dize-lhes: Fazer-lhes o bem é o melhor. E se misturardes vossos assuntos com os deles, ficai sabendo que são vossos irmãos; sabei que Deus distingue o corrupto do benfeitor. Porém, se Deus quisesse, ter-vos-ia afligido, porque é Poderoso, Prudentíssimo.

وَلَا تَنكِحُواْ ٱلْمُشْرِكَٰتِ حَتَّىٰ يُؤْمِنَّ وَلَأَمَةٌ مُّؤْمِنَةٌ خَيْرٌ مِّن مُّشْرِكَةٍ وَلَوْ
أَعْجَبَتْكُمْ وَلَا تُنكِحُواْ ٱلْمُشْرِكِينَ حَتَّىٰ يُؤْمِنُواْ وَلَعَبْدٌ مُّؤْمِنٌ خَيْرٌ مِّن
مُّشْرِكٍ وَلَوْ أَعْجَبَكُمْ أُوْلَٰٓئِكَ يَدْعُونَ إِلَى ٱلنَّارِ وَٱللَّهُ يَدْعُوٓاْ إِلَى ٱلْجَنَّةِ
وَٱلْمَغْفِرَةِ بِإِذْنِهِۦ وَيُبَيِّنُ ءَايَٰتِهِۦ لِلنَّاسِ لَعَلَّهُمْ يَتَذَكَّرُونَ ﴿٢٢١﴾

221. Wa látankihul muchrikáti hattá yu'minn; wa la amatum mu'minatun khairum mim muchrikatin wa law a'jabatkum; wa lá tunkihul muchrikína hattá yu'minú; wa la 'abdum um'minun khairum mim muchrikin wa lau 'ajabakum; ulá'ika yad'úna ilan Nári wal láhu yad'ú ilal Jannati walmaghfirati bi iznihí wa yubaiyinu Áyátihí linnássi la'allahum yatazakkarún

221. Não desposareis as idólatras até que elas se convertam, porque uma escrava crédula é preferível a uma idólatra, ainda que esta vos apraza. Tampouco consintais no matrimônio das vossas filhas com os idólatras, até que estes se tenham convertido, porque um escravo crédulo é preferível a um idólatra, ainda que este vos apraza. Os idólatras arrastam-vos para o fogo infernal; em troca, Deus, com Sua benevolência, convoca-vos ao Paraíso e ao perdão, e elucida os Seus versículos aos humanos, para que d'Ele recordem.

وَيَسْـَٔلُونَكَ عَنِ ٱلْمَحِيضِ قُلْ هُوَ أَذًى فَٱعْتَزِلُواْ ٱلنِّسَآءَ فِى ٱلْمَحِيضِ وَلَا
تَقْرَبُوهُنَّ حَتَّىٰ يَطْهُرْنَ فَإِذَا تَطَهَّرْنَ فَأْتُوهُنَّ مِنْ حَيْثُ أَمَرَكُمُ ٱللَّهُ إِنَّ ٱللَّهَ يُحِبُّ
ٱلتَّوَّٰبِينَ وَيُحِبُّ ٱلْمُتَطَهِّرِينَ ﴿٢٢٢﴾

222. Wa yass'alúnaka 'anil mahídi qul huwa azan fa'tazilun nissá'a fil mahídi wa lá taqrabúhunna hattá yathurna fa-izá tatah-harrna fátúhunna min haiçu amarakumul láh; innal láha yuhibbut Tauwábína wa yuhibbul mutatahhirín

222. Consultar-te-ão acerca da menstruação; dize-lhes: É uma impureza. Abstende-vos, pois, das mulheres durante a menstruação e não vos acerqueis

delas até que se purifiquem; quando estiverem purificadas, aproximai-vos então delas, como Deus vos tem disposto, porque Ele estima os que se arrependem e cuidam da purificação.

نِسَآؤُكُمْ حَرْثٌ لَّكُمْ فَأْتُوا۟ حَرْثَكُمْ أَنَّىٰ شِئْتُمْ ۖ وَقَدِّمُوا۟ لِأَنفُسِكُمْ ۚ وَٱتَّقُوا۟ ٱللَّهَ
وَٱعْلَمُوٓا۟ أَنَّكُم مُّلَـٰقُوهُ ۗ وَبَشِّرِ ٱلْمُؤْمِنِينَ ﴿٢٢٣﴾

223. Nissá'ukum harçul lakum fátú harçakum anná chi'tum wa qaddimú li anfussikum; wattaqul láha wa'lamú annakum muláquh; wa bachchiril mu'minín

223. Vossas mulheres são vossas sementeiras. Desfrutai, pois, da vossa sementeira, como vos apraz; porém, praticai boas obras antecipadamente, temei a Deus e sabei que comparecereis perante Ele. E tu (ó Mensageiro), anuncia aos crentes (a bem-aventurança).

وَلَا تَجْعَلُوا۟ ٱللَّهَ عُرْضَةً لِّأَيْمَـٰنِكُمْ أَن تَبَرُّوا۟ وَتَتَّقُوا۟ وَتُصْلِحُوا۟ بَيْنَ
ٱلنَّاسِ ۗ وَٱللَّهُ سَمِيعٌ عَلِيمٌ ﴿٢٢٤﴾

224. Wa lá taj'alul láha 'urdatal li aymánikum an tabarrú wa tattaqú wa tuslihú bainan náss; walláhu Samí'un 'Alím

224. Não tomeis (o nome de) Deus como desculpa, em vosso juramento, para não serdes benevolentes, devotos e não reconciliardes os homens, porque Deus é Oniouvinte, Sapientíssimo.

لَّا يُؤَاخِذُكُمُ ٱللَّهُ بِٱللَّغْوِ فِىٓ أَيْمَـٰنِكُمْ وَلَـٰكِن يُؤَاخِذُكُم بِمَا كَسَبَتْ قُلُوبُكُمْ ۗ وَٱللَّهُ
غَفُورٌ حَلِيمٌ ﴿٢٢٥﴾

225. Lá yu'ákhizukumul láhu billaghwi fí aymánikum wa lákiny yu'ákhizukum bimá kassabat qulúbukum; walláhu Ghafúrun Halím

225. Deus não vos recriminará por vossos juramentos involuntários; porém, responsabilizar-vos-á pelas intenções dos vossos corações. Sabei que Deus é Tolerante, Indulgentíssimo.

لِّلَّذِينَ يُؤْلُونَ مِن نِّسَآئِهِمْ تَرَبُّصُ أَرْبَعَةِ أَشْهُرٍ ۖ فَإِن فَآءُو فَإِنَّ ٱللَّهَ غَفُورٌ
رَّحِيمٌ ﴿٢٢٦﴾

226. Lillazína yu'lúna min nissá'ihim tarabbusu arba'ati achhurin fa'in fá'ú fainnal láha Ghafúrur Rahím

226. Aqueles que jurarem abster-se das suas mulheres deverão aguardar um prazo de quatro meses. Porém, se então voltarem a elas, saibam que Deus é Indulgente, Misericordiosíssimo.

وَإِنْ عَزَمُوا۟ ٱلطَّلَٰقَ فَإِنَّ ٱللَّهَ سَمِيعٌ عَلِيمٌ ﴿٢٢٧﴾

227. Wa in 'azamut taláqa fa innal láha Samí'un 'Alím.

227. Mas se resolverem divorciar-se, saibam que Deus é Oniouvinte, Sapientíssimo.

وَٱلْمُطَلَّقَٰتُ يَتَرَبَّصْنَ بِأَنفُسِهِنَّ ثَلَٰثَةَ قُرُوٓءٍ ۚ وَلَا يَحِلُّ لَهُنَّ أَن يَكْتُمْنَ مَا
خَلَقَ ٱللَّهُ فِىٓ أَرْحَامِهِنَّ إِن كُنَّ يُؤْمِنَّ بِٱللَّهِ وَٱلْيَوْمِ ٱلْـَٔاخِرِ ۚ وَبُعُولَتُهُنَّ أَحَقُّ بِرَدِّهِنَّ فِى
ذَٰلِكَ إِنْ أَرَادُوٓا۟ إِصْلَٰحًا ۚ وَلَهُنَّ مِثْلُ ٱلَّذِى عَلَيْهِنَّ بِٱلْمَعْرُوفِ ۚ وَلِلرِّجَالِ عَلَيْهِنَّ
دَرَجَةٌ ۗ وَٱللَّهُ عَزِيزٌ حَكِيمٌ ﴿٢٢٨﴾

228. Walmutallaqátu yatarabbasna bi anfusihinna çaláçata qurú; wa lá yahillu lahunna ai yaktumna má khalaqal láhu fí arháminhinna in kunna yu'minna billáhi wal yaumil ákhir; wa bu'úlatuhunna ahaqqu biraddihinna fí zálika in arádú isláhá; wa lahunna miçlul lazí alaihinna bilma'rúf; wa lirrijjáli 'alaihinna daraja; walláhu 'Azízun Hakím

228. As divorciadas aguardarão três menstruações e, se creem em Deus e no Dia do Juízo Final, não deverão ocultar o que Deus criou em suas entranhas. E seus esposos têm mais direito de readmiti-las, se desejarem a reconciliação, porque elas têm direitos equivalentes aos seus deveres, embora os homens tenham um grau a mais sobre elas, porquanto Deus é Poderoso, Prudentíssimo.

ٱلطَّلَٰقُ مَرَّتَانِ ۖ فَإِمْسَاكٌۢ بِمَعْرُوفٍ أَوْ تَسْرِيحٌۢ بِإِحْسَٰنٍ ۗ وَلَا يَحِلُّ لَكُمْ أَن
تَأْخُذُوا۟ مِمَّآ ءَاتَيْتُمُوهُنَّ شَيْـًٔا إِلَّآ أَن يَخَافَآ أَلَّا يُقِيمَا حُدُودَ ٱللَّهِ ۖ فَإِنْ خِفْتُمْ
أَلَّا يُقِيمَا حُدُودَ ٱللَّهِ فَلَا جُنَاحَ عَلَيْهِمَا فِيمَا ٱفْتَدَتْ بِهِۦ ۗ تِلْكَ حُدُودُ ٱللَّهِ فَلَا تَعْتَدُوهَا ۚ
وَمَن يَتَعَدَّ حُدُودَ ٱللَّهِ فَأُو۟لَٰٓئِكَ هُمُ ٱلظَّٰلِمُونَ ﴿٢٢٩﴾

229. Attaláqu marratáni fa imsákum bima'rúfin au tasríhum bi ihsán; wa lá yahillu lakum an tákhuzú mimmá átaitumúhunna chai'an illá ai yakháfá alla yuquimá hudúdal láhi fa in khiftum allá yuquimá hudúdal láhi falá junáha 'Alaihimá fimaf tadat bihí tilka hudúdul láhi falá ta'tadúhá; wa mai yata'adda hudúdal láhi fa ulá'ika humuz zálimún

229. O divórcio revogável só poderá ser efetuado duas vezes. Depois, tereis de conservá-las convosco dignamente ou separar-vos delas com benevolência. Está-vos vedado tirar-lhes algo de tudo quanto lhes haveis dotado, a menos que ambos temam contrariar as leis de Deus. Se temerdes (vós juízes) que ambos as contrariem, ambos não serão recriminados, se ela der algo pela sua liberdade. Tais são os limites de Deus; não os ultrapasseis, pois. Aqueles que os ultrapassarem serão injustos.

فَإِن طَلَّقَهَا فَلَا تَحِلُّ لَهُۥ مِنۢ بَعْدُ حَتَّىٰ تَنكِحَ زَوْجًا غَيْرَهُۥ ۗ فَإِن طَلَّقَهَا فَلَا جُنَاحَ
عَلَيْهِمَآ أَن يَتَرَاجَعَآ إِن ظَنَّآ أَن يُقِيمَا حُدُودَ ٱللَّهِ ۗ وَتِلْكَ حُدُودُ ٱللَّهِ يُبَيِّنُهَا لِقَوْمٍ
يَعْلَمُونَ ﴿٢٣٠﴾

230. Fa in tallaqahá falá tahillu lahú mim ba'du hattá tankiha zaujan ghairah; fa in tallaqahá falá junáha 'alaihimá ai yatarája'á in zanná ai yuquímá hudúdal láh; wa tilka hudúdul láhi yubaiyinuhá liqaumin ya'lamún

230. Porém, se ele se divorciar irrevogavelmente dela, não lhe será permitido tomá-la de novo por esposa legal, até que se tenha casado com outro e também se tenha divorciado deste; não serão censurados se se reconciliarem, desde que sintam que poderão observar as leis de Deus. Tais são os limites de Deus, que Ele elucida para os sensatos.

وَإِذَا طَلَّقْتُمُ ٱلنِّسَآءَ فَبَلَغْنَ أَجَلَهُنَّ فَأَمْسِكُوهُنَّ بِمَعْرُوفٍ أَوْ سَرِّحُوهُنَّ بِمَعْرُوفٍ ۚ
وَلَا تُمْسِكُوهُنَّ ضِرَارًا لِّتَعْتَدُوا۟ ۚ وَمَن يَفْعَلْ ذَٰلِكَ فَقَدْ ظَلَمَ نَفْسَهُۥ ۚ وَلَا تَتَّخِذُوٓا۟
ءَايَٰتِ ٱللَّهِ هُزُوًا ۚ وَٱذْكُرُوا۟ نِعْمَتَ ٱللَّهِ عَلَيْكُمْ وَمَآ أَنزَلَ عَلَيْكُم مِّنَ ٱلْكِتَٰبِ
وَٱلْحِكْمَةِ يَعِظُكُم بِهِۦ ۚ وَٱتَّقُوا۟ ٱللَّهَ وَٱعْلَمُوٓا۟ أَنَّ ٱللَّهَ بِكُلِّ شَىْءٍ عَلِيمٌ ﴿٢٣١﴾

231. Wa izá tallaqtumun anissá'a fabalaghna ajalahunna fa amsikúhunna bima'rúfin au sarrihúhunna bima'rúf; wa lá tumsikúhunna diráral lita'tadú; wa mai yaf'al zálika faqad zalama nafsah; wa lá tattakhizú áyátil láhi huzuwá; wazkurú ni'matal láhi 'alaikum wa má anzala 'alaikum minal kitábi wal hikmati ya'izukum bih; wattaqul láha wa'lamú annal láha bikulli chai'in 'Alim

231. Quando vos divorciardes das mulheres, ao terem elas cumprido o seu período prefixado, (se quiserdes) tomai-as de volta equitativamente, ou libertai-as equitativamente. Não as tomeis de volta com o intuito de prejudicá-las ou para

terdes vantagem indevida, porque quem tal fizer condenar-se-á. Não zombeis dos versículos de Deus, e recordai-vos das Suas mercês para convosco e de quanto vos revelou no Livro, com sabedoria, mediante o qual vos instrui. Temei a Deus e sabei que Deus é Onisciente.

وَإِذَا طَلَّقْتُمُ ٱلنِّسَآءَ فَبَلَغْنَ أَجَلَهُنَّ فَلَا تَعْضُلُوهُنَّ أَن يَنكِحْنَ أَزْوَٰجَهُنَّ إِذَا
تَرَٰضَوْا۟ بَيْنَهُم بِٱلْمَعْرُوفِ ۗ ذَٰلِكَ يُوعَظُ بِهِۦ مَن كَانَ مِنكُمْ يُؤْمِنُ بِٱللَّهِ وَٱلْيَوْمِ ٱلْءَاخِرِ ۗ
ذَٰلِكُمْ أَزْكَىٰ لَكُمْ وَأَطْهَرُ ۗ وَٱللَّهُ يَعْلَمُ وَأَنتُمْ لَا تَعْلَمُونَ ﴿٢٣٢﴾

232. *Wa izá tallaqtumun nissá'a fabalaghna ajalahunna falá ta'dulúhunna ai yankihna azwájahunna izá tarádau bainahum bilma'rúf; zálika yú'azu bihí man kána minkum yu'minu billáhi wal yaumil ákhir; zálikum azká lakum wa at-har; walláhu ya'lamu wa antum lá ta'lamún*

232. Se vos divorciardes das mulheres, ao terem elas cumprido o seu período prefixado, não as impeçais de renovar a união com os seus antigos maridos, se ambos se reconciliarem voluntariamente. Com isso se instrui a quem dentre vós crê em Deus e no Dia do Juízo Final. Isso é mais puro e mais virtuoso para vós, porque Deus sabe e vós ignorais.

۞ وَٱلْوَٰلِدَٰتُ يُرْضِعْنَ أَوْلَٰدَهُنَّ حَوْلَيْنِ كَامِلَيْنِ ۖ لِمَنْ أَرَادَ أَن يُتِمَّ ٱلرَّضَاعَةَ ۚ
وَعَلَى ٱلْمَوْلُودِ لَهُۥ رِزْقُهُنَّ وَكِسْوَتُهُنَّ بِٱلْمَعْرُوفِ ۚ لَا تُكَلَّفُ نَفْسٌ إِلَّا وُسْعَهَا ۚ لَا
تُضَآرَّ وَٰلِدَةٌۢ بِوَلَدِهَا وَلَا مَوْلُودٌ لَّهُۥ بِوَلَدِهِۦ ۚ وَعَلَى ٱلْوَارِثِ مِثْلُ ذَٰلِكَ ۗ فَإِنْ
أَرَادَا فِصَالًا عَن تَرَاضٍ مِّنْهُمَا وَتَشَاوُرٍ فَلَا جُنَاحَ عَلَيْهِمَا ۗ وَإِنْ أَرَدتُّمْ أَن
تَسْتَرْضِعُوٓا۟ أَوْلَٰدَكُمْ فَلَا جُنَاحَ عَلَيْكُمْ إِذَا سَلَّمْتُم مَّآ ءَاتَيْتُم بِٱلْمَعْرُوفِ ۗ وَٱتَّقُوا۟
ٱللَّهَ وَٱعْلَمُوٓا۟ أَنَّ ٱللَّهَ بِمَا تَعْمَلُونَ بَصِيرٌ ﴿٢٣٣﴾

233. ۞ *Walwálidátu yurdi'na auládahunna haulaini kámilaini liman aráda ai yutimmar radhá'a; wa 'alalmaulúdi lahú rizquhunna wa kiswatuhunna bil ma'rúf; látukallafu nafssun illá wus'ahá; lá tudhárra wálidatum biwaladihá wa lá maulúdul lahú biwaladih; wa 'alal wárici miçlu zálik; fa in aráda Fissálan 'an tarádhim min-humá wa tacháwurin falá junáha 'alaihimá; wa in arattum an*

tastardhi'ú auládakum falá junáha 'alaikum izá sallamtum má átaitum bilma'rúf; wattaqul láha wa'lamú annal láha bimá ta'malúna bassír

233. As mães (divorciadas) amamentarão os seus filhos durante dois anos inteiros, para aquele que desejar completar o termo. O pai deve mantê-las e vesti-las eqüitativamente. Ninguém é obrigado a fazer mais do que o que está ao seu alcance. Nenhuma mãe deverá ser prejudicada por causa do seu filho, nem tampouco um pai, por causa do seu. O herdeiro do pai tem as mesmas obrigações; porém, se ambos, de comum acordo e consulta mútua, desejarem a desmama antes do prazo estabelecido, não serão recriminados. Se preferirdes tomar uma ama-de-leite para os vossos filhos, não sereis recriminados, sempre que pagueis, estritamente, o que tiverdes prometido. Temei a Deus e sabei que Ele vê tudo quanto fazeis.

وَٱلَّذِينَ يُتَوَفَّوۡنَ مِنكُمۡ وَيَذَرُونَ أَزۡوَٰجٗا يَتَرَبَّصۡنَ بِأَنفُسِهِنَّ أَرۡبَعَةَ أَشۡهُرٖ
وَعَشۡرٗاۖ فَإِذَا بَلَغۡنَ أَجَلَهُنَّ فَلَا جُنَاحَ عَلَيۡكُمۡ فِيمَا فَعَلۡنَ فِيٓ أَنفُسِهِنَّ
بِٱلۡمَعۡرُوفِۗ وَٱللَّهُ بِمَا تَعۡمَلُونَ خَبِيرٞ ٢٣٤

234. Wallazína yutawaffawna minkum wa yazarúna azwájan yatarabbasna bi anfussihinna arba'ata achhurin wa 'achran fa izá balaghna ajalahunna falá junáha 'alaikum fimaaá fa'alna fí anfusihinna bilma'rúf; wal láhu bimá ta'malúna Khabír

234. Quanto àqueles, dentre vós, que falecerem e deixarem viúvas, estas deverão aguardar quatro meses e dez dias. Ao cumprirem o período prefixado, não sereis responsáveis por tudo quanto fizerem honestamente das suas pessoas. Sabei que Deus está bem inteirado de tudo quanto fazeis.

وَلَا جُنَاحَ عَلَيۡكُمۡ فِيمَا عَرَّضۡتُم بِهِۦ مِنۡ خِطۡبَةِ ٱلنِّسَآءِ أَوۡ أَكۡنَنتُمۡ فِيٓ أَنفُسِكُمۡۚ
عَلِمَ ٱللَّهُ أَنَّكُمۡ سَتَذۡكُرُونَهُنَّ وَلَٰكِن لَّا تُوَاعِدُوهُنَّ سِرًّا إِلَّآ أَن تَقُولُواْ قَوۡلٗا
مَّعۡرُوفٗاۚ وَلَا تَعۡزِمُواْ عُقۡدَةَ ٱلنِّكَاحِ حَتَّىٰ يَبۡلُغَ ٱلۡكِتَٰبُ أَجَلَهُۥۚ وَٱعۡلَمُوٓاْ أَنَّ
ٱللَّهَ يَعۡلَمُ مَا فِيٓ أَنفُسِكُمۡ فَٱحۡذَرُوهُۚ وَٱعۡلَمُوٓاْ أَنَّ ٱللَّهَ غَفُورٌ حَلِيمٞ ٢٣٥

235. Wa lá junáha 'alaikum fíma 'arradhtum bihí min khitbatin nissá'i au aknantum fí anfusikum; 'alimal láhu annakum satazkurúnahunna wa lákil lá tuwá'idúhunna sirran illá an taqúlú qaulam ma'rúfá; wa lá ta'zimú 'uqdatan nikáhi hattá yablughal kitábu ajalah; wa'lamú annal láha ya'lamu má fí anfusikum fahzarúh; wa'lamú annal láha Ghafúrun Halím

235. Tampouco sereis censurados se fizerdes uma proposta de casamento a estas mulheres, ou pensardes em fazê-lo. Deus bem sabe que vos importais com elas; porém, não vos declareis a elas indecorosamente; fazei-o em termos honestos e não decidais sobre o contrato matrimonial até que haja transcorrido o período prescrito; sabei que Deus conhece tudo quanto ensejais. Temei-O, pois, e sabei que Ele é Tolerante, Indulgentíssimo.

لَّا جُنَاحَ عَلَيْكُمْ إِن طَلَّقْتُمُ ٱلنِّسَآءَ مَا لَمْ تَمَسُّوهُنَّ أَوْ تَفْرِضُوا۟ لَهُنَّ فَرِيضَةً ۚ
وَمَتِّعُوهُنَّ عَلَى ٱلْمُوسِعِ قَدَرُهُۥ وَعَلَى ٱلْمُقْتِرِ قَدَرُهُۥ مَتَـٰعًۢا بِٱلْمَعْرُوفِ ۖ حَقًّا عَلَى
ٱلْمُحْسِنِينَ ﴿٢٣٦﴾

236. Lá junáha 'alaikum in tallaqtumun nissá'a má lam tamassúhunna au tafridhú lahunna farídhah; wa matti'úhunna 'alal mússi'i qadaruhú wa 'alal muqtiri qadaruhú matta'am bilma'rúfi haqqan 'alal muhssinín

236. Não sereis recriminados se vos divorciardes das vossas mulheres antes de as haverdes tocado ou fixado o dote; porém, concedei-lhes um presente condigno; o rico, segundo as suas posses, e o pobre, segundo as suas, porque conceder esse presente condigno é obrigação dos benfeitores.

وَإِن طَلَّقْتُمُوهُنَّ مِن قَبْلِ أَن تَمَسُّوهُنَّ وَقَدْ فَرَضْتُمْ لَهُنَّ فَرِيضَةً فَنِصْفُ مَا
فَرَضْتُمْ إِلَّآ أَن يَعْفُونَ أَوْ يَعْفُوَا۟ ٱلَّذِى بِيَدِهِۦ عُقْدَةُ ٱلنِّكَاحِ ۚ وَأَن تَعْفُوٓا۟
أَقْرَبُ لِلتَّقْوَىٰ ۚ وَلَا تَنسَوُا۟ ٱلْفَضْلَ بَيْنَكُمْ ۚ إِنَّ ٱللَّهَ بِمَا تَعْمَلُونَ بَصِيرٌ ﴿٢٣٧﴾

237. Wa in tallaqtumúhunna min qabli an tamassúhunna wa qad faradhtum lahunna farídhatan fanisfu má faradhtum illá ai ya'fúna au ya'fual lazí biyadihí 'uqdatun nikáh; wa an ta'fú aqrabu littaqwá; wa lá tansau ulfadla bainakum; innal láha bimá ta'malúna Bassír

237. E se vos divorciardes delas antes de as haverdes tocado, tendo fixado o dote, corresponder-lhes-á a metade do que lhes tiverdes fixado, a menos que, ou elas abram mão (disso), ou o faça a vosso favor quem tiver o contrato matrimonial em seu poder. Sabei que o desprendimento (da parte do marido) está mais próximo da virtude e não vos esqueçais da liberalidade entre vós, porque Deus bem vê tudo quanto fazeis.

حَـٰفِظُوا۟ عَلَى ٱلصَّلَوَٰتِ وَٱلصَّلَوٰةِ ٱلْوُسْطَىٰ وَقُومُوا۟ لِلَّهِ قَـٰنِتِينَ ﴿٢٣٨﴾

238. Háfizú 'alas salawáti was Salátil Wustá wa qúmú lilláhi qánitín

238.Observai as orações, especialmente as intermediárias, e consagrai-vos fervorosamente a Deus.

فَإِنْ خِفْتُمْ فَرِجَالًا أَوْ رُكْبَانًا ۖ فَإِذَا أَمِنتُمْ فَاذْكُرُوا اللَّهَ كَمَا عَلَّمَكُم
مَّا لَمْ تَكُونُوا تَعْلَمُونَ ﴿٢٣٩﴾

239.Fa in khiftum farijálan au rukbánan fa izá amintum fazkurul láha kamá 'allamakum má lam takúnú ta'lamún

239.Se estiverdes em perigo, orai andando ou cavalgando; porém, quando estiverdes seguros, invocai a Deus, tal como Ele vos ensinou quando não o sabíeis.

وَالَّذِينَ يُتَوَفَّوْنَ مِنكُمْ وَيَذَرُونَ أَزْوَاجًا وَصِيَّةً لِّأَزْوَاجِهِم مَّتَاعًا إِلَى
الْحَوْلِ غَيْرَ إِخْرَاجٍ ۚ فَإِنْ خَرَجْنَ فَلَا جُنَاحَ عَلَيْكُمْ فِي مَا فَعَلْنَ فِي
أَنفُسِهِنَّ مِن مَّعْرُوفٍ ۗ وَاللَّهُ عَزِيزٌ حَكِيمٌ ﴿٢٤٠﴾

240. Wallazína yutawaffauna minkum wa yazarúna azwájan wassiyyatan li azwájihim matá'an ilal hauli ghaira ikhráj; fa in kharajna falá junáha 'alaikum fí má fa'alna fí anfusihinna min ma'rúf; wal láhu Azízun Hakím

240. Quanto àqueles, dentre vós, que falecerem e deixarem viúvas, a elas deixarão um legado para o seu sustento durante um ano, e residência. Porém, se elas voluntariamente abandonarem as residências, não sereis responsáveis pelo que fizerem, moderadamente, de si mesmas, porque Deus é Poderoso, Prudentíssimo.

وَلِلْمُطَلَّقَاتِ مَتَاعٌ بِالْمَعْرُوفِ ۖ حَقًّا عَلَى الْمُتَّقِينَ ﴿٢٤١﴾

241. Wa lil mutallaqáti matá'um bilma'rúfi haqqan 'alal muttaquin

241. Proporcionarem o necessário às divorciadas (para a sua manutenção) é um dever dos tementes.

كَذَٰلِكَ يُبَيِّنُ اللَّهُ لَكُمْ آيَاتِهِ لَعَلَّكُمْ تَعْقِلُونَ ﴿٢٤٢﴾

242. Kazálika yubaiyinul láhu lakum áyátihí la'allakum ta'quilún

242. Assim Deus vos elucida os Seus versículos, para que raciocineis.

۞ أَلَمْ تَرَ إِلَى ٱلَّذِينَ خَرَجُوا۟ مِن دِيَـٰرِهِمْ وَهُمْ أُلُوفٌ حَذَرَ ٱلْمَوْتِ
فَقَالَ لَهُمُ ٱللَّهُ مُوتُوا۟ ثُمَّ أَحْيَـٰهُمْ ۚ إِنَّ ٱللَّهَ لَذُو فَضْلٍ عَلَى ٱلنَّاسِ وَلَـٰكِنَّ
أَكْثَرَ ٱلنَّاسِ لَا يَشْكُرُونَ ﴿٢٤٣﴾

243. ۞ *Alam tara ilal lazína kharajú min diyárihim wa hum ulúfun hazaral mauti faqála lahumul láhu mútú çumma ahyáhum; innal láha lazú fadhlin 'alannássi wa lákinna akçaran nássi lá yachkurún*

243. Não reparastes naqueles que, aos milhares, fugiram das suas casas por temor à morte? Deus lhes disse: Morrei! Depois os ressuscitou, porque é Agraciante para com os humanos; contudo, a maioria é mal agradecida.

وَقَـٰتِلُوا۟ فِى سَبِيلِ ٱللَّهِ وَٱعْلَمُوٓا۟ أَنَّ ٱللَّهَ سَمِيعٌ عَلِيمٌ ﴿٢٤٤﴾

244. Wa qátilú fí sabílil láhi wa'lamú annal láha Samí'un 'Alím

244. Combatei pela causa de Deus, e sabei que Ele é Oniouvinte, Sapientíssimo.

مَّن ذَا ٱلَّذِى يُقْرِضُ ٱللَّهَ قَرْضًا حَسَنًا فَيُضَـٰعِفَهُۥ لَهُۥٓ أَضْعَافًا كَثِيرَةً ۚ وَٱللَّهُ
يَقْبِضُ وَيَبْصُۜطُ وَإِلَيْهِ تُرْجَعُونَ ﴿٢٤٥﴾

245. Man zal lazí yuqridul láha qardan hassanan fayudhá'ifahú lahú adh'áfan kassírah; walláhu yaqbidhu wa yabsutu wa ilaihi turja'ún

245. Quem estaria disposto a fazer um bom empréstimo a Deus, para que Ele lhe multiplique infinitamente? Deus restringe ou aumenta a Sua graça, e a Ele retornareis.

أَلَمْ تَرَ إِلَى ٱلْمَلَإِ مِنۢ بَنِىٓ إِسْرَٰٓءِيلَ مِنۢ بَعْدِ مُوسَىٰٓ إِذْ قَالُوا۟ لِنَبِىٍّ لَّهُمُ ٱبْعَثْ لَنَا
مَلِكًا نُّقَـٰتِلْ فِى سَبِيلِ ٱللَّهِ ۖ قَالَ هَلْ عَسَيْتُمْ إِن كُتِبَ عَلَيْكُمُ
ٱلْقِتَالُ أَلَّا تُقَـٰتِلُوا۟ ۖ قَالُوا۟ وَمَا لَنَآ أَلَّا نُقَـٰتِلَ فِى سَبِيلِ ٱللَّهِ وَقَدْ أُخْرِجْنَا
مِن دِيَـٰرِنَا وَأَبْنَآئِنَا ۖ فَلَمَّا كُتِبَ عَلَيْهِمُ ٱلْقِتَالُ تَوَلَّوْا۟ إِلَّا قَلِيلًا مِّنْهُمْ ۗ
وَٱللَّهُ عَلِيمٌۢ بِٱلظَّـٰلِمِينَ ﴿٢٤٦﴾

246. Alam tara ilalmalai mim Baní Isrá'íla mim ba'di Mússá iz qálú li Nabiyyil lahum ub'aç laná malikan nuqátil fí sabílil láhi qála hal 'assaitum in kutiba 'alaikumul quitálu allá tuqátilú qálú wa má laná allá nuqátila fí sabílil láhi wa qad ukhrijná min diyáriná wa abná'iná falammá kutiba 'alaihimul qitálu tawallaw illá qalílam min-hum; walláhu 'alímum bizzálimín

246. Não reparaste (ó Mohammad) nos líderes dos israelitas que, depois da morte de Moisés, disseram ao seu profeta: Designa-nos um rei, para combatermos pela causa de Deus. E ele perguntou: Seria possível que não combatêsseis quando vos fosse imposta a luta? Disseram: E que escusa teríamos para não combatermos pela causa de Deus, já que fomos expulsos dos nossos lares e afastados dos nossos filhos? Porém, quando lhes foi ordenado o combate, quase todos o recusaram, menos uns poucos deles. Deus bem conhece os injustos.

وَقَالَ لَهُمْ نَبِيُّهُمْ إِنَّ ٱللَّهَ قَدْ بَعَثَ لَكُمْ طَالُوتَ مَلِكًا
قَالُوٓاْ أَنَّىٰ يَكُونُ لَهُ ٱلْمُلْكُ عَلَيْنَا وَنَحْنُ أَحَقُّ بِٱلْمُلْكِ مِنْهُ
وَلَمْ يُؤْتَ سَعَةً مِّنَ ٱلْمَالِ ۚ قَالَ إِنَّ ٱللَّهَ ٱصْطَفَىٰهُ عَلَيْكُمْ
وَزَادَهُۥ بَسْطَةً فِى ٱلْعِلْمِ وَٱلْجِسْمِ ۖ وَٱللَّهُ يُؤْتِى مُلْكَهُۥ
مَن يَشَآءُ ۚ وَٱللَّهُ وَٰسِعٌ عَلِيمٌ ﴿٢٤٧﴾

247. Wa qála lahum Nabiyyuhum innal láha qad ba'aça lakum Tálúta maliká; qálú anná yakúnu lahul mulku 'alainá wa nahnu ahaqqu bilmulki min-hu wa lam yu'ta sa'atam minal mál; qála innal laaáhas tafáhu 'alaikum wa zádahú bastatan fil 'ilmi waljismi walláhu yu'tí mulkahú mai yacháu; walláhu Wássi'un 'Alím

247. Então, seu profeta lhes disse: Deus vos designou o Talut por rei. Disseram: Como poderá ele impor a sua autoridade sobre nós, uma vez que temos mais direito do que ele à autoridade, e já que ele nem sequer foi agraciado com bastantes riquezas? Disse-lhes: É certo que Deus o elegeu sobre vós, concedendo-lhe superioridade intelectual e física. Deus concede a Sua autoridade a quem Lhe apraz, e é Magnificente, Sapientíssimo.

سُورَةُ البَقَرَةِ

Surat Al Bacara

وَقَالَ لَهُمۡ نَبِيُّهُمۡ إِنَّ ءَايَةَ مُلۡكِهِۦٓ أَن يَأۡتِيَكُمُ ٱلتَّابُوتُ فِيهِ
سَكِينَةٞ مِّن رَّبِّكُمۡ وَبَقِيَّةٞ مِّمَّا تَرَكَ ءَالُ مُوسَىٰ وَءَالُ هَٰرُونَ
تَحۡمِلُهُ ٱلۡمَلَٰٓئِكَةُۚ إِنَّ فِي ذَٰلِكَ لَأٓيَةٗ لَّكُمۡ إِن كُنتُم مُّؤۡمِنِينَ ٢٤٨

248. Wa qála lahum Nabiyyuhum inna Áyata mulkihí ai yátiyakumut Tábútu fíhi sakínatummir Rabbikum wa baquiyyatum mimmá taraka Álu Mussa wa Álu Hárúna tahmiluhul malá'ikah; inna fí zálika la Áyatal lakum in kuntum mu'minín

248. E o seu profeta voltou a dizer: O sinal da sua autoridade consistirá em que vos chegará a Arca da Aliança, conduzida por anjos, contendo a paz do vosso Senhor e algumas relíquias, legadas pela família de Moisés e de Aarão. Nisso tereis um sinal, se sois crentes.

وَقَالَ لَهُمۡ نَبِيُّهُمۡ إِنَّ ءَايَةَ مُلۡكِهِۦٓ أَن يَأۡتِيَكُمُ
ٱلتَّابُوتُ فِيهِ سَكِينَةٞ مِّن رَّبِّكُمۡ وَبَقِيَّةٞ مِّمَّا تَرَكَ
ءَالُ مُوسَىٰ وَءَالُ هَٰرُونَ تَحۡمِلُهُ ٱلۡمَلَٰٓئِكَةُۚ إِنَّ فِي ذَٰلِكَ
لَأٓيَةٗ لَّكُمۡ إِن كُنتُم مُّؤۡمِنِينَ ٢٤٨

248. Wa qála lahum Nabiyyuhum inna Áyata mulkihí ai yátiyakumut Tábútu fíhi sakínatummir Rabbikum wa baquiyyatum mimmá taraka Álu Mussa wa Álu Hárúna tahmiluhul malá'ikah; inna fí zálika la Áyatal lakum in kuntum mu'minín

248. E o seu profeta voltou a dizer: O sinal da sua autoridade consistirá em que vos chegará a Arca da Aliança, conduzida por anjos, contendo a paz do vosso Senhor e algumas relíquias, legadas pela família de Moisés e de Aarão. Nisso tereis um sinal, se sois crentes.

فَلَمَّا فَصَلَ طَالُوتُ بِٱلۡجُنُودِ قَالَ إِنَّ ٱللَّهَ مُبۡتَلِيكُم بِنَهَرٖ فَمَن شَرِبَ
مِنۡهُ فَلَيۡسَ مِنِّي وَمَن لَّمۡ يَطۡعَمۡهُ فَإِنَّهُۥ مِنِّيٓ إِلَّا مَنِ ٱغۡتَرَفَ غُرۡفَةَۢ بِيَدِهِۦۚ
فَشَرِبُواْ مِنۡهُ إِلَّا قَلِيلٗا مِّنۡهُمۡۚ فَلَمَّا جَاوَزَهُۥ هُوَ وَٱلَّذِينَ ءَامَنُواْ مَعَهُۥ

قَالُوا۟ لَا طَاقَةَ لَنَا ٱلْيَوْمَ بِجَالُوتَ وَجُنُودِهِۦ ۚ قَالَ ٱلَّذِينَ يَظُنُّونَ
أَنَّهُم مُّلَـٰقُوا۟ ٱللَّهِ كَم مِّن فِئَةٍ قَلِيلَةٍ غَلَبَتْ فِئَةً كَثِيرَةًۢ بِإِذْنِ ٱللَّهِ ۗ
وَٱللَّهُ مَعَ ٱلصَّـٰبِرِينَ ﴿٢٤٩﴾

249. Falammá fasala Tálútu biljunúdi qála innal láha mubtalíkum binaharin
faman chariba min-hu falaisa minní wa mal lam yat'amhu fa innahú minní illá
manightarafa ghurfatam biyadih; facharibú min-hu illá qalíilam min-hum;
falammá jáwazahú huwa wallazína ámanú ma'ahú qálú lá táqata lanal yauma
bi Jálúta wa junúdih; qálal lazína yazunnúna annahum muláqul láhi kam min
fi'atin qalílatin ghalabat fi'atan kaçíratam bi iznil láh; walláhu ma'as sábirín

249. Quando Saul partiu com o seu exército, disse: É certo que Deus vos provará, por meio de um rio. Sabei que quem nele se saciar não fará parte do meu exército; fá-lo-á quem não tomar de suas águas mais do que couber na concavidade da sua mão. Quase todos se saciaram, menos uns tantos. Quando ele e os crentes atravessaram o rio, (alguns) disseram: Hoje não podemos com Golias e com o seu exército. Porém, aqueles que acreditavam que deveriam encontrar Deus disseram: Quantas vezes, pela vontade de Deus, um pequeno grupo venceu outro mais numeroso? Deus está com os perseverantes!

وَلَمَّا بَرَزُوا۟ لِجَالُوتَ وَجُنُودِهِۦ قَالُوا۟ رَبَّنَآ أَفْرِغْ عَلَيْنَا صَبْرًا وَثَبِّتْ
أَقْدَامَنَا وَٱنصُرْنَا عَلَى ٱلْقَوْمِ ٱلْكَـٰفِرِينَ ﴿٢٥٠﴾

250. Wa lammá barazú li Jálúta wa junúdihí qálú Rabbaná afrigh 'alainá
sabran wa sabbit aqdámaná wansurná 'alal qaumil káfirín

250. E quando se defrontaram com Golias e com o seu exército, disseram: Ó Senhor nosso, infunde-nos constância, firma os nossos passos e concede-nos a vitória sobre o povo incrédulo!

فَهَزَمُوهُم بِإِذْنِ ٱللَّهِ وَقَتَلَ دَاوُۥدُ جَالُوتَ وَءَاتَىٰهُ ٱللَّهُ ٱلْمُلْكَ
وَٱلْحِكْمَةَ وَعَلَّمَهُۥ مِمَّا يَشَآءُ ۗ وَلَوْلَا دَفْعُ ٱللَّهِ ٱلنَّاسَ بَعْضَهُم بِبَعْضٍ
لَّفَسَدَتِ ٱلْأَرْضُ وَلَـٰكِنَّ ٱللَّهَ ذُو فَضْلٍ عَلَى ٱلْعَـٰلَمِينَ ﴿٢٥١﴾

سُورَةُ البَقَرَةِ

Surat Al Bacara

251. *Fahazamúhum bi iznil láhi wa qatala Dáoúdu jálúta wa átáhul láhul mulka wal Hikmata wa 'allamahú mimmá yachá'a; wa lau lá daf'ul láhin nássa ba'dhahum biba'dhil lafassadatil ardu wa lákinnal láha zú fadlin 'alal álamín*

251. E com a vontade de Deus os derrotaram; Davi matou Golias, e Deus lhe outorgou o poder e a sabedoria e lhe ensinou tudo quanto Lhe aprouve. Se Deus não contivesse uma parte dos seres humanos, em relação a outra, a terra se corromperia; porém, Ele é Agraciante para com a humanidade.

تِلْكَ ءَايَٰتُ ٱللَّهِ نَتْلُوهَا عَلَيْكَ بِٱلْحَقِّ ۚ وَإِنَّكَ لَمِنَ ٱلْمُرْسَلِينَ ﴿٢٥٢﴾

252. *Tilka Áyátul láhi natlúhá 'alaika bilhaq; wa innaka laminal mursalin*

252. Tais são os versículos de Deus que realmente te ditamos, porque na verdade és um dos mensageiros. **(Fim do Juzi 2)**

سُورَةُ البَقَرَةِ

Surat Al Bacara

Juzi 3

Surat 2 *Al Bacara*, do versículo 253 a 286.

۞ تِلْكَ ٱلرُّسُلُ فَضَّلْنَا بَعْضَهُمْ عَلَىٰ بَعْضٍ ۘ مِّنْهُم مَّن كَلَّمَ ٱللَّهُ ۖ وَرَفَعَ بَعْضَهُمْ دَرَجَٰتٍ ۚ
وَءَاتَيْنَا عِيسَى ٱبْنَ مَرْيَمَ ٱلْبَيِّنَٰتِ وَأَيَّدْنَٰهُ بِرُوحِ ٱلْقُدُسِ ۗ وَلَوْ شَآءَ ٱللَّهُ مَا
ٱقْتَتَلَ ٱلَّذِينَ مِنۢ بَعْدِهِم مِّنۢ بَعْدِ مَا جَآءَتْهُمُ ٱلْبَيِّنَٰتُ وَلَٰكِنِ ٱخْتَلَفُوا۟ فَمِنْهُم مَّنْ
ءَامَنَ وَمِنْهُم مَّن كَفَرَ ۚ وَلَوْ شَآءَ ٱللَّهُ مَا ٱقْتَتَلُوا۟ وَلَٰكِنَّ ٱللَّهَ يَفْعَلُ مَا يُرِيدُ ﴿٢٥٣﴾

253. *Tilkar Rusulu faddhalná ba'dhahum 'alá ba'dh; min-hum man kallamal láhu wa rafa'a ba'dhahum daraját; wa átainá 'Íssa bna Maryamal baiyináti wa ayyadnáhu bi Rú<u>h</u>il Qudus; wa lau chá'al láhu ma qtatalal lazína mim ba'dihim mim ba'di má já'athumul baiyinátu wa lákinikh talafú famin-hum man ámana wa min-hum man kafar; wa lau chá'al láhu maqtatalú wa lákinnal láha yaf'alu má yuríd*

253. De tais mensageiros preferimos uns mais que a outros. Entre eles, se encontram aqueles a quem Deus falou, e aqueles que elevou em dignidade. E concedemos a Jesus, filho de Maria, as evidências, e o fortalecemos com o Espírito da Santidade. Se Deus quisesse, a geração subsequente (a eles) não teria combatido entre si, depois de lhes terem chegado as evidências. Mas discordaram entre eles; uns acreditaram e outros negaram. Se Deus quisesse, não se teriam degladiado; porém, Deus faz o que quer.

يَٰٓأَيُّهَا ٱلَّذِينَ ءَامَنُوٓا۟ أَنفِقُوا۟ مِمَّا رَزَقْنَٰكُم مِّن قَبْلِ أَن يَأْتِىَ يَوْمٌ لَّا بَيْعٌ فِيهِ
وَلَا خُلَّةٌ وَلَا شَفَٰعَةٌ ۗ وَٱلْكَٰفِرُونَ هُمُ ٱلظَّٰلِمُونَ ﴿٢٥٤﴾

254. *Yá ayyuhal lazína ámanú anfiqú mimmá razaqnákum min qabli ai yátiya yaumul lá bai'un fíhí wa la khullatun wa lá chafá'ah; walkáfirúna humuz zálimún*

254. Ó crentes, fazei caridade com aquilo com que vos agraciamos, antes que chegue o dia em que não haverá barganha, amizade, nem intercessão alguma. Sabei que os incrédulos são injustos.

سُورَةُ البَقَرَةِ

Surat Al Bacara

ٱللَّهُ لَآ إِلَٰهَ إِلَّا هُوَ ٱلْحَىُّ ٱلْقَيُّومُ ۚ لَا تَأْخُذُهُۥ سِنَةٌ وَلَا نَوْمٌ ۚ لَّهُۥ مَا فِى ٱلسَّمَٰوَٰتِ
وَمَا فِى ٱلْأَرْضِ ۗ مَن ذَا ٱلَّذِى يَشْفَعُ عِندَهُۥٓ إِلَّا بِإِذْنِهِۦ ۚ يَعْلَمُ مَا بَيْنَ أَيْدِيهِمْ وَمَا
خَلْفَهُمْ ۖ وَلَا يُحِيطُونَ بِشَىْءٍ مِّنْ عِلْمِهِۦٓ إِلَّا بِمَا شَآءَ ۚ وَسِعَ كُرْسِيُّهُ
ٱلسَّمَٰوَٰتِ وَٱلْأَرْضَ ۖ وَلَا يَـُٔودُهُۥ حِفْظُهُمَا ۚ وَهُوَ ٱلْعَلِىُّ ٱلْعَظِيمُ ﴿٢٥٥﴾

255. Allahu lá iláha illá Huwal Haiyul Qaiyúm; lá tákhuzuhú sinatun wa lá naum; lahú má fissamáwáti wa má fil ardh; man zal lazí yachfa'u indahú illá bi-iznih; ya'lamu má baina aydíhim wa má khalfahum wa lá yuhítúna bichai'im min 'ilmihí illá bimá chá'; wasi'a Kursiyyuhus samáwáti wal ardha wa lá Ya'úduhú hifzuhumá; wa Huwal Aliyyul 'Azim

255. Deus! Não há mais divindade além d'Ele, o Vivente, Autossubsistente, a Quem jamais alcança a inatividade ou o sono; d'Ele é tudo quanto existe nos Céus e na Terra. Quem poderá interceder junto a Ele, sem o Seu consentimento? Ele conhece tanto o passado como o futuro, e eles (humanos) nada conhecem da Sua ciência, senão o que Ele permite. O Seu Trono abrange os Céus e a Terra, cuja preservação não O abate, porque é o Ingente, o Altíssimo.

لَآ إِكْرَاهَ فِى ٱلدِّينِ ۖ قَد تَّبَيَّنَ ٱلرُّشْدُ مِنَ ٱلْغَىِّ ۚ فَمَن يَكْفُرْ بِٱلطَّٰغُوتِ
وَيُؤْمِنۢ بِٱللَّهِ فَقَدِ ٱسْتَمْسَكَ بِٱلْعُرْوَةِ ٱلْوُثْقَىٰ لَا ٱنفِصَامَ لَهَا ۗ وَٱللَّهُ
سَمِيعٌ عَلِيمٌ ﴿٢٥٦﴾

256. Lá ikráha fid dín qat tabaiyanar ruchdu minal ghayy; famai yakfur bit Tághúti wa yu'mim billáhi faqadis tamsaka bil'urwatil wusçqá lan fisáma lahá; walláhu Sami'un 'Alím

256. Não há imposição quanto à religião, porque já se destacou a verdade do erro. Quem renegar o sedutor e crer em Deus, ter-se-á apegado a um firme e inquebrantável sustentáculo, porque Deus é Oniouvinte, Sapientíssimo.

ٱللَّهُ وَلِىُّ ٱلَّذِينَ ءَامَنُوا۟ يُخْرِجُهُم مِّنَ ٱلظُّلُمَٰتِ إِلَى ٱلنُّورِ ۖ وَٱلَّذِينَ كَفَرُوٓا۟
أَوْلِيَآؤُهُمُ ٱلطَّٰغُوتُ يُخْرِجُونَهُم مِّنَ ٱلنُّورِ إِلَى ٱلظُّلُمَٰتِ ۗ أُو۟لَٰٓئِكَ
أَصْحَٰبُ ٱلنَّارِ ۖ هُمْ فِيهَا خَٰلِدُونَ ﴿٢٥٧﴾

257. Alláhu waliyyul lazína ámanú yukhrijuhum minaz zulumáti ilan núr wallazína kafarú awliyá'uhumut Tághútu yukhrijúnahum minan núri ilaz zulumát; ulá'ika Asshábun Nári hum fíhá khálidún

257. Deus é o Protetor dos crentes; é Quem os retira das trevas e os transporta para a luz; ao contrário, os protetores dos incrédulos são os sedutores, que os retiram da luz, levando-os para as trevas; eles serão condenados ao inferno, onde permanecerão eternamente.

أَلَمْ تَرَ إِلَى ٱلَّذِى حَآجَّ إِبْرَٰهِـۧمَ فِى رَبِّهِۦٓ أَنْ ءَاتَىٰهُ ٱللَّهُ ٱلْمُلْكَ إِذْ قَالَ إِبْرَٰهِـۧمُ رَبِّىَ ٱلَّذِى يُحْىِۦ وَيُمِيتُ قَالَ أَنَا۠ أُحْىِۦ وَأُمِيتُ ۖ قَالَ إِبْرَٰهِـۧمُ فَإِنَّ ٱللَّهَ يَأْتِى بِٱلشَّمْسِ مِنَ ٱلْمَشْرِقِ فَأْتِ بِهَا مِنَ ٱلْمَغْرِبِ فَبُهِتَ ٱلَّذِى كَفَرَ ۗ وَٱللَّهُ لَا يَهْدِى ٱلْقَوْمَ ٱلظَّـٰلِمِينَ ﴿٢٥٨﴾

258. Alam tara ilal lazí Hájja Ibráhíma fí Rabbihí an átáhul láhul mulka iz qála Ibráhímu Rabbiyal lazí yuhyí wa yumítu qála ana uhyí wa umítu qála Ibráhímu fa innal láha yátí bichchamsi minal machriqui fáti bihá minal maghribi fabuhital lazí kafar; walláhu lá yahdil qaumaz zálimín

258. Não reparaste naquele que disputava com Abraão acerca de seu Senhor, por lhe haver Deus concedido o poder? Quando Abraão lhe disse: Meu Senhor é Quem dá a vida e a morte! Retrucou: Eu também dou a vida e a morte. Abraão disse: Deus faz sair o sol do Oriente, será que tu poderias fazê-lo sair do Ocidente? Então o incrédulo ficou confuso, porque Deus não ilumina os injustos.

أَوْ كَٱلَّذِى مَرَّ عَلَىٰ قَرْيَةٍ وَهِىَ خَاوِيَةٌ عَلَىٰ عُرُوشِهَا قَالَ أَنَّىٰ يُحْىِۦ هَـٰذِهِ ٱللَّهُ بَعْدَ مَوْتِهَا ۖ فَأَمَاتَهُ ٱللَّهُ مِا۟ئَةَ عَامٍ ثُمَّ بَعَثَهُۥ ۖ قَالَ كَمْ لَبِثْتَ ۖ قَالَ لَبِثْتُ يَوْمًا أَوْ بَعْضَ يَوْمٍ ۖ قَالَ بَل لَّبِثْتَ مِا۟ئَةَ عَامٍ فَٱنظُرْ إِلَىٰ طَعَامِكَ وَشَرَابِكَ لَمْ يَتَسَنَّهْ ۖ وَٱنظُرْ إِلَىٰ حِمَارِكَ وَلِنَجْعَلَكَ ءَايَةً لِّلنَّاسِ ۖ وَٱنظُرْ إِلَى ٱلْعِظَامِ كَيْفَ نُنشِزُهَا ثُمَّ نَكْسُوهَا لَحْمًا ۚ فَلَمَّا تَبَيَّنَ لَهُۥ قَالَ أَعْلَمُ أَنَّ ٱللَّهَ عَلَىٰ كُلِّ شَىْءٍ قَدِيرٌ ﴿٢٥٩﴾

259. Au kallazí marra 'alá qaryatin wa hiya kháwiyatun 'alá 'urúchihá qála anná yuhyi házihil láhu ba'da mautihá fa amátahul láhu mi'ata 'ámin çumma ba'açahú qála kam labiçta qála labiçtu yauman au ba'dha yaumin qála bal labiçta mi'ata 'ámin fanzur ilá ta'ámika wa charábika lam yatasannah wanzur ilá himárika wa linaj'alaka Áyatal linnási wanzur ilal 'izámi kaifa nunchizuhá çumma naksúhá lahmá; falammá tabayyana lahú qála a'lamu annal láha 'alá kulli chai'in Qadír

259. Tampouco reparaste naquele que passou por uma cidade em ruínas, e conjecturou: Como poderá Deus ressuscitá-la depois de sua morte? Deus o manteve morto durante cem anos; depois o ressuscitou e lhe perguntou: Quanto tempo permaneceste assim? Respondeu: Permaneci um dia ou parte dele. Disse-lhe: Não! Permaneceste cem anos. Observa a tua comida e a tua bebida; constata que ainda não se deterioraram. Agora observa teu asno (não resta dele mais do que a ossada); isto é para fazer de ti um exemplo para os humanos. Observa como dispomos os seus ossos e em seguida os revestimos de carne. Diante da evidência, exclamou: Reconheço que Deus é Onipotente!

وَإِذْ قَالَ إِبْرَٰهِـۧمُ رَبِّ أَرِنِى كَيْفَ تُحْىِ ٱلْمَوْتَىٰ قَالَ أَوَلَمْ تُؤْمِن قَالَ بَلَىٰ
وَلَـٰكِن لِّيَطْمَئِنَّ قَلْبِى قَالَ فَخُذْ أَرْبَعَةً مِّنَ ٱلطَّيْرِ فَصُرْهُنَّ إِلَيْكَ ثُمَّ
ٱجْعَلْ عَلَىٰ كُلِّ جَبَلٍ مِّنْهُنَّ جُزْءًا ثُمَّ ٱدْعُهُنَّ يَأْتِينَكَ سَعْيًا وَٱعْلَمْ أَنَّ ٱللَّهَ
عَزِيزٌ حَكِيمٌ ﴿٢٦٠﴾

260. Wa iz qála Ibráhímu Rabbi ariní kaifa tuhyil mautá qála awa lam tu'min qála balá wa lákin liyatma'inna qalbí qála fakhuz arba'atan minat tairi fasurhunna ilaika çumma j'al 'alá kulli jabalin min-hunna juz'an çumma d'uhunna ya'tínaka sa'yá; wa'lam annal láha 'Azízun Hakím

260. E de quando Abraão implorou: Ó Senhor meu, mostra-me como ressuscitas os mortos; disse-lhe Deus: Acaso, ainda não crês? Afirmou: Sim, porém, faze-o, para a tranquilidade do meu coração. Disse-lhe: Toma quatro pássaros, treina-os para que voltem a ti, e coloca uma parte dele sobre cada montanha; chama-os, em seguida, que virão, velozmente, até ti; e sabe que Deus é Poderoso, Prudentíssimo."

سُورَةُ البَقَرَةِ

Surat Al Bacara

مَّثَلُ ٱلَّذِينَ يُنفِقُونَ أَمْوَٰلَهُمْ فِى سَبِيلِ ٱللَّهِ كَمَثَلِ حَبَّةٍ أَنۢبَتَتْ سَبْعَ
سَنَابِلَ فِى كُلِّ سُنۢبُلَةٍ مِّا۟ئَةُ حَبَّةٍ ۗ وَٱللَّهُ يُضَٰعِفُ لِمَن يَشَآءُ ۗ وَٱللَّهُ وَٰسِعٌ
عَلِيمٌ ﴿٢٦١﴾

261. Maçalul lazína yunfiqúna amwálahum fí sabílil láhi kamaçali habbatin ambatat sab'a sanábila fí kulli sumbulatim mi'atu habbah; walláhu yudhá'ifu limai yachá; walláhu Wási'un 'Alím

261. O exemplo daqueles que gastam os seus bens pela causa de Deus é como o de um grão que produz sete espigas, que irão produzir, cada espiga, cem grãos. Deus multiplica mais ainda a quem Lhe apraz, porque é Munificente, Sapientíssimo.

ٱلَّذِينَ يُنفِقُونَ أَمْوَٰلَهُمْ فِى سَبِيلِ ٱللَّهِ ثُمَّ لَا يُتْبِعُونَ مَآ أَنفَقُوا۟ مَنًّا وَلَآ
أَذًى ۙ لَّهُمْ أَجْرُهُمْ عِندَ رَبِّهِمْ وَلَا خَوْفٌ عَلَيْهِمْ وَلَا هُمْ يَحْزَنُونَ ﴿٢٦٢﴾

262. Allazína yunfiqúna amwálahum fí sabílil láhi çumma lá yutbi'úna má anfaqú mannan wa lá azal lahum ajruhum 'inda Rabbihim; wa lá khaufun 'alaihim wa lá hum yahzanún

262. Aqueles que gastam os seus bens pela causa de Deus, sem acompanhar a sua caridade com exprobração nem injúria, terão a sua recompensa ao lado do Senhor e não serão presas do temor, nem se angustiarão.

۞ قَوْلٌ مَّعْرُوفٌ وَمَغْفِرَةٌ خَيْرٌ مِّن صَدَقَةٍ يَتْبَعُهَآ أَذًى ۗ وَٱللَّهُ غَنِىٌّ حَلِيمٌ ﴿٢٦٣﴾

263. ۞ Qaulum ma'rúfun wa maghfiratun khairum min sadaqatin yatba'uhá azá; walláhu Ghaniyyun Halím

263. Palavras cordiais e perdão são preferíveis à caridade seguida de injúria, porque Deus é, por Si, Tolerante, Opulentíssimo.

يَٰٓأَيُّهَا ٱلَّذِينَ ءَامَنُوا۟ لَا تُبْطِلُوا۟ صَدَقَٰتِكُم بِٱلْمَنِّ وَٱلْأَذَىٰ كَٱلَّذِى يُنفِقُ
مَالَهُۥ رِئَآءَ ٱلنَّاسِ وَلَا يُؤْمِنُ بِٱللَّهِ وَٱلْيَوْمِ ٱلْءَاخِرِ ۖ فَمَثَلُهُۥ كَمَثَلِ صَفْوَانٍ
عَلَيْهِ تُرَابٌ فَأَصَابَهُۥ وَابِلٌ فَتَرَكَهُۥ صَلْدًا ۖ لَّا يَقْدِرُونَ عَلَىٰ شَىْءٍ
مِّمَّا كَسَبُوا۟ ۗ وَٱللَّهُ لَا يَهْدِى ٱلْقَوْمَ ٱلْكَٰفِرِينَ ﴿٢٦٤﴾

264. Yá ayyuhal lazína ámanú lá tubtilú sadaqátikum bilmanni wal azá kallazí yunfiqu málahú ri'á'an nási wa lá yu'minu billáhi wal yaumil ákhiri famaçaluhú kamaçali safwánin 'alaihi turábun fa asábahú wábilun fatarakahú saldá; lá yaqdirúna 'alá chai'im mimmá kasabú; walláhu lá yahdil qaumal káfirín

264. Ó crentes, não desmereçais as vossas caridades com exprobração e injúria, como aquele que gasta os seus bens, por ostentação, diante das pessoas, e não crê em Deus, nem no Dia do Juízo Final. O seu exemplo é semelhante ao de uma rocha coberta por terra que, ao ser atingida por uma forte chuva, fica a descoberto. Em nada se beneficiará, de tudo quanto fizer, porque Deus não ilumina os incrédulos.

وَمَثَلُ ٱلَّذِينَ يُنفِقُونَ أَمْوَٰلَهُمُ ٱبْتِغَآءَ مَرْضَاتِ ٱللَّهِ وَتَثْبِيتًا
مِّنْ أَنفُسِهِمْ كَمَثَلِ جَنَّةٍۭ بِرَبْوَةٍ أَصَابَهَا وَابِلٌ فَـَٔاتَتْ أُكُلَهَا
ضِعْفَيْنِ فَإِن لَّمْ يُصِبْهَا وَابِلٌ فَطَلٌّ ۗ وَٱللَّهُ بِمَا تَعْمَلُونَ بَصِيرٌ ﴿٢٦٥﴾

265. Wa maçalul lazína yunfiqúna amwálahumu btighá'a mardhátil láhi wa taçbítam min anfusihim kamaçali jannatim birabwatin asábahá wábilun fa átat ukulahá dhi'faini fa il lam yusibhá wábilun fatall; walláhu bimá ta'malúna Basír

265. Por outra, o exemplo de quem gasta os seus bens espontaneamente, aspirando à complacência de Deus para fortalecer a sua alma, é como um pomar em uma colina que, ao cair a chuva, tem os seus frutos duplicados; quando a chuva não o atinge, basta-lhe o orvalho. E Deus bem vê tudo quanto fazeis.

أَيَوَدُّ أَحَدُكُمْ أَن تَكُونَ لَهُۥ جَنَّةٌ مِّن نَّخِيلٍ وَأَعْنَابٍ تَجْرِى مِن
تَحْتِهَا ٱلْأَنْهَٰرُ لَهُۥ فِيهَا مِن كُلِّ ٱلثَّمَرَٰتِ وَأَصَابَهُ ٱلْكِبَرُ وَلَهُۥ ذُرِّيَّةٌ
ضُعَفَآءُ فَأَصَابَهَآ إِعْصَارٌ فِيهِ نَارٌ فَٱحْتَرَقَتْ ۗ كَذَٰلِكَ يُبَيِّنُ ٱللَّهُ
لَكُمُ ٱلْءَايَٰتِ لَعَلَّكُمْ تَتَفَكَّرُونَ ﴿٢٦٦﴾

266. Ayawaddu ahadukum an takúna lahú jannatum min nakhílin wa a'nábin tajrí min tahtihal anháru lahú fíhá min kullis çamaráti wa asábahul kibaru wa lahú zurriyyatun dhu'afá'u fa asábahá i'sárun fíhi nárun fahtaraqat; kazálika yubaiyinul láhu lakumul áyáti la'allakum tatafakkarún

266. Desejaria algum de vós, possuindo um pomar cheio de tamareiras e videiras, abaixo do qual corressem os rios, em que houvesse toda espécie de frutos, e o surpreendesse a velhice com filhos de tenra idade, que o açoitasse e o queimasse um furacão com fogo? Assim Deus elucida os versículos, a fim de que mediteis.

يَٰٓأَيُّهَا ٱلَّذِينَ ءَامَنُوٓاْ أَنفِقُواْ مِن طَيِّبَٰتِ مَا كَسَبۡتُمۡ وَمِمَّآ أَخۡرَجۡنَا
لَكُم مِّنَ ٱلۡأَرۡضِۖ وَلَا تَيَمَّمُواْ ٱلۡخَبِيثَ مِنۡهُ تُنفِقُونَ وَلَسۡتُم بِـَٔاخِذِيهِ إِلَّآ
أَن تُغۡمِضُواْ فِيهِۚ وَٱعۡلَمُوٓاْ أَنَّ ٱللَّهَ غَنِيٌّ حَمِيدٌ ٢٦٧

267. Yá 'ayyuhal lazína ámanú anfiqú min taiyibáti má kasabtum wa mimmá akhrajna lakum minal ardhi wa lá tayammamul khabíça min-hu tunfiqúna wa lastum bi ákhizíhi illá an tughmidhú fih; wa'lamú annal láha Ghaniyyun Hamíd

267. Ó crentes, contribuí com o que de melhor tiverdes adquirido, assim como com o que vos temos feito brotar da terra, e não escolhais o pior para fazerdes caridade, sendo que vós não o aceitaríeis para vós mesmos, a não ser com os olhos fechados. Sabei que Deus é, por Si, Opulento, Laudabilíssimo.

ٱلشَّيۡطَٰنُ يَعِدُكُمُ ٱلۡفَقۡرَ وَيَأۡمُرُكُم بِٱلۡفَحۡشَآءِۖ وَٱللَّهُ يَعِدُكُم
مَّغۡفِرَةٗ مِّنۡهُ وَفَضۡلٗاۗ وَٱللَّهُ وَٰسِعٌ عَلِيمٞ ٢٦٨

268. Ach Chaitánu ya'idukumul faqra wa ya'murukum bilfahchá'i walláhu ya'idukum maghfiratam min-hu wa fadhlá; walláhu Wási'un 'Alím

268. Satanás vos ameaça com a miséria e vos induz à obscenidade; por outro lado, Deus vos promete a Sua indulgência e as Suas graças, porque é Munificente, Sapientíssimo.

يُؤۡتِي ٱلۡحِكۡمَةَ مَن يَشَآءُۚ وَمَن يُؤۡتَ ٱلۡحِكۡمَةَ فَقَدۡ أُوتِيَ خَيۡرٗا
كَثِيرٗاۗ وَمَا يَذَّكَّرُ إِلَّآ أُوْلُواْ ٱلۡأَلۡبَٰبِ ٢٦٩

269. Yu'til Hikmata mai yachá'; wa mai yu'tal Hikmata faqad útiya khairan kacírá; wa má yazzakkaru illá ulul albáb

269. Ele concede sabedoria a quem Lhe apraz, e todo aquele que for agraciado com ela, sem dúvida terá logrado um imenso bem; porém, salvo os sensatos, ninguém o compreende.

وَمَآ أَنفَقْتُم مِّن نَّفَقَةٍ أَوْ نَذَرْتُم مِّن نَّذْرٍ فَإِنَّ ٱللَّهَ يَعْلَمُهُۥ ۗ وَمَا
لِلظَّٰلِمِينَ مِنْ أَنصَارٍ ﴿٢٧٠﴾

270. Wa má anfaqtum min nafaqatin au nazartum min nazrin fa innal láha ya'lamuh; wa má lizzálimína min ansár

270. De cada caridade que dispensais e de cada promessa que fazeis Deus o sabe; sabei que os injustos jamais terão protetores.

إِن تُبْدُوا۟ ٱلصَّدَقَٰتِ فَنِعِمَّا هِىَ ۖ وَإِن تُخْفُوهَا وَتُؤْتُوهَا ٱلْفُقَرَآءَ
فَهُوَ خَيْرٌ لَّكُمْ ۚ وَيُكَفِّرُ عَنكُم مِّن سَيِّـَٔاتِكُمْ ۗ وَٱللَّهُ بِمَا
تَعْمَلُونَ خَبِيرٌ ﴿٢٧١﴾

271. In tubdus sadaqáti fani'immá hiya wa in tukhfúhá wa tu'túhal fuqará'a fahuwa khayrul lakum; wa yukaffiru 'ankum min saiyiátikum; walláhu bimá ta'malúna Khabír

271. Se fizerdes caridade abertamente, quão louvável será! Porém, se a fizerdes, dando aos pobres dissimuladamente, será preferível para vós, e isso vos absolverá de alguns dos vossos pecados, porque Deus está inteirado de tudo quanto fazeis.

۞ لَّيْسَ عَلَيْكَ هُدَىٰهُمْ وَلَٰكِنَّ ٱللَّهَ يَهْدِى مَن يَشَآءُ ۗ وَمَا
تُنفِقُوا۟ مِنْ خَيْرٍ فَلِأَنفُسِكُمْ ۚ وَمَا تُنفِقُونَ إِلَّا ٱبْتِغَآءَ وَجْهِ
ٱللَّهِ ۚ وَمَا تُنفِقُوا۟ مِنْ خَيْرٍ يُوَفَّ إِلَيْكُمْ وَأَنتُمْ لَا تُظْلَمُونَ ﴿٢٧٢﴾

272. ۞ Laisa 'alaika hudáhum wa lákinnal láha yahdí mai yachá'; wa má tunfiqú min khairin fali anfusikum; wa má tunfiqúna illab tighá'a wajhil láh; wa má tunfiqú min khairin yuwaffa ilaikum wa antum lá tuzlamún

272. A ti (ó Mensageiro) não te cabe guiá-los; porém, Deus guia a quem Lhe apraz. Toda a caridade que fizerdes será em vosso próprio benefício, e não pratiqueis boas ações senão com a aspiração de agradardes a Deus. Sabei que toda a caridade que fizerdes vos será recompensada com vantagem, e não sereis injustiçados.

لِلْفُقَرَآءِ ٱلَّذِينَ أُحْصِرُوا۟ فِى سَبِيلِ ٱللَّهِ لَا يَسْتَطِيعُونَ
ضَرْبًا فِى ٱلْأَرْضِ يَحْسَبُهُمُ ٱلْجَاهِلُ أَغْنِيَآءَ مِنَ
ٱلتَّعَفُّفِ تَعْرِفُهُم بِسِيمَٰهُمْ لَا يَسْـَٔلُونَ ٱلنَّاسَ إِلْحَافًا ۗ وَمَا
تُنفِقُوا۟ مِنْ خَيْرٍ فَإِنَّ ٱللَّهَ بِهِۦ عَلِيمٌ ﴿٢٧٣﴾

273. Lilfuqará'il lazína uhsirú fí sabílil láhi lá yastatí'úna dharban fil ardi yahsabuhumul jáhilu aghniyá'a minat ta'affufi ta'rifuhum bisímáhum lá yas'alúnan nása ilháfá; wa má tunfiqú min khairin fa innal láha bihí 'Alím

273. (Concedei-a) aos que empobrecerem, empenhados na causa de Deus, que não podem se dar a negócios na terra, e que o ignorante os crê ricos, porque são reservados. Tu os reconhecerás por seus aspectos, porque não mendigam impertinentemente. De toda a caridade que fizerdes Deus saberá.

ٱلَّذِينَ يُنفِقُونَ أَمْوَٰلَهُم بِٱلَّيْلِ وَٱلنَّهَارِ سِرًّا وَعَلَانِيَةً فَلَهُمْ
أَجْرُهُمْ عِندَ رَبِّهِمْ وَلَا خَوْفٌ عَلَيْهِمْ وَلَا هُمْ يَحْزَنُونَ ﴿٢٧٤﴾

274. Allazína yunfiqúna amwálahum billaili wan nahári sirran wa 'alániyatan falahum ajruhum 'inda Rabbihim wa lá khaufun 'alaihim wa lá hum yahzanún

274. Aqueles que gastam dos seus bens, tanto de dia como à noite, quer secreta, quer abertamente, obterão a sua recompensa no Senhor e não serão presas do temor, nem se angustiarão.

ٱلَّذِينَ يَأْكُلُونَ ٱلرِّبَوٰا۟ لَا يَقُومُونَ إِلَّا كَمَا يَقُومُ ٱلَّذِى يَتَخَبَّطُهُ ٱلشَّيْطَٰنُ
مِنَ ٱلْمَسِّ ۚ ذَٰلِكَ بِأَنَّهُمْ قَالُوٓا۟ إِنَّمَا ٱلْبَيْعُ مِثْلُ ٱلرِّبَوٰا۟ ۗ وَأَحَلَّ ٱللَّهُ ٱلْبَيْعَ
وَحَرَّمَ ٱلرِّبَوٰا۟ ۚ فَمَن جَآءَهُۥ مَوْعِظَةٌ مِّن رَّبِّهِۦ فَٱنتَهَىٰ فَلَهُۥ مَا سَلَفَ وَأَمْرُهُۥٓ إِلَى
ٱللَّهِ ۖ وَمَنْ عَادَ فَأُو۟لَٰٓئِكَ أَصْحَٰبُ ٱلنَّارِ ۖ هُمْ فِيهَا خَٰلِدُونَ ﴿٢٧٥﴾

275. Allazína yákulúnar ribá lá yaqúmúna illá kamá yaqúmul lazí yatakhabbatuhuch chaitánu minal mass; zálika bi annahum qálú innamal bai'u miçlur ribá; wa ahallal láhul bai'a wa harramar ribá; faman já'ahú mau'izatum mir rabbihí fantahá falahú má salafa wa amruhú ilal láhi wa man 'áda fa ulá'ika Asshábun nári hum fíhá khálidún

سُورَةُ البَقَرَةِ

Surat Al Bacara

275. Os que praticam a usura serão ressuscitados como aquele que foi perturbado por Satanás; isso, porque disseram que a usura é o mesmo que o comércio; no entanto, Deus consente o comércio e veda a usura. Mas, quem tiver recebido uma exortação do seu Senhor e se abstiver, será absolvido quanto ao passado, e seu julgamento só caberá a Deus. Por outro lado, aqueles que reincidirem, serão condenados ao inferno, onde permanecerão eternamente.

يَمۡحَقُ ٱللَّهُ ٱلرِّبَوٰاْ وَيُرۡبِي ٱلصَّدَقَٰتِۗ وَٱللَّهُ لَا يُحِبُّ كُلَّ كَفَّارٍ أَثِيمٍ ﴿٢٧٦﴾

276. Yamhaqul láhur ribá wa yurbis sadaqát; walláhu lá yuhibbu kulla kaffárin açím

276. Deus destituirá a usura de todas as benesses e multiplicará a recompensa aos caritativos; Ele não aprecia nenhum incrédulo, pecador.

إِنَّ ٱلَّذِينَ ءَامَنُواْ وَعَمِلُواْ ٱلصَّٰلِحَٰتِ وَأَقَامُواْ ٱلصَّلَوٰةَ وَءَاتَوُاْ ٱلزَّكَوٰةَ لَهُمۡ أَجۡرُهُمۡ عِندَ رَبِّهِمۡ وَلَا خَوۡفٌ عَلَيۡهِمۡ وَلَا هُمۡ يَحۡزَنُونَ ﴿٢٧٧﴾

277. Innal lazína ámanú wa amilus sáliháti wa aqámus saláta wa átawuz zakáta lahum ajruhum 'inda rabbihim wa lá khaufun 'alaihim wa lá hum yahzanún

277. Os crentes que praticarem o bem, observarem a oração e pagarem o zakat, terão a sua recompensa no Senhor e não serão presas do temor, nem se angustiarão.

يَٰٓأَيُّهَا ٱلَّذِينَ ءَامَنُواْ ٱتَّقُواْ ٱللَّهَ وَذَرُواْ مَا بَقِيَ مِنَ ٱلرِّبَوٰٓاْ إِن كُنتُم مُّؤۡمِنِينَ ﴿٢٧٨﴾

278. Yá ayyuhal lazína ámanut taqul láha wa zarú má baquiya minar ribá in kuntum mu'minín

278. Ó crentes, temei a Deus e abandonai o que ainda vos resta da usura, se sois crentes.

فَإِن لَّمۡ تَفۡعَلُواْ فَأۡذَنُواْ بِحَرۡبٍ مِّنَ ٱللَّهِ وَرَسُولِهِۦۖ وَإِن تُبۡتُمۡ فَلَكُمۡ رُءُوسُ أَمۡوَٰلِكُمۡ لَا تَظۡلِمُونَ وَلَا تُظۡلَمُونَ ﴿٢٧٩﴾

279. Fa in lam taf'alú fázanú biharbim minal láhi wa Rasúlihí wa in tubtum falakum ru'úsu amwálikum lá tazlimúna wa lá tuzlamún

279. Mas, se tal não acatardes, esperai a hostilidade de Deus e do Seu Mensageiro; porém, se vos arrependerdes, reavereis apenas o vosso capital. Não façais injustiças e não sereis injustiçados.

وَإِن كَانَ ذُو عُسْرَةٍ فَنَظِرَةٌ إِلَىٰ مَيْسَرَةٍ ۚ وَأَن تَصَدَّقُوا۟ خَيْرٌ لَّكُمْ ۖ إِن كُنتُمْ
تَعْلَمُونَ ﴿٢٨٠﴾

280. Wa in kána zú 'usratin fanaziratun ilá maisarah; wa an tasaddaqú khairul lakum in kuntum ta'lamún

280. Se vosso devedor se achar em situação precária, concedei-lhe um tempo; mas, se o perdoardes, será preferível para vós, se quereis saber.

وَٱتَّقُوا۟ يَوْمًا تُرْجَعُونَ فِيهِ إِلَى ٱللَّهِ ۖ ثُمَّ تُوَفَّىٰ كُلُّ نَفْسٍ مَّا كَسَبَتْ وَهُمْ لَا
يُظْلَمُونَ ﴿٢٨١﴾

281. Wattaqú yauman turja'úna fíhi ilal láhi çumma tuwaffá kullu nafsim má kasabat wa hum lá yuzlamún

281. E temei o dia em que retornareis a Deus, e em que cada alma receberá o seu merecido, sem ser injustiçada.

يَٰٓأَيُّهَا ٱلَّذِينَ ءَامَنُوٓا۟ إِذَا تَدَايَنتُم بِدَيْنٍ إِلَىٰٓ أَجَلٍ مُّسَمًّى فَٱكْتُبُوهُ ۚ
وَلْيَكْتُب بَّيْنَكُمْ كَاتِبٌۢ بِٱلْعَدْلِ ۚ وَلَا يَأْبَ كَاتِبٌ أَن يَكْتُبَ كَمَا
عَلَّمَهُ ٱللَّهُ ۚ فَلْيَكْتُبْ وَلْيُمْلِلِ ٱلَّذِى عَلَيْهِ ٱلْحَقُّ وَلْيَتَّقِ ٱللَّهَ رَبَّهُۥ وَلَا
يَبْخَسْ مِنْهُ شَيْـًٔا ۚ فَإِن كَانَ ٱلَّذِى عَلَيْهِ ٱلْحَقُّ سَفِيهًا أَوْ ضَعِيفًا أَوْ لَا
يَسْتَطِيعُ أَن يُمِلَّ هُوَ فَلْيُمْلِلْ وَلِيُّهُۥ بِٱلْعَدْلِ ۚ وَٱسْتَشْهِدُوا۟ شَهِيدَيْنِ مِن
رِّجَالِكُمْ ۖ فَإِن لَّمْ يَكُونَا رَجُلَيْنِ فَرَجُلٌ وَٱمْرَأَتَانِ مِمَّن تَرْضَوْنَ مِنَ
ٱلشُّهَدَآءِ أَن تَضِلَّ إِحْدَىٰهُمَا فَتُذَكِّرَ إِحْدَىٰهُمَا ٱلْأُخْرَىٰ ۚ وَلَا يَأْبَ
ٱلشُّهَدَآءُ إِذَا مَا دُعُوا۟ ۚ وَلَا تَسْـَٔمُوٓا۟ أَن تَكْتُبُوهُ صَغِيرًا أَوْ كَبِيرًا إِلَىٰٓ

أَجَلِهِۦ ذَٰلِكُمْ أَقْسَطُ عِندَ ٱللَّهِ وَأَقْوَمُ لِلشَّهَٰدَةِ وَأَدْنَىٰٓ أَلَّا تَرْتَابُوٓا۟ ۖ إِلَّآ أَن
تَكُونَ تِجَٰرَةً حَاضِرَةً تُدِيرُونَهَا بَيْنَكُمْ فَلَيْسَ عَلَيْكُمْ جُنَاحٌ أَلَّا
تَكْتُبُوهَا ۗ وَأَشْهِدُوٓا۟ إِذَا تَبَايَعْتُمْ ۚ وَلَا يُضَآرَّ كَاتِبٌ وَلَا شَهِيدٌ ۚ وَإِن
تَفْعَلُوا۟ فَإِنَّهُۥ فُسُوقٌۢ بِكُمْ ۗ وَٱتَّقُوا۟ ٱللَّهَ ۖ وَيُعَلِّمُكُمُ ٱللَّهُ ۗ وَٱللَّهُ
بِكُلِّ شَىْءٍ عَلِيمٌ ﴿٢٨٢﴾

282. *Yá ayyuhal lazína ámanú izá tadáyantum bidaiynin ilá ajalim musamman faktubúh; walyaktub bainakum kátibum bil'adl; wa lá yába kátibun ai yaktuba kamá 'allamahul láh; falyaktub walyumlilil lazí 'alaihil h̲aqqu walyattaquil láha rabbahú wa lá yabkhas min-hu chai'á; fa in kánal lazí 'alaihil h̲aqqu safíhan au dha'ífan au lá yastatí'u ai yumilla huwa falyumlil waliyyuhú bil'adl; wastachhidú chahídaini mir rijálikum fa il lam yakúná rajulaini farajulun wamra atáni mimman tardhawna minach chuhadá'i an tadhilla ihdáhumá fatuzakkira ihdáhumal ukhrá; wa lá yábach chuhadá'u izá má du'ú; wa lá tas'amú an taktubúhu saghíran au kabíran ilá ajalih; zálikum aqsatu 'indal láhi wa aqwamu lichchahádati wa adná allá tartábú illá an takúna tijáratan h̲ádiratan tudírúnahá bainakum falaisa 'alaikum junáhun allá taktubúha; wa achhidú izá tabáya'tum; wa lá yudhárra kátibun wa lá chahíd; wa in taf'alú fa innahú fusúqum bikum; wattaqul láha wa yu'allimukumul láh; walláhu bikulli chai'in 'Alím*

282. Ó crentes, quando contrairdes uma dívida por tempo pré-fixado, documentai-a; e que um escriba, na presença de ambas as partes, ponha-a fielmente por escrito; que nenhum escriba se negue a escrever, como Deus lhe ensinou. Que o devedor dite, e que tema a Deus, seu Senhor, e nada omita dele (o contrato). Porém, se o devedor for deficiente, ou inapto, ou estiver incapacitado de ditar, que seu procurador dite fielmente (por ele). Chamai duas testemunhas masculinas dentre os vossos ou, na falta destas, um homem e duas mulheres de vossa preferência, porque, se uma delas se esquecer, a outra a recordará. Que as testemunhas não se neguem, quando forem requisitadas (para a evidência). Não desdenheis documentar a dívida, seja pequena ou grande, até ao seu vencimento. Este proceder é o mais equitativo aos olhos de Deus, o mais válido para o testemunho e o mais adequado para evitar dúvidas entre vós.

Tratando-se de comércio determinado, feito de mão em mão, não incorrereis em falta se não o documentardes. Apelai para testemunhas quando mercadejardes, e que o escriba e as testemunhas não sejam injuriados; se os injuriardes, cometereis delito. Temei a Deus e Ele vos instruirá, porque é Onisciente.

۞ وَإِن كُنتُمْ عَلَىٰ سَفَرٍ وَلَمْ تَجِدُوا۟ كَاتِبًا فَرِهَٰنٌ مَّقْبُوضَةٌ ۖ فَإِنْ أَمِنَ
بَعْضُكُم بَعْضًا فَلْيُؤَدِّ ٱلَّذِى ٱؤْتُمِنَ أَمَٰنَتَهُۥ وَلْيَتَّقِ ٱللَّهَ رَبَّهُۥ ۗ وَلَا تَكْتُمُوا۟
ٱلشَّهَٰدَةَ ۚ وَمَن يَكْتُمْهَا فَإِنَّهُۥٓ ءَاثِمٌ قَلْبُهُۥ ۗ وَٱللَّهُ بِمَا تَعْمَلُونَ
عَلِيمٌ ﴿٢٨٣﴾

283. Wa in kuntum 'alá safarin wa lam tajidú kátiban farihánum maqbúdhatun fa in amina ba'dhukum ba'dhan falyu'addil lazi tumina amánatahú walyattaquil láha Rabbah; wa lá taktumuch chahádah; wa mai yaktumhá fa innahú ácimun qalbuh; walláhu bimá ta'malúna 'Alím

283. Se estiverdes em viagem e não encontrardes um escriba, deixareis um penhor resgatável; quando vos confiardes reciprocamente, saiba, quem tiver recebido o depósito, que deverá restituí-lo, temendo a Deus, seu Senhor. Não vos negueis a prestar testemunho; saiba, pois, quem o negar, que o seu coração ficará manchado com o pecado. Deus sabe o que fazeis.

لِّلَّهِ مَا فِى ٱلسَّمَٰوَٰتِ وَمَا فِى ٱلْأَرْضِ ۗ وَإِن تُبْدُوا۟ مَا فِىٓ أَنفُسِكُمْ أَوْ
تُخْفُوهُ يُحَاسِبْكُم بِهِ ٱللَّهُ ۖ فَيَغْفِرُ لِمَن يَشَآءُ وَيُعَذِّبُ مَن يَشَآءُ ۗ وَٱللَّهُ
عَلَىٰ كُلِّ شَىْءٍ قَدِيرٌ ﴿٢٨٤﴾

284. Lilláhi má fissamáwáti wa má fil ardh; wa in tubdú má fi anfusikum au tukhfúhu yuhásibkum bihil láh; fayaghfiru li mai yachá'u wa yu'azzibu mai yachá'u; walláhu 'alá kulli chai in qadír

284. A Deus pertence tudo quanto há nos Céus e na Terra. Tanto o que manifestais, como o que ocultais Deus vo-lo julgará. Ele perdoará a quem desejar e castigará a quem Lhe aprouver, porque é Onipotente.

ءَامَنَ ٱلرَّسُولُ بِمَآ أُنزِلَ إِلَيۡهِ مِن رَّبِّهِۦ وَٱلۡمُؤۡمِنُونَۚ كُلٌّ ءَامَنَ بِٱللَّهِ
وَمَلَٰٓئِكَتِهِۦ وَكُتُبِهِۦ وَرُسُلِهِۦ لَا نُفَرِّقُ بَيۡنَ أَحَدٖ مِّن رُّسُلِهِۦۚ وَقَالُواْ
سَمِعۡنَا وَأَطَعۡنَاۖ غُفۡرَانَكَ رَبَّنَا وَإِلَيۡكَ ٱلۡمَصِيرُ ﴿٢٨٥﴾

285. Ámanar-Rasúlu bimá unzila ilaihi mir-Rabbihí walmu'minún; kullun ámana billáhi wa Malá'ikatihí wa Kutubhihí wa Rusulihí lá nufarriqu baina ahadim-mir-Rusulih wa qálú sami'ná wa ata'ná ghufránaka Rabbaná wa ilaikal-masír

285. O Mensageiro crê no que foi revelado por seu Senhor, e todos os crentes creem em Deus, em Seus anjos, em Seus Livros e em Seus mensageiros. Nós não fazemos distinção entre os Seus mensageiros. Disseram: Escutamos e obedecemos. Só anelamos a Tua indulgência, ó Senhor nosso! A Ti será o retorno!

لَا يُكَلِّفُ ٱللَّهُ نَفۡسًا إِلَّا وُسۡعَهَاۚ لَهَا مَا كَسَبَتۡ وَعَلَيۡهَا مَا ٱكۡتَسَبَتۡۗ
رَبَّنَا لَا تُؤَاخِذۡنَآ إِن نَّسِينَآ أَوۡ أَخۡطَأۡنَاۚ رَبَّنَا وَلَا تَحۡمِلۡ عَلَيۡنَآ إِصۡرٗا
كَمَا حَمَلۡتَهُۥ عَلَى ٱلَّذِينَ مِن قَبۡلِنَاۚ رَبَّنَا وَلَا تُحَمِّلۡنَا مَا لَا طَاقَةَ لَنَا بِهِۦۖ
وَٱعۡفُ عَنَّا وَٱغۡفِرۡ لَنَا وَٱرۡحَمۡنَآۚ أَنتَ مَوۡلَىٰنَا فَٱنصُرۡنَا عَلَى ٱلۡقَوۡمِ
ٱلۡكَٰفِرِينَ ﴿٢٨٦﴾

286. Lá yukalliful-láhu nafsan illá wus'ahá; lahá má kasabat wa 'alaihá maktasabat; Rabbaná lá tu'ákhizná in nasíná au akhtáná; Rabbaná wa lá tahmil-'alainá isran kamá <u>h</u>amaltahú 'alal-lazína min qabliná; Rabbaná wa lá tu<u>h</u>ammilná má lá táqata laná bih; wa'fu 'anná waghfir laná warhamná; Anta mauláná fansurná 'alal qaumil káfirín

286. Beneficiar-se-á com o bem quem o tiver feito e sofrerá o mal quem o tiver cometido. Ó Senhor nosso, não nos condenes, se nos esquecermos ou nos equivocarmos! Ó Senhor nosso, não nos imponhas carga, como a que impuseste aos nossos antepassados! Ó Senhor nosso, não nos sobrecarregues com o que não podemos suportar! Absolve-nos! Perdoa-nos! Tem misericórdia de nós! Tu és nosso Protetor! Concede-nos a vitória sobre os incrédulos!

سُورَةُ آلِ عِمۡرَانَ

Surat Ál 'Imran

Surat 3 *Ál 'Imran*. Revelada em Madina - 200 versículos
São ulilizados os versículos 1 a 92 neste Juzi

بِسۡمِ ٱللَّهِ ٱلرَّحۡمَٰنِ ٱلرَّحِيمِ

Bismilláhir Rahmánir Rahím
Em nome de Deus, o Clemente, o Misericordioso

الٓمٓ ١

1. Alif, Lám, Mím
1. Alef, Lam, Mim.

ٱللَّهُ لَآ إِلَٰهَ إِلَّا هُوَ ٱلۡحَيُّ ٱلۡقَيُّومُ ٢

2. Alláhu lá iláha illá Huwal Haiyul Qaiyúm
2. Deus! Não há mais divindade além d'Ele, o Vivente, o Autossubsistente

نَزَّلَ عَلَيۡكَ ٱلۡكِتَٰبَ بِٱلۡحَقِّ مُصَدِّقٗا لِّمَا بَيۡنَ يَدَيۡهِ وَأَنزَلَ ٱلتَّوۡرَىٰةَ وَٱلۡإِنجِيلَ ٣

3. Nazzala 'alaikal Kitába bilhaqqui musaddiqal limá baina yadaihi wa anzalat Tauráta wal Injíl
3. Ele te revelou (ó Mohammad) o Livro (paulatinamente) com a verdade, corroborante dos anteriores, assim como havia revelado a Torá e o Evangelho,

مِن قَبۡلُ هُدٗى لِّلنَّاسِ وَأَنزَلَ ٱلۡفُرۡقَانَۗ إِنَّ ٱلَّذِينَ كَفَرُواْ بِـَٔايَٰتِ ٱللَّهِ لَهُمۡ عَذَابٞ
شَدِيدٞۗ وَٱللَّهُ عَزِيزٞ ذُو ٱنتِقَامٍ ٤

4. Min qablu hudal linnási wa anzalal Furqán; innal lazína kafarú bi Áyátil láhi lahum 'azábun chadíd; walláhu 'Azízun zuntiqám
4. Anteriormente, para servir de orientação aos humanos, e revelou ainda o Discernimento. Aqueles que negarem os versículos de Deus sofrerão um severo castigo, e Deus é Punidor, Poderosíssimo.

إِنَّ ٱللَّهَ لَا يَخۡفَىٰ عَلَيۡهِ شَيۡءٞ فِي ٱلۡأَرۡضِ وَلَا فِي ٱلسَّمَآءِ ٥

5. Innal láha lá yakhfá 'alaihi chai'un fil ardhi wa lá fis samá'
5. De Deus nada se oculta, tanto na Terra como nos Céus.

سُورَةُ آلِ عِمۡرَانَ

Surat Ál 'Imran

هُوَ ٱلَّذِى يُصَوِّرُكُمۡ فِى ٱلۡأَرۡحَامِ كَيۡفَ يَشَآءُۚ لَآ إِلَٰهَ إِلَّا هُوَ ٱلۡعَزِيزُ
ٱلۡحَكِيمُ ٦

6. *Huwal lazí yusauwirukum fil arhámi kaifa yachá'; lá iláha illá Huwal 'Azízul Hakím*

6. Ele é Quem vos configura nas entranhas, como Lhe apraz. Não há mais divindade além d'Ele, o Poderoso, o Prudentíssimo.

هُوَ ٱلَّذِىٓ أَنزَلَ عَلَيۡكَ ٱلۡكِتَٰبَ مِنۡهُ ءَايَٰتٌ مُّحۡكَمَٰتٌ هُنَّ أُمُّ ٱلۡكِتَٰبِ وَأُخَرُ
مُتَشَٰبِهَٰتٌۖ فَأَمَّا ٱلَّذِينَ فِى قُلُوبِهِمۡ زَيۡغٌ فَيَتَّبِعُونَ مَا تَشَٰبَهَ مِنۡهُ ٱبۡتِغَآءَ ٱلۡفِتۡنَةِ
وَٱبۡتِغَآءَ تَأۡوِيلِهِۦۗ وَمَا يَعۡلَمُ تَأۡوِيلَهُۥٓ إِلَّا ٱللَّهُۗ وَٱلرَّٰسِخُونَ فِى ٱلۡعِلۡمِ يَقُولُونَ ءَامَنَّا
بِهِۦ كُلٌّ مِّنۡ عِندِ رَبِّنَاۗ وَمَا يَذَّكَّرُ إِلَّآ أُوْلُواْ ٱلۡأَلۡبَٰبِ ٧

7. *Huwal lazí anzala 'alaikal Kitába min-hu Áyátum Muhkamátun hunna Ummul Kitábi wa ukharu Mutachábihátun fa'ammal lazína fí qulúbihim zaiyghun fa yattabi'úna ma tachábaha min-hu btighá 'alfitnati wabtighá'a tá'wílih; wa má ya'lamu tá'wílahú illal láh; warrásikhúna fil 'ilmi yaqúlúna ámanná bihí kullum min 'indi Rabbiná; wa má yazzakkaru illá ulul albáb*

7. Ele foi Quem te revelou o Livro; nele há versículos fundamentais, que são a base do Livro, havendo outros alegóricos. Aqueles cujos corações abrigam a dúvida seguem os alegóricos, a fim de causarem dissensões, interpretando-os ardilosamente. Porém, ninguém senão Deus conhece a sua verdadeira interpretação. Os sábios dizem: Cremos nele (o Alcorão); tudo emana do nosso Senhor. Mas ninguém o admite, salvo os sensatos.

رَبَّنَا لَا تُزِغۡ قُلُوبَنَا بَعۡدَ إِذۡ هَدَيۡتَنَا وَهَبۡ لَنَا مِن لَّدُنكَ رَحۡمَةًۚ إِنَّكَ أَنتَ ٱلۡوَهَّابُ ٨

8. *Rabbaná lá tuzigh qulúbaná ba'da iz hadaitaná wa hab laná mil ladunka rahmah; innaka antal Wahháb*

8. (Que dizem:) Ó Senhor nosso, não desvies os nossos corações, depois de nos teres iluminado, e agracia-nos com a Tua misericórdia, porque Tu és o Munificente por excelência.

رَبَّنَآ إِنَّكَ جَامِعُ ٱلنَّاسِ لِيَوۡمٍ لَّا رَيۡبَ فِيهِۚ إِنَّ ٱللَّهَ لَا يُخۡلِفُ ٱلۡمِيعَادَ ٩

9. Rabbaná innaka jámi'un-násí li Yaumin lá raiba fih; innal láha lá yukhliful mí'ád

9. Ó Senhor nosso, Tu congregarás os humanos para um dia indubitável, e Deus não falta com a promessa.

إِنَّ ٱلَّذِينَ كَفَرُوا۟ لَن تُغْنِىَ عَنْهُمْ أَمْوَٰلُهُمْ وَلَآ أَوْلَٰدُهُم مِّنَ ٱللَّهِ شَيْـًٔا ۖ
وَأُو۟لَٰٓئِكَ هُمْ وَقُودُ ٱلنَّارِ ﴿١٠﴾

10. Innal lazína kafarú lan tughniya 'anhum amwáluhum wa lá awláduhum minal láhi chai'an wa ulá'ika hum waqúdun Nár

10. Quanto aos incrédulos, nem as suas riquezas, nem os seus filhos, de nada lhes servirão ante Deus, e serão combustível do inferno.

كَدَأْبِ ءَالِ فِرْعَوْنَ وَٱلَّذِينَ مِن قَبْلِهِمْ ۚ كَذَّبُوا۟ بِـَٔايَٰتِنَا فَأَخَذَهُمُ ٱللَّهُ بِذُنُوبِهِمْ ۗ
وَٱللَّهُ شَدِيدُ ٱلْعِقَابِ ﴿١١﴾

11. Kadábi Áli Fir'auna wallazína min qablihim; kazzabú bi Áyátiná fa akhazahumul láhu bizunúbihim; walláhu chadídul 'iqáb

11. Terão a mesma sorte do povo do Faraó e dos seus antecessores, que desmentiram os Nossos versículos; porém, Deus os castigou por seus pecados, porque Deus é Severíssimo na punição.

قُل لِّلَّذِينَ كَفَرُوا۟ سَتُغْلَبُونَ وَتُحْشَرُونَ إِلَىٰ جَهَنَّمَ ۚ وَبِئْسَ ٱلْمِهَادُ ﴿١٢﴾

12. Qul lillazína kafarú satughlabúna wa tuhcharúna ilá jahannam; wa bi'sal mihád

12. Dize (ó Profeta) aos incrédulos: Sereis vencidos e congregados para o inferno. Que funesto leito!

قَدْ كَانَ لَكُمْ ءَايَةٌ فِى فِئَتَيْنِ ٱلْتَقَتَا ۖ فِئَةٌ تُقَٰتِلُ فِى سَبِيلِ ٱللَّهِ
وَأُخْرَىٰ كَافِرَةٌ يَرَوْنَهُم مِّثْلَيْهِمْ رَأْىَ ٱلْعَيْنِ ۚ وَٱللَّهُ يُؤَيِّدُ بِنَصْرِهِۦ
مَن يَشَآءُ ۗ إِنَّ فِى ذَٰلِكَ لَعِبْرَةً لِّأُو۟لِى ٱلْأَبْصَٰرِ ﴿١٣﴾

13. Qad kána lakum Áyatun fi fi'atainil taqatá fi'atun tuqátilu fi sabílil láhi wa ukhrá káfiratun yarawnahum miçlaihim ra' yal 'ayn; walláhu yu'ayyidu bi nasrihí mai yachá'; inná fi zálika la 'ibratal li ulil absár

Surat Ál 'Imran

13. Tivestes um exemplo nos dois grupos que se enfrentaram: um combatia pela causa de Deus e o outro, incrédulo, via com os seus próprios olhos o (grupo) crente, duas vezes mais numeroso do que na realidade o era; Deus reforça, com Seu socorro, quem Lhe apraz. Nisto há uma lição para os que têm olhos para ver.

زُيِّنَ لِلنَّاسِ حُبُّ ٱلشَّهَوَٰتِ مِنَ ٱلنِّسَآءِ وَٱلۡبَنِينَ وَٱلۡقَنَٰطِيرِ ٱلۡمُقَنطَرَةِ
مِنَ ٱلذَّهَبِ وَٱلۡفِضَّةِ وَٱلۡخَيۡلِ ٱلۡمُسَوَّمَةِ وَٱلۡأَنۡعَٰمِ وَٱلۡحَرۡثِۗ
ذَٰلِكَ مَتَٰعُ ٱلۡحَيَوٰةِ ٱلدُّنۡيَاۖ وَٱللَّهُ عِندَهُۥ حُسۡنُ ٱلۡمَـَٔابِ ١٤

14. Zuyyina linnási hubbuch chahawáti minan nisá'i wal banína walqanátiril muqantarati minaz zahabi walfiddati walkhailil musauwamati wal an'ámi walharç; zálika matá'ul hayátid dunyá walláhu 'indahú husnul ma-áb

14. Aos homens foi abrilhantado o amor à concupiscência: mulheres, filhos, entesouramento do ouro e da prata, os cavalos de raça, o gado e as sementeiras. Tal é o gozo da vida terrena; porém, a bem-aventurança está ao lado de Deus.

۞ قُلۡ أَؤُنَبِّئُكُم بِخَيۡرٖ مِّن ذَٰلِكُمۡۚ لِلَّذِينَ ٱتَّقَوۡاْ عِندَ رَبِّهِمۡ جَنَّـٰتٞ
تَجۡرِي مِن تَحۡتِهَا ٱلۡأَنۡهَٰرُ خَٰلِدِينَ فِيهَا وَأَزۡوَٰجٞ مُّطَهَّرَةٞ وَرِضۡوَٰنٞ
مِّنَ ٱللَّهِۗ وَٱللَّهُ بَصِيرُۢ بِٱلۡعِبَادِ ١٥

15. ۞ Qul a'unabbi'ukum bikhairim min zálikum; lillazínat taqau 'inda Rabbihim jannátun tajrí min tahtihal anháru khálidína fíhá wa azwájum mutahharatun wa ridhwánum minal láh; walláhu Basírum bil'ibád

15. Dize (ó Profeta): Poderia anunciar-vos algo melhor do que isto? Para os que temem a Deus haverá, ao lado do seu Senhor, jardins, abaixo dos quais correm os rios, onde morarão eternamente, junto a companheiros puros, e obterão a complacência de Deus, porque Deus é observador dos Seus servos,

ٱلَّذِينَ يَقُولُونَ رَبَّنَآ إِنَّنَآ ءَامَنَّا فَٱغۡفِرۡ لَنَا ذُنُوبَنَا وَقِنَا عَذَابَ ٱلنَّارِ ١٦

16. Allazína yaqúlúna Rabbaná innaná ámanná faghfir laná zunúbaná wa quiná 'azában Nár

16. Que dizem: Ó Senhor nosso, cremos! Perdoa os nossos pecados e preserva-nos do tormento infernal.

سُورَةُ آلِ عِمۡرَانَ

Surat Ál 'Imran

ٱلصَّٰبِرِينَ وَٱلصَّٰدِقِينَ وَٱلۡقَٰنِتِينَ وَٱلۡمُنفِقِينَ وَٱلۡمُسۡتَغۡفِرِينَ
بِٱلۡأَسۡحَارِ ﴿١٧﴾

17. Assábirína wassádiquína walqánitína walmunfiquína walmustaghfirína bil as-
har

17. São perseverantes, verazes, consagrados (a Deus), caritativos, e nas horas de vigília imploram o perdão a Deus.

شَهِدَ ٱللَّهُ أَنَّهُۥ لَآ إِلَٰهَ إِلَّا هُوَ وَٱلۡمَلَٰٓئِكَةُ وَأُوْلُواْ ٱلۡعِلۡمِ قَآئِمَۢا بِٱلۡقِسۡطِۚ لَآ
إِلَٰهَ إِلَّا هُوَ ٱلۡعَزِيزُ ٱلۡحَكِيمُ ﴿١٨﴾

18. Chahidal láhu annahú lá iláha illá Huwa walmalá'ikatu wa ulul 'ilmi qá'imam
bilquist; lá iláha illá Huwal 'Azízul Hakím

18. Deus dá testemunho de que não há mais divindade além d'Ele; os anjos e os sábios também O confirmam Justiceiro; não há mais divindade além d'Ele, o Poderoso, o Prudentíssimo.

إِنَّ ٱلدِّينَ عِندَ ٱللَّهِ ٱلۡإِسۡلَٰمُۗ وَمَا ٱخۡتَلَفَ ٱلَّذِينَ أُوتُواْ ٱلۡكِتَٰبَ إِلَّا
مِنۢ بَعۡدِ مَا جَآءَهُمُ ٱلۡعِلۡمُ بَغۡيَۢا بَيۡنَهُمۡۗ وَمَن يَكۡفُرۡ بِـَٔايَٰتِ ٱللَّهِ فَإِنَّ
ٱللَّهَ سَرِيعُ ٱلۡحِسَابِ ﴿١٩﴾

19. Innad dína 'indal láhil Islám; wa makhtalafal lazína útul Kitába illá mim ba'di
má já'ahumul 'ilmu baghyam bainahum; wa mai yakfur bi Áyátil láhi fa innal
láha sarí'ul hisáb

19. Para Deus a religião é o Islam. E os adeptos do Livro só discordaram por inveja, depois que a verdade lhes foi revelada. Porém, quem nega os versículos de Deus, saiba que Deus é Destro em ajustar contas.

فَإِنۡ حَآجُّوكَ فَقُلۡ أَسۡلَمۡتُ وَجۡهِيَ لِلَّهِ وَمَنِ ٱتَّبَعَنِۗ وَقُل لِّلَّذِينَ أُوتُواْ ٱلۡكِتَٰبَ
وَٱلۡأُمِّيِّـۧنَ ءَأَسۡلَمۡتُمۡۚ فَإِنۡ أَسۡلَمُواْ فَقَدِ ٱهۡتَدَواْۖ وَّإِن تَوَلَّوۡاْ فَإِنَّمَا
عَلَيۡكَ ٱلۡبَلَٰغُۗ وَٱللَّهُ بَصِيرُۢ بِٱلۡعِبَادِ ﴿٢٠﴾

سُورَةُ آلِ عِمۡرَانَ

Surat Ál 'Imran

20. *Fa in hájjúka faqul aslamtu wajhiya lilláhi wa manittaba'an; wa qul lillazína útul Kitába wal ummiyyína 'a-aslamtum; fa in aslamú faqadih tadau wa in tawallau fa innamá 'alaikal balágh; walláhu Basírum bil 'ibád*

20. E se eles discutirem contigo (ó Mohammad), dize-lhes: Submeto-me a Deus, assim como aqueles que me seguem! Pergunta aos adeptos do Livro e aos iletrados: Tornar-vos-eis muçulmanos? Se se tornarem, encaminhar-se-ão; se negarem, sabe que a ti só compete a proclamação da Mensagem. E Deus é observador dos Seus servos.

إِنَّ ٱلَّذِينَ يَكۡفُرُونَ بِـَٔايَٰتِ ٱللَّهِ وَيَقۡتُلُونَ ٱلنَّبِيِّـۧنَ بِغَيۡرِ حَقّٖ
وَيَقۡتُلُونَ ٱلَّذِينَ يَأۡمُرُونَ بِٱلۡقِسۡطِ مِنَ ٱلنَّاسِ فَبَشِّرۡهُم
بِعَذَابٍ أَلِيمٍ ٢١

21. *Innal lazína yakfurúna bi Áyátil láhi wa yaqtulúnan Nabiyyína bighairi haqqin wa yaqtulúnal lazína ya'murúna bilquisti minan nási fabachirhum bi'azábin alím*

21. Alerta aqueles que negam os versículos de Deus, assassinam injustamente os profetas e matam os justiceiros, dentre os homens, de que terão um doloroso castigo.

أُوْلَٰٓئِكَ ٱلَّذِينَ حَبِطَتۡ أَعۡمَٰلُهُمۡ فِي ٱلدُّنۡيَا وَٱلۡأٓخِرَةِ وَمَا لَهُم
مِّن نَّٰصِرِينَ ٢٢

22. *Ulá'ikal lazína habitat a'máluhum fid dunyá wal Ákhirati wa má lahum min násirín*

22. São aqueles cujas obras tornar-se-ão sem efeito, neste mundo e no Outro, e não terão socorredores.

أَلَمۡ تَرَ إِلَى ٱلَّذِينَ أُوتُواْ نَصِيبٗا مِّنَ ٱلۡكِتَٰبِ يُدۡعَوۡنَ إِلَىٰ كِتَٰبِ ٱللَّهِ لِيَحۡكُمَ
بَيۡنَهُمۡ ثُمَّ يَتَوَلَّىٰ فَرِيقٞ مِّنۡهُمۡ وَهُم مُّعۡرِضُونَ ٢٣

23. *Alam tara ilal lazína útú nasíbam minal Kitábi yud'auna ilá Kitábil láhi liyahkuma bainahum summa yatawallá faríqum min-hum wa hum mu'ridhún*

23. Não reparaste nos que foram agraciados com uma parte do Livro e, mesmo quando foram convocados para o Livro de Deus, para servir-lhes de juiz, alguns deles o renegaram desdenhosamente?

ذَٰلِكَ بِأَنَّهُمْ قَالُوا۟ لَن تَمَسَّنَا ٱلنَّارُ إِلَّآ أَيَّامًا مَّعْدُودَٰتٍ ۖ وَغَرَّهُمْ فِى دِينِهِم مَّا
كَانُوا۟ يَفْتَرُونَ ﴿٢٤﴾

24. Zálika bi annahum qálú lan tamassanan náru illá ayyámam ma'dúdátin wa gharrahum fí dínihim má kánú yaftarún

24. E ainda disseram: O fogo infernal não nos atingirá, senão por alguns dias. Suas próprias invenções os enganaram, em sua religião.

فَكَيْفَ إِذَا جَمَعْنَٰهُمْ لِيَوْمٍ لَّا رَيْبَ فِيهِ وَوُفِّيَتْ كُلُّ مَّا كَسَبَتْ
وَهُمْ لَا يُظْلَمُونَ ﴿٢٥﴾

25. Fakaifa izá jama'náhum li Yaumil lá raiba fíh wa wuffiyat kullu nafsim má kasabat wa hum lá yuzlamún

25. Que será deles, quando os congregarmos, no Dia Indubitável, em que cada alma será recompensada segundo o seu mérito, e não serão injustiçados?

قُلِ ٱللَّهُمَّ مَٰلِكَ ٱلْمُلْكِ تُؤْتِى ٱلْمُلْكَ مَن تَشَآءُ وَتَنزِعُ ٱلْمُلْكَ مِمَّن
تَشَآءُ وَتُعِزُّ مَن تَشَآءُ وَتُذِلُّ مَن تَشَآءُ ۖ بِيَدِكَ ٱلْخَيْرُ ۖ إِنَّكَ عَلَىٰ كُلِّ شَىْءٍ
قَدِيرٌ ﴿٢٦﴾

26. Qulil láhumma Málikal Mulki tu'til mulka man tachá'u wa tanzi'ul mulka mimman tachá'u wa tu'izzu man tachá'u wa tuzillu man tachá'u biyadikal khairu innaka 'alá kulli chai'in Qadír

26. Dize: Ó Deus, Soberano do poder! Tu concedes a soberania a quem Te apraz e a retiras de quem desejas; exaltas quem queres e humilhas a Teu bel-prazer. Em Tuas mãos está todo o Bem, porque só Tu és Onipotente.

تُولِجُ ٱلَّيْلَ فِى ٱلنَّهَارِ وَتُولِجُ ٱلنَّهَارَ فِى ٱلَّيْلِ ۖ وَتُخْرِجُ ٱلْحَىَّ مِنَ ٱلْمَيِّتِ
وَتُخْرِجُ ٱلْمَيِّتَ مِنَ ٱلْحَىِّ ۖ وَتَرْزُقُ مَن تَشَآءُ بِغَيْرِ حِسَابٍ ﴿٢٧﴾

27. Túlijul laila fin nahári wa túlijun nahára fil laili wa tukhrijul haiya minal maiyiti wa tukhrijul maiyita minal haiyi wa tarzuqu man tachá'u bighari hisáb

27. Tu inseres a noite no dia e inseres o dia na noite; extrais o vivo do morto e o morto do vivo, e recompensas desmedidamente a quem Te apraz.

سُورَةُ آلِ عِمۡرَانَ

Surat Ál 'Imran

لَّا يَتَّخِذِ ٱلۡمُؤۡمِنُونَ ٱلۡكَٰفِرِينَ أَوۡلِيَآءَ مِن دُونِ ٱلۡمُؤۡمِنِينَۖ وَمَن يَفۡعَلۡ ذَٰلِكَ
فَلَيۡسَ مِنَ ٱللَّهِ فِي شَيۡءٍ إِلَّآ أَن تَتَّقُواْ مِنۡهُمۡ تُقَىٰةٗۗ وَيُحَذِّرُكُمُ ٱللَّهُ
نَفۡسَهُۥۗ وَإِلَى ٱللَّهِ ٱلۡمَصِيرُ ٢٨

28. Lá yattakhizil mu'minúnal káfirína auliyá'a min dúnil mu'minína wa mai yaf'al zálika falaisa minal láhi fí chai'in illá an tattaqú min-hum tuqát; wa yuhazzirukumul láhu nafsah; wa ilal láhil masír

28. Os crentes não tomam por confidentes os incrédulos, em detrimento de outros crentes. Aqueles que assim procederem, de maneira alguma terão o auxílio de Deus, salvo se for por precaução e resguardo contra eles. Deus vos exorta a d'Ele vos lembrardes, porque para Ele será o retorno.

قُلۡ إِن تُخۡفُواْ مَا فِي صُدُورِكُمۡ أَوۡ تُبۡدُوهُ يَعۡلَمۡهُ ٱللَّهُۗ وَيَعۡلَمُ مَا فِي
ٱلسَّمَٰوَٰتِ وَمَا فِي ٱلۡأَرۡضِۗ وَٱللَّهُ عَلَىٰ كُلِّ شَيۡءٖ قَدِيرٞ ٢٩

29. Qul in tukhfú má fí sudúrikum au tubdúhu ya'lamhul láh; wa ya'lamu má fis samáwáti wa má fil ardh; walláhu 'alá kulli chai'in Qadír

29. Dize: Quer oculteis o que encerram os vossos corações, quer o manifesteis, Deus bem o sabe, como também conhece tudo quanto existe nos Céus e na Terra, porque é Onipotente.

يَوۡمَ تَجِدُ كُلُّ نَفۡسٖ مَّا عَمِلَتۡ مِنۡ خَيۡرٖ مُّحۡضَرٗا وَمَا عَمِلَتۡ مِن سُوٓءٖ تَوَدُّ
لَوۡ أَنَّ بَيۡنَهَا وَبَيۡنَهُۥٓ أَمَدَۢا بَعِيدٗاۗ وَيُحَذِّرُكُمُ ٱللَّهُ نَفۡسَهُۥۗ وَٱللَّهُ رَءُوفُۢ
بِٱلۡعِبَادِ ٣٠

30. Yauma tajidu kullu nafsim má'amilat min khairim muhdaran wa má 'amilat min sú'in tawaddu lau anna bainahá wa bainahú amadam ba'ídá; wa yuhazzirukumul láhu nafsah; walláhu ra'úfum bil'ibád

30. No dia em que cada alma se confrontar com todo o bem que tiver feito e com todo o mal que tiver cometido, ansiará para que haja uma grande distância entre ela e ele (o mal). Deus vos exorta a d'Ele vos lembrardes, porque Deus é Compassivo para com os Seus servos.

سُورَةُ آلِ عِمۡرَانَ

Surat Ál 'Imran

قُلۡ إِن كُنتُمۡ تُحِبُّونَ ٱللَّهَ فَٱتَّبِعُونِي يُحۡبِبۡكُمُ ٱللَّهُ وَيَغۡفِرۡ لَكُمۡ ذُنُوبَكُمۡۚ وَٱللَّهُ غَفُورٌ
رَّحِيمٌ ﴿٣١﴾

31. Qul in kuntum tuhibbúnal láha fattabi'úní yuhbibkumul láhu wa yaghfir lakum zunúbakum; walláhu Ghafúrur Rahím

31. Dize: Se verdadeiramente amais a Deus, segui-me; Deus vos amará e perdoará as vossas faltas, porque Deus é Indulgente, Misericordiosíssimo.

قُلۡ أَطِيعُواْ ٱللَّهَ وَٱلرَّسُولَۖ فَإِن تَوَلَّوۡاْ فَإِنَّ ٱللَّهَ لَا يُحِبُّ ٱلۡكَٰفِرِينَ ﴿٣٢﴾

32. Qul atí'ul láha war Rasúla fa in tawallau fa innal láha lá yuhibbul káfirín

32. Dize: Obedecei a Deus e ao Mensageiro! Mas, se se recusarem, saibam que Deus não aprecia os incrédulos.

۞ إِنَّ ٱللَّهَ ٱصۡطَفَىٰٓ ءَادَمَ وَنُوحًا وَءَالَ إِبۡرَٰهِيمَ وَءَالَ عِمۡرَٰنَ عَلَى ٱلۡعَٰلَمِينَ ﴿٣٣﴾

33. ۞ Innal láha stafá Ádama wa Núhan wa Ála Ibráhíma wa Ála Imrána 'alal 'álamín

33. Na verdade, Deus preferiu Adão, Noé, a família de Abraão e a de Imran, aos seus contemporâneos,

ذُرِّيَّةَۢ بَعۡضُهَا مِنۢ بَعۡضٖۗ وَٱللَّهُ سَمِيعٌ عَلِيمٌ ﴿٣٤﴾

34. Zurriyyatam ba'duhá mim ba'd; walláhu Samí'un 'Alím

34. Descendentes uns dos outros, porque Deus é Oniouvinte, Sapientíssimo.

إِذۡ قَالَتِ ٱمۡرَأَتُ عِمۡرَٰنَ رَبِّ إِنِّي نَذَرۡتُ لَكَ مَا فِي بَطۡنِي مُحَرَّرٗا فَتَقَبَّلۡ مِنِّيٓۖ إِنَّكَ أَنتَ
ٱلسَّمِيعُ ٱلۡعَلِيمُ ﴿٣٥﴾

35. Iz qálati mrátu 'Imrána Rabbi inní nazartu laka má fí batní muharraran fataqabbal minní innaka Antas Samí'ul 'Alím

35. Recorda-te de quando a mulher de Imran, disse: Ó Senhor meu, é certo que consagrei a ti, integralmente, o fruto do meu ventre; aceita-o, porque és o Oniouvinte, o Sapientíssimo.

سُورَةُ آلِ عِمۡرَانَ

Surat Ál 'Imran

فَلَمَّا وَضَعَتۡهَا قَالَتۡ رَبِّ إِنِّي وَضَعۡتُهَآ أُنثَىٰ وَٱللَّهُ أَعۡلَمُ بِمَا وَضَعَتۡ وَلَيۡسَ
ٱلذَّكَرُ كَٱلۡأُنثَىٰۖ وَإِنِّي سَمَّيۡتُهَا مَرۡيَمَ وَإِنِّيٓ أُعِيذُهَا بِكَ وَذُرِّيَّتَهَا مِنَ
ٱلشَّيۡطَٰنِ ٱلرَّجِيمِ ﴿٣٦﴾

36. Falammá wadha'athá qálat Rabbi inní wada'tuhá unçá walláhu a'lamu bimá wada'at wa laisaz zakaru kalunçá wa inní sammaituhá Maryama wa inní u'ízuhá bika wa zurriyyatahá minach Chaitánir Rajím

36. E quando concebeu, disse: Ó Senhor meu, concebi uma menina, mas Deus bem sabia o que ela tinha concebido, e um macho não é o mesmo que uma fêmea. Eis que a chamo Maria; ponho-a, bem como à sua descendência, sob a Tua proteção, contra o maldito Satanás.

فَتَقَبَّلَهَا رَبُّهَا بِقَبُولٍ حَسَنٖ وَأَنۢبَتَهَا نَبَاتًا حَسَنٗا وَكَفَّلَهَا زَكَرِيَّاۖ كُلَّمَا
دَخَلَ عَلَيۡهَا زَكَرِيَّا ٱلۡمِحۡرَابَ وَجَدَ عِندَهَا رِزۡقٗاۖ قَالَ يَٰمَرۡيَمُ أَنَّىٰ لَكِ هَٰذَاۖ
قَالَتۡ هُوَ مِنۡ عِندِ ٱللَّهِۖ إِنَّ ٱللَّهَ يَرۡزُقُ مَن يَشَآءُ بِغَيۡرِ حِسَابٍ ﴿٣٧﴾

37. Fataqabbalahá Rabbuhá biqabúlin hasanin wa ambatahá nabátan hasanan wa kaffalahá Zakariyyá kullamá dakhala 'alaihá Zakariyyal Mihrába wajada 'indahá rizqan qála yá Maryamu anná laki házá qálat huwa min 'indil láhi innal láha yarzuqu mai yachá'u bighairi hisáb

37. Seu Senhor a aceitou benevolentemente e a educou esmeradamente, confiando-a a Zacarias. Cada vez que Zacarias a visitava, no oratório, encontrava-a provida de alimentos, e lhe perguntava: Ó Maria, de onde te vem isso? Ela respondia: De Deus!, porque Deus agracia imensuravelmente a quem Lhe apraz.

هُنَالِكَ دَعَا زَكَرِيَّا رَبَّهُۥۖ قَالَ رَبِّ هَبۡ لِي مِن لَّدُنكَ ذُرِّيَّةٗ طَيِّبَةًۖ إِنَّكَ
سَمِيعُ ٱلدُّعَآءِ ﴿٣٨﴾

38. Hunálika da'á Zakariyyá Rabbahú qála Rabbi hab lí mil ladunka zurriyyatan taiyibatan innaka samí'ud du'á'

38. Então, Zacarias rogou ao seu Senhor, dizendo: Ó Senhor meu, concede-me uma ditosa descendência, porque és Aquele Que atende os rogos!

سُورَةُ آلِ عِمۡرَانَ

Surat Ál 'Imran

فَنَادَتۡهُ ٱلۡمَلَٰٓئِكَةُ وَهُوَ قَآئِمٞ يُصَلِّي فِي ٱلۡمِحۡرَابِ أَنَّ ٱللَّهَ يُبَشِّرُكَ بِيَحۡيَىٰ
مُصَدِّقَۢا بِكَلِمَةٖ مِّنَ ٱللَّهِ وَسَيِّدٗا وَحَصُورٗا وَنَبِيّٗا مِّنَ ٱلصَّٰلِحِينَ ٣٩

39. Fanádathul malá'ikatu wa huwa qá'imun yusallí fil Mihrábi annal láha yubachchiruka bi Yahyá musaddiqam bi Kalimatim minal láhi wa saiyidan wa hasúran wa Nabiyyam minas sálihín

39. Os anjos o chamaram, enquanto rezava no oratório, dizendo-lhe: Deus te anuncia o nascimento de João, que corroborará o Verbo de Deus, será nobre, casto e um dos profetas virtuosos.

قَالَ رَبِّ أَنَّىٰ يَكُونُ لِي غُلَٰمٞ وَقَدۡ بَلَغَنِيَ ٱلۡكِبَرُ وَٱمۡرَأَتِي عَاقِرٞۖ قَالَ
كَذَٰلِكَ ٱللَّهُ يَفۡعَلُ مَا يَشَآءُ ٤٠

40. Qála Rabbi anná yakúnu lí ghulámun wa qad balaghaniyal kibaru wamrátí 'áquirun qála kazálikal láhu yaf'alu má yachá'

40. Disse: Ó Senhor meu, como poderei ter um filho, se a velhice me alcançou e minha mulher é estéril? Disse-lhe (o anjo): Assim será. Deus faz o que Lhe apraz.

قَالَ رَبِّ ٱجۡعَل لِّيٓ ءَايَةٗۖ قَالَ ءَايَتُكَ أَلَّا تُكَلِّمَ ٱلنَّاسَ ثَلَٰثَةَ أَيَّامٍ إِلَّا
رَمۡزٗاۗ وَٱذۡكُر رَّبَّكَ كَثِيرٗا وَسَبِّحۡ بِٱلۡعَشِيِّ وَٱلۡإِبۡكَٰرِ ٤١

41. Qála Rabbi j'al lí Áyatan qála Áyatuka allá tukalliman nása çaláçata ayyámin illa ramzá; wazkur Rabbaka kacíran wa sabbih bil'achiyyi wal ibkár

41. Disse: Ó Senhor meu, dá-me um sinal. Asseverou-lhe (o anjo): Teu sinal consistirá em que não fales com ninguém durante três dias, a não ser por sinais. Recorda-te muito do teu Senhor e glorifica-O à noite e durante as horas da manhã.

وَإِذۡ قَالَتِ ٱلۡمَلَٰٓئِكَةُ يَٰمَرۡيَمُ إِنَّ ٱللَّهَ ٱصۡطَفَىٰكِ وَطَهَّرَكِ وَٱصۡطَفَىٰكِ عَلَىٰ
نِسَآءِ ٱلۡعَٰلَمِينَ ٤٢

42. Wa iz qálatil malá'ikatu yá Maryamu innal láhas tafáki wa tahharaki wastafáki 'alá nisá'il 'alamin

42. Recorda-te de quando os anjos disseram: Ó Maria, Deus te elegeu e te purificou, e te preferiu a todas as mulheres da humanidade!

سُورَةُ آلِ عِمۡرَان

Surat Ál 'Imran

يَٰمَرۡيَمُ ٱقۡنُتِي لِرَبِّكِ وَٱسۡجُدِي وَٱرۡكَعِي مَعَ ٱلرَّٰكِعِينَ ﴿٤٣﴾

43. Yá Maryamu uqnutí li Rabbiki wasjudí warka'í ma'ar ráki'ín

43.Ó Maria, consagra-te ao Senhor. Prostra-te e ajoelha-te com os que se ajoelham!

ذَٰلِكَ مِنۡ أَنۢبَآءِ ٱلۡغَيۡبِ نُوحِيهِ إِلَيۡكَۚ وَمَا كُنتَ لَدَيۡهِمۡ إِذۡ يُلۡقُونَ
أَقۡلَٰمَهُمۡ أَيُّهُمۡ يَكۡفُلُ مَرۡيَمَ وَمَا كُنتَ لَدَيۡهِمۡ إِذۡ يَخۡتَصِمُونَ ﴿٤٤﴾

44. Zálika min ambá'il ghaibi núhíhi ilaik; wa má kunta ladaihim iz yulqúna aqlámahum ayyuhum yakfulu Maryama wa má kunta ladaihim iz yakhtasimún

44. Estes são alguns relatos do desconhecido, que te revelamos (ó Mensageiro). Tu não estavas presente com eles (os judeus) quando, com setas, tiravam a sorte para decidir quem se encarregaria de Maria; tampouco estavas presente quando estavam a discutir entre si.

إِذۡ قَالَتِ ٱلۡمَلَٰٓئِكَةُ يَٰمَرۡيَمُ إِنَّ ٱللَّهَ يُبَشِّرُكِ بِكَلِمَةٖ مِّنۡهُ ٱسۡمُهُ ٱلۡمَسِيحُ
عِيسَى ٱبۡنُ مَرۡيَمَ وَجِيهٗا فِي ٱلدُّنۡيَا وَٱلۡأٓخِرَةِ وَمِنَ ٱلۡمُقَرَّبِينَ ﴿٤٥﴾

45. Iz qálatil malá'ikatu yá Maryamu innal láha yubachchiruki bi Kalimatim minhus muhul Masíhu 'Íssa bnu Maryama wajíhan fid dunyá wal Ákhirati wa minal muqarrabín

45. E quando os anjos disseram: Ó Maria, Deus te anuncia o Seu Verbo, cujo nome será o Messias, Jesus, filho de Maria, nobre neste mundo e no outro, e que se contará entre os próximos de Deus.

وَيُكَلِّمُ ٱلنَّاسَ فِي ٱلۡمَهۡدِ وَكَهۡلٗا وَمِنَ ٱلصَّٰلِحِينَ ﴿٤٦﴾

46. Wa yukallimun nása filmahdi wa kahlan wa minas sálihín

46. Falará aos homens, ainda no berço, bem como na maturidade, e se contará entre os virtuosos.

قَالَتۡ رَبِّ أَنَّىٰ يَكُونُ لِي وَلَدٞ وَلَمۡ يَمۡسَسۡنِي بَشَرٞۖ قَالَ كَذَٰلِكِ ٱللَّهُ يَخۡلُقُ مَا
يَشَآءُۚ إِذَا قَضَىٰٓ أَمۡرٗا فَإِنَّمَا يَقُولُ لَهُۥ كُن فَيَكُونُ ﴿٤٧﴾

47. Qálat Rabbi anná yakúnu lí waladun wa lam yamsasní bacharun qála kazálikil láhu yakhluqu má yachá'; izá qadá amran fa innamá yaqúlu lahú kun fayakún

47. Perguntou: Ó Senhor meu, como poderei ter um filho, se mortal algum jamais me tocou? Disse-lhe o anjo: Assim será. Deus cria o que deseja, posto que quando decreta algo, basta dizer: Seja! e é.

وَيُعَلِّمُهُ ٱلْكِتَـٰبَ وَٱلْحِكْمَةَ وَٱلتَّوْرَىٰةَ وَٱلْإِنجِيلَ ﴿٤٨﴾

48. Wa yu'allimuhul Kitába wal Hikmata wat Tauráta wal Injíl

48. Ele lhe ensinará o Livro, a sabedoria, a Tora e o Evangelho.

وَرَسُولًا إِلَىٰ بَنِىٓ إِسْرَٰٓءِيلَ أَنِّى قَدْ جِئْتُكُم بِـَٔايَةٍ مِّن رَّبِّكُمْ ۖ أَنِّىٓ أَخْلُقُ
لَكُم مِّنَ ٱلطِّينِ كَهَيْـَٔةِ ٱلطَّيْرِ فَأَنفُخُ فِيهِ فَيَكُونُ طَيْرًۢا بِإِذْنِ ٱللَّهِ ۖ
وَأُبْرِئُ ٱلْأَكْمَهَ وَٱلْأَبْرَصَ وَأُحْىِ ٱلْمَوْتَىٰ بِإِذْنِ ٱللَّهِ ۖ وَأُنَبِّئُكُم بِمَا
تَأْكُلُونَ وَمَا تَدَّخِرُونَ فِى بُيُوتِكُمْ ۚ إِنَّ فِى ذَٰلِكَ لَـَٔايَةً لَّكُمْ إِن كُنتُم
مُّؤْمِنِينَ ﴿٤٩﴾

49. Wa Rasúlan ilá Baní Isrá'íla anní qad ji'tukum bi Áyatim mir Rabbikum anní akhluqu lakum minat tíni kahai'atit tairi fa anfukhu fíhi fayakúnu tairam bi iznil láhi wa ubri'ul akmaha wal abrasa wa uhyil mautá bi iznil láhi wa unabbi'ukum bimá tá'kulúna wa má taddakhirúna fí buyútikum; inna fí zálika la Áyatal lakum in kuntum mu'minín

49. E será um mensageiro para os israelitas, (e lhes dirá): Apresento-vos um sinal do vosso Senhor: eis que plasmarei de barro a figura de um pássaro, a qual alentarei, e a figura se transformará em pássaro, com o beneplácito de Deus; curarei o cego de nascença e o leproso; ressuscitarei os mortos, pela vontade de Deus, e vos revelarei o que consumis e o que entesourais em vossas casas. Nisso há um sinal para vós, se sois crentes.

وَمُصَدِّقًا لِّمَا بَيْنَ يَدَىَّ مِنَ ٱلتَّوْرَىٰةِ وَلِأُحِلَّ لَكُم بَعْضَ
ٱلَّذِى حُرِّمَ عَلَيْكُمْ ۚ وَجِئْتُكُم بِـَٔايَةٍ مِّن رَّبِّكُمْ فَٱتَّقُوا۟ ٱللَّهَ
وَأَطِيعُونِ ﴿٥٠﴾

50. Wa musaddiqal limá baina yadaiya minat Tauráti wa liuhilla lakum ba'dal lazí hurrima 'alaikum; wa ji'tukum bi Áyatim mir Rabbikum fattaqul láha wa atí'ún

50. (Eu vim) para confirmar-vos a Tora, que vos chegou antes de mim, e para liberar-vos algo que vos estava vedado. Eu vim com um sinal do vosso Senhor. Temei a Deus, pois, e obedecei-me.

إِنَّ ٱللَّهَ رَبِّي وَرَبُّكُمۡ فَٱعۡبُدُوهُۚ هَٰذَا صِرَٰطٞ مُّسۡتَقِيمٞ ﴿٥١﴾

51. Innal láha Rabbí wa Rabbukum fa'budúh; házá Sirátum Mustaquim

51. Sabei que Deus é meu Senhor e o vosso. Adorai-O, pois. Essa é a senda reta.

۞ فَلَمَّآ أَحَسَّ عِيسَىٰ مِنۡهُمُ ٱلۡكُفۡرَ قَالَ مَنۡ أَنصَارِيٓ إِلَى ٱللَّهِۖ

قَالَ ٱلۡحَوَارِيُّونَ نَحۡنُ أَنصَارُ ٱللَّهِ ءَامَنَّا بِٱللَّهِ وَٱشۡهَدۡ بِأَنَّا

مُسۡلِمُونَ ﴿٥٢﴾

52. ۞ Falammá ahassa 'Íssá min-humul kufra qála man ansárí ilal láhi qálal Hawáriyyúna nahnu ansárul láhi ámanná billáhi wachhad bi anná muslimún

52. E quando Jesus lhes sentiu a incredulidade, disse: Quem serão os meus colaboradores na causa de Deus? Os discípulos disseram: Nós seremos os colaboradores, porque cremos em Deus; e testemunhamos que somos muçulmanos.

رَبَّنَآ ءَامَنَّا بِمَآ أَنزَلۡتَ وَٱتَّبَعۡنَا ٱلرَّسُولَ فَٱكۡتُبۡنَا مَعَ ٱلشَّٰهِدِينَ ﴿٥٣﴾

53. Rabbaná ámanná bimá anzalta wattaba'nar Rasúla faktubná ma'ach cháhidín

53. Ó Senhor nosso, cremos no que tens revelado e seguimos o Mensageiro; inscreve-nos, pois, entre os testemunhadores.

وَمَكَرُواْ وَمَكَرَ ٱللَّهُۖ وَٱللَّهُ خَيۡرُ ٱلۡمَٰكِرِينَ ﴿٥٤﴾

54. Wa makarú wa makaral láhu walláhu khairul mákirín

54. Porém, (os judeus) conspiraram (contra Jesus); e Deus, por Sua vez, também conspirou, porque é o melhor dos conspiradores.

إِذۡ قَالَ ٱللَّهُ يَٰعِيسَىٰٓ إِنِّي مُتَوَفِّيكَ وَرَافِعُكَ إِلَيَّ وَمُطَهِّرُكَ مِنَ ٱلَّذِينَ

كَفَرُواْ وَجَاعِلُ ٱلَّذِينَ ٱتَّبَعُوكَ فَوۡقَ ٱلَّذِينَ كَفَرُوٓاْ إِلَىٰ يَوۡمِ ٱلۡقِيَٰمَةِۖ ثُمَّ

إِلَيَّ مَرۡجِعُكُمۡ فَأَحۡكُمُ بَيۡنَكُمۡ فِيمَا كُنتُمۡ فِيهِ تَخۡتَلِفُونَ ﴿٥٥﴾

55. Iz qálal láhu yá 'Íssá inní mutawaffíka wa ráfi'uka ilaiya wa mutahhiruka minal lazína kafarú wa já'ilul lazínat taba'úka fauqal lazína kafarú ilá Yaumil Quiyámati çumma ilaiya marji'ukum fa a<u>h</u>kumu bainakum fímá kuntum fíhi takhtaliifún

55. E quando Deus disse: Ó Jesus, por certo que porei termo à tua estada na terra; ascender-te-ei até Mim e salvar-te-ei dos incrédulos, fazendo prevalecer sobre eles os teus prosélitos, até ao Dia da Ressurreição. Então, a Mim será o vosso retorno e julgarei as questões pelas quais divergis.

فَأَمَّا ٱلَّذِينَ كَفَرُواْ فَأُعَذِّبُهُمۡ عَذَابٗا شَدِيدٗا فِي ٱلدُّنۡيَا وَٱلۡأٓخِرَةِۖ وَمَا لَهُم
مِّن نَّٰصِرِينَ ٥٦

56. Fa ammal lazína kafarú fa u'azzibuhum 'azában chadídan fid dunyá wal Ákhirati wa má lahum min násirín

56. Quanto aos incrédulos, castigá-los-ei severamente, neste mundo e no Outro, e jamais terão protetores.

وَأَمَّا ٱلَّذِينَ ءَامَنُواْ وَعَمِلُواْ ٱلصَّٰلِحَٰتِ فَيُوَفِّيهِمۡ أُجُورَهُمۡۗ وَٱللَّهُ لَا يُحِبُّ
ٱلظَّٰلِمِينَ ٥٧

57. Wa ammal lazína ámanú wa 'amilus sáli<u>h</u>áti fa yuwaffíhim ujúrahum; walláhu lá yu<u>h</u>ibbuz zálimín

57. Quanto aos crentes, que praticam o bem, Deus os recompensará; sabei que Deus não aprecia os injustos.

ذَٰلِكَ نَتۡلُوهُ عَلَيۡكَ مِنَ ٱلۡأٓيَٰتِ وَٱلذِّكۡرِ ٱلۡحَكِيمِ ٥٨

58. Zálika natlúhu 'alaika minal Áyáti wa Zikril <u>H</u>akím

58. Estes são os versículos que te ditamos, acompanhados de prudente Mensagem.

إِنَّ مَثَلَ عِيسَىٰ عِندَ ٱللَّهِ كَمَثَلِ ءَادَمَۖ خَلَقَهُۥ مِن تُرَابٖ ثُمَّ قَالَ لَهُۥ كُن
فَيَكُونُ ٥٩

59. Inna maçala 'Íssá 'indal láhi kamaçali Ádama khalaqahú min turábin çumma qála lahú kun fayakún

59. O exemplo de Jesus, ante Deus, é idêntico ao de Adão, que Ele criou do pó; então lhe disse: Seja! e foi.

سُورَةُ آلِ عِمۡرَانَ

Surat Ál 'Imran

ٱلْحَقُّ مِن رَّبِّكَ فَلَا تَكُن مِّنَ ٱلْمُمْتَرِينَ ﴿٦٠﴾

60. Alhaqqu mir Rabbika falá takum minal mumtarin

60. Esta é a verdade emanada do teu Senhor. Não sejas, pois, dos que (dela) duvidam.

فَمَنْ حَآجَّكَ فِيهِ مِنۢ بَعْدِ مَا جَآءَكَ مِنَ ٱلْعِلْمِ فَقُلْ تَعَالَوْا۟ نَدْعُ أَبْنَآءَنَا
وَأَبْنَآءَكُمْ وَنِسَآءَنَا وَنِسَآءَكُمْ وَأَنفُسَنَا وَأَنفُسَكُمْ ثُمَّ نَبْتَهِلْ فَنَجْعَل
لَّعْنَتَ ٱللَّهِ عَلَى ٱلْكَٰذِبِينَ ﴿٦١﴾

61. Faman hájjaka fíhi mim ba'di má já'aka minal 'ilmi faqul ta'álau nad'u abná'aná wa abná'akum wa nisá'aná wa nisá'akum wa anfusaná wa anfusakum çumma nabtahil fanaj'al la'natal láhi 'alal kázibín

61. Porém, àqueles que discutem contigo a respeito dessa questão, depois de te haver chegado o conhecimento, dize-lhes: Vinde! Convoquemos os nossos filhos e os vossos, as nossas mulheres e as vossas, a nós mesmos e a vós mesmos; então, invoquemos para que a maldição de Deus caia sobre os mentirosos.

إِنَّ هَٰذَا لَهُوَ ٱلْقَصَصُ ٱلْحَقُّ ۚ وَمَا مِنْ إِلَٰهٍ إِلَّا ٱللَّهُ ۚ وَإِنَّ ٱللَّهَ لَهُوَ ٱلْعَزِيزُ ٱلْحَكِيمُ ﴿٦٢﴾

62. Inná házá lahuwal qasasul haqq; wa má min iláhin illal láh; wa innal láhá la Huwal 'Azizul Hakím

62. Esta é a verdadeira avaliação: não há mais divindade além de Deus, e Deus é o Poderoso, o Prudentíssimo.

فَإِن تَوَلَّوْا۟ فَإِنَّ ٱللَّهَ عَلِيمٌۢ بِٱلْمُفْسِدِينَ ﴿٦٣﴾

63. Fa in tawallau fa innal láha'alimun bil mufsidín

63. Porém, se desdenharem, saibam que Deus bem conhece os corruptores.

قُلْ يَٰٓأَهْلَ ٱلْكِتَٰبِ تَعَالَوْا۟ إِلَىٰ كَلِمَةٍ سَوَآءٍۭ بَيْنَنَا وَبَيْنَكُمْ أَلَّا نَعْبُدَ
إِلَّا ٱللَّهَ وَلَا نُشْرِكَ بِهِۦ شَيْـًٔا وَلَا يَتَّخِذَ بَعْضُنَا بَعْضًا أَرْبَابًا مِّن دُونِ
ٱللَّهِ ۚ فَإِن تَوَلَّوْا۟ فَقُولُوا۟ ٱشْهَدُوا۟ بِأَنَّا مُسْلِمُونَ ﴿٦٤﴾

64. Qul yá Ahlal Kitábi ta'álau ilá Kalimatin sawá'im bainaná wa bainakum allá na'buda illal láha wa lá nuchrika bihí chai'an wa lá yattakhiza ba'dhuná ba'dhan arbábam min dúnil láh; fa in tawallau faqúluchhadú bi anná muslimún

64. Dize-lhes: Ó adeptos do Livro, vinde, para chegarmos a um termo comum, entre nós e vós: Comprometamo-nos, formalmente, a não adorarmos senão a Deus, a não Lhe atribuirmos parceiros e a não nos tomarmos uns aos outros por senhores, em vez de Deus. Porém, caso se recusem, dize-lhes: Testemunhai que somos muçulmanos.

يَـٰٓأَهۡلَ ٱلۡكِتَـٰبِ لِمَ تُحَآجُّونَ فِيٓ إِبۡرَٰهِيمَ وَمَآ أُنزِلَتِ ٱلتَّوۡرَىٰةُ
وَٱلۡإِنجِيلُ إِلَّا مِنۢ بَعۡدِهِۦٓۚ أَفَلَا تَعۡقِلُونَ ٦٥

65. Yá Ahlal Kitábi limá tuhájjúna fí Ibráhíma wa má unzilatit Tauwrátu wal Injílu illá mim ba'dih; afala ta'quilún

65. Ó adeptos do Livro, por que discutis acerca de Abraão, se a Tora e o Evangelho não foram revelados senão depois dele? Não raciocinais?

هَـٰٓأَنتُمۡ هَـٰٓؤُلَآءِ حَٰجَجۡتُمۡ فِيمَا لَكُم بِهِۦ عِلۡمٞ فَلِمَ تُحَآجُّونَ فِيمَا لَيۡسَ لَكُم بِهِۦ عِلۡمٞۚ
وَٱللَّهُ يَعۡلَمُ وَأَنتُمۡ لَا تَعۡلَمُونَ ٦٦

66. Há antum há'ulá'i hájajtum fímá lakum bihí 'ilmun falima tuhájjúná fímá laisa lakum bihí 'ilm; walláhu ya'lamu wa antum lá ta'lamún

66. Vá lá que discutais sobre o que conheceis. Por que discutis, então, sobre coisas das quais não tendes conhecimento algum? Deus é Quem sabe, e vós ignorais.

مَا كَانَ إِبۡرَٰهِيمُ يَهُودِيّٗا وَلَا نَصۡرَانِيّٗا وَلَٰكِن كَانَ حَنِيفٗا مُّسۡلِمٗا وَمَا كَانَ مِنَ
ٱلۡمُشۡرِكِينَ ٦٧

67. Má kána Ibráhímu Yahúdiyyan wa lá Nasrániyyan wa lákin kána Hanífam Musliman wa má kána minal muchrikín

67. Abraão jamais foi judeu nem cristão; foi, outrossim, monoteísta, muçulmano, e nunca se contou entre os idólatras.

إِنَّ أَوۡلَى ٱلنَّاسِ بِإِبۡرَٰهِيمَ لَلَّذِينَ ٱتَّبَعُوهُ وَهَٰذَا ٱلنَّبِيُّ وَٱلَّذِينَ ءَامَنُواْۗ وَٱللَّهُ
وَلِيُّ ٱلۡمُؤۡمِنِينَ ٦٨

68. Inná awlan nási bi Ibráhíma lallazínat taba'úhu wa házan nabiyyu wallazína ámanú; walláhu waliyyul mu'minín

68. Os mais achegados a Abraão foram aqueles que o seguiram, assim como (o são) este Profeta e os que creram; e Deus é Protetor dos crentes.

وَدَّت طَّآئِفَةٌ مِّنۡ أَهۡلِ ٱلۡكِتَٰبِ لَوۡ يُضِلُّونَكُمۡ وَمَا يُضِلُّونَ إِلَّآ أَنفُسَهُمۡ
وَمَا يَشۡعُرُونَ ﴿٦٩﴾

69. Waddat tá'ifatum min Ahlil Kitábi lau yudhillúnakum wa má yudhillúna illá anfusahum wa má yach'urún

69. Uma parte dos adeptos do Livro tentou desviar-vos; porém, sem o perceber, não faz mais do que desviar a si mesma.

يَٰٓأَهۡلَ ٱلۡكِتَٰبِ لِمَ تَكۡفُرُونَ بِـَٔايَٰتِ ٱللَّهِ وَأَنتُمۡ تَشۡهَدُونَ ﴿٧٠﴾

70. Yá Ahlal Kitábi lima takfurúna bi Áyátil láhi wa antum tachhadún

70. Ó adeptos do Livro, por que negais os versículos de Deus, os quais testemunhastes?

يَٰٓأَهۡلَ ٱلۡكِتَٰبِ لِمَ تَلۡبِسُونَ ٱلۡحَقَّ بِٱلۡبَٰطِلِ وَتَكۡتُمُونَ ٱلۡحَقَّ وَأَنتُمۡ تَعۡلَمُونَ ﴿٧١﴾

71. Yá Ahalal Kitábi lima talbisúnal haqqa bilbátili wa taktumúnal haqqa wa antum ta'lamún

71. Ó adeptos do Livro, por que disfarçais a verdade com a falsidade, e ocultais a verdade sendo que dela tendes pleno conhecimento?

وَقَالَت طَّآئِفَةٌ مِّنۡ أَهۡلِ ٱلۡكِتَٰبِ ءَامِنُواْ بِٱلَّذِيٓ أُنزِلَ عَلَى ٱلَّذِينَ ءَامَنُواْ
وَجۡهَ ٱلنَّهَارِ وَٱكۡفُرُوٓاْ ءَاخِرَهُۥ لَعَلَّهُمۡ يَرۡجِعُونَ ﴿٧٢﴾

72. Wa qálat tá'ifatum min Ahlil Kitábi áminú billazí unzila 'alal lazína ámanú wajhan nahári wakfurú ákhirahú la'allahum yarjiún

72. Há uma parte dos adeptos do Livro que diz: Crede, ao amanhecer, no que foi revelado aos crentes, e negai-o ao anoitecer! Talvez assim venham a se retratar.

وَلَا تُؤۡمِنُوٓاْ إِلَّا لِمَن تَبِعَ دِينَكُمۡ قُلۡ إِنَّ ٱلۡهُدَىٰ هُدَى ٱللَّهِ أَن يُؤۡتَىٰٓ أَحَدٞ
مِّثۡلَ مَآ أُوتِيتُمۡ أَوۡ يُحَآجُّوكُمۡ عِندَ رَبِّكُمۡۗ قُلۡ إِنَّ ٱلۡفَضۡلَ بِيَدِ ٱللَّهِ يُؤۡتِيهِ مَن
يَشَآءُۗ وَٱللَّهُ وَٰسِعٌ عَلِيمٞ ﴿٧٣﴾

73. *Wa lá tu'minú illá liman tabi'a dínakum qul innal hudá hudal láhi ai yu'tá ahadum miçla má útítum au yuhájjúkum 'inda Rabbikum, qul innal fadhla biyadil láh; yu'tíhi mai yachá'; walláhu Wási'un 'Alím*

73. E não confieis senão naqueles que professam a vossa religião. Dize-lhes (ó Profeta): A verdadeira orientação é a de Deus. (Temeis, acaso), que a alguém seja agraciado com o mesmo com que fostes agraciados, ou que vos refutem perante o vosso Senhor? Dize-lhes (ainda): A graça está na Mão de Deus, que a concede a Seu critério, porque Deus é Abrangente, Sapientíssimo.

يَخۡتَصُّ بِرَحۡمَتِهِۦ مَن يَشَآءُۗ وَٱللَّهُ ذُو ٱلۡفَضۡلِ ٱلۡعَظِيمِ ٧٤

74. *Yakhtassu birahmatihí mai yachá'; walláhu zulfadlil 'azím*

74. Ele agracia, com a Sua misericórdia, exclusivamente a quem Lhe apraz, porque Deus é Agraciante por excelência.

۞ وَمِنۡ أَهۡلِ ٱلۡكِتَٰبِ مَنۡ إِن تَأۡمَنۡهُ بِقِنطَارٖ يُؤَدِّهِۦٓ إِلَيۡكَ وَمِنۡهُم مَّنۡ إِن
تَأۡمَنۡهُ بِدِينَارٖ لَّا يُؤَدِّهِۦٓ إِلَيۡكَ إِلَّا مَا دُمۡتَ عَلَيۡهِ قَآئِمٗاۗ ذَٰلِكَ بِأَنَّهُمۡ قَالُواْ
لَيۡسَ عَلَيۡنَا فِي ٱلۡأُمِّيِّـۧنَ سَبِيلٞ وَيَقُولُونَ عَلَى ٱللَّهِ ٱلۡكَذِبَ وَهُمۡ
يَعۡلَمُونَ ٧٥

75. ۞ *Wa min Ahlil Kitábi man in ta'manhu biquintárin yu'addihí ilaika wa minhum man in ta'manhu bi dinárin lá yu'addihí ilaika illá má dumta 'alaihi qá'imá; zálika biannahum qálú laisa 'alainá fil ummiyyína sabílun wa yaqúlúna 'alal láhil kaziba wa hum ya'lamún*

75. Entre os adeptos do Livro há alguns a quem podes confiar um quintal de ouro, que to devolverão intacto; também os há que, se lhes confiares um só dinar, não to restituirão, a menos que a isso os obrigues. Isto, porque dizem: Nada devemos aos iletrados. E forjam mentiras acerca de Deus, conscientemente.

بَلَىٰۚ مَنۡ أَوۡفَىٰ بِعَهۡدِهِۦ وَٱتَّقَىٰ فَإِنَّ ٱللَّهَ يُحِبُّ ٱلۡمُتَّقِينَ ٧٦

76. *Balá man aufá bi'ahdihí wattaqá fainnal láha yuhibbul muttaquín*

76. Qual! Quem cumpre o seu pacto e for piedoso, saiba que Deus aprecia os piedosos.

سُورَةُ آلِ عِمۡرَانَ

Surat Ál 'Imran

إِنَّ ٱلَّذِينَ يَشۡتَرُونَ بِعَهۡدِ ٱللَّهِ وَأَيۡمَٰنِهِمۡ ثَمَنٗا قَلِيلًا أُوْلَٰٓئِكَ لَا خَلَٰقَ لَهُمۡ
فِي ٱلۡأٓخِرَةِ وَلَا يُكَلِّمُهُمُ ٱللَّهُ وَلَا يَنظُرُ إِلَيۡهِمۡ يَوۡمَ ٱلۡقِيَٰمَةِ وَلَا
يُزَكِّيهِمۡ وَلَهُمۡ عَذَابٌ أَلِيمٞ ٧٧

77. *Innal lazína yachtarúna bi'ahdil láhi wa aymánihim çamanan qalílan ulá'ika lá khaláqa lahum fil Ákhirati wa lá yukallimuhumul láhu wa lá yanzuru ilaihim Yaumal Quiyámati wa lá yuzakkíhim wa lahum 'azabun 'alím*

77. Aqueles que negociam o pacto com Deus, e sua palavra empenhada, a vil preço, não participarão da bem-aventurança da Vida Futura; Deus não lhes falará, nem olhará para eles, no Dia da Ressurreição, nem tampouco os purificará, e sofrerão um doloroso castigo.

وَإِنَّ مِنۡهُمۡ لَفَرِيقٗا يَلۡوُۥنَ أَلۡسِنَتَهُم بِٱلۡكِتَٰبِ لِتَحۡسَبُوهُ مِنَ
ٱلۡكِتَٰبِ وَمَا هُوَ مِنَ ٱلۡكِتَٰبِ وَيَقُولُونَ هُوَ مِنۡ عِندِ ٱللَّهِ
وَمَا هُوَ مِنۡ عِندِ ٱللَّهِ وَيَقُولُونَ عَلَى ٱللَّهِ ٱلۡكَذِبَ وَهُمۡ يَعۡلَمُونَ ٧٨

78. *Wa inna min-hum lafaríqan yalwúna alsinatahum bil Kitábi litahsabúhu minal Kitáb, wa má huwa minal Kitábi wa yaqúlúna huwa min 'indil láhi wa má huwa min 'indil láhi wa yaqúlúna 'alal láhil kaziba wa hum ya'lamún*

78. E também há aqueles que, com suas línguas, distorcem as palavras do Livro, para que penseis que ao Livro pertencem, quando isso não é verdade. E dizem: Elas emanam de Deus, quando não emanam de Deus. Dizem mentiras a respeito de Deus, conscientemente.

مَا كَانَ لِبَشَرٍ أَن يُؤۡتِيَهُ ٱللَّهُ ٱلۡكِتَٰبَ وَٱلۡحُكۡمَ وَٱلنُّبُوَّةَ ثُمَّ يَقُولَ
لِلنَّاسِ كُونُواْ عِبَادٗا لِّي مِن دُونِ ٱللَّهِ وَلَٰكِن كُونُواْ رَبَّٰنِيِّـۧنَ بِمَا كُنتُمۡ
تُعَلِّمُونَ ٱلۡكِتَٰبَ وَبِمَا كُنتُمۡ تَدۡرُسُونَ ٧٩

79. *Má kána libacharin ai yu'tiyahul láhul Kitába walhukma wan Nubuwwata çumma yaqúla linnási kúnú 'ibádal lí min dúnil láhi wa lákin kúnú rabbániyína bimá kuntum tu'allimúnal Kitába wa bimá kuntum tadrusún*

سورة آل عمران

Surat Ál 'Imran

79. É inadmissível que um homem a quem Deus concedeu o Livro, a sabedoria e a profecia, diga aos humanos: Sede meus servos, em vez de o serdes de Deus! Outrossim, o que diz, é: Sede servos do Senhor, uma vez que sois aqueles que estudam e ensinam o Livro.

وَلَا يَأۡمُرَكُمۡ أَن تَتَّخِذُواْ ٱلۡمَلَٰٓئِكَةَ وَٱلنَّبِيِّـۧنَ أَرۡبَابًاۗ أَيَأۡمُرُكُم بِٱلۡكُفۡرِ بَعۡدَ إِذۡ
أَنتُم مُّسۡلِمُونَ ﴿٨٠﴾

80. Wa lá yámurakum an tattakhizul malá'ikata wan Nabiyyína arbábá; a yámurukum bilkufri ba'da iz antum muslimún

80. Tampouco é admissível que ele vos ordene tomar os anjos e os profetas por senhores. Será que ele iria induzir-vos à incredulidade, depois de vos terdes tornado muçulmanos?

وَإِذۡ أَخَذَ ٱللَّهُ مِيثَٰقَ ٱلنَّبِيِّـۧنَ لَمَآ ءَاتَيۡتُكُم مِّن كِتَٰبٖ وَحِكۡمَةٖ ثُمَّ
جَآءَكُمۡ رَسُولٞ مُّصَدِّقٞ لِّمَا مَعَكُمۡ لَتُؤۡمِنُنَّ بِهِۦ وَلَتَنصُرُنَّهُۥۚ قَالَ
ءَأَقۡرَرۡتُمۡ وَأَخَذۡتُمۡ عَلَىٰ ذَٰلِكُمۡ إِصۡرِيۖ قَالُوٓاْ أَقۡرَرۡنَاۚ قَالَ فَٱشۡهَدُواْ وَأَنَا۠
مَعَكُم مِّنَ ٱلشَّٰهِدِينَ ﴿٨١﴾

81. Wa iz akhazal láhu miçáqan Nabiyyína lamá átaitukum min Kitábin wa Hikmatin çumma já'akum Rasúlum musaddiqul limá ma'akum latu'minunna bihí wa latansurunnah; qála a'aqrartum wa akhaztum alá zálikum isrí qálú aqrarná; qála fachhadú wa ana ma'akum minach cháhidín

81. Quando Deus aceitou a promessa dos profetas, disse-lhes: Eis o Livro e a sabedoria que ora vos entrego. Depois vos chega um Mensageiro que corrobora o que já tendes. Crede nele e socorrei-o. Então, perguntou-lhes: Concordai e comprometei-vos a fazê-lo? Responderam: Comprometemo-nos. Disse-lhes, então: Testemunhai, que Eu também serei, convosco, Testemunha disso.

فَمَن تَوَلَّىٰ بَعۡدَ ذَٰلِكَ فَأُوْلَٰٓئِكَ هُمُ ٱلۡفَٰسِقُونَ ﴿٨٢﴾

82. Faman tawallá ba'da zálika fa ulá'ika humul fásiqún

82. E aqueles que, depois disto, renegarem, serão depravados.

أَفَغَيۡرَ دِينِ ٱللَّهِ يَبۡغُونَ وَلَهُۥٓ أَسۡلَمَ مَن فِي ٱلسَّمَٰوَٰتِ وَٱلۡأَرۡضِ
طَوۡعٗا وَكَرۡهٗا وَإِلَيۡهِ يُرۡجَعُونَ ٨٣

83. Afaghaira dínil láhi yabghúna wa lahú aslama man fis samáwáti wal ardhi tau'an wa karhan wa ilaihi yurja'ún

83. Anseiam, acaso, por outra religião, que não a de Deus? Todas as coisas que há nos Céus e na Terra, quer elas queiram, ou não, estão-Lhe submetidas, e a Ele retornarão.

قُلۡ ءَامَنَّا بِٱللَّهِ وَمَآ أُنزِلَ عَلَيۡنَا وَمَآ أُنزِلَ عَلَىٰٓ إِبۡرَٰهِيمَ وَإِسۡمَٰعِيلَ
وَإِسۡحَٰقَ وَيَعۡقُوبَ وَٱلۡأَسۡبَاطِ وَمَآ أُوتِيَ مُوسَىٰ وَعِيسَىٰ وَٱلنَّبِيُّونَ مِن
رَّبِّهِمۡ لَا نُفَرِّقُ بَيۡنَ أَحَدٖ مِّنۡهُمۡ وَنَحۡنُ لَهُۥ مُسۡلِمُونَ ٨٤

84. Qul ámanná billáhi wa má unzila 'alainá wa má unzila 'alá Ibráhíma wa Ismá'íla wa Isháqa wa Ya'qúba wal Asbáti wa má útiya Mussa wa 'Íssá wan Nabiyyúna mir Rabbihim lá nufarriqu baina ahadim min-hum wa nahnu lahú muslimún

84. Dize: Cremos em Deus, no que nos foi revelado, no que foi revelado a Abraão, a Ismael, a Isaac, a Jacó e às tribos, e no que, do Senhor, foi concedido a Moisés, a Jesus e aos profetas; não fazemos distinção alguma entre eles, porque somos, para Ele, muçulmanos.

وَمَن يَبۡتَغِ غَيۡرَ ٱلۡإِسۡلَٰمِ دِينٗا فَلَن يُقۡبَلَ مِنۡهُ وَهُوَ فِي ٱلۡأٓخِرَةِ مِنَ
ٱلۡخَٰسِرِينَ ٨٥

85. Wa mai yabtaghi ghairal Islámi dínan falan yuqbala min-hu wa huwa fil Ákhirati minal khásirín

85. Se alguém almejar (impingir) outra religião, que não seja o Islam, (ela) jamais será aceita e, no Outro Mundo, essa pessoa contar-se-á entre os desventurados.

كَيۡفَ يَهۡدِي ٱللَّهُ قَوۡمٗا كَفَرُواْ بَعۡدَ إِيمَٰنِهِمۡ وَشَهِدُوٓاْ أَنَّ ٱلرَّسُولَ
حَقّٞ وَجَآءَهُمُ ٱلۡبَيِّنَٰتُۚ وَٱللَّهُ لَا يَهۡدِي ٱلۡقَوۡمَ ٱلظَّٰلِمِينَ ٨٦

86. Kaifa yahdil láhu qauman kafarú ba'da ímánihim wa chahidú annar Rasúla haqqun wa já'ahumul baiyinát; walláhu lá yahdil qaumaz zálimín

86. Como poderá Deus iluminar aqueles que renunciaram à fé, depois de terem acreditado e testemunhado que o Mensageiro é autêntico e terem recebido as evidências? Deus não encaminha os injustos.

أُوْلَٰٓئِكَ جَزَآؤُهُمۡ أَنَّ عَلَيۡهِمۡ لَعۡنَةَ ٱللَّهِ وَٱلۡمَلَٰٓئِكَةِ وَٱلنَّاسِ أَجۡمَعِينَ ٨٧

87. Ulá'ika jazá'uhum anna 'alaihim la'natal láhi walmalá'ikati wannási ajma'ín

87. A recompensa desses será a maldição de Deus, dos anjos e de toda a humanidade.

خَٰلِدِينَ فِيهَا لَا يُخَفَّفُ عَنۡهُمُ ٱلۡعَذَابُ وَلَا هُمۡ يُنظَرُونَ ٨٨

88. Khálidína fihá lá yukhaffafu 'anhumul 'azábu wa lá hum yunzarún

88. A qual (maldição) pesará sobre eles eternamente; o suplício não lhes será mitigado, nem serão tolerados.

إِلَّا ٱلَّذِينَ تَابُواْ مِنۢ بَعۡدِ ذَٰلِكَ وَأَصۡلَحُواْ فَإِنَّ ٱللَّهَ غَفُورٞ رَّحِيمٌ ٨٩

89. Illal lazína tábú mim ba'di zálika wa aslahú fa innal láha Ghafúrur Rahim

89. Salvo aqueles que, depois disso, arrependerem-se e se emendarem, pois que Deus é Indulgente, Misericordiosíssimo.

إِنَّ ٱلَّذِينَ كَفَرُواْ بَعۡدَ إِيمَٰنِهِمۡ ثُمَّ ٱزۡدَادُواْ كُفۡرٗا لَّن تُقۡبَلَ تَوۡبَتُهُمۡ
وَأُوْلَٰٓئِكَ هُمُ ٱلضَّآلُّونَ ٩٠

90. Innal lazína kafarú ba'da ímánihim çummaz dádú kufral lan tuqbala taubatuhum wa ulá'ika humud dhállún

90. Quanto àqueles que descrerem, após terem acreditado, e continuarem na incredulidade, jamais lhes será aceito o arrependimento e serão os desviados.

إِنَّ ٱلَّذِينَ كَفَرُواْ وَمَاتُواْ وَهُمۡ كُفَّارٞ فَلَن يُقۡبَلَ مِنۡ أَحَدِهِم مِّلۡءُ
ٱلۡأَرۡضِ ذَهَبٗا وَلَوِ ٱفۡتَدَىٰ بِهِۦٓۗ أُوْلَٰٓئِكَ لَهُمۡ عَذَابٌ أَلِيمٞ وَمَا لَهُم مِّن
نَّٰصِرِينَ ٩١

91. Innal lazína kafarú wa mátú wa hum kuffárun falan yuqbala min ahadihim mil'ul ardhi zahaban wa lauiftadá bih; ulá'ika lahum 'azábun alímun wa má lahum min násirín

سُورَةُ آلِ عِمۡرَانَ

Surat Ál 'Imran

91. Os incrédulos que morrerem na incredulidade jamais serão redimidos, ainda que ofereçam, em resgate, todo o ouro que possa caber na terra. Esses sofrerão um doloroso castigo e não terão socorredores.

لَن تَنَالُواْ ٱلۡبِرَّ حَتَّىٰ تُنفِقُواْ مِمَّا تُحِبُّونَۚ وَمَا تُنفِقُواْ مِن شَيۡءٖ فَإِنَّ ٱللَّهَ بِهِۦ
عَلِيمٞ ﴿٩٢﴾

92. Lan tanálul birra hattá tunfiqú mimmá tuhibbún; wa má tunfiqú min chai'in fa innal láha bihí 'Alím

92. Jamais alcançareis a virtude, até que façais caridade com aquilo que mais apreciardes. E sabei que, de toda caridade que fazeis, Deus bem o sabe.

(Fim do Juzi 3)

سورة آل عمران

Surat Ál 'Imran

Juzi quatro

Surat 3. Ál 'Imran (A Família de 'Imran) do versículo 93 a 200

۞ كُلُّ ٱلطَّعَامِ كَانَ حِلًّا لِّبَنِىٓ إِسْرَٰٓءِيلَ إِلَّا مَا حَرَّمَ إِسْرَٰٓءِيلُ عَلَىٰ نَفْسِهِۦ
مِن قَبْلِ أَن تُنَزَّلَ ٱلتَّوْرَىٰةُ ۗ قُلْ فَأْتُوا۟ بِٱلتَّوْرَىٰةِ فَٱتْلُوهَآ إِن كُنتُمْ صَٰدِقِينَ ﴿٩٣﴾

93. ۞ Kullut ta'ámi kána hillal li Baní Isrá'íla illá má harrama Isrá'ílu 'alá nafsihí min qabli an tunazzalat Tauráh; qul fátú bit Tauráti fatlúhá in kuntum sádiquín

93. Aos israelitas, todo o alimento era lícito, salvo aquilo de que Israel se havia privado antes de a Tora ter sido revelada. Dize-lhes: Trazei a Tora e lede-a, se estiverdes certos.

فَمَنِ ٱفْتَرَىٰ عَلَى ٱللَّهِ ٱلْكَذِبَ مِنۢ بَعْدِ ذَٰلِكَ فَأُو۟لَٰٓئِكَ هُمُ ٱلظَّٰلِمُونَ ﴿٩٤﴾

94. Famanif tará 'alal láhil kaziba mim ba'di zálika fa ulá'ika humuz zálimún

94. E aqueles que forjarem mentiras e a imputarem a Deus, depois disso, serão injustos.

قُلْ صَدَقَ ٱللَّهُ ۗ فَٱتَّبِعُوا۟ مِلَّةَ إِبْرَٰهِيمَ حَنِيفًا وَمَا كَانَ مِنَ ٱلْمُشْرِكِينَ ﴿٩٥﴾

95. Qul sadaqal láh; fattabi'ú Millata Ibráhíma Hanífan wa má kána minal muchrikín

95. Dize: Deus diz a verdade. Segui, pois, a religião de Abraão, o monoteísta, que jamais se contou entre os idólatras.

إِنَّ أَوَّلَ بَيْتٍ وُضِعَ لِلنَّاسِ لَلَّذِى بِبَكَّةَ مُبَارَكًا وَهُدًى لِّلْعَٰلَمِينَ ﴿٩٦﴾

96. Inna auwala Baitin wudi'a linnási lallazí bi Bakkata mubárakan wa hudal lil 'álamín

96. A primeira Casa (Sagrada), erigida para o gênero humano, é a de Bakka, onde reside a bênção, servindo de orientação para a humanidade.

فِيهِ ءَايَٰتٌۢ بَيِّنَٰتٌ مَّقَامُ إِبْرَٰهِيمَ ۖ وَمَن دَخَلَهُۥ كَانَ ءَامِنًا ۗ وَلِلَّهِ عَلَى ٱلنَّاسِ حِجُّ
ٱلْبَيْتِ مَنِ ٱسْتَطَاعَ إِلَيْهِ سَبِيلًا ۚ وَمَن كَفَرَ فَإِنَّ ٱللَّهَ غَنِىٌّ عَنِ ٱلْعَٰلَمِينَ ﴿٩٧﴾

97. Fíhi Áyátum baiyinátum Maqámu Ibráhíma wa man dakhalahú kána áminá; wa lilláhi 'alan nási Hijjul Baiti manis tatá'a ilaihi sabílá; wa man kafara fa innal láha ghaniyyun 'anil 'álamín

97. Encerra sinais evidentes: lá está a Estância de Abraão, e quem quer que nela se refugie estará em segurança. A peregrinação à Casa é um dever para com Deus, por parte de todos os seres humanos, que estejam em condições de empreendê-la; entretanto, quem se negar a isso saiba que Deus pode prescindir de todas as criaturas.

قُلۡ يَٰٓأَهۡلَ ٱلۡكِتَٰبِ لِمَ تَكۡفُرُونَ بِـَٔايَٰتِ ٱللَّهِ وَٱللَّهُ شَهِيدٌ عَلَىٰ مَا تَعۡمَلُونَ ﴿٩٨﴾

98. Qul yá Ahlal Kitábi lima takfurúna bi Áyátil láhi walláhu chahídun 'alá má ta'malún

98. Dize: Ó adeptos do Livro, por que negais os versículos de Deus, sabendo que Deus é Testemunha de tudo quanto fazeis?

قُلۡ يَٰٓأَهۡلَ ٱلۡكِتَٰبِ لِمَ تَصُدُّونَ عَن سَبِيلِ ٱللَّهِ مَنۡ ءَامَنَ تَبۡغُونَهَا عِوَجٗا وَأَنتُمۡ شُهَدَآءُۗ وَمَا ٱللَّهُ بِغَٰفِلٍ عَمَّا تَعۡمَلُونَ ﴿٩٩﴾

99. Qul yá Ahlal Kitábi lima tusuddúna 'an sabílil láhi man ámana tabghúnahá 'iwajan wa antum chuhadá'; wa malláhu bigháfilin 'ammá ta'malún

99. Dize (ainda): Ó adeptos do Livro, por que desviais os crentes da senda de Deus, esforçando-vos por fazê-la tortuosa, quando sois testemunhas (do pacto com Deus)? Sabei que Deus não está desatento a tudo quanto fazeis.

يَٰٓأَيُّهَا ٱلَّذِينَ ءَامَنُوٓاْ إِن تُطِيعُواْ فَرِيقٗا مِّنَ ٱلَّذِينَ أُوتُواْ ٱلۡكِتَٰبَ يَرُدُّوكُم بَعۡدَ إِيمَٰنِكُمۡ كَٰفِرِينَ ﴿١٠٠﴾

100. Yá ayyuhal lazína ámanú in tutí'ú faríqam minal lazína útul Kitába yaruddúkum ba'da ímánikum káfirín

100. Ó crentes, se désseis ouvidos a alguns daqueles que receberam o Livro (os judeus), converter-vos-iam em incrédulos, depois de terdes acreditado!

وَكَيۡفَ تَكۡفُرُونَ وَأَنتُمۡ تُتۡلَىٰ عَلَيۡكُمۡ ءَايَٰتُ ٱللَّهِ وَفِيكُمۡ رَسُولُهُۥۗ وَمَن يَعۡتَصِم بِٱللَّهِ فَقَدۡ هُدِيَ إِلَىٰ صِرَٰطٖ مُّسۡتَقِيمٖ ﴿١٠١﴾

سُورَةُ آلِ عِمۡرَانَ

Surat Ál 'Imran

101. Wa kaifa takfurúna wa antum tutlá 'alaikum Áyátul láhi wa fikum Rasúluh; wa mai ya'tasim billáhi faqad hudiya ilá Sirátim Mustaquím

101. E como podeis descrer, já que vos são recitados os versículos de Deus, e entre vós está o Seu Mensageiro? Quem se apegar a Deus encaminhar-se-á à senda reta.

يَٰٓأَيُّهَا ٱلَّذِينَ ءَامَنُواْ ٱتَّقُواْ ٱللَّهَ حَقَّ تُقَاتِهِۦ وَلَا تَمُوتُنَّ إِلَّا وَأَنتُم مُّسۡلِمُونَ ١٠٢

102. Yá ayyuhal lazína ámanut taqul láha haqqa tuqátihí wa lá tamútunna illá wa antum muslimún

102. Ó crentes, temei a Deus, tal como deve ser temido, e não morrais, senão como muçulmanos.

وَٱعۡتَصِمُواْ بِحَبۡلِ ٱللَّهِ جَمِيعٗا وَلَا تَفَرَّقُواْۚ وَٱذۡكُرُواْ نِعۡمَتَ ٱللَّهِ عَلَيۡكُمۡ إِذۡ
كُنتُمۡ أَعۡدَآءٗ فَأَلَّفَ بَيۡنَ قُلُوبِكُمۡ فَأَصۡبَحۡتُم بِنِعۡمَتِهِۦٓ إِخۡوَٰنٗا وَكُنتُمۡ عَلَىٰ شَفَا
حُفۡرَةٖ مِّنَ ٱلنَّارِ فَأَنقَذَكُم مِّنۡهَاۗ كَذَٰلِكَ يُبَيِّنُ ٱللَّهُ لَكُمۡ ءَايَٰتِهِۦ لَعَلَّكُمۡ
تَهۡتَدُونَ ١٠٣

103. Wa'tasimú bi Hablil láhi jamí'an wa lá tafarraqú; wazkurú ni'matal láhi alaikum iz kuntum a'dá'an fa allafa baina qulúbikum fa asbahtum bini'matihí ikhwánan wa kuntum 'alá chafá hufratim minan Nári fa anqazakum min-há; kazálika yubaiyinul láhu lakum áyátihí la'allakum tahtadún

103. E apegai-vos, todos, ao vínculo de Deus e não vos dividais; recordai-vos das mercês de Deus para convosco, porquanto éreis adversários mútuos e Ele conciliou os vossos corações e, mercê de Sua graça, vos tornastes verdadeiros irmãos; Assim, Deus vos elucida os Seus versículos, para que vos guieis

وَلۡتَكُن مِّنكُمۡ أُمَّةٞ يَدۡعُونَ إِلَى ٱلۡخَيۡرِ وَيَأۡمُرُونَ بِٱلۡمَعۡرُوفِ وَيَنۡهَوۡنَ عَنِ ٱلۡمُنكَرِۚ
وَأُوْلَٰٓئِكَ هُمُ ٱلۡمُفۡلِحُونَ ١٠٤

104. Waltakum minkum ummatun yad'úna ilal khairi wa ya'murúna bil ma'rúfi wa yanhauna 'anil munkar; wa ulá'ika humul muflihún

104. E que surja de vós um grupo que recomende o bem, dite a retidão e proíba o ilícito. Este será (um grupo) bem-aventurado.

وَلَا تَكُونُواْ كَٱلَّذِينَ تَفَرَّقُواْ وَٱخۡتَلَفُواْ مِنۢ بَعۡدِ مَا جَآءَهُمُ ٱلۡبَيِّنَٰتُۚ وَأُوْلَٰٓئِكَ لَهُمۡ عَذَابٌ
عَظِيمٞ ١٠٥

105. Wa lá takúnú kallazína tafarraqú wakhtalafú mim ba'di má já'ahumul baiyinát; wa ulá'ika lahum 'azábun 'azím

105. Não sejais como aqueles que se dividiram e desentenderam, depois de lhes terem chegado as evidências, porque esses sofrerão um severo castigo.

يَوۡمَ تَبۡيَضُّ وُجُوهٞ وَتَسۡوَدُّ وُجُوهٞۚ فَأَمَّا ٱلَّذِينَ ٱسۡوَدَّتۡ وُجُوهُهُمۡ أَكَفَرۡتُم بَعۡدَ إِيمَٰنِكُمۡ فَذُوقُواْ ٱلۡعَذَابَ بِمَا كُنتُمۡ تَكۡفُرُونَ ١٠٦

106. Yauma tabiyaddhu wujúhun wa taswaddu wujúh; fa-ammal lazínas waddat wujúhum akafartum ba'da ímánikum fazúqul 'azába bimá kuntum takfurún

106. Chegará o dia em que uns rostos resplandecerão e outros se ensombrecerão. Quanto a estes, ser-lhes-á dito: Então, renegastes depois de terdes acreditado? Sofrei, pois, o castigo da vossa incredulidade!

وَأَمَّا ٱلَّذِينَ ٱبۡيَضَّتۡ وُجُوهُهُمۡ فَفِي رَحۡمَةِ ٱللَّهِۖ هُمۡ فِيهَا خَٰلِدُونَ ١٠٧

107. Wa ammal lazína biyaddhat wujúhuhum fafí rahmatil láhi hum fihá khálidún

107. Quanto àqueles, cujos rostos resplandecerão, terão a misericórdia de Deus, da qual gozarão eternamente.

تِلۡكَ ءَايَٰتُ ٱللَّهِ نَتۡلُوهَا عَلَيۡكَ بِٱلۡحَقِّۗ وَمَا ٱللَّهُ يُرِيدُ ظُلۡمٗا لِّلۡعَٰلَمِينَ ١٠٨

108. Tilka Áyátul láhi natlúhá 'alaika bilhaqq; wa mal láhu yurídu zulmallil 'álamín

108. Estes são os versículos de Deus, que em verdade te recitamos. Deus jamais deseja a injustiça para a humanidade.

وَلِلَّهِ مَا فِي ٱلسَّمَٰوَٰتِ وَمَا فِي ٱلۡأَرۡضِۚ وَإِلَى ٱللَّهِ تُرۡجَعُ ٱلۡأُمُورُ ١٠٩

109. Wa lilláhi má fis samáwáti wa má fil ardh; wa ilal láhi turja'ul umúr

109. A Deus pertence tudo quanto há nos Céus e na Terra, e todos os assuntos retornarão a Deus.

كُنتُمۡ خَيۡرَ أُمَّةٍ أُخۡرِجَتۡ لِلنَّاسِ تَأۡمُرُونَ بِٱلۡمَعۡرُوفِ وَتَنۡهَوۡنَ عَنِ ٱلۡمُنكَرِ وَتُؤۡمِنُونَ بِٱللَّهِۗ وَلَوۡ ءَامَنَ أَهۡلُ ٱلۡكِتَٰبِ لَكَانَ خَيۡرٗا لَّهُمۚ مِّنۡهُمُ ٱلۡمُؤۡمِنُونَ وَأَكۡثَرُهُمُ ٱلۡفَٰسِقُونَ ١١٠

110. Kuntum khaira ummatin ukhrijat linnási ta'murúna bilma'rúfi wa tanhauna 'anil munkari wa tu'minúna billáh; wa lau ámana Ahlul Kitábi lakána khairal lahum min-humul mu'minúna wa aksaruhumul fásiqún

110. Sois a melhor nação que surgiu na humanidade, porque recomendais o bem, proibis o ilícito e credes em Deus. Se os adeptos do Livro cressem, melhor seria para eles. Entre eles há crentes; porém, a sua maioria é depravada.

لَن يَضُرُّوكُمۡ إِلَّآ أَذٗىۖ وَإِن يُقَٰتِلُوكُمۡ يُوَلُّوكُمُ ٱلۡأَدۡبَارَ ثُمَّ لَا يُنصَرُونَ ١١١

111. Lai yadhurrúkum 'illá azan wa ai yuqátilúkum yuwallúkumul adbára çumma lá yunsarún

111. Porém, não poderão vos causar mal algum; e caso viessem a vos combater, bateriam em retirada e jamais seriam socorridos.

ضُرِبَتۡ عَلَيۡهِمُ ٱلذِّلَّةُ أَيۡنَ مَا ثُقِفُوٓاْ إِلَّا بِحَبۡلٖ مِّنَ ٱللَّهِ وَحَبۡلٖ مِّنَ ٱلنَّاسِ وَبَآءُو
بِغَضَبٖ مِّنَ ٱللَّهِ وَضُرِبَتۡ عَلَيۡهِمُ ٱلۡمَسۡكَنَةُۚ ذَٰلِكَ بِأَنَّهُمۡ كَانُواْ يَكۡفُرُونَ
بِـَٔايَٰتِ ٱللَّهِ وَيَقۡتُلُونَ ٱلۡأَنۢبِيَآءَ بِغَيۡرِ حَقّٖۚ ذَٰلِكَ بِمَا عَصَواْ وَّكَانُواْ يَعۡتَدُونَ ١١٢

112. Dhuribat 'alaihimuz zillatu aina má çuquifú illá bihablim minal láhi wa hablim minan nási wa bá'ú bighadhabim minal láhi wa dhuribat 'alaihimul maskanah; zálika bi-annahum kánú yakfurúna bi Áyátil láhi wa yaqtulúnal Ambiyá'a bighairi haqq; zálika bimá 'asau wa kánú ya'tadún

112. A vergonha estará sobre eles onde se encontrarem, a menos que se apeguem ao vínculo com Deus e ao vínculo com o homem. E incorreram na abominação de Deus e foram condenados à destituição, por terem negado os Seus versículos e assassinado iniquamente os profetas, bem como por terem desobedecido e transgredido os limites.

۞ لَيۡسُواْ سَوَآءٗۗ مِّنۡ أَهۡلِ ٱلۡكِتَٰبِ أُمَّةٞ قَآئِمَةٞ يَتۡلُونَ ءَايَٰتِ ٱللَّهِ ءَانَآءَ ٱلَّيۡلِ
وَهُمۡ يَسۡجُدُونَ ١١٣

113. ۞ Laisú sawá'a; min Ahlil Kitábi ummatun qá'imatun yatlúna Áyátil láhi áná'al laili wa hum yasjudún

113. Os adeptos do Livro não são todos iguais: entre eles há uma comunidade justiceira, cujos membros recitam os versículos de Deus, durante a noite, e se prostram ante o seu Senhor,

يُؤۡمِنُونَ بِٱللَّهِ وَٱلۡيَوۡمِ ٱلۡأٓخِرِ وَيَأۡمُرُونَ بِٱلۡمَعۡرُوفِ وَيَنۡهَوۡنَ عَنِ ٱلۡمُنكَرِ
وَيُسَٰرِعُونَ فِي ٱلۡخَيۡرَٰتِۖ وَأُوْلَٰٓئِكَ مِنَ ٱلصَّٰلِحِينَ ١١٤

114. Yu'minúna billáhi wal Yaumil Ákhiri wa ya'murúna bilma'rúfi wa yanhawna 'anil munkari wa yusári'úna fil khairáti wa ulá'ika minas sálihín

114. Creem em Deus e no Dia do Juízo Final, aconselham o bem e proíbem o ilícito, e se emulam nas boas ações. Esses contar-se-ão entre os virtuosos.

وَمَا يَفْعَلُوا مِنْ خَيْرٍ فَلَن يُكْفَرُوهُ ۗ وَاللَّهُ عَلِيمٌ بِالْمُتَّقِينَ ﴿١١٥﴾

115. Wa má yaf'alú min khairin falai yukfarúh; walláhu 'alímun bilmuttaquín

115. Todo o bem que façam jamais lhes será desmerecido, porque Deus bem conhece os piedosos.

إِنَّ الَّذِينَ كَفَرُوا لَن تُغْنِيَ عَنْهُمْ أَمْوَالُهُمْ وَلَا أَوْلَادُهُم مِّنَ اللَّهِ شَيْئًا ۖ وَأُولَٰئِكَ أَصْحَابُ
النَّارِ ۚ هُمْ فِيهَا خَالِدُونَ ﴿١١٦﴾

116. Innal lazína kafarú lan tughniya 'anhum amwáluhum wa lá awláduhum minal láhi chai'an wa ulá'ika Asshábun Nár; hum fíhá khálidún

116. Aos incrédulos de nada valerão a fortuna e os filhos, ante Deus, porque serão os condenados ao inferno, onde permanecerão eternamente.

مَثَلُ مَا يُنفِقُونَ فِي هَٰذِهِ الْحَيَاةِ الدُّنْيَا كَمَثَلِ رِيحٍ فِيهَا صِرٌّ أَصَابَتْ حَرْثَ قَوْمٍ ظَلَمُوا
أَنفُسَهُمْ فَأَهْلَكَتْهُ ۚ وَمَا ظَلَمَهُمُ اللَّهُ وَلَٰكِنْ أَنفُسَهُمْ يَظْلِمُونَ ﴿١١٧﴾

117. Maçalu má yunfiqúna fí házihil hayátid dunyá kamaçali ríhin fíhá sirrun asábat harça qaumin zalamú anfusahum fa ahlakath; wa má zalamahumul láhu wa lákin anfusahum yazlimún

117. O que eles gastam na vida deste mundo é semelhante à geada intensa; ela ataca e destrói as colheitas daqueles que foram injustos com suas almas; mas não foi Deus Quem foi injsto com eles; mas eles próprios foram injustos com si mesmos.

يَا أَيُّهَا الَّذِينَ آمَنُوا لَا تَتَّخِذُوا بِطَانَةً مِّن دُونِكُمْ لَا يَأْلُونَكُمْ خَبَالًا وَدُّوا
مَا عَنِتُّمْ قَدْ بَدَتِ الْبَغْضَاءُ مِنْ أَفْوَاهِهِمْ وَمَا تُخْفِي صُدُورُهُمْ أَكْبَرُ ۚ قَدْ بَيَّنَّا
لَكُمُ الْآيَاتِ ۖ إِن كُنتُمْ تَعْقِلُونَ ﴿١١٨﴾

118. Yá ayyuhal lazína ámanú lá tattakhizú bitánatam min dúnikum lá ya'lúnakum khabálan waddú má 'anittum qad badatil baghdhá'u min afwáhihim; wa má tukhfí sudúruhum akbar; qad baiyanná lakumul Áyáti in kuntum ta'qilún

118. Ó crentes, não tomeis por confidentes a outros que não sejam dos vossos, porque eles não deixarão de vos arruinar e de vos corromper, posto que só ambicionam a vossa perdição. O ódio já se tem manifestado por suas bocas; porém, o que ocultam em seus corações é ainda pior. Já vos elucidamos os sinais, se sois sensatos.

هَٰٓأَنتُمۡ أُوْلَآءِ تُحِبُّونَهُمۡ وَلَا يُحِبُّونَكُمۡ وَتُؤۡمِنُونَ بِٱلۡكِتَٰبِ كُلِّهِۦ وَإِذَا لَقُوكُمۡ قَالُوٓاْ ءَامَنَّا
وَإِذَا خَلَوۡاْ عَضُّواْ عَلَيۡكُمُ ٱلۡأَنَامِلَ مِنَ ٱلۡغَيۡظِۚ قُلۡ مُوتُواْ بِغَيۡظِكُمۡۗ إِنَّ ٱللَّهَ عَلِيمُۢ بِذَاتِ
ٱلصُّدُورِ ١١٩

119. Há antum ulá'i tuhibbúnahum wa lá yuhibbúnakum wa tu'minúna bil kitábi kullihí wa izá laqúkum qálú ámanná wa izá khalau 'addhú 'alaikumul anámila minal ghaiz; qul mútú bighaizikum; innal láha 'alímum bizátis sudúr

119. E eis que vós os amais; porém, eles não vos amam, apesar de crerdes em todo o Livro; porém, eles, quando vos encontram, dizem: Cremos! Mas quando estão a sós mordem os dedos de raiva. Dize-lhes: Morrei, com a vossa raiva! Sabei que Deus bem conhece o íntimo dos corações.

إِن تَمۡسَسۡكُمۡ حَسَنَةٞ تَسُؤۡهُمۡ وَإِن تُصِبۡكُمۡ سَيِّئَةٞ يَفۡرَحُواْ بِهَاۖ وَإِن تَصۡبِرُواْ وَتَتَّقُواْ
لَا يَضُرُّكُمۡ كَيۡدُهُمۡ شَيۡـًٔاۗ إِنَّ ٱللَّهَ بِمَا يَعۡمَلُونَ مُحِيطٞ ١٢٠

120. In tamsaskum hasanatun tasu'hum wa in tusibkum saiyi'atuny yafrahú bihá wa in tasbirú wa tattaqú lá yad urrukum kaiduhum chai'á; innal láha bimá ya'malúna muhít

120. Quando sois agraciados com um bem, eles ficam aflitos; porém, se vos açoita uma desgraça, regozijam-se. Mas se perseverardes e temerdes a Deus, em nada vos prejudicarão as suas conspirações. Deus está inteirado de tudo quanto fazem.

وَإِذۡ غَدَوۡتَ مِنۡ أَهۡلِكَ تُبَوِّئُ ٱلۡمُؤۡمِنِينَ مَقَٰعِدَ لِلۡقِتَالِۗ وَٱللَّهُ سَمِيعٌ عَلِيمٌ ١٢١

121. Wa iz ghadauta min ahlika tubauwi'ul mu'minína maqá'ida lilquitál; walláhu sami'un 'alím

121. Recorda-te (ó Mensageiro) de quando saíste do teu lar, ao amanhecer, para assinalar aos crentes as suas posições no campo de batalha. Sabe que Deus é Oniouvinte, Sapientíssimo,

سُورَةُ آلِ عِمۡرَانَ

Surat Ál 'Imran

إِذۡ هَمَّت طَّآئِفَتَانِ مِنكُمۡ أَن تَفۡشَلَا وَٱللَّهُ وَلِيُّهُمَاۗ وَعَلَى ٱللَّهِ فَلۡيَتَوَكَّلِ
ٱلۡمُؤۡمِنُونَ ﴿١٢٢﴾

122. Iz hammat tá'ifatáni minkum an tafchalá walláhu waliyyuhumá; wa 'alal láhi falyatawakkalil mu'minún

122. E de quando dois grupos dos teus pensaram em acovardar-se, apesar de ser Deus o Protetor deles. Que em Deus confiem os crentes.

وَلَقَدۡ نَصَرَكُمُ ٱللَّهُ بِبَدۡرٖ وَأَنتُمۡ أَذِلَّةٞۖ فَٱتَّقُواْ ٱللَّهَ لَعَلَّكُمۡ تَشۡكُرُونَ ﴿١٢٣﴾

123. Wa laqad nasarakumul láhu bi-Badrin wa antum azillatun fattaqul láha la'allakum tachkurún

123. Sem dúvida que Deus vos socorreu, em Badr, quando estáveis em inferioridade de condições. Temei, pois, a Deus e mostrai a vossa gratidão.

إِذۡ تَقُولُ لِلۡمُؤۡمِنِينَ أَلَن يَكۡفِيَكُمۡ أَن يُمِدَّكُمۡ رَبُّكُم بِثَلَٰثَةِ ءَالَٰفٖ مِّنَ ٱلۡمَلَٰٓئِكَةِ
مُنزَلِينَ ﴿١٢٤﴾

124. Iz taqúlu lilmu'minína alai yakfiyakum ai-yumiddakum Rabbukum biçaláçati áláfim minal malá'ikati munzalín

124. E de quando disseste aos crentes: Não vos basta que vosso Senhor vos socorra com o envio celestial de três mil anjos?

بَلَىٰٓۚ إِن تَصۡبِرُواْ وَتَتَّقُواْ وَيَأۡتُوكُم مِّن فَوۡرِهِمۡ هَٰذَا يُمۡدِدۡكُمۡ رَبُّكُم بِخَمۡسَةِ
ءَالَٰفٖ مِّنَ ٱلۡمَلَٰٓئِكَةِ مُسَوِّمِينَ ﴿١٢٥﴾

125. Balá; in tasbirú wa tattaqú wa ya'túkum min faurihim házá yumdidkum Rabbukum bikhamsati áláfim minal malá'ikati musauwimin

125. Sim! Se fordes perseverantes, temerdes a Deus, e mesmo se os inimigos vos atacarem imediatamente, vosso Senhor vos socorrerá, com cinco mil anjos claramente marcados.

وَإِذۡ قَالَ إِبۡرَٰهِـۧمُ رَبِّ ٱجۡعَلۡ هَٰذَا بَلَدًا ءَامِنٗا وَٱرۡزُقۡ أَهۡلَهُۥ مِنَ ٱلثَّمَرَٰتِ مَنۡ ءَامَنَ مِنۡهُم بِٱللَّهِ وَٱلۡيَوۡمِ
ٱلۡأٓخِرِۚ قَالَ وَمَن كَفَرَ فَأُمَتِّعُهُۥ قَلِيلٗا ثُمَّ أَضۡطَرُّهُۥٓ إِلَىٰ عَذَابِ ٱلنَّارِۖ وَبِئۡسَ ٱلۡمَصِيرُ ﴿١٢٦﴾

126. Wa má ja'alahul láhu illá buchrá lakum wa litatma'inna qulúbukum bih' wa man-nasru illá min 'indill láhil 'Azízil Hakím

126. Deus não fez isso senão como anúncio para vós, a fim de sossegar os vossos corações. Sabei que o socorro só procede de Deus, o Poderoso, o Prudentíssimo.

لِيَقۡطَعَ طَرَفٗا مِّنَ ٱلَّذِينَ كَفَرُوٓاْ أَوۡ يَكۡبِتَهُمۡ فَيَنقَلِبُواْ خَآئِبِينَ ١٢٧

127. Laiyaqta'a tarafam minal lazína kafarú au yakbitahum fayanqalibú khá'ibín

127. Assim o fez para aniquilar uma ala de incrédulos e afrontá-los, fazendo com que fugissem frustrados.

لَيۡسَ لَكَ مِنَ ٱلۡأَمۡرِ شَيۡءٌ أَوۡ يَتُوبَ عَلَيۡهِمۡ أَوۡ يُعَذِّبَهُمۡ فَإِنَّهُمۡ ظَٰلِمُونَ ١٢٨

128. Laisa laka minal amri chai'un au yatúba 'alaihim au yu'azzibahum fa innahum zálimún

128. Não compete a ti, mas a Deus, absolvê-los ou castigá-los, porque são injustos.

وَلِلَّهِ مَا فِي ٱلسَّمَٰوَٰتِ وَمَا فِي ٱلۡأَرۡضِۚ يَغۡفِرُ لِمَن يَشَآءُ وَيُعَذِّبُ مَن يَشَآءُۚ وَٱللَّهُ غَفُورٞ رَّحِيمٞ ١٢٩

129. Wa lillahi má fissamáwáti wa má fil-ardh; yaghfiru limai-yachá'u wa yu'azzibu mai-yachá'; walláhu Ghafúrur Rahím

129. A Deus pertence tudo quanto há nos Céus e na Terra. Ele perdoa a quem Lhe apraz e castiga a quem deseja, porque Deus é Indulgente, Misericordiosíssimo.

يَٰٓأَيُّهَا ٱلَّذِينَ ءَامَنُواْ لَا تَأۡكُلُواْ ٱلرِّبَوٰٓاْ أَضۡعَٰفٗا مُّضَٰعَفَةٗۖ وَٱتَّقُواْ ٱللَّهَ لَعَلَّكُمۡ تُفۡلِحُونَ ١٣٠

130. Yá ayyuhal lazína ámanú la ta'kulu ribáwa adh'áfam mudhá'afatan wattaqul láha la'allakum tuflihún

130. Ó crentes, não exerçais a usura, dobrando e multiplicando (o emprestado) e temei a Deus para que prospereis,

وَٱتَّقُواْ ٱلنَّارَ ٱلَّتِيٓ أُعِدَّتۡ لِلۡكَٰفِرِينَ ١٣١

131. Wattaqun Náral latí u'iddat lilkáfirín

131. E temei o fogo infernal, que está preparado para os incrédulos.

وَأَطِيعُواْ ٱللَّهَ وَٱلرَّسُولَ لَعَلَّكُمۡ تُرۡحَمُونَ ﴿١٣٢﴾

132. Wa atí'ul láha war Rasúla la'allakum turhamún

132. Obedecei a Deus e ao Mensageiro, a fim de que obtenhais a misericórdia.

۞ وَسَارِعُوٓاْ إِلَىٰ مَغۡفِرَةٖ مِّن رَّبِّكُمۡ وَجَنَّةٍ عَرۡضُهَا ٱلسَّمَٰوَٰتُ
وَٱلۡأَرۡضُ أُعِدَّتۡ لِلۡمُتَّقِينَ ﴿١٣٣﴾

133. ۞ *Wa sári'ú ilá maghfiratim mir Rabbikum wa Jannatin 'arduhas samáwátu wal ardhu u'iddat lilmuttaquín*

133. Apressai-vos em obter a indulgência do vosso Senhor e um Paraíso, cuja amplitude é igual à dos Céus e da Terra, preparado para os tementes,

ٱلَّذِينَ يُنفِقُونَ فِي ٱلسَّرَّآءِ وَٱلضَّرَّآءِ وَٱلۡكَٰظِمِينَ ٱلۡغَيۡظَ وَٱلۡعَافِينَ عَنِ
ٱلنَّاسِۗ وَٱللَّهُ يُحِبُّ ٱلۡمُحۡسِنِينَ ﴿١٣٤﴾

134. Allazína yunfiqúna fissarrá'i waddarrá'i wal káziminal ghaiza wal áfina 'anin-nás; walláhu yuhibbul muhsinín

134. Que fazem caridade, tanto na prosperidade, como na adversidade; que reprimem a cólera; que perdoam o próximo. Sabei que Deus aprecia os benfeitores,

وَٱلَّذِينَ إِذَا فَعَلُواْ فَٰحِشَةً أَوۡ ظَلَمُوٓاْ أَنفُسَهُمۡ ذَكَرُواْ ٱللَّهَ فَٱسۡتَغۡفَرُواْ
لِذُنُوبِهِمۡ وَمَن يَغۡفِرُ ٱلذُّنُوبَ إِلَّا ٱللَّهُ وَلَمۡ يُصِرُّواْ عَلَىٰ مَا فَعَلُواْ وَهُمۡ
يَعۡلَمُونَ ﴿١٣٥﴾

135. Wallazína izá fa'alú fáhichatan au zalamú anfusahum zakarul láha fastaghfarú lizunúbihim; wa mai yaghfiruz zunúba illal láhu wa lam yusirrú 'alá má fa'alú wa hum ya'lamún

135. Que, quando cometem uma obscenidade ou se condenam, mencionam a Deus e imploram o perdão por seus pecados - mas quem, senão Deus perdoa os pecados? - e não persistem, com conhecimento, no que cometeram.

أُوْلَٰٓئِكَ جَزَآؤُهُم مَّغۡفِرَةٞ مِّن رَّبِّهِمۡ وَجَنَّٰتٞ تَجۡرِي مِن تَحۡتِهَا ٱلۡأَنۡهَٰرُ
خَٰلِدِينَ فِيهَاۚ وَنِعۡمَ أَجۡرُ ٱلۡعَٰمِلِينَ ﴿١٣٦﴾

سُورَةُ آلِ عِمۡرَانَ

Surat Ál 'Imran

136. Ulá'ika jazá'uhum maghfiratum mir Rabbihim wa Jannátun tajrí min tahtihal anháru khálidína fíha; wa ni'ma ajrul 'ámilín

136. Para estes a recompensa será uma indulgência do seu Senhor, terão jardins, abaixo dos quais correm os rios, onde morarão eternamente. Quão excelente é a recompensa dos diligentes!

قَدۡ خَلَتۡ مِن قَبۡلِكُمۡ سُنَنٞ فَسِيرُواْ فِي ٱلۡأَرۡضِ فَٱنظُرُواْ كَيۡفَ كَانَ عَٰقِبَةُ
ٱلۡمُكَذِّبِينَ ١٣٧

137. Qad khalat min qablikum sunanum fasírú fil ardhi fanzurú kaifa kána 'áquibatul mukazzibín

137. Já houve exemplos, antes de vós; percorrei, pois, a terra e observai qual foi a sorte dos desmentidores.

هَٰذَا بَيَانٞ لِّلنَّاسِ وَهُدٗى وَمَوۡعِظَةٞ لِّلۡمُتَّقِينَ ١٣٨

138. Házá bayánul linnási wa hudan wa mau'izatul lilmuttaquín

138. Este (Alcorão) é uma declaração aos humanos, orientação e exortação para os tementes.

وَلَا تَهِنُواْ وَلَا تَحۡزَنُواْ وَأَنتُمُ ٱلۡأَعۡلَوۡنَ إِن كُنتُم مُّؤۡمِنِينَ ١٣٩

139. Wa lá tahinú wa lá tahzanú wa antumul a'launa in kuntum mu'minín

139. Não desanimeis, nem vos aflijais, porque sempre sereis superiores, se fordes crentes.

إِن يَمۡسَسۡكُمۡ قَرۡحٞ فَقَدۡ مَسَّ ٱلۡقَوۡمَ قَرۡحٞ مِّثۡلُهُۥۚ وَتِلۡكَ ٱلۡأَيَّامُ نُدَاوِلُهَا بَيۡنَ
ٱلنَّاسِ وَلِيَعۡلَمَ ٱللَّهُ ٱلَّذِينَ ءَامَنُواْ وَيَتَّخِذَ مِنكُمۡ شُهَدَآءَۗ وَٱللَّهُ لَا يُحِبُّ ٱلظَّٰلِمِينَ ١٤٠

140. Iny-yamsaskum qarhum faqad massal qauma qarhum misluh; wa tilkal ayyámu nudáwiluhá bainan nási wa liya'lamal láhul lazína ámanú wa yattakhiza minkum chuhadá'; walláhu lá yuhbbuz zálimín

140. Quando receberdes algum ferimento, sabei que os outros já sofreram ferimento semelhante. E tais dias (de infortúnio) são alternados, entre os humanos, para que Deus Se assegure dos crentes e escolha, dentre vós, testemunhas; sabei que Deus não aprecia os injustos.

وَلِيُمَحِّصَ ٱللَّهُ ٱلَّذِينَ ءَامَنُواْ وَيَمۡحَقَ ٱلۡكَٰفِرِينَ ١٤١

141. Wa liyumahhisal láhul lazína ámanú wa yamhaqal káfirín

141. E para Deus purificar os crentes e aniquilar os incrédulos.

أَمۡ حَسِبۡتُمۡ أَن تَدۡخُلُواْ ٱلۡجَنَّةَ وَلَمَّا يَعۡلَمِ ٱللَّهُ ٱلَّذِينَ جَٰهَدُواْ مِنكُمۡ وَيَعۡلَمَ
ٱلصَّٰبِرِينَ ١٤٢

142. Am hasibtum an tadkhulul Jannnata wa lammá ya'lamil láhul lazína jáhadú minkum wa ya'lamas sábirín

142. Pretendeis, acaso, entrar no Paraíso, sem que Deus Se assegure daqueles, dentre vós, que combatem (pela Sua causa) e que são perseverantes?

وَلَقَدۡ كُنتُمۡ تَمَنَّوۡنَ ٱلۡمَوۡتَ مِن قَبۡلِ أَن تَلۡقَوۡهُ فَقَدۡ رَأَيۡتُمُوهُ وَأَنتُمۡ تَنظُرُونَ ١٤٣

143. Wa laqad kuntum tamannaunal mauta min qabli an talqauhu faqad raaitumúhu wa antum tanzurún

143. Aneláveis a morte antes de vos terdes deparado com ela. Viste-la, então, com os vossos próprios olhos!

وَمَا مُحَمَّدٌ إِلَّا رَسُولٞ قَدۡ خَلَتۡ مِن قَبۡلِهِ ٱلرُّسُلُۚ أَفَإِيْن مَّاتَ أَوۡ قُتِلَ
ٱنقَلَبۡتُمۡ عَلَىٰٓ أَعۡقَٰبِكُمۡۚ وَمَن يَنقَلِبۡ عَلَىٰ عَقِبَيۡهِ فَلَن يَضُرَّ ٱللَّهَ شَيۡـٔٗاۗ
وَسَيَجۡزِي ٱللَّهُ ٱلشَّٰكِرِينَ ١٤٤

144. Wa má Mohammadun illá Rasúlun qad khalat min qablihir Rusul; afa'im máta au qutil anqalabtum 'alá a'qábikum; wa mai yanqalib 'alá aquibaihi falai yadurral láha chai'á; wa sayajzil láhuch chákirín

144. Mohammad não é senão um Mensageiro, a quem outros mensageiros precederam. Porventura, se morresse ou fosse morto, voltaríeis à incredulidade? Mas quem voltar a ela em nada prejudicará Deus; e Deus recompensará os agradecidos.

وَمَا كَانَ لِنَفۡسٍ أَن تَمُوتَ إِلَّا بِإِذۡنِ ٱللَّهِ كِتَٰبٗا مُّؤَجَّلٗاۗ وَمَن يُرِدۡ
ثَوَابَ ٱلدُّنۡيَا نُؤۡتِهِۦ مِنۡهَا وَمَن يُرِدۡ ثَوَابَ ٱلۡأٓخِرَةِ نُؤۡتِهِۦ مِنۡهَاۚ وَسَنَجۡزِي
ٱلشَّٰكِرِينَ ١٤٥

145. Wa má kána linafsin an tamúta illá bi iznil láhi kitábam mu'ajjalá; wa mai yurid çawábad dunyá nu'tihí min-há wa mai yurid çawábal Ákhirati nu'tihí min-há; wa sanajzich chákirín

145. Não é dado a nenhum ser morrer, sem a vontade de Deus; é um destino prefixado. E a quem desejar a recompensa terrena, conceder-lha-emos; e a quem desejar a recompensa da Outra Vida, dar-lha-emos, igualmente; também recompensaremos os agradecidos.

وَكَأَيِّن مِّن نَّبِيٍّ قَٰتَلَ مَعَهُۥ رِبِّيُّونَ كَثِيرٌ فَمَا وَهَنُواْ لِمَآ أَصَابَهُمۡ فِي سَبِيلِ ٱللَّهِ وَمَا ضَعُفُواْ وَمَا ٱسۡتَكَانُواْۗ وَٱللَّهُ يُحِبُّ ٱلصَّٰبِرِينَ ﴿١٤٦﴾

146. Wa ka aiyim min Nabiyyin qátala ma'ahú ribbiyyúna kacírun famá wahanú limá Asábahum fí sabílil láhi wa má da'ufú wa mastakánú; walláhu yuhibbus sábirín

146. Quantos profetas e, com eles, quantos grupos lutaram pela causa de Deus, sem desanimarem com o que lhes aconteceu; não se acovardaram, nem se renderam! Deus aprecia os perseverantes.

وَمَا كَانَ قَوۡلَهُمۡ إِلَّآ أَن قَالُواْ رَبَّنَا ٱغۡفِرۡ لَنَا ذُنُوبَنَا وَإِسۡرَافَنَا فِيٓ أَمۡرِنَا وَثَبِّتۡ أَقۡدَامَنَا وَٱنصُرۡنَا عَلَى ٱلۡقَوۡمِ ٱلۡكَٰفِرِينَ ﴿١٤٧﴾

147. Wa má kána qaulahum illá an qálú Rabbana ghfir laná zunúbaná wa isráfaná fí amriná wa sabbit aqdámaná wansurná 'alal qaumil káfirín

147. Eles nada disseram, além de: Ó Senhor nosso, perdoa-nos por nossos pecados e por nossos excessos; firma os nossos passos e concede-nos a vitória sobre os incrédulos!

فَـَٔاتَىٰهُمُ ٱللَّهُ ثَوَابَ ٱلدُّنۡيَا وَحُسۡنَ ثَوَابِ ٱلۡأٓخِرَةِۗ وَٱللَّهُ يُحِبُّ ٱلۡمُحۡسِنِينَ ﴿١٤٨﴾

148. Fa átáhumul láhu çawábad dunyá wa husna çawábil Ákhirah; walláhu yuhibbul muhsinín

148. Deus lhes concedeu a recompensa terrena e a bem-aventurança na Outra Vida, porque Deus aprecia os benfeitores.

يَـٰٓأَيُّهَا ٱلَّذِينَ ءَامَنُوٓاْ إِن تُطِيعُواْ ٱلَّذِينَ كَفَرُواْ يَرُدُّوكُمۡ عَلَىٰٓ أَعۡقَٰبِكُمۡ فَتَنقَلِبُواْ خَٰسِرِينَ ﴿١٤٩﴾

149. Yá 'aiyuhal lazína ámanú in tuti'ul lazína kafarú yaruddúkum 'alá a'qábikum fatanqalibú khásirín

149 Ó crentes, se obedecerdes aos incrédulos, eles vos farão voltar ao que éreis antes, e voltareis perdedores.

سُورَةُ آلِ عِمۡرَانَ

Surat Ál 'Imran

بَلِ ٱللَّهُ مَوۡلَىٰكُمۡۖ وَهُوَ خَيۡرُ ٱلنَّٰصِرِينَ ﴿١٥٠﴾

150. Balil láhu maulákum wa Huwa khairun násirín

150. Mas Deus é vosso Protetor, e é o melhor dos socorredores.

سَنُلۡقِي فِي قُلُوبِ ٱلَّذِينَ كَفَرُواْ ٱلرُّعۡبَ بِمَآ أَشۡرَكُواْ بِٱللَّهِ مَا لَمۡ يُنَزِّلۡ بِهِۦ سُلۡطَٰنٗاۖ وَمَأۡوَىٰهُمُ ٱلنَّارُۖ وَبِئۡسَ مَثۡوَى ٱلظَّٰلِمِينَ ﴿١٥١﴾

151. Sanulquí fí qulúbil lazína kafarur ru'ba bimá achrakú billáhi má lam yunazzil bihí sultána wa ma'wahumun Nár; wa bi'sa maçwaz zálimín

151. Infundiremos terror nos corações dos incrédulos, por terem atribuído parceiros a Deus, sem que Ele lhes tivesse conferido autoridade alguma para isso. Sua morada será o fogo infernal. Quão funesta é a morada dos injustos!

وَلَقَدۡ صَدَقَكُمُ ٱللَّهُ وَعۡدَهُۥٓ إِذۡ تَحُسُّونَهُم بِإِذۡنِهِۦۖ حَتَّىٰٓ إِذَا فَشِلۡتُمۡ وَتَنَٰزَعۡتُمۡ فِي ٱلۡأَمۡرِ وَعَصَيۡتُم مِّنۢ بَعۡدِ مَآ أَرَىٰكُم مَّا تُحِبُّونَۚ مِنكُم مَّن يُرِيدُ ٱلدُّنۡيَا وَمِنكُم مَّن يُرِيدُ ٱلۡأٓخِرَةَۚ ثُمَّ صَرَفَكُمۡ عَنۡهُمۡ لِيَبۡتَلِيَكُمۡۖ وَلَقَدۡ عَفَا عَنكُمۡۗ وَٱللَّهُ ذُو فَضۡلٍ عَلَى ٱلۡمُؤۡمِنِينَ ﴿١٥٢﴾

152. Wa laqad sadaqakumul láhu wa'dahú iz ta<u>h</u>ussúnahum bi iznihí <u>h</u>attá izá fachiltum wa tanáza'tum fil amri wa 'asaitum mim ba'di má arákum má tu<u>h</u>ibbún; minkum mai yurídud dunyá wa minkum mai yurídul Ákhirah; çumma sarafakum 'anhum liyabtaliyakum wa laqad 'afá 'ankum; walláhu zú fadlin 'alal mu'minín

152. Deus cumpriu a Sua promessa quando, com a Sua permissão, aniquilastes os incrédulos, até que começastes a vacilar e disputar acerca da ordem e a desobedecestes, apesar de Deus vos ter mostrado tudo o que aneláveis. Uma parte de vós ambicionava a vida terrena, enquanto a outra aspirava à Futura. Então, Deus vos desviou dos vossos inimigos, para provar-vos; porém, Ele vos indultou, porque é Agraciante para com os crentes.

۞ إِذۡ تُصۡعِدُونَ وَلَا تَلۡوُۥنَ عَلَىٰٓ أَحَدٖ وَٱلرَّسُولُ يَدۡعُوكُمۡ فِيٓ أُخۡرَىٰكُمۡ فَأَثَٰبَكُمۡ غَمَّۢا بِغَمّٖ لِّكَيۡلَا

تَحۡزَنُواْ عَلَىٰ مَا فَاتَكُمۡ وَلَا مَآ أَصَٰبَكُمۡۗ وَٱللَّهُ خَبِيرُۢ بِمَا
تَعۡمَلُونَ ١٥٣

153. ۞ Iz tus'idúna wa lá talwúna 'alá ahadin war Rasúlu yad'úkum fí ukhrákum fa açábakum ghammam bighammil likailá tahzanú 'alá má fátakum wa lá má asábakum; walláhu khabírum bimá ta'malún

153. Recordai-vos de quando subistes a colina às cegas, enquanto o Mensageiro ia pela retaguarda, incitando-vos ao combate. Foi então que Deus vos infligiu angústia após angústia, para ensinar-vos a não lamentardes pelo que havíeis perdido, nem pelo que vos havia acontecido, porque está bem inteirado de tudo quanto fazeis.

ثُمَّ أَنزَلَ عَلَيۡكُم مِّنۢ بَعۡدِ ٱلۡغَمِّ أَمَنَةٗ نُّعَاسٗا يَغۡشَىٰ طَآئِفَةٗ مِّنكُمۡۖ وَطَآئِفَةٞ
قَدۡ أَهَمَّتۡهُمۡ أَنفُسُهُمۡ يَظُنُّونَ بِٱللَّهِ غَيۡرَ ٱلۡحَقِّ ظَنَّ ٱلۡجَٰهِلِيَّةِۖ يَقُولُونَ
هَل لَّنَا مِنَ ٱلۡأَمۡرِ مِن شَيۡءٖۗ قُلۡ إِنَّ ٱلۡأَمۡرَ كُلَّهُۥ لِلَّهِۗ يُخۡفُونَ فِيٓ أَنفُسِهِم مَّا لَا
يُبۡدُونَ لَكَۖ يَقُولُونَ لَوۡ كَانَ لَنَا مِنَ ٱلۡأَمۡرِ شَيۡءٞ مَّا قُتِلۡنَا هَٰهُنَاۗ قُل لَّوۡ كُنتُمۡ
فِي بُيُوتِكُمۡ لَبَرَزَ ٱلَّذِينَ كُتِبَ عَلَيۡهِمُ ٱلۡقَتۡلُ إِلَىٰ مَضَاجِعِهِمۡۖ وَلِيَبۡتَلِيَ ٱللَّهُ مَا
فِي صُدُورِكُمۡ وَلِيُمَحِّصَ مَا فِي قُلُوبِكُمۡۚ وَٱللَّهُ عَلِيمُۢ بِذَاتِ
ٱلصُّدُورِ ١٥٤

154. Çumma anzala 'alaikum mim ba'dil ghammi amanatan nu'ásai yaghchá tá'ifatam minkum wa tá'ifatun qad ahammat-hum anfusuhum yazunnúna billáhi ghairal haqqui zannal jáhiliyyati yaqúlúna hal laná minal amri min chai'; qul innal amra kullahú lilláh; yukhfúna fí anfusihim má lá yubdúna laka yaqúlúna lau kána laná minal amri chai'um má qutilná háhuná; qul lau kuntum fí buyútikum labarazal lazína kutiba 'alaihimul qatlu ilá madáji'ihim wa liyabtaliyal láhu má fí sudúrikum wa liyumahhisa má fí qulúbikum; walláhu 'alímum bizátis sudúr

154. Logo depois da angústia, infundiu-vos uma calma sonorífera, que envolveu alguns de vós, enquanto outros, preocupados consigo próprios, puseram-se a conjecturar ignomínias acerca de Deus, devido à sua ignorância, dizendo: Que

tem isso a ver conosco? Responde-lhes: Esse assunto pertence inteiramente a Deus! E eis que eles guardam para si o que não se atrevem a manifestar, dizendo (mais): Se houvéssemos tido algo a ver com isso, não teríamos sido chacinados. Dize-lhes: Sabei que, mesmo que tivésseis permanecido nas vossas casas, certamente, àqueles dentre vós, aos quais estava decretada a morte, teriam ido para o local dela. Isso, para que Deus testasse o que ensejáveis e purificasse o que havia em vossos corações; sabei que Deus conhece dos peitos as intimidades.

إِنَّ ٱلَّذِينَ تَوَلَّوۡاْ مِنكُمۡ يَوۡمَ ٱلۡتَقَى ٱلۡجَمۡعَانِ إِنَّمَا ٱسۡتَزَلَّهُمُ ٱلشَّيۡطَٰنُ
بِبَعۡضِ مَا كَسَبُواْۖ وَلَقَدۡ عَفَا ٱللَّهُ عَنۡهُمۡۗ إِنَّ ٱللَّهَ غَفُورٌ حَلِيمٌ ﴿١٥٥﴾

155. Innal lazína tawallau minkum yaumal taqal jam'áni innamas tazallahumuch Chaitánu biba'dhi má kasabú wa laqad 'afal láhu 'anhum; innnal láha Ghafúrun Halím

155. Aqueles que desertaram, no dia do encontro dos dois grupos, foram seduzidos por Satanás por causa de algum mal que haviam perpetrado; porém Deus os indultou, porque é Tolerante, Indulgentíssimo.

يَٰٓأَيُّهَا ٱلَّذِينَ ءَامَنُواْ لَا تَكُونُواْ كَٱلَّذِينَ كَفَرُواْ وَقَالُواْ لِإِخۡوَٰنِهِمۡ إِذَا ضَرَبُواْ فِي ٱلۡأَرۡضِ
أَوۡ كَانُواْ غُزًّى لَّوۡ كَانُواْ عِندَنَا مَا مَاتُواْ وَمَا قُتِلُواْ لِيَجۡعَلَ ٱللَّهُ ذَٰلِكَ حَسۡرَةً فِي
قُلُوبِهِمۡۗ وَٱللَّهُ يُحۡيِۦ وَيُمِيتُۗ وَٱللَّهُ بِمَا تَعۡمَلُونَ بَصِيرٌ ﴿١٥٦﴾

156. Yá ayyuhal lazína ámanú lá takúnú kallazína kafarú wa qálú li ikhwánihim izá dharabú fil ardhi au kánú ghuzzal lau kánú 'indaná má mátú wa má qutilú liyaj'alal láhu zálika hasratan fí qulúbihim; walláhu yuhyí wa yumít; walláhu bimá ta'malúna Basír

156. Ó crentes, não sejais como os incrédulos, que dizem de seus irmãos, quando estes viajam pela Terra ou quando estão em combate: Se tivessem ficado conosco, não teriam morrido, nem sido assassinados! Com isso, Deus infunde-lhes a angústia nos corações, pois Deus concede a vida e a morte, e Deus bem vê tudo quanto fazeis.

وَلَئِن قُتِلۡتُمۡ فِي سَبِيلِ ٱللَّهِ أَوۡ مُتُّمۡ لَمَغۡفِرَةٌ مِّنَ ٱللَّهِ وَرَحۡمَةٌ خَيۡرٌ مِّمَّا
يَجۡمَعُونَ ﴿١٥٧﴾

157. Wa la'in qutiltum fí sabílil láhi au muttum lamaghfiratum minal láhi wa rahmatun khairum mimmá yajma'ún

157. Mas, se morrerdes ou fordes assassinados pela causa de Deus, sabei que a Sua indulgência e a Sua misericórdia são preferíveis a tudo quanto possam acumular.

وَلَئِن مُّتُّمۡ أَوۡ قُتِلۡتُمۡ لَإِلَى ٱللَّهِ تُحۡشَرُونَ ﴿١٥٨﴾

158. Wa la'im muttum au qutiltum la ilal lahi tuhcharún

158. E sabei que, tanto se morrerdes, como se fordes assassinados, sereis congregados ante Deus.

فَبِمَا رَحۡمَةٖ مِّنَ ٱللَّهِ لِنتَ لَهُمۡۖ وَلَوۡ كُنتَ فَظًّا غَلِيظَ ٱلۡقَلۡبِ لَٱنفَضُّواْ مِنۡ
حَوۡلِكَۖ فَٱعۡفُ عَنۡهُمۡ وَٱسۡتَغۡفِرۡ لَهُمۡ وَشَاوِرۡهُمۡ فِي ٱلۡأَمۡرِۖ فَإِذَا عَزَمۡتَ فَتَوَكَّلۡ
عَلَى ٱللَّهِۚ إِنَّ ٱللَّهَ يُحِبُّ ٱلۡمُتَوَكِّلِينَ ﴿١٥٩﴾

159. Fabimá rahmatim minal láhi linta lahum wa lau kunta fazzan ghalízal qalbi lanfaddhú min haulika fa'afu 'anhum wastaghfir lahum wa cháwirhum fil amri fa izá 'azamta fatawakkal 'alal láh; innal láha yuhibbul mutawakkilín

159. Pela misericórdia de Deus, foste gentil para com eles; porém, tivesses tu sido insociável ou de coração insensível, eles se teriam afastado de ti. Portanto, indulta-os, implora o perdão para eles e consulta-os nos assuntos (do momento). E quando te decidires, confia em Deus, porque Deus aprecia aqueles que (n'Ele) confiam.

إِن يَنصُرۡكُمُ ٱللَّهُ فَلَا غَالِبَ لَكُمۡۖ وَإِن يَخۡذُلۡكُمۡ فَمَن ذَا ٱلَّذِي يَنصُرُكُم
مِّنۢ بَعۡدِهِۦۗ وَعَلَى ٱللَّهِ فَلۡيَتَوَكَّلِ ٱلۡمُؤۡمِنُونَ ﴿١٦٠﴾

160. In-yansurkumul láhu falá ghálibа lakum wa in-yakhzulkum famanzal lazí yansurukum min ba'dih; wa 'alal láhi falyatawakkalil mu'minún

160. Se Deus vos ajudar, ninguém poderá vencer-vos; por outra, se Ele vos esquecer, quem, em vez d'Ele, vos ajudará? Que os crentes confiem em Deus!

وَمَا كَانَ لِنَبِيٍّ أَن يَغُلَّۚ وَمَن يَغۡلُلۡ يَأۡتِ بِمَا غَلَّ يَوۡمَ ٱلۡقِيَٰمَةِۚ ثُمَّ تُوَفَّىٰ
كُلُّ نَفۡسٖ مَّا كَسَبَتۡ وَهُمۡ لَا يُظۡلَمُونَ ﴿١٦١﴾

161. Wa má kána li Nabiyyin ai yaghull; wa mai yaghlul ya'ti bimá ghalla Yaumal Quiyámah; çumma tuwaffá kullu nafsim má kasabat wa hum lá yuzlamún

161. É inadmissível que um profeta aja desonestamente; mas, o que agir desonestamente, comparecerá com o que se apropriou desonestamente, no Dia da Ressurreição, quando cada alma será recompensada segundo o que tiver feito, e não será injustiçada.

أَفَمَنِ ٱتَّبَعَ رِضۡوَٰنَ ٱللَّهِ كَمَنۢ بَآءَ بِسَخَطٖ مِّنَ ٱللَّهِ وَمَأۡوَىٰهُ جَهَنَّمُۖ وَبِئۡسَ
ٱلۡمَصِيرُ ﴿١٦٢﴾

162. Afamanit taba'a Ridhwánal láhi kamam bá'a bisakhatim minal láhi wa ma'wáhu Jahannam; wa bi'sal masír

162. Equiparar-se-á quem tiver seguido o que apraz a Deus com quem tiver suscitado a Sua indignação, e cuja morada será o inferno? Que funesto destino!

هُمۡ دَرَجَٰتٌ عِندَ ٱللَّهِۗ وَٱللَّهُ بَصِيرُۢ بِمَا يَعۡمَلُونَ ﴿١٦٣﴾

163. Hum darajátun 'indal láh; walláhu basírum bimá ya'malún

163. Há distintos graus (de graça e de condenação), aos olhos de Deus, porque Deus bem vê tudo quanto fazem.

لَقَدۡ مَنَّ ٱللَّهُ عَلَى ٱلۡمُؤۡمِنِينَ إِذۡ بَعَثَ فِيهِمۡ رَسُولٗا مِّنۡ أَنفُسِهِمۡ يَتۡلُواْ عَلَيۡهِمۡ
ءَايَٰتِهِۦ وَيُزَكِّيهِمۡ وَيُعَلِّمُهُمُ ٱلۡكِتَٰبَ وَٱلۡحِكۡمَةَ وَإِن كَانُواْ مِن
قَبۡلُ لَفِي ضَلَٰلٖ مُّبِينٍ ﴿١٦٤﴾

164. Laqad mannal láhu 'alal mu'minína iz ba'aça fíhim Rasúlam min anfusihim yatlú 'alaihim Áyátihí wa yuzakkíhim wa yu'allimuhumul Kitába wal Hikmata wa in kánú min qablu lafí dhalálim mubín

164. Deus agraciou os crentes, ao fazer surgir um Mensageiro da sua estirpe, que lhes ditou os Seus versículos, que os redimiu, e lhes ensinou o Livro e a Prudência, sendo que, antes disso estiveram em evidente erro.

أَوَلَمَّآ أَصَٰبَتۡكُم مُّصِيبَةٞ قَدۡ أَصَبۡتُم مِّثۡلَيۡهَا قُلۡتُمۡ أَنَّىٰ هَٰذَاۖ قُلۡ هُوَ مِنۡ
عِندِ أَنفُسِكُمۡۗ إِنَّ ٱللَّهَ عَلَىٰ كُلِّ شَيۡءٖ قَدِيرٞ ﴿١٦٥﴾

165. Awa lammá asábatkum musíbatun qad asabtum miçlaihá qultum annáházá qul
huwa min 'indi anfusikum; innal láha 'alá kulli chai'in Qadír

165. Quando sofreis um revés dos inimigos, embora inflijais outro duas vezes maior a eles, dizeis: Donde provém isto? Responde-lhes: De vós mesmos. Sabei que Deus é Onipotente.

وَمَآ أَصَٰبَكُمْ يَوْمَ ٱلْتَقَى ٱلْجَمْعَانِ فَبِإِذْنِ ٱللَّهِ وَلِيَعْلَمَ ٱلْمُؤْمِنِينَ ﴿١٦٦﴾

166. Wa má asábakum yaumal taqal jam'áni fabi iznil láhi wa liya'lamal mu'minín

166. O que vos aconteceu, no dia do encontro das duas hostes, aconteceu com o beneplácito de Deus, para que Ele testasse os verdadeiros crentes;

وَلِيَعْلَمَ ٱلَّذِينَ نَافَقُوا۟ ۚ وَقِيلَ لَهُمْ تَعَالَوْا۟ قَٰتِلُوا۟ فِى سَبِيلِ ٱللَّهِ أَوِ ٱدْفَعُوا۟ ۖ قَالُوا۟ لَوْ
نَعْلَمُ قِتَالًا لَّٱتَّبَعْنَٰكُمْ ۗ هُمْ لِلْكُفْرِ يَوْمَئِذٍ أَقْرَبُ مِنْهُمْ لِلْإِيمَٰنِ ۚ
يَقُولُونَ بِأَفْوَٰهِهِم مَّا لَيْسَ فِى قُلُوبِهِمْ ۗ وَٱللَّهُ أَعْلَمُ بِمَا يَكْتُمُونَ ﴿١٦٧﴾

167. Wa liya'lamal lazína náfaqú; wa quíla lahum ta'álau qátilú fí sabílil láhi awid fa'ú qálú lau na'lamu quitálallat taba'nákum; hum lilkufri yauma'izin aqrabu min-hum lil ímán; yaqúlúna bi afwáhihim má laisa fí qulúbihim; walláhu a'lamu bimá yaktumún

167. E testasse também os hipócritas, aos quais foi dito: Vinde lutar pela causa de Deus, ou defender-vos. Disseram: Se soubéssemos que ia haver combate, ter-vos-íamos seguido! Naquele dia, estavam mais perto da incredulidade do que da fé, porque diziam, com as suas bocas, o que não sentiam os seus corações. Porém, Deus bem sabe tudo quanto ocultam.

ٱلَّذِينَ قَالُوا۟ لِإِخْوَٰنِهِمْ وَقَعَدُوا۟ لَوْ أَطَاعُونَا مَا قُتِلُوا۟ ۗ قُلْ فَٱدْرَءُوا۟ عَنْ
أَنفُسِكُمُ ٱلْمَوْتَ إِن كُنتُمْ صَٰدِقِينَ ﴿١٦٨﴾

168. Allazína qálú li ikhwánihim wa qa'adú lau atá'úná má qutilú; qul fadra'ú 'an anfusikumul mauta in kuntum sádiquín

168. São os que, ficando para trás, dizem de seus irmãos (que foram assassinados): Se nos tivessem obedecido, não teriam sido mortos! Dize-lhes: Defendei-vos da morte, se estiverdes certos.

وَلَا تَحْسَبَنَّ ٱلَّذِينَ قُتِلُوا۟ فِى سَبِيلِ ٱللَّهِ أَمْوَٰتًۢا ۚ بَلْ أَحْيَآءٌ عِندَ رَبِّهِمْ يُرْزَقُونَ ﴿١٦٩﴾

سُورَةُ آلِ عِمۡرَانَ

Surat Ál 'Imran

169. Wa lá tahsabannal lazína qutilú fí sabílil láhi amwáta; bal ahyá'un 'inda Rabbihim yurzaqún

169. E não creiais que aqueles que sucumbiram pela causa de Deus estejam mortos; ao contrário, vivem, agraciados, ao lado do seu Senhor.

فَرِحِينَ بِمَآ ءَاتَىٰهُمُ ٱللَّهُ مِن فَضۡلِهِۦ وَيَسۡتَبۡشِرُونَ بِٱلَّذِينَ لَمۡ يَلۡحَقُواْ بِهِم مِّنۡ
خَلۡفِهِمۡ أَلَّا خَوۡفٌ عَلَيۡهِمۡ وَلَا هُمۡ يَحۡزَنُونَ ١٧٠

170. Farihína bimá átáhumul láhu min fadhlihí wa yastabchirúna billazína lam yalhaqú bihim min khalfihim allá khawfun 'alaihim wa lá hum yahzanún

170. Estão jubilosos por tudo quanto Deus lhes concedeu da Sua graça, e se regozijam por aqueles que ainda não sucumbiram, porque estes não serão presas do temor, nem se angustiarão.

۞ يَسۡتَبۡشِرُونَ بِنِعۡمَةٖ مِّنَ ٱللَّهِ وَفَضۡلٖ وَأَنَّ ٱللَّهَ لَا يُضِيعُ أَجۡرَ ٱلۡمُؤۡمِنِينَ ١٧١

171. ۞ Yastabchirúna bini'matim minal láhi wa fadhlin wa annal láha lá yudhí'u ajral mu'minín

171 Regozijam-se com a mercê e com a graça de Deus, e Deus jamais frustra a recompensa dos crentes,

ٱلَّذِينَ ٱسۡتَجَابُواْ لِلَّهِ وَٱلرَّسُولِ مِنۢ بَعۡدِ مَآ أَصَابَهُمُ ٱلۡقَرۡحُۚ لِلَّذِينَ أَحۡسَنُواْ
مِنۡهُمۡ وَٱتَّقَوۡاْ أَجۡرٌ عَظِيمٌ ١٧٢

172. Allazínas tajábú lil láhi war Rasúli mim ba'di má asábahumul qarh; lillazína ahsanú min-hum wattaqau ajrun 'azim

172. Os quais, mesmo feridos, atendem ao chamamento de Deus e do Mensageiro. Para aqueles que fazem o bem e são tementes, dentre eles, haverá uma magnífica recompensa.

ٱلَّذِينَ قَالَ لَهُمُ ٱلنَّاسُ إِنَّ ٱلنَّاسَ قَدۡ جَمَعُواْ لَكُمۡ فَٱخۡشَوۡهُمۡ فَزَادَهُمۡ
إِيمَٰنٗا وَقَالُواْ حَسۡبُنَا ٱللَّهُ وَنِعۡمَ ٱلۡوَكِيلُ ١٧٣

173. Allazína qála lahumun násu innan nása qad jama'ú lakum fakhchauhum fazádahum ímánan wa qálú hasbunal láhu wa ni'mal wakil

173. São aqueles aos quais foi dito: Um grande exército concentra-se contra vós; temei-o! Isso lhes aumentou a fé e disseram: Deus nos é suficiente. Que excelente Guardião!

فَٱنقَلَبُواْ بِنِعۡمَةٖ مِّنَ ٱللَّهِ وَفَضۡلٖ لَّمۡ يَمۡسَسۡهُمۡ سُوٓءٞ وَٱتَّبَعُواْ رِضۡوَٰنَ ٱللَّهِۗ وَٱللَّهُ ذُو
فَضۡلٍ عَظِيمٍ ١٧٤

174. *Fanqalabú bini'matim minal láhi wa fadhlil lam yamsashum sú'un wattaba'ú ridhwánal láh; walláhu zú fadlin 'azím*

174. Pela mercê e pela graça de Deus, retornaram ilesos. Seguiram o que apraz a Deus; sabei que Deus é Agraciante por excelência.

إِنَّمَا ذَٰلِكُمُ ٱلشَّيۡطَٰنُ يُخَوِّفُ أَوۡلِيَآءَهُۥ فَلَا تَخَافُوهُمۡ وَخَافُونِ إِن كُنتُم مُّؤۡمِنِينَ ١٧٥

175. *Innamá zálikumuch Chaitánu yukhauwifu awliyá'ahú falá takháfúhum wa kháfúni in kuntum mu'minín*

175. Eis que Satanás sugere que temais os seus sequazes. Não os temais; temei a Mim, se sois crentes.

وَلَا يَحۡزُنكَ ٱلَّذِينَ يُسَٰرِعُونَ فِي ٱلۡكُفۡرِۚ إِنَّهُمۡ لَن يَضُرُّواْ ٱللَّهَ شَيۡـٔٗاۗ يُرِيدُ ٱللَّهُ
أَلَّا يَجۡعَلَ لَهُمۡ حَظّٗا فِي ٱلۡأٓخِرَةِۖ وَلَهُمۡ عَذَابٌ عَظِيمٌ ١٧٦

176. *Wa lá yahzunkal lazína yusári'úna fil Kufr; innahum lai yadhurrul láha chai'á; yurídul láhu allá yaj'ala lahum hazzan fil Ákhirati wa lahum 'azábun 'azím*

176. Que não te angustiem aqueles que se precipitam na incredulidade, porquanto em nada prejudicam Deus. Deus não os fará compartilhar da bem-aventurança da Vida Futura, e sofrerão um severo castigo.

إِنَّ ٱلَّذِينَ ٱشۡتَرَوُاْ ٱلۡكُفۡرَ بِٱلۡإِيمَٰنِ لَن يَضُرُّواْ ٱللَّهَ شَيۡـٔٗا وَلَهُمۡ عَذَابٌ أَلِيمٞ ١٧٧

177. *Innal lazínach tarawul kufra bil ímáni lai yadhurrul láha chai'an wa lahum 'azábun alím*

177. Aqueles que trocam a fé pela incredulidade, em nada prejudicam a Deus, e sofrerão um doloroso castigo.

وَلَا يَحۡسَبَنَّ ٱلَّذِينَ كَفَرُوٓاْ أَنَّمَا نُمۡلِي لَهُمۡ خَيۡرٞ لِّأَنفُسِهِمۡۚ إِنَّمَا نُمۡلِي لَهُمۡ
لِيَزۡدَادُوٓاْ إِثۡمٗاۖ وَلَهُمۡ عَذَابٞ مُّهِينٞ ١٧٨

178. *Wa lá yahsabannal lazína kafarú annamá numlí lahum khairul lianfusihim; innamá numlí lahum liyazdádú içmá wa lahum 'azábum muhín*

178. Que os incrédulos não pensem que os toleramos, para o seu bem; ao contrário,

toleramo-los para que as suas faltas sejam aumentadas. Eles terão um castigo afrontoso.

مَّا كَانَ ٱللَّهُ لِيَذَرَ ٱلۡمُؤۡمِنِينَ عَلَىٰ مَآ أَنتُمۡ عَلَيۡهِ حَتَّىٰ يَمِيزَ ٱلۡخَبِيثَ مِنَ
ٱلطَّيِّبِۗ وَمَا كَانَ ٱللَّهُ لِيُطۡلِعَكُمۡ عَلَى ٱلۡغَيۡبِ وَلَٰكِنَّ ٱللَّهَ يَجۡتَبِي مِن رُّسُلِهِۦ مَن
يَشَآءُۖ فَـَٔامِنُواْ بِٱللَّهِ وَرُسُلِهِۦۚ وَإِن تُؤۡمِنُواْ وَتَتَّقُواْ فَلَكُمۡ أَجۡرٌ عَظِيمٞ ١٧٩

179. Má kánal láhu liyazaral mu'minína 'alá má antum 'alaihi hattá yamízal khabiça minat taiyib; wa má kánal láhu liyutli'akum 'alal ghaibi wa lákinnal láha yajtabí mir rusulihí mai yachá'; fa áminú billáhi wa Rusulih; wa in tu'minú wa tattaqú falakum ajrun 'azím

179. Não é do propósito de Deus abandonar os crentes no estado em que vos encontrais, até que Ele separe o corrupto do benigno, nem tampouco de seu propósito é inteirar-vos dos segredos do desconhecido; Deus escolhe, para isso, dentre os Seus mensageiros, quem Lhe apraz. Crede em Deus e em Seus mensageiros; se crerdes e temerdes, obtereis ilimitada recompensa.

وَلَا يَحۡسَبَنَّ ٱلَّذِينَ يَبۡخَلُونَ بِمَآ ءَاتَىٰهُمُ ٱللَّهُ مِن فَضۡلِهِۦ هُوَ خَيۡرٗا لَّهُمۖ بَلۡ هُوَ
شَرّٞ لَّهُمۡۖ سَيُطَوَّقُونَ مَا بَخِلُواْ بِهِۦ يَوۡمَ ٱلۡقِيَٰمَةِۗ وَلِلَّهِ مِيرَٰثُ ٱلسَّمَٰوَٰتِ
وَٱلۡأَرۡضِۗ وَٱللَّهُ بِمَا تَعۡمَلُونَ خَبِيرٞ ١٨٠

180. Wa lá yahsabannal lazína yabkhalúna bimá átáhumul láhu min fadilhí huwa khairal lahum bal huwa charrul lahum sayutaw waqúna má bakhilú bihí Yawmal Qiyámah; wa lilláhi mírátus samáwáti wal ard; walláhu bimá ta'malúna Khabír

180. Que os avarentos que retêm aquilo que Deus os agraciou, não pensem que isso é um bem para eles; ao contrário, é prejudicial, porque no Dia da Ressurreição, irão, acorrentados, com aquilo com que mesquinharam. A Deus pertence a herança dos Céus e da Terra, porque Deus está bem inteirado de tudo quanto fazeis.

لَّقَدۡ سَمِعَ ٱللَّهُ قَوۡلَ ٱلَّذِينَ قَالُوٓاْ إِنَّ ٱللَّهَ فَقِيرٞ وَنَحۡنُ أَغۡنِيَآءُۘ سَنَكۡتُبُ
مَا قَالُواْ وَقَتۡلَهُمُ ٱلۡأَنۢبِيَآءَ بِغَيۡرِ حَقّٖ وَنَقُولُ ذُوقُواْ عَذَابَ
ٱلۡحَرِيقِ ١٨١

181. Laqad sami'al láhu qaulal lazína qálú innal láha faquírun wa nahnu aghniyá'; sanaktubu má qálú wa qatlahumul Ambiyá'a bighairi haqquin wa naqúlu zúqú 'azábal Haríq

181. Deus, sem dúvida, ouviu as palavras daqueles que disseram: Deus é pobre e nós somos ricos. Registramos o que disseram, assim como a injusta matança dos profetas, e lhes diremos: Sofrei o tormento da fogueira.

ذَٰلِكَ بِمَا قَدَّمَتۡ أَيۡدِيكُمۡ وَأَنَّ ٱللَّهَ لَيۡسَ بِظَلَّٰمٖ لِّلۡعَبِيدِ ١٨٢

182. Zálika bimá qaddamat aidíkum wa annal láha laisa bizallámil lil'abíd

182. Isso vos ocorrerá, por obra do que cometeram as vossas próprias mãos. Deus não é injusto para com os servos,

ٱلَّذِينَ قَالُوٓاْ إِنَّ ٱللَّهَ عَهِدَ إِلَيۡنَآ أَلَّا نُؤۡمِنَ لِرَسُولٍ حَتَّىٰ يَأۡتِيَنَا
بِقُرۡبَانٖ تَأۡكُلُهُ ٱلنَّارُۗ قُلۡ قَدۡ جَآءَكُمۡ رُسُلٞ مِّن قَبۡلِي بِٱلۡبَيِّنَٰتِ
وَبِٱلَّذِي قُلۡتُمۡ فَلِمَ قَتَلۡتُمُوهُمۡ إِن كُنتُمۡ صَٰدِقِينَ ١٨٣

183. Allazína qálú innal láha 'ahida ilainá allá nu'mina lirasúlin hatta ya'tiyaná biqurbánin ta'kuluhun nár; qul qad já'akum Rusulum min qablí bilbaiyináti wa billazí qultum falima qataltumúhum in kuntum sádiquín

183. Que disseram: Deus nos comprometeu a não crermos em nenhum mensageiro, a menos que este nos apresente uma oferenda, que o fogo celestial consumirá. Dize-lhes: Antes de mim, os mensageiros se vos apresentaram com as evidências e também o que pedis. Por que os matastes, então? Respondei, se estiverdes certos.

فَإِن كَذَّبُوكَ فَقَدۡ كُذِّبَ رُسُلٞ مِّن قَبۡلِكَ جَآءُو بِٱلۡبَيِّنَٰتِ وَٱلزُّبُرِ
وَٱلۡكِتَٰبِ ٱلۡمُنِيرِ ١٨٤

184. Fa in kazzabúka faqad kuzziba Rusulum min qablika já'ú bilbaiyináti waz Zuburi wal Kitábil Munír

184. E se te desmentem, (recorda-te de que) também foram desmentidos os mensageiros que, antes de ti, apresentaram as evidências, os Salmos e o Livro Luminoso.

سُورَةُ آلِ عِمۡرَانَ

Surat Ál 'Imran

كُلُّ نَفۡسٖ ذَآئِقَةُ ٱلۡمَوۡتِۗ وَإِنَّمَا تُوَفَّوۡنَ أُجُورَكُمۡ يَوۡمَ ٱلۡقِيَٰمَةِۖ
فَمَن زُحۡزِحَ عَنِ ٱلنَّارِ وَأُدۡخِلَ ٱلۡجَنَّةَ فَقَدۡ فَازَۗ وَمَا ٱلۡحَيَوٰةُ ٱلدُّنۡيَآ
إِلَّا مَتَٰعُ ٱلۡغُرُورِ ﴿١٨٥﴾

185. Kullu nafsin zá'iqatul maut; wa innamá tuwaffawna ujúrakum Yaumal Quiyámati faman zuhziha 'anin Nári wa udkhilal Jannata faqad fáz; wa mal hayátud dunyá illá matá'ul ghurúr

185. Cada alma provará o sabor da morte e, no Dia da Ressurreição, sereis recompensados integralmente pelos vossos atos; somente quem for afastado do fogo infernal e introduzido no Paraíso, triunfará. Que é a vida terrena, senão um prazer ilusório?

۞ لَتُبۡلَوُنَّ فِيٓ أَمۡوَٰلِكُمۡ وَأَنفُسِكُمۡ وَلَتَسۡمَعُنَّ مِنَ
ٱلَّذِينَ أُوتُواْ ٱلۡكِتَٰبَ مِن قَبۡلِكُمۡ وَمِنَ ٱلَّذِينَ أَشۡرَكُوٓاْ أَذٗى
كَثِيرٗاۚ وَإِن تَصۡبِرُواْ وَتَتَّقُواْ فَإِنَّ ذَٰلِكَ مِنۡ عَزۡمِ ٱلۡأُمُورِ ﴿١٨٦﴾

186. ۞ Latublaunna fí amwálikum wa anfusikum wa latasma'unna minal lazína útul Kitába min qablikum wa minal lazína achrakú azan kacírá; wa in tasbirú wa tattaqú fa inna zálika min 'azmil umúr

186. Sem dúvida que sereis postos à prova quanto aos vossos bens e pessoas, e também ouvireis muitas coisas que vos entristecerão daqueles que receberam o Livro antes de vós, e dos idólatras; porém, se perseverardes pacientemente e temerdes a Deus, sabei que isso é um fator determinante, em todos os assuntos.

وَإِذۡ أَخَذَ ٱللَّهُ مِيثَٰقَ ٱلَّذِينَ أُوتُواْ ٱلۡكِتَٰبَ لَتُبَيِّنُنَّهُۥ لِلنَّاسِ وَلَا
تَكۡتُمُونَهُۥ فَنَبَذُوهُ وَرَآءَ ظُهُورِهِمۡ وَٱشۡتَرَوۡاْ بِهِۦ ثَمَنٗا قَلِيلٗاۖ فَبِئۡسَ مَا
يَشۡتَرُونَ ﴿١٨٧﴾

187. Wa iz akhazal láhu miçáqal lazína útul Kitába latubaiyinunnahú linnási wa lá taktumúnahú fanabazúhu wará'a zuhúrihim wachtarau bihí çamanan qalílan fabi'sa má yachtarún

187. Recorda-te de quando Deus obteve a promessa dos adeptos do Livro, (que se comprometeram a) evidenciá-lo (o Livro) aos homens, e a não ocultá-lo. Mas eles o jogaram às costas, negociando-o a um preço irrisório. Que detestável transação a deles!

لَا تَحْسَبَنَّ ٱلَّذِينَ يَفْرَحُونَ بِمَآ أَتَوا۟ وَّيُحِبُّونَ أَن يُحْمَدُوا۟ بِمَا لَمْ يَفْعَلُوا۟ فَلَا
تَحْسَبَنَّهُم بِمَفَازَةٍ مِّنَ ٱلْعَذَابِ ۖ وَلَهُمْ عَذَابٌ أَلِيمٌ ﴿١٨٨﴾

188. Lá tahsabannal lazína yafrahúna bimá atau wa yuhibbona ai yuhmadú bimá lam yaf'alú falá tahsabannahum bimafázatim minal 'azábi wa lahum 'azábun alím

188. Não creias que aqueles que se regozijam pelo que causaram, e aspiram ser louvados pelo que não fizeram, não os creias a salvo do castigo, pois sofrerão doloroso castigo.

وَلِلَّهِ مُلْكُ ٱلسَّمَٰوَٰتِ وَٱلْأَرْضِ ۗ وَٱللَّهُ عَلَىٰ كُلِّ شَىْءٍ قَدِيرٌ ﴿١٨٩﴾

189. Wa lilláhi mulkus samáwáti wal ardh; walláhu 'alá kulli chai'in Qadír

189. A Deus pertence o reino dos Céus e da Terra, e Deus é Onipotente.

إِنَّ فِى خَلْقِ ٱلسَّمَٰوَٰتِ وَٱلْأَرْضِ وَٱخْتِلَٰفِ ٱلَّيْلِ وَٱلنَّهَارِ لَءَايَٰتٍ لِّأُو۟لِى
ٱلْأَلْبَٰبِ ﴿١٩٠﴾

190. Inna fí khalqis samáwáti wal ardhi wakhtiláfil laili wannahári la Áyátil liulil albáb

190. Na criação dos Céus e da Terra e na alternância do dia e da noite há sinais para os sensatos,

ٱلَّذِينَ يَذْكُرُونَ ٱللَّهَ قِيَٰمًا وَقُعُودًا وَعَلَىٰ جُنُوبِهِمْ وَيَتَفَكَّرُونَ فِى خَلْقِ
ٱلسَّمَٰوَٰتِ وَٱلْأَرْضِ رَبَّنَا مَا خَلَقْتَ هَٰذَا بَٰطِلًا سُبْحَٰنَكَ فَقِنَا عَذَابَ ٱلنَّارِ ﴿١٩١﴾

191. Allazína yazkurúnal láha quiyáman-wa qu'údan-wa 'alá junúbihim wa yatafakkarúna fí khalquis samáwáti wal ardhi Rabbaná má khalaqta háza bátilan Subhánaka faquiná 'azában Nár

191. Que mencionam Deus, estando em pé, sentados ou deitados, e meditam na criação dos Céus e da Terra, dizendo: Ó Senhor nosso, não criaste em vão. Glorificado sejas! Salva-nos do tormento infernal!

سُورَةُ آلِ عِمۡرَانَ

Surat Ál 'Imran

رَبَّنَآ إِنَّكَ مَن تُدۡخِلِ ٱلنَّارَ فَقَدۡ أَخۡزَيۡتَهُۥۖ وَمَا لِلظَّٰلِمِينَ مِنۡ أَنصَارٖ ١٩٢

192. Rabbaná innaka man tudkhilin Nára faqad akhzaitahú wa má lizzálimína min ansár

192. Ó Senhor nosso, quanto àquele a quem introduzirás no fogo, Tu o desonrarás! isto Os injustos não terão socorredores!

رَّبَّنَآ إِنَّنَا سَمِعۡنَا مُنَادِيٗا يُنَادِي لِلۡإِيمَٰنِ أَنۡ ءَامِنُواْ بِرَبِّكُمۡ فَـَٔامَنَّاۚ رَبَّنَا

فَٱغۡفِرۡ لَنَا ذُنُوبَنَا وَكَفِّرۡ عَنَّا سَيِّـَٔاتِنَا وَتَوَفَّنَا مَعَ ٱلۡأَبۡرَارِ ١٩٣

193. Rabbaná innaná sami'ná munádiyai yunádí lil ímáni an áminú bi Rabbikum fa ámanná; Rabbaná faghfir laná zunúbaná wa kaffir 'anná saiyiátina wa tawaffaná ma'al abrár

193. Ó Senhor nosso, ouvimos um pregoeiro que nos convoca à fé dizendo: Crede em vosso Senhor! e cremos. Ó Senhor nosso, perdoa as nossas faltas, redime-nos das nossas más ações e acolhe-nos entre os virtuosos.

رَبَّنَا وَءَاتِنَا مَا وَعَدتَّنَا عَلَىٰ رُسُلِكَ وَلَا تُخۡزِنَا يَوۡمَ ٱلۡقِيَٰمَةِۗ إِنَّكَ لَا تُخۡلِفُ

ٱلۡمِيعَادَ ١٩٤

194. Rabbaná wa átiná má wa'adtaná 'alá Rusulika wa lá tukhziná Yaumal Quiyámah; innaka lá tukhliful mí'ád

194. Ó Senhor nosso, concede-nos o que prometeste por intermédio dos Teus mensageiros, e não nos desonres no Dia da Ressurreição. Tu jamais quebras a promessa.

فَٱسۡتَجَابَ لَهُمۡ رَبُّهُمۡ أَنِّي لَآ أُضِيعُ عَمَلَ عَٰمِلٖ مِّنكُم مِّن ذَكَرٍ أَوۡ أُنثَىٰۖ

بَعۡضُكُم مِّنۢ بَعۡضٖۖ فَٱلَّذِينَ هَاجَرُواْ وَأُخۡرِجُواْ مِن دِيَٰرِهِمۡ وَأُوذُواْ فِي

سَبِيلِي وَقَٰتَلُواْ وَقُتِلُواْ لَأُكَفِّرَنَّ عَنۡهُمۡ سَيِّـَٔاتِهِمۡ وَلَأُدۡخِلَنَّهُمۡ جَنَّٰتٖ

تَجۡرِي مِن تَحۡتِهَا ٱلۡأَنۡهَٰرُ ثَوَابٗا مِّنۡ عِندِ ٱللَّهِۚ وَٱللَّهُ عِندَهُۥ حُسۡنُ

ٱلثَّوَابِ ١٩٥

195. Fastajába lahum Rabbuhum anní lá Udhí'u 'amala 'ámilim minkum min zakarin au unçá ba'dhukum min ba'dhin fal lazína hájarú wa ukhrijú min diyárihim wa úzú fí sabílí wa qátalú wa qutilú la ukaffiranna 'anhum saiyiátihim wa la udkhilannahum Jannnatin tajrí min ta<u>h</u>tihal anháru çawábam min 'indil láh; walláhu 'indahú <u>h</u>usnus sawáb

195. Seu Senhor os atendeu, dizendo: Jamais desmerecerei a obra de qualquer um de vós, seja homem ou mulher, porque procedeis uns dos outros. Quanto àqueles que foram expulsos dos seus lares e migraram, e sofreram pela Minha causa, combateram e foram mortos, absolvê-los-ei dos seus pecados e os introduzirei em jardins, abaixo dos quais correm os rios, como recompensa de Deus. Sabei que Deus possui a melhor das recompensas.

لَا يَغُرَّنَّكَ تَقَلُّبُ ٱلَّذِينَ كَفَرُواْ فِي ٱلۡبِلَٰدِ ١٩٦

196. Lá yaghurrannaka taqallubul lazína kafarú fil bilád

196. Que não te enganem, pois (ó Mohammad), as andanças (mercantilistas) dos incrédulos, na Terra.

مَتَٰعٞ قَلِيلٞ ثُمَّ مَأۡوَىٰهُمۡ جَهَنَّمُۚ وَبِئۡسَ ٱلۡمِهَادُ ١٩٧

197. Matá'un qalílun çumma ma'wáhum Jahannam; wa bi'sal mihád

197. Porque é um gozo ínfimo e sua morada será o inferno. Que funesta morada!

لَٰكِنِ ٱلَّذِينَ ٱتَّقَوۡاْ رَبَّهُمۡ لَهُمۡ جَنَّٰتٞ تَجۡرِي مِن تَحۡتِهَا ٱلۡأَنۡهَٰرُ خَٰلِدِينَ
فِيهَا نُزُلٗا مِّنۡ عِندِ ٱللَّهِۗ وَمَا عِندَ ٱللَّهِ خَيۡرٞ لِّلۡأَبۡرَارِ ١٩٨

198. Lákinil lazínattaqau Rabbahum lahum Jannnátun tajrí min ta<u>h</u>tihal anháru khálidína fíhá nuzulam min 'indil láh; wa má 'indal láhi khairul lil abrár

198. Entretanto, aqueles que temem a seu Senhor terão jardins, abaixo dos quais correm os rios, onde morarão eternamente, como dádiva de Deus. Sabei que o que está ao lado de Deus é o melhor para os virtuosos.

وَإِنَّ مِنۡ أَهۡلِ ٱلۡكِتَٰبِ لَمَن يُؤۡمِنُ بِٱللَّهِ وَمَآ أُنزِلَ إِلَيۡكُمۡ وَمَآ أُنزِلَ إِلَيۡهِمۡ
خَٰشِعِينَ لِلَّهِ لَا يَشۡتَرُونَ بِـَٔايَٰتِ ٱللَّهِ ثَمَنٗا قَلِيلًاۚ أُوْلَٰٓئِكَ لَهُمۡ أَجۡرُهُمۡ
عِندَ رَبِّهِمۡۗ إِنَّ ٱللَّهَ سَرِيعُ ٱلۡحِسَابِ ١٩٩

سُورَةُ النِّسَاءِ

Surat An Nissá

199. Wa inna min Ahlil Kitábi lamai yu'minu billáhi wa má unzila ilaikum wa má unzila ilaihim kháchi'ína lilláhi lá yachtarúna bi Áyátil láhi çamanan qalílá; ulá'ika lahum ajruhum 'inda Rabbihim; innal láha sarí'ul hisáb

199. Entre os adeptos do Livro há aqueles que creem em Deus, no que vos foi revelado, assim como no que lhes foi revelado, humilhando-se perante Deus; não negociam os versículos de Deus a vil preço. Terão sua recompensa ante o seu Senhor, porque Deus é Destro em ajustar contas.

يَٰٓأَيُّهَا ٱلَّذِينَ ءَامَنُوا۟ ٱصْبِرُوا۟ وَصَابِرُوا۟ وَرَابِطُوا۟ وَٱتَّقُوا۟ ٱللَّهَ لَعَلَّكُمْ
تُفْلِحُونَ ﴿٢٠٠﴾

200. Yá aiyuhal lazína ámanus sbirú wa sábirú wa rábitú wattaqul láha la'allakum tuflihún

200. Ó crentes, perseverai, sede pacientes e constantes, estai sempre vigilantes e temei a Deus, para que prospereis

Surat 4. An Nissá (As Mulheres) 176 versículos. Revelada em Madina.

São utilizados os versículos 1 a 23 para este Juzi

بِسْمِ ٱللَّهِ ٱلرَّحْمَٰنِ ٱلرَّحِيمِ

Bismilláhir Rahmánir Rahím

Em nome de Deus, o Clemente, o Misericordioso.

يَٰٓأَيُّهَا ٱلنَّاسُ ٱتَّقُوا۟ رَبَّكُمُ ٱلَّذِى خَلَقَكُم مِّن نَّفْسٍ وَٰحِدَةٍ وَخَلَقَ مِنْهَا زَوْجَهَا
وَبَثَّ مِنْهُمَا رِجَالًا كَثِيرًا وَنِسَآءً ۚ وَٱتَّقُوا۟ ٱللَّهَ ٱلَّذِى تَسَآءَلُونَ بِهِۦ وَٱلْأَرْحَامَ ۚ إِنَّ
ٱللَّهَ كَانَ عَلَيْكُمْ رَقِيبًا ﴿١﴾

سُورَةُ النِّسَاءِ

Surat An Nissá

1. ۞ Yá aiyuhan násut taqú Rabbakumul lazí khalaqakum min nafsin wáhidatin wa khalaqa min-há zaujahá wa basça min-humá rijálan kaciran wa nisá'á; wattaqul láhal lazí tasá'alúna bihí wal ar<u>h</u>ám; innal láha kána 'alaikum Raquíba

1. Ó humanos, temei a vosso Senhor, que vos criou de um só ser, do qual criou a sua companheira e, de ambos, fez descender inúmeros homens e mulheres. Temei a Deus, em nome do Qual exigis os vossos direitos mútuos e reverenciai os laços de parentesco, porque Deus é vosso Observador.

وَءَاتُواْ ٱلۡيَتَٰمَىٰٓ أَمۡوَٰلَهُمۡۖ وَلَا تَتَبَدَّلُواْ ٱلۡخَبِيثَ بِٱلطَّيِّبِۖ وَلَا تَأۡكُلُوٓاْ أَمۡوَٰلَهُمۡ إِلَىٰٓ أَمۡوَٰلِكُمۡۚ إِنَّهُۥ
كَانَ حُوبٗا كَبِيرٗا ٢

2. Wa átul yatámá amwálahum wa lá tatabaddalul khabiça bittaiyibi wa lá ta'kulú amwálahum ilá amwálikum; innahú kána <u>h</u>úban kabírá

2. Concedei aos órfãos os seus patrimônios; não lhes substituais o bom pelo mau, nem absorvais os seus bens com os vossos, porque isso é um grave delito.

وَإِنۡ خِفۡتُمۡ أَلَّا تُقۡسِطُواْ فِي ٱلۡيَتَٰمَىٰ فَٱنكِحُواْ مَا طَابَ لَكُم مِّنَ ٱلنِّسَآءِ مَثۡنَىٰ
وَثُلَٰثَ وَرُبَٰعَۖ فَإِنۡ خِفۡتُمۡ أَلَّا تَعۡدِلُواْ فَوَٰحِدَةً أَوۡ مَا مَلَكَتۡ أَيۡمَٰنُكُمۡۚ ذَٰلِكَ أَدۡنَىٰٓ أَلَّا
تَعُولُواْ ٣

3. Wa in khiftum allá tuqsitú fil yatámá fanki<u>h</u>ú má tába lakum minan nisá'i maçná wa çuláça wa rubá'a fa'in khiftum allá ta'dilú fawáhidatan au má malakat aimánukum; zálika adná allá ta'úlú

3. Se temerdes ser injustos no trato com os órfãos, podereis desposar duas, três ou quatro das que vos aprouver, entre as mulheres. Mas, se temerdes não poder ser equitativos para com elas, casai, então, com uma só, ou conformai-vos com o que tendes à mão. Isso é o mais adequado, para evitar que cometais injustiças.

وَءَاتُواْ ٱلنِّسَآءَ صَدُقَٰتِهِنَّ نِحۡلَةٗۚ فَإِن طِبۡنَ لَكُمۡ عَن شَيۡءٖ مِّنۡهُ نَفۡسٗا فَكُلُوهُ هَنِيٓـٔٗا مَّرِيٓـٔٗا ٤

4. Wa átun nisá'a saduqátihinna ni<u>h</u>lah; fa in tibna lakum 'an chai'im min-hu nafsan fakulúhu haní'am marí'á

4. Concedei os dotes que pertencem às mulheres e, se for da vontade delas conceder-vos algo, desfrutai-o com bom proveito.

سُورَةُ النِّسَاءِ

Surat An Nissá

وَلَا تُؤۡتُواْ ٱلسُّفَهَآءَ أَمۡوَٰلَكُمُ ٱلَّتِي جَعَلَ ٱللَّهُ لَكُمۡ قِيَٰمٗا وَٱرۡزُقُوهُمۡ فِيهَا وَٱكۡسُوهُمۡ وَقُولُواْ
لَهُمۡ قَوۡلٗا مَّعۡرُوفٗا ٥

5. Wa lá tu'tus sufahá'a amwálakumul latí ja'alal láhu lakum quiyáman-warzuqúhum fíhá waksúhum wa qúlú lahum qaulam ma'rúfá

5. Não entregueis aos tolos o vosso patrimônio, cujo manejo Deus vos confiou, mas mantende-os, vesti-os e tratai-os humanamente, dirigindo-vos a eles com benevolência.

وَٱبۡتَلُواْ ٱلۡيَتَٰمَىٰ حَتَّىٰٓ إِذَا بَلَغُواْ ٱلنِّكَاحَ فَإِنۡ ءَانَسۡتُم مِّنۡهُمۡ رُشۡدٗا فَٱدۡفَعُوٓاْ إِلَيۡهِمۡ
أَمۡوَٰلَهُمۡۖ وَلَا تَأۡكُلُوهَآ إِسۡرَافٗا وَبِدَارًا أَن يَكۡبَرُواْۚ وَمَن كَانَ غَنِيّٗا فَلۡيَسۡتَعۡفِفۡۖ
وَمَن كَانَ فَقِيرٗا فَلۡيَأۡكُلۡ بِٱلۡمَعۡرُوفِۚ فَإِذَا دَفَعۡتُمۡ إِلَيۡهِمۡ أَمۡوَٰلَهُمۡ فَأَشۡهِدُواْ
عَلَيۡهِمۡۚ وَكَفَىٰ بِٱللَّهِ حَسِيبٗا ٦

6. Wabtalul yatámá hattá izá balaghun nikáha fa in ánastum min-hum ruchdan fadfa'ú ilaihim amwálahum wa lá ta'kulúhá isráfan wa bidáran ai yakbarú; wa man kána ghaniyyan falyasta'fif wa man kána faquíran falya'kul bilma'rúf; fa izá dafa'tum ilaihim amwálahum fa ach-hidú 'alaihim; wa kafá billáhi Hasíba

6. Custodiai os órfãos, até que cheguem a idades de se casarem. Se porventura observardes amadurecimento neles, entregai-lhes, então, os seus patrimônios; porém, abstende-vos de consumi-los desperdiçada e apressadamente, (temendo) que alcancem a maioridade. Quem for rico, que se abstenha de usá-los; mas, quem for pobre, que disponha deles com moderação. E basta Deus para render-Lhe contas.

لِّلرِّجَالِ نَصِيبٞ مِّمَّا تَرَكَ ٱلۡوَٰلِدَانِ وَٱلۡأَقۡرَبُونَ وَلِلنِّسَآءِ نَصِيبٞ مِّمَّا تَرَكَ
ٱلۡوَٰلِدَانِ وَٱلۡأَقۡرَبُونَ مِمَّا قَلَّ مِنۡهُ أَوۡ كَثُرَۚ نَصِيبٗا مَّفۡرُوضٗا ٧

7. Lirrijáli nasíbum mimmá tarakal wálidáni wal aqrabúna wa lin nisá'i nasíbum mimmá tarakal wálidáni wal aqrabúna mimmá qalla min-hu au kaçur; nasíbam mafrúdhá

7. Aos filhos varões corresponde uma parte do que tenham deixado os seus pais e parentes. Às mulheres também corresponde uma parte do que tenham deixado os pais e parentes, quer seja pouca ou muita – uma quantia obrigatória.

سُورَةُ النِّسَاءِ
Surat An Nissá

وَإِذَا حَضَرَ ٱلْقِسْمَةَ أُوْلُواْ ٱلْقُرْبَىٰ وَٱلْيَتَٰمَىٰ وَٱلْمَسَٰكِينُ فَٱرْزُقُوهُم
مِّنْهُ وَقُولُواْ لَهُمْ قَوْلًا مَّعْرُوفًا ﴿٨﴾

8. Wa izá hadaral quismata ulul qurbá walyatámá walmasákínu farzuqúhum min-hu wa qúlú lahum qaulam ma'rúfá

8. Quando os parentes (que não herdeiros diretos), os órfãos e os necessitados estiverem presentes, na partilha da herança, concedei-lhes algo dela e tratai-os humanamente, dirigindo-vos a eles com bondade.

وَلْيَخْشَ ٱلَّذِينَ لَوْ تَرَكُواْ مِنْ خَلْفِهِمْ ذُرِّيَّةً ضِعَٰفًا خَافُواْ عَلَيْهِمْ
فَلْيَتَّقُواْ ٱللَّهَ وَلْيَقُولُواْ قَوْلًا سَدِيدًا ﴿٩﴾

9. Walyakhchal lazína lau tarakú min khalfihim zurriyyatan dhi'áfan kháfú 'alaihim falyattaqul láha walyaqúlú qaulan sadídá

9. Que (os que estão fazendo a partilha) tenham o mesmo temor em suas mentes, como se fossem deixar uma família desamparada atrás de si. Que temam a Deus e digam palavras apropriadas.

إِنَّ ٱلَّذِينَ يَأْكُلُونَ أَمْوَٰلَ ٱلْيَتَٰمَىٰ ظُلْمًا إِنَّمَا يَأْكُلُونَ فِى بُطُونِهِمْ نَارًا
وَسَيَصْلَوْنَ سَعِيرًا ﴿١٠﴾

10. Innal lazína ya'kulúna amwálal yatámá zulman innamá ya'kulúna fí butúnihim Náran-wa sayaslauna sa'írá

10. Porque aqueles que fraudarem o patrimônio dos órfãos, introduzirão fogo em suas entranhas e entrarão no fogo abrasador.

يُوصِيكُمُ ٱللَّهُ فِىٓ أَوْلَٰدِكُمْ لِلذَّكَرِ مِثْلُ حَظِّ ٱلْأُنثَيَيْنِ فَإِن كُنَّ نِسَآءً
فَوْقَ ٱثْنَتَيْنِ فَلَهُنَّ ثُلُثَا مَا تَرَكَ وَإِن كَانَتْ وَٰحِدَةً فَلَهَا ٱلنِّصْفُ
وَلِأَبَوَيْهِ لِكُلِّ وَٰحِدٍ مِّنْهُمَا ٱلسُّدُسُ مِمَّا تَرَكَ إِن كَانَ لَهُۥ وَلَدٌ فَإِن لَّمْ يَكُن
لَّهُۥ وَلَدٌ وَوَرِثَهُۥٓ أَبَوَاهُ فَلِأُمِّهِ ٱلثُّلُثُ فَإِن كَانَ لَهُۥٓ إِخْوَةٌ فَلِأُمِّهِ ٱلسُّدُسُ مِنۢ

بَعۡدِ وَصِيَّةٖ يُوصِي بِهَآ أَوۡ دَيۡنٍۗ ءَابَآؤُكُمۡ وَأَبۡنَآؤُكُمۡ لَا تَدۡرُونَ أَيُّهُمۡ أَقۡرَبُ
لَكُمۡ نَفۡعٗاۚ فَرِيضَةٗ مِّنَ ٱللَّهِۗ إِنَّ ٱللَّهَ كَانَ عَلِيمًا حَكِيمٗا ﴿١١﴾

11. Yúsíkumul láhu fí awládikum lizzakari miçlu hazzil unçayayn; fa in kunna nisá'an fauqa içnataini falahunna çuluçá má taraka wa in kánat wáhidatan falahá nisf; wa li abawaihi likulli wáhidim minhumas sudusu mimmma taraka in kána lahú walad; fa il lam yakul lahú waladun wa wariçahú abawáhu faliummihis çuluç; fa in kána lahú ikhwatun fali ummihis sudus; mim ba'di wasiyyatin yúsí bihá au dayn; ábá'ukum wa abná'ukum lá tadrúna aiyuhum aqrabu lakum naf'á; farídhatam minal láh; innal láha kána 'Alíman Hakímá

11. Deus vos prescreve acerca da herança dos vossos filhos: Dai ao varão a parte de duas filhas; se apenas houver filhas, e estas forem mais de duas, corresponder-lhes-á dois terços do legado; e, se houver apenas uma, esta receberá a metade. Quanto aos pais do falecido, a cada um caberá a sexta parte do legado, se ele deixar um filho; porém, se não deixar prole, e a seus pais corresponder a herança, à mãe caberá um terço; mas se o falecido tiver irmãos, corresponderá à mãe um sexto, depois de pagas as doações e dívidas. É certo que vós ignorais quais sejam os que estão mais próximos de vós, quanto ao benefício, quer sejam vossos pais ou vossos filhos. Isto é uma prescrição de Deus, porque Ele é Sapiente, Prudentíssimo.

۞ وَلَكُمۡ نِصۡفُ مَا تَرَكَ أَزۡوَٰجُكُمۡ إِن لَّمۡ يَكُن لَّهُنَّ وَلَدٞۚ
فَإِن كَانَ لَهُنَّ وَلَدٞ فَلَكُمُ ٱلرُّبُعُ مِمَّا تَرَكۡنَۚ مِنۢ بَعۡدِ
وَصِيَّةٖ يُوصِينَ بِهَآ أَوۡ دَيۡنٖۚ وَلَهُنَّ ٱلرُّبُعُ مِمَّا تَرَكۡتُمۡ إِن لَّمۡ
يَكُن لَّكُمۡ وَلَدٞۚ فَإِن كَانَ لَكُمۡ وَلَدٞ فَلَهُنَّ ٱلثُّمُنُ مِمَّا
تَرَكۡتُمۚ مِّنۢ بَعۡدِ وَصِيَّةٖ تُوصُونَ بِهَآ أَوۡ دَيۡنٖۗ وَإِن كَانَ رَجُلٞ
يُورَثُ كَلَٰلَةً أَوِ ٱمۡرَأَةٞ وَلَهُۥٓ أَخٌ أَوۡ أُخۡتٞ فَلِكُلِّ وَٰحِدٖ مِّنۡهُمَا
ٱلسُّدُسُۚ فَإِن كَانُوٓاْ أَكۡثَرَ مِن ذَٰلِكَ فَهُمۡ شُرَكَآءُ فِي ٱلثُّلُثِۚ

سُورَةُ النِّسَاءِ

Surat An Nissá

مِنۢ بَعۡدِ وَصِيَّةٖ يُوصَىٰ بِهَآ أَوۡ دَيۡنٍ غَيۡرَ مُضَآرّٖۚ وَصِيَّةٗ مِّنَ ٱللَّهِۗ وَٱللَّهُ
عَلِيمٌ حَلِيمٞ ١٢

12. ۞ Wa lakum nisfu má taraka azwájukum il lam yakul lahunna walad; fa in kána lahunna waladun falakumur rub'u mimmá tarakna mim ba'di wasiyyatin yúsína bihá au dayn; wa lahunnar rubu'u mimmá taraktum il lam yakul lakum walad; fa in kána lakum waladun falahunnas çumunu mimmá taraktum; mim ba'di wasiyyatin túsúna bihá au dayn; wa in kána rajulun yúraçu kalálatan awi mraatun wa lahú akhun au ukhtun falikulli wáhidim min-humas sudus; fa in kánú akçara min zálika fahum churaká'u fiçuluç; mim ba'di wasiyyatin yúsá bihá au dainin ghaira mudárr; wasiyyatam minal láh; walláhu 'Alímun Halím

12. De tudo quanto deixarem as vossas esposas, corresponder-vos-á a metade, desde que elas não tenham tido prole; porém, se a tiverem, só vos corresponderá a quarta parte, depois de pagas as doações e dívidas. Caberá a elas a quarta parte de tudo quanto deixardes, se não tiverdes prole; porém, se a tiverdes, só lhes corresponderá a oitava parte de tudo quanto deixardes, depois de pagas as doações e dívidas. Se um falecido, homem ou mulher, em estado de *Kalála*, deixar herança e tiver um irmão ou uma irmã, receberá, cada um deles, a sexta parte; porém, se forem mais, co-herdarão a terça parte, depois de pagas as doações e dívidas, sem prejudicar ninguém. Isto é uma prescrição de Deus, porque Ele é Tolerante, Sapientíssimo.

تِلۡكَ حُدُودُ ٱللَّهِۚ وَمَن يُطِعِ ٱللَّهَ وَرَسُولَهُۥ يُدۡخِلۡهُ جَنَّٰتٖ
تَجۡرِي مِن تَحۡتِهَا ٱلۡأَنۡهَٰرُ خَٰلِدِينَ فِيهَاۚ وَذَٰلِكَ
ٱلۡفَوۡزُ ٱلۡعَظِيمُ ١٣

13. Tilka hudúdul láh; wa mai yuti'il láha wa Rasúlahú yudkhilhu Jannátin tajrí min tahtihal anháru khálidína fíhá; wa zálikal fauzul 'azím

13. Tais são os preceitos de Deus. Àqueles que obedecerem a Deus e ao Seu Mensageiro, Ele os introduzirá em jardins, abaixo dos quais correm os rios, onde morarão eternamente. Tal será o magnífico benefício.

وَمَن يَعۡصِ ٱللَّهَ وَرَسُولَهُۥ وَيَتَعَدَّ حُدُودَهُۥ يُدۡخِلۡهُ نَارًا خَٰلِدٗا
فِيهَا وَلَهُۥ عَذَابٞ مُّهِينٞ ١٤

سُورَةُ النِّسَاءِ

Surat An Nissá

14. Wa mai ya'sil láha wa Rasúlahú wa yata'adda hudúdahú yudkhilhu Náran khálidan fihá wa lahú 'azábum muhín

14. Ao contrário, quem desobedecer a Deus e ao Seu Mensageiro, profanando os Seus preceitos, Ele o introduzirá no fogo infernal, onde permanecerá eternamente, e sofrerá um castigo humilhante.

وَٱلَّتِي يَأۡتِينَ ٱلۡفَٰحِشَةَ مِن نِّسَآئِكُمۡ فَٱسۡتَشۡهِدُواْ عَلَيۡهِنَّ أَرۡبَعَةً
مِّنكُمۡۖ فَإِن شَهِدُواْ فَأَمۡسِكُوهُنَّ فِي ٱلۡبُيُوتِ حَتَّىٰ يَتَوَفَّىٰهُنَّ ٱلۡمَوۡتُ
أَوۡ يَجۡعَلَ ٱللَّهُ لَهُنَّ سَبِيلٗا ١٥

15. Wallátí ya'tínal fáhichata min nisá'ikum fastach-hidú 'alaihinna arba'atam minkum fa in chahidú fa amsikúhunna fil buyúti hatta yatawaffáhunnal mautu au yaj'alal láhu lahunna sabílá

15. Quanto àquelas, dentre vossas mulheres, que tenham incorrido em adultério, apelai para quatro testemunhas, dentre os vossos e, se estas o confirmarem, confinai-as em suas casas, até que lhes chegue a morte ou que Deus lhes trace um novo destino.

وَٱلَّذَانِ يَأۡتِيَٰنِهَا مِنكُمۡ فَـَٔاذُوهُمَاۖ فَإِن تَابَا وَأَصۡلَحَا فَأَعۡرِضُواْ
عَنۡهُمَآۗ إِنَّ ٱللَّهَ كَانَ تَوَّابٗا رَّحِيمًا ١٦

16. Wallazáni ya'tiyánihá minkum fa ázúhumá fa in tábá wa aslahá fa a'ridú 'anhumá; innal láha kána Tauwábar Rahíma

16. E àqueles, dentre vós, que cometerem adultério (homens e mulheres), puni-os; porém, caso se arrependam e se corrijam, deixai-os tranquilos, porque Deus é Remissório, Misericordiosíssimo.

إِنَّمَا ٱلتَّوۡبَةُ عَلَى ٱللَّهِ لِلَّذِينَ يَعۡمَلُونَ ٱلسُّوٓءَ بِجَهَٰلَةٖ ثُمَّ يَتُوبُونَ مِن
قَرِيبٖ فَأُوْلَٰٓئِكَ يَتُوبُ ٱللَّهُ عَلَيۡهِمۡۗ وَكَانَ ٱللَّهُ عَلِيمًا حَكِيمٗا ١٧

17. Innamat tawbatu 'alal láhi lillazína ya'malúnas sú'a bijahálatin çumma yatúbúna min qaríbin fa ulá'ika yatúbul láhu 'alaihim; wa kánal láhu 'Alíman Hakímá

17. A absolvição de Deus recai apenas sobre aqueles que cometem um mal, por ignorância, e logo se arrependem. A esses, Deus absolve, porque é Sapiente, Prudentíssimo.

سُورَةُ النِّسَاءِ

Surat An Nissá

وَلَيْسَتِ ٱلتَّوْبَةُ لِلَّذِينَ يَعْمَلُونَ ٱلسَّيِّـَٔاتِ حَتَّىٰٓ إِذَا حَضَرَ
أَحَدَهُمُ ٱلْمَوْتُ قَالَ إِنِّى تُبْتُ ٱلْـَٔـٰنَ وَلَا ٱلَّذِينَ يَمُوتُونَ وَهُمْ
كُفَّارٌ ۚ أُو۟لَـٰٓئِكَ أَعْتَدْنَا لَهُمْ عَذَابًا أَلِيمًا ﴿١٨﴾

18. *Wa laisatit taubatu lillazína ya'malúnas saiyiáti hattá izá hadara ahadahumul mautu qála inní tubtul 'ána walal lazína yamútúna wa hum kuffár; ulá'ika a'tadná lahum 'azában alímá*

18. aqueles que cometerem obscenidades até à hora da morte, mesmo que nessa hora alguém, dentre A absolvição não alcançará eles, diga: Agora me arrependo. E tampouco alcançará os que morrerem na incredulidade, pois para eles destinamos um doloroso castigo.

يَـٰٓأَيُّهَا ٱلَّذِينَ ءَامَنُوا۟ لَا يَحِلُّ لَكُمْ أَن تَرِثُوا۟ ٱلنِّسَآءَ كَرْهًا ۖ وَلَا
تَعْضُلُوهُنَّ لِتَذْهَبُوا۟ بِبَعْضِ مَآ ءَاتَيْتُمُوهُنَّ إِلَّآ أَن يَأْتِينَ بِفَـٰحِشَةٍ
مُّبَيِّنَةٍ ۚ وَعَاشِرُوهُنَّ بِٱلْمَعْرُوفِ ۚ فَإِن كَرِهْتُمُوهُنَّ فَعَسَىٰٓ أَن تَكْرَهُوا۟
شَيْـًٔا وَيَجْعَلَ ٱللَّهُ فِيهِ خَيْرًا كَثِيرًا ﴿١٩﴾

19. *Yá aiyuhal lazína ámanú lá yahillu lakum an tariçun nisá'a karhan wa lá ta'dhulúhunna litazhabú biba'dhi má átaitumúhunna illá ai ya'tina bifáhichatim mubaiyinah; wa 'áchirúhunna bilma'rúf; fa in karihtumúhunna fa'asá an takrahú chai'an wa yaj'alal láhu fíhi khairan kacírá*

19. Ó crentes, não vos é permitido herdardes as mulheres, contra a vontade delas, nem as atormentardes, com o fim de vos apoderardes de uma parte daquilo com que as tenhais dotado, a menos que elas tenham cometido comprovada obscenidade. E harmonizai-vos com elas, pois se as menosprezardes, podereis estar depreciando seres que Deus dotou de muitas virtudes.

وَإِنْ أَرَدتُّمُ ٱسْتِبْدَالَ زَوْجٍ مَّكَانَ زَوْجٍ وَءَاتَيْتُمْ إِحْدَىٰهُنَّ
قِنطَارًا فَلَا تَأْخُذُوا۟ مِنْهُ شَيْـًٔا ۚ أَتَأْخُذُونَهُۥ بُهْتَـٰنًا وَإِثْمًا
مُّبِينًا ﴿٢٠﴾

20. Wa in aradtum ustibdála zaujim makána zaujin wa átaitum ihdáhunna quintáran falá ta'khuzú min-hu chai'á; ata'khuzúnahú buhtánnan wa içmam mubíná

20. Se desejardes trocar de esposa, tendo-a dotado com um quintal, não lho diminuais em nada. Tomá-lo-íeis de volta, com a falsa imputação e um delito flagrante?

وَكَيْفَ تَأْخُذُونَهُۥ وَقَدْ أَفْضَىٰ بَعْضُكُمْ إِلَىٰ بَعْضٍ وَأَخَذْنَ
مِنكُم مِّيثَٰقًا غَلِيظًا ﴿٢١﴾

21. Wa kaifa ta'khuzúnahú wa qad afdhá ba'dhukum ilá ba'dhin wa akhazna minkum miçáqan ghalízá

21. E como podeis tomá-lo de volta depois de haverdes convivido com elas íntima e mutuamente, se elas tiveram, de vós, um compromisso solene?

وَلَا تَنكِحُوا۟ مَا نَكَحَ ءَابَآؤُكُم مِّنَ ٱلنِّسَآءِ إِلَّا مَا قَدْ سَلَفَ ۚ
إِنَّهُۥ كَانَ فَٰحِشَةً وَمَقْتًا وَسَآءَ سَبِيلًا ﴿٢٢﴾

22. Wa lá tankihú má nakaha ábá'ukum minan nisá'i illá má qad salaf; innahú kána fáhichatan wa maqtan wa sá'a sabílá

22. Não vos caseis com as mulheres que desposaram os vossos pais - salvo fato consumado (anteriormente) - porque é uma obscenidade, uma abominação e um péssimo exemplo.

حُرِّمَتْ عَلَيْكُمْ أُمَّهَٰتُكُمْ وَبَنَاتُكُمْ وَأَخَوَٰتُكُمْ وَعَمَّٰتُكُمْ وَخَٰلَٰتُكُمْ
وَبَنَاتُ ٱلْأَخِ وَبَنَاتُ ٱلْأُخْتِ وَأُمَّهَٰتُكُمُ ٱلَّٰتِىٓ أَرْضَعْنَكُمْ وَأَخَوَٰتُكُم
مِّنَ ٱلرَّضَٰعَةِ وَأُمَّهَٰتُ نِسَآئِكُمْ وَرَبَٰٓئِبُكُمُ ٱلَّٰتِى فِى حُجُورِكُم
مِّن نِّسَآئِكُمُ ٱلَّٰتِى دَخَلْتُم بِهِنَّ فَإِن لَّمْ تَكُونُوا۟ دَخَلْتُم بِهِنَّ فَلَا
جُنَاحَ عَلَيْكُمْ وَحَلَٰٓئِلُ أَبْنَآئِكُمُ ٱلَّذِينَ مِنْ أَصْلَٰبِكُمْ وَأَن
تَجْمَعُوا۟ بَيْنَ ٱلْأُخْتَيْنِ إِلَّا مَا قَدْ سَلَفَ ۗ إِنَّ ٱللَّهَ كَانَ غَفُورًا
رَّحِيمًا ﴿٢٣﴾

سُورَةُ النِّسَاءِ

Surat An Nissá

23. Hurrimat 'alaikum ummahátukum wa banátukum wa akhawátukum wa 'ammátukum wa khálátukum wa banátul akhi wa banátul ukhti wa ummahátukumul láti arda'nakum wa akhawátukum minarradá'ati wa ummahátu nisá'ikum wa rabá'ibukumul láti fi hujúrikum min nisá'ikumul láti dakhaltum bihinna Fa il lam takúnú dakhaltum bihinna falá junáha 'alaikum wa halá'ilu abná'ikumul lazína min aslábikum wa an tajma'ú bainal ukhtaini illá má qad salaf; innal láha kána Ghafúrar Rahíma

23. Está-vos vedado casar com: vossas mães, vossas filhas, vossas irmãs, vossas tias paternas e maternas, vossas sobrinhas, vossas nutrizes, vossas irmãs de leite, vossas sogras, vossas enteadas que estão sob vossa tutela - filhas das mulheres com quem tenhais coabitado; porém, se não houverdes tido relações com as mães, não sereis recriminados por desposá-las. Também vos está vedado casar com as vossas noras, esposas dos vossos filhos carnais, bem como unir-vos, em matrimônio, com duas irmãs - salvo fato consumado (anteriormente) -; sabei que Deus é Indulgente, Misericordiosíssimo.

(Fim do Juzi 4)

سُورَةُ ٱلنِّسَآءِ

Surat An Nissá

Juzi cinco

Surat 4. *An Nissá* (As Mulheres) 176 versículos. Revelada em Madina.

São utilizados os versículo 24 a 147 neste Juzi

۞ وَٱلْمُحْصَنَٰتُ مِنَ ٱلنِّسَآءِ إِلَّا مَا مَلَكَتْ أَيْمَٰنُكُمْ ۖ كِتَٰبَ ٱللَّهِ عَلَيْكُمْ ۚ
وَأُحِلَّ لَكُم مَّا وَرَآءَ ذَٰلِكُمْ أَن تَبْتَغُوا۟ بِأَمْوَٰلِكُم مُّحْصِنِينَ غَيْرَ مُسَٰفِحِينَ ۚ
فَمَا ٱسْتَمْتَعْتُم بِهِۦ مِنْهُنَّ فَـَٔاتُوهُنَّ أُجُورَهُنَّ فَرِيضَةً ۚ وَلَا جُنَاحَ عَلَيْكُمْ
فِيمَا تَرَٰضَيْتُم بِهِۦ مِنۢ بَعْدِ ٱلْفَرِيضَةِ ۚ إِنَّ ٱللَّهَ كَانَ عَلِيمًا حَكِيمًا ﴿٢٤﴾

24. ۞ *Walmuhsanátu minan nisá'i illá má malakat aimánukum kitábal láhi 'alaikum; wa uhilla lakum má wará'a zálikum an tabtaghú bi'amwálikum muhsinína ghaira musáfihín; famastamta'tum bihí minhunna fa átúhunna ujúrahunna farídhah; wa lá junáha 'alaikum fímá tarádhaitum bihí mim ba'dil farídhah; innal láha kána 'Alíman Hakímá*

24. Também vos está vedado desposar as mulheres casadas, salvo as que tendes à mão. Tal é a lei que Deus vos impõe. Porém, fora do mencionado, está-vos permitido procurar, munidos de vossos bens, esposas castas e não licenciosas. Dotai convenientemente aquelas com quem casardes, porque é um dever; contudo, não sereis recriminados, se fizerdes ou receberdes concessões, fora do que prescreve a lei, porque Deus é Sapiente, Prudentíssimo.

وَمَن لَّمْ يَسْتَطِعْ مِنكُمْ طَوْلًا أَن يَنكِحَ ٱلْمُحْصَنَٰتِ ٱلْمُؤْمِنَٰتِ
فَمِن مَّا مَلَكَتْ أَيْمَٰنُكُم مِّن فَتَيَٰتِكُمُ ٱلْمُؤْمِنَٰتِ ۚ وَٱللَّهُ أَعْلَمُ
بِإِيمَٰنِكُم ۚ بَعْضُكُم مِّنۢ بَعْضٍ ۚ فَٱنكِحُوهُنَّ بِإِذْنِ أَهْلِهِنَّ وَءَاتُوهُنَّ
أُجُورَهُنَّ بِٱلْمَعْرُوفِ مُحْصَنَٰتٍ غَيْرَ مُسَٰفِحَٰتٍ وَلَا مُتَّخِذَٰتِ
أَخْدَانٍ ۚ فَإِذَآ أُحْصِنَّ فَإِنْ أَتَيْنَ بِفَٰحِشَةٍ فَعَلَيْهِنَّ نِصْفُ مَا عَلَى
ٱلْمُحْصَنَٰتِ مِنَ ٱلْعَذَابِ ۚ ذَٰلِكَ لِمَنْ خَشِىَ ٱلْعَنَتَ مِنكُمْ ۚ وَأَن
تَصْبِرُوا۟ خَيْرٌ لَّكُمْ ۗ وَٱللَّهُ غَفُورٌ رَّحِيمٌ ﴿٢٥﴾

سُورَةُ النِّسَاءِ

Surat An Nissá

25. Wa mal lam yastati' minkum taulan ai yankihal muhsanátil mu'mináti famimmá malakat aimánukum min fatayátikumul mu'minát; walláhu a'lamu bi ímánikum; ba'dukum mim ba'd; fankihúhunna bi izni ahlihinna wa átúhunna ujúrahunna bilma'rúfi muhsanátin ghaira musáfihátin wa lá muttakhizáti akhdán; fa izá uhsinna fa in ataina bifáhichatin fa'alaihinnna nisfu má 'alal muhsanáti minal 'azáb; zálika liman khashiyal 'anata minkum; wa an tasbirú khairul lakum; walláhu Ghafúrur Rahím

25. E quem, dentre vós, não possuir recursos suficientes para casar-se com as crentes livres, poderá fazê-lo com uma crédula, dentre vossas cativas crentes, porque Deus é Quem melhor conhece a vossa fé - procedeis uns dos outros; casai com elas, com a permissão dos seus amos, e dotai-as convenientemente, desde que sejam castas, não licenciosas e não tenham amantes. Contudo, uma vez casadas, se incorrerem em adultério, sofrerão só a metade do castigo que corresponder às livres; isso, para quem de vós temer cair em pecado. Mas se esperardes, será melhor; sabei que Deus é Indulgente, Misericordiosíssimo.

يُرِيدُ ٱللَّهُ لِيُبَيِّنَ لَكُمْ وَيَهْدِيَكُمْ سُنَنَ ٱلَّذِينَ مِن قَبْلِكُمْ
وَيَتُوبَ عَلَيْكُمْ وَٱللَّهُ عَلِيمٌ حَكِيمٌ ﴿٢٦﴾

26. Yurídul láhu liyubai yina lakum wa yahdiyakum sunanal lazína min qablikum wa yatúba 'alaikum; walláhu 'Alímun Hakím

26. Deus tenciona elucidar-vos os Seus preceitos, iluminar-vos, segundo as tradições dos vossos antepassados, e absolver-vos, porque é Sapiente, Prudentíssimo.

وَٱللَّهُ يُرِيدُ أَن يَتُوبَ عَلَيْكُمْ وَيُرِيدُ ٱلَّذِينَ يَتَّبِعُونَ ٱلشَّهَوَٰتِ أَن
تَمِيلُوا۟ مَيْلًا عَظِيمًا ﴿٢٧﴾

27. Walláhu yurídu ai yatúba 'alaikum wa yurídul lazína yattabi'únach chahawáti an tamílú mailan 'azímá

27. Deus deseja absolver-vos; porém, os que seguem os desejos vãos anseiam por vos desviar profundamente.

يُرِيدُ ٱللَّهُ أَن يُخَفِّفَ عَنكُمْ وَخُلِقَ ٱلْإِنسَٰنُ ضَعِيفًا ﴿٢٨﴾

28. Yurídul láhu ai yukhaffifa 'ankum; wa khuliqal insánu dha'ifá

28. E Deus deseja aliviar-vos o fardo, porque o homem foi criado débil.

وَٱللَّهُ يُرِيدُ أَن يَتُوبَ عَلَيْكُمْ وَيُرِيدُ ٱلَّذِينَ يَتَّبِعُونَ ٱلشَّهَوَٰتِ أَن
تَمِيلُوا۟ مَيْلًا عَظِيمًا يَـٰٓأَيُّهَا ٱلَّذِينَ ءَامَنُوا۟ لَا تَأْكُلُوٓا۟ أَمْوَٰلَكُم
بَيْنَكُم بِٱلْبَـٰطِلِ إِلَّآ أَن تَكُونَ تِجَـٰرَةً عَن تَرَاضٍ مِّنكُمْ ۚ وَلَا تَقْتُلُوٓا۟
أَنفُسَكُمْ ۚ إِنَّ ٱللَّهَ كَانَ بِكُمْ رَحِيمًا ﴿٢٩﴾

29. Yá aiyuhal lazína ámanú lá ta'kulú amwálakum bainakum bilbátili 'illá an takúna tijáratan 'an tarádim minkum; wa lá taqtulú anfusakum; innal láha kána bikum Rahímá

29. Ó crentes, não consumais reciprocamente os vossos bens, por vaidade; realizai comércio de mútuo consentimento e não cometais suicídio, porque Deus é Misericordioso para convosco.

وَمَن يَفْعَلْ ذَٰلِكَ عُدْوَٰنًا وَظُلْمًا فَسَوْفَ نُصْلِيهِ نَارًا ۚ وَكَانَ ذَٰلِكَ
عَلَى ٱللَّهِ يَسِيرًا ﴿٣٠﴾

30. Wa mai yaf'al zálika 'udwánan wa zulman fasaufa nuslíhi Nárá; wa kána zálika 'alal láhi yasírá

30. Àquele que tal fizer, perversa e iniquamente, introduzi-lo-emos no fogo infernal, porque isso é fácil a Deus.

إِن تَجْتَنِبُوا۟ كَبَآئِرَ مَا تُنْهَوْنَ عَنْهُ نُكَفِّرْ عَنكُمْ سَيِّـَٔاتِكُمْ
وَنُدْخِلْكُم مُّدْخَلًا كَرِيمًا ﴿٣١﴾

31. In tajtanibú kabá'ira má tunhauna 'anhu nukaffir 'ankum saiyiátikum wa nudkhilkum mudkhalan karímá

31. Se evitardes os grandes pecados, que vos estão proibidos, absolver-vos-emos das vossas faltas e vos proporcionaremos digna entrada (no Paraíso).

وَلَا تَتَمَنَّوْا۟ مَا فَضَّلَ ٱللَّهُ بِهِۦ بَعْضَكُمْ عَلَىٰ بَعْضٍ ۚ لِّلرِّجَالِ نَصِيبٌ مِّمَّا
ٱكْتَسَبُوا۟ ۖ وَلِلنِّسَآءِ نَصِيبٌ مِّمَّا ٱكْتَسَبْنَ ۚ وَسْـَٔلُوا۟ ٱللَّهَ مِن فَضْلِهِۦٓ ۗ إِنَّ ٱللَّهَ
كَانَ بِكُلِّ شَىْءٍ عَلِيمًا ﴿٣٢﴾

32. Wa lá tatamannau má faddhalal láhu bihí ba'dhakum 'alá ba'dh; lirrijáli nasíbum mimmak tasabú wa linnisá'i nasíbum mimmak tasabn; was'alul láha min fadhlih; innal láha kána bikulli chai'in 'Alímá

32. Não ambicioneis aquilo com que Deus agraciou uns, mais do que aquilo com que (agraciou) outros, porque aos homens lhes corresponderá aquilo que ganharem; assim, também as mulheres terão aquilo que ganharem. Rogai a Deus que vos conceda a Sua graça, porque Deus é Onisciente.

وَلِكُلٍّ جَعَلْنَا مَوَٰلِيَ مِمَّا تَرَكَ ٱلْوَٰلِدَانِ وَٱلْأَقْرَبُونَ ۚ وَٱلَّذِينَ
عَقَدَتْ أَيْمَٰنُكُمْ فَـَٔاتُوهُمْ نَصِيبَهُمْ ۚ إِنَّ ٱللَّهَ كَانَ عَلَىٰ كُلِّ
شَيْءٍ شَهِيدًا ﴿٣٣﴾

33. Wa likullin ja'alná mawáliya mimmá tarakal wálidáni wal aqrabún; wallazína 'aqadat aimánukum fa átúhum nasíbahum; innal láha kána 'alá kulli chai'in Chahidá

33. A cada qual instituímos a herança de uma parte do que tenham deixado seus pais e parentes. Concedei, a quem vossas mãos se comprometeram, o seu quinhão, porque Deus é testemunha de tudo.

ٱلرِّجَالُ قَوَّٰمُونَ عَلَى ٱلنِّسَآءِ بِمَا فَضَّلَ ٱللَّهُ بَعْضَهُمْ عَلَىٰ بَعْضٍ وَبِمَآ
أَنفَقُوا۟ مِنْ أَمْوَٰلِهِمْ ۚ فَٱلصَّٰلِحَٰتُ قَٰنِتَٰتٌ حَٰفِظَٰتٌ لِّلْغَيْبِ بِمَا حَفِظَ
ٱللَّهُ ۚ وَٱلَّٰتِى تَخَافُونَ نُشُوزَهُنَّ فَعِظُوهُنَّ وَٱهْجُرُوهُنَّ فِى ٱلْمَضَاجِعِ
وَٱضْرِبُوهُنَّ ۖ فَإِنْ أَطَعْنَكُمْ فَلَا تَبْغُوا۟ عَلَيْهِنَّ سَبِيلًا ۗ إِنَّ ٱللَّهَ كَانَ عَلِيًّا
كَبِيرًا ﴿٣٤﴾

34. Arrijálu qauwámúna 'alan nisá'i bimá faddhalal láhu ba'dhahum 'alá ba'dhin wa bimá anfaqú min amwálihim; fassálihátu qánitátun háfizátul lil ghaibi bimá hafizal láh; walláti takháfúna nuchúzahunna fa'izúhunna wahjurúhunna fil madáji'i wadhribúhunna fa in ata'nakum falá tabghú 'alaihinna sabilá; innal láha kána 'Aliyyan Kabírá

34. Os homens são os protetores das mulheres, porque Deus dotou uns com mais (força) do que as outras, e porque as sustentam do seu pecúlio. As boas esposas são as devotas, que guardam, na ausência (do marido), o que Deus ordenou que

fosse guardado. Quanto àquelas de quem constatais rebeldia, admoestai-as (na primeira vez), abandonai os seus leitos (na segunda vez) e castigai-as (na terceira vez); porém, se vos obedecerem, não procureis meios (escusos) contra elas. Sabei que Deus é Excelso, Magnânimo.

وَإِنْ خِفْتُمْ شِقَاقَ بَيْنِهِمَا فَٱبْعَثُواْ حَكَمًا مِّنْ أَهْلِهِۦ وَحَكَمًا مِّنْ أَهْلِهَآ إِن يُرِيدَآ إِصْلَٰحًا يُوَفِّقِ ٱللَّهُ بَيْنَهُمَآ إِنَّ ٱللَّهَ كَانَ عَلِيمًا خَبِيرًا ﴿٣٥﴾

35. *Wa in khiftum chiqáqa bainihimá fab'açú hakamam min ahlihí wa hakamam min ahlihá; in-yurídá isláhai-yuwaffiquil láhu bainahumá; innal láha kána 'Alíman Khabírá*

35. E se temerdes desacordo entre ambos (esposo e esposa), apelai para um árbitro da família dele e outro da dela. Se ambos desejarem reconciliar-se, Deus os reconciliará, porque é Sapiente, Inteiradíssimo.

۞ وَٱعْبُدُواْ ٱللَّهَ وَلَا تُشْرِكُواْ بِهِۦ شَيْـًٔا وَبِٱلْوَٰلِدَيْنِ إِحْسَٰنًا وَبِذِى ٱلْقُرْبَىٰ وَٱلْيَتَٰمَىٰ وَٱلْمَسَٰكِينِ وَٱلْجَارِ ذِى ٱلْقُرْبَىٰ وَٱلْجَارِ ٱلْجُنُبِ وَٱلصَّاحِبِ بِٱلْجَنۢبِ وَٱبْنِ ٱلسَّبِيلِ وَمَا مَلَكَتْ أَيْمَٰنُكُمْ إِنَّ ٱللَّهَ لَا يُحِبُّ مَن كَانَ مُخْتَالًا فَخُورًا ﴿٣٦﴾

36. ۞ *Wa'budul láha wa lá tuchrikú bihí chai'an wa bilwálidaini ihsánan wa bizil qurbá walyatámá walmasákini waljári zilqurbá waljáril junubi wassáhibi biljambi wabnis sabíli wa má malakat aimánukum; innal láha lá yuhibbu man kána mukhtálan fakhúrá*

36. Adorai a Deus e não Lhe atribuais parceiros. Tratai com benevolência os vossos pais e parentes, os órfãos, os necessitados, o vizinho próximo, o vizinho estranho, o companheiro de lado, o viajante sem recursos e os vossos servos, porque Deus não estima arrogante e pretensioso algum.

ٱلَّذِينَ يَبْخَلُونَ وَيَأْمُرُونَ ٱلنَّاسَ بِٱلْبُخْلِ وَيَكْتُمُونَ مَآ ءَاتَىٰهُمُ ٱللَّهُ مِن فَضْلِهِۦ وَأَعْتَدْنَا لِلْكَٰفِرِينَ عَذَابًا مُّهِينًا ﴿٣٧﴾

37. Allazína yabkhalúna wa ya'murúnan nása bilbukhli wa yaktumúna má átáhumul láhu min fadhlih; wa a'tadná lilkáfirína 'azábam muhíná

37. Quanto àqueles que são avarentos e recomendam aos demais a avareza, e ocultam o que Deus lhes concedeu da Sua graça, saibam que destinamos um castigo humilhante para os incrédulos.

وَٱلَّذِينَ يُنفِقُونَ أَمۡوَٰلَهُمۡ رِئَآءَ ٱلنَّاسِ وَلَا يُؤۡمِنُونَ بِٱللَّهِ وَلَا بِٱلۡيَوۡمِ
ٱلۡأٓخِرِۗ وَمَن يَكُنِ ٱلشَّيۡطَٰنُ لَهُۥ قَرِينٗا فَسَآءَ قَرِينٗا ٣٨

38. Wallazína yunfiqúna amwálahum ri'á'an nási walá yu'minúna billáhi walá bil Yaumil Ákhir; wa mai yakunich chaitánu lahú qarínan fasá'a qaríná

38. (Tampouco Deus aprecia) os que distribuem ostensivamente os seus bens, e não creem em Deus, nem no Dia do Juízo Final, além de terem Satanás por companheiro. Que péssimo companheiro!

وَمَاذَا عَلَيۡهِمۡ لَوۡ ءَامَنُواْ بِٱللَّهِ وَٱلۡيَوۡمِ ٱلۡأٓخِرِ وَأَنفَقُواْ مِمَّا رَزَقَهُمُ ٱللَّهُۚ وَكَانَ ٱللَّهُ
بِهِمۡ عَلِيمًا ٣٩

39. Wa mázá 'alaihim lau ámanú billáhi wal Yaumil Ákhiri wa anfaqú mimmá razaqahumul láh; wa kánal láhu bihim 'alímá

39. Que teriam eles a temer, se cressem em Deus e no Dia do Juízo Final, e fizessem caridade com aquilo com que Deus os agraciou, uma vez que Deus bem os conhece?

إِنَّ ٱللَّهَ لَا يَظۡلِمُ مِثۡقَالَ ذَرَّةٖۖ وَإِن تَكُ حَسَنَةٗ يُضَٰعِفۡهَا وَيُؤۡتِ مِن لَّدُنۡهُ أَجۡرًا
عَظِيمٗا ٤٠

40. Innal láha lá yazlimu miçqála zarratin wa in taku hasanatan yudhá'ifhá wa yu'ti mil ladunhu ajran 'azímá

40. Deus não frustrará ninguém, nem mesmo no equivalente ao peso de um átomo; por outra, multiplicará toda a boa ação e concederá, de Sua parte, uma magnífica recompensa.

فَكَيۡفَ إِذَا جِئۡنَا مِن كُلِّ أُمَّةِۭ بِشَهِيدٖ وَجِئۡنَا بِكَ عَلَىٰ هَٰٓؤُلَآءِ
شَهِيدٗا ٤١

سُورَةُ النِّسَاءِ

Surat An Nissá

41. Fakaifa izá ji'ná min kulli ummatim bichahídin wa ji'ná bika 'alá há'ulá'i Chahída

41. Que será deles, quando apresentarmos uma testemunha de cada nação e te designarmos (ó Mohammad) testemunha contra eles?

يَوْمَئِذٍ يَوَدُّ ٱلَّذِينَ كَفَرُوا۟ وَعَصَوُا۟ ٱلرَّسُولَ لَوْ تُسَوَّىٰ بِهِمُ ٱلْأَرْضُ وَلَا يَكْتُمُونَ ٱللَّهَ
حَدِيثًا ﴿٤٢﴾

42. Yauma'izin yawaddul lazína kafarú wa'asawur Rasúla lau tusauwá bihimul ardhu wa lá yaktumúnal láha hadíçá

42. Nesse dia, os incrédulos, que tiverem desobedecido o Mensageiro, ansiarão para que sejam nivelados com a Terra; saibam que nada podem ocultar de Deus.

يَٰٓأَيُّهَا ٱلَّذِينَ ءَامَنُوا۟ لَا تَقْرَبُوا۟ ٱلصَّلَوٰةَ وَأَنتُمْ سُكَٰرَىٰ حَتَّىٰ تَعْلَمُوا۟ مَا
تَقُولُونَ وَلَا جُنُبًا إِلَّا عَابِرِى سَبِيلٍ حَتَّىٰ تَغْتَسِلُوا۟ ۚ وَإِن كُنتُم مَّرْضَىٰٓ أَوْ عَلَىٰ
سَفَرٍ أَوْ جَآءَ أَحَدٌ مِّنكُم مِّنَ ٱلْغَآئِطِ أَوْ لَٰمَسْتُمُ ٱلنِّسَآءَ فَلَمْ تَجِدُوا۟ مَآءً
فَتَيَمَّمُوا۟ صَعِيدًا طَيِّبًا فَٱمْسَحُوا۟ بِوُجُوهِكُمْ وَأَيْدِيكُمْ ۗ إِنَّ ٱللَّهَ كَانَ عَفُوًّا
غَفُورًا ﴿٤٣﴾

43. Yá aiyuhal lazína ámanú lá taqrabus Saláta wa antum sukárá hatta ta'lamú ma taqúlúna wa lá junuban illá 'ábirí sabílin hatta taghtasilú; wa in kuntum mardá au 'alá safarin au já'a ahadum minkum minal ghá'iti au lámastumun nisá'a falam tajidú má'an fatayammamú sa'ídan taiyiban famsahú biwujúhikum wa aidíkum; innal láha kána 'Afuwwan Ghafúrá

43. Ó crentes, não vos deis à oração quando vos achardes ébrios, até que saibais o que dizeis, nem quando estiverdes polutos pelo dever conjugal - salvo se vos achardes em viagem -, até que vos tenhais higienizado. Se estiverdes enfermos ou em viagem, ou se algum de vós acabar de fazer a sua necessidade, ou se tiverdes contato com mulheres, sem terdes encontrado água, recorrei ao tayamum com terra limpa e passai (as mãos com a terra) em vossos rostos e mãos; sabei que Deus é Remissório, Indulgentíssimo.

أَلَمْ تَرَ إِلَى ٱلَّذِينَ أُوتُوا۟ نَصِيبًا مِّنَ ٱلْكِتَٰبِ يَشْتَرُونَ ٱلضَّلَٰلَةَ وَيُرِيدُونَ أَن
تَضِلُّوا۟ ٱلسَّبِيلَ ﴿٤٤﴾

سُورَةُ النِّسَاءِ

Surat An Nissá

44. Alam tara ilal lazína útú nasíbam minal Kitábi yachtarúnad dhalálata wa yurídúna an tadhillus sabíl

44. Não tens reparado naqueles que foram agraciados com uma parte do Livro e trocam a retidão pelo erro, procurando desviar-vos da senda reta?

وَٱللَّهُ أَعۡلَمُ بِأَعۡدَآئِكُمۡۚ وَكَفَىٰ بِٱللَّهِ وَلِيّٗا وَكَفَىٰ بِٱللَّهِ نَصِيرٗا ٤٥

45. Walláhu a'lamu bi a'dá'i-kum; wa kafá billáhi waliyyan wa kafá billáhi nasíra

45. Entretanto, Deus conhece, melhor do que ninguém, os vossos inimigos. Basta Deus por Protetor, e basta Deus por Socorredor.

مِّنَ ٱلَّذِينَ هَادُواْ يُحَرِّفُونَ ٱلۡكَلِمَ عَن مَّوَاضِعِهِۦ وَيَقُولُونَ سَمِعۡنَا وَعَصَيۡنَا
وَٱسۡمَعۡ غَيۡرَ مُسۡمَعٖ وَرَٰعِنَا لَيَّۢا بِأَلۡسِنَتِهِمۡ وَطَعۡنٗا فِي ٱلدِّينِۚ وَلَوۡ أَنَّهُمۡ قَالُواْ
سَمِعۡنَا وَأَطَعۡنَا وَٱسۡمَعۡ وَٱنظُرۡنَا لَكَانَ خَيۡرٗا لَّهُمۡ وَأَقۡوَمَ وَلَٰكِن لَّعَنَهُمُ ٱللَّهُ بِكُفۡرِهِمۡ
فَلَا يُؤۡمِنُونَ إِلَّا قَلِيلٗا ٤٦

46. Minal lazína hádú yuharrifúnal Kalima 'am mawádhi'ihi wa yaqúlúna sami'ná wa 'asainá wasma' ghaira musma'in wa rá'iná laiyam bi alsinatihim wa ta'nan fid dín; wa lau annahum qálú sami'ná wa ata'ná wasma' wanzurná lakána khairal lahum wa aqwama wa lákil la'anahumul láhu bikufrihim falá yu'minúna illá qalíla

46. Entre os judeus, há aqueles que deturpam as palavras, quanto ao seu significado. Dizem: Ouvimos e nos rebelamos. Dizem ainda a frase: "*Issma' ghaira mussma'en, wa rá'ina*, distorcendo-lhe, assim, o sentido, difamando a religião. Porém, se tivessem dito: Ouvimos e obedecemos. Escuta-nos e digna-nos com a Tua atenção ("*anzurna*" em vez de "*rá'ina*"), teria sido melhor e mais propício para eles. Porém, Deus os amaldiçoa por sua incredulidade, porque não creem, senão pouquíssimos deles.

يَٰٓأَيُّهَا ٱلَّذِينَ أُوتُواْ ٱلۡكِتَٰبَ ءَامِنُواْ بِمَا نَزَّلۡنَا مُصَدِّقٗا لِّمَا مَعَكُم مِّن قَبۡلِ أَن
نَّطۡمِسَ وُجُوهٗا فَنَرُدَّهَا عَلَىٰٓ أَدۡبَارِهَآ أَوۡ نَلۡعَنَهُمۡ كَمَا لَعَنَّآ أَصۡحَٰبَ ٱلسَّبۡتِۚ
وَكَانَ أَمۡرُ ٱللَّهِ مَفۡعُولًا ٤٧

47. *Yá aiyuha lazína útul Kitába áminú bimá nazzalná musadiqal limá ma'akum min qabli an natmisa wujúhan fanaruddahá 'alá adbárihá au nal'anahum kamá la'anná Asshábas Sabt; wa kána amrul láhi maf'úlá*

47. Ó adeptos do Livro, crede no que vos revelamos, coisa que bem corrobora o que tendes, antes que desfiguremos os rostos de alguns, ou que os amaldiçoemos, tal como amaldiçoamos os profanadores do sábado, para que a sentença de Deus seja executada!

إِنَّ ٱللَّهَ لَا يَغۡفِرُ أَن يُشۡرَكَ بِهِۦ وَيَغۡفِرُ مَا دُونَ ذَٰلِكَ لِمَن يَشَآءُۚ وَمَن يُشۡرِكۡ بِٱللَّهِ
فَقَدِ ٱفۡتَرَىٰٓ إِثۡمًا عَظِيمًا ٤٨

48. *Innal láha lá yaghfiru ai yuchraka bihí wa yaghfiru má dúna zálika limai yachá'; wa mai yuchrik billáhi faqadif tará içman 'azímá*

48. Deus jamais perdoará a quem Lhe atribuir parceiros; porém, fora disso, perdoa a quem Lhe apraz. Quem atribuir parceiros a Deus cometerá um pecado atroz.

أَلَمۡ تَرَ إِلَى ٱلَّذِينَ يُزَكُّونَ أَنفُسَهُمۚ بَلِ ٱللَّهُ يُزَكِّي مَن يَشَآءُ وَلَا يُظۡلَمُونَ فَتِيلًا ٤٩

49. *Alam tara ilal lazína yuzakkúna anfusahum; balil láhu yuzakkí mai yachá'u wa lá yuzlamúna fatílá*

49. Não reparaste naqueles que se jactam de puros? Qual! Deus purifica quem Lhe apraz, e não os frustra, no mínimo que seja.

ٱنظُرۡ كَيۡفَ يَفۡتَرُونَ عَلَى ٱللَّهِ ٱلۡكَذِبَۖ وَكَفَىٰ بِهِۦٓ إِثۡمًا مُّبِينًا ٥٠

50. *Unzur kaifa yaftarúna 'alal láhil kazib, wakafá bihí içmamm mubíná*

50. Olha como forjam mentiras acerca de Deus! Isso, por si só, é um verdadeiro delito.

أَلَمۡ تَرَ إِلَى ٱلَّذِينَ أُوتُواْ نَصِيبًا مِّنَ ٱلۡكِتَٰبِ يُؤۡمِنُونَ بِٱلۡجِبۡتِ
وَٱلطَّٰغُوتِ وَيَقُولُونَ لِلَّذِينَ كَفَرُواْ هَٰٓؤُلَآءِ أَهۡدَىٰ مِنَ ٱلَّذِينَ ءَامَنُواْ سَبِيلًا ٥١

51. *Alam tara ilal lazína 'útú nasíbam minal kitábi yu'minúna bil Jibti wat Tághúti wa yaqúlúna lillazína kafarú háulá'i ahdá minal lazína ámanú sabílá*

51. Não reparaste naqueles que foram agraciados com uma parte do Livro? Creem em feitiçaria e no sedutor, e dizem dos incrédulos: Estes estão mais bem encaminhados do que os crentes.

أُوْلَٰٓئِكَ ٱلَّذِينَ لَعَنَهُمُ ٱللَّهُۖ وَمَن يَلۡعَنِ ٱللَّهُ فَلَن تَجِدَ لَهُۥ نَصِيرًا ٥٢

52. *Ulá'ikal lazína la'anahumul láhu wa mai yal'anil láhu falan tajida lahú nasírá*

52. São aqueles a quem Deus amaldiçoou e, a quem Deus amaldiçoar, jamais encontrará socorredor.

أَمْ لَهُمْ نَصِيبٌ مِّنَ ٱلْمُلْكِ فَإِذًا لَّا يُؤْتُونَ ٱلنَّاسَ نَقِيرًا ﴿٥٣﴾

53. *Am lahum nasíbum minal mulki fa izal lá yu'túnan nása naquírá*

53. Possuem, acaso, uma parte do domínio? Se a possuíssem, dela não dariam a seus semelhantes, nem a mais ínfima partícula.

أَمْ يَحْسُدُونَ ٱلنَّاسَ عَلَىٰ مَآ ءَاتَىٰهُمُ ٱللَّهُ مِن فَضْلِهِۦ ۖ فَقَدْ ءَاتَيْنَآ ءَالَ إِبْرَٰهِيمَ
ٱلْكِتَٰبَ وَٱلْحِكْمَةَ وَءَاتَيْنَٰهُم مُّلْكًا عَظِيمًا ﴿٥٤﴾

54. *Am yahsudúnan nása 'alá má átáhumul láhu min fadhlihí faqad átainá Ála Ibráhímal Kitába wal Hikmata wa átaináhum mulkan 'azímá*

54. Ou invejam seus semelhantes por causa do que Deus lhes concedeu de Sua graça? Já tínhamos concedido à família de Abraão o Livro, a sabedoria, além de lhe proporcionarmos um poderoso reino.

فَمِنْهُم مَّنْ ءَامَنَ بِهِۦ وَمِنْهُم مَّن صَدَّ عَنْهُ ۚ وَكَفَىٰ بِجَهَنَّمَ سَعِيرًا ﴿٥٥﴾

55. *Famin-hum man ámana bihí wa min-hum man sadda 'anh; wa kafá bi Jahannama sa'írá*

55. Entre eles, há os que nele (o Livro) acreditaram, bem como os que o repudiaram. E o inferno é suficiente fogo abrasador.

إِنَّ ٱلَّذِينَ كَفَرُوا۟ بِـَٔايَٰتِنَا سَوْفَ نُصْلِيهِمْ نَارًا كُلَّمَا نَضِجَتْ جُلُودُهُم بَدَّلْنَٰهُمْ
جُلُودًا غَيْرَهَا لِيَذُوقُوا۟ ٱلْعَذَابَ ۗ إِنَّ ٱللَّهَ كَانَ عَزِيزًا حَكِيمًا ﴿٥٦﴾

56. *Innal lazína kafarú bi Áyátiná saufa nuslíhim Náran kullamá nadijat julúduhum baddalnáhum julúdan ghairahá liyazúqul 'azáb; innal láha kána 'Azízan Hakímá*

56. Quanto àqueles que negam os Nossos versículos, introduzi-los-emos no fogo infernal. Cada vez que a sua pele se tiver queimado, trocá-la-emos por outra, para que experimentem mais e mais o suplício. Sabei que Deus é Poderoso, Prudentíssimo.

سُورَةُ النِّسَاءِ

Surat An Nissá

وَٱلَّذِينَ ءَامَنُواْ وَعَمِلُواْ ٱلصَّٰلِحَٰتِ سَنُدۡخِلُهُمۡ جَنَّٰتٖ تَجۡرِي مِن تَحۡتِهَا ٱلۡأَنۡهَٰرُ خَٰلِدِينَ فِيهَآ أَبَدٗاۖ لَّهُمۡ فِيهَآ أَزۡوَٰجٞ مُّطَهَّرَةٞۖ وَنُدۡخِلُهُمۡ ظِلّٗا ظَلِيلًا ﴿٥٧﴾

57. *Wallazína ámanú wa 'amilus sáliháti sanudkhiluhum jannátin tajrí min tahtihal anháru khálidína fíhá abadá, lahum fíhá azwájum mutahharatun wa nudkhiluhum zillan zalílá*

57. Quanto aos crentes, que praticam o bem, introduzi-los-emos em jardins, abaixo dos quais correm rios, onde morarão eternamente, onde terão esposas imaculadas, e os faremos desfrutar de uma densa sombra.

۞ إِنَّ ٱللَّهَ يَأۡمُرُكُمۡ أَن تُؤَدُّواْ ٱلۡأَمَٰنَٰتِ إِلَىٰٓ أَهۡلِهَا وَإِذَا حَكَمۡتُم بَيۡنَ ٱلنَّاسِ أَن تَحۡكُمُواْ بِٱلۡعَدۡلِۚ إِنَّ ٱللَّهَ نِعِمَّا يَعِظُكُم بِهِۦٓۗ إِنَّ ٱللَّهَ كَانَ سَمِيعَۢا بَصِيرٗا ﴿٥٨﴾

58. ۞ *Innal láha ya'murukum an tu'addul amánáti ilá ahlihá wa izá hakamtum bainan nási an tahkumú bil'adl; innal láha ni'immá ya'izukum bih; innal láha kána Samí'am Basírá*

58. Deus manda restituirdes ao seu dono o que vos está confiado; quando julgardes entre as pessoas, fazei-o com equidade. Quão excelente é isso a que Deus vos exorta! Ele é Oniouvinte, Onividente.

يَٰٓأَيُّهَا ٱلَّذِينَ ءَامَنُوٓاْ أَطِيعُواْ ٱللَّهَ وَأَطِيعُواْ ٱلرَّسُولَ وَأُوْلِي ٱلۡأَمۡرِ مِنكُمۡۖ فَإِن تَنَٰزَعۡتُمۡ فِي شَيۡءٖ فَرُدُّوهُ إِلَى ٱللَّهِ وَٱلرَّسُولِ إِن كُنتُمۡ تُؤۡمِنُونَ بِٱللَّهِ وَٱلۡيَوۡمِ ٱلۡأٓخِرِۚ ذَٰلِكَ خَيۡرٞ وَأَحۡسَنُ تَأۡوِيلًا ﴿٥٩﴾

59. *Yá aiyuhal lazína ámanú atí'ul láha wa atí'ur Rasúla wa ulil amri minkum fa in tanáza'tum fí chai'in faruddúhu ilal láhi war Rasúli in kuntum tu'minúna billáhi wal yaumil Ákhir; zálika khairun wa ahsanu ta'wílá*

59. Ó crentes, obedecei a Deus, ao Mensageiro e às autoridades, dentre vós! Se disputardes sobre qualquer questão, recorrei a Deus e ao Mensageiro, se é que credes em Deus e no Dia do Juízo Final, porque isso vos será preferível e de melhor alvitre.

سُورَةُ النِّسَاءِ

Surat An Nissá

أَلَمْ تَرَ إِلَى ٱلَّذِينَ يَزْعُمُونَ أَنَّهُمْ ءَامَنُوا۟ بِمَآ أُنزِلَ إِلَيْكَ وَمَآ أُنزِلَ مِن قَبْلِكَ
يُرِيدُونَ أَن يَتَحَاكَمُوٓا۟ إِلَى ٱلطَّـٰغُوتِ وَقَدْ أُمِرُوٓا۟ أَن يَكْفُرُوا۟ بِهِۦ وَيُرِيدُ
ٱلشَّيْطَـٰنُ أَن يُضِلَّهُمْ ضَلَـٰلًۢا بَعِيدًا ﴿٦٠﴾

60. *Alam tara ilal lazína yaz'umúna annahum amanú bimá unzilá ilaika wa má unzila min qablika yurídúna ai yatahákamú ilat Tághúti wa qad umirú ai yakfurú bihi, wa yuríduch Chaitánu ai yudhillahum dhalálam ba'ídá*

60. Não reparaste naqueles que declaram que creem no que te foi revelado e no que foi revelado antes de ti, recorrendo, em seus julgamentos, ao sedutor, sendo que lhes foi ordenado rejeitá-lo? Porém, Satanás quer desviá-los profundamente.

وَإِذَا قِيلَ لَهُمْ تَعَالَوْا۟ إِلَىٰ مَآ أَنزَلَ ٱللَّهُ وَإِلَى ٱلرَّسُولِ رَأَيْتَ ٱلْمُنَـٰفِقِينَ
يَصُدُّونَ عَنكَ صُدُودًا ﴿٦١﴾

61. *Wa izá quíla lahum ta'álau ilá má anzalal láhu wa ilar Rasúli raaital munáfiquína yasuddúna 'anka sudúdá*

61. E quando lhes for dito: Aproximai-vos do que Deus revelou, e do Mensageiro! Verás os hipócritas afastarem-se de ti desdenhosamente.

فَكَيْفَ إِذَآ أَصَـٰبَتْهُم مُّصِيبَةٌۢ بِمَا قَدَّمَتْ أَيْدِيهِمْ ثُمَّ جَآءُوكَ
يَحْلِفُونَ بِٱللَّهِ إِنْ أَرَدْنَآ إِلَّآ إِحْسَـٰنًا وَتَوْفِيقًا ﴿٦٢﴾

62. *Fakaifa izá asábathum musíbatum bimá qaddamat aidíhim çumma já'úka yahlifúna billáhi in aradná illá i<u>h</u>sánan wa taufíqá*

62. Que será deles, quando os açoitar um infortúnio, por causa de que cometeram as suas mãos? Então, recorrerão a ti, jurando por Deus e clamando: Só temos ansiado o bem e a concórdia.

أُو۟لَـٰٓئِكَ ٱلَّذِينَ يَعْلَمُ ٱللَّهُ مَا فِى قُلُوبِهِمْ فَأَعْرِضْ عَنْهُمْ وَعِظْهُمْ وَقُل
لَّهُمْ فِىٓ أَنفُسِهِمْ قَوْلًۢا بَلِيغًا ﴿٦٣﴾

63. *Ulá'ikal lazína ya'lamul láhu má fí qulúbihim fa a'ridh 'anhum wa 'izhum wa qul lahum fí anfusihim qaulam balíghá*

63. São aqueles, cujos segredos dos corações Deus bem conhece. Evita-os, porém, exorta-os e fala-lhes com palavras que invadam os seus ânimos.

سُورَةُ النِّسَاءِ

Surat An Nissá

وَمَآ أَرۡسَلۡنَا مِن رَّسُولٍ إِلَّا لِيُطَاعَ بِإِذۡنِ ٱللَّهِۚ وَلَوۡ أَنَّهُمۡ إِذ ظَّلَمُوٓاْ
أَنفُسَهُمۡ جَآءُوكَ فَٱسۡتَغۡفَرُواْ ٱللَّهَ وَٱسۡتَغۡفَرَ لَهُمُ ٱلرَّسُولُ لَوَجَدُواْ
ٱللَّهَ تَوَّابٗا رَّحِيمٗا ٦٤

64. Wa má arsalná mir Rasúlin illá liyutá'a bi iznil láh; wa lau annahum 'iz zalamú anfusahum já'úka fastaghfarul láha wastaghfara lahumur Rasúlu la wajadul láha Tauwábar Rahímá

64. Jamais enviaríamos um mensageiro que não devesse ser obedecido, com a permissão de Deus. Se, quando se condenaram, tivessem recorrido a ti e houvessem implorado o perdão de Deus, e o Mensageiro tivesse pedido perdão por eles, encontrariam Deus, Remissório, Misericordiosíssimo.

فَلَا وَرَبِّكَ لَا يُؤۡمِنُونَ حَتَّىٰ يُحَكِّمُوكَ فِيمَا شَجَرَ بَيۡنَهُمۡ ثُمَّ لَا
يَجِدُواْ فِيٓ أَنفُسِهِمۡ حَرَجٗا مِّمَّا قَضَيۡتَ وَيُسَلِّمُواْ تَسۡلِيمٗا ٦٥

65. Falá wa Rabbika lá yu'minúna hattá yuhakkimúka fí má chajara bainahum çumma lá yajidú fí anfusihim harajam mimmá qadaita wa yusallimú taslímá

65. Por teu Senhor, não crerão, até que te tomem por juiz de suas dissensões e não objetem ao que tu tenhas sentenciado. Então, submeter-se-ão a ti espontaneamente.

وَلَوۡ أَنَّا كَتَبۡنَا عَلَيۡهِمۡ أَنِ ٱقۡتُلُوٓاْ أَنفُسَكُمۡ أَوِ ٱخۡرُجُواْ مِن دِيَٰرِكُم مَّا فَعَلُوهُ
إِلَّا قَلِيلٞ مِّنۡهُمۡۖ وَلَوۡ أَنَّهُمۡ فَعَلُواْ مَا يُوعَظُونَ بِهِۦ لَكَانَ خَيۡرٗا لَّهُمۡ وَأَشَدَّ تَثۡبِيتٗا ٦٦

66. Wa lau anná katabná 'alaihim ani qtulú anfusakum au ikhrujú min diyárikum má fa'alúhu illá qalílum min-hum wa lau annahum fa'alú má yú'azúna bihí lakána khairal lahum wa achadda taçbítá

66. Porém, se lhes tivéssemos prescrito: Sacrificai-vos e abandonai os vossos lares! não o teriam feito, senão poucos deles. Porém, se tivessem feito o que lhes foi prescrito, quão melhor teria sido para eles e para o fortalecimento (da sua fé).

وَإِذٗا لَّأٓتَيۡنَٰهُم مِّن لَّدُنَّآ أَجۡرًا عَظِيمٗا ٦٧

67. Wa izal la átaináhum mil ladunná ajran 'azímá

67. E, então, ter-lhes-íamos concedido a Nossa magnífica recompensa.

وَلَهَدَيۡنَٰهُمۡ صِرَٰطٗا مُّسۡتَقِيمٗا ٦٨

سُورَةُ ٱلنِّسَاءِ

Surat An Nissá

68. Wa lahadaináhum Sirátam mustaquímá

68. E tê-los-íamos encaminhado pela senda reta.

وَمَن يُطِعِ ٱللَّهَ وَٱلرَّسُولَ فَأُوْلَٰٓئِكَ مَعَ ٱلَّذِينَ أَنْعَمَ ٱللَّهُ عَلَيْهِم مِّنَ ٱلنَّبِيِّـۧنَ
وَٱلصِّدِّيقِينَ وَٱلشُّهَدَآءِ وَٱلصَّٰلِحِينَ ۚ وَحَسُنَ أُوْلَٰٓئِكَ رَفِيقًا ﴿٦٩﴾

69. Wa man-yuti'il láha war Rasúla fa ulá'ika ma'al lazína an'amal láhu 'alaihim minan nabiyyína wassiddíquína wachchuhadá'i wassálihín; wa hasuna ulá'ika rafíqá

69. Aqueles que obedecem a Deus e ao Mensageiro, contar-se-ão entre os agraciados por Deus: profetas, verazes, mártires e virtuosos. Que excelentes companheiros serão!

ذَٰلِكَ ٱلْفَضْلُ مِنَ ٱللَّهِ ۚ وَكَفَىٰ بِٱللَّهِ عَلِيمًا ﴿٧٠﴾

70. Zálikal fadlu minal láh; wa kafá billáhi 'Alímá

70. Tal é a benignidade de Deus. E basta Deus, Que é Sapientíssimo.

يَٰٓأَيُّهَا ٱلَّذِينَ ءَامَنُواْ خُذُواْ حِذْرَكُمْ فَٱنفِرُواْ ثُبَاتٍ أَوِ ٱنفِرُواْ جَمِيعًا ﴿٧١﴾

71. Yá aiyuhal lazína ámanú khuzú hizrakum fanfirú subátin au infirú jamí'á

71. Ó crentes, ficai prevenidos contra o adversário, e avançai por destacamentos, ou avançai em massa.

وَإِنَّ مِنكُمْ لَمَن لَّيُبَطِّئَنَّ فَإِنْ أَصَٰبَتْكُم مُّصِيبَةٌ قَالَ قَدْ أَنْعَمَ ٱللَّهُ عَلَىَّ إِذْ لَمْ أَكُن مَّعَهُمْ
شَهِيدًا ﴿٧٢﴾

72. Wa inna minkum lamal la yubatti'anna fa in asábatkum musíbatun qála qad an'amal láhu 'alaiya iz lam akum ma'ahum chahída

72. Entre vós, há alguns retardatários que, ao tomarem conhecimento de que sofrestes um revés, dizem: Deus nos agraciou, por não estarmos presentes, com eles!

وَلَئِنْ أَصَٰبَكُمْ فَضْلٌ مِّنَ ٱللَّهِ لَيَقُولَنَّ كَأَن لَّمْ تَكُن بَيْنَكُمْ وَبَيْنَهُۥ مَوَدَّةٌ
يَٰلَيْتَنِى كُنتُ مَعَهُمْ فَأَفُوزَ فَوْزًا عَظِيمًا ﴿٧٣﴾

73. Wa la'in asábakum fadlum minal láhi la yaqúlanna ka al lam takum bainakum wa bainahú mawaddatun yá laitaní kuntu ma'ahum fa afúza fauzan 'azímá

73. Porém, se vos chegasse uma graça de Deus, diriam, como se não existisse vínculo algum entre vós e eles: Oxalá tivéssemos estado com eles, assim teríamos logrado um magnífico benefício!

۞ فَلْيُقَٰتِلْ فِى سَبِيلِ ٱللَّهِ ٱلَّذِينَ يَشْرُونَ ٱلْحَيَوٰةَ ٱلدُّنْيَا بِٱلْءَاخِرَةِ ۚ
وَمَن يُقَٰتِلْ فِى سَبِيلِ ٱللَّهِ فَيُقْتَلْ أَوْ يَغْلِبْ فَسَوْفَ نُؤْتِيهِ أَجْرًا عَظِيمًا ﴿٧٤﴾

74. ۞ Falyuqátil fí sabílil láhil lazína yachrúnal hayátad dunyá bil Ákhirah; wa may-yuqátil fí sabílil láhi fa yuqtal au yaghlib fasaufa nu'tíhi ajran 'azímá

74. Que combatam pela causa de Deus aqueles dispostos a sacrificar a vida terrena pela Futura, porque a quem combater pela causa de Deus, quer sucumba, quer vença, concederemos magnífica recompensa.

وَمَا لَكُمْ لَا تُقَٰتِلُونَ فِى سَبِيلِ ٱللَّهِ وَٱلْمُسْتَضْعَفِينَ مِنَ ٱلرِّجَالِ وَٱلنِّسَآءِ وَٱلْوِلْدَٰنِ
ٱلَّذِينَ يَقُولُونَ رَبَّنَآ أَخْرِجْنَا مِنْ هَٰذِهِ ٱلْقَرْيَةِ ٱلظَّالِمِ أَهْلُهَا وَٱجْعَل لَّنَا مِن لَّدُنكَ
وَلِيًّا وَٱجْعَل لَّنَا مِن لَّدُنكَ نَصِيرًا ﴿٧٥﴾

75. Wa má lakum lá tuqátilúna fí sabílil láhi walmustad'afína minar rijáli wannisá'i walwildánil lazína yaqúlúna Rabbaná akhrijná min házihil qaryatiz zálimi ahluhá waj'al laná mil ladunka waliyan waj'al laná mil ladunka nasírá

75. E o que vos impede de combater pela causa de Deus e dos indefesos, homens, mulheres e crianças? que dizem: Ó Senhor nosso, tira-nos desta cidade (Makka), cujos habitantes são opressores. Designa-nos, da Tua parte, um protetor e um socorredor!

ٱلَّذِينَ ءَامَنُوا۟ يُقَٰتِلُونَ فِى سَبِيلِ ٱللَّهِ ۖ وَٱلَّذِينَ كَفَرُوا۟ يُقَٰتِلُونَ فِى سَبِيلِ ٱلطَّٰغُوتِ فَقَٰتِلُوٓا۟
أَوْلِيَآءَ ٱلشَّيْطَٰنِ ۖ إِنَّ كَيْدَ ٱلشَّيْطَٰنِ كَانَ ضَعِيفًا ﴿٧٦﴾

76. Allazína ámanú yuqátilúna fí sabílil láhi wallazína kafarú yuqátilúna fí sabílit Tághút faqátilú awliyá'ach Chaitán; inna kaidach Chaitáni kána dha'ífa

76. Os crentes combatem pela causa de Deus; os incrédulos, ao contrário, combatem pela do sedutor. Combatei, pois, os aliados de Satanás, porque a sutileza de Satanás é débil.

أَلَمْ تَرَ إِلَى ٱلَّذِينَ قِيلَ لَهُمْ كُفُّوٓا۟ أَيْدِيَكُمْ وَأَقِيمُوا۟ ٱلصَّلَوٰةَ وَءَاتُوا۟ ٱلزَّكَوٰةَ فَلَمَّا كُتِبَ
عَلَيْهِمُ ٱلْقِتَالُ إِذَا فَرِيقٌ مِّنْهُمْ يَخْشَوْنَ ٱلنَّاسَ كَخَشْيَةِ ٱللَّهِ أَوْ أَشَدَّ خَشْيَةً ۚ وَقَالُوا۟ رَبَّنَا لِمَ
كَتَبْتَ عَلَيْنَا ٱلْقِتَالَ لَوْلَآ أَخَّرْتَنَآ إِلَىٰٓ أَجَلٍ قَرِيبٍ ۗ قُلْ مَتَٰعُ ٱلدُّنْيَا قَلِيلٌ وَٱلْءَاخِرَةُ خَيْرٌ
لِّمَنِ ٱتَّقَىٰ وَلَا تُظْلَمُونَ فَتِيلًا ﴿٧٧﴾

77. *Alam tara ilal lazína quíla lahum kuffú aidiyakum wa aquímus Saláta wa átuz Zakáta falammá kutiba 'alaihimul quitálu izá faríqum min-hum yakhchaunan nása kakhachyatil láhi au achadda khachyah; wa qálú Rabbaná lima katabta 'alainal quitála lau lá akhkhartaná ilá ajalin qaríb; qul matá'ud dunyá qalílun wal Ákhiratu khairul limanit taqá wa lá tuzlamúna fatílá*

77. Não reparaste naqueles aos quais foi dito: Contende as vossas mãos, observai a oração e pagai o zakat? Mas quando lhes foi prescrita a luta, eis que grande parte deles temeu as pessoas, tanto ou mais que a Deus, dizendo: Ó Senhor nosso, por que nos prescreve a luta? Por que não nos concedes um pouco mais de trégua? Dize-lhes: O gozo terreno é transitório; em verdade, o da Outra Vida é preferível para o temente; sabei que não sereis frustrados, no mínimo que seja.

أَيْنَمَا تَكُونُوا۟ يُدْرِككُّمُ ٱلْمَوْتُ وَلَوْ كُنتُمْ فِى بُرُوجٍ مُّشَيَّدَةٍ ۗ وَإِن تُصِبْهُمْ حَسَنَةٌ
يَقُولُوا۟ هَٰذِهِۦ مِنْ عِندِ ٱللَّهِ ۖ وَإِن تُصِبْهُمْ سَيِّئَةٌ يَقُولُوا۟ هَٰذِهِۦ مِنْ عِندِكَ ۚ قُلْ كُلٌّ مِّنْ
عِندِ ٱللَّهِ ۖ فَمَالِ هَٰٓؤُلَآءِ ٱلْقَوْمِ لَا يَكَادُونَ يَفْقَهُونَ حَدِيثًا ﴿٧٨﴾

78. *Aynamá takúnú yudrikkumul mautu wa lau kuntum fí burújim muchaiyadah; wa in tusibhum hasanatun yaqúlú házihí min indil láhi wa in tusibhum saiyi'atun yaqúlú házihí min 'indik; qul kullum min 'indilláhi famá lihá 'ulá'il qaumi lá yakádúna yafqahúna hadiçá*

78. Onde quer que vos encontrardes, a morte vos alcançará, ainda que vos guardeis em fortalezas inexpugnáveis. (Quanto aos hipócritas) Se os alcança uma ventura, dizem: Isto emana de Deus! Por outra, se os açoita um infortúnio, dizem: Isto provém de ti. Dize-lhes: Tudo emana de Deus! Que sucede a esta gente, que não compreende o que lhe é dito?

مَّآ أَصَابَكَ مِنْ حَسَنَةٍ فَمِنَ ٱللَّهِ ۖ وَمَآ أَصَابَكَ مِن سَيِّئَةٍ فَمِن نَّفْسِكَ ۚ وَأَرْسَلْنَٰكَ لِلنَّاسِ
رَسُولًا ۚ وَكَفَىٰ بِٱللَّهِ شَهِيدًا ﴿٧٩﴾

79. Má asábaka min h̲asanatin faminal láhi wa má asábaka min saiyi'atin famin nafsik; wa arsalnáka linnási Rasúlá; wa kafá billáhi Chahídá

79. Toda a ventura que te ocorra (ó homem) emana de Deus; mas toda a desventura que te açoita provém de ti. Enviamos-te (ó Mohammad) como Mensageiro para a humanidade, e Deus é suficiente Testemunha disto.

مَّن يُطِعِ ٱلرَّسُولَ فَقَدۡ أَطَاعَ ٱللَّهَۖ وَمَن تَوَلَّىٰ فَمَآ أَرۡسَلۡنَٰكَ عَلَيۡهِمۡ حَفِيظٗا ٨٠

80. Man yuti'ir Rasúla faqad atá'al láha wa man tawallá famá arsalnáka 'alaihim h̲afízá

80. Quem obedecer ao Mensageiro obedecerá a Deus; mas quem se rebelar, saiba que não te enviamos para lhes seres guardião.

وَيَقُولُونَ طَاعَةٞ فَإِذَا بَرَزُواْ مِنۡ عِندِكَ بَيَّتَ طَآئِفَةٞ مِّنۡهُمۡ غَيۡرَ ٱلَّذِي تَقُولُۖ
وَٱللَّهُ يَكۡتُبُ مَا يُبَيِّتُونَۖ فَأَعۡرِضۡ عَنۡهُمۡ وَتَوَكَّلۡ عَلَى ٱللَّهِۚ وَكَفَىٰ بِٱللَّهِ وَكِيلًا ٨١

81. Wa yaqúlúna tá'atun fa izá barazú min 'indika baiyata tá'ifatum min-hum ghairal lazí taqúlu wal láhu yaktubu má yubaiyitúna fa a'rid 'anhum wa tawakkal 'alal láh; wa kafá billáhi Wakílá

81. Eles juram-te obediência! Porém, quando se retiram da tua presença, uma parte deles planeja, durante a noite, fazer o contrário do que disseste. Mas (a verdade é que) Deus registra tudo quanto confabulam durante a noite. Deixe-os em paz e confia em Deus, porque Ele é para ti suficiente Guardião.

أَفَلَا يَتَدَبَّرُونَ ٱلۡقُرۡءَانَۚ وَلَوۡ كَانَ مِنۡ عِندِ غَيۡرِ ٱللَّهِ لَوَجَدُواْ فِيهِ ٱخۡتِلَٰفٗا
كَثِيرٗا ٨٢

82. Afalá yatadabbarúnal Qur'án; wa lau kána min 'indi ghairil láhi la wajadú fíhi ikhtiláfan kacírá

82. Não meditam, acaso, no Alcorão? Se fosse de outra origem que não de Deus, haveria nele muitas disparidades.

وَإِذَا جَآءَهُمۡ أَمۡرٞ مِّنَ ٱلۡأَمۡنِ أَوِ ٱلۡخَوۡفِ أَذَاعُواْ بِهِۦۖ وَلَوۡ رَدُّوهُ إِلَى ٱلرَّسُولِ
وَإِلَىٰٓ أُوْلِي ٱلۡأَمۡرِ مِنۡهُمۡ لَعَلِمَهُ ٱلَّذِينَ يَسۡتَنۢبِطُونَهُۥ مِنۡهُمۡۗ وَلَوۡلَا فَضۡلُ ٱللَّهِ
عَلَيۡكُمۡ وَرَحۡمَتُهُۥ لَٱتَّبَعۡتُمُ ٱلشَّيۡطَٰنَ إِلَّا قَلِيلٗا ٨٣

83. Wa izá já'ahum amrum minal amni awil khaufi azá'ú bihí wa lau raddúhu ilar Rasúli wa ilá ulil amri min-hum la'alimahul lazína yastambitúnahú min-hum; wa lau lá fadlul láhi 'alaikum wa rahmatuhú lattaba'tumuch Chaitána illá qalílá

83. Ao tomarem (os hipócritas) conhecimento de qualquer rumor, quer seja de tranquilidade ou de temor, divulgam-no espalhafatosamente. Porém, se o transmitissem ao Mensageiro ou às suas autoridades, os discernidores, entre estes, saberiam analisá-lo. Não fosse pela graça de Deus e pela Sua misericórdia para convosco, teríeis todos seguido Satanás, salvo poucos.

فَقَٰتِلۡ فِي سَبِيلِ ٱللَّهِ لَا تُكَلَّفُ إِلَّا نَفۡسَكَۚ وَحَرِّضِ ٱلۡمُؤۡمِنِينَۖ عَسَى ٱللَّهُ أَن
يَكُفَّ بَأۡسَ ٱلَّذِينَ كَفَرُواْۚ وَٱللَّهُ أَشَدُّ بَأۡسٗا وَأَشَدُّ تَنكِيلٗا ٨٤

84. Faqátil fí sabílil láhi lá tukallafu illa nafsaka wa harridil mu'minín; 'asal láhu ai yakuffa ba'sal lazína kafarú; walláhu achaddu ba'san wa acháddu tankílá

84. Luta, pois, pela causa de Deus, porque tu és somente responsável por ti mesmo; e esforça-te em estimular os crentes; quisesse Deus, conteria a fúria dos incrédulos, porque Deus é mais poderoso, ainda, e mais punidor.

مَّن يَشۡفَعۡ شَفَٰعَةً حَسَنَةٗ يَكُن لَّهُۥ نَصِيبٞ مِّنۡهَاۖ وَمَن يَشۡفَعۡ شَفَٰعَةٗ سَيِّئَةٗ
يَكُن لَّهُۥ كِفۡلٞ مِّنۡهَاۗ وَكَانَ ٱللَّهُ عَلَىٰ كُلِّ شَيۡءٖ مُّقِيتٗا ٨٥

85. Mai yachfa' chafá'atan hasanatan yakul lahú nasíbum min-há wa mai yachfa' chafá'atan saiyi'atan-yakul lahú kiflum min-há; wa kánal láhu 'alá kulli chai'im Muquitá

85. Quem interceder em favor de uma causa nobre participará dela; por outra, quem interceder em favor de um ignóbil princípio, igualmente participará dele; e Deus tem poder sobre tudo.

وَإِذَا حُيِّيتُم بِتَحِيَّةٖ فَحَيُّواْ بِأَحۡسَنَ مِنۡهَآ أَوۡ رُدُّوهَآۗ إِنَّ ٱللَّهَ كَانَ عَلَىٰ كُلِّ شَيۡءٍ
حَسِيبًا ٨٦

86. Wa izá huyyítum bitahaiyyatin fahaiyú bi ahsana min-há au ruddúhá; innal láha kána 'alá kulli schai'in Hasíba

86. Quando fordes saudados cortesmente, respondei com cortesia maior ou, pelo menos, igual, porque Deus leva em conta todas as circunstâncias.

ٱللَّهُ لَآ إِلَٰهَ إِلَّا هُوَ ۚ لَيَجْمَعَنَّكُمْ إِلَىٰ يَوْمِ ٱلْقِيَٰمَةِ لَا رَيْبَ فِيهِ ۗ وَمَنْ أَصْدَقُ مِنَ
ٱللَّهِ حَدِيثًا ﴿٨٧﴾

87. *Alláhu lá iláha illá huwa la yajma'annakum ilá Yaimil Quiyámati lá raiba fih; wa man asdaqu minal láhi hadiçá*

87. Deus! Não há mais divindade além d'Ele! Ele vos congregará para o indubitável Dia da Ressurreição. Quem é mais leal do que Deus, quanto ao que diz?

۞ فَمَا لَكُمْ فِى ٱلْمُنَٰفِقِينَ فِئَتَيْنِ وَٱللَّهُ أَرْكَسَهُم بِمَا كَسَبُوٓا۟ ۚ أَتُرِيدُونَ
أَن تَهْدُوا۟ مَنْ أَضَلَّ ٱللَّهُ ۖ وَمَن يُضْلِلِ ٱللَّهُ فَلَن تَجِدَ لَهُۥ سَبِيلًا ﴿٨٨﴾

88. ۞ *Famá lakum fil munáfiquína fi'ataini walláhu arkasahum bimá kasabú; A' turidúna an tahdú man adallal láhu wa man yudlilil láhu falan tajida lahú sabílá*

88. Por que vos dividistes em dois grupos a respeito dos hipócritas, uma vez que Deus os reprovou pelo que perpetraram? Pretendeis orientar quem Deus desvia? Jamais encontrarás senda alguma para aquele a quem Deus desvia.

وَدُّوا۟ لَوْ تَكْفُرُونَ كَمَا كَفَرُوا۟ فَتَكُونُونَ سَوَآءً ۖ فَلَا تَتَّخِذُوا۟ مِنْهُمْ أَوْلِيَآءَ حَتَّىٰ
يُهَاجِرُوا۟ فِى سَبِيلِ ٱللَّهِ ۚ فَإِن تَوَلَّوْا۟ فَخُذُوهُمْ وَٱقْتُلُوهُمْ حَيْثُ وَجَدتُّمُوهُمْ ۖ
وَلَا تَتَّخِذُوا۟ مِنْهُمْ وَلِيًّا وَلَا نَصِيرًا ﴿٨٩﴾

89. *Waddú lau takfurúna kamá kafarú fatakúnúna sawá'an falá tattakhizú min-hum awliyá'a hattá yuhájirú fí sabílil láh; fa in tawallau fa khuzúhum waqtulúhum haiçu wajattumúhum wa lá tattakhizú min-hum waliyyan walá nasírá*

89. Anseiam (os hipócritas) que renegueis, como renegaram eles, para que sejais todos iguais. Não tomeis a nenhum deles por confidente, até que tenham migrado pela causa de Deus. Porém, caso se rebelem, capturai-os então, matai-os, onde quer que os acheis, e não tomeis a nenhum deles por confidente nem por socorredor,

إِلَّا ٱلَّذِينَ يَصِلُونَ إِلَىٰ قَوْمٍۭ بَيْنَكُمْ وَبَيْنَهُم مِّيثَٰقٌ أَوْ جَآءُوكُمْ حَصِرَتْ صُدُورُهُمْ
أَن يُقَٰتِلُوكُمْ أَوْ يُقَٰتِلُوا۟ قَوْمَهُمْ ۚ وَلَوْ شَآءَ ٱللَّهُ لَسَلَّطَهُمْ عَلَيْكُمْ فَلَقَٰتَلُوكُمْ ۚ فَإِنِ
ٱعْتَزَلُوكُمْ فَلَمْ يُقَٰتِلُوكُمْ وَأَلْقَوْا۟ إِلَيْكُمُ ٱلسَّلَمَ فَمَا جَعَلَ ٱللَّهُ لَكُمْ عَلَيْهِمْ سَبِيلًا ﴿٩٠﴾

90. Illal lazína yasilúna ilá qaumim bainakum wa bainahum miçáqun au já'úkum hasirat sudúruhum ai yuqátilúkum au yuqátilú qaumahum, wa lau chá'al láhu lasallatahum 'alaikum falaqátalúkum; faini i'tazalúkum falam yuqátilúkum wa alqau ilaikumus salama famá ja'alal láhu lakum 'alaihim sabílá

90. Exceto àqueles que se refugiarem em um povo, entre o qual e vós exista uma aliança, ou os que, apresentando-se a vós, estejam em dúvida quanto ao combater-vos ou combater a sua própria gente. Se Deus tivesse querido, tê-los-ia feito prevalecer sobre vós e, certamente, ter-vos-iam combatido; porém, se eles se retirarem, não vos combaterem e vos propuserem a paz, sabei que Deus não vos faculta combatê-los.

سَتَجِدُونَ ءَاخَرِينَ يُرِيدُونَ أَن يَأْمَنُوكُمْ وَيَأْمَنُوا۟ قَوْمَهُمْ كُلَّ مَا رُدُّوٓا۟ إِلَى ٱلْفِتْنَةِ
أُرْكِسُوا۟ فِيهَا ۚ فَإِن لَّمْ يَعْتَزِلُوكُمْ وَيُلْقُوٓا۟ إِلَيْكُمُ ٱلسَّلَمَ وَيَكُفُّوٓا۟ أَيْدِيَهُمْ فَخُذُوهُمْ
وَٱقْتُلُوهُمْ حَيْثُ ثَقِفْتُمُوهُمْ ۚ وَأُو۟لَٰٓئِكُمْ جَعَلْنَا لَكُمْ عَلَيْهِمْ سُلْطَٰنًا مُّبِينًا ﴿٩١﴾

91. Satajidúna ákharína yurídúna ai ya'manúkum wa ya'manú qaumahum kullamá ruddú ilal fitnati urkisú fíhá; fa il lam ya'tazilúkum wa yulqú ilai kumus salama wa yakuffú aidiyahum fakhuzúhum waqtulúhum haiçu saquiftumúhum; wa ulá'ikum ja'alná lakum 'alaihim sultánam mubíná

91. Encontrareis outros que intentarão ganhar a vossa confiança, bem como a de seu povo. Toda vez que forem chamados à intriga, nela sucumbirão. Se não ficarem neutros, em relação a vós, nem vos propuserem a paz, nem tampouco contiverem as suas mãos, capturai-os e matai-os, onde quer que os acheis, porque sobre isto vos concedemos autoridade absoluta.

وَمَا كَانَ لِمُؤْمِنٍ أَن يَقْتُلَ مُؤْمِنًا إِلَّا خَطَـًٔا ۚ وَمَن قَتَلَ مُؤْمِنًا خَطَـًٔا
فَتَحْرِيرُ رَقَبَةٍ مُّؤْمِنَةٍ وَدِيَةٌ مُّسَلَّمَةٌ إِلَىٰٓ أَهْلِهِۦٓ إِلَّآ أَن يَصَّدَّقُوا۟ ۚ فَإِن
كَانَ مِن قَوْمٍ عَدُوٍّ لَّكُمْ وَهُوَ مُؤْمِنٌ فَتَحْرِيرُ رَقَبَةٍ مُّؤْمِنَةٍ ۖ وَإِن
كَانَ مِن قَوْمٍۭ بَيْنَكُمْ وَبَيْنَهُم مِّيثَٰقٌ فَدِيَةٌ مُّسَلَّمَةٌ إِلَىٰٓ أَهْلِهِۦ
وَتَحْرِيرُ رَقَبَةٍ مُّؤْمِنَةٍ ۖ فَمَن لَّمْ يَجِدْ فَصِيَامُ شَهْرَيْنِ مُتَتَابِعَيْنِ
تَوْبَةً مِّنَ ٱللَّهِ ۗ وَكَانَ ٱللَّهُ عَلِيمًا حَكِيمًا ﴿٩٢﴾

92. *Wa má kána limu'minin ai yaqtula mu'minan illá khata'á; waman qatala mu'minan khata'an fa tahríru raqabatim mu'minatin wa diyatum musallamatun ilá ahlihí illá ai yassaddaqú; fa in kána min qaumin 'aduwwil lakum wa huwa mu'minun fa tahríru raqabatim mu'minah; wa in kána min qaumim bainakum wa bainahum miçáqun fadiyatum musallamatun ilá ahlihí wa tahríru raqabatim mu'minah; famal lam yajid fa Siyámu chahraini mutatábi'aini taubatan minal láh; wa kánal láhu 'Alíman Hakímá*

92. Não é dado, a um crente, matar outro crente, salvo involuntariamente; e quem, por engano, matar um crente, deverá libertar um escravo crente e pagar compensação à família do morto, a não ser que esta se disponha a perdoá-lo. Se (a vítima) for crente, de um povo adversário do vosso, impõe-se a libertação de um escravo crente; e se pertencer a um povo aliado, impõe-se o pagamento de uma indenização à sua família e a manumissão de um escravo crente. Contudo, quem não estiver em condições de fazê-lo, deverá jejuar dois meses consecutivos, como penitência imposta por Deus, porque Ele é Sapiente, Prudentíssimo.

وَمَن يَقْتُلْ مُؤْمِنًا مُّتَعَمِّدًا فَجَزَآؤُهُۥ جَهَنَّمُ خَٰلِدًا فِيهَا
وَغَضِبَ ٱللَّهُ عَلَيْهِ وَلَعَنَهُۥ وَأَعَدَّ لَهُۥ عَذَابًا عَظِيمًا ﴿٩٣﴾

93. *Wa mai yaqtul mu'minam muta'ammidan fajazá'uhú Jahannamu khálidan fíhá wa ghadhibal láhu' alaihi wa la'anahú wa a'adda lahú 'azában 'azímá*

93. Quem matar, intencionalmente, um crente, seu castigo será o Inferno, onde permanecerá eternamente. Deus o abominará, amaldiçoá-lo-á e lhe preparará um severo castigo.

يَٰٓأَيُّهَا ٱلَّذِينَ ءَامَنُوٓاْ إِذَا ضَرَبْتُمْ فِي سَبِيلِ ٱللَّهِ فَتَبَيَّنُواْ وَلَا تَقُولُواْ لِمَنْ أَلْقَىٰٓ
إِلَيْكُمُ ٱلسَّلَٰمَ لَسْتَ مُؤْمِنًا تَبْتَغُونَ عَرَضَ ٱلْحَيَوٰةِ ٱلدُّنْيَا
فَعِندَ ٱللَّهِ مَغَانِمُ كَثِيرَةٌ كَذَٰلِكَ كُنتُم مِّن قَبْلُ فَمَنَّ ٱللَّهُ عَلَيْكُمْ
فَتَبَيَّنُوٓاْ إِنَّ ٱللَّهَ كَانَ بِمَا تَعْمَلُونَ خَبِيرًا ﴿٩٤﴾

94. *Yá aiyuhal lazína ámanú izá dharabtum fí sabílil láhi fatabaiyanú wa lá taqúlú liman alqá ilaikumus saláma lasta mu'minan tabtaghúna 'aradal hayátid dunyá fa'indal láhi maghánimu kacírah; kazálika kuntum min qablu famannnal láhu 'alaikum fatabaiyanú; innal láha kána bimá ta'malúna Khabírá*

94. Ó crentes, quando viajardes pela causa de Deus, sede ponderados; não digais a quem vos propõe a paz: Tu não és crente - com o intento de auferirdes (matando-o e despojando-o) a transitória fortuna da vida terrena. Sabei que Deus vos tem reservado numerosas fortunas. Vós éreis como eles, em outros tempos; porém Deus vos agraciou (com o Islam). Meditai, pois, porque Deus está bem inteirado de tudo quanto fazeis.

لَّا يَسْتَوِي الْقَاعِدُونَ مِنَ الْمُؤْمِنِينَ غَيْرُ أُولِي الضَّرَرِ وَالْمُجَاهِدُونَ فِي سَبِيلِ اللَّهِ بِأَمْوَالِهِمْ وَأَنفُسِهِمْ ۚ فَضَّلَ اللَّهُ الْمُجَاهِدِينَ بِأَمْوَالِهِمْ وَأَنفُسِهِمْ عَلَى الْقَاعِدِينَ دَرَجَةً ۚ وَكُلًّا وَعَدَ اللَّهُ الْحُسْنَىٰ ۚ وَفَضَّلَ اللَّهُ الْمُجَاهِدِينَ عَلَى الْقَاعِدِينَ أَجْرًا عَظِيمًا ﴿٩٥﴾

95. Lá yastawil qá'idúna Minal mu'minína ghairu ulid dharari walmujáhidúna fí sabílil láhi bi amwálihim wa anfusihim; faddhalal láhul mujáhidína bi amwálihim wa anfusihim 'alal qá'idína darajah; wa kullan wa'adal láhul husná; wa faddhalal láhul mujáhidína 'alal qá'idína ajran 'azímá

95. Os crentes que, sem razões válidas, permanecem em suas casas, jamais se equiparam àqueles que sacrificam os seus bens e as suas vidas pela causa de Deus; Ele concede maior dignidade àqueles que sacrificam os seus bens e as suas vidas do que aos que permanecem (em suas casas). Embora Deus prometa a todos (os crentes) o bem, sempre confere aos combatentes uma recompensa superior à dos que permanecem (em suas casas).

دَرَجَاتٍ مِّنْهُ وَمَغْفِرَةً وَرَحْمَةً ۚ وَكَانَ اللَّهُ غَفُورًا رَّحِيمًا ﴿٩٦﴾

96. Darajátim min-hu wa maghfiratan wa rahmah; wa kánal láhu Ghafúrar Rahíma

96. Graduação, indulgência e misericórdia são concedidas por Ele, porque Deus é Indulgente, Misericordiosíssimo.

إِنَّ الَّذِينَ تَوَفَّاهُمُ الْمَلَائِكَةُ ظَالِمِي أَنفُسِهِمْ قَالُوا فِيمَ كُنتُمْ ۖ قَالُوا كُنَّا مُسْتَضْعَفِينَ فِي الْأَرْضِ ۚ قَالُوا أَلَمْ تَكُنْ أَرْضُ اللَّهِ وَاسِعَةً فَتُهَاجِرُوا فِيهَا ۚ فَأُولَٰئِكَ مَأْوَاهُمْ جَهَنَّمُ ۖ وَسَاءَتْ مَصِيرًا ﴿٩٧﴾

97. Innal lazína tawaffáhumul malá'ikatu zálimí anfusihim qálú fíma kuntum qálú kunná mustadh'afína fil-ardh; qálú alam takun ardhul láhi wási'atan fatuhájirú fíhá; fa ulá'ika ma'wáhum Jahannamu wa sá'at masírá

97. Aqueles a quem os anjos arrancarem a vida, em estado de iniquidade, dizendo: Em que condições estáveis? Dirão: Estávamos subjugados, na terra (de Makka). Dir-lhes-ão os anjos: Acaso, a Terra de Deus não era bastante ampla para que migrásseis? Tais pessoas terão o inferno por morada. Que péssimo destino!

إِلَّا ٱلْمُسْتَضْعَفِينَ مِنَ ٱلرِّجَالِ وَٱلنِّسَآءِ وَٱلْوِلْدَٰنِ لَا يَسْتَطِيعُونَ حِيلَةً وَلَا يَهْتَدُونَ سَبِيلًا ﴿٩٨﴾

98. Illal mustadh'afína minar rijáli wannisá'i walwildáni lá yastatí'úna hilatan wa lá yahtadúna sabíla

98. Excetuam-se os inválidos, quer sejam homens, mulheres ou crianças, que carecem de recursos ou não podem encaminhar-se por senda alguma.

فَأُوْلَٰٓئِكَ عَسَى ٱللَّهُ أَن يَعْفُوَ عَنْهُمْ ۚ وَكَانَ ٱللَّهُ عَفُوًّا غَفُورًا ﴿٩٩﴾

99. Fa ulá'ika 'asal láhu ai ya'fuwa 'anhum; wa kánal láhu 'Afuwwan Ghafúrá

99. A estes, quiçá Deus os indulte, porque é Remissório, Indulgentíssimo.

۞ وَمَن يُهَاجِرْ فِى سَبِيلِ ٱللَّهِ يَجِدْ فِى ٱلْأَرْضِ مُرَٰغَمًا كَثِيرًا وَسَعَةً ۚ وَمَن يَخْرُجْ
مِنۢ بَيْتِهِۦ مُهَاجِرًا إِلَى ٱللَّهِ وَرَسُولِهِۦ ثُمَّ يُدْرِكْهُ ٱلْمَوْتُ فَقَدْ وَقَعَ أَجْرُهُۥ عَلَى ٱللَّهِ ۗ
وَكَانَ ٱللَّهُ غَفُورًا رَّحِيمًا ﴿١٠٠﴾

100. ۞ Wa mai yuhájir fí sabílil láhi yajid fil ardhi murághaman kacíranw wa sa'at; wa mai yakhruj mim baitihí muhájiran ilal láhi wa Rasúlihí çumma yudrik-hul mautu faqad waqa'a ajruhú 'alal láh; wa kánal láhu Ghafúrar Rahímá

100. Mas quem migrar pela causa de Deus, achará, na Terra, amplos e espaçosos refúgios. E quem abandonar seu lar, migrando pela causa de Deus e de Seu Mensageiro, e for surpreendido pela morte, sua recompensa caberá a Deus, porque é Indulgente, Misericordiosíssimo.

وَإِذَا ضَرَبْتُمْ فِى ٱلْأَرْضِ فَلَيْسَ عَلَيْكُمْ جُنَاحٌ أَن تَقْصُرُوا۟ مِنَ ٱلصَّلَوٰةِ إِنْ خِفْتُمْ أَن
يَفْتِنَكُمُ ٱلَّذِينَ كَفَرُوٓا۟ ۚ إِنَّ ٱلْكَٰفِرِينَ كَانُوا۟ لَكُمْ عَدُوًّا مُّبِينًا ﴿١٠١﴾

101. Wa izá dharabtum fil ardhi falaisa 'alaikum junáhun an taqsurú minas Saláti in khiftum ai yaftinakumul lazína kafarú; innal káfirína kánú lakum aduwam mubíná

101. Quando viajardes pela Terra não sereis recriminados por abreviardes as orações, temendo que vos ataquem os incrédulos; em verdade, eles são vossos inimigos declarados.

وَإِذَا كُنتَ فِيهِمْ فَأَقَمْتَ لَهُمُ ٱلصَّلَوٰةَ فَلْتَقُمْ طَآئِفَةٌ مِّنْهُم مَّعَكَ وَلْيَأْخُذُوٓا۟
أَسْلِحَتَهُمْ فَإِذَا سَجَدُوا۟ فَلْيَكُونُوا۟ مِن وَرَآئِكُمْ وَلْتَأْتِ طَآئِفَةٌ أُخْرَىٰ
لَمْ يُصَلُّوا۟ فَلْيُصَلُّوا۟ مَعَكَ وَلْيَأْخُذُوا۟ حِذْرَهُمْ وَأَسْلِحَتَهُمْ ۗ وَدَّ ٱلَّذِينَ كَفَرُوا۟ لَوْ
تَغْفُلُونَ عَنْ أَسْلِحَتِكُمْ وَأَمْتِعَتِكُمْ فَيَمِيلُونَ عَلَيْكُم مَّيْلَةً وَٰحِدَةً ۚ وَلَا جُنَاحَ
عَلَيْكُمْ إِن كَانَ بِكُمْ أَذًى مِّن مَّطَرٍ أَوْ كُنتُم مَّرْضَىٰٓ أَن تَضَعُوٓا۟
أَسْلِحَتَكُمْ ۖ وَخُذُوا۟ حِذْرَكُمْ ۗ إِنَّ ٱللَّهَ أَعَدَّ لِلْكَٰفِرِينَ عَذَابًا مُّهِينًا ﴿١٠٢﴾

102. Wa izá kunta fihim fa aqamta lahumus Saláta faltaqum tá'ifatum min-hum ma'aka wal ya'khuzú aslihatahum fa izá sajadú fal yakúnú min wará'ikum wal ta'ti tá'ifatun ukhrá lam yusallú falyusallo ma'aka wal ya'khuzú hizrahum wa aslihatahum; waddal lazína kafarú lau taghfulúna 'an aslihatikum wa amti'atikum fa yamílúna 'alaikum mailatan wáhidah; wa lá junáha 'alaikum in kána bikum aza mimmatarin au kuntum mardhá an tada'ú aslihatakum wa khuzú hizrakum; innal láha a'adda lilkáfirína 'azábam muhíná

102. Quando estiveres entre eles e os convocares a observarem a oração (ó Mensageiro), que uma parte deles porte suas armas e a pratique contigo; e, quando se prostrarem, que a outra se poste na retaguarda; ao concluírem, que se retire e se ponha de guarda e suceda-lhe a parte que ainda não tiver orado, e que reze contigo. Que se precavenham e levem suas armas, porque os incrédulos ansiarão para que negligencieis as vossas armas e provisões, a fim de vos atacarem de surpresa. Tampouco sereis recriminados se depuserdes as armas quando a chuva a isso vos obrigar, ou estiverdes enfermos; mas tomai vossas precauções. Sem dúvida, Deus destina aos incrédulos um castigo humilhante.

فَإِذَا قَضَيۡتُمُ ٱلصَّلَوٰةَ فَٱذۡكُرُواْ ٱللَّهَ قِيَٰمٗا وَقُعُودٗا وَعَلَىٰ جُنُوبِكُمۡۚ فَإِذَا
ٱطۡمَأۡنَنتُمۡ فَأَقِيمُواْ ٱلصَّلَوٰةَۚ إِنَّ ٱلصَّلَوٰةَ كَانَتۡ عَلَى ٱلۡمُؤۡمِنِينَ كِتَٰبٗا
مَّوۡقُوتٗا ١٠٣

103. Fa izá qadaitumus Saláta fazkurul láha quiyáman wa qu'údan wa 'alá junúbikum; fa iza tma'nantum fa aquímus Saláh; innas Saláta kánat 'alal mu'minína kitábam mauqútá

103. E quando tiverdes concluído a oração, mencionai Deus, quer estejais de pé, sentados ou deitados. Porém, quando estiverdes fora de perigo, observai a devida oração, porque ela é uma obrigação, prescrita aos crentes, para ser cumprida em seu devido tempo.

وَلَا تَهِنُواْ فِي ٱبۡتِغَآءِ ٱلۡقَوۡمِۖ إِن تَكُونُواْ تَأۡلَمُونَ فَإِنَّهُمۡ يَأۡلَمُونَ كَمَا
تَأۡلَمُونَۖ وَتَرۡجُونَ مِنَ ٱللَّهِ مَا لَا يَرۡجُونَۗ وَكَانَ ٱللَّهُ عَلِيمًا حَكِيمًا ١٠٤

104. Wa lá tahinú fi btighá'il qaumi in takúnú ta'lamúna fa innahum ya'lamúna kamá ta'lamúna wa tarjúna minal láhi má lá yarjún; wa kánal láhu 'Alíman Hakímá

104. E não esmoreçais na perseguição ao inimigo; porque, se sofrerdes, eles sofrerão tanto quanto vós; porém, vós podeis esperar de Deus o que eles não esperam; sabei que Deus é Sapiente, Prudentíssimo.

إِنَّآ أَنزَلۡنَآ إِلَيۡكَ ٱلۡكِتَٰبَ بِٱلۡحَقِّ لِتَحۡكُمَ بَيۡنَ ٱلنَّاسِ بِمَآ أَرَىٰكَ ٱللَّهُۚ وَلَا تَكُن
لِّلۡخَآئِنِينَ خَصِيمٗا ١٠٥

105. Inná anzalná ilaikal Kitába bilhaqqui litahkuma bainan nási bimá arákal láh; wa lá takul lilkhá'inína khasímá

105. Realmente, revelamos-te o Livro, a fim de que julgues entre os humanos, segundo o que Deus te ensinou, e não sejas defensor dos traidores.

وَٱسۡتَغۡفِرِ ٱللَّهَۖ إِنَّ ٱللَّهَ كَانَ غَفُورٗا رَّحِيمٗا ١٠٦

106. Wastaghfiril láha innal láha kána Ghafúrar Rahíma

106. Implora o perdão de Deus, porque Ele é Indulgente, Misericordiosíssimo.

سُورَةُ النِّسَاءِ
Surat An Nissá

وَلَا تُجَٰدِلۡ عَنِ ٱلَّذِينَ يَخۡتَانُونَ أَنفُسَهُمۡۚ إِنَّ ٱللَّهَ لَا يُحِبُّ مَن كَانَ خَوَّانًا
أَثِيمًا ﴿١٠٧﴾

107. Wa lá tujádil 'anil lazína yakhtánúna anfusahum; innal láha lá yuhibbu man káma khauwánan acímá

107. Não advogues por aqueles que enganaram a si mesmos, porque Deus não aprecia o traidor, pecador.

يَسۡتَخۡفُونَ مِنَ ٱلنَّاسِ وَلَا يَسۡتَخۡفُونَ مِنَ ٱللَّهِ وَهُوَ مَعَهُمۡ إِذۡ يُبَيِّتُونَ مَا لَا
يَرۡضَىٰ مِنَ ٱلۡقَوۡلِۚ وَكَانَ ٱللَّهُ بِمَا يَعۡمَلُونَ مُحِيطًا ﴿١٠٨﴾

108. Yastakhfúna minan nási wa lá yastakhfúna minal láhi wa huwa ma'ahum iz yubaiyitúna má lá yardhá minal qaul; wa kánal láhu bimá ya'malúna muhítá

108. Eles se ocultam das pessoas, não podendo, contudo, ocultar-se de Deus, porque Deus está presente, com eles, quando, à noite, discorrem sobre o que a Ele desagrada. Deus está inteirado de tudo quanto fazem.

هَٰٓأَنتُمۡ هَٰٓؤُلَآءِ جَٰدَلۡتُمۡ عَنۡهُمۡ فِي ٱلۡحَيَوٰةِ ٱلدُّنۡيَا فَمَن يُجَٰدِلُ
ٱللَّهَ عَنۡهُمۡ يَوۡمَ ٱلۡقِيَٰمَةِ أَم مَّن يَكُونُ عَلَيۡهِمۡ وَكِيلًا ﴿١٠٩﴾

109. Há antum há'ulá'i jádaltum 'anhum fil hayátid dunyá famai yujádilul láha 'anhum Yaumal Quiyámati am mai yakúnu 'alaihim wakilá

109. Eis que vós, na vida terrena, advogastes por eles. Quem advogará por eles, ante Deus, no Dia da Ressurreição ou quem será o defensor deles?

وَمَن يَعۡمَلۡ سُوٓءًا أَوۡ يَظۡلِمۡ نَفۡسَهُۥ ثُمَّ يَسۡتَغۡفِرِ ٱللَّهَ يَجِدِ ٱللَّهَ غَفُورًا رَّحِيمًا ﴿١١٠﴾

110. Wa mai ya'mal sú'an au yazlim nafsahú çumma yastaghfiril láha yajidil láha Ghafúrar Rahímá

110. E quem cometer uma má ação ou se condenar e, em seguida (arrependido), implorar o perdão de Deus, sem dúvida achá-Lo-á Indulgente, Misericordiosíssimo.

وَمَن يَكۡسِبۡ إِثۡمًا فَإِنَّمَا يَكۡسِبُهُۥ عَلَىٰ نَفۡسِهِۦۚ وَكَانَ ٱللَّهُ عَلِيمًا حَكِيمًا ﴿١١١﴾

111. Wa mai yaksib içman fa innamá yaksibuhú 'alá nafsih; wa kánal láhu 'Alíman Hakímá

111. Quem cometer um pecado, fá-lo-á em prejuízo próprio, porque Deus é Sapiente, Prudentíssimo.

وَمَن يَكْسِبْ خَطِيٓـَٔةً أَوْ إِثْمًا ثُمَّ يَرْمِ بِهِۦ بَرِيٓـًٔا فَقَدِ ٱحْتَمَلَ بُهْتَٰنًا وَإِثْمًا مُّبِينًا ﴿١١٢﴾

112. Wa mai yaksib khati'atan au içman çumma yarmi bihí barí'an faqadi htamala buhtánan wa içmam mubíná

112. Quem cometer uma falta ou um pecado, e os imputar a um inocente, sobrecarregar-se-á com uma falsa culpa e um delito flagrante.

وَلَوْلَا فَضْلُ ٱللَّهِ عَلَيْكَ وَرَحْمَتُهُۥ لَهَمَّت طَّآئِفَةٌ مِّنْهُمْ أَن يُضِلُّوكَ وَمَا
يُضِلُّونَ إِلَّآ أَنفُسَهُمْ ۖ وَمَا يَضُرُّونَكَ مِن شَىْءٍ ۚ وَأَنزَلَ ٱللَّهُ عَلَيْكَ ٱلْكِتَٰبَ
وَٱلْحِكْمَةَ وَعَلَّمَكَ مَا لَمْ تَكُن تَعْلَمُ ۚ وَكَانَ فَضْلُ ٱللَّهِ عَلَيْكَ عَظِيمًا ﴿١١٣﴾

113. Wa lau lá fadlul láhi 'alaika wa rahmatuhú lahammat tá'ifatum min-hum ai yudhillúka wa má yudhillúna illá anfusahum wa má yadhurrúnaka min chai'; wa anzalal láhu 'alaikal Kitába wal Hikmata wa 'allamaka má lam takun ta'lam; wa kána fadhlul láhi 'alaika 'azímá

113. Não fosse pela graça de Deus e por Sua misericórdia para contigo, uma parte deles teria conseguido desviar-te, quando com isso não fariam mais do que desviarem-se a si mesmos, sendo que em nada poderiam prejudicar-te. Deus revelou-te o Livro e a prudência e ensinou-te o que ignoravas, porque a Sua graça para contigo é infinita.

۞ لَّا خَيْرَ فِى كَثِيرٍ مِّن نَّجْوَىٰهُمْ إِلَّا مَنْ أَمَرَ بِصَدَقَةٍ أَوْ مَعْرُوفٍ أَوْ
إِصْلَٰحٍۭ بَيْنَ ٱلنَّاسِ ۚ وَمَن يَفْعَلْ ذَٰلِكَ ٱبْتِغَآءَ مَرْضَاتِ ٱللَّهِ فَسَوْفَ
نُؤْتِيهِ أَجْرًا عَظِيمًا ﴿١١٤﴾

114. ۞ *Lá khaira fí kacírim min najwáhum illá man amara bisadaqatin au ma'rúfin au isláhim bainan nás; wa mai yaf'al zálika btighá'a mardhátil láhi fa saufa nu'tíhi ajran 'azímá*

114. Não há utilidade alguma na maioria das suas confidências, salvo nas que recomendam a caridade, a benevolência e a concórdia entre os homens. A quem assim proceder, com a intenção de comprazer a Deus, agraciá-lo-emos com uma magnífica recompensa.

وَمَن يُشَاقِقِ ٱلرَّسُولَ مِنۢ بَعۡدِ مَا تَبَيَّنَ لَهُ ٱلۡهُدَىٰ وَيَتَّبِعۡ غَيۡرَ سَبِيلِ ٱلۡمُؤۡمِنِينَ
نُوَلِّهِۦ مَا تَوَلَّىٰ وَنُصۡلِهِۦ جَهَنَّمَۖ وَسَآءَتۡ مَصِيرًا ١١٥

115. Wa mai yucháquiquir Rasúla mim ba'di má tabaiyana lahul hudá wa yattabi' ghaira sabílil mu'minína nuwallihí ma tawallá wa nuslihí Jahannama wa sá'at masírá

115. A quem combater o Mensageiro, depois de haver sido evidenciada a Orientação, seguindo outro caminho que não o dos crentes, abandoná-lo-emos em seu erro e o introduziremos no inferno. Que péssimo destino!

إِنَّ ٱللَّهَ لَا يَغۡفِرُ أَن يُشۡرَكَ بِهِۦ وَيَغۡفِرُ مَا دُونَ ذَٰلِكَ لِمَن يَشَآءُۚ وَمَن يُشۡرِكۡ
بِٱللَّهِ فَقَدۡ ضَلَّ ضَلَٰلَۢا بَعِيدًا ١١٦

116. Innal láha lá yaghfiru ai yuchraka bihí wayaghfiru má dúna zálika limai yachá'; wa mai yuchrik billáhi faqad dhalla dhalálam ba'ídá

116. Deus jamais perdoará quem Lhe atribuir parceiros, conquanto perdoe outros pecados a quem Lhe apraz. Quem atribuir parceiros a Deus desviar-se-á profundamente.

إِن يَدۡعُونَ مِن دُونِهِۦٓ إِلَّآ إِنَٰثٗا وَإِن يَدۡعُونَ إِلَّا شَيۡطَٰنٗا مَّرِيدٗا ١١٧

117. In yad'úna min dúnihí illá inásan wa in yad'úna illá Chaitánam marídá

117. Não invocam, em vez d'Ele, a não ser deidades femininas e, com isso, invocam o rebelde Satanás,

لَّعَنَهُ ٱللَّهُۘ وَقَالَ لَأَتَّخِذَنَّ مِنۡ عِبَادِكَ نَصِيبٗا مَّفۡرُوضٗا ١١٨

118. La'anahul láh; wa qála la attakhizanna min 'ibádika nasíbam mafrúdá

118. Que Deus amaldiçoou. Ele (Satanás) disse: Juro que me apoderarei de uma parte determinada dos Teus servos,

وَلَأُضِلَّنَّهُمۡ وَلَأُمَنِّيَنَّهُمۡ وَلَأٓمُرَنَّهُمۡ فَلَيُبَتِّكُنَّ ءَاذَانَ ٱلۡأَنۡعَٰمِ
وَلَأٓمُرَنَّهُمۡ فَلَيُغَيِّرُنَّ خَلۡقَ ٱللَّهِۚ وَمَن يَتَّخِذِ ٱلشَّيۡطَٰنَ وَلِيّٗا مِّن
دُونِ ٱللَّهِ فَقَدۡ خَسِرَ خُسۡرَانٗا مُّبِينٗا ١١٩

119. Wa la udhillannahum wa la umanniyannnahum wa la ámurannahum falayubattikunna ázánal an'ámi wa la ámurannahum fala yughaiyirunna khalqal láh; wa mai yattakhizich Chaitána waliyyam min dúnil láhi faqad khasira khusránam mubína

119. A qual desviarei, fazendo-lhes falsas promessas. Ordenar-lhes-ei cortar rente as orelhas do gado e os incitarei a desfigurar a criação de Deus! Porém, quem tomar Satanás por protetor, em vez de Deus, ter-se-á perdido manifestamente,

يَعِدُهُمْ وَيُمَنِّيهِمْ ۖ وَمَا يَعِدُهُمُ ٱلشَّيْطَٰنُ إِلَّا غُرُورًا ﴿١٢٠﴾

120. Ya'iduhum wa yumanníhim wa má ya'iduhumuch Chaitánu illá ghurúrá

120. Porquanto (ele) lhes promete e os ilude; entretanto, as promessas de Satanás só causam decepções.

أُوْلَٰٓئِكَ مَأْوَىٰهُمْ جَهَنَّمُ وَلَا يَجِدُونَ عَنْهَا مَحِيصًا ﴿١٢١﴾

121. Ulá'ika ma'wáhum Jahannamu wa lá yajidúna 'anhá mahísá

121. A morada deles será o inferno, do qual não acharão escapatória.

وَٱلَّذِينَ ءَامَنُواْ وَعَمِلُواْ ٱلصَّٰلِحَٰتِ سَنُدْخِلُهُمْ جَنَّٰتٍ تَجْرِى مِن
تَحْتِهَا ٱلْأَنْهَٰرُ خَٰلِدِينَ فِيهَآ أَبَدًا ۖ وَعْدَ ٱللَّهِ حَقًّا ۚ وَمَنْ أَصْدَقُ مِنَ ٱللَّهِ قِيلًا ﴿١٢٢﴾

122. Wallazína ámanú wa 'amilus sáliháti sanudkhiluhum Jannátin tajrí min tahtihal anháru khálidína fíhá abadá; wa'dal láhi haqqá; wa man asdaqu minal láhi quílá

122. Quanto aos crentes, que praticam o bem, introduzi-los-emos em jardins, abaixo dos quais correm rios, onde morarão eternamente. A promessa de Deus é inexorável. E quem é mais leal do que Deus no que assevera?

لَّيْسَ بِأَمَانِيِّكُمْ وَلَآ أَمَانِيِّ أَهْلِ ٱلْكِتَٰبِ ۗ مَن يَعْمَلْ سُوٓءًا يُجْزَ بِهِۦ
وَلَا يَجِدْ لَهُۥ مِن دُونِ ٱللَّهِ وَلِيًّا وَلَا نَصِيرًا ﴿١٢٣﴾

123. Laisa bi amániyyikum wa lá amániyyi Ahlil Kitáb; mai ya'mal sú'ai yujza bihí wa lá yajid lahú min dúnil láhi waliyan wa lá nasírá

123. (Isso) não é segundo os vossos desejos, nem segundo os desejos dos adeptos do Livro. Quem cometer algum mal receberá o que tiver merecido e, afora Deus, não achará protetor, nem defensor.

سُورَةُ النِّسَاءِ

Surat An Nissá

وَمَن يَعْمَلْ مِنَ ٱلصَّٰلِحَٰتِ مِن ذَكَرٍ أَوْ أُنثَىٰ وَهُوَ مُؤْمِنٌ فَأُو۟لَٰٓئِكَ
يَدْخُلُونَ ٱلْجَنَّةَ وَلَا يُظْلَمُونَ نَقِيرًا ﴿١٢٤﴾

124. Wa mai ya'mal minas sáli<u>h</u>áti min zakarin au unçá wa huwa mu'minun fa ulá'ika yadkhulúnal Jannata wa lá yuzlamúna naquírá

124. Aqueles que praticarem o bem, sejam homens ou mulheres, e forem crentes, entrarão no Paraíso e não serão prejudicados, no mínimo que seja.

وَمَنْ أَحْسَنُ دِينًا مِّمَّنْ أَسْلَمَ وَجْهَهُۥ لِلَّهِ وَهُوَ مُحْسِنٌ وَٱتَّبَعَ مِلَّةَ
إِبْرَٰهِيمَ حَنِيفًا ۗ وَٱتَّخَذَ ٱللَّهُ إِبْرَٰهِيمَ خَلِيلًا ﴿١٢٥﴾

125. Wa man a<u>h</u>sanu dínam mimmman aslama wajhahú lilláhi wa huwa mu<u>h</u>sinun wattaba'a Millata Ibráhíma <u>h</u>anífá; wattakhazal láhu Ibráhíma khalílá

125. E quem melhor professa a religião do que quem se submete a Deus, é praticante do bem e segue a crença de Abraão, o monoteísta? (O Próprio) Deus elegeu Abraão por fiel amigo.

وَلِلَّهِ مَا فِى ٱلسَّمَٰوَٰتِ وَمَا فِى ٱلْأَرْضِ ۚ وَكَانَ ٱللَّهُ بِكُلِّ شَىْءٍ مُّحِيطًا ﴿١٢٦﴾

126. Wa lilláhi má fis samáwáti wa má fil ardh; wa kánal láhu bikulli chai'im mu<u>h</u>ítá

126. A Deus pertence tudo quanto há nos Céus e na Terra; e Deus abrange todas as coisas.

وَيَسْتَفْتُونَكَ فِى ٱلنِّسَآءِ ۖ قُلِ ٱللَّهُ يُفْتِيكُمْ فِيهِنَّ وَمَا يُتْلَىٰ عَلَيْكُمْ فِى
ٱلْكِتَٰبِ فِى يَتَٰمَى ٱلنِّسَآءِ ٱلَّٰتِى لَا تُؤْتُونَهُنَّ مَا كُتِبَ لَهُنَّ وَتَرْغَبُونَ أَن
تَنكِحُوهُنَّ وَٱلْمُسْتَضْعَفِينَ مِنَ ٱلْوِلْدَٰنِ وَأَن تَقُومُوا۟ لِلْيَتَٰمَىٰ بِٱلْقِسْطِ ۚ
وَمَا تَفْعَلُوا۟ مِنْ خَيْرٍ فَإِنَّ ٱللَّهَ كَانَ بِهِۦ عَلِيمًا ﴿١٢٧﴾

127. Wa yastaftúnaka finnisá'i qulil láhu yuftíkum fihinna wa má yutlá 'alaikum fil Kitábi fi yatáman nisá'il láti lá tu'túnahunna má kutiba lahunnna wa targhabúna an tankihú<u>h</u>unna wal mustadh'afína minal wildáni wa an taqúmú lilyatámá bilquist; wa má taf'alú min khairin fa innal láha kána bihí 'Alímá

127. Consultar-te-ão acerca das mulheres; dize-lhes: Deus vos instruiu a respeito delas, assim como acerca do que vos é ditado no Livro, referente às mulheres

órfãs, às quais não entregais o que lhes é destinado, embora tencioneis desposá-las; o mesmo (diga-se), com relação às crianças que são oprimidas. Sede justos para com os órfãos. Sabei que de todo o bem que fizerdes, Deus estará inteirado.

وَإِنِ ٱمۡرَأَةٌ خَافَتۡ مِنۢ بَعۡلِهَا نُشُوزًا أَوۡ إِعۡرَاضٗا فَلَا جُنَاحَ عَلَيۡهِمَآ أَن يُصۡلِحَا
بَيۡنَهُمَا صُلۡحٗاۚ وَٱلصُّلۡحُ خَيۡرٞۗ وَأُحۡضِرَتِ ٱلۡأَنفُسُ ٱلشُّحَّۚ وَإِن تُحۡسِنُواْ وَتَتَّقُواْ
فَإِنَّ ٱللَّهَ كَانَ بِمَا تَعۡمَلُونَ خَبِيرٗا ١٢٨

128. Wa ini mraatun kháfat mim ba'lihá nuchúzan au i'rádhan falá junáha 'alaihimá ai yusliha bainahumá sulhá; wassulhu khair; wa uhdiratil anfusuch chuhh; wa in tuhsinú wa tattaqú fa innal láha kána bimá ta'malúna Khabírá

128. Se uma mulher notar indiferença ou menosprezo por parte de seu marido, não haverá mal em se reconciliarem amigavelmente, porque a concórdia é o melhor, apesar de o ser humano, por natureza, ser propenso à avareza. Se praticardes o bem e temerdes a Deus, sabei que Deus está bem inteirado de tudo quanto fazeis.

وَلَن تَسۡتَطِيعُوٓاْ أَن تَعۡدِلُواْ بَيۡنَ ٱلنِّسَآءِ وَلَوۡ حَرَصۡتُمۡۖ فَلَا تَمِيلُواْ كُلَّ
ٱلۡمَيۡلِ فَتَذَرُوهَا كَٱلۡمُعَلَّقَةِۚ وَإِن تُصۡلِحُواْ وَتَتَّقُواْ فَإِنَّ ٱللَّهَ كَانَ غَفُورٗا
رَّحِيمٗا ١٢٩

129. Wa lan tastatí'ú an ta'dilú bainan nisá'i wa lau harastum falá tamílú kullal maili fatazarúhá kalmu'allaqah; wa in tuslihú wa tattaqú fa innal láha kána Ghafúrar Rahíma

129. Não podereis, jamais, ser equitativos com vossas esposas, ainda que nisso vos empenheis. Por essa razão, não negligencieis demasiadamente uma delas, deixando-a como se estivesse abandonada; porém, se vos reconciliardes e temerdes, sabei que Deus é Indulgente, Misericordiosíssimo.

وَإِن يَتَفَرَّقَا يُغۡنِ ٱللَّهُ كُلّٗا مِّن سَعَتِهِۦۚ وَكَانَ ٱللَّهُ وَٰسِعًا حَكِيمٗا ١٣٠

130. Wa in-yatafarraqá yughnil láhu kullam min sa'atih; wa kánal láhu Wási'an Hakímá

130. Todavia, se eles se separarem, Deus enriquecerá cada qual da Sua abundância, porque é Abrangente, Prudentíssimo.

سُورَةُ النِّسَاءِ
Surat An Nissá

وَلِلَّهِ مَا فِي ٱلسَّمَٰوَٰتِ وَمَا فِي ٱلْأَرْضِ ۗ وَلَقَدْ وَصَّيْنَا ٱلَّذِينَ أُوتُوا۟ ٱلْكِتَٰبَ مِن
قَبْلِكُمْ وَإِيَّاكُمْ أَنِ ٱتَّقُوا۟ ٱللَّهَ ۚ وَإِن تَكْفُرُوا۟ فَإِنَّ لِلَّهِ مَا فِي ٱلسَّمَٰوَٰتِ وَمَا فِي
ٱلْأَرْضِ ۚ وَكَانَ ٱللَّهُ غَنِيًّا حَمِيدًا ﴿١٣١﴾

131. Wa lilláhi má fis samáwáti wa má fil ardh; wa laqad wassainal lazína útul Kitába min qablikum wa iyyákum anit taqul láh; wa in takfurú fa inna lilláhi má fis samáwáti wa má fil ardh; wa kánal láhu Ghaniyyan Hamídá

131. A Deus pertence tudo quanto há nos Céus e na Terra. Tínhamos recomendado àqueles a quem foi concedido o Livro, antes de vós, assim como também a vós, que temêsseis a Deus; porém, se renegardes isso, sabei que a Deus pertence tudo quanto há nos Céus e na Terra. Deus é sempre Absoluto, Laudabilíssimo.

وَلِلَّهِ مَا فِي ٱلسَّمَٰوَٰتِ وَمَا فِي ٱلْأَرْضِ ۚ وَكَفَىٰ بِٱللَّهِ وَكِيلًا ﴿١٣٢﴾

132. Wa lilláhi má fis samáwáti wa má fil ardh; wa kafá billáhi Wakílá

132. A Deus pertence tudo quanto há nos Céus e na Terra; e Ele é suficiente Guardião.

إِن يَشَأْ يُذْهِبْكُمْ أَيُّهَا ٱلنَّاسُ وَيَأْتِ بِـَٔاخَرِينَ ۚ وَكَانَ ٱللَّهُ عَلَىٰ ذَٰلِكَ قَدِيرًا ﴿١٣٣﴾

133. In-yacha' yuzhibkum aiyuhan násu wa ya'ti bi ákharín; wa kánal láhu 'alá zálika Qadírá

133. Ó humanos, se Ele quisesse, far-vos-ia desaparecer e vos substituiria por outros seres, porque Deus tem bastante poder para isso.

مَّن كَانَ يُرِيدُ ثَوَابَ ٱلدُّنْيَا فَعِندَ ٱللَّهِ ثَوَابُ ٱلدُّنْيَا وَٱلْءَاخِرَةِ ۚ وَكَانَ ٱللَّهُ سَمِيعًۢا
بَصِيرًا ﴿١٣٤﴾

134. Man kána yurídu çawábad dunyá fa'indal láhi çawábud dunyá wal Ákhirah; wa kánal láhu Samí'am Basírá

134. Quem ansiar pela recompensa deste mundo saiba que Deus possui tanto a recompensa deste mundo, como a do Outro, pois é Oniouvinte, Onividente.

۞ يَٰٓأَيُّهَا ٱلَّذِينَ ءَامَنُوا۟ كُونُوا۟ قَوَّٰمِينَ بِٱلْقِسْطِ شُهَدَآءَ لِلَّهِ وَلَوْ عَلَىٰٓ أَنفُسِكُمْ أَوِ
ٱلْوَٰلِدَيْنِ وَٱلْأَقْرَبِينَ ۚ إِن يَكُنْ غَنِيًّا أَوْ فَقِيرًا فَٱللَّهُ أَوْلَىٰ بِهِمَا ۖ فَلَا تَتَّبِعُوا۟ ٱلْهَوَىٰٓ
أَن تَعْدِلُوا۟ ۚ وَإِن تَلْوُۥٓا۟ أَوْ تُعْرِضُوا۟ فَإِنَّ ٱللَّهَ كَانَ بِمَا تَعْمَلُونَ خَبِيرًا ﴿١٣٥﴾

135. ۞ Yá aiyuhal lazína ámanú kúnú qauwámína bilquisti chuhadá'a lilláhi wa lau 'alá anfusikum awil wálidaini wal aqrabín in yakun ghaniyyan au faquíran fal láhu awlá bihimá falá tattabi'ul hawá an ta'dilú; wa in talwú au tu'ridú fa innal láha kána bimá ta'malúna Khabíra

135. Ó crentes, sede firmes em observardes a justiça, atuando como testemunhas, por amor a Deus, ainda que o testemunho seja contra vós mesmos, contra os vossos pais ou contra os vossos parentes, seja o acusado rico ou pobre, porque a Deus incumbe protegê-los. Portanto, não sigais os vossos caprichos, para não serdes injustos; e se falseardes o vosso testemunho ou vos recusardes a prestá-lo, sabei que Deus está bem inteirado de tudo quanto fazeis.

يَٰٓأَيُّهَا ٱلَّذِينَ ءَامَنُوٓا۟ ءَامِنُوا۟ بِٱللَّهِ وَرَسُولِهِۦ وَٱلْكِتَٰبِ ٱلَّذِى نَزَّلَ عَلَىٰ رَسُولِهِۦ
وَٱلْكِتَٰبِ ٱلَّذِىٓ أَنزَلَ مِن قَبْلُ ۚ وَمَن يَكْفُرْ بِٱللَّهِ وَمَلَٰٓئِكَتِهِۦ وَكُتُبِهِۦ وَرُسُلِهِۦ
وَٱلْيَوْمِ ٱلْءَاخِرِ فَقَدْ ضَلَّ ضَلَٰلًۢا بَعِيدًا ﴿١٣٦﴾

136. Yá aiyuhal lazína ámanú áminú billáhi wa Rasúlihi wal Kitábil lazí nazzala 'alá Rasúlihí wal Kitábil lazí anzala min qabl; wa mai yakfur billáhi wa Malá'ikatihí wa Kutubihí wa Rusulihí wal Yaumil Ákhiri faqad dalla dalálam ba'ídá

136. Ó crentes, crede em Deus, em Seu Mensageiro, no Livro que Ele lhe revelou e no Livro que havia sido revelado anteriormente. Em verdade, quem renegar Deus, Seus anjos, Seus Livros, Seus mensageiros e o Dia do Juízo Final, desviar-se-á profundamente.

إِنَّ ٱلَّذِينَ ءَامَنُوا۟ ثُمَّ كَفَرُوا۟ ثُمَّ ءَامَنُوا۟ ثُمَّ كَفَرُوا۟ ثُمَّ ٱزْدَادُوا۟ كُفْرًا لَّمْ يَكُنِ ٱللَّهُ
لِيَغْفِرَ لَهُمْ وَلَا لِيَهْدِيَهُمْ سَبِيلًۢا ﴿١٣٧﴾

137. Innal lazína ámanú çumma kafarú çumma ámanú çumma kafarú çummaz dádo kufral lam yakunil láhu liyaghfira lahum wa lá liyahdiyahum sabílá

137. Quanto àqueles que creem e, em seguida, negam, voltam a crer e depois renegam, aumentando assim a sua descrença, é inadmissível que Deus os perdoe ou os guie por senda alguma.

بَشِّرِ ٱلْمُنَٰفِقِينَ بِأَنَّ لَهُمْ عَذَابًا أَلِيمًا ﴿١٣٨﴾

138. Bachchiril munáfiquína bi anna lahum 'azában alímá

138. Adverte os hipócritas que sofrerão um doloroso castigo.

ٱلَّذِينَ يَتَّخِذُونَ ٱلْكَٰفِرِينَ أَوْلِيَآءَ مِن دُونِ ٱلْمُؤْمِنِينَ ۚ أَيَبْتَغُونَ عِندَهُمُ ٱلْعِزَّةَ
فَإِنَّ ٱلْعِزَّةَ لِلَّهِ جَمِيعًا ﴿١٣٩﴾

139. Allazína yattakhizúnal káfirína auliyá'a min dúnil mu'minín; a-yabtaghúna 'indahumul 'izzata fainnnal 'izzata lilláhi jamí'á

139. Aqueles que tomam por confidentes os incrédulos em vez dos crentes pretendem, porventura, obter deles a glória? Sabei que a glória pertence integralmente a Deus.

وَقَدْ نَزَّلَ عَلَيْكُمْ فِى ٱلْكِتَٰبِ أَنْ إِذَا سَمِعْتُمْ ءَايَٰتِ ٱللَّهِ يُكْفَرُ بِهَا وَيُسْتَهْزَأُ بِهَا
فَلَا تَقْعُدُوا۟ مَعَهُمْ حَتَّىٰ يَخُوضُوا۟ فِى حَدِيثٍ غَيْرِهِۦٓ ۚ إِنَّكُمْ إِذًا مِّثْلُهُمْ ۗ إِنَّ ٱللَّهَ جَامِعُ
ٱلْمُنَٰفِقِينَ وَٱلْكَٰفِرِينَ فِى جَهَنَّمَ جَمِيعًا ﴿١٤٠﴾

140. Wa qad nazzala 'alaikum fil Kitábi an izá sami'tum Áyátil láhi yukfaru bihá wa yustahzau bihá falá taq'udú ma'ahum hattá yakhúdú fí hadísin ghairih; innakum izam miçluhum; innal láha jámi'ul munáfiquína wal káfirína fí jahannama jamí'á

140. Por certo que Ele vos instruiu, no Livro, que quando notardes que blasfemam, que escarnecem os versículos de Deus, não vos senteis com eles, até que mudem de conversa; porque, se assim não fizerdes, sereis seus cúmplices. Deus reunirá, no inferno, todos os hipócritas e incrédulos,

ٱلَّذِينَ يَتَرَبَّصُونَ بِكُمْ فَإِن كَانَ لَكُمْ فَتْحٌ مِّنَ ٱللَّهِ قَالُوٓا۟ أَلَمْ نَكُن
مَّعَكُمْ وَإِن كَانَ لِلْكَٰفِرِينَ نَصِيبٌ قَالُوٓا۟ أَلَمْ نَسْتَحْوِذْ عَلَيْكُمْ وَنَمْنَعْكُم

مِّنَ ٱلْمُؤْمِنِينَ ۚ فَٱللَّهُ يَحْكُمُ بَيْنَكُمْ يَوْمَ ٱلْقِيَـٰمَةِ ۗ وَلَن يَجْعَلَ ٱللَّهُ
لِلْكَـٰفِرِينَ عَلَى ٱلْمُؤْمِنِينَ سَبِيلًا ﴿١٤١﴾

141. Allazína yatarabbasúna bikum fa in kána lakum fathum minal láhi qálú alam nakum ma'akum wa in kána lilkáfirína nasíbun qálú alam nastahwiz 'alaikum wa namna'kum minal mu'minín; falláhu yahkumu bainakum Yaumal Quiyámah; wa lai yaj'alal láhu lilkáfirína 'alal mu'minína sabílá

141. Que vos espreitam e dizem, quando Deus vos concede uma vitória: Acaso não estávamos convosco? Por outra, se a vitória tivesse cabido aos incrédulos, dir-lhes-iam: Acaso não estávamos em vantagem sobre vós, protegendo-vos dos crentes? Deus os julgará, no Dia da Ressurreição, e jamais concederá supremacia aos incrédulos em relação aos crentes.

إِنَّ ٱلْمُنَـٰفِقِينَ يُخَـٰدِعُونَ ٱللَّهَ وَهُوَ خَـٰدِعُهُمْ وَإِذَا قَامُوٓا۟ إِلَى ٱلصَّلَوٰةِ قَامُوا۟
كُسَالَىٰ يُرَآءُونَ ٱلنَّاسَ وَلَا يَذْكُرُونَ ٱللَّهَ إِلَّا قَلِيلًا ﴿١٤٢﴾

142. Innal munáfiquína yukhádi'únal láha wa huwa khádi'uhum wa izá qámú ilas Saláti qámú kusálá yurá'únan nása wa lá yazkurúnal láha illá qalílá

142. Os hipócritas pretendem enganar Deus; porém, Ele os enganará, por isso. Quando se dispõem a orar, fazem-no com preguiça; fazem-no por ostentação, e pouco mencionam Deus.

مُّذَبْذَبِينَ بَيْنَ ذَٰلِكَ لَآ إِلَىٰ هَـٰٓؤُلَآءِ وَلَآ إِلَىٰ هَـٰٓؤُلَآءِ ۚ وَمَن يُضْلِلِ ٱللَّهُ فَلَن تَجِدَ لَهُۥ
سَبِيلًا ﴿١٤٣﴾

143. Muzabzabína baina zálika lá ilá há'ulá'i wa lá ilá há'ulá'; wa mai yudhlilil láhu falan tajida lahú sabíla

143. (Eles estão) vacilantes, entre os dois grupos; nem estão com este, nem com aquele. Porém, jamais encontrarás senda alguma para aquele que Deus desviar (por tal merecerem).

يَـٰٓأَيُّهَا ٱلَّذِينَ ءَامَنُوا۟ لَا تَتَّخِذُوا۟ ٱلْكَـٰفِرِينَ أَوْلِيَآءَ مِن دُونِ ٱلْمُؤْمِنِينَ ۚ أَتُرِيدُونَ أَن
تَجْعَلُوا۟ لِلَّهِ عَلَيْكُمْ سُلْطَـٰنًا مُّبِينًا ﴿١٤٤﴾

144. Yá aiyuhal lazína ámanú lá tattakhizul káfirína auliyá'a min dúnil mu'minín; aturidúna an taj'alú lilláhi 'alaikum sultánam mubíná

144. Ó crentes, não tomeis os incrédulos por confidentes, em vez dos que creem. Desejais proporcionar a Deus provas evidentes contra vós?

إِنَّ ٱلْمُنَٰفِقِينَ فِى ٱلدَّرْكِ ٱلْأَسْفَلِ مِنَ ٱلنَّارِ وَلَن تَجِدَ لَهُمْ نَصِيرًا ﴿١٤٥﴾

145. Innal munáfiquína fiddarkil asfali minan Nári wa lan tajida lahum nasírá

145. Os hipócritas ocuparão o ínfimo piso do inferno, e jamais lhes encontrarás socorredor algum,

إِلَّا ٱلَّذِينَ تَابُوا۟ وَأَصْلَحُوا۟ وَٱعْتَصَمُوا۟ بِٱللَّهِ وَأَخْلَصُوا۟ دِينَهُمْ لِلَّهِ فَأُو۟لَٰٓئِكَ
مَعَ ٱلْمُؤْمِنِينَ ۖ وَسَوْفَ يُؤْتِ ٱللَّهُ ٱلْمُؤْمِنِينَ أَجْرًا عَظِيمًا ﴿١٤٦﴾

146. Illal lazína tábú wa aslahú wa'tasamú billáhi wa akhlasú dínahum lilláhi faulá'ika ma'al mu'minína wa saufa yu'til láhul mu'minína ajran 'azímá

146. Salvo para aqueles que se arrependerem, se emendarem, se apegarem a Deus e consagrarem a sua religião a Ele; estes contar-se-ão, assim, entre os crentes, e Deus lhes concederá uma magnífica recompensa.

مَّا يَفْعَلُ ٱللَّهُ بِعَذَابِكُمْ إِن شَكَرْتُمْ وَءَامَنتُمْ ۚ وَكَانَ ٱللَّهُ شَاكِرًا
عَلِيمًا ﴿١٤٧﴾

147. Má yaf'alul láhu bi 'azábikum in chakartum wa ámantum; wa kánal láhu Chákiran 'Alíma

147. Que interesse terá Deus em castigar-vos, se sois agradecidos e crentes? Ele é Retribuidor, Sapientíssimo. **(Fim do Juzi 5)**

سُورَةُ النِّسَاءِ

Surat An Nissá

Juzi Seis

Surat 4. *An Nissá.* 148-176

۞ لَّا يُحِبُّ ٱللَّهُ ٱلۡجَهۡرَ بِٱلسُّوٓءِ مِنَ ٱلۡقَوۡلِ إِلَّا مَن ظُلِمَۚ وَكَانَ ٱللَّهُ سَمِيعًا عَلِيمًا ﴿١٤٨﴾

148. ۞ *Lá yuhibbul láhul jahra bis sú'i minal kauli illá man zulim; wa kánal láhu Samí'an 'Alímá*

148. Deus não aprecia que sejam proferidas palavras maldosas publicamente, salvo por alguém que tenha sido injustiçado; sabei que Deus é Oniouvinte, Onisciente.

إِن تُبۡدُواْ خَيۡرًا أَوۡ تُخۡفُوهُ أَوۡ تَعۡفُواْ عَن سُوٓءٖ فَإِنَّ ٱللَّهَ كَانَ عَفُوّٗا قَدِيرًا ﴿١٤٩﴾

149. *In tubdú khairan au tukhfúhu au ta'fú 'an sú'in fa innal láha kána 'Afuwwan Qadírá*

149. Quer pratiqueis o bem, oculta ou manifestamente, quer perdoeis o mal, sabei que Deus é Onipotente, Indulgentíssimo.

إِنَّ ٱلَّذِينَ يَكۡفُرُونَ بِٱللَّهِ وَرُسُلِهِۦ وَيُرِيدُونَ أَن يُفَرِّقُواْ بَيۡنَ ٱللَّهِ وَرُسُلِهِۦ
وَيَقُولُونَ نُؤۡمِنُ بِبَعۡضٖ وَنَكۡفُرُ بِبَعۡضٖ وَيُرِيدُونَ أَن يَتَّخِذُواْ بَيۡنَ ذَٰلِكَ
سَبِيلًا ﴿١٥٠﴾

150. *Innal lazína yakkfurúna billáhi wa Rusulihí wa yurídúna ai yufarriqú bainal láhi wa Rusulihí wa yaqúlúna nu'minu biba'dhin wa nakfuru biba'dhin wa yurídúna ai yattakhizú baina zálika sabílá*

150. (Há) aqueles que não creem em Deus e em Seus mensageiros, pretendendo cortar os vínculos entre Deus e Seus mensageiros, e dizem: Cremos em alguns e negamos outros, intentando com isso achar uma saída,

أُوْلَٰٓئِكَ هُمُ ٱلۡكَٰفِرُونَ حَقّٗاۚ وَأَعۡتَدۡنَا لِلۡكَٰفِرِينَ عَذَابٗا مُّهِينٗا ﴿١٥١﴾

151. *Ulá'ika humul káfirúna haqqá; wa a'tadná lilkáfirína 'azábam muhíná*

151. São os verdadeiros incrédulos; porém, preparamos para eles um castigo humilhante.

وَٱلَّذِينَ ءَامَنُواْ بِٱللَّهِ وَرُسُلِهِۦ وَلَمۡ يُفَرِّقُواْ بَيۡنَ أَحَدٖ مِّنۡهُمۡ أُوْلَٰٓئِكَ سَوۡفَ يُؤۡتِيهِمۡ
أُجُورَهُمۡۚ وَكَانَ ٱللَّهُ غَفُورٗا رَّحِيمٗا ﴿١٥٢﴾

152. *Wallazína ámanú billáhi wa Rusulihí wa lam yufarriqú baina ahadim min-hum ulá'ika saufa yu'tíhim ujúrahum; wa kánal láhu Ghafúrar Rahíma*

152. Quanto àqueles que creem em Deus e em Seus mensageiros, e não fazem distinção entre nenhum destes, Deus lhes concederá as suas devidas recompensas, porque Deus é Indulgente, Misericordioso.

يَسْـَٔلُكَ أَهْلُ ٱلْكِتَٰبِ أَن تُنَزِّلَ عَلَيْهِمْ كِتَٰبًا مِّنَ ٱلسَّمَآءِ ۚ فَقَدْ سَأَلُوا۟ مُوسَىٰٓ أَكْبَرَ
مِن ذَٰلِكَ فَقَالُوٓا۟ أَرِنَا ٱللَّهَ جَهْرَةً فَأَخَذَتْهُمُ ٱلصَّٰعِقَةُ بِظُلْمِهِمْ ۚ ثُمَّ ٱتَّخَذُوا۟
ٱلْعِجْلَ مِنۢ بَعْدِ مَا جَآءَتْهُمُ ٱلْبَيِّنَٰتُ فَعَفَوْنَا عَن ذَٰلِكَ ۚ وَءَاتَيْنَا مُوسَىٰ سُلْطَٰنًا
مُّبِينًا ﴿١٥٣﴾

153. *Yas'aluka Ahlul Kitábi an tunazzila 'alaihim Kitábam minas samá'i faqad sa alú Mussa akbara min zálika faqálú arinal láha jahratan fa akhazathumus sá'iqatu bizulmihim; summat takhazul 'ijla mim ba'di má já'athumul baiyinátu fa'afauná 'ann zálik; wa átainá Mussa sultánam mubíná*

153. Os adeptos do Livro pedem-te que lhes faças descer um Livro do Céu. Já haviam pedido a Moisés algo superior a isso, quando lhe disseram: Mostra-nos claramente Deus! Por isso, a centelha os fulminou, por sua iniquidade. E (mesmo) depois de receberem as evidências, adoraram o bezerro; e Nós os perdoamos, e concedemos a Moisés uma autoridade evidente.

وَرَفَعْنَا فَوْقَهُمُ ٱلطُّورَ بِمِيثَٰقِهِمْ وَقُلْنَا لَهُمُ ٱدْخُلُوا۟ ٱلْبَابَ سُجَّدًا وَقُلْنَا لَهُمْ لَا تَعْدُوا۟ فِى
ٱلسَّبْتِ وَأَخَذْنَا مِنْهُم مِّيثَٰقًا غَلِيظًا ﴿١٥٤﴾

154. *Wa rafa'ná fauqahumut Túra bimiçáquihim wa qulná lahumudkhulul bába sujjadan wa qulná lahum lá ta'dú fis Sabti wa akhazná min-hum miçáqan ghalízá*

154. E elevamos o Monte por cima deles, pelo ato do seu pacto, e lhes dissemos: Entrai pelo pórtico da cidade, prostrando-vos; e também lhes dissemos: Não profaneis o Sábado! E obtivemos deles um compromisso solene.

فَبِمَا نَقْضِهِم مِّيثَٰقَهُمْ وَكُفْرِهِم بِـَٔايَٰتِ ٱللَّهِ وَقَتْلِهِمُ ٱلْأَنۢبِيَآءَ بِغَيْرِ حَقٍّ وَقَوْلِهِمْ
قُلُوبُنَا غُلْفٌۢ ۚ بَلْ طَبَعَ ٱللَّهُ عَلَيْهَا بِكُفْرِهِمْ فَلَا يُؤْمِنُونَ إِلَّا قَلِيلًا ﴿١٥٥﴾

155. *Fabimá naqdhihim miçáqahum wa kufrihim bi Áyátil láhi wa qatlihimul Ambiyá'a bighairi haqquin wa kaulihim qulúbuná ghulf; bal taba'al láhu 'alaihá bikufrihim falá yu'minúna illá qalílá*

155. (Porém, fizemo-los sofrer as consequências) por terem quebrado o pacto, por negarem os versículos de Deus, por matarem iniquamente os profetas, e por dizerem: Nossos corações estão insensíveis! Todavia, Deus lhes obstruiu os corações, por causa de sua incredulidade. Em quão pouco acreditam!

وَبِكُفۡرِهِمۡ وَقَوۡلِهِمۡ عَلَىٰ مَرۡيَمَ بُهۡتَٰنًا عَظِيمٗا ١٥٦

156. *Wa bikufrihim wa kaulihim 'alá Maryama buhtánan 'azíma*

156. E por blasfemarem e dizerem graves calúnias acerca de Maria,

وَقَوۡلِهِمۡ إِنَّا قَتَلۡنَا ٱلۡمَسِيحَ عِيسَى ٱبۡنَ مَرۡيَمَ رَسُولَ ٱللَّهِ وَمَا قَتَلُوهُ وَمَا صَلَبُوهُ وَلَٰكِن
شُبِّهَ لَهُمۡۚ وَإِنَّ ٱلَّذِينَ ٱخۡتَلَفُواْ فِيهِ لَفِي شَكّٖ مِّنۡهُۚ مَا لَهُم بِهِۦ مِنۡ عِلۡمٍ إِلَّا ٱتِّبَاعَ ٱلظَّنِّۚ وَمَا
قَتَلُوهُ يَقِينَۢا ١٥٧

157. *Wa kaulihim inná qatalnal masíha 'Íssab-na-Maryama Rasúlal láhi wa má qatalúhu wa má salabúhu wa lákin chubbiha lahum; wa innal lazína khtalafú fíhí lafí chakkim minh; má lahum bihí min 'ilmin illat tibá'az zann; wa má qatalúhu yaquíná*1

157. E por dizerem: Matamos o Messias, Jesus, filho de Maria, o Mensageiro de Deus, embora não sendo, na realidade, certo que o mataram, nem o crucificaram, mas o confundiram com outro. E aqueles que discordam quanto a isso estão na dúvida, porque não possuem conhecimento algum, mas apenas conjecturas para seguir; porém, o fato é que não o mataram.

بَل رَّفَعَهُ ٱللَّهُ إِلَيۡهِۚ وَكَانَ ٱللَّهُ عَزِيزًا حَكِيمٗا ١٥٨

158. *Bar rafa'ahul láhu ilayh; wa kánal láhu 'Azízan Hakímá*

158. Outrossim, Deus fê-lo ascender até Ele, porque é Poderoso, Prudentíssimo.

وَإِن مِّنۡ أَهۡلِ ٱلۡكِتَٰبِ إِلَّا لَيُؤۡمِنَنَّ بِهِۦ قَبۡلَ مَوۡتِهِۦۖ وَيَوۡمَ ٱلۡقِيَٰمَةِ يَكُونُ عَلَيۡهِمۡ
شَهِيدٗا ١٥٩

159. *Wa im min Ahlil Kitábi illá layu'minanna bihí qabla mautihí wa Yaumal Quiyámati yakúnu 'alaihim chahídá*

سُورَةُ النِّسَاءِ

Surat An Nissá

159. Nenhum dos adeptos do Livro deixará de acreditar nele (Jesus), antes da sua morte, e, no Dia da Ressurreição, testemunhará contra eles.

فَبِظُلْمٍ مِّنَ ٱلَّذِينَ هَادُوا۟ حَرَّمْنَا عَلَيْهِمْ طَيِّبَٰتٍ أُحِلَّتْ لَهُمْ وَبِصَدِّهِمْ عَن سَبِيلِ ٱللَّهِ كَثِيرًا ﴿١٦٠﴾

160. *Fabizulmin minal lazína hádú harramná 'alaihim taiyibátin uhillat lahum wa bisaddihim 'an sabílil láhi kaçírá*

160. E pela iniquidade dos judeus, ao tentarem desviar os demais da senda de Deus, vedamos-lhes algumas coisas boas, que lhes eram lícitas.

وَأَخْذِهِمُ ٱلرِّبَوٰا۟ وَقَدْ نُهُوا۟ عَنْهُ وَأَكْلِهِمْ أَمْوَٰلَ ٱلنَّاسِ بِٱلْبَٰطِلِ ۚ وَأَعْتَدْنَا لِلْكَٰفِرِينَ مِنْهُمْ عَذَابًا أَلِيمًا ﴿١٦١﴾

161. *Wa akhzihimur ribá wa qad nuhú 'anhu wa aklihim amwálan nási bilbátil; wa a'tadná lilkáfirína min-hum 'azában alíma*

161. E por praticarem a usura, sendo que isso lhes estava proibido, e por usurparem os bens alheios com falsas pretensões. E preparamos para os incrédulos, dentre eles, um doloroso castigo.

لَّٰكِنِ ٱلرَّٰسِخُونَ فِى ٱلْعِلْمِ مِنْهُمْ وَٱلْمُؤْمِنُونَ يُؤْمِنُونَ بِمَآ أُنزِلَ إِلَيْكَ وَمَآ أُنزِلَ مِن قَبْلِكَ ۚ وَٱلْمُقِيمِينَ ٱلصَّلَوٰةَ ۚ وَٱلْمُؤْتُونَ ٱلزَّكَوٰةَ وَٱلْمُؤْمِنُونَ بِٱللَّهِ وَٱلْيَوْمِ ٱلْءَاخِرِ أُو۟لَٰٓئِكَ سَنُؤْتِيهِمْ أَجْرًا عَظِيمًا ﴿١٦٢﴾

162. *Lákinir rásikhúna fil'ilmi min-hum walmu'minúna yu'minúna bimá unzila ilaika wa má unzila min qablika walmuqímínas Saláta walmu'túnaz Zakáta walmu'minúna billáhi wal yaumil Ákhir; ulá'ika sanu'tíhim ajran 'azímá*

162. Quanto aos sábios, dentre eles, bem como aos crentes, que creem tanto no que te foi revelado como no que foi revelado antes de ti, que são observantes da oração, pagadores do zakat, crentes em Deus e no Dia do Juízo Final, premiá-los-emos com magnífica recompensa.

۞ إِنَّآ أَوۡحَيۡنَآ إِلَيۡكَ كَمَآ أَوۡحَيۡنَآ إِلَىٰ نُوحٖ وَٱلنَّبِيِّـۧنَ مِنۢ بَعۡدِهِۦۚ وَأَوۡحَيۡنَآ إِلَىٰٓ إِبۡرَٰهِيمَ
وَإِسۡمَٰعِيلَ وَإِسۡحَٰقَ وَيَعۡقُوبَ وَٱلۡأَسۡبَاطِ وَعِيسَىٰ وَأَيُّوبَ وَيُونُسَ وَهَٰرُونَ
وَسُلَيۡمَٰنَۚ وَءَاتَيۡنَا دَاوُۥدَ زَبُورٗا ﴿١٦٣﴾

163. ۞ *Inná auhainá ilaika kamá auhainá ilá Núhin wan nabiyyína mim ba'dih; wa auhainá ilá ibráhíma wa Ismá'íla wa Isháqa wa Ya'qúba wal Asbáti wa 'Íssá wa Ayyúba wa Yúnusa wa hárúna wa Sulaimán; wa átainá Dáwúda Zabúrá*

163. Inspiramos-te, assim como inspiramos Noé e os profetas que o sucederam; assim, também, inspiramos Abraão, Ismael, Isaac, Jacó e as tribos, Jesus, Jó, Jonas, Aarão, Salomão, e concedemos os Salmos a Davi.

وَرُسُلٗا قَدۡ قَصَصۡنَٰهُمۡ عَلَيۡكَ مِن قَبۡلُ وَرُسُلٗا لَّمۡ نَقۡصُصۡهُمۡ عَلَيۡكَۚ وَكَلَّمَ
ٱللَّهُ مُوسَىٰ تَكۡلِيمٗا ﴿١٦٤﴾

164. *Wa Rusulan qad qasasnáhum 'alaika min qablu wa Rusulal lam naqsushum 'alaik; wa kallamal láhu Mussa taklímá*

164. E enviamos alguns mensageiros, que te mencionamos, e outros, que não te mencionamos; e Deus falou a Moisés diretamente.

رُّسُلٗا مُّبَشِّرِينَ وَمُنذِرِينَ لِئَلَّا يَكُونَ لِلنَّاسِ عَلَى ٱللَّهِ حُجَّةُۢ بَعۡدَ ٱلرُّسُلِۚ وَكَانَ ٱللَّهُ
عَزِيزًا حَكِيمٗا ﴿١٦٥﴾

165. *Rusulam mubachchirína wa munzirína li'allá yakúna linnási 'alal láhi hujjatum ba'dar Rusul; wa kánal láhu 'Azízan Hakíma*

165. Foram mensageiros que deram boas notícias e fizeram admoestações para que os humanos não tivessem argumento algum ante Deus, depois do envio deles, pois Deus é Poderoso, Prudentíssimo.

لَّٰكِنِ ٱللَّهُ يَشۡهَدُ بِمَآ أَنزَلَ إِلَيۡكَۖ أَنزَلَهُۥ بِعِلۡمِهِۦۖ وَٱلۡمَلَٰٓئِكَةُ يَشۡهَدُونَۚ وَكَفَىٰ
بِٱللَّهِ شَهِيدًا ﴿١٦٦﴾

166. *Lákinil láhu yachhadu bimá anzala ilaika anzalahú bi'ilmihí wal malá'ikatu yachhadún; wa kafá billáhi Chahída*

166. Deus atesta que o que te revelou, revelou-to de Sua sapiência, assim como os anjos também o atestam. E basta Deus por testemunha (disso).

إِنَّ ٱلَّذِينَ كَفَرُواْ وَصَدُّواْ عَن سَبِيلِ ٱللَّهِ قَدْ ضَلُّواْ ضَلَٰلَۢا بَعِيدًا ﴿١٦٧﴾

167. *Innal lazína kafarú wa saddú 'an sabílil láhi qad dhallú dhalálam ba'ídá*

167. Aqueles que rejeitaram a fé e desviaram os demais da senda de Deus, desviaram-se profundamente.

إِنَّ ٱلَّذِينَ كَفَرُواْ وَظَلَمُواْ لَمْ يَكُنِ ٱللَّهُ لِيَغْفِرَ لَهُمْ وَلَا لِيَهْدِيَهُمْ طَرِيقًا ﴿١٦٨﴾

168. *Innal lazína kafarú wa zalamú lam yakunil láhu liyaghfira lahum wa lá liyahdiyahum taríqá*

168. (Quanto) àqueles que rejeitaram a fé e cometeram injustiças, Deus nunca os perdoará, nem os orientará para qualquer caminho,

إِلَّا طَرِيقَ جَهَنَّمَ خَٰلِدِينَ فِيهَآ أَبَدًا وَكَانَ ذَٰلِكَ عَلَى ٱللَّهِ يَسِيرًا ﴿١٦٩﴾

169. *Illá taríqa jahannamma khálidína fíhá abadá; wa kána zálika 'alal láhi yasírá*

169. A não ser o do Inferno, onde morarão eternamente, porque isso é fácil para Deus.

يَٰٓأَيُّهَا ٱلنَّاسُ قَدْ جَآءَكُمُ ٱلرَّسُولُ بِٱلْحَقِّ مِن رَّبِّكُمْ فَـَٔامِنُواْ خَيْرًا لَّكُمْ وَإِن

تَكْفُرُواْ فَإِنَّ لِلَّهِ مَا فِى ٱلسَّمَٰوَٰتِ وَٱلْأَرْضِ وَكَانَ ٱللَّهُ عَلِيمًا حَكِيمًا ﴿١٧٠﴾

170. *Yá aiyuhan násu qad já'akumur Rasúlu bilhaqqui mir Rabbikum fa áminú khairal lakum; wa in takfurú fa innna lilláhi má fis samáwáti wal ardh; wa kánal láhu 'Alímann Hakímá*

170. Ó humanos, por certo que vos chegou o Mensageiro com a Verdade de vosso Senhor. Crede, pois, nele, que será melhor para vós. Porém, se descrerdes, sabei que a Deus pertence tudo quanto existe nos Céus e na Terra e que Ele é Sapiente, Prudentíssimo.

يَٰٓأَهْلَ ٱلْكِتَٰبِ لَا تَغْلُواْ فِى دِينِكُمْ وَلَا تَقُولُواْ عَلَى ٱللَّهِ إِلَّا ٱلْحَقَّ

إِنَّمَا ٱلْمَسِيحُ عِيسَى ٱبْنُ مَرْيَمَ رَسُولُ ٱللَّهِ وَكَلِمَتُهُۥٓ أَلْقَىٰهَآ إِلَىٰ مَرْيَمَ

وَرُوحٌ مِّنْهُ فَـَٔامِنُواْ بِٱللَّهِ وَرُسُلِهِۦ وَلَا تَقُولُواْ ثَلَٰثَةٌ ٱنتَهُواْ خَيْرًا لَّكُمْ إِنَّمَا ٱللَّهُ

إِلَٰهٌ وَٰحِدٌ سُبْحَٰنَهُۥٓ أَن يَكُونَ لَهُۥ وَلَدٌ لَّهُۥ مَا فِى ٱلسَّمَٰوَٰتِ وَمَا فِى ٱلْأَرْضِ

وَكَفَىٰ بِٱللَّهِ وَكِيلًا ﴿١٧١﴾

171. *Yá Ahlal Kitábi lá taghlú fí dínikum wa lá taqúlú 'alal láhi illal haqq; innamal Masíhu 'Íssab-nu-Maryama Rasúlul láhi wa Kalimatuhú alqáhá ilá Maryama wa rúhum min-hum fa áminú billáhi wa Rusulihí wa lá taqúlú çaláçah; intahú khairal lakum; innamal láhu Iláhun Wáhid, Subhánahú an yakúna lahú walad; lahú má fissamáwáti wa má fil ardh; wa kafá billáhi Wakílá*

171.. Ó adeptos do Livro, não exagereis em vossa religião e não digais de Deus senão a verdade. O Messias, Jesus, filho de Maria, foi tão-somente um mensageiro de Deus e o Seu Verbo, com o qual Ele agraciou Maria por intermédio do Seu Espírito. Crede, pois, em Deus e em Seus mensageiros e não digais: Trindade! Abstende-vos disso, que será melhor para vós; sabei que Deus é Uno. Glorificado seja! Longe está a hipótese de ter tido um filho. A Ele pertence tudo quanto há nos Céus e na Terra, e Deus é mais do que suficiente Guardião

لَّن يَسْتَنكِفَ ٱلْمَسِيحُ أَن يَكُونَ عَبْدًا لِّلَّهِ وَلَا ٱلْمَلَٰٓئِكَةُ ٱلْمُقَرَّبُونَ ۚ وَمَن
يَسْتَنكِفْ عَنْ عِبَادَتِهِۦ وَيَسْتَكْبِرْ فَسَيَحْشُرُهُمْ إِلَيْهِ جَمِيعًا ﴿١٧٢﴾

172. *La yastankifal Masíhu ai yakúna 'abdal lilláhi wa lal malá'ikatul muqarrabún; wa mai yastankif 'an ibádatihí wa yastakbir fasayahchuruhum ilaihi jamí'á*

172. O Messias não nega ser um servo de Deus, assim como tampouco o fizeram os anjos próximos (de Deus). Mas (quanto) àqueles que desdenharam a adoração a Ele e se ensoberbeceram, Ele os congregará a todos ante Si.

فَأَمَّا ٱلَّذِينَ ءَامَنُوا۟ وَعَمِلُوا۟ ٱلصَّٰلِحَٰتِ فَيُوَفِّيهِمْ أُجُورَهُمْ وَيَزِيدُهُم مِّن فَضْلِهِۦ ۖ
وَأَمَّا ٱلَّذِينَ ٱسْتَنكَفُوا۟ وَٱسْتَكْبَرُوا۟ فَيُعَذِّبُهُمْ عَذَابًا أَلِيمًا وَلَا يَجِدُونَ
مِّن دُونِ ٱللَّهِ وَلِيًّا وَلَا نَصِيرًا ﴿١٧٣﴾

173. *Fa ammal lazína ámanú wa 'amilus sálihátí fa yuwaffíhim ujúrahum wa yazíduhum min fadhlihí wa ammal lazínas tankafú wastakbarú fa yu'azzibuhum 'azában alíma wa lá yajidúna lahum min dúnil láhi waliyyan wa lá nasírá*

173. Quanto aos crentes que praticarem o bem, Deus lhes retribuirá com recompensas e os acrescentará da Sua graça; quanto àqueles que desdenharem a adoração a Ele e se ensoberbecerem, Ele os castigará dolorosamente e não acharão, além de Deus, protetor, nem defensor algum.

يَٰٓأَيُّهَا ٱلنَّاسُ قَدْ جَآءَكُم بُرْهَٰنٌ مِّن رَّبِّكُمْ وَأَنزَلْنَآ إِلَيْكُمْ نُورًا مُّبِينًا ﴿١٧٤﴾

سورة النساء

Surat An Nissá

174. *Yá aiyuhan násu qad já'akum burhánum mir Rabbikum wa anzalná ilaikum Núram Mubína*

174. Ó humanos, já vos chegou uma prova convincente, do vosso Senhor, e vos enviamos uma translúcida Luz.

فَأَمَّا ٱلَّذِينَ ءَامَنُوا۟ بِٱللَّهِ وَٱعْتَصَمُوا۟ بِهِۦ فَسَيُدْخِلُهُمْ فِى رَحْمَةٍ مِّنْهُ وَفَضْلٍ
وَيَهْدِيهِمْ إِلَيْهِ صِرَٰطًا مُّسْتَقِيمًا ﴿١٧٥﴾

175. *Fa ammal lazína ámanú billáhi wa'tasamú bihí fasa yudkhiluhum fí rahmatim min-hu wa fadhlin wa yahdíhim ilaihi Sirátam Mustaquíma*

175. Àqueles que creem em Deus, e a Ele se apegam, introduzi-los-á em Sua misericórdia e Sua graça, e os encaminhará até Ele, por meio da senda reta.

يَسْتَفْتُونَكَ قُلِ ٱللَّهُ يُفْتِيكُمْ فِى ٱلْكَلَٰلَةِ ۚ إِنِ ٱمْرُؤٌا۟ هَلَكَ لَيْسَ لَهُۥ وَلَدٌ وَلَهُۥٓ أُخْتٌ
فَلَهَا نِصْفُ مَا تَرَكَ ۚ وَهُوَ يَرِثُهَآ إِن لَّمْ يَكُن لَّهَا وَلَدٌ ۚ فَإِن كَانَتَا ٱثْنَتَيْنِ فَلَهُمَا
ٱلثُّلُثَانِ مِمَّا تَرَكَ ۚ وَإِن كَانُوٓا۟ إِخْوَةً رِّجَالًا وَنِسَآءً فَلِلذَّكَرِ مِثْلُ حَظِّ ٱلْأُنثَيَيْنِ ۗ يُبَيِّنُ ٱللَّهُ
لَكُمْ أَن تَضِلُّوا۟ ۗ وَٱللَّهُ بِكُلِّ شَىْءٍ عَلِيمٌۢ ﴿١٧٦﴾

176. *Yastaftúnaka quill láhu yaftíkum fil kalálah; inimru'un halaka laisa lahú waladun wa lahú ukhtun falahá nisfu má tarak; wa huwa yariçuhá il lam yakkul lahá walad; fa in kánata çnataini falahumas çuluçáni mimmá tarak; wa in kánú ikhwatar rijálan wa nisá'an falizakari miçlu hazzil unçayayn; yubaiyinul láhu lakum an tadhillú; walláhu bikulli chai'in 'Alím*

176. Consultar-te-ão a respeito da herança de um falecido, em estado de "*kalála*"; dir-lhes-ás: Deus já vos instruiu a este respeito: se uma pessoa morrer, sem ter deixado prole e tiver uma irmã, corresponderá a ela a metade de tudo quanto deixe; e se ela morrer, ele herdará dela, conquanto esta não deixe filhos. Porém, se ele tiver duas irmãs, estas herdarão dois terços do que ele deixar; e se houver irmãos e irmãs, corresponderá ao varão a parte de duas mulheres. Deus vo-lo esclarece, para que não vos desvieis, porque é Onisciente.

سُورَةُ المَائِدَةِ

Surat Al Máida

Surat 5. *Al Máida* (A Mesa Servida). Revelada em Madina; 120 versículos, com exceção do versículo 5, que foi revelado em Arafat, durante a Peregrinação de Despedida.

São utilizados os versículos de 1 a 81 neste Juzi

بِسْمِ اللَّهِ الرَّحْمَٰنِ الرَّحِيمِ

Bismilláhir Rahmánir Rahím

Em nome de Deus. O Clemente, o Misericordioso

يَٰٓأَيُّهَا ٱلَّذِينَ ءَامَنُوٓاْ أَوۡفُواْ بِٱلۡعُقُودِۚ أُحِلَّتۡ لَكُم بَهِيمَةُ ٱلۡأَنۡعَٰمِ إِلَّا مَا يُتۡلَىٰ عَلَيۡكُمۡ غَيۡرَ مُحِلِّي ٱلصَّيۡدِ وَأَنتُمۡ حُرُمٌۗ إِنَّ ٱللَّهَ يَحۡكُمُ مَا يُرِيدُ ١

1. ۞ *Yá aiyuhal lazína ámanú aufú bil'uqúd; uhillat lakum bahímatul an'ámi illá má yutlá 'alaikum ghaira muhillis saidi wa antum hurum; innal láha yahkumu má yuríd*

1. Ó crentes, cumpri com os vossos compromissos. Foi-vos permitido alimentar-vos de reses, exceto o que vos é anunciado agora; está-vos vedada a caça, sempre que estiverdes consagrados à peregrinação. Sabei que Deus ordena o que Lhe apraz.

يَٰٓأَيُّهَا ٱلَّذِينَ ءَامَنُواْ لَا تُحِلُّواْ شَعَٰٓئِرَ ٱللَّهِ وَلَا ٱلشَّهۡرَ ٱلۡحَرَامَ وَلَا ٱلۡهَدۡيَ وَلَا ٱلۡقَلَٰٓئِدَ وَلَآ ءَآمِّينَ ٱلۡبَيۡتَ ٱلۡحَرَامَ يَبۡتَغُونَ فَضۡلٗا مِّن رَّبِّهِمۡ وَرِضۡوَٰنٗاۚ وَإِذَا حَلَلۡتُمۡ فَٱصۡطَادُواْۚ وَلَا يَجۡرِمَنَّكُمۡ شَنَـَٔانُ قَوۡمٍ أَن صَدُّوكُمۡ عَنِ ٱلۡمَسۡجِدِ ٱلۡحَرَامِ أَن تَعۡتَدُواْۘ وَتَعَاوَنُواْ عَلَى ٱلۡبِرِّ وَٱلتَّقۡوَىٰۖ وَلَا تَعَاوَنُواْ عَلَى ٱلۡإِثۡمِ وَٱلۡعُدۡوَٰنِۚ وَٱتَّقُواْ ٱللَّهَۖ إِنَّ ٱللَّهَ شَدِيدُ ٱلۡعِقَابِ ٢

2. *Yá aiyuhal lazína ámanú lá tuhillú cha'á'iral láhi wa lach Chahral Haráma wa lal hadya wa lal qalá'ida wa lá ámmínal Baital Haráma yabtaghúna fadlam mir Rabbihim wa ridhwáná; wa izá halaltum fastádú; wa lá yajrimannakum chanaánu qaumin an saddúkum 'anil Masjidil-Harámi an ta'tadú; wa ta'áwanú 'alalbirri wattaqwá; wa lá ta'áwanú 'alal içmi wal'udwán; wattaqul láh; innal láha chadídul 'iqáb*

سُورَةُ المَائِدَةِ

Surat Al Máida

2. Ó crentes, não profaneis os relicários de Deus, o mês sagrado, as oferendas, os animais marcados, nem provoqueis aqueles que se encaminham à Casa Sagrada, à procura da graça e da complacência do seu Senhor. E quando tiverdes deixado os recintos sagrados, caçai, então, se quiserdes. Que o ressentimento contra aqueles que trataram de impedir-vos de irdes à Mesquita Sagrada não vos impulsione provocá-los, outrossim, auxiliai-vos na virtude e na piedade. Não vos auxilieis mutuamente no pecado e na hostilidade, mas temei a Deus, porque Deus é severíssimo no castigo.

حُرِّمَتْ عَلَيْكُمُ ٱلْمَيْتَةُ وَٱلدَّمُ وَلَحْمُ ٱلْخِنزِيرِ وَمَآ أُهِلَّ لِغَيْرِ ٱللَّهِ بِهِۦ وَٱلْمُنْخَنِقَةُ
وَٱلْمَوْقُوذَةُ وَٱلْمُتَرَدِّيَةُ وَٱلنَّطِيحَةُ وَمَآ أَكَلَ ٱلسَّبُعُ إِلَّا مَا ذَكَّيْتُمْ وَمَا ذُبِحَ عَلَى
ٱلنُّصُبِ وَأَن تَسْتَقْسِمُوا۟ بِٱلْأَزْلَٰمِ ۚ ذَٰلِكُمْ فِسْقٌ ۗ ٱلْيَوْمَ يَئِسَ ٱلَّذِينَ كَفَرُوا۟ مِن
دِينِكُمْ فَلَا تَخْشَوْهُمْ وَٱخْشَوْنِ ۚ ٱلْيَوْمَ أَكْمَلْتُ لَكُمْ دِينَكُمْ وَأَتْمَمْتُ عَلَيْكُمْ
نِعْمَتِى وَرَضِيتُ لَكُمُ ٱلْإِسْلَٰمَ دِينًا ۚ فَمَنِ ٱضْطُرَّ فِى مَخْمَصَةٍ غَيْرَ مُتَجَانِفٍ
لِّإِثْمٍ ۙ فَإِنَّ ٱللَّهَ غَفُورٌ رَّحِيمٌ ﴿٣﴾

3. *Hurrimat 'alaikumul maitatu waddamu wa lahmul khinzíri wa má uhilla lighiril láhi bihí walmunkhaniqatu wal mauqúzatu wal mutaraddiyatu wannatíhatu wa má akalas sabu'u illá má zakkaitum wa má zubiha 'alan nusubi wa an tastaqsimú bil azlám; zálikum fisq; alyauma ya'isal lazína kafarú min dínikum falá takhchuhum wakhchaun; alyauma akmaltu lakum dínakum wa atmamtu 'alaikum ni'matí wa radhítu lakumul Isláma díná; famani dhturra fí makhmasatin ghaira mutajánifil li içmin fa innal láha Ghafúrur Rahím*

3. Estão-vos vedados: A carniça, o sangue, a carne de suíno e tudo o que tenha sido sacrificado com a invocação de outro nome que não seja o de Deus; os animais estrangulados, os vitimados a golpes, os mortos por causa de uma queda, ou chifrados, os abatidos por feras, salvo se conseguirdes sacrificá-los ritualmente; o (animal) que tenha sido sacrificado nos altares. Também vos está vedado fazer adivinhações com setas, porque isso é uma profanação. Hoje, os incrédulos desesperam por fazer-vos renunciar à vossa religião. Não os temais, pois, e temei a Mim! Hoje, completei a religião para vós; tenho-vos agraciado generosamente, e vos aponto o Islam por religião. Mas quem, obrigado pela fome, sem intenção de pecar, se vir compelido (a alimentar-se do vedado), saiba que Deus é Indulgente, Misericordiosíssimo.

سُورَةُ المَائدَةِ

Surat Al Máida

يَسۡـَٔلُونَكَ مَاذَآ أُحِلَّ لَهُمۡۖ قُلۡ أُحِلَّ لَكُمُ ٱلطَّيِّبَٰتُ وَمَا عَلَّمۡتُم مِّنَ ٱلۡجَوَارِحِ مُكَلِّبِينَ
تُعَلِّمُونَهُنَّ مِمَّا عَلَّمَكُمُ ٱللَّهُۖ فَكُلُواْ مِمَّآ أَمۡسَكۡنَ عَلَيۡكُمۡ وَٱذۡكُرُواْ ٱسۡمَ ٱللَّهِ عَلَيۡهِۖ وَٱتَّقُواْ ٱللَّهَۚ
إِنَّ ٱللَّهَ سَرِيعُ ٱلۡحِسَابِ ٤

4. *Yas'alúnaka mázá uhilla lahum; qul uhilla lakumut taiyibátu wa má 'allamtum minal jawárihi mukallibína tu'allimúnahunna mimmá 'allamakumul láhu fakulú mimmá amsakna 'alaikum wazkuru smal láhi 'alaih; wattaqul láh; innal láha sarí'ul hisáb*

4. Consultar-te-ão sobre o que lhes foi permitido; dize-lhes: Foram-vos permitidas todas as coisas sadias, bem como tudo o que as aves de rapina, os cães por vós adestrados, conforme Deus ensinou, caçarem para vós. Comei do que eles tiverem apanhado para vós e sobre isso invocai Deus, e temei-O, porque Deus é destro em ajustar contas.

ٱلۡيَوۡمَ أُحِلَّ لَكُمُ ٱلطَّيِّبَٰتُۖ وَطَعَامُ ٱلَّذِينَ أُوتُواْ ٱلۡكِتَٰبَ حِلّٞ لَّكُمۡ وَطَعَامُكُمۡ حِلّٞ لَّهُمۡۖ
وَٱلۡمُحۡصَنَٰتُ مِنَ ٱلۡمُؤۡمِنَٰتِ وَٱلۡمُحۡصَنَٰتُ مِنَ ٱلَّذِينَ أُوتُواْ ٱلۡكِتَٰبَ مِن قَبۡلِكُمۡ إِذَآ
ءَاتَيۡتُمُوهُنَّ أُجُورَهُنَّ مُحۡصِنِينَ غَيۡرَ مُسَٰفِحِينَ وَلَا مُتَّخِذِيٓ أَخۡدَانٖۗ وَمَن يَكۡفُرۡ
بِٱلۡإِيمَٰنِ فَقَدۡ حَبِطَ عَمَلُهُۥ وَهُوَ فِي ٱلۡأٓخِرَةِ مِنَ ٱلۡخَٰسِرِينَ ٥

5. *Alyauma uhilla lakumut taiyibátu wa ta'ámul lazína útul Kitába hillul lakum wa ta'ámukum hillul lahum wal muhsanátu minal mu'mináti walmuhsanátu minal lazína útul Kitába min qablikum izá átaitumúhunna ujúrahunna muhsinína ghaira musáfihína wa lá muttakhizi akhdán; wa mai yakfur bil imáni faqad habita 'amaluhú wa huwa fil Ákhirati minal khásirín*

5. Hoje, estão-vos permitidas todas as coisas sadias, assim como vos é lícito o alimento dos que receberam o Livro, da mesma forma que o vosso é lícito para eles. Está-vos permitido casardes com as castas, dentre as crentes, e com as castas, dentre aquelas que receberam o Livro antes de vós, contanto que as doteis e passeis a viver com elas licitamente, não desatinadamente, nem as envolvendo em intrigas secretas. Quanto àquele que renegar a fé, sua obra tornar-se-á sem efeito, e ele se contará, no Outro Mundo, entre os desventurados.

سُورَةُ المَائِدَةِ

Surat Al Máida

يَٰٓأَيُّهَا ٱلَّذِينَ ءَامَنُوٓاْ إِذَا قُمۡتُمۡ إِلَى ٱلصَّلَوٰةِ فَٱغۡسِلُواْ وُجُوهَكُمۡ وَأَيۡدِيَكُمۡ
إِلَى ٱلۡمَرَافِقِ وَٱمۡسَحُواْ بِرُءُوسِكُمۡ وَأَرۡجُلَكُمۡ إِلَى ٱلۡكَعۡبَيۡنِۚ وَإِن كُنتُمۡ
جُنُبٗا فَٱطَّهَّرُواْۚ وَإِن كُنتُم مَّرۡضَىٰٓ أَوۡ عَلَىٰ سَفَرٍ أَوۡ جَآءَ أَحَدٞ مِّنكُم مِّنَ ٱلۡغَآئِطِ أَوۡ
لَٰمَسۡتُمُ ٱلنِّسَآءَ فَلَمۡ تَجِدُواْ مَآءٗ فَتَيَمَّمُواْ صَعِيدٗا طَيِّبٗا فَٱمۡسَحُواْ
بِوُجُوهِكُمۡ وَأَيۡدِيكُم مِّنۡهُۚ مَا يُرِيدُ ٱللَّهُ لِيَجۡعَلَ عَلَيۡكُم مِّنۡ حَرَجٖ
وَلَٰكِن يُرِيدُ لِيُطَهِّرَكُمۡ وَلِيُتِمَّ نِعۡمَتَهُۥ عَلَيۡكُمۡ لَعَلَّكُمۡ تَشۡكُرُونَ ٦

6. *Yá aiyuhal lazína ámanú izá qumtum ilas Saláti faghsilú wujúhakum wa aidiyakum ilal maráfiqui wamsahú biru'úsikum wa arjulakum ilal ka'bayn; wa in kuntum junuban fattahharú; wa in kuntum mardhá au'alá safarin au já'a ahadum minkum minal ghá'iti au lámastumun nisá'a falam tajidú má'an fatayammamú sa'idan taiyiban famsahú biwujúhikum wa aidíkum minh; ma yurídul láhu liyaj'ala 'alaikum min harajin walákin yurídu liyutahhirakum wa liyutimma ni'matahú 'alaikum la'allakum tachkurún*

6. Ó crentes, sempre que vos dispuserdes a observar a oração, lavai o rosto, as mãos e os antebraços até aos cotovelos; esfregai a cabeça, com as mãos molhadas e lavai os pés, até aos tornozelos. E, quando estiverdes polutos, higienizai-vos; porém, se estiverdes enfermos ou em viagem, ou se vierdes de lugar escuso ou tiverdes tocado as mulheres, sem encontrardes água, servi-vos do tayamum com terra limpa, e esfregai com ela os vossos rostos e mãos. Deus não deseja impor-vos carga alguma; porém, se quer purificar-vos e agraciar-vos, é para que Lhe agradeçais.

وَٱذۡكُرُواْ نِعۡمَةَ ٱللَّهِ عَلَيۡكُمۡ وَمِيثَٰقَهُ ٱلَّذِي وَاثَقَكُم بِهِۦٓ إِذۡ قُلۡتُمۡ سَمِعۡنَا
وَأَطَعۡنَاۖ وَٱتَّقُواْ ٱللَّهَۚ إِنَّ ٱللَّهَ عَلِيمُۢ بِذَاتِ ٱلصُّدُورِ ٧

7. *Wazkurú ni'matal láhi 'alaikum wa miçáqahul lazí wáçaqakum bihí iz qultum sami'ná wa ata'ná wattaqul láh; innal láha 'alímum bizátis sudúr*

7. E recordai-vos das mercês de Deus para convosco, e da promessa que recebeu de vós, quando dissestes: Escutamos e obedecemos! Temei, pois, a Deus, porque Ele bem conhece as intimidades dos corações.

سُورَةُ المَائِدَةِ

Surat Al Máida

يَـٰٓأَيُّهَا ٱلَّذِينَ ءَامَنُوا۟ كُونُوا۟ قَوَّٰمِينَ لِلَّهِ شُهَدَآءَ بِٱلْقِسْطِ ۖ وَلَا
يَجْرِمَنَّكُمْ شَنَـَٔانُ قَوْمٍ عَلَىٰٓ أَلَّا تَعْدِلُوا۟ ۚ ٱعْدِلُوا۟ هُوَ أَقْرَبُ لِلتَّقْوَىٰ ۖ
وَٱتَّقُوا۟ ٱللَّهَ ۚ إِنَّ ٱللَّهَ خَبِيرٌۢ بِمَا تَعْمَلُونَ ﴿٨﴾

8. *Yá aiyuhal lazína ámánú kúnú qauwámína lilláhi chuhadá'a bilquist, wa lá yajrimannakum chanaánu qaumin 'alá allá ta'dilú; i'dilú; huwa aqrabu littaqwá wattaqul láh; innal láha khabírum bimá ta'malún*

8. Ó crentes, sede firmes na causa de Deus e prestai testemunho, a bem da justiça; que o ressentimento aos demais não vos impulsione a serdes injustos para com eles. Sede justos, porque isso está mais próximo da piedade, e temei a Deus, porque Ele está bem inteirado de tudo quanto fazeis.

وَعَدَ ٱللَّهُ ٱلَّذِينَ ءَامَنُوا۟ وَعَمِلُوا۟ ٱلصَّـٰلِحَـٰتِ ۙ لَهُم مَّغْفِرَةٌ وَأَجْرٌ عَظِيمٌ ﴿٩﴾

9. *Wa'adal láhul lazína ámanú wa 'amilus sáliháti lahum maghfiratun wa ajrun 'azím*

9. Deus prometeu aos crentes que praticam o bem uma indulgência e uma magnífica recompensa.

وَٱلَّذِينَ كَفَرُوا۟ وَكَذَّبُوا۟ بِـَٔايَـٰتِنَآ أُو۟لَـٰٓئِكَ أَصْحَـٰبُ ٱلْجَحِيمِ ﴿١٠﴾

10. *Wallazína kafarú wa kazzabú bi Áyátiná ulá'ika Asshábul Jahím*

10. Porém, os incrédulos, que desmentem os nossos versículos, serão os companheiros do Fogo.

يَـٰٓأَيُّهَا ٱلَّذِينَ ءَامَنُوا۟ ٱذْكُرُوا۟ نِعْمَتَ ٱللَّهِ عَلَيْكُمْ إِذْ هَمَّ قَوْمٌ أَن
يَبْسُطُوٓا۟ إِلَيْكُمْ أَيْدِيَهُمْ فَكَفَّ أَيْدِيَهُمْ عَنكُمْ ۖ وَٱتَّقُوا۟ ٱللَّهَ ۚ وَعَلَى ٱللَّهِ
فَلْيَتَوَكَّلِ ٱلْمُؤْمِنُونَ ﴿١١﴾

11. *Yá aiyuhal lazína ámanuz kurú ni'matalláhi 'alaikum iz hamma qaumun ai yabsutú ilaikum aidiyahum fakaffa aidiyahum 'ankum wattaqulláh; wa'alal láhi fal yatawakkalil mu'minún*

11. Ó crentes, recordai-vos das mercês de Deus para convosco, pois quando um povo intentou agredir-vos, Ele o conteve. Temei a Deus, porquanto em Deus confiam os crentes.

۞ وَلَقَدۡ أَخَذَ ٱللَّهُ مِيثَٰقَ بَنِيٓ إِسۡرَٰٓءِيلَ وَبَعَثۡنَا مِنۡهُمُ ٱثۡنَيۡ عَشَرَ
نَقِيبٗاۖ وَقَالَ ٱللَّهُ إِنِّي مَعَكُمۡۖ لَئِنۡ أَقَمۡتُمُ ٱلصَّلَوٰةَ وَءَاتَيۡتُمُ ٱلزَّكَوٰةَ
وَءَامَنتُم بِرُسُلِي وَعَزَّرۡتُمُوهُمۡ وَأَقۡرَضۡتُمُ ٱللَّهَ قَرۡضًا حَسَنٗا لَّأُكَفِّرَنَّ
عَنكُمۡ سَيِّـَٔاتِكُمۡ وَلَأُدۡخِلَنَّكُمۡ جَنَّٰتٖ تَجۡرِي مِن تَحۡتِهَا ٱلۡأَنۡهَٰرُۚ فَمَن
كَفَرَ بَعۡدَ ذَٰلِكَ مِنكُمۡ فَقَدۡ ضَلَّ سَوَآءَ ٱلسَّبِيلِ ﴿١٢﴾

12. ۞ Wa laqad akhazal láhu misáqa Bani Isrá'íla wa ba'asná minhumus nai 'achara naqíban wa qálal láhu inní ma'akum la'in aqamtumus Saláta wa átaitumuz Zakáta wa ámantum bi Rusulí wa'azzartumúhum wa aqradtumul láha qardan hasanal la ukaffiranna 'ankum saiyiátikum wa la udkhilan nakum Jannátin tajrí min tahtihal anhár; faman kafara ba'da zálika minkum faqad dalla sawá'as Sabíl

12. Deus cumpriu uma antiga promessa feita aos israelitas, e designou-lhes doze chefes, dentre eles, dizendo: Estarei convosco, se observardes a oração, pagardes o zakat, crerdes nos Meus mensageiros, socorrerde-los e emprestardes espontaneamente a Deus; absolverei as vossas faltas e vos introduzirei em jardins, abaixo dos quais correm os rios. Mas quem de vós pecar, depois disto, desviar-se-á da verdadeira senda.

فَبِمَا نَقۡضِهِم مِّيثَٰقَهُمۡ لَعَنَّٰهُمۡ وَجَعَلۡنَا قُلُوبَهُمۡ قَٰسِيَةٗۖ يُحَرِّفُونَ
ٱلۡكَلِمَ عَن مَّوَاضِعِهِۦ وَنَسُواْ حَظّٗا مِّمَّا ذُكِّرُواْ بِهِۦۚ وَلَا تَزَالُ تَطَّلِعُ
عَلَىٰ خَآئِنَةٖ مِّنۡهُمۡ إِلَّا قَلِيلٗا مِّنۡهُمۡۖ فَٱعۡفُ عَنۡهُمۡ وَٱصۡفَحۡۚ إِنَّ ٱللَّهَ يُحِبُّ
ٱلۡمُحۡسِنِينَ ﴿١٣﴾

13. Fabimá naqdihim misá qahum la'annáhum wa ja'alná qulúbahum qásiyatai yuharrifúnal kalima 'am mawádhi'ihí wa nasú hazzam mimmá zukkirú bih; wa lá tazálu tattali'u 'alá khá'inatim min-hum illá qalílam min-hum fa'fu 'anhum wasfah; innal láha yuhibbul muhsinín

13. Porém, pela violação da sua promessa, amaldiçoamo-los e endurecemos os seus corações. Eles deturparam as palavras (do Livro) e se esqueceram de grande parte do que lhes foi revelado; (tu) não cessas de descobrir a incredulidade de todos eles, salvo de uma pequena parte; porém, indulta-os e perdoa-lhes os erros, porque Deus aprecia os benfeitores.

سُورَةُ المَائِدَةِ

Surat Al Máida

وَمِنَ ٱلَّذِينَ قَالُوٓاْ إِنَّا نَصَٰرَىٰٓ أَخَذْنَا مِيثَٰقَهُمْ فَنَسُواْ حَظًّا مِّمَّا
ذُكِّرُواْ بِهِۦ فَأَغْرَيْنَا بَيْنَهُمُ ٱلْعَدَاوَةَ وَٱلْبَغْضَآءَ إِلَىٰ يَوْمِ
ٱلْقِيَٰمَةِ ۚ وَسَوْفَ يُنَبِّئُهُمُ ٱللَّهُ بِمَا كَانُواْ يَصْنَعُونَ ﴿١٤﴾

14. *Wa minal lazína qálú inná nasárá akhazná miçáqahum fanasú hazzam mimmá zukkirú bihí fa aghrainá bainahumul 'adáwata walbaghdhá'a ilá yaumil Qiyámah; wa saufa yunabbi'uhumul láhu bimá kánú yasna'ún*

14. E também aceitamos a promessa daqueles que disseram: Somos cristãos! Porém, esqueceram-se de grande parte do que lhes foi recomendado, pelo que disseminamos a inimizade e o ódio entre eles, até ao Dia da Ressurreição. Deus os inteirará, então, do que cometeram.

يَٰٓأَهْلَ ٱلْكِتَٰبِ قَدْ جَآءَكُمْ رَسُولُنَا يُبَيِّنُ لَكُمْ كَثِيرًا مِّمَّا
كُنتُمْ تُخْفُونَ مِنَ ٱلْكِتَٰبِ وَيَعْفُواْ عَن كَثِيرٍ ۚ قَدْ
جَآءَكُم مِّنَ ٱللَّهِ نُورٌ وَكِتَٰبٌ مُّبِينٌ ﴿١٥﴾

15. *yá Ahlal kitábi qad já'akum Rasúluná yubaiyinu lakum kasíram mimmmá kuntum tukhfúna minal Kitábi wa ya'fú 'an kasír; qad já'akum minal láhi núrun wa Kitábum Mubín*

15. Ó adeptos do Livro, foi-vos apresentado o Nosso Mensageiro para mostrar-vos muito do que ocultáveis do Livro, e perdoar-vos em muito. Já vos chegou de Deus uma Luz e um Livro esclarecedor,

يَهْدِى بِهِ ٱللَّهُ مَنِ ٱتَّبَعَ رِضْوَٰنَهُۥ سُبُلَ ٱلسَّلَٰمِ وَيُخْرِجُهُم
مِّنَ ٱلظُّلُمَٰتِ إِلَى ٱلنُّورِ بِإِذْنِهِۦ وَيَهْدِيهِمْ إِلَىٰ صِرَٰطٍ
مُّسْتَقِيمٍ ﴿١٦﴾

16. *Yahdí bihil láhu manit taba'a ridwánahú subulas salámi wa yukhrijuhum minaz zulumáti ilan núri bi iznihí wa yahdíhim ilá Sirátim Mustaqím*

16. Pelo qual Deus conduzirá aos caminhos da paz aqueles que procurarem a Sua complacência e, por Sua vontade, tirá-los-á das trevas e os levará para a luz, encaminhando-os para a senda reta.

سُورَةُ المَائِدَةِ

Surat Al Máida

لَّقَدْ كَفَرَ ٱلَّذِينَ قَالُوٓا۟ إِنَّ ٱللَّهَ هُوَ ٱلْمَسِيحُ ٱبْنُ مَرْيَمَ ۚ قُلْ فَمَن
يَمْلِكُ مِنَ ٱللَّهِ شَيْـًٔا إِنْ أَرَادَ أَن يُهْلِكَ ٱلْمَسِيحَ ٱبْنَ مَرْيَمَ
وَأُمَّهُۥ وَمَن فِى ٱلْأَرْضِ جَمِيعًا ۗ وَلِلَّهِ مُلْكُ ٱلسَّمَٰوَٰتِ وَٱلْأَرْضِ
وَمَا بَيْنَهُمَا ۚ يَخْلُقُ مَا يَشَآءُ ۚ وَٱللَّهُ عَلَىٰ كُلِّ شَىْءٍ قَدِيرٌ ﴿١٧﴾

17. *Laqad kafaral lazína qálú innal láha huwal masíhub nu Maryam; qul famany-yamliku minal láhi chai'an in aráda ai yuhlikal Masíhab na Maryama wa ummahú wa man fil ardi jamí'á, wa lilláhi mulkus samáwáti wal ardi wa má bainahumá; yakhluqu má Yachá'; walláhu 'alá kulli chai'in Qadír*

17. São blasfemos aqueles que dizem: Deus é o Messias, filho de Maria. Dize-lhes: Quem possuiria o mínimo poder para impedir que Deus, assim querendo, aniquilasse o Messias, filho de Maria, sua mãe e todos os que estão na Terra? Só a Deus pertence o Reino dos Céus e da Terra, e tudo quanto há entre ambos. Ele cria o que Lhe apraz, porque é Onipotente.

وَقَالَتِ ٱلْيَهُودُ وَٱلنَّصَٰرَىٰ نَحْنُ أَبْنَٰٓؤُا۟ ٱللَّهِ وَأَحِبَّٰٓؤُهُۥ ۚ قُلْ فَلِمَ يُعَذِّبُكُم
بِذُنُوبِكُم ۖ بَلْ أَنتُم بَشَرٌ مِّمَّنْ خَلَقَ ۚ يَغْفِرُ لِمَن يَشَآءُ وَيُعَذِّبُ مَن يَشَآءُ ۚ وَلِلَّهِ
مُلْكُ ٱلسَّمَٰوَٰتِ وَٱلْأَرْضِ وَمَا بَيْنَهُمَا ۖ وَإِلَيْهِ ٱلْمَصِيرُ ﴿١٨﴾

18. *Wa qálatil Yahúdu wan Nasárá nahnu abná'ul láhi wa ahibbá'uh; qul falima yu'azzibukum bizunúbikum bal antum bacharum mimman khalaq; yaghfiru limai yachá'u wa yu'azzibu mai yachá'; wa lilláhi mulkus samáwáti wal ardi wa má bainahumá wa ilaihil masír*

18. Os judeus e os cristãos dizem: Somos os filhos de Deus e os Seus preferidos. Dize-lhes: Por que, então, Ele vos castiga por vossos pecados? Qual! Sois tão-somente seres humanos como os outros! Ele perdoa a quem Lhe apraz e castiga quem quer. Só a Deus pertence o Reino dos Céus e da Terra e tudo quanto há entre ambos, e para Ele será o retorno.

يَٰٓأَهْلَ ٱلْكِتَٰبِ قَدْ جَآءَكُمْ رَسُولُنَا يُبَيِّنُ لَكُمْ عَلَىٰ فَتْرَةٍ مِّنَ ٱلرُّسُلِ أَن تَقُولُوا۟
مَا جَآءَنَا مِنۢ بَشِيرٍ وَلَا نَذِيرٍ ۖ فَقَدْ جَآءَكُم بَشِيرٌ وَنَذِيرٌ ۗ وَٱللَّهُ عَلَىٰ كُلِّ شَىْءٍ
قَدِيرٌ ﴿١٩﴾

سُورَةُ المَائِدَةِ

Surat Al Máida

19. *Yá Ahlal Kitábi qad já'akum Rasúluná yubaiyinu lakum 'alá fatratim minar Rusuli an taqúlú má já'aná mim bachírin wa lá nazírin faqad já'akum bachírun wa nazír; walláhu 'alá kulli chai'in Qadír*

19. Ó adeptos do Livro, foi-vos apresentado o Nosso Mensageiro, para preencher a lacuna (na série) dos mensageiros, a fim de que não digais: Não nos chegou alvissareiro nem admoestador algum! Sim, já vos chegou um alvissareiro e admoestador, porque Deus é Onipotente.

وَإِذْ قَالَ مُوسَىٰ لِقَوْمِهِۦ يَٰقَوْمِ ٱذْكُرُوا۟ نِعْمَةَ ٱللَّهِ عَلَيْكُمْ إِذْ جَعَلَ فِيكُمْ
أَنۢبِيَآءَ وَجَعَلَكُم مُّلُوكًا وَءَاتَىٰكُم مَّا لَمْ يُؤْتِ أَحَدًا مِّنَ ٱلْعَٰلَمِينَ ﴿٢٠﴾

20. *Wa iz qála Mussa liqaumihí yá qaumiz kurú ni'matal láhi 'alaikum iz ja'ala fíkum ambiyá'a wa ja'alakum mulúkan wa átákum má lam yu'ti ahadam minal 'álamín*

20. Recorda-lhes de quando Moisés disse ao seu povo: Ó povo meu, lembrai-vos das mercês de Deus para convosco, quando fez surgir, dentre vós, profetas, e vos fez reis e vos concedeu o que não havia concedido a nenhum dos vossos contemporâneos.

يَٰقَوْمِ ٱدْخُلُوا۟ ٱلْأَرْضَ ٱلْمُقَدَّسَةَ ٱلَّتِى كَتَبَ ٱللَّهُ لَكُمْ وَلَا تَرْتَدُّوا۟ عَلَىٰٓ أَدْبَارِكُمْ
فَتَنقَلِبُوا۟ خَٰسِرِينَ ﴿٢١﴾

21. *Yá qaumid khulul Ardal Muqaddasatal latí katabal láhu lakum wa lá tartaddú 'alá adbárikum fatanqalibú khásirínn*

21. Ó povo meu, entrai na terra Sagrada que Deus vos assinalou, e não retrocedais, porque se retrocederdes, sereis desventurados.

قَالُوا۟ يَٰمُوسَىٰٓ إِنَّ فِيهَا قَوْمًا جَبَّارِينَ وَإِنَّا لَن نَّدْخُلَهَا حَتَّىٰ يَخْرُجُوا۟ مِنْهَا فَإِن
يَخْرُجُوا۟ مِنْهَا فَإِنَّا دَٰخِلُونَ ﴿٢٢﴾

22. *Qálú yá Mussa inná fíhá qauman jabbárína wa inná lan nadkhulahá hattá yakhrujú minhá fa-iny yakhrujú minhá fa inná dákhilún*

22. Disseram-lhe: Ó Moisés, dominam-na homens poderosos, e nela não poderemos entrar, a menos que a abandonem. Se a abandonarem, então entraremos.

قَالَ رَجُلَانِ مِنَ ٱلَّذِينَ يَخَافُونَ أَنْعَمَ ٱللَّهُ عَلَيْهِمَا ٱدْخُلُوا۟ عَلَيْهِمُ ٱلْبَابَ
فَإِذَا دَخَلْتُمُوهُ فَإِنَّكُمْ غَٰلِبُونَ ۚ وَعَلَى ٱللَّهِ فَتَوَكَّلُوٓا۟ إِن كُنتُم مُّؤْمِنِينَ ﴿٢٣﴾

سُورَةُ المَائِدَةِ

Surat Al Máida

23. Qála rajuláni minal lazína yakháfúna an'amal láhu 'alaihimad khulú 'alaihimul báb, fa izá dakhaltumúhu fa innakum ghálibún; wa 'alal láhi fatawakkalú in kuntum mu'minín

23. E dois tementes, aos quais Deus havia agraciado, disseram: Entrai, de assalto, pelo pórtico; porque, quando logrardes transpô-lo, sereis, sem dúvida, vencedores; confiai em Deus, se sois crentes.

قَالُوا۟ يَٰمُوسَىٰٓ إِنَّا لَن نَّدْخُلَهَآ أَبَدًا مَّا دَامُوا۟ فِيهَا ۖ فَٱذْهَبْ أَنتَ وَرَبُّكَ فَقَٰتِلَآ
إِنَّا هَٰهُنَا قَٰعِدُونَ ﴿٢٤﴾

24. Qálú yá Mussa inná lan nadkhulahá abadam má dámú fíhá fazhab anta wa Rabbuka faqátilá inná háhuná qá'idún

24. Disseram-lhe: Ó Moisés, jamais nela (cidade) entraremos, enquanto lá permanecerem. Vai tu, com o teu Senhor, e combatei-os, enquanto nós permaneceremos aqui sentados.

قَالَ رَبِّ إِنِّى لَآ أَمْلِكُ إِلَّا نَفْسِى وَأَخِى ۖ فَٱفْرُقْ بَيْنَنَا وَبَيْنَ ٱلْقَوْمِ ٱلْفَٰسِقِينَ ﴿٢٥﴾

25. Qála Rabbi inní lá amliku illá nafsí wa akhí fafruq bainaná wa bainal qaumil fásiqín

25. (Moisés) disse: Ó Senhor meu, somente posso ter controle sobre mim e sobre o meu irmão. Separa-nos, pois, dos depravados.

قَالَ فَإِنَّهَا مُحَرَّمَةٌ عَلَيْهِمْ ۛ أَرْبَعِينَ سَنَةً ۛ يَتِيهُونَ فِى ٱلْأَرْضِ ۚ فَلَا تَأْسَ عَلَى ٱلْقَوْمِ
ٱلْفَٰسِقِينَ ﴿٢٦﴾

26. Qála fa innahá muhar ramatun 'alaihim arba'ína sanah; yatíhúna fil ard; falá tása 'alal qaumil fásiquín

26. Então (Deus) lhe disse: Estar-lhes-á proibida a entrada (na terra Sagrada). Durante quarenta anos andarão errantes, pela Terra. Não te mortifiques pela gente depravada.

۞ وَٱتْلُ عَلَيْهِمْ نَبَأَ ٱبْنَىْ ءَادَمَ بِٱلْحَقِّ إِذْ قَرَّبَا قُرْبَانًا فَتُقُبِّلَ مِنْ أَحَدِهِمَا وَلَمْ
يُتَقَبَّلْ مِنَ ٱلْءَاخَرِ قَالَ لَأَقْتُلَنَّكَ ۖ قَالَ إِنَّمَا يَتَقَبَّلُ ٱللَّهُ مِنَ ٱلْمُتَّقِينَ ﴿٢٧﴾

27. ۞ Watlu 'alaihim naba abnai Ádama bilhaqq; iz qarrabá qurbánan fatuqubbila min ahadihimá wa lam yutaqabbal minal ákhari qála la aqtulannnaka qála innamá yataqabbalul láhu minal muttaqín

سُورَةُ المَائِدَةِ

Surat Al Máida

27. E conta-lhes (ó Mensageiro) a história dos dois filhos de Adão, quando apresentaram duas oferendas; foi aceita a de um e recusada a do outro. Disse aquele cuja oferenda foi recusada: Juro que te matarei! Disse-lhe (o outro): Deus só aceita (a oferenda) dos justos.

لَئِنۢ بَسَطتَ إِلَيَّ يَدَكَ لِتَقْتُلَنِي مَآ أَنَا۠ بِبَاسِطٍ يَدِيَ إِلَيْكَ لِأَقْتُلَكَ إِنِّيٓ أَخَافُ ٱللَّهَ رَبَّ ٱلْعَٰلَمِينَ ﴿٢٨﴾

28. La'im basatta ilaiya yadaka litaqtulaní má ana bibásitiny yadiya ilaika li aqtulaka inní akháful láha Rabbal 'álamín

28. Ainda que levantasses a mão para assassinar-me, jamais levantaria a minha para matar-te, porque temo a Deus, Senhor do Universo.

إِنِّيٓ أُرِيدُ أَن تَبُوٓأَ بِإِثْمِي وَإِثْمِكَ فَتَكُونَ مِنْ أَصْحَٰبِ ٱلنَّارِ وَذَٰلِكَ جَزَٰٓؤُا۟ ٱلظَّٰلِمِينَ ﴿٢٩﴾

29. Iní urídu an tabú'a bi ismí wa ismika fatakúna min As-hábin Nár; wa zálika jazá'uz zálimín

29. Quero que arques com a minha e com a tua culpa, para que sejas dos condenados ao inferno, que é o castigo dos injustos.

فَطَوَّعَتْ لَهُۥ نَفْسُهُۥ قَتْلَ أَخِيهِ فَقَتَلَهُۥ فَأَصْبَحَ مِنَ ٱلْخَٰسِرِينَ ﴿٣٠﴾

30. Fatauwa'at lahú nafsu hú qatla akhíhi faqatalahú fa asbaha minal khásirín

30. E o egoísmo (do outro) induziu-o a assassinar o irmão; assassinou-o e contou-se entre os desventurados.

فَبَعَثَ ٱللَّهُ غُرَابًا يَبْحَثُ فِي ٱلْأَرْضِ لِيُرِيَهُۥ كَيْفَ يُوَٰرِي سَوْءَةَ أَخِيهِ قَالَ يَٰوَيْلَتَىٰٓ أَعَجَزْتُ أَنْ أَكُونَ مِثْلَ هَٰذَا ٱلْغُرَابِ فَأُوَٰرِيَ سَوْءَةَ أَخِي فَأَصْبَحَ مِنَ ٱلنَّٰدِمِينَ ﴿٣١﴾

31. Faba'asal láhu ghurábai yabhasu fil ardi liyuriyahú kaifa yuwárí saw'ata akhíh; qála yá wailatá a'ajaztu an akúna misla házal ghurábi fa uwáriya saw ata akhí fa asbaha minan nádimín

31. E Deus enviou um corvo, que se pôs a escavar a terra para ensinar-lhe a ocultar o cadáver do irmão. Disse: Ai de mim! Não é verdade que não fui capaz de ocultar o cadáver do meu irmão, se até este corvo é capaz de fazê-lo? Tornou-se então cheio de remorsos.

سُورَةُ المَائِدَةِ

Surat Al Máida

مِنۡ أَجۡلِ ذَٰلِكَ كَتَبۡنَا عَلَىٰ بَنِيٓ إِسۡرَٰٓءِيلَ أَنَّهُۥ مَن قَتَلَ نَفۡسَۢا بِغَيۡرِ نَفۡسٍ أَوۡ
فَسَادٖ فِي ٱلۡأَرۡضِ فَكَأَنَّمَا قَتَلَ ٱلنَّاسَ جَمِيعٗا وَمَنۡ أَحۡيَاهَا فَكَأَنَّمَآ
أَحۡيَا ٱلنَّاسَ جَمِيعٗاۚ وَلَقَدۡ جَآءَتۡهُمۡ رُسُلُنَا بِٱلۡبَيِّنَٰتِ ثُمَّ إِنَّ كَثِيرٗا مِّنۡهُم
بَعۡدَ ذَٰلِكَ فِي ٱلۡأَرۡضِ لَمُسۡرِفُونَ ٣٢

32. Min ajli zálika katabná 'alá Bani Isrá'ila annahú man qatala nafsam bighairi nafsin au fasádin fil ardi faka annammá qatalan násajamí'an wa man ahyáhá faka annamá ahyan nása jamí'á; wa laqad já'at hum Rusuluná bilbaiyináti summa inna kasíram minhum ba'da zálika fil ardi lamusrifún

32. De sorte que prescrevemos aos israelitas que quem matar uma pessoa, sem que esta tenha cometido homicídio ou semeado a corrupção na Terra, será considerado como se tivesse assassinado toda a humanidade; quem a salvar, será reputado como se tivesse salvo toda a humanidade. Apesar dos Nossos mensageiros lhes apresentarem as evidências, a maioria deles comete transgressões na Terra.

إِنَّمَا جَزَٰٓؤُاْ ٱلَّذِينَ يُحَارِبُونَ ٱللَّهَ وَرَسُولَهُۥ وَيَسۡعَوۡنَ فِي ٱلۡأَرۡضِ فَسَادًا أَن
يُقَتَّلُوٓاْ أَوۡ يُصَلَّبُوٓاْ أَوۡ تُقَطَّعَ أَيۡدِيهِمۡ وَأَرۡجُلُهُم مِّنۡ خِلَٰفٍ أَوۡ يُنفَوۡاْ
مِنَ ٱلۡأَرۡضِۚ ذَٰلِكَ لَهُمۡ خِزۡيٞ فِي ٱلدُّنۡيَاۖ وَلَهُمۡ فِي ٱلۡأٓخِرَةِ عَذَابٌ
عَظِيمٌ ٣٣

33. Innamá jazá'ul lazína yuháribúnal láha wa Rasúlahú wa yas'auna fil ardi fasádan ai yuqattalú au yusallabú au tuqatta'a aidíhim wa arjuluhum min khiláfin au yunfau minalard; zálika lahum khizyun fid dunyá wa lahum fil Ákhirati 'azábun 'azím

33. O castigo, para aqueles que lutam contra Deus e contra o Seu Mensageiro, e semeiam a corrupção na Terra, é que sejam mortos, ou crucificados, ou lhes seja decepada a mão e o pé de lados opostos, ou banidos. Tal será, para eles, uma desonra neste mundo e, no Outro, sofrerão um severo castigo,

إِلَّا ٱلَّذِينَ تَابُواْ مِن قَبۡلِ أَن تَقۡدِرُواْ عَلَيۡهِمۡۖ فَٱعۡلَمُوٓاْ أَنَّ ٱللَّهَ غَفُورٞ رَّحِيمٞ ٣٤

34. Illal lazína tábú min qabli an taqdirú 'alaihim fa'lamú annnal láha Ghafúrur Rahím

34. Exceto aqueles que se arrependerem, antes de caírem em vosso poder; sabei que Deus é Indulgente, Misericordiosíssimo.

يَٰٓأَيُّهَا ٱلَّذِينَ ءَامَنُوا۟ ٱتَّقُوا۟ ٱللَّهَ وَٱبْتَغُوٓا۟ إِلَيْهِ ٱلْوَسِيلَةَ وَجَٰهِدُوا۟ فِى
سَبِيلِهِۦ لَعَلَّكُمْ تُفْلِحُونَ ﴿٣٥﴾

35. Yá aiyuhal lazína ámanut taqul láha wabtaghú ilaihil wasílata wa jáhidú fí sabílihí la'allakum tuflihún

35. Ó crentes, temei a Deus, tratai de acercar-vos d'Ele, e lutai pela Sua causa; quiçá assim prosperareis.

إِنَّ ٱلَّذِينَ كَفَرُوا۟ لَوْ أَنَّ لَهُم مَّا فِى ٱلْأَرْضِ جَمِيعًا وَمِثْلَهُۥ مَعَهُۥ لِيَفْتَدُوا۟
بِهِۦ مِنْ عَذَابِ يَوْمِ ٱلْقِيَٰمَةِ مَا تُقُبِّلَ مِنْهُمْ ۖ وَلَهُمْ عَذَابٌ أَلِيمٌ ﴿٣٦﴾

36. Innal lazína kafarú lau anna lahum má fil ardi jamí'an wa mislahú ma'ahú liyaftadú bihí min 'azábi Yaumil Quiyámati má tuqubbila minhum wa lahum azábun alím

36. Ainda que os incrédulos possuíssem tudo quanto existisse na Terra, e outro tanto de igual valor, e o oferecessem para redimirem-se do suplício do Dia da Ressurreição, não lhos seria aceito; sofrerão, isso sim, um severo castigo.

يُرِيدُونَ أَن يَخْرُجُوا۟ مِنَ ٱلنَّارِ وَمَا هُم بِخَٰرِجِينَ مِنْهَا ۖ وَلَهُمْ عَذَابٌ مُّقِيمٌ ﴿٣٧﴾

37. Yurídúna ai yakhrujú minan Nári wa má hum bikhári jína minhá wa lahum 'azábum muqím

37. Quererão sair do Fogo; porém, nunca dele sairão, pois sofrerão um suplício eterno.

وَٱلسَّارِقُ وَٱلسَّارِقَةُ فَٱقْطَعُوٓا۟ أَيْدِيَهُمَا جَزَآءًۢ بِمَا كَسَبَا نَكَٰلًا مِّنَ ٱللَّهِ ۗ وَٱللَّهُ
عَزِيزٌ حَكِيمٌ ﴿٣٨﴾

38. Wassáriqu wassáriqatu faqta'ú aidiyahumá jazá'am bimá kasabá nakálam minal láh; walláhu 'Azízun Hakím

38. Quanto ao ladrão e à ladra, decepai-lhes a mão, como castigo de tudo quanto tenham cometido; é um exemplo, que emana de Deus, porque Deus é Poderoso, Prudentíssimo.

فَمَن تَابَ مِنۢ بَعْدِ ظُلْمِهِۦ وَأَصْلَحَ فَإِنَّ ٱللَّهَ يَتُوبُ عَلَيْهِ ۗ إِنَّ ٱللَّهَ غَفُورٌ رَّحِيمٌ ﴿٣٩﴾

39. Faman tába mim ba'di zulmihí wa aslaha fa innal láha yatúbu 'alaih; innal láha Ghafúrur Rahím

39. Aquele que, depois da sua iniquidade, se arrepender e se emendar, saiba que Deus o absolverá, porque é Indulgente, Misericordiosíssimo.

أَلَمْ تَعْلَمْ أَنَّ ٱللَّهَ لَهُۥ مُلْكُ ٱلسَّمَٰوَٰتِ وَٱلْأَرْضِ يُعَذِّبُ مَن يَشَآءُ وَيَغْفِرُ لِمَن
يَشَآءُ ۗ وَٱللَّهُ عَلَىٰ كُلِّ شَىْءٍ قَدِيرٌ ﴿٤٠﴾

40. Alam ta'lam annal láha lahú mulkus samáwáti wal ardi yu'az zibu many-yachá'u wa yaghfiru limany-yachá'; walláhu 'alá kulli chai'in Qadír

40. Ignoras, acaso, que a Deus pertence a soberania dos Céus e da Terra? Ele castiga a quem deseja e perdoa a quem Lhe apraz, porque é Onipotente.

۞ يَٰٓأَيُّهَا ٱلرَّسُولُ لَا يَحْزُنكَ ٱلَّذِينَ يُسَٰرِعُونَ فِى ٱلْكُفْرِ مِنَ ٱلَّذِينَ
قَالُوٓا۟ ءَامَنَّا بِأَفْوَٰهِهِمْ وَلَمْ تُؤْمِن قُلُوبُهُمْ ۛ وَمِنَ ٱلَّذِينَ هَادُوا۟ ۛ سَمَّٰعُونَ
لِلْكَذِبِ سَمَّٰعُونَ لِقَوْمٍ ءَاخَرِينَ لَمْ يَأْتُوكَ ۖ يُحَرِّفُونَ ٱلْكَلِمَ مِنۢ بَعْدِ
مَوَاضِعِهِۦ ۖ يَقُولُونَ إِنْ أُوتِيتُمْ هَٰذَا فَخُذُوهُ وَإِن لَّمْ تُؤْتَوْهُ فَٱحْذَرُوا۟ ۚ وَمَن
يُرِدِ ٱللَّهُ فِتْنَتَهُۥ فَلَن تَمْلِكَ لَهُۥ مِنَ ٱللَّهِ شَيْـًٔا ۚ أُو۟لَٰٓئِكَ ٱلَّذِينَ لَمْ يُرِدِ
ٱللَّهُ أَن يُطَهِّرَ قُلُوبَهُمْ ۚ لَهُمْ فِى ٱلدُّنْيَا خِزْىٌ ۖ وَلَهُمْ فِى ٱلْءَاخِرَةِ عَذَابٌ
عَظِيمٌ ﴿٤١﴾

41. ۞ Yá ayyuhar Rasúlu lá yahzunkal lazína yusá ri'úna fil kufri minal lazína qálú ámanná bi afwáhihim wa lam tu'min qulúbuhum; wa minal lazína hádú sammá'úna lilkazibi sammá'úna liqaumin ákharína lam ya'túka yuharrifúnal kalima mim ba'di mawádi'ihí yaqúlúna in útítum házá fakhuzúhu wa il lam tu'tauhu fahzarú; wa many-yuridil láhu fitnatahú falan tamlika lahú minal láhi chai'á; ulá 'ikal lazína lam yuridil láhu any-yutahhira qulúbahum; lahum fid dunyá khizyun wa lahum fil Ákhirati 'azábun 'azím

41. Ó Mensageiro, que não te angustiem aqueles que se degladiam na prática da incredulidade, aqueles que dizem com suas bocas: Cremos! conquanto seus corações ainda não tenham abraçado a fé. Entre os judeus, há os que escutarão a mentira e escutarão mesmo outros, que não tenham vindo a ti. Deturpam as palavras, de acordo com a sua conveniência, e dizem (a seus seguidores): Se vos julgarem segundo isto (as palavras deturpadas), aceitai-o; se não vos julgarem

quanto a isso, precavei-vos! Porém, a quem Deus quiser pôr à prova, nada poderás fazer para livrá-lo de Deus. São aqueles cujos corações Deus não purificará, os quais terão uma desonra neste mundo e, no Outro, sofrerão um severo castigo.

سَمَّٰعُونَ لِلۡكَذِبِ أَكَّٰلُونَ لِلسُّحۡتِۚ فَإِن جَآءُوكَ فَٱحۡكُم بَيۡنَهُمۡ أَوۡ أَعۡرِضۡ
عَنۡهُمۡۖ وَإِن تُعۡرِضۡ عَنۡهُمۡ فَلَن يَضُرُّوكَ شَيۡـٔٗاۖ وَإِنۡ حَكَمۡتَ فَٱحۡكُم بَيۡنَهُم
بِٱلۡقِسۡطِۚ إِنَّ ٱللَّهَ يُحِبُّ ٱلۡمُقۡسِطِينَ ٤٢

42. *Sammá'úna lilkazibi akkálúna lissuht; fa in já'úka fahkum bainahum au a'rid anhum wa in tu'rid 'anhum falany-yadurrúka chai'an wa in hakamta fahkum bainahum bilqist; innal láha yuhibbul muqsitín*

42. São os que escutam a mentira, ávidos em devorar o que é ilícito. Se se apresentarem a ti, julga-os ou aparta-te deles, porque se te separares deles em nada poderão prejudicar-te; porém, se os julgares, faze-o equitativamente, porque Deus aprecia os justiceiros.

وَكَيۡفَ يُحَكِّمُونَكَ وَعِندَهُمُ ٱلتَّوۡرَىٰةُ فِيهَا حُكۡمُ ٱللَّهِ ثُمَّ يَتَوَلَّوۡنَ مِنۢ بَعۡدِ
ذَٰلِكَۚ وَمَآ أُوْلَٰٓئِكَ بِٱلۡمُؤۡمِنِينَ ٤٣

43. *Wa kaifa yuhakkimúnaka wa 'indahumut Taurátu fíhá hukmul láhi çumma yatawallauna mim ba'di zálik; wa má ulá'ika bilmu'minín*

43. Por que recorrem a ti por juiz, quando têm a Torá que encerra o Juízo de Deus? E mesmo depois disso, eles logo viram as costas. Estes em nada são crentes.

إِنَّآ أَنزَلۡنَا ٱلتَّوۡرَىٰةَ فِيهَا هُدٗى وَنُورٞۚ يَحۡكُمُ بِهَا ٱلنَّبِيُّونَ ٱلَّذِينَ أَسۡلَمُواْ
لِلَّذِينَ هَادُواْ وَٱلرَّبَّٰنِيُّونَ وَٱلۡأَحۡبَارُ بِمَا ٱسۡتُحۡفِظُواْ مِن كِتَٰبِ ٱللَّهِ وَكَانُواْ
عَلَيۡهِ شُهَدَآءَۚ فَلَا تَخۡشَوُاْ ٱلنَّاسَ وَٱخۡشَوۡنِ وَلَا تَشۡتَرُواْ بِـَٔايَٰتِي ثَمَنٗا
قَلِيلٗاۚ وَمَن لَّمۡ يَحۡكُم بِمَآ أَنزَلَ ٱللَّهُ فَأُوْلَٰٓئِكَ هُمُ ٱلۡكَٰفِرُونَ ٤٤

44. *Inná anzalnat Tauráta fíhá hudan wa núr; yahkumu bihan Nabiyyúnal lazína aslamú lillazína hádú war rabbániyyúna wal ahbáru bimas tuhfizú min Kitábil láhi wa kánú 'alaihi chuhadá'; falá takhchauun nása wakhchauni wa lá tachtarú bi áyáti samanan qalílá; wa mal lam yahkum bimá anzalal láhu fa ulá'ika humul káfirún*

44. Revelamos a Torá, que encerra Orientação e Luz, com a qual os profetas, submetidos a Deus, julgam os judeus, bem como os rabinos e os doutos, aos quais estavam recomendadas a observância e a custódia do Livro de Deus e eram testemunhas dele. Não temais, pois, os homens, e temei a Mim, e não negocieis as Minhas leis a preço ínfimo. Aqueles que não julgarem conforme o que Deus tem revelado serão incrédulos.

وَكَتَبْنَا عَلَيْهِمْ فِيهَآ أَنَّ ٱلنَّفْسَ بِٱلنَّفْسِ وَٱلْعَيْنَ بِٱلْعَيْنِ وَٱلْأَنفَ بِٱلْأَنفِ
وَٱلْأُذُنَ بِٱلْأُذُنِ وَٱلسِّنَّ بِٱلسِّنِّ وَٱلْجُرُوحَ قِصَاصٌ ۚ فَمَن تَصَدَّقَ بِهِۦ
فَهُوَ كَفَّارَةٌ لَّهُۥ ۚ وَمَن لَّمْ يَحْكُم بِمَآ أَنزَلَ ٱللَّهُ فَأُو۟لَٰٓئِكَ هُمُ
ٱلظَّٰلِمُونَ ﴿٤٥﴾

45. Wa katabná 'alaihim fihá annan nafsa binnafsi wal'aina bil'aini wal anfa bilanfi wal uzuna bil uzuni wassinna bissinni waljurúha qisás; faman tasaddaqa bihí fahuwa kaffáratul lah; wa mal lam yahkum bimá anzalal láhu fa ulá'ika humuz zalimún

45. Nela (a Torá) temo-lhes prescrito: vida por vida, olho por olho, nariz por nariz, orelha por orelha, dente por dente e as retaliações tais e quais; mas quem indultar um culpado, isto lhe servirá de expiação. Aqueles que não julgarem conforme o que Deus tem revelado serão injustos.

وَقَفَّيْنَا عَلَىٰٓ ءَاثَٰرِهِم بِعِيسَى ٱبْنِ مَرْيَمَ مُصَدِّقًا لِّمَا بَيْنَ يَدَيْهِ مِنَ ٱلتَّوْرَىٰةِ ۖ وَءَاتَيْنَٰهُ
ٱلْإِنجِيلَ فِيهِ هُدًى وَنُورٌ وَمُصَدِّقًا لِّمَا بَيْنَ يَدَيْهِ مِنَ ٱلتَّوْرَىٰةِ وَهُدًى وَمَوْعِظَةً
لِّلْمُتَّقِينَ ﴿٤٦﴾

46. Wa qaffainá 'alá áçárihim bi 'Íssa bni Maryama musaddiqal limá baina yadaihi minat Tauráti wa átainráhul Injíla fíhi hudan wa núrun wa musaddiqal limá baina yadaihi minat Tauráti wa hudan wa mau'izatal lilmuttaquín

46. E depois deles (profetas), enviamos Jesus, filho de Maria, corroborando a Tora que o precedeu; e lhe concedemos o Evangelho, que encerra orientação e luz, corroborante do que foi revelado na Tora e exortação para os tementes.

وَلْيَحْكُمْ أَهْلُ ٱلْإِنجِيلِ بِمَآ أَنزَلَ ٱللَّهُ فِيهِ ۚ وَمَن لَّمْ يَحْكُم بِمَآ أَنزَلَ ٱللَّهُ فَأُو۟لَٰٓئِكَ هُمُ
ٱلْفَٰسِقُونَ ﴿٤٧﴾

سُورَةُ الْمَائِدَةِ

Surat Al Máida

47. Walyahkum Ahlul Injili bimá anzalal láhu fíh; wa mal lam yahkum bimá anzalal láhu fa ulá'ika humul fásiqún

47. Que os adeptos do Evangelho julguem segundo o que Deus nele revelou, porque aqueles que não julgarem conforme o que Deus revelou serão depravados.

وَأَنزَلْنَآ إِلَيْكَ ٱلْكِتَـٰبَ بِٱلْحَقِّ مُصَدِّقًا لِّمَا بَيْنَ يَدَيْهِ مِنَ ٱلْكِتَـٰبِ وَمُهَيْمِنًا
عَلَيْهِ ۖ فَٱحْكُم بَيْنَهُم بِمَآ أَنزَلَ ٱللَّهُ ۖ وَلَا تَتَّبِعْ أَهْوَآءَهُمْ عَمَّا جَآءَكَ مِنَ ٱلْحَقِّ ۚ
لِكُلٍّ جَعَلْنَا مِنكُمْ شِرْعَةً وَمِنْهَاجًا ۚ وَلَوْ شَآءَ ٱللَّهُ لَجَعَلَكُمْ أُمَّةً وَٰحِدَةً وَلَـٰكِن
لِّيَبْلُوَكُمْ فِى مَآ ءَاتَىٰكُمْ ۖ فَٱسْتَبِقُوا۟ ٱلْخَيْرَٰتِ ۚ إِلَى ٱللَّهِ مَرْجِعُكُمْ جَمِيعًا فَيُنَبِّئُكُم
بِمَا كُنتُمْ فِيهِ تَخْتَلِفُونَ ٤٨

48. Wa anzalná ilaikal Kitába bilhaqqi musaddiqallimá baina yadaihi minal Kitábi wa muhaiminan 'alaihi fahkum bainahum bimá anzalal láhu wa lá tattabi' ahwá'ahum 'ammá já'aka minal haqq; likullin ja'alná minkum chir'atan wa minhájá; wa lau chá'al láhu laja'alakum ummatan wáhidatan wa lákil liyabluwakum fí má átákum fastabiqul khairát; ilal láhi marji'ukum jamí'an fayunab bi'ukum bimá kuntum fíhi takhtalifún

48. Em verdade, revelamos-te o Livro corroborante e preservador dos anteriores. Julga-os, pois, conforme o que Deus revelou e não lhes sigas os caprichos, desviando-te da verdade que te chegou. A cada um de vós temos ditado uma lei e uma norma; e se Deus quisesse, teria feito de vós uma só nação; porém, fez-vos como sois, para testar-vos quanto àquilo que vos concedeu. Empenhai-vos, pois, na prática de boas ações, porque todos vós retornareis a Deus, o Qual vos inteirará das vossas divergências.

وَأَنِ ٱحْكُم بَيْنَهُم بِمَآ أَنزَلَ ٱللَّهُ وَلَا تَتَّبِعْ أَهْوَآءَهُمْ وَٱحْذَرْهُمْ أَن يَفْتِنُوكَ عَنۢ
بَعْضِ مَآ أَنزَلَ ٱللَّهُ إِلَيْكَ ۖ فَإِن تَوَلَّوْا۟ فَٱعْلَمْ أَنَّمَا يُرِيدُ ٱللَّهُ أَن يُصِيبَهُم بِبَعْضِ ذُنُوبِهِمْ ۗ وَإِنَّ
كَثِيرًا مِّنَ ٱلنَّاسِ لَفَـٰسِقُونَ ٤٩

49. Wa anih kum bainahum bimá anzalal láhu wa lá tattabi' ahwá'ahum wahzarhum ai yaftinúka 'am ba'di má anzalal láhu ilaika fa in tawallau fa'lam annamá yurídul láhu ai yusíbahum biba'di zunúbihim; wa inna kasíram minan nási lafásiqún

سُورَةُ المَائِدَةِ

Surat Al Máida

49. Incitamos-te a que julgues entre eles, conforme o que Deus revelou; e não sigas os caprichos deles, e guarda-te de que te desviem de algo concernente ao que Deus te revelou. Se te refutarem, fica sabendo que Deus os castigará por seus pecados, porque muitos homens são depravados.

أَفَحُكْمَ الْجَاهِلِيَّةِ يَبْغُونَ وَمَنْ أَحْسَنُ مِنَ اللَّهِ حُكْمًا لِقَوْمٍ يُوقِنُونَ ﴿٥٠﴾

50. Afahukmal jáhiliyyati yabghún; wa man ahsanu minal láhi hukmal liqauminy yúqinún

50. Anseiam, acaso, o juízo do tempo da ignorância? Quem é melhor juiz do que Deus, para os persuadidos?

۞ يَا أَيُّهَا الَّذِينَ آمَنُوا لَا تَتَّخِذُوا الْيَهُودَ وَالنَّصَارَىٰ أَوْلِيَاءَ بَعْضُهُمْ أَوْلِيَاءُ بَعْضٍ وَمَن
يَتَوَلَّهُم مِّنكُمْ فَإِنَّهُ مِنْهُمْ إِنَّ اللَّهَ لَا يَهْدِي الْقَوْمَ الظَّالِمِينَ ﴿٥١﴾

51. ۞ Yá aiyuhal lazína ámanú lá tattakhizul Yahúda wan Nasárá auliyá'; ba'dhuhum auliyá'u ba'dh; wa mai yatawallahum minkum fa innahú minhum; innal láha lá yahdil qaumaz zálimín

51. Ó crentes, não tomeis por confidentes os judeus nem os cristãos! Que sejam confidentes entre si. Porém, quem dentre vós tomá-los por confidentes, certamente será um deles; e Deus não encaminha os injustos.

فَتَرَى الَّذِينَ فِي قُلُوبِهِم مَّرَضٌ يُسَارِعُونَ فِيهِمْ يَقُولُونَ نَخْشَىٰ أَن تُصِيبَنَا دَائِرَةٌ
فَعَسَى اللَّهُ أَن يَأْتِيَ بِالْفَتْحِ أَوْ أَمْرٍ مِّنْ عِندِهِ فَيُصْبِحُوا عَلَىٰ مَا أَسَرُّوا فِي أَنفُسِهِمْ
نَادِمِينَ ﴿٥٢﴾

52. Fataral lazína fí qulúbihim maraduny yusári'úna fíhim yaqúlúna nakhchá an tusíbaná dá'irah; fa'asalláhu ai yátiya bilfathi au amrim min 'indihí fa yusbihú 'alá má asarrú fí anfusihim nádimín

52. Verás aqueles que abrigam a enfermidade em seus corações apressarem-se em ter intimidades com eles, dizendo: Tememos que nos açoite uma vicissitude! Oxalá Deus te apresente a vitória ou algum outro desígnio Seu! e, então, arrepender-se-ão de tudo quanto haviam maquinado.

وَيَقُولُ الَّذِينَ آمَنُوا أَهَٰؤُلَاءِ الَّذِينَ أَقْسَمُوا بِاللَّهِ جَهْدَ أَيْمَانِهِمْ إِنَّهُمْ لَمَعَكُمْ حَبِطَتْ
أَعْمَالُهُمْ فَأَصْبَحُوا خَاسِرِينَ ﴿٥٣﴾

سُورَةُ المَائِدَة

Surat Al Máida

53. *Wa yaqúlul lazína ámanú ahá'ulá'il lazína aqsamú billáhi jahda aimánihim innahum lama'akum; habitat a'máluhum fa asbahú khásirín*

53. Os crentes, então, dirão: São, acaso, aqueles que juravam solenemente por Deus, que estavam conosco? Suas obras tornar-se-ão sem efeito e serão desventurados.

مَن يَرْتَدَّ مِنكُمْ عَن دِينِهِۦ فَسَوْفَ يَأْتِى ٱللَّهُ بِقَوْمٍ يُحِبُّهُمْ وَيُحِبُّونَهُۥٓ أَذِلَّةٍ عَلَى ٱلْمُؤْمِنِينَ أَعِزَّةٍ عَلَى ٱلْكَٰفِرِينَ يُجَٰهِدُونَ فِى سَبِيلِ ٱللَّهِ وَلَا يَخَافُونَ لَوْمَةَ لَآئِمٍ ۚ ذَٰلِكَ فَضْلُ ٱللَّهِ يُؤْتِيهِ مَن يَشَآءُ ۚ وَٱللَّهُ وَٰسِعٌ عَلِيمٌ ﴿٥٤﴾

54. *Yá aiyuhal lazína ámanú mai yartadda minkum 'an dinihí fasaufa ya'tilláhu biqauminy yuhibbuhum wa yuhibbúnahú azillatin 'alal mu'minína a'izzatin 'alal káfirína yujáhidúna fí sabílil láhi wa lá yakháfúna laumata lá'im; zálika fadlul láhi yu'tihi mai yachá'; walláhu Wási'un 'Alím*

54. Ó crentes, aqueles dentre vós que renegarem a sua religião, saibam que Deus os suplantará por outras pessoas, às quais amará, as quais O amarão; serão compassivas para com os crentes e severas para com os incrédulos; combaterão pela causa de Deus e não temerão a censura de ninguém. Tal é a graça de Deus, que a concede a quem Lhe apraz, porque Deus é Abrangente, Sapientíssimo.

إِنَّمَا وَلِيُّكُمُ ٱللَّهُ وَرَسُولُهُۥ وَٱلَّذِينَ ءَامَنُوا۟ ٱلَّذِينَ يُقِيمُونَ ٱلصَّلَوٰةَ وَيُؤْتُونَ ٱلزَّكَوٰةَ وَهُمْ رَٰكِعُونَ ﴿٥٥﴾

55. *Innamá waliyyukumul láhu wa Rasúluhú wal lazína ámanul lazína yuqímúnas Saláta wa yu'túnaz Zakáta wa hum ráki'ún*

55. Vossos reais confidentes são: Deus, Seu Mensageiro e os crentes que observam a oração e pagam o zakat, curvando-se ante Deus.

وَمَن يَتَوَلَّ ٱللَّهَ وَرَسُولَهُۥ وَٱلَّذِينَ ءَامَنُوا۟ فَإِنَّ حِزْبَ ٱللَّهِ هُمُ ٱلْغَٰلِبُونَ ﴿٥٦﴾

56. *Wa mai yatawallal láha wa Rasúlahú wallazína ámanú fa inna hizbal láhi humul ghálibún*

56. Quanto àqueles que se voltam (em companheirismo) para Deus, Seu Mensageiro e os crentes, saibam que os partidos de Deus serão os vencedores.

يَٰٓأَيُّهَا ٱلَّذِينَ ءَامَنُوا۟ لَا تَتَّخِذُوا۟ ٱلَّذِينَ ٱتَّخَذُوا۟ دِينَكُمْ هُزُوًا وَلَعِبًا مِّنَ ٱلَّذِينَ أُوتُوا۟ ٱلْكِتَٰبَ مِن قَبْلِكُمْ وَٱلْكُفَّارَ أَوْلِيَآءَ ۚ وَٱتَّقُوا۟ ٱللَّهَ إِن كُنتُم مُّؤْمِنِينَ ﴿٥٧﴾

سُورَةُ المَائِدَةِ

Surat Al Máida

57. Yá aiyuhal lazína ámanú lá tattakhizul lazínat takhazú dínakum huzuwan wa la'ibam minal lazína útul Kitába min qablikum walkuffára auliyá'; wattaqul láha in kuntum muu'minín

57. Ó crentes, não tomeis por confidentes aqueles que receberam o Livro antes de vós (nem os incrédulos) que fizeram de vossa religião objeto de escárnio e passatempo. Temei, pois, a Deus, se sois verdadeiramente crentes.

وَإِذَا نَادَيْتُمْ إِلَى ٱلصَّلَوٰةِ ٱتَّخَذُوهَا هُزُوًا وَلَعِبًا ۚ ذَٰلِكَ بِأَنَّهُمْ قَوْمٌ لَّا يَعْقِلُونَ ﴿٥٨﴾

58. Wa izá nádaitum ilas Salátit takhazúhá huzu wan'w wa la'ibá; zálika biannnahum qaumul lá ya'qilún

58. E quando fazeis a convocação para a oração, tomam-na como objeto de escárnio e passatempo. Isso, por serem insensatos.

قُلْ يَٰٓأَهْلَ ٱلْكِتَٰبِ هَلْ تَنقِمُونَ مِنَّآ إِلَّآ أَنْ ءَامَنَّا بِٱللَّهِ وَمَآ أُنزِلَ إِلَيْنَا وَمَآ أُنزِلَ مِن قَبْلُ وَأَنَّ
أَكْثَرَكُمْ فَٰسِقُونَ ﴿٥٩﴾

59. Qul yá Ahlal Kitábi hal tanqimúna minná illá an ámanná billáhi wa má unzila ilainá wa má unzila min qablu wa annna aksarakum fásiqún

59. Dize-lhes: Ó adeptos do Livro, pretendeis vingar-vos de nós, somente porque cremos em Deus, em tudo quanto nos é revelado e em tudo quanto foi revelado antes? A maioria de vós é depravada.

قُلْ هَلْ أُنَبِّئُكُم بِشَرٍّ مِّن ذَٰلِكَ مَثُوبَةً عِندَ ٱللَّهِ ۚ مَن لَّعَنَهُ ٱللَّهُ وَغَضِبَ عَلَيْهِ وَجَعَلَ مِنْهُمُ
ٱلْقِرَدَةَ وَٱلْخَنَازِيرَ وَعَبَدَ ٱلطَّٰغُوتَ ۚ أُو۟لَٰٓئِكَ شَرٌّ مَّكَانًا وَأَضَلُّ عَن سَوَآءِ ٱلسَّبِيلِ ﴿٦٠﴾

60. Qul hal unabbi'ukum bicharrim min zálika masúbatan 'indal láh; malla'ana hul láhu wa ghadiba 'alaihi wa ja'ala minhumul qiradata wal khanázíra wa 'abadat Tághút; ulá'ika charrum makánan wa adallu 'an Sawá'is Sabíl

60. Dize ainda: Poderia anunciar-vos um caso pior do que este, ante os olhos de Deus? São aqueles a quem Deus amaldiçoou, abominou e converteu em símios, suínos e adoradores do sedutor; estes encontram-se em pior situação, e mais desencaminhados da verdadeira senda.

وَإِذَا جَآءُوكُمْ قَالُوٓا۟ ءَامَنَّا وَقَد دَّخَلُوا۟ بِٱلْكُفْرِ وَهُمْ قَدْ خَرَجُوا۟ بِهِۦ ۚ وَٱللَّهُ أَعْلَمُ بِمَا كَانُوا۟
يَكْتُمُونَ ﴿٦١﴾

61. Wa izá já'úkum qálú ámanná wa qad dakhalú bilkufri wa hum qad kharajú bih; walláhu a'lamu bimá kánú yaktumún

61. Quando se apresentam a vós, dizem: Cremos! embora cheguem disfarçados com a incredulidade, e com ela saiam. Mas Deus sabe melhor do que ninguém o que ocultam.

وَتَرَىٰ كَثِيرًا مِّنْهُمْ يُسَٰرِعُونَ فِى ٱلْإِثْمِ وَٱلْعُدْوَٰنِ وَأَكْلِهِمُ ٱلسُّحْتَ ۚ لَبِئْسَ مَا كَانُوا۟
يَعْمَلُونَ ٦٢

62. Wa tará kasíram minhum yusári'úna fil ismi wal'udwáni wa aklihimus suht; labi'sa má kánú ya'malún

62. Verás que muitos deles se precipitam no pecado, na hostilidade e no saciamento do que é ilícito. Quão detestável é o que fazem!

لَوْلَا يَنْهَىٰهُمُ ٱلرَّبَّٰنِيُّونَ وَٱلْأَحْبَارُ عَن قَوْلِهِمُ ٱلْإِثْمَ وَأَكْلِهِمُ ٱلسُّحْتَ ۚ لَبِئْسَ مَا
كَانُوا۟ يَصْنَعُونَ ٦٣

63. Lau lá yanháhumur rabbániyyúna wal ahbáru 'an qaulihimul ismá wa aklihimus suht; labi'sa má kánú yasna'ún

63. Por que os rabinos e os doutos não lhes proibiram blasfemarem e se fartarem do que é ilícito? Quão detestáveis são as suas obras!

وَقَالَتِ ٱلْيَهُودُ يَدُ ٱللَّهِ مَغْلُولَةٌ ۚ غُلَّتْ أَيْدِيهِمْ وَلُعِنُوا۟ بِمَا قَالُوا۟ ۘ بَلْ يَدَاهُ مَبْسُوطَتَانِ يُنفِقُ كَيْفَ
يَشَآءُ ۚ وَلَيَزِيدَنَّ كَثِيرًا مِّنْهُم مَّآ أُنزِلَ إِلَيْكَ مِن رَّبِّكَ طُغْيَٰنًا وَكُفْرًا ۚ وَأَلْقَيْنَا بَيْنَهُمُ
ٱلْعَدَٰوَةَ وَٱلْبَغْضَآءَ إِلَىٰ يَوْمِ ٱلْقِيَٰمَةِ ۚ كُلَّمَآ أَوْقَدُوا۟ نَارًا لِّلْحَرْبِ أَطْفَأَهَا ٱللَّهُ ۚ وَيَسْعَوْنَ فِى
ٱلْأَرْضِ فَسَادًا ۚ وَٱللَّهُ لَا يُحِبُّ ٱلْمُفْسِدِينَ ٦٤

64. Wa qálatil Yahúdu Yadulláhi maghlúlah; ghullat aidihim wa lu'inú bimá qálú; bal yadáhu mabsú tatáni yunfiqu kaifa yachá'; wa la yazidanna kasiramm minhum má unzila ilaika mir Rabbika tughyánan wa kufrá; wa alqainá bainahumul 'adáwata wal baghdá a' ilá Yaumil Qiyámah; kullamá auqadú náral lilharbi at fa-ahal láh; wa yas'auna fil ardhi fasádá; wal láhu lá yuhibbul mufsidín

64. Os judeus disseram: A mão de Deus está cerrada! Que suas mãos sejam cerradas e sejam amaldiçoados por tudo quanto disseram! Qual! As mãos d'Ele estão abertas! Ele prodigaliza as Suas graças como Lhe apraz. E, sem dúvida, o que te foi

revelado por teu Senhor exacerbará a transgressão e a incredulidade de muitos deles. Porém, infundimo-lhes a inimizade e o rancor, até ao Dia da Ressurreição. Toda vez que acenderem o fogo da guerra, Deus o extinguirá. Percorrem a Terra, em corrupção; porém, Deus não aprecia os corruptores.

وَلَوْ أَنَّ أَهْلَ ٱلْكِتَٰبِ ءَامَنُوا۟ وَٱتَّقَوْا۟ لَكَفَّرْنَا عَنْهُمْ سَيِّـَٔاتِهِمْ وَلَأَدْخَلْنَٰهُمْ
جَنَّٰتِ ٱلنَّعِيمِ ﴿٦٥﴾

65. *Wa lau anna Ahlal Kitábi ámanú wattaqau lakaffarná 'anhum saiyiátihim wa la adkhalnáhu Jannátin Na'ím*

65. Mas se os adeptos do Livro tivessem acreditado (em Nós) e temido, tê-los-íamos absolvido dos pecados, tê-los-íamos introduzido nos jardins do prazer.

وَلَوْ أَنَّهُمْ أَقَامُوا۟ ٱلتَّوْرَىٰةَ وَٱلْإِنجِيلَ وَمَآ أُنزِلَ إِلَيْهِم مِّن رَّبِّهِمْ لَأَكَلُوا۟ مِن فَوْقِهِمْ
وَمِن تَحْتِ أَرْجُلِهِم ۚ مِّنْهُمْ أُمَّةٌ مُّقْتَصِدَةٌ ۖ وَكَثِيرٌ مِّنْهُمْ سَآءَ مَا يَعْمَلُونَ ﴿٦٦﴾

66. *Wa lau annahum aqámut Tauráta wal Injíla wa má unzila ilaihim mir Rabbihim la akalú min fauquihim wa min tahti arjulihim; minhum ummatum muqta sidatun wa kasírum minhum sá'a má ya'malún*

66. E se tivessem sido observantes da Tora, do Evangelho e de tudo quanto lhes foi revelado por seu Senhor, alimentar-se-iam com o que está acima deles e do que se encontra sob seus pés. Entre eles, há alguns moderados; porém, quão péssimo é o que faz a maioria deles!

۞ يَٰٓأَيُّهَا ٱلرَّسُولُ بَلِّغْ مَآ أُنزِلَ إِلَيْكَ مِن رَّبِّكَ ۖ وَإِن لَّمْ تَفْعَلْ فَمَا بَلَّغْتَ رِسَالَتَهُۥ ۚ
وَٱللَّهُ يَعْصِمُكَ مِنَ ٱلنَّاسِ ۗ إِنَّ ٱللَّهَ لَا يَهْدِى ٱلْقَوْمَ ٱلْكَٰفِرِينَ ﴿٦٧﴾

67. ۞ *Yá aiyuhar Rasúlu balligh má unzila ilaika mir Rabbika wa il lam taf'al famá ballaghta Risálatah; walláhu ya'simuka minan nás; innal láha lá yahdil qaumal káfirín*

67. Ó Mensageiro, proclama o que te foi revelado por teu Senhor, porque se não o fizeres, não terás cumprido a Sua Missão. Deus te protegerá dos homens, porque Deus não ilumina os incrédulos.

سُورَةُ المَائِدَة

Surat Al Máida

قُلْ يَٰٓأَهْلَ ٱلْكِتَٰبِ لَسْتُمْ عَلَىٰ شَىْءٍ حَتَّىٰ تُقِيمُوا۟ ٱلتَّوْرَىٰةَ وَٱلْإِنجِيلَ وَمَآ أُنزِلَ
إِلَيْكُم مِّن رَّبِّكُمْ ۗ وَلَيَزِيدَنَّ كَثِيرًا مِّنْهُم مَّآ أُنزِلَ إِلَيْكَ مِن رَّبِّكَ طُغْيَٰنًا وَكُفْرًا ۖ
فَلَا تَأْسَ عَلَى ٱلْقَوْمِ ٱلْكَٰفِرِينَ ﴿٦٨﴾

68. Qul yá Ahlal Kitábi lastum 'alá chai'in hattá tuqímut Tauráta wal Injíla wa má unzila ilaikum mir Rabbikum; wa layazídanna kasíram minhum má unzila ilaika mir Rabbika tugh yánan wa kufran falá tása 'alal qaumil káfirín

68. Dize: Ó adeptos do Livro, em nada vos fundamentareis, enquanto não observardes os ensinamentos da Tora, do Evangelho e do que foi revelado por vosso Senhor! Porém, o que te foi revelado por teu Senhor, exacerbará a transgressão e a incredulidade de muitos deles. Que não te penalizem os incrédulos.

إِنَّ ٱلَّذِينَ ءَامَنُوا۟ وَٱلَّذِينَ هَادُوا۟ وَٱلصَّٰبِـُٔونَ وَٱلنَّصَٰرَىٰ مَنْ ءَامَنَ بِٱللَّهِ وَٱلْيَوْمِ
ٱلْءَاخِرِ وَعَمِلَ صَٰلِحًا فَلَا خَوْفٌ عَلَيْهِمْ وَلَا هُمْ يَحْزَنُونَ ﴿٦٩﴾

69. Innal lazína ámanú wallazína hádú was sábi'úna wan Nasárá man ámana billáhi wal yaumil Ákhiri wa 'amila sálihan falá khaufun 'alaihim wa lá hum yahzanún

69. Os crentes, os judeus, os sabeus e os cristãos, que creem em Deus, no Dia do Juízo Final e praticam o bem, não serão presas do temor, nem se angustiarão.

لَقَدْ أَخَذْنَا مِيثَٰقَ بَنِىٓ إِسْرَٰٓءِيلَ وَأَرْسَلْنَآ إِلَيْهِمْ رُسُلًا ۖ كُلَّمَا جَآءَهُمْ
رَسُولٌۢ بِمَا لَا تَهْوَىٰٓ أَنفُسُهُمْ فَرِيقًا كَذَّبُوا۟ وَفَرِيقًا يَقْتُلُونَ ﴿٧٠﴾

70. Laqad akhazná miçáqa Baní Isrá'íla wa arsalná ilaihim Rusulan kullamá já'ahum Rasúlum bimá lá tahwá anfusuhum faríqan kazzabú wa faríqany yaqtulún

70. Havíamos aceito o compromisso dos israelitas, e lhes enviamos os mensageiros. Mas, cada vez que um mensageiro lhes anunciava algo que não satisfazia os seus interesses, desmentiam uns e assassinavam outros.

وَحَسِبُوٓا۟ أَلَّا تَكُونَ فِتْنَةٌ فَعَمُوا۟ وَصَمُّوا۟ ثُمَّ تَابَ ٱللَّهُ عَلَيْهِمْ ثُمَّ عَمُوا۟
وَصَمُّوا۟ كَثِيرٌ مِّنْهُمْ ۚ وَٱللَّهُ بَصِيرٌۢ بِمَا يَعْمَلُونَ ﴿٧١﴾

71. Wa hasibú allá takúna fitnatun fa'amú wa sammú çumma tábal láhu 'alaihim çumma 'amú wa sammú kacírum min-hum; walláhu basírum bimá ya'malún

سُورَةُ المَائِدَةِ

Surat Al Máida

71. Pressupunham que nenhuma sedição recairia sobre eles; e, então, tornaram-se deliberadamente cegos e surdos. Não obstante Deus tê-los absolvido, muitos deles voltaram à cegueira e à surdez; mas Deus bem vê tudo quanto fazem.

لَقَدۡ كَفَرَ ٱلَّذِينَ قَالُوٓاْ إِنَّ ٱللَّهَ هُوَ ٱلۡمَسِيحُ ٱبۡنُ مَرۡيَمَۖ وَقَالَ ٱلۡمَسِيحُ
يَٰبَنِيٓ إِسۡرَٰٓءِيلَ ٱعۡبُدُواْ ٱللَّهَ رَبِّي وَرَبَّكُمۡۖ إِنَّهُۥ مَن يُشۡرِكۡ بِٱللَّهِ فَقَدۡ حَرَّمَ ٱللَّهُ
عَلَيۡهِ ٱلۡجَنَّةَ وَمَأۡوَىٰهُ ٱلنَّارُۖ وَمَا لِلظَّٰلِمِينَ مِنۡ أَنصَارٖ ﴿٧٢﴾

72. Laqad kafaral lazína qálú innal láha Huwal masí<u>h</u>ub nu Maryama wa qálal Masí<u>h</u>u yá Baní Isrá'íla u'budul láha Rabbí wa Rabbakum innnahú man-yuchrik billáhi faqad <u>h</u>arramal láhu 'alaihil jannata wa má'wáhun Náru wa má lizzálimína min ansár

72. São blasfemos aqueles que dizem: Deus é o Messias, filho de Maria, ainda quando o mesmo Messias disse: Ó israelitas, adorai a Deus, Que é meu Senhor e vosso. A quem atribuir parceiros a Deus, ser-lhe-á vedada a entrada no Paraíso e sua morada será o fogo infernal! Os injustos jamais terão socorredores.

لَّقَدۡ كَفَرَ ٱلَّذِينَ قَالُوٓاْ إِنَّ ٱللَّهَ ثَالِثُ ثَلَٰثَةٖۘ وَمَا مِنۡ إِلَٰهٍ إِلَّآ إِلَٰهٞ
وَٰحِدٞۚ وَإِن لَّمۡ يَنتَهُواْ عَمَّا يَقُولُونَ لَيَمَسَّنَّ ٱلَّذِينَ كَفَرُواْ مِنۡهُمۡ عَذَابٌ
أَلِيمٌ ﴿٧٣﴾

73. laqad kafaral lazína qálú innal láha çáliçu çaláçah; wa má min iláhin illá Iláhun Wá<u>h</u>id; wa illam yantahú 'ammá yaqúlúna layamas sannal lazína kafarú minhum 'azábun alím

73. São blasfemos aqueles que dizem: Deus é um da Trindade! Porquanto não existe divindade alguma além do Deus Único. Se não desistirem de tudo quanto afirmam, um doloroso castigo açoitará os incrédulos entre eles.

أَفَلَا يَتُوبُونَ إِلَى ٱللَّهِ وَيَسۡتَغۡفِرُونَهُۥۚ وَٱللَّهُ غَفُورٞ رَّحِيمٞ ﴿٧٤﴾

74. Afalá yatúbúna ilal láhi wa yastaghfirúnah; walláhu Ghafúrur Ra<u>h</u>ím

74. Por que não se voltam para Deus e imploram o Seu perdão, uma vez que Ele é Indulgente, Misericordiosíssimo?

مَّا ٱلْمَسِيحُ ٱبْنُ مَرْيَمَ إِلَّا رَسُولٌ قَدْ خَلَتْ مِن قَبْلِهِ ٱلرُّسُلُ وَأُمُّهُۥ
صِدِّيقَةٌ كَانَا يَأْكُلَانِ ٱلطَّعَامَ ٱنظُرْ كَيْفَ نُبَيِّنُ لَهُمُ
ٱلْـَٔايَٰتِ ثُمَّ ٱنظُرْ أَنَّىٰ يُؤْفَكُونَ ٧٥

75. Mal Masíhu bnu Maryama illá Rasúlun qad khalat min qablihir Rusulu wa ummuhú siddíqatun kána yá'kulánit ta'ám; unzur kaifa nubaiyinu lahumul Áyáti çumman zur anná yu'fakún

75. O Messias, filho de Maria, não é mais do que um mensageiro, do nível dos mensageiros que o precederam; e sua mãe era sinceríssima. Ambos se sustentavam de alimentos terrenos, como todos. Observa como lhes elucidamos os versículos e observa como se desviam.

قُلْ أَتَعْبُدُونَ مِن دُونِ ٱللَّهِ مَا لَا يَمْلِكُ لَكُمْ ضَرًّا وَلَا نَفْعًا وَٱللَّهُ هُوَ
ٱلسَّمِيعُ ٱلْعَلِيمُ ٧٦

76. Qul ata'budúna min dúnil láhi má lá yamliku lakum darran wa lá naf'á; walláhu Huwas Samí'ul 'Alím

76. Pergunta-lhes: Adorareis, em vez de Deus, ao que não pode prejudicar-vos nem beneficiar-vos, sabendo (vós) que Deus é o Oniouvinte, o Sapientíssimo?

قُلْ يَٰٓأَهْلَ ٱلْكِتَٰبِ لَا تَغْلُوا۟ فِى دِينِكُمْ غَيْرَ ٱلْحَقِّ وَلَا تَتَّبِعُوٓا۟
أَهْوَآءَ قَوْمٍ قَدْ ضَلُّوا۟ مِن قَبْلُ وَأَضَلُّوا۟ كَثِيرًا وَضَلُّوا۟ عَن سَوَآءِ
ٱلسَّبِيلِ ٧٧

77. Qul yá Ahlal Kitábi lá taghlú fí dínikum ghairal haqqi wa lá tattabi'ú ahwá'a qaumin qad dallú min qablu wa adallú kasíran wa dallú 'an Sawá'is Sabíl

77. Dize-lhes: Ó adeptos do Livro, não exagereis em vossa religião, profanando a verdade, nem sigais o capricho daqueles que se extraviaram anteriormente, desviaram muitos outros e se desviaram da verdadeira senda!

لُعِنَ ٱلَّذِينَ كَفَرُوا۟ مِنۢ بَنِىٓ إِسْرَٰٓءِيلَ عَلَىٰ لِسَانِ دَاوُۥدَ وَعِيسَى ٱبْنِ
مَرْيَمَ ذَٰلِكَ بِمَا عَصَوا۟ وَّكَانُوا۟ يَعْتَدُونَ ٧٨

78. Lu'inal lazína kafarú mim Baní isrá'íla 'alá lisáni Dáwúda wa 'Íssa bni Maryam; zálika bimá 'asau wa kánú ya'tadún

78. Os incrédulos, dentre os israelitas, foram amaldiçoados pela boca de Davi e por Jesus, filho de Maria, por causa de sua rebeldia e profanação.

كَانُوا۟ لَا يَتَنَاهَوْنَ عَن مُّنكَرٍ فَعَلُوهُ لَبِئْسَ مَا كَانُوا۟ يَفْعَلُونَ ﴿٧٩﴾

79. Kánú lá yatanáhauna 'am munkarin fa'alúh; labi'sa má kánú yafa'lún

79. Não se reprovavam mutuamente pelo ilícito que cometiam. E que detestável é o que cometiam!

تَرَىٰ كَثِيرًا مِّنْهُمْ يَتَوَلَّوْنَ ٱلَّذِينَ كَفَرُوا۟ لَبِئْسَ مَا قَدَّمَتْ لَهُمْ
أَنفُسُهُمْ أَن سَخِطَ ٱللَّهُ عَلَيْهِمْ وَفِى ٱلْعَذَابِ هُمْ خَٰلِدُونَ ﴿٨٠﴾

80. Tará kacíram min-hum yatawallaunal lazína kafarú; labi'sa má qaddamat lahum anfusuhum an sakhital láhu 'alaihim wa fil 'azábi hum khálidún

80. Vês muitos deles (judeus) em intimidade com os idólatras. Que detestável é isso a que os induzem as suas almas! Por isso, suscitaram a indignação de Deus, e sofrerão um castigo eterno.

وَلَوْ كَانُوا۟ يُؤْمِنُونَ بِٱللَّهِ وَٱلنَّبِىِّ وَمَآ أُنزِلَ إِلَيْهِ مَا ٱتَّخَذُوهُمْ أَوْلِيَآءَ
وَلَٰكِنَّ كَثِيرًا مِّنْهُمْ فَٰسِقُونَ ﴿٨١﴾

81. Wa lau kánú yu'minúna billáhi wan nabiyyi wa má unzila ilaihi mattakhazúhum auliyá'a wa lákinna kacíram min-hum fásiqún

81. Se tivessem acreditado em Deus, no Profeta e no que lhe foi revelado, não os teriam tomado por confidentes. Porém, muitos deles são depravados. **(Fim do Juzi 6)**

سُورَةُ المَائِدَةِ

Surat Al Máida

Juzi sete

Surat 5. *Al Má'ida* (A Mesa Servida). Revelada em Madina; 120 versículos, com exceção do versículo 5, que foi revelado em Arafat, durante a Peregrinação de Despedida.

São utilizados os versículo 82 a 120 neste Juzi

لَتَجِدَنَّ أَشَدَّ ٱلنَّاسِ عَدَٰوَةً لِّلَّذِينَ ءَامَنُواْ ٱلْيَهُودَ وَٱلَّذِينَ أَشْرَكُواْ وَلَتَجِدَنَّ
أَقْرَبَهُم مَّوَدَّةً لِّلَّذِينَ ءَامَنُواْ ٱلَّذِينَ قَالُوٓاْ إِنَّا نَصَٰرَىٰ ذَٰلِكَ بِأَنَّ مِنْهُمْ
قِسِّيسِينَ وَرُهْبَانًا وَأَنَّهُمْ لَا يَسْتَكْبِرُونَ ﴿٨٢﴾

82. Latajidanna achad dan nási 'adáwatal lillazína ámanul Yahúda wallazína achrakú wa latajidanna aqrabahum mawaddatal lil lazína ámanul lazína qálú inná Nasárá; zálika bi anna minhum quisísína wa ruhbánan wa annahum lá yastakbirún

82. Constatarás que os piores inimigos dos crentes, entre os humanos, são os judeus e os idólatras. Constatarás que aqueles que estão mais próximos do afeto dos crentes são os que dizem: Somos cristãos! porque possuem sacerdotes e não se ensoberbecem em coisa alguma.

وَإِذَا سَمِعُواْ مَآ أُنزِلَ إِلَى ٱلرَّسُولِ تَرَىٰٓ أَعْيُنَهُمْ تَفِيضُ مِنَ ٱلدَّمْعِ مِمَّا
عَرَفُواْ مِنَ ٱلْحَقِّ يَقُولُونَ رَبَّنَآ ءَامَنَّا فَٱكْتُبْنَا مَعَ ٱلشَّٰهِدِينَ ﴿٨٣﴾

83. Wa izá sami'ú má unzila ilar Rasúli tará a'yunahum tafídhu minad dam'i mimmmá 'arafú minalhaqq; yaqúlúna Rabbaná ámanná faktubná ma'ach cháhidín

83. E, ao escutarem o que foi revelado ao Mensageiro, tu vês lágrimas a lhes brotarem nos olhos; reconhecem naquilo a verdade, dizendo: Ó Senhor nosso, cremos! Inscreve-nos entre os testemunhadores!

وَمَا لَنَا لَا نُؤْمِنُ بِٱللَّهِ وَمَا جَآءَنَا مِنَ ٱلْحَقِّ وَنَطْمَعُ أَن يُدْخِلَنَا رَبُّنَا مَعَ ٱلْقَوْمِ
ٱلصَّٰلِحِينَ ﴿٨٤﴾

84. Wa má laná lá nu'minu billáhi wa má já'aná minal haqqui wa natma'u ai yudkhilaná Rabbuná ma'al qaumis sálihín

84. E por que não haveríamos de crer em Deus e em tudo quanto nos chegou, da verdade, e como não haveríamos de aspirar a que nosso Senhor nos contasse entre os virtuosos?

فَأَثَـٰبَهُمُ ٱللَّهُ بِمَا قَالُواْ جَنَّـٰتٍ تَجۡرِى مِن تَحۡتِهَا ٱلۡأَنۡهَـٰرُ خَـٰلِدِينَ فِيهَاۚ وَذَٲلِكَ جَزَآءُ ٱلۡمُحۡسِنِينَ ﴿٨٥﴾

85. Fa açábahumul láhu bimá qálú Jannnátin tajrí min tahtihal anháru khálidína fihá; wa zálika jazá'ul muhsinín

85. Pelo que disseram, Deus os recompensará com jardins, abaixo dos quais correm os rios, onde morarão eternamente. Isso será a recompensa dos benfeitores.

وَٱلَّذِينَ كَفَرُواْ وَكَذَّبُواْ بِـَٔايَـٰتِنَآ أُوْلَـٰٓئِكَ أَصۡحَـٰبُ ٱلۡجَحِيمِ ﴿٨٦﴾

86. Wallazína kafarú wa kazzabú bi Áyátiná ulá'ika Asshábul Jahím

86. Aqueles que negarem e desmentirem os Nossos versículos serão os réprobos.

يَـٰٓأَيُّهَا ٱلَّذِينَ ءَامَنُواْ لَا تُحَرِّمُواْ طَيِّبَـٰتِ مَآ أَحَلَّ ٱللَّهُ لَكُمۡ وَلَا تَعۡتَدُوٓاْۚ إِنَّ ٱللَّهَ لَا يُحِبُّ ٱلۡمُعۡتَدِينَ ﴿٨٧﴾

87. Yá aiyuhal lazína ámanú lá tuharrimú taiyibáti má ahallal láhu lakum wa lá ta'tadú; innal láha lá yuhibbul mu'tadín

87. Ó crentes, não vos priveis das coisas boas que Deus permitiu e não excedais, porque Ele não estima os que cometem excessos.

وَكُلُواْ مِمَّا رَزَقَكُمُ ٱللَّهُ حَلَـٰلًا طَيِّبًاۚ وَٱتَّقُواْ ٱللَّهَ ٱلَّذِىٓ أَنتُم بِهِۦ مُؤۡمِنُونَ ﴿٨٨﴾

88. Wa kulú mimmá razaqakumul láhu halálan taiyibá; wattaqul láhallazí antum bihí mu'minún

88. Comei de todas as coisas lícitas com que Deus vos agraciou e temei-O, se fordes crentes.

لَا يُؤَاخِذُكُمُ ٱللَّهُ بِٱللَّغۡوِ فِىٓ أَيۡمَـٰنِكُمۡ وَلَـٰكِن يُؤَاخِذُكُم بِمَا عَقَّدتُّمُ ٱلۡأَيۡمَـٰنَۖ
فَكَفَّـٰرَتُهُۥٓ إِطۡعَامُ عَشَرَةِ مَسَـٰكِينَ مِنۡ أَوۡسَطِ مَا تُطۡعِمُونَ أَهۡلِيكُمۡ أَوۡ كِسۡوَتُهُمۡ

سُورَةُ المَائِدَةِ

Surat Al Máida

أَوْ تَحْرِيرُ رَقَبَةٍ فَمَن لَّمْ يَجِدْ فَصِيَامُ ثَلَٰثَةِ أَيَّامٍ ذَٰلِكَ كَفَّٰرَةُ أَيْمَٰنِكُمْ إِذَا
حَلَفْتُمْ وَٱحْفَظُوٓا۟ أَيْمَٰنَكُمْ كَذَٰلِكَ يُبَيِّنُ ٱللَّهُ لَكُمْ ءَايَٰتِهِۦ لَعَلَّكُمْ تَشْكُرُونَ ٨٩

89. Lá yu'ákhizukumul láhu billaghwi fí aimánikum wa lákin yu'ákhizukumf bimá 'aqqattumul aimána a kaffára tuhú it'ámu 'acharati masákína min awsati má tut'imúna ahlíkum au kiswatuhum au ta<u>h</u>ríru raqabatin fa man lam yajid fa Siyámu çaláçati aiyám; zálika kaffáratu aimánikum izá <u>h</u>alaftum; wa<u>h</u>fazú aimánakum; kazálika yubaiyinul láhu lakum Áyátihí la'allakum tachkurún

89. Deus não vos reprova por vossos inintencionais juramentos fúteis; porém, recrimina-vos por vossos deliberados juramentos, cuja expiação consistirá em alimentardes dez necessitados da maneira como alimentais a vossa família, ou em os vestir, ou em libertardes um escravo; contudo, quem carecer de recursos jejuará três dias. Tal será a expiação do vosso perjúrio. Mantende, pois, os vossos juramentos. Assim Deus vos elucida os Seus versículos, a fim de que Lhe agradeçais.

يَٰٓأَيُّهَا ٱلَّذِينَ ءَامَنُوٓا۟ إِنَّمَا ٱلْخَمْرُ وَٱلْمَيْسِرُ وَٱلْأَنصَابُ وَٱلْأَزْلَٰمُ رِجْسٌ مِّنْ عَمَلِ ٱلشَّيْطَٰنِ
فَٱجْتَنِبُوهُ لَعَلَّكُمْ تُفْلِحُونَ ٩٠

90. Yá aiyuhal lazína ámanú innamal khamru walmaisiru wal ansábu wal azlámu rijsum min 'amalich chaitáni fajtanibúhu la'al lakum tufli<u>h</u>ún

90. Ó crentes, as bebidas inebriantes, os jogos de azar, (o culto aos) altares de pedra, e as adivinhações com setas, são manobras abomináveis de Satanás. Evitai-as, pois, para que prospereis.

إِنَّمَا يُرِيدُ ٱلشَّيْطَٰنُ أَن يُوقِعَ بَيْنَكُمُ ٱلْعَدَٰوَةَ وَٱلْبَغْضَآءَ فِى ٱلْخَمْرِ وَٱلْمَيْسِرِ وَيَصُدَّكُمْ
عَن ذِكْرِ ٱللَّهِ وَعَنِ ٱلصَّلَوٰةِ فَهَلْ أَنتُم مُّنتَهُونَ ٩١

91. Innamá yurídüch Chaitánu ai yúqi'a bainakumul 'adáwata wal baghdá'a fil khamri wal maisiri wa yasuddakum 'an zikril láhi wa 'anis Saláti fahal antum muntahún

91. Satanás só ambiciona infundir-vos a inimizade e o rancor, mediante as bebidas inebriantes e os jogos de azar, bem como afastar-vos da recordação de Deus e da oração. Não desistireis, diante disto?

وَأَطِيعُوا۟ ٱللَّهَ وَأَطِيعُوا۟ ٱلرَّسُولَ وَٱحْذَرُوا۟ فَإِن تَوَلَّيْتُمْ فَٱعْلَمُوٓا۟ أَنَّمَا عَلَىٰ رَسُولِنَا
ٱلْبَلَٰغُ ٱلْمُبِينُ ٩٢

92. Wa atí'ul láha wa atí'ur Rasúla wahzarú; fa in tawallaitum fa'lamú annamá 'alá Rasúlinal balághul mubín

92. Obedecei a Deus, obedecei ao Mensageiro e precavei-vos; mas se vos desviardes, sabei que ao Nosso Mensageiro só cabe a proclamação da lúcida mensagem.

لَيْسَ عَلَى ٱلَّذِينَ ءَامَنُوا۟ وَعَمِلُوا۟ ٱلصَّٰلِحَٰتِ جُنَاحٌ فِيمَا طَعِمُوٓا۟ إِذَا مَا ٱتَّقَوا۟
وَّءَامَنُوا۟ وَعَمِلُوا۟ ٱلصَّٰلِحَٰتِ ثُمَّ ٱتَّقَوا۟ وَّءَامَنُوا۟ ثُمَّ ٱتَّقَوا۟ وَّأَحْسَنُوا۟ ۗ وَٱللَّهُ يُحِبُّ
ٱلْمُحْسِنِينَ ﴿٩٣﴾

93. Laisa 'alal lazína ámanú wa 'amilus sálihati junáhun fimá ta'imú izá mat taqau wa ámanú wa 'amilus sálihátí çummat taqau wa ámanú çummat taqau wa ahsanú; walláhu yuhibbul muhsinín

93. Os crentes que praticam o bem não serão reprovados pelo que comeram (anteriormente, das coisas ilícitas), uma vez que delas passem a se abster, continuando a crer e a praticar o bem, a ser tementes a Deus e, crer novamente e praticar a caridade. Deus aprecia os benfeitores.

يَٰٓأَيُّهَا ٱلَّذِينَ ءَامَنُوا۟ لَيَبْلُوَنَّكُمُ ٱللَّهُ بِشَىْءٍ مِّنَ ٱلصَّيْدِ تَنَالُهُۥٓ أَيْدِيكُمْ وَرِمَاحُكُمْ لِيَعْلَمَ ٱللَّهُ
مَن يَخَافُهُۥ بِٱلْغَيْبِ ۚ فَمَنِ ٱعْتَدَىٰ بَعْدَ ذَٰلِكَ فَلَهُۥ عَذَابٌ أَلِيمٌ ﴿٩٤﴾

94. Yá aiyuhal lazína ámanú la yabluwannnakumul láhu bichai'im minas saidi tanáluhú aidíkum wa rimáhukum liya'lamal láhu mai yakháfuhú bilghaib; famani' tadá ba'da zálika falahú 'azábun alím

94. Ó crentes, Deus vos testará com a proibição de certa espécie de caça que está ao alcance das vossas mãos e das vossas lanças, para assegurar-Se de quem O teme intimamente. Quem, depois disso, transgredir a norma sofrerá um doloroso castigo.

يَٰٓأَيُّهَا ٱلَّذِينَ ءَامَنُوا۟ لَا تَقْتُلُوا۟ ٱلصَّيْدَ وَأَنتُمْ حُرُمٌ ۚ وَمَن قَتَلَهُۥ مِنكُم مُّتَعَمِّدًا فَجَزَآءٌ مِّثْلُ مَا قَتَلَ
مِنَ ٱلنَّعَمِ يَحْكُمُ بِهِۦ ذَوَا عَدْلٍ مِّنكُمْ هَدْيًۢا بَٰلِغَ ٱلْكَعْبَةِ أَوْ كَفَّٰرَةٌ طَعَامُ مَسَٰكِينَ أَوْ
عَدْلُ ذَٰلِكَ صِيَامًا لِّيَذُوقَ وَبَالَ أَمْرِهِۦ ۗ عَفَا ٱللَّهُ عَمَّا سَلَفَ ۚ وَمَنْ عَادَ فَيَنتَقِمُ ٱللَّهُ مِنْهُ ۗ
وَٱللَّهُ عَزِيزٌ ذُو ٱنتِقَامٍ ﴿٩٥﴾

Surat Al Máida

95. Yá aiyuhal lazína ámanú lá taqtulus saida wa antum hurum; wa man qatalahú minkum mut'ammidan fajazá'um miçlu má qatala minan na'ami yahkumu bihí zawá 'adlim minkum hadyam bálighal Ka'bati au kaffáratun ta'ámu masákína au 'adlu zálika Siyámal liyazúqa wabála amrih; 'afal láhu 'ammá salaf; wa man 'áda fayantaquimul láhu minh; walláhu 'Azízun zuntiqám

95. Ó crentes, não mateis animais de caça quando estiverdes com as vestes da peregrinação. Quem, dentre vós, os matar intencionalmente, terá de pagar a transgressão, o equivalente àquilo que tenha morto, em animais domésticos, com a determinação de duas pessoas idôneas, dentre vós. Que tais animais sejam levados como oferenda à Caaba. Ou, ainda, fará uma expiação, alimentando alguns necessitados ou o equivalente a isto em jejum, para que sofra a consequência da sua falta. Deus perdoa o passado; porém, a quem reincidir Deus castigará, porque é Punidor, Poderosíssimo.

أُحِلَّ لَكُمْ صَيْدُ ٱلْبَحْرِ وَطَعَامُهُۥ مَتَٰعًا لَّكُمْ وَلِلسَّيَّارَةِ ۖ وَحُرِّمَ عَلَيْكُمْ صَيْدُ ٱلْبَرِّ مَا دُمْتُمْ حُرُمًا ۗ وَٱتَّقُوا۟ ٱللَّهَ ٱلَّذِىٓ إِلَيْهِ تُحْشَرُونَ ﴿٩٦﴾

96. Uhilla lakum saidul bahri wa ta'ámuhú matá'al lakum wa lissaiyárati wa hurrima 'alaikum saidul barri má dumtum hurumá; wattaqul láhal lazí ilaihi tuhcharún

96. Está-vos permitida a caça aquática; e seu produto pode servir de provisão, tanto para vós como para os viajantes. Porém, está-vos proibida a caça terrestre, enquanto estiverdes consagrados à peregrinação. Temei a Deus, ante o Qual sereis congregados.

۞ جَعَلَ ٱللَّهُ ٱلْكَعْبَةَ ٱلْبَيْتَ ٱلْحَرَامَ قِيَٰمًا لِّلنَّاسِ وَٱلشَّهْرَ ٱلْحَرَامَ وَٱلْهَدْىَ وَٱلْقَلَٰٓئِدَ ۚ ذَٰلِكَ لِتَعْلَمُوٓا۟ أَنَّ ٱللَّهَ يَعْلَمُ مَا فِى ٱلسَّمَٰوَٰتِ وَمَا فِى ٱلْأَرْضِ وَأَنَّ ٱللَّهَ بِكُلِّ شَىْءٍ عَلِيمٌ ﴿٩٧﴾

97. ۞ Ja'alal láhul Ka'batal Baital Haráma quiyámal linnási wach Chahral Haráma walhada walqalá'id; zálika lita'lamú annal láha ya'lamu má fis samáwáti wa má fil ardhi wa annal láha bikulli chai'in 'Alím

97. Deus designou a Caaba como Casa Sagrada, como local seguro para os humanos. Também estabeleceu o mês sagrado, a oferenda e os animais marcados, para que saibais que Deus conhece tudo quanto há nos Céus e na Terra, e que é Onisciente.

ٱعْلَمُوٓا۟ أَنَّ ٱللَّهَ شَدِيدُ ٱلْعِقَابِ وَأَنَّ ٱللَّهَ غَفُورٌ رَّحِيمٌ ﴿٩٨﴾

98. A'lamú annal láha chadídul 'iqábi wa annal láha Ghafúrur Ra<u>h</u>ím

98. Sabei que Deus é severíssimo no castigo, assim como também é Indulgente, Misericordiosíssimo.

مَّا عَلَى ٱلرَّسُولِ إِلَّا ٱلْبَلَٰغُ ۗ وَٱللَّهُ يَعْلَمُ مَا تُبْدُونَ وَمَا تَكْتُمُونَ ﴿٩٩﴾

99. Má 'alar Rasúli illal balágh; walláhu ya'lamu má tubdúna wa má taktumún

99. Ao Mensageiro só cabe a proclamação (da mensagem). Deus conhece o que manifestais e o que ocultais.

قُل لَّا يَسْتَوِى ٱلْخَبِيثُ وَٱلطَّيِّبُ وَلَوْ أَعْجَبَكَ كَثْرَةُ ٱلْخَبِيثِ ۚ فَٱتَّقُوا۟ ٱللَّهَ يَٰٓأُو۟لِى
ٱلْأَلْبَٰبِ لَعَلَّكُمْ تُفْلِحُونَ ﴿١٠٠﴾

100. Qul lá yastawil khabisu wattaiyibu wa lau a'jabaka kaçratul khabís; fattaqul láha yá ulil albábi la'allakum tufli<u>h</u>ún

100. Dize: O mal e o bem jamais poderão equiparar-se, ainda que vos encante a abundância do mal. Ó sensatos, temei a Deus, quiçá assim prospereis.

يَٰٓأَيُّهَا ٱلَّذِينَ ءَامَنُوا۟ لَا تَسْـَٔلُوا۟ عَنْ أَشْيَآءَ إِن تُبْدَ لَكُمْ تَسُؤْكُمْ وَإِن تَسْـَٔلُوا۟ عَنْهَا
حِينَ يُنَزَّلُ ٱلْقُرْءَانُ تُبْدَ لَكُمْ عَفَا ٱللَّهُ عَنْهَا ۗ وَٱللَّهُ غَفُورٌ حَلِيمٌ ﴿١٠١﴾

101. Yá aiyuhal lazina ámanú lá tas'alú 'an achyá'a in tubda lakum tasu'kum wa in tas'alú 'anhá <u>h</u>ína yunazzalul Qur'ánu tubda lakum; 'afal láhu 'anhá; walláhu Ghafúrun <u>H</u>alím

101. Ó crentes, não interrogueis acerca de coisas que, se vos fossem reveladas, atribular-vos-iam. Mas se perguntardes por elas, quando o Alcorão tiver sido revelado, ser-vos-ão explicadas. Deus perdoa a vossa impaciência, porque é Tolerante, Indulgentíssimo.

قَدْ سَأَلَهَا قَوْمٌ مِّن قَبْلِكُمْ ثُمَّ أَصْبَحُوا۟ بِهَا كَٰفِرِينَ ﴿١٠٢﴾

102. Qad sa alahá qaumum min qablikum çumma asbahú bihá káfirín

102. Povos anteriores a vós fizeram as mesmas perguntas. Por isso, tornaram-se incrédulos.

مَا جَعَلَ ٱللَّهُ مِنۢ بَحِيرَةٍ وَلَا سَآئِبَةٍ وَلَا وَصِيلَةٍ وَلَا حَامٍ ۙ وَلَٰكِنَّ ٱلَّذِينَ كَفَرُوا۟ يَفْتَرُونَ
عَلَى ٱللَّهِ ٱلْكَذِبَ ۖ وَأَكْثَرُهُمْ لَا يَعْقِلُونَ ﴿١٠٣﴾

103. Má ja'alal láhu mim ba<u>h</u>íratin wa lá sá'ibatin wa lá wasílatin wa lá <u>h</u>ámin wa lákinnal lazína kafarú yaftarúna 'alal láhil kazib; wa akçaruhum lá ya'quilún

103. Deus nada prescreveu, com referência às superstições, tais como a "*bahira*", ou a "*sa'iba*", ou a "*wacila*", ou a "*hami*"; porém, os blasfemos forjam mentiras acerca de Deus, porque a sua totalidade é insensata.

وَإِذَا قِيلَ لَهُمْ تَعَالَوْا۟ إِلَىٰ مَآ أَنزَلَ ٱللَّهُ وَإِلَى ٱلرَّسُولِ قَالُوا۟ حَسْبُنَا مَا وَجَدْنَا
عَلَيْهِ ءَابَآءَنَآ ۚ أَوَلَوْ كَانَ ءَابَآؤُهُمْ لَا يَعْلَمُونَ شَيْـًٔا وَلَا يَهْتَدُونَ ١٠٤

104. Wa izá quíla lahum ta'álau ilá má anzalal láhu wa ilar Rasúli qálú <u>h</u>asbuná má wajadná 'alaihi ábá'aná; aua lau kána ábá'uhum lá ya'lamúna chai'an wa lá yahtadún

104. E quando lhes foi dito: Vinde para o que Deus revelou, e para o Mensageiro! disseram: Basta-nos o que seguiam os nossos pais! Como? Mesmo que seus pais nada compreendessem nem se guiassem?

يَـٰٓأَيُّهَا ٱلَّذِينَ ءَامَنُوا۟ عَلَيْكُمْ أَنفُسَكُمْ ۖ لَا يَضُرُّكُم مَّن ضَلَّ إِذَا ٱهْتَدَيْتُمْ ۚ إِلَى ٱللَّهِ
مَرْجِعُكُمْ جَمِيعًا فَيُنَبِّئُكُم بِمَا كُنتُمْ تَعْمَلُونَ ١٠٥

105. Yá aiyuhal lazína ámanú 'alaikum anfusakum lá yadhurrukum man dhalla izah tadaitum; ilal láhi marji'ukum jamí'an fayunabbi'ukum bimá kuntum ta'malún

105. Ó crentes, resguardai as vossas almas, porque se vos conduzirdes bem, jamais poderão prejudicar-vos aqueles que se desviam; todos vós retornareis a Deus, o Qual vos inteirará de tudo quanto houverdes feito.

يَـٰٓأَيُّهَا ٱلَّذِينَ ءَامَنُوا۟ شَهَـٰدَةُ بَيْنِكُمْ إِذَا حَضَرَ أَحَدَكُمُ ٱلْمَوْتُ حِينَ ٱلْوَصِيَّةِ ٱثْنَانِ
ذَوَا عَدْلٍ مِّنكُمْ أَوْ ءَاخَرَانِ مِنْ غَيْرِكُمْ إِنْ أَنتُمْ ضَرَبْتُمْ فِى ٱلْأَرْضِ فَأَصَـٰبَتْكُم
مُّصِيبَةُ ٱلْمَوْتِ ۚ تَحْبِسُونَهُمَا مِنۢ بَعْدِ ٱلصَّلَوٰةِ فَيُقْسِمَانِ بِٱللَّهِ إِنِ ٱرْتَبْتُمْ لَا
نَشْتَرِى بِهِۦ ثَمَنًا وَلَوْ كَانَ ذَا قُرْبَىٰ ۙ وَلَا نَكْتُمُ شَهَـٰدَةَ ٱللَّهِ إِنَّآ إِذًا لَّمِنَ ٱلْـَٔاثِمِينَ ١٠٦

106. Yá aiyuhal lazína ámanú chahádatu bainikum izá <u>h</u>adhara a<u>h</u>adakumul mautu <u>h</u>ínal wasiyyati içnáni zauá 'adlim minkum au ákharáni min ghairikum in antum dharabtum fil ardhi fa asábatkum musíbatul maut; ta<u>h</u>bisúnahumá mim ba'dis Saláti fa yuqsimáni billáhi inirtabtum lá nachtarí bihí çamanan wa lau kána zá qurbá wa lá naktumu chahádatal láhi inná izal laminal ácimín

سُورَةُ المَائِدَةِ

Surat Al Máida

106. Ó crentes, quando a morte se aproximar de algum de vós e este se dispuser a fazer um testamento, que apele para o testemunho de duas pessoas justas, dentre vós, ou de dois estranhos, se se achar viajando pela Terra e for alcançado pela desgraça da morte. Deverá retê-los, depois da oração, e fazê-los prestar juramento por Deus, deste modo: A nenhum preço venderemos o nosso testemunho, ainda que o interessado seja um dos nossos parentes, nem ocultaremos o testemunho de Deus, porque, se assim fizermos, contar-nos-emos entre os pecadores.

فَإِنْ عُثِرَ عَلَىٰٓ أَنَّهُمَا ٱسْتَحَقَّآ إِثْمًا فَـَٔاخَرَانِ يَقُومَانِ مَقَامَهُمَا مِنَ ٱلَّذِينَ
ٱسْتَحَقَّ عَلَيْهِمُ ٱلْأَوْلَيَـٰنِ فَيُقْسِمَانِ بِٱللَّهِ لَشَهَـٰدَتُنَآ أَحَقُّ مِن شَهَـٰدَتِهِمَا وَمَا
ٱعْتَدَيْنَآ إِنَّآ إِذًا لَّمِنَ ٱلظَّـٰلِمِينَ ١٠٧

107. Fa in 'ucira 'alá annahumas tahaqqá içman fa ákharáni yaqúmáni maqámahumá minal lazínas tahaqqa 'alaihimul aulayáni fa yuqsimáni billáhi lachahádatuná ahaqqu min chahádatihimá wa ma'tadainá inná izal laminaz zálimín

107. Se descobrirdes que são perjuros, que sejam substituídos por outros dois parentes mais próximos das pessoas em questão, e ambos jurarão por Deus deste modo: Nosso testemunho é mais verdadeiro do que o dos outros, e não perjuramos, porque se assim fizermos, contar-nos-emos entre os injustos.

ذَٰلِكَ أَدْنَىٰٓ أَن يَأْتُوا۟ بِٱلشَّهَـٰدَةِ عَلَىٰ وَجْهِهَآ أَوْ يَخَافُوٓا۟ أَن تُرَدَّ أَيْمَـٰنٌۢ بَعْدَ أَيْمَـٰنِهِمْ ۗ وَٱتَّقُوا۟
ٱللَّهَ وَٱسْمَعُوا۟ ۗ وَٱللَّهُ لَا يَهْدِى ٱلْقَوْمَ ٱلْفَـٰسِقِينَ ١٠٨

108. Zálika adná ai ya'tú bichchahádati 'alá wajhihá au yakháfú an turadda aimánum ba'da aimánihim; wattaqul láha wasma'ú; walláhu lá yahdil qaumal fásiquín

108. Este proceder é o mais adequado, para que as testemunhas declarem a verdade. Senão irão temer que se apresentem outras testemunhas depois delas. Temei, pois, a Deus e escutai, porque Ele não ilumina os depravados.

۞ يَوْمَ يَجْمَعُ ٱللَّهُ ٱلرُّسُلَ فَيَقُولُ مَاذَآ أُجِبْتُمْ ۖ قَالُوا۟ لَا عِلْمَ لَنَآ ۖ إِنَّكَ أَنتَ عَلَّـٰمُ
ٱلْغُيُوبِ ١٠٩

109. ۞ Yauma yajma'ul láhur Rusula fa yaqúlu mázá ujibtum qálú lá 'ilma laná innaka Anta 'Allámul Ghuyúb

109. Um dia, Deus convocará os mensageiros e lhes dirá: Que vos tem sido respondido (com respeito à exortação)? Dirão: Nada sabemos, porque só Tu és Conhecedor do desconhecido.

إِذْ قَالَ ٱللَّهُ يَٰعِيسَى ٱبْنَ مَرْيَمَ ٱذْكُرْ نِعْمَتِى عَلَيْكَ وَعَلَىٰ وَٰلِدَتِكَ إِذْ أَيَّدتُّكَ
بِرُوحِ ٱلْقُدُسِ تُكَلِّمُ ٱلنَّاسَ فِى ٱلْمَهْدِ وَكَهْلًا ۖ وَإِذْ عَلَّمْتُكَ ٱلْكِتَٰبَ
وَٱلْحِكْمَةَ وَٱلتَّوْرَىٰةَ وَٱلْإِنجِيلَ ۖ وَإِذْ تَخْلُقُ مِنَ ٱلطِّينِ كَهَيْـَٔةِ ٱلطَّيْرِ بِإِذْنِى
فَتَنفُخُ فِيهَا فَتَكُونُ طَيْرًۢا بِإِذْنِى ۖ ٱلْأَكْمَهَ وَٱلْأَبْرَصَ بِإِذْنِى ۖ وَإِذْ تُخْرِجُ
ٱلْمَوْتَىٰ بِإِذْنِى ۖ وَإِذْ كَفَفْتُ بَنِىٓ إِسْرَٰٓءِيلَ عَنكَ إِذْ جِئْتَهُم بِٱلْبَيِّنَٰتِ فَقَالَ
ٱلَّذِينَ كَفَرُوا۟ مِنْهُمْ إِنْ هَٰذَآ إِلَّا سِحْرٌ مُّبِينٌ ﴿١١٠﴾

110. Iz qálal láhu yá 'Íssab-na-Maryama zkur ni'matí 'alaika wa 'alá wálidatika; iz aiyattuka bi Rúhil Qudusi tukallimun nása fil mahdi wa kahlan wa iz 'allamtukal kitába wal Hikmata wa Tauráta wal Injíla wa iz Takhluqu minat tíni kahai'atit tairi bi izní fatanfukhu fiha fatakúnu tairam bi izní wa tubri'ul akmaha wal abrasa bi izní wa iz tukhrijul mautá bi izní wa iz kafaftu Baní Isrá'íla 'anka iz ji'tahum bil baiyináti fa qálal lazína kafarú min-hum in házá illá sihrum mubín

110. Então, Deus dirá: Ó Jesus, filho de Maria, recorda-te de Minhas Mercês para contigo e para com tua mãe; de quando te fortaleci com o Espírito da Santidade; de quando falavas aos homens, tanto na infância, como na maturidade; de quando te ensinei o Livro, a sabedoria, a Torá e o Evangelho; de quando, com o Meu beneplácito, plasmaste de barro algo semelhante a um pássaro e, alentando-o, eis que se transformou, com o Meu beneplácito, em um pássaro vivente; de quando, com o Meu beneplácito, curaste o cego de nascença e o leproso; de quando, com o Meu beneplácito, ressuscitaste os mortos; de quando contive os israelitas, pois quando lhes apresentaste as evidências, os incrédulos, dentre eles, disseram: Isto não é mais do que pura magia!

وَإِذْ أَوْحَيْتُ إِلَى ٱلْحَوَارِيِّۦنَ أَنْ ءَامِنُوا۟ بِى وَبِرَسُولِى قَالُوٓا۟ ءَامَنَّا وَٱشْهَدْ بِأَنَّنَا
مُسْلِمُونَ ﴿١١١﴾

111. Wa iz auhaitu ilal hauáriyyína an áminú bí wa bi Rasúlí qálú ámanná wachhad bi annaná muslimún

111. E de que, quando inspirei os discípulos, (dizendo-lhes): Crede em Mim e no Meu Mensageiro! disseram: Cremos! Testemunha que somos muçulmanos.

Surat Al Máida

إِذۡ قَالَ ٱلۡحَوَارِيُّونَ يَٰعِيسَى ٱبۡنَ مَرۡيَمَ هَلۡ يَسۡتَطِيعُ رَبُّكَ أَن يُنَزِّلَ عَلَيۡنَا
مَآئِدَةٗ مِّنَ ٱلسَّمَآءِۖ قَالَ ٱتَّقُواْ ٱللَّهَ إِن كُنتُم مُّؤۡمِنِينَ ﴿١١٢﴾

112. Iz qálal hauáriyyúna yá 'Íssab na Maryama hal yastatí'u Rabbuka ai yunazzila alaina má'idatam minas samá'i qála taqul láha in kuntum mu'minín

112. E de quando os discípulos disseram: Ó Jesus, filho de Maria, poderá o teu Senhor fazer-nos descer do Céu uma mesa servida? Disseste: Temei a Deus, se sois crentes!

قَالُواْ نُرِيدُ أَن نَّأۡكُلَ مِنۡهَا وَتَطۡمَئِنَّ قُلُوبُنَا وَنَعۡلَمَ أَن قَدۡ صَدَقۡتَنَا وَنَكُونَ عَلَيۡهَا
مِنَ ٱلشَّٰهِدِينَ ﴿١١٣﴾

113. Qálú nurídu an nákula min-há wa tatama'inna qulúbuná wa na'lama an qad sadaqtana wa nakúna 'alaihá minachcháhidín

113. Tornaram a dizer: Desejamos desfrutar dela, para que os nossos corações sosseguem e para que saibamos que nos tens dito a verdade, e para que sejamos testemunhas disso.

قَالَ عِيسَى ٱبۡنُ مَرۡيَمَ ٱللَّهُمَّ رَبَّنَآ أَنزِلۡ عَلَيۡنَا مَآئِدَةٗ مِّنَ ٱلسَّمَآءِ تَكُونُ لَنَا عِيدٗا
لِّأَوَّلِنَا وَءَاخِرِنَا وَءَايَةٗ مِّنكَۖ وَٱرۡزُقۡنَا وَأَنتَ خَيۡرُ ٱلرَّٰزِقِينَ ﴿١١٤﴾

114. Qála 'Íssab nu Maryamal láhumma Rabbaná anzil 'alainá má'idatam minas samá'i takúnu laná 'ídan liauwaliná wa ákhiriná wa Áyatam minka warzuqná wa Anta khairur ráziquín

114. Jesus, filho de Maria, disse: Ó Deus, Senhor nosso, envia-nos do Céu uma mesa servida! Que seja um banquete para o primeiro e o último de nós, constituindo-se num sinal Teu; agracia-nos, porque Tu és o melhor dos agraciadores.

قَالَ ٱللَّهُ إِنِّي مُنَزِّلُهَا عَلَيۡكُمۡۖ فَمَن يَكۡفُرۡ بَعۡدُ مِنكُمۡ فَإِنِّيٓ أُعَذِّبُهُۥ عَذَابٗا لَّآ أُعَذِّبُهُۥٓ أَحَدٗا
مِّنَ ٱلۡعَٰلَمِينَ ﴿١١٥﴾

115. Qálal láhu inní munazziluhá 'alaikum famai yakfur ba'du minkum fa inní u'azzibuhú 'azábal lá u'azzibuhú ahadam minal 'álamín

115. E disse Deus: Fá-la-ei descer; porém, quem de vós, depois disso, continuar descrendo, saiba que o castigarei tão severamente como jamais castiguei ninguém da humanidade.

سُورَةُ المَائِدَةِ

Surat Al Máida

وَإِذْ قَالَ ٱللَّهُ يَٰعِيسَى ٱبْنَ مَرْيَمَ ءَأَنتَ قُلْتَ لِلنَّاسِ ٱتَّخِذُونِي وَأُمِّيَ إِلَٰهَيْنِ مِن
دُونِ ٱللَّهِ ۖ قَالَ سُبْحَٰنَكَ مَا يَكُونُ لِيٓ أَنْ أَقُولَ مَا لَيْسَ لِي بِحَقٍّ ۚ إِن كُنتُ قُلْتُهُۥ
فَقَدْ عَلِمْتَهُۥ ۚ تَعْلَمُ مَا فِي نَفْسِي وَلَآ أَعْلَمُ مَا فِي نَفْسِكَ ۚ إِنَّكَ أَنتَ عَلَّٰمُ
ٱلْغُيُوبِ ﴿١١٦﴾

116. Wa iz qálal láhu yá 'Íssab na Maryama 'a-anta qulta linnásit takhizúní wa ummiya iláhaini min dúnil láhi qála Subhánaka má yakúnu lí an aqúla má laisa lí bihaqq; in kuntu qultuhú faqad 'alimtah; ta'lamu má fí nafsí wa lá a'alamu má fí nafsik; innaka Anta 'Allámul Ghuyúb

116. E recorda-te de que quando Deus disse: Ó Jesus, filho de Maria! Foste tu que disseste aos homens: Tomai a mim e a minha mãe por duas divindades, em vez de Deus? Respondeu: Glorificado sejas! É inconcebível que eu tenha dito o que por direito não me corresponde. Se o tivesse dito, tê-lo-ias sabido, porque Tu conheces a natureza da minha mente, ao passo que ignoro o que encerra a Tua. Somente Tu és Conhecedor do desconhecido.

مَا قُلْتُ لَهُمْ إِلَّا مَآ أَمَرْتَنِي بِهِۦٓ أَنِ ٱعْبُدُوا۟ ٱللَّهَ رَبِّي وَرَبَّكُمْ ۚ وَكُنتُ عَلَيْهِمْ
شَهِيدًا مَّا دُمْتُ فِيهِمْ ۖ فَلَمَّا تَوَفَّيْتَنِي كُنتَ أَنتَ ٱلرَّقِيبَ عَلَيْهِمْ ۚ وَأَنتَ عَلَىٰ كُلِّ شَيْءٍ
شَهِيدٌ ﴿١١٧﴾

117. Má qultu lahum illá má amartaní bihí ani'budul láha Rabbí wa Rabbakum; wa kuntu 'alaihim chahídam má dumtu fíhim falammá tauaffaitaní kunta Antar Raquiba 'alaihim; wa Anta 'alá kulli chai'in Chahíd

117. Não lhes disse, senão o que me ordenaste: Adorai a Deus, meu Senhor e vosso! E enquanto permaneci entre eles, fui testemunha contra eles; e quando quiseste encerrar os meus dias na Terra, foste Tu o seu Único observador, porque és Testemunha de tudo.

إِن تُعَذِّبْهُمْ فَإِنَّهُمْ عِبَادُكَ ۖ وَإِن تَغْفِرْ لَهُمْ فَإِنَّكَ أَنتَ ٱلْعَزِيزُ ٱلْحَكِيمُ ﴿١١٨﴾

118. In tu'azzibhum fa innahum ibáduka wa in taghfir lahum fa innaka Antal 'Azzízul Hakím

118. Se Tu os castigas é porque são Teus servos; e se os perdoas, é porque Tu és o Poderoso, o Prudentíssimo.

سُورَةُ المَائِدَةِ

Surat Al Máida

قَالَ ٱللَّهُ هَٰذَا يَوْمُ يَنفَعُ ٱلصَّٰدِقِينَ صِدْقُهُمْ ۚ لَهُمْ جَنَّٰتٌ تَجْرِى مِن تَحْتِهَا ٱلْأَنْهَٰرُ
خَٰلِدِينَ فِيهَآ أَبَدًا ۚ رَّضِىَ ٱللَّهُ عَنْهُمْ وَرَضُوا۟ عَنْهُ ۚ ذَٰلِكَ ٱلْفَوْزُ ٱلْعَظِيمُ ﴿١١٩﴾

119. Qálal láhu háza yaumu yanfa'us sádiquína sidquhum; lahum janátunn tajrí min tahtihal anháru khálidína fíhá abadá; radhiyal láhu 'anhum wa radhú 'anh; zálikal fauzul 'azím

119. Deus dirá: Este é o dia em que a lealdade dos verazes ser-lhes-á profícua. Terão jardins, abaixo dos quais correm rios, onde morarão eternamente. Deus se comprazerá com eles e eles se comprazerão n'Ele. Tal será o magnífico benefício!

لِلَّهِ مُلْكُ ٱلسَّمَٰوَٰتِ وَٱلْأَرْضِ وَمَا فِيهِنَّ ۚ وَهُوَ عَلَىٰ كُلِّ شَىْءٍ قَدِيرٌۢ ﴿١٢٠﴾

120. Lilláhi mulkus samáwáti wal ardhi wa má fíhinn; wa Huwa 'alá kulli chai'inn Qadír

120. A Deus pertence o reino dos Céus e da Terra, bem como tudo quanto encerra, porque é Onipotente.

سُورَةُ الأَنعَام

Surat Al An'am

Surat 6. *Al-An'am* (O Gado). Revelada em Makka; 165 versículos, com exceção dos versículos 20, 25, 91, 93, 114, 141, 151, 152 e 153, que foram revelados em Madina.
São utilizados neste Juzi os versículos de 1 a 110.

بِسْمِ ٱللَّهِ ٱلرَّحْمَٰنِ ٱلرَّحِيمِ

Bismilláhir Rahmánir Rahím

Em nome de Deus, o Clemente, o Misericordioso

ٱلْحَمْدُ لِلَّهِ ٱلَّذِى خَلَقَ ٱلسَّمَٰوَٰتِ وَٱلْأَرْضَ وَجَعَلَ ٱلظُّلُمَٰتِ وَٱلنُّورَ ثُمَّ ٱلَّذِينَ
كَفَرُوا۟ بِرَبِّهِمْ يَعْدِلُونَ ﴿١﴾

1. Alhamdu lilláhil lazí khalaqas samáwáti wal ardha wa ja'alaz zulumáti wannúr; çummal lazína kafarú bi Rabbihim ya'dilún

1. Louvado seja Deus que criou os Céus e a Terra, e originou as trevas e a luz. Não obstante isso, os incrédulos têm atribuído semelhantes ao seu Senhor.

هُوَ ٱلَّذِى خَلَقَكُم مِّن طِينٍ ثُمَّ قَضَىٰٓ أَجَلًا وَأَجَلٌ مُّسَمًّى عِندَهُۥ ثُمَّ أَنتُمْ تَمْتَرُونَ ﴿٢﴾

2. Huwal lazí khalaqakum min tínin çumma qadá ajalan wa ajalum musamman 'indahú çumma antum tamtarún

2. Ele foi Quem vos plasmou do barro e vos decretou um limite, um termo fixo junto a Ele. E, apesar disso, duvidais!

وَهُوَ ٱللَّهُ فِى ٱلسَّمَٰوَٰتِ وَفِى ٱلْأَرْضِ يَعْلَمُ سِرَّكُمْ وَجَهْرَكُمْ وَيَعْلَمُ مَا تَكْسِبُونَ ﴿٣﴾

3. Wa Huwal láhu fissamáwáti wa fil ardhi ya'lamu sirrakum wa jahrakum wa ya'lamu má taksibún

3. Ele é Deus, tanto na Terra, como nos Céus. Ele bem conhece tanto o que ocultais, como o que manifestais, e sabe o que ganhais.

وَمَا تَأْتِيهِم مِّنْ ءَايَةٍ مِّنْ ءَايَٰتِ رَبِّهِمْ إِلَّا كَانُوا۟ عَنْهَا مُعْرِضِينَ ﴿٤﴾

4. Wa má ta'tíhim min Áyatim min Áyáti Rabbihim illá kánú 'anhá mu'ridhín

4. Nunca lhes chegou nenhum dos versículos de seu Senhor sem que eles o ignorassem.

فَقَدْ كَذَّبُوا۟ بِٱلْحَقِّ لَمَّا جَآءَهُمْ فَسَوْفَ يَأْتِيهِمْ أَنۢبَٰٓؤُا۟ مَا كَانُوا۟ بِهِۦ يَسْتَهْزِءُونَ ﴿٥﴾

5. Faqad kazzabú bilhaqqui lammá já'ahum fasaufa ya'tíhim ambá'u má kánú bihí yastahzi'ún

سُورَةُ الأَنۡعَامِ

Surat Al An'am

5. E quando lhes chegou a verdade, desmentiram-na; porém, logo terão notícias do que escarneceram.

أَلَمۡ يَرَوۡاْ كَمۡ أَهۡلَكۡنَا مِن قَبۡلِهِم مِّن قَرۡنٖ مَّكَّنَّٰهُمۡ فِي ٱلۡأَرۡضِ مَا لَمۡ نُمَكِّن لَّكُمۡ
وَأَرۡسَلۡنَا ٱلسَّمَآءَ عَلَيۡهِم مِّدۡرَارٗا وَجَعَلۡنَا ٱلۡأَنۡهَٰرَ تَجۡرِي مِن تَحۡتِهِمۡ فَأَهۡلَكۡنَٰهُم
بِذُنُوبِهِمۡ وَأَنشَأۡنَا مِنۢ بَعۡدِهِمۡ قَرۡنًا ءَاخَرِينَ ٦

6. Alam yarau kam ahlakná min qablihim min qarnim makkannáhum fil ardhi má lam numakkil lakum wa arsalnas samá'a 'alaihim midráran wa ja'alnal anhára tajrí min tahtihim fa ahlaknáhum bizunúbihim wa ancha'ná mim ba'dihim qarnan ákharín

6. Não reparam em quantas gerações anteriores a eles aniquilamos? Radicamo-las na Terra, melhor do que a vós, enviamos do céu copiosas chuvas para as suas plantas, e fizemos correr rios por sob seus pés; porém, exterminamo-los por seus pecados e, depois deles, fizemos ressurgir outras gerações.

وَلَوۡ نَزَّلۡنَا عَلَيۡكَ كِتَٰبٗا فِي قِرۡطَاسٖ فَلَمَسُوهُ بِأَيۡدِيهِمۡ لَقَالَ ٱلَّذِينَ كَفَرُوٓاْ إِنۡ هَٰذَآ إِلَّا
سِحۡرٞ مُّبِينٞ ٧

7. Wa lau nazzalná 'alaika Kitában fí quirtásin falamasúhu biaidíhim laqálal lazína kafarú in házá illá sihrum mubín

7. Ainda que te tivéssemos revelado um Livro, escrito em pergaminhos, e que o apalpassem com as mãos, os incrédulos diriam: Isto não é mais do que pura magia!

وَقَالُواْ لَوۡلَآ أُنزِلَ عَلَيۡهِ مَلَكٞۖ وَلَوۡ أَنزَلۡنَا مَلَكٗا لَّقُضِيَ ٱلۡأَمۡرُ ثُمَّ لَا يُنظَرُونَ ٨

8. Wa qálú lau lá unzila alaihi malakun wa lau anzalna malakal laqudiyal amru çumma lá yunzarún

8. Disseram: Por que não lhe foi enviado um anjo? Se tivéssemos enviado um anjo (e assim mesmo não tivessem crido), estaria, então, tudo terminado; não teriam sido tolerados.

وَلَوۡ جَعَلۡنَٰهُ مَلَكٗا لَّجَعَلۡنَٰهُ رَجُلٗا وَلَلَبَسۡنَا عَلَيۡهِم مَّا يَلۡبِسُونَ ٩

9. Wa lau ja'alnáhu malakal laja'alnáhu rajulan wa lalabasná 'alaihim má yalbisún

9. E se lhes tivéssemos enviado um anjo, tê-lo-íamos enviado na figura de homem, confundindo ainda mais o que já era, para eles, confuso.

سُورَةُ الأَنْعَامِ

Surat Al An'am

وَلَقَدِ ٱسْتُهْزِئَ بِرُسُلٍ مِّن قَبْلِكَ فَحَاقَ بِٱلَّذِينَ سَخِرُوا۟ مِنْهُم مَّا كَانُوا۟ بِهِۦ
يَسْتَهْزِءُونَ ﴿١٠﴾

10. Wa laqadis tuhzi'a bi-Rusulim min qablika fa<u>h</u>áqa billazína sakhirú min-hum má kánú bihí yastahzi'ún

10. Mensageiros anteriores a ti foram escarnecidos; porém, os escarnecedores foram envolvidos por aquilo de que escarneciam.

قُلْ سِيرُوا۟ فِى ٱلْأَرْضِ ثُمَّ ٱنظُرُوا۟ كَيْفَ كَانَ عَـٰقِبَةُ ٱلْمُكَذِّبِينَ ﴿١١﴾

11. Qul sírú fil ardhi çumman zurú kaifa kána 'áquibatul mukazzibín

11. Dize-lhes: percorrei a Terra e observai qual foi a sorte dos desmentidores!

قُل لِّمَن مَّا فِى ٱلسَّمَـٰوَٰتِ وَٱلْأَرْضِ ۖ قُل لِّلَّهِ ۚ كَتَبَ عَلَىٰ نَفْسِهِ ٱلرَّحْمَةَ ۚ
لَيَجْمَعَنَّكُمْ إِلَىٰ يَوْمِ ٱلْقِيَـٰمَةِ لَا رَيْبَ فِيهِ ۚ ٱلَّذِينَ خَسِرُوٓا۟ أَنفُسَهُمْ فَهُمْ لَا
يُؤْمِنُونَ ﴿١٢﴾

12. Qul liman má fis samáwáti wal ardhi qul lilláh; kataba 'alá nafsihir ra<u>h</u>mah; la yajma'annakum ilá Yaumil Quiyámati lá raiba fíh; allazína khasirú anfusahum fahum lá yu'minún

12. Dize: A quem pertence tudo quanto existe nos Céus e na Terra? Responde: A Deus! Ele impôs a Si mesmo a clemência. Ele vos congregará no indubitável Dia da Ressurreição! Porém, os desventurados não creem nisto.

۞ وَلَهُۥ مَا سَكَنَ فِى ٱلَّيْلِ وَٱلنَّهَارِ ۚ وَهُوَ ٱلسَّمِيعُ ٱلْعَلِيمُ ﴿١٣﴾

13. ۞ Wa lahú má sakana fillaili wannahár; wa Huwas Samí'ul 'Alím

13. Também é Seu tudo quanto se encontra na noite e no dia, porque Ele é o Oniouvinte, o Sapientíssimo.

قُلْ أَغَيْرَ ٱللَّهِ أَتَّخِذُ وَلِيًّا فَاطِرِ ٱلسَّمَـٰوَٰتِ وَٱلْأَرْضِ وَهُوَ يُطْعِمُ وَلَا يُطْعَمُ ۗ قُلْ إِنِّىٓ أُمِرْتُ
أَنْ أَكُونَ أَوَّلَ مَنْ أَسْلَمَ ۖ وَلَا تَكُونَنَّ مِنَ ٱلْمُشْرِكِينَ ﴿١٤﴾

14. Qul aghairal láhi attakhizu waliyyan fátiris samáwáti wal ardhi wa Huwa yut'imu wa lá yut'am; qul inní umirtu an akúna auwala man aslama wa lá takúnanna minal muchrikín

سُورَةُ الأَنْعَامِ

Surat Al An'am

14. Dize: Tomareis por protetor outro que não seja Deus, Criador dos Céus e da Terra, sendo que é Ele Quem vos sustenta, sem ter necessidade de ser sustentado? Dize ainda: Foi-me ordenado ser o primeiro a abraçar o Islam; portanto, não sejais dos idólatras.

قُلْ إِنِّىٓ أَخَافُ إِنْ عَصَيْتُ رَبِّى عَذَابَ يَوْمٍ عَظِيمٍ ١٥

15. Qul inní akháfu in 'asaitu Rabbí 'azába Yaumin 'Azím

15. Dize mais: Temo o castigo do dia terrível se desobedeço ao meu Senhor.

مَّن يُصْرَفْ عَنْهُ يَوْمَئِذٍ فَقَدْ رَحِمَهُۥ ۚ وَذَٰلِكَ ٱلْفَوْزُ ٱلْمُبِينُ ١٦

16. Mai yusraf 'anhu Yauma'izin faqad rahimah; wa zálikal fauzul mubín

16. Quem for eximido, nesse dia, será porque Deus se apiedará dele. Tal será um benefício evidente.

وَإِن يَمْسَسْكَ ٱللَّهُ بِضُرٍّ فَلَا كَاشِفَ لَهُۥٓ إِلَّا هُوَ ۖ وَإِن يَمْسَسْكَ بِخَيْرٍ فَهُوَ عَلَىٰ كُلِّ
شَىْءٍ قَدِيرٌ ١٧

17. Wa in-yamsaskal láhu bidhurrin falá káchifa lahú illá Huwa wa iy-yamsaska bikhairin fa Huwa 'alá kulli chai'in Qadír

17. Se Deus te infligir um mal, ninguém, além d'Ele, poderá removê-lo; por outra, se te agraciar com um bem, será porque é Onipotente.

وَهُوَ ٱلْقَاهِرُ فَوْقَ عِبَادِهِۦ ۚ وَهُوَ ٱلْحَكِيمُ ٱلْخَبِيرُ ١٨

18. Wa Huwal qáhiru fauqa 'ibádih; wa Huwal Hakimul Khabír

18. Ele é o Soberano absoluto dos Seus servos e Ele é o Onisciente, o Prudentíssimo.

قُلْ أَىُّ شَىْءٍ أَكْبَرُ شَهَٰدَةً ۖ قُلِ ٱللَّهُ ۖ شَهِيدٌۢ بَيْنِى وَبَيْنَكُمْ ۚ وَأُوحِىَ إِلَىَّ هَٰذَا ٱلْقُرْءَانُ لِأُنذِرَكُم بِهِۦ
وَمَنۢ بَلَغَ ۚ أَئِنَّكُمْ لَتَشْهَدُونَ أَنَّ مَعَ ٱللَّهِ ءَالِهَةً أُخْرَىٰ ۚ قُل لَّآ أَشْهَدُ ۚ قُلْ إِنَّمَا هُوَ إِلَٰهٌ
وَٰحِدٌ وَإِنَّنِى بَرِىٓءٌ مِّمَّا تُشْرِكُونَ ١٩

19. Qul ayyu chai'in akbaru chahádatan qulil láhu chahídum bainí wa bainakum; wa úhiya ilaiya házal Qur'ánu li unzirakum bihí wa man balagh; a'innakum latachhadúna anna ma'al láhi álihatan ukhrá; qul lá achhad; qul innamá Huwa Iláhun Wáhidun wa innaní bari'um mimmá tuchrikún

سُورَةُ الأَنْعَامِ

Surat Al An'am

19. Pergunta: Qual é o testemunho mais fidedigno? Assevera-lhes, então: Deus é a Testemunha entre vós e mim. Este Alcorão foi-me revelado, para com ele admoestar a vós e àqueles que ele alcançar. Ousareis admitir que existem outras divindades conjuntamente com Deus? Dize: Eu não as reconheço. Dize ainda: Ele é um só Deus e eu estou inocente quanto aos parceiros que Lhe atribuís.

ٱلَّذِينَ ءَاتَيْنَٰهُمُ ٱلْكِتَٰبَ يَعْرِفُونَهُۥ كَمَا يَعْرِفُونَ أَبْنَآءَهُمُ ٱلَّذِينَ خَسِرُوٓا۟ أَنفُسَهُمْ فَهُمْ لَا يُؤْمِنُونَ ﴿٢٠﴾

20. Allazína átaináhumul Kitába ya'rifúnahú kamá ya'rifúna abná'ahum; allazína khasirú anfusahum fahum lá yu'minún

20. Quanto àqueles a quem concedemos o Livro, conhecem isso, tal como conhecem os seus filhos; só os desventurados não creem.

وَمَنْ أَظْلَمُ مِمَّنِ ٱفْتَرَىٰ عَلَى ٱللَّهِ كَذِبًا أَوْ كَذَّبَ بِـَٔايَٰتِهِۦٓ ۗ إِنَّهُۥ لَا يُفْلِحُ ٱلظَّٰلِمُونَ ﴿٢١﴾

21. Wa man azlamu mim mani ftara 'alal láhi kaziban au kazzaba bi Áyátih; innahú lá yuflihuz zálimún

21. Haverá alguém mais injusto do que quem forja mentiras acerca de Deus ou desmente os Seus versículos? Os injustos jamais prosperarão.

وَيَوْمَ نَحْشُرُهُمْ جَمِيعًا ثُمَّ نَقُولُ لِلَّذِينَ أَشْرَكُوٓا۟ أَيْنَ شُرَكَآؤُكُمُ ٱلَّذِينَ كُنتُمْ تَزْعُمُونَ ﴿٢٢﴾

22. Wa yauma nahchuruhum jamí'an çumma naqúlu lillazína achrakú ayna churaká'ukumul lazína kuntum taz'umún

22. Recorda-lhes o dia em que congregaremos todos, e diremos, então, aos idólatras: Onde estão os parceiros que pretendestes Nos atribuir?

ثُمَّ لَمْ تَكُن فِتْنَتُهُمْ إِلَّآ أَن قَالُوا۟ وَٱللَّهِ رَبِّنَا مَا كُنَّا مُشْرِكِينَ ﴿٢٣﴾

23. Çumma lam takun fitnatuhum illá an qálú walláhi Rabbiná má kunná muchrikín

23. Então, não terão mais escusas, além de dizerem: Por Deus, nosso Senhor, nunca fomos idólatras!

ٱنظُرْ كَيْفَ كَذَبُوا۟ عَلَىٰٓ أَنفُسِهِمْ ۚ وَضَلَّ عَنْهُم مَّا كَانُوا۟ يَفْتَرُونَ ﴿٢٤﴾

24. Unzur kaifa kazabú 'alá anfusihim, wa dhalla 'anhum má kánú yaftarún

24. Olha como desmentem a si mesmos! Tudo quanto tiverem forjado desvanecer-se-á.

سُورَةُ الأَنۡعَامِ

Surat Al An'am

وَمِنۡهُم مَّن يَسۡتَمِعُ إِلَيۡكَۖ وَجَعَلۡنَا عَلَىٰ قُلُوبِهِمۡ أَكِنَّةً أَن يَفۡقَهُوهُ وَفِيٓ ءَاذَانِهِمۡ وَقۡرٗاۚ وَإِن يَرَوۡاْ
كُلَّ ءَايَةٖ لَّا يُؤۡمِنُواْ بِهَاۚ حَتَّىٰٓ إِذَا جَآءُوكَ يُجَٰدِلُونَكَ يَقُولُ ٱلَّذِينَ كَفَرُوٓاْ إِنۡ هَٰذَآ إِلَّآ
أَسَٰطِيرُ ٱلۡأَوَّلِينَ ﴿٢٥﴾

25. Wa min-hum mai yastami'u ilaika wa ja'alná 'alá qulúbihim akinnatan ai yafqahúhu wa fi ázánihim waqrá; wa ai yarau kulla Áyatil lá yu'minú bihá; hattá izá já'úka yujádilúnaka yaqúlul lazína kafarú in házá illá asátirul auwalin

25. Alguns deles te escutam; porém, anuviamos-lhes as mentes e ensurdecemos-lhes os ouvidos; por isso, não compreendem. E, mesmo quando virem qualquer sinal, não crerão nele; e até quando vêm a ti, vêm para refutar-te; e os incrédulos dizem: Isto não é mais do que fábulas dos primitivos!

وَهُمۡ يَنۡهَوۡنَ عَنۡهُ وَيَنۡـَٔوۡنَ عَنۡهُۖ وَإِن يُهۡلِكُونَ إِلَّآ وَمَا يَشۡعُرُونَ ﴿٢٦﴾

26. Wa hum yanhauna 'anhu wa yan'auna 'anhu wa iny yuhlikúna illá anfusahum wa má yach'urún

26. E impedem os demais, apartando-os dele (o Alcorão); mas, com isso, não fazem mais do que se prejudicar, sem o sentirem.

وَلَوۡ تَرَىٰٓ إِذۡ وُقِفُواْ عَلَى ٱلنَّارِ فَقَالُواْ يَٰلَيۡتَنَا نُرَدُّ وَلَا نُكَذِّبَ بِـَٔايَٰتِ رَبِّنَا وَنَكُونَ مِنَ ٱلۡمُؤۡمِنِينَ ﴿٢٧﴾

27. Wa lau tará iz wuqifú 'alan Nári faqálú yá laitaná nuraddu wa lá nuka ziba bi Áyáti Rabbiná wa nakúna minal mu'minín

27. Ah, se os vires quando se confrontarem com o fogo infernal! Dirão: Oxalá fôssemos devolvidos (à Terra)! Então, não desmentiríamos os versículos de nosso Senhor e nos contaríamos entre os crentes!

بَلۡ بَدَا لَهُم مَّا كَانُواْ يُخۡفُونَ مِن قَبۡلُۖ وَلَوۡ رُدُّواْ لَعَادُواْ لِمَا نُهُواْ عَنۡهُ وَإِنَّهُمۡ لَكَٰذِبُونَ ﴿٢٨﴾

28. Bal badá lahum má kánú yukhfúna min qablu wa lau ruddú la'ádú limá nuhú 'anhu wa innahum lakázibún

28. Porém, aparecer-lhes-á tudo quanto anteriormente tinham ocultado; no entanto, ainda que fossem devolvidos (à vida terrena), certamente reincidiriam em lançar mão de tudo quanto lhes foi vedado, porque são mentirosos.

وَقَالُوٓاْ إِنۡ هِيَ إِلَّا حَيَاتُنَا ٱلدُّنۡيَا وَمَا نَحۡنُ بِمَبۡعُوثِينَ ﴿٢٩﴾

29. Wa qálú in hiya illá hayátunad dunyá wa má nahnu bimab'úcin

29. Dizem: Não existe Outra Vida além da terrena, e jamais seremos ressuscitados.

وَلَوۡ تَرَىٰٓ إِذۡ وُقِفُواْ عَلَىٰ رَبِّهِمۡۚ قَالَ أَلَيۡسَ هَٰذَا بِٱلۡحَقِّۚ قَالُواْ بَلَىٰ وَرَبِّنَاۚ قَالَ فَذُوقُواْ
ٱلۡعَذَابَ بِمَا كُنتُمۡ تَكۡفُرُونَ ٣٠

30. *Wa lau tará iz wuquifú 'alá Rabbihim; qála alaisa házá bilhaqq; qálú balá wa Rabbiná; qála fazúqul 'azába bimá kuntum takfurún*

30. Se os vires quando comparecerem ante seu Senhor! Ele lhes dirá: Não é esta a verdade? Dirão: Sim, por nosso Senhor! Então, Ele lhes dirá: Provai, pois, o castigo, por vossa incredulidade!

قَدۡ خَسِرَ ٱلَّذِينَ كَذَّبُواْ بِلِقَآءِ ٱللَّهِۖ حَتَّىٰٓ إِذَا جَآءَتۡهُمُ ٱلسَّاعَةُ بَغۡتَةٗ قَالُواْ يَٰحَسۡرَتَنَا عَلَىٰ مَا
فَرَّطۡنَا فِيهَا وَهُمۡ يَحۡمِلُونَ أَوۡزَارَهُمۡ عَلَىٰ ظُهُورِهِمۡۚ أَلَا سَآءَ مَا يَزِرُونَ ٣١

31. *Qad khasiral lazína kazzabú biliqá'il láhi hattá izá já'at humus Sá'atu baghtatan qálú yá hasratAná 'alá má farratná fíhá wa hum yahmilúna auzárahum 'alá zuhúrihim; alá sá'a ma yazirún*

31. Serão desventurados aqueles que desmentirem o comparecimento ante Deus, apenas se apercebendo da realidade quando a morte os surpreender repentinamente. Gritarão: Ai de nós, por termos negligenciado! Porém, carregarão os seus fardos às costas. Que péssimo será o que carregarão!

وَمَا ٱلۡحَيَوٰةُ ٱلدُّنۡيَآ إِلَّا لَعِبٞ وَلَهۡوٞۖ وَلَلدَّارُ ٱلۡأٓخِرَةُ خَيۡرٞ لِّلَّذِينَ يَتَّقُونَۚ أَفَلَا تَعۡقِلُونَ ٣٢

32. *Wa mal hayátud dunyá illá la'ibun wa lahwun wa lad Dárul Ákhiratu khaiyrul lillazína yattaqún; afalá ta'quilún*

32. Que é a vida terrena senão jogo e diversão frívola? A morada na Outra Vida é preferível para os tementes. Não o compreendeis?

قَدۡ نَعۡلَمُ إِنَّهُۥ لَيَحۡزُنُكَ ٱلَّذِي يَقُولُونَۖ فَإِنَّهُمۡ لَا يُكَذِّبُونَكَ وَلَٰكِنَّ ٱلظَّٰلِمِينَ بِـَٔايَٰتِ ٱللَّهِ
يَجۡحَدُونَ ٣٣

33. *Qad na'lamu innahú layahzunukal lazí yaqúlúna fa innahum lá yukazzibúnaka wa lákinnaz zálimína bi Áyátil láhi yajhadún*

33. Sabemos que te atribula o que dizem; porém, não é a ti que desmentem; outrossim, são os versículos de Deus que os injustos renegam.

وَلَقَدۡ كُذِّبَتۡ رُسُلٞ مِّن قَبۡلِكَ فَصَبَرُواْ عَلَىٰ مَا كُذِّبُواْ وَأُوذُواْ حَتَّىٰٓ أَتَىٰهُمۡ نَصۡرُنَاۚ وَلَا
مُبَدِّلَ لِكَلِمَٰتِ ٱللَّهِۚ وَلَقَدۡ جَآءَكَ مِن نَّبَإِيْ ٱلۡمُرۡسَلِينَ ٣٤

34. Wa laqad kuzzibat Rusulum min qablika fasabarú 'alá má kuzzibú wa úzú hattá atáhum nasruná; wa lá mubaddila li Kalimátil láh; wa laqad já'aka min naba'il mursalín

34. Já outros mensageiros, anteriores a ti, foram desmentidos; porém, suportaram abnegadamente os vexames e os ultrajes, até que Nosso socorro lhes chegou. Nossas decisões são inexoráveis; e já conheces as histórias dos Nossos mensageiros anteriores.

وَإِن كَانَ كَبُرَ عَلَيْكَ إِعْرَاضُهُمْ فَإِنِ ٱسْتَطَعْتَ أَن تَبْتَغِىَ نَفَقًا فِى ٱلْأَرْضِ أَوْ سُلَّمًا فِى
ٱلسَّمَآءِ فَتَأْتِيَهُم بِـَٔايَةٍ ۚ وَلَوْ شَآءَ ٱللَّهُ لَجَمَعَهُمْ عَلَى ٱلْهُدَىٰ ۚ فَلَا تَكُونَنَّ مِنَ
ٱلْجَٰهِلِينَ ﴿٣٥﴾

35. Wa in kána kabura 'alaika i'ráduhum fa inistata'ta an tabtaghiya nafaqan fil ardhi au sullaman fis samá'i fata'tiyahum bi Áyah; wa lau chá'al láhu lajama'ahum 'alal hudá; falá takúnanna minal jáhilín

35. Uma vez que o desdém dos incrédulos te penaliza, vê: mesmo que pudesses penetrar por um túnel, na Terra, ou ascender até ao Céu para apresentar-lhes um sinal, (ainda assim não farias com que cressem). Todavia, se Deus quisesse, teria orientado todos até a verdadeira senda. Não sejas, pois, dos ignorantes.

۞ إِنَّمَا يَسْتَجِيبُ ٱلَّذِينَ يَسْمَعُونَ ۘ وَٱلْمَوْتَىٰ يَبْعَثُهُمُ ٱللَّهُ ثُمَّ إِلَيْهِ يُرْجَعُونَ ﴿٣٦﴾

36. ۞ Innamá yastajíbul lazína yasma'ún; walmautá yab'açuhumul láhu çumma ilaihi yurja'ún

36. Só te atenderão os sensatos; quanto aos mortos, Deus os ressuscitará; depois, a Ele retornarão.

وَقَالُوا۟ لَوْلَا نُزِّلَ عَلَيْهِ ءَايَةٌ مِّن رَّبِّهِۦ ۚ قُلْ إِنَّ ٱللَّهَ قَادِرٌ عَلَىٰٓ أَن يُنَزِّلَ ءَايَةً وَلَٰكِنَّ
أَكْثَرَهُمْ لَا يَعْلَمُونَ ﴿٣٧﴾

37. Wa qálú lau lá nuzzila 'alaihi Áyatum mir Rabbih; qul innal láha qádirun 'alá ai yunazzila Áyatan wa lákinna akçarahum lá ya'lamún

37. Dizem: Por que não lhe foi revelado um sinal de seu Senhor? Responde-lhes: Deus é capaz de revelar um sinal. Porém, sua maioria o ignora.

وَمَا مِن دَآبَّةٍ فِى ٱلْأَرْضِ وَلَا طَٰٓئِرٍ يَطِيرُ بِجَنَاحَيْهِ إِلَّآ أُمَمٌ أَمْثَالُكُم ۚ مَّا فَرَّطْنَا فِى ٱلْكِتَٰبِ
مِن شَىْءٍ ۚ ثُمَّ إِلَىٰ رَبِّهِمْ يُحْشَرُونَ ﴿٣٨﴾

سُورَةُ الأَنۡعَامِ
Surat Al An'am

38. Wa má min dábbatin fil ardhi wa lá tá'irin yatíru bijanáhaihi illá umamun amçálukum; má farratná fil Kitábi min chaiyy' çumma ilá Rabbihim yuhcharún

38. Não existem seres alguns que andem sobre a terra, nem aves que voem, que não constituam comunidades semelhantes à vossa. Nada omitimos no Livro; então, serão congregados ante seu Senhor.

وَٱلَّذِينَ كَذَّبُواْ بِـَٔايَٰتِنَا صُمّٞ وَبُكۡمٞ فِي ٱلظُّلُمَٰتِۗ مَن يَشَإِ ٱللَّهُ يُضۡلِلۡهُ وَمَن يَشَأۡ
يَجۡعَلۡهُ عَلَىٰ صِرَٰطٖ مُّسۡتَقِيمٖ ٣٩

39. Wallazína kazzabú bi Áyátiná çummun wa bukmun fiz zulumát; mai yacha il láhu yudhlilhu; wa mai yachá yaj'alhu 'alá Sirátim Mustaquím

39. Aqueles que desmentem os Nossos versículos são surdos e mudos e vagam nas trevas. Deus desvia quem quer, e encaminha pela senda reta a quem Lhe apraz.

قُلۡ أَرَءَيۡتَكُمۡ إِنۡ أَتَىٰكُمۡ عَذَابُ ٱللَّهِ أَوۡ أَتَتۡكُمُ ٱلسَّاعَةُ أَغَيۡرَ ٱللَّهِ تَدۡعُونَ إِن كُنتُمۡ
صَٰدِقِينَ ٤٠

40. Qul ara'aytakum in atákum 'azábul láhi au atatkumus Sá'atu a-ghairal láhi tad'úna in kuntum sádiquín

40. Dize: Se o castigo de Deus vos açoitasse, ou vos surpreendesse a Hora, invocaríeis outra divindade que não fosse Deus? Dizei-o, se estiverdes certos!

بَلۡ إِيَّاهُ تَدۡعُونَ فَيَكۡشِفُ مَا تَدۡعُونَ إِلَيۡهِ إِن شَآءَ وَتَنسَوۡنَ مَا تُشۡرِكُونَ ٤١

41. Bal iyyáhu tad'úna fa yakchifu má tad'úna ilaihi in chá'a wa tansauna má tuchrikún

41. Qual! Tão-somente O invocaríeis; se Ele quisesse, concederia o que Lhe imploráveis e então vos esqueceríeis dos parceiros que Lhe havíeis atribuído!

وَلَقَدۡ أَرۡسَلۡنَآ إِلَىٰٓ أُمَمٖ مِّن قَبۡلِكَ فَأَخَذۡنَٰهُم بِٱلۡبَأۡسَآءِ وَٱلضَّرَّآءِ لَعَلَّهُمۡ يَتَضَرَّعُونَ ٤٢

42. Wa laqad arsalná ilá umamim min qablika fa akhaznáhum bil ba'sá'i waddharrá'i la'allahum yatadharra'ún

42. Antes de ti, havíamos enviado (mensageiros) a outras raças, as quais atormentamos com a miséria e a adversidade, para que se humilhassem.

فَلَوۡلَآ إِذۡ جَآءَهُم بَأۡسُنَا تَضَرَّعُواْ وَلَٰكِن قَسَتۡ قُلُوبُهُمۡ وَزَيَّنَ لَهُمُ ٱلشَّيۡطَٰنُ
مَا كَانُواْ يَعۡمَلُونَ ٤٣

43. Falaulá iz já'ahum ba'suná tadharra'ú wa lákin qasat qulúbuhum wa zaiyana lahumuch Chaitánu má kánú ya'malún

43. Se ao menos quando Nosso castigo os açoitou, se humilhassem Não obstante, seus corações se endureceram e Satanás lhes abrilhantou o que faziam.

فَلَمَّا نَسُوا۟ مَا ذُكِّرُوا۟ بِهِۦ فَتَحْنَا عَلَيْهِمْ أَبْوَٰبَ كُلِّ شَىْءٍ حَتَّىٰٓ إِذَا فَرِحُوا۟ بِمَآ
أُوتُوٓا۟ أَخَذْنَٰهُم بَغْتَةً فَإِذَا هُم مُّبْلِسُونَ ٤٤

44. Falammá nasú má zukkirú bihí fatahná 'alaihim abwába kulli chai'in hattá izá farihú bimá útú akhaznáhum baghtatan fa izá hum mublisún

44. Mas quando esqueceram as admoestações que lhes tinham sido feitas, abrimos-lhes as portas da prosperidade, até que se sentissem regozijados pelo fato de haverem sido agraciados; então, exterminamo-los subitamente e, ei-los agora desesperados!

فَقُطِعَ دَابِرُ ٱلْقَوْمِ ٱلَّذِينَ ظَلَمُوا۟ ۚ وَٱلْحَمْدُ لِلَّهِ رَبِّ ٱلْعَٰلَمِينَ ٤٥

45. Faquti'a dábirul qaumil lazína zalamú; walhamdu lilláhi Rabbil 'álamín

45. E foi exterminado até o último dos injustos. Louvado seja Deus, Senhor do Universo!

قُلْ أَرَءَيْتُمْ إِنْ أَخَذَ ٱللَّهُ سَمْعَكُمْ وَأَبْصَٰرَكُمْ وَخَتَمَ عَلَىٰ قُلُوبِكُم مَّنْ إِلَٰهٌ غَيْرُ ٱللَّهِ يَأْتِيكُم
بِهِ ۗ ٱنظُرْ كَيْفَ نُصَرِّفُ ٱلْءَايَٰتِ ثُمَّ هُمْ يَصْدِفُونَ ٤٦

46. Qul ara'aitum in akhazal láhu sam'akum wa absárakum wa khatama 'alá qulúbikum man iláhun ghairul láhi ya'tíkum bih; unzur kaifa nusarriful Áyáti çumma hum yasdifún

46. Dize-lhes: Que vos pareceria se Deus, repentinamente, vos privasse da audição, extinguisse-vos a visão e vos selasse os corações? Que outra divindade, além de Deus, poderia restaurá-los? Repara em como lhes expomos as evidências e, não obstante, as desdenham!

قُلْ أَرَءَيْتَكُمْ إِنْ أَتَىٰكُمْ عَذَابُ ٱللَّهِ بَغْتَةً أَوْ جَهْرَةً هَلْ يُهْلَكُ إِلَّا ٱلْقَوْمُ
ٱلظَّٰلِمُونَ ٤٧

47. Qul ara'aitakum in atákum 'azábul láhi baghtatan au jahratan hal yuhlaku illal qaumuz zálimún

47. Dize: Que vos pareceria, se o castigo de Deus vos açoitasse repentina e abertamente? Quais seriam os aniquilados, senão os injustos?

سُورَةُ الأَنْعَامِ

Surat Al An'am

وَمَا نُرْسِلُ ٱلْمُرْسَلِينَ إِلَّا مُبَشِّرِينَ وَمُنذِرِينَ فَمَنْ ءَامَنَ وَأَصْلَحَ فَلَا خَوْفٌ عَلَيْهِمْ وَلَا هُمْ يَحْزَنُونَ ﴿٤٨﴾

48. Wa má nursilul mursalína illá mubachchirína wa munzirína faman ámana wa aslaha falá khaufun 'alaihim wa lá hum yahzanún

48. Não enviamos os mensageiros, senão como alvissareiros e admoestadores; e aqueles que creem e se emendam não serão presas do temor, nem se angustiarão.

وَٱلَّذِينَ كَذَّبُوا۟ بِـَٔايَـٰتِنَا يَمَسُّهُمُ ٱلْعَذَابُ بِمَا كَانُوا۟ يَفْسُقُونَ ﴿٤٩﴾

49. Wallazína kazzabú bi Áyátiná yamassuhumul 'azábu bimá kánú yafsuqún

49. Aqueles que desmentem os Nossos versículos serão açoitados pelo castigo, por sua depravação.

قُل لَّآ أَقُولُ لَكُمْ عِندِى خَزَآئِنُ ٱللَّهِ وَلَآ أَعْلَمُ ٱلْغَيْبَ وَلَآ أَقُولُ لَكُمْ إِنِّى مَلَكٌ إِنْ أَتَّبِعُ إِلَّا مَا يُوحَىٰٓ إِلَىَّ قُلْ هَلْ يَسْتَوِى ٱلْأَعْمَىٰ وَٱلْبَصِيرُ أَفَلَا تَتَفَكَّرُونَ ﴿٥٠﴾

50. Qul lá aqúlu lakum 'indí khazá'inul láhi wa lá a'lamul ghaiba wa lá aqúlu lakum inní malakun in attabi'u illá má yúhá ilaiy; qul hal yastawil a'má walbasír; afalá tatafakkarún

50. Dize: Eu não vos digo que possuo os tesouros de Deus ou que estou ciente do desconhecido, nem tampouco vos digo que sou um anjo; não faço mais do que seguir o que me é revelado. Dize mais: Poderão, acaso, equiparar-se o cego e o vidente? Não meditais?

وَأَنذِرْ بِهِ ٱلَّذِينَ يَخَافُونَ أَن يُحْشَرُوٓا۟ إِلَىٰ رَبِّهِمْ لَيْسَ لَهُم مِّن دُونِهِۦ وَلِىٌّ وَلَا شَفِيعٌ لَّعَلَّهُمْ يَتَّقُونَ ﴿٥١﴾

51. Wa anzir bihil lazína yakháfúna ai yuhcharú ilá Rabbihim laisa lahum min dúnihí waliyyun wa lá chafi'ul la'allahum yattaqún

51. Admoesta com ele (o Alcorão) aqueles que temem ser congregados ante seu Senhor. Não terão, fora d'Ele, protetor nem intercessor; quiçá, assim O temam.

وَلَا تَطْرُدِ ٱلَّذِينَ يَدْعُونَ رَبَّهُم بِٱلْغَدَوٰةِ وَٱلْعَشِىِّ يُرِيدُونَ وَجْهَهُۥ مَا عَلَيْكَ مِنْ حِسَابِهِم مِّن شَىْءٍ وَمَا مِنْ حِسَابِكَ عَلَيْهِم مِّن شَىْءٍ فَتَطْرُدَهُمْ فَتَكُونَ مِنَ ٱلظَّـٰلِمِينَ ﴿٥٢﴾

سورة الأنعام

Surat Al An'am

52. Wa lá tatrudil lazína yad'úna Rabbahum bilghadáti wal 'achiyyi yurídúna Wajhahú ma 'alaika min hisábihim min chai'in wa má min hisábika 'alaihim min chai'in fatatrudahum fatakúna minaz zálimín

52. Não rechaces aqueles que de manhã e à tarde invocam seu Senhor, desejosos de contemplar o Seu Rosto. Não te cabe julgá-los, assim como não lhes compete julgar-te; se os rechaçares, contar-te-ás entre os injustos.

وَكَذَٰلِكَ فَتَنَّا بَعْضَهُم بِبَعْضٍ لِّيَقُولُوٓا۟ أَهَٰٓؤُلَآءِ مَنَّ ٱللَّهُ عَلَيْهِم مِّنۢ بَيْنِنَآ ۗ
أَلَيْسَ ٱللَّهُ بِأَعْلَمَ بِٱلشَّٰكِرِينَ ٥٣

53. Wa kazálika fatanná ba'dhahum biba'dhil liyaqúlú ahá'ulá'i mannal láhu 'alaihim mim bainíná; alaisal láhu bi-a'lama bichchákirín

53. Assim, Nós os fizemos testarem-se mutuamente, para que dissessem: São estes os que Deus favoreceu, dentre nós? Acaso, não conhece Deus melhor do que ninguém os agradecidos?

وَإِذَا جَآءَكَ ٱلَّذِينَ يُؤْمِنُونَ بِـَٔايَٰتِنَا فَقُلْ سَلَٰمٌ عَلَيْكُمْ ۖ كَتَبَ رَبُّكُمْ عَلَىٰ
نَفْسِهِ ٱلرَّحْمَةَ ۖ أَنَّهُۥ مَنْ عَمِلَ مِنكُمْ سُوٓءًۢا بِجَهَٰلَةٍ ثُمَّ تَابَ مِنۢ بَعْدِهِۦ
وَأَصْلَحَ فَأَنَّهُۥ غَفُورٌ رَّحِيمٌ ٥٤

54. Wa izá já'akal lazína yu'minúna bi Áyátiná faqul salámun 'alaikum kataba Rabbukum 'alá nafsihir rahmata annahú man 'amila minkum sú'am bijahálatin çumma tába mim ba'dihí wa aslaha fa annahú Ghafúrur Rahím

54. Quando te forem apresentados aqueles que creem nos Nossos versículos, dize-lhes: Que a paz esteja convosco! Vosso Senhor impôs a Si mesmo a clemência, a fim de que aqueles dentre vós que, por ignorância, cometerem uma falta e logo se arrependerem e se encaminharem, venham a saber que Ele é Indulgente, Misericordiosíssimo.

وَكَذَٰلِكَ نُفَصِّلُ ٱلْـَٔايَٰتِ وَلِتَسْتَبِينَ سَبِيلُ ٱلْمُجْرِمِينَ ٥٥

55. Wa kazálika nufassilul Áyáti wa litastabína sabílul mujrimín

55. Assim esclarecemos os versículos, para assinalar o caminho aos pecadores.

قُلْ إِنِّى نُهِيتُ أَنْ أَعْبُدَ ٱلَّذِينَ تَدْعُونَ مِن دُونِ ٱللَّهِ ۚ قُل لَّآ أَتَّبِعُ أَهْوَآءَكُمْ ۙ قَدْ
ضَلَلْتُ إِذًا وَمَآ أَنَا۠ مِنَ ٱلْمُهْتَدِينَ ٥٦

سُورَةُ الأَنْعَامِ

Surat Al An'am

56. Qul inní nuhítu an a'budal lazína tad'úna min dúnil láh; qul lá attabi'u ahwá'akum qad dalaltu izan wa má ana minal muhtadín

56. Dize: Tem-me sido vedado adorar os que invocais em vez de Deus. Dize (mais): Não seguirei a vossa luxúria; porque se o fizer, desviar-me-ei e não me contarei entre os encaminhados.

قُلْ إِنِّي عَلَىٰ بَيِّنَةٍ مِّن رَّبِّي وَكَذَّبْتُم بِهِۦ مَا عِندِي مَا تَسْتَعْجِلُونَ بِهِۦٓ
إِنِ ٱلْحُكْمُ إِلَّا لِلَّهِ يَقُصُّ ٱلْحَقَّ وَهُوَ خَيْرُ ٱلْفَٰصِلِينَ ٥٧

57. Qul inní 'alá baiyinatim mir Rabbí wa kazzabtum bih; má 'indí má tasta'jilúna bih; inil hukmu illá lilláhi yaqussul haqqa wa Huwa khairul fásilín

57. Dize (ainda): Atenho-me à Evidência emanada do meu Senhor, não obstante vós a terdes desmentido. Porém, o que pretendeis que seja apressado não está em meu poder; sabei que o juízo só cabe a Deus, Que dita a verdade, porque é o melhor dos juízes.

قُل لَّوْ أَنَّ عِندِي مَا تَسْتَعْجِلُونَ بِهِۦ لَقُضِيَ ٱلْأَمْرُ بَيْنِي وَبَيْنَكُمْ وَٱللَّهُ أَعْلَمُ
بِٱلظَّٰلِمِينَ ٥٨

58. Qul lau anna 'indí má tasta'jilúna bihí laqudiyal amru bainí wa bainakum; walláhu a'lamu bizzálimín

58. Dize (outra vez): Se estivesse em meu poder o que pretendeis que seja apressado, a questão entre vós e mim já estaria decidida, pois Deus bem conhece os injustos.

۞ وَعِندَهُۥ مَفَاتِحُ ٱلْغَيْبِ لَا يَعْلَمُهَآ إِلَّا هُوَ وَيَعْلَمُ مَا فِي ٱلْبَرِّ وَٱلْبَحْرِ وَمَا
تَسْقُطُ مِن وَرَقَةٍ إِلَّا يَعْلَمُهَا وَلَا حَبَّةٍ فِي ظُلُمَٰتِ ٱلْأَرْضِ وَلَا رَطْبٍ وَلَا يَابِسٍ
إِلَّا فِي كِتَٰبٍ مُّبِينٍ ٥٩

59. ۞ Wa 'indahú mafátihul ghaibi lá ya'lamuhá illá Hú; wa ya'lamu má fil barri walbahr; wa má tasqutu min waraqatin illá ya'lamuhá wa lá habbatin fí zulumátil ardhi wa lá ratbin wa lá yábisin illá fí Kitábim Mubín

59. Ele possui as chaves do desconhecido, coisa que ninguém, além d'Ele, possui; Ele sabe o que há na terra e no mar; e não cai uma folha (da árvore) sem que Ele disso tenha ciência; não há um só grão, no seio da terra, ou nada verde, ou seco, que não esteja registrado no Livro esclarecedor.

وَهُوَ ٱلَّذِى يَتَوَفَّىٰكُم بِٱلَّيْلِ وَيَعْلَمُ مَا جَرَحْتُم بِٱلنَّهَارِ ثُمَّ يَبْعَثُكُمْ فِيهِ
لِيُقْضَىٰٓ أَجَلٌ مُّسَمًّى ۖ ثُمَّ إِلَيْهِ مَرْجِعُكُمْ ثُمَّ يُنَبِّئُكُم بِمَا كُنتُمْ تَعْمَلُونَ ﴿٦٠﴾

60. *Wa Huwal lazí yatawaffákum billaili wa ya'lamu má jarahtum binnahári çumma yab'açukum fíhí liyuqdá ajalum musamman çumma ilaihi marji'ukum çumma yunabbi'ukum bimá kuntum ta'malún*

60. Ele é Quem vos recolhe, durante o sono, e vos reanima durante o dia, bem sabendo o que fazeis, a fim de que se cumpra o período prefixado; logo, a Ele será o vosso retorno e, então, Ele vos inteirará de tudo quanto houverdes feito.

وَهُوَ ٱلْقَاهِرُ فَوْقَ عِبَادِهِۦ ۖ وَيُرْسِلُ عَلَيْكُمْ حَفَظَةً حَتَّىٰٓ إِذَا جَآءَ أَحَدَكُمُ ٱلْمَوْتُ
تَوَفَّتْهُ رُسُلُنَا وَهُمْ لَا يُفَرِّطُونَ ﴿٦١﴾

61. *Wa huwal qáhiru fauqa 'ibádihí wa yursilu 'alaikum hafazatan hattá izá já'a ahadakumul mautu tauaffathu rusuluná wa hum lá yufarritún*

61. Ele é o Soberano absoluto dos Seus servos, e vos envia anjos da guarda para que, se a morte chegar a algum de vós, os Nossos mensageiros o recolham, sem negligenciarem o seu dever.

ثُمَّ رُدُّوٓا۟ إِلَى ٱللَّهِ مَوْلَىٰهُمُ ٱلْحَقِّ ۚ أَلَا لَهُ ٱلْحُكْمُ وَهُوَ أَسْرَعُ ٱلْحَـٰسِبِينَ ﴿٦٢﴾

62. *Çumma ruddú ilal láhi mauláhumul haqq; alá lahul hukmu wa Huwa asra'ul hásibín*

62. Logo, retornarão a Deus, seu verdadeiro Senhor. Não é, acaso, Seu o juízo? Ele é o mais destro dos juízes.

قُلْ مَن يُنَجِّيكُم مِّن ظُلُمَـٰتِ ٱلْبَرِّ وَٱلْبَحْرِ تَدْعُونَهُۥ تَضَرُّعًا وَخُفْيَةً لَّئِنْ أَنجَىٰنَا مِنْ هَـٰذِهِۦ
لَنَكُونَنَّ مِنَ ٱلشَّـٰكِرِينَ ﴿٦٣﴾

63. *Qul mai yunajjíkum min zulumátil barri walbahri tad'únahú tadharru'an wa khufyatal la'in anjáná min házihí lanakúnanna minach chákirín*

63. Dize: Quem vos liberta das trevas da terra e do mar, embora deprequeis ostensiva ou humildemente? dizendo: Se nos livrares disto, contar-nos-emos entre os agradecidos!

قُلِ ٱللَّهُ يُنَجِّيكُم مِّنْهَا وَمِن كُلِّ كَرْبٍ ثُمَّ أَنتُمْ تُشْرِكُونَ ﴿٦٤﴾

سُورَةُ الأَنعَامِ

Surat Al An'am

64. Qulil láhu yunajjíkum min-há wa min kulli karbin çumma antum tuchrikún

64. Dize (ainda): Deus vos liberta disso e de toda angústia e, sem dúvida, Lhe atribuís parceiros!

قُلۡ هُوَ ٱلۡقَادِرُ عَلَىٰٓ أَن يَبۡعَثَ عَلَيۡكُمۡ عَذَابٗا مِّن فَوۡقِكُمۡ أَوۡ مِن تَحۡتِ أَرۡجُلِكُمۡ أَوۡ يَلۡبِسَكُمۡ
شِيَعٗا وَيُذِيقَ بَعۡضَكُم بَأۡسَ بَعۡضٍۗ ٱنظُرۡ كَيۡفَ نُصَرِّفُ ٱلۡأٓيَٰتِ لَعَلَّهُمۡ يَفۡقَهُونَ ٦٥

65. Qul huwal Qádiru 'alá ai yab'aça 'alaikum 'azábam min fauqikum au min tahti arjulikum au yalbisakum chiya'an wa yuzíqa ba'dhakum ba'sa ba'dh; unzur kaifa nusarriful Áyáti la'allahum yafqahún

65. Dize (mais): Ele é capaz de infligir-vos um castigo celestial ou terreno, ou confundir-vos em seitas, fazendo-vos experimentar tiranias mútuas. Repara em como dispomos as evidências, a fim de que as compreendam.

وَكَذَّبَ بِهِۦ قَوۡمُكَ وَهُوَ ٱلۡحَقُّۚ قُل لَّسۡتُ عَلَيۡكُم بِوَكِيلٖ ٦٦

66. Wa kazzaba bihí qaumuka wa huwal <u>h</u>aqq; qul lastu 'alaikum biwakíl

66. Teu próprio povo desmentiu (o Alcorão), não obstante ser (seu conteúdo) a pura verdade. Dize: Eu não sou vosso guardião.

لِّكُلِّ نَبَإٖ مُّسۡتَقَرّٞۚ وَسَوۡفَ تَعۡلَمُونَ ٦٧

67. Likulli naba im mustaqar run wa saufa ta'lamún

67. Cada Mensagem terá um limite, e logo o sabereis.

وَإِذَا رَأَيۡتَ ٱلَّذِينَ يَخُوضُونَ فِيٓ ءَايَٰتِنَا فَأَعۡرِضۡ عَنۡهُمۡ حَتَّىٰ يَخُوضُواْ فِي حَدِيثٍ غَيۡرِهِۦۚ وَإِمَّا
يُنسِيَنَّكَ ٱلشَّيۡطَٰنُ فَلَا تَقۡعُدۡ بَعۡدَ ٱلذِّكۡرَىٰ مَعَ ٱلۡقَوۡمِ ٱلظَّٰلِمِينَ ٦٨

68. Wa izá raaital lazína yakhúdúna fí Áyátiná fa a'rid 'anhum <u>h</u>attá yakhúdú fí <u>h</u>adícin ghairih; wa immá yunsiyannakach Chaitánu falá taq'ud ba'daz zikrá ma'al qaumiz zálimín

68. Quando depararares com aqueles que difamam os Nossos versículos, afasta-te deles, até que mudem de conversa. Pode ocorrer que Satanás te fizesse esquecer disso; porém, após à lembrança, não te sentes com os injustos.

وَمَا عَلَى ٱلَّذِينَ يَتَّقُونَ مِنۡ حِسَابِهِم مِّن شَيۡءٖ وَلَٰكِن ذِكۡرَىٰ لَعَلَّهُمۡ
يَتَّقُونَ ٦٩

سُورَةُ الأَنعَامِ

Surat Al An'am

69. *Wa má 'alal lazína yattaqúna min hisábihim min chai'in wa lákin zikrá la'allahum yattaqún*

69. Os tementes não serão responsáveis por eles; porém, (seu dever) é lembrá-los (disso); talvez temam (a Deus).

وَذَرِ ٱلَّذِينَ ٱتَّخَذُواْ دِينَهُمْ لَعِبًا وَلَهْوًا وَغَرَّتْهُمُ ٱلْحَيَوٰةُ ٱلدُّنْيَا ۚ وَذَكِّرْ
بِهِۦٓ أَن تُبْسَلَ نَفْسٌۢ بِمَا كَسَبَتْ لَيْسَ لَهَا مِن دُونِ ٱللَّهِ وَلِىٌّ وَلَا شَفِيعٌ وَإِن
تَعْدِلْ كُلَّ عَدْلٍ لَّا يُؤْخَذْ مِنْهَآ ۗ أُوْلَٰٓئِكَ ٱلَّذِينَ أُبْسِلُواْ بِمَا كَسَبُواْ ۖ لَهُمْ شَرَابٌ
مِّنْ حَمِيمٍ وَعَذَابٌ أَلِيمٌۢ بِمَا كَانُواْ يَكْفُرُونَ ﴿٧٠﴾

70. *Wa zaril lazínat takhazú dínahum la'iban wa lahwan wa gharrat humul hayátud dunyá; wa zakkir bihí an tubsala nafsum bimá kasabat laisa lahá min dúnil láhi waliyyun wa lá chafí'un wa in ta'dil kulla 'adlil lá yu'khaz min-há; ulá'ikal lazína ubsilú bimá kasabú lahum charábum min hamímin wa 'azábun alímum bimá kánú yakkfurún*

70. Distancia-te daqueles que tomam a religião por jogo e diversão, a quem ilude a vida terrena, e relembra-lhes que todo o ser será penitenciado pelo que cometer, e não terá, além de Deus, protetor, nem intercessor algum; e ainda que ofereça qualquer (coisa como) resgate, não lho será aceito. Os ignóbeis serão entregues ao tormento, pelo que cometeram, e terão, por bebida, água fervente e um doloroso castigo, por sua ignomínia.

قُلْ أَنَدْعُواْ مِن دُونِ ٱللَّهِ مَا لَا يَنفَعُنَا وَلَا يَضُرُّنَا وَنُرَدُّ عَلَىٰٓ أَعْقَابِنَا بَعْدَ إِذْ
هَدَىٰنَا ٱللَّهُ كَٱلَّذِى ٱسْتَهْوَتْهُ ٱلشَّيَٰطِينُ فِى ٱلْأَرْضِ حَيْرَانَ لَهُۥٓ أَصْحَٰبٌ يَدْعُونَهُۥٓ
إِلَى ٱلْهُدَى ٱئْتِنَا ۗ قُلْ إِنَّ هُدَى ٱللَّهِ هُوَ ٱلْهُدَىٰ ۖ وَأُمِرْنَا لِنُسْلِمَ لِرَبِّ
ٱلْعَٰلَمِينَ ﴿٧١﴾

71. *Qul anad'ú min dúnil láhi má lá yanfa'uná wa lá yadhurruná wa nuraddu 'alá a'qábina ba'da iz hadánal láhu kallazis tahwathuch Chayátínu fil ardhi hairána lahú asshábun yad'únahú ilal huda 'atiná; qul inna hudal láhi huwal hudá wa umirná linuslima li Rabbil 'álamín*

71. Pergunta-lhes: Devemos, acaso, invocar em vez de Deus, a quem não pode beneficiar-nos nem nos prejudicar? Devemos, depois de Deus nos haver iluminado,

voltar-nos sobre os nossos calcanhares, como (o fez) aquele a quem os demônios fascinaram e deixaram aturdido na terra, apesar de ter amigos que lhe indicavam a verdadeira senda, dizendo-lhe: Vinde a nós! Dize: A orientação de Deus é a verdadeira Orientação, e foi-nos ordenado submeter-nos ao Senhor do Universo.

وَأَنْ أَقِيمُوا۟ ٱلصَّلَوٰةَ وَٱتَّقُوهُ ۚ وَهُوَ ٱلَّذِىٓ إِلَيْهِ تُحْشَرُونَ ﴿٧٢﴾

72. Wa an aqímus Saláta wattaqúh; wa Huwal lazí ilaihi tuhcharún

72. Praticai a oração e temei-O, pois sereis congregados ante Ele.

وَهُوَ ٱلَّذِى خَلَقَ ٱلسَّمَـٰوَٰتِ وَٱلْأَرْضَ بِٱلْحَقِّ ۖ وَيَوْمَ يَقُولُ كُن فَيَكُونُ ۚ
قَوْلُهُ ٱلْحَقُّ ۚ وَلَهُ ٱلْمُلْكُ يَوْمَ يُنفَخُ فِى ٱلصُّورِ ۚ عَـٰلِمُ ٱلْغَيْبِ وَٱلشَّهَـٰدَةِ ۚ وَهُوَ
ٱلْحَكِيمُ ٱلْخَبِيرُ ﴿٧٣﴾

73. Wa Huwal lazí khalaqas samáwáti wal ardha bilhaqq; wa Yauma yaqúlu kun fa yakún; Qauluhul haqq; wa lahul mulku Yauma yunfakhu fis Súr; 'Álimul Ghaibi wachchahádah; wa Huwal Hakímul Khabír

73. Foi Ele Quem, em verdade, criou os Céus e a Terra; e o dia em que disser: Seja! será. Sua palavra é a única verídica; d'Ele será o Reino, no dia em que a trombeta soar. Ele é Conhecedor do conhecido e do desconhecido, e Ele é o Onisciente, o Prudentíssimo.

۞ وَإِذْ قَالَ إِبْرَٰهِيمُ لِأَبِيهِ ءَازَرَ أَتَتَّخِذُ أَصْنَامًا ءَالِهَةً ۖ إِنِّىٓ أَرَىٰكَ وَقَوْمَكَ فِى
ضَلَـٰلٍ مُّبِينٍ ﴿٧٤﴾

74. ۞ *Wa iz qála Ibráhímu li abíhi Ázara a-tattakhizu asnáman álihatan inní aráka wa qaumaka fí dhalálim mubín*

74. Quando Abraão disse a Ezra, seu pai: Tomas os ídolos por deuses! eis que te vejo a ti e a teu povo em evidente erro.

وَكَذَٰلِكَ نُرِىٓ إِبْرَٰهِيمَ مَلَكُوتَ ٱلسَّمَـٰوَٰتِ وَٱلْأَرْضِ وَلِيَكُونَ مِنَ ٱلْمُوقِنِينَ ﴿٧٥﴾

75. Kazálika nurí Ibráhíma malakútas samáwáti wal ardhi wa liyakúna minal múquinín

75. E foi como mostramos a Abraão o reino dos Céus e da Terra, para que se contasse entre os persuadidos.

سُورَةُ الأَنۡعَامِ

Surat Al An'am

فَلَمَّا جَنَّ عَلَيۡهِ ٱلَّيۡلُ رَءَا كَوۡكَبٗاۖ قَالَ هَٰذَا رَبِّيۖ فَلَمَّآ أَفَلَ قَالَ لَآ أُحِبُّ ٱلۡأٓفِلِينَ ﴿٧٦﴾

76. *Falammá janna 'alaihil lailu ra á kaukabán qála háza Rabbí falammá afala qála lá uhibbul áfilín*

76. Quando a noite o envolveu, viu uma estrela e disse: Eis aqui meu Senhor! Porém, quando esta desapareceu, disse: Não adoro os que desaparecem.

فَلَمَّا رَءَا ٱلۡقَمَرَ بَازِغٗا قَالَ هَٰذَا رَبِّيۖ فَلَمَّآ أَفَلَ قَالَ لَئِن لَّمۡ يَهۡدِنِي رَبِّي

لَأَكُونَنَّ مِنَ ٱلۡقَوۡمِ ٱلضَّآلِّينَ ﴿٧٧﴾

77. *Falammmá ra al qamara bázighan qála házá Rabbí falammá afala qála la'il lam yahdiní Rabbí la akúnanna minal qaumid dhállín*

77. Quando viu despontar a lua, disse: Eis aqui meu Senhor! Porém, quando esta desapareceu, disse: Se meu Senhor não me iluminar, contar-me-ei entre os extraviados.

فَلَمَّا رَءَا ٱلشَّمۡسَ بَازِغَةٗ قَالَ هَٰذَا رَبِّي هَٰذَآ أَكۡبَرُۖ فَلَمَّآ أَفَلَتۡ قَالَ يَٰقَوۡمِ إِنِّي

بَرِيٓءٞ مِّمَّا تُشۡرِكُونَ ﴿٧٨﴾

78. *Falammá ra achchamsa bázighatan qála házá Rabbí házá akbaru falammá afalat qála yá qaumi inní barí'um mimmá tuchrikún*

78. E quando viu despontar o sol, exclamou: Eis aqui meu Senhor! Este é maior! Porém, quando este se pôs, disse: Ó povo meu, não faço parte da vossa idolatria!

إِنِّي وَجَّهۡتُ وَجۡهِيَ لِلَّذِي فَطَرَ ٱلسَّمَٰوَٰتِ وَٱلۡأَرۡضَ حَنِيفٗاۖ وَمَآ أَنَا۠ مِنَ

ٱلۡمُشۡرِكِينَ ﴿٧٩﴾

79. *Inní wajjahtu wajhiya lillazí fataras samáwáti wal ardha hanífan wa má ana minal muchrikín*

79. Eu me consagro a Quem criou os Céus e a Terra; sou monoteísta e não me conto entre os idólatras.

وَحَآجَّهُۥ قَوۡمُهُۥۚ قَالَ أَتُحَٰٓجُّوٓنِّي فِي ٱللَّهِ وَقَدۡ هَدَىٰنِۚ وَلَآ أَخَافُ مَا تُشۡرِكُونَ

بِهِۦٓ إِلَّآ أَن يَشَآءَ رَبِّي شَيۡـٔٗاۚ وَسِعَ رَبِّي كُلَّ شَيۡءٍ عِلۡمًاۚ أَفَلَا

تَتَذَكَّرُونَ ﴿٨٠﴾

80. Wa <u>h</u>ájjahú qaumuh; qála a-tu<u>h</u>ájjúnní fil láhi wa qad hadán; wa lá akháfu má tuchrikúna bihí illá ai yachá'a Rabbí chai'an wasi'a Rabbí kulla chai'in 'ilman afalá tatazakkarún

80. Seu povo o refutou, e ele disse (às pessoas): Pretendeis refutar-me acerca de Deus, se é Ele que me tem iluminado? Sabei que não temerei os parceiros que Lhe atribuís, salvo se meu Senhor quiser que algo me suceda, porque a onisciência do meu Senhor abrange tudo. Não meditais?

وَكَيْفَ أَخَافُ مَآ أَشْرَكْتُمْ وَلَا تَخَافُونَ أَنَّكُمْ أَشْرَكْتُم بِٱللَّهِ
مَا لَمْ يُنَزِّلْ بِهِۦ عَلَيْكُمْ سُلْطَٰنًاۚ فَأَيُّ ٱلْفَرِيقَيْنِ أَحَقُّ بِٱلْأَمْنِۖ إِن كُنتُمْ
تَعْلَمُونَ ﴿٨١﴾

81. Wa kaifa akháfu má achraktum wa lá takháfúna annakum achraktum billáhi má lam yunazzil bihí 'alaikum sultáná; fa aiyul faríqaini a<u>h</u>aqqu bil amni in kuntum ta'lamún

81. E como hei de temer o que idolatrais, uma vez que vós não temeis atribuir parceiros a Deus, sem que Ele vos tenha concedido autoridade para isso? Qual dos dois partidos é mais digno de ser tomado? Dizei-o, se o sabeis.

ٱلَّذِينَ ءَامَنُوا۟ وَلَمْ يَلْبِسُوٓا۟ إِيمَٰنَهُم بِظُلْمٍ أُو۟لَٰٓئِكَ لَهُمُ ٱلْأَمْنُ وَهُم مُّهْتَدُونَ ﴿٨٢﴾

82. Allazína ámanú wa lam yalbisú ímánahum bizulmin ulá'ika lahumul amnu wa hum muhtadún

82. Os crentes que não obscurecerem a sua fé com injustiças obterão a segurança e serão iluminados.

وَتِلْكَ حُجَّتُنَآ ءَاتَيْنَٰهَآ إِبْرَٰهِيمَ عَلَىٰ قَوْمِهِۦۚ نَرْفَعُ دَرَجَٰتٍ مَّن نَّشَآءُۗ إِنَّ رَبَّكَ حَكِيمٌ
عَلِيمٌ ﴿٨٣﴾

83. Wa tilka <u>h</u>ujjatuná átainá há Ibráhíma 'alá qaumih; narfa'u darajátim man nachá'; inna Rabbaka <u>H</u>akímun 'Alím

83. Tal foi o Nosso argumento, que proporcionamos a Abraão (para usarmos) contra seu povo, porque Nós elevamos a dignidade de quem Nos apraz. Teu Senhor (ó Mohammad) é Prudente, Sapientíssimo.

سُورَةُ الأَنعَامِ

Surat Al An'am

وَوَهَبْنَا لَهُۥٓ إِسْحَٰقَ وَيَعْقُوبَ ۚ كُلًّا هَدَيْنَا ۚ وَنُوحًا هَدَيْنَا مِن قَبْلُ ۖ وَمِن
ذُرِّيَّتِهِۦ دَاوُۥدَ وَسُلَيْمَٰنَ وَأَيُّوبَ وَيُوسُفَ وَمُوسَىٰ وَهَٰرُونَ ۚ وَكَذَٰلِكَ نَجْزِى
ٱلْمُحْسِنِينَ ﴿٨٤﴾

84. Wa wahabná lahú Isháqa wa Ya'qúb; kullan hadainá; wa Núhan hadainá min qablu wa min zurriyyatihí Dáwúda wa Sulaimána wa Ayyúba wa Yússufa wa Mussa wa Hárún; wa kazálika najzil muhsinín

84. Agraciamo-lo com Isaac e Jacó, que iluminamos, como havíamos iluminado anteriormente Noé e sua descendência, Davi e Salomão, Jó e José, Moisés e Aarão. Assim, recompensamos os benfeitores.

وَزَكَرِيَّا وَيَحْيَىٰ وَعِيسَىٰ وَإِلْيَاسَ ۖ كُلٌّ مِّنَ ٱلصَّٰلِحِينَ ﴿٨٥﴾

85. Wa Zakariyyá wa Yahyá wa 'Íssá wa Illyása kullum minas sálihin

85. E Zacarias, Yáhia (João), Jesus e Elias, pois todos eles se contavam entre os virtuosos.

وَإِسْمَٰعِيلَ وَٱلْيَسَعَ وَيُونُسَ وَلُوطًا ۚ وَكُلًّا فَضَّلْنَا عَلَى ٱلْعَٰلَمِينَ ﴿٨٦﴾

86. Wa Ismá'íla wal Yasa'a wa Yúnusa wa Lotá; wa kullan faddhalná 'alal 'álamín

86. E Ismael, Eliseu, Jonas e Lot, cada um dos quais preferimos sobre os seus contemporâneos.

وَمِنْ ءَابَآئِهِمْ وَذُرِّيَّٰتِهِمْ وَإِخْوَٰنِهِمْ ۖ وَٱجْتَبَيْنَٰهُمْ وَهَدَيْنَٰهُمْ إِلَىٰ صِرَٰطٍ مُّسْتَقِيمٍ ﴿٨٧﴾

87. Wa min ábá'ihim wa zurriyyátihim wa ikhwánihim wajtabainâhum wa hadainâhum ilá Sirátim Mustaquím

87. E a alguns de seus pais, progenitores e irmãos, elegemo-los e os encaminhamos pela senda reta.

ذَٰلِكَ هُدَى ٱللَّهِ يَهْدِى بِهِۦ مَن يَشَآءُ مِنْ عِبَادِهِۦ ۚ وَلَوْ أَشْرَكُوا۟ لَحَبِطَ عَنْهُم مَّا كَانُوا۟
يَعْمَلُونَ ﴿٨٨﴾

88. Zálika hudal láhi yahdí bihí mai yachá'u min 'ibádih; wa lau achrakú lahabita 'anhum má kánú ya'malún

88. Tal é a orientação de Deus, pela qual orienta quem Lhe apraz, dentre os Seus servos. Porém, se tivessem atribuído parceiros a Ele, tornar-se-ia sem efeito tudo o que houvessem feito.

أُولَٰٓئِكَ ٱلَّذِينَ ءَاتَيْنَٰهُمُ ٱلْكِتَٰبَ وَٱلْحُكْمَ وَٱلنُّبُوَّةَ ۚ فَإِن يَكْفُرْ بِهَا هَٰٓؤُلَآءِ فَقَدْ وَكَّلْنَا بِهَا
قَوْمًا لَّيْسُوا۟ بِهَا بِكَٰفِرِينَ ٨٩

89. Ulá'ikal lazína átaináhumul Kitába wal hukma wan Nubuwwah; fa in yakfur bihá há'ulá'i faqad wakkalná bihá qaumal laisú bihá bikáfirín

89. São aqueles a quem concedemos o Livro, a sabedoria e a profecia. Mas se estes (seus descendentes) os rejeitassem, mesmo assim, confiá-los-íamos a outro povo que não fosse incrédulo.

أُو۟لَٰٓئِكَ ٱلَّذِينَ هَدَى ٱللَّهُ ۖ فَبِهُدَىٰهُمُ ٱقْتَدِهْ ۗ قُل لَّآ أَسْـَٔلُكُمْ عَلَيْهِ أَجْرًا ۖ إِنْ
هُوَ إِلَّا ذِكْرَىٰ لِلْعَٰلَمِينَ ٩٠

90. Ulá'ikal lazína hadal láhu fabihudáhumu qtadih; qul lá as'alukum 'alaihi ajran in huwa illá zikrá lil'álamín

90. São aqueles que Deus iluminou. Toma, pois, seu exemplo. Dize-lhes: Não vos exijo recompensa alguma, por isto. Ele (o Alcorão) não é mais do que uma mensagem para a humanidade.

وَمَا قَدَرُوا۟ ٱللَّهَ حَقَّ قَدْرِهِۦٓ إِذْ قَالُوا۟ مَآ أَنزَلَ ٱللَّهُ عَلَىٰ بَشَرٍ مِّن شَىْءٍ ۗ قُلْ مَنْ أَنزَلَ ٱلْكِتَٰبَ
ٱلَّذِى جَآءَ بِهِۦ مُوسَىٰ نُورًا وَهُدًى لِّلنَّاسِ ۖ تَجْعَلُونَهُۥ قَرَاطِيسَ تُبْدُونَهَا وَتُخْفُونَ كَثِيرًا ۖ
وَعُلِّمْتُم مَّا لَمْ تَعْلَمُوٓا۟ أَنتُمْ وَلَآ ءَابَآؤُكُمْ ۖ قُلِ ٱللَّهُ ۖ ثُمَّ ذَرْهُمْ فِى
خَوْضِهِمْ يَلْعَبُونَ ٩١

91. Wa má qadarul láha haqqa qadrihí iz qálú má anzalal láhu 'alá bacharim min chai'; qul man anzalal Kitábal lazí já'a bihí Mussa núran wa hudal linnási taj'alúnahú qarátisa tubdúnahá wa tukhfúna kacíran wa 'ullimtum má lam ta'lamú antum wa lá ábá'ukum qulil láhu çumma zarhum fí khaudhihim yal'abún

91. Não aquilatam o Poder de Deus como devem, quando dizem: Deus nada revelou a homem algum! Dize: Quem, então, revelou o Livro, apresentado por Moisés - luz e orientação para os humanos - que copiais em pergaminhos, do qual mostrais algo e ocultais muito, e mediante o qual fostes instruídos de tudo quanto ignoráveis, vós e vossos antepassados? Dize-lhes, em seguida: Deus! e deixa-os, então, entregues às suas tagarelices.

وَهَٰذَا كِتَٰبٌ أَنزَلۡنَٰهُ مُبَارَكٞ مُّصَدِّقُ ٱلَّذِي بَيۡنَ يَدَيۡهِ وَلِتُنذِرَ أُمَّ ٱلۡقُرَىٰ وَمَنۡ حَوۡلَهَاۚ
وَٱلَّذِينَ يُؤۡمِنُونَ بِٱلۡأٓخِرَةِ يُؤۡمِنُونَ بِهِۦۖ وَهُمۡ عَلَىٰ صَلَاتِهِمۡ يُحَافِظُونَ ٩٢

92. Wa házá Kitábun anzalnáhu Mubárakum musaddiqul lazi bainá yadaihi wa litunzira ummal Qurá wa man haulahá; wallazina yu'minúna bil Ákhirati yu'minúna bihí wa hum 'alá Salátihim yuháfizún

92. Eis aqui o Livro bendito que temos revelado, confirmante dos anteriores, para que admoestes, com ele, a Mãe das Cidades e todas as cidades circunvizinhas. Aqueles que creem na Outra Vida creem nele e são constantes nas suas orações.

وَمَنۡ أَظۡلَمُ مِمَّنِ ٱفۡتَرَىٰ عَلَى ٱللَّهِ كَذِبًا أَوۡ قَالَ أُوحِيَ إِلَيَّ وَلَمۡ يُوحَ إِلَيۡهِ شَيۡءٞ وَمَن قَالَ
سَأُنزِلُ مِثۡلَ مَآ أَنزَلَ ٱللَّهُۗ وَلَوۡ تَرَىٰٓ إِذِ ٱلظَّٰلِمُونَ فِي غَمَرَٰتِ ٱلۡمَوۡتِ وَٱلۡمَلَٰٓئِكَةُ
بَاسِطُوٓاْ أَيۡدِيهِمۡ أَخۡرِجُوٓاْ أَنفُسَكُمُۖ ٱلۡيَوۡمَ تُجۡزَوۡنَ عَذَابَ ٱلۡهُونِ بِمَا كُنتُمۡ
تَقُولُونَ عَلَى ٱللَّهِ غَيۡرَ ٱلۡحَقِّ وَكُنتُمۡ عَنۡ ءَايَٰتِهِۦ تَسۡتَكۡبِرُونَ ٩٣

93. Wa man azlamu mimmani ftará 'alal láhi kaziban au qála úhiya ilaiya wa lam yúha ilaihi chai'un wa man qála sa unzilu miçla má anzalal láh; wa lau tará iziz zálimúna fí ghamarátil mauti walmalá'ikatu básitú aidíhim akhrijú anfusakum; al yauma tujzauna 'azábal húni bimá kuntum taqúlúna 'alal láhi ghairal haqqui wa kuntum 'an áyátihí tastakbirún

93. Haverá alguém mais injusto do que quem forja mentiras acerca de Deus, ou do que quem diz: Sou inspirado! quando nada lhe foi inspirado? E que diz: Eu posso revelar algo igual ao que Deus revelou!? Ah, se pudesses ver os injustos na agonia da morte quando os anjos, com mãos estendidas, lhes disserem: Entregai-nos vossas almas! Hoje ser-vos-á infligido o castigo afrontoso, por haverdes dito inverdades acerca de Deus e por vos haverdes ensoberbecido perante os Seus Sinais.

وَلَقَدۡ جِئۡتُمُونَا فُرَٰدَىٰ كَمَا خَلَقۡنَٰكُمۡ أَوَّلَ مَرَّةٖ وَتَرَكۡتُم مَّا خَوَّلۡنَٰكُمۡ وَرَآءَ ظُهُورِكُمۡۖ وَمَا
نَرَىٰ مَعَكُمۡ شُفَعَآءَكُمُ ٱلَّذِينَ زَعَمۡتُمۡ أَنَّهُمۡ فِيكُمۡ شُرَكَٰٓؤُاْۚ لَقَد تَّقَطَّعَ بَيۡنَكُمۡ وَضَلَّ
عَنكُم مَّا كُنتُمۡ تَزۡعُمُونَ ٩٤

سُورَةُ الأَنعَام

Surat Al An'am

94. Wa laqad ji'tumúná furádá kamá khalaqnákum auwala marratin wa taraktum má khauwalnákum wará'a zuhúrikum wa má nará ma'akum chufa'á'akumul lazína za'amtum annahum fíkum churaká'; laqat taqatta'a bainakum wa dhalla 'annkum má kuntum taz'umún

94. E comparecereis ante Nós, isolados, tal como vos criamos da primeira vez, deixando atrás de vós tudo quanto vos concedemos, e não veremos convosco vossos intercessores, os quais pretendíeis fossem vossos parceiros; rompeu-se o vínculo entre vós e eles, e as vossas invenções vos deixaram em apuros.

۞ إِنَّ ٱللَّهَ فَالِقُ ٱلْحَبِّ وَٱلنَّوَىٰ ۖ يُخْرِجُ ٱلْحَىَّ مِنَ ٱلْمَيِّتِ وَمُخْرِجُ ٱلْمَيِّتِ مِنَ ٱلْحَىِّ ۚ ذَٰلِكُمُ ٱللَّهُ ۖ فَأَنَّىٰ تُؤْفَكُونَ ﴿٩٥﴾

95. ۞ *Innal láha fáliqul habbi wannawá yukhrijul haiya minal maiyiti wa mukhrijul maiyiti minal haiy; zálikumul láhu fa anná tu'fakún*

95. Deus é o Germinador das plantas graníferas e das nucleadas! Ele faz surgir o vivo do morto e extrai o morto do vivo. Isto é Deus! Como, pois, vos desviais?

فَالِقُ ٱلْإِصْبَاحِ وَجَعَلَ ٱلَّيْلَ سَكَنًا وَٱلشَّمْسَ وَٱلْقَمَرَ حُسْبَانًا ۚ ذَٰلِكَ تَقْدِيرُ ٱلْعَزِيزِ ٱلْعَلِيمِ ﴿٩٦﴾

96. Fáliqul isbáhi wa ja'alal laila sakanan wachchamsa walqamara husbáná; zálika taqdírul 'Azízil 'Alím

96. É Ele Quem faz despontar a aurora e Quem vos estabelece a noite para o repouso; e o sol e a lua, para cômputo (do tempo). Tal é a disposição do Poderoso, Sapientíssimo.

وَهُوَ ٱلَّذِى جَعَلَ لَكُمُ ٱلنُّجُومَ لِتَهْتَدُوا۟ بِهَا فِى ظُلُمَٰتِ ٱلْبَرِّ وَٱلْبَحْرِ ۗ قَدْ فَصَّلْنَا ٱلْءَايَٰتِ لِقَوْمٍ يَعْلَمُونَ ﴿٩٧﴾

97. Wa Huwal lazí ja'ala lakumun nujúma litahtadú bihá fí zulumátil barri walbahr; qad fassalnal Áyáti liqaumin ya'lamún

97. Foi Ele Quem deu origem, para vós, às estrelas, para que, com a sua ajuda, vos encaminhásseis nas trevas da terra e do mar. Temos esclarecido os versículos para os sábios.

وَهُوَ ٱلَّذِىٓ أَنشَأَكُم مِّن نَّفْسٍ وَٰحِدَةٍ فَمُسْتَقَرٌّ وَمُسْتَوْدَعٌ ۗ قَدْ فَصَّلْنَا ٱلْءَايَٰتِ لِقَوْمٍ يَفْقَهُونَ ﴿٩٨﴾

سُورَةُ الأَنعَام

Surat Al An'am

98. Wa huwal lazí anchaakum min nafsin wáhidatin famustaqarrun wa mustauda'; qad fassalnal Áyáti liqaumin-yafqahún

98. Foi Ele Quem vos produziu de um só ser e vos proporcionou aqui uma estância para descanso e um ponto de partida. Temos elucidado os versículos para os sensatos.

وَهُوَ ٱلَّذِىٓ أَنزَلَ مِنَ ٱلسَّمَآءِ مَآءً فَأَخْرَجْنَا بِهِۦ نَبَاتَ كُلِّ شَىْءٍ فَأَخْرَجْنَا مِنْهُ
خَضِرًا نُّخْرِجُ مِنْهُ حَبًّا مُّتَرَاكِبًا وَمِنَ ٱلنَّخْلِ مِن طَلْعِهَا قِنْوَانٌ دَانِيَةٌ وَجَنَّٰتٍ
مِّنْ أَعْنَابٍ وَٱلزَّيْتُونَ وَٱلرُّمَّانَ مُشْتَبِهًا وَغَيْرَ مُتَشَٰبِهٍ ۗ ٱنظُرُوٓا۟ إِلَىٰ ثَمَرِهِۦٓ إِذَآ أَثْمَرَ
وَيَنْعِهِۦٓ ۚ إِنَّ فِى ذَٰلِكُمْ لَءَايَٰتٍ لِّقَوْمٍ يُؤْمِنُونَ ﴿٩٩﴾

99. Huwal lazí anzala minas samá'i má'an fa akhrajná bihí nabáta kulli chai'in fa akhrajná min-hu khadiran nukhriju minhu habbam mutarákiban wa minan nakhli min tal'ihá quinánun dániyatun wa jannátim min a'nábin wazzaitúna warrummána muchtabihan wa ghaira mutachábih; unzurú ilá çamarihí izá açmara wa yan'ih; inna fí zálikum la Áyátil liqaumin yu'minún

99. É Ele Quem envia a água do céu. Com ela, fizemos germinar todas as classes de plantas, das quais produzimos verdes caules e, destes, grãos espigados, bem como as tamareiras, de cujos talos pendem cachos ao alcance da mão; as videiras, as oliveiras e as romãzeiras, semelhantes (em espécie) e diferentes (em variedade). Reparai em seu fruto, quando frutificam, e em sua madureza. Nisto há sinais para os crentes.

وَجَعَلُوا۟ لِلَّهِ شُرَكَآءَ ٱلْجِنَّ وَخَلَقَهُمْ ۖ وَخَرَقُوا۟ لَهُۥ بَنِينَ وَبَنَٰتٍۭ بِغَيْرِ عِلْمٍ ۚ سُبْحَٰنَهُۥ
وَتَعَٰلَىٰ عَمَّا يَصِفُونَ ﴿١٠٠﴾

100. Wa ja'alú lilláhi churaká'al jinna wa khalaqahum wa kharaqú lahú banína wa banátim bighairi 'ilm Subhánahú wa Ta'álá 'amma yasifún

100. Mesmo assim, atribuem como parceiros a Deus os gênios, embora fosse Ele Que os criasse; e, nesciamente, inventaram-Lhe filhos e filhas. Glorificado e exaltado seja, por tudo quanto Lhe atribuem.

بَدِيعُ ٱلسَّمَٰوَٰتِ وَٱلْأَرْضِ ۖ أَنَّىٰ يَكُونُ لَهُۥ وَلَدٌ وَلَمْ تَكُن لَّهُۥ صَٰحِبَةٌ ۖ وَخَلَقَ كُلَّ شَىْءٍ ۖ
وَهُوَ بِكُلِّ شَىْءٍ عَلِيمٌ ﴿١٠١﴾

سُورَةُ الأَنْعَامِ

Surat Al An'am

101. Badí'us samáwáti wal ardhi anná yakúnu lahú waladun wa lam takul lahú sáhibatun wa khalaqa kulla chain'in wa Huwa bikulli chai'in 'Alím

101. Originador dos Céus e da Terra! Como poderia ter prole, quando nunca teve esposa, e foi Ele Que criou tudo o que existe, e é Onisciente?

ذَٰلِكُمُ ٱللَّهُ رَبُّكُمْ ۖ لَآ إِلَٰهَ إِلَّا هُوَ ۖ خَٰلِقُ كُلِّ شَىْءٍ فَٱعْبُدُوهُ ۚ وَهُوَ عَلَىٰ
كُلِّ شَىْءٍ وَكِيلٌ ﴿١٠٢﴾

102. Zálikumul láhu Rabbukum lá iláha illá huwa kháliqu kulli chai'in fa'budúh; wa huwa 'alá kulli chai'in Wakil

102. Tal é Deus, vosso Senhor! Não há mais divindade além d'Ele, Criador de tudo! Adorai-O, pois, porque é o Guardião de todas as coisas.

لَّا تُدْرِكُهُ ٱلْأَبْصَٰرُ وَهُوَ يُدْرِكُ ٱلْأَبْصَٰرَ ۖ وَهُوَ ٱللَّطِيفُ ٱلْخَبِيرُ ﴿١٠٣﴾

103. Lá tudrikuhul absáru wa Huwa yudrikul absára wa huwal Latíful Khabír

103. Os olhares não podem percebê-Lo, não obstante Ele Se aperceber de todos os olhares, porque Ele é o Onisciente, o Sutilíssimo.

قَدْ جَآءَكُم بَصَآئِرُ مِن رَّبِّكُمْ ۖ فَمَنْ أَبْصَرَ فَلِنَفْسِهِۦ ۖ وَمَنْ عَمِىَ فَعَلَيْهَا ۚ وَمَآ أَنَا۠
عَلَيْكُم بِحَفِيظٍ ﴿١٠٤﴾

104. Qad já'akum basá'iru mir Rabbikum faman absara falinafsihí wa man 'amiya fa'alaihá; wa má ana 'alaikum bihafíz

104. Já vos chegaram as evidências do vosso Senhor! Quem as observar será em benefício próprio; quem se obstinar (em negá-las) será igualmente em seu prejuízo, e eu não sou vosso guardião.

وَكَذَٰلِكَ نُصَرِّفُ ٱلْءَايَٰتِ وَلِيَقُولُوا۟ دَرَسْتَ وَلِنُبَيِّنَهُۥ لِقَوْمٍ يَعْلَمُونَ ﴿١٠٥﴾

105. Wa kazálika nusarriful Áyáti wa liyaqúlú darasta wa linubaiyinahú liqaumin ya'lamún

105. Assim explicamos os sinais porque eles talvez digam que tens tudo estudado, e para que possamos explicá-lo aos homens que têm conhecimento.

ٱتَّبِعْ مَآ أُوحِىَ إِلَيْكَ مِن رَّبِّكَ ۖ لَآ إِلَٰهَ إِلَّا هُوَ ۖ وَأَعْرِضْ عَنِ ٱلْمُشْرِكِينَ ﴿١٠٦﴾

106. Ittabi' má úhiya ilaika mir Rabbika lá iláha illá Huwa wa a'rid 'anil muchrikín

106. Segue, pois, o que te foi inspirado por teu Senhor; não há divindade além d'Ele; e distancia-te dos idólatras.

وَلَوْ شَآءَ ٱللَّهُ مَآ أَشْرَكُوا۟ ۗ وَمَا جَعَلْنَـٰكَ عَلَيْهِمْ حَفِيظًا ۖ وَمَآ أَنتَ عَلَيْهِم بِوَكِيلٍ ﴿١٠٧﴾

107. Wa lau chá'al láhu má achrakú; wa má ja'alnáka 'alaihim hafízan wa má anta 'alaihim biwakíl

107. Porém, se Deus quisesse, nunca se teriam dado à idolatria. Não te designamos (ó Mohammad) como seu defensor, nem como seu guardião.

وَلَا تَسُبُّوا۟ ٱلَّذِينَ يَدْعُونَ مِن دُونِ ٱللَّهِ فَيَسُبُّوا۟ ٱللَّهَ عَدْوًۢا بِغَيْرِ عِلْمٍ ۗ كَذَٰلِكَ
زَيَّنَّا لِكُلِّ أُمَّةٍ عَمَلَهُمْ ثُمَّ إِلَىٰ رَبِّهِم مَّرْجِعُهُمْ فَيُنَبِّئُهُم بِمَا كَانُوا۟ يَعْمَلُونَ ﴿١٠٨﴾

108. Wa lá tasubbul lazína yad'úna min dúnil láhi fa yasubbul láha 'adwam bighairi 'ilm; kazálika zaiyanná likulli ummatin 'amalahum çumma ilá Rabbihim marji'uhum fa yunabbi'uhum bimá kánú ya'malún

108. Não injurieis o que invocam, em vez de Deus, que eles, em sua ignorância, injuriariam iniquamente a Deus. Assim, abrilhantamos as ações de cada povo; logo, seu retorno será a seu Senhor, que os inteirará de tudo quanto tiverem feito.

وَأَقْسَمُوا۟ بِٱللَّهِ جَهْدَ أَيْمَـٰنِهِمْ لَئِن جَآءَتْهُمْ ءَايَةٌ لَّيُؤْمِنُنَّ بِهَا ۚ قُلْ إِنَّمَا ٱلْـَٔايَـٰتُ عِندَ ٱللَّهِ ۖ
وَمَا يُشْعِرُكُمْ أَنَّهَآ إِذَا جَآءَتْ لَا يُؤْمِنُونَ ﴿١٠٩﴾

109. Wa aqsamú billáhi jahda aimánihim la'in já'athum Áyatul la yu'minunna bihá; qul innamal Áyátu 'indal láhi wa má yuch'irukum annahá izá já'at lá yu'minún

109. Juraram solenemente por Deus que, se lhes chegasse um sinal, creriam nele. Dize-lhes: Os sinais só estão em poder de Deus. Porém, quem poderá fazer-vos compreender (ó muçulmanos) que, ainda que isto se verificasse, não creriam?

وَنُقَلِّبُ أَفْـِٔدَتَهُمْ وَأَبْصَـٰرَهُمْ كَمَا لَمْ يُؤْمِنُوا۟ بِهِۦٓ أَوَّلَ مَرَّةٍ وَنَذَرُهُمْ فِى طُغْيَـٰنِهِمْ
يَعْمَهُونَ ﴿١١٠﴾

110. Wa nuqallibu af'idatahum wa absárahum kamá lam yu'minú bihí auwala marratin wa nazaruhum fí tughyánihim ya'mahún

110. Assim confundimos seus corações e seus olhos, tal como fizemos quando disso duvidaram pela primeira vez, e os abandonamos, vacilantes, em suas transgressões. **(Fim do Juzi 7)**

سُورَةُ الأَنْعَامِ

Surat Al An'am

Juzi Oito

Surat *6. Al An'am* (O Gado) de 111-165

۞ وَلَوْ أَنَّنَا نَزَّلْنَآ إِلَيْهِمُ ٱلْمَلَـٰٓئِكَةَ وَكَلَّمَهُمُ ٱلْمَوْتَىٰ وَحَشَرْنَا عَلَيْهِمْ كُلَّ شَىْءٍ قُبُلًا مَّا
كَانُوا۟ لِيُؤْمِنُوٓا۟ إِلَّآ أَن يَشَآءَ ٱللَّهُ وَلَـٰكِنَّ أَكْثَرَهُمْ يَجْهَلُونَ ﴿١١١﴾

111. *Wa lau annaná nazzalná ilaihimul malá'ikata wa kallamahumul mautá wa hacharná 'alaihim kulla chai'in qubulam má kánú liyu'minú illá ai yachá'al láhu wa lákinna akçarahum yajhalún*

111. Ainda que lhes enviássemos os anjos, os mortos lhes falassem, e congregássemos ante seus olhos toda a criação, nunca creriam, a menos que a Deus aprouvesse; porém, na maioria, são ignorantes.

وَكَذَٰلِكَ جَعَلْنَا لِكُلِّ نَبِىٍّ عَدُوًّا شَيَـٰطِينَ ٱلْإِنسِ وَٱلْجِنِّ يُوحِى بَعْضُهُمْ إِلَىٰ
بَعْضٍ زُخْرُفَ ٱلْقَوْلِ غُرُورًا ۚ وَلَوْ شَآءَ رَبُّكَ مَا فَعَلُوهُ ۖ فَذَرْهُمْ وَمَا يَفْتَرُونَ ﴿١١٢﴾

112. *Wa kazálika ja'alná likulli nabiyyin 'aduwwan Chayátinal insi waljinni yúhí ba'dhuhum ilá ba'hdin zukhrufal qauli ghurúrá; wa lau chá'a Rabbuka má fa'alúhu fazarhum wa má yaftarún*

112. Pela mesma razão, temos apontado a cada profeta adversários sedutores, tanto entre os humanos como entre os gênios, que influenciam uns aos outros com a eloquência de suas palavras; porém, se teu Senhor tivesse querido, não o teriam feito. Deixa-os, pois, com tudo quanto forjam!

وَلِتَصْغَىٰٓ إِلَيْهِ أَفْـِٔدَةُ ٱلَّذِينَ لَا يُؤْمِنُونَ بِٱلْـَٔاخِرَةِ وَلِيَرْضَوْهُ وَلِيَقْتَرِفُوا۟ مَا هُم
مُّقْتَرِفُونَ ﴿١١٣﴾

113. *Wa litasghá ilaihi af'idatul lazína lá yu'minúna bil Ákhirati wa liyardauhu wa liyaqtarifú má hum muqtarifún*

113. Que lhes prestem atenção os corações daqueles que não creem na Vida Futura; que se contentem com isso, e que lucrem o que quiserem lucrar.

أَفَغَيْرَ ٱللَّهِ أَبْتَغِى حَكَمًا وَهُوَ ٱلَّذِىٓ أَنزَلَ إِلَيْكُمُ ٱلْكِتَـٰبَ مُفَصَّلًا ۚ
وَٱلَّذِينَ ءَاتَيْنَـٰهُمُ ٱلْكِتَـٰبَ يَعْلَمُونَ أَنَّهُۥ مُنَزَّلٌ مِّن رَّبِّكَ بِٱلْحَقِّ ۖ فَلَا تَكُونَنَّ مِنَ
ٱلْمُمْتَرِينَ ﴿١١٤﴾

سُورَةُ الأَنۡعَامِ

Surat Al An'am

114. Afaghairal láhi abtaghí hakaman wa Huwal lazí anzala ilaikumul Kitába mufassalá; wallazína atainàhumul Kitába ya'lamúna annahú munazzalum mir Rabbika bilhaqqui falá takúnanna minal mumtarín

114. Dize: Poderia eu anelar outro árbitro que não fosse Deus, quando foi Ele Quem vos revelou o Livro detalhado? Aqueles a quem revelamos o Livro sabem que ele é uma revelação verdadeira, que emana do teu Senhor. Não sejas, pois, dos que duvidam.

وَتَمَّتۡ كَلِمَتُ رَبِّكَ صِدۡقٗا وَعَدۡلٗاۚ لَّا مُبَدِّلَ لِكَلِمَٰتِهِۦۚ وَهُوَ ٱلسَّمِيعُ ٱلۡعَلِيمُ ١١٥

115. Wa tammat Kalimatu Rabbika sidqan wa 'adlá; lá mubaddila li Kalimátih; wa Huwas Samí'ul 'Alím

115. As palavras do teu Senhor já se têm cumprido fiel e justiceiramente, pois Suas promessas são imutáveis, porque Ele é o Oniouvinte, o Sapientíssimo.

وَإِن تُطِعۡ أَكۡثَرَ مَن فِي ٱلۡأَرۡضِ يُضِلُّوكَ عَن سَبِيلِ ٱللَّهِۚ إِن يَتَّبِعُونَ إِلَّا ٱلظَّنَّ

وَإِنۡ هُمۡ إِلَّا يَخۡرُصُونَ ١١٦

116. Wa in tuti' akçara man fil ardhi yudhillúka 'an sabílil láh; in yattabi'úna illaz zanna wa in hum illá yakhrusún

116. Se obedeceres à maioria dos seres da Terra, eles desviar-te-ão da senda de Deus, porque não professam mais do que a conjectura, e não fazem mais do que inventar mentiras.

إِنَّ رَبَّكَ هُوَ أَعۡلَمُ مَن يَضِلُّ عَن سَبِيلِهِۦۖ وَهُوَ أَعۡلَمُ بِٱلۡمُهۡتَدِينَ ١١٧

117. Inna rabbaka Huwa a'lamu mai yadhillu 'an sabílihí wa Huwa a'lamu bilmuhtadín

117. Teu Senhor é o mais conhecedor de quem se desvia de Sua senda, assim como é o mais conhecedor dos encaminhados.

فَكُلُواْ مِمَّا ذُكِرَ ٱسۡمُ ٱللَّهِ عَلَيۡهِ إِن كُنتُم بِـَٔايَٰتِهِۦ مُؤۡمِنِينَ ١١٨

118. Fakulú mimmmá zukira smul láhi 'alaihi in kuntum bi Áyátihí mu'minín

118. Comei, pois, de tudo aquilo sobre o qual tenha sido invocado o nome de Deus, se credes em Seus versículos.

وَمَا لَكُمْ أَلَّا تَأْكُلُوا۟ مِمَّا ذُكِرَ ٱسْمُ ٱللَّهِ عَلَيْهِ وَقَدْ فَصَّلَ لَكُم مَّا حَرَّمَ عَلَيْكُمْ إِلَّا مَا ٱضْطُرِرْتُمْ إِلَيْهِ ۗ وَإِنَّ كَثِيرًا لَّيُضِلُّونَ بِأَهْوَآئِهِم بِغَيْرِ عِلْمٍ ۗ إِنَّ رَبَّكَ هُوَ أَعْلَمُ بِٱلْمُعْتَدِينَ ﴿١١٩﴾

119. Wa má lakum allá ta'kulú mimmá zukira smul láhi 'alaihi wa qad fassala lakum má harrama 'alaikum illá mad turirtum ilaih; wa inna kaçíral la yudhillúna bi ahwá'ihim bighairi 'ilm; inna Rabbaka Huwa a'lamu bilmu'tadín

119. E que vos impede de desfrutardes de tudo aquilo sobre o qual foi invocado o nome de Deus, uma vez que Ele já especificou tudo quanto proibiu para vós, salvo se fordes obrigados a tal? Muitos se desviam, devido à luxúria, por ignorância; porém, teu Senhor conhece os transgressores.

وَذَرُوا۟ ظَـٰهِرَ ٱلْإِثْمِ وَبَاطِنَهُۥٓ ۚ إِنَّ ٱلَّذِينَ يَكْسِبُونَ ٱلْإِثْمَ سَيُجْزَوْنَ بِمَا كَانُوا۟ يَقْتَرِفُونَ ﴿١٢٠﴾

120. Wa zarú záhiral içmi wa bátinahu; innal lazína yaksibúnal içmá sa yujzauna bimá kánú yaqtarifún

120. Fugi do pecado, tanto confesso como íntimo, porque aqueles que lucram com o pecado serão castigados pelo que houverem lucrado.

وَلَا تَأْكُلُوا۟ مِمَّا لَمْ يُذْكَرِ ٱسْمُ ٱللَّهِ عَلَيْهِ وَإِنَّهُۥ لَفِسْقٌ ۗ وَإِنَّ ٱلشَّيَـٰطِينَ لَيُوحُونَ إِلَىٰٓ أَوْلِيَآئِهِمْ لِيُجَـٰدِلُوكُمْ ۖ وَإِنْ أَطَعْتُمُوهُمْ إِنَّكُمْ لَمُشْرِكُونَ ﴿١٢١﴾

121. Wa lá ta'kulú mimmá lam yuzkarismul láhi 'alaihi wa innahú lafisq; wa innach Chayátína la yúhúna ilá auliyá'ihim liyujádilúkum wa in ata'tumúhum innakum lamuchrikún

121. Não comais aquilo (concernente a carnes) sobre o qual não tenha sido invocado o nome de Deus, porque isso é uma profanação e porque os demônios inspiram os seus asseclas a disputarem convosco; porém, se os obedecerdes, sereis idólatras.

أَوَمَن كَانَ مَيْتًا فَأَحْيَيْنَـٰهُ وَجَعَلْنَا لَهُۥ نُورًا يَمْشِى بِهِۦ فِى ٱلنَّاسِ كَمَن مَّثَلُهُۥ فِى ٱلظُّلُمَـٰتِ لَيْسَ بِخَارِجٍ مِّنْهَا ۚ كَذَٰلِكَ زُيِّنَ لِلْكَـٰفِرِينَ مَا كَانُوا۟ يَعْمَلُونَ ﴿١٢٢﴾

122. Awa man kána maitan fa ahyaináhu wa ja'alná lahú núran yamchí bihí fin nási kamamm maçaluhú fiz zulumáti laisa bikhárijim min-há; kazálika zuyyina lilkáfirína má kánú ya'malún

122. Pode, acaso, equiparar-se aquele que estava morto e o reanimamos à vida, guiando-o para a luz, para conduzir-se entre as pessoas, àquele que vagueia nas trevas, das quais não poderá sair? Assim foram abrilhantadas as ações aos incrédulos.

وَكَذَٰلِكَ جَعَلْنَا فِي كُلِّ قَرْيَةٍ أَكَٰبِرَ مُجْرِمِيهَا لِيَمْكُرُوا۟ فِيهَا ۖ وَمَا
يَمْكُرُونَ إِلَّا بِأَنفُسِهِمْ وَمَا يَشْعُرُونَ ﴿١٢٣﴾

123. Wa kazálika ja'alná fí kulli qaryatin akábira mujrimíhá liyamkurú fíhá wa má yamkurúna illá bi anfusihim wa má yach'urún

123. De tal modo, estabelecemos líderes, em todas as cidades, entre os piores pecadores, para que assim conspirassem mutuamente; porém, só corromperão a si mesmos, sem o saberem.

وَإِذَا جَآءَتْهُمْ ءَايَةٌ قَالُوا۟ لَن نُّؤْمِنَ حَتَّىٰ نُؤْتَىٰ مِثْلَ مَآ أُوتِىَ رُسُلُ ٱللَّهِ ۘ ٱللَّهُ أَعْلَمُ
حَيْثُ يَجْعَلُ رِسَالَتَهُۥ ۗ سَيُصِيبُ ٱلَّذِينَ أَجْرَمُوا۟ صَغَارٌ عِندَ ٱللَّهِ وَعَذَابٌ
شَدِيدٌۢ بِمَا كَانُوا۟ يَمْكُرُونَ ﴿١٢٤﴾

124. Wa izá já'athum Áyatun qálú lan nu'mina hatta nu'tá miçla má útiya Rusulul láh; Allahu a'alamu haisu yaj'alu Risálatah; sa yusíbul lazína ajramú sagharun 'indal láhi wa 'azábun chadídum bimá kánú yamkurún

124. Quando lhes é apresentado um versículo, dizem: Jamais creremos, até que nos seja apresentado algo semelhante ao que foi concedido aos mensageiros de Deus! Deus sabe melhor do que ninguém a quem deve confiar Sua missão. Logo alcançará os pecadores uma humilhação, ante Deus, e um severo castigo, por suas conspirações.

فَمَن يُرِدِ ٱللَّهُ أَن يَهْدِيَهُۥ يَشْرَحْ صَدْرَهُۥ لِلْإِسْلَٰمِ ۖ وَمَن يُرِدْ أَن يُضِلَّهُۥ يَجْعَلْ
صَدْرَهُۥ ضَيِّقًا حَرَجًا كَأَنَّمَا يَصَّعَّدُ فِى ٱلسَّمَآءِ ۚ كَذَٰلِكَ يَجْعَلُ ٱللَّهُ
ٱلرِّجْسَ عَلَى ٱلَّذِينَ لَا يُؤْمِنُونَ ﴿١٢٥﴾

125. Famai yuridil láhu ai yahdiyahú yachrah sadrahú lil islámi wa mai yurid ai yudhillahú yaj'al sadrahú daiyiqan harajan ka annamá yassá'adu fis samá'; kazálika yaj'alul láhur rijsa 'alal lazína lá yu'minún

125. A quem Deus quer iluminar, dilata-lhe o peito para o Islam; a quem quer desviar (por tal merecer), oprime-lhe o peito, como aquele que se eleva na atmosfera. Assim, Deus cobre de abominação aqueles que se negam a crer.

وَهَٰذَا صِرَٰطُ رَبِّكَ مُسۡتَقِيمٗاۗ قَدۡ فَصَّلۡنَا ٱلۡأٓيَٰتِ لِقَوۡمٖ يَذَّكَّرُونَ ١٢٦

126. Wa házá sirátu Rabbika Mustaquímá; qad fassalnal Áyáti liqaumin yazzakkarún

126. E eis aqui a senda reta do teu Senhor. Já elucidamos as leis para aqueles que meditam.

۞ لَهُمۡ دَارُ ٱلسَّلَٰمِ عِندَ رَبِّهِمۡۖ وَهُوَ وَلِيُّهُم بِمَا كَانُواْ يَعۡمَلُونَ ١٢٧

127. ۞ *Lahum dárus salámi 'inda Rabbihim wa huwa waliyyuhum bimá kánú ya'malún*

127. Obterão a morada de paz junto ao seu Senhor, porque Ele será o seu protetor por tudo quanto fizerem.

وَيَوۡمَ يَحۡشُرُهُمۡ جَمِيعٗا يَٰمَعۡشَرَ ٱلۡجِنِّ قَدِ ٱسۡتَكۡثَرۡتُم مِّنَ ٱلۡإِنسِۖ وَقَالَ أَوۡلِيَآؤُهُم
مِّنَ ٱلۡإِنسِ رَبَّنَا ٱسۡتَمۡتَعَ بَعۡضُنَا بِبَعۡضٖ وَبَلَغۡنَآ أَجَلَنَا ٱلَّذِيٓ أَجَّلۡتَ لَنَاۚ قَالَ ٱلنَّارُ
مَثۡوَىٰكُمۡ خَٰلِدِينَ فِيهَآ إِلَّا مَا شَآءَ ٱللَّهُۗ إِنَّ رَبَّكَ حَكِيمٌ عَلِيمٞ ١٢٨

128. Wa yauma yahchuruhum jamí'ai yá ma'charal jinni qadistaksartum minal insi wa qála auliyá'uhum minal insi Rabbanas tamta'a ba'dhuná biba'dhin wa balaghná ajalannal lazí ajjalta laná; qálan Náru maçwákum khálidína fihá illá má chá'al láh; inna Rabbaka Hakímun 'Alím

128. No dia em que Ele congregar todos (e disser): Ó assembleia de gênios, já seduziste bastante o homem! seus asseclas humanos dirão: Ó Senhor nosso, utilizamo-nos mutuamente; porém, agora, alcançamos o término que nos fixaste. Então, ser-lhes-á dito: O Fogo será a morada para vós, onde permanecereis eternamente, salvo para quem Deus quiser livrar disso. Teu Senhor é Prudente, Sapientíssimo.

وَكَذَٰلِكَ نُوَلِّي بَعۡضَ ٱلظَّٰلِمِينَ بَعۡضَۢا بِمَا كَانُواْ يَكۡسِبُونَ ١٢٩

129. Wa kazálika nuwallí ba'dhaz zálimína ba'dham bimá kánú yaksibún

129. Assim, fazemos alguns injustos se voltarem sobre os outros, por causa do que estes lucraram.

يَٰمَعۡشَرَ ٱلۡجِنِّ وَٱلۡإِنسِ أَلَمۡ يَأۡتِكُمۡ رُسُلٞ مِّنكُمۡ يَقُصُّونَ عَلَيۡكُمۡ ءَايَٰتِي
وَيُنذِرُونَكُمۡ لِقَآءَ يَوۡمِكُمۡ هَٰذَاۚ قَالُواْ شَهِدۡنَا عَلَىٰٓ أَنفُسِنَاۖ وَغَرَّتۡهُمُ ٱلۡحَيَوٰةُ ٱلدُّنۡيَا
وَشَهِدُواْ عَلَىٰٓ أَنفُسِهِمۡ أَنَّهُمۡ كَانُواْ كَٰفِرِينَ ١٣٠

130. *Yá ma'charal jinni wal insi alam ya'tikum Rusulum minkum yaqussúna 'alaikum Áyátí wa yunzirúnakum liqá'a Yaumikum házá; qálú chahidná 'alá anfusiná wa gharrathumul hayátud dunyá wa chahidú 'alá anfusihim annahum kánú káfirín*

130. Ó assembleia de gênios e humanos, acaso não se vos apresentaram mensageiros, dentre vós, que vos ditaram Meus versículos e vos admoestaram com o comparecimento neste vosso Dia? Dirão: Testemunhamos contra nós mesmos! A vida terrena os iludiu, e confessarão que tinham sido incrédulos.

ذَٰلِكَ أَن لَّمۡ يَكُن رَّبُّكَ مُهۡلِكَ ٱلۡقُرَىٰ بِظُلۡمٖ وَأَهۡلُهَا غَٰفِلُونَ ١٣١

131. *Zálika al lam yakur Rabbuka muhlikal qurá bizulmin wa ahluhá gháfilún*

131. Isto porque teu Senhor jamais destruirá injustamente as cidades, enquanto seus habitantes estiverem desavisados.

وَلِكُلّٖ دَرَجَٰتٞ مِّمَّا عَمِلُواْۚ وَمَا رَبُّكَ بِغَٰفِلٍ عَمَّا يَعۡمَلُونَ ١٣٢

132. *Wa likullin darajátum mimmá 'amilú; wa má Rabbuka bigháfilin 'ammá ya'malún*

132. Para todos haverá graus concordantes com o que houverem feito. Teu Senhor não está desatento a tudo quanto fazeis.

وَرَبُّكَ ٱلۡغَنِيُّ ذُو ٱلرَّحۡمَةِۚ إِن يَشَأۡ يُذۡهِبۡكُمۡ وَيَسۡتَخۡلِفۡ مِنۢ
بَعۡدِكُم مَّا يَشَآءُ كَمَآ أَنشَأَكُم مِّن ذُرِّيَّةِ قَوۡمٍ ءَاخَرِينَ ١٣٣

133. *Wa Rabbukal ghaniyyu zur rahmah; in yacha' yuzhibkum wa yastakhlif mim ba'dhikum má yachá'u kamá anchaakum min zurriyyati qaumin ákharín*

133. Teu Senhor é, na Sua Opulência, Misericordiosíssimo; e, se Ele quisesse, far-vos-ia desaparecer e vos suplantaria por outros, tal como vos criou da posteridade de outros povos.

إِنَّ مَا تُوعَدُونَ لَأٓتٖۖ وَمَآ أَنتُم بِمُعۡجِزِينَ ١٣٤

134. *Inna má tú'adúna la átin wa má antum bimu'jizín*

134. É inexorável o que vos está prometido e não podereis impedir (Deus).

سُورَةُ الأَنعَامِ

Surat Al An'am

قُلْ يَٰقَوْمِ ٱعْمَلُوا۟ عَلَىٰ مَكَانَتِكُمْ إِنِّى عَامِلٌ ۖ فَسَوْفَ تَعْلَمُونَ مَن تَكُونُ
لَهُۥ عَٰقِبَةُ ٱلدَّارِ ۗ إِنَّهُۥ لَا يُفْلِحُ ٱلظَّٰلِمُونَ ﴿١٣٥﴾

135. Qul yá qaum i'malú 'alá makánatikum inní 'ámilun fasaufa ta'lamúna man takúnu lahú 'áquibatud dár; innahú lá yuflihuz zálimún

135. Dize: Ó povo meu, fazei tudo quanto puderdes que eu farei o mesmo! Logo sabereis a quem corresponderá a última morada. Por certo que os injustos não prosperarão.

وَجَعَلُوا۟ لِلَّهِ مِمَّا ذَرَأَ مِنَ ٱلْحَرْثِ وَٱلْأَنْعَٰمِ نَصِيبًا فَقَالُوا۟ هَٰذَا لِلَّهِ
بِزَعْمِهِمْ وَهَٰذَا لِشُرَكَآئِنَا ۖ فَمَا كَانَ لِشُرَكَآئِهِمْ فَلَا يَصِلُ
إِلَى ٱللَّهِ ۖ وَمَا كَانَ لِلَّهِ فَهُوَ يَصِلُ إِلَىٰ شُرَكَآئِهِمْ ۗ سَآءَ مَا
يَحْكُمُونَ ﴿١٣٦﴾

136. Wa ja'alú lilláhi mimmá zara-a minal harci walan'ámi nasíban faqálú házá lilláhi biza'mihim wa háza lichuraká'iná famá kána lichuraká'ihim falá yasilu ilal láhi wa má kána lilláhi fahuwa yasilu ilá churaká'ihim; sá'a má yahkumún

136. Do que Deus tem produzido em abundância, quanto às semeaduras e ao gado, eles Lhe destinam um quinhão; dizem, segundo as suas fantasias: Isto é para Deus e aquilo é para os nossos parceiros! Porém, o que destinaram a seus parceiros jamais chegará a Deus; e o destinado a Deus chegará aos seus (supostos) parceiros. Que péssimo é o que julgam!

وَكَذَٰلِكَ زَيَّنَ لِكَثِيرٍ مِّنَ ٱلْمُشْرِكِينَ قَتْلَ أَوْلَٰدِهِمْ
شُرَكَآؤُهُمْ لِيُرْدُوهُمْ وَلِيَلْبِسُوا۟ عَلَيْهِمْ دِينَهُمْ ۖ
وَلَوْ شَآءَ ٱللَّهُ مَا فَعَلُوهُ ۖ فَذَرْهُمْ وَمَا يَفْتَرُونَ ﴿١٣٧﴾

137. Wa kazálika zaiyana likacírim minal muchrikína qatla auládihim churaká'uhum liyurdúhum wa liyalbisú 'alaihim dínahum wa lau chá'al láhu má fa'alúhu fazarhum wa má yaftarún

137. Da mesma forma, os parceiros dos idólatras tornaram-lhes fascinante o assassinato dos próprios filhos, a fim de os conduzirem à sua própria destruição

e causarem confusão em sua religião; porém, se Deus quisesse, não o teriam feito. Deixa-os, pois, com tudo quanto forjam.

وَقَالُواْ هَٰذِهِۦٓ أَنۡعَٰمٞ وَحَرۡثٌ حِجۡرٞ لَّا يَطۡعَمُهَآ إِلَّا مَن نَّشَآءُ بِزَعۡمِهِمۡ
وَأَنۡعَٰمٌ حُرِّمَتۡ ظُهُورُهَا وَأَنۡعَٰمٞ لَّا يَذۡكُرُونَ ٱسۡمَ ٱللَّهِ عَلَيۡهَا ٱفۡتِرَآءً عَلَيۡهِۚ
سَيَجۡزِيهِم بِمَا كَانُواْ يَفۡتَرُونَ ١٣٨

138. *Wa qálú házihi an'ámun wa harçun hijrun lá yat'amuhá illá man nachá'u biza'mihim wa an'ámun hurrimat zuhúruhá wa an'ámul lá yazkurúna ismal láhi 'alaiha ftirá'an 'alaiyh; sayajzíhim bimá kánú yaftarún*

138. Eles dizem que tal e tal rês e que tais e tais espigas são proibidas, e ninguém deverá consumi-las, exceto aqueles (assim dizem) que desejarmos; ademais, há animais aos quais estão proibidos a canga e a carga, e sobre os quais (no abate) o nome de Deus não foi invocado; forjam mentiras acerca d'Ele, o Qual os castigará por suas invenções.

وَقَالُواْ مَا فِي بُطُونِ هَٰذِهِ ٱلۡأَنۡعَٰمِ خَالِصَةٞ لِّذُكُورِنَا وَمُحَرَّمٌ عَلَىٰٓ
أَزۡوَٰجِنَاۖ وَإِن يَكُن مَّيۡتَةٗ فَهُمۡ فِيهِ شُرَكَآءُۚ سَيَجۡزِيهِمۡ وَصۡفَهُمۡۚ
إِنَّهُۥ حَكِيمٌ عَلِيمٞ ١٣٩

139. *Wa qálú má fí butúni házihil an'ámi khálisatul lizukúriná wa muharramun 'alá azwájiná wa in yakum maitatan fahum fíhi churaká'; sayajzíhim wasfahum; innahú Hakímun 'Alím*

139. Dizem ainda: O que há nas entranhas de tais animais é lícito exclusivamente para os nossos varões e está vedado às nossas mulheres; porém, se a cria nascer morta, todos desfrutarão dela! Ele os castigará por seus desatinos, porque é Prudente, Sapientíssimo.

قَدۡ خَسِرَ ٱلَّذِينَ قَتَلُوٓاْ أَوۡلَٰدَهُمۡ سَفَهَۢا بِغَيۡرِ عِلۡمٖ وَحَرَّمُواْ مَا رَزَقَهُمُ ٱللَّهُ
ٱفۡتِرَآءً عَلَى ٱللَّهِۚ قَدۡ ضَلُّواْ وَمَا كَانُواْ مُهۡتَدِينَ ١٤٠

140. *Qad khasiral lazína qatalú auládahum safaham bighairi 'ilmin wa harramú má razaqahumul láhu ftirá'an 'alal láh; qad dhallú wa má kánú muhtadín*

140. São desventurados aqueles que, tola e estupidamente, matam seus filhos, na sua cega ignorância, e se descartam daquilo com que Deus os agraciou, forjando mentiras a respeito de Deus. Já estão desviados e jamais serão encaminhados.

۞ وَهُوَ ٱلَّذِيٓ أَنشَأَ جَنَّٰتٖ مَّعۡرُوشَٰتٖ وَغَيۡرَ مَعۡرُوشَٰتٖ وَٱلنَّخۡلَ وَٱلزَّرۡعَ
مُخۡتَلِفًا أُكُلُهُۥ وَٱلزَّيۡتُونَ وَٱلرُّمَّانَ مُتَشَٰبِهٗا وَغَيۡرَ مُتَشَٰبِهٖۚ كُلُواْ مِن
ثَمَرِهِۦٓ إِذَآ أَثۡمَرَ وَءَاتُواْ حَقَّهُۥ يَوۡمَ حَصَادِهِۦۖ وَلَا تُسۡرِفُوٓاْۚ إِنَّهُۥ لَا يُحِبُّ
ٱلۡمُسۡرِفِينَ ١٤١

141. ۞ Wa Huwal lazi ancha-a jannátim ma'rúchátin wa ghaira ma'rúchátin wan nakhla wazzar'a mukhtalifan ukuluhú wazzaitúna warrummána mutachábihan wa ghaira mutachábih; kulú min çamarihí izá açmara wa átú haqqahú yauma hasádihí wa lá tusrifú; innahú lá yuhibbul musrifin

141. Ele foi Quem vos criou pomares com plantas trepadeiras ou não, assim como as tamareiras, as sementeiras, com frutos de vários sabores, as oliveiras e as romãzeiras, semelhantes (em espécie) e diferentes (em variedade). Comei de seus frutos, quando frutificarem, e pagai seu tributo, no dia da colheita, e não vos excedais, porque Deus não ama os desperdiçadores.

وَمِنَ ٱلۡأَنۡعَٰمِ حَمُولَةٗ وَفَرۡشٗاۚ كُلُواْ مِمَّا رَزَقَكُمُ ٱللَّهُ وَلَا تَتَّبِعُواْ
خُطُوَٰتِ ٱلشَّيۡطَٰنِۚ إِنَّهُۥ لَكُمۡ عَدُوّٞ مُّبِينٞ ١٤٢

142. Wa minal an'ámi hamúlatan wa farchá; kulú mimmá razaqakumul láhu wa lá tattabi'ú khutuwátich Chaitán; innahú lakum 'aduwwum mubin

142. Ele criou para vós animais de carga, e outros, para o abate. Comei, pois, de tudo com que Deus vos agraciou, e não sigais os passos de Satanás, porque é vosso inimigo declarado.

ثَمَٰنِيَةَ أَزۡوَٰجٖۖ مِّنَ ٱلضَّأۡنِ ٱثۡنَيۡنِ وَمِنَ ٱلۡمَعۡزِ ٱثۡنَيۡنِۗ قُلۡ ءَآلذَّكَرَيۡنِ
حَرَّمَ أَمِ ٱلۡأُنثَيَيۡنِ أَمَّا ٱشۡتَمَلَتۡ عَلَيۡهِ أَرۡحَامُ ٱلۡأُنثَيَيۡنِۖ نَبِّـُٔونِي بِعِلۡمٍ إِن
كُنتُمۡ صَٰدِقِينَ ١٤٣

سُورَةُ الأَنۡعَامِ

Surat Al An'am

143. Çamániyata azwájim minad dha'ni içnaini wa minal ma'zi snain; qul 'ázzakaraini harrama amil unçaiyayni ammach tamalat 'alaihi ar<u>h</u>ámul unçayayni nabbi'úní bi'ilmin in kuntum sádiquín

143. (Proporcionou-vos também) oito tipos (de reses), em pares: um casal de ovelhas e outro de cabras. Dize: Vedou-vos Deus os dois machos ou as duas fêmeas, ou o que estas levam em suas entranhas? Indicai-mo, com certeza, se sois sinceros.

وَمِنَ ٱلۡإِبِلِ ٱثۡنَيۡنِ وَمِنَ ٱلۡبَقَرِ ٱثۡنَيۡنِۗ قُلۡ ءَآلذَّكَرَيۡنِ حَرَّمَ أَمِ ٱلۡأُنثَيَيۡنِ
أَمَّا ٱشۡتَمَلَتۡ عَلَيۡهِ أَرۡحَامُ ٱلۡأُنثَيَيۡنِۖ أَمۡ كُنتُمۡ شُهَدَآءَ إِذۡ وَصَّىٰكُمُ
ٱللَّهُ بِهَٰذَاۚ فَمَنۡ أَظۡلَمُ مِمَّنِ ٱفۡتَرَىٰ عَلَى ٱللَّهِ كَذِبٗا لِّيُضِلَّ ٱلنَّاسَ بِغَيۡرِ عِلۡمٍۗ
إِنَّ ٱللَّهَ لَا يَهۡدِي ٱلۡقَوۡمَ ٱلظَّٰلِمِينَ ١٤٤

144. Wa minal ibili çnaini wa minal baqari çnain; qul 'ázzakaraini <u>h</u>arrama amil unçayaini ammach tamalat 'alaihi ar<u>h</u>ámul unçayaini am kuntum chuhadá'a iz wassákumul láhu biházá; faman azlamu mimmanif tará 'alal láhi kazibal liyuddhillan nása bighairi 'ilm; innal láha lá yahdil qaumaz zálimín

144. Proporcionou-vos, ainda, um casal de camelídios e outro de bovinos. Dize: Vedou-vos Deus os dois machos ou as duas fêmeas, ou o que estas levam em suas entranhas? Acaso estáveis presentes quando Deus vos prescreveu isto? Haverá alguém mais injusto do que quem forja mentiras acerca de Deus, para desviar nesciamente os humanos? Deus não encaminha os injustos.

قُل لَّآ أَجِدُ فِي مَآ أُوحِيَ إِلَيَّ مُحَرَّمًا عَلَىٰ طَاعِمٖ يَطۡعَمُهُۥٓ إِلَّآ أَن يَكُونَ مَيۡتَةً أَوۡ
دَمٗا مَّسۡفُوحًا أَوۡ لَحۡمَ خِنزِيرٖ فَإِنَّهُۥ رِجۡسٌ أَوۡ فِسۡقًا أُهِلَّ لِغَيۡرِ ٱللَّهِ بِهِۦۚ فَمَنِ
ٱضۡطُرَّ غَيۡرَ بَاغٖ وَلَا عَادٖ فَإِنَّ رَبَّكَ غَفُورٞ رَّحِيمٞ ١٤٥

145. Qul lá ajidu fí má ú<u>h</u>iya ilaiya mu<u>h</u>arraman 'alá tá'imin yat'amuhú illá ai yakúna maitatan au damam masfú<u>h</u>an au la<u>h</u>ma khinzírin fa innahú rijsun au fisqan uhilla lighairil láhi bih; famanidhturra ghaira bághin wa lá 'ádin fa inna Rabbaka Ghafúrur Ra<u>h</u>ím

145. Dize: De tudo o que me tem sido revelado, nada acho proibido para quem necessita alimentar-se, nada, além da carniça, do sangue fluente ou da carne de suíno, uma vez que isso é abominável; é uma profanação saciar-se de animais que

tenham sido sacrificados com a invocação de outro nome que não seja o de Deus; porém, quem, sem intenção nem abuso, se vir compelido a isso, saiba que teu Senhor é Indulgente, Misericordiosíssimo.

وَعَلَى ٱلَّذِينَ هَادُوا۟ حَرَّمْنَا كُلَّ ذِى ظُفُرٍ ۖ وَمِنَ ٱلْبَقَرِ وَٱلْغَنَمِ
حَرَّمْنَا عَلَيْهِمْ شُحُومَهُمَآ إِلَّا مَا حَمَلَتْ ظُهُورُهُمَآ أَوِ ٱلْحَوَايَآ أَوْ مَا
ٱخْتَلَطَ بِعَظْمٍ ۚ ذَٰلِكَ جَزَيْنَٰهُم بِبَغْيِهِمْ ۖ وَإِنَّا لَصَٰدِقُونَ ﴿١٤٦﴾

146. Wa 'alal lazína hádú harramná kulla zí zufurin wa minal baqari walghanami harramná 'alaihim chuhúmahumá illá má hamalat zuhúruhumá awil hawáyá au makhtalata bi'azm; zálika jazaináhum bibaghyihim wa inná la sádiqún

146. Quanto àqueles que seguiram a lei judaica, vedamos-lhes os animais solípedes e, dos bovinos e ovinos, vedamos-lhes as gorduras, exceto as que estão no lombo, nas entranhas ou as aderentes aos ossos. Isso foi em castigo por sua iniquidade, porque somos Veracíssimos.

فَإِن كَذَّبُوكَ فَقُل رَّبُّكُمْ ذُو رَحْمَةٍ وَٰسِعَةٍ وَلَا يُرَدُّ بَأْسُهُۥ عَنِ ٱلْقَوْمِ
ٱلْمُجْرِمِينَ ﴿١٤٧﴾

147. Fa in kazzabúka faqur Rabbukum zú rahmatin wási'atin wa lá yuraddu ba'suhú 'anil qaumil mujrimín

147. Se te desmentirem, dize: Vosso Senhor é Clementíssimo; porém, Seu castigo, para os pecadores, jamais será contido.

سَيَقُولُ ٱلَّذِينَ أَشْرَكُوا۟ لَوْ شَآءَ ٱللَّهُ مَآ أَشْرَكْنَا وَلَآ ءَابَآؤُنَا وَلَا حَرَّمْنَا مِن شَىْءٍ ۚ
كَذَٰلِكَ كَذَّبَ ٱلَّذِينَ مِن قَبْلِهِمْ حَتَّىٰ ذَاقُوا۟ بَأْسَنَا ۗ قُلْ هَلْ عِندَكُم
مِّنْ عِلْمٍ فَتُخْرِجُوهُ لَنَآ ۖ إِن تَتَّبِعُونَ إِلَّا ٱلظَّنَّ وَإِنْ أَنتُمْ إِلَّا تَخْرُصُونَ ﴿١٤٨﴾

148. Sayaqúlul lazína achrakú lau chá'al láhu má achrakná wa lá ába'uná wa lá harramná min chai'; kazálika kazzabal lazína min qablihim hattá záqú ba'saná; qul hal 'indakum min 'ilmin fatukhrijúhu laná in tattabi'úna illaz zanna wa in antum illá takhhrusún

148. Os idólatras dirão: Se Deus quisesse, nem nós, nem nossos pais, jamais teríamos idolatrado, nem nada nos seria vedado! Assim, seus antepassados desmentiram os mensageiros, até que sofreram o Nosso castigo. Dize: Tereis, acaso, algum

argumento a nos expor? Qual! Não seguis mais do que conjecturas e não fazeis mais do que inventar mentiras!

قُلْ فَلِلَّهِ ٱلْحُجَّةُ ٱلْبَٰلِغَةُ فَلَوْ شَآءَ لَهَدَىٰكُمْ أَجْمَعِينَ ﴿١٤٩﴾

149. Qul falilláhil hujjatul bálighatu falau chá'a lahadákum ajma'in

149. Dize (mais): Só a Deus pertence o argumento eloquente. Se ele quisesse, ter-vos-ia iluminado a todos.

قُلْ هَلُمَّ شُهَدَآءَكُمُ ٱلَّذِينَ يَشْهَدُونَ أَنَّ ٱللَّهَ حَرَّمَ هَٰذَا فَإِن شَهِدُوا۟ فَلَا
تَشْهَدْ مَعَهُمْ وَلَا تَتَّبِعْ أَهْوَآءَ ٱلَّذِينَ كَذَّبُوا۟ بِـَٔايَٰتِنَا وَٱلَّذِينَ لَا يُؤْمِنُونَ
بِٱلْـَٔاخِرَةِ وَهُم بِرَبِّهِمْ يَعْدِلُونَ ﴿١٥٠﴾

150. Qul halumma chuhadá'akumul lazína yachhadúna annal láha harrama házá fa in chahidú falá tachhad ma'ahum; wa lá tattabi' ahwá'al lazína kazzabú bi Áyátiná wallazína lá yu'minúna bil Ákhirati wa hum bi Rabbihim ya'dilún

150. Dize (ainda): Apresentai vossas testemunhas, para provarem que Deus vedou o que dizeis ter vedado! E se o declararem, não aceites as suas declarações, nem te entregues aos caprichos daqueles que desmentem os Nossos versículos, não creem na Outra Vida e atribuem semelhantes a seu Senhor.

۞ قُلْ تَعَالَوْا۟ أَتْلُ مَا حَرَّمَ رَبُّكُمْ عَلَيْكُمْ أَلَّا تُشْرِكُوا۟ بِهِۦ شَيْـًٔا
وَبِٱلْوَٰلِدَيْنِ إِحْسَٰنًا وَلَا تَقْتُلُوٓا۟ أَوْلَٰدَكُم مِّنْ إِمْلَٰقٍ نَّحْنُ نَرْزُقُكُمْ
وَإِيَّاهُمْ وَلَا تَقْرَبُوا۟ ٱلْفَوَٰحِشَ مَا ظَهَرَ مِنْهَا وَمَا بَطَنَ وَلَا تَقْتُلُوا۟
ٱلنَّفْسَ ٱلَّتِى حَرَّمَ ٱللَّهُ إِلَّا بِٱلْحَقِّ ذَٰلِكُمْ وَصَّىٰكُم بِهِۦ لَعَلَّكُمْ تَعْقِلُونَ ﴿١٥١﴾

151. ۞ *Qul ta'álau atlu má harrama Rabbukum 'alaikum allá tuchrikú bihí chai'an wa bilwálidaini ihsánan wa lá taqtulú auládakum min imláq; nahnu narzuqukum wa iyyáhum wa lá taqrabul fawáhicha má zahara min-há wa má batana wa lá taqtulun nafsal latí harramal láhu illá bilhaqq; zálikum wassákum bihí la'allakum ta'quilún*

151. Dize (ainda mais): Vinde, para que eu vos prescreva o que vosso Senhor vos vedou: Não Lhe atribuais parceiros; tratai com benevolência a vossos pais; não

sejais filicidas, por temor à miséria - Nós vos sustentaremos, tão bem quanto aos vossos filhos -; não vos aproximeis das obscenidades, tanto pública, como privativamente, e não mateis, senão legitimamente, o que Deus proibiu matar. Eis o que Ele vos prescreve, para que raciocineis.

وَلَا تَقْرَبُوا مَالَ الْيَتِيمِ إِلَّا بِالَّتِي هِيَ أَحْسَنُ حَتَّىٰ يَبْلُغَ أَشُدَّهُ وَأَوْفُوا الْكَيْلَ وَالْمِيزَانَ بِالْقِسْطِ لَا نُكَلِّفُ نَفْسًا إِلَّا وُسْعَهَا وَإِذَا قُلْتُمْ فَاعْدِلُوا وَلَوْ كَانَ ذَا قُرْبَىٰ وَبِعَهْدِ اللَّهِ أَوْفُوا ذَٰلِكُمْ وَصَّاكُم بِهِ لَعَلَّكُمْ تَذَكَّرُونَ ﴿١٥٢﴾

152. Wa lá taqrabú málal yatími illá billatí hiyá ahsanu hattá yablugha achuddahú wa auful kaila walmízána bilquisti lá nukallifu nafsan illá wus'ahá wa izá qultum fa'dilú wa lau kána zá qurbá wa bi 'ahdil láhi aufú; zálikum wassákum bihí la'allakum tazakkarún

152. Não disponhais do patrimônio do órfão, senão da melhor forma possível, até que chegue à puberdade; sede leais na medida e no peso - jamais destinamos a ninguém carga maior à que pode suportar. Quando sentenciardes, sede justos, ainda que se trate de um parente carnal, e cumpri os vossos compromissos para com Deus. Eis o que Ele vos prescreve, para que mediteis.

وَأَنَّ هَٰذَا صِرَاطِي مُسْتَقِيمًا فَاتَّبِعُوهُ وَلَا تَتَّبِعُوا السُّبُلَ فَتَفَرَّقَ بِكُمْ عَن سَبِيلِهِ ذَٰلِكُمْ وَصَّاكُم بِهِ لَعَلَّكُمْ تَتَّقُونَ ﴿١٥٣﴾

153. Wa annna házá Sirátí mustaquíman fattabi'úhu wa lá tattabi'us subula fatafarraqa bikum 'an sabílih; zálikum wassákum bihí la'allakum tattaqún

153. E (o Senhor ordenou-vos, ao dizer): Esta é a Minha senda reta. Segui-a e não sigais as demais, para que estas não vos desviem da Sua. Eis o que Ele vos prescreve, para que O temais.

ثُمَّ آتَيْنَا مُوسَى الْكِتَابَ تَمَامًا عَلَى الَّذِي أَحْسَنَ وَتَفْصِيلًا لِّكُلِّ شَيْءٍ وَهُدًى وَرَحْمَةً لَّعَلَّهُم بِلِقَاءِ رَبِّهِمْ يُؤْمِنُونَ ﴿١٥٤﴾

154. Çumma átainá Mussal Kitába tammáman 'alal lazí ahsana wa tafsílal likulli chai'in wa hudan wa rahmatal la'allahum biliqá'i Rabbihim yu'minun

154. Havíamos concedido a Moisés o Livro como uma bênção, para quem o observasse, contendo a explanação de tudo, e sendo orientação e misericórdia, a fim de que (os israelitas) cressem no comparecimento ante o seu Senhor.

وَهَٰذَا كِتَٰبٌ أَنزَلۡنَٰهُ مُبَارَكٞ فَٱتَّبِعُوهُ وَٱتَّقُواْ لَعَلَّكُمۡ تُرۡحَمُونَ ١٥٥

155. Wa házá Kitábun anzalnáhu Mubárakun fattabi'úhu wattaqú la'al lakum turhamún

155. E este é o Livro bendito que revelamos (ao Mensageiro); observai-o, pois, e temei a Deus; quiçá Ele Se compadeça de vós;

أَن تَقُولُوٓاْ إِنَّمَآ أُنزِلَ ٱلۡكِتَٰبُ عَلَىٰ طَآئِفَتَيۡنِ مِن قَبۡلِنَا وَإِن كُنَّا عَن دِرَاسَتِهِمۡ
لَغَٰفِلِينَ ١٥٦

156. An taqúlú inna má unzilal Kitábu 'alá tá'ifataini min qabliná wa in kunná 'an dirásatihim lagháfilín

156. Para que não digais: O Livro só foi revelado a dois povos antes de nós, o que fez com que permanecêssemos ignorantes de tudo quanto eles estudavam.

أَوۡ تَقُولُواْ لَوۡ أَنَّآ أُنزِلَ عَلَيۡنَا ٱلۡكِتَٰبُ لَكُنَّآ أَهۡدَىٰ مِنۡهُمۡۚ فَقَدۡ جَآءَكُم بَيِّنَةٞ مِّن
رَّبِّكُمۡ وَهُدٗى وَرَحۡمَةٞۚ فَمَنۡ أَظۡلَمُ مِمَّن كَذَّبَ بِـَٔايَٰتِ ٱللَّهِ وَصَدَفَ عَنۡهَاۗ
سَنَجۡزِي ٱلَّذِينَ يَصۡدِفُونَ عَنۡ ءَايَٰتِنَا سُوٓءَ ٱلۡعَذَابِ بِمَا كَانُواْ يَصۡدِفُونَ ١٥٧

157. Au taqúlú lau anná unzila 'alainal kitábu lakunná ahdá min-hum; faqad já'akum baiyinatum mir Rabbikum wa hudan wa rahmah; faman azlamu mimman kazzaba bi Áyátil láhi wa sadafa 'anhá; sanajzil lazína yasdifúna 'an Áyátiná sú'al 'azábi bimá kánú yasdifún

157. Ou digais: Se o Livro nos tivesse sido revelado, teríamos sido iluminados melhor que eles. Porém, já vos chegou uma clara evidência, orientação e misericórdia de vosso Senhor. Haverá alguém mais injusto do que quem desmente e desdenha os versículos de Deus? Infligiremos o pior castigo àqueles que desdenharem os Nossos versículos, bem como àqueles que se tiverem afastado deles.

هَلۡ يَنظُرُونَ إِلَّآ أَن تَأۡتِيَهُمُ ٱلۡمَلَٰٓئِكَةُ أَوۡ يَأۡتِيَ رَبُّكَ أَوۡ يَأۡتِيَ بَعۡضُ ءَايَٰتِ رَبِّكَۗ
يَوۡمَ يَأۡتِي بَعۡضُ ءَايَٰتِ رَبِّكَ لَا يَنفَعُ نَفۡسًا إِيمَٰنُهَا لَمۡ تَكُنۡ ءَامَنَتۡ مِن قَبۡلُ أَوۡ كَسَبَتۡ
فِيٓ إِيمَٰنِهَا خَيۡرٗاۗ قُلِ ٱنتَظِرُوٓاْ إِنَّا مُنتَظِرُونَ ١٥٨

158. Hal yanzurúna illá an ta'tiyahumul malá'ikatu au ya'tiya Rabbuka au ya'tiya ba'dhu Áyáti Rabbik; yauma ya'tí ba'dhu Áyáti Rabbika lá yanfa'u nafsan ímánuhá lam takun ámanat min qablu au kasabat fí ímánihá khairá; qulin tazirú inná muntazirún

158. Acaso, aguardam que se lhes apresentem os anjos ou o teu Senhor, ou então que lhes cheguem sinais d'Ele? No dia em que lhes chegarem alguns de Seus sinais será inútil a fé do ser que não tiver acreditado antes, ou que, em sua crença, não tiver agido com retidão. Dize: Aguardai, que nós aguardaremos.

إِنَّ ٱلَّذِينَ فَرَّقُواْ دِينَهُمْ وَكَانُواْ شِيَعًا لَّسْتَ مِنْهُمْ فِي شَيْءٍۚ إِنَّمَآ أَمْرُهُمْ إِلَى ٱللَّهِ ثُمَّ يُنَبِّئُهُم بِمَا كَانُواْ يَفْعَلُونَ ﴿١٥٩﴾

159. Innal lazína farraqú dínahum wa kánú chiya'al lasta min-hum fí chaiyy'; innamá amruhum ilalláhi çumma yunabbi'uhum bimá kánú yaf'alún

159. Não és responsável por aqueles que dividem a sua religião e formam seitas, porque sua questão depende só de Deus, o Qual logo os inteirará de tudo quanto houverem feito.

مَن جَآءَ بِٱلْحَسَنَةِ فَلَهُۥ عَشْرُ أَمْثَالِهَاۖ وَمَن جَآءَ بِٱلسَّيِّئَةِ فَلَا يُجْزَىٰٓ إِلَّا مِثْلَهَا وَهُمْ لَا يُظْلَمُونَ ﴿١٦٠﴾

160. Man já'a bilhasanati falahú 'achru amçálihá wa man já'a bissaiyi'ati falá yujzá illá miçlahá wa hum lá yuzlamún

160. Quem tiver praticado o bem receberá o décuplo pelo mesmo; quem tiver cometido um pecado receberá um castigo equivalente, e não serão defraudados (nem um, nem outro).

قُلْ إِنَّنِي هَدَىٰنِي رَبِّيٓ إِلَىٰ صِرَٰطٍ مُّسْتَقِيمٍ دِينًا قِيَمًا مِّلَّةَ إِبْرَٰهِيمَ حَنِيفًاۚ وَمَا كَانَ مِنَ ٱلْمُشْرِكِينَ ﴿١٦١﴾

161. Qul innaní hadání Rabbí ilá Sirátim Mustaquímin dínan quiyamam Millata Ibráhíma hanífá; wa má kána minal muchrikín

161. Dize: Meu Senhor conduziu-me pela senda reta - uma religião inatacável; este é o credo de Abraão, o monoteísta, que jamais se contou entre os idólatras.

سُورَةُ الأَنۡعَامِ

Surat Al An'am

قُلۡ إِنَّ صَلَاتِي وَنُسُكِي وَمَحۡيَايَ وَمَمَاتِي لِلَّهِ رَبِّ ٱلۡعَٰلَمِينَ ﴿١٦٢﴾

162. Qul inna Salátí wa nusukí wa mahyáya wa mamátí lilláhi Rabbil 'Álamín

162. Dize: Minhas orações, minhas devoções, minha vida e minha morte pertencem a Deus, Senhor do Universo,

لَا شَرِيكَ لَهُۥۖ وَبِذَٰلِكَ أُمِرۡتُ وَأَنَا۠ أَوَّلُ ٱلۡمُسۡلِمِينَ ﴿١٦٣﴾

163. Lá charíka lahú wa bizálika umirtu wa ana auwalul muslimín

163. Que não possui parceiro algum. Tal me tem sido ordenado e eu sou o primeiro dos muçulmanos.

قُلۡ أَغَيۡرَ ٱللَّهِ أَبۡغِي رَبّٗا وَهُوَ رَبُّ كُلِّ شَيۡءٖۚ وَلَا تَكۡسِبُ كُلُّ نَفۡسٍ إِلَّا عَلَيۡهَاۚ
وَلَا تَزِرُ وَازِرَةٞ وِزۡرَ أُخۡرَىٰۚ ثُمَّ إِلَىٰ رَبِّكُم مَّرۡجِعُكُمۡ فَيُنَبِّئُكُم بِمَا كُنتُمۡ فِيهِ
تَخۡتَلِفُونَ ﴿١٦٤﴾

164. Qul aghairal láhi abghí Rabban wa Huwa Rabbu kulli chaiyy'; wa lá taksibu kullu nafsin illá 'alaihá; wa lá taziru wáziratun wizra ukhrá; çumma ilá Rabbikum marji'ukum fa yunabbi'ukum bimá kuntum fíhi takhtalifún

164. Dize ainda: Como poderia eu adorar outro senhor que não fosse Deus, uma vez que Ele é o Senhor de todas as coisas? Nenhuma alma receberá outra recompensa que não for a merecida, e nenhum pecador arcará com culpas alheias. Então, retornareis ao vosso Senhor, o Qual vos inteirará de vossas divergências.

وَهُوَ ٱلَّذِي جَعَلَكُمۡ خَلَٰٓئِفَ ٱلۡأَرۡضِ وَرَفَعَ بَعۡضَكُمۡ فَوۡقَ بَعۡضٖ دَرَجَٰتٖ
لِّيَبۡلُوَكُمۡ فِي مَآ ءَاتَىٰكُمۡۗ إِنَّ رَبَّكَ سَرِيعُ ٱلۡعِقَابِ وَإِنَّهُۥ لَغَفُورٞ رَّحِيمُۢ ﴿١٦٥﴾

165. Wa Huwal lazí ja'alakum khalá'ifal ardhi wa rafa'a ba'dhakum fauqa ba'dhin darajátil liyabluwakum fí má átákum; inna Rabbaka sarí'ul 'iqábi wa innahú la Ghafúrur Rahím

165. Ele foi Quem vos designou legatários na Terra e vos elevou uns sobre outros, em hierarquia, para testar-vos com tudo quanto vos agraciou. Teu Senhor é Destro no castigo, conquanto seja Indulgente, Misericordiosíssimo.

سُورَةُ الأَعۡرَافِ

Surat Al A'raf

Surat 7. *Al A'raf* (Os Cimos), 206 versículos. Revelada em Makka, com exceção dos versículos de 163 a 170, que foram revelados em Madina.

São utilizados os versículos 1-87 para este juzi

بِسۡمِ ٱللَّهِ ٱلرَّحۡمَٰنِ ٱلرَّحِيمِ

Bismilláhir Rahmánir Rahím

Em nome de Deus, o Clemente, o Misericordioso

الٓمٓصٓ ﴿١﴾

1. ۞ Alif, Lám, Mím, Sád

1. Alef, Lam, Mim, Sad.

كِتَٰبٌ أُنزِلَ إِلَيۡكَ فَلَا يَكُن فِي صَدۡرِكَ حَرَجٞ مِّنۡهُ لِتُنذِرَ بِهِۦ وَذِكۡرَىٰ لِلۡمُؤۡمِنِينَ ﴿٢﴾

2. Kitábun unzila ilaika falá yakun fi sadrika harajum min-hu litunzira bihí wa zikrá lilmu'minín

2. (Eis aqui) um Livro, que te foi revelado para que não haja receio em teu peito, e para que, com ele, admoestes os incrédulos, para que ele seja uma mensagem aos crentes.

ٱتَّبِعُواْ مَآ أُنزِلَ إِلَيۡكُم مِّن رَّبِّكُمۡ وَلَا تَتَّبِعُواْ مِن دُونِهِۦٓ أَوۡلِيَآءَۗ قَلِيلٗا مَّا تَذَكَّرُونَ ﴿٣﴾

3. Ittabi'ú má unzila 'ilaikum mir Rabbikum wa lá tattabi'ú min dúnihí auliyá'a; qalílam má tazakkarún

3. Segui o que vos foi revelado por vosso Senhor e não sigais outros protetores em lugar d'Ele. Quão pouco meditais!

وَكَم مِّن قَرۡيَةٍ أَهۡلَكۡنَٰهَا فَجَآءَهَا بَأۡسُنَا بَيَٰتًا أَوۡ هُمۡ قَآئِلُونَ ﴿٤﴾

4. Wa kam min qaryatin ahlaknáhá fajá'ahá ba'suná bayátan au hum qá'ilún

4. Quantas cidades temos destruído! Nosso castigo tomou-os (a seus habitantes) de surpresa, enquanto dormiam, à noite, ou faziam a sesta.

فَمَا كَانَ دَعۡوَىٰهُمۡ إِذۡ جَآءَهُم بَأۡسُنَآ إِلَّآ أَن قَالُوٓاْ إِنَّا كُنَّا ظَٰلِمِينَ ﴿٥﴾

5. Famá kána da'wáhum iz já'ahum ba'suná illá an qálú inná kunná zálimín

5. Nada imploraram, quando os surpreendeu o Nosso castigo; não fizeram mais do que confessar, clamando: Fomos injustos!

سُورَةُ الأَعْرَاف

Surat Al A'raf

فَلَنَسْـَٔلَنَّ ٱلَّذِينَ أُرْسِلَ إِلَيْهِمْ وَلَنَسْـَٔلَنَّ ٱلْمُرْسَلِينَ ﴿٦﴾

6. Falanas'alannal lazína ursila ilaihim wa lanas'alannal mursalín

6. Inquiriremos aqueles aos quais foi enviada a Nossa mensagem, assim como interrogaremos os mensageiros.

فَلَنَقُصَّنَّ عَلَيْهِم بِعِلْمٍ وَمَا كُنَّا غَآئِبِينَ ﴿٧﴾

7. Falanaqussanna 'alaihim bi'ilmin wa má kunná ghá'ibín

7. E lhes enumeraremos as ações com pleno conhecimento, porque jamais estivemo ausentes.

وَٱلْوَزْنُ يَوْمَئِذٍ ٱلْحَقُّ فَمَن ثَقُلَتْ مَوَٰزِينُهُۥ فَأُوْلَـٰٓئِكَ هُمُ ٱلْمُفْلِحُونَ ﴿٨﴾

8. Walwaznu Yauma 'izinil haqq; faman saqulat mawázinuhú fa-ulá'ika humul muflihún

8. E a ponderação, nesse dia, será a equidade; aqueles cujas boas ações forem mais pesadas serão os bem-aventurados.

وَمَنْ خَفَّتْ مَوَٰزِينُهُۥ فَأُوْلَـٰٓئِكَ ٱلَّذِينَ خَسِرُوٓاْ أَنفُسَهُم بِمَا كَانُواْ بِـَٔايَـٰتِنَا يَظْلِمُونَ ﴿٩﴾

9. Wa man khaffat mawázinuhú fa ulá'ikal lazína khasirú anfusahum bimá kánú bi Áyátiná yazlimún

9. E aqueles, cujas boas ações forem leves serão desventurados, por haverem menosprezado os Nossos versículos.

وَلَقَدْ مَكَّنَّـٰكُمْ فِى ٱلْأَرْضِ وَجَعَلْنَا لَكُمْ فِيهَا مَعَـٰيِشَ قَلِيلًا مَّا تَشْكُرُونَ ﴿١٠﴾

10. Wa laqad makkannákum fil ardhi wa ja'alná lakum fíhá ma'áyich; qalílam má tachkurún

10. Colocamo-vos na Terra com autoridade, na qual vos proporcionamos subsistência. Quão pouco agradeceis!

وَلَقَدْ خَلَقْنَـٰكُمْ ثُمَّ صَوَّرْنَـٰكُمْ ثُمَّ قُلْنَا لِلْمَلَـٰٓئِكَةِ ٱسْجُدُواْ لِـَٔادَمَ فَسَجَدُوٓاْ إِلَّآ

إِبْلِيسَ لَمْ يَكُن مِّنَ ٱلسَّـٰجِدِينَ ﴿١١﴾

11. Wa laqad khalaqnákum çumma sauwarnákum çumma qulná lilmalá'ikati sjudú li Ádama fa-sajadú illá Iblísa lam yakum minas sájidín

11. Criamo-vos e vos demos configuração, então dissemos aos anjos: Prostrai-vos ante Adão! E todos se prostraram, menos Lúcifer, que se recusou a ser dos prostrados.

سُورَةُ الأَعۡرَافِ

Surat Al A'raf

قَالَ مَا مَنَعَكَ أَلَّا تَسۡجُدَ إِذۡ أَمَرۡتُكَۖ قَالَ أَنَا۠ خَيۡرٞ مِّنۡهُ خَلَقۡتَنِي مِن نَّارٖ وَخَلَقۡتَهُۥ مِن طِينٖ ﴿١٢﴾

12. Qála má mana'aka allá tasjuda iz amartuka qála ana khairum min-hu khalaqtaní min nárin wa khalaqtahú min tín

12. Perguntou-lhe (Deus): Que foi que te impediu de prostrar-te, embora to tivéssemos ordenado? Sou superio a ele; a mim criaste do fogo, e a ele do barro.

قَالَ فَٱهۡبِطۡ مِنۡهَا فَمَا يَكُونُ لَكَ أَن تَتَكَبَّرَ فِيهَا فَٱخۡرُجۡ إِنَّكَ مِنَ ٱلصَّٰغِرِينَ ﴿١٣﴾

13. Qála fahbit min-há famá yakúnu laka an tatakabbara fíhá fakhruj innaka minas sághirín

13. Disse-lhe: Desce daqui (do Paraíso), porque aqui não é permitido te ensoberbeceres. Vai-te daqui, porque és um dos abjetos!

قَالَ أَنظِرۡنِيٓ إِلَىٰ يَوۡمِ يُبۡعَثُونَ ﴿١٤﴾

14. Qála anzirní ilá Yaumi yub'açún

14. Implorou: Tolera-me até ao dia em que (os seres) forem ressuscitados!

قَالَ إِنَّكَ مِنَ ٱلۡمُنظَرِينَ ﴿١٥﴾

15. Qála innaka minal munzarín

15. Respondeu-lhe: Considera-te entre os tolerados!

قَالَ فَبِمَآ أَغۡوَيۡتَنِي لَأَقۡعُدَنَّ لَهُمۡ صِرَٰطَكَ ٱلۡمُسۡتَقِيمَ ﴿١٦﴾

16. Qála fabimá aghwaytaní la aq'udanna lahum Sirátakal Mustaquím

16. Disse (Satanás): Juro que, por me teres extraviado, desviá-los-ei da Tua senda reta.

ثُمَّ لَأٓتِيَنَّهُم مِّنۢ بَيۡنِ أَيۡدِيهِمۡ وَمِنۡ خَلۡفِهِمۡ وَعَنۡ أَيۡمَٰنِهِمۡ وَعَن شَمَآئِلِهِمۡۖ وَلَا تَجِدُ أَكۡثَرَهُمۡ شَٰكِرِينَ ﴿١٧﴾

17. Çumma la átiyannahum mim baini aidíhim wa min khalfihim wa 'an aimánihim wa 'an chamá'ilihim wa lá tajidu aksçarahum chákirín

17. E, então, atacá-los-ei pela frente e por trás, pela direita e pela esquerda e não acharás, entre eles, muitos agradecidos!

قَالَ ٱخۡرُجۡ مِنۡهَا مَذۡءُومٗا مَّدۡحُورٗاۖ لَّمَن تَبِعَكَ مِنۡهُمۡ لَأَمۡلَأَنَّ جَهَنَّمَ مِنكُمۡ أَجۡمَعِينَ ﴿١٨﴾

18. Qála khruj min-há maz'úmam madhúrá; laman tabi'aka min-hum la amla'anna Jahannama minkum ajma'in

18. Deus lhe disse: Sai daqui! Desgraçado! Rejeitado! Juro que encherei o inferno contigo e com aqueles que te seguirem.

وَيَٰٓـَٔادَمُ ٱسۡكُنۡ أَنتَ وَزَوۡجُكَ ٱلۡجَنَّةَ فَكُلَا مِنۡ حَيۡثُ شِئۡتُمَا وَلَا تَقۡرَبَا هَٰذِهِ ٱلشَّجَرَةَ فَتَكُونَا
مِنَ ٱلظَّٰلِمِينَ ١٩

19. Wa yá Ádamu skun anta wa zaujukal Jannata fakulá min haiçsu chi'tumá wa lá taqrabá házihich chajarata fatakúná minaz zálimín

19. E tu, ó Adão, habita com tua esposa o Paraíso! Desfrutai do que vos aprouver; porém, não vos aproximeis desta árvore, porque estareis entre os transgressores.

فَوَسۡوَسَ لَهُمَا ٱلشَّيۡطَٰنُ لِيُبۡدِيَ لَهُمَا مَا وُۥرِيَ عَنۡهُمَا مِن سَوۡءَٰتِهِمَا وَقَالَ مَا نَهَىٰكُمَا
رَبُّكُمَا عَنۡ هَٰذِهِ ٱلشَّجَرَةِ إِلَّآ أَن تَكُونَا مَلَكَيۡنِ أَوۡ تَكُونَا مِنَ ٱلۡخَٰلِدِينَ ٢٠

20. Fawaswasa lahumach Chaitánu liyubdiya lahumá má wúriya 'anhumá min sauátihimá wa qála má nahákumá Rabbukumá 'an házihich chajarati illá an takúná malakaini au takúná minal khálidín

20. Então, Satã lhes cochichou, para revelar-lhes o que, até então, lhes havia sido ocultado de suas vergonhas, dizendo-lhes: Vosso Senhor vos proibiu esta árvore para que não vos convertêsseis em dois anjos ou não estivésseis entre os imortais.

وَقَاسَمَهُمَآ إِنِّي لَكُمَا لَمِنَ ٱلنَّٰصِحِينَ ٢١

21. Wa qásamahumá inní lakumá laminan násihín

21. E ele lhes jurou: Sou para vós um fiel conselheiro.

فَدَلَّىٰهُمَا بِغُرُورٖۚ فَلَمَّا ذَاقَا ٱلشَّجَرَةَ بَدَتۡ لَهُمَا سَوۡءَٰتُهُمَا وَطَفِقَا يَخۡصِفَانِ عَلَيۡهِمَا مِن
وَرَقِ ٱلۡجَنَّةِۖ وَنَادَىٰهُمَا رَبُّهُمَآ أَلَمۡ أَنۡهَكُمَا عَن تِلۡكُمَا ٱلشَّجَرَةِ وَأَقُل لَّكُمَآ إِنَّ ٱلشَّيۡطَٰنَ
لَكُمَا عَدُوّٞ مُّبِينٞ ٢٢

22. Fadalláhumá bighurúr; falammá záqach chajarata badat lahumá sauátuhumá wa tafiqá yakhsifáni 'alaihimá min waraquil jannati wa nádáhumá Rabbuhumá alam anhakumá 'an tilkumach chajarati wa aqul lakumá innach Chaitána lakumá 'aduwwum mubín

22. E, com enganos, seduziu-os. Mas quando colheram o fruto da árvore, manifestaram-se-lhes as vergonhas e começaram a cobrir-se com as folhas das

plantas do Paraíso. Então, seu Senhor os admoestou: Não vos havia vedado esta árvore e não vos havia dito que Satanás era vosso inimigo declarado?

قَالَا رَبَّنَا ظَلَمۡنَآ أَنفُسَنَا وَإِن لَّمۡ تَغۡفِرۡ لَنَا وَتَرۡحَمۡنَا لَنَكُونَنَّ مِنَ ٱلۡخَٰسِرِينَ ﴿٢٣﴾

23. Qálá Rabbaná zalamná anfusaná wa illam taghfir laná wa tarhamná lanakúnanna minal khásirín

23. Disseram: Ó Senhor nosso, nós mesmos nos condenamos e, se não nos perdoares e Te apiedares de nós, seremos desventurados!

قَالَ ٱهۡبِطُواْ بَعۡضُكُمۡ لِبَعۡضٍ عَدُوّٞۖ وَلَكُمۡ فِي ٱلۡأَرۡضِ مُسۡتَقَرّٞ وَمَتَٰعٌ إِلَىٰ حِينٖ ﴿٢٤﴾

24. Qála hbitú ba'dhukum liba'dhin aduwwun wa lakum fil ardhi mustaqarrun wa matá'un ilá hín

24. E Ele lhes disse: Descei! Sereis inimigos uns dos outros e tereis, na Terra, residência e gozo transitórios.

قَالَ فِيهَا تَحۡيَوۡنَ وَفِيهَا تَمُوتُونَ وَمِنۡهَا تُخۡرَجُونَ ﴿٢٥﴾

25. Qála fihá tahyauna wa fihá tamútúna wa min-há tukhrajún

25. Disse-lhes (ainda): Nela vivereis e morrereis, e nela sereis ressuscitados.

يَٰبَنِيٓ ءَادَمَ قَدۡ أَنزَلۡنَا عَلَيۡكُمۡ لِبَاسٗا يُوَٰرِي سَوۡءَٰتِكُمۡ وَرِيشٗاۖ وَلِبَاسُ ٱلتَّقۡوَىٰ ذَٰلِكَ خَيۡرٞۚ
ذَٰلِكَ مِنۡ ءَايَٰتِ ٱللَّهِ لَعَلَّهُمۡ يَذَّكَّرُونَ ﴿٢٦﴾

26. Yá Baní Ádama qad anzalná 'alaikum libásan yuwári sauátikum wa ríchan wa libásuttaqwá zálika khair; zálika min Áyátil láhi la'allahum yazzakkarún

26. Ó filhos de Adão, enviamos-vos vestimentas, tanto para dissimulardes vossas vergonhas, como para o vosso aparato; porém, o pudor é preferível! Isso é um dos sinais de Deus, para que meditem.

يَٰبَنِيٓ ءَادَمَ لَا يَفۡتِنَنَّكُمُ ٱلشَّيۡطَٰنُ كَمَآ أَخۡرَجَ أَبَوَيۡكُم مِّنَ ٱلۡجَنَّةِ يَنزِعُ عَنۡهُمَا
لِبَاسَهُمَا لِيُرِيَهُمَا سَوۡءَٰتِهِمَآۚ إِنَّهُۥ يَرَىٰكُمۡ هُوَ وَقَبِيلُهُۥ مِنۡ حَيۡثُ لَا تَرَوۡنَهُمۡۗ إِنَّا جَعَلۡنَا
ٱلشَّيَٰطِينَ أَوۡلِيَآءَ لِلَّذِينَ لَا يُؤۡمِنُونَ ﴿٢٧﴾

27. Yá Baní Ádama lá yaftinannnakumuch Chaitánu kamá akhraja abawaikum minal Jannati yanzi'u 'anhumá libásahumá liyuriyahumá sauátihimá; innahú yarákum huwa wa qabíluhú min haiçu lá taraunahum; inná ja'alnach Chayátína auliyá'a lillazína lá yu'minún

27. Ó filhos de Adão, que Satanás não vos seduza como seduziu vossos pais no Paraíso, fazendo-os sair dele, despojando-os dos seus invólucros (de inocência), para mostrar-lhes as suas vergonhas! ele e seus asseclas vos espreitam, de onde não os vedes. Sem dúvida que temos designado os demônios como amigos dos incrédulos.

وَإِذَا فَعَلُوا۟ فَـٰحِشَةً قَالُوا۟ وَجَدْنَا عَلَيْهَآ ءَابَآءَنَا وَٱللَّهُ أَمَرَنَا بِهَا ۗ قُلْ إِنَّ ٱللَّهَ لَا يَأْمُرُ
بِٱلْفَحْشَآءِ ۖ أَتَقُولُونَ عَلَى ٱللَّهِ مَا لَا تَعْلَمُونَ ﴿٢٨﴾

28. Wa izá fa'alú fáhichatan qálú wajadná 'alaihá ábá'ana walláhu amaraná bihá; qul innal láha lá ya'muru bilfahchá'i a-taqúlúna 'alal láhi má lá ta'lamún

28. Quando estes cometem uma obscenidade, dizem: Cometemo-la porque encontramos nossos pais fazendo isto; e foi Deus Quem no-la ordenou. Dize: Deus jamais ordena a obscenidade. Ousais dizer de Deus o que ignorais?

قُلْ أَمَرَ رَبِّى بِٱلْقِسْطِ ۖ وَأَقِيمُوا۟ وُجُوهَكُمْ عِندَ كُلِّ مَسْجِدٍ وَٱدْعُوهُ
مُخْلِصِينَ لَهُ ٱلدِّينَ ۚ كَمَا بَدَأَكُمْ تَعُودُونَ ﴿٢٩﴾

29. Qul amara Rabbí bilquisti wa aquímú wujúhakum 'inda kulli masjidin wad'úhu mukhlisína lahud dín; kamá badaakum ta'údún

29. Dize mais: Meu Senhor só ordena a equidade, para que vos consagreis a Ele, em todas as mesquitas, e O invoqueis sinceramente. Assim como vos criou, retornareis a Ele.

فَرِيقًا هَدَىٰ وَفَرِيقًا حَقَّ عَلَيْهِمُ ٱلضَّلَـٰلَةُ ۗ إِنَّهُمُ ٱتَّخَذُوا۟ ٱلشَّيَـٰطِينَ أَوْلِيَآءَ مِن
دُونِ ٱللَّهِ وَيَحْسَبُونَ أَنَّهُم مُّهْتَدُونَ ﴿٣٠﴾

30. Faríqan hadá wa faríqan haqqa 'alaihimud dhalálah; innahumut takhazuch Chayátína auliyá'a min dúnil láhi wa yahsabúna annahum muhtadún

30. Ele encaminhou alguns, e outros mereceram ser desviados, porque adotaram por protetores os demônios, em vez de Deus, pensando que estavam bem encaminhados.

۞ يَـٰبَنِىٓ ءَادَمَ خُذُوا۟ زِينَتَكُمْ عِندَ كُلِّ مَسْجِدٍ وَكُلُوا۟ وَٱشْرَبُوا۟ وَلَا تُسْرِفُوٓا۟ ۚ إِنَّهُۥ
لَا يُحِبُّ ٱلْمُسْرِفِينَ ﴿٣١﴾

31. ۞ *Yá Banní Adama khuzú zínatakum 'inda kulli masjidin wa kulú wachrabú wa lá tusrifú; innahú lá yuhibbul musrifín*

31. Ó filhos de Adão, revesti-vos de vosso melhor atavio quando fordes às mesquitas; comei e bebei; porém, não vos excedais, porque Ele não aprecia os que se excedem.

قُلۡ مَنۡ حَرَّمَ زِينَةَ ٱللَّهِ ٱلَّتِيٓ أَخۡرَجَ لِعِبَادِهِۦ وَٱلطَّيِّبَٰتِ مِنَ ٱلرِّزۡقِۚ قُلۡ هِيَ لِلَّذِينَ ءَامَنُواْ
فِي ٱلۡحَيَوٰةِ ٱلدُّنۡيَا خَالِصَةٗ يَوۡمَ ٱلۡقِيَٰمَةِۗ كَذَٰلِكَ نُفَصِّلُ ٱلۡأٓيَٰتِ لِقَوۡمٖ
يَعۡلَمُونَ ٣٢

32. *Qul man harrama zínatal lahil latí akhraja li'ibádihí wattaiyibáti minar rizq; qul hiya lillazína ámanú fil hayátid dunyá khálisatan Yaumal Quiyámah; kazálika nufassilul Áyáti li qaumin ya'lamún*

32. Dize-lhes: Quem pode proibir as galas de Deus e o desfrutar os bons alimentos que Ele preparou para Seus servos? Dize-lhes ainda: Estas coisas pertencem aos que creem, durante a vida neste mundo; porém, serão exclusivas dos crentes, no Dia da Ressurreição. Assim elucidamos os versículos aos sensatos.

قُلۡ إِنَّمَا حَرَّمَ رَبِّيَ ٱلۡفَوَٰحِشَ مَا ظَهَرَ مِنۡهَا وَمَا بَطَنَ وَٱلۡإِثۡمَ وَٱلۡبَغۡيَ بِغَيۡرِ ٱلۡحَقِّ وَأَن
تُشۡرِكُواْ بِٱللَّهِ مَا لَمۡ يُنَزِّلۡ بِهِۦ سُلۡطَٰنٗا وَأَن تَقُولُواْ عَلَى ٱللَّهِ مَا لَا تَعۡلَمُونَ ٣٣

33. *Qul innamá harrama Rabbiyal fawáhicha má zahara minhá wa má batana wal içma walbaghya bighairil haqqui wa an tuchrikú billáhi má lam yunazzil bihí sultánan wa an taqúlú 'alal láhi má lá ta'lamún*

33. Dize: Meu Senhor vedou as obscenidades, manifestas ou íntimas; o delito; a agressão injusta; o atribuir parceiros a Ele, porque jamais deu autoridade a que digais d'Ele o que ignorais.

وَلِكُلِّ أُمَّةٍ أَجَلٞۖ فَإِذَا جَآءَ أَجَلُهُمۡ لَا يَسۡتَأۡخِرُونَ سَاعَةٗ وَلَا يَسۡتَقۡدِمُونَ ٣٤

34. *Wa likulli ummatin ajalun fa izá já'a ajaluhum lá yasta'khirúna sá'atan wa lá yastaqdimún*

34. Cada nação tem o seu termo e, quando seu termo se cumprir, não poderão atrasá-lo nem o adiantar uma só hora.

يَٰبَنِيٓ ءَادَمَ إِمَّا يَأۡتِيَنَّكُمۡ رُسُلٞ مِّنكُمۡ يَقُصُّونَ عَلَيۡكُمۡ ءَايَٰتِي فَمَنِ ٱتَّقَىٰ وَأَصۡلَحَ فَلَا
خَوۡفٌ عَلَيۡهِمۡ وَلَا هُمۡ يَحۡزَنُونَ ٣٥

سُورَةُ الأَعۡرَافِ

Surat Al A'raf

35. Yá Baní Ádama immá ya'tiyannakum Rusulum minkum yaqussúna 'alaikum Áyáti famanit taqá wa aslaha falá khaufun 'alaihim walá hum yahzanún

35. Ó filhos de Adão, quando se apresentarem mensageiros, dentre vós, que vos ditarão Meus versículos, aqueles que temerem a Deus e n'Ele confiarem não serão presas do temor, nem se angustiarão.

وَٱلَّذِينَ كَذَّبُواْ بِـَٔايَٰتِنَا وَٱسۡتَكۡبَرُواْ عَنۡهَآ أُوْلَٰٓئِكَ أَصۡحَٰبُ ٱلنَّارِۖ هُمۡ فِيهَا
خَٰلِدُونَ ٣٦

36. Wallazína kazzabú bi Áyátiná wastakbarú 'an-há ulá'ika Asshábun nári hum fíhá khálidún

36. Aqueles que desmentirem os Nossos versículos e se ensoberbecerem serão condenados ao inferno, onde permanecerão eternamente.

فَمَنۡ أَظۡلَمُ مِمَّنِ ٱفۡتَرَىٰ عَلَى ٱللَّهِ كَذِبًا أَوۡ كَذَّبَ بِـَٔايَٰتِهِۦٓۚ أُوْلَٰٓئِكَ يَنَالُهُمۡ نَصِيبُهُم مِّنَ
ٱلۡكِتَٰبِۖ حَتَّىٰٓ إِذَا جَآءَتۡهُمۡ رُسُلُنَا يَتَوَفَّوۡنَهُمۡ قَالُوٓاْ أَيۡنَ مَا كُنتُمۡ تَدۡعُونَ مِن دُونِ
ٱللَّهِۖ قَالُواْ ضَلُّواْ عَنَّا وَشَهِدُواْ عَلَىٰٓ أَنفُسِهِمۡ أَنَّهُمۡ كَانُواْ كَٰفِرِينَ ٣٧

37. Faman azlamu mimman iftará 'alal láhi kaziban au kazzaba bi Áyátih; ulá'ika yanáluhum nasíbuhum minal Kitáb; hatta izá já'athum rusuluná yatawaffaunahum qálú ainamá kuntum tad'úná min dúnil láhi qálú dhallú 'anná wa chahidú 'alá anfusihim annahum kánú káfirín

37. Haverá alguém mais injusto do que quem forja mentiras acerca de Deus ou desmente os Seus versículos? Eles participarão do que está estipulado no Livro, até que se lhes apresentem os Nossos mensageiros para separá-los de suas almas e lhes dizerem: Onde estão aqueles que invocáveis, em vez de Deus? Dirão: Desvaneceram-se! Com isso, confessarão que haviam sido incrédulos.

قَالَ ٱدۡخُلُواْ فِيٓ أُمَمٖ قَدۡ خَلَتۡ مِن قَبۡلِكُم مِّنَ ٱلۡجِنِّ وَٱلۡإِنسِ فِي ٱلنَّارِۖ كُلَّمَا دَخَلَتۡ
أُمَّةٞ لَّعَنَتۡ أُخۡتَهَاۖ حَتَّىٰٓ إِذَا ٱدَّارَكُواْ فِيهَا جَمِيعٗا قَالَتۡ أُخۡرَىٰهُمۡ لِأُولَىٰهُمۡ رَبَّنَا
هَٰٓؤُلَآءِ أَضَلُّونَا فَـَٔاتِهِمۡ عَذَابٗا ضِعۡفٗا مِّنَ ٱلنَّارِۖ قَالَ لِكُلّٖ ضِعۡفٞ وَلَٰكِن لَّا
تَعۡلَمُونَ ٣٨

38. Qála dkhulú fí umamin qad khalat min qablikum minal jinni wal insi fin nári kullamá dakhalat ummatul la'anat ukhtahá hattá izad dárakú fíhá jamí'an qálat ukhráhum li úláhum Rabbanná háu'lá'i adhallúná fa átihim 'azában di'fam minan nári qála likullin di'fun wa lákil lá ta'lamún

38. Deus lhes dirá: Entrai no inferno, onde estão as gerações de gênios e humanos que vos precederam! Cada vez que aí ingressar umas novas pessoas, (estas) irão amaldiçoar as pessoas aparentadas, até que todas estejam ali recolhidas; então, estas dirão acerca daquelas: Ó Senhor nosso, eis aqui aqueles que nos desviaram; duplica-lhes o castigo infernal! Ele lhes dirá: o dobro (disso) será para todos; porém, vós o ignorais.

وَقَالَتْ أُولَىٰهُمْ لِأُخْرَىٰهُمْ فَمَا كَانَ لَكُمْ عَلَيْنَا مِن فَضْلٍ فَذُوقُوا۟ ٱلْعَذَابَ بِمَا
كُنتُمْ تَكْسِبُونَ ٣٩

39. Wa qálat úláhum li ukhráhum famá kána lakum 'alainá min fadhlin fazúqul azába bimá kuntum taksibún

39. Então, as primeiras dirão para as últimas: Não vos devemos favor algum. Sofrei, pois, o castigo, pelo que cometestes.

إِنَّ ٱلَّذِينَ كَذَّبُوا۟ بِـَٔايَـٰتِنَا وَٱسْتَكْبَرُوا۟ عَنْهَا لَا تُفَتَّحُ لَهُمْ أَبْوَٰبُ ٱلسَّمَآءِ وَلَا يَدْخُلُونَ
ٱلْجَنَّةَ حَتَّىٰ يَلِجَ ٱلْجَمَلُ فِى سَمِّ ٱلْخِيَاطِ ۚ وَكَذَٰلِكَ نَجْزِى ٱلْمُجْرِمِينَ ٤٠

40. Innal lazína kazzabú bi Áyátiná wastakbarú 'anhá lá tufattahu lahum abwábus samá'i wa lá yadkhulúnal jannata hattá yalijal jamalu fí sammil khiyát; wa kazálika najzil mujrimín

40. Àqueles que desmentirem os Nossos versículos e se ensoberbecerem, jamais lhes serão abertas as portas do Céu, nem entrarão no Paraíso, até que um camelo passe pelo buraco de uma agulha. Assim castigamos os pecadores.

لَهُم مِّن جَهَنَّمَ مِهَادٌ وَمِن فَوْقِهِمْ غَوَاشٍ ۚ وَكَذَٰلِكَ نَجْزِى ٱلظَّـٰلِمِينَ ٤١

41. Lahum min jahannama mihádun wa min fauquihim ghawách; wa kazálika najziz zálimín

41. Terão o inferno por leito, cobertos com mantos de fogo. Assim castigamos os injustos.

وَٱلَّذِينَ ءَامَنُوا۟ وَعَمِلُوا۟ ٱلصَّـٰلِحَـٰتِ لَا نُكَلِّفُ نَفْسًا إِلَّا وُسْعَهَآ أُو۟لَـٰٓئِكَ
أَصْحَـٰبُ ٱلْجَنَّةِ ۖ هُمْ فِيهَا خَـٰلِدُونَ ٤٢

سُورَةُ الأَعْرَاف

Surat Al A'raf

42. Wallazína ámanú wa 'amilus sáli<u>h</u>áti lá nukallifu nafsan illá wus'ahá ulá'ika Ass<u>h</u>ábul jannati hum fíhá khálidún

42. Quanto aos crentes, que praticam o bem - jamais impomos a alguém uma carga superior às suas forças -, saibam que serão os diletos do Paraíso, onde morarão eternamente.

وَنَزَعْنَا مَا فِي صُدُورِهِم مِّنْ غِلٍّ تَجْرِي مِن تَحْتِهِمُ الْأَنْهَارُ وَقَالُوا الْحَمْدُ لِلَّهِ الَّذِي
هَدَانَا لِهَٰذَا وَمَا كُنَّا لِنَهْتَدِيَ لَوْلَا أَنْ هَدَانَا اللَّهُ لَقَدْ جَاءَتْ رُسُلُ رَبِّنَا بِالْحَقِّ وَنُودُوا
أَن تِلْكُمُ الْجَنَّةُ أُورِثْتُمُوهَا بِمَا كُنتُمْ تَعْمَلُونَ ﴿٤٣﴾

43. Wa naza'ná má fi sudúrihim min ghillin tajrí min ta<u>h</u>tihimul anháru wa qálul <u>h</u>amdu lilláhil lazí hadáná liháza wa má kunna linahtadiya lau lá ann hadánal láhu laqad já'at Rusulu Rabbiná bil<u>h</u>aqq; wa núdú an tilkumul jannnatu úriçtumúhá bimá kuntum ta'malún

43. Extinguiremos todo o rancor de seus corações. A seus pés correrão os rios, e dirão: Louvado seja Deus, que nos encaminhou até aqui; jamais teríamos podido encaminhar-nos, se Ele não nos tivesse mostrado o caminho. Os mensageiros de nosso Senhor nos apresentaram a verdade. Então, ser-lhes-á dito: Eis o Paraíso que herdastes em recompensa pelo que fizestes.

وَنَادَىٰ أَصْحَابُ الْجَنَّةِ أَصْحَابَ النَّارِ أَن قَدْ وَجَدْنَا مَا وَعَدَنَا رَبُّنَا حَقًّا فَهَلْ وَجَدتُّم مَّا وَعَدَ
رَبُّكُمْ حَقًّا قَالُوا نَعَمْ فَأَذَّنَ مُؤَذِّنٌ بَيْنَهُمْ أَن لَّعْنَةُ اللَّهِ عَلَى الظَّالِمِينَ ﴿٤٤﴾

44. Wa nádá Ass<u>h</u>ábul jannati ass<u>h</u>ában Nári an qad wajadná má wa'adanná Rabbuná <u>h</u>aqqan fahal wajattum má wa'ada Rabbukum <u>h</u>aqqan qálú na'am; fa azzana mu'azzinum bainahum al la'natul láhi 'alaz zálimín

44. E os diletos do Paraíso gritarão aos condenados, no inferno: Verificamos que era verdade tudo quanto nosso Senhor nos havia prometido. Porventura, comprovastes que era verdade o que o vosso Senhor vos havia prometido? Dirão: Sim! Um arauto, então, proclamará entre eles: Que a maldição de Deus caia sobre os injustos,

الَّذِينَ يَصُدُّونَ عَن سَبِيلِ اللَّهِ وَيَبْغُونَهَا عِوَجًا وَهُم بِالْآخِرَةِ كَافِرُونَ ﴿٤٥﴾

45. Allazína yasuddúna 'an sabílil láhi wa yabghúnahá 'iwajan wa hum bil Ákhirati káfirún

45. Que afastam os demais da senda de Deus, anunciam-na tortuosa e negam a Vida Futura!

سُورَةُ الأَعۡرَافِ

Surat Al A'raf

وَبَيۡنَهُمَا حِجَابٞۚ وَعَلَى ٱلۡأَعۡرَافِ رِجَالٞ يَعۡرِفُونَ كُلَّۢا بِسِيمَىٰهُمۡۚ وَنَادَوۡاْ أَصۡحَٰبَ ٱلۡجَنَّةِ أَن
سَلَٰمٌ عَلَيۡكُمۡۚ لَمۡ يَدۡخُلُوهَا وَهُمۡ يَطۡمَعُونَ ٤٦

46. Wa bainahumá hijáb; wa 'alal A'ráfi rijálun ya'rifúna kullam bisímáhum; wa nádau Asshábal jannati an salámun 'alaikum; lam yadkhulúhá wa hum yatma'ún

46. E entre ambos haverá um véu e, nos cimos, situar-se-ão homens que reconhecerão a todos, por suas fisionomias, e saudarão os diletos do Paraíso: Que a paz esteja convosco! Eles (os dos cimos), ainda não entrarão no Paraíso, mas têm esperanças disso.

۞ وَإِذَا صُرِفَتۡ أَبۡصَٰرُهُمۡ تِلۡقَآءَ أَصۡحَٰبِ ٱلنَّارِ قَالُواْ رَبَّنَا لَا تَجۡعَلۡنَا مَعَ ٱلۡقَوۡمِ ٱلظَّٰلِمِينَ ٤٧

47. ۞ Wa izá surifat absáruhum tilqá'a Asshábin Nári qálú Rabbaná lá taj'alná ma'al qaumiz zálimín

47. E, quando seus olhares se voltarem para os condenados ao Inferno, dirão: Ó Senhor nosso, não nos juntes com os injustos.

وَنَادَىٰٓ أَصۡحَٰبُ ٱلۡأَعۡرَافِ رِجَالٗا يَعۡرِفُونَهُم بِسِيمَىٰهُمۡ قَالُواْ مَآ أَغۡنَىٰ عَنكُمۡ جَمۡعُكُمۡ وَمَا
كُنتُمۡ تَسۡتَكۡبِرُونَ ٤٨

48. Wa nádá Asshábul a'ráfi rijálan ya'rifúnahum bisímáhum qálú má aghná 'ankum jam'ukum wa má kuntum tastakbirún

48. Os habitantes dos cimos gritarão a uns homens, os quais reconhecerão por suas fisionomias: De que vos serviram os vossos tesouros e a vossa soberbia?

أَهَٰٓؤُلَآءِ ٱلَّذِينَ أَقۡسَمۡتُمۡ لَا يَنَالُهُمُ ٱللَّهُ بِرَحۡمَةٍۚ ٱدۡخُلُواْ ٱلۡجَنَّةَ لَا خَوۡفٌ عَلَيۡكُمۡ
وَلَآ أَنتُمۡ تَحۡزَنُونَ ٤٩

49. A há'ulá'il lazína aqsamtum lá yanáluhumul láhu bi rahmah; udkhulul Jannata lá khaufun 'alaikum wa lá antum tahzanún

49. Não são estes cuja graça e misericórdia de Deus dissestes que não alcançariam? (Deus dirá a estes): Entrai no Paraíso, onde não sereis presas do temor, nem vos atribulareis.

وَنَادَىٰٓ أَصۡحَٰبُ ٱلنَّارِ أَصۡحَٰبَ ٱلۡجَنَّةِ أَنۡ أَفِيضُواْ عَلَيۡنَا مِنَ ٱلۡمَآءِ أَوۡ مِمَّا
رَزَقَكُمُ ٱللَّهُۚ قَالُوٓاْ إِنَّ ٱللَّهَ حَرَّمَهُمَا عَلَى ٱلۡكَٰفِرِينَ ٥٠

سُورَةُ الأعراف

Surat Al A'raf

50. Wa nádá Asshábun Nári Asshábal jannati an afidhú 'alainá minal má'i au mimma razaqakumul láh; qálú innal láha harramahumá 'alal káfirín

50. Os condenados ao inferno clamarão aos diletos do Paraíso: Derramai por sobre nós um pouco de água ou algo com que Deus vos agraciou. Dir-lhes-ão: Deus vedou ambas (as coisas) aos incrédulos,

ٱلَّذِينَ ٱتَّخَذُوا۟ دِينَهُمْ لَهْوًا وَلَعِبًا وَغَرَّتْهُمُ ٱلْحَيَوٰةُ ٱلدُّنْيَا ۚ
فَٱلْيَوْمَ نَنسَىٰهُمْ كَمَا نَسُوا۟ لِقَآءَ يَوْمِهِمْ هَٰذَا وَمَا كَانُوا۟ بِـَٔايَٰتِنَا
يَجْحَدُونَ ﴿٥١﴾

51. Allazínat takhazú dínahum lahwan wa la'i-ban wa gharrathumul hayátud dunyá; fal Yauma nannsáhum kamá nasú liqá'a Yaumihim házá wa má kánú bi áyátiná yajhadún

51. Que tomaram sua religião por diversão e jogo, e os iludiu a vida terrena! Esquecemo-los hoje, como eles esqueceram o comparecimento, neste dia, bem como por terem negado os Nossos versículos,

وَلَقَدْ جِئْنَٰهُم بِكِتَٰبٍ فَصَّلْنَٰهُ عَلَىٰ عِلْمٍ هُدًى وَرَحْمَةً لِّقَوْمٍ يُؤْمِنُونَ ﴿٥٢﴾

52. Wa laqad ji'náhum bi Kitábin fassalnáhu 'alá 'ilmin hudan wa rahmatal liqaumin-yu'minún

52. Não obstante lhes termos apresentado um Livro, o qual lhes elucidamos sabiamente, e é orientação e misericórdia para os crentes.

هَلْ يَنظُرُونَ إِلَّا تَأْوِيلَهُۥ ۚ يَوْمَ يَأْتِى تَأْوِيلُهُۥ يَقُولُ ٱلَّذِينَ نَسُوهُ مِن قَبْلُ قَدْ جَآءَتْ
رُسُلُ رَبِّنَا بِٱلْحَقِّ فَهَل لَّنَا مِن شُفَعَآءَ فَيَشْفَعُوا۟ لَنَآ أَوْ نُرَدُّ فَنَعْمَلَ غَيْرَ ٱلَّذِى كُنَّا
نَعْمَلُ ۚ قَدْ خَسِرُوٓا۟ أَنفُسَهُمْ وَضَلَّ عَنْهُم مَّا كَانُوا۟ يَفْتَرُونَ ﴿٥٣﴾

53. Hal yanzurúna illá ta'wílah; yauma ya'tí ta'wíluhú yaqúlul lazína nasúhu min qablu qad já'at Rusulu Rabbiná bilhaqq; fahal laná min chufa'á fa yachfa'ú laná au nuraddu fana'mala ghairal lazí kunná na'mal; qad khasirú anfusahum wa dhalla 'anhum má kánú yaftarún

53. Esperam eles, acaso, algo além da comprovação? O dia em que esta chegar, aqueles que a houverem desdenhado, dirão: Os mensageiros de nosso Senhor nos haviam apresentado a verdade. Porventura obteremos intercessores, que advoguem em nosso favor? Ou retornaremos, para nos comportarmos

distintamente de como o fizemos? Porém, já terão sido condenados, e tudo quanto tiverem forjado desvanecer-se-á.

إِنَّ رَبَّكُمُ ٱللَّهُ ٱلَّذِي خَلَقَ ٱلسَّمَٰوَٰتِ وَٱلۡأَرۡضَ فِي سِتَّةِ أَيَّامٖ ثُمَّ ٱسۡتَوَىٰ عَلَى
ٱلۡعَرۡشِۖ يُغۡشِي ٱلَّيۡلَ ٱلنَّهَارَ يَطۡلُبُهُۥ حَثِيثٗا وَٱلشَّمۡسَ وَٱلۡقَمَرَ وَٱلنُّجُومَ مُسَخَّرَٰتِۭ
بِأَمۡرِهِۦٓۗ أَلَا لَهُ ٱلۡخَلۡقُ وَٱلۡأَمۡرُۗ تَبَارَكَ ٱللَّهُ رَبُّ ٱلۡعَٰلَمِينَ ٥٤

54. Inna Rabbakumul láhul lazí khalaqas samáwáti wal ardha fí sittati ayyámin çummas tawá 'alal 'archi yughchil lailan nahára yatlubuhú haciçan wachchamsa walqamara wannujúma musakharátim bi amrih; alá lahul khalqu wal-amr; tabárakal láhu Rabbul 'álamín

54. Vosso Senhor é Deus, Que criou os Céus e a Terra em seis dias, assumindo, em seguida, o Trono. Ele ensombrece o dia com a noite, que o sucede incessantemente. O sol, a lua e as estrelas estão submetidos ao Seu comando. Acaso, não Lhe pertencem a criação e o poder? Bendito seja Deus, Senhor do Universo.

ٱدۡعُواْ رَبَّكُمۡ تَضَرُّعٗا وَخُفۡيَةًۚ إِنَّهُۥ لَا يُحِبُّ ٱلۡمُعۡتَدِينَ ٥٥

55. Ud'ú Rabbakum tadharru'an wa khufyah; innahú lá yuhibbul mu'tadín

55. Invocai vosso Senhor humílima e intimamente, porque Ele não aprecia os transgressores.

وَلَا تُفۡسِدُواْ فِي ٱلۡأَرۡضِ بَعۡدَ إِصۡلَٰحِهَا وَٱدۡعُوهُ خَوۡفٗا وَطَمَعًاۚ إِنَّ رَحۡمَتَ ٱللَّهِ
قَرِيبٞ مِّنَ ٱلۡمُحۡسِنِينَ ٥٦

56. Wa lá tufsidú fil ardhi ba'da islâhihá wad'úhu khaufan wa tama'á; inna rahmatal láhi qaríbum minal muhsinín

56. E não causeis corrupção na Terra, depois de haver sido pacificada. Outrossim, invocai-O com temor e esperança, porque Sua misericórdia está próxima dos benfeitores.

وَهُوَ ٱلَّذِي يُرۡسِلُ ٱلرِّيَٰحَ بُشۡرَۢا بَيۡنَ يَدَيۡ رَحۡمَتِهِۦۖ حَتَّىٰٓ إِذَآ أَقَلَّتۡ سَحَابٗا
ثِقَالٗا سُقۡنَٰهُ لِبَلَدٖ مَّيِّتٖ فَأَنزَلۡنَا بِهِ ٱلۡمَآءَ فَأَخۡرَجۡنَا بِهِۦ مِن كُلِّ ٱلثَّمَرَٰتِۚ كَذَٰلِكَ
نُخۡرِجُ ٱلۡمَوۡتَىٰ لَعَلَّكُمۡ تَذَكَّرُونَ ٥٧

57. Wa Huwal lazí yursilur riyáha buchram baina yadai rahmatihí hattá izá aqallat sahában çiqálan suqnáhu libaladim maiyitin fa annzalná bihil má'a fa akhrajná bihí minn kullis çamarát; kazálika nukhrijul mautá la'allakum tazakkarún

57. Ele é Quem envia os ventos alvissareiros, por Sua misericórdia, portadores de densas nuvens, que (Ele) impulsiona até uma comarca árida e delas faz descer a água, mediante a qual produzimos toda a classe de frutos. Do mesmo modo ressuscitamos os mortos, para que mediteis.

وَٱلۡبَلَدُ ٱلطَّيِّبُ يَخۡرُجُ نَبَاتُهُۥ بِإِذۡنِ رَبِّهِۦۖ وَٱلَّذِي خَبُثَ لَا يَخۡرُجُ إِلَّا نَكِدٗاۚ كَذَٰلِكَ نُصَرِّفُ ٱلۡأٓيَٰتِ لِقَوۡمٖ يَشۡكُرُونَ ٥٨

58. Walbaladut taiyibu yakhruju nabátuhú bi-izni Rabbihí wallazí khabusa lá yakhruju illá nakidá; kazálika nusarriful Áyáti liqauminy yachkurún

58. Da terra fértil brota a vegetação, com o beneplácito do seu Senhor; da estéril, porém, nada brota, senão escassamente. Assim elucidamos os versículos para os agradecidos.

لَقَدۡ أَرۡسَلۡنَا نُوحًا إِلَىٰ قَوۡمِهِۦ فَقَالَ يَٰقَوۡمِ ٱعۡبُدُواْ ٱللَّهَ مَا لَكُم مِّنۡ إِلَٰهٍ غَيۡرُهُۥٓ إِنِّيٓ أَخَافُ عَلَيۡكُمۡ عَذَابَ يَوۡمٍ عَظِيمٖ ٥٩

59. Laqad arsalná Núhan ilá qaumihí faqála yá qaumi 'budul láha má lakum min iláhin ghairuhú inní akháfu 'alaikum 'azába Yaumin 'Azím

59. Enviamos Noé ao seu povo, ao qual disse: Ó povo meu, adorai a Deus, porque não tereis outra divindade além d'Ele. Temo, por vós, o castigo do dia terrível.

قَالَ ٱلۡمَلَأُ مِن قَوۡمِهِۦٓ إِنَّا لَنَرَىٰكَ فِي ضَلَٰلٖ مُّبِينٖ ٦٠

60. Qálal mala-u min qaumihí inná lanaráka fí dhalálim mubín

60. Os chefes, dentre seu povo, disseram: Vemos-te em um erro evidente.

قَالَ يَٰقَوۡمِ لَيۡسَ بِي ضَلَٰلَةٞ وَلَٰكِنِّي رَسُولٞ مِّن رَّبِّ ٱلۡعَٰلَمِينَ ٦١

61. Qála yá qaumi laisa bí dhalálatun wa lákinní Rasúlum mir Rabbil 'álamín

61. Respondeu-lhes: Ó povo meu, não há erro em mim, pois sou o mensageiro do Senhor do Universo.

أُبَلِّغُكُمۡ رِسَٰلَٰتِ رَبِّي وَأَنصَحُ لَكُمۡ وَأَعۡلَمُ مِنَ ٱللَّهِ مَا لَا تَعۡلَمُونَ ٦٢

62. Uballighukum Risáláti Rabbí wa ansahu lakum wa a'lamu minal láhi má lá ta'lamún

سُورَةُ الأَعۡرَافِ

Surat Al A'raf

62. Comunico-vos as mensagens do meu Senhor, aconselho-vos, e sei de Deus o que ignorais.

أَوَعَجِبۡتُمۡ أَن جَآءَكُمۡ ذِكۡرٞ مِّن رَّبِّكُمۡ عَلَىٰ رَجُلٖ مِّنكُمۡ لِيُنذِرَكُمۡ وَلِتَتَّقُواْ وَلَعَلَّكُمۡ
تُرۡحَمُونَ ٦٣

63. Awa 'ajibtum an já'akum zikrum mir Rabbikum 'alá rajulim minkum liyunzirakum wa litattaqú wa la'allakum turhamún

63. Estranhais, acaso, que chegue uma mensagem do vosso Senhor por intermédio de um homem da vossa raça? Isto é para admoestar-vos e para que temais a Deus, a fim de que sejais compadecidos.

فَكَذَّبُوهُ فَأَنجَيۡنَٰهُ وَٱلَّذِينَ مَعَهُۥ فِي ٱلۡفُلۡكِ وَأَغۡرَقۡنَا ٱلَّذِينَ كَذَّبُواْ بِـَٔايَٰتِنَآۚ
إِنَّهُمۡ كَانُواْ قَوۡمًا عَمِينَ ٦٤

64. Fakazzabúhu fa anjaináhu wallazína ma'ahú fil fulki wa aghraqnal lazína kazzabú bi Áyátiná; innahum kánú qauman 'amín

64. Porém, desmentiram-no, e o salvamos, juntamente com os que com ele estavam na arca, afogando aqueles que desmentiram os Nossos versículos, porque eram de um povo cego.

۞ وَإِلَىٰ عَادٍ أَخَاهُمۡ هُودٗاۚ قَالَ يَٰقَوۡمِ ٱعۡبُدُواْ ٱللَّهَ مَا لَكُم مِّنۡ إِلَٰهٍ غَيۡرُهُۥٓۚ أَفَلَا
تَتَّقُونَ ٦٥

65. ۞ Wa ilá 'Ádin akháhum Húdá; qála yá qaumi 'budul láha má lakum min iláhin ghairuh; afalá tattaqún

65. E ao povo de 'Ad enviamos seu irmão Hud, o qual disse: Ó povo meu, adorai a Deus, porque não tereis outra divindade além d'Ele. Não O temeis?

قَالَ ٱلۡمَلَأُ ٱلَّذِينَ كَفَرُواْ مِن قَوۡمِهِۦٓ إِنَّا لَنَرَىٰكَ فِي سَفَاهَةٖ وَإِنَّا لَنَظُنُّكَ
مِنَ ٱلۡكَٰذِبِينَ ٦٦

66. Qálal malaul lazína kafarú min qaumihí inná lanaráka fí safáhatin wa inná la nazunnuka minal kázibín

66. Porém, os chefes incrédulos, dentre seu povo, disseram: Certamente, vemos-te em insensatez e achamos que és mentiroso.

قَالَ يَٰقَوۡمِ لَيۡسَ بِي سَفَاهَةٞ وَلَٰكِنِّي رَسُولٞ مِّن رَّبِّ ٱلۡعَٰلَمِينَ ٦٧

67. Qála yá qaumi laisa bí safáhatun wa lákinní Rasúlum mir Rabbil 'álamín

67. Respondeu-lhes: Ó povo meu, não há insensatez em mim, e sou o mensageiro do Senhor do Universo.

أُبَلِّغُكُمۡ رِسَٰلَٰتِ رَبِّي وَأَنَا۠ لَكُمۡ نَاصِحٌ أَمِينٌ ٦٨

68. UbalSighukum Risáláti Rabbí wa ana lakum násihun amín

68. Comunico-vos as mensagens do meu Senhor e sou vosso fiel conselheiro.

أَوَعَجِبۡتُمۡ أَن جَآءَكُمۡ ذِكۡرٞ مِّن رَّبِّكُمۡ عَلَىٰ رَجُلٖ مِّنكُمۡ لِيُنذِرَكُمۡۚ وَٱذۡكُرُوٓاْ
إِذۡ جَعَلَكُمۡ خُلَفَآءَ مِنۢ بَعۡدِ قَوۡمِ نُوحٖ وَزَادَكُمۡ فِي ٱلۡخَلۡقِ بَصۜۡطَةٗۖ فَٱذۡكُرُوٓاْ
ءَالَآءَ ٱللَّهِ لَعَلَّكُمۡ تُفۡلِحُونَ ٦٩

69. Awa 'ajibtum an já'akum zikrum mir Rabbikum 'alá rajulim minkum liyunzirakum; wazkurú iz ja'alakum khulafá'a mim ba'di qaumi Núhin wa zádakum filkhalqui bastatan fazkurú álá'al láhi la 'allakum tuflihún

69. Estranhais, acaso, que vos chegue uma mensagem do vosso Senhor, por um homem da vossa raça, para admoestar-vos? Reparai em como Ele vos designou sucessores do povo de Noé, e vos proporcionou alta estatura. Recordai-vos das mercês de Deus (para convosco), a fim de que prospereis.

قَالُوٓاْ أَجِئۡتَنَا لِنَعۡبُدَ ٱللَّهَ وَحۡدَهُۥ وَنَذَرَ مَا كَانَ يَعۡبُدُ ءَابَآؤُنَا فَأۡتِنَا بِمَا
تَعِدُنَآ إِن كُنتَ مِنَ ٱلصَّٰدِقِينَ ٧٠

70. Qálú aji'taná lina'budal láha wahdahú wanazara má kána ya'budu ábá'uná fa'tiná bimá ta'iduná in kunta minas sádiquin

70. Disseram-lhe: Vens, acaso, para fazer com que adoremos só a Deus e abandonemos o que adoravam os nossos pais? Faze, pois, com que se cumpram as tuas predições, se estiveres certo.

قَالَ قَدۡ وَقَعَ عَلَيۡكُم مِّن رَّبِّكُمۡ رِجۡسٞ وَغَضَبٌۖ أَتُجَٰدِلُونَنِي فِيٓ أَسۡمَآءٖ
سَمَّيۡتُمُوهَآ أَنتُمۡ وَءَابَآؤُكُم مَّا نَزَّلَ ٱللَّهُ بِهَا مِن سُلۡطَٰنٖۚ فَٱنتَظِرُوٓاْ إِنِّي
مَعَكُم مِّنَ ٱلۡمُنتَظِرِينَ ٧١

سُورَةُ الأَعْرَافِ

Surat Al A'raf

71. Qála qad waqa'a alaikum mir Rabbikum rijsun wa ghadhab, atujádilúnaní fí asmá'in sammaitumúhá antum wa ábá'ukum má nazzalal láhu bihá min sultán; fantazirú inní ma'akum minal muntazirín

71. Respondeu-lhes: Já vos açoitaram a abominação e a indignação do vosso Senhor! Ousareis, acaso, discutir comigo, a respeito de nomes que inventais, vós e vossos pais, aos quais Deus não concedeu autoridade alguma? Aguardai, pois, que eu aguardarei convosco.

فَأَنجَيْنَٰهُ وَٱلَّذِينَ مَعَهُۥ بِرَحْمَةٍ مِّنَّا وَقَطَعْنَا دَابِرَ ٱلَّذِينَ كَذَّبُوا۟ بِـَٔايَٰتِنَا ۖ وَمَا
كَانُوا۟ مُؤْمِنِينَ ﴿٧٢﴾

72. Fa anjainá hu wallazína ma'ahú birahmatim minná wa qata'ná dábiral lazína kazzabú bi Áyátiná wa má kánú mu'minín

72. Salvamo-lo, e a quem com ele estava, mercê de Nossa misericórdia, e extirpamos aqueles que desmentiram os Nossos versículos, porque não eram crentes.

وَإِلَىٰ ثَمُودَ أَخَاهُمْ صَٰلِحًا ۗ قَالَ يَٰقَوْمِ ٱعْبُدُوا۟ ٱللَّهَ مَا لَكُم مِّنْ إِلَٰهٍ غَيْرُهُۥ ۖ
قَدْ جَآءَتْكُم بَيِّنَةٌ مِّن رَّبِّكُمْ ۖ هَٰذِهِۦ نَاقَةُ ٱللَّهِ لَكُمْ ءَايَةً ۖ فَذَرُوهَا
تَأْكُلْ فِىٓ أَرْضِ ٱللَّهِ ۖ وَلَا تَمَسُّوهَا بِسُوٓءٍ فَيَأْخُذَكُمْ عَذَابٌ أَلِيمٌ ﴿٧٣﴾

73. Wa ilá Çamúda akháhum Sálihá; qála yá qaumi 'budul láha má lakum min iláhin ghairuhú qad já'atkum baiyinatum mir Rabbikum házihí náqatul láhi lakum Áyatan fazarúhá ta'kul fí ardhil láhi wa lá tamassúhá bisú'in fa ya'khuzakum 'azábun alím

73. Ao povo de Çamud enviamos seu irmão, Sáleh, que lhes disse: Ó povo meu, adorai a Deus, porque não tereis outra divindade além d'Ele. Chegou-vos uma evidência do vosso Senhor. Ei-la aqui: a fêmea de camelo de Deus é um sinal para vós; deixai-a pastar nas terras de Deus e não a maltrateis, porque vos açoitará um doloroso castigo.

وَٱذْكُرُوٓا۟ إِذْ جَعَلَكُمْ خُلَفَآءَ مِنۢ بَعْدِ عَادٍ وَبَوَّأَكُمْ فِى ٱلْأَرْضِ
تَتَّخِذُونَ مِن سُهُولِهَا قُصُورًا وَتَنْحِتُونَ ٱلْجِبَالَ بُيُوتًا ۖ فَٱذْكُرُوٓا۟
ءَالَآءَ ٱللَّهِ وَلَا تَعْثَوْا۟ فِى ٱلْأَرْضِ مُفْسِدِينَ ﴿٧٤﴾

74. Wazkurú iz ja'alakum khulafá'a mim ba'di 'Ádin wa bauwa'akum fil ardhi tattakhizúna min suhúlihá qusúran wa tanhitúnal jibála buyútan fazkurú álá'al láhi wa lá ta'sau fil ardhi mufsidín

74. Lembrai-vos de que Ele vos designou sucessores do povo de 'Ad, e vos enraizou na terra, em cujas planuras ergueis palácios, e em cujas (encostas de) montanhas cavais moradias. Recordai-vos das mercês de Deus para convosco e não causeis flagelo nem corrupção na Terra.

قَالَ ٱلۡمَلَأُ ٱلَّذِينَ ٱسۡتَكۡبَرُواْ مِن قَوۡمِهِۦ لِلَّذِينَ ٱسۡتُضۡعِفُواْ لِمَنۡ ءَامَنَ
مِنۡهُمۡ أَتَعۡلَمُونَ أَنَّ صَٰلِحٗا مُّرۡسَلٞ مِّن رَّبِّهِۦۚ قَالُوٓاْ إِنَّا بِمَآ أُرۡسِلَ بِهِۦ
مُؤۡمِنُونَ ﴿٧٥﴾

75. Qálal malaul lazínas takbarú min qaumihí lillazínas tud'ifú liman ámana min-hum ata'lamúna anna Sáliham mursalum mir Rabbih; qálú inná bimá ursila bihí mu'minún

75. Porém, os chefes dos que se ensoberbeceram, dentre seu povo, perguntaram aos crentes submetidos: Estais seguros de que Sáleh é um mensageiro do seu Senhor? Responderam: Nós cremos em sua missão.

قَالَ ٱلَّذِينَ ٱسۡتَكۡبَرُوٓاْ إِنَّا بِٱلَّذِيٓ ءَامَنتُم بِهِۦ كَٰفِرُونَ ﴿٧٦﴾

76. Qálal lazínas takbarú inná billazí ámanntum bihí káfirún

76. Mas os que se ensoberbeceram lhes disseram: Nós negamos o que credes.

فَعَقَرُواْ ٱلنَّاقَةَ وَعَتَوۡاْ عَنۡ أَمۡرِ رَبِّهِمۡ وَقَالُواْ يَٰصَٰلِحُ ٱئۡتِنَا بِمَا تَعِدُنَآ إِن
كُنتَ مِنَ ٱلۡمُرۡسَلِينَ ﴿٧٧﴾

77. Fa'aqarun náqata wa'atau 'an amri Rabbihim wa qálú yá Sálihu 'tiná bimá ta'iduná in kunta minal mursalín

77. E esquartejaram a fêmea de camelo, desacatando a ordem do seu Senhor, e disseram: Ó Sáleh, faze, pois, com que se cumpram as tuas predições, se és um dos mensageiros.

فَأَخَذَتۡهُمُ ٱلرَّجۡفَةُ فَأَصۡبَحُواْ فِي دَارِهِمۡ جَٰثِمِينَ ﴿٧٨﴾

78. Fa akhazathumur rajfatu fa asbahú fí dárihim jácimín

78. Então, fulminou-os um terremoto, e a manhã encontrou-os jacentes em seus lares.

فَتَوَلَّىٰ عَنۡهُمۡ وَقَالَ يَٰقَوۡمِ لَقَدۡ أَبۡلَغۡتُكُمۡ رِسَالَةَ رَبِّي وَنَصَحۡتُ لَكُمۡ وَلَٰكِن لَّا تُحِبُّونَ ٱلنَّٰصِحِينَ ﴿٧٩﴾

79. Fa tawalla 'na-hum wa qála yá qaumi laqad ablaghtukum Risálata Rabbí wa nasahtu lakum wa lákil lá tuhibbúnan násihín

79. E Sáleh distanciou-se deles, dizendo: Ó povo meu, eu vos comuniquei a mensagem do meu Senhor e vos aconselhei; porém, vós não apreciais os conselheiros.

وَلُوطًا إِذۡ قَالَ لِقَوۡمِهِۦٓ أَتَأۡتُونَ ٱلۡفَٰحِشَةَ مَا سَبَقَكُم بِهَا مِنۡ أَحَدٖ مِّنَ ٱلۡعَٰلَمِينَ ﴿٨٠﴾

80. Wa Lotan iz qála liqaumihí ata'túnal fáhichata má sabaqakum bihá min ahadim minal 'álamín

80. E (enviamos) Lot, que disse ao seu povo: Cometeis abominação como povo nenhum no mundo jamais cometeu antes de vós,

إِنَّكُمۡ لَتَأۡتُونَ ٱلرِّجَالَ شَهۡوَةٗ مِّن دُونِ ٱلنِّسَآءِۚ بَلۡ أَنتُمۡ قَوۡمٞ مُّسۡرِفُونَ ﴿٨١﴾

81. Innakum lata'túnar rijála chahwatam min dúnin nisá'; bal antum qaumum musrifún

81. Acercando-vos licenciosamente dos homens, em vez (de vos acercardes) das mulheres. Realmente, sois um povo transgressor.

وَمَا كَانَ جَوَابَ قَوۡمِهِۦٓ إِلَّآ أَن قَالُوٓاْ أَخۡرِجُوهُم مِّن قَرۡيَتِكُمۡۖ إِنَّهُمۡ أُنَاسٞ يَتَطَهَّرُونَ ﴿٨٢﴾

82. Wa má kána jawába qaumihí illá an qálú akhrijúhum min qaryatikum innahum unásun yatatahharún

82. E a resposta do seu povo só consistiu em dizer (uns aos outros): Expulsai-os da vossa cidade porque são pessoas que desejam ser puras.

فَأَنجَيۡنَٰهُ وَأَهۡلَهُۥٓ إِلَّا ٱمۡرَأَتَهُۥ كَانَتۡ مِنَ ٱلۡغَٰبِرِينَ ﴿٨٣﴾

83. Fa anjainúhu wa ahlahú illa mraatahú kánat minal ghábirín

83. Porém, salvamo-lo, juntamente com sua família, exceto a sua mulher, que se contou entre os que foram deixados para trás.

وَأَمْطَرْنَا عَلَيْهِم مَّطَرًا فَانظُرْ كَيْفَ كَانَ عَاقِبَةُ الْمُجْرِمِينَ ﴿٨٤﴾

84. Wa 'amtarná 'alaihim mataran fanzur kaifa kána áquibatul mujrimín

84. E desencadeamos sobre eles uma tempestade. Repara, pois, qual foi o destino dos pecadores!

وَإِلَىٰ مَدْيَنَ أَخَاهُمْ شُعَيْبًا قَالَ يَا قَوْمِ اعْبُدُوا اللَّهَ مَا لَكُم مِّنْ إِلَٰهٍ
غَيْرُهُ قَدْ جَاءَتْكُم بَيِّنَةٌ مِّن رَّبِّكُمْ فَأَوْفُوا الْكَيْلَ
وَالْمِيزَانَ وَلَا تَبْخَسُوا النَّاسَ أَشْيَاءَهُمْ وَلَا تُفْسِدُوا فِي الْأَرْضِ
بَعْدَ إِصْلَاحِهَا ذَٰلِكُمْ خَيْرٌ لَّكُمْ إِن كُنتُم مُّؤْمِنِينَ ﴿٨٥﴾

85. Wa ilá Madyana akháhum Xu'aybá; qála yá qaumi 'budul láha má lakum min iláhin ghairuhú qad já'atkum baiyinatum mir Rabbikum fa auful kaila walmízána wa lá tabkhasun nása achyá'ahum wa lá tufsidú fil ardhi ba'da isláhihá; zálikum khairul lakum in kuntum mu'minín

85. E aos madianitas enviamos seu irmão Xu'aib, que lhes disse: Ó povo meu, adorai a Deus, porque não tereis outra divindade além d'Ele! Já vos chegou uma evidência do vosso Senhor! Sede leais na medida e no peso! Não defraudeis os humanos em seus bens e não causeis corrupção na Terra, depois de ela haver sido pacificada! Isso será melhor para vós, se sois crentes.

وَلَا تَقْعُدُوا بِكُلِّ صِرَاطٍ تُوعِدُونَ وَتَصُدُّونَ عَن سَبِيلِ اللَّهِ مَنْ
آمَنَ بِهِ وَتَبْغُونَهَا عِوَجًا وَاذْكُرُوا إِذْ كُنتُمْ قَلِيلًا
فَكَثَّرَكُمْ وَانظُرُوا كَيْفَ كَانَ عَاقِبَةُ الْمُفْسِدِينَ ﴿٨٦﴾

86. Wa lá taq'udú bikulli sirátin tú'idúna wa tasuddúna 'an sabílil láhi man ámana bihí wa tabghúnahá 'iwajá; waz kurú iz kuntum qalílan fakassarakum wanzurú kaifa kána 'áquibatul mufsidín

86. Não vos posteis em caminho algum, obstruindo a senda de Deus e ameaçando quem n'Ele crê, esforçando-vos em fazê-la tortuosa. Recordai-vos de quando éreis uns poucos e Ele vos multiplicou, e reparai qual foi o destino dos depravados.

سُورَةُ الأَعۡرَافِ

Surat Al A'raf

وَإِن كَانَ طَآئِفَةٞ مِّنكُمۡ ءَامَنُواْ بِٱلَّذِيٓ أُرۡسِلۡتُ بِهِۦ وَطَآئِفَةٞ لَّمۡ يُؤۡمِنُواْ
فَٱصۡبِرُواْ حَتَّىٰ يَحۡكُمَ ٱللَّهُ بَيۡنَنَاۚ وَهُوَ خَيۡرُ ٱلۡحَٰكِمِينَ ٨٧

87. Wa In kána tá'ifatum minkum ámanú billazí ursiltu bihí wa tá'ifatul lam yu'minú fasbirú hattá yahkumal láhu bainaná; wa Huwa khairul hákimín

87. E se entre vós há um grupo que crê na missão que me foi confiada e outro que a nega, aguardai, até que Deus julgue entre nós, porque Ele é o mais equânime dos juízes. **(Fim do Juzi 8)**

سُورَةُ الأَعۡرَافِ

Surat Al A'raf

Juzi 9

Surat 7. *Al A'raf* do versículo 88-206

۞ قَالَ ٱلۡمَلَأُ ٱلَّذِينَ ٱسۡتَكۡبَرُواْ مِن قَوۡمِهِۦ لَنُخۡرِجَنَّكَ يَٰشُعَيۡبُ وَٱلَّذِينَ ءَامَنُواْ
مَعَكَ مِن قَرۡيَتِنَآ أَوۡ لَتَعُودُنَّ فِي مِلَّتِنَاۚ قَالَ أَوَلَوۡ كُنَّا كَٰرِهِينَ ﴿٨٨﴾

88. Qálal malaul lazínas takbarú min qaumihí lanukhrijannaka yá Xu'aibu wallazína ámanú ma'aka min qaryatiná au lata'údunna fí millatiná; qála awa lau kunná kárihín

88. Os chefes que se ensoberbeceram, dentre o seu povo, disseram-lhe: Juramos que te expulsaremos da nossa cidade, ó Xu'aib, juntamente com aqueles que contigo creem, a menos que retorneis aos nossos credos. (Xu'aib) retrucou: Ainda que os deploremos?

قَدِ ٱفۡتَرَيۡنَا عَلَى ٱللَّهِ كَذِبًا إِنۡ عُدۡنَا فِي مِلَّتِكُم بَعۡدَ إِذۡ نَجَّىٰنَا ٱللَّهُ مِنۡهَاۚ وَمَا يَكُونُ
لَنَآ أَن نَّعُودَ فِيهَآ إِلَّآ أَن يَشَآءَ ٱللَّهُ رَبُّنَاۚ وَسِعَ رَبُّنَا كُلَّ شَيۡءٍ عِلۡمًاۚ عَلَى ٱللَّهِ تَوَكَّلۡنَاۚ
رَبَّنَا ٱفۡتَحۡ بَيۡنَنَا وَبَيۡنَ قَوۡمِنَا بِٱلۡحَقِّ وَأَنتَ خَيۡرُ ٱلۡفَٰتِحِينَ ﴿٨٩﴾

89. Qadi ftarainá 'alal láhi kaziban in 'udná fí millatikum ba'da iz najjánal láhu minhá; wa má yakúnu laná an na'úda fíhá illá ai yachá'al láhu Rabbuná; wasi'a Rabbuná kulla chai'in 'ilmá; 'alal láhi tawakkalná; Rabbana ftah bainaná wa baina qauminá bilhaqqui wa Anta khairul fátihín

89. Forjaríamos mentiras a respeito de Deus, se retornássemos aos vossos credos, sendo que Deus já nos livrou deles. É impossível que os abracemos, sem que Deus, nosso Senhor, o queira, porque nosso Senhor tudo abrange sapientemente, e n'Ele confiamos. Ó Senhor nosso, decide com equidade entre nós e o nosso povo, porque Tu és o mais equânime dos juízes.

وَقَالَ ٱلۡمَلَأُ ٱلَّذِينَ كَفَرُواْ مِن قَوۡمِهِۦ لَئِنِ ٱتَّبَعۡتُمۡ شُعَيۡبًا إِنَّكُمۡ إِذًا لَّخَٰسِرُونَ ﴿٩٠﴾

90. Wa qálal malaul lazína kafarú min qaumihí la'init taba'tum Xu'aiban innakum izal lakhásirún

90. Mas os chefes incrédulos, dentre o seu povo, disseram: Se seguirdes Xu'aib, sereis desventurados!

سُورَةُ الأَعۡرَاف

Surat Al A'raf

فَأَخَذَتۡهُمُ ٱلرَّجۡفَةُ فَأَصۡبَحُواْ فِي دَارِهِمۡ جَٰثِمِينَ ٩١

91.Fa akhazathumur rajfatu fa asbahú fí dárihim jásimín

91. Então, fulminou-os um terremoto, e a manhã encontrou-os jacentes em seus lares.

ٱلَّذِينَ كَذَّبُواْ شُعَيۡبٗا كَأَن لَّمۡ يَغۡنَوۡاْ فِيهَاۚ ٱلَّذِينَ كَذَّبُواْ شُعَيۡبٗا كَانُواْ هُمُ
ٱلۡخَٰسِرِينَ ٩٢

92. Allazína kazzabú Xu'aiban kaan lam yaghnau fíhá; allazína kazzabú Xu'aiban kánúhumul khásirín

92. Aqueles que desmentiram o Xu'aib foram despojados das suas habitações, como se nunca nelas houvessem habitado. Aqueles que desmentiram o Xu'aib tornaram-se desventurados.

فَتَوَلَّىٰ عَنۡهُمۡ وَقَالَ يَٰقَوۡمِ لَقَدۡ أَبۡلَغۡتُكُمۡ رِسَٰلَٰتِ رَبِّي وَنَصَحۡتُ لَكُمۡۖ
فَكَيۡفَ ءَاسَىٰ عَلَىٰ قَوۡمٖ كَٰفِرِينَ ٩٣

93. Fatawalla 'anhum wa qála yá qaumi laqad ablaghtukum Risáláti Rabbí wa nasahtu lakum fakaifa ásá 'alá qaumin káfirín

93. Xu'aib afastou-se deles, dizendo: Ó povo meu, já vos comuniquei as mensagens do meu Senhor, e vos aconselhei. Como poderei eu atribular-me por um povo incrédulo?

وَمَآ أَرۡسَلۡنَا فِي قَرۡيَةٖ مِّن نَّبِيٍّ إِلَّآ أَخَذۡنَآ أَهۡلَهَا بِٱلۡبَأۡسَآءِ وَٱلضَّرَّآءِ لَعَلَّهُمۡ
يَضَّرَّعُونَ ٩٤

94. Wa má arsalná fí qaryatim min Nabiyyin illá akhazná ahlahá bil ba'sá'i waddharrá'i la'allahum yaddharra'ún

94. Jamais enviamos um profeta a cidade alguma, sem antes afligirmos os seus habitantes com miséria e adversidade, a fim de que se humilhassem.

ثُمَّ بَدَّلۡنَا مَكَانَ ٱلسَّيِّئَةِ ٱلۡحَسَنَةَ حَتَّىٰ عَفَواْ وَّقَالُواْ قَدۡ مَسَّ ءَابَآءَنَا ٱلضَّرَّآءُ
وَٱلسَّرَّآءُ فَأَخَذۡنَٰهُم بَغۡتَةٗ وَهُمۡ لَا يَشۡعُرُونَ ٩٥

95. Çumma baddalná makánas saiyi'atil hasanata hattá 'afau wa qálú qad massa ábá'anad dharrá'u wassarrá'u fa akhaznáhum baghtatan wa hum lá yach'urún

سُورَةُ الأَعۡرَافِ

Surat Al A'raf

95. Depois lhes trocamos o mal pelo bem, até que se constituíssem em uma sociedade e, não obstante, dissessem: A adversidade e a prosperidade experimentaram-nas nossos pais. Então, de repente, surpreendemo-los com o castigo, quando menos esperavam.

وَلَوۡ أَنَّ أَهۡلَ ٱلۡقُرَىٰٓ ءَامَنُواْ وَٱتَّقَوۡاْ لَفَتَحۡنَا عَلَيۡهِم بَرَكَٰتٖ مِّنَ ٱلسَّمَآءِ وَٱلۡأَرۡضِ
وَلَٰكِن كَذَّبُواْ فَأَخَذۡنَٰهُم بِمَا كَانُواْ يَكۡسِبُونَ ﴿٩٦﴾

96. Wa lau anna ahlal qurá ámanú wattaqau lafatahná 'alaihim barakátim minas samá'i wal ardhi wa lákin kazzabú fa akhaznáhum bimá kánú yaksibún

96. Mas, se os moradores das cidades tivessem acreditado (em Deus) e O tivessem temido, tê-los-íamos agraciado com as bênçãos dos Céus e da Terra. Porém, como rejeitaram (a verdade), chamamo-los a prestarem conta, por seus malfeitos.

أَفَأَمِنَ أَهۡلُ ٱلۡقُرَىٰٓ أَن يَأۡتِيَهُم بَأۡسُنَا بَيَٰتٗا وَهُمۡ نَآئِمُونَ ﴿٩٧﴾

97. Afa ámina ahlul qurá ai ya'tiyahum ba'suná bayátan wahum ná'imún

97. Estavam, acaso, os moradores das cidades, seguros de que o Nosso castigo não os surpreenderia durante a noite, enquanto dormiam?

أَوَأَمِنَ أَهۡلُ ٱلۡقُرَىٰٓ أَن يَأۡتِيَهُم بَأۡسُنَا ضُحٗى وَهُمۡ يَلۡعَبُونَ ﴿٩٨﴾

98. Aua ámina ahlul qurá ai ya'tiyahum ba'suná dhuhan wahum yal'abún

98. Ou estavam, acaso, seguros de que o Nosso castigo não os surpreenderia em pleno dia, enquanto se divertiam?

أَفَأَمِنُواْ مَكۡرَ ٱللَّهِۚ فَلَا يَأۡمَنُ مَكۡرَ ٱللَّهِ إِلَّا ٱلۡقَوۡمُ ٱلۡخَٰسِرُونَ ﴿٩٩﴾

99. Afa áminú makral láh; falá ya'manu makral láhi illal qaumul khásirún

99. Acaso, pensam estar seguros dos desígnios de Deus? Só pensam estar seguros dos desígnios de Deus os desventurados.

أَوَلَمۡ يَهۡدِ لِلَّذِينَ يَرِثُونَ ٱلۡأَرۡضَ مِنۢ بَعۡدِ أَهۡلِهَآ أَن لَّوۡ نَشَآءُ أَصَبۡنَٰهُم
بِذُنُوبِهِمۡۚ وَنَطۡبَعُ عَلَىٰ قُلُوبِهِمۡ فَهُمۡ لَا يَسۡمَعُونَ ﴿١٠٠﴾

100. Awa lam yahdi lillazína yariçúnal ardha mim ba'di ahlihá al lau nachá'u asabnáhum bizunúbihim; wa natba'u 'alá qulúbihim fahum lá yasma'ún

100. Não é, porventura, elucidativo para aqueles que herdaram a terra dos seus antepassados que, se quiséssemos, exterminá-los-íamos por seus pecados e selaríamos os seus corações para que não compreendessem?

سُورَةُ الأَعْرَافِ

Surat Al A'raf

تِلْكَ ٱلْقُرَىٰ نَقُصُّ عَلَيْكَ مِنْ أَنۢبَآئِهَا ۚ وَلَقَدْ جَآءَتْهُمْ رُسُلُهُم بِٱلْبَيِّنَٰتِ فَمَا كَانُوا۟
لِيُؤْمِنُوا۟ بِمَا كَذَّبُوا۟ مِن قَبْلُ ۚ كَذَٰلِكَ يَطْبَعُ ٱللَّهُ عَلَىٰ قُلُوبِ
ٱلْكَٰفِرِينَ ﴿١٠١﴾

101. Tilkal qurá naqussu 'alaika min ambá'ihá; wa laqad já'athum Rusuluhum bilbaiyináti famá kánú liyu'minú bimá kazzabú min qabl; kazálika yatba'ul láhu 'alá qulúbil káfirín

101. Tais foram as cidades, de cujas histórias te narramos algo: sem dúvida que seus mensageiros lhes haviam apresentado as evidências; porém, era impossível que cressem no que haviam desmentido anteriormente. Assim, Deus sigila os corações dos incrédulos.

وَمَا وَجَدْنَا لِأَكْثَرِهِم مِّنْ عَهْدٍ ۖ وَإِن وَجَدْنَآ أَكْثَرَهُمْ لَفَٰسِقِينَ ﴿١٠٢﴾

102. Wa má wajadná li akçarihim min 'ahd; wa in wajadná akçarahum lafásiquín

102. Porque nunca encontramos, na maioria deles, promessa alguma, mas sim achamos que a maioria deles era depravada.

ثُمَّ بَعَثْنَا مِنۢ بَعْدِهِم مُّوسَىٰ بِـَٔايَٰتِنَآ إِلَىٰ فِرْعَوْنَ وَمَلَإِي۟هِۦ فَظَلَمُوا۟ بِهَا ۖ فَٱنظُرْ كَيْفَ
كَانَ عَٰقِبَةُ ٱلْمُفْسِدِينَ ﴿١٠٣﴾

103. Çumma ba'açná mim ba'dihim Mussa bi Áyátiná ilá Fir'auana wa mala'ihí fazalamú bihá fanzur kaifa kána 'áquibatul mufsidín

103. Depois destes mensageiros enviamos Moisés, com Nossos sinais, ao Faraó e aos chefes; mas estes se condenaram, ao rechaçá-los. Repara, pois, qual foi o destino dos corruptores.

وَقَالَ مُوسَىٰ يَٰفِرْعَوْنُ إِنِّى رَسُولٌ مِّن رَّبِّ ٱلْعَٰلَمِينَ ﴿١٠٤﴾

104. Wa qála Mussa yá Fir'aunu inní Rasúlum mir Rabbil 'álamín

104. Moisés disse: Ó Faraó, sou o mensageiro do Senhor do Universo.

حَقِيقٌ عَلَىٰٓ أَن لَّآ أَقُولَ عَلَى ٱللَّهِ إِلَّا ٱلْحَقَّ ۚ قَدْ جِئْتُكُم بِبَيِّنَةٍ مِّن رَّبِّكُمْ
فَأَرْسِلْ مَعِىَ بَنِىٓ إِسْرَٰٓءِيلَ ﴿١٠٥﴾

105. Haquíqun 'alá al lá aqúla 'alal láhi illal haqq; qad ji'tukum bibaiyinatim mir Rabbikum fa arsil ma'iya Bani Isrá'il

105. Justo é que eu não diga, a respeito de Deus, mais do que a verdade. Sem dúvida que vos trago uma evidência do vosso Senhor. Permiti, portanto, que os israelitas partam comigo.

قَالَ إِن كُنتَ جِئۡتَ بِـَٔايَةٖ فَأۡتِ بِهَآ إِن كُنتَ مِنَ ٱلصَّـٰدِقِينَ ١٠٦

106. Qála in kunnta ji'ta bi Áyatin fa'ti bihá in kunnta minas sádiquín

106. Respondeu-lhe: Se de fato trazes um sinal, mostra-no-lo, se estiveres certo.

فَأَلۡقَىٰ عَصَاهُ فَإِذَا هِيَ ثُعۡبَانٞ مُّبِينٞ ١٠٧

107. Fa alqá 'asáhu fa izá hiya çu'bánum mubín

107. Então Moisés jogou o seu cajado, e eis que este se converteu numa autêntica serpente.

وَنَزَعَ يَدَهُۥ فَإِذَا هِيَ بَيۡضَآءُ لِلنَّـٰظِرِينَ ١٠٨

108. Wa naza'a yadahú fa izá hiya baidá'u linnázirín

108. E mostrou a mão, e eis que era de um fulgor branco para os espectadores.

قَالَ ٱلۡمَلَأُ مِن قَوۡمِ فِرۡعَوۡنَ إِنَّ هَٰذَا لَسَٰحِرٌ عَلِيمٞ ١٠٩

109. Qálal mala-u min qaumi Fir'auna inna házá lasáhirun 'alím

109. Os chefes do povo do Faraó disseram: Sem dúvida que és um mago habilíssimo.

يُرِيدُ أَن يُخۡرِجَكُم مِّنۡ أَرۡضِكُمۡۖ فَمَاذَا تَأۡمُرُونَ ١١٠

110. Yurídu ai yukhrijakum min ardhikum famázá ta'murún

110. (O Faraó disse): Ele pretende expulsar-vos da vossa terra. Que aconselhais?

قَالُوٓاْ أَرۡجِهۡ وَأَخَاهُ وَأَرۡسِلۡ فِي ٱلۡمَدَآئِنِ حَٰشِرِينَ ١١١

111. Qálú arjih wa akháhu wa arsil filmadá'ini háchirín

111. Responderam-lhe: Retém-no, juntamente com o seu irmão, e manda recrutadores às cidades.

يَأۡتُوكَ بِكُلِّ سَٰحِرٍ عَلِيمٖ ١١٢

112. Ya'túka bikulli sáhirin 'alím

112. Que tragam todo mago hábil (que encontrarem).

وَجَآءَ ٱلسَّحَرَةُ فِرۡعَوۡنَ قَالُوٓاْ إِنَّ لَنَا لَأَجۡرًا إِن كُنَّا نَحۡنُ ٱلۡغَٰلِبِينَ ١١٣

Surat Al A'raf

113. Wa já'as sa<u>h</u>aratu Fir'auna qálú inna laná la ajjran in kunná na<u>h</u>nul ghálibín
113. Quando os magos se apresentaram ante o Faraó, disseram: É de se supor que teremos uma recompensa se sairmos vencedores.

قَالَ نَعَمۡ وَإِنَّكُمۡ لَمِنَ ٱلۡمُقَرَّبِينَ ﴿١١٤﴾

114. Qála na'am wa innakum laminal muqarrabín
114. Ele lhes respondeu: Sim, e vos contareis entre os mais chegados (a mim).

قَالُواْ يَٰمُوسَىٰٓ إِمَّآ أَن تُلۡقِيَ وَإِمَّآ أَن نَّكُونَ نَحۡنُ ٱلۡمُلۡقِينَ ﴿١١٥﴾

115. Qálú yá Mussa immá an tulqiya wa immá an nakúna na<u>h</u>nul mulquín
115. Perguntaram: Ó Moisés, lançarás tu, ou então seremos nós os primeiros a lançar?

قَالَ أَلۡقُواْۖ فَلَمَّآ أَلۡقَوۡاْ سَحَرُوٓاْ أَعۡيُنَ ٱلنَّاسِ وَٱسۡتَرۡهَبُوهُمۡ وَجَآءُو بِسِحۡرٍ عَظِيمٖ ﴿١١٦﴾

116. Qála alqú falam má alqau sa<u>h</u>arú a'yunan nási wastarhabúhum wa já'ú bisi<u>h</u>rin 'azím
116. Respondeu-lhes: Lançai vós! E quando lançaram (seus cajados), fascinaram os olhos das pessoas, espantando-as, e deram provas de uma magia extraordinária.

۞ وَأَوۡحَيۡنَآ إِلَىٰ مُوسَىٰٓ أَنۡ أَلۡقِ عَصَاكَۖ فَإِذَا هِيَ تَلۡقَفُ مَا يَأۡفِكُونَ ﴿١١٧﴾

117. ۞ *Wa au<u>h</u>ainá ilá Mussa an alqui 'asáka fa izá hiya talqafu má ya'fikún*
117. Então, inspiramos Moisés: Lança o teu cajado! Eis que este devorou tudo quanto haviam simulado.

فَوَقَعَ ٱلۡحَقُّ وَبَطَلَ مَا كَانُواْ يَعۡمَلُونَ ﴿١١٨﴾

118. Fawaqa'al <u>h</u>aqqu wa batala má kánú ya'malún
118. E a verdade prevaleceu, e se esvaneceu tudo o que haviam forjado.

فَغُلِبُواْ هُنَالِكَ وَٱنقَلَبُواْ صَٰغِرِينَ ﴿١١٩﴾

119. Faghulibú hunálika wanqalabú sághirín
119. (O Faraó e os chefes) foram vencidos, e foram humilhados.

وَأُلۡقِيَ ٱلسَّحَرَةُ سَٰجِدِينَ ﴿١٢٠﴾

120. Wa ulqiyas sa<u>h</u>aratu sájidín
120. E os magos caíram prostrados.

قَالُوٓاْ ءَامَنَّا بِرَبِّ ٱلۡعَٰلَمِينَ ﴿١٢١﴾

سُورَةُ الأَعۡرَافِ

Surat Al A'raf

121. Qálú ámanná bi Rabbil 'álamín
121. Disseram: Cremos no Senhor do Universo,

رَبِّ مُوسَىٰ وَهَـٰرُونَ ﴿١٢٢﴾

122. Rabbi Mussa wa Hárún
122. O Senhor de Moisés e de Aarão!

قَالَ فِرۡعَوۡنُ ءَامَنتُم بِهِۦ قَبۡلَ أَنۡ ءَاذَنَ لَكُمۡۖ إِنَّ هَـٰذَا لَمَكۡرٞ مَّكَرۡتُمُوهُ فِي ٱلۡمَدِينَةِ لِتُخۡرِجُواْ مِنۡهَآ أَهۡلَهَاۖ فَسَوۡفَ تَعۡلَمُونَ ﴿١٢٣﴾

123. Qála Fir'aunu ámantum bihí qabla an ázana lakum; inna háza lamakrum makartumúhu filmadínati litukhrijú min-há ahlahá fasaufa ta'lamún
123. O Faraó lhes disse: Credes nele sem que eu vos autorize? Em verdade isto é uma conspiração que planejastes na cidade, para expulsardes dela a população. Logo o sabereis.

لَأُقَطِّعَنَّ أَيۡدِيَكُمۡ وَأَرۡجُلَكُم مِّنۡ خِلَـٰفٖ ثُمَّ لَأُصَلِّبَنَّكُمۡ أَجۡمَعِينَ ﴿١٢٤﴾

124. La uqatti'anna aidiyakum wa arjulakum min khiláfin çumma la usallibannakum ajma'ín
124. Juro que vos deceparei as mãos e os pés dos lados opostos e então vos crucificarei a todos.

قَالُوٓاْ إِنَّآ إِلَىٰ رَبِّنَا مُنقَلِبُونَ ﴿١٢٥﴾

125. Qálú inná ilá Rabbiná munqalibún
125. Disseram-lhe: É certo que retornaremos ao nosso Senhor.

وَمَا تَنقِمُ مِنَّآ إِلَّآ أَنۡ ءَامَنَّا بِـَٔايَـٰتِ رَبِّنَا لَمَّا جَآءَتۡنَاۚ رَبَّنَآ أَفۡرِغۡ عَلَيۡنَا صَبۡرٗا وَتَوَفَّنَا مُسۡلِمِينَ ﴿١٢٦﴾

126. Wa má tanquimu minná illá an ámanná bi Áyáti Rabbiná lammá já'atná; Rabbaná afrigh 'alainá sabran wa tawaffaná muslimín
126. Vingas-te de nós só porque cremos nos sinais de nosso Senhor quando nos chegam? Ó Senhor nosso, concede-nos paciência e faze com que morramos muçulmanos!

Surat Al A'raf

وَقَالَ ٱلۡمَلَأُ مِن قَوۡمِ فِرۡعَوۡنَ أَتَذَرُ مُوسَىٰ وَقَوۡمَهُۥ لِيُفۡسِدُواْ فِي ٱلۡأَرۡضِ وَيَذَرَكَ
وَءَالِهَتَكَۚ قَالَ سَنُقَتِّلُ أَبۡنَآءَهُمۡ وَنَسۡتَحۡيِۦ نِسَآءَهُمۡ وَإِنَّا فَوۡقَهُمۡ
قَٰهِرُونَ ﴿١٢٧﴾

127. Wa qálal mala-u min qaumi Fir'auna atazaru Mussa wa qaumahú liyufsidú fil ardhi wa yazaraka wa álihatak; qála sanuqattilu abná'ahum wa nastahyí nisá'ahum wa inná fauqahum qáhirún

127. Então, os chefes do povo do Faraó disseram: Permitirás que Moisés e seu povo façam corrupção na Terra e te abandonem, a ti e aos teus deuses? Respondeu-lhes: Sacrificaremos os seus filhos; contudo, deixaremos viver as suas mulheres e assim seremos os seus dominadores.

قَالَ مُوسَىٰ لِقَوۡمِهِ ٱسۡتَعِينُواْ بِٱللَّهِ وَٱصۡبِرُوٓاْۖ إِنَّ ٱلۡأَرۡضَ لِلَّهِ يُورِثُهَا مَن
يَشَآءُ مِنۡ عِبَادِهِۦۖ وَٱلۡعَٰقِبَةُ لِلۡمُتَّقِينَ ﴿١٢٨﴾

128. Qála Mussa liqaumihi sta'ínú billáhi wasbirú innal ardha lilláhi yúriçuhá mai yachá'u min 'ibádihí wal 'áquibatu lilmuttaquín

128. Moisés disse ao seu povo: Implorai o socorro de Deus e perseverai, porque a Terra só é de Deus e Ele a dá em herança a quem Lhe apraz dentre os Seus servos. A recompensa será para os tementes.

قَالُوٓاْ أُوذِينَا مِن قَبۡلِ أَن تَأۡتِيَنَا وَمِنۢ بَعۡدِ مَا جِئۡتَنَاۚ قَالَ عَسَىٰ رَبُّكُمۡ أَن
يُهۡلِكَ عَدُوَّكُمۡ وَيَسۡتَخۡلِفَكُمۡ فِي ٱلۡأَرۡضِ فَيَنظُرَ كَيۡفَ
تَعۡمَلُونَ ﴿١٢٩﴾

129. Qálú úziná min qabli an ta'tiyaná wa mim ba'di má ji'taná; qála 'asá Rabbukum ai yuhlika 'aduwwakum wa yastakhlifakum fil ardhi fayanzura kaifa ta'malún

129. Disseram-lhe: Fomos maltratados, antes e depois que tu nos chegaste. Respondeu-lhes: É possível que o vosso Senhor extermine os vossos inimigos e vos faça herdeiros na Terra, para ver como vos comportais.

وَلَقَدۡ أَخَذۡنَآ ءَالَ فِرۡعَوۡنَ بِٱلسِّنِينَ وَنَقۡصٖ مِّنَ ٱلثَّمَرَٰتِ لَعَلَّهُمۡ
يَذَّكَّرُونَ ﴿١٣٠﴾

130. Wa laqad akhazná Ála Fir'auna bis sinína wa naqsim minasçamaráti la'allahum yazzakkarún

130. Já havíamos castigado o povo do Faraó com os anos (de seca) e a diminuição dos frutos, para que meditassem.

فَإِذَا جَآءَتۡهُمُ ٱلۡحَسَنَةُ قَالُواْ لَنَا هَٰذِهِۦۖ وَإِن تُصِبۡهُمۡ سَيِّئَةٞ يَطَّيَّرُواْ بِمُوسَىٰ وَمَن
مَّعَهُۥٓۗ أَلَآ إِنَّمَا طَٰٓئِرُهُمۡ عِندَ ٱللَّهِ وَلَٰكِنَّ أَكۡثَرَهُمۡ لَا يَعۡلَمُونَ ١٣١

131. Fa izá já'athumul hasanatu qálú laná házihí wa in tusibhum saiyi'atun yattaiyarú bi Mussa wa mam ma'ah; alá innamá tá'iruhum 'indal láhi wa lákinna akçarahum lá ya'lamún

131. Porém, quando lhes chegava a prosperidade, diziam: Isto é por nós! Por outra, quando lhes ocorria uma desgraça, atribuíam-na ao mau augúrio de Moisés e daqueles que com ele estavam. Qual! Em verdade, o seu mau augúrio está com Deus. Porém, a sua maioria o ignora.

وَقَالُواْ مَهۡمَا تَأۡتِنَا بِهِۦ مِنۡ ءَايَةٖ لِّتَسۡحَرَنَا بِهَا فَمَا نَحۡنُ لَكَ بِمُؤۡمِنِينَ ١٣٢

132. Wa qálú mahmá tátiná bihi min Áyatil litas'haraná bihá famá nahnu laka bimu'minín

132. Disseram-lhe: Seja qual for o sinal que nos apresentares para fascinar-nos, jamais em ti creremos.

فَأَرۡسَلۡنَا عَلَيۡهِمُ ٱلطُّوفَانَ وَٱلۡجَرَادَ وَٱلۡقُمَّلَ وَٱلضَّفَادِعَ وَٱلدَّمَ ءَايَٰتٖ مُّفَصَّلَٰتٖ
فَٱسۡتَكۡبَرُواْ وَكَانُواْ قَوۡمٗا مُّجۡرِمِينَ ١٣٣

133. Fa arsalná 'alaihimut túfána waljaráda walqummala waddhafádi'a waddama Áyátim mufassalátin fastakbarú wa kánú qaumam mujrimín

133. Então lhes enviamos as inundações, os gafanhotos, as lêndeas, os sapos e o sangue, como sinais evidentes; porém, ensoberbeceram-se, porque eram pecadores.

وَلَمَّا وَقَعَ عَلَيۡهِمُ ٱلرِّجۡزُ قَالُواْ يَٰمُوسَى ٱدۡعُ لَنَا رَبَّكَ بِمَا عَهِدَ عِندَكَۖ
لَئِن كَشَفۡتَ عَنَّا ٱلرِّجۡزَ لَنُؤۡمِنَنَّ لَكَ وَلَنُرۡسِلَنَّ مَعَكَ بَنِيٓ إِسۡرَٰٓءِيلَ ١٣٤

134. Wa lammá waqa'a 'alaihimur rijzu qálú ya Mussa d'u laná rabbaka bimá 'ahida 'indaka la'in kachafta 'annar rijza lanu'minanna laka wa lanursilanna ma'aka Baní Isrá'íl

134. Mas quando os açoitou o castigo, disseram: Ó Moisés, implora por nós, de teu Senhor, o que te prometeu; pois, se nos livrares do castigo, creremos em ti e deixaremos partir contigo os israelitas.

فَلَمَّا كَشَفْنَا عَنْهُمُ ٱلرِّجْزَ إِلَىٰٓ أَجَلٍ هُم بَٰلِغُوهُ إِذَا هُمْ يَنكُثُونَ ١٣٥

135. Falammá kachafná 'anhumur rijza ilá ajalin hum bálighúhu izá hum yankuçún

135. Porém, quando os livramos do castigo, adiando-o para o término prefixado, eis que perjuram!

فَٱنتَقَمْنَا مِنْهُمْ فَأَغْرَقْنَٰهُمْ فِى ٱلْيَمِّ بِأَنَّهُمْ كَذَّبُوا۟ بِـَٔايَٰتِنَا وَكَانُوا۟ عَنْهَا غَٰفِلِينَ ١٣٦

136. Fantaqamná min-hum fa'aghraqnáhum fil'yammi bi Annahum kazzabú bi Áyátiná wa kánú 'anhá gháfilín

136. Então, punimo-los, e os afogamos no mar por haverem desmentido e negligenciado os Nossos versículos.

وَأَوْرَثْنَا ٱلْقَوْمَ ٱلَّذِينَ كَانُوا۟ يُسْتَضْعَفُونَ مَشَٰرِقَ ٱلْأَرْضِ وَمَغَٰرِبَهَا
ٱلَّتِى بَٰرَكْنَا فِيهَا ۖ وَتَمَّتْ كَلِمَتُ رَبِّكَ ٱلْحُسْنَىٰ عَلَىٰ بَنِىٓ إِسْرَٰٓءِيلَ بِمَا صَبَرُوا۟ ۖ
وَدَمَّرْنَا مَا كَانَ يَصْنَعُ فِرْعَوْنُ وَقَوْمُهُۥ وَمَا كَانُوا۟ يَعْرِشُونَ ١٣٧

137. Wa auraçnal qaumal lazína kánú yustad'afúna macháriqal ardhi wa maghháribahal latí bárakná fihá wa tammat kalimatu Rabbikal husná 'alá Baní Isrá'íla bimá sabarú wa dammarná má kána yasna'u Fir'aunu wa qaumuhú wa má kánú ya'richún

137. Fizemos com que o povo que havia sido escravizado herdasse as regiões orientais e ocidentais da Terra, às quais abençoamos. Então, a sublime promessa de teu Senhor se cumpriu, em relação aos israelitas, porque foram perseverantes, e destruímos tudo quanto o Faraó e o seu povo haviam erigido.

وَجَٰوَزْنَا بِبَنِىٓ إِسْرَٰٓءِيلَ ٱلْبَحْرَ فَأَتَوْا۟ عَلَىٰ قَوْمٍ يَعْكُفُونَ عَلَىٰٓ أَصْنَامٍ لَّهُمْ ۚ قَالُوا۟
يَٰمُوسَى ٱجْعَل لَّنَآ إِلَٰهًا كَمَا لَهُمْ ءَالِهَةٌ ۚ قَالَ إِنَّكُمْ قَوْمٌ تَجْهَلُونَ ١٣٨

138. Wa jáwazná bi Banní Isrá'ílal bahra fa atau 'alá qaumin ya'kufúna 'alá asnámil lahum; qálú yá Mussa j'al laná iláhan kamá lahum álihah; qála innakum qaumun tajhalún

138. Fizemos os israelitas atravessar o mar, e eis que encontrando (depois) um povo devotado a alguns de seus ídolos, disseram: Ó Moisés, faze-nos um deus como os deuses deles! Respondeu-lhes: Sois um povo de ignorantes!

إِنَّ هَٰٓؤُلَآءِ مُتَبَّرٞ مَّا هُمۡ فِيهِ وَبَٰطِلٞ مَّا كَانُواْ يَعۡمَلُونَ ١٣٩

139. Inná há'ulá'i mutabbarum má hum fíhi wa bátilum má kánú ya'malún

139. Porque em verdade, tudo quanto eles adorarem será aniquilado, e em vão será tudo quanto fizerem.

قَالَ أَغَيۡرَ ٱللَّهِ أَبۡغِيكُمۡ إِلَٰهٗا وَهُوَ فَضَّلَكُمۡ عَلَى ٱلۡعَٰلَمِينَ ١٤٠

140. Qála a-ghairal láhi abghíkum iláhan wa Huwa faddhalakum 'alal 'álamín

140. Disse: Como poderia apresentar-vos outra divindade além de Deus, uma vez que vos preferiu aos vossos contemporâneos?

وَإِذۡ أَنجَيۡنَٰكُم مِّنۡ ءَالِ فِرۡعَوۡنَ يَسُومُونَكُمۡ سُوٓءَ ٱلۡعَذَابِ يُقَتِّلُونَ
أَبۡنَآءَكُمۡ وَيَسۡتَحۡيُونَ نِسَآءَكُمۡۚ وَفِي ذَٰلِكُم بَلَآءٞ مِّن رَّبِّكُمۡ عَظِيمٞ ١٤١

141. Wa iz anjainákum min Áli Fir'auna yasúmúnakum sú'al 'azáb, yuqattilúna abná'akum wa yastahyúna nisá'akum; wa fí zálikum balá'um mir Rabbikum 'azím

141. Recordai-vos de quando vos livramos do povo do Faraó que vos infligia os piores castigos, sacrificando os vossos filhos e deixando com vida as vossas mulheres; naquilo tivestes uma grande prova do vosso Senhor!

۞ وَوَٰعَدۡنَا مُوسَىٰ ثَلَٰثِينَ لَيۡلَةٗ وَأَتۡمَمۡنَٰهَا بِعَشۡرٖ فَتَمَّ مِيقَٰتُ رَبِّهِۦٓ
أَرۡبَعِينَ لَيۡلَةٗۚ وَقَالَ مُوسَىٰ لِأَخِيهِ هَٰرُونَ ٱخۡلُفۡنِي فِي قَوۡمِي وَأَصۡلِحۡ
وَلَا تَتَّبِعۡ سَبِيلَ ٱلۡمُفۡسِدِينَ ١٤٢

142. ۞ Wa wá'adná Mussa çalácina lailatan wa atmamnáhá bi'achrim fatamma miqátu Rabbihí arba'ina lailah; wa qála Mussa liakhíhi Hárúna khlufní fí qaumí wa aslih wa lá tattabi' sabílal mufsidín

142. Ordenamos a Moisés trinta noites (de solidão), às quais aumentamos de outras dez, de maneira que o tempo fixado por seu Senhor foi, no total, de quarenta noites. E Moisés disse ao seu irmão Aarão: Substitui-me, ante meu povo; age de modo correto e não sigas a senda dos depravados.

سُورَةُ الأَعۡرَافِ

Surat Al A'raf

وَلَمَّا جَآءَ مُوسَىٰ لِمِيقَٰتِنَا وَكَلَّمَهُۥ رَبُّهُۥ قَالَ رَبِّ أَرِنِيٓ أَنظُرۡ إِلَيۡكَۚ قَالَ لَن تَرَىٰنِي
وَلَٰكِنِ ٱنظُرۡ إِلَى ٱلۡجَبَلِ فَإِنِ ٱسۡتَقَرَّ مَكَانَهُۥ فَسَوۡفَ تَرَىٰنِيۚ فَلَمَّا تَجَلَّىٰ رَبُّهُۥ
لِلۡجَبَلِ جَعَلَهُۥ دَكّٗا وَخَرَّ مُوسَىٰ صَعِقٗاۚ فَلَمَّآ أَفَاقَ قَالَ سُبۡحَٰنَكَ تُبۡتُ
إِلَيۡكَ وَأَنَا۠ أَوَّلُ ٱلۡمُؤۡمِنِينَ ١٤٣

143. Wa lammá já'a Mussa limiqátiná wa kallamahú Rabbuhú qála Rabbi ariní anzur ilaik; qála lan taráni wa lákininzur ilal jabali fa inistaqarra makánahú fasaufa taráni; falammá tajallá Rabbuhú liljabali ja'alahú dakkan wa kharra Mussa sa'iqá; falammá afáqa qála Subhánaka tubtu ilaika wa ana auwalul mu'minín

143. E quando Moisés chegou ao lugar que lhe foi designado, e seu Senhor lhe falou, orou assim: Ó Senhor meu, permite-me que Te contemple! Respondeu-lhe: Nunca poderás ver-Me! Porém, olha o monte e, se ele permanecer em seu lugar, então Me verás! Porém, quando a majestade do seu Senhor resplandeceu sobre o Monte, este se reduziu a pó e Moisés caiu esvanecido. E quando voltou a si, disse: Glorificado sejas! Volto a Ti contrito, e sou o primeiro dos crentes!

قَالَ يَٰمُوسَىٰٓ إِنِّي ٱصۡطَفَيۡتُكَ عَلَى ٱلنَّاسِ بِرِسَٰلَٰتِي وَبِكَلَٰمِي فَخُذۡ مَآ ءَاتَيۡتُكَ
وَكُن مِّنَ ٱلشَّٰكِرِينَ ١٤٤

144. Qála yá Mussa innis tafaituka 'alan nási bi Risáláti wa bi kalámi fakhuz má átaituka wa kum minach chákirín

144. Disse-lhe: Ó Moisés, tenho-te preferido aos (outros) homens, revelando-te as Minhas mensagens e as Minhas palavras! Recebe, pois, o que te tenho concedido, e sê um dos agradecidos!

وَكَتَبۡنَا لَهُۥ فِي ٱلۡأَلۡوَاحِ مِن كُلِّ شَيۡءٖ مَّوۡعِظَةٗ وَتَفۡصِيلٗا لِّكُلِّ شَيۡءٖ
فَخُذۡهَا بِقُوَّةٖ وَأۡمُرۡ قَوۡمَكَ يَأۡخُذُواْ بِأَحۡسَنِهَاۚ سَأُوْرِيكُمۡ دَارَ ٱلۡفَٰسِقِينَ ١٤٥

145. Wa katabná lahú fil alwáhi minkulli chai'im mau'izán wa tafsílal likulli chai'in fakhuzhá biquwwatin wa'mur qaumaka ya'khuzú bi ahsanihá; sa'úríkum dáral fásiquín

145. Nas Tábuas prescrevemos-lhe toda a classe de exortação, e a elucidação de todas as coisas, (e lhe dissemos): Recebe-as com fervor e recomenda ao teu povo que observe o melhor delas. Logo, vos mostrarei a morada dos depravados.

سَأَصۡرِفُ عَنۡ ءَايَٰتِيَ ٱلَّذِينَ يَتَكَبَّرُونَ فِي ٱلۡأَرۡضِ بِغَيۡرِ ٱلۡحَقِّ وَإِن يَرَوۡاْ كُلَّ
ءَايَةٖ لَّا يُؤۡمِنُواْ بِهَا وَإِن يَرَوۡاْ سَبِيلَ ٱلرُّشۡدِ لَا يَتَّخِذُوهُ سَبِيلٗا وَإِن يَرَوۡاْ
سَبِيلَ ٱلۡغَيِّ يَتَّخِذُوهُ سَبِيلٗاۚ ذَٰلِكَ بِأَنَّهُمۡ كَذَّبُواْ بِـَٔايَٰتِنَا وَكَانُواْ عَنۡهَا
غَٰفِلِينَ ١٤٦

146. Sa asrifu 'an Áyátiyal lazína yatakabbarúna fil ardhi bighairil haqq; wa in-yarau kulla Áyatil lá yu'minú bihá wa in-yarau sabílar ruchdi lá yattakhizúhu sabílan wa in-yarau sabílal ghaiyi yattakhizúhu sabílá; zálika bi annahum kazzabú bi Áyátiná wa kánú 'anhá gh____áfilín

146. Afastarei dos Meus versículos aqueles que se envaidecem sem razão, na Terra, pois mesmo quando virem todo o sinal, nele não crerão; e, mesmo quando virem a senda da retidão, não a adotarão por guia. Em troca, se virem a senda do erro, tomá-la-ão por guia. Isso porque rejeitaram os Nossos sinais e os negligenciaram.

وَٱلَّذِينَ كَذَّبُواْ بِـَٔايَٰتِنَا وَلِقَآءِ ٱلۡأٓخِرَةِ حَبِطَتۡ أَعۡمَٰلُهُمۡۚ هَلۡ يُجۡزَوۡنَ
إِلَّا مَا كَانُواْ يَعۡمَلُونَ ١٤٧

147. Wallazína kazzabú bi Áyátiná wa liqá'il Ákhirati habitat 'amáluhum; hal yujzauna illá má kánú ya'malún

147. Quanto àqueles que desmentiram os Nossos versículos e o comparecimento à Outra Vida, suas obras tornar-se-ão sem efeito. Acaso, esperarão alguma retribuição, exceto pelo que houverem feito?

وَٱتَّخَذَ قَوۡمُ مُوسَىٰ مِنۢ بَعۡدِهِۦ مِنۡ حُلِيِّهِمۡ عِجۡلٗا جَسَدٗا لَّهُۥ خُوَارٌۚ أَلَمۡ يَرَوۡاْ أَنَّهُۥ
لَا يُكَلِّمُهُمۡ وَلَا يَهۡدِيهِمۡ سَبِيلًاۘ ٱتَّخَذُوهُ وَكَانُواْ ظَٰلِمِينَ ١٤٨

148. Wattakhaza qaumu Mussa mim ba'dihí min huliyyihim 'ijlan jasadal lahú khuwár; alam yarau annahú lá yukallimuhum wa lá yahdíhim sabílá; ittakhazúhu wa kánú zálimín

148. O povo de Moisés, em sua ausência, fez, com suas próprias jóias, a imagem de um bezerro, que emitia mugidos. Não repararam em que não podia falar-lhes, nem os encaminhar por senda alguma? Apesar disso o adoraram e se tornaram injustos.

وَلَمَّا سُقِطَ فِىٓ أَيْدِيهِمْ وَرَأَوْا۟ أَنَّهُمْ قَدْ ضَلُّوا۟ قَالُوا۟ لَئِن لَّمْ يَرْحَمْنَا رَبُّنَا
وَيَغْفِرْ لَنَا لَنَكُونَنَّ مِنَ ٱلْخَـٰسِرِينَ ﴿١٤٩﴾

149. Wa lammá suquita fí aidíhim wa raau annahum qad dhallú qálú la'il lam yarhamná Rabbuná wa yaghfir laná lanakúnanna minal khásirín

149. Mas, quando se aperceberam de que estavam desviados, disseram: Se nosso Senhor não se apiedar de nós e não nos perdoar, contar-nos-emos entre os desventurados.

وَلَمَّا رَجَعَ مُوسَىٰٓ إِلَىٰ قَوْمِهِۦ غَضْبَـٰنَ أَسِفًا قَالَ بِئْسَمَا خَلَفْتُمُونِى مِنۢ بَعْدِىٓ ۖ أَعَجِلْتُمْ
أَمْرَ رَبِّكُمْ ۖ وَأَلْقَى ٱلْأَلْوَاحَ وَأَخَذَ بِرَأْسِ أَخِيهِ يَجُرُّهُۥٓ إِلَيْهِ ۚ قَالَ ٱبْنَ أُمَّ إِنَّ ٱلْقَوْمَ
ٱسْتَضْعَفُونِى وَكَادُوا۟ يَقْتُلُونَنِى فَلَا تُشْمِتْ بِىَ ٱلْأَعْدَآءَ وَلَا تَجْعَلْنِى مَعَ
ٱلْقَوْمِ ٱلظَّـٰلِمِينَ ﴿١٥٠﴾

150. Wa lammá raja'a Mussa ilá qaumihí ghadhbána asifan qála bi'samá khalaftumúní min ba'dí 'a-'ajiltum amra Rabbikum wa alqal alwáha wa akhaza bira'si akhíhi yajurruhú ilaiyh; qála bna umma innal qaumas tad'afúní wa kadú yaqtulúnaní; falá tuchmit biyal a'dá'a wa lá taj'alní ma'al qaumiz zálimín

150. Quando Moisés voltou ao seu povo, colérico e indignado, disse-lhes: Que abominável é isso que fizestes na minha ausência! Quisestes apressar a decisão do vosso Senhor? Arrojou as Tábuas e, puxando pelo cabelo seu irmão, arrastou-o até si, e Aarão disse: Ó filho de minha mãe, o povo me julgou débil e por pouco não me matou. Não faças com que os inimigos se regozijem da minha desdita, e não me contes entre os injustos!

قَالَ رَبِّ ٱغْفِرْ لِى وَلِأَخِى وَأَدْخِلْنَا فِى رَحْمَتِكَ ۖ وَأَنتَ أَرْحَمُ ٱلرَّٰحِمِينَ ﴿١٥١﴾

151. Qála Rabbi ghfirlí wa li akhí wa adkhilná fí rahmatika wa Anta arhamur ráhimín

151. Então (Moisés) disse: Ó Senhor meu, perdoa-nos, a mim e ao meu irmão, e ampara-nos em Tua misericórdia, porque Tu és o mais clemente dos misericordiosos!

إِنَّ ٱلَّذِينَ ٱتَّخَذُواْ ٱلۡعِجۡلَ سَيَنَالُهُمۡ غَضَبٞ مِّن رَّبِّهِمۡ وَذِلَّةٞ فِي ٱلۡحَيَوٰةِ ٱلدُّنۡيَاۚ
وَكَذَٰلِكَ نَجۡزِي ٱلۡمُفۡتَرِينَ ١٥٢

152. Innal lazinat takhazul 'ijla-sa yanáluhum ghadabum mir Rabbihim wa zillatun fil hayátid dunyá; wa kazálika najzil muftarín

152. Quanto àqueles que adoraram o bezerro, a abominação de seu Senhor os alcançará, assim como a vergonha, nesta vida. Assim castigaremos os forjadores.

وَٱلَّذِينَ عَمِلُواْ ٱلسَّيِّـَٔاتِ ثُمَّ تَابُواْ مِنۢ بَعۡدِهَا وَءَامَنُوٓاْ إِنَّ رَبَّكَ مِنۢ بَعۡدِهَا لَغَفُورٞ
رَّحِيمٞ ١٥٣

153. Wallazína 'amilus saiyiáti çumma tábú min ba'dihá wa ámanú inna Rabbaka min ba'dihá la Ghafúrur Rahím

153. Quanto àqueles que agem mal e logo se arrependem e creem, fica sabendo que Teu Senhor é, depois disso, Indulgente, Misericordiosíssimo.

وَلَمَّا سَكَتَ عَن مُّوسَى ٱلۡغَضَبُ أَخَذَ ٱلۡأَلۡوَاحَۖ وَفِي نُسۡخَتِهَا هُدٗى وَرَحۡمَةٞ
لِّلَّذِينَ هُمۡ لِرَبِّهِمۡ يَرۡهَبُونَ ١٥٤

154. Wa lammá sakata 'an Mussal ghadhabu akhazal alwáha wa fí nuskhatihá hudan wa rahmatul lil lazína hum li Rabbihim yarhabún

154. Quando a cólera de Moisés se apaziguou, ele recolheu as tábuas em cujas escrituras estavam a orientação e a misericórdia para os que temem ao seu Senhor.

وَٱخۡتَارَ مُوسَىٰ قَوۡمَهُۥ سَبۡعِينَ رَجُلٗا لِّمِيقَٰتِنَاۖ فَلَمَّآ أَخَذَتۡهُمُ ٱلرَّجۡفَةُ قَالَ رَبِّ لَوۡ
شِئۡتَ أَهۡلَكۡتَهُم مِّن قَبۡلُ وَإِيَّٰيَۖ أَتُهۡلِكُنَا بِمَا فَعَلَ ٱلسُّفَهَآءُ مِنَّآۖ إِنۡ هِيَ إِلَّا فِتۡنَتُكَ
تُضِلُّ بِهَا مَن تَشَآءُ وَتَهۡدِي مَن تَشَآءُۖ أَنتَ وَلِيُّنَا فَٱغۡفِرۡ لَنَا وَٱرۡحَمۡنَاۖ وَأَنتَ خَيۡرُ
ٱلۡغَٰفِرِينَ ١٥٥

سُورَةُ الأَعۡرَافِ

Surat Al A'raf

155. *Wakhtára Mussa qaumahú sab'ina rajulal li miqátiná falammá akhazat humur rajfatu qála Rabbi lau chi'ta ahlaktahum min qablu wa iyyáy; 'a tuhlikuna bimá fa'alas sufahá'u minna in hiya illá fitnatuka tudhillu bihá man tashá'u wa tahdí man tachá; Anta waliyyuná faghfir laná war<u>h</u>amná wa Anta khairul gháfirín*

155. Então Moisés selecionou setenta homens, dentre seu povo, para que comparecessem ao lugar por Nós designado; e quando o tremor se apossou deles, disse: Ó Senhor meu, quisesses Tu, tê-los-ias exterminado antes, juntamente comigo! Porventura nos exterminarias pelo que cometeram os tolos dentre nós? Isto não é mais do que uma prova Tua, com a qual desvias a quem faz isso, e encaminhas a quem Te apraz; Tu és o nosso Protetor. Perdoa-nos e apieda-Te de nós, porque Tu és o mais equânime dos indulgentes!

۞ وَٱكۡتُبۡ لَنَا فِي هَٰذِهِ ٱلدُّنۡيَا حَسَنَةٗ وَفِي ٱلۡأٓخِرَةِ إِنَّا هُدۡنَآ إِلَيۡكَۚ قَالَ
عَذَابِيٓ أُصِيبُ بِهِۦ مَنۡ أَشَآءُۖ وَرَحۡمَتِي وَسِعَتۡ كُلَّ شَيۡءٖۚ فَسَأَكۡتُبُهَا
لِلَّذِينَ يَتَّقُونَ وَيُؤۡتُونَ ٱلزَّكَوٰةَ وَٱلَّذِينَ هُم بِـَٔايَٰتِنَا يُؤۡمِنُونَ ١٥٦

156. ۞ *Waktub laná fí házihid dunyá <u>h</u>asanatan wa fil Ákhirati inná hudná ilaik; qála 'azábí usíbu bihí man achá'u wa ra<u>h</u>matí wasi'at kulla chai'; fasa aktubuhá lil lazína yattaqúna wa yu'túnaz Zakáta wal lazína hum bi Áyátiná yu'minún*

156. Concede-nos uma graça, tanto neste mundo como no Outro, porque a Ti nos voltamos contritos. Disse: Com Meu castigo açoito quem quero e Minha clemência abrange tudo, e a concederei aos tementes (a Deus) que pagam o zakat, e creem nos Nossos versículos.

ٱلَّذِينَ يَتَّبِعُونَ ٱلرَّسُولَ ٱلنَّبِيَّ ٱلۡأُمِّيَّ ٱلَّذِي يَجِدُونَهُۥ مَكۡتُوبًا عِندَهُمۡ فِي
ٱلتَّوۡرَىٰةِ وَٱلۡإِنجِيلِ يَأۡمُرُهُم بِٱلۡمَعۡرُوفِ وَيَنۡهَىٰهُمۡ عَنِ ٱلۡمُنكَرِ وَيُحِلُّ
لَهُمُ ٱلطَّيِّبَٰتِ وَيُحَرِّمُ عَلَيۡهِمُ ٱلۡخَبَٰٓئِثَ وَيَضَعُ عَنۡهُمۡ إِصۡرَهُمۡ وَٱلۡأَغۡلَٰلَ
ٱلَّتِي كَانَتۡ عَلَيۡهِمۡۚ فَٱلَّذِينَ ءَامَنُواْ بِهِۦ وَعَزَّرُوهُ وَنَصَرُوهُ وَٱتَّبَعُواْ ٱلنُّورَ
ٱلَّذِيٓ أُنزِلَ مَعَهُۥٓ أُوْلَٰٓئِكَ هُمُ ٱلۡمُفۡلِحُونَ ١٥٧

157. *Allazína yattabi'únar Rasúlan Nabiyyal ummiyyal lazí yajidúnahú maktúban 'indahum fit Tauráti wal Injíli ya' muruhum bilma'rúfi wa yanháhum 'anil munkari wa yu<u>h</u>illu lahumul taiyibáti wa yu<u>h</u>arrimu 'alaihimul khabá'isa wa*

yadha'u 'anhum israhum wal aghlálal latí kánat 'alaihim; fallazína ámanú bihí wa 'azzarúhu wa nasarúhu wattaba'un núral lazí unzila ma'ahú ulá'ika humul muflihún

157. São aqueles que seguem o Mensageiro, o Profeta iletrado, o qual encontram mencionado em sua Tora e seu Evangelho, o qual lhes recomenda o bem e lhes proíbe o ilícito, prescreve-lhes todo o bem e veda-lhes o imundo, alivia-os dos seus fardos e livra-os dos grilhões que os deprimem. Aqueles que nele creram, honraram-no, defenderam-no e seguiram a Luz que com ele foi enviada, são os bem-aventurados.

قُلْ يَٰٓأَيُّهَا ٱلنَّاسُ إِنِّى رَسُولُ ٱللَّهِ إِلَيْكُمْ جَمِيعًا ٱلَّذِى لَهُۥ مُلْكُ
ٱلسَّمَٰوَٰتِ وَٱلْأَرْضِ ۖ لَآ إِلَٰهَ إِلَّا هُوَ يُحْىِۦ وَيُمِيتُ ۖ فَـَٔامِنُوا۟ بِٱللَّهِ وَرَسُولِهِ ٱلنَّبِىِّ
ٱلْأُمِّىِّ ٱلَّذِى يُؤْمِنُ بِٱللَّهِ وَكَلِمَٰتِهِۦ وَٱتَّبِعُوهُ لَعَلَّكُمْ
تَهْتَدُونَ ﴿١٥٨﴾

158. Qul yá aiyuhan násu inní Rasúlul láhi ilaikum jamí'anil lazí lahú mulkus samáwáti wal ardhi lá iláha illá Huwa yuhyí wa yumítu fa áminú billáhi wa Rasúlihin Nabiyyil ummiy illazí yu'minu billáhi wa Kalimátihí wattabi'úhu la'allakum tahtadún

158. Dize: Ó humanos, sou o Mensageiro de Deus, para todos vós; Seu é o reino dos Céus e da Terra. Não há mais divindade além d'Ele. Ele é Quem dá a vida e a morte! Crede, pois, em Deus e em Seu Mensageiro, o Profeta iletrado, que crê em Deus e nas Suas palavras; segui-o, para que vos encaminheis.

وَمِن قَوْمِ مُوسَىٰٓ أُمَّةٌ يَهْدُونَ بِٱلْحَقِّ وَبِهِۦ يَعْدِلُونَ ﴿١٥٩﴾

159. Wa min qaumi Mussa ummatun yahdúna bilhaqqui wa bihi ya'dilún

159. Entre o povo de Moisés existe uma comunidade que se rege pela verdade, com a qual julga.

وَقَطَّعْنَٰهُمُ ٱثْنَتَىْ عَشْرَةَ أَسْبَاطًا أُمَمًا ۚ وَأَوْحَيْنَآ إِلَىٰ مُوسَىٰٓ إِذِ ٱسْتَسْقَىٰهُ
قَوْمُهُۥٓ أَنِ ٱضْرِب بِّعَصَاكَ ٱلْحَجَرَ ۖ فَٱنۢبَجَسَتْ مِنْهُ ٱثْنَتَا عَشْرَةَ عَيْنًا ۖ
قَدْ عَلِمَ كُلُّ أُنَاسٍ مَّشْرَبَهُمْ ۚ وَظَلَّلْنَا عَلَيْهِمُ ٱلْغَمَٰمَ وَأَنزَلْنَا عَلَيْهِمُ ٱلْمَنَّ

وَٱلسَّلْوَىٰ ۖ كُلُوا۟ مِن طَيِّبَٰتِ مَا رَزَقْنَٰكُمْ ۚ وَمَا ظَلَمُونَا وَلَٰكِن
كَانُوٓا۟ أَنفُسَهُمْ يَظْلِمُونَ ﴿١٦٠﴾

160. Wa qatta'náhumu çnatai 'achrata asbátan umamá; wa auhainá ilá Mussa izis tasqáhu qaumuhú anid rib bi'asákal hajara fambajasat minhu çnata 'achrata 'ainan qad 'alima kullu unásim machrabahum; wa zallalná 'alaihimul ghamáma wa anzalná 'alaihimul manna was Salwá kulú min taiyibáti má razaqnákum; wa má zalamúná wa lákin kánú anfusahum yazlimún

160. Havíamo-los dividido em doze tribos, formando nações; e, quando o povo sedento pediu a Moisés o que beber, inspiramo-lo: Golpeia a rocha com o teu cajado! E, de pronto, brotaram dela doze mananciais, e cada tribo reconheceu o seu. Logo, os sombreamos com cúmulos e lhes enviamos o maná e as codornizes, dizendo-lhes: Comei de todo o bem com que vos temos agraciado. Porém, (desagradeceram e, com isso,) não Nos prejudicaram; outrossim, condenaram-se a si mesmos.

وَإِذْ قِيلَ لَهُمُ ٱسْكُنُوا۟ هَٰذِهِ ٱلْقَرْيَةَ وَكُلُوا۟ مِنْهَا حَيْثُ شِئْتُمْ وَقُولُوا۟
حِطَّةٌ وَٱدْخُلُوا۟ ٱلْبَابَ سُجَّدًا نَّغْفِرْ لَكُمْ خَطِيٓـَٰٔتِكُمْ ۚ سَنَزِيدُ
ٱلْمُحْسِنِينَ ﴿١٦١﴾

161. Wa iz quíla lahumuskunú házihil qaryata wa kulú minhá haisu chi'tum wa qúlú hittatun wadkhulul bába sujjadan naghfir lakum khatí'átikum; sanazídul muhsinín

161. Recorda-te de quando lhes foi dito: Habitai esta cidade e comei do que for de vosso agrado, e dizei: Remissão! e entrai pela porta, prostrando-vos; então, perdoaremos os vossos pecados e aumentaremos (a porção) dos benfeitores.

فَبَدَّلَ ٱلَّذِينَ ظَلَمُوا۟ مِنْهُمْ قَوْلًا غَيْرَ ٱلَّذِى قِيلَ لَهُمْ فَأَرْسَلْنَا عَلَيْهِمْ
رِجْزًا مِّنَ ٱلسَّمَآءِ بِمَا كَانُوا۟ يَظْلِمُونَ ﴿١٦٢﴾

162. Fabaddalal lazína zalamú minhum qaulan ghairal lazí qíla lahum fa arsalná 'alaihim rijzan minas samá'i bimá kánú yazlimún

162. Porém, os injustos dentre eles permutaram a Palavra por outra que não lhes havia sido dita. Por isso, desencadeamos sobre eles um castigo do Céu, por sua injustiça.

وَسْـَٔلْهُمْ عَنِ ٱلْقَرْيَةِ ٱلَّتِى كَانَتْ حَاضِرَةَ ٱلْبَحْرِ إِذْ يَعْدُونَ فِى
ٱلسَّبْتِ إِذْ تَأْتِيهِمْ حِيتَانُهُمْ يَوْمَ سَبْتِهِمْ شُرَّعًا وَيَوْمَ لَا
يَسْبِتُونَ ۙ لَا تَأْتِيهِمْ ۚ كَذَٰلِكَ نَبْلُوهُم بِمَا كَانُوا۟ يَفْسُقُونَ ﴿١٦٣﴾

163. Was'alhum 'anil qaryatil latí kánat hádiratal bahri iz ya'dúna fis Sabti iz ta'tíhim hitánuhum yauma Sabtihim churra'an wa yauma lá yasbitúna lá ta'tíhim; kazálika nablúhum bimá kánú yafsuqún

163. Interroga-os a respeito da cidade próxima ao mar, de como os seus habitantes profanavam o sábado, pescando; de como, quando profanavam o sábado, os peixes apareciam à flor d'água; em troca, não lhes apareciam nos dias que não eram sábado. Assim os pusemos à prova, por suas transgressões.

وَإِذْ قَالَتْ أُمَّةٌ مِّنْهُمْ لِمَ تَعِظُونَ قَوْمًا ۙ ٱللَّهُ مُهْلِكُهُمْ أَوْ مُعَذِّبُهُمْ عَذَابًا شَدِيدًا ۖ قَالُوا۟
مَعْذِرَةً إِلَىٰ رَبِّكُمْ وَلَعَلَّهُمْ يَتَّقُونَ ﴿١٦٤﴾

164. Wa iz qálat ummatum min-hum lima ta'izúna qaumanil láhu muhlikuhum au mu'azzibuhum 'azában chadídan qálú ma'ziratan ilá Rabbikum wa la'allahum yattaqún

164. Recorda-te de quando um grupo deles disse (para outro grupo): Por que exortais um povo que Deus exterminará ou atormentará severamente? O outro grupo disse: Fazemo-lo para que tenhamos uma desculpa ante o vosso Senhor; quem sabe O temerão (depois disso!)

فَلَمَّا نَسُوا۟ مَا ذُكِّرُوا۟ بِهِۦٓ أَنجَيْنَا ٱلَّذِينَ يَنْهَوْنَ عَنِ ٱلسُّوٓءِ وَأَخَذْنَا ٱلَّذِينَ
ظَلَمُوا۟ بِعَذَابٍۭ بَـِٔيسٍۭ بِمَا كَانُوا۟ يَفْسُقُونَ ﴿١٦٥﴾

165. Falammá nasú má zukkirú bihí anjainal lazína yanhauna 'anis sú'i wa akhaznal lazína zalamú bi'azábim ba'ísim bimá kánú yafsuqún

165. Mas quando se esqueceram de toda a exortação, salvamos aqueles que pregavam contra o mal, e infligimos aos injustos um severo castigo, por suas transgressões.

فَلَمَّا عَتَوْا۟ عَن مَّا نُهُوا۟ عَنْهُ قُلْنَا لَهُمْ كُونُوا۟ قِرَدَةً خَـٰسِـِٔينَ ﴿١٦٦﴾

166. Falammá 'atau 'ammá nuhú 'anhu qulna lahum kúnú quiradatan khási'in

166. E quando, ensoberbecidos, profanaram o que lhes havia sido vedado, dissemos-lhes: Sede símios desprezíveis!

سُورَةُ الأَعۡرَافِ

Surat Al A'raf

وَإِذۡ تَأَذَّنَ رَبُّكَ لَيَبۡعَثَنَّ عَلَيۡهِمۡ إِلَىٰ يَوۡمِ ٱلۡقِيَٰمَةِ مَن يَسُومُهُمۡ سُوٓءَ ٱلۡعَذَابِۗ
إِنَّ رَبَّكَ لَسَرِيعُ ٱلۡعِقَابِۖ وَإِنَّهُۥ لَغَفُورٞ رَّحِيمٞ ١٦٧

167. Wa iz taazzana Rabbuka la yab'açannna 'alaihim ilá Yaumil Quiyámati mai yasúmuhum sú'al 'azáb; inna Rabbaka lasari'ul 'iqábi wa innahú la Ghafúrur Rahim

167. E de quando teu Senhor declarou que enviaria contra eles (os judeus) alguém que lhes infligiria o pior castigo, até ao Dia da Ressurreição; em verdade, o teu Senhor é destro no castigo, assim como é Indulgente, Misericordiosíssimo.

وَقَطَّعۡنَٰهُمۡ فِي ٱلۡأَرۡضِ أُمَمٗاۖ مِّنۡهُمُ ٱلصَّٰلِحُونَ وَمِنۡهُمۡ دُونَ ذَٰلِكَۖ
وَبَلَوۡنَٰهُم بِٱلۡحَسَنَٰتِ وَٱلسَّيِّـَٔاتِ لَعَلَّهُمۡ يَرۡجِعُونَ ١٦٨

168. Wa qatta'náhum fil ardhi umaman minhumus sálihúna wa min-hum dúna zálika wa balaunáhum bil hasanáti was saiyi'áti la'allahum yarji'ún

168. Separamo-los em grupos pela Terra; entre eles há aqueles que são justos e há aqueles que não o são; pusemo-los à prova, com a prosperidade e a adversidade, com o fim de que se convertessem.

فَخَلَفَ مِنۢ بَعۡدِهِمۡ خَلۡفٞ وَرِثُواْ ٱلۡكِتَٰبَ يَأۡخُذُونَ عَرَضَ هَٰذَا ٱلۡأَدۡنَىٰ وَيَقُولُونَ
سَيُغۡفَرُ لَنَا وَإِن يَأۡتِهِمۡ عَرَضٞ مِّثۡلُهُۥ يَأۡخُذُوهُۚ أَلَمۡ يُؤۡخَذۡ عَلَيۡهِم مِّيثَٰقُ ٱلۡكِتَٰبِ أَن لَّا
يَقُولُواْ عَلَى ٱللَّهِ إِلَّا ٱلۡحَقَّ وَدَرَسُواْ مَا فِيهِۗ وَٱلدَّارُ ٱلۡأٓخِرَةُ خَيۡرٞ لِّلَّذِينَ يَتَّقُونَۚ
أَفَلَا تَعۡقِلُونَ ١٦٩

169. Fakhalafa min ba'dihim khalfun wariçul Kitába ya'khuzúna 'aradha házal adná wa yaqúlúna sayughfaru laná wa inh ya'tihim 'aradun miçluhú ya'khuzúh; alam yu'khaz 'alaihim miçáqul Kitábi an lá yaqúlú 'alal láhi illal haqqa wa darasú má fíh; wad Dárul Ákhirtu khairul lil lazína yattaqún; afalá ta'quilún

169. Sucedeu-lhes uma geração que herdou o Livro, a qual escolheu as futilidades deste mundo, dizendo: Isto nos será perdoado! E se lhes fosse oferecido outro igual, tê-lo-iam recebido (e transgredido novamente). Acaso, não lhes havia sido imposta a obrigação, estipulada no Livro, de não dizer de Deus mais que a verdade? Não obstante, haviam estudado nele! Sabei que a morada da Outra Vida é preferível, para os tementes. Não raciocinais?

وَٱلَّذِينَ يُمَسِّكُونَ بِٱلۡكِتَٰبِ وَأَقَامُواْ ٱلصَّلَوٰةَ إِنَّا لَا نُضِيعُ أَجۡرَ ٱلۡمُصۡلِحِينَ ﴿١٧٠﴾

170. Wallazína yumassikúna bil Kitábi wa aqámus Saláta inná lá nudhíu'ajral muslihín

170. Quanto àqueles que se apegam ao Livro e observam a oração, saibam que não frustraremos a recompensa dos conciliadores.

۞ وَإِذۡ نَتَقۡنَا ٱلۡجَبَلَ فَوۡقَهُمۡ كَأَنَّهُۥ ظُلَّةٞ وَظَنُّوٓاْ أَنَّهُۥ وَاقِعُۢ بِهِمۡ خُذُواْ مَآ ءَاتَيۡنَٰكُم
بِقُوَّةٖ وَٱذۡكُرُواْ مَا فِيهِ لَعَلَّكُمۡ تَتَّقُونَ ﴿١٧١﴾

171. ۞ Wa iz nataqnal jabala fauqahum ka annahú zullatun wa zannú annahú wáqui'un bihim khuzú má átainákum biquwwatin wazkurú má fíhi la'allakum tattaqún

171. E (recorda-te) de quando arrancamos o monte (Sinai), elevando-o sobre eles como se fosse um teto! Creram que lhes fosse desmoronar em cima, e então lhes dissemos: Observai fervorosamente o que vos temos concedido e recordai o seu conteúdo, para que Me temais.

وَإِذۡ أَخَذَ رَبُّكَ مِنۢ بَنِيٓ ءَادَمَ مِن ظُهُورِهِمۡ ذُرِّيَّتَهُمۡ وَأَشۡهَدَهُمۡ عَلَىٰٓ أَنفُسِهِمۡ
أَلَسۡتُ بِرَبِّكُمۡۖ قَالُواْ بَلَىٰ شَهِدۡنَآۚ أَن تَقُولُواْ يَوۡمَ ٱلۡقِيَٰمَةِ إِنَّا كُنَّا عَنۡ هَٰذَا
غَٰفِلِينَ ﴿١٧٢﴾

172. Wa iz akhaza Rabbuka min Baní Ádama min zuhúrihim zurriyyatahum wa achhadahum 'alá anfusihim alastu bi Rabbikum qálú balá chahidná; an taqúlú Yaumal Quiyámati inná kunná 'an házá gháfilín

172. E de quando o teu Senhor extraiu das entranhas dos filhos de Adão os seus descendentes e os fez testemunhar contra si próprios, dizendo: Não é verdade que sou o vosso Senhor? Disseram: Sim! testemunhamo-lo! Fizemos isto com o fim de que no Dia da Ressurreição não dissésseis: Não estávamos cientes.

أَوۡ تَقُولُوٓاْ إِنَّمَآ أَشۡرَكَ ءَابَآؤُنَا مِن قَبۡلُ وَكُنَّا ذُرِّيَّةٗ مِّنۢ بَعۡدِهِمۡۖ أَفَتُهۡلِكُنَا بِمَا
فَعَلَ ٱلۡمُبۡطِلُونَ ﴿١٧٣﴾

173. Au taqúlú innamá achraka ábá'uná min qablu wa kunná zurriyyatan min ba'dihim 'a fa tuhlikuná bi má fa'alal mubtilún

173. Ou não dissésseis: Anteriormente nossos pais idolatravam, e nós, sua descendência, seguimo-los. Exterminar-nos-ias, acaso, pelo que cometeram os fúteis?

وَكَذَٰلِكَ نُفَصِّلُ ٱلۡأٓيَٰتِ وَلَعَلَّهُمۡ يَرۡجِعُونَ ١٧٤

174. Wa kazálika nufassilul Áyáti wa la'allahum yarji'ún

174. Assim elucidamos os versículos, a fim de que desistam.

وَٱتۡلُ عَلَيۡهِمۡ نَبَأَ ٱلَّذِيٓ ءَاتَيۡنَٰهُ ءَايَٰتِنَا فَٱنسَلَخَ مِنۡهَا فَأَتۡبَعَهُ ٱلشَّيۡطَٰنُ فَكَانَ
مِنَ ٱلۡغَاوِينَ ١٧٥

175. Watlu 'alaihim naba allazí átaináhu Áyátiná fansalakha min-há fa atba'ahuch Chaytánú fakána minal ghávin

175. Repete-lhes (ó Mensageiro) a história daquele ao qual agraciamos com os Nossos versículos e que os desdenhou; assim, Satanás o seguiu, e ele se contou entre os seduzidos.

وَلَوۡ شِئۡنَا لَرَفَعۡنَٰهُ بِهَا وَلَٰكِنَّهُۥٓ أَخۡلَدَ إِلَى ٱلۡأَرۡضِ وَٱتَّبَعَ هَوَىٰهُۚ فَمَثَلُهُۥ كَمَثَلِ
ٱلۡكَلۡبِ إِن تَحۡمِلۡ عَلَيۡهِ يَلۡهَثۡ أَوۡ تَتۡرُكۡهُ يَلۡهَثۚ ذَّٰلِكَ مَثَلُ ٱلۡقَوۡمِ
ٱلَّذِينَ كَذَّبُواْ بِـَٔايَٰتِنَاۚ فَٱقۡصُصِ ٱلۡقَصَصَ لَعَلَّهُمۡ يَتَفَكَّرُونَ ١٧٦

176. Wa lau chi'ná larafa'náhu bihá wa lákinnahú akhlada ilal ardhi wattaba'a hawáh; famaçaluhú kamaçalil kalbi in tahmil 'alaihi yalhaç au tatrukhu yalhaç; zálika maçalul qaumil lazína kazzabú bi Áyátiná; faqsusil qasasa la'allahum yatafakkarún

176. Mas, se quiséssemos, tê-lo-íamos dignificado; porém, ele se inclinou para o mundo e se entregou à sua luxúria. O seu exemplo é semelhante ao do cão que, se o acossas, arqueja; se o deixas, assim mesmo arqueja. Tal é o exemplo daqueles que desmentem os Nossos versículos. Refere-lhes estes relatos, a fim de que meditem.

سَآءَ مَثَلًا ٱلۡقَوۡمُ ٱلَّذِينَ كَذَّبُواْ بِـَٔايَٰتِنَا وَأَنفُسَهُمۡ كَانُواْ يَظۡلِمُونَ ١٧٧

177. Sá'a maçalanil qaumul lazína kazzabú bi Áyátiná wa anfusahum kánú yazlimún

177. Que péssimo é o exemplo daqueles que desmentem os Nossos versículos! Em verdade, com isso se condenam.

سُورَةُ الأَعۡرَافِ

Surat Al A'raf

مَن يَهۡدِ ٱللَّهُ فَهُوَ ٱلۡمُهۡتَدِيۖ وَمَن يُضۡلِلۡ فَأُوْلَٰٓئِكَ هُمُ ٱلۡخَٰسِرُونَ ١٧٨

178. Mai yahdil láhu fa huwal muhtadí wa mai yudhlil fa ulá'ika humul khásirún

178. Quem Deus encaminhar estará bem encaminhado; àqueles que desencaminhar serão desventurados.

وَلَقَدۡ ذَرَأۡنَا لِجَهَنَّمَ كَثِيرٗا مِّنَ ٱلۡجِنِّ وَٱلۡإِنسِۖ لَهُمۡ قُلُوبٞ لَّا يَفۡقَهُونَ بِهَا وَلَهُمۡ
أَعۡيُنٞ لَّا يُبۡصِرُونَ بِهَا وَلَهُمۡ ءَاذَانٞ لَّا يَسۡمَعُونَ بِهَآۚ أُوْلَٰٓئِكَ كَٱلۡأَنۡعَٰمِ بَلۡ هُمۡ أَضَلُّۚ
أُوْلَٰٓئِكَ هُمُ ٱلۡغَٰفِلُونَ ١٧٩

179. Wa laqad zara'ná li jahannama kaçíran minal jinni wal insi lahum qulúbul lá yafqahúna bihá wa lahum a'yunul lá yubisirúna bihá wa lahum ázánul lá yasma'úna bihá; ulá'ika kal an'ámi bal hum adhall; ulá'ika humul gháfilún

179. Temos criado para o inferno numerosos gênios e humanos com corações com os quais não compreendem, olhos com os quais não veem, e ouvidos com os quais não ouvem. São como as bestas, quiçá pior, porque estão desatentos (às admoestações).

وَلِلَّهِ ٱلۡأَسۡمَآءُ ٱلۡحُسۡنَىٰ فَٱدۡعُوهُ بِهَاۖ وَذَرُواْ ٱلَّذِينَ يُلۡحِدُونَ فِيٓ أَسۡمَٰٓئِهِۦۚ
سَيُجۡزَوۡنَ مَا كَانُواْ يَعۡمَلُونَ ١٨٠

180. Wa lilláhil Asmá'ul Husná fad'úhu bihá wa zarul lazína yulhidúna fí Asmá'ih; sa yujzauna má kánú ya'malún

180. Os mais sublimes atributos pertencem a Deus; invocai-O, pois, com eles e evitai aqueles que profanam os Seus atributos, porque serão castigados pelo que tiverem cometido.

وَمِمَّنۡ خَلَقۡنَآ أُمَّةٞ يَهۡدُونَ بِٱلۡحَقِّ وَبِهِۦ يَعۡدِلُونَ ١٨١

181. Wa mimman khalaqná ummatun yahdúna bilhaqqui wa bihí ya'dilún

181. Entre os povos que temos criado, há um que se rege pela verdade, e com ela julga.

وَٱلَّذِينَ كَذَّبُواْ بِـَٔايَٰتِنَا سَنَسۡتَدۡرِجُهُم مِّنۡ حَيۡثُ لَا يَعۡلَمُونَ ١٨٢

182. Wallazína kazzabú bi Áyátiná sanastadrijuhum min haiçu lá ya'lamún

182. Quanto àqueles que desmentem os Nossos versículos, apresentar-lhes-emos gradativamente, o castigo, de modo que não o percebam.

وَأُمۡلِي لَهُمۡۚ إِنَّ كَيۡدِي مَتِينٌ ﴿١٨٣﴾

183. Wa umlí lahum; inna kaidí matín

183. E lhes concederemos folgança, porque o Meu plano é firme.

أَوَلَمۡ يَتَفَكَّرُواْۗ مَا بِصَاحِبِهِم مِّن جِنَّةٍۚ إِنۡ هُوَ إِلَّا نَذِيرٞ مُّبِينٌ ﴿١٨٤﴾

184. Awalam yatafakkarú má bisáhibihim min jinnah; in huwa illá nazírun mubín

184. Não refletem no fato de que seu companheiro não padece de demência alguma? Que não é mais do que um elucidativo admoestador?

أَوَلَمۡ يَنظُرُواْ فِي مَلَكُوتِ ٱلسَّمَٰوَٰتِ وَٱلۡأَرۡضِ وَمَا خَلَقَ ٱللَّهُ مِن شَيۡءٖ وَأَنۡ عَسَىٰٓ أَن يَكُونَ قَدِ ٱقۡتَرَبَ أَجَلُهُمۡۖ فَبِأَيِّ حَدِيثِۭ بَعۡدَهُۥ يُؤۡمِنُونَ ﴿١٨٥﴾

185. Awalam yanzurú fí malakútis samáwáti wal ardi wa má khalaqal láhu min chai'in wa an 'asá ai yakúna qadi qtaraba ajaluhum fa bi ayyi hadícin ba'dahú yu'minún

185. Não reparam no reino dos Céus e da Terra e em tudo quanto Deus criou e em que, quiçá, seu fim se aproxima? Em que mensagem, depois desta (Alcorão), crerão?

مَن يُضۡلِلِ ٱللَّهُ فَلَا هَادِيَ لَهُۥۚ وَيَذَرُهُمۡ فِي طُغۡيَٰنِهِمۡ يَعۡمَهُونَ ﴿١٨٦﴾

186. Mai yudhlil lilláhu falá hádiya lah; wa yazaruhum fí tughyánihim ya'mahún

186. Àqueles a quem Deus desviar (por tal merecerem) ninguém poderá encaminhar, porque Ele os abandonará vacilantes em suas transgressões.

يَسۡـَٔلُونَكَ عَنِ ٱلسَّاعَةِ أَيَّانَ مُرۡسَىٰهَاۖ قُلۡ إِنَّمَا عِلۡمُهَا عِندَ رَبِّيۖ لَا يُجَلِّيهَا لِوَقۡتِهَآ إِلَّا هُوَۚ ثَقُلَتۡ فِي ٱلسَّمَٰوَٰتِ وَٱلۡأَرۡضِۚ لَا تَأۡتِيكُمۡ إِلَّا بَغۡتَةٗۗ يَسۡـَٔلُونَكَ كَأَنَّكَ حَفِيٌّ عَنۡهَاۖ قُلۡ إِنَّمَا عِلۡمُهَا عِندَ ٱللَّهِ وَلَٰكِنَّ أَكۡثَرَ ٱلنَّاسِ لَا يَعۡلَمُونَ ﴿١٨٧﴾

187. Yas'alúnaka 'anis Sá'ati aiyána mursáhá qul innamá 'ilmuhá 'inda Rabbí lá yujallíhá liwaqtihá illá Hú; çaqulat fis samáwáti wal ardh; lá ta'tíkum illá baghtah; yas'alúnaka ka annaka hafiyyun 'anhá qul innamá 'ilmuhá 'indal láhi wa lákinna akçaran nási lá ya'lamún

187. Perguntar-te-ão acerca da Hora (do Desfecho): Quando acontecerá? Respondelhes: Seu conhecimento está só em poder do meu Senhor e ninguém, a não ser Ele, pode revelá-lo; (isso) a seu devido tempo. Pesada será, nos Céus e na Terra, e virá inesperadamente. Perguntar-te-ão, como se tu tivesses pesquisado sobre

ela (a Hora do Desfecho). Responde-lhes: Seu conhecimento só está em poder de Deus; porém, a maioria das pessoas o ignora.

قُل لَّآ أَمۡلِكُ لِنَفۡسِي نَفۡعٗا وَلَا ضَرًّا إِلَّا مَا شَآءَ ٱللَّهُۚ وَلَوۡ كُنتُ أَعۡلَمُ ٱلۡغَيۡبَ لَٱسۡتَكۡثَرۡتُ مِنَ ٱلۡخَيۡرِ وَمَا مَسَّنِيَ ٱلسُّوٓءُۚ إِنۡ أَنَا۠ إِلَّا نَذِيرٞ وَبَشِيرٞ لِّقَوۡمٖ يُؤۡمِنُونَ ﴿١٨٨﴾

188. Qul lá amliku linafsí naf'an wa lá dharran illá má chá'al láh; wa lau kuntu a'lamul ghaiba lastakçartu minal khairi wa má massaniyas sú'; in ana illá nazírun wa bachírul liqaumin yu'minún

188. Dize: Eu mesmo não posso lograr, para mim, mais benefício nem mais prejuízo do que aquele que for da vontade de Deus. E se estivesse de posse do desconhecido, aproveitar-me-ia de muitos bens, e o infortúnio jamais me açoitaria. Porém, não sou mais do que um admoestador e alvissareiro para os crentes.

۞ هُوَ ٱلَّذِي خَلَقَكُم مِّن نَّفۡسٖ وَٰحِدَةٖ وَجَعَلَ مِنۡهَا زَوۡجَهَا لِيَسۡكُنَ إِلَيۡهَاۖ فَلَمَّا تَغَشَّىٰهَا حَمَلَتۡ حَمۡلًا خَفِيفٗا فَمَرَّتۡ بِهِۦۖ فَلَمَّآ أَثۡقَلَت دَّعَوَا ٱللَّهَ رَبَّهُمَا لَئِنۡ ءَاتَيۡتَنَا صَٰلِحٗا لَّنَكُونَنَّ مِنَ ٱلشَّٰكِرِينَ ﴿١٨٩﴾

189. ۞ Huwal lazí khalaqakum min nafsin wá<u>h</u>idatin wa ja'ala min-há zaujahá liyas kuna ilaihá falammá taghach cháhá hamalat <u>h</u>amlan khafífan famarrat bihí falammá açqalad da'awal láha Rabbahumá la'in átaitana sáli<u>h</u>al lanakúnanna minach chákirín

189. Ele foi Quem vos criou de um só ser e, do mesmo, plasmou a sua companheira, para que ele convivesse com ela e, quando se uniu a ela (Eva), injetou-lhe uma leve carga que nela permaneceu; mas quando se sentiu pesada, ambos invocaram a Deus, seu Senhor: Se nos agraciares com uma digna prole, contar-nos-emos entre os agradecidos.

فَلَمَّآ ءَاتَىٰهُمَا صَٰلِحٗا جَعَلَا لَهُۥ شُرَكَآءَ فِيمَآ ءَاتَىٰهُمَاۚ فَتَعَٰلَى ٱللَّهُ عَمَّا يُشۡرِكُونَ ﴿١٩٠﴾

190. Falammá átáhumá sáli<u>h</u>an ja'alá lahú churaká'a fímá átáhumá; fata'álal láhu 'ammá yuchrikún

190. Mas quando Ele os agraciou com uma prole digna, atribuíram-Lhe parceiros, no que lhes havia concedido. Exaltado seja Deus de tudo quanto Lhe atribuíram!

أَيُشۡرِكُونَ مَا لَا يَخۡلُقُ شَيۡـٔٗا وَهُمۡ يُخۡلَقُونَ ﴿١٩١﴾

191. A yuchrikúna má lá yakhluqu chai'an wa hum yukhlaqún

191. Atribuíram-Lhe parceiros que nada podem criar, uma vez que eles mesmos são criados.

وَلَا يَسۡتَطِيعُونَ لَهُمۡ نَصۡرٗا وَلَآ أَنفُسَهُمۡ يَنصُرُونَ ﴿١٩٢﴾

192. Wa lá yastatí'úna lahum nasran wa lá anfusahum yansurún

192. Nem tampouco poderão socorrê-los, nem poderão socorrer a si mesmos.

وَإِن تَدۡعُوهُمۡ إِلَى ٱلۡهُدَىٰ لَا يَتَّبِعُوكُمۡۚ سَوَآءٌ عَلَيۡكُمۡ أَدَعَوۡتُمُوهُمۡ أَمۡ أَنتُمۡ
صَٰمِتُونَ ﴿١٩٣﴾

193. Wa in tad'úhum ilal hudá lá yattabi'úkum; sauá'un 'alaikum a-da'autumúhum 'am antum sámitún

193. Se os convocardes para a Orientação, não vos ouvirão, pois para eles é o mesmo se os convocardes ou permanecerdes calados.

إِنَّ ٱلَّذِينَ تَدۡعُونَ مِن دُونِ ٱللَّهِ عِبَادٌ أَمۡثَالُكُمۡۖ فَٱدۡعُوهُمۡ
فَلۡيَسۡتَجِيبُواْ لَكُمۡ إِن كُنتُمۡ صَٰدِقِينَ ﴿١٩٤﴾

194. Innal lazína tad'úna min dúnil láhi 'ibádun amçálukum fad'úhum fal yastajíbú lakum in kuntum sádiquín

194. Aqueles que invocais em vez de Deus são servos, como vós. Suplicai-lhes, pois, que vos atendam, se estiverdes certos!

أَلَهُمۡ أَرۡجُلٞ يَمۡشُونَ بِهَآۖ أَمۡ لَهُمۡ أَيۡدٖ يَبۡطِشُونَ بِهَآۖ أَمۡ لَهُمۡ أَعۡيُنٞ
يُبۡصِرُونَ بِهَآۖ أَمۡ لَهُمۡ ءَاذَانٞ يَسۡمَعُونَ بِهَاۗ قُلِ ٱدۡعُواْ شُرَكَآءَكُمۡ ثُمَّ
كِيدُونِ فَلَا تُنظِرُونِ ﴿١٩٥﴾

195. 'A lahum arjulun yamchúna bihá 'am lahum 'aidin yabtichúna bihá 'am lahum a'yunun yubsirúna bihá 'am lahum ázánun yasma'úna bihá; qulid'ú churaká'akum çumma kidúni falá tunzirún

195. Têm, acaso, pés para andar, mãos para castigar, olhos para ver, ou ouvidos para ouvir? Dize: Invocai vossos parceiros, conspirai contra mim e não me concedais folgança!

إِنَّ وَلِـِّۧيَ ٱللَّهُ ٱلَّذِي نَزَّلَ ٱلۡكِتَٰبَۖ وَهُوَ يَتَوَلَّى ٱلصَّٰلِحِينَ ١٩٦

196. Inna waliyyial láhul lazí nazzalal Kitába wa Huwa yatawallas sálihín

196. Meu protetor é Deus, Que (me) revelou o Livro, e é Ele Quem ampara os virtuosos.

وَٱلَّذِينَ تَدۡعُونَ مِن دُونِهِۦ لَا يَسۡتَطِيعُونَ نَصۡرَكُمۡ وَلَآ أَنفُسَهُمۡ يَنصُرُونَ ١٩٧

197. Wallazína tad'úna min dúnihí lá yastatí'úna nasrakum wa lá anfusahum yansurún

197. Aqueles que invocais além d'Ele não podem socorrer-vos, nem socorrer a si mesmos.

وَإِن تَدۡعُوهُمۡ إِلَى ٱلۡهُدَىٰ لَا يَسۡمَعُواْۖ وَتَرَىٰهُمۡ يَنظُرُونَ إِلَيۡكَ وَهُمۡ لَا يُبۡصِرُونَ ١٩٨

198. Wa in tad'úhum ilal hudá lá yasma'ú wa taráhum yanzurúna ilaika wa hum lá yubsirún

198. Se os convocardes para a Orientação, não vos ouvirão; e tu (ó Mensageiro) verás que olham para ti, embora não te vejam.

خُذِ ٱلۡعَفۡوَ وَأۡمُرۡ بِٱلۡعُرۡفِ وَأَعۡرِضۡ عَنِ ٱلۡجَٰهِلِينَ ١٩٩

199. Khuzil 'afwa wa mur bil'urfi wa A'ridh 'anil jáhilín

199. Conserva-te indulgente, recomenda o bem e afasta-te dos ignorantes.

وَإِمَّا يَنزَغَنَّكَ مِنَ ٱلشَّيۡطَٰنِ نَزۡغٞ فَٱسۡتَعِذۡ بِٱللَّهِۚ إِنَّهُۥ سَمِيعٌ عَلِيمٌ ٢٠٠

200. Wa immá yanzaghannaka minach Chaitáni nazghun fasta'iz billáh; innahú Samí'un 'Alím

200. E quando alguma tentação de Satanás te assediar ampara-te em Deus, porque Ele é Oniouvinte, Sapientíssimo.

إِنَّ ٱلَّذِينَ ٱتَّقَوۡاْ إِذَا مَسَّهُمۡ طَٰٓئِفٞ مِّنَ ٱلشَّيۡطَٰنِ تَذَكَّرُواْ فَإِذَا هُم
مُّبۡصِرُونَ ٢٠١

201. Innal lazínat taqau izá massahum tá'ifun minach Chaitáni tazakkarú fa izá hum mubsirún

201. Quanto aos tementes, quando alguma tentação satânica os acossa, recordam-se de Deus; ei-los iluminados.

سُورَةُ الأَعۡرَافِ

Surat Al A'raf

وَإِخۡوَٰنُهُمۡ يَمُدُّونَهُمۡ فِي ٱلۡغَيِّ ثُمَّ لَا يُقۡصِرُونَ ﴿٢٠٢﴾

202. Wa ikhwánuhum yamuddúnahum fil ghayyi çumma lá yuqsirún

202. Quanto aos seus irmãos (malignos) arremessam-nos mais e mais no erro, e dele não se retraem.

وَإِذَا لَمۡ تَأۡتِهِم بِـَٔايَةٖ قَالُواْ لَوۡلَا ٱجۡتَبَيۡتَهَاۚ قُلۡ إِنَّمَآ أَتَّبِعُ مَا يُوحَىٰٓ إِلَيَّ مِن رَّبِّيۚ

هَٰذَا بَصَآئِرُ مِن رَّبِّكُمۡ وَهُدٗى وَرَحۡمَةٞ لِّقَوۡمٖ يُؤۡمِنُونَ ﴿٢٠٣﴾

203. Wa izá lam ta'tihim bi áyatin qálú lau lajtabaitahá; qul innamá attabi'u má yúha ilaiya mir Rabbí; házá basá'iru mir Rabbikum wa hudan wa rahmatul liqaumin yu'minún

203. E se não lhes apresentas um sinal, dizem-te: Por que não o inventas? Dize: Eu não faço mais do que seguir o que me revela o meu Senhor. Este (Alcorão) encerra discernimentos do vosso Senhor e é, por isso, orientação e misericórdia para os que creem.

وَإِذَا قُرِئَ ٱلۡقُرۡءَانُ فَٱسۡتَمِعُواْ لَهُۥ وَأَنصِتُواْ لَعَلَّكُمۡ تُرۡحَمُونَ ﴿٢٠٤﴾

204. Wa izá quri'al Quránu fastami'ú lahú wa ansitú la 'allakum turhamún

204. E quando for lido o Alcorão, escutai-o e calai, para que sejais compadecidos.

وَٱذۡكُر رَّبَّكَ فِي نَفۡسِكَ تَضَرُّعٗا وَخِيفَةٗ وَدُونَ ٱلۡجَهۡرِ مِنَ ٱلۡقَوۡلِ بِٱلۡغُدُوِّ

وَٱلۡأٓصَالِ وَلَا تَكُن مِّنَ ٱلۡغَٰفِلِينَ ﴿٢٠٥﴾

205. Wazkur Rabbaka fi nafsika tadharru'an wa khífatan wa dúnal jahri minal qauli bilghuduwwi wal ásali wa lá takum minal ghátilín

205. E recorda-te do teu Senhor intimamente, com humildade e temor, sem manifestação de palavras, ao amanhecer e ao entardecer, e não sejas um dos tantos negligentes.

إِنَّ ٱلَّذِينَ عِندَ رَبِّكَ لَا يَسۡتَكۡبِرُونَ عَنۡ عِبَادَتِهِۦ وَيُسَبِّحُونَهُۥ وَلَهُۥ يَسۡجُدُونَ ۩ ﴿٢٠٦﴾

206. Innal lazína 'inda Rabbika lá yastakbirúna 'an 'ibádatihí wa yusabbihúnahú wa lahú yasjudún

206. Porque aqueles que estão próximos do teu Senhor não desdenham em adorá-Lo, e O glorificam, prostrando-se ante Ele. **(Fazer sajda)**

سُورَةُ الأَنفَالِ

Surat Al Anfal

Surat 8. *Al Anfal* (Os Espólios). Revelada durante o período de Madina do Islam; é composta de 75 versículos, com exceção dos versículos de 30 a 36, que foram revelados em Makka, logo após a batalha de Badr,

São utilizados os versículos de 1-40 para este Juzi.

بِسۡمِ ٱللَّهِ ٱلرَّحۡمَٰنِ ٱلرَّحِيمِ

Bismilláhir Rahmánir Rahím

Em nome de Deus, o Clemente, o Misericordioso.

يَسۡـَٔلُونَكَ عَنِ ٱلۡأَنفَالِۖ قُلِ ٱلۡأَنفَالُ لِلَّهِ وَٱلرَّسُولِۖ فَٱتَّقُواْ ٱللَّهَ وَأَصۡلِحُواْ ذَاتَ
بَيۡنِكُمۡۖ وَأَطِيعُواْ ٱللَّهَ وَرَسُولَهُۥٓ إِن كُنتُم مُّؤۡمِنِينَ ﴿١﴾

1. ۞ Yas'alúnaka 'anil anfáli qulil anfálu lilláhi war Rasúli fattaqul láha wa aslihú záta bainikum wa atí'ul láha wa Rasúlahú in kuntum mu'minín

1. Perguntar-te-ão sobre os espólios. Dize: Os espólios pertencem a Deus e ao Mensageiro. Temei, pois, a Deus, e reconciliai entre vós; obedecei a Deus e ao Seu Mensageiro, se sois crentes.

إِنَّمَا ٱلۡمُؤۡمِنُونَ ٱلَّذِينَ إِذَا ذُكِرَ ٱللَّهُ وَجِلَتۡ قُلُوبُهُمۡ وَإِذَا تُلِيَتۡ عَلَيۡهِمۡ ءَايَٰتُهُۥ
زَادَتۡهُمۡ إِيمَٰنٗا وَعَلَىٰ رَبِّهِمۡ يَتَوَكَّلُونَ ﴿٢﴾

2. Innamal mu'minúnal lazína izá zukiral láhu wajilat qulúbuhum wa izá tuliyat 'alaihim Áyátuhú zádat-hum ímánan wa 'alá Rabbihim yatawakkalún

2. Só são crentes aqueles cujos corações, quando lhes é mencionado o nome de Deus, estremecem e, quando lhes são recitados os Seus versículos, é-lhes acrescentada a fé, e confiam em seu Senhor.

ٱلَّذِينَ يُقِيمُونَ ٱلصَّلَوٰةَ وَمِمَّا رَزَقۡنَٰهُمۡ يُنفِقُونَ ﴿٣﴾

3. Allazína yuquímúnas Saláta wa mimmá razaqnáhum yunfiqún

3. São aqueles que observam a oração, e fazem caridade com aquilo com que os agraciamos;

أُوْلَٰٓئِكَ هُمُ ٱلۡمُؤۡمِنُونَ حَقّٗاۚ لَّهُمۡ دَرَجَٰتٌ عِندَ رَبِّهِمۡ وَمَغۡفِرَةٞ وَرِزۡقٞ كَرِيمٞ ﴿٤﴾

سُورَةُ الأَنفَالِ

Surat Al Anfal

4. Ulá'ika humul mu'minúna haqqá; lahum darajátun 'inda Rabbihim wa magh firatun wa rizqun karím

4. Estes são os verdadeiros crentes, que terão graus de honra junto ao seu Senhor, indulgências e um magnífico sustento.

كَمَآ أَخۡرَجَكَ رَبُّكَ مِنۢ بَيۡتِكَ بِٱلۡحَقِّ وَإِنَّ فَرِيقٗا مِّنَ ٱلۡمُؤۡمِنِينَ لَكَٰرِهُونَ ٥

5. Kámá akhrajaka Rabbuka mim baitika bilhaqq; wa inna faríqam minal mu'minína lakárihún

5. Tal como, em verdade, quando o teu Senhor te ordenou abandonar o teu lar, embora isso desgostasse alguns dos crentes.

يُجَٰدِلُونَكَ فِي ٱلۡحَقِّ بَعۡدَ مَا تَبَيَّنَ كَأَنَّمَا يُسَاقُونَ إِلَى ٱلۡمَوۡتِ وَهُمۡ يَنظُرُونَ ٦

6. Yujádilúnaka fil haqqui ba'da má tabaiyana ka'annamá yusáqúna ilal mauti wa hum yanzurún

6. Discutem contigo acerca da verdade, apesar de a mesma já lhes haver sido evidenciada, como se estivessem sendo arrastados para a morte, e a estivessem vendo.

وَإِذۡ يَعِدُكُمُ ٱللَّهُ إِحۡدَى ٱلطَّآئِفَتَيۡنِ أَنَّهَا لَكُمۡ وَتَوَدُّونَ أَنَّ غَيۡرَ ذَاتِ
ٱلشَّوۡكَةِ تَكُونُ لَكُمۡ وَيُرِيدُ ٱللَّهُ أَن يُحِقَّ ٱلۡحَقَّ بِكَلِمَٰتِهِۦ وَيَقۡطَعَ دَابِرَ
ٱلۡكَٰفِرِينَ ٧

7. Wa iz ya'idukumul láhu ihdat tá'ifataini annahá lakum wa tawaddúna anna ghaira zátich chaukati takúnu lakum wa yuridul láhu ai yuhiqqal haqqa bikalimátihi wa yaqta'a dábiral káfirín

7. Recordai-vos de que, quando Deus vos prometeu que teríeis de combater um dos dois grupos, desejastes enfrentar o desarmado. E Deus quis fazer prevalecer a verdade, com as Suas palavras, e exterminar os incrédulos,

لِيُحِقَّ ٱلۡحَقَّ وَيُبۡطِلَ ٱلۡبَٰطِلَ وَلَوۡ كَرِهَ ٱلۡمُجۡرِمُونَ ٨

8. Liyuhiqqal haqqa wa yubtilal bátila wa lau karihal mujrimún

8. Para que a verdade prevalecesse e desaparecesse a falsidade, ainda que isso desgostasse os pecadores.

إِذۡ تَسۡتَغِيثُونَ رَبَّكُمۡ فَٱسۡتَجَابَ لَكُمۡ أَنِّي مُمِدُّكُم بِأَلۡفٖ مِّنَ ٱلۡمَلَٰٓئِكَةِ
مُرۡدِفِينَ ٩

9. Iz tastaghíçúna Rabbakum fastajába lakum anní mumiddukum bi alfim minal malá'ikati murdifín

9. E de quando implorastes o socorro do vosso Senhor e Ele vos atendeu, dizendo: Reforçar-vos-ei com mil anjos, que vos chegarão paulatinamente.

وَمَا جَعَلَهُ ٱللَّهُ إِلَّا بُشْرَىٰ وَلِتَطْمَئِنَّ بِهِۦ قُلُوبُكُمْ ۚ وَمَا ٱلنَّصْرُ إِلَّا مِنْ عِندِ
ٱللَّهِ ۚ إِنَّ ٱللَّهَ عَزِيزٌ حَكِيمٌ ﴿١٠﴾

10. Wa má ja'alahul láhu illá buchrá wa litatma'inna bihí qulúbukum; wa man nasru illá min 'indil láh; innal láha Azizun Hakím

10. Deus não vo-lo fez senão como boas-novas e segurança para os vossos corações. Sabei que o socorro só procede de Deus, porque é Poderoso, Prudentíssimo.

إِذْ يُغَشِّيكُمُ ٱلنُّعَاسَ أَمَنَةً مِّنْهُ وَيُنَزِّلُ عَلَيْكُم مِّنَ ٱلسَّمَآءِ مَآءً لِّيُطَهِّرَكُم
بِهِۦ وَيُذْهِبَ عَنكُمْ رِجْزَ ٱلشَّيْطَٰنِ وَلِيَرْبِطَ عَلَىٰ قُلُوبِكُمْ وَيُثَبِّتَ بِهِ
ٱلْأَقْدَامَ ﴿١١﴾

11. Iz yughachchíkumun nu'assa amanatam min-hu wa yunazzilu 'alaikum minas samá'i má'al liyutahhirakum bihí wa yuzhiba 'ankum rijzach Chaitáni wa liyarbita 'ala qulúbikum wa yusabbita bihil aqdám

11. E de quando Ele, para vosso sossego, vos envolveu num sono, enviou-vos água do céu para, com ela, vos purificardes, livrardes da imundice de Satanás, e para confortardes os vossos corações e afirmardes os vossos passos.

إِذْ يُوحِى رَبُّكَ إِلَى ٱلْمَلَٰٓئِكَةِ أَنِّى مَعَكُمْ فَثَبِّتُوا۟ ٱلَّذِينَ ءَامَنُوا۟ ۚ سَأُلْقِى فِى قُلُوبِ
ٱلَّذِينَ كَفَرُوا۟ ٱلرُّعْبَ فَٱضْرِبُوا۟ فَوْقَ ٱلْأَعْنَاقِ وَٱضْرِبُوا۟ مِنْهُمْ كُلَّ
بَنَانٍ ﴿١٢﴾

12. Iz yúhi Rabbuka ilal malá'ikati anní ma'akum façabbitul lazína ámanú; sa ulquí fí qulúbil lazína kafarur ru'ba fadhribú fauqal a'náqui wadhribú min-hum kulla banán

12. E de quando o teu Senhor revelou aos anjos: Estou convosco; firmeza, pois, aos crentes! Logo infundirei o terror nos corações dos incrédulos; decapitai-os e decepai-lhes os dedos!

سُورَةُ الأَنفَال

Surat Al Anfal

ذَٰلِكَ بِأَنَّهُمْ شَآقُّواْ ٱللَّهَ وَرَسُولَهُۥۚ وَمَن يُشَاقِقِ ٱللَّهَ وَرَسُولَهُۥ فَإِنَّ ٱللَّهَ شَدِيدُ ٱلْعِقَابِ ﴿١٣﴾

13. Zálika bi annahum cháqqul láha wa Rasúlah; wa mai yuchaquiquil láha wa Rasúlahú fa innal láha chadídul 'iqáb

13. Isso, porque contrariaram a Deus e ao Seu Mensageiro; saiba quem contrariar a Deus e ao Seu Mensageiro, que Deus é Severíssimo no castigo.

ذَٰلِكُمْ فَذُوقُوهُ وَأَنَّ لِلْكَٰفِرِينَ عَذَابَ ٱلنَّارِ ﴿١٤﴾

14. Zálikum fazúqúhu wa anna lilkáfirína 'azában Nár

14. Tal é (o castigo pelo desafio); provai-o, pois! E sabei que os incrédulos sofrerão o tormento infernal.

يَٰٓأَيُّهَا ٱلَّذِينَ ءَامَنُوٓاْ إِذَا لَقِيتُمُ ٱلَّذِينَ كَفَرُواْ زَحْفًا فَلَا تُوَلُّوهُمُ ٱلْأَدْبَارَ ﴿١٥﴾

15. Yá aiyuhal lazína ámanú izá laqítumul lazína kafarú zahfan falá tuwallúhumul adbár

15. Ó crentes, quando enfrentardes (em batalha) os incrédulos, não lhes volteis as costas.

وَمَن يُوَلِّهِمْ يَوْمَئِذٍ دُبُرَهُۥٓ إِلَّا مُتَحَرِّفًا لِّقِتَالٍ أَوْ مُتَحَيِّزًا إِلَىٰ فِئَةٍ فَقَدْ بَآءَ بِغَضَبٍ مِّنَ ٱللَّهِ وَمَأْوَىٰهُ جَهَنَّمُۖ وَبِئْسَ ٱلْمَصِيرُ ﴿١٦﴾

16. Wa mai yuwallihim yauma'izin duburahú illá mutaharrifal liquitálin au mutahaiyizan ilá fi'atin faqad bá'a bighadhabim minal láhi wa ma'wáhu Jahannamu wa bi'sal masir

16. Aquele que, nesse dia, lhes voltar as costas - a menos que seja por estratégia ou para reunir-se com outro grupo - incorrerá na abominação de Deus, e sua morada será o inferno. Que funesto destino!

فَلَمْ تَقْتُلُوهُمْ وَلَٰكِنَّ ٱللَّهَ قَتَلَهُمْۚ وَمَا رَمَيْتَ إِذْ رَمَيْتَ وَلَٰكِنَّ ٱللَّهَ رَمَىٰۚ وَلِيُبْلِيَ ٱلْمُؤْمِنِينَ مِنْهُ بَلَآءً حَسَنًاۚ إِنَّ ٱللَّهَ سَمِيعٌ عَلِيمٌ ﴿١٧﴾

17. Falam taqtulúhum wa lákinnal láha qatalahum; wa má ramaita iz ramaita wa lákinnal láha ramá; wa liyubliyal mu'minína min-hu balá'an hasaná; innal láha Samí'un 'Alím

17. Vós não os aniquilastes, (ó muçulmanos)! Foi Deus quem os aniquilou; e, apesar de seres tu (ó Mensageiro) quem lançou (areia), o efeito foi causado por Deus. Ele o fez para Se provar indulgente aos crentes, porque é Oniouvinte, Sapientíssimo.

ذَٰلِكُمْ وَأَنَّ ٱللَّهَ مُوهِنُ كَيْدِ ٱلْكَٰفِرِينَ ﴿١٨﴾

18. Zálikum wa annal láha múhinu kaidil káfirín
18. Fê-lo para que saibais que Deus desbarata as conspirações dos incrédulos.

إِن تَسْتَفْتِحُوا۟ فَقَدْ جَآءَكُمُ ٱلْفَتْحُ ۖ وَإِن تَنتَهُوا۟ فَهُوَ خَيْرٌ لَّكُمْ ۖ وَإِن
تَعُودُوا۟ نَعُدْ وَلَن تُغْنِىَ عَنكُمْ فِئَتُكُمْ شَيْـًٔا وَلَوْ كَثُرَتْ وَأَنَّ ٱللَّهَ مَعَ
ٱلْمُؤْمِنِينَ ﴿١٩﴾

19. In tastaftihú faqad já'akumul fathu wa in tantahú fahuwa khairul lakum wa in ta'údú na'ud wa lan tughniya 'ankum fi'atukum chai'an wa lau kaçurat wa annal láha ma'al mu'minín
19. Ó incrédulos, se imploráveis a vitória, eis a vitória que vos foi dada; se desistirdes, será melhor para vós; porém, se reincidirdes, voltaremos a vos combater e de nada servirá o vosso exército, por numeroso que seja, porque Deus está com os crentes.

يَٰٓأَيُّهَا ٱلَّذِينَ ءَامَنُوٓا۟ أَطِيعُوا۟ ٱللَّهَ وَرَسُولَهُۥ وَلَا تَوَلَّوْا۟ عَنْهُ وَأَنتُمْ تَسْمَعُونَ ﴿٢٠﴾

20. Yá aiyuhal lazína ámanú atí'ul láha wa Rasúlahú wa lá tawallau 'anhu wa antum tasma'ún
20. Ó crentes, obedecei a Deus e ao Seu Mensageiro, e não vos afasteis dele enquanto o escutais (em prédica).

وَلَا تَكُونُوا۟ كَٱلَّذِينَ قَالُوا۟ سَمِعْنَا وَهُمْ لَا يَسْمَعُونَ ﴿٢١﴾

21. Wa lá takúnú kallazína qálú sami'ná wa hum lá yasma'ún
21. E não sejais como aqueles que dizem: Escutamos! quando na realidade não escutam.

۞ إِنَّ شَرَّ ٱلدَّوَآبِّ عِندَ ٱللَّهِ ٱلصُّمُّ ٱلْبُكْمُ ٱلَّذِينَ لَا يَعْقِلُونَ ﴿٢٢﴾

22. ۞ *Inna charrad dawábbi 'indal láhis summul bukmul lazína lá ya'quilún*
22. Aos olhos de Deus, os piores animais são os "surdos" e "mudos", que não raciocinam.

وَلَوْ عَلِمَ ٱللَّهُ فِيهِمْ خَيْرًا لَّأَسْمَعَهُمْ ۖ وَلَوْ أَسْمَعَهُمْ لَتَوَلَّوا۟ وَّهُم مُّعْرِضُونَ ﴿٢٣﴾

سُورَةُ الأَنفَال

Surat Al Anfal

23. Wa lau 'alimal láhu fíhim khairal la asma'ahum; wa lau asma'ahum latawallau wa hum mu'ridún

23. Se Deus tivesse reconhecido neles alguma virtude, tê-los-ia feito ouvir; se Ele os tivesse feito ouvir, teriam renegado desdenhosamente, mesmo assim.

يَٰٓأَيُّهَا ٱلَّذِينَ ءَامَنُوا۟ ٱسْتَجِيبُوا۟ لِلَّهِ وَلِلرَّسُولِ إِذَا دَعَاكُمْ لِمَا يُحْيِيكُمْ ۖ وَٱعْلَمُوٓا۟ أَنَّ ٱللَّهَ يَحُولُ بَيْنَ ٱلْمَرْءِ وَقَلْبِهِۦ وَأَنَّهُۥٓ إِلَيْهِ تُحْشَرُونَ ﴿٢٤﴾

24. Yá aiyuhal lazína ámanus tajibú lilláhi wa lir Rasúli izá da'ákum limá yuhyíkum wa'lamú annal láha yahúlu bainal mar'i wa qalbihí wa anahú ilaihi tuhcharún

24. Ó crentes, atendei a Deus e ao Mensageiro, quando ele vos convocar à salvação. E sabei que Deus intercede entre o homem e o seu coração, e que sereis congregados ante Ele.

وَٱتَّقُوا۟ فِتْنَةً لَّا تُصِيبَنَّ ٱلَّذِينَ ظَلَمُوا۟ مِنكُمْ خَآصَّةً ۖ وَٱعْلَمُوٓا۟ أَنَّ ٱللَّهَ شَدِيدُ ٱلْعِقَابِ ﴿٢٥﴾

25 Wattaqú fitnatal lá tusíbannal lazína zalamú minkum kháassatan wa'lamú annal láha chadídul 'iqáb

25. E preveni-vos contra a intriga, a qual não atingirá apenas os injustos dentre vós; sabei que Deus é Severíssimo no castigo.

وَٱذْكُرُوٓا۟ إِذْ أَنتُمْ قَلِيلٌ مُّسْتَضْعَفُونَ فِى ٱلْأَرْضِ تَخَافُونَ أَن يَتَخَطَّفَكُمُ ٱلنَّاسُ فَـَٔاوَىٰكُمْ وَأَيَّدَكُم بِنَصْرِهِۦ وَرَزَقَكُم مِّنَ ٱلطَّيِّبَٰتِ لَعَلَّكُمْ تَشْكُرُونَ ﴿٢٦﴾

26. Wazkurú iz antum qalílum mustad'afúna fil ardhi takháfúna ai yatakhattafakumun násu fa áwákum wa aiyadakum binasrihí wa razaqakum minat taiyibáti la'allakum tachkurún

26. E recordai-vos de quando (na vossa metrópole, Makka), éreis um punhado de subjugados; e temíeis que os homens (incrédulos) vos saqueassem; e Ele vos agraciou com todo o bem, para que Lhe agradecêsseis.

يَٰٓأَيُّهَا ٱلَّذِينَ ءَامَنُوا۟ لَا تَخُونُوا۟ ٱللَّهَ وَٱلرَّسُولَ وَتَخُونُوٓا۟ أَمَٰنَٰتِكُمْ وَأَنتُمْ تَعْلَمُونَ ﴿٢٧﴾

27. Yá aiyuhal lazína ámanú lá takhúnal láha war Rasúla wa takhúnú amánátikum wa antum ta'lamún

سُورَةُ الأَنفَالِ

Surat Al Anfal

27. Ó crentes, não atraiçoeis Deus e o Mensageiro; não atraiçoeis, conscientemente, o que vos foi confiado!

وَٱعۡلَمُوٓاْ أَنَّمَآ أَمۡوَٰلُكُمۡ وَأَوۡلَٰدُكُمۡ فِتۡنَةٞ وَأَنَّ ٱللَّهَ عِندَهُۥٓ أَجۡرٌ عَظِيمٞ ٢٨

28. Wa'lamú annamá amwálukum wa auládukum fitnatun wa annal láha 'indahú ajrun 'azím

28. E sabei que tanto os vossos bens como os vossos filhos são para vos pôr à prova, e que Deus vos tem reservada uma magnífica recompensa.

يَٰٓأَيُّهَا ٱلَّذِينَ ءَامَنُوٓاْ إِن تَتَّقُواْ ٱللَّهَ يَجۡعَل لَّكُمۡ فُرۡقَانٗا وَيُكَفِّرۡ عَنكُمۡ
سَيِّـَٔاتِكُمۡ وَيَغۡفِرۡ لَكُمۡۗ وَٱللَّهُ ذُو ٱلۡفَضۡلِ ٱلۡعَظِيمِ ٢٩

29. Yá aiyuhal lazína ámanú in tattaqul láha yaj'al lakum furqánan wa yukaffir 'ankum saiyiátikum wa yaghfir lakum; walláhu zul fadhlil 'azím

29. Ó crentes, se temerdes a Deus, Ele vos concederá discernimento, apagará os vossos pecados e vos perdoará, porque é Agraciante por excelência.

وَإِذۡ يَمۡكُرُ بِكَ ٱلَّذِينَ كَفَرُواْ لِيُثۡبِتُوكَ أَوۡ يَقۡتُلُوكَ أَوۡ يُخۡرِجُوكَۚ وَيَمۡكُرُونَ
وَيَمۡكُرُ ٱللَّهُۖ وَٱللَّهُ خَيۡرُ ٱلۡمَٰكِرِينَ ٣٠

30. Wa iz yamkuru bikal lazína kafarú liyuçbitúka au yaqtulúka au yukhrijúk; wa yamkurúna wa yamkurul láhu walláhu khairul mákirín

30. Recorda-te (ó Mensageiro) de quando os incrédulos conspiraram contra ti, para aprisionar-te, ou matar-te, ou expulsar-te. Conspiraram entre si, mas Deus desbaratou-lhes os planos, porque é o mais duro dos desbaratadores.

وَإِذَا تُتۡلَىٰ عَلَيۡهِمۡ ءَايَٰتُنَا قَالُواْ قَدۡ سَمِعۡنَا لَوۡ نَشَآءُ لَقُلۡنَا مِثۡلَ هَٰذَآ إِنۡ
هَٰذَآ إِلَّآ أَسَٰطِيرُ ٱلۡأَوَّلِينَ ٣١

31. Wa izá tutlá 'alaihim Áyátuná qálú qad sami'ná lau nachá'u laqulná miçla házá in házá illá asátírul auwalín

31. Quando lhes são recitados os Nossos versículos, dizem: Já os ouvimos e, se quiséssemos, poderíamos repetir outros iguais, porque não são senão fábulas dos primitivos!

وَإِذْ قَالُوا۟ ٱللَّهُمَّ إِن كَانَ هَٰذَا هُوَ ٱلْحَقَّ مِنْ عِندِكَ فَأَمْطِرْ عَلَيْنَا
حِجَارَةً مِّنَ ٱلسَّمَآءِ أَوِ ٱئْتِنَا بِعَذَابٍ أَلِيمٍ ﴿٣٢﴾

32. Wa iz qálul láhumma in kána házá huwal haqqa min 'indika fa amtir 'alainá hijáratam minas samá'i awi'tiná bi 'azábin alím

32. E de quando disseram: Ó Deus, se esta é realmente a verdade que emana de Ti, faze com que caiam pedras do Céu sobre nós, ou inflige-nos um doloroso castigo.

وَمَا كَانَ ٱللَّهُ لِيُعَذِّبَهُمْ وَأَنتَ فِيهِمْ ۚ وَمَا كَانَ ٱللَّهُ مُعَذِّبَهُمْ وَهُمْ
يَسْتَغْفِرُونَ ﴿٣٣﴾

33. Wa má kánal láhu liyu'azzibahum wa anta fíhim; wa má kánal láhu mu'azzibahum wa hum yastaghfirún

33. Porém, é inconcebível que Deus os castigue, estando tu entre eles; nem tampouco Deus os castigará enquanto puderem implorar por perdão.

وَمَا لَهُمْ أَلَّا يُعَذِّبَهُمُ ٱللَّهُ وَهُمْ يَصُدُّونَ عَنِ ٱلْمَسْجِدِ ٱلْحَرَامِ وَمَا
كَانُوٓا۟ أَوْلِيَآءَهُۥٓ ۚ إِنْ أَوْلِيَآؤُهُۥٓ إِلَّا ٱلْمُتَّقُونَ وَلَٰكِنَّ أَكْثَرَهُمْ لَا
يَعْلَمُونَ ﴿٣٤﴾

34. Wa má lahum allá yu'azzibahumul láhu wa hum yasuddúna 'anil Masjidil-Harámi wa má kánú auliyá'ah; in auliyá'uhú illal muttaqúna wa lákinna akçarahum lá ya'lamún

34. E por que Deus não há de castigá-los, sendo que impedem a entrada (dos crentes) na Sagrada Mesquita, apesar de não serem os seus guardiões? Ninguém o é, a não ser os tementes; porém, a maioria deles o ignora.

وَمَا كَانَ صَلَاتُهُمْ عِندَ ٱلْبَيْتِ إِلَّا مُكَآءً وَتَصْدِيَةً ۚ فَذُوقُوا۟ ٱلْعَذَابَ
بِمَا كُنتُمْ تَكْفُرُونَ ﴿٣٥﴾

35. Wa má kána Salátuhum 'indal Baiti illa mukáan-wa tasdiyah; fazúqul 'azába bimá kuntum takfurún

35. A sua oração, na Casa, se reduz aos silvos e ao estalar de mãos. (a única resposta para eles é) Sofrei, pois, o castigo, por vossa incredulidade.

إِنَّ ٱلَّذِينَ كَفَرُوا۟ يُنفِقُونَ أَمْوَٰلَهُمْ لِيَصُدُّوا۟ عَن سَبِيلِ ٱللَّهِ ۚ فَسَيُنفِقُونَهَا ثُمَّ
تَكُونُ عَلَيْهِمْ حَسْرَةً ثُمَّ يُغْلَبُونَ ۗ وَٱلَّذِينَ كَفَرُوٓا۟ إِلَىٰ جَهَنَّمَ
يُحْشَرُونَ ٣٦

36. Innal lazína kafarú yunfiqúna amwálahum liyasuddú 'an sabílil láh; fasayunfiqúnahá çumma takúnu 'alaihim hasratan çumma yughlabún; wal lazína kafarú ilá Jahannnama yuhcharúna

36. Eis que os incrédulos malversam as suas riquezas, para desviarem (os crentes) da senda de Deus. Porém, malversá-las-ão completamente, e isso será a causa da sua atribulação; então, serão vencidos. Os incrédulos serão congregados no inferno.

لِيَمِيزَ ٱللَّهُ ٱلْخَبِيثَ مِنَ ٱلطَّيِّبِ وَيَجْعَلَ ٱلْخَبِيثَ بَعْضَهُۥ عَلَىٰ بَعْضٍ
فَيَرْكُمَهُۥ جَمِيعًا فَيَجْعَلَهُۥ فِى جَهَنَّمَ ۚ أُو۟لَٰٓئِكَ هُمُ ٱلْخَٰسِرُونَ ٣٧

37. Liyamízal láhul khabísa minat taiyibi wa yaj'alal khabísa ba'dhahú 'ala ba'dhin fayarkumahú jamí'an fayaj'alahú fí Jahannnam; ulá'ika humul khásirún

37. Isso, para que Deus possa separar os maus dos bons, e amontoar os maus uns sobre os outros; juntá-los-á a todos e os arrojará no Inferno. Estes são os desventurados.

قُل لِّلَّذِينَ كَفَرُوٓا۟ إِن يَنتَهُوا۟ يُغْفَرْ لَهُم مَّا قَدْ سَلَفَ وَإِن يَعُودُوا۟ فَقَدْ
مَضَتْ سُنَّتُ ٱلْأَوَّلِينَ ٣٨

38. Qul lillazína kafarú in yantahú yughfar lahum má qad salafa wa in ya'údú faqad madhat sunnatul auwalín

38. Dize aos incrédulos que, no caso de se arrependerem, ser-lhes-á perdoado o passado. Por outra, caso persistam, que tenham em mente o exemplo dos povos antigos.

وَقَٰتِلُوهُمْ حَتَّىٰ لَا تَكُونَ فِتْنَةٌ وَيَكُونَ ٱلدِّينُ كُلُّهُۥ لِلَّهِ ۚ فَإِنِ
ٱنتَهَوْا۟ فَإِنَّ ٱللَّهَ بِمَا يَعْمَلُونَ بَصِيرٌ ٣٩

سُورَةُ الأَنفَالِ

Surat Al Anfal

39. Wa qátilúhum hattá lá takúna fitnatun wa yakúnaddínu kulluhú lilláh; fainin tahau fa innal láha bimá ya'malúna Basír

39. Combatei-os até terminar a intriga, e prevalecer totalmente a religião de Deus. Porém, se se retratarem, saibam que Deus bem vê tudo o quanto fazem.

وَإِن تَوَلَّوْا۟ فَٱعْلَمُوٓا۟ أَنَّ ٱللَّهَ مَوْلَىٰكُمْ ۚ نِعْمَ ٱلْمَوْلَىٰ وَنِعْمَ ٱلنَّصِيرُ ﴿٤٠﴾

40. Wa in tawallau fa'lamú annal láha maulákum; ni'mal maulá wa ni'man nasír

40. Mas, no caso de se recusarem, sabei que Deus é vosso Protetor. Que excelente Protetor e que excelente Socorredor! **(Fim do Juzi 9)**

سُورَةُ الأَنفَالِ

Surat Al Anfal

Juzi 10

Surat *8. Al Anfal à partir do versículo 41.*

۞ وَٱعْلَمُوٓا۟ أَنَّمَا غَنِمْتُم مِّن شَىْءٍ فَأَنَّ لِلَّهِ خُمُسَهُۥ وَلِلرَّسُولِ وَلِذِى ٱلْقُرْبَىٰ
وَٱلْيَتَٰمَىٰ وَٱلْمَسَٰكِينِ وَٱبْنِ ٱلسَّبِيلِ إِن كُنتُمْ ءَامَنتُم بِٱللَّهِ وَمَآ أَنزَلْنَا عَلَىٰ
عَبْدِنَا يَوْمَ ٱلْفُرْقَانِ يَوْمَ ٱلْتَقَى ٱلْجَمْعَانِ ۗ وَٱللَّهُ عَلَىٰ كُلِّ شَىْءٍ قَدِيرٌ ﴿٤١﴾

41. ۞ *Wa'lamú annamá ghanimtum min cha'in fa anna lilláhi khumusahú wa lir Rasúli wa lizil qurba walyatámá walmasákini wabnis sabíli in kuntum ámantum billáhi wa má anzalná 'ala 'abdiná yaumal Furqáni yaumal taqal jam'án; wal láhu 'alá kulli chai'in Qadír*

41. E sabei que, de tudo quanto adquirirdes de despojos, a quinta parte pertencerá a Deus, ao Mensageiro e aos seus parentes, aos órfãos, aos indigentes e ao viajante sem recursos; se fordes crentes em Deus e no que foi revelado ao Nosso servo no Dia do Discernimento, em que se enfrentaram os dois grupos, sabei que Deus é Onipotente.

إِذْ أَنتُم بِٱلْعُدْوَةِ ٱلدُّنْيَا وَهُم بِٱلْعُدْوَةِ ٱلْقُصْوَىٰ وَٱلرَّكْبُ أَسْفَلَ مِنكُمْ ۚ
وَلَوْ تَوَاعَدتُّمْ لَٱخْتَلَفْتُمْ فِى ٱلْمِيعَٰدِ ۙ وَلَٰكِن لِّيَقْضِىَ ٱللَّهُ أَمْرًا كَانَ
مَفْعُولًا لِّيَهْلِكَ مَنْ هَلَكَ عَنۢ بَيِّنَةٍ وَيَحْيَىٰ مَنْ حَىَّ عَنۢ بَيِّنَةٍ ۗ وَإِنَّ ٱللَّهَ
لَسَمِيعٌ عَلِيمٌ ﴿٤٢﴾

42. *Iz antum bil'udwatid dunyá wa hum bil'udwatil quswá warrakbu asfala minkum; wa law tawá'adtum lakhtalaftum fil mí'ádi wa lákil liyaqdhiyal láhu amran kána maf'úlal liyahlika man halaka 'am baiyinatin wa yahyá man haiya 'am baiyinah; wa innal láha la Samí'un 'Alím*

42. Recordai-vos de quando estáveis acampados na rampa do vale, mais próxima (a Madina), e eles na mais afastada, e sua caravana se encontrava mais abaixo – se tivésseis marcado um encontro com o inimigo, ter-vos-íeis desencontrado –, e os enfrentastes para que Deus cumprisse Sua decisão prescrita, a fim de que perecessem aqueles que, com razão, deveriam sucumbir, e sobrevivessem aqueles que, com razão, deveriam sobreviver; sabei que Deus é Onipotente, Sapientíssimo.

سُورَةُ الأَنفَالِ

Surat Al Anfal

إِذْ يُرِيكَهُمُ ٱللَّهُ فِى مَنَامِكَ قَلِيلًا ۖ وَلَوْ أَرَىٰكَهُمْ كَثِيرًا لَّفَشِلْتُمْ
وَلَتَنَٰزَعْتُمْ فِى ٱلْأَمْرِ وَلَٰكِنَّ ٱللَّهَ سَلَّمَ ۗ إِنَّهُۥ عَلِيمٌۢ بِذَاتِ ٱلصُّدُورِ ﴿٤٣﴾

43. Iz yuríkahumul láhu fi manámika qalíla; wa law arákahum kaçíral lafachiltum wa latanáza'tum fil amri wa lákinnal láha sallam; innahú 'alímum bizátis sudúr

43. Recorda-te (ó Mensageiro) de quando, em sonhos, Deus te fez crer (o exército inimigo) em número reduzido, porque, se te tivesse feito vê-lo numeroso, terias desanimado e terias vacilado a respeito do assunto; porém, Deus (te) salvou deles, porque bem conhece as intimidades dos corações.

وَإِذْ يُرِيكُمُوهُمْ إِذِ ٱلْتَقَيْتُمْ فِىٓ أَعْيُنِكُمْ قَلِيلًا وَيُقَلِّلُكُمْ فِىٓ أَعْيُنِهِمْ لِيَقْضِىَ
ٱللَّهُ أَمْرًا كَانَ مَفْعُولًا ۗ وَإِلَى ٱللَّهِ تُرْجَعُ ٱلْأُمُورُ ﴿٤٤﴾

44. Wa iz yuríkumúhum izil taqaitum fi a'yunikum qalílan wa yuqallilukum fi a'yunihim liyaqdhiyal láhu amran kána maf'úlá; wa ilal láhi turja'ul umúr

44. E de quando vós os enfrentastes, e Ele os fez parecer, aos vossos olhos, pouco numerosos; Ele vos dissimulou aos olhos deles, para que se cumprisse a decisão prescrita, porque a Deus retornarão todas as questões.

يَٰٓأَيُّهَا ٱلَّذِينَ ءَامَنُوٓا۟ إِذَا لَقِيتُمْ فِئَةً فَٱثْبُتُوا۟ وَٱذْكُرُوا۟ ٱللَّهَ كَثِيرًا لَّعَلَّكُمْ
تُفْلِحُونَ ﴿٤٥﴾

45. Yá aiyuhal lazína ámanú izá laquítum fi'atan façbutú wazkurul láha kacíral la'allakum tuflihún

45. Ó crentes, quando vos enfrentardes com o inimigo, sede firmes e mencionai muito (o nome de) Deus, para que prospereis.

وَأَطِيعُوا۟ ٱللَّهَ وَرَسُولَهُۥ وَلَا تَنَٰزَعُوا۟ فَتَفْشَلُوا۟ وَتَذْهَبَ رِيحُكُمْ ۖ وَٱصْبِرُوٓا۟ ۚ إِنَّ ٱللَّهَ مَعَ
ٱلصَّٰبِرِينَ ﴿٤٦﴾

46. Wa atí'ul láha wa Rasúlahú wa lá tanáza'ú fatafchalú wa tazhaba rihukum wasbirú; innal láha ma'as sábirín

46. E obedecei a Deus e ao Seu Mensageiro e não disputeis entre vós, porque fracassaríeis e perderíeis o vosso valor. E perseverai, porque Deus está com os perseverantes.

سُورَةُ الأَنفَالِ

Surat Al Anfal

وَلَا تَكُونُوا۟ كَٱلَّذِينَ خَرَجُوا۟ مِن دِيَـٰرِهِم بَطَرًا وَرِئَآءَ ٱلنَّاسِ وَيَصُدُّونَ عَن
سَبِيلِ ٱللَّهِ ۚ وَٱللَّهُ بِمَا يَعْمَلُونَ مُحِيطٌ ﴿٤٧﴾

47. Wa lá takúnú kallazína kharajú min diyárihim bataran wa ri'á'an nási wa yasuddúna 'an sabílil láh; walláhu bimá ya'malúna muhít

47. E não sejais como aqueles que saíram das suas casas, por petulância e ostentação, para desviarem os outros da senda de Deus; sabei que Deus está inteirado de tudo quanto fazem.

وَإِذْ زَيَّنَ لَهُمُ ٱلشَّيْطَـٰنُ أَعْمَـٰلَهُمْ وَقَالَ لَا غَالِبَ لَكُمُ ٱلْيَوْمَ مِنَ ٱلنَّاسِ
وَإِنِّى جَارٌ لَّكُمْ ۖ فَلَمَّا تَرَآءَتِ ٱلْفِئَتَانِ نَكَصَ عَلَىٰ عَقِبَيْهِ وَقَالَ إِنِّى بَرِىٓءٌ
مِّنكُمْ إِنِّىٓ أَرَىٰ مَا لَا تَرَوْنَ إِنِّىٓ أَخَافُ ٱللَّهَ ۚ وَٱللَّهُ شَدِيدُ ٱلْعِقَابِ ﴿٤٨﴾

48. Wa iz zaiyana lahumuch Chaitánu a'málahum wa qála lá ghálibа lakumul yauma minan nási wa inní járul lakum falammá tará'atil fi'atáni nakasa 'alá aquibaihi wa qála inní bari'um minkum inní ará má lá tarauna inní akháful láh; walláhu chadídul 'iqáb

48. E de quando Satanás lhes abrilhantou as ações e lhes disse: Hoje ninguém poderá vencer-vos, porque estou do vosso lado; porém, quando os dois grupos se enfrentaram, girou sobre seus calcanhares e disse: Estou isento de tudo quanto vos suceda, porque eu vejo o que vós não vedes. Temo a Deus, porque é Severíssimo no castigo.

إِذْ يَقُولُ ٱلْمُنَـٰفِقُونَ وَٱلَّذِينَ فِى قُلُوبِهِم مَّرَضٌ غَرَّ هَـٰٓؤُلَآءِ دِينُهُمْ ۗ وَمَن
يَتَوَكَّلْ عَلَى ٱللَّهِ فَإِنَّ ٱللَّهَ عَزِيزٌ حَكِيمٌ ﴿٤٩﴾

49. Iz yaqúlul munáfiqúna wallazína fí qulúbihim maradun gharra há'ulá'i dínuhum; wa mai yatawakkal 'alal láhi fa innal láha 'azí zun Hakím

49. Os hipócritas e aqueles que abrigam a enfermidade em seus corações dizem dos crentes: A estes, a sua religião os têm alucinado. Mas quem confia em Deus, saiba que Ele é Poderoso, Prudentíssimo.

وَلَوْ تَرَىٰٓ إِذْ يَتَوَفَّى ٱلَّذِينَ كَفَرُوا۟ ۙ ٱلْمَلَـٰٓئِكَةُ يَضْرِبُونَ وُجُوهَهُمْ وَأَدْبَـٰرَهُمْ
وَذُوقُوا۟ عَذَابَ ٱلْحَرِيقِ ﴿٥٠﴾

50. Wa law tará iz yatawaffal lazína kafarul malá'ikatu yadhribúna wujúhahum wa adbárahum wa zúqú 'azábal hariq

50. Ah, se pudesses ver a ocasião em que os anjos receberão os incrédulos, esbofeteando-os, açoitando-os e dizendo-lhes: Provai o suplício do fogo infernal,

ذَٰلِكَ بِمَا قَدَّمَتْ أَيْدِيكُمْ وَأَنَّ ٱللَّهَ لَيْسَ بِظَلَّٰمٍ لِّلْعَبِيدِ ﴿٥١﴾

51. Zálika bimá qaddamat aidíkum wa annal láha laisa bizallámil lil 'abíd

51. Isso, por tudo quanto cometeram vossas mãos, porque Deus nunca é injusto para com os Seus servos.

كَدَأْبِ ءَالِ فِرْعَوْنَ ۙ وَٱلَّذِينَ مِن قَبْلِهِمْ ۚ كَفَرُوا۟ بِـَٔايَٰتِ ٱللَّهِ فَأَخَذَهُمُ ٱللَّهُ بِذُنُوبِهِمْ ۗ
إِنَّ ٱللَّهَ قَوِىٌّ شَدِيدُ ٱلْعِقَابِ ﴿٥٢﴾

52. Kadábi Áli Fir'auna wal lazína min qablihim; kafarú bi Áyátil láhi fa akhazahumul láhu bizunúbihim; innal láha qawiyyun chadídul 'iqáb

52. Tal foi o comportamento do povo do Faraó e dos seus antecessores, que descreram nos versículos de Deus; porém, Deus os castigou por seus pecados, porque é Forte e Severíssimo no castigo.

ذَٰلِكَ بِأَنَّ ٱللَّهَ لَمْ يَكُ مُغَيِّرًا نِّعْمَةً أَنْعَمَهَا عَلَىٰ قَوْمٍ حَتَّىٰ يُغَيِّرُوا۟ مَا بِأَنفُسِهِمْ ۙ وَأَنَّ ٱللَّهَ
سَمِيعٌ عَلِيمٌ ﴿٥٣﴾

53. Zálika bi annal láha lam yaku mughaiyiran ni'matan an'amahá 'alá qaumin hattá yughaiyirú má bianfusihim wa annal láha Samí'un 'Alím

53. Isso, porque Deus jamais muda as mercês com que tem agraciado um povo, a menos que este mude o que há em seu íntimo; sabei que Deus é Oniouvinte, Sapientíssimo.

كَدَأْبِ ءَالِ فِرْعَوْنَ ۙ وَٱلَّذِينَ مِن قَبْلِهِمْ ۚ كَذَّبُوا۟ بِـَٔايَٰتِ رَبِّهِمْ فَأَهْلَكْنَٰهُم
بِذُنُوبِهِمْ وَأَغْرَقْنَآ ءَالَ فِرْعَوْنَ ۚ وَكُلٌّ كَانُوا۟ ظَٰلِمِينَ ﴿٥٤﴾

54. Kadábi Áli Fir'auna wallazína min qablihim; kazzabú bi Áyáti Rabbihim fáhlaknáhum bizunúbihim wa aghraqná Ála Fir'aun; wa kullun kánú zálimín

54. Tal foi o comportamento do povo do Faraó e de seus antecessores, que desmentiram os versículos do seu Senhor. Aniquilamo-los por seus pecados, e afogamos a dinastia do Faraó, porque todos eram injustos.

إِنَّ شَرَّ ٱلدَّوَآبِّ عِندَ ٱللَّهِ ٱلَّذِينَ كَفَرُوا۟ فَهُمْ لَا يُؤْمِنُونَ ﴿٥٥﴾

55. Inna charrad dawábbi 'indal láhil lazína kafarú fahum lá yu'minún

55. Os pecadores são os piores seres aos olhos de Deus, porque O rejeitam.

ٱلَّذِينَ عَٰهَدتَّ مِنْهُمْ ثُمَّ يَنقُضُونَ عَهْدَهُمْ فِي كُلِّ مَرَّةٍ وَهُمْ لَا يَتَّقُونَ ﴿٥٦﴾

56. Allazína 'áhadatta min-hum çumma yanqudhúna 'ahdahum fí kulli marratin wa hum lá yattaqún

56. São aqueles com quem fazes um pacto e que, sistematicamente, quebram seus compromissos, e não temem a Deus.

فَإِمَّا تَثْقَفَنَّهُمْ فِي ٱلْحَرْبِ فَشَرِّدْ بِهِم مَّنْ خَلْفَهُمْ لَعَلَّهُمْ يَذَّكَّرُونَ ﴿٥٧﴾

57. Fa immá taçqafannahum fil harbi facharrid bihim man khalfahum la'allahum yazzakkarún

57. Se os dominardes na guerra, dispersai-os, juntamente com aqueles que os seguem, para que meditem.

وَإِمَّا تَخَافَنَّ مِن قَوْمٍ خِيَانَةً فَٱنۢبِذْ إِلَيْهِمْ عَلَىٰ سَوَآءٍ ۚ إِنَّ ٱللَّهَ لَا يُحِبُّ ٱلْخَآئِنِينَ ﴿٥٨﴾

58. Wa immá takháfanna min qaumin khiyánatan fambiz ilaihim 'alá sawá'; innal láha láyuhibbul khá'inín

58. E se suspeitas da traição de um povo, rompe o teu pacto do mesmo modo, porque Deus não estima os traidores.

وَلَا يَحْسَبَنَّ ٱلَّذِينَ كَفَرُوا۟ سَبَقُوٓا۟ ۚ إِنَّهُمْ لَا يُعْجِزُونَ ﴿٥٩﴾

59. Wa lá yahsabannal lazína kafarú sabaqú; innahum lá yu'jizún

59. E não pensem os incrédulos que poderão obter coisas melhores (que as dos crentes). Jamais o conseguirão.

وَأَعِدُّوا۟ لَهُم مَّا ٱسْتَطَعْتُم مِّن قُوَّةٍ وَمِن رِّبَاطِ ٱلْخَيْلِ تُرْهِبُونَ بِهِۦ عَدُوَّ ٱللَّهِ وَعَدُوَّكُمْ وَءَاخَرِينَ مِن دُونِهِمْ لَا تَعْلَمُونَهُمُ ٱللَّهُ يَعْلَمُهُمْ ۚ وَمَا تُنفِقُوا۟ مِن شَىْءٍ فِي سَبِيلِ ٱللَّهِ يُوَفَّ إِلَيْكُمْ وَأَنتُمْ لَا تُظْلَمُونَ ﴿٦٠﴾

60. Wa a'iddú lahum mastata'tum min quwwatin wa mirribátil khaili turhibúna bihí 'aduwwal láhi wa 'aduwwakum wa ákharína min dúnihim lá ta'lamúnahum Alláhu ya'lamuhum; wa má tunfiqú min chai'in fí sabílil láhi yuwaffa ilaikum wa antum lá tuzlamún

60. Mobilizai todo poder que dispuserdes, em armas e cavalaria, para intimidardes, com isso, o inimigo de Deus e vosso, e se intimidarem ainda outros que não conheceis,

mas que Deus bem conhece. Tudo quanto investirdes na causa de Deus, ser-vos-á retribuído e não sereis injustiçados.

۞ وَإِن جَنَحُوا۟ لِلسَّلْمِ فَٱجْنَحْ لَهَا وَتَوَكَّلْ عَلَى ٱللَّهِ ۚ إِنَّهُۥ هُوَ ٱلسَّمِيعُ ٱلْعَلِيمُ ﴿٦١﴾

61. ۞ Wa in janahú lissalmi fajnah lahá wa tawakkal 'alal láh; innahú Huwas Samí'ul 'Alím

61. Se eles se inclinam à paz, inclina-te tu também a ela, e confia em Deus, porque Ele é o Oniouvinte, o Sapientíssimo.

وَإِن يُرِيدُوٓا۟ أَن يَخْدَعُوكَ فَإِنَّ حَسْبَكَ ٱللَّهُ ۚ هُوَ ٱلَّذِىٓ أَيَّدَكَ بِنَصْرِهِۦ
وَبِٱلْمُؤْمِنِينَ ﴿٦٢﴾

62. Wa in yurídú an-yakhda'úka fainna hasbakal láh; Huwal lazí aiyadaka binasrihi wa bilmu'minín

62. Mas, se intentarem enganar-te, fica sabendo que Deus te é suficiente. Ele foi Quem te secundou com o Seu socorro e com o dos crentes.

وَأَلَّفَ بَيْنَ قُلُوبِهِمْ ۚ لَوْ أَنفَقْتَ مَا فِى ٱلْأَرْضِ جَمِيعًا مَّآ أَلَّفْتَ بَيْنَ قُلُوبِهِمْ
وَلَٰكِنَّ ٱللَّهَ أَلَّفَ بَيْنَهُمْ ۚ إِنَّهُۥ عَزِيزٌ حَكِيمٌ ﴿٦٣﴾

63. Wa allafa baina qulúbihim; lau anfaqta má fil ardhi jamí'am má allafta baina qulúbihim wa lákinnalláha allafa bainahum; innáhú 'Azízun Hakím

63. E foi Quem conciliou os seus corações. E ainda que tivesses despendido tudo quanto há na Terra, não terias conseguido conciliar os seus corações; porém, Deus o conseguiu, porque é Poderoso, Prudentíssimo.

يَٰٓأَيُّهَا ٱلنَّبِىُّ حَسْبُكَ ٱللَّهُ وَمَنِ ٱتَّبَعَكَ مِنَ ٱلْمُؤْمِنِينَ ﴿٦٤﴾

64. Yá aiyuhan Nabiyyu hasbukal láhu wa manittaba'aka minal mu'minín

64. Ó Profeta, são-te suficientes Deus e os crentes que te seguem.

يَٰٓأَيُّهَا ٱلنَّبِىُّ حَرِّضِ ٱلْمُؤْمِنِينَ عَلَى ٱلْقِتَالِ ۚ إِن يَكُن مِّنكُمْ عِشْرُونَ صَٰبِرُونَ
يَغْلِبُوا۟ مِا۟ئَتَيْنِ ۚ وَإِن يَكُن مِّنكُم مِّا۟ئَةٌ يَغْلِبُوٓا۟ أَلْفًا مِّنَ ٱلَّذِينَ كَفَرُوا۟
بِأَنَّهُمْ قَوْمٌ لَّا يَفْقَهُونَ ﴿٦٥﴾

65. Yá aiyuhan Nabiyyu harridhil mu'minína 'alal quitál; in-yakum minkum 'ichrúna sábirúna yaghlibú mi'atayn; wa in-yakum minkum mi'atun yaghlibú alfam minal lazína kafarú bi anahum qaumul lá yafqahún

65. Ó Profeta, estimula os crentes ao combate. Se entre vós houvesse vinte perseverantes, venceriam duzentos, e se houvesse cem, venceriam mil dos incrédulos, porque estes são insensatos.

ٱلۡـَٔـٰنَ خَفَّفَ ٱللَّهُ عَنكُمۡ وَعَلِمَ أَنَّ فِيكُمۡ ضَعۡفٗاۚ فَإِن يَكُن مِّنكُم مِّاْئَةٞ صَابِرَةٞ
يَغۡلِبُواْ مِاْئَتَيۡنِۚ وَإِن يَكُن مِّنكُمۡ أَلۡفٞ يَغۡلِبُوٓاْ أَلۡفَيۡنِ بِإِذۡنِ ٱللَّهِۗ وَٱللَّهُ مَعَ
ٱلصَّـٰبِرِينَ ٦٦

66. Al'ána khaffafal láhu 'ankum wa 'alima anna fíkum dha'fá; fa-in yakum minkum mi'atun sábiratun yaghlibú mi'atayn; wa in-yakum minkum alfun yaghlibú alfaini bi iznil láh; walláhu ma'as sábirín

66. Deus tem-vos aliviado o peso do fardo, porque sabe que há um ponto débil em vós; e se entre vós houvesse cem perseverantes, venceriam duzentos; e se houvesse mil, venceriam dois mil, com o beneplácito de Deus, porque Ele está com os perseverantes.

مَا كَانَ لِنَبِيٍّ أَن يَكُونَ لَهُۥٓ أَسۡرَىٰ حَتَّىٰ يُثۡخِنَ فِي ٱلۡأَرۡضِۚ تُرِيدُونَ عَرَضَ
ٱلدُّنۡيَا وَٱللَّهُ يُرِيدُ ٱلۡأٓخِرَةَۗ وَٱللَّهُ عَزِيزٌ حَكِيمٞ ٦٧

67. Má kána li Nabiyyin ai yakúna lahú asrá hatta yuçkhina fil ardh; turidúna aradhad dunyá walláhu yurídul Ákhirah; walláhu 'Azízun Hakím

67. Não é dado a profeta algum fazer cativos, antes de lhes haver subjugado inteiramente a região. Vós (crentes) ambicionais o fútil da vida terrena; em troca, Deus quer para vós a bem-aventurança do Outro Mundo, porque Deus é Poderoso, Prudentíssimo.

لَّوۡلَا كِتَٰبٞ مِّنَ ٱللَّهِ سَبَقَ لَمَسَّكُمۡ فِيمَآ أَخَذۡتُمۡ عَذَابٌ عَظِيمٞ ٦٨

68. Lau lá Kitábum minal láhi sabaqa lamassakum fí má akhaztum 'azábun 'azím

68. Se não fosse por um decreto prévio de Deus, ter-vos-ia açoitado um severo castigo, pelo que havíeis arrebatado (de resgate).

فَكُلُواْ مِمَّا غَنِمۡتُمۡ حَلَٰلٗا طَيِّبٗاۚ وَٱتَّقُواْ ٱللَّهَۚ إِنَّ ٱللَّهَ غَفُورٞ رَّحِيمٞ ٦٩

69. Fakulú mimmá ghanimtum halálan taiyibá; wattaqul láh; innal láha Ghafúrur Rahím

سُورَةُ الأَنفَال
Surat Al Anfal

69. Desfrutai, pois, de tudo quanto conseguis de lícito e temei a Deus, porque Deus é Indulgente, Misericordiosíssimo.

يَٰٓأَيُّهَا ٱلنَّبِيُّ قُل لِّمَن فِيٓ أَيۡدِيكُم مِّنَ ٱلۡأَسۡرَىٰٓ إِن يَعۡلَمِ ٱللَّهُ فِي قُلُوبِكُمۡ خَيۡرٗا
يُؤۡتِكُمۡ خَيۡرٗا مِّمَّآ أُخِذَ مِنكُمۡ وَيَغۡفِرۡ لَكُمۡۚ وَٱللَّهُ غَفُورٞ رَّحِيمٞ ٧٠

70. *Yá aiyuhan Nabiyyu qul liman fí aidíkum minal asrá in-ya'lamil lahu fí qulúbikum khairan yu'tikum khayram mimmá ukhiza minkum wa yaghfir lakum; walláhu Ghafúrur Rahím*

70. Ó Profeta, dize aos cativos que estão em vosso poder: Se Deus descobrir sinceridade em vossos corações, conceder-vos-á algo melhor do que aquilo que vos foi arrebatado e vos perdoará, porque é Indulgente, Misericordiosíssimo.

وَإِن يُرِيدُواْ خِيَانَتَكَ فَقَدۡ خَانُواْ ٱللَّهَ مِن قَبۡلُ فَأَمۡكَنَ مِنۡهُمۡۗ وَٱللَّهُ عَلِيمٌ حَكِيمٌ ٧١

71. *Wa in-yurídú khiyánataka faqad khánul láha min qablu fa amkana min-hum; walláhu 'Alímun Hakím*

71. Mas se intentarem atraiçoar-te, fica sabendo que atraiçoaram antes a Deus. Ele os deixará nas tuas mãos, porque é Sapiente, Prudentíssimo.

إِنَّ ٱلَّذِينَ ءَامَنُواْ وَهَاجَرُواْ وَجَٰهَدُواْ بِأَمۡوَٰلِهِمۡ وَأَنفُسِهِمۡ فِي سَبِيلِ ٱللَّهِ وَٱلَّذِينَ
ءَاوَواْ وَّنَصَرُوٓاْ أُوْلَٰٓئِكَ بَعۡضُهُمۡ أَوۡلِيَآءُ بَعۡضٖۚ وَٱلَّذِينَ ءَامَنُواْ وَلَمۡ يُهَاجِرُواْ مَا لَكُم مِّن
وَلَٰيَتِهِم مِّن شَيۡءٍ حَتَّىٰ يُهَاجِرُواْۚ وَإِنِ ٱسۡتَنصَرُوكُمۡ فِي ٱلدِّينِ فَعَلَيۡكُمُ ٱلنَّصۡرُ إِلَّا
عَلَىٰ قَوۡمِۭ بَيۡنَكُمۡ وَبَيۡنَهُم مِّيثَٰقٞۗ وَٱللَّهُ بِمَا تَعۡمَلُونَ بَصِيرٞ ٧٢

72. *Innal lazína ámanú wa hájarú wa jáhadú bi amwálihim wa anfusihim fí sabílil láhi wallazína áwau wa nasarú ulá'ika ba'dhuhum awliyá'u ba'dh; wallazína ámanú wa lam yuhájirú má lakum min waláyatihim min chai'in hatta yuhájirú; wa ini stansarúkum fid díni fa'alaikumun nasru illá 'alá qaumin bainakum wa bainahum miçáq; walláhu bimá ta'malúna Basír*

72. Os crentes que migraram e sacrificaram seus bens e suas pessoas pela causa de Deus, e aqueles que os ampararam e os secundaram, são protetores uns aos outros. Quanto aos crentes que não migraram, não vos tocará protegê-los, até que o façam. Mas se vos pedirem socorro em nome da religião, estareis obrigados a prestá-lo, salvo se for contra povos com quem tenhais um tratado; sabei que Deus bem vê tudo quanto fazeis.

سُورَةُ الأَنفَالِ

Surat Al Anfal

وَٱلَّذِينَ كَفَرُواْ بَعۡضُهُمۡ أَوۡلِيَآءُ بَعۡضٍۚ إِلَّا تَفۡعَلُوهُ تَكُن فِتۡنَةٞ فِي ٱلۡأَرۡضِ وَفَسَادٞ
كَبِيرٞ ٧٣

73. *Wallazína kafarú ba'dhuhum awliyá'u ba'dh; illá taf'alúhu takun fitnatun fil ardhi wa fasádun kabír*

73. Quanto aos incrédulos, são igualmente protetores uns aos outros; e se vós não o fizerdes (protegerdes uns aos outros), haverá intriga e grande corrupção sobre a Terra.

وَٱلَّذِينَ ءَامَنُواْ وَهَاجَرُواْ وَجَٰهَدُواْ فِي سَبِيلِ ٱللَّهِ وَٱلَّذِينَ ءَاوَواْ وَّنَصَرُوٓاْ أُوْلَٰٓئِكَ
هُمُ ٱلۡمُؤۡمِنُونَ حَقّٗاۚ لَّهُم مَّغۡفِرَةٞ وَرِزۡقٞ كَرِيمٞ ٧٤

74. *Wallazína ámanú wa hájarú wa jáhadú fí sabílil láhi wallazína áwau wa nasarú ulá'ika humul mu'minúna haqqá; lahum maghfiratun wa rizqun karím*

74. Quanto aos crentes que migraram e combateram pela causa de Deus, assim como aqueles que os ampararam e os secundaram - estes são os verdadeiros crentes - obterão indulgência e magnífico sustento.

وَٱلَّذِينَ ءَامَنُواْ مِنۢ بَعۡدُ وَهَاجَرُواْ وَجَٰهَدُواْ مَعَكُمۡ فَأُوْلَٰٓئِكَ مِنكُمۡۚ وَأُوْلُواْ ٱلۡأَرۡحَامِ
بَعۡضُهُمۡ أَوۡلَىٰ بِبَعۡضٖ فِي كِتَٰبِ ٱللَّهِۚ إِنَّ ٱللَّهَ بِكُلِّ شَيۡءٍ عَلِيمُۢ ٧٥

75. *Wallazína ámanú min ba'du wa hájarú wa jáhadú ma'akum fa Ulá'ika minkum; wa ulul arhámi badhuhum aulá biba'dhin fí Kitábil láh; innal láha bikulli chai'in 'Alím*

75. E aqueles que creram depois, migraram e combateram junto a vós, serão dos vossos; porém, os parentes carnais têm prioridade sobre os outros, segundo o Livro de Deus; sabei que Deus é Onisciente.

سُورَةُ التَّوۡبَةِ

Surat At *Tauba*

Surat 9. *At Tauba* (O Arrependimento). Revelada em Madina, 129 versículos, com exceção dos versículos 128 e 129 que foram revelados em Makka.
São utilizados os versículos de 1-92 neste Juzi.

بِسۡمِ ٱللَّهِ ٱلرَّحۡمَٰنِ ٱلرَّحِيمِ

Bismilláhir Rahmánir Rahím

Em nome de Deus, o Clemente, o Misericordioso

بَرَآءَةٌ مِّنَ ٱللَّهِ وَرَسُولِهِۦٓ إِلَى ٱلَّذِينَ عَٰهَدتُّم مِّنَ ٱلۡمُشۡرِكِينَ ١

1. ۞ *Bará'atum minal láhi wa Rasúlihí ilal lazína 'áhattum minal muchrikín*

1. Sabei que há repúdio, por parte de Deus e do Seu Mensageiro, em relação àqueles com quem pactuastes, dentre os idólatras.

فَسِيحُواْ فِي ٱلۡأَرۡضِ أَرۡبَعَةَ أَشۡهُرٖ وَٱعۡلَمُوٓاْ أَنَّكُمۡ غَيۡرُ مُعۡجِزِي ٱللَّهِ وَأَنَّ ٱللَّهَ مُخۡزِي ٱلۡكَٰفِرِينَ ٢

2. *Fasíhú fil ardhi arba'ata achhurin wa'lamú annakum ghairu mu'jizil láhi wa annal láha mukhzil káfirín*

2. Percorrei (ó idólatras) a Terra, durante quatro meses, e sabereis que não podereis frustrar Deus, porque Ele desonrará os incrédulos.

وَأَذَٰنٞ مِّنَ ٱللَّهِ وَرَسُولِهِۦٓ إِلَى ٱلنَّاسِ يَوۡمَ ٱلۡحَجِّ ٱلۡأَكۡبَرِ أَنَّ ٱللَّهَ بَرِيٓءٞ مِّنَ ٱلۡمُشۡرِكِينَ وَرَسُولُهُۥۚ فَإِن تُبۡتُمۡ فَهُوَ خَيۡرٞ لَّكُمۡۖ وَإِن تَوَلَّيۡتُمۡ فَٱعۡلَمُوٓاْ أَنَّكُمۡ غَيۡرُ مُعۡجِزِي ٱللَّهِۗ وَبَشِّرِ ٱلَّذِينَ كَفَرُواْ بِعَذَابٍ أَلِيمٍ ٣

3. *Wa azánum minal láhi wa Rasúlihí ilan nási yaumal Hajjil Akbari annal láha barí'um minal muchrikína wa Rasúluh; fa-in tubtum fahuwa Khairul lakum wa in tawallaitum fa'lamú annakum ghairu mu'jizil láh; wa bachiril lazína kafarú bi'azábin alím*

3. E eis aqui a advertência de Deus e de Seu Mensageiro aos humanos para o dia da Peregrinação Maior: Deus e Seu Mensageiro não são responsáveis pelos idólatras (concernente ao rompimento do pacto). Mas se vos arrependerdes, será melhor para vós; porém, se vos recusardes, sabei que não podereis frustrar Deus! Notifica, pois, aos incrédulos, que sofrerão um doloroso castigo.

سُورَةُ التَّوۡبَةِ

Surat At *Tauba*

إِلَّا ٱلَّذِينَ عَٰهَدتُّم مِّنَ ٱلۡمُشۡرِكِينَ ثُمَّ لَمۡ يَنقُصُوكُمۡ شَيۡـٔٗا وَلَمۡ يُظَٰهِرُواْ عَلَيۡكُمۡ
أَحَدٗا فَأَتِمُّوٓاْ إِلَيۡهِمۡ عَهۡدَهُمۡ إِلَىٰ مُدَّتِهِمۡۚ إِنَّ ٱللَّهَ يُحِبُّ ٱلۡمُتَّقِينَ ٤

4. Illal lazina 'áhadtum minal muchrikina çumma lam yanqusúkum chai'an-wa lam yuzáhirú 'alaikum ahadan fa atimmú ilaihim 'ahdahum ilá muddatihim; innal láha yuhibbul muttaquín

4. Cumpri o ajuste com os idólatras, com quem tenhais um tratado, e que não vos tenham atraiçoado e nem tenham apoiado ninguém contra vós; cumpri o tratado até à sua expiração. Sabei que Deus estima os tementes.

فَإِذَا ٱنسَلَخَ ٱلۡأَشۡهُرُ ٱلۡحُرُمُ فَٱقۡتُلُواْ ٱلۡمُشۡرِكِينَ حَيۡثُ وَجَدتُّمُوهُمۡ وَخُذُوهُمۡ وَٱحۡصُرُوهُمۡ
وَٱقۡعُدُواْ لَهُمۡ كُلَّ مَرۡصَدٖۚ فَإِن تَابُواْ وَأَقَامُواْ ٱلصَّلَوٰةَ وَءَاتَوُاْ ٱلزَّكَوٰةَ فَخَلُّواْ
سَبِيلَهُمۡۚ إِنَّ ٱللَّهَ غَفُورٞ رَّحِيمٞ ٥

5.Fa'iza nsalakhal Achhurul Hurumu faqtulul muchrikína haiçu wajattumúhum wa khuzúhum wahsurúhum waq'udú lahum kulla marsad; fa-in tábú wa aqámus Saláta wa átawuz Zakáta fakhallú sabílahum; innal láha Ghafúrur Rahím

5. Mas quando os meses sagrados houverem transcorrido, matai os idólatras, onde quer que os acheis; capturai-os, acossai-os e espreitai-os; porém, caso se arrependam, observem a oração e paguem o zakat, abri-lhes o caminho. Sabei que Deus é Indulgente, Misericordiosíssimo.

وَإِنۡ أَحَدٞ مِّنَ ٱلۡمُشۡرِكِينَ ٱسۡتَجَارَكَ فَأَجِرۡهُ حَتَّىٰ يَسۡمَعَ كَلَٰمَ ٱللَّهِ ثُمَّ أَبۡلِغۡهُ مَأۡمَنَهُۥۚ
ذَٰلِكَ بِأَنَّهُمۡ قَوۡمٞ لَّا يَعۡلَمُونَ ٦

6. Wa in ahadum minal muchrikinas tajáraka fa ajirhu hattá yasma'a Kalámal láhi çumma ablighhu má manah; zálika bi annahum qaumul lá ya'lamún

6. Se algum dos idólatras procurar a tua proteção, ampara-o, para que escute a palavra de Deus e, então, escolta-o até que chegue ao seu lar, porque (os idólatras) são ignorantes.

كَيۡفَ يَكُونُ لِلۡمُشۡرِكِينَ عَهۡدٌ عِندَ ٱللَّهِ وَعِندَ رَسُولِهِۦٓ إِلَّا ٱلَّذِينَ
عَٰهَدتُّمۡ عِندَ ٱلۡمَسۡجِدِ ٱلۡحَرَامِۖ فَمَا ٱسۡتَقَٰمُواْ لَكُمۡ فَٱسۡتَقِيمُواْ لَهُمۡۚ إِنَّ ٱللَّهَ
يُحِبُّ ٱلۡمُتَّقِينَ ٧

سُورَةُ التَّوۡبَةِ

Surat At *Tauba*

7. Kaifa yakúnu lilmuchrikína 'ahdun 'indal láhi wa 'inda Rasúlihí illal lazína 'áhattum 'indal Masjidil Harámi famas taqámú lakum fastaquímú lahum; innal láha yuhibbul muttaquín

7. Como podem os idólatras fazer um tratado com Deus e Seu Mensageiro – exceto aqueles com os quais tenhas feito um tratado, junto à Sagrada Mesquita? Sê verdadeiro com eles, tanto quanto forem verdadeiros para contigo, pois Deus estima os tementes.

كَيۡفَ وَإِن يَظۡهَرُواْ عَلَيۡكُمۡ لَا يَرۡقُبُواْ فِيكُمۡ إِلّٗا وَلَا ذِمَّةٗۚ يُرۡضُونَكُم
بِأَفۡوَٰهِهِمۡ وَتَأۡبَىٰ قُلُوبُهُمۡ وَأَكۡثَرُهُمۡ فَٰسِقُونَ ٨

8. Kaifa wa in-yazharú 'alaikum lá yarqubú fikum illa wa lá zimmah; yurdhúnakum biafwáhihim wa ta'bá qulúbuhum wa akçaruhum fásiqún

8. Como pode haver (qualquer tratado) quando, se tivessem a supremacia sobre vós, não respeitariam parentesco nem compromisso? Satisfazem-vos com palavras, ainda que seus corações as neguem, e sua maioria seja depravada.

ٱشۡتَرَوۡاْ بِـَٔايَٰتِ ٱللَّهِ ثَمَنٗا قَلِيلٗا فَصَدُّواْ عَن سَبِيلِهِۦٓۚ إِنَّهُمۡ سَآءَ مَا كَانُواْ
يَعۡمَلُونَ ٩

9. Ichtarau bi Áyátil láhi çamanan qalílan fasaddú 'an sabílih; innahum sá'a má kánú ya'malún

9. Negociam a ínfimo preço os versículos de Deus e desencaminham (os humanos) da Sua senda. Que péssimo é o que fazem!

لَا يَرۡقُبُونَ فِي مُؤۡمِنٍ إِلّٗا وَلَا ذِمَّةٗۚ وَأُوْلَٰٓئِكَ هُمُ ٱلۡمُعۡتَدُونَ ١٠

10. Lá yarqubúna fí mu'minin illan wa lá zimmah wa ulá'ika humul mu'tadún

10. Não respeitam parentesco, nem compromisso com crente algum, porque são transgressores.

فَإِن تَابُواْ وَأَقَامُواْ ٱلصَّلَوٰةَ وَءَاتَوُاْ ٱلزَّكَوٰةَ فَإِخۡوَٰنُكُمۡ فِي ٱلدِّينِۗ وَنُفَصِّلُ
ٱلۡأٓيَٰتِ لِقَوۡمٖ يَعۡلَمُونَ ١١

11. Fa in tábú wa aqámus Saláta wa átawuz Zakáta fa ikhwánukum fid dín; wa nufassilul Áyáti liqaumin ya'lamún

11. Mas, se se arrependerem, observarem a oração e pagarem o zakat, então serão vossos irmãos na religião. Assim elucidamos os versículos para os sensatos.

سُورَةُ التَّوْبَةِ

Surat At *Tauba*

وَإِن نَّكَثُوٓاْ أَيْمَٰنَهُم مِّنۢ بَعْدِ عَهْدِهِمْ وَطَعَنُواْ فِى دِينِكُمْ فَقَٰتِلُوٓاْ أَيِمَّةَ
ٱلْكُفْرِ ۙ إِنَّهُمْ لَآ أَيْمَٰنَ لَهُمْ لَعَلَّهُمْ يَنتَهُونَ ﴿١٢﴾

12. *Wa in nakaçú aimánahum mim ba'di 'ahdihim wa ta'anú fí dínikum faqátilú a'immatal kufri innahum lá aimána lahum la'allahum yantahún*

12. Porém, se depois de haverem feito o tratado convosco, perjurarem e difamarem a vossa religião, combatei os chefes incrédulos, pois são perjuros; talvez se refreiem.

أَلَا تُقَٰتِلُونَ قَوْمًا نَّكَثُوٓاْ أَيْمَٰنَهُمْ وَهَمُّواْ بِإِخْرَاجِ ٱلرَّسُولِ وَهُم
بَدَءُوكُمْ أَوَّلَ مَرَّةٍ ۚ أَتَخْشَوْنَهُمْ ۚ فَٱللَّهُ أَحَقُّ أَن تَخْشَوْهُ إِن كُنتُم
مُّؤْمِنِينَ ﴿١٣﴾

13. *Alá tuqátilúna qauman nakasú aimánahum wa hammú bi ikhrájir Rasúli wa hum bada'úkum auwala marrah; atakhchaunahum; falláhu a<u>h</u>aqqu an takhchauhu in kuntum mu'minín*

13. Acaso, não combateríeis as pessoas que violassem os seus juramentos, e se propusessem a expulsar o Mensageiro, e fossem os primeiros a vos provocar? Porventura os temeis? Sabei que Deus é mais digno de ser temido, se sois crentes.

قَٰتِلُوهُمْ يُعَذِّبْهُمُ ٱللَّهُ بِأَيْدِيكُمْ وَيُخْزِهِمْ وَيَنصُرْكُمْ عَلَيْهِمْ وَيَشْفِ
صُدُورَ قَوْمٍ مُّؤْمِنِينَ ﴿١٤﴾

14. *Qátilúhum yu'azzibhumul láhu bi aidíkum wa yukhzihim wa yansurkum 'alaihim wa yachfi sudúra qaumim mu'minín*

14. Combatei-os! Deus os castigará por intermédio das vossas mãos, desonrá-los-á e vos fará prevalecer sobre eles, e curará os corações de alguns crentes,

وَيُذْهِبْ غَيْظَ قُلُوبِهِمْ ۗ وَيَتُوبُ ٱللَّهُ عَلَىٰ مَن يَشَآءُ ۗ وَٱللَّهُ عَلِيمٌ حَكِيمٌ ﴿١٥﴾

15. *Wa yuzhib ghaiza qulúbihim; wa yatúbul láhu 'alá mai yachá'; walláhu 'Alímun <u>H</u>akím*

15. E removerá a ira dos seus corações. Deus absolverá quem Lhe aprouver, porque é Sapiente, Prudentíssimo.

سُورَةُ التَّوبَة

Surat At *Tauba*

أَمْ حَسِبْتُمْ أَن تُتْرَكُواْ وَلَمَّا يَعْلَمِ ٱللَّهُ ٱلَّذِينَ جَٰهَدُواْ مِنكُمْ وَلَمْ يَتَّخِذُواْ مِن
دُونِ ٱللَّهِ وَلَا رَسُولِهِۦ وَلَا ٱلْمُؤْمِنِينَ وَلِيجَةً ۚ وَٱللَّهُ خَبِيرٌۢ بِمَا تَعْمَلُونَ ﴿١٦﴾

16. *Am hasibtum an tutrakú wa lammá ya'lamil láhul lazína jáhadú minkum wa lam yattakhizú min dúnil láhi wa lá Rasúlihí wa lal mu'minína walíjah; walláhu khabírum bimá ta'malún*

16. Pensais, acaso, que podereis ser deixados livres, como se Deus não conhecesse, dentre vós, que lutarão e não tomarão por confidentes ninguém além de Deus, Seu Mensageiro e os crentes? Deus está bem inteirado de tudo quanto fazeis!

مَا كَانَ لِلْمُشْرِكِينَ أَن يَعْمُرُواْ مَسَٰجِدَ ٱللَّهِ شَٰهِدِينَ عَلَىٰٓ أَنفُسِهِم بِٱلْكُفْرِ ۚ
أُوْلَٰٓئِكَ حَبِطَتْ أَعْمَٰلُهُمْ وَفِى ٱلنَّارِ هُمْ خَٰلِدُونَ ﴿١٧﴾

17. *Má kána lilmuchrikína ai ya'murú masájidal láhi cháhidína 'alá anfusihim bilkufr; ulá'ika habitat a'máluhum wafin nári hum khálidún*

17. É inadmissível que os idólatras frequentem as mesquitas de Deus, sendo que reconhecem que são incrédulos. São aqueles cujas obras se tornaram sem efeito, e que morarão eternamente no fogo infernal.

إِنَّمَا يَعْمُرُ مَسَٰجِدَ ٱللَّهِ مَنْ ءَامَنَ بِٱللَّهِ وَٱلْيَوْمِ ٱلْءَاخِرِ وَأَقَامَ ٱلصَّلَوٰةَ
وَءَاتَى ٱلزَّكَوٰةَ وَلَمْ يَخْشَ إِلَّا ٱللَّهَ ۖ فَعَسَىٰٓ أُوْلَٰٓئِكَ أَن يَكُونُواْ مِنَ
ٱلْمُهْتَدِينَ ﴿١٨﴾

18. *Innamá ya'muru masá jidal láhi man ámana billáhi wal Yaumil Ákhiri wa aqámas Saláta wa átaz Zakáta wa lam yakhchá illal láha fa'asá ulá'ika ai yakúnú minal muhtadín*

18. Só frequentam as mesquitas de Deus aqueles que creem em Deus e no Dia do Juízo Final, observam as orações, pagam o zakat, e não temem ninguém além de Deus. Quiçá, estes se contem entre os encaminhados.

۞ أَجَعَلْتُمْ سِقَايَةَ ٱلْحَآجِّ وَعِمَارَةَ ٱلْمَسْجِدِ ٱلْحَرَامِ كَمَنْ ءَامَنَ بِٱللَّهِ وَٱلْيَوْمِ ٱلْءَاخِرِ
وَجَٰهَدَ فِى سَبِيلِ ٱللَّهِ ۚ لَا يَسْتَوُۥنَ عِندَ ٱللَّهِ ۗ وَٱللَّهُ لَا يَهْدِى ٱلْقَوْمَ ٱلظَّٰلِمِينَ ﴿١٩﴾

19. ۞ *Aja'altum siqáyatal hájji wa 'imáratal masjidil harámi kaman ámana billáhi wal Yaumil Ákhiri wa jáhada fí sabílil láh; lá yastawúna 'indal láh; walláhu lá yahdil qaumaz zálimín*

سُورَةُ التَّوْبَةِ

Surat At *Tauba*

19. Considerais, acaso, os que fornecem água aos peregrinos, e os guardiões da Sagrada Mesquita iguais aos que creem em Deus e no Dia do Juízo Final, e lutam pela causa de Deus? Aqueles jamais se equipararão a estes, ante Deus. Sabei que Deus não ilumina os injustos.

ٱلَّذِينَ ءَامَنُوا۟ وَهَاجَرُوا۟ وَجَٰهَدُوا۟ فِى سَبِيلِ ٱللَّهِ بِأَمْوَٰلِهِمْ وَأَنفُسِهِمْ أَعْظَمُ دَرَجَةً عِندَ
ٱللَّهِ ۚ وَأُو۟لَٰٓئِكَ هُمُ ٱلْفَآئِزُونَ ﴿٢٠﴾

20.Allazína ámanú wa hájarú wa jáhadú fí sabílil láhi bi amwálihim wa anfusihim a'zamu darajatan 'indal láh; wa ulá'ika humul fá'izún

20. Os crentes que migrarem e sacrificarem seus bens e suas pessoas pela causa de Deus, obterão maior dignidade ante Deus e serão os ganhadores.

يُبَشِّرُهُمْ رَبُّهُم بِرَحْمَةٍ مِّنْهُ وَرِضْوَٰنٍ وَجَنَّٰتٍ لَّهُمْ فِيهَا نَعِيمٌ مُّقِيمٌ ﴿٢١﴾

21. Yubachchiruhum Rabbuhum birahmatim min-hu wa ridwánin wa Jannátil lahum fíhá na'ímum muquím

21. O seu Senhor lhes anuncia a Sua misericórdia, a Sua complacência, e lhes proporcionará jardins, onde gozarão de eterno prazer,

خَٰلِدِينَ فِيهَآ أَبَدًا ۚ إِنَّ ٱللَّهَ عِندَهُۥٓ أَجْرٌ عَظِيمٌ ﴿٢٢﴾

22. Khálidína fíhá abadá; innal láha 'indahú ajrun 'azím

22, Onde morarão eternamente, porque com Deus está a magnífica recompensa.

يَٰٓأَيُّهَا ٱلَّذِينَ ءَامَنُوا۟ لَا تَتَّخِذُوٓا۟ ءَابَآءَكُمْ وَإِخْوَٰنَكُمْ أَوْلِيَآءَ إِنِ ٱسْتَحَبُّوا۟
ٱلْكُفْرَ عَلَى ٱلْإِيمَٰنِ ۚ وَمَن يَتَوَلَّهُم مِّنكُمْ فَأُو۟لَٰٓئِكَ هُمُ ٱلظَّٰلِمُونَ ﴿٢٣﴾

23. Yá aiyuhal lazína ámanú lá tattakhizú ábá'akum wa ikhwánakum auliyá'a inis tahabbul kufra 'alal ímán; wa mai yatawallahum minkum fa ulá'ika humuz zálimún

23. Ó crentes, não tomeis por confidentes vossos pais e irmãos, se preferirem a incredulidade à fé; aqueles, dentre vós, que os tomarem por confidentes, serão injustos.

قُلْ إِن كَانَ ءَابَآؤُكُمْ وَأَبْنَآؤُكُمْ وَإِخْوَٰنُكُمْ وَأَزْوَٰجُكُمْ وَعَشِيرَتُكُمْ وَأَمْوَٰلٌ
ٱقْتَرَفْتُمُوهَا وَتِجَٰرَةٌ تَخْشَوْنَ كَسَادَهَا وَمَسَٰكِنُ تَرْضَوْنَهَآ أَحَبَّ إِلَيْكُم

مِّنَ ٱللَّهِ وَرَسُولِهِۦ وَجِهَادٖ فِي سَبِيلِهِۦ فَتَرَبَّصُواْ حَتَّىٰ يَأۡتِيَ ٱللَّهُ بِأَمۡرِهِۦۗ وَٱللَّهُ لَا
يَهۡدِي ٱلۡقَوۡمَ ٱلۡفَٰسِقِينَ ٢٤

24. *Qul in kána ábá'ukum wa abná'ukum wa ikhwánukum wa azwájukum wa 'achíratukum wa amwálun iqtaraftumúhá wa tijáratun takhchauna kasádahá wa masákinu tardaunahá ahabba ilaikum minal láhi wa Rasúlihí wa Jihádin fí Sabílihí fatarabbasú hattá ya'tiyal lahu bi amrih; walláhu lá yahdil qaumal fásiquín*

24. Dize-lhes: Se vossos pais, vossos filhos, vossos irmãos, vossas esposas, vossa tribo, os bens que tenhais adquirido, o comércio – cuja estagnação temeis – e as casas nas quais residis, são-vos mais queridos do que Deus e Seu Mensageiro, bem como a luta por Sua causa, aguardai, até que Deus venha cumprir os Seus desígnios. Sabei que Ele não ilumina os depravados.

لَقَدۡ نَصَرَكُمُ ٱللَّهُ فِي مَوَاطِنَ كَثِيرَةٖ وَيَوۡمَ حُنَيۡنٍ إِذۡ أَعۡجَبَتۡكُمۡ
كَثۡرَتُكُمۡ فَلَمۡ تُغۡنِ عَنكُمۡ شَيۡـٔٗا وَضَاقَتۡ عَلَيۡكُمُ ٱلۡأَرۡضُ بِمَا
رَحُبَتۡ ثُمَّ وَلَّيۡتُم مُّدۡبِرِينَ ٢٥

25. *Laqad nasarakumul láhu fí mawátina kacíratin wa yauma Hunainin iz a'jabatkum kaçratukum falam tughni 'ankum chai'an wa dáqat 'alaikumul ardhu bimá rahubat çumma wallaitum mudbirín*

25. Deus vos socorreu em muitos campos de batalha – como aconteceu no dia de Hunain, quando vos ufanáveis da vossa maioria, que de nada vos serviu; e a Terra, com toda a sua amplitude, pareceu-vos pequena para empreenderdes a fuga.

ثُمَّ أَنزَلَ ٱللَّهُ سَكِينَتَهُۥ عَلَىٰ رَسُولِهِۦ وَعَلَى ٱلۡمُؤۡمِنِينَ وَأَنزَلَ جُنُودٗا لَّمۡ تَرَوۡهَا
وَعَذَّبَ ٱلَّذِينَ كَفَرُواْۚ وَذَٰلِكَ جَزَآءُ ٱلۡكَٰفِرِينَ ٢٦

26. *Çumma anzalal láhu sakinatahú 'alá Rasúlihí wa'alal mu'minina wa anzala junúdal lam tarauhá wa azzabal lazína kafarú; wa zálika jazá'ul káfirín*

26. Então, Deus infundiu a Sua calma ao Seu Mensageiro e aos crentes, e enviou tropas – que não avistastes – e castigou os incrédulos; tal é a recompensa dos que não creem.

ثُمَّ يَتُوبُ ٱللَّهُ مِنۢ بَعۡدِ ذَٰلِكَ عَلَىٰ مَن يَشَآءُۗ وَٱللَّهُ غَفُورٞ رَّحِيمٞ ٢٧

سُورَةُ التَّوْبَةِ

Surat At *Tauba*

27. Çumma yatúbul láhu mim ba'di zálika 'alá mai yachá'; walláhu Ghafúrur Ra<u>h</u>ím

27. Deus absolverá, depois disso, quem Lhe aprouver, porque é Indulgente, Misericordiosíssimo.

يَـٰٓأَيُّهَا ٱلَّذِينَ ءَامَنُوٓا۟ إِنَّمَا ٱلْمُشْرِكُونَ نَجَسٌ فَلَا يَقْرَبُوا۟ ٱلْمَسْجِدَ ٱلْحَرَامَ
بَعْدَ عَامِهِمْ هَـٰذَا ۚ وَإِنْ خِفْتُمْ عَيْلَةً فَسَوْفَ يُغْنِيكُمُ ٱللَّهُ مِن فَضْلِهِۦٓ إِن
شَآءَ ۚ إِنَّ ٱللَّهَ عَلِيمٌ حَكِيمٌ ﴿٢٨﴾

28. Yá aiyuhal lazína ámanú innamal muchrikúna najasun falá yaqrabul Masjidal <u>H</u>aráma ba'da 'ámihim háza; wa in khiftum 'ailatan fasaufa yughníkumul láhu min fadhlihí in chá'; innal láha 'Alímun <u>H</u>akím

28. Ó crentes, em verdade os idólatras são impuros. Que depois deste seu ano não se aproximem da Sagrada Mesquita! E se temeis a pobreza, sabei que se a Deus aprouver, enriquecer-vos-á com Sua bondade, porque é Sapiente, Prudentíssimo.

قَـٰتِلُوا۟ ٱلَّذِينَ لَا يُؤْمِنُونَ بِٱللَّهِ وَلَا بِٱلْيَوْمِ ٱلْـَٔاخِرِ وَلَا يُحَرِّمُونَ مَا حَرَّمَ ٱللَّهُ
وَرَسُولُهُۥ وَلَا يَدِينُونَ دِينَ ٱلْحَقِّ مِنَ ٱلَّذِينَ أُوتُوا۟ ٱلْكِتَـٰبَ حَتَّىٰ يُعْطُوا۟
ٱلْجِزْيَةَ عَن يَدٍ وَهُمْ صَـٰغِرُونَ ﴿٢٩﴾

29. Qátilul lazína lá yu'minúna billáhi wa lá bil yaumil Ákhiri wa lá yu<u>h</u>arrimúna má <u>h</u>arramal láhu wa Rasúluhú wa lá yadínúna dínal <u>h</u>aqqui minal lazína útul Kitába <u>h</u>attá yu'tul jizyata ai yadin wa hum sághirún

29. Combatei aqueles que não creem em Deus e no Dia do Juízo Final, nem se abstêm do que Deus e Seu Mensageiro proibiram, e nem professam a verdadeira religião daqueles que receberam o Livro, até que paguem de bom grado a *Jizya* e se sintam submissos.

وَقَالَتِ ٱلْيَهُودُ عُزَيْرٌ ٱبْنُ ٱللَّهِ وَقَالَتِ ٱلنَّصَـٰرَى ٱلْمَسِيحُ ٱبْنُ ٱللَّهِ ۖ
ذَٰلِكَ قَوْلُهُم بِأَفْوَٰهِهِمْ ۖ يُضَـٰهِـُٔونَ قَوْلَ ٱلَّذِينَ كَفَرُوا۟ مِن قَبْلُ ۚ
قَـٰتَلَهُمُ ٱللَّهُ ۚ أَنَّىٰ يُؤْفَكُونَ ﴿٣٠﴾

30. Wa qálatil yahúdu 'Uzairun ibnul láhi wa qálatin Nasáral Massíhu bnul láhi zálika qauluhum bi afwáhihim yudháhi'úna qaulal lazína kafarú min qabl; qatalahumul láh; anná yu'fakún

30. Os judeus dizem: Ezra é filho de Deus; os cristãos dizem: O Messias é filho de Deus. Tais são as palavras de suas bocas; repetem, com isso, as de seus antepassados incrédulos. Que Deus os combata! Como se desviam!

ٱتَّخَذُوٓاْ أَحۡبَارَهُمۡ وَرُهۡبَٰنَهُمۡ أَرۡبَابٗا مِّن دُونِ ٱللَّهِ وَٱلۡمَسِيحَ ٱبۡنَ
مَرۡيَمَ وَمَآ أُمِرُوٓاْ إِلَّا لِيَعۡبُدُوٓاْ إِلَٰهٗا وَٰحِدٗاۖ لَّآ إِلَٰهَ إِلَّا هُوَۚ
سُبۡحَٰنَهُۥ عَمَّا يُشۡرِكُونَ ٣١

31. Ittakhazú ahbárahum wa ruhbánahum arbábam min dúnil láhi wal Massíha bna Maryama wa má umirú illá liya'budú Iláhan Wáhidan lá iláha illá Hú; Subhánahú 'ammá yuchrikún

31. Tomaram por senhores seus rabinos e seus monges em vez de Deus, assim como fizeram com o Messias, filho de Maria, quando não lhes foi ordenado adorar senão a um só Deus. Não há mais divindade além d'Ele! Glorificado seja pelos parceiros que Lhe atribuem!

يُرِيدُونَ أَن يُطۡفِـُٔواْ نُورَ ٱللَّهِ بِأَفۡوَٰهِهِمۡ وَيَأۡبَى ٱللَّهُ إِلَّآ أَن يُتِمَّ نُورَهُۥ وَلَوۡ
كَرِهَ ٱلۡكَٰفِرُونَ ٣٢

32. Yurídúna ai yutfi'ú núral láhi bi'afwáhihim wa ya'bal láhu illá ai yutimma núrahú wa lau karihal káfirún

32. Desejam em vão extinguir a Luz de Deus com as suas bocas; porém, Deus nada permitirá, e aperfeiçoará a Sua Luz, ainda que isso desgoste os incrédulos.

هُوَ ٱلَّذِيٓ أَرۡسَلَ رَسُولَهُۥ بِٱلۡهُدَىٰ وَدِينِ ٱلۡحَقِّ لِيُظۡهِرَهُۥ عَلَى ٱلدِّينِ كُلِّهِۦ
وَلَوۡ كَرِهَ ٱلۡمُشۡرِكُونَ ٣٣

33. Huwal lazí arsala Rasúlahú bilhudá wa dínil haqqui liyuzhirahú 'alad díni kullihí wa lau karihal muchrikún

33. Ele foi Quem enviou Seu Mensageiro com a Orientação e a verdadeira religião, para fazê-la prevalecer sobre todas as outras, embora isso desgostasse os idólatras.

يَٰٓأَيُّهَا ٱلَّذِينَ ءَامَنُوٓاْ إِنَّ كَثِيرٗا مِّنَ ٱلۡأَحۡبَارِ وَٱلرُّهۡبَانِ لَيَأۡكُلُونَ أَمۡوَٰلَ
ٱلنَّاسِ بِٱلۡبَٰطِلِ وَيَصُدُّونَ عَن سَبِيلِ ٱللَّهِۗ وَٱلَّذِينَ يَكۡنِزُونَ
ٱلذَّهَبَ وَٱلۡفِضَّةَ وَلَا يُنفِقُونَهَا فِي سَبِيلِ ٱللَّهِ فَبَشِّرۡهُم بِعَذَابٍ أَلِيمٖ ٣٤

34. ۞ Yá aiyuhal lazína ámanú inna kaçiram minal ahbári warruhbáni la ya'kulúna amwálan nási bil bátili wa yasuddúna 'an sabílil láh; wallazína yaknizúnaz zahaba wal fiddhata wa lá yunfiqúnahá fí sabílil láhi fabachchirhum bi'azábin alím

34. Ó crentes, em verdade, muitos rabinos e monges fraudam os bens dos demais e os desencaminham da senda de Deus. Quanto àqueles que entesouram o ouro e a prata, e não os empregam na causa de Deus, anuncia-lhes (ó Mohammad) um doloroso castigo.

۞ يَوۡمَ يُحۡمَىٰ عَلَيۡهَا فِي نَارِ جَهَنَّمَ فَتُكۡوَىٰ بِهَا جِبَاهُهُمۡ وَجُنُوبُهُمۡ وَظُهُورُهُمۡۖ
هَٰذَا مَا كَنَزۡتُمۡ لِأَنفُسِكُمۡ فَذُوقُواْ مَا كُنتُمۡ تَكۡنِزُونَ ٣٥

35. Yauma yuhmá 'alaihá fí nári jahannama fatukwá bihá jibáhuhum wa junúbuhum wa zuhúruhum házá má kanaztum li anfusikum fazúqú má kuntum taknizún

35. No dia em que tudo for fundido no fogo infernal e com isso forem estigmatizadas (suas riquezas nas) suas frontes, nos seus flancos e nas suas espáduas, ser-lhes-á dito: Eis o que entesourastes! Experimentai-o, pois!

إِنَّ عِدَّةَ ٱلشُّهُورِ عِندَ ٱللَّهِ ٱثۡنَا عَشَرَ شَهۡرٗا فِي كِتَٰبِ ٱللَّهِ يَوۡمَ خَلَقَ
ٱلسَّمَٰوَٰتِ وَٱلۡأَرۡضَ مِنۡهَآ أَرۡبَعَةٌ حُرُمٞۚ ذَٰلِكَ ٱلدِّينُ ٱلۡقَيِّمُۚ فَلَا تَظۡلِمُواْ فِيهِنَّ
أَنفُسَكُمۡۚ وَقَٰتِلُواْ ٱلۡمُشۡرِكِينَ كَآفَّةٗ كَمَا يُقَٰتِلُونَكُمۡ كَآفَّةٗۚ
وَٱعۡلَمُوٓاْ أَنَّ ٱللَّهَ مَعَ ٱلۡمُتَّقِينَ ٣٦

36. Inna 'iddatach chuhúri 'indal láhisná 'achara chahran fí Kitábil láhi yauma khalaqas samáwáti wal ardha min-há arba'atun hurum; zálikad dínul qaiyim; falá tazlimú fíhinna anfusakum; wa qátilul muchrikína káffatan kamá yuqátilúnakum káffah; wa'lamú annal láha ma'al muttaquín

36. Para Deus o número dos meses é de doze, como reza o Livro Divino, desde o dia em que Ele criou os Céus e a Terra. Quatro deles são sagrados; tal é a religião correta. Durante estes meses não vos condeneis e combatei unanimemente os idólatras, tal como eles vos combatem; e sabei que Deus está com os tementes.

إِنَّمَا ٱلنَّسِيٓءُ زِيَادَةٞ فِي ٱلۡكُفۡرِۖ يُضَلُّ بِهِ ٱلَّذِينَ كَفَرُواْ يُحِلُّونَهُۥ عَامٗا
وَيُحَرِّمُونَهُۥ عَامٗا لِّيُوَاطِـُٔواْ عِدَّةَ مَا حَرَّمَ ٱللَّهُ فَيُحِلُّواْ مَا حَرَّمَ ٱللَّهُۚ زُيِّنَ لَهُمۡ
سُوٓءُ أَعۡمَٰلِهِمۡۗ وَٱللَّهُ لَا يَهۡدِي ٱلۡقَوۡمَ ٱلۡكَٰفِرِينَ ٣٧

37. Inna man nasí'u ziyádatun filkufri yudhallu bihil lazína kafarú yuhillúnahú 'áman wa yuharrimúnahú 'ámal liyuwáti'ú 'iddata má harramal láhu fayuhillú má harramal-láh; zuyyina lahum sú'u a'málihim; walláhu lá yahdil qaumal káfirín

37. A antecipação do mês sagrado é um excesso de incredulidade, com que são desviados, ainda mais, os incrédulos; permitem-no num ano e o proíbem noutro, para fazerem concordar o número de meses feitos sagrados por Deus, de maneira a tornarem lícito o que Deus vedou. Suas más ações os iludiram. Sabei que Deus não guia os incrédulos.

يَـٰٓأَيُّهَا ٱلَّذِينَ ءَامَنُواْ مَا لَكُمْ إِذَا قِيلَ لَكُمُ ٱنفِرُواْ فِى سَبِيلِ ٱللَّهِ ٱثَّاقَلْتُمْ إِلَى ٱلْأَرْضِ ۚ أَرَضِيتُم بِٱلْحَيَوٰةِ ٱلدُّنْيَا مِنَ ٱلْـَٔاخِرَةِ ۚ فَمَا مَتَـٰعُ ٱلْحَيَوٰةِ ٱلدُّنْيَا فِى ٱلْـَٔاخِرَةِ إِلَّا قَلِيلٌ ﴿٣٨﴾

38. Yá aiyuhal lazína ámanú má lakum izá quíla lakumun firú fí sabílil láhis çáqaltum ilal ardh; aradítum bilhayátid dunyá minal Ákhirah; famá matá'ul hayátid dunyá fil Ákhirati illá qalíl

38. Ó crentes, que sucedeu quando vos foi dito para partirdes para o combate pela causa de Deus, e vós ficastes apegados à terra? Acaso, preferíeis a vida terrena à Outra? Que ínfimos são os gozos deste mundo, comparados com os do Outro!

إِلَّا تَنفِرُواْ يُعَذِّبْكُمْ عَذَابًا أَلِيمًا وَيَسْتَبْدِلْ قَوْمًا غَيْرَكُمْ وَلَا تَضُرُّوهُ شَيْـًٔا ۗ وَٱللَّهُ عَلَىٰ كُلِّ شَىْءٍ قَدِيرٌ ﴿٣٩﴾

39. Illá tanfirú yu'azzibkum 'azában alíman wa yastabdil qauman ghairakum wa lá tadhurrúhu chai'á; wal láhu 'alá kulli chai'in Qadír

39. Se não marchardes (para o combate), Ele vos castigará dolorosamente, suplantar-vos-á por outro povo, e em nada podereis prejudicá-Lo, porque Deus é Onipotente.

إِلَّا تَنصُرُوهُ فَقَدْ نَصَرَهُ ٱللَّهُ إِذْ أَخْرَجَهُ ٱلَّذِينَ كَفَرُواْ ثَانِىَ ٱثْنَيْنِ إِذْ هُمَا فِى ٱلْغَارِ إِذْ يَقُولُ لِصَـٰحِبِهِۦ لَا تَحْزَنْ إِنَّ ٱللَّهَ مَعَنَا ۖ فَأَنزَلَ ٱللَّهُ سَكِينَتَهُۥ عَلَيْهِ وَأَيَّدَهُۥ بِجُنُودٍ لَّمْ تَرَوْهَا وَجَعَلَ كَلِمَةَ ٱلَّذِينَ كَفَرُواْ ٱلسُّفْلَىٰ ۗ وَكَلِمَةُ ٱللَّهِ هِىَ ٱلْعُلْيَا ۗ وَٱللَّهُ عَزِيزٌ حَكِيمٌ ﴿٤٠﴾

40. Illá tansurúhu faqad nasarahul láhu iz akhrajahul lazína kafarú açániya snaini iz humá filghári iz yaqúlu lisáhibihí lá tahzan innnal láha ma'aná; fa anzalal láhu sakínatahú 'alaihi wa aiyadahú bijunúdil lam tarauhá wa ja'ala kalimatal lazína kafarus suflá; wa Kalimatul láhi hiyal 'ulyá; walláhu 'Azízun Hakím

40. Se não o socorrerdes (o Profeta), Deus o socorrerá, como fez quando os incrédulos o desterraram. Quando estava na caverna com um companheiro, ele disse: Não te aflijas, porque Deus está conosco! Deus infundiu nele o Seu sossego, confortou-o com tropas celestiais que não poderíeis ver, rebaixando ao mínimo a palavra dos incrédulos, enaltecendo ao máximo a palavra de Deus, porque Deus é Poderoso, Prudentíssimo.

ٱنفِرُوا۟ خِفَافًا وَثِقَالًا وَجَٰهِدُوا۟ بِأَمۡوَٰلِكُمۡ وَأَنفُسِكُمۡ فِى سَبِيلِ ٱللَّهِ ۚ ذَٰلِكُمۡ خَيۡرٌ لَّكُمۡ إِن كُنتُمۡ تَعۡلَمُونَ ﴿٤١﴾

41. Infirú khifáfan wa çiqálan wa jáhidú bi amwálikum wa anfusikum fí sabílil láh; zálikum khairul lakum in kuntum ta'lamún

41. Quer estejais leve ou fortemente (armados), marchai (para o combate) e sacrificai vossos bens e pessoas pela causa de Deus! Isso será preferível para vós, se quereis saber.

لَوۡ كَانَ عَرَضًا قَرِيبًا وَسَفَرًا قَاصِدًا لَّٱتَّبَعُوكَ وَلَٰكِنۢ بَعُدَتۡ عَلَيۡهِمُ ٱلشُّقَّةُ ۚ وَسَيَحۡلِفُونَ بِٱللَّهِ لَوِ ٱسۡتَطَعۡنَا لَخَرَجۡنَا مَعَكُمۡ يُهۡلِكُونَ أَنفُسَهُمۡ وَٱللَّهُ يَعۡلَمُ إِنَّهُمۡ لَكَٰذِبُونَ ﴿٤٢﴾

42. Lau kána 'aradhan qaríban wa safaran qásidal lattaba'úka wa lákim ba'udat 'alaihimuch chuqqah; wa sayahlifúna billáhi lawis tata'ná lakharajná ma'akum; yuhlikúna anfusahum wal láhu ya'lamu innahum lakázibún

42. Se o ganho fosse imediato e a viagem fácil, ter-te-iam seguido; porém, a viagem pareceu-lhes penosa. E ainda jurariam por Deus: Se tivéssemos podido, teríamos partido convosco! Com isso se condenaram, porque Deus bem sabia que eram mentirosos.

عَفَا ٱللَّهُ عَنكَ لِمَ أَذِنتَ لَهُمۡ حَتَّىٰ يَتَبَيَّنَ لَكَ ٱلَّذِينَ صَدَقُوا۟ وَتَعۡلَمَ ٱلۡكَٰذِبِينَ ﴿٤٣﴾

سُورَةُ التَّوْبَةِ

Surat At *Tauba*

43. 'Afal láhu 'anka lima azinta lahum hattá yatabaiyana lakal lazína sadaqú wa ta'lamal kázibín

43. Deus te indultou! Por que os dispensaste da luta, sendo que podias distinguir entre os sinceros e os mentirosos?

لَا يَسْتَـْٔذِنُكَ ٱلَّذِينَ يُؤْمِنُونَ بِٱللَّهِ وَٱلْيَوْمِ ٱلْـَٔاخِرِ أَن يُجَـٰهِدُوا۟ بِأَمْوَٰلِهِمْ
وَأَنفُسِهِمْ ۗ وَٱللَّهُ عَلِيمٌۢ بِٱلْمُتَّقِينَ ﴿٤٤﴾

44. Lá yastázinukal lazína yu'minúna billáhi wal Yaumil Ákhiri ai yujáhidú bi amwálihim wa anfusihim; walláhu 'alímum bilmuttaquín

44. Aqueles que creem em Deus e no Dia do Juízo Final não te pedirão isenção quanto a sacrificarem os seus bens e as suas pessoas; e Deus bem conhece os tementes.

إِنَّمَا يَسْتَـْٔذِنُكَ ٱلَّذِينَ لَا يُؤْمِنُونَ بِٱللَّهِ وَٱلْيَوْمِ ٱلْـَٔاخِرِ وَٱرْتَابَتْ قُلُوبُهُمْ
فَهُمْ فِى رَيْبِهِمْ يَتَرَدَّدُونَ ﴿٤٥﴾

45. Innamá yastázinukal lazína lá yu'minúna billáhi wal Yaumil Ákhiri wartábat qulúbuhum fahum fí raibihim yataraddadún

45. Pedir-te-ão isenção só aqueles que não creem em Deus, nem no Dia do Juízo Final, cujos corações estão em dúvida e, em sua dúvida, vacilam.

۞ وَلَوْ أَرَادُوا۟ ٱلْخُرُوجَ لَأَعَدُّوا۟ لَهُۥ عُدَّةً وَلَـٰكِن كَرِهَ ٱللَّهُ ٱنۢبِعَاثَهُمْ
فَثَبَّطَهُمْ وَقِيلَ ٱقْعُدُوا۟ مَعَ ٱلْقَـٰعِدِينَ ﴿٤٦﴾

46. ۞ Wa lau arádul khurúja la-a'ddú lahú 'uddatan wa lákin karihal láh umbi'áçahum façabbatahum wa quíla q'udú ma'al qá'idín

46. Se tivessem decidido ir, ter-se-iam preparado para isso; porém, Deus era contrário a que partissem, e os desanimou; foi-lhes dito: Ficai com os ociosos.

لَوْ خَرَجُوا۟ فِيكُم مَّا زَادُوكُمْ إِلَّا خَبَالًا وَلَأَوْضَعُوا۟ خِلَـٰلَكُمْ يَبْغُونَكُمُ
ٱلْفِتْنَةَ وَفِيكُمْ سَمَّـٰعُونَ لَهُمْ ۗ وَٱللَّهُ عَلِيمٌۢ بِٱلظَّـٰلِمِينَ ﴿٤٧﴾

47. Lau kharajú fíkum má zádúkum illá Khabálan wa la auda'ú khilálakum yabghúnakumul fitnata wa fíkum sammá'úna lahum; walláhu 'alímum bizzálimín

47. E se tivessem marchado convosco, não teriam feito mais do que confundir-vos e suscitar dissensões em vossas fileiras, incitando-vos à rebelião. Entre vós há quem os escuta. Porém, Deus bem conhece os injustos.

سُورَةُ التَّوۡبَةِ

Surat At *Tauba*

لَقَدِ ٱبۡتَغَوُاْ ٱلۡفِتۡنَةَ مِن قَبۡلُ وَقَلَّبُواْ لَكَ ٱلۡأُمُورَ حَتَّىٰ جَآءَ ٱلۡحَقُّ وَظَهَرَ
أَمۡرُ ٱللَّهِ وَهُمۡ كَٰرِهُونَ ﴿٤٨﴾

48. Laqadi btaghawul fitnata min qablu wa qallabú lakal umúra hattá já'al haqqu wa zahara amrul láhi wa hum kárihún

48. Já, antes, haviam tratado de suscitar dissensões e intentado desbaratar os teus planos, até que chegou a verdade, e prevaleceram os desígnios de Deus, ainda que isso os desgostasse.

وَمِنۡهُم مَّن يَقُولُ ٱئۡذَن لِّي وَلَا تَفۡتِنِّيٓۚ أَلَا فِي ٱلۡفِتۡنَةِ سَقَطُواْۗ وَإِنَّ
جَهَنَّمَ لَمُحِيطَةُۢ بِٱلۡكَٰفِرِينَ ﴿٤٩﴾

49. Wa min-hum mai yaqúlu a'zal lí wa lá taftinní; alá fil fitnati saqatú; wa inna Jahannama lamuhítatum bil káfirín

49. E entre eles há quem te diga: Isenta-me, e não me tentes! Acaso, não caíram em tentação? Em verdade, o inferno cercará os incrédulos (por todos os lados).

إِن تُصِبۡكَ حَسَنَةٞ تَسُؤۡهُمۡۖ وَإِن تُصِبۡكَ مُصِيبَةٞ يَقُولُواْ قَدۡ
أَخَذۡنَآ أَمۡرَنَا مِن قَبۡلُ وَيَتَوَلَّواْ وَّهُمۡ فَرِحُونَ ﴿٥٠﴾

50. In tusibka hasanatun tasu'hum; wa in tusibka musíbatun yaqúlú qad akhazná amraná min qablu wa yatawallau wa hum farihún

50. Quando logras um triunfo, isso os desgosta; por outra, quando te açoita uma desgraça, dizem: Já nos tínhamos precavido! e retiram-se jubilosos.

قُل لَّن يُصِيبَنَآ إِلَّا مَا كَتَبَ ٱللَّهُ لَنَا هُوَ مَوۡلَىٰنَاۚ وَعَلَى ٱللَّهِ فَلۡيَتَوَكَّلِ
ٱلۡمُؤۡمِنُونَ ﴿٥١﴾

51. Qul lan-yusíbaná illá má katabal láhu laná Huwa mauláná; wa 'alal láhi fal yatawakkalil mu'minún

51. Dize: Jamais nos ocorrerá o que Deus não nos tiver predestinado! Ele é nosso Protetor. Que os crentes confiem em Deus!

سُورَةُ التَّوۡبَةِ

Surat At *Tauba*

قُلۡ هَلۡ تَرَبَّصُونَ بِنَآ إِلَّآ إِحۡدَى ٱلۡحُسۡنَيَيۡنِۖ وَنَحۡنُ نَتَرَبَّصُ بِكُمۡ أَن
يُصِيبَكُمُ ٱللَّهُ بِعَذَابٖ مِّنۡ عِندِهِۦٓ أَوۡ بِأَيۡدِينَاۖ فَتَرَبَّصُوٓاْ إِنَّا مَعَكُم
مُّتَرَبِّصُونَ ﴿٥٢﴾

52. *Qul hal tarabbasúna biná illá i<u>h</u>dal <u>h</u>usnayayni wa na<u>h</u>nu natrabbasu bikum ai yusíbakumul láhu bi'azábim min 'indihí au biaidíná fatarabbasú inná ma'akum mutarabbisún*

52. Dize (ainda): Esperais que nos aconteça algo? Só nos ocorrerá uma das duas sublimes coisas (o martírio ou a vitória). Nós, em troca, aguardamos que Deus vos inflija o Seu castigo, ou então o faça por nossas mãos. Esperai, pois, que esperaremos convosco.

قُلۡ أَنفِقُواْ طَوۡعًا أَوۡ كَرۡهٗا لَّن يُتَقَبَّلَ مِنكُمۡ إِنَّكُمۡ كُنتُمۡ قَوۡمٗا فَٰسِقِينَ ﴿٥٣﴾

53. *Qul anfiqú taw'an au karhal lan yutaqabbala minkum innakum kuntum qauman fásiquín*

53. Dize (mais): Ainda que façais caridade, de bom ou mau grado, jamais vo-la será aceita, porque sois depravados.

وَمَا مَنَعَهُمۡ أَن تُقۡبَلَ مِنۡهُمۡ نَفَقَٰتُهُمۡ إِلَّآ أَنَّهُمۡ كَفَرُواْ بِٱللَّهِ وَبِرَسُولِهِۦ
وَلَا يَأۡتُونَ ٱلصَّلَوٰةَ إِلَّا وَهُمۡ كُسَالَىٰ وَلَا يُنفِقُونَ إِلَّا وَهُمۡ كَٰرِهُونَ ﴿٥٤﴾

54. *Wa má mana'ahum 'an tuqbala min-hum nafaqátuhum illá annahum kafarú billáhi wa bi Rasúlihí wa lá ya'túnas Saláta illá wa hum kusálá wa lá yunfiqúna illá wa hum kárihún*

54. Suas caridades não são aceitas, por causa da sua incredulidade em Deus e em Seu Mensageiro, e por observarem a oração com indolência e por praticarem a caridade de má vontade.

فَلَا تُعۡجِبۡكَ أَمۡوَٰلُهُمۡ وَلَآ أَوۡلَٰدُهُمۡۚ إِنَّمَا يُرِيدُ ٱللَّهُ لِيُعَذِّبَهُم بِهَا فِي ٱلۡحَيَوٰةِ ٱلدُّنۡيَا
وَتَزۡهَقَ أَنفُسُهُمۡ وَهُمۡ كَٰفِرُونَ ﴿٥٥﴾

55. *Falá tu'jibka amwáluhum wa lá awláduhum; innamá yurídul láhu liyu'azzibahum bihá fil <u>h</u>ayátid dunyá wa tazhaqa anfusuhum wa hum káfirún*

55. Que não te maravilhem os seus bens, nem os seus filhos, porque Deus somente quer, com isso, atormentá-los na vida terrena e fazer com que suas almas pereçam na incredulidade.

وَيَحْلِفُونَ بِاللَّهِ إِنَّهُمْ لَمِنكُمْ وَمَا هُم مِّنكُمْ وَلَٰكِنَّهُمْ قَوْمٌ يَفْرَقُونَ ٥٦

56. *Wa yahlifúna billáhi innahum laminkum wa má hum minkum wa lákinnahum qaumun yafraqún*

56. Juram por Deus que são dos vossos, quando na verdade não o são, pois são um bando de medrosos.

لَوْ يَجِدُونَ مَلْجَأً أَوْ مَغَارَاتٍ أَوْ مُدَّخَلًا لَّوَلَّوْا إِلَيْهِ وَهُمْ يَجْمَحُونَ ٥٧

57. *Lau yajidúna malja'an au maghárátin au muddakhalal lawallau ilaihi wa hum yajmahún*

57. Se tivessem encontrado um refúgio ou um subterrâneo, ou qualquer buraco, apressar-se-iam em neles se ocultar.

وَمِنْهُم مَّن يَلْمِزُكَ فِي الصَّدَقَاتِ فَإِنْ أُعْطُوا مِنْهَا رَضُوا وَإِن لَّمْ يُعْطَوْا مِنْهَا إِذَا
هُمْ يَسْخَطُونَ ٥٨

58. *Wa min-hum mai yalmizuka fis sadaqáti fa-in u'tú min-há radhú wa il lam yu'tau min-há izá hum yaskhatún*

58. Entre eles, há aqueles que te difamam, com respeito à distribuição das esmolas; quando lhes é dado uma parte, conformam-se; quando não, eis que se indignam.

وَلَوْ أَنَّهُمْ رَضُوا مَا آتَاهُمُ اللَّهُ وَرَسُولُهُ وَقَالُوا حَسْبُنَا اللَّهُ سَيُؤْتِينَا اللَّهُ
مِن فَضْلِهِ وَرَسُولُهُ إِنَّا إِلَى اللَّهِ رَاغِبُونَ ٥٩

59. *Wa lau annahum radhú má átáhumul láhu wa Rasúluhú wa qálú hasbunal láhu sayutínal láhu min fadhlihi wa Rasúluhú inná ilal láhi rághibún*

59. Tivessem eles ficado satisfeitos com o que Deus e Seu Mensageiro lhes concederam e tivessem dito: Deus nos é suficiente; Ele nos concederá de Sua graça e o mesmo fará Seu Mensageiro, e em Deus confiamos! (teria sido preferível).

۞ إِنَّمَا الصَّدَقَاتُ لِلْفُقَرَاءِ وَالْمَسَاكِينِ وَالْعَامِلِينَ عَلَيْهَا وَالْمُؤَلَّفَةِ قُلُوبُهُمْ وَفِي
الرِّقَابِ وَالْغَارِمِينَ وَفِي سَبِيلِ اللَّهِ وَابْنِ السَّبِيلِ فَرِيضَةً مِّنَ اللَّهِ وَاللَّهُ
عَلِيمٌ حَكِيمٌ ٦٠

60. ۞ *Innamas sadaqátu lilfuqará'i walmasákíni wal 'ámilína 'alaihá wal mu'allafati qulúbuhum wa firriqábi walghárimína wa fí sabílil láhi wabnis sabíli farídatam minal láh; wal láhu 'Alímun Hakím*

60. As esmolas são tão-somente para os pobres, para os necessitados, para os funcionários empregados em sua administração, para aqueles cujos corações têm de ser conquistados, para a redenção dos escravos, para os endividados, para a causa de Deus e para o viajante sem recursos; isso é um preceito emanado de Deus, porque é Sapiente, Prudentíssimo.

وَمِنْهُمُ ٱلَّذِينَ يُؤْذُونَ ٱلنَّبِيَّ وَيَقُولُونَ هُوَ أُذُنٌ قُلْ أُذُنُ خَيْرٍ لَّكُمْ يُؤْمِنُ
بِٱللَّهِ وَيُؤْمِنُ لِلْمُؤْمِنِينَ وَرَحْمَةٌ لِّلَّذِينَ ءَامَنُوا مِنكُمْ وَٱلَّذِينَ يُؤْذُونَ رَسُولَ ٱللَّهِ
لَهُمْ عَذَابٌ أَلِيمٌ ﴿٦١﴾

61. Wa minhumul lazína yu'zúnan nabiyya wa yaqúlúna huwa uzun; qul uzunu khairil lakum yu'minu billáhi wa yu'minu lilmu'minína wa rahmatul lillazína ámanú minkum; wallazína yu'zúna Rasúlal láhi lahum 'azábun 'alím

61. Entre eles há aqueles que injuriam o Profeta e dizem: Ele é todo ouvidos. Dize-lhes: É todo ouvidos sim, mas para o vosso bem; crê em Deus, acredita nos crentes e é uma misericórdia para aqueles que, de vós, creem! Mas aqueles que injuriarem o Mensageiro de Deus sofrerão um doloroso castigo.

يَحْلِفُونَ بِٱللَّهِ لَكُمْ لِيُرْضُوكُمْ وَٱللَّهُ وَرَسُولُهُۥٓ أَحَقُّ أَن يُرْضُوهُ إِن
كَانُوا مُؤْمِنِينَ ﴿٦٢﴾

62. Yahlifúna billáhi lakum liyurdhúkum walláhu wa Rasúluhú ahaqqu ai yurdhúhu in kánú mu'minín

62. Juram-vos por Deus para comprazer-vos. Mas Deus e Seu Mensageiro têm mais direito de serem comprazidos por eles, se sois crentes.

أَلَمْ يَعْلَمُوٓا أَنَّهُۥ مَن يُحَادِدِ ٱللَّهَ وَرَسُولَهُۥ فَأَنَّ لَهُۥ نَارَ جَهَنَّمَ خَٰلِدًا فِيهَا
ذَٰلِكَ ٱلْخِزْىُ ٱلْعَظِيمُ ﴿٦٣﴾

63. Alam ya'lamú annahú mai yuhádidil láha wa Rasúlahú fa'anna lahú Nára jahannama khálidan fíhá; zálikal khizyul 'Azím

63. Ignoram, acaso, que quem contrariar Deus e Seu Mensageiro terá o fogo do inferno, onde permanecerá eternamente? Tal será a suprema desonra.

سُورَةُ التَّوۡبَةِ

Surat At *Tauba*

يَحۡذَرُ ٱلۡمُنَٰفِقُونَ أَن تُنَزَّلَ عَلَيۡهِمۡ سُورَةٞ تُنَبِّئُهُم بِمَا فِي قُلُوبِهِمۡۚ قُلِ ٱسۡتَهۡزِءُوٓاْ
إِنَّ ٱللَّهَ مُخۡرِجٞ مَّا تَحۡذَرُونَ ﴿٦٤﴾

64. Yahzarul munáfiqúna an tunazzala 'alaihim Súratun tunabbi'uhum bimá fí qulúbihim; quli stahzi'ú innal láha mukhrijum má tahzarún

64. Os hipócritas temem que lhes seja revelada uma Surata que evidencie o que há em seus corações. Dize-lhes: Escarnecei! Deus revelará o que temeis!

وَلَئِن سَأَلۡتَهُمۡ لَيَقُولُنَّ إِنَّمَا كُنَّا نَخُوضُ وَنَلۡعَبُۚ قُلۡ أَبِٱللَّهِ وَءَايَٰتِهِۦ وَرَسُولِهِۦ
كُنتُمۡ تَسۡتَهۡزِءُونَ ﴿٦٥﴾

65. Wala'in sa altahum layaqúlunna innamá kunná nakhúdhu wa nal'ab; qul abil láhi wa 'Áyátihí wa Rasúlihí kuntum tastahzi'ún

65. Porém, se os interrogares, sem dúvida te dirão: Estávamos apenas falando e gracejando. Dize-lhes: Escarneceis, acaso, de Deus, de Seus versículos e de Seu Mensageiro?

لَا تَعۡتَذِرُواْ قَدۡ كَفَرۡتُم بَعۡدَ إِيمَٰنِكُمۡۚ إِن نَّعۡفُ عَن طَآئِفَةٖ مِّنكُمۡ نُعَذِّبۡ طَآئِفَةَۢ
بِأَنَّهُمۡ كَانُواْ مُجۡرِمِينَ ﴿٦٦﴾

66. Lá ta'tazirú qad kafartum ba'da ímánikum; in na'fu 'an tá'ifatin minkum nu'azzib tá'ifatan bi annahum kánú mujrimín

66. Não vos escuseis, porque renegastes, depois de terdes acreditado! E se indultássemos uma parte de vós, puniríamos a outra, porque é pecadora.

ٱلۡمُنَٰفِقُونَ وَٱلۡمُنَٰفِقَٰتُ بَعۡضُهُم مِّنۢ بَعۡضٖۚ يَأۡمُرُونَ بِٱلۡمُنكَرِ وَيَنۡهَوۡنَ
عَنِ ٱلۡمَعۡرُوفِ وَيَقۡبِضُونَ أَيۡدِيَهُمۡۚ نَسُواْ ٱللَّهَ فَنَسِيَهُمۡۚ إِنَّ ٱلۡمُنَٰفِقِينَ
هُمُ ٱلۡفَٰسِقُونَ ﴿٦٧﴾

67. Almunáfiqúna wal munáfiqátu ba'dhuhum mim ba'dh; yámurúna bilmunkari wa yanhauna 'anil ma'rúfi wa yaqbidhúna aidiyahum; nasul láha fanasiyahum; innal munáfiqína humul fásiqún

سُورَةُ التَّوۡبَةِ

Surat At *Tauba*

67. Os hipócritas e as hipócritas são semelhantes: recomendam o ilícito e proíbem o bem, e são avarentos e avarentas. Esquecem-se de Deus, por isso Deus deles Se esquece. Em verdade, os hipócritas são depravados.

وَعَدَ ٱللَّهُ ٱلۡمُنَٰفِقِينَ وَٱلۡمُنَٰفِقَٰتِ وَٱلۡكُفَّارَ نَارَ جَهَنَّمَ خَٰلِدِينَ فِيهَاۚ هِيَ
حَسۡبُهُمۡۚ وَلَعَنَهُمُ ٱللَّهُۖ وَلَهُمۡ عَذَابٞ مُّقِيمٞ ٦٨

68. Wa'adal láhul munafiquína wal munáfiqáti wal kuffára nára jahannnamma khálidína fihá; hiya <u>h</u>asbuhum; wa la'annahumul láhu wa lahum 'azábum muquím

68. Deus promete aos hipócritas e às hipócritas e aos incrédulos o fogo do inferno, onde permanecerão eternamente. Isso lhes bastará. Deus os amaldiçoou, e sofrerão um tormento ininterrupto.

كَٱلَّذِينَ مِن قَبۡلِكُمۡ كَانُوٓاْ أَشَدَّ مِنكُمۡ قُوَّةٗ وَأَكۡثَرَ أَمۡوَٰلٗا وَأَوۡلَٰدٗا
فَٱسۡتَمۡتَعُواْ بِخَلَٰقِهِمۡ فَٱسۡتَمۡتَعۡتُم بِخَلَٰقِكُمۡ كَمَا ٱسۡتَمۡتَعَ ٱلَّذِينَ مِن قَبۡلِكُم
بِخَلَٰقِهِمۡ وَخُضۡتُمۡ كَٱلَّذِي خَاضُوٓاْۚ أُوْلَٰٓئِكَ حَبِطَتۡ أَعۡمَٰلُهُمۡ فِي ٱلدُّنۡيَا
وَٱلۡأٓخِرَةِۖ وَأُوْلَٰٓئِكَ هُمُ ٱلۡخَٰسِرُونَ ٦٩

69. Kallazína min qablikum kánú achadda minkum quwwatan wa akçara amwálan wa awládan fastamta'ú bikhaláquihim fastamta'tum bikhaláquikum kamas tamta'al lazína min qablikum bikhaláquihim wa khudtum kallazí khádú; ulá'ika <u>h</u>abitat a'máluhum fid dunyá wal Ákhirati wa ulá'ika humul khásirún

69. Sois como aqueles que vos precederam, os quais eram mais poderosos do que vós e mais ricos em bens e filhos. Desfrutaram da sua parte dos bens e vós desfrutais da vossa, como desfrutaram da sua os vossos antepassados; tagarelais, como eles tagarelaram. Suas obras tornar-se-ão sem efeito, neste mundo e no Outro, e serão desventurados.

أَلَمۡ يَأۡتِهِمۡ نَبَأُ ٱلَّذِينَ مِن قَبۡلِهِمۡ قَوۡمِ نُوحٖ وَعَادٖ وَثَمُودَ وَقَوۡمِ إِبۡرَٰهِيمَ
وَأَصۡحَٰبِ مَدۡيَنَ وَٱلۡمُؤۡتَفِكَٰتِۚ أَتَتۡهُمۡ رُسُلُهُم بِٱلۡبَيِّنَٰتِۖ فَمَا
كَانَ ٱللَّهُ لِيَظۡلِمَهُمۡ وَلَٰكِن كَانُوٓاْ أَنفُسَهُمۡ يَظۡلِمُونَ ٧٠

70. Alam ya'tihim nabaul lazína min qablihim qaumi Núhin wa 'Ádin wa Çamúda wa qaumi Ibráhíma wa asshábi Madyana walmu'tafikát; atathum Rusuluhum bilbaiyináti famá kánal láhu liyazlimahum wa lákin kánú anfusahum yazlimún

70. Não os alcançou, acaso, a história de seus antepassados, do povo de Noé, de 'Ad, de Çamud, de Abraão, dos madianitas e dos habitantes das cidades nefastas, a quem seus mensageiros haviam apresentado as evidências? Deus não os condenou; outrossim, foram eles mesmos que se condenaram.

وَٱلْمُؤْمِنُونَ وَٱلْمُؤْمِنَٰتُ بَعْضُهُمْ أَوْلِيَآءُ بَعْضٍۚ يَأْمُرُونَ بِٱلْمَعْرُوفِ وَيَنْهَوْنَ عَنِ
ٱلْمُنكَرِ وَيُقِيمُونَ ٱلصَّلَوٰةَ وَيُؤْتُونَ ٱلزَّكَوٰةَ وَيُطِيعُونَ ٱللَّهَ وَرَسُولَهُۥٓۚ
أُو۟لَٰٓئِكَ سَيَرْحَمُهُمُ ٱللَّهُۗ إِنَّ ٱللَّهَ عَزِيزٌ حَكِيمٌ ﴿٧١﴾

71. *Wal mu'minúna wal mu'minátu ba'dhuhum awliyá'u ba'dh; ya'murúna bilma'rúfi wa yanhauna 'anil munkari wa yuquimúnas Saláta wa yu'túnaz Zakáta wa yutí'únal láha wa Rasúlah; ulá'ika sayarhamuhumul láh; innal láha 'Azízun Hakím*

71. Os crentes e as crentes são protetores uns dos outros; recomendam o bem, proíbem o ilícito, praticam a oração, pagam o zakat, e obedecem a Deus e ao Seu Mensageiro. Deus Se compadecerá deles, porque Deus é Poderoso, Prudentíssimo.

وَعَدَ ٱللَّهُ ٱلْمُؤْمِنِينَ وَٱلْمُؤْمِنَٰتِ جَنَّٰتٍ تَجْرِى مِن تَحْتِهَا ٱلْأَنْهَٰرُ خَٰلِدِينَ
فِيهَا وَمَسَٰكِنَ طَيِّبَةً فِى جَنَّٰتِ عَدْنٍۚ وَرِضْوَٰنٌ مِّنَ ٱللَّهِ أَكْبَرُۚ ذَٰلِكَ هُوَ
ٱلْفَوْزُ ٱلْعَظِيمُ ﴿٧٢﴾

72. *Wa'adal láhul mu'minína walmu'mináti Jannátin tajrí min tahtihal anháru khálidína fíhá wa masákina taiyibatan fí Jannnáti 'adn; wa ridwánum minal láhi akbar; zálika huwal fawzul 'azím*

72. Deus prometeu aos crentes e às crentes jardins, abaixo dos quais correm os rios, onde morarão eternamente, bem como abrigos encantadores, nos jardins do Éden; e a complacência de Deus é ainda maior do que isso. Tal é o magnífico benefício.

يَٰٓأَيُّهَا ٱلنَّبِىُّ جَٰهِدِ ٱلْكُفَّارَ وَٱلْمُنَٰفِقِينَ وَٱغْلُظْ عَلَيْهِمْۚ وَمَأْوَىٰهُمْ جَهَنَّمُۖ
وَبِئْسَ ٱلْمَصِيرُ ﴿٧٣﴾

73. *Yá aiyuhan Nabiyyu jáhidil kuffára walmunáfiquína waghluz 'alaihim; wa má'wáhum jahannnamu wa bi'sal masír*

73. Ó Profeta, combate os incrédulos e os hipócritas, e sê implacável para com eles! O Inferno será sua morada. Que funesto destino.

سُورَةُ التَّوبَة

Surat At *Tauba*

يَحْلِفُونَ بِٱللَّهِ مَا قَالُوا۟ وَلَقَدْ قَالُوا۟ كَلِمَةَ ٱلْكُفْرِ وَكَفَرُوا۟ بَعْدَ إِسْلَـٰمِهِمْ
وَهَمُّوا۟ بِمَا لَمْ يَنَالُوا۟ ۚ وَمَا نَقَمُوٓا۟ إِلَّآ أَنْ أَغْنَىٰهُمُ ٱللَّهُ وَرَسُولُهُۥ مِن فَضْلِهِۦ ۚ فَإِن
يَتُوبُوا۟ يَكُ خَيْرًا لَّهُمْ ۖ وَإِن يَتَوَلَّوْا۟ يُعَذِّبْهُمُ ٱللَّهُ عَذَابًا أَلِيمًا فِى ٱلدُّنْيَا وَٱلْـَٔاخِرَةِ ۚ
وَمَا لَهُمْ فِى ٱلْأَرْضِ مِن وَلِىٍّ وَلَا نَصِيرٍ ﴿٧٤﴾

74. *Yahlifúna billáhi ma qálú wa laqad qálú kalimatal kufri wa kafarú ba'da Islámihim wa hammú bimá lam yanálú; wa má naqamú illá an aghnáhumul láhu wa Rasúluhú min fadhlih; fain yatúbú yaku khairal lahum wa in yatawallau yu'azzibhumul láhu 'azában alíman fiddunyá wal Ákhirah; wamá lahum fil ardhi min waliyyin wa lá nasír*

74. Juram por Deus nada terem dito (de errado); porém, blasfemaram e descreram, depois de terem aceito o Islam. Pretenderam o que foram incapazes de fazer, e não encontraram outro argumento, senão o de que Deus e Seu Mensageiro os enriqueçam de Sua graça. Mas, se se arrependerem, será melhor para eles; ao contrário, se se recusarem, Deus os castigará dolorosamente neste mundo e no outro, e não terão, na Terra, amigos nem protetores.

۞ وَمِنْهُم مَّنْ عَـٰهَدَ ٱللَّهَ لَئِنْ ءَاتَىٰنَا مِن فَضْلِهِۦ لَنَصَّدَّقَنَّ وَلَنَكُونَنَّ مِنَ
ٱلصَّـٰلِحِينَ ﴿٧٥﴾

75. ۞ *Wa min-hum man 'áhadal láha la'in átáná min fadhlihí lanassaddaqanna wa lanakúnanna minas sálihín*

75. Entre eles há alguns que prometeram a Deus, dizendo: Se Ele nos conceder Sua graça, faremos caridade e nos contaremos entre os virtuosos.

فَلَمَّآ ءَاتَىٰهُم مِّن فَضْلِهِۦ بَخِلُوا۟ بِهِۦ وَتَوَلَّوا۟ وَّهُم مُّعْرِضُونَ ﴿٧٦﴾

76. *Falammá átáhum min fadhlihí bakhilú bihí wa tawallau wahum mu'ridún*

76. Mas quando Ele lhes concedeu a Sua graça, mesquinharam-na e a renegaram desdenhosamente.

فَأَعْقَبَهُمْ نِفَاقًا فِى قُلُوبِهِمْ إِلَىٰ يَوْمِ يَلْقَوْنَهُۥ بِمَآ أَخْلَفُوا۟ ٱللَّهَ مَا وَعَدُوهُ وَبِمَا كَانُوا۟
يَكْذِبُونَ ﴿٧٧﴾

77. *Fa a'qabahum nifáqan fí qulúbihim ilá Yaumi yalqaunahú bimá akhlaful láha má wa'adúhu wa bimá kánú yakzibún*

77. Então, Deus aumentou a hipocrisia em seus corações, fazendo com que a mesma durasse até ao dia em que comparecessem ante Ele, por causa da violação das suas promessas a Deus, e por suas mentiras.

أَلَمۡ يَعۡلَمُوٓاْ أَنَّ ٱللَّهَ يَعۡلَمُ سِرَّهُمۡ وَنَجۡوَىٰهُمۡ وَأَنَّ ٱللَّهَ عَلَّٰمُ ٱلۡغُيُوبِ ﴿٧٨﴾

78. Alam ya'lamú annal láha ya'lamu sirrahum wa najwáhum wa annal láha 'Allámul Ghuyúb

78. Ignoram, acaso, que Deus bem conhece os seus segredos e as suas confidências e é Conhecedor do desconhecido?

ٱلَّذِينَ يَلۡمِزُونَ ٱلۡمُطَّوِّعِينَ مِنَ ٱلۡمُؤۡمِنِينَ فِي ٱلصَّدَقَٰتِ وَٱلَّذِينَ لَا يَجِدُونَ إِلَّا جُهۡدَهُمۡ فَيَسۡخَرُونَ مِنۡهُمۡ سَخِرَ ٱللَّهُ مِنۡهُمۡ وَلَهُمۡ عَذَابٌ أَلِيمٌ ﴿٧٩﴾

79. Allazína yalmizúnal muttauwi'ína minal mu'minína fis sadaqáti wallazína lá yajidúna illá juhdahum fayaskharúna min-hum sakhiral láhu min-hum wa lahum azábun alím

79. Quanto àqueles que caluniam os crentes caritativos, por seus donativos, e escarnecem daqueles que não dão mais do que o fruto do seu labor, Deus escarnecerá deles, e sofrerão um doloroso castigo.

ٱسۡتَغۡفِرۡ لَهُمۡ أَوۡ لَا تَسۡتَغۡفِرۡ لَهُمۡ إِن تَسۡتَغۡفِرۡ لَهُمۡ سَبۡعِينَ مَرَّةً فَلَن يَغۡفِرَ ٱللَّهُ لَهُمۡۚ ذَٰلِكَ بِأَنَّهُمۡ كَفَرُواْ بِٱللَّهِ وَرَسُولِهِۦۗ وَٱللَّهُ لَا يَهۡدِي ٱلۡقَوۡمَ ٱلۡفَٰسِقِينَ ﴿٨٠﴾

80. Istaghfir lahum au lá tastaghfir lahum in tastaghfir lahum sab'ina marratan falan yaghfiral láhu lahum; zálika bi annahum kafarú billáhi wa Rasúlih; walláhu lá yahdil qaumal fásiquín

80. Quer implores, quer não (ó Mensageiro) o perdão de Deus para eles, ainda que implores setenta vezes, Deus jamais os perdoará, porque negaram Deus e Seu Mensageiro. E Deus não ilumina os depravados.

سُورَةُ التَّوبَةِ

Surat At *Tauba*

فَرِحَ ٱلۡمُخَلَّفُونَ بِمَقۡعَدِهِمۡ خِلَٰفَ رَسُولِ ٱللَّهِ وَكَرِهُوٓاْ أَن يُجَٰهِدُواْ بِأَمۡوَٰلِهِمۡ
وَأَنفُسِهِمۡ فِي سَبِيلِ ٱللَّهِ وَقَالُواْ لَا تَنفِرُواْ فِي ٱلۡحَرِّۗ قُلۡ نَارُ جَهَنَّمَ أَشَدُّ
حَرّٗاۚ لَّوۡ كَانُواْ يَفۡقَهُونَ ﴿٨١﴾

81. Farihal mukhallafúna bimaq'adihim khiláfa Rasúlil láhi wa karihú ai yujáhidú bi amwálihim wa anfusihim fí sabílil láhi wa qálú lá tanfirú fil harr; qul Náru jahannama achaddu harrá; law kánú yafqahún

81. Regozijaram-se aqueles que ficaram em seus lares depois da partida do Mensageiro de Deus, e recusaram sacrificar os seus bens e pessoas pela causa de Deus; disseram: Não partais durante o calor! Dize-lhes: O fogo do inferno é mais ardente ainda! Se o compreendessem!

فَلۡيَضۡحَكُواْ قَلِيلٗا وَلۡيَبۡكُواْ كَثِيرٗا جَزَآءَۢ بِمَا كَانُواْ يَكۡسِبُونَ ﴿٨٢﴾

82. Falyadhhakú qalílan walyabkú kacíran jazá'an bimá kánú yaksibún

82. Que se riam, pois, porém, por pouco tempo; então, chorarão muito, pelo que lucraram.

فَإِن رَّجَعَكَ ٱللَّهُ إِلَىٰ طَآئِفَةٖ مِّنۡهُمۡ فَٱسۡتَـٔۡذَنُوكَ لِلۡخُرُوجِ فَقُل لَّن تَخۡرُجُواْ مَعِيَ أَبَدٗا
وَلَن تُقَٰتِلُواْ مَعِيَ عَدُوًّاۖ إِنَّكُمۡ رَضِيتُم بِٱلۡقُعُودِ أَوَّلَ مَرَّةٖ فَٱقۡعُدُواْ مَعَ ٱلۡخَٰلِفِينَ ﴿٨٣﴾

83. Fa irraja'akal láhu ilá tá'ifatim min-hum fastázanúka lilkhurúji faqul lan takhrujú ma'iya abadan wa lan tuqátilú ma'iya 'aduwwan innakum radhítum bilqu'údi auwala marratin faq'udú ma'al khálifín

83. Se Deus te repatriar (depois da campanha) e um grupo deles te pedir permissão para acompanhar-te, dize-lhes: Jamais partireis comigo, nem combatereis junto a mim contra inimigo algum, porque da primeira vez preferistes ficar. Ficai, pois, com os ociosos!

وَلَا تُصَلِّ عَلَىٰٓ أَحَدٖ مِّنۡهُم مَّاتَ أَبَدٗا وَلَا تَقُمۡ عَلَىٰ قَبۡرِهِۦٓۖ إِنَّهُمۡ كَفَرُواْ بِٱللَّهِ وَرَسُولِهِۦ
وَمَاتُواْ وَهُمۡ فَٰسِقُونَ ﴿٨٤﴾

84. Wa lá tusalli 'alá ahadim min-hum máta abadan wa lá taqum 'alá qabrihí innahum kafarú billáhi wa Rasúlihí wa mátú wa hum fásiqún

84. Se morrer algum deles, não ores jamais em sua intenção, nem te detenhas ante sua tumba. Eles renegaram Deus e seu Mensageiro e morreram na depravação.

وَلَا تُعْجِبْكَ أَمْوَٰلُهُمْ وَأَوْلَٰدُهُمْ ۚ إِنَّمَا يُرِيدُ ٱللَّهُ أَن يُعَذِّبَهُم بِهَا فِى ٱلدُّنْيَا وَتَزْهَقَ
أَنفُسُهُمْ وَهُمْ كَٰفِرُونَ ﴿٨٥﴾

85. Wa lá tu'jibka amwáluhum wa awláduhum; innamá yurídul láhu ay yu'azzibahum bihá fid dunyá wa tazhaqa anfusuhum wa hum káfirún

85. Que não te maravilhem os seus bens, nem os seus filhos, porque Deus somente quer, com isso, atormentá-los, neste mundo, e fazer com que suas almas pereçam na incredulidade.

وَإِذَآ أُنزِلَتْ سُورَةٌ أَنْ ءَامِنُوا۟ بِٱللَّهِ وَجَٰهِدُوا۟ مَعَ رَسُولِهِ ٱسْتَـْٔذَنَكَ أُو۟لُوا۟ ٱلطَّوْلِ
مِنْهُمْ وَقَالُوا۟ ذَرْنَا نَكُن مَّعَ ٱلْقَٰعِدِينَ ﴿٨٦﴾

86. Wa izá unzilat Súratun an áminú billáhi wa jáhidú ma'a Rasúlihis tázanaka ulut tauli min-hum wa qálú zarná nakum ma'al qá'idín

86. E se for revelada uma Surata que lhes prescreva: Crede em Deus e lutai junto ao Seu Mensageiro! Os opulentos, entre eles, pedir-te-ão para serem eximidos e dirão: Deixa-nos com os isentos!

رَضُوا۟ بِأَن يَكُونُوا۟ مَعَ ٱلْخَوَالِفِ وَطُبِعَ عَلَىٰ قُلُوبِهِمْ فَهُمْ لَا يَفْقَهُونَ ﴿٨٧﴾

87. Radhú biai yakúnú ma'al khawálifi wa tubi'a 'alá qulúbihim fahum lá yafqahún

87. Preferiram ficar com os incapazes e seus corações foram sigilados; por isso não compreendem.

لَٰكِنِ ٱلرَّسُولُ وَٱلَّذِينَ ءَامَنُوا۟ مَعَهُۥ جَٰهَدُوا۟ بِأَمْوَٰلِهِمْ وَأَنفُسِهِمْ ۚ وَأُو۟لَٰٓئِكَ
لَهُمُ ٱلْخَيْرَٰتُ ۖ وَأُو۟لَٰٓئِكَ هُمُ ٱلْمُفْلِحُونَ ﴿٨٨﴾

88. Lákinir Rasúlu wal lazína ámanú ma'ahú jáhadú bi amwálihim wa anfusihim; wa ulá'ika lahumul khairátu wa ulá'ika humul muflihún

88. Porém, o Mensageiro e os crentes que com ele sacrificaram seus bens e suas pessoas obterão as melhores dádivas e serão bem-aventurados.

أَعَدَّ ٱللَّهُ لَهُمْ جَنَّٰتٍ تَجْرِى مِن تَحْتِهَا ٱلْأَنْهَٰرُ خَٰلِدِينَ فِيهَا ۚ ذَٰلِكَ ٱلْفَوْزُ
ٱلْعَظِيمُ ﴿٨٩﴾

89. A'addal láhu lahum Jannátin tajrí min tahtihal anháru khálidína fíhá; zálikal fauzul 'azím

89. Deus lhes destinou jardins, abaixo dos quais correm os rios, onde morarão eternamente. Tal é a magnífica recompensa.

وَجَآءَ ٱلۡمُعَذِّرُونَ مِنَ ٱلۡأَعۡرَابِ لِيُؤۡذَنَ لَهُمۡ وَقَعَدَ ٱلَّذِينَ كَذَبُواْ ٱللَّهَ وَرَسُولَهُۥۚ
سَيُصِيبُ ٱلَّذِينَ كَفَرُواْ مِنۡهُمۡ عَذَابٌ أَلِيمٞ ﴿٩٠﴾

90. Wa já'al mu'azzirúna minal A'rábi liyu'zana lahum wa qa'adal lazína kazabul láha wa Rasúlah; sayusíbul lazína kafarú min-hum 'azábun alím

90. Alguns beduínos, com desculpas, apresentaram-se, pedindo para serem eximidos (da luta). E os que mentiram a Deus e ao Seu Mensageiro permaneceram em seus lares. Logo um castigo doloroso açoitará os incrédulos, entre eles.

لَّيۡسَ عَلَى ٱلضُّعَفَآءِ وَلَا عَلَى ٱلۡمَرۡضَىٰ وَلَا عَلَى ٱلَّذِينَ لَا يَجِدُونَ مَا
يُنفِقُونَ حَرَجٌ إِذَا نَصَحُواْ لِلَّهِ وَرَسُولِهِۦۚ مَا عَلَى ٱلۡمُحۡسِنِينَ مِن سَبِيلٖۚ وَٱللَّهُ
غَفُورٞ رَّحِيمٞ ﴿٩١﴾

91. Laisa 'alad dhu'áfá'i wa lá 'alal mardhá wa lá 'alal lazína lá yajidúna má yunfiqúna harajun izá nasahú lilláhi wa Rasúlih; má 'alal muhsinína min sabíl; walláhu Ghafúrur Rahím

91. Estão isentos: os inválidos, os enfermos, os baldos de recursos, sempre que sejam sinceros para com Deus e Seu Mensageiro. Não há motivo de queixa contra os que se portam bem, e Deus é Indulgente, Misericordiosíssimo.

وَلَا عَلَى ٱلَّذِينَ إِذَا مَآ أَتَوۡكَ لِتَحۡمِلَهُمۡ قُلۡتَ لَآ أَجِدُ مَآ أَحۡمِلُكُمۡ عَلَيۡهِ
تَوَلَّواْ وَّأَعۡيُنُهُمۡ تَفِيضُ مِنَ ٱلدَّمۡعِ حَزَنًا أَلَّا يَجِدُواْ مَا يُنفِقُونَ ﴿٩٢﴾

92. Wa lá 'alal lazína izá má atauka litahmilahum qulta lá ajidu má ahmilukum 'alaihi tawallau wa a'yunuhum tafidhu minad dam'i hazanan allá yajidú má yunfiqún

92. Assim como foram considerados (isentos) aqueles que se apresentaram a ti, pedindo que lhes arranjasses montaria, e lhes disseste: Não tenho nenhuma para proporcionar-vos; voltaram com os olhos transbordantes de lágrimas, por pena de não poderem contribuir.

(Fim do Juzi 10)

سُورَةُ التَّوۡبَةِ

Surat At *Tauba*

Juzi Onze

Surat 9. At Tauba, do versículo 93-129

۞ إِنَّمَا ٱلسَّبِيلُ عَلَى ٱلَّذِينَ يَسۡتَـٔۡذِنُونَكَ وَهُمۡ أَغۡنِيَآءُۚ رَضُواْ بِأَن
يَكُونُواْ مَعَ ٱلۡخَوَالِفِ وَطَبَعَ ٱللَّهُ عَلَىٰ قُلُوبِهِمۡ فَهُمۡ لَا يَعۡلَمُونَ ﴿٩٣﴾

93. ۞ *Innamas sabílu 'alal lazína yasta'zinúnaka wa hum aghniyá'; radhú bian-yakúnú ma'al khawálifi wa taba'al láhu 'alá qulúbihim fahum lá ya'lamún*

93. Serão recriminados aqueles que, sendo ricos, pediram-te para serem eximidos, porque preferiram ficar com os incapazes. Mas Deus selou suas mentes, de sorte que não compreendem.

يَعۡتَذِرُونَ إِلَيۡكُمۡ إِذَا رَجَعۡتُمۡ إِلَيۡهِمۡۚ قُل لَّا تَعۡتَذِرُواْ لَن نُّؤۡمِنَ لَكُمۡ قَدۡ
نَبَّأَنَا ٱللَّهُ مِنۡ أَخۡبَارِكُمۡۚ وَسَيَرَى ٱللَّهُ عَمَلَكُمۡ وَرَسُولُهُۥ ثُمَّ تُرَدُّونَ إِلَىٰ
عَٰلِمِ ٱلۡغَيۡبِ وَٱلشَّهَٰدَةِ فَيُنَبِّئُكُم بِمَا كُنتُمۡ تَعۡمَلُونَ ﴿٩٤﴾

94. *Ya'tazirúna ilaikum izá raja'tum ilaihim; qul lá ta'tazirú lan nu'mina lakum qad nabba annal láhu min akhbárikum; wa sa yaral láhu 'amalakum wa Rasúluhú çumma turaddúna ilá 'Álimil Ghaibi wachchahádati fa yunabbi'ukum bimá kuntum ta'malún*

94. Quando regressardes, apresentar-vos-ão escusas. Dize (ó Mohammad): Não vos escuseis; jamais em vós creremos, porque Deus nos tem informado acerca dos vossos procedimentos. Deus e Seu Mensageiro julgarão as vossas atitudes; logo sereis devolvidos ao Conhecedor do conhecido e do desconhecido, o Qual vos inteirará de tudo quanto fazeis.

سَيَحۡلِفُونَ بِٱللَّهِ لَكُمۡ إِذَا ٱنقَلَبۡتُمۡ إِلَيۡهِمۡ لِتُعۡرِضُواْ عَنۡهُمۡۖ فَأَعۡرِضُواْ عَنۡهُمۡۖ إِنَّهُمۡ
رِجۡسٞۖ وَمَأۡوَىٰهُمۡ جَهَنَّمُ جَزَآءَۢ بِمَا كَانُواْ يَكۡسِبُونَ ﴿٩٥﴾

95. *Sa yahlifúna billáhi lakum izanqalabtum ilaihim litu'ridhú 'anhum fa a'ridhú 'anhum innahum rijsun wa ma'wáhum jahannamu jazá'an bi mákánú yaksibún*

95. Quando regressardes, pedir-vos-ão por Deus, para que os desculpeis. Apartai-vos deles, porque são abomináveis, e sua morada será o inferno, pelo que lucraram.

سُورَةُ التَّوۡبَةِ

Surat At *Tauba*

يَحۡلِفُونَ لَكُمۡ لِتَرۡضَوۡاْ عَنۡهُمۡۖ فَإِن تَرۡضَوۡاْ عَنۡهُمۡ فَإِنَّ ٱللَّهَ لَا يَرۡضَىٰ عَنِ ٱلۡقَوۡمِ
ٱلۡفَٰسِقِينَ ٩٦

96. Yahlifúna lakum litardaw 'anhum fa in tardaw 'anhum fa innal láha lá yardá 'anil qaumil fásiquín

96. Jurar-vos-ão (fidelidade), para que vos congratuleis com eles; porém, se vos congratulardes com eles, sabei que Deus não Se compraz com os depravados.

ٱلۡأَعۡرَابُ أَشَدُّ كُفۡرٗا وَنِفَاقٗا وَأَجۡدَرُ أَلَّا يَعۡلَمُواْ حُدُودَ مَآ أَنزَلَ ٱللَّهُ عَلَىٰ
رَسُولِهِۦۗ وَٱللَّهُ عَلِيمٌ حَكِيمٞ ٩٧

97. Al A'rábu achaddu kufran wa nifáqan wa ajdaru allá ya'lamú hudúda má anzalal láhu 'alá Rasúlih; walláhu 'Alímun Hakím

97. Os beduínos são mais incrédulos e hipócritas, e mais propensos a ignorar os preceitos que Deus revelou ao seu Mensageiro. E Deus é Sapiente, Prudentíssimo.

وَمِنَ ٱلۡأَعۡرَابِ مَن يَتَّخِذُ مَا يُنفِقُ مَغۡرَمٗا وَيَتَرَبَّصُ بِكُمُ ٱلدَّوَآئِرَۚ عَلَيۡهِمۡ دَآئِرَةُ
ٱلسَّوۡءِۗ وَٱللَّهُ سَمِيعٌ عَلِيمٞ ٩٨

98. Wa minal A'rábi mai yattakhizu má yunfiqu maghraman wa yatarabbasu bikumud dawá'ir; alaihim dá'iratus saw'; walláhu Samí'un 'Alím

98. Entre os beduínos, há aqueles que consideram tudo quanto distribuem em caridade como uma perda; aguardam, ainda, que vos açoitem as vicissitudes. Que as vicissitudes caiam sobre eles! Sabei que Deus é Oniouvinte, Sapientíssimo.

وَمِنَ ٱلۡأَعۡرَابِ مَن يُؤۡمِنُ بِٱللَّهِ وَٱلۡيَوۡمِ ٱلۡأٓخِرِ وَيَتَّخِذُ مَا يُنفِقُ
قُرُبَٰتٍ عِندَ ٱللَّهِ وَصَلَوَٰتِ ٱلرَّسُولِۚ أَلَآ إِنَّهَا قُرۡبَةٞ لَّهُمۡۚ سَيُدۡخِلُهُمُ ٱللَّهُ فِي
رَحۡمَتِهِۦٓۗ إِنَّ ٱللَّهَ غَفُورٞ رَّحِيمٞ ٩٩

99. Wa minal A'rábi mai yu'minu billáhi wal yawmil ákhiri wa yattakhizu má yunfiqu qurubátin 'indal láhi wa salawátir Rasúl; 'alá innahá qurbatul lahum; sayudkhilu humul láhu fí rahmatih; innal láha Ghafúrur Rahím

99. Também, entre os beduínos, há aqueles que creem em Deus e no Dia do Juízo Final; consideram tudo quanto distribuem em caridade como um veículo que os

aproximará de Deus e lhes proporcionará as preces do Mensageiro. Sabei que isso os aproximará! Deus os acolherá em Sua clemência, porque é Indulgente, Misericordiosíssimo.

وَٱلسَّٰبِقُونَ ٱلْأَوَّلُونَ مِنَ ٱلْمُهَٰجِرِينَ وَٱلْأَنصَارِ وَٱلَّذِينَ ٱتَّبَعُوهُم بِإِحْسَٰنٍ
رَّضِىَ ٱللَّهُ عَنْهُمْ وَرَضُوا۟ عَنْهُ وَأَعَدَّ لَهُمْ جَنَّٰتٍ تَجْرِى تَحْتَهَا ٱلْأَنْهَٰرُ
خَٰلِدِينَ فِيهَآ أَبَدًا ۚ ذَٰلِكَ ٱلْفَوْزُ ٱلْعَظِيمُ ﴿١٠٠﴾

100. Was sábiqúnal awwalúna minal Muhájirína wal Ansári wallazínat taba'ú hum bi ih̲sánir radhiyal láhu 'anhum wa radhú 'anhu wa a'adda lahum jannátin tajrí tah̲tahal anháru khálidína fíhá abadá; zálikal fawzul 'azím

100. Quanto aos primeiros (muçulmanos), dentre os migrantes e os socorredores (Ansar do Mensageiro), que imitaram o glorioso exemplo daqueles, Deus se comprazerá com eles e eles se comprazerão n'Ele; e lhes destinou jardins, abaixo dos quais correm os rios, onde morarão eternamente. Tal é o magnífico benefício.

وَمِمَّنْ حَوْلَكُم مِّنَ ٱلْأَعْرَابِ مُنَٰفِقُونَ ۖ وَمِنْ أَهْلِ ٱلْمَدِينَةِ ۖ مَرَدُوا۟ عَلَى ٱلنِّفَاقِ
لَا تَعْلَمُهُمْ ۖ نَحْنُ نَعْلَمُهُمْ ۚ سَنُعَذِّبُهُم مَّرَّتَيْنِ ثُمَّ يُرَدُّونَ إِلَىٰ عَذَابٍ عَظِيمٍ ﴿١٠١﴾

101. Wa mimmann h̲aulakum minal A'rábi munáfiqúna wa min ahlil Madínati maradú 'alan nifáq, lá ta'lamuhum nah̲nu na'lamuhum; sanu'azzibuhum marrataini summa yuraddúna ilá 'azábin 'azím

101. Entre os beduínos vizinhos a vós, há hipócritas, assim como os há entre o povo de Madina, os quais estão acostumados à hipocrisia. Tu não os conheces; não obstante, Nós os conhecemos. Castigá-los-emos duplamente, e então serão submetidos a um severo castigo.

وَءَاخَرُونَ ٱعْتَرَفُوا۟ بِذُنُوبِهِمْ خَلَطُوا۟ عَمَلًا صَٰلِحًا وَءَاخَرَ سَيِّئًا عَسَى ٱللَّهُ أَن يَتُوبَ
عَلَيْهِمْ ۚ إِنَّ ٱللَّهَ غَفُورٌ رَّحِيمٌ ﴿١٠٢﴾

102. Wa ákharú na'tarafú bizunúbihim khalatú 'amalan sálih̲an wa ákhara saiyi'an 'asal láhu 'any yatúba 'alaihim; innal láha Ghafúrur Rah̲ím

102. Outros reconheceram as suas faltas, quanto a terem confundido ações nobres com outras vis. Quiçá Deus os absolva, porque é Indulgente, Misericordiosíssimo.

خُذْ مِنْ أَمْوَٰلِهِمْ صَدَقَةً تُطَهِّرُهُمْ وَتُزَكِّيهِم بِهَا وَصَلِّ عَلَيْهِمْ ۖ إِنَّ صَلَوٰتَكَ سَكَنٌ لَّهُمْ ۗ
وَٱللَّهُ سَمِيعٌ عَلِيمٌ ﴿١٠٣﴾

103. Khuz min amwálihim sadaqatan tutahhiruhum wa tuzakkíhim bihá wa salli 'alaihim inna salátaka sakanul lahum; walláhu Samí'un 'Alím

103. Recebe, de seus bens, uma caridade que os purifique e os santifique, e roga por eles, porque tua prece será seu consolo; em verdade, Deus é Oniouvinte, Sapientíssimo.

أَلَمْ يَعْلَمُوٓا۟ أَنَّ ٱللَّهَ هُوَ يَقْبَلُ ٱلتَّوْبَةَ عَنْ عِبَادِهِۦ وَيَأْخُذُ ٱلصَّدَقَٰتِ وَأَنَّ ٱللَّهَ هُوَ
ٱلتَّوَّابُ ٱلرَّحِيمُ ﴿١٠٤﴾

104. Alam ya'lamú annal láha huwa yaqbalut tawbata 'an ibádihí wa ya'khuzus sadaqáti wa annal láha huwat Tauwábur Rahím

104. Ignoram, porventura, que Deus aceita o arrependimento dos seus servos, assim como recebe as caridades, e que Deus é o Remissório, o Misericordiosíssimo?

وَقُلِ ٱعْمَلُوا۟ فَسَيَرَى ٱللَّهُ عَمَلَكُمْ وَرَسُولُهُۥ وَٱلْمُؤْمِنُونَ ۖ وَسَتُرَدُّونَ إِلَىٰ عَٰلِمِ ٱلْغَيْبِ
وَٱلشَّهَٰدَةِ فَيُنَبِّئُكُم بِمَا كُنتُمْ تَعْمَلُونَ ﴿١٠٥﴾

105. Wa qul i'malú fasayaral láhu 'amalakum wa Rasúluhú wal mu'minún; wa saturaddúna ilá 'Álimil Ghaibi wachchahádati fa yunabbi'ukum bimá kuntum ta'malún

105. Dize-lhes: Agi, pois Deus terá ciência de vossa ação; farão o mesmo o Seu Mensageiro e os crentes. Logo retornareis ao Conhecedor do desconhecido e do conhecido, o Qual vos inteirará de tudo quanto fizestes.

وَءَاخَرُونَ مُرْجَوْنَ لِأَمْرِ ٱللَّهِ إِمَّا يُعَذِّبُهُمْ وَإِمَّا يَتُوبُ عَلَيْهِمْ ۗ وَٱللَّهُ عَلِيمٌ حَكِيمٌ ﴿١٠٦﴾

106. Wa ákharúna murjauna li amril láhi immá yu'azzibuhum wa immá yatúbu 'alaihim; walláhu 'Alímun Hakím

106. Outros estão esperançosos quanto aos desígnios de Deus, sem saber se Ele os castigará ou os absolverá; saibam que Ele é Sapiente, Prudentíssimo.

وَٱلَّذِينَ ٱتَّخَذُواْ مَسۡجِدٗا ضِرَارٗا وَكُفۡرٗا وَتَفۡرِيقَۢا بَيۡنَ ٱلۡمُؤۡمِنِينَ وَإِرۡصَادٗا
لِّمَنۡ حَارَبَ ٱللَّهَ وَرَسُولَهُۥ مِن قَبۡلُۚ وَلَيَحۡلِفُنَّ إِنۡ أَرَدۡنَآ إِلَّا ٱلۡحُسۡنَىٰۖ وَٱللَّهُ يَشۡهَدُ
إِنَّهُمۡ لَكَٰذِبُونَ ١٠٧

107. Wallazínat takhazú masjidan diráran wa kufran wa tafríqan bainal mu'minína wa irsádal liman hárabal láha wa Rasúlahú min qabl; wa la yahlifunna in aradná illal husná walláhu yach hadu innahum lakázibún

107. Há aqueles que erigiram uma mesquita em prejuízo dos crentes, para difundirem entre eles a maldade, a incredulidade e a discórdia, e apoiarem aquele que anteriormente combateu Deus e Seu Mensageiro, eles juraram: Não pretendíamos com isso senão o bem. Porém, Deus é Testemunha de que são mentirosos.

لَا تَقُمۡ فِيهِ أَبَدٗاۚ لَّمَسۡجِدٌ أُسِّسَ عَلَى ٱلتَّقۡوَىٰ مِنۡ أَوَّلِ يَوۡمٍ أَحَقُّ أَن تَقُومَ فِيهِۚ
فِيهِ رِجَالٞ يُحِبُّونَ أَن يَتَطَهَّرُواْۚ وَٱللَّهُ يُحِبُّ ٱلۡمُطَّهِّرِينَ ١٠٨

108. Lá taqum fíhi abadá; lamasjidun ussisa 'alat taqwá min auwali yaumin ahaqqu 'an taqúma fíh; fíhi rijáluny yuhibbona 'any yata tah harú; walláhu yuhibbul muttahhirín

108. Jamais te detenhas ali, porque uma mesquita que desde o primeiro dia tenha sido erigida por temor a Deus é mais digna de que nela te detenhas; e ali há homens que anseiam por purificar-se; e Deus aprecia os puros.

أَفَمَنۡ أَسَّسَ بُنۡيَٰنَهُۥ عَلَىٰ تَقۡوَىٰ مِنَ ٱللَّهِ وَرِضۡوَٰنٍ خَيۡرٌ أَم مَّنۡ أَسَّسَ
بُنۡيَٰنَهُۥ عَلَىٰ شَفَا جُرُفٍ هَارٖ فَٱنۡهَارَ بِهِۦ فِي نَارِ جَهَنَّمَۗ وَٱللَّهُ لَا يَهۡدِي ٱلۡقَوۡمَ
ٱلظَّٰلِمِينَ ١٠٩

109. Afaman assasa bunyánahú 'alá taqwá minal láhi wa ridwánin khairun am man assasa bunyánahú 'alá chafá jurufin hárin fanhára bihí fí Nári Jahannam; walláhu lá yahdil qaumaz zálimín

109. Quem é melhor: o que alicerçou o seu edifício, fundamentado no temor a Deus, esperançoso de Seu beneplácito, ou quem o construiu à beira do abismo e em seguida se arrojou com ele no fogo do inferno? Sabei que Deus não ilumina os injustos.

لَا يَزَالُ بُنۡيَٰنُهُمُ ٱلَّذِي بَنَوۡاْ رِيبَةٗ فِي قُلُوبِهِمۡ إِلَّآ أَن تَقَطَّعَ قُلُوبُهُمۡۗ وَٱللَّهُ عَلِيمٌ
حَكِيمٌ ١١٠

110. Lá yazálu bunyánu humul lazí banaw ríbatan fí qulúbihim illá an taqatta'a qulúbuhum; wal láhu 'Alímun Hakím

110. A construção dela (a mesquita) não cessará de ser causa de dúvidas em seus corações, a menos que seus corações se despedacem. Sabei que Deus é Sapiente, Prudentíssimo.

۞ إِنَّ ٱللَّهَ ٱشۡتَرَىٰ مِنَ ٱلۡمُؤۡمِنِينَ أَنفُسَهُمۡ وَأَمۡوَٰلَهُم بِأَنَّ لَهُمُ ٱلۡجَنَّةَۚ
يُقَٰتِلُونَ فِي سَبِيلِ ٱللَّهِ فَيَقۡتُلُونَ وَيُقۡتَلُونَۖ وَعۡدًا عَلَيۡهِ حَقّٗا فِي ٱلتَّوۡرَىٰةِ
وَٱلۡإِنجِيلِ وَٱلۡقُرۡءَانِۚ وَمَنۡ أَوۡفَىٰ بِعَهۡدِهِۦ مِنَ ٱللَّهِۚ فَٱسۡتَبۡشِرُواْ بِبَيۡعِكُمُ
ٱلَّذِي بَايَعۡتُم بِهِۦۚ وَذَٰلِكَ هُوَ ٱلۡفَوۡزُ ٱلۡعَظِيمُ ١١١

111. ۞ Innal láhach tará minal mu'minína anfusahum wa amwálahum bi anna lahumul jannah; yuqátilúna fí sabílil láhi fa yaqtulúna wa yuqtalúna wa'dan 'alaihi haqqan fit Tawráti wal Injíli wal Qur'án; wa man awfá bi'ahdihí minal láh; fastabchirú bi bay'ikumul lazí báya'tum bih; wa zálika huwal fawzul 'azím

111. Deus cobrará dos crentes o sacrifício de seus bens e suas pessoas, em troca do Paraíso. Combaterão pela causa de Deus, matarão e serão mortos. É uma promessa infalível, que está registrada na Torá, no Evangelho e no Alcorão. E quem é mais fiel à sua promessa do que Deus? Regozijai-vos, pois, da troca que haveis feito com Ele. Tal é o magnífico benefício.

ٱلتَّٰٓئِبُونَ ٱلۡعَٰبِدُونَ ٱلۡحَٰمِدُونَ ٱلسَّٰٓئِحُونَ ٱلرَّٰكِعُونَ
ٱلسَّٰجِدُونَ ٱلۡأٓمِرُونَ بِٱلۡمَعۡرُوفِ وَٱلنَّاهُونَ عَنِ ٱلۡمُنكَرِ
وَٱلۡحَٰفِظُونَ لِحُدُودِ ٱللَّهِۗ وَبَشِّرِ ٱلۡمُؤۡمِنِينَ ١١٢

112. At tá'ibúnal 'ábidúnal hámidúnas sá'ihúnar ráki'únas sájidúnal ámirúna bilma'rúfi wannáhúna 'anil munkari walháfizúna lihudúdil láh; wa bachchiril mu'minín

112. Os arrependidos, os adoradores, os agradecidos, os viajantes (pela causa de Deus), os inclinados e os prostrados são aqueles que recomendam o bem, proíbem o ilícito e se conservam dentro dos limites da lei de Deus. Anuncia aos crentes as boas-novas!

مَا كَانَ لِلنَّبِيِّ وَالَّذِينَ ءَامَنُوٓاْ أَن يَسْتَغْفِرُواْ لِلْمُشْرِكِينَ وَلَوْ كَانُوٓاْ أُوْلِي
قُرْبَىٰ مِنۢ بَعْدِ مَا تَبَيَّنَ لَهُمْ أَنَّهُمْ أَصْحَٰبُ ٱلْجَحِيمِ ﴿١١٣﴾

113. Má kána lin nabiyyi wallazína ámanú 'any yastaghfirú lil muchrikína wa law kánú ulí qurbá min ba'di má tabiyana lahum annahum Asshábul jahím

113. É inadmissível que o Profeta e os crentes implorem perdão para os idólatras, ainda que estes sejam seus parentes carnais, ao descobrirem que são companheiros do Fogo.

وَمَا كَانَ ٱسْتِغْفَارُ إِبْرَٰهِيمَ لِأَبِيهِ إِلَّا عَن مَّوْعِدَةٍ وَعَدَهَآ إِيَّاهُ فَلَمَّا
تَبَيَّنَ لَهُۥٓ أَنَّهُۥ عَدُوٌّ لِّلَّهِ تَبَرَّأَ مِنْهُ إِنَّ إِبْرَٰهِيمَ لَأَوَّٰهٌ حَلِيمٌ ﴿١١٤﴾

114. Wa má kánas tighfáru ibráhíma li abíhi illá 'an maw'idatin wa 'adahá iyyáhu falammá tabaiyana lahú annahú 'aduwwul illáhi tabarra a minh; inna Ibráhíma la awwáhun halím

114. Abraão implorava perdão para seu pai, somente devido a uma promessa que lhe havia feito; mas, quando se certificou de que este era inimigo de Deus, renegou-o. Sabei que Abraão era sentimental, tolerante.

وَمَا كَانَ ٱللَّهُ لِيُضِلَّ قَوْمًۢا بَعْدَ إِذْ هَدَىٰهُمْ حَتَّىٰ يُبَيِّنَ لَهُم مَّا يَتَّقُونَ
إِنَّ ٱللَّهَ بِكُلِّ شَيْءٍ عَلِيمٌ ﴿١١٥﴾

115. Wa má kánal láhu liyudilla qauman ba'da iz hadáhum hatta yubaiyina lahum má yattaqún; innal láha bikulli chai'in 'Alím

115. É inadmissível que Deus desvie um povo, depois de havê-lo encaminhado, sem antes lhe ter elucidado o que deve temer. Sabei que Deus é Onisciente.

إِنَّ ٱللَّهَ لَهُۥ مُلْكُ ٱلسَّمَٰوَٰتِ وَٱلْأَرْضِ يُحْيِۦ وَيُمِيتُ وَمَا لَكُم مِّن دُونِ ٱللَّهِ مِن
وَلِيٍّ وَلَا نَصِيرٍ ﴿١١٦﴾

116. Innal láha lahú mulkus samáwáti wal ardi yuhyí wa yumít; wa má lakum min dúnil láhi min waliyyin wa lá nasír

سُورَةُ التَّوْبَةِ

Surat At *Tauba*

116. A Deus pertence o reino dos Céus e da Terra. Ele dá a vida e a morte e, fora d'Ele, não tereis protetor, nem socorredor.

لَّقَد تَّابَ ٱللَّهُ عَلَى ٱلنَّبِيِّ وَٱلْمُهَٰجِرِينَ وَٱلْأَنصَارِ ٱلَّذِينَ ٱتَّبَعُوهُ فِي
سَاعَةِ ٱلْعُسْرَةِ مِنۢ بَعْدِ مَا كَادَ يَزِيغُ قُلُوبُ فَرِيقٍ مِّنْهُمْ ثُمَّ تَابَ
عَلَيْهِمْ إِنَّهُۥ بِهِمْ رَءُوفٌ رَّحِيمٌ ﴿١١٧﴾

117. Laqat tábal láhu 'alan nabiyyi wal Muhájirina wal Ansáril lazínat taba'úhu fí sá'atil 'usrati min ba'di má káda yazighu qulúbu fariqin minhum çumma tába 'alaihim; innahú bihim Ra'úfur Ra<u>h</u>im

117. Sem dúvida que Deus absolveu o Profeta, os migrantes e os socorredores, que o seguiram na hora angustiosa em que os corações de alguns estavam prestes a fraquejar. Ele os absolveu, porque é para com eles Clemente, Misericordiosíssimo.

وَعَلَى ٱلثَّلَٰثَةِ ٱلَّذِينَ خُلِّفُوا۟ حَتَّىٰٓ إِذَا ضَاقَتْ عَلَيْهِمُ ٱلْأَرْضُ بِمَا رَحُبَتْ وَضَاقَتْ
عَلَيْهِمْ أَنفُسُهُمْ وَظَنُّوٓا۟ أَن لَّا مَلْجَأَ مِنَ ٱللَّهِ إِلَّآ إِلَيْهِ ثُمَّ تَابَ عَلَيْهِمْ لِيَتُوبُوٓا۟
إِنَّ ٱللَّهَ هُوَ ٱلتَّوَّابُ ٱلرَّحِيمُ ﴿١١٨﴾

118. Wa 'alas çaláçatil lazína khullifú <u>h</u>attá izá dáqat 'alaihimul ardu bimá ra<u>h</u>ubat wa dáqat 'alaihim anfusuhum wa zannnú al lá malja-a minal láhi illá ilaihi summa tába 'alaihim liyatúbú; innal láha Huwat Tawwábur Ra<u>h</u>ím

118. Também absolveu os três que se omitiram (na expedição de Tabuk) quando a Terra, com toda a sua amplitude, lhes parecia estreita, e suas almas se constrangeram, e se compenetraram de que não tinham mais amparo senão em Deus; e Ele os absolveu, a fim de que se arrependessem, porque Deus é o Remissório, o Misericordiosíssimo.

يَٰٓأَيُّهَا ٱلَّذِينَ ءَامَنُوا۟ ٱتَّقُوا۟ ٱللَّهَ وَكُونُوا۟ مَعَ ٱلصَّٰدِقِينَ ﴿١١٩﴾

119. Yá aiyuhal lazína ámanut taqul láha wa kúnú ma'as sádiquin

119. Ó crentes, temei a Deus e permanecei com os verazes!

مَا كَانَ لِأَهْلِ ٱلْمَدِينَةِ وَمَنْ حَوْلَهُم مِّنَ ٱلْأَعْرَابِ أَن يَتَخَلَّفُوا۟ عَن رَّسُولِ ٱللَّهِ
وَلَا يَرْغَبُوا۟ بِأَنفُسِهِمْ عَن نَّفْسِهِۦ ذَٰلِكَ بِأَنَّهُمْ لَا يُصِيبُهُمْ ظَمَأٌ وَلَا نَصَبٌ

وَلَا مَخۡمَصَةٞ فِي سَبِيلِ ٱللَّهِ وَلَا يَطَـُٔونَ مَوۡطِئٗا يَغِيظُ ٱلۡكُفَّارَ وَلَا
يَنَالُونَ مِنۡ عَدُوّٖ نَّيۡلًا إِلَّا كُتِبَ لَهُم بِهِۦ عَمَلٞ صَٰلِحٌۚ إِنَّ ٱللَّهَ لَا يُضِيعُ
أَجۡرَ ٱلۡمُحۡسِنِينَ ١٢٠

120. Má kána li ahlil Madínati wa man haulahum minal A'rábi ai yatakhallafú 'ar-Rasúlil láhi wa lá yarghabú bi anfusihim 'an nafsih; zálika bi annahum lá yusíbuhum zamaun wa lá nasabun wa lá makhmasatun fí sabílil láhi wa lá yata'úna mawti'ai yaghízul kuffára wa lá yanálúna min 'aduwwin nailan illá kutiba lahum bihí 'amalun sálih; innal láha lá yudí'u ajral muhsinín

120. Não deveria o povo de Madina e seus vizinhos beduínos negarem-se a seguir o Mensageiro de Deus, nem preferir as suas próprias vidas, em detrimento da dele, porque todo o seu sofrimento, devido à sede, fome ou fadiga, pela causa de Deus, todo o dano causado aos incrédulos e todo o dano recebido do inimigo ser-lhes-á registrado como boa ação, e Deus jamais frustra a recompensa aos benfeitores.

وَلَا يُنفِقُونَ نَفَقَةٗ صَغِيرَةٗ وَلَا كَبِيرَةٗ وَلَا يَقۡطَعُونَ وَادِيًا إِلَّا كُتِبَ
لَهُمۡ لِيَجۡزِيَهُمُ ٱللَّهُ أَحۡسَنَ مَا كَانُواْ يَعۡمَلُونَ ١٢١

121. Wa lá yunfiqúna nafa qatan saghíratan wa lá kabíratan wa lá yaqta'úna wádiyan illá kutiba lahum liyajziyahumul láhu ahsana má kánú ya'malún

121. Deveriam saber, ainda, que não fazem gasto algum, pequeno ou grande, nem atravessam vale algum, sem que isso lhes seja registrado; em verdade, Deus os recompensará com coisa melhor do que tiverem feito.

۞ وَمَا كَانَ ٱلۡمُؤۡمِنُونَ لِيَنفِرُواْ كَآفَّةٗۚ فَلَوۡلَا نَفَرَ مِن كُلِّ فِرۡقَةٖ مِّنۡهُمۡ
طَآئِفَةٞ لِّيَتَفَقَّهُواْ فِي ٱلدِّينِ وَلِيُنذِرُواْ قَوۡمَهُمۡ إِذَا رَجَعُوٓاْ إِلَيۡهِمۡ لَعَلَّهُمۡ
يَحۡذَرُونَ ١٢٢

122. ۞ *Wa má kánal mu'minúna liyanfirú káffah; falau lá nafara min kulli firqatim min-hum tá'ifatul liyatafaqqahú fiddíni wa liyunzirú qaumahum izá raja'ú ilaihim la'allahum yahzarún*

122. Não deverão os crentes sair todos juntos; deve permanecer um contingente de cada grupo, para instruir-se na religião, e assim admoestar a sua gente quando regressar, para se resguardarem.

سُورَةُ التَّوْبَةِ

Surat At *Tauba*

يَٰٓأَيُّهَا ٱلَّذِينَ ءَامَنُواْ قَٰتِلُواْ ٱلَّذِينَ يَلُونَكُم مِّنَ ٱلْكُفَّارِ وَلْيَجِدُواْ فِيكُمْ غِلْظَةً
وَٱعْلَمُوٓاْ أَنَّ ٱللَّهَ مَعَ ٱلْمُتَّقِينَ ﴿١٢٣﴾

123. Yá aiyuhal lazína ámanú qátilul lazína yalúnakum minal kuffári walyajidú fíkum ghilzah; wa'lamú annal láha ma'al muttaqín

123. Ó crentes, combatei os vossos vizinhos incrédulos, para que sintam severidade em vós; e sabei que Deus está com os tementes.

وَإِذَا مَآ أُنزِلَتْ سُورَةٌ فَمِنْهُم مَّن يَقُولُ أَيُّكُمْ زَادَتْهُ هَٰذِهِۦٓ إِيمَٰنًا ۚ فَأَمَّا ٱلَّذِينَ
ءَامَنُواْ فَزَادَتْهُمْ إِيمَٰنًا وَهُمْ يَسْتَبْشِرُونَ ﴿١٢٤﴾

124. Wa izá má unzilat Súratun faminhum mai yaqúlu aiyukum zádat hu házihi ímáná; fa ammal lazína ámanú fazádat hum ímánan wa hum yastabchirún

124 Quando uma nova Surata é revelada, alguns deles dizem (zombando): A quem de vós isso aumenta, em fé? No entanto, ela aumenta a fé dos crentes, e disso se regozijam.

وَأَمَّا ٱلَّذِينَ فِى قُلُوبِهِم مَّرَضٌ فَزَادَتْهُمْ رِجْسًا إِلَىٰ رِجْسِهِمْ وَمَاتُواْ وَهُمْ
كَٰفِرُونَ ﴿١٢٥﴾

125. Wa ammal lazína fí qulúbihim maradhun fazádat hum rijsan ilá rijsihim wa mátú wa hum káfirún

125. Em troca, quanto àqueles que abrigam a enfermidade em seus corações, é-lhes acrescentada abominação sobre abominação, e morrerão na incredulidade.

أَوَلَا يَرَوْنَ أَنَّهُمْ يُفْتَنُونَ فِى كُلِّ عَامٍ مَّرَّةً أَوْ مَرَّتَيْنِ ثُمَّ لَا
يَتُوبُونَ وَلَا هُمْ يَذَّكَّرُونَ ﴿١٢٦﴾

126. 'A wa lá yarawna annahum yuftanúna fí kulli 'ámin marratan 'aw marrataini çumma lá yatúbúna wa lá hum yazzakkarún

126. Não reparam, acaso, que são tentados uma ou duas vezes por ano? Porém não se arrependem, nem meditam.

وَإِذَا مَآ أُنزِلَتْ سُورَةٌ نَّظَرَ بَعْضُهُمْ إِلَىٰ بَعْضٍ هَلْ يَرَىٰكُم مِّنْ أَحَدٍ ثُمَّ
ٱنصَرَفُواْ ۚ صَرَفَ ٱللَّهُ قُلُوبَهُم بِأَنَّهُمْ قَوْمٌ لَّا يَفْقَهُونَ ﴿١٢٧﴾

سُورَةُ التَّوْبَةِ

Surat At *Tauba*

127. Wa izá má unzilat Súratun nazara ba'dhuhum ilá ba'dhin hal yarákum min ahadin çumman sarafú; sarafal láhu qulúbahum bi annahum qawmul lá yafqahún

127. Quando uma Surata lhes é revelada, olham-se, entre si, e dizem: Acaso alguém vos observa? E logo se retiram. Deus desviou seus corações, porque são gente ignorante.

لَقَدْ جَآءَكُمْ رَسُولٌ مِّنْ أَنفُسِكُمْ عَزِيزٌ عَلَيْهِ مَا عَنِتُّمْ
حَرِيصٌ عَلَيْكُم بِٱلْمُؤْمِنِينَ رَءُوفٌ رَّحِيمٌ ١٢٨

128. Laqad já'akum Rasúlum min anfusikum 'azízun 'alaihi má 'anittum harísun 'alaikum bilmu'minína ra'úfur rahím

128. Chegou-vos um Mensageiro de vossa raça, que tem pena do vosso infortúnio, anseia por proteger-vos, e é compassivo e misericordioso para com os crentes.

فَإِن تَوَلَّوْا۟ فَقُلْ حَسْبِىَ ٱللَّهُ لَآ إِلَٰهَ إِلَّا هُوَ ۖ عَلَيْهِ تَوَكَّلْتُ ۖ وَهُوَ رَبُّ ٱلْعَرْشِ
ٱلْعَظِيمِ ١٢٩

129. Fa in tawallau faqul hasbiyal láhu lá iláha illá Huwa 'alaihi tawakkaltu wa Huwa Rabbul 'Archil 'Azím

129. Mas, se te negam, dize-lhes: Deus me basta! Não há mais divindade além d'Ele! N'Ele confio, porque é o Soberano do Trono Supremo.

سُورَةُ يُونُسَ

Surat Yunus

Surat 10. Yunus (Jonas). Revelada em Makka; 109 versículos, com exceção dos versículos 40 e de 94 a 96 que foram revelados em Madina.

بِسۡمِ ٱللَّهِ ٱلرَّحۡمَٰنِ ٱلرَّحِيمِ

Bismilláhir Ra<u>h</u>mánir Ra<u>h</u>ím

Em nome de Deus, o Clemente, o Misericordioso

الٓرۚ تِلۡكَ ءَايَٰتُ ٱلۡكِتَٰبِ ٱلۡحَكِيمِ ١

1. Alif-Lám-Rá; tilka Áyátul Kitábil <u>H</u>akím

1. Alef, Lam, Ra. Eis aqui os versículos do Livro da sabedoria.

أَكَانَ لِلنَّاسِ عَجَبًا أَنۡ أَوۡحَيۡنَآ إِلَىٰ رَجُلٖ مِّنۡهُمۡ أَنۡ أَنذِرِ ٱلنَّاسَ وَبَشِّرِ ٱلَّذِينَ ءَامَنُوٓاْ
أَنَّ لَهُمۡ قَدَمَ صِدۡقٍ عِندَ رَبِّهِمۡۗ قَالَ ٱلۡكَٰفِرُونَ إِنَّ هَٰذَا لَسَٰحِرٞ
مُّبِينٌ ٢

2. 'A kána linnási 'ajában 'an 'au<u>h</u>ainá 'ilá rajulin minhum 'an anzirin nása wa bachchiril lazína 'ámanú 'anna lahum qadama sidqin 'inda Rabbihim; qálal káfirúna 'inna házá la sá<u>h</u>irun mubín

2. Estranham, acaso, as pessoas, que tenhamos inspirado um homem de seu povo, dizendo-lhe: Admoesta os homens e avisa os crentes que terão uma sublime dignidade junto ao seu Senhor? Todavia, os incrédulos dizem dele: É um mago declarado.

إِنَّ رَبَّكُمُ ٱللَّهُ ٱلَّذِي خَلَقَ ٱلسَّمَٰوَٰتِ وَٱلۡأَرۡضَ فِي سِتَّةِ أَيَّامٖ ثُمَّ ٱسۡتَوَىٰ عَلَى ٱلۡعَرۡشِۖ
يُدَبِّرُ ٱلۡأَمۡرَۖ مَا مِن شَفِيعٍ إِلَّا مِنۢ بَعۡدِ إِذۡنِهِۦۚ ذَٰلِكُمُ ٱللَّهُ رَبُّكُمۡ فَٱعۡبُدُوهُۚ
أَفَلَا تَذَكَّرُونَ ٣

3. Inna Rabbakumul láhul lazí khalaqas samáwáti wal ardha fí sittati aiyámin çummas tawá 'alal 'Archi yudabbirul amra má min chafí'in illá min ba'di iznih; zalikumul láhu Rabbukum fa'budúh; afalá tazakkarún

3. Vosso Senhor é Deus, Que criou os Céus e a Terra em seis dias, logo assumiu o Trono para reger todas as coisas. Junto a Ele ninguém poderá interceder, sem Sua permissão. Tal é Deus, vosso Senhor! Adorai-O, pois! Não meditais?

سُورَةُ يُونُس
Surat Yunus

إِلَيۡهِ مَرۡجِعُكُمۡ جَمِيعٗاۖ وَعۡدَ ٱللَّهِ حَقًّاۚ إِنَّهُۥ يَبۡدَؤُاْ ٱلۡخَلۡقَ ثُمَّ يُعِيدُهُۥ لِيَجۡزِيَ ٱلَّذِينَ
ءَامَنُواْ وَعَمِلُواْ ٱلصَّٰلِحَٰتِ بِٱلۡقِسۡطِۚ وَٱلَّذِينَ كَفَرُواْ لَهُمۡ شَرَابٞ مِّنۡ حَمِيمٖ وَعَذَابٌ
أَلِيمُۢ بِمَا كَانُواْ يَكۡفُرُونَ ﴿٤﴾

4. Ilaihi marji'ukum jamí 'an wa'dal láhi haqqá; innahú yabda'ul khalqa çumma yu'íduhú liyajziyal lazína ámanú wa 'amilus sálihati bilquist; wallazína kafarú lahum charábun min hamímin wa 'azábun 'alimun bimá kánú yakfurún

4. A Ele retornareis todos. A promessa de Deus é infalível. Ele origina a criação, e logo a faz reproduzir, para recompensar equitativamente os crentes que praticam o bem. Os incrédulos, porém, terão por bebida água fervente e um doloroso castigo, por sua incredulidade.

هُوَ ٱلَّذِي جَعَلَ ٱلشَّمۡسَ ضِيَآءٗ وَٱلۡقَمَرَ نُورٗا وَقَدَّرَهُۥ مَنَازِلَ لِتَعۡلَمُواْ عَدَدَ
ٱلسِّنِينَ وَٱلۡحِسَابَۚ مَا خَلَقَ ٱللَّهُ ذَٰلِكَ إِلَّا بِٱلۡحَقِّۚ يُفَصِّلُ ٱلۡأٓيَٰتِ لِقَوۡمٖ
يَعۡلَمُونَ ﴿٥﴾

5. Huwal lazí ja'alach chamsa dhiyá'an walqamara núran wa qaddarahú manázila li ta'lamú 'adadas sinína walhisáb; má khalaqal láhu zálika illa bilhaqq; yufassilul áyáti li qawminy ya'lamún

5. Ele foi Quem originou o sol iluminador e a lua refletidora, e determinou as estações do ano, para que saibais o número dos anos e seus cômputos. Deus não criou isto senão com prudência; Ele elucida os versículos aos sensatos.

إِنَّ فِي ٱخۡتِلَٰفِ ٱلَّيۡلِ وَٱلنَّهَارِ وَمَا خَلَقَ ٱللَّهُ فِي ٱلسَّمَٰوَٰتِ وَٱلۡأَرۡضِ لَأٓيَٰتٖ لِّقَوۡمٖ
يَتَّقُونَ ﴿٦﴾

6. Inna fikh tiláfil laili wannahári wa má khalaqal láhu fis samáwáti wal ardi la áyátin liqawminy yattaqún

6. Na alternação da noite e do dia, e no que Deus criou nos Céus e na Terra, há sinais para os tementes.

إِنَّ ٱلَّذِينَ لَا يَرۡجُونَ لِقَآءَنَا وَرَضُواْ بِٱلۡحَيَوٰةِ ٱلدُّنۡيَا وَٱطۡمَأَنُّواْ بِهَا وَٱلَّذِينَ هُمۡ
عَنۡ ءَايَٰتِنَا غَٰفِلُونَ ﴿٧﴾

سُورَةُ يُونُس

Surat Yunus

7. Innal lazína lá yarjúna liqá'aná wa radú bilhayátid dunyá watma' annú bihá wallazína hum 'an Áyátiná gh| áfilún

7. Aqueles que não esperam o Nosso encontro, comprazem-se com a vida terrena, conformando-se com ela, e negligenciam os Nossos versículos.

أُوْلَٰٓئِكَ مَأۡوَىٰهُمُ ٱلنَّارُ بِمَا كَانُواْ يَكۡسِبُونَ ٨

8. Ulá'ika ma'wáhumun Náru bimá kánú yaksibún

8. Sua morada será o fogo infernal, por tudo quanto tiverem lucrado.

إِنَّ ٱلَّذِينَ ءَامَنُواْ وَعَمِلُواْ ٱلصَّٰلِحَٰتِ يَهۡدِيهِمۡ رَبُّهُم بِإِيمَٰنِهِمۡۖ تَجۡرِي مِن
تَحۡتِهِمُ ٱلۡأَنۡهَٰرُ فِي جَنَّٰتِ ٱلنَّعِيمِ ٩

9. Innal lazína ámanú wa 'amilus sálihá ti yahdíhim Rabbuhum bi ímánihim tajrí min tahtihimul anháru fí jannátin Na'ím

9. Quanto aos crentes que praticam o bem, seu Senhor os encaminhará, por sua fé, aos jardins do prazer, abaixo dos quais correm os rios,

دَعۡوَىٰهُمۡ فِيهَا سُبۡحَٰنَكَ ٱللَّهُمَّ وَتَحِيَّتُهُمۡ فِيهَا سَلَٰمٞۚ وَءَاخِرُ دَعۡوَىٰهُمۡ أَنِ ٱلۡحَمۡدُ
لِلَّهِ رَبِّ ٱلۡعَٰلَمِينَ ١٠

10. Da'wáhum fíhá Subhánakal láhumma wa tahiyyatuhum fíhá salám; wa ákhiru da'wáhum anil hamdu lilláhi Rabbil 'álamín

10. Onde sua prece será: Glorificado sejas, ó Deus! Aí a sua mútua saudação será: Paz! E o fim de sua prece será: Louvado seja Deus, Senhor do Universo!

۞ وَلَوۡ يُعَجِّلُ ٱللَّهُ لِلنَّاسِ ٱلشَّرَّ ٱسۡتِعۡجَالَهُم بِٱلۡخَيۡرِ لَقُضِيَ إِلَيۡهِمۡ
أَجَلُهُمۡۖ فَنَذَرُ ٱلَّذِينَ لَا يَرۡجُونَ لِقَآءَنَا فِي طُغۡيَٰنِهِمۡ يَعۡمَهُونَ ١١

11. ۞ Wa law yu'ajjilul láhu linnásich charra sti' jálahum bil khairi laqudiya ilaihim 'ajaluhum fa nazarul lazína lá yarjúna liqá'aná fí tughyánihim ya'mahún

11. Se Deus apressasse o mal aos humanos, como eles apressam o bem para si, alcançariam rapidamente o seu destino. Porém, abandonaremos, vacilantes em sua transgressão, aqueles que não esperam comparecer perante Nós.

سُورَةُ يُونُسَ

Surat Yunus

وَإِذَا مَسَّ ٱلۡإِنسَٰنَ ٱلضُّرُّ دَعَانَا لِجَنۢبِهِۦٓ أَوۡ قَاعِدًا أَوۡ قَآئِمٗا فَلَمَّا كَشَفۡنَا عَنۡهُ
ضُرَّهُۥ مَرَّ كَأَن لَّمۡ يَدۡعُنَآ إِلَىٰ ضُرّٖ مَّسَّهُۥۚ كَذَٰلِكَ زُيِّنَ لِلۡمُسۡرِفِينَ مَا كَانُواْ
يَعۡمَلُونَ ﴿١٢﴾

12. Wa izá massal insánad dhurru da'áná li jambihí aw qá'idan aw qá'iman falammá kachafná 'anhu dhurrahú marra ka an lam yad'uná ilá dhurrin massah; kazálika zuyyina lilmusrifína má kánú ya'malún

12. E se o infortúnio açoita o homem, ele Nos implora, quer esteja deitado, sentado ou em pé. Porém, quando o libertamos de seu infortúnio, ei-lo que caminha, como se não Nos tivesse implorado quando o infortúnio o açoitava. Assim foram abrilhantados os atos dos transgressores (por Satanás).

وَلَقَدۡ أَهۡلَكۡنَا ٱلۡقُرُونَ مِن قَبۡلِكُمۡ لَمَّا ظَلَمُواْ وَجَآءَتۡهُمۡ رُسُلُهُم بِٱلۡبَيِّنَٰتِ وَمَا
كَانُواْ لِيُؤۡمِنُواْۚ كَذَٰلِكَ نَجۡزِي ٱلۡقَوۡمَ ٱلۡمُجۡرِمِينَ ﴿١٣﴾

13. Wa laqad ahlaknal qurúna min qablikum lammá zalamú wa já'at hum Rusuluhum bil baiyináti wa má kánú liyu'minú; kazálika najzil qawmal mujrimín

13. Aniquilamos gerações anteriores a vós por sua iniquidade, porque, apesar de lhes haverem apresentado os seus mensageiros as evidências, jamais creram. Assim castigamos os pecadores.

ثُمَّ جَعَلۡنَٰكُمۡ خَلَٰٓئِفَ فِي ٱلۡأَرۡضِ مِنۢ بَعۡدِهِمۡ لِنَنظُرَ كَيۡفَ تَعۡمَلُونَ ﴿١٤﴾

14. Çumma ja'alnákum khalá'ifa fil ardhi min ba'dihim li nanzura kaifa ta'malún

14. Depois disso, designamos-vos sucessores deles na Terra, para observarmos como vos iríeis comportar.

وَإِذَا تُتۡلَىٰ عَلَيۡهِمۡ ءَايَاتُنَا بَيِّنَٰتٖ قَالَ ٱلَّذِينَ لَا يَرۡجُونَ لِقَآءَنَا ٱئۡتِ
بِقُرۡءَانٍ غَيۡرِ هَٰذَآ أَوۡ بَدِّلۡهُۚ قُلۡ مَا يَكُونُ لِيٓ أَنۡ أُبَدِّلَهُۥ مِن تِلۡقَآيِٕ نَفۡسِيٓۖ إِنۡ
أَتَّبِعُ إِلَّا مَا يُوحَىٰٓ إِلَيَّۖ إِنِّيٓ أَخَافُ إِنۡ عَصَيۡتُ رَبِّي عَذَابَ يَوۡمٍ عَظِيمٖ ﴿١٥﴾

15. Wa izá tutlá 'alaihim áyátuná baiyinátin qálal lazína lá yarjúna liqá'a na'ti bi Qur'ánin ghairiházá aw baddilh; qul má yakúnu lí 'an 'ubaddilahú min tilqá'i nafsí in attabi'u illá má yúhá ilaiya inní akháfu in 'asaytu Rabbí 'azába Yawmin 'Azím

سُورَةُ يُونُس

Surat Yunus

15. Mas, quando lhes são recitados os Nossos versículos esclarecedores, aqueles que não esperam o comparecimento perante Nós, dizem: Apresenta-nos outro Alcorão que não seja este, ou, por outra, modificado! Dize: Não me incumbe modificá-lo por minha própria vontade; atenho-me somente ao que me tem sido revelado, porque temo o castigo do Dia Terrível, se desobedeço ao meu Senhor.

قُل لَّوۡ شَآءَ ٱللَّهُ مَا تَلَوۡتُهُۥ عَلَيۡكُمۡ وَلَآ أَدۡرَىٰكُم بِهِۦۖ فَقَدۡ لَبِثۡتُ
فِيكُمۡ عُمُرٗا مِّن قَبۡلِهِۦٓۚ أَفَلَا تَعۡقِلُونَ ١٦

16. Qul law chá'al láhu má talawtuhú 'alaikum wa lá adrákum bihí faqad labiçtu fíkum 'umuran min qablih; afalá ta'qilún

16. Dize: Se Deus quisesse, não vo-lo teria eu recitado, nem Ele vo-lo teria dado a conhecer, porque antes de sua revelação passei a vida entre vós. Não raciocinais ainda?

فَمَنۡ أَظۡلَمُ مِمَّنِ ٱفۡتَرَىٰ عَلَى ٱللَّهِ كَذِبًا أَوۡ كَذَّبَ بِـَٔايَٰتِهِۦٓۚ إِنَّهُۥ
لَا يُفۡلِحُ ٱلۡمُجۡرِمُونَ ١٧

17. Faman azlamu mimmanif tará 'alal láhi kaziban aw kazzaba bi Áyátih; innahú lá yufliẖul mujrimún

17. Haverá alguém mais injusto do que quem forja mentiras acerca de Deus ou desmente os Seus versículos? Jamais prosperarão os pecadores.

وَيَعۡبُدُونَ مِن دُونِ ٱللَّهِ مَا لَا يَضُرُّهُمۡ وَلَا يَنفَعُهُمۡ وَيَقُولُونَ
هَٰٓؤُلَآءِ شُفَعَٰٓؤُنَا عِندَ ٱللَّهِۚ قُلۡ أَتُنَبِّـُٔونَ ٱللَّهَ بِمَا لَا يَعۡلَمُ فِي ٱلسَّمَٰوَٰتِ وَلَا
فِي ٱلۡأَرۡضِۚ سُبۡحَٰنَهُۥ وَتَعَٰلَىٰ عَمَّا يُشۡرِكُونَ ١٨

18. Wa ya'budúna min dúnil láhi má lá yadhurruhum wa lá yanfa'uhum wa yaqúlúna há'ulá'i chufa'á 'uná 'indal láh; qul 'a tunabbi 'únal láha bi má lá ya'lamu fis samáwáti wa lá fil ardh; subẖánahú wa Ta'álá 'ammá yuchrikún

18. E adoram, em vez de Deus, os que não podem prejudicá-los nem os beneficiar, dizendo: Estes são os nossos intercessores junto a Deus. Pretendeis ensinar a Deus algo que Ele possa ignorar dos Céus e da Terra? Glorificado e exaltado seja de tudo quanto Lhe atribuem!

وَمَا كَانَ ٱلنَّاسُ إِلَّآ أُمَّةً وَٰحِدَةً فَٱخْتَلَفُواْ ۚ وَلَوْلَا كَلِمَةٌ سَبَقَتْ
مِن رَّبِّكَ لَقُضِىَ بَيْنَهُمْ فِيمَا فِيهِ يَخْتَلِفُونَ ﴿١٩﴾

19. Wa má kánan násu illá ummatan wáhidatan fa khtalafú; wa law lá kalimatun sabaqat mir Rabbika laqudhiya bainahum fí má fíhi yakhtalifún

19. A princípio, os humanos formavam uma só comunidade; então, dividiram-se. Porém, se não tivesse sido por uma palavra proferida por teu Senhor, ter-se-iam destruído, por causa de suas divergências.

وَيَقُولُونَ لَوْلَآ أُنزِلَ عَلَيْهِ ءَايَةٌ مِّن رَّبِّهِۦ ۖ فَقُلْ إِنَّمَا ٱلْغَيْبُ لِلَّهِ فَٱنتَظِرُوٓاْ
إِنِّى مَعَكُم مِّنَ ٱلْمُنتَظِرِينَ ﴿٢٠﴾

20. Wa yaqúlúna law lá unzila 'alaihi áyatun mir Rabbihí faqul innamal ghaibu lilláhi fantazirú inní ma'akum minal muntazirín

20. Dizem: Por que não lhe foi revelado um sinal de seu Senhor? Dize: O desconhecido só a Deus pertence; aguardai, pois, que eu serei um dos que convosco aguardam.

وَإِذَآ أَذَقْنَا ٱلنَّاسَ رَحْمَةً مِّنۢ بَعْدِ ضَرَّآءَ مَسَّتْهُمْ إِذَا لَهُم مَّكْرٌ فِىٓ ءَايَاتِنَا ۚ قُلِ ٱللَّهُ
أَسْرَعُ مَكْرًا ۚ إِنَّ رُسُلَنَا يَكْتُبُونَ مَا تَمْكُرُونَ ﴿٢١﴾

21. Wa izá azaqnan nása rahmatan min ba'di dharrá'a massat hum izá lahum makrun fí áyátiná; qulil láhu asra'u makrá; inna rusulaná yaktubúna má tamkurún

21. Se agraciarmos os homens com a Nossa misericórdia, depois de lhes haver açoitado o infortúnio, ainda assim desmentirão os Nossos versículos. Dize: Deus é Rápido em planejar. Sabei que os Nossos mensageiros registram tudo quanto tramais.

هُوَ ٱلَّذِى يُسَيِّرُكُمْ فِى ٱلْبَرِّ وَٱلْبَحْرِ ۖ حَتَّىٰٓ إِذَا كُنتُمْ فِى ٱلْفُلْكِ وَجَرَيْنَ بِهِم بِرِيحٍ
طَيِّبَةٍ وَفَرِحُواْ بِهَا جَآءَتْهَا رِيحٌ عَاصِفٌ وَجَآءَهُمُ ٱلْمَوْجُ مِن كُلِّ مَكَانٍ وَظَنُّوٓاْ
أَنَّهُمْ أُحِيطَ بِهِمْ ۙ دَعَوُاْ ٱللَّهَ مُخْلِصِينَ لَهُ ٱلدِّينَ لَئِنْ أَنجَيْتَنَا مِنْ هَٰذِهِۦ لَنَكُونَنَّ
مِنَ ٱلشَّٰكِرِينَ ﴿٢٢﴾

سُورَةُ يُونُس

Surat Yunus

22. Huwal lazí yusayyirukum fil barri walbahri hattá izá kuntum fil fulki wa jaraina bihim bi ríhin tayyibatin wa farihú bihá já'at há ríhun 'ásifun wa já'ahumul mawju min kulli makánin wa zannú 'annahum 'uhíta bihim da'a wulláha mukhlisína lahud dína la'in anjaitaná min házihí la nakúnanna minach chákirín

22. Ele é Quem vos encaminha na terra e no mar. Quando se acham em naves e estas singram o oceano ao sabor de um vento favorável, regozijam-se. Mas, quando os açoita uma tormenta e as ondas os assaltam por todos os lados, e creem naufragar, então imploram sinceramente a Deus: Se nos salvares deste perigo, contar-nos-emos entre os agradecidos!

فَلَمَّآ أَنجَىٰهُمۡ إِذَا هُمۡ يَبۡغُونَ فِي ٱلۡأَرۡضِ بِغَيۡرِ ٱلۡحَقِّۗ يَٰٓأَيُّهَا ٱلنَّاسُ إِنَّمَا بَغۡيُكُمۡ
عَلَىٰٓ أَنفُسِكُمۖ مَّتَٰعَ ٱلۡحَيَوٰةِ ٱلدُّنۡيَاۖ ثُمَّ إِلَيۡنَا مَرۡجِعُكُمۡ فَنُنَبِّئُكُم بِمَا كُنتُمۡ
تَعۡمَلُونَ ٢٣

23. Falammá anjáhum izá hum yabghúna fil ardhi bighairil haqq; yá aiyuhannásu innamá bagh yukum 'alá anfusikum matá'al hayátid dunyá çumma ilainá marji'ukum fanunabbi 'ukum bimá kuntum ta'malún

23. Mas, quando os salva, eis que causam, injustamente, iniquidade na Terra. Ó humanos, sabei que a vossa iniquidade só recairá sobre vós; isso é somente um entretenimento na vida terrena. Logo retornareis a Nós, e então vos inteiraremos de tudo quanto tiverdes feito.

إِنَّمَا مَثَلُ ٱلۡحَيَوٰةِ ٱلدُّنۡيَا كَمَآءٍ أَنزَلۡنَٰهُ مِنَ ٱلسَّمَآءِ فَٱخۡتَلَطَ بِهِۦ نَبَاتُ ٱلۡأَرۡضِ مِمَّا
يَأۡكُلُ ٱلنَّاسُ وَٱلۡأَنۡعَٰمُ حَتَّىٰٓ إِذَآ أَخَذَتِ ٱلۡأَرۡضُ زُخۡرُفَهَا وَٱزَّيَّنَتۡ وَظَنَّ أَهۡلُهَآ
أَنَّهُمۡ قَٰدِرُونَ عَلَيۡهَآ أَتَىٰهَآ أَمۡرُنَا لَيۡلًا أَوۡ نَهَارٗا فَجَعَلۡنَٰهَا حَصِيدٗا كَأَن لَّمۡ
تَغۡنَ بِٱلۡأَمۡسِۚ كَذَٰلِكَ نُفَصِّلُ ٱلۡأٓيَٰتِ لِقَوۡمٖ يَتَفَكَّرُونَ ٢٤

24. Innamá maçalul hayátid dunyá ka má'in anzalnáhu minas samá'i fakhtalata bihí nabátul ardhi mimmá ya'kulun násu wal an'ám; hattá izá akhazatil ardhu zukhrufahá wazzayyanat wa zanna ahluhá annahum qádirúna 'alaihá atáhá amruná lailan aw naháran faja'alnáhá hasídan ka 'an lam taghna bil-ams; kazálika nufassilul áyáti liqawminy yatafakkarún

24. O Exemplo da vida terrena equipara-se à água que enviamos do céu, a qual mistura-se com as plantas da terra, de que se alimentam os homens e o gado; e

quando a terra se enfeita e se engalana, a ponto de seus habitantes crerem ser seus senhores, açoita-a o Nosso desígnio, seja à noite ou de dia, deixando-a desolada, como se, na véspera, não houvesse sido verdejante. Assim elucidamos os versículos àqueles que refletem.

وَٱللَّهُ يَدۡعُوٓاْ إِلَىٰ دَارِ ٱلسَّلَٰمِ وَيَهۡدِي مَن يَشَآءُ إِلَىٰ صِرَٰطٖ مُّسۡتَقِيمٖ ﴿٢٥﴾

25. Walláhu yad'ú ilá dáris salámi wa yahdí many yachá'u ilá Sirátin Mustaquím

25. Deus convoca à morada da paz e encaminha à senda reta quem Lhe apraz.

۞ لِّلَّذِينَ أَحۡسَنُواْ ٱلۡحُسۡنَىٰ وَزِيَادَةٞۖ وَلَا يَرۡهَقُ وُجُوهَهُمۡ قَتَرٞ وَلَا ذِلَّةٌۚ أُوْلَٰٓئِكَ أَصۡحَٰبُ
ٱلۡجَنَّةِۖ هُمۡ فِيهَا خَٰلِدُونَ ﴿٢٦﴾

26. ۞ *Lil lazína ahsanul husná wa ziyádatun wa lá yarhaqu wujúhahum qatarun wa lá zillah; ulá'ika asshábul jannati hum fíhá khálidún*

26. Aqueles que praticam o bem obterão o bem e ainda algo mais; nem a escuridão, nem a ignomínia anuviarão os seus rostos. Eles serão os diletos do Paraíso, em que morarão eternamente.

وَٱلَّذِينَ كَسَبُواْ ٱلسَّيِّـَٔاتِ جَزَآءُ سَيِّئَةِۭ بِمِثۡلِهَا وَتَرۡهَقُهُمۡ ذِلَّةٞۖ مَّا لَهُم مِّنَ ٱللَّهِ مِنۡ عَاصِمٖۖ
كَأَنَّمَآ أُغۡشِيَتۡ وُجُوهُهُمۡ قِطَعٗا مِّنَ ٱلَّيۡلِ مُظۡلِمًاۚ أُوْلَٰٓئِكَ أَصۡحَٰبُ ٱلنَّارِۖ هُمۡ فِيهَا
خَٰلِدُونَ ﴿٢٧﴾

27. Wallazína kasabus saiyi áti jazá'u saiyi'atin bimiçlihá wa tarhaquhum zillah; má lahum minal láhi min 'ásimin ka annamá ughchiyat wujúhuhum qita'an minal laili muzlimá; ulá'ika Asshábun Nári hum fíha khálidún

27. Aqueles que cometerem maldades serão pagos na mesma moeda, e a ignomínia os cobrirá. Não terão defensor junto a Deus; estarão como se seus rostos estivessem cobertos por lúgubres pedaços da noite. Serão os condenados ao inferno, em que morarão eternamente.

وَيَوۡمَ نَحۡشُرُهُمۡ جَمِيعٗا ثُمَّ نَقُولُ لِلَّذِينَ أَشۡرَكُواْ مَكَانَكُمۡ أَنتُمۡ وَشُرَكَآؤُكُمۡۚ فَزَيَّلۡنَا بَيۡنَهُمۡۖ
وَقَالَ شُرَكَآؤُهُم مَّا كُنتُمۡ إِيَّانَا تَعۡبُدُونَ ﴿٢٨﴾

28. Wa yawma nahchuruhum jamí'an çumma naqúlu lil lazína achrakú makánakum antum wa churaká'ukum; fazaiyalná bainahum wa qála churaká'uhum má kuntum iyyáná ta'budún

سُورَةُ يُونُس

Surat Yunus

28. No dia em que os congregaremos a todos, diremos aos idólatras: Ficai onde estais, vós e vossos parceiros! Logo os separaremos; então, seus parceiros lhes dirão: Não era a nós que adoráveis!

فَكَفَىٰ بِٱللَّهِ شَهِيدًۢا بَيْنَنَا وَبَيْنَكُمْ إِن كُنَّا عَنْ عِبَادَتِكُمْ لَغَٰفِلِينَ ﴿٢٩﴾

29. Fakafá billáhi chahídan bainaná wa bainakum in kunná 'an 'ibádatikum lagháfilín

29. Basta Deus por testemunha entre nós e vós, de que não nos importava a vossa adoração.

هُنَالِكَ تَبْلُوا۟ كُلُّ نَفْسٍ مَّآ أَسْلَفَتْ ۚ وَرُدُّوٓا۟ إِلَى ٱللَّهِ مَوْلَىٰهُمُ ٱلْحَقِّ ۖ وَضَلَّ عَنْهُم مَّا كَانُوا۟ يَفْتَرُونَ ﴿٣٠﴾

30. Hunálika tablú kullu nafsin má 'aslafat; wa ruddú ilal láhi mawláhumul haqqui wa dalla 'anhum má kánú yaftarún

30. Aí toda alma conhecerá tudo quanto tiver feito, e serão devolvidas a Deus, seu verdadeiro Senhor; e tudo quanto tiverem forjado desvanecer-se-á.

قُلْ مَن يَرْزُقُكُم مِّنَ ٱلسَّمَآءِ وَٱلْأَرْضِ أَمَّن يَمْلِكُ ٱلسَّمْعَ وَٱلْأَبْصَٰرَ وَمَن يُخْرِجُ ٱلْحَىَّ مِنَ ٱلْمَيِّتِ وَيُخْرِجُ ٱلْمَيِّتَ مِنَ ٱلْحَىِّ وَمَن يُدَبِّرُ ٱلْأَمْرَ ۚ فَسَيَقُولُونَ ٱللَّهُ ۚ فَقُلْ أَفَلَا تَتَّقُونَ ﴿٣١﴾

31. Qul mai yarzuqukum minas samá'i wal ardhi ammany yamlikus sam'a wal absára wa mai yukhrijul haiya minal maiyiti wa yukhrijul maiyita minal haiyi wa mai yudabbirul amr; fasa yaqúlúnal láh; faqul afalá tattaqún

31. Dize: Quem vos agracia com os bens do Céu e da Terra? Quem possui poder sobre a audição e a visão? Quem faz surgir o vivo do morto e o morto do vivo? E quem rege todos os assuntos? Dirão: Deus! Dize, então: Por que não O temeis?

فَذَٰلِكُمُ ٱللَّهُ رَبُّكُمُ ٱلْحَقُّ ۖ فَمَاذَا بَعْدَ ٱلْحَقِّ إِلَّا ٱلضَّلَٰلُ ۖ فَأَنَّىٰ تُصْرَفُونَ ﴿٣٢﴾

32. Fazálikumul láhu Rabbukumul haqq; famázá ba'dal haqqui illad dhalálu fa anna tusrafún

32. Tal é Deus, vosso verdadeiro Senhor; e que há, fora da verdade, senão o erro? Como, então, vos afastais?

كَذَٰلِكَ حَقَّتْ كَلِمَتُ رَبِّكَ عَلَى ٱلَّذِينَ فَسَقُوٓا۟ أَنَّهُمْ لَا يُؤْمِنُونَ ﴿٣٣﴾

33. Kazálika haqqat Kalimatu Rabbika 'alal lazína fasaqú annahum lá yu'minún

33. Assim se cumpriu a sentença de teu Senhor sobre os depravados, porque não creram.

قُلْ هَلْ مِن شُرَكَآئِكُم مَّن يَبْدَؤُا۟ ٱلْخَلْقَ ثُمَّ يُعِيدُهُۥ ۚ قُلِ ٱللَّهُ يَبْدَؤُا۟ ٱلْخَلْقَ ثُمَّ يُعِيدُهُۥ ۖ فَأَنَّىٰ تُؤْفَكُونَ ﴿٣٤﴾

34. Qul hal min churaká 'ikum mai yabda'ul khalqa çumma yu'íduh; qulil láhu yabda'ul khalqa çumma yu'íduhú fa anná tu'fakún

34. Pergunta-lhes: Existe algum ídolo, dentre os vossos, que possa originar a criação, e então reproduzi-la? Dize-lhes, a seguir: Deus é Quem origina a criação e então a reproduz. Como, pois, vos desviais?

قُلْ هَلْ مِن شُرَكَآئِكُم مَّن يَهْدِىٓ إِلَى ٱلْحَقِّ ۚ قُلِ ٱللَّهُ يَهْدِى لِلْحَقِّ ۗ أَفَمَن يَهْدِىٓ إِلَى ٱلْحَقِّ أَحَقُّ أَن يُتَّبَعَ أَمَّن لَّا يَهِدِّىٓ إِلَّآ أَن يُهْدَىٰ ۖ فَمَا لَكُمْ كَيْفَ تَحْكُمُونَ ﴿٣٥﴾

35. Qul hal min churaká 'ikum mai yahdí ilal haqq; qulil láhu yahdí lilhaqq; afamai yahdí ilal haqqui ahaqqu ai yuttaba'a ammal lá yahiddí illá ai yuhdá famá lakum kaifa tahkumún

35. Pergunta-lhes: Existe algum ídolo, dentre os vossos, que possa guiar-vos à verdade? Dize: Só Deus guia à verdade. Ora, quem guia à verdade não é mais digno de ser seguido do que quem não o faz, sendo, ao contrário, guiado? Que vos sucede pois? Como julgais assim?

وَمَا يَتَّبِعُ أَكْثَرُهُمْ إِلَّا ظَنًّا ۚ إِنَّ ٱلظَّنَّ لَا يُغْنِى مِنَ ٱلْحَقِّ شَيْـًٔا ۚ إِنَّ ٱللَّهَ عَلِيمٌۢ بِمَا يَفْعَلُونَ ﴿٣٦﴾

36. Wa má yattabi'u aksaruhum illá zanná; innaz zanna lá yughní minal haqqui chai'á; innal láha 'Alímun bimá yaf'alún

36. Sua maioria não faz mais do que conjecturar, e a conjectura jamais prevalecerá sobre a verdade; Deus bem sabe tudo quanto fazem!

وَمَا كَانَ هَـٰذَا ٱلْقُرْءَانُ أَن يُفْتَرَىٰ مِن دُونِ ٱللَّهِ وَلَـٰكِن تَصْدِيقَ ٱلَّذِى بَيْنَ يَدَيْهِ وَتَفْصِيلَ ٱلْكِتَـٰبِ لَا رَيْبَ فِيهِ مِن رَّبِّ ٱلْعَـٰلَمِينَ ﴿٣٧﴾

37. Wa má kána házal Qur'ánu ai yuftará min dúnil láhi wa lákin tasdíqal lazí baina yadaihi wa tafsílal Kitábi lá raiba fíhi mir Rabbil 'álamín

37. É impossível que este Alcorão tenha sido elaborado por alguém que não seja Deus. Outrossim, é a confirmação das (revelações) anteriores a ele e a elucidação do Livro indubitável do Senhor do Universo.

أَمۡ يَقُولُونَ ٱفۡتَرَىٰهُۖ قُلۡ فَأۡتُواْ بِسُورَةٖ مِّثۡلِهِۦ وَٱدۡعُواْ مَنِ ٱسۡتَطَعۡتُم مِّن دُونِ ٱللَّهِ إِن
كُنتُمۡ صَٰدِقِينَ ٣٨

38. 'Am yaqúlúnaf taráhu qul fa'tú bi súratin miçlihí wad'ú manis tata'tum min dúnil láhi in kuntum sádiquín

38. Dizem: Ele o forjou! Dize: Componde, pois, uma Surata semelhante às dele; e podeis recorrer, para isso, a quem quiserdes, em vez de Deus, se estiverdes certos.

بَلۡ كَذَّبُواْ بِمَا لَمۡ يُحِيطُواْ بِعِلۡمِهِۦ وَلَمَّا يَأۡتِهِمۡ تَأۡوِيلُهُۥۚ كَذَٰلِكَ كَذَّبَ ٱلَّذِينَ مِن قَبۡلِهِمۡۖ
فَٱنظُرۡ كَيۡفَ كَانَ عَٰقِبَةُ ٱلظَّٰلِمِينَ ٣٩

39. Bal kazzabú bimá lam yu<u>h</u>ítú bi'ilmihí wa lammá ya'tihim ta'wíluh; kazálika kazzabal lazína min qablihim fanzur kaifa kána 'áqibatuz zálimín

39. Porém, desmentiram o que não lograram conhecer, mesmo quando a sua interpretação não lhes havia chegado. Do mesmo modo seus antepassados desmentiram. Repara, pois, qual foi o destino dos injustos.

وَمِنۡهُم مَّن يُؤۡمِنُ بِهِۦ وَمِنۡهُم مَّن لَّا يُؤۡمِنُ بِهِۦۚ وَرَبُّكَ أَعۡلَمُ بِٱلۡمُفۡسِدِينَ ٤٠

40. Wa minhum mai yu 'minu bihí wa minhum mal lá yu'minu bih; wa Rabbuka a'lamu bilmufsidín

40. Entre eles, há os que creem nele (o Alcorão) e os que o negam; porém, teu Senhor é o mais conhecedor dos corruptores.

وَإِن كَذَّبُوكَ فَقُل لِّي عَمَلِي وَلَكُمۡ عَمَلُكُمۡۖ أَنتُم بَرِيٓـُٔونَ مِمَّآ أَعۡمَلُ وَأَنَا۠ بَرِيٓءٞ مِّمَّا
تَعۡمَلُونَ ٤١

41. Wa in kazzabúka faqul lí 'amalí wa lakum 'amalukum antum barí'úna mimmá a'malu wa ana barí'um mimmá ta'malún

41. Mas, se te desmentem, dize-lhes: Os meus atos só a mim incumbem, e a vós os vossos. Estais isentos do que eu faço, assim como estou isento de tudo quanto fazeis.

وَمِنۡهُم مَّن يَسۡتَمِعُونَ إِلَيۡكَۚ أَفَأَنتَ تُسۡمِعُ ٱلصُّمَّ وَلَوۡ كَانُواْ لَا يَعۡقِلُونَ ٤٢

سُورَةُ يُونُسَ

Surat Yunus

42. Wa minhum mai yastami'úna ilaik; afa anta tusmi'us summa wa law kánú lá ya'qilún

42. Entre eles há os que te escutam. Poderias fazer ouvir os surdos, uma vez que não entendem?

وَمِنْهُم مَّن يَنظُرُ إِلَيْكَ أَفَأَنتَ تَهْدِي ٱلْعُمْىَ وَلَوْ كَانُوا۟ لَا يُبْصِرُونَ ﴿٤٣﴾

43. Wa minhum mai yanzuru ilaik; afa anta tahdil 'umya wa law kánú lá yubsirún

43. E há os que olham para ti; acaso, poderias fazer ver os cegos, uma vez que não enxergam?

إِنَّ ٱللَّهَ لَا يَظْلِمُ ٱلنَّاسَ شَيْـًٔا وَلَـٰكِنَّ ٱلنَّاسَ أَنفُسَهُمْ يَظْلِمُونَ ﴿٤٤﴾

44. Innal láha lá yazlimun nása chai'an wa lákin nannása anfusahum yazlimún

44. Deus em nada defrauda os homens; porém, os homens se condenam a si mesmos.

وَيَوْمَ يَحْشُرُهُمْ كَأَن لَّمْ يَلْبَثُوٓا۟ إِلَّا سَاعَةً مِّنَ ٱلنَّهَارِ يَتَعَارَفُونَ بَيْنَهُمْ قَدْ خَسِرَ ٱلَّذِينَ
كَذَّبُوا۟ بِلِقَآءِ ٱللَّهِ وَمَا كَانُوا۟ مُهْتَدِينَ ﴿٤٥﴾

45. Wa Yauma yahchuruhum ka 'an lam yalbaçú illá sá'atan minan nahári yata'árafúna bainahum; qad khasiral lazína kazzabú bi liqá'il láhi wa má kánú muhtadín

45. Recorda-lhes o dia em que Ele os congregará, como se não houvessem permanecido no mundo mais do que uma hora do dia; reconhecer-se-ão entre si. Então, aqueles que tiverem negado o comparecimento ante Deus, serão desventurados, e jamais serão encaminhados.

وَإِمَّا نُرِيَنَّكَ بَعْضَ ٱلَّذِى نَعِدُهُمْ أَوْ نَتَوَفَّيَنَّكَ فَإِلَيْنَا مَرْجِعُهُمْ ثُمَّ ٱللَّهُ شَهِيدٌ عَلَىٰ
مَا يَفْعَلُونَ ﴿٤٦﴾

46. Wa imma nuriyannaka ba'dhal lazí na'iduhum aw natawaffayannaka fa ilainá marji'uhum çummal láhu chahídun 'alá má yaf'alún

46. Ainda que te mostremos algo do que lhes prometemos, ou mesmo que te recolhamos até Nós (antes disso), seu retorno será para Nós. Deus é Testemunha de tudo quanto fazem.

وَلِكُلِّ أُمَّةٍ رَّسُولٌ فَإِذَا جَآءَ رَسُولُهُمْ قُضِىَ بَيْنَهُم بِٱلْقِسْطِ وَهُمْ
لَا يُظْلَمُونَ ﴿٤٧﴾

47. *Wa likulli ummatir Rasúlun fa izá já'a Rasúluhum qudhiya bainahum bilquisti wa hum lá yuzlamún*

47. Cada povo teve seu mensageiro; e quando seu mensageiro se apresentar, todos serão julgados equitativamente e não serão injustiçados.

وَيَقُولُونَ مَتَىٰ هَٰذَا ٱلْوَعْدُ إِن كُنتُمْ صَٰدِقِينَ ﴿٤٨﴾

48. *Wa yaqúlúna matá házal wa'du in kuntum sádiquín*

48. E dizem (os incrédulos): Quando se cumprirá esta promessa? Dize-o, se estiveres certo!

قُل لَّآ أَمْلِكُ لِنَفْسِى ضَرًّا وَلَا نَفْعًا إِلَّا مَا شَآءَ ٱللَّهُ لِكُلِّ أُمَّةٍ أَجَلٌ إِذَا جَآءَ أَجَلُهُمْ فَلَا يَسْتَـْٔخِرُونَ سَاعَةً وَلَا يَسْتَقْدِمُونَ ﴿٤٩﴾

49. *Qul lá amliku linafsí dharran wa lá naf'an illá má chá'al láh; likulli ummatin ajalun izá já'a ajaluhum fa lá yasta'khirúna sá'atan wa lá yastaqdimún*

49. Dize-lhes: Não posso acarretar mais prejuízos nem mais benefícios além dos que Deus quer. Cada povo tem seu destino e, quando este se cumprir, não poderá atrasá-lo nem adiantá-lo numa só hora.

قُلْ أَرَءَيْتُمْ إِنْ أَتَىٰكُمْ عَذَابُهُۥ بَيَٰتًا أَوْ نَهَارًا مَّاذَا يَسْتَعْجِلُ مِنْهُ ٱلْمُجْرِمُونَ ﴿٥٠﴾

50. *Qul 'a ra'aytum in atákum 'azábuhú bayátan au naháran máza yasta'jilu min-hul mujrimún*

50. Dize: Que vos pareceria, se Seu castigo vos surpreendesse durante a noite ou de dia? Que porção dele os pecadores pretenderiam apressar?

أَثُمَّ إِذَا مَا وَقَعَ ءَامَنتُم بِهِۦٓ ءَآلْـَٰٔنَ وَقَدْ كُنتُم بِهِۦ تَسْتَعْجِلُونَ ﴿٥١﴾

51. *'A çumma izá má waqa'a ámantum bih; ál 'ána wa qad kuntum bihí tasta'jilún*

51. Quando tal acontecer, crereis, então, nele? Qual! Crereis, então, quando, até agora, não tendes feito mais do que o apressar?

ثُمَّ قِيلَ لِلَّذِينَ ظَلَمُوا۟ ذُوقُوا۟ عَذَابَ ٱلْخُلْدِ هَلْ تُجْزَوْنَ إِلَّا بِمَا كُنتُمْ تَكْسِبُونَ ﴿٥٢﴾

52. *Çumma qíla lil lazína zalamú zúqú 'azábal khuldi hal tujzawna illá bimá kuntum taksibún*

52. Será dito, então, aos injustos: Provai o castigo eterno. Sereis, acaso, castigados pelo que não cometestes?

سُورَةُ يُونُس
Surat Yunus

۞ وَيَسْتَنۢبِـُٔونَكَ أَحَقٌّ هُوَ ۖ قُلْ إِى وَرَبِّىٓ إِنَّهُۥ لَحَقٌّ ۖ وَمَآ أَنتُم بِمُعْجِزِينَ ﴿٥٣﴾

53. ۞ *Wa yastanbi'únaka 'a haqqun huwa qul í wa Rabbí innahú lahaqq; wa má antum bimu'jizín*

53. Pedir-te-ão que os inteires dos fatos: É isso verdade? Dize: Sim, por meu Senhor que é verdade, e jamais podereis impedi-lo.

وَلَوْ أَنَّ لِكُلِّ نَفْسٍ ظَلَمَتْ مَا فِى ٱلْأَرْضِ لَٱفْتَدَتْ بِهِۦ ۗ وَأَسَرُّوا۟ ٱلنَّدَامَةَ لَمَّا رَأَوُا۟
ٱلْعَذَابَ ۖ وَقُضِىَ بَيْنَهُم بِٱلْقِسْطِ ۚ وَهُمْ لَا يُظْلَمُونَ ﴿٥٤﴾

54. *Wa lau anna likulli nafsin zalamat má fil ardhi laftadat bih; wa asarrun nadámata lammá ra awul 'azáb, wa qudhiya bainahum bilquist; wa hum lá yuzlamún*

54. Se todo o ser injusto possuísse tudo quanto existe na Terra, tudo daria para a sua redenção. Sentirão o arrependimento quando virem o castigo. Então serão julgados equitativamente e não serão injustiçados.

أَلَآ إِنَّ لِلَّهِ مَا فِى ٱلسَّمَـٰوَٰتِ وَٱلْأَرْضِ ۗ أَلَآ إِنَّ وَعْدَ ٱللَّهِ حَقٌّ وَلَـٰكِنَّ أَكْثَرَهُمْ
لَا يَعْلَمُونَ ﴿٥٥﴾

55. *Alá inna lilláhi má fis samáwáti wal ard; alá inna wa'dal láhi haqqun wa lákinna akçarahum lá ya'lamún*

55. Não pertence, acaso, a Deus tudo quanto existe nos Céus e na Terra? Não é verdadeira a promessa de Deus? Porém, a maioria o ignora.

هُوَ يُحْىِۦ وَيُمِيتُ وَإِلَيْهِ تُرْجَعُونَ ﴿٥٦﴾

56. *Huwa yuhyí wa yumítu wa ilaihi turja'ún*

56. Ele dá a vida e a morte, e a Ele retornareis.

يَـٰٓأَيُّهَا ٱلنَّاسُ قَدْ جَآءَتْكُم مَّوْعِظَةٌ مِّن رَّبِّكُمْ وَشِفَآءٌ لِّمَا فِى ٱلصُّدُورِ وَهُدًى
وَرَحْمَةٌ لِّلْمُؤْمِنِينَ ﴿٥٧﴾

57. *Yá aiyuhan násu qad já'atkum maw'izatun mir Rabbikum wa chifá'ul limá fis sudúri wa hudan wa rahmatul lil mu'minín*

57. Ó humanos, já vos chegou uma exortação do vosso Senhor, a qual é um bálsamo para a enfermidade que há em vossos corações, e é orientação e misericórdia para os crentes.

سُورَةُ يُونُس

Surat Yunus

قُلۡ بِفَضۡلِ ٱللَّهِ وَبِرَحۡمَتِهِۦ فَبِذَٰلِكَ فَلۡيَفۡرَحُواْ هُوَ خَيۡرٞ مِّمَّا يَجۡمَعُونَ ٥٨

58. Qul bi fadhlil láhi wa bi rahmatihí fa bi zálika fal yafrahú huwa khairun mimmá yajma'ún

58. Dize: Contentai-vos com a graça e a misericórdia de Deus! Isso é preferível a tudo quanto entesourarem.

قُلۡ أَرَءَيۡتُم مَّآ أَنزَلَ ٱللَّهُ لَكُم مِّن رِّزۡقٖ فَجَعَلۡتُم مِّنۡهُ حَرَامٗا وَحَلَٰلٗا قُلۡ
ءَآللَّهُ أَذِنَ لَكُمۡۖ أَمۡ عَلَى ٱللَّهِ تَفۡتَرُونَ ٥٩

59. Qul ara'aitum má anzalal láhu lakum mir rizqin faja'altum minhu haráman wa halálan qul álláhu azina lakum; am 'alal láhi taftarún

59. Dize ainda: Reparastes nas dádivas que Deus vos envia, as quais classificais em lícitas e ilícitas? Dize-lhes mais: Acaso, Deus vo-lo autorizou, ou forjais mentiras acerca de Deus?

وَمَا ظَنُّ ٱلَّذِينَ يَفۡتَرُونَ عَلَى ٱللَّهِ ٱلۡكَذِبَ يَوۡمَ ٱلۡقِيَٰمَةِۗ إِنَّ ٱللَّهَ لَذُو فَضۡلٍ
عَلَى ٱلنَّاسِ وَلَٰكِنَّ أَكۡثَرَهُمۡ لَا يَشۡكُرُونَ ٦٠

60. Wa má zannul lazína yaftarúna 'alal láhil kaziba Yaumal Quiyámah; innal láha lazú fadhlin 'alan nási wa lákinna akçarahum lá yachkurún

60. Em que pensarão no Dia da Ressurreição aqueles que forjam mentiras acerca de Deus? Deus é agraciador para com os humanos: porém, sua maioria não agradece.

وَمَا تَكُونُ فِي شَأۡنٖ وَمَا تَتۡلُواْ مِنۡهُ مِن قُرۡءَانٖ وَلَا تَعۡمَلُونَ مِنۡ عَمَلٍ إِلَّا كُنَّا
عَلَيۡكُمۡ شُهُودًا إِذۡ تُفِيضُونَ فِيهِۚ وَمَا يَعۡزُبُ عَن رَّبِّكَ مِن مِّثۡقَالِ ذَرَّةٖ فِي ٱلۡأَرۡضِ
وَلَا فِي ٱلسَّمَآءِ وَلَآ أَصۡغَرَ مِن ذَٰلِكَ وَلَآ أَكۡبَرَ إِلَّا فِي كِتَٰبٖ مُّبِينٍ ٦١

61. Wa má takúnu fi cha'nin wa má tatlú minhu min qur'ánin wa lá ta'malúna min 'amalin illá kunná 'alaikum chuhúdan iz tufidhúna fih; wa má ya'zubu 'ar Rabbika min miçqáli zarratin fil ardhi wa lá fis samá'i wa lá asghara min zálika wa lá akbara illá fi Kitábin Mubin

61. Em qualquer situação em que vos encontrardes, qualquer parte do Alcorão que recitardes, seja qual for a tarefa que empreenderdes, seremos Testemunha quando nisso estiverdes absortos, porque nada escapa ao teu Senhor, nem do peso de um

átomo ou algo menor ou maior do que este, na Terra ou nos Céus, pois tudo está registrado num Livro esclarecedor.

أَلَآ إِنَّ أَوۡلِيَآءَ ٱللَّهِ لَا خَوۡفٌ عَلَيۡهِمۡ وَلَا هُمۡ يَحۡزَنُونَ ﴿٦٢﴾

62. Alá inná awliyá'al láhi lá khawfun 'alaihim wa lá hum yahzanún

62. Não é, acaso, certo que os diletos de Deus jamais serão presas do temor, nem se angustiarão?

ٱلَّذِينَ ءَامَنُواْ وَكَانُواْ يَتَّقُونَ ﴿٦٣﴾

63. Allazína ámanú wa kánú yattaqún

63. Estes são os crentes, e são tementes.

لَهُمُ ٱلۡبُشۡرَىٰ فِي ٱلۡحَيَوٰةِ ٱلدُّنۡيَا وَفِي ٱلۡأٓخِرَةِۚ لَا تَبۡدِيلَ لِكَلِمَٰتِ ٱللَّهِۚ ذَٰلِكَ هُوَ ٱلۡفَوۡزُ ٱلۡعَظِيمُ ﴿٦٤﴾

64. Lahumul buchrá fil hayátid dunyá wa fil Ákhirah; lá tabdíla li kalimátil láh; zálika huwal fawzul 'azím

64. Obterão o anúncio de boas-novas na vida terrena e na Outra; as promessas de Deus são imutáveis. Tal é o magnífico benefício.

وَلَا يَحۡزُنكَ قَوۡلُهُمۡۘ إِنَّ ٱلۡعِزَّةَ لِلَّهِ جَمِيعًاۚ هُوَ ٱلسَّمِيعُ ٱلۡعَلِيمُ ﴿٦٥﴾

65. Wa lá yahzunka qawluhum; innal 'izzata lilláhi jamí'á; Huwas Sami'ul 'Alím

65. Que suas palavras não te angustiem, uma vez que a Glória pertence integralmente a Deus, Que é o Oniouvinte, o Sapientíssimo.

أَلَآ إِنَّ لِلَّهِ مَن فِي ٱلسَّمَٰوَٰتِ وَمَن فِي ٱلۡأَرۡضِۗ وَمَا يَتَّبِعُ ٱلَّذِينَ يَدۡعُونَ مِن دُونِ ٱللَّهِ شُرَكَآءَۚ إِن يَتَّبِعُونَ إِلَّا ٱلظَّنَّ وَإِنۡ هُمۡ إِلَّا يَخۡرُصُونَ ﴿٦٦﴾

66. Alá inna lilláhi man fis samáwáti wa man fil ardh; wa má yattabi'ul lazína yad'úna min dúnil láhi churaká'; iny yattabi'úna illaz zanna wa in hum illá yakhrusún

66. Não é certo que é de Deus aquilo que está nos Céus e na Terra? Que pretendem, pois, aqueles que adoram os ídolos em vez de Deus? Não seguem mais do que a dúvida e não fazem mais do que inventar mentiras!

سُورَةُ يُونُسَ

Surat Yunus

هُوَ ٱلَّذِى جَعَلَ لَكُمُ ٱلَّيْلَ لِتَسْكُنُوا۟ فِيهِ وَٱلنَّهَارَ مُبْصِرًا ۚ إِنَّ فِى ذَٰلِكَ لَءَايَٰتٍ لِّقَوْمٍ يَسْمَعُونَ ﴿٦٧﴾

67. Huwal lazí ja'ala lakumul laila litaskunú fihi wannahára mubsirá; inna fí zálika la Áyátil li qaumin yasma'ún

67. Ele é Quem estabeleceu a noite para o vosso descanso e o dia luzente, para tornar as coisas visíveis. Nisto há sinais para os que escutam.

قَالُوا۟ ٱتَّخَذَ ٱللَّهُ وَلَدًا ۗ سُبْحَٰنَهُۥ ۖ هُوَ ٱلْغَنِىُّ ۖ لَهُۥ مَا فِى ٱلسَّمَٰوَٰتِ وَمَا فِى ٱلْأَرْضِ ۚ إِنْ عِندَكُم مِّن سُلْطَٰنٍۭ بِهَٰذَآ ۚ أَتَقُولُونَ عَلَى ٱللَّهِ مَا لَا تَعْلَمُونَ ﴿٦٨﴾

68. Qálut takhazal láhu waladan Subhánahú Huwal Ghaniyyu lahú má fis samáwáti wa má fil ardh; in 'indakum min sultánin biházá; a' taqúlúna 'al alláhi má lá ta'lamún

68. Dizem: Deus teve um filho! Glorificado seja Deus; Ele é Opulento; Seu é tudo quanto há nos Céus e na Terra! Que autoridade tendes, referente a isso? Direis acerca de Deus o que ignorais?

قُلْ إِنَّ ٱلَّذِينَ يَفْتَرُونَ عَلَى ٱللَّهِ ٱلْكَذِبَ لَا يُفْلِحُونَ ﴿٦٩﴾

69. Qul innal lazína yaftarúna 'al alláhil kaziba lá yuflihún

69. Dize: Aqueles que forjam mentiras acerca de Deus não prosperarão!

مَتَٰعٌ فِى ٱلدُّنْيَا ثُمَّ إِلَيْنَا مَرْجِعُهُمْ ثُمَّ نُذِيقُهُمُ ٱلْعَذَابَ ٱلشَّدِيدَ بِمَا كَانُوا۟ يَكْفُرُونَ ﴿٧٠﴾

70. Matá'un fiddunyá çumma ilainá marji'uhum çumma nuzíquhumul 'azábach chadida bimá kánú yakfurún

70. Terão seu gozo neste mundo, então seu retorno será a Nós; depois lhes infligiremos o severo castigo, por sua incredulidade.

سُورَةُ يُونُس
Surat Yunus

۞ وَٱتۡلُ عَلَيۡهِمۡ نَبَأَ نُوحٍ إِذۡ قَالَ لِقَوۡمِهِۦ يَٰقَوۡمِ إِن كَانَ كَبُرَ عَلَيۡكُم مَّقَامِي
وَتَذۡكِيرِي بِـَٔايَٰتِ ٱللَّهِ فَعَلَى ٱللَّهِ تَوَكَّلۡتُ فَأَجۡمِعُوٓاْ أَمۡرَكُمۡ وَشُرَكَآءَكُمۡ ثُمَّ
لَا يَكُنۡ أَمۡرُكُمۡ عَلَيۡكُمۡ غُمَّةٗ ثُمَّ ٱقۡضُوٓاْ إِلَيَّ وَلَا تُنظِرُونِ ﴿٧١﴾

71. ۞ *Watlu 'alaihim naba-a-Nú<u>h</u>in iz qála liqawmihí yá qawmi in kána kabura 'alaikum maqámí wa tazkírí bi Áyátil láhi fa'alal láhi tawakkaltu fa ajmi'ú amrakum wa churaká'akum çumma lá yakun amrukum 'alaikum ghummatan çumma qdhú ilaiya wa lá tunzirún*

71. Narra-lhes a história de Noé, quando disse ao seu povo: Ó povo meu, se a minha permanência entre vós e minha exortação, referentes aos versículos de Deus, vos ofendem, em Deus confio. Decidi-vos, vós e vossos ídolos, e não oculteis vossa decisão; então, hostilizai-me e não me poupeis.

فَإِن تَوَلَّيۡتُمۡ فَمَا سَأَلۡتُكُم مِّنۡ أَجۡرٍۖ إِنۡ أَجۡرِيَ إِلَّا عَلَى ٱللَّهِۖ وَأُمِرۡتُ أَنۡ
أَكُونَ مِنَ ٱلۡمُسۡلِمِينَ ﴿٧٢﴾

72. *Fa in tawallaitum famá sa altukum min ajrin; in ajriya illá 'al alláhi wa umirtu an akúna minal muslimín*

72. Caso contrário, sabei que não vos exijo retribuição alguma por isso, porque minha recompensa só virá de Deus; e foi-me ordenado que fosse um dos submissos.

فَكَذَّبُوهُ فَنَجَّيۡنَٰهُ وَمَن مَّعَهُۥ فِي ٱلۡفُلۡكِ وَجَعَلۡنَٰهُمۡ خَلَٰٓئِفَ وَأَغۡرَقۡنَا ٱلَّذِينَ
كَذَّبُواْ بِـَٔايَٰتِنَاۖ فَٱنظُرۡ كَيۡفَ كَانَ عَٰقِبَةُ ٱلۡمُنذَرِينَ ﴿٧٣﴾

73. *Fa kazzabúhu fa najjainháhu wa man ma'ahú fil fulki wa ja'alnáhum khalá'ifa wa aghraqnal lazina kazzabú bi áyátiná fanzur kaifa kána 'áqibatul munzarín*

73. Porém, desmentiram-no e, então, salvamo-lo, juntamente com aqueles que estavam com ele, na Arca, e os designamos sucessores na Terra, e afogamos aqueles que desmentiram os Nossos versículos. Repara, pois, qual foi o castigo dos que foram advertidos.

ثُمَّ بَعَثۡنَا مِنۢ بَعۡدِهِۦ رُسُلًا إِلَىٰ قَوۡمِهِمۡ فَجَآءُوهُم بِٱلۡبَيِّنَٰتِ فَمَا كَانُواْ لِيُؤۡمِنُواْ
بِمَا كَذَّبُواْ بِهِۦ مِن قَبۡلُۚ كَذَٰلِكَ نَطۡبَعُ عَلَىٰ قُلُوبِ ٱلۡمُعۡتَدِينَ ﴿٧٤﴾

74. Çumma ba'asná min ba'dihí Rusulan ilá qawmihim fajá'úhum bil baiyináti famá kánú liyu'minú bimá kazzabú bihí min qabl; kazálika natba'u 'alá qulúbil mu'tadín

74. Logo, depois dele, enviamos mensageiros aos seus povos, os quais lhes apresentaram as evidências; mesmo assim não creram no que antes haviam desmentido. Assim, sigilamos os corações dos transgressores.

ثُمَّ بَعَثْنَا مِنۢ بَعْدِهِم مُّوسَىٰ وَهَٰرُونَ إِلَىٰ فِرْعَوْنَ وَمَلَإِيْهِۦ بِـَٔايَٰتِنَا
فَٱسْتَكْبَرُوا۟ وَكَانُوا۟ قَوْمًا مُّجْرِمِينَ ﴿٧٥﴾

75. Çumma ba'açná min ba'dihim Mussá wa Hárúna ilá Fir'auna wa mala'ihí bi áyátiná fastakbarú wa kánú qawman mujrimín

75. Logo depois deles enviamos, como nossos sinais, Moisés e Aarão ao Faraó e seus chefes; porém, estes ensoberbeceram-se e tornaram-se um povo de pecadores.

فَلَمَّا جَآءَهُمُ ٱلْحَقُّ مِنْ عِندِنَا قَالُوٓا۟ إِنَّ هَٰذَا لَسِحْرٌ مُّبِينٌ ﴿٧٦﴾

76. Falammá já'ahumul haqqu min 'indiná qálú inna házá la sihrun mubín

76. Mas, quando lhes chegou a Nossa verdade, disseram: Isto é pura magia!

قَالَ مُوسَىٰٓ أَتَقُولُونَ لِلْحَقِّ لَمَّا جَآءَكُمْ ۖ أَسِحْرٌ هَٰذَا وَلَا يُفْلِحُ ٱلسَّٰحِرُونَ ﴿٧٧﴾

77. Qálá Mussá 'a taqúlúna lil haqqui lammmá já'a kum 'a sihrun házá wa lá yuflihus sáhirún

77. Moisés lhes disse: Ousais dizer que a verdade que vos chega é magia? Sabei que os magos jamais prosperarão.

قَالُوٓا۟ أَجِئْتَنَا لِتَلْفِتَنَا عَمَّا وَجَدْنَا عَلَيْهِ ءَابَآءَنَا وَتَكُونَ لَكُمَا ٱلْكِبْرِيَآءُ فِى ٱلْأَرْضِ
وَمَا نَحْنُ لَكُمَا بِمُؤْمِنِينَ ﴿٧٨﴾

78. Qálú aji'taná litalfitaná 'ammá wajadná 'alaihi ábá'aná wa takúna lakumal kibriyá'u fil ardhi wa má nahnu lakumá bi mu'minín

78. Disseram: Vieste, acaso, para desviar-nos do que vimos praticarem os nossos pais e para que o predomínio, na Terra, seja para ti e teu irmão? Nunca creremos em vós.

وَقَالَ فِرْعَوْنُ ٱئْتُونِى بِكُلِّ سَٰحِرٍ عَلِيمٍ ﴿٧٩﴾

79. Wa qála Fir'aunu' túní bikulli sáhirin 'alím

79. Então, o Faraó disse: Trazei-me todo o mago hábil (que encontrardes).

فَلَمَّا جَآءَ ٱلسَّحَرَةُ قَالَ لَهُم مُّوسَىٰٓ أَلْقُوا۟ مَآ أَنتُم مُّلْقُونَ ﴿٨٠﴾

80. Falammá já'as sa<u>h</u>aratu qála lahum Mussá alqú má antum mulqún

80. E quando chegaram os magos, Moisés lhes disse: Arremessai o que tendes a arremessar!

فَلَمَّآ أَلْقَوْاْ قَالَ مُوسَىٰ مَا جِئْتُم بِهِ ٱلسِّحْرُ إِنَّ ٱللَّهَ سَيُبْطِلُهُۥٓ إِنَّ ٱللَّهَ لَا يُصْلِحُ عَمَلَ ٱلْمُفْسِدِينَ ﴿٨١﴾

81. Falammá alqau qála Mussá má ji'tum bihis si<u>h</u>r; innal láha sa yubtiluhú; innal láha lá yusli<u>h</u>u 'amalal mufsidín

81. Porém, quando arremessaram, disse Moisés: O que haveis feito é magia, e certamente Deus o anulará, porque Ele não apóia a obra dos corruptores.

وَيُحِقُّ ٱللَّهُ ٱلْحَقَّ بِكَلِمَٰتِهِۦ وَلَوْ كَرِهَ ٱلْمُجْرِمُونَ ﴿٨٢﴾

82. Wa yu<u>h</u>iqqul láhul <u>h</u>aqqa bi Kalimátihí wa law karihal mujrimún

82. Deus estabelece a verdade com as Suas palavras, ainda que isto desgoste os pecadores.

فَمَآ ءَامَنَ لِمُوسَىٰٓ إِلَّا ذُرِّيَّةٌ مِّن قَوْمِهِۦ عَلَىٰ خَوْفٍ مِّن فِرْعَوْنَ وَمَلَإِيْهِمْ أَن يَفْتِنَهُمْ ۚ وَإِنَّ فِرْعَوْنَ لَعَالٍ فِى ٱلْأَرْضِ وَإِنَّهُۥ لَمِنَ ٱلْمُسْرِفِينَ ﴿٨٣﴾

83. Famá ámana li-Mussá illá zurriyyatun min qaumihí 'alá khawfin min Fir'auna wa mala'ihim 'any yaftinahum; wa inna Fir'auna la'álin fil ardhi wa innahú laminal musrifin

83. Porém, salvo uma parte do seu povo, ninguém acreditou em Moisés por temor de que o Faraó e seus chefes os oprimissem, porque o Faraó era um déspota na Terra; era um dos transgressores.

وَقَالَ مُوسَىٰ يَٰقَوْمِ إِن كُنتُمْ ءَامَنتُم بِٱللَّهِ فَعَلَيْهِ تَوَكَّلُوٓاْ إِن كُنتُم مُّسْلِمِينَ ﴿٨٤﴾

84. Wa qála Mussá yá qaumi in kuntum ámantum billáhi fa'alaihi tawakkalú in kuntum muslimín

84. E Moisés disse: Ó povo meu, se realmente credes em Deus, confiai-vos n'Ele se sois submissos.

فَقَالُواْ عَلَى ٱللَّهِ تَوَكَّلْنَا رَبَّنَا لَا تَجْعَلْنَا فِتْنَةً لِّلْقَوْمِ ٱلظَّٰلِمِينَ ﴿٨٥﴾

85. Faqálú 'alal láhi tawakkalná Rabbaná lá taj'alná fitnatal lilqawmiz zálimín

85. Disseram: Em Deus confiamos! Ó Senhor nosso, não permitas que fiquemos afeitos à fúria dos injustos;

سُورَةُ يُونُس
Surat Yunus

وَنَجِّنَا بِرَحْمَتِكَ مِنَ ٱلْقَوْمِ ٱلْكَٰفِرِينَ ﴿٨٦﴾

86. Wa najjiná birahmatika minal qawmil káfirín

86. E com a Tua misericórdia salva-nos do povo incrédulo.

وَأَوْحَيْنَآ إِلَىٰ مُوسَىٰ وَأَخِيهِ أَن تَبَوَّءَا لِقَوْمِكُمَا بِمِصْرَ بُيُوتًا وَٱجْعَلُوا۟ بُيُوتَكُمْ
قِبْلَةً وَأَقِيمُوا۟ ٱلصَّلَوٰةَ ۗ وَبَشِّرِ ٱلْمُؤْمِنِينَ ﴿٨٧﴾

87. Wa auhainá ilá Mussá wa akhíhi an tabau waá li qaumikuma bi Misra buyútan waj'alú buyútakum qiblatan wa aqímus Saláh; wa bachchiril mu'minín

87. E revelamos a Moisés e a seu irmão: Erigi abrigos para o vosso povo no Egito, e fazei dos vossos lares um templo; observai a oração, e anuncia (ó Moisés) as boas-novas aos crentes!

وَقَالَ مُوسَىٰ رَبَّنَآ إِنَّكَ ءَاتَيْتَ فِرْعَوْنَ وَمَلَأَهُۥ زِينَةً وَأَمْوَٰلًا فِى ٱلْحَيَوٰةِ ٱلدُّنْيَا
رَبَّنَا لِيُضِلُّوا۟ عَن سَبِيلِكَ ۖ رَبَّنَا ٱطْمِسْ عَلَىٰٓ أَمْوَٰلِهِمْ وَٱشْدُدْ عَلَىٰ قُلُوبِهِمْ فَلَا
يُؤْمِنُوا۟ حَتَّىٰ يَرَوُا۟ ٱلْعَذَابَ ٱلْأَلِيمَ ﴿٨٨﴾

88. Wa qála Mussá Rabbaná innaka átaita Fir'auna wa mala ahú zínatan wa amwálan fil hayátid dunyá Rabbaná liyudhillo 'ansabílika Rabbanat mis 'alá amwálihim wachdud 'alá qulúbihim falá yu'minú hatta yarawul 'azábal alím

88. E Moisés disse: Ó Senhor nosso, tens concedido ao Faraó e aos seus chefes esplendores e riquezas na vida terrena e assim, ó Senhor nosso, puderam desviar os demais da Tua senda. Ó Senhor nosso, arrasa as suas riquezas e oprime os seus corações, porque não crerão até verem o doloroso castigo.

قَالَ قَدْ أُجِيبَت دَّعْوَتُكُمَا فَٱسْتَقِيمَا وَلَا تَتَّبِعَآنِّ سَبِيلَ ٱلَّذِينَ
لَا يَعْلَمُونَ ﴿٨٩﴾

89. Qála qad ujibad da'watukumá fastaqímá wa lá tattabi'ánni sabílal lazína lá ya'lamún

89. Disse-lhes (Deus): Vossa súplica foi atendida; apegai-vos, pois, à vossa missão e não sigais as sendas dos ignorantes.

۞ وَجَٰوَزۡنَا بِبَنِيٓ إِسۡرَٰٓءِيلَ ٱلۡبَحۡرَ فَأَتۡبَعَهُمۡ فِرۡعَوۡنُ وَجُنُودُهُۥ بَغۡيٗا وَعَدۡوًاۖ
حَتَّىٰٓ إِذَآ أَدۡرَكَهُ ٱلۡغَرَقُ قَالَ ءَامَنتُ أَنَّهُۥ لَآ إِلَٰهَ إِلَّا ٱلَّذِيٓ ءَامَنَتۡ بِهِۦ بَنُوٓاْ
إِسۡرَٰٓءِيلَ وَأَنَا۠ مِنَ ٱلۡمُسۡلِمِينَ ٩٠

90. ۞ *Wa jáwazná bi Baní Isrá'ílal bahra fa atba'ahum Fir'aunu wa junúduhú baghyan wa 'adwá; hattá izá adrakahul gharaqu qála ámantu annahú lá iláha illal lazí ámanat bihí Banú Isrá'íla wa ana minal muslimín*

90. E fizemos atravessar o mar os israelitas; porém o Faraó e seu exército perseguiram-nos injusta e hostilmente até que, estando a ponto de afogar-se, o Faraó disse: Creio agora que não há mais divindade além do Deus em que creem os israelitas, e sou um dos submissos!

ءَآلۡـَٰٔنَ وَقَدۡ عَصَيۡتَ قَبۡلُ وَكُنتَ مِنَ ٱلۡمُفۡسِدِينَ ٩١

91. *Ál 'ána wa qad 'asaita qablu wa kunta minal mufsidín*

91. (E foi-lhe dito:) Agora crês, ao passo que antes te havias rebelado e eras um dos corruptores!

فَٱلۡيَوۡمَ نُنَجِّيكَ بِبَدَنِكَ لِتَكُونَ لِمَنۡ خَلۡفَكَ ءَايَةٗۚ وَإِنَّ كَثِيرٗا مِّنَ ٱلنَّاسِ
عَنۡ ءَايَٰتِنَا لَغَٰفِلُونَ ٩٢

92. *Falyauma nunajjika bibadanika litakúna liman khalfaka Áyah; wa inna kacíran minan nási 'an áyátiná lagháfilún*

92. Porém, hoje salvamos apenas o teu corpo, para que sirvas de exemplo à tua posteridade. Em verdade, há muitos humanos que estão negligenciando os Nossos versículos.

وَلَقَدۡ بَوَّأۡنَا بَنِيٓ إِسۡرَٰٓءِيلَ مُبَوَّأَ صِدۡقٖ وَرَزَقۡنَٰهُم مِّنَ ٱلطَّيِّبَٰتِ فَمَا ٱخۡتَلَفُواْ حَتَّىٰ
جَآءَهُمُ ٱلۡعِلۡمُۚ إِنَّ رَبَّكَ يَقۡضِي بَيۡنَهُمۡ يَوۡمَ ٱلۡقِيَٰمَةِ فِيمَا كَانُواْ فِيهِ يَخۡتَلِفُونَ ٩٣

93. *Wa laqad bauwa'ná Baní Isrá'íla mubauwa 'a sidqin wa razaqnáhum minat taiyibáti fa makhtalafú hattá já'ahmul 'ilm; inna Rabbaka yaqdhí bainahum Yaumal Quiyámati fimá kánú fíhi yakhtalifún*

93. E concedemos aos israelitas um agradável abrigo e os agraciamos com todo o bem. Mas disputaram entre si, depois de receberem o conhecimento. Teu Senhor julgará entre eles pelas suas divergências, no Dia da Ressurreição.

سُورَةُ يُونُس

Surat Yunus

فَإِن كُنتَ فِي شَكٍّ مِّمَّآ أَنزَلْنَآ إِلَيْكَ فَسْـَٔلِ ٱلَّذِينَ يَقْرَءُونَ ٱلْكِتَٰبَ مِن قَبْلِكَ ۚ
لَقَدْ جَآءَكَ ٱلْحَقُّ مِن رَّبِّكَ فَلَا تَكُونَنَّ مِنَ ٱلْمُمْتَرِينَ ﴿٩٤﴾

94. Fa in kunta fí chakkin mimmá anzalná ilaika fas'alil lazína yaqra'únal Kitába min qablik; laqad já'akal haqqu mir Rabbika fa lá takúnanna minal mumtarín

94. Porém, se estás em dúvida sobre o que te temos revelado, consulta aqueles que leram o Livro antes de ti. Sem dúvida que te chegou a verdade do teu Senhor; não sejas, pois, dos que estão em dúvida.

وَلَا تَكُونَنَّ مِنَ ٱلَّذِينَ كَذَّبُوا۟ بِـَٔايَٰتِ ٱللَّهِ فَتَكُونَ مِنَ ٱلْخَٰسِرِينَ ﴿٩٥﴾

95. Wa lá takúnanna minal lazína kazzabú bi Áyátil láhi fatakúna minal khásirín

95. Nem tampouco dos que desmentem os versículos de Deus, porque serão desventurados.

إِنَّ ٱلَّذِينَ حَقَّتْ عَلَيْهِمْ كَلِمَتُ رَبِّكَ لَا يُؤْمِنُونَ ﴿٩٦﴾

96. Innal lazína haqqat 'alaihim Kalimatu Rabbika lá yu'minún

96. Aqueles que merecem a sentença de teu Senhor não crerão,

وَلَوْ جَآءَتْهُمْ كُلُّ ءَايَةٍ حَتَّىٰ يَرَوُا۟ ٱلْعَذَابَ ٱلْأَلِيمَ ﴿٩٧﴾

97. Wa lau já'at hum kullu Áyatin hattá yarawul 'azábal alím

97. Ainda que lhes chegue qualquer sinal, até verem o doloroso castigo.

فَلَوْلَا كَانَتْ قَرْيَةٌ ءَامَنَتْ فَنَفَعَهَآ إِيمَٰنُهَآ إِلَّا قَوْمَ يُونُسَ لَمَّآ ءَامَنُوا۟ كَشَفْنَا
عَنْهُمْ عَذَابَ ٱلْخِزْىِ فِى ٱلْحَيَوٰةِ ٱلدُّنْيَا وَمَتَّعْنَٰهُمْ إِلَىٰ حِينٍ ﴿٩٨﴾

98. Falau lá kánat qaryatun ámanat fa nafa'ahá ímánuhá illá qauma Yúnusa lammá ámanú kachafná 'anhum 'azábal khizyi fil hayátid dunyá wa matta'náhum ilá hín

98. Se o povo de uma única cidade cresse, sua crença ser-lhe-ia benéfica, exceto o povo de Yunis (Jonas) acreditou, liberamo-lo do castigo da desonra na vida terrena e o agraciamos temporariamente.

وَلَوْ شَآءَ رَبُّكَ لَءَامَنَ مَن فِى ٱلْأَرْضِ كُلُّهُمْ جَمِيعًا ۚ أَفَأَنتَ تُكْرِهُ ٱلنَّاسَ حَتَّىٰ يَكُونُوا۟
مُؤْمِنِينَ ﴿٩٩﴾

99. Wa lau chá'a Rabbuka la ámana man fil ardhi kulluhum jamí'á; afa anta tukrihun nása hattá yakúnú mu'minín

سُورَةُ يُونُسَ

Surat Yunus

99. Porém, se teu Senhor tivesse querido, aqueles que estão na Terra teriam acreditado unanimemente. Poderias (ó Mohammad) compelir os humanos a que fossem crentes?

وَمَا كَانَ لِنَفْسٍ أَن تُؤْمِنَ إِلَّا بِإِذْنِ ٱللَّهِ ۚ وَيَجْعَلُ ٱلرِّجْسَ عَلَى ٱلَّذِينَ
لَا يَعْقِلُونَ ﴿١٠٠﴾

100. Wa má kána linafsin an tu'mina illá bi iznil láh; wa yaj'alur rijsa 'alal lazína lá ya'quilún

100. Em verdade, não é dado a ser nenhum crer sem a anuência de Deus. Ele destina a abominação àqueles que não raciocinam.

قُلِ ٱنظُرُوا۟ مَاذَا فِى ٱلسَّمَٰوَٰتِ وَٱلْأَرْضِ ۚ وَمَا تُغْنِى ٱلْءَايَٰتُ وَٱلنُّذُرُ عَن قَوْمٍ
لَّا يُؤْمِنُونَ ﴿١٠١﴾

101. Qulin zurú mázá fissamáwáti wal ardh; wa má tughnil Áyátu wannuzuru 'an qawmil lá yu'minún

101. Dize: Contemplai o que há nos Céus e na Terra! Mas sabei que de nada servem os sinais e as advertências àqueles que não creem.

فَهَلْ يَنتَظِرُونَ إِلَّا مِثْلَ أَيَّامِ ٱلَّذِينَ خَلَوْا۟ مِن قَبْلِهِمْ ۚ قُلْ فَٱنتَظِرُوٓا۟ إِنِّى
مَعَكُم مِّنَ ٱلْمُنتَظِرِينَ ﴿١٠٢﴾

102. Fahal yantazirúna illá miçla ayyámil lazína khalaw min qablihim; qul fantazirú inni ma'akum minal muntazirin

102. Aguardam, acaso, outra sorte que não seja a de seus antecessores? Dize-lhes ainda: Aguardai, pois, que aguardarei convosco.

ثُمَّ نُنَجِّى رُسُلَنَا وَٱلَّذِينَ ءَامَنُوا۟ ۚ كَذَٰلِكَ حَقًّا عَلَيْنَا نُنجِ ٱلْمُؤْمِنِينَ ﴿١٠٣﴾

103. Çumma nunajjí Rusulana wallazína ámanú; kazálika haqqan 'alainá nunjil mu'minín

103. Então, salvaremos os Nossos mensageiros, juntamente com os crentes, porque é Nosso dever salvá-los.

يَٰٓأَيُّهَا ٱلنَّاسُ إِن كُنتُمْ فِى شَكٍّ مِّن دِينِى فَلَآ أَعْبُدُ ٱلَّذِينَ تَعْبُدُونَ مِن دُونِ ٱللَّهِ
وَلَٰكِنْ أَعْبُدُ ٱللَّهَ ٱلَّذِى يَتَوَفَّىٰكُمْ ۖ وَأُمِرْتُ أَنْ أَكُونَ مِنَ ٱلْمُؤْمِنِينَ ﴿١٠٤﴾

سُورَةُ يُونُس

Surat Yunus

104. Qul yá ayyuhan násu in kuntum fí chakk-in min díní fa lá a'budul lazína ta'budúna min dúnil láhi wa lákin a'budul láhal lazí yatawaffákum wa umirtu an akúna minal mu'minín

104. Dize-lhes mais: Ó humanos, se estais em dúvida quanto à minha religião, sabei que eu não adorarei o que vós adorais em vez de Deus; outrossim, adoro a Deus, Que recolherá as vossas almas, e tem-me sido ordenado ser um dos crentes.

قُلْ وَأَنْ أَقِمْ وَجْهَكَ لِلدِّينِ حَنِيفًا وَلَا تَكُونَنَّ مِنَ ٱلْمُشْرِكِينَ ﴿١٠٥﴾

105. Wa an aqim wajhaka liddíni Hanífan wa lá takúnanna minal muchrikín

105. E (ó Mohammad) orienta-te para a religião monoteísta e não sejas um dos idólatras.

وَلَا تَدْعُ مِن دُونِ ٱللَّهِ مَا لَا يَنفَعُكَ وَلَا يَضُرُّكَ فَإِن فَعَلْتَ فَإِنَّكَ إِذًا مِّنَ ٱلظَّٰلِمِينَ ﴿١٠٦﴾

106. Wa lá tad'u min dúnil láhi má lá yanfa'uka wa lá yadhurruk; fa in fa'alta fa innaka izam minaz zálimín

106. Não invoques, em vez de Deus, o que não pode favorecer-te nem te prejudicar, porque se o fizeres, serás, então, um dos injustos.

وَإِن يَمْسَسْكَ ٱللَّهُ بِضُرٍّ فَلَا كَاشِفَ لَهُۥٓ إِلَّا هُوَ وَإِن يُرِدْكَ بِخَيْرٍ فَلَا رَآدَّ
لِفَضْلِهِۦ يُصِيبُ بِهِۦ مَن يَشَآءُ مِنْ عِبَادِهِۦ وَهُوَ ٱلْغَفُورُ ٱلرَّحِيمُ ﴿١٠٧﴾

107. Wa iny yamsaskal láhu bidhurrin falá káchifa lahú illá hú; wa iny yuridka bikhairin falá rádda lifadhlih; yusíbu bihí many yachá'u min 'ibádih; wa huwal Ghafúrur Rahím

107. E se Deus te infligir algum mal, ninguém, além d'Ele, poderá removê-lo; e se Ele te agraciar, ninguém poderá repelir a Sua graça, a qual concede a quem Lhe apraz, dentre Seus servos, porque Ele é o Indulgente, o Misericordiosíssimo.

قُلْ يَٰٓأَيُّهَا ٱلنَّاسُ قَدْ جَآءَكُمُ ٱلْحَقُّ مِن رَّبِّكُمْ فَمَنِ ٱهْتَدَىٰ فَإِنَّمَا يَهْتَدِى
لِنَفْسِهِۦ وَمَن ضَلَّ فَإِنَّمَا يَضِلُّ عَلَيْهَا وَمَآ أَنَا۠ عَلَيْكُم بِوَكِيلٍ ﴿١٠٨﴾

108. Qul yá ayyuhan násu qad já'akumul haqqu mir Rabbikum; famanih tadá fa innamá yahtadí li nafsih; wa man dhalla fa innamá yadhillu 'alaihá; wa má ana 'alaikum bi wakil

108. Dize: Ó humanos, já vos chegou a verdade do vosso Senhor, e quem se encaminha o faz em benefício próprio; e quem se desvia o faz em seu próprio prejuízo, porque não sou o vosso guardião.

سُورَةُ هُودٍ

Surat Hud

وَٱتَّبِعۡ مَا يُوحَىٰٓ إِلَيۡكَ وَٱصۡبِرۡ حَتَّىٰ يَحۡكُمَ ٱللَّهُۚ وَهُوَ خَيۡرُ ٱلۡحَٰكِمِينَ ﴿١٠٩﴾

109. Wattabi' má yúhá ilaika wasbir hattá yahkumal láh; wa Huwa khairul hákimín

109. Observa, pois, o que te foi revelado, e persevera, até que Deus decida, porque é o mais equânime dos juízes.

Surat 11. *Hud* (Profeta Hud). Revelada em Makka. 123 versículos, com exceção dos versículos 12, 17 e 114, que foram revelados em Madina.
São utilizados para este Juzi os versículos 1-5.

بِسۡمِ ٱللَّهِ ٱلرَّحۡمَٰنِ ٱلرَّحِيمِ

Bismilláhir Rahmánir Rahím

Em nome de Deus, o Clemente, o Misericordioso

الٓرۚ كِتَٰبٌ أُحۡكِمَتۡ ءَايَٰتُهُۥ ثُمَّ فُصِّلَتۡ مِن لَّدُنۡ حَكِيمٍ خَبِيرٍ ﴿١﴾

1. Alif-Lám-Rá; Kitábun uhkimat Áyátuhú çumma fussilat mil ladun Hakímin Khabír

1. Alef, Lam, Ra. Eis o Livro com versículos fundamentais, intensamente elucidados por Alguém Onisciente, Prudentíssimo.

أَلَّا تَعۡبُدُوٓاْ إِلَّا ٱللَّهَۚ إِنَّنِي لَكُم مِّنۡهُ نَذِيرٌ وَبَشِيرٌ ﴿٢﴾

2. Allá ta'budú illal láh; innaní lakum minhu nazírun wa bachír

2. Não deveis adorar senão a Deus. Sou o vosso admoestador e alvissareiro de sua parte.

وَأَنِ ٱسۡتَغۡفِرُواْ رَبَّكُمۡ ثُمَّ تُوبُوٓاْ إِلَيۡهِ يُمَتِّعۡكُم مَّتَٰعًا حَسَنًا إِلَىٰٓ أَجَلٍ مُّسَمًّى وَيُؤۡتِ كُلَّ
ذِي فَضۡلٍ فَضۡلَهُۥۖ وَإِن تَوَلَّوۡاْ فَإِنِّيٓ أَخَافُ عَلَيۡكُمۡ عَذَابَ يَوۡمٍ كَبِيرٍ ﴿٣﴾

3. Wa anis taghfirú Rabbakum çumma túbú ilaihi yumatti'kum matá'an hasanan ilá ajalim musamman wa yu'ti kulla zí fadhlin fadhlahú wa in tawallau fa inní akháfu 'alaikum 'azába Yaumin Kabír

سُورَةُ هُودٍ

Surat Hud

3. Implorai o perdão de vosso Senhor e voltai-vos a Ele, arrependidos, que Ele vos agraciará generosamente até um término prefixado, e agraciará com o merecido a cada um que tiver mérito. Porém, se vos recusardes, temo por vós o castigo do Grande Dia.

إِلَى ٱللَّهِ مَرْجِعُكُمْ ۖ وَهُوَ عَلَىٰ كُلِّ شَىْءٍ قَدِيرٌ ﴿٤﴾

4. Ilal láhi marji'ukum wa Huwa 'alá kulli chai'in Qadír

4. Vosso retorno será a Deus, porque Ele é Onipotente.

أَلَآ إِنَّهُمْ يَثْنُونَ صُدُورَهُمْ لِيَسْتَخْفُوا۟ مِنْهُ ۚ أَلَا حِينَ يَسْتَغْشُونَ ثِيَابَهُمْ يَعْلَمُ مَا
يُسِرُّونَ وَمَا يُعْلِنُونَ ۚ إِنَّهُۥ عَلِيمٌۢ بِذَاتِ ٱلصُّدُورِ ﴿٥﴾

5. Alá innahum yaçnúna sudúrahum liyastakhfú minh; alá <u>h</u>ína yastaghchúna ciyábahum ya'lamu má yusirrúna wa má yu'linún; innahú 'alímun bizátis sudúr

5. Não é, acaso, certo que eles dissimulam quanto ao que há em seus corações para se ocultarem d'Ele? Que saibam que mesmo quando se ocultam debaixo de suas roupas, Ele conhece o que ocultam e o que manifestam, porque é Conhecedor das intimidades dos corações. **(Fim do Juzi 11)**

سُورَةُ هُودٍ

Surat Hud

Juzi doze

Surat 11. Hud

۞ وَمَا مِن دَآبَّةٍ فِى ٱلْأَرْضِ إِلَّا عَلَى ٱللَّهِ رِزْقُهَا وَيَعْلَمُ مُسْتَقَرَّهَا وَمُسْتَوْدَعَهَا ۚ كُلٌّ فِى
كِتَٰبٍ مُّبِينٍ ﴿٦﴾

6. ۞ Wa má min dábbatin fil ardhi illá 'alal láhi rizquhá wa ya'lamu mustaqarrahá wa mustawda'ahá; kullun fí Kitábim Mubín

6. Não existe criatura sobre a Terra cujo sustento não dependa de Deus; Ele conhece a sua estância temporária e permanente, porque tudo está registrado num Livro esclarecedor.

وَهُوَ ٱلَّذِى خَلَقَ ٱلسَّمَٰوَٰتِ وَٱلْأَرْضَ فِى سِتَّةِ أَيَّامٍ وَكَانَ عَرْشُهُۥ عَلَى
ٱلْمَآءِ لِيَبْلُوَكُمْ أَيُّكُمْ أَحْسَنُ عَمَلًا ۗ وَلَئِن قُلْتَ إِنَّكُم مَّبْعُوثُونَ مِنۢ
بَعْدِ ٱلْمَوْتِ لَيَقُولَنَّ ٱلَّذِينَ كَفَرُوٓا۟ إِنْ هَٰذَآ إِلَّا سِحْرٌ مُّبِينٌ ﴿٧﴾

7. Wa Huwal lazí khalaqas samáwáti wal ardha fí sittati aiyámin wa kána 'Archuhú alal má'i liyabluwakum aiyukum a<u>h</u>sanu 'amalá; wa la'in qulta innakum mab'úçúna min ba'dil mauti la yaqúlannal lazína kafarú in házá illá si<u>h</u>rum mubín

7. Ele foi Quem criou os Céus e a Terra em seis dias – quando, antes, abaixo de Seu Trono só havia água – para provar quem de vós melhor se comporta. Mas, se tu lhes dizes: Sereis ressuscitados depois da morte! os incrédulos dizem: Isto não é senão pura feitiçaria!

وَلَئِنْ أَخَّرْنَا عَنْهُمُ ٱلْعَذَابَ إِلَىٰٓ أُمَّةٍ مَّعْدُودَةٍ لَّيَقُولُنَّ مَا يَحْبِسُهُۥٓ ۗ أَلَا يَوْمَ
يَأْتِيهِمْ لَيْسَ مَصْرُوفًا عَنْهُمْ وَحَاقَ بِهِم مَّا كَانُوا۟ بِهِۦ يَسْتَهْزِءُونَ ﴿٨﴾

8. Wala'in akharná 'anhumul 'azába ilá ummatim ma'dúdatil la yaqúlunna má ya<u>h</u>bisuh; alá yauma ya'tíhim laisa masrúfan 'anhum wa <u>h</u>áqa bihim má kánú bihí yastahzi'ún

8. Mas, se suspendemos o seu castigo por um tempo determinado, então dizem: Que coisa o retém? Porém, o dia do seu castigo é inexorável e dele não escaparão, e serão envolvidos por aquilo de que escarneciam.

سُورَةُ هُودٍ

Surat Hud

وَلَئِنْ أَذَقْنَا ٱلْإِنسَٰنَ مِنَّا رَحْمَةً ثُمَّ نَزَعْنَٰهَا مِنْهُ إِنَّهُۥ لَيَـُٔوسٌ
كَفُورٌ ﴿٩﴾

9. Wa la'in azaqnal insána minná ra<u>h</u>matan çumma naza'náhá minhu, innahú laya'úsun kafúr

9. E se agraciamos o homem com a Nossa misericórdia e logo o privamos dela, ei-lo, então, desesperado e desagradecido.

وَلَئِنْ أَذَقْنَٰهُ نَعْمَآءَ بَعْدَ ضَرَّآءَ مَسَّتْهُ لَيَقُولَنَّ ذَهَبَ ٱلسَّيِّـَٔاتُ عَنِّىٓ ۚ إِنَّهُۥ
لَفَرِحٌ فَخُورٌ ﴿١٠﴾

10. Wala'in azaqnáhu na'má'a ba'da dharrá'a massat hu la yaqúlanna zahabas saiyiátu 'anní; innahú lafari<u>h</u>un fakhúr

10. Mas, se o fazemos gozar do bem-estar, depois de haver padecido a adversidade, diz: As vicissitudes desapareceram! E ei-lo, então, exultante, orgulhoso.

إِلَّا ٱلَّذِينَ صَبَرُوا۟ وَعَمِلُوا۟ ٱلصَّٰلِحَٰتِ أُو۟لَٰٓئِكَ لَهُم مَّغْفِرَةٌ وَأَجْرٌ كَبِيرٌ ﴿١١﴾

11. Illal lazína sabarú wa 'amilus sáli<u>h</u>áti ulá'ika lahum maghfiratun wa ajrun kabír

11. Quanto aos perseverantes, que praticam o bem, obterão indulgência e uma grande recompensa.

فَلَعَلَّكَ تَارِكٌۢ بَعْضَ مَا يُوحَىٰٓ إِلَيْكَ وَضَآئِقٌۢ بِهِۦ صَدْرُكَ أَن يَقُولُوا۟ لَوْلَآ
أُنزِلَ عَلَيْهِ كَنزٌ أَوْ جَآءَ مَعَهُۥ مَلَكٌ ۚ إِنَّمَآ أَنتَ نَذِيرٌ ۚ وَٱللَّهُ عَلَىٰ كُلِّ شَىْءٍ
وَكِيلٌ ﴿١٢﴾

12. Fala'allaka tárikum ba'dha má yú<u>h</u>á ilaika wa dhá'iqum bihí sadruka ai yaqúlú lau lá unzila 'alaihi kanzun au já'a ma'ahú malak; innamá anta nazír; walláhu 'alá kulli chai'in wakil

12. É possível que omitas algo do que te foi revelado e que se te oprima, por isso, o peito, temendo que digam: Por que não lhe foi enviado um tesouro ou não o acompanha um anjo? Tu és tão-somente um admoestador, e Deus é o Guardião de tudo.

سُورَةُ هُودٍ

Surat Hud

أَمۡ يَقُولُونَ ٱفۡتَرَىٰهُۖ قُلۡ فَأۡتُواْ بِعَشۡرِ سُوَرٖ مِّثۡلِهِۦ مُفۡتَرَيَٰتٖ وَٱدۡعُواْ مَنِ ٱسۡتَطَعۡتُم
مِّن دُونِ ٱللَّهِ إِن كُنتُمۡ صَٰدِقِينَ ﴿١٣﴾

13. Am yaqúlúnaf taráhu qul fátú bi'achri Suwarim miçlihí muftarayátin wad'ú manis tata'tum min dúnil láhi in kuntum sádiquín

13. Ou dizem: Ele o forjou! Dize: Pois bem, apresentai dez suratas forjadas, semelhantes às dele, e pedi (auxílio), para tanto, a quem possais, em vez de Deus, se estiverdes certos.

فَإِلَّمۡ يَسۡتَجِيبُواْ لَكُمۡ فَٱعۡلَمُوٓاْ أَنَّمَآ أُنزِلَ بِعِلۡمِ ٱللَّهِ وَأَن لَّآ إِلَٰهَ إِلَّا هُوَۖ فَهَلۡ
أَنتُم مُّسۡلِمُونَ ﴿١٤﴾

14. Fa il lam yastajíbú lakum fa'lamú annamá unzilla bi'ilmil láhi wa al lá iláha illá Huwa fahal antum muslimún

14. Porém, se não fordes atendidos, sabei, então, que este (Alcorão) foi revelado com a anuência de Deus e que não há mais divindade além d'Ele. Sois, acaso, muçulmanos?

مَن كَانَ يُرِيدُ ٱلۡحَيَوٰةَ ٱلدُّنۡيَا وَزِينَتَهَا نُوَفِّ إِلَيۡهِمۡ أَعۡمَٰلَهُمۡ فِيهَا وَهُمۡ فِيهَا
لَا يُبۡخَسُونَ ﴿١٥﴾

15. Man kána yurídul hayátad dunyá wa zínatahá nuwaffi ilaihim a'má lahum fihá wa hum fihá lá yubkhasún

15. Quanto àqueles que preferem a vida terrena e seus encantos, far-lhes-emos desfrutar de suas obras, durante ela, e sem diminuição.

أُوْلَٰٓئِكَ ٱلَّذِينَ لَيۡسَ لَهُمۡ فِي ٱلۡأٓخِرَةِ إِلَّا ٱلنَّارُۖ وَحَبِطَ مَا صَنَعُواْ فِيهَا
وَبَٰطِلٞ مَّا كَانُواْ يَعۡمَلُونَ ﴿١٦﴾

16. Ulá'ikal lazína laisa lahum fil Ákhirati illan Náru wa habita má sana'ú fihá wa bátilum má kánú ya'malún

16. Serão aqueles que não obterão na Vida Futura senão o fogo infernal; e tudo quanto tiverem feito aqui tornar-se-á sem efeito e será vão tudo quanto fizerem.

سُورَةُ هُودٍ

Surat Hud

أَفَمَن كَانَ عَلَىٰ بَيِّنَةٍ مِّن رَّبِّهِۦ وَيَتْلُوهُ شَاهِدٌ مِّنْهُ وَمِن قَبْلِهِۦ كِتَٰبُ مُوسَىٰٓ إِمَامًا
وَرَحْمَةً ۚ أُو۟لَٰٓئِكَ يُؤْمِنُونَ بِهِۦ ۚ وَمَن يَكْفُرْ بِهِۦ مِنَ ٱلْأَحْزَابِ فَٱلنَّارُ مَوْعِدُهُۥ ۚ فَلَا
تَكُ فِى مِرْيَةٍ مِّنْهُ ۚ إِنَّهُ ٱلْحَقُّ مِن رَّبِّكَ وَلَٰكِنَّ أَكْثَرَ ٱلنَّاسِ لَا يُؤْمِنُونَ ﴿١٧﴾

17. Afaman kána 'ala baiyinatim mir Rabbihí wa yatlúhu cháhidum minhu wa min qablihí Kitábu Músá imáman wa rahmah; ulá 'ika yu'minúna bih; wa mai yakfur bihí minal Ahzábi fan Náru mau'iduh; falá taku fí miryatim minh; innahul haqqu mir Rabbika wa lákinna aksaran nási lá yu'minún

17. Podem ser iguais àqueles que têm uma evidência de seu Senhor, confirmada por uma testemunha enviada por Ele, precedida pelo Livro de Moisés, sendo guia e misericórdia? Qual! Aqueles creem nele (o Alcorão); mas aquele dos partidos que o negar, sua morada será o fogo infernal. Não duvides disso, porque é a verdade de teu Senhor; porém, a maioria dos humanos não o crê.

وَمَنْ أَظْلَمُ مِمَّنِ ٱفْتَرَىٰ عَلَى ٱللَّهِ كَذِبًا ۚ أُو۟لَٰٓئِكَ يُعْرَضُونَ عَلَىٰ رَبِّهِمْ
وَيَقُولُ ٱلْأَشْهَٰدُ هَٰٓؤُلَآءِ ٱلَّذِينَ كَذَبُوا۟ عَلَىٰ رَبِّهِمْ ۚ أَلَا لَعْنَةُ ٱللَّهِ عَلَى
ٱلظَّٰلِمِينَ ﴿١٨﴾

18. Wa man azlamu mimmanif tará 'alal láhi kazibá; ulá'ika yu'radhúna 'alá Rabbihim wa yaqúlul achhá duhá'ulá'il lazína kazabú 'alá Rabbihim; alá la'natul láhi alaz zálimín

18. Haverá alguém mais injusto do que aqueles que forjam mentiras acerca de Deus? Eles serão apresentados ao seu Senhor e as testemunhas dirão: Eis os que forjaram mentiras acerca do seu Senhor. Que a maldição de Deus caia sobre os injustos,

ٱلَّذِينَ يَصُدُّونَ عَن سَبِيلِ ٱللَّهِ وَيَبْغُونَهَا عِوَجًا وَهُم بِٱلْءَاخِرَةِ هُمْ كَٰفِرُونَ ﴿١٩﴾

19. Allazína yasuddúna 'an sabílil láhi wa yabghúnahá 'iwajan wa hum bil Ákhiratihum káfirún

19. Que desviam os demais da senda de Deus, tratando de fazê-la tortuosa, e negam a Outra Vida.

أُو۟لَـٰٓئِكَ لَمْ يَكُونُوا۟ مُعْجِزِينَ فِى ٱلْأَرْضِ وَمَا كَانَ لَهُم مِّن دُونِ ٱللَّهِ مِنْ
أَوْلِيَآءَ ۘ يُضَـٰعَفُ لَهُمُ ٱلْعَذَابُ ۚ مَا كَانُوا۟ يَسْتَطِيعُونَ ٱلسَّمْعَ وَمَا كَانُوا۟
يُبْصِرُونَ ٢٠

20. *Ulá'ika lam yakúnú mu'jizína fil ardhi wa má kána lahum min dúnil láhi min auliyá'; yudhá'afu lahumul 'azáb; má kánú yastatí'únas sam'a wa má kánú yubsirún*

20. Estes jamais poderão frustrar (Seus desígnios) na Terra, nem terão protetores, em vez de Deus. Ele lhes duplicará o castigo. Eles já tinham perdido as faculdades da audição e da visão.

أُو۟لَـٰٓئِكَ ٱلَّذِينَ خَسِرُوٓا۟ أَنفُسَهُمْ وَضَلَّ عَنْهُم مَّا كَانُوا۟ يَفْتَرُونَ ٢١

21. *Ulá'ikal lazína khasirú anfusahum wa dhalla 'anhum má kánú yaftarún*

21. Estes são os que desmereceram a si mesmos, e tudo quanto tenham forjado desvanecer-se-á.

لَا جَرَمَ أَنَّهُمْ فِى ٱلْـَٔاخِرَةِ هُمُ ٱلْأَخْسَرُونَ ٢٢

22. *Lá jarama annahum fil Ákhirati humul akhsarún*

22. É indubitável que na Outra Vida serão os mais desventurados.

إِنَّ ٱلَّذِينَ ءَامَنُوا۟ وَعَمِلُوا۟ ٱلصَّـٰلِحَـٰتِ وَأَخْبَتُوٓا۟ إِلَىٰ رَبِّهِمْ أُو۟لَـٰٓئِكَ أَصْحَـٰبُ
ٱلْجَنَّةِ ۖ هُمْ فِيهَا خَـٰلِدُونَ ٢٣

23. *Innal lazína ámanú wa 'amilus sálih́áti wa akhbatú ilá Rabbihim ulá'ika Assh́ábul Jannati hum fihá khálidún*

23. Os crentes que praticam o bem e se humilham ante seu Senhor serão os diletos do Paraíso, onde morarão eternamente.

۞ مَثَلُ ٱلْفَرِيقَيْنِ كَٱلْأَعْمَىٰ وَٱلْأَصَمِّ وَٱلْبَصِيرِ وَٱلسَّمِيعِ ۚ هَلْ يَسْتَوِيَانِ
مَثَلًا ۚ أَفَلَا تَذَكَّرُونَ ٢٤

24. ۞ *Maçalul fariqaini kal a'má wal asammi walbasíri wassamí'; hal yastauiyáni maçalá; afalá tazakkarún*

24. O exemplo de ambas as partes se equipara ao do cego e surdo, em contraposição ao do vidente e ouvinte. Podem equiparar-se? Qual! Não meditais?

وَلَقَدۡ أَرۡسَلۡنَا نُوحًا إِلَىٰ قَوۡمِهِۦٓ إِنِّي لَكُمۡ نَذِيرٞ مُّبِينٌ ٢٥

25. Wa laqad arsalná Núhan ilá qaumihí inní lakum nazírum mubín

25. Enviamos Noé ao seu povo, ao qual disse: Sou para vós um elucidativo admoestador.

أَن لَّا تَعۡبُدُوٓاْ إِلَّا ٱللَّهَۖ إِنِّيٓ أَخَافُ عَلَيۡكُمۡ عَذَابَ يَوۡمٍ أَلِيمٖ ٢٦

26. Al lá ta'budú illal láha inní akháfu 'alaikum 'azába Yaumin alím

26. Não deveis adorar mais que a Deus, porque temo por vós o castigo de um dia doloroso.

فَقَالَ ٱلۡمَلَأُ ٱلَّذِينَ كَفَرُواْ مِن قَوۡمِهِۦ مَا نَرَىٰكَ إِلَّا بَشَرٗا مِّثۡلَنَا وَمَا نَرَىٰكَ
ٱتَّبَعَكَ إِلَّا ٱلَّذِينَ هُمۡ أَرَاذِلُنَا بَادِيَ ٱلرَّأۡيِ وَمَا نَرَىٰ لَكُمۡ عَلَيۡنَا مِن فَضۡلِۭ
بَلۡ نَظُنُّكُمۡ كَٰذِبِينَ ٢٧

27. Faqálal mala ul lazína kafarú min qaumihí ma naráka illá bacharam miçlaná wa má narákat taba'aka illal lazína hum aráziluná bádiyar ráyi wa má nará lakum 'alainá min fadhlim bal nazunnukum kázibín

27. Porém, os chefes incrédulos, dentre seu povo, disseram: Não vemos em ti mais que um homem como nós, e não vemos a te seguir mais do que a nossa plebe irreflexiva; tampouco consideramos que tendes (vós e vossos seguidores) algum mérito sobre nós; outrossim, cremos que sois uns mentirosos.

قَالَ يَٰقَوۡمِ أَرَءَيۡتُمۡ إِن كُنتُ عَلَىٰ بَيِّنَةٖ مِّن رَّبِّي وَءَاتَىٰنِي رَحۡمَةٗ مِّنۡ عِندِهِۦ فَعُمِّيَتۡ
عَلَيۡكُمۡ أَنُلۡزِمُكُمُوهَا وَأَنتُمۡ لَهَا كَٰرِهُونَ ٢٨

28. Qála yá qaumi ara'aitum in kuntu 'alá baiyinatim mir Rabbí wa átání rahmatam min 'indihí fa'um miyat 'alaikum anulzimukumúhá wa antum lahá kárihún

28. Respondeu-lhes: Ó povo meu, se possuo a evidência de meu Senhor que me agraciou com a Sua misericórdia – a qual vos foi vedada (por tal merecerdes) – posso, acaso, obrigar-vos a aceitá-la, uma vez que a aborreceis?

وَيَٰقَوۡمِ لَآ أَسۡـَٔلُكُمۡ عَلَيۡهِ مَالًاۖ إِنۡ أَجۡرِيَ إِلَّا عَلَى ٱللَّهِۚ وَمَآ أَنَا۠ بِطَارِدِ ٱلَّذِينَ
ءَامَنُوٓاْۚ إِنَّهُم مُّلَٰقُواْ رَبِّهِمۡ وَلَٰكِنِّيٓ أَرَىٰكُمۡ قَوۡمٗا تَجۡهَلُونَ ٢٩

29. Wa yá qaumi lá as'alukum 'alaihi málan in ajriya illá 'alal láh; wa má ana bitáridil lazina ámanú; innahum muláqú Rabbihim wa lákinní arákum qauman tajhalún

29. Ó povo meu, não vos exijo, por isso, recompensa alguma, porque minha retribuição só procede de Deus e jamais rechaçarei os crentes, porquanto eles comparecerão ante seu Senhor. Porém, vejo que sois um povo de ignorantes.

وَيَٰقَوۡمِ مَن يَنصُرُنِي مِنَ ٱللَّهِ إِن طَرَدتُّهُمۡۚ أَفَلَا تَذَكَّرُونَ ﴿٣٠﴾

30. Wa yá qaumi mai yansuruní minal láhi in tarattuhum; afalá tazak karún

30. Ó povo meu, quem me defenderá de Deus, se os rechaçar (meus seguidores)? Não meditais?

وَلَآ أَقُولُ لَكُمۡ عِندِي خَزَآئِنُ ٱللَّهِ وَلَآ أَعۡلَمُ ٱلۡغَيۡبَ وَلَآ أَقُولُ إِنِّي مَلَكٞ وَلَآ أَقُولُ لِلَّذِينَ تَزۡدَرِيٓ أَعۡيُنُكُمۡ لَن يُؤۡتِيَهُمُ ٱللَّهُ خَيۡرًاۖ ٱللَّهُ أَعۡلَمُ بِمَا فِيٓ أَنفُسِهِمۡ إِنِّيٓ إِذٗا لَّمِنَ ٱلظَّٰلِمِينَ ﴿٣١﴾

31. Wa lá aqúlu lakum 'indí khazá'inul láhi wa lá a'lamul ghaiba wa lá aqúlu inní malakun wa lá aqúlu lillazína tazdarí a'yunukum lai yu'tiyahumul láhu khairan Alláhu a'lamu bimá fí anfusihim inní izal laminaz zálimín

31. Não vos digo que possuo os tesouros de Deus, ou que estou de posse do desconhecido, nem vos digo que eu sou um anjo, nem digo, àqueles que vossos olhos desprezam, que Deus jamais lhes concederá favor algum, pois Deus bem conhece o que encerram seus íntimos; se tal fizesse, seria um dos injustos.

قَالُواْ يَٰنُوحُ قَدۡ جَٰدَلۡتَنَا فَأَكۡثَرۡتَ جِدَٰلَنَا فَأۡتِنَا بِمَا تَعِدُنَآ إِن كُنتَ مِنَ ٱلصَّٰدِقِينَ ﴿٣٢﴾

32. Qálú yá Núhu qad jádaltaná fa akçarta jidálaná fátiná bimá ta'iduná in kunta minas sádiqín

32. Disseram-lhe: Ó Noé, tens discutido conosco e prolongado a nossa disputa! Faze com que nos sobrevenha isso com que nos ameaças, se estiveres certo.

قَالَ إِنَّمَا يَأۡتِيكُم بِهِ ٱللَّهُ إِن شَآءَ وَمَآ أَنتُم بِمُعۡجِزِينَ ﴿٣٣﴾

33. Qála innamá yátíkum bihil láhu in chá'a wa má antum bimu'jizín

33. Respondeu-lhes: Deus só o infligirá se quiser, e jamais podereis impedi-Lo.

سُورَةُ هُودٍ

Surat Hud

وَلَا يَنفَعُكُمْ نُصْحِىٓ إِنْ أَرَدتُّ أَنْ أَنصَحَ لَكُمْ إِن كَانَ ٱللَّهُ يُرِيدُ أَن يُغْوِيَكُمْ ۚ هُوَ
رَبُّكُمْ وَإِلَيْهِ تُرْجَعُونَ ﴿٣٤﴾

34. Wa lá yanfa'ukum nushi in arattu an ansaha lakum in kánal láhu yurídu ai yughwiyakum; Huwa Rabbukum wa ilaihi turja'ún

34. Se Deus quisesse, extraviar-vos-ia, e de nada vos valeriam meus conselhos, ainda que quisesse aconselhar-vos, porque Ele é o vosso Senhor, e a Ele retornareis.

أَمْ يَقُولُونَ ٱفْتَرَىٰهُ ۖ قُلْ إِنِ ٱفْتَرَيْتُهُۥ فَعَلَىَّ إِجْرَامِى وَأَنَا۠ بَرِىٓءٌ مِّمَّا
تُجْرِمُونَ ﴿٣٥﴾

35. Am yaqúlúnaf taráhu qul inif taraituhú fa'alaiya ijrámí wa ana barí'um mimmá tujrimún

35. Ou dizem: Ele forjou isso. Dize: Se forjei isso, que caia sobre mim o castigo de meu pecado; porém, eu estou isento dos vossos pecados!

وَأُوحِىَ إِلَىٰ نُوحٍ أَنَّهُۥ لَن يُؤْمِنَ مِن قَوْمِكَ إِلَّا مَن قَدْ ءَامَنَ فَلَا تَبْتَئِسْ بِمَا
كَانُوا۟ يَفْعَلُونَ ﴿٣٦﴾

36. Wa úhiya ilá Núhin annahú lany-yu'mina min qaumika illá man qad ámana falá tabta'is bimá kánú yaf'alún

36. E foi revelado a Noé: Ninguém, dentre teu povo, acreditará, salvo quem já tenha acreditado. Não te aflijas, pois, pelo que fazem.

وَٱصْنَعِ ٱلْفُلْكَ بِأَعْيُنِنَا وَوَحْيِنَا وَلَا تُخَٰطِبْنِى فِى ٱلَّذِينَ ظَلَمُوٓا۟ ۚ إِنَّهُم مُّغْرَقُونَ ﴿٣٧﴾

37. Wasna'il fulka bi-a'yuniná wa wahyiná wa lá tukhá tibní fil lazína zalamú; innahum mughraqún

37. E constrói a arca sob a Nossa vigilância e segundo a Nossa inspiração, e não Me peças em favor dos injustos, porque serão afogados.

وَيَصْنَعُ ٱلْفُلْكَ وَكُلَّمَا مَرَّ عَلَيْهِ مَلَأٌ مِّن قَوْمِهِۦ سَخِرُوا۟ مِنْهُ ۚ قَالَ إِن تَسْخَرُوا۟
مِنَّا فَإِنَّا نَسْخَرُ مِنكُمْ كَمَا تَسْخَرُونَ ﴿٣٨﴾

38. Wa yasna'ul fulka wa kullamá marra 'alaihi mala'um min qaumihi sakhirú minh; qála in taskharú minná fa inná naskharu minkum kamá taskharún

سُورَةُ هُودٍ

Surat Hud

38. E começou a construir a arca. E cada vez que os chefes, dentre seu povo, passavam por perto, escarneciam dele. Disse-lhes: Se escarnecerdes de nós, escarneceremos de vós, tal como o fazeis.

فَسَوْفَ تَعْلَمُونَ مَن يَأْتِيهِ عَذَابٌ يُخْزِيهِ وَيَحِلُّ عَلَيْهِ عَذَابٌ مُّقِيمٌ ﴿٣٩﴾

39. Fasaufa ta'lamúna mai ya'tíhi 'azábuny yukhzíhi wa yahillu 'alaihi 'azábun muquím

39. Porém, logo sabereis a quem açoitará um castigo que o desonrará e quem merecerá um tormento eterno.

حَتَّىٰٓ إِذَا جَآءَ أَمْرُنَا وَفَارَ ٱلتَّنُّورُ قُلْنَا ٱحْمِلْ فِيهَا مِن كُلٍّ زَوْجَيْنِ ٱثْنَيْنِ
وَأَهْلَكَ إِلَّا مَن سَبَقَ عَلَيْهِ ٱلْقَوْلُ وَمَنْ ءَامَنَ ۚ وَمَآ ءَامَنَ مَعَهُۥٓ إِلَّا قَلِيلٌ ﴿٤٠﴾

40. Hattá izá já'a amruná wa fárat tannúru qulna hmil fíhá min kullin zawjaini çnaini wa ahlaka illá man sabaqa 'alaihil qaulu wa man áman; wa má ámana ma'ahú illá qalíl

40. Até que, quando se cumpriu o Nosso desígnio e jorraram as fontes (da Terra), dissemos (a Noé): Embarca nela (a arca) um casal de cada espécie, juntamente com a tua família, exceto aquele sobre quem tenha sido pronunciada a sentença, e embarca os que creram. Mas não creram com ele, senão poucos.

۞ وَقَالَ ٱرْكَبُوا۟ فِيهَا بِسْمِ ٱللَّهِ مَجْر۪ىٰهَا وَمُرْسَىٰهَآ ۚ إِنَّ رَبِّى لَغَفُورٌ رَّحِيمٌ ﴿٤١﴾

41. ۞ Wa qálar kabú fíhá bismil láhi majraihá wa mursáhá; inna Rabbí la Ghafúrur Rahím

41. E (Noé) disse: Embarcai nela; que seu rumo e sua ancoragem sejam em nome de Deus, porque meu Senhor é Indulgente, Misericordiosíssimo.

وَهِىَ تَجْرِى بِهِمْ فِى مَوْجٍ كَٱلْجِبَالِ وَنَادَىٰ نُوحٌ ٱبْنَهُۥ وَكَانَ فِى مَعْزِلٍ يَـٰبُنَىَّ
ٱرْكَب مَّعَنَا وَلَا تَكُن مَّعَ ٱلْكَـٰفِرِينَ ﴿٤٢﴾

42. Wa hiya tajrí bihim fí maujin kaljibáli wa nádá Núhunib nahú wa kána fí ma'ziliny yá bunai yarkam ma'aná wa lá takum ma'al káfirín

42. E ela navegava com eles por entre ondas que eram como montanhas; e Noé chamou seu filho, que permanecia afastado, e disse-lhe: Ó filho meu, embarca conosco e não fiques com os incrédulos!

قَالَ سَـَٔاوِىٓ إِلَىٰ جَبَلٍ يَعْصِمُنِى مِنَ ٱلْمَآءِ ۚ قَالَ لَا عَاصِمَ ٱلْيَوْمَ مِنْ أَمْرِ ٱللَّهِ إِلَّا مَن رَّحِمَ ۚ وَحَالَ بَيْنَهُمَا ٱلْمَوْجُ فَكَانَ مِنَ ٱلْمُغْرَقِينَ ﴿٤٣﴾

43. Qála sa áwí ilá jabaliny ya'simuní minal má'; qála lá 'ásimal yauma min amril láhi illá mar rahim; wa hála bainahumal mauju fakána minal mughraquin

43. Porém, ele disse: Refugiar-me-ei em um monte, que me livrará da água. Retrucou-lhe Noé: Não há salvação para ninguém, hoje, do desígnio de Deus, salvo para aquele de quem Ele se apiede. E as ondas os separaram, e o filho foi um dos afogados.

وَقِيلَ يَـٰٓأَرْضُ ٱبْلَعِى مَآءَكِ وَيَـٰسَمَآءُ أَقْلِعِى وَغِيضَ ٱلْمَآءُ وَقُضِىَ ٱلْأَمْرُ وَٱسْتَوَتْ عَلَى ٱلْجُودِىِّ ۖ وَقِيلَ بُعْدًا لِّلْقَوْمِ ٱلظَّـٰلِمِينَ ﴿٤٤﴾

44. Wa quíla yá ardhubla'i má'aki wa yá samá'u aqli'i wa ghidhal má'u wa qudhiyal amru wastawat 'alal júdiyyi wa qíla bu'dal lilqaumiz zálimín

44. E foi dito: Ó Terra, absorve as tuas águas! Ó céu, detém-te! E as águas foram absorvidas e o desígnio foi cumprido. E (a arca) se deteve sobre o monte Al-judi. E foi dito: que pereça o povo injusto!

وَنَادَىٰ نُوحٌ رَّبَّهُۥ فَقَالَ رَبِّ إِنَّ ٱبْنِى مِنْ أَهْلِى وَإِنَّ وَعْدَكَ ٱلْحَقُّ وَأَنتَ أَحْكَمُ ٱلْحَـٰكِمِينَ ﴿٤٥﴾

45. Wa nádá Núhur Rabbahú faqála Rabbi innabní min ahlí wa inna wa'dakal haqqu wa Anta Ahkamul Hákimín

45. E Noé clamou ao seu Senhor, dizendo: Ó Senhor meu, meu filho é da minha família; e Tua promessa é verdadeira, pois Tu és o mais equânime dos juízes!

قَالَ يَـٰنُوحُ إِنَّهُۥ لَيْسَ مِنْ أَهْلِكَ ۖ إِنَّهُۥ عَمَلٌ غَيْرُ صَـٰلِحٍ ۖ فَلَا تَسْـَٔلْنِ مَا لَيْسَ لَكَ بِهِۦ عِلْمٌ ۖ إِنِّىٓ أَعِظُكَ أَن تَكُونَ مِنَ ٱلْجَـٰهِلِينَ ﴿٤٦﴾

46. Qála yá Núhu innahú laisa min ahlika innahú 'amalun ghairu sálihin falá tas'alni má laisa laka bihí 'ilmun inní a'izuka an takúna minal jáhilin

46. Respondeu-lhe: Ó Noé, em verdade ele não é da tua família, porque sua conduta é injusta; não Me perguntes, pois, acerca daquilo que ignoras; exorto-te a que não sejas um dos ignorantes!

سُورَةُ هُودٍ

Surat Hud

قَالَ رَبِّ إِنِّىٓ أَعُوذُ بِكَ أَنۡ أَسۡـَٔلَكَ مَا لَيۡسَ لِى بِهِۦ عِلۡمٌۖ وَإِلَّا تَغۡفِرۡ لِى وَتَرۡحَمۡنِىٓ
أَكُن مِّنَ ٱلۡخَٰسِرِينَ ﴿٤٧﴾

47. Qála rabbi inní a'úzu bika an as'alaka má laisa lí bihí 'ilmun wa illá taghfir lí wa tarhamní akum minal khásirín

47. Disse: Ó Senhor meu, refugio-me em Ti por perguntar acerca do que ignoro e, se não me perdoares e Te compadeceres de mim, serei um dos desventurados.

قِيلَ يَٰنُوحُ ٱهۡبِطۡ بِسَلَٰمٍ مِّنَّا وَبَرَكَٰتٍ عَلَيۡكَ وَعَلَىٰٓ أُمَمٍ مِّمَّن مَّعَكَۚ وَأُمَمٌ
سَنُمَتِّعُهُمۡ ثُمَّ يَمَسُّهُم مِّنَّا عَذَابٌ أَلِيمٌ ﴿٤٨﴾

48. Quíla yá Núhuh bit bisalámim minná wa barakátin 'alaika wa 'alá umamim mimmam ma'ak; wa umamun sanumatti'uhum summa yamassuhum minna 'azábun alím

48. Foi-lhe dito: Ó Noé, desembarca, com a Nossa saudação e a Nossa bênção sobre ti e sobre os seres que (advirão dos que) estão contigo. Porém, haverá povos, os quais (por um tempo) agraciaremos; logo, (depois) atingi-los-á o Nosso doloroso castigo.

تِلۡكَ مِنۡ أَنۢبَآءِ ٱلۡغَيۡبِ نُوحِيهَآ إِلَيۡكَۖ مَا كُنتَ تَعۡلَمُهَآ أَنتَ وَلَا قَوۡمُكَ مِن قَبۡلِ هَٰذَاۖ
فَٱصۡبِرۡۖ إِنَّ ٱلۡعَٰقِبَةَ لِلۡمُتَّقِينَ ﴿٤٩﴾

49. Tilka min ambá'il ghaibi núhíhá ilaika má kunta ta'lamuháa anta wa lá qaumuka min qabli házá fasbir innal 'áqibata lilmuttaqín

49. Esses são alguns relatos do desconhecido que te revelamos, que os não conhecias tu, nem o teu povo, antes disso. Persevera, pois, porque a recompensa será para os tementes.

وَإِلَىٰ عَادٍ أَخَاهُمۡ هُودًاۚ قَالَ يَٰقَوۡمِ ٱعۡبُدُواْ ٱللَّهَ مَا لَكُم مِّنۡ إِلَٰهٍ غَيۡرُهُۥٓۖ إِنۡ
أَنتُمۡ إِلَّا مُفۡتَرُونَ ﴿٥٠﴾

50. Wa ilá 'ádin akháhum Húdá; qála yá qaumi' budul láha má lakum min iláhin ghairuhú in antum illá muftarún

50. E (enviamos) ao povo de Ad seu irmão Hud, o qual lhes disse: Ó povo meu, adorai a Deus, porque não tereis outra divindade além d'Ele. Sabei que não sois mais do que forjadores (quanto a outros deuses).

سُورَةُ هُودٍ

Surat Hud

يَٰقَوۡمِ لَآ أَسۡـَٔلُكُمۡ عَلَيۡهِ أَجۡرًاۖ إِنۡ أَجۡرِيَ إِلَّا عَلَى ٱلَّذِي فَطَرَنِيٓۚ أَفَلَا
تَعۡقِلُونَ ﴿٥١﴾

51. Yá qaumi lá as'alukum 'alaihi ajran in ajriya illá 'alal lazí fatarani; afalá ta'qilún

51. Ó povo meu, não vos exijo, por isso, recompensa alguma, porque minha recompensa só procede de Quem me criou. Não raciocinais?

وَيَٰقَوۡمِ ٱسۡتَغۡفِرُواْ رَبَّكُمۡ ثُمَّ تُوبُوٓاْ إِلَيۡهِ يُرۡسِلِ ٱلسَّمَآءَ عَلَيۡكُم مِّدۡرَارٗا
وَيَزِدۡكُمۡ قُوَّةً إِلَىٰ قُوَّتِكُمۡ وَلَا تَتَوَلَّوۡاْ مُجۡرِمِينَ ﴿٥٢﴾

52. Wa yá qaumis taghfirú Rabbakum çumma túbú ilaihi yursilis samá'a 'alaikum midráran wa yazidkum quwwatan ilá quwwatikum wa lá tatawallau mujrimín

52. Ó povo meu, implorai o perdão de vosso Senhor e voltai-vos arrependidos para Ele, Que vos enviará do céu copiosa chuva e adicionará força à vossa força. Não vos afasteis, tornando-vos pecadores.

قَالُواْ يَٰهُودُ مَا جِئۡتَنَا بِبَيِّنَةٖ وَمَا نَحۡنُ بِتَارِكِيٓ ءَالِهَتِنَا عَن قَوۡلِكَ وَمَا
نَحۡنُ لَكَ بِمُؤۡمِنِينَ ﴿٥٣﴾

53. Qálú yá Húdu má ji'taná bibaiyinatin wa má na<u>h</u>nu bitárikí álihatiná 'an qaulika wa má na<u>h</u>nu laka bimu'minín

53. Responderam-lhe: Ó Hud, não tens apresentado nenhuma evidência, e jamais abandonaremos os nossos deuses pela tua palavra, nem em ti creremos;

إِن نَّقُولُ إِلَّا ٱعۡتَرَىٰكَ بَعۡضُ ءَالِهَتِنَا بِسُوٓءٖۗ قَالَ إِنِّيٓ أُشۡهِدُ ٱللَّهَ وَٱشۡهَدُوٓاْ أَنِّي بَرِيٓءٞ
مِّمَّا تُشۡرِكُونَ ﴿٥٤﴾

54. In naqúlu illa' taráka ba'dhu álihatiná bisú'; qála inní uchhidul láha wach hadú anní barí'um mimmá tuchrikún

54. Somente dizemos que algum dos nossos deuses te transtornou. Disse: Ponho Deus por testemunha, e testemunhai vós mesmos que estou isento de tudo quanto adorais,

مِن دُونِهِۦۖ فَكِيدُونِي جَمِيعٗا ثُمَّ لَا تُنظِرُونِ ﴿٥٥﴾

55. Min dúnihí fakidúni jamí'an çumma lá tunzirún

55. Em vez d'Ele. Conspirai, pois, todos contra mim, e não me poupeis.

سُورَةُ هُودٍ
Surat Hud

إِنِّي تَوَكَّلْتُ عَلَى ٱللَّهِ رَبِّي وَرَبِّكُم ۚ مَّا مِن دَآبَّةٍ إِلَّا هُوَ ءَاخِذٌۢ بِنَاصِيَتِهَآ ۚ إِنَّ رَبِّي عَلَىٰ
صِرَٰطٍ مُّسْتَقِيمٍ ﴿٥٦﴾

56. Inní tawakkaltu 'alalláhi Rabbí wa Rabbikum; má min dábbatin illá Huwa ákhizum binásiyatihá; inna Rabbí 'alá Sirátim mustaquím

56. Porque confio em Deus, meu Senhor e vosso; sabei que não existe criatura que Ele não possa agarrar pelo topete. Na verdade, é o meu Senhor que está na senda reta.

فَإِن تَوَلَّوْا۟ فَقَدْ أَبْلَغْتُكُم مَّآ أُرْسِلْتُ بِهِۦٓ إِلَيْكُمْ ۚ وَيَسْتَخْلِفُ رَبِّي قَوْمًا غَيْرَكُمْ وَلَا تَضُرُّونَهُۥ
شَيْـًٔا ۚ إِنَّ رَبِّي عَلَىٰ كُلِّ شَيْءٍ حَفِيظٌ ﴿٥٧﴾

57. Fa in tawallau faqad ablaghtukum má ursiltu bihí ilaikum; wa yastakhlifu Rabbí qauman ghairakum wa lá tadhurrúnahú chai'á; inna Rabbí 'alá kulli chai'in Hafíz

57. Porém, se vos recusais, sabei que vos comuniquei a Mensagem com a qual fui enviado a vós; e o meu Senhor fará com que vos suceda um outro povo, e em nada podereis prejudicá-Lo, porque meu Senhor é o Guardião de todas as coisas.

وَلَمَّا جَآءَ أَمْرُنَا نَجَّيْنَا هُودًا وَٱلَّذِينَ ءَامَنُوا۟ مَعَهُۥ بِرَحْمَةٍ مِّنَّا وَنَجَّيْنَٰهُم مِّنْ
عَذَابٍ غَلِيظٍ ﴿٥٨﴾

58. Wa lammá já'a amruná najainá Húdan wallazína ámanú ma'ahú birahmatim minná wa najaináhum min 'azábin ghalíz

58. E quando se cumpriu o Nosso desígnio, salvamos Hud e com ele os crentes, por Nossa misericórdia, e os livramos de um severo castigo.

وَتِلْكَ عَادٌ ۖ جَحَدُوا۟ بِـَٔايَٰتِ رَبِّهِمْ وَعَصَوْا۟ رُسُلَهُۥ وَٱتَّبَعُوٓا۟ أَمْرَ كُلِّ جَبَّارٍ عَنِيدٍ ﴿٥٩﴾

59. Wa tilka 'ád, jahadú bi Áyáti Rabbihim wa 'asau Rusulahú wattaba'ú amra kulli jabbárin 'anid

59. E eis que o povo de Ad negou os versículos do seu Senhor; rebelaram-se contra os Seus mensageiros e seguiram as ordens de todo o transgressor obstinado.

وَأُتْبِعُوا۟ فِي هَٰذِهِ ٱلدُّنْيَا لَعْنَةً وَيَوْمَ ٱلْقِيَٰمَةِ ۗ أَلَآ إِنَّ عَادًا كَفَرُوا۟ رَبَّهُمْ ۗ أَلَا بُعْدًا لِّعَادٍ
قَوْمِ هُودٍ ﴿٦٠﴾

60. Wa utbi'ú fí házihid dunyá la'natan wa Yaumal Quiyámah; alá inna 'Ádan kafarú Rabbahum; alá bu'dal li 'Ádin qaumi Húd

60. E, neste mundo, foram perseguidos por uma maldição, e o mesmo acontecerá no Dia da Ressurreição. Não é certo que o povo de 'Ad renegou a seu Senhor? Que pereça 'Ad, o povo de Hud!

۞ وَإِلَىٰ ثَمُودَ أَخَاهُمْ صَٰلِحًاۚ قَالَ يَٰقَوْمِ ٱعْبُدُوا۟ ٱللَّهَ مَا لَكُم مِّنْ إِلَٰهٍ غَيْرُهُۥۖ هُوَ أَنشَأَكُم مِّنَ ٱلْأَرْضِ وَٱسْتَعْمَرَكُمْ فِيهَا فَٱسْتَغْفِرُوهُ ثُمَّ تُوبُوٓا۟ إِلَيْهِۚ إِنَّ رَبِّى قَرِيبٌ مُّجِيبٌ ﴿٦١﴾

61. ۞ Wa ilá Çamúda akháhum Sáli<u>h</u>á; qála yá qaumi' budul láha má lakum min iláhim ghairuhú Huwa ancha ákum minal ardhi wasta' marakum fíhá fastaghfirúhu çumma túbú ilaih; inna Rabbí Qaríbum Mujíb

61. E ao povo de Çamud enviamos seu irmão Sáleh, que lhes disse: Ó povo meu, adorai a Deus porque não tereis outra divindade além d'Ele; Ele foi Quem vos criou da Terra e nela vos enraizou. Implorai, pois, Seu perdão; voltai a Ele, arrependidos, porque meu Senhor está próximo e é Exorável.

قَالُوا۟ يَٰصَٰلِحُ قَدْ كُنتَ فِينَا مَرْجُوًّا قَبْلَ هَٰذَآۖ أَتَنْهَىٰنَآ أَن نَّعْبُدَ مَا يَعْبُدُ ءَابَآؤُنَا وَإِنَّنَا لَفِى شَكٍّ مِّمَّا تَدْعُونَآ إِلَيْهِ مُرِيبٍ ﴿٦٢﴾

62. Qálú yá Sáli<u>h</u>u qad kunta fíná marjuwwan qablaházá atanháná an na'bu da má ya'budu ábá'uná wa innaná lafí chakkim mimmá tad'úná ilaihi muríb

62. Responderam-lhe: Ó Sáleh, eras para nós a esperança antes disto. Pretendes impedir-nos de adorar o que nossos pais adoravam? Estamos em uma inquietante dúvida acerca do que nos predicas.

قَالَ يَٰقَوْمِ أَرَءَيْتُمْ إِن كُنتُ عَلَىٰ بَيِّنَةٍ مِّن رَّبِّى وَءَاتَىٰنِى مِنْهُ رَحْمَةً فَمَن يَنصُرُنِى مِنَ ٱللَّهِ إِنْ عَصَيْتُهُۥۖ فَمَا تَزِيدُونَنِى غَيْرَ تَخْسِيرٍ ﴿٦٣﴾

63. Qála yá qaumi ara'aytum in kuntu 'alá baiyinatim mir Rabbí wa átání min-hu ra<u>h</u>matan famai yansuruní minal láhi in 'asaituhú famá tazídúnaní ghaira takhsír

63. Disse: Ó povo meu, pensai: se eu possuo uma evidência de meu Senhor que me agraciou com a Sua misericórdia, quem me defenderá de Deus, se Lhe desobedecer? Não fareis mais do que agravar a minha desventura!

سُورَةُ هُودٍ

Surat Hud

وَيَٰقَوۡمِ هَٰذِهِۦ نَاقَةُ ٱللَّهِ لَكُمۡ ءَايَةٗۖ فَذَرُوهَا تَأۡكُلۡ فِيٓ أَرۡضِ ٱللَّهِۖ وَلَا
تَمَسُّوهَا بِسُوٓءٖ فَيَأۡخُذَكُمۡ عَذَابٞ قَرِيبٞ ٦٤

64. Wa yá qaumi házihi náqatul láhi lakum áyatan fazarúhá tákul fí ardhil láhi wa lá tamassúhá bisú'in fa yákhuzakum azábun qaríb

64. Ó povo meu, eis aqui a fêmea de camelo de Deus, a qual é um sinal para vós! Deixai-a pastar na Terra de Deus e não a maltrateis, porque um castigo, que está próximo, açoitar-vos-á.

فَعَقَرُوهَا فَقَالَ تَمَتَّعُواْ فِي دَارِكُمۡ ثَلَٰثَةَ أَيَّامٖۖ ذَٰلِكَ وَعۡدٌ غَيۡرُ
مَكۡذُوبٖ ٦٥

65. Fa 'aqarúhá faqála tamatta'ú fí dárikum çaláçata aiyámin zálika wa'dun ghairu makzúb

65. Não obstante, abateram-na. E ele lhes disse: Diverti-vos durante três dias em vossas casas; (logo sereis exterminados). Esta é uma ameaça iniludível.

فَلَمَّا جَآءَ أَمۡرُنَا نَجَّيۡنَا صَٰلِحٗا وَٱلَّذِينَ ءَامَنُواْ مَعَهُۥ بِرَحۡمَةٖ مِّنَّا وَمِنۡ خِزۡيِ
يَوۡمِئِذٍۚ إِنَّ رَبَّكَ هُوَ ٱلۡقَوِيُّ ٱلۡعَزِيزُ ٦٦

66. Falammá já'a amruná najjainá Sálihan wal lazína ámanú ma'ahú birahmatim minná wa min khizyi Yaumi'iz inna Rabbaka Huwal Qawiyyul 'Azíz

66. Mas quando se cumpriu o Nosso desígnio, salvamos Sáleh e os crentes que com ele estavam, por Nossa misericórdia, da desonra daquele dia, porque teu Senhor é o Poderoso, Fortíssimo.

وَأَخَذَ ٱلَّذِينَ ظَلَمُواْ ٱلصَّيۡحَةُ فَأَصۡبَحُواْ فِي دِيَٰرِهِمۡ جَٰثِمِينَ ٦٧

67. Wa akhazal lazína zalamus saihatu fa asbahú fí diyárihim jácimín

67. E o estrondo fulminou os injustos, e a manhã encontrou-os jacentes em seus lares,

كَأَن لَّمۡ يَغۡنَوۡاْ فِيهَآۗ أَلَآ إِنَّ ثَمُودَاْ كَفَرُواْ رَبَّهُمۡۗ أَلَا بُعۡدٗا لِّثَمُودَ ٦٨

68. Ka al lam yaghnau fíhá; alá inna Çamúda kafarú Rabbahum; alá bu'dal li Çamúd.

68. Como se jamais neles houvessem vivido. Acaso, não é certo que o povo de Çamud renegou seu Senhor? Que pereça o povo de Çamud!

سُورَةُ هُودٍ

Surat Hud

وَلَقَدْ جَآءَتْ رُسُلُنَآ إِبْرَٰهِيمَ بِٱلْبُشْرَىٰ قَالُوا۟ سَلَٰمًا قَالَ سَلَٰمٌ فَمَا لَبِثَ أَن جَآءَ

بِعِجْلٍ حَنِيذٍ ﴿٦٩﴾

69. Wa laqad já'at Rusuluná Ibráhíma bilbuchrá qálú saláman qála salámun famá labiça an já'a bi'ijlin haníz

69. E eis que os Nossos mensageiros trouxeram a Abraão o anúncio de boas-novas, dizendo: Paz! E ele respondeu: Paz! E não tardou em obsequiá-los com um vitelo assado.

فَلَمَّا رَءَآ أَيْدِيَهُمْ لَا تَصِلُ إِلَيْهِ نَكِرَهُمْ وَأَوْجَسَ مِنْهُمْ خِيفَةً قَالُوا۟ لَا تَخَفْ إِنَّآ

أُرْسِلْنَآ إِلَىٰ قَوْمِ لُوطٍ ﴿٧٠﴾

70. Falammá ra á aidiyahum lá tasilu ilaihi nakirahum wa aujasa min-hum khífah; qálú lá takhaf inná ursilná ilá qaumi Lút

70. Porém, quando observou que suas mãos hesitavam em tocar o vitelo, desconfiou deles, sentindo-lhes temor. Disseram: Não temas, porque somos enviados contra o povo de Lot!

وَٱمْرَأَتُهُۥ قَآئِمَةٌ فَضَحِكَتْ فَبَشَّرْنَٰهَا بِإِسْحَٰقَ وَمِن وَرَآءِ إِسْحَٰقَ يَعْقُوبَ ﴿٧١﴾

71. Wamra atuhú qá'imatun fadahikat fabachcharnáhá bi Isháqa wa min wará'i Isháqa Ya'qúb

71. E sua mulher, que estava presente, pôs-se a rir, por lhe anunciarmos o nascimento de Isaac e, depois deste, o de Jacó.

قَالَتْ يَٰوَيْلَتَىٰٓ ءَأَلِدُ وَأَنَا۠ عَجُوزٌ وَهَٰذَا بَعْلِى شَيْخًا إِنَّ هَٰذَا لَشَىْءٌ عَجِيبٌ ﴿٧٢﴾

72. Qálat yá wailatá 'álidu wa ana 'ajúzun wa háza ba'lí chaikhan inna házá lachai'un 'ajíb

72. Ela exclamou: Ai de mim! Conceber, eu, que já sou uma anciã, deste meu marido, um ancião? Isto é algo assombroso!

قَالُوٓا۟ أَتَعْجَبِينَ مِنْ أَمْرِ ٱللَّهِ رَحْمَتُ ٱللَّهِ وَبَرَكَٰتُهُۥ عَلَيْكُمْ أَهْلَ ٱلْبَيْتِ إِنَّهُۥ حَمِيدٌ

مَّجِيدٌ ﴿٧٣﴾

73. Qálú ata'jabína min amril láhi rahmatul láhi wa barakátuhú 'alaikum Ahlal Bayt; innahú Hamídun Majíd

73. Disseram: Assombras-te, acaso, dos desígnios de Deus? Pois sabei que a misericórdia de Deus e as Suas bênçãos vos amparam, ó descendentes da casa (profética); Ele é Louvável, Gloriosíssimo.

فَلَمَّا ذَهَبَ عَنْ إِبْرَٰهِيمَ ٱلرَّوْعُ وَجَآءَتْهُ ٱلْبُشْرَىٰ يُجَٰدِلُنَا فِى قَوْمِ لُوطٍ ﴿٧٤﴾

74. Falammá zahaba an Ibráhímar raw'u wa já'at hul buchrá yujádiluná fí qaumi Lút

74. Mas, quando o temor de Abraão se dissipou e lhe chegaram anúncios de boas-novas, começou a interceder junto a Nós pelo povo de Lot.

إِنَّ إِبْرَٰهِيمَ لَحَلِيمٌ أَوَّٰهٌ مُّنِيبٌ ﴿٧٥﴾

75. Inna Ibráhíma la halímun auwáhun muníb

75. Sabei que Abraão era tolerante, sentimental, contrito.

يَٰٓإِبْرَٰهِيمُ أَعْرِضْ عَنْ هَٰذَآ ۖ إِنَّهُۥ قَدْ جَآءَ أَمْرُ رَبِّكَ ۖ وَإِنَّهُمْ ءَاتِيهِمْ عَذَابٌ غَيْرُ
مَرْدُودٍ ﴿٧٦﴾

76. Yá Ibráhímu a'ridh 'an házá innahú qad já'a amru Rabbika wa innahum átíhim 'azábun ghairu mardúd

76. Ó Abraão, não insistas mais nisso, porque a sentença de teu Senhor foi pronunciada, e em breve os fustigará um castigo irrevogável.

وَلَمَّا جَآءَتْ رُسُلُنَا لُوطًا سِىٓءَ بِهِمْ وَضَاقَ بِهِمْ ذَرْعًا وَقَالَ هَٰذَا يَوْمٌ
عَصِيبٌ ﴿٧٧﴾

77. Wa lammá já'at Rusuluná Lútan sí'a bihim wa dháqa bihim zar'an wa qála házá yaumun 'asíb

77. Mas, quando os Nossos mensageiros se apresentaram a Lot, este ficou aflito por eles, sentindo-se impotente para defendê-los, e disse: Este é um dia sinistro!

وَجَآءَهُۥ قَوْمُهُۥ يُهْرَعُونَ إِلَيْهِ وَمِن قَبْلُ كَانُوا۟ يَعْمَلُونَ ٱلسَّيِّـَٔاتِ ۚ قَالَ يَٰقَوْمِ هَٰٓؤُلَآءِ
بَنَاتِى هُنَّ أَطْهَرُ لَكُمْ ۖ فَٱتَّقُوا۟ ٱللَّهَ وَلَا تُخْزُونِ فِى ضَيْفِىٓ ۖ أَلَيْسَ مِنكُمْ رَجُلٌ
رَّشِيدٌ ﴿٧٨﴾

78. Wa já'ahú qaumuhú yuhra'úna ilaihi wa min qablu kánú ya'malúnas saiyiát; qála yá qaumi há'ulá'i banátí hunna atharu lakum fattaqul láha wa lá tukhzúni fí dhaifí alaisa minkum rajulur rachíd

78. E seu povo, que desde antanho havia cometido obscenidades, acudiu precipitadamente a ele; (Lot) disse: Ó povo meu; eis aqui minhas filhas; elas vos são mais puras. Temei, pois, a Deus e não me desonreis perante os meus hóspedes. Não haverá entre vós um homem sensato?

قَالُواْ لَقَدْ عَلِمْتَ مَا لَنَا فِي بَنَاتِكَ مِنْ حَقٍّ وَإِنَّكَ لَتَعْلَمُ مَا نُرِيدُ ﴿٧٩﴾

79. Qálú laqad 'alimta má laná fí banátika min haqq, wa innaka lata'lamu má nuríd

79. Responderam: Tu bem sabes que não temos necessidade de tuas filhas e também sabes o que queremos.

قَالَ لَوْ أَنَّ لِي بِكُمْ قُوَّةً أَوْ ءَاوِيٓ إِلَىٰ رُكْنٍ شَدِيدٍ ﴿٨٠﴾

80. Qála lau anna lí bikum quwwatan au áwí ilá ruknin chadíd

80. Disse: Quem me dera ter forças para resistir a vós ou encontrar um forte auxílio (contra vós)!

قَالُواْ يَٰلُوطُ إِنَّا رُسُلُ رَبِّكَ لَن يَصِلُوٓاْ إِلَيْكَ فَأَسْرِ بِأَهْلِكَ بِقِطْعٍ مِّنَ ٱلَّيْلِ وَلَا يَلْتَفِتْ مِنكُمْ أَحَدٌ إِلَّا ٱمْرَأَتَكَ إِنَّهُۥ مُصِيبُهَا مَآ أَصَابَهُمْ إِنَّ مَوْعِدَهُمُ ٱلصُّبْحُ أَلَيْسَ ٱلصُّبْحُ بِقَرِيبٍ ﴿٨١﴾

81. Qálú yá Lútu inná Rusulu Rabbika lai yasilú ilaika fa asri bi ahlika biquit'im minal laili wa lá yaltafit minkum ahadun illam ra ataka innahú musíbuhá má asábahum; inna maw'i dahumus subh; alaisas subhu biqaríb

81. Disseram-lhe (os anjos): Ó Lot, somos os mensageiros do teu Senhor; eles jamais poderão atingir-te. Sai, pois, com a tua família, no decorrer da noite, e que nenhum de vós olhe para trás. À tua mulher, porém, acontecerá o mesmo que a eles. Tal sentença se executará ao amanhecer. Acaso, não está próximo o amanhecer?

فَلَمَّا جَآءَ أَمْرُنَا جَعَلْنَا عَٰلِيَهَا سَافِلَهَا وَأَمْطَرْنَا عَلَيْهَا حِجَارَةً مِّن سِجِّيلٍ مَّنضُودٍ ﴿٨٢﴾

82. Falammá já'a amruná ja'alná 'áliyahá sáfilahá wa amtarná 'alaihá hijáratam min sijjílim mandúd

82. E quando se cumpriu o Nosso desígnio, reviramos a cidade nefasta e desencadeamos sobre ela uma ininterrupta chuva de pedras de argila endurecida,

مُّسَوَّمَةً عِندَ رَبِّكَ وَمَا هِيَ مِنَ ٱلظَّٰلِمِينَ بِبَعِيدٍ ﴿٨٣﴾

83. Musauwamatan 'inda Rabbik; wa má hiya minaz zálimena biba'íd

83. Estigmatizadas por teu Senhor; e isso não está distante dos injustos.

۞ وَإِلَىٰ مَدْيَنَ أَخَاهُمْ شُعَيْبًا ۚ قَالَ يَٰقَوْمِ ٱعْبُدُوا۟ ٱللَّهَ مَا لَكُم مِّنْ إِلَٰهٍ غَيْرُهُۥ ۖ
وَلَا تَنقُصُوا۟ ٱلْمِكْيَالَ وَٱلْمِيزَانَ ۚ إِنِّىٓ أَرَىٰكُم بِخَيْرٍ وَإِنِّىٓ أَخَافُ
عَلَيْكُمْ عَذَابَ يَوْمٍ مُّحِيطٍ ﴿٨٤﴾

84. ۞ Wa ilá Madyana akháhum Chu'aibá; qála yá qaumi' budul láha má lakum min iláhin ghairuhú wa lá tanqusul mikyála walmízán; inní arákum bikhairin wa inní akháfu 'alaikum 'azába Yaumim muhít

84. E enviamos ao povo de Madian seu irmão Xu'aib (Jetro), o qual disse: Ó povo meu, adorai a Deus porque não tereis outra divindade além d'Ele; e não altereis a medida nem o peso, porque vejo a prosperidade em vós; porém temo por vós o castigo do dia abrangedor.

وَيَٰقَوْمِ أَوْفُوا۟ ٱلْمِكْيَالَ وَٱلْمِيزَانَ بِٱلْقِسْطِ ۖ وَلَا تَبْخَسُوا۟ ٱلنَّاسَ
أَشْيَآءَهُمْ وَلَا تَعْثَوْا۟ فِى ٱلْأَرْضِ مُفْسِدِينَ ﴿٨٥﴾

85. Wa yá qaumi auful mikyála walmízána bilqisti wa lá tabkhasun nása achyá'ahum wa lá ta'çau fil ardhi mufsidín

85. Ó povo meu, disponde da medida e do peso com equidade; não defraudeis os humanos em seus bens e não pratiqueis a devassidão na Terra, como corruptores.

بَقِيَّتُ ٱللَّهِ خَيْرٌ لَّكُمْ إِن كُنتُم مُّؤْمِنِينَ ۚ وَمَآ أَنَا۠ عَلَيْكُم بِحَفِيظٍ ﴿٨٦﴾

86. Baqiyyatul láhi khairul lakum in kuntum mu'minín; wa má ana 'alaikum bihafíz

86. O que Deus vos deixou ser-vos-á mais vantajoso, se sois crentes. E não sou vosso guardião.

قَالُوا۟ يَٰشُعَيْبُ أَصَلَوٰتُكَ تَأْمُرُكَ أَن نَّتْرُكَ مَا يَعْبُدُ ءَابَآؤُنَآ أَوْ أَن نَّفْعَلَ
فِىٓ أَمْوَٰلِنَا مَا نَشَٰٓؤُا۟ ۖ إِنَّكَ لَأَنتَ ٱلْحَلِيمُ ٱلرَّشِيدُ ﴿٨٧﴾

87. Qálú yá Xu'aybu 'a salátuka ta'muruka an natruka má ya'budu ábá'uná au an naf'ala fí amwáliná má nachá'ú innaka la antal halímur rachíd

87. Disseram-lhe: Ó Xu'aib, recomendas, porventura, em tuas preces, que renunciemos ao que os nossos pais adoravam, ou que não façamos de nossos bens o que quisermos, tu que és tolerante, sensato?

قَالَ يَٰقَوۡمِ أَرَءَيۡتُمۡ إِن كُنتُ عَلَىٰ بَيِّنَةٖ مِّن رَّبِّي وَرَزَقَنِي مِنۡهُ رِزۡقًا حَسَنٗاۚ وَمَآ
أُرِيدُ أَنۡ أُخَالِفَكُمۡ إِلَىٰ مَآ أَنۡهَىٰكُمۡ عَنۡهُۚ إِنۡ أُرِيدُ إِلَّا ٱلۡإِصۡلَٰحَ مَا ٱسۡتَطَعۡتُۚ
وَمَا تَوۡفِيقِيٓ إِلَّا بِٱللَّهِۚ عَلَيۡهِ تَوَكَّلۡتُ وَإِلَيۡهِ أُنِيبُ ﴿٨٨﴾

88. Qála yá qaumi ara'aitum in kuntu 'alá baiyinatim mir Rabbí wa razaqaní minhu rizqan hasaná; wa má urídu an ukhálifakum ilá má anhákum 'anh; in urídu illal isláha mastata't; wa má tawfiquí illá billáh; 'alaihi tawakkaltu wa ilaihi uníb

88. Respondeu: Ó povo meu, não vedes que possuo a evidência de meu Senhor e Ele me agraciou generosamente…? Não pretendo contrariar-vos, a não ser no que Ele vos vedou; só desejo a reconciliação, de acordo com a minha capacidade; e meu êxito só depende de Deus, em Quem confio e a Quem retornarei, contrito.

وَيَٰقَوۡمِ لَا يَجۡرِمَنَّكُمۡ شِقَاقِيٓ أَن يُصِيبَكُم مِّثۡلُ مَآ أَصَابَ قَوۡمَ نُوحٍ أَوۡ قَوۡمَ هُودٍ أَوۡ
قَوۡمَ صَٰلِحٖۚ وَمَا قَوۡمُ لُوطٖ مِّنكُم بِبَعِيدٖ ﴿٨٩﴾

89. Wa yá qaumi lá yajri mannakum chiqáqí ai yusíbakum mislu má asába qauma Núhin au qauma Húdin au qauma Sálih; wa má qaumu Lútim minkum biba'íd

89. Ó povo meu, que a hostilidade contra mim não vos induza ao pecado e vos não ocorra o que ocorreu ao povo de Noé, ou ao de Hud, ou ao de Sáleh! Recordai-vos de que o povo de Lot não está distante de vós (no tempo)!

وَٱسۡتَغۡفِرُواْ رَبَّكُمۡ ثُمَّ تُوبُوٓاْ إِلَيۡهِۚ إِنَّ رَبِّي رَحِيمٞ وَدُودٞ ﴿٩٠﴾

90. Wastaghfirú Rabbakum summa túbú ilaih; inna Rabbí Rahímun Wadúd

90. E implorai o perdão de vosso Senhor; voltai a Ele, arrependidos, porque meu Senhor é Misericordioso, Afetuosíssimo.

قَالُواْ يَٰشُعَيۡبُ مَا نَفۡقَهُ كَثِيرٗا مِّمَّا تَقُولُ وَإِنَّا لَنَرَىٰكَ فِينَا ضَعِيفٗاۖ وَلَوۡلَا رَهۡطُكَ
لَرَجَمۡنَٰكَۖ وَمَآ أَنتَ عَلَيۡنَا بِعَزِيزٖ ﴿٩١﴾

91. Qálú yá Xu'aibu má nafqahu kacíram mimmá taqúlu wa inná lanaráka finá dha'ífan wa lau lá rahtuka larajamnáka wa má anta 'alainá bi'azíz

91. Disseram: Ó Xu'aib, não compreendemos muito do que dizes e, para nós, és incapaz; se não fosse por tua família, ter-te-íamos apedrejado, porque não ocupas grande posição entre nós.

قَالَ يَٰقَوۡمِ أَرَهۡطِيٓ أَعَزُّ عَلَيۡكُم مِّنَ ٱللَّهِ وَٱتَّخَذۡتُمُوهُ وَرَآءَكُمۡ ظِهۡرِيًّاۖ إِنَّ
رَبِّي بِمَا تَعۡمَلُونَ مُحِيطٞ ﴿٩٢﴾

92. Qála yá qaumi arahtí a'azzu 'alaikum minal láhi wattakhaztumúhu wará'akum zihriyyan inna Rabbí bimá ta'malúna muhít

92. Retrucou-lhes: Ó povo meu, acaso minha família vos é mais estimada do que Deus, a Quem deixastes completamente no esquecimento? Sabei que meu Senhor está inteirado de tudo quanto fazeis.

وَيَٰقَوۡمِ ٱعۡمَلُواْ عَلَىٰ مَكَانَتِكُمۡ إِنِّي عَٰمِلٞۖ سَوۡفَ تَعۡلَمُونَ مَن يَأۡتِيهِ
عَذَابٞ يُخۡزِيهِ وَمَنۡ هُوَ كَٰذِبٞۖ وَٱرۡتَقِبُوٓاْ إِنِّي مَعَكُمۡ رَقِيبٞ ﴿٩٣﴾

93. Wa yá qaumi' malú 'alá makánatikum inní 'ámilun saufa ta'lamúna many ya'tíhi 'azábuny yukhzíhi wa man huwa kázib; wartaqibú inní ma'akum raquib

93. Ó povo meu, agi segundo o vosso critério, que eu agirei segundo o meu. Logo sabereis a quem açoitará um castigo que o desonrará e quem de nós é impostor. Esperai, pois, que eu espero convosco!

وَلَمَّا جَآءَ أَمۡرُنَا نَجَّيۡنَا شُعَيۡبٗا وَٱلَّذِينَ ءَامَنُواْ مَعَهُۥ بِرَحۡمَةٖ مِّنَّا وَأَخَذَتِ ٱلَّذِينَ ظَلَمُواْ
ٱلصَّيۡحَةُ فَأَصۡبَحُواْ فِي دِيَٰرِهِمۡ جَٰثِمِينَ ﴿٩٤﴾

94. Wa lammá já'a amruná najjainá Xu'aiban wal lazína ámanú ma'ahú birahmatim minná wa akhazatil lazína zalamus saihatu fa asbahú fí diyárihim jácimín

94. Mas, quando se cumpriu o Nosso desígnio, salvamos, por Nossa misericórdia, Xu'aib, e com ele os crentes. E o estrondo fulminou os injustos e a manhã encontrou-os jacentes em seus lares,

كَأَن لَّمۡ يَغۡنَوۡاْ فِيهَآۗ أَلَا بُعۡدٗا لِّمَدۡيَنَ كَمَا بَعِدَتۡ ثَمُودُ ﴿٩٥﴾

95. Ka-al-lam yaghnau fihá; alá bu'dal li Madyana Kamá ba'idat Çamúd

95. Como se jamais neles houvessem vivido. Que pereça o povo de Madian, como pereceu o povo de Samud!

وَلَقَدۡ أَرۡسَلۡنَا مُوسَىٰ بِـَٔايَٰتِنَا وَسُلۡطَٰنٖ مُّبِينٍ ﴿٩٦﴾

96. Wa laqad arsalná Mussá bi Áyátiná wa sultánim mubín

96. E enviamos Moisés com os Nossos versículos, e com autoridade evidente,

سُورَةُ هُودٍ

Surat Hud

إِلَىٰ فِرْعَوْنَ وَمَلَإِي۟هِۦ فَٱتَّبَعُوٓا۟ أَمْرَ فِرْعَوْنَ ۖ وَمَآ أَمْرُ فِرْعَوْنَ بِرَشِيدٍ ﴿٩٧﴾

97. Ilá Fir'auna wa mala'ihí fattaba'ú amra Fir'auna wa má amru Fir'auna birachíd

97. Ao Faraó e seus chefes; porém, estes obedeceram à ordem do Faraó, embora a ordem do Faraó fosse insensata.

يَقْدُمُ قَوْمَهُۥ يَوْمَ ٱلْقِيَٰمَةِ فَأَوْرَدَهُمُ ٱلنَّارَ ۖ وَبِئْسَ ٱلْوِرْدُ ٱلْمَوْرُودُ ﴿٩٨﴾

98. Yaqdumu qaumahú Yaumal Quiyámati fa aurada humun Nára wa bi'sal wirdul maurúd

98. Ele encabeçará o seu povo, no Dia da Ressurreição, e os fará entrar no fogo infernal. Que infeliz entrada a sua!

وَأُتْبِعُوا۟ فِى هَٰذِهِۦ لَعْنَةً وَيَوْمَ ٱلْقِيَٰمَةِ ۚ بِئْسَ ٱلرِّفْدُ ٱلْمَرْفُودُ ﴿٩٩﴾

99. Wa utbi'ú fí házihí la'natan wa Yaumal Qiyámah; bi'sar rifdul marfúd

99. E foram perseguidos pela maldição, neste mundo, tal como o serão no Dia da Ressurreição. Que detestável presente ser-lhes-á outorgado!

ذَٰلِكَ مِنْ أَنۢبَآءِ ٱلْقُرَىٰ نَقُصُّهُۥ عَلَيْكَ ۖ مِنْهَا قَآئِمٌ وَحَصِيدٌ ﴿١٠٠﴾

100. Zálika min ambá'il qurá naqussuhú 'alaika minhá qá'imun wa hasíd

100. Eis aqui alguns dos relatos da história das cidades que te referimos; algumas ainda de pé, outras já arrasadas.

وَمَا ظَلَمْنَٰهُمْ وَلَٰكِن ظَلَمُوٓا۟ أَنفُسَهُمْ ۖ فَمَآ أَغْنَتْ عَنْهُمْ ءَالِهَتُهُمُ ٱلَّتِى يَدْعُونَ
مِن دُونِ ٱللَّهِ مِن شَىْءٍ لَّمَّا جَآءَ أَمْرُ رَبِّكَ ۖ وَمَا زَادُوهُمْ غَيْرَ تَتْبِيبٍ ﴿١٠١﴾

101. Wa má zalamnáhum wa lákin zalamú anfusahum famá aghnat 'anhum álihatuhumul latí yad'úna min dúnil láhi min chai'il lammá já'a amru Rabbika wa má zádúhum ghaira tatbíb

101. E não os condenamos, senão que se condenaram a si próprios. De nada lhes valeram as deidades que invocaram, em vez de Deus, quando se cumpriu o desígnio do teu Senhor! Não fizeram mais do que lhes agravar a perdição.

وَكَذَٰلِكَ أَخْذُ رَبِّكَ إِذَآ أَخَذَ ٱلْقُرَىٰ وَهِىَ ظَٰلِمَةٌ ۚ إِنَّ أَخْذَهُۥٓ أَلِيمٌ شَدِيدٌ ﴿١٠٢﴾

102. Wa kazálika akhzu Rabbika izá akhazal qurá wa hiya zálimah; inna akhzahú alímun chadíd

102. E assim é o extermínio (vindo) do teu Senhor, Que extermina as cidades por suas iniquidades. O Seu extermínio é terrível, severíssimo.

إِنَّ فِي ذَٰلِكَ لَآيَةً لِّمَنْ خَافَ عَذَابَ ٱلْآخِرَةِ ذَٰلِكَ يَوْمٌ مَّجْمُوعٌ لَّهُ ٱلنَّاسُ وَذَٰلِكَ يَوْمٌ
مَّشْهُودٌ ﴿١٠٣﴾

103. Inna fí zálika la áyatal liman kháfa 'azábal Ákhirah; zálika Yaumum majmú'ul lahun násu wa zálika Yaumum machhúd

103. Nisto há um sinal para quem teme o castigo da Outra Vida. Isso acontecerá no dia em que forem congregados os humanos; aquele será um dia testemunhável,

وَمَا نُؤَخِّرُهُۥٓ إِلَّا لِأَجَلٍ مَّعْدُودٍ ﴿١٠٤﴾

104. Wa má nu'akhkhiruhú illá li ajalim ma'dúd

104. Que só adiamos por um prazo predeterminado.

يَوْمَ يَأْتِ لَا تَكَلَّمُ نَفْسٌ إِلَّا بِإِذْنِهِۦ فَمِنْهُمْ شَقِيٌّ وَسَعِيدٌ ﴿١٠٥﴾

105. Yauma yáti lá takallamu nafsun illá bi iznih; faminhum chaqiyyun wa sa'íd

105. Quando tal dia chegar, ninguém falará, senão com a vênia d'Ele, e entre eles haverá desventurados e venturosos.

فَأَمَّا ٱلَّذِينَ شَقُوا۟ فَفِى ٱلنَّارِ لَهُمْ فِيهَا زَفِيرٌ وَشَهِيقٌ ﴿١٠٦﴾

106. Fa ammal lazína chaqú fafin Nári lahum fíhá zafírun wa chahíq

106. Quanto aos desventurados, serão precipitados no fogo, donde exalarão gemidos e gritos,

خَٰلِدِينَ فِيهَا مَا دَامَتِ ٱلسَّمَٰوَٰتُ وَٱلْأَرْضُ إِلَّا مَا شَآءَ رَبُّكَ إِنَّ رَبَّكَ فَعَّالٌ
لِّمَا يُرِيدُ ﴿١٠٧﴾

107. Khálidína fíhá má dámatis samáwátu wal ardhu illá má chá'a Rabbuk; inna Rabbaka fa' 'álul limá yuríd

107. Onde permanecerão eternamente, enquanto perdurarem os Céus e a Terra, a menos que teu Senhor disponha doutra sorte, porque Ele dispõe como Lhe apraz.

۞ وَأَمَّا ٱلَّذِينَ سُعِدُوا۟ فَفِى ٱلْجَنَّةِ خَٰلِدِينَ فِيهَا مَا دَامَتِ ٱلسَّمَٰوَٰتُ وَٱلْأَرْضُ إِلَّا مَا
شَآءَ رَبُّكَ عَطَآءً غَيْرَ مَجْذُوذٍ ﴿١٠٨﴾

108. ۞ *Wa ammal lazína su'idú fafil Jannati khálidína fíhá má dámatis samáwátu wal ardhu illá má chá'a Rabbuk; atá'an ghaira majzúz*

108. Os venturosos, porém, morarão eternamente no Paraíso, enquanto perdurarem os Céus e a Terra, a menos que teu Senhor disponha doutra sorte. Esta é uma graça ininterrupta.

فَلَا تَكُ فِي مِرْيَةٍ مِّمَّا يَعْبُدُ هَٰٓؤُلَآءِۚ مَا يَعْبُدُونَ إِلَّا كَمَا يَعْبُدُ ءَابَآؤُهُم مِّن قَبْلُۚ
وَإِنَّا لَمُوَفُّوهُمْ نَصِيبَهُمْ غَيْرَ مَنقُوصٍ ١٠٩

109. Falá taku fí miryatim mimmmá ya'budu há'ulá'; má ya'budúna illá kamá ya'budu ábá'uhum min qabl; wa inná lamuwaf fúhum nasíbahum ghaira manqús

109. Não tenhas dúvidas sobre o que esses (incrédulos) adorarão, porque não adorarão senão o que anteriormente seus pais haviam adorado. Nós lhes pagaremos o que lhes corresponde, sem diminuí-lo.

وَلَقَدْ ءَاتَيْنَا مُوسَى ٱلْكِتَٰبَ فَٱخْتُلِفَ فِيهِۚ وَلَوْلَا كَلِمَةٌ سَبَقَتْ مِن رَّبِّكَ
لَقُضِيَ بَيْنَهُمْۚ وَإِنَّهُمْ لَفِي شَكٍّ مِّنْهُ مُرِيبٍ ١١٠

110. Wa laqad átainá Músal Kitába fakhtulifa fíh; wa lau lá Kalimatun sabaqat mir Rabbika laqudhiya bainahum; wa innahum lafí chakkim minhu muríb

110. Havíamos concedido o Livro a Moisés, acerca do qual houve discórdias; e, se não houvesse sido por uma palavra predita por teu Senhor, Este já os teria julgado. Mas continuam em dúvida inquietante, a tal respeito.

وَإِنَّ كُلًّا لَّمَّا لَيُوَفِّيَنَّهُمْ رَبُّكَ أَعْمَٰلَهُمْۚ إِنَّهُۥ بِمَا يَعْمَلُونَ خَبِيرٌ ١١١

111. Wa inna kullal lammá la yuwaffiyannahum Rabbuka a'málahum; innahú bimá ya'malúna Khabír

111. Teu Senhor retribuirá a cada um segundo suas obras, porque Ele está bem inteirado de tudo quanto fazem.

فَٱسْتَقِمْ كَمَآ أُمِرْتَ وَمَن تَابَ مَعَكَ وَلَا تَطْغَوْاْۚ إِنَّهُۥ بِمَا تَعْمَلُونَ بَصِيرٌ ١١٢

112. Fastaqim kamá umirta wa man tába ma'aka wa lá tatghau; innahú bimá ta'malúna Basír

112. Sê firme, pois, tal qual te foi ordenado, juntamente com os arrependidos, e não vos extravieis, porque Ele bem vê tudo quanto fazeis.

وَلَا تَرْكَنُوٓاْ إِلَى ٱلَّذِينَ ظَلَمُواْ فَتَمَسَّكُمُ ٱلنَّارُ وَمَا لَكُم مِّن دُونِ ٱللَّهِ مِنْ
أَوْلِيَآءَ ثُمَّ لَا تُنصَرُونَ ١١٣

113. Wa lá tarkanú ilal lazína zalamú fatamassa kumun Náru wa má lakum min dúnil láhi min awliyá'a çumma lá tunsarún

113. E não vos inclineis para os injustos, porque o fogo apoderar-se-á de vós; e não tereis, em vez de Deus, protetores, nem sereis socorridos.

وَأَقِمِ ٱلصَّلَوٰةَ طَرَفَيِ ٱلنَّهَارِ وَزُلَفًا مِّنَ ٱلَّيۡلِۚ إِنَّ ٱلۡحَسَنَٰتِ يُذۡهِبۡنَ ٱلسَّيِّـَٔاتِۚ
ذَٰلِكَ ذِكۡرَىٰ لِلذَّٰكِرِينَ ١١٤

114. Wa aquimis Saláta tarafayin nahári wa zulafam minal layl; innal hasanáti yuzhibnas saiyi át; zálika zikrá liz zákirín

114. E observa a oração em ambas as extremidades do dia e em certas horas da noite, porque as boas ações anulam as más. Nisto há mensagem para os que recordam.

وَٱصۡبِرۡ فَإِنَّ ٱللَّهَ لَا يُضِيعُ أَجۡرَ ٱلۡمُحۡسِنِينَ ١١٥

115. Wasbir fa innal láha lá yudhí'u ajral muhsinín

115. E persevera, porque Deus não frustra a recompensa dos benfeitores.

فَلَوۡلَا كَانَ مِنَ ٱلۡقُرُونِ مِن قَبۡلِكُمۡ أُوْلُواْ بَقِيَّةٖ يَنۡهَوۡنَ عَنِ ٱلۡفَسَادِ فِي ٱلۡأَرۡضِ إِلَّا
قَلِيلٗا مِّمَّنۡ أَنجَيۡنَا مِنۡهُمۡۗ وَٱتَّبَعَ ٱلَّذِينَ ظَلَمُواْ مَآ أُتۡرِفُواْ فِيهِ وَكَانُواْ
مُجۡرِمِينَ ١١٦

116. Falau lá kána minal qurúni min qablikum úlú baqiyyatiny yanhauna 'anil fasádi fil ardhi illá qalílam mimman anjainá minhum; wattaba'al lazína zalamú má utrifú fíhi wa kánú mujrimín

116. Se ao menos houvesse, entre as gerações que vos precederam, alguns sensatos que proibissem a corrupção na Terra, como o fizeram uns poucos dos que havíamos salvo! Mas os injustos se entregaram às suas concupiscências e foram pecadores.

وَمَا كَانَ رَبُّكَ لِيُهۡلِكَ ٱلۡقُرَىٰ بِظُلۡمٖ وَأَهۡلُهَا مُصۡلِحُونَ ١١٧

117. Wa má kána Rabbuka liyuhlikal qurá bizulmin wa ahluhá muslihún

117. É inconcebível que teu Senhor exterminasse as cidades injustamente, caso seus habitantes fossem conciliadores!

وَلَوۡ شَآءَ رَبُّكَ لَجَعَلَ ٱلنَّاسَ أُمَّةٗ وَٰحِدَةٗۖ وَلَا يَزَالُونَ مُخۡتَلِفِينَ ١١٨

118. Wa lau chá'a Rabbuka laja'alannnása ummatan wá hidatan wa lá yazálúna mukhtalifín

سُورَةُ هُودٍ

Surat Hud

118. Se teu Senhor quisesse, teria feito dos humanos uma só nação; porém, jamais cessarão de disputar entre si,

إِلَّا مَن رَّحِمَ رَبُّكَ وَلِذَٰلِكَ خَلَقَهُمْ وَتَمَّتْ كَلِمَةُ رَبِّكَ لَأَمْلَأَنَّ جَهَنَّمَ مِنَ الْجِنَّةِ وَالنَّاسِ أَجْمَعِينَ ﴿١١٩﴾

119. Illá mar rahima Rabbuk; wa lizálika khalaqahum; wa tammat Kalimatu Rabbika la amla'ana Jahannama minal jinnati wannnási ajma'ín

119. Salvo aqueles de quem teu Senhor Se apiade. Para isso os criou. Assim, cumprir-se-á a palavra do teu Senhor: Encherei o inferno, tanto de gênios, como de humanos, todos juntos.

وَكُلًّا نَّقُصُّ عَلَيْكَ مِنْ أَنبَاءِ الرُّسُلِ مَا نُثَبِّتُ بِهِ فُؤَادَكَ وَجَاءَكَ فِي هَٰذِهِ الْحَقُّ وَمَوْعِظَةٌ وَذِكْرَىٰ لِلْمُؤْمِنِينَ ﴿١٢٠﴾

120. Wa kullan naqussu 'alaika min ambá'ir Rusuli má nuçabbitu bihí fu'ádak; wa já'aka fí házihil haqqu wa maw'izatun wa zikrá lilmu'minín

120. E tudo o que te relatamos, da história dos mensageiros, é para que se firme o teu coração. Nesta (Surata) chegou-te a verdade, e a exortação e a mensagem para os crentes.

وَقُل لِّلَّذِينَ لَا يُؤْمِنُونَ اعْمَلُوا عَلَىٰ مَكَانَتِكُمْ إِنَّا عَامِلُونَ ﴿١٢١﴾

121. Wa qul lillazína lá yu'minú na'malú 'alá makánatikum inná 'ámilún

121. E dize aos incrédulos: Agi segundo o vosso critério, que nós agiremos segundo o nosso.

وَانتَظِرُوا إِنَّا مُنتَظِرُونَ ﴿١٢٢﴾

122. Wantazirú inná mun tazirún

122. E aguardai, que nós aguardaremos.

وَلِلَّهِ غَيْبُ السَّمَاوَاتِ وَالْأَرْضِ وَإِلَيْهِ يُرْجَعُ الْأَمْرُ كُلُّهُ فَاعْبُدْهُ وَتَوَكَّلْ عَلَيْهِ وَمَا رَبُّكَ بِغَافِلٍ عَمَّا تَعْمَلُونَ ﴿١٢٣﴾

123. Wa lilláhi ghaibus samáwáti wal ardhi wa ilaihi yurja'ul amru kulluhú fa'bud hu wa tawakkal 'alaih; wa má Rabbuka bigháfilin 'ammá ta'malún

123. A Deus pertence o mistério dos Céus e da Terra, e a Ele retornarão todas as coisas. Adora-O, pois, e confia n'Ele, porque teu Senhor não está desatento a tudo quanto fazeis!

سُورَةُ يُوسُف

Surat Youssif

Surat 12. Youssif . 111 versículos. Revelada em Makka, com exceção do versículo 1 a 3 e 7, que foram revelados em Madina.

São utilizados os versículos de 1 a 52 nesse Juzi

بِسْمِ اللَّهِ الرَّحْمَٰنِ الرَّحِيمِ

Bismilláhir Rahmánir Rahím

Em nome de Deus, o Clemente, o Misericordioso

الٓر تِلْكَ ءَايَٰتُ ٱلْكِتَٰبِ ٱلْمُبِينِ ﴿١﴾

1. Alif-Lám-Rá; tilka Áyátul Kitábil Mubin

1. Alef, Lam, Ra. Eis aqui os versículos do Livro esclarecedor.

إِنَّآ أَنزَلْنَٰهُ قُرْءَٰنًا عَرَبِيًّا لَّعَلَّكُمْ تَعْقِلُونَ ﴿٢﴾

2. Inná anzalnáhu quránan 'Arabiyyal la 'allakum ta'qilún

2. Revelamo-lo como um Alcorão árabe, para que raciocineis.

نَحْنُ نَقُصُّ عَلَيْكَ أَحْسَنَ ٱلْقَصَصِ بِمَآ أَوْحَيْنَآ إِلَيْكَ هَٰذَا ٱلْقُرْءَانَ وَإِن
كُنتَ مِن قَبْلِهِۦ لَمِنَ ٱلْغَٰفِلِينَ ﴿٣﴾

3. Nahnu naqussu 'alaika ahsanal qasasi bimá auhainá ilaika házal quràna wa in kunta min qablihí laminal gháfilín

3. Nós te relatamos a mais formosa das narrativas, ao inspirar-te este Alcorão, se bem que antes disso era um dos desatentos.

إِذْ قَالَ يُوسُفُ لِأَبِيهِ يَٰٓأَبَتِ إِنِّى رَأَيْتُ أَحَدَ عَشَرَ كَوْكَبًا وَٱلشَّمْسَ وَٱلْقَمَرَ رَأَيْتُهُمْ
لِى سَٰجِدِينَ ﴿٤﴾

4. Iz qála Yúsufu li abíhi yá abati inní ra aytu ahada 'achara kawkaban wach chamsa walqamara ra aytuhum lí sájidín

4. Recorda-te de quando José disse a seu pai: Ó pai, vi, em sonho, onze estrelas, o sol e a lua; vi-os prostrando-se ante mim.

قَالَ يَٰبُنَىَّ لَا تَقْصُصْ رُءْيَاكَ عَلَىٰٓ إِخْوَتِكَ فَيَكِيدُوا۟ لَكَ كَيْدًا إِنَّ ٱلشَّيْطَٰنَ
لِلْإِنسَٰنِ عَدُوٌّ مُّبِينٌ ﴿٥﴾

سُورَةُ يُوسُف

Surat Youssif

5. *Qála yá bunaiya lá taqsus ru'yáka 'alá ikhwatika fayakidú laka kaidá; innach Chaitána lil insáni 'aduwwum mubín*

5. Respondeu-lhe: Ó filho meu, não relates teu sonho aos teus irmãos, para que não conspirem astutamente contra ti. Fica sabendo que Satanás é inimigo declarado do homem.

وَكَذَٰلِكَ يَجْتَبِيكَ رَبُّكَ وَيُعَلِّمُكَ مِن تَأْوِيلِ ٱلْأَحَادِيثِ وَيُتِمُّ نِعْمَتَهُۥ عَلَيْكَ وَعَلَىٰٓ
ءَالِ يَعْقُوبَ كَمَآ أَتَمَّهَا عَلَىٰٓ أَبَوَيْكَ مِن قَبْلُ إِبْرَٰهِيمَ وَإِسْحَٰقَ ۚ إِنَّ رَبَّكَ عَلِيمٌ حَكِيمٌ ﴿٦﴾

6. *Wa kazálika yajtabíka rabbuka wa yu'allimuka min ta'wílil ahádísi wa yutimmu ni'matahú 'alaika wa 'alá Áli Ya'qúba kamá atammahá 'alá abawaika min qablu Ibráhíma wa Isháq; inna Rabbaka 'Alímun Hakím*

6. E assim teu Senhor te elegerá e ensinar-te-á a interpretação das histórias, e te agraciará com a Sua mercê, a ti e à família de Jacó, como agraciou anteriormente teus avôs, Abraão e Isaac, porque teu Senhor é Sapiente, Prudentíssimo.

۞ لَّقَدْ كَانَ فِى يُوسُفَ وَإِخْوَتِهِۦٓ ءَايَٰتٌ لِّلسَّآئِلِينَ ﴿٧﴾

7. ۞ *Laqad kána fí Yúsufa wa ikhwatihí Áyátul lissá'ilín*

7. Na história de José e de seus irmãos há exemplos para os que procuram (a verdade).

إِذْ قَالُوا۟ لَيُوسُفُ وَأَخُوهُ أَحَبُّ إِلَىٰٓ أَبِينَا مِنَّا وَنَحْنُ عُصْبَةٌ إِنَّ أَبَانَا لَفِى ضَلَٰلٍ
مُّبِينٍ ﴿٨﴾

8. *Iz qálú la Yúsufu wa akhúhu ahabbu ilá Abíná minná wa nahnu 'usbatun; inna abáná lafí dhalálim mubín*

8. Eis que (os irmãos de José) disseram (entre si): José e seu irmão (Benjamim) são mais queridos por nosso pai do que nós, apesar de sermos muitos. Certamente, nosso pai está (mentalmente) divagante!

ٱقْتُلُوا۟ يُوسُفَ أَوِ ٱطْرَحُوهُ أَرْضًا يَخْلُ لَكُمْ وَجْهُ أَبِيكُمْ وَتَكُونُوا۟ مِنۢ بَعْدِهِۦ
قَوْمًا صَٰلِحِينَ ﴿٩﴾

9. *Uqtulú Yúsufa auitrahúhu ardhan yakhlu lakum wajhu abíkum wa takúnú mim ba'dihí qauman sálihín*

9. Matai, pois, José ou, então, desterrai-o; assim, o carinho de vosso pai se concentrará em vós e, depois disso, sereis virtuosos.

سُورَةُ يُوسُف

Surat Youssif

قَالَ قَآئِلٌ مِّنۡهُمۡ لَا تَقۡتُلُواْ يُوسُفَ وَأَلۡقُوهُ فِي غَيَٰبَتِ ٱلۡجُبِّ يَلۡتَقِطۡهُ بَعۡضُ ٱلسَّيَّارَةِ
إِن كُنتُمۡ فَٰعِلِينَ ١٠

10. Qálá qá'ilum minhum lá taqtulú Yúsufa wa alqúhu fí ghayábatil jubbi yaltaqithu badus sai yárati in kuntum fá'ilín

10. Um deles disse, então: Não mateis José, mas arrojai-o no fundo de um poço, pois se assim o fizerdes poderá ser tirado por alguém de alguma caravana.

قَالُواْ يَٰٓأَبَانَا مَا لَكَ لَا تَأۡمَ۬نَّا عَلَىٰ يُوسُفَ وَإِنَّا لَهُۥ لَنَٰصِحُونَ ١١

11. Qálú yá abáná má laka lá ta'manná 'alá Yúsufa wa inná lahú lanásihún

11. Disseram (depois de combinarem afastar José do pai): Ó pai, que há contigo? Por que não nos confias José, apesar de sermos conselheiros dele?

أَرۡسِلۡهُ مَعَنَا غَدٗا يَرۡتَعۡ وَيَلۡعَبۡ وَإِنَّا لَهُۥ لَحَٰفِظُونَ ١٢

12. Arsillhu ma'aná ghadany yarta' wa yal'ab wa inná lahú la háfizún

12. Envia-o amanhã conosco, para que se divirta e brinque, que tomaremos conta dele.

قَالَ إِنِّي لَيَحۡزُنُنِيٓ أَن تَذۡهَبُواْ بِهِۦ وَأَخَافُ أَن يَأۡكُلَهُ ٱلذِّئۡبُ وَأَنتُمۡ عَنۡهُ
غَٰفِلُونَ ١٣

13. Qála inní la yahzununí an tazhabú bihí wa akháfu any ya'kulahuz zi'bu wa antum 'anhu gháfilún

13. Respondeu-lhes: Sem dúvida que me condói que o leveis, porque temo que o devore um lobo, enquanto estiverdes descuidados.

قَالُواْ لَئِنۡ أَكَلَهُ ٱلذِّئۡبُ وَنَحۡنُ عُصۡبَةٌ إِنَّآ إِذٗا لَّخَٰسِرُونَ ١٤

14. Qálú la in akalahuzzi'bu wa nahnu 'usbatun inná izal lakhásirún

14. Asseguraram: Se o lobo o devorar, apesar de sermos muitos, seremos então desventurados.

فَلَمَّا ذَهَبُواْ بِهِۦ وَأَجۡمَعُوٓاْ أَن يَجۡعَلُوهُ فِي غَيَٰبَتِ ٱلۡجُبِّۚ وَأَوۡحَيۡنَآ إِلَيۡهِ
لَتُنَبِّئَنَّهُم بِأَمۡرِهِمۡ هَٰذَا وَهُمۡ لَا يَشۡعُرُونَ ١٥

15. Falammá zahabú bihí wa ajma'ú anyyaj'alúhu fí ghayábatil jubb; wa auhainá ilaihi latunabbi 'annahum bi amrihim háza wa hum lá yach'urún

15. E assim o levaram, resolvidos a arrojá-lo no fundo do poço, mas revelamos-lhe: Algum dia hás de inteirá-los desta sua ação, mas eles não te conhecerão.

سُورَةُ يُوسُف

Surat Youssif

وَجَآءُوٓ أَبَاهُمۡ عِشَآءٗ يَبۡكُونَ ١٦

16. Wa já'ú abáhum 'ichá 'any yabkún

16. E, ao anoitecer, apresentaram-se chorando ante seu pai.

قَالُواْ يَٰٓأَبَانَآ إِنَّا ذَهَبۡنَا نَسۡتَبِقُ وَتَرَكۡنَا يُوسُفَ عِندَ مَتَٰعِنَا فَأَكَلَهُ ٱلذِّئۡبُۖ
وَمَآ أَنتَ بِمُؤۡمِنٖ لَّنَا وَلَوۡ كُنَّا صَٰدِقِينَ ١٧

17. Qálú yá abáná inná zahabná nastabiqu wa tarakná Yúsufa 'inda matá'iná fa akalahuz zi'b, wa má anta bimu'minil laná wa lau kunná sádiquín

17. Disseram: Ó pai, estávamos apostando corrida e deixamos José junto à nossa bagagem, quando um lobo o devorou. Porém, tu não irás crer, ainda que estejamos falando a verdade!

وَجَآءُو عَلَىٰ قَمِيصِهِۦ بِدَمٖ كَذِبٖۚ قَالَ بَلۡ سَوَّلَتۡ لَكُمۡ أَنفُسُكُمۡ أَمۡرٗاۖ فَصَبۡرٞ جَمِيلٞۖ
وَٱللَّهُ ٱلۡمُسۡتَعَانُ عَلَىٰ مَا تَصِفُونَ ١٨

18. Wa já'ú 'alá qamísi hí bidamin kazib qála bal sauwalat lakum anfusukum amrá; fasabrun jamíl; walláhul musta'ánu 'alá mátasifún

18. Então lhe mostraram sua túnica falsamente ensanguentada; porém, Jacó lhes disse: Qual! Vós mesmos tramastes cometer semelhante crime! Porém, resignar-me-ei pacientemente, pois Deus me confortará, em relação ao que me anunciais.

وَجَآءَتۡ سَيَّارَةٞ فَأَرۡسَلُواْ وَارِدَهُمۡ فَأَدۡلَىٰ دَلۡوَهُۥۖ قَالَ يَٰبُشۡرَىٰ هَٰذَا غُلَٰمٞۚ وَأَسَرُّوهُ
بِضَٰعَةٗۚ وَٱللَّهُ عَلِيمُۢ بِمَا يَعۡمَلُونَ ١٩

19. Wa já'at saiyáratun fa-arsalú wáridahum fa adlá dalwah; qála yá buchrá háza ghulám; wa asarrúhu bi-dhá'ah; walláhu 'alímun bimá ya'malún

19. Então, aproximou-se do poço uma caravana, que enviou seu aguadeiro em busca de água; jogou seu balde (no poço) e disse: Boas-novas! Eis aqui um adolescente! E o ocultaram entre seus apetrechos, sendo Deus sabedor do que faziam.

وَشَرَوۡهُ بِثَمَنِۢ بَخۡسٖ دَرَٰهِمَ مَعۡدُودَةٖ وَكَانُواْ فِيهِ مِنَ ٱلزَّٰهِدِينَ ٢٠

20. Wa charawhu biçamanim bakhsin daráhima ma'dú datin wa kánú fíhi minaz záhidín

20. Venderam-no a ínfimo preço, por poucas moedas, sem lhe dar maior importância.

سُورَةُ يُوسُف

Surat Youssif

وَقَالَ ٱلَّذِى ٱشْتَرَىٰهُ مِن مِّصْرَ لِٱمْرَأَتِهِۦٓ أَكْرِمِى مَثْوَىٰهُ عَسَىٰٓ أَن يَنفَعَنَآ أَوْ
نَتَّخِذَهُۥ وَلَدًا ۚ وَكَذَٰلِكَ مَكَّنَّا لِيُوسُفَ فِى ٱلْأَرْضِ وَلِنُعَلِّمَهُۥ مِن تَأْوِيلِ
ٱلْأَحَادِيثِ ۚ وَٱللَّهُ غَالِبٌ عَلَىٰٓ أَمْرِهِۦ وَلَٰكِنَّ أَكْثَرَ ٱلنَّاسِ لَا يَعْلَمُونَ ﴿٢١﴾

21. *Wa qálal lazich taráhu mim Misra limra atihí akrimí maçwáhu 'asá an-yanfa'aná au nattakhizahú waladá; wa kazálika mak-kanná li-Yúsufa fil ardhi wa linu'allimahú min ta'wílil ahádís; walláhu ghálibun 'alá amrihí wa lákinna akçaran nási lá ya'lamún*

21. E o egípcio que o adquiriu disse à sua mulher: Acolhe-o condignamente; pode ser que nos venha a ser útil, ou poderemos adotá-lo como filho. Assim estabilizamos José na terra, e ensinamos-lhe a interpretação das histórias. Sabei que Deus possui total controle sobre os Seus assuntos; porém, a maioria dos humanos o ignora.

وَلَمَّا بَلَغَ أَشُدَّهُۥٓ ءَاتَيْنَٰهُ حُكْمًا وَعِلْمًا ۚ وَكَذَٰلِكَ نَجْزِى ٱلْمُحْسِنِينَ ﴿٢٢﴾

22. *Wa lammá balagha achuddahú átaináhu hukman wa 'ilmá; wa kazá lika najzil muhsinín*

22. E quando alcançou a puberdade, agraciamo-lo com poder e sabedoria; assim recompensamos os benfeitores.

وَرَٰوَدَتْهُ ٱلَّتِى هُوَ فِى بَيْتِهَا عَن نَّفْسِهِۦ وَغَلَّقَتِ ٱلْأَبْوَٰبَ وَقَالَتْ هَيْتَ لَكَ ۚ
قَالَ مَعَاذَ ٱللَّهِ ۖ إِنَّهُۥ رَبِّىٓ أَحْسَنَ مَثْوَاىَ ۖ إِنَّهُۥ لَا يُفْلِحُ ٱلظَّٰلِمُونَ ﴿٢٣﴾

23. *Wa ráwadat hul lati huwa fi baitihá 'an nafsihi wa ghallaqatil abwába wa qálat haita lak; qála ma'ázal láhi innahú rabbí ahsana maçwáy; innahú lá yuflihuz-zálimún*

23. A mulher, em cuja casa se alojara, tentou seduzi-lo; fechou as portas e lhe disse: Agora vem! Porém, ele disse: Amparo-me em Deus! Ele (o marido) é meu amo e acolheu-me condignamente. Em verdade, os injustos jamais prosperarão.

وَلَقَدْ هَمَّتْ بِهِۦ ۖ وَهَمَّ بِهَا لَوْلَآ أَن رَّءَا بُرْهَٰنَ رَبِّهِۦ ۚ كَذَٰلِكَ لِنَصْرِفَ عَنْهُ
ٱلسُّوٓءَ وَٱلْفَحْشَآءَ ۚ إِنَّهُۥ مِنْ عِبَادِنَا ٱلْمُخْلَصِينَ ﴿٢٤﴾

24. *Wa laqad hammat bihí wa hamma bihá lau lá ar ra-á burhána rabbih; kazálika linasrifa 'anhu sú'a walfahchá'; innahú min 'ibádi nal mukhlasín*

24. Ela o desejou, e ele a teria desejado, se não se apercebesse da evidência do seu Senhor. Assim procedemos, para afastá-lo da traição e da obscenidade, porque era um dos Nossos sinceros servos.

وَٱسۡتَبَقَا ٱلۡبَابَ وَقَدَّتۡ قَمِيصَهُۥ مِن دُبُرٖ وَأَلۡفَيَا سَيِّدَهَا لَدَا ٱلۡبَابِۚ قَالَتۡ مَا
جَزَآءُ مَنۡ أَرَادَ بِأَهۡلِكَ سُوٓءًا إِلَّآ أَن يُسۡجَنَ أَوۡ عَذَابٌ أَلِيمٞ ٢٥

25. Wastabaqal bába wa qaddat qamísahú min duburin wa alfayá saiyidahá ladal báb; qálat má jazá'u man aráda bi ahlika sú'an illá any-yusjana au azábun 'alim

25. Então correram ambos até à porta e ela lhe rasgou a túnica por trás, e deram ambos com o senhor dela (o marido) junto à porta. Ela lhe disse: Que pena merece quem pretende desonrar a tua família, senão o cárcere ou um doloroso castigo?

قَالَ هِيَ رَٰوَدَتۡنِي عَن نَّفۡسِيۚ وَشَهِدَ شَاهِدٞ مِّنۡ أَهۡلِهَآ إِن كَانَ قَمِيصُهُۥ قُدَّ
مِن قُبُلٖ فَصَدَقَتۡ وَهُوَ مِنَ ٱلۡكَٰذِبِينَ ٢٦

26. Qála hiya ráwadatní 'an nafsí wa chahida cháhidum min ahlihá in kána qamísuhú qudda min qubulin fasadaqat wa huwa minal kázibín

26. Disse (José): Foi ela quem procurou instigar-me ao pecado. Um parente dela interveio, então, dizendo: Se a túnica dele estiver rasgada pela frente, ela é quem diz a verdade e ele é dos mentirosos.

وَإِن كَانَ قَمِيصُهُۥ قُدَّ مِن دُبُرٖ فَكَذَبَتۡ وَهُوَ مِنَ ٱلصَّٰدِقِينَ ٢٧

27. Wa in kána qamísuhú qudda min duburin fakazabat wa huwa minas sádiquín

27. E se a túnica estiver rasgada por detrás, ela é quem mente e ele está falando a verdade.

فَلَمَّا رَءَا قَمِيصَهُۥ قُدَّ مِن دُبُرٖ قَالَ إِنَّهُۥ مِن كَيۡدِكُنَّۖ إِنَّ كَيۡدَكُنَّ عَظِيمٞ ٢٨

28. Falammá ra-á qamí sahú qudda min duburin qála innahú min kaidikunna inna kaidakunna 'azím

28. E quando viu que a túnica estava rasgada por detrás, disse (o marido à mulher): Esta é uma das vossas conspirações, pois que elas são muitas!

يُوسُفُ أَعۡرِضۡ عَنۡ هَٰذَاۚ وَٱسۡتَغۡفِرِي لِذَنۢبِكِۖ إِنَّكِ كُنتِ مِنَ
ٱلۡخَاطِـِٔينَ ٢٩

29. Yúsufu a'ridh 'an háza wastaghfirí li zanbiki innaki kunti minal khátiʼin

29. Ó José, esquece-te disto! E tu (ó mulher), pede perdão por teu pecado, porque és uma das muitas pecadoras.

سُورَةُ يُوسُف
Surat Youssif

۞ وَقَالَ نِسْوَةٌ فِى ٱلْمَدِينَةِ ٱمْرَأَتُ ٱلْعَزِيزِ تُرَٰوِدُ فَتَىٰهَا عَن نَّفْسِهِۦ ۖ قَدْ شَغَفَهَا
حُبًّا ۖ إِنَّا لَنَرَىٰهَا فِى ضَلَٰلٍ مُّبِينٍ ﴿٣٠﴾

30. ۞ Wa qála niswatun fil madínatim ra atul'Azízi turáwidu fatáhá 'an nafsihí qad chaghafahá hubbá; inná lana ráhá fí dhalálim mubín

30. As mulheres da cidade comentavam: A esposa do governador prendeu-se apaixonadamente ao seu servo e tentou seduzi-lo. Certamente, vemo-la em evidente erro.

فَلَمَّا سَمِعَتْ بِمَكْرِهِنَّ أَرْسَلَتْ إِلَيْهِنَّ وَأَعْتَدَتْ لَهُنَّ مُتَّكَـًٔا وَءَاتَتْ كُلَّ وَٰحِدَةٍ مِّنْهُنَّ
سِكِّينًا وَقَالَتِ ٱخْرُجْ عَلَيْهِنَّ ۖ فَلَمَّا رَأَيْنَهُۥٓ أَكْبَرْنَهُۥ وَقَطَّعْنَ أَيْدِيَهُنَّ وَقُلْنَ حَٰشَ لِلَّهِ مَا هَٰذَا
بَشَرًا إِنْ هَٰذَآ إِلَّا مَلَكٌ كَرِيمٌ ﴿٣١﴾

31. Falammá sami'at bimak rihinna arsalat ilaihinna wa a'tadat lahunna muttaka an wa átat kulla wáhidatim min hunna sikkínan wa qála tikh ruj 'alaihinna falammá ra aynahú akbarnahú wa qatta'na aydiyahunna wa qulna hácha lilláhi má háza bachará; in házá illá malakun karím

31. Mas quando ela se inteirou de tais falatórios, convidou-as à sua casa e lhes preparou um banquete, ocasião em que deu uma faca a cada uma delas; então disse (a José): Apresenta-te ante elas! E quando o viram, extasiaram-se, à visão dele, chegando mesmo a ferir as próprias mãos. Disseram: Valha-nos Deus! Este não é um ser humano. Não é senão um anjo nobre!

قَالَتْ فَذَٰلِكُنَّ ٱلَّذِى لُمْتُنَّنِى فِيهِ ۖ وَلَقَدْ رَٰوَدتُّهُۥ عَن نَّفْسِهِۦ فَٱسْتَعْصَمَ ۖ وَلَئِن لَّمْ يَفْعَلْ
مَآ ءَامُرُهُۥ لَيُسْجَنَنَّ وَلَيَكُونًا مِّنَ ٱلصَّٰغِرِينَ ﴿٣٢﴾

32. Qálat fazálikunnal lazí lumtunnaní fíh; wa laqad ráwattuhú 'an nafsihí fasta'sam; wa la'il lam yaf'al má ámuruhú la yusjananna wa la yakúnan minas sághirín

32. Então ela disse: Eis aquele por causa do qual me censuráveis e eis que tentei seduzi-lo e ele resistiu. Porém, se não fizer tudo quanto lhe ordenei, juro que será encarcerado e será um dos vilipendiados.

قَالَ رَبِّ ٱلسِّجْنُ أَحَبُّ إِلَىَّ مِمَّا يَدْعُونَنِىٓ إِلَيْهِ ۖ وَإِلَّا تَصْرِفْ عَنِّى كَيْدَهُنَّ أَصْبُ
إِلَيْهِنَّ وَأَكُن مِّنَ ٱلْجَٰهِلِينَ ﴿٣٣﴾

سُورَةُ يُوسُف

Surat Youssif

33. Qála rabbis sijnu ahabbu ilaiya mimma yad'ú naní 'ilaihi wa illá tasrif 'anní kaidahunna asbu ilaihinna wa akum minal jáhilin

33. Disse (José): Ó Senhor meu, é preferível o cárcere ao que me incitam; porém, se não afastares de mim as suas conspirações, cederei a elas e serei um dos tolos.

فَٱسْتَجَابَ لَهُۥ رَبُّهُۥ فَصَرَفَ عَنْهُ كَيْدَهُنَّ ۚ إِنَّهُۥ هُوَ ٱلسَّمِيعُ ٱلْعَلِيمُ ﴿٣٤﴾

34. Fastajába lahú rabbuhú fasarafa 'anhu kaidahunn; innahú huwas Sami'ul 'Alím

34. E seu Senhor o atendeu e afastou dele as conspirações delas, porque Ele é o Oniouvinte, o Sapientíssimo.

ثُمَّ بَدَا لَهُم مِّنۢ بَعْدِ مَا رَأَوُا۟ ٱلْـَٔايَـٰتِ لَيَسْجُنُنَّهُۥ حَتَّىٰ حِينٍ ﴿٣٥﴾

35. Çumma badá lahum min ba'di má ra-awul Áyáti layasjununnahú hatta hín

35. Mas apesar das provas, houveram por bem encarcerá-lo temporariamente.

وَدَخَلَ مَعَهُ ٱلسِّجْنَ فَتَيَانِ ۖ قَالَ أَحَدُهُمَآ إِنِّىٓ أَرَىٰنِىٓ أَعْصِرُ خَمْرًا ۖ وَقَالَ ٱلْـَٔاخَرُ إِنِّىٓ أَرَىٰنِىٓ أَحْمِلُ فَوْقَ رَأْسِى خُبْزًا تَأْكُلُ ٱلطَّيْرُ مِنْهُ ۖ نَبِّئْنَا بِتَأْوِيلِهِۦٓ ۖ إِنَّا نَرَىٰكَ مِنَ ٱلْمُحْسِنِينَ ﴿٣٦﴾

36. Wa dakhala ma'a hussijna fata-yán; qála ahaduhumá inní aráni a'siru khamran wa qálal ákharu inní aráni ahmilu fauqa ra'si khubzan ta'kulut tairu minhu; nabbi'ná bi ta'wílih; inná naráka minal muhsinín

36. Dois jovens ingressaram com ele na prisão. Um deles disse: Sonhei que estava espremendo uvas. E eu – disse o outro – sonhei que em cima da cabeça levava pão, o qual era picado por pássaros. Explica-nos a interpretação disso, porque te consideramos entre os benfeitores.

قَالَ لَا يَأْتِيكُمَا طَعَامٌ تُرْزَقَانِهِۦٓ إِلَّا نَبَّأْتُكُمَا بِتَأْوِيلِهِۦ قَبْلَ أَن يَأْتِيَكُمَا ۚ ذَٰلِكُمَا مِمَّا عَلَّمَنِى رَبِّىٓ ۚ إِنِّى تَرَكْتُ مِلَّةَ قَوْمٍ لَّا يُؤْمِنُونَ بِٱللَّهِ وَهُم بِٱلْـَٔاخِرَةِ هُمْ كَـٰفِرُونَ ﴿٣٧﴾

37. Qála lá ya'tíkumá ta'ámun turzaqánihí illá nabba'tukumá bi ta'wílihí; qabla any ya'ti yakumá; zálikumá mimmá 'allamani rabbí; inní taraktu millata qaumil lá yu'minúna billáhi wahum bil ákhirati hum káfirún

37. Respondeu-lhes: Antes da chegada de qualquer alimento destinado a vós, informar-vos-ei sobre a interpretação. Isto é algo que me ensinou o meu Senhor, porque renunciei ao credo daqueles que não creem em Deus e negam a Vida Futura.

وَٱتَّبَعۡتُ مِلَّةَ ءَابَآءِيٓ إِبۡرَٰهِيمَ وَإِسۡحَٰقَ وَيَعۡقُوبَۚ مَا كَانَ لَنَآ أَن نُّشۡرِكَ بِٱللَّهِ مِن
شَيۡءٖۚ ذَٰلِكَ مِن فَضۡلِ ٱللَّهِ عَلَيۡنَا وَعَلَى ٱلنَّاسِ وَلَٰكِنَّ أَكۡثَرَ ٱلنَّاسِ لَا
يَشۡكُرُونَ ٣٨

38. Wattaba'tu millata ábá'i Ibráhíma wa Is__h__áqa wa Ya'qúb; má kána laná an nuchrika billáhi min chai'; zálikamin fadhlil láhi 'alainá wa 'alan nási wa lákinna akçaran nási lá yachkurún

38. E sigo o credo de meus antepassados: Abraão, Isaac e Jacó, porque não admitimos parceiros junto a Deus. Tal é a graça de Deus para conosco, assim como para os humanos; porém, a maioria dos humanos não Lhe agradece.

يَٰصَٰحِبَيِ ٱلسِّجۡنِ ءَأَرۡبَابٞ مُّتَفَرِّقُونَ خَيۡرٌ أَمِ ٱللَّهُ ٱلۡوَٰحِدُ ٱلۡقَهَّارُ ٣٩

39. Yá sá__h__ibayis sijni 'a-arbábum mutafarriqúna khayrun amil láhul wá__h__idul qahhár

39. Ó meus companheiros de prisão, que é preferível: deidades discrepantes ou o Deus Único, o Irresistível?

مَا تَعۡبُدُونَ مِن دُونِهِۦٓ إِلَّآ أَسۡمَآءٗ سَمَّيۡتُمُوهَآ أَنتُمۡ وَءَابَآؤُكُم مَّآ أَنزَلَ
ٱللَّهُ بِهَا مِن سُلۡطَٰنٍۚ إِنِ ٱلۡحُكۡمُ إِلَّا لِلَّهِ أَمَرَ أَلَّا تَعۡبُدُوٓاْ إِلَّآ إِيَّاهُۚ ذَٰلِكَ ٱلدِّينُ ٱلۡقَيِّمُ
وَلَٰكِنَّ أَكۡثَرَ ٱلنَّاسِ لَا يَعۡلَمُونَ ٤٠

40. Má ta'budúna min dúnihí illá asmá'an sam maitumúhá antum wa ábá'ukum má anzalal láhu bihá min sultán; inil__h__ukmu illá lilláh; amara allá ta'budú illá iyyáh; zálikad dínul qaiyimu wa lákinna akçaran nási lá ya'lamún

40. Não adorais a Ele, mas a nomes que inventastes, vós e vossos pais, para o que Deus não vos investiu de autoridade alguma. O juízo somente pertence a Deus, que vos ordenou não adorásseis senão a Ele. Tal é a verdadeira religião; porém, a maioria dos humanos o ignora.

يَٰصَٰحِبَيِ ٱلسِّجۡنِ أَمَّآ أَحَدُكُمَا فَيَسۡقِي رَبَّهُۥ خَمۡرٗاۖ وَأَمَّا ٱلۡأٓخَرُ فَيُصۡلَبُ
فَتَأۡكُلُ ٱلطَّيۡرُ مِن رَّأۡسِهِۦۚ قُضِيَ ٱلۡأَمۡرُ ٱلَّذِي فِيهِ تَسۡتَفۡتِيَانِ ٤١

41. Yá sá__h__ibayis sijni ammá a__h__adukumá fa yasqí rabbahú khamran wa ammal ákharu fa yuslabu fata'kulut tairu mir ra'sih; qudhiyal amrul lazí fíhi tastaftiyán

سُورَةُ يُوسُف

Surat Youssif

41. Ó meus companheiros de prisão, um de vós servirá vinho ao seu senhor e o outro será crucificado, e os pássaros picar-lhe-ão a cabeça. Já está resolvida a questão sobre a qual me consultastes.

وَقَالَ لِلَّذِى ظَنَّ أَنَّهُۥ نَاجٍ مِّنْهُمَا ٱذْكُرْنِى عِندَ رَبِّكَ فَأَنسَىٰهُ ٱلشَّيْطَٰنُ
ذِكْرَ رَبِّهِۦ فَلَبِثَ فِى ٱلسِّجْنِ بِضْعَ سِنِينَ ﴿٤٢﴾

42. Wa qála lillazí zanna annahú najim minhumaz kurní 'inda rabbika fa-ansáhuch Chaitánu zikra Rabbihí falabiça fis sijni bidh'a sinín

42. E disse àquele que ele (José) sabia estar a salvo daquilo: Recorda-te de mim ante teu senhor! Mas Satanás o fez esquecer-se de mencioná-lo ao seu senhor permanecendo (José), então, por vários anos no cárcere.

وَقَالَ ٱلْمَلِكُ إِنِّىٓ أَرَىٰ سَبْعَ بَقَرَٰتٍ سِمَانٍ يَأْكُلُهُنَّ سَبْعٌ عِجَافٌ وَسَبْعَ
سُنۢبُلَٰتٍ خُضْرٍ وَأُخَرَ يَابِسَٰتٍ يَٰٓأَيُّهَا ٱلْمَلَأُ أَفْتُونِى فِى رُءْيَٰىَ إِن كُنتُمْ لِلرُّءْيَا
تَعْبُرُونَ ﴿٤٣﴾

43. Wa qálal maliku inní ará sab'a baqarátin simániny ya'kuluhunna sab'un 'ijáfun wa sab'a sumbulátin khudhrin wa ukhara yábisát; yá ayuhal mala-u aftúní fí ru'yáya in kuntum lirru'yá ta'burún

43. Disse o senhor: Sonhei com sete vacas gordas sendo devoradas por sete magras, e com sete espigas verdes e outras sete secas. Ó chefes, interpretai o meu sonho, se sois interpretadores de sonhos.

قَالُوٓا۟ أَضْغَٰثُ أَحْلَٰمٍ ۖ وَمَا نَحْنُ بِتَأْوِيلِ ٱلْأَحْلَٰمِ بِعَٰلِمِينَ ﴿٤٤﴾

44. Qálú adhgháçu ahlámin wa má nahnu bi ta'wílil ahlámi bi'álimín

44. Responderam-lhe: É uma confusão de sonhos, e nós não somos interpretadores de sonhos.

وَقَالَ ٱلَّذِى نَجَا مِنْهُمَا وَٱدَّكَرَ بَعْدَ أُمَّةٍ أَنَا۠ أُنَبِّئُكُم بِتَأْوِيلِهِۦ فَأَرْسِلُونِ ﴿٤٥﴾

45. Wa qálal lazí najá minhumá waddakara ba'da ummatin ana unabbi'ukum bi ta'wílihí fa-arsilún

45. E disse aquele dos dois prisioneiros, o que foi liberto, recordando-se (de José), depois de algum tempo: Eu vos darei a verdadeira interpretação disso: Enviai-me, portanto (até José).

يُوسُفُ أَيُّهَا ٱلصِّدِّيقُ أَفْتِنَا فِى سَبْعِ بَقَرَٰتٍ سِمَانٍ يَأْكُلُهُنَّ سَبْعٌ عِجَافٌ
وَسَبْعِ سُنۢبُلَٰتٍ خُضْرٍ وَأُخَرَ يَابِسَٰتٍ لَّعَلِّىٓ أَرْجِعُ إِلَى ٱلنَّاسِ لَعَلَّهُمْ
يَعْلَمُونَ ﴿٤٦﴾

46. Yússufu ayyuhas siddíqu aftiná fí sab'i baqarátin simánin ya'kuluhunna sab'un 'ijáfun wa sabi'i sumbulátin khudhrin wa ukhara yábisátil la'allí arji'u ilan nási la'allahum ya'lamún

46. (Foi enviado e, quando lá chegou, disse): Ó José, ó veracíssimo, explica-me o que significam sete vacas gordas sendo devoradas por sete magras, e sete espigas verdes e outras sete secas, para que eu possa regressar àquela gente, a fim de que se conscientizem.

قَالَ تَزْرَعُونَ سَبْعَ سِنِينَ دَأَبًا فَمَا حَصَدتُّمْ فَذَرُوهُ فِى سُنۢبُلِهِۦٓ إِلَّا قَلِيلًا مِّمَّا
تَأْكُلُونَ ﴿٤٧﴾

47. Qála tazra'úna sab'a sinína da aban famá hasattum fazarúhu fí sumbu lihí illá qalílam mimmá ta'kulún

47. Respondeu-lhe: Semeareis durante sete anos, segundo o costume e, do que colherdes, deixai ficar tudo em suas espigas, exceto o pouco que haveis de consumir.

ثُمَّ يَأْتِى مِنۢ بَعْدِ ذَٰلِكَ سَبْعٌ شِدَادٌ يَأْكُلْنَ مَا قَدَّمْتُمْ لَهُنَّ إِلَّا قَلِيلًا مِّمَّا تُحْصِنُونَ ﴿٤٨﴾

48. Çumma ya'tí mim ba'di zálika sab'un chidáduny ya'kulna má qaddamtum lahunna illá qalílam mimma tuhsinún

48. Então virão, depois disso, sete (anos) estéreis, que consumirão o que tiverdes colhido para isso, menos o pouco que tiverdes poupado (à parte).

ثُمَّ يَأْتِى مِنۢ بَعْدِ ذَٰلِكَ عَامٌ فِيهِ يُغَاثُ ٱلنَّاسُ وَفِيهِ يَعْصِرُونَ ﴿٤٩﴾

49. Çumma ya'tí mim ba'di zalika 'ámun fíhi yugháçun násu wa fíhi ya'sirún

49. Depois disso virá um ano, no qual as pessoas serão favorecidas com chuvas, em que espremerão (os frutos).

وَقَالَ ٱلْمَلِكُ ٱئْتُونِى بِهِۦ ۖ فَلَمَّا جَآءَهُ ٱلرَّسُولُ قَالَ ٱرْجِعْ إِلَىٰ رَبِّكَ فَسْـَٔلْهُ مَا بَالُ
ٱلنِّسْوَةِ ٱلَّٰتِى قَطَّعْنَ أَيْدِيَهُنَّ ۚ إِنَّ رَبِّى بِكَيْدِهِنَّ عَلِيمٌ ﴿٥٠﴾

50. *Wa qálal maliku'túní bihí falammá já'ahur rasúlu qálar-ji' ilá rabbika fas'alhu má bálun niswatil láti qatta'na aydiyahunn; inna Rabbí bikaidihinna 'Alím*

50. Então, disse o rei: Trazei-me esse homem! Mas quando o mensageiro se apresentou a José, este lhe disse: Volta ao teu amo e dize-lhe que se inteire quanto à intenção das mulheres que feriram as mãos. Meu Senhor é conhecedor das suas conspirações.

قَالَ مَا خَطْبُكُنَّ إِذْ رَٰوَدتُّنَّ يُوسُفَ عَن نَّفْسِهِۦ ۚ قُلْنَ حَٰشَ لِلَّهِ مَا عَلِمْنَا عَلَيْهِ مِن
سُوٓءٍ ۚ قَالَتِ ٱمْرَأَتُ ٱلْعَزِيزِ ٱلْـَٔـٰنَ حَصْحَصَ ٱلْحَقُّ أَنَا۠ رَٰوَدتُّهُۥ عَن نَّفْسِهِۦ وَإِنَّهُۥ لَمِنَ
ٱلصَّٰدِقِينَ ﴿٥١﴾

51. *Qála má khatbukunna iz ráwattunna Yússufa 'annafsih; qulna hácha lilláhi má 'alimná 'alaihi min sú'; qálatim ra atul 'Azízil 'ilána hashasal haqq, ana ráwat tuhú 'an nafsihí wa innahú laminas sádiquín*

51. O rei perguntou (às mulheres): Que foi que se passou quando tentastes seduzir José? Disseram: Valha-nos Deus! Não cometeu delito algum que saibamos. A mulher do governador disse: Agora a verdade se evidenciou. Eu tentei seduzi-lo e ele é, certamente, o que está falando a verdade.

ذَٰلِكَ لِيَعْلَمَ أَنِّى لَمْ أَخُنْهُ بِٱلْغَيْبِ وَأَنَّ ٱللَّهَ لَا يَهْدِى كَيْدَ ٱلْخَآئِنِينَ ﴿٥٢﴾

52. *Zálika liya'lama anní lam akhunhu bilghaibi wa annal láha lá yahdí kaidal khá'inín*

52. Isto para que (ele) saiba que não fui falsa durante a sua ausência, porque Deus não dirige as conspirações dos farsantes.

(Fim do Juzi 12)

سُورَةُ يُوسُف
Surat Youssif

Juzi Treze

Surat 12. Youssif

۞ وَمَآ أُبَرِّئُ نَفۡسِيٓۚ إِنَّ ٱلنَّفۡسَ لَأَمَّارَةُۢ بِٱلسُّوٓءِ إِلَّا مَا رَحِمَ رَبِّيٓۚ إِنَّ رَبِّي غَفُورٞ رَّحِيمٞ ﴿٥٣﴾

53. ۞ *Wa má ubarri'u nafsí; innan nafsa la ammáratum bissú'i illá má rahima Rabbí; inna Rabbí Ghafúrur Rahím*

53. Porém, eu não me escuso, porquanto a alma é ordenadora do mal, exceto aquelas de quem o meu Senhor se apieda, porque o meu Senhor é Indulgente, Misericordiosíssimo.

وَقَالَ ٱلۡمَلِكُ ٱئۡتُونِي بِهِۦٓ أَسۡتَخۡلِصۡهُ لِنَفۡسِيۖ فَلَمَّا كَلَّمَهُۥ قَالَ إِنَّكَ ٱلۡيَوۡمَ لَدَيۡنَا مَكِينٌ أَمِينٞ ﴿٥٤﴾

54. *Wa qálal maliku' túní bihí astakhlishu linafsí falammá kallamahú qála innakal yawma ladainá makínun amín*

54. Então o rei disse: Trazei-mo! Quero que sirva exclusivamente a mim! E quando lhe falou, disse: Doravante gozarás, entre nós, de estabilidade e de confiança.

قَالَ ٱجۡعَلۡنِي عَلَىٰ خَزَآئِنِ ٱلۡأَرۡضِۖ إِنِّي حَفِيظٌ عَلِيمٞ ﴿٥٥﴾

55. *Qálaj 'alní 'alá khazá'inil ardi inní hafízun 'alím*

55. Pediu-lhe: Confia-me os armazéns do país que eu serei um bom guardião deles, pois conheço-lhes a importância.

وَكَذَٰلِكَ مَكَّنَّا لِيُوسُفَ فِي ٱلۡأَرۡضِ يَتَبَوَّأُ مِنۡهَا حَيۡثُ يَشَآءُۚ نُصِيبُ بِرَحۡمَتِنَا مَن نَّشَآءُۖ وَلَا نُضِيعُ أَجۡرَ ٱلۡمُحۡسِنِينَ ﴿٥٦﴾

56. *Wa kazálika makkanná li Youssufa fil ardi yatabawwa'u minhá haiçu yasháa'; nusíbu birahmatiná man nashá'u wa lá nudhí'u ajral muhsinín*

56. E assim estabelecemos José no país, para que governasse onde, quando e como quisesse. Agraciamos com a Nossa misericórdia quem Nos apraz e jamais frustramos a recompensa dos benfeitores.

وَلَأَجۡرُ ٱلۡأٓخِرَةِ خَيۡرٞ لِّلَّذِينَ ءَامَنُواْ وَكَانُواْ يَتَّقُونَ ﴿٥٧﴾

سُورَةُ يُوسُفَ

Surat Youssif

57. *Wa la ajrul Ákhirati khairul lillazína ámanú wa kánú yattaqún*

57. A recompensa da Outra Vida, porém, é preferível para os crentes, que são constantes no temor (a Deus).

وَجَآءَ إِخۡوَةُ يُوسُفَ فَدَخَلُواْ عَلَيۡهِ فَعَرَفَهُمۡ وَهُمۡ لَهُۥ مُنكِرُونَ ٥٨

58. *Wa já'a ikhwatu Youssufa fadakhalú 'alaihi fa'arafahum wa hum lahú munkirún*

58. E chegaram os irmãos de José, ao qual se apresentaram. Ele os reconheceu, porém eles não o reconheceram.

وَلَمَّا جَهَّزَهُم بِجَهَازِهِمۡ قَالَ ٱئۡتُونِي بِأَخٖ لَّكُم مِّنۡ أَبِيكُمۡۚ أَلَا تَرَوۡنَ أَنِّيٓ أُوفِي ٱلۡكَيۡلَ
وَأَنَا۠ خَيۡرُ ٱلۡمُنزِلِينَ ٥٩

59. *Wa lammá jahhazahum bijaházihim qála' túní bi akhil lakum min abíkum; alá tarawna anní úfil kaila wa ana khairul munzilín*

59. E quando, lhes fornecendo as provisões, disse-lhes: Trazei-me um vosso irmão, por parte de vosso pai! Não reparais em que vos cumulo a medida, e que sou o melhor dos anfitriões?

فَإِن لَّمۡ تَأۡتُونِي بِهِۦ فَلَا كَيۡلَ لَكُمۡ عِندِي وَلَا تَقۡرَبُونِ ٦٠

60. *Fa il lam tátúní bihí falá kaila lakum 'indí wa lá taqrabún*

60. Porém, se não mo trouxerdes, não tereis aqui mais provisões nem podereis acercar-vos de mim!

قَالُواْ سَنُرَٰوِدُ عَنۡهُ أَبَاهُ وَإِنَّا لَفَٰعِلُونَ ٦١

61. *Qálú sanuráwidu 'anhu abáhu wa inná lafá'ilún*

61. Responderam-lhe: Tentaremos persuadir seu pai; faremos isso, sem dúvida.

وَقَالَ لِفِتۡيَٰنِهِ ٱجۡعَلُواْ بِضَٰعَتَهُمۡ فِي رِحَالِهِمۡ لَعَلَّهُمۡ يَعۡرِفُونَهَآ إِذَا ٱنقَلَبُوٓاْ
إِلَىٰٓ أَهۡلِهِمۡ لَعَلَّهُمۡ يَرۡجِعُونَ ٦٢

62. *Wa qála lifityánihij 'alú bidá'atahum fí rihálihim la'allahum ya'rifúnahá izan qalabú ilá ahlihim la'allahum yarji'ún*

62. Então, disse aos seus servos: Colocai seus produtos (trazidos para a troca) em seus alforjes para que, quando regressarem para junto de sua família, os encontrem e talvez voltem.

فَلَمَّا رَجَعُوٓا۟ إِلَىٰٓ أَبِيهِمْ قَالُوا۟ يَٰٓأَبَانَا مُنِعَ مِنَّا ٱلْكَيْلُ فَأَرْسِلْ مَعَنَآ أَخَانَا
نَكْتَلْ وَإِنَّا لَهُۥ لَحَٰفِظُونَ ﴿٦٣﴾

63. *Falammá raja'ú ilá abíhim qálú yá abáná muni'a minnal kailu fa arsil ma'aná akháná naktal wa inná lahú laháfizún*

63. E quando regressaram e se defrontaram com seu pai, disseram: Ó pai, negar-nos-ão as provisões (se não enviares conosco nosso irmão); se enviares o nosso irmão conosco, tê-las-emos, e nós tomaremos conta dele.

قَالَ هَلْ ءَامَنُكُمْ عَلَيْهِ إِلَّا كَمَآ أَمِنتُكُمْ عَلَىٰٓ أَخِيهِ مِن قَبْلُ فَٱللَّهُ خَيْرٌ
حَٰفِظًا وَهُوَ أَرْحَمُ ٱلرَّٰحِمِينَ ﴿٦٤﴾

64. *Qála hal ámanukum 'alaihi illá kamá amintukum 'alá akhíhi min qabl; fal láhu khairun háfizan wa Huwa arhamur Ráhimín*

64. Disse-lhes: Porventura, deverei confiá-lo a vós, como anteriormente vos confiei o seu irmão (José)? Porém, Deus é o melhor Guardião e é o mais clemente dos misericordiosos.

وَلَمَّا فَتَحُوا۟ مَتَٰعَهُمْ وَجَدُوا۟ بِضَٰعَتَهُمْ رُدَّتْ إِلَيْهِمْ قَالُوا۟ يَٰٓأَبَانَا مَا نَبْغِى
هَٰذِهِۦ بِضَٰعَتُنَا رُدَّتْ إِلَيْنَا وَنَمِيرُ أَهْلَنَا وَنَحْفَظُ أَخَانَا وَنَزْدَادُ كَيْلَ بَعِيرٍ ذَٰلِكَ
كَيْلٌ يَسِيرٌ ﴿٦٥﴾

65. *Wa lammá fatahú matá 'ahum wajadú bidá'atahum ruddat ilaihim qálú yá abáná má nabghí; házihí bida 'atuná ruddat ilainá wa namíru ahlaná wa nahfazu akháná wa nazdádu kaila ba'ír; zálika kailuny yasír*

65. E quando abriram os seus alforjes constataram que os seus produtos haviam-lhes sido devolvidos. Disseram então: Ó pai, que mais queremos? Eis que os nossos produtos nos foram devolvidos! Proveremos a nossa família, cuidaremos do nosso irmão, uma vez que nos darão a mais a carga de um camelo, a qual não é de pouca monta!

قَالَ لَنْ أُرْسِلَهُۥ مَعَكُمْ حَتَّىٰ تُؤْتُونِ مَوْثِقًا مِّنَ ٱللَّهِ لَتَأْتُنَّنِى بِهِۦٓ إِلَّآ أَن يُحَاطَ
بِكُمْ فَلَمَّآ ءَاتَوْهُ مَوْثِقَهُمْ قَالَ ٱللَّهُ عَلَىٰ مَا نَقُولُ وَكِيلٌ ﴿٦٦﴾

Surat Youssif

66. *Qála lan ursilahú ma'akum hattá tu'túni mauciqam minal láhi latá tunnaní bihí illá ai yuháta bikum falammá átawhu mawciqahum qálal láhu 'alá má naqúlu Wakíl*
66. Disse-lhes: Não o enviarei, até que me jureis solenemente por Deus que o trareis a salvo, a menos que sejais impedidos disso. E quando lhe prometeram isso, disse: Que Deus seja testemunha de tudo quanto dizemos!

وَقَالَ يَٰبَنِيَّ لَا تَدْخُلُواْ مِنۢ بَابٖ وَٰحِدٖ وَٱدْخُلُواْ مِنْ أَبْوَٰبٖ مُّتَفَرِّقَةٖۖ وَمَآ أُغْنِي
عَنكُم مِّنَ ٱللَّهِ مِن شَيْءٍۖ إِنِ ٱلْحُكْمُ إِلَّا لِلَّهِۖ عَلَيْهِ تَوَكَّلْتُۖ وَعَلَيْهِ فَلْيَتَوَكَّلِ
ٱلْمُتَوَكِّلُونَ ﴿٦٧﴾

67. *Wa qála yá baniyya lá tadkhulú mim bábin wá hidin wadkhulú min abwábim mutafarriqah; wa má ughní 'ankum minal láhi min chai'in; inil hukmu illá lilláhi 'alaihi tawakkaltu wa 'alaihi fal yatawakkalil Mutawakkilún*
67. Depois disse: Ó filhos meus, não entreis (na cidade) por uma só porta; outrossim, entrai por portas distintas; porém, sabei que nada poderei fazer por vós contra os desígnios de Deus, porque o juízo é só d'Ele. N'Ele confio, e que n'Ele confiem os confiantes.

وَلَمَّا دَخَلُواْ مِنْ حَيْثُ أَمَرَهُمْ أَبُوهُم مَّا كَانَ يُغْنِي عَنْهُم مِّنَ ٱللَّهِ مِن
شَيْءٍ إِلَّا حَاجَةٗ فِي نَفْسِ يَعْقُوبَ قَضَىٰهَاۚ وَإِنَّهُۥ لَذُو عِلْمٖ لِّمَا عَلَّمْنَٰهُ وَلَٰكِنَّ
أَكْثَرَ ٱلنَّاسِ لَا يَعْلَمُونَ ﴿٦٨﴾

68. *Wa lammá dakhalú min haiçu amarahum abúhum má kána yughní 'anhum minal láhi min chai'in illá hájatan fí nafsi Ya'qúba qadháhá; wa innahú lazú 'ilmil limá 'allamnáhu wa lákinna akçaran nási lá ya'lamún*
68. E entraram na cidade tal como seu pai lhes havia recomendado; porém, esta precaução de nada lhes valeria contra os desígnios de Deus, a não ser atender a um desejo íntimo de Jacó, que tal lhes pedira. Eis que era sábio pelo que Nós lhe havíamos ensinado; porém, a maioria dos humanos o ignora.

وَلَمَّا دَخَلُواْ عَلَىٰ يُوسُفَ ءَاوَىٰٓ إِلَيْهِ أَخَاهُۖ قَالَ إِنِّيٓ أَنَا۠ أَخُوكَ فَلَا
تَبْتَئِسْ بِمَا كَانُواْ يَعْمَلُونَ ﴿٦٩﴾

69. *Wa lammá dakhalú 'alá Yúsufa áwá ilaihi akháhu qála inní ana akhúka falá tabta'is bimá kánú ya'malún*
69. E quando se apresentaram a José, este hospedou seu irmão e lhe disse: Sou teu irmão; não te aflijas por tudo quanto tenham cometido.

فَلَمَّا جَهَّزَهُم بِجَهَازِهِمْ جَعَلَ ٱلسِّقَايَةَ فِى رَحْلِ أَخِيهِ ثُمَّ أَذَّنَ مُؤَذِّنٌ
أَيَّتُهَا ٱلْعِيرُ إِنَّكُمْ لَسَٰرِقُونَ ﴿٧٠﴾

70. *Falammá jahhazahum bijaházihim ja'alas siqáyata fí rahli akhíhi çsumma azzana mu'azzinun ayyatuhal'íru innakum lasáriqún*
70. E quando lhes forneceu as provisões, colocou uma ânfora no alforje do seu irmão; logo um arauto gritou: Ó caravaneiros, sois uns ladrões!

قَالُوا۟ وَأَقْبَلُوا۟ عَلَيْهِم مَّاذَا تَفْقِدُونَ ﴿٧١﴾

71. *Qálú wa aqbalú 'alaihim mázá tafqidún*
71. Disseram, acercando-se deles (o arauto e os servos de José): Que haveis perdido?

قَالُوا۟ نَفْقِدُ صُوَاعَ ٱلْمَلِكِ وَلِمَن جَآءَ بِهِۦ حِمْلُ بَعِيرٍ وَأَنَا۠ بِهِۦ زَعِيمٌ ﴿٧٢﴾

72. *Qálú nafqidu suwá'al maliki wa liman já'a bihí himlu ba'írinw wa ana bihí za'ím*
72. Responderam-lhes: Perdemos a ânfora do rei e quem a restituir receberá a carga de um camelo. (E o arauto disse): E eu garanto isso.

قَالُوا۟ تَٱللَّهِ لَقَدْ عَلِمْتُم مَّا جِئْنَا لِنُفْسِدَ فِى ٱلْأَرْضِ وَمَا كُنَّا سَٰرِقِينَ ﴿٧٣﴾

73. *Qálú talláhi laqad 'alimtum má ji'na linufsida fil ardhi wa má kunná sáriqín*
73. Disseram: Amparamo-nos em Deus! Bem sabeis que não viemos para corromper a terra (egípcia) e que não somos ladrões!

قَالُوا۟ فَمَا جَزَٰٓؤُهُۥٓ إِن كُنتُمْ كَٰذِبِينَ ﴿٧٤﴾

74. *Qálú famá jazá'u hú in kuntum kázibín*
74. Perguntaram-lhes: Qual será, então, o castigo, se fordes mentirosos?

قَالُوا۟ جَزَٰٓؤُهُۥ مَن وُجِدَ فِى رَحْلِهِۦ فَهُوَ جَزَٰٓؤُهُۥ ۚ كَذَٰلِكَ نَجْزِى ٱلظَّٰلِمِينَ ﴿٧٥﴾

75. *Qálú jazá'uhú man wujida fí rahlihí fahuwa jazá'uh; kazálika najziz zálimín*
75. Responderam: Aquele em cujo alforje se achar a ânfora será retido como escravo; assim castigamos os injustos.

فَبَدَأَ بِأَوۡعِيَتِهِمۡ قَبۡلَ وِعَآءِ أَخِيهِ ثُمَّ ٱسۡتَخۡرَجَهَا مِن وِعَآءِ أَخِيهِۚ كَذَٰلِكَ
كِدۡنَا لِيُوسُفَۖ مَا كَانَ لِيَأۡخُذَ أَخَاهُ فِي دِينِ ٱلۡمَلِكِ إِلَّآ أَن يَشَآءَ ٱللَّهُۚ نَرۡفَعُ
دَرَجَٰتٖ مَّن نَّشَآءُۗ وَفَوۡقَ كُلِّ ذِي عِلۡمٍ عَلِيمٞ ٧٦

76. *Fabada-a bi-aw'iyatihim qabla wi'á'i akhíhi summas takhrajahá minw wi 'á'i akhíh; kazálika kidná li Yúsuf; má kána liyákhuza akháhu fí dínil maliki illá any yashá'al láh; narfa'u darajátim man nashá'; wa fawqa kulli zí 'ilmin 'Alím*

76. E começou ele a revistar os alforjes, deixando o de seu irmão Benjamim por último; depois tirou-a do alforje deste. Assim inspiramos a José esta argúcia, porque de outra maneira não teria podido apoderar-se do irmão, seguindo uma lei do rei, exceto se Deus o quisesse. Nós elevamos as dignidades de quem queremos, e acima de todo o conhecedor está o Onisciente.

۞ قَالُوٓاْ إِن يَسۡرِقۡ فَقَدۡ سَرَقَ أَخٞ لَّهُۥ مِن قَبۡلُۚ فَأَسَرَّهَا يُوسُفُ فِي
نَفۡسِهِۦ وَلَمۡ يُبۡدِهَا لَهُمۡۚ قَالَ أَنتُمۡ شَرّٞ مَّكَانٗاۖ وَٱللَّهُ أَعۡلَمُ بِمَا
تَصِفُونَ ٧٧

77. ۞ *Qálú iny yasriq faqad saraqa akhul lahú min qabl; fa asarrahá Yúsufu fí nafsihí wa lam yubdihá lahum; qála antum sharrum makánanw walláhu a'lamu bimá tasifún*

77. Disseram (os irmãos): Se Benjamim roubou, um irmão seu já havia roubado antes dele! Porém, José dissimulou aquilo e não se manifestou a eles, e disse para si: Estais em pior situação; e Deus bem sabe o que inventais.

قَالُواْ يَٰٓأَيُّهَا ٱلۡعَزِيزُ إِنَّ لَهُۥٓ أَبٗا شَيۡخٗا كَبِيرٗا فَخُذۡ أَحَدَنَا مَكَانَهُۥٓۖ إِنَّا نَرَىٰكَ
مِنَ ٱلۡمُحۡسِنِينَ ٧٨

78. *Qálú yá ayyuhal 'Azízu inna lahú aban chaikhan kabíran fakhuz ahadaná makánahú inná naráka minal muhsinín*

78. Disseram, então: Ó excelência, em verdade ele tem um pai ancião respeitável; aceita, pois, em seu lugar um de nós, porque te consideramos um dos benfeitores.

قَالَ مَعَاذَ ٱللَّهِ أَن نَّأۡخُذَ إِلَّا مَن وَجَدۡنَا مَتَٰعَنَا عِندَهُۥٓ إِنَّآ إِذٗا لَّظَٰلِمُونَ ٧٩

79. Qála ma'ázal láhi an nákhuza illá manw wajadná matá'aná 'indahú inná izal lazálimún

79. Respondeu-lhes: Deus me perdoe! Não reteremos senão aquele em cujo poder encontramos a nossa ânfora, porque do contrário seríamos injustos.

فَلَمَّا ٱسۡتَيۡـَٔسُواْ مِنۡهُ خَلَصُواْ نَجِيّٗاۖ قَالَ كَبِيرُهُمۡ أَلَمۡ تَعۡلَمُوٓاْ أَنَّ أَبَاكُمۡ قَدۡ
أَخَذَ عَلَيۡكُم مَّوۡثِقٗا مِّنَ ٱللَّهِ وَمِن قَبۡلُ مَا فَرَّطتُمۡ فِي يُوسُفَۖ فَلَنۡ أَبۡرَحَ ٱلۡأَرۡضَ
حَتَّىٰ يَأۡذَنَ لِيٓ أَبِيٓ أَوۡ يَحۡكُمَ ٱللَّهُ لِيۖ وَهُوَ خَيۡرُ ٱلۡحَٰكِمِينَ ٨٠

80. Falammas tay'asú minhu khalasú najiyyan qála kabíruhum alam ta'lamú anna abákum qad akhaza 'alaikum mauciqam min Allahi wa min qablu má farrattum fí Yússufa falan abrahal ardha hattá ya'zana lí abí au yahkumal láhu lí wa huwa khairul hákimín

80. E quando desesperaram de demovê-lo, retiraram-se para deliberar. O chefe, dentre eles, disse: Ignorais, acaso, que vosso pai recebeu de vós uma solene promessa perante Deus? Recordais quando vos desvencilhastes de José? Jamais me moverei, pois, desta terra, até que mo consinta meu pai ou que Deus mo comande, porque é o melhor dos comandantes.

ٱرۡجِعُوٓاْ إِلَىٰٓ أَبِيكُمۡ فَقُولُواْ يَٰٓأَبَانَآ إِنَّ ٱبۡنَكَ سَرَقَ وَمَا شَهِدۡنَآ إِلَّا بِمَا
عَلِمۡنَا وَمَا كُنَّا لِلۡغَيۡبِ حَٰفِظِينَ ٨١

81. Irji'ú ilá abíkum faqúlú yá abáná innab naka saraq; wa má chahidná illá bimá 'alimná wa má kunná lilghaibi háfizín

81. Voltai ao vosso pai e dizei-lhe: Ó pai, teu filho roubou e não declaramos mais do que sabemos, e não podemos nos guardar dos juízes.

وَسۡـَٔلِ ٱلۡقَرۡيَةَ ٱلَّتِي كُنَّا فِيهَا وَٱلۡعِيرَ ٱلَّتِيٓ أَقۡبَلۡنَا فِيهَاۖ وَإِنَّا لَصَٰدِقُونَ ٨٢

82. Was'alil qaryatal latí kunná fíhá wal'íral latí aqbalná fíhá wa inná lasádiqún

82. E indaga na cidade em que estivemos e aos caravaneiros com quem viajamos e comprovarás que somos verazes.

قَالَ بَلۡ سَوَّلَتۡ لَكُمۡ أَنفُسُكُمۡ أَمۡرٗاۖ فَصَبۡرٞ جَمِيلٌۖ عَسَى ٱللَّهُ أَن يَأۡتِيَنِي بِهِمۡ
جَمِيعًاۚ إِنَّهُۥ هُوَ ٱلۡعَلِيمُ ٱلۡحَكِيمُ ٨٣

سُورَةُ يُوسُف

Surat Youssif

83. Qála bal sawwalat lakum anfusukum amran fasabrun jamílun 'asal láhu any yá tiyaní bihim jamí'á; innahú Huwal 'Alímul <u>H</u>akím

83. (Quando falaram ao seu pai), este lhes disse: Qual! Vós mesmos deliberastes cometer semelhante crime! Porém, resignar-me-ei a ser paciente, talvez Deus me devolva ambos, porque Ele é o Sapiente, o Prudentíssimo.

وَتَوَلَّىٰ عَنْهُمْ وَقَالَ يَٰٓأَسَفَىٰ عَلَىٰ يُوسُفَ وَٱبْيَضَّتْ عَيْنَاهُ مِنَ ٱلْحُزْنِ
فَهُوَ كَظِيمٌ ﴿٨٤﴾

84. Wa tawallá 'anhum wa qála yá asafá 'alá Yússufa wabyaddat 'aynáhu minal <u>h</u>uzni fahuwa kazím

84. E afastou-se deles, dizendo: Ai de mim! Quanto sinto por José! E seus olhos ficaram anuviados pela tristeza, havia muito retida.

قَالُوا۟ تَٱللَّهِ تَفْتَؤُا۟ تَذْكُرُ يُوسُفَ حَتَّىٰ تَكُونَ حَرَضًا أَوْ تَكُونَ مِنَ
ٱلْهَٰلِكِينَ ﴿٨٥﴾

85. Qálú talláhi tafta'u tazkuru Yússufa <u>h</u>attá takúna haradan au takúna minal hálikín

85. Disseram-lhe: Por Deus, não cessarás de recordar-te de José até que adoeças gravemente ou fiques moribundo!?

قَالَ إِنَّمَآ أَشْكُوا۟ بَثِّى وَحُزْنِىٓ إِلَى ٱللَّهِ وَأَعْلَمُ مِنَ ٱللَّهِ مَا لَا تَعْلَمُونَ ﴿٨٦﴾

86. Qála innamá achkú bassí wa <u>h</u>uzni ilal láhi wa a'lamu minal láhi má lá ta'lamún

86. Ele lhes disse: Só exponho perante Deus o meu pesar e a minha angústia, porque sei de Deus o que vós ignorais.

يَٰبَنِىَّ ٱذْهَبُوا۟ فَتَحَسَّسُوا۟ مِن يُوسُفَ وَأَخِيهِ وَلَا تَا۟يْـَٔسُوا۟ مِن رَّوْحِ ٱللَّهِ إِنَّهُۥ
لَا يَا۟يْـَٔسُ مِن رَّوْحِ ٱللَّهِ إِلَّا ٱلْقَوْمُ ٱلْكَٰفِرُونَ ﴿٨٧﴾

87. Yá baniyyaz habú fata<u>h</u>assasú min Yússufa wa akhíhi wa lá tai'asú mir rau<u>h</u>il láhi innahú lá yai'asu mir rau<u>h</u>il láhi illal qaumul káfirún

87. Ó filhos meus, ide e informai-vos sobre José e seu irmão e não desespereis quanto à misericórdia de Deus, porque não desesperam da Sua misericórdia senão os incrédulos.

فَلَمَّا دَخَلُوا۟ عَلَيْهِ قَالُوا۟ يَـٰٓأَيُّهَا ٱلْعَزِيزُ مَسَّنَا وَأَهْلَنَا ٱلضُّرُّ وَجِئْنَا بِبِضَـٰعَةٍ
مُّزْجَىٰةٍ فَأَوْفِ لَنَا ٱلْكَيْلَ وَتَصَدَّقْ عَلَيْنَآ ۖ إِنَّ ٱللَّهَ يَجْزِى ٱلْمُتَصَدِّقِينَ ﴿٨٨﴾

88. Falammá dakhalú 'alaihi qálú yá ayyuhal 'Azízu massaná wa ahlanad dhurru wa ji'ná bi bidá tin 'im muzjátin fa aufi lanal kaila wa tasaddaq 'alainá innal láha yajzil mutasaddiquín[

88. E quando se apresentaram a ele (José) disseram: Ó excelência, a miséria caiu sobre nós e nossa família; trazemos pouca mercadoria; cumula-nos, pois, a medida, e faze-nos caridade, porque Deus retribui aos caritativos.

قَالَ هَلْ عَلِمْتُم مَّا فَعَلْتُم بِيُوسُفَ وَأَخِيهِ إِذْ أَنتُمْ جَـٰهِلُونَ ﴿٨٩﴾

89. Qála hal 'alimtum má fa'altum bi Yússufa wa akhíhi iz antum jáhilún

89. Perguntou-lhes: Sabeis, acaso, o que nesciamente fizestes a José e a seu irmão, com a vossa ignorância?

قَالُوٓا۟ أَءِنَّكَ لَأَنتَ يُوسُفُ ۖ قَالَ أَنَا۠ يُوسُفُ وَهَـٰذَآ أَخِى ۖ قَدْ مَنَّ ٱللَّهُ
عَلَيْنَآ ۖ إِنَّهُۥ مَن يَتَّقِ وَيَصْبِرْ فَإِنَّ ٱللَّهَ لَا يُضِيعُ أَجْرَ ٱلْمُحْسِنِينَ ﴿٩٠﴾

90. Qálú 'a innaka la anta Yússufu qála ana Yússufu wa házá akhí qad mannal láhu 'alainá innahú mai yattaqi wa yasbir fa innal láha lá yudi'u ajral muhsinín

90. Disseram-lhe: És tu, acaso, José? Respondeu-lhes: Sou José e este é meu irmão! Deus nos agraciou com a Sua mercê, porque quem teme e persevera sabe que Deus jamais frustra a recompensa dos benfeitores.

قَالُوا۟ تَٱللَّهِ لَقَدْ ءَاثَرَكَ ٱللَّهُ عَلَيْنَا وَإِن كُنَّا لَخَـٰطِـِٔينَ ﴿٩١﴾

91. Qálú talláhi laqad áçarakal láhu 'alainá wa in kunná lakháti'in

91. Disseram-lhe: Por Deus! Ele te preferiu a nós, e confessamos que fomos culpados.

قَالَ لَا تَثْرِيبَ عَلَيْكُمُ ٱلْيَوْمَ ۖ يَغْفِرُ ٱللَّهُ لَكُمْ ۖ وَهُوَ أَرْحَمُ ٱلرَّٰحِمِينَ ﴿٩٢﴾

92. Qála lá taçríba 'alaikumul yauma yaghfirul láhu lakum wa Huwa arhamur ráhimín

92. Asseverou-lhes: Hoje não sereis recriminados! Eis que Deus vos perdoará, porque é o mais clemente dos misericordiosos.

ٱذْهَبُوا۟ بِقَمِيصِى هَـٰذَا فَأَلْقُوهُ عَلَىٰ وَجْهِ أَبِى يَأْتِ بَصِيرًا وَأْتُونِى بِأَهْلِكُمْ
أَجْمَعِينَ ﴿٩٣﴾

93. *Izhabú biqamísí házá fa alqúhu 'alá wajhi abí ya'ti basíranw wa'túní bi ahlikum ajma'ín*

93. Levai esta minha túnica e jogai-a sobre o rosto de meu pai, que assim recuperará a visão; em seguida, trazei-me toda a vossa família.

وَلَمَّا فَصَلَتِ ٱلۡعِيرُ قَالَ أَبُوهُمۡ إِنِّي لَأَجِدُ رِيحَ يُوسُفَۖ لَوۡلَآ أَن
تُفَنِّدُونِ ﴿٩٤﴾

94. *Wa lammá fasalatil 'íru qála abúhum inní la ajidu ríha Yússufa lau lá an tufannidún*

94. E quando a caravana se aproximou, seu pai disse: Em verdade, pressinto a presença de José, muito embora pensais que deliro!

قَالُواْ تَٱللَّهِ إِنَّكَ لَفِي ضَلَٰلِكَ ٱلۡقَدِيمِ ﴿٩٥﴾

95. *Qálú talláhi innaka lafí dhalálikal qadím*

95. Disseram-lhe: Por Deus! Certamente continuas com a tua velha ilusão.

فَلَمَّآ أَن جَآءَ ٱلۡبَشِيرُ أَلۡقَىٰهُ عَلَىٰ وَجۡهِهِۦ فَٱرۡتَدَّ بَصِيرٗاۖ قَالَ أَلَمۡ أَقُل لَّكُمۡ إِنِّيٓ
أَعۡلَمُ مِنَ ٱللَّهِ مَا لَا تَعۡلَمُونَ ﴿٩٦﴾

96. *Falammá an já'albachíru alqáhu 'alá wajhihí fartadda basíran qála alam aqul lakum inni a'lamu minal láhi má lá ta'lamún*

96. E quando chegou o alvissareiro, jogou-a (a túnica de José) sobre o seu rosto, e ele recuperou imediatamente a visão. Disse-lhes: Não vos disse que eu sei de Deus o que vós ignorais?

قَالُواْ يَٰٓأَبَانَا ٱسۡتَغۡفِرۡ لَنَا ذُنُوبَنَآ إِنَّا كُنَّا خَٰطِـِٔينَ ﴿٩٧﴾

97. *Qálú yá abánas taghfir laná zunúbaná inná kunná kháti'ín*

97. Disseram-lhe: Ó pai, implora a Deus que nos perdoe porque somos culpados!

قَالَ سَوۡفَ أَسۡتَغۡفِرُ لَكُمۡ رَبِّيٓۖ إِنَّهُۥ هُوَ ٱلۡغَفُورُ ٱلرَّحِيمُ ﴿٩٨﴾

98. *Qála sawfa astaghfiru lakum Rabbí innahú Huwal Ghafúrur Rahím*

98. Disse: Suplicarei pelo vosso perdão ao meu Senhor, porque Ele é o Indulgente, o Misericordiosíssimo.

فَلَمَّا دَخَلُواْ عَلَىٰ يُوسُفَ ءَاوَىٰٓ إِلَيۡهِ أَبَوَيۡهِ وَقَالَ ٱدۡخُلُواْ مِصۡرَ إِن شَآءَ ٱللَّهُ
ءَامِنِينَ ﴿٩٩﴾

99. *Falammá dakhalú 'alá Yússufa áwá ilaihi abawaiyhi wa qálad khulú Misra inchá'al láhu áminín*
99. E quando todos se apresentaram ante José, este acolheu seus pais, dizendo-lhes: Entrai a salvo no Egito, se é pela vontade de Deus.

وَرَفَعَ أَبَوَيْهِ عَلَى ٱلْعَرْشِ وَخَرُّواْ لَهُۥ سُجَّدًا وَقَالَ يَٰٓأَبَتِ هَٰذَا تَأْوِيلُ رُءْيَٰىَ مِن
قَبْلُ قَدْ جَعَلَهَا رَبِّى حَقًّا وَقَدْ أَحْسَنَ بِىٓ إِذْ أَخْرَجَنِى مِنَ ٱلسِّجْنِ وَجَآءَ بِكُم مِّنَ
ٱلْبَدْوِ مِنۢ بَعْدِ أَن نَّزَغَ ٱلشَّيْطَٰنُ بَيْنِى وَبَيْنَ إِخْوَتِىٓ إِنَّ رَبِّى لَطِيفٌ لِّمَا يَشَآءُ
إِنَّهُۥ هُوَ ٱلْعَلِيمُ ٱلْحَكِيمُ ﴿١٠٠﴾

100. *Wa raf'a abawaihi 'alal 'archi wa kharrú lahú sujjadá; wa qála yá abati háza táwilu ru'yáya min qablu qad ja'alahá Rabbí haqqá; wa qad ahsana bí iz akhrajaní minas sijni wa já'a bikum minal badwi mim ba'di an nazaghach Chaitánu bainí wa baina ikhwatí; inna Rabbí latíful limá yachá'; innahú Huwal 'Alímul Hakím*
100. José honrou seus pais, sentando-os em seu sólio, e eles se prostraram perante ele; e José disse: Ó meu pai, esta é a interpretação de um sonho passado que meu Senhor realizou. Ele me beneficiou ao tirar-me do cárcere e ao trazer-vos do deserto, depois de Satanás ter semeado a discórdia entre meus irmãos e mim. Meu Senhor é Amabilíssimo com quem Lhe apraz, porque Ele é o Sapiente, o Prudentíssimo.

۞ رَبِّ قَدْ ءَاتَيْتَنِى مِنَ ٱلْمُلْكِ وَعَلَّمْتَنِى مِن تَأْوِيلِ ٱلْأَحَادِيثِ فَاطِرَ ٱلسَّمَٰوَٰتِ وَٱلْأَرْضِ
أَنتَ وَلِىِّۦ فِى ٱلدُّنْيَا وَٱلْءَاخِرَةِ تَوَفَّنِى مُسْلِمًا وَأَلْحِقْنِى بِٱلصَّٰلِحِينَ ﴿١٠١﴾

101. ۞ *Rabbi qad átaitaní minal mulki wa 'allamtaní min táwílil ahádís; fátiras samáwáti wal ardhi Anta waliyyí fid dunyá wal Ákhirati tawaffaní muslimanw wa alhiqní bissálihín*
101. Ó Senhor meu, já me agraciaste com a soberania e me ensinaste a interpretação das histórias. Ó Criador dos Céus e da Terra, Tu és o meu Protetor neste mundo e no Outro. Faze com que eu morra muçulmano, e junta-me aos virtuosos!

ذَٰلِكَ مِنْ أَنۢبَآءِ ٱلْغَيْبِ نُوحِيهِ إِلَيْكَ وَمَا كُنتَ لَدَيْهِمْ إِذْ أَجْمَعُوٓاْ أَمْرَهُمْ وَهُمْ
يَمْكُرُونَ ﴿١٠٢﴾

سُورَةُ يُوسُف

Surat Youssif

102. Zálika min ambá'il ghaibi núhíhi ilaika wa má kunta ladaihim iz ajma'ú amrahum wa hum yamkurún]

102. Esses são alguns relatos do desconhecido que te revelamos. Tu não estavas presente com eles quando tramaram astutamente.

وَمَآ أَكْثَرُ ٱلنَّاسِ وَلَوْ حَرَصْتَ بِمُؤْمِنِينَ ﴿١٠٣﴾

103. Wa má akçarun nási wa law harasta bimu'minín

103. Porém, a maioria dos humanos, por mais que anseies, jamais crerá.

وَمَا تَسْـَٔلُهُمْ عَلَيْهِ مِنْ أَجْرٍ إِنْ هُوَ إِلَّا ذِكْرٌ لِّلْعَٰلَمِينَ ﴿١٠٤﴾

104. Wa má tas'aluhum 'alaihi min ajr; in huwa illá zikrul lil'álamín

104. Tu não lhes pedes por isso recompensa alguma, pois isto não é mais do que uma mensagem para a humanidade.

وَكَأَيِّن مِّنْ ءَايَةٍ فِى ٱلسَّمَٰوَٰتِ وَٱلْأَرْضِ يَمُرُّونَ عَلَيْهَا وَهُمْ عَنْهَا
مُعْرِضُونَ ﴿١٠٥﴾

105. Wa ka ayyim min Áyatin fis samáwáti wal ardhi yamurrúna 'alaihá wa hum 'anhá mu'ridhún

105. E quantos sinais há nos Céus e na Terra, que eles contemplam desdenhosamente!

وَمَا يُؤْمِنُ أَكْثَرُهُم بِٱللَّهِ إِلَّا وَهُم مُّشْرِكُونَ ﴿١٠٦﴾

106. Wa má yu'minu akçaruhum billáhi illá wahum muchrikún

106. E sua maioria não crê em Deus, sem atribuir-Lhe parceiros.

أَفَأَمِنُوٓاْ أَن تَأْتِيَهُمْ غَٰشِيَةٌ مِّنْ عَذَابِ ٱللَّهِ أَوْ تَأْتِيَهُمُ ٱلسَّاعَةُ بَغْتَةً وَهُمْ لَا
يَشْعُرُونَ ﴿١٠٧﴾

107. Afa aminú an tátiya hum gháshiyatum min 'azábil láhi aw tátiyahumus Sá'atu baghtatanw wa hum lá yash'urún

107. Estão, por acaso, certos de que não os fulminará um evento assolador, como castigo de Deus, ou que a Hora não os surpreenderá, subitamente, sem que o saibam?

قُلْ هَٰذِهِۦ سَبِيلِىٓ أَدْعُوٓاْ إِلَى ٱللَّهِ عَلَىٰ بَصِيرَةٍ أَنَا۠ وَمَنِ ٱتَّبَعَنِى وَسُبْحَٰنَ ٱللَّهِ وَمَآ
أَنَا۠ مِنَ ٱلْمُشْرِكِينَ ﴿١٠٨﴾

108. Qul házihí sabílí ad'ú ilal láh; 'alá basíra tin ana wa manit taba'aní wa Subhánal láhi wa má ana minal muchrikín

108. Dize: Esta é a minha maneira. Apregôo Deus com lucidez, tanto eu como aqueles que me seguem. Glorificado seja Deus! E não sou um dos politeístas.

وَمَآ أَرۡسَلۡنَا مِن قَبۡلِكَ إِلَّا رِجَالٗا نُّوحِيٓ إِلَيۡهِم مِّنۡ أَهۡلِ ٱلۡقُرَىٰٓۗ أَفَلَمۡ يَسِيرُواْ
فِي ٱلۡأَرۡضِ فَيَنظُرُواْ كَيۡفَ كَانَ عَٰقِبَةُ ٱلَّذِينَ مِن قَبۡلِهِمۡۗ وَلَدَارُ ٱلۡأٓخِرَةِ
خَيۡرٞ لِّلَّذِينَ ٱتَّقَوۡاْۚ أَفَلَا تَعۡقِلُونَ ١٠٩

109. Wa má arsalná min qablika illá rijálan núhi ilaihim min ahlil qurá; afalam yasírú fil ardhi fa yanzurú kaifa kána 'áqibatul lazína min qablihim; wa la Dárul Ákhirati Khairul lillazínat taqau; afalá ta'quilún

109. Antes de ti, não enviamos senão homens que habitavam as cidades, aos quais revelamos a verdade. Acaso, não percorreram a Terra para observar qual foi o destino dos seus antecessores? A morada da Outra Vida é preferível, para os tementes. Não raciocinais?

حَتَّىٰٓ إِذَا ٱسۡتَيۡـَٔسَ ٱلرُّسُلُ وَظَنُّوٓاْ أَنَّهُمۡ قَدۡ كُذِبُواْ جَآءَهُمۡ نَصۡرُنَا فَنُجِّيَ مَن
نَّشَآءُۖ وَلَا يُرَدُّ بَأۡسُنَا عَنِ ٱلۡقَوۡمِ ٱلۡمُجۡرِمِينَ ١١٠

110. Hattá izas tai'asar Rusulu wa zannú annahum qad kuzibú já'ahum nas runá fanujjiya man nashá'u wa lá yuraddu ba'suna 'anil qawmil mujrimín

110. Quando os mensageiros se desesperavam e pensavam que seriam desmentidos, chegava-lhes o Nosso socorro; e salvávamos quem Nos aprazia, e o Nosso castigo foi inevitável para os pecadores.

لَقَدۡ كَانَ فِي قَصَصِهِمۡ عِبۡرَةٞ لِّأُوْلِي ٱلۡأَلۡبَٰبِۗ مَا كَانَ حَدِيثٗا يُفۡتَرَىٰ
وَلَٰكِن تَصۡدِيقَ ٱلَّذِي بَيۡنَ يَدَيۡهِ وَتَفۡصِيلَ كُلِّ شَيۡءٖ وَهُدٗى وَرَحۡمَةٗ
لِّقَوۡمٖ يُؤۡمِنُونَ ١١١

111. Laqad kána fi qasasihim 'ibratul li ulil albáb; má kána hadíçan yuftará wa lákin tasdíqal lazi baina yadaihi wa tafsíla kulli shai'inw wa hudan wa rahmatal liqaumin yu'minún

111. Em suas histórias há um exemplo para os sensatos. É inconcebível que seja uma narrativa forjada, pois é a corroboração das anteriores, a elucidação de todas as coisas, orientação e misericórdia para os que creem.

سُورَةُ الرَّعۡدِ

Surat Ar Ra'd

Surat 13. *Ar Ra'd* (O Trovão). Revelada em Madina; 43 versículos.

بِسۡمِ ٱللَّهِ ٱلرَّحۡمَٰنِ ٱلرَّحِيمِ

Bismilláhir Rahmánir Rahím

Em nome de Deus, o Clemente, o Misericordioso

الٓمٓرۚ تِلۡكَ ءَايَٰتُ ٱلۡكِتَٰبِۗ وَٱلَّذِيٓ أُنزِلَ إِلَيۡكَ مِن رَّبِّكَ ٱلۡحَقُّ وَلَٰكِنَّ أَكۡثَرَ ٱلنَّاسِ
لَا يُؤۡمِنُونَ ١

1. Alif-Lám-Mím-Rá; tilka Áyátul Kitáb; wallazí unzila ilaika mir Rabbikal haqqu wa lákinna akçaran nási lá yu'minún

1. Alef, Lam, Mim, Ra. Estes são os versículos do Livro. O que te foi revelado por teu Senhor é a pura verdade; porém, a maioria dos humanos não crê nisso.

ٱللَّهُ ٱلَّذِي رَفَعَ ٱلسَّمَٰوَٰتِ بِغَيۡرِ عَمَدٖ تَرَوۡنَهَاۖ ثُمَّ ٱسۡتَوَىٰ عَلَى ٱلۡعَرۡشِۖ وَسَخَّرَ ٱلشَّمۡسَ
وَٱلۡقَمَرَۖ كُلّٞ يَجۡرِي لِأَجَلٖ مُّسَمّٗىۚ يُدَبِّرُ ٱلۡأَمۡرَ يُفَصِّلُ ٱلۡأٓيَٰتِ لَعَلَّكُم بِلِقَآءِ رَبِّكُمۡ
تُوقِنُونَ ٢

2. Alláhul lazí raf'as samáwáti bighairi 'amadin tarawnahá çummas tawá 'alal 'Archi wa sakhkharach chamsa walqamara kullun yajrí li ajalim musammá; yudabbirul amra yufassilil Áyáti la'allakum biliqá'i Rabbikum túquinún

2. Foi Deus Quem erigiu os Céus sem colunas aparentes; logo assumiu o Trono e submeteu o sol e a lua (à Sua vontade); cada qual prosseguirá o seu curso, até um término prefixado. Ele rege os assuntos e elucida os versículos para que fiqueis persuadidos do comparecimento ante o vosso Senhor.

سُورَةُ الرَّعۡدِ

Surat Ar Ra'd

وَهُوَ ٱلَّذِى مَدَّ ٱلْأَرْضَ وَجَعَلَ فِيهَا رَوَٰسِىَ وَأَنْهَٰرًا ۖ وَمِن كُلِّ ٱلثَّمَرَٰتِ جَعَلَ فِيهَا
زَوْجَيْنِ ٱثْنَيْنِ ۖ يُغْشِى ٱلَّيْلَ ٱلنَّهَارَ ۚ إِنَّ فِى ذَٰلِكَ لَءَايَٰتٍ لِّقَوْمٍ يَتَفَكَّرُونَ ﴿٣﴾

3. *Wa Huwal lazí maddal ardha wa ja'ala fíhá rawásiya wa anhárá; wa min kullis çamaráti ja'ala fíhá zawjain içnayn; Yughchil lailan nahár; inna fí zálika la áyátil liqaumin yatafakkarún*

3. Ele foi Quem dilatou a Terra, na qual dispôs sólidas montanhas e rios, assim como estabeleceu dois gêneros de todos os frutos. É Ele Quem faz o dia suceder à noite. Nisto há sinais para aqueles que refletem.

وَفِى ٱلْأَرْضِ قِطَعٌ مُّتَجَٰوِرَٰتٌ وَجَنَّٰتٌ مِّنْ أَعْنَٰبٍ وَزَرْعٌ وَنَخِيلٌ صِنْوَانٌ وَغَيْرُ
صِنْوَانٍ يُسْقَىٰ بِمَآءٍ وَٰحِدٍ وَنُفَضِّلُ بَعْضَهَا عَلَىٰ بَعْضٍ فِى ٱلْأُكُلِ ۚ إِنَّ فِى
ذَٰلِكَ لَءَايَٰتٍ لِّقَوْمٍ يَعْقِلُونَ ﴿٤﴾

4. *Wa fil ardhi qita'um muta jáwirátunw wa jannátum min a'nábinw wa zar'unw wa nakhílun sinwánunw wa ghairu sinwániny yusqá bimá'inw wáhid; wa nufaddhilu ba'dhahá 'alá ba'dhin fil-ukul; inna fí zálika la áyátil liqawminy ya'quilún*

4. E na Terra há regiões fronteiriças (de diversas características); há plantações, videiras, sementeiras e tamareiras, semelhantes (em espécie) e diferentes (em variedade); são regadas pela mesma água e distinguimos umas das outras ao comermo-los. Nisto há sinais para os sensatos.

۞ وَإِن تَعْجَبْ فَعَجَبٌ قَوْلُهُمْ أَءِذَا كُنَّا تُرَٰبًا أَءِنَّا لَفِى خَلْقٍ جَدِيدٍ ۗ أُو۟لَٰٓئِكَ
ٱلَّذِينَ كَفَرُوا۟ بِرَبِّهِمْ ۖ وَأُو۟لَٰٓئِكَ ٱلْأَغْلَٰلُ فِىٓ أَعْنَاقِهِمْ ۖ وَأُو۟لَٰٓئِكَ أَصْحَٰبُ ٱلنَّارِ ۖ
هُمْ فِيهَا خَٰلِدُونَ ﴿٥﴾

5. ۞ *Wa in ta'jab fa'ajabun qawluhum 'a-izá kunna turában 'a-inna lafí khalqin jadíd; ulá 'ikal lazína kafarú bi Rabbihim wa ulá'ikal aghlálu fí a'náqihim wa ulá'ika Asshábun Nári hum fíhá khálidún*

5. E se estranhas (a falta da fé deles), mais estranha é a pergunta que fazem: Quando formos convertidos em pó, reapareceremos como novas criaturas? São os tais que negam o seu Senhor; são os que levarão cangas em seus pescoços, e serão condenados ao inferno, onde permanecerão eternamente.

سُورَةُ الرَّعْدِ

Surat Ar Ra'd

وَيَسْتَعْجِلُونَكَ بِٱلسَّيِّئَةِ قَبْلَ ٱلْحَسَنَةِ وَقَدْ خَلَتْ مِن قَبْلِهِمُ ٱلْمَثُلَٰتُ ۗ وَإِنَّ
رَبَّكَ لَذُو مَغْفِرَةٍ لِّلنَّاسِ عَلَىٰ ظُلْمِهِمْ ۖ وَإِنَّ رَبَّكَ لَشَدِيدُ ٱلْعِقَابِ ٦

6. Wa yasta'jilúnaka bis saiyi'ati qablal hasanati wa qad khalat min qablihimul maçulát; wa inna Rabbaka lazú maghfiratil linnási 'alá zulmihim wa inna Rabbaka lashadídul 'iqáb

6. Pedem-te que lhes seja apressado o mal, ao invés do bem, sendo que antes disso houve castigos exemplares, embora teu Senhor seja Indulgente para com os humanos, apesar das suas iniquidades; porém, teu Senhor é Severíssimo no castigo.

وَيَقُولُ ٱلَّذِينَ كَفَرُوا۟ لَوْلَآ أُنزِلَ عَلَيْهِ ءَايَةٌ مِّن رَّبِّهِۦٓ ۗ إِنَّمَآ أَنتَ مُنذِرٌ ۖ وَلِكُلِّ
قَوْمٍ هَادٍ ٧

7. Wa yaqúlul lazína kafarú law lá unzila 'alaihi Áyatum mir Rabbih; innamá anta munzirunw wa likulli qaumin hád

7. E os incrédulos dizem: Por que não lhe foi revelado um sinal de seu Senhor? Porém, tu és tão-somente um admoestador, e cada povo tem o seu guia.

ٱللَّهُ يَعْلَمُ مَا تَحْمِلُ كُلُّ أُنثَىٰ وَمَا تَغِيضُ ٱلْأَرْحَامُ وَمَا تَزْدَادُ ۖ وَكُلُّ
شَىْءٍ عِندَهُۥ بِمِقْدَارٍ ٨

8. Alláhu ya'lamu má tahmilu kullu unçá wa má taghidhul arhámu wa má tazdád, wa kullu shai'in 'indahú bimiqdár

8. Deus sabe o que concebe cada fêmea, bem como o que absorvem as suas entranhas, o que nelas aumenta e o que diminui; e com Ele tudo tem sua medida apropriada.

عَٰلِمُ ٱلْغَيْبِ وَٱلشَّهَٰدَةِ ٱلْكَبِيرُ ٱلْمُتَعَالِ ٩

9. 'Álimul Ghaibi wash shahádatil Kábírul Muta'ál

9. Ele é Conhecedor do desconhecido e do conhecido, o Grandioso, o Altíssimo.

سَوَآءٌ مِّنكُم مَّنْ أَسَرَّ ٱلْقَوْلَ وَمَن جَهَرَ بِهِۦ وَمَنْ هُوَ مُسْتَخْفٍۭ بِٱلَّيْلِ وَسَارِبٌۢ
بِٱلنَّهَارِ ١٠

10. Sawá'um minkum man asarral qawla wa man jahara bihí wa man huwa mustakhfim billaili wa sáribum binnahár

سُورَةُ الرَّعۡدِ

Surat Ar Ra'd

10. Para Ele é igual quem de vós oculta o seu pensamento e quem o divulga, quem se esconde nas trevas e quem se mostra em pleno dia.

لَهُۥ مُعَقِّبَٰتٞ مِّنۢ بَيۡنِ يَدَيۡهِ وَمِنۡ خَلۡفِهِۦ يَحۡفَظُونَهُۥ مِنۡ أَمۡرِ ٱللَّهِۗ إِنَّ ٱللَّهَ لَا يُغَيِّرُ مَا
بِقَوۡمٍ حَتَّىٰ يُغَيِّرُواْ مَا بِأَنفُسِهِمۡۗ وَإِذَآ أَرَادَ ٱللَّهُ بِقَوۡمٖ سُوٓءٗا فَلَا مَرَدَّ لَهُۥۚ وَمَا لَهُم مِّن
دُونِهِۦ مِن وَالٍ ﴿١١﴾

11. Lahú mu'aqqibátum mim baini yadaihi wa min khalfihí yahfazúnahú min amril láh; innal láha lá yughaiyiru má biqaumin hattá yughaiyirú má bianfusihim; wa izá arádal láhu biqawmin sú'an falá maradda lah; wa má lahum min dúnihíminw wál

11. Cada (de tais pessoas) tem (anjos) protetores. Escoltam-no em turnos sucessivos, por ordem de Deus. Ele jamais mudará as condições que concedeu às pessoas, a menos que elas mudem o que há em seus íntimos. E quando Deus quer castigar a um povo, ninguém pode impedi-Lo e não tem, em vez d'Ele, protetor algum.

هُوَ ٱلَّذِي يُرِيكُمُ ٱلۡبَرۡقَ خَوۡفٗا وَطَمَعٗا وَيُنشِئُ ٱلسَّحَابَ ٱلثِّقَالَ ﴿١٢﴾

12. Huwal lazí yuríkumul barqa khawfanw wa tama'anw wa yunchi'us sahábas ciqál

12. Ele é Quem mostra o relâmpago como temor e esperança, e faz surgir as nuvens saturadas de chuva.

وَيُسَبِّحُ ٱلرَّعۡدُ بِحَمۡدِهِۦ وَٱلۡمَلَٰٓئِكَةُ مِنۡ خِيفَتِهِۦ وَيُرۡسِلُ ٱلصَّوَٰعِقَ فَيُصِيبُ
بِهَا مَن يَشَآءُ وَهُمۡ يُجَٰدِلُونَ فِي ٱللَّهِ وَهُوَ شَدِيدُ ٱلۡمِحَالِ ﴿١٣﴾

13. Wa yusabbihur ra'du bihamdihí walmalá'ikatu min khífatihí wa yursilus sawá'iqa fa yusíbu bihá mai yashá'u wa hum yujádilúna fil láhi wa Huwa shadídul mihál

13. O trovão celebra os Seus louvores, e o mesmo fazem os anjos, por temor a Ele, o Qual lança as centelhas, fulminando, assim, quem Lhe apraz, enquanto disputam sobre Deus, apesar de Ele ser poderosamente Implacável.

لَهُۥ دَعۡوَةُ ٱلۡحَقِّۖ وَٱلَّذِينَ يَدۡعُونَ مِن دُونِهِۦ لَا يَسۡتَجِيبُونَ لَهُم بِشَيۡءٍ إِلَّا كَبَٰسِطِ كَفَّيۡهِ إِلَى
ٱلۡمَآءِ لِيَبۡلُغَ فَاهُ وَمَا هُوَ بِبَٰلِغِهِۦۚ وَمَا دُعَآءُ ٱلۡكَٰفِرِينَ إِلَّا فِي ضَلَٰلٖ ﴿١٤﴾

14. Lahú da'watul haqq; wallazína yad'úna min dúnihí lá yastajíbúna lahum bichai'in illá kabásiti kaffaihi ilal má'i liyablugha fáhu wa má huwa bibálighih; wa má du'á'ul káfirína illá fí dhalál

سُورَةُ الرَّعْدِ

Surat Ar Ra'd

14. Somente a Ele são dirigidas as súplicas verdadeiras, e aqueles os quais invocam, em vez d'Ele, em nada os atenderão; são semelhantes a quem estende a mão até à água, para que a mesma lhe suba à boca, coisa que jamais acontecerá. Sabei que a súplica dos incrédulos é sem valia.

وَلِلَّهِ يَسْجُدُ مَن فِي السَّمَاوَاتِ وَالْأَرْضِ طَوْعًا وَكَرْهًا وَظِلَالُهُم بِالْغُدُوِّ وَالْآصَالِ ۩ ١٥

15. Wa lilláhi yasjudu man fis samáwáti wal ardhi taw'an wa karhan wa ziláluhum bilghuduwwi wal ásál ***(fazer sajda)***

15. A Deus prostram aqueles que estão nos Céus e na Terra, quer queiram quer não, tal como o fazem as suas sombras, ao amanhecer e ao entardecer.

قُلْ مَن رَّبُّ السَّمَاوَاتِ وَالْأَرْضِ قُلِ اللَّهُ ۚ قُلْ أَفَاتَّخَذْتُم مِّن دُونِهِ أَوْلِيَاءَ لَا يَمْلِكُونَ لِأَنفُسِهِمْ
نَفْعًا وَلَا ضَرًّا ۚ قُلْ هَلْ يَسْتَوِي الْأَعْمَىٰ وَالْبَصِيرُ أَمْ هَلْ تَسْتَوِي الظُّلُمَاتُ وَالنُّورُ ۗ أَمْ
جَعَلُوا لِلَّهِ شُرَكَاءَ خَلَقُوا كَخَلْقِهِ فَتَشَابَهَ الْخَلْقُ عَلَيْهِمْ ۚ قُلِ اللَّهُ خَالِقُ كُلِّ شَيْءٍ وَهُوَ الْوَاحِدُ
الْقَهَّارُ ١٦

16. Qul mar Rabbus samáwáti wal ardh; quill láh; qul afattakhaztum min dúnihí awliyá'a lá yamlikúna li anfusihim naf'an wa lá dharrá; qul hal yastawil a'má wal basíru am hal tastawiz zulumátu wannúr; am ja'alú lilláhi churaká'a khalaqú kakhalquihí fatachá bahal khalqu 'alaihim; qulil láhu Kháliqu kulli chai'in wa Huwal Wáhidul Qahhar

16. Pergunta-lhes: Quem é o Senhor dos Céus e da Terra? E afirma-lhes: Deus! E dize-lhes: Adotareis, acaso, em vez d'Ele, ídolos, que não podem beneficiar-se nem se defender? Poderão equiparar-se o cego e o vidente? Poderão equiparar-se as trevas e a luz? Atribuem, acaso, a Deus parceiros, que criaram algo como a Sua criação, de tal modo que a criação lhes pareça similar? Dize: Deus é o Criador de todas as coisas, porque Ele é o Único, o Irresistibilíssimo.

أَنزَلَ مِنَ السَّمَاءِ مَاءً فَسَالَتْ أَوْدِيَةٌ بِقَدَرِهَا فَاحْتَمَلَ السَّيْلُ زَبَدًا رَّابِيًا ۚ وَمِمَّا
يُوقِدُونَ عَلَيْهِ فِي النَّارِ ابْتِغَاءَ حِلْيَةٍ أَوْ مَتَاعٍ زَبَدٌ مِّثْلُهُ ۚ كَذَٰلِكَ يَضْرِبُ اللَّهُ الْحَقَّ
وَالْبَاطِلَ ۚ فَأَمَّا الزَّبَدُ فَيَذْهَبُ جُفَاءً ۖ وَأَمَّا مَا يَنفَعُ النَّاسَ فَيَمْكُثُ فِي الْأَرْضِ ۚ كَذَٰلِكَ
يَضْرِبُ اللَّهُ الْأَمْثَالَ ١٧

سُورَةُ الرَّعْدِ

Surat Ar Ra'd

17. Anzala minas samá'i má'an fasálat awdiyatum biqadarihá fahtamalas sailu zabadar rábiyá; wa mimmmá yúquidúna 'alaihi fin nárib tighá'a hilyatin au matá'in zabadum miçluh; kazálika yadhribul láhul haqqa wal bátil; fa ammaz zabadu fa yazhabu jufá'á; wa ammá má yanfa'un nása fa yamkuçu fil ardh; kazálika yadhribul láhul amçál

17. Ele faz descer a água do céu, que corre pelos vales, mesuradamente; sua corrente arrasta uma espuma flutuante. Também (os metais) que os homens fundem com afã, no fogo, para fabricar utensílios e ornamentos, produzem uma espuma semelhante. Assim Deus evidencia o verdadeiro e o falso. A espuma desvanece-se rapidamente: o que beneficia o homem, porém, permanece na Terra. Assim Deus exemplifica (os fatos).

لِلَّذِينَ ٱسْتَجَابُوا۟ لِرَبِّهِمُ ٱلْحُسْنَىٰ ۚ وَٱلَّذِينَ لَمْ يَسْتَجِيبُوا۟ لَهُۥ لَوْ أَنَّ لَهُم مَّا فِى
ٱلْأَرْضِ جَمِيعًا وَمِثْلَهُۥ مَعَهُۥ لَٱفْتَدَوْا۟ بِهِۦٓ ۚ أُو۟لَٰٓئِكَ لَهُمْ سُوٓءُ ٱلْحِسَابِ وَمَأْوَىٰهُمْ
جَهَنَّمُ ۖ وَبِئْسَ ٱلْمِهَادُ ﴿١٨﴾

18. Lillazínas tajábú lirabbihimul husná; wallazína lam yastajíbú lahú lau anna lahum má fil ardhi jamí'an wa miçlahú ma'ahú laftadaw bih; ulá'ika lahum sú'ul hisáb; wa ma'wáhum Jahannamu wa bi'çal mihád

18. Aqueles que atendem ao chamado do seu Senhor obterão o bem; e aqueles que não o atendem, ainda que possuíssem tudo quanto existe na Terra, ou outro tanto, tentassem (em troca do que possuem) redimir-se com isso. Estes terão pior cômputo e sua morada será o inferno. Que triste morada!

۞ أَفَمَن يَعْلَمُ أَنَّمَآ أُنزِلَ إِلَيْكَ مِن رَّبِّكَ ٱلْحَقُّ كَمَنْ هُوَ أَعْمَىٰٓ ۚ إِنَّمَا يَتَذَكَّرُ أُو۟لُوا۟ ٱلْأَلْبَٰبِ ﴿١٩﴾

19. ۞ Afamai ya'lamu annamá unzila ilaika mir Rabbikal haqqu kaman huwa a'má; innamá yatazakkaru ulul albáb

19. Acaso, quem está ciente da verdade que tem sido revelada pelo teu Senhor é comparável àquele que é cego? Só o entendem os sensatos,

ٱلَّذِينَ يُوفُونَ بِعَهْدِ ٱللَّهِ وَلَا يَنقُضُونَ ٱلْمِيثَٰقَ ﴿٢٠﴾

20. Allazína yúfúna bi'ahdil láhi wa lá yanqudhúnal miçáq

20. Que cumprem os compromissos com Deus e não quebram a promessa;

وَٱلَّذِينَ يَصِلُونَ مَآ أَمَرَ ٱللَّهُ بِهِۦٓ أَن يُوصَلَ وَيَخْشَوْنَ رَبَّهُمْ وَيَخَافُونَ سُوٓءَ ٱلْحِسَابِ ﴿٢١﴾

21. Wallazína yasilúna má amaral láhu bihí ai yúsala wa yakhchauna Rabbahum wa yakháfúna sú'al <u>h</u>isáb

21. Que unem o que Deus ordenou fosse unido, temem seu Senhor e receiam o terrível ajuste de contas,

وَٱلَّذِينَ صَبَرُوا۟ ٱبْتِغَآءَ وَجْهِ رَبِّهِمْ وَأَقَامُوا۟ ٱلصَّلَوٰةَ وَأَنفَقُوا۟ مِمَّا رَزَقْنَٰهُمْ سِرًّا وَعَلَانِيَةً
وَيَدْرَءُونَ بِٱلْحَسَنَةِ ٱلسَّيِّئَةَ أُو۟لَٰٓئِكَ لَهُمْ عُقْبَى ٱلدَّارِ ﴿٢٢﴾

22. Wallazína sabarub tighá'a Wajhi Rabbihim wa aqámus Saláta wa anfaqú mimmá razaqnáhum sirranw wa 'alániyatanw wa yadra'úna bil<u>h</u>asanatis saiyi'ata ulá'ika lahum 'uqbad dár

22. E que perseveram no anseio de contemplar o Rosto de seu Senhor, observam a oração e fazem caridade, privativa ou manifestamente, daquilo com que os agraciamos, e retribuem o mal com o bem; estes obterão a Última Morada.

جَنَّٰتُ عَدْنٍ يَدْخُلُونَهَا وَمَن صَلَحَ مِنْ ءَابَآئِهِمْ وَأَزْوَٰجِهِمْ وَذُرِّيَّٰتِهِمْ ۖ وَٱلْمَلَٰٓئِكَةُ يَدْخُلُونَ
عَلَيْهِم مِّن كُلِّ بَابٍ ﴿٢٣﴾

23. Jannátu 'adiny yadkhu lúnahá wa man sala<u>h</u>a min ábá'ihim wa azwájihim wa zurriyyátihim walmalá'i katu yadkhulúna 'alaihim min kulli báb

23. São jardins do Éden, nos quais entrarão com seus pais, seus companheiros e seus filhos que tiverem sido virtuosos; e os anjos entrarão por todas as portas, saudando-os.

سَلَٰمٌ عَلَيْكُم بِمَا صَبَرْتُمْ ۚ فَنِعْمَ عُقْبَى ٱلدَّارِ ﴿٢٤﴾

24. Salámun 'alaikum bimá sabartum; fani'ma 'uqbad dár

24. Que a paz esteja convosco por vossa perseverança! Que magnífica é a Última Morada!

وَٱلَّذِينَ يَنقُضُونَ عَهْدَ ٱللَّهِ مِنۢ بَعْدِ مِيثَٰقِهِۦ وَيَقْطَعُونَ مَآ أَمَرَ ٱللَّهُ بِهِۦٓ أَن يُوصَلَ
وَيُفْسِدُونَ فِى ٱلْأَرْضِ ۙ أُو۟لَٰٓئِكَ لَهُمُ ٱللَّعْنَةُ وَلَهُمْ سُوٓءُ ٱلدَّارِ ﴿٢٥﴾

25. Wallazína yanqudhúna 'Ahdal láhi mim ba'di miçáquihí wa yaqta'úna má amaral láhu bihí ai yúsala wa yufsidúna fil ardhi ulá'ika lahumul la'natu wa lahum sú'ud dár

25. Em troca, aqueles que violam o compromisso com Deus, depois de o haverem constituído, que desunem o que Deus ordenou fosse unido, e causam corrupção na Terra, sobre eles pesará a maldição, e obterão a pior morada.

ٱللَّهُ يَبۡسُطُ ٱلرِّزۡقَ لِمَن يَشَآءُ وَيَقۡدِرُۚ وَفَرِحُواْ بِٱلۡحَيَوٰةِ ٱلدُّنۡيَا وَمَا ٱلۡحَيَوٰةُ ٱلدُّنۡيَا فِي ٱلۡأٓخِرَةِ
إِلَّا مَتَٰعٞ ٢٦

26. Alláhu yabsutur rizqa limai yachá'u wa yaqdir; wa farihú bilhayátid dunyá wa mal hayátud dunya fil Ákhirati illá matá'

26. Deus prodigaliza ou restringe o Seu sustento a quem Lhe apraz. Eles se regozijam da vida terrena; porém, o que é a vida terrena, comparada com a Outra, senão um prazer transitório?

وَيَقُولُ ٱلَّذِينَ كَفَرُواْ لَوۡلَآ أُنزِلَ عَلَيۡهِ ءَايَةٞ مِّن رَّبِّهِۦۚ قُلۡ إِنَّ ٱللَّهَ يُضِلُّ مَن يَشَآءُ
وَيَهۡدِيٓ إِلَيۡهِ مَنۡ أَنَابَ ٢٧

27. Wa yaqúlul lazína kafarú law lá unzila 'alaihi Áyatum mir Rabbih; qul innal láha yudhillu mai yachá'u wa yahdí ilaihi man anáb

27. Os incrédulos dizem: Por que não lhe foi revelado um sinal do seu Senhor? Responde-lhes: Deus deixa que se desvie a quem Lhe apraz e encaminha até Ele os arrependidos,

ٱلَّذِينَ ءَامَنُواْ وَتَطۡمَئِنُّ قُلُوبُهُم بِذِكۡرِ ٱللَّهِۗ أَلَا بِذِكۡرِ ٱللَّهِ تَطۡمَئِنُّ ٱلۡقُلُوبُ ٢٨

28. Allazína ámanú wa tatma'innu qulúbuhum bizikril láh; alá bizikril láhi tatma'innul qulúb

28. Que são crentes e cujos corações sossegam com a recordação de Deus. Não é, acaso, certo, que a recordação de Deus sossega os corações?

ٱلَّذِينَ ءَامَنُواْ وَعَمِلُواْ ٱلصَّٰلِحَٰتِ طُوبَىٰ لَهُمۡ وَحُسۡنُ مَـَٔابٖ ٢٩

29. Allazína ámanú wa 'amilus sálihāti túbá lahum wa husnu maáb

29. Os crentes que praticam o bem terão a bem-aventurança e terão feliz retorno.

كَذَٰلِكَ أَرۡسَلۡنَٰكَ فِيٓ أُمَّةٖ قَدۡ خَلَتۡ مِن قَبۡلِهَآ أُمَمٞ لِّتَتۡلُوَاْ عَلَيۡهِمُ ٱلَّذِيٓ أَوۡحَيۡنَآ
إِلَيۡكَ وَهُمۡ يَكۡفُرُونَ بِٱلرَّحۡمَٰنِۚ قُلۡ هُوَ رَبِّي لَآ إِلَٰهَ إِلَّا هُوَ عَلَيۡهِ تَوَكَّلۡتُ وَإِلَيۡهِ
مَتَابِ ٣٠

سُورَةُ الرَّعۡدِ

Surat Ar Ra'd

30. Kazálika arsalnáka fí ummatin qad khalat min qablihá umamul litatluwa 'alaihimul lazí auhainá ilaika wa hum yakfurúna bir Rahmán; qul Huwa Rabbí lá iláha illá Huwa 'alaihi tawakkaltu wa ilaihi matáb

30. Assim te enviamos a um povo, ao qual precederam outros, para que lhes recites o que temos revelado, apesar de negarem o Clemente. Dize-lhes: Ele é o meu Senhor! Não há mais divindade além d'Ele! N'Ele confio e a Ele será o meu retorno!

وَلَوۡ أَنَّ قُرۡءَانٗا سُيِّرَتۡ بِهِ ٱلۡجِبَالُ أَوۡ قُطِّعَتۡ بِهِ ٱلۡأَرۡضُ أَوۡ كُلِّمَ بِهِ ٱلۡمَوۡتَىٰۗ بَل لِّلَّهِ
ٱلۡأَمۡرُ جَمِيعًاۗ أَفَلَمۡ يَاْيۡـَٔسِ ٱلَّذِينَ ءَامَنُوٓاْ أَن لَّوۡ يَشَآءُ ٱللَّهُ لَهَدَى ٱلنَّاسَ جَمِيعٗاۗ
وَلَا يَزَالُ ٱلَّذِينَ كَفَرُواْ تُصِيبُهُم بِمَا صَنَعُواْ قَارِعَةٌ أَوۡ تَحُلُّ قَرِيبٗا مِّن دَارِهِمۡ حَتَّىٰ
يَأۡتِيَ وَعۡدُ ٱللَّهِۚ إِنَّ ٱللَّهَ لَا يُخۡلِفُ ٱلۡمِيعَادَ ﴿٣١﴾

31. Wa lau anna Qouránan suyyirat bihil jibálu au qutti'at bihil ardhu au kullima bihil mawtá; bal lilláhil amru jamí'á; afalam yai'asil lazína ámanú al lau yachá'ul láhu lahadan nása jamí'á; wa lá yazálul lazína kafarú tusíbuhum bimá sana'ú qári'atun au tahullu qaríbam min dárihim hatta ya'tiya wa'dul láh; innal láha lá yukhliful mí'ád

31. E se houvesse um Alcorão, mediante o qual movimentar-se-iam as montanhas ou fender-se-ia a Terra, e os mortos falariam (seria este); porém, o comando pertence integralmente a Deus. Não reparam os crentes que se Deus quisesse, teria encaminhado todos os humanos? Porém, a calamidade não cessará de açoitar os incrédulos, pelo que tiverem cometido, ou então rondará os seus lares, até que se cumpra a promessa de Deus. Sabei que Deus não falta à Sua promessa.

وَلَقَدِ ٱسۡتُهۡزِئَ بِرُسُلٖ مِّن قَبۡلِكَ فَأَمۡلَيۡتُ لِلَّذِينَ كَفَرُواْ ثُمَّ أَخَذۡتُهُمۡۖ فَكَيۡفَ
كَانَ عِقَابِ ﴿٣٢﴾

32. Wa laqadis tuhzi'a bi Rusulim min qablika fa amlaitu lillazína kafarú çumma akhaztuhum fakaifa kána 'iqáb

32. Mensageiros anteriores a ti foram escarnecidos; porém, tolerei os incrédulos e depois os castiguei. E que terrível foi o Meu castigo!

سُورَةُ الرَّعْدِ

Surat Ar Ra'd

أَفَمَنْ هُوَ قَآئِمٌ عَلَىٰ كُلِّ نَفْسٍۭ بِمَا كَسَبَتْ ۗ وَجَعَلُوا۟ لِلَّهِ شُرَكَآءَ قُلْ سَمُّوهُمْ ۚ أَمْ تُنَبِّـُٔونَهُۥ
بِمَا لَا يَعْلَمُ فِى ٱلْأَرْضِ أَم بِظَـٰهِرٍ مِّنَ ٱلْقَوْلِ ۗ بَلْ زُيِّنَ لِلَّذِينَ كَفَرُوا۟ مَكْرُهُمْ
وَصُدُّوا۟ عَنِ ٱلسَّبِيلِ ۗ وَمَن يُضْلِلِ ٱللَّهُ فَمَا لَهُۥ مِنْ هَادٍ ﴿٣٣﴾

33. Afaman Huwa qá'imun 'alá kulli nafsim bimá kasabat; wa ja'alú lilláhi churaká'a qul samúhum; am tunabbi'úna hú bimá lá ya'lamu fil ardhi; am bizáhirim minal qawl; bal zuyyina lillazína kafarú makruhum wa suddú 'anis sabíl; wa mai yudhlilil láhu famá lahú min hád;

33. Portanto, quem é o observador de tudo quanto faz toda a alma? E atribuíram parceiros a Deus! Dize: Nomeai-os! Porventura podereis inteirá-Lo de algo da Terra que Ele não saiba? Ou isso é uma maneira de falar? Qual! Porém, a sua conspiração alucinou os incrédulos, que foram afastados da senda reta. Mas quem Deus deixar desviar-se não terá guia algum.

لَّهُمْ عَذَابٌ فِى ٱلْحَيَوٰةِ ٱلدُّنْيَا ۖ وَلَعَذَابُ ٱلْـَٔاخِرَةِ أَشَقُّ ۖ وَمَا لَهُم مِّنَ ٱللَّهِ مِن وَاقٍ ﴿٣٤﴾

34. Lahum 'azábun fil hayátid dunyá wa la'azábul Ákhirati achaq, wa má lahum minal láhi min-wáq

34. Sofrerão um castigo na vida terrena; porém, o do Outro Mundo será mais severo ainda e não terão defensor algum, ante Deus.

۞ مَّثَلُ ٱلْجَنَّةِ ٱلَّتِى وُعِدَ ٱلْمُتَّقُونَ ۖ تَجْرِى مِن تَحْتِهَا ٱلْأَنْهَـٰرُ ۖ أُكُلُهَا دَآئِمٌ
وَظِلُّهَا ۚ تِلْكَ عُقْبَى ٱلَّذِينَ ٱتَّقَوا۟ ۖ وَّعُقْبَى ٱلْكَـٰفِرِينَ ٱلنَّارُ ﴿٣٥﴾

35. ۞ Maçalul Jannatil latí wu'idal muttaqúna tajrí min tahtihal anháru ukuluhá dá'imunw wa zilluhá; tilka uqbal lazínat taqaw wa 'uqbal kafirínan Nár

35. Eis a descrição do Paraíso, prometido aos tementes, (é um lugar) abaixo do qual correm os rios; seus frutos são inesgotáveis, assim como suas sombras. Tal será o destino dos tementes. O destino dos incrédulos, porém, será o Fogo.

وَٱلَّذِينَ ءَاتَيْنَـٰهُمُ ٱلْكِتَـٰبَ يَفْرَحُونَ بِمَآ أُنزِلَ إِلَيْكَ ۖ وَمِنَ ٱلْأَحْزَابِ مَن يُنكِرُ
بَعْضَهُۥ ۚ قُلْ إِنَّمَآ أُمِرْتُ أَنْ أَعْبُدَ ٱللَّهَ وَلَآ أُشْرِكَ بِهِۦٓ ۚ إِلَيْهِ أَدْعُوا۟ وَإِلَيْهِ
مَـَٔابِ ﴿٣٦﴾

سُورَةُ الرَّعۡدِ

Surat Ar Ra'd

36. Wallazína átaináhumul Kitába yafrahúna bimá unzila ilaika wa minal Ahzábi mai yunkiru ba'dhah; qul innamá umirtu an a'budal láha wa lá uchrika bih; ilaihi ad'ú wa ilaihi máb

36. Aqueles aos quais concedemos o Livro enchem-se de júbilo pelo que te foi revelado. Entre os grupos (de pessoas) há alguns que negam uma parte dele. Dize: Tem-me sido ordenado adorar a Deus e não Lhe atribuir parceiros; só a Ele imploro, e para Ele será o meu retorno!

وَكَذَٰلِكَ أَنزَلۡنَٰهُ حُكۡمًا عَرَبِيّٗاۚ وَلَئِنِ ٱتَّبَعۡتَ أَهۡوَآءَهُم بَعۡدَمَا جَآءَكَ مِنَ ٱلۡعِلۡمِ مَا لَكَ
مِنَ ٱللَّهِ مِن وَلِيّٖ وَلَا وَاقٖ ﴿٣٧﴾

37. Wa kazálika anzalnáhu hukman 'Arabiyyá; wa la'init taba'ta ahwá 'ahum ba'da má já'aka minal 'ilmi má laka minal láhi minw waliyinw wa lá wáq

37. Deste modo to temos revelado, para que seja um código de autoridade, em língua árabe. E se te renderes às suas ganâncias, depois de teres recebido a ciência, não terás protetor, nem defensor, em Deus.

وَلَقَدۡ أَرۡسَلۡنَا رُسُلٗا مِّن قَبۡلِكَ وَجَعَلۡنَا لَهُمۡ أَزۡوَٰجٗا وَذُرِّيَّةٗۚ وَمَا كَانَ لِرَسُولٍ أَن يَأۡتِيَ
بِـَٔايَةٍ إِلَّا بِإِذۡنِ ٱللَّهِۗ لِكُلِّ أَجَلٖ كِتَابٞ ﴿٣٨﴾

38. Wa laqad arsalná Rusulam min qablika wa ja'alná lahum azwájanw wa zurriyyah; wa má kána lirasúlin ai ya'tiya bi áyatin illá bi iznil láh; likulli ajalin kitab

38. Antes de ti havíamos enviado mensageiros; e lhes concedemos esposas e descendência, e a nenhum mensageiro foi possível apresentar sinal algum, senão com a anuência de Deus. A cada época corresponde um Livro.

يَمۡحُواْ ٱللَّهُ مَا يَشَآءُ وَيُثۡبِتُۖ وَعِندَهُۥٓ أُمُّ ٱلۡكِتَٰبِ ﴿٣٩﴾

39. Yamhul láhu má yachá'u wa yuçbitu wa 'indahú ummul Kitáb

39. Deus contesta ou confirma o que Lhe apraz, porque o Livro-matriz está em Seu poder.

وَإِن مَّا نُرِيَنَّكَ بَعۡضَ ٱلَّذِي نَعِدُهُمۡ أَوۡ نَتَوَفَّيَنَّكَ فَإِنَّمَا عَلَيۡكَ ٱلۡبَلَٰغُ وَعَلَيۡنَا
ٱلۡحِسَابُ ﴿٤٠﴾

40. Wa im má nurriyannaka ba'dhal lazí na'iduhum aw nata waffayannaka fa innamá 'alaikal balághu wa 'alainal hisáb

40. Quer te mostremos algo do que lhes temos prometido, quer te acolhamos a Nós, a ti só cabe a proclamação da mensagem, e a Nós o pedido de prestação de contas.

أَوَلَمۡ يَرَوۡاْ أَنَّا نَأۡتِي ٱلۡأَرۡضَ نَنقُصُهَا مِنۡ أَطۡرَافِهَاۚ وَٱللَّهُ يَحۡكُمُ لَا مُعَقِّبَ لِحُكۡمِهِۦۚ وَهُوَ سَرِيعُ ٱلۡحِسَابِ ﴿٤١﴾

41. Awalam yaraw anná na'til ardha nanqusuhá min atráfihá; walláhu yahkumu lá mu'aqqiba lihukmih; wa Huwa sarí'ul hisáb

41. Não reparam em como temos reduzido as terras deles, de suas fronteiras remotas? Deus julga, e ninguém pode revogar a Sua sentença. Ele é prestes em ajustar contas.

وَقَدۡ مَكَرَ ٱلَّذِينَ مِن قَبۡلِهِمۡ فَلِلَّهِ ٱلۡمَكۡرُ جَمِيعٗاۖ يَعۡلَمُ مَا تَكۡسِبُ كُلُّ نَفۡسٖۗ وَسَيَعۡلَمُ ٱلۡكُفَّٰرُ لِمَنۡ عُقۡبَى ٱلدَّارِ ﴿٤٢﴾

42. Wa qad makaral lazína min qablihim falilláhil makru jamí'á; ya'lamu má taksibu kullu nafs; wa sa ya'lamul kuffáru liman 'uqbad dár

42. Seus antepassados também conspiraram; porém, Deus conscientizou-Se de todas as conspirações. Ele bem sabe o que faz cada ser, e os incrédulos logo saberão a quem pertence a Última Morada.

وَيَقُولُ ٱلَّذِينَ كَفَرُواْ لَسۡتَ مُرۡسَلٗاۚ قُلۡ كَفَىٰ بِٱللَّهِ شَهِيدَۢا بَيۡنِي وَبَيۡنَكُمۡ وَمَنۡ عِندَهُۥ عِلۡمُ ٱلۡكِتَٰبِ ﴿٤٣﴾

43. Wa yaqúlul lazína kafarú lasta mursalá; qul kafá billáhi chahídam bainí wa bainakum wa man 'indahú 'ilmul Kitáb

43. Os incrédulos dizem: Tu não és mensageiro! Responde-lhes: Basta Deus por testemunha, entre vós e mim, e quem tem a ciência do Livro.

سُورَةُ إِبْرَاهِيمَ

Surat Ibrahim

Surat 14. Ibrahim (Abraão). 52 versículos. Revelada em Makka. Com exceção dos versículos 28 e 29 que foram revelados em Madina

بِسْمِ ٱللَّهِ ٱلرَّحْمَٰنِ ٱلرَّحِيمِ

Bismilláhir Rahmánir Rahím

Em nome de Deus, o Clemente, o Misericordioso

الٓر ۚ كِتَٰبٌ أَنزَلْنَٰهُ إِلَيْكَ لِتُخْرِجَ ٱلنَّاسَ مِنَ ٱلظُّلُمَٰتِ إِلَى ٱلنُّورِ بِإِذْنِ
رَبِّهِمْ إِلَىٰ صِرَٰطِ ٱلْعَزِيزِ ٱلْحَمِيدِ ﴿١﴾

1. Alif-Lám-Rá; Kitábun anzalnáhu ilaika litukhrijan-nása minaz zulumáti ilan núri bi-izni Rabbihim ilá sirátil 'Azízil Hamíd

1. Alef, Lam, Ra. Um Livro que te temos revelado para que retires os humanos das trevas (e os transportes) para a luz, com a anuência de seu Senhor, e os encaminhes até à senda do Poderoso, Laudabilíssimo.

ٱللَّهِ ٱلَّذِى لَهُۥ مَا فِى ٱلسَّمَٰوَٰتِ وَمَا فِى ٱلْأَرْضِ ۗ وَوَيْلٌ لِّلْكَٰفِرِينَ مِنْ
عَذَابٍ شَدِيدٍ ﴿٢﴾

2. Alláhil lazí lahú má fis samáwáti wa má fill ardh; wa wailul lilkáfirína min 'azábin chadíd

2. É de Deus tudo quanto existe nos Céus e na Terra. Ai dos incrédulos, no que respeita ao severo castigo!

ٱلَّذِينَ يَسْتَحِبُّونَ ٱلْحَيَوٰةَ ٱلدُّنْيَا عَلَى ٱلْءَاخِرَةِ وَيَصُدُّونَ عَن سَبِيلِ ٱللَّهِ
وَيَبْغُونَهَا عِوَجًا ۚ أُو۟لَٰٓئِكَ فِى ضَلَٰلٍۭ بَعِيدٍ ﴿٣﴾

3. Allazína yastahibbúnal hayátad dunyá 'alal ákhirati wa yasuddúna 'ansabílil láhi wa yabghúnahá 'iwajá; ulá 'ika fí dhalálin ba'id

3. Quanto àqueles que preferem a vida terrena à Outra Vida, e desviam os demais da senda de Deus, procurando fazê-la tortuosa, esses estão em profundo erro.

وَمَآ أَرْسَلْنَا مِن رَّسُولٍ إِلَّا بِلِسَانِ قَوْمِهِۦ لِيُبَيِّنَ لَهُمْ ۖ فَيُضِلُّ ٱللَّهُ مَن
يَشَآءُ وَيَهْدِى مَن يَشَآءُ ۚ وَهُوَ ٱلْعَزِيزُ ٱلْحَكِيمُ ﴿٤﴾

سُورَةُ إِبْرَاهِيمَ

Surat Ibrahim

4. Wa má arsalná mir Rasúlin illá bilisáni qaumihí liyubaiyina lahum fa yudhillul láhu mai yachá'u wa yahdí mai yachá'; wa Huwal 'Azízul Hakím

4. Jamais enviamos mensageiro algum, senão com a linguagem de seu povo, para elucidá-lo. Porém, Deus permite que se desvie quem quer (se desviar), e encaminha quem Lhe apraz, porque Ele é o Poderoso, o Prudentíssimo.

وَلَقَدْ أَرْسَلْنَا مُوسَىٰ بِـَٔايَـٰتِنَآ أَنْ أَخْرِجْ قَوْمَكَ مِنَ ٱلظُّلُمَـٰتِ
إِلَى ٱلنُّورِ وَذَكِّرْهُم بِأَيَّىٰمِ ٱللَّهِ ۚ إِنَّ فِى ذَٰلِكَ لَـَٔايَـٰتٍ لِّكُلِّ صَبَّارٍ
شَكُورٍ ٥

5. Wa laqad arsalná Mussá bi Áyátiná an akhrij qawmaka minaz zulumáti ilan núri wa zak kirhum bi ayyámil láh; inna fí zálika la áyátil likulli sabbárin chakúr

5. Enviamos Moisés com os Nossos sinais, (dizendo-lhe): Transporta o teu povo das trevas para a luz, e recorda-lhe os dias de Deus! Nisso há sinais para todo o perseverante, agradecido.

وَإِذْ قَالَ مُوسَىٰ لِقَوْمِهِ ٱذْكُرُوا۟ نِعْمَةَ ٱللَّهِ عَلَيْكُمْ إِذْ أَنجَىٰكُم مِّنْ ءَالِ
فِرْعَوْنَ يَسُومُونَكُمْ سُوٓءَ ٱلْعَذَابِ وَيُذَبِّحُونَ أَبْنَآءَكُمْ وَيَسْتَحْيُونَ
نِسَآءَكُمْ ۚ وَفِى ذَٰلِكُم بَلَآءٌ مِّن رَّبِّكُمْ عَظِيمٌ ٦

6. Wa iz qála Mussá liqaumihiz kurú ni'matal láhi 'alaikum iz anjákum min Áli Fir'auna yasúmúnakum sú'al 'azábi wa yuzabbihúna abná'akum wa yastahyúna nisá'akum; wa fí zálikum balá'un mir Rabbikum 'azím

6. Recordai-vos de quando Moisés disse ao seu povo: Lembrai as graças de Deus para convosco ao libertar-vos do povo do Faraó, que vos infligia o pior castigo, sacrificando os vossos filhos e deixando com vida as vossas mulheres. E nisso tivestes uma grande prova do vosso Senhor!

وَإِذْ تَأَذَّنَ رَبُّكُمْ لَئِن شَكَرْتُمْ لَأَزِيدَنَّكُمْ ۖ وَلَئِن كَفَرْتُمْ إِنَّ عَذَابِى
لَشَدِيدٌ ٧

7. Wa iz ta azzana Rabbukum la'in chakartum la azídannakum wa la'in kafartum inna 'azábí lachadíd

7. E de quando o vosso Senhor vos proclamou: Se Me agradecerdes, multiplicar-vos-ei os favores; se Me desagradecerdes, sem dúvida que o Meu castigo será severíssimo.

وَقَالَ مُوسَىٰٓ إِن تَكۡفُرُوٓاْ أَنتُمۡ وَمَن فِي ٱلۡأَرۡضِ جَمِيعٗا فَإِنَّ ٱللَّهَ لَغَنِيٌّ حَمِيدٌ ٨

8. Wa qála Mussá in takfurú antum wa man fil ardhi jamí'an fa innal láha la Ghaniyyun Hamíd

8. E de quando Moisés disse: Se mostrardes ingratidão, tanto vós como os que existem na Terra, sabei que Deus é Opulento, Laudabilíssimo.

أَلَمۡ يَأۡتِكُمۡ نَبَؤُاْ ٱلَّذِينَ مِن قَبۡلِكُمۡ قَوۡمِ نُوحٖ وَعَادٖ وَثَمُودَ وَٱلَّذِينَ
مِنۢ بَعۡدِهِمۡ لَا يَعۡلَمُهُمۡ إِلَّا ٱللَّهُۚ جَآءَتۡهُمۡ رُسُلُهُم بِٱلۡبَيِّنَٰتِ فَرَدُّوٓاْ أَيۡدِيَهُمۡ
فِيٓ أَفۡوَٰهِهِمۡ وَقَالُوٓاْ إِنَّا كَفَرۡنَا بِمَآ أُرۡسِلۡتُم بِهِۦ وَإِنَّا لَفِي شَكّٖ مِّمَّا تَدۡعُونَنَآ إِلَيۡهِ
مُرِيبٖ ٩

9. Alam ya'tikum naba'ul lazína min qablikum qawmi Núhin wa 'Ádin wa Çamúd, wallazína mim ba'dihim; lá ya'lamuhum illalláh; já'at hum Rusuluhum bilbaiyináti faraddú aydiyahum fi afwáhihim wa qálú inná kafarná bimá ursiltum bihí wa inná lafi chakkim mimmá tad'únaná ilaihi muríb

9. Ignorais, acaso, as histórias de vossos antepassados? Do povo de Noé, de Ad, de Samud e daqueles que os sucederam? Ninguém, senão Deus, as conhece. Quando os seus mensageiros lhes apresentaram as evidências, levaram as mãos às bocas, e disseram: Negamos a vossa missão, e estamos em uma dúvida inquietante sobre o que nos apresentais.

۞ قَالَتۡ رُسُلُهُمۡ أَفِي ٱللَّهِ شَكّٞ فَاطِرِ ٱلسَّمَٰوَٰتِ وَٱلۡأَرۡضِۖ يَدۡعُوكُمۡ لِيَغۡفِرَ
لَكُم مِّن ذُنُوبِكُمۡ وَيُؤَخِّرَكُمۡ إِلَىٰٓ أَجَلٖ مُّسَمّٗىۚ قَالُوٓاْ إِنۡ أَنتُمۡ إِلَّا
بَشَرٞ مِّثۡلُنَا تُرِيدُونَ أَن تَصُدُّونَا عَمَّا كَانَ يَعۡبُدُ ءَابَآؤُنَا فَأۡتُونَا بِسُلۡطَٰنٖ
مُّبِينٖ ١٠

10. ۞ Qálat Rusuluhum afil láhi chakkun fátiris samáwáti wal ardhi yad'úkum liyaghfira lakum min zunúbikum wa yu'akhirakum ilá ajalin musammá; qálú in antum illá bacharum miçluná turídúna an tasuddúná 'ammá kána ya'budu ábá'uná fa'túná bi sultánin mubín

10. Seus mensageiros retrucaram: Existe, acaso, alguma dúvida sobre Deus, Criador dos Céus e da Terra? É Ele que vos convoca, para perdoar-vos os pecados, e vos tolera até ao término prefixado! Responderam: Vós não sois senão uns mortais como nós; quereis afastar-nos do que adoravam os nossos pais? Apresentai-nos, pois, uma autoridade evidente!

قَالَتْ لَهُمْ رُسُلُهُمْ إِن نَّحْنُ إِلَّا بَشَرٌ مِّثْلُكُمْ وَلَٰكِنَّ ٱللَّهَ يَمُنُّ عَلَىٰ مَن يَشَآءُ مِنْ
عِبَادِهِۦ وَمَا كَانَ لَنَآ أَن نَّأْتِيَكُم بِسُلْطَٰنٍ إِلَّا بِإِذْنِ ٱللَّهِ وَعَلَى ٱللَّهِ
فَلْيَتَوَكَّلِ ٱلْمُؤْمِنُونَ ﴿١١﴾

11. Qálat lahum Rusuluhum in na<u>h</u>nu illá bacharum miçlukum wa lákinnal láha yamunnu 'alá mai yachá'u min 'ibádihí wa má kána laná an na'tiyakum bisul tánin illá bi iznil láh; wa 'alal láhi falyatawakkalil mu'minún

11. Seus mensageiros lhes asseveraram: Não somos mais do que mortais como vós; porém, Deus agracia quem Lhe apraz, dentre Seus servos, e ser-nos-ia impossível apresentar-vos uma autoridade, a não ser com a anuência de Deus. Que os crentes confiem em Deus!

وَمَا لَنَآ أَلَّا نَتَوَكَّلَ عَلَى ٱللَّهِ وَقَدْ هَدَىٰنَا سُبُلَنَا وَلَنَصْبِرَنَّ عَلَىٰ مَآ
ءَاذَيْتُمُونَا وَعَلَى ٱللَّهِ فَلْيَتَوَكَّلِ ٱلْمُتَوَكِّلُونَ ﴿١٢﴾

12. Wa má laná allá natawakkala 'alal láhi wa qad hadáná subulaná; wa lanasbiranna 'alá má ázaitumúná; wa 'alal láhi falyatawakkalil mutawakkilún

12. E que escusa teremos para não confiarmos em Deus, sendo que Ele nos mostrou os caminhos? Nós suportaremos as vossas injúrias, e que em Deus confiam os confiantes!

وَقَالَ ٱلَّذِينَ كَفَرُوا۟ لِرُسُلِهِمْ لَنُخْرِجَنَّكُم مِّنْ أَرْضِنَآ أَوْ لَتَعُودُنَّ فِى
مِلَّتِنَا فَأَوْحَىٰٓ إِلَيْهِمْ رَبُّهُمْ لَنُهْلِكَنَّ ٱلظَّٰلِمِينَ ﴿١٣﴾

13. Wa qálal lazína kafarú li Rusulihim lanukhrijanna kum min árdhiná au la ta'údunna fi millatiná fa au<u>h</u>á ilaihim Rabbuhum lanuhlikannaz zálimín

سُورَةُ إِبۡرَاهِيمَ

Surat Ibrahim

13. E os incrédulos disseram aos seus mensageiros: Nós vos expulsaremos da nossa terra, a menos que volteis ao nosso credo! Mas o seu Senhor inspirou-lhes: Exterminaremos os injustos.

وَلَنُسۡكِنَنَّكُمُ ٱلۡأَرۡضَ مِنۢ بَعۡدِهِمۡۚ ذَٰلِكَ لِمَنۡ خَافَ مَقَامِي وَخَافَ وَعِيدِ ١٤

14. Wa lanuskinannakumul ardha min ba'dihim; zálika liman kháfa maqámí wa kháfa wa'íd

14. E depois disso vos faremos habitar a Terra e os suceder. Isso, para quem temer o comparecimento perante Mim e temer a advertência.

وَٱسۡتَفۡتَحُواْ وَخَابَ كُلُّ جَبَّارٍ عَنِيدٍ ١٥

15. Wastaftahú wa khába kullu jabbárin 'aníd

15. Então (eles) imploraram a vitória e a decisão, e eis que fracassou o plano do poderoso e obstinado transgressor,

مِّن وَرَآئِهِۦ جَهَنَّمُ وَيُسۡقَىٰ مِن مَّآءٖ صَدِيدٖ ١٦

16. Minw wará'ihí jahannamu wa yusqá min má'in sadíd

16. Que terá pela frente o inferno, onde lhe será dado a beber água quente e fedorenta;

يَتَجَرَّعُهُۥ وَلَا يَكَادُ يُسِيغُهُۥ وَيَأۡتِيهِ ٱلۡمَوۡتُ مِن كُلِّ مَكَانٖ وَمَا هُوَ بِمَيِّتٖۖ وَمِن وَرَآئِهِۦ عَذَابٌ غَلِيظٞ ١٧

17. Yatajarra'uhú wa lá yakádu yusíghuhú wa ya'tíhil mawtu min kulli makáninw wa má huwa bimaiyitinw wa minw wará'ihí 'azábun ghalíz

17. Que sorverá, mas não poderá tragar. A morte o espreitará por todas as partes, mas ele não morrerá, e terá pela frente um severíssimo castigo!

مَّثَلُ ٱلَّذِينَ كَفَرُواْ بِرَبِّهِمۡۖ أَعۡمَٰلُهُمۡ كَرَمَادٍ ٱشۡتَدَّتۡ بِهِ ٱلرِّيحُ فِي يَوۡمٍ عَاصِفٖۖ لَّا يَقۡدِرُونَ مِمَّا كَسَبُواْ عَلَىٰ شَيۡءٖۚ ذَٰلِكَ هُوَ ٱلضَّلَٰلُ ٱلۡبَعِيدُ ١٨

18. Maçalul lazína kafarú bi Rabbihim; a'máluhum karamádinich taddat bihir ríhu fí yaumin 'ásifin; lá yaqdirúna mimmá kasabú 'alá chai'; zálika huwad dhalálul ba'íd

18. As obras daqueles que negaram o seu Senhor assemelham-se às cinzas esparramadas em um dia tempestuoso. Não terão poder por tudo quanto tiveram acumulado. Tal é o profundo erro.

سُورَةُ إِبْرَاهِيم

Surat Ibrahim

أَلَمْ تَرَ أَنَّ ٱللَّهَ خَلَقَ ٱلسَّمَٰوَٰتِ وَٱلْأَرْضَ بِٱلْحَقِّ ۚ إِن يَشَأْ يُذْهِبْكُمْ وَيَأْتِ
بِخَلْقٍ جَدِيدٍ ﴿١٩﴾

19. Alam tara annal láha khalaqas samáwáti wal ardha bil<u>h</u>aqq; in yacha yuzhibkum wa ya'ti bikhalquin jadid

19. Não reparas, acaso, em que, na verdade, Deus criou os Céus e a Terra? Se a Ele aprouvesse, far-vos-ia desaparecer e vos suplantaria por uma nova geração.

وَمَا ذَٰلِكَ عَلَى ٱللَّهِ بِعَزِيزٍ ﴿٢٠﴾

20. Wa má zálika 'alal láhi bi 'aziz

20. Porque isso não é uma grande empresa para Deus.

وَبَرَزُوا۟ لِلَّهِ جَمِيعًا فَقَالَ ٱلضُّعَفَٰٓؤُا۟ لِلَّذِينَ ٱسْتَكْبَرُوٓا۟ إِنَّا كُنَّا لَكُمْ تَبَعًا فَهَلْ
أَنتُم مُّغْنُونَ عَنَّا مِنْ عَذَابِ ٱللَّهِ مِن شَىْءٍ ۚ قَالُوا۟ لَوْ هَدَىٰنَا ٱللَّهُ لَهَدَيْنَٰكُمْ ۖ
سَوَآءٌ عَلَيْنَآ أَجَزِعْنَآ أَمْ صَبَرْنَا مَا لَنَا مِن مَّحِيصٍ ﴿٢١﴾

21. Wa barazú lilláhi jamí'an faqálad dhu'afá'u lil lazínas takbarú inná kunná lakum taba'an fahal antum mughnúna 'anná min 'azábil láhi min chai'; qálú lau hadánal láhu la hadaynákum sawá'un 'alainá ajazi'ná am sabarná má laná min ma<u>h</u>is

21. Todos comparecerão ante Deus! E os fracos dirão aos que se ensoberbeceram: Já que fomos vossos seguidores, podereis, porventura, livrar-nos do castigo de Deus? Responder-lhes-ão: Se Deus nos houvesse encaminhado, o mesmo teríamos feito convosco; quer nos desesperemos, quer sejamos pacientes, não teremos escapatória.

وَقَالَ ٱلشَّيْطَٰنُ لَمَّا قُضِىَ ٱلْأَمْرُ إِنَّ ٱللَّهَ وَعَدَكُمْ وَعْدَ ٱلْحَقِّ وَوَعَدتُّكُمْ
فَأَخْلَفْتُكُمْ ۖ وَمَا كَانَ لِىَ عَلَيْكُم مِّن سُلْطَٰنٍ إِلَّآ أَن دَعَوْتُكُمْ فَٱسْتَجَبْتُمْ لِى ۖ فَلَا
تَلُومُونِى وَلُومُوٓا۟ أَنفُسَكُم ۖ مَّآ أَنَا۠ بِمُصْرِخِكُمْ وَمَآ أَنتُم بِمُصْرِخِىَّ ۖ
إِنِّى كَفَرْتُ بِمَآ أَشْرَكْتُمُونِ مِن قَبْلُ ۗ إِنَّ ٱلظَّٰلِمِينَ لَهُمْ
عَذَابٌ أَلِيمٌ ﴿٢٢﴾

22. Wa qálach Chaitánu lammá qudhiyal amru innal láha wa'adakum wa'dal haqqui wa wa'attukum fa akhlaftukum wa má kána liya 'alaikum min sultánin illá an da'autukum fastajabtum lí falá talúmúní wa lúmú anfusakum má ana bimusrikhikum wa má antum bimusrikhiyya inní kafartu bimá achraktumúni min qabl; innaz zálimína lahum azábun alím

22. E quando a questão for decidida, Satanás lhes dirá: Deus vos fez uma verdadeira promessa; assim, eu também vos prometi; porém, faltei à minha, pois não tive autoridade alguma sobre vós, a não ser convocar-vos, e vós me atendestes. Portanto, não me reproveis, mas reprovai a vós mesmos. Não sou o vosso salvador, nem vós sois os meus. Renego (o fato de) que me tenhais associado a Deus, e os injustos sofrerão um doloroso castigo!

وَأُدْخِلَ ٱلَّذِينَ ءَامَنُوا۟ وَعَمِلُوا۟ ٱلصَّـٰلِحَـٰتِ جَنَّـٰتٍ تَجْرِى مِن تَحْتِهَا ٱلْأَنْهَـٰرُ
خَـٰلِدِينَ فِيهَا بِإِذْنِ رَبِّهِمْ ۖ تَحِيَّتُهُمْ فِيهَا سَلَـٰمٌ ﴿٢٣﴾

23. Wa udkhilal lazína ámanú wa 'amilus sálihàti Jannátin tajrí min tahtihal anháru khálidína fihá bi izni Rabbihim tahiyyatuhum fiha salám

23. Os crentes que tiverem praticado o bem serão introduzidos em jardins, abaixo dos quais correm os rios, onde morarão eternamente, com o beneplácito do seu Senhor. Aí, a sua saudação será: Paz!

أَلَمْ تَرَ كَيْفَ ضَرَبَ ٱللَّهُ مَثَلًا كَلِمَةً طَيِّبَةً كَشَجَرَةٍ طَيِّبَةٍ أَصْلُهَا ثَابِتٌ
وَفَرْعُهَا فِى ٱلسَّمَآءِ ﴿٢٤﴾

24. Alam tara kaifa dharabal láhu maçalan kalimatan taiyibatan kachajaratin taiyibatin asluhá çábitun wa far'uhá fis samá'

24. Não reparas em como Deus exemplifica? Uma boa palavra é como uma árvore nobre, cuja raiz está profundamente firme, e cujos ramos se elevam até ao céu.

تُؤْتِىٓ أُكُلَهَا كُلَّ حِينٍۭ بِإِذْنِ رَبِّهَا ۗ وَيَضْرِبُ ٱللَّهُ ٱلْأَمْثَالَ لِلنَّاسِ لَعَلَّهُمْ
يَتَذَكَّرُونَ ﴿٢٥﴾

25. Tu'tí ukulahá kulla hinim bi izni Rabbihá; wa yadhribul láhul amçála linnási la'allahum yatazakkarún

25. Frutifica em todas as estações com o beneplácito do seu Senhor. Deus fala por parábolas aos humanos, para que se recordem.

سُورَةُ إِبۡرَاهِيمَ

Surat Ibrahim

وَمَثَلُ كَلِمَةٍ خَبِيثَةٖ كَشَجَرَةٍ خَبِيثَةٍ ٱجۡتُثَّتۡ مِن فَوۡقِ ٱلۡأَرۡضِ مَا لَهَا مِن
قَرَارٖ ٢٦

26. Wa maçalu kalimatin khabiçatin kachajaratin khabísatinij tussat min fauquil ardhi má lahá min qarár

26. Por outra, há a parábola de uma palavra vil, comparada a uma árvore vil, que foi desarraigada da Terra e carece de estabilidade.

يُثَبِّتُ ٱللَّهُ ٱلَّذِينَ ءَامَنُواْ بِٱلۡقَوۡلِ ٱلثَّابِتِ فِي ٱلۡحَيَوٰةِ ٱلدُّنۡيَا وَفِي ٱلۡأٓخِرَةِۖ
وَيُضِلُّ ٱللَّهُ ٱلظَّٰلِمِينَۚ وَيَفۡعَلُ ٱللَّهُ مَا يَشَآءُ ٢٧

27. Yuçabbitul láhul lazína ámanú bilqawlis çábiti fil hayátid dunyá wa fil Ákhirati wa yudhillul láhuz zálimín; wa yaf'alul láhu má yachá'

27. Deus fortalecerá os crentes com a palavra firme na vida terrena, tão bem como na Outra Vida; e deixará que os injustos se desviem, porque Ele procede como Lhe apraz.

۞ أَلَمۡ تَرَ إِلَى ٱلَّذِينَ بَدَّلُواْ نِعۡمَتَ ٱللَّهِ كُفۡرٗا وَأَحَلُّواْ قَوۡمَهُمۡ دَارَ ٱلۡبَوَارِ ٢٨

28. ۞ Alam tara ilal lazína baddalú ni'matal láhi kufran wa ahallú qaumahum dáral bawár

28. Não reparastes naqueles que fizeram da graça de Deus uma blasfêmia e arrastaram o seu povo até à morada da perdição?

جَهَنَّمَ يَصۡلَوۡنَهَاۖ وَبِئۡسَ ٱلۡقَرَارُ ٢٩

29. Jahannama yaslaunahá wa bi'sal qarár

29. É o inferno em que entrarão! E que detestável paradeiro!

وَجَعَلُواْ لِلَّهِ أَندَادٗا لِّيُضِلُّواْ عَن سَبِيلِهِۦۗ قُلۡ تَمَتَّعُواْ فَإِنَّ مَصِيرَكُمۡ إِلَى
ٱلنَّارِ ٣٠

30. Wa ja'alú lilláhi andádal liyudhillú 'an sabílih; qul tamatta'ú fa inná masírakum ilan Nár

30. E atribuem semelhantes a Deus, para desviarem os demais da Sua senda. Dize-lhes: Deleitai-vos (nesta vida), porque o fogo será o vosso destino.

سُورَةُ إِبۡرَاهِيمَ

Surat Ibrahim

قُل لِّعِبَادِيَ ٱلَّذِينَ ءَامَنُواْ يُقِيمُواْ ٱلصَّلَوٰةَ وَيُنفِقُواْ مِمَّا رَزَقۡنَٰهُمۡ سِرّٗا وَعَلَانِيَةٗ مِّن
قَبۡلِ أَن يَأۡتِيَ يَوۡمٞ لَّا بَيۡعٞ فِيهِ وَلَا خِلَٰلٌ ﴿٣١﴾

31. Qul li'ibádiyal lazína ámanú yuqímus Saláta wa yunfiqú mimmá razaqnáhum sirranw wa 'alániyatam min qabli any yátiya Yawmul lá bai'un fíhi wa lá khilál

31. Dize aos Meus servos crentes que observem a oração, que façam caridade, privativa ou paladinamente, com aquilo com que os agraciamos, antes que chegue o dia em que não haverá transação, nem amparo.

ٱللَّهُ ٱلَّذِي خَلَقَ ٱلسَّمَٰوَٰتِ وَٱلۡأَرۡضَ وَأَنزَلَ مِنَ ٱلسَّمَآءِ مَآءٗ فَأَخۡرَجَ بِهِۦ مِنَ
ٱلثَّمَرَٰتِ رِزۡقٗا لَّكُمۡۖ وَسَخَّرَ لَكُمُ ٱلۡفُلۡكَ لِتَجۡرِيَ فِي ٱلۡبَحۡرِ بِأَمۡرِهِۦۖ وَسَخَّرَ
لَكُمُ ٱلۡأَنۡهَٰرَ ﴿٣٢﴾

32. Alláhul lazí khalaqas samáwáti wal ardha wa anzala minas samá'i má'an fákhraja bihí minas çamaráti rizqal lakum wa sakhkhara lakumul fulka litajriya fil bahri bi amrihí wa sakhkhara lakumul anhár

32. Deus foi Quem criou os Céus e a Terra e é Quem envia a água do céu, com a qual produz os frutos para o vosso sustento! Pôs à vossa disposição os navios que, com a Sua anuência, singram os mares, e pôs à vossa disposição os rios.

وَسَخَّرَ لَكُمُ ٱلشَّمۡسَ وَٱلۡقَمَرَ دَآئِبَيۡنِۖ وَسَخَّرَ لَكُمُ ٱلَّيۡلَ وَٱلنَّهَارَ ﴿٣٣﴾

33. Wa sakhkhara lakumuch chamsa walqamara dá'ibaini wa sakhkhara lakumul laila wannahár

33. Pôs à vossa disposição o sol e a lua, que seguem os seus cursos; pôs à vossa disposição a noite e o dia.

وَءَاتَىٰكُم مِّن كُلِّ مَا سَأَلۡتُمُوهُۚ وَإِن تَعُدُّواْ نِعۡمَتَ ٱللَّهِ لَا تُحۡصُوهَآۗ إِنَّ
ٱلۡإِنسَٰنَ لَظَلُومٞ كَفَّارٞ ﴿٣٤﴾

34. Wa átákum min kulli má sa altumúh; wa in ta'uddú ni'matal láhi lá tuhsúhá; innal insána lazalú mun kaffár

34. E vos agraciou com tudo quanto Lhe pedistes. E se contardes as mercês de Deus, não podereis enumerá-las. Sabei que o homem é injusto e ingrato por excelência.

سُورَةُ إِبۡرَاهِيمَ

Surat Ibrahim

وَإِذۡ قَالَ إِبۡرَٰهِيمُ رَبِّ ٱجۡعَلۡ هَٰذَا ٱلۡبَلَدَ ءَامِنٗا وَٱجۡنُبۡنِي وَبَنِيَّ أَن نَّعۡبُدَ
ٱلۡأَصۡنَامَ ﴿٣٥﴾

35. Wa iz qála Ibráhímu Rabbij 'al házal balada áminanw wajnubní wa baniyya an na'budal asnám

35. E recorda-te de quando Abraão disse: Ó Senhor meu, pacifica esta Metrópole e mantém a mim e aos meus filhos livres da adoração dos ídolos!

رَبِّ إِنَّهُنَّ أَضۡلَلۡنَ كَثِيرٗا مِّنَ ٱلنَّاسِۖ فَمَن تَبِعَنِي فَإِنَّهُۥ مِنِّيۖ وَمَنۡ عَصَانِي فَإِنَّكَ
غَفُورٞ رَّحِيمٞ ﴿٣٦﴾

36. Rabbi innahunna adhlalna kacíram minan nási faman tabi'aní fa innahú minní wa man 'asáni fa innaka Ghafúrur Rah̲ím

36. Ó Senhor meu, já se desviaram muitos humanos. Porém, quem me seguir será dos meus, e quem me desobedecer... Certamente Tu és Indulgente, Misericordiosíssimo!

رَّبَّنَآ إِنِّيٓ أَسۡكَنتُ مِن ذُرِّيَّتِي بِوَادٍ غَيۡرِ ذِي زَرۡعٍ عِندَ بَيۡتِكَ ٱلۡمُحَرَّمِ رَبَّنَا
لِيُقِيمُواْ ٱلصَّلَوٰةَ فَٱجۡعَلۡ أَفۡـِٔدَةٗ مِّنَ ٱلنَّاسِ تَهۡوِيٓ إِلَيۡهِمۡ وَٱرۡزُقۡهُم مِّنَ
ٱلثَّمَرَٰتِ لَعَلَّهُمۡ يَشۡكُرُونَ ﴿٣٧﴾

37. Rabbaná inní askantu min zurriyyatí biwádin ghairi zí zar'in 'inda Baitikal Muh̲arrami Rabbaná liyuqímus Saláta faj'al af'idatam minan nási tahwí ilaihim warzuqhum minas çamaráti la'allahum yachkurún

37. Ó Senhor nosso, estabeleci parte da minha descendência em um vale inculto, perto da Tua Sagrada Casa para que, ó Senhor nosso, observem a oração; faze com que os corações de alguns humanos os apreciem, e agracia-os com os frutos, a fim de que Te agradeçam.

رَبَّنَآ إِنَّكَ تَعۡلَمُ مَا نُخۡفِي وَمَا نُعۡلِنُۗ وَمَا يَخۡفَىٰ عَلَى ٱللَّهِ مِن شَيۡءٖ فِي ٱلۡأَرۡضِ وَلَا
فِي ٱلسَّمَآءِ ﴿٣٨﴾

38. Rabbaná innaka ta'lamu má nukhfí wa má nu'lin; wa má yakhfá 'alal láhi min chai'in fil ardhi wa lá fis samá'

سُورَةُ إِبْرَاهِيم

Surat Ibrahim

38. Ó Senhor nosso, Tu sabes tudo quanto ocultamos e tudo quanto manifestamos, porque nada se oculta a Deus, tanto na Terra como no Céu.

ٱلْحَمْدُ لِلَّهِ ٱلَّذِى وَهَبَ لِى عَلَى ٱلْكِبَرِ إِسْمَٰعِيلَ وَإِسْحَٰقَ ۚ إِنَّ رَبِّى لَسَمِيعُ ٱلدُّعَآءِ ﴿٣٩﴾

39. Alhamdu lilláhil lazí wahaba lí 'alal kibari Ismá'íla wa Isháq; inna Rabbí lasamí'ud du'á

39. Louvado seja Deus que, na minha velhice, me agraciou com Ismael e Isaac! Como o meu Senhor é Exorável!

رَبِّ ٱجْعَلْنِى مُقِيمَ ٱلصَّلَوٰةِ وَمِن ذُرِّيَّتِى ۚ رَبَّنَا وَتَقَبَّلْ دُعَآءِ ﴿٤٠﴾

40. Rabbij 'alní muqímas Saláti wa min zurriyyatí Rabbaná wa taqabbal du'á'

40. Ó Senhor meu, faze-me observante da oração, assim como à minha prole! Ó Senhor nosso, escuta a minha súplica!

رَبَّنَا ٱغْفِرْ لِى وَلِوَٰلِدَىَّ وَلِلْمُؤْمِنِينَ يَوْمَ يَقُومُ ٱلْحِسَابُ ﴿٤١﴾

41. Rabbanagh fir lí wa liwálidaiya wa lilmu'minína Yawma yaqúmul hisáb

41. Ó Senhor nosso, perdoa-me a mim, aos meus pais e aos crentes, no Dia de prestação de contas!

وَلَا تَحْسَبَنَّ ٱللَّهَ غَٰفِلًا عَمَّا يَعْمَلُ ٱلظَّٰلِمُونَ ۚ إِنَّمَا يُؤَخِّرُهُمْ لِيَوْمٍ تَشْخَصُ فِيهِ ٱلْأَبْصَٰرُ ﴿٤٢﴾

42. Wa lá tahsabannal láha gháfilan 'ammá ya'maluz zálimún; innamá yu'akh khiruhum li Yawmin tachkhasu fihil absár

42. E não creiais que Deus está desatento a tudo quanto cometem os injustos. Ele somente os tolera, até ao dia em que seus olhos ficarão atônitos;

مُهْطِعِينَ مُقْنِعِى رُءُوسِهِمْ لَا يَرْتَدُّ إِلَيْهِمْ طَرْفُهُمْ ۖ وَأَفْـِٔدَتُهُمْ هَوَآءٌ ﴿٤٣﴾

43. Muhti'ína muqni'i ru'úsihim lá yartaddu ilaihim tarfuhum wa af'idatuhum hawá'

43. (Estarão) Correndo em frente com os pescoços hirtos, as cabeças erguidas, com os olhares inexpressivos e os corações vazios.

سُورَةُ إِبۡرَاهِيمَ

Surat Ibrahim

وَأَنذِرِ ٱلنَّاسَ يَوۡمَ يَأۡتِيهِمُ ٱلۡعَذَابُ فَيَقُولُ ٱلَّذِينَ ظَلَمُواْ رَبَّنَآ أَخِّرۡنَآ إِلَىٰٓ أَجَلٖ
قَرِيبٖ نُّجِبۡ دَعۡوَتَكَ وَنَتَّبِعِ ٱلرُّسُلَۗ أَوَلَمۡ تَكُونُوٓاْ أَقۡسَمۡتُم مِّن قَبۡلُ مَا
لَكُم مِّن زَوَالٖ ٤٤

44. Wa anzirin nása Yawma yátíhimul 'azábu fa yaqúlul lazína zalamú Rabbaná akhkhirná ilá ajalin qaríbin nujib da'wataka wa nattabi 'ir Rusul; awalam takúnú aqsamtum min qablu má lakum min zawál

44. Admoesta, pois, os humanos sobre o dia em que os açoitará o castigo, e os injustos dirão: Ó Senhor nosso, poupa-nos por mais um pouco. Obedeceremos ao Teu apelo e seguiremos os mensageiros! (Ser-lhes-á respondido): Mas, não jurastes antes que não seríeis aniquilados?

وَسَكَنتُمۡ فِي مَسَٰكِنِ ٱلَّذِينَ ظَلَمُوٓاْ أَنفُسَهُمۡ وَتَبَيَّنَ لَكُمۡ كَيۡفَ
فَعَلۡنَا بِهِمۡ وَضَرَبۡنَا لَكُمُ ٱلۡأَمۡثَالَ ٤٥

45. Wa sakantum fí masákinil lazína zalamú anfusahum wa tabaiyana lakum kaifa fa'alná bihim wa dharabná lakumul amçál

45. Residistes nos mesmos lugares daqueles que se condenaram, apesar de terdes presenciado o que lhes aconteceu e de vos termos dado (tantos) exemplos!

وَقَدۡ مَكَرُواْ مَكۡرَهُمۡ وَعِندَ ٱللَّهِ مَكۡرُهُمۡ وَإِن كَانَ مَكۡرُهُمۡ
لِتَزُولَ مِنۡهُ ٱلۡجِبَالُ ٤٦

46. Wa qad makarú makrahum wa 'indal láhi makruhum wa in kána makruhum litazúla minhul jibál

46. E conspiraram; porém, Deus tem registrado tais conspirações, mesmo que as suas conspirações tivessem sido de tal ordem que abalassem as montanhas.

فَلَا تَحۡسَبَنَّ ٱللَّهَ مُخۡلِفَ وَعۡدِهِۦ رُسُلَهُۥٓۚ إِنَّ ٱللَّهَ عَزِيزٞ ذُو ٱنتِقَامٖ ٤٧

47. Falá tahsabannal láha mukhlifa wa'dihi Rusulah; innal láha 'azízun zuntiqám

47. Nunca penseis que Deus falta à promessa feita aos Seus mensageiros, porque Deus é Punidor, Poderosíssimo.

يَوۡمَ تُبَدَّلُ ٱلۡأَرۡضُ غَيۡرَ ٱلۡأَرۡضِ وَٱلسَّمَٰوَٰتُۖ وَبَرَزُواْ لِلَّهِ ٱلۡوَٰحِدِ ٱلۡقَهَّارِ ٤٨

سُورَةُ إِبۡرَاهِيمَ

Surat Ibrahim

48. Yauma tubaddalul ardhu ghairal ardhi wassamáwátu wa barazú lilláhil Wáhidil Qahhár

48. No dia em que a Terra for trocada por outra (coisa) que não seja Terra, como também os Céus, quando os homens comparecerem ante Deus, Único, Irresistível,

وَتَرَى ٱلۡمُجۡرِمِينَ يَوۡمَئِذٖ مُّقَرَّنِينَ فِي ٱلۡأَصۡفَادِ ﴿٤٩﴾

49. Wa taral mujrimína Yawma 'izim muqarranína filasfád

49. Verás os pecadores, nesse dia, cingidos por correntes.

سَرَابِيلُهُم مِّن قَطِرَانٖ وَتَغۡشَىٰ وُجُوهَهُمُ ٱلنَّارُ ﴿٥٠﴾

50. Sarábíluhum min qatiránin wa taghchá wujúhahumun Nár

50. As suas roupas serão de alcatrão, e o fogo envolverá os seus rostos.

لِيَجۡزِيَ ٱللَّهُ كُلَّ نَفۡسٖ مَّا كَسَبَتۡۚ إِنَّ ٱللَّهَ سَرِيعُ ٱلۡحِسَابِ ﴿٥١﴾

51. Liyajziyal láhu kulla nafsim má kasabat; innal láha sarí'ul hisáb

51. Isso, para que Deus puna cada alma segundo o que tiver merecido. Sabei que Deus é destro em ajustar contas.

هَٰذَا بَلَٰغٞ لِّلنَّاسِ وَلِيُنذَرُواْ بِهِۦ وَلِيَعۡلَمُوٓاْ أَنَّمَا هُوَ إِلَٰهٞ وَٰحِدٞ وَلِيَذَّكَّرَ أُوْلُواْ
ٱلۡأَلۡبَٰبِ ﴿٥٢﴾

52. Háza balághul linnási wa liyunzarú bihí wa liya'lamú annamá Huwa Illáhun Wáhidun wa liyaz zakkara ulul albáb

52. Esta é uma mensagem para os humanos, a fim de que com ela sejam admoestados, e saibam que somente Ele é o Deus Único, e para que os sensatos nela meditem.
(Fim do Juzi 13)

سُورَةُ الحِجۡرِ

Surat Al Hijr

Juzi 14

Surat 15. *Al Hijr*. Revelada em Makka; 99 versículos, com exceção do versículo 87, que foi revelado em Madina.

بِسۡمِ ٱللَّهِ ٱلرَّحۡمَٰنِ ٱلرَّحِيمِ

Bismilláhir Rahmánir Rahím

Em nome de Deus, o Clemente, o Misericordioso

الٓرۚ تِلۡكَ ءَايَٰتُ ٱلۡكِتَٰبِ وَقُرۡءَانٖ مُّبِينٖ ١

1. Alif-Lam-Rá; tilka Áyátul Kitábi wa Quránim Mubín

1. Alef, Lam, Ra. Estes são os versículos do Livro da revelação do Alcorão esclarecedor.

رُّبَمَا يَوَدُّ ٱلَّذِينَ كَفَرُواْ لَوۡ كَانُواْ مُسۡلِمِينَ ٢

2. Rubamá yawaddul lazína kafarú lau kánú muslimín

2. Talvez os incrédulos desejassem ter sido muçulmanos.

ذَرۡهُمۡ يَأۡكُلُواْ وَيَتَمَتَّعُواْ وَيُلۡهِهِمُ ٱلۡأَمَلُۖ فَسَوۡفَ يَعۡلَمُونَ ٣

3. Zarhum yákulú wa yatamatta'ú wa yulhihimul amalu fasaufa ya'lamún

3. Deixa-os comerem e regozijarem-se, e a falsa esperança os alucinar; logo saberão!

وَمَآ أَهۡلَكۡنَا مِن قَرۡيَةٍ إِلَّا وَلَهَا كِتَابٞ مَّعۡلُومٞ ٤

4. Wa má ahlakná min qaryatin illá wa lahá kitábum ma'lúm

4. Jamais aniquilamos cidade alguma, sem antes lhe termos predestinado o término.

مَّا تَسۡبِقُ مِنۡ أُمَّةٍ أَجَلَهَا وَمَا يَسۡتَـٔۡخِرُونَ ٥

5. Má tasbiqu min ummatin ajalahá wa má yastákhirún

5. Nenhum povo pode antecipar nem atrasar o seu destino!

وَقَالُواْ يَٰٓأَيُّهَا ٱلَّذِي نُزِّلَ عَلَيۡهِ ٱلذِّكۡرُ إِنَّكَ لَمَجۡنُونٞ ٦

6. Wa qálú yá aiyuhal lazí nuzzila 'alaihiz Zikru innaka lamajnún

6. E disseram: Ó tu, a quem foi revelada a Mensagem, és, sem dúvida, um louco!

سُورَةُ الحِجۡرِ

Surat Al Hijr

لَّوۡ مَا تَأۡتِينَا بِٱلۡمَلَٰٓئِكَةِ إِن كُنتَ مِنَ ٱلصَّٰدِقِينَ ﴿٧﴾

7. Laumá tátíná bil malá'ikati in kunta minas sádiquín

7. Por que não te apresentas a nós com os anjos, se falas a verdade?

مَا نُنَزِّلُ ٱلۡمَلَٰٓئِكَةَ إِلَّا بِٱلۡحَقِّ وَمَا كَانُوٓاْ إِذٗا مُّنظَرِينَ ﴿٨﴾

8. Má nunazzilul malá'i kata illá bilhaqqui wa má kánú izam munzarín

8. Só enviaremos os anjos com a verdade em última instância e, em tal caso, (os incrédulos) não serão tolerados.

إِنَّا نَحۡنُ نَزَّلۡنَا ٱلذِّكۡرَ وَإِنَّا لَهُۥ لَحَٰفِظُونَ ﴿٩﴾

9. Inná Nahnu nazalnaz Zikra wa Inná lahú laháfizún

9. Nós revelamos a Mensagem e somos o seu Preservador.

وَلَقَدۡ أَرۡسَلۡنَا مِن قَبۡلِكَ فِي شِيَعِ ٱلۡأَوَّلِينَ ﴿١٠﴾

10. Wa laqad arsalná min qablika fí chiya'il auwalín

10. Já, antes de ti, tínhamos enviado mensageiros às seitas primitivas.

وَمَا يَأۡتِيهِم مِّن رَّسُولٍ إِلَّا كَانُواْ بِهِۦ يَسۡتَهۡزِءُونَ ﴿١١﴾

11. Wa má yátíhim mir Rasúlin illá kánú bihí yastahzi'ún

11. Porém, jamais se apresentou a eles algum mensageiro, sem que o escarnecessem.

كَذَٰلِكَ نَسۡلُكُهُۥ فِي قُلُوبِ ٱلۡمُجۡرِمِينَ ﴿١٢﴾

12. kazálika naslukuhú fí qulúbil mujrimín

12. Mesmo assim, diligenciamos no sentido de infundi-la (a Mensagem) nos corações dos pecadores.

لَا يُؤۡمِنُونَ بِهِۦ وَقَدۡ خَلَتۡ سُنَّةُ ٱلۡأَوَّلِينَ ﴿١٣﴾

13. Lá yu'minúna bihí wa qad khalat sunnatul auwalín

13. Todavia, não crerão nela, apesar de os haver precedido o exemplo dos povos primitivos.

وَلَوۡ فَتَحۡنَا عَلَيۡهِم بَابٗا مِّنَ ٱلسَّمَآءِ فَظَلُّواْ فِيهِ يَعۡرُجُونَ ﴿١٤﴾

14. Wa lau fatahná 'alaihim bábam minas samá'i fazalú fíhi ya'rujún

14. E se abríssemos uma porta do céu, pela qual eles ascendessem,

سُورَةُ الحِجۡرِ

Surat Al Hijr

لَقَالُوٓاْ إِنَّمَا سُكِّرَتۡ أَبۡصَٰرُنَا بَلۡ نَحۡنُ قَوۡمٞ مَّسۡحُورُونَ ﴿١٥﴾

15. Laqálú innamá sukkirat absáruná bal nahnu qaumum machúrún

15. Diriam: Nossos olhos foram ofuscados ou fomos mistificados!

وَلَقَدۡ جَعَلۡنَا فِي ٱلسَّمَآءِ بُرُوجٗا وَزَيَّنَّٰهَا لِلنَّٰظِرِينَ ﴿١٦﴾

16. Wa laqad ja'alná fissamá'i burújan wa zaiyannáhá linnázirín

16. Colocamos constelações no firmamento e o adornamos para os contempladores.

وَحَفِظۡنَٰهَا مِن كُلِّ شَيۡطَٰنٖ رَّجِيمٍ ﴿١٧﴾

17. Wa hafiznáhá min kulli Chaitánir rajím

17. E o protegemos de todo o demônio maldito.

إِلَّا مَنِ ٱسۡتَرَقَ ٱلسَّمۡعَ فَأَتۡبَعَهُۥ شِهَابٞ مُّبِينٞ ﴿١٨﴾

18. Illá manis taraqas sam'a fa atba'ahú chihábum mubín

18. E àquele que tentar espreitar persegui-lo-á um meteoro flamejante.

وَٱلۡأَرۡضَ مَدَدۡنَٰهَا وَأَلۡقَيۡنَا فِيهَا رَوَٰسِيَ وَأَنۢبَتۡنَا فِيهَا مِن كُلِّ شَيۡءٖ مَّوۡزُونٖ ﴿١٩﴾

19. Wal ardha madadnáhá wa alqainá fíhá rawásiya wa ambatná fíhá min kulli chai'im mauzún

19. E dilatamos a Terra, em que fixamos firmes montanhas, fazendo germinar (nela) tudo, comedidamente.

وَجَعَلۡنَا لَكُمۡ فِيهَا مَعَٰيِشَ وَمَن لَّسۡتُمۡ لَهُۥ بِرَٰزِقِينَ ﴿٢٠﴾

20. Wa ja'alná lakum fíhá ma'áyicha wa mal lastum lahú biráziquín

20. E nela vos proporcionamos meios de subsistência, tanto para vós como para aqueles por cujo sustento não sois responsáveis.

وَإِن مِّن شَيۡءٍ إِلَّا عِندَنَا خَزَآئِنُهُۥ وَمَا نُنَزِّلُهُۥٓ إِلَّا بِقَدَرٖ مَّعۡلُومٖ ﴿٢١﴾

21. Wa im min chai'in illá 'indaná khazá 'inuhú wa má nunazziluhú illá biqadarim ma'lúm

21. E não existe coisa alguma cujos tesouros não estejam em Nosso poder, e não vo-la enviamos, senão proporcionalmente.

سُورَةُ الحِجرِ

Surat Al Hijr

وَأَرْسَلْنَا ٱلرِّيَٰحَ لَوَٰقِحَ فَأَنزَلْنَا مِنَ ٱلسَّمَآءِ مَآءً فَأَسْقَيْنَٰكُمُوهُ وَمَآ أَنتُمْ لَهُۥ بِخَٰزِنِينَ ﴿٢٢﴾

22. *Wa arsalnar riyáha la wáquiha fa anzalná minas samá'i má'an fa asqai nákumúhu wa má antum lahú bikházinín*

22. E enviamos os ventos fecundantes e, então, fazemos descer água do céu, da qual vos damos de beber e que não podeis armazenar (por muito tempo).

وَإِنَّا لَنَحْنُ نُحْىِۦ وَنُمِيتُ وَنَحْنُ ٱلْوَٰرِثُونَ ﴿٢٣﴾

23. *Wa inná la nahnu nuhyí wa numítu wa nahnul wáriçún*

23. Somos Aquele que dá a vida e a morte, e somos o Único Herdeiro de tudo.

وَلَقَدْ عَلِمْنَا ٱلْمُسْتَقْدِمِينَ مِنكُمْ وَلَقَدْ عَلِمْنَا ٱلْمُسْتَـْٔخِرِينَ ﴿٢٤﴾

24. *Wa la qad 'alimnal mustaqdimína minkum wa laqad 'alimnal mustákhirín*

24. Nós conhecemos os vossos predecessores, assim como conhecemos os vossos sucessores.

وَإِنَّ رَبَّكَ هُوَ يَحْشُرُهُمْ إِنَّهُۥ حَكِيمٌ عَلِيمٌ ﴿٢٥﴾

25. *Wa inna Rabbaka Huwa yahchuruhum; innahú Hakímun 'Alím*

25. Em verdade, teu Senhor (ó Mohammad) os congregará, porque é Prudente, Sapientíssimo.

وَلَقَدْ خَلَقْنَا ٱلْإِنسَٰنَ مِن صَلْصَٰلٍ مِّنْ حَمَإٍ مَّسْنُونٍ ﴿٢٦﴾

26. *Wa laqad khalaqnal insána min salsálim min hamáim masnún*

26. Criamos da argila o homem, do barro modelável.

وَٱلْجَآنَّ خَلَقْنَٰهُ مِن قَبْلُ مِن نَّارِ ٱلسَّمُومِ ﴿٢٧﴾

27. *Waljánna khalaqnáhu min qablu min náris samúm*

27. Antes dele, havíamos criado os gênios, do fogo puríssimo.

وَإِذْ قَالَ رَبُّكَ لِلْمَلَٰٓئِكَةِ إِنِّى خَٰلِقٌۢ بَشَرًا مِّن صَلْصَٰلٍ مِّنْ حَمَإٍ مَّسْنُونٍ ﴿٢٨﴾

28. *Wa iz qála Rabbuka lilmalá' ikati inní kháliqum bacharam min salsálim min hamáim masnún*

28. Recorda-te de quando o teu Senhor disse aos anjos: Criarei um ser humano da argila, do barro moldável.

سُورَةُ الحِجر

Surat Al Hijr

فَإِذَا سَوَّيْتُهُۥ وَنَفَخْتُ فِيهِ مِن رُّوحِى فَقَعُوا۟ لَهُۥ سَـٰجِدِينَ ﴿٢٩﴾

29. Fa izá sauwaituhú wa nafakhtu fíhi mir rú<u>h</u>í faqa'ú lahú sájidín

29. E quando o tiver terminado e alentado com o Meu Espírito, prostrai-vos ante ele.

فَسَجَدَ ٱلْمَلَـٰٓئِكَةُ كُلُّهُمْ أَجْمَعُونَ ﴿٣٠﴾

30. Fasajadal malá'ikatu kulluhum ajma'ún

30. Todos os anjos se prostraram, unanimemente,

إِلَّآ إِبْلِيسَ أَبَىٰٓ أَن يَكُونَ مَعَ ٱلسَّـٰجِدِينَ ﴿٣١﴾

31. Illá iblisa abá ai yakúna ma'as sájidín

31. Menos Lúcifer, que se negou a ser um dos prostrados.

قَالَ يَـٰٓإِبْلِيسُ مَا لَكَ أَلَّا تَكُونَ مَعَ ٱلسَّـٰجِدِينَ ﴿٣٢﴾

32. Qála yá Iblísu má laka allá takúna ma'as sájidín

32. Então, (Deus) disse: Ó Lúcifer, que foi que te impediu de seres um dos prostrados?

قَالَ لَمْ أَكُن لِّأَسْجُدَ لِبَشَرٍ خَلَقْتَهُۥ مِن صَلْصَـٰلٍ مِّنْ حَمَإٍ مَّسْنُونٍ ﴿٣٣﴾

33. Qála lam akul li asjuda libacharin khalaqtahú min salsálim min hamáim masnún

33. Respondeu: É inadmissível que me prostre ante um ser que criaste de argila, de barro modelável.

قَالَ فَٱخْرُجْ مِنْهَا فَإِنَّكَ رَجِيمٌ ﴿٣٤﴾

34. Qála fakhruj minhá fa innaka rajím

34. Disse-lhe Deus: Vai-te daqui (do Paraíso), porque és maldito!

وَإِنَّ عَلَيْكَ ٱللَّعْنَةَ إِلَىٰ يَوْمِ ٱلدِّينِ ﴿٣٥﴾

35. Wa inna 'alaikal la'nata ilá Yaumid Dín

35. E a maldição pesará sobre ti até ao Dia do Juízo.

قَالَ رَبِّ فَأَنظِرْنِىٓ إِلَىٰ يَوْمِ يُبْعَثُونَ ﴿٣٦﴾

36. Qála Rabbi fa anzirní ilá Yaumi yub'açún

36. Disse: Ó Senhor meu, tolera-me até ao dia em que forem ressuscitados!

قَالَ فَإِنَّكَ مِنَ ٱلْمُنظَرِينَ ﴿٣٧﴾

37. Qála fa innaka minal munzarín
37. Disse-lhe: Serás, pois, dos tolerados,

إِلَىٰ يَوْمِ ٱلْوَقْتِ ٱلْمَعْلُومِ ﴿٣٨﴾

38. Ilá Yaumil waqtil ma'lúm
38. Até ao dia do término prefixado.

قَالَ رَبِّ بِمَآ أَغْوَيْتَنِي لَأُزَيِّنَنَّ لَهُمْ فِي ٱلْأَرْضِ وَلَأُغْوِيَنَّهُمْ أَجْمَعِينَ ﴿٣٩﴾

39. Qála Rabbi bimá aghwaitaní la uzayyinanna lahum fil ardhi wa la ughwiyannahum ajma'ín
39. Disse: Ó Senhor meu, por me teres colocado no erro, juro que os alucinarei na Terra e os colocarei, a todos, no erro;

إِلَّا عِبَادَكَ مِنْهُمُ ٱلْمُخْلَصِينَ ﴿٤٠﴾

40. Illá 'ibádaka minhumul mukhlasín
40. Salvo, dentre eles, os Teus servos sinceros.

قَالَ هَٰذَا صِرَٰطٌ عَلَيَّ مُسْتَقِيمٌ ﴿٤١﴾

41. Qála háza Sirátun 'alaiya Mustaquím
41. Disse-lhe: Eis aqui a senda reta, que os conduzirá a Mim!

إِنَّ عِبَادِي لَيْسَ لَكَ عَلَيْهِمْ سُلْطَٰنٌ إِلَّا مَنِ ٱتَّبَعَكَ مِنَ ٱلْغَاوِينَ ﴿٤٢﴾

42. Inna 'ibádí laisa laka 'alaihim sultánun illá manittaba'aka minal gháwín
42. Tu não terás autoridade alguma sobre os Meus servos, a não ser sobre aqueles que te seguirem, dentre os seduzíveis.

وَإِنَّ جَهَنَّمَ لَمَوْعِدُهُمْ أَجْمَعِينَ ﴿٤٣﴾

43. Lahá sab'atu abwáb; likulli bábim minhum juz'um maqsúm
43. Nele há sete portas e cada porta está destinada a uma parte deles.

لَهَا سَبْعَةُ أَبْوَٰبٍ لِّكُلِّ بَابٍ مِّنْهُمْ جُزْءٌ مَّقْسُومٌ ﴿٤٤﴾

44. Lahá sab'atu abwáb; likulli bábim minhum jus'um maqsúm
44. Nele há sete portas e cada porta está destinada a uma parte deles.

إِنَّ ٱلْمُتَّقِينَ فِي جَنَّٰتٍ وَعُيُونٍ ﴿٤٥﴾

سُورَةُ الحِجۡرِ

Surat Al Hijr

45. Innal muttaqína fí Jannátin wa 'uyún
45. Entretanto, os tementes estarão entre jardins e mananciais.

ٱدۡخُلُوهَا بِسَلَٰمٍ ءَامِنِينَ ﴿٤٦﴾

46. Udkhulúhá bisalámin áminín
46. (Ser-lhes-á dito): Adentrai-os, seguros e em paz!

وَنَزَعۡنَا مَا فِي صُدُورِهِم مِّنۡ غِلٍّ إِخۡوَٰنًا عَلَىٰ سُرُرٖ مُّتَقَٰبِلِينَ ﴿٤٧﴾

47. Wa naza'ná ma fí sudúrihim min ghillin ikhwánan 'alá sururim mutaqábilín
47. E extinguiremos todo o rancor de seus corações; serão como irmãos, descansando sobre coxins, contemplando-se mutuamente,

لَا يَمَسُّهُمۡ فِيهَا نَصَبٞ وَمَا هُم مِّنۡهَا بِمُخۡرَجِينَ ﴿٤٨﴾

48. Lá yamas suhum fihá nasabun wa má hum minhá bimukhrajín
48. Onde não serão acometidos de fadiga e de onde nunca serão retirados.

۞ نَبِّئۡ عِبَادِيٓ أَنِّيٓ أَنَا ٱلۡغَفُورُ ٱلرَّحِيمُ ﴿٤٩﴾

49. ۞ *Nabbi' 'ibádí annní anal Ghafúrur Rahím*
49. Notifica Meus servos de que sou o Indulgente, o Misericordiosíssimo.

وَأَنَّ عَذَابِي هُوَ ٱلۡعَذَابُ ٱلۡأَلِيمُ ﴿٥٠﴾

50.Wa anna 'azábí huwal 'azábul alím
50. E que Meu castigo será o dolorosíssimo castigo!

وَنَبِّئۡهُمۡ عَن ضَيۡفِ إِبۡرَٰهِيمَ ﴿٥١﴾

51. Wa nabbi'hum 'an dhaifi Ibráhím
51. Notifica-os da história dos hóspedes de Abraão,

إِذۡ دَخَلُواْ عَلَيۡهِ فَقَالُواْ سَلَٰمٗا قَالَ إِنَّا مِنكُمۡ وَجِلُونَ ﴿٥٢﴾

52. Iz dakhalú 'alaihi faqálú saláman qála inná minkum wajilún
52. Quando se apresentaram a ele, dizendo-lhe: Paz! Respondeu-lhes: Sabei que vos tememos (eu e meu povo)!

قَالُواْ لَا تَوۡجَلۡ إِنَّا نُبَشِّرُكَ بِغُلَٰمٍ عَلِيمٖ ﴿٥٣﴾

53. Qálú la tawjal inná nubachchiruka bighulámin 'alím

53. Disseram-lhe: Não temas, porque viemos anunciar-te com a vinda de um filho, que será sábio.

قَالَ أَبَشَّرۡتُمُونِي عَلَىٰٓ أَن مَّسَّنِيَ ٱلۡكِبَرُ فَبِمَ تُبَشِّرُونَ ٥٤

54. Qála abachchartumúní 'alá am massaniyal kibaru fabima tubachchirún

54. Perguntou-lhes: Anunciar-me-eis a vinda de um filho, sendo que a velhice já me alcançou? O que me anunciais, então?

قَالُواْ بَشَّرۡنَٰكَ بِٱلۡحَقِّ فَلَا تَكُن مِّنَ ٱلۡقَٰنِطِينَ ٥٥

55. Qálú bachcharnáka bilhaqqui falá takum minal qánitín

55. Responderam-lhe: O que te anunciamos é a verdade. Não sejas, pois, um dos desesperados!

قَالَ وَمَن يَقۡنَطُ مِن رَّحۡمَةِ رَبِّهِۦٓ إِلَّا ٱلضَّآلُّونَ ٥٦

56. Qála wa mai yaqnatu mir rahmati Rabbihí illad dhálún

56. Disse-lhes: E quem desespera da misericórdia do seu Senhor, senão os desviados?

قَالَ فَمَا خَطۡبُكُمۡ أَيُّهَا ٱلۡمُرۡسَلُونَ ٥٧

57. Qála famá khatbukum aiyuhal mursalún

57. E perguntou (mais): Qual é a vossa missão, ó mensageiros?

قَالُوٓاْ إِنَّآ أُرۡسِلۡنَآ إِلَىٰ قَوۡمٖ مُّجۡرِمِينَ ٥٨

58. Qálú inná ursilná ilá qaumim mujrimín

58. Responderam-lhe: Fomos enviados a um povo de pecadores,

إِلَّآ ءَالَ لُوطٍ إِنَّا لَمُنَجُّوهُمۡ أَجۡمَعِينَ ٥٩

59. Illá Ála Lút; inná lamunajjúhum ajma'in

59. Mas não o é a família de Lot, à qual salvaremos inteiramente,

إِلَّا ٱمۡرَأَتَهُۥ قَدَّرۡنَآ إِنَّهَا لَمِنَ ٱلۡغَٰبِرِينَ ٦٠

60. Illa mra atahú qaddarná innahá laminal ghábirín

60. Exceto a sua mulher, que nos dispusemos a contar entre os deixados para trás.

فَلَمَّا جَآءَ ءَالَ لُوطٍ ٱلۡمُرۡسَلُونَ ٦١

61 Falamma já'a Ála Lútinil mursalún

61. E quando os mensageiros se apresentaram ante a família de Lot,

سُورَةُ الحِجر

Surat Al Hijr

قَالَ إِنَّكُمۡ قَوۡمٞ مُّنكَرُونَ ﴿٦٢﴾

62. Qála innakum qaumum munkarún
62. Este lhes disse: Pareceis estranhos a mim!

قَالُواْ بَلۡ جِئۡنَٰكَ بِمَا كَانُواْ فِيهِ يَمۡتَرُونَ ﴿٦٣﴾

63. Qálú bal ji'náka bimá kánú fíhi yamtarún
63. Disseram-lhe: Sim! Trazemos-te aquilo de que os teus concidadãos haviam duvidado.

وَأَتَيۡنَٰكَ بِٱلۡحَقِّ وَإِنَّا لَصَٰدِقُونَ ﴿٦٤﴾

64. Wa atainákа bilhaqqui wa inná lasádiqún
64. Trazemos-te a verdade, porque somos verazes.

فَأَسۡرِ بِأَهۡلِكَ بِقِطۡعٖ مِّنَ ٱلَّيۡلِ وَٱتَّبِعۡ أَدۡبَٰرَهُمۡ وَلَا يَلۡتَفِتۡ مِنكُمۡ أَحَدٞ وَٱمۡضُواْ
حَيۡثُ تُؤۡمَرُونَ ﴿٦٥﴾

65. Fa asri bi ahlika biqit'im minal laili wattabi' adbárahum wa lá yaltafit minkum ahadun wamdú haiçu tu'marún
65. Sai com a tua família no fim da noite, e segue tu na sua retaguarda, e que nenhum de vós olhe para trás; ide aonde vos for ordenado!

وَقَضَيۡنَآ إِلَيۡهِ ذَٰلِكَ ٱلۡأَمۡرَ أَنَّ دَابِرَ هَٰٓؤُلَآءِ مَقۡطُوعٞ مُّصۡبِحِينَ ﴿٦٦﴾

66. Wa qadhainá ilaihi zálikal amra anna dábira há'ulá'i maqtú'um musbihín
66. E lhe revelamos a notícia de que aquela gente seria aniquilada ao amanhecer.

وَجَآءَ أَهۡلُ ٱلۡمَدِينَةِ يَسۡتَبۡشِرُونَ ﴿٦٧﴾

67. Wa já'a ahlul madínati yastabchirún
67. Os habitantes da cidade acudiram, regozijando-se (à casa de Lot),

قَالَ إِنَّ هَٰٓؤُلَآءِ ضَيۡفِي فَلَا تَفۡضَحُونِ ﴿٦٨﴾

68. Qála inna há'ulá'i dhaifí falá tafdahún
68. Que lhes disse: Estes são os meus hóspedes; não me desonreis,

وَٱتَّقُواْ ٱللَّهَ وَلَا تُخۡزُونِ ﴿٦٩﴾

سُورَةُ الحِجر

Surat Al Hijr

69. Wattaqul láha wa lá tukhzún
69. Temei a Deus e não me envergonheis.

قَالُوٓاْ أَوَلَمۡ نَنۡهَكَ عَنِ ٱلۡعَٰلَمِينَ ﴿٧٠﴾

70. Qálú awalam nanhaka 'anil 'álamín
70. Disseram-lhe: Não te havíamos advertido para não hospedares estranhos?

قَالَ هَٰٓؤُلَآءِ بَنَاتِيٓ إِن كُنتُمۡ فَٰعِلِينَ ﴿٧١﴾

71. Qála há'ulá'i banátí in kuntum fá'ilin
71. Disse-lhes: Aqui tendes as minhas filhas, se as quiserdes.

لَعَمۡرُكَ إِنَّهُمۡ لَفِي سَكۡرَتِهِمۡ يَعۡمَهُونَ ﴿٧٢﴾

72. La'amruka innahum lafí sakratihim ya'mahún
72. Por tua vida (ó Mohammad), eles vacilam em sua embriaguez!

فَأَخَذَتۡهُمُ ٱلصَّيۡحَةُ مُشۡرِقِينَ ﴿٧٣﴾

73. Fa akhazat humus saihatu muchriquín
73. Porém, o estrondo os fulminou, ao despontar do sol.

فَجَعَلۡنَا عَٰلِيَهَا سَافِلَهَا وَأَمۡطَرۡنَا عَلَيۡهِمۡ حِجَارَةٗ مِّن سِجِّيلٍ ﴿٧٤﴾

74. Faja'alná 'áliyahá sáfilahá wa amtarná 'alaihim hijáratam min sijjíl
74. Reviramo-la (a cidade) e desencadeamos sobre os seus habitantes uma chuva de pedras de argila endurecida.

إِنَّ فِي ذَٰلِكَ لَأٓيَٰتٖ لِّلۡمُتَوَسِّمِينَ ﴿٧٥﴾

75. Inna fí zálika la Áyátil lilmutawassimín
75. Nisto há sinais para os compreensivos.

وَإِنَّهَا لَبِسَبِيلٖ مُّقِيمٍ ﴿٧٦﴾

76. Wa innahá labi sabílim muquím
76. E (as cidades) constituem um exemplo à beira da estrada, (que permanece) até hoje.

إِنَّ فِي ذَٰلِكَ لَأٓيَةٗ لِّلۡمُؤۡمِنِينَ ﴿٧٧﴾

77. Inna fí zálika la Áyatal lilmu'minín
77. Nisto há um exemplo para os crentes

سُورَةُ الحِجۡرِ

Surat Al Hijr

وَإِن كَانَ أَصۡحَٰبُ ٱلۡأَيۡكَةِ لَظَٰلِمِينَ ٧٨

78. Wa in kána Asshábul Aikati lazálimín
78. E os habitantes da florestaeram injustos,

فَٱنتَقَمۡنَا مِنۡهُمۡ وَإِنَّهُمَا لَبِإِمَامٖ مُّبِينٖ ٧٩

79. Fantaqamná minhum wa innahumá labi imámim mubin
79. Pelo que Nos vingamos deles. E, em verdade, ambas (as cidades) são ainda elucidativas.

وَلَقَدۡ كَذَّبَ أَصۡحَٰبُ ٱلۡحِجۡرِ ٱلۡمُرۡسَلِينَ ٨٠

80. Wa laqad kazzaba asshábul Hijril mursalín
80. Sem dúvida que os habitantes de Al Hijr haviam desmentido os mensageiros,

وَءَاتَيۡنَٰهُمۡ ءَايَٰتِنَا فَكَانُواْ عَنۡهَا مُعۡرِضِينَ ٨١

81. Wa átaináhum Áyátiná fakánú 'anhá mu'ridhín
81. Apesar de lhes termos apresentado os Nossos versículos; porém, eles fizeram pouco caso,

وَكَانُواْ يَنۡحِتُونَ مِنَ ٱلۡجِبَالِ بُيُوتًا ءَامِنِينَ ٨٢

82. Wa kánú yanhitúna minal jibáli buyútan áminín
82. E talharam as suas casas nas montanhas, crendo-se seguros!

فَأَخَذَتۡهُمُ ٱلصَّيۡحَةُ مُصۡبِحِينَ ٨٣

83. Fa akhazathumus saihatu musbihín
83. Porém, o estrondo os fulminou ao amanhecer.

فَمَآ أَغۡنَىٰ عَنۡهُم مَّا كَانُواْ يَكۡسِبُونَ ٨٤

84. Famá aghná 'anhum má kánú yaksibún
84. E de nada lhes valeu tudo quanto haviam elaborado.

وَمَا خَلَقۡنَا ٱلسَّمَٰوَٰتِ وَٱلۡأَرۡضَ وَمَا بَيۡنَهُمَآ إِلَّا بِٱلۡحَقِّۗ وَإِنَّ ٱلسَّاعَةَ لَأٓتِيَةٞۖ
فَٱصۡفَحِ ٱلصَّفۡحَ ٱلۡجَمِيلَ ٨٥

85. Wa má khalaqnas samáwáti wal ardha wa má bainahumá illá bilhaqq; wa innas Sá'ata la átiyatun fasfahis safhal jamíl

سُورَةُ الحِجۡرِ

Surat Al Hijr

85. E não criamos os Céus e a Terra e tudo quanto existe entre ambos, senão com justa finalidade, e sabei que a Hora é infalível; mas tu (ó Mensageiro) perdoa-os generosamente.

إِنَّ رَبَّكَ هُوَ ٱلۡخَلَّٰقُ ٱلۡعَلِيمُ ﴿٨٦﴾

86. Inna Rabbaka Huwal khalláqul 'alím

86. Atenta para o fato de que o Teu Senhor é o Criador, o Sapientíssimo.

وَلَقَدۡ ءَاتَيۡنَٰكَ سَبۡعٗا مِّنَ ٱلۡمَثَانِي وَٱلۡقُرۡءَانَ ٱلۡعَظِيمَ ﴿٨٧﴾

87. Wa laqad átainákа sab'am minal maçání wal Quránal 'Azím

87. Em verdade, temos-te agraciado com os sete versículos reiterativos, assim como com o magnífico Alcorão.

لَا تَمُدَّنَّ عَيۡنَيۡكَ إِلَىٰ مَا مَتَّعۡنَا بِهِۦٓ أَزۡوَٰجٗا مِّنۡهُمۡ وَلَا تَحۡزَنۡ عَلَيۡهِمۡ وَٱخۡفِضۡ
جَنَاحَكَ لِلۡمُؤۡمِنِينَ ﴿٨٨﴾

88. Lá tamuddanna 'ainaika ilá má matta 'ná bihí azwájam minh-um walá tahzan 'alaihim wakhfidh janáhaka lilmu'minín

88. Não cobices tudo aquilo com que temos agraciado certas classes, nem te aflijas por eles, e abaixa gentilmente as asas para os crentes.

وَقُلۡ إِنِّيٓ أَنَا ٱلنَّذِيرُ ٱلۡمُبِينُ ﴿٨٩﴾

89. Wa qul inní anan nazírul mubín

89. E dize-lhes: Sou o elucidativo admoestador.

كَمَآ أَنزَلۡنَا عَلَى ٱلۡمُقۡتَسِمِينَ ﴿٩٠﴾

90. Kamá anzalná 'alal muqtasimín

90. Tal como admoestamos aqueles que dividiram (as escrituras),

ٱلَّذِينَ جَعَلُواْ ٱلۡقُرۡءَانَ عِضِينَ ﴿٩١﴾

91. Allazína ja'alul Qurána 'idhín

91. E que transformaram o Alcorão em fragmentos!

فَوَرَبِّكَ لَنَسۡـَٔلَنَّهُمۡ أَجۡمَعِينَ ﴿٩٢﴾

92. Fawa Rabbika lanas'alannahum ajma'in

سُورَةُ الحِجْر

Surat Al Hijr

92. Por teu Senhor que pediremos contas a todos.

عَمَّا كَانُوا۟ يَعْمَلُونَ ﴿٩٣﴾

93. 'Ammá kánú ya'malún

93. De tudo quanto tenham feito!

فَٱصْدَعْ بِمَا تُؤْمَرُ وَأَعْرِضْ عَنِ ٱلْمُشْرِكِينَ ﴿٩٤﴾

94. Fasda' bimá tu'maru wa a'ridh anil muchrikín

94. Proclama, pois, o que te tem sido ordenado e afasta-te dos idólatras.

إِنَّا كَفَيْنَٰكَ ٱلْمُسْتَهْزِءِينَ ﴿٩٥﴾

95. Inná kafainákal mustahzi'ín

95. Porque somos-te Suficiente contra os escarnecedores,

ٱلَّذِينَ يَجْعَلُونَ مَعَ ٱللَّهِ إِلَٰهًا ءَاخَرَ ۚ فَسَوْفَ يَعْلَمُونَ ﴿٩٦﴾

96. Allazína yaj'alúna ma'al láhi iláhan ákhar; fasaufa ya'lamún

96. Que adotam, com Deus, outra divindade. Logo saberão!

وَلَقَدْ نَعْلَمُ أَنَّكَ يَضِيقُ صَدْرُكَ بِمَا يَقُولُونَ ﴿٩٧﴾

97. Wa laqad na'lamu annaka yadhiqu sadruka bimá yaqúlún

97. Bem sabemos que o teu coração se angustia pelo que dizem.

فَسَبِّحْ بِحَمْدِ رَبِّكَ وَكُن مِّنَ ٱلسَّٰجِدِينَ ﴿٩٨﴾

98.Fasabbih bihamdi Rabbika wa kum minas sájidín

98. Porém, celebra os louvores do teu Senhor, sê um dos prostrados.

وَٱعْبُدْ رَبَّكَ حَتَّىٰ يَأْتِيَكَ ٱلْيَقِينُ ﴿٩٩﴾

99. Wa'bud Rabbaka hattá yátiyakal yaquín

99. E adora ao teu Senhor até que te chegue a Hora da certeza (da morte).

سُورَةُ النَّحلِ

Surat An Nahl

Surat 16. *An Nahl* (As Abelhas). Revelda em Makka; 128 versículos, com exceção dos versículos 126 a 128, que foram revelados em Madina

بِسْمِ اللَّهِ الرَّحْمَٰنِ الرَّحِيمِ

Bismilláhir Rahmánir Rahím

Louvado seja Deus, Senhor do Universo

أَتَىٰٓ أَمْرُ ٱللَّهِ فَلَا تَسْتَعْجِلُوهُ ۚ سُبْحَـٰنَهُۥ وَتَعَـٰلَىٰ عَمَّا يُشْرِكُونَ ﴿١﴾

1. ۞ *Atá amrulláhi falá tasta'jilúh; Subhánahú wa Ta'álá 'ammá yuchrikún*

1. Os desígnios de Deus são inexoráveis; não trateis de apressá-los. Glorificado e exaltado seja. Longe está de ter parceiros.

يُنَزِّلُ ٱلْمَلَـٰٓئِكَةَ بِٱلرُّوحِ مِنْ أَمْرِهِۦ عَلَىٰ مَن يَشَآءُ مِنْ عِبَادِهِۦٓ أَنْ أَنذِرُوٓا۟ أَنَّهُۥ لَآ إِلَـٰهَ إِلَّآ أَنَا۠ فَٱتَّقُونِ ﴿٢﴾

2. Yunazzilul malá'ikata birrúhi min amrihí 'alá mai yachá'u min 'ibádihí an anzirú annahú lá iláha illá ana fattaqún

2. Envia, por Sua ordem, os anjos, com a inspiração, a quem Lhe apraz dentre os Seus servos, dizendo-lhes: Adverti que não há divindade além de Mim! Temei-me, pois!

خَلَقَ ٱلسَّمَـٰوَٰتِ وَٱلْأَرْضَ بِٱلْحَقِّ ۚ تَعَـٰلَىٰ عَمَّا يُشْرِكُونَ ﴿٣﴾

3. Khalaqas samáwáti wal ardha bilhaqq; Ta'álá 'ammá yuchrikún

3. Ele criou, com justa finalidade, os Céus e a Terra. Exaltado seja. Longe está de ter parceiros.

خَلَقَ ٱلْإِنسَـٰنَ مِن نُّطْفَةٍ فَإِذَا هُوَ خَصِيمٌ مُّبِينٌ ﴿٤﴾

4. Khalaqal insána min nutfatin fa izá huwa khasimum mubin

4. Criou o homem de uma gota de sêmen, e o mesmo (homem) passou a ser um declarado opositor.

وَٱلْأَنْعَـٰمَ خَلَقَهَا ۗ لَكُمْ فِيهَا دِفْءٌ وَمَنَـٰفِعُ وَمِنْهَا تَأْكُلُونَ ﴿٥﴾

5. Wal an'amá khalaqahá; lakum fíhá dif'un wa manáfi'u wa min-há tákulún

5. E criou o gado, do qual obtendes vestimentas, alimento e outros benefícios.

سُورَةُ النَّحْلِ

Surat An Nahl

وَلَكُمْ فِيهَا جَمَالٌ حِينَ تُرِيحُونَ وَحِينَ تَسْرَحُونَ ﴿٦﴾

6. Wa lakum fíhá jamálun hína turíhúna wa hína tasrahún

6. E tendes nele encanto, quer quando o conduzis aos abrigos, quer quando, pela manhã, o levais para o pasto.

وَتَحْمِلُ أَثْقَالَكُمْ إِلَىٰ بَلَدٍ لَّمْ تَكُونُوا۟ بَٰلِغِيهِ إِلَّا بِشِقِّ ٱلْأَنفُسِ ۚ إِنَّ

رَبَّكُمْ لَرَءُوفٌ رَّحِيمٌ ﴿٧﴾

7. Wa tahmilu açqálakum ilá baladil lam takúnú bálighíhi illá bichiqqil anfus; inna Rabbakum la Ra'úfur Rahím

7. Ainda leva as vossas cargas até as cidades, às quais jamais chegaríeis, senão à custa de grande esforço. Sabei que o vosso Senhor é Compassivo, Misericordiosíssimo.

وَٱلْخَيْلَ وَٱلْبِغَالَ وَٱلْحَمِيرَ لِتَرْكَبُوهَا وَزِينَةً ۚ وَيَخْلُقُ مَا لَا تَعْلَمُونَ ﴿٨﴾

8. Walkhaila wal bighála wal hamíra litarkabúhá wa zínah; wa yakhluqu má lá ta'lamún

8. E (criou) o cavalo, o mulo e o asno para serem montados e para o vosso deleite, e cria coisas mais, que ignorais.

وَعَلَى ٱللَّهِ قَصْدُ ٱلسَّبِيلِ وَمِنْهَا جَآئِرٌ ۚ وَلَوْ شَآءَ لَهَدَىٰكُمْ أَجْمَعِينَ ﴿٩﴾

9. Wa 'alal láhi qasdus sabíli wa minhá já'ir; wa lau chá'a lahadákum ajma'ín

9. A Deus incumbe indicar a verdadeira senda, da qual tantos se desviam. Porém, se Ele quisesse, iluminar-vos-ia a todos.

هُوَ ٱلَّذِىٓ أَنزَلَ مِنَ ٱلسَّمَآءِ مَآءً ۖ لَّكُم مِّنْهُ شَرَابٌ وَمِنْهُ شَجَرٌ فِيهِ

تُسِيمُونَ ﴿١٠﴾

10. Huwal lazí anzala minas samá'i má'al lakum minhu charábun wa min-hu chajarun fíhi tusímún

10. Ele é Quem envia a água do céu, da qual bebeis, e mediante a qual brotam arbustos com que alimentais o gado.

يُنۢبِتُ لَكُم بِهِ ٱلزَّرْعَ وَٱلزَّيْتُونَ وَٱلنَّخِيلَ وَٱلْأَعْنَٰبَ وَمِن كُلِّ ٱلثَّمَرَٰتِ ۗ

إِنَّ فِى ذَٰلِكَ لَءَايَةً لِّقَوْمٍ يَتَفَكَّرُونَ ﴿١١﴾

سُورَةُ النَّحۡلِ

Surat An Nahl

11. Yumbitu lakum bihiz zar'a wazzaitúna wanna khíla wal-a'nába wa min kullis çamarát, inna fí zálika la Áyatal liqauminy yatafakkarún

11. E com ela faz germinar a plantação, a oliveira, a tamareira, a videira, bem como toda a sorte de frutos. Nisto há um sinal para os que refletem.

وَسَخَّرَ لَكُمُ ٱلَّيۡلَ وَٱلنَّهَارَ وَٱلشَّمۡسَ وَٱلۡقَمَرَۖ وَٱلنُّجُومُ مُسَخَّرَٰتُۢ بِأَمۡرِهِۦٓۚ
إِنَّ فِي ذَٰلِكَ لَأٓيَٰتٖ لِّقَوۡمٖ يَعۡقِلُونَ ﴿١٢﴾

12. Wa sakkhkhara lakumul laila wannahára wach chamsa walqamara wannujúmu musakhkharátum bi amrih; inna fí zálika la Áyátil liqaumin ya'qilún

12. E pôs ao vosso dispor, a noite e o dia; o sol, a lua e as estrelas estão submetidos às Suas ordens. Nisto há sinais para os sensatos.

وَمَا ذَرَأَ لَكُمۡ فِي ٱلۡأَرۡضِ مُخۡتَلِفًا أَلۡوَٰنُهُۥٓۚ إِنَّ فِي ذَٰلِكَ لَأٓيَةٗ لِّقَوۡمٖ
يَذَّكَّرُونَ ﴿١٣﴾

13. Wa má zara a lakum fil ardhi mukhtalifan alwánuh; inna fí zálika la Áyatal liqaumin yazakkarún

13. Bem como em tudo quanto vos multiplicou na Terra, de variadas cores. Certamente nisto há sinal para os que meditam.

وَهُوَ ٱلَّذِي سَخَّرَ ٱلۡبَحۡرَ لِتَأۡكُلُواْ مِنۡهُ لَحۡمٗا طَرِيّٗا وَتَسۡتَخۡرِجُواْ مِنۡهُ
حِلۡيَةٗ تَلۡبَسُونَهَاۖ وَتَرَى ٱلۡفُلۡكَ مَوَاخِرَ فِيهِ وَلِتَبۡتَغُواْ مِن فَضۡلِهِۦ
وَلَعَلَّكُمۡ تَشۡكُرُونَ ﴿١٤﴾

14. Wa Huwal lazí sakhkharal bahra litákulú minhu lahman tariyyan wa tastakhrijú minhu hilyatan talbasúnahá wa taral fulka mawákhira fíhi wa litabtaghú min fadhlihí wa la'allakum tachkurún

14. E foi Ele Quem pôs à vossa disposição, o mar para que dele comêsseis carne fresca e retirásseis certos ornamentos com que vos enfeitais. Vedes nele os navios sulcando as águas, à procura de algo de Sua graça; quiçá sejais agradecidos.

وَأَلۡقَىٰ فِي ٱلۡأَرۡضِ رَوَٰسِيَ أَن تَمِيدَ بِكُمۡ وَأَنۡهَٰرٗا وَسُبُلٗا لَّعَلَّكُمۡ تَهۡتَدُونَ ﴿١٥﴾

15. Wa alqá fil ardhi rawásiya an tamída bikum wa anháran wa sublulal la 'allakum tahtadún

سُورَةُ النَّحۡلِ

Surat An Nahl

15. E fixou na Terra sólidas montanhas, para que ela não estremeça convosco, bem como rios, e caminhos pelos quais vos guiais.

وَعَلَٰمَٰتٖۚ وَبِٱلنَّجۡمِ هُمۡ يَهۡتَدُونَ ١٦

16. Wa 'alámát; wa bin najmi hum yahtadún

16. Assim como os marcos, constituindo-se das estrelas, pelas quais (os homens) se guiam.

أَفَمَن يَخۡلُقُ كَمَن لَّا يَخۡلُقُۚ أَفَلَا تَذَكَّرُونَ ١٧

17. Afamany yakhluqu kamallá yakhluq; afalá tazak karún

17. Poder-se-á comparar o Criador com quem nada pode criar? Não meditais?

وَإِن تَعُدُّواْ نِعۡمَةَ ٱللَّهِ لَا تُحۡصُوهَآۗ إِنَّ ٱللَّهَ لَغَفُورٞ رَّحِيمٞ ١٨

18. Wa in ta'uddú ni'matal láhi lá tuhsúhá; innal láha la Ghafúrur Rahím

18. Porém, se pretenderdes contar as mercês de Deus, jamais podereis enumerá-las. Sabei que Deus é Indulgente, Misericordiosíssimo.

وَٱللَّهُ يَعۡلَمُ مَا تُسِرُّونَ وَمَا تُعۡلِنُونَ ١٩

19. Walláhu ya'lamu má tusirrúna wa má tu'linún

19. Deus conhece tanto o que ocultais, como o que manifestais.

وَٱلَّذِينَ يَدۡعُونَ مِن دُونِ ٱللَّهِ لَا يَخۡلُقُونَ شَيۡـٔٗا وَهُمۡ يُخۡلَقُونَ ٢٠

20. Wallazína yad'úna min dúnil láhi lá yakhluqúna chai'an wa hum yukhlaqún

20. E os que eles invocam, em vez de Deus, nada podem criar, posto que eles mesmos são criados.

أَمۡوَٰتٌ غَيۡرُ أَحۡيَآءٖۖ وَمَا يَشۡعُرُونَ أَيَّانَ يُبۡعَثُونَ ٢١

21. Amwátun ghairu ahyá'in wa má yach'urúna aiyána yub'açún

21. São mortos, sem vida, e ignoram quando serão ressuscitados.

إِلَٰهُكُمۡ إِلَٰهٞ وَٰحِدٞۚ فَٱلَّذِينَ لَا يُؤۡمِنُونَ بِٱلۡأٓخِرَةِ قُلُوبُهُم مُّنكِرَةٞ وَهُم مُّسۡتَكۡبِرُونَ ٢٢

22. Illahukum Iláhun Wáhid; fallazína lá yu'minúna bil Ákhirati qulúbuhum munkiratun wa hum mustakbirún

سُورَةُ النَّحۡلِ

Surat An Nahl

22. Vosso Deus é um Deus Único! Porém, quanto àqueles que não creem na Outra Vida, os seus corações se negam (a entendê-lo) e estão ensoberbecidos.

لَا جَرَمَ أَنَّ ٱللَّهَ يَعۡلَمُ مَا يُسِرُّونَ وَمَا يُعۡلِنُونَۚ إِنَّهُۥ لَا يُحِبُّ
ٱلۡمُسۡتَكۡبِرِينَ ﴿٢٣﴾

23. Lá jarama annal láha ya'lamu má yusirrona wa ma yu'linún; innahú lá yuhibbul mustakbirín

23. Indubitavelmente Deus conhece tanto o que ocultam, como o que manifestam. Ele não aprecia os ensoberbecidos.

وَإِذَا قِيلَ لَهُم مَّاذَآ أَنزَلَ رَبُّكُمۡ قَالُوٓاْ أَسَٰطِيرُ ٱلۡأَوَّلِينَ ﴿٢٤﴾

24. Wa izá qíla lahum mázá anzala Rabbukum qálú asátirul auwalín

24. E quando lhes é dito: Que é que o vosso Senhor tem revelado? Dizem: As fábulas dos primitivos.

لِيَحۡمِلُوٓاْ أَوۡزَارَهُمۡ كَامِلَةٗ يَوۡمَ ٱلۡقِيَٰمَةِ وَمِنۡ أَوۡزَارِ ٱلَّذِينَ يُضِلُّونَهُم بِغَيۡرِ
عِلۡمٍۗ أَلَا سَآءَ مَا يَزِرُونَ ﴿٢٥﴾

25. Liyahmilú auzárahum kámilatany Yaumal Quiyámati wa min auzáril lazína yudhillúnahum bighairi 'ilm; alá sá'a má yazirún

25. Carregarão consigo todos os seus pecados no Dia da Ressurreição, e parte dos pecados daqueles que, tolamente, eles desviaram. Que péssimo é o que carregarão!

قَدۡ مَكَرَ ٱلَّذِينَ مِن قَبۡلِهِمۡ فَأَتَى ٱللَّهُ بُنۡيَٰنَهُم مِّنَ ٱلۡقَوَاعِدِ فَخَرَّ
عَلَيۡهِمُ ٱلسَّقۡفُ مِن فَوۡقِهِمۡ وَأَتَىٰهُمُ ٱلۡعَذَابُ مِنۡ حَيۡثُ لَا يَشۡعُرُونَ ﴿٢٦﴾

26. Qad makaral lazína min qablihim fa atal láhu bunyá nahum minal qawá'idi fakharra 'alaihimus saqfu min fauquihim wa atáhumul 'azábu min haiçu lá yach'urún

26. Seus antepassados haviam conspirado; porém, Deus fez desmoronar as suas construções até ao alicerce; o teto ruiu sobre eles, e o castigo os açoitou quando menos esperavam.

سُورَةُ النَّحۡلِ

Surat An Nahl

ثُمَّ يَوۡمَ ٱلۡقِيَٰمَةِ يُخۡزِيهِمۡ وَيَقُولُ أَيۡنَ شُرَكَآءِيَ ٱلَّذِينَ كُنتُمۡ تُشَٰٓقُّونَ
فِيهِمۡۚ قَالَ ٱلَّذِينَ أُوتُواْ ٱلۡعِلۡمَ إِنَّ ٱلۡخِزۡيَ ٱلۡيَوۡمَ وَٱلسُّوٓءَ عَلَى ٱلۡكَٰفِرِينَ ﴿٢٧﴾

27. *Çumma Yaumal Quiyámati yukhzíhim wa yaqúlu aina churaká'iyal lazína kuntum tucháqqúna fíhim; qálal lazína útul 'ilma innal khizyal Yauma wassú'a 'alal káfirín*

27. Então, no Dia da Ressurreição, Ele os desonrará, dizendo-lhes: Onde estão os parceiros pelos quais disputáveis? Os sábios dirão: A vergonha e o castigo recairão hoje sobre os incrédulos,

ٱلَّذِينَ تَتَوَفَّىٰهُمُ ٱلۡمَلَٰٓئِكَةُ ظَالِمِيٓ أَنفُسِهِمۡۖ فَأَلۡقَوُاْ ٱلسَّلَمَ مَا كُنَّا نَعۡمَلُ مِن
سُوٓءِۭۚ بَلَىٰٓۚ إِنَّ ٱللَّهَ عَلِيمُۢ بِمَا كُنتُمۡ تَعۡمَلُونَ ﴿٢٨﴾

28. *Allazína tatawaffáhu mul malá'ikatu zálimí anfusihim fa alqawus salama má kunná na'malu min sú'; balá innal láha 'alímum bimá kuntum ta'malún*

28. De cujas almas os anjos se apossam, em estado de iniquidade. Naquela hora submeter-se-ão e dirão: Nunca fizemos mal! Qual! Deus é Sabedor de tudo quanto fizestes!

فَٱدۡخُلُوٓاْ أَبۡوَٰبَ جَهَنَّمَ خَٰلِدِينَ فِيهَاۖ فَلَبِئۡسَ مَثۡوَى ٱلۡمُتَكَبِّرِينَ ﴿٢٩﴾

29. *Fadkhulú abwába jahannama khálidína fíha falabi'sa maçwal mutakabbirín*

29. Adentrai as portas do inferno, onde permanecereis eternamente. Que péssima é a morada dos arrogantes!

۞ وَقِيلَ لِلَّذِينَ ٱتَّقَوۡاْ مَاذَآ أَنزَلَ رَبُّكُمۡۚ قَالُواْ خَيۡرٗاۗ لِّلَّذِينَ أَحۡسَنُواْ فِي هَٰذِهِ
ٱلدُّنۡيَا حَسَنَةٞۚ وَلَدَارُ ٱلۡأٓخِرَةِ خَيۡرٞۚ وَلَنِعۡمَ دَارُ ٱلۡمُتَّقِينَ ﴿٣٠﴾

30. ۞ *Wa quíla lillazínat taqau mázá anzala Rabbukum; qálú khairá; lillazína ahsanú fí házihid dunyá hasanah; wa la Dárul Ákhirati khair; wa lani'ma dárul muttaquín*

30. Será dito aos tementes: Que revelou o vosso Senhor? Dirão: O melhor! Para os benfeitores, neste mundo, há uma recompensa; porém, a da Outra Vida é preferível. Que magnífica é a morada dos tementes!

سُورَةُ النَّحلِ

Surat An Nahl

جَنَّٰتُ عَدۡنٖ يَدۡخُلُونَهَا تَجۡرِي مِن تَحۡتِهَا ٱلۡأَنۡهَٰرُۖ لَهُمۡ فِيهَا مَا يَشَآءُونَۚ كَذَٰلِكَ
يَجۡزِي ٱللَّهُ ٱلۡمُتَّقِينَ ﴿٣١﴾

31. Jannátu 'Adniny yadkhulúnahá tajrí min tahtihal anháru lahum fíhá má yachá'ún; kazálika yajzil láhul muttaqín

31. São jardins do Éden em que entrarão, abaixo dos quais correm os rios, onde terão tudo quanto anelaram. Assim Deus recompensará os tementes,

ٱلَّذِينَ تَتَوَفَّىٰهُمُ ٱلۡمَلَٰٓئِكَةُ طَيِّبِينَ يَقُولُونَ سَلَٰمٌ عَلَيۡكُمُ ٱدۡخُلُواْ ٱلۡجَنَّةَ بِمَا كُنتُمۡ
تَعۡمَلُونَ ﴿٣٢﴾

32. Allazína tatawaf fáhumul malá'ikatu taiyibína yaqúlúna salámun 'alai kumud khulul Jannata bimá kuntum ta'malún

32. De cujas almas os anjos se apossam em estado de pureza, dizendo-lhes: Que a paz esteja convosco! Entrai no Paraíso, pelo que haveis feito!

هَلۡ يَنظُرُونَ إِلَّآ أَن تَأۡتِيَهُمُ ٱلۡمَلَٰٓئِكَةُ أَوۡ يَأۡتِيَ أَمۡرُ رَبِّكَۚ كَذَٰلِكَ فَعَلَ ٱلَّذِينَ
مِن قَبۡلِهِمۡۚ وَمَا ظَلَمَهُمُ ٱللَّهُ وَلَٰكِن كَانُوٓاْ أَنفُسَهُمۡ يَظۡلِمُونَ ﴿٣٣﴾

33. Hal yanzurúna illá an tátiyahumul malá'ikatu au yátiya amru Rabbik; kazálika fa'alal lazína min qablihim; wa má zalamahumul láhu wa lákin kánú anfusahum yazlimún

33. Esperam os incrédulos, que os anjos se apresentem a eles, ou que os surpreendam os desígnios do teu Senhor? Assim fizeram os seus antepassados. Deus não os condenou, outrossim eles condenaram a si próprios.

فَأَصَابَهُمۡ سَيِّـَٔاتُ مَا عَمِلُواْ وَحَاقَ بِهِم مَّا كَانُواْ بِهِۦ يَسۡتَهۡزِءُونَ ﴿٣٤﴾

34. Fa asábahum saiyi átu má 'amilú wa háqa bihim má káno bihí yastahzi'ún

34. Receberam o castigo pelo que cometeram e foram envolvidos por aquilo de que zombavam.

وَقَالَ ٱلَّذِينَ أَشۡرَكُواْ لَوۡ شَآءَ ٱللَّهُ مَا عَبَدۡنَا مِن دُونِهِۦ مِن شَيۡءٖ نَّحۡنُ وَلَآ
ءَابَآؤُنَا وَلَا حَرَّمۡنَا مِن دُونِهِۦ مِن شَيۡءٖۚ كَذَٰلِكَ فَعَلَ ٱلَّذِينَ مِن قَبۡلِهِمۡۚ فَهَلۡ عَلَى
ٱلرُّسُلِ إِلَّا ٱلۡبَلَٰغُ ٱلۡمُبِينُ ﴿٣٥﴾

سُورَةُ النَّحْلِ

Surat An Nahl

35. Wa qálal lazína achrakú lau chá'al láhu ma 'abadná min dúnihí min chai'in nahnu wa lá ábá'uná wa lá harramná min dúnihí min chai'; kazálika fa'alal lazína min qablihim fahal 'alar Rusuli illal balághul mubín

35. Os idólatras dizem: Se Deus quisesse, a ninguém teríamos adorado em vez d'Ele, nem nós, nem nossos pais, nem teríamos prescrito proibições que não fossem as d'Ele. Assim falavam os seus antepassados. Acaso, incumbe aos mensageiros algo além da proclamação da lúcida Mensagem?

وَلَقَدْ بَعَثْنَا فِي كُلِّ أُمَّةٍ رَّسُولًا أَنِ اعْبُدُوا اللَّهَ وَاجْتَنِبُوا الطَّاغُوتَ
فَمِنْهُم مَّنْ هَدَى اللَّهُ وَمِنْهُم مَّنْ حَقَّتْ عَلَيْهِ الضَّلَالَةُ فَسِيرُوا فِي الْأَرْضِ
فَانظُرُوا كَيْفَ كَانَ عَاقِبَةُ الْمُكَذِّبِينَ ٣٦

36. Wa laqad ba'açná fí kulli ummatir Rasúlan ani'budul láha wajtanibut Tághúta faminhum man hadal láhu wa minhum man haqqat 'alaihid dhalálah; fasirú fil ardi fanzurú kaifa kána 'áqibatul mukazzibín

36. Em verdade, enviamos para cada povo um mensageiro (com a ordem): Adorai a Deus e afastai-vos do sedutor! Porém, houve entre eles quem Deus encaminhou, e houve aqueles que mereceram ser desviados. Percorrei, pois, a Terra, e observai qual foi a sorte dos desmentidores.

إِن تَحْرِصْ عَلَىٰ هُدَاهُمْ فَإِنَّ اللَّهَ لَا يَهْدِي مَن يُضِلُّ وَمَا لَهُم مِّن نَّاصِرِينَ ٣٧

37. In tahris 'alá hudáhum fa innal láha lá yahdí mai yudhillu wa má lahum min násirín

37. Se anseias (ó Mensageiro) por encaminhá-los, fica sabendo que Deus não ilumina aqueles que se têm extraviado, e que não terão defensores.

وَأَقْسَمُوا بِاللَّهِ جَهْدَ أَيْمَانِهِمْ لَا يَبْعَثُ اللَّهُ مَن يَمُوتُ بَلَىٰ وَعْدًا عَلَيْهِ حَقًّا
وَلَٰكِنَّ أَكْثَرَ النَّاسِ لَا يَعْلَمُونَ ٣٨

38. Wa aqsamú billáhi jahda aimánihim lá yab'açul láhu mai yamút; balá wa'dan 'alaihi haqqan wa lákinna akcaran nási lá ya'lamún

38. E juraram por Deus solenemente que Ele não ressuscitará os mortos. Qual! Ressuscitá-los-á, mercê de Sua infalível promessa! Porém, a maioria dos humanos o ignora.

لِيُبَيِّنَ لَهُمُ الَّذِي يَخْتَلِفُونَ فِيهِ وَلِيَعْلَمَ الَّذِينَ كَفَرُوا أَنَّهُمْ كَانُوا كَاذِبِينَ ٣٩

سُورَةُ النَّحۡلِ

Surat An Nahl

39. Liyubaiyina lahumul lazí yakhtalifúna fíhi wa liya'lamal lazína kafarú annahum kánú kázibín

39. Ele o fará, para elucidá-los na sua divergência, a fim de que os incrédulos reconheçam que eram mentirosos.

إِنَّمَا قَوۡلُنَا لِشَيۡءٍ إِذَآ أَرَدۡنَٰهُ أَن نَّقُولَ لَهُۥ كُن فَيَكُونُ ﴿٤٠﴾

40. Innamá qaulunà lichay'in izá aradnáhu an naqúla lahú kun fa yakún

40. Sabei que quando desejamos algo, dizemos: Seja! e é.

وَٱلَّذِينَ هَاجَرُواْ فِي ٱللَّهِ مِنۢ بَعۡدِ مَا ظُلِمُواْ لَنُبَوِّئَنَّهُمۡ فِي ٱلدُّنۡيَا حَسَنَةٗۖ وَلَأَجۡرُ

ٱلۡأٓخِرَةِ أَكۡبَرُۚ لَوۡ كَانُواْ يَعۡلَمُونَ ﴿٤١﴾

41. Wallazína hájarú fil láhi mim ba'di má zulimú lanubauwi' annahum fiddunyá hasanatan wa la ajrul Ákhirati akbar; lau kánú ya'lamún

41. Quanto àqueles que migraram pela causa de Deus, depois de terem sido oprimidos, apoiá-los-emos dignamente neste mundo, e, certamente, a recompensa do Outro Mundo será maior, se quiserem saber.

ٱلَّذِينَ صَبَرُواْ وَعَلَىٰ رَبِّهِمۡ يَتَوَكَّلُونَ ﴿٤٢﴾

42. Allazína sabarú wa 'alá Rabbihim yatawakkalún

42. São aqueles que perseveram e confiaram em seu Senhor.

وَمَآ أَرۡسَلۡنَا مِن قَبۡلِكَ إِلَّا رِجَالٗا نُّوحِيٓ إِلَيۡهِمۡۚ فَسۡـَٔلُوٓاْ أَهۡلَ ٱلذِّكۡرِ إِن كُنتُمۡ

لَا تَعۡلَمُونَ ﴿٤٣﴾

43. Wa má arsalná min qablika illá rijálan núhí ilaihim; fas'alú ahlaz zikri in kuntum lá ta'lamún

43. Antes de ti não enviamos senão homens, que inspiramos. Perguntai-o, pois, aos adeptos da Mensagem, se o ignorais!

بِٱلۡبَيِّنَٰتِ وَٱلزُّبُرِۗ وَأَنزَلۡنَآ إِلَيۡكَ ٱلذِّكۡرَ لِتُبَيِّنَ لِلنَّاسِ مَا نُزِّلَ إِلَيۡهِمۡ وَلَعَلَّهُمۡ

يَتَفَكَّرُونَ ﴿٤٤﴾

44. Bilbaiyináti waz Zubur; wa anzalná ilaikaz Zikra litubaiyina linnási má nuzzila ilaihim wa la'allahum yatafakkarún

44. (Enviamo-los) com as evidências e os Salmos. E a ti revelamos a Mensagem, para que elucides os humanos a respeito do que foi revelado, para que meditem.

أَفَأَمِنَ ٱلَّذِينَ مَكَرُواْ ٱلسَّيِّـَٔاتِ أَن يَخۡسِفَ ٱللَّهُ بِهِمُ ٱلۡأَرۡضَ أَوۡ يَأۡتِيَهُمُ ٱلۡعَذَابُ مِنۡ حَيۡثُ لَا يَشۡعُرُونَ ﴿٤٥﴾

45. Afa aminal lazína makarus saiyi áti ai yakhsifal láhu bihimul ardha au yá tiyahumul 'azábu min haiçu lá yach'urún

45. Aqueles que urdiram as maldades estão, acaso, seguros de que Deus não fará com que os tragua a Terra ou lhes surpreenda o castigo quando menos o esperarem?

أَوۡ يَأۡخُذَهُمۡ فِي تَقَلُّبِهِمۡ فَمَا هُم بِمُعۡجِزِينَ ﴿٤٦﴾

46. Au yákhuzahum fí taqallubihim famá hum bimu'jizín

46. Ou que Ele os surpreenda, em seu caminho errante, uma vez que não podem impedi-Lo de fazer isso?

أَوۡ يَأۡخُذَهُمۡ عَلَىٰ تَخَوُّفٖ فَإِنَّ رَبَّكُمۡ لَرَءُوفٞ رَّحِيمٌ ﴿٤٧﴾

47. Au yákhuzahum 'alá takhauwuf; fa inna Rabbakum la Ra'úfur Rahím

47. Ou que os alcance com um processo de aniquilamento gradual? Porém, sabei que o vosso Senhor é Compassivo, Misericordiosíssimo.

أَوَلَمۡ يَرَوۡاْ إِلَىٰ مَا خَلَقَ ٱللَّهُ مِن شَيۡءٖ يَتَفَيَّؤُاْ ظِلَٰلُهُۥ عَنِ ٱلۡيَمِينِ وَٱلشَّمَآئِلِ سُجَّدٗا لِّلَّهِ وَهُمۡ دَٰخِرُونَ ﴿٤٨﴾

48. Awa lam yarau ilá má khalaqal láhu min chai'iny-yatafaiya'u ziláluhú 'anil yamíni wachchamá'ili sujjadal lilláhi wa hum dákhirún

48. Não reparam, acaso, em tudo quanto Deus tem criado, entre as coisas inanimadas, cujas sombras se projetam ora para a direita ora para a esquerda, prostrando-se ante Ele humildemente?

وَلِلَّهِ يَسۡجُدُ مَا فِي ٱلسَّمَٰوَٰتِ وَمَا فِي ٱلۡأَرۡضِ مِن دَآبَّةٖ وَٱلۡمَلَٰٓئِكَةُ وَهُمۡ لَا يَسۡتَكۡبِرُونَ ﴿٤٩﴾

49. Wa lilláhi yasjudu má fis samáwáti wa má fil ardhi min dábbatin walma lá'ikatu wa hum lá yastakbirún

49. Ante Deus se prostra tudo o que há nos Céus e na Terra, bem como os anjos, que não se ensoberbecem!

Surat An Nahl

يَخَافُونَ رَبَّهُم مِّن فَوۡقِهِمۡ وَيَفۡعَلُونَ مَا يُؤۡمَرُونَ ۩ ﴿٥٠﴾

50. yakháfúna Rabbahum min fauquihim wa yaf'alúna má yu'marún ***(fazer sajda)***

50. Temem ao seu Senhor, Que está acima deles, e executam o que lhes é ordenado.

۞ وَقَالَ ٱللَّهُ لَا تَتَّخِذُوٓاْ إِلَٰهَيۡنِ ٱثۡنَيۡنِۖ إِنَّمَا هُوَ إِلَٰهٞ وَٰحِدٞ فَإِيَّٰيَ فَٱرۡهَبُونِ ﴿٥١﴾

51. ۞ *Wa qálal láhu lá tatta khizú iláhainis naini innamá Huwa Iláhun Wáhid; fa iyyáya farhabún*

51. Deus disse: Não adoteis dois deuses – posto que somos um Único Deus! Temei, pois, a Mim somente!

وَلَهُۥ مَا فِي ٱلسَّمَٰوَٰتِ وَٱلۡأَرۡضِ وَلَهُ ٱلدِّينُ وَاصِبًاۚ أَفَغَيۡرَ ٱللَّهِ تَتَّقُونَ ﴿٥٢﴾

52. Wa lahú má fis samáwáti wal ardhi wa lahud dinu wásibá; afaghairal láhi tattaqún

52. Seu é tudo quanto existe nos Céus e na Terra. Somente a Ele devemos obediência permanente. Temeríeis, acaso, alguém além de Deus?

وَمَا بِكُم مِّن نِّعۡمَةٖ فَمِنَ ٱللَّهِۖ ثُمَّ إِذَا مَسَّكُمُ ٱلضُّرُّ فَإِلَيۡهِ تَجۡـَٔرُونَ ﴿٥٣﴾

53. Wa má bikum minni'matin faminal láhi çumma izá massakumud dhurru fa ilaihi taj'arún

53. Todas as mercês de que desfrutais emanam d'Ele; e quando vos açoita a adversidade, só a Ele rogais.

ثُمَّ إِذَا كَشَفَ ٱلضُّرَّ عَنكُمۡ إِذَا فَرِيقٞ مِّنكُم بِرَبِّهِمۡ يُشۡرِكُونَ ﴿٥٤﴾

54. Çummá izá kachafad dhurra 'ankum izá faríqum minkum bi Rabbihim yuchrikún

54. Logo, quando Ele vos livra da adversidade, eis que alguns de vós atribuem parceiros ao seu Senhor,

لِيَكۡفُرُواْ بِمَآ ءَاتَيۡنَٰهُمۡۚ فَتَمَتَّعُواْ فَسَوۡفَ تَعۡلَمُونَ ﴿٥٥﴾

55. Liyakfurú bimá átainâhum; fatamatta'ú, fasaufa ta'lamún

55. Para desagradecerem aquilo com que os temos agraciado. Regozijai-vos, pois logo o sabereis!

وَيَجۡعَلُونَ لِمَا لَا يَعۡلَمُونَ نَصِيبٗا مِّمَّا رَزَقۡنَٰهُمۡۗ تَٱللَّهِ لَتُسۡـَٔلُنَّ عَمَّا كُنتُمۡ
تَفۡتَرُونَ ﴿٥٦﴾

سُورَةُ النَّحۡلِ

Surat An Nahl

56. Wa yaj'alúna limá lá ya'lamúna nasibam mimmá razaqnnáhum; talláhi latus'aluná 'ammá kuntum taftarún

56. Atribuem a coisas que desconhecem uma parte daquilo com que os agraciamos. Por Deus que rendereis contas, a respeito de tudo quanto forjardes.

وَيَجۡعَلُونَ لِلَّهِ ٱلۡبَنَٰتِ سُبۡحَٰنَهُۥ وَلَهُم مَّا يَشۡتَهُونَ ٥٧

57. Wa yaj'alúna lilláhil banáti Subhánahú wa lahum má yachtahún

57. E atribuem filhas a Deus! Glorificado seja! E anseiam, para si, somente o que querem ter (filhos homens).

وَإِذَا بُشِّرَ أَحَدُهُم بِٱلۡأُنثَىٰ ظَلَّ وَجۡهُهُۥ مُسۡوَدّٗا وَهُوَ كَظِيمٞ ٥٨

58. Wa izá buchchira ahaduhum bil unçá zalla wajhuhú muswaddan wa huwa kazím

58. Quando a algum deles é anunciado o nascimento de uma filha, o seu semblante se entristece e fica angustiado.

يَتَوَٰرَىٰ مِنَ ٱلۡقَوۡمِ مِن سُوٓءِ مَا بُشِّرَ بِهِۦٓۚ أَيُمۡسِكُهُۥ عَلَىٰ هُونٍ أَمۡ يَدُسُّهُۥ فِي ٱلتُّرَابِۗ أَلَا سَآءَ مَا يَحۡكُمُونَ ٥٩

59. yatawárá minal qaumimin sú'i má buchchira bih; a-yumsikuhú 'alá húnin am yadussuhú fit turáb; alá sá'a má yahkumún

59. Oculta-se do seu povo, pela má notícia que lhe foi anunciada: deixá-la-á viver, envergonhado, ou a enterrará viva? Que péssimo é o que julgam!

لِلَّذِينَ لَا يُؤۡمِنُونَ بِٱلۡأٓخِرَةِ مَثَلُ ٱلسَّوۡءِۖ وَلِلَّهِ ٱلۡمَثَلُ ٱلۡأَعۡلَىٰۚ وَهُوَ ٱلۡعَزِيزُ ٱلۡحَكِيمُ ٦٠

60. Lillazína lá yu'minúna bil Ákhirati maçalus saw'i wa lilláhil macalul a'lá; wa Huwal 'Azízul Hakím

60. Àqueles que não creem na Outra Vida aplica-se o exemplo do mal. A Deus, aplica-se o mais sublime exemplo, porque Ele é o Poderoso, o Prudentíssimo.

وَلَوۡ يُؤَاخِذُ ٱللَّهُ ٱلنَّاسَ بِظُلۡمِهِم مَّا تَرَكَ عَلَيۡهَا مِن دَآبَّةٖ وَلَٰكِن يُؤَخِّرُهُمۡ إِلَىٰٓ أَجَلٖ مُّسَمّٗىۖ فَإِذَا جَآءَ أَجَلُهُمۡ لَا يَسۡتَـٔۡخِرُونَ سَاعَةٗ وَلَا يَسۡتَقۡدِمُونَ ٦١

61. Wa lau yu'ákhizul láhun násа bizulminhim má taraka 'alaihá min dábbatin wa lákiny yu'akhkhiruhum ilá ajalim musamman fa izá já'a ajaluhum lá yastákhirúna sá'atan wa lá yastaqdimún

سُورَةُ النَّحۡلِ

Surat An Nahl

61. Se Deus castigasse os humanos por sua iniquidade, não deixaria criatura alguma sobre a Terra; porém, tolera-os até ao término prefixado. E quando o prazo se cumprir, não poderão atrasá-lo nem adiantá-lo numa só hora.

وَيَجۡعَلُونَ لِلَّهِ مَا يَكۡرَهُونَۚ وَتَصِفُ أَلۡسِنَتُهُمُ ٱلۡكَذِبَ أَنَّ لَهُمُ ٱلۡحُسۡنَىٰۖ
لَا جَرَمَ أَنَّ لَهُمُ ٱلنَّارَ وَأَنَّهُم مُّفۡرَطُونَ ٦٢

62. Wa yaj'alúna lilláhi má yakrahúna wa tasifu alsinatuhumul kaziba anna lahumul husná lá jarama anna lahumun Nára wa annahum mufratún

62. Atribuem a Deus as coisas más (que lhes acontece), e suas línguas mentem, ao dizerem que deles será todo o bem; sem dúvida, o que lhes está reservado é o fogo infernal, e serão esquecidos.

تَٱللَّهِ لَقَدۡ أَرۡسَلۡنَآ إِلَىٰٓ أُمَمٖ مِّن قَبۡلِكَ فَزَيَّنَ لَهُمُ ٱلشَّيۡطَٰنُ أَعۡمَٰلَهُمۡ فَهُوَ وَلِيُّهُمُ
ٱلۡيَوۡمَ وَلَهُمۡ عَذَابٌ أَلِيمٞ ٦٣

63. Talláhi laqad arsalná ilá umamim min qablika fazayyana lahumuch Chaitánu a'málahum fahuwa waliyyuhumul yauma wa lahum 'azábun alím

63. Por Deus! Antes de ti, enviamos mensageiros a outros povos; porém, Satanás abrilhantou as próprias obras (a esse povo) e hoje ele é o seu amo; mas sofrerão um doloroso castigo!

وَمَآ أَنزَلۡنَا عَلَيۡكَ ٱلۡكِتَٰبَ إِلَّا لِتُبَيِّنَ لَهُمُ ٱلَّذِي ٱخۡتَلَفُواْ فِيهِ وَهُدٗى وَرَحۡمَةٗ
لِّقَوۡمٖ يُؤۡمِنُونَ ٦٤

64. Wa má anzalná 'alaikal Kitába illá litubaiyina lahumul lazikh talafú fíhi wa hudan wa rahmatal liqaumin yu'minún

64. Só te revelamos o Livro, para que lhes elucides as discórdias, e para que ele seja orientação e misericórdia para os que creem.

وَٱللَّهُ أَنزَلَ مِنَ ٱلسَّمَآءِ مَآءٗ فَأَحۡيَا بِهِ ٱلۡأَرۡضَ بَعۡدَ مَوۡتِهَآۚ إِنَّ فِي ذَٰلِكَ لَأٓيَةٗ لِّقَوۡمٖ يَسۡمَعُونَ ٦٥

65. Wallháhu anzala minas samá'i má'an fa ahyá bihil ardha ba'da mautihá; inna fí zálika la áyatal liqaumin yasma'ún

65. Deus envia a água do céu, mediante a qual faz vivificar a terra, depois de a mesma haver sido árida. Nisso há sinal para os que escutam.

وَإِنَّ لَكُمۡ فِى ٱلۡأَنۡعَٰمِ لَعِبۡرَةً ۖ نُّسۡقِيكُم مِّمَّا فِى بُطُونِهِۦ مِنۢ بَيۡنِ فَرۡثٍ وَدَمٍ لَّبَنًا
خَالِصًا سَآئِغًا لِّلشَّٰرِبِينَ ﴿٦٦﴾

66. Wa inna lakum fil an'ámi la'ibrah; nusqíkum mimmmá fí butúnihi mim baini farcin wa damil labanann khálisan sá'ighallish cháribín

66. E tendes exemplos no gado; damos-vos para beber o que há em suas entranhas; provém da conjunção de sedimentos e sangue – leite puro e saboroso para aqueles que o bebem.

وَمِن ثَمَرَٰتِ ٱلنَّخِيلِ وَٱلۡأَعۡنَٰبِ تَتَّخِذُونَ مِنۡهُ سَكَرًا وَرِزۡقًا حَسَنًا ۗ إِنَّ
فِى ذَٰلِكَ لَءَايَةً لِّقَوۡمٍ يَعۡقِلُونَ ﴿٦٧﴾

67. Wa min çamarátin nakhíli wal a'nnábi tattakhizúna minhu sakaran wa rizqann hasaná; inna fí zálika la Áyatal liqaumin ya'qilún

67. E dos frutos das tamareiras e das videiras, extraís bebida e boa alimentação. Nisto há sinal para os sensatos.

وَأَوۡحَىٰ رَبُّكَ إِلَى ٱلنَّحۡلِ أَنِ ٱتَّخِذِى مِنَ ٱلۡجِبَالِ بُيُوتًا وَمِنَ ٱلشَّجَرِ وَمِمَّا يَعۡرِشُونَ ﴿٦٨﴾

68. Wa auhá Rabbuka ilan-nahli anit takhizí minal jibáli buyútan wa minash chajari wa mimmá ya'richún

68. E teu Senhor inspirou as abelhas, (dizendo): Construí as vossas colmeias nas montanhas, nas árvores e nas habitações (dos homens).

ثُمَّ كُلِى مِن كُلِّ ٱلثَّمَرَٰتِ فَٱسۡلُكِى سُبُلَ رَبِّكِ ذُلُلًا ۚ يَخۡرُجُ مِنۢ بُطُونِهَا شَرَابٌ
مُّخۡتَلِفٌ أَلۡوَٰنُهُۥ فِيهِ شِفَآءٌ لِّلنَّاسِ ۗ إِنَّ فِى ذَٰلِكَ لَءَايَةً لِّقَوۡمٍ يَتَفَكَّرُونَ ﴿٦٩﴾

69. Çummma kulí min kullis çamaráti fasluki subula Rabbiki zululá; yakhruju mim butúnihá charábum mukhtalifun alwánuhú fíhi chifá'ul linnás, inna fí zálika la Áyatal liqaumin yatafakkarún

69. Alimentai-vos de toda a classe de frutos e segui, humildemente, pelas sendas traçadas por vosso Senhor! Do abdômen delas sai um líquido de variadas cores que constitui cura para os humanos. Nisto há sinal para os que refletem.

وَٱللَّهُ خَلَقَكُمۡ ثُمَّ يَتَوَفَّىٰكُمۡ ۚ وَمِنكُم مَّن يُرَدُّ إِلَىٰٓ أَرۡذَلِ ٱلۡعُمُرِ لِكَىۡ لَا يَعۡلَمَ بَعۡدَ عِلۡمٍ
شَيۡـًٔا ۚ إِنَّ ٱللَّهَ عَلِيمٌ قَدِيرٌ ﴿٧٠﴾

سُورَةُ النَّحۡلِ

Surat An Nahl

70. Walláhu khalaqakum çuma yatawaffákum; wa minkum many-yuradu ilá arzalil 'umuri likai lá ya'lama ba'da 'ilmin chai'á; innal láha 'Alímun Qadír

70. Deus é Quem vos cria, depois vos recolhe. Entre vós há quem chegará à senilidade, até ao ponto em que de nada se lembrará do que tenha sabido. Sabei que Deus é Onipotente, Sapientíssimo.

وَٱللَّهُ فَضَّلَ بَعۡضَكُمۡ عَلَىٰ بَعۡضٖ فِي ٱلرِّزۡقِۚ فَمَا ٱلَّذِينَ فُضِّلُواْ بِرَآدِّي رِزۡقِهِمۡ عَلَىٰ
مَا مَلَكَتۡ أَيۡمَٰنُهُمۡ فَهُمۡ فِيهِ سَوَآءٌۚ أَفَبِنِعۡمَةِ ٱللَّهِ يَجۡحَدُونَ ٧١

71. Walláhu faddhala ba'dhhakum 'alá ba'din fir rizq; famal lazína fuddhilú biráddí rizqihim 'alá má malakat aimánuhum fahum fíhi sawá'; afabini'matil láhi yajhadún

71. Deus favoreceu, com a Sua mercê, uns mais do que outros; porém, os favorecidos não repartem os seus bens com os seus servos, para que com isso sejam iguais. Desagradecerão, acaso, as mercês de Deus?

وَٱللَّهُ جَعَلَ لَكُم مِّنۡ أَنفُسِكُمۡ أَزۡوَٰجٗا وَجَعَلَ لَكُم مِّنۡ أَزۡوَٰجِكُم بَنِينَ
وَحَفَدَةٗ وَرَزَقَكُم مِّنَ ٱلطَّيِّبَٰتِۚ أَفَبِٱلۡبَٰطِلِ يُؤۡمِنُونَ وَبِنِعۡمَتِ ٱللَّهِ هُمۡ
يَكۡفُرُونَ ٧٢

72. Walláhu ja'ala lakum min anfusikum azwájan wa ja'ala lakum min azwájikum banína wa hafadatan wa razaqakum minat taiyibát; afabil bátili yu'minúna wa bini'matil láhi hum yakkfurún

72. Deus vos designou esposas de vossas espécies, e delas vos concedeu filhos e netos, e vos agraciou com todo o bem; creem, porventura, na falsidade e descreem das mercês de Deus?

وَيَعۡبُدُونَ مِن دُونِ ٱللَّهِ مَا لَا يَمۡلِكُ لَهُمۡ رِزۡقٗا مِّنَ ٱلسَّمَٰوَٰتِ وَٱلۡأَرۡضِ
شَيۡـٔٗا وَلَا يَسۡتَطِيعُونَ ٧٣

73. Wa ya'budúna min dúnil láhi má lá yamliku lahum rizqam minas samáwáti wal ardhi chai'an wa lá yastatí'ún

73. E adoram, em vez de Deus, os que não podem proporcionar-lhes nenhum sustento, nem dos Céus, nem da Terra, por não terem poder para isso.

فَلَا تَضۡرِبُواْ لِلَّهِ ٱلۡأَمۡثَالَۚ إِنَّ ٱللَّهَ يَعۡلَمُ وَأَنتُمۡ لَا تَعۡلَمُونَ ٧٤

74. Falá tadhribú lilláhil amçál; innal láha ya'lamu wa antum lá ta'lamún

74. Não compareis ninguém a Deus, porque Ele sabe e vós ignorais.

۞ ضَرَبَ ٱللَّهُ مَثَلًا عَبۡدًا مَّمۡلُوكًا لَّا يَقۡدِرُ عَلَىٰ شَيۡءٍ وَمَن رَّزَقۡنَٰهُ مِنَّا رِزۡقًا
حَسَنًا فَهُوَ يُنفِقُ مِنۡهُ سِرًّا وَجَهۡرًاۖ هَلۡ يَسۡتَوُۥنَۚ ٱلۡحَمۡدُ لِلَّهِۚ بَلۡ
أَكۡثَرُهُمۡ لَا يَعۡلَمُونَ ﴿٧٥﴾

75. ۞ *Dharabal láhu maçalan 'abdam mammlúkal lá yaqdiru 'alá chai'in wa marrazaqnáhu mminná rizqan hasanan fahuwa yunfiqu minhu sirran wa jahra; hal yasta-wún; alhamdu lilláh; bal akçaruhum lá ya'lamún*

75. Deus põe em comparação um escravo subserviente, que nada possui, com um livre que temos agraciado prodigamente e que esbanja íntima e manifestamente. Poderão, acaso, equiparar-se? Louvado seja Deus! Porém, a maioria o ignora.

وَضَرَبَ ٱللَّهُ مَثَلًا رَّجُلَيۡنِ أَحَدُهُمَآ أَبۡكَمُ لَا يَقۡدِرُ عَلَىٰ شَيۡءٍ وَهُوَ
كَلٌّ عَلَىٰ مَوۡلَىٰهُ أَيۡنَمَا يُوَجِّههُّ لَا يَأۡتِ بِخَيۡرٍ هَلۡ يَسۡتَوِي هُوَ وَمَن يَأۡمُرُ
بِٱلۡعَدۡلِ وَهُوَ عَلَىٰ صِرَٰطٍ مُّسۡتَقِيمٍ ﴿٧٦﴾

76. Wa dharabal láhu maçalar rajulaini ahaduhumá abkamu lá yaqdiru 'alá chai'in wa huwa kallun 'alá mauláhu ainamá yuwajjihhu lá yáti bikhairin hal yastawí huwa wa many-yámuru bil'adli wa huwa 'alá Sirátim Mustaquím

76. Deus vos propõe outra comparação, a de dois homens: um deles é mudo, incapaz, resultando numa carga para o seu amo; aonde quer que o envie não lhe traz benefício algum. Poderia, acaso, equiparar-se com o que ordena a justiça, e marcha pela senda reta?

وَلِلَّهِ غَيۡبُ ٱلسَّمَٰوَٰتِ وَٱلۡأَرۡضِۚ وَمَآ أَمۡرُ ٱلسَّاعَةِ إِلَّا كَلَمۡحِ ٱلۡبَصَرِ أَوۡ هُوَ
أَقۡرَبُۚ إِنَّ ٱللَّهَ عَلَىٰ كُلِّ شَيۡءٍ قَدِيرٌ ﴿٧٧﴾

77. Wa lilláhi ghaibus samáwáti wal ardh; wa má amrus Sá'ati illá kalamhil basari au huwa aqrab; innal láha 'alá kulli chai'in Qadír

77. A Deus pertence o mistério dos Céus e da Terra. E o advento da Hora não durará mais do que um pestanejar de olhos, ou fração menor ainda; sabei que Deus é Onipotente.

سُورَةُ النَّحۡلِ

Surat An Nahl

وَٱللَّهُ أَخۡرَجَكُم مِّنۢ بُطُونِ أُمَّهَٰتِكُمۡ لَا تَعۡلَمُونَ شَيۡـٔٗا وَجَعَلَ لَكُمُ ٱلسَّمۡعَ
وَٱلۡأَبۡصَٰرَ وَٱلۡأَفۡـِٔدَةَ لَعَلَّكُمۡ تَشۡكُرُونَ ﴿٧٨﴾

78. Walláhu akhrajakum mim butúni ummahátikum lá ta'lamúna chai'an wa ja'ala lakumus sam'a wal absára wal af'idata la'allakum tachkurún

78. Deus vos extraiu das entranhas de vossas mães, desprovidos de entendimento, proporcionou-vos os ouvidos, as vistas e os corações, para que Lhe agradecêsseis.

أَلَمۡ يَرَوۡاْ إِلَى ٱلطَّيۡرِ مُسَخَّرَٰتٖ فِي جَوِّ ٱلسَّمَآءِ مَا يُمۡسِكُهُنَّ إِلَّا ٱللَّهُۚ إِنَّ فِي
ذَٰلِكَ لَأٓيَٰتٖ لِّقَوۡمٖ يُؤۡمِنُونَ ﴿٧٩﴾

79. Alam yarau ilat tairi musakhkharátin fi jauwis samá'i má yumsikuhunna illal láh; inna fi zálika la Áyátil liqauminyu yu'minún

79. Não reparam, acaso, nos pássaros dóceis, que podem voar através do espaço? Ninguém senão Deus é capaz de sustentá-los ali! Nisto há sinal para os crentes.

وَٱللَّهُ جَعَلَ لَكُم مِّنۢ بُيُوتِكُمۡ سَكَنٗا وَجَعَلَ لَكُم مِّن جُلُودِ ٱلۡأَنۡعَٰمِ بُيُوتٗا
تَسۡتَخِفُّونَهَا يَوۡمَ ظَعۡنِكُمۡ وَيَوۡمَ إِقَامَتِكُمۡ وَمِنۡ أَصۡوَافِهَا وَأَوۡبَارِهَا
وَأَشۡعَارِهَآ أَثَٰثٗا وَمَتَٰعًا إِلَىٰ حِينٖ ﴿٨٠﴾

80. Walláhu ja'ala lakum mim buyútikum sakanan wa ja'ala lakum min julúdil an'ámi buyútan tastakhiffúnahá yauma za'nikum wa yauma iqámatikum wa min aswáfihá wa aubárihá wa ach'árihá açáçan wa matá'an ilá hin

80. Deus vos designou lares, para morada, e vos proporcionou tendas, feitas de peles de animais, às quais manejais facilmente no dia de vossa viagem, bem como no dia do vosso acampamento; e da sua lã, de sua fibra e de seus pelos elaborais utensílios e artigos que duram por algum tempo.

وَٱللَّهُ جَعَلَ لَكُم مِّمَّا خَلَقَ ظِلَٰلٗا وَجَعَلَ لَكُم مِّنَ ٱلۡجِبَالِ أَكۡنَٰنٗا
وَجَعَلَ لَكُمۡ سَرَٰبِيلَ تَقِيكُمُ ٱلۡحَرَّ وَسَرَٰبِيلَ تَقِيكُم بَأۡسَكُمۡۚ كَذَٰلِكَ
يُتِمُّ نِعۡمَتَهُۥ عَلَيۡكُمۡ لَعَلَّكُمۡ تُسۡلِمُونَ ﴿٨١﴾

81. Walláhu ja'ala lakum mimmá khalaqa zilálan wa ja'ala lakum minal jibáli aknánan wa ja'ala lakum sarábíla taqíkumul harra wa sarábíla taqíkum básakum; kazálika yutimmu ni'matahú alaikum la'allakum tuslimún

81. E Deus vos proporcionou abrigos contra o sol em tudo quanto criou, destinou abrigos nos montes, concedeu-vos vestimentas para resguardar-vos do calor e do frio e armaduras para proteger-vos em vossos combates. Assim vos agracia, para que vos consagreis a Ele.

فَإِن تَوَلَّوۡاْ فَإِنَّمَا عَلَيۡكَ ٱلۡبَلَٰغُ ٱلۡمُبِينُ ٨٢

82. Fa in tawallau fa innamá 'alaikal balághul mubín

82. Porém, se retrocederem (quanto a tudo isso), sabe que a ti somente incumbe a proclamação da lúcida Mensagem.

يَعۡرِفُونَ نِعۡمَتَ ٱللَّهِ ثُمَّ يُنكِرُونَهَا وَأَكۡثَرُهُمُ ٱلۡكَٰفِرُونَ ٨٣

83. Ya'rifúna ni'matal láhi çumma yunkirúnahá wa akçaruhumul káfirún

83. Muitos tomam conhecimento da graça de Deus, e em seguida a negam, porque a sua maioria é injusta.

وَيَوۡمَ نَبۡعَثُ مِن كُلِّ أُمَّةٖ شَهِيدٗا ثُمَّ لَا يُؤۡذَنُ لِلَّذِينَ كَفَرُواْ وَلَا هُمۡ يُسۡتَعۡتَبُونَ ٨٤

84. Wa yauma nab'açu min kulli ummatin chahídan çumma lá yu'zanu lillazína kafarú wa lá hum yusta'tabún

84. Recorda-lhes o dia em que faremos surgir uma testemunha de cada povo; então não será permitido aos incrédulos desculparem-se, nem receberão quaisquer favores.

وَإِذَا رَءَا ٱلَّذِينَ ظَلَمُواْ ٱلۡعَذَابَ فَلَا يُخَفَّفُ عَنۡهُمۡ وَلَا هُمۡ يُنظَرُونَ ٨٥

85. Wa izá ra al lazína zalamul 'azába falá yukhaf fafu 'anhum wa lá hum yunzarún

85. E quando os injustos virem o tormento, este em nada lhes será atenuado, nem serão tolerados.

وَإِذَا رَءَا ٱلَّذِينَ أَشۡرَكُواْ شُرَكَآءَهُمۡ قَالُواْ رَبَّنَا هَٰٓؤُلَآءِ شُرَكَآؤُنَا ٱلَّذِينَ كُنَّا نَدۡعُواْ مِن دُونِكَۖ فَأَلۡقَوۡاْ إِلَيۡهِمُ ٱلۡقَوۡلَ إِنَّكُمۡ لَكَٰذِبُونَ ٨٦

86. Wa izá ra al lazína achrakú shuraká'ahum qálú Rabbana há'ulá'i shuraká'unal lazína kunná nad'ú min dúnika fa alqau ilaihimul qaula innakum lakázibún

سُورَةُ النَّحۡلِ

Surat An Nahl

86. E quando os idólatras virem os seus ídolos, dirão: Ó Senhor nosso, eis os nossos ídolos, aos quais implorávamos, em vez de a Ti! E os ídolos contestarão: Sois uns mentirosos!

وَأَلۡقَوۡاْ إِلَى ٱللَّهِ يَوۡمَئِذٍ ٱلسَّلَمَۖ وَضَلَّ عَنۡهُم مَّا كَانُواْ يَفۡتَرُونَ ٨٧

87. Wa alqau ilal láhi yauma'izinis salama wa dhalla 'anhum má kánú yaftarún

87. Nesse dia submeter-se-ão a Deus, e tudo quanto tenham forjado desvanecer-se-á.

ٱلَّذِينَ كَفَرُواْ وَصَدُّواْ عَن سَبِيلِ ٱللَّهِ زِدۡنَٰهُمۡ عَذَابٗا فَوۡقَ ٱلۡعَذَابِ
بِمَا كَانُواْ يُفۡسِدُونَ ٨٨

88. Allazína kafarú wa saddú 'an sabílil láhi zidnáhum 'azában fauqal 'azábi bimá kánú yufsidún

88. Quanto aos incrédulos, que desencaminham os demais da senda de Deus, aumentar-lhes-emos o castigo, por sua corrupção.

وَيَوۡمَ نَبۡعَثُ فِي كُلِّ أُمَّةٖ شَهِيدًا عَلَيۡهِم مِّنۡ أَنفُسِهِمۡۖ وَجِئۡنَا بِكَ شَهِيدًا عَلَىٰ
هَٰٓؤُلَآءِۚ وَنَزَّلۡنَا عَلَيۡكَ ٱلۡكِتَٰبَ تِبۡيَٰنٗا لِّكُلِّ شَيۡءٖ وَهُدٗى وَرَحۡمَةٗ وَبُشۡرَىٰ
لِلۡمُسۡلِمِينَ ٨٩

89. Wa yauma nab'açu fi kulli ummmatin chahidan 'alaihim min anfusihim wa ji'ná bika chahídan 'alá há'ulá'; wa nazzalná 'alaikal Kitába tibyánal likulli chai'in wa hudan wa rahmatan wa buchrá lilmuslimín

89. Recorda-lhes o dia em que faremos surgir uma testemunha de cada povo para testemunhar contra os seus, e te apresentaremos por testemunha contra os teus. Temos-te revelado, pois, o Livro, que é uma explanação de tudo, é orientação, misericórdia e boas-novas para os muçulmanos.

۞ إِنَّ ٱللَّهَ يَأۡمُرُ بِٱلۡعَدۡلِ وَٱلۡإِحۡسَٰنِ وَإِيتَآيِٕ ذِي ٱلۡقُرۡبَىٰ وَيَنۡهَىٰ عَنِ ٱلۡفَحۡشَآءِ وَٱلۡمُنكَرِ
وَٱلۡبَغۡيِۚ يَعِظُكُمۡ لَعَلَّكُمۡ تَذَكَّرُونَ ٩٠

***90.** ۞ Innal láha ya'muru bil 'adli wal ihsáni wa ítá'i zil qurbá wa yanhá 'anil fahchá'i wal munkari walbagh-i' ya'izukum la'allakum tazakkarún*

90. Deus ordena a justiça, a prática do bem, o auxílio aos parentes, e veda a obscenidade, o ilícito e a injustiça. Ele vos exorta a que mediteis.

سُورَةُ النَّحۡلِ

Surat An Nahl

وَأَوۡفُواْ بِعَهۡدِ ٱللَّهِ إِذَا عَٰهَدتُّمۡ وَلَا تَنقُضُواْ ٱلۡأَيۡمَٰنَ بَعۡدَ تَوۡكِيدِهَا وَقَدۡ
جَعَلۡتُمُ ٱللَّهَ عَلَيۡكُمۡ كَفِيلًاۚ إِنَّ ٱللَّهَ يَعۡلَمُ مَا تَفۡعَلُونَ ﴿٩١﴾

91. Wa aufú bi Ahdil láhi izá 'áhattum wa lá tanqudhul aimána ba'da tawkídihá wa qadja'altumul láha 'alaikum kafílá; innal láha ya'lamu má taf'alún

91. Cumpri o pacto com Deus, se o houverdes feito, e não perjureis depois de haverdes jurado solenemente, uma vez que haveis tomado a Deus por garantia, porque Deus sabe tudo quanto fazeis.

وَلَا تَكُونُواْ كَٱلَّتِي نَقَضَتۡ غَزۡلَهَا مِنۢ بَعۡدِ قُوَّةٍ أَنكَٰثٗا تَتَّخِذُونَ
أَيۡمَٰنَكُمۡ دَخَلَۢا بَيۡنَكُمۡ أَن تَكُونَ أُمَّةٌ هِيَ أَرۡبَىٰ مِنۡ أُمَّةٍۚ إِنَّمَا يَبۡلُوكُمُ ٱللَّهُ بِهِۦۚ
وَلَيُبَيِّنَنَّ لَكُمۡ يَوۡمَ ٱلۡقِيَٰمَةِ مَا كُنتُمۡ فِيهِ تَخۡتَلِفُونَ ﴿٩٢﴾

92. Wa lá takúnú kallatí naqadhat ghazlahá mim ba'di quwwatin ankáçá; tattakhizúna aimánakum dakhalam bainakum an takúna ummatun hiya arbá min ummah; innnamá yablúkumul láhu bih; wa la yubaiyinanna lakum yaumal Qiyámati má kuntum fíhi takhtalifún

92. E não imiteis aquela (mulher) que desfiava a sua roca depois de havê-la enrolado profusamente; não façais juramentos fraudulentos (com segundas intenções), pelo fato de ser a vossa tribo mais numerosa do que outra. Deus somente vos experimentará e sanará a vossa divergência no Dia da Ressurreição.

وَلَوۡ شَآءَ ٱللَّهُ لَجَعَلَكُمۡ أُمَّةٗ وَٰحِدَةٗ وَلَٰكِن يُضِلُّ مَن يَشَآءُ وَيَهۡدِي مَن
يَشَآءُۚ وَلَتُسۡـَٔلُنَّ عَمَّا كُنتُمۡ تَعۡمَلُونَ ﴿٩٣﴾

93. Wa lau chá'al láhu laja'alakum ummmatan wáhidatan wa lákiny yudhillu man-yachá'u wa yahdí man-yachá'; wa latus'alunna 'ammá kuntum ta'malún

93. Se Deus quisesse, ter-vos-ia constituído em um só povo; porém, desvia a quem quer e encaminha a quem Lhe apraz. Por certo que sereis interrogados sobre tudo quanto tiverdes feito.

وَلَا تَتَّخِذُوٓاْ أَيۡمَٰنَكُمۡ دَخَلَۢا بَيۡنَكُمۡ فَتَزِلَّ قَدَمُۢ بَعۡدَ ثُبُوتِهَا وَتَذُوقُواْ ٱلسُّوٓءَ بِمَا
صَدَدتُّمۡ عَن سَبِيلِ ٱللَّهِۖ وَلَكُمۡ عَذَابٌ عَظِيمٞ ﴿٩٤﴾

94. Wa lá tattakhizú aimánakum dakhalam bainakum fatazilla qadamum ba'da çubútihá wa tazúqus sú'a bima sadattum 'an sabílil láhi wa lakum 'azábun 'azím

94. Não façais juramentos fraudulentos, porque tropeçareis, depois de haverdes pisado firmemente, e provareis o infortúnio, por terdes desencaminhado os demais da senda de Deus, e sofrereis um severo castigo.

وَلَا تَشۡتَرُواْ بِعَهۡدِ ٱللَّهِ ثَمَنٗا قَلِيلًاۚ إِنَّمَا عِندَ ٱللَّهِ هُوَ خَيۡرٞ لَّكُمۡ إِن كُنتُمۡ تَعۡلَمُونَ ﴿٩٥﴾

95. Wa lá tachtarú bi 'ahdil láhi çamanan qalílá; innamá 'indal láhi huwa khairul lakum in kuntum ta'lamún

95. Não negocieis o pacto com Deus a vil preço, porque o que está ao lado de Deus é preferível para vós; se o soubésseis!

مَا عِندَكُمۡ يَنفَدُ وَمَا عِندَ ٱللَّهِ بَاقٖۗ وَلَنَجۡزِيَنَّ ٱلَّذِينَ صَبَرُوٓاْ أَجۡرَهُم بِأَحۡسَنِ مَا كَانُواْ يَعۡمَلُونَ ﴿٩٦﴾

96. Má 'indakum yanfadu wa má 'indal láhi báq; wa lanajziyannal lazína sabarú ajjrahum bi a<u>h</u>sani má kánú ya'malún

96. O que possuís é efêmero; por outra, o que Deus possui é eterno. Em verdade, premiaremos os perseverantes com uma recompensa, de acordo com a melhor das suas ações.

مَنۡ عَمِلَ صَٰلِحٗا مِّن ذَكَرٍ أَوۡ أُنثَىٰ وَهُوَ مُؤۡمِنٞ فَلَنُحۡيِيَنَّهُۥ حَيَوٰةٗ طَيِّبَةٗۖ وَلَنَجۡزِيَنَّهُمۡ أَجۡرَهُم بِأَحۡسَنِ مَا كَانُواْ يَعۡمَلُونَ ﴿٩٧﴾

97. Man 'amila sáli<u>h</u>am min zakarin au unçá wa huwa mu'minun falanu<u>h</u>yiyannahú <u>h</u>ayátan taiiyibatan wa lanajzi yannahum ajrahum bi a<u>h</u>sani má kánú ya'malún

97. A quem praticar o bem, seja homem ou mulher, e for crente, concederemos uma vida agradável, e premiaremos com uma recompensa, de acordo com a melhor das suas ações.

فَإِذَا قَرَأۡتَ ٱلۡقُرۡءَانَ فَٱسۡتَعِذۡ بِٱللَّهِ مِنَ ٱلشَّيۡطَٰنِ ٱلرَّجِيمِ ﴿٩٨﴾

98. Fa izá qara tal Qurána fasta'iz billáhi minach Chaitánir rajim

98. Quando leres o Alcorão, ampara-te em Deus contra Satanás, o maldito,

سُورَةُ النَّحلِ

Surat An Nahl

إِنَّهُۥ لَيۡسَ لَهُۥ سُلۡطَٰنٌ عَلَى ٱلَّذِينَ ءَامَنُواْ وَعَلَىٰ رَبِّهِمۡ يَتَوَكَّلُونَ ﴿٩٩﴾

99. Innahú laisa lahú sultánun 'alal lazína ámanú wa 'alá Rabbihim yatawakkalún

99. Porque ele não tem nenhuma autoridade sobre os crentes, que confiam em seu Senhor.

إِنَّمَا سُلۡطَٰنُهُۥ عَلَى ٱلَّذِينَ يَتَوَلَّوۡنَهُۥ وَٱلَّذِينَ هُم بِهِۦ مُشۡرِكُونَ ﴿١٠٠﴾

100. Innamá sultánuhú 'alal lazína yatawallaunahú wallazína hum bihí muchrikún

100. Sua autoridade só alcança aqueles que a ele se submetem e aqueles que atribuem parceiros a Deus.

وَإِذَا بَدَّلۡنَآ ءَايَةً مَّكَانَ ءَايَةٍ وَٱللَّهُ أَعۡلَمُ بِمَا يُنَزِّلُ قَالُوٓاْ إِنَّمَآ
أَنتَ مُفۡتَرِۭۚ بَلۡ أَكۡثَرُهُمۡ لَا يَعۡلَمُونَ ﴿١٠١﴾

101. Wa izá baddalná Áyatam makána Áyatin wal láhu a'lamu bimá yunazzilu qálú innamá anta muftar; bal akçaruhum lá ya'lamún

101. E quando substituímos uma revelação por outra – e Deus bem sabe o que revela – dizem-te: Só tu és dele o forjador! Porém, a maioria deles é ignorante.

قُلۡ نَزَّلَهُۥ رُوحُ ٱلۡقُدُسِ مِن رَّبِّكَ بِٱلۡحَقِّ لِيُثَبِّتَ ٱلَّذِينَ ءَامَنُواْ وَهُدٗى
وَبُشۡرَىٰ لِلۡمُسۡلِمِينَ ﴿١٠٢﴾

102. Qul nazzalahú Rúhul Qudusi mir Rabbika bilhaqqui liyuçabbital lazína ámanú wa hudan wa buchrá lilmuslimín

102. E dize: Em verdade, o Espírito da Santidade tem-na mostrado, de teu Senhor, para firmar os crentes e servir de orientação e boas-novas aos muçulmanos.

وَلَقَدۡ نَعۡلَمُ أَنَّهُمۡ يَقُولُونَ إِنَّمَا يُعَلِّمُهُۥ بَشَرٞۗ لِّسَانُ ٱلَّذِي يُلۡحِدُونَ
إِلَيۡهِ أَعۡجَمِيّٞ وَهَٰذَا لِسَانٌ عَرَبِيّٞ مُّبِينٌ ﴿١٠٣﴾

103. Wa laqad na'lamu annahum yaqúlúna innamá yu'allimuhú bachar; lisánul lazí yulhidúna ilaihi a'ja miyyun wa háza lisánun 'Arabiyyum mubín

103. Bem sabemos que dizem: Foi um ser humano que lho ensina (o Alcorão a Mohammad). Porém, o idioma daquele a quem aludem tê-lo ensinado é a não árabe, enquanto que a deste (Alcorão) é a elucidativa língua árabe.

سُورَةُ النَّحۡلِ

Surat An Nahl

إِنَّ ٱلَّذِينَ لَا يُؤۡمِنُونَ بِـَٔايَٰتِ ٱللَّهِ لَا يَهۡدِيهِمُ ٱللَّهُ وَلَهُمۡ عَذَابٌ أَلِيمٌ ١٠٤

104.Innal lazína lá yu'minúna bi Áyátil láhi lá yahdehimul láhu wa lahum 'azábun alím

104. Aqueles que não crerem nos versículos de Deus não serão guiados por Ele, e sofrerão um doloroso castigo.

إِنَّمَا يَفۡتَرِي ٱلۡكَذِبَ ٱلَّذِينَ لَا يُؤۡمِنُونَ بِـَٔايَٰتِ ٱللَّهِۖ وَأُوْلَٰٓئِكَ هُمُ
ٱلۡكَٰذِبُونَ ١٠٥

105.Innamá yaftaril kazibal lazína lá yu'minúna bi Áyátil láhi wa ulá'ika humul kázibún

105. Os que forjam mentiras são aqueles que não creem nos versículos de Deus. Tais são os mentirosos.

مَن كَفَرَ بِٱللَّهِ مِنۢ بَعۡدِ إِيمَٰنِهِۦٓ إِلَّا مَنۡ أُكۡرِهَ وَقَلۡبُهُۥ مُطۡمَئِنُّۢ بِٱلۡإِيمَٰنِ
وَلَٰكِن مَّن شَرَحَ بِٱلۡكُفۡرِ صَدۡرٗا فَعَلَيۡهِمۡ غَضَبٞ مِّنَ ٱللَّهِ وَلَهُمۡ عَذَابٌ
عَظِيمٞ ١٠٦

106.Man kafara billáhi mim ba'di ímánihí illá man ukriha wa qalbuhú mutmma'innum bil ímáni wa lákim man charaha bilkufri sadran fa'alaihim ghadhabum minal láhi wa lahum 'azábun 'azím

106. Aquele que renegar Deus, depois de ter acreditado – salvo quem houver sido obrigado a isso e cujo coração se mantiver firme na fé – e aquele que abre o seu coração à incredulidade, esses serão abominados por Deus e sofrerão um severo castigo.

ذَٰلِكَ بِأَنَّهُمُ ٱسۡتَحَبُّواْ ٱلۡحَيَوٰةَ ٱلدُّنۡيَا عَلَى ٱلۡأٓخِرَةِ وَأَنَّ ٱللَّهَ لَا يَهۡدِي
ٱلۡقَوۡمَ ٱلۡكَٰفِرِينَ ١٠٧

107.Zálika bi annahumus tahabbul hayátad dunyá 'alal Ákhirati wa annal láha lá yahdil qaumal káfirín

107. Isso porque preferiram a vida terrena à Outra; e Deus não ilumina o povo incrédulo.

سُورَةُ النَّحلِ

Surat An Nahl

أُوْلَٰٓئِكَ ٱلَّذِينَ طَبَعَ ٱللَّهُ عَلَىٰ قُلُوبِهِمۡ وَسَمۡعِهِمۡ وَأَبۡصَٰرِهِمۡۖ
وَأُوْلَٰٓئِكَ هُمُ ٱلۡغَٰفِلُونَ ١٠٨

108. Ulá'ikal lazína taba'al láhu 'alá qulúbihim wa sam'ihim wa absárihim wa ulá'ika humul ghafilún

108. São aqueles aos quais Deus selou os corações, os ouvidos e os olhos; tais são os desatentos.

لَا جَرَمَ أَنَّهُمۡ فِي ٱلۡأٓخِرَةِ هُمُ ٱلۡخَٰسِرُونَ ١٠٩

109. Lá jarama annnahum fil Ákhirati humul khasirún

109. Sem dúvida alguma que serão os desventurados na Outra Vida.

ثُمَّ إِنَّ رَبَّكَ لِلَّذِينَ هَاجَرُواْ مِنۢ بَعۡدِ مَا فُتِنُواْ ثُمَّ جَٰهَدُواْ
وَصَبَرُوٓاْ إِنَّ رَبَّكَ مِنۢ بَعۡدِهَا لَغَفُورٞ رَّحِيمٞ ١١٠

110. Çumma inna Rabbaka lillazína hájarú mim ba'di má futinú çummma jáhadú wa sabarú inna Rabbaka mim ba'dihá la Ghafúrur Rahím

110. E o teu Senhor é, para com aqueles que emigraram (de Makka) e que depois de terem sido torturados, combateram pela fé e perseveraram, por isso, Indulgente, Misericordiosíssimo.

۞ يَوۡمَ تَأۡتِي كُلُّ نَفۡسٖ تُجَٰدِلُ عَن نَّفۡسِهَا وَتُوَفَّىٰ كُلُّ نَفۡسٖ مَّا عَمِلَتۡ
وَهُمۡ لَا يُظۡلَمُونَ ١١١

111.۞ Yauma táti kullu nafsin tujádilu 'an nafsihá wa tuwaffá kullu nafsim má 'amilat wa hum lá yuzlamún

111. Recorda-lhes o dia em que cada alma advogará pela própria causa e em que todo o ser será recompensado segundo o que houver feito e (ambos) não serão defraudados.

وَضَرَبَ ٱللَّهُ مَثَلٗا قَرۡيَةٗ كَانَتۡ ءَامِنَةٗ مُّطۡمَئِنَّةٗ يَأۡتِيهَا رِزۡقُهَا
رَغَدٗا مِّن كُلِّ مَكَانٖ فَكَفَرَتۡ بِأَنۡعُمِ ٱللَّهِ فَأَذَٰقَهَا ٱللَّهُ لِبَاسَ ٱلۡجُوعِ
وَٱلۡخَوۡفِ بِمَا كَانُواْ يَصۡنَعُونَ ١١٢

سُورَةُ النَّحلِ

Surat An Nahl

112. Wa dharabal láhu maçalan qaryatan kánat áminatam mutma'innatany yátíhá rizquhá raghadam min kulli makánin fakafarat bi an'umil láhi fa azáqahal láhu libásal jú'i walkhaufi bimá kánú yasna'ún

112. Deus exemplifica (isso) com o relato de uma cidade que vivia segura e tranquila, à qual chegavam, de todas as partes, provisões em abundância; porém, (seus habitantes) desagradeceram as mercês de Deus; então Ele lhes fez experimentar a aflição da fome e do terror extremos, pelo que haviam cometido.

وَلَقَدۡ جَآءَهُمۡ رَسُولٞ مِّنۡهُمۡ فَكَذَّبُوهُ فَأَخَذَهُمُ ٱلۡعَذَابُ وَهُمۡ ظَٰلِمُونَ ﴿١١٣﴾

113. Wa laqad já'ahum Rasúlum minhum fakazzabúhu fa akhazahumul 'azábu wa hum zálimún

113. Foi quando se apresentou a eles um mensageiro de sua raça e o rejeitaram; porém, o castigo os surpreendeu, por causa de sua iniquidade.

فَكُلُواْ مِمَّا رَزَقَكُمُ ٱللَّهُ حَلَٰلٗا طَيِّبٗا وَٱشۡكُرُواْ نِعۡمَتَ ٱللَّهِ إِن

كُنتُمۡ إِيَّاهُ تَعۡبُدُونَ ﴿١١٤﴾

114. Fakulú mimmá razaqa kumul láhu halálan taiyiban wachkurú ni'matal láhi in kuntum iyyáhu ta'budún

114. Desfrutai, pois, de todo o lícito e bom com que Deus vos tem agraciado, e agradecei as mercês de Deus, se só a Ele adorais.

إِنَّمَا حَرَّمَ عَلَيۡكُمُ ٱلۡمَيۡتَةَ وَٱلدَّمَ وَلَحۡمَ ٱلۡخِنزِيرِ وَمَآ أُهِلَّ لِغَيۡرِ

ٱللَّهِ بِهِۦۖ فَمَنِ ٱضۡطُرَّ غَيۡرَ بَاغٖ وَلَا عَادٖ فَإِنَّ ٱللَّهَ غَفُورٞ رَّحِيمٞ ﴿١١٥﴾

115. Innamá harama 'alai kumul maitata waddama wa lahmal khinzíri wa má uhilla lighairil láhi bihí famanid turra ghaira bághin wa lá 'ádin fa innal láha Ghafúrur Rahím

115. Ele só vos vedou a carniça, o sangue, a carne de suíno e tudo o que tenha sido sacrificado com a invocação de outro nome que não o de Deus; porém, quem, sem intenção nem abuso, for compelido a isso, saiba que Deus é Indulgente, Misericordiosíssimo.

وَلَا تَقُولُواْ لِمَا تَصِفُ أَلۡسِنَتُكُمُ ٱلۡكَذِبَ هَٰذَا حَلَٰلٞ وَهَٰذَا حَرَامٞ

لِّتَفۡتَرُواْ عَلَى ٱللَّهِ ٱلۡكَذِبَۚ إِنَّ ٱلَّذِينَ يَفۡتَرُونَ عَلَى ٱللَّهِ ٱلۡكَذِبَ لَا يُفۡلِحُونَ ﴿١١٦﴾

سُورَةُ النَّحۡلِ

Surat An Nahl

116. Wa lá taqúlú limá tasifu alsinatukumul kaziba háza h̲alálun wa házá harámul litaftarú 'alal láhil kazib; innal lazína yaftarúna 'alal láhil kaziba lá yufliꟸhún

116. E não profirais falsidades, dizendo: Isto é lícito e aquilo é ilícito, para forjardes mentiras acerca de Deus. Sabei que aqueles que forjam mentiras acerca de Deus jamais prosperarão.

مَتَٰعٞ قَلِيلٞ وَلَهُمۡ عَذَابٌ أَلِيمٞ ١١٧

117. Mata'un qalílun wa lahum 'azábun alím

117. Seus prazeres são transitórios, e sofrerão um severo castigo.

وَعَلَى ٱلَّذِينَ هَادُواْ حَرَّمۡنَا مَا قَصَصۡنَا عَلَيۡكَ مِن قَبۡلُۖ وَمَا ظَلَمۡنَٰهُمۡ وَلَٰكِن كَانُوٓاْ
أَنفُسَهُمۡ يَظۡلِمُونَ ١١٨

118. Wa 'alal lazína hádú h̲arramná ma qasasná 'alaika min qablu wa má zalamanáhum wa lákin kánú anfusahum yazlimún

118. Havíamos vedado aos judeus o que te mencionamos anteriormente. Porém, não os condenamos; sem dúvida condenaram-se a si mesmos.

ثُمَّ إِنَّ رَبَّكَ لِلَّذِينَ عَمِلُواْ ٱلسُّوٓءَ بِجَهَٰلَةٖ ثُمَّ تَابُواْ مِنۢ بَعۡدِ ذَٰلِكَ
وَأَصۡلَحُوٓاْ إِنَّ رَبَّكَ مِنۢ بَعۡدِهَا لَغَفُورٞ رَّحِيمٞ ١١٩

119. Çummma inna Rabbaka lillazína 'amilus sú'a bijahálatin summa tábú mim ba'di zálika wa aslah̲ú inna Rabbaka mim ba'dihá la Ghafúrur Rah̲ím

119. Quanto àqueles que cometem uma falta por ignorância e logo se arrependem e confiaram em Deus, saibam que teu Senhor, depois disso, será Indulgente, Misericordiosíssimo.

إِنَّ إِبۡرَٰهِيمَ كَانَ أُمَّةٗ قَانِتٗا لِّلَّهِ حَنِيفٗا وَلَمۡ يَكُ مِنَ ٱلۡمُشۡرِكِينَ ١٢٠

120. Inna Ibráhíma kána ummatan qánital lilláhi H̲anífan wa lam yakuminal muchrikín

120. Abraão era um modelo, monoteísta, consagrado a Deus, e jamais atribuiu parceiros a Deus.

شَاكِرٗا لِّأَنۡعُمِهِۚ ٱجۡتَبَىٰهُ وَهَدَىٰهُ إِلَىٰ صِرَٰطٖ مُّسۡتَقِيمٖ ١٢١

121. Chákiral li an'umih; ijtabáhu wa hadáhu ilá Sirátim Muustaquím

سُورَةُ النَّحۡلِ

Surat An Nahl

121. (Era) agradecido pelas Suas mercês, pois Deus o elegeu e o encaminhou até à senda reta.

وَءَاتَيۡنَٰهُ فِي ٱلدُّنۡيَا حَسَنَةٗۖ وَإِنَّهُۥ فِي ٱلۡأٓخِرَةِ لَمِنَ ٱلصَّٰلِحِينَ ﴿١٢٢﴾

122. Wa átaináhu fid dunyá hasanah; wa innahú fil Ákhirati la minas sálihín

122. E lhe concedemos um galardão neste mundo e, no Outro estará entre os virtuosos.

ثُمَّ أَوۡحَيۡنَآ إِلَيۡكَ أَنِ ٱتَّبِعۡ مِلَّةَ إِبۡرَٰهِيمَ حَنِيفٗاۖ وَمَا كَانَ مِنَ ٱلۡمُشۡرِكِينَ ﴿١٢٣﴾

123. Çummma auhainá ilaika anit tabi' Millata Ibráhíma hanífá; wa má kána minal muchrikín

123. E revelamos-te isto, para que adotes o credo de Abraão, o monoteísta, que jamais se contou entre os idólatras.

إِنَّمَا جُعِلَ ٱلسَّبۡتُ عَلَى ٱلَّذِينَ ٱخۡتَلَفُواْ فِيهِۚ وَإِنَّ رَبَّكَ لَيَحۡكُمُ بَيۡنَهُمۡ يَوۡمَ
ٱلۡقِيَٰمَةِ فِيمَا كَانُواْ فِيهِ يَخۡتَلِفُونَ ﴿١٢٤﴾

124. Innnamá ju'ilas Sabtu 'alal lazinakhtalafú fíh; wa inna Rabbaka la yahkumu bainahum Yaumal Quiyámati fimá kánú fíhi yakhtalifún

124. O sábado foi instituído para aqueles que disputavam a respeito dele (os judeus); mas teu Senhor julgará entre eles, devido às suas divergências, no Dia da Ressurreição.

ٱدۡعُ إِلَىٰ سَبِيلِ رَبِّكَ بِٱلۡحِكۡمَةِ وَٱلۡمَوۡعِظَةِ ٱلۡحَسَنَةِۖ وَجَٰدِلۡهُم بِٱلَّتِي هِيَ أَحۡسَنُۚ
إِنَّ رَبَّكَ هُوَ أَعۡلَمُ بِمَن ضَلَّ عَن سَبِيلِهِۦ وَهُوَ أَعۡلَمُ بِٱلۡمُهۡتَدِينَ ﴿١٢٥﴾

125. Ud'u ilá sabíli Rabbika bilhikmati walmau 'izatil hasanati wa jádilhum billatí hiya ahsan; inna Rabbaka huwa a'almu biman dhalla 'an sabílihí wa Huwa a'lamu bilmuhtadín

125. Convoca (os humanos) à senda do teu Senhor com sabedoria e uma bela exortação; dialoga com eles de maneira benevolente, porque o teu Senhor é o mais conhecedor de quem se desvia da Sua senda, assim como é o mais conhecedor dos encaminhados.

وَإِنۡ عَاقَبۡتُمۡ فَعَاقِبُواْ بِمِثۡلِ مَا عُوقِبۡتُم بِهِۦۖ وَلَئِن صَبَرۡتُمۡ لَهُوَ خَيۡرٞ
لِّلصَّٰبِرِينَ ﴿١٢٦﴾

سُورَةُ النَّحۡلِ

Surat An Nahl

126. Wa in 'áqabtum fa'áqibú bimiçli má 'úqibtum bihí wa la'in sabartum lahuwa khairul lissábirín

126. Quando os castigardes, fazei-o do mesmo modo como sois castigados; porém, se fordes pacientes será preferível para os que forem pacientes.

وَٱصۡبِرۡ وَمَا صَبۡرُكَ إِلَّا بِٱللَّهِۚ وَلَا تَحۡزَنۡ عَلَيۡهِمۡ وَلَا تَكُ فِي ضَيۡقٖ مِّمَّا
يَمۡكُرُونَ ١٢٧

127. Wasbir wa má sabruka illá billáh; wa lá ta<u>h</u>zan 'alaihim wa lá taku fí dhaiqim mimmá yamkurún

127. Sê paciente, que a tua paciência será levada em conta por Deus; não te condoas deles, nem te angusties por suas conspirações,

إِنَّ ٱللَّهَ مَعَ ٱلَّذِينَ ٱتَّقَواْ وَّٱلَّذِينَ هُم مُّحۡسِنُونَ ١٢٨

128. Innal láha ma'al lazínat taqau wal lazína hum mu<u>h</u>sinún

128. Porque Deus está com os tementes, e com os benfeitores! **(Fim do Juzi 14)**

سُورَةُ الإِسْرَاءِ

Surat Al Isrá

Juzi 15

Surat 17. *Al-Isrá* (A Viagem Noturna). Revelada em Makka; 111 versículos, com exceção dos versículos 26, 32, 57, 73-80 que foram revelados em Madina

بِسۡمِ ٱللَّهِ ٱلرَّحۡمَٰنِ ٱلرَّحِيمِ

Bismilláhir Rahmánir Rahím
Em nome de Deus, o Clemente, o Misericordioso

سُبۡحَٰنَ ٱلَّذِيٓ أَسۡرَىٰ بِعَبۡدِهِۦ لَيۡلٗا مِّنَ ٱلۡمَسۡجِدِ ٱلۡحَرَامِ إِلَى ٱلۡمَسۡجِدِ ٱلۡأَقۡصَا
ٱلَّذِي بَٰرَكۡنَا حَوۡلَهُۥ لِنُرِيَهُۥ مِنۡ ءَايَٰتِنَآۚ إِنَّهُۥ هُوَ ٱلسَّمِيعُ ٱلۡبَصِيرُ ١

1. Subhánal lazí asrá bi'abdihi lailam minal Masjidil Harámi ilal Masjidil Aqsal-lazí bárakná haulahú linuriyahú min áyátiná; innahú Huwas Samí'ul Basír

1. Glorificado seja Aquele que, durante a noite, transportou o Seu servo, tirando-o da Sagrada Mesquita (em Makka) e levando-o à Mesquita de Alacsa (em Jerusalém), cujo recinto bendizemos, para mostrar a ele alguns dos Nossos sinais. Sabei que Ele é o Oniouvinte, o Onividente.

وَءَاتَيۡنَا مُوسَى ٱلۡكِتَٰبَ وَجَعَلۡنَٰهُ هُدٗى لِّبَنِيٓ إِسۡرَٰٓءِيلَ أَلَّا تَتَّخِذُواْ مِن دُونِي
وَكِيلٗا ٢

2. Wa átainá Mussal-Kitába wa ja'alnáhu hudal li Baní Isrá'íl; allá tat-takhizú min dúní wakílá.

2. E concedemos o Livro a Moisés, (Livro esse) que transformamos em orientação para os israelitas, (dizendo-lhes): Não adoteis, além de Mim, outro guardião!

ذُرِّيَّةَ مَنۡ حَمَلۡنَا مَعَ نُوحٍۚ إِنَّهُۥ كَانَ عَبۡدٗا شَكُورٗا ٣

3. Zurriyyata man hamalná ma'a Núhin innahú kána 'abdan chakúrá

3. Ó geração daqueles que embarcamos com Noé! Sabei que ele foi um servo agradecido!

سُورَةُ الإسرَاء

Surat Al Isrá

وَقَضَيْنَآ إِلَىٰ بَنِىٓ إِسْرَٰٓءِيلَ فِى ٱلْكِتَٰبِ لَتُفْسِدُنَّ فِى ٱلْأَرْضِ مَرَّتَيْنِ وَلَتَعْلُنَّ عُلُوًّا
كَبِيرًا ﴿٤﴾

4. Wa qadhainá ilá Baní Isrá'ila fil Kitábi latufsidunna fil ardhi marratain; wa lata'lunna 'uluwwan kabírá

4. E determinamos, no Livro, aos israelitas: causareis corrupção duas vezes na Terra, e vos tornareis muito arrogantes.

فَإِذَا جَآءَ وَعْدُ أُولَىٰهُمَا بَعَثْنَا عَلَيْكُمْ عِبَادًا لَّنَآ أُو۟لِى بَأْسٍ شَدِيدٍ فَجَاسُوا۟ خِلَٰلَ
ٱلدِّيَارِ ۚ وَكَانَ وَعْدًا مَّفْعُولًا ﴿٥﴾

5. Fa-izá já'a wa'du úláhumá ba'açná 'alykum 'ibádal-laná ulí básin chadidin fajású khilálad diyár; wa kána wa'dam maf'úlá

5. E quando se cumprir a primeira cláusula, enviaremos contra eles servos Nossos poderosos, que adentrarão seus lares e será cumprida a (Nossa) ameaça.

ثُمَّ رَدَدْنَا لَكُمُ ٱلْكَرَّةَ عَلَيْهِمْ وَأَمْدَدْنَٰكُم بِأَمْوَٰلٍ وَبَنِينَ وَجَعَلْنَٰكُمْ
أَكْثَرَ نَفِيرًا ﴿٦﴾

6. Çumma radadná lakumul karrata 'alaihim wa amdad-nákum-bi amwálin wa banín; wa ja'alnákum akçara nafirá

6. Logo vos concederemos a vitória sobre eles, e vos agraciaremos com bens e filhos, e vos tornaremos mais numerosos.

إِنْ أَحْسَنتُمْ أَحْسَنتُمْ لِأَنفُسِكُمْ ۖ وَإِنْ أَسَأْتُمْ فَلَهَا ۚ فَإِذَا جَآءَ وَعْدُ ٱلْءَاخِرَةِ
لِيَسُـٔۥا۟ وُجُوهَكُمْ وَلِيَدْخُلُوا۟ ٱلْمَسْجِدَ كَمَا دَخَلُوهُ أَوَّلَ مَرَّةٍ
وَلِيُتَبِّرُوا۟ مَا عَلَوْا۟ تَتْبِيرًا ﴿٧﴾

7. In ahsantum ahsantum li anfusikum wa in asátum falahá; fa izá já'a wa'dul ákhirati liyasú'ú wujúhakum wa liyadkhulul masjida kamá dakhalúhu auwala marratin wa liyutabbirú má a'lau tatbira

7. Se praticardes o bem, este reverter-se-á em vosso próprio benefício; se praticardes o mal, será em prejuízo vosso. E quando se cumprir a segunda cláusula, permitiremos (aos vossos inimigos) afligir-vos e invadir o Templo, tal como o haviam invadido da primeira vez, e arrasar totalmente com tudo quanto conquistarem.

سُورَةُ الإِسۡرَاءِ

Surat Al Isrá

عَسَىٰ رَبُّكُمۡ أَن يَرۡحَمَكُمۡۚ وَإِنۡ عُدتُّمۡ عُدۡنَاۚ وَجَعَلۡنَا جَهَنَّمَ لِلۡكَٰفِرِينَ حَصِيرًا ﴿٨﴾

8. 'Asá rabbukum an yarhamakum; wa in 'uttum 'udná; wa ja'alná jahannama lilkáfirína hasíra

8. Pode ser que o vosso Senhor tenha misericórdia de vós; porém, se reincidirdes (no erro), Nós reincidiremos (no castigo) e faremos do inferno um cárcere para os incrédulos.

إِنَّ هَٰذَا ٱلۡقُرۡءَانَ يَهۡدِي لِلَّتِي هِيَ أَقۡوَمُ وَيُبَشِّرُ ٱلۡمُؤۡمِنِينَ ٱلَّذِينَ يَعۡمَلُونَ ٱلصَّٰلِحَٰتِ
أَنَّ لَهُمۡ أَجۡرًا كَبِيرًا ﴿٩﴾

9. Inna házal Qurána yahdí lillatí hiya aqwamu wa yubachchirul mu'minínal lazína ya'malúnas sálihâti anna lahum ajran kabírá

9. Em verdade, este Alcorão encaminha à senda mais reta e anuncia aos crentes benfeitores que obterão uma grande recompensa.

وَأَنَّ ٱلَّذِينَ لَا يُؤۡمِنُونَ بِٱلۡأٓخِرَةِ أَعۡتَدۡنَا لَهُمۡ عَذَابًا أَلِيمًا ﴿١٠﴾

10. Wa annal lazína lá yu'minúna bil ákhirati a'tadná lahum 'azában alímá

10. E para aqueles que negam a Outra Vida, porém, temos preparado um doloroso castigo.

وَيَدۡعُ ٱلۡإِنسَٰنُ بِٱلشَّرِّ دُعَآءَهُۥ بِٱلۡخَيۡرِۖ وَكَانَ ٱلۡإِنسَٰنُ عَجُولًا ﴿١١﴾

11. Wa yad'ul insánu bichcharri du'á'ahú bilkhayr; wa kánal insánu 'ajúla

11. O homem implora pelo mal, ao invés de suplicar pelo bem, porque o homem é impaciente.

وَجَعَلۡنَا ٱلَّيۡلَ وَٱلنَّهَارَ ءَايَتَيۡنِۖ فَمَحَوۡنَآ ءَايَةَ ٱلَّيۡلِ وَجَعَلۡنَآ ءَايَةَ ٱلنَّهَارِ مُبۡصِرَةً
لِّتَبۡتَغُواْ فَضۡلًا مِّن رَّبِّكُمۡ وَلِتَعۡلَمُواْ عَدَدَ ٱلسِّنِينَ وَٱلۡحِسَابَۚ وَكُلَّ شَيۡءٖ
فَصَّلۡنَٰهُ تَفۡصِيلًا ﴿١٢﴾

12. Wa ja'alnal laila wannahára Áyatayni famahauná Áyatal laili wa ja'alná Áyatan nahári mubsiratal litabtaghú fadhlam mir Rabbikum wa lita'lamú 'adadas sinína walhisáb; wa kulla chai'in fassalnáhu tafsílá

12. Fizemos da noite e do dia dois exemplos; enquanto obscurecemos o sinal da noite, fizemos claro o sinal do dia para iluminar-vos, para que procurásseis a graça de

vosso Senhor, e para que conhecêsseis o número dos anos e o seu cômputo; e explanamos claramente todas as coisas.

وَكُلَّ إِنسَٰنٍ أَلْزَمْنَٰهُ طَٰٓئِرَهُۥ فِى عُنُقِهِۦ ۖ وَنُخْرِجُ لَهُۥ يَوْمَ ٱلْقِيَٰمَةِ كِتَٰبًا يَلْقَىٰهُ مَنشُورًا ﴿١٣﴾

13. Wa kulla insánin alzamnáhu tá'irahú fí 'unuquihí wa nukhriji lahú Yaumal Quiyámati kitában yalqáhu manchúrá

13. E a cada homem lhe penduramos ao pescoço o seu destino e, no Dia da Ressurreição, apresentar-lhe-emos um livro, que encontrará aberto.

ٱقْرَأْ كِتَٰبَكَ كَفَىٰ بِنَفْسِكَ ٱلْيَوْمَ عَلَيْكَ حَسِيبًا ﴿١٤﴾

14. Iqra' kitábaka kafá bi nafsikal Yauma 'alaika hasíbá

14. (E lhe diremos): Lê o teu livro! Hoje bastarás tu mesmo para julgar-te.

مَّنِ ٱهْتَدَىٰ فَإِنَّمَا يَهْتَدِى لِنَفْسِهِۦ ۖ وَمَن ضَلَّ فَإِنَّمَا يَضِلُّ عَلَيْهَا ۚ وَلَا تَزِرُ وَازِرَةٌ وِزْرَ أُخْرَىٰ ۗ وَمَا كُنَّا مُعَذِّبِينَ حَتَّىٰ نَبْعَثَ رَسُولًا ﴿١٥﴾

15. Manihtadá fa innamá yahtadí linafsihí wa man dhalla fa innamá yadhillu 'alaihá; wa lá taziru wáziratun wizra ukhrá; wa má kunná mu'azzibína hatta nab'asa Raçúla

15. Quem se encaminha, o faz em seu benefício; quem se desvia, o faz em seu prejuízo, e nenhum pecador arcará com a culpa alheia. Jamais castigamos (um povo), sem antes termos enviado um mensageiro.

وَإِذَآ أَرَدْنَآ أَن نُّهْلِكَ قَرْيَةً أَمَرْنَا مُتْرَفِيهَا فَفَسَقُوا۟ فِيهَا فَحَقَّ عَلَيْهَا ٱلْقَوْلُ فَدَمَّرْنَٰهَا تَدْمِيرًا ﴿١٦﴾

16. Wa izá aradná an nuhlika qaryatan amarná mutrafíhá fafasaqú fíhá fahaqqa 'alaihal qaulu fadammarnáhá tadmírá

16. E se decidimos destruir uma cidade, primeiramente enviamos uma ordem aos seus habitantes abastados que então nela farão corrupção; esta (cidade), então, merecerá o castigo; aniquilá-la-emos completamente.

وَكَمْ أَهْلَكْنَا مِنَ ٱلْقُرُونِ مِنۢ بَعْدِ نُوحٍ ۗ وَكَفَىٰ بِرَبِّكَ بِذُنُوبِ عِبَادِهِۦ خَبِيرًۢا بَصِيرًا ﴿١٧﴾

17. Wa kam ahlakná minal qurúni min ba'di Núh; wa kafá bi Rabbika bizunúbi 'ibádihí Khabíram Basírá

سُورَةُ الإِسْرَاءِ

Surat Al Isrá

17. Quantas gerações temos exterminado depois da de Noé! Porém, basta tão-somente que teu Senhor conheça e veja os pecados dos Seus servos.

مَّن كَانَ يُرِيدُ ٱلۡعَاجِلَةَ عَجَّلۡنَا لَهُۥ فِيهَا مَا نَشَآءُ لِمَن نُّرِيدُ ثُمَّ جَعَلۡنَا لَهُۥ جَهَنَّمَ
يَصۡلَىٰهَا مَذۡمُومٗا مَّدۡحُورٗا ١٨

18. Man kána yurídul 'ájilata 'ajjalná lahú fíhá má nachá'u liman nurídu çumma ja'alná lahú Jahannama yasláhá mazmúmam madhúrá

18. A quem quiser as coisas transitórias (deste mundo), atendê-lo-emos prontamente com o que desejar; a quem Nos aprouver, porém, destiná-lo-emos ao inferno, em que entrará envergonhado, rejeitado.

وَمَنۡ أَرَادَ ٱلۡأٓخِرَةَ وَسَعَىٰ لَهَا سَعۡيَهَا وَهُوَ مُؤۡمِنٞ فَأُوْلَٰٓئِكَ كَانَ سَعۡيُهُم
مَّشۡكُورٗا ١٩

19. Wa man arádal Ákhirata wa sa'á lahá sa'yahá wa huwa mu'minun fa ulá'ika kána sa'yuhum machkúrá

19. Aqueles que anelarem a Outra Vida e se esforçarem por obtê-la, e forem crentes, terão os seus esforços retribuídos.

كُلّٗا نُّمِدُّ هَٰٓؤُلَآءِ وَهَٰٓؤُلَآءِ مِنۡ عَطَآءِ رَبِّكَۚ وَمَا كَانَ عَطَآءُ رَبِّكَ مَحۡظُورًا ٢٠

20. Kullan numiddu há'ulá'i wa há'ulá'i min 'atá'i Rabbik; wa má kána 'atá'u Rabbika mahzúrá

20. Tanto a estes como àqueles agraciamos com as dádivas do teu Senhor; porque as dádivas do teu Senhor jamais foram negadas a alguém.

ٱنظُرۡ كَيۡفَ فَضَّلۡنَا بَعۡضَهُمۡ عَلَىٰ بَعۡضٖۚ وَلَلۡأٓخِرَةُ أَكۡبَرُ دَرَجَٰتٖ وَأَكۡبَرُ تَفۡضِيلٗا ٢١

21. Unzur kaifa faddhalná ba'dhahum 'alá bha'd; wa lal Ákhiratu akbaru darajátin wa akbaru tafdhílá

21. Repara em como temos dignificado uns mais do que outros. Porém, na Outra Vida, há maiores dignidades e mais distinção.

لَّا تَجۡعَلۡ مَعَ ٱللَّهِ إِلَٰهًا ءَاخَرَ فَتَقۡعُدَ مَذۡمُومٗا مَّخۡذُولٗا ٢٢

22. Lá taj'al ma'al láhi iláhan ákhara fataq'uda mazúmam makhzúlá

22. Não tomes, junto a Deus (ó humano), outra divindade, porque estarás na desgraça e indefensável.

سُورَةُ الإسْرَاء

Surat Al Isrá

۞ وَقَضَىٰ رَبُّكَ أَلَّا تَعْبُدُوٓا۟ إِلَّآ إِيَّاهُ وَبِٱلْوَٰلِدَيْنِ إِحْسَـٰنًا ۚ إِمَّا يَبْلُغَنَّ عِندَكَ ٱلْكِبَرَ أَحَدُهُمَآ أَوْ كِلَاهُمَا فَلَا تَقُل لَّهُمَآ أُفٍّ وَلَا تَنْهَرْهُمَا وَقُل لَّهُمَا قَوْلًا كَرِيمًا ﴿٢٣﴾

23. ۞ Wa qadá Rabbuka allá ta'budú illá iyyáhu wa bilwálidaini ihsáná; immá yablughanna 'indakal kibara ahaduhumá au kiláhumá falá taqul lahumá uffin wa lá tanharhumá wa qullahumá qaulan karímá

23. O decreto de teu Senhor é que não adoreis senão a Ele; que sejais indulgentes com vossos pais, mesmo que a velhice alcance um deles ou ambos, em vossa companhia; não lhes dirijais palavras de desrespeito, nem griteis com eles; outrossim, dirigi-lhes palavras honrosas.

وَٱخْفِضْ لَهُمَا جَنَاحَ ٱلذُّلِّ مِنَ ٱلرَّحْمَةِ وَقُل رَّبِّ ٱرْحَمْهُمَا كَمَا رَبَّيَانِى صَغِيرًا ﴿٢٤﴾

24. Wakhfid lahumá janáhaz zulli minar rahmati wa qur Rabbir hamhumá kamá rabbayání saghíra

24. E estende sobre eles as asas da humildade, e dize: Ó Senhor meu, tem misericórdia de ambos, como eles tiveram misericórdia de mim, criando-me desde pequenino!

رَّبُّكُمْ أَعْلَمُ بِمَا فِى نُفُوسِكُمْ ۚ إِن تَكُونُوا۟ صَـٰلِحِينَ فَإِنَّهُۥ كَانَ لِلْأَوَّٰبِينَ غَفُورًا ﴿٢٥﴾

25. Rabbukum a'lamu bimá fí nufúsikum; in takúnú sálihína fa innahú kána lil auwábína Ghafúrá

25. Vosso Senhor é mais sabedor do que ninguém do que há em vossos corações. Se sois virtuosos, sabei que Ele é Indulgente para com os penitentes.

وَءَاتِ ذَا ٱلْقُرْبَىٰ حَقَّهُۥ وَٱلْمِسْكِينَ وَٱبْنَ ٱلسَّبِيلِ وَلَا تُبَذِّرْ تَبْذِيرًا ﴿٢٦﴾

26. Wa áti zal qurbá haqqahú walmiskína wabnas sabíli wa lá tubazzir tabzírá

26. Concede a teu parente o que lhe é devido, bem como ao necessitado e ao viajante sem recursos, mas não sejas esbanjador,

إِنَّ ٱلْمُبَذِّرِينَ كَانُوٓا۟ إِخْوَٰنَ ٱلشَّيَـٰطِينِ ۖ وَكَانَ ٱلشَّيْطَـٰنُ لِرَبِّهِۦ كَفُورًا ﴿٢٧﴾

27. Innal mubazzirína kánú ikhwánach chayátíni wa kánach chaytánu li Rabbihí kafúrá

27. Porque os esbanjadores são irmãos dos demônios, e o demônio foi ingrato para com o seu Senhor.

سُورَةُ الإسرَاء

Surat Al Isrá

وَإِمَّا تُعْرِضَنَّ عَنْهُمُ ٱبْتِغَآءَ رَحْمَةٍ مِّن رَّبِّكَ تَرْجُوهَا فَقُل لَّهُمْ قَوْلًا مَّيْسُورًا ﴿٢٨﴾

28. Wa immá tu'ridhanna 'anhum ubtighá'a rahmatim mir rabbika tarjúhá faqul lahum qaulam maisúrá

28. Porém, se te abasténs (ó Mohammad) de teres intimidade com eles, com o fim de alcançares a misericórdia de teu Senhor, a qual almejas, fala-lhes afetuosamente.

وَلَا تَجْعَلْ يَدَكَ مَغْلُولَةً إِلَىٰ عُنُقِكَ وَلَا تَبْسُطْهَا كُلَّ ٱلْبَسْطِ فَتَقْعُدَ مَلُومًا مَّحْسُورًا ﴿٢٩﴾

29. Wa lá taj'al yadaka maghlúlatan ilá 'unuquika wa lá tabsuthá kullal basti fataq'uda malúmam mahsúrá

29. Não cerres a tua mão excessivamente, nem a abras completamente, porque te verás censurado, arruinado.

إِنَّ رَبَّكَ يَبْسُطُ ٱلرِّزْقَ لِمَن يَشَآءُ وَيَقْدِرُ ۚ إِنَّهُۥ كَانَ بِعِبَادِهِۦ خَبِيرًۢا بَصِيرًا ﴿٣٠﴾

30. Inna Rabbaka yabsutur rizqa limai yachá'u wa yaqdir; innahú kána bi'ibádihí Khabíran Basíra

30. Teu Senhor concede e provê, na medida exata, a Sua mercê a quem Lhe apraz, porque está bem inteirado e é Observador dos Seus servos.

وَلَا تَقْتُلُوٓا۟ أَوْلَـٰدَكُمْ خَشْيَةَ إِمْلَـٰقٍ ۖ نَّحْنُ نَرْزُقُهُمْ وَإِيَّاكُمْ ۚ إِنَّ قَتْلَهُمْ كَانَ خِطْـًٔا كَبِيرًا ﴿٣١﴾

31. Wa lá taqtulú awládakum khachyata imláquin nahnu narzuquhum wa iyyákum; inna qatlahum kána khit'an kabírá

31. Não mateis vossos filhos, por temor à necessidade, pois Nós os sustentaremos, bem como a vós. Sabei que o assassinato deles é um grave delito.

وَلَا تَقْرَبُوا۟ ٱلزِّنَىٰٓ ۖ إِنَّهُۥ كَانَ فَـٰحِشَةً وَسَآءَ سَبِيلًا ﴿٣٢﴾

32. Wa lá taqrabuz ziná innahú kána fáhichatan wa sá'a sabílá

32. Evitai a fornicação, porque é uma obscenidade e um péssimo exemplo!

وَلَا تَقْتُلُوا۟ ٱلنَّفْسَ ٱلَّتِى حَرَّمَ ٱللَّهُ إِلَّا بِٱلْحَقِّ ۗ وَمَن قُتِلَ مَظْلُومًا فَقَدْ جَعَلْنَا لِوَلِيِّهِۦ سُلْطَـٰنًا فَلَا يُسْرِف فِّى ٱلْقَتْلِ ۖ إِنَّهُۥ كَانَ مَنصُورًا ﴿٣٣﴾

سُورَةُ الإِسۡرَاء

Surat Al Isrá

33. *Wa lá taqtulun nafsal latí harramal láhu illá bilhaqq; wa man qutila mazlúman faqad ja'alná liwaliyyihí sultánan falá yusrif fil qatli innahú kána mansúrá*

33. Não mateis o ser que Deus vedou matar, senão legitimamente; mas, se matardes alguém injustamente, facultamos ao parente do morto a represália; porém, que (o parente) não se exceda na vingança, pois ele está auxiliado (pela lei).

وَلَا تَقۡرَبُواْ مَالَ ٱلۡيَتِيمِ إِلَّا بِٱلَّتِي هِيَ أَحۡسَنُ حَتَّىٰ يَبۡلُغَ أَشُدَّهُۥۚ وَأَوۡفُواْ بِٱلۡعَهۡدِۖ إِنَّ
ٱلۡعَهۡدَ كَانَ مَسۡـُٔولٗا ﴿٣٤﴾

34. *Wa lá taqrabú málal yatími illá billatí hiya ahsanu hattá yablugha achuddah; wa aufú bil'ahd, innal 'ahda kána mas'úlá*

34. Não disponhais do patrimônio do órfão senão da melhor forma, até que ele chegue à maioridade, e cumpri o convencionado, porque o convencionado será reivindicado.

وَأَوۡفُواْ ٱلۡكَيۡلَ إِذَا كِلۡتُمۡ وَزِنُواْ بِٱلۡقِسۡطَاسِ ٱلۡمُسۡتَقِيمِۚ ذَٰلِكَ خَيۡرٞ وَأَحۡسَنُ تَأۡوِيلٗا ﴿٣٥﴾

35. *Wa auful kaila izá kiltum wa zinú bilquistásil mustaquím; zálika khairun wa ahsanu ta'wílá*

35. E quando instituirdes a medida, fazei-o corretamente; pesai na balança justa, porque isto é mais vantajoso e de melhor consequência.

وَلَا تَقۡفُ مَا لَيۡسَ لَكَ بِهِۦ عِلۡمٌۚ إِنَّ ٱلسَّمۡعَ وَٱلۡبَصَرَ وَٱلۡفُؤَادَ كُلُّ أُوْلَٰٓئِكَ كَانَ
عَنۡهُ مَسۡـُٔولٗا ﴿٣٦﴾

36. *Wa lá taqfu má laisa laka bihí 'ilm; innas sam'a walbasara walfu'áda kullu ulá'ika kána 'anhu mas'úlá*

36. Não sigas (ó humano) o que ignoras, porque pelo teu ouvido, pela tua vista, e pelo teu coração, por tudo isto serás responsável!

وَلَا تَمۡشِ فِي ٱلۡأَرۡضِ مَرَحًاۖ إِنَّكَ لَن تَخۡرِقَ ٱلۡأَرۡضَ وَلَن تَبۡلُغَ ٱلۡجِبَالَ طُولٗا ﴿٣٧﴾

37. *Wa lá tamchi fil ardhi marahan innaka lan takhriqal ardha wa lan tablughal jibála túla*

37. E não te conduzas com insolência na Terra, porque jamais poderás fendê-la, nem te igualares, em altura, às montanhas.

كُلُّ ذَٰلِكَ كَانَ سَيِّئُهُۥ عِندَ رَبِّكَ مَكۡرُوهٗا ﴿٣٨﴾

38. *Kullu zálika kána sayyi'uhú inda Rabbika makrúhá*

سُورَةُ الإِسۡرَاء

Surat Al Isrá

38. De todas as coisas, a maldade é a mais detestável, ante o teu Senhor.

ذَٰلِكَ مِمَّآ أَوۡحَىٰٓ إِلَيۡكَ رَبُّكَ مِنَ ٱلۡحِكۡمَةِۗ وَلَا تَجۡعَلۡ مَعَ ٱللَّهِ إِلَٰهًا ءَاخَرَ فَتُلۡقَىٰ فِي جَهَنَّمَ
مَلُومٗا مَّدۡحُورًا ٣٩

39. Zálika mimmá au<u>h</u>á ilaika Rabbuka minal <u>h</u>ikmah; wa lá taj'al ma'al láhi iláhan ákhara fatulqá fí Jahannama malúmam mad<u>h</u>úrá

39. Eis o quê da sabedoria te inspirou teu Senhor: Não tomes, junto a Deus, outra divindade, porque serás arrojado no inferno, censurado, rejeitado.

أَفَأَصۡفَىٰكُمۡ رَبُّكُم بِٱلۡبَنِينَ وَٱتَّخَذَ مِنَ ٱلۡمَلَٰٓئِكَةِ إِنَٰثًاۚ إِنَّكُمۡ لَتَقُولُونَ قَوۡلًا عَظِيمٗا ٤٠

40. Afa asfákum rabbukum bilbanína wattakhaza minal malá'ikati ináçá; innakum lataqúlúna qaulan 'azíma

40. Porventura, vosso Senhor designou para vós os varões e escolheu para Si, dentre os anjos, as fêmeas? Sabei que proferis uma grande blasfêmia.

وَلَقَدۡ صَرَّفۡنَا فِي هَٰذَا ٱلۡقُرۡءَانِ لِيَذَّكَّرُواْ وَمَا يَزِيدُهُمۡ إِلَّا نُفُورٗا ٤١

41. Wa laqad sarrafná fí házal Qurâni liyazzakkarú wa má yazíduhum illá nufúrá

41. Temos reiterado os Nossos conselhos neste Alcorão, para que se persuadam; porém, isso não logra fazer mais do que aumentar-lhes a fuga (quanto à verdade).

قُل لَّوۡ كَانَ مَعَهُۥٓ ءَالِهَةٞ كَمَا يَقُولُونَ إِذٗا لَّٱبۡتَغَوۡاْ إِلَىٰ ذِي ٱلۡعَرۡشِ سَبِيلٗا ٤٢

42. Qul lau kána ma'ahú álihatun kamá yaqúlúna izal labtaghau ilá zil 'Archi Sabíla

42. Dize-lhes: Se, como dizem, houvesse, juntamente com Ele, outros deuses, estes teriam tratado de encontrar um meio de contrapor-se ao Soberano do Trono.

سُبۡحَٰنَهُۥ وَتَعَٰلَىٰ عَمَّا يَقُولُونَ عُلُوّٗا كَبِيرٗا ٤٣

43. Sub<u>h</u>ánahú wa Ta'álá 'ammá yaqúlúna 'uluwwan kabírá

43. Glorificado e sublimemente exaltado seja Ele, por tudo quanto blasfemam!

تُسَبِّحُ لَهُ ٱلسَّمَٰوَٰتُ ٱلسَّبۡعُ وَٱلۡأَرۡضُ وَمَن فِيهِنَّۚ وَإِن مِّن شَيۡءٍ إِلَّا يُسَبِّحُ بِحَمۡدِهِۦ وَلَٰكِن لَّا
تَفۡقَهُونَ تَسۡبِيحَهُمۡۚ إِنَّهُۥ كَانَ حَلِيمًا غَفُورٗا ٤٤

44. Tusabbi<u>h</u>u lahus samáwátus sab'u wal ardhu wa man fíhinn; wa im min chai'in illá yusabbi<u>h</u>u bi<u>h</u>amdihí wa lákin lá tafqahúna tasbí<u>h</u>ahum; innahú kána <u>H</u>alíman Ghafúrá

سورة الإسراء

Surat Al Isrá

44. Os sete Céus, a Terra, e tudo quanto neles existe glorificam-No. Nada existe que não glorifique os Seus louvores! Porém, não compreendeis as suas glorificações. Sabei que Ele é Tolerante, Indulgentíssimo.

وَإِذَا قَرَأْتَ ٱلْقُرْءَانَ جَعَلْنَا بَيْنَكَ وَبَيْنَ ٱلَّذِينَ لَا يُؤْمِنُونَ بِٱلْـَٔاخِرَةِ حِجَابًا
مَّسْتُورًا ﴿٤٥﴾

45. Wa izá qara'tal Qurána ja'alná bainaka wa bainal lazína lá yu'minúna bil ákhirati hijábam mastúrá

45. E, quando recitas o Alcorão, estabelecemos um véu invisível entre ti e aqueles que não creem na Outra Vida.

وَجَعَلْنَا عَلَىٰ قُلُوبِهِمْ أَكِنَّةً أَن يَفْقَهُوهُ وَفِىٓ ءَاذَانِهِمْ وَقْرًا ۚ وَإِذَا ذَكَرْتَ رَبَّكَ فِى ٱلْقُرْءَانِ
وَحْدَهُۥ وَلَّوْا۟ عَلَىٰٓ أَدْبَـٰرِهِمْ نُفُورًا ﴿٤٦﴾

46 Wa ja'alná 'alá qulúbihim akinnatan an yafqahúhu wa fi ázánihim waqrá; wa izá zakarta Rabbaka fil Qurâni wahdahú wallau 'alá adbárihim nufúrá

46. E sigilamos os seus corações para que não o compreendessem, e ensurdecemos os seus ouvidos. E, quando, no Alcorão, mencionas a teu Senhor, o Único, voltam-te as costas desdenhosamente.

نَّحْنُ أَعْلَمُ بِمَا يَسْتَمِعُونَ بِهِۦٓ إِذْ يَسْتَمِعُونَ إِلَيْكَ وَإِذْ هُمْ نَجْوَىٰٓ إِذْ يَقُولُ ٱلظَّـٰلِمُونَ إِن
تَتَّبِعُونَ إِلَّا رَجُلًا مَّسْحُورًا ﴿٤٧﴾

47. Nahnu a'lamu bimá yastami'úna bihi iz yastami'úna ilaika wa iz hum najwá iz yaqúluz zálimúna in tattabi'úna illá rajulam mas'húrá

47. Sabemos, melhor do que ninguém, quando vêm escutar-te, e porque o fazem; e quando se encontram em confidência, os injustos dizem: Não seguis senão um homem enfeitiçado!

ٱنظُرْ كَيْفَ ضَرَبُوا۟ لَكَ ٱلْأَمْثَالَ فَضَلُّوا۟ فَلَا يَسْتَطِيعُونَ سَبِيلًا ﴿٤٨﴾

48. Unzur kaifa darabú lakal amçála fadhallú falá yastatí'úna sabílá

48. Olha com o que te comparam! Porém, assim se desviam, e nunca encontrarão senda alguma.

وَقَالُوٓا۟ أَءِذَا كُنَّا عِظَـٰمًا وَرُفَـٰتًا أَءِنَّا لَمَبْعُوثُونَ خَلْقًا جَدِيدًا ﴿٤٩﴾

49. Wa qálú 'a izá kunná 'izáman wa rufátan 'a inná lamab'úsúna khalqan jadídá

49. Dizem: Quê! Quando estivermos reduzidos a ossos e pó, seremos, acaso, reencarnados em uma nova criação?

۞ قُلْ كُونُوا۟ حِجَارَةً أَوْ حَدِيدًا ٥٠

50. Qul kúnú hijáratan au hadídá

50. Dize-lhes: Ainda que fôsseis pedras ou ferro,

أَوْ خَلْقًا مِّمَّا يَكْبُرُ فِى صُدُورِكُمْ ۚ فَسَيَقُولُونَ مَن يُعِيدُنَا ۖ قُلِ ٱلَّذِى فَطَرَكُمْ
أَوَّلَ مَرَّةٍ ۚ فَسَيُنْغِضُونَ إِلَيْكَ رُءُوسَهُمْ وَيَقُولُونَ مَتَىٰ هُوَ ۖ قُلْ عَسَىٰٓ أَن يَكُونَ
قَرِيبًا ٥١

51. Au khalqam mimmá yakburu fí sudúrikum; fasayaqúlúna mai yu'íduná qulil lazí fatarakum auwala marrah; fasayunghidúna ilaika ru'úsahum wa yaqúlúna mata hú; qul 'asá an yakúna qaríba

51. Ou qualquer outra criação inconcebível às vossas mentes (seríeis ressuscitados). Perguntarão, então: Quem nos ressuscitará? Responde-lhes: Quem vos criou da primeira vez! Então, sacudindo a cabeça, dirão: Quando ocorrerá isso? Responde-lhes: Talvez seja logo!

يَوْمَ يَدْعُوكُمْ فَتَسْتَجِيبُونَ بِحَمْدِهِۦ وَتَظُنُّونَ إِن لَّبِثْتُمْ إِلَّا قَلِيلًا ٥٢

52. Yauma yad'úkum fatastajíbúna bihamdihí wa tazunnúna il labiçtum illá qalíla

52. Será no dia em que Ele vos chamar e em que vós O atendereis, glorificando os Seus louvores; e vos parecerá que não permanecestes ali senão pouco tempo.

وَقُل لِّعِبَادِى يَقُولُوا۟ ٱلَّتِى هِىَ أَحْسَنُ ۚ إِنَّ ٱلشَّيْطَـٰنَ يَنزَغُ بَيْنَهُمْ ۚ إِنَّ ٱلشَّيْطَـٰنَ كَانَ
لِلْإِنسَـٰنِ عَدُوًّا مُّبِينًا ٥٣

53. Wa qul li'ibádí yaqúlul latí hiya ahsan; innach chaitána yanzaghu bainahum; innach chaitána kána lil insáni 'aduwwam mubíná

53. E dize aos Meus servos que digam sempre o melhor, porque Satanás causa dissensões entre eles, pois Satanás é um inimigo declarado do homem.

رَّبُّكُمْ أَعْلَمُ بِكُمْ ۖ إِن يَشَأْ يَرْحَمْكُمْ أَوْ إِن يَشَأْ يُعَذِّبْكُمْ ۚ وَمَآ أَرْسَلْنَـٰكَ عَلَيْهِمْ
وَكِيلًا ٥٤

سُورَةُ الإِسْرَاء

Surat Al Isrá

54. *Rabbukum a'lamu bikum in yacha' yarhamkum au iny yacha' yu'azzibkum; wa má arsalnáka 'alaihim wakílá*

54. Vosso Senhor vos conhece melhor do que ninguém. Se Lhe apraz, apieda-Se de vós e, se quer, castiga-vos. Não te enviamos como guardião deles.

وَرَبُّكَ أَعْلَمُ بِمَن فِي ٱلسَّمَٰوَٰتِ وَٱلْأَرْضِ ۗ وَلَقَدْ فَضَّلْنَا بَعْضَ ٱلنَّبِيِّـۧنَ عَلَىٰ بَعْضٍ ۖ وَءَاتَيْنَا
دَاوُۥدَ زَبُورًا ٥٥

55. *Wa Rabbuka a'lamu biman fis samáwáti wal ardh; wa laqad faddalná ba'dhan Nabiyyína 'alá ba'dhin wa átainá Dáoúda Zabúrá*

55. Teu Senhor conhece melhor do que ninguém aqueles que estão nos Céus e na erra. Temos preferido a uns profetas sobre outros, e concedemos os Salmos a Davi.

قُلِ ٱدْعُوا۟ ٱلَّذِينَ زَعَمْتُم مِّن دُونِهِۦ فَلَا يَمْلِكُونَ كَشْفَ ٱلضُّرِّ عَنكُمْ وَلَا
تَحْوِيلًا ٥٦

56. *Qulid 'ul lazína za'amtum min dúnihi falá yamlikúna kachfad dhurri 'ankum wa lá tahwílá*

56. Dize-lhes: Invocai os que pretendeis em vez d'Ele! Porém não poderão vos livrar das adversidades, nem as modificar.

أُو۟لَٰٓئِكَ ٱلَّذِينَ يَدْعُونَ يَبْتَغُونَ إِلَىٰ رَبِّهِمُ ٱلْوَسِيلَةَ أَيُّهُمْ أَقْرَبُ وَيَرْجُونَ
رَحْمَتَهُۥ وَيَخَافُونَ عَذَابَهُۥٓ ۚ إِنَّ عَذَابَ رَبِّكَ كَانَ مَحْذُورًا ٥٧

57. *Ulá'ikal lazína yad'úna yabtaghúna ilá Rabbihimul wasílata ayyuhum aqrabu wa yarjúna rahmatahú wa yakháfúna 'azábahú; inna 'azába rabbika kána mahzúrá*

57. Aqueles que invocam anseiam por um meio que os aproxime do seu Senhor e esperam a Sua misericórdia e temem o Seu castigo, porque o castigo do teu Senhor é temível!

وَإِن مِّن قَرْيَةٍ إِلَّا نَحْنُ مُهْلِكُوهَا قَبْلَ يَوْمِ ٱلْقِيَٰمَةِ أَوْ مُعَذِّبُوهَا
عَذَابًا شَدِيدًا ۚ كَانَ ذَٰلِكَ فِي ٱلْكِتَٰبِ مَسْطُورًا ٥٨

58. *Wa in min qaryatin illá Nahnu muhlikúhá qabla Yaumil Quiyámati au mu'azzibúhá 'azában chadídá; kána zálika fil Kitábi mastúrá*

58. Não existe cidade alguma que não destruiremos antes do Dia da Ressurreição ou que não a castigaremos severamente; isto está registrado no Livro.

وَمَا مَنَعَنَآ أَن نُّرۡسِلَ بِٱلۡأٓيَٰتِ إِلَّآ أَن كَذَّبَ بِهَا ٱلۡأَوَّلُونَۚ وَءَاتَيۡنَا ثَمُودَ
ٱلنَّاقَةَ مُبۡصِرَةٗ فَظَلَمُواْ بِهَاۚ وَمَا نُرۡسِلُ بِٱلۡأٓيَٰتِ إِلَّا تَخۡوِيفٗا ﴿٥٩﴾

59. Wa má mana'aná an nursila bil áyáti illá an kazzaba bihal auwalún; wa átainá Çamúdan náqata mubsiratan fazalamú bihá; wa má nursilu bil áyáti illá takhwífá

59. E não enviamos os sinais somente porque os primitivos os desmentiram. Havíamos apresentado ao povo de Çamud a fêmea de camelo como um sinal evidente, e eles a trataram erradamente; porém, jamais enviamos sinais, senão para adverti-los.

وَإِذۡ قُلۡنَا لَكَ إِنَّ رَبَّكَ أَحَاطَ بِٱلنَّاسِۚ وَمَا جَعَلۡنَا ٱلرُّءۡيَا ٱلَّتِيٓ أَرَيۡنَٰكَ إِلَّا
فِتۡنَةٗ لِّلنَّاسِ وَٱلشَّجَرَةَ ٱلۡمَلۡعُونَةَ فِي ٱلۡقُرۡءَانِۚ وَنُخَوِّفُهُمۡ فَمَا يَزِيدُهُمۡ إِلَّا طُغۡيَٰنٗا
كَبِيرٗا ﴿٦٠﴾

60. Wa iz qulná laka inna rabbaka aháta binnás; wa má ja'alnar ru'yal latí arainâka illá fitnatal linnási wachchajaratal mal'únata fil qurán; wa nukhauwifuhum famá yazíduhum illa tughyánan kabírá

60. E quando te dissemos: Teu Senhor abrange toda a humanidade. A visão que te temos mostrado não foi senão uma prova para os humanos, o mesmo que a árvore maldita (mencionada) no Alcorão. Nós os advertimos! Porém, isto não fez mais do que aumentar a sua grande transgressão.

وَإِذۡ قُلۡنَا لِلۡمَلَٰٓئِكَةِ ٱسۡجُدُواْ لِأٓدَمَ فَسَجَدُوٓاْ إِلَّآ إِبۡلِيسَ قَالَ ءَأَسۡجُدُ لِمَنۡ
خَلَقۡتَ طِينٗا ﴿٦١﴾

61. Wa iz qulná lil malá'ikatis judú li Ádama fasajadú illá Iblísa qála 'a-asjudu liman khalaqta thína

61. E quando dissemos aos anjos: Prostrai-vos ante Adão!, prostraram-se todos, menos Lúcifer, que disse: Terei de prostrar-me ante quem criaste do barro?

قَالَ أَرَءَيۡتَكَ هَٰذَا ٱلَّذِي كَرَّمۡتَ عَلَيَّ لَئِنۡ أَخَّرۡتَنِ إِلَىٰ يَوۡمِ ٱلۡقِيَٰمَةِ
لَأَحۡتَنِكَنَّ ذُرِّيَّتَهُۥٓ إِلَّا قَلِيلٗا ﴿٦٢﴾

سُورَةُ الإِسۡرَاء

Surat Al Isrá

62. Qála ara'aytaka házal lazí karramta 'alaiya la'in akhartani ilá Yaumil Quiyámati la ahtanikanna zurriyyatahú illá qalílá

62. E continuou: Atenta para este, que preferiste a mim! Juro que se me tolerares até ao Dia da Ressurreição, salvo uns poucos, apossar-me-ei da sua descendência!

قَالَ ٱذۡهَبۡ فَمَن تَبِعَكَ مِنۡهُمۡ فَإِنَّ جَهَنَّمَ جَزَآؤُكُمۡ جَزَآءٗ مَّوۡفُورٗا ٦٣

63. Qála 'zhab faman tabi'aka min-hum fa inna Jahannama jazá'ukum jazá'am maufúrá

63. Disse-lhe (Deus): Vai-te, (Satanás)! E para aqueles que te seguirem, o inferno será o castigo bem merecido!

وَٱسۡتَفۡزِزۡ مَنِ ٱسۡتَطَعۡتَ مِنۡهُم بِصَوۡتِكَ وَأَجۡلِبۡ عَلَيۡهِم بِخَيۡلِكَ وَرَجِلِكَ
وَشَارِكۡهُمۡ فِي ٱلۡأَمۡوَٰلِ وَٱلۡأَوۡلَٰدِ وَعِدۡهُمۡۚ وَمَا يَعِدُهُمُ ٱلشَّيۡطَٰنُ إِلَّا غُرُورًا ٦٤

64. Wastafziz manis tata'ta min-hum bisautika wa ajlib 'alaihim bikhailika wa rajilika wa chárikhum fil amwáli wal awládi wa 'idhum; wa má ya'iduhumuch Chaitánu illá ghurúrá

64. Seduze com a tua voz aqueles que puderes, dentre eles; aturde-os com a tua cavalaria e a tua infantaria; associa-te a eles nos bens e nos filhos, e faze-lhes promessas! Qual! Satanás nada lhes promete, além de desilusões.

إِنَّ عِبَادِي لَيۡسَ لَكَ عَلَيۡهِمۡ سُلۡطَٰنٞۚ وَكَفَىٰ بِرَبِّكَ وَكِيلٗا ٦٥

65. Inna 'ibádí laisa laka 'alaihim sultán; wa kafá bi Rabbika Wakílá

65. Não terás autoridade alguma sobre os Meus servos, porque basta o teu Senhor por Guardião.

رَّبُّكُمُ ٱلَّذِي يُزۡجِي لَكُمُ ٱلۡفُلۡكَ فِي ٱلۡبَحۡرِ لِتَبۡتَغُواْ مِن فَضۡلِهِۦٓۚ إِنَّهُۥ كَانَ
بِكُمۡ رَحِيمٗا ٦٦

66. Rabbukumul lazí yuzjí lakumul fulka fil bahri litabtaghú min fadhlih; innahú kána bikum Rahímá

66. Vosso Senhor é Quem faz os navios singrarem o mar para que procureis algo da Sua graça, porque Ele é Misericordioso para convosco.

وَإِذَا مَسَّكُمُ ٱلضُّرُّ فِي ٱلۡبَحۡرِ ضَلَّ مَن تَدۡعُونَ إِلَّآ إِيَّاهُۖ فَلَمَّا نَجَّىٰكُمۡ إِلَى ٱلۡبَرِّ أَعۡرَضۡتُمۡۚ
وَكَانَ ٱلۡإِنسَٰنُ كَفُورًا ٦٧

67. Wa izá massakumud durru fil bahri dhalla man tad'úna illá iyyáhu falammá najjákum ilal barri a'radtum; wa kánal insánu kafúrá

67. E quando, no mar, vos açoita a adversidade, aqueles que invocais além d'Ele desaparecem; porém, quando vos salva, conduzindo-vos à terra, negai-Lo, porque é próprio do homem ser ingrato.

أَفَأَمِنتُمۡ أَن يَخۡسِفَ بِكُمۡ جَانِبَ ٱلۡبَرِّ أَوۡ يُرۡسِلَ عَلَيۡكُمۡ حَاصِبٗا ثُمَّ لَا تَجِدُواْ لَكُمۡ وَكِيلًا ٦٨

68. Afa amintum an yakhsifa bikum jánibal barri au yursila 'alaikum hásiban çumma lá tajidú lakum wakílá

68. Estais, acaso, seguros de que Ele não fará a terra tragar-vos ou de que não desencadeará sobre vós um furacão, sem que possais encontrar guardião algum?

أَمۡ أَمِنتُمۡ أَن يُعِيدَكُمۡ فِيهِ تَارَةً أُخۡرَىٰ فَيُرۡسِلَ عَلَيۡكُمۡ قَاصِفٗا مِّنَ ٱلرِّيحِ فَيُغۡرِقَكُم بِمَا كَفَرۡتُمۡ ثُمَّ لَا تَجِدُواْ لَكُمۡ عَلَيۡنَا بِهِۦ تَبِيعٗا ٦٩

69. Am amintum an yu'ídakum fíhi táratan ukhrá fa yursila 'alaikum qásifam minar ríhi fa yughriqakum bimá kafartum çumma lá tajidú lakum 'alainá bihí tabí'á

69. Ou estais, então, seguros de que não vos devolverá novamente ao mar e de que não desencadeará sobre vós uma tormenta que vos afogará, por vossa ingratidão, sem que possais encontrar quem vos aproxime de Nós?

۞ وَلَقَدۡ كَرَّمۡنَا بَنِيٓ ءَادَمَ وَحَمَلۡنَٰهُمۡ فِي ٱلۡبَرِّ وَٱلۡبَحۡرِ وَرَزَقۡنَٰهُم مِّنَ ٱلطَّيِّبَٰتِ وَفَضَّلۡنَٰهُمۡ عَلَىٰ كَثِيرٖ مِّمَّنۡ خَلَقۡنَا تَفۡضِيلٗا ٧٠

70. ۞ Wa laqad karramná Baní Ádama wa hamalnáhum fil barri walbahri wa razaqnáhum minat taiyibáti wa faddalnáhum 'alá kaçírim mimman khalaqná tafdhílá

70. Enobrecemos os filhos de Adão e os conduzimos pela terra e pelo mar; agraciamo-los com todo o bem, e os preferimos enormemente sobre a maior parte de tudo quanto criamos.

يَوۡمَ نَدۡعُواْ كُلَّ أُنَاسِۭ بِإِمَٰمِهِمۡۖ فَمَنۡ أُوتِيَ كِتَٰبَهُۥ بِيَمِينِهِۦ فَأُوْلَٰٓئِكَ يَقۡرَءُونَ كِتَٰبَهُمۡ وَلَا يُظۡلَمُونَ فَتِيلٗا ٧١

71. Yauma nad'ú kulla unásim bi imámihim faman útiya kitábahú bi yamínihí fa ulá'ika yaqra'úna kitábahum wa lá yuzlamúna fatílá

71. Um dia convocaremos todos os seres humanos, com os seus (respectivos) imames. E aqueles a quem forem entregues os seus livros na mão direita, lê-los-ão e não serão defraudados no mínimo que seja.

وَمَن كَانَ فِي هَٰذِهِۦٓ أَعۡمَىٰ فَهُوَ فِي ٱلۡأٓخِرَةِ أَعۡمَىٰ وَأَضَلُّ سَبِيلٗا ﴿٧٢﴾

72. Wa man kána fí házihí a'má fahuwa fil ákhirati a'má wa adhallu sabílá

72. Porém, quem estiver cego neste mundo estará cego no Outro, e mais desencaminhado ainda!

وَإِن كَادُواْ لَيَفۡتِنُونَكَ عَنِ ٱلَّذِيٓ أَوۡحَيۡنَآ إِلَيۡكَ لِتَفۡتَرِيَ عَلَيۡنَا غَيۡرَهُۥۖ وَإِذٗا لَّٱتَّخَذُوكَ خَلِيلٗا ﴿٧٣﴾

73. Wa in kádú la yaftinúnaka 'anil lazí auhainá ilaika litaftariya 'alainá ghairahú wa izallat takhazúka khalílá

73. Se pudessem, afastar-te-iam do que te temos inspirado, para forjares algo diferente. Então, aceitar-te-iam por amigo.

وَلَوۡلَآ أَن ثَبَّتۡنَٰكَ لَقَدۡ كِدتَّ تَرۡكَنُ إِلَيۡهِمۡ شَيۡـٔٗا قَلِيلًا ﴿٧٤﴾

74. Wa lau lá an çabbatnáka laqad kidta tarkanu ilaihim chai'an qalila

74. E se não te tivéssemos firmado, ter-te-ias ido um pouco para o lado deles.

إِذٗا لَّأَذَقۡنَٰكَ ضِعۡفَ ٱلۡحَيَوٰةِ وَضِعۡفَ ٱلۡمَمَاتِ ثُمَّ لَا تَجِدُ لَكَ عَلَيۡنَا نَصِيرٗا ﴿٧٥﴾

75. Izal la azaqnáka di'fal hayáti wa di'fal mamáti çumma lá tajidu laka 'alainá nasírá

75. Neste caso, ter-te-íamos duplicado (o castigo) nesta vida e na Outra, e não terias encontrado quem te defendesse de Nós.

وَإِن كَادُواْ لَيَسۡتَفِزُّونَكَ مِنَ ٱلۡأَرۡضِ لِيُخۡرِجُوكَ مِنۡهَاۖ وَإِذٗا لَّا يَلۡبَثُونَ خِلَٰفَكَ إِلَّا قَلِيلٗا ﴿٧٦﴾

76. Wa in kádú la yastafizzúnaka minal ardhi liyukhrijúka min-há wa izal lá yalbaçúna khiláfaka illá qalílá

76. Conspiraram atemorizar-te na terra (de Makka), com o fito de te expulsarem dela; porém, não permaneceriam muito tempo ali, depois de ti, a não ser por pouco.

سُنَّةَ مَن قَدۡ أَرۡسَلۡنَا قَبۡلَكَ مِن رُّسُلِنَاۖ وَلَا تَجِدُ لِسُنَّتِنَا تَحۡوِيلًا ﴿٧٧﴾

سُورَةُ الإِسۡرَاء

Surat Al Isrá

77. Sunnata man qad arsalná qablakamir Rusuliná wa lá tajidu lisunnatiná tahwílá

77. Tal é o método dos Nossos mensageiros que havíamos enviado, antes de ti, e não acharás mudança em Nosso método.

أَقِمِ ٱلصَّلَوٰةَ لِدُلُوكِ ٱلشَّمۡسِ إِلَىٰ غَسَقِ ٱلَّيۡلِ وَقُرۡءَانَ ٱلۡفَجۡرِۖ إِنَّ قُرۡءَانَ ٱلۡفَجۡرِ كَانَ مَشۡهُودٗا ﴿٧٨﴾

78. Aquimis Saláta lidulúkich chamsi ilá ghasaquil laili wa quránal Fajri inna quránal Fajri kána machhúdá

78. Observa a oração, desde o declínio do sol até à chegada da noite, e cumpre a recitação matinal, porque é sempre testemunhada.

وَمِنَ ٱلَّيۡلِ فَتَهَجَّدۡ بِهِۦ نَافِلَةٗ لَّكَ عَسَىٰٓ أَن يَبۡعَثَكَ رَبُّكَ مَقَامٗا مَّحۡمُودٗا ﴿٧٩﴾

79. Wa minal laili fatahajjad bihí náfilatal laka 'asá an yab'açaka Rabbuka Maqámam Mahmúdá

79. E pratica, durante a noite, orações voluntárias; talvez assim teu Senhor te conceda uma posição louvável.

وَقُل رَّبِّ أَدۡخِلۡنِي مُدۡخَلَ صِدۡقٖ وَأَخۡرِجۡنِي مُخۡرَجَ صِدۡقٖ وَٱجۡعَل لِّي مِن لَّدُنكَ سُلۡطَٰنٗا نَّصِيرٗا ﴿٨٠﴾

80. Wa qur Rabbi adkhilni mudkhala sidquin wa akhrijni mukhraja sidquin waj'al lí mil ladunka sultánan nasírá

80. E dize: Ó Senhor meu, faze com que eu entre com honradez e saia com honradez; concede-me, de Tua parte, uma autoridade para socorrer(-me).

وَقُلۡ جَآءَ ٱلۡحَقُّ وَزَهَقَ ٱلۡبَٰطِلُۚ إِنَّ ٱلۡبَٰطِلَ كَانَ زَهُوقٗا ﴿٨١﴾

81. Waqul já'al haqqu wa zahaqal bátil; innal bátila kána zahúqá

81. Dize também: Chegou a Verdade, e a falsidade desapareceu, porque a falsidade é pouco durável.

وَنُنَزِّلُ مِنَ ٱلۡقُرۡءَانِ مَا هُوَ شِفَآءٞ وَرَحۡمَةٞ لِّلۡمُؤۡمِنِينَ وَلَا يَزِيدُ ٱلظَّٰلِمِينَ إِلَّا خَسَارٗا ﴿٨٢﴾

سُورَةُ الإِسْرَاء

Surat Al Isrá

82. Wa nunazzilu minal qurâni má huwa chifá'un wa rahmatullil mu'minína wa lá yazíduz zálimína illá khasárá

82. E revelamos, no Alcorão, aquilo que é bálsamo e misericórdia para os crentes; porém, isso não fará mais do que aumentar a perdição dos injustos.

وَإِذَآ أَنۡعَمۡنَا عَلَى ٱلۡإِنسَٰنِ أَعۡرَضَ وَنَـَٔا بِجَانِبِهِۦۖ وَإِذَا مَسَّهُ ٱلشَّرُّ كَانَ يَـُٔوسٗا ﴿٨٣﴾

83. Wa izá an'amná 'alal insáni a'radha wa na-á bijánibihí wa izá massahuch charru kána ya'úçá

83. Mas, quando agraciamos o homem, ele Nos desdenha e se envaidece; em troca, quando o mal o açoita, ei-lo desesperado.

قُلۡ كُلّٞ يَعۡمَلُ عَلَىٰ شَاكِلَتِهِۦ فَرَبُّكُمۡ أَعۡلَمُ بِمَنۡ هُوَ أَهۡدَىٰ سَبِيلٗا ﴿٨٤﴾

84. Qul kullun ya'malu 'alá chákilatihí fa rabbukum a'lamu biman huwa ahdá sabílá

84. Dize-lhes: Cada qual age a seu modo; porém, vosso Senhor conhece mais do que ninguém o melhor encaminhado.

وَيَسۡـَٔلُونَكَ عَنِ ٱلرُّوحِۖ قُلِ ٱلرُّوحُ مِنۡ أَمۡرِ رَبِّي وَمَآ أُوتِيتُم مِّنَ ٱلۡعِلۡمِ إِلَّا قَلِيلٗا ﴿٨٥﴾

85. Wa yas'alúnaka 'anirrúh; qulir rúhu min amri rabbí wa má útítum minal 'ilmi illá qalílá

85. Perguntar-te-ão sobre o Espírito. Responde-lhes: O Espírito é um dos comandos do meu Senhor, e só vos tem sido concedida uma ínfima parte do saber.

وَلَئِن شِئۡنَا لَنَذۡهَبَنَّ بِٱلَّذِيٓ أَوۡحَيۡنَآ إِلَيۡكَ ثُمَّ لَا تَجِدُ لَكَ بِهِۦ عَلَيۡنَا وَكِيلًا ﴿٨٦﴾

86. Wa la'in chi'ná lanazhabanna billazí auhainá ilaika çumma lá tajidu laka bihí 'alainá wakílá

86. Se quiséssemos, poderíamos anular tudo quanto te temos inspirado, e não encontrarias, então, defensor algum, ante Nós;

إِلَّا رَحۡمَةٗ مِّن رَّبِّكَۚ إِنَّ فَضۡلَهُۥ كَانَ عَلَيۡكَ كَبِيرٗا ﴿٨٧﴾

87. Illá rahmatam mir Rabbik; inna fadhlahú kána 'alaika kabírá

87. Porém, (tal não foi anulado) por misericórdia de teu Senhor. Sua graça para contigo é imensa.

قُل لَّئِنِ ٱجۡتَمَعَتِ ٱلۡإِنسُ وَٱلۡجِنُّ عَلَىٰٓ أَن يَأۡتُواْ بِمِثۡلِ هَٰذَا ٱلۡقُرۡءَانِ لَا يَأۡتُونَ بِمِثۡلِهِۦ
وَلَوۡ كَانَ بَعۡضُهُمۡ لِبَعۡضٖ ظَهِيرٗا ﴿٨٨﴾

سُورَةُ الإِسْرَاءِ

Surat Al Isrá

88. Qul la'inij tama'atil insu waljinnu 'alá an ya'tú bimiçli házal qurâni lá ya'túna bimiçlihí wa lau kána ba'dhuhum liba'dhin zahírá

88. Dize-lhes: Mesmo que os humanos e os gênios se tivessem reunido para produzirem coisa similar a este Alcorão, jamais teriam feito algo semelhante, ainda que se ajudassem mutuamente.

وَلَقَدْ صَرَّفْنَا لِلنَّاسِ فِي هَٰذَا ٱلْقُرْءَانِ مِن كُلِّ مَثَلٍ فَأَبَىٰٓ أَكْثَرُ ٱلنَّاسِ إِلَّا
كُفُورًا ﴿٨٩﴾

89. Wa laqad sarrafná linnási fí házal qurâni min kulli maçalin fa abá akçarun nási illá kufúrá

89. Temos exposto neste Alcorão toda a sorte de exemplos para os humanos; porém, a maioria dos humanos o nega.

وَقَالُوا۟ لَن نُّؤْمِنَ لَكَ حَتَّىٰ تَفْجُرَ لَنَا مِنَ ٱلْأَرْضِ يَنۢبُوعًا ﴿٩٠﴾

90. Wa qálú lan nu'mina laka hattá tafjura laná minal ardhi yambú'á

90. E dizem: Não creremos em ti, a menos que nos faças brotar um manancial da terra,

أَوْ تَكُونَ لَكَ جَنَّةٌ مِّن نَّخِيلٍ وَعِنَبٍ فَتُفَجِّرَ ٱلْأَنْهَـٰرَ خِلَـٰلَهَا تَفْجِيرًا ﴿٩١﴾

91. Au takúna laka jannatum min nakhílin wa 'inabin fatufajjiral anhára khilálahá tafjírá

91. Ou que possuas um jardim de tamareiras e videiras, em meio ao qual faças brotar rios abundantes.

أَوْ تُسْقِطَ ٱلسَّمَآءَ كَمَا زَعَمْتَ عَلَيْنَا كِسَفًا أَوْ تَأْتِىَ بِٱللَّهِ وَٱلْمَلَـٰٓئِكَةِ قَبِيلًا ﴿٩٢﴾

92. Au tusquitas samá'a kamá za'amta 'alainá kisafan au ta'tiya billáhi wal malá'ikati qabílá

92. Ou que faças cair o céu em pedaços sobre nós, como disseste (que aconteceria), ou nos apresentes Deus e os anjos em pessoa,

أَوْ يَكُونَ لَكَ بَيْتٌ مِّن زُخْرُفٍ أَوْ تَرْقَىٰ فِى ٱلسَّمَآءِ وَلَن نُّؤْمِنَ لِرُقِيِّكَ حَتَّىٰ تُنَزِّلَ
عَلَيْنَا كِتَـٰبًا نَّقْرَؤُهُۥ ۗ قُلْ سُبْحَانَ رَبِّى هَلْ كُنتُ إِلَّا بَشَرًا رَّسُولًا ﴿٩٣﴾

93. Au yakúna laka baitum min zukhrufin au tarqá fis samá'i wa lan nu'mina liruquiyyika hatta tunazzila 'alainá kitában naqra'uh; qul Subhána Rabbí hal kuntu illá bacharar Rassúlá

سُورَةُ الإِسۡرَاءِ

Surat Al Isrá

93. Ou que possuas uma casa adornada com ouro, ou que escales o céu, pois jamais creremos na tua ascensão, até que nos apresentes um livro que possamos ler. Dize-lhes: Glorificado seja o meu Senhor! Sou, porventura, algo mais do que um Mensageiro humano?

وَمَا مَنَعَ ٱلنَّاسَ أَن يُؤۡمِنُوٓاْ إِذۡ جَآءَهُمُ ٱلۡهُدَىٰٓ إِلَّآ أَن قَالُوٓاْ أَبَعَثَ ٱللَّهُ بَشَرٗا رَّسُولٗا ﴿٩٤﴾

94. Wa má mana'an násа an yu'minú iz já'ahumul hudá illá an qálú aba'açal láhu bacharar Rasúlá

94. Que foi que impediu os humanos de crerem, quando lhes chegou a orientação? Disseram: Acaso, Deus teria enviado por Mensageiro um mortal?

قُل لَّوۡ كَانَ فِي ٱلۡأَرۡضِ مَلَٰٓئِكَةٞ يَمۡشُونَ مُطۡمَئِنِّينَ لَنَزَّلۡنَا عَلَيۡهِم مِّنَ ٱلسَّمَآءِ مَلَكٗا رَّسُولٗا ﴿٩٥﴾

95. Qul lau kána fil ardhi malá'ikatun yamchúna mutma'innína lanazzalná 'alaihim minas samá'i malakar Rasúlá

95. Responde-lhes: Se na Terra houvesse anjos, que caminhassem tranquilos e em paz, ter-lhes-íamos enviado do céu um anjo por mensageiro.

قُلۡ كَفَىٰ بِٱللَّهِ شَهِيدَۢا بَيۡنِي وَبَيۡنَكُمۡۚ إِنَّهُۥ كَانَ بِعِبَادِهِۦ خَبِيرَۢا بَصِيرٗا ﴿٩٦﴾

96. Qul kafá billáhi chahídam bainí wa bainakum; innahú kána bi'ibádihí Khabíram Basírá

96. Dize-lhes: Basta-me Deus por Testemunha entre vós e mim, porque Ele está bem inteirado de Seus servos, e é Onividente.

وَمَن يَهۡدِ ٱللَّهُ فَهُوَ ٱلۡمُهۡتَدِۖ وَمَن يُضۡلِلۡ فَلَن تَجِدَ لَهُمۡ أَوۡلِيَآءَ مِن دُونِهِۦۖ وَنَحۡشُرُهُمۡ يَوۡمَ ٱلۡقِيَٰمَةِ عَلَىٰ وُجُوهِهِمۡ عُمۡيٗا وَبُكۡمٗا وَصُمّٗاۖ مَّأۡوَىٰهُمۡ جَهَنَّمُۖ كُلَّمَا خَبَتۡ زِدۡنَٰهُمۡ سَعِيرٗا ﴿٩٧﴾

97. Wa mai yahdil láhu fahuwal muhtad; wa mai yudlil falan tajida lahum auliyá'a min dúnih; wa naḫchuruhum Yaumal Quiyámati 'alá wujúhihim 'umyan wa bukman wa çummá; ma'wáhum Jahannamu kullamá khabat zidnáhum sa'írá

97. Aquele que Deus encaminhar estará bem encaminhado; e àqueles que deixar que se extraviem, jamais lhes encontrarás protetor, em vez d'Ele. No Dia da Ressurreição

os congregaremos, prostrados sobre os seus rostos, cegos, surdos e mudos; o inferno será a sua morada e, toda a vez que se extinguir a sua chama, avivá-la-emos.

ذَٰلِكَ جَزَآؤُهُم بِأَنَّهُمْ كَفَرُوا۟ بِـَٔايَـٰتِنَا وَقَالُوٓا۟ أَءِذَا كُنَّا عِظَـٰمًا وَرُفَـٰتًا أَءِنَّا
لَمَبْعُوثُونَ خَلْقًا جَدِيدًا ﴿٩٨﴾

98. Zálika jazá'uhum bi annahum kafarú bi áyátiná wa qálú 'a izá kunná 'izáman wa rufátan 'a inná la mab'úçúna khalqan jadídá

98. Isso será o seu castigo, porque negam os Nossos versículos e dizem: Quê! Quando estivermos reduzidos a ossos e pó, seremos, acaso, reencarnados em uma nova criação?

۞ أَوَلَمْ يَرَوْا۟ أَنَّ ٱللَّهَ ٱلَّذِى خَلَقَ ٱلسَّمَـٰوَٰتِ وَٱلْأَرْضَ قَـٰدِرٌ عَلَىٰٓ أَن يَخْلُقَ مِثْلَهُمْ
وَجَعَلَ لَهُمْ أَجَلًا لَّا رَيْبَ فِيهِ فَأَبَى ٱلظَّـٰلِمُونَ إِلَّا كُفُورًا ﴿٩٩﴾

99.۞ Awalam yarau annal láhal lazí khalaqas samáwáti wal ardha qádirun 'alá an yakhluqa miçlahum wa ja'ala lahum ajalal lá raiba fíhi; fa abaz zálimúna illá kufúrá

99. Não reparam em que Deus, Que criou os Céus e a Terra, é capaz de criar outros seres semelhantes a eles, e fixar-lhes um destino indubitável? Porém, os injustos negam tudo.

قُل لَّوْ أَنتُمْ تَمْلِكُونَ خَزَآئِنَ رَحْمَةِ رَبِّىٓ إِذًا لَّأَمْسَكْتُمْ خَشْيَةَ ٱلْإِنفَاقِ ۚ وَكَانَ ٱلْإِنسَـٰنُ
قَتُورًا ﴿١٠٠﴾

100. Qul lau antum tamlikúna khazá'ina rahmati Rabbí izal la amsaktum khachyatal infáq; wa kánal insánu qatúrá

100. Dize-lhes: Se possuísseis os tesouros da misericórdia de meu Senhor, vós os mesquinharíeis, por temor de gastá-los, pois o homem foi sempre avaro.

وَلَقَدْ ءَاتَيْنَا مُوسَىٰ تِسْعَ ءَايَـٰتٍۭ بَيِّنَـٰتٍ ۖ فَسْـَٔلْ بَنِىٓ إِسْرَٰٓءِيلَ إِذْ جَآءَهُمْ فَقَالَ لَهُۥ
فِرْعَوْنُ إِنِّى لَأَظُنُّكَ يَـٰمُوسَىٰ مَسْحُورًا ﴿١٠١﴾

101. Wa laqad átainá Mussa tis'a Áyátim baiyinátin fas'al Baní Isrá'íla iz já'ahum faqála lahú Fir'aunu iní la azunnuka yá Mussa mashúrá

سُورَةُ الإسْرَاءِ

Surat Al Isrá

101. Concedemos a Moisés nove sinais evidentes – pergunta aos israelitas, sobre isso –; então o Faraó lhe disse: Creio, ó Moisés, que estás enfeitiçado!

قَالَ لَقَدْ عَلِمْتَ مَا أَنزَلَ هَٰٓؤُلَآءِ إِلَّا رَبُّ ٱلسَّمَٰوَٰتِ وَٱلْأَرْضِ بَصَآئِرَ وَإِنِّى
لَأَظُنُّكَ يَٰفِرْعَوْنُ مَثْبُورًا ﴿١٠٢﴾

102. Qála laqad 'alimta má anzala há'ulá'i illá Rabbus samáwáti wal ardhi basá'ira wa inní la azunnuka yá Fir'aunu maçbúrá

102. Moisés lhe disse: Tu bem sabes que ninguém, senão o Senhor dos Céus e da Terra, revelou estas evidências e, por certo, ó Faraó, creio que estás condenado à perdição.

فَأَرَادَ أَن يَسْتَفِزَّهُم مِّنَ ٱلْأَرْضِ فَأَغْرَقْنَٰهُ وَمَن مَّعَهُۥ جَمِيعًا ﴿١٠٣﴾

103. Fa aráda an yastafizzahum minal ardhi fa aghraqnáhu wa mam ma'ahú jamí'á

103. E o Faraó quis banir os israelitas da terra; porém, afogamo-lo, com os que com ele estavam.

وَقُلْنَا مِنۢ بَعْدِهِۦ لِبَنِىٓ إِسْرَٰٓءِيلَ ٱسْكُنُوا۟ ٱلْأَرْضَ فَإِذَا جَآءَ وَعْدُ ٱلْءَاخِرَةِ جِئْنَا بِكُمْ
لَفِيفًا ﴿١٠٤﴾

104. Wa qulná min ba'dihí li Baní Isrá'ílas kunul ardha fa izá já'a wa'dul ákhirati ji'ná bikum lafífá

104. E depois disso dissemos aos israelitas: Habitai a Terra, porque, quando chegar a segunda advertência, reunir-vos-emos em grupos heterogêneos.

وَبِٱلْحَقِّ أَنزَلْنَٰهُ وَبِٱلْحَقِّ نَزَلَ وَمَآ أَرْسَلْنَٰكَ إِلَّا مُبَشِّرًا وَنَذِيرًا ﴿١٠٥﴾

105. Wa bilhaqqui anzalnáhu wa bilhaqqui nazal; wa má arsalnáka illá mubach chiran wa nazírá

105. E o temos revelado (o Alcorão) em verdade e, em verdade, revelamo-lo e não te enviamos senão como alvissareiro e admoestador.

وَقُرْءَانًا فَرَقْنَٰهُ لِتَقْرَأَهُۥ عَلَى ٱلنَّاسِ عَلَىٰ مُكْثٍ وَنَزَّلْنَٰهُ تَنزِيلًا ﴿١٠٦﴾

106. Wa quránan faraqnáhu litaqraahú 'alan nási 'alá mukcin wa nazzalnáhu tanzílá

106. É um Alcorão que dividimos em partes, para que o recites paulatinamente aos humanos, e que revelamos por etapas.

سُورَةُ الإِسْرَاء

Surat Al Isrá

قُلْ ءَامِنُوا۟ بِهِۦٓ أَوْ لَا تُؤْمِنُوٓا۟ ۚ إِنَّ ٱلَّذِينَ أُوتُوا۟ ٱلْعِلْمَ مِن قَبْلِهِۦٓ إِذَا يُتْلَىٰ عَلَيْهِمْ يَخِرُّونَ
لِلْأَذْقَانِ سُجَّدًا ﴿١٠٧﴾

107. Qul áminú bihí au lá tu'minú; innal lazína útul 'ilma min qablihí izá yutlá 'alaihim yakhirrúna lil azqáni sujjadá

107. Dize-lhes: Quer creiais nele ou não, sabei que aqueles que antes receberam o conhecimento, quando lhos é recitado, caem de bruços, prostrando-se.

وَيَقُولُونَ سُبْحَـٰنَ رَبِّنَآ إِن كَانَ وَعْدُ رَبِّنَا لَمَفْعُولًا ﴿١٠٨﴾

108. Wa yaqúlúna Subhána Rabbiná in kána wa'du Rabbiná lamaf'úlá

108. E dizem: Glorificado seja o nosso Senhor, porque a Sua promessa foi cumprida!

وَيَخِرُّونَ لِلْأَذْقَانِ يَبْكُونَ وَيَزِيدُهُمْ خُشُوعًا ۩ ﴿١٠٩﴾

109. Wa yakhirrúna lil azqáni yabkúna wa yazíduhum khuchú'á ***(Fazer sajda)***

109. E caem de bruços, chorando, e isso lhes aumenta a humildade.

قُلِ ٱدْعُوا۟ ٱللَّهَ أَوِ ٱدْعُوا۟ ٱلرَّحْمَـٰنَ ۖ أَيًّا مَّا تَدْعُوا۟ فَلَهُ ٱلْأَسْمَآءُ ٱلْحُسْنَىٰ ۚ وَلَا تَجْهَرْ
بِصَلَاتِكَ وَلَا تُخَافِتْ بِهَا وَٱبْتَغِ بَيْنَ ذَٰلِكَ سَبِيلًا ﴿١١٠﴾

110. Qul id'ul láha au id'ur Rahmána ayyammá tad'ú falahul asmá'ul Husná; wa lá tajhar bi Salátika wa lá tukháfit bihá wabtaghi baina zálika sabíla

110. Dize-lhes: Quer invoqueis a Deus, quer invoqueis o Clemente, sabei que d'Ele são os mais sublimes atributos! Não profiras (ó Mohammad) a tua oração em voz muito alta, nem em voz demasiado baixa, mas procura um tom médio, entre ambas.

وَقُلِ ٱلْحَمْدُ لِلَّهِ ٱلَّذِى لَمْ يَتَّخِذْ وَلَدًا وَلَمْ يَكُن لَّهُۥ شَرِيكٌ فِى ٱلْمُلْكِ وَلَمْ يَكُن لَّهُۥ وَلِىٌّ مِّنَ
ٱلذُّلِّ ۖ وَكَبِّرْهُ تَكْبِيرًۢا ﴿١١١﴾

111. Wa qulil hamdu lilláhil lazí lam yattakhiz waladan wa lam yakul lahú charikun fil mulki wa lam yakul lahú waliyyum minazzulli wa kabbirhu takbírá

111. E dize: Louvado seja Deus, Que jamais teve filho algum, tampouco teve parceiro algum na Soberania, nem (necessita) de ninguém para protegê-Lo quanto à humilhação, e é exaltado com toda a magnificência.

سُورَةُ الكَهۡفِ

Surat Al Cahf

Surat 18. *Al-Cahf* (A Caverna). Revelada em Makka; 110 versículos, com exceção dos versículos 28, 83, e 101 que foram revelados em Madina

Os versículos utilizados para este Juzi são 1 a 74

بِسۡمِ ٱللَّهِ ٱلرَّحۡمَٰنِ ٱلرَّحِيمِ

Bismilláhir Rahmánir Rahím

Em nome de Deus, o Clemente, o Misericordioso.

ٱلۡحَمۡدُ لِلَّهِ ٱلَّذِيٓ أَنزَلَ عَلَىٰ عَبۡدِهِ ٱلۡكِتَٰبَ وَلَمۡ يَجۡعَل لَّهُۥ عِوَجَاۜ ﴿١﴾

1. Alhamdu lilláhil lazí anzala 'alá 'abdihil kitába wa lam yaj'al lahú 'iwajá

1. Louvado seja Deus que revelou o Livro ao Seu servo, no qual não colocou contradição alguma.

قَيِّمٗا لِّيُنذِرَ بَأۡسٗا شَدِيدٗا مِّن لَّدُنۡهُ وَيُبَشِّرَ ٱلۡمُؤۡمِنِينَ ٱلَّذِينَ يَعۡمَلُونَ
ٱلصَّٰلِحَٰتِ أَنَّ لَهُمۡ أَجۡرًا حَسَنٗا ﴿٢﴾

2. Qaiyimal liyunzira ba'asan chadídam mil ladunhu wa yubachchiral mu'minínal lazína ya'malúnas sálih//áti anna lahum ajran hasaná

2. Fê-lo reto, para admoestar (aos ímpios) do Seu castigo e anunciar aos crentes, que praticam o bem, que obterão uma boa recompensa.

مَّٰكِثِينَ فِيهِ أَبَدٗا ﴿٣﴾

3. Mákicína fihi abadá

3. Da qual desfrutarão eternamente,

وَيُنذِرَ ٱلَّذِينَ قَالُواْ ٱتَّخَذَ ٱللَّهُ وَلَدٗا ﴿٤﴾

4. Wa yunziral lazína qálut takhazal láhu waladá

4. E para admoestar aqueles que dizem: Deus teve um filho!

سُورَةُ الكَهۡفِ

Surat Al Cahf

مَّا لَهُم بِهِۦ مِنۡ عِلۡمٖ وَلَا لِأٓبَآئِهِمۡۚ كَبُرَتۡ كَلِمَةٗ تَخۡرُجُ مِنۡ أَفۡوَٰهِهِمۡۚ إِن
يَقُولُونَ إِلَّا كَذِبٗا ٥

5. Má lahum bihí min 'ilmin wa lá li ábá'ihim; kaburat kalimatan takhruju min afwáhihim; in yaqúlúna illá kazibá

5. A despeito de carecerem de conhecimento a tal respeito, o mesmo tendo acontecido com seus antepassados. É uma blasfêmia o que proferem as suas bocas; não dizem senão mentiras!

فَلَعَلَّكَ بَٰخِعٞ نَّفۡسَكَ عَلَىٰٓ ءَاثَٰرِهِمۡ إِن لَّمۡ يُؤۡمِنُواْ بِهَٰذَا ٱلۡحَدِيثِ أَسَفًا ٦

6. Fala'allaka bákhi'un nafsaka 'alá áçárihim il lam yu'minú biházal hadíci asafá

6. É possível que te mortifiques de pena por causa deles, se não crerem nesta Mensagem.

إِنَّا جَعَلۡنَا مَا عَلَى ٱلۡأَرۡضِ زِينَةٗ لَّهَا لِنَبۡلُوَهُمۡ أَيُّهُمۡ أَحۡسَنُ عَمَلٗا ٧

7. Inná ja'alná ma 'alal ardhi zínatal lahá linabluwahum ayyuhum ahsanu 'amalá

7. Tudo quanto existe sobre a Terra, criamo-lo para ornamentá-la, a fim de os experimentarmos e vermos aqueles, dentre eles, que melhor se comportam.

وَإِنَّا لَجَٰعِلُونَ مَا عَلَيۡهَا صَعِيدٗا جُرُزًا ٨

8. Wa inná la já'ilúna má 'alaihá sa'ídan juruzá

8. Em verdade, tudo quanto existe sobre ela, reduzi-lo-emos a cinza e solo seco.

أَمۡ حَسِبۡتَ أَنَّ أَصۡحَٰبَ ٱلۡكَهۡفِ وَٱلرَّقِيمِ كَانُواْ مِنۡ ءَايَٰتِنَا عَجَبًا ٩

9. Am hasibta anna Asshábal Kahfi war Raquími kánú min Áyátiná 'ajabá

9. Pensas que o caso dos ocupantes da caverna e da inscrição foi algo extraordinário entre os Nossos sinais?

إِذۡ أَوَى ٱلۡفِتۡيَةُ إِلَى ٱلۡكَهۡفِ فَقَالُواْ رَبَّنَآ ءَاتِنَا مِن لَّدُنكَ رَحۡمَةٗ وَهَيِّئۡ لَنَا مِنۡ
أَمۡرِنَا رَشَدٗا ١٠

10. Iz awal fityatu ilal Kahfi faqálú Rabbaná átiná mil ladunka rahmatan wa haiyi' laná min amriná rachadá

10. Recorda-te de quando um grupo de jovens se refugiou na caverna, dizendo: Ó Senhor nosso, concede-nos Tua misericórdia, e reserva-nos um bom êxito em nossa empresa!

سُورَةُ الْكَهْفِ

Surat Al Cahf

فَضَرَبْنَا عَلَىٰٓ ءَاذَانِهِمْ فِى ٱلْكَهْفِ سِنِينَ عَدَدًا ﴿١١﴾

11. Fadharabná 'alá ázánihim fil Kahfi senína 'adadá

11. Adormecemo-los na caverna durante muitos anos.

ثُمَّ بَعَثْنَٰهُمْ لِنَعْلَمَ أَىُّ ٱلْحِزْبَيْنِ أَحْصَىٰ لِمَا لَبِثُوٓا۟ أَمَدًا ﴿١٢﴾

12. Çumma ba'açnáhum lina'lama ayyul hizbaini ahsá limá labiçú amadá

12. Então despertamo-los, para assegurar-Nos de qual dos dois grupos sabia calcular melhor o tempo que haviam permanecido ali.

نَّحْنُ نَقُصُّ عَلَيْكَ نَبَأَهُم بِٱلْحَقِّ ۚ إِنَّهُمْ فِتْيَةٌ ءَامَنُوا۟ بِرَبِّهِمْ وَزِدْنَٰهُمْ هُدًى ﴿١٣﴾

13. Nahnu naqussu 'alaika nabaahum bilhaqq; innahum fityatun ámanú bi Rabbihim wa zidnáhum hudá

13. Narramos-te a sua verdadeira história: Eram jovens que acreditavam em seu Senhor, pelo quê os aumentamos em orientação.

وَرَبَطْنَا عَلَىٰ قُلُوبِهِمْ إِذْ قَامُوا۟ فَقَالُوا۟ رَبُّنَا رَبُّ ٱلسَّمَٰوَٰتِ وَٱلْأَرْضِ لَن نَّدْعُوَا۟
مِن دُونِهِۦٓ إِلَٰهًا ۖ لَّقَدْ قُلْنَآ إِذًا شَطَطًا ﴿١٤﴾

14. Wa rabatná 'alá qulúbihim iz qámú faqálú Rabbuná Rabbus samáwáti wal ardhi lan nad'uwa min dúnihí iláhal laqad qulná izan chatatá

14. E robustecemos os seus corações; e quando se ergueram, disseram: Nosso Senhor é o Senhor dos Céus e da Terra e nunca invocaremos nenhuma outra divindade em vez d'Ele; porque, com isso, proferiríamos extravagâncias.

هَٰٓؤُلَآءِ قَوْمُنَا ٱتَّخَذُوا۟ مِن دُونِهِۦٓ ءَالِهَةً ۖ لَّوْلَا يَأْتُونَ عَلَيْهِم بِسُلْطَٰنٍۭ
بَيِّنٍ ۖ فَمَنْ أَظْلَمُ مِمَّنِ ٱفْتَرَىٰ عَلَى ٱللَّهِ كَذِبًا ﴿١٥﴾

15. Há'ulá'i qaumunat takhazú min dúnihi álihatal lau lá yatúna 'alaihim bisultánim baiyin; faman azlamu mimman iftará 'alal láhi kazibá

15. Estes povos adoram outras divindades, em vez d'Ele, embora não lhes tenha sido concedida autoridade evidente alguma para tal. Haverá alguém mais injusto do que quem forja mentiras acerca de Deus?

وَإِذِ ٱعْتَزَلْتُمُوهُمْ وَمَا يَعْبُدُونَ إِلَّا ٱللَّهَ فَأْوُۥٓا۟ إِلَى ٱلْكَهْفِ يَنشُرْ لَكُمْ رَبُّكُم
مِّن رَّحْمَتِهِۦ وَيُهَيِّئْ لَكُم مِّنْ أَمْرِكُم مِّرْفَقًا ﴿١٦﴾

16. Wa izi 'tazaltumúhum wa má ya'budúna illal láha fá'wú ilal kahfi yanchur lakum Rabbukum mir rahmatihí wa yuhaiyi' lakum min amrikum mirfaqa

16. Quando vos afastardes deles, com tudo quanto adoram, além de Deus, refugiai-vos na caverna; então, vosso Senhor vos agraciará com a Sua misericórdia e vos reservará um feliz êxito em vosso empreendimento.

۞ وَتَرَى ٱلشَّمْسَ إِذَا طَلَعَت تَّزَٰوَرُ عَن كَهْفِهِمْ ذَاتَ ٱلْيَمِينِ وَإِذَا غَرَبَت
تَّقْرِضُهُمْ ذَاتَ ٱلشِّمَالِ وَهُمْ فِى فَجْوَةٍ مِّنْهُ ۚ ذَٰلِكَ مِنْ ءَايَٰتِ ٱللَّهِ ۗ مَن يَهْدِ ٱللَّهُ
فَهُوَ ٱلْمُهْتَدِ ۖ وَمَن يُضْلِلْ فَلَن تَجِدَ لَهُۥ وَلِيًّا مُّرْشِدًا ﴿١٧﴾

17. ۞ Wa tarach chamsa izá tala'at tazáwaru 'an kahfihim zátal yamíni wa izá gharabat taqriduhum zátach chimáli wa hum fí fajwatim minh; zálika min Áyátil láh; mai yahdil láhu fahuwal muhtad, wa mai yudhlil falan tajida lahú waliyyam murchidá

17. E verias o sol, quando se elevava, resvalar a caverna pela direita e, quando se punha, deslizar pela esquerda, enquanto eles ficavam no seu espaço aberto. Este é um dos sinais de Deus. Aquele que Deus encaminhar estará bem encaminhado; por outra, àquele que desviar, jamais poderás achar-lhe protetor que o guie.

وَتَحْسَبُهُمْ أَيْقَاظًا وَهُمْ رُقُودٌ ۚ وَنُقَلِّبُهُمْ ذَاتَ ٱلْيَمِينِ وَذَاتَ ٱلشِّمَالِ ۖ وَكَلْبُهُم
بَٰسِطٌ ذِرَاعَيْهِ بِٱلْوَصِيدِ ۚ لَوِ ٱطَّلَعْتَ عَلَيْهِمْ لَوَلَّيْتَ مِنْهُمْ فِرَارًا وَلَمُلِئْتَ مِنْهُمْ
رُعْبًا ﴿١٨﴾

18. Wa tahsabuhum ayqázan wa hum ruqúd; wa nuqallibuhum zátal yamíni wa zátach chimáli wa kalbuhum básitun zirá'ayhi bilwasíd; lawit tala'ta 'alaihim la wallaita min-hum firáran wa lamuli'ta min-hum ru'ba

18. (Se os houvesses visto) terias acreditado que estavam despertos, apesar de estarem dormindo, pois Nós os virávamos, ora para a direita, ora para a esquerda, enquanto o seu cão dormia com as patas estendidas, à entrada da caverna. Sim, se os tivesses visto, terias retrocedido e fugido, transido de espanto!

وَكَذَٰلِكَ بَعَثْنَٰهُمْ لِيَتَسَآءَلُوا۟ بَيْنَهُمْ ۚ قَالَ قَآئِلٌ مِّنْهُمْ كَمْ لَبِثْتُمْ ۖ قَالُوا۟
لَبِثْنَا يَوْمًا أَوْ بَعْضَ يَوْمٍ ۚ قَالُوا۟ رَبُّكُمْ أَعْلَمُ بِمَا لَبِثْتُمْ فَٱبْعَثُوٓا۟ أَحَدَكُم

بِوَرِقِكُمۡ هَٰذِهِۦٓ إِلَى ٱلۡمَدِينَةِ فَلۡيَنظُرۡ أَزۡكَىٰ طَعَامٗا فَلۡيَأۡتِكُم بِرِزۡقٖ مِّنۡهُ

وَلۡيَتَلَطَّفۡ وَلَا يُشۡعِرَنَّ بِكُمۡ أَحَدًا ١٩

19. Wa kazálika ba'açnáhum liyatasá'alú bainahum; qála qá'ilum min-hum kam labiçtum qálú labçná yauman au ba'da yaum; qálú Rabbukum a'lamu bimá labiçtum fab'açú ahadakum biwariquikum házihí ilal madínati falyanzur ayyuhá azká ta'áman falyátikum birizquim min-hu walyatalattaf wa lá yuch'iranna bikum ahadá

19. E eis que os despertamos para que se interrogassem entre si. Um deles disse: Quanto tempo permanecestes aqui? Responderam: Estivemos um dia, ou parte dele! Outros disseram: Nosso Senhor sabe melhor do que ninguém o quanto permanecestes. Enviai à cidade algum de vós com este dinheiro; que procure o melhor alimento e vos traga uma parte para que mateis a vossa fome; que seja sutil e não inteire ninguém a vosso respeito,

إِنَّهُمۡ إِن يَظۡهَرُواْ عَلَيۡكُمۡ يَرۡجُمُوكُمۡ أَوۡ يُعِيدُوكُمۡ فِي مِلَّتِهِمۡ وَلَن تُفۡلِحُوٓاْ

إِذًا أَبَدٗا ٢٠

20. Innahum in yazharú 'alaikum yarjumúkum au yu'ídúkum fí millatihim wa lan tuflihú izan abadá

20. Porque, se vos descobrirem, apedrejar-vos-ão ou vos coagirão a abraçar o credo deles e, então, jamais prosperareis.

وَكَذَٰلِكَ أَعۡثَرۡنَا عَلَيۡهِمۡ لِيَعۡلَمُوٓاْ أَنَّ وَعۡدَ ٱللَّهِ حَقّٞ وَأَنَّ ٱلسَّاعَةَ لَا رَيۡبَ فِيهَآ

إِذۡ يَتَنَٰزَعُونَ بَيۡنَهُمۡ أَمۡرَهُمۡۖ فَقَالُواْ ٱبۡنُواْ عَلَيۡهِم بُنۡيَٰنٗاۖ رَّبُّهُمۡ أَعۡلَمُ بِهِمۡۚ قَالَ

ٱلَّذِينَ غَلَبُواْ عَلَىٰٓ أَمۡرِهِمۡ لَنَتَّخِذَنَّ عَلَيۡهِم مَّسۡجِدٗا ٢١

21. Wa kazálika a'çarná 'alaihim liya'lamú anna wa'dal láhi haqqun wa annas Sá'ata lá raiba fíhá iz yatanáza'úna bainahum amrahum faqálu bnú 'alaihim bunyáná; Rabbuhum a'lamu bihim; qálal lazína ghalabú 'alá amrihim lanattakhizanna 'alaihim masjidá

21. Assim revelamos o seu caso às pessoas, para que se persuadissem de que a promessa de Deus é verídica e de que a Hora é indubitável. E quando estes discutiram entre si a questão, disseram: Erigi um edifício, por cima deles; seu Senhor é o mais sabedor

disso. Aqueles, cujas opiniões prevaleciam, disseram: Erigi um templo, por cima da caverna!

سَيَقُولُونَ ثَلَٰثَةٞ رَّابِعُهُمۡ كَلۡبُهُمۡ وَيَقُولُونَ خَمۡسَةٞ سَادِسُهُمۡ كَلۡبُهُمۡ رَجۡمَۢا
بِٱلۡغَيۡبِۖ وَيَقُولُونَ سَبۡعَةٞ وَثَامِنُهُمۡ كَلۡبُهُمۡۚ قُل رَّبِّيٓ أَعۡلَمُ بِعِدَّتِهِم مَّا يَعۡلَمُهُمۡ
إِلَّا قَلِيلٞۗ فَلَا تُمَارِ فِيهِمۡ إِلَّا مِرَآءٗ ظَٰهِرٗا وَلَا تَسۡتَفۡتِ فِيهِم مِّنۡهُمۡ أَحَدٗا ٢٢

22. Sa yaqúlúna çaláçatun rábi'uhum kalbuhum wa yaqúlúna khamsatun sádisuhum kalbuhum rajmam bilghaib; wa yaqúlúna sab'atun wa çáminuhum kalbuhum; qur Rabbi a'lamu bi'iddatihim má ya'lamuhum illá qalíl; falá tumári fíhim illá mirá'an záhiran wa lá tastafti fíhim min-hum ahadá

22. Alguns diziam: Eram três, e o cão deles perfazia um total de quatro. Outros diziam: Eram cinco, e o cão totalizava seis, tentando, sem dúvida, adivinhar o desconhecido. E outros, ainda, diziam: Eram sete, oito com o cão. Dize: Meu Senhor conhece melhor do que ninguém o seu número e só poucos o conhecem! Não discutas, pois, a respeito disto, a menos que seja de um modo claro e não inquiras, sobre eles, ninguém.

وَلَا تَقُولَنَّ لِشَاْيۡءٍ إِنِّي فَاعِلٞ ذَٰلِكَ غَدًا ٢٣

23. Wa lá taqúlanna lichai'in inní fá'ilun zálika ghadá

23. Jamais digas: Deixai, que farei isto amanhã,

إِلَّآ أَن يَشَآءَ ٱللَّهُۚ وَٱذۡكُر رَّبَّكَ إِذَا نَسِيتَ وَقُلۡ عَسَىٰٓ أَن يَهۡدِيَنِ رَبِّي لِأَقۡرَبَ مِنۡ
هَٰذَا رَشَدٗا ٢٤

24. Illá an yachá'al láh; wazkur Rabbaka izá nasíta wa qul 'asá an yahdiyani Rabbí li aqraba min házá rachada

24. A menos que adiciones: Se Deus quiser! Recorda o teu Senhor quando esqueceres, e dize: É possível que meu Senhor me encaminhe para o que está mais próximo da verdade.

وَلَبِثُواْ فِي كَهۡفِهِمۡ ثَلَٰثَ مِاْئَةٖ سِنِينَ وَٱزۡدَادُواْ تِسۡعٗا ٢٥

25. Wa labçú fí kahfihim çaláça mi'atin sinína wazdádú tis'á

25. Eis que permaneceram na caverna por trezentos e nove anos.

قُلِ ٱللَّهُ أَعۡلَمُ بِمَا لَبِثُواْۖ لَهُۥ غَيۡبُ ٱلسَّمَٰوَٰتِ وَٱلۡأَرۡضِۖ أَبۡصِرۡ بِهِۦ وَأَسۡمِعۡۚ
مَا لَهُم مِّن دُونِهِۦ مِن وَلِيّٖ وَلَا يُشۡرِكُ فِي حُكۡمِهِۦٓ أَحَدٗا ٢٦

26. Qulil láhu a'lamu bimá labiçú lahú ghaibus samáwáti wal ardhi absir bihí wa asmi'; má lahum min dúnihí min waliyyin walá yuchriku fí hukmihí ahadá

26. Dize-lhes: Deus sabe melhor do que ninguém o quanto permaneceram, porque é Seu o mistério dos Céus e da Terra. Quão Vidente e quão Ouvinte é! Eles não têm, em vez d'Ele, protetor algum, e Ele não divide com ninguém o Seu comando.

وَٱتۡلُ مَآ أُوحِيَ إِلَيۡكَ مِن كِتَابِ رَبِّكَۖ لَا مُبَدِّلَ لِكَلِمَٰتِهِۦ وَلَن تَجِدَ مِن
دُونِهِۦ مُلۡتَحَدٗا ٢٧

27. Watlu má úhiya ilaika min Kitábi Rabbika lá mubaddila li Kalimátihí wa lan tajida min dúnihí multahadá

27. Recita, pois, o que te foi revelado do Livro de teu Senhor, cujas palavras são imutáveis; nunca acharás amparo fora d'Ele.

وَٱصۡبِرۡ نَفۡسَكَ مَعَ ٱلَّذِينَ يَدۡعُونَ رَبَّهُم بِٱلۡغَدَوٰةِ وَٱلۡعَشِيِّ يُرِيدُونَ وَجۡهَهُۥۖ وَلَا
تَعۡدُ عَيۡنَاكَ عَنۡهُمۡ تُرِيدُ زِينَةَ ٱلۡحَيَوٰةِ ٱلدُّنۡيَاۖ وَلَا تُطِعۡ مَنۡ أَغۡفَلۡنَا قَلۡبَهُۥ عَن ذِكۡرِنَا
وَٱتَّبَعَ هَوَىٰهُ وَكَانَ أَمۡرُهُۥ فُرُطٗا ٢٨

28. Wasbir nafsaka ma'al lazína yad'úna Rabbahum bilghadáti wal'achiyyi yurídúna Wajhahú wa lá ta'du 'aynáka 'anhum turídu zínatal hayátid dunyá wa lá tuti' man aghfalná qalbahú 'an zikriná wattaba'a hawáhu wa kána amruhú furuthá

28. Sê paciente, juntamente com aqueles que pela manhã e à noite invocam o seu Senhor, anelando contemplar o Seu Rosto. Não os menosprezes, desejando o encanto da vida terrena, e não escutes aquele cujo coração permitimos menosprezar o ato de se lembrar de Nós, e que se entregou aos seus próprios desejos, excedendo-se em suas ações.

سُورَةُ الكَهۡفِ

Surat Al Cahf

وَقُلِ ٱلۡحَقُّ مِن رَّبِّكُمۡۖ فَمَن شَآءَ فَلۡيُؤۡمِن وَمَن شَآءَ فَلۡيَكۡفُرۡۚ إِنَّآ أَعۡتَدۡنَا لِلظَّٰلِمِينَ
نَارًا أَحَاطَ بِهِمۡ سُرَادِقُهَاۚ وَإِن يَسۡتَغِيثُواْ يُغَاثُواْ بِمَآءٖ كَٱلۡمُهۡلِ يَشۡوِي ٱلۡوُجُوهَۚ
بِئۡسَ ٱلشَّرَابُ وَسَآءَتۡ مُرۡتَفَقًا ﴿٢٩﴾

29. Wa qulil haqqu mir Rabbikum faman chá'a falyu'min wa man chá'a falyakfur; inná a'tadná lizzálimína Náran aháta bihim surádiquhá; wa in yastaghíçú yugháçú bimá'in kalmuhli yachwil wujúh' bi'sach-charáb; wa sá'at murtafaqá

29. Dize-lhes: A verdade emana do vosso Senhor; assim, pois, que creia quem desejar, e descreia quem quiser. Preparamos para os injustos o fogo, cuja labareda os envolverá. Quando implorarem por água, ser-lhes-á dado a beber água semelhante a metal em fusão, que lhes assará os rostos. Que péssima bebida! Que péssimo repouso!

إِنَّ ٱلَّذِينَ ءَامَنُواْ وَعَمِلُواْ ٱلصَّٰلِحَٰتِ إِنَّا لَا نُضِيعُ أَجۡرَ مَنۡ أَحۡسَنَ عَمَلًا ﴿٣٠﴾

30. Innal lazína ámanú wa 'amilus sálih※áti inná lá nudhí'u ajra man ahsana 'amalá

30. Em troca, os crentes, que praticam o bem – certamente que não frustraremos a recompensa do benfeitor –,

أُوْلَٰٓئِكَ لَهُمۡ جَنَّٰتُ عَدۡنٖ تَجۡرِي مِن تَحۡتِهِمُ ٱلۡأَنۡهَٰرُ يُحَلَّوۡنَ فِيهَا مِنۡ أَسَاوِرَ مِن ذَهَبٖ
وَيَلۡبَسُونَ ثِيَابًا خُضۡرٗا مِّن سُندُسٖ وَإِسۡتَبۡرَقٖ مُّتَّكِـِٔينَ فِيهَا عَلَى ٱلۡأَرَآئِكِۚ نِعۡمَ ٱلثَّوَابُ
وَحَسُنَتۡ مُرۡتَفَقٗا ﴿٣١﴾

31. Ulá'ika lahum Jannátu 'Adnin tajrí min tahtihimul anháru yuhallawna fíhá min asáwira min zahabin wa yalbasúna ciyában khudram min sundusin wa istabraquim muttaki'ína fíhá 'alal ará'ik; ni'mas çawábu wa hasunat murtafaqá

31. Obterão os jardins do Éden, abaixo dos quais correm os rios, onde usarão braceletes de ouro, vestirão roupas verdes de tafetá e brocado, e repousarão sobre tronos elevados. Que ótima recompensa e que feliz repouso!

۞ وَٱضۡرِبۡ لَهُم مَّثَلٗا رَّجُلَيۡنِ جَعَلۡنَا لِأَحَدِهِمَا جَنَّتَيۡنِ مِنۡ أَعۡنَٰبٖ وَحَفَفۡنَٰهُمَا بِنَخۡلٖ
وَجَعَلۡنَا بَيۡنَهُمَا زَرۡعٗا ﴿٣٢﴾

32. ۞ *Wadhrib lahum maçalar rajulaini ja'alná li ahadihimá jannataini min a'nábin wa hafafnáhumá binakhilin wa ja'alná bainahumá zar'á*
32. Expõe-lhes o exemplo de dois homens: a um deles concedemos dois parreirais, que rodeamos de tamareiras e, entre ambos, dispusemos plantações.

كِلْتَا ٱلْجَنَّتَيْنِ ءَاتَتْ أُكُلَهَا وَلَمْ تَظْلِم مِّنْهُ شَيْـًٔا ۚ وَفَجَّرْنَا خِلَـٰلَهُمَا نَهَرًا ﴿٣٣﴾

33. *Kiltal jannataini átat ukulahá wa lam tazlim min-hu chai'an wa fajjarná khilálahumá nahará*
33. Ambos os parreirais frutificaram, sem em nada falharem, e no meio deles fizemos brotar um rio.

وَكَانَ لَهُۥ ثَمَرٌ فَقَالَ لِصَـٰحِبِهِۦ وَهُوَ يُحَاوِرُهُۥٓ أَنَا۠ أَكْثَرُ مِنكَ مَالًا وَأَعَزُّ نَفَرًا ﴿٣٤﴾

34. *Wa kána lahú çamarun faqála lisáhibihí wa huwa yuháwiruhú ana akçaru minka málan wa a'azzu nafará*
34. E abundante era a sua produção. Ele disse ao seu vizinho: Sou mais rico do que tu e tenho mais poderio

وَدَخَلَ جَنَّتَهُۥ وَهُوَ ظَالِمٌ لِّنَفْسِهِۦ قَالَ مَآ أَظُنُّ أَن تَبِيدَ هَـٰذِهِۦٓ أَبَدًا ﴿٣٥﴾

35. *Wa dakhala jannatahú wa huwa zálimul linafsihí qála má azunnu an tabída házihí abadá*
35. Entrou em seu parreiral num estado (mental) injusto para com a sua alma. Disse: Não creio que (este parreiral) jamais pereça,

وَمَآ أَظُنُّ ٱلسَّاعَةَ قَآئِمَةً وَلَئِن رُّدِدتُّ إِلَىٰ رَبِّى لَأَجِدَنَّ خَيْرًا مِّنْهَا مُنقَلَبًا ﴿٣٦﴾

36. *Wa má azunnus Sá'ata qá'imatan wa la'in rudidtu ilá Rabbí la ajidanna khairam min-há munqalabá*
36. Como tampouco creio que a Hora chegue! Porém, se retornar ao meu Senhor, serei recompensado com outra dádiva melhor do que esta.

قَالَ لَهُۥ صَاحِبُهُۥ وَهُوَ يُحَاوِرُهُۥٓ أَكَفَرْتَ بِٱلَّذِى خَلَقَكَ مِن تُرَابٍ ثُمَّ مِن نُّطْفَةٍ ثُمَّ
سَوَّىٰكَ رَجُلًا ﴿٣٧﴾

37. *Qála lahú sáhibuhú wa huwa yuháwiruhú akafarta billazí khalaqaka min turábin çumma min nutfatin çumma sauwáka rajulá*
37. Seu vizinho lhe disse, argumentando: Porventura negas Quem te criou, primeiro do pó, depois de esperma, e logo te moldou como homem?

سُورَةُ الكَهفِ

Surat Al Cahf

لَّٰكِنَّا۠ هُوَ ٱللَّهُ رَبِّي وَلَآ أُشۡرِكُ بِرَبِّيٓ أَحَدٗا ﴿٣٨﴾

38. Lákiná Huwal láhu Rabbí wa lá uchriku bi Rabbí ahadá

38. Quanto a mim, Deus é meu Senhor e jamais associarei ninguém ao meu Senhor.

وَلَوۡلَآ إِذۡ دَخَلۡتَ جَنَّتَكَ قُلۡتَ مَا شَآءَ ٱللَّهُ لَا قُوَّةَ إِلَّا بِٱللَّهِۚ إِن تَرَنِ أَنَا۠ أَقَلَّ مِنكَ مَالٗا وَوَلَدٗا ﴿٣٩﴾

39. Wa lau lá iz dakhalta jannataka qulta má chá'al láhu lá quwwata illá billáh; in tarani ana aqalla minka málan wa waladá

39. Por que quando entraste em teu parreiral não disseste: Seja o que Deus quiser; não existe poder senão em Deus, mesmo que me visses inferior a ti em bens e filhos?

فَعَسَىٰ رَبِّيٓ أَن يُؤۡتِيَنِ خَيۡرٗا مِّن جَنَّتِكَ وَيُرۡسِلَ عَلَيۡهَا حُسۡبَانٗا مِّنَ ٱلسَّمَآءِ فَتُصۡبِحَ صَعِيدٗا زَلَقًا ﴿٤٠﴾

40. Fa'asá Rabí an yu'tiyani khairam min jannatika wa yursila 'alaihá husbánam minas samá'i fatusbiha sa'idan zalaqá

40. É possível que meu Senhor me conceda algo melhor do que o teu parreiral e que, do céu, desencadeie sobre o teu uma centelha, que o converta em um terreno de areia movediça,

أَوۡ يُصۡبِحَ مَآؤُهَا غَوۡرٗا فَلَن تَسۡتَطِيعَ لَهُۥ طَلَبٗا ﴿٤١﴾

41. Au yusbiha má'uhá ghawran falan tastatí'a lahú talabá

41. Ou que a água seja totalmente absorvida e nunca possas recuperá-la.

وَأُحِيطَ بِثَمَرِهِۦ فَأَصۡبَحَ يُقَلِّبُ كَفَّيۡهِ عَلَىٰ مَآ أَنفَقَ فِيهَا وَهِيَ خَاوِيَةٌ عَلَىٰ عُرُوشِهَا وَيَقُولُ يَٰلَيۡتَنِي لَمۡ أُشۡرِكۡ بِرَبِّيٓ أَحَدٗا ﴿٤٢﴾

42. Wa uhíta biçamarihí fásbaha yuqallibu kaffaihi 'alá má anfaqa fíhá wa hiya kháwiyatun 'alá 'urúchihá wa yaqúlu yálaitaní lam uchrik bi Rabbí ahadá

42. E foi arrasada a sua propriedade; e (o incrédulo, arrependido) retorcia, então, as mãos, pelo que nelas havia investido, e, vendo-a revolvida, dizia: Oxalá não tivesse associado ninguém ao meu Senhor!

وَلَمۡ تَكُن لَّهُۥ فِئَةٞ يَنصُرُونَهُۥ مِن دُونِ ٱللَّهِ وَمَا كَانَ مُنتَصِرًا ﴿٤٣﴾

43. Wa lam takul lahú fi'atun yansurúnahú min dúnil láhi wa má kána muntasirá
43. E não houve ajuda que o defendesse de Deus, nem pôde salvar-se.

هُنَالِكَ ٱلْوَلَٰيَةُ لِلَّهِ ٱلْحَقِّ ۚ هُوَ خَيْرٌ ثَوَابًا وَخَيْرٌ عُقْبًا ﴿٤٤﴾

44. Hunálikal waláyatu lilláhil haqq; huwa khairun çawában wa khairun 'uqbá
44. Assim, a proteção só incumbe ao Verdadeiro Deus, porque Ele é o melhor Recompensador e o melhor Destino.

وَٱضْرِبْ لَهُم مَّثَلَ ٱلْحَيَوٰةِ ٱلدُّنْيَا كَمَآءٍ أَنزَلْنَٰهُ مِنَ ٱلسَّمَآءِ فَٱخْتَلَطَ بِهِۦ نَبَاتُ
ٱلْأَرْضِ فَأَصْبَحَ هَشِيمًا تَذْرُوهُ ٱلرِّيَٰحُ ۗ وَكَانَ ٱللَّهُ عَلَىٰ كُلِّ شَىْءٍ مُّقْتَدِرًا ﴿٤٥﴾

45. Wadhrib lahum maçalal hayátid dunyá kamá'in anzalnáhu minas samá'i fakhtalata bihí nabátul ardhi fa asbaha hachíman tazrúhur riyáh; wa kánal láhu 'alá kulli chai'im muqtadirá
45. Expõe-lhes o exemplo da vida terrena, que se assemelha à água que enviamos do céu, a qual se mescla com as plantas da terra, as quais se convertem em feno, o qual os ventos disseminam. Sabei que Deus prevalece sobre todas as coisas.

ٱلْمَالُ وَٱلْبَنُونَ زِينَةُ ٱلْحَيَوٰةِ ٱلدُّنْيَا ۖ وَٱلْبَٰقِيَٰتُ ٱلصَّٰلِحَٰتُ خَيْرٌ عِندَ رَبِّكَ ثَوَابًا
وَخَيْرٌ أَمَلًا ﴿٤٦﴾

46. Almálu walbanúna zínatul hayátid dunya wal báquiyátus sálihátu khairun 'inda Rabbika çawában wa khairun amalá
46. Os bens e os filhos são o encanto da vida terrena; por outra, as boas ações, perduráveis, são mais meritórias e mais esperançosas, aos olhos do teu Senhor.

وَيَوْمَ نُسَيِّرُ ٱلْجِبَالَ وَتَرَى ٱلْأَرْضَ بَارِزَةً وَحَشَرْنَٰهُمْ فَلَمْ نُغَادِرْ مِنْهُمْ أَحَدًا ﴿٤٧﴾

47. Wa yauma nusaiyirul jibála wa taral ardha bárizatan wa hacharnáhum falam nughádir min-hum ahadá
47. E recorda-lhes o dia em que moveremos as montanhas, quando então verás a terra arrasada, e os congregaremos, sem se omitir nenhum deles.

وَعُرِضُوا۟ عَلَىٰ رَبِّكَ صَفًّا لَّقَدْ جِئْتُمُونَا كَمَا خَلَقْنَٰكُمْ أَوَّلَ مَرَّةٍۭ ۚ بَلْ زَعَمْتُمْ أَلَّن نَّجْعَلَ
لَكُم مَّوْعِدًا ﴿٤٨﴾

48. Wa 'uridhú 'alá Rabbika saffá, laqad ji'tumúná kamá khalaqnákum auala marrah; bal za'amtum allan naj'ala lakum mau'idá

48. Então serão apresentados em filas ante o seu Senhor, Que lhes dirá: Agora compareceis ante Nós, tal como vos criamos pela primeira vez, embora pretendêsseis que jamais vos fixaríamos este comparecimento.

وَوُضِعَ ٱلْكِتَٰبُ فَتَرَى ٱلْمُجْرِمِينَ مُشْفِقِينَ مِمَّا فِيهِ وَيَقُولُونَ يَٰوَيْلَتَنَا مَالِ هَٰذَا
ٱلْكِتَٰبِ لَا يُغَادِرُ صَغِيرَةً وَلَا كَبِيرَةً إِلَّآ أَحْصَىٰهَا ۚ وَوَجَدُوا۟ مَا عَمِلُوا۟ حَاضِرًا ۗ
وَلَا يَظْلِمُ رَبُّكَ أَحَدًا ﴿٤٩﴾

49. Wa wudhi'al kitábu fataral mujrimína muchfiquína mimmá fíhi wa yaqúlúna yá wailataná má liházal kitábi lá yughádiru saghíratan walá kabíratan illá ahsáhá; wa wajadú má 'amilú hádirá; wa lá yazlimu Rabbuka ahadá

49. O Livro-registro será exposto. Verás os pecadores atemorizados por seu conteúdo, e dirão: Ai de nós! Que significa este Livro? Não omite nem pequena, nem grande falta, senão que as enumera! E encontrarão registrado tudo quanto tiverem feito. Teu Senhor não defraudará ninguém.

وَإِذْ قُلْنَا لِلْمَلَٰٓئِكَةِ ٱسْجُدُوا۟ لِءَادَمَ فَسَجَدُوٓا۟ إِلَّآ إِبْلِيسَ كَانَ مِنَ ٱلْجِنِّ فَفَسَقَ عَنْ أَمْرِ
رَبِّهِۦٓ ۗ أَفَتَتَّخِذُونَهُۥ وَذُرِّيَّتَهُۥٓ أَوْلِيَآءَ مِن دُونِى وَهُمْ لَكُمْ عَدُوٌّۢ ۚ بِئْسَ لِلظَّٰلِمِينَ
بَدَلًا ﴿٥٠﴾

50. Wa iz qulná lil malá'ikati sjudú li Ádama fasajadú illá Iblísa kána minal jinni fafasaqa 'an amri Rabbih; afatattakhizúnahú wa zurriyatahú auliyá'a min dúní wahum lakum 'aduwwom; bi'sa lizzálimína badalá

50. E (lembra-te) de quando dissemos aos anjos: Prostrai-vos ante Adão! Prostraram-se todos, menos Lúcifer, que era um dos gênios, e que se rebelou contra a ordem do seu Senhor. Tomá-los-íeis, pois, juntamente com a sua prole, por protetores, em vez de Mim, apesar de serem vossos inimigos? Que péssima troca a dos injustos!

۞ مَّآ أَشْهَدتُّهُمْ خَلْقَ ٱلسَّمَٰوَٰتِ وَٱلْأَرْضِ وَلَا خَلْقَ أَنفُسِهِمْ وَمَا كُنتُ مُتَّخِذَ
ٱلْمُضِلِّينَ عَضُدًا ﴿٥١﴾

سُورَةُ الكَهۡفِ

Surat Al Cahf

51. ۞ Má achhadtuhum khalqas samáwáti wal ardhi walá khalqa anfusihim wamá kuntu muttakhizal mudhillína 'adhudá

51. Não os tomei por testemunhas na criação dos Céus e da Terra, nem na sua própria criação, porque jamais tomei por assistentes os sedutores.

وَيَوۡمَ يَقُولُ نَادُواْ شُرَكَآءِىَ ٱلَّذِينَ زَعَمۡتُمۡ فَدَعَوۡهُمۡ فَلَمۡ يَسۡتَجِيبُواْ لَهُمۡ وَجَعَلۡنَا
بَيۡنَهُم مَّوۡبِقٗا ٥٢

52. Wa Yauma yaqúlu nádú churaká'iyal lazína za'amtum fada'awhum falam yastajíbú lahum wa ja'alná bainahum maubiqá

52. E no dia em que Ele disser (aos idólatras): Chamai os Meus pretendidos parceiros!, chamá-los-ão; porém, estes não atenderão a eles, pois lhes teremos interposto um abismo.

وَرَءَا ٱلۡمُجۡرِمُونَ ٱلنَّارَ فَظَنُّوٓاْ أَنَّهُم مُّوَاقِعُوهَا وَلَمۡ يَجِدُواْ عَنۡهَا مَصۡرِفٗا ٥٣

53. Waráal mujrimúnan Nára fazannú annahum muwáqui'úhá walam yajidú 'anhá masrifá

53. Os pecadores divisarão o fogo, estarão cientes de que cairão nele, porém não acharão escapatória.

وَلَقَدۡ صَرَّفۡنَا فِي هَٰذَا ٱلۡقُرۡءَانِ لِلنَّاسِ مِن كُلِّ مَثَلٖۚ وَكَانَ ٱلۡإِنسَٰنُ أَكۡثَرَ شَيۡءٖ
جَدَلٗا ٥٤

54. Wa laqad sarrafná fí házal quráni linnási min kulli maçal; wa kánal insánu akçara chai'in jadalá

54. Temos reiterado, neste Alcorão, toda a classe de exemplos para os humanos; porém, o homem é o demandante mais rebelde (que existe).

وَمَا مَنَعَ ٱلنَّاسَ أَن يُؤۡمِنُوٓاْ إِذۡ جَآءَهُمُ ٱلۡهُدَىٰ وَيَسۡتَغۡفِرُواْ رَبَّهُمۡ إِلَّآ أَن تَأۡتِيَهُمۡ
سُنَّةُ ٱلۡأَوَّلِينَ أَوۡ يَأۡتِيَهُمُ ٱلۡعَذَابُ قُبُلٗا ٥٥

55. Wa má mana'an nása an yu'minú iz já'ahumul hudá wa yastaghfirú Rabbahum illá an tátiyahum sunnatul auwalína au yátiyahumul 'azábu qubulá

55. E o que impediu os humanos de crerem, quando lhes chegou a orientação, de implorarem o perdão do seu Senhor? Desejam, acaso, que os surpreenda o exemplo dos primitivos ou lhes sobrevenha abertamente o castigo?

وَمَا نُرۡسِلُ ٱلۡمُرۡسَلِينَ إِلَّا مُبَشِّرِينَ وَمُنذِرِينَۚ وَيُجَٰدِلُ ٱلَّذِينَ كَفَرُواْ بِٱلۡبَٰطِلِ
لِيُدۡحِضُواْ بِهِ ٱلۡحَقَّۖ وَٱتَّخَذُوٓاْ ءَايَٰتِي وَمَآ أُنذِرُواْ هُزُوٗا ﴿٥٦﴾

56. Wa má nursilul mursalína illá mubachchirína wa munzirín; wa yujádilul lazína kafarú bilbáthili liyudhidhú bihil haqqa wattakhazú Áyáti wa má unzirú huzuwá

56. Jamais enviamos mensageiros, a não ser como alvissareiros e admoestadores; porém, os incrédulos disputam com vãos argumentos a falsidade, para com ela refutarem a verdade; e tomam os Meus versículos e as Minhas advertências como objetos de brincadeira.

وَمَنۡ أَظۡلَمُ مِمَّن ذُكِّرَ بِـَٔايَٰتِ رَبِّهِۦ فَأَعۡرَضَ عَنۡهَا وَنَسِيَ مَا قَدَّمَتۡ يَدَاهُۚ إِنَّا جَعَلۡنَا عَلَىٰ
قُلُوبِهِمۡ أَكِنَّةً أَن يَفۡقَهُوهُ وَفِيٓ ءَاذَانِهِمۡ وَقۡرٗاۖ وَإِن تَدۡعُهُمۡ إِلَى ٱلۡهُدَىٰ فَلَن
يَهۡتَدُوٓاْ إِذًا أَبَدٗا ﴿٥٧﴾

57. Wa man azlamu mimman zukkira bi ayáti Rabbihí fa-a'radha 'anhá wa nasiya má qaddamat yadáh; inná ja'alná 'alá qulúbihim akinnatan an yafqahúhu wa fí ázánihim waqrá; wa in tad'uhum ilal hudá falan yahtadú izan abadá

57. E haverá alguém mais injusto do que aqueles que, ao serem exortados com os versículos do seu Senhor, logo os desdenham, esquecendo-se de tudo quanto tenham cometido? Em verdade, sigilamos as suas mentes para que não os compreendessem, e ensurdecemos os seus ouvidos; e ainda que os convides à orientação, jamais se encaminharão.

وَرَبُّكَ ٱلۡغَفُورُ ذُو ٱلرَّحۡمَةِۖ لَوۡ يُؤَاخِذُهُم بِمَا كَسَبُواْ لَعَجَّلَ لَهُمُ ٱلۡعَذَابَۚ بَل
لَّهُم مَّوۡعِدٞ لَّن يَجِدُواْ مِن دُونِهِۦ مَوۡئِلٗا ﴿٥٨﴾

58. Wa Rabbukal Ghafúru zur rahmati lau yu'ákhizuhum bimá kasabú la 'ajjala lahumul 'azáb; bal lahum mau'idul lan yajidú min dúnihí mau'ilá

58. Porém, teu Senhor é Indulgente, Misericordiosíssimo. Se ele os punisse pelo que cometeram, acelerar-lhes-ia o castigo; porém, terão um prazo, depois do qual jamais terão escapatória.

وَتِلۡكَ ٱلۡقُرَىٰٓ أَهۡلَكۡنَٰهُمۡ لَمَّا ظَلَمُواْ وَجَعَلۡنَا لِمَهۡلِكِهِم مَّوۡعِدٗا ﴿٥٩﴾

سُورَةُ الكَهۡفِ

Surat Al Cahf

59. Wa tilkal qurá ahlaknahum lammá zalamú wa ja'alná limahlikihim mau'idá

59. Tais eram as cidades que, pela iniquidade dos seus habitantes, exterminamos, e prefixamos um término para isso.

وَإِذۡ قَالَ مُوسَىٰ لِفَتَىٰهُ لَآ أَبۡرَحُ حَتَّىٰٓ أَبۡلُغَ مَجۡمَعَ ٱلۡبَحۡرَيۡنِ أَوۡ أَمۡضِيَ
حُقُبٗا ﴿٦٠﴾

60. Wa iz qálá Mussa lifatáhu lá abrahu hattá ablugha majma'al bahrayni au amdiya huqubá

60. Moisés disse ao seu atendente: Não descansarei até alcançar a confluência dos dois mares, ainda que para isso tenha de viajar anos e anos.

فَلَمَّا بَلَغَا مَجۡمَعَ بَيۡنِهِمَا نَسِيَا حُوتَهُمَا فَٱتَّخَذَ سَبِيلَهُۥ فِي ٱلۡبَحۡرِ سَرَبٗا ﴿٦١﴾

61. Falammá balaghá majma'a bainihimá nasiyá hútahumá fattakhaza sabílahú fil bahri sarabá

61. Mas quando ambos se aproximaram da confluência dos dois mares, haviam esquecido o seu peixe, o qual seguira, serpeando, seu rumo até ao mar.

فَلَمَّا جَاوَزَا قَالَ لِفَتَىٰهُ ءَاتِنَا غَدَآءَنَا لَقَدۡ لَقِينَا مِن سَفَرِنَا هَٰذَا نَصَبٗا ﴿٦٢﴾

62. Falammá jáwazá qála lifatáhu átiná ghadá'aná laqad laquína min safariná házá nasabá

62. E quando a alcançaram, Moisés disse ao seu atendente: Providencia nosso alimento, pois sofremos fadigas durante esta nossa viagem.

قَالَ أَرَءَيۡتَ إِذۡ أَوَيۡنَآ إِلَى ٱلصَّخۡرَةِ فَإِنِّي نَسِيتُ ٱلۡحُوتَ وَمَآ أَنسَىٰنِيهُ إِلَّا ٱلشَّيۡطَٰنُ
أَنۡ أَذۡكُرَهُۥۚ وَٱتَّخَذَ سَبِيلَهُۥ فِي ٱلۡبَحۡرِ عَجَبٗا ﴿٦٣﴾

63. Qála ara'ayta iz awainá ilas sakhrati fa inní nasítul húta wa má ansáníhu illach Chaitánu an azkurah; wattakhaza sabílahú fil bahri'ajabá

63. Respondeu-lhe: Lembras-te de quando nos refugiamos junto à rocha? Eu me esqueci do peixe – e ninguém, senão Satanás, me fez esquecer de me recordar! Creio que ele tomou milagrosamente o rumo do mar.

قَالَ ذَٰلِكَ مَا كُنَّا نَبۡغِۚ فَٱرۡتَدَّا عَلَىٰٓ ءَاثَارِهِمَا قَصَصٗا ﴿٦٤﴾

64. Qála zálika má kunná nabghi; fartaddá 'alá áçárihimá qasasá

64. Disse-lhe: Eis o que procurávamos! E voltaram pelo mesmo caminho.

سُورَةُ الكَهۡفِ

Surat Al Cahf

فَوَجَدَا عَبۡدٗا مِّنۡ عِبَادِنَآ ءَاتَيۡنَٰهُ رَحۡمَةٗ مِّنۡ عِندِنَا وَعَلَّمۡنَٰهُ مِن لَّدُنَّا عِلۡمٗا ﴿٦٥﴾

65. Fa wajadá 'abdam min 'ibádiná átaináhu Rahmatam min 'indiná wa 'allamnáhu mil ladunná 'ilmá

65. E encontraram-se com um dos Nossos servos, que havíamos agraciado com a Nossa misericórdia e iluminado com a Nossa ciência.

قَالَ لَهُۥ مُوسَىٰ هَلۡ أَتَّبِعُكَ عَلَىٰٓ أَن تُعَلِّمَنِ مِمَّا عُلِّمۡتَ رُشۡدٗا ﴿٦٦﴾

66. Qála lahú Mussa hal attabi'uka 'alá an tu'allimani mimmá 'ullimta ruchdá

66. E Moisés lhe disse: Posso seguir-te, para que me ensines a verdade que te foi revelada?

قَالَ إِنَّكَ لَن تَسۡتَطِيعَ مَعِيَ صَبۡرٗا ﴿٦٧﴾

67. Qálá innaka lan tastatí'a ma'iya sabrá

67. Respondeu-lhe: Tu não serias capaz de ser paciente para estares comigo.

وَكَيۡفَ تَصۡبِرُ عَلَىٰ مَا لَمۡ تُحِطۡ بِهِۦ خُبۡرٗا ﴿٦٨﴾

68. Wa kaifa tasbiru 'alá má lam tuhit bihí khubrá

68. Como poderias ser paciente em relação ao que não compreendes?

قَالَ سَتَجِدُنِيٓ إِن شَآءَ ٱللَّهُ صَابِرٗا وَلَآ أَعۡصِي لَكَ أَمۡرٗا ﴿٦٩﴾

69. Qála satajiduni in chá'al láhu sábiran wa lá a'sí laka amrá

69. Moisés disse: Se Deus quiser, achar-me-á paciente e não desobedecerei às tuas ordens.

قَالَ فَإِنِ ٱتَّبَعۡتَنِي فَلَا تَسۡـَٔلۡنِي عَن شَيۡءٍ حَتَّىٰٓ أُحۡدِثَ لَكَ مِنۡهُ ذِكۡرٗا ﴿٧٠﴾

70. Qála fa inittaba'taní falá tas'alni 'an chai'in hattá uhdiça laka min-hu zikrá

70. Respondeu-lhe: Então, se me seguires, não me perguntes nada, até que eu te faça menção a isso.

فَٱنطَلَقَا حَتَّىٰٓ إِذَا رَكِبَا فِي ٱلسَّفِينَةِ خَرَقَهَاۖ قَالَ أَخَرَقۡتَهَا لِتُغۡرِقَ أَهۡلَهَا لَقَدۡ جِئۡتَ
شَيۡـًٔا إِمۡرٗا ﴿٧١﴾

71. Fantalaqá hattá izá rakibá fis safínati kharaqahá qála akharaqtahá litughriqa ahlahá laqad ji'ta chai'an imrá

71. Então, ambos se puseram a andar, até embarcarem em um barco, que o desconhecido perfurou. Moisés lhe disse: Perfuraste-o para afogar os seus ocupantes? Sem dúvida que cometeste um ato estranho!

قَالَ أَلَمْ أَقُلْ إِنَّكَ لَن تَسْتَطِيعَ مَعِيَ صَبْرًا ﴿٧٢﴾

72. Qála alam aqul innaka lan tastatí'a ma'iya sabrá

72. Retrucou-lhe: Não te disse que és demasiado impaciente para estares comigo?

قَالَ لَا تُؤَاخِذْنِي بِمَا نَسِيتُ وَلَا تُرْهِقْنِي مِنْ أَمْرِي عُسْرًا ﴿٧٣﴾

73. Qála lá tu'ákhizní bimá nasítu wa lá turhiqní min amrí 'usrá

73. Disse-lhe: Desculpa-me por me ter esquecido, mas não me imponhas uma condição demasiado difícil.

فَانطَلَقَا حَتَّىٰ إِذَا لَقِيَا غُلَامًا فَقَتَلَهُۥ قَالَ أَقَتَلْتَ نَفْسًا زَكِيَّةً بِغَيْرِ نَفْسٍ لَّقَدْ جِئْتَ شَيْـًٔا

نُّكْرًا ﴿٧٤﴾

74. Fantalaqá hattá izá laqiyá ghuláman faqatalahú qála aqatalta nafsan zakiyatam bighairi nafs; laqad ji'ta chai'an nukrá

74. E ambos se puseram a andar, até que encontraram um jovem, o qual (o companheiro de Moisés) matou. Disse-lhe então Moisés: Acabas de matar um inocente, sem que ele tenha causado a morte a ninguém! Eis que cometeste uma ação ruim.

(Fim do Juzi 15)

Juzi dezesseis

Surata 18. Al Cahf (A Caverna) do versículo 75 até 110.

۞ قَالَ أَلَمْ أَقُل لَّكَ إِنَّكَ لَن تَسْتَطِيعَ مَعِىَ صَبْرًا ﴿٧٥﴾

75. Qála alam aqul laka innaka lan tastatí'a ma'iya sabrá

75. Retrucou-lhe: Não te disse que não poderás ser paciente comigo?

قَالَ إِن سَأَلْتُكَ عَن شَىْءٍ بَعْدَهَا فَلَا تُصَٰحِبْنِى قَدْ بَلَغْتَ مِن لَّدُنِّى عُذْرًا ﴿٧٦﴾

76. Qála in sa altuka 'an chai'im ba'dahá falá tusáhibni qad balaghta mil ladunní 'uzrá

76. Moisés lhe disse: Se da próxima vez voltar a perguntar algo, então não permitas que te acompanhe, e me desculpa.

فَٱنطَلَقَا حَتَّىٰٓ إِذَآ أَتَيَآ أَهْلَ قَرْيَةٍ ٱسْتَطْعَمَآ أَهْلَهَا فَأَبَوْا۟ أَن يُضَيِّفُوهُمَا فَوَجَدَا
فِيهَا جِدَارًا يُرِيدُ أَن يَنقَضَّ فَأَقَامَهُۥ قَالَ لَوْ شِئْتَ لَتَّخَذْتَ عَلَيْهِ أَجْرًا ﴿٧٧﴾

77. Fantalaqá hattá izá atayá ahla qaryatinis tat'amá ahlahá fa abau an yudaiyifúhumá fauajadá fíhá jidáran yurídu an yanqadda fa aqámah; qála lau chi'ta lattakhazta 'alaihi ajrá

77. E ambos se puseram a andar, até que chegaram a uma cidade, onde pediram pousada aos seus moradores, os quais se negaram a hospedá-los. Nela, acharam um muro que estava a ponto de desmoronar, e o desconhecido o restaurou. Moisés lhe disse então: Se quisesses, poderias exigir recompensa por isso.

قَالَ هَٰذَا فِرَاقُ بَيْنِى وَبَيْنِكَ سَأُنَبِّئُكَ بِتَأْوِيلِ مَا لَمْ تَسْتَطِع عَّلَيْهِ صَبْرًا ﴿٧٨﴾

78. Qála házá firáqu bainí wa bainik; sa unabbi'uka bi ta'wíli má lam tastati' 'alaihi sabrá

78. Disse-lhe: Aqui nós nos separamos; porém, antes, inteirar-te-ei da interpretação sobre a qual foste demasiado impaciente:

أَمَّا ٱلسَّفِينَةُ فَكَانَتْ لِمَسَٰكِينَ يَعْمَلُونَ فِى ٱلْبَحْرِ فَأَرَدتُّ أَنْ أَعِيبَهَا وَكَانَ
وَرَآءَهُم مَّلِكٌ يَأْخُذُ كُلَّ سَفِينَةٍ غَصْبًا ﴿٧٩﴾

79. Ammas safínatu fakánat limasákína ya'malúna fil bahri fa arattu an a'íbahá wa kána wará' ahum malikun yákhuzu kulla safínatin ghasbá

79. Quanto ao barco, pertencia aos pobres pescadores do mar, e achamos por bem avariá-lo, porque atrás dele vinha um rei que se apossava, pela força, de todas as embarcações.

وَأَمَّا ٱلْغُلَٰمُ فَكَانَ أَبَوَاهُ مُؤْمِنَيْنِ فَخَشِينَآ أَن يُرْهِقَهُمَا طُغْيَٰنًا وَكُفْرًا ﴿٨٠﴾

80. Wa ámmal ghulámu fakána abauáhu mu'minaini fakhachíná an yurhiqa humá tughyánan wa kufrá

80. Quanto ao jovem, seus pais eram crentes e temíamos que ele os induzisse à transgressão e à incredulidade.

فَأَرَدْنَآ أَن يُبْدِلَهُمَا رَبُّهُمَا خَيْرًا مِّنْهُ زَكَوٰةً وَأَقْرَبَ رُحْمًا ﴿٨١﴾

81. Faradná an yubdila humá Rabbuhumá khairam minhu zakátan wa aqraba ruhmá

81. Quisemos que o seu Senhor os agraciasse, em troca, com outro mais puro e mais afetuoso.

وَأَمَّا ٱلْجِدَارُ فَكَانَ لِغُلَٰمَيْنِ يَتِيمَيْنِ فِى ٱلْمَدِينَةِ وَكَانَ تَحْتَهُۥ كَنزٌ لَّهُمَا وَكَانَ
أَبُوهُمَا صَٰلِحًا فَأَرَادَ رَبُّكَ أَن يَبْلُغَآ أَشُدَّهُمَا وَيَسْتَخْرِجَا كَنزَهُمَا رَحْمَةً
مِّن رَّبِّكَ ۚ وَمَا فَعَلْتُهُۥ عَنْ أَمْرِى ۚ ذَٰلِكَ تَأْوِيلُ مَا لَمْ تَسْطِع عَّلَيْهِ صَبْرًا ﴿٨٢﴾

82. Wa ammal jidáru fakána lighulámaini yatímaini fil madínati wa kána tahtahú kanzul lahumá wa kána abúhumá sálihan fa aráda Rabbuka an yablughá achuddahumá wa yastakhrijá kanzahumá rahmatam mir Rabbik; wa má fa'altuhú 'an amrí; zálika táwilu má lam tasti' 'alaihi sabra

82. E quanto ao muro, pertencia a dois jovens órfãos da cidade, debaixo do qual havia um tesouro seu. Seu pai era virtuoso e teu Senhor tencionou que alcançassem a puberdade, para que pudessem tirar o seu tesouro. Isso é do beneplácito de teu Senhor. Não o fiz por minha própria vontade. Eis a explicação daquilo em relação ao qual não foste paciente.

وَيَسْـَٔلُونَكَ عَن ذِى ٱلْقَرْنَيْنِ ۖ قُلْ سَأَتْلُوا۟ عَلَيْكُم مِّنْهُ ذِكْرًا ﴿٨٣﴾

83. Wa yas'alúnaka 'an Zil Qarnaini qul sa atlú 'alaikum minhu zikrá

83. Interrogar-te-ão a respeito de Zul Carnain. Dize-lhes: Relatar-vos-ei algo de sua história:

سُورَةُ الكَهۡفِ

Surat Al Cahf

إِنَّا مَكَّنَّا لَهُۥ فِي ٱلۡأَرۡضِ وَءَاتَيۡنَٰهُ مِن كُلِّ شَيۡءٖ سَبَبٗا ﴿٨٤﴾

84. Inná makkanná lahú fil ardhi wa átaináhu min kulli chai'in sababá

84. Consolidamos o seu poder na terra e lhe proporcionamos o meio de tudo.

فَأَتۡبَعَ سَبَبًا ﴿٨٥﴾

85. Fa atba'a sababá

85. E seguiu um rumo,

حَتَّىٰٓ إِذَا بَلَغَ مَغۡرِبَ ٱلشَّمۡسِ وَجَدَهَا تَغۡرُبُ فِي عَيۡنٍ حَمِئَةٖ وَوَجَدَ عِندَهَا قَوۡمٗاۗ قُلۡنَا
يَٰذَا ٱلۡقَرۡنَيۡنِ إِمَّآ أَن تُعَذِّبَ وَإِمَّآ أَن تَتَّخِذَ فِيهِمۡ حُسۡنٗا ﴿٨٦﴾

86. Hattá izá balagha maghribach chamsi wajadahá taghrubu fí 'aynin hami'atin wa wajada 'indahá qaumá; qulná yá Zal Qarnaini immá an tu'az ziba wa immá an tattakhiza fíhim husná

86. Até que, chegando ao poente do sol, viu-o pôr-se numa fonte fervente, perto da qual encontrou um povo. Dissemos-lhe: Ó Zul Carnain, tens autoridade para castigá-los ou tratá-los com benevolência.

قَالَ أَمَّا مَن ظَلَمَ فَسَوۡفَ نُعَذِّبُهُۥ ثُمَّ يُرَدُّ إِلَىٰ رَبِّهِۦ فَيُعَذِّبُهُۥ عَذَابٗا نُّكۡرٗا ﴿٨٧﴾

87. Qála amma man zalama fasaufa nu'azzibuhú çumma yuraddu ilá Rabbihí fa yu 'azzibuhú azában nukrá

87. Disse: Castigaremos o injusto; logo retornará ao seu Senhor, Que o castigará severamente.

وَأَمَّا مَنۡ ءَامَنَ وَعَمِلَ صَٰلِحٗا فَلَهُۥ جَزَآءً ٱلۡحُسۡنَىٰۖ وَسَنَقُولُ لَهُۥ مِنۡ أَمۡرِنَا يُسۡرٗا ﴿٨٨﴾

88. Wa ammá man ámana wa 'amila sálihan falahú jazá'anil husná wa sanaqúlu lahú min amriná yusrá

88. Quanto ao crente que praticar o bem, obterá por recompensa a bem-aventurança, e o trataremos com brandura.

ثُمَّ أَتۡبَعَ سَبَبًا ﴿٨٩﴾

89. Çumma atba'a sababá

89. Então, seguiu (outro) rumo.

حَتَّىٰٓ إِذَا بَلَغَ مَطۡلِعَ ٱلشَّمۡسِ وَجَدَهَا تَطۡلُعُ عَلَىٰ قَوۡمٖ لَّمۡ نَجۡعَل لَّهُم مِّن دُونِهَا سِتۡرٗا ﴿٩٠﴾

90. Hattá izá balagha matli'ach chamsi wajdahá tatlu'u alá qaumil lam naj'al lahum min dúnihá sitrá

90. Até que, chegando à nascente do sol, viu que este saía sobre um povo contra o qual não havíamos provido nenhum abrigo.

كَذَٰلِكَ وَقَدْ أَحَطْنَا بِمَا لَدَيْهِ خُبْرًا ﴿٩١﴾

91. Kazálika wa qad ahatná bimá ladaihi khubrá

91. Assim foi, porque temos pleno conhecimento de tudo sobre ele.

ثُمَّ أَتْبَعَ سَبَبًا ﴿٩٢﴾

92. Çumma atba'a sababá

92. Então, seguiu (outro) rumo.

حَتَّىٰٓ إِذَا بَلَغَ بَيْنَ ٱلسَّدَّيْنِ وَجَدَ مِن دُونِهِمَا قَوْمًا لَّا يَكَادُونَ يَفْقَهُونَ قَوْلًا ﴿٩٣﴾

93. Hattá izá balagha bainas saddaini wajada min dúnihimá qaumal lá yaká dúna yafqahúna qaulá

93. Até que chegou a um lugar entre duas montanhas, onde encontrou um povo que mal podia compreender uma palavra.

قَالُوا۟ يَٰذَا ٱلْقَرْنَيْنِ إِنَّ يَأْجُوجَ وَمَأْجُوجَ مُفْسِدُونَ فِى ٱلْأَرْضِ فَهَلْ نَجْعَلُ لَكَ خَرْجًا عَلَىٰٓ أَن تَجْعَلَ بَيْنَنَا وَبَيْنَهُمْ سَدًّا ﴿٩٤﴾

94. Qálú yá Zal qarnaini inna Ya'júja wa Ma'júja mufsidúna fil ardhi fahal naj'alu laka kharjan 'alá an taj'ala bainaná wa bainahum saddá

94. Disseram-lhe: Ó Zul Carnain, (o povo de) Gog e Magog faz devastações na terra. Queres que te paguemos um tributo, para que levantes uma barreira entre nós e eles?

قَالَ مَا مَكَّنِّى فِيهِ رَبِّى خَيْرٌ فَأَعِينُونِى بِقُوَّةٍ أَجْعَلْ بَيْنَكُمْ وَبَيْنَهُمْ رَدْمًا ﴿٩٥﴾

95. Qála má makkanní fíhi Rabbí khairun fa-a'ínúní biquwwatin aj'al bainakum wa bainahum radmá

95. Respondeu-lhes: Aquilo com que o meu Senhor me tem agraciado é preferível. Secundai-me, pois, com vigor, e levantarei uma muralha intransponível, entre vós e eles.

ءَاتُونِى زُبَرَ ٱلۡحَدِيدِۖ حَتَّىٰٓ إِذَا سَاوَىٰ بَيۡنَ ٱلصَّدَفَيۡنِ قَالَ ٱنفُخُواْۖ حَتَّىٰٓ إِذَا جَعَلَهُۥ نَارٗا قَالَ ءَاتُونِىٓ أُفۡرِغۡ عَلَيۡهِ قِطۡرٗا ﴿٩٦﴾

96. Átúní zubaral hadíd, hattá izá sáwá bainas sadafaini qálan fukhú hattá izá ja'alahú náran qála átúní ufrigh 'alaihi quitrá

96. Trazei-me blocos de ferro, até cobrir o espaço entre as duas montanhas. Disse aos trabalhadores: Assoprai (com vossos foles), até que fiquem vermelhos como fogo. Disse mais: Trazei-me chumbo fundido, que jogarei por cima.

فَمَا ٱسۡطَٰعُوٓاْ أَن يَظۡهَرُوهُ وَمَا ٱسۡتَطَٰعُواْ لَهُۥ نَقۡبٗا ﴿٩٧﴾

97. Famas tá'ú an yazharúhu wa mastatá'ú lahú naqbá

97. E assim a muralha foi feita e (o povo de Gog e Magog) não pôde escalá-la, nem perfurá-la.

قَالَ هَٰذَا رَحۡمَةٞ مِّن رَّبِّىۖ فَإِذَا جَآءَ وَعۡدُ رَبِّى جَعَلَهُۥ دَكَّآءَۖ وَكَانَ وَعۡدُ رَبِّى حَقّٗا ﴿٩٨﴾

98. Qála háza rahmatun mir Rabbí fa izá já'a wa'du Rabbí ja'alahú dakká'a; wa kana wa'du Rabbí haqqá

98. Disse (depois): Esta muralha é uma misericórdia de meu Senhor. Porém, quando chegar a Sua promessa, Ele a reduzirá a pó, porque a promessa de meu Senhor é infalível.

۞ وَتَرَكۡنَا بَعۡضَهُمۡ يَوۡمَئِذٖ يَمُوجُ فِى بَعۡضٖۖ وَنُفِخَ فِى ٱلصُّورِ فَجَمَعۡنَٰهُمۡ جَمۡعٗا ﴿٩٩﴾

99. ۞ Wa taraknná ba'dhahum Yauma'izin yamúju fí ba'dhin wa nufikha fis Súri fajama'náhum jam'á

99. Nesse dia, deixaremos alguns deles insurgirem-se contra os outros e a trombeta será soada. E os congregaremos a todos.

وَعَرَضۡنَا جَهَنَّمَ يَوۡمَئِذٖ لِّلۡكَٰفِرِينَ عَرۡضًا ﴿١٠٠﴾

100. Wa 'aradhná jahannama Yauma'izil lilkáfirína 'ardhá

100. Nesse dia, apresentaremos abertamente, aos incrédulos, o inferno,

ٱلَّذِينَ كَانَتۡ أَعۡيُنُهُمۡ فِى غِطَآءٍ عَن ذِكۡرِى وَكَانُواْ لَا يَسۡتَطِيعُونَ سَمۡعًا ﴿١٠١﴾

101. Allazína kánat a'yunuhum fí ghitá'in 'an zikrí wa kánú lá yastatí'úna sam'á

101. Bem como àqueles cujos olhos estavam velados para se lembrarem de Mim, e que não foram capazes de escutar.

أَفَحَسِبَ ٱلَّذِينَ كَفَرُوٓاْ أَن يَتَّخِذُواْ عِبَادِي مِن دُونِيٓ أَوۡلِيَآءَۚ إِنَّآ أَعۡتَدۡنَا جَهَنَّمَ
لِلۡكَٰفِرِينَ نُزُلٗا ١٠٢

102. Afa<u>h</u>asibal lazína kafarú an yattakhizú 'ibádí min dúní auliyá'; inná a'tadná jahannama lil káfirína nuzulá

102. Pensaram, acaso, os incrédulos, tomar Meus servos por protetores, em vez de Mim? Temos destinado o inferno, por morada, aos incrédulos.

قُلۡ هَلۡ نُنَبِّئُكُم بِٱلۡأَخۡسَرِينَ أَعۡمَٰلًا ١٠٣

103. Qul hal nunabbi'ukum bilakhsarína a'málá

103. Dize-lhes: Quereis que vos inteire de quem são os mais desmerecedores com respeito às suas obras?

ٱلَّذِينَ ضَلَّ سَعۡيُهُمۡ فِي ٱلۡحَيَوٰةِ ٱلدُّنۡيَا وَهُمۡ يَحۡسَبُونَ أَنَّهُمۡ يُحۡسِنُونَ صُنۡعًا ١٠٤

104. Allazína dhalla sa'yuhum fil <u>h</u>ayátid duná wa hum ya<u>h</u>sabúna annahum yu<u>h</u>sinúna sun'á

104. São aqueles cujos esforços se desvaneceram na vida terrena, não obstante crerem haver praticado o bem.

أُوْلَٰٓئِكَ ٱلَّذِينَ كَفَرُواْ بِـَٔايَٰتِ رَبِّهِمۡ وَلِقَآئِهِۦ فَحَبِطَتۡ أَعۡمَٰلُهُمۡ فَلَا نُقِيمُ لَهُمۡ يَوۡمَ ٱلۡقِيَٰمَةِ
وَزۡنٗا ١٠٥

105. Ulá'ikal lazína kafarú bi áyáti Rabbihim wa liqá'ihi fa<u>h</u>abitat a'máluhum falá nuqímu lahum Yaumal Quiyámati wazná

105. Estes são os que renegaram os versículos de seu Senhor e o comparecimento ante Ele; porém, suas obras tornaram-se sem efeito, e não lhes reconheceremos mérito algum, no Dia da Ressurreição.

ذَٰلِكَ جَزَآؤُهُمۡ جَهَنَّمُ بِمَا كَفَرُواْ وَٱتَّخَذُوٓاْ ءَايَٰتِي وَرُسُلِي هُزُوًا ١٠٦

106. Zálika jazá'uhum jahannamu bimá kafarú wattakhazú Áyáti wa Rusulí huzuwá

106. Sua morada será o inferno, por sua incredulidade, e por terem escarnecido os Meus versículos e os Meus mensageiros.

سُورَةُ الْكَهْفِ

Surat Al Cahf

إِنَّ ٱلَّذِينَ ءَامَنُواْ وَعَمِلُواْ ٱلصَّٰلِحَٰتِ كَانَتۡ لَهُمۡ جَنَّٰتُ ٱلۡفِرۡدَوۡسِ نُزُلًا ﴿١٠٧﴾

107. Innal lazína ámanú wa 'amilus sálihát kánat lahum Jannátul Firdausi nuzulá

107. Por outra, os crentes, que praticarem o bem, terão por abrigo os jardins do Paraíso,

خَٰلِدِينَ فِيهَا لَا يَبۡغُونَ عَنۡهَا حِوَلٗا ﴿١٠٨﴾

108. Khálidína fíha lá yabghúna 'anhá hiwalá

108. Onde morarão eternamente e não ansiarão por mudar de sorte.

قُل لَّوۡ كَانَ ٱلۡبَحۡرُ مِدَادٗا لِّكَلِمَٰتِ رَبِّي لَنَفِدَ ٱلۡبَحۡرُ قَبۡلَ أَن تَنفَدَ كَلِمَٰتُ رَبِّي وَلَوۡ جِئۡنَا
بِمِثۡلِهِۦ مَدَدٗا ﴿١٠٩﴾

109. Qul lau kánal bahru midádal li kalimáti Rabbí lanafidal bahru qabla an tanfada Kalimátu Rabbí wa lau ji'ná bimislihí madadá

109. Dize-lhes: Se o oceano se transformasse em tinta, com que se escrevessem as palavras de meu Senhor, esgotar-se-ia antes de se esgotarem as Suas palavras, ainda que para isso se empregasse outro tanto de tinta.

قُلۡ إِنَّمَآ أَنَا۠ بَشَرٞ مِّثۡلُكُمۡ يُوحَىٰٓ إِلَيَّ أَنَّمَآ إِلَٰهُكُمۡ إِلَٰهٞ وَٰحِدٞۖ فَمَن كَانَ يَرۡجُواْ لِقَآءَ رَبِّهِۦ
فَلۡيَعۡمَلۡ عَمَلٗا صَٰلِحٗا وَلَا يُشۡرِكۡ بِعِبَادَةِ رَبِّهِۦٓ أَحَدَۢا ﴿١١٠﴾

110. Qul innamá ana bacharum mislukum yúhá ilaiya annamá iláhukum Iláhun Wáhid; faman kána yarjú liqá'a Rabbihí falya'mal 'amalan sálihan wa lá yuchrik bi'ibádati Rabbihí ahadá

110. Dize: Sou tão-somente um mortal como vós, a quem tem sido revelado que o vosso Deus é um Deus Único. Por conseguinte, quem espera o comparecimento ante seu Senhor que pratique o bem e não associe ninguém ao culto d'Ele.

سُورَةُ مَرْيَم

Surat Mariam

Surat 19. Mariam (Maria). Revelada em Makka; 98 versículos, com exceção dos versículos 58 e 71, que foram revelados em Madina.

بِسْمِ ٱللَّهِ ٱلرَّحْمَٰنِ ٱلرَّحِيمِ

Bismilláhir Rahmánir Rahím

Em nome de Deus, o Clemente, o Misericordioso

كٓهيعٓصٓ ﴿١﴾

1. Káf-Há-Yá-'Ayyn-Sád

1. Caf, Ha, Yá, Ain, Sad.

ذِكْرُ رَحْمَتِ رَبِّكَ عَبْدَهُۥ زَكَرِيَّآ ﴿٢﴾

2. Zikru rahmati Rabbika 'abdahú Zakariyya

2. Eis o relato da misericórdia de teu Senhor para com o Seu servo, Zacarias.

إِذْ نَادَىٰ رَبَّهُۥ نِدَآءً خَفِيًّا ﴿٣﴾

3. Iz nádá Rabbahú nidá'an khafiyyá

3. Ao invocar, intimamente, seu Senhor,

قَالَ رَبِّ إِنِّى وَهَنَ ٱلْعَظْمُ مِنِّى وَٱشْتَعَلَ ٱلرَّأْسُ شَيْبًا وَلَمْ أَكُنۢ بِدُعَآئِكَ رَبِّ شَقِيًّا ﴿٤﴾

4. Qála Rabbi inní wahanal 'azmu minní wachta 'alar ra'su chaiban wa lam akum bidu'á'ika Rabbi chaquiyyá

4. Dizendo: Ó Senhor meu, os meus ossos estão debilitados, o meu cabelo embranqueceu, mas nunca fui desventurado em minhas súplicas a Ti, ó Senhor meu!

وَإِنِّى خِفْتُ ٱلْمَوَٰلِىَ مِن وَرَآءِى وَكَانَتِ ٱمْرَأَتِى عَاقِرًا فَهَبْ لِى مِن لَّدُنكَ وَلِيًّا ﴿٥﴾

5. Wa inní khiftul mauáliya min wará'í wa kánat imra atí 'aqiran fa hablí mil ladunka waliyyá

سُورَةُ مَرْيَمَ

Surat Mariam

5. Em verdade, temo pelo que farão os meus parentes, depois da minha morte, visto que minha mulher é estéril. Agracia-me, de Tua parte, com um sucessor!

يَرِثُنِي وَيَرِثُ مِنْ ءَالِ يَعْقُوبَ ۖ وَٱجْعَلْهُ رَبِّ رَضِيًّا ﴿٦﴾

6. Yariçuní wa yariçu min áli Ya'qúb, waj'alhu Rabbi radhiyya

6. Que represente a mim e à família de Jacó; e faze dele, ó meu Senhor, uma pessoa que Te satisfaça!

يَٰزَكَرِيَّآ إِنَّا نُبَشِّرُكَ بِغُلَٰمٍ ٱسْمُهُۥ يَحْيَىٰ لَمْ نَجْعَل لَّهُۥ مِن قَبْلُ سَمِيًّا ﴿٧﴾

7. Yá Zakariyyá inná nubachchiruka bi ghulámin ismuhú Yahyá lam naj'al lahú min qablu samiyyá

7. Ó Zacarias, anunciamo-te o nascimento de uma criança, cujo nome será Yahia (João). Nunca denominamos, assim, ninguém, antes dele.

قَالَ رَبِّ أَنَّىٰ يَكُونُ لِى غُلَٰمٌ وَكَانَتِ ٱمْرَأَتِى عَاقِرًا وَقَدْ بَلَغْتُ مِنَ
ٱلْكِبَرِ عِتِيًّا ﴿٨﴾

8. Qála Rabbi anná yakúnu lí ghulámun wakánat imra atí 'áqiran wa qad balaghtu minal kibari 'itiyyá

8. Disse (Zacarias): Ó Senhor meu, como poderei ter um filho, uma vez que minha mulher é estéril e eu cheguei à senilidade?

قَالَ كَذَٰلِكَ قَالَ رَبُّكَ هُوَ عَلَىَّ هَيِّنٌ وَقَدْ خَلَقْتُكَ مِن قَبْلُ وَلَمْ تَكُ
شَيْـًٔا ﴿٩﴾

9. Qála kazálika qála Rabbuka huwa 'alaiya haiyinun wa qad khalaqtuka min qablu wa lam taku chai'á

9. Respondeu-lhe: Assim será! Disse teu Senhor: Isso Me é fácil, visto que te criei antes mesmo de nada seres.

قَالَ رَبِّ ٱجْعَل لِّىٓ ءَايَةً ۚ قَالَ ءَايَتُكَ أَلَّا تُكَلِّمَ ٱلنَّاسَ ثَلَٰثَ لَيَالٍ
سَوِيًّا ﴿١٠﴾

10. Qála Rabbij 'al lí Áyah; qála Áyatuka allá tukalliman nása çaláça layálin sauiyyá

سُورَةُ مَرْيَمَ

Surat Mariam

10. Suplicou: Ó Senhor meu, aponta-me um sinal! Disse-lhe: Teu sinal consistirá em que não poderás falar com ninguém durante três noites.

فَخَرَجَ عَلَىٰ قَوْمِهِۦ مِنَ ٱلْمِحْرَابِ فَأَوْحَىٰٓ إِلَيْهِمْ أَن سَبِّحُوا۟ بُكْرَةً وَعَشِيًّا ﴿١١﴾

11. Fakharaja 'alá qaumihí minal mihrábi fa-auhá ilaihim an sabbihú bukratan wa 'achiyyá

11. Saiu do templo e, dirigindo-se ao seu povo, indicou-lhes, por sinais, que glorificassem Deus, de manhã e à tarde.

يَٰيَحْيَىٰ خُذِ ٱلْكِتَٰبَ بِقُوَّةٍ ۖ وَءَاتَيْنَٰهُ ٱلْحُكْمَ صَبِيًّا ﴿١٢﴾

12. Yá Yahyá khuzil Kitába biquwwatin wa átaináhul hukma sabiyyá

12. (Foi dito): Ó Yahia, apega-te com firmeza ao Livro! E o agraciamos, na infância, com a sabedoria,

وَحَنَانًا مِّن لَّدُنَّا وَزَكَوٰةً ۖ وَكَانَ تَقِيًّا ﴿١٣﴾

13. Wa hanánam mil ladunná wa zakátan wa kána taquiyya

13. Assim como o agraciamos com a piedade (por todas as criaturas) e com a pureza, e foi devoto,

وَبَرًّۢا بِوَٰلِدَيْهِ وَلَمْ يَكُن جَبَّارًا عَصِيًّا ﴿١٤﴾

14. Wa barram biwálidayhi wa lam yakum jabbáran 'asiyyá

14. E gentil para com seus pais, e jamais foi arrogante ou rebelde.

وَسَلَٰمٌ عَلَيْهِ يَوْمَ وُلِدَ وَيَوْمَ يَمُوتُ وَيَوْمَ يُبْعَثُ حَيًّا ﴿١٥﴾

15. Wa salámun 'alaihi yauma wulida wa yauma yamútu wa yauma yub'asu haiyyá

15. A paz esteve com ele desde o dia em que nasceu, no dia em que morreu, e estará com ele no dia em que for ressuscitado.

وَٱذْكُرْ فِى ٱلْكِتَٰبِ مَرْيَمَ إِذِ ٱنتَبَذَتْ مِنْ أَهْلِهَا مَكَانًا شَرْقِيًّا ﴿١٦﴾

16. Wazkur fil Kitábi Maryama; izin tabazat min ahlihá makánan charqiyyá

16. E menciona a Maria, no Livro, a qual se separou de sua família, indo a um local ao leste.

فَٱتَّخَذَتْ مِن دُونِهِمْ حِجَابًا فَأَرْسَلْنَآ إِلَيْهَا رُوحَنَا فَتَمَثَّلَ لَهَا بَشَرًا سَوِيًّا ﴿١٧﴾

17. Fattakhazat min dúnihim hijában fa arsalná ilaihá rúhaná fatamassala lahá bacharan sauiyyá

سُورَةُ مَرۡيَم

Surat Mariam

17. E colocou uma cortina para ocultar-se dela (da família), e lhe enviamos o Nosso Espírito, que lhe apareceu personificado, como um homem perfeito.

قَالَتْ إِنِّىٓ أَعُوذُ بِٱلرَّحْمَٰنِ مِنكَ إِن كُنتَ تَقِيًّا ﴿١٨﴾

18. Qálat inní a'úzu bir Rahmáni minka in kunta taquiyya

18. Disse-lhe ela: Guardo-me de ti no Clemente, se é que temes a Deus.

قَالَ إِنَّمَآ أَنَا۠ رَسُولُ رَبِّكِ لِأَهَبَ لَكِ غُلَٰمًا زَكِيًّا ﴿١٩﴾

19. Qála innamá ana rasúlu Rabbiki li ahaba laki ghuláman zakiyyá

19. Explicou-lhe: Sou tão-somente o mensageiro do teu Senhor, para agraciar-te com um filho imaculado.

قَالَتْ أَنَّىٰ يَكُونُ لِى غُلَٰمٌ وَلَمْ يَمْسَسْنِى بَشَرٌ وَلَمْ أَكُ بَغِيًّا ﴿٢٠﴾

20. Qálat anna yakúnu lí ghulámun wa lam yamsasní bachrun wa lam aku baghiyyá

20. Disse-lhe: Como poderei ter um filho, se nenhum homem me tocou e jamais deixei de ser casta?

قَالَ كَذَٰلِكِ قَالَ رَبُّكِ هُوَ عَلَىَّ هَيِّنٌ ۖ وَلِنَجْعَلَهُۥٓ ءَايَةً لِّلنَّاسِ وَرَحْمَةً مِّنَّا ۚ
وَكَانَ أَمْرًا مَّقْضِيًّا ﴿٢١﴾

21. Qála kazáliki qála Rabbuki huwa 'alaiya haiyimun wa linaj 'alahú Áyatal linnási wa rahmatam minná; wa kána amram maqdhiyyá

21. Disse-lhe: Assim será, porque teu Senhor disse: Isso Me é fácil! E faremos disso um sinal para os homens, e será uma prova de Nossa misericórdia. E foi uma ordem decretada.

۞ فَحَمَلَتْهُ فَٱنتَبَذَتْ بِهِۦ مَكَانًا قَصِيًّا ﴿٢٢﴾

22. ۞ *Fahamalat hu fantabazat bihi makánan qasiyyá*

22. E quando concebeu, retirou-se, com o seu rebento, para um lugar afastado.

فَأَجَآءَهَا ٱلْمَخَاضُ إِلَىٰ جِذْعِ ٱلنَّخْلَةِ قَالَتْ يَٰلَيْتَنِى مِتُّ قَبْلَ هَٰذَا وَكُنتُ نَسْيًا
مَّنسِيًّا ﴿٢٣﴾

23. Fa ajá 'ahal makhádu ilá jiz'in nakhlati qálat yá laitaní mittu qablaházá wa kuntu nasyam mansiyyá

سُورَةُ مَرۡيَمَ

Surat Mariam

23. As dores do parto a constrangeram a refugiar-se junto a uma tamareira. Disse: Oxalá eu tivesse morrido antes disto, ficando completamente esquecida!

فَنَادَىٰهَا مِن تَحۡتِهَآ أَلَّا تَحۡزَنِي قَدۡ جَعَلَ رَبُّكِ تَحۡتَكِ سَرِيّٗا ﴿٢٤﴾

24. Fanádáhá min tahtihá allá tahzaní qad ja'ala Rabbuki tahtaki sariyyá

24. Porém, chamou-a uma voz, junto a ela: Não te atormentes, porque teu Senhor fez correr um riacho a teus pés!

وَهُزِّيٓ إِلَيۡكِ بِجِذۡعِ ٱلنَّخۡلَةِ تُسَٰقِطۡ عَلَيۡكِ رُطَبٗا جَنِيّٗا ﴿٢٥﴾

25. Wa huzzí ilaiki bijiz 'in nakhlati tusáqit 'alaiki rutaban janiyyá

25. E sacode o tronco da tamareira, de onde cairão sobre ti tâmaras maduras e frescas.

فَكُلِي وَٱشۡرَبِي وَقَرِّي عَيۡنٗاۖ فَإِمَّا تَرَيِنَّ مِنَ ٱلۡبَشَرِ أَحَدٗا فَقُولِيٓ إِنِّي نَذَرۡتُ لِلرَّحۡمَٰنِ
صَوۡمٗا فَلَنۡ أُكَلِّمَ ٱلۡيَوۡمَ إِنسِيّٗا ﴿٢٦﴾

26. Fakulí wachrabí wa qarrí 'ainá; fa immá tarayinnna minal bachari ahadan faqúli inní nazartu lir Rahmáni sauman falan ukallimal yauma insiyyá

26. Come, pois, bebe e consola-te; e se vires algum humano, faze-o saber que fizeste um voto de jejum ao Clemente, e que hoje não poderás falar com pessoa alguma.

فَأَتَتۡ بِهِۦ قَوۡمَهَا تَحۡمِلُهُۥۖ قَالُواْ يَٰمَرۡيَمُ لَقَدۡ جِئۡتِ شَيۡـٔٗا فَرِيّٗا ﴿٢٧﴾

27. Fa atat bihí qaumahá tahmiluhú qálú yá Maryamú laqad ji'ti chai'an fariyyá

27. Regressou ao seu povo levando-o (o filho) nos braços. E lhe disseram: Ó Maria, eis que trouxeste algo extraordinário!

يَٰٓأُخۡتَ هَٰرُونَ مَا كَانَ أَبُوكِ ٱمۡرَأَ سَوۡءٖ وَمَا كَانَتۡ أُمُّكِ بَغِيّٗا ﴿٢٨﴾

28. Yá ukhta Hárúna má kána abúkimra'a sau'in wa má kánat ummuki baghiyyá

28. Ó irmã de Aarão, teu pai jamais foi um homem do mal, nem tua mãe uma (mulher) sem castidade!

فَأَشَارَتۡ إِلَيۡهِۖ قَالُواْ كَيۡفَ نُكَلِّمُ مَن كَانَ فِي ٱلۡمَهۡدِ صَبِيّٗا ﴿٢٩﴾

29. Fa achárat ilaih; qálú kaifa nukallimu man kána fil mahdi sabiyyá

29. Então ela lhes indicou que interrogassem o menino. Disseram: Como falaremos a uma criança que ainda está no berço.

سُورَةُ مَرْيَمَ

Surat Mariam

قَالَ إِنِّي عَبۡدُ ٱللَّهِ ءَاتَىٰنِيَ ٱلۡكِتَٰبَ وَجَعَلَنِي نَبِيّٗا ﴿٣٠﴾

30. Qála inní 'abdulláhi átániyal Kitába wa ja'alaní Nabiyyá

30. Ele lhes disse: Sou o servo de Deus, o Qual me concedeu o Livro e me designou como profeta.

وَجَعَلَنِي مُبَارَكًا أَيۡنَ مَا كُنتُ وَأَوۡصَٰنِي بِٱلصَّلَوٰةِ وَٱلزَّكَوٰةِ مَا دُمۡتُ حَيّٗا ﴿٣١﴾

31. Wa ja'alaní mubárakan aina má kuntu wa ausáni bis Saláti waz Zakáti má dumtu haiyá

31. Fez-me abençoado, onde quer que eu esteja, e me recomendou a oração e (a paga do) zakat enquanto eu viver.

وَبَرَّۢا بِوَٰلِدَتِي وَلَمۡ يَجۡعَلۡنِي جَبَّارٗا شَقِيّٗا ﴿٣٢﴾

32. Wa barram biwálidatí wa lam yaj'alní jabbáran chaqiyyá

32. E me fez gentil para com a minha mãe, não permitindo que eu seja arrogante ou infeliz.

وَٱلسَّلَٰمُ عَلَيَّ يَوۡمَ وُلِدتُّ وَيَوۡمَ أَمُوتُ وَيَوۡمَ أُبۡعَثُ حَيّٗا ﴿٣٣﴾

33. Wassalámu 'alaiya yauma wulidtu wa yauma amútu wa yauma ub'asu haiyá

33. A paz está comigo, desde o dia em que nasci; estará comigo no dia em que eu morrer, bem como no dia em que eu for ressuscitado.

ذَٰلِكَ عِيسَى ٱبۡنُ مَرۡيَمَۖ قَوۡلَ ٱلۡحَقِّ ٱلَّذِي فِيهِ يَمۡتَرُونَ ﴿٣٤﴾

34. Zálika 'Íssa bnu Maryama; qaulal haqquil lazí fíhi yamtarún

34. Este é Jesus, filho de Maria; é a pura verdade, da qual duvidam.

مَا كَانَ لِلَّهِ أَن يَتَّخِذَ مِن وَلَدٖۖ سُبۡحَٰنَهُۥٓۚ إِذَا قَضَىٰٓ أَمۡرٗا فَإِنَّمَا يَقُولُ لَهُۥ كُن فَيَكُونُ ﴿٣٥﴾

35. Má kána lilláhi ai yattakhiza min waladin Subhánah; izá qadhá amran fa innamá yaqúlu lahú kun fa yakún

35. É inadmissível que Deus tenha tido um filho. Glorificado seja! Quando decide uma coisa, basta-lhe dizer: Seja!, e é.

وَإِنَّ ٱللَّهَ رَبِّي وَرَبُّكُمۡ فَٱعۡبُدُوهُۚ هَٰذَا صِرَٰطٞ مُّسۡتَقِيمٞ ﴿٣٦﴾

36. Wa innal láha Rabbí wa Rabbukum fa'budúh; házá Sirátum Mustaquím

36. E Deus é o meu Senhor e o vosso. Adorai-o, pois! Esta é a senda reta.

سُورَةُ مَرۡيَمَ

Surat Mariam

فَٱخۡتَلَفَ ٱلۡأَحۡزَابُ مِنۢ بَيۡنِهِمۡۖ فَوَيۡلٞ لِّلَّذِينَ كَفَرُواْ مِن مَّشۡهَدِ يَوۡمٍ عَظِيمٍ ﴿٣٧﴾

37. Fakhtalafal ahzábu min bainihim fauailul lillazína kafarú min machhadi Yaumin 'azím

37. Porém, as seitas discordaram a respeito disso. Ai daqueles que não creem no comparecimento ao Grande Dia!

أَسۡمِعۡ بِهِمۡ وَأَبۡصِرۡ يَوۡمَ يَأۡتُونَنَاۖ لَٰكِنِ ٱلظَّٰلِمُونَ ٱلۡيَوۡمَ فِي ضَلَٰلٖ مُّبِينٖ ﴿٣٨﴾

38. Asmi' bihim wa absir Yauma ya'túnaná lákiniz zálimúnal yauma fí dhalálin mubín

38. Quão ouvintes e quão videntes serão, no dia em que comparecerem ante Nós! Porém, os injustos estão, hoje, em um evidente erro.

وَأَنذِرۡهُمۡ يَوۡمَ ٱلۡحَسۡرَةِ إِذۡ قُضِيَ ٱلۡأَمۡرُ وَهُمۡ فِي غَفۡلَةٖ وَهُمۡ لَا يُؤۡمِنُونَ ﴿٣٩﴾

39. Wa anzirhum Yaumal hasrati iz qudhiyal amr; wa hum fí ghaflatin wa hum lá yu'minún

39. E admoesta-os sobre o dia do lamento, quando a sentença for cumprida, enquanto estão negligentes e incrédulos.

إِنَّا نَحۡنُ نَرِثُ ٱلۡأَرۡضَ وَمَنۡ عَلَيۡهَا وَإِلَيۡنَا يُرۡجَعُونَ ﴿٤٠﴾

40. Inná nahnu nariçul ardha wa man 'alaihá wa ilainá yurja'ún

40. Em verdade, Nós herdaremos a Terra com todos os que nela estão, e a Nós retornarão todos.

وَٱذۡكُرۡ فِي ٱلۡكِتَٰبِ إِبۡرَٰهِيمَۚ إِنَّهُۥ كَانَ صِدِّيقٗا نَّبِيًّا ﴿٤١﴾

41. Wazkur fil Kitábi Ibráhím; innahú kána siddíqan Nabiyyá

41. E menciona, no Livro, (a história de) Abraão; ele foi um homem da verdade, e um profeta.

إِذۡ قَالَ لِأَبِيهِ يَٰٓأَبَتِ لِمَ تَعۡبُدُ مَا لَا يَسۡمَعُ وَلَا يُبۡصِرُ وَلَا يُغۡنِي عَنكَ شَيۡـٔٗا ﴿٤٢﴾

42.Iz qála li abíhi yá abati lima ta'budu má lá yasma'u wa lá yubsiru wa lá yughní 'anka chai'á

42. Ele disse ao seu pai: Ó meu pai, por que adoras quem não ouve, nem vê, ou que em nada pode valer-te?

يَٰٓأَبَتِ إِنِّي قَدۡ جَآءَنِي مِنَ ٱلۡعِلۡمِ مَا لَمۡ يَأۡتِكَ فَٱتَّبِعۡنِيٓ أَهۡدِكَ صِرَٰطٗا سَوِيّٗا ﴿٤٣﴾

سُورَةُ مَرۡيَمَ

Surat Mariam

43. Yá abati inní qad já'aní minal 'ilmi má lam ya'tika fattabi'ní ahdika sirátan Sauiyyá

43. Ó meu pai, tenho recebido algo da ciência, que tu não recebeste. Segue-me, pois, que eu te conduzirei pela senda reta!

يَٰٓأَبَتِ لَا تَعۡبُدِ ٱلشَّيۡطَٰنَۖ إِنَّ ٱلشَّيۡطَٰنَ كَانَ لِلرَّحۡمَٰنِ عَصِيّٗا ٤٤

44. Yá abati lá ta'budich Chaitán; innach Chaitána kána lir Rahmáni 'asiyyá

44. Ó meu pai, não adores Satanás, porque Satanás foi rebelde para com o Clemente!

يَٰٓأَبَتِ إِنِّيٓ أَخَافُ أَن يَمَسَّكَ عَذَابٞ مِّنَ ٱلرَّحۡمَٰنِ فَتَكُونَ لِلشَّيۡطَٰنِ وَلِيّٗا ٤٥

45. Yá abati inní akháfu ai yamassaka 'azábum minar Rahmáni fatakúna lich Chaitáni waliyyá

45. Ó meu pai, em verdade, temo que te açoite um castigo do Clemente, tornando-te, assim, amigo de Satanás.

قَالَ أَرَاغِبٌ أَنتَ عَنۡ ءَالِهَتِي يَٰٓإِبۡرَٰهِيمُۖ لَئِن لَّمۡ تَنتَهِ لَأَرۡجُمَنَّكَۖ وَٱهۡجُرۡنِي مَلِيّٗا ٤٦

46. Qála arághibun anta 'an álihatí yá Ibráhímu la 'il lam tantahi la arjumannaka wahjurní maliyyá

46. Disse-lhe: Ó Abraão, porventura detestas as minhas divindades? Se não desistires, apedrejar-te-ei. Afasta-te de mim!

قَالَ سَلَٰمٌ عَلَيۡكَۖ سَأَسۡتَغۡفِرُ لَكَ رَبِّيٓۖ إِنَّهُۥ كَانَ بِي حَفِيّٗا ٤٧

47. Qála salámun 'alaika sa astaghfiru laka Rabbí innahú kána bí hafiyyá

47. Disse-lhe: Que a paz esteja contigo! Implorarei, para ti, o perdão do meu Senhor, porque é Agraciante para comigo.

وَأَعۡتَزِلُكُمۡ وَمَا تَدۡعُونَ مِن دُونِ ٱللَّهِ وَأَدۡعُواْ رَبِّي عَسَىٰٓ أَلَّآ أَكُونَ بِدُعَآءِ رَبِّي شَقِيّٗا ٤٨

48. Wa a'tazilukum wa má tad'úna min dúnil láhi wa ad'ú Rabbí 'asá allá akúna bidu'á'i Rabbí chaqiyyá

48. Abandonar-vos-ei, então, (a todos) com tudo quanto adorais, em vez de Deus. Só invocarei o meu Senhor; espero, com a invocação de meu Senhor, não ser desventurado.

سُورَةُ مَرۡيَمَ

Surat Mariam

فَلَمَّا ٱعۡتَزَلَهُمۡ وَمَا يَعۡبُدُونَ مِن دُونِ ٱللَّهِ وَهَبۡنَا لَهُۥٓ إِسۡحَٰقَ وَيَعۡقُوبَۖ وَكُلًّا
جَعَلۡنَا نَبِيّٗا ﴿٤٩﴾

49. Fa lam ma'tazalahum wa má ya'budúna min dúnil láhi wahabná lahú ishháqa wa ya'qúb; wa kullan ja'alná Nabiyyá

49. E quando os abandonou com tudo quanto adoravam em vez de Deus, agraciamo-lo com Isaac e Jacó, e designamos ambos como profetas.

وَوَهَبۡنَا لَهُم مِّن رَّحۡمَتِنَا وَجَعَلۡنَا لَهُمۡ لِسَانَ صِدۡقٍ عَلِيّٗا ﴿٥٠﴾

50. Wa wahabná lahum mir rahmatiná wa ja'alná lahum lisána sidqin 'aliyyá

50. E os recompensamos com a Nossa misericórdia, e lhes garantimos honra e uma língua veraz.

وَٱذۡكُرۡ فِي ٱلۡكِتَٰبِ مُوسَىٰٓۚ إِنَّهُۥ كَانَ مُخۡلَصٗا وَكَانَ رَسُولٗا نَّبِيّٗا ﴿٥١﴾

51. Wazkur fil Kitábi Mussá; innahú kána mukhlasan wa kána Rasúlan Nabiyyá

51. E menciona Moisés, no Livro, porque foi leal e foi um mensageiro e um profeta.

وَنَٰدَيۡنَٰهُ مِن جَانِبِ ٱلطُّورِ ٱلۡأَيۡمَنِ وَقَرَّبۡنَٰهُ نَجِيّٗا ﴿٥٢﴾

52. Wa nádainâhu min jánibit Túril aimani wa qarrabnáhu najiyyá

52. Chamamo-lo à escarpa direita do Monte e fizemos com que se aproximasse, para uma confidência.

وَوَهَبۡنَا لَهُۥ مِن رَّحۡمَتِنَآ أَخَاهُ هَٰرُونَ نَبِيّٗا ﴿٥٣﴾

53. Wa wahabná lahú mir rahmatiná akháhu Hárúna Nabiyyá

53. E o agraciamos com a Nossa misericórdia, com seu irmão Aarão, outro profeta.

وَٱذۡكُرۡ فِي ٱلۡكِتَٰبِ إِسۡمَٰعِيلَۚ إِنَّهُۥ كَانَ صَادِقَ ٱلۡوَعۡدِ وَكَانَ رَسُولٗا نَّبِيّٗا ﴿٥٤﴾

54. Wazkur fil Kitábi ismá'íl; innahú kána sádiqal wa'di wa kána Rasúlan Nabiyyá

54. E menciona, no Livro, (a história de) Ismael, porque foi leal às suas promessas e foi um mensageiro e profeta.

وَكَانَ يَأۡمُرُ أَهۡلَهُۥ بِٱلصَّلَوٰةِ وَٱلزَّكَوٰةِ وَكَانَ عِندَ رَبِّهِۦ مَرۡضِيّٗا ﴿٥٥﴾

55 Wa kána ya'muru ahlahú bis Saláti waz zakáti wa kána 'inda Rabbihí mardhiyyá

سُورَةُ مَرۡيَمَ

Surat Mariam

55. Recomendava aos seus a oração e o pagamento do zakat, e foi dos mais aceitáveis aos olhos do seu Senhor.

وَٱذۡكُرۡ فِي ٱلۡكِتَٰبِ إِدۡرِيسَۚ إِنَّهُۥ كَانَ صِدِّيقٗا نَّبِيّٗا ٥٦

56. Wazkur fil Kitábi Idrís; innahú kána siddíqan Nabiyyá

56. E menciona, no Livro, (a história de) Idris, porque foi (um homem) da verdade e, um profeta.

وَرَفَعۡنَٰهُ مَكَانًا عَلِيًّا ٥٧

57. Wa rafa'náhu makánan 'aliyyá

57. Que elevamos a um estado de graça.

أُوْلَٰٓئِكَ ٱلَّذِينَ أَنۡعَمَ ٱللَّهُ عَلَيۡهِم مِّنَ ٱلنَّبِيِّـۧنَ مِن ذُرِّيَّةِ ءَادَمَ وَمِمَّنۡ حَمَلۡنَا مَعَ نُوحٖ وَمِن
ذُرِّيَّةِ إِبۡرَٰهِيمَ وَإِسۡرَٰٓءِيلَ وَمِمَّنۡ هَدَيۡنَا وَٱجۡتَبَيۡنَآۚ إِذَا تُتۡلَىٰ عَلَيۡهِمۡ ءَايَٰتُ ٱلرَّحۡمَٰنِ خَرُّواْۤ
سُجَّدٗاۤ وَبُكِيّٗا ۩ ٥٨

58. Ulá'ikal lazína an'amal láhu 'alaihim minan Nabiyyína min zurriyyati Ádama wa mimman hamalná ma'a Núhin wa min zurriyyati Ibráhíma wa Isrá'íla wa mimman hadainá wajta bainá; izá tutlá 'alaihim Áyátur Rahmáni kharrú sujjadan wa bukiyyá ***(fazer sajda)***

58. Eis aqueles a quem Deus agraciou, dentre os profetas da descendência de Adão, os que embarcamos com Noé; da descendência de Abraão e de Israel, que encaminhamos e preferimos sobre os outros, os quais, quando lhes são recitados os versículos do Clemente, prostram-se, contritos, em prantos.

۞ فَخَلَفَ مِنۢ بَعۡدِهِمۡ خَلۡفٌ أَضَاعُواْ ٱلصَّلَوٰةَ وَٱتَّبَعُواْ ٱلشَّهَوَٰتِۖ فَسَوۡفَ يَلۡقَوۡنَ
غَيًّا ٥٩

59. ۞ *Fakhalafa min ba'dihim khalfun adhá'us Saláta wattaba'uch chahauáti fasaufa yalqauna ghaiyyá*

59. Sucedeu-lhes, depois, uma descendência que perdeu a oração e se entregou às concupiscências. Porém, logo terão o seu merecido castigo.

إِلَّا مَن تَابَ وَءَامَنَ وَعَمِلَ صَٰلِحٗا فَأُوْلَٰٓئِكَ يَدۡخُلُونَ ٱلۡجَنَّةَ وَلَا يُظۡلَمُونَ شَيۡـٔٗا ٦٠

60. Illá man tába wa ámana wa 'amila sálihan fa ulá'ika yadkhulúnal jannata wa lá yuzlamúna chai'á

60. Salvo aqueles que se arrependerem, crerem e praticarem o bem; esses entrarão no Paraíso e não serão injustiçados.

جَنَّٰتِ عَدۡنٍ ٱلَّتِي وَعَدَ ٱلرَّحۡمَٰنُ عِبَادَهُۥ بِٱلۡغَيۡبِۚ إِنَّهُۥ كَانَ وَعۡدُهُۥ مَأۡتِيّٗا ﴿٦١﴾

61. Jannáti 'adninil latí wa'adar Rahmánu ibádahú bilghaib; innahú kána wa'duhú ma'tiyyá

61. (Repousarão nos) Jardins do Éden, que o Clemente prometeu, no desconhecido, aos Seus servos por meio de revelação, e Sua promessa é infalível.

لَّا يَسۡمَعُونَ فِيهَا لَغۡوًا إِلَّا سَلَٰمٗاۖ وَلَهُمۡ رِزۡقُهُمۡ فِيهَا بُكۡرَةٗ وَعَشِيّٗا ﴿٦٢﴾

62. Lá yasma'úna fíhá laghwan illá salámá; wa lahum rizquhum fíhá bukratan wa 'achiyyá

62. Aí não escutarão futilidades, mas só palavras de saudações, e receberão o seu sustento, de manhã e à tarde.

تِلۡكَ ٱلۡجَنَّةُ ٱلَّتِي نُورِثُ مِنۡ عِبَادِنَا مَن كَانَ تَقِيّٗا ﴿٦٣﴾

63. Tilkal jannatul latí núriçu min 'ibádiná man kána taquiyyá

63. Tal é o Paraíso, que deixaremos como herança a quem, dentre os Nossos servos, for devoto.

وَمَا نَتَنَزَّلُ إِلَّا بِأَمۡرِ رَبِّكَۖ لَهُۥ مَا بَيۡنَ أَيۡدِينَا وَمَا خَلۡفَنَا وَمَا بَيۡنَ ذَٰلِكَۚ
وَمَا كَانَ رَبُّكَ نَسِيّٗا ﴿٦٤﴾

64. Wa má natanazzalu illá bi amri Rabbika lahú má baina aidíná wa má khalfaná wa má baina zálik; wa má kána Rabbuka nasiyyá

64. E (os anjos) dirão: Não descemos senão por ordem de teu Senhor, a Quem pertencem o nosso passado, o nosso presente e nosso futuro, porque o teu Senhor jamais esquece.

رَّبُّ ٱلسَّمَٰوَٰتِ وَٱلۡأَرۡضِ وَمَا بَيۡنَهُمَا فَٱعۡبُدۡهُ وَٱصۡطَبِرۡ لِعِبَٰدَتِهِۦۚ هَلۡ تَعۡلَمُ لَهُۥ سَمِيّٗا ﴿٦٥﴾

65. Rabbus samáwáti wal ardhi wa má bainahumá fa'bud hu wastabir li'ibádatih; hal ta'lamu lahú samiyyá

65. É o Senhor dos céus e da terra, e de tudo quanto existe entre ambos. Adora-O, pois, e sê perseverante na adoração a Ele! Conheces-Lhe algum parceiro?

وَيَقُولُ ٱلْإِنسَٰنُ أَءِذَا مَا مِتُّ لَسَوْفَ أُخْرَجُ حَيًّا ﴿٦٦﴾

66. Wa yaqúlul insánu 'a izá má mittu lasaufa ukhraju haiyá

66. Porém, o homem diz: Quê! Porventura, depois de morto serei ressuscitado?

أَوَلَا يَذْكُرُ ٱلْإِنسَٰنُ أَنَّا خَلَقْنَٰهُ مِن قَبْلُ وَلَمْ يَكُ شَيْـًٔا ﴿٦٧﴾

67. 'Awalá yazkurul insánu anná khalaqnáhu min qablu wa lam yaku chai'á

67. Por que o homem não se lembra de que o criamos quando nada era?

فَوَرَبِّكَ لَنَحْشُرَنَّهُمْ وَٱلشَّيَٰطِينَ ثُمَّ لَنُحْضِرَنَّهُمْ حَوْلَ جَهَنَّمَ جِثِيًّا ﴿٦٨﴾

68. Faua Rabbika lanahchurannahum wach chayátina çumma lanuhdirannahum haula jahannama jiciyyá

68. Por teu Senhor, que os congregaremos com os demônios, e de pronto os faremos comparecer, de joelhos, à beira do inferno!

ثُمَّ لَنَنزِعَنَّ مِن كُلِّ شِيعَةٍ أَيُّهُمْ أَشَدُّ عَلَى ٱلرَّحْمَٰنِ عِتِيًّا ﴿٦٩﴾

69. Çumma lanan zi'anna min kulli chi'atin aiyuhum achaddu 'alar Rahmáni 'itiyyá

69. Depois, arrancaremos de cada grupo, aquele que tiver sido mais rebelde para com o Clemente.

ثُمَّ لَنَحْنُ أَعْلَمُ بِٱلَّذِينَ هُمْ أَوْلَىٰ بِهَا صِلِيًّا ﴿٧٠﴾

70. Çumma lanahnu a'lamu billazína hum aulá bihá siliyyá

70. Certamente, sabemos melhor do que ninguém quem são os merecedores de serem aí queimados.

وَإِن مِّنكُمْ إِلَّا وَارِدُهَا كَانَ عَلَىٰ رَبِّكَ حَتْمًا مَّقْضِيًّا ﴿٧١﴾

71. Wa in minkum illá wáriduhá; kána 'alá Rabbika hatmam maqdhiyyá

71. E não haverá nenhum de vós que não tenha de passar por ele, porque é um decreto irrevogável do teu Senhor.

ثُمَّ نُنَجِّي ٱلَّذِينَ ٱتَّقَوا۟ وَّنَذَرُ ٱلظَّٰلِمِينَ فِيهَا جِثِيًّا ﴿٧٢﴾

72. Çumma nunajjil lazínat taqau wa nazaruz zálimína fihá jiciyyá

72. Logo salvaremos os devotos e deixaremos ali, genuflexos, os injustos.

وَإِذَا تُتْلَىٰ عَلَيْهِمْ ءَايَٰتُنَا بَيِّنَٰتٍ قَالَ ٱلَّذِينَ كَفَرُوا۟ لِلَّذِينَ ءَامَنُوٓا۟ أَىُّ ٱلْفَرِيقَيْنِ خَيْرٌ
مَّقَامًا وَأَحْسَنُ نَدِيًّا ﴿٧٣﴾

73. Wa izá tutlá 'alaihim Áyátuná baiyinátin qálal lazína kafarú lillazína ámanú aiyul faríqaini khairum maqáman wa ahsanu nadiyyá

73. Quando lhes são recitados os Nossos versículos esclarecedores, os incrédulos dizem aos crentes: Qual dos dois partidos, o nosso ou o vosso, ocupa melhor posição e está em melhores condições?

وَكَمْ أَهْلَكْنَا قَبْلَهُم مِّن قَرْنٍ هُمْ أَحْسَنُ أَثَٰثًا وَرِءْيًا ﴿٧٤﴾

74. Wa kam ahlakná qablahum min qarnin hum ahsanu açáçan wa ri'yá

74. Quantas gerações, anteriores a eles aniquilamos! Serão eles mais opulentos e de melhor aspecto?

قُلْ مَن كَانَ فِى ٱلضَّلَٰلَةِ فَلْيَمْدُدْ لَهُ ٱلرَّحْمَٰنُ مَدًّا ۚ حَتَّىٰٓ إِذَا رَأَوْا۟ مَا يُوعَدُونَ إِمَّا
ٱلْعَذَابَ وَإِمَّا ٱلسَّاعَةَ فَسَيَعْلَمُونَ مَنْ هُوَ شَرٌّ مَّكَانًا وَأَضْعَفُ جُندًا ﴿٧٥﴾

75. Qul man kána fiddhalálati falyamdud lahur Rahmánu maddá; hattá izá ra au má yú'adúna immal 'azába wa immas Sá'ata fasa ya'lamúna man huwa charrum makánan wa adh'afu jundá

75. Dize-lhes: Quem quer que seja que estiver no erro, o Clemente o tolerará deliberadamente até que veja o que lhe foi prometido, quer seja o castigo terreno, quer seja o da Hora (do Juízo Final); então, saberão (todos) quem estará em pior posição e terá os prosélitos mais débeis.

وَيَزِيدُ ٱللَّهُ ٱلَّذِينَ ٱهْتَدَوْا۟ هُدًى ۗ وَٱلْبَٰقِيَٰتُ ٱلصَّٰلِحَٰتُ خَيْرٌ عِندَ رَبِّكَ ثَوَابًا
وَخَيْرٌ مَّرَدًّا ﴿٧٦﴾

76. Wa yazídul láhul lazínah tadau hudá; wal báqiyátus sálihátu khairun 'inda Rabbika çauában wa khairum maraddá

76. E Deus aumentará os orientados com mais orientação. As boas ações, as perduráveis, são mais meritórias e mais apreciáveis aos olhos do teu Senhor.

أَفَرَءَيْتَ ٱلَّذِى كَفَرَ بِـَٔايَٰتِنَا وَقَالَ لَأُوتَيَنَّ مَالًا وَوَلَدًا ﴿٧٧﴾

سُورَةُ مَرۡيَمَ

Surat Mariam

77. Afara'aytal lazí kafara bi Áyátiná wa qála la úta yanna málan wa waladá

77. Não reparaste naquele que negava os Nossos versículos, e dizia: Ser-me-ão dados bens e filhos?

أَطَّلَعَ ٱلۡغَيۡبَ أَمِ ٱتَّخَذَ عِندَ ٱلرَّحۡمَٰنِ عَهۡدٗا ﴿٧٨﴾

78. 'Attala'al ghaiba 'amit takhaza 'indar Rahmáni 'ahdá

78. Estará, porventura, de posse do desconhecido? Estabeleceu, acaso, um pacto com o Clemente?

كَلَّاۚ سَنَكۡتُبُ مَا يَقُولُ وَنَمُدُّ لَهُۥ مِنَ ٱلۡعَذَابِ مَدّٗا ﴿٧٩﴾

79. Kallá; sanaktubu má yaqúlu wa namuddu lahú minal 'azábi maddá

79. Qual! Registraremos tudo o quanto disser, e lhe adicionaremos mais e mais o castigo!

وَنَرِثُهُۥ مَا يَقُولُ وَيَأۡتِينَا فَرۡدٗا ﴿٨٠﴾

80. Wa nariçuhú má yaqúlu wa ya'tíná farad

80. E a Nós retornará tudo que disser, e comparecerá, solitário, ante Nós.

وَٱتَّخَذُواْ مِن دُونِ ٱللَّهِ ءَالِهَةٗ لِّيَكُونُواْ لَهُمۡ عِزّٗا ﴿٨١﴾

81. Wattakhazú min dúnil láhi álihatal liyakúnú lahum 'izzá

81. Adotam divindades, em vez de Deus, para lhes darem poder!

كَلَّاۚ سَيَكۡفُرُونَ بِعِبَادَتِهِمۡ وَيَكُونُونَ عَلَيۡهِمۡ ضِدًّا ﴿٨٢﴾

82. Kallá; sa yakfurúna bi'ibádatihim wa yakúnúna 'alaihim dhiddá

82. Qual! Tais divindades renegarão a sua adoração e serão os seus adversários!

أَلَمۡ تَرَ أَنَّآ أَرۡسَلۡنَا ٱلشَّيَٰطِينَ عَلَى ٱلۡكَٰفِرِينَ تَؤُزُّهُمۡ أَزّٗا ﴿٨٣﴾

83. Alam tara anná arsalnach Chayátína 'alal káfirína ta'uzzuhum azzá

83. Não reparas em que concedemos o predomínio dos demônios sobre os incrédulos para que os seduzissem profundamente?

فَلَا تَعۡجَلۡ عَلَيۡهِمۡۖ إِنَّمَا نَعُدُّ لَهُمۡ عَدّٗا ﴿٨٤﴾

84. Falá ta'jal alaihim innamá na 'uddu lahum 'addá

84. Não lhes apresses, pois, o castigo (ó Mohammad), porque computamos estritamente os seus dias.

سُورَةُ مَرۡيَمَ

Surat Mariam

يَوۡمَ نَحۡشُرُ ٱلۡمُتَّقِينَ إِلَى ٱلرَّحۡمَٰنِ وَفۡدٗا ﴿٨٥﴾

85. Yauma nahchurul muttaqína ilar Rahmáni wafdá

85. Recorda-lhes o dia em que congregaremos, em grupos, os devotos, ante o Clemente.

وَنَسُوقُ ٱلۡمُجۡرِمِينَ إِلَىٰ جَهَنَّمَ وِرۡدٗا ﴿٨٦﴾

86. Wa nasúqul mujrimína ilá Jahannama wirdá

86. E arrastaremos os pecadores, sequiosos, para o inferno.

لَّا يَمۡلِكُونَ ٱلشَّفَٰعَةَ إِلَّا مَنِ ٱتَّخَذَ عِندَ ٱلرَّحۡمَٰنِ عَهۡدٗا ﴿٨٧﴾

87. Lá yamlikúnach chafá'ata illá manittakhaza 'indar Rahmáni 'ahdá

87. Não lograrão intercessão, senão aqueles que tiverem recebido a promessa do Clemente.

وَقَالُواْ ٱتَّخَذَ ٱلرَّحۡمَٰنُ وَلَدٗا ﴿٨٨﴾

88. Wa qálut takhazar Rahmánu waladá

88. Afirmam: O Clemente teve um filho!

لَّقَدۡ جِئۡتُمۡ شَيۡـًٔا إِدّٗا ﴿٨٩﴾

89. Laqad ji'tum chai'an iddá

89. Sem dúvida que hão proferido uma heresia.

تَكَادُ ٱلسَّمَٰوَٰتُ يَتَفَطَّرۡنَ مِنۡهُ وَتَنشَقُّ ٱلۡأَرۡضُ وَتَخِرُّ ٱلۡجِبَالُ هَدًّا ﴿٩٠﴾

90. Takádus samáwátu yatafattarna minhu wa tanchaq qul ardhu wa takhirrul jibálu haddá

90. Por isso, pouco faltou para que os céus se fundissem, a terra se fendesse e as montanhas, desmoronassem.

أَن دَعَوۡاْ لِلرَّحۡمَٰنِ وَلَدٗا ﴿٩١﴾

91. An da'au lir Rahmáni waladá

91. Isso, por terem atribuído um filho ao Clemente,

وَمَا يَنۢبَغِي لِلرَّحۡمَٰنِ أَن يَتَّخِذَ وَلَدًا ﴿٩٢﴾

92. Wa má yambaghí lir Rahmáni ai yattakhiza waladá

92. Quando é inadmissível que o Clemente houvesse tido um filho.

سُورَةُ مَرۡيَمَ

Surat Mariam

إِن كُلُّ مَن فِي ٱلسَّمَٰوَٰتِ وَٱلۡأَرۡضِ إِلَّآ ءَاتِي ٱلرَّحۡمَٰنِ عَبۡدٗا ﴿٩٣﴾

93. In kullu man fis samáwáti wal ardhi illá átir Rahmáni 'abdá

93. Sabei que tudo quanto existe nos céus e na terra comparecerá, como servo, ante o Clemente.

لَّقَدۡ أَحۡصَىٰهُمۡ وَعَدَّهُمۡ عَدّٗا ﴿٩٤﴾

94. Laqad ahsáhum wa addahum 'addá

94. Ele já os destacou e os enumerou com exatidão.

وَكُلُّهُمۡ ءَاتِيهِ يَوۡمَ ٱلۡقِيَٰمَةِ فَرۡدًا ﴿٩٥﴾

95. Wa kulluhum átíhi Yaumal Qiyámati farad

95. Cada um deles comparecerá, solitário, ante Ele, no Dia da Ressurreição.

إِنَّ ٱلَّذِينَ ءَامَنُواْ وَعَمِلُواْ ٱلصَّٰلِحَٰتِ سَيَجۡعَلُ لَهُمُ ٱلرَّحۡمَٰنُ وُدّٗا ﴿٩٦﴾

96. Innal lazína ámanú wa 'amilus sálihàti sa yaj'alu lahumur Rahmánu wuddá

96. Quanto aos crentes que praticarem o bem, o Clemente lhes concederá afeto perene.

فَإِنَّمَا يَسَّرۡنَٰهُ بِلِسَانِكَ لِتُبَشِّرَ بِهِ ٱلۡمُتَّقِينَ وَتُنذِرَ بِهِۦ قَوۡمٗا لُّدّٗا ﴿٩٧﴾

97. Fa innamá yassarnáhu bilisánika litubachchira bihil muttaqína wa tunzira bihí qaumal luddá

97. Só to facilitamos (o Alcorão), na tua língua para que, com ele, exortes os devotos e admoestes os contenciosos.

وَكَمۡ أَهۡلَكۡنَا قَبۡلَهُم مِّن قَرۡنٍ هَلۡ تُحِسُّ مِنۡهُم مِّنۡ أَحَدٍ أَوۡ تَسۡمَعُ لَهُمۡ رِكۡزَۢا ﴿٩٨﴾

98. Wa kam ahlakná qabla hum min qarnin hal tuhissu minhum min ahadin au tasma'u lahum rikzá

98. Quantas gerações anteriores a eles aniquilamos! Vês, acaso, algum deles, ou ouves algum murmúrio deles?

سُورَةُ طه

Surat Tá Ha

Surat 20. Tá Ha. Revelada em Makka; 135 versículos, com exceção dos versículos 130 e 131, que foram revelados em Madina.

بِسْمِ اللَّهِ الرَّحْمَٰنِ الرَّحِيمِ

Bismilláhir Rahmánir Rahím

Em nome de Deus, o Clemente, o Misericordioso

طه ﴿١﴾

1. Ta-Há

1. Tá, Ha.

مَآ أَنزَلْنَا عَلَيْكَ ٱلْقُرْءَانَ لِتَشْقَىٰٓ ﴿٢﴾

2. Má anzalná 'alaikal Qurána litachqá

2. Não te revelamos o Alcorão para que te mortifiques,

إِلَّا تَذْكِرَةً لِّمَن يَخْشَىٰ ﴿٣﴾

3. Illá tazkiratal liman yakhchá

3. Mas sim como exortação aos tementes.

تَنزِيلًا مِّمَّنْ خَلَقَ ٱلْأَرْضَ وَٱلسَّمَٰوَٰتِ ٱلْعُلَى ﴿٤﴾

4. Tanzílam mimman khalaqal ardha was samáwátil 'ulá

4. É a revelação de Quem criou a terra e os altos céus,

ٱلرَّحْمَٰنُ عَلَى ٱلْعَرْشِ ٱسْتَوَىٰ ﴿٥﴾

5. Ar-Rahmánu 'alal 'Archis tawá

5. Do Clemente, Que assumiu o Trono.

لَهُۥ مَا فِى ٱلسَّمَٰوَٰتِ وَمَا فِى ٱلْأَرْضِ وَمَا بَيْنَهُمَا وَمَا تَحْتَ ٱلثَّرَىٰ ﴿٦﴾

6. Lahú má fis samáwáti wa má fil ardhi wa má bainahumá wa má tahtas çará

6. Seu é tudo o que existe nos céus, o que há na terra, o que há entre ambos, bem como o que existe sob a terra.

وَإِن تَجْهَرْ بِٱلْقَوْلِ فَإِنَّهُۥ يَعْلَمُ ٱلسِّرَّ وَأَخْفَى ﴿٧﴾

سُورَةُ طه

Surat Tá Ha

7. Wa in tajhar bilqauli fainnahú ya'lamus sirra wa akhfá

7. Não é necessário que o homem levante a voz, porque Ele conhece o que é secreto e ainda o que é mais oculto.

ٱللَّهُ لَآ إِلَٰهَ إِلَّا هُوَ لَهُ ٱلْأَسْمَآءُ ٱلْحُسْنَىٰ ﴿٨﴾

8. Alláhu lá iláha illá huwa lahul asmá'ul husná

8. Deus! Não há mais divindade além d'Ele! Seus são os mais sublimes atributos.

وَهَلْ أَتَىٰكَ حَدِيثُ مُوسَىٰٓ ﴿٩﴾

9. Wa hal atáka hadíçu Mussá

9. Chegou-te, porventura, a história de Moisés?

إِذْ رَءَا نَارًا فَقَالَ لِأَهْلِهِ ٱمْكُثُوٓا۟ إِنِّىٓ ءَانَسْتُ نَارًا لَّعَلِّىٓ ءَاتِيكُم مِّنْهَا بِقَبَسٍ أَوْ
أَجِدُ عَلَى ٱلنَّارِ هُدًى ﴿١٠﴾

10. Iz ra á náran faqála li ahlihim kuçú inní ánastu náral la'allí átikum minhá biqabasin au ajidu 'alan nári hudá

10. Eis que viu algo como fogo, e disse à sua família: Permanecei aqui, porque lobriguei algo como fogo; quiçá vos traga dele uma áscua ou, por outra, ache ao redor do fogo alguma orientação.

فَلَمَّآ أَتَىٰهَا نُودِىَ يَٰمُوسَىٰٓ ﴿١١﴾

11. Falammá atáhá núdiya yá Mussá

11. Porém, quando chegou a ele, foi chamado: Ó Moisés,

إِنِّىٓ أَنَا۠ رَبُّكَ فَٱخْلَعْ نَعْلَيْكَ ۖ إِنَّكَ بِٱلْوَادِ ٱلْمُقَدَّسِ طُوًى ﴿١٢﴾

12. Inní Ana Rabbuka fakhla' na'laika innaka bilwádil muqaddasi Tuwá

12. Sou teu Senhor! Tira as tuas sandálias, porque estás no vale sagrado de Tôua.

وَأَنَا ٱخْتَرْتُكَ فَٱسْتَمِعْ لِمَا يُوحَىٰٓ ﴿١٣﴾

13. Wa anakhtartuka fastami' limá yúhá

13. Eu te escolhi. Escuta, pois, o que te será inspirado:

إِنَّنِىٓ أَنَا ٱللَّهُ لَآ إِلَٰهَ إِلَّآ أَنَا۠ فَٱعْبُدْنِى وَأَقِمِ ٱلصَّلَوٰةَ لِذِكْرِىٓ ﴿١٤﴾

14. Innaní Anal láhu lá iláha illá Ana fa'budní wa aquimis-saláta lizikrí

سُورَةُ طه

Surat Tá Ha

14. Sou Deus. Não há divindade além de Mim. Adora-Me, pois, e observa a oração, para celebrares o Meu nome,

إِنَّ ٱلسَّاعَةَ ءَاتِيَةٌ أَكَادُ أُخْفِيهَا لِتُجْزَىٰ كُلُّ نَفْسٍۭ بِمَا تَسْعَىٰ ﴿١٥﴾

15. Innas Sá'ata átiyatun akádu ukhfíhá litujzá kullu nafsin bimá tas'á

15. Porque a hora se aproxima – desejo conservá-la oculta, a fim de que toda a alma seja recompensada segundo o seu merecimento.

فَلَا يَصُدَّنَّكَ عَنْهَا مَن لَّا يُؤْمِنُ بِهَا وَٱتَّبَعَ هَوَىٰهُ فَتَرْدَىٰ ﴿١٦﴾

16. Falá yasuddannaka 'anhá mal lá yu'minu bihá wattaba'a hauáhu fatardá

16. Que não te seduza aquele que não crê nela (a Hora), e se entrega à concupiscência, porque perecerás!

وَمَا تِلْكَ بِيَمِينِكَ يَٰمُوسَىٰ ﴿١٧﴾

17. Wa má tilka bi yamí nika yá Mussá

17. Que levas em tua mão direita, ó Moisés?

قَالَ هِيَ عَصَايَ أَتَوَكَّؤُا۟ عَلَيْهَا وَأَهُشُّ بِهَا عَلَىٰ غَنَمِي وَلِيَ فِيهَا مَـَٔارِبُ أُخْرَىٰ ﴿١٨﴾

18. Qála hiya 'asáya atauakka'u alaihá wa ahuchchu bihá 'alá ghanamí wa liya fíhá ma áribu ukhrá

18. Respondeu-Lhe: É o meu cajado, sobre o qual me apoio, e com o qual quebro a folhagem para o meu rebanho; e, ademais, serve-me para outros usos.

قَالَ أَلْقِهَا يَٰمُوسَىٰ ﴿١٩﴾

19. Qála alquihá yá Mussá

19. Ele lhe ordenou: Arroja-o, ó Moisés!

فَأَلْقَىٰهَا فَإِذَا هِيَ حَيَّةٌ تَسْعَىٰ ﴿٢٠﴾

20. Fa-alqáhá fa -izá hiya haiyatun tas'á

20. E o arrojou, e eis que se converteu em uma serpente, que se pôs a rastejar.

قَالَ خُذْهَا وَلَا تَخَفْ سَنُعِيدُهَا سِيرَتَهَا ٱلْأُولَىٰ ﴿٢١﴾

21. Qála khuzhá wa lá ta khaf sanu'iduhá síratahal úlá

سُورَةُ طه

Surat Tá Ha

21. Ordenou-lhe ainda: Pegue-a sem temor, porque a reverteremos ao seu primitivo estado.

وَٱضْمُمْ يَدَكَ إِلَىٰ جَنَاحِكَ تَخْرُجْ بَيْضَآءَ مِنْ غَيْرِ سُوٓءٍ ءَايَةً أُخْرَىٰ ﴿٢٢﴾

22. Wadmum yadaka ilá janáhika takhruj baidá'a min ghairi sú'in Áyatan ukhrá

22. Junta a mão ao teu flanco e, quando a retirares, estará branca, imaculada; constituir-se-á isso em outro sinal,

لِنُرِيَكَ مِنْ ءَايَٰتِنَا ٱلْكُبْرَى ﴿٢٣﴾

23. Linuriyaka min Áyátinal Kubra

23. Para que te demonstremos alguns dos Nossos maiores portentos.

ٱذْهَبْ إِلَىٰ فِرْعَوْنَ إِنَّهُۥ طَغَىٰ ﴿٢٤﴾

24. Izhab ilá Fir'auna innahú taghá

24. E vai ao Faraó, porque ele se extraviou.

قَالَ رَبِّ ٱشْرَحْ لِى صَدْرِى ﴿٢٥﴾

25. Qála RabbI chrah lí sadrí

25. Suplicou-lhe: Ó Senhor meu, dilata-me o peito;

وَيَسِّرْ لِىٓ أَمْرِى ﴿٢٦﴾

26. Wa yassir lí amrí

26. Facilita-me a tarefa;

وَٱحْلُلْ عُقْدَةً مِّن لِّسَانِى ﴿٢٧﴾

27. Wahlul 'uqdatan milli sání

27. E desata o nó de minha língua,

يَفْقَهُوا۟ قَوْلِى ﴿٢٨﴾

28. Yafqahú qaulí

28. Para que compreendam a minha fala.

وَٱجْعَل لِّى وَزِيرًا مِّنْ أَهْلِى ﴿٢٩﴾

29. Waj'al lí wazíran min ahlí

29. E concede-me um vizir dentre os meus,

سُورَةُ طه

Surat Tá Ha

هَٰرُونَ أَخِي ﴿٣٠﴾

30. Hárúna akhí
30. (Que seja) meu irmão Aarão,

ٱشْدُدْ بِهِۦٓ أَزْرِي ﴿٣١﴾

31. Uchdud bihí azrí
31. Que poderá me fortalecer.

وَأَشْرِكْهُ فِيٓ أَمْرِي ﴿٣٢﴾

32. Wa achrik hu fí amrí
32. E associa-o à minha missão,

كَيْ نُسَبِّحَكَ كَثِيرًا ﴿٣٣﴾

33. Kai nusabbihaka kacírá
33. Para que Te glorifiquemos intensamente,

وَنَذْكُرَكَ كَثِيرًا ﴿٣٤﴾

34. Wa nazkuraka kacírá
34. E para que Te mencionemos constantemente,

إِنَّكَ كُنتَ بِنَا بَصِيرًا ﴿٣٥﴾

35. Innaka kunta biná basírá
35. Porque só Tu és o nosso Velador.

قَالَ قَدْ أُوتِيتَ سُؤْلَكَ يَٰمُوسَىٰ ﴿٣٦﴾

36. Qála qad útíta su'laka yá Mussá
36. Disse-lhe: Teu pedido foi atendido, ó Moisés!

وَلَقَدْ مَنَنَّا عَلَيْكَ مَرَّةً أُخْرَىٰٓ ﴿٣٧﴾

37. Wa laqad mananná 'alaika marratan ukhrá
37. Já te havíamos agraciado outra vez,

إِذْ أَوْحَيْنَآ إِلَىٰٓ أُمِّكَ مَا يُوحَىٰٓ ﴿٣٨﴾

38. Iz auhainá ilá ummika má yúhá
38. Quando inspiramos a tua mãe, dizendo-lhe:

أَنِ ٱقْذِفِيهِ فِى ٱلتَّابُوتِ فَٱقْذِفِيهِ فِى ٱلْيَمِّ فَلْيُلْقِهِ ٱلْيَمُّ بِٱلسَّاحِلِ يَأْخُذْهُ عَدُوٌّ لِّى
وَعَدُوٌّ لَّهُۥ ۚ وَأَلْقَيْتُ عَلَيْكَ مَحَبَّةً مِّنِّى وَلِتُصْنَعَ عَلَىٰ عَيْنِىٓ ﴿٣٩﴾

39. 'Aniqzifíhi fit Tábúti faqzifíhi fil yammi fal yulquihil yammu bis sáhili ya'khuzhu 'aduwwul lí wa 'aduwwul lah; wa alqaitu 'alaika mahabbatan minní wa litusna'a 'alá 'ainí

39. Põe (teu filho) em um cesto e lança-o ao rio, para que este o leve à orla, donde o recolherá um inimigo Meu, que é também dele. Depois, Eu lhes infundi amor para contigo, para que fosses criado sob a Minha vigilância.

إِذْ تَمْشِىٓ أُخْتُكَ فَتَقُولُ هَلْ أَدُلُّكُمْ عَلَىٰ مَن يَكْفُلُهُۥ ۖ فَرَجَعْنَٰكَ إِلَىٰٓ أُمِّكَ كَىْ
تَقَرَّ عَيْنُهَا وَلَا تَحْزَنَ ۚ وَقَتَلْتَ نَفْسًا فَنَجَّيْنَٰكَ مِنَ ٱلْغَمِّ وَفَتَنَّٰكَ فُتُونًا ۚ فَلَبِثْتَ
سِنِينَ فِىٓ أَهْلِ مَدْيَنَ ثُمَّ جِئْتَ عَلَىٰ قَدَرٍ يَٰمُوسَىٰ ﴿٤٠﴾

40. Iz tamchí ukhtuka fataqúlu hal adullukum 'alá mai yakfuluhú faraja 'náka ilá ummika kai taqarra 'ainuhá wa lá tahzan; wa qatalta nafsan fanajjainráka minal ghammi wa fatannáka futúná; falabista sinína fí ahli Madyana çumma ji'ta 'alá qadarin yá Mussa

40. Foi quando tua irmã apareceu e disse: Quereis que vos indique quem se encarregará dele? Então restituímos-te à tua mãe, para que se consolasse e não se condoesse. E mataste um homem; porém, libertamos-te da represália e te provamos de várias maneiras. Permaneceste anos entre o povo de Madian; então (aqui) compareceste, como te foi ordenado, ó Moisés!

وَٱصْطَنَعْتُكَ لِنَفْسِى ﴿٤١﴾

41. Wastana'tuka linafsí

41. E te preparei para Mim.

ٱذْهَبْ أَنتَ وَأَخُوكَ بِـَٔايَٰتِى وَلَا تَنِيَا فِى ذِكْرِى ﴿٤٢﴾

42. Izhab anta wa akhúka bi Áyátí wa lá taniyá fí zikrí

42. Vai com teu irmão, portando os Meus sinais, e não descures do Meu Nome.

ٱذْهَبَآ إِلَىٰ فِرْعَوْنَ إِنَّهُۥ طَغَىٰ ﴿٤٣﴾

43. Izhabá ilá Fir'auna innahú taghá

سُورَةُ طه

Surat Tá Ha

43. Ide ambos ao Faraó, porque ele transgrediu (a lei).

فَقُولَا لَهُۥ قَوۡلٗا لَّيِّنٗا لَّعَلَّهُۥ يَتَذَكَّرُ أَوۡ يَخۡشَىٰ ٤٤

44. Faqúlá lahú qaulal laiyinal la allahú yatazakkkaru 'au yakhchá

44. Porém, falai-lhe afavelmente, a fim de que fique ciente ou tema.

قَالَا رَبَّنَآ إِنَّنَا نَخَافُ أَن يَفۡرُطَ عَلَيۡنَآ أَوۡ أَن يَطۡغَىٰ ٤٥

45. Qálá Rabbaná innaná nakháfu ai yafruta 'alainá au ai yatghá

45. Disseram: Ó Senhor nosso, tememos que ele nos imponha um castigo ou que transgrida (a lei)!

قَالَ لَا تَخَافَآۖ إِنَّنِي مَعَكُمَآ أَسۡمَعُ وَأَرَىٰ ٤٦

46. Qála lá takháfá innaní ma'akumá asma'u wa ará

46. Deus lhes disse: Não temais, porque estarei convosco; ouvirei e verei (tudo).

فَأۡتِيَاهُ فَقُولَآ إِنَّا رَسُولَا رَبِّكَ فَأَرۡسِلۡ مَعَنَا بَنِيٓ إِسۡرَٰٓءِيلَ وَلَا تُعَذِّبۡهُمۡۖ قَدۡ
جِئۡنَٰكَ بِـَٔايَةٖ مِّن رَّبِّكَۖ وَٱلسَّلَٰمُ عَلَىٰ مَنِ ٱتَّبَعَ ٱلۡهُدَىٰٓ ٤٧

47. Fátiyáhu faqúlá inná Rasúlá Rabbika fa arsil ma'aná Baní Isrá'ila wa lá tu'azzibhum qad ji'náka bi Áyatim mir Rabbika wassa lámu 'alá manit taba'al hudá

47. Ide, pois, a ele, e dizei-lhe: Em verdade, somos os mensageiros do teu Senhor; deixa sair conosco os israelitas e não os atormentes, pois trouxemos-te um sinal do teu Senhor. Que a paz esteja com quem segue a orientação!

إِنَّا قَدۡ أُوحِيَ إِلَيۡنَآ أَنَّ ٱلۡعَذَابَ عَلَىٰ مَن كَذَّبَ وَتَوَلَّىٰ ٤٨

48. Inná qad úhiya ilainá annnal 'azába 'alá man kaz zaba wa taualla

48. Foi-nos revelado que o castigo recairá sobre quem nos desmentir e nos desdenhar.

قَالَ فَمَن رَّبُّكُمَا يَٰمُوسَىٰ ٤٩

49. Qála famar Rabbukumá yá Mussá

49. Perguntou (o Faraó): E quem é o vosso Senhor, ó Moisés?

قَالَ رَبُّنَا ٱلَّذِيٓ أَعۡطَىٰ كُلَّ شَيۡءٍ خَلۡقَهُۥ ثُمَّ هَدَىٰ ٥٠

50. Qála Rabbunal lazí a'tá kulla chai'in khalqahú çumma hadá

سورة طه

Surat Tá Ha

50. Respondeu-lhe: Nosso Senhor foi Quem deu a cada coisa, sua natureza; logo a seguir, encaminhou-a com retidão!

قَالَ فَمَا بَالُ ٱلْقُرُونِ ٱلْأُولَىٰ ﴿٥١﴾

51. Qála famá bálul qurúnil úlá

51. Inquiriu (o Faraó): E que aconteceu às gerações passadas?

قَالَ عِلْمُهَا عِندَ رَبِّي فِي كِتَٰبٍۖ لَّا يَضِلُّ رَبِّي وَلَا يَنسَى ﴿٥٢﴾

52. Qála 'ilmuhá 'inda Rabí fí kitáb, lá yadhillu Rabbí wa lá yansá

52. Respondeu-lhes: Tal conhecimento está em poder do meu Senhor, registrado no Livro. Meu Senhor jamais Se equivoca, nem Se esquece de coisa alguma.

ٱلَّذِي جَعَلَ لَكُمُ ٱلْأَرْضَ مَهْدًا وَسَلَكَ لَكُمْ فِيهَا سُبُلًا وَأَنزَلَ مِنَ ٱلسَّمَآءِ مَآءً
فَأَخْرَجْنَا بِهِۦٓ أَزْوَٰجًا مِّن نَّبَاتٍ شَتَّىٰ ﴿٥٣﴾

53. Allazí ja'ala lakumul ardha mahdan wa salaka lakum fíhá subulan wa anzala minas samá'i má'an fa akhrajná bihí azwájam min nabátin chatta

53. Foi Ele Quem vos destinou a terra por leito, traçou-vos caminhos por ela, e envia água do céu, com a qual faz germinar distintos pares de plantas.

كُلُوا۟ وَٱرْعَوْا۟ أَنْعَٰمَكُمْۗ إِنَّ فِي ذَٰلِكَ لَءَايَٰتٍ لِّأُو۟لِي ٱلنُّهَىٰ ﴿٥٤﴾

54. Kulú war'au an'ámakum; inna fí zálika la Áyátil li ulin nuhá

54. Comei e apascentai o vosso gado! Em verdade, nisto há sinais para os sensatos.

۞ مِنْهَا خَلَقْنَٰكُمْ وَفِيهَا نُعِيدُكُمْ وَمِنْهَا نُخْرِجُكُمْ تَارَةً أُخْرَىٰ ﴿٥٥﴾

55. ۞ Minhá khalaqnákum wa fíhá nu'idukum wa minhá nukhrijukum táratan ukhrá

55. Dela vos criamos, a ela retornareis, e dela vos faremos surgir outra vez.

وَلَقَدْ أَرَيْنَٰهُ ءَايَٰتِنَا كُلَّهَا فَكَذَّبَ وَأَبَىٰ ﴿٥٦﴾

56. Wa laqad arainláhu Áyátiná kullahá fakaz zaba wa abá

56. E eis que lhe mostramos todos os Nossos sinais; porém (o Faraó) os desmentiu e os negou,

قَالَ أَجِئْتَنَا لِتُخْرِجَنَا مِنْ أَرْضِنَا بِسِحْرِكَ يَٰمُوسَىٰ ﴿٥٧﴾

57. Qála aji'taná litukhri janá min ardhiná bisihrika yá Mussá

57. Dizendo: Ó Moisés, vens, acaso, para nos expulsar das nossas terras com a tua magia?

فَلَنَأْتِيَنَّكَ بِسِحْرٍ مِّثْلِهِۦ فَٱجْعَلْ بَيْنَنَا وَبَيْنَكَ مَوْعِدًا لَّا نُخْلِفُهُۥ نَحْنُ وَلَآ أَنتَ
مَكَانًا سُوًى ﴿٥٨﴾

58. Falanátiyannaka bisihrim miçlihi faj'al bainaná wa bainaka mau'idal lá nukhlifuhú nahnu wa lá anta makánan suwá

58. Em verdade, apresentar-te-emos uma magia semelhante. Fixemos, pois, um encontro em um lugar equidistante (deste), ao qual nem tu, nem nós faltaremos.

قَالَ مَوْعِدُكُمْ يَوْمُ ٱلزِّينَةِ وَأَن يُحْشَرَ ٱلنَّاسُ ضُحًى ﴿٥٩﴾

59. Qála mau'idukum yaumuz zínati wa ai yuhcharan násu dhuhá

59. Disse-lhe (Moisés): Que a reunião se celebre no Dia do Festival, em que o povo é congregado, em plena luz da manhã.

فَتَوَلَّىٰ فِرْعَوْنُ فَجَمَعَ كَيْدَهُۥ ثُمَّ أَتَىٰ ﴿٦٠﴾

60. Fataualla Fir'aunu fajjama'a kaidahú çumma atá

60. Então o Faraó se retirou, preparou a sua conspiração e depois retornou.

قَالَ لَهُم مُّوسَىٰ وَيْلَكُمْ لَا تَفْتَرُوا۟ عَلَى ٱللَّهِ كَذِبًا فَيُسْحِتَكُم بِعَذَابٍ ۖ وَقَدْ
خَابَ مَنِ ٱفْتَرَىٰ ﴿٦١﴾

61. Qála lahum Mussá wailakum lá taftarú 'alal láhi kaziban fa yus hitakum bi 'azáb, wa qad khába manif tará

61. Moisés lhes disse: Ai de vós! Não forjeis mentiras acerca de Deus! Ele vos exterminará com um severo castigo; sabei que quem forjar (mentiras) estará frustrado.

فَتَنَٰزَعُوٓا۟ أَمْرَهُم بَيْنَهُمْ وَأَسَرُّوا۟ ٱلنَّجْوَىٰ ﴿٦٢﴾

62. Fatanáza'ú amrahum bainahum wa asarrun najwá

62. Eles discutiram o assunto entre si e deliberaram confidencialmente.

قَالُوٓا۟ إِنْ هَٰذَٰنِ لَسَٰحِرَٰنِ يُرِيدَانِ أَن يُخْرِجَاكُم مِّنْ أَرْضِكُم بِسِحْرِهِمَا وَيَذْهَبَا
بِطَرِيقَتِكُمُ ٱلْمُثْلَىٰ ﴿٦٣﴾

سُورَةُ طه

Surat Tá Ha

63. Qálú in házáni lasá<u>h</u>iráni yurídáni ai yukhrijákum min ardhikum bisi<u>h</u>rihimá wa yazhabá bitaríqatikumul muçlá

63. Disseram: Estes são dois magos que, com a sua magia, querem expulsar-vos da vossa terra e acabar com o vosso método exemplar.

فَأَجۡمِعُواْ كَيۡدَكُمۡ ثُمَّ ٱئۡتُواْ صَفّٗاۚ وَقَدۡ أَفۡلَحَ ٱلۡيَوۡمَ مَنِ ٱسۡتَعۡلَىٰ ﴿٦٤﴾

64. Fa ajmi'ú kaidakum summma'tú saffá; wa qad afla<u>h</u>al yauma manis ta'lá

64. Concentrai o vosso plano; apresentai-vos, então, em fila, porque quem vencer, hoje, será venturoso.

قَالُواْ يَٰمُوسَىٰٓ إِمَّآ أَن تُلۡقِيَ وَإِمَّآ أَن نَّكُونَ أَوَّلَ مَنۡ أَلۡقَىٰ ﴿٦٥﴾

65. Qálú yá Mussá immá an tulqiya wa immá an nakúna auala man alqá

65. Perguntaram: Ó Moisés, arrojarás tu (o teu cajado) ou seremos nós os primeiros a arrojar?

قَالَ بَلۡ أَلۡقُواْۖ فَإِذَا حِبَالُهُمۡ وَعِصِيُّهُمۡ يُخَيَّلُ إِلَيۡهِ مِن سِحۡرِهِمۡ أَنَّهَا تَسۡعَىٰ ﴿٦٦﴾

66. Qála bal alqú fa izá <u>h</u>ibáluhum wa 'isiyyuhum yukhaiyalu ilaihi min si<u>h</u>rihim annahá tas'á

66. Respondeu-lhes Moisés: Arrojai vós! E eis que lhe pareceu que suas cordas e seus cajados se moviam, em virtude da magia.

فَأَوۡجَسَ فِي نَفۡسِهِۦ خِيفَةٗ مُّوسَىٰ ﴿٦٧﴾

67. Fa aujasa fí nafsihí khífatam Mussá

67. Moisés experimentou certo temor.

قُلۡنَا لَا تَخَفۡ إِنَّكَ أَنتَ ٱلۡأَعۡلَىٰ ﴿٦٨﴾

68. Qulná lá takhaf innaka antal a'lá

68. Asseguramos-lhe: Não temas, porque tu és superior.

وَأَلۡقِ مَا فِي يَمِينِكَ تَلۡقَفۡ مَا صَنَعُوٓاْۖ إِنَّمَا صَنَعُواْ كَيۡدُ سَٰحِرٖۖ وَلَا يُفۡلِحُ ٱلسَّاحِرُ
حَيۡثُ أَتَىٰ ﴿٦٩﴾

69. Wa alqi má fí yamínika talqaf má sana'ú; innamá sana'ú kaidu sá<u>h</u>ir; wa lá yufli<u>h</u>us sá<u>h</u>iru <u>h</u>aiçu atá

69. Arroja o que levas em tua mão direita, que devorará tudo quanto simularam, porque tudo o que fizerem não é mais do que uma conspiração de magia, e jamais triunfará o mago, onde quer que se apresente.

سُورَةُ طه

Surat Tá Ha

فَأُلۡقِيَ ٱلسَّحَرَةُ سُجَّدٗا قَالُوٓاْ ءَامَنَّا بِرَبِّ هَٰرُونَ وَمُوسَىٰ ٧٠

70. Fa ulqiyas saharatu sujjadan qálú ámanná bi Rabbi Hárúna wa Mussá

70. Assim os magos se prostraram, dizendo: Cremos no Senhor de Aarão e de Moisés!

قَالَ ءَامَنتُمۡ لَهُۥ قَبۡلَ أَنۡ ءَاذَنَ لَكُمۡۖ إِنَّهُۥ لَكَبِيرُكُمُ ٱلَّذِي عَلَّمَكُمُ ٱلسِّحۡرَۖ فَلَأُقَطِّعَنَّ
أَيۡدِيَكُمۡ وَأَرۡجُلَكُم مِّنۡ خِلَٰفٖ وَلَأُصَلِّبَنَّكُمۡ فِي جُذُوعِ ٱلنَّخۡلِ وَلَتَعۡلَمُنَّ أَيُّنَآ أَشَدُّ
عَذَابٗا وَأَبۡقَىٰ ٧١

71. Qála ámantum lahú qabla an ázana lakum; innahú lakabírukumul lazí 'allama kumus sihra fala uqatti'anna aidiyakum wa arjulakum min khiláfin wa la usallibannakum fí juzú'in nakhli wa lata'lamunna aiyuná achaddu 'azában wa abqá

71. Disse (o Faraó): Credes n'Ele sem que eu vo-lo permita? Certamente ele é o vosso líder e vos ensinou a magia. Juro que vos amputarei a mão e o pé de lados opostos e vos crucificarei em troncos de tamareiras; assim, sabereis quem é mais severo e mais persistente no castigo.

قَالُواْ لَن نُّؤۡثِرَكَ عَلَىٰ مَا جَآءَنَا مِنَ ٱلۡبَيِّنَٰتِ وَٱلَّذِي فَطَرَنَاۖ فَٱقۡضِ مَآ أَنتَ قَاضٍۖ
إِنَّمَا تَقۡضِي هَٰذِهِ ٱلۡحَيَوٰةَ ٱلدُّنۡيَآ ٧٢

72. Qálú lan nu'siraka 'alá má já'aná minal baiyináti wallazí fataraná faqdhimá anta qádh; innamá taqdhí házihil hayátad duná

72. Disseram-lhe: Por Quem nos criou, jamais te preferiremos às evidências que nos chegaram! Faze o que te aprouver; tu somente podes condenar-nos nesta vida terrena.

إِنَّآ ءَامَنَّا بِرَبِّنَا لِيَغۡفِرَ لَنَا خَطَٰيَٰنَا وَمَآ أَكۡرَهۡتَنَا عَلَيۡهِ مِنَ ٱلسِّحۡرِۗ وَٱللَّهُ خَيۡرٞ وَأَبۡقَىٰٓ ٧٣

73. Inná ámanná bi Rabbiná liyaghfira laná khatáyáná wa má akrahtaná 'alaihi minas sihr; walláhu khairun wa abqá

73. Nós cremos em nosso Senhor, Que talvez perdoe os nossos pecados, bem como a magia que nos obrigaste a fazer, porque Deus é preferível e mais persistente.

إِنَّهُۥ مَن يَأۡتِ رَبَّهُۥ مُجۡرِمٗا فَإِنَّ لَهُۥ جَهَنَّمَ لَا يَمُوتُ فِيهَا وَلَا يَحۡيَىٰ ٧٤

سُورَةُ طه

Surat Tá Ha

74. Innahú mai ya'ti Rabbahú mujriman fa inna lahú Jahannama lá yamútu fíhá wa lá yahyá

74. E quem comparecer como pecador, ante seu Senhor, merecerá o inferno, onde não poderá morrer nem viver.

وَمَن يَأْتِهِۦ مُؤْمِنًا قَدْ عَمِلَ ٱلصَّٰلِحَٰتِ فَأُو۟لَٰٓئِكَ لَهُمُ ٱلدَّرَجَٰتُ ٱلْعُلَىٰ ٧٥

75. Wa mai ya'tihí mu'minan qad 'amilas sálihāti fa ulá'ika lahumud darajátul 'ulá

75. E aqueles que comparecerem ante Ele, sendo crentes e tendo praticado o bem, obterão as mais elevadas dignidades;

جَنَّٰتُ عَدْنٍ تَجْرِى مِن تَحْتِهَا ٱلْأَنْهَٰرُ خَٰلِدِينَ فِيهَا ۚ وَذَٰلِكَ جَزَآءُ مَن تَزَكَّىٰ ٧٦

76. Jannátu 'Adnin tajrí min tahtihal anháru khálidína fíhá; wa zálika jazá'u man tazakka

76. Jardins do Éden, abaixo dos quais correm rios, onde morarão eternamente. Tal será a retribuição de quem se purifica.

وَلَقَدْ أَوْحَيْنَآ إِلَىٰ مُوسَىٰٓ أَنْ أَسْرِ بِعِبَادِى فَٱضْرِبْ لَهُمْ طَرِيقًا فِى ٱلْبَحْرِ يَبَسًا
لَّا تَخَٰفُ دَرَكًا وَلَا تَخْشَىٰ ٧٧

77. Wa laqad auhainá ilá Mussá an asri bi'ibádí fadhrib lahum taríqan fil bahri yabasal lá takháfu darakan wa lá takhchá

77. Revelamos a Moisés: Parte à noite, com os Meus servos, e abre-lhes um caminho seco por entre o mar! Não receies ser alcançado, nem tampouco experimentes temor!

فَأَتْبَعَهُمْ فِرْعَوْنُ بِجُنُودِهِۦ فَغَشِيَهُم مِّنَ ٱلْيَمِّ مَا غَشِيَهُمْ ٧٨

78. Fa atba'ahum Fir'aunu bijunúdihí faghachiyahum minal yammmi má ghachiyahum

78. O Faraó os perseguiu com seus soldados; porém, a água os tragou a todos!

وَأَضَلَّ فِرْعَوْنُ قَوْمَهُۥ وَمَا هَدَىٰ ٧٩

79. Wa adhalla fir'aunu qaumahú wa má hadá

79. E assim, o Faraó desviou o seu povo, em vez de encaminhá-lo.

يَٰبَنِىٓ إِسْرَٰٓءِيلَ قَدْ أَنجَيْنَٰكُم مِّنْ عَدُوِّكُمْ وَوَٰعَدْنَٰكُمْ جَانِبَ ٱلطُّورِ ٱلْأَيْمَنَ وَنَزَّلْنَا
عَلَيْكُمُ ٱلْمَنَّ وَٱلسَّلْوَىٰ ٨٠

80. Yá Baní Isrá'íla qad anjainákum min 'aduw wikum wa wa'adnákum jánibat Túril aimana wa nazzalná 'alaikumul Manna was Salwá

80. Ó israelitas, Nós vos salvamos do vosso inimigo e vos fizemos uma promessa do lado direito do Monte (Sinai), e vos enviamos o maná e as codornizes,

كُلُوا۟ مِن طَيِّبَٰتِ مَا رَزَقْنَٰكُمْ وَلَا تَطْغَوْا۟ فِيهِ فَيَحِلَّ عَلَيْكُمْ غَضَبِى ۖ وَمَن يَحْلِلْ
عَلَيْهِ غَضَبِى فَقَدْ هَوَىٰ ﴿٨١﴾

81. Kulú min taiyibáti má razaqnákum wa lá tatghau fíhi fa yahilla 'alaikum ghadhabí wa mai yahlil 'alaihi ghadhabí faqad hauá

81. (Dizendo-vos): Desfrutai de todo o lícito com que vos agraciamos, mas não abuseis disso, porque a Minha abominação recairá sobre vós; aquele sobre quem recair a Minha abominação, estará verdadeiramente perdido.

وَإِنِّى لَغَفَّارٌ لِّمَن تَابَ وَءَامَنَ وَعَمِلَ صَٰلِحًا ثُمَّ ٱهْتَدَىٰ ﴿٨٢﴾

82. Wa inní la Ghaffárul liman tába wa ámana wa 'amila sálihan çumma htadá

82. Sou Indulgentíssimo para o arrependido, que crê, pratica o bem e se encaminha.

۞ وَمَآ أَعْجَلَكَ عَن قَوْمِكَ يَٰمُوسَىٰ ﴿٨٣﴾

83. Wa má a'jalaka 'an qaumika yá Mussá

83. Que fez com que te apressasses em abandonar o teu povo, ó Moisés?

قَالَ هُمْ أُو۟لَآءِ عَلَىٰٓ أَثَرِى وَعَجِلْتُ إِلَيْكَ رَبِّ لِتَرْضَىٰ ﴿٨٤﴾

84. Qála hum ulá'i 'alá açarí wa 'ajiltu ilaika Rabbi litardhá

84. Respondeu: Eles estão a seguir os meus passos; por isso, apressei-me até Ti, ó Senhor, para Te comprazer.

قَالَ فَإِنَّا قَدْ فَتَنَّا قَوْمَكَ مِنۢ بَعْدِكَ وَأَضَلَّهُمُ ٱلسَّامِرِىُّ ﴿٨٥﴾

85. Qála fa inná qad fatanná qaumaka mim ba'dika wa adhallahumus Sámiriyy

85. Disse-lhe (Deus): Em verdade, em tua ausência, quisemos tentar o teu povo, e o samaritano logrou desviá-los.

فَرَجَعَ مُوسَىٰٓ إِلَىٰ قَوْمِهِۦ غَضْبَٰنَ أَسِفًا ۚ قَالَ يَٰقَوْمِ أَلَمْ يَعِدْكُمْ رَبُّكُمْ وَعْدًا
حَسَنًا ۚ أَفَطَالَ عَلَيْكُمُ ٱلْعَهْدُ أَمْ أَرَدتُّمْ أَن يَحِلَّ عَلَيْكُمْ غَضَبٌ مِّن
رَّبِّكُمْ فَأَخْلَفْتُم مَّوْعِدِى ﴿٨٦﴾

سُورَةُ طه

Surat Tá Ha

86. Faraja'a Mussá ilá qaumihí ghadhbána asifá; qála yá qaumi alam ya'idkum Rabbukum wa'dan hasaná; afatála 'alaikumul 'ahdu am arattum ai yahilla 'alaikum ghadhabum mir Rabbikum fa akhlaftum mau'idí

86. Moisés, encolerizado e penalizado, retornou ao seu povo, dizendo: Ó povo meu, acaso vosso Senhor não vos fez uma digna promessa? Porventura o tempo vos pareceu demasiado longo? Ou quisestes que vos açoitasse a abominação do vosso Senhor, e por isso quebrastes a promessa que me fizestes?

قَالُوا۟ مَآ أَخْلَفْنَا مَوْعِدَكَ بِمَلْكِنَا وَلَـٰكِنَّا حُمِّلْنَآ أَوْزَارًا مِّن زِينَةِ ٱلْقَوْمِ فَقَذَفْنَـٰهَا
فَكَذَٰلِكَ أَلْقَى ٱلسَّامِرِىُّ ٨٧

87. Qálú má akhlafná mau'idaka bimalkinna wa lákinna hummilná auzáram min zínatil qaumi faqazafnáhá fakazálika alqas Sámiriyy

87. Responderam: Não quebramos a promessa que te fizemos por nossa vontade, mas fomos obrigados a carregar os ornamentos pesados do povo, e os lançamos ao fogo, tal qual o samaritano sugeriu.

فَأَخْرَجَ لَهُمْ عِجْلًا جَسَدًا لَّهُۥ خُوَارٌ فَقَالُوا۟ هَـٰذَآ إِلَـٰهُكُمْ وَإِلَـٰهُ مُوسَىٰ فَنَسِىَ ٨٨

88. Fa akhraja lahum 'ijlan jasadal lahú khuwárun faqálú házá iláhukum wa iláhu Mussá fanasí

88. Este forjou-lhes o corpo de um bezerro que mugia, e disseram: Eis aqui o vosso deus, o deus que Moisés esqueceu!

أَفَلَا يَرَوْنَ أَلَّا يَرْجِعُ إِلَيْهِمْ قَوْلًا وَلَا يَمْلِكُ لَهُمْ ضَرًّا وَلَا نَفْعًا ٨٩

89. Afalá yarauna allá yarji'u ilaihim qaulan wa lá yamliku lahum dharran wa lá naf'á

89. Porém, não reparavam que aquele bezerro não podia responder-lhes, nem possuía poder para prejudicá-los nem os beneficiar.

وَلَقَدْ قَالَ لَهُمْ هَـٰرُونُ مِن قَبْلُ يَـٰقَوْمِ إِنَّمَا فُتِنتُم بِهِۦ ۖ وَإِنَّ رَبَّكُمُ ٱلرَّحْمَـٰنُ
فَٱتَّبِعُونِى وَأَطِيعُوٓا۟ أَمْرِى ٩٠

90. Wa laqad qála lahum Hárúnu min qablu yá qaumi innamá futintum bihí wa inna Rabbakumur Rahmánu fattabi'úni wa ati'ú amrí

90. Aarão já lhes havia dito: Ó povo meu, com isto vós somente fostes tentados; sabei que vosso Senhor é o Clemente. Segui-me, pois, e obedecei a minha ordem!

قَالُواْ لَن نَّبْرَحَ عَلَيْهِ عَٰكِفِينَ حَتَّىٰ يَرْجِعَ إِلَيْنَا مُوسَىٰ ﴿٩١﴾

91. Qálú lan nabra<u>h</u>a 'alaihi 'ákifína <u>h</u>attá yarji'a ilainá Mussá

91. Responderam: Não o abandonaremos e nem cessaremos de adorá-lo, até que Moisés volte a nós!

قَالَ يَٰهَٰرُونُ مَا مَنَعَكَ إِذْ رَأَيْتَهُمْ ضَلُّوٓاْ ﴿٩٢﴾

92. Qála Yá Hárúnu má mana 'aka iz ra aitahum dhallú

92. Disse (Moisés): Ó Aarão, que te impediu, quando viste que se extraviavam,

أَلَّا تَتَّبِعَنِ ۖ أَفَعَصَيْتَ أَمْرِى ﴿٩٣﴾

93. Allá tattabi'ani afa'asaita amrí

93. De me seguires? Desobedeceste a minha ordem?

قَالَ يَبْنَؤُمَّ لَا تَأْخُذْ بِلِحْيَتِى وَلَا بِرَأْسِىٓ ۖ إِنِّى خَشِيتُ أَن تَقُولَ فَرَّقْتَ بَيْنَ
بَنِىٓ إِسْرَٰٓءِيلَ وَلَمْ تَرْقُبْ قَوْلِى ﴿٩٤﴾

94. Qála yabna'umma lá ta'khuz bi li<u>h</u>yatí wa lá bi ra'sí inní khachítu an taqúla farraqta baina Baní Isrá'ila wa lam tarqub qaulí

94. Suplicou-lhe (Aarão): Ó filho de minha mãe, não me puxes pela barba nem pela cabeça. Temi que me dissesses: Criaste divergências entre os israelitas e não cumpriste a minha ordem!

قَالَ فَمَا خَطْبُكَ يَٰسَٰمِرِىُّ ﴿٩٥﴾

95. Qála famá khatbuka yá Sámiriyy

95. Disse (Moisés): Ó samaritano, qual é a tua intenção?

قَالَ بَصُرْتُ بِمَا لَمْ يَبْصُرُواْ بِهِۦ فَقَبَضْتُ قَبْضَةً مِّنْ أَثَرِ ٱلرَّسُولِ
فَنَبَذْتُهَا وَكَذَٰلِكَ سَوَّلَتْ لِى نَفْسِى ﴿٩٦﴾

96. Qála basurtu bimá lam yabsurú bihí faqabadhtu qabdhatam min açarir Rasúli fanabaztuhá wa kazálika sauwalat lí nafsi

96. Respondeu: Eu vi o que eles não viram; por isso, tomei um punhado (de terra) das pegadas do Mensageiro e o joguei (sobre o bezerro), porque assim me ditou a minha vontade.

قَالَ فَٱذۡهَبۡ فَإِنَّ لَكَ فِي ٱلۡحَيَوٰةِ أَن تَقُولَ لَا مِسَاسَۖ وَإِنَّ لَكَ مَوۡعِدٗا لَّن تُخۡلَفَهُۥۖ وَٱنظُرۡ إِلَىٰٓ إِلَٰهِكَ ٱلَّذِي ظَلۡتَ عَلَيۡهِ عَاكِفٗاۖ لَّنُحَرِّقَنَّهُۥ ثُمَّ لَنَنسِفَنَّهُۥ فِي ٱلۡيَمِّ نَسۡفًا ﴿٩٧﴾

97. Qála fazhab fa inna laka fil hayáti an taqúla lá misása wa inna laka mau'idal lan tukhlafahú wanzur ilá iláhikal lazí zalta 'alaihi 'ákifá; la nuharriqannahú çumma la nansifannahú fil yammi nasfá

97. Disse-lhe: Vai-te, pois! Estás condenado a dizer (isso) por toda vida: Não me toqueis! E terás um destino do qual nunca poderás fugir. Olha para o teu deus, ao qual estás entregue; prontamente o incineraremos e então lançaremos as suas cinzas ao mar.

إِنَّمَآ إِلَٰهُكُمُ ٱللَّهُ ٱلَّذِي لَآ إِلَٰهَ إِلَّا هُوَۚ وَسِعَ كُلَّ شَيۡءٍ عِلۡمٗا ﴿٩٨﴾

98. Innamá iláhu kumul láhul lazí lá iláha illá Hú; wasi'a kulla chai'in ilmá

98. Somente o vosso Deus é Deus. Não há mais divindade além d'Ele! Sua sapiência abrange tudo!

كَذَٰلِكَ نَقُصُّ عَلَيۡكَ مِنۡ أَنۢبَآءِ مَا قَدۡ سَبَقَۚ وَقَدۡ ءَاتَيۡنَٰكَ مِن لَّدُنَّا ذِكۡرٗا ﴿٩٩﴾

99. Kazálika naqussu 'alaika min anbá'i má qad sabaq; wa qad átaináka mil ladunná Zikrá

99. Assim te citamos alguns dos acontecimentos passados; ademais, de Nós, concedemos-te a Mensagem.

مَّنۡ أَعۡرَضَ عَنۡهُ فَإِنَّهُۥ يَحۡمِلُ يَوۡمَ ٱلۡقِيَٰمَةِ وِزۡرًا ﴿١٠٠﴾

100. Man a'radha 'anhu, fa innahú yahmilu Yaumal Qiyámati wizrá

100. Aqueles que desdenharem isto, carregarão um pesado fardo no Dia da Ressurreição,

خَٰلِدِينَ فِيهِۖ وَسَآءَ لَهُمۡ يَوۡمَ ٱلۡقِيَٰمَةِ حِمۡلٗا ﴿١٠١﴾

101. Khálidína fíhi wa sá'a lahum Yaumal Qiyámati himlá

سُورَةُ طه

Surat Tá Ha

101. Que suportarão eternamente. Que péssima carga será a sua no Dia da Ressurreição!

يَوْمَ يُنفَخُ فِي ٱلصُّورِ ۚ وَنَحْشُرُ ٱلْمُجْرِمِينَ يَوْمَئِذٍ زُرْقًا ﴿١٠٢﴾

102. Yauma yunfakhu fissúri wa nahchurul mujrimína Yauma 'izin zurqá

102. Dia em que a trombeta será soada e em que congregaremos, atônitos, os pecadores.

يَتَخَٰفَتُونَ بَيْنَهُمْ إِن لَّبِثْتُمْ إِلَّا عَشْرًا ﴿١٠٣﴾

103. Yatakháfatúna bainahum il labiçtum illá 'achrá

103. Murmurarão entre si: Não permanecestes muito mais do que dez (dias).

نَّحْنُ أَعْلَمُ بِمَا يَقُولُونَ إِذْ يَقُولُ أَمْثَلُهُمْ طَرِيقَةً إِن لَّبِثْتُمْ إِلَّا يَوْمًا ﴿١٠٤﴾

104. Nahnu a'lamu bimá yaqúlúna iz yaqúlu amçaluhum tariqatan illabiçtum illá yaumá

104. Nós bem sabemos o que dirão quando os mais sensatos, dentre eles, exclamarem: Não permanecestes muito mais do que um dia!

وَيَسْـَٔلُونَكَ عَنِ ٱلْجِبَالِ فَقُلْ يَنسِفُهَا رَبِّى نَسْفًا ﴿١٠٥﴾

105. Wa yas'alúnaka 'anil jibáli faqul yansifuhá Rabbí nasfá

105. E perguntar-te-ão acerca das montanhas. Dize-lhes: Meu Senhor as desintegrará,

فَيَذَرُهَا قَاعًا صَفْصَفًا ﴿١٠٦﴾

106. Fa yazaruhá qá'an safsafá

106. E as deixará como um plano liso e estéril,

لَّا تَرَىٰ فِيهَا عِوَجًا وَلَآ أَمْتًا ﴿١٠٧﴾

107. Lá tará fihá 'iwajan wa lá amtá

107. Em que não verás saliências, nem reentrâncias.

يَوْمَئِذٍ يَتَّبِعُونَ ٱلدَّاعِىَ لَا عِوَجَ لَهُۥ ۖ وَخَشَعَتِ ٱلْأَصْوَاتُ لِلرَّحْمَٰنِ فَلَا تَسْمَعُ إِلَّا هَمْسًا ﴿١٠٨﴾

108. Yauma izin yattabi'únad dá'iya lá 'iwaja lahú wa khacha'atil aswátu lir Rahmáni falá tasma'u illá hamsá

سُورَةُ طه

Surat Tá Ha

108. Nesse dia seguirão um arauto, do qual não poderão afastar-se. As vozes humilhar-se-ão ante o Clemente, e tu não ouvirás mais do que sussurros.

يَوْمَئِذٍ لَّا تَنفَعُ ٱلشَّفَٰعَةُ إِلَّا مَنْ أَذِنَ لَهُ ٱلرَّحْمَٰنُ وَرَضِىَ لَهُۥ قَوْلًا ١٠٩

109. Yauma 'izil lá tanfa'uch chafá'atu illá man azina lahur Rahmánu wa radhiya lahú qaulá

109. Nesse dia de nada valerá a intercessão de quem quer que seja salvo a de quem o Clemente permitir e cuja palavra Lhe for grata.

يَعْلَمُ مَا بَيْنَ أَيْدِيهِمْ وَمَا خَلْفَهُمْ وَلَا يُحِيطُونَ بِهِۦ عِلْمًا ١١٠

110. Ya'lamu má bainá aidíhim wa má khalfahum wa lá yuhitúna bihí 'ilmá

110. Ele lhes conhece tanto o passado como o futuro, não obstante eles não lograrem conhecê-Lo.

۞ وَعَنَتِ ٱلْوُجُوهُ لِلْحَىِّ ٱلْقَيُّومِ ۖ وَقَدْ خَابَ مَنْ حَمَلَ ظُلْمًا ١١١

111. Wa 'anatil wujúhu lil Haiiyil Qaiyúmi wa qad khába man hamala zulmá

111. As frontes se humilharão ante o Vivente, o Subsistente. Quem tiver cometido iniquidade estará desesperado.

وَمَن يَعْمَلْ مِنَ ٱلصَّٰلِحَٰتِ وَهُوَ مُؤْمِنٌ فَلَا يَخَافُ ظُلْمًا وَلَا هَضْمًا ١١٢

112. Wa mai ya'mal minas sálihâti wa huwa mu'minun falá yakháfu zulman wa lá hadhmá

112. E quem tiver praticado o bem e for, ademais, crente, não terá que temer injustiça, nem frustração.

وَكَذَٰلِكَ أَنزَلْنَٰهُ قُرْءَانًا عَرَبِيًّا وَصَرَّفْنَا فِيهِ مِنَ ٱلْوَعِيدِ لَعَلَّهُمْ يَتَّقُونَ أَوْ يُحْدِثُ
لَهُمْ ذِكْرًا ١١٣

113. Wa kazálika anzalnáhu Qur-ánan 'Arabiyyan wa sarrafná fí hi minal wa'ídi la'allahum yattaqúna au yuhdiçu lahum zikrá

113. Assim Nós to revelamos um Alcorão em língua árabe, no qual reiteraremos as cominações, a fim de que Nos temam e lhes seja renovada a lembrança.

فَتَعَٰلَى ٱللَّهُ ٱلْمَلِكُ ٱلْحَقُّ ۗ وَلَا تَعْجَلْ بِٱلْقُرْءَانِ مِن قَبْلِ أَن يُقْضَىٰٓ إِلَيْكَ
وَحْيُهُۥ ۖ وَقُل رَّبِّ زِدْنِى عِلْمًا ١١٤

سُورَةُ طه

Surat Tá Ha

114. Fata'álal láhul Malikul Haqq; wa lá ta'jal bil Quráni min qabli ai yuqdhá ilaika wahyuhú wa qur Rabbi zidní 'ilmá

114. Exaltado seja Deus, o Verdadeiro Rei! Não te apresses com o Alcorão antes que sua inspiração te seja concluída. Outrossim, dize: Ó Senhor meu, aumenta-me em sabedoria!

وَلَقَدْ عَهِدْنَآ إِلَىٰٓ ءَادَمَ مِن قَبْلُ فَنَسِيَ وَلَمْ نَجِدْ لَهُۥ عَزْمًا ﴿١١٥﴾

115. Wa laqad 'ahidná ilá Ádama min qablu fanasiya wa lam najid lahú 'azmá

115. Havíamos firmado o pacto com Adão, porém, ele esqueceu-se dele; e não vimos nele firme resolução.

وَإِذْ قُلْنَا لِلْمَلَٰٓئِكَةِ ٱسْجُدُوا۟ لِءَادَمَ فَسَجَدُوٓا۟ إِلَّآ إِبْلِيسَ أَبَىٰ ﴿١١٦﴾

116. Wa iz qulná lilma lá'ikatis judú li Ádama fasajadú illá Iblísa; abá

116. E quando dissemos aos anjos: Prostrai-vos ante Adão! Todos se prostraram menos Lúcifer, que se negou.

فَقُلْنَا يَٰٓـَٔادَمُ إِنَّ هَٰذَا عَدُوٌّ لَّكَ وَلِزَوْجِكَ فَلَا يُخْرِجَنَّكُمَا مِنَ ٱلْجَنَّةِ فَتَشْقَىٰٓ ﴿١١٧﴾

117. Faqulná yá Ádamu inna házá 'aduwwul laka wa lizaujika falá yukhrijan nakumá minal Jannati fatachqá

117. E então dissemos: Ó Adão, em verdade, este é tanto teu inimigo como de tua companheira! Que não cause a vossa expulsão do Paraíso, porque serás desventurado.

إِنَّ لَكَ أَلَّا تَجُوعَ فِيهَا وَلَا تَعْرَىٰ ﴿١١٨﴾

118. Inná laka allá tajú'a fíha wa lá ta'rá

118. Em verdade, nele não sofrerás fome, nem estarás afeito à nudez.

وَأَنَّكَ لَا تَظْمَؤُا۟ فِيهَا وَلَا تَضْحَىٰ ﴿١١٩﴾

119. Wa annaka lá tazma'u fíhá wa lá tadhhá

119. E não padecerás de sede ou calor.

فَوَسْوَسَ إِلَيْهِ ٱلشَّيْطَٰنُ قَالَ يَٰٓـَٔادَمُ هَلْ أَدُلُّكَ عَلَىٰ شَجَرَةِ ٱلْخُلْدِ وَمُلْكٍ
لَّا يَبْلَىٰ ﴿١٢٠﴾

120. Fa waswasa ilaihich Chaitánu qála yá Ádamu hal adulluka 'alá chajaratil khuldi wa mulkil lá yablá

120. Porém, Satanás sussurrou-lhe, dizendo: Ó Adão, queres que te indique a árvore da prosperidade e do reino eterno?

فَأَكَلَا مِنْهَا فَبَدَتْ لَهُمَا سَوْءَٰتُهُمَا وَطَفِقَا يَخْصِفَانِ عَلَيْهِمَا مِن وَرَقِ
ٱلْجَنَّةِ وَعَصَىٰٓ ءَادَمُ رَبَّهُۥ فَغَوَىٰ ﴿١٢١﴾

121. Fa akalá minhá fabadat lahumá sau átuhumá wa tafiqá yakhsifáni 'alaihimá min waraqil jannah; wa 'asá Ádamu Rabbahú faghauá

121. E ambos (o casal) comeram (os frutos) da árvore, e suas vergonhas foram-lhes manifestadas, e puseram-se a cobrir os seus corpos com folhas das plantas do Paraíso. Adão desobedeceu ao seu Senhor, e deixou-se seduzir.

ثُمَّ ٱجْتَبَٰهُ رَبُّهُۥ فَتَابَ عَلَيْهِ وَهَدَىٰ ﴿١٢٢﴾

122. Çummaj tabbahu Rabbuhú fatába 'alaihi wa hadá

122. Mas logo o seu Senhor o elegeu, absolvendo-o e encaminhando-o.

قَالَ ٱهْبِطَا مِنْهَا جَمِيعًۢا بَعْضُكُمْ لِبَعْضٍ عَدُوٌّ فَإِمَّا يَأْتِيَنَّكُم مِّنِّى
هُدًى فَمَنِ ٱتَّبَعَ هُدَاىَ فَلَا يَضِلُّ وَلَا يَشْقَىٰ ﴿١٢٣﴾

123. Qálah bita minhá jami'am ba'dhukum liba'dhin 'aduww; fa immá ya'tiyannakum minní hudan famanit taba'a hudáya falá yadhillu wa lá yachqá

123. Disse: Descei ambos do Paraíso! Sereis inimigos uns dos outros. Porém, logo vos chegará a Minha orientação e quem seguir a Minha orientação, jamais se desviará, nem será desventurado.

وَمَنْ أَعْرَضَ عَن ذِكْرِى فَإِنَّ لَهُۥ مَعِيشَةً ضَنكًا وَنَحْشُرُهُۥ يَوْمَ ٱلْقِيَٰمَةِ
أَعْمَىٰ ﴿١٢٤﴾

124. Wa man a'radha 'an Zikrí fa inna lahú ma'ichatan dhankan wa nahchuruhú Yaumal Quiyámati a'má

124. Em troca, quem desdenhar a Minha Mensagem, levará uma mísera vida, e o faremos comparecer, cego, no Dia da Ressurreição.

سُورَةُ طه

Surat Tá Ha

قَالَ رَبِّ لِمَ حَشَرْتَنِىٓ أَعْمَىٰ وَقَدْ كُنتُ بَصِيرًا ﴿١٢٥﴾

125. Qála Rabbi lima hachar taní a'má wa qad kuntu basírá

125. Dirá: Ó Senhor meu, por que me fizeste comparecer cego, quando eu tinha antes uma boa visão?

قَالَ كَذَٰلِكَ أَتَتْكَ ءَايَٰتُنَا فَنَسِيتَهَا ۖ وَكَذَٰلِكَ ٱلْيَوْمَ تُنسَىٰ ﴿١٢٦﴾

126. Qála kazálika atatka Áyátuná fanasítahá wa kazálikal Yauma tunsá

126. E (Deus lhe) dirá: Isto é porque te chegaram os Nossos versículos e tu os esqueceste; da mesma maneira, serás hoje esquecido!

وَكَذَٰلِكَ نَجْزِى مَنْ أَسْرَفَ وَلَمْ يُؤْمِنۢ بِـَٔايَٰتِ رَبِّهِۦ ۚ وَلَعَذَابُ ٱلْءَاخِرَةِ أَشَدُّ وَأَبْقَىٰٓ ﴿١٢٧﴾

127. Wa kazálika najzí man asrafa wa lam yu'min bi Áyáti Rabbih; wa la'azábul Ákhirati achaddu wa abqá

127. E assim castigaremos quem se exceder e não crer nos versículos do seu Senhor. Sabei que o castigo da Outra Vida será mais rigoroso, e mais persistente ainda.

أَفَلَمْ يَهْدِ لَهُمْ كَمْ أَهْلَكْنَا قَبْلَهُم مِّنَ ٱلْقُرُونِ يَمْشُونَ فِى مَسَٰكِنِهِمْ ۗ إِنَّ فِى ذَٰلِكَ
لَءَايَٰتٍ لِّأُو۟لِى ٱلنُّهَىٰ ﴿١٢٨﴾

128. Afalam yahdi lahum kam ahlakná qablahum minal qurúni yamchúna fi masákinihim; inna fi zálika la Áyátil li ulin nuhá

128. Não lhes mostramos, acaso, quantas gerações, anteriores a eles, exterminamos, apesar de viverem nos mesmos lugares que eles? Nisso há exemplos para os sensatos.

وَلَوْلَا كَلِمَةٌ سَبَقَتْ مِن رَّبِّكَ لَكَانَ لِزَامًا وَأَجَلٌ مُّسَمًّى ﴿١٢٩﴾

129. Wa lau lá Kalimatun sabaqat mir Rabbika lakána lizáman wa 'ajalun musammá

129. Porém, se não houvesse sido pela sentença proferida por teu Senhor, e pelo término prefixado, o castigo teria sido inevitável.

فَٱصْبِرْ عَلَىٰ مَا يَقُولُونَ وَسَبِّحْ بِحَمْدِ رَبِّكَ قَبْلَ طُلُوعِ ٱلشَّمْسِ وَقَبْلَ غُرُوبِهَا ۖ
وَمِنْ ءَانَآئِ ٱلَّيْلِ فَسَبِّحْ وَأَطْرَافَ ٱلنَّهَارِ لَعَلَّكَ تَرْضَىٰ ﴿١٣٠﴾

سُورَةُ طه

Surat Tá Ha

130. Fasbir 'alá má yaqúlúna wa sabbih bihamdi Rabbika qabla tulú'ich chamsi wa qabla ghurúbihá wa min áná'il laili fasabbih wa atráfan nahári la 'allaka tardhá

130. Tolera, pois (ó Mensageiro), o que dizem os incrédulos, e celebra os louvores do teu Senhor antes do nascer do sol, antes do seu ocaso e durante certas horas da noite; glorifica teu Senhor nos dois extremos do dia, para que sejas comprazido.

وَلَا تَمُدَّنَّ عَيْنَيْكَ إِلَىٰ مَا مَتَّعْنَا بِهِۦٓ أَزْوَٰجًا مِّنْهُمْ زَهْرَةَ ٱلْحَيَوٰةِ ٱلدُّنْيَا لِنَفْتِنَهُمْ فِيهِ ۚ وَرِزْقُ رَبِّكَ خَيْرٌ وَأَبْقَىٰ ﴿١٣١﴾

131. Wa lá tamuddanna 'ainaika ilá ma matta'na bihi azwajam minhum zahratal hayátid duna linaftinahum fih; wa rizqu Rabbika khairun wa abqá

131. E não cobices tudo aquilo com que temos agraciado certas classes, com o gozo da vida terrena – a fim de, com isso, prová-las – posto que a mercê do teu Senhor é preferível e mais persistente.

وَأْمُرْ أَهْلَكَ بِٱلصَّلَوٰةِ وَٱصْطَبِرْ عَلَيْهَا ۖ لَا نَسْـَٔلُكَ رِزْقًا ۖ نَّحْنُ نَرْزُقُكَ ۗ وَٱلْعَٰقِبَةُ لِلتَّقْوَىٰ ﴿١٣٢﴾

132. Wa'mur ahlaka bis Saláti wastabir 'alaihá lá nas'aluka rizqá; nahnu narzuquk; wal 'áqibatu littaqwá

132. E recomenda aos teus a oração, e sê constante, tu também. Não te impomos ganhares o teu sustento, pois Nós te proveremos. A recompensa é dos devotos.

وَقَالُوا۟ لَوْلَا يَأْتِينَا بِـَٔايَةٍ مِّن رَّبِّهِۦٓ ۚ أَوَلَمْ تَأْتِهِم بَيِّنَةُ مَا فِى ٱلصُّحُفِ ٱلْأُولَىٰ ﴿١٣٣﴾

133. Wa qálú lau lá ya'tína bi áyatin mir Rabbih; aua lam ta'tihim baiyinatu má fis suhufil úlá

133. Dizem (entre si): Por que não nos apresenta ele um sinal de seu Senhor? Não lhes chegou, por acaso, a evidência mencionada nos primeiros livros?

وَلَوْ أَنَّآ أَهْلَكْنَٰهُم بِعَذَابٍ مِّن قَبْلِهِۦ لَقَالُوا۟ رَبَّنَا لَوْلَآ أَرْسَلْتَ إِلَيْنَا رَسُولًا فَنَتَّبِعَ ءَايَٰتِكَ مِن قَبْلِ أَن نَّذِلَّ وَنَخْزَىٰ ﴿١٣٤﴾

سُورَةُ طه

Surat Tá Ha

134. Wa lau anná ahlaknáhum bi 'azábin min qablihí laqálú Rabbaná lau lá arsalta ilainá Rasúlan fanattabi'a Áyátika min qabli an nazilla wa nakhzá

134. Mas, se os houvéssemos fulminado com um castigo, antes disso, teriam dito: Ó Senhor nosso, por que não nos enviaste um mensageiro, a fim de seguirmos os Teus versículos, antes de nos humilharmos e nos desonrarmos?

قُلْ كُلٌّ مُّتَرَبِّصٌ فَتَرَبَّصُوا۟ فَسَتَعْلَمُونَ مَنْ أَصْحَـٰبُ ٱلصِّرَٰطِ ٱلسَّوِىِّ وَمَنِ
ٱهْتَدَىٰ ﴿١٣٥﴾

135. Qul kullum mutarabbisun fa tarabbasú fa sa ta'lamúna man Ass<u>h</u>ábus Sirátis Sauiyyi wa manih tadá

135. Dize-lhes: Cada um (de nós) está esperando; esperai, pois! Logo sabereis quem está na senda reta e quem são os orientados!

(Fim do Juzi 16)

سُورَةُ الأَنبِيَاءِ

Surat Al Ambiyá

Juzi 17

Surat 21. *Al-Ambiyá* (Os Profetas). Revelada em Makka, 112 versículos

بِسْمِ اللَّهِ الرَّحْمَٰنِ الرَّحِيمِ

Bismilláhir Rahmánir Rahím

Em nome de Deus, o Clemente, o Misericordioso

اقْتَرَبَ لِلنَّاسِ حِسَابُهُمْ وَهُمْ فِي غَفْلَةٍ مُّعْرِضُونَ ﴿١﴾

1. ۞ *Iqtaraba linnási hisábuhum wa hum fí ghaflatim mu'ridhún*

1. Aproxima-se dos homens a prestação de contas os quais, apesar disso, estão desdenhosamente desatentos.

مَا يَأْتِيهِم مِّن ذِكْرٍ مِّن رَّبِّهِم مُّحْدَثٍ إِلَّا اسْتَمَعُوهُ وَهُمْ يَلْعَبُونَ ﴿٢﴾

2. *Má ya'tíhim min zikrim mir Rabbihim muhdaçin illas tama'úhu wahum yal'abún*

2. Nunca lhes chegou uma nova mensagem de seu Senhor, que não a escutassem, senão com o fito de fazer dela uma brincadeira,

لَاهِيَةً قُلُوبُهُمْ ۗ وَأَسَرُّوا النَّجْوَى الَّذِينَ ظَلَمُوا هَلْ هَٰذَا إِلَّا بَشَرٌ مِّثْلُكُمْ ۖ
أَفَتَأْتُونَ السِّحْرَ وَأَنتُمْ تُبْصِرُونَ ﴿٣﴾

3. *Láhiyatan qulúbuhum; wa asarrun najwal lazína zalamú hal házá illá bacharum miçlukum 'afata'túnas sihra wa antum tubsirún*

3. Com os seus corações entregues à divagação. Os injustos dizem, confidencialmente: Acaso, este não é um homem como vós? Iríeis à feitiçaria conscientemente?

قَالَ رَبِّي يَعْلَمُ الْقَوْلَ فِي السَّمَاءِ وَالْأَرْضِ ۖ وَهُوَ السَّمِيعُ الْعَلِيمُ ﴿٤﴾

4. *Qála Rabbí ya'lamul qaula fis samá'i wal ardhi wa Huwas Samí'ul 'Alím*

4. Disse: Meu Senhor conhece tudo quanto é dito nos céus e na terra, porque Ele é o Oniouvinte, o Onisciente.

سُورَةُ الأَنبِيَاءِ

Surat Al Ambiyá

بَلۡ قَالُوٓاْ أَضۡغَٰثُ أَحۡلَٰمِۭ بَلِ ٱفۡتَرَىٰهُ بَلۡ هُوَ شَاعِرٞ فَلۡيَأۡتِنَا بِـَٔايَةٖ كَمَآ
أُرۡسِلَ ٱلۡأَوَّلُونَ ٥

5. Bal qálú adgháçu ahlámin bal iftaráhu bal huwa chá'irun falya'tiná bi Áyatin kamá ursilal auwalún

5. Porém, afirmam: É uma mistura de sonhos! Ele o forjou! Qual! É um poeta! Que nos apresente, então, algum sinal, como os enviados aos primeiros (mensageiros)!

مَآ ءَامَنَتۡ قَبۡلَهُم مِّن قَرۡيَةٍ أَهۡلَكۡنَٰهَآۖ أَفَهُمۡ يُؤۡمِنُونَ ٦

6. Má ámanat qablahum min qaryatin ahlaknáhá a-fahum yu'minún

6. Nenhum dos habitantes das cidades que exterminamos, anteriormente a eles, acreditou. Crerão eles?

وَمَآ أَرۡسَلۡنَا قَبۡلَكَ إِلَّا رِجَالٗا نُّوحِيٓ إِلَيۡهِمۡۖ فَسۡـَٔلُوٓاْ أَهۡلَ ٱلذِّكۡرِ إِن كُنتُمۡ
لَا تَعۡلَمُونَ ٧

7. Wa má arsalná qablaka illá rijálan núhi ilaihim fas'alú ahlaz zikri in kuntum lá ta'lamún

7. Antes de ti não enviamos nada além de homens, que inspiramos. Perguntai-o, pois, aos adeptos da Mensagem, se o ignorais!

وَمَا جَعَلۡنَٰهُمۡ جَسَدٗا لَّا يَأۡكُلُونَ ٱلطَّعَامَ وَمَا كَانُواْ خَٰلِدِينَ ٨

8. Wa má ja'alnáhum jasadal lá ya'kulúnat ta'áma wa má kánú khálidín

8. Não os dotamos de corpos que pudessem prescindir de alimentos, nem tampouco foram imortais.

ثُمَّ صَدَقۡنَٰهُمُ ٱلۡوَعۡدَ فَأَنجَيۡنَٰهُمۡ وَمَن نَّشَآءُ وَأَهۡلَكۡنَا ٱلۡمُسۡرِفِينَ ٩

9. Çumma sadaqnáhumul wa'da fa-anjainàhum wa man nachá'u wa ahlaknal musrifín

9. Então, cumprimos a Nossa promessa para com eles e os salvamos, juntamente com os que quisemos, e exterminamos os transgressores.

لَقَدۡ أَنزَلۡنَآ إِلَيۡكُمۡ كِتَٰبٗا فِيهِ ذِكۡرُكُمۡۖ أَفَلَا تَعۡقِلُونَ ١٠

10. Laqad anzalná ilaikum Kitában fíhi zikrukum afalá ta'quilún

10. Enviamos-vos o Livro, que encerra uma Mensagem para vós; não raciocinais?

وَكَمْ قَصَمْنَا مِن قَرْيَةٍ كَانَتْ ظَالِمَةً وَأَنشَأْنَا بَعْدَهَا قَوْمًا ءَاخَرِينَ ﴿١١﴾

11. Wa kam qasamná min qaryatin kánat zálimatan wa ancha'ná ba'dahá qauman ákharín

11. Quantas populações de cidades exterminamos, por sua iniquidade, e as suplantamos por outras?

فَلَمَّآ أَحَسُّواْ بَأْسَنَآ إِذَا هُم مِّنْهَا يَرْكُضُونَ ﴿١٢﴾

12. Falammá ahassú ba'saná izá hum min-há yarkudún

12. Porém, quando se deram conta do Nosso castigo, eis que tentaram fugir dele precipitadamente.

لَا تَرْكُضُواْ وَٱرْجِعُوٓاْ إِلَىٰ مَآ أُتْرِفْتُمْ فِيهِ وَمَسَٰكِنِكُمْ لَعَلَّكُمْ تُسْـَٔلُونَ ﴿١٣﴾

13. Lá tarkudú warji'ú ilá má utriftum fíhi wa masákinikum la'allakum tus'alún

13. Não fujais! Voltai ao que vos foi concedido e às vossas moradas, a fim de que sejais interrogados!

قَالُواْ يَٰوَيْلَنَآ إِنَّا كُنَّا ظَٰلِمِينَ ﴿١٤﴾

14. Qálú yá wailaná inná kunná zálimín

14. Disseram: Ai de nós! Em verdade, fomos injustos!

فَمَا زَالَت تِّلْكَ دَعْوَىٰهُمْ حَتَّىٰ جَعَلْنَٰهُمْ حَصِيدًا خَٰمِدِينَ ﴿١٥﴾

15. Famá zálat tilka da'wáhum hattá ja'alnáhum hasídan khámidín

15. E não cessou esta sua lamentação, até que os deixamos inertes, tal qual plantas cortadas.

وَمَا خَلَقْنَا ٱلسَّمَآءَ وَٱلْأَرْضَ وَمَا بَيْنَهُمَا لَٰعِبِينَ ﴿١٦﴾

16. Wa má khalaqnas samá'a wal ardha wa má bainahumá lá'ibín

16. Não criamos os céus e a terra e tudo quanto existe entre ambos por mero passatempo.

لَوْ أَرَدْنَآ أَن نَّتَّخِذَ لَهْوًا لَّٱتَّخَذْنَٰهُ مِن لَّدُنَّآ إِن كُنَّا فَٰعِلِينَ ﴿١٧﴾

17. Lau aradná an nattakhiza lahwal lat takhaznáhu mil ladunná in kunná fá'ilín

17. E se quiséssemos diversão, tê-la-íamos encontrado entre as coisas próximas de Nós, se é que faríamos (tal coisa).

بَلۡ نَقۡذِفُ بِٱلۡحَقِّ عَلَى ٱلۡبَٰطِلِ فَيَدۡمَغُهُۥ فَإِذَا هُوَ زَاهِقٞۚ وَلَكُمُ ٱلۡوَيۡلُ مِمَّا تَصِفُونَ ﴿١٨﴾

18. Bal naqzifu bilhaqqui 'alal bátili fa yadmaghuhú fa izá huwa záhiq; wa lakumul wailu mimmá tasifún

18. Qual! Arremessamos a verdade sobre a falsidade, o que a anula. Ei-la desvanecida. Ai de vós, pelas falsas coisas com que (Nos) descreveis!

وَلَهُۥ مَن فِي ٱلسَّمَٰوَٰتِ وَٱلۡأَرۡضِۚ وَمَنۡ عِندَهُۥ لَا يَسۡتَكۡبِرُونَ عَنۡ عِبَادَتِهِۦ وَلَا
يَسۡتَحۡسِرُونَ ﴿١٩﴾

19. Wa lahú man fis samáwáti wal ardh; wa man 'indahú lá yastakbirúna 'an 'ibádatihí wa lá yastahsirún

19. Seu é tudo o que existe nos céus e na terra; e todos quantos se acham em Sua Presença, não se ensoberbecem em adorá-Lo, nem se enfadam disso.

يُسَبِّحُونَ ٱلَّيۡلَ وَٱلنَّهَارَ لَا يَفۡتُرُونَ ﴿٢٠﴾

20. Yusabbihúna laila wannahára lá yafturún

20. Glorificam-No noite e dia, e não ficam exaustos.

أَمِ ٱتَّخَذُوٓاْ ءَالِهَةٗ مِّنَ ٱلۡأَرۡضِ هُمۡ يُنشِرُونَ ﴿٢١﴾

21. Amit takhazú álihatam minal ardhi hum yunchirún

21. Ou (será que) adotaram divindades da terra, que podem ressuscitar os mortos?

لَوۡ كَانَ فِيهِمَآ ءَالِهَةٌ إِلَّا ٱللَّهُ لَفَسَدَتَاۚ فَسُبۡحَٰنَ ٱللَّهِ رَبِّ ٱلۡعَرۡشِ عَمَّا يَصِفُونَ ﴿٢٢﴾

22. Lau kána fihimá álihatun illal láhu lafasadatá; fa-Subhánal láhi Rabbil 'Archi 'ammá yasifún

22. Se houvesse nos céus e na terra outras divindades além de Deus, (céus e terra) já se teriam desordenado. Glorificado seja Deus, Senhor do Trono, por tudo quanto Lhe atribuem!

لَا يُسۡـَٔلُ عَمَّا يَفۡعَلُ وَهُمۡ يُسۡـَٔلُونَ ﴿٢٣﴾

23. Lá yus'alu 'ammá yaf'alu wahum yus'alún

23. Ele não poderá ser questionado quanto ao que faz; eles sim, serão interpelados.

سُورَةُ الأَنبيَاءِ

Surat Al Ambiyá

أَمِ ٱتَّخَذُواْ مِن دُونِهِۦٓ ءَالِهَةً ۖ قُلْ هَاتُواْ بُرْهَـٰنَكُمْ ۖ هَـٰذَا ذِكْرُ مَن مَّعِىَ وَذِكْرُ مَن قَبْلِى ۗ
بَلْ أَكْثَرُهُمْ لَا يَعْلَمُونَ ٱلْحَقَّ ۖ فَهُم مُّعْرِضُونَ ﴿٢٤﴾

24. Amit takhazú min dúnihí álihatan qul hátú burhánakum háza zikru mam ma'iya wa zikru man qablí; bal aksaruhum lá ya'lamúnal haqqa fahum mu'ridhún

24. Adotarão, porventura, outras divindades além d'Ele? Dize-lhes: Apresentai vossa prova! Eis aqui a Mensagem daqueles que estão comigo e a Mensagem daqueles que me precederam. Porém, a maioria deles não conhece a verdade, desdenhando-a.

وَمَآ أَرْسَلْنَا مِن قَبْلِكَ مِن رَّسُولٍ إِلَّا نُوحِىٓ إِلَيْهِ أَنَّهُۥ لَآ إِلَـٰهَ إِلَّآ أَنَا۠ فَٱعْبُدُونِ ﴿٢٥﴾

25. Wa má arsalná min qablika mir Rasúlin illá núhí ilaihi annahú lá iláha illá Ana fa'budún

25. Jamais enviamos mensageiro algum, antes de ti, sem que lhe tivéssemos revelado que: Não há outra divindade além de Mim, portanto, adora-Me!

وَقَالُواْ ٱتَّخَذَ ٱلرَّحْمَـٰنُ وَلَدًا ۗ سُبْحَـٰنَهُۥ ۚ بَلْ عِبَادٌ مُّكْرَمُونَ ﴿٢٦﴾

26. Wa qálut takhazar Rahmánu waladá; Subhánahu bal 'ibádum mukramún

26. E dizem: O Clemente teve um filho! Glorificado seja! Qual! São apenas servos veneráveis (esses a quem chamam de filhos),

لَا يَسْبِقُونَهُۥ بِٱلْقَوْلِ وَهُم بِأَمْرِهِۦ يَعْمَلُونَ ﴿٢٧﴾

27. Lá yasbiqúnahú bilqauli wahum bi amrihí ya'malún

27. Que jamais se antecipam a Ele no falar, e que agem sob o Seu comando.

يَعْلَمُ مَا بَيْنَ أَيْدِيهِمْ وَمَا خَلْفَهُمْ وَلَا يَشْفَعُونَ إِلَّا لِمَنِ ٱرْتَضَىٰ وَهُم مِّنْ خَشْيَتِهِۦ
مُشْفِقُونَ ﴿٢٨﴾

28. Ya'lamu má baina aidíhim wa má khalfahum wa lá yachfa'úna illá limanir tadhá wahum min khach yatihí muchfiqún

28. Ele conhece tanto o que houve antes deles como o que haverá depois deles, e não poderão interceder em favor de ninguém, salvo de quem a Ele aprouver; ficam temerosos e reverentes perante a Sua glória.

سُورَةُ الأَنبِيَاء

Surat Al Ambiyá

۞ وَمَن يَقُلۡ مِنۡهُمۡ إِنِّيٓ إِلَٰهٞ مِّن دُونِهِۦ فَذَٰلِكَ نَجۡزِيهِ جَهَنَّمَۚ كَذَٰلِكَ نَجۡزِي
ٱلظَّٰلِمِينَ ٢٩

29. ۞ *Wa mai yaqul min-hum inní iláhum min dúnihí fazálika najzíhi Jahannam; kazálika najziz zálimín*

29. E quem quer que seja, entre eles, que disser: Em verdade eu sou Deus, junto a Ele! condená-lo-emos ao inferno. Assim castigamos os injustos.

أَوَلَمۡ يَرَ ٱلَّذِينَ كَفَرُوٓاْ أَنَّ ٱلسَّمَٰوَٰتِ وَٱلۡأَرۡضَ كَانَتَا رَتۡقٗا فَفَتَقۡنَٰهُمَاۖ وَجَعَلۡنَا
مِنَ ٱلۡمَآءِ كُلَّ شَيۡءٍ حَيٍّۚ أَفَلَا يُؤۡمِنُونَ ٣٠

30. *Awalam yaral lazína kafarú annas samáwáti wal ardha kánatá ratqan fafataqnáhumá wa ja'alná minal má'i kulla chai'in haiyin afalá yu'minún*

30. Não veem, acaso, os incrédulos, que os céus e a terra eram uma só massa, que desagregamos, e que criamos todos os seres vivos da água? Não creem ainda?

وَجَعَلۡنَا فِي ٱلۡأَرۡضِ رَوَٰسِيَ أَن تَمِيدَ بِهِمۡ وَجَعَلۡنَا فِيهَا فِجَاجٗا سُبُلٗا لَّعَلَّهُمۡ
يَهۡتَدُونَ ٣١

31. *Wa ja'alná fil ardhi rawásiya an tamida bihim wa ja'alná fíhá fijájan subulal la'allahum yahtadún*

31. E produzimos firmes montanhas na terra, para que esta não oscilasse com eles, e traçamos, entre aquelas, desfiladeiros como caminhos, para que se orientassem.

وَجَعَلۡنَا ٱلسَّمَآءَ سَقۡفٗا مَّحۡفُوظٗاۖ وَهُمۡ عَنۡ ءَايَٰتِهَا مُعۡرِضُونَ ٣٢

32. *Wa ja'alnas samá'a saqfam mahfúzan wa hum 'an Áyátihá mu'ridhún*

32. E fizemos o céu como abóbada bem protegida; e, apesar disso, desdenham os sinais para as quais essas coisas apontam.

وَهُوَ ٱلَّذِي خَلَقَ ٱلَّيۡلَ وَٱلنَّهَارَ وَٱلشَّمۡسَ وَٱلۡقَمَرَۖ كُلّٞ فِي فَلَكٖ يَسۡبَحُونَ ٣٣

33. *Wa Huwal lazí khalaqal laila wannahára wachchamsa wal qamara kullun fí falakin yasbahún*

33. Ele foi Quem criou a noite e o dia, o sol e a lua; cada qual (dos corpos celestes) gravita em sua respectiva órbita.

وَمَا جَعَلۡنَا لِبَشَرٖ مِّن قَبۡلِكَ ٱلۡخُلۡدَۖ أَفَإِيْن مِّتَّ فَهُمُ ٱلۡخَٰلِدُونَ ٣٤

34. Wa má ja'alná libacharim min qablikal khuld; afa'in mitta fahumul khálidún

34. Jamais concedemos imortalidade a ser humano algum, anterior a ti. Porventura, se tu morresses, iriam eles viver permanentemente?

كُلُّ نَفۡسٖ ذَآئِقَةُ ٱلۡمَوۡتِۗ وَنَبۡلُوكُم بِٱلشَّرِّ وَٱلۡخَيۡرِ فِتۡنَةٗۖ وَإِلَيۡنَا تُرۡجَعُونَ ٣٥

35. Kullu nafsin zá'iqatul maut; wa nablúkum bi charri walkhairi fitnatan wa ilainá turja'ún

35. Toda a alma provará o gosto da morte, e vos provaremos com o mal e com o bem, como tentação, e a Nós retornareis.

وَإِذَا رَءَاكَ ٱلَّذِينَ كَفَرُوٓاْ إِن يَتَّخِذُونَكَ إِلَّا هُزُوًا أَهَٰذَا ٱلَّذِي
يَذۡكُرُ ءَالِهَتَكُمۡ وَهُم بِذِكۡرِ ٱلرَّحۡمَٰنِ هُمۡ كَٰفِرُونَ ٣٦

36. Wa izá raákal lazína kafarú in-yattakhizúnaka illa huzuwan; aházal lazí yazkuru álihatakum wa hum bi zikrir Rahmáni hum káfirún

36. E, quando os incrédulos te veem, não te tratam senão com zombarias, dizendo: É este que fala sobre os vossos deuses? E blasfemam, à menção do Clemente.

خُلِقَ ٱلۡإِنسَٰنُ مِنۡ عَجَلٖۚ سَأُوْرِيكُمۡ ءَايَٰتِي فَلَا تَسۡتَعۡجِلُونِ ٣٧

37. Khuliqal insánu min 'ajal; sa uríkum Áyátí falá tasta'jilún

37. O homem é, por natureza, impaciente. Não vos apresseis, pois logo vos mostrarei os Meus sinais!

وَيَقُولُونَ مَتَىٰ هَٰذَا ٱلۡوَعۡدُ إِن كُنتُمۡ صَٰدِقِينَ ٣٨

38. Wa yaqúlúna matá házal wa'du in kuntum sádiquín

38. E perguntaram: Quando se cumprirá esta promessa, se estais certos?

لَوۡ يَعۡلَمُ ٱلَّذِينَ كَفَرُواْ حِينَ لَا يَكُفُّونَ عَن وُجُوهِهِمُ ٱلنَّارَ وَلَا عَن
ظُهُورِهِمۡ وَلَا هُمۡ يُنصَرُونَ ٣٩

39. Lau ya'lamul lazína kafarú hina lá yakuffúna 'an wujúhihimun Nára wa lá 'an zuhúrihim wa lá hum yunsarún

39. Ah, se os incrédulos conhecessem o momento em que não poderão evitar o fogo sobre seus rostos e suas espáduas, nem tampouco serem socorridos!

بَلْ تَأْتِيهِم بَغْتَةً فَتَبْهَتُهُمْ فَلَا يَسْتَطِيعُونَ رَدَّهَا وَلَا هُمْ يُنظَرُونَ ﴿٤٠﴾

40. Bal ta'tíhim baghtatan fatabhatuhum falá yastatí'úna raddahá wa lá hum yunzarún

40. Pelo contrário, surpreendê-los-á (o fogo) inadvertidamente e os aniquilará. Não poderão desviar-se dele, nem serão tolerados.

وَلَقَدِ ٱسْتُهْزِئَ بِرُسُلٍ مِّن قَبْلِكَ فَحَاقَ بِٱلَّذِينَ سَخِرُوا۟ مِنْهُم مَّا كَانُوا۟ بِهِۦ
يَسْتَهْزِءُونَ ﴿٤١﴾

41. Wa laqadistuhzi'a bi-Rusulim min qablika fahaqa billazína sakhirú min-hum má kánú bihí yastahzi'ún

41. Mensageiros anteriores a ti foram escarnecidos; porém, os escarnecedores envolveram-se naquilo de que escarneciam.

قُلْ مَن يَكْلَؤُكُم بِٱلَّيْلِ وَٱلنَّهَارِ مِنَ ٱلرَّحْمَٰنِ ۗ بَلْ هُمْ عَن ذِكْرِ رَبِّهِم
مُّعْرِضُونَ ﴿٤٢﴾

42. Qul mai yakla'ukum billaili wannahári minar Rahmán; bal hum 'an zikri Rabbihim mu'ridhún

42. Dize: Quem poderá proteger-vos, à noite e de dia, (do castigo) do Clemente? Sem dúvida, eles desdenham à menção do seu Senhor.

أَمْ لَهُمْ ءَالِهَةٌ تَمْنَعُهُم مِّن دُونِنَا ۚ لَا يَسْتَطِيعُونَ نَصْرَ أَنفُسِهِمْ وَلَا
هُم مِّنَّا يُصْحَبُونَ ﴿٤٣﴾

43. Am lahum álihatun tamna'uhum min dúniná; lá yastatí'úna nasra anfusihim wa lá hum minna yus-habún

43. Ou têm, acaso, divindades que os defendem de Nós? Não podem sequer socorrer a si mesmos, nem estarão a salvo de Nós!

بَلْ مَتَّعْنَا هَٰٓؤُلَآءِ وَءَابَآءَهُمْ حَتَّىٰ طَالَ عَلَيْهِمُ ٱلْعُمُرُ ۗ أَفَلَا يَرَوْنَ أَنَّا نَأْتِى
ٱلْأَرْضَ نَنقُصُهَا مِنْ أَطْرَافِهَآ ۚ أَفَهُمُ ٱلْغَٰلِبُونَ ﴿٤٤﴾

44. *Bal matta'ná há'ulá'i wa ábá'ahum hattá tála 'alaihimul 'umur; afalá yarauna anna na'til ardha nanqusuhá min atráfihá; afahumul ghálibún*

44. Contudo, agraciamo-los, tanto a eles como a seus pais, e até lhes prolongamos a vida. Porém, não reparam, acaso, em que temos assolado a Terra, reduzindo-a em suas bordas? São eles, porventura, os vencedores?

قُلْ إِنَّمَآ أُنذِرُكُم بِٱلْوَحْيِ ۚ وَلَا يَسْمَعُ ٱلصُّمُّ ٱلدُّعَآءَ إِذَا مَا يُنذَرُونَ ﴿٤٥﴾

45. *Qul innamá unzirukum bilwahyi; wa lá yasma'us summud du'á 'a izá má yunzarún*

45. Dize-lhes: Só vos admoesto com a revelação; no entanto, os surdos não ouvem a predicação, mesmo quando são admoestados.

وَلَئِن مَّسَّتْهُمْ نَفْحَةٌ مِّنْ عَذَابِ رَبِّكَ لَيَقُولُنَّ يَٰوَيْلَنَآ إِنَّا كُنَّا
ظَٰلِمِينَ ﴿٤٦﴾

46. *Wa la'in massathum nafhatun min 'azábi Rabbika la yaqúlunna yáwailaná inná kunná zálimín*

46. Mas, quando um resquício do castigo de teu Senhor os toca, dizem: Ai de nós! Em verdade, fomos injustos!

وَنَضَعُ ٱلْمَوَٰزِينَ ٱلْقِسْطَ لِيَوْمِ ٱلْقِيَٰمَةِ فَلَا تُظْلَمُ نَفْسٌ شَيْـًٔا ۖ وَإِن كَانَ
مِثْقَالَ حَبَّةٍ مِّنْ خَرْدَلٍ أَتَيْنَا بِهَا ۗ وَكَفَىٰ بِنَا حَٰسِبِينَ ﴿٤٧﴾

47. *Wa nada'ul mawázínal quista li Yaumil Quiyámati falá tuzlamu nafsun chai'á; wa in kána miçqála habbatim min khardalin atainá bihá; wa kafá biná hásibín*

47. E instalaremos as balanças da justiça para o Dia da Ressurreição. Nenhuma alma será defraudada no mínimo que seja; mesmo se for do peso de um grão de mostarda, tê-lo-emos em conta. Bastamos Nós por cômputo.

وَلَقَدْ ءَاتَيْنَا مُوسَىٰ وَهَٰرُونَ ٱلْفُرْقَانَ وَضِيَآءً وَذِكْرًا لِّلْمُتَّقِينَ ﴿٤٨﴾

48. *Wa laqad átainá Mussa wa Hárúnal Furqána wa dhiyá'an wa zikral lilmuttaquín*

48. Havíamos concedido a Moisés e a Aarão o Discernimento, luz e mensagem para os devotos,

ٱلَّذِينَ يَخْشَوْنَ رَبَّهُم بِٱلْغَيْبِ وَهُم مِّنَ ٱلسَّاعَةِ مُشْفِقُونَ ﴿٤٩﴾

سُورَةُ الأَنبِيَاءِ

Surat Al Ambiyá

49. Allazína yakhchauna Rabbahum bilghaibi wa hum minas Sá'ati muchfiqún

49. Que temem intimamente seu Senhor e são reverentes, quanto à Hora.

وَهَٰذَا ذِكْرٌ مُّبَارَكٌ أَنزَلْنَٰهُ ۚ أَفَأَنتُمْ لَهُۥ مُنكِرُونَ ﴿٥٠﴾

50. Wa házá Zikrum Mubárakun anzalnáh; afa antum lahú munkirún

50. Esta é uma Mensagem bendita, que revelamos. Atrever-vos-eis a negá-la?

۞ وَلَقَدْ ءَاتَيْنَآ إِبْرَٰهِيمَ رُشْدَهُۥ مِن قَبْلُ وَكُنَّا بِهِۦ عَٰلِمِينَ ﴿٥١﴾

51. ۞ *Wa laqad átainá Ibráhíma ruchdahú min qablu wa kunná bihí 'álimín*

51. Anteriormente concedemos a Abraão a sua integridade, porque o sabíamos digno disso.

إِذْ قَالَ لِأَبِيهِ وَقَوْمِهِۦ مَا هَٰذِهِ ٱلتَّمَاثِيلُ ٱلَّتِىٓ أَنتُمْ لَهَا عَٰكِفُونَ ﴿٥٢﴾

52. Iz qála li abíhi wa qaumihí má házihit tamácílul latí antum lahá 'ákifún

52. Ao perguntar ao seu pai e ao seu povo: Que significam esses ídolos, aos quais vos devotais?

قَالُوا۟ وَجَدْنَآ ءَابَآءَنَا لَهَا عَٰبِدِينَ ﴿٥٣﴾

53. Qálú wajadná ábá'aná lahá 'ábidín

53. Responderam: Encontramos nossos pais a adorá-los.

قَالَ لَقَدْ كُنتُمْ أَنتُمْ وَءَابَآؤُكُمْ فِى ضَلَٰلٍ مُّبِينٍ ﴿٥٤﴾

54. Qála laqad kuntum antum wa ábá'ukum fí dhalálin mubín

54. Disse-lhes (Abraão): Sem dúvida que vós e os vossos pais estais em evidente erro.

قَالُوٓا۟ أَجِئْتَنَا بِٱلْحَقِّ أَمْ أَنتَ مِنَ ٱللَّٰعِبِينَ ﴿٥٥﴾

55. Qálú aji'taná bil haqqui am anta minal lá'ibín

55. Inquiriram-no: Trouxeste-nos a verdade, ou tu és um dos tantos brincalhões?

قَالَ بَل رَّبُّكُمْ رَبُّ ٱلسَّمَٰوَٰتِ وَٱلْأَرْضِ ٱلَّذِى فَطَرَهُنَّ وَأَنَا۠ عَلَىٰ ذَٰلِكُم مِّنَ ٱلشَّٰهِدِينَ ﴿٥٦﴾

56. Qála bar Rabbukum Rabbus samáwáti wal ardhil lazí fatarahunna wa ana 'alá zálikum minach cháhidín

56. Respondeu-lhes: Não! Vosso Senhor é o Senhor dos Céus e da Terra, os quais criou, e eu sou um dos testemunhadores disso.

سُورَةُ الأَنبِيَاءِ

Surat Al Ambiyá

وَتَاللَّهِ لَأَكِيدَنَّ أَصْنَٰمَكُم بَعْدَ أَن تُوَلُّوا۟ مُدْبِرِينَ ﴿٥٧﴾

57. Wa tal láhi la akídanna assnámakum ba'da an tuwallú mudbirín

57. Por Deus que tenho um plano para os vossos ídolos, logo que tiverdes partido...

فَجَعَلَهُمْ جُذَٰذًا إِلَّا كَبِيرًا لَّهُمْ لَعَلَّهُمْ إِلَيْهِ يَرْجِعُونَ ﴿٥٨﴾

58. Faja'alahum juzázan illá kabíral lahum la'allahum ilaihi yarji'ún

58. E os reduziu a fragmentos, menos o maior deles, para que, quando voltassem, se recordassem dele.

قَالُوا۟ مَن فَعَلَ هَٰذَا بِـَٔالِهَتِنَآ إِنَّهُۥ لَمِنَ ٱلظَّٰلِمِينَ ﴿٥٩﴾

59. Qálú man fa'ala házá bi álihatiná innahú laminaz zálimín

59. Perguntaram, então: Quem fez isto com os nossos deuses? Ele deve ser um dos injustos!

قَالُوا۟ سَمِعْنَا فَتًى يَذْكُرُهُمْ يُقَالُ لَهُۥٓ إِبْرَٰهِيمُ ﴿٦٠﴾

60. Qálú sami'ná fatan yazkuruhum yuqálu lahú Ibráhím

60. Disseram: Temos conhecimento de um jovem que falava deles. É chamado Abraão.

قَالُوا۟ فَأْتُوا۟ بِهِۦ عَلَىٰٓ أَعْيُنِ ٱلنَّاسِ لَعَلَّهُمْ يَشْهَدُونَ ﴿٦١﴾

61. Qálú fa'tú bihí 'alá a'yunin nási la'allahum yachhadún

61. Disseram: Trazei-o à presença do povo, para que testemunhem.

قَالُوٓا۟ ءَأَنتَ فَعَلْتَ هَٰذَا بِـَٔالِهَتِنَا يَٰٓإِبْرَٰهِيمُ ﴿٦٢﴾

62. Qálú 'a-anta fa'alta házá bi álihatiná yá Ibráhím

62. Perguntaram: Foste tu, ó Abraão, que fizeste isso com os nossos deuses?

قَالَ بَلْ فَعَلَهُۥ كَبِيرُهُمْ هَٰذَا فَسْـَٔلُوهُمْ إِن كَانُوا۟ يَنطِقُونَ ﴿٦٣﴾

63. Qála bal fa'alahú kabíruhum házá fas'alúhum in kánú yantiqún

63. Respondeu: Não! Foi o maior deles. Interrogai-os, pois, se é que podem falar inteligivelmente.

فَرَجَعُوٓا۟ إِلَىٰٓ أَنفُسِهِمْ فَقَالُوٓا۟ إِنَّكُمْ أَنتُمُ ٱلظَّٰلِمُونَ ﴿٦٤﴾

64. Faraja'ú ilá anfusihim faqálú innakum antumuz zálimún

64. E confabularam, dizendo entre si: Em verdade, vós estais em erro.

سُورَةُ الأَنبِيَاءِ

Surat Al Ambiyá

ثُمَّ نُكِسُواْ عَلَىٰ رُءُوسِهِمۡ لَقَدۡ عَلِمۡتَ مَا هَٰٓؤُلَآءِ يَنطِقُونَ ﴿٦٥﴾

65. Çumma nukisú 'alá ru'úsihim laqad 'alimta má há'ulá'i yantiqún

65. Logo voltaram a cair em confusão e disseram: Tu bem sabes que eles não falam.

قَالَ أَفَتَعۡبُدُونَ مِن دُونِ ٱللَّهِ مَا لَا يَنفَعُكُمۡ شَيۡـٔٗا وَلَا يَضُرُّكُمۡ ﴿٦٦﴾

66. Qála afata'budúna min dúnil láhi má lá yanfa'ukum chai'an wa lá yadhurrukum

66. Então, (Abraão) lhes disse: Porventura, adorais, em vez de Deus, quem não pode beneficiar-vos ou prejudicar-vos em nada?

أُفّٖ لَّكُمۡ وَلِمَا تَعۡبُدُونَ مِن دُونِ ٱللَّهِۚ أَفَلَا تَعۡقِلُونَ ﴿٦٧﴾

67. Uffil lakum wa limá ta'budúna min dúnil láh; afalá ta'quilún

67. Que vergonha para vós e para os que adorais, em vez de Deus! Não raciocinais?

قَالُواْ حَرِّقُوهُ وَٱنصُرُوٓاْ ءَالِهَتَكُمۡ إِن كُنتُمۡ فَٰعِلِينَ ﴿٦٨﴾

68. Qálú harriqúhu wansurú álihatakum in kuntum fá'ilín

68. Disseram: Queimai-o e protegei os vossos deuses, se o puderdes (de algum modo)!

قُلۡنَا يَٰنَارُ كُونِي بَرۡدٗا وَسَلَٰمًا عَلَىٰٓ إِبۡرَٰهِيمَ ﴿٦٩﴾

69. Qulná yá náru kúni bardan wa saláman 'alá Ibráhim

69. Porém, ordenamos: Ó fogo, sê frescor e poupa Abraão!

وَأَرَادُواْ بِهِۦ كَيۡدٗا فَجَعَلۡنَٰهُمُ ٱلۡأَخۡسَرِينَ ﴿٧٠﴾

70. Wa arádú bihí kaidan faja'alnáhumul akhsarín

70. Intentaram conspirar contra ele, porém, fizemo-los perdedores.

وَنَجَّيۡنَٰهُ وَلُوطًا إِلَى ٱلۡأَرۡضِ ٱلَّتِي بَٰرَكۡنَا فِيهَا لِلۡعَٰلَمِينَ ﴿٧١﴾

71. Wa najjainahu wa Lotan ilal ardhil latí bárakná fíhá lil 'álamín

71. E o salvamos, juntamente com Lot, conduzindo-os à terra que abençoamos para a humanidade.

وَوَهَبۡنَا لَهُۥٓ إِسۡحَٰقَ وَيَعۡقُوبَ نَافِلَةٗۖ وَكُلّٗا جَعَلۡنَا صَٰلِحِينَ ﴿٧٢﴾

72. Wa wahabná lahú Isháqa; wa Ya'qúba náfilat; wa kullan ja'alná sálihín

72. E o agraciamos com Isaac e Jacó, como um dom adicional, e a todos fizemos virtuosos.

وَجَعَلْنَٰهُمْ أَئِمَّةً يَهْدُونَ بِأَمْرِنَا وَأَوْحَيْنَآ إِلَيْهِمْ فِعْلَ ٱلْخَيْرَٰتِ وَإِقَامَ
ٱلصَّلَوٰةِ وَإِيتَآءَ ٱلزَّكَوٰةِ ۖ وَكَانُوا۟ لَنَا عَٰبِدِينَ ﴿٧٣﴾

73. Wa ja'alnáhum a'immatan yahdúna bi amriná wa auhainá ilaihim fi'lal khairáti wa iqámas Saláti wa itá'az Zakáti wa kánú laná 'ábidín

73. E os designamos líderes, para que guiassem os demais segundo os Nossos desígnios, e lhes inspiramos a prática do bem, a observância da oração, o pagamento do zakat, e foram Nossos adoradores.

وَلُوطًا ءَاتَيْنَٰهُ حُكْمًا وَعِلْمًا وَنَجَّيْنَٰهُ مِنَ ٱلْقَرْيَةِ ٱلَّتِى كَانَت تَّعْمَلُ
ٱلْخَبَٰٓئِثَ ۗ إِنَّهُمْ كَانُوا۟ قَوْمَ سَوْءٍ فَٰسِقِينَ ﴿٧٤﴾

74. Wa Lotan átainnáhu hukman wa 'ilman wa najjainnáhu minal qaryatil latí kánat ta'malul khabá'is; innahum kánú qauma saw'in fásiquín

74. E concedemos a Lot a prudência e a sabedoria, salvando-o da cidade que se havia entregue às obscenidades, porque era habitada por um povo vil e depravado.

وَأَدْخَلْنَٰهُ فِى رَحْمَتِنَآ ۖ إِنَّهُۥ مِنَ ٱلصَّٰلِحِينَ ﴿٧٥﴾

75. Wa adkhalnáhu fi rahmatiná innahú minas sálihin

75. E o amparamos em Nossa misericórdia, porque era um dos virtuosos.

وَنُوحًا إِذْ نَادَىٰ مِن قَبْلُ فَٱسْتَجَبْنَا لَهُۥ فَنَجَّيْنَٰهُ وَأَهْلَهُۥ مِنَ ٱلْكَرْبِ
ٱلْعَظِيمِ ﴿٧٦﴾

76. Wa Núhan iz nádá min qablu fastajabná lahú fanajjainnáhu wa ahlahú minal karbil 'azím

76. E (recorda-te de) Noé quando, tempos atrás, nos implorou e o atendemos e o salvamos, juntamente com a sua família, da grande aflição.

وَنَصَرْنَٰهُ مِنَ ٱلْقَوْمِ ٱلَّذِينَ كَذَّبُوا۟ بِـَٔايَٰتِنَآ ۚ إِنَّهُمْ كَانُوا۟ قَوْمَ سَوْءٍ فَأَغْرَقْنَٰهُمْ
أَجْمَعِينَ ﴿٧٧﴾

77. Wa nasarnáhu minal qaumil lazína kazzabú bi Áyátiná; innahum kánú qauma saw'in fa-aghraqnáhum ajma'ín

سُورَةُ ٱلْأَنبِيَاءِ

Surat Al Ambiyá

77. E o socorremos contra o povo que desmentia os Nossos versículos, porquanto era um povo vil; eis que os afogamos a todos!

وَدَاوُۥدَ وَسُلَيْمَـٰنَ إِذْ يَحْكُمَانِ فِى ٱلْحَرْثِ إِذْ نَفَشَتْ فِيهِ غَنَمُ ٱلْقَوْمِ وَكُنَّا
لِحُكْمِهِمْ شَـٰهِدِينَ ﴿٧٨﴾

78. Wa Dáoúda wa Sulaimána iz yahkumáni fil harçi iz nafachat fíhi ghanamul qaumi wa kunná lihukmihim cháhidín

78. E de Davi e de Salomão, quando emitiram um julgamento sobre certa plantação, onde as ovelhas de certo povo haviam pastado durante a noite, sendo Nós Testemunha do seu juízo.

فَفَهَّمْنَـٰهَا سُلَيْمَـٰنَ ۚ وَكُلًّا ءَاتَيْنَا حُكْمًا وَعِلْمًا ۚ وَسَخَّرْنَا مَعَ دَاوُۥدَ ٱلْجِبَالَ
يُسَبِّحْنَ وَٱلطَّيْرَ ۚ وَكُنَّا فَـٰعِلِينَ ﴿٧٩﴾

79. Fafahhamnáhá Sulaimán; wa kullan átainá hukman wa'ilman wa sakhkharná ma'a Dáoúdal jibála yusabbihna wattayr; wa kunná fá'ilín

79. E fizemos Salomão compreender a causa. E dotamos ambos de prudência e sabedoria. E submetemos a ele e a Davi as montanhas e os pássaros, para que Nos glorificassem. E fomos Nós o Autor.

وَعَلَّمْنَـٰهُ صَنْعَةَ لَبُوسٍ لَّكُمْ لِتُحْصِنَكُم مِّنۢ بَأْسِكُمْ ۖ فَهَلْ أَنتُمْ شَـٰكِرُونَ ﴿٨٠﴾

80. Wa 'allamnáhu san'ata labúsil lakum lituhsinakum min ba'sikum fahal antum chákirún

80. E lhe ensinamos a arte de fazer armaduras para vós, a fim de vos protegerem das vossas violências mútuas. Não estais agradecidos?

وَلِسُلَيْمَـٰنَ ٱلرِّيحَ عَاصِفَةً تَجْرِى بِأَمْرِهِۦٓ إِلَى ٱلْأَرْضِ ٱلَّتِى بَـٰرَكْنَا فِيهَا ۚ وَكُنَّا بِكُلِّ شَىْءٍ
عَـٰلِمِينَ ﴿٨١﴾

81. Wa li Sulaimánar ríha 'ásifatan tajrí bi amrihí ilal ardhil latí bárakná fíhá; wa kunná bikulli chai'in 'álimín

81. E submetemos a Salomão o vento impetuoso, que sopra a seu capricho, para a terra que Nós abençoamos, porque somos Onisciente.

وَمِنَ ٱلشَّيَـٰطِينِ مَن يَغُوصُونَ لَهُۥ وَيَعْمَلُونَ عَمَلًا دُونَ ذَٰلِكَ ۖ وَكُنَّا لَهُمْ
حَـٰفِظِينَ ﴿٨٢﴾

82. Wa minach Chayátíni mai yaghúsúna lahú wa ya'malúna 'amalan dúna zálika wa kunna lahum háfizín

82. E também (lhe submetemos) alguns demônios que, no mar, mergulhavam para ele, além de outras tarefas, sendo Nós o seu custódio.

۞ وَأَيُّوبَ إِذْ نَادَىٰ رَبَّهُۥٓ أَنِّى مَسَّنِىَ ٱلضُّرُّ وَأَنتَ أَرْحَمُ ٱلرَّٰحِمِينَ ﴿٨٣﴾

83. ۞ *Wa Ayyúba iz nádá Rabbahú anní massaniy ddhurru wa Anta Arhamur Ráhimín*

83. E (recorda-te) de quando Jó invocou ao seu Senhor (dizendo): Em verdade, a adversidade tem-me açoitado; porém, Tu és o mais clemente dos misericordiosos!

فَٱسْتَجَبْنَا لَهُۥ فَكَشَفْنَا مَا بِهِۦ مِن ضُرٍّ ۖ وَءَاتَيْنَٰهُ أَهْلَهُۥ وَمِثْلَهُم مَّعَهُمْ
رَحْمَةً مِّنْ عِندِنَا وَذِكْرَىٰ لِلْعَٰبِدِينَ ﴿٨٤﴾

84. Fastajabná lahú fakachafná má bihí min durrin wa átainâhu ahlahú wa miçlahum ma'ahum rahmatan min 'indiná wa zikrá lil'ábidín

84. E o atendemos e o libertamos do mal que o afligia; restituímos-lhe a família, duplicando-a, como acréscimo, em virtude da Nossa misericórdia, e para que servisse de mensagem para os adoradores.

وَإِسْمَٰعِيلَ وَإِدْرِيسَ وَذَا ٱلْكِفْلِ ۖ كُلٌّ مِّنَ ٱلصَّٰبِرِينَ ﴿٨٥﴾

85. Wa Ismá'íla wa Idrísa wa Zal Kifli kullum minas sábirín

85. E (recorda-te) de Ismael, de Idris (Enoc) e de Zul-Quifl, porque todos se contavam entre os perseverantes.

وَأَدْخَلْنَٰهُمْ فِى رَحْمَتِنَآ ۖ إِنَّهُم مِّنَ ٱلصَّٰلِحِينَ ﴿٨٦﴾

86. Wa adkhalnáhum fí rahmatiná innahum minas sálihín

86. Amparamo-los em Nossa misericórdia, porque se contavam entre os virtuosos.

وَذَا ٱلنُّونِ إِذ ذَّهَبَ مُغَٰضِبًا فَظَنَّ أَن لَّن نَّقْدِرَ عَلَيْهِ فَنَادَىٰ فِى ٱلظُّلُمَٰتِ أَن
لَّآ إِلَٰهَ إِلَّآ أَنتَ سُبْحَٰنَكَ إِنِّى كُنتُ مِنَ ٱلظَّٰلِمِينَ ﴿٨٧﴾

87. Wa Zan Núni iz zahaba mughádhiban fa zanná al lan naqdira 'alaihi fanádá fiz zulumáti al lá iláha illá Anta Subhánaka inní kuntu minaz zálimín

87. E (recorda-te) de Zan-Nun quando partiu, bravo, crendo que não poderíamos controlá-lo. (Depois) Clamou nas trevas: Não há mais divindade do que Tu! Glorificado sejas! É certo que me contava entre os injustos!

فَٱسْتَجَبْنَا لَهُۥ وَنَجَّيْنَـٰهُ مِنَ ٱلْغَمِّ ۚ وَكَذَٰلِكَ نُـۨجِى ٱلْمُؤْمِنِينَ ﴿٨٨﴾

88. Fastajabná lahú wa najjaináhu minal ghamm; wa kazálika nunjil mu'minín

88. E o atendemos e o libertamos da angústia. Assim salvamos os crentes.

وَزَكَرِيَّآ إِذْ نَادَىٰ رَبَّهُۥ رَبِّ لَا تَذَرْنِى فَرْدًا وَأَنتَ خَيْرُ ٱلْوَٰرِثِينَ ﴿٨٩﴾

89. Wa Zakariyyá iz nádá Rabbahú Rabbi lá tazarní fardan wa Anta khairul wáricín

89. E (recorda-te) de Zacarias quando implorou ao seu Senhor: Ó Senhor meu, não me deixes sem prole, não obstante seres Tu o melhor dos herdeiros!

فَٱسْتَجَبْنَا لَهُۥ وَوَهَبْنَا لَهُۥ يَحْيَىٰ وَأَصْلَحْنَا لَهُۥ زَوْجَهُۥٓ ۚ إِنَّهُمْ
كَانُوا۟ يُسَـٰرِعُونَ فِى ٱلْخَيْرَٰتِ وَيَدْعُونَنَا رَغَبًا وَرَهَبًا ۖ وَكَانُوا۟ لَنَا
خَـٰشِعِينَ ﴿٩٠﴾

90. Fastajabná lahú wa wahabná lahú Yahyá Wa aslahná lahú zaujah; innahum kánú yusári'úna fil khairáti wa yad'únaná raghaban wa rahabá; wa kánú laná kháchi'ín

90. E o atendemos e o agraciamos com Yahia (João), e curamos sua mulher (da esterilidade); um procurava sobrepujar o outro nas boas ações, recorrendo a Nós com afeição e temor, e sendo humildes a Nós.

وَٱلَّتِىٓ أَحْصَنَتْ فَرْجَهَا فَنَفَخْنَا فِيهَا مِن رُّوحِنَا وَجَعَلْنَـٰهَا وَٱبْنَهَآ
ءَايَةً لِّلْعَـٰلَمِينَ ﴿٩١﴾

91. Wallatí ahsanat farjahá fanafakhná fíhá min rúhiná wa ja'alnáhá wabnahá Áyatan lil'álamín

91. E (recorda-te) também daquela que conservou a sua castidade (Maria) e a quem alentamos com o Nosso Espírito, fazendo dela e de seu filho sinais para a humanidade.

إِنَّ هَـٰذِهِۦٓ أُمَّتُكُمْ أُمَّةً وَٰحِدَةً وَأَنَا۠ رَبُّكُمْ فَٱعْبُدُونِ ﴿٩٢﴾

92. Inna házihí ummatukum ummatan wáhidatan wa Ana Rabbukum fa'budún

92. Esta vossa comunidade é uma comunidade única, e Eu sou o vosso Senhor. Adorai-Me, portanto (e a nenhum outro)!

وَتَقَطَّعُوٓا۟ أَمْرَهُم بَيْنَهُمْ ۖ كُلٌّ إِلَيْنَا رَٰجِعُونَ ٩٣

93. Wa taqatta'ú amrahum bainahum kullun ilainá ráji'ún

93. Mas (as gerações posteriores) se dividiram mutuamente em sua unidade; e todos voltarão a Nós!

فَمَن يَعْمَلْ مِنَ ٱلصَّٰلِحَٰتِ وَهُوَ مُؤْمِنٌ فَلَا كُفْرَانَ لِسَعْيِهِۦ وَإِنَّا لَهُۥ كَٰتِبُونَ ٩٤

94. Famai ya'mal minas sálihâti wa huwa mu'minun falá kufrána lisa'yihi wa inná lahú kátibún

94. Mas quem praticar o bem e for, ademais, crente, saberá que seus esforços não serão inutilizados, porque os anotamos todos.

وَحَرَٰمٌ عَلَىٰ قَرْيَةٍ أَهْلَكْنَٰهَآ أَنَّهُمْ لَا يَرْجِعُونَ ٩٥

95. Wa harámun 'alá qaryatin ahlaknáhá annahum lá yarji'ún

95. Está proibido o ressurgimento de toda população que temos destruído; seus integrantes não retornarão,

حَتَّىٰٓ إِذَا فُتِحَتْ يَأْجُوجُ وَمَأْجُوجُ وَهُم مِّن كُلِّ حَدَبٍ يَنسِلُونَ ٩٦

96. Hattá izá futihat Ya'júju wa Ma'júju wa hum min kulli hadabin yansilún

96. Até ao instante em que for aberta a barreira do (povo de) Gog e Magog e todos se precipitarem por todas as colinas,

وَٱقْتَرَبَ ٱلْوَعْدُ ٱلْحَقُّ فَإِذَا هِىَ شَٰخِصَةٌ أَبْصَٰرُ ٱلَّذِينَ كَفَرُوا۟ يَٰوَيْلَنَا قَدْ
كُنَّا فِى غَفْلَةٍ مِّنْ هَٰذَا بَلْ كُنَّا ظَٰلِمِينَ ٩٧

97. Waqtarabal wa'dul haqqu fa-izá hiya chákhisatun absárul lazína kafarú yáwailaná qad kunna fí ghaflatin min háza bal kunná zálimín

97. E se aproximar a verdadeira promessa. E eis os olhares fixos dos incrédulos, que exclamarão: Ai de nós! Estivemos desatentos quanto a isto; qual, fomos uns injustos!

سُورَةُ الأَنبِيَاءِ

Surat Al Ambiyá

إِنَّكُمْ وَمَا تَعْبُدُونَ مِن دُونِ ٱللَّهِ حَصَبُ جَهَنَّمَ أَنتُمْ لَهَا وَٰرِدُونَ ﴿٩٨﴾

98. Innakum wa má ta'budúna min dúnil láhi hasabu Jahannama antum lahá wáridún

98. Vós, com tudo quanto adorais, em vez de Deus, sereis combustíveis do inferno, no qual entrareis, por certo.

لَوْ كَانَ هَٰٓؤُلَآءِ ءَالِهَةً مَّا وَرَدُوهَا ۖ وَكُلٌّ فِيهَا خَٰلِدُونَ ﴿٩٩﴾

99. Lau kána há'ulá'i álihatan má waradúhá wa kullun fíhá khálidún

99. Se houvessem aqueles sido deuses, não o teriam adentrado; ali todos permanecerão eternamente,

لَهُمْ فِيهَا زَفِيرٌ وَهُمْ فِيهَا لَا يَسْمَعُونَ ﴿١٠٠﴾

100. Lahum fíhá zafírunw wa hum fíhá lá yasma'ún

100. Onde se lamentarão, mas não serão ouvidos.

إِنَّ ٱلَّذِينَ سَبَقَتْ لَهُم مِّنَّا ٱلْحُسْنَىٰٓ أُو۟لَٰٓئِكَ عَنْهَا مُبْعَدُونَ ﴿١٠١﴾

101. Innal lazína sabaqat lahum minnal husná ulá'ika 'anhá mub'adún

101. Em verdade, aqueles a quem predestinamos o Nosso bem, serão afastados disso.

لَا يَسْمَعُونَ حَسِيسَهَا ۖ وَهُمْ فِى مَا ٱشْتَهَتْ أَنفُسُهُمْ خَٰلِدُونَ ﴿١٠٢﴾

102. Lá yasma'úna hasísahá wa hum fí machtahat anfusuhum khálidún

102. Não ouvirão a crepitação (da fogueira) e desfrutarão eternamente de tudo quanto à sua alma apetecer.

لَا يَحْزُنُهُمُ ٱلْفَزَعُ ٱلْأَكْبَرُ وَتَتَلَقَّىٰهُمُ ٱلْمَلَٰٓئِكَةُ هَٰذَا يَوْمُكُمُ ٱلَّذِى
كُنتُمْ تُوعَدُونَ ﴿١٠٣﴾

103. Lá yahzunuhumul faza'ul akbaru wa tatalaqqáhumul malá'ikatu házá Yaumukumul lazí kuntum tú'adún

103. E o grande terror não os atribulará, e os anjos os receberão, dizendo-lhes: Eis aqui o dia que vos fora prometido!

يَوْمَ نَطْوِى ٱلسَّمَآءَ كَطَىِّ ٱلسِّجِلِّ لِلْكُتُبِ ۚ كَمَا بَدَأْنَآ أَوَّلَ خَلْقٍ
نُّعِيدُهُۥ ۚ وَعْدًا عَلَيْنَآ ۚ إِنَّا كُنَّا فَٰعِلِينَ ﴿١٠٤﴾

سُورَةُ الأَنبِيَاءِ

Surat Al Ambiyá

104. Yauma natwis samá'a kataiyis sijilli lilkutub; kamá bada'ná auwala khalquin nu'íduh; wa'dan 'alainá; inná kunna fá'ilín

104. Será o dia em que enrolaremos o firmamento como a um rolo de pergaminho. Do mesmo modo como originamos a criação, reproduzi-la-emos. É uma promessa que fazemos, e certamente a cumpriremos.

وَلَقَدْ كَتَبْنَا فِي ٱلزَّبُورِ مِنۢ بَعْدِ ٱلذِّكْرِ أَنَّ ٱلْأَرْضَ يَرِثُهَا عِبَادِيَ
ٱلصَّٰلِحُونَ ﴿١٠٥﴾

105. Wa laqad katabná fiz Zabúri min ba'diz zikri annal ardha yariçuhá 'ibádis sálihún

105. Temos prescrito, nos Salmos, depois da Mensagem (dada a Moisés), que a Terra, herdá-la-ão os Meus servos virtuosos.

إِنَّ فِي هَٰذَا لَبَلَٰغًا لِّقَوْمٍ عَٰبِدِينَ ﴿١٠٦﴾

106. Inna fí háza labalághal liqaumin 'ábidín

106. Nisto há uma mensagem para os adoradores.

وَمَآ أَرْسَلْنَٰكَ إِلَّا رَحْمَةً لِّلْعَٰلَمِينَ ﴿١٠٧﴾

107. Wa má arsalnáka illá rahmatal lil'álamín

107. E não te enviamos, senão como misericórdia para a humanidade.

قُلْ إِنَّمَا يُوحَىٰٓ إِلَيَّ أَنَّمَآ إِلَٰهُكُمْ إِلَٰهٌ وَٰحِدٌ فَهَلْ أَنتُم مُّسْلِمُونَ ﴿١٠٨﴾

108. Qul innamá yúhá ilaiya annamá iláhukum illáhun Wáhid, fahal antum muslimún

108. Dize: Em verdade, tem-me sido revelado que o vosso Deus é um Deus Único. Sereis portanto submissos?

فَإِن تَوَلَّوْا۟ فَقُلْ ءَاذَنتُكُمْ عَلَىٰ سَوَآءٍ وَإِنْ أَدْرِىٓ أَقَرِيبٌ أَم بَعِيدٌ
مَّا تُوعَدُونَ ﴿١٠٩﴾

109. Fa in tawallau faqul ázantukum 'alá sawá'; wa in adrí aqaríbun am ba'ídun má tú'adún

109. Todavia, se se recusarem a sê-lo, dize-lhes: Tenho proclamado a mensagem a todos por igual, mas não sei se está próximo ou remoto o que vos foi prometido.

سُورَةُ الأَنبِيَاءِ

Surat Al Ambiyá

إِنَّهُۥ يَعۡلَمُ ٱلۡجَهۡرَ مِنَ ٱلۡقَوۡلِ وَيَعۡلَمُ مَا تَكۡتُمُونَ ﴿١١٠﴾

110. Innahú ya'lamul jahra minal qauli wa ya'lamu má taktumún

110. Ele sabe tanto o que manifestais por palavras, como conhece o que ocultais.

وَإِنۡ أَدۡرِي لَعَلَّهُۥ فِتۡنَةٞ لَّكُمۡ وَمَتَٰعٌ إِلَىٰ حِينٖ ﴿١١١﴾

111. Wa in adrí la'allahú fitnatul lakum wa matá'un ilá hín

111. Ignoro se isto constitui para vós uma prova ou um gozo transitório.

قَٰلَ رَبِّ ٱحۡكُم بِٱلۡحَقِّۗ وَرَبُّنَا ٱلرَّحۡمَٰنُ ٱلۡمُسۡتَعَانُ عَلَىٰ مَا تَصِفُونَ ﴿١١٢﴾

112. Qála Rabbi ahkum bil haqq; wa Rabbunar Rahmánul musta'ánu 'alá má tasifún

112. Dize: Ó meu Senhor, julga com equidade! Nosso Senhor é o Clemente, a Quem se recorre, contra o que blasfemais.

سُورَةُ الحَجِّ

Surat Al Hajj

Surat 22. *Al-Hajj* (A Peregrinação). Revelada em Madina, 78 versículos, com exceção dos versículos 52-55 que foram revelados entre Makka e Madina.

بِسْمِ ٱللَّهِ ٱلرَّحْمَٰنِ ٱلرَّحِيمِ

Bismilláhir Rahmánir Rahím

Em nome de Deus, o Clemente, o Misericordioso

يَٰٓأَيُّهَا ٱلنَّاسُ ٱتَّقُوا۟ رَبَّكُمْ ۚ إِنَّ زَلْزَلَةَ ٱلسَّاعَةِ شَىْءٌ عَظِيمٌ ﴿١﴾

1. Yá ayyuhan násu ttaqú Rabbakum; inna zalzalatas Sá'ati chai'un 'azím

1. Ó humanos, temei a vosso Senhor, porque a convulsão da Hora será algo terrível.

يَوْمَ تَرَوْنَهَا تَذْهَلُ كُلُّ مُرْضِعَةٍ عَمَّآ أَرْضَعَتْ وَتَضَعُ كُلُّ ذَاتِ
حَمْلٍ حَمْلَهَا وَتَرَى ٱلنَّاسَ سُكَٰرَىٰ وَمَا هُم بِسُكَٰرَىٰ وَلَٰكِنَّ عَذَابَ ٱللَّهِ
شَدِيدٌ ﴿٢﴾

2. Yauma taraunahá tazhalu kullu murdhi'atin 'ammá ardha'at wa tadha'u kullu záti hamlin hamlahá wa taran nása sukárá wa má hum bisukárá wa lakinna 'azábal láhi chadíd

2. No dia em que a presenciardes, cada nutriz esquecerá o filho que amamenta; toda gestante abortará; tu verás os homens como ébrios, embora não o estejam, porque o castigo de Deus será severíssimo.

وَمِنَ ٱلنَّاسِ مَن يُجَٰدِلُ فِى ٱللَّهِ بِغَيْرِ عِلْمٍ وَيَتَّبِعُ كُلَّ شَيْطَٰنٍ مَّرِيدٍ ﴿٣﴾

3. Wa minan nási mai yujádilu fil láhi bighairi 'ilmin wa yattabi'u kullá chaitánim maríd

3. Entre os humanos há aquele que discute tolamente acerca de Deus e segue qualquer demônio rebelde.

كُتِبَ عَلَيْهِ أَنَّهُۥ مَن تَوَلَّاهُ فَأَنَّهُۥ يُضِلُّهُۥ وَيَهْدِيهِ إِلَىٰ عَذَابِ ٱلسَّعِيرِ ﴿٤﴾

4. Kutiba 'alaihi annahú man tawalláhu fa annahú yudhilluhú wa yahdíhi ilá 'azábis sa'ír

سُورَةُ الحَجِّ

Surat Al Hajj

4. Foi decretado sobre (o maligno): Quem se tornar íntimo dele, será desviado e conduzido ao suplício do Fogo abrasador.

يَٰٓأَيُّهَا ٱلنَّاسُ إِن كُنتُمۡ فِي رَيۡبٖ مِّنَ ٱلۡبَعۡثِ فَإِنَّا خَلَقۡنَٰكُم مِّن تُرَابٖ ثُمَّ مِن
نُّطۡفَةٖ ثُمَّ مِنۡ عَلَقَةٖ ثُمَّ مِن مُّضۡغَةٖ مُّخَلَّقَةٖ وَغَيۡرِ مُخَلَّقَةٖ لِّنُبَيِّنَ لَكُمۡۚ وَنُقِرُّ
فِي ٱلۡأَرۡحَامِ مَا نَشَآءُ إِلَىٰٓ أَجَلٖ مُّسَمّٗى ثُمَّ نُخۡرِجُكُمۡ طِفۡلٗا ثُمَّ لِتَبۡلُغُوٓاْ
أَشُدَّكُمۡۖ وَمِنكُم مَّن يُتَوَفَّىٰ وَمِنكُم مَّن يُرَدُّ إِلَىٰٓ أَرۡذَلِ ٱلۡعُمُرِ
لِكَيۡلَا يَعۡلَمَ مِنۢ بَعۡدِ عِلۡمٖ شَيۡـٔٗاۚ وَتَرَى ٱلۡأَرۡضَ هَامِدَةٗ فَإِذَآ أَنزَلۡنَا عَلَيۡهَا
ٱلۡمَآءَ ٱهۡتَزَّتۡ وَرَبَتۡ وَأَنۢبَتَتۡ مِن كُلِّ زَوۡجِۭ بَهِيجٖ ٥

5. Yá ayyuhan násu in kuntum fí raibin minal ba'çi fa inná khalaqnákum min turábin çumma min nutfatin çumma min 'alaqatin çumma min mudghatin mukhallaqatin wa ghairi mukhallaqatin linubaiyina lakum; wa nuquirru fil arhámi má nachá'u ilá ajalin musamman çumma nukhrijukum tiflan çumma litablughú achuddakum wa minkum mai yutawaffa wa minkum mai yuraddu ilá arzalil 'umuri likailá ya'lama min ba'di 'ilmin chai'á; wa taral ardha hámidatan fa izá anzalná 'alaihal má'a htazzat wa rabat wa ambatat min kulli zawjin bahíj

5. Ó humanos, se estais em dúvida sobre a ressurreição, reparai em que vos criamos do pó, depois de esperma, e logo vos convertemos em algo que se agarra e, finalmente, em feto, com forma ou amorfo, para demonstrar-vos (a Nossa onipotência); e conservamos no útero o que queremos, até um período determinado, de onde vos retiramos, crianças, para que alcanceis a puberdade. Há, entre vós, aqueles que morrem (ainda jovens) e há-os que chegam à senilidade, até ao ponto de não se recordarem do que sabiam. E observai que a terra é árida; não obstante, quando (Nós) fazemos descer a água sobre ela, move-se e se impregna de fertilidade, fazendo brotar todas as classes de pares de viçosos (frutos).

ذَٰلِكَ بِأَنَّ ٱللَّهَ هُوَ ٱلۡحَقُّ وَأَنَّهُۥ يُحۡيِ ٱلۡمَوۡتَىٰ وَأَنَّهُۥ عَلَىٰ كُلِّ شَيۡءٖ قَدِيرٞ ٦

6. Zálika bi annal láha Huwal haqqu wa annahú yuhyil mautá wa annahú 'alá kulli chai'in Qadír

6. Isto, porque Deus é Verdadeiro e vivifica os mortos, e porque é Onipotente.

سُورَةُ الحَجِّ

Surat Al Hajj

وَأَنَّ ٱلسَّاعَةَ ءَاتِيَةٌ لَّا رَيْبَ فِيهَا وَأَنَّ ٱللَّهَ يَبْعَثُ مَن فِى ٱلْقُبُورِ ﴿٧﴾

7. Wa annas Sá'ata átiyatul lá raiba fíha wa annal láha yab'asu man fil qubúr

7. E a Hora chegará indubitavelmente, e Deus ressuscitará aqueles que estiverem nos sepulcros.

وَمِنَ ٱلنَّاسِ مَن يُجَـٰدِلُ فِى ٱللَّهِ بِغَيْرِ عِلْمٍ وَلَا هُدًى وَلَا كِتَـٰبٍ مُّنِيرٍ ﴿٨﴾

8. Wa minan nási mai yujádilu fil láhi bighairi 'ilmin wa lá hudan wa lá Kitábim Munír

8. Entre os humanos, há aquele que disputa nesciamente acerca de Deus, sem orientação nem livro esclarecedor,

ثَانِىَ عِطْفِهِۦ لِيُضِلَّ عَن سَبِيلِ ٱللَّهِ ۖ لَهُۥ فِى ٱلدُّنْيَا خِزْىٌ ۖ وَنُذِيقُهُۥ يَوْمَ ٱلْقِيَـٰمَةِ عَذَابَ ٱلْحَرِيقِ ﴿٩﴾

9. Çániya 'itfihí liyudhilla 'an sabílil láhi lahú fid dunyá khizyun wa nuzíquhú Yaumal Quiyámati 'azábal hariq

9. Desdenhoso, para assim desviar os demais da senda de Deus. Será desgraçado neste mundo e, no Dia da Ressurreição, fá-lo-emos experimentar o castigo da chama infernal.

ذَٰلِكَ بِمَا قَدَّمَتْ يَدَاكَ وَأَنَّ ٱللَّهَ لَيْسَ بِظَلَّـٰمٍ لِّلْعَبِيدِ ﴿١٠﴾

10. Zálika bimá qaddamat yadáka wa annal láha laisa bizallámil lil'abíd

10. Isso, pelo que tiverem cometido suas mãos, porque Deus nunca é injusto para com os Seus servos.

وَمِنَ ٱلنَّاسِ مَن يَعْبُدُ ٱللَّهَ عَلَىٰ حَرْفٍ ۖ فَإِنْ أَصَابَهُۥ خَيْرٌ ٱطْمَأَنَّ بِهِۦ ۖ وَإِنْ أَصَابَتْهُ فِتْنَةٌ ٱنقَلَبَ عَلَىٰ وَجْهِهِۦ خَسِرَ ٱلدُّنْيَا وَٱلْـَٔاخِرَةَ ۚ ذَٰلِكَ هُوَ ٱلْخُسْرَانُ ٱلْمُبِينُ ﴿١١﴾

11. Wa minan nási mai ya'budul láha 'alá harfin fa in asábahú khairu nitmánna bihí wa in asábathu fitnatunin qalaba 'alá wajhihí khasirad dunyá wal ákhirah; zálika huwal khusránul mubín

11. Entre os humanos há, também, quem adore Deus com restrições se lhe ocorre um bem, satisfaz-se com isso; porém, se o açoita uma adversidade, renega e perde este mundo e o Outro. Esta é a evidente desventura.

سُورَةُ الحَجِّ

Surat Al Hajj

يَدۡعُواْ مِن دُونِ ٱللَّهِ مَا لَا يَضُرُّهُۥ وَمَا لَا يَنفَعُهُۥۚ ذَٰلِكَ هُوَ ٱلضَّلَٰلُ
ٱلۡبَعِيدُ ﴿١٢﴾

12. Yad'ú min dúnil láhi má lá yadhurruhú wa má lá yanfa'uh' zálika huwad dhalálul ba'id

12. Ele invoca, em vez de Deus, quem não pode prejudicá-lo nem o beneficiar. Tal é um profundo erro.

يَدۡعُواْ لَمَن ضَرُّهُۥٓ أَقۡرَبُ مِن نَّفۡعِهِۦۚ لَبِئۡسَ ٱلۡمَوۡلَىٰ وَلَبِئۡسَ ٱلۡعَشِيرُ ﴿١٣﴾

13. Yad'ú laman dharruhú aqrabu min naf'ih; labi'sal maulá wa labi'sal 'achír

13. Invoca quem lhe causa mais prejuízos do que benefícios. Que péssimo amo e que diabólico companheiro!

إِنَّ ٱللَّهَ يُدۡخِلُ ٱلَّذِينَ ءَامَنُواْ وَعَمِلُواْ ٱلصَّٰلِحَٰتِ جَنَّٰتٖ تَجۡرِي مِن تَحۡتِهَا
ٱلۡأَنۡهَٰرُۚ إِنَّ ٱللَّهَ يَفۡعَلُ مَا يُرِيدُ ﴿١٤﴾

14. Innal láha yudkhilul lazína ámanú wa 'amilus sálihâti jannátin tajrí min tahtihal anhár; innal láha yaf'alu má yuríd

14. Deus introduzirá os crentes, que praticam o bem, em jardins, abaixo dos quais correm os rios, porque Deus faz o que Lhe apraz.

مَن كَانَ يَظُنُّ أَن لَّن يَنصُرَهُ ٱللَّهُ فِي ٱلدُّنۡيَا وَٱلۡأٓخِرَةِ فَلۡيَمۡدُدۡ بِسَبَبٍ إِلَى ٱلسَّمَآءِ ثُمَّ
لۡيَقۡطَعۡ فَلۡيَنظُرۡ هَلۡ يُذۡهِبَنَّ كَيۡدُهُۥ مَا يَغِيظُ ﴿١٥﴾

15. Man kána yazunnu an lan yansurahul láhu fid dunyá wal ákhirati falyamdud bisababin ilas samá'i çumma lyaqta' falyanzur hal yuzhibanna kaiduhú má yaghíz

15. Quem pensa que Deus jamais o socorrerá (Mensageiro) neste mundo ou no Outro, que pendure uma corda no teto (de sua casa) e se enforque; então, deixe-o ver se seu plano irá remover o que o enfurece.

وَكَذَٰلِكَ أَنزَلۡنَٰهُ ءَايَٰتِۭ بَيِّنَٰتٖ وَأَنَّ ٱللَّهَ يَهۡدِي مَن يُرِيدُ ﴿١٦﴾

16. Wa kazálika anzalnáhu áyátim baiyinátin wa annal láha yahdí mai yuríd

16. Assim o revelamos (o Alcorão) em versículos esclarecedores, e Deus ilumina a quem Lhe apraz.

سُورَةُ الحَجِّ

Surat Al Hajj

إِنَّ ٱلَّذِينَ ءَامَنُوا۟ وَٱلَّذِينَ هَادُوا۟ وَٱلصَّـٰبِـِٔينَ وَٱلنَّصَـٰرَىٰ وَٱلْمَجُوسَ وَٱلَّذِينَ
أَشْرَكُوٓا۟ إِنَّ ٱللَّهَ يَفْصِلُ بَيْنَهُمْ يَوْمَ ٱلْقِيَـٰمَةِ ۚ إِنَّ ٱللَّهَ عَلَىٰ كُلِّ شَىْءٍ
شَهِيدٌ ﴿١٧﴾

17. *Innal lazina ámanú wallazina hádú was sábi'ína wan nasárá wal Majúsa wallazína achrakú innal láha yafsilu bainahum yaumal quiyámah; innal láha 'alá kulli chai'in chahíd*

17. Quanto aos Crentes, aos judeus, sabeus, cristãos, masdeístas e politeístas, certamente Deus os julgará a todos no Dia da Ressurreição, porque Deus é Testemunha de todas as coisas.

أَلَمْ تَرَ أَنَّ ٱللَّهَ يَسْجُدُ لَهُۥ مَن فِى ٱلسَّمَـٰوَٰتِ وَمَن فِى ٱلْأَرْضِ وَٱلشَّمْسُ وَٱلْقَمَرُ
وَٱلنُّجُومُ وَٱلْجِبَالُ وَٱلشَّجَرُ وَٱلدَّوَآبُّ وَكَثِيرٌ مِّنَ ٱلنَّاسِ ۖ وَكَثِيرٌ حَقَّ عَلَيْهِ
ٱلْعَذَابُ ۗ وَمَن يُهِنِ ٱللَّهُ فَمَا لَهُۥ مِن مُّكْرِمٍ ۚ إِنَّ ٱللَّهَ يَفْعَلُ مَا يَشَآءُ ۩ ﴿١٨﴾

18. *Alam tara annal láha yasjudu lahú man fis samáwáti wa man fil ardhi wach chamsu walqamaru wan nujúmu wal jibálu wach chajaru wad dawábbu wa kasírum minan nási wa kasírun haqqa 'alaihil 'azáb; wa mai yuhinil láhu famá lahú mim mukrim; innalláha yaf'alu má yachá* ***(Fazer sajda)***

18. Não reparas, acaso, em que tudo quanto há no firmamento e tudo quanto há na Terra se prostra ante Deus? O sol, a lua, as estrelas, as montanhas, as árvores, os animais e muitos humanos? Porém, muitos merecem o castigo! E a quem Deus afrontar não achará quem o honre, porque Deus faz o que Lhe apraz.

۞ هَـٰذَانِ خَصْمَانِ ٱخْتَصَمُوا۟ فِى رَبِّهِمْ ۖ فَٱلَّذِينَ كَفَرُوا۟ قُطِّعَتْ لَهُمْ ثِيَابٌ مِّن
نَّارٍ يُصَبُّ مِن فَوْقِ رُءُوسِهِمُ ٱلْحَمِيمُ ﴿١٩﴾

19. ۞ *Házáni khasmánikh tasamú fí Rabbihim fal lazina kafarú qutti'at lahum ciyábum min nár; yusabbu min fauqui ru'úsihimul hamím*

19. Existem dois antagonistas (crentes e incrédulos), que disputam acerca do seu Senhor. Quanto aos incrédulos, serão cobertos com vestimentas de fogo e lhes será derramada, sobre as cabeças, água fervente,

سُورَةُ الحَجّ

Surat Al Hajj

يُصْهَرُ بِهِۦ مَا فِي بُطُونِهِمْ وَٱلْجُلُودُ ﴿٢٠﴾

20. Yus'haru bihí má fí butúnihim waljulúd

20. A qual derreterá tudo quanto há em suas entranhas, além da totalidade de suas peles.

وَلَهُم مَّقَٰمِعُ مِنْ حَدِيدٍ ﴿٢١﴾

21. Wa lahum maqámi'u min hadíd

21. Em adição, haverá clavas de ferro (para o castigo).

كُلَّمَآ أَرَادُوٓاْ أَن يَخْرُجُواْ مِنْهَا مِنْ غَمٍّ أُعِيدُواْ فِيهَا وَذُوقُواْ عَذَابَ ٱلْحَرِيقِ ﴿٢٢﴾

22. Kullamá arádú an yakhrujú min-há min ghammin u'ídú fíha wa zúqú 'azábal haríq

22. Toda a vez que dele (do fogo) quiserem sair, por angústia, ali serão repostos e lhes será dito: Sofrei a penalidade da queima!

إِنَّ ٱللَّهَ يُدْخِلُ ٱلَّذِينَ ءَامَنُواْ وَعَمِلُواْ ٱلصَّٰلِحَٰتِ جَنَّٰتٍ تَجْرِي مِن تَحْتِهَا
ٱلْأَنْهَٰرُ يُحَلَّوْنَ فِيهَا مِنْ أَسَاوِرَ مِن ذَهَبٍ وَلُؤْلُؤًا وَلِبَاسُهُمْ فِيهَا
حَرِيرٌ ﴿٢٣﴾

23. Innal láha yudkhilul lazína ámanú wa 'amilus sálih// ati jannátin tajrí min tahtihal anháru yuhallauna fíhá min asáwira min zahabin wa lu'lu'á; wa libásuhum fíhá harír

23. Por outra, Deus introduzirá os crentes, que praticam o bem, em jardins abaixo dos quais correm os rios, onde estarão ornamentados com pulseiras de ouro e pérolas, e suas vestimentas serão de seda,

وَهُدُوٓاْ إِلَى ٱلطَّيِّبِ مِنَ ٱلْقَوْلِ وَهُدُوٓاْ إِلَىٰ صِرَٰطِ ٱلْحَمِيدِ ﴿٢٤﴾

24. Wa hudú ilat taiyibi minal qauli wa hudú ilá sirátil Hamíd

24. Porque se guiaram pelas palavras puras e se encaminharam até à senda do Laudabilíssimo.

سُورَةُ الحَجِّ

Surat Al Hajj

إِنَّ ٱلَّذِينَ كَفَرُواْ وَيَصُدُّونَ عَن سَبِيلِ ٱللَّهِ وَٱلْمَسْجِدِ ٱلْحَرَامِ ٱلَّذِى جَعَلْنَٰهُ
لِلنَّاسِ سَوَآءً ٱلْعَٰكِفُ فِيهِ وَٱلْبَادِۚ وَمَن يُرِدْ فِيهِ بِإِلْحَادٍۭ بِظُلْمٍ نُّذِقْهُ مِنْ
عَذَابٍ أَلِيمٍ ﴿٢٥﴾

25. Innal lazína kafarú wa yasuddúna 'an sabílil láhi wal Masjidil Harámil lazí ja'alnáhu linnási sawá'an il'ákifu fíhi walbád; wa mai yurid fíhi bi ilhádim bizulmin nuziqhu min 'azábin alím

25. Quanto aos incrédulos, que vedam aos demais a senda de Deus e a sagrada Mesquita – a qual destinamos aos humanos, por igual, quer sejam seus habitantes, quer sejam visitantes –, e que nela cometem, intencionalmente, profanação ou iniquidade, fá-los-emos provar um doloroso castigo.

وَإِذْ بَوَّأْنَا لِإِبْرَٰهِيمَ مَكَانَ ٱلْبَيْتِ أَن لَّا تُشْرِكْ بِى شَيْـًٔا وَطَهِّرْ بَيْتِىَ
لِلطَّآئِفِينَ وَٱلْقَآئِمِينَ وَٱلرُّكَّعِ ٱلسُّجُودِ ﴿٢٦﴾

26. Wa iz baawáná li Ibráhíma makánal Baiti allá tuchrik bí chai'an wa tahhir Baitiya litá'ifína walqá'imína warrukka'is sujúd

26. E (recorda-te) de quando indicamos a Abraão o local da Casa, dizendo: Não Me atribuas parceiros, mas consagra a Minha Casa para os circungirantes, para os que permanecem em pé, ou inclinados e prostrados.

وَأَذِّن فِى ٱلنَّاسِ بِٱلْحَجِّ يَأْتُوكَ رِجَالًا وَعَلَىٰ كُلِّ ضَامِرٍ يَأْتِينَ مِن كُلِّ
فَجٍّ عَمِيقٍ ﴿٢٧﴾

27. Wa azzin fin nási bil Hajji yátúka rijálan wa 'alá kulli dhámirin yátina min kulli fajjin 'amíq

27. E proclama a peregrinação às pessoas; elas virão a ti a pé, e montando toda espécie de camelos, de todo o longínquo lugar,

لِّيَشْهَدُواْ مَنَٰفِعَ لَهُمْ وَيَذْكُرُواْ ٱسْمَ ٱللَّهِ فِىٓ أَيَّامٍ مَّعْلُومَٰتٍ عَلَىٰ مَا
رَزَقَهُم مِّنۢ بَهِيمَةِ ٱلْأَنْعَٰمِۖ فَكُلُواْ مِنْهَا وَأَطْعِمُواْ ٱلْبَآئِسَ ٱلْفَقِيرَ ﴿٢٨﴾

سُورَةُ الحَجِّ

Surat Al Hajj

28. Li yachhadú manáfi'a lahum wa yazkurus mal láhi fí ayyámim ma'lúmátin 'alá má razaqahum mim bahímatil an'ámi fakulú min-há wa at'imul bá'isal faquír

28. Para testemunharem os benefícios que lhes foram dados e invocarem o nome de Deus, nos dias mencionados, (agradecidos) pelo gado com que Ele os agraciou (para o sacrifício). Comei, pois, dele, e alimentai o indigente e o pobre.

ثُمَّ لْيَقْضُوا۟ تَفَثَهُمْ وَلْيُوفُوا۟ نُذُورَهُمْ وَلْيَطَّوَّفُوا۟ بِٱلْبَيْتِ ٱلْعَتِيقِ ﴿٢٩﴾

29. Çummal yaqdhú tafaçahum wal yúfú nuzúrahum wal yattawafú bil Baitil 'Atíq

29. Que então se higienizem, que cumpram os seus votos e que circungirem a antiga Casa.

ذَٰلِكَ وَمَن يُعَظِّمْ حُرُمَٰتِ ٱللَّهِ فَهُوَ خَيْرٌ لَّهُۥ عِندَ رَبِّهِۦ ۗ وَأُحِلَّتْ
لَكُمُ ٱلْأَنْعَٰمُ إِلَّا مَا يُتْلَىٰ عَلَيْكُمْ ۖ فَٱجْتَنِبُوا۟ ٱلرِّجْسَ مِنَ
ٱلْأَوْثَٰنِ وَٱجْتَنِبُوا۟ قَوْلَ ٱلزُّورِ ﴿٣٠﴾

30. Zálika wa mai yu'azzim hurumátil láhi fahuwa khairul lahú 'inda Rabbih; wa uhillat lakumul an'ámu illá má yutlá 'alaikum fajtanibur rijsa minal awçáni wajtanibú qaulaz zúr

30. Tal será (a peregrinação). Quanto àquele que enaltecer os ritos sagrados de Deus, terá feito o melhor para ele, aos olhos do seu Senhor. É-vos permitida a (carne) das reses, exceto o que já vos foi estipulado. Evitai, pois, a abominação da adoração aos ídolos e evitai o perjúrio,

حُنَفَآءَ لِلَّهِ غَيْرَ مُشْرِكِينَ بِهِۦ ۚ وَمَن يُشْرِكْ بِٱللَّهِ فَكَأَنَّمَا خَرَّ مِنَ ٱلسَّمَآءِ
فَتَخْطَفُهُ ٱلطَّيْرُ أَوْ تَهْوِى بِهِ ٱلرِّيحُ فِى مَكَانٍ سَحِيقٍ ﴿٣١﴾

31. Hunafá'a lilláhi ghaira muchrikína bih; wa mai yuchrik billáhi fakaannamá kharra minas samá'i fatakhtafuhut tairu au tahwí bihir ríhu bí makánin sahíq

31. Consagrando-vos a Deus; e não Lhe atribuais parceiros, porque aquele que atribuir parceiros a Deus, será como se houvesse sido arrojado do céu, como se o tivessem apanhado as aves, ou como se o vento o lançasse a um lugar longínquo.

ذَٰلِكَ وَمَن يُعَظِّمْ شَعَٰٓئِرَ ٱللَّهِ فَإِنَّهَا مِن تَقْوَى ٱلْقُلُوبِ ﴿٣٢﴾

32. Zálika wa mai yu'azzim cha'á'iral láhi fa innahá min taqwal qulúb

32. Tal será. Contudo, quem enaltecer os rituais de Deus, saiba que tal (enaltecimento) partirá de quem possuir piedade no coração.

لَكُمْ فِيهَا مَنَٰفِعُ إِلَىٰٓ أَجَلٖ مُّسَمّٗى ثُمَّ مَحِلُّهَآ إِلَى ٱلۡبَيۡتِ ٱلۡعَتِيقِ ٣٣

33. Lakum fíhá manáfi'u ilá ajalim musamman çumma mahilluhá ilal Baitil 'Atíq

33. Neles (os animais) tendes benefícios, até um tempo prefixado; então, o seu lugar de sacrifício será a antiga Casa.

وَلِكُلِّ أُمَّةٖ جَعَلۡنَا مَنسَكٗا لِّيَذۡكُرُواْ ٱسۡمَ ٱللَّهِ عَلَىٰ مَا رَزَقَهُم مِّنۢ
بَهِيمَةِ ٱلۡأَنۡعَٰمِۗ فَإِلَٰهُكُمۡ إِلَٰهٞ وَٰحِدٞ فَلَهُۥٓ أَسۡلِمُواْۗ وَبَشِّرِ ٱلۡمُخۡبِتِينَ ٣٤

34. Wa likulli ummatin ja'alná mansakal liyazkuru ismal láhi 'alá má razaqahum mim bahímatil an'ám; failáhukum iláhun Wáhidun falahú aslimú; wa bachchiril mukhbitín

34. Para cada povo temos instituído ritos (de sacrifício), para que invoquem o nome de Deus, sobre o que Ele agraciou, de gado. Vosso Deus é Único; consagrai-vos, pois, a Ele. E tu (ó Mensageiro), anuncia a bem-aventurança aos que se humilham,

ٱلَّذِينَ إِذَا ذُكِرَ ٱللَّهُ وَجِلَتۡ قُلُوبُهُمۡ وَٱلصَّٰبِرِينَ عَلَىٰ مَآ أَصَابَهُمۡ وَٱلۡمُقِيمِي
ٱلصَّلَوٰةِ وَمِمَّا رَزَقۡنَٰهُمۡ يُنفِقُونَ ٣٥

35. Allazína izá zukiral láhu wajilat qulúbuhum wassábirína 'alá má asábahum walmuquímis Saláti wa mimmá razaqnáhum yunfiqún

35. Cujos corações estremecem, quando o nome de Deus é mencionado; (estes são) os perseverantes, que suportam o que lhes sucede, são observantes da oração e fazem caridade daquilo com que os agraciamos.

وَٱلۡبُدۡنَ جَعَلۡنَٰهَا لَكُم مِّن شَعَٰٓئِرِ ٱللَّهِ لَكُمۡ فِيهَا خَيۡرٞۖ فَٱذۡكُرُواْ ٱسۡمَ ٱللَّهِ
عَلَيۡهَا صَوَآفَّۖ فَإِذَا وَجَبَتۡ جُنُوبُهَا فَكُلُواْ مِنۡهَا وَأَطۡعِمُواْ ٱلۡقَانِعَ وَٱلۡمُعۡتَرَّۚ كَذَٰلِكَ
سَخَّرۡنَٰهَا لَكُمۡ لَعَلَّكُمۡ تَشۡكُرُونَ ٣٦

سُورَةُ الحَجِّ

Surat Al Hajj

36. *Walbudna ja'alnáhá lakum min cha'á'iril láhi lakum fíhá khairun fazkurusmal láhi 'alaihá sawáff; fa izá wajabat junúbuhá fakulú min-há wa at'imul qáni'a walmu'tarr; kazálika sakhkharnáhá lakum la'allakum tachkurún*

36. E vos temos designado (o sacrifício) dos camelos, entre os símbolos de Deus. Neles, tendes benefícios. Invocai, pois, o nome de Deus sobre eles, no momento (do sacrifício), quando ainda estiverem em pé, e quando tiverem tombado. Comei, pois, deles e dai de comer ao necessitado e ao pedinte. Assim vo-los sujeitamos, para que Nos agradeçais.

لَن يَنَالَ ٱللَّهَ لُحُومُهَا وَلَا دِمَآؤُهَا وَلَٰكِن يَنَالُهُ ٱلتَّقْوَىٰ مِنكُمْۚ كَذَٰلِكَ سَخَّرَهَا
لَكُمْ لِتُكَبِّرُواْ ٱللَّهَ عَلَىٰ مَا هَدَىٰكُمْۗ وَبَشِّرِ ٱلْمُحْسِنِينَ ﴿٣٧﴾

37. *Lan yanálal láha luhúmuhá wa lá dimá'uhá wa lákin yanáluhut taqwá minkum; kazálika sakhkharhá lakum litukabbirul láha 'alá ma hadákum; wa bachchiril muhsinín*

37. Nem suas carnes, nem o seu sangue chegam até Deus; outrossim, alcança-O a vossa piedade. Assim vo-los sujeitou, para que O glorifiqueis, por haver-vos encaminhado. Anuncia, pois, a bem-aventurança aos benfeitores.

۞ إِنَّ ٱللَّهَ يُدَٰفِعُ عَنِ ٱلَّذِينَ ءَامَنُوٓاْۗ إِنَّ ٱللَّهَ لَا يُحِبُّ كُلَّ خَوَّانٖ كَفُورٍ ﴿٣٨﴾

38. ۞ *Innal láha yudáfi' 'anil lazína ámanú; innal láha lá yuhibbu kulla khauwánin kafúr*

38. Em verdade, Deus defende os crentes, porque Deus não aprecia nenhum traidor e ingrato.

أُذِنَ لِلَّذِينَ يُقَٰتَلُونَ بِأَنَّهُمْ ظُلِمُواْۚ ٱللَّهَ عَلَىٰ نَصْرِهِمْ لَقَدِيرٌ ﴿٣٩﴾

39. *Úzina lillazína yuqátalúna bi annahum zulimú; wa innal láha 'alá nasrihim la Qadir*

39. Ele permitiu (o combate) aos que foram atacados; em verdade, Deus é Poderoso para socorrê-los.

ٱلَّذِينَ أُخْرِجُواْ مِن دِيَٰرِهِم بِغَيْرِ حَقٍّ إِلَّآ أَن يَقُولُواْ رَبُّنَا ٱللَّهُۗ وَلَوْلَا دَفْعُ ٱللَّهِ
ٱلنَّاسَ بَعْضَهُم بِبَعْضٖ لَّهُدِّمَتْ صَوَٰمِعُ وَبِيَعٞ وَصَلَوَٰتٞ وَمَسَٰجِدُ يُذْكَرُ فِيهَا
ٱسْمُ ٱللَّهِ كَثِيرٗاۗ وَلَيَنصُرَنَّ ٱللَّهُ مَن يَنصُرُهُۥٓۚ إِنَّ ٱللَّهَ لَقَوِيٌّ عَزِيزٌ ﴿٤٠﴾

سُورَةُ الحَجِّ

Surat Al Hajj

40. *Allazína ukhrijú min diyárihim bighairi haqquin illá an yaqúlú rabbunal láh; wa lau lá daf'ul láhin nása ba'dhahum biba'dhil lahuddimat sawámi'u wa biya'un wa salawátun wa masájidu yuzkaru fíhasmul láhi kacírá; wa layansurannal láhu mai yansuruh; innal láha la Qawiyyun 'Azíz*

40. São aqueles que foram expulsos injustamente dos seus lares, só porque disseram: Nosso Senhor é Deus! E se Deus não tivesse refreado os instintos malignos de uns em relação aos outros, teriam sido destruídos mosteiros, igrejas, sinagogas e mesquitas, onde o nome de Deus é frequentemente celebrado. Sabei que Deus secundará quem O secundar, em Sua causa, porque é Forte, Poderosíssimo.

ٱلَّذِينَ إِن مَّكَّنَّٰهُمْ فِى ٱلْأَرْضِ أَقَامُوا۟ ٱلصَّلَوٰةَ وَءَاتَوُا۟ ٱلزَّكَوٰةَ وَأَمَرُوا۟ بِٱلْمَعْرُوفِ وَنَهَوْا۟ عَنِ ٱلْمُنكَرِ ۗ وَلِلَّهِ عَٰقِبَةُ ٱلْأُمُورِ ﴿٤١﴾

41. *Allazína im makkannáhum fil ardhi aqámus Saláta wa átawuz Zakáta wa amarú bilma'rúfi wa nahau 'anil munkar; wa lilláhi 'áquibatul umúr*

41. São aqueles que, quando os estabelecemos na Terra, observam a oração, pagam o zakat, recomendam o bem e proíbem o ilícito. E em Deus repousa o destino de todos os assuntos.

وَإِن يُكَذِّبُوكَ فَقَدْ كَذَّبَتْ قَبْلَهُمْ قَوْمُ نُوحٍ وَعَادٌ وَثَمُودُ ﴿٤٢﴾

42. *Wa in yukazzibúka faqad kazzabat qablahum qaumu Núhin wa Ádun wa Çamúd*

42. Porém, se te desmentem (ó Mensageiro), o mesmo fizeram, antes deles, os povos de Noé, de 'Ad e de Çamud.

وَقَوْمُ إِبْرَٰهِيمَ وَقَوْمُ لُوطٍ ﴿٤٣﴾

43. *Wa qaumu Ibráhima wa qaumu Lut*

43. (Assim também) o povo de Abraão e o povo de Lot.

وَأَصْحَٰبُ مَدْيَنَ ۖ وَكُذِّبَ مُوسَىٰ فَأَمْلَيْتُ لِلْكَٰفِرِينَ ثُمَّ أَخَذْتُهُمْ ۖ فَكَيْفَ كَانَ نَكِيرِ ﴿٤٤﴾

44. *Wa as'hábu Madyana wa kuzziba Mussa fa amlaitu lilkáfirína çumma akhaztuhum fakaifa kána nakír*

44. E o povo de Madian os desmentiram; também foi desmentido Moisés. Então, tolerei os incrédulos; mas logo os castiguei, e que rigorosa foi a Minha rejeição (a eles)!

سُورَةُ الحَجِّ

Surat Al Hajj

فَكَأَيِّن مِّن قَرۡيَةٍ أَهۡلَكۡنَٰهَا وَهِيَ ظَالِمَةٞ فَهِيَ خَاوِيَةٌ عَلَىٰ عُرُوشِهَا
وَبِئۡرٖ مُّعَطَّلَةٖ وَقَصۡرٖ مَّشِيدٍ ﴿٤٥﴾

45. *Fakaayyim min qaryatin ahlaknáhá wa hiya zálimatun fahiya kháwiyatun 'alá 'urúchihá wa bi'rim mu'attalatin wa qasrim machíd*

45. Quantas cidades destruímos por sua iniquidade, transformando-as em ruínas, com os poços e os castelos fortificados abandonados!

أَفَلَمۡ يَسِيرُواْ فِي ٱلۡأَرۡضِ فَتَكُونَ لَهُمۡ قُلُوبٞ يَعۡقِلُونَ بِهَآ أَوۡ ءَاذَانٞ يَسۡمَعُونَ بِهَاۖ
فَإِنَّهَا لَا تَعۡمَى ٱلۡأَبۡصَٰرُ وَلَٰكِن تَعۡمَى ٱلۡقُلُوبُ ٱلَّتِي فِي ٱلصُّدُورِ ﴿٤٦﴾

46. *Afalam yasírú fil ardhi fatakúna lahum qulúbun ya'quilúna bihá au ázánun yasma'úna bihá fa innahá lá ta'mal absáru wa lákin ta'mal qulúbul latí fissudúr*

46. Não percorreram eles a terra, para que seus corações verificassem o ocorrido? Talvez possam, assim, ouvir e raciocinar! Todavia, a cegueira não é a dos olhos, mas a dos corações que estão em seus peitos!

وَيَسۡتَعۡجِلُونَكَ بِٱلۡعَذَابِ وَلَن يُخۡلِفَ ٱللَّهُ وَعۡدَهُۥۚ وَإِنَّ يَوۡمًا عِندَ رَبِّكَ كَأَلۡفِ
سَنَةٖ مِّمَّا تَعُدُّونَ ﴿٤٧﴾

47. *Wa yasta'jilúnaka bil'azábi wa lan yukhlifal láhu wa'dah; wa inna yauman 'inda Rabbika ka'alfi sanatim mimmá ta'uddún*

47. Pedem-te incessantemente a iminência do castigo; saibam que Deus jamais falta à sua promessa, porque um dia, para o teu Senhor, é como mil anos, dos que contais.

وَكَأَيِّن مِّن قَرۡيَةٍ أَمۡلَيۡتُ لَهَا وَهِيَ ظَالِمَةٞ ثُمَّ أَخَذۡتُهَا وَإِلَيَّ ٱلۡمَصِيرُ ﴿٤٨﴾

48. *Wakaayyim min qaryatin amlaitu lahá wa hiya zálimatun çumma akhaztuhá wa ilaiyal masír*

48. E quantas cidades injustas temos tolerado! Mas logo as castigarei e a Mim será o destino.

قُلۡ يَٰٓأَيُّهَا ٱلنَّاسُ إِنَّمَآ أَنَا۠ لَكُمۡ نَذِيرٞ مُّبِينٞ ﴿٤٩﴾

سُورَةُ الحَجّ

Surat Al Hajj

49. Qul yá ayyuhan násu innamá ana lakum nazírum mubín

49. Dize: Ó humanos, sou apenas um elucidativo admoestador para vós.

فَٱلَّذِينَ ءَامَنُواْ وَعَمِلُواْ ٱلصَّٰلِحَٰتِ لَهُم مَّغۡفِرَةٞ وَرِزۡقٞ كَرِيمٞ ٥٠

50. Fallazína ámanú wa 'amilus sáli<u>h</u>áti lahum maghfiratun wa rizqun karím

50. E os crentes que praticarem o bem obterão uma indulgência e um magnífico sustento.

وَٱلَّذِينَ سَعَوۡاْ فِيٓ ءَايَٰتِنَا مُعَٰجِزِينَ أُوْلَٰٓئِكَ أَصۡحَٰبُ ٱلۡجَحِيمِ ٥١

51. Wallazína sa'au fí Áyátiná mu'ájizína uláika Ass<u>h</u>ábul ja<u>h</u>ím

51. Por outra, aqueles que se esforçarem em desacreditar os Nossos versículos serão os companheiros do fogo.

وَمَآ أَرۡسَلۡنَا مِن قَبۡلِكَ مِن رَّسُولٖ وَلَا نَبِيٍّ إِلَّآ إِذَا تَمَنَّىٰٓ أَلۡقَى ٱلشَّيۡطَٰنُ فِيٓ
أُمۡنِيَّتِهِۦ فَيَنسَخُ ٱللَّهُ مَا يُلۡقِي ٱلشَّيۡطَٰنُ ثُمَّ يُحۡكِمُ ٱللَّهُ ءَايَٰتِهِۦۗ وَٱللَّهُ
عَلِيمٌ حَكِيمٞ ٥٢

52. Wamá arsalná min qablika mir Rasúlinn wa lá Nabiyyin illá izá tamanná alqach Chaitánu fí umniyatihí fa yansakhul láhu má yulqich Chaitánu çumma yu<u>h</u>kimul láhu áyátih; walláhu 'Alímun <u>H</u>akím

52. Antes de ti, jamais enviamos mensageiro ou profeta algum, sem que Satanás se inserisse em sua predicação; porém, Deus anula o que aventa Satanás, e então prescreve as Suas leis, porque Deus é Sapiente, Prudentíssimo.

لِّيَجۡعَلَ مَا يُلۡقِي ٱلشَّيۡطَٰنُ فِتۡنَةٗ لِّلَّذِينَ فِي قُلُوبِهِم مَّرَضٞ وَٱلۡقَاسِيَةِ قُلُوبُهُمۡۗ
وَإِنَّ ٱلظَّٰلِمِينَ لَفِي شِقَاقِۭ بَعِيدٖ ٥٣

53. Liyaj'ala má yulquich Chaitánu fitnatal lillazína fí qulúbihim maradun walqásiyati qulúbuhum; wa innaz zálimína lafí chiqáquim ba'íd

53. Ele faz das sugestões de Satanás uma prova para aqueles que abrigam a enfermidade em seus corações e para aqueles cujos corações estão endurecidos, porque os injustos estão em cisma distante (da verdade)!

وَلِيَعۡلَمَ ٱلَّذِينَ أُوتُواْ ٱلۡعِلۡمَ أَنَّهُ ٱلۡحَقُّ مِن رَّبِّكَ فَيُؤۡمِنُواْ بِهِۦ فَتُخۡبِتَ لَهُۥ
قُلُوبُهُمۡۗ وَإِنَّ ٱللَّهَ لَهَادِ ٱلَّذِينَ ءَامَنُوٓاْ إِلَىٰ صِرَٰطٖ مُّسۡتَقِيمٖ ٥٤

54. Wa liya'lamal lazína útul 'ilma annahul haqqu mir Rabbika fa yu'minú bihí fatukhbita lahú qulúbuhum; wa innal láha lahádil lazína ámanú ilá Sirátim Mustaquím

54. Quanto àqueles que receberam a ciência, saibam que ele (o Alcorão) é a verdade do teu Senhor; que creiam nele e que seus corações se humilhem ante ele, porque Deus guia os crentes até à senda reta.

وَلَا يَزَالُ ٱلَّذِينَ كَفَرُواْ فِي مِرۡيَةٖ مِّنۡهُ حَتَّىٰ تَأۡتِيَهُمُ ٱلسَّاعَةُ بَغۡتَةً أَوۡ
يَأۡتِيَهُمۡ عَذَابُ يَوۡمٍ عَقِيمٍ ٥٥

55. Wa lá yazálul lazína kafarú fí miryatim min-hu hattá tátiyahumus Sá'atu baghtatan au yátiyahum 'azábu Yaumin 'aquím

55. Porém, os incrédulos não cessarão de estar em dúvida acerca dele, até que a Hora lhes chegue de improviso, ou açoite-os o castigo do dia desastroso.

ٱلۡمُلۡكُ يَوۡمَئِذٖ لِّلَّهِ يَحۡكُمُ بَيۡنَهُمۡۚ فَٱلَّذِينَ ءَامَنُواْ وَعَمِلُواْ ٱلصَّٰلِحَٰتِ
فِي جَنَّٰتِ ٱلنَّعِيمِ ٥٦

56. Almulku Yauma'izil lilláhi yahkumu bainahum; fallazína ámanú wa 'amilus sálihâti fí jannâtin Na'ím

56. A soberania, naquele dia, será de Deus, que julgará entre eles. Os crentes que tiverem praticado o bem entrarão nos jardins do prazer.

وَٱلَّذِينَ كَفَرُواْ وَكَذَّبُواْ بِـَٔايَٰتِنَا فَأُوْلَٰٓئِكَ لَهُمۡ عَذَابٞ مُّهِينٞ ٥٧

57. Wallazína kafarú wa kazzabú bi Áyátiná fa ulá'ika lahum 'azábum muhín

57. Em troca, os incrédulos, que desmentirem os Nossos versículos, sofrerão um castigo humilhante.

وَٱلَّذِينَ هَاجَرُواْ فِي سَبِيلِ ٱللَّهِ ثُمَّ قُتِلُوٓاْ أَوۡ مَاتُواْ لَيَرۡزُقَنَّهُمُ ٱللَّهُ
رِزۡقًا حَسَنٗاۚ وَإِنَّ ٱللَّهَ لَهُوَ خَيۡرُ ٱلرَّٰزِقِينَ ٥٨

58. Wallazína hájarú fí sabílil láhi çumma qutilú au mátú la yarzuqannahumul láhu rizqan hasaná; wa innal láha la Huwa khairur ráziquín

58. Aqueles que migraram pela causa de Deus e foram mortos, ou morreram, serão infinitamente agraciados por Ele, porque Deus é o melhor dos agraciadores.

لَيُدْخِلَنَّهُم مُّدْخَلًا يَرْضَوْنَهُۥ ۗ وَإِنَّ ٱللَّهَ لَعَلِيمٌ حَلِيمٌ ٥٩

59. La yudkhilannahum mu khalan yardaunah; wa innal láha la 'Alímun Halím

59. Em verdade, (Deus) introduzi-los-á em um lugar que comprazerá a eles, porque Deus é Tolerante, Sapientíssimo.

۞ ذَٰلِكَ وَمَنْ عَاقَبَ بِمِثْلِ مَا عُوقِبَ بِهِۦ ثُمَّ بُغِىَ عَلَيْهِ لَيَنصُرَنَّهُ ٱللَّهُ ۗ
إِنَّ ٱللَّهَ لَعَفُوٌّ غَفُورٌ ٦٠

60. ۞*Zálika wa man 'áqaba bimiçli má 'úquiba bihí çumma bughiya 'alaihi la yansurannahul láh; innal láha la 'Afuwwun Ghafúr*

60. Assim será! Aquele que se desforrar um pouco de quem o injuriou e o ultrajou, sem dúvida Deus socorrerá, porque é Absolvedor, Indulgentíssimo.

ذَٰلِكَ بِأَنَّ ٱللَّهَ يُولِجُ ٱلَّيْلَ فِى ٱلنَّهَارِ وَيُولِجُ ٱلنَّهَارَ فِى ٱلَّيْلِ وَأَنَّ
ٱللَّهَ سَمِيعٌۢ بَصِيرٌ ٦١

61. Zálika bi annal láha yúlijul laila fin nahári wa yúlijun nahára fil laili wa annal láha Samí'um Basír

61. Sabei que Deus insere a noite no dia e o dia na noite e é, ademais, Oniouvinte, Onividente.

ذَٰلِكَ بِأَنَّ ٱللَّهَ هُوَ ٱلْحَقُّ وَأَنَّ مَا يَدْعُونَ مِن دُونِهِۦ هُوَ ٱلْبَٰطِلُ
وَأَنَّ ٱللَّهَ هُوَ ٱلْعَلِىُّ ٱلْكَبِيرُ ٦٢

62. Zálika bi annal láha Huwal haqqu wa anna má yad'úna min dúnihí huwal bátilu wa annal láha Huwal 'Aliyyul Kabír

62. Isto porque Deus é a Verdade; e o que invocam, em vez d'Ele, é a falsidade. Sabei que Ele é Grandioso, Altíssimo.

سُورَةُ الحَجِّ

Surat Al Hajj

أَلَمۡ تَرَ أَنَّ ٱللَّهَ أَنزَلَ مِنَ ٱلسَّمَآءِ مَآءٗ فَتُصۡبِحُ ٱلۡأَرۡضُ مُخۡضَرَّةًۚ إِنَّ ٱللَّهَ
لَطِيفٌ خَبِيرٞ ٦٣

63. *Alam tara annal láha anzala minas samá'i má'an fatusbihul ardhu mukhdarrat; innal láha Latífun Khabír*

63. Porventura, não reparas em que Deus faz descer a água do céu, tornando verdes os campos? Sabei que Deus é Onisciente, Sutilíssimo.

لَّهُۥ مَا فِي ٱلسَّمَٰوَٰتِ وَمَا فِي ٱلۡأَرۡضِۗ وَإِنَّ ٱللَّهَ لَهُوَ ٱلۡغَنِيُّ ٱلۡحَمِيدُ ٦٤

64. *Lahú ma fis samáwáti wa ma fil ardh; wa innal láha la Huwal Ghaniyyul Hamíd*

64. Seu é tudo quanto existe nos Céus e quanto há na Terra, porque é Opulento, Laudabilíssimo.

أَلَمۡ تَرَ أَنَّ ٱللَّهَ سَخَّرَ لَكُم مَّا فِي ٱلۡأَرۡضِ وَٱلۡفُلۡكَ تَجۡرِي فِي ٱلۡبَحۡرِ بِأَمۡرِهِۦ وَيُمۡسِكُ
ٱلسَّمَآءَ أَن تَقَعَ عَلَى ٱلۡأَرۡضِ إِلَّا بِإِذۡنِهِۦٓۚ إِنَّ ٱللَّهَ بِٱلنَّاسِ لَرَءُوفٞ رَّحِيمٞ ٦٥

65. *Alam tara annal láha sakhkhara lakum má fil ardhi wal fulka tajrí fil bahri bi amrihí wa yumsikus samá'a an taqa'a 'alal ardhi illá bi iznih; innal láha binnási la Ra'úfur Rahím*

65. Não tens reparado em que Deus pôs ao vosso dispor tudo o que existe na Terra, assim como as naves que singram os mares por Sua vontade? Ele sustém o firmamento, para que não caia sobre a Terra, a não ser por Sua vontade, porque é, para com os humanos, Compassivo, Misericordiosíssimo.

وَهُوَ ٱلَّذِيٓ أَحۡيَاكُمۡ ثُمَّ يُمِيتُكُمۡ ثُمَّ يُحۡيِيكُمۡۗ إِنَّ ٱلۡإِنسَٰنَ لَكَفُورٞ ٦٦

66. *Wa Huwal lazí ahyákum çumma yumítukum çumma yuhyíkum; innal insána la kafúr*

66. E Ele é Quem vos dá a vida, então vos fará morrer, em seguida vos devolverá a vida. Em verdade, o homem é ingrato!

لِّكُلِّ أُمَّةٖ جَعَلۡنَا مَنسَكًا هُمۡ نَاسِكُوهُۖ فَلَا يُنَٰزِعُنَّكَ فِي ٱلۡأَمۡرِۚ وَٱدۡعُ إِلَىٰ
رَبِّكَۖ إِنَّكَ لَعَلَىٰ هُدٗى مُّسۡتَقِيمٖ ٦٧

67. Likulli ummatin ja'alná mansakan hum násikúhu falá yunázi'unnaka fil amr; wad'u ilá Rabbika innaka la 'alá hudan mustaquim

67. Temos prescrito a cada povo ritos a serem observados. Que não te refutem a este respeito! E invoca teu Senhor, porque estarás seguindo uma orientação correta.

وَإِن جَٰدَلُوكَ فَقُلِ ٱللَّهُ أَعۡلَمُ بِمَا تَعۡمَلُونَ ٦٨

68. Wa in jádalúka faqulil láhu a'lamu bimá ta'malún

68. Porém, se te refutam, dize-lhes: Deus sabe melhor do que ninguém o que fazeis!

ٱللَّهُ يَحۡكُمُ بَيۡنَكُمۡ يَوۡمَ ٱلۡقِيَٰمَةِ فِيمَا كُنتُمۡ فِيهِ تَخۡتَلِفُونَ ٦٩

69. Alláhu yah̲kumu bainakum Yaumal Quiyámati fimá kuntum fíhi takhtalifún

69. Deus julgará entre vós, no Dia da Ressurreição, a respeito de vossas divergências.

أَلَمۡ تَعۡلَمۡ أَنَّ ٱللَّهَ يَعۡلَمُ مَا فِي ٱلسَّمَآءِ وَٱلۡأَرۡضِۚ إِنَّ ذَٰلِكَ فِي كِتَٰبٍۚ إِنَّ ذَٰلِكَ عَلَى
ٱللَّهِ يَسِيرٞ ٧٠

70. Alam ta'lam annal láha ya'lamu má fis samá'i wal ardh; inna zálika fí kitáb; inna zálika 'alal láhi yasír

70. Ignoras, acaso, que Deus conhece o que há nos Céus e na Terra? Em verdade, isto está registrado num Livro, porque isso é fácil para Deus.

وَيَعۡبُدُونَ مِن دُونِ ٱللَّهِ مَا لَمۡ يُنَزِّلۡ بِهِۦ سُلۡطَٰنٗا وَمَا لَيۡسَ لَهُم بِهِۦ عِلۡمٞۗ وَمَا لِلظَّٰلِمِينَ
مِن نَّصِيرٖ ٧١

71. Wa ya'budúna min dúnil láhi má lam yunazzil bihí sultánan wa má laisa lahum bihí 'ilm; wa má lizzálimína min nasír

71. E adoram, em vez de Deus, coisas, às quais Ele não concedeu autoridade alguma, e da qual não têm conhecimento algum; porém, os injustos não terão nenhum protetor.

وَإِذَا تُتۡلَىٰ عَلَيۡهِمۡ ءَايَٰتُنَا بَيِّنَٰتٖ تَعۡرِفُ فِي وُجُوهِ ٱلَّذِينَ كَفَرُواْ ٱلۡمُنكَرَۖ
يَكَادُونَ يَسۡطُونَ بِٱلَّذِينَ يَتۡلُونَ عَلَيۡهِمۡ ءَايَٰتِنَاۗ قُلۡ أَفَأُنَبِّئُكُم بِشَرّٖ
مِّن ذَٰلِكُمُۗ ٱلنَّارُ وَعَدَهَا ٱللَّهُ ٱلَّذِينَ كَفَرُواْۖ وَبِئۡسَ ٱلۡمَصِيرُ ٧٢

72. *Wa izá tutlá 'alaihim Áyátuná baiyinátin ta'rifu fí wujúhil lazína kafarul munkara yakádúna yastúna bil lazína yatlúna 'alaihim Áyátiná; qul afa unabbi'ukum bicharrim min zálikum; an Náru wa 'adahal láhul lazína kafarú wa bi'sal masír*

72. E quando lhes são recitados os Nossos versículos esclarecedores, descobres o desdém nos semblantes dos incrédulos, chegando mesmo a ponto de se lançarem sobre aqueles que lhes recitam os Nossos versículos. Dize: Poderia inteirar-vos de algo pior do que isto? É o fogo (infernal), que Deus prometeu aos incrédulos. E que funesto destino!

يَٰٓأَيُّهَا ٱلنَّاسُ ضُرِبَ مَثَلٌ فَٱسۡتَمِعُواْ لَهُۥٓۚ إِنَّ ٱلَّذِينَ تَدۡعُونَ مِن دُونِ ٱللَّهِ
لَن يَخۡلُقُواْ ذُبَابٗا وَلَوِ ٱجۡتَمَعُواْ لَهُۥۖ وَإِن يَسۡلُبۡهُمُ ٱلذُّبَابُ شَيۡـٔٗا لَّا يَسۡتَنقِذُوهُ
مِنۡهُۚ ضَعُفَ ٱلطَّالِبُ وَٱلۡمَطۡلُوبُ ٧٣

73. *Yá ayyuhan násu duriba maçalun fastami'ú lah; innal lazína tad'úna min dúnil láhi lai yakhluqú zubában wa lauijtama'ú lahú wa in yaslubhumuz zubábu chai'an lá yastanquizúhu minh; da'ufat tálibu wal matlúb*

73. Ó humanos, eis um exemplo; escutai-o, pois: Aqueles que invocais, em vez de Deus, jamais poderiam criar uma mosca; ainda que, para isso, se juntassem todos. E se a mosca lhes arrebatasse algo, não poderiam dela tirá-lo, porque tanto o solicitador como o solicitado, são impotentes.

مَا قَدَرُواْ ٱللَّهَ حَقَّ قَدۡرِهِۦٓۚ إِنَّ ٱللَّهَ لَقَوِيٌّ عَزِيزٌ ٧٤

74. *Má qadrul láha haqqa qadrih; innal láha la Qawiyyun 'Azíz*

74. Não fazem uma estimativa de Deus como (Ele) merece. Saibam eles que Deus é Forte, Poderosíssimo.

ٱللَّهُ يَصۡطَفِي مِنَ ٱلۡمَلَٰٓئِكَةِ رُسُلٗا وَمِنَ ٱلنَّاسِۚ إِنَّ ٱللَّهَ سَمِيعُۢ
بَصِيرٞ ٧٥

75. *Allahu yastafí minal malá'ikati Rusulan wa minan nás; innal láha Samí'un Basír*

75. Deus escolhe os mensageiros, entre os anjos e entre os humanos, porque é Oniouvinte, Onividente.

يَعۡلَمُ مَا بَيۡنَ أَيۡدِيهِمۡ وَمَا خَلۡفَهُمۡۖ وَإِلَى ٱللَّهِ تُرۡجَعُ ٱلۡأُمُورُ ٧٦

سُورَةُ الحَجِّ

Surat Al Hajj

76. Ya'lamu má baina aydíhim wa má khalfahum; wa ilal láhi turja'ul umúr

76. Ele conhece tanto o passado como o futuro deles, porque a Deus retornarão todas as coisas.

يَٰٓأَيُّهَا ٱلَّذِينَ ءَامَنُواْ ٱرۡكَعُواْ وَٱسۡجُدُواْ وَٱعۡبُدُواْ رَبَّكُمۡ وَٱفۡعَلُواْ
ٱلۡخَيۡرَ لَعَلَّكُمۡ تُفۡلِحُونَ ۩ ٧٧

77. Yá ayyuhal lazína ámanur ka'ú wasjudú wa'budú Rabbakum waf'alul khaira la'allakum tuflihún ***(Fazer sajda)***

77. Ó crentes, genuflecti, prostrai-vos, adorai vosso Senhor e praticai o bem, para que prospereis.

وَجَٰهِدُواْ فِي ٱللَّهِ حَقَّ جِهَادِهِۦۚ هُوَ ٱجۡتَبَىٰكُمۡ وَمَا جَعَلَ عَلَيۡكُمۡ فِي ٱلدِّينِ مِنۡ
حَرَجٖۚ مِّلَّةَ أَبِيكُمۡ إِبۡرَٰهِيمَۚ هُوَ سَمَّىٰكُمُ ٱلۡمُسۡلِمِينَ مِن قَبۡلُ وَفِي هَٰذَا لِيَكُونَ
ٱلرَّسُولُ شَهِيدًا عَلَيۡكُمۡ وَتَكُونُواْ شُهَدَآءَ عَلَى ٱلنَّاسِۚ فَأَقِيمُواْ ٱلصَّلَوٰةَ وَءَاتُواْ
ٱلزَّكَوٰةَ وَٱعۡتَصِمُواْ بِٱللَّهِ هُوَ مَوۡلَىٰكُمۡۖ فَنِعۡمَ ٱلۡمَوۡلَىٰ وَنِعۡمَ ٱلنَّصِيرُ ٧٨

78. Wa jáhidú fil láhi haqqa jihádih; Huwa jtabákum wa má ja'ala 'alaikum fid díni min haraj; Millata abíkum Ibráhím; Huwa sammákumul muslimína min qablu wa fí háza li yakúnar Rasúlu chahídan 'alaikum wa takúnú chuhadá'a 'alan nás; fa aquímus saláta wa átuz zakáta wa'tasimú billáhi Huwa mauhákum fani'mal maulá wa ni'man nasír

78. E combatei com disciplina e sinceridade pela causa de Deus; Ele vos elegeu. E não vos impôs dificuldade alguma quanto à religião, porque é o credo de vosso pai, Abraão. Ele vos denominou muçulmanos, antes deste e neste (Alcorão), para que o Mensageiro seja testemunha vossa, e para que sejais testemunhas dos humanos. Observai, pois, a oração, pagai o zakat e apegai-vos a Deus, Que é vosso Protetor. E que excelente Protetor! E que excelente Socorredor!

(Fim do Juzi 17)

سُورَةُ المُؤمِنُون
Surat Al-Mu'minun

Juzi Dezoito

Surat 23. *Al-Mu'minun* (Os Crentes). Revelada em Makka. 118 versículos

بِسۡمِ ٱللَّهِ ٱلرَّحۡمَٰنِ ٱلرَّحِيمِ
Bismilláhir Rahmánir Rahím
Em nome de Deus, o Clemente, o Misericordioso

قَدۡ أَفۡلَحَ ٱلۡمُؤۡمِنُونَ ١

1. ۞ *Qad aflahal mu'minún*
1. É certo que prosperarão os crentes,

ٱلَّذِينَ هُمۡ فِي صَلَاتِهِمۡ خَٰشِعُونَ ٢

2. Allazína hum fí Salátihim khachi'ún
2. Que são humildes em suas orações.

وَٱلَّذِينَ هُمۡ عَنِ ٱللَّغۡوِ مُعۡرِضُونَ ٣

3. Wallazína hum 'anillaghwi mu'ridhún
3. Que desdenham a vaidade,

وَٱلَّذِينَ هُمۡ لِلزَّكَوٰةِ فَٰعِلُونَ ٤

4. Wallazína hum liz Zakáti fá'ilún
4. Que são ativos em pagar o zakat.

وَٱلَّذِينَ هُمۡ لِفُرُوجِهِمۡ حَٰفِظُونَ ٥

5. Wallazína hum lifurújihim háfizún
5. Que observam a castidade,

إِلَّا عَلَىٰٓ أَزۡوَٰجِهِمۡ أَوۡ مَا مَلَكَتۡ أَيۡمَٰنُهُمۡ فَإِنَّهُمۡ غَيۡرُ مَلُومِينَ ٦

6. Illá 'alá azwájihim au má malakat aimánuhum fa innahum ghairu malúmín
6. Exceto para com os seus cônjuges ou cativas – nisso não serão reprovados.

فَمَنِ ٱبۡتَغَىٰ وَرَآءَ ذَٰلِكَ فَأُوْلَٰٓئِكَ هُمُ ٱلۡعَادُونَ ٧

سُورَةُ المُؤمِنُونَ

Surat Al-Mu'minun

7. Famani btaghá wará'a zálika fa ulá'ika humul 'ádún

7. Mas aqueles que se excederem nisso serão os transgressores.

وَٱلَّذِينَ هُمْ لِأَمَٰنَٰتِهِمْ وَعَهْدِهِمْ رَٰعُونَ ﴿٨﴾

8. Wallazína hum li amánátihim wa 'ahdihim rá'ún

8. Os que respeitarem suas obrigações e seus pactos,

وَٱلَّذِينَ هُمْ عَلَىٰ صَلَوَٰتِهِمْ يُحَافِظُونَ ﴿٩﴾

9. Wallazína hum 'alá Salawátihim yuháfizún

9. E que observarem as suas orações,

أُولَٰٓئِكَ هُمُ ٱلْوَٰرِثُونَ ﴿١٠﴾

10. Ulá'ika humul wáriçún

10. Estes serão os herdeiros.

ٱلَّذِينَ يَرِثُونَ ٱلْفِرْدَوْسَ هُمْ فِيهَا خَٰلِدُونَ ﴿١١﴾

11. Allazína yariçúnal Firdausa hum fíhá khálidún

11. Herdarão o Paraíso, onde morarão eternamente.

وَلَقَدْ خَلَقْنَا ٱلْإِنسَٰنَ مِن سُلَٰلَةٍ مِّن طِينٍ ﴿١٢﴾

12. Wa laqad khalaqnal insána min sulálatim min tín

12. Criamos o homem da essência do barro.

ثُمَّ جَعَلْنَٰهُ نُطْفَةً فِى قَرَارٍ مَّكِينٍ ﴿١٣﴾

13. Çumma ja'alnáhu nutfatan fí qarárim makín

13. Em seguida, fizemo-lo uma gota de esperma, que inserimos em um lugar seguro.

ثُمَّ خَلَقْنَا ٱلنُّطْفَةَ عَلَقَةً فَخَلَقْنَا ٱلْعَلَقَةَ مُضْغَةً فَخَلَقْنَا
ٱلْمُضْغَةَ عِظَٰمًا فَكَسَوْنَا ٱلْعِظَٰمَ لَحْمًا ثُمَّ أَنشَأْنَٰهُ خَلْقًا ءَاخَرَ ۚ فَتَبَارَكَ ٱللَّهُ
أَحْسَنُ ٱلْخَٰلِقِينَ ﴿١٤﴾

14. Çumma khalaqnan nutfata 'alaqatan fakhalaqnal 'alaqata mudghatan fakhalaqnal mudghata 'izáman fakasaunal 'izáma lahman çumma anchánáhu khalqan ákhar; fatabárakal láhu ahsanul kháliquín

سُورَةُ المُؤمِنُون

Surat Al-Mu'minun

14. Então, convertemos a gota de esperma em algo que se agarra, transformamos esse algo em feto e convertemos o feto em ossos; depois, revestimos os ossos de carne; então o desenvolvemos em outra criatura. Bendito seja Deus, Criador por excelência.

ثُمَّ إِنَّكُم بَعۡدَ ذَٰلِكَ لَمَيِّتُونَ ﴿١٥﴾

15. Çumma innakum ba'da zálika la maiyitún

15. Então morrereis, indubitavelmente.

ثُمَّ إِنَّكُمۡ يَوۡمَ ٱلۡقِيَٰمَةِ تُبۡعَثُونَ ﴿١٦﴾

16. Çumma innakum Yaumal Quiyámati tub'açún

16. Depois sereis ressuscitados, no Dia da Ressurreição.

وَلَقَدۡ خَلَقۡنَا فَوۡقَكُمۡ سَبۡعَ طَرَآئِقَ وَمَا كُنَّا عَنِ ٱلۡخَلۡقِ غَٰفِلِينَ ﴿١٧﴾

17. Wa laqad khalaqná fauqakum sab'a tará'iqa wa má kunná 'anil khalqui gháfilín

17. E por cima de vós criamos sete firmamentos em estratos, e não descuramos da Nossa criação.

وَأَنزَلۡنَا مِنَ ٱلسَّمَآءِ مَآءَۢ بِقَدَرٖ فَأَسۡكَنَّٰهُ فِي ٱلۡأَرۡضِۖ وَإِنَّا عَلَىٰ ذَهَابِۭ بِهِۦ لَقَٰدِرُونَ ﴿١٨﴾

18. Wa anzalná minas samá'i má'am biqadarin fa-askannáhu fil ardhi wa inná 'alá zahábim bihí laqádirún

18. E fazemos descer, proporcionalmente, água do céu e a armazenamos na Terra; mas, se quiséssemos, poderíamos fazê-la desaparecer.

فَأَنشَأۡنَا لَكُم بِهِۦ جَنَّٰتٖ مِّن نَّخِيلٖ وَأَعۡنَٰبٖ لَّكُمۡ فِيهَا فَوَٰكِهُ كَثِيرَةٞ وَمِنۡهَا تَأۡكُلُونَ ﴿١٩﴾

19. Fa ancháná lakum bihí Jannátim min nakhílin wa a'náb; lakum fíhá fawákihu kaçíratun wa min-há tákulún

19. E, mediante ela, criamos, para vós, jardins de tamareiras e videiras, dos quais obtendes abundantes frutos, de que vos alimentais.

وَشَجَرَةٗ تَخۡرُجُ مِن طُورِ سَيۡنَآءَ تَنۢبُتُ بِٱلدُّهۡنِ وَصِبۡغٖ لِّلۡأٓكِلِينَ ﴿٢٠﴾

20. Wa chajaratan takhruju min Túri Sainá'a tambutu bidduhni wa sibghil lilákilín

20. E vos criamos a árvore, que brota no monte Sinai, a qual propicia o azeite, que consiste num condimento para os consumidores.

سُورَةُ المُؤْمِنُونَ

Surat Al-Mu'minun

وَإِنَّ لَكُمْ فِي ٱلْأَنْعَٰمِ لَعِبْرَةً نُّسْقِيكُم مِّمَّا فِي بُطُونِهَا وَلَكُمْ فِيهَا مَنَٰفِعُ كَثِيرَةٌ وَمِنْهَا تَأْكُلُونَ ﴿٢١﴾

21. Wa inna lakum fil an'ámi la'ibrah; nusquíkum mimmá fí butúnihá wa lakum fíhá manáfi'u kaçíratun wa min-há tákulún

21. Tendes (nas fêmeas do) gado um instrutivo exemplo: Damos-vos de beber do (leite) que contêm as suas glândulas; obtendes delas muitos benefícios e delas vos alimentais.

وَعَلَيْهَا وَعَلَى ٱلْفُلْكِ تُحْمَلُونَ ﴿٢٢﴾

22. Wa 'alaihá wa'alal fulki tuhmalún

22. E sobre eles (os animais) sois transportados, da mesma maneira como nos navios.

وَلَقَدْ أَرْسَلْنَا نُوحًا إِلَىٰ قَوْمِهِۦ فَقَالَ يَٰقَوْمِ ٱعْبُدُوا۟ ٱللَّهَ مَا لَكُم مِّنْ إِلَٰهٍ غَيْرُهُۥٓ أَفَلَا تَتَّقُونَ ﴿٢٣﴾

23. Wa laqad arsalná Núhan ilá qaumihí faqála yá qaumi 'budul láha má lakum min ilahin ghairuhú afalá tattaqún

23. Havíamos enviado Noé ao seu povo, ao qual disse: Ó povo meu, adorai a Deus, porque não tendes outro Deus além d'Ele! Não (O) temeis?

فَقَالَ ٱلْمَلَؤُا۟ ٱلَّذِينَ كَفَرُوا۟ مِن قَوْمِهِۦ مَا هَٰذَآ إِلَّا بَشَرٌ مِّثْلُكُمْ يُرِيدُ أَن يَتَفَضَّلَ عَلَيْكُمْ وَلَوْ شَآءَ ٱللَّهُ لَأَنزَلَ مَلَٰٓئِكَةً مَّا سَمِعْنَا بِهَٰذَا فِيٓ ءَابَآئِنَا ٱلْأَوَّلِينَ ﴿٢٤﴾

24. Faqálal mala'ul lazína kafarú min qaumihí má házá illá bacharum miçlukum yurídu ai yatafaddala 'alaikum wa lau chá'al láhu la anzala malá'ikatam má sami'ná biházá fí ábá'inal auwalín

24. Porém, os chefes incrédulos do seu povo disseram: Esse não é mais do que um homem como vós, que quer assegurar a sua superioridade (sobre vós). Se Deus quisesse, teria enviado anjos (por mensageiros). Jamais ouvimos tal coisa de nossos antepassados!

إِنْ هُوَ إِلَّا رَجُلٌۢ بِهِۦ جِنَّةٌ فَتَرَبَّصُوا۟ بِهِۦ حَتَّىٰ حِينٍ ﴿٢٥﴾

سُورَةُ المُؤْمِنُون

Surat Al-Mu'minun

25. In huwa illá rajulum bihí jinnatun fatarabbasú bihí hatta hín
25. Não é mais do que um homem possesso! Porém, suportai-o temporariamente.

قَالَ رَبِّ ٱنصُرۡنِي بِمَا كَذَّبُونِ ﴿٢٦﴾

26. Qála Rabbin surní bimá kazzabún
26. Disse (Noé): Ó Senhor meu, socorre-me, pois que me desmentem!

فَأَوۡحَيۡنَآ إِلَيۡهِ أَنِ ٱصۡنَعِ ٱلۡفُلۡكَ بِأَعۡيُنِنَا وَوَحۡيِنَا فَإِذَا جَآءَ أَمۡرُنَا وَفَارَ
ٱلتَّنُّورُ فَٱسۡلُكۡ فِيهَا مِن كُلّٖ زَوۡجَيۡنِ ٱثۡنَيۡنِ وَأَهۡلَكَ إِلَّا مَن سَبَقَ
عَلَيۡهِ ٱلۡقَوۡلُ مِنۡهُمۡۖ وَلَا تُخَٰطِبۡنِي فِي ٱلَّذِينَ ظَلَمُوٓاْ إِنَّهُم مُّغۡرَقُونَ ﴿٢٧﴾

27. Fa auhainá ilaihi anis na'il fulka bi a'yuniná wa wahyiná fa izá já'a amruná wa fárat tannúru fasluk fihá min kullin zawjainis naini wa ahlaka illá man sabaqa 'alaihil qaulu min-hum walá tukhátibní fil lazína zalamú innáhum mughraqún
27. Então lhe revelamos: Constrói uma arca sob a Nossa vigilância e segundo a Nossa revelação. E quando se cumprir o Nosso desígnio e a água jorrar das fontes, embarca nela um casal de cada espécie, juntamente com a tua família, exceto aquele sobre quem tenha sido pronunciada a sentença; e não intercedas junto a Mim em favor dos injustos, pois que serão afogados.

فَإِذَا ٱسۡتَوَيۡتَ أَنتَ وَمَن مَّعَكَ عَلَى ٱلۡفُلۡكِ فَقُلِ ٱلۡحَمۡدُ لِلَّهِ ٱلَّذِي نَجَّىٰنَا مِنَ ٱلۡقَوۡمِ
ٱلظَّٰلِمِينَ ﴿٢٨﴾

28. Fa izas tawaita anta wa mam ma'aka 'alal fulki faqulil hamdu lilláhil lazí najjáná minal qaumiz zalimin
28. E quando estiveres embarcado na arca, junto àqueles que estão contigo, dize: Louvado seja Deus, que nos livrou dos injustos!

وَقُل رَّبِّ أَنزِلۡنِي مُنزَلٗا مُّبَارَكٗا وَأَنتَ خَيۡرُ ٱلۡمُنزِلِينَ ﴿٢٩﴾

29. Wa qur Rabbi anzilní munzalam mubárakan wa Anta khairul munzilin
29. E dize: Ó Senhor meu, desembarca-me em lugar abençoado, porque Tu és o melhor para (nos) desembarcar.

إِنَّ فِي ذَٰلِكَ لَأٓيَٰتٖ وَإِن كُنَّا لَمُبۡتَلِينَ ﴿٣٠﴾

سُورَةُ المُؤۡمِنُونَ

Surat Al-Mu'minun

30. Inna fí zálika la Áyátin wa in kunná lamubtalín
30. Em verdade, nisto há sinais (para os homens); deveras já os temos testado.

ثُمَّ أَنشَأۡنَا مِنۢ بَعۡدِهِمۡ قَرۡنًا ءَاخَرِينَ ﴿٣١﴾

31. Çummá anchána mim ba'dihim qarnan ákharín
31. Logo depois dele criamos outras gerações.

فَأَرۡسَلۡنَا فِيهِمۡ رَسُولٗا مِّنۡهُمۡ أَنِ ٱعۡبُدُواْ ٱللَّهَ مَا لَكُم مِّنۡ إِلَٰهٍ غَيۡرُهُۥٓۚ أَفَلَا تَتَّقُونَ ﴿٣٢﴾

32. Fa arsalná fíhim Rasúlam min-hum ani 'budul láha má lakum min iláhin ghairuhú afalá tattaqún
32. E lhes enviamos um mensageiro, escolhido entre eles, (que lhes disse): Adorai a Deus, porque não tereis outro Deus além d'Ele! Não (O) temeis?

وَقَالَ ٱلۡمَلَأُ مِن قَوۡمِهِ ٱلَّذِينَ كَفَرُواْ وَكَذَّبُواْ بِلِقَآءِ ٱلۡأٓخِرَةِ وَأَتۡرَفۡنَٰهُمۡ فِي ٱلۡحَيَوٰةِ ٱلدُّنۡيَا
مَا هَٰذَآ إِلَّا بَشَرٞ مِّثۡلُكُمۡ يَأۡكُلُ مِمَّا تَأۡكُلُونَ مِنۡهُ وَيَشۡرَبُ مِمَّا تَشۡرَبُونَ ﴿٣٣﴾

33. Wa qálal mala-u min qaumihil lazína kafarú wa kazzabú bi liqá'il Ákhirati wa atrafnáhum fil hayátid dunyá má házá illá bacharum miçlukum yákulu mimmá tákulúna min-hu wa yachrabu mimmá tachrabún
33. Porém, os chefes incrédulos do seu povo, que negavam o comparecimento na Outra Vida e que agraciamos na vida terrena, disseram: Este não é senão um homem como vós; come do mesmo que comeis e bebe do mesmo que bebeis.

وَلَئِنۡ أَطَعۡتُم بَشَرٗا مِّثۡلَكُمۡ إِنَّكُمۡ إِذٗا لَّخَٰسِرُونَ ﴿٣٤﴾

34. Wa la'in at'atum bacharam miçlakum innakum izal lakhásirún
34. E, se obedecerdes a um homem como vós, certamente sereis desventurados.

أَيَعِدُكُمۡ أَنَّكُمۡ إِذَا مِتُّمۡ وَكُنتُمۡ تُرَابٗا وَعِظَٰمًا أَنَّكُم مُّخۡرَجُونَ ﴿٣٥﴾

35. A-Ya'idukum annakum izá mittum wa kuntum turában wa izáman annakum mukhrajún
35. Qual! Promete-vos ele que, quando morrerdes e vos tiverdes convertido em pó e ossos, sereis ressuscitados?

۞ هَيۡهَاتَ هَيۡهَاتَ لِمَا تُوعَدُونَ ﴿٣٦﴾

36. ۞ *Haiháta haiháta limá tú'adún*

36. Longe, muito longe está o que vos é prometido!

إِنْ هِيَ إِلَّا حَيَاتُنَا ٱلدُّنْيَا نَمُوتُ وَنَحْيَا وَمَا نَحْنُ بِمَبْعُوثِينَ ﴿٣٧﴾

37. In hiya illá hayátunad dunyá namútu wa nahyá wa má nahnu bimab'úcin

37. Não há mais vida do que esta, terrena! Morremos e vivemos e jamais seremos ressuscitados!

إِنْ هُوَ إِلَّا رَجُلٌ ٱفْتَرَىٰ عَلَى ٱللَّهِ كَذِبًا وَمَا نَحْنُ لَهُۥ بِمُؤْمِنِينَ ﴿٣٨﴾

38. In huwa illá rajulunif tará 'alal láhi kaziban wa má nahnuu lahú bimu'minín

38. Este não é mais do que um homem que forja mentiras acerca de Deus! Jamais creremos nele!

قَالَ رَبِّ ٱنصُرْنِي بِمَا كَذَّبُونِ ﴿٣٩﴾

39. Qála Rabbin surní bimá kazzabún

39. Disse (o profeta): Ó Senhor meu, socorre-me, pois que me desmentem!

قَالَ عَمَّا قَلِيلٍ لَّيُصْبِحُنَّ نَٰدِمِينَ ﴿٤٠﴾

40. Qála 'ammá qalílil la yusbihunna nádimín

40. Disse-lhe (Deus): Em pouco tempo se arrependerão.

فَأَخَذَتْهُمُ ٱلصَّيْحَةُ بِٱلْحَقِّ فَجَعَلْنَٰهُمْ غُثَآءً فَبُعْدًا لِّلْقَوْمِ ٱلظَّٰلِمِينَ ﴿٤١﴾

41. Fa akhazathumus saihatu bilhaqqui faja'alnáhum ghuçá'á; fabu'dal lilqaumiz zálimín

41. E o estrondo os fulminou, e os reduzimos a destroços (que a torrente carregou). Que pereça o povo injusto!

ثُمَّ أَنشَأْنَا مِنۢ بَعْدِهِمْ قُرُونًا ءَاخَرِينَ ﴿٤٢﴾

42. Çumma ancháná mim ba'dihim qurúnan ákharín

42. Logo depois deles criamos outras gerações.

مَا تَسْبِقُ مِنْ أُمَّةٍ أَجَلَهَا وَمَا يَسْتَـْٔخِرُونَ ﴿٤٣﴾

43. Má tasbiqu min ummatin ajalahá wa má yastákhirún

43. Nenhum povo pode adiantar ou retardar o seu destino.

سُورَةُ المُؤْمِنُون

Surat Al-Mu'minun

ثُمَّ أَرْسَلْنَا رُسُلَنَا تَتْرَا كُلَّ مَا جَآءَ أُمَّةً رَّسُولُهَا كَذَّبُوهُ فَأَتْبَعْنَا بَعْضَهُم بَعْضًا
وَجَعَلْنَٰهُمْ أَحَادِيثَ فَبُعْدًا لِّقَوْمٍ لَّا يُؤْمِنُونَ ﴿٤٤﴾

44. Çumma arsalná Rusulaná tatrá kulla má já'a ummatar Rasúluhá kazzabúh; fa atba'ná ba'dhahum ba'dhan wa ja'alnáhum ahádís; fabu'dal liqaumil lá yu'minún

44. Então enviamos, sucessivamente, os Nossos mensageiros. Cada vez que um mensageiro chegava ao seu povo, este o desmentia. Então fizemos uns seguirem outros (no castigo), e fizemos deles exemplo (para outros povos). Que pereça o povo incrédulo!

ثُمَّ أَرْسَلْنَا مُوسَىٰ وَأَخَاهُ هَٰرُونَ بِـَٔايَٰتِنَا وَسُلْطَٰنٍ مُّبِينٍ ﴿٤٥﴾

45. Çumma arsalná Mussá wa akháhu Hárúna bi Áyátiná wa sultáním mubín

45. Então enviamos Moisés e seu irmão Aarão com os Nossos sinais e uma evidente autoridade,

إِلَىٰ فِرْعَوْنَ وَمَلَإِيْهِۦ فَٱسْتَكْبَرُوا۟ وَكَانُوا۟ قَوْمًا عَالِينَ ﴿٤٦﴾

46. Ilá Fir'auna wa mala'ihí fastakbarú wa kánú qauman 'álín

46. Ao Faraó e aos seus chefes, os quais se ensoberbeceram, mostrando-se pessoas arrogantes.

فَقَالُوٓا۟ أَنُؤْمِنُ لِبَشَرَيْنِ مِثْلِنَا وَقَوْمُهُمَا لَنَا عَٰبِدُونَ ﴿٤٧﴾

47. Faqálú annu'minu libacharaini miçliná wa qaumuhumá laná 'ábidún

47. E disseram: Como havemos de crer em dois homens como nós, cujo povo nos está submetido?

فَكَذَّبُوهُمَا فَكَانُوا۟ مِنَ ٱلْمُهْلَكِينَ ﴿٤٨﴾

48. Fakazzabúhumá fakánú minal muhlaquín

48. E os desmentiram, contando-se, assim, entre os destruídos.

وَلَقَدْ ءَاتَيْنَا مُوسَى ٱلْكِتَٰبَ لَعَلَّهُمْ يَهْتَدُونَ ﴿٤٩﴾

49. Wa laqad átainá Mussál Kitába la'allahum yahtadún

49. Concedemos a Moisés o Livro, a fim de que se encaminhassem.

وَجَعَلْنَا ٱبْنَ مَرْيَمَ وَأُمَّهُۥٓ ءَايَةً وَءَاوَيْنَٰهُمَآ إِلَىٰ رَبْوَةٍ ذَاتِ قَرَارٍ وَمَعِينٍ ﴿٥٠﴾

سُورَةُ المُؤمِنُون

Surat Al-Mu'minun

50. Wa ja'alna ibna Maryama wa ummahú áyatann wa áwainárhumá ilá rabwatin záti qarárin wa ma'ín

50. E fizemos do filho de Maria e de sua mãe sinais, e os refugiamos em uma segura colina, provida de mananciais.

يَٰٓأَيُّهَا ٱلرُّسُلُ كُلُواْ مِنَ ٱلطَّيِّبَٰتِ وَٱعۡمَلُواْ صَٰلِحًاۖ إِنِّي بِمَا تَعۡمَلُونَ عَلِيمٞ ﴿٥١﴾

51. Yá aiyuhar Rusulu kulú minat taiyibáti wa'malú sálihan inní bimá ta'malúna 'Alím

51. Ó mensageiros, desfrutai de todas as dádivas e praticai o bem, porque sou Sabedor de tudo quanto fazeis!

وَإِنَّ هَٰذِهِۦٓ أُمَّتُكُمۡ أُمَّةٗ وَٰحِدَةٗ وَأَنَا۠ رَبُّكُمۡ فَٱتَّقُونِ ﴿٥٢﴾

52. Wa inna házihí ummatukum ummatan wáhidatan wa Ana Rabbukum fattaqún

52. E sabei que esta vossa comunidade é única, e que Eu sou o vosso Senhor. Temei-Me, pois!

فَتَقَطَّعُوٓاْ أَمۡرَهُم بَيۡنَهُمۡ زُبُرٗاۖ كُلُّ حِزۡبِۭ بِمَا لَدَيۡهِمۡ فَرِحُونَ ﴿٥٣﴾

53. Fataqatta'ú amrahum bainahum zuburá; kullu hizbim bimá ladaihim farihún

53. Porém, os povos se dividiram em diferentes seitas, e cada seita se satisfazia com a sua.

فَذَرۡهُمۡ فِي غَمۡرَتِهِمۡ حَتَّىٰ حِينٍ ﴿٥٤﴾

54. Fazarhum fi ghamratihim hattá hín

54. Deixa-os entregues a seus extravios, até certo tempo.

أَيَحۡسَبُونَ أَنَّمَا نُمِدُّهُم بِهِۦ مِن مَّالٖ وَبَنِينَ ﴿٥٥﴾

55. A-yahsabúna annnamá numiduhum bihí mimmálin wa banín

55. Pensam, acaso, que com os bens e filhos que lhes concedemos,

نُسَارِعُ لَهُمۡ فِي ٱلۡخَيۡرَٰتِۚ بَل لَّا يَشۡعُرُونَ ﴿٥٦﴾

56. Nusári'u lahum fil khairát; bal lá yach'urún

56. Aceleramos-lhes as mercês? Qual! De nada se apercebem!

إِنَّ ٱلَّذِينَ هُم مِّنۡ خَشۡيَةِ رَبِّهِم مُّشۡفِقُونَ ﴿٥٧﴾

57. Innal lazína hum min khachyati Rabbihim muchfiqún

57. Quanto àqueles que são reverentes, por temor ao seu Senhor;

سُورَةُ المُؤْمِنُونَ

Surat Al-Mu'minun

وَٱلَّذِينَ هُم بِـَٔايَٰتِ رَبِّهِمۡ يُؤۡمِنُونَ ﴿٥٨﴾

58. Wallazína hum bi Áyáti Rabbihim yu'minún

58. Que creem nos versículos do seu Senhor;

وَٱلَّذِينَ هُم بِرَبِّهِمۡ لَا يُشۡرِكُونَ ﴿٥٩﴾

59. Wallazína hum bi Rabbihim lá yuchrikún

59. Que não atribuem parceiros ao seu Senhor;

وَٱلَّذِينَ يُؤۡتُونَ مَآ ءَاتَواْ وَّقُلُوبُهُمۡ وَجِلَةٌ أَنَّهُمۡ إِلَىٰ رَبِّهِمۡ رَٰجِعُونَ ﴿٦٠﴾

60. Wallazína yu'túna má átau wa qulúbuhum wajilatun annahum ilá Rabbihim ráji'ún

60. Que dão o que devem dar, com os corações cheios de temor, porque retornarão ao seu Senhor,

أُوْلَٰٓئِكَ يُسَٰرِعُونَ فِي ٱلۡخَيۡرَٰتِ وَهُمۡ لَهَا سَٰبِقُونَ ﴿٦١﴾

61. Ulá'ika yusári'úna fil khairáti wa hum lahá sábiqún

61. Estes apressam-se em praticar boas ações; tais serão os primeiros contemplados.

وَلَا نُكَلِّفُ نَفۡسًا إِلَّا وُسۡعَهَاۖ وَلَدَيۡنَا كِتَٰبٌ يَنطِقُ بِٱلۡحَقِّۚ وَهُمۡ لَا يُظۡلَمُونَ ﴿٦٢﴾

62. Wa lá nukallifu nafsan illá wus'ahá wa ladainá kitábun yantiqu bilhaqqui wa hum la yuzlamún

62. Jamais imporemos a uma alma uma carga superior às suas forças, pois possuímos o Livro, que proclama a justiça e, assim, não serão enganados.

بَلۡ قُلُوبُهُمۡ فِي غَمۡرَةٍ مِّنۡ هَٰذَا وَلَهُمۡ أَعۡمَٰلٌ مِّن دُونِ ذَٰلِكَ هُمۡ لَهَا عَٰمِلُونَ ﴿٦٣﴾

63. Bal qulúbuhum fi ghamratim min házá wa lahum a'málum min dúni zálika hum lahá 'ámilún

63. Porém, com respeito a isso, seus corações estão indecisos e, ademais, continuarão a cometer outros atos, além desse.

حَتَّىٰٓ إِذَآ أَخَذۡنَا مُتۡرَفِيهِم بِٱلۡعَذَابِ إِذَا هُمۡ يَجۡـَٔرُونَ ﴿٦٤﴾

64. Hattá izá akhazná mutrafíhim bil'azábi izá hum yaj'arún

64. (Isso) até o momento em que castiguemos os opulentos, dentre eles; então, ei-los que irão suplicar!

سُورَةُ المُؤْمِنُونَ

Surat Al-Mu'minun

لَا تَجْـَٔرُواْ ٱلْيَوْمَ إِنَّكُم مِّنَّا لَا تُنصَرُونَ ﴿٦٥﴾

65. Lá taj'arul yauma innakum minná lá tunsarún

65. Ser-lhes-á dito: Não supliqueis, porque hoje não sereis socorridos por Nós,

قَدْ كَانَتْ ءَايَٰتِى تُتْلَىٰ عَلَيْكُمْ فَكُنتُمْ عَلَىٰٓ أَعْقَٰبِكُمْ تَنكِصُونَ ﴿٦٦﴾

66. Qad kánat Áyáti tutlá 'alaikum fakuntum 'alá a'qábikum tankisún

66. Porque foram-vos recitados os Meus versículos; contudo, lhes voltastes as costas,

مُسْتَكْبِرِينَ بِهِۦ سَٰمِرًا تَهْجُرُونَ ﴿٦٧﴾

67. Mustakbirína bihí sámiran tahjurún

67. Com ensoberbecimento; passáveis noitadas difamando (o Alcorão).

أَفَلَمْ يَدَّبَّرُواْ ٱلْقَوْلَ أَمْ جَآءَهُم مَّا لَمْ يَأْتِ ءَابَآءَهُمُ ٱلْأَوَّلِينَ ﴿٦٨﴾

68. Afalam yaddabbarrul qaula am já'ahum má lam yáti ábá'ahumul auwalín

68. Porventura, não refletem nas palavras, ou lhes chegou algo que não havia chegado aos seus antepassados?

أَمْ لَمْ يَعْرِفُواْ رَسُولَهُمْ فَهُمْ لَهُۥ مُنكِرُونَ ﴿٦٩﴾

69. Am lam ya'rifú Rasúlahum fahum lahú munkirún

69. Ou não conhecem seu Mensageiro, e por isso o negam?

أَمْ يَقُولُونَ بِهِۦ جِنَّةٌۢ ۚ بَلْ جَآءَهُم بِٱلْحَقِّ وَأَكْثَرُهُمْ لِلْحَقِّ كَٰرِهُونَ ﴿٧٠﴾

70. Am yaqúlúna bihí jinnah; bal já'ahum bilhaqqui wa akçaruhum lil haqqui kárihún

70. Ou dizem que está possesso! Qual! Ele lhes trouxe a verdade, embora à maioria desgostasse a verdade.

وَلَوِ ٱتَّبَعَ ٱلْحَقُّ أَهْوَآءَهُمْ لَفَسَدَتِ ٱلسَّمَٰوَٰتُ وَٱلْأَرْضُ وَمَن فِيهِنَّ ۚ بَلْ

أَتَيْنَٰهُم بِذِكْرِهِمْ فَهُمْ عَن ذِكْرِهِم مُّعْرِضُونَ ﴿٧١﴾

71. Wa lawittaba'al haqqu ahwá'ahum lafasadatis samáwátu wal ardhu wa man fíhinnn; bal atainâhum bizikrihim fahum 'an zikrihim mu'ridhún

71. E se a verdade tivesse satisfeito os seus interesses, os Céus e a Terra, com tudo quanto encerram, transformar-se-iam num caos. Qual! Enviamos-lhes a Mensagem e assim mesmo a desdenharam.

أَمْ تَسْـَٔلُهُمْ خَرْجًا فَخَرَاجُ رَبِّكَ خَيْرٌ ۖ وَهُوَ خَيْرُ ٱلرَّٰزِقِينَ ٧٢

72. Am tas'aluhum kharjan fakharáju Rabbika khairun wa Huwa khairur ráziquín

72. Exiges-lhes, acaso, por isso, alguma retribuição? Saibam que a retribuição do teu Senhor é preferível, porque Ele é o melhor dos agraciadores.

وَإِنَّكَ لَتَدْعُوهُمْ إِلَىٰ صِرَٰطٍ مُّسْتَقِيمٍ ٧٣

73. Wa innaka latad'úhum ilá Sirátim Mustaquím

73. É verdade que tu procuras convocá-los à senda reta.

وَإِنَّ ٱلَّذِينَ لَا يُؤْمِنُونَ بِٱلْـَٔاخِرَةِ عَنِ ٱلصِّرَٰطِ لَنَٰكِبُونَ ٧٤

74. Wa innnal lazína lá yu'minúna bil Ákhirati 'anissiráti lanákibún

74. Porém, certamente, aqueles que não creem na Outra Vida desviam-se da senda.

۞ وَلَوْ رَحِمْنَٰهُمْ وَكَشَفْنَا مَا بِهِم مِّن ضُرٍّ لَّلَجُّوا۟ فِى طُغْيَٰنِهِمْ يَعْمَهُونَ ٧٥

75. ۞ *Wa lau rahimnáhum wa kachafná má bihim min dhurril lalajjú fí tughyánihim ya'mahún*

75. Mas se Nos apiedarmos deles e os libertarmos da adversidade que os aflige, persistirão, vacilantes, na sua transgressão.

وَلَقَدْ أَخَذْنَٰهُم بِٱلْعَذَابِ فَمَا ٱسْتَكَانُوا۟ لِرَبِّهِمْ وَمَا يَتَضَرَّعُونَ ٧٦

76. Wa laqad akhaznáhum bil'azábi famastakánú li Rabbihim wa má yatadharra'ún

76. Castigamo-los; porém, não se submeteram ao seu Senhor, nem se humilharam,

حَتَّىٰٓ إِذَا فَتَحْنَا عَلَيْهِم بَابًا ذَا عَذَابٍ شَدِيدٍ إِذَا هُمْ فِيهِ مُبْلِسُونَ ٧٧

77. Hattá izá fatahná 'alaihim bában zá 'azábin chadídin izá hum fihi mublisún

77. Até que lhes abrimos uma porta para um severíssimo castigo; e ei-los que ficaram desesperados!

وَهُوَ ٱلَّذِىٓ أَنشَأَ لَكُمُ ٱلسَّمْعَ وَٱلْأَبْصَٰرَ وَٱلْأَفْـِٔدَةَ ۚ قَلِيلًا مَّا تَشْكُرُونَ ٧٨

78. Wa Huwal lazí ancha a lakumus sam'a wal absára wal af'idah; qalílam má tachkurún

78. Ele foi Quem vos criou o ouvido, a vista e o coração. Quão pouco Lhe agradeceis!

سُورَةُ المُؤمِنُون

Surat Al-Mu'minun

وَهُوَ ٱلَّذِى ذَرَأَكُمْ فِى ٱلْأَرْضِ وَإِلَيْهِ تُحْشَرُونَ ﴿٧٩﴾

79. Wa Huwal lazí zaraakum fil arhdi wa ilaihi tuhcharún

79. Ele é Quem vos multiplica, na Terra, e sereis congregados ante Ele.

وَهُوَ ٱلَّذِى يُحْىِۦ وَيُمِيتُ وَلَهُ ٱخْتِلَـٰفُ ٱلَّيْلِ وَٱلنَّهَارِ ۚ أَفَلَا تَعْقِلُونَ ﴿٨٠﴾

80. Wa Huwal lazí yuhyí wa yumítu wa lahu khtiláful laili wannahár; afalá ta'qilún

80. E Ele é Quem dá a vida e a morte. Só a Ele pertence a alternação da noite e do dia; não raciocinais?

بَلْ قَالُوا۟ مِثْلَ مَا قَالَ ٱلْأَوَّلُونَ ﴿٨١﴾

81. Bal qálú miçla má qálal auwalún

81. Ao contrário, dizem o mesmo que diziam os seus antepassados:

قَالُوٓا۟ أَءِذَا مِتْنَا وَكُنَّا تُرَابًا وَعِظَـٰمًا أَءِنَّا لَمَبْعُوثُونَ ﴿٨٢﴾

82. Qálú 'a-izá mitná wa kunná turában wa 'izáman 'a-inná lamab'úsún

82. Porventura, quando morrermos e nos tivermos convertido em ossos e pó, seremos ressuscitados?

لَقَدْ وُعِدْنَا نَحْنُ وَءَابَآؤُنَا هَـٰذَا مِن قَبْلُ إِنْ هَـٰذَآ إِلَّآ أَسَـٰطِيرُ ٱلْأَوَّلِينَ ﴿٨٣﴾

83. Laqad wu'idná nahnu wa ábá'uná házá min qablu in házá illá asátirul auwalín

83. Havia-nos sido prometido o mesmo, tanto a nós como aos nossos antepassados; porém, isso não são mais do que fábulas dos primitivos.

قُل لِّمَنِ ٱلْأَرْضُ وَمَن فِيهَآ إِن كُنتُمْ تَعْلَمُونَ ﴿٨٤﴾

84. Qul limanil ardhu wa man fíhá in kuntum ta'lamún

84. Pergunta-lhes: A quem pertence a Terra e tudo quanto nela existe? Dizei-o, se o sabeis!

سَيَقُولُونَ لِلَّهِ ۚ قُلْ أَفَلَا تَذَكَّرُونَ ﴿٨٥﴾

85. Sa-yaqúlúna lilláh; qul afalá tazakkkarún

85. Responderão: A Deus! Dize-lhes: Não meditais, pois?

قُلْ مَن رَّبُّ ٱلسَّمَـٰوَٰتِ ٱلسَّبْعِ وَرَبُّ ٱلْعَرْشِ ٱلْعَظِيمِ ﴿٨٦﴾

86. Qul mar Rabbus samáwátis sab'i wa Rabbul 'Archil 'Azím

86. Pergunta-lhes: Quem é o Senhor dos sete céus e o Senhor do Trono Supremo?

سُورَةُ المُؤْمِنُونَ

Surat Al-Mu'minun

سَيَقُولُونَ لِلَّهِ قُلْ أَفَلَا تَتَّقُونَ ﴿٨٧﴾

87. Sa yaqúlúna lilláh; qul afalá tattaqún

87. Responderão: Deus! Pergunta-lhes mais: Não (O) temeis, pois?

قُلْ مَنْ بِيَدِهِ مَلَكُوتُ كُلِّ شَيْءٍ وَهُوَ يُجِيرُ وَلَا يُجَارُ عَلَيْهِ إِن كُنتُمْ تَعْلَمُونَ ﴿٨٨﴾

88. Qul mam bi yadihí malakútu kulli chai'in wa Huwa yujíru wa lá yujáru 'alaihi in kuntum ta'lamún

88. Pergunta-lhes, ainda: Quem tem em seu poder a soberania de todas as coisas? Que protege e de ninguém necessita proteção? (Respondei) se sabeis!

سَيَقُولُونَ لِلَّهِ قُلْ فَأَنَّىٰ تُسْحَرُونَ ﴿٨٩﴾

89. Sa yaqúlúna lilláh; qul fa anná tussharún

89. Responderão: Deus! Dize-lhes: Como, então, vos deixais enganar?

بَلْ أَتَيْنَٰهُم بِٱلْحَقِّ وَإِنَّهُمْ لَكَٰذِبُونَ ﴿٩٠﴾

90. Bal atainâhum bil haqqui wa innahum lakázibún

90. Nós trazemos-lhes a verdade; porém, sem dúvida que são farsantes!

مَا ٱتَّخَذَ ٱللَّهُ مِن وَلَدٍ وَمَا كَانَ مَعَهُۥ مِنْ إِلَٰهٍ إِذًا لَّذَهَبَ كُلُّ إِلَٰهٍ بِمَا خَلَقَ وَلَعَلَا بَعْضُهُمْ عَلَىٰ بَعْضٍ سُبْحَٰنَ ٱللَّهِ عَمَّا يَصِفُونَ ﴿٩١﴾

91. Mat takhazal láhu min waladin wa má kána ma'ahú min iláh; izal lazahaba kullu iláhim bimá khalaqa wa la'alá ba'dhuhum 'alá ba'dh; Subhánnal láhi 'ammá yasifún

91. Deus não teve filho algum, nem jamais nenhum outro Deus compartilhou com Ele a divindade! Porque se assim fosse, cada Deus ter-se-ia apropriado da sua criação e teriam prevalecido uns sobre os outros. Glorificado seja Deus de tudo quanto descrevem!

عَٰلِمِ ٱلْغَيْبِ وَٱلشَّهَٰدَةِ فَتَعَٰلَىٰ عَمَّا يُشْرِكُونَ ﴿٩٢﴾

92. 'Álimil Ghaibi wach chahhádati fata'álá 'ammá yuchrikún

92. Possuidor do desconhecido e do conhecido! Exaltado seja (Deus), de tudo quanto Lhe atribuem!

سُورَةُ المُؤۡمِنُونَ
Surat Al-Mu'minun

قُل رَّبِّ إِمَّا تُرِيَنِّي مَا يُوعَدُونَ ﴿٩٣﴾

93. Qur Rabbi immmá turiyanní má yú'adún

93. Dize: Ó Senhor meu, se me fizeres ver (em vida) aquilo quanto ao quê são são admoestados,

رَبِّ فَلَا تَجۡعَلۡنِي فِي ٱلۡقَوۡمِ ٱلظَّٰلِمِينَ ﴿٩٤﴾

94. Rabbi falá taj'alní fil qaumiz zálimín

94. Ó Senhor meu, não me contes entre os injustos!

وَإِنَّا عَلَىٰٓ أَن نُّرِيَكَ مَا نَعِدُهُمۡ لَقَٰدِرُونَ ﴿٩٥﴾

95. Wa inná 'alá an nuriyaka má na'iduhum laqádirún

95. Em verdade, podemos mostrar-te o que lhes temos prometido.

ٱدۡفَعۡ بِٱلَّتِي هِيَ أَحۡسَنُ ٱلسَّيِّئَةَۚ نَحۡنُ أَعۡلَمُ بِمَا يَصِفُونَ ﴿٩٦﴾

96. Idfa' billati hiya a<u>h</u>sanus saiyi'ah; na<u>h</u>nu a'lamu bimá yasifún

96. Retribui, tu, o mal da melhor forma; Nós sabemos melhor do que ninguém o que dizem.

وَقُل رَّبِّ أَعُوذُ بِكَ مِنۡ هَمَزَٰتِ ٱلشَّيَٰطِينِ ﴿٩٧﴾

97. Wa qur Rabbi a'úzu bika min hamazátich Chayátín

97. E dize: Ó Senhor meu, em Ti me amparo contra as insinuações dos demônios!

وَأَعُوذُ بِكَ رَبِّ أَن يَحۡضُرُونِ ﴿٩٨﴾

98. Wa a'úzu bika Rabbi ai-ya<u>h</u>durún

98. E em Ti me amparo, ó Senhor meu, para que não se aproximem (de mim).

حَتَّىٰٓ إِذَا جَآءَ أَحَدَهُمُ ٱلۡمَوۡتُ قَالَ رَبِّ ٱرۡجِعُونِ ﴿٩٩﴾

99. <u>H</u>attá izá já'a a<u>h</u>adahumul mautu qála Rabbi arji'ún

99. (Quanto a eles, seguirão sendo idólatras) até que, quando a morte surpreender algum deles, este dirá: Ó Senhor meu, manda-me de volta (à Terra),

لَعَلِّيٓ أَعۡمَلُ صَٰلِحٗا فِيمَا تَرَكۡتُۚ كَلَّآۚ إِنَّهَا كَلِمَةٌ هُوَ قَآئِلُهَاۖ وَمِن وَرَآئِهِم بَرۡزَخٌ إِلَىٰ

يَوۡمِ يُبۡعَثُونَ ﴿١٠٠﴾

سُورَةُ المُؤْمِنُونَ

Surat Al-Mu'minun

100. La'allí a'malu sáli<u>h</u>an fimá taraktu kallá; innahá kalimatun huwa qá'iluhá wa min wará'ihim barzakhun ilá Yaumi yub'açún

100. A fim de eu praticar o bem que negligenciei! Pois sim! Tal será a frase que dirá! E ante eles haverá uma barreira, que os deterá até ao dia em que forem ressuscitados.

فَإِذَا نُفِخَ فِي ٱلصُّورِ فَلَآ أَنسَابَ بَيۡنَهُمۡ يَوۡمَئِذٖ وَلَا يَتَسَآءَلُونَ ١٠١

101. Fa izá nufikha fis Súri falá ansába bainahum yawma'izin wa lá yatasá'alún

101. Porém, quando for soada a trombeta, nesse dia não haverá mais linhagem entre eles, nem se consultarão entre si.

فَمَن ثَقُلَتۡ مَوَٰزِينُهُۥ فَأُوْلَٰٓئِكَ هُمُ ٱلۡمُفۡلِحُونَ ١٠٢

102. Faman saqulat mawázínuhú fa ulá'ika humul mufli<u>h</u>ún

102. Quanto àqueles cujas ações pesarem mais serão os bem-aventurados.

وَمَنۡ خَفَّتۡ مَوَٰزِينُهُۥ فَأُوْلَٰٓئِكَ ٱلَّذِينَ خَسِرُوٓاْ أَنفُسَهُمۡ فِي جَهَنَّمَ خَٰلِدُونَ ١٠٣

103. Wa man khaffat mawázínuhú fa ulá'ikal lazína khasirú 'anfusahum fí Jahannama khálidún

103. Em troca, aqueles cujas (boas) ações forem leves serão desventurados e permanecerão eternamente no inferno.

تَلۡفَحُ وُجُوهَهُمُ ٱلنَّارُ وَهُمۡ فِيهَا كَٰلِحُونَ ١٠٤

104. Talfa<u>h</u>u wujúhahumun Náru wa hum fíhá káli<u>h</u>ún

104. O fogo abrasará os seus rostos, e estarão com os lábios distendidos.

أَلَمۡ تَكُنۡ ءَايَٰتِي تُتۡلَىٰ عَلَيۡكُمۡ فَكُنتُم بِهَا تُكَذِّبُونَ ١٠٥

105. Alam takun Áyátí tutlá 'alaikum fakuntum bihá tukazzibún

105. Acaso, não vos foram recitados os Meus versículos e vós os desmentistes?

قَالُواْ رَبَّنَا غَلَبَتۡ عَلَيۡنَا شِقۡوَتُنَا وَكُنَّا قَوۡمٗا ضَآلِّينَ ١٠٦

106. Qálú Rabbaná ghalabat 'alainá chiqwatuná wa kunná qauman dhállín

106. Exclamarão: Ó Senhor nosso, nossos desejos nos dominaram, e fomos um povo extraviado!

رَبَّنَآ أَخۡرِجۡنَا مِنۡهَا فَإِنۡ عُدۡنَا فَإِنَّا ظَٰلِمُونَ ١٠٧

سُورَةُ المُؤۡمِنُونَ

Surat Al-Mu'minun

107. Rabbaná akhrijná min-há fa in 'udná fa inná zálimún

107. Ó Senhor nosso, tira-nos daqui! E se reincidirmos, então seremos injustos!

قَالَ ٱخۡسَـُٔواْ فِيهَا وَلَا تُكَلِّمُونِ ﴿١٠٨﴾

108. Qála khsa'ú fíhá wa lá tukallimún

108. Ele lhes dirá: Entrai aí e não Me dirijais a palavra.

إِنَّهُۥ كَانَ فَرِيقٞ مِّنۡ عِبَادِي يَقُولُونَ رَبَّنَآ ءَامَنَّا فَٱغۡفِرۡ لَنَا وَٱرۡحَمۡنَا وَأَنتَ خَيۡرُ
ٱلرَّٰحِمِينَ ﴿١٠٩﴾

109. Innahú kána faríqum min 'ibádí yaqúlúna Rabbaná ámanná faghfir laná warhamná wa Anta khairur ráhimín

109. Houve uma parte dos Meus servos que dizia: Ó Senhor nosso, cremos! Perdoa-nos, pois, e tem piedade de nós, porque Tu és o melhor dos misericordiosos!

فَٱتَّخَذۡتُمُوهُمۡ سِخۡرِيًّا حَتَّىٰٓ أَنسَوۡكُمۡ ذِكۡرِي وَكُنتُم مِّنۡهُمۡ تَضۡحَكُونَ ﴿١١٠﴾

110. Fattakhaztumúhum sikhriyyan hattá ansawkum zikrí wa kuntum min-hum tadhakún

110. E vós zombastes deles, a ponto de (tal zombaria) vos fazer esquecer da Minha Mensagem, posto que vos ocupáveis em rirdes deles.

إِنِّي جَزَيۡتُهُمُ ٱلۡيَوۡمَ بِمَا صَبَرُوٓاْ أَنَّهُمۡ هُمُ ٱلۡفَآئِزُونَ ﴿١١١﴾

111. Iní jazaituhumul Yauma bimá sabarú annahum humul fá'izún

111. Sabei que hoje os recompenso por sua perseverança, e eles serão os ganhadores.

قَٰلَ كَمۡ لَبِثۡتُمۡ فِي ٱلۡأَرۡضِ عَدَدَ سِنِينَ ﴿١١٢﴾

112. Qála kam labistum fil ardhi 'adada sinin

112. Dirá: Quantos anos haveis permanecido na Terra?

قَالُواْ لَبِثۡنَا يَوۡمًا أَوۡ بَعۡضَ يَوۡمٖ فَسۡـَٔلِ ٱلۡعَآدِّينَ ﴿١١٣﴾

113. Qálú labisná yauman au ba'dha yaumin fas'alil 'áddín

113. Responderão: Permanecemos um dia ou parte de um dia. Interrogai, pois, os encarregados dos cômputos.

قَٰلَ إِن لَّبِثۡتُمۡ إِلَّا قَلِيلٗاۖ لَّوۡ أَنَّكُمۡ كُنتُمۡ تَعۡلَمُونَ ﴿١١٤﴾

114. Qála il labistum illá qalílal lau annakum kuntum ta'lamún

114. Dirá: Não permanecestes senão muito pouco; se vós soubésseis!

أَفَحَسِبْتُمْ أَنَّمَا خَلَقْنَٰكُمْ عَبَثًا وَأَنَّكُمْ إِلَيْنَا لَا تُرْجَعُونَ ١١٥

115. Afahasibtum annamá khalaqnákum 'abasan wa annakum ilainá lá turja'ún

115. Pensais, porventura, que vos criamos por diversão e que jamais retornareis a Nós?

فَتَعَٰلَى ٱللَّهُ ٱلْمَلِكُ ٱلْحَقُّ ۖ لَآ إِلَٰهَ إِلَّا هُوَ رَبُّ ٱلْعَرْشِ ٱلْكَرِيمِ ١١٦

116. Fata'álal láhul Malikul Haqq; lá iláha illá Huwa Rabbul 'Archil Karím

116. Exaltado seja Deus, Verdadeiro, Soberano! Não há mais divindade além d'Ele, Senhor do honorável Trono!

وَمَن يَدْعُ مَعَ ٱللَّهِ إِلَٰهًا ءَاخَرَ لَا بُرْهَٰنَ لَهُۥ بِهِۦ فَإِنَّمَا حِسَابُهُۥ عِندَ رَبِّهِۦٓ ۚ إِنَّهُۥ لَا
يُفْلِحُ ٱلْكَٰفِرُونَ ١١٧

117. Wa mai yad'u ma'alláhi iláhan ákhara lá burhána lahú bihí fa inna má hisábuhú 'inda Rabbih; innahú lá yuflihul káfirún

117. Quem invocar outra divindade junto com Deus, sem prova para isso, saiba que a sua prestação de contas incumbirá só ao seu Senhor. Sabei que os incrédulos jamais prosperarão.

وَقُل رَّبِّ ٱغْفِرْ وَٱرْحَمْ وَأَنتَ خَيْرُ ٱلرَّٰحِمِينَ ١١٨

118. Wa qul Rabbigh fir warham wa Anta khairur ráhimín

118. E dize (ó Mohammad): Ó Senhor meu, concede-me perdão e misericórdia, porque Tu és o melhor dos misericordiosos!

سُورَةُ النُّور

Surat An Nur

Surat 24. *An Nur*. Revelada em Madina, 64 versículos

بِسْمِ اللَّهِ الرَّحْمَٰنِ الرَّحِيمِ

Bismilláhir Rahmánir Rahím

Em nome de Deus, o Clemente, o Misericordioso

سُورَةٌ أَنزَلْنَاهَا وَفَرَضْنَاهَا وَأَنزَلْنَا فِيهَا آيَاتٍ بَيِّنَاتٍ لَّعَلَّكُمْ تَذَكَّرُونَ ﴿١﴾

1. ۞ *Súratun anzalnáhá wa faradhnáhá wa anzalná fíhá Áyátin baiyinátil la'allakum tazakkarún*

1. Uma surata que enviamos e prescrevemos, na qual revelamos versículos esclarecedores, a fim de que mediteis.

الزَّانِيَةُ وَالزَّانِي فَاجْلِدُوا كُلَّ وَاحِدٍ مِّنْهُمَا مِائَةَ جَلْدَةٍ ۖ وَلَا تَأْخُذْكُم بِهِمَا رَأْفَةٌ فِي دِينِ اللَّهِ إِن
كُنتُمْ تُؤْمِنُونَ بِاللَّهِ وَالْيَوْمِ الْآخِرِ ۖ وَلْيَشْهَدْ عَذَابَهُمَا طَائِفَةٌ مِّنَ الْمُؤْمِنِينَ ﴿٢﴾

2. *Azzániyatu wazzání fajlidú kulla wáhidim min-humá mi'ata jaldatin wa lá tá'khuzkum bihimá rá'fatun fí dínil láhi in kuntum tu'minúna billáhi wal Yaumil Ákhiri wal yachhad 'azábahumá tá'ifatum minal mu'minín*

2. Quanto à adúltera e ao adúltero, castigai-os com cem chicotadas, cada um; que a vossa compaixão não vos demova de cumprirdes a lei de Deus, se realmente credes em Deus e no Dia do Juízo Final. Que uma parte dos crentes testemunhe o castigo.

الزَّانِي لَا يَنكِحُ إِلَّا زَانِيَةً أَوْ مُشْرِكَةً وَالزَّانِيَةُ لَا يَنكِحُهَا إِلَّا زَانٍ أَوْ مُشْرِكٌ ۚ وَحُرِّمَ
ذَٰلِكَ عَلَى الْمُؤْمِنِينَ ﴿٣﴾

3. *Azzání lá yankihu illá zániyatan au muchrikatan wazzániyatu lá yankihuhá illá zánin au muchrik; wa hurrima zálika 'alal mu'minín*

3. O adúltero não poderá casar-se, senão com uma adúltera ou uma idólatra; a adúltera não poderá desposar senão um adúltero ou um idólatra. Tais uniões estão vedadas aos crentes.

وَالَّذِينَ يَرْمُونَ الْمُحْصَنَاتِ ثُمَّ لَمْ يَأْتُوا بِأَرْبَعَةِ شُهَدَاءَ فَاجْلِدُوهُمْ ثَمَانِينَ جَلْدَةً وَلَا تَقْبَلُوا
لَهُمْ شَهَادَةً أَبَدًا ۚ وَأُولَٰئِكَ هُمُ الْفَاسِقُونَ ﴿٤﴾

سُورَةُ النُّورِ

Surat An Nur

4. *Wallazína yarmúnal muhsanáti çumma lam yá'tú bi-arba'ati chuhadá'a fajlidúhum çamánína jaldatan wa lá taqbalú lahum chahádatan abadá; wa ulá'ika humul fásiqún*

4. E àqueles que difamarem as mulheres castas, sem apresentarem quatro testemunhas, infligi-lhes oitenta chicotadas e nunca mais aceiteis os seus testemunhos, porque são depravados.

إِلَّا ٱلَّذِينَ تَابُواْ مِنۢ بَعۡدِ ذَٰلِكَ وَأَصۡلَحُواْ فَإِنَّ ٱللَّهَ غَفُورٞ رَّحِيمٞ ٥

5. *Illal lazína tábú mim ba'di zálika wa aslahú fa innal láha Ghafúrur Rahím*

5. A menos que, depois disso, se arrependerem e se emendarem; sabei que Deus é Indulgente, Misericordiosíssimo.

وَٱلَّذِينَ يَرۡمُونَ أَزۡوَٰجَهُمۡ وَلَمۡ يَكُن لَّهُمۡ شُهَدَآءُ إِلَّآ أَنفُسُهُمۡ فَشَهَٰدَةُ أَحَدِهِمۡ أَرۡبَعُ شَهَٰدَٰتِۭ
بِٱللَّهِ إِنَّهُۥ لَمِنَ ٱلصَّٰدِقِينَ ٦

6. *Wallazína yarmúna azwájahum wa lam yakul lahum chuhadá'u illá anfusuhum fachahádatu ahadihim arba'u chahádátim billáhi innahú laminas sádiquín*

6. E aqueles que difamarem as suas esposas, sem mais evidência que a deles próprios, que um deles jure quatro vezes por Deus que ele está dizendo a verdade.

وَٱلۡخَٰمِسَةُ أَنَّ لَعۡنَتَ ٱللَّهِ عَلَيۡهِ إِن كَانَ مِنَ ٱلۡكَٰذِبِينَ ٧

7. *Wal khámisatu anna la'natal láhi 'alaihi in kána minal kázibín*

7. E na quinta vez pedirá que a maldição de Deus caia sobre ele, se for perjuro.

وَيَدۡرَؤُاْ عَنۡهَا ٱلۡعَذَابَ أَن تَشۡهَدَ أَرۡبَعَ شَهَٰدَٰتِۭ بِٱللَّهِ إِنَّهُۥ لَمِنَ ٱلۡكَٰذِبِينَ ٨

8. *Wa yadra'u 'anhal 'azába an tachhada arba'a chahádátim billáhi innahú laminal kázibín*

8. E ela se libertará do castigo, jurando quatro vezes por Deus que ele é perjuro.

وَٱلۡخَٰمِسَةَ أَنَّ غَضَبَ ٱللَّهِ عَلَيۡهَآ إِن كَانَ مِنَ ٱلصَّٰدِقِينَ ٩

9. *Wal khámisata anna ghadabal láhi 'alaihá in kána minas sádiquín*

9. E na quinta vez pedirá a incidência da abominação de Deus sobre si mesma, se ele estiver dizendo a verdade.

وَلَوۡلَا فَضۡلُ ٱللَّهِ عَلَيۡكُمۡ وَرَحۡمَتُهُۥ وَأَنَّ ٱللَّهَ تَوَّابٌ حَكِيمٌ ١٠

سُورَةُ النُّور

Surat An Nur

10. Wa lau lá fadlul láhi 'alaikum wa rahmatuhú wa annal láha Tauwábun Hakím

10. Se não fosse pela graça de Deus e pela Sua misericórdia para convosco, e Deus é Remissório, Prudentíssimo.

إِنَّ ٱلَّذِينَ جَآءُو بِٱلْإِفْكِ عُصْبَةٌ مِّنكُمْ ۚ لَا تَحْسَبُوهُ شَرًّا لَّكُم ۖ بَلْ هُوَ خَيْرٌ لَّكُمْ ۚ لِكُلِّ
ٱمْرِئٍ مِّنْهُم مَّا ٱكْتَسَبَ مِنَ ٱلْإِثْمِ ۚ وَٱلَّذِى تَوَلَّىٰ كِبْرَهُۥ مِنْهُمْ لَهُۥ عَذَابٌ عَظِيمٌ ﴿١١﴾

11. Innal lazína já'ú bilifki 'usbatum minkum; lá tahsabúhu charral lakum bal huwa khairul lakum; likul limri'im min-hum maktasaba minal-içm; wallazí tawallá kibrahú min-hum lahú 'azábun 'azím

11. Aqueles que lançam a calúnia constituem uma legião entre vós; não considereis isso coisa ruim para vós; pelo contrário, é até bom. Cada um deles receberá o castigo merecido por seu delito, e quem os liderar sofrerá um severo castigo.

لَّوْلَآ إِذْ سَمِعْتُمُوهُ ظَنَّ ٱلْمُؤْمِنُونَ وَٱلْمُؤْمِنَٰتُ بِأَنفُسِهِمْ خَيْرًا وَقَالُوا۟ هَٰذَآ إِفْكٌ مُّبِينٌ ﴿١٢﴾

12. Lau lá iz sami'tumúhu zannal mu'minúna walmu'minátu bi anfusihim khairan wa qálú házá ifkum mubín

12. Por que, quando ouviram a acusação, os crentes, homens e mulheres, não pensaram bem de si mesmos e disseram: É uma calúnia evidente?

لَّوْلَا جَآءُو عَلَيْهِ بِأَرْبَعَةِ شُهَدَآءَ ۚ فَإِذْ لَمْ يَأْتُوا۟ بِٱلشُّهَدَآءِ فَأُو۟لَٰٓئِكَ عِندَ ٱللَّهِ هُمُ
ٱلْكَٰذِبُونَ ﴿١٣﴾

13. Lau lá já'ú 'alaihi bi-arba'ati chuhadá'; fa iz lam yátú bichchuhadá'i fa ulá'ika 'indal láhi humul kázibún

13. Por que não apresentaram quatro testemunhas? Se não as apresentarem, serão caluniadores ante Deus.

وَلَوْلَا فَضْلُ ٱللَّهِ عَلَيْكُمْ وَرَحْمَتُهُۥ فِى ٱلدُّنْيَا وَٱلْءَاخِرَةِ لَمَسَّكُمْ فِى مَآ أَفَضْتُمْ فِيهِ
عَذَابٌ عَظِيمٌ ﴿١٤﴾

14. Wa lau lá fadlul láhi 'alaikum wa rahmatuhú fiddunyá wal ákhirati lamassakum fi má afadtum fihi 'azábun 'azím

14. E se não fosse pela graça de Deus e pela Sua misericórdia para convosco, neste mundo e no Outro, haver-vos-ia açoitado um severo castigo pelo que vos apressastes em dizer.

سُورَةُ النُّورِ

Surat An Nur

بِأَفْوَاهِكُم مَّا لَيْسَ لَكُم بِهِۦ عِلْمٌ وَتَحْسَبُونَهُۥ هَيِّنًا وَهُوَ عِندَ ٱللَّهِ عَظِيمٌ ﴿١٥﴾

15. Iz talaqqaunahú bi alsinatikum wa taqúlúna bi afwáhikum má laisa lakum bihí 'ilmun wa ta<u>h</u>sabúnahú haiyinan wa huwa 'indal láhi 'azím

15. Quando a recebestes (a calúnia) em vossas línguas, e dissestes com vossas bocas o que desconhecíeis, considerando leve o que era gravíssimo ante Deus.

إِذْ تَلَقَّوْنَهُۥ بِأَلْسِنَتِكُمْ وَتَقُولُونَ وَلَوْلَآ إِذْ سَمِعْتُمُوهُ قُلْتُم مَّا يَكُونُ لَنَآ أَن نَّتَكَلَّمَ

بِهَٰذَا سُبْحَٰنَكَ هَٰذَا بُهْتَٰنٌ عَظِيمٌ ﴿١٦﴾

16. Wa lau lá iz sami'tumúhu qultum má yakúnu laná an natakallama biházá Sub<u>h</u>ánaka háza buhtánun 'azím

16. Deveríeis, ao ouvi-la, ter dito: Não nos compete falar disso. Glorificado sejas (ó Deus)! Essa é uma grave calúnia!

يَعِظُكُمُ ٱللَّهُ أَن تَعُودُوا۟ لِمِثْلِهِۦٓ أَبَدًا إِن كُنتُم مُّؤْمِنِينَ ﴿١٧﴾

17. Ya'izukumul láhu an ta'údú limiçlihí abadan in kuntum mu'minín

17. Deus vos exorta a que jamais reincidais em semelhante (falta), se sois crentes.

وَيُبَيِّنُ ٱللَّهُ لَكُمُ ٱلْءَايَٰتِ ۚ وَٱللَّهُ عَلِيمٌ حَكِيمٌ ﴿١٨﴾

18. Wa yubaiyinul láhu lakumul Áyát; walláhu 'Alímun <u>H</u>akím

18. E Deus vos elucida os versículos, porque é Sapiente, Prudentíssimo.

إِنَّ ٱلَّذِينَ يُحِبُّونَ أَن تَشِيعَ ٱلْفَٰحِشَةُ فِى ٱلَّذِينَ ءَامَنُوا۟ لَهُمْ عَذَابٌ أَلِيمٌ فِى

ٱلدُّنْيَا وَٱلْءَاخِرَةِ ۚ وَٱللَّهُ يَعْلَمُ وَأَنتُمْ لَا تَعْلَمُونَ ﴿١٩﴾

19. Innal lazína yu<u>h</u>ibbúna an tachí'al fá<u>h</u>ichatu fil lazína ámanú lahum 'azábun alímun fid dunyá wal Ákhirah; walláhu ya'lamu wa antum lá ta'lamún

19. Sabei que aqueles que se comprazem em que a obscenidade se difunda entre os crentes, sofrerão um doloroso castigo, neste mundo e no outro; Deus sabe e vós ignorais.

وَلَوْلَا فَضْلُ ٱللَّهِ عَلَيْكُمْ وَرَحْمَتُهُۥ وَأَنَّ ٱللَّهَ رَءُوفٌ رَّحِيمٌ ﴿٢٠﴾

20. Wa lau lá fadlul láhi 'alaikum wa ra<u>h</u>matuhú wa annal láha Ra'úfur Ra<u>h</u>ím

20. E se não fosse pela graça de Deus e pela Sua misericórdia para convosco, e Deus é Compassivo, Misericordiosíssimo.

سُورَةُ النُّورِ

Surat An Nur

۞ يَٰٓأَيُّهَا ٱلَّذِينَ ءَامَنُوا۟ لَا تَتَّبِعُوا۟ خُطُوَٰتِ ٱلشَّيْطَٰنِ ۚ وَمَن يَتَّبِعْ خُطُوَٰتِ ٱلشَّيْطَٰنِ
فَإِنَّهُۥ يَأْمُرُ بِٱلْفَحْشَآءِ وَٱلْمُنكَرِ ۚ وَلَوْلَا فَضْلُ ٱللَّهِ عَلَيْكُمْ وَرَحْمَتُهُۥ مَا زَكَىٰ مِنكُم مِّنْ
أَحَدٍ أَبَدًا وَلَٰكِنَّ ٱللَّهَ يُزَكِّى مَن يَشَآءُ ۗ وَٱللَّهُ سَمِيعٌ عَلِيمٌ ﴿٢١﴾

21. ۞ *Yá aiyuhal lazína ámanú lá tattabi'ú khutuwátich Chaitán; wa many-yattabi' khutuwátich Chaitáni fa innahú yámuru bilfahchá'i walmunkar; wa laulá fadlul láhi 'alaikum wa rahmatuhú má zaká minkum min ahadin abadan wa lákinnal láha yuzakkí many-yachá'; walláhu Samí'un 'Alím*

21. Ó crentes, não sigais as pegadas de Satanás; e saiba, quem segue as pegadas de Satanás, que ele recomenda a obscenidade e o ilícito. E se não fosse pela graça de Deus e pela Sua misericórdia para convosco, Ele jamais teria purificado nenhum de vós; porém, Deus purifica quem Lhe apraz, porque é Oniouvinte, Sapientíssimo.

وَلَا يَأْتَلِ أُو۟لُوا۟ ٱلْفَضْلِ مِنكُمْ وَٱلسَّعَةِ أَن يُؤْتُوٓا۟ أُو۟لِى ٱلْقُرْبَىٰ وَٱلْمَسَٰكِينَ
وَٱلْمُهَٰجِرِينَ فِى سَبِيلِ ٱللَّهِ ۖ وَلْيَعْفُوا۟ وَلْيَصْفَحُوٓا۟ ۗ أَلَا تُحِبُّونَ أَن يَغْفِرَ ٱللَّهُ لَكُمْ ۗ
وَٱللَّهُ غَفُورٌ رَّحِيمٌ ﴿٢٢﴾

22. *Wa lá yá'tali ulul fadli minkum wassá'ati ai yu'tú ulil qurbá walmasákina walmuhájirína fí sabílil láhi walya'fú walyasfahú; alá tuhibbúna ai yaghfiral láhu lakum; wal láhu Ghafúrur Rahím*

22. Que os agraciados e os opulentos, dentre vós, jamais jurem não favorecer seus parentes, os necessitados e expatriados pela causa de Deus; porém, que os tolerem e os perdoem. Não vos agradaria, por acaso, que Deus vos perdoasse? Ele é Indulgente, Misericordiosíssimo.

إِنَّ ٱلَّذِينَ يَرْمُونَ ٱلْمُحْصَنَٰتِ ٱلْغَٰفِلَٰتِ ٱلْمُؤْمِنَٰتِ لُعِنُوا۟ فِى ٱلدُّنْيَا وَٱلْءَاخِرَةِ
وَلَهُمْ عَذَابٌ عَظِيمٌ ﴿٢٣﴾

23. *Innal lazína yarmúnal muhsanátil gháfilátil mu'mináti lu'inú fid dunyá wal Ákhirati wa lahum 'azábun 'azím*

23. Em verdade, aqueles que difamarem as mulheres castas, inocentes e crentes, serão malditos neste mundo e, no Outro, sofrerão um severo castigo.

سُورَةُ النُّورِ

Surat An Nur

يَوْمَ تَشْهَدُ عَلَيْهِمْ أَلْسِنَتُهُمْ وَأَيْدِيهِمْ وَأَرْجُلُهُم بِمَا كَانُوا۟ يَعْمَلُونَ ﴿٢٤﴾

24. *Yauma tachhadu 'alaihim alsinatuhum wa aidíhim wa arjuluhum bimá kánú ya'malún*

24. Dia virá em que suas línguas, suas mãos e seus pés testemunharão contra eles, pelo que houverem cometido.

يَوْمَئِذٍ يُوَفِّيهِمُ ٱللَّهُ دِينَهُمُ ٱلْحَقَّ وَيَعْلَمُونَ أَنَّ ٱللَّهَ هُوَ ٱلْحَقُّ ٱلْمُبِينُ ﴿٢٥﴾

25. *Yauma 'izin yuwaffíhimul láhu dínahumul haqqa wa ya'lamúna annal láha Huwal Haqqul Mubín*

25. Nesse dia Deus os fará pagar pelo que merecerem, e então saberão que Deus é a Verdade Manifesta.

ٱلْخَبِيثَٰتُ لِلْخَبِيثِينَ وَٱلْخَبِيثُونَ لِلْخَبِيثَٰتِ وَٱلطَّيِّبَٰتُ لِلطَّيِّبِينَ وَٱلطَّيِّبُونَ
لِلطَّيِّبَٰتِ أُو۟لَٰٓئِكَ مُبَرَّءُونَ مِمَّا يَقُولُونَ لَهُم مَّغْفِرَةٌ وَرِزْقٌ كَرِيمٌ ﴿٢٦﴾

26. *Al khabísátu lil khabísína wal khabísúna lil khabísáti wat taiyibátu lit taiyibína wat taiyibúna lit taiyibát; ulá'ika mubarra'úna mimma yaqúlúna lahum maghfiratun wa rizqun karím*

26. As despudoradas estão destinadas aos despudorados, e os despudorados às despudoradas; as pudicas aos pudicos e os pudicos às pudicas. Estes últimos não serão afetados pelo que deles disserem; obterão indulgência e um magnífico sustento.

يَٰٓأَيُّهَا ٱلَّذِينَ ءَامَنُوا۟ لَا تَدْخُلُوا۟ بُيُوتًا غَيْرَ بُيُوتِكُمْ حَتَّىٰ تَسْتَأْنِسُوا۟ وَتُسَلِّمُوا۟
عَلَىٰٓ أَهْلِهَا ذَٰلِكُمْ خَيْرٌ لَّكُمْ لَعَلَّكُمْ تَذَكَّرُونَ ﴿٢٧﴾

27. *Yá aiyuhal lazína ámanú lá tadkhulú buyútan ghaira buyútikum hatta tastánisú wa tusallimú 'alá ahlihá; zálikum khairul lakum la'allakum tazakkarún*

27. Ó crentes, não entreis em casa alguma além da vossa, a menos que peçais permissão e saudeis os seus moradores. Isso é preferível para vós; quiçá, assim, mediteis.

فَإِن لَّمْ تَجِدُوا۟ فِيهَآ أَحَدًا فَلَا تَدْخُلُوهَا حَتَّىٰ يُؤْذَنَ لَكُمْ وَإِن قِيلَ لَكُمُ ٱرْجِعُوا۟
فَٱرْجِعُوا۟ هُوَ أَزْكَىٰ لَكُمْ وَٱللَّهُ بِمَا تَعْمَلُونَ عَلِيمٌ ﴿٢٨﴾

سُورَةُ النُّورِ

Surat An Nur

28. Fa il lam tajidú fíhá ahadan falá tadkhulúhá hattá yu'zana lakum wa in quíla lakum urji'ú farji'ú huwa azká lakum; walláhu bimá ta'malúna 'Alím

28. Porém, se nelas não achardes ninguém, não entreis, até que vo-lo tenham permitido. E se vos disserem: Retirai-vos!, atendei-os, então; isso vos será mais benéfico. Sabei que Deus é Sabedor de tudo quanto fazeis.

لَّيْسَ عَلَيْكُمْ جُنَاحٌ أَن تَدْخُلُوا۟ بُيُوتًا غَيْرَ مَسْكُونَةٍ فِيهَا مَتَٰعٌ لَّكُمْ ۚ وَٱللَّهُ يَعْلَمُ مَا
تُبْدُونَ وَمَا تَكْتُمُونَ ﴿٢٩﴾

29. Laisa 'alaikum junáhun ann tadkhulú buyútan ghaira maskúnatin fíha matá'ul lakum; walláhu ya'lamu má tubdúna wa má taktumún

29. Não sereis recriminados se entrardes em casas desabitadas que tenham alguma utilidade para vós; Deus sabe tanto o que manifestais como o que ocultais.

قُل لِّلْمُؤْمِنِينَ يَغُضُّوا۟ مِنْ أَبْصَٰرِهِمْ وَيَحْفَظُوا۟ فُرُوجَهُمْ ۚ ذَٰلِكَ أَزْكَىٰ لَهُمْ ۗ إِنَّ ٱللَّهَ
خَبِيرٌۢ بِمَا يَصْنَعُونَ ﴿٣٠﴾

30. Qul lilmu'minína yaghuddhú min absárihim wa yahfazú furújahum; zálika azká lahum; innal láha khabírum bimá yasna'ún

30. Dize aos crentes que recatem os seus olhares e conservem os seus pudores, porque isso é mais benéfico para eles; Deus está bem inteirado de tudo quanto fazem.

وَقُل لِّلْمُؤْمِنَٰتِ يَغْضُضْنَ مِنْ أَبْصَٰرِهِنَّ وَيَحْفَظْنَ فُرُوجَهُنَّ وَلَا يُبْدِينَ
زِينَتَهُنَّ إِلَّا مَا ظَهَرَ مِنْهَا ۖ وَلْيَضْرِبْنَ بِخُمُرِهِنَّ عَلَىٰ جُيُوبِهِنَّ ۖ وَلَا يُبْدِينَ
زِينَتَهُنَّ إِلَّا لِبُعُولَتِهِنَّ أَوْ ءَابَآئِهِنَّ أَوْ ءَابَآءِ بُعُولَتِهِنَّ أَوْ
أَبْنَآئِهِنَّ أَوْ أَبْنَآءِ بُعُولَتِهِنَّ أَوْ إِخْوَٰنِهِنَّ أَوْ بَنِىٓ إِخْوَٰنِهِنَّ أَوْ بَنِىٓ
أَخَوَٰتِهِنَّ أَوْ نِسَآئِهِنَّ أَوْ مَا مَلَكَتْ أَيْمَٰنُهُنَّ أَوِ ٱلتَّٰبِعِينَ غَيْرِ أُو۟لِى ٱلْإِرْبَةِ
مِنَ ٱلرِّجَالِ أَوِ ٱلطِّفْلِ ٱلَّذِينَ لَمْ يَظْهَرُوا۟ عَلَىٰ عَوْرَٰتِ ٱلنِّسَآءِ ۖ وَلَا يَضْرِبْنَ

سُورَةُ النُّورِ

Surat An Nur

بِأَرْجُلِهِنَّ لِيُعْلَمَ مَا يُخْفِينَ مِن زِينَتِهِنَّ ۚ وَتُوبُوٓا۟ إِلَى ٱللَّهِ جَمِيعًا أَيُّهَ
ٱلْمُؤْمِنُونَ لَعَلَّكُمْ تُفْلِحُونَ ﴿٣١﴾

31. Wa qul lilmu'mináti yaghdhudhna min absárihinna wa yahfazna furújahunna wa lá yubdína zínatahunna illá má zahara min-há wal yadribanna bikhumurihinna 'alá juyúbihinna wa lá yubdína zínatahunna illá libu'úlatihinna au ábá'ihinna au ábá'i bu'úlatihinna au abná'ihinná au abná'i bu'úlatihinnna au ikhwánihinnna au baní ikhwánihinna au baní akhawátihinna au nisá'ihinna au má malakat aimánuhunna awit tábi'ína ghairi ilil irbati minar rijáli awit tiflil lazína lam yazharú 'alá 'aurátin nisá'i wala yadribnna bi arjulihinna liyu'lama má yukhfína min zínatihinn; wa túbú ilal láhi jammí'an aiyuhal mu'minúna la'allakum tuflihún

31. Dize às crentes que recatem os seus olhares, conservem os seus pudores e não mostrem os seus atrativos, além dos que (normalmente) aparecem; que cubram o colo com seus véus e não mostrem os seus atrativos, a não ser aos seus esposos, seus pais, seus sogros, seus filhos, seus enteados, seus irmãos, seus sobrinhos, às mulheres, aos seus escravos que elas possuem isentos das necessidades sexuais, ou às crianças que não discernem a nudez das mulheres; que não agitem os seus pés, para que não chamem a atenção sobre seus atrativos ocultos. Ó crentes, voltai-vos todos, arrependidos, a Deus, a fim de que vos salveis!

وَأَنكِحُوا۟ ٱلْأَيَٰمَىٰ مِنكُمْ وَٱلصَّٰلِحِينَ مِنْ عِبَادِكُمْ وَإِمَآئِكُمْ ۚ إِن يَكُونُوا۟ فُقَرَآءَ
يُغْنِهِمُ ٱللَّهُ مِن فَضْلِهِۦ ۗ وَٱللَّهُ وَٰسِعٌ عَلِيمٌ ﴿٣٢﴾

32. Wa ankihul ayámá minkum wassálihina min 'ibádikum wa imá'ikum; in-yakúnú fuqará'a yughnihimul láhu min fadlih; wal láhu Wási'un 'Alím

32. Casai os celibatários, dentre vós, e também os virtuosos dentre vossos servos e servas. Se forem pobres, Deus os enriquecerá com a Sua graça, porque é Abrangente, Sapientíssimo.

وَلْيَسْتَعْفِفِ ٱلَّذِينَ لَا يَجِدُونَ نِكَاحًا حَتَّىٰ يُغْنِيَهُمُ ٱللَّهُ مِن فَضْلِهِۦ ۗ وَٱلَّذِينَ يَبْتَغُونَ
ٱلْكِتَٰبَ مِمَّا مَلَكَتْ أَيْمَٰنُكُمْ فَكَاتِبُوهُمْ إِنْ عَلِمْتُمْ فِيهِمْ خَيْرًا ۖ وَءَاتُوهُم مِّن

سُورَةُ النُّورِ

Surat An Nur

مَّالِ ٱللَّهِ ٱلَّذِيٓ ءَاتَىٰكُمۡۚ وَلَا تُكۡرِهُواْ فَتَيَٰتِكُمۡ عَلَى ٱلۡبِغَآءِ إِنۡ أَرَدۡنَ تَحَصُّنٗا لِّتَبۡتَغُواْ
عَرَضَ ٱلۡحَيَوٰةِ ٱلدُّنۡيَاۚ وَمَن يُكۡرِههُّنَّ فَإِنَّ ٱللَّهَ مِنۢ بَعۡدِ إِكۡرَٰهِهِنَّ غَفُورٞ رَّحِيمٞ ٣٣

33. *Wal yasta'fifil lazína lá yajidúna nikáhan hatta yughniyahumul láhu min fadlih; wallazína yabtaghúnal kitába mimmá malakat aimánukum fakátibúhum in 'alimtum fíhim khairan wa átúhum mimmálil láhil lazí átákum; wa lá tukrihú fatayátikum 'alal bighá'i in aradna tahassunal litabtaghú 'aradal hayátid dunyá; wa mai yukrihhunna fa innal láha mim ba'di ikráhihinna Ghafúrur Rahím*

33. Aqueles que não possuem recursos para casar-se que se mantenham castos, até que Deus os enriqueça com a Sua graça. Quanto àqueles, dentre vossos escravos e escravas, que vos peçam a liberdade por escrito, concedei-lha, desde que os considereis dignos dela, e concedei-lhes uma parte dos bens com que Deus vos agraciou. Não inciteis as vossas escravas à prostituição, para proporcionar-vos o gozo transitório da vida terrena, sendo que elas querem viver castamente. Mas se alguém as compelir (a isso), Deus as perdoará por terem sido compelidas, porque é Indulgente, Misericordiosíssimo.

وَلَقَدۡ أَنزَلۡنَآ إِلَيۡكُمۡ ءَايَٰتٖ مُّبَيِّنَٰتٖ وَمَثَلٗا مِّنَ ٱلَّذِينَ خَلَوۡاْ مِن قَبۡلِكُمۡ وَمَوۡعِظَةٗ
لِّلۡمُتَّقِينَ ٣٤

34. *Wa laqad anzalná ilaikum Áyátim mubaiyinátin wa maçalam minal lazína khalau min qablikum wa mau'izatal lilmuttaquín*

34. Temos-vos enviado versículos esclarecedores, e feito exemplos daqueles que vos precederam, e uma exortação para os devotos.

۞ ٱللَّهُ نُورُ ٱلسَّمَٰوَٰتِ وَٱلۡأَرۡضِۚ مَثَلُ نُورِهِۦ كَمِشۡكَوٰةٖ فِيهَا مِصۡبَاحٌۖ ٱلۡمِصۡبَاحُ فِي
زُجَاجَةٍۖ ٱلزُّجَاجَةُ كَأَنَّهَا كَوۡكَبٞ دُرِّيّٞ يُوقَدُ مِن شَجَرَةٖ مُّبَٰرَكَةٖ زَيۡتُونَةٖ لَّا شَرۡقِيَّةٖ
وَلَا غَرۡبِيَّةٖ يَكَادُ زَيۡتُهَا يُضِيٓءُ وَلَوۡ لَمۡ تَمۡسَسۡهُ نَارٞۚ نُّورٌ عَلَىٰ نُورٖۚ يَهۡدِي ٱللَّهُ
لِنُورِهِۦ مَن يَشَآءُۚ وَيَضۡرِبُ ٱللَّهُ ٱلۡأَمۡثَٰلَ لِلنَّاسِۗ وَٱللَّهُ بِكُلِّ شَيۡءٍ عَلِيمٞ ٣٥

سُورَةُ النُّورِ

Surat An Nur

35. ۞ *Alláhu núrus samáwáti wal ard; maçalu núrihí kamichkátin fíhá misbáh; almisbá<u>h</u>u fí zujájatin azzujájatu ka annahá kaukabun durriyyun yúqadu min chajaratim mubárakatin zaitúnatil lá chariqiyyatin wa lá gharbiyyatin yakádu zaituhá yudí'u wa lau lam tamssahu nár; núrun 'alá núr; yahdil láhu linúrihí mai yachá'; wa yadribul láhul amçála linnás; walláhu bikulli chai'in 'Alím*

35. Deus é a Luz dos Céus e da Terra. O exemplo da Sua Luz é como o de um nicho em que há uma candeia; esta está num recipiente; e este é como uma estrela brilhante, alimentada pelo azeite de uma árvore bendita, a oliveira, que não é oriental nem ocidental, cujo azeite brilha, ainda que não o toque o fogo. É luz sobre luz! Deus conduz a Sua Luz até a quem Lhe apraz. Deus dá exemplos aos humanos, porque é Onisciente.

فِي بُيُوتٍ أَذِنَ ٱللَّهُ أَن تُرۡفَعَ وَيُذۡكَرَ فِيهَا ٱسۡمُهُۥ يُسَبِّحُ لَهُۥ فِيهَا بِٱلۡغُدُوِّ وَٱلۡأٓصَالِ ٣٦

36. *Fí buyútin azinal láhu an turfa'a wa yuzkara fíha smuhú yusabbihu lahú fíhá bilghuduwwi wal ásál*

36. (Semelhante luz brilha) nos templos que Deus tem consentido sejam erigidos, para que neles seja celebrado o Seu nome e neles O glorifiquem, de manhã e à tarde.

رِجَالٞ لَّا تُلۡهِيهِمۡ تِجَٰرَةٞ وَلَا بَيۡعٌ عَن ذِكۡرِ ٱللَّهِ وَإِقَامِ ٱلصَّلَوٰةِ وَإِيتَآءِ ٱلزَّكَوٰةِ يَخَافُونَ يَوۡمٗا تَتَقَلَّبُ فِيهِ ٱلۡقُلُوبُ وَٱلۡأَبۡصَٰرُ ٣٧

37. *Rijálul lá tulhíhim tijáratun wa lá bai'un 'an zikril láhi wa iqámis Saláti wa ítá'iz Zakáti yakháfúna Yauman tataqallabu fíhil qulúbu wal absár*

37. De homens a quem os negócios e as transações não desviam da recordação de Deus, nem da prática da oração, nem do pagamento do zakat. Temem o dia em que os corações e os olhos se transformem,

لِيَجۡزِيَهُمُ ٱللَّهُ أَحۡسَنَ مَا عَمِلُواْ وَيَزِيدَهُم مِّن فَضۡلِهِۦۗ وَٱللَّهُ يَرۡزُقُ مَن يَشَآءُ بِغَيۡرِ حِسَابٖ ٣٨

38. *Liyajziyahumul láhu a<u>h</u>sana má 'amilú wa yazídahum min fadlih; wal láhu yarzuqu mai yachá'u bighairi <u>h</u>isáb*

سُورَةُ النُّورِ

Surat An Nur

38. Para que Deus os recompense melhor pelo que tiveram feito, acrescentando-lhes de Sua graça; sabei que Deus agracia imensuravelmente a quem Lhe apraz.

وَالَّذِينَ كَفَرُوٓا۟ أَعْمَٰلُهُمْ كَسَرَابٍۭ بِقِيعَةٍ يَحْسَبُهُ ٱلظَّمْـَٔانُ مَآءً حَتَّىٰٓ إِذَا جَآءَهُۥ
لَمْ يَجِدْهُ شَيْـًٔا وَوَجَدَ ٱللَّهَ عِندَهُۥ فَوَفَّىٰهُ حِسَابَهُۥ ۗ وَٱللَّهُ سَرِيعُ ٱلْحِسَابِ ﴿٣٩﴾

39. *Wallazína kafarú a'máluhum kasarábim biquí'atin yah̲sabuhuz zamánu má'an h̲attá izá já'ahú lam yajidhu chai'an wa wajadal láha 'indahú fa waffáhu h̲isábah; walláhu sarí'ul h̲isáb*

39. Quanto aos incrédulos, as suas ações são como uma miragem no deserto; o sedento crerá ser água e, quando se aproximar dela, não encontrará coisa alguma. Porém, verá ante ele Deus, Que lhe pedirá contas, porque Deus é Expedito no cômputo.

أَوْ كَظُلُمَٰتٍ فِى بَحْرٍ لُّجِّىٍّ يَغْشَىٰهُ مَوْجٌ مِّن فَوْقِهِۦ مَوْجٌ مِّن فَوْقِهِۦ سَحَابٌ ۚ
ظُلُمَٰتٌۢ بَعْضُهَا فَوْقَ بَعْضٍ إِذَآ أَخْرَجَ يَدَهُۥ لَمْ يَكَدْ يَرَىٰهَا ۗ وَمَن لَّمْ يَجْعَلِ ٱللَّهُ لَهُۥ
نُورًا فَمَا لَهُۥ مِن نُّورٍ ﴿٤٠﴾

40. *Au kazulumátin fí bah̲ril lujjiyyin yaghcháhu maujun min fauquihí maujun min fauuquihí sah̲áb; zulumatun ba'dhuhá fauqa ba'dhin izá akhraja yadahú lam yakad yaráhá wa man lam yaj'alil láhu lahú núran famá lahú min núr*

40. Ou (estará) como nas trevas de um profundo oceano, coberto por ondas; ondas, cobertas por nuvens escuras, que se sobrepõem umas às outras; quando (o homem) estender a sua mão, mal poderá divisá-la. Pois a quem Deus não fornece luz, jamais a terá.

أَلَمْ تَرَ أَنَّ ٱللَّهَ يُسَبِّحُ لَهُۥ مَن فِى ٱلسَّمَٰوَٰتِ وَٱلْأَرْضِ وَٱلطَّيْرُ صَٰٓفَّٰتٍ ۖ كُلٌّ قَدْ عَلِمَ
صَلَاتَهُۥ وَتَسْبِيحَهُۥ ۗ وَٱللَّهُ عَلِيمٌۢ بِمَا يَفْعَلُونَ ﴿٤١﴾

41. *Alam tara annal láha yusabbih̲u lahú man fissamáwáti wal ardhi wattairu sáffátim kullun qad 'alima Salátahú wa tasbíh̲ah; walláhu 'alímum bimá yaf'alún*

41. Não reparas, acaso, em que tudo quanto há nos Céus e na Terra glorifica a Deus, inclusive os pássaros, ao estenderem as suas asas? Cada um está ciente do seu (modo de) orar e louvar. E Deus é Sabedor de tudo quanto faz (cada um).

سُورَةُ النُّورِ

Surat An Nur

وَلِلَّهِ مُلْكُ ٱلسَّمَٰوَٰتِ وَٱلْأَرْضِ ۖ وَإِلَى ٱللَّهِ ٱلْمَصِيرُ ﴿٤٢﴾

42. Wa lilláhi mulkus samáwáti wal ardhi wa ilal láhil masír

42. A Deus pertence o reino dos Céus e da Terra e a Deus será o retorno.

أَلَمْ تَرَ أَنَّ ٱللَّهَ يُزْجِى سَحَابًا ثُمَّ يُؤَلِّفُ بَيْنَهُۥ ثُمَّ يَجْعَلُهُۥ رُكَامًا فَتَرَى ٱلْوَدْقَ يَخْرُجُ
مِنْ خِلَٰلِهِۦ وَيُنَزِّلُ مِنَ ٱلسَّمَآءِ مِن جِبَالٍ فِيهَا مِنۢ بَرَدٍ فَيُصِيبُ بِهِۦ مَن يَشَآءُ وَيَصْرِفُهُۥ عَن
مَّن يَشَآءُ ۖ يَكَادُ سَنَا بَرْقِهِۦ يَذْهَبُ بِٱلْأَبْصَٰرِ ﴿٤٣﴾

43. Alam tara annal láha yuzji sahában çumma yu'allifu bainahú çumma yaj'aluhú rukáman fataral wadqa yakhruju min khilálihí wa yunazzilu minas samá'i min jibálin fíhá mim baradin fa yusíbu bihí mai yachá'u wa yasrifuhú 'am mai yachá'u yakkádu saná barquihí yazhabu bil absár

43. Porventura, não reparas em como Deus impulsiona as nuvens levemente? Então, junta-as, e depois as acumula? Não vês a chuva manar do seio delas? E que Ele envia massas (de nuvens) de granizo, com que atinge a quem Lhe apraz, livrando disso a quem quer? Pouco falta para que o resplendor das centelhas lhes ofusque as vistas.

يُقَلِّبُ ٱللَّهُ ٱلَّيْلَ وَٱلنَّهَارَ ۚ إِنَّ فِى ذَٰلِكَ لَعِبْرَةً لِّأُو۟لِى ٱلْأَبْصَٰرِ ﴿٤٤﴾

44. Yuqallibul láhul laila wannahár; inna fi zálika la'ibratal li ulil absár

44. Deus alterna a noite e o dia. Em verdade, nisto há uma lição para os sensatos.

وَٱللَّهُ خَلَقَ كُلَّ دَآبَّةٍ مِّن مَّآءٍ ۖ فَمِنْهُم مَّن يَمْشِى عَلَىٰ بَطْنِهِۦ وَمِنْهُم مَّن يَمْشِى عَلَىٰ
رِجْلَيْنِ وَمِنْهُم مَّن يَمْشِى عَلَىٰٓ أَرْبَعٍ ۚ يَخْلُقُ ٱللَّهُ مَا يَشَآءُ ۚ إِنَّ ٱللَّهَ عَلَىٰ كُلِّ شَىْءٍ
قَدِيرٌ ﴿٤٥﴾

45. Walláhu khalaqa kulla dábbatim mim má'in famin-hum mai yamchí 'alá batnihí wa min-hum mai yamchi 'alá rijlaini wa min-hum mai yamchí 'alá arba'; yakhluqul láhu má yachá'; innal láha 'alá kulli chai'in Qadír

45. E Deus criou da água todos os animais; e entre eles há os répteis, os bípedes e os quadrúpedes. Deus cria o que Lhe apraz, porque Deus é Onipotente.

لَّقَدْ أَنزَلْنَآ ءَايَٰتٍ مُّبَيِّنَٰتٍ ۚ وَٱللَّهُ يَهْدِى مَن يَشَآءُ إِلَىٰ صِرَٰطٍ مُّسْتَقِيمٍ ﴿٤٦﴾

سُورَةُ النُّورِ

Surat An Nur

46. Laqad anzalná Áyátim mubaiyinát; walláhu yahdí mai yachá'u ilá Sirátim Mustaquím

46. Temos revelado versículos esclarecedores; e Deus encaminha quem Lhe apraz à senda reta.

وَيَقُولُونَ ءَامَنَّا بِٱللَّهِ وَبِٱلرَّسُولِ وَأَطَعْنَا ثُمَّ يَتَوَلَّىٰ فَرِيقٌ مِّنْهُم مِّنۢ بَعْدِ ذَٰلِكَ ۚ وَمَآ أُو۟لَٰٓئِكَ بِٱلْمُؤْمِنِينَ ﴿٤٧﴾

47. Wa yaqúlúna ámanná billáhi wa bir Rasúli wa ata'ná çumma yatawallá faríqum min-hum mim ba'di zálik; wa má ulá'ika bilmu'minín

47. Dizem: Cremos em Deus e no Mensageiro, e obedecemos. Logo, depois disso, uma parte deles volta as costas (à Mensagem), porque não é crente.

وَإِذَا دُعُوٓا۟ إِلَى ٱللَّهِ وَرَسُولِهِۦ لِيَحْكُمَ بَيْنَهُمْ إِذَا فَرِيقٌ مِّنْهُم مُّعْرِضُونَ ﴿٤٨﴾

48. Wa izá du'ú ilal láhi wa Rasúlihí li yahkuma bainahum izá faríqum min-hum mu'ridhún

48. E quando são convocados ante Deus e Seu Mensageiro, para que julguem entre eles, eis que um grupo deles desdenha.

وَإِن يَكُن لَّهُمُ ٱلْحَقُّ يَأْتُوٓا۟ إِلَيْهِ مُذْعِنِينَ ﴿٤٩﴾

49. Wa in-yakul lahumul haqqu yátú ilaihi muz'inín

49. Porém, se a razão está do lado deles, correm a ele (o Profeta), obedientes.

أَفِى قُلُوبِهِم مَّرَضٌ أَمِ ٱرْتَابُوٓا۟ أَمْ يَخَافُونَ أَن يَحِيفَ ٱللَّهُ عَلَيْهِمْ وَرَسُولُهُۥ ۚ بَلْ أُو۟لَٰٓئِكَ هُمُ ٱلظَّٰلِمُونَ ﴿٥٠﴾

50. Afí qulúbihim maradhun ami irtábú am yakháfúna an yahífal láhu 'alaihim wa Rasúluh; bal ulá'ika humuz zálimún

50. Abrigam a enfermidade em seus corações; duvidam eles, ou temem que Deus e Seu Mensageiro os tratem injustamente? Qual! É que eles são uns injustos!

إِنَّمَا كَانَ قَوْلَ ٱلْمُؤْمِنِينَ إِذَا دُعُوٓا۟ إِلَى ٱللَّهِ وَرَسُولِهِۦ لِيَحْكُمَ بَيْنَهُمْ أَن يَقُولُوا۟ سَمِعْنَا وَأَطَعْنَا ۚ وَأُو۟لَٰٓئِكَ هُمُ ٱلْمُفْلِحُونَ ﴿٥١﴾

51. Innamá kána qaulal mu'minína izá du'ú ilal láhi wa Rasúlihí li yahkuma bainahum ai yaqúlú sami'ná wa ata'ná; wa ulá'ika humul muflihún

51. A resposta dos crentes, ao serem convocados ante Deus e Seu Mensageiro, para que (estes) julguem entre eles, será: Escutamos e obedecemos! E serão venturosos.

وَمَن يُطِعِ ٱللَّهَ وَرَسُولَهُۥ وَيَخْشَ ٱللَّهَ وَيَتَّقْهِ فَأُو۟لَٰٓئِكَ هُمُ ٱلْفَآئِزُونَ ٥٢

52. *Wa mai yuti'il láha wa Rasúlahú wa yakhchal láha wa yattaqhi fa ulá'ika humul fá'izún*

52. Aqueles que obedecerem a Deus e ao Seu Mensageiro e temerem a Deus, e a Ele se submeterem, serão os ganhadores!

۞ وَأَقْسَمُوا۟ بِٱللَّهِ جَهْدَ أَيْمَٰنِهِمْ لَئِنْ أَمَرْتَهُمْ لَيَخْرُجُنَّ ۖ قُل لَّا تُقْسِمُوا۟ ۖ طَاعَةٌ
مَّعْرُوفَةٌ ۚ إِنَّ ٱللَّهَ خَبِيرٌۢ بِمَا تَعْمَلُونَ ٥٣

53. ۞ *Wa aqsamú billáhi jahda aimánihim la'in amartahum la yakhrujunna qul lá tuqsimú tá'atum ma'rúfah innal láha khabírum bimá ta'malún*

53. Juraram solenemente por Deus que se tu lhes ordenasses (marcharem para o combate) iriam. Dize-lhes: Não jureis! É preferível uma obediência sincera. Sabei que Deus está bem inteirado de tudo quanto fazeis.

قُلْ أَطِيعُوا۟ ٱللَّهَ وَأَطِيعُوا۟ ٱلرَّسُولَ ۖ فَإِن تَوَلَّوْا۟ فَإِنَّمَا عَلَيْهِ مَا حُمِّلَ وَعَلَيْكُم مَّا
حُمِّلْتُمْ ۖ وَإِن تُطِيعُوهُ تَهْتَدُوا۟ ۚ وَمَا عَلَى ٱلرَّسُولِ إِلَّا ٱلْبَلَٰغُ ٱلْمُبِينُ ٥٤

54. *Qul atí'ul láha wa atí'ur Rasúla fa in tawallau fa innamá 'alaihi má hummila wa 'alaikum má hummiltum wa in tutí'úhu tahtadú; wa má'alar Rasúli illal balághul mubín*

54. Dize-lhes (mais): Obedecei a Deus e obedecei ao Mensageiro. Porém, se vos recusardes, sabei que ele (o Mensageiro) é só responsável pelo que foi atribuído a ele, assim como vós sereis responsáveis pelo que foi atribuído a vós. Mas se obedecerdes, encaminhar-vos-eis, porque não incumbe ao Mensageiro mais do que a proclamação da lúcida Mensagem.

وَعَدَ ٱللَّهُ ٱلَّذِينَ ءَامَنُوا۟ مِنكُمْ وَعَمِلُوا۟ ٱلصَّٰلِحَٰتِ لَيَسْتَخْلِفَنَّهُمْ فِى ٱلْأَرْضِ
كَمَا ٱسْتَخْلَفَ ٱلَّذِينَ مِن قَبْلِهِمْ وَلَيُمَكِّنَنَّ لَهُمْ دِينَهُمُ ٱلَّذِى ٱرْتَضَىٰ لَهُمْ

وَلَيُبَدِّلَنَّهُم مِّنۢ بَعۡدِ خَوۡفِهِمۡ أَمۡنٗاۚ يَعۡبُدُونَنِي لَا يُشۡرِكُونَ بِي شَيۡـٔٗاۚ وَمَن
كَفَرَ بَعۡدَ ذَٰلِكَ فَأُوْلَٰٓئِكَ هُمُ ٱلۡفَٰسِقُونَ ٥٥

55. *Wa'adal láhul lazína ámanú minkum wa 'amilus sáliháti la yastakhlifannahum fil ardhi kamastakhlafal lazína min qablihim wa la yumakkinanna lahum dínahumul lazirtadá lahum wa la yubaddilannahum mim ba'di khaufihim amná; ya'budúnani lá yuchrikúna bí chai'á; wa man kafara ba'da zálika fa ulá'ika humul fásiqún*

55. Deus prometeu àqueles dentre vós, que creem e praticam o bem, fazê-los herdeiros da Terra, como fez com os seus antepassados; consolidar-lhes a religião que escolheu para eles, e trocar a sua apreensão por tranquilidade – Que Me adorem e não Me associem a ninguém! – Mas aqueles que, depois disto, renegarem, serão os depravados.

وَأَقِيمُواْ ٱلصَّلَوٰةَ وَءَاتُواْ ٱلزَّكَوٰةَ وَأَطِيعُواْ ٱلرَّسُولَ لَعَلَّكُمۡ تُرۡحَمُونَ ٥٦

56. *Wa aqímus Saláta wa átuz Zakáta wa atí'ur Rasúla la'allakum turhamún*

56. E observai a oração, pagai o zakat e obedecei ao Mensageiro, para que tenha misericórdia de vós.

لَا تَحۡسَبَنَّ ٱلَّذِينَ كَفَرُواْ مُعۡجِزِينَ فِي ٱلۡأَرۡضِۚ وَمَأۡوَىٰهُمُ ٱلنَّارُۖ وَلَبِئۡسَ ٱلۡمَصِيرُ ٥٧

57. *Lá tahsabannal lazína kafarú mu'jizína fil ard; wa máwáhumun Náru wa labi'sal masír*

57. Não penses (ó Mensageiro) que os incrédulos podem desafiar-Nos na Terra; a sua morada será o inferno. Que funesto destino!

يَٰٓأَيُّهَا ٱلَّذِينَ ءَامَنُواْ لِيَسۡتَـٔۡذِنكُمُ ٱلَّذِينَ مَلَكَتۡ أَيۡمَٰنُكُمۡ وَٱلَّذِينَ لَمۡ يَبۡلُغُواْ ٱلۡحُلُمَ
مِنكُمۡ ثَلَٰثَ مَرَّٰتٖۚ مِّن قَبۡلِ صَلَوٰةِ ٱلۡفَجۡرِ وَحِينَ تَضَعُونَ ثِيَابَكُم مِّنَ ٱلظَّهِيرَةِ وَمِنۢ بَعۡدِ
صَلَوٰةِ ٱلۡعِشَآءِۚ ثَلَٰثُ عَوۡرَٰتٖ لَّكُمۡۚ لَيۡسَ عَلَيۡكُمۡ وَلَا عَلَيۡهِمۡ جُنَاحُۢ بَعۡدَهُنَّۚ
طَوَّٰفُونَ عَلَيۡكُم بَعۡضُكُمۡ عَلَىٰ بَعۡضٖۚ كَذَٰلِكَ يُبَيِّنُ ٱللَّهُ لَكُمُ ٱلۡأٓيَٰتِۗ وَٱللَّهُ
عَلِيمٌ حَكِيمٞ ٥٨

سُورَةُ النُّورِ

Surat An Nur

58. Yá aiyuhal lazína ámanú li yasta'zinkumul lazína malakat aimánukum wallazína lam yablughul huluma minkum çaláça marrát; min qabli Salátil Fajri wa hína tadha'úna ciyábakum minaz zahírati wa min ba'di Salátil Ichá'; çaláçu 'aurátil lakum; laisa 'alaikum wa lá 'alaihim junáhun ba'dahunn; tauwáfúna 'alaikum ba'dhukum 'alá ba'dh; kazálika yubaiyinul láhu lakumul áyát; wallahu 'Alímun Hakím

58. Ó crentes, que vossos criados e aqueles que ainda não alcançaram a puberdade... vos peçam permissão (para vos abordar), em três ocasiões: antes da oração da alvorada; quando tirardes as vestes para a sesta; e depois da oração da noite – três ocasiões de vossa intimidade. Fora disto, não sereis, nem vós, nem eles recriminados, se vos visitardes mutuamente. Assim Deus vos elucida os versículos, porque é Sapiente, Prudentíssimo.

وَإِذَا بَلَغَ ٱلْأَطْفَٰلُ مِنكُمُ ٱلْحُلُمَ فَلْيَسْتَـْٔذِنُوا۟ كَمَا ٱسْتَـْٔذَنَ ٱلَّذِينَ مِن قَبْلِهِمْ
كَذَٰلِكَ يُبَيِّنُ ٱللَّهُ لَكُمْ ءَايَٰتِهِۦ ۗ وَٱللَّهُ عَلِيمٌ حَكِيمٌ ﴿٥٩﴾

59. Wa izá balaghal atfálu minkumul huluma fal yasta'zinú kamas ta'zanal lazína min qablihim; kazálika yubaiyinul láhu lakum Áyátih; walláhu 'Alímun Hakím

59. Quando as vossas crianças tiverem alcançado a puberdade, que vos peçam permissão, tal como o faziam os seus predecessores. Assim Deus vos elucida os Seus versículos, porque é Sapiente, Prudentíssimo.

وَٱلْقَوَٰعِدُ مِنَ ٱلنِّسَآءِ ٱلَّٰتِى لَا يَرْجُونَ نِكَاحًا فَلَيْسَ عَلَيْهِنَّ جُنَاحٌ أَن
يَضَعْنَ ثِيَابَهُنَّ غَيْرَ مُتَبَرِّجَٰتٍۭ بِزِينَةٍ ۖ وَأَن يَسْتَعْفِفْنَ خَيْرٌ لَّهُنَّ ۗ
وَٱللَّهُ سَمِيعٌ عَلِيمٌ ﴿٦٠﴾

60. Walqawá'idu minan nisá'il látí lá yarjúna nikáhan falaisa 'alaihinna junáhun ai yadha'na ciyábahunna ghaira mutabarrijátin bi zinah; wa ai yasta'fifna khairul lahunn; walláhu Samí'un 'Alím

60. Quanto às idosas que não aspirarem ao matrimônio, não serão recriminadas por se despojarem das suas vestimentas exteriores, não devendo, contudo, exporem os seus atrativos. Porém, caso se abstenham, no todo, será melhor para elas. Sabei que Deus é Oniouvinte, Sapientíssimo.

سُورَةُ النُّورِ

Surat An Nur

لَّيْسَ عَلَى ٱلْأَعْمَىٰ حَرَجٌ وَلَا عَلَى ٱلْأَعْرَجِ حَرَجٌ وَلَا عَلَى ٱلْمَرِيضِ حَرَجٌ وَلَا عَلَىٰٓ
أَنفُسِكُمْ أَن تَأْكُلُوا۟ مِنۢ بُيُوتِكُمْ أَوْ بُيُوتِ ءَابَآئِكُمْ أَوْ بُيُوتِ
أُمَّهَٰتِكُمْ أَوْ بُيُوتِ إِخْوَٰنِكُمْ أَوْ بُيُوتِ أَخَوَٰتِكُمْ أَوْ بُيُوتِ
أَعْمَٰمِكُمْ أَوْ بُيُوتِ عَمَّٰتِكُمْ أَوْ بُيُوتِ أَخْوَٰلِكُمْ أَوْ بُيُوتِ
خَٰلَٰتِكُمْ أَوْ مَا مَلَكْتُم مَّفَاتِحَهُۥٓ أَوْ صَدِيقِكُمْ ۚ لَيْسَ
عَلَيْكُمْ جُنَاحٌ أَن تَأْكُلُوا۟ جَمِيعًا أَوْ أَشْتَاتًا ۚ فَإِذَا دَخَلْتُم بُيُوتًا فَسَلِّمُوا۟
عَلَىٰٓ أَنفُسِكُمْ تَحِيَّةً مِّنْ عِندِ ٱللَّهِ مُبَٰرَكَةً طَيِّبَةً ۚ كَذَٰلِكَ يُبَيِّنُ
ٱللَّهُ لَكُمُ ٱلْءَايَٰتِ لَعَلَّكُمْ تَعْقِلُونَ ﴿٦١﴾

61. Laisa 'alal a'má harajun walá 'alal a'raji harajun walá 'alal marídhi harajun walá 'alá anfusikum an ta'kulú min buyútikum au buyúti ábá'ikum au buyúti ummahátikum au buyúti ikhwánikum aw buyúti akhawátikum aw buyúti a'mámikum aw buyúti 'ammátikum au buyúti akhwálikum au buyúti khálátikum au má malaktum mafátihahú au sadíquikum; laisa 'alaikum junáhun 'an ta'kulú jamí'an au achtáta; fa izá dakhaltum buyútan fa sallimú 'alá anfusikum tahiyyatan min 'indil láhi mubárakatan taiyibah; kazálika yubaiyinul láhu lakumul Áyáti la'allakum ta'quilún

61. Não haverá recriminação se o cego, o coxo, o enfermo, vós mesmos, comerdes em vossas casas, nas de vossos pais, de vossas mães, de vossos irmãos, nas de vossos tios paternos, de vossas tias paternas, de vossos tios maternos, de vossas tias maternas, nas de que tomais conta, ou nas de vossos amigos. Tampouco sereis censurados se comerdes juntos ou separadamente. Quando entrardes em uma casa, saudai-vos mutuamente com a saudação bendita e afável, proporcionada por Deus. Assim, Ele vos elucida os Seus versículos para que raciocineis.

سُورَةُ النُّور

Surat An Nur

إِنَّمَا ٱلْمُؤْمِنُونَ ٱلَّذِينَ ءَامَنُوا۟ بِٱللَّهِ وَرَسُولِهِۦ وَإِذَا كَانُوا۟ مَعَهُۥ عَلَىٰٓ أَمْرٍ جَامِعٍ لَّمْ
يَذْهَبُوا۟ حَتَّىٰ يَسْتَـْٔذِنُوهُ ۚ إِنَّ ٱلَّذِينَ يَسْتَـْٔذِنُونَكَ أُو۟لَـٰٓئِكَ ٱلَّذِينَ يُؤْمِنُونَ بِٱللَّهِ
وَرَسُولِهِۦ ۚ فَإِذَا ٱسْتَـْٔذَنُوكَ لِبَعْضِ شَأْنِهِمْ فَأْذَن لِّمَن شِئْتَ مِنْهُمْ
وَٱسْتَغْفِرْ لَهُمُ ٱللَّهَ ۚ إِنَّ ٱللَّهَ غَفُورٌ رَّحِيمٌ ﴿٦٢﴾

62. *Innamal mu'minúnal lazína ámanú billáhi wa Rasúlihí wa izá kánú ma'ahú 'alá amrin jámi'il lam yazhabú hattá yasta'zinúh; innal lazína yasta'zinúnaka ulá'ikal lazína yu'minúna billáhi wa Rasúlih; fa izas ta'zanúka li ba'di cha'nihim fa'zan liman chi'ta min-hum wastaghfir lahumul láh; innal láha Ghafúrur Rahím*

62. Somente são crentes aqueles que creem em Deus e em Seu Mensageiro e os que, quando estão reunidos com ele, para um assunto de ação coletiva, não se retiram sem antes haver-lhe pedido permissão. Aqueles que te pedirem permissão são os que creem em Deus e no Seu Mensageiro. Se te pedirem permissão para irem tratar de alguns dos seus afazeres, concede-a a quem quiseres, e implora, para eles, o perdão de Deus, porque Deus é Indulgente, Misericordiosíssimo.

لَّا تَجْعَلُوا۟ دُعَآءَ ٱلرَّسُولِ بَيْنَكُمْ كَدُعَآءِ بَعْضِكُم بَعْضًا ۚ قَدْ يَعْلَمُ ٱللَّهُ
ٱلَّذِينَ يَتَسَلَّلُونَ مِنكُمْ لِوَاذًا ۚ فَلْيَحْذَرِ ٱلَّذِينَ يُخَالِفُونَ عَنْ أَمْرِهِۦٓ أَن
تُصِيبَهُمْ فِتْنَةٌ أَوْ يُصِيبَهُمْ عَذَابٌ أَلِيمٌ ﴿٦٣﴾

63. *Lá taj'alú du'á'ar Rasúli bainakum ka du'á'i ba'dhikum ba'dhá; qad ya'lamul láhul lazína yatasall'lúna minkum liwázá; fal yahzaril lazína yukhálifúna 'an amrihí an tusíbahum fitnatun au yusíbahum 'azábun alím*

63. Não julgueis que a convocação do Mensageiro, entre vós, é igual à convocação mútua entre vós, pois Deus conhece aqueles que, dentre vós, se esquivam furtivamente. Que temam, aqueles que desobedecem às ordens do Mensageiro, que lhes sobrevenha uma provação ou lhes açoite um doloroso castigo.

أَلَآ إِنَّ لِلَّهِ مَا فِى ٱلسَّمَـٰوَٰتِ وَٱلْأَرْضِ ۖ قَدْ يَعْلَمُ مَآ أَنتُمْ عَلَيْهِ
وَيَوْمَ يُرْجَعُونَ إِلَيْهِ فَيُنَبِّئُهُم بِمَا عَمِلُوا۟ ۗ وَٱللَّهُ بِكُلِّ شَىْءٍ عَلِيمٌۢ ﴿٦٤﴾

سُورَةُ الفُرقَان

Surat *Al Furqan*

64. 'Alá inna lilláhi má fis samáwáti wal ardhi qad ya'lamu má antum 'alaihi wa Yauma yurja'úna ilaihi fa yunabbi'uhum bimá 'amilú; walláhu bikulli chai'in 'Alím

64. Não é, acaso, certo, que é de Deus tudo quanto há nos Céus e na Terra? Sem dúvida que Ele conhece os vossos sentimentos. E no dia em que (os humanos) retornarem a Ele, inteirá-los-á de tudo quanto houverem feito, porque Deus é Onisciente.

Surat 25. *Al-Furqan* (O Discernimento). Revelada em Makka, 77 versículos, com exceção dos versículos 68-70 que foram revelados em Madina

São utilizados os versículos 1-20 neste juzi

بِسۡمِ ٱللَّهِ ٱلرَّحۡمَٰنِ ٱلرَّحِيمِ

Bismilláhir Rahmánir Rahím

Em nome de Deus, o Clemente, o Misericordioso

تَبَارَكَ ٱلَّذِي نَزَّلَ ٱلۡفُرۡقَانَ عَلَىٰ عَبۡدِهِۦ لِيَكُونَ لِلۡعَٰلَمِينَ نَذِيرًا ١

1. Tabárakal lazí nazzalal Furqána 'alá 'abdihí li yakúna lil'álamína nazíra

1. Bendito seja Aquele que revelou o Discernimento ao Seu servo – para que fosse um admoestador da humanidade –,

ٱلَّذِي لَهُۥ مُلۡكُ ٱلسَّمَٰوَٰتِ وَٱلۡأَرۡضِ وَلَمۡ يَتَّخِذۡ وَلَدًا وَلَمۡ يَكُن لَّهُۥ شَرِيكٌ فِي ٱلۡمُلۡكِ
وَخَلَقَ كُلَّ شَيۡءٍ فَقَدَّرَهُۥ تَقۡدِيرًا ٢

2. Allazí lahú mulkus samáwáti wal ardhi wa lam yattakhiz waladan wa lam yakul lahú charíkunfil mulki wa khalaqa kulla chai'in faqaddarahú taqdírá

2. O Qual possui o reino dos Céus e da Terra. Não teve filho algum, nem tampouco teve parceiro algum no reinado. E criou todas as coisas, e deu-lhes a devida proporção.

سُورَةُ الفُرْقَان

Surat *Al Furqan*

وَٱتَّخَذُواْ مِن دُونِهِۦٓ ءَالِهَةً لَّا يَخۡلُقُونَ شَيۡـًٔا وَهُمۡ يُخۡلَقُونَ وَلَا يَمۡلِكُونَ
لِأَنفُسِهِمۡ ضَرًّا وَلَا نَفۡعًا وَلَا يَمۡلِكُونَ مَوۡتًا وَلَا حَيَوٰةً وَلَا نُشُورًا ﴿٣﴾

3. *Wattakhazú min dúnihi álihatal lá yakhluqúna chai'an wa hum yukhlaqúna wa lá yamlikúna li anfusihim darran wa lá naf'an wa lá yamlikúna mautan wa lá hayátan wa lá nuchúrá*

3. Não obstante, eles adoram, em vez d'Ele, divindades que nada podem criar, posto que elas mesmas foram criadas. E não podem prejudicar nem beneficiar a si mesmas, e não dispõem da morte, nem da vida, nem da ressurreição.

وَقَالَ ٱلَّذِينَ كَفَرُوٓاْ إِنۡ هَٰذَآ إِلَّآ إِفۡكٌ ٱفۡتَرَىٰهُ وَأَعَانَهُۥ عَلَيۡهِ قَوۡمٌ ءَاخَرُونَۖ فَقَدۡ
جَآءُو ظُلۡمًا وَزُورًا ﴿٤﴾

4. *Wa qálal lazína kafarú in házá illá ifkunif taráhu wa a'ánahú 'alaihi qaumun ákharúna faqad já'ú zulman wa zúrá*

4. Os incrédulos dizem: Este (Alcorão) não é mais do que uma calúnia que ele (Mohammad) forjou, ajudado por outros homens! Porém, com isso, proferem uma iniquidade e uma falsidade.

وَقَالُوٓاْ أَسَٰطِيرُ ٱلۡأَوَّلِينَ ٱكۡتَتَبَهَا فَهِيَ تُمۡلَىٰ عَلَيۡهِ بُكۡرَةً وَأَصِيلًا ﴿٥﴾

5. *Wa qálú asátírul auwalínak tatabahá fahiya tumlá 'alaihi bukratan wa asílá*

5. E afirmam: São fábulas dos primitivos que ele mandou escrever. São ditadas a ele, de manhã e à tarde!

قُلۡ أَنزَلَهُ ٱلَّذِي يَعۡلَمُ ٱلسِّرَّ فِي ٱلسَّمَٰوَٰتِ وَٱلۡأَرۡضِۚ إِنَّهُۥ كَانَ غَفُورًا رَّحِيمًا ﴿٦﴾

6. *Qul anzalhul lazí ya'lamus sirra fis samáwáti wal-ard; innahú kána Ghafúrar Rahímá*

6. Dize-lhes: Revelou-mo Quem conhece o mistério dos Céus e da Terra, porque é Indulgente, Misericordiosíssimo.

وَقَالُواْ مَالِ هَٰذَا ٱلرَّسُولِ يَأۡكُلُ ٱلطَّعَامَ وَيَمۡشِي فِي ٱلۡأَسۡوَاقِ لَوۡلَآ أُنزِلَ إِلَيۡهِ
مَلَكٌ فَيَكُونَ مَعَهُۥ نَذِيرًا ﴿٧﴾

7. *Wa qálú má li házar Rasúli ya'kulut ta'áma wa yamchí fil aswáq; lau lá unzila ilaihi malakun fa yakúna ma'ahú nazírá*

سُورَةُ الفُرْقَان

Surat *Al Furqan*

7. E dizem: Que espécie de Mensageiro é este que come as mesmas comidas e anda pelas ruas? Se lhe tivesse sido enviado um anjo, para que fosse, junto a ele, admoestador!

أَوْ يُلْقَىٰٓ إِلَيْهِ كَنزٌ أَوْ تَكُونُ لَهُۥ جَنَّةٌ يَأْكُلُ مِنْهَا ۚ وَقَالَ
ٱلظَّـٰلِمُونَ إِن تَتَّبِعُونَ إِلَّا رَجُلًا مَّسْحُورًا ٨

8. Au yulqá ilaihi kanzun au takúnu lahú jannatun ya'kulu min-há; wa qálaz zálimúna in tattabi'úna illá rajulan ma'<u>h</u>úrá

8. Ou por que não lhe foi enviado um tesouro? Ou por que não possui um vergel do qual desfrute? Os injustos dizem ainda: Não seguis senão a um homem enfeitiçado!

ٱنظُرْ كَيْفَ ضَرَبُوا۟ لَكَ ٱلْأَمْثَـٰلَ فَضَلُّوا۟ فَلَا يَسْتَطِيعُونَ سَبِيلًا ٩

9. Unzur kaifa dharabú lakal amçála fadallú falá yastatí'úna sabílá

9. Olha com o que te comparam! Porém, assim se desviam, e nunca encontrarão senda alguma.

تَبَارَكَ ٱلَّذِىٓ إِن شَآءَ جَعَلَ لَكَ خَيْرًا مِّن ذَٰلِكَ جَنَّـٰتٍ تَجْرِى مِن تَحْتِهَا ٱلْأَنْهَـٰرُ
وَيَجْعَل لَّكَ قُصُورًا ١٠

10. Tabárakal lazí in chá'a ja'ala laka khairan min zálika jannátin tajrí min ta<u>h</u>tihal anháru wa yaj'al laka qusúrá

10. Bendito seja Quem, se Lhe aprouver, pode conceder-te algo melhor do que isso, (tais como): jardins, abaixo dos quais correm os rios, bem como palácios.

بَلْ كَذَّبُوا۟ بِٱلسَّاعَةِ ۖ وَأَعْتَدْنَا لِمَن كَذَّبَ بِٱلسَّاعَةِ سَعِيرًا ١١

11. Bal kazzabú bis Sá'ati wa a'tadná liman kazzaba bis Sá'ati sa'írá

11. Porém, negam o advento da Hora! Temos destinado o fogo abrasador para aqueles que negam a Hora:

إِذَا رَأَتْهُم مِّن مَّكَانٍ بَعِيدٍ سَمِعُوا۟ لَهَا تَغَيُّظًا وَزَفِيرًا ١٢

12. Izá ra'athum min makánin ba'ídin sami'ú lahá taghaiyuzan wa zafírá

12. Quando este (o fogo abrasador), de um lugar longínquo, os avistar, eles lhe ouvirão o ribombar e a crepitação.

سُورَةُ الفُرْقَانِ

Surat *Al Furqan*

وَإِذَآ أُلۡقُواْ مِنۡهَا مَكَانٗا ضَيِّقٗا مُّقَرَّنِينَ دَعَوۡاْ هُنَالِكَ ثُبُورٗا ﴿١٣﴾

13. Wa izá ulqú min-há makánan daiyiqam muqarranína da'au hunálika çubúra

13. E quando, acorrentados, forem arrojados nele, em um local exíguo, suplicarão então pela destruição!

لَّا تَدۡعُواْ ٱلۡيَوۡمَ ثُبُورٗا وَٰحِدٗا وَٱدۡعُواْ ثُبُورٗا كَثِيرٗا ﴿١٤﴾

14. Lá tad'ul yauma çubúran wáhidan wad'ú çubúran kacírá

14. Não clameis, hoje, por uma só destruição; clamai, outrossim, por muitas destruições!

قُلۡ أَذَٰلِكَ خَيۡرٌ أَمۡ جَنَّةُ ٱلۡخُلۡدِ ٱلَّتِي وُعِدَ ٱلۡمُتَّقُونَۚ كَانَتۡ لَهُمۡ جَزَآءٗ
وَمَصِيرٗا ﴿١٥﴾

15. Qul azálika khairun am Jannatul khuldil latí wu'idal muttaqún; kánat lahum jazá'an wa masirá

15. Pergunta-lhes: Que é preferível: isto, ou o Jardim da Eternidade que tem sido prometido aos devotos como recompensa e destino,

لَّهُمۡ فِيهَا مَا يَشَآءُونَ خَٰلِدِينَۚ كَانَ عَلَىٰ رَبِّكَ وَعۡدٗا مَّسۡـُٔولٗا ﴿١٦﴾

16. Lahum fíhá má yachá'úna khálidín; kána 'alá Rabbika wa'dan mas'úlá

16. De onde obterão tudo quanto anelarem, e em que morarão eternamente, porque é uma promessa a ser implorada ao teu Senhor?

وَيَوۡمَ يَحۡشُرُهُمۡ وَمَا يَعۡبُدُونَ مِن دُونِ ٱللَّهِ فَيَقُولُ ءَأَنتُمۡ أَضۡلَلۡتُمۡ
عِبَادِي هَٰٓؤُلَآءِ أَمۡ هُمۡ ضَلُّواْ ٱلسَّبِيلَ ﴿١٧﴾

17. Wa Yauma yahchuruhum wa má ya'budúna min dúnil láhi fa yaqúlu a-antum adlaltum 'ibádí há'ulá'i am hum dallus sabíl

17. No dia em que Ele os congregar, com tudo quanto adoram em vez de Deus, Ele dirá: Fostes vós, acaso, aqueles que extraviaram estes Meus servos ou foram eles que se extraviaram?

قَالُواْ سُبۡحَٰنَكَ مَا كَانَ يَنۢبَغِي لَنَآ أَن نَّتَّخِذَ مِن دُونِكَ مِنۡ أَوۡلِيَآءَ وَلَٰكِن
مَّتَّعۡتَهُمۡ وَءَابَآءَهُمۡ حَتَّىٰ نَسُواْ ٱلذِّكۡرَ وَكَانُواْ قَوۡمَۢا بُورٗا ﴿١٨﴾

18. Qálú Subhánaka má kána yanbaghí laná an nattakhiza min dúnika min awliyá'a wa lákin matta'tahum wa ábá'ahum hattá nasúz zikra wa kánú qauman búrá

18. Responderão: Glorificado sejas! Não nos era dado adotar outros protetores em vez de Ti! Porém, agraciaste-os (com bens terrenos), bem como a seus pais, até que se esqueceram da Mensagem e foram desventurados.

فَقَدْ كَذَّبُوكُم بِمَا تَقُولُونَ فَمَا تَسْتَطِيعُونَ صَرْفًا وَلَا نَصْرًا ۚ وَمَن
يَظْلِم مِّنكُمْ نُذِقْهُ عَذَابًا كَبِيرًا ﴿١٩﴾

19. Faqad kazzabúkum bimá taqúlúna famá tastatí'úna sarfan wa lá nasrá; wa man yazlim minkum nuziqhu 'azában kabírá

19. (Deus dirá aos idólatras): Eis que as vossas divindades vos desmentem, no que afirmastes, e não podereis esquivar-vos do castigo, nem vos socorrer. A quem, dentre vós, tiver sido injusto, infligiremos um severo castigo.

وَمَآ أَرْسَلْنَا قَبْلَكَ مِنَ ٱلْمُرْسَلِينَ إِلَّآ إِنَّهُمْ لَيَأْكُلُونَ ٱلطَّعَامَ
وَيَمْشُونَ فِى ٱلْأَسْوَاقِ ۗ وَجَعَلْنَا بَعْضَكُمْ لِبَعْضٍ فِتْنَةً أَتَصْبِرُونَ ۗ
وَكَانَ رَبُّكَ بَصِيرًا ﴿٢٠﴾

20. Wa má arsalná qablaka minal mursalína illá innahum la ya'kulúnat ta'áma wa yamchúna fil aswáq; wa ja'alná ba'dhakum liba'dhin fitnatan atasbirún; wa kána Rabbuka Basíra

20. Antes de ti jamais enviamos mensageiros que não comessem os mesmos alimentos e caminhassem pelos mercados, e fizemos alguns, dentre vós, tentarem os outros. Acaso (ó crentes), sereis perseverantes? Eis que o teu Senhor é Onividente. **(Fim do Juzi 18)**

سُورَةُ الفُرْقَانِ

Surat *Al Furqan*

Juzi 19

Surata 25. *Al-Furcan* (O Discernimento) Revelada em Makka; 77 versículos, com exceção dos versículos 68 a 70, que foram revelados em Madina.

Utilizados os versículos 21 a 77 para este Juzi

۞ وَقَالَ ٱلَّذِينَ لَا يَرْجُونَ لِقَآءَنَا لَوْلَآ أُنزِلَ عَلَيْنَا ٱلْمَلَٰٓئِكَةُ أَوْ نَرَىٰ رَبَّنَا ۗ لَقَدِ
ٱسْتَكْبَرُوا۟ فِىٓ أَنفُسِهِمْ وَعَتَوْ عُتُوًّا كَبِيرًا ﴿٢١﴾

21.۞ *Wa qálal lazína lá yarjúna liqa'aná lau lá unzila 'alainal malá'ikatu au nará Rabbaná; laqad istakbarú fi anfusihim wa 'atau 'utuwwan kabírá*

21. Aqueles que não esperam o comparecimento ante Nós, dizem: Se nos fossem enviados os anjos, ou víssemos o nosso Senhor! Na verdade, eles se ensoberbeceram e excederam em muito!

يَوْمَ يَرَوْنَ ٱلْمَلَٰٓئِكَةَ لَا بُشْرَىٰ يَوْمَئِذٍ لِّلْمُجْرِمِينَ وَيَقُولُونَ حِجْرًا مَّحْجُورًا ﴿٢٢﴾

22. *Yauma yaraunal malá'ikata lá buchrá Yaumaizin lil mujrimína wa yaqúlúna hijran mahjúrá*

22. No dia em que virem os anjos, nada haverá de alvissareiro para os pecadores, e (aqueles) lhes dirão: É uma barreira intransponível.

وَقَدِمْنَآ إِلَىٰ مَا عَمِلُوا۟ مِنْ عَمَلٍ فَجَعَلْنَٰهُ هَبَآءً مَّنثُورًا ﴿٢٣﴾

23. *Wa qadimná ilá má 'amilú min 'amalin faja'alnáhu habá'an mançúrá*

23. Então, Nos disporemos a aquilatar as suas ações, e as reduziremos a moléculas de pó dispersas.

أَصْحَٰبُ ٱلْجَنَّةِ يَوْمَئِذٍ خَيْرٌ مُّسْتَقَرًّا وَأَحْسَنُ مَقِيلًا ﴿٢٤﴾

24. *Asshábul jannati yauma'izin khairun mustaqarran wa ahsanu maquila*

24. Nesse dia, os diletos do Paraíso estarão estabelecidos, no mais digno e prazeroso lugar de repouso.

وَيَوْمَ تَشَقَّقُ ٱلسَّمَآءُ بِٱلْغَمَٰمِ وَنُزِّلَ ٱلْمَلَٰٓئِكَةُ تَنزِيلًا ﴿٢٥﴾

سُورَةُ الفُرْقَانِ

Surat *Al Furqan*

25. Wa Yauma tachaqqaqus samá'u bilghamámi wa nuzzilal malá'ikatu tanzíla
25. Será o dia em que o céu se fenderá com as nuvens, e os anjos serão enviados para baixo.

ٱلْمُلْكُ يَوْمَئِذٍ ٱلْحَقُّ لِلرَّحْمَٰنِ ۚ وَكَانَ يَوْمًا عَلَى ٱلْكَٰفِرِينَ عَسِيرًا ٢٦

26. Almulku Yauma'izinil haqqu lir Rahmán; wa kána Yauman 'alal káfirína 'asírá
26. Nesse dia, a verdadeira soberania será a do Clemente, e será um dia terrível para os incrédulos.

وَيَوْمَ يَعَضُّ ٱلظَّالِمُ عَلَىٰ يَدَيْهِ يَقُولُ يَٰلَيْتَنِى ٱتَّخَذْتُ مَعَ ٱلرَّسُولِ سَبِيلًا ٢٧

27. Wa Yauma ya'adhuz zálimu 'alá yadaihi yaqúlu yá laitanit takhaztu ma'ar Rassúli sabílá
27. Será o dia em que o injusto morderá as mãos e dirá: Oxalá tivesse seguido a senda do Mensageiro!

يَٰوَيْلَتَىٰ لَيْتَنِى لَمْ أَتَّخِذْ فُلَانًا خَلِيلًا ٢٨

28. Yá wailatá laitaní lam attakhiz fulánan khalílá
28. Ai de mim! Oxalá não tivesse tomado fulano por amigo,

لَّقَدْ أَضَلَّنِى عَنِ ٱلذِّكْرِ بَعْدَ إِذْ جَآءَنِى ۗ وَكَانَ ٱلشَّيْطَٰنُ لِلْإِنسَٰنِ
خَذُولًا ٢٩

29. Laqad adhallaní 'aniz zikri ba'da iz já'aní; wa kánach Chaitánu lil insáni khazúlá
29. Porque me desviou da Mensagem, depois de ela me ter chegado. Ah! Satanás mostra-se um traidor do homem!

وَقَالَ ٱلرَّسُولُ يَٰرَبِّ إِنَّ قَوْمِى ٱتَّخَذُوا۟ هَٰذَا ٱلْقُرْءَانَ مَهْجُورًا ٣٠

30. Wa qálar Rassúlu yá Rabbi inna qaumit takhazú házal Qur'ána mahjúrá
30. E o Mensageiro dirá: Ó Senhor meu, em verdade o meu povo tem negligenciado este Alcorão!

وَكَذَٰلِكَ جَعَلْنَا لِكُلِّ نَبِىٍّ عَدُوًّا مِّنَ ٱلْمُجْرِمِينَ ۗ وَكَفَىٰ بِرَبِّكَ هَادِيًا وَنَصِيرًا ٣١

31. Wa kazálika ja'alná likulli Nabiyyin 'aduwwan minal mujrimín; wa kafá bi Rabbika hádiyan wa nasírá
31. Assim destinamos a cada profeta um adversário entre os pecadores; porém, basta teu Senhor por Guia e Socorredor.

سُورَةُ الفُرْقَان
Surat *Al Furqan*

وَقَالَ ٱلَّذِينَ كَفَرُوا۟ لَوْلَا نُزِّلَ عَلَيْهِ ٱلْقُرْءَانُ جُمْلَةً وَٰحِدَةً ۚ كَذَٰلِكَ لِنُثَبِّتَ بِهِۦ فُؤَادَكَ ۖ
وَرَتَّلْنَٰهُ تَرْتِيلًا ﴿٣٢﴾

32. Wa qálal lazína kafarú lau lá nuzzila 'alaihil Qur'ánu jumlatan wá<u>h</u>idah; kazálika linuçabbita bihí fu'ádaka wa rattalnáhu tartílá

32. Os incrédulos dizem: Se lhe tivesse sido revelado o Alcorão de uma só vez! (Saibam que) assim procedemos para firmar com ele o teu coração, e to revelamos em versículos, paulatinamente.

وَلَا يَأْتُونَكَ بِمَثَلٍ إِلَّا جِئْنَٰكَ بِٱلْحَقِّ وَأَحْسَنَ تَفْسِيرًا ﴿٣٣﴾

33. Wa lá ya'túnaka bi maçalin illá ji'náka bil<u>h</u>aqqui wa a<u>h</u>sana tafsírá

33. Sempre que te fizerem alguma refutação, comunicar-te-emos a verdade irrefutável e, dela, a melhor explanação.

ٱلَّذِينَ يُحْشَرُونَ عَلَىٰ وُجُوهِهِمْ إِلَىٰ جَهَنَّمَ أُو۟لَٰٓئِكَ شَرٌّ مَّكَانًا وَأَضَلُّ سَبِيلًا ﴿٣٤﴾

34. Allazína yu<u>h</u>charúna 'alá wujúhihim ilá jahannama ulá'ika charrun makánan wa adhallu sabílá

34. Aqueles que forem congregados, de bruços, ante o inferno, encontrar-se-ão em pior posição, e ainda mais desencaminhados.

وَلَقَدْ ءَاتَيْنَا مُوسَى ٱلْكِتَٰبَ وَجَعَلْنَا مَعَهُۥٓ أَخَاهُ هَٰرُونَ وَزِيرًا ﴿٣٥﴾

35. Wa laqad átainá Mussal Kitába wa ja'alná ma'ahú akháhu Hárúna wazírá

35. Havíamos concedido o Livro a Moisés e lhe designamos, como vizir, o seu irmão, Aarão.

فَقُلْنَا ٱذْهَبَآ إِلَى ٱلْقَوْمِ ٱلَّذِينَ كَذَّبُوا۟ بِـَٔايَٰتِنَا فَدَمَّرْنَٰهُمْ تَدْمِيرًا ﴿٣٦﴾

36. Faqulna izhabá ilal qaumil lazína kazzabú bi Áyátiná fadammarnáhum tadmírá

36. E lhe dissemos: Ide ao povo que desmentiu os Nossos Sinais. E os destruímos completamente.

وَقَوْمَ نُوحٍ لَّمَّا كَذَّبُوا۟ ٱلرُّسُلَ أَغْرَقْنَٰهُمْ وَجَعَلْنَٰهُمْ لِلنَّاسِ ءَايَةً ۖ وَأَعْتَدْنَا
لِلظَّٰلِمِينَ عَذَابًا أَلِيمًا ﴿٣٧﴾

37. Wa qauma Nú<u>h</u>in lammá kazzabur Russula aghraqnáhum wa ja'alnáhum linnási Áyatan wa a'tadná lizzálimína 'azában alímá

37. E afogamos o povo de Noé quando desmentiu os mensageiros, e fizemos dele um sinal para os humanos; e destinamos um doloroso castigo aos injustos.

وَعَادًا وَثَمُودَا۟ وَأَصْحَٰبَ ٱلرَّسِّ وَقُرُونًۢا بَيْنَ ذَٰلِكَ كَثِيرًا ﴿٣٨﴾

38. Wa 'Ádan wa Çamúda wa Asshábar Ra'ssi wa qurúnan baina zálika kaçírá

38. E (exterminamos) os povos de 'Ad, de Çamud, e os habitantes de Arras e, entre eles, muitas gerações.

وَكُلًّا ضَرَبْنَا لَهُ ٱلْأَمْثَٰلَ ۖ وَكُلًّا تَبَّرْنَا تَتْبِيرًا ﴿٣٩﴾

39. Wa kullan dharabná lahul amçála wa kullan tabbarná tatbíra

39. A cada qual narramos parábolas e as exemplificamos, e a cada um aniquilamos por completo, devido (aos seus pecados).

وَلَقَدْ أَتَوْا۟ عَلَى ٱلْقَرْيَةِ ٱلَّتِىٓ أُمْطِرَتْ مَطَرَ ٱلسَّوْءِ ۚ أَفَلَمْ يَكُونُوا۟ يَرَوْنَهَا ۚ بَلْ
كَانُوا۟ لَا يَرْجُونَ نُشُورًا ﴿٤٠﴾

40. Wa laqad atau 'alal qaryatil latí umtirat mataras sau'; afalam yakúnú yaraunahá; bal kánú lá yarjúna nuchúrá

40. (Os incrédulos) têm passado, frequentemente, pela cidade sobre a qual foi desencadeada a chuva nefasta. Não a têm visto, acaso? Sim; porém, não temem a ressurreição.

وَإِذَا رَأَوْكَ إِن يَتَّخِذُونَكَ إِلَّا هُزُوًا أَهَٰذَا ٱلَّذِى بَعَثَ ٱللَّهُ رَسُولًا ﴿٤١﴾

41. Wa izá ra auka in yattakhizúnaka illá huzuwan aházal lazí ba'açal láhu Rassúlá

41. E quando te veem, escarnecem-te, dizendo: É este que Deus enviou por Mensageiro?

إِن كَادَ لَيُضِلُّنَا عَنْ ءَالِهَتِنَا لَوْلَآ أَن صَبَرْنَا عَلَيْهَا ۚ وَسَوْفَ يَعْلَمُونَ
حِينَ يَرَوْنَ ٱلْعَذَابَ مَنْ أَضَلُّ سَبِيلًا ﴿٤٢﴾

42. In káda la yudhilluná 'an álihatiná lau lá an sabarná 'alaihá; wa saufa ya'lamúna hína yaraunal 'azába man adhallu sabíla

42. Ele esteve a ponto de desviar-nos dos nossos deuses, e assim aconteceria, se não tivéssemos sido constantes em relação a eles! Porém, logo saberão, quando virem o castigo, mormente quem estiver mais desencaminhado!

سُورَةُ الفُرْقَانِ

Surat *Al Furqan*

أَرَءَيْتَ مَنِ ٱتَّخَذَ إِلَٰهَهُۥ هَوَىٰهُ أَفَأَنتَ تَكُونُ عَلَيْهِ وَكِيلًا ﴿٤٣﴾

43. Ara'aita manit takhaza iláhahú hawáhu afa anta takúnu 'alaihi wakílá

43. Não tens reparado em quem toma por divindade os seus desejos? Ousarias advogar por ele?

أَمْ تَحْسَبُ أَنَّ أَكْثَرَهُمْ يَسْمَعُونَ أَوْ يَعْقِلُونَ إِنْ هُمْ إِلَّا كَٱلْأَنْعَٰمِ بَلْ هُمْ أَضَلُّ سَبِيلًا ﴿٤٤﴾

44. Am tahsabu anna aksarahum yasma'úna au ya'quilún; in hum illá kal an'ámi bal hum adhallu sabílá

44. Ou pensas que a maioria deles ouve ou compreende? Não são mais do que o gado; ou são mais irracionais ainda!

أَلَمْ تَرَ إِلَىٰ رَبِّكَ كَيْفَ مَدَّ ٱلظِّلَّ وَلَوْ شَآءَ لَجَعَلَهُۥ سَاكِنًا ثُمَّ جَعَلْنَا ٱلشَّمْسَ عَلَيْهِ دَلِيلًا ﴿٤٥﴾

45. Alam tara ilá Rabbika kaifa maddaz zilla wa lau chí'a la ja'alahú sákinan çumma ja'alnach chamsa 'alaihi dalílá

45. Não tens reparado em como o teu Senhor alonga a sombra? Se Ele quisesse, fá-la-ia estável! Entretanto, fizemos do sol o regente dela.

ثُمَّ قَبَضْنَٰهُ إِلَيْنَا قَبْضًا يَسِيرًا ﴿٤٦﴾

46. Çumma qabadhnáhu ilainá qabdhan yasírá

46. Logo a recolhemos até Nós, paulatinamente.

وَهُوَ ٱلَّذِى جَعَلَ لَكُمُ ٱلَّيْلَ لِبَاسًا وَٱلنَّوْمَ سُبَاتًا وَجَعَلَ ٱلنَّهَارَ نُشُورًا ﴿٤٧﴾

47. Wa Huwal lazí ja'ala lakumul laila libásan wannauma subátan wa ja'alan nahára nuchúrá

47. Ele foi Quem vos fez a noite por manto, o dormir por repouso, e fez o dia como ressurreição.

وَهُوَ ٱلَّذِىٓ أَرْسَلَ ٱلرِّيَٰحَ بُشْرًۢا بَيْنَ يَدَىْ رَحْمَتِهِۦ ۚ وَأَنزَلْنَا مِنَ ٱلسَّمَآءِ مَآءً طَهُورًا ﴿٤٨﴾

48. Wa Huwal lazí arsalar riyáha buchran baina yadai rahmatih; wa anzalná minas samá'i má'an tahúrá

48. Ele é Quem envia os ventos alvissareiros, mercê da Sua misericórdia; e enviamos do firmamento água pura,

لِّنُحْـِۧيَ بِهِۦ بَلْدَةً مَّيْتًا وَنُسْقِيَهُۥ مِمَّا خَلَقْنَآ أَنْعَٰمًا وَأَنَاسِيَّ كَثِيرًا ﴿٤٩﴾

49. Linuh̲yiya bihí baldatan maitan wa nusquiyahú mimmá khalaqná an'áman wa anásiyya kaçírá

49. Para com ela reviver uma terra árida, e com ela saciar tudo quanto temos criado: animais e humanos.

وَلَقَدْ صَرَّفْنَٰهُ بَيْنَهُمْ لِيَذَّكَّرُوا۟ فَأَبَىٰٓ أَكْثَرُ ٱلنَّاسِ إِلَّا كُفُورًا ﴿٥٠﴾

50. Wa laqad sarrafnáhu bainahum liyazzakkarú fa abá aksarun nási illá kufúrá

50. Em verdade, distribuímo-la (a água) entre eles, para que (de Nós) recordem-se; porém, a maioria dos humanos o nega (injustamente).

وَلَوْ شِئْنَا لَبَعَثْنَا فِى كُلِّ قَرْيَةٍ نَّذِيرًا ﴿٥١﴾

51. Wa lau chi'ná laba'açná fí kulli qaryatin nazírá

51. E se quiséssemos, teríamos enviado um admoestador a cada cidade.

فَلَا تُطِعِ ٱلْكَٰفِرِينَ وَجَٰهِدْهُم بِهِۦ جِهَادًا كَبِيرًا ﴿٥٢﴾

52. Falá tuti'il káfirína wa jáhidhum bihí jihádan kabírá

52. Não dês ouvidos aos incrédulos, mas combate-os severamente, com ele (o Alcorão).

۞ وَهُوَ ٱلَّذِى مَرَجَ ٱلْبَحْرَيْنِ هَٰذَا عَذْبٌ فُرَاتٌ وَهَٰذَا مِلْحٌ أُجَاجٌ وَجَعَلَ بَيْنَهُمَا بَرْزَخًا
وَحِجْرًا مَّحْجُورًا ﴿٥٣﴾

53. ۞ *Wa Huwal lazí marajal bah̲raini házá 'azbun furátun wa házá milh̲un ujáj; wa ja'ala bainahumá barzakhan wa h̲ijran mah̲júrá*

53. Deus foi Quem estabeleceu as duas massas de água; uma é doce e saborosa, e a outra é excessivamente salgada, e estabeleceu entre ambas uma linha divisória e uma barreira intransponível.

وَهُوَ ٱلَّذِى خَلَقَ مِنَ ٱلْمَآءِ بَشَرًا فَجَعَلَهُۥ نَسَبًا وَصِهْرًا ۗ وَكَانَ رَبُّكَ قَدِيرًا ﴿٥٤﴾

54. Wa Huwal lazí khalaqa minal má'i bacharan fa ja'alahú nasaban wa sihrá; wa kána Rabbuka Qadírá

54. Ele foi Quem criou os humanos da água, aproximando-os, através da linhagem e do casamento; em verdade, o teu Senhor é Onipotente.

سُورَةُ الفُرْقَانِ

Surat *Al Furqan*

وَيَعۡبُدُونَ مِن دُونِ ٱللَّهِ مَا لَا يَنفَعُهُمۡ وَلَا يَضُرُّهُمۡۗ وَكَانَ ٱلۡكَافِرُ عَلَىٰ رَبِّهِۦ
ظَهِيرٗا ﴿٥٥﴾

55. Wa ya'budúna min dúnil láhi má lá yanfa'uhum wa lá yadhurruhum; wa kánal káfiru 'alá Rabbihí zahírá

55. Não obstante, adoram, em vez de Deus, o que não pode beneficiá-los, nem prejudicá-los, sendo que o incrédulo é partidário (de Satanás) contra o seu Senhor.

وَمَآ أَرۡسَلۡنَٰكَ إِلَّا مُبَشِّرٗا وَنَذِيرٗا ﴿٥٦﴾

56. Wa má arsalnáka illá mubachchiran wa nazírá

56. E não te enviamos, senão como alvissareiro e admoestador.

قُلۡ مَآ أَسۡـَٔلُكُمۡ عَلَيۡهِ مِنۡ أَجۡرٍ إِلَّا مَن شَآءَ أَن يَتَّخِذَ إِلَىٰ رَبِّهِۦ سَبِيلٗا ﴿٥٧﴾

57. Qul má as'alukum 'alaihi min ajrin illá man chá'a ai yattakhiza ilá Rabbihí sabílá

57. Dize-lhes: Não vos exijo, por isso, recompensa alguma, além de pedir, a quem quiser encaminhar-se até a senda do seu Senhor, que o faça.

وَتَوَكَّلۡ عَلَى ٱلۡحَيِّ ٱلَّذِي لَا يَمُوتُ وَسَبِّحۡ بِحَمۡدِهِۦۚ وَكَفَىٰ بِهِۦ بِذُنُوبِ عِبَادِهِۦ
خَبِيرًا ﴿٥٨﴾

58. Wa tawakkal 'alal Haiyil lazí lá yamútu wa sabbih bihamdih; wa kafá bihí bizunúbi 'ibádihí khabírá

58. E confia no Vivente, Imortal, e celebra os Seus louvores; e basta Ele como Sabedor dos pecados dos Seus servos.

ٱلَّذِي خَلَقَ ٱلسَّمَٰوَٰتِ وَٱلۡأَرۡضَ وَمَا بَيۡنَهُمَا فِي سِتَّةِ أَيَّامٖ ثُمَّ ٱسۡتَوَىٰ عَلَى ٱلۡعَرۡشِۚ
ٱلرَّحۡمَٰنُ فَسۡـَٔلۡ بِهِۦ خَبِيرٗا ﴿٥٩﴾

59. Allazí khalaqas samáwáti wal arda wa má bainahumá fí sittati aiyámin çumma stawá 'alal 'Arch; ar Rahmánu fas'al bihí khabírá

59. Foi ele Quem criou, em seis dias, os Céus e a Terra, e tudo quanto existe entre ambos; então assumiu o Trono. O Clemente! Interroga, pois, acerca disso, algum entendido (no assunto).

سُورَةُ الفُرْقَان

Surat *Al Furqan*

وَإِذَا قِيلَ لَهُمُ ٱسْجُدُوا۟ لِلرَّحْمَٰنِ قَالُوا۟ وَمَا ٱلرَّحْمَٰنُ أَنَسْجُدُ لِمَا تَأْمُرُنَا وَزَادَهُمْ
نُفُورًا ۩ ٦٠

60. Wa izá quíla lahumus judú lir Rah͟máni qálú wa mar Rah͟mánu 'anasjudu limá ta'muruná wa zádahum nufúrá ***(fazer sajda)***

60. E quando lhes é dito: Prostrai-vos ante o Clemente!, dizem: E quem é o Clemente? Temos de nos prostrar ante quem nos mandas? E isso lhes agrava a aversão.

تَبَارَكَ ٱلَّذِى جَعَلَ فِى ٱلسَّمَآءِ بُرُوجًا وَجَعَلَ فِيهَا سِرَٰجًا وَقَمَرًا مُّنِيرًا ٦١

61. Tabárakal lazí ja'ala fis samá'i burújan wa ja'ala fihá sirájan wa qamaran munírá

61. Bendito seja Quem colocou constelações no firmamento e pôs, nele, uma lâmpada e uma lua refletidora.

وَهُوَ ٱلَّذِى جَعَلَ ٱلَّيْلَ وَٱلنَّهَارَ خِلْفَةً لِّمَنْ أَرَادَ أَن يَذَّكَّرَ أَوْ أَرَادَ شُكُورًا ٦٢

62. Wa huwal lazí ja'alal laila wannahára khilfatan liman aráda 'an yazzakkara au arádá chukúrá

62. E foi Ele Quem fez a noite suceder ao dia, para que O recordassem ou Lhe demonstrassem gratidão.

وَعِبَادُ ٱلرَّحْمَٰنِ ٱلَّذِينَ يَمْشُونَ عَلَى ٱلْأَرْضِ هَوْنًا وَإِذَا خَاطَبَهُمُ ٱلْجَٰهِلُونَ قَالُوا۟
سَلَٰمًا ٦٣

63. Wa 'ibádur Rah͟mánil lazína yamchúna 'alal ardi haunan wa izá khátabahumul jáhilúna qálú salámá

63. E os servos do Clemente são aqueles que andam pacificamente pela Terra e, quando os ignorantes lhes falam, dizem: Paz!

وَٱلَّذِينَ يَبِيتُونَ لِرَبِّهِمْ سُجَّدًا وَقِيَٰمًا ٦٤

64. Wallazína yabitúna li Rabbihim sujjadan wa quiyámá

64. São aqueles que passam a noite adorando o seu Senhor, quer estejam prostrados ou em pé.

وَٱلَّذِينَ يَقُولُونَ رَبَّنَا ٱصْرِفْ عَنَّا عَذَابَ جَهَنَّمَ إِنَّ عَذَابَهَا كَانَ غَرَامًا ٦٥

65. Wallazína yaqúlúna Rabbana srif 'anná 'azába Jahannama inna 'azábahá kána gharámá

سُورَةُ الفُرقَانِ

Surat *Al Furqan*

65. São aqueles que dizem: Ó Senhor nosso, afasta de nós o suplício do Inferno, porque o seu tormento é angustiante.

إِنَّهَا سَآءَتْ مُسْتَقَرًّا وَمُقَامًا ﴿٦٦﴾

66. Innahá sá'at mustaqarran wa muqámá

66. Que péssima estância e lugar de repouso!

وَٱلَّذِينَ إِذَآ أَنفَقُوا۟ لَمْ يُسْرِفُوا۟ وَلَمْ يَقْتُرُوا۟ وَكَانَ بَيْنَ ذَٰلِكَ قَوَامًا ﴿٦٧﴾

67. Wallazína izá anfaqú lam yusrifú wa lam yaqturú wa kána baina zálika qawámá

67. São aqueles que, quando gastam, não se excedem nem mesquinham, colocando-se no meio-termo.

وَٱلَّذِينَ لَا يَدْعُونَ مَعَ ٱللَّهِ إِلَـٰهًا ءَاخَرَ وَلَا يَقْتُلُونَ ٱلنَّفْسَ ٱلَّتِى حَرَّمَ ٱللَّهُ إِلَّا
بِٱلْحَقِّ وَلَا يَزْنُونَ ۚ وَمَن يَفْعَلْ ذَٰلِكَ يَلْقَ أَثَامًا ﴿٦٨﴾

68. Wallazína lá yad'úna ma'al láhi iláhan ákhara wa lá yaqtulúnan nafsal latí harramal láhu illá bilhaqqui wa lá yaznún; wa mai yaf'al zálika yalqa 'açámá

68. (Igualmente o são) aqueles que não invocam, com Deus, outra divindade, nem matam nenhum ser que Deus proibiu matar, senão legitimamente, nem fornicam; (pois sabem que) aqueles que assim procederem, receberão a sua punição:

يُضَـٰعَفْ لَهُ ٱلْعَذَابُ يَوْمَ ٱلْقِيَـٰمَةِ وَيَخْلُدْ فِيهِۦ مُهَانًا ﴿٦٩﴾

69. Yudhá'af lahul 'azábu Yaumal Quiyámati wa yakhlud fihí muháná

69. No Dia da Ressurreição ser-lhes-á duplicado o castigo; então, desonrados, se eternizarão (nesse estado),

إِلَّا مَن تَابَ وَءَامَنَ وَعَمِلَ عَمَلًا صَـٰلِحًا فَأُو۟لَـٰٓئِكَ يُبَدِّلُ ٱللَّهُ سَيِّـَٔاتِهِمْ
حَسَنَـٰتٍ ۗ وَكَانَ ٱللَّهُ غَفُورًا رَّحِيمًا ﴿٧٠﴾

70. Illá man tába wa ámana wa 'amila 'amalan sálihan fa ulá'ika yubaddilul láhu saiyiátihim hasanát; wa kánal láhu Ghafúrar Rahímá

70. Salvo aqueles que se arrependerem, crerem e praticarem o bem; a estes, Deus computará as más ações como boas, porque Deus é Indulgente, Misericordiosíssimo.

وَمَن تَابَ وَعَمِلَ صَـٰلِحًا فَإِنَّهُۥ يَتُوبُ إِلَى ٱللَّهِ مَتَابًا ﴿٧١﴾

سُورَةُ الفُرْقَانِ

Surat *Al Furqan*

71. Wa man tába wa 'amila sáli<u>h</u>an fa innahú yatúbu ilal láhi matábá

71. Quanto àquele que se arrepender e praticar o bem, estará convertendo-se aceitavelmente a Deus.

وَٱلَّذِينَ لَا يَشۡهَدُونَ ٱلزُّورَ وَإِذَا مَرُّواْ بِٱللَّغۡوِ مَرُّواْ كِرَامٗا ﴿٧٢﴾

72. Wallazína lá yachhadúnaz zúra wa izá marrú billaghwi marrú kirámá

72. Aqueles que não perjurarem e, quando se depararem com as futilidades, delas se afastarem com honra,

وَٱلَّذِينَ إِذَا ذُكِّرُواْ بِـَٔايَٰتِ رَبِّهِمۡ لَمۡ يَخِرُّواْ عَلَيۡهَا صُمّٗا وَعُمۡيَانٗا ﴿٧٣﴾

73. Wallazína izá zukkirú bi Áyáti Rabbihim lam yakhirrú 'alaihá summan wa'umyáná

73. Aqueles que, quando lhes forem recordados os versículos do seu Senhor, não os ignorarem, como se fossem surdos ou cegos,

وَٱلَّذِينَ يَقُولُونَ رَبَّنَا هَبۡ لَنَا مِنۡ أَزۡوَٰجِنَا وَذُرِّيَّٰتِنَا قُرَّةَ أَعۡيُنٖ وَٱجۡعَلۡنَا
لِلۡمُتَّقِينَ إِمَامًا ﴿٧٤﴾

74. Wallazína yaqúlúna Rabbaná hab laná min azwájiná wa zurriyátiná qurrata a'yunin waj'alná lilmuttaquína Imámá

74. E aqueles que disserem: Ó Senhor nosso, faze com que as nossas esposas e a nossa prole sejam o nosso consolo, e designa-nos líderes dos devotos,

أُوْلَٰٓئِكَ يُجۡزَوۡنَ ٱلۡغُرۡفَةَ بِمَا صَبَرُواْ وَيُلَقَّوۡنَ فِيهَا تَحِيَّةٗ وَسَلَٰمًا ﴿٧٥﴾

75. Ulá'ika yujzaunal ghurfata bimá sabarú wa yulaqqauna fíhá ta<u>h</u>iyyatan wa salámá

75. Tais serão recompensados, por sua perseverança, com o lugar mais alto do Céu, onde serão recebidos com saudações e paz,

خَٰلِدِينَ فِيهَاۚ حَسُنَتۡ مُسۡتَقَرّٗا وَمُقَامٗا ﴿٧٦﴾

76. Khálidína fíhá; <u>h</u>asunat mustaqarran wa muqámá

76. E onde permanecerão eternamente. Que magnífica estância e lugar de repouso!

قُلۡ مَا يَعۡبَؤُاْ بِكُمۡ رَبِّي لَوۡلَا دُعَآؤُكُمۡۖ فَقَدۡ كَذَّبۡتُمۡ فَسَوۡفَ يَكُونُ لِزَامَۢا ﴿٧٧﴾

77. Qul má ya'ba'u bikum Rabbí lau lá du'á'ukum faqad kazzabtum fasaufa yakúnu lizámá

سُورَةُ الشُّعَرَاءِ

Surat Ach Chu'ará

77. Dize (àqueles que rejeitam): Meu Senhor não Se importará convosco se não O invocardes. Mas desmentistes (a verdade), e por isso haverá um (castigo) inevitável.

Surata 26. *Ach Chu'ará* (Os Poetas). Revelada em Makka; 277 versículos, com exceção dos versículos 197, 224 a 227, que foram revelados em Madina

بِسْمِ ٱللَّهِ ٱلرَّحْمَٰنِ ٱلرَّحِيمِ

Bismilláhir Rahmánir Rahím

Em nome de Deus, o Clemente, o Misericordioso

طسٓمٓ ﴿١﴾

1.۞ *Tá, Sin, Mim*

1. Ta, Sin, Mim.

تِلْكَ ءَايَٰتُ ٱلْكِتَٰبِ ٱلْمُبِينِ ﴿٢﴾

2. Tilka Áyátul Kitábil Mubín

2. Estes são os versículos do Livro esclarecedor.

لَعَلَّكَ بَٰخِعٌ نَّفْسَكَ أَلَّا يَكُونُوا۟ مُؤْمِنِينَ ﴿٣﴾

3. La'allaka bákhi'un nafsaka allá yakúnú mu'minín

3. É possível que te mortifiques, porque não se tornam crentes.

إِن نَّشَأْ نُنَزِّلْ عَلَيْهِم مِّنَ ٱلسَّمَآءِ ءَايَةً فَظَلَّتْ أَعْنَٰقُهُمْ لَهَا خَٰضِعِينَ ﴿٤﴾

4. In nachá nunazzil 'alaihim minas samá'i Áyatan fazallat a'náquhum lahá khádi'in

4. Se quiséssemos, enviar-lhes-íamos, do céu, um sinal, ante o qual seus pescoços se inclinariam, em humilhação.

سُورَةُ الشُّعَرَاءِ

Surat Ach Chu'ará

وَمَا يَأْتِيهِم مِّن ذِكْرٍ مِّنَ ٱلرَّحْمَٰنِ مُحْدَثٍ إِلَّا كَانُوا۟ عَنْهُ مُعْرِضِينَ ﴿٥﴾

5. Wa má yátíhim min zikrim minar Rahmáni muhdasin illá kánú 'anhu mu'ridín

5. Todavia, não lhes chega nenhuma nova Mensagem (provinda) do Clemente, sem que a desdenhem.

فَقَدْ كَذَّبُوا۟ فَسَيَأْتِيهِمْ أَنۢبَٰٓؤُا۟ مَا كَانُوا۟ بِهِۦ يَسْتَهْزِءُونَ ﴿٦﴾

6. Faqad kazzabú fasayátíhim ambá'u má kánú bihí yastahzi'ún

6. Desmentem-na; porém, bem logo lhes chegarão notícias daquilo de que zombam!

أَوَلَمْ يَرَوْا۟ إِلَى ٱلْأَرْضِ كَمْ أَنۢبَتْنَا فِيهَا مِن كُلِّ زَوْجٍ كَرِيمٍ ﴿٧﴾

7. Awa lam yarau ilal ardi kam ambatná fíhá min kulli zawjin karím

7. Porventura, não têm reparado na Terra, em tudo quanto nela fazemos brotar de toda a nobre espécie de casais?

إِنَّ فِى ذَٰلِكَ لَءَايَةً ۖ وَمَا كَانَ أَكْثَرُهُم مُّؤْمِنِينَ ﴿٨﴾

8. Inna fí zálika la Áyah; wa má kána aksaruhum mu'minín

8. Sabei que nisto há um sinal; porém, a maioria deles não crê.

وَإِنَّ رَبَّكَ لَهُوَ ٱلْعَزِيزُ ٱلرَّحِيمُ ﴿٩﴾

9. Wa inna Rabbaka la Huwal 'Azízur Rahím

9. E em verdade, o teu Senhor é o Poderoso, o Misericordiosíssimo.

وَإِذْ نَادَىٰ رَبُّكَ مُوسَىٰٓ أَنِ ٱئْتِ ٱلْقَوْمَ ٱلظَّٰلِمِينَ ﴿١٠﴾

10. Wa iz nádá Rabbuka Mussa ani' átil qaumaz zálimín

10. Recorda-te de quando teu Senhor chamou Moisés e lhe disse: Vai ao povo dos injustos,

قَوْمَ فِرْعَوْنَ ۚ أَلَا يَتَّقُونَ ﴿١١﴾

11. Qauma Fir'aun; alá yattaqún

11. Ao povo do Faraó. Acaso não (Me) temerão?

قَالَ رَبِّ إِنِّىٓ أَخَافُ أَن يُكَذِّبُونِ ﴿١٢﴾

12. Qála Rabbi inní akháfu ai yukazzibún

12. Respondeu-Lhe: Ó Senhor meu, em verdade, temo que me desmintam.

سُورَةُ الشُّعَرَاءِ

Surat Ach Chu'ará

وَيَضِيقُ صَدْرِي وَلَا يَنطَلِقُ لِسَانِي فَأَرْسِلْ إِلَىٰ هَٰرُونَ ﴿١٣﴾

13. Wa yadhíqu sadrí wa lá yantaliqu lisání fa arsil ilá Hárún

13. Meu peito se oprime e minha língua se entrava; envia comigo Aarão (para que me secunde),

وَلَهُمْ عَلَيَّ ذَنبٌ فَأَخَافُ أَن يَقْتُلُونِ ﴿١٤﴾

14. Wa lahum 'alaiya zambun fa akháfu ai yaqtulún

14. Pois me acusam de crime, e temo que me matem.

قَالَ كَلَّا فَٱذْهَبَا بِـَٔايَٰتِنَآ إِنَّا مَعَكُم مُّسْتَمِعُونَ ﴿١٥﴾

15. Qála kallá fazhabá bi Áyátiná inná ma'akum mustami'ún

15. Disse (Deus): De maneira nenhuma (farão isso)! Ireis ambos, com os Nossos sinais e estaremos convosco, vigiando.

فَأْتِيَا فِرْعَوْنَ فَقُولَآ إِنَّا رَسُولُ رَبِّ ٱلْعَٰلَمِينَ ﴿١٦﴾

16. Faátiyá Fir'auna faqúlí inná Rassúlu Rabbil 'álamín

16. Ide, pois, ambos, ao Faraó e dizei-lhe: Em verdade, somos mensageiros do Senhor do Universo,

أَنْ أَرْسِلْ مَعَنَا بَنِىٓ إِسْرَٰٓءِيلَ ﴿١٧﴾

17. An arsil ma'aná Baní Isrá'íl

17. Para que deixes os israelitas partirem conosco.

قَالَ أَلَمْ نُرَبِّكَ فِينَا وَلِيدًا وَلَبِثْتَ فِينَا مِنْ عُمُرِكَ سِنِينَ ﴿١٨﴾

18. Qála alam nurabbika finá walídan wa labiçta finá min 'umurika sinin

18. (O Faraó) disse (a Moisés): Porventura, não te criamos entre nós, desde criança, e não viveste conosco muitos anos da tua vida?

وَفَعَلْتَ فَعْلَتَكَ ٱلَّتِى فَعَلْتَ وَأَنتَ مِنَ ٱلْكَٰفِرِينَ ﴿١٩﴾

19. Wa fa'alta fa'latakal latí fa'alta wa anta minal káfirín

19. E, apesar disso, cometeste uma ação (que bem sabes), e por assim fazeres, és um dos tantos ingratos!

قَالَ فَعَلْتُهَآ إِذًا وَأَنَا۠ مِنَ ٱلضَّآلِّينَ ﴿٢٠﴾

سُورَةُ الشُّعَرَاءِ
Surat Ach Chu'ará

20. Qála fa'altuhá izan wa ana minad dhálín
20. Moisés lhe disse: Cometi-a quando ainda era um dos tantos extraviados.

فَفَرَرْتُ مِنكُمْ لَمَّا خِفْتُكُمْ فَوَهَبَ لِي رَبِّي حُكْمًا وَجَعَلَنِي مِنَ الْمُرْسَلِينَ ﴿٢١﴾

21. Fafarartu minkum lammá khiftukum fawahaba lí Rabbí hukman wa ja'alaní minal mursalín
21. Assim, fugi de vós, porque vos temia; porém, meu Senhor me agraciou com a prudência, e me designou como um dos mensageiros.

وَتِلْكَ نِعْمَةٌ تَمُنُّهَا عَلَيَّ أَنْ عَبَّدتَّ بَنِي إِسْرَائِيلَ ﴿٢٢﴾

22. Wa tilka ni'matun tamunnuhá 'alaiya an 'abbadtta Baní Isrá'íl
22. E por esse favor, o qual me exprobras, escravizaste os israelitas?

قَالَ فِرْعَوْنُ وَمَا رَبُّ الْعَالَمِينَ ﴿٢٣﴾

23. Qála Fir'aunu wa má Rabbul 'álamín
23. Perguntou-lhe o Faraó: E quem é o Senhor do Universo?

قَالَ رَبُّ السَّمَاوَاتِ وَالْأَرْضِ وَمَا بَيْنَهُمَا إِن كُنتُم مُّوقِنِينَ ﴿٢٤﴾

24. Qála Rabbus samáwáti wal ardhi wa má bainahumá in kuntum múquinín
24. Respondeu-lhe: É o Senhor dos Céus e da Terra, e de tudo quanto há entre ambos, se queres saber.

قَالَ لِمَنْ حَوْلَهُ أَلَا تَسْتَمِعُونَ ﴿٢٥﴾

25. Qála liman haulahú alá tastami'ún
25. O Faraó disse aos presentes: Ouvistes?

قَالَ رَبُّكُمْ وَرَبُّ آبَائِكُمُ الْأَوَّلِينَ ﴿٢٦﴾

26. Qála Rabbukum wa Rabbu ábá'ikumul auwalín
26. Moisés lhe disse: É teu Senhor e Senhor dos teus primeiros pais!

قَالَ إِنَّ رَسُولَكُمُ الَّذِي أُرْسِلَ إِلَيْكُمْ لَمَجْنُونٌ ﴿٢٧﴾

27. Qála inna Rassúlakumul lazí ursila ilaikum lamajnún
27. Disse (o Faraó): Com certeza, o vosso mensageiro é um louco.

قَالَ رَبُّ الْمَشْرِقِ وَالْمَغْرِبِ وَمَا بَيْنَهُمَا إِن كُنتُمْ تَعْقِلُونَ ﴿٢٨﴾

سُورَةُ الشُّعَرَاءِ

Surat Ach Chu'ará

28. Qála Rabbul machriqui wal maghribi wa má bainahumá in kuntum ta'quilún

28. (Moisés) disse: É o Senhor do Oriente e do Ocidente, e de tudo quanto existe entre ambos, caso raciocineis!

قَالَ لَئِنِ ٱتَّخَذْتَ إِلَٰهًا غَيْرِى لَأَجْعَلَنَّكَ مِنَ ٱلْمَسْجُونِينَ ﴿٢٩﴾

29. Qála la'init takhazta iláhan ghairí la aj'alannaka minal masjúnín

29. Disse-lhe o Faraó: Se adorares a outro Deus que não seja eu, far-te-emos prisioneiro!

قَالَ أَوَلَوْ جِئْتُكَ بِشَىْءٍ مُّبِينٍ ﴿٣٠﴾

30. Qála awalau ji'tuka bichai'im mubín

30. Moisés (lhe) disse: Ainda que te apresentasse algo convincente?

قَالَ فَأْتِ بِهِۦٓ إِن كُنتَ مِنَ ٱلصَّٰدِقِينَ ﴿٣١﴾

31. Qála fáti bihí in kunta minas sádiquín

31. Respondeu-lhe (o Faraó): Apresenta-o, pois, se falas a verdade.

فَأَلْقَىٰ عَصَاهُ فَإِذَا هِىَ ثُعْبَانٌ مُّبِينٌ ﴿٣٢﴾

32. Fa alqá 'asáhu fa izá hiya çu'bánum mubín

32. Então (Moisés) arrojou o seu cajado, e eis que este se converteu em uma verdadeira serpente.

وَنَزَعَ يَدَهُۥ فَإِذَا هِىَ بَيْضَآءُ لِلنَّٰظِرِينَ ﴿٣٣﴾

33. Wa naza'a yadahú faizá hiya baidhá'u linnázirín

33. Logo, estendeu a mão, e eis que apareceu branca aos olhos dos observadores.

قَالَ لِلْمَلَإِ حَوْلَهُۥٓ إِنَّ هَٰذَا لَسَٰحِرٌ عَلِيمٌ ﴿٣٤﴾

34. Qála lilmala-i haulahú inna házá lasáhirun 'alím

34. Disse (o Faraó) aos chefes presentes: Com toda a certeza este é um habilíssimo mago,

يُرِيدُ أَن يُخْرِجَكُم مِّنْ أَرْضِكُم بِسِحْرِهِۦ فَمَاذَا تَأْمُرُونَ ﴿٣٥﴾

35. Yurídu ay yukhrijakum min ardhikum bisihrihí famázá támurún

35. Que pretende expulsar-vos das vossas terras com a sua magia; o que me aconselhais pois?

قَالُوٓا۟ أَرْجِهْ وَأَخَاهُ وَٱبْعَثْ فِى ٱلْمَدَآئِنِ حَٰشِرِينَ ﴿٣٦﴾

سُورَةُ الشُّعَرَاءِ

Surat Ach Chu'ará

36. Qálú arjih wa akháhu wab'as fil madá'ini hachirín
36. Responderam-lhe: Detem-no, e a seu irmão, e envia recrutadores pelas cidades.

يَأْتُوكَ بِكُلِّ سَحَّارٍ عَلِيمٍ ﴿٣٧﴾

37. Yátúka bikulli sahárin 'alím
37. Que te tragam quantos hábeis magos acharem.

فَجُمِعَ ٱلسَّحَرَةُ لِمِيقَٰتِ يَوْمٍ مَّعْلُومٍ ﴿٣٨﴾

38. Fa jumi'as sahratu limíqáti Yaumim ma'lúm
38. E os magos foram convocados para um dia assinalado.

وَقِيلَ لِلنَّاسِ هَلْ أَنتُم مُّجْتَمِعُونَ ﴿٣٩﴾

39. Wa quíla linnási hal antum mujtami'ún
39. E foi dito ao povo: Estais reunidos,

لَعَلَّنَا نَتَّبِعُ ٱلسَّحَرَةَ إِن كَانُوا۟ هُمُ ٱلْغَٰلِبِينَ ﴿٤٠﴾

40. La'allaná nattabi'us sahrata in kánú humul ghálibín
40. Para que sigamos os magos (quanto à religião), se sairem vitoriosos?

فَلَمَّا جَآءَ ٱلسَّحَرَةُ قَالُوا۟ لِفِرْعَوْنَ أَئِنَّ لَنَا لَأَجْرًا إِن كُنَّا نَحْنُ ٱلْغَٰلِبِينَ ﴿٤١﴾

41. Falammá já'as sahratu qálú li Fir'auna a'inna laná la ajjran in kunná nahnul ghálibín
41. E quando chegaram, os magos perguntaram ao Faraó: Poderemos contar com alguma recompensa, se saírmos vitoriosos?

قَالَ نَعَمْ وَإِنَّكُمْ إِذًا لَّمِنَ ٱلْمُقَرَّبِينَ ﴿٤٢﴾

42. Qála na'am wa innakum izan laminal muqarrabín
42. Respondeu-lhes: Sim; ademais, sereis (colocados em postos) próximos (a mim).

قَالَ لَهُم مُّوسَىٰٓ أَلْقُوا۟ مَآ أَنتُم مُّلْقُونَ ﴿٤٣﴾

43. Qála lahum Mussa alqú má antum mulqún
43. Moisés lhes ordenou: Arrojai, pois, o que tendes a arrojar!

فَأَلْقَوْا۟ حِبَالَهُمْ وَعِصِيَّهُمْ وَقَالُوا۟ بِعِزَّةِ فِرْعَوْنَ إِنَّا لَنَحْنُ ٱلْغَٰلِبُونَ ﴿٤٤﴾

سُورَةُ الشُّعَرَاءِ

Surat Ach Chu'ará

44. Fa alqau hibálahum wa 'isiyyahum wa qálú bi'izzati Fir'auna inná lanahnul ghálibún

44. Arrojaram, portanto, as suas cordas e os seus cajados, e disseram: Pelo poder do Faraó, certamente que nós sairemos vitoriosos!

فَأَلْقَىٰ مُوسَىٰ عَصَاهُ فَإِذَا هِيَ تَلْقَفُ مَا يَأْفِكُونَ ٤٥

45. Fa alqá Mussa 'asáhu fa izá hiya talqafu má yáfikún

45. Então Moisés arrojou o seu cajado, e eis que (se transformou numa serpente e) engoliu tudo quanto haviam, antes, simulado.

فَأُلْقِيَ ٱلسَّحَرَةُ سَٰجِدِينَ ٤٦

46. Fa ulquiyas sahratu sájidín

46. Então os magos caíram prostrados.

قَالُوٓاْ ءَامَنَّا بِرَبِّ ٱلْعَٰلَمِينَ ٤٧

47. Qálú ámanná bi Rabbil 'álamín

47. E exclamaram: Cremos no Senhor do Universo,

رَبِّ مُوسَىٰ وَهَٰرُونَ ٤٨

48. Rabbi Mussa wa Hárún

48. Senhor de Moisés e de Aarão!

قَالَ ءَامَنتُمْ لَهُۥ قَبْلَ أَنْ ءَاذَنَ لَكُمْ ۖ إِنَّهُۥ لَكَبِيرُكُمُ ٱلَّذِى عَلَّمَكُمُ ٱلسِّحْرَ فَلَسَوْفَ
تَعْلَمُونَ ۚ لَأُقَطِّعَنَّ أَيْدِيَكُمْ وَأَرْجُلَكُم مِّنْ خِلَٰفٍ وَلَأُصَلِّبَنَّكُمْ أَجْمَعِينَ ٤٩

49. Qála ámantum lahú qabla an ázana lakum innahú lakabírukumul lazí 'allamakumus sihra falasaufa ta'lamún; la uqatti'anna aidiyakum wa arjulakum min khiláfin wa la usallibannakum ajma'ín

49. (O Faraó) lhes disse: Credes nele, sem que eu vos autorize? Com certeza ele é vosso líder, e vos ensinou a magia; porém, logo o sabereis! Sem dúvida, cortar-vos-ei as mãos e os pés de lados opostos, e vos crucificarei a todos!

قَالُواْ لَا ضَيْرَ ۖ إِنَّآ إِلَىٰ رَبِّنَا مُنقَلِبُونَ ٥٠

50. Qálú la dhaira inná ilá Rabbiná munqallibún

50. Responderam: Não importa, porque retornaremos ao nosso Senhor!

سُورَةُ الشُّعَرَاءِ
Surat Ach Chu'ará

إِنَّا نَطْمَعُ أَن يَغْفِرَ لَنَا رَبُّنَا خَطَٰيَٰنَآ أَن كُنَّآ أَوَّلَ ٱلْمُؤْمِنِينَ ﴿٥١﴾

51. Inná natma'u ai yaghfira laná Rabbuná khatáyáná an kunná auwalal mu'minín

51. Em verdade, esperamos que o nosso Senhor perdoe os nossos pecados, porque agora somos os primeiros crentes!

۞ وَأَوْحَيْنَآ إِلَىٰ مُوسَىٰٓ أَنْ أَسْرِ بِعِبَادِىٓ إِنَّكُم مُّتَّبَعُونَ ﴿٥٢﴾

52. ۞ *Wa auhainá ilá Mussa an asri bi'ibádí innakum muttaba'ún*

52. E inspiramos Moisés: Sai com Meus servos durante a noite, porque sereis perseguidos.

فَأَرْسَلَ فِرْعَوْنُ فِى ٱلْمَدَآئِنِ حَٰشِرِينَ ﴿٥٣﴾

53. Fa arsala Fir'aunu fil madá'ini háchirín

53. O Faraó enviou, entretanto, recrutadores às cidades,

إِنَّ هَٰٓؤُلَآءِ لَشِرْذِمَةٌ قَلِيلُونَ ﴿٥٤﴾

54. Inna há'ulá'i lachirzimatun qalílún

54. Dizendo: Certamente, eles são um pequeno bando,

وَإِنَّهُمْ لَنَا لَغَآئِظُونَ ﴿٥٥﴾

55. Wa innahum laná laghá'izún

55. Que se tem rebelado contra nós.

وَإِنَّا لَجَمِيعٌ حَٰذِرُونَ ﴿٥٦﴾

56. Wa inná lajamí'un házirún

56. E todos nós estamos precavidos!

فَأَخْرَجْنَٰهُم مِّن جَنَّٰتٍ وَعُيُونٍ ﴿٥٧﴾

57. Fa akhrajnáhum min Jannátin wa 'uyún

57. Assim, Nós os privamos dos jardins e mananciais.

وَكُنُوزٍ وَمَقَامٍ كَرِيمٍ ﴿٥٨﴾

58. Wa kunúzin wa maqámin karím

58. De tesouros e honrável posição.

كَذَٰلِكَ وَأَوْرَثْنَٰهَا بَنِىٓ إِسْرَٰٓءِيلَ ﴿٥٩﴾

سُورَةُ الشُّعَرَاءِ

Surat Ach Chu'ará

59. Kazálika wa auraçnáhá Baní Isrá'íl
59. Assim foi; e concedemos tudo aquilo aos israelitas.

فَأَتْبَعُوهُم مُّشْرِقِينَ ﴿٦٠﴾

60. Fa atba'úhum muchriquín
60. E eis que (o Faraó e seu povo) os perseguiram ao nascer do sol.

فَلَمَّا تَرَٰٓءَا ٱلْجَمْعَانِ قَالَ أَصْحَٰبُ مُوسَىٰٓ إِنَّا لَمُدْرَكُونَ ﴿٦١﴾

61. Falammá tará'al jam'áni qála assháabu Mussa inná lamudrakún
61. E quando as duas legiões se avistaram, os companheiros de Moisés disseram: Na certa seremos apanhados!

قَالَ كَلَّآ ۖ إِنَّ مَعِىَ رَبِّى سَيَهْدِينِ ﴿٦٢﴾

62. Qála kallá inna ma'iya Rabbí sayahdín
62. Moisés lhes respondeu: Não! Meu Senhor está comigo e me iluminará!

فَأَوْحَيْنَآ إِلَىٰ مُوسَىٰٓ أَنِ ٱضْرِب بِّعَصَاكَ ٱلْبَحْرَ ۖ فَٱنفَلَقَ فَكَانَ كُلُّ فِرْقٍ كَٱلطَّوْدِ ٱلْعَظِيمِ ﴿٦٣﴾

63. Fa auhainá ilá Mussa anidhrib bi'asákal bahra fanfalaqa fakána kullu firquin kattawdil 'azím
63. E inspiramos a Moisés: Golpeia o mar com o teu cajado! E eis que este se dividiu em duas partes, e cada parte ficou como uma alta e firme montanha.

وَأَزْلَفْنَا ثَمَّ ٱلْءَاخَرِينَ ﴿٦٤﴾

64. Wa azlafná çammal ákharín
64. E fizemos aproximarem-se dali os outros.

وَأَنجَيْنَا مُوسَىٰ وَمَن مَّعَهُۥٓ أَجْمَعِينَ ﴿٦٥﴾

65. Wa anjainá Mussa wa mam ma'ahú ajma'ín
65. E salvamos Moisés, juntamente com todos os que com ele estavam.

ثُمَّ أَغْرَقْنَا ٱلْءَاخَرِينَ ﴿٦٦﴾

66. Çumma aghraqnal ákharín
66. Então, afogamos os outros.

سُورَةُ الشُّعَرَاءِ

Surat Ach Chu'ará

إِنَّ فِي ذَٰلِكَ لَآيَةً ۖ وَمَا كَانَ أَكْثَرُهُم مُّؤْمِنِينَ ﴿٦٧﴾

67. Inna fí zálika la Áyáh; wa má kána akçaruhum mu'minín

67. Sabei que nisto há um sinal; porém, a maioria deles não crê.

وَإِنَّ رَبَّكَ لَهُوَ الْعَزِيزُ الرَّحِيمُ ﴿٦٨﴾

68. Wa inna Rabbaka la Huwal 'Azízur Rahím

68. Em verdade, teu Senhor é o Poderoso, o Misericordiosíssimo.

وَاتْلُ عَلَيْهِمْ نَبَأَ إِبْرَاهِيمَ ﴿٦٩﴾

69. Watlu 'alaihim naba-a Ibráhím

69. E recita-lhes (ó Mensageiro) a história de Abraão,

إِذْ قَالَ لِأَبِيهِ وَقَوْمِهِ مَا تَعْبُدُونَ ﴿٧٠﴾

70. Iz qála li abíhi wa qaumihí má ta'budún

70. Quando perguntou ao seu pai e ao seu povo: O que adorais?

قَالُوا نَعْبُدُ أَصْنَامًا فَنَظَلُّ لَهَا عَاكِفِينَ ﴿٧١﴾

71. Qálú na'budu asnáman fanazallu lahá 'ákifín

71. Responderam-lhe: Adoramos os ídolos, aos quais estamos consagrados.

قَالَ هَلْ يَسْمَعُونَكُمْ إِذْ تَدْعُونَ ﴿٧٢﴾

72. Qála hal yasma'únakum iz tad'ún

72. Tornou a perguntar: Acaso vos ouvem, quando os invocais?

أَوْ يَنفَعُونَكُمْ أَوْ يَضُرُّونَ ﴿٧٣﴾

73. Au yanfa'únakum au yadhurrún

73. Ou, por outra, podem beneficiar-vos ou prejudicar-vos?

قَالُوا بَلْ وَجَدْنَا آبَاءَنَا كَذَٰلِكَ يَفْعَلُونَ ﴿٧٤﴾

74. Qálú bal wajadná ábá'aná kazálika yaf'alún

74. Responderam-lhe: Não; porém, assim encontramos a fazendo os nossos pais.

قَالَ أَفَرَأَيْتُم مَّا كُنتُمْ تَعْبُدُونَ ﴿٧٥﴾

75. Qála afara'aitum má kuntum ta'budún

75. Disse-lhes: Porém, reparais, acaso, no que adorais,

أَنتُمْ وَءَابَآؤُكُمُ ٱلْأَقْدَمُونَ ﴿٧٦﴾

76. Antum wa ábá'ukumul aqdamún
76. Vós e os vossos antepassados?

فَإِنَّهُمْ عَدُوٌّ لِّيٓ إِلَّا رَبَّ ٱلْعَٰلَمِينَ ﴿٧٧﴾

77. Fa innahum 'aduwwul lí illá Rabbal 'álamín
77. São inimigos para mim, coisa que não acontece com o Senhor do Universo;

ٱلَّذِى خَلَقَنِى فَهُوَ يَهْدِينِ ﴿٧٨﴾

78. Allazí khalaqaní fa Huwa yahdín
78. Que me criou e me ilumina;

وَٱلَّذِى هُوَ يُطْعِمُنِى وَيَسْقِينِ ﴿٧٩﴾

79. Wallazí Huwa yut'imuní wa yasquín
79. Que me dá de comer e de beber;

وَإِذَا مَرِضْتُ فَهُوَ يَشْفِينِ ﴿٨٠﴾

80. Wa izá maridtu fahuwa yachfín
80. Que, se eu adoecer, me curará.

وَٱلَّذِى يُمِيتُنِى ثُمَّ يُحْيِينِ ﴿٨١﴾

81. Wallazí yumítuní çumma yuhyín
81. Que me dará a morte e então me ressuscitará.

وَٱلَّذِىٓ أَطْمَعُ أَن يَغْفِرَ لِى خَطِيٓـَٔتِى يَوْمَ ٱلدِّينِ ﴿٨٢﴾

82. Wallazí atma'u ai yaghfira lí khatí'ati Yaumad Dín
82. E que, espero, perdoará as minhas faltas, no Dia do Juízo.

رَبِّ هَبْ لِى حُكْمًا وَأَلْحِقْنِى بِٱلصَّٰلِحِينَ ﴿٨٣﴾

83. Rabbi hab lí hukman wa alhiqní bis sálihín
83. Ó Senhor meu, concede-me prudência e junta-me aos virtuosos!

وَٱجْعَل لِّى لِسَانَ صِدْقٍ فِى ٱلْءَاخِرِينَ ﴿٨٤﴾

سُورَةُ الشُّعَرَاءِ

Surat Ach Chu'ará

84. Waj'al lí lisána sidquin fil ákhirín
84. Concede-me boa reputação na posteridade.

وَٱجۡعَلۡنِي مِن وَرَثَةِ جَنَّةِ ٱلنَّعِيمِ ﴿٨٥﴾

85. Waj'alní min waraçati Jannatin Na'ím
85. Conta-me entre os herdeiros do Jardim do Prazer.

وَٱغۡفِرۡ لِأَبِيٓ إِنَّهُۥ كَانَ مِنَ ٱلضَّآلِّينَ ﴿٨٦﴾

86. Waghfir li abí innahú kána mind dhállín
86. Perdoa meu pai, porque foi um dos extraviados.

وَلَا تُخۡزِنِي يَوۡمَ يُبۡعَثُونَ ﴿٨٧﴾

87. Wa lá tukhziní Yauma yub'açún
87. E não me desonres, no dia em que (os homens) forem ressuscitados.

يَوۡمَ لَا يَنفَعُ مَالٞ وَلَا بَنُونَ ﴿٨٨﴾

88. Yauma lá yanfa'u málun wa lá banún
88. Dia em que de nada valerão bens ou filhos,

إِلَّا مَنۡ أَتَى ٱللَّهَ بِقَلۡبٖ سَلِيمٖ ﴿٨٩﴾

89. Illá man atal láha biqalbin salím
89. Salvo para quem comparecer ante Deus com um coração sincero.

وَأُزۡلِفَتِ ٱلۡجَنَّةُ لِلۡمُتَّقِينَ ﴿٩٠﴾

90. Wa uzlifatil Jannatu lilmuttaquín
90. E o Paraíso se aproximará dos devotos.

وَبُرِّزَتِ ٱلۡجَحِيمُ لِلۡغَاوِينَ ﴿٩١﴾

91. Wa burrizatil Jahímu lilgháwín
91. E o inferno será descoberto para os ímpios.

وَقِيلَ لَهُمۡ أَيۡنَ مَا كُنتُمۡ تَعۡبُدُونَ ﴿٩٢﴾

92. Wa quíla lahum aina má kuntum ta'budún
92. Então lhes será dito: Onde estão os que adoráveis,

سُورَةُ الشُّعَرَاءِ

Surat Ach Chu'ará

مِن دُونِ ٱللَّهِ هَلْ يَنصُرُونَكُمْ أَوْ يَنتَصِرُونَ ﴿٩٣﴾

93. Min dúnil láhi hal yansurúnakum au yantasirún
93. Em vez de Deus? Poderão, acaso, socorrer-vos ou socorrerem-se a si mesmos?

فَكُبْكِبُوا۟ فِيهَا هُمْ وَٱلْغَاوُۥنَ ﴿٩٤﴾

94. Fakubkibú fíhá hum walgháwún
94. E serão arrojados nele, juntamente com os sedutores,

وَجُنُودُ إِبْلِيسَ أَجْمَعُونَ ﴿٩٥﴾

95. Wa junúdu Iblísa ajma'ún
95. E com todos os exércitos de Lúcifer,

قَالُوا۟ وَهُمْ فِيهَا يَخْتَصِمُونَ ﴿٩٦﴾

96. Qálú wa hum fíhá yakkhtasimún
96. Quando, então, dirão, enquanto disputam entre si:

تَٱللَّهِ إِن كُنَّا لَفِى ضَلَٰلٍ مُّبِينٍ ﴿٩٧﴾

97. Talláhi in kunná lafí dhalálim mubín
97. Por Deus, estávamos em um evidente erro,

إِذْ نُسَوِّيكُم بِرَبِّ ٱلْعَٰلَمِينَ ﴿٩٨﴾

98. Iz nusauwíkum bi Rabbil 'álamín
98. Quando vos igualávamos ao Senhor do Universo.

وَمَآ أَضَلَّنَآ إِلَّا ٱلْمُجْرِمُونَ ﴿٩٩﴾

99. Wa má adhallaní illal mujrimún
99. E os nossos sedutores eram apenas aqueles que estavam afundados em pecados.

فَمَا لَنَا مِن شَٰفِعِينَ ﴿١٠٠﴾

100. Famá laná min cháfi'ín
100. E não temos intercessor algum,

وَلَا صَدِيقٍ حَمِيمٍ ﴿١٠١﴾

101. Wa lá sadíquin <u>h</u>amím

سُورَةُ الشُّعَرَاءِ

Surat Ach Chu'ará

101. Nem amigo íntimo.

فَلَوْ أَنَّ لَنَا كَرَّةً فَنَكُونَ مِنَ ٱلْمُؤْمِنِينَ ﴿١٠٢﴾

102. Falau anna laná karratan fanakúna minal mu'minín

102. Ah, se pudéssemos voltar atrás!, seríamos dos crentes!

إِنَّ فِي ذَٰلِكَ لَءَايَةً ۖ وَمَا كَانَ أَكْثَرُهُم مُّؤْمِنِينَ ﴿١٠٣﴾

103. Inna fí zálika la Áyatan wa má kána akçaruhum mu'minín

103. Sabei que nisto há um sinal; porém, a maioria deles não crê.

وَإِنَّ رَبَّكَ لَهُوَ ٱلْعَزِيزُ ٱلرَّحِيمُ ﴿١٠٤﴾

104. Wa inna Rabbaka la Huwal 'Azízur Rahím

104. E em verdade, teu Senhor é o Poderoso, o Misericordiosíssimo.

كَذَّبَتْ قَوْمُ نُوحٍ ٱلْمُرْسَلِينَ ﴿١٠٥﴾

105. Kazzabat qaumu Núhinil Mursalín

105. O povo de Noé rejeitou os mensageiros.

إِذْ قَالَ لَهُمْ أَخُوهُمْ نُوحٌ أَلَا تَتَّقُونَ ﴿١٠٦﴾

106. Iz qála lahum akhúhum Núhun alá tattaqún

106. Quando o irmão deles, Noé, lhes disse: Não temeis (a Deus)?

إِنِّي لَكُمْ رَسُولٌ أَمِينٌ ﴿١٠٧﴾

107. Inní lakum Rassúlun amín

107. Em verdade sou para vós um mensageiro digno de toda confiança.

فَٱتَّقُوا۟ ٱللَّهَ وَأَطِيعُونِ ﴿١٠٨﴾

108. Fattaqul láha wa atí'ún

108. Temei, pois, a Deus, e obedecei-me!

وَمَآ أَسْـَٔلُكُمْ عَلَيْهِ مِنْ أَجْرٍ ۖ إِنْ أَجْرِيَ إِلَّا عَلَىٰ رَبِّ ٱلْعَٰلَمِينَ ﴿١٠٩﴾

109. Wa má as'alukum 'alaihi min ajrin in ajriya illá 'alá Rabbil 'álamín

109. Não vos exijo, por isso, recompensa alguma, porque a minha recompensa virá do Senhor do Universo.

سُورَةُ الشُّعَرَاءِ

Surat Ach Chu'ará

فَاتَّقُوا اللَّهَ وَأَطِيعُونِ ﴿١١٠﴾

110. Fattaqul láha wa atí'ún
110. Temei, pois, a Deus, e obedecei-me!

۞ قَالُوا أَنُؤْمِنُ لَكَ وَاتَّبَعَكَ الْأَرْذَلُونَ ﴿١١١﴾

111. ۞ *Qálú anu'minu laka wattaba'akal arzalún*
111. Perguntaram-lhe: Como havemos de crer em ti, uma vez que só te segue a plebe?

قَالَ وَمَا عِلْمِي بِمَا كَانُوا يَعْمَلُونَ ﴿١١٢﴾

112. Qála wa má 'ilmí bimá kánú ya'malún
112. Respondeu-lhes: E que sei eu daquilo que fazem?

إِنْ حِسَابُهُمْ إِلَّا عَلَىٰ رَبِّي لَوْ تَشْعُرُونَ ﴿١١٣﴾

113. In hisábuhum illá 'alá Rabbí lau tach'urún
113. Em verdade, o cômputo deles só incumbe ao meu Senhor, se o compreendeis.

وَمَا أَنَا بِطَارِدِ الْمُؤْمِنِينَ ﴿١١٤﴾

114. Wa má ana bitáridil mu'minín
114. Jamais rechaçarei os crentes,

إِنْ أَنَا إِلَّا نَذِيرٌ مُّبِينٌ ﴿١١٥﴾

115. In ana illá nazírum mubín
115. Porque não sou mais do que um elucidativo admoestador.

قَالُوا لَئِن لَّمْ تَنتَهِ يَا نُوحُ لَتَكُونَنَّ مِنَ الْمَرْجُومِينَ ﴿١١٦﴾

116. Qálú la'il lam tantahi yá Núhu latakúnanna minal marjúmín
116. Disseram-lhe: Se não desistires, ó Noé, contar-te-ás entre os apedrejados.

قَالَ رَبِّ إِنَّ قَوْمِي كَذَّبُونِ ﴿١١٧﴾

117. Qála Rabbi inna qaumí kazzabún
117. Exclamou: Ó Senhor meu, certamente meu povo me desmente.

فَافْتَحْ بَيْنِي وَبَيْنَهُمْ فَتْحًا وَنَجِّنِي وَمَن مَّعِيَ مِنَ الْمُؤْمِنِينَ ﴿١١٨﴾

118. Faf tah baini wa bainahum fathan wa najjiní wa mam ma'iya minal mu'minín

سُورَةُ الشُّعَرَاءِ

Surat Ach Chu'ará

118. Julga-nos equitativamente e salva-me, juntamente com os crentes que estão comigo!

فَأَنجَيۡنَٰهُ وَمَن مَّعَهُۥ فِي ٱلۡفُلۡكِ ٱلۡمَشۡحُونِ ١١٩

119. Fa anjainâhu wa mam ma'ahú fil fulkil machhún
119. E o salvamos, juntamente com os que, com ele, apinhavam a arca.

ثُمَّ أَغۡرَقۡنَا بَعۡدُ ٱلۡبَاقِينَ ١٢٠

120. Çumma aghraqná ba'dul báquín
120. Depois, afogamos os demais.

إِنَّ فِي ذَٰلِكَ لَأٓيَةٗۖ وَمَا كَانَ أَكۡثَرُهُم مُّؤۡمِنِينَ ١٢١

121. Inna fí zálika la Áyáh; wa má kána akçaruhum mu'minín
121. Sabei que nisto há um sinal; porém, a maioria deles não crê.

وَإِنَّ رَبَّكَ لَهُوَ ٱلۡعَزِيزُ ٱلرَّحِيمُ ١٢٢

122. Wa inna Rabbaka la huwal 'Azízur Rahím
122. E em verdade, teu Senhor é o Poderoso, o Misericordiosíssimo.

كَذَّبَتۡ عَادٌ ٱلۡمُرۡسَلِينَ ١٢٣

123. Kazzabat 'Ádunil mursalín
123. O povo de Ad rejeitou os mensageiros.

إِذۡ قَالَ لَهُمۡ أَخُوهُمۡ هُودٌ أَلَا تَتَّقُونَ ١٢٤

124. Iz qála lahum akhúhum Húdun alá tattaqún
124. Quando seu irmão, Hud, lhes disse: Não temeis a Deus?

إِنِّي لَكُمۡ رَسُولٌ أَمِينٞ ١٢٥

125. Inní lakum Rassúlun amín
125. Sabei que sou, para vós, um mensageiro digno de toda confiança.

فَٱتَّقُواْ ٱللَّهَ وَأَطِيعُونِ ١٢٦

126. Fattaqul láha wa atí'ún
126. Temei, pois, a Deus, e obedecei-me!

سُورَةُ الشُّعَرَاءِ

Surat Ach Chu'ará

وَمَآ أَسۡـَٔلُكُمۡ عَلَيۡهِ مِنۡ أَجۡرٍۖ إِنۡ أَجۡرِيَ إِلَّا عَلَىٰ رَبِّ ٱلۡعَٰلَمِينَ ﴿١٢٧﴾

127. Wa má as'alukum 'alaihi min ajrin in ajriya illá 'alá Rabbil 'álamín

127. Não vos exijo, por isso, recompensa alguma, porque a minha recompensa virá do Senhor do Universo.

أَتَبۡنُونَ بِكُلِّ رِيعٍ ءَايَةٗ تَعۡبَثُونَ ﴿١٢٨﴾

128. Atabnúna bikulli rí'in áyatan ta'baçún

128. Erguestes um marco em cada colina para vos divertirdes?

وَتَتَّخِذُونَ مَصَانِعَ لَعَلَّكُمۡ تَخۡلُدُونَ ﴿١٢٩﴾

129. Wa tattakhizúna masáni'a la'allakum takhludún

129. E construístes inexpugnáveis fortalezas como que para eternizar-vos?

وَإِذَا بَطَشۡتُم بَطَشۡتُمۡ جَبَّارِينَ ﴿١٣٠﴾

130. Wa izá batachtum batachtum jabbárín

130. E quando vos esforçais, será que o fazeis como tiranos?

فَٱتَّقُواْ ٱللَّهَ وَأَطِيعُونِ ﴿١٣١﴾

131. Fattaqul láha wa atí'ún

131. Temei, pois, a Deus, e obedecei-me!

وَٱتَّقُواْ ٱلَّذِيٓ أَمَدَّكُم بِمَا تَعۡلَمُونَ ﴿١٣٢﴾

132. Wattaqul lazí amaddakum bimá ta'lamún

132. E temei a Quem vos concedeu tudo o que sabeis.

أَمَدَّكُم بِأَنۡعَٰمٖ وَبَنِينَ ﴿١٣٣﴾

133. Amaddakum bi an'ámin wa banín

133. Concedeu-vos gado e filhos,

وَجَنَّٰتٖ وَعُيُونٍ ﴿١٣٤﴾

134. Wa jannátin wa 'uyún

134. De jardins e mananciais.

إِنِّيٓ أَخَافُ عَلَيۡكُمۡ عَذَابَ يَوۡمٍ عَظِيمٖ ﴿١٣٥﴾

Surat Ach Chu'ará

135. Inní akháfu 'alaikum 'azába Yaumin 'azím
135. Em verdade, temo por vós o castigo do Dia Terrível.

قَالُوا۟ سَوَآءٌ عَلَيْنَآ أَوَعَظْتَ أَمْ لَمْ تَكُن مِّنَ ٱلْوَٰعِظِينَ ﴿١٣٦﴾

136. Qálú sawá'un 'alainá awa'azta am lam takum minal wá'izín
136. Responderam-lhe: Bem pouco se nos dá que nos exortes ou que não estejas entre os (nossos) exortadores,

إِنْ هَٰذَآ إِلَّا خُلُقُ ٱلْأَوَّلِينَ ﴿١٣٧﴾

137. In házá illá khuluqul auwalín
137. Porque isto não é mais do que fábulas dos primitivos,

وَمَا نَحْنُ بِمُعَذَّبِينَ ﴿١٣٨﴾

138. Wa má nahnu bimu'azzabín
138. E jamais seremos castigados!

فَكَذَّبُوهُ فَأَهْلَكْنَٰهُمْ إِنَّ فِى ذَٰلِكَ لَءَايَةً وَمَا كَانَ أَكْثَرُهُم مُّؤْمِنِينَ ﴿١٣٩﴾

139. Fakazzabúhu fa ahlaknáhum; inna fí zálika la áyah; wa má kána aksçaruhum mu'minín
139. E o desmentiram. Por conseguinte, exterminamo-los. Sabei que nisto há um sinal; porém, a maioria deles não crê.

وَإِنَّ رَبَّكَ لَهُوَ ٱلْعَزِيزُ ٱلرَّحِيمُ ﴿١٤٠﴾

140. Wa inna Rabbaka la huwal 'Azízur Rahím
140. E, em verdade, teu Senhor é o Poderoso, o Misericordiosíssimo.

كَذَّبَتْ ثَمُودُ ٱلْمُرْسَلِينَ ﴿١٤١﴾

141. Kazzabat Çamúdul mursalín
141. O povo de Samud rejeitou os mensageiros.

إِذْ قَالَ لَهُمْ أَخُوهُمْ صَٰلِحٌ أَلَا تَتَّقُونَ ﴿١٤٢﴾

142. Iz qála lahum akhúhum Sálihun alá tattaqún
142. Quando seu irmão, Sáleh, lhes disse: Não temeis (a Deus)?

إِنِّى لَكُمْ رَسُولٌ أَمِينٌ ﴿١٤٣﴾

143. Inní lakum Rassúlun amín
143. Em verdade, sou para vós um mensageiro digno de toda confiança.

فَاتَّقُوا اللَّهَ وَأَطِيعُونِ ﴿١٤٤﴾

144. Fattaqul láha wa atí'ún
144. Temei, pois, a Deus, e obedecei-me!

وَمَا أَسْأَلُكُمْ عَلَيْهِ مِنْ أَجْرٍ إِنْ أَجْرِيَ إِلَّا عَلَىٰ رَبِّ الْعَالَمِينَ ﴿١٤٥﴾

145. Wa má as'alukum 'alaihi min ajrin in ajriya illá 'alá Rabbil 'álamín
145. Não vos exijo, por isso, recompensa alguma, porque a minha recompensa virá do Senhor do Universo.

أَتُتْرَكُونَ فِي مَا هَاهُنَا آمِنِينَ ﴿١٤٦﴾

146. Atutrakúna fí má háhuná áminín
146. Sereis, acaso, deixados em segurança com o que tendes aqui,

فِي جَنَّاتٍ وَعُيُونٍ ﴿١٤٧﴾

147. Fí jannátin wa 'uyún
147. Entre jardins e mananciais?

وَزُرُوعٍ وَنَخْلٍ طَلْعُهَا هَضِيمٌ ﴿١٤٨﴾

148. Wa zurúinw wa nakhlin tal'uhá hadhím
148. E semeaduras e tamareiras, cujos ramos estão prestes a quebrar (com o peso dos frutos)?

وَتَنْحِتُونَ مِنَ الْجِبَالِ بُيُوتًا فَارِهِينَ ﴿١٤٩﴾

149. Wa tanhitúna minal jibáli buyútan fárihín
149. E entalhais habilmente casas (de pedras) nas montanhas.

فَاتَّقُوا اللَّهَ وَأَطِيعُونِ ﴿١٥٠﴾

150. Fattaqul láha wa atí'ún
150. Temei, pois, a Deus, e obedecei-me!

وَلَا تُطِيعُوا أَمْرَ الْمُسْرِفِينَ ﴿١٥١﴾

151. Wa lá tutí'ú amral musrifín
151. E não obedeçais às ordens dos transgressores,

سُورَةُ الشُّعَرَاءِ

Surat Ach Chu'ará

ٱلَّذِينَ يُفۡسِدُونَ فِي ٱلۡأَرۡضِ وَلَا يُصۡلِحُونَ ١٥٢

152. Allazína yufsidúna fil ardi wa lá yuslihún

152. Que fazem corrupção na Terra e não edificam!

قَالُوٓاْ إِنَّمَآ أَنتَ مِنَ ٱلۡمُسَحَّرِينَ ١٥٣

153. Qálú innamá anta minal musahharín

153. Disseram-lhe: Certamente és um louco!

مَآ أَنتَ إِلَّا بَشَرٞ مِّثۡلُنَا فَأۡتِ بِـَٔايَةٍ إِن كُنتَ مِنَ ٱلصَّٰدِقِينَ ١٥٤

154. Má anta illá bacharum miçluná fáti bi Áyatin in kunta minas sádiquín

154. Tu não és mais do que um mortal como nós. Apresenta-nos algum sinal, se falas a verdade.

قَالَ هَٰذِهِۦ نَاقَةٞ لَّهَا شِرۡبٞ وَلَكُمۡ شِرۡبُ يَوۡمٖ مَّعۡلُومٖ ١٥٥

155. Qála házihí náqatul lahá chirbun walakum chirbu yaumim ma'lúm

155. Respondeu-lhes: Eis aqui uma fêmea de camelo que tem direito à água, assim como vós tendes o vosso direito, num dia determinado.

وَلَا تَمَسُّوهَا بِسُوٓءٖ فَيَأۡخُذَكُمۡ عَذَابُ يَوۡمٍ عَظِيمٖ ١٥٦

156. Wa lá tamassúhá bisú'in fa yákhuzakum 'azábu Yaumin 'Azim

156. Não lhe causeis dano, porque vos açoitará o castigo do Dia Terrível.

فَعَقَرُوهَا فَأَصۡبَحُواْ نَٰدِمِينَ ١٥٧

157. Fa'aqarúhá fa asbahú nádimin

157. Porém a esquartejaram, se bem que logo se arrependeram.

فَأَخَذَهُمُ ٱلۡعَذَابُۚ إِنَّ فِي ذَٰلِكَ لَأٓيَةٗۖ وَمَا كَانَ أَكۡثَرُهُم مُّؤۡمِنِينَ ١٥٨

158. Fa akhazahumul 'azáb; inna fí zálika la Áyah; wa má kána akçaruhum mu'minín

158. E o castigo os açoitou. Sabei que nisto há um sinal; porém, a maioria deles não crê.

وَإِنَّ رَبَّكَ لَهُوَ ٱلۡعَزِيزُ ٱلرَّحِيمُ ١٥٩

159. Wa inna Rabbaka la Huwal 'Azízur Rahím

159. Em verdade, teu Senhor é o Poderoso, o Misericordiosissimo.

سُورَةُ الشُّعَرَاءِ

Surat Ach Chu'ará

كَذَّبَتْ قَوْمُ لُوطٍ ٱلْمُرْسَلِينَ ﴿١٦٠﴾

160. kazzabat qaumu Lotinil mursalín
160. O povo de Lot rejeitou os mensageiros.

إِذْ قَالَ لَهُمْ أَخُوهُمْ لُوطٌ أَلَا تَتَّقُونَ ﴿١٦١﴾

161. Iz qála lahum akhúhum Lotun alá tattaqún
161. Quando o seu irmão, Lot, lhes disse: Não temeis (a Deus)?

إِنِّي لَكُمْ رَسُولٌ أَمِينٌ ﴿١٦٢﴾

162. Inní lakum Rassúlun amín
162. Sabei que sou, para vós, um mensageiro digno de toda confiança.

فَٱتَّقُواْ ٱللَّهَ وَأَطِيعُونِ ﴿١٦٣﴾

163. Fattaqul láha wa ati'ún
163. Temei, pois, a Deus, e obedecei-me!

وَمَآ أَسْـَٔلُكُمْ عَلَيْهِ مِنْ أَجْرٍ إِنْ أَجْرِيَ إِلَّا عَلَىٰ رَبِّ ٱلْعَٰلَمِينَ ﴿١٦٤﴾

164. Wa má as'alukum 'alaihi min ajrin in ajriya illá 'alá Rabbil 'álamín
164. Não vos exijo, por isso, recompensa alguma, porque a minha recompensa virá do Senhor do Universo.

أَتَأْتُونَ ٱلذُّكْرَانَ مِنَ ٱلْعَٰلَمِينَ ﴿١٦٥﴾

165. Atátúnaz zukrána minal 'álamín
165. Dentre as criaturas, achais de vos acercar dos machos,

وَتَذَرُونَ مَا خَلَقَ لَكُمْ رَبُّكُم مِّنْ أَزْوَٰجِكُم بَلْ أَنتُمْ قَوْمٌ عَادُونَ ﴿١٦٦﴾

166. Wa tazarúna má khalaqa lakum Rabbukum min azwájikum; bal antum qaumun 'ádún
166. Deixando de lado o que vosso Senhor criou para vós, para serem vossas esposas? Em verdade, sois um povo depravado!

قَالُواْ لَئِن لَّمْ تَنتَهِ يَٰلُوطُ لَتَكُونَنَّ مِنَ ٱلْمُخْرَجِينَ ﴿١٦٧﴾

167. Qalú la'in lam tantahi yá Lotu latakúnanna minal mukhrajín
167. Disseram-lhe: Se não desistires, ó Lot, contar-te-ás entre os desterrados!

سُورَةُ الشُّعَرَاءِ

Surat Ach Chu'ará

قَالَ إِنِّي لِعَمَلِكُم مِّنَ ٱلْقَالِينَ ﴿١٦٨﴾

168. Qála inní li'amalikum minal qálín
168. Asseverou-lhes: Sabei que me indigna a vossa ação!

رَبِّ نَجِّنِي وَأَهْلِي مِمَّا يَعْمَلُونَ ﴿١٦٩﴾

169. Rabbi najjjiní wa ahlí mimmmá ya'malún
169. Ó Senhor meu, livra-me, juntamente com a minha família, de tudo quanto praticam!

فَنَجَّيْنَٰهُ وَأَهْلَهُۥٓ أَجْمَعِينَ ﴿١٧٠﴾

170. Fanajjaináhu wa ahlahú ajma'ín
170. E o livramos, com toda a sua família,

إِلَّا عَجُوزًا فِي ٱلْغَٰبِرِينَ ﴿١٧١﴾

171. Illá 'ajúzan filghábirín
171. Exceto uma anciã, que foi deixada para trás.

ثُمَّ دَمَّرْنَا ٱلْأٓخَرِينَ ﴿١٧٢﴾

172. Çumma dammarnal ákharín
172. Então, destruímos os demais,

وَأَمْطَرْنَا عَلَيْهِم مَّطَرًا ۖ فَسَآءَ مَطَرُ ٱلْمُنذَرِينَ ﴿١٧٣﴾

173. Wa amtarná 'alaihim mataran fasá'a matarul munzarín
173. E desencadeamos sobre eles uma chuva (de enxofre); e que péssima foi essa chuva para os admoestados!

إِنَّ فِي ذَٰلِكَ لَأٓيَةً ۖ وَمَا كَانَ أَكْثَرُهُم مُّؤْمِنِينَ ﴿١٧٤﴾

174. Inna fí zálika la Áyah; wa má kána akçaruhum mu'minín
174. Sabei que nisto há um sinal; porém a maioria deles não crê.

وَإِنَّ رَبَّكَ لَهُوَ ٱلْعَزِيزُ ٱلرَّحِيمُ ﴿١٧٥﴾

175. Wa inna Rabbaka la Huwal 'Azízur Rahím
175. E em verdade, teu Senhor é o Poderoso, o Misericordiosíssimo.

كَذَّبَ أَصْحَٰبُ لْـَٔيْكَةِ ٱلْمُرْسَلِينَ ﴿١٧٦﴾

سُورَةُ الشُّعَرَاءِ

Surat Ach Chu'ará

176. Kazzaba Asshábul Aykatil mursalín
176. Os habitantes da floresta rejeitaram os mensageiros,

إِذۡ قَالَ لَهُمۡ شُعَيۡبٌ أَلَا تَتَّقُونَ ١٧٧

177. Iz qála lahum Xu'aybun alá tattaqún
177. Quando Xu'aib lhes disse: Não temeis a Deus?

إِنِّي لَكُمۡ رَسُولٌ أَمِينٞ ١٧٨

178. Inní lakum Rassúlun amín
178. Sabei que sou, para vós, um mensageiro digno de toda confiança.

فَٱتَّقُواْ ٱللَّهَ وَأَطِيعُونِ ١٧٩

179. Fattaqul láha wa atí'ún
179. Temei, pois, a Deus, e obedecei-me.

وَمَآ أَسۡـَٔلُكُمۡ عَلَيۡهِ مِنۡ أَجۡرٍۖ إِنۡ أَجۡرِيَ إِلَّا عَلَىٰ رَبِّ ٱلۡعَٰلَمِينَ ١٨٠

180. Wa má as'alukum 'alaihi min ajrin in ajriya illá 'alá Rabbil 'álamín
180. Não vos exijo, por isso, recompensa alguma, porque a minha recompensa virá do Senhor do Universo.

۞ أَوۡفُواْ ٱلۡكَيۡلَ وَلَا تَكُونُواْ مِنَ ٱلۡمُخۡسِرِينَ ١٨١

181. ۞ *Auful kaila wa lá takúnú minal mukhsirín*
181. Sede leais na medida, e não sejais dos fraudulentos.

وَزِنُواْ بِٱلۡقِسۡطَاسِ ٱلۡمُسۡتَقِيمِ ١٨٢

182. Wa zinú bilquistásil mustaquím
182. E pesai com a balança justa,

وَلَا تَبۡخَسُواْ ٱلنَّاسَ أَشۡيَآءَهُمۡ وَلَا تَعۡثَوۡاْ فِي ٱلۡأَرۡضِ مُفۡسِدِينَ ١٨٣

183. Wa lá tabkhasun násа achyá'ahum wa lá ta'çau fil ardi mufsidín
183. E não defraudeis os humanos em seus bens, e não pratiqueis devassidão na Terra, com a intenção de corrompê-la.

وَٱتَّقُواْ ٱلَّذِي خَلَقَكُمۡ وَٱلۡجِبِلَّةَ ٱلۡأَوَّلِينَ ١٨٤

184. Wattaqul lazí khalaqakum waljibillatal auwalín
184. E temei Quem vos criou, assim como criou as primeiras gerações.

سُورَةُ الشُّعَرَاءِ

Surat Ach Chu'ará

قَالُوٓاْ إِنَّمَآ أَنتَ مِنَ ٱلۡمُسَحَّرِينَ ١٨٥

185. Qálú innamá anta minal musahharín

185. Disseram-lhe: Certamente és um dos magos!

وَمَآ أَنتَ إِلَّا بَشَرٞ مِّثۡلُنَا وَإِن نَّظُنُّكَ لَمِنَ ٱلۡكَٰذِبِينَ ١٨٦

186. Wa má anta illá bacharum miçluná wa in nazunnuka laminal kázibín

186. Não és senão um mortal como nós, e pensamos que és um dos tantos mentirosos.

فَأَسۡقِطۡ عَلَيۡنَا كِسَفٗا مِّنَ ٱلسَّمَآءِ إِن كُنتَ مِنَ ٱلصَّٰدِقِينَ ١٨٧

187. Fa asquit 'alainá kisafam minas samá'i in kunta minas sádiquín

187. Faze, pois, com que caia sobre nós um fragmento do firmamento, se falas a verdade!

قَالَ رَبِّيٓ أَعۡلَمُ بِمَا تَعۡمَلُونَ ١٨٨

188. Qála Rabbía a'lamu bimá ta'malún

188. (Xu'aib) lhes disse: Meu Senhor sabe melhor do que ninguém tudo quanto fazeis.

فَكَذَّبُوهُ فَأَخَذَهُمۡ عَذَابُ يَوۡمِ ٱلظُّلَّةِۚ إِنَّهُۥ كَانَ عَذَابَ يَوۡمٍ عَظِيمٍ ١٨٩

189. Fakazzabúhu fa akhazahum 'azábu Yaumiz zullah; innahú kána 'azába Yaumin 'Azím

189. Porém o negaram: por isso os açoitou o castigo do dia da Nuvem Tenebrosa; em verdade, foi o castigo do Dia Funesto.

إِنَّ فِي ذَٰلِكَ لَأٓيَةٗۖ وَمَا كَانَ أَكۡثَرُهُم مُّؤۡمِنِينَ ١٩٠

190. Inna fí zálika la Áyah; wa má kána akçaruhum mu'minín

190. Sabei que nisto há um sinal; porém, a maioria deles não crê.

وَإِنَّ رَبَّكَ لَهُوَ ٱلۡعَزِيزُ ٱلرَّحِيمُ ١٩١

191. Wa inna Rabbaka la huwal 'Azízur Rahím

191. E em verdade, teu Senhor é o Poderoso, o Misericordiosíssimo.

وَإِنَّهُۥ لَتَنزِيلُ رَبِّ ٱلۡعَٰلَمِينَ ١٩٢

192. Wa innahú latanzílu Rabbil 'álamín

192. Certamente (este Alcorão), é uma revelação do Senhor do Universo.

سُورَةُ الشُّعَرَاءِ

Surat Ach Chu'ará

نَزَلَ بِهِ ٱلرُّوحُ ٱلْأَمِينُ ﴿١٩٣﴾

193. Nazala bihir Rúhul Amín
193. Com ele desceu o Espírito Fiel,

عَلَىٰ قَلْبِكَ لِتَكُونَ مِنَ ٱلْمُنذِرِينَ ﴿١٩٤﴾

194. 'Alá qalbika litakúna minal munzirín
194. Para o teu coração, para que sejas um dos admoestadores,

بِلِسَانٍ عَرَبِيٍّ مُّبِينٍ ﴿١٩٥﴾

195. Bilisánin 'Arabiyyim mubín
195. Em elucidativa língua árabe.

وَإِنَّهُۥ لَفِى زُبُرِ ٱلْأَوَّلِينَ ﴿١٩٦﴾

196. Wa innahú lafí Zuburil auwalín
196. E, em verdade, (isto) está mencionado nos Livros sagrados dos antigos.

أَوَلَمْ يَكُن لَّهُمْ ءَايَةً أَن يَعْلَمَهُۥ عُلَمَٰٓؤُاْ بَنِىٓ إِسْرَٰٓءِيلَ ﴿١٩٧﴾

197. Awalam yakul lahum Áyatan ai ya'lamahú 'ulamá'u Baní Isrá'íl
197. Não é um sinal para eles o fato de que os doutos entre os israelitas o reconheçam?

وَلَوْ نَزَّلْنَٰهُ عَلَىٰ بَعْضِ ٱلْأَعْجَمِينَ ﴿١٩٨﴾

198. Wa lau nazzalnáhu 'alá ba'dhil a'jamín
198. E se o houvéssemos revelado a algum dos não árabes,

فَقَرَأَهُۥ عَلَيْهِم مَّا كَانُواْ بِهِۦ مُؤْمِنِينَ ﴿١٩٩﴾

199. Faqaraahú 'alaihim má kánú bihí mu'minín
199. E ele lhes houvesse recitado a eles, nele não teriam acreditado.

كَذَٰلِكَ سَلَكْنَٰهُ فِى قُلُوبِ ٱلْمُجْرِمِينَ ﴿٢٠٠﴾

200. Kazálika salaknáhu fí qulúbil mujrimín
200. Assim, o infundimos nos corações dos pecadores;

لَا يُؤْمِنُونَ بِهِۦ حَتَّىٰ يَرَوُاْ ٱلْعَذَابَ ٱلْأَلِيمَ ﴿٢٠١﴾

201. Lá yu'minúna bihí hattá yaraul 'azábal alím

201. Porém, não crerão nele, até que vejam o doloroso castigo,

فَيَأْتِيَهُم بَغْتَةً وَهُمْ لَا يَشْعُرُونَ ﴿٢٠٢﴾

202. Fayátiahum baghtatan wa hum lá yach'urún
202. Que os açoitará subitamente, sem que disso se apercebam.

فَيَقُولُوا۟ هَلْ نَحْنُ مُنظَرُونَ ﴿٢٠٣﴾

203. Fa yaqúlú hal naḫnu munzarún
203. Então dirão: Porventura, não seremos tolerados?

أَفَبِعَذَابِنَا يَسْتَعْجِلُونَ ﴿٢٠٤﴾

204. Afabi 'azábiná yasta'jilún
204. Pretendem, acaso, apressar o Nosso castigo?

أَفَرَءَيْتَ إِن مَّتَّعْنَٰهُمْ سِنِينَ ﴿٢٠٥﴾

205. Afara'aita im matta'náhum sinín
205. Vês, então? Se os houvéssemos agraciado durante anos,

ثُمَّ جَآءَهُم مَّا كَانُوا۟ يُوعَدُونَ ﴿٢٠٦﴾

206. Çumma já'ahum má kánú yú'adún
206. E os açoitasse aquilo que lhes foi prometido,

مَآ أَغْنَىٰ عَنْهُم مَّا كَانُوا۟ يُمَتَّعُونَ ﴿٢٠٧﴾

207. Má aghná 'anhum má kánú yumatta'ún
207. De nada lhes valeria o que tanto os deleitou!

وَمَآ أَهْلَكْنَا مِن قَرْيَةٍ إِلَّا لَهَا مُنذِرُونَ ﴿٢٠٨﴾

208. Wa má ahlakná min qaryatin illá lahá munzirún
208. Não obstante, jamais destruímos cidade alguma, sem que antes tivéssemos enviado admoestadores,

ذِكْرَىٰ وَمَا كُنَّا ظَٰلِمِينَ ﴿٢٠٩﴾

209. Zikrá wa má kunná zálimín
209. Como uma advertência, porque nunca fomos injusto.

وَمَا تَنَزَّلَتْ بِهِ ٱلشَّيَٰطِينُ ﴿٢١٠﴾

سُورَةُ الشُّعَرَاءِ

Surat Ach Chu'ará

210. Wa má tanazzalat bihich Chayátín
210. E não foram os malignos que o (Alcorão) trouxeram.

وَمَا يَنۢبَغِي لَهُمۡ وَمَا يَسۡتَطِيعُونَ ٢١١

211. Wa má yambaghí lahum wa má yastatí'ún
211. Porque isso não lhes compete, nem poderiam fazê-lo.

إِنَّهُمۡ عَنِ ٱلسَّمۡعِ لَمَعۡزُولُونَ ٢١٢

212. Innahum 'anis sam'i lama'zúlún
212. Posto que lhes está vedado ouvi-lo.

فَلَا تَدۡعُ مَعَ ٱللَّهِ إِلَٰهًا ءَاخَرَ فَتَكُونَ مِنَ ٱلۡمُعَذَّبِينَ ٢١٣

213. Falá tad'u ma'al láhi iláhan ákhara fatakúna minal mu'azzabín
213. Não invoques, portanto, juntamente com Deus, outra divindade, porque te contarás entre os castigados.

وَأَنذِرۡ عَشِيرَتَكَ ٱلۡأَقۡرَبِينَ ٢١٤

214. Wa anzir 'achíratakal aqrabín
214. E admoesta os teus parentes mais próximos.

وَٱخۡفِضۡ جَنَاحَكَ لِمَنِ ٱتَّبَعَكَ مِنَ ٱلۡمُؤۡمِنِينَ ٢١٥

215. Wakhfidh janáhaka limanit taba'aka minal mu'minín
215. E abaixa as tuas asas para aqueles que te seguirem, dentre os crentes.

فَإِنۡ عَصَوۡكَ فَقُلۡ إِنِّي بَرِيٓءٞ مِّمَّا تَعۡمَلُونَ ٢١٦

216. Fa in 'asauka faqul inní barí'um mimmmá ta'malún
216. Porém, se te desobedecerem, dize-lhes: Na verdade, estou livre (da responsabilidade) de tudo quanto fazeis!

وَتَوَكَّلۡ عَلَى ٱلۡعَزِيزِ ٱلرَّحِيمِ ٢١٧

217. Wa tawakkal alal 'Azízir Rahím
217. E confia no Poderoso, o Misericordiosíssimo,

ٱلَّذِي يَرَىٰكَ حِينَ تَقُومُ ٢١٨

218. Allazí yaráka hína taqúm
218. Que te vê quando te ergues (para orar),

سُورَةُ الشُّعَرَاءِ

Surat Ach Chu'ará

وَتَقَلُّبَكَ فِي ٱلسَّٰجِدِينَ ﴿٢١٩﴾

219. Wa taqallubaka fis sájidín

219. Assim como vê os teus movimentos entre os prostrados.

إِنَّهُۥ هُوَ ٱلسَّمِيعُ ٱلْعَلِيمُ ﴿٢٢٠﴾

220. Innahú Huwas Samí'ul 'Alím

220. Porque Ele é o Oniouvinte, o Sapientíssimo.

هَلْ أُنَبِّئُكُمْ عَلَىٰ مَن تَنَزَّلُ ٱلشَّيَٰطِينُ ﴿٢٢١﴾

221. Hal unabbi'ukum 'alá man tanazzaluch Chayátín

221. Quereis que vos inteire sobre quem descerão os demônios?

تَنَزَّلُ عَلَىٰ كُلِّ أَفَّاكٍ أَثِيمٍ ﴿٢٢٢﴾

222. Tanazzalu 'alá kulli affákin açím

222. Descerão sobre todos os farsantes e pecadores.

يُلْقُونَ ٱلسَّمْعَ وَأَكْثَرُهُمْ كَٰذِبُونَ ﴿٢٢٣﴾

223. Yulqúnas sam'a wa akçaruhum kázibún

223. Que dão ouvidos às vanidades e são, na sua maioria, mentirosos.

وَٱلشُّعَرَآءُ يَتَّبِعُهُمُ ٱلْغَاوُۥنَ ﴿٢٢٤﴾

224. Wachchu'ará'u yattabi'uhumul gháwún

224. E aos poetas que seguem os insensatos.

أَلَمْ تَرَ أَنَّهُمْ فِي كُلِّ وَادٍ يَهِيمُونَ ﴿٢٢٥﴾

225. Alam tara annahum fí kulli wádin yahímún

225. Não tens reparado em como se movimentam por todos os vales?

وَأَنَّهُمْ يَقُولُونَ مَا لَا يَفْعَلُونَ ﴿٢٢٦﴾

226. Wa annahum yaqúlúna ma lá yaf'alún

226. E em que dizem o que não fazem?

إِلَّا ٱلَّذِينَ ءَامَنُوا۟ وَعَمِلُوا۟ ٱلصَّٰلِحَٰتِ وَذَكَرُوا۟ ٱللَّهَ كَثِيرًا وَٱنتَصَرُوا۟ مِنۢ بَعْدِ مَا

ظُلِمُوا۟ ۗ وَسَيَعْلَمُ ٱلَّذِينَ ظَلَمُوٓا۟ أَىَّ مُنقَلَبٍ يَنقَلِبُونَ ﴿٢٢٧﴾

سُورَةُ النَّمۡلِ

Surat An Naml

227. Illal lazína ámanú wa 'amilus sáli<u>h</u>áti wa zakarul láha kacíran wantasarú min ba'di má zulimú; wa saya'lamul lazína zalamú aiya munqalabin yanqalibún

227. Com exceção dos crentes que praticam o bem, mencionam incessantemente Deus, e somente se defendem quando são atacados injustamente. Logo saberão os injustos das vicissitudes que os esperam!

Surata 27. An-Naml (As Formigas). Revelada em Makka, 93 versículos São utilizados os versículos de 1 a 55 neste Juzi

بِسۡمِ ٱللَّهِ ٱلرَّحۡمَٰنِ ٱلرَّحِيمِ

Bismilláhir Ra<u>h</u>mánir Ra<u>h</u>ím

Em nome de Deus, o Clemente, o Misericordioso

طسٓۚ تِلۡكَ ءَايَٰتُ ٱلۡقُرۡءَانِ وَكِتَابٖ مُّبِينٍ ﴿١﴾

1. ۞ *Tá, Sin; tilka Áyátul Qur-áni wa Kitábim Mubín*

1. Tah, Sin. Estes são os versículos do Alcorão, o Livro esclarecedor,

هُدٗى وَبُشۡرَىٰ لِلۡمُؤۡمِنِينَ ﴿٢﴾

2. *Hudan wa buchrá lil mu'minín*

2. Orientação e boas-novas para os crentes,

ٱلَّذِينَ يُقِيمُونَ ٱلصَّلَوٰةَ وَيُؤۡتُونَ ٱلزَّكَوٰةَ وَهُم بِٱلۡأٓخِرَةِ هُمۡ يُوقِنُونَ ﴿٣﴾

3. *Allazína yuqímúnas Saláta wa yu'túnaz Zakáta wa hum bil Ákhirati hum yúqinún*

3. Que observam a oração, pagam o zakat e estão persuadidos da Outra Vida.

إِنَّ ٱلَّذِينَ لَا يُؤۡمِنُونَ بِٱلۡأٓخِرَةِ زَيَّنَّا لَهُمۡ أَعۡمَٰلَهُمۡ فَهُمۡ يَعۡمَهُونَ ﴿٤﴾

4. *Innal lazína lá yu'minúna bil Ákhirati zaiyanná lahum a'málahum fahum ya'mahún*

4. Em verdade, àqueles que não creem na Outra Vida, abrilhantaremos as suas ações, e eis que se extraviarão.

سُورَةُ النَّمۡلِ

Surat An Naml

أُوْلَٰٓئِكَ ٱلَّذِينَ لَهُمۡ سُوٓءُ ٱلۡعَذَابِ وَهُمۡ فِي ٱلۡأٓخِرَةِ هُمُ ٱلۡأَخۡسَرُونَ ٥

5. Ulá'ikal lazína lahum sú'ul 'azábi wa hum fil Ákhirati humul akhsarún

5. Estes são os que sofrerão o pior castigo e, na Outra Vida, serão os mais desventurados.

وَإِنَّكَ لَتُلَقَّى ٱلۡقُرۡءَانَ مِن لَّدُنۡ حَكِيمٍ عَلِيمٍ ٦

6. Wa innaka latulaqqal Qur-ána mil ladun Hakímin 'Alím

6. Em verdade, ser-te-á concedido o Alcorão, da parte do Prudente, Sapientíssimo.

إِذۡ قَالَ مُوسَىٰ لِأَهۡلِهِۦٓ إِنِّيٓ ءَانَسۡتُ نَارٗا سَـَٔاتِيكُم مِّنۡهَا بِخَبَرٍ أَوۡ ءَاتِيكُم بِشِهَابٖ قَبَسٖ لَّعَلَّكُمۡ
تَصۡطَلُونَ ٧

7. Iz qála Mussa li ahlihí inní ánastu náran sa'átíkum min-há bikhabarin au átíkum bichihábin qabasil la'allakum tastalún

7. Recorda-te de quando Moisés disse à sua família: Avistei fogo; trar-vos-ei notícias dele, ou trar-vos-ei umas brasas, para acenderdes uma fogueira que vos aquecerá.

فَلَمَّا جَآءَهَا نُودِيَ أَنۢ بُورِكَ مَن فِي ٱلنَّارِ وَمَنۡ حَوۡلَهَا وَسُبۡحَٰنَ ٱللَّهِ رَبِّ ٱلۡعَٰلَمِينَ ٨

8. Falammá ji'ahá núdiya am búrika man finnnnári wa man haulahá wa Subhánal láhi Rabbil 'álamín

8. Mas quando chegou a ele, ouviu uma voz: Bendito seja Quem está dentro do fogo e nas suas circunvizinhanças, e glória a Deus, Senhor do Universo!

يَٰمُوسَىٰٓ إِنَّهُۥٓ أَنَا ٱللَّهُ ٱلۡعَزِيزُ ٱلۡحَكِيمُ ٩

9. Yá Mussa innahú Analláhul 'Azízul Hakím

9. Ó Moisés, Eu sou Deus, o Poderoso, o Prudentíssimo.

وَأَلۡقِ عَصَاكَۚ فَلَمَّا رَءَاهَا تَهۡتَزُّ كَأَنَّهَا جَآنّٞ وَلَّىٰ مُدۡبِرٗا وَلَمۡ يُعَقِّبۡۚ يَٰمُوسَىٰ لَا تَخَفۡ إِنِّي لَا يَخَافُ
لَدَيَّ ٱلۡمُرۡسَلُونَ ١٠

10. Wa alqui 'asák; falammmá ra'áhá tahtazzu ka annahá jinnun wallá mudbiran wa lam yu'aqquib; yá Mussa lá takhaf inní lá yakháfu ladaiyal mursalún

10. Arroja o teu cajado! E ao fazer isso, viu-o agitar-se, como se fosse uma serpente; voltou-se em fuga, sem olhar para trás. (Foi-lhe dito): Ó Moisés! Não temas, porque os mensageiros não devem temer a Minha presença.

سُورَةُ النَّمْلِ

Surata An Naml

إِلَّا مَن ظَلَمَ ثُمَّ بَدَّلَ حُسْنًۢا بَعْدَ سُوٓءٍ فَإِنِّى غَفُورٌ رَّحِيمٌ ﴿١١﴾

11. Illá man zalama summa baddala husnam ba'da sú'in fa inní Ghafúrur Rahím

11. Mas se alguém, tendo-se condenado, logo se arrepende, trocando o mal pelo bem, (saiba que) sou Indulgente, Misericordiosíssimo.

وَأَدْخِلْ يَدَكَ فِى جَيْبِكَ تَخْرُجْ بَيْضَآءَ مِنْ غَيْرِ سُوٓءٍ ۖ فِى تِسْعِ ءَايَٰتٍ إِلَىٰ فِرْعَوْنَ وَقَوْمِهِۦٓ ۚ إِنَّهُمْ كَانُوا۟
قَوْمًا فَٰسِقِينَ ﴿١٢﴾

12. Wa adkhil yadaka fí jaibika takhruj baidí'a min ghairi sú'in fítis'i Áyátin ilá Fir'auna wa qaumih; innahum kánú qauman fásiquín

12. E introduza a tua mão em teu manto, e daí a retirarás sem defeito; (este será) um dos nove sinais perante o Faraó e seu povo, porque são depravados.

فَلَمَّا جَآءَتْهُمْ ءَايَٰتُنَا مُبْصِرَةً قَالُوا۟ هَٰذَا سِحْرٌ مُّبِينٌ ﴿١٣﴾

13. Falammá já'athum Áyátuná mubsiratan qálú házá sihrum mubín

13. Porém, quando lhes chegaram os Nossos evidentes sinais, disseram: Isto é pura magia!

وَجَحَدُوا۟ بِهَا وَٱسْتَيْقَنَتْهَآ أَنفُسُهُمْ ظُلْمًا وَعُلُوًّا ۚ فَٱنظُرْ كَيْفَ كَانَ عَٰقِبَةُ
ٱلْمُفْسِدِينَ ﴿١٤﴾

14. Wa jahadú bihá wastaiqanatahá anfusuhum zulman-wa 'uluwwá; fanzur kaifa kána 'áqibatul mufsidín

14. E os negaram, por iniquidade e arrogância, não obstante estarem deles convencidos. Repara, pois, qual foi o destino dos corruptores.

وَلَقَدْ ءَاتَيْنَا دَاوُۥدَ وَسُلَيْمَٰنَ عِلْمًا ۖ وَقَالَا ٱلْحَمْدُ لِلَّهِ ٱلَّذِى فَضَّلَنَا عَلَىٰ كَثِيرٍ مِّنْ
عِبَادِهِ ٱلْمُؤْمِنِينَ ﴿١٥﴾

15. Wa laqad átainá Dáoúda wa Sulaimána 'ilmá; wa qálal hamdu lilláhil lazí faddhalaná 'alá kacirim min 'ibádihil mu'minín

15. Havíamos concedido a sabedoria a David e a Salomão, os quais disseram: Louvado seja Deus Que nos preferiu a muitos dentre Seus servos crentes!

سُورَةُ النَّمْلِ

Surata An Naml

وَوَرِثَ سُلَيْمَٰنُ دَاوُۥدَ ۖ وَقَالَ يَٰٓأَيُّهَا ٱلنَّاسُ عُلِّمْنَا مَنطِقَ ٱلطَّيْرِ وَأُوتِينَا مِن كُلِّ شَىْءٍ ۖ

إِنَّ هَٰذَا لَهُوَ ٱلْفَضْلُ ٱلْمُبِينُ ﴿١٦﴾

16. Wa wariça Sulaimánu Dáoúda wa qála yá aiyuhan násu 'ullimná mantiqat tairi wa útíná min kulli chai'in inna házá lahuwal fadhlul mubín

16. E Salomão foi herdeiro de David, e disse: Ó humanos, tem-nos sido ensinada a linguagem dos pássaros e tem-nos sido proporcionado um pouco de todas as coisas. Em verdade, esta é a graça manifesta (de Deus).

وَحُشِرَ لِسُلَيْمَٰنَ جُنُودُهُۥ مِنَ ٱلْجِنِّ وَٱلْإِنسِ وَٱلطَّيْرِ فَهُمْ يُوزَعُونَ ﴿١٧﴾

17. Wa huchira li Sulaimána junúduhú minal jinni wal insi wattairi fahum yúza'ún

17. E foram congregados ante Salomão, com os seus exércitos de gênios, de homens e de aves, em formação e hierarquia.

حَتَّىٰٓ إِذَآ أَتَوْا۟ عَلَىٰ وَادِ ٱلنَّمْلِ قَالَتْ نَمْلَةٌ يَٰٓأَيُّهَا ٱلنَّمْلُ ٱدْخُلُوا۟ مَسَٰكِنَكُمْ لَا

يَحْطِمَنَّكُمْ سُلَيْمَٰنُ وَجُنُودُهُۥ وَهُمْ لَا يَشْعُرُونَ ﴿١٨﴾

18. Hattá izá atau 'alá wádin namli qálat namlatun yá aiyuhan namlud khulú masákinakum lá yahtimannakum Sulaimánu wa junúduhú wa hum lá yach'urún

18. (Marcharam) até que chegaram ao vale profundo das formigas. Uma das formigas disse: Ó formigas, entrai na vossa habitação, senão Salomão e seus exércitos esmagar-vos-ão com seus pés, sem que disso se apercebam.

فَتَبَسَّمَ ضَاحِكًا مِّن قَوْلِهَا وَقَالَ رَبِّ أَوْزِعْنِىٓ أَنْ أَشْكُرَ نِعْمَتَكَ ٱلَّتِىٓ أَنْعَمْتَ عَلَىَّ

وَعَلَىٰ وَٰلِدَىَّ وَأَنْ أَعْمَلَ صَٰلِحًا تَرْضَىٰهُ وَأَدْخِلْنِى بِرَحْمَتِكَ فِى عِبَادِكَ

ٱلصَّٰلِحِينَ ﴿١٩﴾

19. Fatabassama dháhikam min qaulihá wa qála Rabbi auzi'ní an achkura ni'matakal latí an'amta 'alaiya wa 'alá wálidaiya wa an a'mala sálihan tardháhu wa adkhilní birahmatika fí 'ibádikas sálihín

19. (Salomão) sorriu das palavras dela, e disse: Ó Senhor meu, inspira-me, para eu Te agradecer a mercê com que me agraciaste, a mim e aos meus pais, e para que pratique o bem que Te compraz, e admite-me na Tua misericórdia, juntamente com os Teus servos virtuosos.

سُورَةُ النَّمۡلِ
Surata An Naml

وَتَفَقَّدَ ٱلطَّيۡرَ فَقَالَ مَا لِيَ لَآ أَرَى ٱلۡهُدۡهُدَ أَمۡ كَانَ مِنَ ٱلۡغَآئِبِينَ ٢٠

20. Wa tafaqqadat taira faqála má liya lá ará al hudhuda, am kána minal ghá'ibín

20. E pôs-se a vistoriar os bandos de pássaros e disse: Por que não vejo a poupa? Estará, acaso, entre os ausentes?

لَأُعَذِّبَنَّهُۥ عَذَابٗا شَدِيدًا أَوۡ لَأَاْذۡبَحَنَّهُۥٓ أَوۡ لَيَأۡتِيَنِّي بِسُلۡطَٰنٖ مُّبِينٖ ٢١

21. La-u'azzibanahú 'azában chadídan au la azbahannahú au layátiyanní bisultánim mubín

21. Juro que a castigarei severamente ou a matarei, a menos que me apresente uma razão evidente da ausência.

فَمَكَثَ غَيۡرَ بَعِيدٖ فَقَالَ أَحَطتُ بِمَا لَمۡ تُحِطۡ بِهِۦ وَجِئۡتُكَ مِن سَبَإِۭ بِنَبَإٖ يَقِينٍ ٢٢

22. Famakaça ghaira ba'ídin faqála ahattu bimá lam tuhit bihí wa ji'tuka min Sabaim binabain-yaquín

22. Porém, ela não tardou muito em chegar, e disse: Tenho estado em locais que tu ignoras; trago-te, de Sabá, uma notícia segura.

إِنِّي وَجَدتُّ ٱمۡرَأَةٗ تَمۡلِكُهُمۡ وَأُوتِيَتۡ مِن كُلِّ شَيۡءٖ وَلَهَا عَرۡشٌ عَظِيمٞ ٢٣

23. Inní wajadtu mraatan tamlikuhum wa útiyat min kulli chai'in wa lahá 'archun 'azím

23. Encontrei uma mulher, que governa (o povo), provida de tudo, e possuindo um magnífico trono.

وَجَدتُّهَا وَقَوۡمَهَا يَسۡجُدُونَ لِلشَّمۡسِ مِن دُونِ ٱللَّهِ وَزَيَّنَ لَهُمُ ٱلشَّيۡطَٰنُ أَعۡمَٰلَهُمۡ
فَصَدَّهُمۡ عَنِ ٱلسَّبِيلِ فَهُمۡ لَا يَهۡتَدُونَ ٢٤

24. Wajadtuhá wa qaumahá yasjudúna lichchamsi min dúnil láhi wa zaiyana lahumuch Chaitánu a'málahum fasaddahum 'anis sabíli fahum lá yahtadún

24. Encontrei-a, e ao seu povo, a se prostrarem diante do sol, em vez de Deus, porque Satã lhes abrilhantou as ações e os desviou da senda; e por isso não se encaminham.

أَلَّا يَسۡجُدُواْ لِلَّهِ ٱلَّذِي يُخۡرِجُ ٱلۡخَبۡءَ فِي ٱلسَّمَٰوَٰتِ وَٱلۡأَرۡضِ وَيَعۡلَمُ مَا تُخۡفُونَ
وَمَا تُعۡلِنُونَ ٢٥

سُورَةُ النَّمۡلِ

Surata An Naml

25. Allá yasjudú lilláhil lazí yukhrijul khab'a fis samáwáti wal ardhi wa ya'lamu má tukhfúna wa má tu'linún

25. De sorte que não se prostram diante de Deus, Que descobre o obscuro nos Céus e na Terra, e conhece tanto o que ocultais como o que manifestais.

ٱللَّهُ لَآ إِلَٰهَ إِلَّا هُوَ رَبُّ ٱلۡعَرۡشِ ٱلۡعَظِيمِ ۩ ﴿٢٦﴾

26. Alláhu lá iláha illá Huwa Rabbul 'Archil Azim ***(Fazer sajda)***

26. Deus! Não há mais divindade além d'Ele! Senhor do Trono Supremo!

۞ قَالَ سَنَنظُرُ أَصَدَقۡتَ أَمۡ كُنتَ مِنَ ٱلۡكَٰذِبِينَ ﴿٢٧﴾

27. ۞ *Qála sananzuru assadaqta am kunta minal kázibín*

27. Disse-lhe (Salomão): Já veremos se dizes a verdade ou se és mentirosa.

ٱذۡهَب بِّكِتَٰبِي هَٰذَا فَأَلۡقِهۡ إِلَيۡهِمۡ ثُمَّ تَوَلَّ عَنۡهُمۡ فَٱنظُرۡ مَاذَا يَرۡجِعُونَ ﴿٢٨﴾

28. Izhab bikitábí háza fa alquih ilaihim çummma tawalla 'anhum fanzur mázá yarji'ún

28. Vai com esta carta e deixa-a com eles; retrai-te em seguida, e espera a resposta.

قَالَتۡ يَٰٓأَيُّهَا ٱلۡمَلَؤُاْ إِنِّيٓ أُلۡقِيَ إِلَيَّ كِتَٰبٞ كَرِيمٌ ﴿٢٩﴾

29. Qálat yí aiyuhal mala'u inní ulquiya ilaiya kitábun karím

29. (Quando a ave assim procedeu) ela (a rainha) disse: Ó chefes, foi-me entregue uma carta respeitável.

إِنَّهُۥ مِن سُلَيۡمَٰنَ وَإِنَّهُۥ بِسۡمِ ٱللَّهِ ٱلرَّحۡمَٰنِ ٱلرَّحِيمِ ﴿٣٠﴾

30. Innahú min Sulaimána wa innahú bismil láhir Rahmánir Rahím

30. É de Salomão (e diz assim): Em nome de Deus, o Clemente, o Misericordioso.

أَلَّا تَعۡلُواْ عَلَيَّ وَأۡتُونِي مُسۡلِمِينَ ﴿٣١﴾

31. Allá ta'lú 'alaiya wá'túni muslimín

31. Não sejais arrogantes; outrossim, vinde a mim, submissos!

قَالَتۡ يَٰٓأَيُّهَا ٱلۡمَلَؤُاْ أَفۡتُونِي فِيٓ أَمۡرِي مَا كُنتُ قَاطِعَةً أَمۡرًا حَتَّىٰ تَشۡهَدُونِ ﴿٣٢﴾

32. Qálat yá aiyuhal mala'u aftúni fí amrí má kuntu qáti'atan amran hattá tachhhadún

32. Disse mais: Ó chefes, aconselhai-me neste problema, posto que nada decidirei sem a vossa aprovação.

سُورَةُ النَّمۡلِ

Surata An Naml

قَالُواْ نَحۡنُ أُوْلُواْ قُوَّةٖ وَأُوْلُواْ بَأۡسٖ شَدِيدٖ وَٱلۡأَمۡرُ إِلَيۡكِ فَٱنظُرِي مَاذَا تَأۡمُرِينَ ٣٣

33. *Qálú nahnu ulú quwwatin wa ulú bá'sin chadid; walamru ilaiki fanzurí mázá tá'murín*

33. Responderam: Somos poderosos e temíveis; não obstante, o assunto te incumbe; considera, pois, o que hás de ordenar-nos.

قَالَتۡ إِنَّ ٱلۡمُلُوكَ إِذَا دَخَلُواْ قَرۡيَةً أَفۡسَدُوهَا وَجَعَلُوٓاْ أَعِزَّةَ أَهۡلِهَآ أَذِلَّةٗۚ وَكَذَٰلِكَ يَفۡعَلُونَ ٣٤

34. *Qálat innal mulúka izá dakhalú qaryatan afsadúhá wa ja'alú a'izzata ahlihí azillah; wa kazálika yaf'alún*

34. Disse ela: Quando os reis invadem uma cidade, devastam-na e desonram os seus nobres habitantes; e assim farão.

وَإِنِّي مُرۡسِلَةٌ إِلَيۡهِم بِهَدِيَّةٖ فَنَاظِرَةُۢ بِمَ يَرۡجِعُ ٱلۡمُرۡسَلُونَ ٣٥

35. *Wa inní mursilatun ilaihim bihadiyyatin fanáziratum bima yarji'ul mursalún*

35. Porém, eu lhe enviarei presentes, e esperarei, para ver com que (resposta) voltarão os emissários.

فَلَمَّا جَآءَ سُلَيۡمَٰنَ قَالَ أَتُمِدُّونَنِ بِمَالٖ فَمَآ ءَاتَىٰنِۦَ ٱللَّهُ خَيۡرٞ مِّمَّآ ءَاتَىٰكُمۚ بَلۡ أَنتُم بِهَدِيَّتِكُمۡ تَفۡرَحُونَ ٣٦

36. *Falammá já'a Sulaimána qála atumiddúnani bimálin famá átániyal láhu khairum mimmmá átákum bal antum bihadiy-yatikum tafrahún*

36. Mas quando a comitiva se apresentou ante Salomão, este lhe disse: Queres proporcionar-me riquezas? Sabe que aquelas que Deus me concedeu são preferíveis às que vos concedeu! Qual, sois vós que vos regozijais de vossos presentes!

ٱرۡجِعۡ إِلَيۡهِمۡ فَلَنَأۡتِيَنَّهُم بِجُنُودٖ لَّا قِبَلَ لَهُم بِهَا وَلَنُخۡرِجَنَّهُم مِّنۡهَآ أَذِلَّةٗ وَهُمۡ صَٰغِرُونَ ٣٧

37. *Irjí' ilaihim falanátiyannahum bijunúdil lá qibala lahum bihá wa lanukhrijannahum minhá azillatan wa hum sághirún*

37. Retorna aos teus! Em verdade, atacá-los-emos com exércitos que não poderão enfrentar, e os expulsaremos, desonrados e humilhados, de suas terras.

سُورَةُ النَّمۡلِ

Surat An Naml

قَالَ يَٰٓأَيُّهَا ٱلۡمَلَؤُاْ أَيُّكُمۡ يَأۡتِينِي بِعَرۡشِهَا قَبۡلَ أَن يَأۡتُونِي مُسۡلِمِينَ ٣٨

38. Qála yá aiyuhal mala'u aiyukum yátíní bi'archihá qabla ai yátúní muslimín

38. Disse (dirigindo-se aos seus): Ó chefes, quem de vós trará o trono dela, antes que venham a mim, submissos?

قَالَ عِفۡرِيتٞ مِّنَ ٱلۡجِنِّ أَنَا۠ ءَاتِيكَ بِهِۦ قَبۡلَ أَن تَقُومَ مِن مَّقَامِكَۖ وَإِنِّي عَلَيۡهِ لَقَوِيٌّ أَمِينٞ ٣٩

39. Qála 'ifrítum minal jinni ana átíka bihí qabla an taqúma mim maqámika wa inní 'alaihi laqawiyyun amín

39. Um travesso, dentre os gênios, lhe disse: Eu to trarei antes que te tenhas levantado do teu assento, porque sou poderoso e fiel ao meu compromisso.

قَالَ ٱلَّذِي عِندَهُۥ عِلۡمٞ مِّنَ ٱلۡكِتَٰبِ أَنَا۠ ءَاتِيكَ بِهِۦ قَبۡلَ أَن يَرۡتَدَّ إِلَيۡكَ طَرۡفُكَۚ فَلَمَّا رَءَاهُ
مُسۡتَقِرًّا عِندَهُۥ قَالَ هَٰذَا مِن فَضۡلِ رَبِّي لِيَبۡلُوَنِيٓ ءَأَشۡكُرُ أَمۡ أَكۡفُرُۖ وَمَن شَكَرَ فَإِنَّمَا يَشۡكُرُ
لِنَفۡسِهِۦۖ وَمَن كَفَرَ فَإِنَّ رَبِّي غَنِيّٞ كَرِيمٞ ٤٠

40. Qálal lazí 'indahú 'ilmum minal Kitábi ana átíka bihí qabla ai yartadda ilaika tarfuk; falammá ra áhu mustaqirran 'indahú qála házá min fadli Rabbí li yabluwanie 'a-achkuru am akfuru wa man chakara fa innamá yachkuru linafsihí wa man kafara fa inna Rabbí Ghaniyyun Karím

40. Disse aquele que possuía o conhecimento do Livro: Eu to trarei em menos tempo que um abrir e fechar de olhos! E quando (Salomão) viu o trono ante ele, disse: Isto provém da graça de meu Senhor, para verificar se sou grato ou ingrato. Pois quem agradece, certamente o faz em benefício próprio; e saiba, o mal-agradecido, que meu Senhor não necessita de agradecimentos, e é Generoso.

قَالَ نَكِّرُواْ لَهَا عَرۡشَهَا نَنظُرۡ أَتَهۡتَدِيٓ أَمۡ تَكُونُ مِنَ ٱلَّذِينَ لَا يَهۡتَدُونَ ٤١

41. Qála nakkirú lahá 'archahá nanzur atahtadí am takúnu minal lazína lá yahtadún

41. Disse: Transformai (em outra coisa) o trono dela, e assim veremos se ela está iluminada ou se está inscrita entre os desencaminhados.

فَلَمَّا جَآءَتۡ قِيلَ أَهَٰكَذَا عَرۡشُكِۖ قَالَتۡ كَأَنَّهُۥ هُوَۚ وَأُوتِينَا ٱلۡعِلۡمَ مِن قَبۡلِهَا وَكُنَّا مُسۡلِمِينَ ٤٢

42. Falammá já'at quíla ahákaza 'archuki qálat ka'annahú hú; wa útinal 'ilma min qablihá wa kunná muslimín

42. E quando (a rainha) chegou, foi-lhe perguntado: O teu trono é assim? Ela respondeu: Parece que é o mesmo! E eis que recebemos a ciência antes daquilo, e nos submetemos (à vontade divina).

وَصَدَّهَا مَا كَانَت تَّعۡبُدُ مِن دُونِ ٱللَّهِۖ إِنَّهَا كَانَتۡ مِن قَوۡمٖ كَٰفِرِينَ ﴿٤٣﴾

43. Wa saddahá má kánat ta'budu min dúnil láhi innahá kánat min qaumin káfirín

43. Desviou-a o que ela adorava, em vez de Deus, porque era de um povo incrédulo.

قِيلَ لَهَا ٱدۡخُلِي ٱلصَّرۡحَۖ فَلَمَّا رَأَتۡهُ حَسِبَتۡهُ لُجَّةٗ وَكَشَفَتۡ عَن سَاقَيۡهَاۚ قَالَ إِنَّهُۥ صَرۡحٞ مُّمَرَّدٞ مِّن قَوَارِيرَۗ قَالَتۡ رَبِّ إِنِّي ظَلَمۡتُ نَفۡسِي وَأَسۡلَمۡتُ مَعَ سُلَيۡمَٰنَ لِلَّهِ رَبِّ ٱلۡعَٰلَمِينَ ﴿٤٤﴾

44. Quíla lahad khulis sarha falammá raathu hasibat hu lujjatan wa kachafat 'an sáqaihá; qála innahú sarhum mumarradum min qawárír; qálat Rabbi inní zalamtu nafsí wa aslamtu ma'a Sulaimána lilláhi Rabbil 'álamín

44. Foi-lhe dito: Entra no palácio! E quando o viu, pensou que no piso houvesse água; e, (recolhendo a saia) descobriu as pernas; (Salomão) lhe disse: É um palácio revestido de cristal. Ela disse: Ó Senhor meu, em verdade fui injusta; agora me consagro, com Salomão, a Deus, Senhor do Universo!

وَلَقَدۡ أَرۡسَلۡنَآ إِلَىٰ ثَمُودَ أَخَاهُمۡ صَٰلِحًا أَنِ ٱعۡبُدُواْ ٱللَّهَ فَإِذَا هُمۡ فَرِيقَانِ يَخۡتَصِمُونَ ﴿٤٥﴾

45. Wa laqad arsalná ilá Çamúda akháhum Sálihan ani'budul láha fa izá hum fariqáni yakhtasimún

45. Havíamos enviado ao povo de Samud o seu irmão, Saléh, que disse aos seus membros: Adorai a Deus! Porém, eis que se dividiram em dois grupos, que disputavam entre si.

قَالَ يَٰقَوۡمِ لِمَ تَسۡتَعۡجِلُونَ بِٱلسَّيِّئَةِ قَبۡلَ ٱلۡحَسَنَةِۖ لَوۡلَا تَسۡتَغۡفِرُونَ ٱللَّهَ لَعَلَّكُمۡ تُرۡحَمُونَ ﴿٤٦﴾

46. Qála yá qaumi lima tasta'jilúna bissaiyi'ati qablal hassanati lau lá tastaghfirúnal láha la'allakum turhamún

سُورَةُ النَّمْلِ
Surat An Naml

46. Perguntou-lhes (Sáleh): Ó povo meu, por que apressais o mal em vez do bem? Se implorardes o perdão de Deus, talvez recebereis misericórdia.

قَالُواْ ٱطَّيَّرۡنَا بِكَ وَبِمَن مَّعَكَۚ قَالَ طَٰٓئِرُكُمۡ عِندَ ٱللَّهِۖ بَلۡ أَنتُمۡ قَوۡمٞ تُفۡتَنُونَ ﴿٤٧﴾

47. Qálu ataiyarná bika wa bimam ma'ak; qála tá'irukum 'indal láhi bal antum qaumun tuftanún

47. Responderam-lhe: Temos um mau augúrio acerca de ti e de quem está contigo. Disse-lhes: Vosso mau augúrio está em poder de Deus; porém, sois um povo que está à prova.

وَكَانَ فِي ٱلۡمَدِينَةِ تِسۡعَةُ رَهۡطٖ يُفۡسِدُونَ فِي ٱلۡأَرۡضِ وَلَا يُصۡلِحُونَ ﴿٤٨﴾

48. Wa kána fil madínati tis'atu rahtiny yufsidúna fil ardi wa lá yuslihún

48. E havia, na cidade, nove indivíduos, que causavam desordem na Terra, e não queriam se retratar.

قَالُواْ تَقَاسَمُواْ بِٱللَّهِ لَنُبَيِّتَنَّهُۥ وَأَهۡلَهُۥ ثُمَّ لَنَقُولَنَّ لِوَلِيِّهِۦ مَا شَهِدۡنَا مَهۡلِكَ أَهۡلِهِۦ وَإِنَّا
لَصَٰدِقُونَ ﴿٤٩﴾

49. Qálú taqásamú billáhi lanubaiyitannahú wa ahlahú summá lanaqúlanna liwaliyyihí má chahidná mahlika ahlihí wa inná lasádiqún

49. Eles disseram: Jurai por Deus! Nós o surpreenderemos, a ele e à sua família durante a noite, matando-os; então, diremos ao seu herdeiro: Não presenciamos o assassinato de sua família, e somos verazes (nisso).

وَمَكَرُواْ مَكۡرٗا وَمَكَرۡنَا مَكۡرٗا وَهُمۡ لَا يَشۡعُرُونَ ﴿٥٠﴾

50. Wa makarú makran wa makarná makran wa hum lá yach'urún

50. E conspiraram e planejaram; porém, Nós também planejamos, sem que eles o suspeitassem.

فَٱنظُرۡ كَيۡفَ كَانَ عَٰقِبَةُ مَكۡرِهِمۡ أَنَّا دَمَّرۡنَٰهُمۡ وَقَوۡمَهُمۡ أَجۡمَعِينَ ﴿٥١﴾

51. Fanzur kaifa kána 'áqibatu makrihim anná dammarnáhum wa qaumahum ajma'ín

51. Repara, pois, qual foi a sorte da sua conspiração! Exterminamo-los, juntamente com todo o seu povo!

فَتِلْكَ بُيُوتُهُمْ خَاوِيَةًۢ بِمَا ظَلَمُوٓا۟ ۗ إِنَّ فِى ذَٰلِكَ لَـَٔايَةً لِّقَوْمٍ يَعْلَمُونَ ﴿٥٢﴾

52. Fatilka buyútuhum kháwiyatam bimá zalamú; inna fi zálika la Áyatal liqaumin-ya'lamún

52. E eis as suas casas assoladas, por causa da sua iniquidade. Em verdade, nisto há um sinal para os sensatos.

وَأَنجَيْنَا ٱلَّذِينَ ءَامَنُوا۟ وَكَانُوا۟ يَتَّقُونَ ﴿٥٣﴾

53. Wa anjainal lazína ámanú wa kánú yattaqún

53. E salvamos os crentes benevolentes.

وَلُوطًا إِذْ قَالَ لِقَوْمِهِۦٓ أَتَأْتُونَ ٱلْفَٰحِشَةَ وَأَنتُمْ تُبْصِرُونَ ﴿٥٤﴾

54. Wa Lotan iz qála liqaumihí atátúnal fáhichata wa antum tubsirún

54. E recorda-te de Lot, quando disse a seu povo: Cometeis a obscenidade com convicção?

أَئِنَّكُمْ لَتَأْتُونَ ٱلرِّجَالَ شَهْوَةً مِّن دُونِ ٱلنِّسَآءِ ۚ بَلْ أَنتُمْ قَوْمٌ تَجْهَلُونَ ﴿٥٥﴾

55. A'innakum latátúnar rijála chahwatam min dúnin nisá'; bal antum qaumun tajhalún

55. Acercar-vos-eis, em vossa luxúria, dos homens, em vez das mulheres? Qual! Sois um povo de insensatos! **(Fim do Juzi 19)**

سُورَةُ النَّمۡلِ
Surat An Naml

Juzi 20

Surat 27. *An Naml* – As Formigas.Revelada em Makka, 93 versículos. Nesta parte da Surata são utilizados os versículo 56 até 93.

۞ فَمَا كَانَ جَوَابَ قَوۡمِهِۦٓ إِلَّآ أَن قَالُوٓاْ أَخۡرِجُوٓاْ ءَالَ لُوطٖ مِّن
قَرۡيَتِكُمۡۖ إِنَّهُمۡ أُنَاسٞ يَتَطَهَّرُونَ ٥٦

56. Famaa kána jawába qaumihí illá an qálú akhrijú álá Lutim min qaryatikum innahum unásun yatatahharún

56. Porém, a única resposta de seu povo foi: Expulsai a família de Lot de vossa cidade, porque são pessoas que se consideram castas!

فَأَنجَيۡنَٰهُ وَأَهۡلَهُۥٓ إِلَّا ٱمۡرَأَتَهُۥ قَدَّرۡنَٰهَا مِنَ ٱلۡغَٰبِرِينَ ٥٧

57. Fa anjainá hu wa ahlahú illam ra'atahú qaddarnáhá minal ghábirín

57. Mas o salvamos, juntamente com sua família, exceto sua mulher, que somamos ao número dos deixados para trás.

وَأَمۡطَرۡنَا عَلَيۡهِم مَّطَرٗاۖ فَسَآءَ مَطَرُ ٱلۡمُنذَرِينَ ٥٨

58. Wa amtarná 'alaihimm mataran fasá'a matarul munzarín

58. E desencadeamos sobre eles uma chuva (de enxofre). E que péssima foi a chuva para os admoestados!

قُلِ ٱلۡحَمۡدُ لِلَّهِ وَسَلَٰمٌ عَلَىٰ عِبَادِهِ ٱلَّذِينَ ٱصۡطَفَىٰٓۗ ءَآللَّهُ خَيۡرٌ أَمَّا يُشۡرِكُونَ ٥٩

59. Qulil hamdu lilláhi wa salámun 'alá 'ibádihil lazína stafá; álláhu khairun ammmá yuchrikún

59. Dize (ó Mohammad): Louvado seja Deus e que a paz esteja com os Seus diletos servos! E pergunta-lhes: Que é preferível, Deus, ou os ídolos que Lhe associam?

أَمَّنۡ خَلَقَ ٱلسَّمَٰوَٰتِ وَٱلۡأَرۡضَ وَأَنزَلَ لَكُم مِّنَ ٱلسَّمَآءِ مَآءٗ فَأَنۢبَتۡنَا بِهِۦ
حَدَآئِقَ ذَاتَ بَهۡجَةٖ مَّا كَانَ لَكُمۡ أَن تُنۢبِتُواْ شَجَرَهَآۗ أَءِلَٰهٞ مَّعَ ٱللَّهِۚ بَلۡ هُمۡ قَوۡمٞ
يَعۡدِلُونَ ٦٠

سُورَةُ النَّمۡلِ

Surat An Naml

60. Amman khalaqas samáwáti wal arda wa anzala lakum minas samá'i má'an fa anbatná bihí hadá'iqa záta bahjah; má káaana lakum an tunbitú chajarahá; 'a-iláhun ma'al láh; bal hum qaumun ya'dilún

60. Que criou os Céus e a Terra, e quem vos envia a água do céu, mediante a qual fazemos brotar vicejantes jardins, cujos similares jamais podereis produzir? Poderá haver outra divindade em parceria com Deus? Porém, (esses que assim afirmam) são seres que se desviam.

أَمَّن جَعَلَ ٱلۡأَرۡضَ قَرَارٗا وَجَعَلَ خِلَٰلَهَآ أَنۡهَٰرٗا وَجَعَلَ لَهَا رَوَٰسِيَ وَجَعَلَ
بَيۡنَ ٱلۡبَحۡرَيۡنِ حَاجِزًاۗ أَءِلَٰهٞ مَّعَ ٱللَّهِۚ بَلۡ أَكۡثَرُهُمۡ لَا يَعۡلَمُونَ ٦١

61. Ammann ja'alal ardha qaráran wa ja'ala khilálahá anháran wa ja'ala lahá rawásiya wa ja'ala bainal bahraini hájizá; 'a-iláhun ma'al láh; bal aksaruhum lá ya'lamún

61. Ou quem fez a Terra firme para (nela) se viver, dispôs em sua superfície rios, dotou-a de montanhas imóveis e pôs entre as duas águas uma barreira? Poderá haver outra divindade em parceria com Deus? Porém, a maioria é insipiente.

أَمَّن يُجِيبُ ٱلۡمُضۡطَرَّ إِذَا دَعَاهُ وَيَكۡشِفُ ٱلسُّوٓءَ وَيَجۡعَلُكُمۡ خُلَفَآءَ ٱلۡأَرۡضِۗ
أَءِلَٰهٞ مَّعَ ٱللَّهِۚ قَلِيلٗا مَّا تَذَكَّرُونَ ٦٢

62. Amman-yujíbul mudhtarra izá da'áhu wa yakchifus sú'a wa yaj'alukum khulafá'al ardi 'a-iláhun ma'al láh qalílan má tazakkarún

62. Por outra, quem atende o necessitado, quando implora, e vos liberta do mal e vos designa sucessores na Terra? Poderá haver outra divindade em parceria com Deus? Pouco meditais!

أَمَّن يَهۡدِيكُمۡ فِي ظُلُمَٰتِ ٱلۡبَرِّ وَٱلۡبَحۡرِ وَمَن يُرۡسِلُ ٱلرِّيَٰحَ بُشۡرَۢا بَيۡنَ يَدَيۡ
رَحۡمَتِهِۦٓۗ أَءِلَٰهٞ مَّعَ ٱللَّهِۚ تَعَٰلَى ٱللَّهُ عَمَّا يُشۡرِكُونَ ٦٣

63. Amman-yahdíkum fí zulumátil barri wal bahri wa man yursilu riyáha buchran baina yadai rahmatih; a-iláhun ma'al láh; Ta'álal láhu 'ammá yuchrikún

63. Também, quem vos ilumina nas trevas da terra e do mar? E quem envia os ventos alvissareiros, que chegam antes da Sua misericórdia? Haverá outra divindade em parceria com Deus? Exaltado seja Deus de quanto Lhe associam!

أَمَّن يَبْدَؤُا۟ ٱلْخَلْقَ ثُمَّ يُعِيدُهُۥ وَمَن يَرْزُقُكُم مِّنَ ٱلسَّمَآءِ وَٱلْأَرْضِ ۗ أَءِلَـٰهٌ مَّعَ ٱللَّهِ ۚ قُلْ
هَاتُوا۟ بُرْهَـٰنَكُمْ إِن كُنتُمْ صَـٰدِقِينَ ﴿٦٤﴾

64. Amman yabda'ul khalqa çumma yu'iduhú wa man-yarzuqukum minas sammá'i wal ard; 'a-iláhun ma'al láh; qul hátú burhánakum in kuntum sádiquin

64. Ainda: Quem origina a criação e logo a reproduz? E quem vos dá o sustento do céu e da terra? Poderá haver outra divindade em parceria com Deus? Dize-lhes: Apresentai as vossas provas, se estiverdes certos.

قُل لَّا يَعْلَمُ مَن فِى ٱلسَّمَـٰوَٰتِ وَٱلْأَرْضِ ٱلْغَيْبَ إِلَّا ٱللَّهُ ۚ وَمَا يَشْعُرُونَ أَيَّانَ يُبْعَثُونَ ﴿٦٥﴾

65. Qul lá ya'lamu man fis sammáwáti wal ardil ghaiba illal láh; wa má yach'urúna aiyána yub'açún

65. Dize: Ninguém, além de Deus, conhece o mistério dos céus e da terra. Eles não se apercebem de quando serão ressuscitados (para o Julgamento).

بَلِ ٱدَّٰرَكَ عِلْمُهُمْ فِى ٱلْـَٔاخِرَةِ ۚ بَلْ هُمْ فِى شَكٍّ مِّنْهَا ۖ بَلْ هُم مِّنْهَا عَمُونَ ﴿٦٦﴾

66. Balid dáraka 'ilmuhum fil Ákhirah; bal hum fí chakkin min-há bal hum min-há 'amún

66. Mas o seu conhecimento será atingido na Vida Futura; porém, eles estão em dúvida a respeito disso, e, ainda, quanto a isso estão cegos!

وَقَالَ ٱلَّذِينَ كَفَرُوٓا۟ أَءِذَا كُنَّا تُرَٰبًا وَءَابَآؤُنَآ أَئِنَّا لَمُخْرَجُونَ ﴿٦٧﴾

67. Wa qálal lazína kafarú 'a-izá kunná turában wa ábá'uná a'inná lamukhrajún

67. Os incrédulos dizem: Quando formos convertidos em pó, como o foram nossos pais, seremos, acaso, ressuscitados?

لَقَدْ وُعِدْنَا هَـٰذَا نَحْنُ وَءَابَآؤُنَا مِن قَبْلُ إِنْ هَـٰذَآ إِلَّآ أَسَـٰطِيرُ ٱلْأَوَّلِينَ ﴿٦٨﴾

68. Laqad wu'idná házá nahnu wa ábá'uná min qablu in házá illá asátirul auwalín

68. Isto nos foi prometido antes, assim como o foi a nossos pais; porém, não é mais do que fábulas dos antigos.

قُلْ سِيرُوا۟ فِى ٱلْأَرْضِ فَٱنظُرُوا۟ كَيْفَ كَانَ عَـٰقِبَةُ ٱلْمُجْرِمِينَ ﴿٦٩﴾

69. Qul sírú fil ardi fanzurú kaifa kána 'áquibatul mujrimín

69. Dize-lhes: Percorrei a terra e reparai qual foi a sorte dos pecadores!

سُورَةُ النَّمۡلِ

Surat An Naml

وَلَا تَحۡزَنۡ عَلَيۡهِمۡ وَلَا تَكُن فِي ضَيۡقٖ مِّمَّا يَمۡكُرُونَ ٧٠

70. Wa lá tahzan 'alaihim wa lá takun fí dhaiquin mimmá yamkurún

70. E não te aflijas por eles, nem te angusties pelo que conspiram contra ti.

وَيَقُولُونَ مَتَىٰ هَٰذَا ٱلۡوَعۡدُ إِن كُنتُمۡ صَٰدِقِينَ ٧١

71. Wa yaqúlúna matá házal wa'du in kuntum sádiquin

71. E dizem: Quando se cumprirá tal promessa? Dizei-nos, se estais certos!

قُلۡ عَسَىٰٓ أَن يَكُونَ رَدِفَ لَكُم بَعۡضُ ٱلَّذِي تَسۡتَعۡجِلُونَ ٧٢

72. Qul 'asá an-yakúna radifa lakum ba'dhul lazi tasta'jilún

72. Responde-lhes: É possível que logo vos chegue algo do que pretendeis apressar!

وَإِنَّ رَبَّكَ لَذُو فَضۡلٍ عَلَى ٱلنَّاسِ وَلَٰكِنَّ أَكۡثَرَهُمۡ لَا يَشۡكُرُونَ ٧٣

73. Wa inna Rabbaka lazú fadlin 'alan nási wa lákinna akçarahum lá yachkurún

73. Por certo que teu Senhor é Agraciante para com os humanos; porém, a sua maioria é ingrata.

وَإِنَّ رَبَّكَ لَيَعۡلَمُ مَا تُكِنُّ صُدُورُهُمۡ وَمَا يُعۡلِنُونَ ٧٤

74. Wa inna Rabbaka la ya'lamu má tukinnu sudúruhum wa má yu'linún

74. E, em verdade, teu Senhor sabe tudo quanto ocultam seus corações e tudo quanto manifestam.

وَمَا مِنۡ غَآئِبَةٖ فِي ٱلسَّمَآءِ وَٱلۡأَرۡضِ إِلَّا فِي كِتَٰبٖ مُّبِينٍ ٧٥

75. Wa má min ghá'ibatin fis samá'i wal ardi illá fí kitábin mubín

75. E não há mistério nos céus e na terra que não esteja registrado no Livro esclarecedor.

إِنَّ هَٰذَا ٱلۡقُرۡءَانَ يَقُصُّ عَلَىٰ بَنِيٓ إِسۡرَٰٓءِيلَ أَكۡثَرَ ٱلَّذِي هُمۡ فِيهِ يَخۡتَلِفُونَ ٧٦

76. Inna házal Qur-ána yaqussu 'alá Baní isrá'íla aksaral lazí hum fíhi yakhtalifún

76. Sabei que este Alcorão explica aos israelitas os principais objetos de suas divergências.

وَإِنَّهُۥ لَهُدٗى وَرَحۡمَةٞ لِّلۡمُؤۡمِنِينَ ٧٧

77. Wa innahú lahudan wa rahmatul lilmu'minín

77. E que é, ademais, orientação e clemência para os crentes.

سُورَةُ النَّمۡلِ

Surat An Naml

إِنَّ رَبَّكَ يَقۡضِي بَيۡنَهُم بِحُكۡمِهِۦۚ وَهُوَ ٱلۡعَزِيزُ ٱلۡعَلِيمُ ٧٨

78. Inna Rabbaka yaqdhí bainahum bihukmih; wa Huwal 'Azízul 'Alím

78. Por certo que teu Senhor julgará entre eles com justiça, porque é Poderoso, Sapientíssimo.

فَتَوَكَّلۡ عَلَى ٱللَّهِۖ إِنَّكَ عَلَى ٱلۡحَقِّ ٱلۡمُبِينِ ٧٩

79. Fatawakkal 'alal láhi innaka 'alal haqquil mubín

79. Confia, pois, em Deus, porque segues a verdade elucidativa.

إِنَّكَ لَا تُسۡمِعُ ٱلۡمَوۡتَىٰ وَلَا تُسۡمِعُ ٱلصُّمَّ ٱلدُّعَآءَ إِذَا وَلَّوۡاْ مُدۡبِرِينَ ٨٠

80. Innaka lá tusmi'ul mautá wa lá tusmi'us summad du'á izá wallau mudbirín

80. Certamente, tu não poderás fazer os mortos ouvir, nem te faz ouvir pelos surdos (especialmente) quando fogem,

وَمَآ أَنتَ بِهَٰدِي ٱلۡعُمۡيِ عَن ضَلَٰلَتِهِمۡۖ إِن تُسۡمِعُ إِلَّا مَن يُؤۡمِنُ بِـَٔايَٰتِنَا فَهُم
مُّسۡلِمُونَ ٨١

81. Wa má anta bihádil 'umyi 'an dalálatihim in tusmi'u illá mai yu'minu bi áyátiná fahum muslimún

81. Como tampouco és guia dos cegos em seu erro, porque só podes fazer-te escutar por aqueles que crím nos Nossos versículos e são muçulmanos.

۞ وَإِذَا وَقَعَ ٱلۡقَوۡلُ عَلَيۡهِمۡ أَخۡرَجۡنَا لَهُمۡ دَآبَّةً مِّنَ ٱلۡأَرۡضِ تُكَلِّمُهُمۡ أَنَّ ٱلنَّاسَ كَانُواْ
بِـَٔايَٰتِنَا لَا يُوقِنُونَ ٨٢

82. ۞ *Wa izá waqa'al qaulu 'alaihim akhrajná lahum dábbatan minal ardi tukallimuhum annan nása kánú bi áyátiná laa yúquinún*

82. E quando recair sobre eles a sentença, produziremos da terra uma besta, que lhes falará, porque a verdade é que os humanos não crím nos Nossos versículos!

وَيَوۡمَ نَحۡشُرُ مِن كُلِّ أُمَّةٖ فَوۡجٗا مِّمَّن يُكَذِّبُ بِـَٔايَٰتِنَا فَهُمۡ يُوزَعُونَ ٨٣

83. Wa Yauma nahcshuru min kulli ummatin faujan mimman yukazzibu bi Áyátiná fahum yúza'ún

83. Recorda-te de que um dia congregaremos um grupo de cada povo, dentre aqueles que desmentiram os Nossos versículos, os quais serão postos em formação,

سُورَةُ النَّمۡلِ

Surat An Naml

حَتَّىٰٓ إِذَا جَآءُو قَالَ أَكَذَّبۡتُم بِـَٔايَٰتِي وَلَمۡ تُحِيطُواْ بِهَا عِلۡمًا أَمَّاذَا كُنتُمۡ تَعۡمَلُونَ ﴿٨٤﴾

84. Hattá izá já'ú qála akazzabtum bi Áyáti wa lam tuhítú bihá 'ilman ammázá kuntum ta'malún

84. Até que compareçam (ante o tribunal). Dir-lhes-á (Deus): Desmentistes, acaso, os Meus versículos, sem comprínd̂ê-los? Que coisa fizestes?

وَوَقَعَ ٱلۡقَوۡلُ عَلَيۡهِم بِمَا ظَلَمُواْ فَهُمۡ لَا يَنطِقُونَ ﴿٨٥﴾

85. Wa waqa'al qaulu 'alaihim bimá zalamú fahum lá yantiqún

85. E a sentença recairá sobre eles, por sua iniquidade, e nada terão a alegar.

أَلَمۡ يَرَوۡاْ أَنَّا جَعَلۡنَا ٱلَّيۡلَ لِيَسۡكُنُواْ فِيهِ وَٱلنَّهَارَ مُبۡصِرًاۚ إِنَّ فِي ذَٰلِكَ لَأٓيَٰتٖ لِّقَوۡمٖ يُؤۡمِنُونَ ﴿٨٦﴾

86. Alam yarau anná ja'alnal laila li yaskunú fíhi wannahára mubsirá; inna fí zálika la Áyátil liqaumin-yu'minún

86. Acaso, não reparam em que temos instituído a noite para o seu repouso e o dia para dar-lhes luz? Por certo que nisto há sinais para os crentes!

وَيَوۡمَ يُنفَخُ فِي ٱلصُّورِ فَفَزِعَ مَن فِي ٱلسَّمَٰوَٰتِ وَمَن فِي ٱلۡأَرۡضِ إِلَّا مَن شَآءَ ٱللَّهُۚ وَكُلٌّ أَتَوۡهُ دَٰخِرِينَ ﴿٨٧﴾

87. Wa Yauma yunfakhu fis Súri fafazi'a man fis samáwáti wa man fil ardi illá man chá'al láh; wa kullun atauhu dákhirín

87. E no dia em que soar a trombeta, espantar-se-ão aqueles que estiverem nos céus e na terra, exceto aqueles a quem Deus agraciar. E todos comparecerão, humildes, ante Ele.

وَتَرَى ٱلۡجِبَالَ تَحۡسَبُهَا جَامِدَةٗ وَهِيَ تَمُرُّ مَرَّ ٱلسَّحَابِۚ صُنۡعَ ٱللَّهِ ٱلَّذِيٓ أَتۡقَنَ كُلَّ شَيۡءٍۚ إِنَّهُۥ خَبِيرُۢ بِمَا تَفۡعَلُونَ ﴿٨٨﴾

88. Wa taral jibála tahsabuhá jámidatan wa hiya tamurru marras saháb; sun'al láhil lazí atqana kulla chai'; innahú khabírun bimá taf'alún

88. E verás as montanhas, que te parecem firmes, passarem rápidas como as nuvens. Tal é a obra de Deus, Que tem aperfeiçoado todas as coisas, porque está inteirado de tudo quanto fazeis.

سُورَةُ النَّمۡلِ

Surat An Naml

مَن جَآءَ بِٱلۡحَسَنَةِ فَلَهُۥ خَيۡرٞ مِّنۡهَا وَهُم مِّن فَزَعٖ يَوۡمَئِذٍ ءَامِنُونَ ﴿٨٩﴾

89. Man já'a bil hasanati falahú khairun min-há wa hum min faza'in Yauma'izin áminún

89. Aqueles que tiverem praticado boas ações receberão maior recompensa e estarão isentos do espanto daquele dia.

وَمَن جَآءَ بِٱلسَّيِّئَةِ فَكُبَّتۡ وُجُوهُهُمۡ فِي ٱلنَّارِ هَلۡ تُجۡزَوۡنَ إِلَّا مَا كُنتُمۡ
تَعۡمَلُونَ ﴿٩٠﴾

90. Wa man já'a bissaiyi'ati fakubbat wujúhuhum fin Nári hal tujzauna illá má kuntum ta'malún

90. Aqueles que tiverem cometido más ações, porém, serão precipitados, de bruços, no fogo infernal. Sereis retribuídos, acaso, senão pelo que fizestes?

إِنَّمَآ أُمِرۡتُ أَنۡ أَعۡبُدَ رَبَّ هَٰذِهِ ٱلۡبَلۡدَةِ ٱلَّذِي حَرَّمَهَا وَلَهُۥ كُلُّ شَيۡءٖۖ وَأُمِرۡتُ
أَنۡ أَكُونَ مِنَ ٱلۡمُسۡلِمِينَ ﴿٩١﴾

91. Innamá umirtu an a'buda Rabba házihil baldatil lazí harramahá wa lahú kullu chai'in wa umirtu an akúna minal muslimín

91. Tem-me sido ordenado adorar o Senhor desta Metrópole, o Qual a consagrou – a Ele tudo pertence –, e também me foi ordenado ser um dos muçulmanos.

وَأَنۡ أَتۡلُوَاْ ٱلۡقُرۡءَانَۖ فَمَنِ ٱهۡتَدَىٰ فَإِنَّمَا يَهۡتَدِي لِنَفۡسِهِۦۖ وَمَن ضَلَّ فَقُلۡ إِنَّمَآ أَنَا۠ مِنَ
ٱلۡمُنذِرِينَ ﴿٩٢﴾

92. Wa an atluwal Qurána famanih tadá fa innamá yahtadí linafsihí wa man dhalla faqul innamá ana minal munzirín

92. (Foi-me ordenado ainda) que recite o Alcorão. E quem se encaminhar, fá-lo-á em benefício próprio; por outra, a quem se desviar, dize-lhe: Sou tão-somente um dos tantos admoestadores.

وَقُلِ ٱلۡحَمۡدُ لِلَّهِ سَيُرِيكُمۡ ءَايَٰتِهِۦ فَتَعۡرِفُونَهَاۚ وَمَا رَبُّكَ بِغَٰفِلٍ عَمَّا تَعۡمَلُونَ ﴿٩٣﴾

93. Wa qulil hamdu lilláhi sa yurikum Áyátihí fa ta'rifúnahá; wa má Rabbuka bigháfilin 'ammá ta'malún

سُورَةُ القَصَص

Surat Al Cassas

93. E dize (mais): Louvado seja Deus! Ele vos mostrará os Seus sinais; então, os conhecereis. Sabe que teu Senhor não está desatento a tudo quanto fazeis.

Surat 28. *Al Cassas* - As Narrativas. Revelada em Makka, 88 versículos, com exceção dos versículos 52-55, que foram revelados em Madina e do versículo 85, que foi revelado em Al Jahfa durante a Hégira.

بِسْمِ اللَّهِ الرَّحْمَٰنِ الرَّحِيمِ

Bismilláhir Rahmánir Rahím

Em nome de Deus, o Clemente, o Misericordioso

طسٓمٓ ﴿١﴾

1. Tá Sin Mim

1. Ta, Sin, Mim.

تِلْكَ ءَايَٰتُ ٱلْكِتَٰبِ ٱلْمُبِينِ ﴿٢﴾

2. Tilka áyátul Kitábil mubín

2. Estes são os versículos do Livro esclarecedor.

نَتْلُوا۟ عَلَيْكَ مِن نَّبَإِ مُوسَىٰ وَفِرْعَوْنَ بِٱلْحَقِّ لِقَوْمٍ يُؤْمِنُونَ ﴿٣﴾

3. Natlú 'alaika min naba-i Mussá wa Fir'auna bilhaqqui liqaumin yu'miinún

3. Passamos a relatar-te, algo verdadeiro da história de Moisés e do Faraó (bem como) ao povo crente.

إِنَّ فِرْعَوْنَ عَلَا فِى ٱلْأَرْضِ وَجَعَلَ أَهْلَهَا شِيَعًا يَسْتَضْعِفُ طَآئِفَةً مِّنْهُمْ يُذَبِّحُ
أَبْنَآءَهُمْ وَيَسْتَحْىِۦ نِسَآءَهُمْ ۚ إِنَّهُۥ كَانَ مِنَ ٱلْمُفْسِدِينَ ﴿٤﴾

4. Inna Fir'auna 'alá fil ardi wa ja'ala ahlahá chiya'ai yastadh'ifu tá'ifatam min-hum yuzabbihu abná'ahum wa yastahyí nisá'ahum; innahú kána minal mufsidin

سُورَةُ القَصَصِ

Surat Al Cassas

4. É certo que o Faraó se ensoberbeceu, na terra (do Egito), e dividiu em castas o seu povo; subjugou um grupo deles, sacrificando-lhes os filhos e deixando com vida as suas mulheres. Ele era um dos corruptores.

وَنُرِيدُ أَن نَّمُنَّ عَلَى ٱلَّذِينَ ٱسۡتُضۡعِفُواْ فِي ٱلۡأَرۡضِ وَنَجۡعَلَهُمۡ أَيِمَّةً وَنَجۡعَلَهُمُ
ٱلۡوَٰرِثِينَ ٥

5. *Wa nurídu an namunna 'alal lazínas tudh'ifú fil ardi wa naj'alahum a'immatan wa naj'alahumul wárisín*

5. E quisemos agraciar os subjugados na terra, designando-os imames e constituindo-os herdeiros.

وَنُمَكِّنَ لَهُمۡ فِي ٱلۡأَرۡضِ وَنُرِيَ فِرۡعَوۡنَ وَهَٰمَٰنَ وَجُنُودَهُمَا مِنۡهُم مَّا كَانُواْ
يَحۡذَرُونَ ٦

6. *Wa numakkina lahum fil ardi wa nuriya Fir'auna wa Hámána wa junúdahumá min-hum má kánú yahzarún*

6. E os arraigar na terra, para mostrarmos ao Faraó, a Haman e seus exércitos, o que temiam deles.

وَأَوۡحَيۡنَآ إِلَىٰٓ أُمِّ مُوسَىٰٓ أَنۡ أَرۡضِعِيهِۖ فَإِذَا خِفۡتِ عَلَيۡهِ فَأَلۡقِيهِ فِي ٱلۡيَمِّ وَلَا تَخَافِي وَلَا
تَحۡزَنِيٓۖ إِنَّا رَآدُّوهُ إِلَيۡكِ وَجَاعِلُوهُ مِنَ ٱلۡمُرۡسَلِينَ ٧

7. *Wa auhainá ilá ummi Mussá an ardi'íhi fa-izá khifti 'alaihi fa alquíhi filyammi wa lá takháfí wa lá tahzaní inná ráddúhu ilaiki wa já'ilúhu minal mursalín*

7. E inspiramos a mãe de Moisés: Amamenta-o e, se temes por ele, lança-o ao rio; não temas, nem te aflijas, porque to devolveremos e o faremos um dos mensageiros.

فَٱلۡتَقَطَهُۥٓ ءَالُ فِرۡعَوۡنَ لِيَكُونَ لَهُمۡ عَدُوّٗا وَحَزَنًاۗ إِنَّ فِرۡعَوۡنَ وَهَٰمَٰنَ وَجُنُودَهُمَا
كَانُواْ خَٰطِـِٔينَ ٨

8. *Faltaqatahú Álu Fir'auna li yakúna lahum 'aduwwan wa hazaná; inna Fir'auna wa Hámána wa junúdahumá kánú kháti'in*

8. A família do Faraó acolheu-o, para que viesse a ser, para os seus membros, um adversário e uma aflição; isso porque o Faraó, Haman e seus exércitos eram pecadores.

سُورَةُ القَصَص

Surat Al Cassas

وَقَالَتِ ٱمْرَأَتُ فِرْعَوْنَ قُرَّتُ عَيْنٍ لِّى وَلَكَ ۖ لَا تَقْتُلُوهُ عَسَىٰٓ أَن يَنفَعَنَآ أَوْ نَتَّخِذَهُۥ وَلَدًا وَهُمْ لَا يَشْعُرُونَ ﴿٩﴾

9. Wa qálatim ra atu Fir'auna qurratu 'aynil lí wa lak; lá taqtulúhu 'asá ai yanfa'aná au nattakhizahú waladan wa hum lá yach'urún

9. E a mulher do Faraó disse: Será meu consolo e teu. Não o mates! Talvez nos seja útil, ou o adotemos como filho. E eles de nada se aperceberam do que estavam fazendo.

وَأَصْبَحَ فُؤَادُ أُمِّ مُوسَىٰ فَٰرِغًا ۖ إِن كَادَتْ لَتُبْدِى بِهِۦ لَوْلَآ أَن رَّبَطْنَا عَلَىٰ قَلْبِهَا لِتَكُونَ مِنَ ٱلْمُؤْمِنِينَ ﴿١٠﴾

10. Wa asba<u>ha</u> fu'ádu ummi Mussá fárighan in kádat latubdí bihí lau lá arrabatná 'alá qalbihá litakúna minal mu'minín

10. O coração impaciente da mãe de Moisés tornou-se vazio, e pouco faltou para que ela se delatasse, não lhe tivéssemos confortado o coração, para que continuasse sendo uma firme crente.

وَقَالَتْ لِأُخْتِهِۦ قُصِّيهِ ۖ فَبَصُرَتْ بِهِۦ عَن جُنُبٍ وَهُمْ لَا يَشْعُرُونَ ﴿١١﴾

11. Wa qálat li ukhtihí qussíhi fabasurat bihí 'an junubin wahum lá yach'urún

11. E ela disse à irmã dele (Moisés): Segue-o! E esta o observou de longe, sem que os demais se apercebessem.

۞ وَحَرَّمْنَا عَلَيْهِ ٱلْمَرَاضِعَ مِن قَبْلُ فَقَالَتْ هَلْ أَدُلُّكُمْ عَلَىٰٓ أَهْلِ بَيْتٍ يَكْفُلُونَهُۥ لَكُمْ وَهُمْ لَهُۥ نَٰصِحُونَ ﴿١٢﴾

12.۞ *Wa <u>h</u>arramná 'alaihil marádhi'a min qablu faqálat hal adullukum 'alá ahli baitin yakfulúnahú lakum wa hum lahú nási<u>h</u>ún*

12. E fizemos com que ele recusasse as nutrizes. E disse (a irmã, referindo-se ao bebê): Quereis que vos indique uma casa familiar, onde o criarão para vós e serão seus custódios?

فَرَدَدْنَٰهُ إِلَىٰٓ أُمِّهِۦ كَىْ تَقَرَّ عَيْنُهَا وَلَا تَحْزَنَ وَلِتَعْلَمَ أَنَّ وَعْدَ ٱللَّهِ حَقٌّ وَلَٰكِنَّ أَكْثَرَهُمْ لَا يَعْلَمُونَ ﴿١٣﴾

سُورَةُ القَصَص

Surat Al Cassas

13.Faradadnáhu ilá ummihí kai taqarra 'ainuhá wa lá tahzana wa lita'lama anna wa'dal láhi haqqun wa lákinna aksarahum lá ya'lamún

13. Restituímo-lo, assim, à sua mãe, para que se consolasse e não se afligisse, e para que verificasse que a promessa de Deus é verídica. Porém, a maioria o ignora.

وَلَمَّا بَلَغَ أَشُدَّهُۥ وَٱسْتَوَىٰٓ ءَاتَيْنَٰهُ حُكْمًا وَعِلْمًا ۚ وَكَذَٰلِكَ نَجْزِى ٱلْمُحْسِنِينَ ﴿١٤﴾

14.Wa lammá balagha achuddahú wastawá átainháhu hukman wa 'ilmá; wa kazálika najzil muhsinín

14. E quando chegou à idade adulta, e estava bem estabelecido, concedemos-lhe prudência e sabedoria; assim recompensamos os benfeitores.

وَدَخَلَ ٱلْمَدِينَةَ عَلَىٰ حِينِ غَفْلَةٍ مِّنْ أَهْلِهَا فَوَجَدَ فِيهَا رَجُلَيْنِ يَقْتَتِلَانِ هَٰذَا مِن
شِيعَتِهِۦ وَهَٰذَا مِنْ عَدُوِّهِۦ ۖ فَٱسْتَغَٰثَهُ ٱلَّذِى مِن شِيعَتِهِۦ عَلَى ٱلَّذِى مِنْ عَدُوِّهِۦ فَوَكَزَهُۥ مُوسَىٰ
فَقَضَىٰ عَلَيْهِ ۖ قَالَ هَٰذَا مِنْ عَمَلِ ٱلشَّيْطَٰنِ ۖ إِنَّهُۥ عَدُوٌّ مُّضِلٌّ مُّبِينٌ ﴿١٥﴾

15. Wa dakhalal madínata 'alá híni ghaflatim min ahlihá fawajada fíha rajulaini yaqtatiláni házá min chí'atihí wa háza min 'aduwwihí fastaghásahul lazí min chí'atihí 'alal lazí min 'aduwwihí fawakazahú Mussá faqadá 'alaihi qála háza min 'amalich Chaitáni innahú 'aduwwum mudhillum mubín

15. E entrou na cidade, em um momento de descuido da parte dos seus moradores, e encontrou nela dois homens brigando; um era da sua casta, e o outro da de seus adversários. O da sua casta pediu-lhe ajuda contra o seu adversário; Moisés espancou este e o matou. Disse: Isto é obra de Satanás, porque é um inimigo declarado, desencaminhador!

قَالَ رَبِّ إِنِّى ظَلَمْتُ نَفْسِى فَٱغْفِرْ لِى فَغَفَرَ لَهُۥٓ ۚ إِنَّهُۥ هُوَ ٱلْغَفُورُ ٱلرَّحِيمُ ﴿١٦﴾

16. Qála Rabbi inní zalamtu nafsí faghfir lí faghafara lah; innahú Huwal Ghafúrur Rahím

16. Disse (ainda): Ó Senhor meu, certamente me condenei! Perdoa-me, pois! E (Deus) o perdúu, porque é o Indulgente, o Misericordiosíssimo.

قَالَ رَبِّ بِمَآ أَنْعَمْتَ عَلَىَّ فَلَنْ أَكُونَ ظَهِيرًا لِّلْمُجْرِمِينَ ﴿١٧﴾

17. Qála Rabbi bimá an'amta 'alaiya falan akúna zahíral lilmujrimín

17. Disse (mais): Ó Senhor meu, posto que me tens agraciado, juro que jamais ampararei os criminosos!

سُورَةُ القَصَصِ

Surat Al Cassas

فَأَصْبَحَ فِى ٱلْمَدِينَةِ خَآئِفًا يَتَرَقَّبُ فَإِذَا ٱلَّذِى ٱسْتَنصَرَهُۥ بِٱلْأَمْسِ يَسْتَصْرِخُهُۥ ۚ قَالَ لَهُۥ
مُوسَىٰٓ إِنَّكَ لَغَوِىٌّ مُّبِينٌ ﴿١٨﴾

18. Fa asbaha fil madínati khá'ifan yataraqqabu fa izal lazi stansarahú bil amsi yastasrikhuh; qála lahú Mussá innaka laghawiyyum mubín

18. Amanheceu, então, na cidade, temeroso e receoso, e eis que aquele que na véspera lhe havia pedido socorro gritava-lhe pelo mesmo. Moisés lhe disse: Evidentemente, és um desordeiro!

فَلَمَّآ أَنْ أَرَادَ أَن يَبْطِشَ بِٱلَّذِى هُوَ عَدُوٌّ لَّهُمَا قَالَ يَٰمُوسَىٰٓ أَتُرِيدُ أَن تَقْتُلَنِى كَمَا قَتَلْتَ
نَفْسًۢا بِٱلْأَمْسِ ۖ إِن تُرِيدُ إِلَّآ أَن تَكُونَ جَبَّارًا فِى ٱلْأَرْضِ وَمَا تُرِيدُ أَن تَكُونَ مِنَ
ٱلْمُصْلِحِينَ ﴿١٩﴾

19. Falammá an aráda ai yabticha billazí huwa 'aduwwul lahumá qála yaa Mussá aturídu an taqtulaní kamá qatalta nafsam bil amsi in turídu illá an takúna jabbáram fil ardi wa má turídu an takúna minal muslihín

19. E quando quis castigar o inimigo de ambos, este lhe disse: Ó Moisés, queres matar-me como mataste, ontem, um homem? Só anseias ser opressor na terra e não queres ser um dos pacificadores!

وَجَآءَ رَجُلٌ مِّنْ أَقْصَا ٱلْمَدِينَةِ يَسْعَىٰ قَالَ يَٰمُوسَىٰٓ إِنَّ ٱلْمَلَأَ يَأْتَمِرُونَ بِكَ
لِيَقْتُلُوكَ فَٱخْرُجْ إِنِّى لَكَ مِنَ ٱلنَّٰصِحِينَ ﴿٢٠﴾

20. Wa já'a rajulum min aqsal madínati yas'á qála yá Mussá innal mala a yá'tamirúna bika liyaqtulúka fakhruj inní laka minan násihín

20. E dos confins da cidade veio, correndo, um homem que lhe disse: Ó Moisés, em verdade, os chefes conspiram contra ti, para matar-te. Sai, pois, da cidade, porque sou, para ti, um dos que te dão sinceros conselhos!

فَخَرَجَ مِنْهَا خَآئِفًا يَتَرَقَّبُ ۖ قَالَ رَبِّ نَجِّنِى مِنَ ٱلْقَوْمِ ٱلظَّٰلِمِينَ ﴿٢١﴾

21. Fakharaja min-há khá'ifan-yataraqqab; qála Rabbi najjiní minal qaumiz zálimín

21. Saiu então de lá, temeroso e receoso; disse: Ó Senhor meu, salva-me dos injustos!

وَلَمَّا تَوَجَّهَ تِلْقَآءَ مَدْيَنَ قَالَ عَسَىٰ رَبِّىٓ أَن يَهْدِيَنِى سَوَآءَ ٱلسَّبِيلِ ﴿٢٢﴾

سُورَةُ القَصَصِ

Surat Al Cassas

22. Wa lammá tawajjaha tilqá'a Madyana qála 'asá Rabbí ai yahdiyaní Sawá'as Sabíl

22. E quando se dirigiu rumo a Madian, disse: Quiçá meu Senhor me indique a senda reta.

وَلَمَّا وَرَدَ مَاءَ مَدْيَنَ وَجَدَ عَلَيْهِ أُمَّةً مِّنَ ٱلنَّاسِ يَسْقُونَ وَوَجَدَ مِن دُونِهِمُ ٱمْرَأَتَيْنِ تَذُودَانِ قَالَ مَا خَطْبُكُمَا قَالَتَا لَا نَسْقِي حَتَّىٰ يُصْدِرَ ٱلرِّعَآءُ وَأَبُونَا شَيْخٌ كَبِيرٌ ﴿٢٣﴾

23. Wa lammá warada má'a Madyana wajada 'alaihi ummatam minannási yasqúna wa wajada min dúnihimum imra'ataini tazúdáni qála má khatbukumá qálatá lá nasqui hatta yusdirar ri'á'u wa abúná chaikhun kabír

23. E quando chegou à aguada de Madian, achou nela um grupo de pessoas que dava de beber (ao rebanho), e viu duas moças que aguardavam, afastadas, por seu turno. Perguntou-lhes: Que vos ocorre? Responderam-lhe: Não podemos dar de beber (ao nosso rebanho), até que os pastores se tenham retirado, (e temos nós de fazer isso) porque o nosso pai é demasiado idoso.

فَسَقَىٰ لَهُمَا ثُمَّ تَوَلَّىٰٓ إِلَى ٱلظِّلِّ فَقَالَ رَبِّ إِنِّي لِمَآ أَنزَلْتَ إِلَيَّ مِنْ خَيْرٍ فَقِيرٌ ﴿٢٤﴾

24. Fasaqá lahumá summa tawallá ilaz zilli faqála Rabbi inní limá anzalta ilaiya min khairin faquir

24. Assim, ele deu de beber ao rebanho, e logo, retirando-se para uma sombra, disse: Ó Senhor meu, em verdade, estou necessitado de qualquer dádiva que me envies!

فَجَآءَتْهُ إِحْدَىٰهُمَا تَمْشِي عَلَى ٱسْتِحْيَآءٍ قَالَتْ إِنَّ أَبِي يَدْعُوكَ لِيَجْزِيَكَ أَجْرَ مَا سَقَيْتَ لَنَا فَلَمَّا جَآءَهُۥ وَقَصَّ عَلَيْهِ ٱلْقَصَصَ قَالَ لَا تَخَفْ نَجَوْتَ مِنَ ٱلْقَوْمِ ٱلظَّٰلِمِينَ ﴿٢٥﴾

25. Fajá'at'hu ihdáhumá tamchí 'alastihyá'in qálat inna abí yad'úka li yajziyaka ajra má saqaita laná; falammáaa já'ahú wa qassa 'alaihil qasasa qála lá takhaf najauta minal qaumiz zálimín

25. E uma delas se aproximou dele, caminhando timidamente, e lhe disse: Em verdade meu pai te convida para recompensar-te por teres dado de beber (ao nosso

rebanho). E quando se apresentou a ele e lhe fez a narração da (sua) aventura, (o ancião) lhe disse: Não temas! Tu te livraste dos injustos.

قَالَتْ إِحْدَىٰهُمَا يَـٰٓأَبَتِ ٱسْتَـْٔجِرْهُ ۖ إِنَّ خَيْرَ مَنِ ٱسْتَـْٔجَرْتَ ٱلْقَوِىُّ ٱلْأَمِينُ ﴿٢٦﴾

26. Qálat ihdáhumá yá abatis tájirhu inna khaira manistájartal qawiyyul amín

26. Uma delas disse, então: Ó meu pai, emprega-o, porque é o melhor dos que poderás empregar, pois é forte e crente.

قَالَ إِنِّىٓ أُرِيدُ أَنْ أُنكِحَكَ إِحْدَى ٱبْنَتَىَّ هَـٰتَيْنِ عَلَىٰٓ أَن تَأْجُرَنِى ثَمَـٰنِىَ حِجَجٍ ۖ فَإِنْ
أَتْمَمْتَ عَشْرًا فَمِنْ عِندِكَ ۖ وَمَآ أُرِيدُ أَنْ أَشُقَّ عَلَيْكَ ۚ سَتَجِدُنِىٓ إِن شَآءَ ٱللَّهُ
مِنَ ٱلصَّـٰلِحِينَ ﴿٢٧﴾

27. Qála inní urídu an unkihaka ihda banataiya hátaini 'alá an tájurani samaaniya hijaj; fa in atmamta 'achran famin 'indika wa má urídu an achuqqa 'alaik; satajiduní in chá'al láhu minas sálihín

27. Disse (o pai): Na verdade, quero casar-te com uma das minhas filhas, com a condição de que me sirvas durante oito anos; porém, se cumprires dez, será por teu gosto, pois não desejo dificultar-te e, se Deus quiser, achar-me-ás entre os justos.

قَالَ ذَٰلِكَ بَيْنِى وَبَيْنَكَ ۖ أَيَّمَا ٱلْأَجَلَيْنِ قَضَيْتُ فَلَا عُدْوَٰنَ عَلَىَّ ۖ وَٱللَّهُ عَلَىٰ مَا نَقُولُ
وَكِيلٌ ﴿٢٨﴾

28. Qála zálika bainí wa bainaka aiyamal ajalaini qadaitu falá 'udwána 'alaiya walláhu 'alá ma naqúlu Wakíl

28. Respondeu-lhe: Tal fica combinado entre mim e ti, e, seja qual for o término que tenha de cumprir, que não haja injustiça contra mim. Seja Deus testemunha de tudo quanto dissermos!

۞ فَلَمَّا قَضَىٰ مُوسَى ٱلْأَجَلَ وَسَارَ بِأَهْلِهِۦٓ ءَانَسَ مِن جَانِبِ ٱلطُّورِ نَارًا قَالَ لِأَهْلِهِ
ٱمْكُثُوٓا۟ إِنِّىٓ ءَانَسْتُ نَارًا لَّعَلِّىٓ ءَاتِيكُم مِّنْهَا بِخَبَرٍ أَوْ جَذْوَةٍ مِّنَ ٱلنَّارِ لَعَلَّكُمْ
تَصْطَلُونَ ﴿٢٩﴾

سُورَةُ القَصَص

Surat Al Cassas

29. ۞ *Falammmá qadá Mussál ajala wa sára bi ahlihí ánasa min jánibit Túri náran qála li ahlihim kusú inní ánastu náral la 'allí átíkum min-há bikhabarin au jazwatim minan nári la'allakum tastalún*

29. E quando Moisés cumpriu o término, e viajava com a sua família, percebeu, ao longe, um fogo ao lado do monte (Sinai) e disse à sua família: Aguardai aqui, porque vejo fogo. Quiçá vos diga do que se trata ou traga umas brasas para acenderdes uma fogueira que vos aqueça.

فَلَمَّآ أَتَىٰهَا نُودِيَ مِن شَٰطِيِٕ ٱلْوَادِ ٱلْأَيْمَنِ فِى ٱلْبُقْعَةِ ٱلْمُبَٰرَكَةِ مِنَ
ٱلشَّجَرَةِ أَن يَٰمُوسَىٰٓ إِنِّىٓ أَنَا ٱللَّهُ رَبُّ ٱلْعَٰلَمِينَ ﴿٣٠﴾

30. *Falammá atáhá núdiya min cháti'il wádil aimani fil buq'atil muubárakati minach chajarati ai yá Mussá inní Anal láhu Rabbul 'álamín*

30. E quando lá chegou, foi chamado por uma voz, que partia do lado direito do vale, a planície bendita, junto à árvore: Ó Moisés, sou Eu, Deus, Senhor do Universo!

وَأَنْ أَلْقِ عَصَاكَ ۖ فَلَمَّا رَءَاهَا تَهْتَزُّ كَأَنَّهَا جَآنٌّ وَلَّىٰ مُدْبِرًا وَلَمْ يُعَقِّبْ ۚ يَٰمُوسَىٰٓ أَقْبِلْ وَلَا
تَخَفْ ۖ إِنَّكَ مِنَ ٱلْءَامِنِينَ ﴿٣١﴾

31. *Wa an alqui 'asáka falammá ra áhá tahtazzu ka annnahá jánnun wallá mudbiran wa lam yu'aqquib; yá Mussa aqbil wa lá takhaf innaka minal ámínín*

31. Arroja o teu cajado! E quando o viu agitar-se como uma serpente, virou-se em fuga, sem olhar para trás. (Foi-lhe dito): Ó Moisés, aproxima-te e não temas, porque és um dos que estão a salvo.

ٱسْلُكْ يَدَكَ فِى جَيْبِكَ تَخْرُجْ بَيْضَآءَ مِنْ غَيْرِ سُوٓءٍ وَٱضْمُمْ إِلَيْكَ جَنَاحَكَ مِنَ
ٱلرَّهْبِ ۖ فَذَٰنِكَ بُرْهَٰنَانِ مِن رَّبِّكَ إِلَىٰ فِرْعَوْنَ وَمَلَإِي۟هِۦٓ ۚ إِنَّهُمْ كَانُوا۟ قَوْمًا
فَٰسِقِينَ ﴿٣٢﴾

32. *Usluk yadaka fi jaibika takhruj baidá'a min ghairi sú'in wadhmum ilaika janáhaka minar rahbi fazánika burhánáni mir Rabbika ilá Fir'auna wa malá'ih; innahum kánú qauman fásiquin*

32. Introduz a tua mão em teu manto e a retirarás, branca, imaculada; e junta a tua mão ao teu flanco (o que te resguardará) contra o temor. Estes serão duas provas (irrefutáveis) do teu Senhor para o Faraó e seus chefes, porque são depravados.

سُورَةُ القَصَصِ

Surat Al Cassas

قَالَ رَبِّ إِنِّي قَتَلۡتُ مِنۡهُمۡ نَفۡسٗا فَأَخَافُ أَن يَقۡتُلُونِ ٣٣

33. Qála Rabbi inní qataltu min-hum nafsan fa akháfu ai yaqtulún

33. Disse (Moisés): Ó Senhor meu, em verdade, matei um homem deles e temo que me matem!

وَأَخِي هَٰرُونُ هُوَ أَفۡصَحُ مِنِّي لِسَانٗا فَأَرۡسِلۡهُ مَعِيَ رِدۡءٗا يُصَدِّقُنِيٓۖ إِنِّيٓ أَخَافُ أَن
يُكَذِّبُونِ ٣٤

34. Wa akhí Haarúnu huwa afsahu minní lisánan fa arsilhu ma'iya ridai yusaddiquní inní akháfu ai yukazzibún

34. E meu irmão, Aarão, é mais eloquente do que eu; envia-o, pois, comigo, como auxiliar, para confirmar-me, porque temo que me desmintam.

قَالَ سَنَشُدُّ عَضُدَكَ بِأَخِيكَ وَنَجۡعَلُ لَكُمَا سُلۡطَٰنٗا فَلَا يَصِلُونَ إِلَيۡكُمَاۚ
بِـَٔايَٰتِنَآ أَنتُمَا وَمَنِ ٱتَّبَعَكُمَا ٱلۡغَٰلِبُونَ ٣٥

35. Qála sanachuddu 'adhudaka bi akhíka wa naj'alu lakumá sultánan falá yasilúna ilaikumá; bi Áyátiná antumá wa manit taba'akumal ghálibún

35. Respondeu-lhe: Em verdade, fortalecer-te-emos com teu irmão; dar-vos-emos tal autoridade, para que eles jamais possam atingir-vos. Com os Nossos sinais, vós e aqueles que vos seguirem sereis vencedores.

فَلَمَّا جَآءَهُم مُّوسَىٰ بِـَٔايَٰتِنَا بَيِّنَٰتٖ قَالُواْ مَا هَٰذَآ إِلَّا سِحۡرٞ مُّفۡتَرٗى وَمَا سَمِعۡنَا بِهَٰذَا
فِيٓ ءَابَآئِنَا ٱلۡأَوَّلِينَ ٣٦

36. Falammá já'ahum Mussá bi Áyátiná baiyinátin qálú má házá illá si<u>h</u>rum muftaran wa má sami'ná biházá fí ábá'inal auwalín

36. Mas quando Moisés lhes apresentou os Nossos sinais evidentes, disseram: Isto não é mais do que falsa magia, pois jamais ouvimos falar disso os nossos antepassados.

وَقَالَ مُوسَىٰ رَبِّيٓ أَعۡلَمُ بِمَن جَآءَ بِٱلۡهُدَىٰ مِنۡ عِندِهِۦ وَمَن تَكُونُ لَهُۥ عَٰقِبَةُ ٱلدَّارِۖ
إِنَّهُۥ لَا يُفۡلِحُ ٱلظَّٰلِمُونَ ٣٧

سُورَةُ القَصَص

Surat Al Cassas

37. Wa qála Mussá Rabbí a'alamu biman já'a bilhudá min 'indihí wa man takúnu lahú 'áquibatud dári innahú lá yufli<u>h</u>uz zálimún

37. Moisés lhes disse: Meu Senhor sabe melhor do que ninguém quem virá com a Sua orientação e quem obterá a última morada. Em verdade, os injustos jamais prosperarão.

وَقَالَ فِرۡعَوۡنُ يَٰٓأَيُّهَا ٱلۡمَلَأُ مَا عَلِمۡتُ لَكُم مِّنۡ إِلَٰهٍ غَيۡرِي فَأَوۡقِدۡ لِي يَٰهَٰمَٰنُ
عَلَى ٱلطِّينِ فَٱجۡعَل لِّي صَرۡحٗا لَّعَلِّيٓ أَطَّلِعُ إِلَىٰٓ إِلَٰهِ مُوسَىٰ وَإِنِّي لَأَظُنُّهُۥ مِنَ
ٱلۡكَٰذِبِينَ ٣٨

38. Wa qála Fir'aunu yá aiyuhal mala-u má 'alimtu lakum min iláhin ghairí fa auquid í yá Hámánu 'alattíni faj'al lí sar<u>h</u>al la'allí attali'u ilá iláhi Mussá wa inní la azunnuhú minal kázibín

38. O Faraó disse: Ó chefes, não tendes, que eu saiba, outro deus além de mim! Ó Haman, acende, pois, (o forno), para (cozer) tijolos, e constrói-me uma alta construção para que eu possa elevar-me até ao Deus de Moisés, se bem que, segundo me parece, (Moisés) seja um dos impostores!

وَٱسۡتَكۡبَرَ هُوَ وَجُنُودُهُۥ فِي ٱلۡأَرۡضِ بِغَيۡرِ ٱلۡحَقِّ وَظَنُّوٓاْ أَنَّهُمۡ إِلَيۡنَا لَا
يُرۡجَعُونَ ٣٩

39. Wastakbara huwa wa junúduhú fil ardhi bighairil <u>h</u>aqqui wa zannú annahum ilainá lá yurja'úon

39. E eles, com os seus exércitos, ensoberbeceram-se, e pensaram que jamais retornariam a Nós!

فَأَخَذۡنَٰهُ وَجُنُودَهُۥ فَنَبَذۡنَٰهُمۡ فِي ٱلۡيَمِّۖ فَٱنظُرۡ كَيۡفَ كَانَ عَٰقِبَةُ
ٱلظَّٰلِمِينَ ٤٠

40. Fa akhaznáhu wa junúdahú fanabaznáhum fil yammi fanzur kaifa kána 'áqibatuz zálimín

40. Porém, apanhamo-lo, juntamente com os seus exércitos, e os precipitamos no mar. Repara, pois, qual foi o fim dos injustos!

سُورَةُ القَصَصِ

Surat Al Cassas

وَجَعَلۡنَٰهُمۡ أَئِمَّةٗ يَدۡعُونَ إِلَى ٱلنَّارِۖ وَيَوۡمَ ٱلۡقِيَٰمَةِ لَا يُنصَرُونَ ﴿٤١﴾

41. Wa ja'alnáhum a'immatan yad'úna ilan Nári wa Yaumal Quiyámati lá yunsarún

41. E os designamos líderes, para incitarem (seus sequazes) ao fogo infernal; e, no Dia da Ressurreição, não serão socorridos.

وَأَتۡبَعۡنَٰهُمۡ فِي هَٰذِهِ ٱلدُّنۡيَا لَعۡنَةٗۖ وَيَوۡمَ ٱلۡقِيَٰمَةِ هُم مِّنَ
ٱلۡمَقۡبُوحِينَ ﴿٤٢﴾

42. Wa atba'náhum fí házihid dunyá la'natan wa Yaumal Quiyámati hum minal maqbú<u>h</u>ín

42. E os perseguimos com a maldição, neste mundo, e, no Dia da Ressurreição, estarão entre os detestados.

وَلَقَدۡ ءَاتَيۡنَا مُوسَى ٱلۡكِتَٰبَ مِنۢ بَعۡدِ مَآ أَهۡلَكۡنَا ٱلۡقُرُونَ ٱلۡأُولَىٰ بَصَآئِرَ
لِلنَّاسِ وَهُدٗى وَرَحۡمَةٗ لَّعَلَّهُمۡ يَتَذَكَّرُونَ ﴿٤٣﴾

43. Wa laqad átainá Mussal Kitába mim ba'di má ahlaknal qurúnal úlá basá'ira linnási wa hudan wa ra<u>h</u>matal la'allahum yatazakkarún

43. Depois de termos aniquilado as primeiras gerações, concedemos a Moisés o Livro como discernimento, orientação e misericórdia para os humanos, a fim de que refletissem.

وَمَا كُنتَ بِجَانِبِ ٱلۡغَرۡبِيِّ إِذۡ قَضَيۡنَآ إِلَىٰ مُوسَى ٱلۡأَمۡرَ وَمَا كُنتَ مِنَ ٱلشَّٰهِدِينَ ﴿٤٤﴾

44. Wa má kunta bijánibil gharbiyyi iz qadhainá ilá Mussál amra wa má kunta minach cháhidín

44. Porém, tu (ó Mohammad) não estavas do lado ocidental (do monte Sinai) quando decretamos a Moisés os mandamentos, nem tampouco te contavas entre as testemunhas (de tal evento).

وَلَٰكِنَّآ أَنشَأۡنَا قُرُونٗا فَتَطَاوَلَ عَلَيۡهِمُ ٱلۡعُمُرُۚ وَمَا كُنتَ ثَاوِيٗا فِيٓ أَهۡلِ مَدۡيَنَ
تَتۡلُواْ عَلَيۡهِمۡ ءَايَٰتِنَا وَلَٰكِنَّا كُنَّا مُرۡسِلِينَ ﴿٤٥﴾

45. Wa lákinná ancháná qurúnan fatatáwala 'alaihimul 'umur; wa má kunta çáwiyan fí ahli Madyana tatlú 'alaihim Áyátiná wa lákinná kunná mursilín

سُورَةُ القَصَص

Surat Al Cassas

45. Mas criamos novas gerações, que viveram muito tempo. Tu não eras habitante entre os madianitas, para lhes recitares os Nossos versículos; porém, Nós é Quem mandamos mensageiros.

وَمَا كُنتَ بِجَانِبِ ٱلطُّورِ إِذْ نَادَيْنَا وَلَٰكِن رَّحْمَةً مِّن رَّبِّكَ لِتُنذِرَ قَوْمًا مَّآ أَتَىٰهُم مِّن نَّذِيرٍ مِّن قَبْلِكَ لَعَلَّهُمْ يَتَذَكَّرُونَ ﴿٤٦﴾

46. Wa má kunta bijánibit Túri iz nádainá wa lákir rahmatam mir Rabbika litunzira qaumam má atáhum min nazírim min qablika la'allahum yatazakkarún

46. Tampouco estiveste no sopé do monte Sinai quando chamamos (Moisés); porém, foi uma misericórdia do teu Senhor, para que admoestes um povo que, antes de ti, jamais teve admoestador algum; quiçá, assim aceitem a admoestação.

وَلَوْلَآ أَن تُصِيبَهُم مُّصِيبَةٌۢ بِمَا قَدَّمَتْ أَيْدِيهِمْ فَيَقُولُوا۟ رَبَّنَا لَوْلَآ أَرْسَلْتَ إِلَيْنَا رَسُولًا فَنَتَّبِعَ ءَايَٰتِكَ وَنَكُونَ مِنَ ٱلْمُؤْمِنِينَ ﴿٤٧﴾

47. Wa lau lá an tusíbahum musíbatum bimá qaddamat aidíhim fa yaqúlú Rabbaná lau lá arsalta ilainá Rassúlan fanattabi'a Áyátika wa nakúna minal mu'minín

47. Se os açoitar uma calamidade, por suas más ações, não se escusem, dizendo: Ó Senhor nosso, Se nos tivesse enviado um mensageiro, teríamos seguido os Teus versículos e nos contaríamos entre os crentes!

فَلَمَّا جَآءَهُمُ ٱلْحَقُّ مِنْ عِندِنَا قَالُوا۟ لَوْلَآ أُوتِىَ مِثْلَ مَآ أُوتِىَ مُوسَىٰٓ أَوَلَمْ يَكْفُرُوا۟ بِمَآ أُوتِىَ مُوسَىٰ مِن قَبْلُ قَالُوا۟ سِحْرَانِ تَظَٰهَرَا وَقَالُوٓا۟ إِنَّا بِكُلٍّ كَٰفِرُونَ ﴿٤٨﴾

48. Falammá já'ahumul haqqu min 'indiná qálú lau lá útiya miçla má útiya Mussá; awalam yakfurú bimá útiya Mussáa min qablu qálú sihráni tazáhará wa qálú inná bikullin káfirún

48. Porém, quando lhes chegou de Nós a verdade, disseram: Se lhe tivesse sido concedido o mesmo que foi concedido a Moisés! – Não descreram eles no que foi concedido, antes, a Moisés? Disseram: São dois magos, que se ajudam mutuamente! E disseram: Em verdade negamos tudo!

قُلْ فَأْتُوا۟ بِكِتَٰبٍ مِّنْ عِندِ ٱللَّهِ هُوَ أَهْدَىٰ مِنْهُمَآ أَتَّبِعْهُ إِن كُنتُمْ صَٰدِقِينَ ﴿٤٩﴾

سُورَةُ القَصَصِ

Surat Al Cassas

49. Qul fá'tú bi Kitábim min 'indil láhi huwa ahdá min-hu má attabi'hu in kuntum sádiquin

49. Dize-lhes: Apresentai um livro, da parte de Deus, que seja melhor guia do que qualquer um destes (Alcorão e Tora); então, eu o seguirei, se estiverdes certos.

فَإِن لَّمْ يَسْتَجِيبُوا۟ لَكَ فَٱعْلَمْ أَنَّمَا يَتَّبِعُونَ أَهْوَآءَهُمْ ۚ وَمَنْ أَضَلُّ مِمَّنِ ٱتَّبَعَ هَوَىٰهُ
بِغَيْرِ هُدًى مِّنَ ٱللَّهِ ۚ إِنَّ ٱللَّهَ لَا يَهْدِى ٱلْقَوْمَ ٱلظَّٰلِمِينَ ﴿٥٠﴾

50. Fa il lam yastajíbú laka fa'lam annamá yattabi'úna ahwá'ahum; wa man adhallu mimman ittaba'a hawáhu bighari hudam minal láh; innal láha lá yahdil qaumaz zálimín

50. E se não te atenderem, ficarás sabendo, então, que só seguem as suas luxúrias. Haverá alguém mais desencaminhado do que quem segue sua concupiscência, sem orientação alguma de Deus? Em verdade, Deus não encaminha os injustos.

۞ وَلَقَدْ وَصَّلْنَا لَهُمُ ٱلْقَوْلَ لَعَلَّهُمْ يَتَذَكَّرُونَ ﴿٥١﴾

51. ۞ *Wa laqad wassalná lahumul qaula la'allahum yatazakkarún*

51. Eis que lhes fizemos chegar, sucessivamente, a Palavra, para que refletissem.

ٱلَّذِينَ ءَاتَيْنَٰهُمُ ٱلْكِتَٰبَ مِن قَبْلِهِۦ هُم بِهِۦ يُؤْمِنُونَ ﴿٥٢﴾

52. Allazína átainháhumul Kitába min qablihíhum bihí yu'minún

52. (São) aqueles a quem concedemos o Livro, antes, e nele creem.

وَإِذَا يُتْلَىٰ عَلَيْهِمْ قَالُوٓا۟ ءَامَنَّا بِهِۦٓ إِنَّهُ ٱلْحَقُّ مِن رَّبِّنَآ إِنَّا كُنَّا مِن قَبْلِهِۦ مُسْلِمِينَ ﴿٥٣﴾

53. Wa izá yutlá 'alaihim qálú ámannáaa bihí innahul haqqu mir rabbiná inná kunná min qablihí muslimín

53. E quando lhes é recitado (o Alcorão), dizem: Cremos nele, porque é a verdade proveniente do nosso Senhor. Em verdade, já éramos muçulmanos, antes disso.

أُو۟لَٰٓئِكَ يُؤْتَوْنَ أَجْرَهُم مَّرَّتَيْنِ بِمَا صَبَرُوا۟ وَيَدْرَءُونَ بِٱلْحَسَنَةِ ٱلسَّيِّئَةَ وَمِمَّا رَزَقْنَٰهُمْ
يُنفِقُونَ ﴿٥٤﴾

54. Ulá'ika yu'tauna ajrahum marratayni bimá sabarú wa yadra'úna bil hasanatis saiyi'ata wa mimmmá razaqnáhum yunfiqún

54. A estes lhes será duplicada a recompensa por sua perseverança, porque retribuem o mal com o bem e praticam a caridade daquilo com que os agraciamos.

سُورَةُ القَصَص

Surat Al Cassas

وَإِذَا سَمِعُوا۟ ٱللَّغْوَ أَعْرَضُوا۟ عَنْهُ وَقَالُوا۟ لَنَآ أَعْمَـٰلُنَا وَلَكُمْ أَعْمَـٰلُكُمْ سَلَـٰمٌ عَلَيْكُمْ
لَا نَبْتَغِى ٱلْجَـٰهِلِينَ ﴿٥٥﴾

55. Wa izá sami'ul laghwa a'radhú 'anhu wa qálú laná a'máluná wa lakum a'málukum salámun 'alaikum lá nabtaghil jáhilín

55. E quando ouvem futilidades, afastam-se delas, dizendo: Somos responsáveis pelas nossas ações e vós (incrédulos) pelas vossas; que a paz esteja convosco! Não aspiramos à amizade dos ignorantes.

إِنَّكَ لَا تَهْدِى مَنْ أَحْبَبْتَ وَلَـٰكِنَّ ٱللَّهَ يَهْدِى مَن يَشَآءُ ۚ وَهُوَ أَعْلَمُ بِٱلْمُهْتَدِينَ ﴿٥٦﴾

56. Innaka lá tahdí man ahbabta wa lákinn Alláha yahdí mai yachá'; wa huwa a'lamu bil muhtadín

56. Por certo que não és tu que orientas a quem queres; contudo, Deus orienta a quem Lhe apraz, porque conhece melhor do que ninguém os encaminhados.

وَقَالُوٓا۟ إِن نَّتَّبِعِ ٱلْهُدَىٰ مَعَكَ نُتَخَطَّفْ مِنْ أَرْضِنَآ ۚ أَوَلَمْ نُمَكِّن لَّهُمْ حَرَمًا ءَامِنًا
يُجْبَىٰٓ إِلَيْهِ ثَمَرَٰتُ كُلِّ شَىْءٍ رِّزْقًا مِّن لَّدُنَّا وَلَـٰكِنَّ أَكْثَرَهُمْ لَا يَعْلَمُونَ ﴿٥٧﴾

57. Wa qálú in nattabi'il hudá ma'aka nutakhattaf min ardhiná; awalam numakkkil lahum haraman áminan yujbá ilaihi çamarátu kulli chai'ir rizqam mil ladunná wa lákinna aksarahum lá ya'lamún

57. (Os maquenses) dizem: Se seguíssemos, como tu, a Orientação (Alcorão), seríamos retirados de nossa terra! Porventura, não lhes temos estabelecido um santuário seguro ao qual chegam produtos de toda espécie como provisão Nossa? Porém, a maioria o ignora.

وَكَمْ أَهْلَكْنَا مِن قَرْيَةٍۭ بَطِرَتْ مَعِيشَتَهَا ۖ فَتِلْكَ مَسَـٰكِنُهُمْ لَمْ تُسْكَن مِّنۢ
بَعْدِهِمْ إِلَّا قَلِيلًا ۖ وَكُنَّا نَحْنُ ٱلْوَٰرِثِينَ ﴿٥٨﴾

58. Wa kam ahlakná min qaryatim batirat ma'ichatahá fatilka masákinuhum lam tuskam mim ba'dihim illá qalílá; wa kunná Nahnul wáricín

58. Quantas cidades temos destruído porque negligenciaram sua vida! Eis que suas habitações foram desabitadas, a não ser por uns poucos, depois deles, e fomos Nós o Herdeiro!

سُورَةُ القَصَصِ

Surat Al Cassas

وَمَا كَانَ رَبُّكَ مُهْلِكَ ٱلْقُرَىٰ حَتَّىٰ يَبْعَثَ فِىٓ أُمِّهَا رَسُولًا يَتْلُوا۟ عَلَيْهِمْ ءَايَـٰتِنَا ۚ وَمَا
كُنَّا مُهْلِكِى ٱلْقُرَىٰٓ إِلَّا وَأَهْلُهَا ظَـٰلِمُونَ ﴿٥٩﴾

59. Wa má kána Rabbuka muhlikal qurá hattá yab'aça fí ummihá Rassúlan yatlú 'alaihim áyátina; wa má kunná muhlikil qurá illá wa ahluhá zálimún

59. É inconcebível que teu Senhor tivesse destruído cidades, sem antes enviar a seus habitantes um mensageiro que lhes recitasse os Nossos versículos. Tampouco aniquilamos cidade alguma, a menos que os seus moradores fossem injustos.

وَمَآ أُوتِيتُم مِّن شَىْءٍ فَمَتَـٰعُ ٱلْحَيَوٰةِ ٱلدُّنْيَا وَزِينَتُهَا ۚ وَمَا عِندَ ٱللَّهِ خَيْرٌ وَأَبْقَىٰٓ ۚ أَفَلَا
تَعْقِلُونَ ﴿٦٠﴾

60. Wa má útítum min chai'in famatá'ul hayátid dunyá wa zínatuhá; wa má 'indal láhi khairun wa abqá; afalá ta'quilún

60. Tudo quanto vos tem sido concedido não é mais do que um gozo da vida terrena com os seus encantos; por outra, o que está junto a Deus é preferível e mais persistente. Não raciocinais?

أَفَمَن وَعَدْنَـٰهُ وَعْدًا حَسَنًا فَهُوَ لَـٰقِيهِ كَمَن مَّتَّعْنَـٰهُ مَتَـٰعَ ٱلْحَيَوٰةِ ٱلدُّنْيَا ثُمَّ هُوَ يَوْمَ
ٱلْقِيَـٰمَةِ مِنَ ٱلْمُحْضَرِينَ ﴿٦١﴾

61. Afaman wa'adnáhu wa'dan <ins>h</ins>asanan fahuwa láquihi kamam matta'náhu matá'al <ins>h</ins>ayátid dunyá summa huwa Yaumal Quiyámati minal mu<ins>h</ins>dharín

61. Acaso, aquele a quem temos feito uma boa promessa e que, com certeza, a alcançará, poderá ser equiparado àquele que agraciamos com o gozo da vida terrena, mas que, no Dia da Ressurreição, contar-se-á entre os que serão levados (a julgamento)?

وَيَوْمَ يُنَادِيهِمْ فَيَقُولُ أَيْنَ شُرَكَآءِىَ ٱلَّذِينَ كُنتُمْ تَزْعُمُونَ ﴿٦٢﴾

62. Wa Yauma yunádíhim fa-yaqúlu aina churaká'iyal lazína kuntum taz'umún

62. Recorda-lhes o dia em que (Deus) os convocará e lhes dirá: Onde estão os parceiros que pretendestes atribuir-Me?

قَالَ ٱلَّذِينَ حَقَّ عَلَيْهِمُ ٱلْقَوْلُ رَبَّنَا هَـٰٓؤُلَآءِ ٱلَّذِينَ أَغْوَيْنَآ أَغْوَيْنَـٰهُمْ كَمَا غَوَيْنَا ۖ تَبَرَّأْنَآ
إِلَيْكَ ۖ مَا كَانُوٓا۟ إِيَّانَا يَعْبُدُونَ ﴿٦٣﴾

Surat Al Cassas

63. Qálal lazína haqqa 'alaihimul qaulu Rabbaná há'ulá'il lazína aghwainá aghwainâhu kamá ghawainá tabarr'áná ilaika má kánú iyyáná ya'budún

63. E aqueles sobre os quais pesar tal atribuição, dirão: Ó Senhor nosso, são estes os que extraviamos; extraviamo-los, como fomos extraviados; renegamo-los na Tua presença, posto que não nos adoravam.

وَقِيلَ ٱدْعُوا۟ شُرَكَآءَكُمْ فَدَعَوْهُمْ فَلَمْ يَسْتَجِيبُوا۟ لَهُمْ وَرَأَوُا۟ ٱلْعَذَابَ ۚ لَوْ أَنَّهُمْ كَانُوا۟
يَهْتَدُونَ ﴿٦٤﴾

64. Wa quilad'ú churaká'akum fada'awhum falam yastajíbú lahum wa ra awul 'azáb; lau annahum kánú yahtadún

64. E lhes será dito: Invocai vossos parceiros! E os invocarão; porém, não os atenderão. E verão o castigo! Antes tivessem se orientado!

وَيَوْمَ يُنَادِيهِمْ فَيَقُولُ مَاذَآ أَجَبْتُمُ ٱلْمُرْسَلِينَ ﴿٦٥﴾

65. Wa Yauma yunádíhim fa yaqúlu mázá ajabtumul mursalín

65. Será o dia em que Ele os convocar, e em que lhes perguntará: Que respondestes aos mensageiros?

فَعَمِيَتْ عَلَيْهِمُ ٱلْأَنۢبَآءُ يَوْمَئِذٍ فَهُمْ لَا يَتَسَآءَلُونَ ﴿٦٦﴾

66. Fa'amiyat 'alaihimul ambá'u Yauma'izin fahum lá yatasá'alún

66. Nesse dia obscurecer-se-lhes-ão as respostas e eles não (poderão) se inquirir mutuamente.

فَأَمَّا مَن تَابَ وَءَامَنَ وَعَمِلَ صَٰلِحًا فَعَسَىٰٓ أَن يَكُونَ مِنَ ٱلْمُفْلِحِينَ ﴿٦٧﴾

67. Fa ammá man tába wa ámana wa 'amila sálihan fa'asá ai yakúna minal muflihín

67. Porém, quanto ao que se arrepender e praticar o bem, é possível que se conte entre os bem-aventurados.

وَرَبُّكَ يَخْلُقُ مَا يَشَآءُ وَيَخْتَارُ ۗ مَا كَانَ لَهُمُ ٱلْخِيَرَةُ ۚ سُبْحَٰنَ ٱللَّهِ وَتَعَٰلَىٰ
عَمَّا يُشْرِكُونَ ﴿٦٨﴾

68. Wa Rabbuka yakhuluqu má yachá'u wa yakhtár; má kána lahumul khiyarah; Subhannal láhi wa Ta'álá 'ammmá yuchrikún

68. Teu Senhor cria e escolhe da maneira que melhor Lhe apraz. Eles não têm escolha. Glorificado seja Deus de tudo quanto Lhe associam!

سُورَةُ القَصَص

Surat Al Cassas

وَرَبُّكَ يَعۡلَمُ مَا تُكِنُّ صُدُورُهُمۡ وَمَا يُعۡلِنُونَ ٦٩

69. Wa Rabbuka ya'lamu má tukinnu sudúruhum wa má yu'linún

69. Teu Senhor conhece tanto o que escondem os seus corações como o que manifestam (as suas bocas).

وَهُوَ ٱللَّهُ لَآ إِلَٰهَ إِلَّا هُوَۖ لَهُ ٱلۡحَمۡدُ فِي ٱلۡأُولَىٰ وَٱلۡأٓخِرَةِۖ وَلَهُ ٱلۡحُكۡمُ وَإِلَيۡهِ
تُرۡجَعُونَ ٧٠

70. Wa Huwal láhu lá iláha illá Huwa lahul hamdu fil úlá wal Ákhirati wa lahul hukmu wa ilaihi turja'ún

70. E Ele é Deus! Não há mais divindade além d'Ele! Seus são os louvores, no início e no fim! Seu é o juízo! E a Ele retornareis!

قُلۡ أَرَءَيۡتُمۡ إِن جَعَلَ ٱللَّهُ عَلَيۡكُمُ ٱلَّيۡلَ سَرۡمَدًا إِلَىٰ يَوۡمِ ٱلۡقِيَٰمَةِ مَنۡ إِلَٰهٌ غَيۡرُ ٱللَّهِ
يَأۡتِيكُم بِضِيَآءٍۖ أَفَلَا تَسۡمَعُونَ ٧١

71. Qul ara'aitum in ja'alal láhu 'alaikumul laila sarmadan ilá Yaumil Quiyámati man iláhun ghairul láhi yá'tíkum bidhiyá'in afalá tasma'ún

71. Pergunta-lhes: Que vos pareceria se Deus vos prolongasse a noite até à Hora da Ressurreição? Que outra divindade, além de Deus, poderia trazer-vos a claridade? Não atentais para isso?

قُلۡ أَرَءَيۡتُمۡ إِن جَعَلَ ٱللَّهُ عَلَيۡكُمُ ٱلنَّهَارَ سَرۡمَدًا إِلَىٰ يَوۡمِ ٱلۡقِيَٰمَةِ مَنۡ إِلَٰهٌ غَيۡرُ ٱللَّهِ
يَأۡتِيكُم بِلَيۡلٍ تَسۡكُنُونَ فِيهِۖ أَفَلَا تُبۡصِرُونَ ٧٢

72. Qul ara'aitum in ja'alal láhu 'alaikumun nahára sarmadan ilá Yaumil Quiyámati man iláhun ghairul láhi yátíkum bilailin taskunúna fíhi afalá tubsirún

72. Pergunta-lhes mais: Que vos pareceria se Deus vos prolongasse o dia até ao Dia da Ressurreição? Que outra divindade, além de Deus, poderia proporcionar-vos a noite, para que repousásseis? Não vedes?

وَمِن رَّحۡمَتِهِۦ جَعَلَ لَكُمُ ٱلَّيۡلَ وَٱلنَّهَارَ لِتَسۡكُنُواْ فِيهِ وَلِتَبۡتَغُواْ مِن فَضۡلِهِۦ وَلَعَلَّكُمۡ
تَشۡكُرُونَ ٧٣

73. *Wa mir rahmatihi ja'ala lakumul laila wannahára litaskunú fihi wa litabtaghú min fadlihi wa la'allakum tachkurún*

73. Mercê de Sua misericórdia vos fez a noite e o dia; (a noite) para que repouseis; (o dia) para que procureis a Sua graça, a fim de que Lhe agradeçais.

وَيَوْمَ يُنَادِيهِمْ فَيَقُولُ أَيْنَ شُرَكَآءِىَ ٱلَّذِينَ كُنتُمْ تَزْعُمُونَ ﴿٧٤﴾

74. *Wa Yauma yunádihim fa yaqúlu aina churaká'iyal lazína kuntum tazz'umún*

74. O dia em que os convocar, dirá: Onde estão aqueles parceiros que pretendestes (associar a Mim)?

وَنَزَعْنَا مِن كُلِّ أُمَّةٍ شَهِيدًا فَقُلْنَا هَاتُوا۟ بُرْهَـٰنَكُمْ فَعَلِمُوٓا۟ أَنَّ ٱلْحَقَّ لِلَّهِ وَضَلَّ
عَنْهُم مَّا كَانُوا۟ يَفْتَرُونَ ﴿٧٥﴾

75. *Wa naza'ná min kulli ummatin chahídan faqulná hátú burhánakum fa'alimú annal haqqa lilláhi wa dhalla 'anhum má kánú yaftarún*

75. E tiraremos uma testemunha de cada povo, e diremos: Apresentai as vossas provas! E então saberão que a verdade só pertence a Deus, e tudo quanto tiverem forjado desvanecer-se-á.

۞ إِنَّ قَـٰرُونَ كَانَ مِن قَوْمِ مُوسَىٰ فَبَغَىٰ عَلَيْهِمْ ۖ وَءَاتَيْنَـٰهُ مِنَ ٱلْكُنُوزِ مَآ إِنَّ مَفَاتِحَهُۥ
لَتَنُوٓأُ بِٱلْعُصْبَةِ أُو۟لِى ٱلْقُوَّةِ إِذْ قَالَ لَهُۥ قَوْمُهُۥ لَا تَفْرَحْ ۖ إِنَّ ٱللَّهَ لَا يُحِبُّ ٱلْفَرِحِينَ ﴿٧٦﴾

76. ۞ *Inna Qárúna kána min qaumi Mussá fabaghá 'alaihim wa átainháhu minal kunúzi má inna mafitihahú latanú'u bil'usbati ulil quwwati iz qála lahú qaumuhú lá tafrah innal láhá lá yuhibbul farihín*

76. Carun era, sem dúvida, do povo de Moisés, mas agiu insolentemente contra ele. Havíamos-lhe concedido tantos tesouros, que as chaves destes constituíam uma carga para um grupo de homens robustos. Recorda quando o seu povo lhe disse: Não te regozijes, porque Deus não aprecia os que se regozijam (com a riqueza).

وَٱبْتَغِ فِيمَآ ءَاتَىٰكَ ٱللَّهُ ٱلدَّارَ ٱلْـَٔاخِرَةَ ۖ وَلَا تَنسَ نَصِيبَكَ مِنَ ٱلدُّنْيَا ۖ وَأَحْسِن
كَمَآ أَحْسَنَ ٱللَّهُ إِلَيْكَ ۖ وَلَا تَبْغِ ٱلْفَسَادَ فِى ٱلْأَرْضِ ۖ إِنَّ ٱللَّهَ لَا يُحِبُّ ٱلْمُفْسِدِينَ ﴿٧٧﴾

77. *Wabtaghi fimá átákal láhud Dáral Ákhirata wa lá tansa nasíbaka minad dunyá wa ahsin kamá ahsanal láhu ilaika wa lá tabghil fasáda fil ardi innal láha lá yuhibbul mufsidín*

سُورَةُ القَصَص

Surat Al Cassas

77. Mas procura, com aquilo com que Deus te tem agraciado, a morada do Outro Mundo; não te esqueças da tua porção neste mundo, e sê amável, como Deus tem sido para contigo, e não semeies a corrupção na terra, porque Deus não aprecia os corruptores.

قَالَ إِنَّمَآ أُوتِيتُهُۥ عَلَىٰ عِلۡمٍ عِندِيٓۚ أَوَلَمۡ يَعۡلَمۡ أَنَّ ٱللَّهَ قَدۡ أَهۡلَكَ مِن قَبۡلِهِۦ مِنَ ٱلۡقُرُونِ
مَنۡ هُوَ أَشَدُّ مِنۡهُ قُوَّةٗ وَأَكۡثَرُ جَمۡعٗاۚ وَلَا يُسۡـَٔلُ عَن ذُنُوبِهِمُ ٱلۡمُجۡرِمُونَ ﴿٧٨﴾

78. Qála innamá útítuhú 'alá 'ilmin 'indí; awalam ya'lam annal láha qad ahlaka min qablihí minal qurúni man huwa achaddu min-hu quwwatan wa aksaru jam'á; wa lá yus'alu 'an zunúbihimul mujrimún

78. Respondeu: Isto me foi concedido devido a certo conhecimento que possuo! Porém, não sabia que Deus já havia exterminado tantas gerações, mais vigorosas e mais opulentas do que ele. Em verdade, os pecadores não serão chamados (imediatamente) a prestar contas.

فَخَرَجَ عَلَىٰ قَوۡمِهِۦ فِي زِينَتِهِۦۖ قَالَ ٱلَّذِينَ يُرِيدُونَ ٱلۡحَيَوٰةَ ٱلدُّنۡيَا يَٰلَيۡتَ لَنَا مِثۡلَ
مَآ أُوتِيَ قَٰرُونُ إِنَّهُۥ لَذُو حَظٍّ عَظِيمٖ ﴿٧٩﴾

79. Fakharaja 'alá qaumihí fí zínatih; qálal lazína yurídúnal hayátad dunyá yálaita laná miçla má útiya Qárúnu innahú lazú hazzin 'azím

79. Então, apresentou-se entre o seu povo, com toda a sua pompa. Os que ambicionavam a vida terrena disseram: Oxalá tivéssemos o mesmo que foi concedido a Carun! Quão afortunado é!

وَقَالَ ٱلَّذِينَ أُوتُواْ ٱلۡعِلۡمَ وَيۡلَكُمۡ ثَوَابُ ٱللَّهِ خَيۡرٞ لِّمَنۡ ءَامَنَ وَعَمِلَ صَٰلِحٗا وَلَا
يُلَقَّىٰهَآ إِلَّا ٱلصَّٰبِرُونَ ﴿٨٠﴾

80. Wa qálal lazína útul 'ilma wailakum çawábul láhi khairul liman ámana wa 'amila sáliha; wa lá yulaqqáhá illas sábirún

80. Porém, os sábios lhes disseram: Ai de vós! A recompensa de Deus é preferível para o crente que pratica o bem. Porém, ninguém a obterá, a não ser os perseverantes.

فَخَسَفۡنَا بِهِۦ وَبِدَارِهِ ٱلۡأَرۡضَ فَمَا كَانَ لَهُۥ مِن فِئَةٖ يَنصُرُونَهُۥ مِن دُونِ ٱللَّهِ وَمَا
كَانَ مِنَ ٱلۡمُنتَصِرِينَ ﴿٨١﴾

81. Fakhasafná bihí wa bidárihil ardha famá kána lahú min fi'atin yansurúnahú min dúnil láhi wa má kána minal muntasirín

81. E fizemo-lo ser tragado, juntamente com sua casa, pela terra, e não teve partido algum que o defendesse de Deus, e não se contou entre os defendidos.

وَأَصۡبَحَ ٱلَّذِينَ تَمَنَّوۡاْ مَكَانَهُۥ بِٱلۡأَمۡسِ يَقُولُونَ وَيۡكَأَنَّ ٱللَّهَ يَبۡسُطُ ٱلرِّزۡقَ لِمَن
يَشَآءُ مِنۡ عِبَادِهِۦ وَيَقۡدِرُۖ لَوۡلَآ أَن مَّنَّ ٱللَّهُ عَلَيۡنَا لَخَسَفَ بِنَاۖ وَيۡكَأَنَّهُۥ لَا يُفۡلِحُ
ٱلۡكَٰفِرُونَ ٨٢

82. Wa asbahal lazína tamannau makánahú bilamsi yaqúlúna waikaannal láha yabsutur rizqa liman yachá'u min 'ibádihí wa yaqdiru lau lá am mannal láhu 'alainá lakhasafa biná waikaannahú lá yuflihul káfirún

82. E aqueles que, na véspera, cobiçavam a sua sorte, disseram, logo pela manhã: Deus prodigaliza ou restringe as Suas mercês a quem Lhe apraz, dentre os Seus servos! Se Deus não nos tivesse agraciado, far-nos-ia sermos tragados pela terra. Em verdade, os incrédulos jamais prosperarão.

تِلۡكَ ٱلدَّارُ ٱلۡأٓخِرَةُ نَجۡعَلُهَا لِلَّذِينَ لَا يُرِيدُونَ عُلُوّٗا فِي ٱلۡأَرۡضِ وَلَا فَسَادٗاۚ وَٱلۡعَٰقِبَةُ
لِلۡمُتَّقِينَ ٨٣

83. Tilkad Dárul Ákhiratu naj'aluhá lillazína lá yurídúna 'uluwwan fil ardhi wa lá fasádá; wal 'áquibatu lilmuttaquin

83. Destinamos a morada, no Outro Mundo, àqueles que não se envaidecem nem fazem corrupção na terra; e a recompensa será dos tementes.

مَن جَآءَ بِٱلۡحَسَنَةِ فَلَهُۥ خَيۡرٞ مِّنۡهَاۖ وَمَن جَآءَ بِٱلسَّيِّئَةِ فَلَا يُجۡزَى ٱلَّذِينَ عَمِلُواْ ٱلسَّيِّـَٔاتِ
إِلَّا مَا كَانُواْ يَعۡمَلُونَ ٨٤

84. Man já'a bilhasanati falahú khairum min-há wa man já'a bissaiyi'ati falá yujzal lazína 'amilus saiyiáti illá má kánú ya'malún

84. Aqueles que tiverem praticado o bem, obterão algo melhor do que isso; por outra, quem houver praticado o mal, saiba que os malfeitores não serão punidos senão segundo o que houverem feito.

سُورَةُ ٱلْقَصَصِ

Surat Al Cassas

إِنَّ ٱلَّذِى فَرَضَ عَلَيْكَ ٱلْقُرْءَانَ لَرَآدُّكَ إِلَىٰ مَعَادٍ ۚ قُل رَّبِّىٓ أَعْلَمُ مَن جَآءَ بِٱلْهُدَىٰ
وَمَنْ هُوَ فِى ضَلَـٰلٍ مُّبِينٍ ﴿٨٥﴾

85. Innal lazí farada 'alaikal Qur-ána larádduka ilá ma'ád; qul Rabbí a'lamu man já'a bil hudá wa man huwa fí dhalálim mubín

85. Em verdade, Quem te prescreveu o Alcorão te fará retornar ao local que saíste. Dize-lhes: Meu Senhor sabe melhor do que ninguém quem trouxe a Orientação e quem está em erro evidente.

وَمَا كُنتَ تَرْجُوٓا۟ أَن يُلْقَىٰٓ إِلَيْكَ ٱلْكِتَـٰبُ إِلَّا رَحْمَةً مِّن رَّبِّكَ ۖ فَلَا تَكُونَنَّ
ظَهِيرًا لِّلْكَـٰفِرِينَ ﴿٨٦﴾

86. Wa má kunta tarjú ai yulqá ilaikal Kitábu illá rahmatan mir Rabbika falá takúnanna zahíral lil káfirín

86. E não esperavas que te fosse revelado o Livro; foi-o, devido à misericórdia do teu Senhor. Não sirvas, pois, de amparo aos incrédulos!

وَلَا يَصُدُّنَّكَ عَنْ ءَايَـٰتِ ٱللَّهِ بَعْدَ إِذْ أُنزِلَتْ إِلَيْكَ ۖ وَٱدْعُ إِلَىٰ رَبِّكَ ۖ وَلَا تَكُونَنَّ مِنَ
ٱلْمُشْرِكِينَ ﴿٨٧﴾

87. Wa lá yasuddunnaka 'an Áyátil láhi ba'da iz unzilat ilaika wad'u ilá Rabbika wa lá takúnanna minal muchrikín

87. Que jamais te afastem dos versículos de Deus, uma vez que te foram revelados; admoesta (os humanos) quanto ao teu Senhor, e não sejas um daqueles que (Lhe) atribuem parceiros.

وَلَا تَدْعُ مَعَ ٱللَّهِ إِلَـٰهًا ءَاخَرَ ۘ لَآ إِلَـٰهَ إِلَّا هُوَ ۚ كُلُّ شَىْءٍ هَالِكٌ إِلَّا وَجْهَهُۥ ۚ لَهُ ٱلْحُكْمُ
وَإِلَيْهِ تُرْجَعُونَ ﴿٨٨﴾

88. Wa lá tad'u ma'al láhi iláhan ákhar; lá iláha illá Hú; kullu chai'in hálikun illá Wajhah; lahul hukkmu wa ilaihi turja'ún

88. E não invoques, à semelhança de Deus, outra divindade, porque não há mais divindade além d'Ele! Tudo perecerá, exceto o Seu Rosto! Seu é o Juízo, e a Ele retornareis (todos)!

سُورَةُ العَنكَبُوت

Surat Al 'Ankabout

Surat 29. *Al 'Ankabout* – A Aranha. Revelada em Makka, 69 versículos, com exceção dos versículos 1-11, que foram revelados em Madina
Versículos utilizados para o juzi 20 do 1 até o versículo 45

بِسۡمِ ٱللَّهِ ٱلرَّحۡمَٰنِ ٱلرَّحِيمِ

Bismilláhir Rahmánir Rahím

Em nome de Deus, o Clemente, o Misericordioso

الٓمٓ ﴿١﴾

1. ۞ *Alif Lam Mim*
1. Alef, Lam, Mim.

أَحَسِبَ ٱلنَّاسُ أَن يُتۡرَكُوٓاْ أَن يَقُولُوٓاْ ءَامَنَّا وَهُمۡ لَا يُفۡتَنُونَ ﴿٢﴾

2. *Ahasiban násu an yutrakú an yaqúlú ámanná wa hum la yuftanún*
2. Porventura, pensam os humanos que serão deixados em paz, só porque dizem: Cremos!, sem serem postos à prova?

وَلَقَدۡ فَتَنَّا ٱلَّذِينَ مِن قَبۡلِهِمۡۖ فَلَيَعۡلَمَنَّ ٱللَّهُ ٱلَّذِينَ صَدَقُواْ وَلَيَعۡلَمَنَّ ٱلۡكَٰذِبِينَ ﴿٣﴾

3. *Wa laqad fatannal lazína min qablihim fala láhul lazína sadaqú wa la ya'lamannal kázibín*
3. Havíamos testado os seus antecessores, a fim de que Deus distinguisse os leais dos impostores.

أَمۡ حَسِبَ ٱلَّذِينَ يَعۡمَلُونَ ٱلسَّيِّـَٔاتِ أَن يَسۡبِقُونَاۚ سَآءَ مَا يَحۡكُمُونَ ﴿٤﴾

4. *Am hasibal lazína ya'malúnas sayyiáti an yasbiqúná; sá'a má yahkumún*
4. Crím, acaso, os malfeitores, que poderão iludir-Nos? Quão péssimo é o que julgam!

مَن كَانَ يَرۡجُواْ لِقَآءَ ٱللَّهِ فَإِنَّ أَجَلَ ٱللَّهِ لَأٓتٖۚ وَهُوَ ٱلسَّمِيعُ ٱلۡعَلِيمُ ﴿٥﴾

5. *Man kána yarjú liqá'al láhi fa inna ajalal láhi la'át; wa Huwas Samíul 'Alím*
5. Quanto àquele que anela o comparecimento ante Deus, saiba que certamente o destino prefixado, por Ele, é inexorável, porque Ele é o Oniouvinte, o Sapientíssimo.

وَمَن جَٰهَدَ فَإِنَّمَا يُجَٰهِدُ لِنَفۡسِهِۦٓۚ إِنَّ ٱللَّهَ لَغَنِيٌّ عَنِ ٱلۡعَٰلَمِينَ ﴿٦﴾

سُورَةُ العَنكَبُوتِ

Surat Al 'Ankabout

6. Wa man jáhada fainnamá yujáhidu linafsih; innal láha laghaniyyun 'anil 'álamín

6. Quanto àquele que lutar pela causa de Deus, fá-lo-á em benefício próprio; porém, sabei que Deus pode prescindir de toda a humanidade.

وَٱلَّذِينَ ءَامَنُوا۟ وَعَمِلُوا۟ ٱلصَّـٰلِحَـٰتِ لَنُكَفِّرَنَّ عَنْهُمْ سَيِّـَٔاتِهِمْ وَلَنَجْزِيَنَّهُمْ أَحْسَنَ ٱلَّذِى
كَانُوا۟ يَعْمَلُونَ ﴿٧﴾

7. Wallazína ámanú wa 'amilus sálihátti lanukaffiranna 'anhum saiyiátihim wa lanajziyannahum ahsanal lazí kaanú ya'malún

7. Quanto aos crentes que praticam o bem, saibam que os absolveremos das suas faltas e os recompensaremos com algo superior ao que houverem feito.

وَوَصَّيْنَا ٱلْإِنسَـٰنَ بِوَٰلِدَيْهِ حُسْنًا ۖ وَإِن جَـٰهَدَاكَ لِتُشْرِكَ بِى مَا لَيْسَ لَكَ بِهِۦ عِلْمٌ فَلَا
تُطِعْهُمَآ ۚ إِلَىَّ مَرْجِعُكُمْ فَأُنَبِّئُكُم بِمَا كُنتُمْ تَعْمَلُونَ ﴿٨﴾

8. Wa wassainal insána biwálidaihi husnan wa in jáhadáka lituchrika bí má laisa laka bihí 'ilmun falá tuti'humá; ilaiya marji'ukum fa unabbi'ukum bimá kuntum ta'malún

8. E recomendamos ao homem benevolência para com seus pais; porém, se te forçarem a associar-Me ao que não conheces, não lhes obedeças. Sabei (todos vós) que o vosso retorno será a Mim, e, então, inteirar-vos-ei de tudo quanto houverdes feito.

وَٱلَّذِينَ ءَامَنُوا۟ وَعَمِلُوا۟ ٱلصَّـٰلِحَـٰتِ لَنُدْخِلَنَّهُمْ فِى ٱلصَّـٰلِحِينَ ﴿٩﴾

9. Wallazína ámanú wa'amilus sálihati lanudkhilannahum fis sálihín

9. Quanto aos crentes que praticam o bem, admiti-los-emos entre os virtuosos.

وَمِنَ ٱلنَّاسِ مَن يَقُولُ ءَامَنَّا بِٱللَّهِ فَإِذَآ أُوذِىَ فِى ٱللَّهِ جَعَلَ فِتْنَةَ ٱلنَّاسِ كَعَذَابِ ٱللَّهِ
وَلَئِن جَآءَ نَصْرٌ مِّن رَّبِّكَ لَيَقُولُنَّ إِنَّا كُنَّا مَعَكُمْ ۚ أَوَلَيْسَ ٱللَّهُ بِأَعْلَمَ بِمَا فِى
صُدُورِ ٱلْعَـٰلَمِينَ ﴿١٠﴾

10. Wa minan nási man yaqúlu sáliháti ámanná billáhi fa'izá úziya fil láhi ja'ala fitnatan nási ka'azábil láhi wa la'in já'a nasrum mir Rabbika la yaqúlunna inná kunná ma'akum; awa laisal láhu bi a'lama bimá fí sudúril 'álamín

10. Entre os humanos há aqueles que dizem: Cremos em Deus! Porém, quando são afligidos (devido à luta) pela causa de Deus, equiparam a opressão do homem ao

castigo de Deus. E quando lhes chega algum socorro, da parte do teu Senhor, dizem: Em verdade, estávamos convosco! Acaso Deus não sabe melhor do que ninguém tudo quanto encerram os corações das criaturas?

وَلَيَعْلَمَنَّ ٱللَّهُ ٱلَّذِينَ ءَامَنُواْ وَلَيَعْلَمَنَّ ٱلْمُنَٰفِقِينَ ﴿١١﴾

11. Wa la ya'lamannal láhul lazína ámanú wa la ya'lamannal munáfiquin

11. E certamente Deus conhece tanto os crentes quanto os hipócritas.

وَقَالَ ٱلَّذِينَ كَفَرُواْ لِلَّذِينَ ءَامَنُواْ ٱتَّبِعُواْ سَبِيلَنَا وَلْنَحْمِلْ خَطَٰيَٰكُمْ وَمَا هُم
بِحَٰمِلِينَ مِنْ خَطَٰيَٰهُم مِّن شَىْءٍ إِنَّهُمْ لَكَٰذِبُونَ ﴿١٢﴾

12. Wa qálal lazína kafarú lillazína ámanut tabi'ú sabílaná walnahmil khatáyákum wa má hum bihámilína min khatáyáhum min chai'in innahum lakázibún

12. E os incrédulos dizem aos crentes: Segui a nossa senda, e nos responsabilizaremos por vossas faltas! Qual! Não podem nem se responsabilizar pelas suas faltas, porque são impostores!

وَلَيَحْمِلُنَّ أَثْقَالَهُمْ وَأَثْقَالًا مَّعَ أَثْقَالِهِمْ وَلَيُسْـَٔلُنَّ يَوْمَ ٱلْقِيَٰمَةِ عَمَّا كَانُواْ
يَفْتَرُونَ ﴿١٣﴾

13. Wa layahmilunna açqálahum wa açqálam ma'a açqálihim wa la yus'alunna Yaumal Quiyámati 'ammá kánú yaftarún

13. Certamente arcarão com o seu peso, assim como outros pesos além do seu; e no Dia da Ressurreição serão interrogados sobre tudo quanto houverem forjado.

وَلَقَدْ أَرْسَلْنَا نُوحًا إِلَىٰ قَوْمِهِۦ فَلَبِثَ فِيهِمْ أَلْفَ سَنَةٍ إِلَّا خَمْسِينَ عَامًا فَأَخَذَهُمُ
ٱلطُّوفَانُ وَهُمْ ظَٰلِمُونَ ﴿١٤﴾

14. Wa laqad arsalná Nuhan ilá qaumihí falabça fíhim alfa sanatin illá khamsína 'áman fa akhazahumut túfánu wa hum zálimún

14. Enviamos Noé ao seu povo; permaneceu entre eles mil anos menos cinquenta, e o dilúvio surpríndeu esse povo em sua plena falsidade.

فَأَنجَيْنَٰهُ وَأَصْحَٰبَ ٱلسَّفِينَةِ وَجَعَلْنَٰهَآ ءَايَةً لِّلْعَٰلَمِينَ ﴿١٥﴾

15. Fa anjaináhu wa ashábas safínati wa ja'alnáhá Áyatal lil'álamín

15. E o salvamos, juntamente com os ocupantes da arca, e fizemos dela um sinal para a humanidade.

وَإِبْرَٰهِيمَ إِذْ قَالَ لِقَوْمِهِ ٱعْبُدُوا۟ ٱللَّهَ وَٱتَّقُوهُ ذَٰلِكُمْ خَيْرٌ لَّكُمْ إِن كُنتُمْ تَعْلَمُونَ ﴿١٦﴾

16. Wa Ibrahíma iz qála liqaumihi' I'budul láha wattaqúhu zálikum khayrul lakum in kuntum ta'lamún

16. E recorda-te de Abraão, quando disse ao seu povo: Adorai a Deus e temei-O! Isso será melhor para vós, se o comprîndeis!

إِنَّمَا تَعْبُدُونَ مِن دُونِ ٱللَّهِ أَوْثَٰنًا وَتَخْلُقُونَ إِفْكًا ۚ إِنَّ ٱلَّذِينَ تَعْبُدُونَ مِن دُونِ ٱللَّهِ لَا يَمْلِكُونَ لَكُمْ رِزْقًا فَٱبْتَغُوا۟ عِندَ ٱللَّهِ ٱلرِّزْقَ وَٱعْبُدُوهُ وَٱشْكُرُوا۟ لَهُۥٓ ۖ إِلَيْهِ تُرْجَعُونَ ﴿١٧﴾

17. Innamá ta'budúna min dúnil láhi awsánan-wa takhluqúna ifká; innal lazína ta'budúna min dúnil láhi lá yamlikúna lakum rizqan fabtaghú 'indal láhir rizqa wa'budúhu wachkurú lahú ilaihi turja'ún

17. Certamente, adorais ídolos, em vez de Deus, e inventais calúnias! Em verdade, os que adorais, em vez de Deus, não podem proporcionar-vos sustento. Procurai, pois, o sustento junto a Deus, adorai-O e agradecei-Lhe, porque a Ele retornareis.

وَإِن تُكَذِّبُوا۟ فَقَدْ كَذَّبَ أُمَمٌ مِّن قَبْلِكُمْ ۖ وَمَا عَلَى ٱلرَّسُولِ إِلَّا ٱلْبَلَٰغُ ٱلْمُبِينُ ﴿١٨﴾

18. Wa in tukazzibú faqad kazzaba umamum min qablikum wa má 'alar Rassúli illal balághul mubín

18. E se rejeitardes (a Mensagem), sabei que outras gerações, anteriores a vós, desmentiram (seus mensageiros). E ao mensageiro só incumbe a proclamação da lúcida mensagem.

أَوَلَمْ يَرَوْا۟ كَيْفَ يُبْدِئُ ٱللَّهُ ٱلْخَلْقَ ثُمَّ يُعِيدُهُۥٓ ۚ إِنَّ ذَٰلِكَ عَلَى ٱللَّهِ يَسِيرٌ ﴿١٩﴾

19. Awa lam yarau kaifa yubdi'ul láhul khalqa summa yu'íduh; inna zálika 'alal láhi yasír

19. Não reparam, acaso, em como Deus origina a criação e logo a reproduz? Em verdade, isso é fácil a Deus.

قُلْ سِيرُوا۟ فِى ٱلْأَرْضِ فَٱنظُرُوا۟ كَيْفَ بَدَأَ ٱلْخَلْقَ ۚ ثُمَّ ٱللَّهُ يُنشِئُ ٱلنَّشْأَةَ ٱلْـَٔاخِرَةَ ۚ إِنَّ ٱللَّهَ عَلَىٰ كُلِّ شَىْءٍ قَدِيرٌ ﴿٢٠﴾

20. Qul sírú fil ardhi fanzurú kaifa bada'al khalqa çumma lláhu yunchi'un nachatal Aakhira; innal láha 'alá kulli chai'in Qadír

20. Dize-lhes: Percorrei a terra e contemplai como Deus origina a criação; assim sendo, Deus pode produzir outra criação, porque Deus é Onipotente.

يُعَذِّبُ مَن يَشَآءُ وَيَرْحَمُ مَن يَشَآءُ ۖ وَإِلَيْهِ تُقْلَبُونَ ﴿٢١﴾

21. Yu'azzibu man yachá'u wa yar<u>h</u>amu yachá'; wa ilaihi tuqlabún

21. Ele castiga a quem deseja e Se apieda de quem Lhe apraz, e a Ele retornareis.

وَمَآ أَنتُم بِمُعْجِزِينَ فِى ٱلْأَرْضِ وَلَا فِى ٱلسَّمَآءِ ۖ وَمَا لَكُم مِّن دُونِ ٱللَّهِ مِن وَلِىٍّ وَلَا نَصِيرٍ ﴿٢٢﴾

22. Wa má antum bimu'jizína fil ardhi wa lá fissamá'i wa má lakum min dúnil láhi min waliyyin wa lá nasír

22. Não podereis frustrar (os Planos de Deus), tanto na terra como no céu, e além de Deus não tereis protetor nem defensor algum!

وَٱلَّذِينَ كَفَرُوا۟ بِـَٔايَـٰتِ ٱللَّهِ وَلِقَآئِهِۦٓ أُو۟لَـٰٓئِكَ يَئِسُوا۟ مِن رَّحْمَتِى وَأُو۟لَـٰٓئِكَ لَهُمْ عَذَابٌ أَلِيمٌ ﴿٢٣﴾

23. Wallazína kafarú bi Áyátil láhi wa liqá'ihí ulá'ika ya'isú mir ra<u>h</u>matí wa ulá'ika lahum 'azábun alím

23. Quanto àqueles que negam os versículos de Deus e o comparecimento ante Ele, esses desesperarão por Minha clemência e sofrerão um doloroso castigo.

فَمَا كَانَ جَوَابَ قَوْمِهِۦٓ إِلَّآ أَن قَالُوا۟ ٱقْتُلُوهُ أَوْ حَرِّقُوهُ فَأَنجَىٰهُ ٱللَّهُ مِنَ ٱلنَّارِ ۚ إِنَّ فِى ذَٰلِكَ لَـَٔايَـٰتٍ لِّقَوْمٍ يُؤْمِنُونَ ﴿٢٤﴾

24. Famá kána jawába qaumihí illá an qálu qtulúhu au <u>h</u>arriqúhu fa anjáhul láhu minan nár; inna fí zálika la Áyátil liqaumin yu'minún

24. Porém, a única resposta do seu povo (de Abraão) foi: Matai-o e queimai-o! Mas Deus o salvou do fogo. Certamente, nisso há sinais para os crentes.

وَقَالَ إِنَّمَا ٱتَّخَذۡتُم مِّن دُونِ ٱللَّهِ أَوۡثَٰنٗا مَّوَدَّةَ بَيۡنِكُمۡ فِي ٱلۡحَيَوٰةِ ٱلدُّنۡيَاۖ ثُمَّ يَوۡمَ
ٱلۡقِيَٰمَةِ يَكۡفُرُ بَعۡضُكُم بِبَعۡضٖ وَيَلۡعَنُ بَعۡضُكُم بَعۡضٗا وَمَأۡوَىٰكُمُ
ٱلنَّارُ وَمَا لَكُم مِّن نَّٰصِرِينَ ٢٥

25. Wa qála innamat takhaztum min dúnil láhi auçánam mawaddata bainikum fil hayátid dunyá çumma Yaumal Quiyámati yakfuru ba'dhhukum biba'dhin wa yal'anu ba'dhukum ba'dhan wa ma'wákumun Náru wa má lakum min násirín

25. E ele lhes disse: Só haveis adotado ídolos em vez de Deus, por causa do amor entre vós, e consideração quanto a esta vida terrena; eis que, no Dia da Ressurreição, negar-vos-eis e vos amaldiçoareis reciprocamente; e vossa morada será o fogo, e jamais tereis socorredores.

۞ فَـَٔامَنَ لَهُۥ لُوطٞۘ وَقَالَ إِنِّي مُهَاجِرٌ إِلَىٰ رَبِّيٓۖ إِنَّهُۥ هُوَ ٱلۡعَزِيزُ ٱلۡحَكِيمُ ٢٦

26. ۞ *Fa ámana lahú Lút; wa qála inní muhajirun ilá Rabbí innahú Huwal 'Azízul Hakím*

26. Lot acreditou nele. Ele disse: Em verdade, emigrarei para o meu Senhor, porque Ele é o Poderoso, o Prudentíssimo.

وَوَهَبۡنَا لَهُۥٓ إِسۡحَٰقَ وَيَعۡقُوبَ وَجَعَلۡنَا فِي ذُرِّيَّتِهِ ٱلنُّبُوَّةَ وَٱلۡكِتَٰبَ وَءَاتَيۡنَٰهُ أَجۡرَهُۥ فِي
ٱلدُّنۡيَاۖ وَإِنَّهُۥ فِي ٱلۡأٓخِرَةِ لَمِنَ ٱلصَّٰلِحِينَ ٢٧

27. Wa wahabná lahú Isháqa wa Ya'cúba wa ja'alná fí zurriyyatihin Nubuwwata wal Kitába wa átaináhu ajrahú fid dunyá wa innahú fil ákhirati laminas sálihín

27. E o agraciamos com Isaac e Jacó, e designamos, para a sua prole, a profecia e o Livro; concedemos-lhe a sua recompensa neste mundo e, no Outro, contar-se-á entre os virtuosos.

وَلُوطًا إِذۡ قَالَ لِقَوۡمِهِۦٓ إِنَّكُمۡ لَتَأۡتُونَ ٱلۡفَٰحِشَةَ مَا سَبَقَكُم بِهَا مِنۡ
أَحَدٖ مِّنَ ٱلۡعَٰلَمِينَ ٢٨

28. Wa Lútan iz qála liqaumihí innakum la ta'túnal fáhichata má sabaqakum bihá min ahadin minal 'álamín

سُورَةُ العَنكَبُوتِ

Surat Al 'Ankabout

28. E de quando Lot disse ao seu povo: Verdadeiramente, cometeis obscenidades que ninguém no mundo cometeu, antes de vós.

أَئِنَّكُمْ لَتَأْتُونَ ٱلرِّجَالَ وَتَقْطَعُونَ ٱلسَّبِيلَ وَتَأْتُونَ فِي نَادِيكُمُ ٱلْمُنكَرَ ۖ فَمَا كَانَ جَوَابَ قَوْمِهِۦٓ إِلَّآ أَن قَالُوا۟ ٱئْتِنَا بِعَذَابِ ٱللَّهِ إِن كُنتَ مِنَ ٱلصَّـٰدِقِينَ ﴿٢٩﴾

29. A'innakum la ta'túnar rijála wa taqta'únas sabíla wa ta'túna fí nádikumul munkara famá kána jawába qaumihí illá an qálu' tiná bi'azábil láhi in kunta minas sádiquin

29. Vós vos aproximais dos homens, assaltais as estadas e, em vossos ajuntamentos, cometeis o ilícito! Porém, a única resposta do seu povo foi: Manda-nos o castigo de Deus, se estiveres certo.

قَالَ رَبِّ ٱنصُرْنِي عَلَى ٱلْقَوْمِ ٱلْمُفْسِدِينَ ﴿٣٠﴾

30. Qála Rabbin surní 'alal qaumil mufsidín

30. Disse: Ó Senhor meu, concede-me a vitória sobre o povo dos corruptores!

وَلَمَّا جَآءَتْ رُسُلُنَآ إِبْرَٰهِيمَ بِٱلْبُشْرَىٰ قَالُوٓا۟ إِنَّا مُهْلِكُوٓا۟ أَهْلِ هَـٰذِهِ ٱلْقَرْيَةِ ۖ إِنَّ أَهْلَهَا كَانُوا۟ ظَـٰلِمِينَ ﴿٣١﴾

31. Wa lammá já'at Russuluná Ibráhíma bil buchrá qálú inná muhlikú ahli házihil qaryati inna ahlahá kánú zálimín

31. E quando os Nossos mensageiros (angelicais) levaram a Abraão o anúncio de boas-novas, disseram: Em verdade, exterminaremos os moradores desta cidade, porque eles são injustos.

قَالَ إِنَّ فِيهَا لُوطًا ۚ قَالُوا۟ نَحْنُ أَعْلَمُ بِمَن فِيهَا ۖ لَنُنَجِّيَنَّهُۥ وَأَهْلَهُۥٓ إِلَّا ٱمْرَأَتَهُۥ كَانَتْ مِنَ ٱلْغَـٰبِرِينَ ﴿٣٢﴾

32. Qála inna fíha Lútá; qálú nahnu a'lamu biman fíhá lanunajjiyannahú wa ahlahú illa mrátahú kánat minal ghábirín

32. Disse-lhes: Sabei que Lot vive nela. Disseram-lhe: Nós bem sabemos quem nela está; e sem dúvida que o salvaremos, juntamente com os seus familiares, exceto a sua mulher, que se contará entre os deixados para trás.

سُورَةُ العَنكَبُوتِ

Surat Al 'Ankabout

وَلَمَّآ أَن جَآءَتۡ رُسُلُنَا لُوطٗا سِيٓءَ بِهِمۡ وَضَاقَ بِهِمۡ ذَرۡعٗا وَقَالُواْ لَا تَخَفۡ
وَلَا تَحۡزَنۡ إِنَّا مُنَجُّوكَ وَأَهۡلَكَ إِلَّا ٱمۡرَأَتَكَ كَانَتۡ مِنَ ٱلۡغَٰبِرِينَ ٣٣

33. Wa lammá an já'at Russuluná Lútan sí'a bihim wa dháqa bihim zar'an wa qálú lá takhaf wa lá tahzan inná munajjúka wa ahlaka illa mrátaka kánat minal ghábirín

33. E quando Nossos mensageiros se apresentaram a Lot, este se angustiou por causa deles e por sua própria impotência em os defender. Disseram-lhe: Não temas, nem te aflijas, porque te salvaremos, juntamente com a tua família, exceto a tua mulher, que se contará entre os deixados para trás

إِنَّا مُنزِلُونَ عَلَىٰٓ أَهۡلِ هَٰذِهِ ٱلۡقَرۡيَةِ رِجۡزٗا مِّنَ ٱلسَّمَآءِ بِمَا كَانُواْ يَفۡسُقُونَ ٣٤

34. Inná munzilúna 'alá ahli házihil qaryati rijzan minas samá'i bimá kánú yafsuqún

34. Sabei que desencadearemos sobre os moradores desta cidade um castigo do céu, por sua depravação.

وَلَقَد تَّرَكۡنَا مِنۡهَآ ءَايَةَۢ بَيِّنَةٗ لِّقَوۡمٖ يَعۡقِلُونَ ٣٥

35. Wa laqad tarakná min-há áyatan baiyinatan liqaumin ya'quilún

35. E, daquilo, deixamos um sinal para os sensatos.

وَإِلَىٰ مَدۡيَنَ أَخَاهُمۡ شُعَيۡبٗا فَقَالَ يَٰقَوۡمِ ٱعۡبُدُواْ ٱللَّهَ وَٱرۡجُواْ ٱلۡيَوۡمَ ٱلۡأٓخِرَ
وَلَا تَعۡثَوۡاْ فِي ٱلۡأَرۡضِ مُفۡسِدِينَ ٣٦

36. Wa ilá Madyana akháhum Chu'ayban faqála yá qaumi i'budul láha warjul yaumal ákhira wa lá ta'çau fil ardi mufsidín

36. E enviamos aos madianitas seu irmão, Xu'aib (Jetro), que lhes disse: Ó povo meu, adorai a Deus, temei o Dia do Juízo Final, e não injurieis na terra, corrompendo-a!

فَكَذَّبُوهُ فَأَخَذَتۡهُمُ ٱلرَّجۡفَةُ فَأَصۡبَحُواْ فِي دَارِهِمۡ جَٰثِمِينَ ٣٧

37. Fakazzabúhu fa akhazathumur rajfatu fa asbahú fí dárihim jácimín

37. Porém, desmentiram-no, e a centelha os fulminou, e a manhã encontrou-os jacentes em seus lares.

وَعَادٗا وَثَمُودَاْ وَقَد تَّبَيَّنَ لَكُم مِّن مَّسَٰكِنِهِمۡۖ وَزَيَّنَ لَهُمُ
ٱلشَّيۡطَٰنُ أَعۡمَٰلَهُمۡ فَصَدَّهُمۡ عَنِ ٱلسَّبِيلِ وَكَانُواْ مُسۡتَبۡصِرِينَ ٣٨

38. Wa 'Ádan wa Çamúda wa qad tabaiyana lakum min masákinihim wa zaiyana lahumuch Chaitánu a'málahum fasaddahum 'anis sabíli wa kánú mustabsirín

38. E aniquilamos o povo de 'Ad e o de Samud, como atestam (as ruínas de) suas casas, porque Satanás lhes abrilhantou as ações e os desencaminhou da (verdadeira) senda, apesar de serem espertos.

وَقَٰرُونَ وَفِرۡعَوۡنَ وَهَٰمَٰنَۖ وَلَقَدۡ جَآءَهُم مُّوسَىٰ بِٱلۡبَيِّنَٰتِ فَٱسۡتَكۡبَرُواْ
فِي ٱلۡأَرۡضِ وَمَا كَانُواْ سَٰبِقِينَ ٣٩

39. Wa Qárúna wa Fir'auna wa Hámána wa laqad já'ahum Mussá bilbaiyináti fastakbarú fil ardhi wa má kánú sábiquin

39. E (recorda-te de) Carun, (do) Faraó e (de) Haman. Moisés lhes apresentou as evidências, e eles se ensoberbeceram na terra, mas não puderam iludir(-Nos).

فَكُلًّا أَخَذۡنَا بِذَنۢبِهِۦۖ فَمِنۡهُم مَّنۡ أَرۡسَلۡنَا عَلَيۡهِ حَاصِبٗا وَمِنۡهُم مَّنۡ أَخَذَتۡهُ
ٱلصَّيۡحَةُ وَمِنۡهُم مَّنۡ خَسَفۡنَا بِهِ ٱلۡأَرۡضَ وَمِنۡهُم مَّنۡ أَغۡرَقۡنَاۚ وَمَا
كَانَ ٱللَّهُ لِيَظۡلِمَهُمۡ وَلَٰكِن كَانُوٓاْ أَنفُسَهُمۡ يَظۡلِمُونَ ٤٠

40. Fakullan akhazná bi zanbihí famin-hum man arsalná 'alaihi <u>h</u>ásibá; wa min-hum man akhazathus sai<u>h</u>atu wa min-hum man khasafná bihil ardha wa min-hum man aghraqná; wa má kánal láhu li yazlimahum wa lákin kánú anfusahum yazlimún

40. Porém, castigamos cada um, por seus pecados; sobre alguns deles desencadeamos um furacão; a outros, fulminou-os o estrondo; a outros, fizemo-los serem tragados pela terra e, a outros, afogamo-los. É inconcebível que Deus os houvesse condenado; outrossim, condenaram-se a si mesmos.

مَثَلُ ٱلَّذِينَ ٱتَّخَذُواْ مِن دُونِ ٱللَّهِ أَوۡلِيَآءَ كَمَثَلِ ٱلۡعَنكَبُوتِ ٱتَّخَذَتۡ
بَيۡتٗاۖ وَإِنَّ أَوۡهَنَ ٱلۡبُيُوتِ لَبَيۡتُ ٱلۡعَنكَبُوتِۖ لَوۡ كَانُواْ يَعۡلَمُونَ ٤١

41. Maçalul lazínat takhazú min dúnil láhi auliyá'a kamaçalil 'ankabout, ittakhazat baitá; wa inna auhanal buyúti la baitul 'ankabout; lau kánú ya'lamún

41. O exemplo daqueles que adotam protetores, em vez de Deus, é igual ao da aranha, que constrói a sua própria casa; por certo que a mais frágil das casas é a teia de aranha. Se o soubessem!

سُورَةُ العَنكَبُوتِ

Surat Al 'Ankabout

إِنَّ ٱللَّهَ يَعۡلَمُ مَا يَدۡعُونَ مِن دُونِهِۦ مِن شَيۡءٖۚ وَهُوَ ٱلۡعَزِيزُ ٱلۡحَكِيمُ ﴿٤٢﴾

42. Innal láha ya'lamu má yad'úna min dúnihí min chai'; wa Huwal 'Azízul Hakim

42. Em verdade, Deus sabe que nada significa o que invocam em vez d'Ele, e Ele é o Poderoso, o Prudentíssimo.

وَتِلۡكَ ٱلۡأَمۡثَٰلُ نَضۡرِبُهَا لِلنَّاسِۖ وَمَا يَعۡقِلُهَآ إِلَّا ٱلۡعَٰلِمُونَ ﴿٤٣﴾

43. Wa tilkal amçálu nadhribuhá linnási wa má ya'quiluhá illal 'álimún

43. E estas parábolas, citamo-las aos humanos; porém, só os sensatos as compreendem.

خَلَقَ ٱللَّهُ ٱلسَّمَٰوَٰتِ وَٱلۡأَرۡضَ بِٱلۡحَقِّۚ إِنَّ فِي ذَٰلِكَ لَأٓيَةٗ لِّلۡمُؤۡمِنِينَ ﴿٤٤﴾

44. Khalaqal láhus samáwáti wal ardha bilhaqq; inna fí zálika la áyatan lil mu'minín

44. Deus criou os céus e a terra com prudência; certamente, nisto há um sinal para os crentes.

ٱتۡلُ مَآ أُوحِيَ إِلَيۡكَ مِنَ ٱلۡكِتَٰبِ وَأَقِمِ ٱلصَّلَوٰةَۖ إِنَّ ٱلصَّلَوٰةَ تَنۡهَىٰ عَنِ
ٱلۡفَحۡشَآءِ وَٱلۡمُنكَرِۗ وَلَذِكۡرُ ٱللَّهِ أَكۡبَرُۗ وَٱللَّهُ يَعۡلَمُ مَا تَصۡنَعُونَ ﴿٤٥﴾

45. Utlu má úhiya ilaika minal Kitábi wa aquimis Saláta innas Saláta tan-há 'anil fahchá'i wal munkar; wa lazikrul láhi akbar; wal láhu ya'lamu má tasna'ún

45. Recita o que te foi revelado do Livro e observa a oração, porque a oração preserva (o homem) da obscenidade e do ilícito; mas, na verdade, a recordação de Deus é a (coisa) mais importante. Sabei que Deus está ciente de tudo quanto fazeis.

(Fim do Juzi 20)

سُورَةُ العَنكبُوت

Surat Al 'Ankabout

Juzi 21

Surat 29. *Al-Ankabout* (A Aranha) Revelada em Makka, à partir do versículo 46 até versículo 69

۞ وَلَا تُجَٰدِلُوٓاْ أَهۡلَ ٱلۡكِتَٰبِ إِلَّا بِٱلَّتِي هِيَ أَحۡسَنُ إِلَّا ٱلَّذِينَ ظَلَمُواْ مِنۡهُمۡۖ
وَقُولُوٓاْ ءَامَنَّا بِٱلَّذِيٓ أُنزِلَ إِلَيۡنَا وَأُنزِلَ إِلَيۡكُمۡ وَإِلَٰهُنَا وَإِلَٰهُكُمۡ وَٰحِدٞ وَنَحۡنُ لَهُۥ
مُسۡلِمُونَ ﴿٤٦﴾

46. ۞ Wa lá tujádilú Ahlal Kitábi illá billatí hiya ahsanu illal lazína zalamú minhum wa qúlú ámanná billazí unzila ilainá wa unzila ilaikum wa illáhunna wa ilahukum wáhidun wa nahnu lahú muslimún

46. E não disputeis com os adeptos do Livro, senão da melhor forma, exceto com os injustos, dentre eles. Dizei-lhes: Cremos no que nos foi revelado, assim como no que vos foi revelado antes; nosso Deus e o vosso são Um e a Ele nos submetemos.

وَكَذَٰلِكَ أَنزَلۡنَآ إِلَيۡكَ ٱلۡكِتَٰبَۚ فَٱلَّذِينَ ءَاتَيۡنَٰهُمُ ٱلۡكِتَٰبَ يُؤۡمِنُونَ بِهِۦۖ وَمِنۡ
هَٰٓؤُلَآءِ مَن يُؤۡمِنُ بِهِۦۚ وَمَا يَجۡحَدُ بِـَٔايَٰتِنَآ إِلَّا ٱلۡكَٰفِرُونَ ﴿٤٧﴾

47. Wa kazálika anzalná ilaikal Kitáb; fallazína átainàhumul kitába yu'minúna bihí wa min há'ulá'i man yu'minu bih; wa má yajhadu bi 'Áyátiná illal káfirún

47. E assim te revelamos o Livro. Aqueles a quem concedemos o Livro, creem nele e também entre estes (árabes idólatras) há os que nele creem; e ninguém, salvo os incrédulos, nega os Nossos sinais.

وَمَا كُنتَ تَتۡلُواْ مِن قَبۡلِهِۦ مِن كِتَٰبٖ وَلَا تَخُطُّهُۥ بِيَمِينِكَۖ إِذٗا لَّٱرۡتَابَ
ٱلۡمُبۡطِلُونَ ﴿٤٨﴾

48. Wa má kunta tatlú min qablihí min kitábin wa lá takhuttuhú bi yamínika izal lartábal mubtilún

48. E nunca recitaste livro algum antes deste, nem o transcreveste com a tua mão direita; caso contrário, os difamadores teriam duvidado.

سُورَةُ العَنكَبُوت

Surat Al 'Ankabout

بَلْ هُوَ ءَايَٰتٌۢ بَيِّنَٰتٌ فِى صُدُورِ ٱلَّذِينَ أُوتُوا۟ ٱلْعِلْمَ ۚ وَمَا يَجْحَدُ بِـَٔايَٰتِنَآ إِلَّا
ٱلظَّٰلِمُونَ ﴿٤٩﴾

49. Bal huwa áyátum baiyinátun fí sudúril lazína útul 'ilm; wa má yajhadu bi áyátiná illaz zálimún

49. Qual! Ele encerra versículos esclarecedores, arraigados nos corações daqueles a quem foi dado o conhecimento e ninguém, salvo os injustos, nega os Nossos versículos.

وَقَالُوا۟ لَوْلَآ أُنزِلَ عَلَيْهِ ءَايَٰتٌ مِّن رَّبِّهِۦ ۖ قُلْ إِنَّمَا ٱلْءَايَٰتُ عِندَ ٱللَّهِ وَإِنَّمَآ
أَنَا۠ نَذِيرٌ مُّبِينٌ ﴿٥٠﴾

50. Wa qálú lau lá unzila 'alaihi áyátum mir Rabbihí qul innamal áyátu 'indal láhi wa innamá ana nazírum mubín

50. E dizem: Por que não lhe foram revelados uns sinais do seu Senhor? Respondelhes: Os sinais só estão com Deus; quanto a mim, sou somente um elucidativo admoestador.

أَوَلَمْ يَكْفِهِمْ أَنَّآ أَنزَلْنَا عَلَيْكَ ٱلْكِتَٰبَ يُتْلَىٰ عَلَيْهِمْ ۚ إِنَّ فِى ذَٰلِكَ
لَرَحْمَةً وَذِكْرَىٰ لِقَوْمٍ يُؤْمِنُونَ ﴿٥١﴾

51. Awa lam yakfihim anná anzalná 'alaikal kitába yutlá 'alaihim; inna fí zálika larahmatan wa zikrá liqaumin yu'minún

51. Não lhes basta, acaso, que te tenhamos revelado o Livro, que lhes é recitado? Em verdade, nisto há mercês e lembretes para os crentes.

قُلْ كَفَىٰ بِٱللَّهِ بَيْنِى وَبَيْنَكُمْ شَهِيدًا ۖ يَعْلَمُ مَا فِى ٱلسَّمَٰوَٰتِ
وَٱلْأَرْضِ ۗ وَٱلَّذِينَ ءَامَنُوا۟ بِٱلْبَٰطِلِ وَكَفَرُوا۟ بِٱللَّهِ أُو۟لَٰٓئِكَ هُمُ
ٱلْخَٰسِرُونَ ﴿٥٢﴾

52. Qul kafá billáhi bainí wa bainakum chahídá; ya'lamu má fis samáwáti wal ard; wallazína ámanú bil bátili wa kafarú billáhi ulá'ika humul khásirún

سُورَةُ العَنكَبُوتِ

Surat Al 'Ankabout

52. Dize-lhes: Basta-me Deus por testemunha, entre vós e mim. Ele conhece o que há nos céus e na terra. Aqueles que crerem nas vaidades e negarem Deus, serão os desventurados.

وَيَسْتَعْجِلُونَكَ بِٱلْعَذَابِ وَلَوْلَآ أَجَلٌ مُّسَمًّى لَّجَآءَهُمُ ٱلْعَذَابُ وَلَيَأْتِيَنَّهُم بَغْتَةً وَهُمْ لَا يَشْعُرُونَ ﴿٥٣﴾

53. Wa yasta'jilúnaka bil'azáb; wa lau lá ajalum musammá lajá'ahumul a'záb; wa la ya'tiannahum baghtatan wa hum lá yach'urún

53. Apressam-te com o castigo; porém, se não fosse pelo término prefixado, tê-los-ia açoitado o castigo; saibam eles que este os surpreenderá inopinadamente, sem que para isso estejam prevenidos.

يَسْتَعْجِلُونَكَ بِٱلْعَذَابِ وَإِنَّ جَهَنَّمَ لَمُحِيطَةٌۢ بِٱلْكَـٰفِرِينَ ﴿٥٤﴾

54. Yasta'jilúnaka bil'azáb; wa inna Jahannama la muhitatum bil káfirín

54. Apressam-te com o castigo; porém, certamente, o inferno cercará os incrédulos (por todos os lados).

يَوْمَ يَغْشَىٰهُمُ ٱلْعَذَابُ مِن فَوْقِهِمْ وَمِن تَحْتِ أَرْجُلِهِمْ وَيَقُولُ ذُوقُوا۟ مَا كُنتُمْ تَعْمَلُونَ ﴿٥٥﴾

55. Yauma yaghcháhumul 'azábu min fauquihim wa min tahti arjulihim wa yaqúlu zúqú má kuntum ta'malún

55. (Será) o dia em que o castigo os cobrirá por cima e por baixo; então, ser-lhes-á dito: Sofrei as consequências das vossas ações!

يَـٰعِبَادِىَ ٱلَّذِينَ ءَامَنُوٓا۟ إِنَّ أَرْضِى وَٰسِعَةٌ فَإِيَّـٰىَ فَٱعْبُدُونِ ﴿٥٦﴾

56. Yá 'ibádiyal lazína ámanú inna ardí wási'atun fa iyyáya fa'budún

56. Ó crentes, servos Meus, em verdade, a Minha terra é ampla. Adorai-Me, pois!

كُلُّ نَفْسٍ ذَآئِقَةُ ٱلْمَوْتِ ۖ ثُمَّ إِلَيْنَا تُرْجَعُونَ ﴿٥٧﴾

57. Kullu nafsin zá'iqatul mauti summa ilainá turja'ún

57. Toda a alma provará o gosto da morte; então, retornareis a Nós.

سُورَةُ العَنكَبُوتِ

Surat Al 'Ankabout

وَٱلَّذِينَ ءَامَنُواْ وَعَمِلُواْ ٱلصَّٰلِحَٰتِ لَنُبَوِّئَنَّهُم مِّنَ ٱلْجَنَّةِ غُرَفًا تَجْرِى مِن تَحْتِهَا
ٱلْأَنْهَٰرُ خَٰلِدِينَ فِيهَا ۚ نِعْمَ أَجْرُ ٱلْعَٰمِلِينَ ﴿٥٨﴾

58. Wallazína ámanú wa 'amilus sáli<u>h</u>áti la nubauwi'annahum minal Jannati ghurafan tajrí min ta<u>h</u>tihal anháru khálidína fíhá; ni'ma ajrul 'ámilín

58. Quanto aos crentes, que praticam o bem, dar-lhes-emos um lar no Paraíso, abaixo do qual correm rios, onde morarão eternamente. Quão excelente é a recompensa dos caritativos,

ٱلَّذِينَ صَبَرُواْ وَعَلَىٰ رَبِّهِمْ يَتَوَكَّلُونَ ﴿٥٩﴾

59. Allazína sabarú wa 'alá Rabbihim yatawakkalún

59. Que perseveram e confiam em seu Senhor!

وَكَأَيِّن مِّن دَآبَّةٍ لَّا تَحْمِلُ رِزْقَهَا ٱللَّهُ يَرْزُقُهَا وَإِيَّاكُمْ ۚ وَهُوَ ٱلسَّمِيعُ
ٱلْعَلِيمُ ﴿٦٠﴾

60. Wa ka'ayyim min dábbatil lá ta<u>h</u>milu rizqahá; alláhu yarzuquhá wa iyyákum; wa Huwas Samí'ul 'Alím

60. E quantas criaturas existem que não podem procurar o seu sustento! Deus as sustenta da mesma maneira que a vós, e Ele é o Oniouvinte, o Sapientíssimo!

وَلَئِن سَأَلْتَهُم مَّنْ خَلَقَ ٱلسَّمَٰوَٰتِ وَٱلْأَرْضَ وَسَخَّرَ ٱلشَّمْسَ وَٱلْقَمَرَ لَيَقُولُنَّ ٱللَّهُ ۖ
فَأَنَّىٰ يُؤْفَكُونَ ﴿٦١﴾

61. Wa la'in as'altahum man khalaqas samáwáti wal arda wa sakhkharach chamsa wal qamara la yaqúlunnal láhu fa anna yu'fakún

61. E se lhes perguntas: Quem criou os céus e a terra e submeteu o sol e a lua? Eles respondem: Deus! Então, por que se retraem?

ٱللَّهُ يَبْسُطُ ٱلرِّزْقَ لِمَن يَشَآءُ مِنْ عِبَادِهِۦ وَيَقْدِرُ لَهُۥٓ ۚ إِنَّ ٱللَّهَ بِكُلِّ شَىْءٍ
عَلِيمٌ ﴿٦٢﴾

62. Alláhu yabsutur rizqa limany yachá'u min 'ibádihí wa yaqdiru lah; innal láha bikulli chai'in 'Alím

62. Deus prodigaliza e restringe a subsistência a quem Lhe apraz, dentre os Seus servos, porque Deus é Onisciente.

وَلَئِن سَأَلْتَهُم مَّن نَّزَّلَ مِنَ ٱلسَّمَآءِ مَآءً فَأَحْيَا بِهِ ٱلْأَرْضَ مِنۢ بَعْدِ مَوْتِهَا
لَيَقُولُنَّ ٱللَّهُ ۚ قُلِ ٱلْحَمْدُ لِلَّهِ ۚ بَلْ أَكْثَرُهُمْ لَا يَعْقِلُونَ ﴿٦٣﴾

63. Wa la'in as'altahum man nazzala minas samáá'i má'an fa ahyá bihil arda min ba'di mautihá la yaqúlunnal láh; qulil hamdu lillah; bal aksaruhum lá ya'quilún

63. E se lhes perguntas: Quem faz descer a água do céu e com ela vivifica a terra, depois de haver sido árida? Respondem-te: Deus! Dize: Louvado seja Deus! Porém, a maioria é insensata.

وَمَا هَٰذِهِ ٱلْحَيَوٰةُ ٱلدُّنْيَآ إِلَّا لَهْوٌ وَلَعِبٌ ۚ وَإِنَّ ٱلدَّارَ ٱلْءَاخِرَةَ لَهِىَ ٱلْحَيَوَانُ ۚ لَوْ
كَانُوا۟ يَعْلَمُونَ ﴿٦٤﴾

64. Wa má házihil hayátud dunyá illá lahwun wa la'ib; wa innad Dáral Ákhirata la hiyal hayawán; lau kánu ya'lamún

64. E que é a vida terrena, senão diversão e jogo? Certamente a morada no Outro Mundo é a verdadeira Vida. Se o soubessem!

فَإِذَا رَكِبُوا۟ فِى ٱلْفُلْكِ دَعَوُا۟ ٱللَّهَ مُخْلِصِينَ لَهُ ٱلدِّينَ فَلَمَّا نَجَّىٰهُمْ إِلَى ٱلْبَرِّ إِذَا
هُمْ يُشْرِكُونَ ﴿٦٥﴾

65. Fa-izá rakibú fil fulki da'aul láha mukhlisína lahud dína falammá najjáhum ilal barri izá hum yuchrikún

65. Quando embarcam nos navios, invocam Deus sinceramente; porém, quando, a salvo, chegam à terra, eis que (Lhe) atribuem parceiros,

لِيَكْفُرُوا۟ بِمَآ ءَاتَيْنَٰهُمْ وَلِيَتَمَتَّعُوا۟ ۖ فَسَوْفَ يَعْلَمُونَ ﴿٦٦﴾

66. Li yakfurú bimá átaináhum wa li yatamatta'ú fasaufa ya'lamún

66. Para, em seguida, desagradecerem tudo, com que os temos cumulado, e para se deleitarem. Logo o saberão!

سُورَةُ العَنكَبُوتِ

Surat Al 'Ankabout

أَوَلَمْ يَرَوْاْ أَنَّا جَعَلْنَا حَرَمًا ءَامِنًا وَيُتَخَطَّفُ ٱلنَّاسُ مِنْ حَوْلِهِمْ ۚ أَفَبِٱلْبَٰطِلِ
يُؤْمِنُونَ وَبِنِعْمَةِ ٱللَّهِ يَكْفُرُونَ ﴿٦٧﴾

67. Awalam yarau anná ja'alná haraman áminan wa yutakhattafun násu min haulihim; afabil bátili yu'minúna wa bini'matil láhi yakfurún

67. E não reparam (os maquenses) em que lhes concedemos um santuário seguro, ao passo que, ao seu redor, as pessoas eram saqueadas? Crerão, acaso, nas falsidades, e rejeitarão as graças de Deus?

وَمَنْ أَظْلَمُ مِمَّنِ ٱفْتَرَىٰ عَلَى ٱللَّهِ كَذِبًا أَوْ كَذَّبَ بِٱلْحَقِّ لَمَّا جَآءَهُۥٓ ۚ أَلَيْسَ فِى
جَهَنَّمَ مَثْوًى لِّلْكَٰفِرِينَ ﴿٦٨﴾

68. Wa man azlamu mimman iftará 'alal lááhi kaziban au kazzaba bilhaqqui lammá já'ah; alaisa fí jahannama maçwal lil káfirín

68. Haverá alguém mais injusto do que quem forja mentiras acerca de Deus ou desmente a verdade, quando esta lhe chega? Não há, acaso, no inferno, morada para os incrédulos?

وَٱلَّذِينَ جَٰهَدُواْ فِينَا لَنَهْدِيَنَّهُمْ سُبُلَنَا ۚ وَإِنَّ ٱللَّهَ لَمَعَ ٱلْمُحْسِنِينَ ﴿٦٩﴾

69. Wallazína jáhadú fíná lanahdiyannahum subulana; wa innal láha lama'al muhsinín

69. Por outra, quanto àqueles que diligenciam por Nossa causa, encaminhá-los-emos pela Nossa senda. Sabei que Deus está com os benfeitores.

سُورَةُ الرُّومِ
Surat Ar Rum

Surat 30. *Ar-Rum* – Os Bizantinos Revelada em Makka, 60 versículos, com exceção do versículo 17 que foi revelado em Madina

بِسْمِ ٱللَّهِ ٱلرَّحْمَٰنِ ٱلرَّحِيمِ

Bismillahir Rahmanir Rahim

Em nome de Deus, o Clemente, o Misericordioso

الٓمٓ ١

1. Alif Lám Mím

1. Alef, Lam, Mim.

غُلِبَتِ ٱلرُّومُ ٢

2. Ghulibatir Rum

2. Os bizantinos foram derrotados,

فِيٓ أَدۡنَى ٱلۡأَرۡضِ وَهُم مِّنۢ بَعۡدِ غَلَبِهِمۡ سَيَغۡلِبُونَ ٣

3. Fí adnal ardhi wa hummim ba'di ghalabihim sa-yaghlibún

3. Em terra muito próxima; porém, depois de sua derrota, vencerão,

فِي بِضۡعِ سِنِينَۗ لِلَّهِ ٱلۡأَمۡرُ مِن قَبۡلُ وَمِنۢ بَعۡدُۚ وَيَوۡمَئِذٖ يَفۡرَحُ
ٱلۡمُؤۡمِنُونَ ٤

4. Fí bid'i sinín; lilláhil amru min qablu wa mim ba'd; wa yauma 'iziny yafrahul mu'minún

4. Dentro de alguns anos; porque é de Deus a decisão do passado e do futuro. E, nesse dia, os crentes se regozijarão,

بِنَصۡرِ ٱللَّهِۚ يَنصُرُ مَن يَشَآءُۖ وَهُوَ ٱلۡعَزِيزُ ٱلرَّحِيمُ ٥

5. Binasril láh; yansuru mai yachá'u wa Huwal 'Azízur Rahím

5. Com o socorro de Deus. Ele socorre quem Lhe apraz e Ele é o Poderoso, o Misericordiosíssimo.

وَعۡدَ ٱللَّهِۖ لَا يُخۡلِفُ ٱللَّهُ وَعۡدَهُۥ وَلَٰكِنَّ أَكۡثَرَ ٱلنَّاسِ لَا يَعۡلَمُونَ ٦

سُورَةُ الرُّومِ

Surat Ar Rum

6. Wa'dal láhi lá yukhliful láhu wa'dahú wa lákinna akçaran nási lá ya'lamún

6. É a promessa de Deus, e Deus jamais quebra a Sua promessa; porém, a maioria dos humanos o ignora.

يَعْلَمُونَ ظَٰهِرًا مِّنَ ٱلْحَيَوٰةِ ٱلدُّنْيَا وَهُمْ عَنِ ٱلْءَاخِرَةِ هُمْ غَٰفِلُونَ ٧

7. Ya'lamúna záhiram minal h̲ayátid dunya wa hum 'anil Ákhirati hum gháfilún

7. Distinguem apenas as (coisas) aparentes da vida terrena; porém, estão alheios quanto à Outra Vida.

أَوَلَمْ يَتَفَكَّرُوا۟ فِىٓ أَنفُسِهِم ۗ مَّا خَلَقَ ٱللَّهُ ٱلسَّمَٰوَٰتِ وَٱلْأَرْضَ وَمَا بَيْنَهُمَآ إِلَّا بِٱلْحَقِّ
وَأَجَلٍ مُّسَمًّى ۗ وَإِنَّ كَثِيرًا مِّنَ ٱلنَّاسِ بِلِقَآئِ رَبِّهِمْ لَكَٰفِرُونَ ٨

8. Awalam yatafakkarú fi anfusihim; má khalaqal láhus samáwáti wal arda wa má bainahumá illá bil h̲aqqui wa ajalim musammá; wa inna kasíram minan nási biliqá'i Rabbihim lakáfirún

8. Por ventura não refletem em si mesmos? Deus não criou os Céus, a Terra e o que existe entre ambos, senão com prudência e por um término prefixado. Porém, certamente muitos dos humanos negam o comparecimento ante o seu Senhor (quando da Ressurreição).

أَوَلَمْ يَسِيرُوا۟ فِى ٱلْأَرْضِ فَيَنظُرُوا۟ كَيْفَ كَانَ عَٰقِبَةُ ٱلَّذِينَ مِن قَبْلِهِمْ ۚ كَانُوٓا۟
أَشَدَّ مِنْهُمْ قُوَّةً وَأَثَارُوا۟ ٱلْأَرْضَ وَعَمَرُوهَآ أَكْثَرَ مِمَّا عَمَرُوهَا وَجَآءَتْهُمْ
رُسُلُهُم بِٱلْبَيِّنَٰتِ ۖ فَمَا كَانَ ٱللَّهُ لِيَظْلِمَهُمْ وَلَٰكِن كَانُوٓا۟ أَنفُسَهُمْ
يَظْلِمُونَ ٩

9. mAwalam yasírú fil ardi fa-yanzurú kaifa kána 'áquibatul lazína min qablihim; kánú achadda minh-hum quwwatan wa açárul arda wa 'amarúhá akçara mimmá 'amarúhá wa já'athum Russuluhum bil baiyináti famá kánal láhu liyazlimahum wa lákin kánú anfusahum yazlimún

9. Porventura não percorrem a Terra, para observarem qual foi o destino dos seus antecessores? Foram mais vigorosos do que eles, cultivaram a terra e a povoaram melhor do que eles. Seus mensageiros lhes apresentaram as evidências. Não foi Deus Que os prejudicou, mas foram eles mesmos que se condenaram.

سُورَةُ الرُّومِ

Surat Ar Rum

ثُمَّ كَانَ عَٰقِبَةَ ٱلَّذِينَ أَسَٰٓـُٔوا۟ ٱلسُّوٓأَىٰٓ أَن كَذَّبُوا۟ بِـَٔايَٰتِ ٱللَّهِ وَكَانُوا۟ بِهَا يَسْتَهْزِءُونَ ﴿١٠﴾

10. Summa kána 'áquibatal lazína asá'us súá an kazzabú bi áyátil láhi wa kánú bihá yastahzi'ún

10. E o destino daqueles que cometeram o mal será pior, pois desmentiram os versículos de Deus e deles escarneceram!

ٱللَّهُ يَبْدَؤُا۟ ٱلْخَلْقَ ثُمَّ يُعِيدُهُۥ ثُمَّ إِلَيْهِ تُرْجَعُونَ ﴿١١﴾

11. Alláhu yabda'ul khalqa summa yu'iduhú summa ilaihi turja'ún

11. Deus origina a criação, logo a reproduz, depois a Ele retornareis.

وَيَوْمَ تَقُومُ ٱلسَّاعَةُ يُبْلِسُ ٱلْمُجْرِمُونَ ﴿١٢﴾

12. Wa yauma taqúmus Sá'atu yublisul mujrimún

12. E no dia em que chegar a Hora do Juízo, os pecadores se desesperarão.

وَلَمْ يَكُن لَّهُم مِّن شُرَكَآئِهِمْ شُفَعَٰٓؤُا۟ وَكَانُوا۟ بِشُرَكَآئِهِمْ كَٰفِرِينَ ﴿١٣﴾

13. Wa lam yakul lahum min churaká'ihim chufa'á'u wa kánú bchuraká'ihim káfirín

13. E não acharão intercessores, entre os seus parceiros, e eles (próprios) renegarão seus parceiros.

وَيَوْمَ تَقُومُ ٱلسَّاعَةُ يَوْمَئِذٍ يَتَفَرَّقُونَ ﴿١٤﴾

14. Wa Yauma taqúmus Sá'atu Yauma 'izin yatafarraqún

14. No dia em que chegar a Hora, nesse dia se separarão.

فَأَمَّا ٱلَّذِينَ ءَامَنُوا۟ وَعَمِلُوا۟ ٱلصَّٰلِحَٰتِ فَهُمْ فِى رَوْضَةٍ يُحْبَرُونَ ﴿١٥﴾

15. Fa ammal lazína ámanú wa 'amilus sálih//áti fahum fí rawdatin yuh//barún

15. Enquanto os crentes, que tiverem praticado o bem, descansarão em um vergel.

وَأَمَّا ٱلَّذِينَ كَفَرُوا۟ وَكَذَّبُوا۟ بِـَٔايَٰتِنَا وَلِقَآئِ ٱلْـَٔاخِرَةِ فَأُو۟لَٰٓئِكَ فِى ٱلْعَذَابِ مُحْضَرُونَ ﴿١٦﴾

16. Wa ammal lazína kafarú wa kazzabú bi-Áyátiná wa liqá'il Ákhirati faulá'ika fil 'azábi muhdarún

16. Os incrédulos, que tiverem desmentido os Nossos versículos e o comparecimento à Outra Vida, serão entregues ao castigo.

سُورَةُ الرُّومِ

Surat Ar Rum

فَسُبْحَـٰنَ ٱللَّهِ حِينَ تُمْسُونَ وَحِينَ تُصْبِحُونَ ﴿١٧﴾

17. Fa Subhánal láhi hína tumsúna wa hína tusbihún

17. Glorificai, pois, a Deus, quando anoitece e quando amanhece!

وَلَهُ ٱلْحَمْدُ فِى ٱلسَّمَـٰوَٰتِ وَٱلْأَرْضِ وَعَشِيًّا وَحِينَ تُظْهِرُونَ ﴿١٨﴾

18. Wa lahul hamdu fis samáwáti wal ardi wa 'achiyyan wa hína tuzhirún

18. Seus são os louvores, nos Céus e na Terra, tanto na hora do poente como ao meio-dia.

يُخْرِجُ ٱلْحَىَّ مِنَ ٱلْمَيِّتِ وَيُخْرِجُ ٱلْمَيِّتَ مِنَ ٱلْحَىِّ وَيُحْىِ ٱلْأَرْضَ بَعْدَ مَوْتِهَا ۚ
وَكَذَٰلِكَ تُخْرَجُونَ ﴿١٩﴾

19. Yukhrijul haiya minal maiyiti wa yukhrijul maiyita minal haiyi wa yuhyil arda ba'da mautihá; wa kazálika tukhrajún

19. Ele extrai o vivo do morto, e o morto do vivo; e vivifica a terra, depois de haver sido árida. E assim sereis ressuscitados!

وَمِنْ ءَايَـٰتِهِۦٓ أَنْ خَلَقَكُم مِّن تُرَابٍ ثُمَّ إِذَآ أَنتُم بَشَرٌ تَنتَشِرُونَ ﴿٢٠﴾

20. Wa min Áyátihí an khalaqakum min turábin summa izá antum bacharun tantachirún

20. Entre os Seus sinais está o de haver-vos criado do pó; e eis que, sois seres que se espalham (pelo globo).

وَمِنْ ءَايَـٰتِهِۦٓ أَنْ خَلَقَ لَكُم مِّنْ أَنفُسِكُمْ أَزْوَٰجًا لِّتَسْكُنُوٓا۟ إِلَيْهَا وَجَعَلَ
بَيْنَكُم مَّوَدَّةً وَرَحْمَةً ۚ إِنَّ فِى ذَٰلِكَ لَـَٔايَـٰتٍ لِّقَوْمٍ يَتَفَكَّرُونَ ﴿٢١﴾

21. Wa min Áyátihí an khalaqa lakum min anfusikum azwájan litaskunú ilaihá wa ja'ala bainakum mawaddatan wa rahmah; inna fi zálika la Áyátil liqaumin yatafakkarún

21. Entre os Seus sinais está o de haver-vos criado companheiras da vossa mesma espécie, para que com elas convivais; e colocou amor e piedade entre vós. Por certo que nisto há sinais para os sensatos.

وَمِنْ ءَايَـٰتِهِۦ خَلْقُ ٱلسَّمَـٰوَٰتِ وَٱلْأَرْضِ وَٱخْتِلَـٰفُ أَلْسِنَتِكُمْ وَأَلْوَٰنِكُمْ ۚ إِنَّ
فِى ذَٰلِكَ لَـَٔايَـٰتٍ لِّلْعَـٰلِمِينَ ﴿٢٢﴾

سُورَةُ الرُّومِ

Surat Ar Rum

22. Wa min Áyátihí khalqus samáwáti wal árdi wakhtiláfu alsinatikum wa alwánikum; inna fí zálika la Áyátil lil 'álimín

22. E entre os Seus sinais está a criação dos Céus e da Terra, as variedades dos vossos idiomas e das vossas cores. Em verdade, nisto há sinais para a humanidade.

وَمِنْ ءَايَٰتِهِۦ مَنَامُكُم بِٱلَّيْلِ وَٱلنَّهَارِ وَٱبْتِغَآؤُكُم مِّن فَضْلِهِۦٓ ۚ إِنَّ فِى ذَٰلِكَ
لَءَايَٰتٍ لِّقَوْمٍ يَسْمَعُونَ ﴿٢٣﴾

23. Wa min Áyátihí manámukum bil laili wannahári wabtighá'ukum min fadlih; inna fí zálika la Áyátil liqaumin yasma'ún

23. E entre os Seus sinais está o do vosso dormir durante a noite e, durante o dia, o de procurardes a Sua graça. Certamente, nisto há sinais para os que escutam.

وَمِنْ ءَايَٰتِهِۦ يُرِيكُمُ ٱلْبَرْقَ خَوْفًا وَطَمَعًا وَيُنَزِّلُ مِنَ ٱلسَّمَآءِ مَآءً
فَيُحْىِۦ بِهِ ٱلْأَرْضَ بَعْدَ مَوْتِهَآ ۚ إِنَّ فِى ذَٰلِكَ لَءَايَٰتٍ لِّقَوْمٍ يَعْقِلُونَ ﴿٢٤﴾

24. Wa min Áyátihí yuríkumul barqa khaufan wa tama'an wa yunazzilu minas samá'i má'an fa yuhyí bihil arda ba'da mautihá inna fí zálika la Áyátil liqaumin ya'quilún

24. E entre os Seus sinais está o de mostrar-vos o relâmpago, provocando temor e esperança, e o de fazer descer a água dos céus, com a qual vivifica a terra depois de haver sido árida. Sabei que nisto há sinais para os sensatos.

وَمِنْ ءَايَٰتِهِۦٓ أَن تَقُومَ ٱلسَّمَآءُ وَٱلْأَرْضُ بِأَمْرِهِۦ ۚ ثُمَّ إِذَا دَعَاكُمْ دَعْوَةً مِّنَ
ٱلْأَرْضِ إِذَآ أَنتُمْ تَخْرُجُونَ ﴿٢٥﴾

25. Wa min Áyátihí an taqúmas samá'u wal ardu bi-amrih; summa izá da'ákum da'watam minal ardi izá antum takhrujún

25. E entre os Seus sinais está o fato de os Céus e a Terra se manterem sob o Seu Comando, e, quando vos chamar, uma só vez, eis que saireis da Terra.

وَلَهُۥ مَن فِى ٱلسَّمَٰوَٰتِ وَٱلْأَرْضِ ۖ كُلٌّ لَّهُۥ قَٰنِتُونَ ﴿٢٦﴾

26. Wa lahú man fissamáwáti wal ardi kullul lahú qánitún

26. E Seus são todos aqueles que estão nos Céus e na Terra; tudo Lhe obedece.

سُورَةُ الرُّومِ

Surat Ar Rum

وَهُوَ ٱلَّذِى يَبْدَؤُا۟ ٱلْخَلْقَ ثُمَّ يُعِيدُهُۥ وَهُوَ أَهْوَنُ عَلَيْهِ ۚ وَلَهُ ٱلْمَثَلُ ٱلْأَعْلَىٰ
فِى ٱلسَّمَٰوَٰتِ وَٱلْأَرْضِ ۚ وَهُوَ ٱلْعَزِيزُ ٱلْحَكِيمُ ﴿٢٧﴾

27. Wa Huwal lazí yabda'ul khalqa summa yu'íduhú wa huwa ahwanu 'alaih; wa lahul maçalul a'lá fis samáwáti wal-ard; wa Huwal 'Azízul Hakím

27. Ele é Quem origina a criação, logo a reproduz, porque isso Lhe é fácil. Seu é o mais elevado exemplo, nos Céus e na |Terra, e Ele é o Poderoso, o Prudentíssimo.

ضَرَبَ لَكُم مَّثَلًا مِّنْ أَنفُسِكُمْ ۖ هَل لَّكُم مِّن مَّا مَلَكَتْ أَيْمَٰنُكُم مِّن شُرَكَآءَ
فِى مَا رَزَقْنَٰكُمْ فَأَنتُمْ فِيهِ سَوَآءٌ تَخَافُونَهُمْ كَخِيفَتِكُمْ أَنفُسَكُمْ ۚ
كَذَٰلِكَ نُفَصِّلُ ٱلْءَايَٰتِ لِقَوْمٍ يَعْقِلُونَ ﴿٢٨﴾

28. Daraba lakum maçalam min anfusikum hal lakum mimmá malakat aymánukum min churaká'a fí má razaqnákum fa antum fíhi sawá'un takháfúnahum kakhífatikum anfusakum; kazálika nufassilul Áyáti liqaumin ya'quilún

28. Apresenta-vos, ainda, um exemplo tirado de vós mesmos. Porventura, faríeis, daqueles que as vossas mãos direitas possuem, compartilhadores naquilo que vos temos agraciado, e lhes concederíeis partes iguais às vossas? Temei-os, acaso, do mesmo modo que temeis uns aos outros? Assim elucidamos os Nossos versículos aos sensatos.

بَلِ ٱتَّبَعَ ٱلَّذِينَ ظَلَمُوٓا۟ أَهْوَآءَهُم بِغَيْرِ عِلْمٍ ۖ فَمَن يَهْدِى مَنْ أَضَلَّ ٱللَّهُ ۖ
وَمَا لَهُم مِّن نَّٰصِرِينَ ﴿٢٩﴾

29. Balit taba'al lazína zalamú ahwá'ahum bighairi 'ilmin famai yahdí man adallal láhu wa má lahum min násirín

29. Qual, os injustos seguem tolamente as suas luxúrias; mas quem poderá encaminhar aqueles que Deus tem deixado que se desviem? Esses jamais terão socorredores!

سُورَةُ الرُّومِ

Surat Ar Rum

فَأَقِمْ وَجْهَكَ لِلدِّينِ حَنِيفًا فِطْرَتَ ٱللَّهِ ٱلَّتِى فَطَرَ ٱلنَّاسَ عَلَيْهَا لَا تَبْدِيلَ لِخَلْقِ ٱللَّهِ ذَٰلِكَ ٱلدِّينُ ٱلْقَيِّمُ وَلَٰكِنَّ أَكْثَرَ ٱلنَّاسِ لَا يَعْلَمُونَ ﴿٣٠﴾

30. *Fa aquim wajhaka liddini Hanifá; fitratal láhil lati fataran násа 'alaihá; lá tábdíla likhalquil láh; zálikad dínul qaiyimu wa lákinna akçaran nási lá ya'lamún*

30. Volta o teu rosto para a religião monoteísta. É a obra de Deus, sob cuja qualidade inata Deus criou a humanidade. A criação feita por Deus é imutável. Esta é a verdadeira religião; porém, a maioria dos humanos o ignora.

۞ مُنِيبِينَ إِلَيْهِ وَٱتَّقُوهُ وَأَقِيمُوا۟ ٱلصَّلَوٰةَ وَلَا تَكُونُوا۟ مِنَ ٱلْمُشْرِكِينَ ﴿٣١﴾

31. ۞ *Munibína ilaihi wattaqúhu wa aquimus Saláta wa lá takúnú minal muchrikín*

31. Voltai-vos contritos a Ele, temei-O, observai a oração e não vos conteis entre os que (Lhe) atribuem parceiros,

مِنَ ٱلَّذِينَ فَرَّقُوا۟ دِينَهُمْ وَكَانُوا۟ شِيَعًا كُلُّ حِزْبٍۭ بِمَا لَدَيْهِمْ فَرِحُونَ ﴿٣٢﴾

32. *Minal lazína farraqú dínahum wa kánú chiya'an kullu hizbim bimá ladaihim farihún*

32. Os quais dividiram a sua religião e formaram seitas, em que cada partido exulta pelo dogma que possui.

وَإِذَا مَسَّ ٱلنَّاسَ ضُرٌّ دَعَوْا۟ رَبَّهُم مُّنِيبِينَ إِلَيْهِ ثُمَّ إِذَآ أَذَاقَهُم مِّنْهُ رَحْمَةً إِذَا فَرِيقٌ مِّنْهُم بِرَبِّهِمْ يُشْرِكُونَ ﴿٣٣﴾

33. *Wa izá massan nása dhurrun da'au Rabbahum munibína ilaihi summa izá azaqahum min-hu rahmatan izá fariqum min-hum be Rabbihim yuchrikún*

33. Quando a adversidade açoita os humanos, suplicam, contritos, ao seu Senhor; mas quando os agracia com a Sua misericórdia, eis que alguns deles atribuem parceiros ao seu Senhor,

لِيَكْفُرُوا۟ بِمَآ ءَاتَيْنَٰهُمْ ۚ فَتَمَتَّعُوا۟ فَسَوْفَ تَعْلَمُونَ ﴿٣٤﴾

34. Li yakfurú bimá átainááhum; fatamatta'ú fasaua ta'lamún

34. Para desagradecerem o que lhes concedemos. Deleitai-vos (enquanto puderdes), pois logo o sabereis!

أَمْ أَنزَلْنَا عَلَيْهِمْ سُلْطَٰنًا فَهُوَ يَتَكَلَّمُ بِمَا كَانُوا۟ بِهِۦ يُشْرِكُونَ ﴿٣٥﴾

35. Am anzalná 'alaihim sultánan fahuwa yatakallamu bimá kánú bihí yuchrikún

35. Porventura, enviamos-lhes alguma autoridade que justifique o seu politeísmo?

وَإِذَآ أَذَقْنَا ٱلنَّاسَ رَحْمَةً فَرِحُوا۟ بِهَا ۖ وَإِن تُصِبْهُمْ سَيِّئَةٌۢ بِمَا قَدَّمَتْ أَيْدِيهِمْ إِذَا هُمْ يَقْنَطُونَ ﴿٣٦﴾

36. Wa izá azaqnan nása ra<u>h</u>matan fari<u>h</u>ú bihá wa in tusibhum sayyi'atum bimá qaddamat aydíhim izá hum yaqnatún

36. Mas quando agraciamos os humanos com a misericórdia, regozijam-se dela; por outra, se os açoita a adversidade, pelo que as suas mãos cometeram, ei-los desesperados!

أَوَلَمْ يَرَوْا۟ أَنَّ ٱللَّهَ يَبْسُطُ ٱلرِّزْقَ لِمَن يَشَآءُ وَيَقْدِرُ ۚ إِنَّ فِى ذَٰلِكَ لَءَايَٰتٍ لِّقَوْمٍ يُؤْمِنُونَ ﴿٣٧﴾

37. Awalam yarau annal láha yabsutur rizqa limai yachá'u wa yaqdir; inna fí zálika la Áyátil liqaumin yu'minún

37. Porventura, não reparam em que Deus prodigaliza e restringe a Sua graça a quem Lhe apraz? Por certo que nisto há sinais para os crentes.

فَـَٔاتِ ذَا ٱلْقُرْبَىٰ حَقَّهُۥ وَٱلْمِسْكِينَ وَٱبْنَ ٱلسَّبِيلِ ۚ ذَٰلِكَ خَيْرٌ لِّلَّذِينَ يُرِيدُونَ وَجْهَ ٱللَّهِ ۖ وَأُو۟لَٰٓئِكَ هُمُ ٱلْمُفْلِحُونَ ﴿٣٨﴾

38. Fa áti zal qurbá <u>h</u>aqqahú walmiskína wabnas sabíl; zálika khairul lil lazína yurídúna Wajhal láhi wa ulá'ika humul muflihún

سُورَةُ الرُّومِ

Surat Ar Rum

38. Concede, pois, aos parentes os seus direitos, assim como ao necessitado e ao viajante sem recursos. Isso é preferível, para aqueles que anelam contemplar o Rosto de Deus; e estes serão os bem-aventurados.

وَمَآ ءَاتَيۡتُم مِّن رِّبٗا لِّيَرۡبُوَاْ فِيٓ أَمۡوَٰلِ ٱلنَّاسِ فَلَا يَرۡبُواْ عِندَ ٱللَّهِۖ وَمَآ ءَاتَيۡتُم مِّن
زَكَوٰةٖ تُرِيدُونَ وَجۡهَ ٱللَّهِ فَأُوْلَٰٓئِكَ هُمُ ٱلۡمُضۡعِفُونَ ٣٩

39. Wa má átaitum mir ribal li yarbuwa fí amwálin nási falá yarbú 'indal láhi wa má átaitum min zákátin turídúna wajhal láhi fa ulá'ika humul mudh'ifún

39. Quando emprestardes algo com usura, para que vos aumente (em bens), às expensas dos bens alheios, estes não vos aumentarão perante Deus; contudo, o que derdes na forma de zakat, anelando contemplar o Rosto de Deus (ser-vos-á aumentado). A eles será duplicada a recompensa.

ٱللَّهُ ٱلَّذِي خَلَقَكُمۡ ثُمَّ رَزَقَكُمۡ ثُمَّ يُمِيتُكُمۡ ثُمَّ يُحۡيِيكُمۡۖ هَلۡ مِن
شُرَكَآئِكُم مَّن يَفۡعَلُ مِن ذَٰلِكُم مِّن شَيۡءٖۚ سُبۡحَٰنَهُۥ وَتَعَٰلَىٰ عَمَّا يُشۡرِكُونَ ٤٠

40. Alláhul lazí khalaqakum summa razaqakum summa yumítukum summa yuhyíkum hal min churaká'ikum mai yaf'alu min zálikum min chai'; Subhánahú wa Ta'álá 'ammá yuchrikún

40. Deus é Quem vos cria, e depois vos agracia, então vos fará morrer, logo vos ressuscitará. Haverá alguém, dentre os vossos parceiros, que possa fazer algo semelhante a isso? Qual! Glorificado e exaltado seja Ele de tudo quanto Lhe associam!

ظَهَرَ ٱلۡفَسَادُ فِي ٱلۡبَرِّ وَٱلۡبَحۡرِ بِمَا كَسَبَتۡ أَيۡدِي ٱلنَّاسِ لِيُذِيقَهُم بَعۡضَ
ٱلَّذِي عَمِلُواْ لَعَلَّهُمۡ يَرۡجِعُونَ ٤١

41. Zaharal fasádu fil barri wal bahri bimá kasabat aydin nási li yuzíqahum ba'dal lazí 'amilú la'allahum yarji'ún

41. A corrupção surgiu na Terra e no mar por causa do que as mãos dos humanos lucraram. E (Deus) os fará sentir o gosto do que cometeram. Quiçá assim se abstenham disso.

سُورَةُ الرُّومِ

Surat Ar Rum

قُلْ سِيرُوا۟ فِى ٱلْأَرْضِ فَٱنظُرُوا۟ كَيْفَ كَانَ عَـٰقِبَةُ ٱلَّذِينَ مِن قَبْلُ ۚ كَانَ أَكْثَرُهُم مُّشْرِكِينَ ﴿٤٢﴾

42. Qul sírú fil ardi fanzurú kaifa kána 'áquibatul lazína min qabl; kána akçaruhum muchrikín

42. Dize-lhes: Percorrei a Terra e observai qual foi a sorte daqueles que vos precederam; sua maioria era idólatra.

فَأَقِمْ وَجْهَكَ لِلدِّينِ ٱلْقَيِّمِ مِن قَبْلِ أَن يَأْتِىَ يَوْمٌ لَّا مَرَدَّ لَهُۥ مِنَ ٱللَّهِ ۖ يَوْمَئِذٍ يَصَّدَّعُونَ ﴿٤٣﴾

43. Fa aquim wajhaka lid dínil qaiyimi min qabli an yátiya Yaumul lá maradda lahú minal láhi Yauma' izin yassadda'ún

43. Fixa, pois, a tua mente na verdadeira religião, antes que chegue o Dia Inevitável de Deus; nesse dia (os humanos) se dividirão (em duas partes).

مَن كَفَرَ فَعَلَيْهِ كُفْرُهُۥ ۖ وَمَنْ عَمِلَ صَـٰلِحًا فَلِأَنفُسِهِمْ يَمْهَدُونَ ﴿٤٤﴾

44. Man kafara fa'alaihi kufruhú wa man 'amila sálihan fali anfusihim yamhadún

44. O incrédulo sofrerá o peso da sua incredulidade; ao contrário, aqueles que tiverem praticado o bem, estenderão leitos (para repouso) para si próprios (no Céu),

لِيَجْزِىَ ٱلَّذِينَ ءَامَنُوا۟ وَعَمِلُوا۟ ٱلصَّـٰلِحَـٰتِ مِن فَضْلِهِۦٓ ۚ إِنَّهُۥ لَا يُحِبُّ ٱلْكَـٰفِرِينَ ﴿٤٥﴾

45. Li yajziyal lazína ámanú wa 'amilus sáliháti min fadlih; innahú lá yuhibbul káfirín

45. Para que Ele recompense com a Sua graça os crentes que praticam o bem; sabei que Ele não aprecia os incrédulos.

وَمِنْ ءَايَـٰتِهِۦٓ أَن يُرْسِلَ ٱلرِّيَاحَ مُبَشِّرَٰتٍ وَلِيُذِيقَكُم مِّن رَّحْمَتِهِۦ وَلِتَجْرِىَ ٱلْفُلْكُ بِأَمْرِهِۦ وَلِتَبْتَغُوا۟ مِن فَضْلِهِۦ وَلَعَلَّكُمْ تَشْكُرُونَ ﴿٤٦﴾

46. Wa min Áyátihí an yursilar riyáha mubachchirátin wa li yuziqakum mir rahmatihí wa litajriyal fulku bi amrihí wa litabtaghú min fadlihí wa la'allakum tachkurún

سُورَةُ الرُّومِ

Surat Ar Rum

46. E entre os Seus sinais está o de enviar ventos alvissareiros (prenunciativos de chuva), para agraciar-vos com a Sua misericórdia, para que os navios singrem os mares com o Seu beneplácito, para procurardes algo de Sua graça; quiçá Lhe agradeçais.

وَلَقَدْ أَرْسَلْنَا مِن قَبْلِكَ رُسُلًا إِلَىٰ قَوْمِهِمْ فَجَآءُوهُم بِٱلْبَيِّنَٰتِ فَٱنتَقَمْنَا مِنَ ٱلَّذِينَ
أَجْرَمُوا۟ ۖ وَكَانَ حَقًّا عَلَيْنَا نَصْرُ ٱلْمُؤْمِنِينَ ﴿٤٧﴾

47. Wa laqad arsalná min qablika Russulan ilá qaumihim fajá'úhum bil baiyináti fantaqamná minal lazína ajramú wa kána haqqan 'alainá nasrul mu'minín

47. Antes de ti, enviamos mensageiros aos seus povos, que lhes apresentaram as evidências. Vingamo-Nos dos pecadores, e era Nosso dever socorrer os crentes.

ٱللَّهُ ٱلَّذِى يُرْسِلُ ٱلرِّيَٰحَ فَتُثِيرُ سَحَابًا فَيَبْسُطُهُۥ فِى ٱلسَّمَآءِ كَيْفَ يَشَآءُ
وَيَجْعَلُهُۥ كِسَفًا فَتَرَى ٱلْوَدْقَ يَخْرُجُ مِنْ خِلَٰلِهِۦ ۖ فَإِذَآ أَصَابَ بِهِۦ مَن يَشَآءُ مِنْ
عِبَادِهِۦٓ إِذَا هُمْ يَسْتَبْشِرُونَ ﴿٤٨﴾

48. Allāhul lazí yursilur riyáha fatusíru sahában fa yabsutuhú fis samá'i kaifa yachá'u wa yaj'aluhú kisafan fataral wadqa yakhruju min khilálihí fa izá asába bihí mai yachá'u min 'ibádihí izá hum yastabchirún

48. Deus é Quem envia os ventos que agitam as nuvens, e as espalha pelo firmamento como Lhe apraz; logo as fragmenta, e observas a chuva a manar delas; e quando a envia sobre um povo que Lhe apraz, dentre os Seus servos, eis que se regozijam,

وَإِن كَانُوا۟ مِن قَبْلِ أَن يُنَزَّلَ عَلَيْهِم مِّن قَبْلِهِۦ لَمُبْلِسِينَ ﴿٤٩﴾

49. Wa in kánú min qabli an yunazzala 'alaihim min qablihí lamublisín

49. Apesar de estarem desesperados antes de recebê-la (a chuva).

فَٱنظُرْ إِلَىٰٓ ءَاثَٰرِ رَحْمَتِ ٱللَّهِ كَيْفَ يُحْىِ ٱلْأَرْضَ بَعْدَ مَوْتِهَآ ۚ إِنَّ ذَٰلِكَ
لَمُحْىِ ٱلْمَوْتَىٰ ۖ وَهُوَ عَلَىٰ كُلِّ شَىْءٍ قَدِيرٌ ﴿٥٠﴾

سُورَةُ الرُّومِ

Surat Ar Rum

50. Fanzur ilá áçári rahmatil láhi kaifa yuhyil arda ba'da mauwtihá; inna zálika lamuhyil mautá wa Huwa 'alá kulli chai'in Qadír

50. Contempla, pois, (ó humano) os traços da misericórdia de Deus! Como vivifica a terra, depois de esta haver sido árida! Em verdade, Este é o (Mesmo) Ressuscitador dos mortos, porque Ele é Onipotente.

وَلَئِنْ أَرْسَلْنَا رِيحًا فَرَأَوْهُ مُصْفَرًّا لَّظَلُّواْ مِنۢ بَعْدِهِۦ يَكْفُرُونَ ﴿٥١﴾

51. Wa la'in arsalná rihan fara'auhu musfarral lazallú mim ba'dihí yakfurún

51. Mas, se lhes houvéssemos enviado ventos glaciais e as vissem (as suas semeaduras) crestadas, tornar-se-iam, depois disso, ingratos.

فَإِنَّكَ لَا تُسْمِعُ ٱلْمَوْتَىٰ وَلَا تُسْمِعُ ٱلصُّمَّ ٱلدُّعَآءَ إِذَا وَلَّوْاْ مُدْبِرِينَ ﴿٥٢﴾

52. Fa innaka lá tusmi'ul mautá wa lá tusmi'us summa du'á'a izá wallau mudbirín

52. Certamente não poderias fazer ouvir os mortos, nem fazer ouvir os surdos, o chamamento, quando voltam as costas em fuga.

وَمَآ أَنتَ بِهَٰدِ ٱلْعُمْىِ عَن ضَلَٰلَتِهِمْ ۖ إِن تُسْمِعُ إِلَّا مَن يُؤْمِنُ بِـَٔايَٰتِنَا فَهُم مُّسْلِمُونَ ﴿٥٣﴾

53. Wa má anta bihádil 'umyi 'an dhalálatihim in tusmi'u illá mai yu'minu bi áyátiná fahum muslimún

53. Nem és guia dos cegos, em seus desvios. Só podes fazer-te escutar por aqueles que creem nos Nossos versículos e são muçulmanos.

۞ ٱللَّهُ ٱلَّذِى خَلَقَكُم مِّن ضَعْفٍ ثُمَّ جَعَلَ مِنۢ بَعْدِ ضَعْفٍ قُوَّةً ثُمَّ جَعَلَ مِنۢ بَعْدِ قُوَّةٍ ضَعْفًا وَشَيْبَةً ۚ يَخْلُقُ مَا يَشَآءُ ۖ وَهُوَ ٱلْعَلِيمُ ٱلْقَدِيرُ ﴿٥٤﴾

54. ۞ Allahul lazí khalaqakum min dhu'fin summa ja'ala mim ba'di dhu'fin quwwatan summa ja'ala mim ba'di quwwatin dhu'fan wa chaibah; yakhluqu má yachá'u wa Huwal 'Alímul Qadír

54. Deus foi Quem vos criou com debilidade; depois da debilidade vos vigorou, depois do vigor vos reduziu (novamente) à debilidade, e à velhice. Ele cria tudo quanto Lhe apraz, e é o Poderoso, o Sapientíssimo.

سُورَةُ الرُّومِ

Surat Ar Rum

وَيَوْمَ تَقُومُ ٱلسَّاعَةُ يُقْسِمُ ٱلْمُجْرِمُونَ مَا لَبِثُوا۟ غَيْرَ سَاعَةٍ ۚ كَذَٰلِكَ كَانُوا۟
يُؤْفَكُونَ ﴿٥٥﴾

55. Wa Yauma taqúmus Sá'atu yuqsimul mujrimúna má labiçú ghaira sá'ah; kazálika kánú yu'fakún

55. E no dia em que chegar a Hora, os pecadores jurarão que não permaneceram nos sepulcros mais do que uma hora. Assim se equivocavam!

وَقَالَ ٱلَّذِينَ أُوتُوا۟ ٱلْعِلْمَ وَٱلْإِيمَٰنَ لَقَدْ لَبِثْتُمْ فِى كِتَٰبِ ٱللَّهِ إِلَىٰ يَوْمِ ٱلْبَعْثِ ۖ
فَهَٰذَا يَوْمُ ٱلْبَعْثِ وَلَٰكِنَّكُمْ كُنتُمْ لَا تَعْلَمُونَ ﴿٥٦﴾

56. Wa qálal lazína útul 'ilma wal ímána laqad labiçtum fí kitábil láhi ilá yaumil ba'ci faházá yaumul ba'ci wa lákinnakum kuntum lá ta'lamún

56. Porém, os sábios e os crentes dir-lhes-ão: Permanecestes no decreto de Deus até ao Dia da Ressurreição. E este é o Dia da Ressurreição; porém, vós ignoráveis.

فَيَوْمَئِذٍ لَّا يَنفَعُ ٱلَّذِينَ ظَلَمُوا۟ مَعْذِرَتُهُمْ وَلَا هُمْ يُسْتَعْتَبُونَ ﴿٥٧﴾

57. Fa Yauma'izil lá yanfa'ul lazína zalamú ma'ziratuhum wa lá hum yusta'tabún

57. Nesse dia, a escusa dos injustos de nada lhes valerá, nem serão resgatados.

وَلَقَدْ ضَرَبْنَا لِلنَّاسِ فِى هَٰذَا ٱلْقُرْءَانِ مِن كُلِّ مَثَلٍ ۚ وَلَئِن جِئْتَهُم بِـَٔايَةٍ
لَّيَقُولَنَّ ٱلَّذِينَ كَفَرُوٓا۟ إِنْ أَنتُمْ إِلَّا مُبْطِلُونَ ﴿٥٨﴾

58. Wa laqad darabná linnási fí házal Qurāni min kulli maçal; wa la'in ji'tahum bi áyatil la yaqúlannal lazína kafarú in antum illá mubtilún

58. Neste Alcorão, temos proposto aos humanos toda a espécie de exemplos: E quando lhes apresentas um sinal, os incrédulos dizem: Não fazeis mais do que proferir tolices.

كَذَٰلِكَ يَطْبَعُ ٱللَّهُ عَلَىٰ قُلُوبِ ٱلَّذِينَ لَا يَعْلَمُونَ ﴿٥٩﴾

59. Kazálika yatba'ul láhu 'alá qulúbil lazína lá ya'lamún

59. Assim Deus sigila os corações dos ignorantes.

فَٱصْبِرْ إِنَّ وَعْدَ ٱللَّهِ حَقٌّ ۖ وَلَا يَسْتَخِفَّنَّكَ ٱلَّذِينَ لَا يُوقِنُونَ ﴿٦٠﴾

سورة الروم

Surat Ar Rum

60. Fasbir inna wa'dal láhi haqqun wa lá yastakhiffannakal lazína lá yúqinún
60. Sê perseverante, porque a promessa de Deus é verdadeira. Que não te abalem aqueles que não creem (na tua firmeza).

سُورَةُ لُقۡمَانَ

Surat Lucman

Surat 31. Lucman Revelada em Makka, 34 versículos, com exceção dos versículos 27 a 29 que foram revelados em Madina

بِسۡمِ ٱللَّهِ ٱلرَّحۡمَٰنِ ٱلرَّحِيمِ

Bismilláhir Rahmánir Rahím

Em nome de Deus o Clemente, o Misericordioso

الٓمٓ ١

1. Alif Lám Mím

1. Alef, Lam, Mim.

تِلۡكَ ءَايَٰتُ ٱلۡكِتَٰبِ ٱلۡحَكِيمِ ٢

2. Tilka yátul Kitábil Hakim

2. Estes são os versículos do Livro da Sabedoria.

هُدٗى وَرَحۡمَةٗ لِّلۡمُحۡسِنِينَ ٣

3. Hudan wa rahmatal lilmuhsinín

3. Orientação e misericórdia para os benfeitores,

ٱلَّذِينَ يُقِيمُونَ ٱلصَّلَوٰةَ وَيُؤۡتُونَ ٱلزَّكَوٰةَ وَهُم بِٱلۡأٓخِرَةِ هُمۡ يُوقِنُونَ ٤

4. Allazína yuqímúnas Saláta wa yu'túnaz Zakáta wa hum bil Ákhirati hum yúqinún

4. Que observam a oração, pagam o zakat e estão persuadidos da Outra Vida.

أُوْلَٰٓئِكَ عَلَىٰ هُدٗى مِّن رَّبِّهِمۡۖ وَأُوْلَٰٓئِكَ هُمُ ٱلۡمُفۡلِحُونَ ٥

5. Ulá'ika 'alá hudam mir Rabbihim wa ulá'ika humul muflihún

5. Estes são orientados por seu Senhor, e serão os bem-aventurados.

وَمِنَ ٱلنَّاسِ مَن يَشۡتَرِي لَهۡوَ ٱلۡحَدِيثِ لِيُضِلَّ عَن سَبِيلِ ٱللَّهِ بِغَيۡرِ عِلۡمٖ
وَيَتَّخِذَهَا هُزُوًاۚ أُوْلَٰٓئِكَ لَهُمۡ عَذَابٞ مُّهِينٞ ٦

6. Wa minan nási mai-yachtarí lahwal hadici li yudhilla 'an sabílil láhi bighairi 'ilmin wa yattakhizahá huzuwá; ulá'ika lahum 'azábum muhín

6. Entre os humanos, há aquele que se dá a conversas frívolas, para com isso desviar tolamente (os demais) da senda de Deus, sem conhecimento, escarnecendo-a. Esses sofrerão um castigo humilhante!

سُورَةُ لُقۡمَانَ

Surat Lucman

وَإِذَا تُتۡلَىٰ عَلَيۡهِ ءَايَٰتُنَا وَلَّىٰ مُسۡتَكۡبِرٗا كَأَن لَّمۡ يَسۡمَعۡهَا كَأَنَّ فِيٓ أُذُنَيۡهِ وَقۡرٗاۖ
فَبَشِّرۡهُ بِعَذَابٍ أَلِيمٍ ٧

7. Wa izá tutlá 'alayhi Áyátuná wallá mustakbiran ka'an lam yasma'há ka'anna fí uzunaihi waqran fabachchiru bi'azábin alím

7. E quando lhe são recitados os Nossos versículos, vai embora, ensoberbecido, como se não os tivesse ouvido, como se sofresse de surdez; anuncia-lhe, pois, um doloroso castigo.

إِنَّ ٱلَّذِينَ ءَامَنُواْ وَعَمِلُواْ ٱلصَّٰلِحَٰتِ لَهُمۡ جَنَّٰتُ ٱلنَّعِيمِ ٨

8. Innal lazína ámanú wa 'amilus sálih// áti lahum Janátun Na'ím

8. Em verdade, os crentes, que praticam o bem, abrigar-se-ão nos jardins do prazer,

خَٰلِدِينَ فِيهَاۖ وَعۡدَ ٱللَّهِ حَقّٗاۚ وَهُوَ ٱلۡعَزِيزُ ٱلۡحَكِيمُ ٩

9. Khálidína fíha wa'dal láhi haqqá; wa Huwal 'Azízul Hakím

9. Onde morarão eternamente. A promessa de Deus é verdadeira, e Ele é o Poderoso, o Prudentíssimo.

خَلَقَ ٱلسَّمَٰوَٰتِ بِغَيۡرِ عَمَدٖ تَرَوۡنَهَاۖ وَأَلۡقَىٰ فِي ٱلۡأَرۡضِ رَوَٰسِيَ أَن تَمِيدَ بِكُمۡ وَبَثَّ
فِيهَا مِن كُلِّ دَآبَّةٖۚ وَأَنزَلۡنَا مِنَ ٱلسَّمَآءِ مَآءٗ فَأَنۢبَتۡنَا فِيهَا مِن كُلِّ زَوۡجٖ كَرِيمٍ ١٠

10. Khalaqas samáwáti bi ghairi 'amadin taraunahá wa alqá fil ardhi rawásiya an tamida bikum wa basça fíhá min kulli dábbah; wa anzalná minas samá'i má'an fa ambatná fíha min kulli zaujin karím

10. Criou o firmamento, sem colunas aparentes; fixou na Terra firmes montanhas, para que não oscile convosco, e disseminou nela animais de toda a espécie. E enviamos a água do céu, com que fazemos brotar toda a nobre espécie de casais.

هَٰذَا خَلۡقُ ٱللَّهِ فَأَرُونِي مَاذَا خَلَقَ ٱلَّذِينَ مِن دُونِهِۦۚ بَلِ ٱلظَّٰلِمُونَ فِي ضَلَٰلٖ
مُّبِينٖ ١١

11. Házá khalqul láhi fa arúní mázá khalaqal lazína min dúnih; baliz zálimúna fí dalalim Mubín

سُورَةُ لُقْمَان

Surat Lucman

11. Aí está a criação de Deus! Mostrai-me, então, o que criaram outros, em lugar d'Ele! Porém, os injustos estão em evidente erro.

وَلَقَدْ ءَاتَيْنَا لُقْمَٰنَ ٱلْحِكْمَةَ أَنِ ٱشْكُرْ لِلَّهِ ۚ وَمَن يَشْكُرْ فَإِنَّمَا يَشْكُرُ لِنَفْسِهِۦ ۖ
وَمَن كَفَرَ ٱللَّهَ غَنِىٌّ حَمِيدٌ ﴿١٢﴾

12. Wa laqad átainá Luqmánal hikmata anichkur lilláh; wa man yachkur fa innamá yachkuru linafsihí wa man kafara fa innal láha Ghaniyyun Hamíd

12. Agraciamos o Lucman com a sabedoria, (dizendo-lhe): Agradece a Deus, porque quem agradece, o faz em benefício próprio; por outro lado, quem desagradece, (saiba) que certamente Deus é, por Si, Opulento, Laudabilíssimo.

وَإِذْ قَالَ لُقْمَٰنُ لِٱبْنِهِۦ وَهُوَ يَعِظُهُۥ يَٰبُنَىَّ لَا تُشْرِكْ بِٱللَّهِ ۖ إِنَّ ٱلشِّرْكَ لَظُلْمٌ
عَظِيمٌ ﴿١٣﴾

13. Wa iz qála Luqmánu libnihí wa huwa ya'izuhú ya bunaiya lá tuchrik billáh; innach chirka lazulmun 'azím

13. Recorda-te de quando Lucman disse ao seu filho, exortando-o: Ó filho meu, não atribuas parceiros a Deus, porque a idolatria é a mais grave injustiça.

وَوَصَّيْنَا ٱلْإِنسَٰنَ بِوَٰلِدَيْهِ حَمَلَتْهُ أُمُّهُۥ وَهْنًا عَلَىٰ وَهْنٍ وَفِصَٰلُهُۥ فِى عَامَيْنِ أَنِ ٱشْكُرْ
لِى وَلِوَٰلِدَيْكَ إِلَىَّ ٱلْمَصِيرُ ﴿١٤﴾

14. Wa wassainal insána bi wálidaihi hamalathu ummuhú wahnan 'alá wahnin wa fisáluhú fí 'ámaini anichkur lí wa liwálidaika ilaiyal masír

14. E recomendamos ao homem a benevolência para com os seus pais. Sua mãe o suporta, entre dores e dores, e a sua desmama é aos dois anos. (E lhe dizemos): Agradece a Mim e aos teus pais, porque o retorno será a Mim.

وَإِن جَٰهَدَاكَ عَلَىٰٓ أَن تُشْرِكَ بِى مَا لَيْسَ لَكَ بِهِۦ عِلْمٌ فَلَا تُطِعْهُمَا ۖ
وَصَاحِبْهُمَا فِى ٱلدُّنْيَا مَعْرُوفًا ۖ وَٱتَّبِعْ سَبِيلَ مَنْ أَنَابَ إِلَىَّ ۚ ثُمَّ إِلَىَّ
مَرْجِعُكُمْ فَأُنَبِّئُكُم بِمَا كُنتُمْ تَعْمَلُونَ ﴿١٥﴾

سُورَةُ لُقۡمَانَ
Surat Lucman

15. Wa in jáhadáka 'alá an tuchrika bí má laisa laka bihí 'ilmun falá tuti'humá wa sáhibhumá fid dunyá ma'rúfan wattabi' sabíla man anába ilayy; çumma ilaiya marji'ukum fa unabbi'ukum bimá kuntum ta'malún

15. Porém, se te constrangerem a associar a Mim o que tu ignoras, não lhes obedeças; comporta-te com eles com benevolência neste mundo, e segue a senda de quem se voltou contrito a Mim. Logo o retorno de todos vós será a Mim, e, então, inteirar-vos-ei de tudo quanto tiverdes feito.

يَٰبُنَيَّ إِنَّهَآ إِن تَكُ مِثۡقَالَ حَبَّةٖ مِّنۡ خَرۡدَلٖ فَتَكُن فِي صَخۡرَةٍ أَوۡ فِي ٱلسَّمَٰوَٰتِ
أَوۡ فِي ٱلۡأَرۡضِ يَأۡتِ بِهَا ٱللَّهُۚ إِنَّ ٱللَّهَ لَطِيفٌ خَبِيرٞ ١٦

16. Ya bunaiya innahá in taku miçqála habbatim min khardalin fatakun fí sakhratin au fis samáwáti au fil ardhi yáti bihallah; innal láha Latífun Khabír

16. Ó filho meu (disse Lucman), em verdade, ainda que algo como o peso de um grão de mostarda estivesse (oculto) em uma rocha, fosse nos Céus, fosse na Terra, Deus o descobriria, porque é Onisciente, Sutilíssimo.

يَٰبُنَيَّ أَقِمِ ٱلصَّلَوٰةَ وَأۡمُرۡ بِٱلۡمَعۡرُوفِ وَٱنۡهَ عَنِ ٱلۡمُنكَرِ وَٱصۡبِرۡ عَلَىٰ مَآ أَصَابَكَۖ
إِنَّ ذَٰلِكَ مِنۡ عَزۡمِ ٱلۡأُمُورِ ١٧

17. Yá bunaiya aquimis-Saláta wámur bilma'rúfi wan-ha 'anil munkari wasbir 'alá má asábaka inna zálika min 'azmil umúr

17. Ó filho meu, observa a oração, recomenda o bem, proíbe o ilícito e sofre pacientemente tudo quanto te suceda, porque isto é ter firmeza (de propósito na condução) dos assuntos.

وَلَا تُصَعِّرۡ خَدَّكَ لِلنَّاسِ وَلَا تَمۡشِ فِي ٱلۡأَرۡضِ مَرَحًاۖ إِنَّ ٱللَّهَ لَا يُحِبُّ كُلَّ مُخۡتَالٖ
فَخُورٖ ١٨

18. Wa lá tusa'-'ir khaddaka linnási wa lá tamchi fil ardhi marahan innal láha lá yuhibbu kulla mukhtálin fakhúr

18. E não contorças o rosto às gentes, nem andes insolentemente pela Terra, porque Deus não estima arrogante e vaidoso algum.

وَٱقۡصِدۡ فِي مَشۡيِكَ وَٱغۡضُضۡ مِن صَوۡتِكَۚ إِنَّ أَنكَرَ ٱلۡأَصۡوَٰتِ لَصَوۡتُ ٱلۡحَمِيرِ ١٩

سُورَةُ لُقۡمَانَ

Surat Lucman

19. Waqsid fí machyika waghdud min sautik; inna ankaral aswáti lasawtul hamír

19. E modera o teu andar e baixa a tua voz, porque o mais desagradável dos sons é o zurro dos asnos.

أَلَمۡ تَرَوۡاْ أَنَّ ٱللَّهَ سَخَّرَ لَكُم مَّا فِي ٱلسَّمَٰوَٰتِ وَمَا فِي ٱلۡأَرۡضِ وَأَسۡبَغَ عَلَيۡكُمۡ نِعَمَهُۥ
ظَٰهِرَةٗ وَبَاطِنَةٗۗ وَمِنَ ٱلنَّاسِ مَن يُجَٰدِلُ فِي ٱللَّهِ بِغَيۡرِ عِلۡمٖ وَلَا هُدٗى وَلَا كِتَٰبٖ
مُّنِيرٖ ٢٠

20. Alam taraw annal láha sakhkhara lakum má fis samáwáti wa má fil ardi wa asbagha 'alaikum ni'amahú záhiratanw wa bátinah; wa minan nási many yujádilu fil láhi bighayri 'ilminw wa lá hudanw wa lá Kitábim munír

20. Porventura, não reparais em que Deus pôs ao vosso dispor tudo quanto há nos Céus e na Terra, e vos cumulou com as Suas mercês, cognoscíveis e incognoscíveis? Sem dúvida, entre os humanos, há os que disputam tolamente acerca de Deus, sem orientação ou Livro esclarecedor algum.

وَإِذَا قِيلَ لَهُمُ ٱتَّبِعُواْ مَآ أَنزَلَ ٱللَّهُ قَالُواْ بَلۡ نَتَّبِعُ مَا وَجَدۡنَا عَلَيۡهِ ءَابَآءَنَآۚ أَوَلَوۡ كَانَ
ٱلشَّيۡطَٰنُ يَدۡعُوهُمۡ إِلَىٰ عَذَابِ ٱلسَّعِيرِ ٢١

21. Wa izá qíla lahumut-tabi'ú má anzalal láhu qálú bal nattabi'u má wajadná 'alaihi ábá'aná; awalaw kánash Shaitánu yad'úhum ilá 'azábis sa'ír

21. E quando lhes é dito: Segui o que Deus tem revelado, retrucam: Seguiremos o que vimos praticar os nossos pais! Segui-los-iam eles, mesmo que (com isso) Satanás os convidasse ao castigo do fogo abrasador?

۞ وَمَن يُسۡلِمۡ وَجۡهَهُۥٓ إِلَى ٱللَّهِ وَهُوَ مُحۡسِنٞ فَقَدِ ٱسۡتَمۡسَكَ بِٱلۡعُرۡوَةِ ٱلۡوُثۡقَىٰۗ
وَإِلَى ٱللَّهِ عَٰقِبَةُ ٱلۡأُمُورِ ٢٢

22. ۞ Wa man yuslim wajhahú ilal láhi wa huwa muhsinun faqadistamsaka bil'ur watil wusqá; wa ilal láhi 'áqibatul umúr

22. Mas quem se submeter a Deus e for caritativo ver-se-á apegado à verdade inquebrantável. E em Deus reside o destino de todos os assuntos.

سُورَةُ لُقْمَانَ
Surat Lucman

وَمَن كَفَرَ فَلَا يَحْزُنكَ كُفْرُهُۥٓ ۚ إِلَيْنَا مَرْجِعُهُمْ فَنُنَبِّئُهُم بِمَا عَمِلُوٓا۟ ۚ إِنَّ ٱللَّهَ عَلِيمٌۢ
بِذَاتِ ٱلصُّدُورِ ﴿٢٣﴾

23. Wa man kafara falá ya<u>h</u>zunka kufruhu; ilainá marji'uhum fanunabbi'uhum bimá 'amilú; innal láha 'alímum bizátis sudúr

23. Quanto ao incrédulo, que a incredulidade dele não te atormente, porque o seu retorno será a Nós, e então o inteiraremos de tudo quanto tiver feito; Deus é Conhecedor das intimidades dos corações.

نُمَتِّعُهُمْ قَلِيلًا ثُمَّ نَضْطَرُّهُمْ إِلَىٰ عَذَابٍ غَلِيظٍ ﴿٢٤﴾

24. Numatti'uhum qalílan summa nadtarruhum ilá 'azábin ghalíz

24. Agraciá-los-emos um pouco; então, lhes infligiremos um severo castigo.

وَلَئِن سَأَلْتَهُم مَّنْ خَلَقَ ٱلسَّمَٰوَٰتِ وَٱلْأَرْضَ لَيَقُولُنَّ ٱللَّهُ ۚ قُلِ ٱلْحَمْدُ لِلَّهِ ۚ بَلْ
أَكْثَرُهُمْ لَا يَعْلَمُونَ ﴿٢٥﴾

25. Wa la'in sa altahum man khalaqas samáwáti wal arda la yaqúlunnal láh; qulil <u>h</u>amdu lilláh; bal aksaruhum lá ya'lamún

25. E se lhes perguntares quem criou os Céus e a Terra, dirão: Deus! Dize: Louvado seja Deus! Porém, a maioria dos homens o ignora.

لِلَّهِ مَا فِى ٱلسَّمَٰوَٰتِ وَٱلْأَرْضِ ۚ إِنَّ ٱللَّهَ هُوَ ٱلْغَنِىُّ ٱلْحَمِيدُ ﴿٢٦﴾

26. Lillahi ma fis samá wáti wal ard; innal láha Huwal Ghaniyyul Hamíd

26. A Deus pertence tudo quanto há nos Céus e na Terra, porque Deus é o Opulento, o Laudabilíssimo!

وَلَوْ أَنَّمَا فِى ٱلْأَرْضِ مِن شَجَرَةٍ أَقْلَٰمٌ وَٱلْبَحْرُ يَمُدُّهُۥ مِنۢ بَعْدِهِۦ سَبْعَةُ
أَبْحُرٍ مَّا نَفِدَتْ كَلِمَٰتُ ٱللَّهِ ۗ إِنَّ ٱللَّهَ عَزِيزٌ حَكِيمٌ ﴿٢٧﴾

27. Wa law annamá fil ardi min shajaratin aqlámunw wal ba<u>h</u>ru yamudduhú mim ba'dihí sab'atu ab<u>h</u>urim má nafidat Kalimátul láh; innal láha 'Azízun <u>H</u>akím

27. Ainda que todas as árvores da Terra se convertessem em cálamos, e o oceano (em tinta), e lhes fossem somados mais sete oceanos, isso não iria esgotar as palavras de Deus, porque Deus é Poderoso, Prudentíssimo.

سُورَةُ لُقۡمَانَ

Surat Lucman

مَّا خَلۡقُكُمۡ وَلَا بَعۡثُكُمۡ إِلَّا كَنَفۡسٖ وَٰحِدَةٍۚ إِنَّ ٱللَّهَ سَمِيعُۢ بَصِيرٌ ﴿٢٨﴾

28. Má khalqukum wa lá ba'sukum illá kanafsin wáhidah; innal láha Samí'um Basír

28. A vossa criação e ressurreição não são mais do que (o são) a de um só ser; sabei que Deus é Oniouvinte, Onividente.

أَلَمۡ تَرَ أَنَّ ٱللَّهَ يُولِجُ ٱلَّيۡلَ فِي ٱلنَّهَارِ وَيُولِجُ ٱلنَّهَارَ فِي ٱلَّيۡلِ وَسَخَّرَ ٱلشَّمۡسَ
وَٱلۡقَمَرَ كُلّٞ يَجۡرِيٓ إِلَىٰٓ أَجَلٖ مُّسَمّٗى وَأَنَّ ٱللَّهَ بِمَا تَعۡمَلُونَ خَبِيرٞ ﴿٢٩﴾

29. Alam tara annal láha yúlijul laila fin nahári wa yúlijun nahára fil laili wa sakhkharash shamsa wal qamara kulluny yajrí ilá ajalim musammanw wa annal láha bimá ta'malúna Khabír

29. Não tens reparado, acaso, em que Deus insere a noite no dia e o dia na noite, e que pôs ao vosso dispor o sol e a lua, e que cada um (destes) gira em sua órbita até um término prefixado, e que Deus está inteirado de tudo quanto fazeis?

ذَٰلِكَ بِأَنَّ ٱللَّهَ هُوَ ٱلۡحَقُّ وَأَنَّ مَا يَدۡعُونَ مِن دُونِهِ ٱلۡبَٰطِلُ وَأَنَّ ٱللَّهَ هُوَ ٱلۡعَلِيُّ
ٱلۡكَبِيرُ ﴿٣٠﴾

30. Zálika bi annal láha Huwal Haqqu wa anna má yad'úna min dúnihil bátilu wa annal láha Huwal 'Aliyyul Kabír

30. Isso ocorre porque Deus é a Realidade, e porque tudo quanto invocam, em lugar d'Ele, é a falsidade, e porque Deus é o Grandioso, o Altíssimo.

أَلَمۡ تَرَ أَنَّ ٱلۡفُلۡكَ تَجۡرِي فِي ٱلۡبَحۡرِ بِنِعۡمَتِ ٱللَّهِ لِيُرِيَكُم مِّنۡ ءَايَٰتِهِۦٓۚ إِنَّ فِي ذَٰلِكَ
لَأٓيَٰتٖ لِّكُلِّ صَبَّارٖ شَكُورٖ ﴿٣١﴾

31. Alam tara annal fulka tajrí fil bahri bini'matil láhi li yuriyakum min Áyátih; inna fí zálika la Áyátil likulli sabbárin shakúr

31. Não reparas, acaso, nos navios, que singram os mares pela graça de Deus, para mostrar-vos algo dos Seus sinais? Sabei que nisto há indícios para o perseverante, agradecido.

سُورَةُ لُقۡمَانَ

Surat Lucman

وَإِذَا غَشِيَهُم مَّوۡجٞ كَٱلظُّلَلِ دَعَوُاْ ٱللَّهَ مُخۡلِصِينَ لَهُ ٱلدِّينَ فَلَمَّا نَجَّىٰهُمۡ إِلَى ٱلۡبَرِّ
فَمِنۡهُم مُّقۡتَصِدٞۚ وَمَا يَجۡحَدُ بِـَٔايَٰتِنَآ إِلَّا كُلُّ خَتَّارٖ كَفُورٖ ٣٢

32. Wa izá ghashiyahum mawjun kazzulali da'a-wul láha mukhlisína lahud dína fa lammá najjáhum ilal barri faminhum muqtasid; wa má yajhadu bi Áyátiná illá kullu khattárin kafúr

32. E quando as ondas, como montanhas tenebrosas, os envolvem, invocam sinceramente Deus e, tão logo Ele os põe a salvo, em terra, eis que alguns deles vacilam; entretanto, ninguém nega os Nossos sinais, além do pérfido, ingrato.

يَٰٓأَيُّهَا ٱلنَّاسُ ٱتَّقُواْ رَبَّكُمۡ وَٱخۡشَوۡاْ يَوۡمٗا لَّا يَجۡزِي وَالِدٌ عَن وَلَدِهِۦ وَلَا مَوۡلُودٌ
هُوَ جَازٍ عَن وَالِدِهِۦ شَيۡـًٔاۚ إِنَّ وَعۡدَ ٱللَّهِ حَقّٞۖ فَلَا تَغُرَّنَّكُمُ ٱلۡحَيَوٰةُ ٱلدُّنۡيَا
وَلَا يَغُرَّنَّكُم بِٱللَّهِ ٱلۡغَرُورُ ٣٣

33. Yá ayyuhan násuttaqú Rabbakum wakhshaw Yawmal lá yajzí wálidun 'anw waladihí wa lá mawlúdun huwa jázin 'anw wálidihí shai'á; inná wa'dal láhi haqqun falá taghurrannakumul hayátud dunyá wa lá yaghur rannakum billáhil gharúr

33. Ó humanos, temei vosso Senhor e temei o dia em que um pai em nada poderá redimir o filho, nem o filho ao pai. Certamente, a promessa de Deus é verdadeira! Que não vos iluda a vida terrena, nem vos iluda o sedutor, acerca de Deus!

إِنَّ ٱللَّهَ عِندَهُۥ عِلۡمُ ٱلسَّاعَةِ وَيُنَزِّلُ ٱلۡغَيۡثَ وَيَعۡلَمُ مَا فِي ٱلۡأَرۡحَامِۖ وَمَا تَدۡرِي
نَفۡسٞ مَّاذَا تَكۡسِبُ غَدٗاۖ وَمَا تَدۡرِي نَفۡسُۢ بِأَيِّ أَرۡضٖ تَمُوتُۚ إِنَّ ٱللَّهَ عَلِيمٌ
خَبِيرُۢ ٣٤

34. Innal láha 'indahú 'ilmus sá'ati wa yunazzilul ghaisa wa ya'lamu má fil arhámi wa má tadrí nafsum mázá taksibu ghadá; wa má tadrí nafsum bi ayyi ardin tamút; innal láha 'Alímun Khabír

34. Em verdade, Deus possui o conhecimento da Hora, faz descer a chuva e conhece o que encerram os ventres maternos. Nenhum ser sabe o que ganhará amanhã, tampouco nenhum ser saberá em que terra morrerá, porque (só) Deus é Sapiente, Inteiradíssimo!

سُورَةُ السَّجۡدَةِ

Surat As Sajda

Surat 32. *As Sajda* (A Prostração). Revelada em Makka, 30 versículos, com exceção do versículo 16 a 20 que foram revelados em Madina.

بِسۡمِ ٱللَّهِ ٱلرَّحۡمَٰنِ ٱلرَّحِيمِ

Bismilláhir Rahmánir Rahím

Em nome de Deus o Clemente, o Misericordioso

الٓمٓ ﴿١﴾

1. *Alif-Lám-Mím*

1. Alef, Lam, Mim.

تَنزِيلُ ٱلۡكِتَٰبِ لَا رَيۡبَ فِيهِ مِن رَّبِّ ٱلۡعَٰلَمِينَ ﴿٢﴾

2. *Tanzílul Kitábi lá raiba fíhi mir rabbil 'álamín*

2. Esta é a revelação do Livro indubitável, que emana do Senhor do Universo.

أَمۡ يَقُولُونَ ٱفۡتَرَىٰهُۚ بَلۡ هُوَ ٱلۡحَقُّ مِن رَّبِّكَ لِتُنذِرَ قَوۡمًا مَّآ أَتَىٰهُم مِّن نَّذِيرٍ مِّن قَبۡلِكَ لَعَلَّهُمۡ يَهۡتَدُونَ ﴿٣﴾

3. *Am yaqúlúna ftaráhu bal huwal haqqu mir rabbika litunzira qawma má atáhum min nazírim min qablika la'allahum yahtadún*

3. Ou dizem: ele o (Alcorão) tem forjado! Qual! É a verdade do teu Senhor, para que admoestes (com ele) um povo, ao qual antes de ti não chegou admoestador algum, para que se encaminhe.

ٱللَّهُ ٱلَّذِي خَلَقَ ٱلسَّمَٰوَٰتِ وَٱلۡأَرۡضَ وَمَا بَيۡنَهُمَا فِي سِتَّةِ أَيَّامٍ ثُمَّ ٱسۡتَوَىٰ عَلَى ٱلۡعَرۡشِۖ مَا لَكُم مِّن دُونِهِۦ مِن وَلِيٍّ وَلَا شَفِيعٍۚ أَفَلَا تَتَذَكَّرُونَ ﴿٤﴾

4. *Alláhul lazí khalaqas samáwáti wal arda wa má bainahumá fí sittati ayyámin thummas tawá 'alal 'arsh; má lakum min dúnihí minw-waliyyinw-wala shafí'; afalá tatazakkarún*

4. Foi Deus Quem criou, em seis dias, os Céus e a Terra, e tudo quanto há entre ambos; logo assumiu o Trono. Não tendes, além d'Ele, protetor, nem intercessor algum. Não meditais?

سُورَةُ السَّجْدَةِ

Surat As Sajda

يُدَبِّرُ ٱلْأَمْرَ مِنَ ٱلسَّمَآءِ إِلَى ٱلْأَرْضِ ثُمَّ يَعْرُجُ إِلَيْهِ فِى يَوْمٍ كَانَ مِقْدَارُهُۥٓ أَلْفَ
سَنَةٍ مِّمَّا تَعُدُّونَ ﴿٥﴾

5. Yudabbirul amra minas samá'i ilal ardi thumma ya'ruju ilaihi fí yawmin kána miqdáruhú alfa sanatim mimmá ta'uddún

5. Ele rege todos os assuntos, desde o Céu até à Terra; logo (tudo) ascenderá a Ele, em um dia cuja duração será de mil anos, do vosso cômputo.

ذَٰلِكَ عَٰلِمُ ٱلْغَيْبِ وَٱلشَّهَٰدَةِ ٱلْعَزِيزُ ٱلرَّحِيمُ ﴿٦﴾

6. Zálika 'álimul ghaybi wash shahádatil 'azízur rahím

6. Tal é (Deus), Conhecedor do desconhecido e do conhecido, o Poderoso, o Misericordiosíssimo,

ٱلَّذِىٓ أَحْسَنَ كُلَّ شَىْءٍ خَلَقَهُۥ ۖ وَبَدَأَ خَلْقَ ٱلْإِنسَٰنِ مِن طِينٍ ﴿٧﴾

7. Allazí ahsana kulla shai in khalaqa; wa bada a khalqal insáni min tín

7. Que aperfeiçoou tudo o que criou e iniciou a criação do primeiro homem, de barro.

ثُمَّ جَعَلَ نَسْلَهُۥ مِن سُلَٰلَةٍ مِّن مَّآءٍ مَّهِينٍ ﴿٨﴾

8. Çumma ja'ala naslahú min sulálatim mim má'immahín

8. Então, formou-lhe uma prole da essência de sêmen sutil.

ثُمَّ سَوَّىٰهُ وَنَفَخَ فِيهِ مِن رُّوحِهِۦ ۖ وَجَعَلَ لَكُمُ ٱلسَّمْعَ وَٱلْأَبْصَٰرَ وَٱلْأَفْـِٔدَةَ ۚ
قَلِيلًا مَّا تَشْكُرُونَ ﴿٩﴾

9. Çumma sauwáhu wa nafakha fíhi mir rúhihih; wa ja'ala lakumus sam'a wal-absára wal-af'idah; qalílam má tashkurún

9. Depois o modelou; então, alentou-o com o Seu Espírito. Dotou a todos vós com a faculdade da audição, da visão e do entendimento. Quão pouco Lhe agradeceis!

وَقَالُوٓا۟ أَءِذَا ضَلَلْنَا فِى ٱلْأَرْضِ أَءِنَّا لَفِى خَلْقٍ جَدِيدٍۭ ۚ بَلْ هُم بِلِقَآءِ رَبِّهِمْ
كَٰفِرُونَ ﴿١٠﴾

سُورَةُ السَّجْدَةِ

Surat As Sajda

10. Wa qálú 'a-izá dhalalná fil ardhi 'a-inná lafí khalquin jadíd; bal hum biliqá'i rabbihim káfirún

10. Dizem (os incrédulos): Quando formos consumidos pela terra, seremos, acaso, renovados em uma nova criatura? Qual! Eles negam o comparecimento ante o seu Senhor!

۞ قُلْ يَتَوَفَّىٰكُم مَّلَكُ ٱلْمَوْتِ ٱلَّذِى وُكِّلَ بِكُمْ ثُمَّ إِلَىٰ رَبِّكُمْ تُرْجَعُونَ ﴿١١﴾

11. ۞ Qul yatawaffákum malakul mautil lazí wukkila bikum Çumma ilá rabbikum turja'ún

11. Dize-lhes: O anjo da morte, que foi designado para vos guardar, recolher-vos-á, e logo retornareis ao vosso Senhor.

وَلَوْ تَرَىٰٓ إِذِ ٱلْمُجْرِمُونَ نَاكِسُوا۟ رُءُوسِهِمْ عِندَ رَبِّهِمْ رَبَّنَآ أَبْصَرْنَا
وَسَمِعْنَا فَٱرْجِعْنَا نَعْمَلْ صَٰلِحًا إِنَّا مُوقِنُونَ ﴿١٢﴾

12. Wa law tará izil mujrimúna nákisú ru'úsihim 'inda rabbihim rabbaná absarná wa sami'ná farji'ná na'mal sáli<u>h</u>an inná múqinún

12. Ah, se pudesses ver os pecadores, cabisbaixos, ante o seu Senhor! (Exclamarão): Ó Senhor nosso, agora temos olhos para ver e ouvidos para ouvir! Faze-nos retornar ao mundo, que praticaremos o bem, porque agora deveras acreditamos!

وَلَوْ شِئْنَا لَءَاتَيْنَا كُلَّ نَفْسٍ هُدَىٰهَا وَلَٰكِنْ حَقَّ ٱلْقَوْلُ مِنِّى لَأَمْلَأَنَّ جَهَنَّمَ
مِنَ ٱلْجِنَّةِ وَٱلنَّاسِ أَجْمَعِينَ ﴿١٣﴾

13. Wa law shi'ná la-átainá kulla nafsin hudáhá wa lákin <u>h</u>aqqal qawlu minní la amla'anna jahannama minal jinnati wannási ajma'ín

13. E se quiséssemos, teríamos iluminado todos os seres; porém, a Minha sentença foi pronunciada; sabei que encherei o inferno com gênios e humanos, todos juntos.

فَذُوقُوا۟ بِمَا نَسِيتُمْ لِقَآءَ يَوْمِكُمْ هَٰذَآ إِنَّا نَسِينَٰكُمْ ۖ وَذُوقُوا۟ عَذَابَ
ٱلْخُلْدِ بِمَا كُنتُمْ تَعْمَلُونَ ﴿١٤﴾

سُورَةُ السَّجدَة

Surat As Sajda

14. Fazúqú bimá nasítum liqá'a yawmikum háza inná nasínákum wa zúqú 'azábal khuldi bimá kuntum ta'malún

14. (Ser-lhes-á dito): Sofrei, pois, por terdes esquecido o comparecimento neste vosso Dia! Em verdade, vos esqueceremos. E sofrei o castigo, por toda a eternidade, pelo que cometestes!

إِنَّمَا يُؤْمِنُ بِـَٔايَـٰتِنَا ٱلَّذِينَ إِذَا ذُكِّرُوا۟ بِهَا خَرُّوا۟ سُجَّدًا وَسَبَّحُوا۟ بِحَمْدِ رَبِّهِمْ وَهُمْ لَا يَسْتَكْبِرُونَ ۩ ﴿١٥﴾

15. Innamá yu'minu bi áyátinal lazína izá zukkirú bihá kharrú sujjadan wa sabbahú bihamdi rabbihim wa hum lá yastakbirún ***(Fazer sajda)***

15. Somente creem nos Nossos versículos aqueles que, quando eles lhos são recitados, se prostram em adoração e celebram os louvores do seu Senhor, sem, contudo, se ensoberbecerem.

تَتَجَافَىٰ جُنُوبُهُمْ عَنِ ٱلْمَضَاجِعِ يَدْعُونَ رَبَّهُمْ خَوْفًا وَطَمَعًا وَمِمَّا رَزَقْنَـٰهُمْ يُنفِقُونَ ﴿١٦﴾

16. Tatajáfá junúbuhum 'anil madáji'i yad'úna rabbahum khawfanw wa tama'anw wa mimmá razaqnáhum yunfiqún

16. São aqueles cujos corpos não relutam em se afastar dos leitos para invocarem seu Senhor com temor e esperança, e que fazem caridade daquilo com que os agraciamos.

فَلَا تَعْلَمُ نَفْسٌ مَّآ أُخْفِىَ لَهُم مِّن قُرَّةِ أَعْيُنٍ جَزَآءًۢ بِمَا كَانُوا۟ يَعْمَلُونَ ﴿١٧﴾

17. Falá ta'lamu nafsum má ukhfiya lahum min qurrati a'yunin jazá'am bimá kánú ya'malún

17. Nenhuma alma caridosa sabe que deleite para os seus olhos lhe está reservado, em recompensa pelo que fez.

أَفَمَن كَانَ مُؤْمِنًا كَمَن كَانَ فَاسِقًا ۚ لَّا يَسْتَوُۥنَ ﴿١٨﴾

18. Afaman kána mu'minan kaman kána fásiqá; lá yasta wún

18. Poderá, acaso, equiparar-se ao crente o rebelde? Jamais se equipararão!

سُورَةُ السَّجۡدَةِ

Surat As Sajda

أَمَّا ٱلَّذِينَ ءَامَنُواْ وَعَمِلُواْ ٱلصَّٰلِحَٰتِ فَلَهُمۡ جَنَّٰتُ ٱلۡمَأۡوَىٰ نُزُلَۢا بِمَا كَانُواْ
يَعۡمَلُونَ ١٩

19. Ammal lazína ámanú wa 'amilus sálihāti falahum jannátul ma'wá nuzulam bimá kánú ya'malún

19. Quanto aos crentes, que tiverem praticado o bem, terão por abrigo jardins de aconchego, por tudo quanto fizeram.

وَأَمَّا ٱلَّذِينَ فَسَقُواْ فَمَأۡوَىٰهُمُ ٱلنَّارُۖ كُلَّمَآ أَرَادُوٓاْ أَن يَخۡرُجُواْ مِنۡهَآ أُعِيدُواْ فِيهَا وَقِيلَ
لَهُمۡ ذُوقُواْ عَذَابَ ٱلنَّارِ ٱلَّذِي كُنتُم بِهِۦ تُكَذِّبُونَ ٢٠

20. Wa ammal lazína fasaqú fama'wáhumun Náru kullamá arádú an yakhrujú minhá u'ídú fíhá wa qíla lahum zúqú 'azában Náril lazí kuntum bihí tukazzibún

20. Por outra, os depravados terão por morada o fogo infernal. Cada vez que desejarem sair dali, serão ainda mais arraigados nele, e lhes será dito: Provai o tormento do Fogo que desmentistes!

وَلَنُذِيقَنَّهُم مِّنَ ٱلۡعَذَابِ ٱلۡأَدۡنَىٰ دُونَ ٱلۡعَذَابِ ٱلۡأَكۡبَرِ لَعَلَّهُمۡ يَرۡجِعُونَ ٢١

21. Wa lanuzíqan nahum minal 'azábil adná dúnal 'azábil akbari la'allahum yarji'ún

21. Em verdade, infligir-lhes-emos o castigo terreno, antes do castigo supremo, para que se arrependam.

وَمَنۡ أَظۡلَمُ مِمَّن ذُكِّرَ بِـَٔايَٰتِ رَبِّهِۦ ثُمَّ أَعۡرَضَ عَنۡهَآۚ إِنَّا مِنَ ٱلۡمُجۡرِمِينَ
مُنتَقِمُونَ ٢٢

22. Wa man azlamu mimman zukkira bi áyáti rabbihí çumma a'rada 'anhá; inná minal mujrimína muntaquimún

22. E haverá alguém mais injusto do que quem, ao ser exortado com os versículos do seu Senhor, logo os desdenha? Sabei que Nós puniremos os pecadores.

وَلَقَدۡ ءَاتَيۡنَا مُوسَى ٱلۡكِتَٰبَ فَلَا تَكُن فِي مِرۡيَةٖ مِّن لِّقَآئِهِۦۖ وَجَعَلۡنَٰهُ
هُدٗى لِّبَنِيٓ إِسۡرَٰٓءِيلَ ٢٣

سُورَةُ السَّجۡدَةِ

Surat As Sajda

23. Wa laqad átainá Mussal Kitába falá takun fí miryatim mil liqá'ihí wa ja'alnáhu hudal li Baní Isrá'íl

23. Já havíamos concedido o Livro a Moisés. Não vaciles, pois, quando ele chegar a ti. E destinamo-lo como orientação para os israelitas.

وَجَعَلۡنَا مِنۡهُمۡ أَئِمَّةٗ يَهۡدُونَ بِأَمۡرِنَا لَمَّا صَبَرُواْۖ وَكَانُواْ بِـَٔايَٰتِنَا يُوقِنُونَ ﴿٢٤﴾

24. Wa ja'alná min-hum a'immatan yahdúna bi amriná lammá sabarú wa kánú bi áyátiná yúquinún

24. E designamos líderes dentre eles, os quais encaminham os demais segundo a Nossa ordem, porque perseveraram e se persuadiram dos Nossos versículos.

إِنَّ رَبَّكَ هُوَ يَفۡصِلُ بَيۡنَهُمۡ يَوۡمَ ٱلۡقِيَٰمَةِ فِيمَا كَانُواْ فِيهِ يَخۡتَلِفُونَ ﴿٢٥﴾

25. Inna rabbaka huwa yafsilu bainahum yaumal quiyámati fímá kánú fíhi yakhtalifún

25. Certamente teu Senhor julgará entre eles, no Dia da Ressurreição, quanto àquilo a respeito do quê divergiam.

أَوَلَمۡ يَهۡدِ لَهُمۡ كَمۡ أَهۡلَكۡنَا مِن قَبۡلِهِم مِّنَ ٱلۡقُرُونِ يَمۡشُونَ فِي مَسَٰكِنِهِمۡۚ إِنَّ فِي ذَٰلِكَ لَأٓيَٰتٍۚ أَفَلَا يَسۡمَعُونَ ﴿٢٦﴾

26. Awalam yahdi lahum kam ahlakná min qablihim minal qurúni yamchúna fí masákinihim; inna fí zálika la áyátin afalá yasma'ún

26. Acaso, isso não lhes evidenciou quantas gerações anteriores à deles temos exterminado, apesar de caminharem sobre as suas (antigas) moradas? Certamente, nisto há sinais. Não ouvem, então?

أَوَلَمۡ يَرَوۡاْ أَنَّا نَسُوقُ ٱلۡمَآءَ إِلَى ٱلۡأَرۡضِ ٱلۡجُرُزِ فَنُخۡرِجُ بِهِۦ زَرۡعٗا تَأۡكُلُ مِنۡهُ أَنۡعَٰمُهُمۡ وَأَنفُسُهُمۡۚ أَفَلَا يُبۡصِرُونَ ﴿٢٧﴾

27. Awalam yarau anná nasúqul má'a ilal ardhil juruzi fanukhriju bihí zar'an ta'kulu min-hu an'ámuhum wa anfusuhum afalá yubsirún

27. Não reparam em que conduzimos a água à terra erma, fazendo com isso, brotar as semeaduras de que se nutrem, eles e o seu gado? Não veem, acaso?

سُورَةُ السَّجۡدَةِ

Surat As Sajda

وَيَقُولُونَ مَتَىٰ هَٰذَا ٱلۡفَتۡحُ إِن كُنتُمۡ صَٰدِقِينَ ٢٨

28. Wa yaqúlúna matá házal fathu in kuntum sádiquín

28. E perguntam: Quando chegará essa vitória, se estiverdes certos?

قُلۡ يَوۡمَ ٱلۡفَتۡحِ لَا يَنفَعُ ٱلَّذِينَ كَفَرُوٓاْ إِيمَٰنُهُمۡ وَلَا هُمۡ يُنظَرُونَ ٢٩

29. Qul yaumal fathi lá yanfa'ul lazína kafarú ímánuhum wa lá hum yunzarún

29. Responde-lhes: No dia da vitória de nada valerá a fé tardia dos incrédulos, nem serão tolerados.

فَأَعۡرِضۡ عَنۡهُمۡ وَٱنتَظِرۡ إِنَّهُم مُّنتَظِرُونَ ٣٠

30. Fa a'rid 'anhum wantazir innahum muntazirún

30. Afasta-te, pois deles, e espera, porque eles também não perdem por esperar.

سُورَةُ الأَحزَاب

Surat Al Ahzab

Surat 33. *Al Ahzab* (Os Partidos) 73 vers[iculos. Revelada em Madina, até o versículo 30

بِسْمِ ٱللَّهِ ٱلرَّحْمَٰنِ ٱلرَّحِيمِ

Bismilláhir Rahmánir Rahím

Em nome de Deus o Clemente, o Misericordioso

يَٰٓأَيُّهَا ٱلنَّبِيُّ ٱتَّقِ ٱللَّهَ وَلَا تُطِعِ ٱلْكَٰفِرِينَ وَٱلْمُنَٰفِقِينَ ۗ إِنَّ ٱللَّهَ كَانَ
عَلِيمًا حَكِيمًا ﴿١﴾

1. Yá aiyuhan Nabiyyut taquil láha wa lá tuti'il káfirína wal munáfiquín; innal láha kána 'alíman Hakímá

1. Ó Profeta, teme a Deus e não obedeças aos incrédulos, nem aos hipócritas. Fica sabendo que Deus é Sapiente, Prudentíssimo.

وَٱتَّبِعْ مَا يُوحَىٰٓ إِلَيْكَ مِن رَّبِّكَ ۚ إِنَّ ٱللَّهَ كَانَ بِمَا تَعْمَلُونَ خَبِيرًا ﴿٢﴾

2. Wattabi' má yúhá ilaika mir Rabbik; innal láha kána bimá ta'malúna Khabíra

2. E observa o que te foi inspirado por teu Senhor, porque Deus está inteirado de tudo quanto todos vós fazeis.

وَتَوَكَّلْ عَلَى ٱللَّهِ ۚ وَكَفَىٰ بِٱللَّهِ وَكِيلًا ﴿٣﴾

3. Wa tawakkal 'alal láh; wa kafá billáhi Wakílá

3. Confia em Deus, porque basta Ele por Guardião.

مَّا جَعَلَ ٱللَّهُ لِرَجُلٍ مِّن قَلْبَيْنِ فِى جَوْفِهِۦ ۚ وَمَا جَعَلَ أَزْوَٰجَكُمُ ٱلَّٰٓـِٔى تُظَٰهِرُونَ
مِنْهُنَّ أُمَّهَٰتِكُمْ ۚ وَمَا جَعَلَ أَدْعِيَآءَكُمْ أَبْنَآءَكُمْ ۚ ذَٰلِكُمْ قَوْلُكُم بِأَفْوَٰهِكُمْ ۖ وَٱللَّهُ
يَقُولُ ٱلْحَقَّ وَهُوَ يَهْدِى ٱلسَّبِيلَ ﴿٤﴾

4. Má ja'alal láhu lirajulim min qalbaini fí jawfih; wa má ja'ala azwájakumul lá'i tuzáhirúna minhunna ummahátikum; wa má ja'ala ad'iyá'akum abná'akum; zálikum qaulukum bi afwá hikum walláhu yaqúlul haqqa wa Huwa yahdis sabíl

سُورَةُ الأَحزَابِ

Surat Al Ahzab

4. Deus não pôs no peito do homem dois corações; tampouco fez com que vossas esposas, as quais repudiais através do zihar, fossem para vós como vossas mães, nem tampouco que vossos filhos adotivos fossem como vossos próprios filhos. Estas são vãs palavras das vossas bocas. E Deus disse a verdade, e Ele mostra a (verdadeira) senda.

ٱدْعُوهُمْ لِءَابَآئِهِمْ هُوَ أَقْسَطُ عِندَ ٱللَّهِ ۚ فَإِن لَّمْ تَعْلَمُوٓا۟ ءَابَآءَهُمْ فَإِخْوَٰنُكُمْ
فِى ٱلدِّينِ وَمَوَٰلِيكُمْ ۚ وَلَيْسَ عَلَيْكُمْ جُنَاحٌ فِيمَآ أَخْطَأْتُم بِهِۦ وَلَٰكِن مَّا تَعَمَّدَتْ
قُلُوبُكُمْ ۚ وَكَانَ ٱللَّهُ غَفُورًا رَّحِيمًا ٥

5. *Ud'úhum li ábá'ihim huwa aqsatu 'indal láh; fa illam ta'lamú ábá'ahum fa ikhwánukum fid díni wa mawálikum; wa laisa 'alaikum junáhun fimá akhtátum bihí wa lákim má ta'ammadat qulúbukum; wa kánal láhu Ghafúrar Rahímá*

5. Dai-lhes os sobrenomes dos seus verdadeiros pais; isto é mais equitativo ante Deus. Contudo, se não lhes conheceis os pais, sabei que eles são vossos irmãos, na religião, e vossos tutelados. Porém, se vos equivocardes, não sereis recriminados; (o que conta) são as intenções dos vossos corações; sabei que Deus é Indulgente, Misericordiosíssimo.

ٱلنَّبِىُّ أَوْلَىٰ بِٱلْمُؤْمِنِينَ مِنْ أَنفُسِهِمْ ۖ وَأَزْوَٰجُهُۥٓ أُمَّهَٰتُهُمْ ۗ وَأُو۟لُوا۟ ٱلْأَرْحَامِ بَعْضُهُمْ
أَوْلَىٰ بِبَعْضٍ فِى كِتَٰبِ ٱللَّهِ مِنَ ٱلْمُؤْمِنِينَ وَٱلْمُهَٰجِرِينَ إِلَّآ أَن تَفْعَلُوٓا۟
إِلَىٰٓ أَوْلِيَآئِكُم مَّعْرُوفًا ۚ كَانَ ذَٰلِكَ فِى ٱلْكِتَٰبِ مَسْطُورًا ٦

6. *An-Nabiyyu awlá bil mu'minína min anfusihim wa azwájuhú ummahatuhum wa ulul arhámi ba'dhuhum aulá biba'dhin fí Kitábil láhi minal mu'minína wal Muhájirína illá an taf'alú ilá awliyá'ikum ma'rúfá; kána zálika fil kitábi mastúrá*

6. O Profeta tem mais domínio sobre os crentes do que eles mesmos (sobre si), e as esposas dele devem ser (para eles) suas mães. E, segundo o que foi estipulado no Livro de Deus, os consanguíneos têm mais direito entre si do que os crentes e os migrantes. Contudo, fazei o que é justo aos vossos amigos íntimos; isso está escrito no Livro.

وَإِذْ أَخَذْنَا مِنَ ٱلنَّبِيِّـۧنَ مِيثَٰقَهُمْ وَمِنكَ وَمِن نُّوحٍ وَإِبْرَٰهِيمَ وَمُوسَىٰ وَعِيسَى ٱبْنِ
مَرْيَمَ ۖ وَأَخَذْنَا مِنْهُم مِّيثَٰقًا غَلِيظًا ٧

سُورَةُ الأحزَابِ

Surat Al Ahzab

7. Wa iz akhazná minan Nabiyyína miçáqahum wa minka wa min Nú<u>h</u>in wa Ibráhíma wa Mussa wa Íssa bni-Maryama wa akhazná min-hum miçáqan ghalízá

7. Recorda-te de quando instituímos o pacto com os profetas: contigo, com Noé, com Abraão, com Moisés, com Jesus, filho de Maria, e obtivemos deles um solene compromisso,

لِّيَسْـَٔلَ ٱلصَّـٰدِقِينَ عَن صِدْقِهِمْ ۚ وَأَعَدَّ لِلْكَـٰفِرِينَ عَذَابًا أَلِيمًا ﴿٨﴾

8. Liyas'alas sádiquína 'an sidquihim; wa a'adda lilkáfirína 'azában alímá

8. Para que (Deus) pudesse interrogar (por vosso intermédio) os verazes, acerca de sua veracidade, e destinar um doloroso castigo aos incrédulos.

يَـٰٓأَيُّهَا ٱلَّذِينَ ءَامَنُوا۟ ٱذْكُرُوا۟ نِعْمَةَ ٱللَّهِ عَلَيْكُمْ إِذْ جَآءَتْكُمْ جُنُودٌ فَأَرْسَلْنَا عَلَيْهِمْ
رِيحًا وَجُنُودًا لَّمْ تَرَوْهَا ۚ وَكَانَ ٱللَّهُ بِمَا تَعْمَلُونَ بَصِيرًا ﴿٩﴾

9. Yá aiyuhal lazína ámanu zkurú ni'matal láhi 'alaikum iz já'atkum junúdun fa arsalná 'alaihim rí<u>h</u>an wa junúdal lam tarauhá; wa kánal láhu bimá ta'malúna Basíra

9. Ó crentes, recordai-vos da graça de Deus para convosco! Quando um exército se abateu sobre vós, desencadeamos sobre ele um furacão e um exército invisível (de anjos), pois Deus bem via tudo quanto fazíeis.

إِذْ جَآءُوكُم مِّن فَوْقِكُمْ وَمِنْ أَسْفَلَ مِنكُمْ وَإِذْ زَاغَتِ ٱلْأَبْصَـٰرُ وَبَلَغَتِ
ٱلْقُلُوبُ ٱلْحَنَاجِرَ وَتَظُنُّونَ بِٱللَّهِ ٱلظُّنُونَا۠ ﴿١٠﴾

10. Iz já'úkum min fauquikum wa min asfala minkum wa iz zághatil absáru wa balaghatil qulúbul <u>h</u>anájira wa tazunnúna billáhiz zunúná

10. (Foi) quando os inimigos vos atacaram de cima e de baixo, e os (vossos) olhos se assombraram, e os (vossos) corações como que (vos) subiam à garganta; nessa altura ainda estáveis a desconfiar de Deus, sob vários aspectos.

هُنَالِكَ ٱبْتُلِىَ ٱلْمُؤْمِنُونَ وَزُلْزِلُوا۟ زِلْزَالًا شَدِيدًا ﴿١١﴾

11. Hunálika btuliyal mu'minúna wa zulzilú zilzálan chadídá

11. Então os crentes foram testados; e foram sacudidos violentamente.

سُورَةُ الأَحزَابِ

Surat Al Ahzab

وَإِذْ يَقُولُ ٱلْمُنَٰفِقُونَ وَٱلَّذِينَ فِى قُلُوبِهِم مَّرَضٌ مَّا وَعَدَنَا ٱللَّهُ وَرَسُولُهُۥٓ إِلَّا
غُرُورًا ﴿١٢﴾

12. Wa iz yaqúlul munáfiqúna wallazína fí qulúbihim maradhum má wa'adanal láhu wa Rasúluhú illá ghurúrá

12. (Foi também) quando os hipócritas e os que abrigavam a enfermidade em seus corações disseram: Deus e Seu Mensageiro não nos prometeram senão ilusões!

وَإِذْ قَالَت طَّآئِفَةٌ مِّنْهُمْ يَٰٓأَهْلَ يَثْرِبَ لَا مُقَامَ لَكُمْ فَٱرْجِعُوا۟ ۚ وَيَسْتَـْٔذِنُ فَرِيقٌ
مِّنْهُمُ ٱلنَّبِىَّ يَقُولُونَ إِنَّ بُيُوتَنَا عَوْرَةٌ وَمَا هِىَ بِعَوْرَةٍ ۖ إِن يُرِيدُونَ إِلَّا فِرَارًا ﴿١٣﴾

13. Wa iz qálat tá'ifatum min-hum yá ahla Yasriba lá muqámá lakum farji'ú; wa yastázinu faríqum min-humun Nabiyya yaqúlúna inna buyútaná 'aurah; wa má hiya bi'auratin in yurídúna illá firárá

13. (Foi ainda) quando um grupo deles (dos crentes) disse: Ó povo de Yáçrib, retornai à vossa cidade, porque não podereis aguentar (o ataque)! E um grupo deles pediu licença (ao Profeta) para retirar-se, dizendo: Certamente nossas casas estão indefesas – quando realmente não estavam indefesas, mas eles pretendiam fugir.

وَلَوْ دُخِلَتْ عَلَيْهِم مِّنْ أَقْطَارِهَا ثُمَّ سُئِلُوا۟ ٱلْفِتْنَةَ لَءَاتَوْهَا وَمَا تَلَبَّثُوا۟ بِهَآ
إِلَّا يَسِيرًا ﴿١٤﴾

14. Wa lau dukhilat 'alaihim min aqtárihá summa su'ilul fitnata la átauhá wa má talabbasú bihá illá yasírá

14. Porém, se (Madina) houvesse sido invadida pelos seus flancos, e se eles houvessem sido incitados à sublevação, a teriam aceito, e poucos teriam hesitado fazê-lo.

وَلَقَدْ كَانُوا۟ عَٰهَدُوا۟ ٱللَّهَ مِن قَبْلُ لَا يُوَلُّونَ ٱلْأَدْبَٰرَ ۚ وَكَانَ عَهْدُ ٱللَّهِ
مَسْـُٔولًا ﴿١٥﴾

15. Wa laqad kánú 'áhadul láha min qablu lá yuwal lúnal adbár; wa kána 'ahdul láhi mas'úlá

سُورَةُ الأَحۡزَابِ

Surat Al Ahzab

15. Tinham prometido a Deus que não fugiriam (do inimigo). Terão que responder pela promessa feita a Deus!

قُل لَّن يَنفَعَكُمُ ٱلۡفِرَارُ إِن فَرَرۡتُم مِّنَ ٱلۡمَوۡتِ أَوِ ٱلۡقَتۡلِ وَإِذٗا لَّا تُمَتَّعُونَ إِلَّا قَلِيلٗا ﴿١٦﴾

16. Qul lany yanfa'akumul firáru in farartum minal mawti awil qatli wa izal lá tumatta'úna illá qalílá

16. Dize-lhes: A fuga de nada vos servirá, porque, se escapardes à morte ou à matança, não desfrutareis da vida, senão transitoriamente.

قُلۡ مَن ذَا ٱلَّذِي يَعۡصِمُكُم مِّنَ ٱللَّهِ إِنۡ أَرَادَ بِكُمۡ سُوٓءًا أَوۡ أَرَادَ بِكُمۡ رَحۡمَةٗۚ وَلَا يَجِدُونَ لَهُم مِّن دُونِ ٱللَّهِ وَلِيّٗا وَلَا نَصِيرٗا ﴿١٧﴾

17. Qul man zal lazí ya'simukum minal láhi in aráda bikum sú'an aw aráda bikum rahmah; wa lá yajidúna lahum min dúnil láhi waliyyanw wa lá nasírá

17. Dize-lhes (mais): Quem poderia resguardar-vos de Deus, se Ele quisesse infligir-vos um mal? Ou se quisesse compadecer-Se de vós? Porém, não encontrarão, para si, além de Deus, protetor, nem socorredor algum.

۞ قَدۡ يَعۡلَمُ ٱللَّهُ ٱلۡمُعَوِّقِينَ مِنكُمۡ وَٱلۡقَآئِلِينَ لِإِخۡوَٰنِهِمۡ هَلُمَّ إِلَيۡنَاۖ وَلَا يَأۡتُونَ ٱلۡبَأۡسَ إِلَّا قَلِيلًا ﴿١٨﴾

18. ۞ Qad ya'lamul láhul mu'awwiqína minkum walqá'ilína li ikhwánihim halumma ilainá, wa lá yátúnal básа illá qalílá

18. Deus conhece aqueles, dentre vós, que impedem os demais de seguirem o Profeta, e dizem a seus irmãos: Ficai conosco!, e não vão à luta, a não ser para permanecerem por pouco tempo.

أَشِحَّةً عَلَيۡكُمۡۖ فَإِذَا جَآءَ ٱلۡخَوۡفُ رَأَيۡتَهُمۡ يَنظُرُونَ إِلَيۡكَ تَدُورُ أَعۡيُنُهُمۡ كَٱلَّذِي يُغۡشَىٰ عَلَيۡهِ مِنَ ٱلۡمَوۡتِۖ فَإِذَا ذَهَبَ ٱلۡخَوۡفُ سَلَقُوكُم بِأَلۡسِنَةٍ حِدَادٍ أَشِحَّةً عَلَى ٱلۡخَيۡرِۚ أُوْلَٰٓئِكَ لَمۡ يُؤۡمِنُواْ فَأَحۡبَطَ ٱللَّهُ أَعۡمَٰلَهُمۡۚ وَكَانَ ذَٰلِكَ عَلَى ٱللَّهِ يَسِيرٗا ﴿١٩﴾

19. Achihhatan 'alaikum faizá já'al khawfu ra aytahum yanzurúna ilaika tadúru a'yunuhum kallazí yughshá 'alaihi minal mawti fa izá zahabal khawfu salqúkum bi alsinatin hidádin ashihhatan 'alal khayr; ulá'ika lam yu'minú fa ahbatal láhu a'málahum; wa kána zálika 'alal láhi yasírá

19. São cobiçosos quanto a vós. Quando o medo se apodera deles, observa (ó Mohammad), que te olham com os olhos injetados, como quem se encontra num transe de morte; porém, quando se lhes desvanece o temor, atacam-te com suas línguas ferinas, cobiçosos quanto ao feitio do bem. Estes não creem; assim, pois, Deus tornará suas obras sem efeito, porque isso é fácil a Deus.

يَحۡسَبُونَ ٱلۡأَحۡزَابَ لَمۡ يَذۡهَبُواْۖ وَإِن يَأۡتِ ٱلۡأَحۡزَابُ يَوَدُّواْ لَوۡ أَنَّهُم بَادُونَ
فِي ٱلۡأَعۡرَابِ يَسۡـَٔلُونَ عَنۡ أَنۢبَآئِكُمۡۖ وَلَوۡ كَانُواْ فِيكُم مَّا قَٰتَلُوٓاْ إِلَّا
قَلِيلٗا ٢٠

20. Yahsabúnal Ahzába lam yazhabú wa iny yátil Ahzábu yawaddú law annahum bádúna fil A'rábi yasalúna 'an ambá'ikum wa law kánú fíkum má qátalú illá qalíla

20. Imaginavam que os partidos não se houvessem retirado; porém, se os partidos tivessem voltado (a atacar), teriam anelado viver no deserto com os beduínos, para se informarem das vossas ações; e se tivessem estado convosco, não teriam combatido, senão aparentemente.

لَّقَدۡ كَانَ لَكُمۡ فِي رَسُولِ ٱللَّهِ أُسۡوَةٌ حَسَنَةٞ لِّمَن كَانَ يَرۡجُواْ ٱللَّهَ وَٱلۡيَوۡمَ ٱلۡأٓخِرَ
وَذَكَرَ ٱللَّهَ كَثِيرٗا ٢١

21. Laqad kána lakum fí Rasúlil láhi uswatun hasanatul liman kána yarjul láha wal yawmal Ákhira wa zakaral láha kasírá

21. Realmente, tendes no Mensageiro de Deus um excelente exemplo para aqueles que têm esperança em Deus e no Dia do Juízo Final, e invocam Deus frequentemente.

وَلَمَّا رَءَا ٱلۡمُؤۡمِنُونَ ٱلۡأَحۡزَابَ قَالُواْ هَٰذَا مَا وَعَدَنَا ٱللَّهُ وَرَسُولُهُۥ وَصَدَقَ ٱللَّهُ
وَرَسُولُهُۥۚ وَمَا زَادَهُمۡ إِلَّآ إِيمَٰنٗا وَتَسۡلِيمٗا ٢٢

سُورَةُ الأَحزَابِ

Surat Al Ahzab

22. Wa lammá ra al mu'minúnal Ahzába qálú házá má wa'adanal láhu wa Rasúluh; wa sadaqal láhu wa Rasúluh; wa má zádahum illá ímánanw wa taslímá

22. E quando os crentes avistaram os partidos, disseram: Eis o que nos haviam prometido Deus e o Seu Mensageiro; e tanto Deus como o Seu Mensageiro disseram a verdade! E isso não fez mais do que lhes aumentar a fé e a resignação.

مِّنَ ٱلْمُؤْمِنِينَ رِجَالٌ صَدَقُوا۟ مَا عَـٰهَدُوا۟ ٱللَّهَ عَلَيْهِ ۖ فَمِنْهُم مَّن قَضَىٰ نَحْبَهُۥ وَمِنْهُم مَّن يَنتَظِرُ ۖ وَمَا بَدَّلُوا۟ تَبْدِيلًا ﴿٢٣﴾

23. Minal mu'minína rijálun sadaqú má 'áhadul láha 'alaihi faminhum man qadá nahbahú wa minhum mai yantaziru wa má baddalú tabdílá

23. Entre os crentes, há homens que cumpriram o que haviam prometido a Deus; há os que já morreram, e outros que esperam, sem violarem a sua promessa, no mínimo que seja.

لِّيَجْزِىَ ٱللَّهُ ٱلصَّـٰدِقِينَ بِصِدْقِهِمْ وَيُعَذِّبَ ٱلْمُنَـٰفِقِينَ إِن شَآءَ أَوْ يَتُوبَ عَلَيْهِمْ ۚ إِنَّ ٱللَّهَ كَانَ غَفُورًا رَّحِيمًا ﴿٢٤﴾

24. Li yajziyal áhus sádiqína bisidqihim wa yu'azzibal munáfiqína in shá'a aw yatúba 'alaihim; innal láha kána Ghafúrar Rahímá

24. Para que Deus recompense os verazes, por sua veracidade, e castiga os hipócritas como Lhe apraz; ou então os absolve, porque Deus é Indulgente, Misericordiosíssimo.

وَرَدَّ ٱللَّهُ ٱلَّذِينَ كَفَرُوا۟ بِغَيْظِهِمْ لَمْ يَنَالُوا۟ خَيْرًا ۚ وَكَفَى ٱللَّهُ ٱلْمُؤْمِنِينَ ٱلْقِتَالَ ۚ وَكَانَ ٱللَّهُ قَوِيًّا عَزِيزًا ﴿٢٥﴾

25. Wa raddal láhul lazína kafarú bighaizihim lam yanálú khairá; wa kafal láhul mu'mininal qitál; wa kánal láhu Qawiyyan 'Azízá

25. Deus rechaçou os incrédulos que, apesar da sua fúria, não tiraram vantagem alguma; basta Deus aos crentes, no combate, porque Deus é Potente, Poderosíssimo!

وَأَنزَلَ ٱلَّذِينَ ظَـٰهَرُوهُم مِّنْ أَهْلِ ٱلْكِتَـٰبِ مِن صَيَاصِيهِمْ وَقَذَفَ فِى قُلُوبِهِمُ ٱلرُّعْبَ فَرِيقًا تَقْتُلُونَ وَتَأْسِرُونَ فَرِيقًا ﴿٢٦﴾

26. Wa anzalal lazína záha rúhum min Ahlil Kitábi min sa yásíhim wa qazafa fí qulúbihimm mur ru'ba faríqan taqtulúna wa tásirúna faríqá

26. E (Deus) desalojou de suas fortalezas os adeptos do Livro, que o (inimigo) apoiaram, e infundiu o terror em seus corações. (Assim que) matastes uma parte e capturastes outra.

وَأَوۡرَثَكُمۡ أَرۡضَهُمۡ وَدِيَٰرَهُمۡ وَأَمۡوَٰلَهُمۡ وَأَرۡضٗا لَّمۡ تَطَـُٔوهَاۚ وَكَانَ ٱللَّهُ عَلَىٰ كُلِّ شَيۡءٖ
قَدِيرٗا ٢٧

27. Wa auraçakum ardhahum wa diyárahum wa amwálahum wa ardal lam tata'úhá; wa kánal láhu 'alá kulli shai'in Qadírá

27. E (depois disso) vos fez herdeiros da sua cidade, das suas casas, dos seus bens e das terras que nunca havíeis pisado (antes); sabei que Deus é Onipotente.

يَٰٓأَيُّهَا ٱلنَّبِيُّ قُل لِّأَزۡوَٰجِكَ إِن كُنتُنَّ تُرِدۡنَ ٱلۡحَيَوٰةَ ٱلدُّنۡيَا وَزِينَتَهَا
فَتَعَالَيۡنَ أُمَتِّعۡكُنَّ وَأُسَرِّحۡكُنَّ سَرَاحٗا جَمِيلٗا ٢٨

28. Yá aiyuhan Nabiyyu qul li azwájika in kuntunna turidnal hayátad dunyá wa zínatahá fata'álaina umatti'kunna wa usarrihkunna saráhan jamíla

28. Ó Profeta, dize a tuas esposas: Se ambicionardes a vida terrena e as suas ostentações, vinde! Prover-vos-ei e dar-vos-ei a liberdade, da melhor forma possível.

وَإِن كُنتُنَّ تُرِدۡنَ ٱللَّهَ وَرَسُولَهُۥ وَٱلدَّارَ ٱلۡأٓخِرَةَ فَإِنَّ ٱللَّهَ أَعَدَّ لِلۡمُحۡسِنَٰتِ
مِنكُنَّ أَجۡرًا عَظِيمٗا ٢٩

29. Wa in kuntunna turidnal láha wa Rasúlahú wad Dháral Ákhirata fa innal láha a'adda lil muhsináti minkunna ajjran 'azímá

29. Outrossim, se preferirdes a Deus, ao Seu Mensageiro e à morada eterna, certamente Deus destinará, para as benfeitoras, dentre vós, uma magnífica recompensa.

يَٰنِسَآءَ ٱلنَّبِيِّ مَن يَأۡتِ مِنكُنَّ بِفَٰحِشَةٖ مُّبَيِّنَةٖ يُضَٰعَفۡ لَهَا ٱلۡعَذَابُ
ضِعۡفَيۡنِۚ وَكَانَ ذَٰلِكَ عَلَى ٱللَّهِ يَسِيرٗا ٣٠

سورة الأحزاب

Surat Al Ahzab

30. Yá nisá'an Nabiyyi mai yáti minkunna bifáhichatim mubaiyinatin yudhá'af lahal 'azábu dhi'fain wa kána zálika 'alal láhi yasíra

30. Ó esposas do Profeta, se alguma de vós for culpada de uma má conduta evidente, ser-lhe-á duplicado o castigo, porque isso é fácil a Deus.

(Fim do Juzi 21)

سُورَةُ الأَحْزَاب

Surat Al Ahzab

Juzi 22

Surat 33. *Al-Ahzab* (Os Partidos). 73 versículos. À partir do versículo 31 até o final, versículo 73

۞ وَمَن يَقْنُتْ مِنكُنَّ لِلَّهِ وَرَسُولِهِۦ وَتَعْمَلْ صَٰلِحًا نُّؤْتِهَآ أَجْرَهَا مَرَّتَيْنِ وَأَعْتَدْنَا لَهَا رِزْقًا كَرِيمًا ﴿٣١﴾

31. ۞ *Wa mai yaqnut minkunna lilláhi wa Rasúlihí wa ta'mal sálihan nu'tihá ajrahá marratayni wa a'tadná lahá rizqan karíma*

31. Por outra, àquela que se consagrar a Deus e ao Seu Mensageiro, e praticar o bem, duplicaremos a recompensa e lhe destinaremos um generoso sustento.

يَٰنِسَآءَ ٱلنَّبِيِّ لَسْتُنَّ كَأَحَدٍ مِّنَ ٱلنِّسَآءِ ۚ إِنِ ٱتَّقَيْتُنَّ فَلَا تَخْضَعْنَ بِٱلْقَوْلِ فَيَطْمَعَ ٱلَّذِى فِى قَلْبِهِۦ مَرَضٌ وَقُلْنَ قَوْلًا مَّعْرُوفًا ﴿٣٢﴾

32. *Yá nisá'an Nabiyyi lastunna ka ahadim minan nisá'i init taqaitunna falá takhdha'na bilqauli fa yatma'al lazí fí qalbihí maradun wa qulna qaulam ma'rúfá*

32. Ó esposas do Profeta, vós não sois como as outras mulheres; se sois tementes, não sejais insinuantes na conversação, para evitardes a cobiça daquele que possui enfermidade no coração, e falai o que é justo.

وَقَرْنَ فِى بُيُوتِكُنَّ وَلَا تَبَرَّجْنَ تَبَرُّجَ ٱلْجَٰهِلِيَّةِ ٱلْأُولَىٰ ۖ وَأَقِمْنَ ٱلصَّلَوٰةَ وَءَاتِينَ ٱلزَّكَوٰةَ وَأَطِعْنَ ٱللَّهَ وَرَسُولَهُۥٓ ۚ إِنَّمَا يُرِيدُ ٱللَّهُ لِيُذْهِبَ عَنكُمُ ٱلرِّجْسَ أَهْلَ ٱلْبَيْتِ وَيُطَهِّرَكُمْ تَطْهِيرًا ﴿٣٣﴾

33. *Wa qarna fí buyútikunna wa lá tabarrajna tabarrujal Jáhiliyyatil úlá wa aquimnas Saláta wa átinaz Zakáta wa ati'nal láha wa Rassúlah; innamá yurídul láhu liyuzhiba 'ankumur rijsa Ahlal Bayti wa yutahhirakum tathírá*

33. E permanecei tranquilas em vossos lares, e não façais exibições, como as da época da idolatria; observai a oração, pagai o zakat, obedecei a Deus e ao seu Mensageiro, porque Deus só deseja afastar de vós a abominação, ó membros da Casa, bem como purificar-vos integralmente.

سُورَةُ الأَحْزَابِ
Surat Al Ahzab

وَٱذْكُرْنَ مَا يُتْلَىٰ فِي بُيُوتِكُنَّ مِنْ ءَايَٰتِ ٱللَّهِ وَٱلْحِكْمَةِ ۚ إِنَّ ٱللَّهَ كَانَ لَطِيفًا خَبِيرًا ﴿٣٤﴾

34. Wazkurna má yutlá fi buyútikunna min áyátil láhi wal Hikmah; innal láha kána latífan Khabíra

34. E lembrai-vos do que é recitado em vosso lar, dos versículos de Deus e da sabedoria, porque Deus é Onisciente, Sutilíssimo.

إِنَّ ٱلْمُسْلِمِينَ وَٱلْمُسْلِمَٰتِ وَٱلْمُؤْمِنِينَ وَٱلْمُؤْمِنَٰتِ وَٱلْقَٰنِتِينَ وَٱلْقَٰنِتَٰتِ وَٱلصَّٰدِقِينَ وَٱلصَّٰدِقَٰتِ وَٱلصَّٰبِرِينَ وَٱلصَّٰبِرَٰتِ وَٱلْخَٰشِعِينَ وَٱلْخَٰشِعَٰتِ وَٱلْمُتَصَدِّقِينَ وَٱلْمُتَصَدِّقَٰتِ وَٱلصَّٰٓئِمِينَ وَٱلصَّٰٓئِمَٰتِ وَٱلْحَٰفِظِينَ فُرُوجَهُمْ وَٱلْحَٰفِظَٰتِ وَٱلذَّٰكِرِينَ ٱللَّهَ كَثِيرًا وَٱلذَّٰكِرَٰتِ أَعَدَّ ٱللَّهُ لَهُم مَّغْفِرَةً وَأَجْرًا عَظِيمًا ﴿٣٥﴾

35. Innal muslimína wal muslimáti wal mu'minieena wal mu'mináti walqánitína walqánitáti wassádiquina wassádiqáti wassábirína wassábiráti walkháchi'ína walkháchi'áti walmutasaddiquina walmutasaddiqáti wassá'imína wassá'imáti walháfizína furújahum walháfizáti waz zákirínal láha kaçíran waz zákiráti a'addal láhu lahum maghfiratan wa ajran 'azímá

35. Quanto aos muçulmanos e às muçulmanas, aos crentes e às crentes, aos consagrados e às consagradas, aos verazes e às verazes, aos perseverantes e às perseverantes, aos humildes e às humildes, aos caritativos e às caritativas, aos jejuadores e às jejuadoras, aos recatados e às recatadas, aos que se recordam muito de Deus e às que se recordam d'Ele, saibam que Deus lhes tem destinado a indulgência e uma magnífica recompensa.

وَمَا كَانَ لِمُؤْمِنٍ وَلَا مُؤْمِنَةٍ إِذَا قَضَى ٱللَّهُ وَرَسُولُهُۥٓ أَمْرًا أَن يَكُونَ لَهُمُ ٱلْخِيَرَةُ مِنْ أَمْرِهِمْ ۗ وَمَن يَعْصِ ٱللَّهَ وَرَسُولَهُۥ فَقَدْ ضَلَّ ضَلَٰلًا مُّبِينًا ﴿٣٦﴾

36. Wa má kána limu'minin wa lá mu'minatin izá qadal láhu wa Rassúluhú amran ai yakúna lahumul khiyaratu min amrihim; wa mai ya'sil láha wa Rassúlahú faqad dhalla dhalálam mubíná

سُورَةُ الأَحۡزَابِ

Surat Al Ahzab

36. Não é dado ao crente, nem à crente, agir conforme seu arbítrio, quando é Deus e Seu Mensageiro que decidem o assunto. Sabei que quem desobedecer a Deus e ao Seu Mensageiro desviar-se-á evidentemente.

وَإِذۡ تَقُولُ لِلَّذِيٓ أَنۡعَمَ ٱللَّهُ عَلَيۡهِ وَأَنۡعَمۡتَ عَلَيۡهِ أَمۡسِكۡ عَلَيۡكَ زَوۡجَكَ وَٱتَّقِ
ٱللَّهَ وَتُخۡفِي فِي نَفۡسِكَ مَا ٱللَّهُ مُبۡدِيهِ وَتَخۡشَى ٱلنَّاسَ وَٱللَّهُ أَحَقُّ أَن تَخۡشَىٰهُۖ
فَلَمَّا قَضَىٰ زَيۡدٞ مِّنۡهَا وَطَرٗا زَوَّجۡنَٰكَهَا لِكَيۡ لَا يَكُونَ عَلَى ٱلۡمُؤۡمِنِينَ حَرَجٞ فِيٓ
أَزۡوَٰجِ أَدۡعِيَآئِهِمۡ إِذَا قَضَوۡاْ مِنۡهُنَّ وَطَرٗاۚ وَكَانَ أَمۡرُ ٱللَّهِ مَفۡعُولٗا ٣٧

37. Wa iz taqúlu lillazí an'amal láhu 'alaihi wa an'amta 'alaihi amsik 'alaika zaujaka wattaquil láha wa tukhfí fí nafsika mal láhu mubdíhi wa takhchan násа walláhu ahaqqu an takhcháh; falammá qadá Zaidum min-há wataran zauwajnákahá likay lá yakúna 'alal mu'minína harajun fí azwáji ad'iyá'ihim izá qadau min-hunna watará; wa kána amrul láhi maf'úla

37. Recorda-te de quando disseste àquele a quem Deus agraciou, e tu favoreceste: Permanece com tua esposa e teme a Deus!, ocultando em teu coração o que Deus ia revelar; temias, acaso, mais as pessoas, sabendo que Deus é mais digno de que O temas? Porém, quando Zaid resolveu dissolver o seu casamento, com a necessária (formalidade), permitimos que tu a desposasses, a fim de que os crentes não tivessem inconvenientes em contrair matrimônio com as esposas de seus filhos adotivos, sempre que estes decidissem separar-se, com a necessária (formalidade); e fica sabendo que o mandamento de Deus deve ser cumprido.

مَّا كَانَ عَلَى ٱلنَّبِيِّ مِنۡ حَرَجٖ فِيمَا فَرَضَ ٱللَّهُ لَهُۥۖ سُنَّةَ ٱللَّهِ فِي ٱلَّذِينَ خَلَوۡاْ مِن قَبۡلُۚ
وَكَانَ أَمۡرُ ٱللَّهِ قَدَرٗا مَّقۡدُورًا ٣٨

38. Má kána 'alan nabiyyyi min harajin fímá faradal láhu lahú sunnatal láhi fil lazína khalau min qabl; wa kána amrul láhi qadaram maqdúrá

38. Não será recriminado o Profeta por cumprir o que Deus lhe prescreveu, porque foi uma prática (aprovada por) Deus, entre os que o precederam. Os desígnios de Deus são de ordem irrevogável.

سُورَةُ الأَحزَاب

Surat Al Ahzab

ٱلَّذِينَ يُبَلِّغُونَ رِسَٰلَٰتِ ٱللَّهِ وَيَخۡشَوۡنَهُۥ وَلَا يَخۡشَوۡنَ أَحَدًا إِلَّا ٱللَّهَۗ وَكَفَىٰ بِٱللَّهِ
حَسِيبٗا ﴿٣٩﴾

39. Allazína yuballighúna Rissálátil láhi wa yakhchaunahú wa lá yakkhchauna ahadan illal láh; wa kafá billáhi Hasíbá

39. (É a lei) daqueles que transmitem as Mensagens de Deus e O temem, e a ninguém temem, senão a Deus, e basta Deus para que Lhe rendam contas.

مَّا كَانَ مُحَمَّدٌ أَبَآ أَحَدٖ مِّن رِّجَالِكُمۡ وَلَٰكِن رَّسُولَ ٱللَّهِ وَخَاتَمَ ٱلنَّبِيِّـۧنَۗ وَكَانَ
ٱللَّهُ بِكُلِّ شَيۡءٍ عَلِيمٗا ﴿٤٠﴾

40. Má kána Muhammmadun abá ahadim mir rijálikum wa lákir Rassúlal láhi wa Khátaman Nabiyyín; wa kánal láhu bikulli chai'in 'Alíma

40. Em verdade, Mohammad não é o pai de nenhum de vossos homens, mas sim o Mensageiro de Deus e o derradeiro dos profetas; sabei que Deus é Onisciente.

يَٰٓأَيُّهَا ٱلَّذِينَ ءَامَنُواْ ٱذۡكُرُواْ ٱللَّهَ ذِكۡرٗا كَثِيرٗا ﴿٤١﴾

41. Yá aiyuhal lazína ámanuz kurul láha zikran kaçíra

41. Ó crentes, mencionai frequentemente Deus.

وَسَبِّحُوهُ بُكۡرَةٗ وَأَصِيلًا ﴿٤٢﴾

42. Wa sabbihúhu bukratan wa asíla

42. E glorificai-O, de manhã e à tarde.

هُوَ ٱلَّذِي يُصَلِّي عَلَيۡكُمۡ وَمَلَٰٓئِكَتُهُۥ لِيُخۡرِجَكُم مِّنَ ٱلظُّلُمَٰتِ إِلَى ٱلنُّورِۚ وَكَانَ
بِٱلۡمُؤۡمِنِينَ رَحِيمٗا ﴿٤٣﴾

43. Huwal lazí yusallí 'alaikum wa malá'ikatuhú liyukhrijakum minazzulumáti ilan-núr wa kána bilmu'minína Rahímá

43. Ele é Quem vos abençoa, assim como (fazem) os Seus anjos, para tirar-vos das trevas e levar-vos para a luz; sabei que Ele é Misericordioso para com os crentes.

تَحِيَّتُهُمۡ يَوۡمَ يَلۡقَوۡنَهُۥ سَلَٰمٞۚ وَأَعَدَّ لَهُمۡ أَجۡرٗا كَرِيمٗا ﴿٤٤﴾

44. Tahiyyatuhum Yauma yalqaunahú salámun wa a'adda lahum ajran karímá

سورة الأحزاب

Surat Al Ahzab

44. A saudação deles, no dia em que comparecerem ante Ele, será: Paz! E está-lhes destinada uma generosa recompensa.

يَـٰٓأَيُّهَا ٱلنَّبِىُّ إِنَّآ أَرْسَلْنَـٰكَ شَـٰهِدًا وَمُبَشِّرًا وَنَذِيرًا ﴿٤٥﴾

45. Yá aiyuhan Nabiyyu inná arsalnáka cháhidan wa mubachchiran wa nazírá

45. Ó Profeta, em verdade, enviamos-te como testemunha, alvissareiro e admoestador!

وَدَاعِيًا إِلَى ٱللَّهِ بِإِذْنِهِۦ وَسِرَاجًا مُّنِيرًا ﴿٤٦﴾

46. Wa dá'iyan ilal láhi bi iznihí wa sirájam munírá

46. E, como convocador (dos humanos) a Deus, com Sua anuência, e como uma lâmpada luminosa.

وَبَشِّرِ ٱلْمُؤْمِنِينَ بِأَنَّ لَهُم مِّنَ ٱللَّهِ فَضْلًا كَبِيرًا ﴿٤٧﴾

47. Wa bachchiril mu'minína bi anna lahum minal láhi fadhlan kabíra

47. E anuncia aos crentes, que obterão de Deus infinita graça.

وَلَا تُطِعِ ٱلْكَـٰفِرِينَ وَٱلْمُنَـٰفِقِينَ وَدَعْ أَذَىٰهُمْ وَتَوَكَّلْ عَلَى ٱللَّهِ ۚ وَكَفَىٰ بِٱللَّهِ
وَكِيلًا ﴿٤٨﴾

48. Wa á tuti'il káfirína walmunáfiquina wa da' azáhum wa tawakkal 'alalláh; wa kafá billáhi Wakílá

48. E não obedeças aos incrédulos, nem aos hipócritas, e não faças caso de suas injúrias; confia em Deus, porque Deus te basta por Guardião.

يَـٰٓأَيُّهَا ٱلَّذِينَ ءَامَنُوٓا۟ إِذَا نَكَحْتُمُ ٱلْمُؤْمِنَـٰتِ ثُمَّ طَلَّقْتُمُوهُنَّ مِن قَبْلِ أَن تَمَسُّوهُنَّ
فَمَا لَكُمْ عَلَيْهِنَّ مِنْ عِدَّةٍ تَعْتَدُّونَهَا ۖ فَمَتِّعُوهُنَّ وَسَرِّحُوهُنَّ سَرَاحًا جَمِيلًا ﴿٤٩﴾

49. Yá aiyuhal lazína ámanú izá nakahtumul mu'mináti çumma tallaqtumúhunna min qabli an tamassúhunna famá lakum 'alaihinna min 'iddatin ta'taddúnahá famatti'uhunna wa sarrihúhunna saráhan jamílá

49. Ó crentes, se vos casardes com as crentes e as repudiardes, antes de haverde-las tocado, não lhes exijais o cumprimento do término estabelecido; dai-lhes um presente, e libertai-as decorosamente.

سُورَةُ الأَحۡزَابِ

Surat Al Ahzab

يَـٰٓأَيُّهَا ٱلنَّبِيُّ إِنَّآ أَحۡلَلۡنَا لَكَ أَزۡوَٰجَكَ ٱلَّٰتِيٓ ءَاتَيۡتَ أُجُورَهُنَّ وَمَا مَلَكَتۡ
يَمِينُكَ مِمَّآ أَفَآءَ ٱللَّهُ عَلَيۡكَ وَبَنَاتِ عَمِّكَ وَبَنَاتِ عَمَّـٰتِكَ وَبَنَاتِ خَالِكَ
وَبَنَاتِ خَـٰلَـٰتِكَ ٱلَّٰتِي هَاجَرۡنَ مَعَكَ وَٱمۡرَأَةً مُّؤۡمِنَةً إِن وَهَبَتۡ نَفۡسَهَا لِلنَّبِيِّ
إِنۡ أَرَادَ ٱلنَّبِيُّ أَن يَسۡتَنكِحَهَا خَالِصَةً لَّكَ مِن دُونِ ٱلۡمُؤۡمِنِينَۗ قَدۡ عَلِمۡنَا مَا فَرَضۡنَا
عَلَيۡهِمۡ فِيٓ أَزۡوَٰجِهِمۡ وَمَا مَلَكَتۡ أَيۡمَـٰنُهُمۡ لِكَيۡلَا يَكُونَ عَلَيۡكَ حَرَجٌۗ
وَكَانَ ٱللَّهُ غَفُورٗا رَّحِيمٗا ﴿٥٠﴾

50. *Yá aiyuhan Nabiyyu inná ahlalná laka azwájakal láti átaiyta ujúrahunna wa má malakat yamínuka mimmá afá'al láhu 'alaika wa banáti 'ammika wa banáti 'ammátika wa banáti khálika wa banáti khálátikal láti hájarna ma'aka wamra'atan mu'minatan in wahabat nafsahá lin Nabiyyi in arádan Nabiyyu ai yastankihahá khálisatan laka min dúnil mu'minín; qad 'alimná má faradná 'alaihim fí azwájihim wa má malakat aimánuhum li kailá yakúna 'alaika haraj; wa kánal láhu Ghafúrar Rahíma*

50. Ó Profeta, em verdade, tornamos lícitas, para ti as esposas que tenhas dotado, assim como as que a tua mão direita possui – que Deus tenha feito cair em tuas mãos –, as filhas de teus tios e tuas tias paternas, as filhas de teus tios e tuas tias maternas, que migraram contigo, bem como toda a mulher crente que se dedicar ao Profeta, por gosto, e uma vez que o Profeta queira desposá-la; este é um privilégio exclusivo teu, vedado aos demais crentes. Bem sabemos o que lhes impusemos (aos demais), em relação às suas esposas e às que suas mãos direitas possuem, a fim de que não haja inconveniente algum para ti. E Deus é Indulgente, Misericordiosíssimo.

۞ تُرۡجِي مَن تَشَآءُ مِنۡهُنَّ وَتُـٔۡوِيٓ إِلَيۡكَ مَن تَشَآءُۖ وَمَنِ ٱبۡتَغَيۡتَ مِمَّنۡ عَزَلۡتَ فَلَا
جُنَاحَ عَلَيۡكَۚ ذَٰلِكَ أَدۡنَىٰٓ أَن تَقَرَّ أَعۡيُنُهُنَّ وَلَا يَحۡزَنَّ وَيَرۡضَيۡنَ بِمَآ
ءَاتَيۡتَهُنَّ كُلُّهُنَّۚ وَٱللَّهُ يَعۡلَمُ مَا فِي قُلُوبِكُمۡۚ وَكَانَ ٱللَّهُ عَلِيمًا حَلِيمٗا ﴿٥١﴾

سُورَةُ الأَحْزَابِ

Surat Al Ahzab

51. ۞ *Turjí man tachá'u minhunna wa tu'wí ilaika man tachá'u wa manibtaghaita mimman 'azalta falá junáha 'alaik; zálika adná an taqarra a'yunuhunna wa lá yahzanna wa yardhaina bimá átaitahunna kulluhunn; wal láhu ya'lamu má fí qulúbikum; wa kánal láhu 'Alíman halímá*

51. Podes prescindir (quando da vez) delas, as que desejares e tomar as que te agradarem; e se desejares tomar de novo a qualquer delas que tiveres prescindido (quando da vez dela), não terás culpa alguma. Esse proceder será sensato para que se refresquem seus olhos, não se aflijam e se satisfaçam com o que tiveres concedido a todas, pois Deus sabe o que encerram os vossos corações; e Deus, é Tolerante, Sapientíssimo.

لَّا يَحِلُّ لَكَ ٱلنِّسَآءُ مِنۢ بَعْدُ وَلَآ أَن تَبَدَّلَ بِهِنَّ مِنْ أَزْوَٰجٍ وَلَوْ أَعْجَبَكَ
حُسْنُهُنَّ إِلَّا مَا مَلَكَتْ يَمِينُكَ ۗ وَكَانَ ٱللَّهُ عَلَىٰ كُلِّ شَىْءٍ رَّقِيبًا ﴿٥٢﴾

52. *Lá yahillu lakan nisá'u mim ba'du wa lá an tabaddala bihinna min azwájin wa lau ajabaka husnuhunna illá má malakat yamínukk; wa kánal láhu 'alá kulli chai'ir Raquiba*

52. Além dessas não te será permitido casares com outras, nem trocá-las por outras mulheres, ainda que suas belezas te encantarem, com exceção das que a tua mão direita possua. E Deus é Observador de tudo.

يَـٰٓأَيُّهَا ٱلَّذِينَ ءَامَنُوا۟ لَا تَدْخُلُوا۟ بُيُوتَ ٱلنَّبِىِّ إِلَّآ أَن يُؤْذَنَ لَكُمْ إِلَىٰ طَعَامٍ
غَيْرَ نَـٰظِرِينَ إِنَىٰهُ وَلَـٰكِنْ إِذَا دُعِيتُمْ فَٱدْخُلُوا۟ فَإِذَا طَعِمْتُمْ فَٱنتَشِرُوا۟ وَلَا
مُسْتَـْٔنِسِينَ لِحَدِيثٍ ۚ إِنَّ ذَٰلِكُمْ كَانَ يُؤْذِى ٱلنَّبِىَّ فَيَسْتَحْىِۦ مِنكُمْ ۖ وَٱللَّهُ لَا
يَسْتَحْىِۦ مِنَ ٱلْحَقِّ ۚ وَإِذَا سَأَلْتُمُوهُنَّ مَتَـٰعًا فَسْـَٔلُوهُنَّ مِن وَرَآءِ حِجَابٍ ۚ ذَٰلِكُمْ
أَطْهَرُ لِقُلُوبِكُمْ وَقُلُوبِهِنَّ ۚ وَمَا كَانَ لَكُمْ أَن تُؤْذُوا۟ رَسُولَ ٱللَّهِ وَلَآ أَن
تَنكِحُوٓا۟ أَزْوَٰجَهُۥ مِنۢ بَعْدِهِۦٓ أَبَدًا ۚ إِنَّ ذَٰلِكُمْ كَانَ عِندَ ٱللَّهِ عَظِيمًا ﴿٥٣﴾

53. *Yá aiyuhal lazína ámanú lá tadkhulú buyútan Nabiyyi illá ai yu'zana lakum ilá ta'ámin ghaira názirína ináhu wa lákin izá du'ítum fadkhulú fa izá ta'imtum*

fantachirú wa lá mustánisína li<u>h</u>adís; inna zálikum kána yu'zin Nabiyya fa yasta<u>h</u>yí minkum walláhu lá yasta<u>h</u>yí minal <u>h</u>aqq; wa izá as'altumúhunna matá'an fas'alúhunna min wará'i <u>h</u>ijáb; zálikum atharu liqulúbikum wa qulúbihinn; wa má kána lakum an tu'zú Rassúlal láhi wa lá an tanki<u>h</u>ú azwájahú mim ba'dihí abadá; inna zálikum kána 'indal láhi 'azíma

53. Ó crentes, não entreis nas casas do Profeta, salvo se tiverdes sido convidados a uma refeição, mas não chegueis muito cedo para aguardardes a sua preparação. Porém, se fordes convidados, entrai; e quando tiverdes sido servidos, retirai-vos sem fazer colóquio familiar, porque isso molestaria o Profeta e este se envergonharia de vós; porém, Deus não Se envergonha da verdade. E se desejardes perguntar algo a elas (suas esposas), fazei-o detrás de cortinas; isso será mais puro para os vossos corações e para os delas. Não vos é dado molestar o Mensageiro de Deus, nem jamais desposar as suas esposas, depois dele, porque isso seria grave ante Deus.

إِن تُبْدُوا۟ شَيْـًٔا أَوْ تُخْفُوهُ فَإِنَّ ٱللَّهَ كَانَ بِكُلِّ شَىْءٍ عَلِيمًا ﴿٥٤﴾

54. *In tubdú chai'an au tukhfúhu fa innal láha kána bikulli chai'in 'Alímá*

54. Quer manifesteis algo, quer o oculteis, sabei que Deus é Conhecedor de todas as coisas.

لَّا جُنَاحَ عَلَيْهِنَّ فِىٓ ءَابَآئِهِنَّ وَلَآ أَبْنَآئِهِنَّ وَلَآ إِخْوَٰنِهِنَّ وَلَآ أَبْنَآءِ إِخْوَٰنِهِنَّ وَلَآ أَبْنَآءِ أَخَوَٰتِهِنَّ وَلَا نِسَآئِهِنَّ وَلَا مَا مَلَكَتْ أَيْمَٰنُهُنَّ ۗ وَٱتَّقِينَ ٱللَّهَ ۚ إِنَّ ٱللَّهَ كَانَ عَلَىٰ كُلِّ شَىْءٍ شَهِيدًا ﴿٥٥﴾

55. *Lá junā<u>h</u>a 'alaihinna fí ábá'ihinna wa lá abná'ihinna wa lá ikhwánihinna wa lá abná'i ikhwánihinna wa lá abná'i akhawátihinna wa lá nisá'ihinna wa lá má malakat aimánuhunn; wattaquinal láh; innal láha kána 'alá kulli chai'in Chahídá*

55. (As esposas do Profeta) não serão recriminadas (se aparecerem a descoberto) perante seus pais, seus filhos, seus irmãos, seus sobrinhos, perante suas mulheres crentes ou as que suas mãos direitas possuam (servas). E temei a Deus, porque Ele é Testemunha de tudo.

إِنَّ ٱللَّهَ وَمَلَٰٓئِكَتَهُۥ يُصَلُّونَ عَلَى ٱلنَّبِىِّ ۚ يَٰٓأَيُّهَا ٱلَّذِينَ ءَامَنُوا۟ صَلُّوا۟ عَلَيْهِ وَسَلِّمُوا۟ تَسْلِيمًا ﴿٥٦﴾

سُورَةُ الأَحزَابِ

Surat Al Ahzab

56. Innal láha wa malá'i katahú yusallúna 'alan Nabiyy; yá aiyuhal lazína ámanú sallú 'alaihi wa sallimú taslímá

56. Em verdade, Deus e Seus anjos abençoam o Profeta. Ó crentes, abençoai-o e saudai-o reverentemente!

إِنَّ ٱلَّذِينَ يُؤْذُونَ ٱللَّهَ وَرَسُولَهُۥ لَعَنَهُمُ ٱللَّهُ فِى ٱلدُّنْيَا وَٱلْءَاخِرَةِ وَأَعَدَّ لَهُمْ عَذَابًا مُّهِينًا ﴿٥٧﴾

57. Innal lazína yu'zúnal láha wa Rassúlahú la'anahumul láhu fid dunyá wal Ákhirati wa a'adda lahum 'azábam muhíná

57. Em verdade, àqueles que molestam a Deus e ao Seu Mensageiro, Deus os amaldiçoará neste mundo e no outro, e tem-lhes preparado um afrontoso castigo.

وَٱلَّذِينَ يُؤْذُونَ ٱلْمُؤْمِنِينَ وَٱلْمُؤْمِنَٰتِ بِغَيْرِ مَا ٱكْتَسَبُوا۟ فَقَدِ ٱحْتَمَلُوا۟ بُهْتَٰنًا وَإِثْمًا مُّبِينًا ﴿٥٨﴾

58. Wallazína yu'zúnal mu'minína wal mu'mináti bighairi maktasabú faqad ihtamalú buhtánan wa içmam mubíná

58. E aqueles que molestarem os crentes e as crentes imerecidamente, serão culpados de uma falsa imputação e de um delito flagrante.

يَٰٓأَيُّهَا ٱلنَّبِىُّ قُل لِّأَزْوَٰجِكَ وَبَنَاتِكَ وَنِسَآءِ ٱلْمُؤْمِنِينَ يُدْنِينَ عَلَيْهِنَّ مِن جَلَٰبِيبِهِنَّ ذَٰلِكَ أَدْنَىٰٓ أَن يُعْرَفْنَ فَلَا يُؤْذَيْنَ وَكَانَ ٱللَّهُ غَفُورًا رَّحِيمًا ﴿٥٩﴾

59. Yá aiyuhan Nabiyyu qul li azwájika wa banátika wa nisá'il mu'minína yudnína 'alaihinna min jalábíbihinn; zálika adná ai yu'rafna falá yu'zain; wa kánal láhu Ghafúrar Rahímá

59. Ó Profeta, dize às tuas esposas, tuas filhas e às mulheres dos crentes que (quando saírem) se cubram com as suas mantas; isso é mais conveniente, para que se distingam das demais e não sejam molestadas; sabei que Deus é Indulgente, Misericordiosíssimo.

۞ لَّئِن لَّمْ يَنتَهِ ٱلْمُنَٰفِقُونَ وَٱلَّذِينَ فِى قُلُوبِهِم مَّرَضٌ وَٱلْمُرْجِفُونَ فِى ٱلْمَدِينَةِ لَنُغْرِيَنَّكَ بِهِمْ ثُمَّ لَا يُجَاوِرُونَكَ فِيهَآ إِلَّا قَلِيلًا ﴿٦٠﴾

60. *La'in lam yantahil munáfiqúna wallazína fí qulúbihim maradhun walmurjifúna fil madínati lanughriyannaka bihim summa lá yujáwirúnaka fihá illá qalíla*

60. Se os hipócritas e os que abrigam a enfermidade em seus corações, e os intrigantes, em Madina, não se contiverem, ordenar-te-emos combatê-los; então, não ficarão nela, como teus vizinhos, senão por pouco tempo.

مَّلْعُونِينَ أَيْنَمَا ثُقِفُوٓا۟ أُخِذُوا۟ وَقُتِّلُوا۟ تَقْتِيلًا ﴿٦١﴾

61. *Mal'unína ainamá suquifú ukhizú wa quttilú taqtílá*

61. Serão malditos: onde quer que se encontrarem, deverão ser aprisionados e cruelmente mortos.

سُنَّةَ ٱللَّهِ فِى ٱلَّذِينَ خَلَوْا۟ مِن قَبْلُ وَلَن تَجِدَ لِسُنَّةِ ٱللَّهِ تَبْدِيلًا ﴿٦٢﴾

62. *Sunnatal láhi fil lazína khalau min qablu wa lan tajida lisunnatil láhi tabdílá*

62. Tal foi a Lei de Deus, para com aqueles que viveram anteriormente. Nunca acharás mudanças na Lei de Deus!

يَسْـَٔلُكَ ٱلنَّاسُ عَنِ ٱلسَّاعَةِ قُلْ إِنَّمَا عِلْمُهَا عِندَ ٱللَّهِ وَمَا يُدْرِيكَ لَعَلَّ ٱلسَّاعَةَ تَكُونُ قَرِيبًا ﴿٦٣﴾

63. *Yas'alukan násu 'anis Sá'ati qul innamá 'ilmuhá 'indal láh; wa má yudrika la'allas Sá'ata takúnu qaribá*

63. As pessoas te interrogarão sobre a Hora (do Juízo). Dize-lhes: Seu conhecimento somente está com Deus! E o que te fará entender? Talvez a Hora esteja próxima.

إِنَّ ٱللَّهَ لَعَنَ ٱلْكَـٰفِرِينَ وَأَعَدَّ لَهُمْ سَعِيرًا ﴿٦٤﴾

64. *Innal láha la'anal káfirína wa a'adda lahum sa'írá*

64. Em verdade, Deus amaldiçoou os incrédulos e lhes preparou o Fogo abrasador,

خَـٰلِدِينَ فِيهَآ أَبَدًا لَّا يَجِدُونَ وَلِيًّا وَلَا نَصِيرًا ﴿٦٥﴾

65. *Khálidína fihá abadá, lá yajidúna waliyyan wa lá nasírá*

65. Onde permanecerão eternamente; não encontrarão protetor ou socorredor.

يَوْمَ تُقَلَّبُ وُجُوهُهُمْ فِى ٱلنَّارِ يَقُولُونَ يَـٰلَيْتَنَآ أَطَعْنَا ٱللَّهَ وَأَطَعْنَا ٱلرَّسُولَا۠ ﴿٦٦﴾

66. *Yauma tuqallabu wujúhuhum fin Nári yaqúlúna yá laitaná ata'nal láha wa ata'nar Rassúlá*

66. No dia em que os seus rostos estiverem voltados para o fogo, dirão: Oxalá tivéssemos obedecido a Deus e ao Mensageiro!

وَقَالُواْ رَبَّنَآ إِنَّآ أَطَعۡنَا سَادَتَنَا وَكُبَرَآءَنَا فَأَضَلُّونَا ٱلسَّبِيلَا ٦٧

67. Wa qálú Rabbaná inná ata'ná sádataná wa kubará'aná fa adhallúnas sabílá

67. E dirão (mais): Ó Senhor nosso, em verdade, obedecíamos aos nossos chefes, os quais nos desviaram da (verdadeira) senda.

رَبَّنَآ ءَاتِهِمۡ ضِعۡفَيۡنِ مِنَ ٱلۡعَذَابِ وَٱلۡعَنۡهُمۡ لَعۡنٗا كَبِيرٗا ٦٨

68. Rabbaná átihim dhi'faini minal 'azábi wal'anhum la'nan kabíra

68. Ó Senhor nosso, redobra o castigo àqueles e amaldiçoa-os reiteradamente!

يَٰٓأَيُّهَا ٱلَّذِينَ ءَامَنُواْ لَا تَكُونُواْ كَٱلَّذِينَ ءَاذَوۡاْ مُوسَىٰ فَبَرَّأَهُ ٱللَّهُ مِمَّا قَالُواْۚ وَكَانَ عِندَ ٱللَّهِ
وَجِيهٗا ٦٩

69. Yá aiyuhal lazína ámanú lá takúnú kallazína ázau Mussa fa barra'ahul láhu mimma qálú; wa kána 'indal láhi wajíhá

69. Ó crentes, não sejais como aqueles que injuriaram Moisés, e sabei que Deus o isentou do que diziam, porque era nobre aos Olhos de Deus.

يَٰٓأَيُّهَا ٱلَّذِينَ ءَامَنُواْ ٱتَّقُواْ ٱللَّهَ وَقُولُواْ قَوۡلٗا سَدِيدٗا ٧٠

70. Yá aiyuhal lazína ámanut taqul láha wa qúlú qaulan sadídá

70. Ó crentes, temei a Deus e dizei palavras apropriadas.

يُصۡلِحۡ لَكُمۡ أَعۡمَٰلَكُمۡ وَيَغۡفِرۡ لَكُمۡ ذُنُوبَكُمۡۗ وَمَن يُطِعِ ٱللَّهَ وَرَسُولَهُۥ فَقَدۡ فَازَ فَوۡزًا
عَظِيمًا ٧١

71. Yusli<u>h</u> lakum a'málakum wa yaghfir lakum zunúbakum; wa mai yuti'il láha wa Rassúlahú faqad fáza fauzan 'azímá

71. Ele emendará as vossas ações e vos absolverá dos vossos pecados; e quem obedecer a Deus e ao Seu Mensageiro terá logrado um magnífico benefício.

إِنَّا عَرَضۡنَا ٱلۡأَمَانَةَ عَلَى ٱلسَّمَٰوَٰتِ وَٱلۡأَرۡضِ وَٱلۡجِبَالِ فَأَبَيۡنَ أَن يَحۡمِلۡنَهَا وَأَشۡفَقۡنَ
مِنۡهَا وَحَمَلَهَا ٱلۡإِنسَٰنُۖ إِنَّهُۥ كَانَ ظَلُومٗا جَهُولٗا ٧٢

سُورَةُ الأَحزَابِ

Surat Al Ahzab

72. Inná 'aradnal amánata 'alas samáwáti walardi wal jibáli fa abaina ai yahmilnahá wa achfaqna min-há wa hamalahal insánu innahú kána zalúman jahúlá

72. Por certo que apresentamos a custódia ao firmamento, à terra e às montanhas, que se negaram e temeram recebê-la; porém, o homem se encarregou disso, mas provou ser injusto e insipiente.

لِّيُعَذِّبَ ٱللَّهُ ٱلْمُنَٰفِقِينَ وَٱلْمُنَٰفِقَٰتِ وَٱلْمُشْرِكِينَ وَٱلْمُشْرِكَٰتِ وَيَتُوبَ ٱللَّهُ
عَلَى ٱلْمُؤْمِنِينَ وَٱلْمُؤْمِنَٰتِ ۗ وَكَانَ ٱللَّهُ غَفُورًا رَّحِيمًا ﴿٧٣﴾

73. Liyu 'azzibal laahul munaafiqeena wal munaafiqaati walmushrikeena wal mushrikaati wa yatúbal láhu 'alal mu'minína walmu'minát; wa kánal láhu Ghafúrar Rahíma

73. Deus castigará os hipócritas e as hipócritas, os idólatras e as idólatras, e perdoará os crentes e as crentes, porque Deus é Indulgente, Misericordiosíssimo.

سُورَةُ سَبَإٍ

Surat Sabá

Surat 34. *Sabá*, Revelada em Makka, 54 versículos, com exceção do versículo 6 que foi revelado em Madina.

بِسْمِ ٱللَّهِ ٱلرَّحْمَٰنِ ٱلرَّحِيمِ

Bismilláhir Rahmánir Rahím

Em nome de Deus, o Clemente, o Misericordioso

ٱلْحَمْدُ لِلَّهِ ٱلَّذِى لَهُۥ مَا فِى ٱلسَّمَٰوَٰتِ وَمَا فِى ٱلْأَرْضِ وَلَهُ ٱلْحَمْدُ فِى ٱلْءَاخِرَةِ ۚ وَهُوَ ٱلْحَكِيمُ ٱلْخَبِيرُ ﴿١﴾

1. Alhamdu lilláhil lazí lahú má fis samáwáti wa má fil ardi wa lahul hamdu fil ákhirah; wa Huwal Hakímul Khabír

1. Louvado seja Deus, a Quem pertence tudo quanto existe nos Céus e na Terra; Seus serão os louvores, (também) no Outro Mundo, porque é o Onisciente, o Prudentíssimo.

يَعْلَمُ مَا يَلِجُ فِى ٱلْأَرْضِ وَمَا يَخْرُجُ مِنْهَا وَمَا يَنزِلُ مِنَ ٱلسَّمَآءِ وَمَا يَعْرُجُ فِيهَا ۚ وَهُوَ ٱلرَّحِيمُ ٱلْغَفُورُ ﴿٢﴾

2. Ya'lamu má yaliju fil ardi wa má yakhruju min-há wa má yanzilu minas samá'i wa má ya'ruju fihá; wa Huwar Rahímul Ghafúr

2. Ele conhece tanto o que entra na terra, como o que dela sai, o que desce do céu e o que a ele ascende, porque é o Misericordioso, o Indulgentíssimo.

وَقَالَ ٱلَّذِينَ كَفَرُوا۟ لَا تَأْتِينَا ٱلسَّاعَةُ ۖ قُلْ بَلَىٰ وَرَبِّى لَتَأْتِيَنَّكُمْ عَٰلِمِ ٱلْغَيْبِ ۖ لَا يَعْزُبُ عَنْهُ مِثْقَالُ ذَرَّةٍ فِى ٱلسَّمَٰوَٰتِ وَلَا فِى ٱلْأَرْضِ وَلَآ أَصْغَرُ مِن ذَٰلِكَ وَلَآ أَكْبَرُ إِلَّا فِى كِتَٰبٍ مُّبِينٍ ﴿٣﴾

3. Wa qalal lazína kafarú lá tátinas Sá'ah; qul balá wa Rabbí latátiyannakum 'Álimul Ghaib; lá ya'zubu 'anhu miçqálu zarratin fis samáwáti wa lá fil ardi wa lá asgharu min zálika wa lá akbaru illá fí kiábim mubín

3. Os incrédulos dizem: Nunca nos chegará a Hora! Dize-lhes: Sim, por meu Senhor! Chegar-vos-á, procedente do Conhecedor do desconhecido, de Quem nada escapa, nem mesmo algo do peso de um átomo, quer seja nos Céus ou na Terra, e (nada há) menor ou maior do que isso, que não esteja registrado no Livro esclarecedor.

سُورَةُ سَبَإٍ
Surat Sabá

لِّيَجۡزِيَ ٱلَّذِينَ ءَامَنُواْ وَعَمِلُواْ ٱلصَّٰلِحَٰتِۚ أُوْلَٰٓئِكَ لَهُم مَّغۡفِرَةٞ وَرِزۡقٞ
كَرِيمٞ ﴿٤﴾

4. Liyajziyal lazína ámanú wa 'amilus sálihát; ulá'ika lahum maghfiratun wa rizqun karím

4. Isso para certificar os crentes, que praticam o bem, de que obterão indulgência e um magnífico sustento.

وَٱلَّذِينَ سَعَوۡ فِيٓ ءَايَٰتِنَا مُعَٰجِزِينَ أُوْلَٰٓئِكَ لَهُمۡ عَذَابٞ مِّن رِّجۡزٍ أَلِيمٞ ﴿٥﴾

5. Wallazína sa'au fí áyaatiná mu'ájizína ulá'ika lahum 'azábum mir rijzin alím

5. Mas, aqueles que lutam contra os Nossos versículos sofrerão um castigo e uma dolorosa punição.

وَيَرَى ٱلَّذِينَ أُوتُواْ ٱلۡعِلۡمَ ٱلَّذِيٓ أُنزِلَ إِلَيۡكَ مِن رَّبِّكَ هُوَ ٱلۡحَقَّ وَيَهۡدِيٓ إِلَىٰ صِرَٰطِ
ٱلۡعَزِيزِ ٱلۡحَمِيدِ ﴿٦﴾

6. Wa yaral lazína útul 'ilmal lazí unzila ilaika mir Rabbika huwal haqqa wa yahdí ilá sirátil 'Azízil Hamíd

6. E os que foram agraciados com a sabedoria sabem que o que te foi revelado, por teu Senhor, é a verdade, e que isso conduz à senda do Poderoso, Laudabilíssimo.

وَقَالَ ٱلَّذِينَ كَفَرُواْ هَلۡ نَدُلُّكُمۡ عَلَىٰ رَجُلٖ يُنَبِّئُكُمۡ إِذَا مُزِّقۡتُمۡ كُلَّ مُمَزَّقٍ إِنَّكُمۡ لَفِي خَلۡقٖ
جَدِيدٍ ﴿٧﴾

7. Wa qálal lazína kafarú hal nadullukum 'alá rajulin yunabbi'ukum izá muzziqtum kulla mumazzaquin innakum lafí khalquin jadíd

7. E os incrédulos dizem (uns aos outros): Quereis que vos indiquemos um homem que vos inteire de que quando fordes desintegrados sereis reanimados novamente?

أَفۡتَرَىٰ عَلَى ٱللَّهِ كَذِبًا أَم بِهِۦ جِنَّةُۢۗ بَلِ ٱلَّذِينَ لَا يُؤۡمِنُونَ بِٱلۡأٓخِرَةِ فِي ٱلۡعَذَابِ وَٱلضَّلَٰلِ
ٱلۡبَعِيدِ ﴿٨﴾

8.Aftará 'alal láhi kaziban am bihí jinnah; balil lazína lá yu'minúna bil Ákhirati fil 'azábi wad dhalálil ba'íd

8. Forjou mentiras a respeito de Deus, ou está louco? Qual! Aqueles que negarem a Outra Vida serão atormentados por terem estado num profundo erro.

أَفَلَمْ يَرَوْاْ إِلَىٰ مَا بَيْنَ أَيْدِيهِمْ وَمَا خَلْفَهُم مِّنَ ٱلسَّمَآءِ وَٱلْأَرْضِۚ إِن نَّشَأْ نَخْسِفْ
بِهِمُ ٱلْأَرْضَ أَوْ نُسْقِطْ عَلَيْهِمْ كِسَفًا مِّنَ ٱلسَّمَآءِۚ إِنَّ فِي ذَٰلِكَ لَأٓيَةً لِّكُلِّ عَبْدٍ
مُّنِيبٍ ٩

9. Afalam yarau ilá má baina aydíhim wa má khalfahum minas samá'i wal ard; in nacha' nakhsif bihimul arda au nusquit 'alaihim kisafam minas samá'; inna fí zálika la Áyatal likulli 'abdim munÍb

9. Não reparam, acaso, no que está antes deles e atrás deles, tratando-se de Céu e Terra? Se quiséssemos, poderíamos fazê-los ser engolidos pela Terra ou fazer cair sobre eles uma obliteração do firmamento. Nisto há um sinal para todo o servo contrito.

۞ وَلَقَدْ ءَاتَيْنَا دَاوُۥدَ مِنَّا فَضْلًاۖ يَٰجِبَالُ أَوِّبِي مَعَهُۥ وَٱلطَّيْرَۖ وَأَلَنَّا لَهُ ٱلْحَدِيدَ ١٠

10. ۞ *Wa laqad Átainá Dáoúda minná fadhlan yá jibálu awwibí ma'ahú wattaira wa alanná lahul hadíd*

10. Agraciamos Davi com a Nossa mercê (e dissemos): Ó montanhas, ó pássaros, repeti com ele os louvores a Deus. E lhe fizemos maleável o ferro.

أَنِ ٱعْمَلْ سَٰبِغَٰتٍ وَقَدِّرْ فِي ٱلسَّرْدِۖ وَٱعْمَلُواْ صَٰلِحًاۖ إِنِّي بِمَا تَعْمَلُونَ بَصِيرٌ ١١

11. Ani 'mal sábighátin wa qaddir fis sardi wa'malú sálihan inní bimá ta'malúna Basír

11. (E lhe dissemos): Faze com ele cotas de malha e ajusta-as! Praticai o bem, porque bem vemos tudo quanto fazeis.

وَلِسُلَيْمَٰنَ ٱلرِّيحَ غُدُوُّهَا شَهْرٌ وَرَوَاحُهَا شَهْرٌۖ وَأَسَلْنَا لَهُۥ عَيْنَ ٱلْقِطْرِۖ وَمِنَ ٱلْجِنِّ
مَن يَعْمَلُ بَيْنَ يَدَيْهِ بِإِذْنِ رَبِّهِۦۖ وَمَن يَزِغْ مِنْهُمْ عَنْ أَمْرِنَا نُذِقْهُ مِنْ عَذَابِ
ٱلسَّعِيرِ ١٢

12. Wa li-Sulaimánar riha ghuduwwuhá chahrun wa rawáhuhá chahrun wa asalná lahú 'ainal quitr; wa minal jinni mai ya'malu baina yadaihi bi izni Rabbih; wa mai yazigh min-hum 'an amriná nuziqhu min 'azábis sa'ír

12. E fizemos o vento (obediente) a Salomão, cujo trajeto matinal equivale a um mês (de viagem) e o vespertino a um mês (de viagem). E fizemos brotar, para ele, uma

سُورَةُ سَبَإٍ

Surat Sabá

fonte de cobre, e proporcionamos gênios, para trabalharem sob as suas ordens, com a anuência do seu Senhor; e a quem, dentre eles, desacatar as Nossas ordens, infligiremos o castigo do Fogo abrasador.

يَعۡمَلُونَ لَهُۥ مَا يَشَآءُ مِن مَّحَٰرِيبَ وَتَمَٰثِيلَ وَجِفَانٖ كَٱلۡجَوَابِ وَقُدُورٖ رَّاسِيَٰتٍۚ
ٱعۡمَلُوٓاْ ءَالَ دَاوُۥدَ شُكۡرٗاۚ وَقَلِيلٞ مِّنۡ عِبَادِيَ ٱلشَّكُورُ ﴿١٣﴾

13. Ya'malúna lahú ma yachá'u mim maháríba wa tamácila wa jifánin kaljawábi wa qudúrir rásiyát; i'malú ála Dáwúda chukrá; wa qalílum min 'ibádiyach chakúr

13. Executaram, para ele, tudo quanto desejava: arcos, estátuas, grandes vasilhas como reservatórios, e resistentes caldeiras de cobre. (E dissemos): Trabalhai, ó familiares de Davi, com agradecimento! Quão poucos são os agradecidos, entre os Meus servos!

فَلَمَّا قَضَيۡنَا عَلَيۡهِ ٱلۡمَوۡتَ مَا دَلَّهُمۡ عَلَىٰ مَوۡتِهِۦٓ إِلَّا دَآبَّةُ ٱلۡأَرۡضِ تَأۡكُلُ
مِنسَأَتَهُۥۖ فَلَمَّا خَرَّ تَبَيَّنَتِ ٱلۡجِنُّ أَن لَّوۡ كَانُواْ يَعۡلَمُونَ ٱلۡغَيۡبَ مَا لَبِثُواْ فِي ٱلۡعَذَابِ
ٱلۡمُهِينِ ﴿١٤﴾

14. Falammá qadhainá 'alaihil mauta ma dallahum 'alá mautihí illá dábbatul ardi tá'kulu minsa'atahú falammá kharra tabaiyanatil jinnu an lau kánú ya'lamúnal ghaiba má labiçú fil 'azábil muhín

14. E quando dispusemos sobre sua morte (de Salomão), só se aperceberam dela em virtude dos cupins que lhe roíam o cajado; e quando tombou, os gênios souberam que, se estivessem de posse do desconhecido, não permaneceriam no afrontoso castigo.

لَقَدۡ كَانَ لِسَبَإٖ فِي مَسۡكَنِهِمۡ ءَايَةٞۖ جَنَّتَانِ عَن يَمِينٖ وَشِمَالٖۖ كُلُواْ مِن رِّزۡقِ
رَبِّكُمۡ وَٱشۡكُرُواْ لَهُۥۚ بَلۡدَةٞ طَيِّبَةٞ وَرَبٌّ غَفُورٞ ﴿١٥﴾

15. Laqad kána li Saba-in fí maskanihim Áyatun jannatáni 'an yamínin wa chimálin kulú mir rizqui Rabbikum wachkurú lah; baldatun taiyibatun wa Rabbun Ghafúr

15. Os habitantes de Sabá tinham, em sua cidade, um sinal: duas espécies de jardins, à direita e à esquerda. (Foi-lhes dito): Desfrutai da graça de vosso Senhor e agradecei-Lhe. Tendes terra fértil e um Senhor Indulgentíssimo.

سُورَةُ سَبَإٍ
Surat Sabá

فَأَعْرَضُواْ فَأَرْسَلْنَا عَلَيْهِمْ سَيْلَ ٱلْعَرِمِ وَبَدَّلْنَٰهُم بِجَنَّتَيْهِمْ جَنَّتَيْنِ ذَوَاتَيْ أُكُلٍ
خَمْطٍ وَأَثْلٍ وَشَيْءٍ مِّن سِدْرٍ قَلِيلٍ ﴿١٦﴾

16. Fa a'radhú fa-arsalná 'alaihim Sailal 'Arimi wa baddalnáhum bijannataihim jannataini zawátai ukulin khamtin wa aslin wa chai'im min sidrin qalíl

16. Porém, desencaminharam-se. Então, desencadeamos sobre eles a inundação provinda dos diques, e substituímos os seus jardins por outros cujos frutos eram amargos, e tamargueiras, e possuíam alguns lotos.

ذَٰلِكَ جَزَيْنَٰهُم بِمَا كَفَرُواْ ۖ وَهَلْ نُجَٰزِيٓ إِلَّا ٱلْكَفُورَ ﴿١٧﴾

17. Zálika jazainâhum bimá kafarú wa hal nujází illal kafúr

17. Assim os castigamos, por sua ingratidão. Temos castigado, acaso, alguém, além do ingrato?

وَجَعَلْنَا بَيْنَهُمْ وَبَيْنَ ٱلْقُرَى ٱلَّتِي بَٰرَكْنَا فِيهَا قُرًى ظَٰهِرَةً وَقَدَّرْنَا فِيهَا ٱلسَّيْرَ ۖ
سِيرُواْ فِيهَا لَيَالِيَ وَأَيَّامًا ءَامِنِينَ ﴿١٨﴾

18. Wa ja'alná bainahum wa bainal qural latí bárakná fíhá quran záhiratan wa qaddarná fíhas sayr; sírú fíhá layáliya wa aiyáman áminín

18. E estabelecemos, entre eles, e as cidades que havíamos bendito, cidades proeminentes, e lhes apontamos estágios de viagem, (dizendo-lhes): Viajai por aí em segurança, durante o dia e à noite!

فَقَالُواْ رَبَّنَا بَٰعِدْ بَيْنَ أَسْفَارِنَا وَظَلَمُوٓاْ أَنفُسَهُمْ فَجَعَلْنَٰهُمْ أَحَادِيثَ وَمَزَّقْنَٰهُمْ كُلَّ
مُمَزَّقٍ ۚ إِنَّ فِي ذَٰلِكَ لَأَيَٰتٍ لِّكُلِّ صَبَّارٍ شَكُورٍ ﴿١٩﴾

19. Faqálú Rabbaná bá'id baina asfáriná wa zalamú anfusahum faja'alnáhum ahádíça wa mazzaqnáhum kulla mumazzaq; inna fí zálika la Áyátil likulli sabbárin chakúr

19. Porém, disseram: Ó Senhor nosso, prolonga a distância entre os nossos estágios de viagem! E se condenaram. Então os convertemos em lenda (a ser narrada) para os povos e os dispersamos por todas as partes. Nisto há sinais para todo o perseverante, agradecido.

سُورَةُ سَبَإٍ

Surat Sabá

وَلَقَدْ صَدَّقَ عَلَيْهِمْ إِبْلِيسُ ظَنَّهُۥ فَٱتَّبَعُوهُ إِلَّا فَرِيقًا مِّنَ ٱلْمُؤْمِنِينَ ﴿٢٠﴾

20. Wa laqad saddaq 'alaihim Iblísu zannabhú fattaba'úhu illá faríqam minal mu'minín

20. O próprio Lúcifer confirmou que havia pensado certo a respeito deles – eles o seguiram, exceto uma parte dos crentes;

وَمَا كَانَ لَهُۥ عَلَيْهِم مِّن سُلْطَٰنٍ إِلَّا لِنَعْلَمَ مَن يُؤْمِنُ بِٱلْءَاخِرَةِ مِمَّنْ هُوَ مِنْهَا فِى شَكٍّ ۗ وَرَبُّكَ عَلَىٰ كُلِّ شَىْءٍ حَفِيظٌ ﴿٢١﴾

21. Wa má kána lahú 'alaihim min sultánin illá lina'lama mai yuminu bil Ákhirati mimman huwa min-há fí shakk; wa Rabbuka 'alá kulli chai'in Hafíz

21. Se bem que não tivesse autoridade alguma sobre eles. Fizemos isto para certificar-Nos de quem, dentre eles, acreditava na Outra Vida e quem dela duvidava. Em verdade, teu Senhor é Guardião de tudo.

قُلِ ٱدْعُوا۟ ٱلَّذِينَ زَعَمْتُم مِّن دُونِ ٱللَّهِ ۖ لَا يَمْلِكُونَ مِثْقَالَ ذَرَّةٍ فِى ٱلسَّمَٰوَٰتِ وَلَا فِى ٱلْأَرْضِ وَمَا لَهُمْ فِيهِمَا مِن شِرْكٍ وَمَا لَهُۥ مِنْهُم مِّن ظَهِيرٍ ﴿٢٢﴾

22. Qulid 'ul lazína za'amtum min dúnil láhi lá yamlikúna miçqála zarratin fissamáwáti wa lá fil ardi wa má lahum fíhimá min chirkin wa má lahú min-hum min zahír

22. Dize-lhes: Invocai os que pretendeis, em vez de Deus! Eles não possuem coisa alguma, nem mesmo do peso de um átomo, no Céu ou na Terra, nem tampouco têm neles participação; nem Ele os tem como ajudantes.

وَلَا تَنفَعُ ٱلشَّفَٰعَةُ عِندَهُۥٓ إِلَّا لِمَنْ أَذِنَ لَهُۥ ۚ حَتَّىٰٓ إِذَا فُزِّعَ عَن قُلُوبِهِمْ قَالُوا۟ مَاذَا قَالَ رَبُّكُمْ ۖ قَالُوا۟ ٱلْحَقَّ ۖ وَهُوَ ٱلْعَلِىُّ ٱلْكَبِيرُ ﴿٢٣﴾

23. Wa lá tanfa'uch chafá'atu 'indahú illá liman azina lah; hattá izá fuzzi'a 'an qulúbihim qálú mázá qála Rabbukum; qálul haqq, wa Huwal 'Aliyul Kabír

23. E de nada valerá a intercessão junto a Ele, senão a daquele a quem for permitida. Quando o terror for banido de seus corações, dirão: Que tem dito o vosso Senhor? Dirão: A verdade, porque é o Grandioso, o Altíssimo.

سُورَةُ سَبَإٍ

Surat Sabá

۞ قُلۡ مَن يَرۡزُقُكُم مِّنَ ٱلسَّمَٰوَٰتِ وَٱلۡأَرۡضِۖ قُلِ ٱللَّهُۖ وَإِنَّآ أَوۡ إِيَّاكُمۡ لَعَلَىٰ
هُدًى أَوۡ فِي ضَلَٰلٖ مُّبِينٖ ﴿٢٤﴾

24. ۞ Qul mai yarzuqukum minas samáwáti wal ardi qulil láhu wa inná au iyyákum la'alá hudan au fí dalálim mubín

24. Dize-lhes: Quem vos agracia, seja do Céu, seja da Terra? Dize: Deus! Portanto, certamente, ou nós estamos guiados, ou vós estais orientados, ou em erro evidente.

قُل لَّا تُسۡـَٔلُونَ عَمَّآ أَجۡرَمۡنَا وَلَا نُسۡـَٔلُ عَمَّا تَعۡمَلُونَ ﴿٢٥﴾

25. Qul lá tus'alúna 'ammá ajramná wa lá nus'alu 'ammá ta'malún

25. Dize-lhes mais: Não sereis responsáveis por tudo quanto tenhamos feito, como tampouco não seremos responsáveis por quanto tenhais cometido.

قُلۡ يَجۡمَعُ بَيۡنَنَا رَبُّنَا ثُمَّ يَفۡتَحُ بَيۡنَنَا بِٱلۡحَقِّ وَهُوَ ٱلۡفَتَّاحُ ٱلۡعَلِيمُ ﴿٢٦﴾

26. Qul yajma'u bainaná Rabbuná summa yaftahu bainaná bilhaqq; wa Huwal Fattáhul 'Alím

26. Dize-lhes (ainda): Nosso Senhor nos congregará e logo decidirá o assunto entre nós com equidade, porque é o Árbitro por excelência, o Sapientíssimo.

قُلۡ أَرُونِيَ ٱلَّذِينَ أَلۡحَقۡتُم بِهِۦ شُرَكَآءَۖ كَلَّاۚ بَلۡ هُوَ ٱللَّهُ ٱلۡعَزِيزُ ٱلۡحَكِيمُ ﴿٢٧﴾

27. Qul arúniyal lazína alhaqtum bihí churaká'a kallá; bal Huwal Láhul 'Azízul Hakím

27. Torna a lhes dizer: Mostrai-me os parceiros que Lhe atribuís! Não podereis fazê-lo! Porém, Ele é Deus, o Poderoso, o Prudentíssimo.

وَمَآ أَرۡسَلۡنَٰكَ إِلَّا كَآفَّةٗ لِّلنَّاسِ بَشِيرٗا وَنَذِيرٗا وَلَٰكِنَّ أَكۡثَرَ ٱلنَّاسِ لَا
يَعۡلَمُونَ ﴿٢٨﴾

28. Wa má arsalnáka illá káffatal linnási bachíran wa nazíran wa lákinna aksaran nási lá ya'lamún

28. E não te enviamos, senão como universal (Mensageiro), alvissareiro e admoestador para os humanos; porém, a maioria dos humanos o ignora.

وَيَقُولُونَ مَتَىٰ هَٰذَا ٱلۡوَعۡدُ إِن كُنتُمۡ صَٰدِقِينَ ﴿٢٩﴾

29. Wa yaqúlúna matá házal wa'du in kuntum sádiquin

29. E dizem: Quando (se cumprirá) esta promessa? Dize-nos, se estiveres certo.

قُل لَّكُم مِّيعَادُ يَوۡمٍ لَّا تَسۡتَـٔۡخِرُونَ عَنۡهُ سَاعَةً وَلَا تَسۡتَقۡدِمُونَ ﴿٣٠﴾

30. Qul lakum mí'ádu Yaumil lá tasta'khirúna 'anhu sá'atan wa lá tastaqdimún

30. Responde-lhes: Tendes um encontro marcado para um dia, o qual não podereis atrasar, nem adiantar por uma só hora.

وَقَالَ ٱلَّذِينَ كَفَرُواْ لَن نُّؤۡمِنَ بِهَٰذَا ٱلۡقُرۡءَانِ وَلَا بِٱلَّذِي بَيۡنَ يَدَيۡهِۗ وَلَوۡ تَرَىٰٓ
إِذِ ٱلظَّٰلِمُونَ مَوۡقُوفُونَ عِندَ رَبِّهِمۡ يَرۡجِعُ بَعۡضُهُمۡ إِلَىٰ بَعۡضٍ ٱلۡقَوۡلَ
يَقُولُ ٱلَّذِينَ ٱسۡتُضۡعِفُواْ لِلَّذِينَ ٱسۡتَكۡبَرُواْ لَوۡلَآ أَنتُمۡ لَكُنَّا مُؤۡمِنِينَ ﴿٣١﴾

31. Wa qálal lazína kafarú lan nu'mina biházal Qurâni wa lá billazi baina yadayh; wa lau tará iziz zálimúna mauqúfúna 'inda Rabbihim yarji'u ba'dhuhum ilá ba'dhinil qaula yaqúlul lazínas tudh'ifú lillazínas takbarú lau lá antum lakunná mu'minín

31. Os incrédulos dizem: Jamais creremos neste Alcorão, tampouco nos (Livros) que o precederam. Ah, se pudesses ver os injustos reprovarem-se reciprocamente, quando comparecerem ante seu Senhor! Os seguidores dirão aos que se ensoberbeceram: Se não fosse por vós, teríamos sido crentes!

قَالَ ٱلَّذِينَ ٱسۡتَكۡبَرُواْ لِلَّذِينَ ٱسۡتُضۡعِفُوٓاْ أَنَحۡنُ صَدَدۡنَٰكُمۡ عَنِ ٱلۡهُدَىٰ بَعۡدَ إِذۡ
جَآءَكُمۖ بَلۡ كُنتُم مُّجۡرِمِينَ ﴿٣٢﴾

32. Qálal lazínas takbarú lillazínas tudh'ifú nahnu sadadnákum 'anil hudá ba'da iz já'akum bal kuntum mujrimín

32. E os que se ensoberbeceram dirão aos seus seguidores: Acaso, nós vos desencaminhamos da orientação, depois de vo-la ter chegado? Qual! Fostes vós os pecadores!

وَقَالَ ٱلَّذِينَ ٱسۡتُضۡعِفُواْ لِلَّذِينَ ٱسۡتَكۡبَرُواْ بَلۡ مَكۡرُ ٱلَّيۡلِ وَٱلنَّهَارِ إِذۡ تَأۡمُرُونَنَآ
أَن نَّكۡفُرَ بِٱللَّهِ وَنَجۡعَلَ لَهُۥٓ أَندَادٗاۚ وَأَسَرُّواْ ٱلنَّدَامَةَ لَمَّا رَأَوُاْ ٱلۡعَذَابَ وَجَعَلۡنَا
ٱلۡأَغۡلَٰلَ فِيٓ أَعۡنَاقِ ٱلَّذِينَ كَفَرُواْۚ هَلۡ يُجۡزَوۡنَ إِلَّا مَا كَانُواْ يَعۡمَلُونَ ﴿٣٣﴾

سُورَةُ سَبَإٍ

Surat Sabá

33. *Wa qálal lazínas tudh'ifú lillazínas takbarú bal makrul laili wannahári iz ta'murúnaná an nakfura billáhi wa naj'ala lahú andádá; wa asarrun nadámata lammá ra'awul 'azáb; wa ja'alnal aghlála fí a'náquil lazína kafarú; hal yujzauna illá má kaanú ya'malún*

33. E os seguidores responderão aos que se ensoberbeceram: Ao contrário, foram as vossas artimanhas, à noite e de dia, quando nos ordenáveis que negássemos Deus e Lhe atribuíssemos parceiros! E dissimularão o remorso quando virem o castigo. E carregaremos de pesadas argolas os pescoços dos incrédulos. Porventura serão retribuídos, senão pelo que houverem feito?

وَمَآ أَرْسَلْنَا فِى قَرْيَةٍ مِّن نَّذِيرٍ إِلَّا قَالَ مُتْرَفُوهَآ إِنَّا بِمَآ أُرْسِلْتُم بِهِۦ كَٰفِرُونَ ﴿٣٤﴾

34. *Wa má arsalná' fí qaryatin min nazírin illá qála mutrafúhaa inná bimá ursiltum bihí káfirún*

34. E não enviamos admoestador algum à cidade alguma sem que os concupiscentes lhes dissessem: Sabei que negamos (a mensagem) com que foste enviado.

وَقَالُوا۟ نَحْنُ أَكْثَرُ أَمْوَٰلًا وَأَوْلَٰدًا وَمَا نَحْنُ بِمُعَذَّبِينَ ﴿٣٥﴾

35. *Wa qálú nahnu aksaru amwálan wa auládan wa má nahnu bimu'azzabín*

35. E disseram: Nós possuímos mais riquezas e filhos do que vós, e jamais seremos castigados.

قُلْ إِنَّ رَبِّى يَبْسُطُ ٱلرِّزْقَ لِمَن يَشَآءُ وَيَقْدِرُ وَلَٰكِنَّ أَكْثَرَ ٱلنَّاسِ لَا يَعْلَمُونَ ﴿٣٦﴾

36. *Qul inna Rabbí yabsutur rizqa limai yachá'u wa yaqdiru wa lákinna akçaran nási lá ya'lamún*

36. Dize-lhes: Em verdade, meu Senhor prodigaliza e restringe a Sua graça a quem Lhe apraz; porém, a maioria dos humanos o ignora.

وَمَآ أَمْوَٰلُكُمْ وَلَآ أَوْلَٰدُكُم بِٱلَّتِى تُقَرِّبُكُمْ عِندَنَا زُلْفَىٰٓ إِلَّا مَنْ ءَامَنَ وَعَمِلَ صَٰلِحًا
فَأُو۟لَٰٓئِكَ لَهُمْ جَزَآءُ ٱلضِّعْفِ بِمَا عَمِلُوا۟ وَهُمْ فِى ٱلْغُرُفَٰتِ ءَامِنُونَ ﴿٣٧﴾

37. *Wa má amwálukum wa lá auládukum billatí tuqarribukum 'indaná zulfá illa man ámana wa 'amila sálihan fa ulá'ika lahum jazá'ud di'fi bimá 'amilú wa hum fil ghurufáti áminún*

37. E não serão nem as vossas riquezas, nem os vossos filhos que vos aproximarão dignamente de Nós; outrossim, serão os crentes, que praticam o bem, que receberão uma multiplicada recompensa por tudo quanto tiverem feito, e residirão, seguros, no Paraíso.

سُورَةُ سَبَإٍ

Surat Sabá

وَٱلَّذِينَ يَسۡعَوۡنَ فِيٓ ءَايَٰتِنَا مُعَٰجِزِينَ أُوْلَٰٓئِكَ فِي ٱلۡعَذَابِ مُحۡضَرُونَ ﴿٣٨﴾

38. Wallazína yas'auna fi Áyátiná mu'ájizína ulá'ika fil 'azábi muhdharún

38. Em verdade, aqueles que lutam contra os Nossos versículos, e tentam frustrá-los, serão os que comparecerão ao castigo.

قُلۡ إِنَّ رَبِّي يَبۡسُطُ ٱلرِّزۡقَ لِمَن يَشَآءُ مِنۡ عِبَادِهِۦ وَيَقۡدِرُ لَهُۥۚ وَمَآ أَنفَقۡتُم مِّن شَيۡءٖ
فَهُوَ يُخۡلِفُهُۥۖ وَهُوَ خَيۡرُ ٱلرَّٰزِقِينَ ﴿٣٩﴾

39. Qul inna Rabbí yabsutur rizqa limai yachá'u min 'ibaadihí wa yaqdiru lah; wa má anfaqtum min chai'in fahuwa yukhlifuhú wa Huwa khairur ráziquin

39. Dize-lhes: Em verdade, meu Senhor prodigaliza e restringe Sua graça a quem Lhe apraz, dentre os Seus servos. Tudo quanto distribuírdes em caridade Ele vo-lo restituirá, porque é o melhor dos agraciadores.

وَيَوۡمَ يَحۡشُرُهُمۡ جَمِيعٗا ثُمَّ يَقُولُ لِلۡمَلَٰٓئِكَةِ أَهَٰٓؤُلَآءِ إِيَّاكُمۡ كَانُواْ يَعۡبُدُونَ ﴿٤٠﴾

40. Wa yauma yahchuruhum jamí'an çumma yaqúlu lilmalá'ikati a-há'ulá'i iyyákum kánú ya'budún

40. Um dia os congregará a todos, e logo perguntará aos anjos: São estes, acaso, os que vos adoravam?

قَالُواْ سُبۡحَٰنَكَ أَنتَ وَلِيُّنَا مِن دُونِهِمۖ بَلۡ كَانُواْ يَعۡبُدُونَ ٱلۡجِنَّۖ أَكۡثَرُهُم بِهِم
مُّؤۡمِنُونَ ﴿٤١﴾

41. Qálú Subhánaka Anta waliyyuná min dúnihim bal kánúu ya'budúnal jinna akçaruhum bihim mu'minún

41. Responderão: Glorificado sejas! Tu és nosso Protetor, em vez deles! Qual! Adoravam os gênios! A maioria deles acreditava neles.

فَٱلۡيَوۡمَ لَا يَمۡلِكُ بَعۡضُكُمۡ لِبَعۡضٖ نَّفۡعٗا وَلَا ضَرّٗا وَنَقُولُ لِلَّذِينَ ظَلَمُواْ ذُوقُواْ عَذَابَ ٱلنَّارِ ٱلَّتِي
كُنتُم بِهَا تُكَذِّبُونَ ﴿٤٢﴾

42. Fal Yauma lá yamliku ba'dhukum liba'dhin naf'an wa lá dharrá; wa naqúlu lil lazína zalamú zúqú 'azában Náril latí kuntum bihá tukazzibún

42. Porém, hoje não podereis beneficiar-vos nem vos prejudicar reciprocamente. E diremos aos injustos: Provai o castigo infernal que negastes!

سُورَةُ سَبَإٍ

Surat Sabá

وَإِذَا تُتْلَىٰ عَلَيْهِمْ ءَايَٰتُنَا بَيِّنَٰتٍ قَالُواْ مَا هَٰذَآ إِلَّا رَجُلٌ يُرِيدُ أَن يَصُدَّكُمْ عَمَّا كَانَ يَعْبُدُ
ءَابَآؤُكُمْ وَقَالُواْ مَا هَٰذَآ إِلَّآ إِفْكٌ مُّفْتَرًى ۚ وَقَالَ ٱلَّذِينَ كَفَرُواْ لِلْحَقِّ لَمَّا جَآءَهُمْ إِنْ
هَٰذَآ إِلَّا سِحْرٌ مُّبِينٌ ﴿٤٣﴾

43. Wa izá tutlá 'alaihim Áyátuná baiyinátin qálú má házá illá rajulun yurídu ai-yasuddakum 'ammá kána ya'budu ábá'ukum wa qálú má házá illá ifkum muftará; wa qálal lazína kafarú lilhaqqui lammá já'ahum in házá illá sihrum mubín

43. E quando lhes são recitados os Nossos versículos esclarecedores (pelo Profeta), dizem: Este não é mais do que um homem que quer afastar-vos do que adoravam os vossos pais; e dizem (mais): Isto é apenas uma falsidade inventada! E os incrédulos dizem sobre a verdade, quando lhes chega: Isto nada mais é que pura magia!

وَمَآ ءَاتَيْنَٰهُم مِّن كُتُبٍ يَدْرُسُونَهَا ۖ وَمَآ أَرْسَلْنَآ إِلَيْهِمْ قَبْلَكَ مِن نَّذِيرٍ ﴿٤٤﴾

44. Wa má átaináhum min Kutubin yadrusúnahá wa má arsalná ilaihim qablaka min nazír

44. Antes de ti não lhes tínhamos enviado livro algum, para que o estudassem, nem lhes havíamos enviado admoestador algum (para que se corrigissem).

وَكَذَّبَ ٱلَّذِينَ مِن قَبْلِهِمْ وَمَا بَلَغُواْ مِعْشَارَ مَآ ءَاتَيْنَٰهُمْ فَكَذَّبُواْ رُسُلِى ۖ فَكَيْفَ كَانَ
نَكِيرِ ﴿٤٥﴾

45. Wa kazzabal lazína min qablihim wa má balaghú mi'chára má átaináhum fakazzabú Russulí; fakaifa kána nakír

45. Os povos antigos desmentiram (seus mensageiros); e não conseguiram alcançar nem a décima parte do conhecimento que lhes concedemos. Negaram os Meus mensageiros, mas que terrível foi a (Minha) rejeição (a eles)!

۞ قُلْ إِنَّمَآ أَعِظُكُم بِوَٰحِدَةٍ ۖ أَن تَقُومُواْ لِلَّهِ مَثْنَىٰ وَفُرَٰدَىٰ ثُمَّ
تَتَفَكَّرُواْ ۚ مَا بِصَاحِبِكُم مِّن جِنَّةٍ ۚ إِنْ هُوَ إِلَّا نَذِيرٌ لَّكُم بَيْنَ يَدَىْ عَذَابٍ
شَدِيدٍ ﴿٤٦﴾

سُورَةُ سَبَإٍ

Surat Sabá

46. ۞ *Qul innamá a'izukum biwá<u>h</u>idatin an taqúmú lilláhi maçná wa furádá çumma tatafakkarú; má bisá<u>h</u>ibikum min jinnah; in huwa illá nazírul lakum baina yadai 'azábin chadíd*

46. Dize-lhes: Exorto-vos a uma só coisa: que vos consagreis a Deus, em pares ou individualmente; e refleti. Vosso companheiro não é louco. Ele não é senão vosso admoestador, que vos adverte, face a um terrível castigo.

قُلۡ مَا سَأَلۡتُكُم مِّنۡ أَجۡرٍ فَهُوَ لَكُمۡۖ إِنۡ أَجۡرِيَ إِلَّا عَلَى ٱللَّهِۖ وَهُوَ عَلَىٰ كُلِّ شَيۡءٖ شَهِيدٞ ﴿٤٧﴾

47. *Qul má sa-altukum min ajrin fahuwa lakum in ajriya illá 'alal láhi wa Huwa 'alá kulli chai'in Chahíd*

47. Dize-lhes: O que vos peço em recompensa será para vós; e minha recompensa só incumbe a Deus, porque é Testemunha de tudo.

قُلۡ إِنَّ رَبِّي يَقۡذِفُ بِٱلۡحَقِّ عَلَّٰمُ ٱلۡغُيُوبِ ﴿٤٨﴾

48. *Qul inna Rabbí yaqzifu bil<u>h</u>aqqi 'Allámul Ghuyúb*

48. Dize-lhes (mais): Sabei que meu Senhor é Quem difunde a verdade e é Conhecedor do desconhecido.

قُلۡ جَآءَ ٱلۡحَقُّ وَمَا يُبۡدِئُ ٱلۡبَٰطِلُ وَمَا يُعِيدُ ﴿٤٩﴾

49. *Qul já'al <u>h</u>aqqu wa má yubdi'ul bátilu wa má yu'id*

49. Dize-lhes (ainda): A verdade tem prevalecido, e a falsidade nada cria e nem restaura.

قُلۡ إِن ضَلَلۡتُ فَإِنَّمَآ أَضِلُّ عَلَىٰ نَفۡسِيۖ وَإِنِ ٱهۡتَدَيۡتُ فَبِمَا يُوحِيٓ إِلَيَّ رَبِّيٓۚ إِنَّهُۥ سَمِيعٞ
قَرِيبٞ ﴿٥٠﴾

50. *Qul in dhalaltu fainnamá adhillu 'alá nafsí wa inih-tadaitu fabimá yú<u>h</u>i ilaiya Rabbí; innahú Samí'un Qaríb*

50. Torna a dizer-lhes: Se me desviar, será unicamente em detrimento meu; em troca, se me encaminhar, será por causa do que meu Senhor me tem revelado, porque é Oniouvinte, Próximo.

وَلَوۡ تَرَىٰٓ إِذۡ فَزِعُواْ فَلَا فَوۡتَ وَأُخِذُواْ مِن مَّكَانٖ قَرِيبٖ ﴿٥١﴾

51. *Wa lau tará iz fazi'ú falá fauta wa ukhizú min makánin qaríb*

51. E se puderes vê-los, quando tremerem de medo, sem terem escapatória! Serão levados (para o inferno) de um lugar próximo!

سُورَةُ سَبَإٍ

Surat Sabá

وَقَالُوٓاْ ءَامَنَّا بِهِۦ وَأَنَّىٰ لَهُمُ ٱلتَّنَاوُشُ مِن مَّكَانِۭ بَعِيدٍ ﴿٥٢﴾

52. *Wa qálú ámanná bihí wa anná lahumut tanáwuchu min makánin ba'íd*

52. E então dirão: Cremos nela (a verdade)! Porém, como poderão alcançá-la de um lugar tão distante,

وَقَدْ كَفَرُواْ بِهِۦ مِن قَبْلُ ۖ وَيَقْذِفُونَ بِٱلْغَيْبِ مِن مَّكَانِۭ بَعِيدٍ ﴿٥٣﴾

53. *Wa qad kafarú bihí min qablu wa yaqzifúna bilghaibi min makánin ba'íd*

53. Sendo que antes a negaram, escarnecendo do desconhecido, de um lugar tão distante?

وَحِيلَ بَيْنَهُمْ وَبَيْنَ مَا يَشْتَهُونَ كَمَا فُعِلَ بِأَشْيَاعِهِم مِّن قَبْلُ ۚ إِنَّهُمْ كَانُواْ فِى شَكٍّ
مُّرِيبِۭ ﴿٥٤﴾

54. *Wa hila bainahum wa baina má yachtahúna kamá fu'ila bi-achyá'ihim min qabl; innahum kánú fí chakkin muríb*

54. E erigiu, entre eles e suas aspirações uma barreira, como foi feito anteriormente com os seus partidários, porque estavam em uma inquietante dúvida.

سُورَةُ فَاطِرٍ

Surat Fáter

Surat 35. *Fáter* (O Criador). Revelada em Makka, 45 versículos

بِسْمِ ٱللَّهِ ٱلرَّحْمَٰنِ ٱلرَّحِيمِ

Bismilláhir Rahmánir Rahím

Em nome de Deus, o Clemente, o Misericordioso

ٱلْحَمْدُ لِلَّهِ فَاطِرِ ٱلسَّمَٰوَٰتِ وَٱلْأَرْضِ جَاعِلِ ٱلْمَلَٰٓئِكَةِ رُسُلًا أُوْلِىٓ أَجْنِحَةٍ مَّثْنَىٰ وَثُلَٰثَ
وَرُبَٰعَ يَزِيدُ فِى ٱلْخَلْقِ مَا يَشَآءُ إِنَّ ٱللَّهَ عَلَىٰ كُلِّ شَىْءٍ قَدِيرٌ ١

1. *Alhamdu lilláhi fátiris samáwáti wal ardi já'ilil malá'ikati russulan ulí ajnihatim maçná wa çuláça wa rubá'; yazídu fil khalqui má yachá'; innal láha 'alá kulli chai'in Qadír*

1. Louvado seja Deus, Criador dos Céus e da Terra, Que fez dos anjos mensageiros, dotados de dois, três ou quatro pares de asas; aumenta a criação conforme Lhe apraz, porque Deus é Onipotente.

مَّا يَفْتَحِ ٱللَّهُ لِلنَّاسِ مِن رَّحْمَةٍ فَلَا مُمْسِكَ لَهَا وَمَا يُمْسِكْ فَلَا مُرْسِلَ لَهُۥ مِنۢ بَعْدِهِۦ وَهُوَ
ٱلْعَزِيزُ ٱلْحَكِيمُ ٢

2. *Má yaftahil láhu linnási mir rahmatin falá mumsika lahá wa má yumsik falá mursila lahú mimba'dihi; wa Huwal 'Azízul Hakím*

2. A misericórdia com que Deus agracia o homem ninguém pode obstruir, e tudo quanto restringe ninguém pode prodigalizar, à parte d'Ele, porque é o Poderoso, o Prudentíssimo.

يَٰٓأَيُّهَا ٱلنَّاسُ ٱذْكُرُوا۟ نِعْمَتَ ٱللَّهِ عَلَيْكُمْ هَلْ مِنْ خَٰلِقٍ غَيْرُ ٱللَّهِ يَرْزُقُكُم مِّنَ ٱلسَّمَآءِ
وَٱلْأَرْضِ لَآ إِلَٰهَ إِلَّا هُوَ فَأَنَّىٰ تُؤْفَكُونَ ٣

3. *Yá ayyuhan nás uzkurú ni'matal láhi 'alaikum; hal min kháliquin ghairul láhi yarzuqukum minas samá'i wal ard; lá iláha illá Huwa fa anná tu'fakún*

3. Ó humanos, recordai-vos da graça de Deus para convosco! Porventura, existe outro criador que não seja Deus, Que vos agracia, quer (com coisas) do Céu quer da Terra? Não há mais divindade além d'Ele! Como, pois, vos desviais?

سُورَةُ فَاطِر

Surat Fáter

وَإِن يُكَذِّبُوكَ فَقَدْ كُذِّبَتْ رُسُلٌ مِّن قَبْلِكَ ۚ وَإِلَى ٱللَّهِ تُرْجَعُ ٱلْأُمُورُ ٤

4. Wa in yukazzibúka faqad kuzzibat Russulum min qablik; wa ilal láhi turja'ul umúr

4. E se te desmentirem, fica sabendo que mensageiros anteriores a ti também foram desmentidos. Mas a Deus retornarão os assuntos!

يَٰٓأَيُّهَا ٱلنَّاسُ إِنَّ وَعْدَ ٱللَّهِ حَقٌّ ۖ فَلَا تَغُرَّنَّكُمُ ٱلْحَيَوٰةُ ٱلدُّنْيَا ۖ وَلَا يَغُرَّنَّكُم بِٱللَّهِ ٱلْغَرُورُ ٥

5. Yá ayyuhan násu inna wa'dal láhi haqqun falá taghurrannakumul hayátud dunyá; wa lá yaghurrannakum billáhil gharúr

5. Ó humanos, a promessa de Deus é verdadeira! Que a vida terrena não vos iluda, nem vos engane o sedutor, com respeito a Deus.

إِنَّ ٱلشَّيْطَٰنَ لَكُمْ عَدُوٌّ فَٱتَّخِذُوهُ عَدُوًّا ۚ إِنَّمَا يَدْعُوا۟ حِزْبَهُۥ لِيَكُونُوا۟ مِنْ أَصْحَٰبِ ٱلسَّعِيرِ ٦

6. Innach chaitána lakum 'aduwwun fattakhizúhu 'aduwwá; innamá yad'ú hizbahú liyakúnú min ashábis sa'ír

6. Posto que Satanás é vosso inimigo, tratai-o, pois, como inimigo, porque ele incita os seus seguidores a que sejam condenados ao Fogo abrasador!

ٱلَّذِينَ كَفَرُوا۟ لَهُمْ عَذَابٌ شَدِيدٌ ۖ وَٱلَّذِينَ ءَامَنُوا۟ وَعَمِلُوا۟ ٱلصَّٰلِحَٰتِ لَهُم مَّغْفِرَةٌ وَأَجْرٌ
كَبِيرٌ ٧

7. Allazína kafarú lahum 'azábun chadíd; wallazína ámanú wa 'amilus sálih//áti lahum maghfiratun wa ajrun kabír

7. Os incrédulos sofrerão um terrível castigo. Mas os crentes, que praticam o bem, obterão indulgência e uma grande recompensa.

أَفَمَن زُيِّنَ لَهُۥ سُوٓءُ عَمَلِهِۦ فَرَءَاهُ حَسَنًا ۖ فَإِنَّ ٱللَّهَ يُضِلُّ مَن يَشَآءُ وَيَهْدِى مَن يَشَآءُ ۖ
فَلَا تَذْهَبْ نَفْسُكَ عَلَيْهِمْ حَسَرَٰتٍ ۚ إِنَّ ٱللَّهَ عَلِيمٌۢ بِمَا يَصْنَعُونَ ٨

8. Afaman zuyyina lahú sú'u 'amalihí fara'áhu hasaná; fa innal láha yudhillu mai yachá'u wa yahdí mai yachá'u falá tazhab nafsuka 'alaihim hasarát; innal láha 'alímun bimá yasna'ún

8. Acaso, aquele cujas más ações lhe foram abrilhantadas e as vê como boas, (poderá ser equiparado ao encaminhado)? Certamente Deus deixa desviar-se quem assim quer, e encaminha a quem Lhe apraz. Não te mortifiques, pois, em vão, por seus desvios, porque Deus é Sabedor de tudo quanto fazem.

سُورَةُ فَاطِر

Surat Fáter

وَٱللَّهُ ٱلَّذِيٓ أَرۡسَلَ ٱلرِّيَٰحَ فَتُثِيرُ سَحَابٗا فَسُقۡنَٰهُ إِلَىٰ بَلَدٖ مَّيِّتٖ فَأَحۡيَيۡنَا بِهِ ٱلۡأَرۡضَ بَعۡدَ مَوۡتِهَاۚ
كَذَٰلِكَ ٱلنُّشُورُ ٩

9. Walláhul lazí arsalar riyáha fatucíru sahában fasuqnáhu ilá baladim maiyitin fa ahyayná bihil arda ba'da mautihá; kazálikan nuchúr

9. E Deus é Quem envia os ventos que movem as nuvens (que produzem chuva). Nós as impulsionamos até a uma terra árida e, mediante elas, reavivamo-la, depois de haver sido inerte; assim é a ressurreição!

مَن كَانَ يُرِيدُ ٱلۡعِزَّةَ فَلِلَّهِ ٱلۡعِزَّةُ جَمِيعًاۚ إِلَيۡهِ يَصۡعَدُ ٱلۡكَلِمُ ٱلطَّيِّبُ وَٱلۡعَمَلُ
ٱلصَّٰلِحُ يَرۡفَعُهُۥۚ وَٱلَّذِينَ يَمۡكُرُونَ ٱلسَّيِّـَٔاتِ لَهُمۡ عَذَابٞ شَدِيدٞۖ وَمَكۡرُ أُوْلَٰٓئِكَ
هُوَ يَبُورُ ١٠

10. Man kána yuridul 'izzata falilláhil 'izzatu jamá'á; ilaihi yas'adul kalimut taiyibu wal'amalus sálihu yarfa'uh; wallazína yamkurúnas sayyiáti lahum 'azábun chadíd; wa makru ulá'ika huwa yabúr

10. Quem ambiciona a glória, saiba que toda glória pertence integralmente a Deus. Até a Ele ascendem as puras palavras, Que exalta as nobres ações. Aqueles que urdem maldades sofrerão um terrível castigo, e sua conspiração será inútil.

وَٱللَّهُ خَلَقَكُم مِّن تُرَابٖ ثُمَّ مِن نُّطۡفَةٖ ثُمَّ جَعَلَكُمۡ أَزۡوَٰجٗاۚ وَمَا تَحۡمِلُ مِنۡ أُنثَىٰ وَلَا
تَضَعُ إِلَّا بِعِلۡمِهِۦۚ وَمَا يُعَمَّرُ مِن مُّعَمَّرٖ وَلَا يُنقَصُ مِنۡ عُمُرِهِۦٓ إِلَّا فِي كِتَٰبٍۚ إِنَّ ذَٰلِكَ
عَلَى ٱللَّهِ يَسِيرٞ ١١

11. Walláhu khalaqakum min turábin summa min nutfatin summa ja'alakum azwájá; wa má tahmilu min unçá wa lá tadha'u illá bi'ilmih; wa má yu'ammaru mim mu'ammarin wa lá yunqasu min 'umurihí illá fi kitáb; inna zálika 'alal láhi yasír

11. E Deus vos criou do pó; então de esperma; depois vos dividiu em pares. E nenhuma fêmea concebe ou gera sem o Seu conhecimento. Não se prolonga, nem se abrevia a vida de ninguém, sem que isso esteja registrado no Livro, porque isso é fácil a Deus.

سورة فاطر

Surat Fáter

وَمَا يَسْتَوِي الْبَحْرَانِ هَٰذَا عَذْبٌ فُرَاتٌ سَائِغٌ شَرَابُهُ وَهَٰذَا مِلْحٌ أُجَاجٌ ۖ وَمِن كُلٍّ
تَأْكُلُونَ لَحْمًا طَرِيًّا وَتَسْتَخْرِجُونَ حِلْيَةً تَلْبَسُونَهَا ۖ وَتَرَى الْفُلْكَ فِيهِ مَوَاخِرَ
لِتَبْتَغُوا مِن فَضْلِهِ وَلَعَلَّكُمْ تَشْكُرُونَ ﴿١٢﴾

12. Wa má yastawil ba<u>h</u>ráni háza 'azbun furátun sá'ighun charábuhú wa házá mil<u>h</u>un ujáj; wa min kullin ta'kulúna la<u>h</u>man tariyyan wa tastakhrijúna <u>h</u>ilyatan talbasúnahá wa taral fulka fíhi mawákhira litabtaghú min fadhlihí wa la'allakum tachkurún

12. Jamais se equipararão as duas águas, uma doce, agradável de ser bebida, e a outra, que é salobra e amarga; porém, tanto de uma como da outra comeis carne fresca e extraís ornamentos com que vos embelezais – e vedes nelas os barcos sulcando as ondas, à procura da Sua graça, para que, quiçá, Lhe agradeçais.

يُولِجُ اللَّيْلَ فِي النَّهَارِ وَيُولِجُ النَّهَارَ فِي اللَّيْلِ وَسَخَّرَ الشَّمْسَ وَالْقَمَرَ كُلٌّ
يَجْرِي لِأَجَلٍ مُّسَمًّى ۚ ذَٰلِكُمُ اللَّهُ رَبُّكُمْ لَهُ الْمُلْكُ ۚ وَالَّذِينَ تَدْعُونَ مِن
دُونِهِ مَا يَمْلِكُونَ مِن قِطْمِيرٍ ﴿١٣﴾

13. Yúlijul laila fin nahári wa yúlijun nahára fil laili wa sakhkharach chamsa wal qamara kullun yajrí li ajalim musammá; zálikumul láhu Rabbukum lahul mulk; wallazína tad'úna min dúnihí má yamlikúna min quitmír

13. Ele insere a noite no dia e o dia na noite e rege o sol e a lua; cada um percorrerá o seu curso até um término prefixado. Tal é Deus para vós, vosso Senhor, e é d'Ele o Reino. Quanto aos que invocais em vez d'Ele, não possuem o mínimo que seja de poder.

إِن تَدْعُوهُمْ لَا يَسْمَعُوا دُعَاءَكُمْ وَلَوْ سَمِعُوا مَا اسْتَجَابُوا لَكُمْ ۖ وَيَوْمَ الْقِيَامَةِ
يَكْفُرُونَ بِشِرْكِكُمْ ۚ وَلَا يُنَبِّئُكَ مِثْلُ خَبِيرٍ ﴿١٤﴾

14. In tad'úhum lá yasma'ú du'á'akum wa lau sami'ú mastajábú lakum; wa Yaumal Quiyámati Yakfurúna bichirkikum; wa á yunabbi'uka miçlu khabír

14. Quando os invocardes, não ouvirão a vossa súplica e, mesmo se a ouvirem, não vos atenderão. E no Dia da Ressurreição renegarão o vosso politeísmo; e ninguém te informará (ó humano) como o Onisciente.

سُورَةُ فَاطِر

Surat Fáter

۞ يَـٰٓأَيُّهَا ٱلنَّاسُ أَنتُمُ ٱلْفُقَرَآءُ إِلَى ٱللَّهِ ۖ وَٱللَّهُ هُوَ ٱلْغَنِىُّ ٱلْحَمِيدُ ﴿١٥﴾

15. ۞ *Yá ayyunhan násu antumul fuqará'u ilalláhi walláhu Huwal Ghaniyyul Hamíd*

15. Ó humanos, sois vós que necessitais de Deus, porque Deus é, por Si, o Opulento, o Laudabilíssimo.

إِن يَشَأْ يُذْهِبْكُمْ وَيَأْتِ بِخَلْقٍ جَدِيدٍ ﴿١٦﴾

16. *In yacha' yuzhibkum wa ya'ti bikhalquin jadíd*

16. Se quisesse, poderia fazer-vos desaparecer e apresentaria uma nova criação,

وَمَا ذَٰلِكَ عَلَى ٱللَّهِ بِعَزِيزٍ ﴿١٧﴾

17. *Wa má zálika 'alal láhi bi'azíz*

17. Porque isso não é difícil a Deus.

وَلَا تَزِرُ وَازِرَةٌ وِزْرَ أُخْرَىٰ ۚ وَإِن تَدْعُ مُثْقَلَةٌ إِلَىٰ حِمْلِهَا لَا يُحْمَلْ مِنْهُ شَىْءٌ وَلَوْ كَانَ
ذَا قُرْبَىٰٓ ۗ إِنَّمَا تُنذِرُ ٱلَّذِينَ يَخْشَوْنَ رَبَّهُم بِٱلْغَيْبِ وَأَقَامُوا۟ ٱلصَّلَوٰةَ ۚ وَمَن تَزَكَّىٰ
فَإِنَّمَا يَتَزَكَّىٰ لِنَفْسِهِۦ ۚ وَإِلَى ٱللَّهِ ٱلْمَصِيرُ ﴿١٨﴾

18. *Wa lá taziru wáziratun wizra ukhrá; wa in tad'u muçqalatun ilá himlihá lá yuhmal min-hu chai'un wa lau kána zá qurbá; innamá tunzirul lazína yakhchauna Rabbahum bilghaibi wa aqámus Saláh; wa man tazakká fa innamá yatazakká linafsih; wa ilal láaahil masír*

18. E nenhum pecador arcará com culpa alheia; e se uma alma sobrecarregada suplicar a outra a que lhe alivie a carga, esta não lhe será aliviada no mínimo que seja, ainda que por um parente. Admoestarás apenas aqueles que temem seu Senhor, na intimidade, e observam a oração. E quem se purificar será em seu próprio benefício, porque a Deus será o retorno.

وَمَا يَسْتَوِى ٱلْأَعْمَىٰ وَٱلْبَصِيرُ ﴿١٩﴾

19. *Wa má yastawil a'má wal basír*

19. Jamais se equipararão o cego e o vidente.

وَلَا ٱلظُّلُمَـٰتُ وَلَا ٱلنُّورُ ﴿٢٠﴾

20. *Wa laz zulumátu wa lannúr*

20. Tampouco as trevas e a luz.

وَلَا ٱلظِّلُّ وَلَا ٱلۡحَرُورُ ﴿٢١﴾

21. Wa laz zillu wa lal harúr

21. Ou a sombra e o sol ardente.

وَمَا يَسۡتَوِي ٱلۡأَحۡيَآءُ وَلَا ٱلۡأَمۡوَٰتُۚ إِنَّ ٱللَّهَ يُسۡمِعُ مَن يَشَآءُۖ وَمَآ أَنتَ بِمُسۡمِعٖ مَّن فِي ٱلۡقُبُورِ ﴿٢٢﴾

22. Wa má yastawil ahyá'u wa lal amwát; innal láha yusmi'u mai yachá'u wa má anta bi musmi'im man fil qubúr

22. Nem tampouco se equipararão os vivos e os mortos. Em verdade, Deus faz ouvir a quem Lhe apraz; contudo, tu não podes fazer-te ouvir por aqueles que estão nos sepulcros,

إِنۡ أَنتَ إِلَّا نَذِيرٌ ﴿٢٣﴾

23. In anta illá nazír

23. Porque não és mais do que um admoestador.

إِنَّآ أَرۡسَلۡنَٰكَ بِٱلۡحَقِّ بَشِيرٗا وَنَذِيرٗاۚ وَإِن مِّنۡ أُمَّةٍ إِلَّا خَلَا فِيهَا نَذِيرٞ ﴿٢٤﴾

24. Inná arsalnáka bil haqqui bachíran wa nazírá; wa im min ummatin illá khalá fihá nazír

24. Certamente te enviamos com a verdade e como alvissareiro e admoestador, e não houve povo algum que não tivesse tido um admoestador.

وَإِن يُكَذِّبُوكَ فَقَدۡ كَذَّبَ ٱلَّذِينَ مِن قَبۡلِهِمۡ جَآءَتۡهُمۡ رُسُلُهُم بِٱلۡبَيِّنَٰتِ وَبِٱلزُّبُرِ
وَبِٱلۡكِتَٰبِ ٱلۡمُنِيرِ ﴿٢٥﴾

25. Wa in yukazzibúka faqad kazzabal lazína min qablihim já'at hum Russuluhum bilbaiyináti wa biz Zuburi wa bil Kitábil Munír

25. E, se te desmentirem, olha, (também) os seus antecessores desmentiram os seus mensageiros que lhes apresentaram as evidências, os Salmos e o Livro esclarecedor.

ثُمَّ أَخَذۡتُ ٱلَّذِينَ كَفَرُواْۖ فَكَيۡفَ كَانَ نَكِيرِ ﴿٢٦﴾

26. Çumma akhaztul lazína kafarú fakaifa kána nakir

26. Então castigamos os incrédulos; e que terrível foi a (Nossa) rejeição (a eles)!

سُورَةُ فَاطِرٍ

Surat Fáter

أَلَمْ تَرَ أَنَّ ٱللَّهَ أَنزَلَ مِنَ ٱلسَّمَآءِ مَآءً فَأَخْرَجْنَا بِهِۦ ثَمَرَٰتٍ مُّخْتَلِفًا أَلْوَٰنُهَا ۚ وَمِنَ
ٱلْجِبَالِ جُدَدٌۢ بِيضٌ وَحُمْرٌ مُّخْتَلِفٌ أَلْوَٰنُهَا وَغَرَابِيبُ سُودٌ ﴿٢٧﴾

27. Alam tara annal láha anzala minas samá'i má'an fa akhrajná bihí samarátim mukhtalifan alwánuhá; wa minal jibáli judadum bídun wa humrum mukhtalifun alwánuhá wa gharábíbu súd

27. Não reparas em que Deus faz descer a água do firmamento? E produzimos, com ela, frutos de vários matizes; e também há extensões de montanhas, brancas, vermelhas, de diferentes cores, e as há de negro intenso.

ٱلنَّاسِ وَٱلدَّوَآبِّ وَٱلْأَنْعَٰمِ مُخْتَلِفٌ أَلْوَٰنُهُۥ كَذَٰلِكَ ۗ إِنَّمَا يَخْشَى ٱللَّهَ مِنْ عِبَادِهِ ٱلْعُلَمَٰٓؤُا۟ ۗ إِنَّ ٱللَّهَ
عَزِيزٌ غَفُورٌ ﴿٢٨﴾

28. Wa minan nási waddawábbi wal an'ámi mukhtalifun alwánuhú kazalik; innamá yakhchal láha min 'ibádihil 'ulamá'; innal láha 'Azízun Ghafúr

28. E entre os humanos, entre os répteis e entre o gado, há indivíduos também de diferentes cores. Os sábios, dentre os servos de Deus, só a Ele temem, porque sabem que Deus é Poderoso, Indulgentíssimo.

وَمِنَ إِنَّ ٱلَّذِينَ يَتْلُونَ كِتَٰبَ ٱللَّهِ وَأَقَامُوا۟ ٱلصَّلَوٰةَ وَأَنفَقُوا۟ مِمَّا رَزَقْنَٰهُمْ
سِرًّا وَعَلَانِيَةً يَرْجُونَ تِجَٰرَةً لَّن تَبُورَ ﴿٢٩﴾

29. Innal lazína yatlúna Kitabbal láhi wa aqámus Saláta wa anfaqú mimmá razaqnáhum sirran wa 'alá niyatan yarjúna tijáratal lan tabúr

29. Por certo que aqueles que recitam o Livro de Deus, observam a oração e fazem caridade, privativa ou abertamente, com uma parte daquilo com que os agraciamos, almejam um comércio imorredouro.

لِيُوَفِّيَهُمْ أُجُورَهُمْ وَيَزِيدَهُم مِّن فَضْلِهِۦٓ ۚ إِنَّهُۥ غَفُورٌ شَكُورٌ ﴿٣٠﴾

30. Liyuwaffiyahum ujúrahum wa yazídahum min fadlih; innahú Ghafúrun Chakúr

30. Deus lhes pagará as recompensas e lhes acrescentará de Sua graça, porque é Compensador, Indulgentíssimo.

وَٱلَّذِىٓ أَوْحَيْنَآ إِلَيْكَ مِنَ ٱلْكِتَٰبِ هُوَ ٱلْحَقُّ مُصَدِّقًا لِّمَا بَيْنَ يَدَيْهِ ۗ إِنَّ ٱللَّهَ بِعِبَادِهِۦ
لَخَبِيرٌۢ بَصِيرٌ ﴿٣١﴾

سُورَةُ فَاطِر

Surat Fáter

31. Wallazí auhainá ilaika minal Kitábi huwal haqqu musaddiqal limá baina yadayh; innal láha bi 'ibádihí la khabírum Basír

31. E o que te revelamos do Livro é a verdade que corrobora os Livros que o precederam; sabei que Deus está inteirado, e é Observador de Seus servos.

ثُمَّ أَوۡرَثۡنَا ٱلۡكِتَٰبَ ٱلَّذِينَ ٱصۡطَفَيۡنَا مِنۡ عِبَادِنَاۖ فَمِنۡهُمۡ ظَالِمٞ لِّنَفۡسِهِۦ
وَمِنۡهُم مُّقۡتَصِدٞ وَمِنۡهُمۡ سَابِقُۢ بِٱلۡخَيۡرَٰتِ بِإِذۡنِ ٱللَّهِۚ ذَٰلِكَ هُوَ ٱلۡفَضۡلُ
ٱلۡكَبِيرُ ٣٢

32. Çumma awrasnal Kitábal lazínas tafainá min 'ibádiná famin-hum zálimul linafsihí wa min-hum muqtasidun, wa min-hum sábiqum bilkhairáti bi iznil láh; zálika huwal fadlul kabír

32. Então, fizemos herdar o Livro a quem elegemos dentre os Nossos servos; porém, entre eles há aqueles que se condenam, outros que seguem um curso moderado e outros que se emulam na beneficência, com o beneplácito de Deus. Eis a magnífica graça:

جَنَّٰتُ عَدۡنٖ يَدۡخُلُونَهَا يُحَلَّوۡنَ فِيهَا مِنۡ أَسَاوِرَ مِن ذَهَبٖ وَلُؤۡلُؤٗاۖ وَلِبَاسُهُمۡ فِيهَا
حَرِيرٞ ٣٣

33. Jannátu 'adnin yadkhulúnahá yuhallauna fíha min asáwira min zahabin wa lu'lu'an wa libásuhum fíhá harír

33. Jardins do Éden, os quais adentrarão, onde serão enfeitados com braceletes de ouro e pérolas; e suas vestimentas serão de seda pura.

وَقَالُواْ ٱلۡحَمۡدُ لِلَّهِ ٱلَّذِيٓ أَذۡهَبَ عَنَّا ٱلۡحَزَنَۖ إِنَّ رَبَّنَا لَغَفُورٞ شَكُورٌ ٣٤

34. Wa qálul hamdu lilláhil lazí azhaba 'annal hazan; inna Rabbaná la Ghafúrun Chakúr

34. E dirão; Louvado seja Deus, que nos livrou da aflição! O Nosso Senhor é Compensador, Indulgentíssimo.

ٱلَّذِيٓ أَحَلَّنَا دَارَ ٱلۡمُقَامَةِ مِن فَضۡلِهِۦ لَا يَمَسُّنَا فِيهَا نَصَبٞ وَلَا يَمَسُّنَا فِيهَا لُغُوبٞ ٣٥

35. Allazí ahallaná dáral muqámati min fadlihí lá yamassuná fíhá nasabun wa lá yamassuná íhá lughúb

سُورَةُ فَاطِرٍ

Surat Fáter

35. E, em virtude de Sua graça, alojou-nos na morada eterna, onde não nos molestará a fadiga, nem tampouco o sentimento de fraqueza!

وَالَّذِينَ كَفَرُوا لَهُمْ نَارُ جَهَنَّمَ لَا يُقْضَىٰ عَلَيْهِمْ فَيَمُوتُوا وَلَا يُخَفَّفُ عَنْهُم مِّنْ
عَذَابِهَا ۚ كَذَٰلِكَ نَجْزِي كُلَّ كَفُورٍ ﴿٣٦﴾

36. Wallazína kafarú lahum náru Jahannama lá yuqdhá 'alaihim fa yamútú wa lá yukhaffafu 'anhum min 'azábihá; kazálika najzí kulla kafúr

36. Por outra, os incrédulos experimentarão o fogo infernal. Não serão condenados a morrer, nem lhes será aliviado, em nada, o castigo. Assim castigamos todo ingrato.

وَهُمْ يَصْطَرِخُونَ فِيهَا رَبَّنَا أَخْرِجْنَا نَعْمَلْ صَالِحًا غَيْرَ الَّذِي كُنَّا نَعْمَلُ ۚ أَوَلَمْ
نُعَمِّرْكُم مَّا يَتَذَكَّرُ فِيهِ مَن تَذَكَّرَ وَجَاءَكُمُ النَّذِيرُ ۖ فَذُوقُوا فَمَا لِلظَّالِمِينَ مِن
نَّصِيرٍ ﴿٣٧﴾

37. Wa hum yastarikhúna fíhá Rabbaná akhrijná na'mal sálihan ghairal lazí kunná na'mal; awa lam nu'ammirkum má yatazakkaru fíhi man tazakkara wa já'akumun nazíru fazúqú famá lizzálimína min nasír

37. E aí clamarão: Ó Senhor nosso, tira-nos daqui que agiremos de uma forma diferente da que agíamos! Acaso, não vos prolongamos as vidas, para que, quem quisesse refletir, pudesse fazê-lo, e não vos chegou o admoestador? Provai, pois, (o castigo)! Sabei que os injustos não têm socorredor algum!

إِنَّ اللَّهَ عَالِمُ غَيْبِ السَّمَاوَاتِ وَالْأَرْضِ ۚ إِنَّهُ عَلِيمٌ بِذَاتِ الصُّدُورِ ﴿٣٨﴾

38. Innal láha 'álimu ghaibis samáwáti wal ard; innahú 'alímum bizátis sudúr

38. Deus é Conhecedor do mistério dos Céus e da Terra porque conhece bem as intimidades dos corações.

هُوَ الَّذِي جَعَلَكُمْ خَلَائِفَ فِي الْأَرْضِ ۚ فَمَن كَفَرَ فَعَلَيْهِ كُفْرُهُ ۖ وَلَا يَزِيدُ الْكَافِرِينَ كُفْرُهُمْ
عِندَ رَبِّهِمْ إِلَّا مَقْتًا ۖ وَلَا يَزِيدُ الْكَافِرِينَ كُفْرُهُمْ إِلَّا خَسَارًا ﴿٣٩﴾

39. Huwal lazí ja'alakum khalá'ifa fil ard; faman kafara fa'alaihi kufruhú; wa lá yazídul káfirína kufruhum 'inda Rabbihim illá maqtan wa lá yazídul káfirína kufruhum illá khasárá

39. Ele foi Quem vos designou como legatários na Terra. Mas, quem pecar, o fará em detrimento próprio; porém, quanto aos incrédulos, sua incredulidade não lhes acrescentará senão aversão, aos olhos de seu Senhor; e sua incredulidade não lhes acrescentará senão perdição.

قُلْ أَرَءَيْتُمْ شُرَكَآءَكُمُ ٱلَّذِينَ تَدْعُونَ مِن دُونِ ٱللَّهِ أَرُونِى مَاذَا خَلَقُوا۟ مِنَ ٱلْأَرْضِ أَمْ لَهُمْ
شِرْكٌ فِى ٱلسَّمَٰوَٰتِ أَمْ ءَاتَيْنَٰهُمْ كِتَٰبًا فَهُمْ عَلَىٰ بَيِّنَتٍ مِّنْهُ ۚ بَلْ إِن يَعِدُ ٱلظَّٰلِمُونَ
بَعْضُهُم بَعْضًا إِلَّا غُرُورًا ﴿٤٠﴾

40. Qul ara'aytum churaká'akumul lazína tad'úna min dúnil láhi; arúni mázá khalaqú minal ardi am lahum chirkun fis samáwáti am átaináhum Kitában fahum 'alá baiyinatim minh; bal in ya'iduz zálimúna ba'dhuhum ba'dhan illá ghurúrá

40. Dize-lhes: Não reparais nas divindades que invocais em vez de Deus? Mostrai-me o que criaram na Terra! Acaso, participaram dos céus? Ou então lhes concedemos algum Livro, no qual pudessem basear-se? Qual! Os injustos não prometem, mutuamente, mais do que ilusões!

۞ إِنَّ ٱللَّهَ يُمْسِكُ ٱلسَّمَٰوَٰتِ وَٱلْأَرْضَ أَن تَزُولَا ۚ وَلَئِن زَالَتَآ إِنْ أَمْسَكَهُمَا مِنْ أَحَدٍ
مِّنۢ بَعْدِهِۦٓ ۚ إِنَّهُۥ كَانَ حَلِيمًا غَفُورًا ﴿٤١﴾

41. ۞ Innal láha yumsikus samáwáti wal an tazúlá; wa la'in zálatá in amsakahumá min ahadim mim ba'dih; innahú kána Halíman Ghafúrá

41. Em verdade, Deus sustém os Céus e a Terra, para que não se desloquem, e, se se deslocassem, ninguém, que não fosse Ele, poderia contê-los. Em verdade, é Tolerante, Indulgentíssimo.

وَأَقْسَمُوا۟ بِٱللَّهِ جَهْدَ أَيْمَٰنِهِمْ لَئِن جَآءَهُمْ نَذِيرٌ لَّيَكُونُنَّ أَهْدَىٰ مِنْ إِحْدَى ٱلْأُمَمِ ۖ فَلَمَّا
جَآءَهُمْ نَذِيرٌ مَّا زَادَهُمْ إِلَّا نُفُورًا ﴿٤٢﴾

42. Wa aqsamú billáhi jahda aymánihim la'in já'ahum nazírul layakúnunna ahdá min ihdal umami falammá já'ahum nazírum má zádahum illá nufúrá

42. Juraram solenemente por Deus que, se lhes fosse apresentado um admoestador, encaminhar-se-iam mais do que qualquer outro povo; porém, quando um admoestador lhes chegou, nada lhes foi aumentado, senão em aversão,

سُورَةُ فَاطِر

Surat Fáter

ٱسْتِكْبَارًا فِى ٱلْأَرْضِ وَمَكْرَ ٱلسَّيِّئِ ۚ وَلَا يَحِيقُ ٱلْمَكْرُ ٱلسَّيِّئُ إِلَّا بِأَهْلِهِۦ ۚ فَهَلْ
يَنظُرُونَ إِلَّا سُنَّتَ ٱلْأَوَّلِينَ ۚ فَلَن تَجِدَ لِسُنَّتِ ٱللَّهِ تَبْدِيلًا ۖ وَلَن تَجِدَ لِسُنَّتِ ٱللَّهِ
تَحْوِيلًا ﴿٤٣﴾

43. Istikbáran fil ardi wa makras sayyi'; wa lá yahíqul makrus sayyi'u illá bi ahlih; fahal yanzurúna illá sunnatal auwalin; falan tajida lisunnatil láhi tabdílan wa lan tajida lisunnatil láhi tahwíla

43. Em ensoberbecimento na Terra e em conspiração para o mal; todavia, a conspiração para o mal somente assedia os seus feitores. Porventura, almejam algo, além da sorte dos povos primitivos? Porém, nunca acharás variações na Lei de Deus; e nunca acharás mudanças na Lei de Deus.

أَوَلَمْ يَسِيرُوا۟ فِى ٱلْأَرْضِ فَيَنظُرُوا۟ كَيْفَ كَانَ عَٰقِبَةُ ٱلَّذِينَ مِن قَبْلِهِمْ وَكَانُوٓا۟ أَشَدَّ مِنْهُمْ
قُوَّةً ۚ وَمَا كَانَ ٱللَّهُ لِيُعْجِزَهُۥ مِن شَىْءٍ فِى ٱلسَّمَٰوَٰتِ وَلَا فِى ٱلْأَرْضِ ۚ إِنَّهُۥ كَانَ
عَلِيمًا قَدِيرًا ﴿٤٤﴾

44. Awalam yasírú fil ardi fa yanzurú kaifa kána 'áquibatul lazína min Qablihim wa kánú achadda min-hum quwwah; wa má kánal láhu liyu'jizahú min chai'in fis samáwáti wa lá fil ard; innahú kána 'Aliman Qadírá

44. Porventura, não percorreram a Terra, para ver qual foi o destino dos seus antecessores, que eram mais poderosos do que eles? Porém, ninguém poderá desafiar Deus, nos Céus ou na Terra, porque é Onipotente, Sapientíssimo.

وَلَوْ يُؤَاخِذُ ٱللَّهُ ٱلنَّاسَ بِمَا كَسَبُوا۟ مَا تَرَكَ عَلَىٰ ظَهْرِهَا مِن دَآبَّةٍ
وَلَٰكِن يُؤَخِّرُهُمْ إِلَىٰٓ أَجَلٍ مُّسَمًّى ۖ فَإِذَا جَآءَ أَجَلُهُمْ فَإِنَّ ٱللَّهَ كَانَ
بِعِبَادِهِۦ بَصِيرًۢا ﴿٤٥﴾

45. Wa lau yu'ákhizul láhun nása bima kasabú má taraka 'alá zahrihá min dábbatin wa lákin yu'akhkhiruhum ilá ajalim musamma fa izá já'a ajaluhum fa innal áha kána bi'ibádihí Basírá

سُورَةُ يسٓ

Surat Yá Sin

45. De sorte que se Deus tivesse castigado os humanos pelo que cometeram, não teria deixado sobre a face da Terra um só ser; porém, tolera-os até um término prefixado. E quando esse término expirar, certamente constatarão que Deus é Observador de Seus servos.

Surat 36. Yá Sín, revelada em Makka, do versículo 1 ao versículo 27.

بِسْمِ اللَّهِ الرَّحْمَٰنِ الرَّحِيمِ

Bismilláhir Rahmánir Rahim

Em nome de Deus, o Clemente, o Misericordioso

يسٓ ﴿١﴾

1. Yá. Sin

1. Yá, Sin.

وَالْقُرْءَانِ الْحَكِيمِ ﴿٢﴾

2. Wal-Qur-ánil-Hakim

2. Pelo Alcorão da Sabedoria.

إِنَّكَ لَمِنَ الْمُرْسَلِينَ ﴿٣﴾

3. Innaka laminal mursalín

3. Que tu és um dos mensageiros,

عَلَىٰ صِرَٰطٍ مُّسْتَقِيمٍ ﴿٤﴾

4. 'Alá Sirátim Mustaquim

4. Numa senda reta.

تَنزِيلَ الْعَزِيزِ الرَّحِيمِ ﴿٥﴾

5. Tanzílal 'Azízir Rahím

5. (Esta) é uma revelação do Poderoso, Misericordiosíssimo.

سُورَةُ يسٓ

Surat Yá Sin

لِتُنذِرَ قَوْمًا مَّآ أُنذِرَ ءَابَآؤُهُمْ فَهُمْ غَٰفِلُونَ ٦

6. Litunzira cauman má únzira ábá-uhum fahum gháfilún,

6. Para que admoestes um povo cujos pais não foram admoestados, e permaneceram indiferentes.

لَقَدْ حَقَّ ٱلْقَوْلُ عَلَىٰٓ أَكْثَرِهِمْ فَهُمْ لَا يُؤْمِنُونَ ٧

7. Lacad hac-cal caulu 'alá akçarihim fahum lá yu'minún

7. A palavra provou ser verdadeira sobre a maioria deles, pois que são incrédulos.

إِنَّا جَعَلْنَا فِىٓ أَعْنَٰقِهِمْ أَغْلَٰلًا فَهِىَ إِلَى ٱلْأَذْقَانِ فَهُم مُّقْمَحُونَ ٨

8. Innaa ja'alná fí a'náquihim aghlálan fahiya ilal azqáni fahum muqmahún

8. Nós sobrecarregaremos os seus pescoços com correntes até ao queixo, para que andem com as cabeças erguidas (sem poderem ver).

وَجَعَلْنَا مِنۢ بَيْنِ أَيْدِيهِمْ سَدًّا وَمِنْ خَلْفِهِمْ سَدًّا فَأَغْشَيْنَٰهُمْ فَهُمْ لَا يُبْصِرُونَ ٩

9. Wa ja'alná min baini aydíhim saddan wa min khalfihim saddan fa aghchai náhum fahum lá yubsirún

9. E lhes colocaremos uma barreira pela frente e uma barreira por trás, e lhes ofuscaremos os olhos, para que não possam ver.

وَسَوَآءٌ عَلَيْهِمْ ءَأَنذَرْتَهُمْ أَمْ لَمْ تُنذِرْهُمْ لَا يُؤْمِنُونَ ١٠

10. Wa sawá'un 'alaihim 'a-anzartahum am lam tunzirhum lá yu'minún

10. Tanto se lhes dá que os admoestes ou não; jamais crerão.

إِنَّمَا تُنذِرُ مَنِ ٱتَّبَعَ ٱلذِّكْرَ وَخَشِىَ ٱلرَّحْمَٰنَ بِٱلْغَيْبِ ۖ فَبَشِّرْهُ بِمَغْفِرَةٍ وَأَجْرٍ
كَرِيمٍ ١١

11. Innamá tunziru manit taba 'az-Zikra wa khachiyar Rahmána bilghaib, fabachchirhu bimaghfiratin wa ajrin karím

11. Admoestarás somente a quem seguir a Mensagem e temer na privacidade o Clemente; anuncia a este, pois, uma indulgência e uma generosa recompensa.

سُورَةُ يسٓ

Surat Yá Sin

إِنَّا نَحْنُ نُحْيِ ٱلْمَوْتَىٰ وَنَكْتُبُ مَا قَدَّمُوا۟ وَءَاثَـٰرَهُمْ ۚ وَكُلَّ شَىْءٍ أَحْصَيْنَـٰهُ فِىٓ إِمَامٍ
مُّبِينٍ ﴿١٢﴾

12. Inná Na<u>h</u>nu nu<u>h</u>yil mautá wa naktubu má qaddamú wa áçárahum; wa kulla chai'in a<u>h</u>saináhu fí Imámim Mubín

12. Nós ressuscitaremos os mortos, e teremos registrados os seus rastros e as suas ações, porque anotaremos tudo num Livro esclarecedor.

وَٱضْرِبْ لَهُم مَّثَلًا أَصْحَـٰبَ ٱلْقَرْيَةِ إِذْ جَآءَهَا ٱلْمُرْسَلُونَ ﴿١٣﴾

13. Wadhrib lahum maçalan Ass<u>h</u>ábal Qaryati; iz já'ahal mursalún

13. E lembra-lhes a parábola dos moradores da cidade, quando se lhes apresentaram os mensageiros.

إِذْ أَرْسَلْنَآ إِلَيْهِمُ ٱثْنَيْنِ فَكَذَّبُوهُمَا فَعَزَّزْنَا بِثَالِثٍ فَقَالُوٓا۟ إِنَّآ إِلَيْكُم مُّرْسَلُونَ ﴿١٤﴾

14. Iz arsalná ilaihimu içnaini fakazzabúhumá fa'azzazná biçálicin faqálú inná ilaikum mursalún

14. Enviamos-lhes dois (mensageiros), e os desmentiram; e, então, foram reforçados com o envio de um terceiro; (os mensageiros) disseram-lhes: Ficai sabendo que fomos enviados a vós.

قَالُوا۟ مَآ أَنتُمْ إِلَّا بَشَرٌ مِّثْلُنَا وَمَآ أَنزَلَ ٱلرَّحْمَـٰنُ مِن شَىْءٍ إِنْ أَنتُمْ إِلَّا تَكْذِبُونَ ﴿١٥﴾

15. Qálú má antum illá bacharum miçluná wa má anzalar Ra<u>h</u>mánu min chai'in in antum illá takzibún

15. Disseram: Não sois senão seres como nós, sendo que o Clemente nada revelou que seja dessa espécie; não fazeis mais do que mentir.

قَالُوا۟ رَبُّنَا يَعْلَمُ إِنَّآ إِلَيْكُمْ لَمُرْسَلُونَ ﴿١٦﴾

16. Qálú Rabbuná ya'lamu inná ilaikum lamursalún

16. Disseram-lhes: Nosso Senhor bem sabe que somos enviados a vós.

وَمَا عَلَيْنَآ إِلَّا ٱلْبَلَـٰغُ ٱلْمُبِينُ ﴿١٧﴾

17. Wa má 'alainá illal balághul mubín

17. E nada nos compete, senão a proclamação da lúcida Mensagem.

قَالُوٓا۟ إِنَّا تَطَيَّرْنَا بِكُمْ ۖ لَئِن لَّمْ تَنتَهُوا۟ لَنَرْجُمَنَّكُمْ وَلَيَمَسَّنَّكُم مِّنَّا عَذَابٌ أَلِيمٌ ﴿١٨﴾

18. Qálú inná tataiyarná bikum la'il-lam tantahú lana jumannakum wa la-yamassannakum minná 'azábun alím

18. Disseram: Prevemos a vossa desgraça e, se não desistirdes, apedrejar-vos-emos e vos infligiremos um doloroso castigo.

قَالُواْ طَٰٓئِرُكُم مَّعَكُمۡۚ أَئِن ذُكِّرۡتُمۚ بَلۡ أَنتُمۡ قَوۡمٞ مُّسۡرِفُونَ ١٩

19. Qálú tá'irukum ma'akum; a'in zukkirtum; bal antum qaumum musrifún

19. Responderam-lhes: Que vosso presságio vos acompanhe! Maltratar-nos-eis, acaso, porque fostes admoestados? Sois, certamente, um povo transgressor!

وَجَآءَ مِنۡ أَقۡصَا ٱلۡمَدِينَةِ رَجُلٞ يَسۡعَىٰ قَالَ يَٰقَوۡمِ ٱتَّبِعُواْ ٱلۡمُرۡسَلِينَ ٢٠

20. Wa já'a min aqsal madínati rajulun yas'á qála yá qaumit tabi'ul mursalín

20. E um homem, que acudiu da parte mais afastada da cidade, disse: Ó povo meu, segui os mensageiros!

ٱتَّبِعُواْ مَن لَّا يَسۡـَٔلُكُمۡ أَجۡرٗا وَهُم مُّهۡتَدُونَ ٢١

21. Ittabi'ú mal-lá yas'alukum ajran wa hum muhtadún

21. Segui aqueles que não vos exigem recompensa alguma e são encaminhados!

وَمَا لِيَ لَآ أَعۡبُدُ ٱلَّذِي فَطَرَنِي وَإِلَيۡهِ تُرۡجَعُونَ ٢٢

22. Wa má liya lá a'budul lazí fatarani wa ilaihi turja'ún

22. E por que não teria eu de adorar a Quem me criou e a Quem vós retornareis?

ءَأَتَّخِذُ مِن دُونِهِۦٓ ءَالِهَةً إِن يُرِدۡنِ ٱلرَّحۡمَٰنُ بِضُرّٖ لَّا تُغۡنِ عَنِّي شَفَٰعَتُهُمۡ
شَيۡـٔٗا وَلَا يُنقِذُونِ ٢٣

23. 'A attakhizu min dúnihí álihatan in yuridnir Rahmánu bidurril lá tughni 'anní chafá'atuhum chai'an wa lá yunquizún

23. Deverei, acaso, adorar outros deuses em vez d'Ele? Se o Clemente quisesse prejudicar-me, de nada valeriam as intercessões deles, nem poderiam salvar-me.

إِنِّيٓ إِذٗا لَّفِي ضَلَٰلٖ مُّبِينٍ ٢٤

24. Inní izal lafí dalálim mubín

24. (Se eu os adorasse), estaria em evidente erro.

إِنِّيٓ ءَامَنتُ بِرَبِّكُمۡ فَٱسۡمَعُونِ ٢٥

سُورَةُ يسٓ

Surat Yá Sin

25. Inní ámantu bi Rabbikum fasma'ún

25. Em verdade, creio em vosso Senhor; escutai-me, pois!

قِيلَ ٱدۡخُلِ ٱلۡجَنَّةَۖ قَالَ يَٰلَيۡتَ قَوۡمِي يَعۡلَمُونَ ٢٦

26. Quilad khulil Jannnah; qála yá laita qaumí ya'lamún

26. Ser-lhe-á dito: Entra no Paraíso! Dirá então: Oxalá meu povo soubesse,

بِمَا غَفَرَ لِي رَبِّي وَجَعَلَنِي مِنَ ٱلۡمُكۡرَمِينَ ٢٧

27. Bimá ghafara lí Rabbí wa ja'alaní minal mukramín

27. Que meu Senhor me perdoou e me contou entre os honrados! **(Fim do Juiz 22)**

سُورَةُ يسٓ

Surat Yá Sin

Juzi 23

Surat 36. *Yá Sin*. À partir do versículo 28 até versículo 56

۞ وَمَآ أَنزَلۡنَا عَلَىٰ قَوۡمِهِۦ مِنۢ بَعۡدِهِۦ مِن جُندٖ مِّنَ ٱلسَّمَآءِ وَمَا كُنَّا مُنزِلِينَ ٢٨

28. Wa má anzalná 'alá qaumihí mim ba'dihí min jundim minas-samá'i wa má kunná munzilín

28. E depois dele não enviamos a seu povo exército celeste algum, nem nunca enviaremos.

إِن كَانَتۡ إِلَّا صَيۡحَةٗ وَٰحِدَةٗ فَإِذَا هُمۡ خَٰمِدُونَ ٢٩

29. In kánat illá saihatan wáhidatan fa-izá hum khámidún

29. Foi só um estrondo, e ei-los inertes feito cinzas, apagadas.

يَٰحَسۡرَةً عَلَى ٱلۡعِبَادِۚ مَا يَأۡتِيهِم مِّن رَّسُولٍ إِلَّا كَانُواْ بِهِۦ يَسۡتَهۡزِءُونَ ٣٠

30. Yá hasratan 'alal 'ibád; má ya'tihim mir Rassúlin illá kánú bihí yastahzi'ún

30. Ai dos (Meus) servos! Jamais lhes foi apresentado mensageiro algum sem que o escarnecessem!

أَلَمۡ يَرَوۡاْ كَمۡ أَهۡلَكۡنَا قَبۡلَهُم مِّنَ ٱلۡقُرُونِ أَنَّهُمۡ إِلَيۡهِمۡ لَا يَرۡجِعُونَ ٣١

31. Alam yarau kam ahlakná qablahum minal qurúni annahum ilaihim lá yarji'ún

31. Não reparam, acaso, em quantas gerações, antes deles, aniquilamos? Não retornarão a eles.

وَإِن كُلّٞ لَّمَّا جَمِيعٞ لَّدَيۡنَا مُحۡضَرُونَ ٣٢

32. Wa in kullul lammá jamí'un-ladainá muhdarún

32. Todos, unanimemente, comparecerão ante Nós.

وَءَايَةٞ لَّهُمُ ٱلۡأَرۡضُ ٱلۡمَيۡتَةُ أَحۡيَيۡنَٰهَا وَأَخۡرَجۡنَا مِنۡهَا حَبّٗا فَمِنۡهُ يَأۡكُلُونَ ٣٣

33. Wa Áyatul lahumul ardhul maitatu ahyainâhá wa akhrajná min-há habban faminhu ya'kulún

33. Um sinal, para eles, é a terra árida; reavivamo-la e produzimos nela o grão com que se alimentam.

وَجَعَلْنَا فِيهَا جَنَّٰتٍ مِّن نَّخِيلٍ وَأَعْنَٰبٍ وَفَجَّرْنَا فِيهَا مِنَ ٱلْعُيُونِ ﴿٣٤﴾

34. Wa ja'alná fíhá jannátim min nakhílin wa a'nábin wa fajjarná fíha minal 'uyún

34. Nela produzimos pomares de tamareiras e videiras, em que brotam mananciais,

لِيَأْكُلُوا۟ مِن ثَمَرِهِۦ وَمَا عَمِلَتْهُ أَيْدِيهِمْ ۖ أَفَلَا يَشْكُرُونَ ﴿٣٥﴾

35. Li ya'kulú min çamarihí wa má 'amilat-hu aidíhim; afalá yachkurún

35. Para que se alimentem dos seus frutos, coisa que suas mãos não poderiam fazer. Não agradecerão?

سُبْحَٰنَ ٱلَّذِى خَلَقَ ٱلْأَزْوَٰجَ كُلَّهَا مِمَّا تُنۢبِتُ ٱلْأَرْضُ وَمِنْ أَنفُسِهِمْ وَمِمَّا لَا
يَعْلَمُونَ ﴿٣٦﴾

36. Subhánal lazí khalaqal azwája kullahá mimmá tumbitul ardhu wa min anfusihim wa mimmá lá ya'lamún

36. Glorificado seja Quem criou pares de todas as espécies, tanto naquilo que a terra produz como no que eles mesmos geram, e ainda mais o que ignoram.

وَءَايَةٌ لَّهُمُ ٱلَّيْلُ نَسْلَخُ مِنْهُ ٱلنَّهَارَ فَإِذَا هُم مُّظْلِمُونَ ﴿٣٧﴾

37. Wa Áyatul lahumul lailu naslakhu minhun nahára fa-izá hum muzlimún

37. E também é sinal, para eles, a noite, da qual retiramos o dia, e ei-los mergulhados nas trevas!

وَٱلشَّمْسُ تَجْرِى لِمُسْتَقَرٍّ لَّهَا ۚ ذَٰلِكَ تَقْدِيرُ ٱلْعَزِيزِ ٱلْعَلِيمِ ﴿٣٨﴾

38. Wach-chamsu tajrí limustaqarril lahá; zálika taqdírul 'Azízil 'Alím

38. E o sol, que segue o seu curso até um local determinado. Tal é o decreto do Onisciente, Poderosíssimo.

وَٱلْقَمَرَ قَدَّرْنَٰهُ مَنَازِلَ حَتَّىٰ عَادَ كَٱلْعُرْجُونِ ٱلْقَدِيمِ ﴿٣٩﴾

39. Walqamara qaddarnáhu manázila hattá 'áda kal'urjúnil qadím

39. E a lua, cujo curso assinalamos em fases, até que se apresente como um ramo seco de tamareira.

سُورَةُ يسٓ

Surat Yá Sin

لَا ٱلشَّمۡسُ يَنۢبَغِي لَهَآ أَن تُدۡرِكَ ٱلۡقَمَرَ وَلَا ٱلَّيۡلُ سَابِقُ ٱلنَّهَارِۚ وَكُلّٞ فِي فَلَكٖ يَسۡبَحُونَ ﴿٤٠﴾

40. Lach chamsu yambaghí lahá an tudrikal qamara walal lailu sábiqun nahár; wa kullun fí falakin yasbahún

40. Não é para o sol alcançar a lua nem a noite, ultrapassar o dia – cada qual flutua em sua órbita.

وَءَايَةٞ لَّهُمۡ أَنَّا حَمَلۡنَا ذُرِّيَّتَهُمۡ فِي ٱلۡفُلۡكِ ٱلۡمَشۡحُونِ ﴿٤١﴾

41. Wa Áyatul lahum anná hamalná zurriyatahum fil fulkil machhún

41. Também é um sinal, para eles, o fato de termos levado os seus descendentes na arca carregada.

وَخَلَقۡنَا لَهُم مِّن مِّثۡلِهِۦ مَا يَرۡكَبُونَ ﴿٤٢﴾

42. Wa khalaqná lahum mim-miçlihí má yarkabún

42. E lhes criamos similares a ela, para montarem.

وَإِن نَّشَأۡ نُغۡرِقۡهُمۡ فَلَا صَرِيخَ لَهُمۡ وَلَا هُمۡ يُنقَذُونَ ﴿٤٣﴾

43. Wa in nachá' nughriqhum falá saríkha lahum wa lá hum yunqazún

43. E, se quiséssemos, tê-los-íamos afogado, e não teria quem ouvisse os seus gritos, nem seriam salvos,

إِلَّا رَحۡمَةٗ مِّنَّا وَمَتَٰعًا إِلَىٰ حِينٖ ﴿٤٤﴾

44. Illá rahmatam minná wa matá'an ilá hín

44. A não ser com a Nossa misericórdia, como provisão, por algum tempo.

وَإِذَا قِيلَ لَهُمُ ٱتَّقُواْ مَا بَيۡنَ أَيۡدِيكُمۡ وَمَا خَلۡفَكُمۡ لَعَلَّكُمۡ تُرۡحَمُونَ ﴿٤٥﴾

45. Wa izá quila lahumut taqú má baina aidíkum wa má khalfakum la'allakum turhamún

45. E quando lhes é dito: Temei o que está perante vós e o que virá depois de vós; talvez recebereis misericórdia, (desdenham-no)

وَمَا تَأۡتِيهِم مِّنۡ ءَايَةٖ مِّنۡ ءَايَٰتِ رَبِّهِمۡ إِلَّا كَانُواْ عَنۡهَا مُعۡرِضِينَ ﴿٤٦﴾

46. Wa má ta'tíhim min áyatim min Áyáti Rabbihim illá kánú 'anhá mu'ridhín

46. Não lhes foram apresentados quaisquer dos versículos do seu Senhor, sem que os rejeitassem!

وَإِذَا قِيلَ لَهُمْ أَنفِقُوا۟ مِمَّا رَزَقَكُمُ ٱللَّهُ قَالَ ٱلَّذِينَ كَفَرُوا۟ لِلَّذِينَ ءَامَنُوٓا۟ أَنُطْعِمُ مَن لَّوْ يَشَآءُ ٱللَّهُ أَطْعَمَهُۥٓ إِنْ أَنتُمْ إِلَّا فِى ضَلَٰلٍ مُّبِينٍ ﴿٤٧﴾

47. Wa izá quila lahum anfiqú mimmá razaqakumul láhu qálal lazína kafarú lillazína ámanú anut'imu mal-lau yachá'ul láhu at'amah in antum illá fí dhalálim mubín

47. E quando lhes é dito: Fazei caridade daquilo com que Deus vos agraciou, os incrédulos dizem aos crentes: Havemos nós de alimentar alguém a quem, se Deus quisesse, poderia fazê-lo? Certamente estais em evidente erro.

وَيَقُولُونَ مَتَىٰ هَٰذَا ٱلْوَعْدُ إِن كُنتُمْ صَٰدِقِينَ ﴿٤٨﴾

48. Wa yaqúlúna matá házal wa'du in kuntum sádiquin

48. E dizem (mais): Quando se cumprirá essa promessa? Dizei-no-lo, se estiverdes certos.

مَا يَنظُرُونَ إِلَّا صَيْحَةً وَٰحِدَةً تَأْخُذُهُمْ وَهُمْ يَخِصِّمُونَ ﴿٤٩﴾

49. Má yanzurúna illá saihatan wáhidatan ta'khuzuhum wa hum yakhissimún

49. Nada esperam, a não ser um estrondo que os fulmine enquanto estão disputando.

فَلَا يَسْتَطِيعُونَ تَوْصِيَةً وَلَآ إِلَىٰٓ أَهْلِهِمْ يَرْجِعُونَ ﴿٥٠﴾

50. Falá yastatí'úna tausiyatan-wa lá ilá ahlihim yarji'ún

50. E não terão oportunidade de deixar testamento, nem de voltar aos seus.

وَنُفِخَ فِى ٱلصُّورِ فَإِذَا هُم مِّنَ ٱلْأَجْدَاثِ إِلَىٰ رَبِّهِمْ يَنسِلُونَ ﴿٥١﴾

51. Wa nufikha fis-súri fa'izá hum minal ajdáci ilá Rabbihim yansilún

51. E a trombeta será soada, e ei-los que sairão dos seus sepulcros e se apressarão para o seu Senhor.

قَالُوا۟ يَـٰوَيْلَنَا مَنۢ بَعَثَنَا مِن مَّرْقَدِنَا ۜ ۗ هَـٰذَا مَا وَعَدَ ٱلرَّحْمَـٰنُ وَصَدَقَ
ٱلْمُرْسَلُونَ ﴿٥٢﴾

52. Qálú yá wailaná mam ba'açaná mim marqadiná; háza má wa'adar Rahmanu wa sadaqal mursalún

52. Dirão: Ai de nós! Quem nos despertou do nosso repouso? (Ser-lhes-á respondido): Isto foi o que prometeu o Clemente, e os mensageiros disseram a verdade.

إِن كَانَتْ إِلَّا صَيْحَةً وَٰحِدَةً فَإِذَا هُمْ جَمِيعٌ لَّدَيْنَا مُحْضَرُونَ ﴿٥٣﴾

53. In kánat illá saihatan wáhidatan fa-izá hum jamí'un ladainá muhdharún

53. Bastará um só toque (de trombeta), e eis que todos comparecerão ante Nós!

فَٱلْيَوْمَ لَا تُظْلَمُ نَفْسٌ شَيْـًٔا وَلَا تُجْزَوْنَ إِلَّا مَا كُنتُمْ تَعْمَلُونَ ﴿٥٤﴾

54. Fal-Yauma lá tuzlamu nafsun chai'an-wa lá tujzauna illá má kuntum ta'malún

54. Hoje nenhuma alma será defraudada, nem sereis retribuídos, senão pelo que houverdes feito.

إِنَّ أَصْحَـٰبَ ٱلْجَنَّةِ ٱلْيَوْمَ فِى شُغُلٍ فَـٰكِهُونَ ﴿٥٥﴾

55. Inna Asshábal jannatil Yauma fí chughulin fákihún

55. Em verdade, hoje os diletos do Paraíso estarão em júbilo,

هُمْ وَأَزْوَٰجُهُمْ فِى ظِلَـٰلٍ عَلَى ٱلْأَرَآئِكِ مُتَّكِـُٔونَ ﴿٥٦﴾

56. Hum wa azwájuhum fí zilálin 'alal ará'iki muttaki'ún

56. Com seus consortes, estarão à sombra, acomodados sobre almofadas.

لَهُمْ فِيهَا فَـٰكِهَةٌ وَلَهُم مَّا يَدَّعُونَ ﴿٥٧﴾

57. Lahum fíhá fákihatun wa lahum má yadda'ún

57. Aí terão frutos e tudo quanto pedirem.

سَلَـٰمٌ قَوْلًا مِّن رَّبٍّ رَّحِيمٍ ﴿٥٨﴾

58. Salámun qaulam mir Rabbir Raẖím

58. Paz! Eis como serão saudados por um Senhor Misericordioso.

سُورَةُ يسٓ

Surat Yá Sin

وَٱمۡتَٰزُواْ ٱلۡيَوۡمَ أَيُّهَا ٱلۡمُجۡرِمُونَ ﴿٥٩﴾

59. Wamtázul Yauma ayyuhal mujrimún

59. E vós, ó pecadores, afastai-vos, agora, dos crentes!

۞ أَلَمۡ أَعۡهَدۡ إِلَيۡكُمۡ يَٰبَنِيٓ ءَادَمَ أَن لَّا تَعۡبُدُواْ ٱلشَّيۡطَٰنَۖ إِنَّهُۥ لَكُمۡ عَدُوّٞ مُّبِينٞ ﴿٦٠﴾

60. Alam a'had ilaikum yá Baní Ádama al-lá ta'buduch Chaitána innahú lakum 'aduwwum mubín

60. Porventura não vos prescrevi, ó filhos de Adão, que não adorásseis Satanás, porque é vosso inimigo declarado?

وَأَنِ ٱعۡبُدُونِيۚ هَٰذَا صِرَٰطٞ مُّسۡتَقِيمٞ ﴿٦١﴾

61. Wa ani'budúní; házá Sirátum Mustaquim

61. E que Me adorásseis, porque esta é a senda reta?

وَلَقَدۡ أَضَلَّ مِنكُمۡ جِبِلّٗا كَثِيرًاۖ أَفَلَمۡ تَكُونُواْ تَعۡقِلُونَ ﴿٦٢﴾

62. Wa laqad adalla minkum jibillan kasírá; afalam takúnú ta'quilún

62. Não obstante, ele desviou muita gente, dentre vós. Por que não raciocinastes?

هَٰذِهِۦ جَهَنَّمُ ٱلَّتِي كُنتُمۡ تُوعَدُونَ ﴿٦٣﴾

63. Házihí Jahannamul latí kuntum tú'adún

63. Eis aí o inferno, que vos foi prometido!

ٱصۡلَوۡهَا ٱلۡيَوۡمَ بِمَا كُنتُمۡ تَكۡفُرُونَ ﴿٦٤﴾

64. Islauhal Yauma bimá kuntum takfurún

64. Entrai nele e sofrei hoje, por vossa descrença.

ٱلۡيَوۡمَ نَخۡتِمُ عَلَىٰٓ أَفۡوَٰهِهِمۡ وَتُكَلِّمُنَآ أَيۡدِيهِمۡ وَتَشۡهَدُ أَرۡجُلُهُم بِمَا كَانُواْ يَكۡسِبُونَ ﴿٦٥﴾

65. Al-Yauma nakhtimu 'alá afwáhihim wa tukallimuná aidíhim wa tachhadu arjuluhum bimá kánú yaksibún

65. Neste dia, selaremos as suas bocas; porém, as suas mãos Nos falarão, e os seus pés confessarão tudo quanto tiverem cometido.

وَلَوۡ نَشَآءُ لَطَمَسۡنَا عَلَىٰٓ أَعۡيُنِهِمۡ فَٱسۡتَبَقُواْ ٱلصِّرَٰطَ فَأَنَّىٰ يُبۡصِرُونَ ﴿٦٦﴾

66. Wa lau nachá'u latamasna 'alá a'iyunihim fastabaqus-siráta fa-anná yubsirún

66. E, se quiséssemos, ter-lhes-íamos cegado os olhos; lançar-se-iam, então, precipitadamente à procura da senda. Porém, como a veriam?

وَلَوْ نَشَآءُ لَمَسَخْنَٰهُمْ عَلَىٰ مَكَانَتِهِمْ فَمَا ٱسْتَطَٰعُوا۟ مُضِيًّا وَلَا
يَرْجِعُونَ ﴿٦٧﴾

67. Wa lau nachá'u lamasakhnáhum 'alá makánatihim famas-tatá'ú mudhiyyan walá yarji'ún

67. E se quiséssemos, tê-los-íamos transfigurado em seus lares e não poderiam avançar, nem retroceder.

وَمَن نُّعَمِّرْهُ نُنَكِّسْهُ فِى ٱلْخَلْقِ ۖ أَفَلَا يَعْقِلُونَ ﴿٦٨﴾

68. Wa man nu 'ammirhu nunakkishu fil-khalq; afalá ya'quilún

68. E a quem concedemos vida longa, revertemos à natureza: não o compreendem?

وَمَا عَلَّمْنَٰهُ ٱلشِّعْرَ وَمَا يَنۢبَغِى لَهُۥٓ ۚ إِنْ هُوَ إِلَّا ذِكْرٌ وَقُرْءَانٌ مُّبِينٌ ﴿٦٩﴾

69. Wa má 'allamnáhuch chi'ra wa má yambaghí lah; in huwa illá zikrun wa Qur-ánum mubín

69. E não o instruímos na poesia, porque não é própria dele. O que lhe revelamos não é senão uma Mensagem e um Alcorão esclarecedor,

لِّيُنذِرَ مَن كَانَ حَيًّا وَيَحِقَّ ٱلْقَوْلُ عَلَى ٱلْكَٰفِرِينَ ﴿٧٠﴾

70. Liyunzira man kána haiyan a yahiqqal qaulu 'alal-káfirín

70. Para admoestar quem estiver vivo, e para que a obrigação seja testada contra os incrédulos.

أَوَلَمْ يَرَوْا۟ أَنَّا خَلَقْنَا لَهُم مِّمَّا عَمِلَتْ أَيْدِينَآ أَنْعَٰمًا فَهُمْ لَهَا مَٰلِكُونَ ﴿٧١﴾

71. Awalam yarau anná khalaqná lahum mimmá 'amilat aidíná an'áman fahum lahá málikún

71. Porventura, não reparam em que entre o que Nossas Mãos fizeram (entre outras coisas) está o gado, de que estão de posse?

وَذَلَّلْنَٰهَا لَهُمْ فَمِنْهَا رَكُوبُهُمْ وَمِنْهَا يَأْكُلُونَ ﴿٧٢﴾

72. Wazallalnáhá lahum famin-há rakúbuhum wa min-há ya'kulún

72. E os submetemos a eles (para seu uso)? Entre eles, há os que lhes servem de montarias e outros de alimento.

وَلَهُمۡ فِيهَا مَنَٰفِعُ وَمَشَارِبُۚ أَفَلَا يَشۡكُرُونَ ٧٣

73. Wa lahum fíhá manáfi'u wa machárib; afalá yachkurún

73. E deles obtêm proveitos (outros) e bebidas (leite). Por que, então, não agradecem?

وَٱتَّخَذُواْ مِن دُونِ ٱللَّهِ ءَالِهَةٗ لَّعَلَّهُمۡ يُنصَرُونَ ٧٤

74. Wattakhazú min dúnil láhi álihatal la'allahum yunsarún

74. Todavia, adoram outras divindades, em vez de Deus, a fim de que os socorram!

لَا يَسۡتَطِيعُونَ نَصۡرَهُمۡ وَهُمۡ لَهُمۡ جُندٞ مُّحۡضَرُونَ ٧٥

75. Lá yastatí'úna nasrahum wa hum lahum jundum muhdharún

75. Porém, não podem socorrê-los; outrossim, são eles que serão trazidos como legiões.

فَلَا يَحۡزُنكَ قَوۡلُهُمۡۘ إِنَّا نَعۡلَمُ مَا يُسِرُّونَ وَمَا يُعۡلِنُونَ ٧٦

76. Falá yahzunka qauluhum; inná na'lamu má yusirrúna wa má yu'linún

76. Que seus dizeres não te angustiem (ó Mohammad), porque conhecemos tanto o que ocultam, como o que manifestam.

أَوَلَمۡ يَرَ ٱلۡإِنسَٰنُ أَنَّا خَلَقۡنَٰهُ مِن نُّطۡفَةٖ فَإِذَا هُوَ خَصِيمٞ مُّبِينٞ ٧٧

77. Awalam yaral insánu anná khalaqnáhu min nutfatin fa-izá huwa khasímum mubín

77. Acaso, não sabe o homem que o temos criado de uma gota de esperma? Contudo, ei-lo um oponente declarado!

وَضَرَبَ لَنَا مَثَلٗا وَنَسِيَ خَلۡقَهُۥۖ قَالَ مَن يُحۡيِ ٱلۡعِظَٰمَ وَهِيَ رَمِيمٞ ٧٨

78. Wa dharaba laná maçlan wa nasiya khalqah qála mai-yuhyil'izáma wa hiya ramím

78. E Nos propõe comparações e esquece a sua própria criação, dizendo: Quem poderá reviver os ossos, quando já estiverem decompostos?

قُلۡ يُحۡيِيهَا ٱلَّذِيٓ أَنشَأَهَآ أَوَّلَ مَرَّةٖۖ وَهُوَ بِكُلِّ خَلۡقٍ عَلِيمٌ ٧٩

79. Qul yuh yíhal lazí ancha'ahá auwala marrah; wa Huwa bikulli khalquin 'Alím

79. Dize: Revivê-los-á Quem os criou da primeira vez, porque é Conhecedor de todas as criações.

ٱلَّذِى جَعَلَ لَكُم مِّنَ ٱلشَّجَرِ ٱلْأَخْضَرِ نَارًا فَإِذَآ أَنتُم مِّنْهُ تُوقِدُونَ ﴿٨٠﴾

80. Allazí ja'ala lakum minach chajaril akhdari náran fa-izá antum minhu túquidún

80. Ele vos propiciou fazerdes fogo de árvores verdes, que vós usais para ascender o fogo.

أَوَلَيْسَ ٱلَّذِى خَلَقَ ٱلسَّمَٰوَٰتِ وَٱلْأَرْضَ بِقَٰدِرٍ عَلَىٰٓ أَن يَخْلُقَ مِثْلَهُم ۚ بَلَىٰ وَهُوَ
ٱلْخَلَّٰقُ ٱلْعَلِيمُ ﴿٨١﴾

81. Awa laisal lazí khalaqas samáwáti walarda biqádirin 'alá ai-yakhluqa miçlahum; balá wa Huwal Khalláqul 'Alím

81. Porventura, Quem criou os Céus e a Terra não será capaz de criar outros seres semelhantes a eles? Sim! Porque Ele é o Criador por excelência, o Onisciente!

إِنَّمَآ أَمْرُهُۥٓ إِذَآ أَرَادَ شَيْـًٔا أَن يَقُولَ لَهُۥ كُن فَيَكُونُ ﴿٨٢﴾

82. Innamá amruhú izá aráda chai'an ai-yaqúla lahú kun fa-yakún

82. Sua ordem, quando quer algo, é tão-somente: Seja!, e é.

فَسُبْحَٰنَ ٱلَّذِى بِيَدِهِۦ مَلَكُوتُ كُلِّ شَىْءٍ وَإِلَيْهِ تُرْجَعُونَ ﴿٨٣﴾

83. Fa Subhánal lazí biyadihí malakútu kulli chai-in wa ilaihi turja'ún

83. Glorificado seja, pois, Aquele em Cujas Mãos está o domínio de todas as coisas, e a Quem retornareis!

سُورَةُ الصَّافَّات

Surat As Sáfat

Surat 37. *As Sáfat* – Os Enfileirados, Revelada em Makka. 182 versículos

بِسْمِ اللَّهِ الرَّحْمَٰنِ الرَّحِيمِ

Bismilláhir Rahmánir Rahím

Em nome de Deus, o Clemente, o Misericordioso

وَالصَّٰٓفَّٰتِ صَفًّا ﴿١﴾

1. Wassáffáti saffá

1. Pelos que ordenadamente se enfileiram,

فَالزَّٰجِرَٰتِ زَجْرًا ﴿٢﴾

2. Fazzájiráti zajrá

2. E depois energicamente expulsam o mal.

فَالتَّٰلِيَٰتِ ذِكْرًا ﴿٣﴾

3. Fattáliyáti Zikra

3. E recitam a mensagem.

إِنَّ إِلَٰهَكُمْ لَوَٰحِدٌ ﴿٤﴾

4. Inna Illáhakum la Wáhid

4. Em verdade, vosso Deus é Único.

رَّبُّ السَّمَٰوَٰتِ وَالْأَرْضِ وَمَا بَيْنَهُمَا وَرَبُّ الْمَشَٰرِقِ ﴿٥﴾

5. Rabbus samáwáti wal ardi wa má bainahumá wa Rabbul machárіq

5. Senhor dos Céus e da Terra e de tudo quanto existe entre ambos, e Senhor dos levantes!

إِنَّا زَيَّنَّا السَّمَاءَ الدُّنْيَا بِزِينَةٍ الْكَوَاكِبِ ﴿٦﴾

6. Inná zaiyannas samá 'addunyá bizínatinil kawákib

6. Em verdade, adornamos o firmamento aparente com o esplendor das estrelas.

وَحِفْظًا مِّن كُلِّ شَيْطَٰنٍ مَّارِدٍ ﴿٧﴾

7. Wa hifzam min kulli Chaitánim márid

7. (Para esplendor) e para proteção, contra todos os demônios rebeldes,

سُورَةُ الصَّافَّات

Surat As Sáfat

لَّا يَسَّمَّعُونَ إِلَى ٱلْمَلَإِ ٱلْأَعْلَىٰ وَيُقْذَفُونَ مِن كُلِّ جَانِبٍ ﴿٨﴾

8. Lá yassamma 'úna ilal mala 'il a'alá wa yuqzafúna min kulli jánib

8. Para que não possam ouvir a assembleia angelical, pois serão atacados, por todos os lados,

دُحُورًا ۖ وَلَهُمْ عَذَابٌ وَاصِبٌ ﴿٩﴾

9. Duhúran wa lahum 'azábunw wásib

9. Como repulsa, e terão um sofrimento permanente.

إِلَّا مَنْ خَطِفَ ٱلْخَطْفَةَ فَأَتْبَعَهُۥ شِهَابٌ ثَاقِبٌ ﴿١٠﴾

10. Illá man khatifal khatfata fa atba'ahú chihábun çáquib

10. Assim, quem arrebatar algo, furtivamente, será perseguido por um meteoro flamejante.

فَٱسْتَفْتِهِمْ أَهُمْ أَشَدُّ خَلْقًا أَم مَّنْ خَلَقْنَآ ۚ إِنَّا خَلَقْنَٰهُم مِّن طِينٍ لَّازِبٍ ﴿١١﴾

11. Fastaftihim ahum achaddu khalqan am man khalaqná; inná khalaqnáhum min tínil lázib

11. Pergunta-lhes se são, acaso, de mais difícil criação do que os (outros) seres que temos criado. Criamo-los do barro argiloso.

بَلْ عَجِبْتَ وَيَسْخَرُونَ ﴿١٢﴾

12. Bal 'ajibta wa yaskharún

12. Porém, assombras-te, porque te escarnecem.

وَإِذَا ذُكِّرُوا۟ لَا يَذْكُرُونَ ﴿١٣﴾

13. Wa izá zukkirú lá yazkurún

13. E quando são exortados, não prestam atenção.

وَإِذَا رَأَوْا۟ ءَايَةً يَسْتَسْخِرُونَ ﴿١٤﴾

14. Wa izá ra au Áyatany yastaskhirún

14. E quando veem algum sinal, zombam.

وَقَالُوٓا۟ إِنْ هَٰذَآ إِلَّا سِحْرٌ مُّبِينٌ ﴿١٥﴾

15. Wa qálú in házá illá sihrum mubín

سُورَةُ الصَّافَّاتِ

Surat As Sáfat

15. E dizem: Isto não é mais do que magia evidente!

أَءِذَا مِتْنَا وَكُنَّا تُرَابًا وَعِظَٰمًا أَءِنَّا لَمَبْعُوثُونَ ﴿١٦﴾

16. 'A-izá mitná wa kunná turában wa 'izáman 'a inná lamab'úçún

16. Acaso, quando morrermos e formos reduzidos a pó e ossos, seremos ressuscitados?

أَوَءَابَآؤُنَا ٱلْأَوَّلُونَ ﴿١٧﴾

17. Awa ábá'unal auwalún

17. E também (o serão) os nossos antepassados?

قُلْ نَعَمْ وَأَنتُمْ دَٰخِرُونَ ﴿١٨﴾

18. Qul na'am wa antum dákhirún

18. Dize-lhes: Sim! E sereis humilhados!

فَإِنَّمَا هِىَ زَجْرَةٌ وَٰحِدَةٌ فَإِذَا هُمْ يَنظُرُونَ ﴿١٩﴾

19. Fa innamá hiya zajra tun wáhidatun fa izá hum yanzurún

19. E para isso bastará um só grito; e ei-los começando a ver!

وَقَالُوا۟ يَٰوَيْلَنَا هَٰذَا يَوْمُ ٱلدِّينِ ﴿٢٠﴾

20. Wa qálú yá wailanáházá Yaumud-Dín

20. Exclamarão: Ai de nós! Este é o Dia do Juízo!

هَٰذَا يَوْمُ ٱلْفَصْلِ ٱلَّذِى كُنتُم بِهِۦ تُكَذِّبُونَ ﴿٢١﴾

21. Házá Yaumul Faslil lazí kuntum bihí tukazibún

21. (Ser-lhes-á dito): Este é o Dia da Discriminação, que negáveis.

۞ ٱحْشُرُوا۟ ٱلَّذِينَ ظَلَمُوا۟ وَأَزْوَٰجَهُمْ وَمَا كَانُوا۟ يَعْبُدُونَ ﴿٢٢﴾

22. ۞Uhchurul lazína zalamú wa azwájahum wa má kánú ya'budún

22. (E será dito aos anjos): Congregai os injustos com suas esposas e tudo quanto adoravam,

مِن دُونِ ٱللَّهِ فَٱهْدُوهُمْ إِلَىٰ صِرَٰطِ ٱلْجَحِيمِ ﴿٢٣﴾

23. Min dúnil láhi fahdúhum ilá sirátil Jahím

23. Em vez de Deus, e conduzi-os até à senda do inferno!

وَقِفُوهُمْ ۖ إِنَّهُم مَّسْـُٔولُونَ ﴿٢٤﴾

سُورَةُ الصَّافَّات

Surat As Sáfat

24. Wa quifúhum innahum mas'úlún
24. E detende-os lá, porque serão interrogados:

مَا لَكُمْ لَا تَنَاصَرُونَ ﴿٢٥﴾

25. Má lakum lá tanásarún
25. Por que não vos socorreis uns aos outros?

بَلْ هُمُ ٱلْيَوْمَ مُسْتَسْلِمُونَ ﴿٢٦﴾

26. Bal humul Yauma mustaslimún
26. Porém, nesse dia, submeter-se-ão (ao juízo)!

وَأَقْبَلَ بَعْضُهُمْ عَلَىٰ بَعْضٍ يَتَسَآءَلُونَ ﴿٢٧﴾

27. Wa aqbala ba'dhuhum 'alá ba'dhin yatasá'alún
27. E começarão a reprovar-se reciprocamente.

قَالُوٓاْ إِنَّكُمْ كُنتُمْ تَأْتُونَنَا عَنِ ٱلْيَمِينِ ﴿٢٨﴾

28. Qálú innakum kuntum tátúnaná 'anil yamín
28. Dirão: Fostes vós que usáveis vir a nós, pelo lado direito?

قَالُواْ بَل لَّمْ تَكُونُواْ مُؤْمِنِينَ ﴿٢٩﴾

29. Qálú bal lam takúnú mu'minín
29. Responder-lhes-ão (seus sedutores): Qual! Não fostes crentes!

وَمَا كَانَ لَنَا عَلَيْكُم مِّن سُلْطَٰنٍۭ بَلْ كُنتُمْ قَوْمًا طَٰغِينَ ﴿٣٠﴾

30. Wa má kána laná 'alaikum min sultánim bal kuntum qauman tághin
30. E não exercemos autoridade alguma sobre vós. Ademais, éreis transgressores.

فَحَقَّ عَلَيْنَا قَوْلُ رَبِّنَآ إِنَّا لَذَآئِقُونَ ﴿٣١﴾

31. Fahaqqa 'alainá qaulu Rabbiná inná lazá'iqún
31. E a palavra de nosso Senhor provou ser verdadeira sobre nós, e provaremos (o castigo).

فَأَغْوَيْنَٰكُمْ إِنَّا كُنَّا غَٰوِينَ ﴿٣٢﴾

32. Fa aghwainákum inná kunná ghawin
32. Seduzimos-vos, então, porque fôramos seduzidos.

سُورَةُ الصَّافَّاتِ

Surat As Sáfat

فَإِنَّهُمْ يَوْمَئِذٍ فِي ٱلْعَذَابِ مُشْتَرِكُونَ ﴿٣٣﴾

33. Fa innahum Yauwma'izin fil'azábi mushtarikún
33. Em verdade, nesse dia, todos compartilharão do tormento.

إِنَّا كَذَٰلِكَ نَفْعَلُ بِٱلْمُجْرِمِينَ ﴿٣٤﴾

34. Inná kazálika naf'alu bil mujrimín
34. Sabei que trataremos assim os pecadores.

إِنَّهُمْ كَانُوٓاْ إِذَا قِيلَ لَهُمْ لَآ إِلَٰهَ إِلَّا ٱللَّهُ يَسْتَكْبِرُونَ ﴿٣٥﴾

35. Innahum kánú izá qíla lahum lá iláha illal láhu yastakbirún
35. Porque quando lhes era dito: Não há mais divindade além de Deus!, ensoberbeciam-se.

وَيَقُولُونَ أَئِنَّا لَتَارِكُوٓاْ ءَالِهَتِنَا لِشَاعِرٍ مَّجْنُونٍ ﴿٣٦﴾

36. Wa yaqúlúna a'inná latárikú álihatiná lichá'irim majnún
36. E diziam: Acaso, temos de abandonar as nossas divindades, por causa de um poeta possesso?

بَلْ جَآءَ بِٱلْحَقِّ وَصَدَّقَ ٱلْمُرْسَلِينَ ﴿٣٧﴾

37. bal já'a bilhaqqui wa saddaqal mursalín
37. Qual! Mas (o Mensageiro) apresentou-lhes a Verdade e confirmou os mensageiros anteriores.

إِنَّكُمْ لَذَآئِقُواْ ٱلْعَذَابِ ٱلْأَلِيمِ ﴿٣٨﴾

38. Innakum lazá'iqul 'azábil alím
38. Certamente sofrereis o doloroso castigo.

وَمَا تُجْزَوْنَ إِلَّا مَا كُنتُمْ تَعْمَلُونَ ﴿٣٩﴾

39. Wa má tujzawna illá má kuntum ta'malún
39. E não sereis castigados, senão pelo que tiverdes feito.

إِلَّا عِبَادَ ٱللَّهِ ٱلْمُخْلَصِينَ ﴿٤٠﴾

40. Illá 'ibádal láhil mukhlasín
40. Salvo os sinceros servos de Deus.

سُورَةُ الصَّافَّات

Surat As Sáfat

أُوْلَٰٓئِكَ لَهُمۡ رِزۡقٞ مَّعۡلُومٞ ﴿٤١﴾

41. Ulá'ika lahum rizqum ma'lúm
41. Estes terão o sustento estipulado;

فَوَٰكِهُۖ وَهُم مُّكۡرَمُونَ ﴿٤٢﴾

42. Fa wákihu wa hum mukramún
42. Os frutos. E serão honrados,

فِي جَنَّٰتِ ٱلنَّعِيمِ ﴿٤٣﴾

43. Fí jannátin Na'ím
43. Nos jardins do prazer,

عَلَىٰ سُرُرٖ مُّتَقَٰبِلِينَ ﴿٤٤﴾

44. 'Alá sururim mutaqábilín
44. Reclinados sobre leitos, mirando-se uns aos outros, de frente.

يُطَافُ عَلَيۡهِم بِكَأۡسٖ مِّن مَّعِينِۭ ﴿٤٥﴾

45. Yutáfu 'alaihim bikásim mim ma'ín
45. Ser-lhes-á servido, em um cálice, um néctar,

بَيۡضَآءَ لَذَّةٖ لِّلشَّٰرِبِينَ ﴿٤٦﴾

46. Baidhá'a laz zatil lich cháribín
46. Cristalino e delicioso, para aqueles que o bebem,

لَا فِيهَا غَوۡلٞ وَلَا هُمۡ عَنۡهَا يُنزَفُونَ ﴿٤٧﴾

47. Lá fíhá ghaulun wa lá hum 'anhá yunzafún
47. O qual não os entorpecerá nem os intoxicará,

وَعِندَهُمۡ قَٰصِرَٰتُ ٱلطَّرۡفِ عِينٞ ﴿٤٨﴾

48. Wa 'indahum qásirátut tarfi 'ín
48. E junto a eles haverá mulheres castas, restringindo os olhares, com grandes olhos,

كَأَنَّهُنَّ بَيۡضٞ مَّكۡنُونٞ ﴿٤٩﴾

سُورَةُ الصَّافَّاتِ
Surat As Sáfat

49. Ka annahunna baidhum maknún
49. Como se fossem ovos zelosamente guardados.

فَأَقْبَلَ بَعْضُهُمْ عَلَىٰ بَعْضٍ يَتَسَآءَلُونَ ﴿٥٠﴾

50. Fa aqbala ba'dhuhum 'alá badhin yatasá'alún
50. E começarão a interrogar-se reciprocamente.

قَالَ قَآئِلٌ مِّنْهُمْ إِنِّي كَانَ لِي قَرِينٌ ﴿٥١﴾

51. Qála qá'ilum min-hum inní kána lí qarín
51. Um deles dirá: Eu tinha um companheiro (na terra),

يَقُولُ أَءِنَّكَ لَمِنَ ٱلْمُصَدِّقِينَ ﴿٥٢﴾

52. Yaqúlu 'a innaka laminal musaddiquín
52. Que perguntava: És realmente dos que creem (na ressurreição)?

أَءِذَا مِتْنَا وَكُنَّا تُرَابًا وَعِظَٰمًا أَءِنَّا لَمَدِينُونَ ﴿٥٣﴾

53. 'A-izá mitná wa kunná turában wa 'izáman 'a inná lamadínún
53. Quando morrermos e formos reduzidos a pó e ossos, seremos, acaso, julgados?

قَالَ هَلْ أَنتُم مُّطَّلِعُونَ ﴿٥٤﴾

54. Qála hal antum muttali'ún
54. (Ser-lhes-á) dito: Quereis observar?

فَٱطَّلَعَ فَرَءَاهُ فِي سَوَآءِ ٱلْجَحِيمِ ﴿٥٥﴾

55. Fattala'a fara áhu fi sawá'il Jahím
55. E olhará, e o verá no seio do inferno.

قَالَ تَٱللَّهِ إِن كِدتَّ لَتُرْدِينِ ﴿٥٦﴾

56. Qála talláhi in kitta laturdín
56. Dir-lhe-á então: Por Deus, que estiveste a ponto de seduzir-me!

وَلَوْلَا نِعْمَةُ رَبِّي لَكُنتُ مِنَ ٱلْمُحْضَرِينَ ﴿٥٧﴾

57. Wa laulá ni'matu Rabbí lakuntu minal muhdharín
57. E se não fosse pela graça do meu Senhor, contar-me-ia, agora, entre os levados (para lá)!

سُورَةُ الصَّافَّات

Surat As Sáfat

أَفَمَا نَحْنُ بِمَيِّتِينَ ﴿٥٨﴾

58. Afamá nahnu bimaiyitín
58. Não é, acaso, certo que não morreremos,

إِلَّا مَوْتَتَنَا ٱلْأُولَىٰ وَمَا نَحْنُ بِمُعَذَّبِينَ ﴿٥٩﴾

59. Illa mautatanal úla wa má nahnu bimu'azzabín
59. A não ser a primeira vez, e que jamais seremos castigados?

إِنَّ هَٰذَا لَهُوَ ٱلْفَوْزُ ٱلْعَظِيمُ ﴿٦٠﴾

60. Inna házá lahuwal fawzul 'azím
60. Em verdade, esta é a magnífica aquisição!

لِمِثْلِ هَٰذَا فَلْيَعْمَلِ ٱلْعَٰمِلُونَ ﴿٦١﴾

61. Limiçli háza falya'malil 'ámilún
61. Que trabalhem para isso, os que aspiram lográ-la!

أَذَٰلِكَ خَيْرٌ نُّزُلًا أَمْ شَجَرَةُ ٱلزَّقُّومِ ﴿٦٢﴾

62. Azálika khairun nuzulan am chajaratuz Zaqqúm
62. É esta a melhor bênção, esta ou a da árvore do zacum?

إِنَّا جَعَلْنَٰهَا فِتْنَةً لِّلظَّٰلِمِينَ ﴿٦٣﴾

63. Inná ja'alnáhá fitnatal lizzálimín
63. Sabei que a estabelecemos como prova para os injustos.

إِنَّهَا شَجَرَةٌ تَخْرُجُ فِىٓ أَصْلِ ٱلْجَحِيمِ ﴿٦٤﴾

64. Innahá chajaratun takhruju fí aslil Jahím
64. Em verdade, é uma árvore que cresce no fundo do inferno.

طَلْعُهَا كَأَنَّهُۥ رُءُوسُ ٱلشَّيَٰطِينِ ﴿٦٥﴾

65. Tal'uhá ka annahú ru'úsuch Chayátín
65. Seus ramos frutíferos parecem cabeças de demônios,

فَإِنَّهُمْ لَءَاكِلُونَ مِنْهَا فَمَالِـُٔونَ مِنْهَا ٱلْبُطُونَ ﴿٦٦﴾

66. Fa innahum la ákilúna minhá famáli'úna minhal butún

سُورَةُ الصَّافَّاتِ

Surat As Sáfat

66. Que os réprobos comerão, e com eles fartarão as suas barrigas.

ثُمَّ إِنَّ لَهُمْ عَلَيْهَا لَشَوْبًا مِّنْ حَمِيمٍ ﴿٦٧﴾

67. Çumma inna lahum 'alaihá lachaubam min hamím

67. Então, ser-lhes-á dada (a beber) uma mistura de água fervente.

ثُمَّ إِنَّ مَرْجِعَهُمْ لَإِلَى الْجَحِيمِ ﴿٦٨﴾

68. Çumma inna marji'ahum la ilal Jahím

68. E depois retornarão ao inferno,

إِنَّهُمْ أَلْفَوْا آبَاءَهُمْ ضَالِّينَ ﴿٦٩﴾

69. Innahum alfau ábá'ahum dhállín

69. Porque acharam seus pais extraviados,

فَهُمْ عَلَىٰ آثَارِهِمْ يُهْرَعُونَ ﴿٧٠﴾

70. Fahum 'alá áçárihim yuhra'ún

70. E se apressaram em lhes seguirem os rastros.

وَلَقَدْ ضَلَّ قَبْلَهُمْ أَكْثَرُ الْأَوَّلِينَ ﴿٧١﴾

71. Wa laqad dhalla qablahum akçarul auwalín

71. Já, antes disso, a maioria dos primitivos se havia extraviado,

وَلَقَدْ أَرْسَلْنَا فِيهِم مُّنذِرِينَ ﴿٧٢﴾

72. Wa laqad arsalná fíhim munzirín

72. Não obstante, termos-lhes enviado admoestadores.

فَانظُرْ كَيْفَ كَانَ عَاقِبَةُ الْمُنذَرِينَ ﴿٧٣﴾

73. Fanzur kaifa kána 'áquibatul munzarín

73. Observa, pois, qual foi a sorte dos admoestados.

إِلَّا عِبَادَ اللَّهِ الْمُخْلَصِينَ ﴿٧٤﴾

74. Illá 'ibádal láhil mukhlasín

74. Exceto a dos sinceros servos de Deus.

وَلَقَدْ نَادَانَا نُوحٌ فَلَنِعْمَ الْمُجِيبُونَ ﴿٧٥﴾

سُورَةُ الصَّافَّاتِ

Surat As Sáfat

75. Wa laqad nádáná Núhun falani'mal mujibún
75. Noé Nos havia suplicado! E somos o melhor para ouvir as súplicas.

وَنَجَّيْنَـٰهُ وَأَهْلَهُۥ مِنَ ٱلْكَرْبِ ٱلْعَظِيمِ ﴿٧٦﴾

76. Wa najjainâhu wa ahlahú minal karbil 'azím
76. E o salvamos, juntamente com a sua família, da grande calamidade.

وَجَعَلْنَا ذُرِّيَّتَهُۥ هُمُ ٱلْبَاقِينَ ﴿٧٧﴾

77. Wa ja'alná zurriyyatahú hummul báquín
77. E fizemos sobreviver a sua prole.

وَتَرَكْنَا عَلَيْهِ فِى ٱلْـَٔاخِرِينَ ﴿٧٨﴾

78. Wa tarakná 'alaihi fil ákhirín
78. E o fizemos passar para a posteridade.

سَلَـٰمٌ عَلَىٰ نُوحٍ فِى ٱلْعَـٰلَمِينَ ﴿٧٩﴾

79. Salámun 'alá Núhin fil 'álamín
79. Que a paz esteja com Noé, entre todas as criaturas!

إِنَّا كَذَٰلِكَ نَجْزِى ٱلْمُحْسِنِينَ ﴿٨٠﴾

80. Inná kazálika najzil muhsinín
80. Em verdade, assim recompensamos os benfeitores,

إِنَّهُۥ مِنْ عِبَادِنَا ٱلْمُؤْمِنِينَ ﴿٨١﴾

81. Innahú min 'ibádinal mu'minín
81. Pois ele era um dos Nossos servos crentes.

ثُمَّ أَغْرَقْنَا ٱلْـَٔاخَرِينَ ﴿٨٢﴾

82. Çumma aghraqnal ákharín
82. Logo, afogamos os demais.

۞ وَإِنَّ مِن شِيعَتِهِۦ لَإِبْرَٰهِيمَ ﴿٨٣﴾

83. ۞ Wa inna min shi'atihí la Ibráhím
83. Sabei que entre aqueles que seguiram o seu exemplo estava Abraão,

إِذْ جَآءَ رَبَّهُۥ بِقَلْبٍ سَلِيمٍ ﴿٨٤﴾

سُورَةُ الصَّافَّات

Surat As Sáfat

84. Iz já'a Rabbahú bi qalbin salím
84. Que se consagrou ao seu Senhor, de coração sincero.

إِذْ قَالَ لِأَبِيهِ وَقَوْمِهِۦ مَاذَا تَعْبُدُونَ ﴿٨٥﴾

85. Iz qála li abíhi wa qawmihí mázá ta'budún
85. E disse ao seu pai e ao seu povo: Que é isso que adorais?

أَئِفْكًا ءَالِهَةً دُونَ ٱللَّهِ تُرِيدُونَ ﴿٨٦﴾

86. A'ifkan álihatan dúnal láhi turídún
86. Preferis as falsas divindades, em vez de Deus?

فَمَا ظَنُّكُم بِرَبِّ ٱلْعَالَمِينَ ﴿٨٧﴾

87. Famá zannukum bi Rabbil'álamín
87. Que pensais do Senhor do Universo?

فَنَظَرَ نَظْرَةً فِى ٱلنُّجُومِ ﴿٨٨﴾

88. Fanazara nazratan finnujúm
88. E elevou seu olhar às estrelas,

فَقَالَ إِنِّى سَقِيمٌ ﴿٨٩﴾

89. Faqála inní saquím
89. Dizendo: Em verdade, sinto-me enfermo!

فَتَوَلَّوْا عَنْهُ مُدْبِرِينَ ﴿٩٠﴾

90. Fatawallau 'anhu mudbirín
90. Então eles se afastaram dele.

فَرَاغَ إِلَىٰٓ ءَالِهَتِهِمْ فَقَالَ أَلَا تَأْكُلُونَ ﴿٩١﴾

91. Farágha ilá álihatihim faqála alá tákulún
91. Ele virou-se para os ídolos deles e lhes perguntou: Não comeis (do que vos foi oferecido)?

مَا لَكُمْ لَا تَنطِقُونَ ﴿٩٢﴾

92. Má lakum lá tantiqún
92. Por que não falais?

سُورَةُ الصَّافَّاتِ
Surat As Sáfat

فَرَاغَ عَلَيۡهِمۡ ضَرۡبَۢا بِٱلۡيَمِينِ ﴿٩٣﴾

93. Farágha 'alaihim dharbam bilyamín
93. E pôs-se a destruí-los com a mão direita.

فَأَقۡبَلُوٓاْ إِلَيۡهِ يَزِفُّونَ ﴿٩٤﴾

94. Fa aqbalú ilaihi yaziffún
94. E (os idólatras) regressaram, apressados, junto a ele.

قَالَ أَتَعۡبُدُونَ مَا تَنۡحِتُونَ ﴿٩٥﴾

95. Qála ata'budúna má tanhitún
95. Disse-lhes: Adorais o que esculpis,

وَٱللَّهُ خَلَقَكُمۡ وَمَا تَعۡمَلُونَ ﴿٩٦﴾

96. Walláhu khalaqakum wa má ta'malún
96. Apesar de Deus vos ter criado, bem como o que elaborais?

قَالُواْ ٱبۡنُواْ لَهُۥ بُنۡيَٰنٗا فَأَلۡقُوهُ فِي ٱلۡجَحِيمِ ﴿٩٧﴾

97. Qálu bnú lahú bunyánan fa alqúhu fil jahím
97. Disseram: Preparai para ele uma fogueira e arrojai-o no fogo!

فَأَرَادُواْ بِهِۦ كَيۡدٗا فَجَعَلۡنَٰهُمُ ٱلۡأَسۡفَلِينَ ﴿٩٨﴾

98. Fa arádú bihí kaidan faja 'alnáhumul asfalín
98. E intentaram conspirar contra ele; porém, fizemo-los os mais humilhados.

وَقَالَ إِنِّي ذَاهِبٌ إِلَىٰ رَبِّي سَيَهۡدِينِ ﴿٩٩﴾

99. Wa qála inní záhibun ilá Rabbí sayahdín
99. E disse (Abraão): Vou para o meu Senhor, Que me encaminhará.

رَبِّ هَبۡ لِي مِنَ ٱلصَّٰلِحِينَ ﴿١٠٠﴾

100. Rabbi hab lí minas sálihín
100. Ó Senhor meu, agracia-me com um filho que figure entre os virtuosos!

فَبَشَّرۡنَٰهُ بِغُلَٰمٍ حَلِيمٖ ﴿١٠١﴾

101. Fabashsharnáhu bighulámin Halím

سُورَةُ الصَّافَّاتِ

Surat As Sáfat

101. E lhe anunciamos o nascimento de uma criança (que seria) dócil.

فَلَمَّا بَلَغَ مَعَهُ ٱلسَّعۡيَ قَالَ يَٰبُنَيَّ إِنِّيٓ أَرَىٰ فِي ٱلۡمَنَامِ أَنِّيٓ أَذۡبَحُكَ فَٱنظُرۡ مَاذَا
تَرَىٰۚ قَالَ يَٰٓأَبَتِ ٱفۡعَلۡ مَا تُؤۡمَرُۖ سَتَجِدُنِيٓ إِن شَآءَ ٱللَّهُ مِنَ ٱلصَّٰبِرِينَ ١٠٢

102. Falamma balagha ma'a hus sa'ya qála yá buniya inní ará fil manámi anní azbahuka fanzur mázá tará; qála yá abatif 'al má tu'maru satajiduní in shá'alláhu minas sábirín

102. E quando (a criança) chegou à adolescência, seu pai lhe disse: Ó filho meu, sonhei que te oferecia em sacrifício; que opinas? Respondeu-lhe: Ó meu pai, faze o que te foi ordenado! Encontrar-me-ás, se Deus quiser, entre os perseverantes!

فَلَمَّآ أَسۡلَمَا وَتَلَّهُۥ لِلۡجَبِينِ ١٠٣

103. Falammá aslamá wa tallahú liljabín

103. E quando ambos aceitaram o desígnio (de Deus) e (Abraão) preparava (seu filho) para o sacrifício,

وَنَٰدَيۡنَٰهُ أَن يَٰٓإِبۡرَٰهِيمُ ١٠٤

104. Wa nádainá hu ai yáa Ibrahím

104. Então o chamamos: Ó Abraão,

قَدۡ صَدَّقۡتَ ٱلرُّءۡيَآۚ إِنَّا كَذَٰلِكَ نَجۡزِي ٱلۡمُحۡسِنِينَ ١٠٥

105. Qad saddaqtar ru'yá; inná kazálika najzil muhsinín

105. Já realizaste a visão! Em verdade, assim recompensamos os benfeitores.

إِنَّ هَٰذَا لَهُوَ ٱلۡبَلَٰٓؤُاْ ٱلۡمُبِينُ ١٠٦

106. Inna házá lahuwal balá'ul Mubín

106. Certamente que esta foi a verdadeira prova.

وَفَدَيۡنَٰهُ بِذِبۡحٍ عَظِيمٖ ١٠٧

107. Wa fadainá hu bizibhin 'azím

107. E o resgatamos com outro sacrifício importante.

وَتَرَكۡنَا عَلَيۡهِ فِي ٱلۡأٓخِرِينَ ١٠٨

108. Wa taraknà 'alaihi fil ákhirín

108. E o fizemos (Abraão) passar para a posteridade.

سَلَٰمٌ عَلَىٰٓ إِبۡرَٰهِيمَ ١٠٩

109. Salámun 'alá Ibráhím
109. Que a paz esteja com Abraão –

كَذَٰلِكَ نَجۡزِي ٱلۡمُحۡسِنِينَ ١١٠

110. Kazálika najzil muhsinín
110. Assim, recompensamos os benfeitores –,

إِنَّهُۥ مِنۡ عِبَادِنَا ٱلۡمُؤۡمِنِينَ ١١١

111. Innahú min 'ibádinal mu'minín
111. Porque foi um dos Nossos servos crentes.

وَبَشَّرۡنَٰهُ بِإِسۡحَٰقَ نَبِيّٗا مِّنَ ٱلصَّٰلِحِينَ ١١٢

112. Wa bachcharnáhu bi Isháqa Nabiyam minas sálihín
112. E lhe anunciamos, ainda, (a vinda de) Isaac, o qual seria um profeta, entre os virtuosos.

وَبَٰرَكۡنَا عَلَيۡهِ وَعَلَىٰٓ إِسۡحَٰقَۚ وَمِن ذُرِّيَّتِهِمَا مُحۡسِنٞ وَظَالِمٞ لِّنَفۡسِهِۦ مُبِينٞ ١١٣

113. Wa bárakná 'alaihi wa 'alá Isháq; wa min zurriyyatihimá muhsinun wa zálimul linafsihí Mubín
113. E os abençoamos, a ele e a Isaac. Mas entre os seus descendentes há benfeitores, e outros que são verdadeiros injustos para consigo mesmos.

وَلَقَدۡ مَنَنَّا عَلَىٰ مُوسَىٰ وَهَٰرُونَ ١١٤

114. Wa laqad mananna alá Mussá wa Hárún
114. E agraciamos Moisés e Aarão.

وَنَجَّيۡنَٰهُمَا وَقَوۡمَهُمَا مِنَ ٱلۡكَرۡبِ ٱلۡعَظِيمِ ١١٥

115. Wa najjainháhumá wa qawmahumá minal karbil 'azím
115. E salvamos ambos, juntamente com seu povo, da grande calamidade.

وَنَصَرۡنَٰهُمۡ فَكَانُواْ هُمُ ٱلۡغَٰلِبِينَ ١١٦

116. Wa nasarnáhum fakánú humul ghálibín

سُورَةُ الصَّافَّات

Surat As Sáfat

116. E os secundamos (contra os egípcios), e saíram vitoriosos.

وَءَاتَيْنَٰهُمَا ٱلْكِتَٰبَ ٱلْمُسْتَبِينَ ﴿١١٧﴾

117. Wa átainàhumal Kitábal mustabín
117. E concedemos a ambos o Livro esclarecedor.

وَهَدَيْنَٰهُمَا ٱلصِّرَٰطَ ٱلْمُسْتَقِيمَ ﴿١١٨﴾

118. Wa hadainàhumus Sirátal Mustaquím
118. E os guiamos à senda reta.

وَتَرَكْنَا عَلَيْهِمَا فِى ٱلْءَاخِرِينَ ﴿١١٩﴾

119. Wa taraknà 'alaihimá fil ákhirín
119. E os fizemos passar para a posteridade.

سَلَٰمٌ عَلَىٰ مُوسَىٰ وَهَٰرُونَ ﴿١٢٠﴾

120. Salámun 'alá Mussá wa Hárún
120. Que a paz esteja com Moisés e Aarão!

إِنَّا كَذَٰلِكَ نَجْزِى ٱلْمُحْسِنِينَ ﴿١٢١﴾

121. Inná kazálika najzil muhsinín
121. Em verdade, assim recompensamos os benfeitores.

إِنَّهُمَا مِنْ عِبَادِنَا ٱلْمُؤْمِنِينَ ﴿١٢٢﴾

122. Innahumá min 'ibádinal mu'minín
122. E ambos se contavam entre os Nossos servos crentes.

وَإِنَّ إِلْيَاسَ لَمِنَ ٱلْمُرْسَلِينَ ﴿١٢٣﴾

123. Wa inna Ilyása laminal mursalín
123. E também Elias foi um dos mensageiros.

إِذْ قَالَ لِقَوْمِهِۦٓ أَلَا تَتَّقُونَ ﴿١٢٤﴾

124. Iz qála liqawmihí alá tattaqún
124. Vê que ele disse ao seu povo: Não temeis a Deus?

أَتَدْعُونَ بَعْلًا وَتَذَرُونَ أَحْسَنَ ٱلْخَٰلِقِينَ ﴿١٢٥﴾

سُورَةُ الصَّافَّاتِ

Surat As Sáfat

125. Atad'úna Ba'lanw wa tazarúna ahsanal kháliquín
125. Invocais Baal e abandonais o Melhor dos criadores,

ٱللَّهَ رَبَّكُمْ وَرَبَّ ءَابَآئِكُمُ ٱلْأَوَّلِينَ ١٢٦

126. Alláha Rabbakum wa Rabba ábá'ikumul auwalín
126. Deus, vosso Senhor e Senhor dos vossos antepassados?

فَكَذَّبُوهُ فَإِنَّهُمْ لَمُحْضَرُونَ ١٢٧

127. Fakazzabúhu fa inna hum lamuhdarún
127. E o desmentiram; porém, sem dúvida que comparecerão (para o castigo),

إِلَّا عِبَادَ ٱللَّهِ ٱلْمُخْلَصِينَ ١٢٨

128. Illá 'ibádal láhil mukhlasín
128. Salvo os servos sinceros de Deus.

وَتَرَكْنَا عَلَيْهِ فِى ٱلْـَٔاخِرِينَ ١٢٩

129. Wa taraknā 'alaihi fil ákhirín
129. E o fizemos passar para a posteridade.

سَلَٰمٌ عَلَىٰٓ إِلْ يَاسِينَ ١٣٠

130. Salámun 'alá Ilyásín
130. Que a paz esteja com Elias!

إِنَّا كَذَٰلِكَ نَجْزِى ٱلْمُحْسِنِينَ ١٣١

131. Inná kazálika najzil muhsinín
131. Em verdade, assim recompensamos os benfeitores.

إِنَّهُۥ مِنْ عِبَادِنَا ٱلْمُؤْمِنِينَ ١٣٢

132. Innahú min 'ibádinal mu'minín
132. E ele foi um dos Nossos servos crentes.

وَإِنَّ لُوطًا لَّمِنَ ٱلْمُرْسَلِينَ ١٣٣

133. Wa inna Lútal laminal mursalín
133. Lot, também, foi um dos mensageiros.

سُورَةُ الصَّافَّاتِ
Surat As Sáfat

إِذْ نَجَّيْنَٰهُ وَأَهْلَهُۥٓ أَجْمَعِينَ ﴿١٣٤﴾

134. Iz najjaináhu wa ahlahú ajma'ín
134. Vê que o salvamos com toda a família.

إِلَّا عَجُوزًا فِى ٱلْغَٰبِرِينَ ﴿١٣٥﴾

135. Illá 'ajúzan fil ghábirín
135. Exceto uma anciã, que se contou entre os deixados para trás.

ثُمَّ دَمَّرْنَا ٱلْءَاخَرِينَ ﴿١٣٦﴾

136. Çumma dammarnal ákharín
136. Então, aniquilamos os demais.

وَإِنَّكُمْ لَتَمُرُّونَ عَلَيْهِم مُّصْبِحِينَ ﴿١٣٧﴾

137. Wa innakum latamurrúna 'alaihim musbihín
137. Por certo, passareis defronte eles ao amanhecer,

وَبِٱلَّيْلِ ۗ أَفَلَا تَعْقِلُونَ ﴿١٣٨﴾

138. Wa billail; afalá ta'quilún
138. E ao anoitecer. Não pensais, pois, nisso?

وَإِنَّ يُونُسَ لَمِنَ ٱلْمُرْسَلِينَ ﴿١٣٩﴾

139. Wa inna Yúnusa laminal mursalín
139. E também Jonas foi um dos mensageiros.

إِذْ أَبَقَ إِلَى ٱلْفُلْكِ ٱلْمَشْحُونِ ﴿١٤٠﴾

140. Iz abaqa ilal fulkil machhún
140. O qual fugiu num navio carregado,

فَسَاهَمَ فَكَانَ مِنَ ٱلْمُدْحَضِينَ ﴿١٤١﴾

141. Fasáhama fakána minal mudhadín
141. E se lançou à deriva, e foi desafortunado.

فَٱلْتَقَمَهُ ٱلْحُوتُ وَهُوَ مُلِيمٌ ﴿١٤٢﴾

142. Faltaqamahul hútu wa huwa mulím
142. E uma baleia o engoliu, porque era repreensível.

فَلَوْلَآ أَنَّهُۥ كَانَ مِنَ ٱلْمُسَبِّحِينَ ﴿١٤٣﴾

143. Falau lá annahú kána minal musabbihín
143. E se não se tivesse contado entre os glorificadores de Deus,

لَلَبِثَ فِى بَطْنِهِۦٓ إِلَىٰ يَوْمِ يُبْعَثُونَ ﴿١٤٤﴾

144. Lalabiça fí batnihí ilá Yaumi yub'açún
144. Teria permanecido no ventre dela até ao Dia da Ressurreição.

۞ فَنَبَذْنَٰهُ بِٱلْعَرَآءِ وَهُوَ سَقِيمٌ ﴿١٤٥﴾

145. ۞ Fanabaznáhu bil'ará'i wa huwa saquím
145. E o arrojamos, enfermo, a uma praia deserta,

وَأَنۢبَتْنَا عَلَيْهِ شَجَرَةً مِّن يَقْطِينٍ ﴿١٤٦﴾

146. Wa ambatná 'alaihi shajaratam mai yaqtín
146. E fizemos crescer, ao lado dele, uma aboboreira,

وَأَرْسَلْنَٰهُ إِلَىٰ مِاْئَةِ أَلْفٍ أَوْ يَزِيدُونَ ﴿١٤٧﴾

147. Wa arsalnáhu ilá mi'ati alfin au yazídún
147. E o enviamos a cem mil (indivíduos) ou mais.

فَـَٔامَنُوا۟ فَمَتَّعْنَٰهُمْ إِلَىٰ حِينٍ ﴿١٤٨﴾

148. Fa ámanú famatta' náhum ilá hín
148. E creram nele, e lhes permitimos deleitarem-se por algum tempo.

فَٱسْتَفْتِهِمْ أَلِرَبِّكَ ٱلْبَنَاتُ وَلَهُمُ ٱلْبَنُونَ ﴿١٤٩﴾

149. Fastaftihim ali Rabbikal banátu wa lahumul banún
149. Pergunta-lhes: Porventura, pertencem ao teu Senhor as filhas, assim como a eles os varões?

أَمْ خَلَقْنَا ٱلْمَلَٰٓئِكَةَ إِنَٰثًا وَهُمْ شَٰهِدُونَ ﴿١٥٠﴾

150. Am khalaqnal malá'i kata inásanw wa hum cháhidún
150. Acaso, criamos os anjos femininos, sendo eles testemunhas?

أَلَآ إِنَّهُم مِّنْ إِفْكِهِمْ لَيَقُولُونَ ﴿١٥١﴾

سُورَةُ الصَّافَّاتِ

Surat As Sáfat

151. Alá innahum min ifkihim la yaqúlún
151. Acaso, não é certo que em sua calúnia dizem:

وَلَدَ ٱللَّهُ وَإِنَّهُمْ لَكَٰذِبُونَ ﴿١٥٢﴾

152. Waladal láhu wa innahum lakázibún
152. Deus tem gerado!? Certamente que são mentirosos!

أَصْطَفَى ٱلْبَنَاتِ عَلَى ٱلْبَنِينَ ﴿١٥٣﴾

153. Astafal banáti 'alal banín
153. Preferiu Ele as filhas aos filhos?

مَا لَكُمْ كَيْفَ تَحْكُمُونَ ﴿١٥٤﴾

154. Má lakum kaifa tahkumún
154. Que tendes? Como julgais?

أَفَلَا تَذَكَّرُونَ ﴿١٥٥﴾

155. Afalá tazakkarún
155. Acaso não recebestes a admoestação?

أَمْ لَكُمْ سُلْطَٰنٌ مُّبِينٌ ﴿١٥٦﴾

156. Am lakum sultánum Mubín
156. Ou tendes uma autoridade evidente?

فَأْتُوا۟ بِكِتَٰبِكُمْ إِن كُنتُمْ صَٰدِقِينَ ﴿١٥٧﴾

157. Fátú bi Kitábikum in kuntum sádiquín
157. Apresentai, pois, o vosso livro, se estiverdes certos!

وَجَعَلُوا۟ بَيْنَهُۥ وَبَيْنَ ٱلْجِنَّةِ نَسَبًا ۚ وَلَقَدْ عَلِمَتِ ٱلْجِنَّةُ إِنَّهُمْ لَمُحْضَرُونَ ﴿١٥٨﴾

158. Wa ja'alú bainahú wa bainal jinnati nasabá; wa laqad 'alimatil jinnatu innahum lamuhdarún
158. E inventam um parentesco entre Ele e os gênios, sendo que estes bem sabem que comparecerão (perante o Trono do Seu Julgamento)!

سُبْحَٰنَ ٱللَّهِ عَمَّا يَصِفُونَ ﴿١٥٩﴾

159. Subhánal láhi 'ammá yasifún
159. Glorificado seja Deus (Ele está livre) de tudo quanto Lhe atribuem!

سُورَةُ الصَّافَّاتِ

Surat As Sáfat

إِلَّا عِبَادَ ٱللَّهِ ٱلْمُخْلَصِينَ ﴿١٦٠﴾

160. Illá 'ibádal láhil mukhlasín
160. Mas não da parte dos servos sinceros de Deus.

فَإِنَّكُمْ وَمَا تَعْبُدُونَ ﴿١٦١﴾

161. Fa innakum wa má ta'budún
161. E, em verdade, vós, com tudo quanto adorais,

مَآ أَنتُمْ عَلَيْهِ بِفَٰتِنِينَ ﴿١٦٢﴾

162. Má antum 'alaihi bi fátinín
162. Não podereis seduzir a ninguém,

إِلَّا مَنْ هُوَ صَالِ ٱلْجَحِيمِ ﴿١٦٣﴾

163. Illá man huwa sálil Jahím
163. Salvo quem esteja destinado ao fogo!

وَمَا مِنَّآ إِلَّا لَهُۥ مَقَامٌ مَّعْلُومٌ ﴿١٦٤﴾

164. Wa má minná illá lahú maqámun ma'lúm
164. (Dizem: Nenhum de nós há, que não tenha seu lugar destinado.

وَإِنَّا لَنَحْنُ ٱلصَّآفُّونَ ﴿١٦٥﴾

165. Wa inná lanahnus sáffún
165. E, certamente, somos os enfileirados (para a oração).

وَإِنَّا لَنَحْنُ ٱلْمُسَبِّحُونَ ﴿١٦٦﴾

166. Wa inná lanahnul musabbihún
166. E por certo que somos os glorificadores (de Deus).

وَإِن كَانُوا۟ لَيَقُولُونَ ﴿١٦٧﴾

167. Wa in kánú la yaqúlún
167. Ainda que (os idólatras) digam:

لَوْ أَنَّ عِندَنَا ذِكْرًا مِّنَ ٱلْأَوَّلِينَ ﴿١٦٨﴾

168. Law anna 'indaná zikram minal auwalín
168. Se tivéssemos tido alguma mensagem dos primitivos,

سُورَةُ الصَّافَّات

Surat As Sáfat

لَّكُنَّا عِبَادَ ٱللَّهِ ٱلْمُخْلَصِينَ ﴿١٦٩﴾

169. Lakunna 'ibádal láhil mukhlasín
169. Havíamos de ser sinceros servos de Deus!

فَكَفَرُوا۟ بِهِۦ ۖ فَسَوْفَ يَعْلَمُونَ ﴿١٧٠﴾

170. Fakafarú bihí fasawfa ya'lamún
170. Porém, (quando lhes chegou o Alcorão), negaram-no. Logo saberão!

وَلَقَدْ سَبَقَتْ كَلِمَتُنَا لِعِبَادِنَا ٱلْمُرْسَلِينَ ﴿١٧١﴾

171. Wa laqad sabaqat Kalimatuná li'ibádinal mursalín
171. Sem dúvida que foi dada a Nossa palavra aos Nossos servos mensageiros,

إِنَّهُمْ لَهُمُ ٱلْمَنصُورُونَ ﴿١٧٢﴾

172. Inná hum lahumul mansúrún
172. De que seriam socorridos.

وَإِنَّ جُندَنَا لَهُمُ ٱلْغَٰلِبُونَ ﴿١٧٣﴾

173. Wa inna jundana lahumul ghálibún
173. E de que os Nossos exércitos sairiam vencedores.

فَتَوَلَّ عَنْهُمْ حَتَّىٰ حِينٍ ﴿١٧٤﴾

174. Fatawalla 'anhum hatta hín
174. Afasta-te, pois, temporariamente, deles.

وَأَبْصِرْهُمْ فَسَوْفَ يُبْصِرُونَ ﴿١٧٥﴾

175. Wa absirhum fasawfa yubsirún
175. observa-os (como) de pronto verão!...

أَفَبِعَذَابِنَا يَسْتَعْجِلُونَ ﴿١٧٦﴾

176. Afabi'azábiná yasta'jilún
176. Pretendem, acaso, apressar o Nosso castigo?

فَإِذَا نَزَلَ بِسَاحَتِهِمْ فَسَآءَ صَبَاحُ ٱلْمُنذَرِينَ ﴿١٧٧﴾

177. Fa izá nazala bisáhatihim fasá'a sabáhul munzarín

سُورَةُ الصَّافَّات

Surat As Sáfat

177. Porém, quando este descer perante eles, quão péssimo será o despertar dos admoestados!

وَتَوَلَّ عَنْهُمْ حَتَّىٰ حِينٍ ﴿١٧٨﴾

178. Wa tawalla 'anhum hattá hín
178. E afasta-te, temporariamente, deles.

وَأَبْصِرْ فَسَوْفَ يُبْصِرُونَ ﴿١٧٩﴾

179. Wa absir fasawfa yubsirún
179. E observa-os (como) de pronto verão!…

سُبْحَٰنَ رَبِّكَ رَبِّ ٱلْعِزَّةِ عَمَّا يَصِفُونَ ﴿١٨٠﴾

180. Subhána Rabbika Rabbil 'izzati 'amma yasifún
180. Glorificado seja o teu Senhor, o Senhor do Poder, de tudo quanto (Lhe) atribuem!

وَسَلَٰمٌ عَلَى ٱلْمُرْسَلِينَ ﴿١٨١﴾

181. Wa salámun 'alalmursalín
181. E que a paz esteja com os mensageiros!

وَٱلْحَمْدُ لِلَّهِ رَبِّ ٱلْعَٰلَمِينَ ﴿١٨٢﴾

182. Walhamdu lilláhi Rabbil 'álamín
182. E louvado seja Deus, Senhor do Universo!

سُورَةُ صٓ

Surat Sad

Surat 38. Sad – A Letra Sad. Revelada em Makka; 88 versículos

بِسۡمِ ٱللَّهِ ٱلرَّحۡمَٰنِ ٱلرَّحِيمِ

Bismilláhir Rahmánir Rahím

Em nome de Deus, o Clemente, o Misericordioso

صٓۚ وَٱلۡقُرۡءَانِ ذِي ٱلذِّكۡرِ ١

1. Sád; wal-Quráni ziz zikr

1. Sad. Pelo Alcorão, portador da Mensagem (que isto é a verdade)!

بَلِ ٱلَّذِينَ كَفَرُواْ فِي عِزَّةٖ وَشِقَاقٖ ٢

2. Balil lazína kafarú fí 'izzatinw wa chiqáq

2. Porém, os incrédulos estão imbuídos de arrogância e separatismo.

كَمۡ أَهۡلَكۡنَا مِن قَبۡلِهِم مِّن قَرۡنٖ فَنَادَواْ وَّلَاتَ حِينَ مَنَاصٖ ٣

3. Kam ahlakná min qablihim min qarnin fanádaw wa láta hína manás

3. Quantas gerações aniquilamos, anteriores a eles! Imploram, embora não haja escapatória.

وَعَجِبُوٓاْ أَن جَآءَهُم مُّنذِرٞ مِّنۡهُمۡۖ وَقَالَ ٱلۡكَٰفِرُونَ هَٰذَا سَٰحِرٞ كَذَّابٌ ٤

4. Wa 'ajibú an já'a hum munzirum minhum wa qálal káfirúna házá sáhirun kazzáb

4. Assombraram-se (os maquenses) de lhes haver sido apresentado um admoestador de sua raça. E os incrédulos dizem: Este é um mago farsante.

أَجَعَلَ ٱلۡأٓلِهَةَ إِلَٰهٗا وَٰحِدًاۖ إِنَّ هَٰذَا لَشَيۡءٌ عُجَابٞ ٥

5. Aja'alal álihata Iláhan Wáhidan inna házá lashai'un 'ujáb

5. Pretende, acaso, fazer de todos os deuses um só Deus? Em verdade, isto é algo assombroso!

وَٱنطَلَقَ ٱلۡمَلَأُ مِنۡهُمۡ أَنِ ٱمۡشُواْ وَٱصۡبِرُواْ عَلَىٰٓ ءَالِهَتِكُمۡۖ إِنَّ هَٰذَا لَشَيۡءٞ يُرَادُ ٦

6. Wantalaqal mala-u minhum anim shú wasbirú 'alá álihatikum innna házá lashai 'uny yurád

6. E os chefes se retiraram, dizendo: Ide e perseverai com os vossos deuses! Verdadeiramente, isto é algo designado.

مَا سَمِعۡنَا بِهَٰذَا فِي ٱلۡمِلَّةِ ٱلۡأٓخِرَةِ إِنۡ هَٰذَآ إِلَّا ٱخۡتِلَٰقٌ ٧

سُورَةُ صٓ

Surat Sad

7. Má sami'ná biházá fil millatil ákhirati in házá illakh tiláq
7. Não ouvimos coisa igual entre as outras comunidades. Isso não é senão uma ficção!

أَءُنزِلَ عَلَيۡهِ ٱلذِّكۡرُ مِنۢ بَيۡنِنَاۚ بَلۡ هُمۡ فِي شَكّٖ مِّن ذِكۡرِيۚ بَل لَّمَّا يَذُوقُواْ عَذَابِ ﴿٨﴾

8. 'A-unzila 'alaihiz zikru min bainíná; bal hum fí chakkin min Zikrí bal lammá yazúqú 'azáb

8. Porventura, a Mensagem foi revelada só a ele, dentre nós!? Qual! Eles estão em dúvida, quanto à Minha Mensagem. Porém, ainda não provaram o Meu castigo.

أَمۡ عِندَهُمۡ خَزَآئِنُ رَحۡمَةِ رَبِّكَ ٱلۡعَزِيزِ ٱلۡوَهَّابِ ﴿٩﴾

9. Am 'indahum khazá 'inu rahmati Rabbikal 'Azízil Wahhab

9. Possuem, acaso, os tesouros da misericórdia do teu Senhor, o Poderoso, o Liberalíssimo?

أَمۡ لَهُم مُّلۡكُ ٱلسَّمَٰوَٰتِ وَٱلۡأَرۡضِ وَمَا بَيۡنَهُمَاۖ فَلۡيَرۡتَقُواْ فِي ٱلۡأَسۡبَٰبِ ﴿١٠﴾

10. Am lahum mulkus samáwáti wal ardi wa má bainahumá falyartaqú fil asbáb

10. Ou então, é deles o reino dos Céus e da Terra, e tudo quanto existe entre ambos? Que subam, pois, aos céus!

جُندٞ مَّا هُنَالِكَ مَهۡزُومٞ مِّنَ ٱلۡأَحۡزَابِ ﴿١١﴾

11. Jundum má hunálika mahzúmum minal Ahzáb

11. Porém, lá serão postos em fuga, mesmo com um exército de partidos.

كَذَّبَتۡ قَبۡلَهُمۡ قَوۡمُ نُوحٖ وَعَادٞ وَفِرۡعَوۡنُ ذُو ٱلۡأَوۡتَادِ ﴿١٢﴾

12. Kazzabat qablahum qaumu Núhin wa 'Ádun wa Fir'aunu zul autád

12. Antes deles, haviam desmentido: o povo de Noé, o povo de 'Ad e o Faraó, o senhor das estacas.

وَثَمُودُ وَقَوۡمُ لُوطٖ وَأَصۡحَٰبُ لۡـَٔيۡكَةِۚ أُوْلَٰٓئِكَ ٱلۡأَحۡزَابُ ﴿١٣﴾

13. Wa Çamúdu wa qaumu Lútin wa Asshábul 'Aykah; ulá'ikal Ahzáb

13. O povo de Çamud, o povo de Lot e os habitantes da floresta. Estes são os partidos.

إِن كُلٌّ إِلَّا كَذَّبَ ٱلرُّسُلَ فَحَقَّ عِقَابِ ﴿١٤﴾

14. In kullun illá kazzabar Rusula fahaqqa 'iqáb

14. Cada qual desmentiu os mensageiros, por isso mereceram o Meu castigo.

سُورَةُ صٓ

Surat Sad

وَمَا يَنظُرُ هَٰٓؤُلَآءِ إِلَّا صَيۡحَةٗ وَٰحِدَةٗ مَّا لَهَا مِن فَوَاقٖ ﴿١٥﴾

15. Wa má yanzuru há ulá'i illá saihatan wáhidatam má lahá min fawáq

15. E não aguardam estes, senão um só estrondo, que não demorará (a vir).

وَقَالُواْ رَبَّنَا عَجِّل لَّنَا قِطَّنَا قَبۡلَ يَوۡمِ ٱلۡحِسَابِ ﴿١٦﴾

16. Wa qálú Rabbaná 'ajjil laná qittaná qabla Yaumil Hisáb

16. E disseram: Ó Senhor nosso, apressa-nos a nossa sentença, antes do Dia da Rendição de Contas!

ٱصۡبِرۡ عَلَىٰ مَا يَقُولُونَ وَٱذۡكُرۡ عَبۡدَنَا دَاوُۥدَ ذَا ٱلۡأَيۡدِۖ إِنَّهُۥٓ أَوَّابٌ ﴿١٧﴾

17. Isbir 'alá má yaqúlúna wazkur 'abdaná Dáwúda zal aidi innahú auwáb

17. Tolera o que dizem e recorda-te do Nosso servo, Davi, o vigoroso, que foi contrito!

إِنَّا سَخَّرۡنَا ٱلۡجِبَالَ مَعَهُۥ يُسَبِّحۡنَ بِٱلۡعَشِيِّ وَٱلۡإِشۡرَاقِ ﴿١٨﴾

18. Inná sakhkharnal jibála ma'ahú yusabbihna bil'achiyyi wal ichráq

18. Em verdade, submetemos-lhe as montanhas, para que com ele Nos glorificassem ao anoitecer e ao amanhecer.

وَٱلطَّيۡرَ مَحۡشُورَةٗۖ كُلّٞ لَّهُۥٓ أَوَّابٞ ﴿١٩﴾

19. Wattayra mahchúrah; kullul lahú auwáb

19. E também lhe congregamos todas as aves, as quais se voltavam a Ele.

وَشَدَدۡنَا مُلۡكَهُۥ وَءَاتَيۡنَٰهُ ٱلۡحِكۡمَةَ وَفَصۡلَ ٱلۡخِطَابِ ﴿٢٠﴾

20. Wa chadadná mulkahú wa átaináhul Hikmata wa faslal khitáb

20. E lhe fortalecemos o império e o agraciamos com a sabedoria e a jurisprudência.

۞ وَهَلۡ أَتَىٰكَ نَبَؤُاْ ٱلۡخَصۡمِ إِذۡ تَسَوَّرُواْ ٱلۡمِحۡرَابَ ﴿٢١﴾

21. ۞ Wa hal atáka naba'ul khasm; iz tasawwarul mihrab

21. Conheces a história dos litigantes, que escalaram o muro do oratório?

إِذۡ دَخَلُواْ عَلَىٰ دَاوُۥدَ فَفَزِعَ مِنۡهُمۡۖ قَالُواْ لَا تَخَفۡۖ خَصۡمَانِ بَغَىٰ بَعۡضُنَا عَلَىٰ بَعۡضٖ

فَٱحۡكُم بَيۡنَنَا بِٱلۡحَقِّ وَلَا تُشۡطِطۡ وَٱهۡدِنَآ إِلَىٰ سَوَآءِ ٱلصِّرَٰطِ ﴿٢٢﴾

سُورَةُ صٓ

Surat Sad

22. Iz dakhalú 'alá Dáwúda fafazi'a minhum qálú lá takhaf khasmáni baghá ba'dhuná 'alá ba'dhin fahkum bainaná bilhaqqui wa lá tuchtit wahdiná ilá Sawá'is Sirát

22. Quando foram à presença de Davi, este os temeu. Então lhe disseram: Não temas, pois somos dois litigantes; um de nós tem prejudicado o outro! Julga-nos, portanto, com equidade e imparcialidade, e indica-nos a senda justa!

إِنَّ هَٰذَآ أَخِي لَهُۥ تِسۡعٞ وَتِسۡعُونَ نَعۡجَةٗ وَلِيَ نَعۡجَةٞ وَٰحِدَةٞ فَقَالَ أَكۡفِلۡنِيهَا وَعَزَّنِي فِي ٱلۡخِطَابِ ﴿٢٣﴾

23. Inna házá akhí lahú tis'unw wa tis'úna na'jatan wa liya na'jatun wáhidah; faqála akfilníha wa 'azzaní filkhitáb

23. Este homem é meu irmão; tinha noventa e nove cordeiros e eu um só. E disse-me para confiá-llo a ele, convencendo-me com a sua verbosidade.

قَالَ لَقَدۡ ظَلَمَكَ بِسُؤَالِ نَعۡجَتِكَ إِلَىٰ نِعَاجِهِۦۖ وَإِنَّ كَثِيرٗا مِّنَ ٱلۡخُلَطَآءِ لَيَبۡغِي بَعۡضُهُمۡ عَلَىٰ بَعۡضٍ إِلَّا ٱلَّذِينَ ءَامَنُواْ وَعَمِلُواْ ٱلصَّٰلِحَٰتِ وَقَلِيلٞ مَّا هُمۡۗ وَظَنَّ دَاوُۥدُ أَنَّمَا فَتَنَّٰهُ فَٱسۡتَغۡفَرَ رَبَّهُۥ وَخَرَّۤ رَاكِعٗاۤ وَأَنَابَ ۩ ﴿٢٤﴾

24. Qála laqad zalamaka bisu 'áli na'jatika ilá ni'ájih; wa inna kacíran minal khulatá'i la-yabghí ba'dhuhum 'alá ba'dhin illal lazína ámanú wa 'amilus sáliháti wa qalílun má hum; wa zanna Dáwúdu annamá fatannáhu fastaghfara Rabbahú wa kharra ráki'anw wa anáb (Fazer sajda)

24. (David lhe) disse: Verdadeiramente, fraudou-te, com o pedido de acréscimo da tua ovelha; muitos sócios se prejudicam uns aos outros, salvo os crentes, que praticam o bem; porém, quão poucos são! E Davi percebeu que o havíamos submetido a uma prova e implorou o perdão de seu Senhor; caiu contrito em genuflexão.

فَغَفَرۡنَا لَهُۥ ذَٰلِكَۖ وَإِنَّ لَهُۥ عِندَنَا لَزُلۡفَىٰ وَحُسۡنَ مَـَٔابٖ ﴿٢٥﴾

25. Faghafarná lahú zálik; wa inna lahú 'indaná lazulfá wa husna maáb

25. E lhe perdoamos tal (falta), porque, ante Nós, goza de dignidade e excelente local de retorno.

سُورَةُ صٓ

Surat Sad

يَٰدَاوُۥدُ إِنَّا جَعَلۡنَٰكَ خَلِيفَةٗ فِي ٱلۡأَرۡضِ فَٱحۡكُم بَيۡنَ ٱلنَّاسِ بِٱلۡحَقِّ وَلَا تَتَّبِعِ ٱلۡهَوَىٰ
فَيُضِلَّكَ عَن سَبِيلِ ٱللَّهِۚ إِنَّ ٱلَّذِينَ يَضِلُّونَ عَن سَبِيلِ ٱللَّهِ لَهُمۡ عَذَابٞ شَدِيدُۢ بِمَا
نَسُواْ يَوۡمَ ٱلۡحِسَابِ ﴿٢٦﴾

26. Yá Dáwúdu inná ja'alnáka khalífatan fil ardi fahkum bainan nási bilhaqqui wa lá tattabi'il hawá fayudhillaka 'an sabílil láh; innal lazína yadhillúna 'an sabílil láh; lahum 'azábun chadídum bimá nasú Yaumal Hisáb

26. Ó Davi, em verdade, designamos-te como legatário na Terra. Julga, pois entre os humanos com equidade e não te entregues à concupiscência, para que não te desvies da senda de Deus! Sabei que aqueles que se desviam da senda de Deus sofrerão um severo castigo, por terem esquecido o Dia da Rendição de Contas.

وَمَا خَلَقۡنَا ٱلسَّمَآءَ وَٱلۡأَرۡضَ وَمَا بَيۡنَهُمَا بَٰطِلٗاۚ ذَٰلِكَ ظَنُّ ٱلَّذِينَ كَفَرُواْۚ فَوَيۡلٞ لِّلَّذِينَ كَفَرُواْ
مِنَ ٱلنَّارِ ﴿٢٧﴾

27. Wa má khalaqnas samá'a wal ardha wa má bainahumá bátilá; zálika zannul lazína kafarú; fa waylul lil lazína kafarú minan Nár

27. E não foi em vão que criamos os Céus e a Terra, e tudo quanto existe entre ambos! Esta (ideia) é a conjectura dos incrédulos! Ai, pois, dos incrédulos, por causa do fogo (infernal)!

أَمۡ نَجۡعَلُ ٱلَّذِينَ ءَامَنُواْ وَعَمِلُواْ ٱلصَّٰلِحَٰتِ كَٱلۡمُفۡسِدِينَ فِي ٱلۡأَرۡضِ أَمۡ نَجۡعَلُ
ٱلۡمُتَّقِينَ كَٱلۡفُجَّارِ ﴿٢٨﴾

28. Am naj'alul lazína ámanú wa 'amilus sáliháti kalmufisdína fil ardhi am naj'alul muttaqína kalfujjár

28. Porventura, trataremos os crentes, que praticam o bem, como os corruptores na Terra? Ou então trataremos os tementes como os covardes?

كِتَٰبٌ أَنزَلۡنَٰهُ إِلَيۡكَ مُبَٰرَكٞ لِّيَدَّبَّرُوٓاْ ءَايَٰتِهِۦ وَلِيَتَذَكَّرَ أُوْلُواْ ٱلۡأَلۡبَٰبِ ﴿٢٩﴾

29. Kitábun anzalnáhu ilaika mubárakul liyaddabbarú Áyátihí wa liyatazakkara ulul albáb

29. (Eis) um Livro Bendito, que te revelamos, para que os sensatos recordem os seus versículos e neles meditem.

سُورَةُ ص

Surat Sad

وَوَهَبْنَا لِدَاوُۥدَ سُلَيْمَٰنَ ۚ نِعْمَ ٱلْعَبْدُ ۖ إِنَّهُۥٓ أَوَّابٌ ٣٠

30. Wa wahabná li Dáwúda Sulaimán; ni'mal 'abd; innahú auwáb

30. E agraciamos Davi com Salomão. Que excelente servo! Eis que foi contrito!

إِذْ عُرِضَ عَلَيْهِ بِٱلْعَشِىِّ ٱلصَّٰفِنَٰتُ ٱلْجِيَادُ ٣١

31. Iz 'uridha 'alaihi bil'achiyyis sáfinátul jiyád

31. Um dia, ao entardecer, apresentaram-lhe uns briosos corcéis.

فَقَالَ إِنِّىٓ أَحْبَبْتُ حُبَّ ٱلْخَيْرِ عَن ذِكْرِ رَبِّى حَتَّىٰ تَوَارَتْ بِٱلْحِجَابِ ٣٢

32. Faqála inní ahbabtu hubbal khairi 'an zikri Rabbí hattá tawárat bilhiját

32. Ele disse: Em verdade, gosto do amor ao bem, com vistas à menção do meu Senhor. Permaneceu admirando-os, até que (o sol) se ocultou sob o véu (da noite).

رُدُّوهَا عَلَىَّ ۖ فَطَفِقَ مَسْحًۢا بِٱلسُّوقِ وَٱلْأَعْنَاقِ ٣٣

33. Ruddúhá 'alaiya fatafiqa mas-ham bissúqui wal a'náq

33. (Então, ordenou): Trazei-os a mim! E se pôs a acariciar-lhes as patas e os pescoços.

وَلَقَدْ فَتَنَّا سُلَيْمَٰنَ وَأَلْقَيْنَا عَلَىٰ كُرْسِيِّهِۦ جَسَدًا ثُمَّ أَنَابَ ٣٤

34. Wa laqad fatanná Sulaimána wa alqainá 'alá kursiyyihí jasadan çumma anáb

34. E pusemos à prova Salomão, colocando sobre o seu trono um corpo sem vida; então, voltou-se contrito.

قَالَ رَبِّ ٱغْفِرْ لِى وَهَبْ لِى مُلْكًا لَّا يَنۢبَغِى لِأَحَدٍ مِّنۢ بَعْدِىٓ ۖ إِنَّكَ أَنتَ ٱلْوَهَّابُ ٣٥

35. Qála Rabbigh fir lí wa hab lí mulkal lá yambaghí li ahadin min ba'dí innaka Antal Wahháb

35. Disse: Ó Senhor meu, perdoa-me e concede-me um império que ninguém, além de mim, possa possuir, porque Tu és o Agraciante por excelência!

فَسَخَّرْنَا لَهُ ٱلرِّيحَ تَجْرِى بِأَمْرِهِۦ رُخَآءً حَيْثُ أَصَابَ ٣٦

36. Fa sakharná lahur ríha tajrí bi amrihí rukhá'an haiçu asáb

36. E lhe submetemos o vento, que soprava suavemente à sua vontade, por onde quisesse,

وَٱلشَّيَٰطِينَ كُلَّ بَنَّآءٍ وَغَوَّاصٍ ٣٧

37. Wach Chayátina kulla banná'in wa ghauwás

37. E todos os demônios, construtores e mergulhadores disponíveis.

وَءَاخَرِينَ مُقَرَّنِينَ فِي ٱلْأَصْفَادِ ٣٨

38. Wa ákharína muqarranína fil asfád

38. E outros cingidos por correntes.

هَٰذَا عَطَآؤُنَا فَٱمْنُنْ أَوْ أَمْسِكْ بِغَيْرِ حِسَابٍ ٣٩

39. Házá 'atá'uná famnun aw amsik bighairi hisáb

39. Estas são as Nossas dádivas; prodigalizamo-las, pois, ou restringimo-las, imensuravelmente.

وَإِنَّ لَهُۥ عِندَنَا لَزُلْفَىٰ وَحُسْنَ مَـَٔابٍ ٤٠

40. Wa inna lahú 'indaná lazulfá wa husna ma-áb

40. Eis que ele desfrutará, ante Nós, de dignidade e excelente local de retorno!

وَٱذْكُرْ عَبْدَنَآ أَيُّوبَ إِذْ نَادَىٰ رَبَّهُۥٓ أَنِّى مَسَّنِىَ ٱلشَّيْطَٰنُ بِنُصْبٍ وَعَذَابٍ ٤١

41. Wazkur 'abdaná Ayyúb; iz náda Rabbahú anní massaniyach Chaitánu binusbin wa 'azáb

41. E recorda-te do Nosso servo, Jó, que se queixou ao seu Senhor, dizendo: Satanás me aflige com a desventura e o sofrimento!

ٱرْكُضْ بِرِجْلِكَ ۖ هَٰذَا مُغْتَسَلٌۢ بَارِدٌ وَشَرَابٌ ٤٢

42. Urkud bi rijlika háza mughtasalun báridunw wa charáb

42. (Ordenamos-lhe): Golpeia (a terra) com teu pé! Eis aí um manancial (de água), para banho, refrigério e bebida.

وَوَهَبْنَا لَهُۥٓ أَهْلَهُۥ وَمِثْلَهُم مَّعَهُمْ رَحْمَةً مِّنَّا وَذِكْرَىٰ لِأُو۟لِى ٱلْأَلْبَٰبِ ٤٣

43. Wa wahabná lahú ahlahú wa miçlahum ma'ahum rahmatan minna wa zikrá li ulil albáb

43. E lhe restituímos a família, aumentando-a com outro tanto, como prova da Nossa misericórdia e mensagem para os sensatos.

وَخُذْ بِيَدِكَ ضِغْثًا فَٱضْرِب بِّهِۦ وَلَا تَحْنَثْ ۗ إِنَّا وَجَدْنَٰهُ صَابِرًا ۚ نِّعْمَ ٱلْعَبْدُ ۖ إِنَّهُۥٓ أَوَّابٌ ٤٤

44. Wa khuz biyadika dighçan fadhrib bihí wa lá tahnas, inná wajadnáhu sábirá; ni'mal 'abd; innahú auwáb

44. E apanha um feixe de capim, e golpeia com ele; e não perjures! Em verdade, encontramo-lo perseverante – que excelente servo! Ele foi contrito.

وَٱذۡكُرۡ عِبَٰدَنَآ إِبۡرَٰهِيمَ وَإِسۡحَٰقَ وَيَعۡقُوبَ أُوْلِي ٱلۡأَيۡدِي وَٱلۡأَبۡصَٰرِ ٤٥

45. Wazkur 'ibádaná Ibráhíma wa Isháqa wa Ya'qúba ulil-aydí walabsár

45. E menciona os Nossos servos Abraão, Isaac e Jacó, possuidores de poder e de visão.

إِنَّآ أَخۡلَصۡنَٰهُم بِخَالِصَةٖ ذِكۡرَى ٱلدَّارِ ٤٦

46. Inná akhlasnáhum bikhálisatin zikrad dár

46. Escolhemo-los por um propósito: a proclamação da Mensagem da morada futura.

وَإِنَّهُمۡ عِندَنَا لَمِنَ ٱلۡمُصۡطَفَيۡنَ ٱلۡأَخۡيَارِ ٤٧

47. Wa innahum 'indaná laminal mustafainal akhyár

47. Em verdade, junto a Nós, contam-se entre os eleitos e preferidos.

وَٱذۡكُرۡ إِسۡمَٰعِيلَ وَٱلۡيَسَعَ وَذَا ٱلۡكِفۡلِۖ وَكُلّٞ مِّنَ ٱلۡأَخۡيَارِ ٤٨

48. Wazkur Ismá'íla wal Yasa'a wa Zal-Kifli wa kullun minal akhyár

48. E recorda-lhes Ismael, Eliseu e Ezequiel, uma vez que todos se contavam entre os preferidos.

هَٰذَا ذِكۡرٞۚ وَإِنَّ لِلۡمُتَّقِينَ لَحُسۡنَ مَـَٔابٖ ٤٩

49. Házá zikrun wa inna lil muttaqína la husna ma-áb

49. Eis aqui uma Mensagem: Sabei que os tementes terão um excelente local de retorno.

جَنَّٰتِ عَدۡنٖ مُّفَتَّحَةٗ لَّهُمُ ٱلۡأَبۡوَٰبُ ٥٠

50. Jannáti 'adnin mufattahatan lahumul abwab

50. São os jardins do Éden, cujas portas lhes serão abertas.

مُتَّكِـِٔينَ فِيهَا يَدۡعُونَ فِيهَا بِفَٰكِهَةٖ كَثِيرَةٖ وَشَرَابٖ ٥١

51. Muttaki'ína fíhá yad'úna fíhá bifákihatin kasíratin wa charáb

51. Ali repousarão recostados; ali poderão pedir abundantes frutos e bebidas.

۞ وَعِندَهُمۡ قَٰصِرَٰتُ ٱلطَّرۡفِ أَتۡرَابٌ ٥٢

52. ۩ *Wa 'indahum qásirátut tarfi atráb*
52. E junto a eles haverá mulheres castas, restringindo os olhares, (companheiras) da mesma idade.

هَٰذَا مَا تُوعَدُونَ لِيَوۡمِ ٱلۡحِسَابِ ٥٣

53. *Házá má tú'adúna li Yaumil Hisáb*
53. Eis o que é prometido para o Dia da Rendição de Contas!

إِنَّ هَٰذَا لَرِزۡقُنَا مَا لَهُۥ مِن نَّفَادٍ ٥٤

54. *Inna házá larizquná má lahú min nafád*
54. Em verdade, esta é a Nossa inesgotável mercê.

هَٰذَاۚ وَإِنَّ لِلطَّٰغِينَ لَشَرَّ مَـَٔابٖ ٥٥

55. *Házá; wa inna littághína lacharra ma-áb*
55. Tal será! Por outra, os transgressores terão o pior retorno:

جَهَنَّمَ يَصۡلَوۡنَهَا فَبِئۡسَ ٱلۡمِهَادُ ٥٦

56. *Jahannama yaslawnahá fa bi'sal mihád*
56. O inferno, em que entrarão! E que funesta morada!

هَٰذَا فَلۡيَذُوقُوهُ حَمِيمٞ وَغَسَّاقٞ ٥٧

57. *Házá falyazúqúhu hamímun wa ghassáq*
57. Tal será! E provarão água fervente e ícor!

وَءَاخَرُ مِن شَكۡلِهِۦٓ أَزۡوَٰجٌ ٥٨

58. *Wa ákharu min shaklihí azwáj*
58. E outros suplícios semelhantes!

هَٰذَا فَوۡجٞ مُّقۡتَحِمٞ مَّعَكُمۡ لَا مَرۡحَبَۢا بِهِمۡۚ إِنَّهُمۡ صَالُواْ ٱلنَّارِ ٥٩

59. *Házá faujun muqtahimun ma'akum lá marhaban bihim; innahum sálun Nár*
59. Eis o grande grupo, - mal vindo seja - que entrará no fogo convosco!

قَالُواْ بَلۡ أَنتُمۡ لَا مَرۡحَبَۢا بِكُمۡۖ أَنتُمۡ قَدَّمۡتُمُوهُ لَنَاۖ فَبِئۡسَ ٱلۡقَرَارُ ٦٠

60. *Qálú bal antum lá marhaban bikum; antum qaddamtumúhu laná fabi'sal qarár*

60. (Os prosélitos) dirão: Qual! Mal vindos vós também, por nos haverdes induzido a isto! E que péssima morada (terão)!

قَالُواْ رَبَّنَا مَن قَدَّمَ لَنَا هَٰذَا فَزِدۡهُ عَذَابٗا ضِعۡفٗا فِي ٱلنَّارِ ٦١

61. Qálú Rabbaná man qaddama laná házá fa zidhu 'azában dhi'fan fin Nár

61. Exclamarão: Ó Senhor nosso, àqueles que nos induziram a isto, duplica-lhes o castigo no fogo infernal!

وَقَالُواْ مَا لَنَا لَا نَرَىٰ رِجَالٗا كُنَّا نَعُدُّهُم مِّنَ ٱلۡأَشۡرَارِ ٦٢

62. Wa qálú má laná lá nará rijálan kunná na'udduhum minal achrár

62. E dirão (seus chefes): Por que não vemos, aqui, aqueles homens (os crentes) que contávamos entre os maldosos?

أَتَّخَذۡنَٰهُمۡ سِخۡرِيًّا أَمۡ زَاغَتۡ عَنۡهُمُ ٱلۡأَبۡصَٰرُ ٦٣

63. Attakhaznáhum sikhriyyan am zághat 'anhumul absár

63. Aqueles dos quais escarnecíamos? Ou, acaso, escapam às nossas vistas?

إِنَّ ذَٰلِكَ لَحَقّٞ تَخَاصُمُ أَهۡلِ ٱلنَّارِ ٦٤

64. Inna zálika lahaqqun takhásumu Ahlin Nár

64. Por certo que é real a disputa dos moradores do Fogo!

قُلۡ إِنَّمَآ أَنَا۠ مُنذِرٞۖ وَمَا مِنۡ إِلَٰهٍ إِلَّا ٱللَّهُ ٱلۡوَٰحِدُ ٱلۡقَهَّارُ ٦٥

65. Qul innamá ana munzirunw wa má min láhin illal láhul Wáhidul Qahhár

65. Dize-lhes: Sou apenas um admoestador, não há mais divindade além do Único Deus, o Irresistível.

رَبُّ ٱلسَّمَٰوَٰتِ وَٱلۡأَرۡضِ وَمَا بَيۡنَهُمَا ٱلۡعَزِيزُ ٱلۡغَفَّٰرُ ٦٦

66. Rabbus samáwáti wal ardi wa má bainahumal 'Azízul Ghaffár

66. Senhor dos Céus e da Terra, e de tudo quanto existe entre ambos; o Poderoso, o Perdoador.

قُلۡ هُوَ نَبَؤٌاْ عَظِيمٌ ٦٧

67. Qul huwa naba'un 'azím

67. Dize: Esta é uma notícia sublime,

أَنتُمۡ عَنۡهُ مُعۡرِضُونَ ٦٨

68. Antum 'anhu mu'ridhún

68. Que desdenhais!

مَا كَانَ لِيَ مِنْ عِلْمٍۭ بِٱلْمَلَإِ ٱلْأَعْلَىٰٓ إِذْ يَخْتَصِمُونَ ﴿٦٩﴾

69. Má kána liya min 'ilmin bil mala'il a'lá iz yakhtasimún

69. Não tenho conhecimento algum quanto à assembleia angelical, quando disputam entre si.

إِن يُوحَىٰٓ إِلَيَّ إِلَّآ أَنَّمَآ أَنَا۠ نَذِيرٌ مُّبِينٌ ﴿٧٠﴾

70. Iny-yúhá ilaiya illá anna má ana nazírun mubín

70. Só me tem sido revelado que sou um elucidativo admoestador.

إِذْ قَالَ رَبُّكَ لِلْمَلَٰٓئِكَةِ إِنِّى خَٰلِقٌۢ بَشَرًا مِّن طِينٍ ﴿٧١﴾

71. Iz qála Rabbuka lilmalá'ikati inní kháliqun bacharan min tín

71. Recorda-te de quando o teu Senhor disse aos anjos: De barro criarei um homem.

فَإِذَا سَوَّيْتُهُۥ وَنَفَخْتُ فِيهِ مِن رُّوحِى فَقَعُوا۟ لَهُۥ سَٰجِدِينَ ﴿٧٢﴾

72. Fa-iza sawwaituhú wa nafakhtu fíhi mir rúhí faqa'ú lahú sájidín

72. Quando o tiver plasmado e alentado com o Meu Espírito, prostrai-vos ante ele.

فَسَجَدَ ٱلْمَلَٰٓئِكَةُ كُلُّهُمْ أَجْمَعُونَ ﴿٧٣﴾

73. Fasajadal malá'ikatu kulluhum ajma'ún

73. E todos os anjos se prostraram, unanimemente,

إِلَّآ إِبْلِيسَ ٱسْتَكْبَرَ وَكَانَ مِنَ ٱلْكَٰفِرِينَ ﴿٧٤﴾

74. Illá Iblís; stakbara wa kána minal káfirín

74. Menos Lúcifer, que se ensoberbeceu e se contou entre os incrédulos.

قَالَ يَٰٓإِبْلِيسُ مَا مَنَعَكَ أَن تَسْجُدَ لِمَا خَلَقْتُ بِيَدَىَّ ۖ أَسْتَكْبَرْتَ أَمْ كُنتَ مِنَ ٱلْعَالِينَ ﴿٧٥﴾

75. Qála yá Iblísu má mana'aka an tasjuda limá khalaqtu bi yadaiya 'a stakbarta am kunta min al 'álín

75. (Deus lhe) perguntou: Ó Lúcifer, o que te impede de te prostrares ante o que criei com as Minhas Mãos? Acaso, estás ensoberbecido ou é que te contas entre os altivos?

سُورَةُ صٓ

Surat Sad

قَالَ أَنَا۠ خَيْرٌ مِّنْهُ خَلَقْتَنِى مِن نَّارٍ وَخَلَقْتَهُۥ مِن طِينٍ ﴿٧٦﴾

76. Qála ana khairum minhu; khalaqtaní min nárinw wa khalaqtahú min tín
76. Respondeu: Sou superior a ele; a mim me criaste do fogo, e a ele, do barro.

قَالَ فَٱخْرُجْ مِنْهَا فَإِنَّكَ رَجِيمٌ ﴿٧٧﴾

77. Qála fakhruj minhá fa innaka rajím
77. (Deus lhe) disse: Vai-te daqui, porque és maldito,

وَإِنَّ عَلَيْكَ لَعْنَتِىٓ إِلَىٰ يَوْمِ ٱلدِّينِ ﴿٧٨﴾

78. Wa inna 'alaika la'natí ilá Yaumid Dín
78. E a Minha maldição pesará sobre ti, até ao Dia do Juízo!

قَالَ رَبِّ فَأَنظِرْنِىٓ إِلَىٰ يَوْمِ يُبْعَثُونَ ﴿٧٩﴾

79. Qála Rabbi fa anzirní ilá Yaumi yub'açún
79. Disse: Ó Senhor meu, tolera-me, até ao dia em que forem ressuscitados!

قَالَ فَإِنَّكَ مِنَ ٱلْمُنظَرِينَ ﴿٨٠﴾

80. Qála fa innaka minal munzarín
80. (Deus lhe) disse: Serás, pois, dos tolerados,

إِلَىٰ يَوْمِ ٱلْوَقْتِ ٱلْمَعْلُومِ ﴿٨١﴾

81. Ilá Yaumil waqtil ma'lúm
81. Até ao dia do término prefixado.

قَالَ فَبِعِزَّتِكَ لَأُغْوِيَنَّهُمْ أَجْمَعِينَ ﴿٨٢﴾

82. Qála fa bi 'izzatika la ughwiyannahum ajma'ín
82. Disse (Satanás): Por Teu poder, que os seduzirei a todos.

إِلَّا عِبَادَكَ مِنْهُمُ ٱلْمُخْلَصِينَ ﴿٨٣﴾

83. Illá 'ibádaka minhumul mukhlasín
83. Exceto, entre eles, os Teus servos sinceros!

قَالَ فَٱلْحَقُّ وَٱلْحَقَّ أَقُولُ ﴿٨٤﴾

84. Qála falhaqq, walhaqqa aqúl

سُورَةُ صٓ

Surat Sad

84. Disse-lhe (Deus): Esta é a verdade e a verdade é:

لَأَمْلَأَنَّ جَهَنَّمَ مِنكَ وَمِمَّن تَبِعَكَ مِنْهُمْ أَجْمَعِينَ ﴿٨٥﴾

85. La amla'anna Jahannama minka wa mimman tabi'aka minhum ajma'ín

85. Certamente que lotarei o inferno contigo e com todos os que, dentre eles, te seguirem.

قُلْ مَآ أَسْـَٔلُكُمْ عَلَيْهِ مِنْ أَجْرٍ وَمَآ أَنَا۠ مِنَ ٱلْمُتَكَلِّفِينَ ﴿٨٦﴾

86. Qul má as'alukum 'alaihi min ajrinw wa má ana minal mutakallifín

86. Dize-lhes (ó Mohammad): Não vos exijo recompensa alguma por isto, e não me conto entre os simuladores.

إِنْ هُوَ إِلَّا ذِكْرٌ لِّلْعَٰلَمِينَ ﴿٨٧﴾

87. In huwa illá zikrul lil'álamín

87. Este (Alcorão) não é mais do que uma Mensagem para o Universo.

وَلَتَعْلَمُنَّ نَبَأَهُۥ بَعْدَ حِينٍۭ ﴿٨٨﴾

88. Wa lata'lamunna naba ahú ba'da hín

88. E, certamente, logo tereis conhecimento da sua veracidade.

سُورَةُ الزُّمَرِ

Surat Az Zumar

Surat 39. *Az Zumar* (Os Grupos). Revelada em Makka. 75 versículos, com exceção dos versículos 52 a 54 que foram revelados em Madina.

São utilizados os versículos de 1 a 31 neste Juzi

بِسْمِ ٱللَّهِ ٱلرَّحْمَٰنِ ٱلرَّحِيمِ

Bismilláhir Rahmánir Rahím

Em Nome de Deus, o Clemente, o Misericordioso

تَنزِيلُ ٱلْكِتَٰبِ مِنَ ٱللَّهِ ٱلْعَزِيزِ ٱلْحَكِيمِ ﴿١﴾

1. Tanzílul Kitábi minal láhil 'Azízil Hakím

1. A revelação do Livro é de Deus, o Poderoso, o Prudentíssimo.

إِنَّآ أَنزَلْنَآ إِلَيْكَ ٱلْكِتَٰبَ بِٱلْحَقِّ فَٱعْبُدِ ٱللَّهَ مُخْلِصًا لَّهُ ٱلدِّينَ ﴿٢﴾

2. Inná anzalná ilaikal Kitába bilhaqqui fa'budil láha mukhlisal lahud dín

2. Em verdade, temos-te revelado o Livro. Adora, pois, a Deus, com sincera devoção.

أَلَا لِلَّهِ ٱلدِّينُ ٱلْخَالِصُ ۚ وَٱلَّذِينَ ٱتَّخَذُوا۟ مِن دُونِهِۦٓ أَوْلِيَآءَ مَا نَعْبُدُهُمْ إِلَّا
لِيُقَرِّبُونَآ إِلَى ٱللَّهِ زُلْفَىٰٓ إِنَّ ٱللَّهَ يَحْكُمُ بَيْنَهُمْ فِى مَا هُمْ فِيهِ يَخْتَلِفُونَ ۗ إِنَّ ٱللَّهَ
لَا يَهْدِى مَنْ هُوَ كَٰذِبٌ كَفَّارٌ ﴿٣﴾

3. Alá lilláhid dínul khális; wallazínat takhazú min dúnihí awliyá'a má na'buduhum illá liyuqar ribúná ilal láhi zulfá; innal láha yahkumu baina hum fí má hum fíhi yakhtalifún; innal láha lá yahdí man huwa kázibun kaffár

3. Não deve, porventura, ser dirigida a Deus a devoção sincera? Quanto àqueles que adotam protetores, além d'Ele, dizendo: Nós só os adoramos para nos aproximarem de Deus. Ele os julgará, a respeito de tal divergência. Deus não encaminha o farsante, ingrato.

سُورَةُ الزُّمَرِ

Surat Az Zumar

لَّوۡ أَرَادَ ٱللَّهُ أَن يَتَّخِذَ وَلَدٗا لَّٱصۡطَفَىٰ مِمَّا يَخۡلُقُ مَا يَشَآءُۚ سُبۡحَٰنَهُۥۖ هُوَ ٱللَّهُ
ٱلۡوَٰحِدُ ٱلۡقَهَّارُ ٤

4. Lau arádal láhu aiyattakhiza waladal lastafá mimmá yakhluqu má yachá'; Subhánahú Huwal láhul Wáhidul Qahhár

4. Se Deus quisesse tomar um filho, tê-lo-ia eleito como Lhe aprouvesse, dentre tudo quanto criou. Glorificado seja! Ele é Deus, o Único, o Irresistibilíssimo.

خَلَقَ ٱلسَّمَٰوَٰتِ وَٱلۡأَرۡضَ بِٱلۡحَقِّۖ يُكَوِّرُ ٱلَّيۡلَ عَلَى ٱلنَّهَارِ وَيُكَوِّرُ ٱلنَّهَارَ
عَلَى ٱلَّيۡلِۖ وَسَخَّرَ ٱلشَّمۡسَ وَٱلۡقَمَرَۖ كُلّٞ يَجۡرِي لِأَجَلٖ مُّسَمًّىۗ أَلَا
هُوَ ٱلۡعَزِيزُ ٱلۡغَفَّٰرُ ٥

5. Khalaqas samáwáti wal arda bilhaqq; yukawwirul laila 'alan nahári wa yukawwirun nahára 'alál laili wa sakhkharach chamsa walqamara kulluny yajrí li ajalim musammá; alá Huwal 'Azízul Ghaffár

5. Criou com prudência os Céus e a Terra. Enrola a noite com o dia e enrola o dia com a noite. Tem submetido o sol e a lua: cada qual prosseguirá o seu curso até a um término prefixado. Porventura, não é o Poderoso, o Indulgentíssimo?

خَلَقَكُم مِّن نَّفۡسٖ وَٰحِدَةٖ ثُمَّ جَعَلَ مِنۡهَا زَوۡجَهَا وَأَنزَلَ لَكُم مِّنَ ٱلۡأَنۡعَٰمِ
ثَمَٰنِيَةَ أَزۡوَٰجٖۚ يَخۡلُقُكُمۡ فِي بُطُونِ أُمَّهَٰتِكُمۡ خَلۡقٗا مِّنۢ بَعۡدِ خَلۡقٖ فِي ظُلُمَٰتٖ
ثَلَٰثٖۚ ذَٰلِكُمُ ٱللَّهُ رَبُّكُمۡ لَهُ ٱلۡمُلۡكُۖ لَآ إِلَٰهَ إِلَّا هُوَۖ فَأَنَّىٰ تُصۡرَفُونَ ٦

6. Khalaqakum min nafsinw wáhidatin çumma ja'ala minhá zawjahá wa anzala lakum minal an'ámi çamániyata azwáj; yakhlu qukum fi butúni ummahátikum khalqam mim ba'di khalqin fi zulumátin çaláç; zálikumul láhu Rabbukum lahul mulk; lá iláha illá Huwa fa anná tusrafún

6. Criou-vos de uma só pessoa; então, criou, da mesma, a sua esposa, e vos enviamos oito espécies de gado em pares. Configura-vos paulatinamente no ventre das vossas mães, entre três trevas. Tal é Deus, vosso Senhor; d'Ele é a soberania. Não há mais divindade, além d'Ele. Como vos desviais?

سُورَةُ الزُّمَرِ

Surat Az Zumar

إِن تَكْفُرُوا۟ فَإِنَّ ٱللَّهَ غَنِىٌّ عَنكُمْ ۖ وَلَا يَرْضَىٰ لِعِبَادِهِ ٱلْكُفْرَ ۖ وَإِن تَشْكُرُوا۟ يَرْضَهُ
لَكُمْ ۗ وَلَا تَزِرُ وَازِرَةٌ وِزْرَ أُخْرَىٰ ۗ ثُمَّ إِلَىٰ رَبِّكُم مَّرْجِعُكُمْ فَيُنَبِّئُكُم بِمَا كُنتُمْ
تَعْمَلُونَ ۚ إِنَّهُۥ عَلِيمٌۢ بِذَاتِ ٱلصُّدُورِ ٧

7. *In takfurú fa innal láha ghaniyyun 'ankum; wa lá yardhá li'ibádihil kufra wa in tachkurú yardhahu lakum; wa lá taziru wáziratunw wizra ukhrá; summa ilá Rabikum marji'ukum fa yunabbi'ukum bimá kuntum ta'malún; innahú 'alímum bizátis sudúr*

7. Se desagradecerdes, (sabei que) certamente Deus pode prescindir de vós, e não Lhe agrada a ingratidão dos Seus servos; em troca, se agradecerdes, isso Lhe aprazerá. E nenhum pecador arcará com culpa alheia. Logo, vosso retorno será ao vosso Senhor, que vos inteirará do que tiverdes feito, porque é Sabedor dos recônditos dos corações.

۞ وَإِذَا مَسَّ ٱلْإِنسَٰنَ ضُرٌّ دَعَا رَبَّهُۥ مُنِيبًا إِلَيْهِ ثُمَّ إِذَا خَوَّلَهُۥ نِعْمَةً مِّنْهُ نَسِىَ
مَا كَانَ يَدْعُوٓا۟ إِلَيْهِ مِن قَبْلُ وَجَعَلَ لِلَّهِ أَندَادًا لِّيُضِلَّ عَن سَبِيلِهِۦ ۚ قُلْ تَمَتَّعْ
بِكُفْرِكَ قَلِيلًا ۖ إِنَّكَ مِنْ أَصْحَٰبِ ٱلنَّارِ ٨

8. ۞ *Wa izá massal insána dhurrun da'á Rabbahú muniban ilaihi çumma izá khawwalahú ni'matam minhu nasiya má kána yad'ú ilaihi min qablu wa ja'ala lilláhi andádal liyudhilla 'ansabilih; qul tamatta' bikufrika qalílan innaka min Asshábin Nár;*

8. E quando a adversidade açoita o homem, este suplica contrito ao seu Senhor; então, quando o agracia com a Sua mercê, ele esquece o que antes suplicava e atribui rivais a Deus, para desviar outros da Sua senda. Dize-lhe: Desfruta, transitoriamente, da tua blasfêmia, porque te contarás entre os condenados ao inferno!

أَمَّنْ هُوَ قَٰنِتٌ ءَانَآءَ ٱلَّيْلِ سَاجِدًا وَقَآئِمًا يَحْذَرُ ٱلْءَاخِرَةَ وَيَرْجُوا۟ رَحْمَةَ رَبِّهِۦ ۗ قُلْ
هَلْ يَسْتَوِى ٱلَّذِينَ يَعْلَمُونَ وَٱلَّذِينَ لَا يَعْلَمُونَ ۗ إِنَّمَا يَتَذَكَّرُ أُو۟لُوا۟ ٱلْأَلْبَٰبِ ٩

سُورَةُ الزُّمَرِ

Surat Az Zumar

9. Amman huwa qánitun áná'al laili sájidanw wa qá'imai yahzarul Ákhirata wa yarjú rahmata Rabbih; qul hal yastawil lazína ya'lamúna wallazína lá ya'lamún; innamá yatazakkaru ulul albáb

9. Tal homem poderá, acaso, ser equiparado àquele que se consagra (ao seu Senhor) durante as horas da noite, quer esteja prostrado, quer esteja em pé, que se precavê em relação à Outra Vida e espera a misericórdia do seu Senhor? Dize: Poderão, acaso, equiparar-se os sábios com os ignorantes? Só os sensatos é que são lembrados disso.

قُلْ يَٰعِبَادِ ٱلَّذِينَ ءَامَنُوا۟ ٱتَّقُوا۟ رَبَّكُمْ ۚ لِلَّذِينَ أَحْسَنُوا۟ فِى هَٰذِهِ ٱلدُّنْيَا حَسَنَةٌ ۗ وَأَرْضُ ٱللَّهِ وَٰسِعَةٌ ۗ إِنَّمَا يُوَفَّى ٱلصَّٰبِرُونَ أَجْرَهُم بِغَيْرِ حِسَابٍ ﴿١٠﴾

10. Qul yá 'ibádil lazína ámanut taqú Rabbakum; lillazína ahsanú fí házihid dunyá hasanah; wa ardul láhi wási'ah; innamá yuwaffas sábirúna ajrahum bighayri hisab

10. Dize-lhes: Ó Meus servos crentes, temei a vosso Senhor! Para aqueles que praticam o bem neste mundo haverá uma recompensa. A Terra de Deus é vasta! Aos perseverantes, ser-lhes-ão pagas, irrestritamente as suas recompensas!

قُلْ إِنِّىٓ أُمِرْتُ أَنْ أَعْبُدَ ٱللَّهَ مُخْلِصًا لَّهُ ٱلدِّينَ ﴿١١﴾

11. Qul inní umirtu an a'budal láha mukhlisal lahud dín

11. Dize-lhes: Certamente, foi-me ordenado adorar a Deus com sincera devoção.

وَأُمِرْتُ لِأَنْ أَكُونَ أَوَّلَ ٱلْمُسْلِمِينَ ﴿١٢﴾

12. Wa umirtu li an akúna awwalal muslimín

12. E também me foi ordenado ser o primeiro dos muçulmanos.

قُلْ إِنِّىٓ أَخَافُ إِنْ عَصَيْتُ رَبِّى عَذَابَ يَوْمٍ عَظِيمٍ ﴿١٣﴾

13. Qul inní akháfu in 'asaitu Rabbí 'azába Yaumin 'azím

13. Dize-lhes mais: Certamente, temo o castigo do dia terrível, se desobedecer ao meu Senhor.

قُلِ ٱللَّهَ أَعْبُدُ مُخْلِصًا لَّهُۥ دِينِى ﴿١٤﴾

14. Qulil láha a'budu mukhlisal lahú díní

14. Dize (ainda): Adoro a Deus com a minha sincera devoção.

سُورَةُ الزُّمَرِ

Surat Az Zumar

فَٱعۡبُدُواْ مَا شِئۡتُم مِّن دُونِهِۦۗ قُلۡ إِنَّ ٱلۡخَٰسِرِينَ ٱلَّذِينَ خَسِرُوٓاْ أَنفُسَهُمۡ وَأَهۡلِيهِمۡ يَوۡمَ
ٱلۡقِيَٰمَةِۗ أَلَا ذَٰلِكَ هُوَ ٱلۡخُسۡرَانُ ٱلۡمُبِينُ ١٥

15. Fa'budú má chi'tum min dúnih; qul innal khásirínal lazína khasirú anfusahum wa ahlíhim yaumal quiyáma; alá zálika huwal khusránul mubín

15. Adorai, contudo, o que quiserdes, em vez d'Ele! Dize: Certamente, os desventurados serão aqueles que perderem a si mesmos, juntamente com as suas famílias, no Dia da Ressurreição. Não é esta, acaso, a evidente desventura?

لَهُم مِّن فَوۡقِهِمۡ ظُلَلٞ مِّنَ ٱلنَّارِ وَمِن تَحۡتِهِمۡ ظُلَلٞۚ ذَٰلِكَ يُخَوِّفُ ٱللَّهُ بِهِۦ عِبَادَهُۥۚ يَٰعِبَادِ
فَٱتَّقُونِ ١٦

16. Lahum min fawquihim zulalum minan Nári wa min tahtihim zulal; zálika yukhaw wiful láhu bihí 'ibádah; yá 'ibádi fattaqún

16. Terão, por cima (deles), camadas de fogo e, por baixo, mais camadas (de fogo). Com isto Deus previne os Seus servos: Ó servos Meus, temei-Me!

وَٱلَّذِينَ ٱجۡتَنَبُواْ ٱلطَّٰغُوتَ أَن يَعۡبُدُوهَا وَأَنَابُوٓاْ إِلَى ٱللَّهِ لَهُمُ ٱلۡبُشۡرَىٰۚ فَبَشِّرۡ عِبَادِ ١٧

17. Wallazínaj tanabut Tághúta ai ya'budúhá wa anábú ilal láhi lahumul buchrá; fabachchir 'ibád

17. Mas aqueles que evitarem adorar ao sedutor e se voltarem contritos a Deus, obterão as boas notícias; anuncia, pois, as boas notícias aos Meus servos,

ٱلَّذِينَ يَسۡتَمِعُونَ ٱلۡقَوۡلَ فَيَتَّبِعُونَ أَحۡسَنَهُۥٓۚ أُوْلَٰٓئِكَ ٱلَّذِينَ هَدَىٰهُمُ ٱللَّهُۖ وَأُوْلَٰٓئِكَ
هُمۡ أُوْلُواْ ٱلۡأَلۡبَٰبِ ١٨

18. Allazína yastami'únal qawla fayattabi'úna ahsanah; ulá'ikal lazína hadáhumul láhu wa ulá'ika hum ulul albáb

18. Que escutam as palavras e seguem o melhor (significado) delas! São aqueles a quem Deus encaminha, e são os sensatos.

أَفَمَنۡ حَقَّ عَلَيۡهِ كَلِمَةُ ٱلۡعَذَابِ أَفَأَنتَ تُنقِذُ مَن فِي ٱلنَّارِ ١٩

سُورَةُ الزُّمَرِ

Surat Az Zumar

19. Afaman haqqa 'alaihi kalimatul 'azáb; afa anta tunqizu man fin Nár

19. Porventura, aquele que tiver merecido o decreto do castigo (será igual ao bem-aventurado)? Poderás, acaso, salvar quem está no fogo (infernal)?

لَٰكِنِ ٱلَّذِينَ ٱتَّقَوْاْ رَبَّهُمْ لَهُمْ غُرَفٌ مِّن فَوْقِهَا غُرَفٌ مَّبْنِيَّةٌ تَجْرِي مِن تَحْتِهَا ٱلْأَنْهَٰرُ
وَعْدَ ٱللَّهِ لَا يُخْلِفُ ٱللَّهُ ٱلْمِيعَادَ ﴿٢٠﴾

20. Lákinil lazínat taqaw Rabbahum lahum ghurafum min fawqihá ghurafum mabniyyatun tajrí min tahtihal anhár; wa'dal láh; lá yukhliful láhul mí'ád

20. Porém, os que temerem a seu Senhor terão palácios e, além destes, haverá outros prédios, abaixo dos quais correm os rios. Tal é a promessa de Deus, e Deus jamais falta à (Sua) promessa!

أَلَمْ تَرَ أَنَّ ٱللَّهَ أَنزَلَ مِنَ ٱلسَّمَآءِ مَآءً فَسَلَكَهُۥ يَنَٰبِيعَ فِي ٱلْأَرْضِ ثُمَّ يُخْرِجُ بِهِۦ
زَرْعًا مُّخْتَلِفًا أَلْوَٰنُهُۥ ثُمَّ يَهِيجُ فَتَرَىٰهُ مُصْفَرًّا ثُمَّ يَجْعَلُهُۥ حُطَٰمًا ۚ إِنَّ فِي ذَٰلِكَ
لَذِكْرَىٰ لِأُوْلِي ٱلْأَلْبَٰبِ ﴿٢١﴾

21. Alam tara annal láha anzala minas samá'i má'an fasalakahú yanábí'a fil ardhi çumma yukhriju bihí zar'am mukhtalifan alwánuhú summa yahíju fatarahu musfarran summa yaj'aluhú hutámá; inna fí zálika lazikrá li ulil albáb

21. Porventura, aquele a quem Deus abriu o coração ao Islam, e está na Luz de seu Senhor... (não é melhor do que aquele a quem sigilou o coração)? Ai daqueles cujos corações estão endurecidos para a recordação de Deus! Estes estão em evidente erro!

أَفَمَن شَرَحَ ٱللَّهُ صَدْرَهُۥ لِلْإِسْلَٰمِ فَهُوَ عَلَىٰ نُورٍ مِّن رَّبِّهِۦ ۚ فَوَيْلٌ لِّلْقَٰسِيَةِ
قُلُوبُهُم مِّن ذِكْرِ ٱللَّهِ ۚ أُوْلَٰٓئِكَ فِي ضَلَٰلٍ مُّبِينٍ ﴿٢٢﴾

22. Afaman charahal láhu sadrahú lil Islámi fahuwa 'alá núrim mir Rabbih; fa wailul lilqásiyati qulúbuhum min zikril láh; ulá'ika fí dalálim mubín

22. Porventura, aquele a quem Deus abriu o coração ao Islam, e está na Luz de seu Senhor... (não é melhor do que aquele a quem sigilou o coração)? Ai daqueles cujos corações estão endurecidos para a recordação de Deus! Estes estão em evidente erro!

سُورَةُ الزُّمَرِ

Surat Az Zumar

ٱللَّهُ نَزَّلَ أَحۡسَنَ ٱلۡحَدِيثِ كِتَٰبٗا مُّتَشَٰبِهٗا مَّثَانِيَ تَقۡشَعِرُّ مِنۡهُ جُلُودُ ٱلَّذِينَ
يَخۡشَوۡنَ رَبَّهُمۡ ثُمَّ تَلِينُ جُلُودُهُمۡ وَقُلُوبُهُمۡ إِلَىٰ ذِكۡرِ ٱللَّهِۚ ذَٰلِكَ هُدَى ٱللَّهِ
يَهۡدِي بِهِۦ مَن يَشَآءُۚ وَمَن يُضۡلِلِ ٱللَّهُ فَمَا لَهُۥ مِنۡ هَادٍ ﴿٢٣﴾

23. Allahu nazzala ahsanal hadíci Kitábam mutachá biham maçániy taqcha'irru minhu julúdul lazína yakhchauna Rabbahum summa talínu julúduhum wa qulú buhum ilá zikril láh; zálika hudal láhi yahdí bihí mai yaschá'; wa mai yudhlilil láhu famá lahú min hád

23. Deus revelou a mais bela Mensagem: um Livro homogêneo (com estilo e eloquência), e condizente. Por ele, arrepiam-se as peles daqueles que temem seu Senhor: logo, suas peles e seus corações se apaziguam, ante a recordação de Deus. Tal é a orientação de Deus, com a qual encaminha quem Lhe apraz. Por outra, quem Deus desviar não terá orientador algum.

أَفَمَن يَتَّقِي بِوَجۡهِهِۦ سُوٓءَ ٱلۡعَذَابِ يَوۡمَ ٱلۡقِيَٰمَةِۚ وَقِيلَ لِلظَّٰلِمِينَ ذُوقُواْ مَا كُنتُمۡ
تَكۡسِبُونَ ﴿٢٤﴾

24. Afamai yattaqí biwaj hihí sú'al 'azábi Yaumal Quiyámah; wa qíla lizzáli mína zúqú má kuntum taksibún

24. Porventura, quem tiver temido o castigo afrontoso do Dia da Ressurreição (será igual ao que não o tiver feito)? E aos injustos será dito: Sofrei as consequências do que lucrastes!

كَذَّبَ ٱلَّذِينَ مِن قَبۡلِهِمۡ فَأَتَىٰهُمُ ٱلۡعَذَابُ مِنۡ حَيۡثُ لَا يَشۡعُرُونَ ﴿٢٥﴾

25. Kazzabal lazína min qablihim fa atáhumul 'azábu min haiçu lá yach'urún

25. Seus antepassados desmentiram os mensageiros e o castigo lhes sobreveio, de onde menos esperavam.

فَأَذَاقَهُمُ ٱللَّهُ ٱلۡخِزۡيَ فِي ٱلۡحَيَوٰةِ ٱلدُّنۡيَاۖ وَلَعَذَابُ ٱلۡأٓخِرَةِ أَكۡبَرُۚ لَوۡ كَانُواْ يَعۡلَمُونَ ﴿٢٦﴾

26. Fa azáqahumul láhul khizya fil hayátid dunyá wa la'azábul Ákhirati akbar; law kánú ya'lamún

26. Deus os fez provar a desonra na vida terrena; porém, o castigo da Outra Vida será maior. Se o soubessem!

سُورَةُ الزُّمَرِ

Surat Az Zumar

وَلَقَدۡ ضَرَبۡنَا لِلنَّاسِ فِي هَٰذَا ٱلۡقُرۡءَانِ مِن كُلِّ مَثَلٖ لَّعَلَّهُمۡ يَتَذَكَّرُونَ ﴿٢٧﴾

27. *Wa laqad dharabná linnási fí házal Qur-áni min kulli maçalil la'allahum yatazakkarún*

27. E expomos aos homens, neste Alcorão, toda a espécie de exemplos, para que meditem.

قُرۡءَانًا عَرَبِيًّا غَيۡرَ ذِي عِوَجٖ لَّعَلَّهُمۡ يَتَّقُونَ ﴿٢٨﴾

28. *Qur-ánan 'Arabiyyan ghaira zí 'iwajil la'allahum yattaqún*

28. É um Alcorão árabe, irrepreensível; quiçá assim temam a Deus.

ضَرَبَ ٱللَّهُ مَثَلٗا رَّجُلٗا فِيهِ شُرَكَآءُ مُتَشَٰكِسُونَ وَرَجُلٗا سَلَمٗا لِّرَجُلٍ هَلۡ
يَسۡتَوِيَانِ مَثَلًاۚ ٱلۡحَمۡدُ لِلَّهِۚ بَلۡ أَكۡثَرُهُمۡ لَا يَعۡلَمُونَ ﴿٢٩﴾

29. *Dharabal láhu maçalar rajulan fíhi churaká'u mutachákisúna wa rajulan salamal lirajulin hal yastawi yáni maçalá; alhamdu lilláh; bal akçsaruhum lá ya'lamún*

29. Deus expõe, como exemplo, dois homens: um está a serviço de sócios antagônicos e o outro a serviço de uma só pessoa. Poderão ser equiparados? Louvado seja Deus! Porém, a maioria dos homens ignora.

إِنَّكَ مَيِّتٞ وَإِنَّهُم مَّيِّتُونَ ﴿٣٠﴾

30. *Innaka maiyitunw wa inna hum maiyitún*

30. É bem verdade que tu morrerás e eles morrerão.

ثُمَّ إِنَّكُمۡ يَوۡمَ ٱلۡقِيَٰمَةِ عِندَ رَبِّكُمۡ تَخۡتَصِمُونَ ﴿٣١﴾

31. *Çumma innakum Yaumal Quiyámati 'inda Rabbikum takhtasimún*

31. E, no Dia da Ressurreição, ante vosso Senhor disputareis. **(Fim do juzi 23)**

سُورَةُ الزُّمَرِ

Surat Az Zumar

Juzi 24

Surat 41. Az Zumar, (Os Grupos). Revelada em Makka; a partir dos versículo 32 até 75.

۞ فَمَنْ أَظْلَمُ مِمَّن كَذَبَ عَلَى ٱللَّهِ وَكَذَّبَ بِٱلصِّدْقِ إِذْ جَآءَهُۥٓ ۚ أَلَيْسَ فِى جَهَنَّمَ مَثْوًى لِّلْكَـٰفِرِينَ ﴿٣٢﴾

32. Faman azlamu mimman kazaba 'alal láhi wa kazzaba bissidqui iz já'ah; alaisa fí Jahannama maçwal lilkáfirín

32. Haverá alguém mais injusto do que quem mente acerca de Deus e desmente a Verdade, quando ela lhe chega? Acaso, não há lugar, no inferno, para os blasfemos?

وَٱلَّذِى جَآءَ بِٱلصِّدْقِ وَصَدَّقَ بِهِۦٓ ۙ أُو۟لَـٰٓئِكَ هُمُ ٱلْمُتَّقُونَ ﴿٣٣﴾

33. Wallazí á'a bissidqui wa saddaqa bihí ulá'ika humul muttaqún

33. Outrossim, aqueles que apresentarem a verdade e a confirmarem, esses serão os tementes.

لَهُم مَّا يَشَآءُونَ عِندَ رَبِّهِمْ ۚ ذَٰلِكَ جَزَآءُ ٱلْمُحْسِنِينَ ﴿٣٤﴾

34. Lahum má yachá'úna 'inda Rabbihim; zálika jazá'ul muhsinín

34. Que obterão o que anelam, na presença do seu Senhor. Tal será a recompensa dos benfeitores,

لِيُكَفِّرَ ٱللَّهُ عَنْهُمْ أَسْوَأَ ٱلَّذِى عَمِلُوا۟ وَيَجْزِيَهُمْ أَجْرَهُم بِأَحْسَنِ ٱلَّذِى كَانُوا۟ يَعْمَلُونَ ﴿٣٥﴾

35. Liyukaffiral láhu 'anhum aswá allazí 'amilú wa yajziyahum ajrahum bi ahsanil laí kánú ya'malún

35. Para que Deus lhes absolva o pior de tudo quanto tenham cometido e lhes pague a sua recompensa, de acordo com o melhor que tiverem feito.

أَلَيْسَ ٱللَّهُ بِكَافٍ عَبْدَهُۥ ۖ وَيُخَوِّفُونَكَ بِٱلَّذِينَ مِن دُونِهِۦ ۚ وَمَن يُضْلِلِ ٱللَّهُ فَمَا لَهُۥ مِنْ هَادٍ ﴿٣٦﴾

سُورَةُ الزُّمَرِ

Surat Az Zumar

36. Alaisal láhu bikáfin 'abdahú wa yukhauwifúnaka billazína min dúnih; wa mai yudhlilil láhu famá lahú min hád

36. Acaso, não é Deus suficiente Custódio para o Seu servo? Porém, eles tratarão de amedrontar-te com as outras divindades, além d'Ele! Mas quem Deus extraviar não terá orientador algum.

وَمَن يَهْدِ ٱللَّهُ فَمَا لَهُۥ مِن مُّضِلٍّ ۗ أَلَيْسَ ٱللَّهُ بِعَزِيزٍ ذِى ٱنتِقَامٍ ﴿٣٧﴾

37. Wa mai yahdil láhu famá lahú min mudhil; alaisal láhu bi'azízin zin tiqám

37. Em troca, a quem Deus encaminhar, ninguém poderá extraviar. Acaso, não é Deus, Justiceiro, Poderosíssimo?

وَلَئِن سَأَلْتَهُم مَّنْ خَلَقَ ٱلسَّمَـٰوَٰتِ وَٱلْأَرْضَ لَيَقُولُنَّ ٱللَّهُ ۚ قُلْ أَفَرَءَيْتُم مَّا
تَدْعُونَ مِن دُونِ ٱللَّهِ إِنْ أَرَادَنِىَ ٱللَّهُ بِضُرٍّ هَلْ هُنَّ كَـٰشِفَـٰتُ ضُرِّهِۦٓ أَوْ
أَرَادَنِى بِرَحْمَةٍ هَلْ هُنَّ مُمْسِكَـٰتُ رَحْمَتِهِۦ ۚ قُلْ حَسْبِىَ ٱللَّهُ ۖ عَلَيْهِ
يَتَوَكَّلُ ٱلْمُتَوَكِّلُونَ ﴿٣٨﴾

38. Wa la'in saaltahum man khalaqas samáwáti wal ardha la yaqúlunal láh; qul afara'aitum má tad'úna min dúnil láhi in arádaniyal láhu bidhurrin hal hunna káchifátu dhurrihí au arádaní birahmatin hal hunna mumsikátu rahmatih; qul hasbiyal láhu 'alaihi yatawakkalul mutawakkilún

38. E se lhes perguntares quem criou os Céus e a Terra, seguramente te responderão: Deus! Dize-lhes: Tereis reparado nos que invocais, em vez de Deus? Se Deus quisesse prejudicar-me, poderiam, acaso, impedi-Lo? Ou então, se Ele quisesse favorecer-me com alguma graça, poderiam eles privar-me dela? Dize-lhes (mais): Deus me basta! N'Ele confiam aqueles que estão confiantes.

قُلْ يَـٰقَوْمِ ٱعْمَلُوا۟ عَلَىٰ مَكَانَتِكُمْ إِنِّى عَـٰمِلٌ ۖ فَسَوْفَ تَعْلَمُونَ ﴿٣٩﴾

39. Qul yá qaumi 'imalú 'alá makánatikum inní 'ámilun fasaufa ta'lamún

39. Dize-lhes (ainda): Ó povo meu, agi a vosso gosto! Eu também farei (o mesmo)! Logo sabereis,

مَن يَأْتِيهِ عَذَابٌ يُخْزِيهِ وَيَحِلُّ عَلَيْهِ عَذَابٌ مُّقِيمٌ ﴿٤٠﴾

سُورَةُ الزُّمَرِ

Surat Az Zumar

40. Mai ya'tíhi 'azábun yukhzíhi wa yahillu 'alaihi 'azábum muquim

40. A quem açoitará um castigo que o desonrará, fazendo com que tenha um tormento permanente.

إِنَّآ أَنزَلْنَا عَلَيْكَ ٱلْكِتَٰبَ لِلنَّاسِ بِٱلْحَقِّ ۖ فَمَنِ ٱهْتَدَىٰ فَلِنَفْسِهِۦ ۖ وَمَن
ضَلَّ فَإِنَّمَا يَضِلُّ عَلَيْهَا ۖ وَمَآ أَنتَ عَلَيْهِم بِوَكِيلٍ ﴿٤١﴾

41. Inná anzalná 'alaikal Kitába linnási bilhaqq; famanihtadá falinafsihi wa man dhalla fa innamá yadhillu 'alaihá wa má anta 'alaihim biwakíl

41. Em verdade, temos-te revelado o Livro, para (instruíres) os humanos. Assim, pois, quem se encaminhar, será em benefício próprio; por outra, quem se desviar, será em seu próprio prejuízo. E tu não és guardião deles.

ٱللَّهُ يَتَوَفَّى ٱلْأَنفُسَ حِينَ مَوْتِهَا وَٱلَّتِى لَمْ تَمُتْ فِى مَنَامِهَا ۖ فَيُمْسِكُ
ٱلَّتِى قَضَىٰ عَلَيْهَا ٱلْمَوْتَ وَيُرْسِلُ ٱلْأُخْرَىٰٓ إِلَىٰٓ أَجَلٍ مُّسَمًّى ۚ إِنَّ فِى ذَٰلِكَ
لَءَايَٰتٍ لِّقَوْمٍ يَتَفَكَّرُونَ ﴿٤٢﴾

42. Alláhu yatawaffal anfusa hína mautihá wallatí lam tamut fí manámihá fa yumsikul latí qadá'alaihal mauta wa yursilul ukhrá ilá ajalim musammá; inna fí zálika la Áyátil liqaumai yatafakkarrún

42. Deus recolhe as almas, no momento da morte e, dos que não morreram, ainda, (recolhe) durante o sono. Ele retém aqueles cujas mortes tem decretado, e deixa em liberdade outros, até um término prefixado. Em verdade, nisto há sinais para os sensatos.

أَمِ ٱتَّخَذُوا۟ مِن دُونِ ٱللَّهِ شُفَعَآءَ ۚ قُلْ أَوَلَوْ كَانُوا۟ لَا يَمْلِكُونَ شَيْـًٔا وَلَا
يَعْقِلُونَ ﴿٤٣﴾

43. Amit takhazú min dúnil láhi chufa'á'; qul awalau kánú lá yamlikúna chai'an wa lá ya'quilún

43. Adotarão, acaso, intercessores, em vez de Deus? Dize-lhes: Quê! Ainda que eles não tenham poder algum, nem razão alguma?

قُل لِّلَّهِ ٱلشَّفَٰعَةُ جَمِيعًا ۖ لَّهُۥ مُلْكُ ٱلسَّمَٰوَٰتِ وَٱلْأَرْضِ ۖ ثُمَّ إِلَيْهِ تُرْجَعُونَ ﴿٤٤﴾

44. Qul lil láhich chafá'atu jamí'á; lahú mulkus samáwáti wal ardhi çhumma ilaihi turja'ún

44. Dize-lhes (mais): Só a Deus incumbe toda a intercessão. Seu é o reino dos Céus e da Terra; logo, a Ele retornareis.

وَإِذَا ذُكِرَ ٱللَّهُ وَحْدَهُ ٱشْمَأَزَّتْ قُلُوبُ ٱلَّذِينَ لَا يُؤْمِنُونَ بِٱلْـَٔاخِرَةِ ۖ وَإِذَا
ذُكِرَ ٱلَّذِينَ مِن دُونِهِۦٓ إِذَا هُمْ يَسْتَبْشِرُونَ ﴿٤٥﴾

45. Wa izá zukiral láhu wahdahu chma'azzat qulúbul lazína lá yu'minúna bil Ákhirati wa izá zukiral lazína min dúnihí izá hum yastabchirún

45. E quando é mencionado Deus, o Único, repugnam-se os corações daqueles que não creem na Outra Vida; não obstante, quando são mencionadas outras divindades, em vez d'Ele, ei-los cheios de júblio!

قُلِ ٱللَّهُمَّ فَاطِرَ ٱلسَّمَٰوَٰتِ وَٱلْأَرْضِ عَٰلِمَ ٱلْغَيْبِ وَٱلشَّهَٰدَةِ أَنتَ تَحْكُمُ بَيْنَ
عِبَادِكَ فِى مَا كَانُوا۟ فِيهِ يَخْتَلِفُونَ ﴿٤٦﴾

46. Qulil láhumma fátiras samáwáti wal ardhi 'Álimal Ghaibi wachchahádati Anta tahkumu baina 'ibádika fí má kánú fíhi yakhtalifún

46. Dize: Ó Deus, Originador dos Céus e da Terra, Conhecedor do desconhecido e do conhecido, Tu dirimirás, entre os Teus servos, as suas divergências!

وَلَوْ أَنَّ لِلَّذِينَ ظَلَمُوا۟ مَا فِى ٱلْأَرْضِ جَمِيعًا وَمِثْلَهُۥ مَعَهُۥ لَٱفْتَدَوْا۟ بِهِۦ مِن
سُوٓءِ ٱلْعَذَابِ يَوْمَ ٱلْقِيَٰمَةِ ۚ وَبَدَا لَهُم مِّنَ ٱللَّهِ مَا لَمْ يَكُونُوا۟ يَحْتَسِبُونَ ﴿٤٧﴾

47. Wa lau anna lillazína zalamú má fil ardhi jamí'an wa miçlahú ma'ahú laftadau bihí min sú'il 'azábi Yaumal Quiyámah; wa badá lahum minal láhi má lam yakúnú yahtasibún

47. Se os injustos possuíssem tudo quanto existe na Terra e outro tanto mais, dá-lo-iam, para se eximirem do horrível tormento no Dia da Ressurreição. (Nesse dia) aparecer-lhes-á, da parte de Deus, o que jamais esperavam.

وَبَدَا لَهُمْ سَيِّـَٔاتُ مَا كَسَبُوا۟ وَحَاقَ بِهِم مَّا كَانُوا۟ بِهِۦ يَسْتَهْزِءُونَ ﴿٤٨﴾

48. Wa badá lahum saiyiátu má kasabú wa háqa bihim má kánú bihí yastahzi'ún

سُورَةُ الزُّمَرِ

Surat Az Zumar

48. E lhes aparecerão as maldades que tiverem cometido, e serão envolvidos por aquilo de que escarneciam.

فَإِذَا مَسَّ ٱلْإِنسَٰنَ ضُرٌّ دَعَانَا ثُمَّ إِذَا خَوَّلْنَٰهُ نِعْمَةً مِّنَّا قَالَ إِنَّمَآ أُوتِيتُهُۥ عَلَىٰ
عِلْمٍۭ بَلْ هِىَ فِتْنَةٌ وَلَٰكِنَّ أَكْثَرَهُمْ لَا يَعْلَمُونَ ﴿٤٩﴾

49. Fa izá massal insána dhurrun da'áná çumma izá khauwalnáhu ni'matam minna qála innamá útítuhú 'alá 'ilm; bal hiya fitnatun wa lákinna aksarahum lá ya'lamún

49. Quando a adversidade açoita o homem, eis que Nos implora; então, quando o agraciamos com as nossas mercês, diz: Certamente que as logrei por meus próprios méritos! Qual! É uma prova! Porém, a maioria dos humanos o ignora.

قَدْ قَالَهَا ٱلَّذِينَ مِن قَبْلِهِمْ فَمَآ أَغْنَىٰ عَنْهُم مَّا كَانُوا۟ يَكْسِبُونَ ﴿٥٠﴾

50. Qad qálahal lazína min qablihim famá aghná 'anhum má kánú yaksibún

50. Assim falavam também os seus antepassados; porém, de nada lhes valeu tudo quanto haviam lucrado.

فَأَصَابَهُمْ سَيِّـَٔاتُ مَا كَسَبُوا۟ ۚ وَٱلَّذِينَ ظَلَمُوا۟ مِنْ هَٰٓؤُلَآءِ سَيُصِيبُهُمْ سَيِّـَٔاتُ
مَا كَسَبُوا۟ وَمَا هُم بِمُعْجِزِينَ ﴿٥١﴾

51. Fa assábahum saiyiátu má kasabú; wallazína zalamú min há'ulá'i sayussíbuhum saiyiátu má kasabú wa má hum bimu'jizín

51. E as maldades que haviam cometido recaíram sobre eles. Assim recairão sobre os injustos desta (geração) as maldades que tiverem cometido, e não poderão desafiar (Deus).

أَوَلَمْ يَعْلَمُوٓا۟ أَنَّ ٱللَّهَ يَبْسُطُ ٱلرِّزْقَ لِمَن يَشَآءُ وَيَقْدِرُ ۚ إِنَّ فِى ذَٰلِكَ لَـَٔايَٰتٍ
لِّقَوْمٍ يُؤْمِنُونَ ﴿٥٢﴾

52. Awalam ya'lamú annal láha yabsutur rizqa limai yachá'u wa yaqdir; inna fí zálika la Áyátil liqawmin yu'minún

52. Porventura, ignoram que Ele prodigaliza ou restringe a Sua graça a quem Lhe apraz? Por certo que nisto há sinais para os crentes.

سُورَةُ الزُّمَر

Surat Az Zumar

۞ قُلْ يَٰعِبَادِىَ ٱلَّذِينَ أَسْرَفُوا۟ عَلَىٰٓ أَنفُسِهِمْ لَا تَقْنَطُوا۟ مِن رَّحْمَةِ ٱللَّهِ ۚ إِنَّ ٱللَّهَ
يَغْفِرُ ٱلذُّنُوبَ جَمِيعًا ۚ إِنَّهُۥ هُوَ ٱلْغَفُورُ ٱلرَّحِيمُ ﴿٥٣﴾

53. ۞ Qul yá'ibádiyal lazína asrafú 'alá anfusihim lá taqnatú mir rahmatil láh; innal láha yaghfiruz zunúba jamí'á; innahú Huwal Ghafúrur Rahím

53. Dize: Ó servos Meus, que se excederam contra si próprios, não desespereis da misericórdia de Deus; certamente, Ele perdoa todos os pecados, porque Ele é o Indulgente, o Misericordiosíssimo.

وَأَنِيبُوٓا۟ إِلَىٰ رَبِّكُمْ وَأَسْلِمُوا۟ لَهُۥ مِن قَبْلِ أَن يَأْتِيَكُمُ ٱلْعَذَابُ ثُمَّ لَا
تُنصَرُونَ ﴿٥٤﴾

54. Wa aníbú ilá Rabbikum wa aslimú lahú min qabli an yá'tiyakumul 'azábu çumma lá tunsarún

54. E voltai, contritos, ao vosso Senhor, e submetei-vos a Ele, antes que vos açoite o castigo, porque, então, não sereis socorridos.

وَٱتَّبِعُوٓا۟ أَحْسَنَ مَآ أُنزِلَ إِلَيْكُم مِّن رَّبِّكُم مِّن قَبْلِ أَن يَأْتِيَكُمُ
ٱلْعَذَابُ بَغْتَةً وَأَنتُمْ لَا تَشْعُرُونَ ﴿٥٥﴾

55. Wattabi'ú ahsana má unzila ilaikum mir Rabbikum min qabli ai ya'tiyakumul 'azábu baghtatan wa antum lá tach'urún

55. E observai o melhor do que, de vosso Senhor, vos foi revelado, antes que vos açoite o castigo, subitamente, sem o perceberdes.

أَن تَقُولَ نَفْسٌ يَٰحَسْرَتَىٰ عَلَىٰ مَا فَرَّطتُ فِى جَنۢبِ ٱللَّهِ وَإِن كُنتُ لَمِنَ
ٱلسَّٰخِرِينَ ﴿٥٦﴾

56. An taqúla nafsun yáhasratá 'alá má farrattu fí jambil láhi wa in kuntu laminas sákhirín

56. Antes que qualquer alma diga: Ai de mim por ter-me descuidado (das minhas obrigações) para com Deus, posto que fui um dos escarnecedores!

أَوْ تَقُولَ لَوْ أَنَّ ٱللَّهَ هَدَىٰنِى لَكُنتُ مِنَ ٱلْمُتَّقِينَ ﴿٥٧﴾

57. Au taqúla lau annal láha hadání lakuntu minal muttaquin
57. Ou diga: Se Deus me tivesse encaminhado, contar-me-ia entre os tementes!

أَوْ تَقُولَ حِينَ تَرَى ٱلْعَذَابَ لَوْ أَنَّ لِى كَرَّةً فَأَكُونَ مِنَ
ٱلْمُحْسِنِينَ ﴿٥٨﴾

58. Au taqúla hina taral 'azába lau anna lí karratan fa akúna minal muhsinín
58. Ou diga, quando vir o castigo: Se pudesse ter outra chance, seria, então, um dos benfeitores!

بَلَىٰ قَدْ جَآءَتْكَ ءَايَٰتِى فَكَذَّبْتَ بِهَا وَٱسْتَكْبَرْتَ وَكُنتَ مِنَ ٱلْكَٰفِرِينَ ﴿٥٩﴾

59. Balá qad já'atka áyáti fa kazzabta bihá wastakbarta wa kunta minal káfirín
59. (Deus lhe replicará): Qual! Já te haviam chegado os Meus versículos. Porém, tu os desmentiste e te ensoberbeceste, e foste um dos incrédulos!

وَيَوْمَ ٱلْقِيَٰمَةِ تَرَى ٱلَّذِينَ كَذَبُوا۟ عَلَى ٱللَّهِ وُجُوهُهُم مُّسْوَدَّةٌ ۚ أَلَيْسَ فِى
جَهَنَّمَ مَثْوًى لِّلْمُتَكَبِّرِينَ ﴿٦٠﴾

60. Wa Yaumal Quiyámati taral lazína kazabú 'alal láhi wujúhuhum muswaddah; alaisa fi Jahannama maçwal lilmutakabbirín
60. E, no Dia da Ressurreição, verás aqueles que mentiram acerca de Deus, com os seus rostos ensombreados. Não há, acaso, no inferno, lugar para os arrogantes?

وَيُنَجِّى ٱللَّهُ ٱلَّذِينَ ٱتَّقَوْا۟ بِمَفَازَتِهِمْ لَا يَمَسُّهُمُ ٱلسُّوٓءُ وَلَا هُمْ يَحْزَنُونَ ﴿٦١﴾

61. Wa yunajjil láhul lazínat taqau bimafázatihim lá yamassuhumus sú'u wa lá hum yahzanún
61. E Deus salvará os tementes, por seu comportamento, não os açoitará o mal, nem se angustiarão.

ٱللَّهُ خَٰلِقُ كُلِّ شَىْءٍ ۖ وَهُوَ عَلَىٰ كُلِّ شَىْءٍ وَكِيلٌ ﴿٦٢﴾

62. Alláhu kháliqu kulli chai'in wa Huwa 'alá kulli chai'in Wakíl
62. Deus é o Criador de tudo e é de tudo o Guardião.

لَّهُۥ مَقَالِيدُ ٱلسَّمَٰوَٰتِ وَٱلْأَرْضِ ۗ وَٱلَّذِينَ كَفَرُوا۟ بِـَٔايَٰتِ ٱللَّهِ أُو۟لَٰٓئِكَ هُمُ
ٱلْخَٰسِرُونَ ﴿٦٣﴾

سُورَةُ الزُّمَرِ

Surat Az Zumar

63. Lahú maqálídus samáwáti wal ardh; wallazína kafarú bi ayátil láhi ulá'ika humul khásirún

63. Suas são as chaves dos Céus e da Terra; quanto àqueles que negam os versículos de Deus, serão os desventurados.

قُلْ أَفَغَيْرَ ٱللَّهِ تَأْمُرُوٓنِّىٓ أَعْبُدُ أَيُّهَا ٱلْجَٰهِلُونَ ﴿٦٤﴾

64. Qul afaghairal láhi támurúnní a'budu ayyuhal jáhilún

64. Dize: Tereis, porventura, coragem de me ordenar adorar outro, que não seja Deus, ó ignorantes?

وَلَقَدْ أُوحِىَ إِلَيْكَ وَإِلَى ٱلَّذِينَ مِن قَبْلِكَ لَئِنْ أَشْرَكْتَ لَيَحْبَطَنَّ عَمَلُكَ
وَلَتَكُونَنَّ مِنَ ٱلْخَٰسِرِينَ ﴿٦٥﴾

65. Wa laqad úhiya ilaika wa ilal lazína min qablika la in achrakta la yahbatanna 'amaluka wa latakúnanna minal khásirín

65. Já te foi revelado, assim como aos teus antepassados: Se idolatrares, certamente tornar-se-á sem efeito a tua obra, e te contarás entre os desventurados.

بَلِ ٱللَّهَ فَٱعْبُدْ وَكُن مِّنَ ٱلشَّٰكِرِينَ ﴿٦٦﴾

66. Balil láha fa'bud wa kum minach chákirín

66. Por outra, adora a Deus e sê um dos agradecidos.

وَمَا قَدَرُوا۟ ٱللَّهَ حَقَّ قَدْرِهِۦ وَٱلْأَرْضُ جَمِيعًا قَبْضَتُهُۥ يَوْمَ ٱلْقِيَٰمَةِ
وَٱلسَّمَٰوَٰتُ مَطْوِيَّٰتٌۢ بِيَمِينِهِۦ ۚ سُبْحَٰنَهُۥ وَتَعَٰلَىٰ عَمَّا يُشْرِكُونَ ﴿٦٧﴾

67. Wa má qadarul láha haqqa qadrihi wal ardhu jamí'an qabdhatuhú Yaumal Quiyámati wassamáwátu matwiyyátum biyamínih; Subhánahú wa Ta'álá 'amma yucchrikú

67. E eles não aquilatam Deus como deveriam! No Dia da Ressurreição, a Terra, integralmente, caberá na concavidade de Sua Mão, e os céus estarão envolvidos pela Sua mão direita. Glorificado e exaltado seja de tudo quanto Lhe associam!

سُورَةُ الزُّمَرِ

Surat Az Zumar

وَنُفِخَ فِي ٱلصُّورِ فَصَعِقَ مَن فِي ٱلسَّمَٰوَٰتِ وَمَن فِي ٱلۡأَرۡضِ إِلَّا مَن شَآءَ ٱللَّهُۖ
ثُمَّ نُفِخَ فِيهِ أُخۡرَىٰ فَإِذَا هُمۡ قِيَامٞ يَنظُرُونَ ﴿٦٨﴾

68. Wa nufikha fis Súri fasa'iqa man fis samáwáti wa man fil ardhi illá man chá'al láhu summa nufikha fíhi ukhrá fa izá hum quiyámun yanzurún

68. E a trombeta soará; e aqueles que estão nos Céus e na Terra expirarão, com exceção daqueles que Deus queira (conservar). Logo, soará pela segunda vez e, ei-los ressuscitados, pasmados!

وَأَشۡرَقَتِ ٱلۡأَرۡضُ بِنُورِ رَبِّهَا وَوُضِعَ ٱلۡكِتَٰبُ وَجِاْيٓءَ بِٱلنَّبِيِّـۧنَ وَٱلشُّهَدَآءِ
وَقُضِيَ بَيۡنَهُم بِٱلۡحَقِّ وَهُمۡ لَا يُظۡلَمُونَ ﴿٦٩﴾

69. Wa achraqatil ardhu binúri Rabbihá wa wudhi'al Kitábu wa ji'a bin nabiyyina wachchuhadá'i wa qudhiya bainahum bilhaqqui wa hum lá yuzlamún

69. E a Terra resplandecerá com a luz do seu Senhor. E o livro (registro das obras) será exposto, e se fará comparecerem os profetas e as testemunhas, e todos serão julgados com equidade, e não serão defraudados.

وَوُفِّيَتۡ كُلُّ نَفۡسٖ مَّا عَمِلَتۡ وَهُوَ أَعۡلَمُ بِمَا يَفۡعَلُونَ ﴿٧٠﴾

70. Wa wuffiyat kullu nafsim má 'amilat wa Huwa a'lamu bimá yaf'alún

70. E cada alma será recompensada segundo o que tiver feito, porque Ele sabe melhor do que ninguém o que ela fez.

وَسِيقَ ٱلَّذِينَ كَفَرُوٓاْ إِلَىٰ جَهَنَّمَ زُمَرًاۖ حَتَّىٰٓ إِذَا جَآءُوهَا فُتِحَتۡ أَبۡوَٰبُهَا
وَقَالَ لَهُمۡ خَزَنَتُهَآ أَلَمۡ يَأۡتِكُمۡ رُسُلٞ مِّنكُمۡ يَتۡلُونَ عَلَيۡكُمۡ ءَايَٰتِ رَبِّكُمۡ
وَيُنذِرُونَكُمۡ لِقَآءَ يَوۡمِكُمۡ هَٰذَاۚ قَالُواْ بَلَىٰ وَلَٰكِنۡ حَقَّتۡ كَلِمَةُ ٱلۡعَذَابِ
عَلَى ٱلۡكَٰفِرِينَ ﴿٧١﴾

71. Wa síqal lazína kafarú ilá jahannama zumará hattá izá já'úhá futihat abwábuhá wa qála lahum khazanatuhá alam ya'tikum Russulun minkum yatlúna 'alaikum Áyáti Rabbikum wa yunzirúnakum liqá'a Yaumikum házá; qálú balá wa lákin haqqat kalimatul 'azábi 'alal káfirín

سُورَةُ الزُّمَرِ

Surat Az Zumar

71. E os incrédulos serão conduzidos, em grupos, até ao inferno, cujas portas, quando chegarem a ele, se abrirão, e os seus guardiões lhes dirão: Acaso, não vos foram apresentados mensageiros de vossa estirpe, que vos ditaram os versículos do vosso Senhor e vos admoestaram acerca do comparecimento deste dia? Dirão: Sim! Então, o decreto do castigo recairá sobre os incrédulos.

قِيلَ ٱدْخُلُوٓا۟ أَبْوَٰبَ جَهَنَّمَ خَٰلِدِينَ فِيهَا ۖ فَبِئْسَ مَثْوَى ٱلْمُتَكَبِّرِينَ ﴿٧٢﴾

72. Quilad khulú abwába jahannama khálidína fíha fabi'sa maçwal mutakabbirín

72. Ser-lhes-á ordenado: Adentrai as portas do inferno, onde permanecereis eternamente. Que péssima é a morada dos arrogantes!

وَسِيقَ ٱلَّذِينَ ٱتَّقَوْا۟ رَبَّهُمْ إِلَى ٱلْجَنَّةِ زُمَرًا ۖ حَتَّىٰٓ إِذَا جَآءُوهَا وَفُتِحَتْ
أَبْوَٰبُهَا وَقَالَ لَهُمْ خَزَنَتُهَا سَلَٰمٌ عَلَيْكُمْ طِبْتُمْ فَٱدْخُلُوهَا خَٰلِدِينَ ﴿٧٣﴾

73. Wa síqal lazínat taqau Rabbahum ilal Jannati zumará hattá izá já'úhá wa futihat abwábuhá wa qála lahum khazanatuhá salámun 'alaikum tibtum fadkhulúhá kháaalidín

73. Em troca, os tementes serão conduzidos, em grupos, até ao Paraíso e, lá chegando, abrir-se-ão as suas portas e os seus guardiões lhes dirão: Que a paz esteja convosco! Quão excelente é o que fizestes! Adentrai, pois! Aqui permanecereis eternamente.

وَقَالُوا۟ ٱلْحَمْدُ لِلَّهِ ٱلَّذِى صَدَقَنَا وَعْدَهُۥ وَأَوْرَثَنَا ٱلْأَرْضَ نَتَبَوَّأُ مِنَ
ٱلْجَنَّةِ حَيْثُ نَشَآءُ ۖ فَنِعْمَ أَجْرُ ٱلْعَٰمِلِينَ ﴿٧٤﴾

74. Wa qálull hamdulilláhil lazí sadaqaná wa'dahú wa auraçanal arda natabawa-u minal jannati haiçu nachá'u fani'ma ajrul 'ámilín

74. Dirão: Louvado seja Deus, Que cumpriu a Sua promessa, e nos fez herdar a terra. Alojar-nos-emos no Paraíso onde quisermos. Quão excelente é a recompensa dos caritativos!

وَتَرَى ٱلْمَلَٰٓئِكَةَ حَآفِّينَ مِنْ حَوْلِ ٱلْعَرْشِ يُسَبِّحُونَ بِحَمْدِ رَبِّهِمْ ۖ وَقُضِىَ بَيْنَهُم
بِٱلْحَقِّ وَقِيلَ ٱلْحَمْدُ لِلَّهِ رَبِّ ٱلْعَٰلَمِينَ ﴿٧٥﴾

سُورَةُ غَافِرٍ

Surat Gháfer

75. Wa taral malá'ikata háffína min haulil 'Archi yusabbihúna bihamdi Rabbihim wa qudhiya bainahum bilhaqqui wa quilal hamdu lilláhi Rabbil 'álamín

75. E verás os anjos circundando o Trono Divino, celebrando os louvores do seu Senhor. E todos serão julgados com equidade, e será dito: Louvado seja Deus, Senhor do Universo!

Surat 40. *Ghâfer,* O Remissório. 85 versículos. Revelada em Makka, com exceção dos versículos 56 e 57 que foram revelados em Madina.

بِسْمِ ٱللَّهِ ٱلرَّحْمَٰنِ ٱلرَّحِيمِ

Bismilláhir Rahmánir Rahím

Em nome de Deus, o Clemente, o Misericordioso

حمٓ ﴿١﴾

1. Há-Mím

1. Há, Mim.

تَنزِيلُ ٱلْكِتَٰبِ مِنَ ٱللَّهِ ٱلْعَزِيزِ ٱلْعَلِيمِ ﴿٢﴾

2. Tanzílul Kitábi minal láhil Azízil 'Alím

2. A revelação do Livro é de Deus, o Poderoso, o Sapientíssimo.

غَافِرِ ٱلذَّنۢبِ وَقَابِلِ ٱلتَّوْبِ شَدِيدِ ٱلْعِقَابِ ذِى ٱلطَّوْلِ لَآ إِلَٰهَ إِلَّا هُوَ إِلَيْهِ ٱلْمَصِيرُ ﴿٣﴾

3. Gháfiriz zambi wa qábilit taubi chadídil 'iqábi zit tauli lá iláha illá Huwa ilaihil masír

3. Remissório do pecado, Condescendente, Severíssimo no castigo, Que tem pleno alcance (sobre todas as coisas). Não há mais divindade além d'Ele! A Ele será o retorno.

سُورَةُ غَافِر
Surat Gháfer

مَا يُجَٰدِلُ فِيٓ ءَايَٰتِ ٱللَّهِ إِلَّا ٱلَّذِينَ كَفَرُواْ فَلَا يَغۡرُرۡكَ تَقَلُّبُهُمۡ فِي ٱلۡبِلَٰدِ ٤

4. Má yujádilu fí Áyátil láhi illal lazína kafarú falá yaghrurka taqallubuhum fil bilád

4. Ninguém refuta os versículos de Deus, senão os incrédulos. Que as atividades deles, na Terra, não te enganem!

كَذَّبَتۡ قَبۡلَهُمۡ قَوۡمُ نُوحٖ وَٱلۡأَحۡزَابُ مِنۢ بَعۡدِهِمۡۖ وَهَمَّتۡ كُلُّ أُمَّةِۭ
بِرَسُولِهِمۡ لِيَأۡخُذُوهُۖ وَجَٰدَلُواْ بِٱلۡبَٰطِلِ لِيُدۡحِضُواْ بِهِ ٱلۡحَقَّ فَأَخَذۡتُهُمۡۖ فَكَيۡفَ كَانَ
عِقَابِ ٥

5. Kazzabat qablahum qaumu Núhin wal Ahzábu min ba'dihim wa hammat kullu ummatin bi Rassúlihim li ya'khuzúhu wa jádalú bilbátili liyudhidhú bihil haqqa fa akhaztuhum fakaifa kána 'iqáb

5. Já antes deles, o povo de Noé desmentira os seus mensageiros e, depois deste, outros grupos; e cada povo atentou contra o seu mensageiro, para eliminá-lo; e disputavam com banalidades, para refutar, assim, a verdade; por isso os aniquilei. E que terrível foi a Minha punição!

وَكَذَٰلِكَ حَقَّتۡ كَلِمَتُ رَبِّكَ عَلَى ٱلَّذِينَ كَفَرُوٓاْ أَنَّهُمۡ أَصۡحَٰبُ ٱلنَّارِ ٦

6. Wa kazálika haqqat Kalimatu Rabbika 'alal lazína kafarú annahum Asshábun Nár

6. E assim o decreto do castigo de teu Senhor recaiu sobre os incrédulos; estes são os condenados ao inferno.

ٱلَّذِينَ يَحۡمِلُونَ ٱلۡعَرۡشَ وَمَنۡ حَوۡلَهُۥ يُسَبِّحُونَ بِحَمۡدِ رَبِّهِمۡ وَيُؤۡمِنُونَ بِهِۦ وَيَسۡتَغۡفِرُونَ
لِلَّذِينَ ءَامَنُواْ رَبَّنَا وَسِعۡتَ كُلَّ شَيۡءٖ رَّحۡمَةٗ وَعِلۡمٗا فَٱغۡفِرۡ لِلَّذِينَ تَابُواْ
وَٱتَّبَعُواْ سَبِيلَكَ وَقِهِمۡ عَذَابَ ٱلۡجَحِيمِ ٧

7. Allazína yahmilúnal 'Archa wa man haulahú yusabbihúna bihamdi Rabbihim wa yu'minúna bihí wa yastaghfirúna lillazína ámanú Rabbaná wasi'ta kulla chai'ir rahmatan wa 'ilman faghfir lillazína tábú wattaba'ú sabílaka waquihim 'azábal Jahím

سُورَةُ غَافِر

Surat Ghâfer

7. Os (anjos) que carregam o Trono de Deus, e aqueles que o circundam, celebram os louvores do seu Senhor; creem n'Ele e imploram-Lhe o perdão para os crentes, (dizendo): Ó Senhor nosso, Tu, Que envolves tudo com a Tua misericórdia e a Tua ciência, perdoa os arrependidos que seguem a Tua senda, e preserva-os do suplício da fogueira!

رَبَّنَا وَأَدۡخِلۡهُمۡ جَنَّٰتِ عَدۡنٍ ٱلَّتِي وَعَدتَّهُمۡ وَمَن صَلَحَ مِنۡ ءَابَآئِهِمۡ
وَأَزۡوَٰجِهِمۡ وَذُرِّيَّٰتِهِمۡۚ إِنَّكَ أَنتَ ٱلۡعَزِيزُ ٱلۡحَكِيمُ ٨

8. Rabbaná wa adkhilhum Jannáti 'adninil latí wa'attahum wa man salaha min ábá'ihim wa azwájihim wa zurriyyátihim; innaka Antal 'Azízul Hakím

8. Ó Senhor nosso, introduze-os nos jardins do Éden, que lhes prometeste, assim como os virtuosos dentre os seus pais, as suas esposas e a sua prole, porque és o Poderoso, o Prudentíssimo!

وَقِهِمُ ٱلسَّيِّـَٔاتِۚ وَمَن تَقِ ٱلسَّيِّـَٔاتِ يَوۡمَئِذٖ فَقَدۡ رَحِمۡتَهُۥۚ وَذَٰلِكَ هُوَ
ٱلۡفَوۡزُ ٱلۡعَظِيمُ ٩

9. Wa quihimus saiyi-át; wa man taquis saiyi-áti Yauma 'izin faqad rahimtah; wa zálika huwal fauzul 'azím

9. E preserva-os das maldades, porque àquele a quem preservares das maldades, nesse dia terás mostrado, certamente, misericórdia; isso será o magnífico benefício.

إِنَّ ٱلَّذِينَ كَفَرُواْ يُنَادَوۡنَ لَمَقۡتُ ٱللَّهِ أَكۡبَرُ مِن مَّقۡتِكُمۡ
أَنفُسَكُمۡ إِذۡ تُدۡعَوۡنَ إِلَى ٱلۡإِيمَٰنِ فَتَكۡفُرُونَ ١٠

10. Innal lazína kafarú yunádawna lamaqtul láhi akbaru mim maqtikum anfusakum iz tud'awna ilal ímáni fatakfurún

10. Em verdade, aos incrédulos será conclamado: Sabei que a aversão de Deus (em relação a vós) é maior que a vossa aversão em relação a vós mesmos, porque, quando fostes convocados à fé, vós a negastes.

قَالُواْ رَبَّنَآ أَمَتَّنَا ٱثۡنَتَيۡنِ وَأَحۡيَيۡتَنَا ٱثۡنَتَيۡنِ فَٱعۡتَرَفۡنَا بِذُنُوبِنَا فَهَلۡ إِلَىٰ خُرُوجٖ
مِّن سَبِيلٖ ١١

سُورَةُ غَافِر

Surat Gháfer

11. Qálú Rabbaná amattana içnataini wa ahyaitana içnataini fa'tarafná bizunúbiná fahal ilá khurújim min sabíl

11. Dirão: Ó Senhor nosso, fizeste-nos morrer duas vezes e duas vezes nos deste a vida. Reconhecemos, pois, os nossos pecados! Haverá algum meio de nos livrarmos disso?

ذَٰلِكُم بِأَنَّهُۥٓ إِذَا دُعِيَ ٱللَّهُ وَحۡدَهُۥ كَفَرۡتُمۡ وَإِن يُشۡرَكۡ بِهِۦ تُؤۡمِنُواْۚ فَٱلۡحُكۡمُ لِلَّهِ ٱلۡعَلِيِّ ٱلۡكَبِيرِ ﴿١٢﴾

12. Zálikum bi annahú izá du'iyal láhu wahdahú kafartum wa in yuchrak bihí tu'minú; falhukmu lilláhil 'Aliyyil Kabír

12. Tal vos acontecerá, porque ao ser invocado Deus, o Único, simplesmente O negáveis; em troca, quando Lhe era associado algo, acreditáveis. Assim, pois, sabei que o juízo é de Deus, o Grandioso, o Altíssimo!

هُوَ ٱلَّذِي يُرِيكُمۡ ءَايَٰتِهِۦ وَيُنَزِّلُ لَكُم مِّنَ ٱلسَّمَآءِ رِزۡقٗاۚ وَمَا يَتَذَكَّرُ إِلَّا مَن يُنِيبُ ﴿١٣﴾

13. Huwal lazí yuríkum Áyátihí wa yunazzilu lakum minas samá'i rizqá; wa má yatazakkaru illá mai yuníb

13. Ele é Quem vos evidencia os Seus sinais e vos envia o sustento do céu. Mas, só quem recebe admoestação se volta para Ele, contrito.

فَٱدۡعُواْ ٱللَّهَ مُخۡلِصِينَ لَهُ ٱلدِّينَ وَلَوۡ كَرِهَ ٱلۡكَٰفِرُونَ ﴿١٤﴾

14. Fad'ul láha mukhlisína lahud dína wa lau karihal káfirún

14. Suplicai, pois, a Deus, com devoção, ainda que isso desgoste os incrédulos.

رَفِيعُ ٱلدَّرَجَٰتِ ذُو ٱلۡعَرۡشِ يُلۡقِي ٱلرُّوحَ مِنۡ أَمۡرِهِۦ عَلَىٰ مَن يَشَآءُ مِنۡ عِبَادِهِۦ لِيُنذِرَ يَوۡمَ ٱلتَّلَاقِ ﴿١٥﴾

15. Rafi'ud darajáti zul 'Archi yulquir rúha min amrihí 'alá mai yachá'u min 'ibádihí liyunzira yaumat taláq

15. (Ele é) Exaltado, (Senhor) do Trono; envia o espírito (da inspiração), por Seu mandato, a quem Lhe apraz, dentre os Seus servos, para advertir (os homens) sobre o Dia do Encontro.

سُورَةُ غَافِرٍ

Surat Ghâfer

يَوۡمَ هُم بَٰرِزُونَۖ لَا يَخۡفَىٰ عَلَى ٱللَّهِ مِنۡهُمۡ شَيۡءٞۚ لِّمَنِ ٱلۡمُلۡكُ ٱلۡيَوۡمَۖ لِلَّهِ ٱلۡوَٰحِدِ ٱلۡقَهَّارِ ١٦

16. Yauma hum bárizúna lá yakhfá 'alal láhi min-hum chai; limanil mulkul Yauma lillâhil Wáhidil Qahár

16. Dia em que sairão (dos seus sepulcros) e nada deles se ocultará a Deus. A quem pertencerá, nesse dia, o reino? A Deus, Único, Irresistibilíssimo.

ٱلۡيَوۡمَ تُجۡزَىٰ كُلُّ نَفۡسِۭ بِمَا كَسَبَتۡۚ لَا ظُلۡمَ ٱلۡيَوۡمَۚ إِنَّ ٱللَّهَ سَرِيعُ ٱلۡحِسَابِ ١٧

17. Al-Yauma tujzá kullu nafsim bimá kasabat; lá zulmal Yaum; innal láha sarí'ul hisáb

17. Nesse dia, toda a alma será retribuída segundo o seu mérito; nesse dia, não haverá injustiça, porque Deus é Destro em ajustar contas.

وَأَنذِرۡهُمۡ يَوۡمَ ٱلۡأٓزِفَةِ إِذِ ٱلۡقُلُوبُ لَدَى ٱلۡحَنَاجِرِ كَٰظِمِينَۚ مَا لِلظَّٰلِمِينَ مِنۡ حَمِيمٖ وَلَا شَفِيعٖ يُطَاعُ ١٨

18. Wa anzirhum yaumal ázifati izil qulúbu ladal hanájiri kázimin; má lizzálimína min hamímin wa lá chafi'in-yutá

18. Admoesta-os com o dia iminente quando, angustiados, os corações lhes subirão às gargantas. Os injustos não terão amigos íntimos, nem intercessores que possam obedecer.

يَعۡلَمُ خَآئِنَةَ ٱلۡأَعۡيُنِ وَمَا تُخۡفِي ٱلصُّدُورُ ١٩

19. Ya'lamu khá'inatal a'yuni wa má tukhfis sudúr

19. Ele (Deus) conhece os olhares furtivos e tudo quanto ocultam os corações.

وَٱللَّهُ يَقۡضِي بِٱلۡحَقِّۖ وَٱلَّذِينَ يَدۡعُونَ مِن دُونِهِۦ لَا يَقۡضُونَ بِشَيۡءٍۗ إِنَّ ٱللَّهَ هُوَ ٱلسَّمِيعُ ٱلۡبَصِيرُ ٢٠

سُورَةُ غَافِر

Surat Ghâfer

20. Walláhu yaqdhí bilhaqq, wallazína yad'úna min dúnihí lá yaqdhúna bichai'; innal láha Huwas Samí'ul Basír

20. E Deus julga com equidade; por outra, os que os humanos invocam, em vez d'Ele, nada poderão julgar. Sabei que só Deus é o Oniouvinte, o Onividente.

۞ أَوَلَمْ يَسِيرُوا۟ فِى ٱلْأَرْضِ فَيَنظُرُوا۟ كَيْفَ كَانَ عَـٰقِبَةُ ٱلَّذِينَ كَانُوا۟ مِن
قَبْلِهِمْ ۚ كَانُوا۟ هُمْ أَشَدَّ مِنْهُمْ قُوَّةً وَءَاثَارًا فِى ٱلْأَرْضِ فَأَخَذَهُمُ ٱللَّهُ بِذُنُوبِهِمْ
وَمَا كَانَ لَهُم مِّنَ ٱللَّهِ مِن وَاقٍ ﴿٢١﴾

21. ۞ Awalam yasírú fil ardhi fa yanzurú kaifa kána 'áquibatul lazína kánú min qablihim; kánú hum achadda min-hum quwwatan wa áçáran fil ardhi fa akhazahumul láhu bizunúbihim wa má kána lahum minal láhi min wáq

21. Acaso, não percorreram a Terra para verem qual foi a sorte dos seus antepassados? Eram superiores a eles em força e traços (que eles deixaram) na Terra; porém, Deus os exterminou, por seus pecados, e não tiveram ninguém que os salvasse dos desígnios de Deus.

ذَٰلِكَ بِأَنَّهُمْ كَانَت تَّأْتِيهِمْ رُسُلُهُم بِٱلْبَيِّنَـٰتِ فَكَفَرُوا۟ فَأَخَذَهُمُ ٱللَّهُ ۚ إِنَّهُۥ
قَوِىٌّ شَدِيدُ ٱلْعِقَابِ ﴿٢٢﴾

22. Zálika bi annahum kánat tátíhim Russuluhum bilbaiyináti fakafarú fa akhazahumul láh; innahú qawiyyun chadídul 'iqáb

22. Sucedeu-lhes isto, porque os seus mensageiros lhes apresentaram as evidências e eles as negaram. Então Deus os exterminou, porque é Poderoso, Severíssimo no castigo.

وَلَقَدْ أَرْسَلْنَا مُوسَىٰ بِـَٔايَـٰتِنَا وَسُلْطَـٰنٍ مُّبِينٍ ﴿٢٣﴾

23. Wa laqad arsalná Mussá bi Áyátiná wa sultánim Mubín

23. Havíamos enviado Moisés com os Nossos sinais e uma autoridade evidente,

إِلَىٰ فِرْعَوْنَ وَهَـٰمَـٰنَ وَقَـٰرُونَ فَقَالُوا۟ سَـٰحِرٌ كَذَّابٌ ﴿٢٤﴾

24. Ilá Fir'auna wa Hámána wa Qárúna faqálú sáhirun kazzáb

24. Ao Faraó, a Haman e a Carun; porém, disseram: É um mago mentiroso.

سُورَةُ غَافِرٍ

Surat Ghâfer

فَلَمَّا جَآءَهُم بِٱلۡحَقِّ مِنۡ عِندِنَا قَالُواْ ٱقۡتُلُوٓاْ أَبۡنَآءَ ٱلَّذِينَ ءَامَنُواْ مَعَهُۥ
وَٱسۡتَحۡيُواْ نِسَآءَهُمۡۚ وَمَا كَيۡدُ ٱلۡكَٰفِرِينَ إِلَّا فِي ضَلَٰلٖ ﴿٢٥﴾

25. Falamma já'ahum bil haqqui min 'indiná qáluq tulú abná'al lazína ámanú ma'ahú wastahyú nisá'ahum; wa má kaidul káfirína illá fí dhalál

25. E quando lhes apresentou a Nossa verdade, disseram: Matai os filhos varões daqueles que, com ele, creem, e deixai com vida as suas mulheres! Porém, a conspiração dos incrédulos foi improfícua.

وَقَالَ فِرۡعَوۡنُ ذَرُونِيٓ أَقۡتُلۡ مُوسَىٰ وَلۡيَدۡعُ رَبَّهُۥٓۖ إِنِّيٓ أَخَافُ أَن يُبَدِّلَ
دِينَكُمۡ أَوۡ أَن يُظۡهِرَ فِي ٱلۡأَرۡضِ ٱلۡفَسَادَ ﴿٢٦﴾

26. Wa qála Fir'aunu zarúni aqtul Mussá walyad'u Rabbahú inní akháfu ai yubaddila dínakum au ai yuzhira fil ardhil fasád

26. E o Faraó disse: Deixai-me matar Moisés, e que invoque o seu Senhor. Temo que mude a vossa religião ou que semeie a corrupção na Terra!

وَقَالَ مُوسَىٰٓ إِنِّي عُذۡتُ بِرَبِّي وَرَبِّكُم مِّن كُلِّ مُتَكَبِّرٖ لَّا يُؤۡمِنُ بِيَوۡمِ
ٱلۡحِسَابِ ﴿٢٧﴾

27. Wa qála Mússá inní 'uztu bi Rabbí wa Rabbikum min kulli mutakabbiril láyu'minu bi Yaumil Hisáb

27. Moisés disse: Em verdade, eu me amparo em meu Senhor e vosso, acerca de todo arrogante, que não crê no Dia da Rendição de Contas.

وَقَالَ رَجُلٞ مُّؤۡمِنٞ مِّنۡ ءَالِ فِرۡعَوۡنَ يَكۡتُمُ إِيمَٰنَهُۥٓ أَتَقۡتُلُونَ رَجُلًا أَن
يَقُولَ رَبِّيَ ٱللَّهُ وَقَدۡ جَآءَكُم بِٱلۡبَيِّنَٰتِ مِن رَّبِّكُمۡۖ وَإِن يَكُ كَٰذِبٗا
فَعَلَيۡهِ كَذِبُهُۥۖ وَإِن يَكُ صَادِقٗا يُصِبۡكُم بَعۡضُ ٱلَّذِي يَعِدُكُمۡۖ إِنَّ
ٱللَّهَ لَا يَهۡدِي مَنۡ هُوَ مُسۡرِفٞ كَذَّابٞ ﴿٢٨﴾

28. Wa qála rajulum mu'minummin Áli Fir'auna yaktumu ímánahú ataqtulúna rajulan ai yaqúla Rabbi yal láhu wa qad já'akum bil baiyináti mir Rabbikum wa in yaku káziban fa'alaihi kazibuh wa in yaku sádiqan yasibkum ba'dhul lazí ya'idukum innal láha lá yahdí man huwa musrifun kazzáb

28. E um homem crente, da família do Faraó, que ocultava a sua fé, disse: Mataríeis um homem tão-somente porque diz: Meu Senhor é Deus, não obstante ter-vos apresentado as evidências do vosso Senhor? Além do mais, se for um impostor, a sua mentira recairá sobre ele; por outra, se for veraz, açoitar-vos-á algo daquilo com que ele vos ameaça. Em verdade, Deus não encaminha quem é transgressor, mentiroso.

يَٰقَوْمِ لَكُمُ ٱلْمُلْكُ ٱلْيَوْمَ ظَٰهِرِينَ فِى ٱلْأَرْضِ فَمَن يَنصُرُنَا مِنۢ بَأْسِ ٱللَّهِ إِن
جَآءَنَا ۚ قَالَ فِرْعَوْنُ مَآ أُرِيكُمْ إِلَّا مَآ أَرَىٰ وَمَآ أَهْدِيكُمْ إِلَّا سَبِيلَ ٱلرَّشَادِ ﴿٢٩﴾

29. Yá qaumi lakumul mulkul yauma záhirína fil ardhi famai yansuruná mim bá'sil láhi in já'aná; qála Fir'aunu má uríkum illá má ará wa má ahdíkum illá sabílar Rachád

29. Ó povo meu, hoje o poder é vosso; sois dominadores, na Terra. Porém, quem nos defenderá do castigo de Deus, quando ele nos açoitar? O Faraó disse: Eu não vos aconselho senão o que conheço, e não vos indico senão a senda da retidão!

وَقَالَ ٱلَّذِىٓ ءَامَنَ يَٰقَوْمِ إِنِّىٓ أَخَافُ عَلَيْكُم مِّثْلَ يَوْمِ ٱلْأَحْزَابِ ﴿٣٠﴾

30. Wa qálal lazí ámana yá qaumi inní akhaafu 'alaikum miçla yaumil Ahzáb

30. E o crente disse: Ó povo meu, em verdade, temo que vos suceda a desdita do dia (do desastre) dos irmanados (no pecado).

مِثْلَ دَأْبِ قَوْمِ نُوحٍ وَعَادٍ وَثَمُودَ وَٱلَّذِينَ مِنۢ بَعْدِهِمْ ۚ وَمَا ٱللَّهُ يُرِيدُ ظُلْمًا
لِّلْعِبَادِ ﴿٣١﴾

31. Miçla dá'bi qaumi Núhin wa 'Ádin wa Samúda wallazína mim ba'dihim; wa mal láhu yurídu zulmal lil'ibád

31. (Tal foi) a angústia do povo de Noé, de 'Ad e de Samud, e daqueles que os sucederam. Sabei que Deus deseja a justiça para os Seus servos.

وَيَٰقَوْمِ إِنِّىٓ أَخَافُ عَلَيْكُمْ يَوْمَ ٱلتَّنَادِ ﴿٣٢﴾

32. Wa yá qaumi inní akháfu 'alaikum yaumat tanád

32. Ó povo meu, em verdade, temo, por vós, o dia do clamor mútuo.

سُورَةُ غَافِر
Surat Ghâfer

يَوۡمَ تُوَلُّونَ مُدۡبِرِينَ مَا لَكُم مِّنَ ٱللَّهِ مِنۡ عَاصِمٖۗ وَمَن يُضۡلِلِ ٱللَّهُ فَمَا لَهُۥ مِنۡ
هَادٖ ٣٣

33. Yauma tuwallúna mudbirína má lakum minal láhi min 'ássim; wa mai yudhlilil láhu famá lahú min hád

33. No dia em que tentardes fugir, ninguém poderá defender-vos de Deus. E aquele que Deus extraviar não terá orientador algum.

وَلَقَدۡ جَآءَكُمۡ يُوسُفُ مِن قَبۡلُ بِٱلۡبَيِّنَٰتِ فَمَا زِلۡتُمۡ فِي شَكّٖ مِّمَّا جَآءَكُم
بِهِۦۖ حَتَّىٰٓ إِذَا هَلَكَ قُلۡتُمۡ لَن يَبۡعَثَ ٱللَّهُ مِنۢ بَعۡدِهِۦ رَسُولٗاۚ كَذَٰلِكَ
يُضِلُّ ٱللَّهُ مَنۡ هُوَ مُسۡرِفٞ مُّرۡتَابٌ ٣٤

34. Wa laqad já'akum Yússufu min qablu bil baiyináti famá ziltum fi chakkim mimmá já'akum bihí hattá izá halaka qultum lai yab'açal láhu mim ba'dihí Rassulá; kazálika yudhillul láhu man huwa musrifum murtáb

34. Em verdade, José, anteriormente, vos apresentou as evidências; porém não cessastes de duvidar do que vos apresentou, até que, quando morreu, dissestes: Deus jamais enviará mensageiro algum depois dele! Assim sendo, Deus extravia os transgressores, extravagantes,

ٱلَّذِينَ يُجَٰدِلُونَ فِيٓ ءَايَٰتِ ٱللَّهِ بِغَيۡرِ سُلۡطَٰنٍ أَتَىٰهُمۡۖ كَبُرَ مَقۡتًا عِندَ ٱللَّهِ
وَعِندَ ٱلَّذِينَ ءَامَنُواْۚ كَذَٰلِكَ يَطۡبَعُ ٱللَّهُ عَلَىٰ كُلِّ قَلۡبِ مُتَكَبِّرٖ جَبَّارٖ ٣٥

35. Allazína yujádilúna fi Áyátil láhi bighairi sultánin atáhum kabura maqtan 'indal láhi wa 'indal lazína ámanú; kazálika yatba'ul láhu 'alá kulli qalbi mutakabbirin jabbár

35. Que refutam os versículos de Deus, sem a autoridade concedida. Tal é grave e odioso, ante Deus e ante os crentes. Assim sendo, Deus sigila o coração de todo o arrogante, tirano.

سُورَةُ غَافِر

Surat Gháfer

وَقَالَ فِرۡعَوۡنُ يَٰهَٰمَٰنُ ٱبۡنِ لِي صَرۡحٗا لَّعَلِّيٓ أَبۡلُغُ ٱلۡأَسۡبَٰبَ ﴿٣٦﴾

36. Wa qála Fir'aunu yá Hámánu b-ni lí sarhal la'allí ablughul asbáb

36. O Faraó disse: Ó Haman, constrói-me uma torre, para eu poder alcançar as sendas,

أَسۡبَٰبَ ٱلسَّمَٰوَٰتِ فَأَطَّلِعَ إِلَىٰٓ إِلَٰهِ مُوسَىٰ وَإِنِّي لَأَظُنُّهُۥ كَٰذِبٗاۚ
وَكَذَٰلِكَ زُيِّنَ لِفِرۡعَوۡنَ سُوٓءُ عَمَلِهِۦ وَصُدَّ عَنِ ٱلسَّبِيلِۚ وَمَا كَيۡدُ
فِرۡعَوۡنَ إِلَّا فِي تَبَابٖ ﴿٣٧﴾

37. Asbábas samáwáti fáttali'a ilá iláhi Mussá wa inní la azunnuhú kázibá; wa kazálika zuyyina li Fir'auna sú'u 'amalihí wa sudda 'anis sabíl; wa má kaidu Fir'auna illá fí tabáb

37. As sendas do céu, de maneira que possa ver o Deus de Moisés, conquanto eu creia que é mentiroso! Assim, foi abrilhantada ao Faraó a sua má ação, e ele foi desencaminhado da senda reta; e as conspirações do Faraó foram reduzidas a nada.

وَقَالَ ٱلَّذِيٓ ءَامَنَ يَٰقَوۡمِ ٱتَّبِعُونِ أَهۡدِكُمۡ سَبِيلَ ٱلرَّشَادِ ﴿٣٨﴾

38. Wa qálal lazí ámana yá qaumit tabi'úni ahdikum sabílar Rachád

38. E o crente lhes disse: Ó povo meu, segui-me! Conduzir-vos-ei pela senda da retidão.

يَٰقَوۡمِ إِنَّمَا هَٰذِهِ ٱلۡحَيَوٰةُ ٱلدُّنۡيَا مَتَٰعٞ وَإِنَّ ٱلۡأٓخِرَةَ هِيَ
دَارُ ٱلۡقَرَارِ ﴿٣٩﴾

39. Yá qaumi innamá házihil hayátud dunyá matá'un wa innal Ákhirata hiya dárul qarár

39. Ó povo meu, sabei que a vida terrena é um gozo efêmero, e que a Outra Vida é a morada eterna!

مَنۡ عَمِلَ سَيِّئَةٗ فَلَا يُجۡزَىٰٓ إِلَّا مِثۡلَهَاۖ وَمَنۡ عَمِلَ صَٰلِحٗا مِّن ذَكَرٍ
أَوۡ أُنثَىٰ وَهُوَ مُؤۡمِنٞ فَأُوْلَٰٓئِكَ يَدۡخُلُونَ ٱلۡجَنَّةَ يُرۡزَقُونَ فِيهَا بِغَيۡرِ
حِسَابٖ ﴿٤٠﴾

40. Man 'amila saiyi'atan falá yujzá illá miçlahá wa man 'amila sáliham min zakarin au unçá wa huwa mu'minun fa ulá'ika yadkhulúnal Jannata yurzaqúna fíhá bighairi hisáb

40. Quem cometer uma iniquidade será pago na mesma moeda; por outra, aqueles que praticarem o bem, sendo crentes, homens ou mulheres, entrarão no Paraíso, onde serão agraciados imensuravelmente.

۞ وَيَٰقَوۡمِ مَا لِيٓ أَدۡعُوكُمۡ إِلَى ٱلنَّجَوٰةِ وَتَدۡعُونَنِيٓ
إِلَى ٱلنَّارِ ٤١

41. ۞Wa yá qaumi má lí ad'úkum ilan najáti wa tad'únaní ilan Nár

41. Ó povo meu, por que eu vos convoco à salvação e vós me convocais ao fogo infernal?

تَدۡعُونَنِي لِأَكۡفُرَ بِٱللَّهِ وَأُشۡرِكَ بِهِۦ مَا لَيۡسَ لِي بِهِۦ عِلۡمٞ وَأَنَا۠ أَدۡعُوكُمۡ
إِلَى ٱلۡعَزِيزِ ٱلۡغَفَّٰرِ ٤٢

42. Tad'únaní li-akfura billáhi wa uchrika bihí má laisa lí bihí 'ilmun wa ana ad'úkum ilal 'Azízil Ghaffár

42. Incitais-me, acaso, a renegar a Deus e associar-Lhe o que ignoro, enquanto eu vos convoco até ao Poderoso, ao Indulgentíssimo.

لَا جَرَمَ أَنَّمَا تَدۡعُونَنِيٓ إِلَيۡهِ لَيۡسَ لَهُۥ دَعۡوَةٞ فِي ٱلدُّنۡيَا وَلَا فِي ٱلۡأٓخِرَةِ وَأَنَّ
مَرَدَّنَآ إِلَى ٱللَّهِ وَأَنَّ ٱلۡمُسۡرِفِينَ هُمۡ أَصۡحَٰبُ ٱلنَّارِ ٤٣

43. Lá jarama annamá tad'únaní ilaihi laisa lahú da'watun fid dunyá wa lá fil Ákhirati wa anna maraddaná ilal láhi wa annal musrifína hum Asshábun Nár

43. É indubitável que aquilo a que me incitais não é coisa que se faça neste mundo, nem no Outro, e que o nosso retorno será a Deus, e que os transgressores serão os condenados ao Inferno.

فَسَتَذۡكُرُونَ مَآ أَقُولُ لَكُمۡۚ وَأُفَوِّضُ أَمۡرِيٓ إِلَى ٱللَّهِۚ إِنَّ ٱللَّهَ بَصِيرُۢ
بِٱلۡعِبَادِ ٤٤

44. Fasatazkurúna má aqúlu lakum; wa ufauwidhu amrí ilal áh; innal láha basírum bil'ibád

44. Logo vos recordareis do que vos digo! Quanto a mim, confio em Deus, porque é Observador dos Seus servos.

فَوَقَىٰهُ ٱللَّهُ سَيِّـَٔاتِ مَا مَكَرُواْۖ وَحَاقَ بِـَٔالِ فِرۡعَوۡنَ سُوٓءُ ٱلۡعَذَابِ ﴿٤٥﴾

45. Fawaqáhul láhu saiyiáti má makarú wa háqa bi Áli-Fir'auna sú'ul 'azáb

45. E eis que Deus o preservou das conspirações que lhe haviam urdido, e o povo do Faraó sofreu o mais severo dos castigos!

ٱلنَّارُ يُعۡرَضُونَ عَلَيۡهَا غُدُوّٗا وَعَشِيّٗاۚ وَيَوۡمَ تَقُومُ ٱلسَّاعَةُ أَدۡخِلُوٓاْ ءَالَ
فِرۡعَوۡنَ أَشَدَّ ٱلۡعَذَابِ ﴿٤٦﴾

46. An Náru yu'radhúna 'alaihá ghuduwan wa 'achiyyan wa Yauma taqúmus Sá'atu adkhilú Ála Fir'auna achaddal 'azáb

46. É o fogo infernal, ao qual serão apresentados, de manhã e à tarde; e, no dia em que chegar a Hora, (Deus dirá): Fazei entrar o povo do Faraó, para o mais severo dos castigos.

وَإِذۡ يَتَحَآجُّونَ فِي ٱلنَّارِ فَيَقُولُ ٱلضُّعَفَـٰٓؤُاْ لِلَّذِينَ ٱسۡتَكۡبَرُوٓاْ إِنَّا
كُنَّا لَكُمۡ تَبَعٗا فَهَلۡ أَنتُم مُّغۡنُونَ عَنَّا نَصِيبٗا مِّنَ ٱلنَّارِ ﴿٤٧﴾

47. Wa iz yatahájjúna fin Nári fa-yaqúlud dhu'afá'u lillazínas takbarú inná kunná lakum taba'an fahal antum mughnúna anná nasíbam minan Nár

47. E quando disputarem entre si, no inferno, os fracos dirão aos que se ensoberbeceram: Em verdade, fomos vossos seguidores; podeis, pois, livrar-nos, ainda que seja de uma só parte do fogo?

قَالَ ٱلَّذِينَ ٱسۡتَكۡبَرُوٓاْ إِنَّا كُلّٞ فِيهَآ إِنَّ ٱللَّهَ قَدۡ حَكَمَ بَيۡنَ
ٱلۡعِبَادِ ﴿٤٨﴾

48. Qálal lazínas takbarú inná kullun fíhá innal láha qad hakama baynal 'ibád

48. E os que se ensoberbeceram lhes responderão: Em verdade, estamos todos aqui, porque Deus julgou entre os servos!

وَقَالَ ٱلَّذِينَ فِي ٱلنَّارِ لِخَزَنَةِ جَهَنَّمَ ٱدۡعُواْ رَبَّكُمۡ يُخَفِّفۡ عَنَّا يَوۡمٗا مِّنَ
ٱلۡعَذَابِ ﴿٤٩﴾

سُورَةُ غَافِرٍ

Surat Ghâfer

49. Wa qálal lazína fin Nári likhazanati Jahannamad-ú Rabbakum yukhaffif 'anná yaumam minal 'azáb

49. E os que estiverem no Fogo pedirão aos guardiões do inferno: Invocai vosso Senhor para que nos alivie, em um só dia, do suplício!

قَالُوٓاْ أَوَلَمۡ تَكُ تَأۡتِيكُمۡ رُسُلُكُم بِٱلۡبَيِّنَٰتِۖ قَالُواْ بَلَىٰۚ قَالُواْ فَٱدۡعُواْۗ
وَمَا دُعَـٰٓؤُاْ ٱلۡكَٰفِرِينَ إِلَّا فِي ضَلَٰلٍ ٥٠

50. Qálú awalam taku ta'tíkum Russulukum bilbaiyináti qálú balá' qálú fad'ú; wa má du'á'ul káfirína illá fí dhalál

50. Retrucar-lhes-ão: Acaso, não vos apresentaram, os vossos mensageiros, as evidências? Dirão: Sim! Dir-lhes-ão: Rogai, pois, embora o rogo dos incrédulos seja improfícuo!

إِنَّا لَنَنصُرُ رُسُلَنَا وَٱلَّذِينَ ءَامَنُواْ فِي ٱلۡحَيَوٰةِ ٱلدُّنۡيَا وَيَوۡمَ يَقُومُ ٱلۡأَشۡهَٰدُ ٥١

51. Inná lanansuru Russulaná wallazína ámanú fil hayátid dunyá wa Yauma yaqúmul achhád

51. Sabei que secundaremos Nossos mensageiros e os crentes, na vida terrena e no dia em que se declararem as testemunhas.

يَوۡمَ لَا يَنفَعُ ٱلظَّٰلِمِينَ مَعۡذِرَتُهُمۡۖ وَلَهُمُ ٱللَّعۡنَةُ وَلَهُمۡ سُوٓءُ ٱلدَّارِ ٥٢

52. Yauma lá yanfa'uz zálimína ma'ziratuhum wa lahumul la'natu wa lahum súud dár

52. (Será) o dia em que aos injustos de nada valerão as suas escusas, senão que receberão a maldição, e terão a pior morada.

وَلَقَدۡ ءَاتَيۡنَا مُوسَى ٱلۡهُدَىٰ وَأَوۡرَثۡنَا بَنِيٓ إِسۡرَٰٓءِيلَ ٱلۡكِتَٰبَ ٥٣

53. Wa laqad átainá Mussal hudá wa auraçná Baní Isrá'ílal Kitáb

53. Havíamos concedido a Moisés a orientação, e fizemos os israelitas herdarem o livro.

هُدٗى وَذِكۡرَىٰ لِأُوْلِي ٱلۡأَلۡبَٰبِ ٥٤

54. Hudan wa zikrá li ulil albáb

54. (Livro esse) que é orientação e mensagem para os sensatos.

فَٱصۡبِرۡ إِنَّ وَعۡدَ ٱللَّهِ حَقّٞ وَٱسۡتَغۡفِرۡ لِذَنۢبِكَ وَسَبِّحۡ بِحَمۡدِ رَبِّكَ
بِٱلۡعَشِيِّ وَٱلۡإِبۡكَٰرِ ٥٥

55. Fasbir inna wa'dal láhi haqqun wastaghfir lizambika wa sabbih bihamdi Rabbika bil'achiyyi wal ibkár

55. Persevera, pois, porque a promessa de Deus é infalível; implora o perdão das tuas faltas e celebra os louvores do teu Senhor, ao anoitecer e ao amanhecer.

إِنَّ ٱلَّذِينَ يُجَٰدِلُونَ فِيٓ ءَايَٰتِ ٱللَّهِ بِغَيۡرِ سُلۡطَٰنٍ أَتَىٰهُمۡ إِن فِي
صُدُورِهِمۡ إِلَّا كِبۡرٞ مَّا هُم بِبَٰلِغِيهِۚ فَٱسۡتَعِذۡ بِٱللَّهِۖ إِنَّهُۥ هُوَ
ٱلسَّمِيعُ ٱلۡبَصِيرُ ٥٦

56. Innal lazína yujádilúna fí Áyátil láhi bighairi sultánin atáhum in fí sudúrihim illá kibrum má hum bibálighíh; fasta'iz billáhi innahú Huwas Samí'ul Basír

56. Aqueles que disputam acerca dos versículos de Deus, sem autoridade concedida, não abrigam em seus peitos senão a soberbia, com a qual jamais lograrão o que quer que seja: ampara-te, pois, em Deus, porque é o Oniouvinte, o Onividente.

لَخَلۡقُ ٱلسَّمَٰوَٰتِ وَٱلۡأَرۡضِ أَكۡبَرُ مِنۡ خَلۡقِ ٱلنَّاسِ وَلَٰكِنَّ أَكۡثَرَ
ٱلنَّاسِ لَا يَعۡلَمُونَ ٥٧

57. Lakhalqus samáwáti wal ardhi akbaru min khalqin nási wa lákinna aksaran nási lá ya'lamún

57. Seguramente, a criação dos Céus e da Terra é mais importante do que a criação do homem; porém, a maioria dos humanos o ignora.

وَمَا يَسۡتَوِي ٱلۡأَعۡمَىٰ وَٱلۡبَصِيرُ وَٱلَّذِينَ ءَامَنُواْ وَعَمِلُواْ ٱلصَّٰلِحَٰتِ وَلَا
ٱلۡمُسِيٓءُۚ قَلِيلٗا مَّا تَتَذَكَّرُونَ ٥٨

58. Wa má yastawil a'má walbasíru wallazína ámanú wa 'amilus sáliháti wa lal musí'; qalílam má tatazakkarún

سُورَةُ غَافِرٍ

Surat Ghâfer

58. Jamais poderão equiparar-se o cego e o vidente, tampouco os crentes, que praticam o bem, e os injustos. Quão pouco meditais!

إِنَّ ٱلسَّاعَةَ لَأَاتِيَةٌ لَّا رَيْبَ فِيهَا وَلَٰكِنَّ أَكْثَرَ ٱلنَّاسِ لَا يُؤْمِنُونَ ﴿٥٩﴾

59. Innas Sá'ata la átiyatul lá raiba fíhá wa lákinna aksaran nási lá yu'minún

59. Sabei que a Hora chegará, indubitavelmente; porém a maioria dos humanos não crê nisso.

وَقَالَ رَبُّكُمُ ٱدْعُونِيٓ أَسْتَجِبْ لَكُمْ ۚ إِنَّ ٱلَّذِينَ يَسْتَكْبِرُونَ عَنْ عِبَادَتِي
سَيَدْخُلُونَ جَهَنَّمَ دَاخِرِينَ ﴿٦٠﴾

60. Wa qála Rabbukumud 'úni astajib lakum; innal lazína yastakbirúna an 'ibádatí sa yadkhulúna jahannama dákhirín

60. E o vosso Senhor disse: Invocai-Me, que vos atenderei! Em verdade, aqueles que se ensoberbecerem, de Me adorarem, entrarão, humilhados, no inferno.

ٱللَّهُ ٱلَّذِي جَعَلَ لَكُمُ ٱلَّيْلَ لِتَسْكُنُوا۟ فِيهِ وَٱلنَّهَارَ مُبْصِرًا ۚ إِنَّ ٱللَّهَ
لَذُو فَضْلٍ عَلَى ٱلنَّاسِ وَلَٰكِنَّ أَكْثَرَ ٱلنَّاسِ لَا يَشْكُرُونَ ﴿٦١﴾

61. Alláhul lazí ja'ala lakumul laila littaskunú fíhi wannahára mubsirá; innal láha lazú fadhlin 'alan nási wa lákinna aksaran nási lá yachkurún

61. Deus foi Quem fez a noite, para que repousásseis, e o dia, para (vos) ajudar a ver. Certamente Deus é Agraciante para com os humanos. Porém, a maioria deles não Lhe agradece.

ذَٰلِكُمُ ٱللَّهُ رَبُّكُمْ خَٰلِقُ كُلِّ شَيْءٍ لَّآ إِلَٰهَ إِلَّا هُوَ ۖ فَأَنَّىٰ تُؤْفَكُونَ ﴿٦٢﴾

62. Zálikumul láhu Rabbukum kháliqu kulli chai'in; á iláha illá Huwa fa anná tu'fakún

62. Tal é Deus, vosso Senhor, Criador de tudo. Não há mais divindade, além d'Ele. Como, pois, vos desviais?

كَذَٰلِكَ يُؤْفَكُ ٱلَّذِينَ كَانُوا۟ بِـَٔايَٰتِ ٱللَّهِ يَجْحَدُونَ ﴿٦٣﴾

63. Kazálika yu'fakul lazína kánú bi Áyátil láhi yajhadún

63. Assim se desviam aqueles que negam os versículos de Deus.

سُورَةُ غَافِرٍ

Surat Gháfer

ٱللَّهُ ٱلَّذِى جَعَلَ لَكُمُ ٱلْأَرْضَ قَرَارًا وَٱلسَّمَآءَ بِنَآءً وَصَوَّرَكُمْ
فَأَحْسَنَ صُوَرَكُمْ وَرَزَقَكُم مِّنَ ٱلطَّيِّبَٰتِ ۚ ذَٰلِكُمُ ٱللَّهُ رَبُّكُمْ ۖ فَتَبَارَكَ
ٱللَّهُ رَبُّ ٱلْعَٰلَمِينَ ﴿٦٤﴾

64. *Alláhul lazí ja'ala lakumul ardha qaráran wassamá'a biná'an wa sauwarakum fa ahsana suwarakum wa razaqakum minat taiyibát; zálikumul láhu Rabbukum fatabárakal láhu Rabbul 'álamín*

64. Deus foi Quem fez a Terra como berço, o firmamento como teto, modelou e aperfeiçoou as vossas configurações, e vos agraciou com todo o bem. Tal é Deus, vosso Senhor. Bendito seja Deus, Senhor do Universo!

هُوَ ٱلْحَىُّ لَآ إِلَٰهَ إِلَّا هُوَ فَٱدْعُوهُ مُخْلِصِينَ لَهُ ٱلدِّينَ ۗ ٱلْحَمْدُ لِلَّهِ
رَبِّ ٱلْعَٰلَمِينَ ﴿٦٥﴾

65. *Huwal Hayyu lá iláha illá Huwa fad'úhu mukhlisina lahud-dín; alhamdu lillâhi Rabbil 'álamín*

65. Ele é o Vivente! Não há mais divindade, além d'Ele! Invocai-O, pois, sinceramente! Louvado seja Deus, Senhor do Universo!

۞ قُلْ إِنِّى نُهِيتُ أَنْ أَعْبُدَ ٱلَّذِينَ تَدْعُونَ مِن دُونِ ٱللَّهِ لَمَّا جَآءَنِىَ ٱلْبَيِّنَٰتُ
مِن رَّبِّى وَأُمِرْتُ أَنْ أُسْلِمَ لِرَبِّ ٱلْعَٰلَمِينَ ﴿٦٦﴾

66. ۞*Qul inní nuhítu an a'budal lazína tad'úna min dúoonil láhi lammá já'aniyal baiyinátu mir Rabbí wa umirtu an uslima li Rabbil 'álamín*

66. Dize-lhes: Quando me chegaram as evidências do meu Senhor, foi-me proibido adorar aos que invocáveis em vez d'Ele, e foi-me ordenado submeter-me ao Senhor do Universo!

هُوَ ٱلَّذِى خَلَقَكُم مِّن تُرَابٍ ثُمَّ مِن نُّطْفَةٍ ثُمَّ مِنْ عَلَقَةٍ ثُمَّ يُخْرِجُكُمْ طِفْلًا
ثُمَّ لِتَبْلُغُوٓا۟ أَشُدَّكُمْ ثُمَّ لِتَكُونُوا۟ شُيُوخًا ۚ وَمِنكُم مَّن يُتَوَفَّىٰ مِن
قَبْلُ ۖ وَلِتَبْلُغُوٓا۟ أَجَلًا مُّسَمًّى وَلَعَلَّكُمْ تَعْقِلُونَ ﴿٦٧﴾

سُورَةُ غَافِرٍ

Surat Gháfer

67. Huwal lazí khalaqakum min turábin summa min nutfatin çumma min 'alaqatin summa yukhrijukum tiflan summa litablughú achuddakum summa litakúnú chuyúkhá; wa minkum mai yutawaffá min qablu wa litablughú ajalam musamman wa la'allakum ta'quilún

67. Ele foi Quem vos criou do pó, depois do sêmen, depois de algo que se agarra (coágulo), então vos extraiu, crianças, das entranhas maternas, para logo alcançardes a vossa maturidade, para então chegardes à senilidade; e há aqueles, dentre vós, que morrem antes; Ele assim procede, para que alcanceis o término prefixado, a fim de que raciocineis.

هُوَ ٱلَّذِى يُحۡىِۦ وَيُمِيتُۖ فَإِذَا قَضَىٰٓ أَمۡرًا فَإِنَّمَا يَقُولُ لَهُۥ كُن فَيَكُونُ ﴿٦٨﴾

68. Huwal lazí yuhyí wa yumítu fa izá qadhá amran fa innamá yaqúlu lahú kun fa yakún

68. Ele é Quem dá a vida e a morte e, quando decide algo, diz somente: Seja!, e é.

أَلَمۡ تَرَ إِلَى ٱلَّذِينَ يُجَٰدِلُونَ فِىٓ ءَايَٰتِ ٱللَّهِ أَنَّىٰ يُصۡرَفُونَ ﴿٦٩﴾

69. Alam tara ilal lazína yujádilúna fi Áyátil láhi anná yusrafún

69. Porventura, não reparaste naqueles que disputam a respeito dos versículos de Deus, como se afastam d'Ele?

ٱلَّذِينَ كَذَّبُواْ بِٱلۡكِتَٰبِ وَبِمَآ أَرۡسَلۡنَا بِهِۦ رُسُلَنَاۖ فَسَوۡفَ يَعۡلَمُونَ ﴿٧٠﴾

70. Allazína kazzabú bil Kitábi wa bimá arsalná bihi Russulaná fasaufa ya'lamún

70. São aqueles que desmentem o Livro e tudo quanto enviamos com os Nossos mensageiros. Logo o saberão!

إِذِ ٱلۡأَغۡلَٰلُ فِىٓ أَعۡنَٰقِهِمۡ وَٱلسَّلَٰسِلُ يُسۡحَبُونَ ﴿٧١﴾

71. Izil aghlálu fi a'náqui-him wassalásilu yus-habún

71. (Ah, se tu pudesses vê-los) quando lhes forem postas as argolas nos pescoços, e forem arrastados com as cadeias,

فِى ٱلۡحَمِيمِ ثُمَّ فِى ٱلنَّارِ يُسۡجَرُونَ ﴿٧٢﴾

72. Fil hamími çumma fin Nári Yasjarún

72. Até à água fervente! Logo serão combustível para o fogo.

ثُمَّ قِيلَ لَهُمۡ أَيۡنَ مَا كُنتُمۡ تُشۡرِكُونَ ﴿٧٣﴾

73. Çummá quila lahum ayna má kuntum tuchrikún
73. Então lhes será dito: Onde estão os que idolatráveis,

مِن دُونِ ٱللَّهِ ۖ قَالُواْ ضَلُّواْ عَنَّا بَل لَّمۡ نَكُن نَّدۡعُواْ مِن قَبۡلُ شَيۡـًٔا ۚ كَذَٰلِكَ يُضِلُّ
ٱللَّهُ ٱلۡكَٰفِرِينَ ﴿٧٤﴾

74. Min dúnil láhi qálú dhallú 'anná bal lam nakun nad'ú min qablu chai'á; kazálika yudhillul láhul káfirín
74. Em lugar de Deus? Responderão: Desvaneceram-se. E agora reconhecemos que aquilo que antes invocávamos nada era! Assim, Deus extravia os incrédulos.

ذَٰلِكُم بِمَا كُنتُمۡ تَفۡرَحُونَ فِي ٱلۡأَرۡضِ بِغَيۡرِ ٱلۡحَقِّ وَبِمَا كُنتُمۡ تَمۡرَحُونَ ﴿٧٥﴾

75. Zálikum bimá kuntum tafrahúna fil ardi bighairil haqqui wa bimá kuntum tamrahún
75. Isso acontecerá por causa do vosso regozijo injusto na Terra, e por causa da vossa insolência.

ٱدۡخُلُوٓاْ أَبۡوَٰبَ جَهَنَّمَ خَٰلِدِينَ فِيهَا ۖ فَبِئۡسَ مَثۡوَى ٱلۡمُتَكَبِّرِينَ ﴿٧٦﴾

76. Udkhulú abwába Jahannama khálidína fíhá fabi'sa maçwal mutakabbirín
76. Adentrai, pois, as portas do inferno, onde permanecereis eternamente! E que péssima é a morada dos arrogantes!

فَٱصۡبِرۡ إِنَّ وَعۡدَ ٱللَّهِ حَقٌّ ۚ فَإِمَّا نُرِيَنَّكَ بَعۡضَ ٱلَّذِي نَعِدُهُمۡ أَوۡ نَتَوَفَّيَنَّكَ
فَإِلَيۡنَا يُرۡجَعُونَ ﴿٧٧﴾

77. Fasbir inna wa'dal láhi haqq; fa immá nuriyannak ba'dhal lazí na'iduhum au natawaffayannaka fa ilainá yurja'ún
77. Persevera, pois, porque a promessa de Deus é inexorável; quer te mostremos algo do que lhes temos prometido, quer te acolhamos, certamente retornarão a Nós.

وَلَقَدْ أَرْسَلْنَا رُسُلًا مِّن قَبْلِكَ مِنْهُم مَّن قَصَصْنَا عَلَيْكَ وَمِنْهُم مَّن لَّمْ
نَقْصُصْ عَلَيْكَ ۗ وَمَا كَانَ لِرَسُولٍ أَن يَأْتِيَ بِـَٔايَةٍ إِلَّا بِإِذْنِ ٱللَّهِ ۚ فَإِذَا جَآءَ
أَمْرُ ٱللَّهِ قُضِيَ بِٱلْحَقِّ وَخَسِرَ هُنَالِكَ ٱلْمُبْطِلُونَ ﴿٧٨﴾

78. Wa laqad arsalná Russulam min qablika min-hum man qasasná 'alaika wa min-hum mal lam naqsus 'alaik; wa má kána li Rassulin any yátiya bi Áyatin illá bi iznil láh; fa izá já'a amrul láhi qudhiya bilhaqqui wa khasira hunálikal mubtilún

78. Antes de ti, havíamos enviado mensageiros; as histórias de alguns deles te temos relatado, e há aqueles dos quais nada te relatamos. E a nenhum mensageiro é dado apresentar sinal algum, senão com o beneplácito de Deus. Porém, quando a ordem de Deus chegar, será executada com equidade, e então os difamadores estarão perdidos.

ٱللَّهُ ٱلَّذِي جَعَلَ لَكُمُ ٱلْأَنْعَٰمَ لِتَرْكَبُوا۟ مِنْهَا وَمِنْهَا تَأْكُلُونَ ﴿٧٩﴾

79. Allâhul lazí ja'ala lakumul an'áma litarkabú min-há wa min-há tákulún

79. Deus foi Quem vos criou o gado; alguns para cavalgardes, e outros para servir-vos de alimento.

وَلَكُمْ فِيهَا مَنَٰفِعُ وَلِتَبْلُغُوا۟ عَلَيْهَا حَاجَةً فِي صُدُورِكُمْ وَعَلَيْهَا وَعَلَى
ٱلْفُلْكِ تُحْمَلُونَ ﴿٨٠﴾

80. Wa lakum fíhá manáfi'u wa litablughú 'alaihá hájatan fí sudúrikum wa 'alaihá wa 'alal fulki tuhmalún

80. E, ademais, tendes nele (outras) espécies de benefícios, para conseguirdes, com a sua ajuda, a satisfação de qualquer necessidade (que possa haver) nos vossos corações; e sobre eles sois transportados, como o sois pelos navios.

وَيُرِيكُمْ ءَايَٰتِهِۦ فَأَيَّ ءَايَٰتِ ٱللَّهِ تُنكِرُونَ ﴿٨١﴾

81. Wa yuríkum Áyátihí fa ayya Áyátil láhi tunkirún

81. E Ele vos mostra os Seus sinais. Qual dos sinais de Deus negareis, pois?

أَفَلَمْ يَسِيرُوا۟ فِى ٱلْأَرْضِ فَيَنظُرُوا۟ كَيْفَ كَانَ عَـٰقِبَةُ ٱلَّذِينَ مِن قَبْلِهِمْ ۚ كَانُوٓا۟ أَكْثَرَ مِنْهُمْ وَأَشَدَّ قُوَّةً وَءَاثَارًا فِى ٱلْأَرْضِ فَمَآ أَغْنَىٰ عَنْهُم مَّا كَانُوا۟ يَكْسِبُونَ ﴿٨٢﴾

82. Afalam yasírú fil ardi fa yanzurú kaifa kána 'áqibatul lazína min qablihim; kánú akçara mi-hum wa achadda quwwatan wa áçáran fil ardi famá aghná 'anhum má kánú yaksibún

82. Acaso, não percorreram eles a Terra, para ver qual foi a sorte dos seus antepassados? Eram mais numerosos, mais vigorosos, e deixaram traços mais marcantes do que os deles, na Terra; mas de nada lhes valeu tudo quanto haviam feito.

فَلَمَّا جَآءَتْهُمْ رُسُلُهُم بِٱلْبَيِّنَـٰتِ فَرِحُوا۟ بِمَا عِندَهُم مِّنَ ٱلْعِلْمِ وَحَاقَ بِهِم مَّا كَانُوا۟ بِهِۦ يَسْتَهْزِءُونَ ﴿٨٣﴾

83. Falammá já'athum Russuluhum bilbaiyináti farihú bimá 'indahum minal 'ilmi wa háqa bihim má kánú bihí yastahzi'ún

83. Porém, quando lhes apresentaram os seus mensageiros as evidências, permaneceram exultantes com os seus próprios conhecimentos; mas foram envolvidos por aquilo de que escarneciam.

فَلَمَّا رَأَوْا۟ بَأْسَنَا قَالُوٓا۟ ءَامَنَّا بِٱللَّهِ وَحْدَهُۥ وَكَفَرْنَا بِمَا كُنَّا بِهِۦ مُشْرِكِينَ ﴿٨٤﴾

84. Falammá ra'au básaná qálú ámanná billáhi wahdahú wa kafarná bimá kunná bihí muchrikín

84. E quando presenciaram o Nosso castigo, disseram: Cremos em Deus, o Único, e renegamos os parceiros que Lhe atribuíamos.

فَلَمْ يَكُ يَنفَعُهُمْ إِيمَـٰنُهُمْ لَمَّا رَأَوْا۟ بَأْسَنَا ۖ سُنَّتَ ٱللَّهِ ٱلَّتِى قَدْ خَلَتْ فِى عِبَادِهِۦ ۖ وَخَسِرَ هُنَالِكَ ٱلْكَـٰفِرُونَ ﴿٨٥﴾

85. Falam yaku yanfa'uhum ímánuhum lammá ra-au ba'sana sunnatal láhil latí qad khalat fí 'ibádihí wa khasira hunálikal káfirún

سُورَةُ فُصِّلَتْ

Surat Fússilat

85. Porém, de nada lhes valerá a sua profissão de fé quando presenciarem o Nosso castigo. Tal é a Lei de Deus para com Seus servos. Assim, então, perecerão os incrédulos.

Surat 41. Fússilat (Os Detalhados). Revelada em Makka; 54 versículos
São utilizados os versículos de 1 a 46 neste Juzi

بِسْمِ ٱللَّهِ ٱلرَّحْمَٰنِ ٱلرَّحِيمِ

Bismillâhir Rahmânir Rahim

Em nome de Deus, o Clemente, o Misericordioso

حمٓ ١

1. Há Mím

1. Há, Mim.

تَنزِيلٌ مِّنَ ٱلرَّحْمَٰنِ ٱلرَّحِيمِ ٢

2. Tanzílum Minar-Rahmánir-Rahím

2. (Eis aqui) uma revelação do Clemente, Misericordiosíssimo.

كِتَٰبٌ فُصِّلَتْ ءَايَٰتُهُۥ قُرْءَانًا عَرَبِيًّا لِّقَوْمٍ يَعْلَمُونَ ٣

3. Kitábun fússilat Áyátuhú Qur-ánan 'Arabiyyal liqaumin ya'lamún

3. É um Livro cujos versículos foram detalhados. É um Alcorão árabe destinado a um povo de entendimento.

بَشِيرًا وَنَذِيرًا فَأَعْرَضَ أَكْثَرُهُمْ فَهُمْ لَا يَسْمَعُونَ ٤

4. Bachíran wa nazeeran fa-a'rada akçaruhum fahum laa yasma'ún

4. É alvissareiro e admoestador; porém, a maioria dos humanos o desdenha, sem ao menos escutá-lo.

وَمِنۢ بَيْنِنَا وَبَيْنِكَ حِجَابٌ فَٱعْمَلْ إِنَّنَا عَٰمِلُونَ ٥

سُورَةُ فُصِّلَت

Surat Fússilat

5. *Wa qálú qulúbuná fí akinnatim mimmá tad'úná ilaihi wa fí ázániná waqrun wa mim bainíná wa bainika hijábun fa'mal innaná 'ámilún*

5. E afirmam: Os nossos corações estão insensíveis a isso a que nos incitas; os nossos ouvidos estão ensurdecidos e, entre tu e nós, há uma barreira. Faze, pois, (por tua religião), que nós faremos (pela nossa)!

قُلْ إِنَّمَآ أَنَا۠ بَشَرٌ مِّثْلُكُمْ يُوحَىٰٓ إِلَيَّ أَنَّمَآ إِلَٰهُكُمْ إِلَٰهٌ وَٰحِدٌ فَٱسْتَقِيمُوٓا۟
إِلَيْهِ وَٱسْتَغْفِرُوهُ ۗ وَوَيْلٌ لِّلْمُشْرِكِينَ ٦

6. *Qul innamá ana bacharum mçlukum yúhá ilaiya annamá iláhukum Iláhun Wáhidun fastaquimú ilaihi wastaghfirúh; wawailul lil muchrikín*

6. Dize-lhes: Sou tão somente um mortal como vós, a quem tem sido revelado que vosso Deus é um Deus Único. Consagrai-vos, pois, a Ele, e implorai-Lhe perdão! E ai dos idólatras,

ٱلَّذِينَ لَا يُؤْتُونَ ٱلزَّكَوٰةَ وَهُم بِٱلْءَاخِرَةِ هُمْ كَٰفِرُونَ ٧

7. *Allazína lá yu'túnaz Zakáta wa hum bil-Ákhirati hum káfirún*

7. Que não pagam o zakat e renegam a Outra Vida!

إِنَّ ٱلَّذِينَ ءَامَنُوا۟ وَعَمِلُوا۟ ٱلصَّٰلِحَٰتِ لَهُمْ أَجْرٌ غَيْرُ مَمْنُونٍ ٨

8. *Innal lazína ámanú wa 'amilus sáliháti lahum ajrun ghairu mamnún*

8. Sabei que os crentes, que praticam o bem, obterão uma recompensa infalível.

۞ قُلْ أَئِنَّكُمْ لَتَكْفُرُونَ بِٱلَّذِى خَلَقَ ٱلْأَرْضَ فِى يَوْمَيْنِ وَتَجْعَلُونَ لَهُۥٓ أَندَادًا ۚ
ذَٰلِكَ رَبُّ ٱلْعَٰلَمِينَ ٩

9. ۞ *Qul a'innakum latakfurúna billazí khalaqal arda fí yaumaini wa taj'alúna lahú andádá; zaalika Rabbul 'álamín*

9. Dize-lhes (mais): Renegaríeis, acaso, Quem criou a Terra em dois dias, e Lhe atribuiríeis rivais? Ele é o Senhor do Universo!

وَجَعَلَ فِيهَا رَوَٰسِىَ مِن فَوْقِهَا وَبَٰرَكَ فِيهَا وَقَدَّرَ فِيهَآ أَقْوَٰتَهَا فِىٓ أَرْبَعَةِ أَيَّامٍ سَوَآءً
لِّلسَّآئِلِينَ ١٠

10. *Wa ja'ala fíhá rawásiya min fauquihá wa báraka fíhá wa qaddara fíhá aqwátahá fí arba'ati ayyámin sawá'an lissá'ilín*

سُورَةُ فُصِّلَت

Surat Fússilat

10. E sobre ela (a Terra) fixou firmes montanhas, abençoou-a e distribuiu, proporcionalmente, o sustento aos necessitados, em quatro dias.

ثُمَّ ٱسۡتَوَىٰٓ إِلَى ٱلسَّمَآءِ وَهِيَ دُخَانٞ فَقَالَ لَهَا وَلِلۡأَرۡضِ ٱئۡتِيَا طَوۡعًا أَوۡ كَرۡهٗا قَالَتَآ أَتَيۡنَا
طَآئِعِينَ ١١

11. Çummas stawá ilas-samá'i wa hiya dukhánun faqála lahá wa lil ardhi i'tiyá tau'an au karhan qálatá atainá tá'i'ín

11. Então, abrangeu, em Seus desígnios, o firmamento quando este ainda era gases, e lhes disse, e também à Terra: Juntai-vos, de bom ou de mau grado! Responderam: Juntamo-nos voluntariamente.

فَقَضَىٰهُنَّ سَبۡعَ سَمَٰوَاتٖ فِي يَوۡمَيۡنِ وَأَوۡحَىٰ فِي كُلِّ سَمَآءٍ أَمۡرَهَاۚ وَزَيَّنَّا ٱلسَّمَآءَ
ٱلدُّنۡيَا بِمَصَٰبِيحَ وَحِفۡظٗاۚ ذَٰلِكَ تَقۡدِيرُ ٱلۡعَزِيزِ ٱلۡعَلِيمِ ١٢

12. Faqadháhunna sab'a samáwátin fí yaumaini wa auhá fí kulli samá'in amarahá; wa zaiyannas samá'ad dunyá bimasábíha wa hifzá; zálika taqdírul 'Azízil 'Alím

12. Assim, completou-os, como sete céus, em dois dias, e a cada céu assinalou a sua ordem. E adornamos o firmamento inferior com luzes, para que servissem de sentinelas. Tal é o decreto do Poderoso, Sapientíssimo.

فَإِنۡ أَعۡرَضُواْ فَقُلۡ أَنذَرۡتُكُمۡ صَٰعِقَةٗ مِّثۡلَ صَٰعِقَةِ عَادٖ وَثَمُودَ ١٣

13. Fa-in a'radhú faqul anzartukum sá'iqatam miçla sá'iqati 'Ádin wa Çamúd

13. Porém, se desdenharem, dize-lhes: Advirto-vos da vinda de uma centelha semelhante àquela enviada aos povos de 'Ad e Samud,

إِذۡ جَآءَتۡهُمُ ٱلرُّسُلُ مِنۢ بَيۡنِ أَيۡدِيهِمۡ وَمِنۡ خَلۡفِهِمۡ أَلَّا تَعۡبُدُوٓاْ إِلَّا ٱللَّهَۖ قَالُواْ
لَوۡ شَآءَ رَبُّنَا لَأَنزَلَ مَلَٰٓئِكَةٗ فَإِنَّا بِمَآ أُرۡسِلۡتُم بِهِۦ كَٰفِرُونَ ١٤

14. Iz já'at humur Russulu mim baini aydíhim wa min khalfihim allá ta'budú illal láha qálú lau chá'a Rabuná la anzala malá'ikatan fa inná bimá ursiltum bihí káfirún

14. Pois quando os mensageiros, de todas as partes, se apresentaram a eles, (dizendo-lhes): Não adoreis senão a Deus!, responderam-lhes: Se Deus

quisesse isso, teria enviado anjos (para predicá-lo). Certamente negaremos a vossa missão.

فَأَمَّا عَادٌ فَٱسْتَكْبَرُوا۟ فِى ٱلْأَرْضِ بِغَيْرِ ٱلْحَقِّ وَقَالُوا۟ مَنْ أَشَدُّ مِنَّا قُوَّةً ۖ
أَوَلَمْ يَرَوْا۟ أَنَّ ٱللَّهَ ٱلَّذِى خَلَقَهُمْ هُوَ أَشَدُّ مِنْهُمْ قُوَّةً ۖ وَكَانُوا۟ بِـَٔايَٰتِنَا
يَجْحَدُونَ ﴿١٥﴾

15. Fa ammá 'Ádun fastakbarú fil ardi bighairul haqqui wa qálú man achaddu minná quwwatan awalam yarau annal láhal lazí khalaqahum Huwa achaddu min-hum quwwatan wa kánú bi Áyátiná yajhadún

15. O povo de 'Ad, ainda, ensoberbeceu-se injustamente na Terra; e disse: Quem é mais poderoso do que nós? Porventura, não repararam em que Deus, Que os criou, é mais poderoso do que eles? Sem dúvida, negaram os Nossos versículos,

فَأَرْسَلْنَا عَلَيْهِمْ رِيحًا صَرْصَرًا فِىٓ أَيَّامٍ نَّحِسَاتٍ لِّنُذِيقَهُمْ عَذَابَ ٱلْخِزْىِ فِى ٱلْحَيَوٰةِ
ٱلدُّنْيَا ۖ وَلَعَذَابُ ٱلْءَاخِرَةِ أَخْزَىٰ ۖ وَهُمْ لَا يُنصَرُونَ ﴿١٦﴾

16. Fa arsalná 'alaihim ríhan sarsaran fí ayyámin nahisátin linuzíqahum 'azábal khizyi fil hayátid dunyá wa la'azábul Ákhirati akhzá wa hum lá yunsarún

16. Pelo que desencadeamos sobre eles um vento glacial, em dias nefastos, para fazê-los sofrer o castigo humilhante da vida terrena; porém, o da Outra Vida será ainda mais humilhante, e não serão socorridos.

وَأَمَّا ثَمُودُ فَهَدَيْنَٰهُمْ فَٱسْتَحَبُّوا۟ ٱلْعَمَىٰ عَلَى ٱلْهُدَىٰ فَأَخَذَتْهُمْ صَٰعِقَةُ ٱلْعَذَابِ
ٱلْهُونِ بِمَا كَانُوا۟ يَكْسِبُونَ ﴿١٧﴾

17. Wa ammá Çamúdu fahadináhum fastahabbul 'amá 'alal hudá fa akhazathum sá'iqatul 'azábilhúni bimá kaanú yaksibún

17. E orientamos o povo de Samud; porém, preferiram a cegueira à orientação. E

وَنَجَّيْنَا ٱلَّذِينَ ءَامَنُوا۟ وَكَانُوا۟ يَتَّقُونَ ﴿١٨﴾

18. Wa najjainal lazína ámanú wa kánú yattaqún

18. E salvamos os crentes tementes.

سُورَةُ فُصِّلَتْ

Surat Fússilat

وَيَوْمَ يُحْشَرُ أَعْدَآءُ ٱللَّهِ إِلَى ٱلنَّارِ فَهُمْ يُوزَعُونَ ﴿١٩﴾

19. Wa yauma yuhcharu a'dá'ul láhi ilan Nári fahum yúza'ún

19. E no dia em que os adversários de Deus forem congregados, desfilarão em direção ao fogo infernal,

حَتَّىٰٓ إِذَا مَا جَآءُوهَا شَهِدَ عَلَيْهِمْ سَمْعُهُمْ وَأَبْصَٰرُهُمْ وَجُلُودُهُم بِمَا كَانُوا۟ يَعْمَلُونَ ﴿٢٠﴾

20. Hattá izá má já'úhá chahida 'alaihim sam'uhum wa absáruhum wa julúduhum bimá kánú ya'malún

20. Até que, quando chegarem a ele, seus ouvidos, seus olhos e suas peles, testemunharão contra eles a respeito de tudo quanto tiverem cometido.

وَقَالُوا۟ لِجُلُودِهِمْ لِمَ شَهِدتُّمْ عَلَيْنَا ۖ قَالُوٓا۟ أَنطَقَنَا ٱللَّهُ ٱلَّذِىٓ أَنطَقَ كُلَّ شَىْءٍ وَهُوَ خَلَقَكُمْ أَوَّلَ مَرَّةٍ وَإِلَيْهِ تُرْجَعُونَ ﴿٢١﴾

21. Wa qálú lijulúdihim limá chahittum 'alainá qálú antaqanal láhul lazí antaqa kulla chai'in wa Huwa khalaqakum auwala marratin wa ilaihi turja'ún

21. E perguntarão às suas peles: Por que testemunhastes contra nós? Responderão: Deus foi Quem nos fez falar; Ele faz falar todas as coisas! Ele vos criou anteriormente, e a Ele retornareis.

وَمَا كُنتُمْ تَسْتَتِرُونَ أَن يَشْهَدَ عَلَيْكُمْ سَمْعُكُمْ وَلَآ أَبْصَٰرُكُمْ وَلَا جُلُودُكُمْ وَلَٰكِن ظَنَنتُمْ أَنَّ ٱللَّهَ لَا يَعْلَمُ كَثِيرًا مِّمَّا تَعْمَلُونَ ﴿٢٢﴾

22. Wa má kuntum tastatirúna ai-yachhada 'alaikum sam'ukum wa lá absárukum wa lá julúdukum wa lákin zanantum annal láha lá ya'lamu kacíram mimmá ta'malún

22. E jamais podereis subtrair-vos ao que vossos ouvidos, vossos olhos e vossas peles testemunhem contra vós. Não obstante, acháveis que Deus não saberia muito do quanto fazíeis!

وَذَٰلِكُمْ ظَنُّكُمُ ٱلَّذِى ظَنَنتُم بِرَبِّكُمْ أَرْدَىٰكُمْ فَأَصْبَحْتُم مِّنَ ٱلْخَٰسِرِينَ ﴿٢٣﴾

سُورَةُ فُصِّلَتۡ

Surat Fússilat

23. *Wa zálikum zannukumul lazí zanantum bi-Rabbikum ardákum fa asbahtum minal khásirín*

23. O que vos fez duvidar de vosso Senhor foi o vosso pensamento, o qual vos aniquilou, e fez com que fizésseis parte dos desventurados!

فَإِن يَصۡبِرُواْ فَٱلنَّارُ مَثۡوٗى لَّهُمۡۖ وَإِن يَسۡتَعۡتِبُواْ فَمَا هُم مِّنَ ٱلۡمُعۡتَبِينَ ٢٤

24. *Fa-in yasbirú fan Náru maçwal lahum wa in-yasta'tibú famá hum minal mu'tabín*

24. E mesmo se perseverarem, terão o fogo por morada; e mesmo se implorarem complacência, não farão parte dos que serão compadecidos!

۞ وَقَيَّضۡنَا لَهُمۡ قُرَنَآءَ فَزَيَّنُواْ لَهُم مَّا بَيۡنَ أَيۡدِيهِمۡ وَمَا خَلۡفَهُمۡ وَحَقَّ
عَلَيۡهِمُ ٱلۡقَوۡلُ فِيٓ أُمَمٖ قَدۡ خَلَتۡ مِن قَبۡلِهِم مِّنَ ٱلۡجِنِّ وَٱلۡإِنسِۖ إِنَّهُمۡ كَانُواْ
خَٰسِرِينَ ٢٥

25. ۞ *Wa qaiyadhná lahum quraná'a fazaiyanú lahum má baina aidíhim wa má khalfahum wa haqqa 'alaihimul qaulu fí umamin qad khalat min qablihim minal jinni wal insi innahum kánú khásirín*

25. E lhes destinamos companheiros (da mesma espécie), os quais os alucinam no presente, e o farão no futuro, e merecem a sentença do castigo das gerações de gênios e humanos precedentes, porque (estes) eram desventurados.

وَقَالَ ٱلَّذِينَ كَفَرُواْ لَا تَسۡمَعُواْ لِهَٰذَا ٱلۡقُرۡءَانِ وَٱلۡغَوۡاْ فِيهِ لَعَلَّكُمۡ تَغۡلِبُونَ ٢٦

26. *Wa qálal lazína kafarú lá tasma'ú liházal Qurâni walghau fíhi la'allakum taghlibún*

26. E os incrédulos dizem: Não deis ouvidos a este Alcorão: outrossim, provocai tumulto durante a sua leitura. Quiçá, assim vencereis!

فَلَنُذِيقَنَّ ٱلَّذِينَ كَفَرُواْ عَذَابٗا شَدِيدٗا وَلَنَجۡزِيَنَّهُمۡ أَسۡوَأَ ٱلَّذِي كَانُواْ يَعۡمَلُونَ ٢٧

27. *Falanuzíqannal lazína kafarú 'azában chadídan wa lanajziyannahum aswal lazí kánú ya'malún*

27. Infligiremos um severo castigo aos incrédulos, e os puniremos pelo pior que tiverem feito.

سُورَةُ فُصِّلَت

Surat Fússilat

ذَٰلِكَ جَزَآءُ أَعۡدَآءِ ٱللَّهِ ٱلنَّارُۖ لَهُمۡ فِيهَا دَارُ ٱلۡخُلۡدِ جَزَآءَۢ بِمَا كَانُواْ بِـَٔايَٰتِنَا
يَجۡحَدُونَ ﴿٢٨﴾

28. Zálika jazá'u a'dá'il láhin Náru lahum fihá dárul khuld, jazá'am bimá kánú bi áyátiná yajhadún

28. Tal será o castigo dos adversários de Deus: o fogo, que terão por morada eterna, em punição por terem negado os Nossos versículos.

وَقَالَ ٱلَّذِينَ كَفَرُواْ رَبَّنَآ أَرِنَا ٱلَّذَيۡنِ أَضَلَّانَا مِنَ ٱلۡجِنِّ وَٱلۡإِنسِ نَجۡعَلۡهُمَا
تَحۡتَ أَقۡدَامِنَا لِيَكُونَا مِنَ ٱلۡأَسۡفَلِينَ ﴿٢٩﴾

29. Wa qálal lazína kafarú Rabbaná arinal lazaini adhallaná minal jinni wal insi naj'alhumá tahta aqdáminá liyakúná minal asfalín

29. Os incrédulos dirão: Ó Senhor nosso, mostra-nos os gênios e humanos que nos extraviaram; colocá-los-emos sob os nossos pés, para que se contem entre os mais vis!

إِنَّ ٱلَّذِينَ قَالُواْ رَبُّنَا ٱللَّهُ ثُمَّ ٱسۡتَقَٰمُواْ تَتَنَزَّلُ عَلَيۡهِمُ ٱلۡمَلَٰٓئِكَةُ أَلَّا
تَخَافُواْ وَلَا تَحۡزَنُواْ وَأَبۡشِرُواْ بِٱلۡجَنَّةِ ٱلَّتِي كُنتُمۡ تُوعَدُونَ ﴿٣٠﴾

30. Innal lazína qáloo Rabbunal láhu summas taqámú tatanazzalu 'alaihimul malá'ikatu allá takháfú wa lá tahzanú wa abchirú bil Jannnatil latí kuntum tú'adún

30. Em verdade, quanto àqueles que dizem: Nosso Senhor é Deus, e se firmam, os anjos descerão sobre eles, os quais lhes dirão: Não temais, nem vos entristeçais; outrossim, regozijai-vos com o Paraíso que vos está prometido!

نَحۡنُ أَوۡلِيَآؤُكُمۡ فِي ٱلۡحَيَوٰةِ ٱلدُّنۡيَا وَفِي ٱلۡأٓخِرَةِۖ وَلَكُمۡ فِيهَا مَا تَشۡتَهِيٓ
أَنفُسُكُمۡ وَلَكُمۡ فِيهَا مَا تَدَّعُونَ ﴿٣١﴾

31. Nahnu auliyá'ukum fil hayátid dunyá wa fil Ákhirati wa lakum fihá má tachtahí anfusukum wa lakum fihá ma tadda'ún

31. Temos sido os vossos protetores na vida terrena e (o seremos) na Outra Vida, onde tereis tudo quanto anelam as vossas almas e onde tereis tudo quanto pretendeis.

نُزُلًا مِّنْ غَفُورٍ رَّحِيمٍ ﴿٣٢﴾

32. Nuzulam min Ghafúrir Rahím

32. Tal é a hospedagem do Indulgente, Misericordiosíssimo!

وَمَنْ أَحْسَنُ قَوْلًا مِّمَّن دَعَآ إِلَى ٱللَّهِ وَعَمِلَ صَٰلِحًا وَقَالَ إِنَّنِى مِنَ
ٱلْمُسْلِمِينَ ﴿٣٣﴾

33. Wa man ahsanu qaulam mimman da'á ilal láhi wa 'amila sálihan wa qála innaní minal muslimín

33. E quem é mais eloquente do que quem convoca (os demais) a Deus, pratica o bem e diz: Certamente sou um dos muçulmanos?

وَلَا تَسْتَوِى ٱلْحَسَنَةُ وَلَا ٱلسَّيِّئَةُ ٱدْفَعْ بِٱلَّتِى هِىَ أَحْسَنُ فَإِذَا ٱلَّذِى بَيْنَكَ
وَبَيْنَهُۥ عَدَٰوَةٌ كَأَنَّهُۥ وَلِىٌّ حَمِيمٌ ﴿٣٤﴾

34. Wa lá tastawil hasanatu wa lassaiyi'ah; idfa' billatí hiya ahsanu fa'izal lazí bainaka wa bainahú 'adáwatun ka'annahú waliyun hamím

34. Jamais poderão equiparar-se a bondade e a maldade! Repele (ó Mohammad) o mal da melhor forma possível, e eis que aquele que nutria inimizade por ti converter-se-á em íntimo amigo!

وَمَا يُلَقَّىٰهَآ إِلَّا ٱلَّذِينَ صَبَرُوا۟ وَمَا يُلَقَّىٰهَآ إِلَّا ذُو حَظٍّ عَظِيمٍ ﴿٣٥﴾

35. Wa má yulaqqáhá illal lazína sabarú wa má yulaqqáhá illá zú hazzin 'azím

35. Porém a ninguém se concederá isso, senão aos tolerantes, e a ninguém se concederá isso, senão aos que possuem magnífica sorte.

وَإِمَّا يَنزَغَنَّكَ مِنَ ٱلشَّيْطَٰنِ نَزْغٌ فَٱسْتَعِذْ بِٱللَّهِ إِنَّهُۥ هُوَ ٱلسَّمِيعُ
ٱلْعَلِيمُ ﴿٣٦﴾

36. Wa immá yanzaghannaka minach Chaitáni nazghun fasta'iz billáhi innahú Huwas Samí'ul 'Alím

36. Quando Satanás te incitar à discórdia, ampara-te em Deus, porque Ele é o Oniouvinte, o Sapientíssimo.

سُورَةُ فُصِّلَتْ
Surat Fússilat

وَمِنْ ءَايَٰتِهِ ٱلَّيْلُ وَٱلنَّهَارُ وَٱلشَّمْسُ وَٱلْقَمَرُ ۚ لَا تَسْجُدُوا۟ لِلشَّمْسِ وَلَا
لِلْقَمَرِ وَٱسْجُدُوا۟ لِلَّهِ ٱلَّذِى خَلَقَهُنَّ إِن كُنتُمْ إِيَّاهُ تَعْبُدُونَ
٣٧

37. Wa min Áátihil lailu wannaháru wachchamsu walqamar; lá tasjudú lichchamsi wa lá lilqamari wasjudú lilláhil lazí khalaqahunna in kuntum iyyáhu ta'budún

37. E, entre os Seus sinais, contam-se a noite e o dia, o sol e a lua. Não vos prostreis ante o sol nem ante a lua, mas prostrai-vos ante Deus, que os criou, se realmente é a Ele que quereis adorar.

فَإِنِ ٱسْتَكْبَرُوا۟ فَٱلَّذِينَ عِندَ رَبِّكَ يُسَبِّحُونَ لَهُۥ بِٱلَّيْلِ وَٱلنَّهَارِ وَهُمْ
لَا يَسْـَٔمُونَ ۩ ٣٨

38. Fa inis-takbarú fallazína 'inda Rabbika yusabbihúna lahú billaili wannnahári wa hum lá yas'amún (faça sajda)

38. Porém, se se ensoberbecerem, saibam que aqueles que estão na presença do teu Senhor glorificam-No noite e dia, sem, contudo, se entediarem.

وَمِنْ ءَايَٰتِهِۦٓ أَنَّكَ تَرَى ٱلْأَرْضَ خَٰشِعَةً فَإِذَآ أَنزَلْنَا عَلَيْهَا ٱلْمَآءَ ٱهْتَزَّتْ وَرَبَتْ ۚ إِنَّ
ٱلَّذِىٓ أَحْيَاهَا لَمُحْىِ ٱلْمَوْتَىٰٓ ۚ إِنَّهُۥ عَلَىٰ كُلِّ شَىْءٍ قَدِيرٌ ٣٩

39. Wa min Áyátihí annaka taral arda kháchi'atan fa izá anzalna 'alaihal má'a ihtazzat wa rabat; innal lazí ahyáhá lamuhiyil mautá; innahú 'alá kulli chai-in Qadír

39. E entre os Seus sinais está a Terra desolada; mas quando fazemos descer a água sobre ela, eis que se reanima e se fertiliza. Certamente, Quem a faz reviver é o Mesmo Vivificador dos mortos, porque é Onipotente.

إِنَّ ٱلَّذِينَ يُلْحِدُونَ فِىٓ ءَايَٰتِنَا لَا يَخْفَوْنَ عَلَيْنَآ ۗ أَفَمَن يُلْقَىٰ فِى ٱلنَّارِ خَيْرٌ أَم مَّن
يَأْتِىٓ ءَامِنًا يَوْمَ ٱلْقِيَٰمَةِ ۚ ٱعْمَلُوا۟ مَا شِئْتُمْ ۖ إِنَّهُۥ بِمَا تَعْمَلُونَ بَصِيرٌ ٤٠

40. Innal lazína yulhidúna fí Áyátina lá yakhfauna 'alainá' afamai yulqá fin Nári khayrun am mai yátí áminan Yaumal Quiyámah; i'malú ma chi'tum innahú bimá ta'malúna Basír

40. Em verdade, aqueles que negarem os Nossos versículos não se ocultarão de Nós. Quem será mais venturoso: o que for precipitado no fogo, ou o que comparecer, a salvo, no Dia da Ressurreição? Agi como quiserdes, mas sabei que Ele bem vê tudo quanto fazeis!

إِنَّ ٱلَّذِينَ كَفَرُواْ بِٱلذِّكۡرِ لَمَّا جَآءَهُمۡۖ وَإِنَّهُۥ لَكِتَٰبٌ عَزِيزٞ ﴿٤١﴾

41. Innal Lazína kafarú bizzikri lammá já'ahum wa innahú la Kitábun 'Azíz

41. Aqueles que degenerarem a Mensagem, ao recebê-la, (não se ocultarão d'Ele). Este é um Livro veraz por excelência.

لَّا يَأۡتِيهِ ٱلۡبَٰطِلُ مِنۢ بَيۡنِ يَدَيۡهِ وَلَا مِنۡ خَلۡفِهِۦۖ تَنزِيلٞ مِّنۡ حَكِيمٍ حَمِيدٖ ﴿٤٢﴾

42. Lá yá'tíhil bátilu mim baini yadaihi wa lá min khalfihí tanzílum min Hakímin Hamíd

42. A falsidade não se aproxima dele (o Livro), nem pela frente, nem por trás; é a revelação do Prudente, Laudabilíssimo.

مَّا يُقَالُ لَكَ إِلَّا مَا قَدۡ قِيلَ لِلرُّسُلِ مِن قَبۡلِكَۚ إِنَّ رَبَّكَ لَذُو مَغۡفِرَةٖ وَذُو عِقَابٍ
أَلِيمٖ ﴿٤٣﴾

43. Má yuqálu laka illá má qad quila lir Russuli min qablik; inna Rabbaka lazú maghfiratin wa zú 'iqábin alím

43. Tudo quanto te dizem já foi dito aos mensageiros que te precederam. Saibam eles que o teu Senhor é Indulgente, mas também possui um doloroso castigo.

وَلَوۡ جَعَلۡنَٰهُ قُرۡءَانًا أَعۡجَمِيّٗا لَّقَالُواْ لَوۡلَا فُصِّلَتۡ ءَايَٰتُهُۥٓۖ ءَا۬عۡجَمِيّٞ وَعَرَبِيّٞۗ قُلۡ هُوَ
لِلَّذِينَ ءَامَنُواْ هُدٗى وَشِفَآءٞۚ وَٱلَّذِينَ لَا يُؤۡمِنُونَ فِيٓ ءَاذَانِهِمۡ وَقۡرٞ
وَهُوَ عَلَيۡهِمۡ عَمًىۚ أُوْلَٰٓئِكَ يُنَادَوۡنَ مِن مَّكَانِۭ بَعِيدٖ ﴿٤٤﴾

44. Wa lau ja'alnáhu Qur'ánan A'jamiyyal laqálú lau lá fussilat Áyátuhú wa A'jamiyyun wa 'Arabiyy; qul huwa lillazína ámanú hudan wa chifá'un wallazína la yu'minúna fí ázánihim waqrun wa huwa 'alaihim 'amá; ulá'ika yunádawna mim makánim ba'íd

44. E se houvéssemos revelado um Alcorão em língua persa, teriam dito: Por que não nos foram detalhados os versículos? Como! Um (livro) persa e um (Mensageiro) árabe? Diz-lhes: Para os crentes, é orientação e bálsamo;

porém, para aqueles que não creem e estão surdos, é incompreensível, como se fossem chamados (para algo) de um lugar longínquo.

وَلَقَدْ ءَاتَيْنَا مُوسَى ٱلْكِتَٰبَ فَٱخْتُلِفَ فِيهِ ۗ وَلَوْلَا كَلِمَةٌ سَبَقَتْ مِن
رَّبِّكَ لَقُضِىَ بَيْنَهُمْ ۚ وَإِنَّهُمْ لَفِى شَكٍّ مِّنْهُ مُرِيبٍ ﴿٤٥﴾

45. Wa laqad átainá Mussal Kitába fakhtulifa fíh; wa laulá Kalimatun sabaqat mir Rabbika laqudhiya bainahum; wa innahum lafi chakkim min-hu muríb

45. Havíamos concedido o Livro a Moisés, acerca do qual houve discrepâncias. Porém, se não tivesse sido por uma palavra proferida por teu Senhor, tudo teria sido estabelecido entre eles; mas eles se mantiveram em uma dúvida inquietante, acerca disso.

مَّنْ عَمِلَ صَٰلِحًا فَلِنَفْسِهِۦ ۖ وَمَنْ أَسَآءَ فَعَلَيْهَا ۗ وَمَا رَبُّكَ بِظَلَّٰمٍ لِّلْعَبِيدِ ﴿٤٦﴾

46. Man 'amila salihan falinafsihí wa man asá'a fa'alaihá; wamá rabbuka bizallámil lil 'abíd.

46. Quem pratica o bem, o faz em benefício próprio; por outra, quem faz o mal, é em prejuízo seu, porque o teu Senhor não é injusto para com os Seus servos.

(Fim do Juzi 24)

سُورَةُ فُصِّلَت

Surat Fússilat

Juzi 25

Surat 41. *Fussilat,* Os Detalhados, do versículo 47 ao 54.

۞ إِلَيۡهِ يُرَدُّ عِلۡمُ ٱلسَّاعَةِۚ وَمَا تَخۡرُجُ مِن ثَمَرَٰتٖ مِّنۡ أَكۡمَامِهَا وَمَا تَحۡمِلُ مِنۡ
أُنثَىٰ وَلَا تَضَعُ إِلَّا بِعِلۡمِهِۦۚ وَيَوۡمَ يُنَادِيهِمۡ أَيۡنَ شُرَكَآءِي قَالُوٓاْ ءَاذَنَّٰكَ مَا
مِنَّا مِن شَهِيدٖ ﴿٤٧﴾

47. ۞Ilaihi yuraddu 'ilmus Sá'a; wa má takhruju min samarátim min akmámihá wa má tahmilu min unçá wa lá tadha'u illá bi'ilmih; wa Yauma yunádihim aina churaká'i qálú ázannáka má minná min chahíd

47. Só a Ele compete o conhecimento da Hora. E nenhum fruto sai do seu invólucro e nenhuma fêmea fica prenhe ou gera, sem o Seu conhecimento. No dia em que Ele os convocar, (perguntará): Onde estão os parceiros que Me atribuístes? Dirão: Asseguramos-Te que nenhum de nós pode testemunhar!

وَضَلَّ عَنۡهُم مَّا كَانُواْ يَدۡعُونَ مِن قَبۡلُۖ وَظَنُّواْ مَا لَهُم مِّن مَّحِيصٖ ﴿٤٨﴾

48. Wa dhalla 'anhum má kánú yad'úna min qablu wa zannú má lahum mim mahís

48. E desvanecer-se-á tudo quanto haviam invocado antes, e se convencerão de que não terão escapatória.

لَّا يَسۡـَٔمُ ٱلۡإِنسَٰنُ مِن دُعَآءِ ٱلۡخَيۡرِ وَإِن مَّسَّهُ ٱلشَّرُّ فَيَـُٔوسٞ قَنُوطٞ ﴿٤٩﴾

49. Lá yas'amul insánu min du'á'il khairi wa im massahuvh charru fa ya'úsun qanút

49. O homem não se farta de implorar o bem; mas, quando o mal o açoita, ei-lo desesperado, desalentado.

وَلَئِنۡ أَذَقۡنَٰهُ رَحۡمَةٗ مِّنَّا مِنۢ بَعۡدِ ضَرَّآءَ مَسَّتۡهُ لَيَقُولَنَّ هَٰذَا لِي وَمَآ أَظُنُّ ٱلسَّاعَةَ
قَآئِمَةٗ وَلَئِن رُّجِعۡتُ إِلَىٰ رَبِّيٓ إِنَّ لِي عِندَهُۥ لَلۡحُسۡنَىٰۚ فَلَنُنَبِّئَنَّ ٱلَّذِينَ كَفَرُواْ بِمَا
عَمِلُواْ وَلَنُذِيقَنَّهُم مِّنۡ عَذَابٍ غَلِيظٖ ﴿٥٠﴾

50. Wa la in azaqnáhu rahmatam minná mim ba'di dharrá'a massathu la yaqúlanna házá lí wa má azunnus Sá'ata qá'imatan wa la'in ruji'tu ilá Rabbí inna lí 'indahú lalhusná; falanunabbi'annal lazína kafarú bimá 'amilú wa lanuzíqannahum min 'azábin ghalíz

50. Todavia, se depois de tê-lo açoitado a adversidade, o agraciarmos com a Nossa misericórdia, dirá: Isto é (mérito) meu e não creio que a Hora chegue; e se retornar ao meu Senhor, certamente obterei a Sua bem-aventurança. Porém, inteiraremos os incrédulos de tudo quanto tiverem cometido, e lhes infligiremos um severo castigo.

وَإِذَآ أَنۡعَمۡنَا عَلَى ٱلۡإِنسَٰنِ أَعۡرَضَ وَنَـَٔا بِجَانِبِهِۦ وَإِذَا مَسَّهُ ٱلشَّرُّ فَذُو دُعَآءٍ عَرِيضٍ ٥١

51. Wa izá an'amná 'alal insáni a'radha wa na-á bijánibihi wa izá massahuch charru fazú du'á'in 'arídh

51. Mas quando agraciamos o homem, ele desdenha e se envaidece; em troca, quando o mal o açoita, eis que não cessa de Nos suplicar!

قُلۡ أَرَءَيۡتُمۡ إِن كَانَ مِنۡ عِندِ ٱللَّهِ ثُمَّ كَفَرۡتُم بِهِۦ مَنۡ أَضَلُّ مِمَّنۡ هُوَ فِي شِقَاقِۭ بَعِيدٖ ٥٢

52. Qul araitum in kána min 'indil láhi summa kafartum bihí man adhallu mimman huwa fí chiqaquim ba'íd

52. Dize-lhes: Uma vez que (o Alcorão) emana de Deus e o rechaçais... haverá alguém mais extraviado do que aquele que está em um profundo cisma?

سَنُرِيهِمۡ ءَايَٰتِنَا فِي ٱلۡأٓفَاقِ وَفِيٓ أَنفُسِهِمۡ حَتَّىٰ يَتَبَيَّنَ لَهُمۡ أَنَّهُ ٱلۡحَقُّۗ أَوَلَمۡ يَكۡفِ بِرَبِّكَ أَنَّهُۥ عَلَىٰ كُلِّ شَيۡءٖ شَهِيدٌ ٥٣

53. Sanuríhim Áyátiná fil áfáqui wa fí anfusihim hattá yatabaiyana lahum annahul haqq; awa lam yakfi bi Rabbika annahú 'alá kulli chai-in Chahíd

53. De pronto lhes mostraremos os Nossos sinais em todas as regiões (da Terra), assim como em suas próprias pessoas, até que lhes seja esclarecido que ele (o Alcorão) é a verdade. Acaso não basta teu Senhor, Que é Testemunha de tudo?

أَلَآ إِنَّهُمۡ فِي مِرۡيَةٖ مِّن لِّقَآءِ رَبِّهِمۡۗ أَلَآ إِنَّهُۥ بِكُلِّ شَيۡءٖ مُّحِيطُۢ ٥٤

54. Alá innahum fí miryatim mil liqá'i Rabbihim; alá innahú bikulli chai'im muhít

سُورَةُ الشُّورَىٰ

Surat Ax Xura

54. Não é certo que estão em dúvida quanto ao comparecimento ante o seu Senhor? Acaso não é verdade que Deus a tudo abrange

Surat 42. *Ax-Xura* (A Consulta), revelada em Makka, 53 versículos, com exceção dos versículos 23 a 25 e 27, que foram revelados em Madina.

بِسْمِ ٱللَّهِ ٱلرَّحْمَٰنِ ٱلرَّحِيمِ

Bismilláhir Rahmánir Rahím

Em nome de Deus, o Clemente, o Misericordioso

حمٓ ﴿١﴾

1. Há Mim

1. Ha, Mim.

عٓسٓقٓ ﴿٢﴾

2. 'Ain Sín Cáf

2. Ain, Sin, Caf.

كَذَٰلِكَ يُوحِىٓ إِلَيْكَ وَإِلَى ٱلَّذِينَ مِن قَبْلِكَ ٱللَّهُ ٱلْعَزِيزُ ٱلْحَكِيمُ ﴿٣﴾

3. Kazálika yúhí ilaika wa ilal lazína min qablikal láhul 'Azízul Hakím

3. Assim te revela, como (o fez) àqueles que te precederam, Deus, o Poderoso, o Prudentíssimo.

لَهُۥ مَا فِى ٱلسَّمَٰوَٰتِ وَمَا فِى ٱلْأَرْضِ ۖ وَهُوَ ٱلْعَلِىُّ ٱلْعَظِيمُ ﴿٤﴾

4. Lahú má fissamáwáti wa má fil ardhi wa Huwal 'Aliyul 'Azím

4. Seu é tudo quanto existe nos Céus e na Terra, porque é o Ingente, o Altíssimo.

تَكَادُ ٱلسَّمَٰوَٰتُ يَتَفَطَّرْنَ مِن فَوْقِهِنَّ ۚ وَٱلْمَلَٰٓئِكَةُ يُسَبِّحُونَ بِحَمْدِ رَبِّهِمْ وَيَسْتَغْفِرُونَ

لِمَن فِى ٱلْأَرْضِ ۗ أَلَآ إِنَّ ٱللَّهَ هُوَ ٱلْغَفُورُ ٱلرَّحِيمُ ﴿٥﴾

سُورَةُ الشُّورَىٰ

Surat Ax Xura

5. Takádus samáwátu yatafattarna min fauquihinn; walmalá'ikatu yusabbihúna bihamdi Rabbihim wa yastaghfirúna liman fil ard; alá innal láha huwal Ghafúrur Rahím

5. E afirmam: Os nossos corações estão insensíveis a isso a que nos incitas; os nossos ouvidos estão ensurdecidos e, entre tu e nós, há uma barreira. Faze, pois, (por tua religião), que nós faremos (pela nossa)!

وَالَّذِينَ اتَّخَذُوا مِن دُونِهِ أَوْلِيَاءَ اللَّهُ حَفِيظٌ عَلَيْهِمْ وَمَا أَنتَ عَلَيْهِم بِوَكِيلٍ ٦

6. Wallazínat takhazú min dúnihi awliyá'al láhu hafízun 'alaihim wa má anta 'alaihim biwakíl

6. Dize-lhes: Sou tão somente um mortal como vós, a quem tem sido revelado que vosso Deus é um Deus Único. Consagrai-vos, pois, a Ele, e implorai-Lhe perdão! E ai dos idólatras,

وَكَذَٰلِكَ أَوْحَيْنَا إِلَيْكَ قُرْآنًا عَرَبِيًّا لِّتُنذِرَ أُمَّ الْقُرَىٰ وَمَنْ حَوْلَهَا وَتُنذِرَ يَوْمَ الْجَمْعِ

لَا رَيْبَ فِيهِ فَرِيقٌ فِي الْجَنَّةِ وَفَرِيقٌ فِي السَّعِيرِ ٧

7. Wa kazálika auhainá llaika Qur-ánan 'Arabiyyal litunzira Ummal Qurá wa man haulahá wa tunzira Yaumal Jam'i lá raiba fíh; faríqun fil jannati wa faríqun fissa'ír

7. E assim te revelamos um Alcorão árabe para que admoestes a Mãe das Metrópoles e tudo ao seu redor; admoesta-os, portanto, quanto ao dia indubitável do comparecimento, em que uma parte (da humanidade) estará no Paraíso e outra no Fogo abrasador.

وَلَوْ شَاءَ اللَّهُ لَجَعَلَهُمْ أُمَّةً وَاحِدَةً وَلَٰكِن يُدْخِلُ مَن يَشَاءُ فِي رَحْمَتِهِ وَالظَّالِمُونَ

مَا لَهُم مِّن وَلِيٍّ وَلَا نَصِيرٍ ٨

8. Wa lau chá'al láhu laja'alahum ummatan wáhidatan walákin yudkhilu man yachá'u fí rahmatih; waz zálimúna má lahum min waliyyin walá nasír

8. Se Deus quisesse, tê-los-ia (os humanos) constituído em uma só nação, porque acolhe em Sua misericórdia quem Lhe apraz. Quanto aos injustos, não terão protetor, nem socorredor.

سُورَةُ الشُّورَىٰ

Surat Ax Xura

أَمِ ٱتَّخَذُواْ مِن دُونِهِۦٓ أَوۡلِيَآءَۖ فَٱللَّهُ هُوَ ٱلۡوَلِيُّ وَهُوَ يُحۡيِ ٱلۡمَوۡتَىٰ وَهُوَ عَلَىٰ كُلِّ شَيۡءٖ
قَدِيرٞ ٩

9. Amit takhazú min dúnihí awliyá'a falláhu Huwal Waliyyu wa Huwa yuhyil mautá wa Huwa 'alá kulli chai'in Qadír

9. Como! Adotam protetores, em vez d'Ele? Pois saibam que Deus é o Protetor e é Quem ressuscita os mortos, porque é Onipotente.

وَمَا ٱخۡتَلَفۡتُمۡ فِيهِ مِن شَيۡءٖ فَحُكۡمُهُۥٓ إِلَى ٱللَّهِۚ ذَٰلِكُمُ ٱللَّهُ رَبِّي عَلَيۡهِ تَوَكَّلۡتُ
وَإِلَيۡهِ أُنِيبُ ١٠

10. Wa makh-talaftum fihi min chai'in fahukmuhú ilalláh; zálikumul láhu Rabbí 'alaihi tawakkaltu wa ilaihi uníb

10. E seja qual for a causa da vossa divergência, a decisão só a Deus compete. Tal é Deus, meu Senhor! N'Ele confio e a Ele retornarei contrito.

فَاطِرُ ٱلسَّمَٰوَٰتِ وَٱلۡأَرۡضِۚ جَعَلَ لَكُم مِّنۡ أَنفُسِكُمۡ أَزۡوَٰجٗا وَمِنَ ٱلۡأَنۡعَٰمِ
أَزۡوَٰجٗا يَذۡرَؤُكُمۡ فِيهِۚ لَيۡسَ كَمِثۡلِهِۦ شَيۡءٞۖ وَهُوَ ٱلسَّمِيعُ ٱلۡبَصِيرُ ١١

11. Fátirus samáwáti wal ardh; ja'ala lakum min anfusikum azwájan wa minal an'ámi azwájai yazra'úkum fih; laisa kamislihí chai'un wa Huwas Samí'ul Basír

11. É o Originador dos Céus e da Terra, (foi) Quem vos criou esposas, de vossas espécies, assim como pares de todos os animais. Por esse meio vos multiplica. Nada se assemelha a Ele, e é o Oniouvinte, o Onividente.

لَهُۥ مَقَالِيدُ ٱلسَّمَٰوَٰتِ وَٱلۡأَرۡضِۖ يَبۡسُطُ ٱلرِّزۡقَ لِمَن يَشَآءُ وَيَقۡدِرُۚ إِنَّهُۥ بِكُلِّ
شَيۡءٍ عَلِيمٞ ١٢

12. Lahú maqálidus samáwáti wal ardi yabsutur rizqa limai yachá'u wa yaqdir; innahú bikulli chai'in 'Alím

12. Suas são as chaves dos Céus e da Terra; prodigaliza e restringe a Sua graça a quem Lhe apraz, porque é Onisciente.

سُورَةُ الشُّورَىٰ

Surat Ax Xura

۞ شَرَعَ لَكُم مِّنَ ٱلدِّينِ مَا وَصَّىٰ بِهِۦ نُوحًا وَٱلَّذِىٓ أَوْحَيْنَآ إِلَيْكَ وَمَا وَصَّيْنَا
بِهِۦٓ إِبْرَٰهِيمَ وَمُوسَىٰ وَعِيسَىٰٓ ۖ أَنْ أَقِيمُوا۟ ٱلدِّينَ وَلَا تَتَفَرَّقُوا۟ فِيهِ ۚ كَبُرَ عَلَى ٱلْمُشْرِكِينَ
مَا تَدْعُوهُمْ إِلَيْهِ ۚ ٱللَّهُ يَجْتَبِىٓ إِلَيْهِ مَن يَشَآءُ وَيَهْدِىٓ إِلَيْهِ مَن يُنِيبُ ﴿١٣﴾

13. *Chara'a lakum minad díni má wassá bihí Núhan wallazí auhainá ilaika wa má wassainá bihí Ibráhíma wa Mussa wa 'Ísá an aquimud dína wa lá tatafarraqú fíh; kabura 'alal muchrikína má tad'úhum ilaih; Alláhu yajtabí ilaihi mai yachá'u wa yahdí ilaihi mai yuníb*

13. Prescreveu-vos a mesma religião que havia instituído para Noé, a qual te revelamos, a qual havíamos recomendado a Abraão, a Moisés e a Jesus, (dizendo-lhes): Observai a religião e não discrepeis acerca disso; em verdade, os idólatras se ressentiram daquilo a que os convocaste. Deus elege quem Lhe apraz e encaminha para Si o contrito.

وَمَا تَفَرَّقُوٓا۟ إِلَّا مِنۢ بَعْدِ مَا جَآءَهُمُ ٱلْعِلْمُ بَغْيًۢا بَيْنَهُمْ ۚ وَلَوْلَا كَلِمَةٌ سَبَقَتْ مِن
رَّبِّكَ إِلَىٰٓ أَجَلٍ مُّسَمًّى لَّقُضِىَ بَيْنَهُمْ ۚ وَإِنَّ ٱلَّذِينَ أُورِثُوا۟ ٱلْكِتَٰبَ مِنۢ بَعْدِهِمْ
لَفِى شَكٍّ مِّنْهُ مُرِيبٍ ﴿١٤﴾

14. *Wa má tafarraqú illá mim ba'di má já'ahumul 'ilmu baghyam bainahum; wa lau lá Kalimatun sabaqat mir Rabbika ilá ajalim musammal laqudhiya bainahum; wa innal lazína úriçul Kitába mim ba'dihim lafí chakkim minhu muríb*

14. Mas não se dividiram senão por inveja, depois de lhes ter chegado a ciência. E se não tivesse sido por uma palavra proferida por teu Senhor, para tolerá-los até a um término prefixado, já os teria julgado. Em verdade, aqueles que, depois deles, herdaram o Livro, estão em uma inquietante dúvida, acerca do mesmo.

فَلِذَٰلِكَ فَٱدْعُ ۖ وَٱسْتَقِمْ كَمَآ أُمِرْتَ ۖ وَلَا تَتَّبِعْ أَهْوَآءَهُمْ ۖ وَقُلْ ءَامَنتُ بِمَآ
أَنزَلَ ٱللَّهُ مِن كِتَٰبٍ ۖ وَأُمِرْتُ لِأَعْدِلَ بَيْنَكُمُ ۖ ٱللَّهُ رَبُّنَا وَرَبُّكُمْ ۖ لَنَآ
أَعْمَٰلُنَا وَلَكُمْ أَعْمَٰلُكُمْ ۖ لَا حُجَّةَ بَيْنَنَا وَبَيْنَكُمُ ۖ ٱللَّهُ يَجْمَعُ بَيْنَنَا ۖ وَإِلَيْهِ
ٱلْمَصِيرُ ﴿١٥﴾

سُورَةُ الشُّورَىٰ

Surat Ax Xura

15. Falizálika fad'u wastaquim kamá umirta wa lá tattabi' ahwá'ahum wa qul ámantu bimá anzalal láhu min Kitáb, wa umirtu li a'dila bainakum Aláhu Rabbuná wa Rabbukum laná a'máluná wa lakum a'málukum lá hujjata bainaná wa bainakumul láhu yajma'u bainaná wa ilaihil masír

15. Por isso, convoca-os e persevera, tal como te tem sido ordenado, e não te entregues à sua concupiscência, e dize-lhes: Creio em todos os Livros que Deus revelou! E tem-me sido ordenado julgar-vos equitativamente. Deus é nosso Senhor e vosso. Nós somos responsáveis por nossas ações e vós pelas vossas! Que não haja dissensões entre vós e nós. Deus nos congregará, e a Ele será o retorno.

وَٱلَّذِينَ يُحَآجُّونَ فِى ٱللَّهِ مِنۢ بَعْدِ مَا ٱسْتُجِيبَ لَهُۥ حُجَّتُهُمْ دَاحِضَةٌ عِندَ رَبِّهِمْ
وَعَلَيْهِمْ غَضَبٌ وَلَهُمْ عَذَابٌ شَدِيدٌ ﴿١٦﴾

16. Wallazína yuhájjúna fil láhi mim ba'di mastujíba lahú hujjatuhum dáhidhatun 'inda Rabbihim wa 'alaihim ghadhabun wa lahum 'azábun chadíd

16. Quanto àqueles que argumentam acerca de Deus, depois de Ele ter sido aceito, seus argumentos serão refutados ante o seu Senhor, Cuja abominação pesará sobre eles, e sofrerão um severo castigo.

ٱللَّهُ ٱلَّذِىٓ أَنزَلَ ٱلْكِتَٰبَ بِٱلْحَقِّ وَٱلْمِيزَانَ ۗ وَمَا يُدْرِيكَ لَعَلَّ ٱلسَّاعَةَ قَرِيبٌ ﴿١٧﴾

17. Allahul lazí anzalal Kitába bilhaqqui wal Mízán; wa ma yudríka la'allas Sá'ata qaríb

17. Deus foi Quem, em verdade, revelou o Livro e a balança. E quem te fará compreender, se a Hora estiver próxima?

يَسْتَعْجِلُ بِهَا ٱلَّذِينَ لَا يُؤْمِنُونَ بِهَا ۖ وَٱلَّذِينَ ءَامَنُوا۟ مُشْفِقُونَ مِنْهَا
وَيَعْلَمُونَ أَنَّهَا ٱلْحَقُّ ۗ أَلَآ إِنَّ ٱلَّذِينَ يُمَارُونَ فِى ٱلسَّاعَةِ لَفِى ضَلَٰلٍۭ بَعِيدٍ ﴿١٨﴾

18. Yasta'jilu bihal lazína lá yu'minúna bihá wallazína ámanú muchfiqúna min-há wa ya'lamúna annahal haqq; alá innal lazína yumárúna fis Sá'ati lafí dhalálin ba'íd

18. Os que não crím nela querem apressá-la; por outra, os crentes são reverentes, por temor a ela, e sabem que é a verdade. Não é, acaso, certo, que aqueles que disputam sobre a Hora estão em um profundo erro?

سُورَةُ الشُّورَىٰ

Surat Ax Xura

ٱللَّهُ لَطِيفُۢ بِعِبَادِهِۦ يَرۡزُقُ مَن يَشَآءُۖ وَهُوَ ٱلۡقَوِيُّ ٱلۡعَزِيزُ ﴿١٩﴾

19. Allahu latífum bi'ibádihí yarzuqu mai yachá'u wa Huwal Qawiyyul 'Aziz

19. Deus é Amabilíssimo para com os Seus servos. Agracia quem Lhe apraz, porque é o Poderoso, o Fortíssimo.

مَن كَانَ يُرِيدُ حَرۡثَ ٱلۡأٓخِرَةِ نَزِدۡ لَهُۥ فِي حَرۡثِهِۦۖ وَمَن كَانَ يُرِيدُ حَرۡثَ
ٱلدُّنۡيَا نُؤۡتِهِۦ مِنۡهَا وَمَا لَهُۥ فِي ٱلۡأٓخِرَةِ مِن نَّصِيبٍ ﴿٢٠﴾

20. Man kána yurídu harçal Ákhirati nazid lahú fí harcihí wa man kána yurídu harçad dunyá nu'tihí min-há wa má lahú fil Ákhirati min nasíb

20. Quem anelar a recompensa da Outra Vida tê-la-á aumentada; em troca, a quem preferir a recompensa da vida terrena, também conceder-lhe-emos algo dela; porém, não participará (da bem-aventurança) da Outra Vida.

أَمۡ لَهُمۡ شُرَكَـٰٓؤُاْ شَرَعُواْ لَهُم مِّنَ ٱلدِّينِ مَا لَمۡ يَأۡذَنۢ بِهِ ٱللَّهُۚ وَلَوۡلَا
كَلِمَةُ ٱلۡفَصۡلِ لَقُضِيَ بَيۡنَهُمۡۗ وَإِنَّ ٱلظَّـٰلِمِينَ لَهُمۡ عَذَابٌ أَلِيمٞ ﴿٢١﴾

21. Am lahum churaká'u chara'ú lahum minad díni má lam ya'zan bihil láh; wa lau lá kalimatul fasli laqudhiya bainahum; wa innaz zálimína lahum 'azábun alím

21. Quê! Há, acaso, (seres) parceiros (de Deus) que lhes tenham instituído algo a respeito da religião, sem a autorização de Deus? Porém, se não houvesse sido pelo decreto do juízo, já os teria julgado. Certamente, os injustos sofrerão um doloroso castigo.

تَرَى ٱلظَّـٰلِمِينَ مُشۡفِقِينَ مِمَّا كَسَبُواْ وَهُوَ وَاقِعُۢ بِهِمۡۗ وَٱلَّذِينَ
ءَامَنُواْ وَعَمِلُواْ ٱلصَّـٰلِحَٰتِ فِي رَوۡضَاتِ ٱلۡجَنَّاتِۖ لَهُم مَّا يَشَآءُونَ عِندَ
رَبِّهِمۡۚ ذَٰلِكَ هُوَ ٱلۡفَضۡلُ ٱلۡكَبِيرُ ﴿٢٢﴾

22. Taraz zálimína muchfiquina mimmá kasabú wa huwa wáqi'um bihim; wallazína ámanú wa 'amilus sálihátí fí raudhátil jannáti lahum má yachá'úna 'inda Rabbihim; zálika huwal fadhlul Kabír

سُورَةُ الشُّورَىٰ

Surat Ax Xura

22. Verás os injustos, atemorizados pelo que tiverem cometido, quando (o castigo) lhes estiver iminente. Por outra, os crentes, que praticarem o bem, morarão nos viçosos prados; terão tudo quanto lhes aprouver junto ao seu Senhor. Tal será a magnífica graça!

ذَٰلِكَ ٱلَّذِى يُبَشِّرُ ٱللَّهُ عِبَادَهُ ٱلَّذِينَ ءَامَنُوا۟ وَعَمِلُوا۟ ٱلصَّٰلِحَٰتِ ۗ قُل لَّآ أَسْـَٔلُكُمْ عَلَيْهِ أَجْرًا
إِلَّا ٱلْمَوَدَّةَ فِى ٱلْقُرْبَىٰ ۗ وَمَن يَقْتَرِفْ حَسَنَةً نَّزِدْ لَهُۥ فِيهَا حُسْنًا ۚ إِنَّ ٱللَّهَ غَفُورٌ شَكُورٌ ﴿٢٣﴾

23. Zálikal lazí yubachchirul láhu 'ibádahul lazína ámanú wa 'amilus sálihát; qul lá as'alukum 'alaihi ajran illal mawaddata fil qurbá; wa mai yaqtarif hassanatan nazid lahú fíhá husná; innal láha Ghafúrun Chakúr

23. Isto é o que Deus anuncia para os Seus servos crentes, que praticam o bem. Dize-lhes: Não vos exijo recompensa alguma por isto, senão o amor aos vossos parentes. E a quem quer que seja que conseguir uma boa ação, multiplicar-lha-emos; sabei que Deus é Compensador, Indulgentíssimo.

أَمْ يَقُولُونَ ٱفْتَرَىٰ عَلَى ٱللَّهِ كَذِبًا ۖ فَإِن يَشَإِ ٱللَّهُ يَخْتِمْ عَلَىٰ قَلْبِكَ ۗ وَيَمْحُ ٱللَّهُ ٱلْبَٰطِلَ وَيُحِقُّ
ٱلْحَقَّ بِكَلِمَٰتِهِۦٓ ۚ إِنَّهُۥ عَلِيمٌۢ بِذَاتِ ٱلصُّدُورِ ﴿٢٤﴾

24. Am yaqúlúnaf tara 'alal láhi kaziban fa-in yacha' illáhu yakhtim 'alá qalbik; wa yamhul láhul bátila wa yuhiqqul haqqa bi Kalimátih; innahú 'Alímun bizátis sudúr

24. Ou dizem que Ele forjou uma mentira acerca de Deus! Porém, se Deus quisesse, selaria o teu coração. Deus anula a falsidade e confirma a verdade, mediante as Suas palavras, porque é Conhecedor do que há nos corações.

وَهُوَ ٱلَّذِى يَقْبَلُ ٱلتَّوْبَةَ عَنْ عِبَادِهِۦ وَيَعْفُوا۟ عَنِ ٱلسَّيِّـَٔاتِ وَيَعْلَمُ مَا تَفْعَلُونَ ﴿٢٥﴾

25. Wa Huwal lazí yaqbalut taubata 'an 'ibádihí wa ya'fú 'anis saiyiáti wa ya'lamu má taf'alún

25. E é Ele Que aceita o arrependimento dos Seus servos, absolve-lhes as faltas, bem como está sempre ciente de tudo quanto fazem,

وَيَسْتَجِيبُ ٱلَّذِينَ ءَامَنُوا۟ وَعَمِلُوا۟ ٱلصَّٰلِحَٰتِ وَيَزِيدُهُم مِّن فَضْلِهِۦ ۚ وَٱلْكَٰفِرُونَ لَهُمْ
عَذَابٌ شَدِيدٌ ﴿٢٦﴾

سُورَةُ الشُّورَىٰ

Surat Ax Xura

26. Wa yastajíbul lazína ámanú wa 'amilu sálih// wa yazíduhum min fadhlih; wal káfirúna lahum 'azábun chadíd

26. E atende (às súplicas) dos crentes, que praticam o bem, e os aumenta de Sua graça; porém, os incrédulos sofrerão um severo castigo.

۞ وَلَوْ بَسَطَ ٱللَّهُ ٱلرِّزْقَ لِعِبَادِهِۦ لَبَغَوْا۟ فِى ٱلْأَرْضِ وَلَٰكِن يُنَزِّلُ بِقَدَرٍ مَّا يَشَآءُ ۚ إِنَّهُۥ بِعِبَادِهِۦ خَبِيرٌۢ بَصِيرٌ ﴿٢٧﴾

27. ۞ Wa lau basatal láhur rizqa li'ibádihí labaghau fil ardhi wa lákin yunazzilu biqadarim má yachá'; innahú bi'ibádihí Khabírun Basír

27. Se Deus prodigalizasse a Sua graça a todos os Seus servos, eles se excederiam na Terra; porém, agracia proporcionalmente, porque está bem inteirado, e é Observador dos Seus servos.

وَهُوَ ٱلَّذِى يُنَزِّلُ ٱلْغَيْثَ مِنۢ بَعْدِ مَا قَنَطُوا۟ وَيَنشُرُ رَحْمَتَهُۥ ۚ وَهُوَ ٱلْوَلِىُّ ٱلْحَمِيدُ ﴿٢٨﴾

28. Wa Huwal lazí yunazzilul ghaiça min ba'di má qanatú wa yanchuru rahmatah; wa Huwal Waliyyul Hamíd

28. Ele é Que lhes faz descer a chuva, após o desespero (da seca), e dispensa a Sua misericórdia (a quem Lhe apraz), porque é o Protetor, o Laudabilíssimo.

وَمِنْ ءَايَٰتِهِۦ خَلْقُ ٱلسَّمَٰوَٰتِ وَٱلْأَرْضِ وَمَا بَثَّ فِيهِمَا مِن دَآبَّةٍ ۚ وَهُوَ عَلَىٰ جَمْعِهِمْ إِذَا يَشَآءُ قَدِيرٌ ﴿٢٩﴾

29. Wa min Áyátihí khalqus samáwáti wal ardhi wa má basça fíhimá min dábbah; wa Huwa 'alá jam'ihim izá yachá'u Qadír

29. E entre os Seus sinais está o da criação dos Céus e da Terra, e de todos os seres que aí disseminou, e poderá congregá-los quando Lhe aprouver.

وَمَآ أَصَٰبَكُم مِّن مُّصِيبَةٍ فَبِمَا كَسَبَتْ أَيْدِيكُمْ وَيَعْفُوا۟ عَن كَثِيرٍ ﴿٣٠﴾

30. Wa má asábakum min musíbatin fabimá kasabat aydíkum wa ya'fú 'an kacir

30. E todo o infortúnio que vos aflige é por causa do que cometeram as vossas mãos, muito embora Ele perdoe muitas coisas.

وَمَآ أَنتُم بِمُعْجِزِينَ فِى ٱلْأَرْضِ ۖ وَمَا لَكُم مِّن دُونِ ٱللَّهِ مِن وَلِىٍّ وَلَا نَصِيرٍ ﴿٣١﴾

31. Wa má antum bimu'jizína fil ardhi wa má lakum min dúnil láhi min wa liyyin wa lá Nasir

31. E não podereis frustrar (a Ele) na Terra; e além de Deus, não tereis outro protetor, nem socorredor.

وَمِنْ ءَايَٰتِهِ ٱلْجَوَارِ فِى ٱلْبَحْرِ كَٱلْأَعْلَٰمِ ﴿٣٢﴾

32. Wa min Áyátihil jawári fil bahri kala'lam

32. E entre os Seus sinais está o dos navios que se elevam como montanhas nos oceanos.

إِن يَشَأْ يُسْكِنِ ٱلرِّيحَ فَيَظْلَلْنَ رَوَاكِدَ عَلَىٰ ظَهْرِهِۦٓ ۚ إِنَّ فِى ذَٰلِكَ لَءَايَٰتٍ لِّكُلِّ صَبَّارٍ شَكُورٍ ﴿٣٣﴾

33. In yachá yuskinir ríha fa yazlalna rawákida 'alá zahrihi; inna fí zálika la Áyátil likulli sabbárin chakúr

33. E quando Lhe apraz, acalma o vento, fazendo com que permaneçam imóveis na superfície. Sabei que nisto há sinais para todo o perseverante, agradecido.

أَوْ يُوبِقْهُنَّ بِمَا كَسَبُوا۟ وَيَعْفُ عَن كَثِيرٍ ﴿٣٤﴾

34. Au yúbiqhunna bimá kasabú wa ya'fu 'an kacir

34. Contudo, aniquila alguns, por tudo quanto têm cometido, e perdoa a muitos.

وَيَعْلَمَ ٱلَّذِينَ يُجَٰدِلُونَ فِىٓ ءَايَٰتِنَا مَا لَهُم مِّن مَّحِيصٍ ﴿٣٥﴾

35. Wa ya'lamal lazína yujádilúna fí Áyátiná má lahum min mahís

35. E saibam aqueles, que disputam acerca dos Nossos versículos, que não terão escapatória.

فَمَآ أُوتِيتُم مِّن شَىْءٍ فَمَتَٰعُ ٱلْحَيَوٰةِ ٱلدُّنْيَا ۖ وَمَا عِندَ ٱللَّهِ خَيْرٌ وَأَبْقَىٰ لِلَّذِينَ ءَامَنُوا۟ وَعَلَىٰ رَبِّهِمْ يَتَوَكَّلُونَ ﴿٣٦﴾

36. Famá útítum min chai'in famatá'ul hayátid dunyá wa má 'indal láhi khairun wa abqá lillazína ámanú wa 'alá Rabbihim yatawakkalún

36. Tudo quanto vos foi concedido (até agora) é o efêmero gozo da vida terrena; no entanto, o que está junto a Deus é preferível e mais perdurável, para os crentes que confiam em seu Senhor.

سُورَةُ الشُّورَى

Surat Ax Xura

وَٱلَّذِينَ يَجۡتَنِبُونَ كَبَٰٓئِرَ ٱلۡإِثۡمِ وَٱلۡفَوَٰحِشَ وَإِذَا مَا غَضِبُواْ هُمۡ يَغۡفِرُونَ ﴿٣٧﴾

37. Wallazína yajtanibúna kabá'iral içmi wal fawáhicha wa izá má ghadhibú hum yaghfirún

37. São aqueles que se abstêm dos pecados graves e das obscenidades e que, embora zangados, sabem perdoar,

وَٱلَّذِينَ ٱسۡتَجَابُواْ لِرَبِّهِمۡ وَأَقَامُواْ ٱلصَّلَوٰةَ وَأَمۡرُهُمۡ شُورَىٰ بَيۡنَهُمۡ وَمِمَّا رَزَقۡنَٰهُمۡ يُنفِقُونَ ﴿٣٨﴾

38. Wallazínas tajábú li Rabbihim wa aqámus Saláta wa amruhum chúrá bainahum wa mimmá razaqnáhum yunfiqún

38. Que atendem ao seu Senhor, observam a oração, resolvem os seus assuntos em consulta e fazem caridade daquilo com que os agraciamos;

وَٱلَّذِينَ إِذَآ أَصَابَهُمُ ٱلۡبَغۡيُ هُمۡ يَنتَصِرُونَ ﴿٣٩﴾

39. Wallazína izá asábahumul baghyu hum yantasirún

39. E que, quando são afligidos por um erro opressivo, sabem defender-se.

وَجَزَٰٓؤُاْ سَيِّئَةٖ سَيِّئَةٞ مِّثۡلُهَاۖ فَمَنۡ عَفَا وَأَصۡلَحَ فَأَجۡرُهُۥ عَلَى ٱللَّهِۚ إِنَّهُۥ لَا يُحِبُّ

ٱلظَّٰلِمِينَ ﴿٤٠﴾

40. Wa jazá'u saiyi'atin saiyi'atum miçluhá faman 'afá wa aslaha fa ajruhú 'alal láh; innahú lá yuhibbuz zálimín

40. E o delito será expiado com o talião; mas, quanto àquele que indultar (possíveis ofensas dos inimigos) e se emendar, saiba que a sua recompensa pertencerá a Deus, porque Ele não estima os agressores.

وَلَمَنِ ٱنتَصَرَ بَعۡدَ ظُلۡمِهِۦ فَأُوْلَٰٓئِكَ مَا عَلَيۡهِم مِّن سَبِيلٍ ﴿٤١﴾

41. Wa lamanin tasara ba'da zulmihí fa ulá'ika má 'alaihim min sabíl

41. Contudo, aqueles que se vingarem, quando houverem sido injuriados, não serão incriminados.

إِنَّمَا ٱلسَّبِيلُ عَلَى ٱلَّذِينَ يَظۡلِمُونَ ٱلنَّاسَ وَيَبۡغُونَ فِي ٱلۡأَرۡضِ بِغَيۡرِ ٱلۡحَقِّۚ أُوْلَٰٓئِكَ

لَهُمۡ عَذَابٌ أَلِيمٞ ﴿٤٢﴾

سُورَةُ الشُّورَىٰ

Surat Ax Xura

42. Innamas sabílu 'alal lazína yazlimúnan nássa wa yabghúna fil ardhi bighairil haqq; ulá'ika lahum 'azábun alím

42. Só serão incriminados aqueles que injustamente injuriarem e oprimirem os humanos, na Terra; esses sofrerão um doloroso castigo.

وَلَمَن صَبَرَ وَغَفَرَ إِنَّ ذَٰلِكَ لَمِنْ عَزْمِ ٱلْأُمُورِ ﴿٤٣﴾

43. Wa laman sabara wa ghafara inna zálika lamin 'azmil umúr

43. Ao contrário, quem perseverar e perdoar saberá que isso é um fator determinante em todos os assuntos.

وَمَن يُضْلِلِ ٱللَّهُ فَمَا لَهُۥ مِن وَلِيٍّ مِّنۢ بَعْدِهِۦ ۗ وَتَرَى ٱلظَّٰلِمِينَ لَمَّا رَأَوُا۟ ٱلْعَذَابَ
يَقُولُونَ هَلْ إِلَىٰ مَرَدٍّ مِّن سَبِيلٍ ﴿٤٤﴾

44. Wa man yudhlilil láhu famá lahú min waliyyin min ba'dih; wa taraz zálimína lammá ra'awul 'azába yaqúlúna hal ilá maraddin min sabíl

44. E aquele que Deus desviar não achará protetor, além d'Ele. E então observarás que os injustos, quando virem o castigo, dirão: Haverá algum meio de retornarmos (ao mundo terreno)?

وَتَرَىٰهُمْ يُعْرَضُونَ عَلَيْهَا خَٰشِعِينَ مِنَ ٱلذُّلِّ يَنظُرُونَ مِن طَرْفٍ خَفِيٍّ ۗ
وَقَالَ ٱلَّذِينَ ءَامَنُوٓا۟ إِنَّ ٱلْخَٰسِرِينَ ٱلَّذِينَ خَسِرُوٓا۟ أَنفُسَهُمْ وَأَهْلِيهِمْ يَوْمَ
ٱلْقِيَٰمَةِ ۗ أَلَآ إِنَّ ٱلظَّٰلِمِينَ فِى عَذَابٍ مُّقِيمٍ ﴿٤٥﴾

45. Wa taráhum yu'radhúna 'alaihá khachi'ina minazzulli yanzurúna min tarfin khafiyy; wa qalal lazína ámanú innal khásirínal lazína khasirú anfusahum wa ahlíhim Yaumal Quiyámah; alá innaz zálimína fí 'azábin muquim

45. E quando forem colocados perante o fogo, haverás de vê-los humildes, devido à (sua) desdita, olhando furtivamente. Mas os crentes dirão: Em verdade, os desventurados serão aqueles que se deram à perdição, juntamente com os seus, no Dia da Ressurreição. Não é, acaso, certo, que os injustos sofrerão um castigo eterno?

وَمَا كَانَ لَهُم مِّنْ أَوْلِيَآءَ يَنصُرُونَهُم مِّن دُونِ ٱللَّهِ ۗ وَمَن يُضْلِلِ ٱللَّهُ فَمَا لَهُۥ مِن
سَبِيلٍ ﴿٤٦﴾

46. Wa má kána lahum min awliyá'a yansurúnahum min dúnil láh; wa mai yudhlilil láhu famá lahú min sabíl

46. E não terão protetores que os socorram, a não ser Deus. Mas a quem Deus desviar, não será encaminhado.

ٱسْتَجِيبُوا۟ لِرَبِّكُم مِّن قَبْلِ أَن يَأْتِىَ يَوْمٌ لَّا مَرَدَّ لَهُۥ مِنَ ٱللَّهِ ۚ مَا لَكُم مِّن
مَّلْجَإٍ يَوْمَئِذٍ وَمَا لَكُم مِّن نَّكِيرٍ ﴿٤٧﴾

47. Istajíbú li Rabbikum min qabli any yátiya Yaumul lá maradda lahú min Allah; má lakum min malja'in yauma 'izin wa má lakum min nakír

47. Atendei ao vosso Senhor, antes que chegue o dia irremissível de Deus! Nesse dia não tereis escapatória, nem podereis negar (os vossos pecados)!

فَإِنْ أَعْرَضُوا۟ فَمَآ أَرْسَلْنَٰكَ عَلَيْهِمْ حَفِيظًا ۖ إِنْ عَلَيْكَ إِلَّا ٱلْبَلَٰغُ ۗ وَإِنَّآ إِذَآ
أَذَقْنَا ٱلْإِنسَٰنَ مِنَّا رَحْمَةً فَرِحَ بِهَا ۖ وَإِن تُصِبْهُمْ سَيِّئَةٌۢ بِمَا قَدَّمَتْ
أَيْدِيهِمْ فَإِنَّ ٱلْإِنسَٰنَ كَفُورٌ ﴿٤٨﴾

48. Fa-in a'radhú famá arsalnáka 'alaihim hafízan in 'alaika illal balágh; wa inná izá azaqnal insána minná rahmatan fariha bihá wa in tusibhum saiyi'atun bimá qaddamat aydíhim fa innal insána kafúr

48. Porém, se desdenharem, fica sabendo que não te enviamos para ser seu guardião, uma vez que a ti apenas incumbe a proclamação (da mensagem). Certamente, se fizermos o homem provar a Nossa misericórdia, regozijar-se-á com ela; por outra, se o açoitar o infortúnio, por causa do que suas mãos cometeram, eis que se tornará ingrato!

لِّلَّهِ مُلْكُ ٱلسَّمَٰوَٰتِ وَٱلْأَرْضِ ۚ يَخْلُقُ مَا يَشَآءُ ۚ يَهَبُ لِمَن يَشَآءُ إِنَٰثًا
وَيَهَبُ لِمَن يَشَآءُ ٱلذُّكُورَ ﴿٤٩﴾

49. Lilláhi mulkus samáwáti wal ardh; yakhluqu má yachá'; yahabu limai yachá'u ináçan wa yahabu limai yachá'uz zukúr

49. A Deus pertence o reino dos Céus e da Terra. Ele cria o que Lhe apraz; concede filhas a quem quer e concede varões a quem Lhe apraz.

أَوْ يُزَوِّجُهُمْ ذُكْرَانًا وَإِنَاثًا ۖ وَيَجْعَلُ مَن يَشَاءُ عَقِيمًا ۚ إِنَّهُ عَلِيمٌ قَدِيرٌ ﴿٥٠﴾

50. Au yuzauwijuhum zukránan waináçan wa yaj'alu mai yachá'u 'aquímá; innahú 'Alímun Qadír

50. Ou propicia igualmente mulheres e varões, e faz estéril a quem Lhe apraz, porque é Poderoso, Sapientíssimo.

۞ وَمَا كَانَ لِبَشَرٍ أَن يُكَلِّمَهُ اللَّهُ إِلَّا وَحْيًا أَوْ مِن وَرَاءِ حِجَابٍ أَوْ يُرْسِلَ
رَسُولًا فَيُوحِيَ بِإِذْنِهِ مَا يَشَاءُ ۚ إِنَّهُ عَلِيٌّ حَكِيمٌ ﴿٥١﴾

51. ۞Wa má kána libacharin an yukallimahul láhu illá wahyan au min wará'i hijábin au yursila Rassúlan fa yúhiya bi iznihí má yachá'; innahú 'Aliyyun Hakím

51. É inconcebível que Deus fale diretamente ao homem, a não ser por inspiração, ou veladamente, ou por meio de um mensageiro, mediante o qual revela, com o Seu beneplácito, o que Lhe apraz; sabei que Ele é Prudente, Altíssimo.

وَكَذَٰلِكَ أَوْحَيْنَا إِلَيْكَ رُوحًا مِّنْ أَمْرِنَا ۚ مَا كُنتَ تَدْرِي مَا الْكِتَابُ وَلَا الْإِيمَانُ وَلَٰكِن
جَعَلْنَاهُ نُورًا نَّهْدِي بِهِ مَن نَّشَاءُ مِنْ عِبَادِنَا ۚ وَإِنَّكَ لَتَهْدِي إِلَىٰ صِرَاطٍ مُّسْتَقِيمٍ ﴿٥٢﴾

52. Wa kazálika auhainá ilaika rúhan min amriná; má kunta tadrí mal Kitábu wa lal ímánu wa lákin ja'alnáhu núran nahdí bihí man nachá'u min 'ibádiná; wa innaka latahdí ilá Sirátin Mustaquim

52. E também te inspiramos com um Espírito, por ordem Nossa, antes do quê não conhecias o que era o Livro, nem a fé; porém, fizemos dele uma Luz, mediante a qual guiamos quem Nos apraz dentre os Nossos servos. E tu certamente te diriges para uma senda reta,

صِرَاطِ اللَّهِ الَّذِي لَهُ مَا فِي السَّمَاوَاتِ وَمَا فِي الْأَرْضِ ۗ أَلَا إِلَى اللَّهِ تَصِيرُ الْأُمُورُ ﴿٥٣﴾

53. Sirátil láhil lazí lahú má fis samáwáti wa má fil ardh; ála ilal láhi tasírul umúr

53. A senda de Deus, a Quem pertence tudo quanto existe nos Céus e na Terra. Acaso, não retornarão a Deus todas as coisas?

سُورَةُ الزُّخْرُفِ

Surat Az Zukhruf

Surat 43. *Az-Zukhruf,* Os Ornamentos, revelada em Makka, 89 versículos, com exceção do versículo 54, que foi revelado em Madina.

بِسْمِ اللَّهِ الرَّحْمَٰنِ الرَّحِيمِ

Bismilláhir Rahmánir Rahím

Em nome de Deus, o Clemente, o Misericordioso

حمٓ ﴿١﴾

1. Há-Mím

1. Há, Mim.

وَٱلْكِتَٰبِ ٱلْمُبِينِ ﴿٢﴾

2. Wal Kitábil Mubín

2. Pelo Livro esclarecedor.

إِنَّا جَعَلْنَٰهُ قُرْءَٰنًا عَرَبِيًّا لَّعَلَّكُمْ تَعْقِلُونَ ﴿٣﴾

3. Inná ja'alnáhu Qurának 'Arabiyyal la'allakum ta'quilún

3. Nós o fizemos um Alcorão árabe, a fim de que o comprínděsseis.

وَإِنَّهُۥ فِىٓ أُمِّ ٱلْكِتَٰبِ لَدَيْنَا لَعَلِىٌّ حَكِيمٌ ﴿٤﴾

4. Wa innahú fí Ummil Kitábi Ladainá la'aliyyun hakím

4. E, em verdade, encontra-se no Livro-Matriz, em Nossa Presença, e é altíssimo (em dignidade), prudente.

أَفَنَضْرِبُ عَنكُمُ ٱلذِّكْرَ صَفْحًا أَن كُنتُمْ قَوْمًا مُّسْرِفِينَ ﴿٥﴾

5. Afa nadhribu 'ankumuz Zikra safhan an kuntum qauman musrifín

5. Iríamos Nós privar-vos da Mensagem, só porque sois um povo de transgressores?

وَكَمْ أَرْسَلْنَا مِن نَّبِىٍّ فِى ٱلْأَوَّلِينَ ﴿٦﴾

6. Wa kam arsalná min Nabiyyin fil auwalín

6. Quantos profetas enviamos aos povos antigos!

وَمَا يَأْتِيهِم مِّن نَّبِىٍّ إِلَّا كَانُوا۟ بِهِۦ يَسْتَهْزِءُونَ ﴿٧﴾

سُورَةُ الزُّخْرُفِ

Surat Az Zukhruf

7. Wa má ya'tíhim min Nabiyyin illá kánú bihí yastahzi'ún

7. Porém, não lhes chegou profeta algum, sem que o escarnecessem.

فَأَهْلَكْنَآ أَشَدَّ مِنْهُم بَطْشًا وَمَضَىٰ مَثَلُ ٱلْأَوَّلِينَ ٨

8. Fa ahlakná achadda min-hum batchan wa madhá masalul auwalín

8. Mas, aniquilamos aqueles que eram mais poderosos do que eles, e o exemplo das primeiras gerações já passou.

وَلَئِن سَأَلْتَهُم مَّنْ خَلَقَ ٱلسَّمَٰوَٰتِ وَٱلْأَرْضَ لَيَقُولُنَّ خَلَقَهُنَّ ٱلْعَزِيزُ ٱلْعَلِيمُ ٩

9. Wa la'in sa'altahum man khalaqas samáwáti wal ardha la yaqúlunna khalaqahunnal 'Azízul 'Alím

9. E se lhes perguntardes: Quem criou os Céus e a Terra? Dirão: Criou-os o Poderoso, o Sapientíssimo,

ٱلَّذِى جَعَلَ لَكُمُ ٱلْأَرْضَ مَهْدًا وَجَعَلَ لَكُمْ فِيهَا سُبُلًا لَّعَلَّكُمْ
تَهْتَدُونَ ١٠

10. Allazí ja'ala lakumul ardha mahdan wa ja'ala lakum fíhá subulan la'allakum Tahtadún

10. Quem vos fez a Terra como leito, e vos traçou nela sendas, para que vos encaminhásseis.

وَٱلَّذِى نَزَّلَ مِنَ ٱلسَّمَآءِ مَآءًۢ بِقَدَرٍ فَأَنشَرْنَا بِهِۦ بَلْدَةً مَّيْتًا ۚ كَذَٰلِكَ
تُخْرَجُونَ ١١

11. Wallazí nazzala minas samá'i má'am biqadarin fa ancharná bihí baldatam maitá' kazálika tukhrajún

11. E é Ele Quem envia, proporcionalmente, água dos céus, e com ela faz reviver uma comarca árida; assim sereis ressuscitados.

وَٱلَّذِى خَلَقَ ٱلْأَزْوَٰجَ كُلَّهَا وَجَعَلَ لَكُم مِّنَ ٱلْفُلْكِ وَٱلْأَنْعَٰمِ مَا تَرْكَبُونَ ١٢

12. Wallazí khalaqal azwája kullahá wa ja'ala lakum minal fulki wal-an'ámi má Tarkabún

12. E foi Ele Quem criou todos os casais e vos submeteu os navios e os animais para vos transportardes,

سُورَةُ الزُّخۡرُفِ

Surat Az Zukhruf

لِتَسۡتَوُۥاْ عَلَىٰ ظُهُورِهِۦ ثُمَّ تَذۡكُرُواْ نِعۡمَةَ رَبِّكُمۡ إِذَا ٱسۡتَوَيۡتُمۡ عَلَيۡهِ وَتَقُولُواْ
سُبۡحَٰنَ ٱلَّذِي سَخَّرَ لَنَا هَٰذَا وَمَا كُنَّا لَهُۥ مُقۡرِنِينَ ﴿١٣﴾

13. Litastawú 'alá zuhúrihí summa tazkurú ni'mata Rabbikum iza stawaitum 'alaihi wa taqúlú Subhánal lazi sakhkhara lana háza wa má kunná lahú Muqrinín

13. Bem como para que vos acomodásseis sobre eles, para assim recordar-vos das mercês do vosso Senhor, quando isso acontecesse. Dizei: Glorificado seja Quem no-los submeteu, o que jamais teríamos logrado fazer.

وَإِنَّآ إِلَىٰ رَبِّنَا لَمُنقَلِبُونَ ﴿١٤﴾

14. Wa inná ilá Rabbiná lamunqalibún

14. E nós todos retornaremos ao nosso Senhor!

وَجَعَلُواْ لَهُۥ مِنۡ عِبَادِهِۦ جُزۡءًاۚ إِنَّ ٱلۡإِنسَٰنَ لَكَفُورٞ مُّبِينٌ ﴿١٥﴾

15. Wa ja'alú lahú min 'ibádihí juz'á; innal insána la kafúrun Mubín

15. Não obstante, atribuem-Lhe parceria, dentre os Seus servos. Em verdade, o homem é um blasfemo evidente.

أَمِ ٱتَّخَذَ مِمَّا يَخۡلُقُ بَنَاتٖ وَأَصۡفَىٰكُم بِٱلۡبَنِينَ ﴿١٦﴾

16. Amit takhaza mimmá yakhluqu banátin wa asfákum bilbanín

16. Qual! Insinuais que Ele tomou para Si as filhas, dentre o que criou, e vos legou os varões?

وَإِذَا بُشِّرَ أَحَدُهُم بِمَا ضَرَبَ لِلرَّحۡمَٰنِ مَثَلٗا ظَلَّ وَجۡهُهُۥ مُسۡوَدّٗا وَهُوَ
كَظِيمٌ ﴿١٧﴾

17. Wa izá buchchira ahaduhum bimá dharaba lir Rahmáni maçalan zalla wajhuhú muswaddan wa huwa kazím

17. E quando é anunciado a algum deles o (surgimento) do que estabelecem como semelhança a Deus, seu rosto se ensombrece, e ei-lo angustiado.

أَوَمَن يُنَشَّؤُاْ فِي ٱلۡحِلۡيَةِ وَهُوَ فِي ٱلۡخِصَامِ غَيۡرُ مُبِينٖ ﴿١٨﴾

18. Awa mai yunachcha'u fil hilyati wa huwa fil khisámi ghairu Mubín

سُورَةُ الزُّخۡرُفِ

Surat Az Zukhruf

18. Podem, acaso, comparar-se os que se criam no luxo e são incapazes na disputa (com Deus)?

وَجَعَلُواْ ٱلۡمَلَٰٓئِكَةَ ٱلَّذِينَ هُمۡ عِبَٰدُ ٱلرَّحۡمَٰنِ إِنَٰثًاۚ أَشَهِدُواْ خَلۡقَهُمۡۚ سَتُكۡتَبُ شَهَٰدَتُهُمۡ وَيُسۡـَٔلُونَ ﴿١٩﴾

19. Wa ja'alul malá'ikatal lazína hum 'ibádur Rahmáni inásá; 'achahidú khalqahum; satuktabu chahádatuhum wa yus'alún

19. E pretendem designar como femininos os anjos, os quais não passam de servos do Clemente! Acaso, testemunharam eles a sua criação? Porém, o testemunho que prestarem será registrado, e hão de ser interrogados (acerca disso).

وَقَالُواْ لَوۡ شَآءَ ٱلرَّحۡمَٰنُ مَا عَبَدۡنَٰهُمۗ مَّا لَهُم بِذَٰلِكَ مِنۡ عِلۡمٍۖ إِنۡ هُمۡ إِلَّا يَخۡرُصُونَ ﴿٢٠﴾

20. Wa qálú lau chá'ar Rahmánu má 'abadnáhum; má lahum bizálika min 'ilmin in hum illá yakhrusún

20. E dizem: Se o Clemente quisesse, não os teríamos adorado (parceiros)! Não têm conhecimento algum disso e não fazem mais do que inventar mentiras.

أَمۡ ءَاتَيۡنَٰهُمۡ كِتَٰبًا مِّن قَبۡلِهِۦ فَهُم بِهِۦ مُسۡتَمۡسِكُونَ ﴿٢١﴾

21. Am átaináhum Kitában min qablihí fahum bihí mustamsikún

21. Quê! Acaso lhes concedemos algum Livro, anterior a este, ao qual se pudessem apegar?

بَلۡ قَالُوٓاْ إِنَّا وَجَدۡنَآ ءَابَآءَنَا عَلَىٰٓ أُمَّةٍ وَإِنَّا عَلَىٰٓ ءَاثَٰرِهِم مُّهۡتَدُونَ ﴿٢٢﴾

22. Bal qálú inná wajadná ábá'aná 'alá ummatin wa inná 'alá áçárihim muhtadún

22. Não! Porém, dizem: Em verdade, deparamo-nos com os nossos pais a praticarem um culto, por cujos rastros nos guiamos.

وَكَذَٰلِكَ مَآ أَرۡسَلۡنَا مِن قَبۡلِكَ فِي قَرۡيَةٍ مِّن نَّذِيرٍ إِلَّا قَالَ مُتۡرَفُوهَآ إِنَّا وَجَدۡنَآ ءَابَآءَنَا عَلَىٰٓ أُمَّةٍ وَإِنَّا عَلَىٰٓ ءَاثَٰرِهِم مُّقۡتَدُونَ ﴿٢٣﴾

23. Wa kazálika má arsalná min qablika fí qaryatim min nazírin illá qála mutrafúhá inná wajadná ábá'aná 'alá ummatin wa inná 'alá áçárihim muqtadún

23. Do mesmo modo, não enviamos, antes de ti, qualquer admoestador a uma cidade, sem que os abastados, dentre eles, dissessem: Em verdade, deparamo-nos com os nossos pais a praticarem um culto, cujos rastros seguimos.

۞ قَٰلَ أَوَلَوْ جِئْتُكُم بِأَهْدَىٰ مِمَّا وَجَدتُّمْ عَلَيْهِ ءَابَآءَكُمْ ۖ قَالُوٓا۟ إِنَّا بِمَآ أُرْسِلْتُم بِهِۦ كَٰفِرُونَ ﴿٢٤﴾

24. ۞ Qála awa lau ji'tukum bi ahdá mimmá wajatdtum 'alaihi ábá'akum qálú inná bimá ursiltum bihí káfirún

24. Disse-lhes: Quê! Ainda que eu vos trouxesse melhor orientação do que aquela que seguiam os vossos pais? Responderam: Fica sabendo que renegamos a tua missão.

فَٱنتَقَمْنَا مِنْهُمْ ۖ فَٱنظُرْ كَيْفَ كَانَ عَٰقِبَةُ ٱلْمُكَذِّبِينَ ﴿٢٥﴾

25. Fantaqamná min-hum fanzur kaifa kána 'áquibatul mukazzibín

25. Porém, punimo-los. Repara, pois, qual foi a sorte dos desmentidores!

وَإِذْ قَالَ إِبْرَٰهِيمُ لِأَبِيهِ وَقَوْمِهِۦٓ إِنَّنِى بَرَآءٌ مِّمَّا تَعْبُدُونَ ﴿٢٦﴾

26. Wa iz qála Ibráhímu liabíhi wa qaumihí innane bará'um mimmá ta'budún

26. Recorda-te de quando Abraão disse ao seu pai e ao seu povo: Em verdade, estou isento de tudo quanto adorais.

إِلَّا ٱلَّذِى فَطَرَنِى فَإِنَّهُۥ سَيَهْدِينِ ﴿٢٧﴾

27. Illal lazí fataraní fa innahú sayahdín

27. (Adoro) somente Quem me criou, porque Ele me encaminhará.

وَجَعَلَهَا كَلِمَةًۢ بَاقِيَةً فِى عَقِبِهِۦ لَعَلَّهُمْ يَرْجِعُونَ ﴿٢٨﴾

28. Wa ja'alahá kalimatan báquiyatan fí 'aquibihí la'allahum yarji'ún

28. E fez com que esta frase permanecesse indelével na memória da sua posteridade, para que se convertessem (a Deus).

بَلْ مَتَّعْتُ هَٰٓؤُلَآءِ وَءَابَآءَهُمْ حَتَّىٰ جَآءَهُمُ ٱلْحَقُّ وَرَسُولٌ مُّبِينٌ ﴿٢٩﴾

29. Bal matta'tu há'ulá'i wa ábá'ahum hattá já'ahumul haqqu wa Rasúlun Mubín

29. Por certo que os agraciei, bem como a seus pais, até que lhes chegou a verdade e um elucidativo mensageiro.

وَلَمَّا جَآءَهُمُ ٱلۡحَقُّ قَالُواْ هَٰذَا سِحۡرٞ وَإِنَّا بِهِۦ كَٰفِرُونَ ﴿٣٠﴾

30. Wa lammá já'ahumul haqqu qálú házá sihrun wa inná bihí káfirún

30. Mas, quando a verdade lhes chegou, disseram: Isto é magia, e por certo que o negamos!

وَقَالُواْ لَوۡلَا نُزِّلَ هَٰذَا ٱلۡقُرۡءَانُ عَلَىٰ رَجُلٖ مِّنَ ٱلۡقَرۡيَتَيۡنِ عَظِيمٍ ﴿٣١﴾

31. Wa qálú lau lá nuzzila házal Quránu 'alá rajulin minal qaryataini azím

31. E disseram mais: Na verdade, por que não foi revelado este Alcorão a um homem célebre, de uma das duas cidades (Makka e Taif)?

أَهُمۡ يَقۡسِمُونَ رَحۡمَتَ رَبِّكَۚ نَحۡنُ قَسَمۡنَا بَيۡنَهُم مَّعِيشَتَهُمۡ فِي ٱلۡحَيَوٰةِ ٱلدُّنۡيَاۚ وَرَفَعۡنَا
بَعۡضَهُمۡ فَوۡقَ بَعۡضٖ دَرَجَٰتٖ لِّيَتَّخِذَ بَعۡضُهُم بَعۡضٗا سُخۡرِيّٗاۗ وَرَحۡمَتُ رَبِّكَ خَيۡرٞ
مِّمَّا يَجۡمَعُونَ ﴿٣٢﴾

32. 'A hum yaqsimúna rahmata Rabbik; Nahnu qasamná bainahum ma'íshatahum fil hayátid dunyá wa rafa'ná ba'dhahum fawqa ba'dhin darajátin li yattakhiza ba'dhuhum ba'dhan sukhriyyá; wa rahmatu Rabbika khairun mimmá yajma'ún

32. Serão eles, acaso, os distribuidores das misericórdias do teu Senhor? uns sobre Nós distribuímos entre eles o seu sustento, na vida terrena, e exaltamos outros, em graus, para que uns submetam os outros; porém, a misericórdia do teu Senhor será preferível a tudo quanto entesourarem.

وَلَوۡلَآ أَن يَكُونَ ٱلنَّاسُ أُمَّةٗ وَٰحِدَةٗ لَّجَعَلۡنَا لِمَن يَكۡفُرُ بِٱلرَّحۡمَٰنِ لِبُيُوتِهِمۡ
سُقُفٗا مِّن فِضَّةٖ وَمَعَارِجَ عَلَيۡهَا يَظۡهَرُونَ ﴿٣٣﴾

33. Wa lau lá any yakúnan násu ummatanw wáhidatan laja'alná limany yakfuru bir Rahmáni li buyútihim suqufan min fiddatin wa ma'árija 'alaihá yazharún

33. E, se não fosse pelo fato de que os homens pudessem formar um só povo de incrédulos, teríamos feito, para aqueles que negam o Clemente, telhados de prata para os seus lares, com escadas (também de prata), para os alcançarem,

وَلِبُيُوتِهِمۡ أَبۡوَٰبٗا وَسُرُرًا عَلَيۡهَا يَتَّكِـُٔونَ ﴿٣٤﴾

34. Wa li buyútihim abwábanw wa sururan 'alaihá yattaki'ún

34. E portas (de prata) para as suas casas, e os leitos (de prata).

سُورَةُ الزُّخرُف

Surat Az Zukhruf

وَزُخْرُفًا ۚ وَإِن كُلُّ ذَٰلِكَ لَمَّا مَتَٰعُ ٱلْحَيَوٰةِ ٱلدُّنْيَا ۚ وَٱلْءَاخِرَةُ عِندَ رَبِّكَ لِلْمُتَّقِينَ ﴿٣٥﴾

35. Wa zukhrufá; wa in kullu zálika lammá matá'ul hayátid dunyá; wal ákhiratu 'inda Rabbika lilmuttaqín

35. E (lhes teríamos dado) ornamentos. Mas tudo isto não é senão o gozo efêmero da vida terrena; em troca, a Outra Vida, junto ao teu Senhor, está reservada para os tementes.

وَمَن يَعْشُ عَن ذِكْرِ ٱلرَّحْمَٰنِ نُقَيِّضْ لَهُۥ شَيْطَٰنًا فَهُوَ لَهُۥ قَرِينٌ ﴿٣٦﴾

36. Wa mai ya'chu 'an zikrir Rahmáni nuqaiyid lahú Chaitánan fahuwa lahú qarín

36. Mas a quem se cegar da Mensagem do Clemente destinaremos um demônio, que será seu companheiro inseparável.

وَإِنَّهُمْ لَيَصُدُّونَهُمْ عَنِ ٱلسَّبِيلِ وَيَحْسَبُونَ أَنَّهُم مُّهْتَدُونَ ﴿٣٧﴾

37. Wa innahum la yasuddú nahum 'anis sabíli wa yahsabúna annahum muhtadún

37. E embora o demônio o desencaminhe da verdadeira senda, crerá que está encaminhado.

حَتَّىٰٓ إِذَا جَآءَنَا قَالَ يَٰلَيْتَ بَيْنِى وَبَيْنَكَ بُعْدَ ٱلْمَشْرِقَيْنِ فَبِئْسَ ٱلْقَرِينُ ﴿٣٨﴾

38. Hattá izá já'aná qála yá laita bainí wa bainaka bu'dal machriqaini fabi'sal qarín

38. E, por fim, quando comparecer ante Nós, dirá (àquele): Oxalá existisse, entre mim e ti, a distância entre o Oriente e o Ocidente! Ah, que péssimo companheiro!

وَلَن يَنفَعَكُمُ ٱلْيَوْمَ إِذ ظَّلَمْتُمْ أَنَّكُمْ فِى ٱلْعَذَابِ مُشْتَرِكُونَ ﴿٣٩﴾

39. Wa lai yanfa'akumul Yawma iz zalamtum annakum fil 'azábi muchtarikún

39. Porém, nesse dia, de nada valerá a vossa tirania, porque sereis companheiros no castigo.

أَفَأَنتَ تُسْمِعُ ٱلصُّمَّ أَوْ تَهْدِى ٱلْعُمْىَ وَمَن كَانَ فِى ضَلَٰلٍ مُّبِينٍ ﴿٤٠﴾

40. Afa anta tusmi'us summa aw tahdil 'umya wa man kána fí dalálin Mubín

40. Porventura, podes fazer ouvir os surdos, ou iluminar os cegos e aqueles que se acham em um evidente erro?

سُورَةُ الزُّخْرُفِ

Surat Az Zukhruf

فَإِمَّا نَذْهَبَنَّ بِكَ فَإِنَّا مِنْهُم مُّنتَقِمُونَ ﴿٤١﴾

41. Fa immá nazhabanna bika fa inná min-hum muntaquimún

41. Mesmo que te façamos perecer, fica certo de que os puniremos.

أَوْ نُرِيَنَّكَ ٱلَّذِى وَعَدْنَٰهُمْ فَإِنَّا عَلَيْهِم مُّقْتَدِرُونَ ﴿٤٢﴾

42. Au nuriyannakal lazí wa'adnáhum fa inná 'alaihim muqtadirún

42. Ou, se quisermos, mostrar-te-emos o castigo que lhes prometemos, porque sobre todos temos domínio absoluto.

فَٱسْتَمْسِكْ بِٱلَّذِىٓ أُوحِىَ إِلَيْكَ ۖ إِنَّكَ عَلَىٰ صِرَٰطٍ مُّسْتَقِيمٍ ﴿٤٣﴾

43. Fastamsik billazí úhiya ilaika innaka 'alá Sirátin Mustaquim

43. Apega-te, pois, ao que te tem sido revelado, porque estás na senda reta.

وَإِنَّهُۥ لَذِكْرٌ لَّكَ وَلِقَوْمِكَ ۖ وَسَوْفَ تُسْـَٔلُونَ ﴿٤٤﴾

44. Wa innahú la zikrun laka wa liqawmika wa sawfa tus'alún

44. Ele (Alcorão) é uma Mensagem para ti e para o teu povo, e sereis interrogados (acerca dela).

وَسْـَٔلْ مَنْ أَرْسَلْنَا مِن قَبْلِكَ مِن رُّسُلِنَآ أَجَعَلْنَا مِن دُونِ ٱلرَّحْمَٰنِ ءَالِهَةً يُعْبَدُونَ ﴿٤٥﴾

45. Was'al man arsalná min qablika mir Rusuliná 'a ja'alná min dúnir Rahmáni álihatany yu'badún

45. E pergunta aos mensageiros que enviamos antes de ti: Porventura, foi-vos prescrito, em lugar do Clemente, deidades, para que fossem adoradas?

وَلَقَدْ أَرْسَلْنَا مُوسَىٰ بِـَٔايَٰتِنَآ إِلَىٰ فِرْعَوْنَ وَمَلَإِي۟هِۦ فَقَالَ إِنِّى رَسُولُ رَبِّ ٱلْعَٰلَمِينَ ﴿٤٦﴾

46. Wa laqad arsalná Músá bi áyátiná ilá Fir'awna wa mala'ihí faqála inní Rasúlu Rabbil 'álamín

46. Havíamos enviado Moisés, com os Nossos sinais, ao Faraó e seus chefes, o qual lhes disse: Em verdade, sou o mensageiro do Senhor do Universo!

فَلَمَّا جَآءَهُم بِـَٔايَٰتِنَآ إِذَا هُم مِّنْهَا يَضْحَكُونَ ﴿٤٧﴾

47. Falamma já'ahum bi áyátiná izá hum minhá yadhhakún

47. Mas, quando lhes apresentou Nossos sinais, eis que os escarneceram.

وَمَا نُرِيهِم مِّنْ ءَايَةٍ إِلَّا هِىَ أَكْبَرُ مِنْ أُخْتِهَا وَأَخَذْنَٰهُم بِٱلْعَذَابِ لَعَلَّهُمْ
يَرْجِعُونَ ﴿٤٨﴾

48. Wa má nuríhim min áyatin illá hiya akbaru min ukhtihá wa akhaznáhum bil'azábi la'allahum yarji'ún

48. E nunca lhes mostramos prodígio algum que não fosse mais surpreendente do que o anterior. Mas surpreendemo-los com o castigo, para que se voltassem contritos.

وَقَالُوا۟ يَٰٓأَيُّهَ ٱلسَّاحِرُ ٱدْعُ لَنَا رَبَّكَ بِمَا عَهِدَ عِندَكَ إِنَّنَا لَمُهْتَدُونَ ﴿٤٩﴾

49. Wa qálú yá ayyuhas sáhirud'u laná Rabbaka bimá 'ahida 'indaka innaná lamuhtadún

49. E disseram: Ó mago, invoca teu Senhor (e pede) o que te prometeu; por certo que assim nos encaminharemos!

فَلَمَّا كَشَفْنَا عَنْهُمُ ٱلْعَذَابَ إِذَا هُمْ يَنكُثُونَ ﴿٥٠﴾

50. Falammá kachafná 'anhumul 'azába izá hum yankuçún

50. E quando os libertamos do castigo, eis que perjuraram.

وَنَادَىٰ فِرْعَوْنُ فِى قَوْمِهِۦ قَالَ يَٰقَوْمِ أَلَيْسَ لِى مُلْكُ مِصْرَ وَهَٰذِهِ ٱلْأَنْهَٰرُ
تَجْرِى مِن تَحْتِىٓ ۖ أَفَلَا تُبْصِرُونَ ﴿٥١﴾

51. Wa nádá Fir'awnu fí qaumihí qála yá qawmi alaisa lí mulku Misra wa házihil anháru tajrí min tahtí afalá tubsirún

51. E o Faraó discursou para o seu povo, dizendo: Ó povo meu, porventura, não é meu o domínio do Egito, assim como o destes rios, que correm debaixo de mim? Não o vedes, pois?

أَمْ أَنَا۠ خَيْرٌ مِّنْ هَٰذَا ٱلَّذِى هُوَ مَهِينٌ وَلَا يَكَادُ يُبِينُ ﴿٥٢﴾

52. Am ana khairun min házal lazí huwa mahínunw wa lá yakádu yubín

52. Acaso, não sou preferível a este desprezível (indivíduo), que mal se pode expressar?

سُورَةُ الزُّخۡرُفِ

Surat Az Zukhruf

فَلَوۡلَآ أُلۡقِيَ عَلَيۡهِ أَسۡوِرَةٞ مِّن ذَهَبٍ أَوۡ جَآءَ مَعَهُ ٱلۡمَلَٰٓئِكَةُ مُقۡتَرِنِينَ ٥٣

53. Falau lá ulqiya 'alaihi aswiratun min zahabin au já'a ma'ahul malá'ikatu muqtarinín

53. Por que, então, não se apresentou com galardões de ouro, ou não veio escoltado por uma teoria de anjos?

فَٱسۡتَخَفَّ قَوۡمَهُۥ فَأَطَاعُوهُۚ إِنَّهُمۡ كَانُواْ قَوۡمٗا فَٰسِقِينَ ٥٤

54. Fastakhaffa qaumahú fa-atá'úh; innahum kánú qauman fásiquín

54. E (o Faraó) enganou o seu povo, que o acatou, porque era um povo depravado.

فَلَمَّآ ءَاسَفُونَا ٱنتَقَمۡنَا مِنۡهُمۡ فَأَغۡرَقۡنَٰهُمۡ أَجۡمَعِينَ ٥٥

55. Falammá ásafúnan taqamná minhum fa aghraqnáhum ajma'ín

55. Mas, quando Nos provocaram, punimo-los e os afogamos a todos.

فَجَعَلۡنَٰهُمۡ سَلَفٗا وَمَثَلٗا لِّلۡأٓخِرِينَ ٥٦

56. Faja'alnáhum salafan wa maçalan lil ákhirín

56. E fizemos deles um precedente e um exemplo para a posteridade.

۞ وَلَمَّا ضُرِبَ ٱبۡنُ مَرۡيَمَ مَثَلًا إِذَا قَوۡمُكَ مِنۡهُ يَصِدُّونَ ٥٧

57. Wa lammá duribab nu Maryama masalan izá qawmuka minhu yasiddún

57. E quando é dado como exemplo o filho de Maria, eis que o teu povo o escarnece!

وَقَالُوٓاْ ءَأَٰلِهَتُنَا خَيۡرٌ أَمۡ هُوَۚ مَا ضَرَبُوهُ لَكَ إِلَّا جَدَلَۢاۚ بَلۡ هُمۡ قَوۡمٌ خَصِمُونَ ٥٨

58. Wa qálú 'a-álihatuná khairun am hú; má dharabúhu laka illá jadalá; balhum qawmun khasimún

58. E dizem: Porventura, nossas divindades não são melhores do que ele? Porém, tal não aventaram senão com o intuito de disputa. Esses são os litigiosos!

إِنۡ هُوَ إِلَّا عَبۡدٌ أَنۡعَمۡنَا عَلَيۡهِ وَجَعَلۡنَٰهُ مَثَلٗا لِّبَنِيٓ إِسۡرَٰٓءِيلَ ٥٩

59. In huwa illá 'abdun an'amná 'alaihi wa ja'alnáhu maçalan li Ban Isrá'íl

59. Ele (Jesus) não é mais do que um servo que agraciamos, e do qual fizemos um exemplo para os israelitas.

سُورَةُ الزُّخۡرُفِ

Surat Az Zukhruf

وَلَوۡ نَشَآءُ لَجَعَلۡنَا مِنكُم فِى ٱلۡأَرۡضِ يَخۡلُفُونَ ﴿٦٠﴾

60. Wa lau nachá'u laja'alná minkum malá'ikatan fil ardhi yakhlufún

60. E, se quiséssemos, teríamos feito de anjos a vossa prole, para que vos sucedessem na Terra.

وَإِنَّهُۥ لَعِلۡمٞ لِّلسَّاعَةِ فَلَا تَمۡتَرُنَّ بِهَا وَٱتَّبِعُونِۚ هَٰذَا صِرَٰطٞ مُّسۡتَقِيمٞ ﴿٦١﴾

61. Wa innahú la 'ilmun lis Sá'ati fa lá tamtarunna bihá wattabi'ún; házá Sirátun Mustaquím

61. E (Jesus) será um sinal (do advento) da Hora. Não duvideis, pois, dela, e segui-me, porque esta é a senda reta.

وَلَا يَصُدَّنَّكُمُ ٱلشَّيۡطَٰنُۖ إِنَّهُۥ لَكُمۡ عَدُوّٞ مُّبِينٞ ﴿٦٢﴾

62. Wa lá yasuddannakumuch Chaitánu innahú lakum 'aduwun Mubín

62. E que Satanás não vos desencaminhe; sabei que é vosso inimigo declarado.

وَلَمَّا جَآءَ عِيسَىٰ بِٱلۡبَيِّنَٰتِ قَالَ قَدۡ جِئۡتُكُم بِٱلۡحِكۡمَةِ وَلِأُبَيِّنَ لَكُم بَعۡضَ ٱلَّذِى
تَخۡتَلِفُونَ فِيهِۖ فَٱتَّقُواْ ٱللَّهَ وَأَطِيعُونِ ﴿٦٣﴾

63. Wa lammá já'a 'Ísá bilbaiyináti qála qad ji'tukum bil Hikmati wa li-ubaiyina lakum ba'dhal lazí takhtalifúna fíhi fattaqul láha wa atí'ún

63. E quando Jesus lhes apresentou as evidências, disse: Trago-vos a sabedoria, para elucidar vos sobre algo que é objeto das vossas divergências. Temei, pois, a Deus, e obedecei-me!

إِنَّ ٱللَّهَ هُوَ رَبِّى وَرَبُّكُمۡ فَٱعۡبُدُوهُۚ هَٰذَا صِرَٰطٞ مُّسۡتَقِيمٞ ﴿٦٤﴾

64. Innal láha Huwa Rabbí wa Rabbukum fa'budúh; háza Sirátum Mustaquím

64. Deus é meu Senhor e vosso. Adorai-O, pois! Eis aqui a senda reta!

فَٱخۡتَلَفَ ٱلۡأَحۡزَابُ مِنۢ بَيۡنِهِمۡۖ فَوَيۡلٞ لِّلَّذِينَ ظَلَمُواْ مِنۡ عَذَابِ يَوۡمٍ أَلِيمٍ ﴿٦٥﴾

65. Fakhtalafal ahzábu min bainihim fa wailun lil lazína zalamú min 'azábi Yaumin alím

65. Porém, os partidos discreparam entre si. Ai dos injustos, quanto ao castigo do dia doloroso!

سُورَةُ الزُّخرُفِ

Surat Az Zukhruf

هَلۡ يَنظُرُونَ إِلَّا ٱلسَّاعَةَ أَن تَأۡتِيَهُم بَغۡتَةً وَهُمۡ لَا يَشۡعُرُونَ ٦٦

66. Hal yanzurúna illas Sá'ata an ta'tiyahum baghtatanw wa hum lá yach'urún

66. Aguardam, acaso, que a Hora os surpreenda subitamente, sem estarem precavidos?

ٱلۡأَخِلَّآءُ يَوۡمَئِذِۭ بَعۡضُهُمۡ لِبَعۡضٍ عَدُوٌّ إِلَّا ٱلۡمُتَّقِينَ ٦٧

67. Al akhillá'u Yawma'izin ba'dhuhum libha'din 'aduwun illal muttaquín

67. Nesse dia os amigos tornar-se-ão inimigos recíprocos, exceto os tementes.

يَٰعِبَادِ لَا خَوۡفٌ عَلَيۡكُمُ ٱلۡيَوۡمَ وَلَآ أَنتُمۡ تَحۡزَنُونَ ٦٨

68. Yá 'ibádi lá khawfun 'alaikumul Yawma wa lá antum tahzanún

68. Ó servos Meus, hoje não sereis presas do temor, nem vos entristecereis!

ٱلَّذِينَ ءَامَنُواْ بِـَٔايَٰتِنَا وَكَانُواْ مُسۡلِمِينَ ٦٩

69. Allazína ámanú bi Áyátiná wa kánú muslimín

69. São aqueles que creram em Nossos versículos e foram muçulmanos.

ٱدۡخُلُواْ ٱلۡجَنَّةَ أَنتُمۡ وَأَزۡوَٰجُكُمۡ تُحۡبَرُونَ ٧٠

70. Udkhulul Jannata antum wa azwájukum tuhbarún

70. Entrai, jubilosos, no Paraíso, juntamente com as vossas esposas!

يُطَافُ عَلَيۡهِم بِصِحَافٖ مِّن ذَهَبٖ وَأَكۡوَابٖۖ وَفِيهَا مَا تَشۡتَهِيهِ ٱلۡأَنفُسُ وَتَلَذُّ
ٱلۡأَعۡيُنُۖ وَأَنتُمۡ فِيهَا خَٰلِدُونَ ٧١

71. Yutáfu 'alaihim bisiháfim min zahabin wa akwáb, wa fihá mátachtahíhil anfusu wa talazzul a'yunu wa antum fíhá khálidún

71. Serão servidos em bandejas e copos de ouro; aí, as almas lograrão tudo quanto lhes apetecer, bem como tudo que deleitar os olhos; aí morareis eternamente.

وَتِلۡكَ ٱلۡجَنَّةُ ٱلَّتِيٓ أُورِثۡتُمُوهَا بِمَا كُنتُمۡ تَعۡمَلُونَ ٧٢

72. Wa tilkal jannatul latí úriçtumúhá bimá kuntum ta'malún

72. Eis aí o Paraíso, que herdastes por vossas boas ações,

لَكُمۡ فِيهَا فَٰكِهَةٞ كَثِيرَةٞ مِّنۡهَا تَأۡكُلُونَ ٧٣

سُورَةُ الزُّخۡرُفِ

Surat Az Zukhruf

73. *Lakum fíhá fákihatun kacíratun min-há ta'kulún*
73. Onde tereis frutos em abundância, dos quais vos nutrireis!

إِنَّ ٱلۡمُجۡرِمِينَ فِي عَذَابِ جَهَنَّمَ خَٰلِدُونَ ٧٤

74. *Innal mujrimína fí 'azábi jahannama khálidún*
74. Por certo que os pecadores permanecerão eternamente no castigo do inferno,

لَا يُفَتَّرُ عَنۡهُمۡ وَهُمۡ فِيهِ مُبۡلِسُونَ ٧٥

75. *Lá yufattaru 'anhum wa hum fíhi mublisún*
75. O qual não lhes será atenuado e no qual estarão desesperados.

وَمَا ظَلَمۡنَٰهُمۡ وَلَٰكِن كَانُواْ هُمُ ٱلظَّٰلِمِينَ ٧٦

76. *Wa má zalamnáhum wa lákin kánú humuz zálimín*
76. Nós não fomos injustos com eles, mas eles que foram injustos consigo mesmos.

وَنَادَوۡاْ يَٰمَٰلِكُ لِيَقۡضِ عَلَيۡنَا رَبُّكَۖ قَالَ إِنَّكُم مَّٰكِثُونَ ٧٧

77. *Wa nádaw yá Máliku liyaqdhi 'alainá Rabbuka qála innakum mákiçún*
77. E gritarão: Ó Málik, que teu Senhor nos aniquile! E ele dirá: Sabei que permanecereis aqui (eternamente)!

لَقَدۡ جِئۡنَٰكُم بِٱلۡحَقِّ وَلَٰكِنَّ أَكۡثَرَكُمۡ لِلۡحَقِّ كَٰرِهُونَ ٧٨

78. *Laqad ji'nákum bilhaqqui wa lákinna akçarakum lil haqqui kárihún*
78. Temos-vos apresentado a Verdade; porém, a maioria de vós a odeia.

أَمۡ أَبۡرَمُوٓاْ أَمۡرٗا فَإِنَّا مُبۡرِمُونَ ٧٩

79. *Am abramú amran fa-inná mubrimún*
79. Quê! Porventura, tramaram alguma artimanha? Sabei que a desbarataremos!

أَمۡ يَحۡسَبُونَ أَنَّا لَا نَسۡمَعُ سِرَّهُمۡ وَنَجۡوَىٰهُمۚ بَلَىٰ وَرُسُلُنَا لَدَيۡهِمۡ يَكۡتُبُونَ ٨٠

80. *Am yahsabúna anná lá nasma'u sirrahum wa najwáhum; balá wa Rusuluná ladaihim yaktubún*
80. Pensam, acaso, que não ouvimos os seus colóquios, nem as suas confidências? Sim! Porque os Nossos mensageiros, entre eles, os registram.

قُلۡ إِن كَانَ لِلرَّحۡمَٰنِ وَلَدٞ فَأَنَا۠ أَوَّلُ ٱلۡعَٰبِدِينَ ٨١

81. Qul in kána lir Rahmáni walad; fa-ana auwalul 'ábidín

81. Dize-lhes: Se o Clemente houvesse tido um filho, seria eu o primeiro entre os seus adoradores.

سُبۡحَٰنَ رَبِّ ٱلسَّمَٰوَٰتِ وَٱلۡأَرۡضِ رَبِّ ٱلۡعَرۡشِ عَمَّا يَصِفُونَ ﴿٨٢﴾

82. Subhána Rabbis samáwáti wal ardhi Rabbil Archi 'ammá yasifún

82. Glorificado seja o Senhor dos Céus e da Terra, Senhor do Trono, de tudo quanto Lhe atribuem!

فَذَرۡهُمۡ يَخُوضُواْ وَيَلۡعَبُواْ حَتَّىٰ يُلَٰقُواْ يَوۡمَهُمُ ٱلَّذِي يُوعَدُونَ ﴿٨٣﴾

83. Fazarhum yakhúdhú wa yal'abú hattá yuláqú Yaumahumul lazí yú'adún

83. Deixa-os, pois, que tagarelem e se regozijem, até se depararem com o dia que lhes tem sido prometido.

وَهُوَ ٱلَّذِي فِي ٱلسَّمَآءِ إِلَٰهٞ وَفِي ٱلۡأَرۡضِ إِلَٰهٞۚ وَهُوَ ٱلۡحَكِيمُ ٱلۡعَلِيمُ ﴿٨٤﴾

84. Wa Huwal lazí fissamá'i iláhun wa fil ardhi iláh; wa Huwal Hakímul 'Alím

84. Ele é Deus, nos Céus e na Terra, e Ele é o Prudente, o Sapientíssimo.

وَتَبَارَكَ ٱلَّذِي لَهُۥ مُلۡكُ ٱلسَّمَٰوَٰتِ وَٱلۡأَرۡضِ وَمَا بَيۡنَهُمَا وَعِندَهُۥ عِلۡمُ ٱلسَّاعَةِ وَإِلَيۡهِ
تُرۡجَعُونَ ﴿٨٥﴾

85. Wa tabárakal lazí lahú mulkus samáwáti wal ardhi wa má bainahumá wa 'indahú 'ilmus Sá'ati wa ilaihi turja'ún

85. E bendito seja Aquele de Quem é o reino dos Céus e da Terra e tudo quanto existe entre ambos, em Cujo poder está o conhecimento da Hora; a Ele retornareis!

وَلَا يَمۡلِكُ ٱلَّذِينَ يَدۡعُونَ مِن دُونِهِ ٱلشَّفَٰعَةَ إِلَّا مَن شَهِدَ بِٱلۡحَقِّ وَهُمۡ
يَعۡلَمُونَ ﴿٨٦﴾

86. Wa lá yamlikul lazína yad'úna min dúnihich chafá'ata illá man chahida bilhaqqui wa hum ya'lamún

86. Quanto àqueles que invocam, em vez d'Ele, não possuem o poder da intercessão; só opossuem aqueles que testemunham a verdade e a reconhecem.

سُورَةُ الزُّخْرُفِ

Surat Az Zukhruf

وَلَئِن سَأَلْتَهُم مَّنْ خَلَقَهُمْ لَيَقُولُنَّ ٱللَّهُ ۖ فَأَنَّىٰ يُؤْفَكُونَ ﴿٨٧﴾

87. Wa la'in sa altahum man khalaqahum la yaqúlun nal láhu fa anná yu'fakún

87. E se lhes perguntas quem os criou, certamente dirão: Deus! Como, então, se desencaminham?

وَقِيلِهِۦ يَٰرَبِّ إِنَّ هَٰٓؤُلَآءِ قَوْمٌ لَّا يُؤْمِنُونَ ﴿٨٨﴾

88. Wa quílihí yá Rabbi inna há'ulá'i qaumul lá yu'minún

88. (O Mensageiro) disse: Ó Senhor meu, em verdade, este é um povo que não crê!

فَٱصْفَحْ عَنْهُمْ وَقُلْ سَلَٰمٌ ۚ فَسَوْفَ يَعْلَمُونَ ﴿٨٩﴾

89. Fasfah 'anhum wa qul salám; fasaufa ya'lamún

89. Sê condescendente para com eles (ó Mohammad) e dize: Paz! Porém, logo haverão de saber.

سُورَةُ الدُّخَانِ

Surat Ad Dukhan

Surat 44. Ad-Dukhan, (A Fumaça), revelda em Makka, 59 versículos

بِسۡمِ ٱللَّهِ ٱلرَّحۡمَٰنِ ٱلرَّحِيمِ

Bismilláhir Rahmánir Rahím

Em nome de Deus, o Clemente, o Misericordioso

حمٓ ﴿١﴾

1. Há Mím

1. Há, Mim.

وَٱلۡكِتَٰبِ ٱلۡمُبِينِ ﴿٢﴾

2. Wal Kitábil Mubín

2. Pelo Livro esclarecedor.

إِنَّآ أَنزَلۡنَٰهُ فِي لَيۡلَةٖ مُّبَٰرَكَةٍۚ إِنَّا كُنَّا مُنذِرِينَ ﴿٣﴾

3. Inná anzalnáhu fí lailatim mubárakah; inná kunná munzirín

3. Nós o revelamos durante uma noite bendita – pois somos Admoestador –,

فِيهَا يُفۡرَقُ كُلُّ أَمۡرٍ حَكِيمٍ ﴿٤﴾

4. Fíhá yufraqu kullu amrin hakím

4. Na qual se decreta todo assunto prudente,

أَمۡرٗا مِّنۡ عِندِنَآۚ إِنَّا كُنَّا مُرۡسِلِينَ ﴿٥﴾

5. Amram min 'indiná; inná kunná mursilín

5. Por ordem Nossa, porque enviamos (a revelação),

رَحۡمَةٗ مِّن رَّبِّكَۚ إِنَّهُۥ هُوَ ٱلسَّمِيعُ ٱلۡعَلِيمُ ﴿٦﴾

6. Rahmatam mir rabbik; innahú Huwas Samí'ul 'Alím

6. Como misericórdia do teu Senhor; eis que Ele é o Oniouvinte, o Sapientíssimo.

رَبِّ ٱلسَّمَٰوَٰتِ وَٱلۡأَرۡضِ وَمَا بَيۡنَهُمَآۖ إِن كُنتُم مُّوقِنِينَ ﴿٧﴾

7. Rabbis samáwáti wal ardhi wa má bainahumá; in kuntum múquinín

7. Senhor dos Céus e da Terra e de tudo quanto existe entre ambos, se estais persuadidos.

سُورَةُ الدُّخَانِ

Surat Ad Dukhan

لَآ إِلَٰهَ إِلَّا هُوَ يُحۡيِۦ وَيُمِيتُۖ رَبُّكُمۡ وَرَبُّ ءَابَآئِكُمُ ٱلۡأَوَّلِينَ ٨

8. Lá iláha illá Huwa yuhyí wa yumítu Rabbukum wa Rabbu ábá'ikumul auwalín

8. Não há mais divindade além d'Ele! Dá a vida e a morte, é o vosso Senhor e o de vossos antepassados.

بَلۡ هُمۡ فِي شَكّٖ يَلۡعَبُونَ ٩

9. Bal hum fí chakkiny yal'abún

9. Porém, estão na dúvida, em diversão.

فَٱرۡتَقِبۡ يَوۡمَ تَأۡتِي ٱلسَّمَآءُ بِدُخَانٖ مُّبِينٖ ١٠

10. Fartaqib Yauma ta'tis samá'u bi dukhánin Mubín

10. Aguarda, pois, o dia em que do céu descerá uma fumaça visível,

يَغۡشَى ٱلنَّاسَۖ هَٰذَا عَذَابٌ أَلِيمٞ ١١

11. Yaghchan nása házá 'azábun alím

11. Que envolverá o povo: Será um doloroso castigo!

رَّبَّنَا ٱكۡشِفۡ عَنَّا ٱلۡعَذَابَ إِنَّا مُؤۡمِنُونَ ١٢

12. Rabbanak shif 'annal 'azába inná mu'minún

12. (Então dirão): Ó Senhor nosso, livra-nos do castigo, porque somos crentes!

أَنَّىٰ لَهُمُ ٱلذِّكۡرَىٰ وَقَدۡ جَآءَهُمۡ رَسُولٞ مُّبِينٞ ١٣

13. Anná lahumuz zikrá wa qad já'ahum Rasúlum Mubín

13. Como se não se recordassem de quando lhes chegou um elucidativo Mensageiro,

ثُمَّ تَوَلَّوۡاْ عَنۡهُ وَقَالُواْ مُعَلَّمٞ مَّجۡنُونٌ ١٤

14. Çummá tawallau 'anhu wa qálú mu'allamum majnún

14. E o rechaçaram, dizendo: Ele foi ensinado (por outros), e é um louco.

إِنَّا كَاشِفُواْ ٱلۡعَذَابِ قَلِيلًاۚ إِنَّكُمۡ عَآئِدُونَ ١٥

15. Inná káchiful 'azábi qalílá; innakum 'á'idún

15. Em verdade, ainda que vos atenuássemos transitoriamente o castigo, seguramente reincidiríeis.

سُورَةُ الدُّخَانِ
Surat Ad Dukhan

يَوْمَ نَبْطِشُ ٱلْبَطْشَةَ ٱلْكُبْرَىٰٓ إِنَّا مُنتَقِمُونَ ﴿١٦﴾

16. Yauma nabtichul batchatal kubrá inná muntaquimún

16.Recorda-lhes o dia em que desfecharemos o golpe decisivo; então, os puniremos.

۞ وَلَقَدْ فَتَنَّا قَبْلَهُمْ قَوْمَ فِرْعَوْنَ وَجَآءَهُمْ رَسُولٌ كَرِيمٌ ﴿١٧﴾

17. Wa laqad fatanná qablahum qauma Fir'auna wa já'ahum Rasúlun karím

17. Antes deles, testamos o povo do Faraó, ao ser-lhes apresentado um honorável mensageiro.

أَنْ أَدُّوٓاْ إِلَيَّ عِبَادَ ٱللَّهِ إِنِّي لَكُمْ رَسُولٌ أَمِينٌ ﴿١٨﴾

18. An addú ilaiya 'ibádal láhi inní lakum Rasúlun amín

18.(Que lhes disse): Entregai-me os servos de Deus, porque sou um fidedigno mensageiro, para vós,

وَأَن لَّا تَعْلُواْ عَلَى ٱللَّهِ إِنِّيٓ ءَاتِيكُم بِسُلْطَٰنٍ مُّبِينٍ ﴿١٩﴾

19. Wa al lá ta'lú 'alal láhi inní átíkum bisultánim Mubín

19. E não vos rebeleis contra Deus, porque vos apresento uma autoridade evidente,

وَإِنِّي عُذْتُ بِرَبِّي وَرَبِّكُمْ أَن تَرْجُمُونِ ﴿٢٠﴾

20. Wa inní 'uztu bi Rabbí wa rabbikum an tarjumún

20. E me amparo em meu Senhor e vosso, se quereis injuriar-me.

وَإِن لَّمْ تُؤْمِنُواْ لِي فَٱعْتَزِلُونِ ﴿٢١﴾

21. Wa il lam tu'minú lí fa'tazilún

21. E se não me credes, afastai-vos, então, de mim.

فَدَعَا رَبَّهُۥٓ أَنَّ هَٰٓؤُلَآءِ قَوْمٌ مُّجْرِمُونَ ﴿٢٢﴾

22. Fada'á rabbahú anna há'ulá'i qa mum mujrimún

22. (Moisés) exclamou, então, para o seu Senhor: Este é um povo pecador!

فَأَسْرِ بِعِبَادِي لَيْلًا إِنَّكُم مُّتَّبَعُونَ ﴿٢٣﴾

23. Fa asri bi'ibádí lailan innakum muttaba'ún

23. (Ordenou, então, o Senhor): Marcha, pois, com os Meus servos, durante a noite, porque sereis perseguidos.

سُورَةُ الدُّخَانِ

Surat Ad Dukhan

وَٱتْرُكِ ٱلْبَحْرَ رَهْوًا ۖ إِنَّهُمْ جُندٌ مُّغْرَقُونَ ﴿٢٤﴾

24. Watrukil bahra rahwan innahum jundum mughraqún

24. E deixa o mar como um sulco, para que o exército dos incrédulos nele se afogue!

كَمْ تَرَكُوا۟ مِن جَنَّٰتٍ وَعُيُونٍ ﴿٢٥﴾

25. Kam tarakú min jannátinw wa 'uyún

25. (Assim sendo) quantos jardins e mananciais abandonaram;

وَزُرُوعٍ وَمَقَامٍ كَرِيمٍ ﴿٢٦﴾

26. Wa zurú'inw wa maqá min karím

26. Semeaduras e suntuosas residências.

وَنَعْمَةٍ كَانُوا۟ فِيهَا فَٰكِهِينَ ﴿٢٧﴾

27. Wa na'matin kánú fihá fákihín

27. E riquezas com as quais se regozijavam!

كَذَٰلِكَ ۖ وَأَوْرَثْنَٰهَا قَوْمًا ءَاخَرِينَ ﴿٢٨﴾

28. Kazálika wa auraçnáhá qauman ákharín

28. E foi assim que demos aquilo tudo em herança a outro povo!

فَمَا بَكَتْ عَلَيْهِمُ ٱلسَّمَآءُ وَٱلْأَرْضُ وَمَا كَانُوا۟ مُنظَرِينَ ﴿٢٩﴾

29. Famá bakat 'alaihimus samá'u wal ardhu wa má kánú munzarín

29. Nem o Céu, nem a Terra verterão lágrimas por eles, nem tampouco lhes foi dada tolerância.

وَلَقَدْ نَجَّيْنَا بَنِىٓ إِسْرَٰٓءِيلَ مِنَ ٱلْعَذَابِ ٱلْمُهِينِ ﴿٣٠﴾

30. Wa laqad najjainá Baní Isrá'íla minal'azábil muhín

30. Sem dúvida que livramos os israelitas do castigo afrontoso,

مِن فِرْعَوْنَ ۚ إِنَّهُۥ كَانَ عَالِيًا مِّنَ ٱلْمُسْرِفِينَ ﴿٣١﴾

31. Min Fir'aun; innahú kána 'áliyam minal musrifín

31.Infligido pelo Faraó; em verdade, ele foi um déspota, e se contava entre os transgressores.

سُورَةُ الدُّخَانِ

Surat Ad Dukhan

وَلَقَدِ ٱخْتَرْنَٰهُمْ عَلَىٰ عِلْمٍ عَلَى ٱلْعَٰلَمِينَ ﴿٣٢﴾

32. Wa laqadikh tarnáhum 'alá 'ilmin 'alal 'álamín

32. E os escolhemos (os israelitas) propositadamente, entre os seus contemporâneos.

وَءَاتَيْنَٰهُم مِّنَ ٱلْءَايَٰتِ مَا فِيهِ بَلَٰٓؤٌا۟ مُّبِينٌ ﴿٣٣﴾

33. Wa átaináhum minal áyáti má fíhi balá'um Mubín

33. E os agraciamos com certos sinais que continham uma verdadeira prova.

إِنَّ هَٰٓؤُلَآءِ لَيَقُولُونَ ﴿٣٤﴾

34. Inna há'ulá'i la yaqúlún

34. Em verdade, estes (os coraixitas) dizem:

إِنْ هِىَ إِلَّا مَوْتَتُنَا ٱلْأُولَىٰ وَمَا نَحْنُ بِمُنشَرِينَ ﴿٣٥﴾

35. In hiya illá mawtatunal úlá wa má nahnu bimuncharín

35. Não há mais morte do que a nossa primeira, e jamais seremos ressuscitados!

فَأْتُوا۟ بِـَٔابَآئِنَآ إِن كُنتُمْ صَٰدِقِينَ ﴿٣٦﴾

36. Fa'tú bi ábá'iná inkuntum sádiquín

36. Fazei, então, voltar os nossos pais, se estiverdes certos!

أَهُمْ خَيْرٌ أَمْ قَوْمُ تُبَّعٍ وَٱلَّذِينَ مِن قَبْلِهِمْ ۚ أَهْلَكْنَٰهُمْ ۖ إِنَّهُمْ كَانُوا۟ مُجْرِمِينَ ﴿٣٧﴾

37. Ahum khayrun am qaumu Tubba'in wallazína min qablihim; ahlaknáhum innahum kánú mujrimín

37. Quê! Acaso, são eles preferíveis ao povo de Tubba' e seus antepassados? Nós os aniquilamos, por haverem sido pecadores.

وَمَا خَلَقْنَا ٱلسَّمَٰوَٰتِ وَٱلْأَرْضَ وَمَا بَيْنَهُمَا لَٰعِبِينَ ﴿٣٨﴾

38. Wa má khalaqnas samáwáti wal ardha wa má baina humá lá'ibín

38. E não criamos os Céus e a Terra e tudo quanto existe entre ambos para Nos distrairmos.

مَا خَلَقْنَٰهُمَآ إِلَّا بِٱلْحَقِّ وَلَٰكِنَّ أَكْثَرَهُمْ لَا يَعْلَمُونَ ﴿٣٩﴾

39. Má khalaqnáhumá illá bilhaqqui wa lákinna akçarahum lá ya'lamún

39. Não os criamos senão com prudência; porém, a maioria o ignora.

سُورَةُ الدُّخَانِ
Surat Ad Dukhan

إِنَّ يَوْمَ ٱلْفَصْلِ مِيقَٰتُهُمْ أَجْمَعِينَ ﴿٤٠﴾

40. Inna yaumal fasli miqátuhum ajma'ín

40. Sabei que o dia fixado para todos será o dia da Discriminação,

يَوْمَ لَا يُغْنِى مَوْلًى عَن مَّوْلًى شَيْـًٔا وَلَا هُمْ يُنصَرُونَ ﴿٤١﴾

41. Yauma lá yughni mawlan 'am mawlan chai'an wa lá hum yunsarún

41.Dia esse em que nenhum protetor poderá advogar, em nada, por outro, nem serão socorridos (os incrédulos),

إِلَّا مَن رَّحِمَ ٱللَّهُ ۚ إِنَّهُۥ هُوَ ٱلْعَزِيزُ ٱلرَّحِيمُ ﴿٤٢﴾

42. Illá mar rahimal láh' innahú huwal 'azízur Rahím

42.Salvo aquele de quem Deus se apiedar, porque Ele é o Poderoso, o Misericordiosíssimo.

إِنَّ شَجَرَتَ ٱلزَّقُّومِ ﴿٤٣﴾

43. Inna chajarataz zaqqúm

43. Sabei que a árvore de zacum…

طَعَامُ ٱلْأَثِيمِ ﴿٤٤﴾

44. Ta'ámul acím

44. Será o alimento do pecador.

كَٱلْمُهْلِ يَغْلِى فِى ٱلْبُطُونِ ﴿٤٥﴾

45. Kalmuhli yaghlí filbutún

45. (Será) como metal fundido que lhe ferverá nas entranhas,

كَغَلْىِ ٱلْحَمِيمِ ﴿٤٦﴾

46. Kaghalyil hamím

46. Como a borbulhante água fervente.

خُذُوهُ فَٱعْتِلُوهُ إِلَىٰ سَوَآءِ ٱلْجَحِيمِ ﴿٤٧﴾

47. Khuzúhu fa'tilúhu ilá sawá'il Jahím

47. (E será dito aos guardiões): Agarrai o pecador e arrastai-o até ao centro da fogueira!

سُورَةُ الدُّخَانِ

Surat Ad Dukhan

ثُمَّ صُبُّوا۟ فَوْقَ رَأْسِهِۦ مِنْ عَذَابِ ٱلْحَمِيمِ ﴿٤٨﴾

48. Çumma subbú fawqa ra'sihí min 'azábil hamím

48. Então, atormentai-o, derramando sobre a sua cabeça água fervente.

ذُقْ إِنَّكَ أَنتَ ٱلْعَزِيزُ ٱلْكَرِيمُ ﴿٤٩﴾

49. Zuq innaka antal 'azízul karím

49. Prova o sofrimento, já que tu és o poderoso, o honorável!

إِنَّ هَٰذَا مَا كُنتُم بِهِۦ تَمْتَرُونَ ﴿٥٠﴾

50. Inna házá má kuntum bihí tamtarún

50. Certamente, há aqui aquilo de que vós duvidáveis.

إِنَّ ٱلْمُتَّقِينَ فِى مَقَامٍ أَمِينٍ ﴿٥١﴾

51. Innal muttaquína fí maqámin amín

51. Todavia, os tementes estarão em lugar seguro,

فِى جَنَّٰتٍ وَعُيُونٍ ﴿٥٢﴾

52. Fí jannátin wa 'uyún

52. Entre jardins e mananciais.

يَلْبَسُونَ مِن سُندُسٍ وَإِسْتَبْرَقٍ مُّتَقَٰبِلِينَ ﴿٥٣﴾

53. Yalbasúna min sundusin wa istabraquim mutaqábilín

53. Vestir-se-ão de tafetá e brocado, recostados frente a frente.

كَذَٰلِكَ وَزَوَّجْنَٰهُم بِحُورٍ عِينٍ ﴿٥٤﴾

54. Kazálika wa zauwajnáhum bihúrin 'ín

54. Assim será! E os casaremos com huri de maravilhosos olhos.

يَدْعُونَ فِيهَا بِكُلِّ فَٰكِهَةٍ ءَامِنِينَ ﴿٥٥﴾

55. Yad'úna fíhá bikulli fákihatin áminín

55. Aí pedirão toda a espécie de frutos, em segurança.

سُورَةُ الدُّخَانِ

Surat Ad Dukhan

لَا يَذُوقُونَ فِيهَا ٱلْمَوْتَ إِلَّا ٱلْمَوْتَةَ ٱلْأُولَىٰ وَوَقَىٰهُمْ عَذَابَ ٱلْجَحِيمِ ﴿٥٦﴾

56. Lá yazúqúna fihal mawtá illal mawtatal úlá wa waqáhum 'azábal Jahím

56. Lá não experimentarão a morte, além da primeira, e Ele os preservará do tormento da fogueira,

فَضْلًا مِّن رَّبِّكَ ۚ ذَٰلِكَ هُوَ ٱلْفَوْزُ ٱلْعَظِيمُ ﴿٥٧﴾

57. Fadhlam mir rabbik; zálika huwal fawzul 'azím

57. Como uma graça do teu Senhor. Tal é o magnífico benefício!

فَإِنَّمَا يَسَّرْنَٰهُ بِلِسَانِكَ لَعَلَّهُمْ يَتَذَكَّرُونَ ﴿٥٨﴾

58. Fa innamá yassarnáhu bilisánika la'allahum yatazakkarún

58. Em verdade, temos-te facilitado (o Alcorão) em tua língua, para que meditem.

فَٱرْتَقِبْ إِنَّهُم مُّرْتَقِبُونَ ﴿٥٩﴾

59. Fartaqib innahum murtaquibún

59. Aguarda, pois, porque eles também aguardarão, igualmente.

سُورَةُ الجَاثِيَةِ

Surat Al-Jássiya

Surat 45. *Al-Jássiya*, O Genuflexo, revelada em Makka, 37 versículos, com exceção do versículo 14, que foi revelado em Madina.

بِسۡمِ ٱللَّهِ ٱلرَّحۡمَٰنِ ٱلرَّحِيمِ

Bismilláhir Rahmánir Rahím

Em nome de Deus, o Clemente, o Misericordioso

حمٓ ١

1. Há-Mím

1. Há, Mim.

تَنزِيلُ ٱلۡكِتَٰبِ مِنَ ٱللَّهِ ٱلۡعَزِيزِ ٱلۡحَكِيمِ ٢

2. Tanzílul Kitábi minal láhil 'Azízil Hakím

2. A revelação do Livro é de Deus, o Poderoso, o Prudentíssimo.

إِنَّ فِي ٱلسَّمَٰوَٰتِ وَٱلۡأَرۡضِ لَأٓيَٰتٖ لِّلۡمُؤۡمِنِينَ ٣

3. Inná fis samáwáti wal ardhi la Áyátil lilmu'minín

3. Sabei que nos Céus e na Terra há sinais para os crentes.

وَفِي خَلۡقِكُمۡ وَمَا يَبُثُّ مِن دَآبَّةٍ ءَايَٰتٞ لِّقَوۡمٖ يُوقِنُونَ ٤

4. Wa fí khalaqikum wa má yabussu min dábbatin Áyátul liqawminy-yúquinún

4. E em vossa criação e de tudo quanto disseminou, de animais, há sinais para os persuadidos.

وَٱخۡتِلَٰفِ ٱلَّيۡلِ وَٱلنَّهَارِ وَمَآ أَنزَلَ ٱللَّهُ مِنَ ٱلسَّمَآءِ مِن رِّزۡقٖ فَأَحۡيَا بِهِ ٱلۡأَرۡضَ بَعۡدَ مَوۡتِهَا
وَتَصۡرِيفِ ٱلرِّيَٰحِ ءَايَٰتٞ لِّقَوۡمٖ يَعۡقِلُونَ ٥

5. Wakhtiláfil laili wannahári wa má anzalal láhu minas samá'i mir rizqin fa ahyá bihil arda ba'da mawtihá wa tasrífir riyáhi Áyátul liqawminy ya'quilún

5. E na alternação do dia e da noite, no sustento que Deus envia do céu, mediante o qual vivifica a terra depois de haver sido árida, e na variação dos ventos, há sinais para os que raciocinam.

تِلۡكَ ءَايَٰتُ ٱللَّهِ نَتۡلُوهَا عَلَيۡكَ بِٱلۡحَقِّۖ فَبِأَيِّ حَدِيثِۭ بَعۡدَ ٱللَّهِ وَءَايَٰتِهِۦ يُؤۡمِنُونَ ٦

سُورَةُ الجَاثِيَةِ

Surat Al-Jássiya

6. Tilka Áyatul láhi natlúhá 'alaika bil haqq, fabiayyi hadísim ba'dal láhi wa Áyátihí yu'minún

6. Tais são os versículos de Deus que, em verdade, te revelamos. Assim, pois, em que exposição crerão, depois de (rechaçarem) Deus e os Seus versículos?

وَيۡلٞ لِّكُلِّ أَفَّاكٍ أَثِيمٖ ﴿٧﴾

7. Wailul likulli affákin açím

7. Ai de todo farsante, pecador.

يَسۡمَعُ ءَايَٰتِ ٱللَّهِ تُتۡلَىٰ عَلَيۡهِ ثُمَّ يُصِرُّ مُسۡتَكۡبِرٗا كَأَن لَّمۡ يَسۡمَعۡهَاۖ فَبَشِّرۡهُ بِعَذَابٍ أَلِيمٖ ﴿٨﴾

8. Yasma'u Áyátil láhi tutlá 'alaihi summa yusirru mustakbiran ka-al lam yasma'há fabashshirhu bi'azábin alím

8. Que escuta os versículos de Deus, quando lhe são recitados, e se obstina, ensoberbecido, como se não os tivesse ouvido! Anuncia-lhe um doloroso castigo.

وَإِذَا عَلِمَ مِنۡ ءَايَٰتِنَا شَيۡـًٔا ٱتَّخَذَهَا هُزُوًاۚ أُوْلَٰٓئِكَ لَهُمۡ عَذَابٞ مُّهِينٞ ﴿٩﴾

9. Wa izá 'alima min Áyátiná shai' 'anit takhazahá huzuwá; ulá'ika lahum 'azábum muhín

9. E quando chega a conhecer algo dos Nossos versículos, escarnece-o. Estes sofrerão um humilhante castigo.

مِّن وَرَآئِهِمۡ جَهَنَّمُۖ وَلَا يُغۡنِي عَنۡهُم مَّا كَسَبُواْ شَيۡـًٔا وَلَا مَا ٱتَّخَذُواْ مِن دُونِ ٱللَّهِ أَوۡلِيَآءَۖ
وَلَهُمۡ عَذَابٌ عَظِيمٌ ﴿١٠﴾

10. Minw wará'ihim Jahannamu wa lá yughní 'anhum má kasabú shai'anw wa lá mat takhazú min dúnil láhi awliyá; wa lahum 'azábun 'azím

10. Atrás deles estará o inferno, e de nada lhes valerá tudo quanto tiverem acumulado, nem tampouco os que adotarem por protetores, em vez de Deus. E sofrerão um severo castigo.

هَٰذَا هُدٗىۖ وَٱلَّذِينَ كَفَرُواْ بِـَٔايَٰتِ رَبِّهِمۡ لَهُمۡ عَذَابٞ مِّن رِّجۡزٍ أَلِيمٌ ﴿١١﴾

11. Házá hudá; wal lazína kafarú bi áyáti Rabbihim lahum 'azábum mir rijzin 'alím

11. Este (Alcorão) é uma orientação. Quanto àqueles que negam os versículos do seu Senhor, sofrerão a pena de uma dolorosa punição.

سُورَةُ الجَاثِيَةِ

Surat Al-Jássiya

۞ ٱللَّهُ ٱلَّذِى سَخَّرَ لَكُمُ ٱلْبَحْرَ لِتَجْرِىَ ٱلْفُلْكُ فِيهِ بِأَمْرِهِۦ وَلِتَبْتَغُوا۟ مِن فَضْلِهِۦ وَلَعَلَّكُمْ
تَشْكُرُونَ ﴿١٢﴾

12. Alláhul lazí sahkhara lakumul bahra litajriyal fulku fíhi bi amrihí wa litabtaghú min fadhlihí wa la'allakum tachkurún

12. Deus foi Quem vos submeteu o mar para que, com o Seu beneplácito, o singrassem os navios e para que procurásseis algo de Sua bondade, a fim de que Lhe agradecêsseis.

وَسَخَّرَ لَكُم مَّا فِى ٱلسَّمَـٰوَٰتِ وَمَا فِى ٱلْأَرْضِ جَمِيعًا مِّنْهُ ۚ إِنَّ فِى ذَٰلِكَ لَـَٔايَـٰتٍ لِّقَوْمٍ
يَتَفَكَّرُونَ ﴿١٣﴾

13. Wa sakhkhara lakum má fis samáwáti wa má fil ardi jamí'am minhu; inna fízálika la Áyátil liqawminy yatafakkarún

13. E vos submeteu tudo quanto existe nos Céus e na Terra, pois tudo d'Ele emana. Em verdade, nisto há sinais para os que meditam.

قُل لِّلَّذِينَ ءَامَنُوا۟ يَغْفِرُوا۟ لِلَّذِينَ لَا يَرْجُونَ أَيَّامَ ٱللَّهِ لِيَجْزِىَ قَوْمًۢا بِمَا كَانُوا۟
يَكْسِبُونَ ﴿١٤﴾

14. Qul lillazína ámanú yaghfirú lillazína lá yarjúna ayyámal láhi liyajziya qaumam bimá kánú yaksibún

14. Dizer aos crentes que perdoem aqueles que não esperam o dia de Deus, quando Ele retribuirá a cada povo segundo o seu merecimento.

مَنْ عَمِلَ صَـٰلِحًا فَلِنَفْسِهِۦ ۖ وَمَنْ أَسَآءَ فَعَلَيْهَا ۖ ثُمَّ إِلَىٰ رَبِّكُمْ تُرْجَعُونَ ﴿١٥﴾

15. Man 'amila sálihan falinafsihí wa man asá'a fa'alaihá summa ilá Rabbikum turja'ún

15. Quem praticar o bem, será em benefício próprio; por outra, quem praticar o mal, o fará em seu detrimento. Logo retornareis ao vosso Senhor.

وَلَقَدْ ءَاتَيْنَا بَنِىٓ إِسْرَٰٓءِيلَ ٱلْكِتَـٰبَ وَٱلْحُكْمَ وَٱلنُّبُوَّةَ وَرَزَقْنَـٰهُم مِّنَ ٱلطَّيِّبَـٰتِ
وَفَضَّلْنَـٰهُمْ عَلَى ٱلْعَـٰلَمِينَ ﴿١٦﴾

سُورَةُ الجَاثِيَةِ

Surat Al-Jássiya

16. Wa laqad átainá Baní Isrá'ílal Kitába walhukma wan Nubuwwata wa razaqnáhum minat taiyibáti wafaddhalnáhum; alal 'álamín

16. Havíamos concedido aos israelitas o Livro, o comando, a profecia, e os agraciamos com todo o bem, e os preferimos aos seus contemporâneos.

وَءَاتَيْنَٰهُم بَيِّنَٰتٍ مِّنَ ٱلْأَمْرِ ۖ فَمَا ٱخْتَلَفُوٓا۟ إِلَّا مِنۢ بَعْدِ مَا جَآءَهُمُ ٱلْعِلْمُ بَغْيًۢا
بَيْنَهُمْ ۚ إِنَّ رَبَّكَ يَقْضِى بَيْنَهُمْ يَوْمَ ٱلْقِيَٰمَةِ فِيمَا كَانُوا۟ فِيهِ يَخْتَلِفُونَ ﴿١٧﴾

17. Wa átaináhum baiyinátim minal amri famakh talafú illá mim ba'di má já'ahumul 'ilmu baghyam bainahum; inna Rabbaka yaqdí bainahum Yawmal Qiyámati fimá kánú fíhi yakhtalifún

17. E lhes prescrevemos as evidências (com respeito aos dogmas); porém, não discreparam senão por inveja recíproca, após lhes ter chegado o conhecimento. Em verdade, teu Senhor julgará entre eles, devido às suas divergências, no Dia da Ressurreição.

ثُمَّ جَعَلْنَٰكَ عَلَىٰ شَرِيعَةٍ مِّنَ ٱلْأَمْرِ فَٱتَّبِعْهَا وَلَا تَتَّبِعْ أَهْوَآءَ ٱلَّذِينَ لَا
يَعْلَمُونَ ﴿١٨﴾

18. Çumma ja'alnáka 'alá charí'atim minal amri fattabi'há wa lá tattabi'ahwá'al-lazína lá ya'lamún

18. Então, te ensejamos (ó Mensageiro) o caminho reto da religião. Observa-o, pois, e não sigas os desejos daqueles que não têm conhecimento.

إِنَّهُمْ لَن يُغْنُوا۟ عَنكَ مِنَ ٱللَّهِ شَيْـًٔا ۚ وَإِنَّ ٱلظَّٰلِمِينَ بَعْضُهُمْ أَوْلِيَآءُ بَعْضٍ ۖ وَٱللَّهُ وَلِىُّ
ٱلْمُتَّقِينَ ﴿١٩﴾

19. Innahum lany yughnú 'anka minal láhi shai'á; wa innaz zálimína ba'dhuhum awliyá'u ba'dhin walláhu waliyyul muttaquín

19. Porque em nada poderão defender-te do castigo de Deus, pois os injustos são protetores uns dos outros. Porém, Deus é o Protetor dos tementes.

هَٰذَا بَصَٰٓئِرُ لِلنَّاسِ وَهُدًى وَرَحْمَةٌ لِّقَوْمٍ يُوقِنُونَ ﴿٢٠﴾

20. Házá basá'iru linnási wa hudan wa rahmatul liqauminy yúquinún

20. Este (Alcorão) encerra evidências para o homem, e é orientação e misericórdia para os persuadidos.

سُورَةُ الجَاثِيَةِ

Surat Al-Jássiya

أَمْ حَسِبَ ٱلَّذِينَ ٱجْتَرَحُوا۟ ٱلسَّيِّـَٔاتِ أَن نَّجْعَلَهُمْ كَٱلَّذِينَ ءَامَنُوا۟ وَعَمِلُوا۟
ٱلصَّٰلِحَٰتِ سَوَآءً مَّحْيَاهُمْ وَمَمَاتُهُمْ ۚ سَآءَ مَا يَحْكُمُونَ ﴿٢١﴾

21. Am hasibal lazínaj tarahus saiyiáti an naj'alahum kallazína ámanú wa 'amilu sáliháti sawá'am mahyáhum wa mamátuhum; sá'a má yahkumún

21. Pretendem, porventura, os delinquentes, que os equiparemos aos crentes que praticam o bem? Pensam, acaso, que suas vidas e suas mortes serão iguais? Que péssimo é o que julgam!

وَخَلَقَ ٱللَّهُ ٱلسَّمَٰوَٰتِ وَٱلْأَرْضَ بِٱلْحَقِّ وَلِتُجْزَىٰ كُلُّ نَفْسٍۭ بِمَا كَسَبَتْ
وَهُمْ لَا يُظْلَمُونَ ﴿٢٢﴾

22. Wa khalaqal láhus samáwáti wal ardha bilhaqqui wa litujzá kullu nafsim bimá kasabat wa hum lá yuzlamún

22. Deus criou os Céus e a Terra com prudência, para que toda a alma seja recompensada segundo o que tiver feito, e ninguém será defraudado.

أَفَرَءَيْتَ مَنِ ٱتَّخَذَ إِلَٰهَهُۥ هَوَىٰهُ وَأَضَلَّهُ ٱللَّهُ عَلَىٰ عِلْمٍ وَخَتَمَ عَلَىٰ سَمْعِهِۦ وَقَلْبِهِۦ وَجَعَلَ عَلَىٰ
بَصَرِهِۦ غِشَٰوَةً فَمَن يَهْدِيهِ مِنۢ بَعْدِ ٱللَّهِ ۚ أَفَلَا تَذَكَّرُونَ ﴿٢٣﴾

23. Afara'ayta manit takhaza iláhahú hawáhu wa adhallahul láhu 'alá 'ilminw wa khatama 'alá sam'ihí wa qalbihí wa ja'ala 'alá basarihí ghicháwatan faman yahdíhi mim ba'dil láh; afalá tazakkarún

23. Não tens reparado naquele que idolatrou os seus vãos desejos! Deus extraviou-o com conhecimento, sigilando os seus ouvidos e o seu coração, e cobriu a sua visão. Quem o iluminará, depois de Deus (tê-lo desencaminhado)? Não meditais, pois?

وَقَالُوا۟ مَا هِىَ إِلَّا حَيَاتُنَا ٱلدُّنْيَا نَمُوتُ وَنَحْيَا وَمَا يُهْلِكُنَآ إِلَّا ٱلدَّهْرُ ۚ وَمَا لَهُم بِذَٰلِكَ مِنْ عِلْمٍ ۖ
إِنْ هُمْ إِلَّا يَظُنُّونَ ﴿٢٤﴾

24. Wa qálú má hiya illá hayátunad dunyá namútu wa nahyá wa má yuhlikuná illad dahr; wa má lahum bizálika min 'ilmin in hum illáyazunnún

سُورَةُ الجَاثِيَةِ

Surat Al-Jássiya

24. E dizem: Não há vida, além da terrena. Vivemos e morremos, e não nos aniquilará senão o tempo! Porém, com respeito a isso, carecem de conhecimento e não fazem mais do que conjecturar.

وَإِذَا تُتْلَىٰ عَلَيْهِمْ ءَايَٰتُنَا بَيِّنَٰتٍ مَّا كَانَ حُجَّتَهُمْ إِلَّآ أَن قَالُوا۟ ٱئْتُوا۟ بِـَٔابَآئِنَآ إِن كُنتُمْ
صَٰدِقِينَ ﴿٢٥﴾

25. Wa izá tutlá 'alaihim áyátuna baiyinátim má kána hujjatahum illá an qálu'tú bi ábá'iná in kuntum sádiquín

25. E quando lhes são recitados os Nossos versículos esclarecedores, seu único argumento é dizer: Trazei nossos pais, se estais certos!

قُلِ ٱللَّهُ يُحْيِيكُمْ ثُمَّ يُمِيتُكُمْ ثُمَّ يَجْمَعُكُمْ إِلَىٰ يَوْمِ ٱلْقِيَٰمَةِ لَا رَيْبَ فِيهِ وَلَٰكِنَّ أَكْثَرَ ٱلنَّاسِ لَا
يَعْلَمُونَ ﴿٢٦﴾

26. Qulil láhu yuhyíkum çumma yumítukum çumma yajma'ukum ilá Yaumil Quiyámati lá raiba fíhi wa lákinna akçaran nási lá ya'lamún

26. Dize-lhes: Deus vos dá a vida, então vos fará morrer, depois vos congregará para o Diaindubitável da Ressurreição. Porém, a maioria dos humanos o ignora.

وَلِلَّهِ مُلْكُ ٱلسَّمَٰوَٰتِ وَٱلْأَرْضِ ۚ وَيَوْمَ تَقُومُ ٱلسَّاعَةُ يَوْمَئِذٍ يَخْسَرُ ٱلْمُبْطِلُونَ ﴿٢٧﴾

27. Wa lilláhi mulkus samáwáti wal ard; wa Yawma taqúmus Sá'atu Yawma 'iziny yakhsarul mubtilún

27. A Deus pertence o reino dos Céus e da Terra, e no dia em que chegar a Hora, perecerão os difamadores!

وَتَرَىٰ كُلَّ أُمَّةٍ جَاثِيَةً ۚ كُلُّ أُمَّةٍ تُدْعَىٰٓ إِلَىٰ كِتَٰبِهَا ٱلْيَوْمَ تُجْزَوْنَ مَا كُنتُمْ تَعْمَلُونَ ﴿٢٨﴾

28. Wa tará kulla ummatin jáciyah; kullu ummatin tud'á ilá kitábihá al Yawma tujzawna má kuntum ta'malún

28. E verás cada nação genuflexa; cada uma será convocada ante o seu registro. Hoje sereis retribuídos, segundo o que tendes feito!

هَٰذَا كِتَٰبُنَا يَنطِقُ عَلَيْكُم بِٱلْحَقِّ ۚ إِنَّا كُنَّا نَسْتَنسِخُ مَا كُنتُمْ تَعْمَلُونَ ﴿٢٩﴾

29. Házá kitábuná yantiqu 'alaikum bilhaqq; inná kunná nastansikhu má kuntum ta'malún

سُورَةُ الجَاثِيَةِ

Surat Al-Jássiya

29. Este é o Nosso registro, o qual depõe contra vós, porque anotávamos tudo quanto fazíeis.

فَأَمَّا ٱلَّذِينَ ءَامَنُواْ وَعَمِلُواْ ٱلصَّٰلِحَٰتِ فَيُدۡخِلُهُمۡ رَبُّهُمۡ فِي رَحۡمَتِهِۦۚ ذَٰلِكَ هُوَ ٱلۡفَوۡزُ ٱلۡمُبِينُ ﴿٣٠﴾

30. Fa ammal lazína ámánú wa 'amilus sáliháti fayudkhiluhum Rabbuhum fí rahmatih; zálika huwal fawzul Mubín

30. Quanto aos crentes que praticam o bem, seu Senhor os acolherá em Sua misericórdia. Tal é o evidente benefício!

وَأَمَّا ٱلَّذِينَ كَفَرُوٓاْ أَفَلَمۡ تَكُنۡ ءَايَٰتِي تُتۡلَىٰ عَلَيۡكُمۡ فَٱسۡتَكۡبَرۡتُمۡ وَكُنتُمۡ قَوۡمٗا مُّجۡرِمِينَ ﴿٣١﴾

31. Wa ammal lazína kafarú afalam takun Áyátí tutlá 'alaikum fastakbartum wa kuntum qaumam mujrimín

31. Não obstante, aos incrédulos (será dito): Porventura, não vos foram recitados os Meus versículos? Porém, ensoberbeceste-vos e vos tornastes pecadores.

وَإِذَا قِيلَ إِنَّ وَعۡدَ ٱللَّهِ حَقّٞ وَٱلسَّاعَةُ لَا رَيۡبَ فِيهَا قُلۡتُم مَّا نَدۡرِي مَا ٱلسَّاعَةُ إِن نَّظُنُّ إِلَّا ظَنّٗا وَمَا نَحۡنُ بِمُسۡتَيۡقِنِينَ ﴿٣٢﴾

32. Wa izá qíla inna wa'dalláhi haqqunw was Sá'atu lá raiba fíhá qultum má nadrí mas Sá'atu in nazunnu illá zannanw wa má nahnu bimustaiquinín

32. E quando vos foi dito que a promessa de Deus é verdadeira e a Hora é indubitável, dissestes: Não sabemos o que é a Hora, e pensamos não passar de uma simples ideia, e não estamos convencidos!

وَبَدَا لَهُمۡ سَيِّـَٔاتُ مَا عَمِلُواْ وَحَاقَ بِهِم مَّا كَانُواْ بِهِۦ يَسۡتَهۡزِءُونَ ﴿٣٣﴾

33. Wa badá lahum saiyiátu má 'amilú wa háqa bihim má kánú bihí yastahzi'ún

33. Então, aparecer-lhe-ão as maldades que tiverem cometido, e os envolverá aquilo de que escarneciam!

وَقِيلَ ٱلۡيَوۡمَ نَنسَىٰكُمۡ كَمَا نَسِيتُمۡ لِقَآءَ يَوۡمِكُمۡ هَٰذَا وَمَأۡوَىٰكُمُ ٱلنَّارُ وَمَا لَكُم مِّن نَّٰصِرِينَ ﴿٣٤﴾

34. Wa qílal yawma nansákum kamá nasítum liqá'a yawmikum házá wa máwákumun Náru wa málakum min násirín

34. E ser-lhes-á dito: Hoje vos esquecemos, tal como esquecestes do comparecimento a este vosso dia! E a vossa morada será o fogo infernal, e jamais tereis socorredores.

ذَٰلِكُم بِأَنَّكُمُ ٱتَّخَذۡتُمۡ ءَايَٰتِ ٱللَّهِ هُزُوٗا وَغَرَّتۡكُمُ ٱلۡحَيَوٰةُ ٱلدُّنۡيَاۚ فَٱلۡيَوۡمَ لَا يُخۡرَجُونَ مِنۡهَا وَلَا
هُمۡ يُسۡتَعۡتَبُونَ ٣٥

35. Zálikum bi annakumut takhaztum áyátil láhi huzuwan wa gharratkumul hayátud dunyá; fal yauma lá yukhrajúna minhá wa láhum yusta'tabún

35. Isso, porque escarnecestes dos versículos de Deus e vos iludiu a vida terrena! Assim, neste dia não lhes será permitido sair dele (o fogo), nem lhes será permitida apelação.

فَلِلَّهِ ٱلۡحَمۡدُ رَبِّ ٱلسَّمَٰوَٰتِ وَرَبِّ ٱلۡأَرۡضِ رَبِّ ٱلۡعَٰلَمِينَ ٣٦

36. Falilláhil hamdu Rabbis samáwáti wa Rabbil ardhi Rabbil-'álamín

36. Louvado seja Deus, Senhor dos Céus e da Terra, Senhor do Universo!

وَلَهُ ٱلۡكِبۡرِيَآءُ فِي ٱلسَّمَٰوَٰتِ وَٱلۡأَرۡضِۖ وَهُوَ ٱلۡعَزِيزُ ٱلۡحَكِيمُ ٣٧

37. Wa lahul kibriyá'u fissamáwáti wal ardhi wa Huwal 'Azízul Hakím

37. A Ele pertence a grandeza, nos Céus e na Terra, porque é o Poderoso, o Prudentíssimo. (**Fim do Juzi 25**)

سُورَةُ الأَحْقَافِ

Surat Al Ahcaf

Juzi 26

Surat 46. *Al Ahcaf* (As Dunas), revelada em Makka, 35 versículos, com exceção dos versículos 10, 15, e 35 que foram revelados em Madina.

بِسْمِ اللَّهِ الرَّحْمَنِ الرَّحِيمِ

Bismilláhir Rahmánir Rahím

Em nome de Deus, o Clemente, o Misericordioso

حمٓ ﴿١﴾

1. Há-Mim

1. Há, Mim.

تَنزِيلُ ٱلْكِتَٰبِ مِنَ ٱللَّهِ ٱلْعَزِيزِ ٱلْحَكِيمِ ﴿٢﴾

2. Tanzilul kitábi minal láhil 'Azizil Hakim

2. A revelação do Livro é de Deus, o Poderoso, o Prudentíssimo.

مَا خَلَقْنَا ٱلسَّمَٰوَٰتِ وَٱلْأَرْضَ وَمَا بَيْنَهُمَآ إِلَّا بِٱلْحَقِّ وَأَجَلٍ مُّسَمًّى ۚ وَٱلَّذِينَ كَفَرُوا۟ عَمَّآ أُنذِرُوا۟ مُعْرِضُونَ ﴿٣﴾

3. *Má khalaqnas samauáti wal-ardha wamá baynahuma illá bilhaqui wa ajalin musamman wallazina kafarú 'amma únzirú mu'ridhun*

3. Não criamos os Céus e a Terra e tudo quanto existe entre ambos, senão com prudência, para um término prefixado. Mas os incrédulos desdenham as admoestações que lhes são feitas.

قُلْ أَرَءَيْتُم مَّا تَدْعُونَ مِن دُونِ ٱللَّهِ أَرُونِى مَاذَا خَلَقُوا۟ مِنَ ٱلْأَرْضِ أَمْ لَهُمْ شِرْكٌ فِى ٱلسَّمَٰوَٰتِ ۖ ٱئْتُونِى بِكِتَٰبٍ مِّن قَبْلِ هَٰذَآ أَوْ أَثَٰرَةٍ مِّنْ عِلْمٍ إِن كُنتُمْ صَٰدِقِينَ ﴿٤﴾

.4. *Qul aráytum má tad'una min dunil-láhi arúní máza khalaqú minal-ardhi am lahum chirkun fis-samáwati a'túní bikitábin min qabli háza au açáratin min 'ilmin in kuntum sádiquin*

سُورَةُ الأَحقَافِ

Surat Al Ahcaf

4. Dize-lhes: Porventura, tendes reparado nos que invocais, em lugar de Deus? Mostrai-me o que têm criado na Terra! Têm participado, acaso, (da criação) dos céus? Apresentai-me um livro, revelado antes deste, ou um vestígio de ciência, se estiverdes certos.

وَمَنْ أَضَلُّ مِمَّن يَدْعُوا۟ مِن دُونِ ٱللَّهِ مَن لَّا يَسْتَجِيبُ لَهُۥٓ إِلَىٰ يَوْمِ ٱلْقِيَٰمَةِ
وَهُمْ عَن دُعَآئِهِمْ غَٰفِلُونَ ﴿٥﴾

5. *Waman adhallu mimman yad'ú min dunil-láhi man lá yastajíbu lahu ilá yaumil quiyámati wahum 'an du'a-ihim gháfilun*

5. Porém, haverá alguém mais extraviado do que quem invoca, em vez de Deus, os que jamais o atenderão, nem mesmo no Dia da Ressurreição, uma vez que estão desatentos à sua própria invocação?

وَإِذَا حُشِرَ ٱلنَّاسُ كَانُوا۟ لَهُمْ أَعْدَآءً وَكَانُوا۟ بِعِبَادَتِهِمْ كَٰفِرِينَ ﴿٦﴾

6. *Wa-izá huchiran-nássu kánú lahum a'dáan wakánu bi'ibádatihim káfirin*

6. E quando os humanos forem congregados, serão (os invocados) seus inimigos e negarão a adoração feita por eles.

وَإِذَا تُتْلَىٰ عَلَيْهِمْ ءَايَٰتُنَا بَيِّنَٰتٍ قَالَ ٱلَّذِينَ كَفَرُوا۟ لِلْحَقِّ لَمَّا جَآءَهُمْ هَٰذَا سِحْرٌ مُّبِينٌ ﴿٧﴾

7. *Waizá tutlá 'alayhim ayátuna bayyinátin qálal-lazina kafarú lilhaqqui lammá jáahum háza sihrun mubin*

7. E, quando lhes são recitados os Nossos versículos esclarecedores, os incrédulos dizem, da verdade que lhes chega: Isto é pura magia!

أَمْ يَقُولُونَ ٱفْتَرَىٰهُ ۖ قُلْ إِنِ ٱفْتَرَيْتُهُۥ فَلَا تَمْلِكُونَ لِى مِنَ ٱللَّهِ شَيْـًٔا ۖ هُوَ أَعْلَمُ بِمَا تُفِيضُونَ
فِيهِ ۖ كَفَىٰ بِهِۦ شَهِيدًۢا بَيْنِى وَبَيْنَكُمْ ۖ وَهُوَ ٱلْغَفُورُ ٱلرَّحِيمُ ﴿٨﴾

8. *Am yaquluna iftaráhu qul ini ftaraytuhu falá tamlikuna li minalláhi chay-an huwa a'lamu bimá tufidhuna fíhi kafá bihi chahidan bayní wabaynakum wahuwal Ghafúrur Rah̲ím*

8. Ou dizem: Ele o forjou! Dize-lhes: Se o forjei, nada podereis obter de Deus para mim. Ele conhece, melhor do que ninguém, o que tentais difamar. Basta Ele por Testemunha, entre vós e mim. E Ele é o Indulgente, o Misericordiosíssimo.

سُورَةُ الأَحْقَافِ
Surat Al Ahcaf

قُلْ مَا كُنتُ بِدْعًا مِّنَ ٱلرُّسُلِ وَمَآ أَدْرِى مَا يُفْعَلُ بِى وَلَا بِكُمْ إِنْ أَتَّبِعُ إِلَّا مَا يُوحَىٰٓ
إِلَىَّ وَمَآ أَنَا۠ إِلَّا نَذِيرٌ مُّبِينٌ ﴿٩﴾

9. Qul má kuntu bid'am minal Rusuli wa má adrí ma yuf'alu bí wa lá bikum in attabi'u illá má yúhá ilaiya wa má ana illá nazírum mubín

9. Dize-lhes (mais): Não sou um inovador entre os mensageiros, nem sei o que será de mim ou de vós. Não sigo mais do que aquilo que me tem sido revelado, e não sou mais do que um elucidativo admoestador.

قُلْ أَرَءَيْتُمْ إِن كَانَ مِنْ عِندِ ٱللَّهِ وَكَفَرْتُم بِهِۦ وَشَهِدَ شَاهِدٌ مِّنۢ بَنِىٓ إِسْرَٰٓءِيلَ عَلَىٰ
مِثْلِهِۦ فَـَٔامَنَ وَٱسْتَكْبَرْتُمْ إِنَّ ٱللَّهَ لَا يَهْدِى ٱلْقَوْمَ ٱلظَّٰلِمِينَ ﴿١٠﴾

10. Qul araaytum in kána min 'indilláhi wakafartum bihi wachahida cháhidun min baní isrá-íla 'ala miçlihi fa ámana wastakbartum innal-láha lá yahdil qaumaz-zálimin

10. Dize: Vede! Se (o Alcorão) emana de Deus e vós o negais, e mesmo os israelitas confirmam a sua autenticidade e nele crím, vós vos ensoberbeceis! Sabei que Deus não ilumina os injustos!

وَقَالَ ٱلَّذِينَ كَفَرُوا۟ لِلَّذِينَ ءَامَنُوا۟ لَوْ كَانَ خَيْرًا مَّا سَبَقُونَآ إِلَيْهِ ۚ وَإِذْ لَمْ يَهْتَدُوا۟ بِهِۦ
فَسَيَقُولُونَ هَٰذَآ إِفْكٌ قَدِيمٌ ﴿١١﴾

11. Waqálal lazína kafarú lillazína ámanú lau kána khayran má sabaqúna ilayhi wa-iz lam yahtadú bihi fasayaqúlúna hazá ifkun qadím

11. E os incrédulos dizem aos crentes: Se esta mensagem fosse uma boa coisa, (tais humanos) não se teriam antecipado a nós. E como não se guiam por ela, dizem: Isto é uma antiga falsidade!

وَمِن قَبْلِهِۦ كِتَٰبُ مُوسَىٰٓ إِمَامًا وَرَحْمَةً ۚ وَهَٰذَا كِتَٰبٌ مُّصَدِّقٌ لِّسَانًا عَرَبِيًّا لِّيُنذِرَ
ٱلَّذِينَ ظَلَمُوا۟ وَبُشْرَىٰ لِلْمُحْسِنِينَ ﴿١٢﴾

12. Wamin qablihi kitúbu mussá imáman waraḫmatan waháza kitábun mussaddiqun lissánan 'arabiyyan liyunziral lazína zalamú wabuchra lilmuḫsinín

سُورَةُ الأَحۡقَافِ
Surat Al Ahcaf

12. Porém, antes deste, já existia o Livro de Moisés, o qual era guia e misericórdia. E este (Alcorão) é um Livro que o corrobora, em língua árabe, para admoestar os injustos, e é boas-novas para os benfeitores.

إِنَّ ٱلَّذِينَ قَالُواْ رَبُّنَا ٱللَّهُ ثُمَّ ٱسۡتَقَٰمُواْ فَلَا خَوۡفٌ عَلَيۡهِمۡ وَلَا هُمۡ يَحۡزَنُونَ ﴿١٣﴾

13. Innal lazína qálú rabbunal-láhu çumma staqámú falá khaufun 'alayhim walá hum yahzanún

13. Aqueles que dizem: Nosso Senhor é Deus, e permanecem firmes, não serão presas do temor, nem se angustiarão.

أُوْلَٰٓئِكَ أَصۡحَٰبُ ٱلۡجَنَّةِ خَٰلِدِينَ فِيهَا جَزَآءَۢ بِمَا كَانُواْ يَعۡمَلُونَ ﴿١٤﴾

14. Ulá-ika ass-hábul jannati khálidína fíhá jazáan bimá kánú ya'malún

14. Estes serão os diletos do Paraíso, onde morarão eternamente, em recompensa por quanto houverem feito.

وَوَصَّيۡنَا ٱلۡإِنسَٰنَ بِوَٰلِدَيۡهِ إِحۡسَٰنًاۖ حَمَلَتۡهُ أُمُّهُۥ كُرۡهًا وَوَضَعَتۡهُ كُرۡهًاۖ وَحَمۡلُهُۥ
وَفِصَٰلُهُۥ ثَلَٰثُونَ شَهۡرًاۚ حَتَّىٰٓ إِذَا بَلَغَ أَشُدَّهُۥ وَبَلَغَ أَرۡبَعِينَ سَنَةً قَالَ رَبِّ أَوۡزِعۡنِيٓ أَنۡ أَشۡكُرَ
نِعۡمَتَكَ ٱلَّتِيٓ أَنۡعَمۡتَ عَلَيَّ وَعَلَىٰ وَٰلِدَيَّ وَأَنۡ أَعۡمَلَ صَٰلِحًا تَرۡضَىٰهُ وَأَصۡلِحۡ لِي فِي ذُرِّيَّتِيٓۖ
إِنِّي تُبۡتُ إِلَيۡكَ وَإِنِّي مِنَ ٱلۡمُسۡلِمِينَ ﴿١٥﴾

15. Wauassaynal-inssána biwálidayhi ihssánan hamalat-hu ummuhu kurhan wauada'at-hu kurhan wahamluhu wafissáluhu çaláçuna chahran hatta izá balagha achuddahu wabalagha arba'ína sanatan qala rabbi auzi'ni an achkura ni'matakal-latí an'amta 'alayya wa'alá wálidayya wa an a'mala sálihan tardháhu wa aslih lí fi zurriyyatí inní tubtu ilayka wa-inní minal musslimín

15. E recomendamos ao homem benevolência para com os seus pais. Com dores, sua mãe o carrega durante a sua gestação e, posteriormente, sofre as dores do seu parto. E da sua concepção até à sua ablactação há um espaço de trinta meses, quando alcança a maturidade e, depois, ao atingir quarenta anos, diz: Ó Senhor

meu, inspira-me, para agradecer-Te as mercês com que me agraciaste, a mim e aos meus pais, para praticarmos o bem que Te compraz, e faze com que minha prole seja virtuosa. Em verdade, converto-me a Ti,

أُوْلَٰٓئِكَ ٱلَّذِينَ نَتَقَبَّلُ عَنْهُمْ أَحْسَنَ مَا عَمِلُواْ وَنَتَجَاوَزُ عَن سَيِّـَٔاتِهِمْ فِيٓ أَصْحَٰبِ ٱلْجَنَّةِۖ
وَعْدَ ٱلصِّدْقِ ٱلَّذِي كَانُواْ يُوعَدُونَ ﴿١٦﴾

16. Ulá-ikal-lazína nataqabbalu 'anhum ahssana má 'amilú wa natajáwazu 'an sayyi-átihim fí ass-hábil jannati wa'das sidquil lazí kánú yu'adún

16. Tais são aqueles dos quais aceitamos o melhor do que têm feito, e lhes absolvemos as faltas, (contando-os) entre os diletos do Paraíso, porque é uma promessa verídica, que lhes foi anunciada.

وَٱلَّذِي قَالَ لِوَٰلِدَيْهِ أُفٍّ لَّكُمَآ أَتَعِدَانِنِيٓ أَنْ أُخْرَجَ وَقَدْ خَلَتِ ٱلْقُرُونُ مِن قَبْلِي
وَهُمَا يَسْتَغِيثَانِ ٱللَّهَ وَيْلَكَ ءَامِنْ إِنَّ وَعْدَ ٱللَّهِ حَقٌّ فَيَقُولُ مَا هَٰذَآ إِلَّآ أَسَٰطِيرُ
ٱلْأَوَّلِينَ ﴿١٧﴾

17. Wal-lazí qála liwálidayhi úffin lakumá ata'idániní an úkhraja waqad khalatil qurúnu min qablí wahumá yastaghíçanil-láha waylaka ámin inna wa'dal-láhi haqqun fayaqúlu ma házá illa assátirul-auwalín

17. E há quem diga aos seus pais: Que vergonha para ambos! Pretendeis, porventura, prometer-me que serei ressuscitado, sendo que gerações anteriores a mim têm passado (sem renascerem outra vez)? E ambos invocarão Deus, (e reprovarão o filho): Ai de ti! Crê, porque a promessa de Deus é infalível! Porém, ele lhes diz: Estas não são senão fábulas dos primitivos!

أُوْلَٰٓئِكَ ٱلَّذِينَ حَقَّ عَلَيْهِمُ ٱلْقَوْلُ فِيٓ أُمَمٍ قَدْ خَلَتْ مِن قَبْلِهِم مِّنَ ٱلْجِنِّ وَٱلْإِنسِۖ إِنَّهُمْ
كَانُواْ خَٰسِرِينَ ﴿١٨﴾

18. Úlá-ikal-lazína haqqa 'alayhimul qaulu fí umamin qad khalat min qablihim minal jinni wal-inssi innahum kánú khássirín

18. Tais são aqueles que mereceram a sentença, juntamente com os seus antepassados, gerações de gênios e humanos, porque foram desventurados.

سُورَةُ الأَحۡقَافِ

Surat Al Ahcaf

وَلِكُلّٖ دَرَجَٰتٞ مِّمَّا عَمِلُواْۖ وَلِيُوَفِّيَهُمۡ أَعۡمَٰلَهُمۡ وَهُمۡ لَا يُظۡلَمُونَ ١٩

19. Walikullin darajátun mimmá 'amilú wa liyuwaffiahum a'málahum wahum lá yuzlamún

19. E para todos haverá graus, segundo o que fizeram, para que Ele lhes pague pelas suas recompensas, e para que não sejam defraudados.

وَيَوۡمَ يُعۡرَضُ ٱلَّذِينَ كَفَرُواْ عَلَى ٱلنَّارِ أَذۡهَبۡتُمۡ طَيِّبَٰتِكُمۡ فِي حَيَاتِكُمُ ٱلدُّنۡيَا وَٱسۡتَمۡتَعۡتُم بِهَا فَٱلۡيَوۡمَ تُجۡزَوۡنَ عَذَابَ ٱلۡهُونِ بِمَا كُنتُمۡ تَسۡتَكۡبِرُونَ فِي ٱلۡأَرۡضِ بِغَيۡرِ ٱلۡحَقِّ وَبِمَا كُنتُمۡ تَفۡسُقُونَ ٢٠

20. Wayauma yu'radul lazína kafarú 'alan nári azhabtum tayyibátikum fí hayatikumud dunyá wastamta'tum bihá falyauma tujzauna 'azábal húni bimá kuntum tastakbirúna fial-ardhi bighayril haqqui wabimá kuntum tafsuqún

20. E no dia em que os incrédulos forem colocados perante o Fogo, (ser-lhes-á dito): Aproveitastes e gozastes os vossos deleites na vida terrena! Hoje, porém, sereis retribuídos com o afrontoso castigo por vosso ensoberbecimento e vossa depravação na Terra.

۞ وَٱذۡكُرۡ أَخَا عَادٍ إِذۡ أَنذَرَ قَوۡمَهُۥ بِٱلۡأَحۡقَافِ وَقَدۡ خَلَتِ ٱلنُّذُرُ مِنۢ بَيۡنِ يَدَيۡهِ وَمِنۡ خَلۡفِهِۦٓ أَلَّا تَعۡبُدُوٓاْ إِلَّا ٱللَّهَ إِنِّيٓ أَخَافُ عَلَيۡكُمۡ عَذَابَ يَوۡمٍ عَظِيمٖ ٢١

21. Wazkur akhá 'adin iz anzara qaumahu bil-ahqáfi waqad khalatiln nuzuru min bayni yadayhi wamin khalfihi allá ta'budú illalláha inní akháfu 'alaykum 'azába yaumin 'azim

21. Menciona-lhes o irmão de 'Ad (Hud), que admoestou o seu povo nas dunas, embora já tivesse havido admoestadores antes e depois dele (que lhes disseram): Nada adoreis além de Deus, porque temo por vós o castigo do dia terrível.

قَالُوٓاْ أَجِئۡتَنَا لِتَأۡفِكَنَا عَنۡ ءَالِهَتِنَا فَأۡتِنَا بِمَا تَعِدُنَآ إِن كُنتَ مِنَ ٱلصَّٰدِقِينَ ٢٢

22. Qálú aji'taná lita'fikaná 'an álihatiná fa átina bimá ta 'iduná in kunta minas sadiquín

سُورَةُ الأَحْقَافِ

Surat Al Ahcaf

22. Disseram-lhe: Vieste, acaso, para desviar-nos das nossas divindades? Se falas a verdade, envia-nos a calamidade com que nos ameaças!

قَالَ إِنَّمَا ٱلْعِلْمُ عِندَ ٱللَّهِ وَأُبَلِّغُكُم مَّآ أُرْسِلْتُ بِهِۦ وَلَٰكِنِّىٓ أَرَىٰكُمْ قَوْمًا تَجْهَلُونَ ﴿٢٣﴾

23. Qala innamál 'ilmu 'indal láhi wa uballighukum má ursiltu bihi wa lákinní arákum qauman tajhalún

23. Respondeu-lhes: O conhecimento (disso) só está nas mãos de Deus! Eu vos proclamo a missão que me tem sido incumbida; porém, vejo que sois um povo ignorante!

فَلَمَّا رَأَوْهُ عَارِضًا مُّسْتَقْبِلَ أَوْدِيَتِهِمْ قَالُوا۟ هَٰذَا عَارِضٌ مُّمْطِرُنَا ۚ بَلْ هُوَ مَا ٱسْتَعْجَلْتُم

بِهِۦ ۖ رِيحٌ فِيهَا عَذَابٌ أَلِيمٌ ﴿٢٤﴾

24. Falammá raauhu 'aridhan mustaqbila audiyatihim qálú hazá 'áridhun mumtiruná bal huwa má sta'jaltum bihi ríhun fíhá 'azábun alím

24. Mas quando viram aquilo (o castigo), como nuvens, avançando sobre os seus vales, disseram: Esta é uma nuvem de chuva! Retrucou-lhes: Qual! É a (calamidade) que desejastes fosse apressada; um vento que encerra um doloroso castigo!

تُدَمِّرُ كُلَّ شَىْءٍۭ بِأَمْرِ رَبِّهَا فَأَصْبَحُوا۟ لَا يُرَىٰٓ إِلَّا مَسَٰكِنُهُمْ ۚ كَذَٰلِكَ نَجْزِى ٱلْقَوْمَ

ٱلْمُجْرِمِينَ ﴿٢٥﴾

25. Tudammiru kulla chay-in bi-amri rabbihá fa asshbahú lá yurá illá massákinuhum kazálika najzíl qaumal mujrimín

25. Arrasará tudo, segundo os desígnios do seu Senhor! E, ao amanhecer, nada se via, além (das ruínas) dos seus lares. Assim castigamos os pecadores!

وَلَقَدْ مَكَّنَّٰهُمْ فِيمَآ إِن مَّكَّنَّٰكُمْ فِيهِ وَجَعَلْنَا لَهُمْ سَمْعًا وَأَبْصَٰرًا وَأَفْـِٔدَةً فَمَآ

أَغْنَىٰ عَنْهُمْ سَمْعُهُمْ وَلَآ أَبْصَٰرُهُمْ وَلَآ أَفْـِٔدَتُهُم مِّن شَىْءٍ إِذْ كَانُوا۟ يَجْحَدُونَ

بِـَٔايَٰتِ ٱللَّهِ وَحَاقَ بِهِم مَّا كَانُوا۟ بِهِۦ يَسْتَهْزِءُونَ ﴿٢٦﴾

سُورَةُ الأَحۡقَافِ

Surat Al Ahcaf

26. Walaqad makkannáhum fimá in makkannákum fíhi waja'alná lahum sam'an wa abcháran wa af-idatan famá aghná 'anhum sam'uhum walá abcháruhum walá af-idatuhum min chay-in iz kánú yajhadúna bi-áyátilláhi waháqa bihim má kánú bihi yastahzi-ún

26. Em verdade, estabelecemo-los naquilo em que não vos estabelecemos (ó coraixitas). E os dotamos de audição, de visão e de intelecto; porém, de nada lhes valeram os seus ouvidos, as suas vistas e as suas mentes, porque negaram os versículos de Deus, e os envolveu aquilo de que escarneciam.

وَلَقَدْ أَهْلَكْنَا مَا حَوْلَكُم مِّنَ ٱلْقُرَىٰ وَصَرَّفْنَا ٱلْءَايَٰتِ لَعَلَّهُمْ يَرْجِعُونَ ﴿٢٧﴾

27. Walaqad ahlakná má haulakum mina alqurá wacharrafnál-áyáti la'allahum yarji'ún

27. (Ó maquenses) Destruímos as cidades que vos rodeavam, e lhes diversificamos os sinais, para que se convertessem.

فَلَوْلَا نَصَرَهُمُ ٱلَّذِينَ ٱتَّخَذُوا۟ مِن دُونِ ٱللَّهِ قُرْبَانًا ءَالِهَةًۢ ۖ بَلْ ضَلُّوا۟ عَنْهُمْ ۚ وَذَٰلِكَ
إِفْكُهُمْ وَمَا كَانُوا۟ يَفْتَرُونَ ﴿٢٨﴾

28. Falaula nassarahumul-lazína ittakhazú min dúnilláhi qurbánan álihatan bal dhallú 'anhum wazálika ifkuhum wamá kánú yaftarún

28. Por que, então, não os socorreram as divindades que haviam adotado, além de Deus, para aproximá-los d'Ele? Qual! Eles se extraviaram, e tamanha foi a sua falsidade e a sua invenção.

وَإِذْ صَرَفْنَآ إِلَيْكَ نَفَرًا مِّنَ ٱلْجِنِّ يَسْتَمِعُونَ ٱلْقُرْءَانَ فَلَمَّا حَضَرُوهُ قَالُوٓا۟
أَنصِتُوا۟ ۖ فَلَمَّا قُضِىَ وَلَّوْا۟ إِلَىٰ قَوْمِهِم مُّنذِرِينَ ﴿٢٩﴾

29. Wa-iz sarafna ilayka nafaran minal jinni yastami'únal qur-ána falamma hadharúhu qálú anssitú falamma qudhiya wallau ilá qaumihim munzirín

29. Recorda-te de quando te enviamos um grupo de gênios, para escutar o Alcorão. E quando assistiam à recitação disseram: Escutai em silêncio! E quando terminaste a recitação, retornaram ao seu povo, para admoestá-lo.

قَالُوا۟ يَٰقَوْمَنَآ إِنَّا سَمِعْنَا كِتَٰبًا أُنزِلَ مِنۢ بَعْدِ مُوسَىٰ مُصَدِّقًا لِّمَا بَيْنَ يَدَيْهِ
يَهْدِىٓ إِلَى ٱلْحَقِّ وَإِلَىٰ طَرِيقٍ مُّسْتَقِيمٍ ﴿٣٠﴾

سُورَةُ الأَحۡقَافِ
Surat Al Ahcaf

30. Qálú yá qaumaná inná sami'ná kitában únzila min ba'di Mussá mussaddiqan limá bayna yadayhi yahdí ilal haqqui wa-ila taríquin mustaquim

30. Disseram: Ó povo nosso, em verdade escutamos a leitura de um Livro, que foi revelado depois do de Moisés, corroborante dos anteriores, que conduz o homem à verdade e ao caminho reto.

يَٰقَوۡمَنَآ أَجِيبُواْ دَاعِيَ ٱللَّهِ وَءَامِنُواْ بِهِۦ يَغۡفِرۡ لَكُم مِّن ذُنُوبِكُمۡ وَيُجِرۡكُم مِّنۡ
عَذَابٍ أَلِيمٖ ﴿٣١﴾

31. Yá qaumaná ajíbú dá'iyal-láhi wa áminú bihi yaghfir lakum min zunúbikum wayujírkum min 'azábin alím

31. Ó povo nosso, obedecei ao predicador de Deus e crede nele, pois (Deus) vos absolverá as faltas e vos livrará de um doloroso castigo.

وَمَن لَّا يُجِبۡ دَاعِيَ ٱللَّهِ فَلَيۡسَ بِمُعۡجِزٖ فِي ٱلۡأَرۡضِ وَلَيۡسَ لَهُۥ مِن دُونِهِۦٓ أَوۡلِيَآءُۚ
أُوْلَٰٓئِكَ فِي ضَلَٰلٖ مُّبِينٍ ﴿٣٢﴾

32. Waman lá yujib dá'iyalláhi falaysa bimu'jizin fíl-ardhi walaysa lahu min dúnihi auliyáu úlá-ika fí dhalálin mubín

32. Quanto àqueles que não atenderem ao predicador de Deus, saibam que na Terra não poderão frustrar (os desígnios de Deus), nem encontrarão protetores, em vez d'Ele. Estes estão em um evidente erro.

أَوَلَمۡ يَرَوۡاْ أَنَّ ٱللَّهَ ٱلَّذِي خَلَقَ ٱلسَّمَٰوَٰتِ وَٱلۡأَرۡضَ وَلَمۡ يَعۡيَ بِخَلۡقِهِنَّ بِقَٰدِرٍ عَلَىٰٓ أَن
يُحۡـِۧيَ ٱلۡمَوۡتَىٰۚ بَلَىٰٓ إِنَّهُۥ عَلَىٰ كُلِّ شَيۡءٖ قَدِيرٞ ﴿٣٣﴾

33. Aua lam yarau annal-láhal-lazí khalaqas samáwáti wal-ardha walam ya'ya bikhalquihinna biqádirin 'alá an yuhyiyal mauta balá innahu 'alá kulli chay-in qadír

33. Não reparam, acaso, em que Deus, que criou os Céus e a Terra, sem Se esforçar, é capaz de ressuscitar os mortos? Sim! Porque é Onipotente.

وَيَوۡمَ يُعۡرَضُ ٱلَّذِينَ كَفَرُواْ عَلَى ٱلنَّارِ أَلَيۡسَ هَٰذَا بِٱلۡحَقِّۖ قَالُواْ بَلَىٰ وَرَبِّنَاۚ قَالَ
فَذُوقُواْ ٱلۡعَذَابَ بِمَا كُنتُمۡ تَكۡفُرُونَ ﴿٣٤﴾

سُورَةُ الأَحۡقَافِ

Surat Al Ahcaf

34. Wayauma yu'radhul lazína kafarú 'alan-nári alaysa házá bilhaqqui qálú balá warabbiná qála fazúqul 'azába bimá kuntum takfurún

34. E no dia em que os incrédulos forem colocados perante o fogo (ser-lhes-á dito): Acaso, não é isto Verdade? Responderão: Sim, por nosso Senhor! Ser-lhes-á, então, dito: Provai, pois, o castigo, por vossa incredulidade!

فَٱصۡبِرۡ كَمَا صَبَرَ أُوْلُواْ ٱلۡعَزۡمِ مِنَ ٱلرُّسُلِ وَلَا تَسۡتَعۡجِل لَّهُمۡۚ كَأَنَّهُمۡ يَوۡمَ يَرَوۡنَ مَا
يُوعَدُونَ لَمۡ يَلۡبَثُوٓاْ إِلَّا سَاعَةٗ مِّن نَّهَارِۭۚ بَلَٰغٞۚ فَهَلۡ يُهۡلَكُ إِلَّا ٱلۡقَوۡمُ
ٱلۡفَٰسِقُونَ ٣٥

35. Fassbir kamá sabara ulúl 'azmi minar rusuli walá tasta'jil lahum kA annahum yauma yarauna má yú'adúna lam yalbaçú illá sa'atan min nahárin balághun fahal yuhlaku illál qaumul fássiqun.

35. Persevera, pois, como o fizeram os inflexíveis, entre os mensageiros, e não lhes apresses (o castigo); no dia em que depararem com aquilo com que foram ameaçados, pensarão não haver permanecido (no mundo terreno) mais do que uma hora de um só dia. Eis aqui a Mensagem! Porventura, serão aniquilados outros, a não ser os depravados?

سُورَةُ مُحَمَّدٍ

Surat Mohammad

Surat 47. *Mohammad,* revelada em Madina, 38 versículos, com exceção do versículo 13, que foi revelado durante a Hégira

بِسْمِ ٱللَّهِ ٱلرَّحْمَٰنِ ٱلرَّحِيمِ

Bismilláhir Rahmánir Rahím

Em nome de Deus, o Clemente, o Misericordioso

ٱلَّذِينَ كَفَرُوا۟ وَصَدُّوا۟ عَن سَبِيلِ ٱللَّهِ أَضَلَّ أَعْمَٰلَهُمْ ﴿١﴾

1. Allazína kafarú wa saddú 'an sabílil-láhi adhalla a'málahum

1. Quanto aos incrédulos, que desencaminham os demais da senda de Deus, Ele desvanecerá as suas ações.

وَٱلَّذِينَ ءَامَنُوا۟ وَعَمِلُوا۟ ٱلصَّٰلِحَٰتِ وَءَامَنُوا۟ بِمَا نُزِّلَ عَلَىٰ مُحَمَّدٍ وَهُوَ ٱلْحَقُّ مِن رَّبِّهِمْ كَفَّرَ
عَنْهُمْ سَيِّـَٔاتِهِمْ وَأَصْلَحَ بَالَهُمْ ﴿٢﴾

2. Wallazína ámanú wa 'amilus-sáliháti wa ámanú bima nuzzila 'alá muhammadin wa huwal haqqu min rabbihim kaffara 'anhum sayyi-átihim wa aslaha bálahum

2. Outrossim, quanto aos crentes, que praticam o bem e crím no que foi revelado a Mohammad – esta é a verdade do seu Senhor –, Deus absolverá as suas faltas e lhes melhorará as condições.

ذَٰلِكَ بِأَنَّ ٱلَّذِينَ كَفَرُوا۟ ٱتَّبَعُوا۟ ٱلْبَٰطِلَ وَأَنَّ ٱلَّذِينَ ءَامَنُوا۟ ٱتَّبَعُوا۟ ٱلْحَقَّ مِن رَّبِّهِمْ ۚ كَذَٰلِكَ يَضْرِبُ
ٱللَّهُ لِلنَّاسِ أَمْثَٰلَهُمْ ﴿٣﴾

3. Zálika bi-annal-lazína kafarú ittaba'úl bátila wa annal-lazína ámanú ittaba'úl-haqqa min rabbihim kazálika yadhribul-láhu lilnnassi amçálahum

3. (Isso não ocorrerá com os incrédulos) porque os incrédulos seguem a falsidade, enquanto os crentes seguem a verdade do seu Senhor. Assim Deus evidencia os Seus exemplos aos humanos.

سُورَةُ مُحَمَّدٍ

Surat Mohammad

فَإِذَا لَقِيتُمُ ٱلَّذِينَ كَفَرُوا۟ فَضَرْبَ ٱلرِّقَابِ حَتَّىٰٓ إِذَآ أَثْخَنتُمُوهُمْ فَشُدُّوا۟ ٱلْوَثَاقَ فَإِمَّا مَنًّۢا بَعْدُ وَإِمَّا
فِدَآءً حَتَّىٰ تَضَعَ ٱلْحَرْبُ أَوْزَارَهَا ۚ ذَٰلِكَ وَلَوْ يَشَآءُ ٱللَّهُ لَٱنتَصَرَ مِنْهُمْ وَلَٰكِن لِّيَبْلُوَا۟ بَعْضَكُم
بِبَعْضٍ ۗ وَٱلَّذِينَ قُتِلُوا۟ فِى سَبِيلِ ٱللَّهِ فَلَن يُضِلَّ أَعْمَٰلَهُمْ ﴿٤﴾

4. Fa-izá laqítumul lazína kafarú fadarbar riqábi, hattá izá askhantumúhum fachuddul wasáqa, fa immá mannnam ba'du wa immá fidá'an hattá tada'al harbu awzárahá; zálika wa law yashá'ul láhu lantasara minhum wa lákin li yabluwa ba'dakum bi ba'd; wallazína qutiloo fí sabílil láhi falany yudilla a'málahum

4. E quando vos enfrentardes com os incrédulos (em batalha), golpeai-lhes os pescoços, até que os tenhais dominado, e tomai (os sobreviventes) como prisioneiros. Libertai-os, então, por generosidade ou mediante resgate, quando a guerra tiver terminado. Tal é a ordem. E se Deus quisesse, Ele mesmo ter-Se-ia livrado deles; porém, (facultou-vos a guerra) para que vos provásseis mutuamente. Quanto àqueles que foram mortos pela causa de Deus, Ele jamais lhes desmerecerá as obras.

سَيَهْدِيهِمْ وَيُصْلِحُ بَالَهُمْ ﴿٥﴾

5. Sa-yahdíhim wa yuslihu bálahum
5. Iluminá-los-á e melhorará as suas condições,

وَيُدْخِلُهُمُ ٱلْجَنَّةَ عَرَّفَهَا لَهُمْ ﴿٦﴾

6. Wayudkhiluhumul jannata 'arrafahá lahum
6. E os introduzirá no Paraíso, que lhes tem sido anunciado.

يَٰٓأَيُّهَا ٱلَّذِينَ ءَامَنُوٓا۟ إِن تَنصُرُوا۟ ٱللَّهَ يَنصُرْكُمْ وَيُثَبِّتْ أَقْدَامَكُمْ ﴿٧﴾

7. Yá ayyuhal lazína ámanú in tanssurúl-láha yanssurkum wayuçabbit aqdámakum
7. Ó crentes, se socorrerdes a Deus, Ele vos socorrerá e firmará os vossos passos.

وَٱلَّذِينَ كَفَرُوا۟ فَتَعْسًا لَّهُمْ وَأَضَلَّ أَعْمَٰلَهُمْ ﴿٨﴾

8. Wallazína kafarú fata'san lahum wa adhalla a'málahum
8. Enquanto que os incrédulos… ai deles! Ele desvanecerá as suas ações.

سُورَةُ مُحَمَّدٍ

Surat Mohammad

ذَٰلِكَ بِأَنَّهُمْ كَرِهُوا۟ مَآ أَنزَلَ ٱللَّهُ فَأَحْبَطَ أَعْمَٰلَهُمْ ﴿٩﴾

9. Zálika bi-annahum karihú ma anzalal-láhu fa ahbata a'málahum

9. Isso, por terem recusado o que Deus revelou; então, Ele tornará as suas obras sem efeito.

۞ أَفَلَمْ يَسِيرُوا۟ فِى ٱلْأَرْضِ فَيَنظُرُوا۟ كَيْفَ كَانَ عَٰقِبَةُ ٱلَّذِينَ مِن قَبْلِهِمْ ۖ دَمَّرَ ٱللَّهُ عَلَيْهِمْ ۖ وَلِلْكَٰفِرِينَ أَمْثَٰلُهَا ﴿١٠﴾

10. Afalam yasírú fil ardhi fayanzurú kayfa kána 'áquibatul lazína min qablihim dammaral-láhu 'alayhim wa lilkáfirína amçáluha

10. Porventura, não percorreram a Terra, para ver qual foi a sorte dos seus antecessores? Deus os exterminou! Semelhante sorte haverá para os incrédulos.

ذَٰلِكَ بِأَنَّ ٱللَّهَ مَوْلَى ٱلَّذِينَ ءَامَنُوا۟ وَأَنَّ ٱلْكَٰفِرِينَ لَا مَوْلَىٰ لَهُمْ ﴿١١﴾

11. Zálika bi-annal-láha maulal lazína ámanú wa annal káfirína lá maula lahum

11. (Tal não ocorrerá aos crentes) porque Deus é o protetor dos crentes, e os incrédulos jamais terão protetor algum.

إِنَّ ٱللَّهَ يُدْخِلُ ٱلَّذِينَ ءَامَنُوا۟ وَعَمِلُوا۟ ٱلصَّٰلِحَٰتِ جَنَّٰتٍ تَجْرِى مِن تَحْتِهَا ٱلْأَنْهَٰرُ ۖ وَٱلَّذِينَ كَفَرُوا۟ يَتَمَتَّعُونَ وَيَأْكُلُونَ كَمَا تَأْكُلُ ٱلْأَنْعَٰمُ وَٱلنَّارُ مَثْوًى لَّهُمْ ﴿١٢﴾

12. Innal-láha yudkhilul-lazína ámanú wa 'amilus sáliháti jannatin tajrí min tahtihal-an-háru wal-lazína kafarú yatamatta'una waya'kulúna kamá ta'kulul-an'ámu wannáru maçwan lahum

12. Em verdade, Deus introduzirá os crentes, que praticam o bem, em jardins, abaixo dos quais correm os rios; quanto aos incrédulos, que comem como come o gado, o Fogo lhes servirá de morada.

وَكَأَيِّن مِّن قَرْيَةٍ هِىَ أَشَدُّ قُوَّةً مِّن قَرْيَتِكَ ٱلَّتِىٓ أَخْرَجَتْكَ أَهْلَكْنَٰهُمْ فَلَا نَاصِرَ لَهُمْ ﴿١٣﴾

13. Wa káyyin min qaryatin hiya achaddu quwwatan min qaryatikal latí akhrajaaknáhum falá nássira lahum

13. E quantas cidades, mais poderosas do que a tua, que te expulsou, destruímos, sem que ninguém tivesse podido socorrê-las!

سُورَةُ مُحَمَّدٍ

Surat Mohammad

أَفَمَن كَانَ عَلَىٰ بَيِّنَةٍ مِّن رَّبِّهِۦ كَمَن زُيِّنَ لَهُۥ سُوٓءُ عَمَلِهِۦ وَٱتَّبَعُوٓاْ أَهْوَآءَهُم ﴿١٤﴾

14. Afaman kána 'alá bayyinatin min rabbihi kaman zuyyina lahú sú-u 'amalihi wat taba'ú ahwáahum

14. Porventura, aqueles que observam a evidência do seu Senhor poderão ser equiparados àqueles cujas ações foram abrilhantadas e que se entregaram às suas luxúrias?

مَّثَلُ ٱلْجَنَّةِ ٱلَّتِى وُعِدَ ٱلْمُتَّقُونَ ۖ فِيهَآ أَنْهَٰرٌ مِّن مَّآءٍ غَيْرِ ءَاسِنٍ وَأَنْهَٰرٌ مِّن لَّبَنٍ لَّمْ يَتَغَيَّرْ طَعْمُهُۥ
وَأَنْهَٰرٌ مِّنْ خَمْرٍ لَّذَّةٍ لِّلشَّٰرِبِينَ وَأَنْهَٰرٌ مِّنْ عَسَلٍ مُّصَفًّى ۖ وَلَهُمْ فِيهَا مِن كُلِّ ٱلثَّمَرَٰتِ وَمَغْفِرَةٌ
مِّن رَّبِّهِمْ ۖ كَمَنْ هُوَ خَٰلِدٌ فِى ٱلنَّارِ وَسُقُواْ مَآءً حَمِيمًا فَقَطَّعَ أَمْعَآءَهُمْ ﴿١٥﴾

15. Maçalul jannatil latí wu'idal muttaqúna fíha anhárun min má-in ghayri ássinin wa anhárun min labanin lam yataghayyar ta'muhú wa anhárun min khamrin lazzatin lichcháribína wa an-hárun min 'assalin mussaffan walahum fíha min kullis çamaráti wa maghfiratun min rabbihim kaman huwa khálidun fín nári wa súqú máan hamíman faqatta'a am'áahum

15. Eis aqui uma descrição do Paraíso que foi prometido aos tementes: Lá há rios de água impoluível; rios de leite de sabor inalterável; rios de vinho deleitante para os que o bebem; e rios de mel purificado; ali terão toda a classe de frutos, com a indulgência do seu Senhor. Poderá isto equiparar-se ao castigo daqueles que permanecerão eternamente no fogo, a quem será dado a beber água fervente, a qual lhes dilacerará as entranhas?

وَمِنْهُم مَّن يَسْتَمِعُ إِلَيْكَ حَتَّىٰٓ إِذَا خَرَجُواْ مِنْ عِندِكَ قَالُواْ لِلَّذِينَ أُوتُواْ ٱلْعِلْمَ مَاذَا قَالَ
ءَانِفًا ۚ أُوْلَٰٓئِكَ ٱلَّذِينَ طَبَعَ ٱللَّهُ عَلَىٰ قُلُوبِهِمْ وَٱتَّبَعُوٓاْ أَهْوَآءَهُمْ ﴿١٦﴾

16. Waminhum man yastami'u ilayka hatta izá kharajú min 'indika qálú lillazína útúl 'ilma mázá qála ánifan úlá-ikal-lazína taba'al-láhu 'alá qulúbihim wat taba'ú ahwáahum

16. E entre eles, há os que te escutam e, ao se retirarem da tua assembleia, dizem, àqueles que foram agraciados com a sabedoria: Que é que foi dito agora? Tais são os que têm os seus corações sigilados por Deus, porque se entregam às suas luxúrias!

سُورَةُ مُحَمَّدٍ

Surat Mohammad

وَٱلَّذِينَ ٱهۡتَدَوۡاْ زَادَهُمۡ هُدٗى وَءَاتَىٰهُمۡ تَقۡوَىٰهُمۡ ١٧

17. Wallazína ihtadau zádahum hudan wa atáhum taqwáhum

17. Por outra, quanto àqueles que se orientam, Ele lhes aumenta a orientação e lhes concede piedade.

فَهَلۡ يَنظُرُونَ إِلَّا ٱلسَّاعَةَ أَن تَأۡتِيَهُم بَغۡتَةٗۖ فَقَدۡ جَآءَ أَشۡرَاطُهَاۚ فَأَنَّىٰ لَهُمۡ
إِذَا جَآءَتۡهُمۡ ذِكۡرَىٰهُمۡ ١٨

18. Fahal yanzurúna illas sá'ata an ta'tiyahum baghtatan faqad já-a achrátuha fa anna hum izá jáat-hum zikráhum

18. Porventura, aguardam (os incrédulos) algo, a não ser a Hora, que os açoitará subitamente? Já lhes chegaram os indícios. De que lhes servirá o ser-lhes recordado aquilo que os surpreenderá?

فَٱعۡلَمۡ أَنَّهُۥ لَآ إِلَٰهَ إِلَّا ٱللَّهُ وَٱسۡتَغۡفِرۡ لِذَنۢبِكَ وَلِلۡمُؤۡمِنِينَ وَٱلۡمُؤۡمِنَٰتِۗ وَٱللَّهُ
يَعۡلَمُ مُتَقَلَّبَكُمۡ وَمَثۡوَىٰكُمۡ ١٩

19. Fa'lam annahu lá iláha illal-láhu wastaghfir lizanbika walilmu'minína walmu'minàti wal-láhu ya'lamu mutaqallabakum wa maçwákum

19. Conscientiza-te, portanto, que não há mais divindade, além de Deus, e implora o perdão das tuas faltas, assim como das dos crentes e das crentes, porque Deus conhece as vossas atividades e os vossos destinos.

وَيَقُولُ ٱلَّذِينَ ءَامَنُواْ لَوۡلَا نُزِّلَتۡ سُورَةٞۖ فَإِذَآ أُنزِلَتۡ سُورَةٞ مُّحۡكَمَةٞ وَذُكِرَ فِيهَا
ٱلۡقِتَالُ رَأَيۡتَ ٱلَّذِينَ فِي قُلُوبِهِم مَّرَضٞ يَنظُرُونَ إِلَيۡكَ نَظَرَ ٱلۡمَغۡشِيِّ عَلَيۡهِ مِنَ
ٱلۡمَوۡتِۖ فَأَوۡلَىٰ لَهُمۡ ٢٠

20. Wayaqúlul lazína ámanú laulá nuzzilat súratun fa-iza únzilat súratun muhkamatun wazukira fíhal qitálu ra'aytal lazína fí qulúbihim maradun yanzurúna ilayka nazaral maghchiyyi 'alayhi minal mauti fa aulá lahum

20. Os crentes dizem: Por que não nos foi revelada uma surata? Porém, quando é revelada uma surata peremptória, em que se menciona o combate, tu vês os que

abrigam a enfermidade em seus corações, que te olham com olhares de quem está na agonia da morte. Seria melhor para eles.

طَاعَةٌ وَقَوْلٌ مَّعْرُوفٌ ۚ فَإِذَا عَزَمَ ٱلْأَمْرُ فَلَوْ صَدَقُوا۟ ٱللَّهَ لَكَانَ خَيْرًا
لَّهُمْ ﴿٢١﴾

21. Tá'atun waqaulun ma'rúfun fa-izá 'azamal-amru falau sadaqúl láha lakana khayran lahum

21. Obedecerem e falarem o que é justo, no momento decisivo, quão melhor seria, para eles, se fossem sinceros para com Deus!

فَهَلْ عَسَيْتُمْ إِن تَوَلَّيْتُمْ أَن تُفْسِدُوا۟ فِى ٱلْأَرْضِ وَتُقَطِّعُوٓا۟ أَرْحَامَكُمْ ﴿٢٢﴾

22. Fahal 'assaytum in tauallaytum an tufsidú fil-ardi watuqatti'u arhámakum

22. É possível que, ao assumirdes a autoridade, causeis corrupção na Terra e que rompais os vínculos consanguíneos.

أُو۟لَٰٓئِكَ ٱلَّذِينَ لَعَنَهُمُ ٱللَّهُ فَأَصَمَّهُمْ وَأَعْمَىٰٓ أَبْصَٰرَهُمْ ﴿٢٣﴾

23. Ulá-ikal lazína la'anahumul láhu fa assammahum wa a'má abssárahum

23. Tais são aqueles que Deus amaldiçoou, ensurdecendo-os e cegando-lhes as vistas.

أَفَلَا يَتَدَبَّرُونَ ٱلْقُرْءَانَ أَمْ عَلَىٰ قُلُوبٍ أَقْفَالُهَآ ﴿٢٤﴾

24. Afala yatadabbarúnal qur-ána am 'alá qulúbin aqfáluha

24. Não meditam, acaso, no Alcorão, ou é que seus corações são insensíveis?

إِنَّ ٱلَّذِينَ ٱرْتَدُّوا۟ عَلَىٰٓ أَدْبَٰرِهِم مِّنۢ بَعْدِ مَا تَبَيَّنَ لَهُمُ ٱلْهُدَى ۙ ٱلشَّيْطَٰنُ سَوَّلَ
لَهُمْ وَأَمْلَىٰ لَهُمْ ﴿٢٥﴾

25. Innal lazína irtaddú 'alá adbárihim min ba'di má tabayyana lahumul hudá alchchaytanu sauwala lahum wa amlá lahum

25. Certamente, aqueles que renunciaram à fé, depois de lhes haver sido evidenciada a orientação, foram seduzidos, e lhes foi dada esperança pelo demônio.

سُورَةُ مُحَمَّدٍ

Surat Mohammad

ذَٰلِكَ بِأَنَّهُمۡ قَالُواْ لِلَّذِينَ كَرِهُواْ مَا نَزَّلَ ٱللَّهُ سَنُطِيعُكُمۡ فِي بَعۡضِ
ٱلۡأَمۡرِۖ وَٱللَّهُ يَعۡلَمُ إِسۡرَارَهُمۡ ﴿٢٦﴾

26. Zálika bi-annahum qálú lillazína karihú ma nazzalal láhu sanutí'ukum fí ba'dil-amri wal-láhu ya1lamu isrárahum

26. Isso, porque disseram àqueles que recusaram o que Deus revelou: Obedecer-vos-emos em certas coisas! Porém, Deus conhece os seus segredos.

فَكَيۡفَ إِذَا تَوَفَّتۡهُمُ ٱلۡمَلَٰٓئِكَةُ يَضۡرِبُونَ وُجُوهَهُمۡ وَأَدۡبَٰرَهُمۡ ﴿٢٧﴾

27. Fakayfa izá tauaffat-humul malá-ikatu yadribúna wujúhahum wa adbárahum

27. Assim, o que farão, quando os anjos se apossarem das suas almas e lhes golpearem os rostos e as costas?

ذَٰلِكَ بِأَنَّهُمُ ٱتَّبَعُواْ مَآ أَسۡخَطَ ٱللَّهَ وَكَرِهُواْ رِضۡوَٰنَهُۥ فَأَحۡبَطَ
أَعۡمَٰلَهُمۡ ﴿٢٨﴾

28. Zálika bi-annahumu ittaba'ú ma askhatal láha wakarihú ridwanahu fa ahbata a'malahum

28. Isso, porque se entregaram ao que indignava a Deus, e recusaram o que Lhe agradava; por isso, Ele lhes tornou sem efeito as obras.

أَمۡ حَسِبَ ٱلَّذِينَ فِي قُلُوبِهِم مَّرَضٌ أَن لَّن يُخۡرِجَ ٱللَّهُ أَضۡغَٰنَهُمۡ ﴿٢٩﴾

29. Am hasiba allathína fí quloobihim maradun an lan yukhrija Allahu adghanahum

29. Pensam, acaso, aqueles que abrigam a enfermidade em seus corações, que Deus não descobrirá os seus rancores?

وَلَوۡ نَشَآءُ لَأَرَيۡنَٰكَهُمۡ فَلَعَرَفۡتَهُم بِسِيمَٰهُمۡۚ وَلَتَعۡرِفَنَّهُمۡ فِي لَحۡنِ ٱلۡقَوۡلِۚ وَٱللَّهُ يَعۡلَمُ
أَعۡمَٰلَكُمۡ ﴿٣٠﴾

30. Walau nachá-u La araynakahum fala'araftahum bissímahum walata'rifannahum fí lahnil qauli walláhu ya'lamu a'malakum

سُورَةُ مُحَمَّدٍ

Surat Mohammad

30. E, se quiséssemos, ter-tos-íamos mostrado, mas tu os conhecerás por suas fisionomias. Sem dúvida que os reconhecerás pelo modo de falarem! E Deus conhece as vossas ações.

وَلَنَبْلُوَنَّكُمْ حَتَّىٰ نَعْلَمَ ٱلْمُجَٰهِدِينَ مِنكُمْ وَٱلصَّٰبِرِينَ وَنَبْلُوَا۟ أَخْبَارَكُمْ ﴿٣١﴾

31. Walanabluwannakum hatta na'lamal mujáhidina minkum wassábirína wanabluwa akhbárakum

31. Sabei que vos provaremos, para certificar-Nos de quem são os combatentes e perseverantes, dentre vós, e para testaremos a vossa reputação.

إِنَّ ٱلَّذِينَ كَفَرُوا۟ وَصَدُّوا۟ عَن سَبِيلِ ٱللَّهِ وَشَآقُّوا۟ ٱلرَّسُولَ مِنۢ بَعْدِ مَا تَبَيَّنَ لَهُمُ ٱلْهُدَىٰ
لَن يَضُرُّوا۟ ٱللَّهَ شَيْـًٔا وَسَيُحْبِطُ أَعْمَٰلَهُمْ ﴿٣٢﴾

32. Innal lazína kafarú wassaddú 'an sabílil-láhi wa cháqqúr rassúla min ba'di má tabayyana lahumul hudá lan yadhurrúl-láha chay-an wa sayuhbitu a'malahum

32. Em verdade, os incrédulos, que desencaminham os demais da senda de Deus e contrariam o Mensageiro, depois de lhes ser evidenciada a orientação, em nada prejudicarão Deus, que lhes tornará as obras sem efeito.

۞ يَٰٓأَيُّهَا ٱلَّذِينَ ءَامَنُوٓا۟ أَطِيعُوا۟ ٱللَّهَ وَأَطِيعُوا۟ ٱلرَّسُولَ وَلَا تُبْطِلُوٓا۟ أَعْمَٰلَكُمْ ﴿٣٣﴾

33, Ya ayyuhal lazína ámanú atí'úl-láha wa atiuúr rassúla wala tubtilú a'malakum

33. Ó crentes, obedecei a Deus e ao Mensageiro, e não desmereçais as vossas ações.

إِنَّ ٱلَّذِينَ كَفَرُوا۟ وَصَدُّوا۟ عَن سَبِيلِ ٱللَّهِ ثُمَّ مَاتُوا۟ وَهُمْ كُفَّارٌ فَلَن يَغْفِرَ ٱللَّهُ لَهُمْ ﴿٣٤﴾

34. Innal lazína kafarú wa saddú 'an sabílil-láhi çumma mátú wahum kuffarun falan yaghfiral-láhu lahum

34. Em verdade, quanto aos incrédulos, que desencaminham os demais da senda de Deus e morrem na incredulidade, Deus jamais os perdoará.

فَلَا تَهِنُوا۟ وَتَدْعُوٓا۟ إِلَى ٱلسَّلْمِ وَأَنتُمُ ٱلْأَعْلَوْنَ وَٱللَّهُ مَعَكُمْ وَلَن يَتِرَكُمْ أَعْمَٰلَكُمْ ﴿٣٥﴾

35. Fala tahinú watadaú ilas salmi wa antumul-a'launa wal-láhu ma'akum walan yatírakum a'malakum

سُورَةُ مُحَمَّدٍ

Surat Mohammad

35. Não fraquejeis (ó crentes), pedindo a paz, quando sois superiores; sabei que Deus está convosco e jamais defraudará as vossas ações.

إِنَّمَا ٱلْحَيَوٰةُ ٱلدُّنْيَا لَعِبٌ وَلَهْوٌ ۚ وَإِن تُؤْمِنُوا۟ وَتَتَّقُوا۟ يُؤْتِكُمْ أُجُورَكُمْ وَلَا يَسْـَٔلْكُمْ
أَمْوَٰلَكُمْ ٣٦

36. Innamal hayatuld dunyá la'ibun walahwun wa-in tu'minú watattaqú yu'tikum ujúrakum wala yas-alkum amwálakum

36. A vida terrena é apenas jogo e diversão. Porém, se crerdes e fordes tementes, Deus vos concederá as vossas recompensas, sem nada vos exigir dos vossos bens.

إِن يَسْـَٔلْكُمُوهَا فَيُحْفِكُمْ تَبْخَلُوا۟ وَيُخْرِجْ أَضْغَٰنَكُمْ ٣٧

37. In yas-alkumúha fayuhfikum tabkhalú wayukhrij adghánakum

37. Porque, se vo-lo pedisse ou vo-lo exigisse, negá-los-íeis então, revelando assim os vossos rancores.

هَٰٓأَنتُمْ هَٰٓؤُلَآءِ تُدْعَوْنَ لِتُنفِقُوا۟ فِى سَبِيلِ ٱللَّهِ فَمِنكُم مَّن يَبْخَلُ ۖ وَمَن يَبْخَلْ
فَإِنَّمَا يَبْخَلُ عَن نَّفْسِهِۦ ۚ وَٱللَّهُ ٱلْغَنِىُّ وَأَنتُمُ ٱلْفُقَرَآءُ ۚ وَإِن تَتَوَلَّوْا۟ يَسْتَبْدِلْ قَوْمًا
غَيْرَكُمْ يَكُونُوٓا۟ أَمْثَٰلَكُم ٣٨

38. Há antum há-ula-i tud'auna litunfiqú fí sabílil-láhi faminkum man yabkhalu waman yabkhal fa-innama yabkhalu 'an nafsihi wal-lahul ghaniyyu wa antumul fuqará-u wa-in tataualllau yastabdil qauman ghayrakum çumma la yakúnú amçálakum.

38. Eis, então, que sois convidados a contribuir na causa de Deus. Porém, entre vós, há aqueles que mesquinham; mas quem mesquinha certamente o faz em detrimento próprio; sabei que Deus é, por Si, Opulento, enquanto que vós sois pobres. E se recusardes (contribuir), suplantar-vos-á por outro povo, que não será como vós

سُورَةُ الفَتْح

Surat Al Fath

Surat 48. *Al Fath* revelada em Madina, 29 versículos, foi revelada quando do regresso de Hudaibiya

بِسْمِ اللَّهِ الرَّحْمَٰنِ الرَّحِيمِ

Bismilláhir Rah̲mánir Rah̲ím

Em nome de Deus, o Clemente, o Misericordioso

إِنَّا فَتَحْنَا لَكَ فَتْحًا مُّبِينًا ﴿١﴾

1. Inná fatah̲ná laka fat-h̲an mubína

1. Em verdade concedemos-te um evidente triunfo,

لِّيَغْفِرَ لَكَ اللَّهُ مَا تَقَدَّمَ مِن ذَنۢبِكَ وَمَا تَأَخَّرَ وَيُتِمَّ نِعْمَتَهُۥ عَلَيْكَ وَيَهْدِيَكَ صِرَٰطًا مُّسْتَقِيمًا ﴿٢﴾

2. Liyaghfira lakal-láhu má taqaddama min zanbika wama ta akhkhara wa yutimmá ni'matahu 'alayka wa yahdiyaka sirátan mustaqíma

2. Para que Deus perdoe as tuas faltas, passadas e futuras, agraciando-te e guiando-te pela senda reta,

وَيَنصُرَكَ اللَّهُ نَصْرًا عَزِيزًا ﴿٣﴾

3. Wayanssurakal-láhu nasran 'azíza

3. E para que Deus te secunde poderosamente.

هُوَ الَّذِىٓ أَنزَلَ السَّكِينَةَ فِى قُلُوبِ الْمُؤْمِنِينَ لِيَزْدَادُوٓا إِيمَٰنًا مَّعَ إِيمَٰنِهِمْ ۗ وَلِلَّهِ جُنُودُ السَّمَٰوَٰتِ وَالْأَرْضِ ۚ وَكَانَ اللَّهُ عَلِيمًا حَكِيمًا ﴿٤﴾

4. Huwal lazí anzalas sakínata fí qulúbil mu'minína liyazdádú ímanan ma'a ímánihim walil-láhi junúdus samáwáti wa al-ardhi wakánal-láhu 'Alíman H̲akíma

4. Ele foi Quem infundiu o sossego nos corações dos crentes para acrescentar fé à sua fé. A Deus pertencem os exércitos dos Céus e da Terra, porque Deus é Prudente, Sapientíssimo.

سُورَةُ الفَتْح

Surat Al Fath

لِّيُدْخِلَ ٱلْمُؤْمِنِينَ وَٱلْمُؤْمِنَٰتِ جَنَّٰتٍ تَجْرِى مِن تَحْتِهَا ٱلْأَنْهَٰرُ خَٰلِدِينَ فِيهَا وَيُكَفِّرَ عَنْهُمْ
سَيِّـَٔاتِهِمْ ۚ وَكَانَ ذَٰلِكَ عِندَ ٱللَّهِ فَوْزًا عَظِيمًا ﴿٥﴾

5. Liyudkhilal mu'minína wal mu'minati jannatin tajrí min tahtihal-anháru khálidína fihá wayukaffira 'anhum sayyi-átihim wakána zálika 'indal-láhi fauzan 'azíma

5. (Isso) para introduzir os crentes e as crentes em jardins, abaixo dos quais correm os rios, onde morarão eternamente, bem como absolver-lhes as faltas, porque é uma magnífica conquista (para o homem) ante Deus,

وَيُعَذِّبَ ٱلْمُنَٰفِقِينَ وَٱلْمُنَٰفِقَٰتِ وَٱلْمُشْرِكِينَ وَٱلْمُشْرِكَٰتِ ٱلظَّآنِّينَ بِٱللَّهِ ظَنَّ
ٱلسَّوْءِ ۚ عَلَيْهِمْ دَآئِرَةُ ٱلسَّوْءِ ۖ وَغَضِبَ ٱللَّهُ عَلَيْهِمْ وَلَعَنَهُمْ وَأَعَدَّ لَهُمْ جَهَنَّمَ ۖ وَسَآءَتْ
مَصِيرًا ﴿٦﴾

6. Wayu'azzibal munáfiquína wal munáfiqáti wal muchrikína wal muchrikátiz zánnína billáhi zannas sau-i 'alayhim dá-iratus sau-i waghadhibal-láhu 'alayhim wa la'anahum wa a'adda lahum jahannama wa sá'at massíra

6. E castigar os hipócritas e as hipócritas, os idólatras e as idólatras que pensam mal a respeito de Deus. Neles há uma porção de mal! Deus os abominará, amaldiçoá-los-á e lhes destinará o inferno. Que péssimo destino!

وَلِلَّهِ جُنُودُ ٱلسَّمَٰوَٰتِ وَٱلْأَرْضِ ۚ وَكَانَ ٱللَّهُ عَزِيزًا حَكِيمًا ﴿٧﴾

7. Walillahi junúdus samáwáti wal-ardhi wakánal-láhu 'Azízan Hakíma

7. A Deus pertencem os exércitos dos Céus e da Terra, porque Deus é Poderoso, Prudentíssimo.

إِنَّآ أَرْسَلْنَٰكَ شَٰهِدًا وَمُبَشِّرًا وَنَذِيرًا ﴿٨﴾

8. Inná arsalnáka cháhidan wamubachchiran wanazíra

8. Em verdade, enviamos-te por testemunha, alvissareiro e admoestador,

لِّتُؤْمِنُوا۟ بِٱللَّهِ وَرَسُولِهِۦ وَتُعَزِّرُوهُ وَتُوَقِّرُوهُ وَتُسَبِّحُوهُ بُكْرَةً وَأَصِيلًا ﴿٩﴾

سُورَةُ الفَتْحِ

Surat Al Fath

9. Litu'minú bil-láhi wa rassúlihi wa tu'azzirúhu wa tuwaqqirúhu wa tusabbihúu bukratan wa assíla

9. Para que creiais (ó humanos) em Deus e no Seu Mensageiro, socorrendo-o, honrando este e glorificando-O (Deus), pela manhã e à tarde.

إِنَّ ٱلَّذِينَ يُبَايِعُونَكَ إِنَّمَا يُبَايِعُونَ ٱللَّهَ يَدُ ٱللَّهِ فَوْقَ أَيْدِيهِمْ ۚ فَمَن نَّكَثَ فَإِنَّمَا
يَنكُثُ عَلَىٰ نَفْسِهِۦ ۖ وَمَنْ أَوْفَىٰ بِمَا عَٰهَدَ عَلَيْهُ ٱللَّهَ فَسَيُؤْتِيهِ أَجْرًا عَظِيمًا ﴿١٠﴾

10. Innal lazína yubáyi'únaka innamá yubayi'únal-láha yadul-láhi fauqa aydíhim faman nakaça fa-innamá yankuçu 'alá nafsihi waman aufá bimá 'áhada 'alayhul-láha fasayu'tíhi ajran 'azím

10. Em verdade, aqueles que te juram fidelidade, juram fidelidade a Deus. A Mão de Deus está sobre as suas mãos; porém, quem perjurar, perjurará em prejuízo próprio. Quanto àquele que cumprir o pacto com Deus, Ele lhe concederá uma magnífica recompensa.

سَيَقُولُ لَكَ ٱلْمُخَلَّفُونَ مِنَ ٱلْأَعْرَابِ شَغَلَتْنَآ أَمْوَٰلُنَا وَأَهْلُونَا فَٱسْتَغْفِرْ لَنَا ۚ
يَقُولُونَ بِأَلْسِنَتِهِم مَّا لَيْسَ فِى قُلُوبِهِمْ ۚ قُلْ فَمَن يَمْلِكُ لَكُم مِّنَ ٱللَّهِ شَيْـًٔا إِنْ
أَرَادَ بِكُمْ ضَرًّا أَوْ أَرَادَ بِكُمْ نَفْعًۢا ۚ بَلْ كَانَ ٱللَّهُ بِمَا تَعْمَلُونَ خَبِيرًۢا ﴿١١﴾

11. Sayaqúlu lakal mukhallafúna minal a'rabi chaghalatna amwáluna a wahlúna fastaghfir laná yaqúlúna bi-alsinatihim má laysa fí qulúbihim qul faman yamliku lakum minal-láhi chay-an in arada bikum darran au arada bikum naf'á bal kanal láhu bima ta'malúna khabirá

11. Os que ficaram para trás, dentre os beduínos, dir-te-ão: Estávamos empenhados em (proteger) os nossos bens e as nossas famílias; implora a Deus para que nos perdoe! Dizem, com suas línguas, o que os seus corações não sentem. Dize-lhes: Quem poderia defender-vos de Deus, se Ele quisesse prejudicar-vos ou beneficiar-vos? Porém, Deus está inteirado de tudo quanto fazeis.

بَلْ ظَنَنتُمْ أَن لَّن يَنقَلِبَ ٱلرَّسُولُ وَٱلْمُؤْمِنُونَ إِلَىٰٓ أَهْلِيهِمْ أَبَدًا وَزُيِّنَ ذَٰلِكَ فِى قُلُوبِكُمْ
وَظَنَنتُمْ ظَنَّ ٱلسَّوْءِ وَكُنتُمْ قَوْمًۢا بُورًا ﴿١٢﴾

سُورَةُ الفَتْح

Surat Al Fath

12. Bal zanantum an lan yanqalibar rassúlu wal mu'minúna ilá ahlíhim abadan wa zuyyina zálika fí qulúbikum wa zanantum zannas sau-i wakuntum qauman búra

12. Qual! Imagináveis que o Mensageiro e os crentes jamais voltariam às suas famílias; tal pensamento desenvolvia-se nos vossos corações! E pensáveis maldosamente, porque sois um povo desventurado.

وَمَن لَّمْ يُؤْمِنۢ بِٱللَّهِ وَرَسُولِهِۦ فَإِنَّآ أَعْتَدْنَا لِلْكَٰفِرِينَ سَعِيرًا ﴿١٣﴾

13. Waman lam yu'min bil-láhi wa rassúlihi fa-inna a'tadná lilkáfirína sa'ira

13. E há aqueles que não creem em Deus e em Seu Mensageiro! Certamente temos destinado, para os incrédulos, o fogo abrasador.

وَلِلَّهِ مُلْكُ ٱلسَّمَٰوَٰتِ وَٱلْأَرْضِ ۚ يَغْفِرُ لِمَن يَشَآءُ وَيُعَذِّبُ مَن يَشَآءُ ۚ وَكَانَ
ٱللَّهُ غَفُورًا رَّحِيمًا ﴿١٤﴾

14. Walilláhi mulkus samáwáti wal-ardhi yaghfiru liman yachá-u wa yu'azzibu man yachá-u wakánal-láhu ghafúran rahímá

14. A Deus pertence o reino dos Céus e da Terra. Ele perdoa quem quer e castiga quem Lhe apraz; sabei que Deus é Indulgente, Misericordiosíssimo.

سَيَقُولُ ٱلْمُخَلَّفُونَ إِذَا ٱنطَلَقْتُمْ إِلَىٰ مَغَانِمَ لِتَأْخُذُوهَا ذَرُونَا نَتَّبِعْكُمْ ۖ
يُرِيدُونَ أَن يُبَدِّلُوا۟ كَلَٰمَ ٱللَّهِ ۚ قُل لَّن تَتَّبِعُونَا كَذَٰلِكُمْ قَالَ ٱللَّهُ مِن
قَبْلُ ۖ فَسَيَقُولُونَ بَلْ تَحْسُدُونَنَا ۚ بَلْ كَانُوا۟ لَا يَفْقَهُونَ إِلَّا قَلِيلًا ﴿١٥﴾

15. Sayaqúlul mukhallafuna izá intalaqtum ilá maghánima lita'khuzúhá zaruná nattabi'kum yuríduna an yubaddilú kalámal-láhi qul lan tattabi'úna kazálikum qálal láhu min qablu fasayaqúlúna bal tahsudúnana bal kánú la yafqahúna illá qalílá

15. Os que ficarem para trás, quando marchardes para vos apoderardes dos despojos (da guerra), vos dirão: Permiti que vos sigamos! Pretendem trocar as palavras de Deus. Dize-lhes: Jamais nos seguireis, porque Deus já havia declarado (isso) antes. Então vos dirão: Não! É porque nos invejais. Qual! É que não compreendem, senão poucos.

سُورَةُ الفَتْح

Surat Al Fath

قُلْ لِلْمُخَلَّفِينَ مِنَ الْأَعْرَابِ سَتُدْعَوْنَ إِلَىٰ قَوْمٍ أُولِي بَأْسٍ شَدِيدٍ تُقَاتِلُونَهُمْ أَوْ يُسْلِمُونَ ۖ
فَإِنْ تُطِيعُوا يُؤْتِكُمُ اللَّهُ أَجْرًا حَسَنًا ۖ وَإِنْ تَتَوَلَّوْا كَمَا تَوَلَّيْتُمْ مِنْ قَبْلُ يُعَذِّبْكُمْ عَذَابًا
أَلِيمًا ﴿١٦﴾

16. Qul lilmukhallafína minal-a'rábi satud'auna ilá qaumin úlí ba''ssin chadídin tuqátilúnahum au yuslimúna fa-in tutí'ú yu'tikumul láhu ajran hasanan wa-in tatauallau kamá tauallaytum min qablu yu'azzibkum 'azában alíma

16. Dize aos que ficaram para trás, dentre os beduínos: Sereis convocados para enfrentar-vos com um povo dado à guerra; então, ou vós os combatereis ou eles se submeterão. E se obedecerdes, Deus vos concederá uma magnífica recompensa; por outra, se vos recusardes, como fizestes anteriormente, Ele vos castigará dolorosamente.

لَيْسَ عَلَى الْأَعْمَىٰ حَرَجٌ وَلَا عَلَى الْأَعْرَجِ حَرَجٌ وَلَا عَلَى الْمَرِيضِ حَرَجٌ ۗ وَمَنْ يُطِعِ اللَّهَ
وَرَسُولَهُ يُدْخِلْهُ جَنَّاتٍ تَجْرِي مِنْ تَحْتِهَا الْأَنْهَارُ ۖ وَمَنْ يَتَوَلَّ يُعَذِّبْهُ عَذَابًا أَلِيمًا ﴿١٧﴾

17. Laysa 'alál-a'má harajun walá 'alál-a'raji harajun walá 'alál marídi harajun waman yuti'il-láha wa rassúlahu yudkhilhu jannatin tajrí min tahtihal-anháru wa man yataualla yu'azzibhu 'azában alíma

17. Não terão culpa o cego, o coxo, o enfermo. Quanto àquele que obedecer a Deus e ao Seu Mensageiro, Ele o introduzirá em jardins, abaixo dos quais correm os rios; por outra, quem desdenhar, será castigado dolorosamente.

۞ لَقَدْ رَضِيَ اللَّهُ عَنِ الْمُؤْمِنِينَ إِذْ يُبَايِعُونَكَ تَحْتَ الشَّجَرَةِ فَعَلِمَ مَا فِي قُلُوبِهِمْ فَأَنْزَلَ
السَّكِينَةَ عَلَيْهِمْ وَأَثَابَهُمْ فَتْحًا قَرِيبًا ﴿١٨﴾

18. Laqad radhiyal-láhu 'anilmu'minína iz yubáyi'únaka tahtach chajarati fa'alima má fí qulúbihim fa anzalas sakinata 'alayhim wa açábahum fat-han qaríba

18. Deus Se congratulou com os crentes que te juraram fidelidade, debaixo da árvore. Bem sabia quanto encerravam os seus corações e, por isso, infundiu-lhes o sossego e os recompensou com um triunfo imediato,

سُورَةُ الفَتْح

Surat Al Fath

وَمَغَانِمَ كَثِيرَةً يَأْخُذُونَهَا ۗ وَكَانَ ٱللَّهُ عَزِيزًا حَكِيمًا ﴿١٩﴾

19. Wamaghánima kacíratan ya'khuzúnaha wakánal láhu 'azízan hakíma

19. Bem como com muitos ganhos que obtiveram, porque Deus é Poderoso, Prudentíssimo.

وَعَدَكُمُ ٱللَّهُ مَغَانِمَ كَثِيرَةً تَأْخُذُونَهَا فَعَجَّلَ لَكُمْ هَٰذِهِۦ وَكَفَّ أَيْدِيَ ٱلنَّاسِ عَنكُمْ
وَلِتَكُونَ ءَايَةً لِّلْمُؤْمِنِينَ وَيَهْدِيَكُمْ صِرَٰطًا مُّسْتَقِيمًا ﴿٢٠﴾

20. Wa'adakumul-láhu maghánima kacíratan ta'khuzúnahá fa'ajjala lakum házihi wakaffá aydiyan nássi 'ankum walitakúna áyatan lilmu'minína wa yahdiyakum sirátan mustaquíma

20. Deus vos prometeu muitos ganhos, que obtereis; ainda mais, adiantou-vos estes e conteve as mãos dos homens, para que isso fosse um sinal para os crentes e para guiar-vos para uma senda reta.

وَأُخْرَىٰ لَمْ تَقْدِرُوا۟ عَلَيْهَا قَدْ أَحَاطَ ٱللَّهُ بِهَا ۚ وَكَانَ ٱللَّهُ عَلَىٰ كُلِّ شَىْءٍ قَدِيرًا ﴿٢١﴾

21. Wa úkhrá lam taqdirú 'alayhá qad ahátal-láhu bihá wakánal-lahu 'alá kulli chay-in qadírá

21. E outros ganhos que não pudestes conseguir, Deus os conseguiu, e Deus é Onipotente.

وَلَوْ قَٰتَلَكُمُ ٱلَّذِينَ كَفَرُوا۟ لَوَلَّوُا۟ ٱلْأَدْبَٰرَ ثُمَّ لَا يَجِدُونَ وَلِيًّا وَلَا نَصِيرًا ﴿٢٢﴾

22. Walau qátalakumul lazína kafarú lauallauúl-adbara çumma lá yajidúna waliyyan walá nassíra

22. E ainda que os incrédulos vos combatessem, certamente debandariam, pois não achariam protetor nem defensor.

سُنَّةَ ٱللَّهِ ٱلَّتِى قَدْ خَلَتْ مِن قَبْلُ ۖ وَلَن تَجِدَ لِسُنَّةِ ٱللَّهِ تَبْدِيلًا ﴿٢٣﴾

23. Sunnatal láhil latí qad khalat min qablu walan tajida lisunnatil láhi tabdílá

23. Tal foi a lei de Deus no passado; jamais acharás mudanças na lei de Deus.

سُورَةُ الفَتْح

Surat Al Fath

وَهُوَ ٱلَّذِى كَفَّ أَيْدِيَهُمْ عَنكُمْ وَأَيْدِيَكُمْ عَنْهُم بِبَطْنِ مَكَّةَ مِنۢ بَعْدِ أَنْ أَظْفَرَكُمْ عَلَيْهِمْ ۚ
وَكَانَ ٱللَّهُ بِمَا تَعْمَلُونَ بَصِيرًا ﴿٢٤﴾

24. *Wahuwal lazí kaffa aydiyahum 'ankum wa aydiyakum 'anhum bibatni makkata min ba'di an azfarakum 'alayhim wakánal láhu bimá ta'malúna bassíra*

24. Ele foi Quem conteve as mãos deles, do mesmo modo como conteve as vossas mãos no centro de Makka, depois de vos ter feito prevalecer sobre eles; sabei que Deus bem vê tudo quanto fazeis.

هُمُ ٱلَّذِينَ كَفَرُوا۟ وَصَدُّوكُمْ عَنِ ٱلْمَسْجِدِ ٱلْحَرَامِ وَٱلْهَدْىَ مَعْكُوفًا أَن يَبْلُغَ مَحِلَّهُۥ ۚ
وَلَوْلَا رِجَالٌ مُّؤْمِنُونَ وَنِسَآءٌ مُّؤْمِنَٰتٌ لَّمْ تَعْلَمُوهُمْ أَن تَطَـُٔوهُمْ فَتُصِيبَكُم مِّنْهُم مَّعَرَّةٌۢ
بِغَيْرِ عِلْمٍ ۖ لِّيُدْخِلَ ٱللَّهُ فِى رَحْمَتِهِۦ مَن يَشَآءُ ۚ لَوْ تَزَيَّلُوا۟ لَعَذَّبْنَا ٱلَّذِينَ كَفَرُوا۟ مِنْهُمْ
عَذَابًا أَلِيمًا ﴿٢٥﴾

25. *Humul lazína kafarú wa saddúkum 'anil masjidil harámi wal hadá ma'kúfan an yablugha mahillahu walaulá rijálun mu'minúna wanissáon mu'minátun lam ta'lamúhum an tataúahum fatussíbakum min-hum ma'arratun bighayri 'ilmin liyudkhilal láhu fí rahmatihi man yachá-u lau tazayyalú la'azzabnal lazína kafarú min-hum 'azában alímá*

25. Foram eles, os incrédulos, que vos impediram de entrar na Mesquita Sagrada e impediram que a oferenda chegasse ao seu destino. E se não houvesse sido por uns homens e mulheres crentes, que não podíeis distinguir, e que poderíeis ter matado sem o saberdes, incorrendo, assim, inconscientemente, num crime hediondo, ter-vos-íamos facultado combatê-los; foi assim estabelecido, para que Deus pudesse agraciar com a Sua misericórdia a quem Lhe aprouvesse. Se vos tivesse sido possível separá-los, teríamos afrontado os incrédulos com um doloroso castigo.

إِذْ جَعَلَ ٱلَّذِينَ كَفَرُوا۟ فِى قُلُوبِهِمُ ٱلْحَمِيَّةَ حَمِيَّةَ ٱلْجَٰهِلِيَّةِ فَأَنزَلَ ٱللَّهُ سَكِينَتَهُۥ
عَلَىٰ رَسُولِهِۦ وَعَلَى ٱلْمُؤْمِنِينَ وَأَلْزَمَهُمْ كَلِمَةَ ٱلتَّقْوَىٰ وَكَانُوٓا۟ أَحَقَّ بِهَا وَأَهْلَهَا ۚ
وَكَانَ ٱللَّهُ بِكُلِّ شَىْءٍ عَلِيمًا ﴿٢٦﴾

سُورَةُ الفَتْح
Surat Al Fath

26. Iz já'alal lazína kafarú fí qulúbihimul hamiyyata hamiyyatal jáhiliyyati fa anzalal láhu sakínatahu 'alá rassúlihi wa'alá almu'minína wa alzamahum kalimatat taqwá wakánú ahaqqa bihá wa ahlahá wakánal láhu bikulli chay-in 'alíma

26. Quando os incrédulos fomentaram o fanatismo – fanatismo da idolatria – em seus corações, Deus infundiu o sossego em Seu Mensageiro e nos crentes, e lhes impôs a norma da moderação, pois eram merecedores e dignos dela; sabei que Deus é Onisciente.

لَّقَدْ صَدَقَ ٱللَّهُ رَسُولَهُ ٱلرُّءْيَا بِٱلْحَقِّ ۖ لَتَدْخُلُنَّ ٱلْمَسْجِدَ ٱلْحَرَامَ إِن شَآءَ ٱللَّهُ
ءَامِنِينَ مُحَلِّقِينَ رُءُوسَكُمْ وَمُقَصِّرِينَ لَا تَخَافُونَ ۖ فَعَلِمَ مَا لَمْ تَعْلَمُوا۟ فَجَعَلَ
مِن دُونِ ذَٰلِكَ فَتْحًا قَرِيبًا ٢٧

27. Laqad sadaqal láhu rassúlahur ru'ya bilhaqqui latadkhulunnal masjidal haráma in chá'al láhu áminína muhalliquína ruúsakum wa muqassirína la takháfúna fa'alima má lam ta'lamú faja'ala min dúni zálika fathan qaríba

27. Em verdade, Deus confirmou a visão do Seu Mensageiro. Se Deus quisesse, entraríeis tranquilos, sem temor, na Sagrada Mesquita; uns com os cabelos raspados, outros com os cabelos cortados, sem medo. Ele sabe o que vós ignorais, e vos concedeu, não obstante isso, um triunfo imediato.

هُوَ ٱلَّذِىٓ أَرْسَلَ رَسُولَهُۥ بِٱلْهُدَىٰ وَدِينِ ٱلْحَقِّ لِيُظْهِرَهُۥ عَلَى ٱلدِّينِ كُلِّهِۦ ۚ وَكَفَىٰ بِٱللَّهِ
شَهِيدًا ٢٨

28. Huwal lazí arsala rasúlahu bilhudá wadínil haqqui liyuzhirahu 'alald díni kullihi wakafá billáhi chahídá

28. Ele foi Quem enviou o Seu Mensageiro com a orientação e com a verdadeira religião, para fazê-las prevalecer sobre todas as outras religiões; e Deus é suficiente Testemunha disso.

مُّحَمَّدٌ رَّسُولُ ٱللَّهِ ۚ وَٱلَّذِينَ مَعَهُۥٓ أَشِدَّآءُ عَلَى ٱلْكُفَّارِ رُحَمَآءُ بَيْنَهُمْ ۖ تَرَىٰهُمْ رُكَّعًا سُجَّدًا
يَبْتَغُونَ فَضْلًا مِّنَ ٱللَّهِ وَرِضْوَٰنًا ۖ سِيمَاهُمْ فِى وُجُوهِهِم مِّنْ أَثَرِ ٱلسُّجُودِ ۚ ذَٰلِكَ

سُورَةُ الفَتْح

Surat Al Fath

مَثَلُهُمْ فِى ٱلتَّوْرَىٰةِ ۚ وَمَثَلُهُمْ فِى ٱلْإِنجِيلِ كَزَرْعٍ أَخْرَجَ شَطْـَٔهُۥ فَـَٔازَرَهُۥ فَٱسْتَغْلَظَ
فَٱسْتَوَىٰ عَلَىٰ سُوقِهِۦ يُعْجِبُ ٱلزُّرَّاعَ لِيَغِيظَ بِهِمُ ٱلْكُفَّارَ ۗ وَعَدَ ٱللَّهُ ٱلَّذِينَ ءَامَنُوا۟
ٱلصَّـٰلِحَـٰتِ مِنْهُم مَّغْفِرَةً وَأَجْرًا عَظِيمًۢا ﴿٢٩﴾

29. Mu<u>h</u>ammadun rassúlul láhi wal lazína ma'ahu achiddá-u 'alal kuffári ru<u>h</u>amá-u baynahum taráhum rukka'an sujjadan yabtaghúna fadhlan minal láhi waridhwanan símáhum fí wujúhihim min açaris sujúdi zálika maçaluhum fit tauráti wa maçaluhum fíl-injíli kazar'in akhraja chat-ahu fa ázarahu fastaghlaza fastauá 'alá súquihi yu'jibuz zurrá'a liyaghíza bihimul kuffára wa'dal láhul lazína ámanú wa'amilús sáli<u>h</u>áti min-hum maghfiratan wa ajran 'azíma.

29. Mohammad é o Mensageiro de Deus, e aqueles que estão com ele são severos para com os incrédulos, porém compassivos entre si. Vê-los-ás genuflexos, prostrados, anelando a graça de Deus e a Sua complacência. Seus rostos estarão marcados com os traços da prostração. Tal é o seu exemplo na Tora e no Evangelho, como a semente que brota, se desenvolve e se robustece, e se firma em seus talos, compraz aos semeadores, para irritar os incrédulos. Deus prometeu aos crentes, que praticam o bem, indulgência e uma magnífica recompensa.

سُورَةُ الحُجُرَاتِ

Surat Al Hujurat

Surat 49. *Al Hujurat* Os Aposentos, revelada em Madina, 18 versículo

بِسۡمِ ٱللَّهِ ٱلرَّحۡمَٰنِ ٱلرَّحِيمِ

Bismilláhir Rahmánir Rahím

Em nome de Deus, o Clemente, o Misericordioso

يَٰٓأَيُّهَا ٱلَّذِينَ ءَامَنُواْ لَا تُقَدِّمُواْ بَيۡنَ يَدَيِ ٱللَّهِ وَرَسُولِهِۦۖ وَٱتَّقُواْ ٱللَّهَۚ إِنَّ ٱللَّهَ سَمِيعٌ
عَلِيمٞ ١

1. Ya ayyuhál lazína ámanú la tuqaddimú bayna yadayil láhi wa rassúlihi wat taqúl láha innal láha sami'un 'alim

1. Ó crentes, não vos antecipeis a Deus e ao Seu Mensageiro, e temei a Deus, porque Deus é Oniouvinte, Sapientíssimo.

يَٰٓأَيُّهَا ٱلَّذِينَ ءَامَنُواْ لَا تَرۡفَعُوٓاْ أَصۡوَٰتَكُمۡ فَوۡقَ صَوۡتِ ٱلنَّبِيِّ وَلَا تَجۡهَرُواْ لَهُۥ بِٱلۡقَوۡلِ
كَجَهۡرِ بَعۡضِكُمۡ لِبَعۡضٍ أَن تَحۡبَطَ أَعۡمَٰلُكُمۡ وَأَنتُمۡ لَا تَشۡعُرُونَ ٢

2. Ya ayyuhál lazína ámanú la tarfa'ú asswatakum fauqa sautin nabiyyi walá tajharú lahu bilqauli kajahri ba'dhikum liba'dhin an tahbata a'málukum wa antum La tach'urún

2. Ó crentes, não altereis as vossas vozes acima da voz do Profeta, nem lhe faleis em voz alta, como fazeis entre vós, para não tornardes sem efeito as vossas obras, involuntariamente.

إِنَّ ٱلَّذِينَ يَغُضُّونَ أَصۡوَٰتَهُمۡ عِندَ رَسُولِ ٱللَّهِ أُوْلَٰٓئِكَ ٱلَّذِينَ ٱمۡتَحَنَ ٱللَّهُ قُلُوبَهُمۡ
لِلتَّقۡوَىٰۚ لَهُم مَّغۡفِرَةٞ وَأَجۡرٌ عَظِيمٌ ٣

3. Innal lazína yaghuddhúna asswátahum 'inda rassúlil láhi úlá-ikal lazína imtahanal láhu qulúbahum lilttaqwá lahum maghfiratun wa ajrun 'azím

3. Sabei que os que baixam as suas vozes na presença do Mensageiro de Deus, são aqueles cujos corações Deus testou para a piedade; obterão o perdão e uma magnífica recompensa.

سُورَةُ الحُجُرَاتِ

Surat Al Hujurat

إِنَّ ٱلَّذِينَ يُنَادُونَكَ مِن وَرَآءِ ٱلْحُجُرَٰتِ أَكْثَرُهُمْ لَا يَعْقِلُونَ ﴿٤﴾

4. Innal lazína yunadúnaka min wará-il hujuráti akçaruhum lá ya'quilúna

4. Em verdade, a maioria daqueles que gritam (o teu nome), do lado de fora dos (teus) aposentos, é insensata.

وَلَوْ أَنَّهُمْ صَبَرُوا۟ حَتَّىٰ تَخْرُجَ إِلَيْهِمْ لَكَانَ خَيْرًا لَّهُمْ ۚ وَٱللَّهُ غَفُورٌ رَّحِيمٌ ﴿٥﴾

5. Walau annahum sabarú hattá takhruja ilayhim lakána khayran lahum walláhu ghafúrun rahím

5. Mas, se aguardassem pacientemente, até que tu saísses ao seu encontro, seria muito melhor para eles. Deus é Indulgente, Misericordiosíssimo.

يَٰٓأَيُّهَا ٱلَّذِينَ ءَامَنُوٓا۟ إِن جَآءَكُمْ فَاسِقٌۢ بِنَبَإٍ فَتَبَيَّنُوٓا۟ أَن تُصِيبُوا۟ قَوْمًۢا بِجَهَٰلَةٍ فَتُصْبِحُوا۟
عَلَىٰ مَا فَعَلْتُمْ نَٰدِمِينَ ﴿٦﴾

6. Yá ayyuhál lazína ámanú in jáakum fásiqun binaba-in fatabayyanú an tussíbú qauman bijahálatin fatusbihú 'alá má fa'altum nádimín

6. Ó crentes, quando um ímpio vos trouxer uma notícia, examinai-a prudentemente, para não prejudicardes a ninguém, por ignorância, e não vos arrependerdes depois.

وَٱعْلَمُوٓا۟ أَنَّ فِيكُمْ رَسُولَ ٱللَّهِ ۚ لَوْ يُطِيعُكُمْ فِى كَثِيرٍ مِّنَ ٱلْأَمْرِ لَعَنِتُّمْ وَلَٰكِنَّ ٱللَّهَ حَبَّبَ
إِلَيْكُمُ ٱلْإِيمَٰنَ وَزَيَّنَهُۥ فِى قُلُوبِكُمْ وَكَرَّهَ إِلَيْكُمُ ٱلْكُفْرَ وَٱلْفُسُوقَ وَٱلْعِصْيَانَ ۚ
أُو۟لَٰٓئِكَ هُمُ ٱلرَّٰشِدُونَ ﴿٧﴾

7. Wa'lamú anna fíkum rassúlal láhi lau yutí'ukum fí kacírin minal-amri la'anittum walakinnal láha habbaba ilaykumul-ímana wazayyanahu fí qulúbikum wakarraha ilaykumul kufra walfussúqa wal'issyána úlá-ika humulr ráchidún

7. E sabei que o Mensageiro de Deus está entre vós e que, se ele vos obedecesse em muitos assuntos, cairíeis em desgraça. Porém, Deus vos inspirou o amor pela fé, e adornou com ela vossos corações e vos fez repudiar a incredulidade, a impiedade e a rebeldia. Tais são os sensatos.

سُورَةُ الحُجُرَات

Surat Al Hujurat

فَضۡلٗا مِّنَ ٱللَّهِ وَنِعۡمَةٗۚ وَٱللَّهُ عَلِيمٌ حَكِيمٞ ٨

8. Fadlan minal-láhi wa ni'matan walláhu 'aimun hakím

8. Isso, pela graça e favor de Deus; e Deus é Prudente, Sapientíssimo.

وَإِن طَآئِفَتَانِ مِنَ ٱلۡمُؤۡمِنِينَ ٱقۡتَتَلُواْ فَأَصۡلِحُواْ بَيۡنَهُمَاۖ فَإِنۢ بَغَتۡ إِحۡدَىٰهُمَا عَلَى
ٱلۡأُخۡرَىٰ فَقَٰتِلُواْ ٱلَّتِي تَبۡغِي حَتَّىٰ تَفِيٓءَ إِلَىٰٓ أَمۡرِ ٱللَّهِۚ فَإِن فَآءَتۡ فَأَصۡلِحُواْ بَيۡنَهُمَا بِٱلۡعَدۡلِ
وَأَقۡسِطُوٓاْۖ إِنَّ ٱللَّهَ يُحِبُّ ٱلۡمُقۡسِطِينَ ٩

9. Wa-in tá-ifatáni minal um'minína iqtatalú fa aslihú baynahuma fa-in ihdáhumá 'alál-ukhrá faqátilúl latí tabghí hattá tafí-a ilá amril láhi fa-in fáat fásslihú baynahumá bil'adli waqsitú innal láha yuhibbul muqsitín

9. E quando dois grupos de crentes combaterem entre si, reconciliai-os, então. E se um grupo provocar outro, combatei o provocador, até que se cumpram os desígnios de Deus. Se, porém, se cumprirem (os desígnios), então, reconciliai-os equitativamente e sede equânimes, porque Deus aprecia os equânimes.

إِنَّمَا ٱلۡمُؤۡمِنُونَ إِخۡوَةٞ فَأَصۡلِحُواْ بَيۡنَ أَخَوَيۡكُمۡۚ وَٱتَّقُواْ ٱللَّهَ لَعَلَّكُمۡ تُرۡحَمُونَ ١٠

10. Innamál um'minúna ikhwatun faslihú bayna akhauaykum wattaqúl láha la'allakum turhamún

10. Sabei que os crentes são irmãos uns dos outros; reconciliai, pois, os vossos irmãos, e temei a Deus, para receberdes misericórdia.

يَٰٓأَيُّهَا ٱلَّذِينَ ءَامَنُواْ لَا يَسۡخَرۡ قَوۡمٞ مِّن قَوۡمٍ عَسَىٰٓ أَن يَكُونُواْ خَيۡرٗا مِّنۡهُمۡ وَلَا نِسَآءٞ مِّن
نِّسَآءٍ عَسَىٰٓ أَن يَكُنَّ خَيۡرٗا مِّنۡهُنَّۖ وَلَا تَلۡمِزُوٓاْ أَنفُسَكُمۡ وَلَا تَنَابَزُواْ بِٱلۡأَلۡقَٰبِۖ بِئۡسَ ٱلِٱسۡمُ
ٱلۡفُسُوقُ بَعۡدَ ٱلۡإِيمَٰنِۚ وَمَن لَّمۡ يَتُبۡ فَأُوْلَٰٓئِكَ هُمُ ٱلظَّٰلِمُونَ ١١

11. Yá ayyuhál lazína ámanú la yaskhar qaumun min qaumin 'assá an yakúnú khayran min-hum walá nissáon min nissá-in 'assá an yakunna khayran minhunna walá talmizú anfusakum walá tanábazú bil-alqábi bi'sal-ismul fusúqu ba'dal-ímáni waman lam yatub fa ulá-ika humuz záalimún

سُورَةُ الحُجُرَاتِ

Surat Al Hujurat

11. Ó crentes, que nenhum povo zombe de outro; é possível que (os escarnecidos) sejam melhores do que eles (os escarnecedores). Que tampouco nenhuma mulher zombe de outra, porque é possível que esta seja melhor do que aquela. Não vos difameis, nem vos motejeis mutuamente com apelidos. Muito vil é o nome que denota maldade (para ser usado por alguém), depois de ter recebido a fé! E aqueles que não se arrependerem serão os injustos.

يَـٰٓأَيُّهَا ٱلَّذِينَ ءَامَنُوا۟ ٱجْتَنِبُوا۟ كَثِيرًا مِّنَ ٱلظَّنِّ إِنَّ بَعْضَ ٱلظَّنِّ إِثْمٌ ۖ وَلَا تَجَسَّسُوا۟ وَلَا يَغْتَب
بَّعْضُكُم بَعْضًا ۚ أَيُحِبُّ أَحَدُكُمْ أَن يَأْكُلَ لَحْمَ أَخِيهِ مَيْتًا فَكَرِهْتُمُوهُ ۚ وَٱتَّقُوا۟ ٱللَّهَ ۚ
إِنَّ ٱللَّهَ تَوَّابٌ رَّحِيمٌ ١٢

12. Ya ayyuhal lazína ámanú ijtanibú kacíran minaz zanni inna ba'daz zanni içmun walá tajassasú walá yaghtab ba'dukum ba'dan ayuhibbu ahadukum an ya'kula lahma akhíhi maytan fakarihtumúhu wattaqúl láha innal láha tauwábun rahím

12. Ó crentes, evitai tanto quanto possível a suspeita, porque algumas suspeitas implicam em pecado. Não vos espreiteis, nem vos calunieis mutuamente. Quem de vós seria capaz de comer a carne do seu irmão morto? Tal atitude vos causa repulsa! Temei a Deus, porque Ele é Remissório, Misericordiosíssimo.

يَـٰٓأَيُّهَا ٱلنَّاسُ إِنَّا خَلَقْنَـٰكُم مِّن ذَكَرٍ وَأُنثَىٰ وَجَعَلْنَـٰكُمْ شُعُوبًا وَقَبَآئِلَ لِتَعَارَفُوٓا۟ ۚ إِنَّ
أَكْرَمَكُمْ عِندَ ٱللَّهِ أَتْقَىٰكُمْ ۚ إِنَّ ٱللَّهَ عَلِيمٌ خَبِيرٌ ١٣

13. Ya ayyuhan nássu inná khalaqnákum min zakarin wa únçá waja'alnákum chu'úban waqabá-ila lita'árafú inna akramakum 'indal láhi atqákum innal láha 'alímun khabír

13. Ó humanos, em verdade, Nós vos criamos de macho e fêmea e vos dividimos em povos e tribos, para reconhecerdes uns aos outros. Sabei que o mais honrado, dentre vós, ante Deus, é o mais temente. Sabei que Deus é Sapientíssimo e está bem inteirado.

۞ قَالَتِ ٱلْأَعْرَابُ ءَامَنَّا ۖ قُل لَّمْ تُؤْمِنُوا۟ وَلَـٰكِن قُولُوٓا۟ أَسْلَمْنَا وَلَمَّا يَدْخُلِ ٱلْإِيمَـٰنُ فِى
قُلُوبِكُمْ ۖ وَإِن تُطِيعُوا۟ ٱللَّهَ وَرَسُولَهُۥ لَا يَلِتْكُم مِّنْ أَعْمَـٰلِكُمْ شَيْـًٔا ۚ إِنَّ ٱللَّهَ غَفُورٌ رَّحِيمٌ ١٤

سُورَةُ الحُجُرَاتِ

Surat Al Hujurat

14. *Qalatil-a'rábu ámanna qul lam tu'minú walákin qúlú aslamná wa lamma yadkhulil-ímánu fí qulúbikum wa-in tutí'ul láha warassúlahu lá yalitkum mina'málikum chay-an innal láha ghafúrun rahím*

14. Os beduínos dizem: Cremos! Dize-lhes: Qual! Ainda não credes; deveis dizer: Tornamo-nos muçulmanos, pois que a fé ainda não penetrou vossos corações. Porém, se obedecerdes a Deus e ao Seu Mensageiro, em nada serão diminuídas as vossas obras, porque Deus é Indulgente, Misericordiosíssimo.

إِنَّمَا ٱلْمُؤْمِنُونَ ٱلَّذِينَ ءَامَنُوا۟ بِٱللَّهِ وَرَسُولِهِۦ ثُمَّ لَمْ يَرْتَابُوا۟ وَجَٰهَدُوا۟ بِأَمْوَٰلِهِمْ وَأَنفُسِهِمْ فِى سَبِيلِ ٱللَّهِ ۚ أُو۟لَٰٓئِكَ هُمُ ٱلصَّٰدِقُونَ ﴿١٥﴾

15. *Innamál um'minúnal lazína ámanú billáhi warassúlihi çumma lam yartábú wajáhadú bi-amwálihim wa anfussihim fí sabílil láhi ulá-ika húmus sádiqún*

15. Somente são crentes aqueles que creem em Deus e em Seu Mensageiro e não duvidam, mas sacrificam os seus bens e as suas pessoas pela causa de Deus. Estes são os verazes!

قُلْ أَتُعَلِّمُونَ ٱللَّهَ بِدِينِكُمْ وَٱللَّهُ يَعْلَمُ مَا فِى ٱلسَّمَٰوَٰتِ وَمَا فِى ٱلْأَرْضِ ۚ وَٱللَّهُ بِكُلِّ شَىْءٍ عَلِيمٌ ﴿١٦﴾

16. *Qul atu'allimúnal láha bidínikum walláhu ya'lamu má fis samáwáti wamá fil-ardhi walláhu bikulli chay-in 'alím*

16. Dize-lhes: Pretendeis, acaso, ensinar a Deus a vossa religião, quando Deus bem conhece tudo quanto existe nos Céus e na Terra? Sabei que Deus é Onisciente.

يَمُنُّونَ عَلَيْكَ أَنْ أَسْلَمُوا۟ ۖ قُل لَّا تَمُنُّوا۟ عَلَىَّ إِسْلَٰمَكُم ۖ بَلِ ٱللَّهُ يَمُنُّ عَلَيْكُمْ أَنْ هَدَىٰكُمْ لِلْإِيمَٰنِ إِن كُنتُمْ صَٰدِقِينَ ﴿١٧﴾

17. *Yamunnúna 'alayka an aslamú qul la tamunnú 'alayya isslámakum balil láhu yamunnu 'alaykum an hadákum lil-ímani in kuntum sadiquín*

17. Dizem que te fizeram um favor por se terem tornado muçulmanos. Dize-lhes: não considereis a vossa conversão um favor para mim; outrossim, é a Deus que deveis o mérito de vos ter encaminhado à fé, se sois verazes.

سُورَةُ قٓ

Surat Caf

إِنَّ ٱللَّهَ يَعۡلَمُ غَيۡبَ ٱلسَّمَٰوَٰتِ وَٱلۡأَرۡضِۚ وَٱللَّهُ بَصِيرُۢ بِمَا تَعۡمَلُونَ ﴿١٨﴾

18. Innal láha ya'lamu ghaybas samáwáti wal-ardhi wal láhu bassírun bimá ta'malún.

18. Sabei que Deus conhece o mistério dos Céus e da Terra, e Deus bem vê tudo o quanto fazeis!

Surat 50. *Caf*, revelada em Makka, 45 versículos, com exceção do versículo 38, que foi revelado em Madina.

بِسۡمِ ٱللَّهِ ٱلرَّحۡمَٰنِ ٱلرَّحِيمِ

Bismilláhir Rahmánir Rahím

Em nome de Deus, o Clemente, o Misericordioso

قٓۚ وَٱلۡقُرۡءَانِ ٱلۡمَجِيدِ ﴿١﴾

1. Caf walquranil- majid

1. Caf. Pelo Alcorão glorioso (que tu és o Mensageiro de Deus).

بَلۡ عَجِبُوٓاْ أَن جَآءَهُم مُّنذِرٞ مِّنۡهُمۡ فَقَالَ ٱلۡكَٰفِرُونَ هَٰذَا شَيۡءٌ عَجِيبٌ ﴿٢﴾

2. Bal 'ajibú an jáahum munzirun min-hum faqalal káfirúna haza chay-on 'ajib

2. Qual! Admiram-se de que lhes tenha surgido um admoestador de entre eles. E os incrédulos dizem: Isto é algo assombroso.

أَءِذَا مِتۡنَا وَكُنَّا تُرَابٗاۖ ذَٰلِكَ رَجۡعُۢ بَعِيدٞ ﴿٣﴾

3. A-izá mitná wakunná turában anil zálika raj'un ba'íd

3. Acaso, quando morrermos e formos convertidos em pó (seremos ressuscitados)? Tal retorno será impossível!

سُورَةُ قٓ

Surat Caf

قَدۡ عَلِمۡنَا مَا تَنقُصُ ٱلۡأَرۡضُ مِنۡهُمۡۖ وَعِندَنَا كِتَٰبٌ حَفِيظُۢ ﴿٤﴾

4. Qad 'alimná má tanqussul-ardhu min-hum wa'indaná kitábun hafiz

4. Nós já sabemos a quantos deles tem devorado a Terra, porque possuímos um Livro de registros.

بَلۡ كَذَّبُواْ بِٱلۡحَقِّ لَمَّا جَآءَهُمۡ فَهُمۡ فِيٓ أَمۡرٖ مَّرِيجٍ ﴿٥﴾

5. Bal kazzabú bil haqqui lammá jáahum fahum fí amrin maríj

5. Não obstante, desmentem a verdade quando esta lhes chega e, ei-los aí em estado de confusão.

أَفَلَمۡ يَنظُرُوٓاْ إِلَى ٱلسَّمَآءِ فَوۡقَهُمۡ كَيۡفَ بَنَيۡنَٰهَا وَزَيَّنَّٰهَا وَمَا لَهَا مِن فُرُوجٖ ﴿٦﴾

6. Afalam yanzurú ilas samá-i fauqahum kayfa banaynáha wazayyannáha wama lahá min furúj

6. Porém, não reparam, acaso, no firmamento que está acima deles? Como o construímos e o adornamos, sem abertura aparente?

وَٱلۡأَرۡضَ مَدَدۡنَٰهَا وَأَلۡقَيۡنَا فِيهَا رَوَٰسِيَ وَأَنۢبَتۡنَا فِيهَا مِن كُلِّ زَوۡجِۭ بَهِيجٖ ﴿٧﴾

7. Wal-ardha madadnáha wa alqayna fihá rauassiya wa anbatná fiha min kulli zaujin bahíj

7. E dilatamos a Terra, fixando nela (firmes) montanhas, produzindo aí toda a formosa espécie, em pares,

تَبۡصِرَةٗ وَذِكۡرَىٰ لِكُلِّ عَبۡدٖ مُّنِيبٖ ﴿٨﴾

8. Tabssiratan wazikrá likulli 'abdin munib

8. Para a observação e recordação de todo o servo contrito.

وَنَزَّلۡنَا مِنَ ٱلسَّمَآءِ مَآءٗ مُّبَٰرَكٗا فَأَنۢبَتۡنَا بِهِۦ جَنَّٰتٖ وَحَبَّ ٱلۡحَصِيدِ ﴿٩﴾

9. Wa nazzalná minas samá-i máan mubárakan fa anbatná bihi jannátin wa habbal hassíd

9. E enviamos do céu a água bendita, mediante a qual produzimos jardins e cereais para a colheita.

سُورَةُ قٓ

Surat Caf

وَٱلنَّخۡلَ بَاسِقَٰتٖ لَّهَا طَلۡعٞ نَّضِيدٞ ﴿١٠﴾

10. Wannakhla basiqátin lahá tal'un nadhíd

10. E também as frondosas tamareiras, cujos cachos estão carregados de frutos em
simetria,

رِّزۡقٗا لِّلۡعِبَادِۖ وَأَحۡيَيۡنَا بِهِۦ بَلۡدَةٗ مَّيۡتٗاۚ كَذَٰلِكَ ٱلۡخُرُوجُ ﴿١١﴾

11. Rizqan lil'ibádi wa ahyayná bihi baldatan maytan kazálikal khurúj

11. Como sustento para os servos; e fazemos reviver, com ela (a água), uma terra
árida. Assim será a ressurreição!

كَذَّبَتۡ قَبۡلَهُمۡ قَوۡمُ نُوحٖ وَأَصۡحَٰبُ ٱلرَّسِّ وَثَمُودُ ﴿١٢﴾

12. Katzzabat qablahum qaumu núhin wa ass-hábulr rassi waçamúd

12. Antes deles, desmentiram os mensageiros o povo de Noé, os moradores de Arras
e o povo de Çamud.

وَعَادٞ وَفِرۡعَوۡنُ وَإِخۡوَٰنُ لُوطٖ ﴿١٣﴾

13. Wa 'Adun wafir'aunu wa ikhwanu Lut

13. O povo de 'Ad, o Faraó, os irmãos de Lot,

وَأَصۡحَٰبُ ٱلۡأَيۡكَةِ وَقَوۡمُ تُبَّعٖۚ كُلّٞ كَذَّبَ ٱلرُّسُلَ فَحَقَّ وَعِيدِ ﴿١٤﴾

14. Wa ass-hábul aykati waqaumu tubba'in kullun kazzabar russula fahaqqa wa'id

14. Os habitantes da floresta e o povo de Tubba, todos desmentiram os mensageiros
e todos mereceram a Minha advertência.

أَفَعَيِينَا بِٱلۡخَلۡقِ ٱلۡأَوَّلِۚ بَلۡ هُمۡ فِي لَبۡسٖ مِّنۡ خَلۡقٖ جَدِيدٖ ﴿١٥﴾

15. Afa'ayina bilkhalquil auwali bal hum fí labsin min khalquin jadíd

15. Porventura, estafamo-nos com a primeira criação? Qual! Estão em dúvida
acerca da nova criação.

وَلَقَدۡ خَلَقۡنَا ٱلۡإِنسَٰنَ وَنَعۡلَمُ مَا تُوَسۡوِسُ بِهِۦ نَفۡسُهُۥۖ وَنَحۡنُ أَقۡرَبُ إِلَيۡهِ مِنۡ حَبۡلِ ٱلۡوَرِيدِ ﴿١٦﴾

سُورَةُ قٓ

Surat Caf

16. Walaqad khalaqnl-insána wana'lamu má tuwaswisu bihi nafsuhu wanahnu aqrabu ilayhi min hablil waríd

16. Criamos o homem e sabemos o que a sua alma lhe confidencia, porque estamos mais perto dele do que a (sua) artéria jugular.

إِذْ يَتَلَقَّى ٱلْمُتَلَقِّيَانِ عَنِ ٱلْيَمِينِ وَعَنِ ٱلشِّمَالِ قَعِيدٌ ﴿١٧﴾

17. Iz yatalaqqál mutalaqquiyáni 'anil yamíni wa 'anichchimáli qa'íd

17. Eis que dois (anjos da guarda) são apontados para anotarem (suas obras), um sentado à sua direita e o outro, à sua esquerda.

مَّا يَلْفِظُ مِن قَوْلٍ إِلَّا لَدَيْهِ رَقِيبٌ عَتِيدٌ ﴿١٨﴾

18. Má yalfizu min qaulin illá ladayhi raquíbun 'at-id

18. Não pronunciará palavra alguma, sem que junto a ele esteja presente uma sentinela pronta (para a anotar).

وَجَآءَتْ سَكْرَةُ ٱلْمَوْتِ بِٱلْحَقِّ ذَٰلِكَ مَا كُنتَ مِنْهُ تَحِيدُ ﴿١٩﴾

19. Wajáat sakratul mauti bilhaqqui zálika má kunta min-hu tahíd

19. E o estupor da morte trará a verdade: Eis do que tentáveis escapar!

وَنُفِخَ فِي ٱلصُّورِ ذَٰلِكَ يَوْمُ ٱلْوَعِيدِ ﴿٢٠﴾

20. Wanufikha fis súri zálika yaumul wa'íd

20. E a trombeta soará. Eis aí o dia da advertência.

وَجَآءَتْ كُلُّ نَفْسٍ مَّعَهَا سَآئِقٌ وَشَهِيدٌ ﴿٢١﴾

21. Wajáat kullu nafsin ma'aha sá-iqun wachahíd

21. E cada alma comparecerá, acompanhada de um anjo, como guia, e outro, como testemunha.

لَّقَدْ كُنتَ فِي غَفْلَةٍ مِّنْ هَٰذَا فَكَشَفْنَا عَنكَ غِطَآءَكَ فَبَصَرُكَ ٱلْيَوْمَ حَدِيدٌ ﴿٢٢﴾

22. Laqad kunta fi ghaflatim min háza fakachafná 'anka ghitá'aka fabasarukal yauma hadid

22. (Ser-lhe-á dito): Estavas descuidado a respeito disto; porém, agora removemos o teu véu; tua vista será penetrante, neste dia.

سُورَةُ قٓ

Surat Caf

وَقَالَ قَرِينُهُۥ هَٰذَا مَا لَدَيَّ عَتِيدٌ ﴿٢٣﴾

23. Waqála qarínuhu háza má ladayya 'atíd

23. E seu acompanhante dirá: Aqui está (o registro dos teus atos) completo comigo.

أَلْقِيَا فِي جَهَنَّمَ كُلَّ كَفَّارٍ عَنِيدٍ ﴿٢٤﴾

24. Alquiyá fí jahannama kulla kaffárin 'aníd

24. (Depois da sentença será dito aos anjos da guarda): Precipitai no inferno todo o incrédulo obstinado,

مَّنَّاعٍ لِّلْخَيْرِ مُعْتَدٍ مُّرِيبٍ ﴿٢٥﴾

25. Manná'in lilkhayri um'tadin muríb

25. Que obstruía o bem, era profanador, dubitável,

ٱلَّذِي جَعَلَ مَعَ ٱللَّهِ إِلَٰهًا ءَاخَرَ فَأَلْقِيَاهُ فِي ٱلْعَذَابِ ٱلشَّدِيدِ ﴿٢٦﴾

26. Allazí já'ala ma'al láhi iláhan ákhara fálquiyáhu fil'azábich chadíd

26. Que atribuía a Deus outras divindades. Arrojai-o, pois, no severo tormento!

۞ قَالَ قَرِينُهُۥ رَبَّنَا مَآ أَطْغَيْتُهُۥ وَلَٰكِن كَانَ فِي ضَلَٰلٍ بَعِيدٍ ﴿٢٧﴾

27; *Qála qarínuhú rabbana má atghaytuhú walákin kána fí dalálin ba'íd*

27. Seu acompanhante (sedutor) dirá: Ó Senhor nosso, eu não o fiz transgredir; porém, ele é que estava em um erro profundo.

قَالَ لَا تَخْتَصِمُواْ لَدَيَّ وَقَدْ قَدَّمْتُ إِلَيْكُم بِٱلْوَعِيدِ ﴿٢٨﴾

28. Qála lá takhtassimú ladayya waqad qaddamtu ilaykum bilwa'id

28. Dir-lhes-á (Deus): Não disputeis em Minha presença, uma vez que vos enviei antecipadamente a advertência.

مَا يُبَدَّلُ ٱلْقَوْلُ لَدَيَّ وَمَآ أَنَا۠ بِظَلَّٰمٍ لِّلْعَبِيدِ ﴿٢٩﴾

29. Ma yubaddalul qaulu ladayya wamá aná bizállamin lil'abíd

29. A palavra é insubstituível perante Mim, e jamais sou injusto para com os Meus servos.

يَوْمَ نَقُولُ لِجَهَنَّمَ هَلِ ٱمْتَلَأْتِ وَتَقُولُ هَلْ مِن مَّزِيدٍ ﴿٣٠﴾

سُورَةُ قٓ

Surat Caf

30. Yauma naqúlu lijahannama hali imtala'ti wataqúlu hal min mazíd

30. Naquele dia perguntaremos ao inferno: Estás já repleto? E responderá: Há alguém mais?

وَأُزۡلِفَتِ ٱلۡجَنَّةُ لِلۡمُتَّقِينَ غَيۡرَ بَعِيدٍ ٣١

31. Wa uzlifatil jannatu lilmuttaquína ghayra ba'íd

31. E o Paraíso, para os tementes, estará preparado, não longe dali.

هَٰذَا مَا تُوعَدُونَ لِكُلِّ أَوَّابٍ حَفِيظٍ ٣٢

32. Háza má tú'adúna likulli auwabin hafíz

32. Eis aqui o que se promete a todo o arrependido, observante (dos preceitos),

مَّنۡ خَشِيَ ٱلرَّحۡمَٰنَ بِٱلۡغَيۡبِ وَجَآءَ بِقَلۡبٖ مُّنِيبٍ ٣٣

33. Man khachiyar rahmana bilghaybi wajáa biqalbin munib

33. Que teme intimamente o Clemente e comparece, com um coração contrito.

ٱدۡخُلُوهَا بِسَلَٰمٖۖ ذَٰلِكَ يَوۡمُ ٱلۡخُلُودِ ٣٤

34. Udkhulúha bisalámin zálika yaumul khulúd

34. Entrai nele (o Paraíso), em paz! Eis aqui o Dia da Eternidade!

لَهُم مَّا يَشَآءُونَ فِيهَا وَلَدَيۡنَا مَزِيدٞ ٣٥

35. Lahum má yacháúna fihá waladayná mazíd

35. Lá terão tudo quanto desejarem, e mais ainda, em Nossa presença.

وَكَمۡ أَهۡلَكۡنَا قَبۡلَهُم مِّن قَرۡنٍ هُمۡ أَشَدُّ مِنۡهُم بَطۡشٗا فَنَقَّبُواْ فِي ٱلۡبِلَٰدِ هَلۡ مِن
مَّحِيصٍ ٣٦

36. Wakam ahlakná qablahum min qarnin hum achaddu min-hum batchan fanaqqabú fíl biladi hal min mahiss

36. E quantas gerações, anteriores a eles e mais poderosas do que eles, temos aniquilado! Conquanto percorressem a Terra, tiveram, porventura, alguma escapatória?

إِنَّ فِي ذَٰلِكَ لَذِكۡرَىٰ لِمَن كَانَ لَهُۥ قَلۡبٌ أَوۡ أَلۡقَى ٱلسَّمۡعَ وَهُوَ شَهِيدٞ ٣٧

سُورَةُ قٓ

Surat Caf

37. Inna fí zálika lazikra liman kána lahu qalbun au alqás sam'a wahuwa chahíd

37. Em verdade, nisto há uma mensagem para aquele que tem coração, que escuta atentamente e é testemunha (da verdade).

وَلَقَدۡ خَلَقۡنَا ٱلسَّمَٰوَٰتِ وَٱلۡأَرۡضَ وَمَا بَيۡنَهُمَا فِي سِتَّةِ أَيَّامٖ وَمَا مَسَّنَا مِن لُّغُوبٖ ﴿٣٨﴾

38. Walaqad khalaqnas samauáti wal-ardha wamá baynahumá fí sittati ayyámin wamá massaná min lughúb

38. Criamos os Céus e a Terra e, quanto existe entre ambos, em seis dias, e jamais sentimos fadiga alguma.

فَٱصۡبِرۡ عَلَىٰ مَا يَقُولُونَ وَسَبِّحۡ بِحَمۡدِ رَبِّكَ قَبۡلَ طُلُوعِ ٱلشَّمۡسِ وَقَبۡلَ ٱلۡغُرُوبِ ﴿٣٩﴾

39. Fassbir 'alá má yaqúlúna wa sabbih bihamdi rabbika qabla tulú'ich chamsi waqablal ghurúb

39. Tolera, pois, tudo quanto te dizem, e celebra os louvores do teu Senhor, antes do nascer do sol e antes do seu ocaso.

وَمِنَ ٱلَّيۡلِ فَسَبِّحۡهُ وَأَدۡبَٰرَ ٱلسُّجُودِ ﴿٤٠﴾

40. Wamina allayli fasabbihhu wadbarals sujúd

40. E glorifica-O ao anoitecer e no fim das prostrações.

وَٱسۡتَمِعۡ يَوۡمَ يُنَادِ ٱلۡمُنَادِ مِن مَّكَانٖ قَرِيبٖ ﴿٤١﴾

41. Watami' yauma yunádil munádi min makanin qarib

41. E aguarda o dia em que o convocador fizer a chamada, de um lugar próximo.

يَوۡمَ يَسۡمَعُونَ ٱلصَّيۡحَةَ بِٱلۡحَقِّۚ ذَٰلِكَ يَوۡمُ ٱلۡخُرُوجِ ﴿٤٢﴾

42. Yauma yasma'únas sayhata bilhaqqui zálika yaumul khurúj

42. Dia esse em que ouvirão verdadeiramente o estrondo; tal será o dia da Ressurreição!

سُورَةُ قٓ

Surat Caf

إِنَّا نَحْنُ نُحْيِۦ وَنُمِيتُ وَإِلَيْنَا ٱلْمَصِيرُ ﴿٤٣﴾

43. Inná nahnu nuhyí wanumítu wa-ilaynal massír

43. Somos Nós que damos a vida e a morte, e a Nós será o retorno.

يَوْمَ تَشَقَّقُ ٱلْأَرْضُ عَنْهُمْ سِرَاعًا ذَٰلِكَ حَشْرٌ عَلَيْنَا يَسِيرٌ ﴿٤٤﴾

44. Yauma tachaqqaqul-ardhu 'an-hum sirá'an zálika hachrun 'alayna yasír

44. Tal acontecerá, no dia em que a Terra se fender acima deles (e eles saírem) apressadamente (dos sepulcros): isso será a congregação – fácil para Nós.

نَّحْنُ أَعْلَمُ بِمَا يَقُولُونَ وَمَآ أَنتَ عَلَيْهِم بِجَبَّارٍ فَذَكِّرْ بِٱلْقُرْءَانِ مَن يَخَافُ وَعِيدِ ﴿٤٥﴾

45. Nahnu a'lamu bimá yaqúlúna wamá anta 'alayhim bijabbárin fazakkir bilqur-áni man yakhafu wa'íd.

45. Nós bem sabemos tudo quanto dizem, e tu não és o incitante deles. Admoesta, pois, mediante o Alcorão, a quem tema a Minha ameaça!

سُورَةُ الذَّارِيَاتِ

Surat Az Zariat

Surat 51. *Az-Zariat* (Os Ventos Dissiminadores). Revelada em Makka; 60 versículos.
São utilizados os versículos de 1-30 neste Juzi

بِسْمِ ٱللَّهِ ٱلرَّحْمَٰنِ ٱلرَّحِيمِ

Bismilláhir Rahmánir Rahím
Em nome de Deus, o Clemente, o Misericordioso

وَٱلذَّٰرِيَٰتِ ذَرْوًا ﴿١﴾

1. Waz-záriyáti zarwá
1. Pelos ventos disseminadores e impetuosos,

فَٱلْحَٰمِلَٰتِ وِقْرًا ﴿٢﴾

2. Falhámiláti wiqrá
2. Que deslocam pesos enormes,

فَٱلْجَٰرِيَٰتِ يُسْرًا ﴿٣﴾

3. Faljáriyáti yusrá
3. Que fluem com moderação e suavidade,

فَٱلْمُقَسِّمَٰتِ أَمْرًا ﴿٤﴾

4. Falmuqassimáti amrá
4. E que são distribuidores, segundo a ordem (divina),

إِنَّمَا تُوعَدُونَ لَصَادِقٌ ﴿٥﴾

5. Innamá tú'adúna la-sádiq
5. Que o que vos é prometido é verídico,

وَإِنَّ ٱلدِّينَ لَوَٰقِعٌ ﴿٦﴾

6. Wa innad dína la wáqi'
6. E que o Juízo é infalível!

وَٱلسَّمَآءِ ذَاتِ ٱلْحُبُكِ ﴿٧﴾

سُورَةُ الذَّارِيَاتِ

Surat Az Zariat

7. Wassamá'i zátil hubuk
7. Pelo céu, pleno de sendas,

إِنَّكُمْ لَفِي قَوْلٍ مُّخْتَلِفٍ ﴿٨﴾

8. Innakum lafí qaulim mukhtalif
8. Que seguis palavras discordantes,

يُؤْفَكُ عَنْهُ مَنْ أُفِكَ ﴿٩﴾

9. Yu'faku 'anhu man ufik
9. As quais vos desencaminharão.

قُتِلَ ٱلْخَرَّٰصُونَ ﴿١٠﴾

10. Qutilal kharrásún
10. Que pereçam os inventores de mentiras!

ٱلَّذِينَ هُمْ فِي غَمْرَةٍ سَاهُونَ ﴿١١﴾

11. Allazína hum fí ghamratin sáhún
11. Que estão descuidados, submersos na confusão!

يَسْـَٔلُونَ أَيَّانَ يَوْمُ ٱلدِّينِ ﴿١٢﴾

12. Yas'alúna ayyána yaumud Dín
12. Perguntam: Quando chegará o Dia do Juízo?

يَوْمَ هُمْ عَلَى ٱلنَّارِ يُفْتَنُونَ ﴿١٣﴾

13. Yauma hum 'alan nári yuftanún
13. (Será) o dia em que serão testados no Fogo!

ذُوقُوا۟ فِتْنَتَكُمْ هَٰذَا ٱلَّذِي كُنتُم بِهِۦ تَسْتَعْجِلُونَ ﴿١٤﴾

14. Zúqú fitnatakum há zal lazí kuntum bihí tas ta'jilún
14. (Ser-lhes-á dito): Provai o vosso teste! Eis aqui o que pretendestes apressar!

إِنَّ ٱلْمُتَّقِينَ فِي جَنَّٰتٍ وَعُيُونٍ ﴿١٥﴾

سُورَةُ الذَّارِيَاتِ
Surat Az Zariat

15. Innal muttaqína fí jannátin wa 'uyún
15. Em verdade, os tementes habitarão entre jardins e mananciais,

ءَاخِذِينَ مَآ ءَاتَىٰهُمْ رَبُّهُمْ ۚ إِنَّهُمْ كَانُوا۟ قَبْلَ ذَٰلِكَ مُحْسِنِينَ ﴿١٦﴾

16. Ákhizína má átáhum Rabbuhum; innahum kánú qabla zálika muhsinín
16. Desfrutando de tudo com que o seu Senhor os agraciar, porque foram benfeitores.

كَانُوا۟ قَلِيلًا مِّنَ ٱلَّيْلِ مَا يَهْجَعُونَ ﴿١٧﴾

17. kánú qalílam minal laili má yahja'ún
17. Porque possuíam o hábito de pouco dormir à noite.

وَبِٱلْأَسْحَارِ هُمْ يَسْتَغْفِرُونَ ﴿١٨﴾

18. Wa bil as hári hum yastaghfirún
18. E, ao amanhecer, imploravam o perdão de suas faltas.

وَفِىٓ أَمْوَٰلِهِمْ حَقٌّ لِّلسَّآئِلِ وَٱلْمَحْرُومِ ﴿١٩﴾

19. Wa fí amwálihim haqqul lissá'ili walmahrúm
19. E há em seus bens uma parte para o mendigo e o desafortunado.

وَفِى ٱلْأَرْضِ ءَايَٰتٌ لِّلْمُوقِنِينَ ﴿٢٠﴾

20. Wa fil ardhi áyátul lilmúqinín
20. E na Terra, há sinais para os que estão seguros na fé.

وَفِىٓ أَنفُسِكُمْ ۚ أَفَلَا تُبْصِرُونَ ﴿٢١﴾

21. Wa fí anfusikum; afalá tubsirún
21. E também (os há) em vós mesmos. Não vedes, acaso?

وَفِى ٱلسَّمَآءِ رِزْقُكُمْ وَمَا تُوعَدُونَ ﴿٢٢﴾

22. Wa fissamá'i rizqukum wa má tú'adún
22. E no céu está o vosso sustento, bem como tudo quanto vos tem sido prometido.

فَوَرَبِّ ٱلسَّمَآءِ وَٱلْأَرْضِ إِنَّهُۥ لَحَقٌّ مِّثْلَ مَآ أَنَّكُمْ تَنطِقُونَ ﴿٢٣﴾

سُورَةُ الذَّارِيَاتِ

Surat Az Zariat

23. Faua Rabbis samá'i wal ardhi innahú la<u>h</u>aqqum misla má annakum tantiqún

23. Pelo Senhor dos Céus e da Terra, que isto é tão verdadeiro como é certo que falais!

هَلْ أَتَىٰكَ حَدِيثُ ضَيْفِ إِبْرَٰهِيمَ ٱلْمُكْرَمِينَ ﴿٢٤﴾

24. Hal atáka <u>h</u>adíçu daifi Ibráhímal mukramín

24. Tens ouvido (ó Mensageiro) a história dos honoráveis hóspedes de Abraão?

إِذْ دَخَلُوا۟ عَلَيْهِ فَقَالُوا۟ سَلَٰمًا ۖ قَالَ سَلَٰمٌ قَوْمٌ مُّنكَرُونَ ﴿٢٥﴾

25. Iz dakhalú 'alaihi faqálú saláman qála salámun qaumum munkarún

25. Quando se apresentaram a ele e disseram: Paz, respondeu-lhes: Paz! (E pensou): "É gente desconhecida".

فَرَاغَ إِلَىٰٓ أَهْلِهِۦ فَجَآءَ بِعِجْلٍ سَمِينٍ ﴿٢٦﴾

26. Parágha ilá ahlihí fajá'a bi'ijlin samín

26. E voltou rapidamente para os seus, e trouxe (na volta) um bezerro gordo.

فَقَرَّبَهُۥٓ إِلَيْهِمْ قَالَ أَلَا تَأْكُلُونَ ﴿٢٧﴾

27. Faqarrabahú ilaihim qála alá tákulún

27. Que lhes ofereceu… Disse (ante a hesitação deles): Não comeis?

فَأَوْجَسَ مِنْهُمْ خِيفَةً ۖ قَالُوا۟ لَا تَخَفْ ۖ وَبَشَّرُوهُ بِغُلَٰمٍ عَلِيمٍ ﴿٢٨﴾

28. Fa aujasa minhum khí fatan qálú lá takhaf wa bachcharúhu bighulámin 'alím

28. Então sentiu medo deles. Disseram-lhe: Não temas! E anunciaram-lhe (o nascimento de) uma criança, que seria sábia.

فَأَقْبَلَتِ ٱمْرَأَتُهُۥ فِى صَرَّةٍ فَصَكَّتْ وَجْهَهَا وَقَالَتْ عَجُوزٌ عَقِيمٌ ﴿٢٩﴾

29. Fa aqbalatim ra-atuhú fí sarratin fasakkat wajhahá wa qálat 'ajúzun 'aquím

29. E sua mulher irrompeu, (rindo) em voz alta; e, batendo na própria face, disse: Eu, uma anciã estéril!

قَالُوا۟ كَذَٰلِكِ قَالَ رَبُّكِ ۖ إِنَّهُۥ هُوَ ٱلْحَكِيمُ ٱلْعَلِيمُ ﴿٣٠﴾

سُورَةُ الذَّارِيَاتِ

Surat Az Zariat

30. Qálú kazáliki qála Rabbuki innahú huwal hakímul 'alím

30. Disseram-lhe: Assim prescreveu teu Senhor, porque Ele é o Prudente, o Sapientíssimo. **(Fim do Juzi 26)**

سُورَةُ الذَّارِيَاتِ

Surat Az Zariat

Juzi 27

Surat 51. *Az Záriat* (Os Eventos Disseminadores) a partir do versículo 31 até 60, revelada em Makka

بِسْمِ اللَّهِ الرَّحْمَٰنِ الرَّحِيمِ

Bismilláhir Rahmánir Rahím

Em nome de Deus, o Clemente, o Misericordioso

۞ قَالَ فَمَا خَطْبُكُمْ أَيُّهَا الْمُرْسَلُونَ ﴿٣١﴾

31. Qála famá khatbukum ayyuhal mursalún

31. Perguntou Abraão: Qual é, então, a vossa incumbência, ó mensageiros?

قَالُوا إِنَّا أُرْسِلْنَا إِلَىٰ قَوْمٍ مُجْرِمِينَ ﴿٣٢﴾

32. Qálú inná ursilná ilá qaumim mujrimín

32. Responderam-lhe: Em verdade, fomos enviados a um povo de pecadores,

لِنُرْسِلَ عَلَيْهِمْ حِجَارَةً مِنْ طِينٍ ﴿٣٣﴾

33. Linursila 'alaihim hijáratam min tín

33. Para que lançássemos sobre eles pedras de argila,

مُسَوَّمَةً عِنْدَ رَبِّكَ لِلْمُسْرِفِينَ ﴿٣٤﴾

34. Mussauwamatan 'inda rabbika lilmusrifín

34. Destinadas, da parte do teu Senhor, aos transgressores.

فَأَخْرَجْنَا مَنْ كَانَ فِيهَا مِنَ الْمُؤْمِنِينَ ﴿٣٥﴾

35. Fa akhrajná man kána fíhá minal mu'minín

35. E evacuamos os crentes que nela (Sodoma) havia.

فَمَا وَجَدْنَا فِيهَا غَيْرَ بَيْتٍ مِنَ الْمُسْلِمِينَ ﴿٣٦﴾

36. Famá wajadná fíhá ghaira baitin minal musslimín

36. Porém, encontramos nela uma só casa de muçulmanos.

سُورَةُ الذَّارِيَات

Surat Az Zariat

وَتَرَكۡنَا فِيهَآ ءَايَةً لِّلَّذِينَ يَخَافُونَ ٱلۡعَذَابَ ٱلۡأَلِيمَ ﴿٣٧﴾

37. Wa tarakná fíhá áyatan lillazína yakháfúnal 'azábal alím

37. E deixamos lá um sinal, para aqueles que temem o doloroso castigo.

وَفِي مُوسَىٰٓ إِذۡ أَرۡسَلۡنَٰهُ إِلَىٰ فِرۡعَوۡنَ بِسُلۡطَٰنٖ مُّبِينٖ ﴿٣٨﴾

38. Wa fí Mussá iz arsalnáhu ilá Fir'auna bisultánin mubín

38. E em Moisés (também, havia um sinal), quando o enviamos ao Faraó, com uma autoridade evidente.

فَتَوَلَّىٰ بِرُكۡنِهِۦ وَقَالَ سَٰحِرٌ أَوۡ مَجۡنُونٞ ﴿٣٩﴾

39. Fatawalla biruknihí wa qála sáhirun au majnún

39. Porém, (o Faraó com os seus chefes) o rechaçaram, dizendo: É um mago ou um louco!

فَأَخَذۡنَٰهُ وَجُنُودَهُۥ فَنَبَذۡنَٰهُمۡ فِي ٱلۡيَمِّ وَهُوَ مُلِيمٞ ﴿٤٠﴾

40. Fa akhaznáhu wa junúdahú fanabaznáhum fil yammi wa huwa mulím

40. Porém, apanhamo-lo, juntamente com os seus soldados, e os precipitamos no mar, pela própria culpa deles.

وَفِي عَادٍ إِذۡ أَرۡسَلۡنَا عَلَيۡهِمُ ٱلرِّيحَ ٱلۡعَقِيمَ ﴿٤١﴾

41. Wa fí 'Ádin iz arsalná 'alaihimur ri<u>h</u>al 'aquim

41. E (na história do povo de) 'Ad há um exemplo; desencadeamos contra eles um vento assolador,

مَا تَذَرُ مِن شَيۡءٍ أَتَتۡ عَلَيۡهِ إِلَّا جَعَلَتۡهُ كَٱلرَّمِيمِ ﴿٤٢﴾

42. Má tazaru min chai'in atat 'alaihi illá já'alathu karramim

42. Que não passava sobre aquilo a que ia de encontro, sem o reduzir a cinzas.

وَفِي ثَمُودَ إِذۡ قِيلَ لَهُمۡ تَمَتَّعُواْ حَتَّىٰ حِينٖ ﴿٤٣﴾

43. Wa fí Çamúda iz quila lahum tamattaú <u>h</u>attá <u>h</u>in

43. E (no povo de) :amud tendes um exemplo, ao lhes ser dito: Desfrutai transitoriamente!

فَعَتَوۡاْ عَنۡ أَمۡرِ رَبِّهِمۡ فَأَخَذَتۡهُمُ ٱلصَّٰعِقَةُ وَهُمۡ يَنظُرُونَ ﴿٤٤﴾

سُورَةُ الذَّارِيَاتِ

Surat Az Zariat

44. Fa'atau 'an amri Rabbihim fa akhazat-humus sá'iqatu wa hum yanzurún

44. Porém, desacataram insolentemente a ordem de seu Senhor, e a centelha os fulminou, enquanto observavam.

فَمَا ٱسۡتَطَٰعُواْ مِن قِيَامٖ وَمَا كَانُواْ مُنتَصِرِينَ ٤٥

45. Famas tatá'ú min quiyámin wa má kánú muntasirín

45. E não puderam manter-se de pé, nem se socorrer mutuamente.

وَقَوۡمَ نُوحٖ مِّن قَبۡلُۖ إِنَّهُمۡ كَانُواْ قَوۡمٗا فَٰسِقِينَ ٤٦

46. Wa qauma Núhin min qablu innahum káno qauman fássiquin

46. E anteriormente a eles houve o povo de Noé; em verdade, era um povo depravado.

وَٱلسَّمَآءَ بَنَيۡنَٰهَا بِأَيۡيْدٖ وَإِنَّا لَمُوسِعُونَ ٤٧

47. Wassamá'a banainááhá bi aydin wa inná lamússi'ún

47. E construímos o firmamento com poder e perícia, e Nós o estamos expandindo.

وَٱلۡأَرۡضَ فَرَشۡنَٰهَا فَنِعۡمَ ٱلۡمَٰهِدُونَ ٤٨

48. Wal ardha farachnáhá fani'mal máhidún

48. E dilatamos a Terra; e que excelente Dilatador tendes em Nós!

وَمِن كُلِّ شَيۡءٍ خَلَقۡنَا زَوۡجَيۡنِ لَعَلَّكُمۡ تَذَكَّرُونَ ٤٩

49. Wa min kulli chai'in khalaqná zaujaini la'allakum tazakkarún

49. E criamos um casal de cada espécie, para que mediteis.

فَفِرُّوٓاْ إِلَى ٱللَّهِۖ إِنِّي لَكُم مِّنۡهُ نَذِيرٞ مُّبِينٞ ٥٠

50. Fafirrú ilal láhi inní lakum minhu nazírum mubín

50. Apressai-vos, pois, para Deus, porque sou, da Sua parte, um elucidativo admoestador para vós.

وَلَا تَجۡعَلُواْ مَعَ ٱللَّهِ إِلَٰهًا ءَاخَرَۖ إِنِّي لَكُم مِّنۡهُ نَذِيرٞ مُّبِينٞ ٥١

51. Wa lá taj'alú ma'al láhi iláhan ákhara inní lakum minhu nazírum mubín

51. E não coloqueis outra divindade junto a Deus, porque sou da Sua parte, um elucidativo admoestador para vós.

سُورَةُ الذَّارِيَاتِ

Surat Az Zariat

كَذَٰلِكَ مَآ أَتَى ٱلَّذِينَ مِن قَبۡلِهِم مِّن رَّسُولٍ إِلَّا قَالُواْ سَاحِرٌ أَوۡ مَجۡنُونٌ ﴿٥٢﴾

52. Kazálika má atal lazína min qablihim mir Rassúlin illá qálú sáhirun au majnún

52. Mesmo assim, não se apresentou mensageiro algum àqueles que vos precederam, sem que dissessem: É um mago ou um louco!

أَتَوَاصَوۡاْ بِهِۦۚ بَلۡ هُمۡ قَوۡمٌ طَاغُونَ ﴿٥٣﴾

53. Atawássau bih; bal hum qaumun tághún

53. Acaso, é este o legado que transmitiram, de um para o outro? Qual! São um povo de transgressores.

فَتَوَلَّ عَنۡهُمۡ فَمَآ أَنتَ بِمَلُومٍ ﴿٥٤﴾

54. Fatawalla ʻanhum famá anta bimalúm

54. Afasta-te, pois, deles, porque não serás reprovado.

وَذَكِّرۡ فَإِنَّ ٱلذِّكۡرَىٰ تَنفَعُ ٱلۡمُؤۡمِنِينَ ﴿٥٥﴾

55. Wa zakkir fa innaz zikrá tanfa'ul mu'minín

55. E admoesta-os, porque a admoestação será proveitosa para os crentes.

وَمَا خَلَقۡتُ ٱلۡجِنَّ وَٱلۡإِنسَ إِلَّا لِيَعۡبُدُونِ ﴿٥٦﴾

56. Wa má khalaqtul jinna wal inssa illá liya'budún

56. Não criei os gênios e os humanos, senão para Me adorarem.

مَآ أُرِيدُ مِنۡهُم مِّن رِّزۡقٍ وَمَآ أُرِيدُ أَن يُطۡعِمُونِ ﴿٥٧﴾

57. Má urídu minhum mir rizquin wa má urídu an yut'imún

57. Não lhes peço sustento algum, nem quero que Me alimentem.

إِنَّ ٱللَّهَ هُوَ ٱلرَّزَّاقُ ذُو ٱلۡقُوَّةِ ٱلۡمَتِينُ ﴿٥٨﴾

58. Innal láha Huwar Razzáqu Zul Quwwatil Matín

58. Sabei que Deus é o Sustentador por excelência, Potente, Inquebrantabilíssimo.

فَإِنَّ لِلَّذِينَ ظَلَمُواْ ذَنُوبًا مِّثۡلَ ذَنُوبِ أَصۡحَٰبِهِمۡ فَلَا يَسۡتَعۡجِلُونِ ﴿٥٩﴾

59. Fa inna lillazína zalamú zanúbam missla zanúbi asshábihim falá yasta'jilún

59. Em verdade, os injustos auferirão a mesma sorte que os seus antepassados.
Assim, que não Me constranjam a apressar (o castigo)!

فَوَيْلٌ لِّلَّذِينَ كَفَرُوا۟ مِن يَوْمِهِمُ ٱلَّذِى يُوعَدُونَ ﴿٦٠﴾

60. Fawailul lillazína kafarú miy yaumihimul lazí yú'adún
60. Ai, pois, dos incrédulos no dia que lhes tem sido prometido!

Surat 52. *At-Túr* (O Monte), 49 versículos, revelada em Makka

بِسْمِ ٱللَّهِ ٱلرَّحْمَٰنِ ٱلرَّحِيمِ

Bismilláhir Rahmánir Rahím
Em nome de Deus, o Clemente, o Misericordioso

وَٱلطُّورِ ﴿١﴾

1. Wat-Túr
1. Pelo monte (Sinai)

وَكِتَٰبٍ مَّسْطُورٍ ﴿٢﴾

2. Wa kitábim mastúr
2. Pelo Livro escrito,

فِى رَقٍّ مَّنشُورٍ ﴿٣﴾

3. Fí raqquim manchúr
3. Em um pergaminho desenrolado,

وَٱلْبَيْتِ ٱلْمَعْمُورِ ﴿٤﴾

4. Wal baitil ma'múr
4. Pelo templo frequentado,

سُورَةُ الطُّورِ

Surata At Túr

وَٱلسَّقۡفِ ٱلۡمَرۡفُوعِ ﴿٥﴾

5. Wassaqfil marfú'
5. Pelo céu elevado,

وَٱلۡبَحۡرِ ٱلۡمَسۡجُورِ ﴿٦﴾

6. Wal bahril massjúr
6. E pelos oceanos cheios,

إِنَّ عَذَابَ رَبِّكَ لَوَٰقِعٞ ﴿٧﴾

7. Inna 'azába Rabbika lawáqui'
7. Que o castigo do teu Senhor está iminente.

مَّا لَهُۥ مِن دَافِعٖ ﴿٨﴾

8. Má lahú min dáfi'
8. Ninguém poderá evitá-lo.

يَوۡمَ تَمُورُ ٱلسَّمَآءُ مَوۡرٗا ﴿٩﴾

9. Yauma tamurus samá'u maurá
9. (Será) o dia em que o firmamento oscilará energicamente.

وَتَسِيرُ ٱلۡجِبَالُ سَيۡرٗا ﴿١٠﴾

10. Wa tasírul jibálu sai-rá
10. E as montanhas mover-se-ão rapidamente.

فَوَيۡلٞ يَوۡمَئِذٖ لِّلۡمُكَذِّبِينَ ﴿١١﴾

11. Fawailun yauma 'izil lilmukázzibín
11. Ai, nesse dia, dos desmentidores.

ٱلَّذِينَ هُمۡ فِي خَوۡضٖ يَلۡعَبُونَ ﴿١٢﴾

12. Allazína hum fí khaudin yal'abún
12. Que estão entregues às suas tagarelices.

يَوۡمَ يُدَعُّونَ إِلَىٰ نَارِ جَهَنَّمَ دَعًّا ﴿١٣﴾

سُورَةُ الطُّورِ

Surat At Túr

13. Yauma yuda'-úna ilá nári jahannama da'á

13. Será o dia em que se verão violentamente impulsionados para o fogo infernal.

هَٰذِهِ ٱلنَّارُ ٱلَّتِي كُنتُم بِهَا تُكَذِّبُونَ ﴿١٤﴾

14. Házihin nárul latí kuntum bihá tukazzibún

14. (Ser-lhes-á dito): Eis aqui o Fogo, que negastes!

أَفَسِحۡرٌ هَٰذَآ أَمۡ أَنتُمۡ لَا تُبۡصِرُونَ ﴿١٥﴾

15. Afasihrun házá am antum lá tubsirún

15. É isto, acaso, magia, ou não vedes ainda?

ٱصۡلَوۡهَا فَٱصۡبِرُوٓاْ أَوۡ لَا تَصۡبِرُواْ سَوَآءٌ عَلَيۡكُمۡۖ إِنَّمَا تُجۡزَوۡنَ مَا كُنتُمۡ تَعۡمَلُونَ ﴿١٦﴾

16. Islauhá fasbirú au lá tasbirú sawá'un 'álaikum innamá tujzauna má kuntum ta'malún

16. Entrai aí, porque redundará no mesmo, quer o suporteis, quer não. Sabei que sempre sereis recompensados pelo que houverdes feito.

إِنَّ ٱلۡمُتَّقِينَ فِي جَنَّٰتٖ وَنَعِيمٖ ﴿١٧﴾

17. Innal muttaquina fí jannátin wa na'ím

17. Quanto aos tementes (a Deus), viverão em jardins e em felicidade,

فَٰكِهِينَ بِمَآ ءَاتَىٰهُمۡ رَبُّهُمۡ وَوَقَىٰهُمۡ رَبُّهُمۡ عَذَابَ ٱلۡجَحِيمِ ﴿١٨﴾

18. Fákihína bimá atáhum rabbuhum wa waqáhum rabbuhum 'azábal jahím

18. Gozando daquilo com que o seu Senhor os houver agraciado; e o seu Senhor os preservará do suplício infernal.

كُلُواْ وَٱشۡرَبُواْ هَنِيٓـَٔۢا بِمَا كُنتُمۡ تَعۡمَلُونَ ﴿١٩﴾

19. Kulú wachrabú haní'am bimá kuntum ta'malún

19. (Ser-lhes-á dito): Comei e bebei, com proveito, pelo que (de bom) fizestes!

مُتَّكِـِٔينَ عَلَىٰ سُرُرٖ مَّصۡفُوفَةٖۖ وَزَوَّجۡنَٰهُم بِحُورٍ عِينٖ ﴿٢٠﴾

20. Muttaki'ina 'alá sururim masfúfatin wa zauwajnáhum bihúrin 'Ín

20. Estarão recostados sobre leitos enfileirados e os casaremos com huris, de olhos maravilhosos.

سُورَةُ الطُّورِ

Surat At Túr

وَٱلَّذِينَ ءَامَنُوا۟ وَٱتَّبَعَتْهُمْ ذُرِّيَّتُهُم بِإِيمَـٰنٍ أَلْحَقْنَا بِهِمْ ذُرِّيَّتَهُمْ وَمَآ أَلَتْنَـٰهُم مِّنْ عَمَلِهِم
مِّن شَىْءٍ ۚ كُلُّ ٱمْرِئٍۭ بِمَا كَسَبَ رَهِينٌ ﴿٢١﴾

21. Wallazína ámanú wattaba'athum zurriyyatuhum biímánin alhaqná bihim zurriyyatahum wa má alatnáhum min 'amalihim min chai'; kullum ri'im bimá kassaba rahín

21. E aqueles que creram, bem como as suas proles, que os seguirem na fé, reuni-los-emos às suas famílias, e não os privaremos de nada, quanto à sua recompensa merecida. Todo o indivíduo será responsável pelos seus atos!

وَأَمْدَدْنَـٰهُم بِفَـٰكِهَةٍ وَلَحْمٍ مِّمَّا يَشْتَهُونَ ﴿٢٢﴾

22. Wa amdadnáhum bifákihatin wa lahmim mimmá yachtahún

22. E os proveremos de frutas e carnes, bem como do que lhes apetecer.

يَتَنَـٰزَعُونَ فِيهَا كَأْسًا لَّا لَغْوٌ فِيهَا وَلَا تَأْثِيمٌ ﴿٢٣﴾

23. Yatanáza'úna fíhá ka'sal lá laghwun fíhá wa lá ta'cím

23. Aí brindarão de uma taça cuja bebida não os levará à frivolidade, nem os induzirá ao pecado.

۞ وَيَطُوفُ عَلَيْهِمْ غِلْمَانٌ لَّهُمْ كَأَنَّهُمْ لُؤْلُؤٌ مَّكْنُونٌ ﴿٢٤﴾

24. ۞ Wa yatúfu 'alaihim ghilmánul lahum ka annahum lu'lu'um maknún

24. E serão servidos por mancebos, formosos como se fossem pérolas em suas conchas.

وَأَقْبَلَ بَعْضُهُمْ عَلَىٰ بَعْضٍ يَتَسَآءَلُونَ ﴿٢٥﴾

25. Wa aqbala ba'duhum 'alá ba'din yatasá'alún

25. E acercar-se-ão, em assembleias, interrogando-se.

قَالُوٓا۟ إِنَّا كُنَّا قَبْلُ فِىٓ أَهْلِنَا مُشْفِقِينَ ﴿٢٦﴾

26. Qálú inná kunná qablu fí ahliná muchfiquin

26. Dirão: Em verdade, antes estávamos temerosos pelos nossos familiares,

فَمَنَّ ٱللَّهُ عَلَيْنَا وَوَقَىٰنَا عَذَابَ ٱلسَّمُومِ ﴿٢٧﴾

27. Famannal láhu 'alainá wa waqáná 'azábas samúm

27. Mas Deus nos agraciou e nos preservou do tormento do vento abrasador,

سُورَةُ الطُّورِ

Surat At Túr

إِنَّا كُنَّا مِن قَبْلُ نَدْعُوهُ إِنَّهُۥ هُوَ ٱلْبَرُّ ٱلرَّحِيمُ ﴿٢٨﴾

28. Inná kunná min qablu nad'úhu innahú huwal barru rahím

28. Porque antes O invocávamos, por ser Ele o Beneficente, o Misericordiosíssimo!

فَذَكِّرْ فَمَآ أَنتَ بِنِعْمَتِ رَبِّكَ بِكَاهِنٍ وَلَا مَجْنُونٍ ﴿٢٩﴾

29. Fazakkir famá anta bini'mati rabbika bikáhinin wa lá majnún

29. Predica-lhes, pois, que mercê do teu Senhor, não és um adivinho, nem um louco.

أَمْ يَقُولُونَ شَاعِرٌ نَّتَرَبَّصُ بِهِۦ رَيْبَ ٱلْمَنُونِ ﴿٣٠﴾

30. Am yaqúlúna chá'irun natarabbasu bihí raibal manún

30. Ou dirão: É um poeta. Aguardemos que lhe chegue a calamidade, (produzida) pelo tempo!

قُلْ تَرَبَّصُوا۟ فَإِنِّى مَعَكُم مِّنَ ٱلْمُتَرَبِّصِينَ ﴿٣١﴾

31. Qul tarabbasú fa inní ma'akum minal mutarabbissín

31. Dize-lhes: Aguardai, que eu também sou um dos que aguardam convosco!

أَمْ تَأْمُرُهُمْ أَحْلَٰمُهُم بِهَٰذَآ ۚ أَمْ هُمْ قَوْمٌ طَاغُونَ ﴿٣٢﴾

32. Am ta'muruhum ahlámuhum biházá am hum qaumun tághún

32. São, acaso, suas faculdades mentais que os induzem a isso, ou é que são um povo de transgressores?

أَمْ يَقُولُونَ تَقَوَّلَهُۥ ۚ بَل لَّا يُؤْمِنُونَ ﴿٣٣﴾

33. Am yaqúlúna taqauwalah; bal lá yu'minún

33. Dirão ainda: Porventura, ele o tem forjado (o Alcorão)? Qual! Não creem!

فَلْيَأْتُوا۟ بِحَدِيثٍ مِّثْلِهِۦٓ إِن كَانُوا۟ صَٰدِقِينَ ﴿٣٤﴾

34. Falya'tú bihadícim miçlihí in kánú sádiquin

34. Que apresentem, pois, uma mensagem semelhante, se estivermos certos.

أَمْ خُلِقُوا۟ مِنْ غَيْرِ شَىْءٍ أَمْ هُمُ ٱلْخَٰلِقُونَ ﴿٣٥﴾

سُورَةُ الطُّورِ

Surat At Túr

35. Am khuliqú min ghairi chai'in am humul kháliqun

35. Porventura, não foram eles criados do nada, ou são eles os criadores?

أَمْ خَلَقُوا۟ ٱلسَّمَٰوَٰتِ وَٱلْأَرْضَ ۚ بَل لَّا يُوقِنُونَ ﴿٣٦﴾

36. Am khalaqus samáwáti wal ardh; bal lá yúquinún

36. Ou criaram, acaso, os Céus e a Terra? Qual! Não se persuadirão!

أَمْ عِندَهُمْ خَزَآئِنُ رَبِّكَ أَمْ هُمُ ٱلْمُصَيْطِرُونَ ﴿٣٧﴾

37. Am 'indahum khazá'inu rabbika am humul musaitirún

37. Possuem, porventura, os tesouros do teu Senhor, ou são eles os dominadores?

أَمْ لَهُمْ سُلَّمٌ يَسْتَمِعُونَ فِيهِ ۖ فَلْيَأْتِ مُسْتَمِعُهُم بِسُلْطَٰنٍ مُّبِينٍ ﴿٣٨﴾

38. Am lahum sullamun yastami'úna fíhi falya'ti mustami'uhum bisultánim mubín

38. Ou possuem alguma escada, para escalarem o céu, a fim de detectarem ali, os segredos? Que os espreitadores apresentem uma autoridade evidente!

أَمْ لَهُ ٱلْبَنَٰتُ وَلَكُمُ ٱلْبَنُونَ ﴿٣٩﴾

39. Am lahul banátu wa lakumul banún

39. Ou pertencem a Ele as filhas e a vós os filhos?

أَمْ تَسْـَٔلُهُمْ أَجْرًا فَهُم مِّن مَّغْرَمٍ مُّثْقَلُونَ ﴿٤٠﴾

40. Am tas'aluhum ajran fahum mim maghramim musqalún

40. Ou lhes exiges, porventura, alguma recompensa, e por isso ficam sobrecarregados de dívidas?

أَمْ عِندَهُمُ ٱلْغَيْبُ فَهُمْ يَكْتُبُونَ ﴿٤١﴾

41. Am 'indahumul ghaibu fahum yaktubún

41. Ou pensam estar de posse do desconhecido donde copiam o que dizem?

أَمْ يُرِيدُونَ كَيْدًا ۖ فَٱلَّذِينَ كَفَرُوا۟ هُمُ ٱلْمَكِيدُونَ ﴿٤٢﴾

42. Am yurídúna kaidan fallazína kafarú humul makídún

42. Ou (em suma) intentam conspirar (contra ti)? Qual! Saibam os incrédulos que serão envolvidos na conspiração!

سُورَةُ الطُّورِ

Surat At Túr

أَمْ لَهُمْ إِلَٰهٌ غَيْرُ ٱللَّهِ ۚ سُبْحَٰنَ ٱللَّهِ عَمَّا يُشْرِكُونَ ﴿٤٣﴾

43. Am lahum iláhun ghairul láh; subhánal láhi 'ammá yuchrikún

43. Ou, por fim, têm outra divindade, além de Deus? Glorificado seja Deus, de tudo quanto Lhe associam!

وَإِن يَرَوْا۟ كِسْفًا مِّنَ ٱلسَّمَآءِ سَاقِطًا يَقُولُوا۟ سَحَابٌ مَّرْكُومٌ ﴿٤٤﴾

44. Wa in yarau kisfam minas samá'i sáquitan yaqúlú sahábum markúm

44. E se vissem desabar um fragmento do firmamento, diriam: São nuvens saturadas!

فَذَرْهُمْ حَتَّىٰ يُلَٰقُوا۟ يَوْمَهُمُ ٱلَّذِى فِيهِ يُصْعَقُونَ ﴿٤٥﴾

45. Fazarhum hatta yuláqú yaumahumul lazí fíhi yus'aqún

45. Deixa-os, pois, até que se deparem com o seu dia, em que serão fulminados!

يَوْمَ لَا يُغْنِى عَنْهُمْ كَيْدُهُمْ شَيْـًٔا وَلَا هُمْ يُنصَرُونَ ﴿٤٦﴾

46. Yauma lá yughní 'anhum kaiduhum chai'an wa lá hum yunsarún

46. Dia esse em que de nada lhes servirão as suas conspirações, nem serão socorridos.

وَإِنَّ لِلَّذِينَ ظَلَمُوا۟ عَذَابًا دُونَ ذَٰلِكَ وَلَٰكِنَّ أَكْثَرَهُمْ لَا يَعْلَمُونَ ﴿٤٧﴾

47. Wa inna lillazína zalamú 'azában dúna zálika wa lákinna aksarahum lá ya'lamún

47. Em verdade, os injustos, além desse (já mencionado), sofrerão outros castigos; porém, a maioria o ignora.

وَٱصْبِرْ لِحُكْمِ رَبِّكَ فَإِنَّكَ بِأَعْيُنِنَا ۖ وَسَبِّحْ بِحَمْدِ رَبِّكَ حِينَ تَقُومُ ﴿٤٨﴾

48. Wasbir lihukmi rabbika fa innaka bi-a'yuniná wa sabbih bihamdi rabbika hína taqúm

48. E tu (ó Mensageiro), aguarda até ao Dia do Juízo do teu Senhor, porque estás ante Nossos olhos. E glorifica os louvores do teu Senhor, quando te levantares,

وَمِنَ ٱلَّيْلِ فَسَبِّحْهُ وَإِدْبَٰرَ ٱلنُّجُومِ ﴿٤٩﴾

49. Wa minal laili fasabbihhu wa idbáran nujúm

49. E numa parte da noite, e glorifica-O ao retirarem-se as estrelas.

سُورَةُ النَّجۡمِ

Surat An Najm

Surat 53. *An Najm* (A Estrela), 62 versículos, revelada em Madina

بِسۡمِ ٱللَّهِ ٱلرَّحۡمَٰنِ ٱلرَّحِيمِ

Bismilláhir Rahmánir Rahím

Em nome de Deus, o Clemente, o Misericordioso

وَٱلنَّجۡمِ إِذَا هَوَىٰ ١

1. Wannajmi izá hawá

1. Pela estrela, quando cai,

مَا ضَلَّ صَاحِبُكُمۡ وَمَا غَوَىٰ ٢

2. Má dhalla sáhibukum wa má ghawá

2. Que vosso camarada jamais se extravia, nem erra,

وَمَا يَنطِقُ عَنِ ٱلۡهَوَىٰٓ ٣

3. Wa má yantiqu ʻanilhawá

3. Nem fala por capricho.

إِنۡ هُوَ إِلَّا وَحۡيٞ يُوحَىٰ ٤

4. In huwa illá Wahyun yúhá

4. Isto não é senão a inspiração que lhe foi revelada,

عَلَّمَهُۥ شَدِيدُ ٱلۡقُوَىٰ ٥

5. ʻAllamahú chadídul quwá

5. Que lhe transmitiu o fortíssimo (Gabriel),

ذُو مِرَّةٖ فَٱسۡتَوَىٰ ٦

6. Zú mirratin fastawá

6. O sensato, o qual lhe apareceu (em sua majestosa forma),

وَهُوَ بِٱلۡأُفُقِ ٱلۡأَعۡلَىٰ ٧

7. Wa huwa bil ufuquil aʼlá

7. Quando estava na parte mais alta do horizonte.

ثُمَّ دَنَا فَتَدَلَّىٰ ٨

سُورَةُ النَّجۡمِ

Surat An Najm

8. Çumma daná fatadalla
8. Então, chegou bem perto,

فَكَانَ قَابَ قَوۡسَيۡنِ أَوۡ أَدۡنَىٰ ٩

9. Fakána qába qaussaini au adná
9. Até a uma distância de dois arcos (de atirar setas), ou menos ainda,

فَأَوۡحَىٰٓ إِلَىٰ عَبۡدِهِۦ مَآ أَوۡحَىٰ ١٠

10. Fa auhá ilá 'abdihí má auhá
10. E revelou ao Seu servo o que Ele lhe havia revelado.

مَا كَذَبَ ٱلۡفُؤَادُ مَا رَأَىٰٓ ١١

11. Má kazabal fu'ádu má ra-á
11. O coração (do Mensageiro) não mentiu acerca do que viu.

أَفَتُمَٰرُونَهُۥ عَلَىٰ مَا يَرَىٰ ١٢

12. Afatumárúnahú 'alá má yará
12. Disputareis, acaso, sobre o que ele viu?

وَلَقَدۡ رَءَاهُ نَزۡلَةً أُخۡرَىٰ ١٣

13. Wa laqad ra-áhu nazlatan ukhrá
13. Realmente o viu, numa segunda descida,

عِندَ سِدۡرَةِ ٱلۡمُنتَهَىٰ ١٤

14. 'Inda sidratil muntaha
14. Junto ao limite da árvore de lótus.

عِندَهَا جَنَّةُ ٱلۡمَأۡوَىٰٓ ١٥

15. 'Indahá jannatul ma'wá
15. Junto à qual está o jardim da morada (eterna).

إِذۡ يَغۡشَى ٱلسِّدۡرَةَ مَا يَغۡشَىٰ ١٦

16. Iz yaghchas sidrata má yaghchá
16. Quando aquela coisa envolvente cobriu a árvore de lótus,

مَا زَاغَ ٱلۡبَصَرُ وَمَا طَغَىٰ ١٧

سُورَةُ النَّجْمِ

Surat An Najm

17. Má zághal bassaru wa má taghá
17. Não desviou o olhar, nem transgrediu.

لَقَدْ رَأَىٰ مِنْ ءَايَٰتِ رَبِّهِ ٱلْكُبْرَىٰٓ ﴿١٨﴾

18. Laqad ra-á min áyáti Rabbihil kubrá
18. Em verdade, presenciou os maiores sinais do seu Senhor.

أَفَرَءَيْتُمُ ٱللَّٰتَ وَٱلْعُزَّىٰ ﴿١٩﴾

19. Afara'aytumul lá-ta wal 'uzzaa
19. Acaso, haveis visto Al-Lát e Al-Uzza,

وَمَنَوٰةَ ٱلثَّالِثَةَ ٱلْأُخْرَىٰٓ ﴿٢٠﴾

20. Wa manátas çáliçatal ukhrá
20. E a outra, a terceira (deusa), Manawat?

أَلَكُمُ ٱلذَّكَرُ وَلَهُ ٱلْأُنثَىٰ ﴿٢١﴾

21. A-lakumuz zakaru wa lahul unsá
21. Porventura, pertence-vos o sexo masculino e a Ele o feminino?

تِلْكَ إِذًا قِسْمَةٌ ضِيزَىٰٓ ﴿٢٢﴾

22. Tilka izan quismatun dhízá
22. Tal, então, seria uma partilha injusta.

إِنْ هِىَ إِلَّآ أَسْمَآءٌ سَمَّيْتُمُوهَآ أَنتُمْ وَءَابَآؤُكُم مَّآ أَنزَلَ ٱللَّهُ بِهَا مِن سُلْطَٰنٍ ۚ إِن يَتَّبِعُونَ
إِلَّا ٱلظَّنَّ وَمَا تَهْوَى ٱلْأَنفُسُ ۖ وَلَقَدْ جَآءَهُم مِّن رَّبِّهِمُ ٱلْهُدَىٰٓ ﴿٢٣﴾

23. In hiya illá asmá'un sammaitumúhá antum wa ábá'ukum má anzalal láhu bihá min sultan; in yattabi'úna illaz zanna wa má tahwal anfussu wa laqad já'ahum mir Rabbihimul hudá
23. Tais (divindades) não são mais do que nomes, com que as denominastes, vós e vossos antepassados, acerca do que Deus não vos conferiu autoridade alguma. Não seguem senão as suas próprias conjecturas e as luxúrias das suas almas, não obstante ter-lhes chegado a orientação do seu Senhor!

أَمْ لِلْإِنسَٰنِ مَا تَمَنَّىٰ ﴿٢٤﴾

سُورَةُ النَّجۡمِ

Surat An Najm

24. Am lil insáni má tamanná

24. Porventura, obterá o homem tudo quanto ambiciona?

فَلِلَّهِ ٱلۡأٓخِرَةُ وَٱلۡأُولَىٰ ﴿٢٥﴾

25. Falilláhil ákhiratu wal úlá

25. Sabei que só a Deus pertence a Outra Vida e a presente.

۞ وَكَم مِّن مَّلَكٍ فِي ٱلسَّمَٰوَٰتِ لَا تُغۡنِي شَفَٰعَتُهُمۡ شَيۡـًٔا إِلَّا مِنۢ بَعۡدِ
أَن يَأۡذَنَ ٱللَّهُ لِمَن يَشَآءُ وَيَرۡضَىٰٓ ﴿٢٦﴾

26. ۞Wa kam mim malakin fissamáwáti lá tughní chafá'atuhum chai'an illá mim ba'di an ya'zanal láhu liman yachá'u wa yardhá

26. E quantos anjos há nos céus, cujas intercessões de nada valerão, salvo a daqueles a quem Deus aprouver e Ele comprazerem!

إِنَّ ٱلَّذِينَ لَا يُؤۡمِنُونَ بِٱلۡأٓخِرَةِ لَيُسَمُّونَ ٱلۡمَلَٰٓئِكَةَ تَسۡمِيَةَ ٱلۡأُنثَىٰ ﴿٢٧﴾

27. innal lazína lá yu'minúna bil ákhirati la yusammúnal malá'kata tasmiyatal unçá

27. Sabei que aqueles que não creem na Outra Vida denominam os anjos com nomes femininos,

وَمَا لَهُم بِهِۦ مِنۡ عِلۡمٍۖ إِن يَتَّبِعُونَ إِلَّا ٱلظَّنَّۖ وَإِنَّ ٱلظَّنَّ لَا يُغۡنِي مِنَ ٱلۡحَقِّ شَيۡـٔٗا ﴿٢٨﴾

28. Wa má lahum bihí min 'ilmin in yattabi'úna illaz zanna wa innaz zanna lá yughní minal haqqui chai'á

28. Embora careçam de todo o conhecimento a esse respeito. Não fazem senão seguir conjecturas, sendo que a conjectura jamais prevaleceu, em nada, sobre a verdade.

فَأَعۡرِضۡ عَن مَّن تَوَلَّىٰ عَن ذِكۡرِنَا وَلَمۡ يُرِدۡ إِلَّا ٱلۡحَيَوٰةَ ٱلدُّنۡيَا ﴿٢٩﴾

29. Fa a'ridh 'am man tawallá 'an zikriná wa lam yurid illal hayátad dunyá

29. Afasta-te, pois, de quem desdenha a Nossa Mensagem e não ambiciona senão a vida terrena.

ذَٰلِكَ مَبۡلَغُهُم مِّنَ ٱلۡعِلۡمِۚ إِنَّ رَبَّكَ هُوَ أَعۡلَمُ بِمَن ضَلَّ عَن سَبِيلِهِۦ وَهُوَ أَعۡلَمُ بِمَنِ
ٱهۡتَدَىٰ ﴿٣٠﴾

سُورَةُ النَّجْمِ

Surat An Najm

30. Zalika mablaghuhum minal 'ilm; inna rabbaka huwa a'lamu biman dhalla 'an sabílihí wa huwa a'lamu bimanih tadá

30. Tal é o alcance do seu conhecimento. Em verdade, teu Senhor é o mais conhecedor de quem se desvia da Sua senda, assim como é o mais conhecedor de quem se encaminha.

وَلِلَّهِ مَا فِى ٱلسَّمَٰوَٰتِ وَمَا فِى ٱلْأَرْضِ لِيَجْزِىَ ٱلَّذِينَ أَسَٰٓـُٔوا۟ بِمَا عَمِلُوا۟ وَيَجْزِىَ
ٱلَّذِينَ أَحْسَنُوا۟ بِٱلْحُسْنَى ﴿٣١﴾

31. Wa lilláhi má fis samáwáti wa má fil ardi liyajziyal lazína assá'ú bimá 'amilú wa yajziyal lazína ahsanú bilhusná

31. A Deus pertence tudo quanto existe nos Céus e na Terra, com isso Ele castiga os malévolos, segundo o que tenham cometido e recompensa os benfeitores com o melhor.

ٱلَّذِينَ يَجْتَنِبُونَ كَبَٰٓئِرَ ٱلْإِثْمِ وَٱلْفَوَٰحِشَ إِلَّا ٱللَّمَمَ ۚ إِنَّ رَبَّكَ وَٰسِعُ ٱلْمَغْفِرَةِ ۚ هُوَ
أَعْلَمُ بِكُمْ إِذْ أَنشَأَكُم مِّنَ ٱلْأَرْضِ وَإِذْ أَنتُمْ أَجِنَّةٌ فِى بُطُونِ أُمَّهَٰتِكُمْ ۖ فَلَا
تُزَكُّوٓا۟ أَنفُسَكُمْ ۖ هُوَ أَعْلَمُ بِمَنِ ٱتَّقَىٰٓ ﴿٣٢﴾

32. Allazína yajtanibúna kabá'iral issmi walfawáhicha illal lamam; inna rabbaka wássi'ul maghfirah; huwa a'lamu bikum iz ancha-akum minal ardhi wa iz antum ajinnatun fí butúni ummahátikum falá tuzakkú anfusakum huwa a'lamu bimanit taqá

32. Estes são os que se abstêm dos pecados graves e das obscenidades, conquanto cometam faltas leves. Que saibam que o teu Senhor é Amplo em indulgência; Ele vos conhece melhor do que ninguém, uma vez que foi Ele Que vos criou na Terra, em que éreis embriões nas entranhas de vossas mães. Portanto, não vos justifiqueis, porque Ele bem conhece os tementes.

أَفَرَءَيْتَ ٱلَّذِى تَوَلَّىٰ ﴿٣٣﴾

33. Afara'ayatal lazí tawallá

33. Que opinas, pois, de quem desdenha,

وَأَعْطَىٰ قَلِيلًا وَأَكْدَىٰٓ ﴿٣٤﴾

34. Wa a'tá qalílan wa akdá
34. Que pouco dá, e, depois, endurece (o coração)?

أَعِندَهُۥ عِلْمُ ٱلْغَيْبِ فَهُوَ يَرَىٰٓ ٣٥

35. A'indahú 'ilmul ghaibi fahuwa yará
35. Porventura, está de posse do desconhecido e prognostica (o futuro)?

أَمْ لَمْ يُنَبَّأْ بِمَا فِى صُحُفِ مُوسَىٰ ٣٦

36. Am lam yunabbá bimá fissuhufi Mussá
36. Qual, (esse indivíduo) não foi inteirado de tudo quanto contêm os livros de Moisés,

وَإِبْرَٰهِيمَ ٱلَّذِى وَفَّىٰٓ ٣٧

37. Wa Ibráhímal lazí waffá
37. E os de Abraão, que cumpriu (as suas obrigações),

أَلَّا تَزِرُ وَازِرَةٌ وِزْرَ أُخْرَىٰ ٣٨

38. Alá taziru wáziratun wizra ukhrá
38. De que nenhum pecador arcará com culpa alheia?

وَأَن لَّيْسَ لِلْإِنسَٰنِ إِلَّا مَا سَعَىٰ ٣٩

39. Wa an laissa lil insáni illá má sa'á
39. De que o homem não obtém senão o fruto do seu proceder?

وَأَنَّ سَعْيَهُۥ سَوْفَ يُرَىٰ ٤٠

40. Wa anna sa'yahú sawfa yurá
40. De que o seu proceder será examinado?

ثُمَّ يُجْزَىٰهُ ٱلْجَزَآءَ ٱلْأَوْفَىٰ ٤١

41. Çumma yujzáhul jazá'al aufá
41. Depois, ser-lhe-á retribuído, com a mais equitativa recompensa?

وَأَنَّ إِلَىٰ رَبِّكَ ٱلْمُنتَهَىٰ ٤٢

42. Wa anna ilá rabbikal muntahá
42. E que pertence ao teu Senhor o limite?

سُورَةُ النَّجْمِ

Surat An Najm

وَأَنَّهُۥ هُوَ أَضْحَكَ وَأَبْكَىٰ ﴿٤٣﴾

43. Wa annahú huwa adhhaka wa abká
43. E que Ele faz rir e chorar?

وَأَنَّهُۥ هُوَ أَمَاتَ وَأَحْيَا ﴿٤٤﴾

44. Wa annahú huwa amáta wa ahyá
44. E que Ele dá a vida e a morte?

وَأَنَّهُۥ خَلَقَ ٱلزَّوْجَيْنِ ٱلذَّكَرَ وَٱلْأُنثَىٰ ﴿٤٥﴾

45. Wa annahú khalaqaz zawjainiz zakara wal unçá
45. E que Ele criou (tudo) em pares: o masculino e o feminino,

مِن نُّطْفَةٍ إِذَا تُمْنَىٰ ﴿٤٦﴾

46. Min nutfatin izá tumná
46. De uma gota de esperma, quando alojada (em seu lugar)?

وَأَنَّ عَلَيْهِ ٱلنَّشْأَةَ ٱلْأُخْرَىٰ ﴿٤٧﴾

47. Wa anna ‘alaihin nachatal ukhrá
47. E que a Ele compete a segunda criação,

وَأَنَّهُۥ هُوَ أَغْنَىٰ وَأَقْنَىٰ ﴿٤٨﴾

48. Wa annahú huwa aghná wa aqná
48. E que Ele enriquece e dá satisfação,

وَأَنَّهُۥ هُوَ رَبُّ ٱلشِّعْرَىٰ ﴿٤٩﴾

49. Wa annahú huwa rabbuch chi’rá
49. E que Ele é o Senhor do (astro) Sírio?

وَأَنَّهُۥٓ أَهْلَكَ عَادًا ٱلْأُولَىٰ ﴿٥٠﴾

50. Wa annahú ahlak a ‘Ádanil úlá
50. E que Ele exterminou o primitivo povo de ‘Ad,

وَثَمُودَا۟ فَمَآ أَبْقَىٰ ﴿٥١﴾

سُورَةُ النَّجْم

Surat An Najm

51. Wa samúda famá abqá
51. E o povo de Samud, sem deixar (membro) algum,

وَقَوْمَ نُوحٍ مِّن قَبْلُۖ إِنَّهُمْ كَانُواْ هُمْ أَظْلَمَ وَأَطْغَىٰ ﴿٥٢﴾

52. Wa qauma Núhim min qablu innahum kánú hum azlama wa atghá
52. E, antes, o povo de Noé, porque era ainda mais injusto e transgressor?

وَٱلْمُؤْتَفِكَةَ أَهْوَىٰ ﴿٥٣﴾

53. Wal mu'tafikata ahwá
53. E destruiu as cidades nefastas (Sodoma e Gomorra)?

فَغَشَّىٰهَا مَا غَشَّىٰ ﴿٥٤﴾

54. Faghachcháhá má ghachchá
54. E as cobriu com um véu envolvente?

فَبِأَيِّ ءَالَآءِ رَبِّكَ تَتَمَارَىٰ ﴿٥٥﴾

55. Fabi ayyi álá'i Rabbika tatamárá
55. De qual das mercês do teu Senhor duvidas, pois, (ó humano)?

هَٰذَا نَذِيرٌ مِّنَ ٱلنُّذُرِ ٱلْأُولَىٰٓ ﴿٥٦﴾

56. Házá nazírum minan nuzuril úlá
56. Eis aqui uma admoestação dos primeiros admoestadores.

أَزِفَتِ ٱلْأَزِفَةُ ﴿٥٧﴾

57. Azifatil ázifah
57. Aproxima-se a Hora iminente!

لَيْسَ لَهَا مِن دُونِ ٱللَّهِ كَاشِفَةٌ ﴿٥٨﴾

58. Laisa lahá min dúnil láhi káchifah
58. Ninguém, além de Deus, poderá revelá-la.

أَفَمِنْ هَٰذَا ٱلْحَدِيثِ تَعْجَبُونَ ﴿٥٩﴾

سُورَةُ النَّجۡمِ

Surat An Najm

59. Afamin hazal hadíssi ta'jabún
59. Por que vos assombrais, então, com esta Mensagem?

وَتَضۡحَكُونَ وَلَا تَبۡكُونَ ٦٠

60. Wa tadhhakúna wa lá tabkún
60. E rides, ao invés de chorardes,

وَأَنتُمۡ سَٰمِدُونَ ٦١

61. Wa antum sámidún
61. Em vossos lazeres?

فَٱسۡجُدُواْ لِلَّهِ وَٱعۡبُدُواْ ۩ ٦٢

62. Fasjudú lilláhi wa'budú
62. Prostrai-vos, outrossim, perante Deus, e adorai-O. (fazer sajda - prostração)

سُورَةُ القَمَرِ

Surat Al Qamar

Surat 54. *Al Qamar* (A Lua), 55 versículos, revelada em Makka.

بِسْمِ اللَّهِ الرَّحْمَنِ الرَّحِيمِ

Bismilláhir Rahmánir Rahím

Em nome de Deus, o Clemente, o Misericordioso

ٱقْتَرَبَتِ ٱلسَّاعَةُ وَٱنشَقَّ ٱلْقَمَرُ ١

1. Iqtarabatis Sá'atu wan chaqqal qamar

1. A Hora (do Juízo) se aproxima, e a lua se fendeu.

وَإِن يَرَوْا۟ ءَايَةً يُعْرِضُوا۟ وَيَقُولُوا۟ سِحْرٌ مُّسْتَمِرٌّ ٢

2. Wa in yarau áyatan yu'ridhú wa yaqúlú sihrun mustamirr

2. Porém, se presenciam algum sinal, afastam-se, dizendo: É magia transitória!

وَكَذَّبُوا۟ وَٱتَّبَعُوٓا۟ أَهْوَآءَهُمْ ۚ وَكُلُّ أَمْرٍ مُّسْتَقِرٌّ ٣

3. Wa kazzabú wattaba'ú ahwá'ahum; wa kullu amrin mustaquirr

3. E o rejeitam, e persistem em suas luxúrias; porém, cada coisa terá o seu fim.

وَلَقَدْ جَآءَهُم مِّنَ ٱلْأَنۢبَآءِ مَا فِيهِ مُزْدَجَرٌ ٤

4. Wa laqad já'ahum minal anbá'i má fíhi muzdajar

4. E, sem dúvida, tiveram bastantes admoestações exemplificadas.

حِكْمَةٌۢ بَٰلِغَةٌ ۖ فَمَا تُغْنِ ٱلنُّذُرُ ٥

5. Hikmatun bálighatun famá tughnin nuzur

5. E sabedoria prudente; porém, de nada lhes servem as admoestações.

فَتَوَلَّ عَنْهُمْ ۘ يَوْمَ يَدْعُ ٱلدَّاعِ إِلَىٰ شَىْءٍ نُّكُرٍ ٦

6. Fatawalla 'anhum; yauma yad'ud dá'i ilá chai'in nukur

6. Afasta-te, pois, deles (ó Mensageiro). Chegará o dia em que o (anjo) convocador convocará os humanos a algo terrível.

خُشَّعًا أَبْصَٰرُهُمْ يَخْرُجُونَ مِنَ ٱلْأَجْدَاثِ كَأَنَّهُمْ جَرَادٌ مُّنتَشِرٌ ٧

7. Khuchcha'an absáruhum yakhrujúna minal ajdási ka annahum jarádum muntachir

7. Sairão dos sepulcros, com os olhos humilhados, como se fossem uma nuvem de gafanhotos dispersa,

مُّهْطِعِينَ إِلَى ٱلدَّاعِ يَقُولُ ٱلْكَٰفِرُونَ هَٰذَا يَوْمٌ عَسِرٌ ٨

8. Muhti'ína ilad dá'i yaqúlul káfirúna házá yaumun 'assir

8. Dirigindo-se rapidamente até ao convocador; os incrédulos dirão: Este é um dia difícil!

۞ كَذَّبَتْ قَبْلَهُمْ قَوْمُ نُوحٍ فَكَذَّبُوا۟ عَبْدَنَا وَقَالُوا۟ مَجْنُونٌ وَٱزْدُجِرَ ٩

9. ۞Kazzabat qablahum qaumu Núhin fakazzabú 'abdaná wa qálú ajnúnun wazdujir

9. Antes deles, o povo de Noé havia desmentido os mensageiros; desmentiram o Nosso servo, dizendo: É um louco!, repudiando-o por todas as vias.

فَدَعَا رَبَّهُۥٓ أَنِّى مَغْلُوبٌ فَٱنتَصِرْ ١٠

10. Fada'á Rabbahú anní maghlúbun fantassir

10. Então ele invocou seu Senhor, dizendo: Estou vencido! Socorre-me!

فَفَتَحْنَآ أَبْوَٰبَ ٱلسَّمَآءِ بِمَآءٍ مُّنْهَمِرٍ ١١

11. Fafatahná abwábas samá'i bi má'in munhamir

11. Então abrimos as portas do firmamento, com água torrencial (que fizemos descer).

وَفَجَّرْنَا ٱلْأَرْضَ عُيُونًا فَٱلْتَقَى ٱلْمَآءُ عَلَىٰٓ أَمْرٍ قَدْ قُدِرَ ١٢

12. Wa fajjarnal arda 'uyúnan faltaqal má'u 'alá amrin qad qudir

12. E fizemos brotar fontes da Terra, e ambas as águas se encontraram na medida predestinada.

وَحَمَلْنَٰهُ عَلَىٰ ذَاتِ أَلْوَٰحٍ وَدُسُرٍ ١٣

13. Wa hamalnáhu 'alá záti alwáhin wa dussur

13. E o conduzimos (Noé) em uma arca, de tábuas encavilhadas com fibras de palmeiras,

تَجْرِى بِأَعْيُنِنَا جَزَآءً لِّمَن كَانَ كُفِرَ ١٤

سُورَةُ القَمَر

Surat Al Qamar

14. Tajrí bi a'yuniná jazá'an liman kána kufir

14. Que flutuava sob o Nosso olhar, como recompensa para aquele que foi desmentido.

وَلَقَد تَّرَكْنَٰهَآ ءَايَةً فَهَلْ مِن مُّدَّكِرٍ ﴿١٥﴾

15. Wa laqad taraknáhá áyatan fahal min muddaquir

15. E a expusemos como sinal. Haverá, porventura, algum que receberá a admoestação?

فَكَيْفَ كَانَ عَذَابِى وَنُذُرِ ﴿١٦﴾

16. Fakaifa kána 'azábí wa nuzur

16. Quão terríveis foram o Meu castigo e a Minha admoestação!

وَلَقَدْ يَسَّرْنَا ٱلْقُرْءَانَ لِلذِّكْرِ فَهَلْ مِن مُّدَّكِرٍ ﴿١٧﴾

17. Wa laqad yassarnal Qur'ána liz zikri fahal min muddaquir

17. Em verdade, facilitamos o Alcorão, para a admoestação. Haverá, porventura, algum que receberá a admoestação?

كَذَّبَتْ عَادٌ فَكَيْفَ كَانَ عَذَابِى وَنُذُرِ ﴿١٨﴾

18. Kazzabat 'Ádun fakaifa kána 'azábí wa nuzur

18. O povo de 'Ad rejeitou o seu mensageiro. Porém, quão terríveis foram o Meu castigo e a Minha admoestação!

إِنَّآ أَرْسَلْنَا عَلَيْهِمْ رِيحًا صَرْصَرًا فِى يَوْمِ نَحْسٍ مُّسْتَمِرٍّ ﴿١٩﴾

19. Inná arsalná 'alaihim ríhan sarsaran fí Yaumi nahsin mustamirr

19. Sabei que desencadeamos sobre eles um vento tormentoso, em um dia funesto,

تَنزِعُ ٱلنَّاسَ كَأَنَّهُمْ أَعْجَازُ نَخْلٍ مُّنقَعِرٍ ﴿٢٠﴾

20. Tanzi'un nássa ka annahum a'jázu nakhlin munqa'ir

20. Que arrebatava os homens como se fossem troncos de tamareiras desarraigadas.

فَكَيْفَ كَانَ عَذَابِى وَنُذُرِ ﴿٢١﴾

21. Fakaifa kána 'azábí wa nuzur

سُورَةُ القَمَر

Surat Al Qamar

21. Observa, portanto, quão terríveis foram o Meu castigo e a Minha admoestação!

وَلَقَدْ يَسَّرْنَا ٱلْقُرْءَانَ لِلذِّكْرِ فَهَلْ مِن مُّدَّكِرٍ ﴿٢٢﴾

22. Wa laqad yassarnal Qur'ána liz zikri fahal min muddaquir

22. Em verdade, facilitamos o Alcorão para a recordação. Haverá, porventura, algum que receberá a admoestação?

كَذَّبَتْ ثَمُودُ بِٱلنُّذُرِ ﴿٢٣﴾

23. Kazzabat Çamúdu binnuzur

23. O povo de Samud desmentiu os admoestadores,

فَقَالُوٓاْ أَبَشَرًا مِّنَّا وَٰحِدًا نَّتَّبِعُهُۥٓ إِنَّآ إِذًا لَّفِى ضَلَٰلٍ وَسُعُرٍ ﴿٢٤﴾

24. Faqálú a bacharan minná wáhidan nattabi'uhú inná izan lafí dalálin wa su'ur

24. Dizendo: Quê! Acaso, haveremos de seguir um homem solitário, surgido dentre nós? Cairíamos, então, em extravio e na loucura!

أَءُلْقِىَ ٱلذِّكْرُ عَلَيْهِ مِنۢ بَيْنِنَا بَلْ هُوَ كَذَّابٌ أَشِرٌ ﴿٢٥﴾

25. A ulquiyaz zikru 'alaihi min bainìná bal huwa kazzábun achir

25. Acaso, foi a Mensagem revelada só a ele, dentre nós? Qual! É um mentiroso, insolente!

سَيَعْلَمُونَ غَدًا مَّنِ ٱلْكَذَّابُ ٱلْأَشِرُ ﴿٢٦﴾

26. Sa-ya'lamúna ghadan manil kazzábul achir

26. Logo saberão quem é mentiroso e insolente!

إِنَّا مُرْسِلُواْ ٱلنَّاقَةِ فِتْنَةً لَّهُمْ فَٱرْتَقِبْهُمْ وَٱصْطَبِرْ ﴿٢٧﴾

27. Inná mursilu náqati fitnatan lahum fartaquibhum wastabir

27. Em verdade, enviamos-lhes a fêmea de camelo como prova. E tu (ó Saléh), observa-os e aguarda com paciência.

وَنَبِّئْهُمْ أَنَّ ٱلْمَآءَ قِسْمَةٌۢ بَيْنَهُمْ كُلُّ شِرْبٍ مُّحْتَضَرٌ ﴿٢٨﴾

28. Wa nabbi'hum annal má'a qismatun bainahum kullu chirbin muhtadar
28. E anuncia-lhes que a água deverá ser compartilhada entre eles, e cada qual terá o seu turno registrado.

فَنَادَوْا صَاحِبَهُمْ فَتَعَاطَىٰ فَعَقَرَ ﴿٢٩﴾

29. Fa nádau sáhibahum fa ta'átá fa'aqar
29. Então, chamaram um companheiro seu, o qual tomou de um sabre e a abateu.

فَكَيْفَ كَانَ عَذَابِي وَنُذُرِ ﴿٣٠﴾

30. Fakaifa kána 'azábi wa nuzur
30. Porém, quão terríveis foram o Meu castigo e a Minha admoestação!

إِنَّا أَرْسَلْنَا عَلَيْهِمْ صَيْحَةً وَاحِدَةً فَكَانُوا كَهَشِيمِ الْمُحْتَظِرِ ﴿٣١﴾

31. Inná arsalná 'alaihim saihatan wáhidatan fakánú kahachímil muhtazir
31. Sabei que enviamos contra eles um só estrondo, que os reduziu a feno amontoado.

وَلَقَدْ يَسَّرْنَا الْقُرْآنَ لِلذِّكْرِ فَهَلْ مِن مُّدَّكِرٍ ﴿٣٢﴾

32. Wa laqad yassarnal Qur'ána liz zikri fahal min muddaquir
32. Em verdade, facilitamos o Alcorão, para a admoestação. Haverá, porventura, algum que receberá a admoestação?

كَذَّبَتْ قَوْمُ لُوطٍ بِالنُّذُرِ ﴿٣٣﴾

33. Kazzabat qaumu Lutin binnuzur
33. O povo de Lot desmentiu os seus admoestadores.

إِنَّا أَرْسَلْنَا عَلَيْهِمْ حَاصِبًا إِلَّا آلَ لُوطٍ نَّجَّيْنَاهُم بِسَحَرٍ ﴿٣٤﴾

34. Inná arsalná 'alaihim hássiban illá ála Lotin najjainahum bisahar
34. Sabei que desencadeamos sobre eles uma chuva de pedras, exceto sobre a família de Lot, a qual salvamos na hora da alvorada,

نِّعْمَةً مِّنْ عِندِنَا كَذَٰلِكَ نَجْزِي مَن شَكَرَ ﴿٣٥﴾

35. Ni'matan min 'indiná; kazálika najzí man chakar
35. Por Nossa graça. Assim recompensamos os agradecidos.

وَلَقَدْ أَنذَرَهُم بَطْشَتَنَا فَتَمَارَوْا بِالنُّذُرِ ﴿٣٦﴾

36. Wa laqad anzarahum batchataná fatamárau binnuzur

36. E (Lot) já os havia admoestado quanto ao Nosso castigo; porém, duvidaram das admoestações.

وَلَقَدْ رَٰوَدُوهُ عَن ضَيْفِهِۦ فَطَمَسْنَآ أَعْيُنَهُمْ فَذُوقُوا۟ عَذَابِى وَنُذُرِ ﴿٣٧﴾

37. Wa laqad ráwadúhu ʻna daifihí fatamasná a'yunahum fazúqú 'azaabí wa nuzur

37. E intentaram desonrar os seus hóspedes; então, cegamos-lhes os olhos, dizendo: Sofrei, pois, o Meu castigo e a Minha admoestação!

وَلَقَدْ صَبَّحَهُم بُكْرَةً عَذَابٌ مُّسْتَقِرٌّ ﴿٣٨﴾

38. Wa laqad sabbahahum bukratan ʻazábun mustaquirr

38. E, ao amanhecer, surpreendeu-os um castigo, que se tornou perene.

فَذُوقُوا۟ عَذَابِى وَنُذُرِ ﴿٣٩﴾

39. Fazúqú ʻazábí wa nuzur

39. Sofrei, pois o Meu castigo e a Minha admoestação!

وَلَقَدْ يَسَّرْنَا ٱلْقُرْءَانَ لِلذِّكْرِ فَهَلْ مِن مُّدَّكِرٍ ﴿٤٠﴾

40. Wa laqad yassarnal Qur'ána liz zikri fahal min muddaquir

40. Em verdade, facilitamos o Alcorão, para a recordação. Haverá, porventura, algum que receberá a admoestação?

وَلَقَدْ جَآءَ ءَالَ فِرْعَوْنَ ٱلنُّذُرُ ﴿٤١﴾

41. Wa laqad já'a Ála Fir'aunan nuzur

41. E também se apresentaram os admoestadores ao povo do Faraó.

كَذَّبُوا۟ بِـَٔايَٰتِنَا كُلِّهَا فَأَخَذْنَٰهُمْ أَخْذَ عَزِيزٍ مُّقْتَدِرٍ ﴿٤٢﴾

42. Kazzabú bi Ayátiná kullihá fa akhaznáhum akhza ʻazizim muqtadir

42. Porém, desmentiram os Nossos sinais, pelo que os castigamos severamente, como só pode fazer um Onipotente, Poderosíssimo.

أَكُفَّارُكُمْ خَيْرٌ مِّنْ أُو۟لَٰٓئِكُمْ أَمْ لَكُم بَرَآءَةٌ فِى ٱلزُّبُرِ ﴿٤٣﴾

43. A kuffárukum khairun min ulá'ikum am lakum baráatun fiz Zubur

43. Acaso, os vossos incrédulos (ó coraixitas) são melhores do que aqueles, ou, por outra, gozais de imunidade, registrada nos Livros sagrados?

سورة القمر

Surat Al Qamar

أم يقولون نحن جميع منتصر ٤٤

44. Am yaqúlúna nahnu jamí'un muntassir
44. Entretanto, dizem: Agimos em conjunto e podemos (nos) defender!

سيهزم الجمع ويولون الدبر ٤٥

45. Sa yuhzamul jam'u wa yuwallúnad dubur
45. Logo, a multidão será debelada e debandará.

بل الساعة موعدهم والساعة أدهى وأمر ٤٦

46. Balis Sá'atu mau'iduhum was Sá'atu adhá wa amarr
46. E a Hora (do Juízo) é uma promessa, e ela será mais grave e mais amarga.

إن المجرمين في ضلال وسعر ٤٧

47. Innal mujrimína fí dhalálin wa su'ur
47. Sabei que os pecadores estarão no caos e na loucura.

يوم يسحبون في النار على وجوههم ذوقوا مس سقر ٤٨

48. Yauma yus-habúna fin Nári 'alá wujúhihim zúqú massa saqar
48. No dia em que forem arrastados, no Fogo, sobre seus rostos, (ser-lhes-á dito): Sofrei o contato do Fogo abrasador!

إنا كل شيء خلقناه بقدر ٤٩

49. Inná kulla chai'in khalaqnáhu bi qadar
49. Em verdade, criamos todas as coisas predestinadamente.

وما أمرنا إلا واحدة كلمح بالبصر ٥٠

50. Wa má amruná illá wáhidatun ka lamhin bil bassar
50. E a Nossa ordem não é mais do que uma só (palavra), como um abrir e fechar de olhos!

ولقد أهلكنا أشياعكم فهل من مدكر ٥١

51. Wa laqad ahlakná achyá'akum fahal min muddaquir
51. E havíamos aniquilado os vossos semelhantes. Haverá, porventura, algum que receberá a admoestação?

سُورَةُ القَمَرِ

Surat Al Qamar

وَكُلُّ شَيْءٍ فَعَلُوهُ فِي الزُّبُرِ ﴿٥٢﴾

52. Wa kullu chai'in fa'alúhu fiz Zubur

52. Tudo quanto fizeram está anotado nos livros.

وَكُلُّ صَغِيرٍ وَكَبِيرٍ مُّسْتَطَرٌ ﴿٥٣﴾

53. Wa kullu saghírin wa kabírin mustatar

53. E toda a ação, pequena ou grande, está registrada.

إِنَّ الْمُتَّقِينَ فِي جَنَّاتٍ وَنَهَرٍ ﴿٥٤﴾

54. Innal muttaquína fí jannátin wa nahar

54. Sabei que os tementes morarão entre jardins e rios,

فِي مَقْعَدِ صِدْقٍ عِندَ مَلِيكٍ مُّقْتَدِرٍ ﴿٥٥﴾

55. Fí maq'adi sidquin 'inda Malíkin Muqtadir

55. Em uma assembleia da verdade, na presença de um Soberano Onipotente.

سُورَةُ الرَّحۡمَٰنِ

Surat Ar Rahman

Surat 55. *Ar Rahman* (O Clemente), 78 versículos, revelada em Madina.

بِسۡمِ ٱللَّهِ ٱلرَّحۡمَٰنِ ٱلرَّحِيمِ

Bismilláhir Rahmánir Rahím

Em nome de Deus, o Clemente, o Misericordioso

ٱلرَّحۡمَٰنُ ﴿١﴾

1. Ar Rahman

1. O Clemente.

عَلَّمَ ٱلۡقُرۡءَانَ ﴿٢﴾

2. 'Allamal Quran

2. Ensinou o Alcorão.

خَلَقَ ٱلۡإِنسَٰنَ ﴿٣﴾

3. Khalaqal insán

3. Criou o homem,

عَلَّمَهُ ٱلۡبَيَانَ ﴿٤﴾

4. 'Allamahul bayan

4. E ensinou-lhe a eloquência.

ٱلشَّمۡسُ وَٱلۡقَمَرُ بِحُسۡبَانٍ ﴿٥﴾

5. Achchamsu walqamaru bihusbán

5. O sol e a lua giram (em suas órbitas).

وَٱلنَّجۡمُ وَٱلشَّجَرُ يَسۡجُدَانِ ﴿٦﴾

6. Wannajmu wachchajaru yasjudan

6. E as ervas e as árvores prostram-se em adoração.

وَٱلسَّمَآءَ رَفَعَهَا وَوَضَعَ ٱلۡمِيزَانَ ﴿٧﴾

7. Wassamá'a rafa'ahá wa wada'al Mizan

7. E elevou o firmamento e estabeleceu a balança (da justiça),

أَلَّا تَطۡغَوۡاْ فِي ٱلۡمِيزَانِ ﴿٨﴾

8. Allá tatghau fil mizan
8. Para que não defraudeis no peso.

وَأَقِيمُوا۟ ٱلْوَزْنَ بِٱلْقِسْطِ وَلَا تُخْسِرُوا۟ ٱلْمِيزَانَ ﴿٩﴾

9. Wa aquímul wazna bilqisti wa lá tukhsirul mízan
9. Pesai, pois, escrupulosamente, e não diminuais a balança!

وَٱلْأَرْضَ وَضَعَهَا لِلْأَنَامِ ﴿١٠﴾

10. Wal ardha wada'ahá lilanám
10. Aplainou a Terra para as (Suas) criaturas,

فِيهَا فَٰكِهَةٌ وَٱلنَّخْلُ ذَاتُ ٱلْأَكْمَامِ ﴿١١﴾

11. Fíhá fákihatun wan nakhlu zátul akmám
11. Na qual há toda a espécie de frutos, e tamareiras com cachos,

وَٱلْحَبُّ ذُو ٱلْعَصْفِ وَٱلرَّيْحَانُ ﴿١٢﴾

12. Walhabbu zul 'asfi war Raihán
12. E as graníferas, com a sua palha, e as odoríferas.

فَبِأَيِّ ءَالَآءِ رَبِّكُمَا تُكَذِّبَانِ ﴿١٣﴾

13. Fabi ayyi álá'i Rabbikumá tukazzibán
13. – Assim, pois, quais das mercês de vosso Senhor negais?

خَلَقَ ٱلْإِنسَٰنَ مِن صَلْصَٰلٍ كَٱلْفَخَّارِ ﴿١٤﴾

14. Khalaqal insána min salsálin kalfakhkhár
14. Ele criou o homem da argila pura, como a da cerâmica.

وَخَلَقَ ٱلْجَآنَّ مِن مَّارِجٍ مِّن نَّارٍ ﴿١٥﴾

15. Wa khalaqal ján mim márijim min nár
15. E criou os gênios do fogo vivo.

فَبِأَيِّ ءَالَآءِ رَبِّكُمَا تُكَذِّبَانِ ﴿١٦﴾

16. Fabi ayyi álá'i Rabbikumá tukazzibán
16. – Assim, pois, quais das mercês de vosso Senhor negais?

رَبُّ ٱلْمَشْرِقَيْنِ وَرَبُّ ٱلْمَغْرِبَيْنِ ﴿١٧﴾

سُورَةُ الرَّحۡمَٰن

Surat Ar Rahman

17. Rabbul machriqayni wa Rabbul maghribayn
17. É o Senhor dos dois nascentes e dos dois poentes.

فَبِأَيِّ ءَالَآءِ رَبِّكُمَا تُكَذِّبَانِ ١٨

18. Fabi ayyi álá'i Rabbikumá tukazzibán
18. – Assim, pois, quais das mercês do vosso Senhor negais?

مَرَجَ ٱلۡبَحۡرَيۡنِ يَلۡتَقِيَانِ ١٩

19. Marajal bahrayni yaltaquiyán
19. Liberamos os dois mares, para que se encontrassem.

بَيۡنَهُمَا بَرۡزَخٞ لَّا يَبۡغِيَانِ ٢٠

20. Bainahumá barzakhul lá yabghiyán
20. Entre ambos, há uma barreira, para que não seja ultrapassada.

فَبِأَيِّ ءَالَآءِ رَبِّكُمَا تُكَذِّبَانِ ٢١

21. Fabi ayyi álá'i Rabbikumá tukazzibán
21. – Assim, pois, quais das mercês do vosso Senhor negais?

يَخۡرُجُ مِنۡهُمَا ٱللُّؤۡلُؤُ وَٱلۡمَرۡجَانُ ٢٢

22. Yakhruju minhumal lu'lu u wal marján
22. De ambos saem as pérolas e os corais.

فَبِأَيِّ ءَالَآءِ رَبِّكُمَا تُكَذِّبَانِ ٢٣

23. Fabi ayyi álá'i Rabbikumá tukazzibán
23. – Assim, pois, quais das mercês do vosso Senhor negais?

وَلَهُ ٱلۡجَوَارِ ٱلۡمُنشَـَٔاتُ فِي ٱلۡبَحۡرِ كَٱلۡأَعۡلَٰمِ ٢٤

24. Wa lahul jawáril mun cha'átu fil bahri kal a'lám
24. E Suas são as naves, que se elevam no mar, como montanhas.

فَبِأَيِّ ءَالَآءِ رَبِّكُمَا تُكَذِّبَانِ ٢٥

25. Fabi ayyi álá'i Rabbikumá tukazzibán.
25. – Assim, pois, quais das mercês do vosso Senhor negais?

كُلُّ مَنۡ عَلَيۡهَا فَانٖ ٢٦

سُورَةُ الرَّحۡمَٰنِ

Surat Ar Rahman

26. Kullu man 'alaihá fán
26. Tudo quanto existe na Terra perecerá.

وَيَبۡقَىٰ وَجۡهُ رَبِّكَ ذُو ٱلۡجَلَٰلِ وَٱلۡإِكۡرَامِ ﴿٢٧﴾

27. Wa yabqá wajhu rabbika zul jaláli wal ikrám
27. E só subsistirá o Rosto do teu Senhor, o Majestoso, o Honorabilíssimo.

فَبِأَيِّ ءَالَآءِ رَبِّكُمَا تُكَذِّبَانِ ﴿٢٨﴾

28. Fabi ayyi álá'i Rabbikumá tukazzibán.
28. – Assim, pois, quais das mercês do vosso Senhor negais?

يَسۡـَٔلُهُۥ مَن فِي ٱلسَّمَٰوَٰتِ وَٱلۡأَرۡضِۚ كُلَّ يَوۡمٍ هُوَ فِي شَأۡنٍ ﴿٢٩﴾

29. Yas'aluhú man fis samáwáti walardh; kulla yawmin huwa fí chán
29. Todos os que estão nos Céus e na Terra O invocam. A cada dia Ele está ocupado em uma nova obra.

فَبِأَيِّ ءَالَآءِ رَبِّكُمَا تُكَذِّبَانِ ﴿٣٠﴾

30. Fabi ayyi álá'i Rabbikumá tukazzibán
30. – Assim, pois, quais das mercês do vosso Senhor negais?

سَنَفۡرُغُ لَكُمۡ أَيُّهَ ٱلثَّقَلَانِ ﴿٣١﴾

31. Sanafrughu lakum ayyuhas saqalán
31. Logo, estabeleceremos os vossos assuntos, ó ambos os mundos!

فَبِأَيِّ ءَالَآءِ رَبِّكُمَا تُكَذِّبَانِ ﴿٣٢﴾

32. Fabi ayyi álá'i Rabbikumá tukazzibán
32. – Assim, pois, quais das mercês do vosso Senhor negais?

يَٰمَعۡشَرَ ٱلۡجِنِّ وَٱلۡإِنسِ إِنِ ٱسۡتَطَعۡتُمۡ أَن تَنفُذُواْ مِنۡ أَقۡطَارِ ٱلسَّمَٰوَٰتِ وَٱلۡأَرۡضِ
فَٱنفُذُواْۚ لَا تَنفُذُونَ إِلَّا بِسُلۡطَٰنٖ ﴿٣٣﴾

33. Yá ma'charal jinni wal insi ini stata'tum an tanfuzú min aqtáris samáwáti wal ardi fanfuzú; lá tanfuzúna illá bisultán
33. Ó assembleia de gênios e humanos, se sois capazes de atravessar os limites dos Céus e da Terra, fazei-o! Porém, não podereis fazê-lo, sem autoridade.

سُورَةُ الرَّحۡمَٰنِ

Surat Ar Rahman

فَبِأَيِّ ءَالَآءِ رَبِّكُمَا تُكَذِّبَانِ ﴿٣٤﴾

34. Fabi ayyi álá'i Rabbikumá tukazzibán

34. – Assim, pois, quais das mercês do vosso Senhor negais?

يُرۡسَلُ عَلَيۡكُمَا شُوَاظٞ مِّن نَّارٖ وَنُحَاسٞ فَلَا تَنتَصِرَانِ ﴿٣٥﴾

35. Yursalu 'alaikumá chuwázum min nárin wa nuhásun falá tantasirán

35. Então, uma chama de fogo e uma fumaça serão lançados sobre vós, e não podereis contê-las.

فَبِأَيِّ ءَالَآءِ رَبِّكُمَا تُكَذِّبَانِ ﴿٣٦﴾

36. Fabi ayyi álá'i Rabbikumá tukazzibán

36. – Assim, pois, quais das mercês do vosso Senhor negais?

فَإِذَا ٱنشَقَّتِ ٱلسَّمَآءُ فَكَانَتۡ وَرۡدَةٗ كَٱلدِّهَانِ ﴿٣٧﴾

37. Fa-izan chaqqatis samá'u fakánat wardatan kaddihán

37. (Será) quando o céu se fender e derreter; e se avermelhar como um ferro em brasa.

فَبِأَيِّ ءَالَآءِ رَبِّكُمَا تُكَذِّبَانِ ﴿٣٨﴾

38. Fabi ayyi álá'i Rabbikumá tukazzibán

38. – Assim, pois, quais das mercês do vosso Senhor negais?

فَيَوۡمَئِذٖ لَّا يُسۡـَٔلُ عَن ذَنۢبِهِۦٓ إِنسٞ وَلَا جَآنّٞ ﴿٣٩﴾

39. Fa-yauma'izil lá yus'alu 'an zambihí insun wa lá jánn

39. Nesse dia, nenhum homem ou gênio será inquirido por seu pecado.

فَبِأَيِّ ءَالَآءِ رَبِّكُمَا تُكَذِّبَانِ ﴿٤٠﴾

40. Fabi ayyi álá'i Rabbikumá tukazzibán

40. – Assim, pois, quais das mercês do vosso Senhor negais?

يُعۡرَفُ ٱلۡمُجۡرِمُونَ بِسِيمَٰهُمۡ فَيُؤۡخَذُ بِٱلنَّوَٰصِي وَٱلۡأَقۡدَامِ ﴿٤١﴾

41. Yu'raful mujrimúna bisímáhum fa'yu'khazu binnawássi wal aqdám

41. Os pecadores serão reconhecidos por suas marcas, e serão arrastados pelos topetes e pelos pés.

سُورَةُ الرَّحۡمَٰنِ

Surat Ar Rahman

فَبِأَيِّ ءَالَآءِ رَبِّكُمَا تُكَذِّبَانِ ﴿٤٢﴾

42. Fabi ayyi álá'i Rabbikumá tukazzibán

42. – Assim, pois, quais das mercês do vosso Senhor negais?

هَٰذِهِۦ جَهَنَّمُ ٱلَّتِي يُكَذِّبُ بِهَا ٱلۡمُجۡرِمُونَ ﴿٤٣﴾

43. Házihí jahannamul latí yukazzibu bihal mujrimún

43. Este é o inferno, que os pecadores negavam!

يَطُوفُونَ بَيۡنَهَا وَبَيۡنَ حَمِيمٍ ءَانٖ ﴿٤٤﴾

44. Yatúfúna bainahá wa baina hamímim án

44. Circularão nele, e na água fervente!

فَبِأَيِّ ءَالَآءِ رَبِّكُمَا تُكَذِّبَانِ ﴿٤٥﴾

45. Fabi ayyi álá'i Rabbikumá tukazzibán

45. – Assim, pois, quais das mercês do vosso Senhor negais?

وَلِمَنۡ خَافَ مَقَامَ رَبِّهِۦ جَنَّتَانِ ﴿٤٦﴾

46. Wa liman kháfa maqáma rabbihí jannatán

46. Por outra, para quem teme o comparecimento ante o seu Senhor, haverá dois jardins.

فَبِأَيِّ ءَالَآءِ رَبِّكُمَا تُكَذِّبَانِ ﴿٤٧﴾

47. Fabi ayyi álá'i Rabbikumá tukazzibán

47 – Assim, pois, quais das mercês do vosso Senhor negais?

ذَوَاتَآ أَفۡنَانٖ ﴿٤٨﴾

48. Zawátá afnán

48. Contendo todas as espécies (de frutos e prazeres).

فَبِأَيِّ ءَالَآءِ رَبِّكُمَا تُكَذِّبَانِ ﴿٤٩﴾

49. Fabi ayyi álá'i Rabbikumá tukazzibán

49. – Assim, pois, quais das mercês do vosso Senhor negais?

فِيهِمَا عَيۡنَانِ تَجۡرِيَانِ ﴿٥٠﴾

سُورَةُ الرَّحۡمَٰن
Surat Ar Rahman

50. Fíhimá 'aynáni tajriyán
50. Em ambos, haverá duas fontes a verter.

فَبِأَيِّ ءَالَآءِ رَبِّكُمَا تُكَذِّبَانِ ﴿٥١﴾

51. Fabi ayyi álá'i Rabbikumá tukazzibán
51. – Assim, pois, quais das mercês do vosso Senhor negais?

فِيهِمَا مِن كُلِّ فَٰكِهَةٖ زَوۡجَانِ ﴿٥٢﴾

52. Fíhimá min kulli fákihatin zauján
52. Em ambos haverá duas espécies de cada fruta.

فَبِأَيِّ ءَالَآءِ رَبِّكُمَا تُكَذِّبَانِ ﴿٥٣﴾

53. Fabi ayyi álá'i Rabbikumá tukazzibán
53. – Assim, pois, quais das mercês do vosso Senhor negais?

مُتَّكِـِٔينَ عَلَىٰ فُرُشِۭ بَطَآئِنُهَا مِنۡ إِسۡتَبۡرَقٖۚ وَجَنَى ٱلۡجَنَّتَيۡنِ دَانٖ ﴿٥٤﴾

54. Muttaki'ina 'alá furuchim batá'inuhá min istabraq; wajanal jannataini dán
54. Estarão reclinados sobre almofadas forradas de brocado, e os frutos de ambos os jardins estarão ao (seu) alcance.

فَبِأَيِّ ءَالَآءِ رَبِّكُمَا تُكَذِّبَانِ ﴿٥٥﴾

55. Fabi ayyi álá'i Rabbikumá tukazzibán
55. – Assim, pois, quais das mercês do vosso Senhor negais?

فِيهِنَّ قَٰصِرَٰتُ ٱلطَّرۡفِ لَمۡ يَطۡمِثۡهُنَّ إِنسٞ قَبۡلَهُمۡ وَلَا جَآنّٞ ﴿٥٦﴾

56. Fíhinna qásiratut tarfi lam yatmiçhunna insun qablahum wa lá jánn
56. Ali haverá, também, aquelas de olhares recatados que, antes deles, jamais foram tocadas por homem ou gênio.

فَبِأَيِّ ءَالَآءِ رَبِّكُمَا تُكَذِّبَانِ ﴿٥٧﴾

57. Fabi ayyi álá'i Rabbikumá tukazzibán
57. – Assim, pois, quais das mercês do vosso Senhor negais?

كَأَنَّهُنَّ ٱلۡيَاقُوتُ وَٱلۡمَرۡجَانُ ﴿٥٨﴾

58. Ka annahunnal yáqútu wal marján
58. Parecem-se com o rubi e com o coral.

سُورَةُ الرَّحۡمَٰنِ
Surat Ar Rahman

فَبِأَيِّ ءَالَآءِ رَبِّكُمَا تُكَذِّبَانِ ﴿٥٩﴾

59. Fabi ayyi álá'i Rabbikumá tukazzibán
59. – Assim, pois, quais das mercês do vosso Senhor negais?

هَلۡ جَزَآءُ ٱلۡإِحۡسَٰنِ إِلَّا ٱلۡإِحۡسَٰنُ ﴿٦٠﴾

60. Hal jazá'ul ihsáni illal ihsán
60. A recompensa pela bondade não é, acaso, a própria bondade?

فَبِأَيِّ ءَالَآءِ رَبِّكُمَا تُكَذِّبَانِ ﴿٦١﴾

61. Fabi ayyi álá'i Rabbikumá tukazzibán
61. – Assim, pois, quais das mercês do vosso Senhor negais?

وَمِن دُونِهِمَا جَنَّتَانِ ﴿٦٢﴾

62. Wa min dúnihimá jannatán
62. E, além dos dois mencionados, haverá outros dois jardins,

فَبِأَيِّ ءَالَآءِ رَبِّكُمَا تُكَذِّبَانِ ﴿٦٣﴾

63. Fabi ayyi álá'i Rabbikumá tukazzibán
63. – Assim, pois, quais das mercês do vosso Senhor negais?

مُدۡهَآمَّتَانِ ﴿٦٤﴾

64. *Mudhámmatán*
64. De cor verde-escuro, vicejantes.

فَبِأَيِّ ءَالَآءِ رَبِّكُمَا تُكَذِّبَانِ ﴿٦٥﴾

65. Fabi ayyi álá'i Rabbikumá tukazzibán
65. – Assim, pois, quais das mercês do vosso Senhor negais?

فِيهِمَا عَيۡنَانِ نَضَّاخَتَانِ ﴿٦٦﴾

66. Fíhimá 'aynáni naddhákhatán
66. Neles haverá duas fontes a jorrar.

فَبِأَيِّ ءَالَآءِ رَبِّكُمَا تُكَذِّبَانِ ﴿٦٧﴾

67. Fabi ayyi álá'i Rabbikumá tukazzibán
67. – Assim, pois, quais das mercês do vosso Senhor negais?

سُورَةُ الرَّحْمَٰنِ

Surat Ar Rahman

فِيهِمَا فَٰكِهَةٌ وَنَخْلٌ وَرُمَّانٌ ﴿٦٨﴾

68. Fíhimá fákihatun wa nakhlun wa rummán
68. Em ambos haverá frutas, tamareiras e romãzeiras.

فَبِأَيِّ ءَالَآءِ رَبِّكُمَا تُكَذِّبَانِ ﴿٦٩﴾

69. Fabi ayyi álá'i Rabbikumá tukazzibán
69. – Assim, pois, quais das mercês do vosso Senhor negais?

فِيهِنَّ خَيْرَٰتٌ حِسَانٌ ﴿٧٠﴾

70. Fíhinna khairátun hisán
70. Neles haverá beldades inocentes,

فَبِأَيِّ ءَالَآءِ رَبِّكُمَا تُكَذِّبَانِ ﴿٧١﴾

71. Fabi ayyi álá'i Rabbikumá tukazzibán
71. – Assim, pois, quais das mercês do vosso Senhor negais?

حُورٌ مَّقْصُورَٰتٌ فِى ٱلْخِيَامِ ﴿٧٢﴾

72. Húrum maqsúrátun fil khiyám
72. Huris recolhidas em pavilhões,

فَبِأَيِّ ءَالَآءِ رَبِّكُمَا تُكَذِّبَانِ ﴿٧٣﴾

73. Fabi ayyi álá'i Rabbikumá tukazzibán
73. – Assim, pois, quais das mercês do vosso Senhor negais?

لَمْ يَطْمِثْهُنَّ إِنسٌ قَبْلَهُمْ وَلَا جَآنٌّ ﴿٧٤﴾

74. Lam yatmiçhunna insun qablahum wa lá jánn
74. Que jamais, antes deles, foram tocadas por homem ou gênio,

فَبِأَيِّ ءَالَآءِ رَبِّكُمَا تُكَذِّبَانِ ﴿٧٥﴾

75. Fabi ayyi álá'i Rabbikumá tukazzibán
75. – Assim, pois, quais das mercês do vosso Senhor negais?

سُورَةُ الوَاقِعَة

Surat Al Wáqui'a

مُتَّكِـِٔينَ عَلَىٰ رَفۡرَفٍ خُضۡرٖ وَعَبۡقَرِيٍّ حِسَانٖ ﴿٧٦﴾

76. Muttaki'ína 'alá rafrafin khudrin wa 'abqariyyin hisán
76. Reclinadas em coxins, cobertos com pano verde e formosas almofadas.

فَبِأَيِّ ءَالَآءِ رَبِّكُمَا تُكَذِّبَانِ ﴿٧٧﴾

77. Fabi ayyi álá'i Rabbikumá tukazzibán
77. – Assim, pois, quais das mercês do vosso Senhor negais?

تَبَٰرَكَ ٱسۡمُ رَبِّكَ ذِي ٱلۡجَلَٰلِ وَٱلۡإِكۡرَامِ ﴿٧٨﴾

78. Tabáraka ismu Rabbika Zil-Jaláli wal-Ikrám
78. Bendito seja o nome do teu Senhor, o Majestoso, o Honorabilíssimo.

Surat 56. *Al Wáqui'a* (O Evento Inevitável), 96 versículos, revelada em Makka

بِسۡمِ ٱللَّهِ ٱلرَّحۡمَٰنِ ٱلرَّحِيمِ

Bismilláhir Rahmánir Rahím
Em nome de Deus, o Clemente, o Misericordioso

إِذَا وَقَعَتِ ٱلۡوَاقِعَةُ ﴿١﴾

1. Izá waqa'atil wáqui'a
1. Quando acontecer o evento inevitável,

لَيۡسَ لِوَقۡعَتِهَا كَاذِبَةٌ ﴿٢﴾

2. Laisa liwaq'atihá káziba
2. – Ninguém poderá negar o seu advento –,

خَافِضَةٞ رَّافِعَةٌ ﴿٣﴾

سُورَةُ الوَاقِعَةِ

Surat Al Wáqui'a

3. Khafidatur ráfi'a
3. Degradante (para uns) e exultante (para outros).

إِذَا رُجَّتِ ٱلْأَرْضُ رَجًّا ﴿٤﴾

4. Izá rujjatil ardhu rajjá
4. Quando a Terra for sacudida violentamente,

وَبُسَّتِ ٱلْجِبَالُ بَسًّا ﴿٥﴾

5. Wa bussatil jibálu bassá
5. E as montanhas forem desintegradas em átomos,

فَكَانَتْ هَبَآءً مُّنۢبَثًّا ﴿٦﴾

6. Fakánat habá'am mumbaçá
6. Convertidas em corpúsculos dispersos,

وَكُنتُمْ أَزْوَٰجًا ثَلَٰثَةً ﴿٧﴾

7. Wa kuntum azwájan çaláça
7. Então, sereis divididos em três grupos.

فَأَصْحَٰبُ ٱلْمَيْمَنَةِ مَآ أَصْحَٰبُ ٱلْمَيْمَنَةِ ﴿٨﴾

8. Fa asshábul maimanati má asshábul maimana
8. O dos que estiverem à direita – E quem são os que estarão à direita?

وَأَصْحَٰبُ ٱلْمَشْـَٔمَةِ مَآ أَصْحَٰبُ ٱلْمَشْـَٔمَةِ ﴿٩﴾

9. Wa asshábul mach'amati má asshábul mach'amah
9. O dos que estiverem à esquerda – E quem são os que estarão à esquerda?

وَٱلسَّٰبِقُونَ ٱلسَّٰبِقُونَ ﴿١٠﴾

10. Wassábiqúnas sábiqún
10. E o dos primeiros (crentes) – E quem são os primeiros (crentes)?

أُو۟لَٰٓئِكَ ٱلْمُقَرَّبُونَ ﴿١١﴾

11. Ulá'ikal muqarrabún
11. Estes serão os mais próximos de Deus,

فِى جَنَّٰتِ ٱلنَّعِيمِ ﴿١٢﴾

سُورَةُ الوَاقِعَةِ

Surat Al Wáqui'a

12. Fí Jannátin Na'ím
12. Nos jardins do prazer.

ثُلَّةٌ مِّنَ ٱلْأَوَّلِينَ ﴿١٣﴾

13. Çullatum minal auwalín
13. (Haverá) uma multidão, pertencente ao primeiro grupo.

وَقَلِيلٌ مِّنَ ٱلْآخِرِينَ ﴿١٤﴾

14. Wa qalílum minal ákhirín
14. E poucos, pertencentes ao último.

عَلَىٰ سُرُرٍ مَّوْضُونَةٍ ﴿١٥﴾

15. 'Alá sururim maudhúnah
15. Estarão (os dos primeiros) sobre leitos incrustados (com ouro e pedras preciosas),

مُّتَّكِـِٔينَ عَلَيْهَا مُتَقَـٰبِلِينَ ﴿١٦﴾

16. Muttaki'ína 'alaihá mutaqábilín
16. Reclinados neles, frente a frente,

يَطُوفُ عَلَيْهِمْ وِلْدَٰنٌ مُّخَلَّدُونَ ﴿١٧﴾

17. Yatúfu 'alaihim wildánum mukhalladún
17. Onde serão servidos por jovens (de frescores) imortais.

بِأَكْوَابٍ وَأَبَارِيقَ وَكَأْسٍ مِّن مَّعِينٍ ﴿١٨﴾

18. Bi akwábin wa abáriq, wa ká'sim mim ma'ín
18. Com taças, jarras, e ânforas, cheias de néctares (provindos dos mananciais celestes),

لَّا يُصَدَّعُونَ عَنْهَا وَلَا يُنزِفُونَ ﴿١٩﴾

19. Lá yussadda'úna 'an-há wa lá yunzifún
19. Que não lhes provocará a enxaqueca, nem intoxicação.

وَفَـٰكِهَةٍ مِّمَّا يَتَخَيَّرُونَ ﴿٢٠﴾

20. Wa fákihatim mimmá yatakhaiyarún

20. E (também lhes serão servidas) as frutas de sua predileção,

وَلَحۡمِ طَيۡرٖ مِّمَّا يَشۡتَهُونَ ﴿٢١﴾

21. Wa lahmi tairim mimmá yachtahún
21. E carne das aves que lhes apetecerem,

وَحُورٌ عِينٞ ﴿٢٢﴾

22. Wa húrun 'in
22. Em companhia de huris, de cândidos olhares,

كَأَمۡثَٰلِ ٱللُّؤۡلُوِٕ ٱلۡمَكۡنُونِ ﴿٢٣﴾

23. Ka amçálil lu'lu'il maknún
23. Semelhantes a pérolas bem guardadas,

جَزَآءَۢ بِمَا كَانُواْ يَعۡمَلُونَ ﴿٢٤﴾

24. Jazá'am bimá kánú ya'malún
24. Em recompensa por tudo quanto houverem feito.

لَا يَسۡمَعُونَ فِيهَا لَغۡوٗا وَلَا تَأۡثِيمًا ﴿٢٥﴾

25. Lá yasma'úna fihá laghwan wa lá ta'cimá
25. Não ouvirão, ali, frivolidades, nem (haverá) qualquer maldade,

إِلَّا قِيلٗا سَلَٰمٗا سَلَٰمٗا ﴿٢٦﴾

26. Illá quilan saláman salámá
26. Apenas as palavras: Paz! Paz!

وَأَصۡحَٰبُ ٱلۡيَمِينِ مَآ أَصۡحَٰبُ ٱلۡيَمِينِ ﴿٢٧﴾

27. Wa asshábul yamíni má asshábul Yamín
27. E o (grupo) dos que estiverem à direita – E quem são os que estarão à direita?

فِي سِدۡرٖ مَّخۡضُودٖ ﴿٢٨﴾

28. Fí sidrim makhdhúd
28. Passeará entre lotos (com frutos) sobrepostos,

وَطَلۡحٖ مَّنضُودٖ ﴿٢٩﴾

سُورَةُ الوَاقِعَةِ

Surat Al Wáqui'a

29. Wa tal-ḫim mandhúd
29. E pomares, com árvores frutíferas entrelaçadas,

وَظِلٍّ مَّمْدُودٍ ﴿٣٠﴾

30. Wa zil-lim mamdúd
30. E extensa sombra,

وَمَآءٍ مَّسْكُوبٍ ﴿٣١﴾

31. Wa má'im maskúb
31. E água manante,

وَفَٰكِهَةٍ كَثِيرَةٍ ﴿٣٢﴾

32. Wa fákihatin kacírah
32. E frutas abundantes,

لَّا مَقْطُوعَةٍ وَلَا مَمْنُوعَةٍ ﴿٣٣﴾

33. Lá maqtú'atin wa lá mamnú'ah
33. Inesgotáveis, que jamais (lhes) serão proibidas.

وَفُرُشٍ مَّرْفُوعَةٍ ﴿٣٤﴾

34. Wa furuchim marfú'ah
34. E estarão sobre leitos elevados.

إِنَّآ أَنشَأْنَٰهُنَّ إِنشَآءً ﴿٣٥﴾

35. Inná ancha'náhunna inchá'a
35. Sabei que criamos, para eles, uma (nova) espécie de criaturas.

فَجَعَلْنَٰهُنَّ أَبْكَارًا ﴿٣٦﴾

36. Faja'alnáhunna abkárá
36. E as fizemos virgens.

عُرُبًا أَتْرَابًا ﴿٣٧﴾

37. 'Uruban atrábá
37. Amantíssimas, de mesma idade,

لِّأَصْحَٰبِ ٱلْيَمِينِ ﴿٣٨﴾

سُورَةُ الوَاقِعَةِ

Surat Al Wáqui'a

38. Li asshábil yamín
38. Para os que estiverem à direita.

ثُلَّةٌ مِّنَ ٱلۡأَوَّلِينَ ٣٩

39. Çullatum minal auwalín
39. (Estes) constituem uma multidão, pertencente ao primeiro grupo.

وَثُلَّةٌ مِّنَ ٱلۡأٓخِرِينَ ٤٠

40. Wa çullatum minal ákhirín
40. E (aqueles), pertencentes ao último.

وَأَصۡحَٰبُ ٱلشِّمَالِ مَآ أَصۡحَٰبُ ٱلشِّمَالِ ٤١

41. Wa asshábuch chimáli má asshábuch chimál
41. E os que estiverem à esquerda – E quem são os que estarão à esquerda?

فِي سَمُومٖ وَحَمِيمٖ ٤٢

42. Fí samúmin wa hamím
42. Estarão no meio de ventos abrasadores e na água fervente.

وَظِلّٖ مِّن يَحۡمُومٖ ٤٣

43. Wa zil-lim min yahmúm
43. E nas trevas da negra fumaça,

لَّا بَارِدٖ وَلَا كَرِيمٍ ٤٤

44. Lá báridin wa lá karím
44. Sem nada para se refrescarem, nem para se aprazerem.

إِنَّهُمۡ كَانُواْ قَبۡلَ ذَٰلِكَ مُتۡرَفِينَ ٤٥

45. Innahum kánú qabla zálika mutrafín
45. Porque, antes disso, estavam na luxúria,

وَكَانُواْ يُصِرُّونَ عَلَى ٱلۡحِنثِ ٱلۡعَظِيمِ ٤٦

46. Wa kánú yusirrúna 'alal hinsil 'azím
46. E persistiram, em seu supremo pecado.

سُورَةُ الوَاقِعَةِ

Surat Al Wáqui'a

وَكَانُوا۟ يَقُولُونَ أَئِذَا مِتْنَا وَكُنَّا تُرَابًا وَعِظَـٰمًا أَءِنَّا لَمَبْعُوثُونَ ﴿٤٧﴾

47. Wa kánú yaqúlúna a 'izá mitná wa kunná turában wa 'izáman a inná lama'úçún

47. E diziam: Acaso, quando morrermos e formos reduzidos a pó e ossos, seremos ressuscitados,

أَوَءَابَآؤُنَا ٱلْأَوَّلُونَ ﴿٤٨﴾

48. Awa ábá'unal auwalún

48. Ou (o serão) nossos antepassados?

قُلْ إِنَّ ٱلْأَوَّلِينَ وَٱلْـَٔاخِرِينَ ﴿٤٩﴾

49. Qul innal auwalína wal ákhirín

49. Dize-lhes: Em verdade, os primeiros e os últimos,

لَمَجْمُوعُونَ إِلَىٰ مِيقَـٰتِ يَوْمٍ مَّعْلُومٍ ﴿٥٠﴾

50. Lamajmú'úna ilá míqáti yaumim ma'lúm

50. Serão congregados, para o encontro de um dia conhecido.

ثُمَّ إِنَّكُمْ أَيُّهَا ٱلضَّآلُّونَ ٱلْمُكَذِّبُونَ ﴿٥١﴾

51. Çumma innakum ayyuhad dhállúnal mukazzibún

51. Logo, sereis vós, ó desviados, desmentidores,

لَـَٔاكِلُونَ مِن شَجَرٍ مِّن زَقُّومٍ ﴿٥٢﴾

52. La ákilúna min chajarim min zaqqúm

52. (Que) sem dúvida comereis do fruto do zacum.

فَمَالِـُٔونَ مِنْهَا ٱلْبُطُونَ ﴿٥٣﴾

53. Famáli'úna minhal butún

53. Do qual fartareis os vossos estômagos,

فَشَـٰرِبُونَ عَلَيْهِ مِنَ ٱلْحَمِيمِ ﴿٥٤﴾

54. Facháribúna 'alaihi minal hamím

54. E, por cima, bebereis água fervente.

سُورَةُ الوَاقِعَةِ

Surat Al Wáqui'a

فَشَٰرِبُونَ شُرْبَ ٱلْهِيمِ ﴿٥٥﴾

55. Facháribúna churbal hím

55. Bebê-la-eis com a sofreguidão dos sedentos.

هَٰذَا نُزُلُهُمْ يَوْمَ ٱلدِّينِ ﴿٥٦﴾

56. Házá nuzuluhum yaumad dín

56. Tal será a sua hospedagem, no Dia do Juízo!

نَحْنُ خَلَقْنَٰكُمْ فَلَوْلَا تُصَدِّقُونَ ﴿٥٧﴾

57. Na<u>h</u>nu khalaqnákum falau lá tusaddiqún

57. Nós vos criamos. Por que, pois, não credes (na Ressurreição)?

أَفَرَءَيْتُم مَّا تُمْنُونَ ﴿٥٨﴾

58. Afara'aytum má tumnún

58. Haveis reparado, acaso, no que ejaculais?

ءَأَنتُمْ تَخْلُقُونَهُۥٓ أَمْ نَحْنُ ٱلْخَٰلِقُونَ ﴿٥٩﴾

59. 'A-antum takhluqúnahú am na<u>h</u>nul kháliqún

59. Por acaso, criais vós isso, ou somos Nós o Criador?

نَحْنُ قَدَّرْنَا بَيْنَكُمُ ٱلْمَوْتَ وَمَا نَحْنُ بِمَسْبُوقِينَ ﴿٦٠﴾

60. Na<u>h</u>nu qaddarná bainakumul mauta wa má na<u>h</u>nu bimasbúquin

60. Nós vos decretamos a morte, e jamais seremos impedidos,

عَلَىٰٓ أَن نُّبَدِّلَ أَمْثَٰلَكُمْ وَنُنشِئَكُمْ فِى مَا لَا تَعْلَمُونَ ﴿٦١﴾

61. 'Alá an nubaddila amçálakum wa nunchi'akum fí má lá ta'lamún

61. De substituir-vos por seres semelhantes, ou transformar-vos no que ignorais.

وَلَقَدْ عَلِمْتُمُ ٱلنَّشْأَةَ ٱلْأُولَىٰ فَلَوْلَا تَذَكَّرُونَ ﴿٦٢﴾

62. Wa laqad 'alimtumun nachatal úlá falau lá tazakkarún

62. E, na verdade, conheceis a primeira criação. Por que, então, não meditais?

أَفَرَءَيْتُم مَّا تَحْرُثُونَ ﴿٦٣﴾

63. Afara'aytum má ta<u>h</u>ruçún

سُورَةُ الوَاقِعَةِ

Surat Al Wáqui'a

63. Haveis reparado, acaso, no que semeais?

ءَأَنتُمْ تَزْرَعُونَهُۥٓ أَمْ نَحْنُ ٱلزَّٰرِعُونَ ﴿٦٤﴾

64. 'A-antu tazra'únahú am na<u>h</u>nuz zári'ún

64. Porventura, sois vós os que fazeis germinar, ou somos Nós o Germinador?

لَوْ نَشَآءُ لَجَعَلْنَٰهُ حُطَٰمًا فَظَلْتُمْ تَفَكَّهُونَ ﴿٦٥﴾

65. Lau nachá'u laja'alnáhu <u>h</u>utáman fazaltum tafakkahún

65. Se quiséssemos, converteríamos aquilo em feno e, então, não cessaríeis de vos assombrar,

إِنَّا لَمُغْرَمُونَ ﴿٦٦﴾

66. Inná lamughramún

66. (Dizendo): Em verdade, estamos compromissados (por nada),

بَلْ نَحْنُ مَحْرُومُونَ ﴿٦٧﴾

67. Bal nahnu ma<u>h</u>rúmún

67. Estamos, em verdade, privados (de colher os nossos frutos)!

أَفَرَءَيْتُمُ ٱلْمَآءَ ٱلَّذِى تَشْرَبُونَ ﴿٦٨﴾

68. Afara'aytumul má'al lazí tachrabún

68. Haveis reparado, acaso, na água que bebeis?

ءَأَنتُمْ أَنزَلْتُمُوهُ مِنَ ٱلْمُزْنِ أَمْ نَحْنُ ٱلْمُنزِلُونَ ﴿٦٩﴾

69. 'A-antum anzaltumúhu minal muzni am na<u>h</u>nul munzilún

69. Sois vós, ou somente somos Nós Quem a faz descer das nuvens?

لَوْ نَشَآءُ جَعَلْنَٰهُ أُجَاجًا فَلَوْلَا تَشْكُرُونَ ﴿٧٠﴾

70. Lau nachá'u já'alnáhu ujájan falau lá tachkurún

70. Se quiséssemos, fá-la-íamos salobra. Por que, pois, não agradeceis?

أَفَرَءَيْتُمُ ٱلنَّارَ ٱلَّتِى تُورُونَ ﴿٧١﴾

71. Afara'aytumun náral latí túrún

71. Haveis reparado, acaso, no fogo que ateais?

سُورَةُ الوَاقِعَةِ

Surat Al Wáqui'a

ءَأَنتُمۡ أَنشَأۡتُمۡ شَجَرَتَهَآ أَمۡ نَحۡنُ ٱلۡمُنشِـُٔونَ ٧٢

72. 'A-antum anch'átum chajaratahá am nahnul munchi'ún
72. Fostes vós que criastes a árvore, ou fomos Nós o Criador?

نَحۡنُ جَعَلۡنَٰهَا تَذۡكِرَةٗ وَمَتَٰعٗا لِّلۡمُقۡوِينَ ٧٣

73. Nahnu ja'alnáhá tazkiratan wa matá'al lilmuquín
73. Nós fizemos disso um portento e conforto para os nômades.

فَسَبِّحۡ بِٱسۡمِ رَبِّكَ ٱلۡعَظِيمِ ٧٤

74. Fasabbih bismi Rabbikal 'azím
74. Glorifica, pois, o nome do teu Supremo Senhor!

۞ فَلَآ أُقۡسِمُ بِمَوَٰقِعِ ٱلنُّجُومِ ٧٥

75. ۞Falá uqsimu bimáwáqui'in nujúm
75. Juro, portanto, pela posição dos astros,

وَإِنَّهُۥ لَقَسَمٞ لَّوۡ تَعۡلَمُونَ عَظِيمٌ ٧٦

76. Wa innahú laqassamul lau ta'lamúna 'azím
76. Porque é um magnífico juramento – se soubésseis!

إِنَّهُۥ لَقُرۡءَانٞ كَرِيمٞ ٧٧

77. Innahú la quránun karím
77. Este é um Alcorão Sagrado,

فِي كِتَٰبٖ مَّكۡنُونٖ ٧٨

78. Fí kitábim maknún
78. Num Livro bem guardado,

لَّا يَمَسُّهُۥٓ إِلَّا ٱلۡمُطَهَّرُونَ ٧٩

79. Lá yamassuhú illal mutahharún
79. Que não o tocam, senão os purificados!

تَنزِيلٞ مِّن رَّبِّ ٱلۡعَٰلَمِينَ ٨٠

80. Tanzílum mir Rabbil 'álamin

سُورَةُ الوَاقِعَةِ

Surat Al Wáqui'a

80. É uma revelação do Senhor do Universo.

أَفَبِهَٰذَا ٱلْحَدِيثِ أَنتُم مُّدْهِنُونَ ﴿٨١﴾

81. Afabiházal <u>h</u>adíci antum mudhinún

81. – Porventura, desdenhais esta Mensagem?

وَتَجْعَلُونَ رِزْقَكُمْ أَنَّكُمْ تُكَذِّبُونَ ﴿٨٢﴾

82. Wa taj'alúna rizqakum annakum tukazzibún

82. E fizestes disso o vosso meio de vida, para que o pudésseis desmentir?

فَلَوْلَآ إِذَا بَلَغَتِ ٱلْحُلْقُومَ ﴿٨٣﴾

83. Falau lá izá balaghatil <u>h</u>ulqúm

83. Por que, então, (não intervis), quando (a alma de um moribundo) alcança a garganta?

وَأَنتُمْ حِينَئِذٍ تَنظُرُونَ ﴿٨٤﴾

84. Wa antum <u>h</u>ína'izin tanzurún

84. E ficais, nesse instante, a olhá-lo,

وَنَحْنُ أَقْرَبُ إِلَيْهِ مِنكُمْ وَلَٰكِن لَّا تُبْصِرُونَ ﴿٨٥﴾

85. Wa na<u>h</u>nu aqrabu ilaihi minkum wa lákil lá tubsirún

85. – E Nós, ainda que não Nos vejais, estamos mais perto dele do que vós.

فَلَوْلَآ إِن كُنتُمْ غَيْرَ مَدِينِينَ ﴿٨٦﴾

86. Falau lá in kuntum ghaira madínín

86. Por que, então, se pensais que em nada dependeis de Nós,

تَرْجِعُونَهَآ إِن كُنتُمْ صَٰدِقِينَ ﴿٨٧﴾

87. Tarji'únahá in kuntum sádiquin

87. Não lhe devolveis (a alma), se estais certos?

فَأَمَّآ إِن كَانَ مِنَ ٱلْمُقَرَّبِينَ ﴿٨٨﴾

88. Fa ammá in kána minal muqarrabín

88. Porém, se ele for um dos achegados (a Deus),

سُورَةُ الوَاقِعَةِ

Surat Al Wáqui'a

فَرَوۡحٞ وَرَيۡحَانٞ وَجَنَّتُ نَعِيمٖ ﴿٨٩﴾

89. Farauhun wa raihánun wa jannátu na'ím

89. (Terá) descanso, satisfação e um Jardim de Prazer;

وَأَمَّآ إِن كَانَ مِنۡ أَصۡحَٰبِ ٱلۡيَمِينِ ﴿٩٠﴾

90. Wa ammá in kána min asshábil yamín

90. Ainda, se for um dos que estão à direita,

فَسَلَٰمٞ لَّكَ مِنۡ أَصۡحَٰبِ ٱلۡيَمِينِ ﴿٩١﴾

91. Fasalámul laka min asshábil yamín

91. (Ser-lhe-á dito): Que a paz esteja contigo, da parte dos que estão à direita!

وَأَمَّآ إِن كَانَ مِنَ ٱلۡمُكَذِّبِينَ ٱلضَّآلِّينَ ﴿٩٢﴾

92. Wa ammá in kána minal mukazzibinad dállín

92. Por outra, se for um dos desmentidores, extraviados,

فَنُزُلٞ مِّنۡ حَمِيمٖ ﴿٩٣﴾

93. Fanuzulum min hamím

93. Então terá hospedagem na água fervente,

وَتَصۡلِيَةُ جَحِيمٍ ﴿٩٤﴾

94. Wa tasliyatu jahím

94. E entrada na fogueira infernal.

إِنَّ هَٰذَا لَهُوَ حَقُّ ٱلۡيَقِينِ ﴿٩٥﴾

95. Inna háza lahuwa haqqul yaquin

95. Sabei que esta é a verdade autêntica.

فَسَبِّحۡ بِٱسۡمِ رَبِّكَ ٱلۡعَظِيمِ ﴿٩٦﴾

96. Fasabbih bismi rabbikal 'azim

96. Glorifica, pois, o nome do teu Supremo Senhor!

سُورَةُ الحَدِيدِ

Surat Al Hadid

Surat 57. *Al-Hadid* (O Ferro), 29 versículos, revelada em Madina.

بِسْمِ ٱللَّهِ ٱلرَّحْمَٰنِ ٱلرَّحِيمِ

Bismilláhir Rahmánir Rahím

Em nome de Deus, o Clemente, o Misericordioso

سَبَّحَ لِلَّهِ مَا فِي ٱلسَّمَٰوَٰتِ وَٱلْأَرْضِ ۖ وَهُوَ ٱلْعَزِيزُ ٱلْحَكِيمُ ﴿١﴾

1. Sabbaha lilláhi má fissamáwáti wal ard; wa Huwal 'Azízul Hakím

1. Tudo quanto existe nos Céus e na Terra glorifica Deus, porque Ele é o Poderoso, o Prudentíssimo.

لَهُۥ مُلْكُ ٱلسَّمَٰوَٰتِ وَٱلْأَرْضِ ۖ يُحْيِۦ وَيُمِيتُ ۖ وَهُوَ عَلَىٰ كُلِّ شَيْءٍ قَدِيرٌ ﴿٢﴾

2. Lahú mulkus samáwáti wal ard; yuhyí wa yumít; wa Huwa 'aá kulli chai'in Qadír

2. Seu é o reino dos Céus e da Terra; dá a vida e dá a morte, e é Onipotente.

هُوَ ٱلْأَوَّلُ وَٱلْءَاخِرُ وَٱلظَّٰهِرُ وَٱلْبَاطِنُ ۖ وَهُوَ بِكُلِّ شَيْءٍ عَلِيمٌ ﴿٣﴾

3. Huwal Auwalu wal 'Ákhiru waz Záhiru wal Bátinu wa huwa bikulli chai'in Alím

3. Ele é o Primeiro e o Último; o Visível e o Invisível, e é Onisciente.

هُوَ ٱلَّذِى خَلَقَ ٱلسَّمَٰوَٰتِ وَٱلْأَرْضَ فِى سِتَّةِ أَيَّامٍ ثُمَّ ٱسْتَوَىٰ عَلَى ٱلْعَرْشِ ۚ يَعْلَمُ مَا
يَلِجُ فِى ٱلْأَرْضِ وَمَا يَخْرُجُ مِنْهَا وَمَا يَنزِلُ مِنَ ٱلسَّمَآءِ وَمَا يَعْرُجُ فِيهَا ۖ وَهُوَ مَعَكُمْ
أَيْنَ مَا كُنتُمْ ۚ وَٱللَّهُ بِمَا تَعْمَلُونَ بَصِيرٌ ﴿٤﴾

4. Huwal lazí khalaqas samáwáti wal arda fí sittati ayyámin summas tawá 'alal 'Arch; ya'lamu má yaliju fil ardhi wa má yakhruju min-há wa má yanzilu minas samá'i wa má ya'ruju fiha wa Huwa ma'akum ayna má kuntum; walláhu bimá ta'malúna Bassir

4. Ele foi Quem criou os Céus e a Terra, em seis dias; então, assumiu o Trono. Ele bem conhece o que penetra na terra e tudo quanto dela sai; o que desce do céu e

tudo quanto a ele ascende, e está convosco onde quer que estejais, e bem vê tudo quanto fazeis.

لَّهُۥ مُلۡكُ ٱلسَّمَٰوَٰتِ وَٱلۡأَرۡضِۚ وَإِلَى ٱللَّهِ تُرۡجَعُ ٱلۡأُمُورُ ٥

5. Lahú mulkus samáwáti wal ard; wa ilal láhi turja'ul umúr

5. Seu é o reino dos Céus e da Terra, e a Deus retornarão todos os assuntos.

يُولِجُ ٱلَّيۡلَ فِي ٱلنَّهَارِ وَيُولِجُ ٱلنَّهَارَ فِي ٱلَّيۡلِۚ وَهُوَ عَلِيمُۢ بِذَاتِ ٱلصُّدُورِ ٦

6. Yúlijul laila fin nahári wa yúlijun nahára fil lail; wa Huwa 'Alímum bizátis sudúr

6. Ele insere a noite no dia e o dia na noite, e é Sabedor das intimidades dos corações.

ءَامِنُواْ بِٱللَّهِ وَرَسُولِهِۦ وَأَنفِقُواْ مِمَّا جَعَلَكُم مُّسۡتَخۡلَفِينَ فِيهِۖ فَٱلَّذِينَ ءَامَنُواْ مِنكُمۡ
وَأَنفَقُواْ لَهُمۡ أَجۡرٞ كَبِيرٞ ٧

7. A áminú billáhi wa Rassúlihí wa anfiqú mimmá ja'alakum mustakhlafína fíhi fallazína ámanú minkum wa anfaqú lahum ajrun kabír

7. Crede em Deus e em Seu Mensageiro, e fazei caridade daquilo que Ele vos fez herdar. E aqueles que, dentre vós, crerem e fizerem caridade, obterão uma grande recompensa.

وَمَا لَكُمۡ لَا تُؤۡمِنُونَ بِٱللَّهِ وَٱلرَّسُولُ يَدۡعُوكُمۡ لِتُؤۡمِنُواْ بِرَبِّكُمۡ وَقَدۡ أَخَذَ مِيثَٰقَكُمۡ إِن
كُنتُم مُّؤۡمِنِينَ ٨

8. Wa má lakum lá tu'minúna billáhi war Rasúlu yad'úkum li tu'minú bi Rabbikum wa qad akhaza miçáqakum in kuntum mu'minin

8. E que escusas tereis para não crerdes em Deus, se o Mensageiro vos exorta a crerdes no vosso Senhor? Ele recebeu a vossa promessa, se sois crentes.

هُوَ ٱلَّذِي يُنَزِّلُ عَلَىٰ عَبۡدِهِۦٓ ءَايَٰتِۭ بَيِّنَٰتٖ لِّيُخۡرِجَكُم مِّنَ ٱلظُّلُمَٰتِ إِلَى ٱلنُّورِۚ
وَإِنَّ ٱللَّهَ بِكُمۡ لَرَءُوفٞ رَّحِيمٞ ٩

9. Huwal lazí yunazzilu 'alá 'abdihi Áyátim baiyinátil liyukhrijakum minaz zulumáti ilan núr; wa innal láha bikum la Ra'úfur Rahím

سُورَةُ الحَدِيدِ

Surat Al Hadid

9. Ele (Deus) é Quem revela ao Seu servo versículos esclarecedores, para que vos tire das trevas e vos conduza à luz, porque Ele é, para convosco, Compassivo, Misericordiosíssimo.

وَمَا لَكُمْ أَلَّا تُنفِقُوا۟ فِى سَبِيلِ ٱللَّهِ وَلِلَّهِ مِيرَٰثُ ٱلسَّمَٰوَٰتِ وَٱلْأَرْضِ ۚ لَا يَسْتَوِى مِنكُم
مَّنْ أَنفَقَ مِن قَبْلِ ٱلْفَتْحِ وَقَٰتَلَ ۚ أُو۟لَٰٓئِكَ أَعْظَمُ دَرَجَةً مِّنَ ٱلَّذِينَ أَنفَقُوا۟ مِنۢ بَعْدُ
وَقَٰتَلُوا۟ ۚ وَكُلًّا وَعَدَ ٱللَّهُ ٱلْحُسْنَىٰ ۚ وَٱللَّهُ بِمَا تَعْمَلُونَ خَبِيرٌ ﴿١٠﴾

10. Wa má lakum allá tunfiqú fí sabílil láhi wa lilláhi mírásus samáwáti wal-ard; lá yastawí minkum man anfaqa min qablil fat-hi wa qátal; ulá'ika a'zamu darajatam minal lazína anfaqú min ba'du wa qátalú; wa kullan wa'adl láhul husná; walláhu bimá ta'malúna Khabír

10. E que escusas tereis para não contribuirdes na causa de Deus, uma vez que a Deus pertence a herança dos Céus e da Terra? Nesse caso, jamais podereis equiparar-vos aos que tiverem contribuído e combatido, antes da conquista – estes são mais dignos do que aqueles que contribuíram e combateram posteriormente –, ainda que Deus tenha prometido a todos uma boa recompensa. Sabei que Deus está inteirado de tudo quanto fazeis.

مَّن ذَا ٱلَّذِى يُقْرِضُ ٱللَّهَ قَرْضًا حَسَنًا فَيُضَٰعِفَهُۥ لَهُۥ وَلَهُۥٓ أَجْرٌ كَرِيمٌ ﴿١١﴾

11. Man zal lazí yuqridul láha qardan hassanan fa yudhá'ifahú lahú wa lahú ajrun karím

11. Qual será o crente que não irá emprestar espontaneamente a Deus? Será retribuído em dobro, e terá uma generosa recompensa!

يَوْمَ تَرَى ٱلْمُؤْمِنِينَ وَٱلْمُؤْمِنَٰتِ يَسْعَىٰ نُورُهُم بَيْنَ أَيْدِيهِمْ وَبِأَيْمَٰنِهِم بُشْرَىٰكُمُ ٱلْيَوْمَ
جَنَّٰتٌ تَجْرِى مِن تَحْتِهَا ٱلْأَنْهَٰرُ خَٰلِدِينَ فِيهَا ۚ ذَٰلِكَ هُوَ ٱلْفَوْزُ ٱلْعَظِيمُ ﴿١٢﴾

12. Yauma taral mu'minína walmu'mináti yas'á núruhum baina aydíhim wa bi aymánihim buchrákumul yauma jannátun tajri min tahtihal anháru khálidína fíha; zálika huwal fauzul 'azím

12. (Será) o dia em que verás (ó Mohammad) os crentes e as crentes com a luz a se irradiar ante eles, pela sua crença. Nesse dia vos alvissaremos com jardins,

abaixo dos quais correm os rios, onde morareis eternamente. Tal será a magnífica recompensa!

يَوۡمَ يَقُولُ ٱلۡمُنَٰفِقُونَ وَٱلۡمُنَٰفِقَٰتُ لِلَّذِينَ ءَامَنُواْ ٱنظُرُونَا نَقۡتَبِسۡ مِن نُّورِكُمۡ قِيلَ
ٱرۡجِعُواْ وَرَآءَكُمۡ فَٱلۡتَمِسُواْ نُورٗاۖ فَضُرِبَ بَيۡنَهُم بِسُورٖ لَّهُۥ بَابُۢ بَاطِنُهُۥ فِيهِ ٱلرَّحۡمَةُ وَظَٰهِرُهُۥ
مِن قِبَلِهِ ٱلۡعَذَابُ ١٣

13. Yauma yaqúlul munáfiqúna walmunáfiqátu lil lazína ámanu unzurúná naqtabis min núrikum quila rji'ú wará'akum faltamisú núran fadhuriba bainahum bisúril lahú bábun, bátinuhú fíhir rahmatu wa záhiruhú min quiblihil-'azáb

13. (Será também) o dia em que os hipócritas e as hipócritas dirão aos crentes: Esperai-nos, para que nos iluminemos com a vossa luz! Ser-lhes-á retrucado: Voltai atrás, e buscai a luz! Entre eles se elevará uma muralha provida de uma porta, por detrás da qual estará a misericórdia, e em frente à qual estará o suplício infernal.

يُنَادُونَهُمۡ أَلَمۡ نَكُن مَّعَكُمۡۖ قَالُواْ بَلَىٰ وَلَٰكِنَّكُمۡ فَتَنتُمۡ أَنفُسَكُمۡ وَتَرَبَّصۡتُمۡ وَٱرۡتَبۡتُمۡ
وَغَرَّتۡكُمُ ٱلۡأَمَانِيُّ حَتَّىٰ جَآءَ أَمۡرُ ٱللَّهِ وَغَرَّكُم بِٱللَّهِ ٱلۡغَرُورُ ١٤

14. Yunádúnahum alam nakum ma'akum qálú balá wa lákinnakum fatantum anfusakum wa tarabbastum wartabtum wa gharratkumul amániyyu hatta já'a amrul láhi wa gharrakum billáhil gharúr

14. (Os hipócritas) clamarão: Acaso não estávamos convosco? Ser-lhes-á replicado: Sim! Porém, caístes em tentação e vos enganastes mutuamente e duvidastes (da religião), e os vossos desejos vos iludiram, até que se cumpriram os desígnios de Deus, e o sedutor vos enganou a respeito de Deus.

فَٱلۡيَوۡمَ لَا يُؤۡخَذُ مِنكُمۡ فِدۡيَةٞ وَلَا مِنَ ٱلَّذِينَ كَفَرُواْۚ مَأۡوَىٰكُمُ ٱلنَّارُۖ هِيَ مَوۡلَىٰكُمۡۖ
وَبِئۡسَ ٱلۡمَصِيرُ ١٥

15. Fal Yauma lá yu'khazu minkum fidyatun wa lá minal lazína kafarú; ma'wákumun Náru hiya maulákum wa bi'sal masír

15. Assim, pois, hoje não se aceitará resgate algum por vós, nem pelos incrédulos. A vossa morada será o Fogo, que é o que merecestes. E que funesto destino!

سُورَةُ الحَدِيدِ

Surat Al Hadid

۞ أَلَمۡ يَأۡنِ لِلَّذِينَ ءَامَنُوٓاْ أَن تَخۡشَعَ قُلُوبُهُمۡ لِذِكۡرِ ٱللَّهِ وَمَا نَزَلَ مِنَ ٱلۡحَقِّ وَلَا
يَكُونُواْ كَٱلَّذِينَ أُوتُواْ ٱلۡكِتَٰبَ مِن قَبۡلُ فَطَالَ عَلَيۡهِمُ ٱلۡأَمَدُ فَقَسَتۡ قُلُوبُهُمۡۖ وَكَثِيرٞ
مِّنۡهُمۡ فَٰسِقُونَ ١٦

16. Alam ya'ni lil lazína ámanú an takhcha'a qulúbuhum lizikril láhi wa má nazala minal haqqui wa lá yakúnú kallazína útul Kitába min qablu fatála 'alaihimul amadu faqasat qulúbuhum wa kasírum minhum fásiqún

16. Porventura, não chegou o momento de os crentes humilharem os seus corações à recordação de Deus e à verdade revelada, para que não sejam como os que antes receberam o Livro? Porém, longo tempo passou, endurecendo-lhes os corações, e a sua maioria é rebelde e transgressora.

ٱعۡلَمُوٓاْ أَنَّ ٱللَّهَ يُحۡيِ ٱلۡأَرۡضَ بَعۡدَ مَوۡتِهَاۚ قَدۡ بَيَّنَّا لَكُمُ ٱلۡأٓيَٰتِ لَعَلَّكُمۡ
تَعۡقِلُونَ ١٧

17. I'lamú annal láha yuhyil ardha ba'da mautihá; qad baiyanná lakumul Áyáti la'allakum ta'quilún

17. Sabei que Deus vivifica a terra, depois de ter sido árida. Elucidamos-vos os versículos, para que raciocineis.

إِنَّ ٱلۡمُصَّدِّقِينَ وَٱلۡمُصَّدِّقَٰتِ وَأَقۡرَضُواْ ٱللَّهَ قَرۡضًا حَسَنٗا يُضَٰعَفُ لَهُمۡ وَلَهُمۡ
أَجۡرٞ كَرِيمٞ ١٨

18. Innal mussaddiquina wal mussaddiqáti wa aqradhul láha qardhan hassanan yudhá'afu lahum wa lahum ajrun karím

18. Em verdade, os caritativos e as caritativas, e aqueles que emprestam espontaneamente a Deus serão retribuídos em dobro, e obterão uma generosa recompensa.

وَٱلَّذِينَ ءَامَنُواْ بِٱللَّهِ وَرُسُلِهِۦٓ أُوْلَٰٓئِكَ هُمُ ٱلصِّدِّيقُونَۖ وَٱلشُّهَدَآءُ عِندَ رَبِّهِمۡ لَهُمۡ
أَجۡرُهُمۡ وَنُورُهُمۡۖ وَٱلَّذِينَ كَفَرُواْ وَكَذَّبُواْ بِـَٔايَٰتِنَآ أُوْلَٰٓئِكَ أَصۡحَٰبُ
ٱلۡجَحِيمِ ١٩

19. Wallazína ámanú billáhi wa Russulihí ulá'ika humus siddíqún; wach chuhadá'u 'inda Rabbihim lahum ajruhum wa núruhum; wallazína kafarú wa kazzabú bi áyátiná ulá'ika Asshábul jahím

19. E aqueles que creem em Deus e em Seus mensageiros são os leais; e os mártires terão, do Seu Senhor, a recompensa e a luz (a que fizeram jus). Em troca, os incrédulos que desmentem os Nossos versículos, serão os companheiros do Fogo.

ٱعلموا أنما ٱلحياة ٱلدنيا لعب ولهو وزينة وتفاخر بينكم وتكاثر في ٱلأموال
وٱلأولاد كمثل غيث أعجب ٱلكفار نباته ثم يهيج فتراه مصفرا ثم يكون
حطاما وفي ٱلآخرة عذاب شديد ومغفرة من ٱلله ورضوان وما ٱلحياة
ٱلدنيا إلا متاع ٱلغرور ﴿٢٠﴾

20. I'lamú annamal hayátud dunyá la'ibun wa lahwun wa zínatun wa tafákhurum bainakum wa takásurun fil amwáli wal awlád, kamasali ghaisin a'jabal kuffára nabátuhú summa yahíju fataráhu musfarran summa yakúnu hutámá; wa fil ákhirati 'azábun chadídun wa maghfiratum minal láhi wa ridwán; wa mal haiyátud dunyá illá matá'ul ghurúr

20. Sabei que a vida terrena é apenas jogo e diversão, pompa, mútua vanglória e rivalidade, com respeito à multiplicação de bens e filhos; é como a chuva, que compraz aos cultivadores, por vivificar a plantação; logo, completa-se o seu crescimento e a verás amarelada e transformada em feno. Na Outra Vida haverá castigos severos, a indulgência e complacência de Deus. Que é a vida terrena, senão um prazer ilusório?

سابقوا إلى مغفرة من ربكم وجنة عرضها كعرض ٱلسماء وٱلأرض أعدت
للذين آمنوا بٱلله ورسله ذلك فضل ٱلله يؤتيه من يشاء وٱلله ذو ٱلفضل
ٱلعظيم ﴿٢١﴾

21. Sábiqú ilá maghfiratim mir Rabbikum wa jannatin 'arduhá ka-'ardis samá'i wal ardi u'iddat lillazína ámanú billáhi wa Russulih; zálika fadlul láhi yu'tíhi man yachá'; wal láhu zul fadlil 'azím

سُورَةُ الحَدِيدِ

Surat Al Hadid

21. Emulai-vos, pois, em obterdes a indulgência do vosso Senhor, e o Paraíso cujas dimensões igualam as do Céu e da Terra, reservadas para aqueles que creem em Deus e em Seus mensageiros; tal é a graça de Deus, que a concede a quem Lhe apraz, porque é Agraciante por excelência.

مَآ أَصَابَ مِن مُّصِيبَةٍ فِى ٱلْأَرْضِ وَلَا فِىٓ أَنفُسِكُمْ إِلَّا فِى كِتَٰبٍ مِّن قَبْلِ
أَن نَّبْرَأَهَآ ۚ إِنَّ ذَٰلِكَ عَلَى ٱللَّهِ يَسِيرٌ ﴿٢٢﴾

22. Má asába min musíbatin fil ardi wa lá fí anfusikum illá fí kitábim min qabli an nabra'ahá; inná zálika 'alal láhi yassír

22. Não assolará desgraça alguma, quer seja na Terra, quer sejam com as vossas pessoas, que não esteja registrada no Livro, antes mesmo que a evidenciemos. Sabei que isso é fácil a Deus,

لِّكَيْلَا تَأْسَوْا۟ عَلَىٰ مَا فَاتَكُمْ وَلَا تَفْرَحُوا۟ بِمَآ ءَاتَىٰكُمْ ۗ وَٱللَّهُ لَا يُحِبُّ
كُلَّ مُخْتَالٍ فَخُورٍ ﴿٢٣﴾

23. Likailá ta'sau 'alá má fátakum wa lá tafrahú bimá átákum; walláhu lá yuhibbu kulla mukhtálin fakhúr

23. Para que vós não desespereis, pelos (prazeres) que vos foram omitidos, nem vos exulteis por aquilo com que vos agraciou, porque Deus não aprecia arrogante e vaidoso algum,

ٱلَّذِينَ يَبْخَلُونَ وَيَأْمُرُونَ ٱلنَّاسَ بِٱلْبُخْلِ ۗ وَمَن يَتَوَلَّ فَإِنَّ ٱللَّهَ هُوَ ٱلْغَنِىُّ
ٱلْحَمِيدُ ﴿٢٤﴾

24. Allazína yabkhalúna wa yá'murúnan nássa bil bukhl; wa man yatawalla fa innal láha Huwal Ghaniyyul Hamíd

24. Que mesquinha e recomenda aos demais a avareza. Mas quem desdenhar estas coisas, que fique sabendo que Deus é, por Si só, o Opulento, o Laudabilíssimo.

لَقَدْ أَرْسَلْنَا رُسُلَنَا بِٱلْبَيِّنَٰتِ وَأَنزَلْنَا مَعَهُمُ ٱلْكِتَٰبَ وَٱلْمِيزَانَ لِيَقُومَ
ٱلنَّاسُ بِٱلْقِسْطِ ۖ وَأَنزَلْنَا ٱلْحَدِيدَ فِيهِ بَأْسٌ شَدِيدٌ وَمَنَٰفِعُ لِلنَّاسِ وَلِيَعْلَمَ
ٱللَّهُ مَن يَنصُرُهُۥ وَرُسُلَهُۥ بِٱلْغَيْبِ ۚ إِنَّ ٱللَّهَ قَوِىٌّ عَزِيزٌ ﴿٢٥﴾

سُورَةُ الحَدِيدِ

Surat Al Hadid

25. Laqad arsalná Russulaná bilbaiyináti wa anzalná ma'ahumul Kitába wal Mízána liyaqúman nássu bilqist, wa anzalnal hadída fíhi bá'sun chadídun wa manáfi'u linnássi wa liya'lamal láhu man yansuruhú wa Russulahú bilghaib; innal láha Qawiyyun 'Azíz

25. Enviamos os Nossos mensageiros com as evidências: e enviamos, com eles, o Livro e a balança, para que os humanos observem a justiça; e enviamos o ferro, que encerra grande poder (para a guerra), além de outros benefícios para os humanos, para que Deus Se certifique de quem O secunda intimamente, a Ele e aos Seus mensageiros; sabei que Deus é Poderoso, Fortíssimo.

وَلَقَدْ أَرْسَلْنَا نُوحًا وَإِبْرَٰهِيمَ وَجَعَلْنَا فِى ذُرِّيَّتِهِمَا ٱلنُّبُوَّةَ وَٱلْكِتَـٰبَ ۖ فَمِنْهُم
مُّهْتَدٍ ۖ وَكَثِيرٌ مِّنْهُمْ فَـٰسِقُونَ ٢٦

26. Wa laqad arsalná Núhan wa Ibráhíma wa ja'alná fí zurriyyatihiman nubuwwata wal Kitába famin-hum muhtad; wa kasírum min-hum fásiqún

26. E enviamos também Noé e Abraão, e estabelecemos entre seus descendentes a profecia e o Livro; entre eles, há os encaminhados; porém, a sua maioria é depravada.

ثُمَّ قَفَّيْنَا عَلَىٰٓ ءَاثَـٰرِهِم بِرُسُلِنَا وَقَفَّيْنَا بِعِيسَى ٱبْنِ مَرْيَمَ وَءَاتَيْنَـٰهُ
ٱلْإِنجِيلَ وَجَعَلْنَا فِى قُلُوبِ ٱلَّذِينَ ٱتَّبَعُوهُ رَأْفَةً وَرَحْمَةً وَرَهْبَانِيَّةً
ٱبْتَدَعُوهَا مَا كَتَبْنَـٰهَا عَلَيْهِمْ إِلَّا ٱبْتِغَآءَ رِضْوَٰنِ ٱللَّهِ فَمَا رَعَوْهَا حَقَّ
رِعَايَتِهَا ۖ فَـَٔاتَيْنَا ٱلَّذِينَ ءَامَنُوا۟ مِنْهُمْ أَجْرَهُمْ ۖ وَكَثِيرٌ مِّنْهُمْ فَـٰسِقُونَ ٢٧

27. Çumma qaffainá 'alá áçárihim bi Russuliná wa qaffainá bi Íssa ibni Maryama wa átaináhul Injíla wa ja'alná fí qulúbil lazínat taba'úhu ra'fatan wa rahmatan wa rahbániyyatan ibtada'úha má katabnáhá 'alaihim illa btighá'a ridwánil láhi famá ra'auhá haqqa ri'áyatihá; fa átainal lazína ámanú min-hum ajrahum; wa kasírum min-hum fássiqún

27. Então, após eles, enviamos outros mensageiros Nossos e, após estes, enviamos Jesus, filho de Maria, a quem concedemos o Evangelho; e infundimos nos corações daqueles que o seguiam compaixão e clemência. No entanto, (agora) seguem a vida monástica, que inventaram, mas que não lhes

سُورَةُ الحَدِيدِ

Surat Al Hadid

prescrevemos; (Nós lhes prescrevemos) apenas comprazerem a Deus; porém, não o observaram devidamente. E recompensamos os crentes, dentre eles; porém, a maioria é depravada.

يَـٰٓأَيُّهَا ٱلَّذِينَ ءَامَنُوا۟ ٱتَّقُوا۟ ٱللَّهَ وَءَامِنُوا۟ بِرَسُولِهِۦ يُؤْتِكُمْ كِفْلَيْنِ مِن رَّحْمَتِهِۦ
وَيَجْعَل لَّكُمْ نُورًا تَمْشُونَ بِهِۦ وَيَغْفِرْ لَكُمْ ۚ وَٱللَّهُ غَفُورٌ رَّحِيمٌ ﴿٢٨﴾

28. Yá ayyuhal lazína ámaanu taqul láha wa áminú bi Rassúlihi yu'tikum kiflaini mir rahmatihí wa yaj'al lakum núran tamchúna bihí wa yaghfir lakum; wal láhu Ghafúrur Rahím

28. Ó crentes, temei a Deus e crede em Seu Mensageiro! Ele vos concederá dupla porção da Sua misericórdia, dar-vos-á uma luz, com que vos encaminhará e vos perdoará; e Deus é Indulgente, Misericordiosíssimo.

لِّئَلَّا يَعْلَمَ أَهْلُ ٱلْكِتَـٰبِ أَلَّا يَقْدِرُونَ عَلَىٰ شَىْءٍ مِّن فَضْلِ ٱللَّهِ ۙ وَأَنَّ ٱلْفَضْلَ
بِيَدِ ٱللَّهِ يُؤْتِيهِ مَن يَشَآءُ ۚ وَٱللَّهُ ذُو ٱلْفَضْلِ ٱلْعَظِيمِ ﴿٢٩﴾

29. Li'alla ya'lama Ahlul kitábi allá yaqdirúna 'alá chai'in min fadlil láhi wa annal fadla bi Yadil láhi yu'tíhi man yachá'ú; walláhu Zul fadhlil 'azím

29. Que os adeptos do Livro saibam que não têm qualquer poder sobre a graça de Deus, porque a graça somente está na Mão de Deus, que a concede a quem Lhe apraz; sabei que Deus é Agraciante por excelência. **(Fim do Juzi 27)**

سُورَةُ الفَاتِحَة

Surat Al Fátiha (da Abertura)

بِسۡمِ ٱللَّهِ ٱلرَّحۡمَٰنِ ٱلرَّحِيمِ (١)

1. Bismilláhir Ra<u>h</u>mánir Ra<u>h</u>ím
1. Em nome de Deus, o Clemente, o Misericordioso

ٱلۡحَمۡدُ لِلَّهِ رَبِّ ٱلۡعَٰلَمِينَ (٢)

2. Al<u>h</u>amdu lilláhi Rabbil 'álamin
2. Louvado seja Deus, Senhor do Universo,

ٱلرَّحۡمَٰنِ ٱلرَّحِيمِ (٣)

3. Ar-Ra<u>h</u>mánir-Ra<u>h</u>im
3. O Clemente, o Misericordioso,

مَٰلِكِ يَوۡمِ ٱلدِّينِ (٤)

4. Máliki Yaumid-Din
4. Soberano do Dia do Juízo.

إِيَّاكَ نَعۡبُدُ وَإِيَّاكَ نَسۡتَعِينُ (٥)

5. Iyyáka na'budu wa lyyáka nasta'in
5. Só a Ti adoramos e só de Ti imploramos ajuda!

ٱهۡدِنَا ٱلصِّرَٰطَ ٱلۡمُسۡتَقِيمَ (٦)

6. Ihdinas-Sirátal-Mustaquim
6. Guia-nos à senda reta,

صِرَٰطَ ٱلَّذِينَ أَنۡعَمۡتَ عَلَيۡهِمۡ غَيۡرِ ٱلۡمَغۡضُوبِ عَلَيۡهِمۡ وَلَا ٱلضَّآلِّينَ (٧)

7. Sirátal-lazina an'amta 'alaihim ghayril-maghdubi 'alaihim wa lad-dhállin
7. À senda dos que agraciaste, não à dos abominados, nem à dos extraviados.

سُورَةُ المُجَادلَة

Surat Al Mujádila

Juzi 28

Surat 58. *Al Mujádila* (A Argumentação), 22 versículos. Revelada em Madina

بِسْمِ ٱللَّهِ ٱلرَّحْمَٰنِ ٱلرَّحِيمِ

Bismilláhir Rahmánir Rahim
Em nome de Deus, o Clemente, o Misericordioso

قَدْ سَمِعَ ٱللَّهُ قَوْلَ ٱلَّتِى تُجَٰدِلُكَ فِى زَوْجِهَا وَتَشْتَكِىٓ إِلَى ٱللَّهِ وَٱللَّهُ يَسْمَعُ تَحَاوُرَكُمَآ ۚ إِنَّ
ٱللَّهَ سَمِيعٌۢ بَصِيرٌ ﴿١﴾

1. *Qad sami'al-láhu qaulal-latí tujádiluka fí zaujihá watachtakí ilaláhi walláhu yasma'u taháwurakumá innal láha samí'un başir.*

1. Em verdade, Deus escutou a declaração daquela que argumentava contigo, acerca do marido, e se queixava a Deus. Deus ouviu vosso diálogo, porque é Oniouvinte, Onividente.

ٱلَّذِينَ يُظَٰهِرُونَ مِنكُم مِّن نِّسَآئِهِم مَّا هُنَّ أُمَّهَٰتِهِمْ ۖ إِنْ أُمَّهَٰتُهُمْ إِلَّا ٱلَّٰٓـِٔى
وَلَدْنَهُمْ ۚ وَإِنَّهُمْ لَيَقُولُونَ مُنكَرًا مِّنَ ٱلْقَوْلِ وَزُورًا ۚ وَإِنَّ ٱللَّهَ لَعَفُوٌّ غَفُورٌ ﴿٢﴾

2. *Allazina yuzáhiruna minkum min nissá-ihim má hunna ummahátihim in ummahátuhum illal lá-i waladnahum wa-innahum layaqulúna munkaran minal-qauli wazúran wa-innal láha la'afuwun ghafur.*

2. Aqueles, dentre vós, que repudiam as suas mulheres (jurando isso) através do zihar, saibam que elas não são suas mães. Estas são as que os geraram; certamente, com tal juramento, eles proferiram algo injusto e falso; porém, Deus é Absolvedor, Indulgentíssimo.

.

يُظَٰهِرُونَ مِن نِّسَآئِهِمْ ثُمَّ يَعُودُونَ لِمَا قَالُوا۟ فَتَحْرِيرُ رَقَبَةٍ مِّن قَبْلِ أَن يَتَمَآسَّا ۚ ذَٰلِكُمْ
تُوعَظُونَ بِهِۦ ۚ وَٱللَّهُ بِمَا تَعْمَلُونَ خَبِيرٌ ﴿٣﴾

3. *Wallazina yuzáhiruna min nissá-ihim summa ya'údúna limá qálú fatahríru raqabatin min qabli an yatamássá zálikum tu'azuna bihi wal-láhu bimá ta'maluuna khabir*

3. Quanto àqueles que repudiarem as suas mulheres pelo *zihar* e logo se retratarem disso, deverão manumitir um escravo, antes de as tocarem. Isso é uma exortação para vós, porque Deus está inteirado de tudo quanto fazeis

.

سُورَةُ المُجَادلَة

Surat Al Mujádila

فَمَن لَّمۡ يَجِدۡ فَصِيَامُ شَهۡرَيۡنِ مُتَتَابِعَيۡنِ مِن قَبۡلِ أَن يَتَمَآسَّاۖ فَمَن لَّمۡ يَسۡتَطِعۡ فَإِطۡعَامُ
سِتِّينَ مِسۡكِينٗاۚ ذَٰلِكَ لِتُؤۡمِنُواْ بِٱللَّهِ وَرَسُولِهِۦۚ وَتِلۡكَ حُدُودُ ٱللَّهِۗ وَلِلۡكَٰفِرِينَ
عَذَابٌ أَلِيمٌ ٤

4. *Faman lam yajid fasiámu chahrayni fa iyámu mutatábi'ayni min qabli an yatamássá faman lam yastati' fa-it'ámu sittina miskínan zálika litu-minú billáhi warassúlihi watilka hudúdul láhi walilkáfirina 'azábun alim.*

4. Mas, quem não o encontrar (escravo), jejuará dois meses consecutivos antes de a tocar. Porém, quem não puder suportar o jejum, deverá alimentar sessenta necessitados. Isso, para que creiais em Deus e em Seu Mensageiro. Tais são as leis de Deus, e aqueles que as profanarem sofrerão um doloroso castigo.

إِنَّ ٱلَّذِينَ يُحَآدُّونَ ٱللَّهَ وَرَسُولَهُۥ كُبِتُواْ كَمَا كُبِتَ ٱلَّذِينَ مِن قَبۡلِهِمۡۚ وَقَدۡ أَنزَلۡنَآ
ءَايَٰتِۢ بَيِّنَٰتٖۚ وَلِلۡكَٰفِرِينَ عَذَابٞ مُّهِينٞ ٥

5. *Innal lazina yuháddunal-láha warassúlahu kubitú kamá kubital-lazina min qablihim waqad anzalná áyátin bayinátin walilkáfirina 'azábun muhin.*

5. Sabei que aqueles que contrariam Deus e Seu Mensageiro serão exterminados, como o foram os seus antepassados; por isso Nós lhes enviamos versículos esclarecedores e, aqueles que os negarem, sofrerão um afrontoso castigo.

يَوۡمَ يَبۡعَثُهُمُ ٱللَّهُ جَمِيعٗا فَيُنَبِّئُهُم بِمَا عَمِلُوٓاْۚ أَحۡصَىٰهُ ٱللَّهُ وَنَسُوهُۚ وَٱللَّهُ عَلَىٰ
كُلِّ شَيۡءٖ شَهِيدٌ ٦

6. *Yauma yab'asuhumul-láhu jamí'an fayunabbi-uhum bimá 'amilú ahsáhul láhu wanasúhu walláhu 'alá kulli chay-in chahid.*

6. Será no dia em que Deus os ressuscitará a todos e os inteirará de tudo quanto tiverem feito. Deus o memoriza, enquanto eles o esquecem, porque Deus é Testemunha de tudo.

أَلَمۡ تَرَ أَنَّ ٱللَّهَ يَعۡلَمُ مَا فِي ٱلسَّمَٰوَٰتِ وَمَا فِي ٱلۡأَرۡضِۖ مَا يَكُونُ مِن نَّجۡوَىٰ ثَلَٰثَةٍ إِلَّا هُوَ
رَابِعُهُمۡ وَلَا خَمۡسَةٍ إِلَّا هُوَ سَادِسُهُمۡ وَلَآ أَدۡنَىٰ مِن ذَٰلِكَ وَلَآ أَكۡثَرَ إِلَّا هُوَ مَعَهُمۡ أَيۡنَ
مَا كَانُواْۖ ثُمَّ يُنَبِّئُهُم بِمَا عَمِلُواْ يَوۡمَ ٱلۡقِيَٰمَةِۚ إِنَّ ٱللَّهَ بِكُلِّ شَيۡءٍ عَلِيمٌ ٧

سورة المجادلة

Surat Al Mujádila

7. Alam tará annal-láha ya'lamu má fis samáwáti wamá fil ardhi má yakúnu min najwá salásatin illá huwa rábi'uhum walá khamsatin illá huwa sádissuhum walá adná min zálika walá akçara illá huwa ma'ahum ayna má kánuu summa yunabbi-uhum bimá 'amilú yaumal quiyámati innal-láha bikulli chay-in 'alim

7. Não reparas em que Deus conhece tudo quanto existe nos Céus e na Terra? Não há confidência entre três pessoas, sem que Ele seja a quarta delas; nem entre cinco, sem que Ele seja a sexta; nem que haja menos ou mais do que isso, sem que Ele esteja com elas, onde quer que se achem. Logo, no Dia da Ressurreição, os inteirará de tudo quanto fizerem, porque Deus é Onisciente.

أَلَمْ تَرَ إِلَى ٱلَّذِينَ نُهُوا۟ عَنِ ٱلنَّجْوَىٰ ثُمَّ يَعُودُونَ لِمَا نُهُوا۟ عَنْهُ وَيَتَنَٰجَوْنَ بِٱلْإِثْمِ
وَٱلْعُدْوَٰنِ وَمَعْصِيَتِ ٱلرَّسُولِ وَإِذَا جَآءُوكَ حَيَّوْكَ بِمَا لَمْ يُحَيِّكَ بِهِ ٱللَّهُ وَيَقُولُونَ
فِىٓ أَنفُسِهِمْ لَوْلَا يُعَذِّبُنَا ٱللَّهُ بِمَا نَقُولُ ۚ حَسْبُهُمْ جَهَنَّمُ يَصْلَوْنَهَا ۖ فَبِئْسَ ٱلْمَصِيرُ ٨

8. Alam tará ilal-lazína nuhú 'anin-najwá summa ya'úduna limá nuhú 'anhu wayatanájawna bil içmi wal'udwáni wama'siyatir-rassúli wa-izá já-úka hayyauka bimá lam yuhayyika bihil láhu wayaqúluna fí anfusihim laulá yu'azzibunal-láhu bimá naqúlu hasbuhum jahannamu yaslaunahá fabi'sal-masir.

8. Acaso, não reparaste naqueles a quem foi proibida a confidência? Não obstante, reincidem no que lhes foi vedado e falam clandestinamente de iniquidades, de hostilidades e de desobediências ao Mensageiro! E quando se apresentam a ti, saúdam-te, em termos com os quais Deus jamais te saudou, e dizem para si: Por que Deus não nos castiga pelo que fazemos? Bastar-lhes-á o inferno, no qual entrarão! E que funesto destino!

يَٰٓأَيُّهَا ٱلَّذِينَ ءَامَنُوٓا۟ إِذَا تَنَٰجَيْتُمْ فَلَا تَتَنَٰجَوْا۟ بِٱلْإِثْمِ وَٱلْعُدْوَٰنِ وَمَعْصِيَتِ ٱلرَّسُولِ
وَتَنَٰجَوْا۟ بِٱلْبِرِّ وَٱلتَّقْوَىٰ ۖ وَٱتَّقُوا۟ ٱللَّهَ ٱلَّذِىٓ إِلَيْهِ تُحْشَرُونَ ٩

9. Yá ayyuhal-lazína ámanú izá tanájaytum falá tatanájaw bil-içmi wal'udwani wama'siyatir rassúli watanájaw bil-birri wat-taqwá wat-taqúl láhal-lazí ilayhi tuhcharun.

9. Ó crentes, quando falardes na intimidade, não discorrais sobre iniquidades, sobre hostilidades, nem sobre a desobediência ao Mensageiro; antes, falai da virtude e da piedade, e temei a Deus, ante Quem sereis congregados.

إِنَّمَا ٱلنَّجْوَىٰ مِنَ ٱلشَّيْطَٰنِ لِيَحْزُنَ ٱلَّذِينَ ءَامَنُوا۟ وَلَيْسَ بِضَآرِّهِمْ شَيْـًٔا إِلَّا بِإِذْنِ ٱللَّهِ ۚ
وَعَلَى ٱللَّهِ فَلْيَتَوَكَّلِ ٱلْمُؤْمِنُونَ ١٠

سورة المجادلة

Surat Al Mujádila

10. Innamán-najwá minach-chaitáni liyahzunal lazína ámanú walayssa bidárrihim chay-an illá bi-iznil-láhi wa'alál-láhi falyatawakkalil mu'minun.

10. Sabei que a confabulação emana de Satanás, para atribular os crentes. Porém, ele em nada poderá prejudicá-los sem o beneplácito de Deus. Que os crentes confiem em Deus!

يَٰٓأَيُّهَا ٱلَّذِينَ ءَامَنُوٓاْ إِذَا قِيلَ لَكُمۡ تَفَسَّحُواْ فِي ٱلۡمَجَٰلِسِ فَٱفۡسَحُواْ يَفۡسَحِ ٱللَّهُ لَكُمۡۖ
وَإِذَا قِيلَ ٱنشُزُواْ فَٱنشُزُواْ يَرۡفَعِ ٱللَّهُ ٱلَّذِينَ ءَامَنُواْ مِنكُمۡ وَٱلَّذِينَ أُوتُواْ ٱلۡعِلۡمَ دَرَجَٰتٖۚ
وَٱللَّهُ بِمَا تَعۡمَلُونَ خَبِيرٞ ١١

11. Yá ayyuhal-lazina ámanú izá quila lakum tafassahú fil-majálissi fa-ifsahú yafsahil-láhu lakum wa-izá quila anchuzú fa-anchuzú yarfa'il láhul-lazina ámanú minkum wal-lazina útul 'ilma darajátin walláhu bimá ta'maluna khabir.

11. Ó crentes, quando vos for dito para vos apertardes, (dando) nas assembleias (lugar aos demais), fazei-o; e sabei que Deus vos dará lugar no Paraíso! E quando vos for dito que vos levanteis, fazei-o, pois Deus elevará os crentes, dentre vós, assim como os sábios em graus, porque está inteirado de tudo quanto fazeis.

يَٰٓأَيُّهَا ٱلَّذِينَ ءَامَنُوٓاْ إِذَا نَٰجَيۡتُمُ ٱلرَّسُولَ فَقَدِّمُواْ بَيۡنَ يَدَيۡ نَجۡوَىٰكُمۡ صَدَقَةٗۚ ذَٰلِكَ خَيۡرٞ
لَّكُمۡ وَأَطۡهَرُۚ فَإِن لَّمۡ تَجِدُواْ فَإِنَّ ٱللَّهَ غَفُورٞ رَّحِيمٌ ١٢

12. Yá ayyuhal-lazina ámanu izá nájytumur rassula faqadimu bayna yaday najwákum sadaqatan zálika khayrun lakum wa at-harú fa-in lam tajidú fa-innal-láha ghafúrun rahim.

12. Ó crentes, quando fordes consultar privativamente o Mensageiro, fazei antes uma caridade; isso será melhor para vós; e será mais puro; porém, se carecerdes de meios, sabei que Deus é Indulgente, Misericordiosíssimo.

ءَأَشۡفَقۡتُمۡ أَن تُقَدِّمُواْ بَيۡنَ يَدَيۡ نَجۡوَىٰكُمۡ صَدَقَٰتٖۚ فَإِذۡ لَمۡ تَفۡعَلُواْ وَتَابَ ٱللَّهُ عَلَيۡكُمۡ فَأَقِيمُواْ
ٱلصَّلَوٰةَ وَءَاتُواْ ٱلزَّكَوٰةَ وَأَطِيعُواْ ٱللَّهَ وَرَسُولَهُۥۚ وَٱللَّهُ خَبِيرُۢ بِمَا تَعۡمَلُونَ ١٣

13. A-achfaqtum an tuqaddimú bayna yaday najwákum sadaqátin fa-iz lam taf'alú watábal láhu 'alaykum fa-aquímus-saláta wa-átuz zakáta wa-atí'ul-láha warasúlahu wal-láhu khabírun bimá ta'malun.

13. Temeis, acaso, fazer caridade, antes da vossa consulta privativa (a ele)? Mas, se não o fizerdes – e que Deus vos perdoe –, observai a oração, pagai o zakat e obedecei a Deus e ao Seu Mensageiro, porque Deus está inteirado de tudo quanto fazeis.

سُورَةُ المُجَادِلَةِ

Surat Al Mujádila

۞ أَلَمْ تَرَ إِلَى ٱلَّذِينَ تَوَلَّوْا۟ قَوْمًا غَضِبَ ٱللَّهُ عَلَيْهِم مَّا هُم مِّنكُمْ وَلَا مِنْهُمْ وَيَحْلِفُونَ عَلَى ٱلْكَذِبِ وَهُمْ يَعْلَمُونَ ﴿١٤﴾

14. Alam tará ilal-lazína tawallau qauman ghadhibal-láhu 'alayhim má hum minkum walá min-hum wayahlifúna 'alal-kazibi wahum ya'lamun.

14. Acaso, não reparaste naqueles que entraram (em privacidade) com um povo o qual Deus abominou? Não são dos vossos, nem tampouco sois dos deles, e perjuram conscientemente!

أَعَدَّ ٱللَّهُ لَهُمْ عَذَابًا شَدِيدًا ۖ إِنَّهُمْ سَآءَ مَا كَانُوا۟ يَعْمَلُونَ ﴿١٥﴾

15. A'addal-láhu lahum 'azában chadídan innahum sá-a má kánuu ya'malun.

15. Deus lhes tem preparado um severo castigo. Quão péssimo é o que fizeram!

ٱتَّخَذُوٓا۟ أَيْمَٰنَهُمْ جُنَّةً فَصَدُّوا۟ عَن سَبِيلِ ٱللَّهِ فَلَهُمْ عَذَابٌ مُّهِينٌ ﴿١٦﴾

16. Ittakhazú aymánahum junnatan fashaddú 'an sabílil-láhi falahum 'azábun muhin.

16. Fizeram dos seus juramentos uma coberta (para as suas más ações), e desencaminharam-se da senda de Deus; porém, sofrerão um castigo afrontoso.

لَّن تُغْنِىَ عَنْهُمْ أَمْوَٰلُهُمْ وَلَآ أَوْلَٰدُهُم مِّنَ ٱللَّهِ شَيْـًٔا ۚ أُو۟لَٰٓئِكَ أَصْحَٰبُ ٱلنَّارِ ۖ هُمْ فِيهَا خَٰلِدُونَ ﴿١٧﴾

17. Lan tughniya 'anhum amwáluhum walá auláduhum minal-láhi chay-an ulá-ika ashábun-nári hum fihá khálidun.

17. Perante Deus, de nada lhes valerão os seus bens, nem os se us filhos e serão os condenados ao inferno, no qual permanecerão eternamente.

يَوْمَ يَبْعَثُهُمُ ٱللَّهُ جَمِيعًا فَيَحْلِفُونَ لَهُۥ كَمَا يَحْلِفُونَ لَكُمْ ۖ وَيَحْسَبُونَ أَنَّهُمْ عَلَىٰ شَىْءٍ ۚ أَلَآ إِنَّهُمْ هُمُ ٱلْكَٰذِبُونَ ﴿١٨﴾

18. Yauma yab'assuhumul-láhu jamí'an fayahlifuna lahu kamá yahlifuna lakum wayahsabuna annahum 'alá chay-in alá innahum humul-kázibun.

18. No dia em que Deus ressuscitar a todos, jurar-Lhe-ão, então, como juraram a vós, e crerão que possuem algo. Não são, na verdade, uns mentirosos?

سُورَةُ المُجَادَلَةِ

Surat Al Mujádila

ٱسْتَحْوَذَ عَلَيْهِمُ ٱلشَّيْطَٰنُ فَأَنسَىٰهُمْ ذِكْرَ ٱللَّهِ ۚ أُو۟لَٰٓئِكَ حِزْبُ ٱلشَّيْطَٰنِ ۚ أَلَآ إِنَّ حِزْبَ
ٱلشَّيْطَٰنِ هُمُ ٱلْخَٰسِرُونَ ﴿١٩﴾

19. Istahwaza 'alayhimuch-chaytánu fa-ansáhum zikral-láhi ulá-ika hizbuch-chaytáni alá inna hizbach-chaytáni humu alkhásirun.

19. Satanás os conquistou e os fez esquecer da recordação de Deus. Estes são os seguidores de Satanás. Não é, acaso, certo, que os seguidores de Satanás serão os desventurados?

إِنَّ ٱلَّذِينَ يُحَآدُّونَ ٱللَّهَ وَرَسُولَهُۥٓ أُو۟لَٰٓئِكَ فِى ٱلْأَذَلِّينَ ﴿٢٠﴾

20. Innal-lazína yuháddunal-láha warassúlahu ulá-ika fil-azállin.

20. Sabei que aqueles que contrariam Deus e o Seu Mensageiro contar-se-ão entre os mais humilhados.

كَتَبَ ٱللَّهُ لَأَغْلِبَنَّ أَنَا۠ وَرُسُلِىٓ ۚ إِنَّ ٱللَّهَ قَوِىٌّ عَزِيزٌ ﴿٢١﴾

21. Katabal-láhu la-aghlibanna aná warussulí innal-láha qawiyyun 'aziz

21. Deus decretou: Venceremos, Eu e os Meus mensageiros! Em verdade, Deus é Poderoso, Fortíssimo.

لَّا تَجِدُ قَوْمًا يُؤْمِنُونَ بِٱللَّهِ وَٱلْيَوْمِ ٱلْءَاخِرِ يُوَآدُّونَ مَنْ حَآدَّ ٱللَّهَ وَرَسُولَهُۥ
وَلَوْ كَانُوٓا۟ ءَابَآءَهُمْ أَوْ أَبْنَآءَهُمْ أَوْ إِخْوَٰنَهُمْ أَوْ عَشِيرَتَهُمْ ۚ أُو۟لَٰٓئِكَ
كَتَبَ فِى قُلُوبِهِمُ ٱلْإِيمَٰنَ وَأَيَّدَهُم بِرُوحٍ مِّنْهُ ۖ وَيُدْخِلُهُمْ جَنَّٰتٍ تَجْرِى
مِن تَحْتِهَا ٱلْأَنْهَٰرُ خَٰلِدِينَ فِيهَا ۚ رَضِىَ ٱللَّهُ عَنْهُمْ وَرَضُوا۟ عَنْهُ ۚ أُو۟لَٰٓئِكَ حِزْبُ
ٱللَّهِ ۚ أَلَآ إِنَّ حِزْبَ ٱللَّهِ هُمُ ٱلْمُفْلِحُونَ ﴿٢٢﴾

22. Lá tajidú qauman yu'minuna bil-láhi wal yaumil-ákhiri yuwádduna man háddal-láha warasúlahú walau kánu abá-ahum au abná-ahum au ikhwánahum au 'achíratahum ulá-ika kataba fí qulúbihimul-ímána wa-aiyadahum birúhin minhu wayudkhiluhum jannátin tajrí min tahtihal-anháru khálidina fíhá radhiyal-láhu 'anhum waradhú 'anhu úlá-ika hizbul-láhi alá inna hizbal-láhi humul-muflihun.

22. Não encontrarás povo algum que creia em Deus e no Dia do Juízo Final, que tenha relações com aqueles que contrariam Deus e o Seu Mensageiro, ainda que sejam seus pais ou seus filhos, seus irmãos ou parentes. Para aqueles, Deus lhes

firmou a fé nos corações e os confortou com o Seu Espírito, e os introduzirá em jardins, abaixo dos quais correm os rios, onde morarão eternamente. Deus se comprazerá com eles e eles se comprazerão n'Ele. Estes formam o partido de Deus. Acaso, não é certo que os que formam o partido de Deus serão os bem-aventurados?

Surat 59. *AL HAXR* (O DESTERRO), 24 versículos. Revelada em Madina.

بِسۡمِ ٱللَّهِ ٱلرَّحۡمَٰنِ ٱلرَّحِيمِ

Bismilláhir Rahmánir Rahím

Em nome de Deus, o Clemente, o Misericordioso

سَبَّحَ لِلَّهِ مَا فِي ٱلسَّمَٰوَٰتِ وَمَا فِي ٱلۡأَرۡضِۖ وَهُوَ ٱلۡعَزِيزُ ٱلۡحَكِيمُ ١

1. Sabbaha lilláhi má fis-samáwati wa má fil-ardhi wa huwal-'azízul-hakím.

1. Tudo quando existe nos Céus e na Terra glorifica Deus; Ele é o Poderoso, o Prudentíssimo.

هُوَ ٱلَّذِيٓ أَخۡرَجَ ٱلَّذِينَ كَفَرُواْ مِنۡ أَهۡلِ ٱلۡكِتَٰبِ مِن دِيَٰرِهِمۡ لِأَوَّلِ ٱلۡحَشۡرِۚ مَا ظَنَنتُمۡ
أَن يَخۡرُجُواْۖ وَظَنُّوٓاْ أَنَّهُم مَّانِعَتُهُمۡ حُصُونُهُم مِّنَ ٱللَّهِ فَأَتَىٰهُمُ ٱللَّهُ مِنۡ حَيۡثُ لَمۡ
يَحۡتَسِبُواْۖ وَقَذَفَ فِي قُلُوبِهِمُ ٱلرُّعۡبَۚ يُخۡرِبُونَ بُيُوتَهُم بِأَيۡدِيهِمۡ وَأَيۡدِي ٱلۡمُؤۡمِنِينَ
فَٱعۡتَبِرُواْ يَٰٓأُوْلِي ٱلۡأَبۡصَٰرِ ٢

2. Huwal-lazí akhrajal-lazína kafarú min ahlil kitábi min diyárihim li'auwali al-hachri má zanantum 'an yakhrujú wa zannú annahum má ni'atuhum hussúnuhum minal-láhi fa'atáhumul láhu min hayçu lam yahtasibú wa qazafa fí qulúbihimur-ru'ba yukhribúna buyútahum bi'aydíhim wa aydí al-mu'uminína fá'tabirú yá 'úlíl-absar.

سورة الحشر

Surat Al Haxr

2. Foi Ele Quem expatriou os incrédulos, dentre os adeptos do Livro, quando do primeiro desterro. Pouco acreditáveis (ó muçulmanos) que eles saíssem dos seus lares, porquanto supunham que as suas fortalezas os preservariam de Deus; porém, Deus os açoitou, por onde menos esperavam, e infundiu o terror em seus corações; destruíram as suas casas com suas próprias mãos, e com as mãos dos crentes. Aprendei a lição, ó sensatos!

وَلَوْلَآ أَن كَتَبَ ٱللَّهُ عَلَيْهِمُ ٱلْجَلَآءَ لَعَذَّبَهُمْ فِى ٱلدُّنْيَا ۖ وَلَهُمْ فِى ٱلْـَٔاخِرَةِ عَذَابُ ٱلنَّارِ ٣

3. Wa laulá an katabal-láhu 'alayhimu al-jalá'a la'azzabahum fid-dunyá wa lahum fíl-ákhirati 'azábun-nár

3. E se Deus não lhes tivesse decretado o banimento, tê-los-ia castigado neste mundo e, no outro, sofreriam o tormento infernal.

ذَٰلِكَ بِأَنَّهُمْ شَآقُّوا۟ ٱللَّهَ وَرَسُولَهُۥ ۖ وَمَن يُشَآقِّ ٱللَّهَ فَإِنَّ ٱللَّهَ شَدِيدُ ٱلْعِقَابِ ٤

4. Zálika bi'annahum cháqqul-láha wa rasúlahu wa man yucháqquil-láha fa innal-láha chadídul 'iqáb

4. Isso, por terem contrariado Deus e Seu Mensageiro; e quem contraria Deus (saiba que) certamente Deus é severíssimo no castigo.

مَا قَطَعْتُم مِّن لِّينَةٍ أَوْ تَرَكْتُمُوهَا قَآئِمَةً عَلَىٰٓ أُصُولِهَا فَبِإِذْنِ ٱللَّهِ وَلِيُخْزِىَ
ٱلْفَٰسِقِينَ ٥

5. Má qaṭa'tum min línatin au taraktumúha qá'imatan 'alá ussúlihá fabi'iznil-láhi wa liyukhziyal-fássiquin.

5. (Ó muçulmanos), ficai sabendo que, se cortardes as tamareiras tenras (quando em campanha) ou se as deixardes de pé, fá-lo-eis com o beneplácito de Deus, e para que Ele desonre os depravados.

وَمَآ أَفَآءَ ٱللَّهُ عَلَىٰ رَسُولِهِۦ مِنْهُمْ فَمَآ أَوْجَفْتُمْ عَلَيْهِ مِنْ خَيْلٍ وَلَا رِكَابٍ وَلَٰكِنَّ
ٱللَّهَ يُسَلِّطُ رُسُلَهُۥ عَلَىٰ مَن يَشَآءُ ۚ وَٱللَّهُ عَلَىٰ كُلِّ شَىْءٍ قَدِيرٌ ٦

6. Wa má afáal-láhu 'alá rasúlihi min-hum famá aujaftum 'alayhi min khaylin wa lá rikábin wa lakinnal-láha yussallitu rusúlahu 'alá man yachá'u walláhu 'alá kulli chay'in qadír.

6. Tudo quanto Deus concedeu ao Seu Mensageiro, (tirado) dos bens deles (dos Bani Annadhir), não tivestes de fazer galopar cavalo ou camelo algum para ele

conseguir isso. Deus concede aos Seus mensageiros o predomínio sobre quem Lhe apraz, porque Deus é Onipotente.

مَّآ أَفَآءَ ٱللَّهُ عَلَىٰ رَسُولِهِۦ مِنْ أَهْلِ ٱلْقُرَىٰ فَلِلَّهِ وَلِلرَّسُولِ وَلِذِى ٱلْقُرْبَىٰ وَٱلْيَتَـٰمَىٰ وَٱلْمَسَـٰكِينِ وَٱبْنِ ٱلسَّبِيلِ كَىْ لَا يَكُونَ دُولَةًۢ بَيْنَ ٱلْأَغْنِيَآءِ مِنكُمْ ۚ وَمَآ ءَاتَىٰكُمُ ٱلرَّسُولُ فَخُذُوهُ وَمَا نَهَىٰكُمْ عَنْهُ فَٱنتَهُوا۟ ۚ وَٱتَّقُوا۟ ٱللَّهَ ۖ إِنَّ ٱللَّهَ شَدِيدُ ٱلْعِقَابِ ﴿٧﴾

7. *Má 'afá'al-láhu 'alá rassúlihi min 'ahlil-qurá falilláhi wa lilrrasúli wa lizil-qurbá wal-yatámá wal-massákíni wa abnis-sabíli kay lá yakúna dúlatan baynal-'aghniyá'i minkum wa má atákumur-rassúlu fakhuzúhu wa má nahákum 'anhu fantahú wattaqúl-láha 'innal-láha chadídul-'iqáb.*

7. Tudo quanto Deus concedeu ao Seu Mensageiro, (tomado) dos moradores das cidades, corresponde a Deus, ao Seu Mensageiro e aos seus parentes, aos órfãos, aos necessitados e aos viajantes; isso, para que (as riquezas) não sejam monopolizadas pelos opulentos, dentre vós. Aceitai, pois, o que vos der o Mensageiro, e abstende-vos de tudo quanto ele vos proíba. E temei a Deus, porque Deus é Severíssimo no castigo.

لِلْفُقَرَآءِ ٱلْمُهَـٰجِرِينَ ٱلَّذِينَ أُخْرِجُوا۟ مِن دِيَـٰرِهِمْ وَأَمْوَٰلِهِمْ يَبْتَغُونَ فَضْلًا مِّنَ ٱللَّهِ وَرِضْوَٰنًا وَيَنصُرُونَ ٱللَّهَ وَرَسُولَهُۥٓ ۚ أُو۟لَـٰٓئِكَ هُمُ ٱلصَّـٰدِقُونَ ﴿٨﴾

8. *Lilfuqará'il-muhájirínal-lazína úkhrijú min diárihim wa amwálihim yabtaghúna fadlan minal-láhi wa ridhwánan wa yansurúnal-láha wa rasúlahu úláika humus-sádiqun*

8. (E também corresponde uma parte) aos pobres migrantes (maquenses), que foram expatriados e despojados dos seus bens, que procuram a graça de Deus e a Sua complacência, e secundam Deus e Seu Mensageiro; estes são os verazes.

وَٱلَّذِينَ تَبَوَّءُو ٱلدَّارَ وَٱلْإِيمَـٰنَ مِن قَبْلِهِمْ يُحِبُّونَ مَنْ هَاجَرَ إِلَيْهِمْ وَلَا يَجِدُونَ فِى صُدُورِهِمْ حَاجَةً مِّمَّآ أُوتُوا۟ وَيُؤْثِرُونَ عَلَىٰٓ أَنفُسِهِمْ وَلَوْ كَانَ بِهِمْ خَصَاصَةٌ ۚ وَمَن يُوقَ شُحَّ نَفْسِهِۦ فَأُو۟لَـٰٓئِكَ هُمُ ٱلْمُفْلِحُونَ ﴿٩﴾

9. *Wal-lazína tabauwaúd-dára wal-ímána min qablihim yuhibbúna man hájara ilayhim walá yajidúna fí sudúrihim hájatan mimmá útú wa yu'cirúna 'alá 'anfusihim wa lau kána bihim khasásatun wa man yúqa chuhha nafsihi fa úlá'ika humul-muflhún.*

سُورَةُ الحَشْر

Surat Al Haxr

9. Os que antes deles residiam (em Madina) e haviam adotado a fé, mostram afeição por aqueles que migraram para junto deles e não nutrem inveja alguma em seus corações, pelo que (tais migrantes) receberam (de despojos); por outra, preferem-nos, em detrimento de si mesmos, mesmo estando em necessidade. Sabei que aqueles que se preservarem da avareza serão os bem-aventurados.

وَٱلَّذِينَ جَآءُو مِنۢ بَعۡدِهِمۡ يَقُولُونَ رَبَّنَا ٱغۡفِرۡ لَنَا وَلِإِخۡوَٰنِنَا
ٱلَّذِينَ سَبَقُونَا بِٱلۡإِيمَٰنِ وَلَا تَجۡعَلۡ فِي قُلُوبِنَا غِلّٗا لِّلَّذِينَ ءَامَنُواْ رَبَّنَآ إِنَّكَ
رَءُوفٞ رَّحِيمٌ ١٠

10. Wal-lazína já'ú min ba'dihim yaqúlúna rabbaná aghfir laná wa li akhwáninál-lazína sabaqúna bil-ímáni walá taj'al fí qulúbiná ghillan lillazína ámanú rabbaná 'innaka ra'úfun rahím.

10. E aqueles que os seguiram dizem: Ó Senhor nosso, perdoa-nos, assim como também aos nossos irmãos, que nos precederam na fé, e não infundas em nossos corações rancor algum pelos crentes. Ó Senhor nosso, certamente Tu és Compassivo, Misericordiosíssimo.

۞ أَلَمۡ تَرَ إِلَى ٱلَّذِينَ نَافَقُواْ يَقُولُونَ لِإِخۡوَٰنِهِمُ ٱلَّذِينَ كَفَرُواْ مِنۡ أَهۡلِ
ٱلۡكِتَٰبِ لَئِنۡ أُخۡرِجۡتُمۡ لَنَخۡرُجَنَّ مَعَكُمۡ وَلَا نُطِيعُ فِيكُمۡ أَحَدًا أَبَدٗا وَإِن
قُوتِلۡتُمۡ لَنَنصُرَنَّكُمۡ وَٱللَّهُ يَشۡهَدُ إِنَّهُمۡ لَكَٰذِبُونَ ١١

11. Alam tará 'ilál-lazína náfaqú yaqúlúna li'ikhwánihimul-lazína kafarú min ahlil-kitábi la'in ukhrijtum lanakhrujanna ma'akum wa lá nutí'u fíkum ahadan abadan wa in qútiltum lanansurannakum walláhu yach-hadu 'innahum lakázibún.

11. Não reparas, acaso, nos hipócritas, que dizem aos seus irmãos incrédulos, dentre os adeptos do Livro: Juramos que se fordes expulsos, sairemos convosco e jamais obedeceremos a ninguém, contra vós; e, se fordes combatidos, socorrer-vos-emos. Porém, Deus atesta que são uns mentirosos.

لَئِنۡ أُخۡرِجُواْ لَا يَخۡرُجُونَ مَعَهُمۡ وَلَئِن قُوتِلُواْ لَا يَنصُرُونَهُمۡ وَلَئِن نَّصَرُوهُمۡ لَيُوَلُّنَّ
ٱلۡأَدۡبَٰرَ ثُمَّ لَا يُنصَرُونَ ١٢

12. La in ukhrijú lá yakhrujúna ma'ahum wa la in qútilú lá yansurúnahum wa la in nasarúhum layuwallunnal-adbára çumma lá yunsarún.

12. Porque, na verdade, se fossem expulsos, não sairiam com eles e, se fossem combatidos, não os socorreriam; e, mesmo que os socorressem, empreenderiam a fuga; e, ainda, eles mesmos não seriam socorridos.

سُورَةُ الحَشْرِ

Surat Al Haxr

لَأَنتُمْ أَشَدُّ رَهْبَةً فِى صُدُورِهِم مِّنَ ٱللَّهِ ۚ ذَٰلِكَ بِأَنَّهُمْ قَوْمٌ لَّا يَفْقَهُونَ ﴿١٣﴾

13. La'antum achaddu rahbatan fí sudúrihim minal-láhi zálika bi annahum qaumun lá yafqahún.

13. Seguramente, vós, ó crentes, infundis em seus corações mais terror ainda do que Deus; isso, porque são uns insensatos.

لَا يُقَٰتِلُونَكُمْ جَمِيعًا إِلَّا فِى قُرًى مُّحَصَّنَةٍ أَوْ مِن وَرَآءِ جُدُرٍۭ ۚ بَأْسُهُم بَيْنَهُمْ
شَدِيدٌ ۚ تَحْسَبُهُمْ جَمِيعًا وَقُلُوبُهُمْ شَتَّىٰ ۚ ذَٰلِكَ بِأَنَّهُمْ قَوْمٌ لَّا يَعْقِلُونَ ﴿١٤﴾

14. Lá yuqátilúnakum jamí'an illá fí quran muhassanatin au min wará'i judurin ba'suhum baynahum chadídun tahsabuhum jamí'an wa qulúbuhum chattá zálika bi annahum qaumun lá ya'quilún.

14. Eles não vos combaterão (mesmo) em conjunto, senão em cidades fortificadas, ou por detrás das muralhas. A hostilidade entre eles é intensa. Vós os credes unidos, quando os seus corações estão divididos; isso, porque são uns insensatos.

كَمَثَلِ ٱلَّذِينَ مِن قَبْلِهِمْ قَرِيبًا ۖ ذَاقُوا۟ وَبَالَ أَمْرِهِمْ وَلَهُمْ عَذَابٌ أَلِيمٌ ﴿١٥﴾

15. Kamaçalil-lazína min qablihim qaríban záqú wabála amrihim wa lahum 'azábun alím

15. Como provaram os seus predecessores imediatos, eles testaram o revés da sua má conduta; terão um doloroso castigo (na Outra Vida).

كَمَثَلِ ٱلشَّيْطَٰنِ إِذْ قَالَ لِلْإِنسَٰنِ ٱكْفُرْ فَلَمَّا كَفَرَ قَالَ إِنِّى بَرِىٓءٌ مِّنكَ
إِنِّىٓ أَخَافُ ٱللَّهَ رَبَّ ٱلْعَٰلَمِينَ ﴿١٦﴾

16. Kamaçalich-chaytáni iz qála lil insáni akfur falammá kafara qála inní barí'un minka inní akháful-láha rabbal-'álamín.

16. São como Satanás, quando diz ao humano: Renega! Porém, quando este renega a Deus, diz-lhe: Sabe que não sou responsável pelo que te acontecer, porque temo a Deus, Senhor do Universo!

فَكَانَ عَٰقِبَتَهُمَآ أَنَّهُمَا فِى ٱلنَّارِ خَٰلِدَيْنِ فِيهَا ۚ وَذَٰلِكَ جَزَٰٓؤُا۟ ٱلظَّٰلِمِينَ ﴿١٧﴾

17. Fakána 'áquibatahumá annahumá fín-nári khálidayni fíhá wa zálika jazáuz-zálimín.

17. Porém, o destino deles é serem condenados ao Fogo, onde permanecerão eternamente. Tal será o castigo dos injustos!

سورة الحشر

Surat Al Haxr

يَٰٓأَيُّهَا ٱلَّذِينَ ءَامَنُواْ ٱتَّقُواْ ٱللَّهَ وَلۡتَنظُرۡ نَفۡسٞ مَّا قَدَّمَتۡ لِغَدٖۖ وَٱتَّقُواْ ٱللَّهَۚ إِنَّ
ٱللَّهَ خَبِيرُۢ بِمَا تَعۡمَلُونَ ١٨

18. Yá ayyuhal-lazína ámanú attaqúl-láha wal tanzur nafsun má qaddamat lighadin wa attaqúl láha innal-láha khabírun bimá ta'malún.

18. Ó crentes, temei a Deus! E que cada alma considere o que (de provisão) tiver guardado, para o dia de amanhã; temei, pois, a Deus, porque Deus está bem inteirado de tudo quanto fazeis.

وَلَا تَكُونُواْ كَٱلَّذِينَ نَسُواْ ٱللَّهَ فَأَنسَىٰهُمۡ أَنفُسَهُمۡۚ أُوْلَٰٓئِكَ هُمُ ٱلۡفَٰسِقُونَ ١٩

19. Wa lá takúnú kallazína nassúl-láha fa ansáhum anfussahum úlá'ika humul-fásiqun.

19. E não sejais como aqueles que se esqueceram de Deus e, por isso mesmo, Ele os fez esquecerem-se de si próprios. Estes são os depravados!

لَا يَسۡتَوِيٓ أَصۡحَٰبُ ٱلنَّارِ وَأَصۡحَٰبُ ٱلۡجَنَّةِۚ أَصۡحَٰبُ ٱلۡجَنَّةِ هُمُ ٱلۡفَآئِزُونَ ٢٠

20. Lá yastawí 'ashábun-nári wa ashábul-jannati ashábul-jannati humul-fá'izún.

20. Jamais poderão equiparar-se os condenados ao inferno com os diletos do Paraíso, porque os diletos do Paraíso serão os ganhadores.

لَوۡ أَنزَلۡنَا هَٰذَا ٱلۡقُرۡءَانَ عَلَىٰ جَبَلٖ لَّرَأَيۡتَهُۥ خَٰشِعٗا مُّتَصَدِّعٗا مِّنۡ خَشۡيَةِ ٱللَّهِۚ
وَتِلۡكَ ٱلۡأَمۡثَٰلُ نَضۡرِبُهَا لِلنَّاسِ لَعَلَّهُمۡ يَتَفَكَّرُونَ ٢١

21. Lau anzalná házal-qur'ána 'alá jabalin lara'aytahú khách'an mutasaddi'an min khachyatil-láh wa tilkal 'amçálu nadhribuhá lilnnási la'allahum yatafakkarún.

21. Se tivéssemos feito descer este Alcorão sobre uma montanha, tê-la-ias visto humilhar-se e fender-se, por temor a Deus. Tais exemplos propomos aos humanos, para que raciocinem.

هُوَ ٱللَّهُ ٱلَّذِي لَآ إِلَٰهَ إِلَّا هُوَۖ عَٰلِمُ ٱلۡغَيۡبِ وَٱلشَّهَٰدَةِۖ هُوَ ٱلرَّحۡمَٰنُ ٱلرَّحِيمُ ٢٢

22. Huwal-láhul-lazí lá iláha illá huwa 'álimul ghaybi wach-chahádati huwar-rahmánur-rahím.

22. Ele é Deus; não há mais divindade além d'Ele, Conhecedor do desconhecido e do conhecido. Ele é o Clemente, o Misericordiosíssimo.

هُوَ ٱللَّهُ ٱلَّذِي لَآ إِلَٰهَ إِلَّا هُوَ ٱلۡمَلِكُ ٱلۡقُدُّوسُ ٱلسَّلَٰمُ ٱلۡمُؤۡمِنُ
ٱلۡمُهَيۡمِنُ ٱلۡعَزِيزُ ٱلۡجَبَّارُ ٱلۡمُتَكَبِّرُۚ سُبۡحَٰنَ ٱللَّهِ عَمَّا يُشۡرِكُونَ ٢٣

سُورَةُ الْمُمْتَحَنَةِ

Surat Al Mumta*h*ana

*23. Huwal-láhul-lazí lá iláha illá huwal-malikul quddússus-salámul mu'uminul-muhayminul 'azízul jabbárul-mutakabbiru sub*h*ánal-láhi 'ammá yuchrikún.*

23. Ele é Deus; não há mais divindade além d'Ele, Soberano, Augusto, Pacífico, Salvador, Zeloso, Poderoso, Compulsor, Supremo! Glorificado seja Deus por tudo quanto (Lhe) associam!

هُوَ ٱللَّهُ ٱلْخَٰلِقُ ٱلْبَارِئُ ٱلْمُصَوِّرُ ۖ لَهُ ٱلْأَسْمَآءُ ٱلْحُسْنَىٰ ۚ يُسَبِّحُ لَهُۥ مَا فِى ٱلسَّمَٰوَٰتِ
وَٱلْأَرْضِ ۖ وَهُوَ ٱلْعَزِيزُ ٱلْحَكِيمُ ﴿٢٤﴾

*24. Huwal-láhul-kháliqul bári'ul musauwiru lahul-'asmá'ul-*h*usná yusabbi*h*u lahu má fís samáwáti wal-ardhi wa huwal-'azízul-*h*akím.*

24. Ele é Deus, Criador, Onifeitor, Formador. Seus são os mais sublimes atributos. Tudo quanto existe nos Céus e na Terra glorifica-O, porque é o Poderoso, o Prudentíssimo.

Surat 60 *AL MUMTAHANA* (A EXAMINADA), 13 versículos. Revelada em Madina.

بِسْمِ ٱللَّهِ ٱلرَّحْمَٰنِ ٱلرَّحِيمِ

*Bismilláhir ra*h*mánir ra*h*im*

Em nome de Deus, o Clemente, o Misericordioso

يَٰٓأَيُّهَا ٱلَّذِينَ ءَامَنُوا۟ لَا تَتَّخِذُوا۟ عَدُوِّى وَعَدُوَّكُمْ أَوْلِيَآءَ تُلْقُونَ إِلَيْهِم بِٱلْمَوَدَّةِ وَقَدْ
كَفَرُوا۟ بِمَا جَآءَكُم مِّنَ ٱلْحَقِّ يُخْرِجُونَ ٱلرَّسُولَ وَإِيَّاكُمْ ۙ أَن تُؤْمِنُوا۟ بِٱللَّهِ رَبِّكُمْ إِن كُنتُمْ
خَرَجْتُمْ جِهَٰدًا فِى سَبِيلِى وَٱبْتِغَآءَ مَرْضَاتِى ۚ تُسِرُّونَ إِلَيْهِم بِٱلْمَوَدَّةِ وَأَنَا۠ أَعْلَمُ بِمَآ
أَخْفَيْتُمْ وَمَآ أَعْلَنتُمْ ۚ وَمَن يَفْعَلْهُ مِنكُمْ فَقَدْ ضَلَّ سَوَآءَ ٱلسَّبِيلِ ﴿١﴾

*1. Yá ayyuhal-lazína ámanú lá tattakhizú 'adúwi wa 'adúwakum awliyá'a tulqúna ilayhim bil mawaddati wa qad kafarú bimá já'akum minal *h*aqqui yukhrijúnar-*

سُورَةُ المُمتَحنَة

Surat Al Mumtahana

rassula wa íyákum an tu'minú bil-láhi rabbikum in kuntum kharajtum jihádan fí sabílí wa abtighá'a mardhátí tusirrúna 'ilayhim bil-mawaddati wa aná a'lamu bimá akhfaytum wa má a'lantum wa man yaf'alhu minkum faqad đalla sawá'as-sabíl.

1. Ó crentes, não tomeis por confidentes os Meus e os vossos inimigos, demonstrando-lhes afeto, posto que renegam tudo quanto vos chegou da verdade, e expulsam (de Makka) tanto o Mensageiro, como vós mesmos, porque credes em Deus, vosso Senhor! Quando sairdes para combater pela Minha causa, procurando a Minha complacência (não os tomeis por confidentes), confiando-lhes as vossas intimidades, porque Eu, melhor do que ninguém, sei tudo quanto ocultais, e tudo quanto manifestais. Em verdade, quem de vós assim proceder, desviar-se-á da verdadeira senda.

إِن يَثْقَفُوكُمْ يَكُونُوا۟ لَكُمْ أَعْدَآءً وَيَبْسُطُوٓا۟ إِلَيْكُمْ أَيْدِيَهُمْ وَأَلْسِنَتَهُم بِٱلسُّوٓءِ وَوَدُّوا۟ لَوْ تَكْفُرُونَ ﴿٢﴾

2. *In yaçqafúkum yakúnú lakum a'dá'an wa yabsutú ilaykum aydiyahum wa alsinatahum bis sú'i wa waddú lau takfurún.*

2. Se lograssem tirar o melhor de vós, mostrar-se-iam vossos inimigos, estenderiam as mãos e as línguas contra vós, desejando fazer-vos rejeitar a fé.

لَن تَنفَعَكُمْ أَرْحَامُكُمْ وَلَآ أَوْلَٰدُكُمْ ۚ يَوْمَ ٱلْقِيَٰمَةِ يَفْصِلُ بَيْنَكُمْ ۚ وَٱللَّهُ بِمَا تَعْمَلُونَ بَصِيرٌ ﴿٣﴾

3. *Lan tanfa'akum arhámukum wa lá auládukum yaumal-quiyámati yafsilu baynakum walláhu bimá ta'malúna basír.*

3. De nada vos valerão os vossos parentes ou os vossos filhos, no Dia da Ressurreição. Ele julgará entre vós; sabei que Deus bem vê tudo quanto fazeis.

قَدْ كَانَتْ لَكُمْ أُسْوَةٌ حَسَنَةٌ فِىٓ إِبْرَٰهِيمَ وَٱلَّذِينَ مَعَهُۥٓ إِذْ قَالُوا۟ لِقَوْمِهِمْ إِنَّا بُرَءَٰٓؤُا۟ مِنكُمْ وَمِمَّا تَعْبُدُونَ مِن دُونِ ٱللَّهِ كَفَرْنَا بِكُمْ وَبَدَا بَيْنَنَا وَبَيْنَكُمُ ٱلْعَدَٰوَةُ وَٱلْبَغْضَآءُ أَبَدًا حَتَّىٰ تُؤْمِنُوا۟ بِٱللَّهِ وَحْدَهُۥٓ إِلَّا قَوْلَ إِبْرَٰهِيمَ لِأَبِيهِ لَأَسْتَغْفِرَنَّ لَكَ وَمَآ أَمْلِكُ لَكَ مِنَ ٱللَّهِ مِن شَىْءٍ ۖ رَّبَّنَا عَلَيْكَ تَوَكَّلْنَا وَإِلَيْكَ أَنَبْنَا وَإِلَيْكَ ٱلْمَصِيرُ ﴿٤﴾

4. *Qad kánat lakum uswatun hasanatun fí ibráhíma wal-lazína ma'ahu iz qálú liqaumihim inná burâu minkum wa mimmá ta'budúna min dúnil-láhi kafarná bikum wa badá baynaná wa baynakumul 'adáwatu wal-baghdhá-u abadan hattá tu'minú bil láhi wahdahú illá qaula ibráhíma li abíhi la'astaghfiranna laka wamá*

سُورَةُ المُمتَحنَة

Surat Al Mumta<u>h</u>ana

amliku laka minal láhi min chay'in rabbaná 'alayka tawakkalná wa ilayka anabná wa ilaykal-masír.

4. Tivestes um excelente exemplo em Abraão e naqueles que o seguiram, quando disseram ao seu povo: Em verdade, não somos responsáveis por vossos atos e por tudo quanto adorais, em lugar de Deus. Renegamos-vos, e iniciar-se-á uma inimizade e um ódio duradouros entre nós e vós, a menos que creiais unicamente em Deus! Todavia, as palavras de Abraão para o pai: – Implorarei o perdão para ti, embora nada venha a obter de Deus em teu favor – foram uma exceção. (Dizei, ó crentes): Ó Senhor nosso, em Ti confiamos e a Ti nos voltamos contritos, porque para Ti será o retorno;

رَبَّنَا لَا تَجْعَلْنَا فِتْنَةً لِّلَّذِينَ كَفَرُوا۟ وَٱغْفِرْ لَنَا رَبَّنَآ ۖ إِنَّكَ أَنتَ ٱلْعَزِيزُ ٱلْحَكِيمُ ﴿٥﴾

5. Rabbaná lá taj'alná fitnatan lillazina kafarú wa aghfir laná rabbaná innaka antal-'azízul-<u>h</u>akím.

5. Ó Senhor nosso, não faças de nós um exemplo para os incrédulos e perdoa-nos, ó Senhor nosso, porque és o Poderoso, o Prudentíssimo.

لَقَدْ كَانَ لَكُمْ فِيهِمْ أُسْوَةٌ حَسَنَةٌ لِّمَن كَانَ يَرْجُوا۟ ٱللَّهَ وَٱلْيَوْمَ ٱلْءَاخِرَ ۚ وَمَن يَتَوَلَّ فَإِنَّ ٱللَّهَ هُوَ
ٱلْغَنِىُّ ٱلْحَمِيدُ ﴿٦﴾

6. Laqad kána lakum fíhim úswatun <u>h</u>asanatun liman kána yarjúl-láha wal-yaumal-ákhira wa man yatawalla fa innal-láha huwa al-ghaniyul <u>h</u>amíd.

6. Tivestes neles um excelente exemplo de quem confia em Deus e no Dia do Juízo Final. Mas, quem desdenhar, que fique sabendo que Deus é, por Si, o Opulento, o Laudabilíssimo!

۞ عَسَى ٱللَّهُ أَن يَجْعَلَ بَيْنَكُمْ وَبَيْنَ ٱلَّذِينَ عَادَيْتُم مِّنْهُم مَّوَدَّةً ۚ وَٱللَّهُ قَدِيرٌ ۚ وَٱللَّهُ غَفُورٌ
رَّحِيمٌ ﴿٧﴾

7. 'Assal-láhu an yaj'ala baynakum wa baynal lazína 'ádaytum min-hum mawaddatan walláhu qadírun walláhu ghafúrun ra<u>h</u>ím.

7. É possível que Deus restabeleça a cordialidade entre vós e os vossos inimigos, porque Deus é Poderoso, e porque Deus é Indulgente, Misericordiosíssimo.

لَّا يَنْهَىٰكُمُ ٱللَّهُ عَنِ ٱلَّذِينَ لَمْ يُقَـٰتِلُوكُمْ فِى ٱلدِّينِ وَلَمْ يُخْرِجُوكُم مِّن دِيَـٰرِكُمْ أَن تَبَرُّوهُمْ
وَتُقْسِطُوٓا۟ إِلَيْهِمْ ۚ إِنَّ ٱللَّهَ يُحِبُّ ٱلْمُقْسِطِينَ ﴿٨﴾

8. Lá yanhákumul-láhu 'anil-lazína lam yuqátilúkum fíd-díni wa lam yukhrijúkum min diyárikum an tabarrúhum wa tuqsitú ilayhim innal-láha yuhibbul-muqsitín.

8. Deus nada vos proíbe quanto àqueles que não vos combateram pela causa da religião e não vos expulsaram dos vossos lares, nem que lideis com eles com gentileza e equidade, porque Deus aprecia os equitativos.

إِنَّمَا يَنْهَىٰكُمُ ٱللَّهُ عَنِ ٱلَّذِينَ قَٰتَلُوكُمْ فِي ٱلدِّينِ وَأَخْرَجُوكُم مِّن دِيَٰرِكُمْ وَظَٰهَرُواْ عَلَىٰٓ إِخْرَاجِكُمْ أَن تَوَلَّوْهُمْۚ وَمَن يَتَوَلَّهُمْ فَأُوْلَٰٓئِكَ هُمُ ٱلظَّٰلِمُونَ ﴿٩﴾

9. Innamá yanhákumul-láhu 'anil-lazína qátalúkum fíd-díni wa akhrajúkum min diyárikum wa záharú 'alá 'ikhrájikum an tawallauhum wa man yatawallahum fa úlá'ika humuz-zálimún.

9. Deus vos proíbe apenas entrardes em privacidade com aqueles que vos combateram na religião, expulsaram-vos dos vossos lares ou que cooperaram na vossa expulsão. Em verdade, aqueles que entrarem em privacidade com eles serão injustos.

يَٰٓأَيُّهَا ٱلَّذِينَ ءَامَنُوٓاْ إِذَا جَآءَكُمُ ٱلْمُؤْمِنَٰتُ مُهَٰجِرَٰتٍ فَٱمْتَحِنُوهُنَّۖ ٱللَّهُ أَعْلَمُ بِإِيمَٰنِهِنَّۖ فَإِنْ عَلِمْتُمُوهُنَّ مُؤْمِنَٰتٍ فَلَا تَرْجِعُوهُنَّ إِلَى ٱلْكُفَّارِۖ لَا هُنَّ حِلٌّ لَّهُمْ وَلَا هُمْ يَحِلُّونَ لَهُنَّۖ وَءَاتُوهُم مَّآ أَنفَقُواْۚ وَلَا جُنَاحَ عَلَيْكُمْ أَن تَنكِحُوهُنَّ إِذَآ ءَاتَيْتُمُوهُنَّ أُجُورَهُنَّۚ وَلَا تُمْسِكُواْ بِعِصَمِ ٱلْكَوَافِرِ وَسْـَٔلُواْ مَآ أَنفَقْتُمْ وَلْيَسْـَٔلُواْ مَآ أَنفَقُواْۚ ذَٰلِكُمْ حُكْمُ ٱللَّهِ يَحْكُمُ بَيْنَكُمْۖ وَٱللَّهُ عَلِيمٌ حَكِيمٌ ﴿١٠﴾

10. Yá ayyuhal-lazína ámanú izá já'akumul mu'uminátu muhájirátin fámtahinúhunnal-láhu a'lamu bi ímánihinna fa'in 'alimtumúhunna mu'uminátin falá tarji'úhunna ilál-kuffári lá hunna hillun lahum wa lá hum yahillúna lahunna wa atúhum má anfaqú walá junáha 'alaykum an tankihúhunna izá ataytumúhunna ujúrahunna walá tumsikú bi'isamil-kawáfiri wa as'alú má anfaqtum wa lias'alú má anfaqú zálikum hukmul láhi yahkumu baynakum walláhu 'alímun hakím

10. Ó crentes, quando se vos apresentarem as refugiadas crentes, examinai-as, muito embora Deus conheça a sua fé melhor do que ninguém; porém, se as julgardes crentes, não as restituais aos incrédulos, porquanto elas não lhes cabem por direito, nem eles a elas; porém, restituí o que eles gastaram (com os seus dotes). Não sereis recriminados se as desposardes, contanto que as doteis; porém, não vos apegueis à tutela das incrédulas, mas exigi a restituição do que gastastes no seu dote; e que (os incrédulos), por sua vez, exijam o que gastaram. Tal é o juízo de Deus, com que vos julga, porque Deus é Sapiente, Prudentíssimo.

سُورَةُ المُمتَحنَة
Surat Al Mumtahana

وَإِن فَاتَكُمْ شَيْءٌ مِّنْ أَزْوَٰجِكُمْ إِلَى ٱلْكُفَّارِ فَعَاقَبْتُمْ فَـَٔاتُوا۟ ٱلَّذِينَ ذَهَبَتْ أَزْوَٰجُهُم
مِّثْلَ مَآ أَنفَقُوا۟ ۚ وَٱتَّقُوا۟ ٱللَّهَ ٱلَّذِىٓ أَنتُم بِهِۦ مُؤْمِنُونَ ﴿١١﴾

11. *Wa in fátakum chay'un min azwájikum ilál-kuffári fa'áqabtum fa atúl-lazína zahabat azwájuhum miçla má anfaqú wattaqúl-láha al-lazí antum bihi mu'uminún.*

11. E se alguma das vossas esposas fugir para os incrédulos,e depois tiverdes acesso (a uma mulher deles), restituí àqueles cujas esposas houverem fugido o equivalente ao que haviam gasto (com os seus dotes). E temei a Deus, em Quem credes.

يَـٰٓأَيُّهَا ٱلنَّبِىُّ إِذَا جَآءَكَ ٱلْمُؤْمِنَـٰتُ يُبَايِعْنَكَ عَلَىٰٓ أَن لَّا يُشْرِكْنَ بِٱللَّهِ شَيْـًٔا وَلَا يَسْرِقْنَ
وَلَا يَزْنِينَ وَلَا يَقْتُلْنَ أَوْلَـٰدَهُنَّ وَلَا يَأْتِينَ بِبُهْتَـٰنٍ يَفْتَرِينَهُۥ بَيْنَ أَيْدِيهِنَّ وَأَرْجُلِهِنَّ
وَلَا يَعْصِينَكَ فِى مَعْرُوفٍ ۙ فَبَايِعْهُنَّ وَٱسْتَغْفِرْ لَهُنَّ ٱللَّهَ ۖ إِنَّ ٱللَّهَ غَفُورٌ رَّحِيمٌ ﴿١٢﴾

12. *Yá ayyuhan-nabiyu izá já'akal-mu'uminátu yubáyi'naka 'alá an lá yuchrikna bil-láhi chay'an wa lá yasriqna wa lá yaznína wa lá yaqtulna auládahunna wa lá ya'tína bibuhtánin yaftarínahu bayna aydíhinna wa arjulihinna wa lá ya'sínaka fí ma'rúfin fabáyi'hunna wastaghfir lahunnal-láha innal-láha ghafúrun rahím.*

12. Ó Profeta quando as crentes se apresentarem a ti, jurando-te fidelidade, afirmando-te que não atribuirão parceiros a Deus, não roubarão, não fornicarão, não serão filicidas, não se apresentarão com mentiras sobre quem é o pai de seus filhos, nem te desobedecerão em causa justa,aceita, então, o seu compromisso e implora, para elas, o perdão de Deus, porque Deus é Indulgente, Misericordiosíssimo.

يَـٰٓأَيُّهَا ٱلَّذِينَ ءَامَنُوا۟ لَا تَتَوَلَّوْا۟ قَوْمًا غَضِبَ ٱللَّهُ عَلَيْهِمْ قَدْ يَئِسُوا۟ مِنَ ٱلْـَٔاخِرَةِ كَمَا يَئِسَ
ٱلْكُفَّارُ مِنْ أَصْحَـٰبِ ٱلْقُبُورِ ﴿١٣﴾

13. *Yá ayyuhal-lazína ámanú lá tatawallau qauman ghadhibal-láhu 'alayhim qad ya'issú minal-ákhirati kamá ya'issal-kuffáru min ashábil qubúr.*

13. Ó crentes, não tenhais vínculos com o povo que Deus abominou, por ter-se tornado desesperado quanto à Outra Vida, assim como os incrédulos se tornam desesperados quanto àqueles que estão enterrados.

سُورَةُ الصَّفِّ

Surat As Saf

Surat 61. *ASSAF* (AS FILEIRAS), 14 versículos. Revelada em Madina.

بِسْمِ اللَّهِ الرَّحْمَٰنِ الرَّحِيمِ

Bismilláhir Rahmánir Rahim

Em nome de Deus, o Clemente, o Misericordioso

سَبَّحَ لِلَّهِ مَا فِي السَّمَاوَاتِ وَمَا فِي الْأَرْضِ وَهُوَ الْعَزِيزُ الْحَكِيمُ ﴿١﴾

1. Sabbaha lilláhi má fís-samáwáti wamá fíl-ardhi wa huwal-'azízul-hakím.

1. Tudo quanto existe nos Céus e na Terra glorifica Deus, porque Ele é o Poderoso, o Prudentíssimo.

يَا أَيُّهَا الَّذِينَ آمَنُوا لِمَ تَقُولُونَ مَا لَا تَفْعَلُونَ ﴿٢﴾

2. Yá 'ayyuhal-lazína ámanú lima taqúlúna má lá taf'alún.

2. Ó crentes, por que dizeis o que não fazeis?

كَبُرَ مَقْتًا عِنْدَ اللَّهِ أَنْ تَقُولُوا مَا لَا تَفْعَلُونَ ﴿٣﴾

3. Kabura maqtan 'indal-láhi an taqúlú má lá taf'alún.

3. É enormemente odioso, perante Deus, dizerdes o que não fazeis.

إِنَّ اللَّهَ يُحِبُّ الَّذِينَ يُقَاتِلُونَ فِي سَبِيلِهِ صَفًّا كَأَنَّهُمْ بُنْيَانٌ مَرْصُوصٌ ﴿٤﴾

4. Innal-láha yuhibbul-lazína yuqátilúna fí sabílihi saffan ka'annahum bunyanun marsús.

4. Em verdade, Deus aprecia aqueles que combatem, em fileiras, por Sua causa, como se fossem uma sólida muralha.

وَإِذْ قَالَ مُوسَىٰ لِقَوْمِهِ يَا قَوْمِ لِمَ تُؤْذُونَنِي وَقَدْ تَعْلَمُونَ أَنِّي رَسُولُ اللَّهِ
إِلَيْكُمْ ۖ فَلَمَّا زَاغُوا أَزَاغَ اللَّهُ قُلُوبَهُمْ ۚ وَاللَّهُ لَا يَهْدِي الْقَوْمَ الْفَاسِقِينَ ﴿٥﴾

5. Wa iz qála Mussa liqaumihi yá qaumi lima tu'zúnaní wa qad ta'lamúna anní rassúlul-láhi ilaykum falammá zághú azághal-láhu qulúbahum walláhu lá yahdíl-qaumal-fássiquin.

5. Recorda-te (ó Mensageiro) de quando Moisés disse ao seu povo: Ó povo meu, porque me injuriais, quando sabeis que sou o mensageiro de Deus, enviado a vós? Porém, quando se desviaram, Deus desviou os seus corações, porque Deus não encaminha os depravados.

سُورَةُ الصَّفِّ

Surat As Saf

وَإِذْ قَالَ عِيسَى ٱبْنُ مَرْيَمَ يَـٰبَنِىٓ إِسْرَٰٓءِيلَ إِنِّى رَسُولُ ٱللَّهِ إِلَيْكُم مُّصَدِّقًا لِّمَا بَيْنَ يَدَىَّ مِنَ
ٱلتَّوْرَىٰةِ وَمُبَشِّرًۢا بِرَسُولٍ يَأْتِى مِنۢ بَعْدِى ٱسْمُهُۥٓ أَحْمَدُ ۖ فَلَمَّا جَآءَهُم بِٱلْبَيِّنَـٰتِ قَالُوا۟ هَـٰذَا سِحْرٌ
مُّبِينٌ ﴿٦﴾

6. *Wa iz qála 'Issá abnu Maryama yá baní isrá'íla inní rassúlul-láhi ilaykum musaddiqan limá bayna yadayya minat-tauráti wa mubachchira birassúlin ya'tí mi ba'dí asmuhu Ahmadu falammá já'ahum bil-bayyináti qálú házá sihrun mubín.*

6. E de quando Jesus, filho de Maria, disse: Ó israelitas, em verdade, sou o mensageiro de Deus, enviado a vós, corroborante de tudo quanto a Torá antecipou no tocante às predições, e alvissareiro de um Mensageiro que virá depois de mim, cujo nome será Ahmad! Entretanto, quando lhes foram apresentadas as evidências, disseram: Isto é pura magia!

وَمَنْ أَظْلَمُ مِمَّنِ ٱفْتَرَىٰ عَلَى ٱللَّهِ ٱلْكَذِبَ وَهُوَ يُدْعَىٰٓ إِلَى ٱلْإِسْلَـٰمِ ۚ وَٱللَّهُ لَا يَهْدِى ٱلْقَوْمَ ٱلظَّـٰلِمِينَ ﴿٧﴾

7. *Wa man 'azlamu mimmaniftará 'alál-láhil kaziba huwa yud'á 'ilál-'islámi walláhu lá yahdíl-qaumaz-zálimín.*

7. Haverá alguém mais injusto do que quem forja mentiras acerca de Deus, apesar de ter sido convocado ao Islam? Sabei que Deus não encaminha os injustos.

يُرِيدُونَ لِيُطْفِـُٔوا۟ نُورَ ٱللَّهِ بِأَفْوَٰهِهِمْ وَٱللَّهُ مُتِمُّ نُورِهِۦ وَلَوْ كَرِهَ ٱلْكَـٰفِرُونَ ﴿٨﴾

8. *Yurídúna liyutfi'ú núral-láhi bi afwáhihim walláhu mutimmu núrihi wa lau karihal-káfirún.*

8. Pretendem extinguir a Luz de Deus com as suas (infames) bocas; porém, Deus completará a (revelação de) Sua Luz, embora isso desgoste os incrédulos.

هُوَ ٱلَّذِىٓ أَرْسَلَ رَسُولَهُۥ بِٱلْهُدَىٰ وَدِينِ ٱلْحَقِّ لِيُظْهِرَهُۥ عَلَى ٱلدِّينِ كُلِّهِۦ وَلَوْ كَرِهَ ٱلْمُشْرِكُونَ ﴿٩﴾

9. *Huwal-lazí arsala rassúlahu bil-hudá wa dínil haqqui liyuzhirahu 'alád-díni kullihi wa lau karihal-muchikún.*

9. Foi Ele Quem enviou o Seu Mensageiro com a orientação e com a verdadeira religião, para fazê-las prevalecer sobre todas as religiões, ainda que isto desgoste os idólatras.

يَـٰٓأَيُّهَا ٱلَّذِينَ ءَامَنُوا۟ هَلْ أَدُلُّكُمْ عَلَىٰ تِجَـٰرَةٍ تُنجِيكُم مِّنْ عَذَابٍ أَلِيمٍ ﴿١٠﴾

10. *Yá ayyuhal-lazína ámanú hal adullukum 'alá tijáratin tunjikum min 'azábin 'alím.*

سُورَةُ الصَّفِّ

Surat As Saf

10. Ó crentes, quereis que vos indique uma troca que vos livre de um castigo doloroso?

تُؤۡمِنُونَ بِٱللَّهِ وَرَسُولِهِۦ وَتُجَٰهِدُونَ فِي سَبِيلِ ٱللَّهِ بِأَمۡوَٰلِكُمۡ وَأَنفُسِكُمۡۚ ذَٰلِكُمۡ خَيۡرٞ لَّكُمۡ إِن كُنتُمۡ
تَعۡلَمُونَ ١١

11. Tu'uminúna bil-láhi wa rassúlihi wa tujáhidúna fí sabílil-láhi bi'amwálikum wa anfusikum zálikum khayrun lakum in kuntum ta'lamún.

11. É que creiais em Deus e em Seu Mensageiro, e que enceteis combate pela Sua causa com os vossos bens e pessoas. Isso é o melhor para vós, se quereis saber.

يَغۡفِرۡ لَكُمۡ ذُنُوبَكُمۡ وَيُدۡخِلۡكُمۡ جَنَّٰتٖ تَجۡرِي مِن تَحۡتِهَا ٱلۡأَنۡهَٰرُ وَمَسَٰكِنَ طَيِّبَةٗ فِي جَنَّٰتِ عَدۡنٖۚ ذَٰلِكَ
ٱلۡفَوۡزُ ٱلۡعَظِيمُ ١٢

12. Yaghfir lakum zunúbakum wa yudkhilkum jannátin tajrí min tahtihal-anháru wa massákina tayyibatan fí jannáti 'adnin zálikal-fauzul-'azím.

12. Ele vos perdoará os pecados e vos introduzirá em jardins abaixo dos quais correm os rios, bem como nas prazerosas moradas do Jardim do Éden. Tal é o magnífico benefício.

وَأُخۡرَىٰ تُحِبُّونَهَاۖ نَصۡرٞ مِّنَ ٱللَّهِ وَفَتۡحٞ قَرِيبٞۗ وَبَشِّرِ ٱلۡمُؤۡمِنِينَ ١٣

13. Wa ukhrá tuhibbúnahá nasrun minal-láhi wa fathun qaríbun wa bachchiril-mu'uminín.

13. E, ademais, conceder-vos-á outra coisa que anelais, ou seja: o socorro de Deus e o triunfo imediato. (Ó Mensageiro) anuncia aos crentes as boas-novas!

يَٰٓأَيُّهَا ٱلَّذِينَ ءَامَنُواْ كُونُوٓاْ أَنصَارَ ٱللَّهِ كَمَا قَالَ عِيسَى ٱبۡنُ مَرۡيَمَ لِلۡحَوَارِيِّـۧنَ مَنۡ أَنصَارِيٓ
إِلَى ٱللَّهِۖ قَالَ ٱلۡحَوَارِيُّونَ نَحۡنُ أَنصَارُ ٱللَّهِۖ فَـَٔامَنَت طَّآئِفَةٞ مِّنۢ بَنِيٓ إِسۡرَٰٓءِيلَ وَكَفَرَت
طَّآئِفَةٞۖ فَأَيَّدۡنَا ٱلَّذِينَ ءَامَنُواْ عَلَىٰ عَدُوِّهِمۡ فَأَصۡبَحُواْ ظَٰهِرِينَ ١٤

14. Yá ayyuhal-lazína ámanú kúnu ansáral-láhi kamá qála 'issá abnu Maryama lilhawáríyina man ansárí 'ilál-láhi qála al-hawáríyúna nahnu ansárul-láhi fa ámanat tá'ifatun min baní isrá'íla wa kafarat tá'ifatun fa'ayyadnál-lazína ámanú 'alá 'adúwihim fa asbahú záhirín.

14. Ó crentes, sede os auxiliadores de Deus, como disse Jesus, filho de Maria, aos discípulos: Quem são os meus auxiliadores, na causa de Deus? Responderam: Nós somos os auxiliadores de Deus! Acreditou, então, uma parte dos israelitas, e outra desacreditou; então, socorremos os crentes contra seus inimigos, e eles saíram vitoriosos.

سُورَةُ الجُمُعَةِ

Surat Al Jumu'a

Surat 62. *AL JÚMU'A* (A SEXTA-FEIRA), 11 versículos. Revelada em Madina.

بِسْمِ اللَّهِ الرَّحْمَٰنِ الرَّحِيمِ

Bismilláhir Rahmánir Rahim

Em nome de Deus, o Clemente, o Misericordioso

يُسَبِّحُ لِلَّهِ مَا فِي ٱلسَّمَٰوَٰتِ وَمَا فِي ٱلْأَرْضِ ٱلْمَلِكِ ٱلْقُدُّوسِ ٱلْعَزِيزِ ٱلْحَكِيمِ ﴿١﴾

1. Yusabbihu lilláhi má fis-samáwáti wa má fil-ardhi al-malikil-quddúsil-'azizil-hakím.

1. Tudo quanto existe nos Céus e na Terra glorifica Deus, o Soberano, o Augusto, o Poderoso, o Prudentíssimo.

هُوَ ٱلَّذِي بَعَثَ فِي ٱلْأُمِّيِّـۧنَ رَسُولًا مِّنْهُمْ يَتْلُوا۟ عَلَيْهِمْ ءَايَٰتِهِۦ وَيُزَكِّيهِمْ وَيُعَلِّمُهُمُ ٱلْكِتَٰبَ وَٱلْحِكْمَةَ وَإِن كَانُوا۟ مِن قَبْلُ لَفِي ضَلَٰلٍ مُّبِينٍ ﴿٢﴾

2. Huwal-lazi ba'aça fil-ummíyina rassúlan minhum yatlú 'alayhim áyatihi wa yuzakkíhim wa yu'allimuhumul-kitába wal-hikmata wa in kánú min qablu lafi dhalálin mubín.

2. Ele foi Quem escolheu, entre os iletrados, um Mensageiro da estirpe deles, para ditar-lhes os Seus versículos, purificá-los e ensinar-lhes o Livro e a sabedoria, porque antes estavam em evidente erro,

وَءَاخَرِينَ مِنْهُمْ لَمَّا يَلْحَقُوا۟ بِهِمْ ۚ وَهُوَ ٱلْعَزِيزُ ٱلْحَكِيمُ ﴿٣﴾

3. Wa ákharína min-hum lammá yalhaqú bihim wa huwal-'azízul-hakím.

3. E a outros deles ainda não se lhe juntaram; e Ele é o Poderoso, o Prudentíssimo.

ذَٰلِكَ فَضْلُ ٱللَّهِ يُؤْتِيهِ مَن يَشَآءُ ۚ وَٱللَّهُ ذُو ٱلْفَضْلِ ٱلْعَظِيمِ ﴿٤﴾

4. Zálika fadhlul-láhi yu'tíhi man yacha'u walláhu zúl-fadhlil-'azím

4. Tal é a graça de Deus, que a concede a quem Lhe apraz, porque é Agraciante por excelência.

مَثَلُ ٱلَّذِينَ حُمِّلُوا۟ ٱلتَّوْرَىٰةَ ثُمَّ لَمْ يَحْمِلُوهَا كَمَثَلِ ٱلْحِمَارِ يَحْمِلُ أَسْفَارًۢا ۚ بِئْسَ مَثَلُ ٱلْقَوْمِ ٱلَّذِينَ كَذَّبُوا۟ بِـَٔايَٰتِ ٱللَّهِ ۚ وَٱللَّهُ لَا يَهْدِي ٱلْقَوْمَ ٱلظَّٰلِمِينَ ﴿٥﴾

سُورَةُ الجُمُعَةِ

Surat Al Jumu'a

5. *Maçalul-lazína hummilú at-tauráta çumma lam yahmilúha kamaçalil-himári yahmilu asfáran bi'sa maçalul-qaumil-lazína kazzabú bi'áyátil-láhi walláhu lá yahdil-qaumaz-zálimin.*
5. O exemplo daqueles que estão encarregados da Torá, e não a observam, é semelhante ao do asno que carrega grande quantidade de livros. Que péssimo é o exemplo daqueles que desmentem os versículos de Deus! Deus não encaminha o povo dos injustos.

قُلْ يَـٰٓأَيُّهَا ٱلَّذِينَ هَادُوٓا۟ إِن زَعَمْتُمْ أَنَّكُمْ أَوْلِيَآءُ لِلَّهِ مِن دُونِ ٱلنَّاسِ فَتَمَنَّوُا۟ ٱلْمَوْتَ
إِن كُنتُمْ صَـٰدِقِينَ ﴿٦﴾

6. *Qul yá 'ayyuhal-lazína hádú in za'amtum annakum auliyá'u lilláhi min dúnin-nássi fatamannaul-mauta in kuntum sádiquín.*
6. Dize-lhes: Ó judeus, se pretendeis serem os favorecidos de Deus, em detrimento dos demais humanos, desejai, então, a morte, se estais certos!

وَلَا يَتَمَنَّوْنَهُۥٓ أَبَدًۢا بِمَا قَدَّمَتْ أَيْدِيهِمْ ۚ وَٱللَّهُ عَلِيمٌۢ بِٱلظَّـٰلِمِينَ ﴿٧﴾

7. *Wa lá yatamannaunahu abadan bimá qaddamat aydíhim walláhu 'alímun biz-zálimin.*
7. Porém, jamais a desejarão, por causa do que cometeram as suas mãos; e Deus bem conhece os injustos!

قُلْ إِنَّ ٱلْمَوْتَ ٱلَّذِى تَفِرُّونَ مِنْهُ فَإِنَّهُۥ مُلَـٰقِيكُمْ ۖ ثُمَّ تُرَدُّونَ إِلَىٰ عَـٰلِمِ ٱلْغَيْبِ
وَٱلشَّهَـٰدَةِ فَيُنَبِّئُكُم بِمَا كُنتُمْ تَعْمَلُونَ ﴿٨﴾

8. *Qul innal-mautal-lazí tafirrúna min-hu fa innahu muláquíkum çumma turaddúna ilá 'álimil-ghaybi wach-chahádati fayunabbi'ukum bimá kuntum ta'malun.*
8. Dize-lhes: Sabei que a morte, da qual fugis, sem dúvida vos surpreenderá; logo retornareis ao Conhecedor do desconhecido e do conhecido, e Ele vos inteirará de tudo quanto tiverdes feito!

يَـٰٓأَيُّهَا ٱلَّذِينَ ءَامَنُوٓا۟ إِذَا نُودِىَ لِلصَّلَوٰةِ مِن يَوْمِ ٱلْجُمُعَةِ فَٱسْعَوْا۟ إِلَىٰ ذِكْرِ ٱللَّهِ
وَذَرُوا۟ ٱلْبَيْعَ ۚ ذَٰلِكُمْ خَيْرٌ لَّكُمْ إِن كُنتُمْ تَعْلَمُونَ ﴿٩﴾

9. *Yá ayyuhal-lazína ámanú izá núdi lilssaláti min yaumil-jumu'ati fás'au ilá zikril-láhi wa zarul-bay'a zálikum khayrun lakum in kuntum ta'lamun.*
9. Ó crentes, quando fordes convocados para a Oração da Sexta-feira, recorrei à recordação de Deus e abandonai os vossos negócios; isso será preferível, se quereis saber.

سُورَةُ الجُمُعَةِ

Surat Al Jumu'a

فَإِذَا قُضِيَتِ ٱلصَّلَوٰةُ فَٱنتَشِرُوا۟ فِى ٱلْأَرْضِ وَٱبْتَغُوا۟ مِن فَضْلِ ٱللَّهِ وَٱذْكُرُوا۟ ٱللَّهَ
كَثِيرًا لَّعَلَّكُمْ تُفْلِحُونَ ١٠

10. Fa izá qudhiyatis-salátu fántachirú fíl-ardhi wabtaghú min fadhlil-láhi wa azkurul-láha kaçíran la'allakum tuflihun.

10. Porém, uma vez observada a oração, dispersai-vos pela Terra e procurai as graças de Deus, e mencionai muito Deus, para que prospereis.

وَإِذَا رَأَوْا۟ تِجَٰرَةً أَوْ لَهْوًا ٱنفَضُّوٓا۟ إِلَيْهَا وَتَرَكُوكَ قَآئِمًا ۚ قُلْ مَا عِندَ ٱللَّهِ خَيْرٌ مِّنَ ٱللَّهْوِ وَمِنَ
ٱلتِّجَٰرَةِ ۚ وَٱللَّهُ خَيْرُ ٱلرَّٰزِقِينَ ١١

11. Wa izá ra'au tijáratan au lahwan anfaddhú ilayhá wa tarakúka qá'iman qul má 'indal-láhi khayrun minal-lahwi wa minat-tijárati walláhu khayrur-ráziquín.

11. Porém, se ao se depararem com o comércio ou com a diversão, se dispersarem, correndo para eles e te deixarem a sós, dize-lhes: O que está relacionado com Deus é preferível à diversão e ao comércio, porque Deus é o melhor dos provedores.

سُورَةُ المُنَافِقُونَ

Surat Al Munáficun

Surat 63. *AL MUNÁFICUN* (OS HIPÓCRITAS), 11 versículos. Revelada em Madina.

بِسۡمِ ٱللَّهِ ٱلرَّحۡمَٰنِ ٱلرَّحِيمِ

Bismilláhir rahmánir rahim

Em nome de Deus, o Clemente, o Misericordioso

إِذَا جَآءَكَ ٱلۡمُنَٰفِقُونَ قَالُواْ نَشۡهَدُ إِنَّكَ لَرَسُولُ ٱللَّهِۗ وَٱللَّهُ يَعۡلَمُ إِنَّكَ لَرَسُولُهُۥ
وَٱللَّهُ يَشۡهَدُ إِنَّ ٱلۡمُنَٰفِقِينَ لَكَٰذِبُونَ ١

1. Izá já'akal-munáfiqúna qálú nach-hadu innaka larasúlul-láhi walláhu ya'lamu innaka larasúluhu walláhu yach-hadu innal munáfiquína lakázibún.

1. Quando os hipócritas se apresentam a ti, dizem: Reconhecemos que tu és o Mensageiro de Deus. Porém, Deus bem sabe que tu és o Seu Mensageiro e atesta que os hipócritas são mentirosos.

ٱتَّخَذُوٓاْ أَيۡمَٰنَهُمۡ جُنَّةٗ فَصَدُّواْ عَن سَبِيلِ ٱللَّهِۚ إِنَّهُمۡ سَآءَ مَا كَانُواْ يَعۡمَلُونَ ٢

2. Attakhazú aymánahum junnatan fasaddú 'an sabílil-láhi innahum sá'a má kánú ya'malún.

2. Fazem dos seus juramentos uma cobertura (para as suas más ações), e desencaminham-se da senda de Deus. Que péssimo é o que fazem!

ذَٰلِكَ بِأَنَّهُمۡ ءَامَنُواْ ثُمَّ كَفَرُواْ فَطُبِعَ عَلَىٰ قُلُوبِهِمۡ فَهُمۡ لَا يَفۡقَهُونَ ٣

3. Zálika bi annahum ámanú çumma kafarú fatubi'a 'alá qulúbihim fahum lá yafqahún.

3. Isso porque creram e depois renegaram; consequentemente, foram sigilados os seus corações e por isso são insensatos.

۞ وَإِذَا رَأَيۡتَهُمۡ تُعۡجِبُكَ أَجۡسَامُهُمۡۖ وَإِن يَقُولُواْ تَسۡمَعۡ لِقَوۡلِهِمۡۖ كَأَنَّهُمۡ خُشُبٞ
مُّسَنَّدَةٞۖ يَحۡسَبُونَ كُلَّ صَيۡحَةٍ عَلَيۡهِمۡۚ هُمُ ٱلۡعَدُوُّ فَٱحۡذَرۡهُمۡۚ قَٰتَلَهُمُ ٱللَّهُۖ أَنَّىٰ يُؤۡفَكُونَ ٤

4. Wa izá ra'aytahum tu'jibuka ajsámuhum wa in yaqúlú tasma' liqaulihim ka annahum khuchubun musannadatun yahsabúna kulla sayhatin 'alayhim humul-'adúwu fahzarhum qatalahumul-láhu anná yu'fakún.

سُورَةُ المُنَافِقُونَ
Surat Al Munáficun

4. E quando os vês, os seus aspectos te agradam; e quando falam, escutas-lhes as palavras. Todavia, são como madeira encostada; pensam que qualquer grito é contra eles. São os inimigos; cuida-te, pois, deles. Que Deus os maldiga! Como se desencaminham!

وَإِذَا قِيلَ لَهُمْ تَعَالَوْا يَسْتَغْفِرْ لَكُمْ رَسُولُ اللَّهِ لَوَّوْا رُءُوسَهُمْ وَرَأَيْتَهُمْ يَصُدُّونَ وَهُم مُّسْتَكْبِرُونَ ﴿٥﴾

5. Wa izá quíla lahum ta'álau yastaghfir lakum rassúlul-láhi lawaw ru'úsahum wa ra'aytahum yasuddúna wa hum mustakbirún.

5. Porém, quando lhes é dito: Vinde, que o Mensageiro de Deus implorará, para vós, o perdão!, meneiam a cabeça e os vês afastarem-se, ensoberbecidos.

سَوَاءٌ عَلَيْهِمْ أَسْتَغْفَرْتَ لَهُمْ أَمْ لَمْ تَسْتَغْفِرْ لَهُمْ لَن يَغْفِرَ اللَّهُ لَهُمْ إِنَّ اللَّهَ لَا يَهْدِي الْقَوْمَ الْفَاسِقِينَ ﴿٦﴾

6. Sawá'un 'alayhim ástaghfarta lahum am lam tastaghfir lahum lan yaghfiral-láhu lahum innal láha lá yahdíl-qaumal-fásiquín.

6. Tanto se lhes dá que implores ou não o perdão para eles; Deus jamais os perdoará, porque Deus não encaminha os depravados.

هُمُ الَّذِينَ يَقُولُونَ لَا تُنفِقُوا عَلَىٰ مَنْ عِندَ رَسُولِ اللَّهِ حَتَّىٰ يَنفَضُّوا وَلِلَّهِ خَزَائِنُ السَّمَاوَاتِ وَالْأَرْضِ وَلَٰكِنَّ الْمُنَافِقِينَ لَا يَفْقَهُونَ ﴿٧﴾

7. Humul-lazína yaqúlúna lá tunfiqú 'alá man 'inda rassúlil-láhi hattá yanfaddhú wa lilláhi khazá'inus-samáwáti wal-ardhi wa lakinnal munáfiquína lá yafqahún.

7. São aqueles que dizem: Nada despendais, com os que acompanham o Mensageiro de Deus, até que se dispersem. Os tesouros dos Céus e da Terra pertencem a Deus, embora os hipócritas continuem a ser insensatos.

يَقُولُونَ لَئِن رَّجَعْنَا إِلَى الْمَدِينَةِ لَيُخْرِجَنَّ الْأَعَزُّ مِنْهَا الْأَذَلَّ وَلِلَّهِ الْعِزَّةُ وَلِرَسُولِهِ وَلِلْمُؤْمِنِينَ وَلَٰكِنَّ الْمُنَافِقِينَ لَا يَعْلَمُونَ ﴿٨﴾

8. Yaqúlúna la'in raja'ná 'ilál-madínati layukhrijannal-a'azzu min-hál-azalla wa lilláhil 'izzatu wa lirasúlihi wa lilmu'minína wa lakinnal-munáfiquína lá ya'lamún.

سُورَةُ المُنَافِقُونَ

Surat Al Munáficun

8. Dizem: Em verdade, se voltássemos para Madina, o mais poderoso expulsaria dela o mais fraco. Porém, a honra só pertence a Deus, ao Seu Mensageiro e aos crentes, ainda que os hipócritas o ignorem.

يَـٰٓأَيُّهَا ٱلَّذِينَ ءَامَنُوا۟ لَا تُلْهِكُمْ أَمْوَٰلُكُمْ وَلَآ أَوْلَـٰدُكُمْ عَن ذِكْرِ ٱللَّهِ ۚ وَمَن
يَفْعَلْ ذَٰلِكَ فَأُو۟لَـٰٓئِكَ هُمُ ٱلْخَـٰسِرُونَ ﴿٩﴾

9. Yá ayyuhal-lazína ámanú lá tul-híkum amwálukum wa lá auládukum 'an zikril-láhi wa man yaf'al zálika fa úlá'ika humul-khásirún.

9. Ó crentes, que os vossos bens e os vossos filhos não vos alheiem da recordação de Deus, porque aqueles que tal fizerem, serão desventurados.

وَأَنفِقُوا۟ مِن مَّا رَزَقْنَـٰكُم مِّن قَبْلِ أَن يَأْتِىَ أَحَدَكُمُ ٱلْمَوْتُ فَيَقُولَ رَبِّ لَوْلَآ أَخَّرْتَنِىٓ
إِلَىٰٓ أَجَلٍ قَرِيبٍ فَأَصَّدَّقَ وَأَكُن مِّنَ ٱلصَّـٰلِحِينَ ﴿١٠﴾

10. Wa anfiqú min má razaqnákum min qabli an ya'tiya ahadakumul-mawtu fayaqúla rabbi lawlá 'akhkhartaní ilá ajalin qaríbin fa assaddaqa wa 'akun minas-sálihín.

10. Fazei caridade de tudo com que vos agraciamos, antes que a morte surpreenda qualquer um de vós, e este diga: Ó Senhor meu, porque não me toleras até um término próximo, para que eu possa fazer caridade e ser um dos virtuosos?

وَلَن يُؤَخِّرَ ٱللَّهُ نَفْسًا إِذَا جَآءَ أَجَلُهَا ۚ وَٱللَّهُ خَبِيرٌۢ بِمَا تَعْمَلُونَ ﴿١١﴾

11. Wa lan yu akhkhiral-láhu nafsan izá já'a ajaluhá walláhu khabírun bimá ta'malún.

11. Porém, Deus jamais adiará a hora de qualquer alma, quando ela chegar, porque Deus está bem inteirado de tudo quanto fazeis.

سُورَةُ التَّغَابُنِ

Surat At Taghábun

Surat 64 *AT TAGHÁBUN* (AS DEFRAUDAÇÕES RECÍPROCAS), 18 versículos. Revelada em Madina.

بِسْمِ ٱللَّهِ ٱلرَّحْمَٰنِ ٱلرَّحِيمِ

Bismilláhir Rahmánir Rahim

Em nome de Deus, o Clemente, o Misericordioso

يُسَبِّحُ لِلَّهِ مَا فِى ٱلسَّمَٰوَٰتِ وَمَا فِى ٱلْأَرْضِ ۖ لَهُ ٱلْمُلْكُ وَلَهُ ٱلْحَمْدُ ۖ وَهُوَ عَلَىٰ كُلِّ شَىْءٍ قَدِيرٌ ﴿١﴾

1. Yusabbihu lillahi má fias-samáwáti wa má fil ardhi lahul-mulku wa lahul-hamdu wa huwa 'alá kulli chay'in qadír.

1. Tudo quanto existe nos Céus e na Terra glorifica Deus; Seu é o reino e Seus são os louvores, porque é Onipotente.

هُوَ ٱلَّذِى خَلَقَكُمْ فَمِنكُمْ كَافِرٌ وَمِنكُم مُّؤْمِنٌ ۚ وَٱللَّهُ بِمَا تَعْمَلُونَ بَصِيرٌ ﴿٢﴾

2. Huwal-lazi khalaqakum faminkum káfirun wa minkum mu'uminun walláhu bimá ta'malúna basír.

2. Ele foi Quem vos criou; e entre vós há incrédulos, assim como há crentes; contudo, Deus bem vê tudo quanto fazeis.

خَلَقَ ٱلسَّمَٰوَٰتِ وَٱلْأَرْضَ بِٱلْحَقِّ وَصَوَّرَكُمْ فَأَحْسَنَ صُوَرَكُمْ ۖ وَإِلَيْهِ ٱلْمَصِيرُ ﴿٣﴾

3. Khalaqas-samáwáti wal-ardha bil-haqqui wa sauwarakum fa ahsana suwarakum wa ilayhil masír.

3. Ele criou os Céus e a Terra com a verdade e vos configuroucom a melhor forma, e a Ele retornareis.

يَعْلَمُ مَا فِى ٱلسَّمَٰوَٰتِ وَٱلْأَرْضِ وَيَعْلَمُ مَا تُسِرُّونَ وَمَا تُعْلِنُونَ ۚ وَٱللَّهُ عَلِيمٌۢ بِذَاتِ ٱلصُّدُورِ ﴿٤﴾

4. Ya'lamu má fis-samáwáti wal-ardhi wa ya'lamu má tusirrúna wa má tu'linúna walláhu 'alímun bizáts-sudúr.

4. Ele conhece tudo quanto existe nos Céus e na Terra, assim como também conhece tudo quanto ocultais e tudo quanto manifestais, porque Deus é Sabedor das intimidades dos corações.

أَلَمْ يَأْتِكُمْ نَبَؤُا۟ ٱلَّذِينَ كَفَرُوا۟ مِن قَبْلُ فَذَاقُوا۟ وَبَالَ أَمْرِهِمْ وَلَهُمْ عَذَابٌ أَلِيمٌ ﴿٥﴾

5. Alam ya'tikum naba'ul-lazina kafarú min qablu fazáqú wabála amrihim wa lahum 'azábun alim.

5. Acaso, não vos chegou a notícia dos incrédulos que vos precederam? Sofreram as consequências das suas condutas e, ademais, sofrerão um doloroso castigo.

سُورَةُ التَّغَابُنِ

Surat At Taghábun

ذَٰلِكَ بِأَنَّهُۥ كَانَت تَّأْتِيهِمْ رُسُلُهُم بِٱلْبَيِّنَٰتِ فَقَالُوٓا۟ أَبَشَرٌ يَهْدُونَنَا فَكَفَرُوا۟ وَتَوَلَّوا۟ ۚ وَّٱسْتَغْنَى
ٱللَّهُ ۚ وَٱللَّهُ غَنِىٌّ حَمِيدٌ ٦

6. *Zálika bi'annahu kánat ta'tíhim russúluhum bil bayyináti faqálú abacharun yahdúnaná fakafarú wa tawallau wa astaghnál-láhu walláhu ghaníyun hamíd.*

6. Isto porque, quando os seus mensageiros lhes apresentaram as evidências, disseram: Acaso, os humanos hão de encaminhar-nos? E renegaram (a Mensagem), recusando-a; porém, Deus pode prescindir deles, porque Deus é, por Si, Opulento, Laudabilíssimo.

زَعَمَ ٱلَّذِينَ كَفَرُوٓا۟ أَن لَّن يُبْعَثُوا۟ ۚ قُلْ بَلَىٰ وَرَبِّى لَتُبْعَثُنَّ ثُمَّ لَتُنَبَّؤُنَّ بِمَا عَمِلْتُمْ ۚ وَذَٰلِكَ عَلَى ٱللَّهِ يَسِيرٌ ٧

7. *Za'amal-lazína kafarú an lan yub'açú qul balá wa rabbí latub'açunna çumma latunabba'únna bimá 'amiltum wa zálika 'alál-lahi yasír.*

7. Os incrédulos creem que jamais serão ressuscitados. Dize-lhes: Sim, por meu Senhor que, sem dúvida, sereis ressuscitados; logo sereis inteirados de tudo quanto tiverdes feito, porque isso é fácil para Deus.

فَـَٔامِنُوا۟ بِٱللَّهِ وَرَسُولِهِۦ وَٱلنُّورِ ٱلَّذِىٓ أَنزَلْنَا ۚ وَٱللَّهُ بِمَا تَعْمَلُونَ خَبِيرٌ ٨

8. *Fa áminú bil-láhi wa rassúlihi wan-núril-lazí anzalná walláhu bimá ta'malúna khabír.*

8. Crede, pois, em Deus, em Seu Mensageiro e na Luz que vos temos revelado, porque Deus está bem inteirado de tudo quanto fazeis.

يَوْمَ يَجْمَعُكُمْ لِيَوْمِ ٱلْجَمْعِ ۖ ذَٰلِكَ يَوْمُ ٱلتَّغَابُنِ ۗ وَمَن يُؤْمِنۢ بِٱللَّهِ وَيَعْمَلْ صَٰلِحًا يُكَفِّرْ
عَنْهُ سَيِّـَٔاتِهِۦ وَيُدْخِلْهُ جَنَّٰتٍ تَجْرِى مِن تَحْتِهَا ٱلْأَنْهَٰرُ خَٰلِدِينَ فِيهَآ أَبَدًا
ۚ ذَٰلِكَ ٱلْفَوْزُ ٱلْعَظِيمُ ٩

9. *Yauma yajma'ukum liyawmil-jam'i zálika yaumut-taghábuni wa man yu'umin bil-láhi wa ya'mal sálihan yukaffir 'anhu sayyiátihi wa yudkhilhu jannátin tajrí min tahtihal-anháru khálidína fíhá abadan zálikal-fawzul-'azím.*

9. Quando fordes congregados para o Dia da Assembleia, este será o dia das defraudações recíprocas. Porém, aquele que crer em Deus e praticar o bem, será absolvido das suas faltas, e introduzido em jardins abaixo dos quais correm os rios, onde morará eternamente. Tal é o magnífico benefício!

سُورَةُ التَّغَابُنِ

Surat At Taghábun

وَٱلَّذِينَ كَفَرُوا۟ وَكَذَّبُوا۟ بِـَٔايَٰتِنَآ أُو۟لَٰٓئِكَ أَصْحَٰبُ ٱلنَّارِ خَٰلِدِينَ فِيهَا ۖ وَبِئْسَ
ٱلْمَصِيرُ ﴿١٠﴾

10. Wal-lazína kafarú wa kazzabú bi'áyátiná úlá'ika ashábun-nári khálidina fihá wa bi'sal masír.

10. Por outra, aqueles que renegarem e desmentirem os Nossos versículos, serão condenados ao inferno, onde morarão eternamente. E que funesto destino!

مَآ أَصَابَ مِن مُّصِيبَةٍ إِلَّا بِإِذْنِ ٱللَّهِ ۗ وَمَن يُؤْمِنۢ بِٱللَّهِ يَهْدِ قَلْبَهُۥ ۚ وَٱللَّهُ بِكُلِّ شَىْءٍ
عَلِيمٌ ﴿١١﴾

11. Má asába min musíbatin illá bi iznil-láhi wa man yu'umin bil-láhi yahdi qalbahu walláhu bikulli chay'in 'alím.

11. Jamais acontecerá calamidade alguma, senão com a ordem de Deus. Mas, a quem crer em Deus, Ele lhe iluminará o coração, porque Deus é Onisciente.

وَأَطِيعُوا۟ ٱللَّهَ وَأَطِيعُوا۟ ٱلرَّسُولَ ۚ فَإِن تَوَلَّيْتُمْ فَإِنَّمَا عَلَىٰ رَسُولِنَا ٱلْبَلَٰغُ ٱلْمُبِينُ ﴿١٢﴾

12. Wa atí'ul-láha wa atí'ur-rassúla fa'in tawallaytum fa'innamá 'alá rassúlinal balághul-mubín,

12. Obedecei, pois, a Deus e obedecei ao Mensageiro! Mas, se recusardes, sabei que ao Nosso Mensageiro somente incumbe a proclamação lúcida da mensagem.

ٱللَّهُ لَآ إِلَٰهَ إِلَّا هُوَ ۚ وَعَلَى ٱللَّهِ فَلْيَتَوَكَّلِ ٱلْمُؤْمِنُونَ ﴿١٣﴾

13. Alláhu lá iláha illá huwa wa 'alal-láhi falyatawakkalil-mu'minún.

13. Deus! Não há mais divindade além d'Ele! Que em Deus confiem, pois, os crentes!

يَٰٓأَيُّهَا ٱلَّذِينَ ءَامَنُوٓا۟ إِنَّ مِنْ أَزْوَٰجِكُمْ وَأَوْلَٰدِكُمْ عَدُوًّا لَّكُمْ فَٱحْذَرُوهُمْ ۚ
وَإِن تَعْفُوا۟ وَتَصْفَحُوا۟ وَتَغْفِرُوا۟ فَإِنَّ ٱللَّهَ غَفُورٌ رَّحِيمٌ ﴿١٤﴾

14. Yá ayyuhl-lazína ámanú inna min azwájikum wa auládikum 'adúwan lakum fáhzarúhum wa in ta'fú wa tasfahú wa taghfirú fa innal-láha ghafúrun rahím.

14. Ó crentes, em verdade, tendes adversários entre as vossas mulheres e os vossos filhos. Precavei-vos, pois, deles. Porém, se os tolerardes, perdoarde-los e os indultardes, sabei que certamente Deus é Indulgente, Misericordiosíssimo.

سُورَةُ التَّغَابُنِ

Surat At Taghábun

إِنَّمَآ أَمۡوَٰلُكُمۡ وَأَوۡلَٰدُكُمۡ فِتۡنَةٞۚ وَٱللَّهُ عِندَهُۥٓ أَجۡرٌ عَظِيمٞ ١٥

15. 'Innamá amwálukum wa auládukum fitnatun walláhu 'indahu ajrun 'azím.

15. Em verdade os vossos bens e os vossos filhos são uma mera tentação. Mas sabei que Deus vos reserva uma magnífica recompensa.

فَٱتَّقُواْ ٱللَّهَ مَا ٱسۡتَطَعۡتُمۡ وَٱسۡمَعُواْ وَأَطِيعُواْ وَأَنفِقُواْ خَيۡرٗا لِّأَنفُسِكُمۡۗ وَمَن
يُوقَ شُحَّ نَفۡسِهِۦ فَأُوْلَٰٓئِكَ هُمُ ٱلۡمُفۡلِحُونَ ١٦

16. Fattaqúl-láha mástatá'tum wa asma'ú wa ati'ú wa anfiqú khayrán li anfusikum wa man yúqa chuhha nafsihi fa úlá'ika humul-muflihún.

16. Temei, pois, a Deus, tanto quanto possais. Escutai-O, obedecei-Lhe e fazei caridade, que isso será preferível para vós! Aqueles que se preservarem da avareza serão os bem-aventurados.

إِن تُقۡرِضُواْ ٱللَّهَ قَرۡضًا حَسَنٗا يُضَٰعِفۡهُ لَكُمۡ وَيَغۡفِرۡ لَكُمۡۚ وَٱللَّهُ شَكُورٌ حَلِيمٌ ١٧

17. In tuqridhúal-láha qardhan hassanan yudhá'ifu lakum wa yaghfir lakum walláhu chakúrun halím.

17. Se emprestardes a Deus espontaneamente, Ele vo-lo multiplicará e vos perdoará, porque Deus é Retribuidor, Tolerante,

عَٰلِمُ ٱلۡغَيۡبِ وَٱلشَّهَٰدَةِ ٱلۡعَزِيزُ ٱلۡحَكِيمُ ١٨

18. 'Álimul-ghaybi wach-chahádatil-'azízul hakím.

18. Conhecedor do desconhecido e do conhecido, o Poderoso, o Prudentíssimo.

سُورَةُ الطَّلَاقِ

Surat At Talac

Surat 65 *AT TALAC* (O DIVÓRCIO), 12 versículos. Revelada em Madina

بِسْمِ ٱللَّهِ ٱلرَّحْمَٰنِ ٱلرَّحِيمِ

Bismilláhir rahmánir rahim

Em nome de Deus, o Clemente, o Misericordioso

يَٰٓأَيُّهَا ٱلنَّبِيُّ إِذَا طَلَّقْتُمُ ٱلنِّسَآءَ فَطَلِّقُوهُنَّ لِعِدَّتِهِنَّ وَأَحْصُوا۟ ٱلْعِدَّةَ ۖ وَٱتَّقُوا۟ ٱللَّهَ
رَبَّكُمْ ۖ لَا تُخْرِجُوهُنَّ مِنۢ بُيُوتِهِنَّ وَلَا يَخْرُجْنَ إِلَّآ أَن يَأْتِينَ
بِفَٰحِشَةٍ مُّبَيِّنَةٍ ۚ وَتِلْكَ حُدُودُ ٱللَّهِ ۚ وَمَن يَتَعَدَّ حُدُودَ ٱللَّهِ فَقَدْ ظَلَمَ نَفْسَهُۥ ۚ لَا
تَدْرِى لَعَلَّ ٱللَّهَ يُحْدِثُ بَعْدَ ذَٰلِكَ أَمْرًا ١

1. *Yá 'ayyuhan-nabiyu izá tallaqtumun-nissá-a fatalliqúhunna li'iddatihinna wahsúl-'iddata wa attaqúl-láha rabbakum lá tukhrijúhunna min buyútihinna wa lá yakhrujna illá an ya'tína bifáhichatin mubayyinatin wa tilka hudúdul-láhi wa man yata'adda hudúdal-láhi faqad zalama nafsahu lá tadrí la'allal-láha yuhdiçu ba'da zálika 'amrá.*

1. Ó Profeta quando vos divorciardes das vossas mulheres, divorciai-vos delas em seus períodos prescritos e contai exatamente tais períodos e temei a Deus, vosso Senhor. Não as expulseis dos seus lares, nem elas deverão sair, a não ser que tenham cometido obscenidade comprovada. Tais são as leis de Deus; e quem profanar as leis de Deus, condenar-se-á. Tu o ignoras, mas é possível que Deus, depois disto, modifique a situação para melhor.

فَإِذَا بَلَغْنَ أَجَلَهُنَّ فَأَمْسِكُوهُنَّ بِمَعْرُوفٍ أَوْ فَارِقُوهُنَّ بِمَعْرُوفٍ وَأَشْهِدُوا۟ ذَوَىْ
عَدْلٍ مِّنكُمْ وَأَقِيمُوا۟ ٱلشَّهَٰدَةَ لِلَّهِ ۚ ذَٰلِكُمْ يُوعَظُ بِهِۦ مَن كَانَ يُؤْمِنُ بِٱللَّهِ
وَٱلْيَوْمِ ٱلْءَاخِرِ ۚ وَمَن يَتَّقِ ٱللَّهَ يَجْعَل لَّهُۥ مَخْرَجًا ٢

2. *Fa'izá balaghna 'ajalahunna fa'amsikúhunna bima'rúfin au fáriqúhunna bima'rúfin wa 'achhidú zaway 'adlin minkum wa aquimúch chahádata lilláhi zálikum yú'azu bihi man kána yu'uminu bil-láhi wal-yawmil-ákhiri wa man yattaquil-láha yaj'al lahu makhrajá,*

2. Todavia, quando tiverem cumprido o seu término prefixado, retendei-as em termos equitativos ou separai-vos delas, em termos (também) equitativos. (Em ambos os casos) fazei-o ante duas testemunhas equitativas, dentre vós, e justificai o testemunho ante Deus; tal é a admoestação para aquele que crê em Deus e no Dia do Juízo Final. E, a quem temer a Deus, Ele lhe apontará uma saída,

سُورَةُ الطَّلَاقِ

Surat At Talac

وَيَرْزُقْهُ مِنْ حَيْثُ لَا يَحْتَسِبُ ۚ وَمَن يَتَوَكَّلْ عَلَى ٱللَّهِ فَهُوَ حَسْبُهُۥٓ ۚ إِنَّ ٱللَّهَ بَٰلِغُ أَمْرِهِۦ ۚ قَدْ
جَعَلَ ٱللَّهُ لِكُلِّ شَىْءٍ قَدْرًا ﴿٣﴾

3. Wa yarzuqhu min hayçu lá yahtasibu wa man yatawakkal 'alál-láhi fahuwa hasbuhu innal láha bálighu amrihi qad ja'alal-láhu likulli chay'in qadrá.

3. E o agraciará quando menos esperar. Quanto àquele que confiar em Deus, saiba que Ele lhe será Suficiente, porque Deus cumpre o que promete. Certamente Deus predestinou uma proporção para cada coisa.

وَٱلَّٰٓـِٔى يَئِسْنَ مِنَ ٱلْمَحِيضِ مِن نِّسَآئِكُمْ إِنِ ٱرْتَبْتُمْ فَعِدَّتُهُنَّ ثَلَٰثَةُ أَشْهُرٍ وَٱلَّٰٓـِٔى لَمْ
يَحِضْنَ ۚ وَأُو۟لَٰتُ ٱلْأَحْمَالِ أَجَلُهُنَّ أَن يَضَعْنَ حَمْلَهُنَّ ۚ وَمَن يَتَّقِ ٱللَّهَ يَجْعَل لَّهُۥ مِنْ أَمْرِهِۦ
يُسْرًا ﴿٤﴾

4. Wal-lá'i ya'isná minal-mahidhi min nissá'ikum inirtabtum fa iddatuhunna çalaçatú ach-hurin wal-lá'i lam yahidhna wa úlátul-ahmáli ajaluhunna an yadha'na hamlahunna wa man yattaquil-láha yaj'al lahu min amrihi yusrá.

4. Quanto àquelas, das vossas mulheres, que tiverem chegado à menopausa, se tiverdes dúvida quanto a isso, o seu período prescrito será de três meses; o mesmo se diga, com respeito àquelas que ainda não tiverem chegado a tal condição; e, quanto às grávidas, o seu período estará terminado quando derem à luz. Mas, a quem temer a Deus, Ele lhe aplainará o assunto.

ذَٰلِكَ أَمْرُ ٱللَّهِ أَنزَلَهُۥٓ إِلَيْكُمْ ۚ وَمَن يَتَّقِ ٱللَّهَ يُكَفِّرْ عَنْهُ سَيِّـَٔاتِهِۦ وَيُعْظِمْ لَهُۥٓ أَجْرًا ﴿٥﴾

5. Zálika amrul-láhi anzalahu ilaykum wa man yattaquil-láha yukaffir 'anhu sayyi'átihi wa yu'zim láhu 'ajrá.

5. Tal é o mandamento que Deus vos revelou. E quem temer a Deus, (saiba que) Ele lhe absolverá os pecados e lhe aumentará a recompensa.

أَسْكِنُوهُنَّ مِنْ حَيْثُ سَكَنتُم مِّن وُجْدِكُمْ وَلَا تُضَآرُّوهُنَّ لِتُضَيِّقُوا۟ عَلَيْهِنَّ ۚ وَإِن كُنَّ
أُو۟لَٰتِ حَمْلٍ فَأَنفِقُوا۟ عَلَيْهِنَّ حَتَّىٰ يَضَعْنَ حَمْلَهُنَّ ۚ فَإِنْ أَرْضَعْنَ لَكُمْ فَـَٔاتُوهُنَّ أُجُورَهُنَّ
وَأْتَمِرُوا۟ بَيْنَكُم بِمَعْرُوفٍ ۖ وَإِن تَعَاسَرْتُمْ فَسَتُرْضِعُ لَهُۥٓ أُخْرَىٰ ﴿٦﴾

6. Askinúhunna min hayçu sakantum min wujdikum wa lá tudárrúhunna litudhayyiqú 'alayhinna wa in kunna úláti hamlin fa anfiqú 'alayhinna hattá yadha'na hamlahunna fa in ardha'na lakum fa a'túhunna ujúrahunna wa 'tamirú baynakum bima'rúfin wa in ta'ásartum fasaturdhi'u lahú ukhrá.

6. Instalai-as (as divorciadas) onde habitais, segundo os vossos recursos, e não as molesteis, para não lhes criardes dificuldades. Se estiverem grávidas, mantende-as, até que tenham dado à luz. Se amamentarem os vossos filhos, pagai-lhes a sua recompensa e consultai-vos cordialmente. Porém, se encontrardes constrangimentonisso, que outra mulher amamente os vossos filhos.

لِيُنفِقْ ذُو سَعَةٍ مِّن سَعَتِهِۦ ۖ وَمَن قُدِرَ عَلَيْهِ رِزْقُهُۥ فَلْيُنفِقْ مِمَّآ ءَاتَىٰهُ ٱللَّهُ ۚ لَا يُكَلِّفُ
ٱللَّهُ نَفْسًا إِلَّا مَآ ءَاتَىٰهَا ۚ سَيَجْعَلُ ٱللَّهُ بَعْدَ عُسْرٍ يُسْرًا ٧

7. Liyunfiq zú sa'atin min sa'atihi wa man qudira 'alayhi rizquhu falyunfiq mimmá 'átáhul-láhu lá yukalliful-láhu nafssan illá má 'atáhá sayaj'alul láhu ba'da 'usrin yusrá.

7. Que o abastado gaste segundo as suas posses; quanto àquele, cujos recursos forem parcos, que gaste daquilo com que Deus lhe agraciou. Deus não impõe a ninguém obrigação superior à que lhe concedeu; Deus trocará a dificuldade pela facilidade.

وَكَأَيِّن مِّن قَرْيَةٍ عَتَتْ عَنْ أَمْرِ رَبِّهَا وَرُسُلِهِۦ فَحَاسَبْنَٰهَا حِسَابًا شَدِيدًا وَعَذَّبْنَٰهَا عَذَابًا
نُّكْرًا ٨

8. Wa ka'ayyin min qaryatin 'atat 'an amri rabbihá wa russúlihi fahássabnáhá hisában chadídan wa 'azzabnáhá 'azában nukrá.

8. Quantas cidades descartaram a autoridade do seu Senhor e dos Seus mensageiros! Saldamos-lhes as contas rigorosamente e lhes infligimos um castigo exemplar.

فَذَاقَتْ وَبَالَ أَمْرِهَا وَكَانَ عَٰقِبَةُ أَمْرِهَا خُسْرًا ٩

9. Fazáqat wabála amrihá wa kána 'áquibatu amrihá khusra.

9. Sofreram, então, as duras consequências das suas condutas, e o resultado das suas condutas foi a perdição.

أَعَدَّ ٱللَّهُ لَهُمْ عَذَابًا شَدِيدًا ۖ فَٱتَّقُوا۟ ٱللَّهَ يَٰٓأُو۟لِى ٱلْأَلْبَٰبِ ٱلَّذِينَ ءَامَنُوا۟ ۚ قَدْ أَنزَلَ ٱللَّهُ إِلَيْكُمْ
ذِكْرًا ١٠

10. A'addal-láhu lahum 'azában chadídan fa attaqúl-láha yá úlil-albábil-lazína ámanú qad anzalal-láhu ilaykum zikrá,

10. Deus lhes preparou um severo castigo. Temei, pois, a Deus, ó crentes sensatos, pois Deus vos enviou uma Mensagem,

سُورَةُ الطَّلَاقِ

Surat At Talac

رَّسُولًا يَتْلُوا۟ عَلَيْكُمْ ءَايَٰتِ ٱللَّهِ مُبَيِّنَٰتٍ لِّيُخْرِجَ ٱلَّذِينَ ءَامَنُوا۟ وَعَمِلُوا۟ ٱلصَّٰلِحَٰتِ مِنَ
ٱلظُّلُمَٰتِ إِلَى ٱلنُّورِ ۚ وَمَن يُؤْمِنۢ بِٱللَّهِ وَيَعْمَلْ صَٰلِحًا يُدْخِلْهُ جَنَّٰتٍ تَجْرِى مِن تَحْتِهَا
ٱلْأَنْهَٰرُ خَٰلِدِينَ فِيهَآ أَبَدًا ۖ قَدْ أَحْسَنَ ٱللَّهُ لَهُۥ رِزْقًا ﴿١١﴾

11. Rassúlan yatlú 'alaykum áyátil-láhi mubayyinátin liyukhrijal-lazína ámanú wa 'amilús-sálih̲áti minaz-zulumáti ilán-núri wa man yu'umin bil-láhi wa ya'mal sálih̲an yudkhilhu jannátin tajrí min tah̲tihál-anháru khálidína fihá abadan qad ah̲sanal-láhu lahu rizqa.

11. Por um Mensageiro, que vos recita os versículos esclarecedores de Deus, para tirar os que creem e praticam o bem, das trevas, para os levar à luz. E os que creem em Deus e praticam o bem, Ele os introduzirá em jardins abaixo dos quais correm os rios, onde morarão eternamente. Deus lhes reservou uma excelente provisão.

ٱللَّهُ ٱلَّذِى خَلَقَ سَبْعَ سَمَٰوَٰتٍ وَمِنَ ٱلْأَرْضِ مِثْلَهُنَّ يَتَنَزَّلُ ٱلْأَمْرُ بَيْنَهُنَّ لِتَعْلَمُوٓا۟ أَنَّ ٱللَّهَ
عَلَىٰ كُلِّ شَىْءٍ قَدِيرٌ وَأَنَّ ٱللَّهَ قَدْ أَحَاطَ بِكُلِّ شَىْءٍ عِلْمًۢا ﴿١٢﴾

12. Al-láhul-lazí khalaqa sab'a samáwátin wa minal-ardhi miçlahunna yatanazzalul-amru baynahunna lita'lamú annal-láha 'alá kulli chay'in qadírun wa annal-láha qad ah̲áta bikulli chay'in 'ilmá.

12. Deus foi Quem criou sete firmamentos e outro tanto de terras; e Seus desígnios se cumprem, entre eles, para que saibais que Deus é Onipotente e que Deus tudo abrange, com a Sua onisciência.

سُورَةُ التَّحرِيمِ

Surat At Tahrim

Surat 66 *AT TAHRIM* (AS PROIBIÇÕES), 12 versículos. Revelada em Madina

بِسۡمِ ٱللَّهِ ٱلرَّحۡمَٰنِ ٱلرَّحِيمِ

Bismilláhir rahmánir rahim

Em nome de Deus, o Clemente, o Misericordioso

يَٰٓأَيُّهَا ٱلنَّبِيُّ لِمَ تُحَرِّمُ مَآ أَحَلَّ ٱللَّهُ لَكَۖ تَبۡتَغِي مَرۡضَاتَ أَزۡوَٰجِكَۚ وَٱللَّهُ غَفُورٞ رَّحِيمٞ ١

1. *Yá ayyuhan-nabíyu lima tuharrimu má ahallal láhu laka tabtaghí mardháta azwájika walláhu ghafúrun rahím.*

1. Ó Profeta, por que te abisténs daquilo que Deus te concedeu, procurando, com isso, agradar as tuas esposas, quando sabes que Deus é Indulgente, Misericordiosíssimo?

قَدۡ فَرَضَ ٱللَّهُ لَكُمۡ تَحِلَّةَ أَيۡمَٰنِكُمۡۚ وَٱللَّهُ مَوۡلَىٰكُمۡۖ وَهُوَ ٱلۡعَلِيمُ ٱلۡحَكِيمُ ٢

2. *Qad faradhal-láhu lakum tahillata aymánikum walláhu maulákum wa huwal-'alímul-hakím.*

2. Deus ordenou a todos vós a dissolução dos vossos juramentos (em alguns casos), porque é vosso Protetor e é o Sapiente, o Prudentíssimo.

وَإِذۡ أَسَرَّ ٱلنَّبِيُّ إِلَىٰ بَعۡضِ أَزۡوَٰجِهِۦ حَدِيثٗا فَلَمَّا نَبَّأَتۡ بِهِۦ وَأَظۡهَرَهُ ٱللَّهُ عَلَيۡهِ عَرَّفَ
بَعۡضَهُۥ وَأَعۡرَضَ عَنۢ بَعۡضٖۖ فَلَمَّا نَبَّأَهَا بِهِۦ قَالَتۡ مَنۡ أَنۢبَأَكَ هَٰذَاۖ قَالَ نَبَّأَنِيَ ٱلۡعَلِيمُ
ٱلۡخَبِيرُ ٣

3. *Wa iz asarran-nabíyu ilá ba'dhi azwájihi hadíçan falammá nabba'at bihi wa azharahul láhu 'alayhi 'arrafa ba'dhahu wa a'radha 'an ba'dhin falammá nabba'ahá bihi qálat man anba'aka hází qála nabba'ani yal-'álímul-khabír.*

3. Quando o Profeta confidenciou um segredo a uma das suas esposas, ela o revelou (a outra), e Deus informou-o disso; ele, então, confirmou uma parte disso, escondendo a outra. Mas quando ele contou, ela perguntou: Quem te anunciou isso? Disse: Anunciou-mo o Onisciente, o Sapientíssimo.

إِن تَتُوبَآ إِلَى ٱللَّهِ فَقَدۡ صَغَتۡ قُلُوبُكُمَاۖ وَإِن تَظَٰهَرَا عَلَيۡهِ فَإِنَّ ٱللَّهَ هُوَ مَوۡلَىٰهُ
وَجِبۡرِيلُ وَصَٰلِحُ ٱلۡمُؤۡمِنِينَۖ وَٱلۡمَلَٰٓئِكَةُ بَعۡدَ ذَٰلِكَ ظَهِيرٌ ٤

سُورَةُ التَّحۡرِيمِ

Surat At Ta<u>h</u>rim

4. In tatúba ilál-láhi faqad saghat qulúbukumá wa in tazáhara 'alayhi fa innal-láha huwa mauláhu wa jibrílu wa sáli<u>h</u>ul-mu'uminína wal-malá'ikatu ba'da zálika zahír.

4. Se vós, ambas, voltardes arrependidas a Deus, (é porque) os vossos corações estão inclinados a isso; porém, se confabulardes contra ele, sabei que Deus é o seu Protetor, bem como Gabriel; e os virtuosos, dentre os crentes e os anjos serão os (seus) socorredores

عَسَىٰ رَبُّهُۥٓ إِن طَلَّقَكُنَّ أَن يُبۡدِلَهُۥٓ أَزۡوَٰجًا خَيۡرًا مِّنكُنَّ مُسۡلِمَٰتٖ مُّؤۡمِنَٰتٖ قَٰنِتَٰتٖ
تَٰٓئِبَٰتٍ عَٰبِدَٰتٖ سَٰٓئِحَٰتٖ ثَيِّبَٰتٖ وَأَبۡكَارٗا ٥

5. 'Assá rabbuhu in tallaqakunna an yubdilahu azwájan khayran minkunna muslimátin mu'uminátin qánitátin tá'ibátin 'ábidátin sá'i<u>h</u>átin çayyibátin wa 'abkár.

5. Se ele se divorciar de vós, pode ser que o seu Senhor lhe conceda esposas muçulmanas preferíveis a vós, crentes, devotas, arrependidas, adoradoras, jejuadoras, anteriormente casadas, ou donzelas.

يَٰٓأَيُّهَا ٱلَّذِينَ ءَامَنُواْ قُوٓاْ أَنفُسَكُمۡ وَأَهۡلِيكُمۡ نَارٗا وَقُودُهَا ٱلنَّاسُ وَٱلۡحِجَارَةُ عَلَيۡهَا
مَلَٰٓئِكَةٌ غِلَاظٞ شِدَادٞ لَّا يَعۡصُونَ ٱللَّهَ مَآ أَمَرَهُمۡ وَيَفۡعَلُونَ مَا يُؤۡمَرُونَ ٦

6. Yá 'ayyuhal-lazína ámanú qú anfusakum wa ahlíkum náran waqúduhan-nássu wal-<u>h</u>ijáratu 'alayhá malá'ikatun ghilázun chidádun lá ya'súnal-láha má 'amarahum wa yaf'alúna má yu'umarún.

6. Ó crentes, precavei-vos, juntamente com as vossas famílias, do Fogo, cujo alimento serão os homens e as pedras, e que é guardado por anjos inflexíveis e severos, que jamais desobedecem às ordens que recebem de Deus, mas executam tudo quanto lhes é ordenado.

يَٰٓأَيُّهَا ٱلَّذِينَ كَفَرُواْ لَا تَعۡتَذِرُواْ ٱلۡيَوۡمَۖ إِنَّمَا تُجۡزَوۡنَ مَا كُنتُمۡ تَعۡمَلُونَ ٧

7. Yá 'ayyuhal-lazína kafarú lá ta'tazirul-yauma innamá tujzauna má kuntum ta'malún.

7. Ó incrédulos, não apresenteis escusas hoje, porque só sereis recompensados pelo que houverdes feito!

يَٰٓأَيُّهَا ٱلَّذِينَ ءَامَنُواْ تُوبُوٓاْ إِلَى ٱللَّهِ تَوۡبَةٗ نَّصُوحًا عَسَىٰ رَبُّكُمۡ أَن يُكَفِّرَ عَنكُمۡ
سَيِّـَٔاتِكُمۡ وَيُدۡخِلَكُمۡ جَنَّٰتٖ تَجۡرِي مِن تَحۡتِهَا ٱلۡأَنۡهَٰرُ يَوۡمَ لَا يُخۡزِي ٱللَّهُ

سُورَةُ التَّحْرِيمِ

Surat At Tahrim

ٱلنَّبِيَّ وَٱلَّذِينَ ءَامَنُوا۟ مَعَهُۥ ۖ نُورُهُمْ يَسْعَىٰ بَيْنَ أَيْدِيهِمْ وَبِأَيْمَـٰنِهِمْ يَقُولُونَ رَبَّنَآ
أَتْمِمْ لَنَا نُورَنَا وَٱغْفِرْ لَنَآ ۖ إِنَّكَ عَلَىٰ كُلِّ شَىْءٍ قَدِيرٌ ٨

8. Yá ayyuhal-lazína ámanú túbú 'ilal-láhi taubatan nasúhan 'assá rabbukum an yukaffira 'ankum sayyi'átikum wa yudkhilakum jannátin tajrí min tahtihal-anháru yauma lá yukhzíl-láhu an-nabiya wal-lazína ámanú ma'ahu núruhum yas'á bayna aydíhim wa bi'aymánihim yaqúluna rabbaná atmim laná núraná wa aghfir laná innaka 'ala kulli chay'in qadír.

8. Ó crentes, voltai, sinceramente arrependidos, a Deus; é possível que o vosso Senhor absolva as vossas faltas e vos introduza em jardins abaixo dos quais correm os rios, no dia em que Deus não desonrará o Profeta nem aqueles que com ele crerem. Uma luz fulgurará diante deles e, com a sua crença, dirão: Ó Senhor nosso, completa-nos a nossa luz e perdoa-nos, porque Tu és Onipotente!

يَـٰٓأَيُّهَا ٱلنَّبِىُّ جَـٰهِدِ ٱلْكُفَّارَ وَٱلْمُنَـٰفِقِينَ وَٱغْلُظْ عَلَيْهِمْ ۚ وَمَأْوَىٰهُمْ جَهَنَّمُ ۖ
وَبِئْسَ ٱلْمَصِيرُ ٩

9. Yá ayyuhan-nabíyu jáhidil-kuffára wal munáfiquína waghluz 'alayhim wa ma'wáhum jahannamu wa bi'sal-masír.

9. Ó Profeta, combate com denodo os incrédulos e os hipócritas, e sê inflexível para com eles, pois a morada deles será o inferno. E que funesto destino!

ضَرَبَ ٱللَّهُ مَثَلًا لِّلَّذِينَ كَفَرُوا۟ ٱمْرَأَتَ نُوحٍ وَٱمْرَأَتَ لُوطٍ ۖ كَانَتَا تَحْتَ
عَبْدَيْنِ مِنْ عِبَادِنَا صَـٰلِحَيْنِ فَخَانَتَاهُمَا فَلَمْ يُغْنِيَا عَنْهُمَا مِنَ ٱللَّهِ شَيْـًٔا
وَقِيلَ ٱدْخُلَا ٱلنَّارَ مَعَ ٱلدَّٰخِلِينَ ١٠

10. Darabal-láhu maçalan lillazína kafarú amra'ata Núhin wa imra'ata Lotin kanatá tahta 'abdayni min 'ibádinssálhayni fakhánatáhumá falam yughniyá 'anhumá minal-láhi chay'an wa quíla adkhulán-nára ma'addákhilín.

10. Deus exemplifica, assim, aos incrédulos, com as mulheres de Noé e a de Lot: ambas achavam-se submetidas a dois dos Nossos servos virtuosos; porém, ambas os atraiçoaram e ninguém pôde defendê-las de Deus. Ser-lhes-á dito: Entrai no Fogo, juntamente com os que ali entrarem!

سُورَةُ التَّحْرِيمِ

Surat At Tahrim

وَضَرَبَ ٱللَّهُ مَثَلًا لِّلَّذِينَ ءَامَنُوا۟ ٱمْرَأَتَ فِرْعَوْنَ إِذْ قَالَتْ رَبِّ ٱبْنِ لِى
عِندَكَ بَيْتًا فِى ٱلْجَنَّةِ وَنَجِّنِى مِن فِرْعَوْنَ وَعَمَلِهِۦ وَنَجِّنِى مِنَ ٱلْقَوْمِ
ٱلظَّٰلِمِينَ ﴿١١﴾

11. Wa đarabal-láhu maçalan lillazína ámanú imra'ata Fir'auna iz qálat rabbi abni lí 'indaka baytan fíl-jannati wa najjiní min Fir'auna wa 'amalihi wa najjiní minal-qaumiz-zálimín.

11. E Deus dá, como exemplo aos crentes, o da mulher do Faraó, a qual disse: Ó Senhor meu, constrói-me, junto a Ti, uma morada no Paraíso, e livra-me do Faraó e das suas ações, e salva-me dos injustos!

وَمَرْيَمَ ٱبْنَتَ عِمْرَٰنَ ٱلَّتِىٓ أَحْصَنَتْ فَرْجَهَا فَنَفَخْنَا فِيهِ مِن رُّوحِنَا وَصَدَّقَتْ
بِكَلِمَٰتِ رَبِّهَا وَكُتُبِهِۦ وَكَانَتْ مِنَ ٱلْقَٰنِتِينَ ﴿١٢﴾

12. Wa Maryama abnata 'Imránal-latí ahsanat farjahá fanafakhná fíhi min rúhiná wa saddaqat bikalimáti rabbihá wa kutubihi wa kánat minal qánitín.

12. E com Maria, filha de ‘Imran, que conservou o seu pudor, e a qual alentamos com o Nosso Espírito, por ter acreditado nas palavras do seu Senhor e nos Seus Livros, e por se ter contado entre os consagrados. **(Fim do juzi 28)**

سُورَةُ الفَاتِحَة

Surat Al Fátiha (da Abertura)

بِسۡمِ ٱللَّهِ ٱلرَّحۡمَٰنِ ٱلرَّحِيمِ (١)

1. Bismilláhir Rahmánir Rahím

1. Em nome de Deus, o Clemente, o Misericordioso

ٱلۡحَمۡدُ لِلَّهِ رَبِّ ٱلۡعَٰلَمِينَ (٢)

2. Alhamdu lilláhi Rabbil 'álamin

2. Louvado seja Deus, Senhor do Universo,

ٱلرَّحۡمَٰنِ ٱلرَّحِيمِ (٣)

3. Ar-Rahmánir-Rahim

3. O Clemente, o Misericordioso,

مَٰلِكِ يَوۡمِ ٱلدِّينِ (٤)

4. Máliki Yaumid-Din

4. Soberano do Dia do Juízo.

إِيَّاكَ نَعۡبُدُ وَإِيَّاكَ نَسۡتَعِينُ (٥)

5. Iyyáka na'budu wa lyyáka nasta'in

5. Só a Ti adoramos e só de Ti imploramos ajuda!

ٱهۡدِنَا ٱلصِّرَٰطَ ٱلۡمُسۡتَقِيمَ (٦)

6. Ihdinas-Sirátal-Mustaquim

6. Guia-nos à senda reta,

صِرَٰطَ ٱلَّذِينَ أَنۡعَمۡتَ عَلَيۡهِمۡ غَيۡرِ ٱلۡمَغۡضُوبِ عَلَيۡهِمۡ وَلَا ٱلضَّآلِّينَ (٧)

7. Sirátal-lazina an'amta 'alaihim ghayril-maghdubi 'alaihim wa lad-dhállin

7. À senda dos que agraciaste, não à dos abominados, nem à dos extraviados.

سُورَةُ المُلْكِ

Surat Al Mulk

Juzi Tabárak 29

Surat 67. *AL MULK* (A SOBERANIA), 30 versículos. Revelada em Makka

بِسۡمِ ٱللَّهِ ٱلرَّحۡمَٰنِ ٱلرَّحِيمِ

Bismilláhir Rahmánir Rahím

Em nome de Deus, o Clemente, o Misericordioso

تَبَٰرَكَ ٱلَّذِي بِيَدِهِ ٱلۡمُلۡكُ وَهُوَ عَلَىٰ كُلِّ شَيۡءٖ قَدِيرٌ ﴿١﴾

1. ۞Tabárakal-lazí biyadihil-mulku wa huwá 'alá kúlli chay'in qadír.

1. Bendito seja Aquele em Cujas mãos está a Soberania, e que é Onipotente;

ٱلَّذِي خَلَقَ ٱلۡمَوۡتَ وَٱلۡحَيَوٰةَ لِيَبۡلُوَكُمۡ أَيُّكُمۡ أَحۡسَنُ عَمَلٗاۚ وَهُوَ ٱلۡعَزِيزُ ٱلۡغَفُورُ ﴿٢﴾

2. Al-lazí khalaqal-mauta wal-hayáta liyabluwakum 'aiyukum 'ahsanu 'amalan wa huwal-'azízul-ghafúr.

2. Que criou a morte e vida, para testar quem de vós melhor se comporta – porque é o Poderoso, o Indulgentíssimo,

ٱلَّذِي خَلَقَ سَبۡعَ سَمَٰوَٰتٖ طِبَاقٗاۖ مَّا تَرَىٰ فِي خَلۡقِ ٱلرَّحۡمَٰنِ مِن تَفَٰوُتٖۖ فَٱرۡجِعِ ٱلۡبَصَرَ هَلۡ تَرَىٰ مِن فُطُورٖ ﴿٣﴾

3. Al-lazí khalaqa sab'a samáwátin tibáqan má tará fī khalquir-Rahmāni min tafáwutin fárji'il-basara hal tará min futúr

3. Que criou sete céus sobrepostos; tu não acharás imperfeição alguma na criação do Clemente! Volta, pois, a olhar! Vês, acaso, alguma fenda?

ثُمَّ ٱرۡجِعِ ٱلۡبَصَرَ كَرَّتَيۡنِ يَنقَلِبۡ إِلَيۡكَ ٱلۡبَصَرُ خَاسِئٗا وَهُوَ حَسِيرٞ ﴿٤﴾

4. Çummar-ji'il-basara karratayni yanqalib 'ilaykal-basaru khási'an wa huwa hassír.

4. Novamente, olha e torna a fazê-lo,e o teu olhar voltará a ti, confuso e fatigado.

وَلَقَدۡ زَيَّنَّا ٱلسَّمَآءَ ٱلدُّنۡيَا بِمَصَٰبِيحَ وَجَعَلۡنَٰهَا رُجُومٗا لِّلشَّيَٰطِينِۖ وَأَعۡتَدۡنَا لَهُمۡ عَذَابَ ٱلسَّعِيرِ ﴿٥﴾

سُورَةُ المُلْك

Surat Al Mulk

5. *Wa laqad zayyannas-samá'ad dunyá bimasábiha wa ja'alnáha rujúman lich-chayátin wa'tadná lahum 'azábas-sa'ír.*

5. E adornamos o firmamento com lâmpadas, e lhes destinamos apedrejarem os demônios, e preparamos, para eles o suplício do fogo infernal,

وَلِلَّذِينَ كَفَرُوا۟ بِرَبِّهِمْ عَذَابُ جَهَنَّمَ ۖ وَبِئْسَ ٱلْمَصِيرُ ٦

6. *Walil-lazína kafarú birabbihim 'azábu jahannama wa bi'ssal-masír.*

6. Bem como a pena do inferno, para aqueles que negam o seu Senhor. Que funesto destino!

إِذَآ أُلْقُوا۟ فِيهَا سَمِعُوا۟ لَهَا شَهِيقًا وَهِىَ تَفُورُ ٧

7. *Izá úlqú fíha sami'ú lahá chahíqan wa hiya tafúr.*

7. Quando nele forem precipitados, ouvi-lo-ão rugir, borbulhante,

تَكَادُ تَمَيَّزُ مِنَ ٱلْغَيْظِ ۖ كُلَّمَآ أُلْقِىَ فِيهَا فَوْجٌ سَأَلَهُمْ خَزَنَتُهَآ أَلَمْ يَأْتِكُمْ نَذِيرٌ ٨

8. *Takádu tamayyazu minal-ghayzi kullamá 'ulquiya fíha faujun sa'alahum khazanatuhá 'alam ya'tikum nazír?*

8. A ponto de estalar de fúria. Cada vez que um grupo (de réprobos) for precipitado nele, os seus guardiões lhes perguntarão: Acaso, não vos foi enviado nenhum admoestador?

قَالُوا۟ بَلَىٰ قَدْ جَآءَنَا نَذِيرٌ فَكَذَّبْنَا وَقُلْنَا مَا نَزَّلَ ٱللَّهُ مِن شَىْءٍ إِنْ أَنتُمْ إِلَّا فِى ضَلَـٰلٍ كَبِيرٍ ٩

9. *Qálu balá cad já'ana nazírun fakazzabná wa qulná má nazzalal Láhu min chay'in 'in 'ântum 'illá fí dhalálin kabír.*

9. Dirão: Sim! Foi-nos enviado um admoestador, porém desmentimo-lo, dizendo: Deus nada revelou! Estais em grave erro!

وَقَالُوا۟ لَوْ كُنَّا نَسْمَعُ أَوْ نَعْقِلُ مَا كُنَّا فِىٓ أَصْحَـٰبِ ٱلسَّعِيرِ ١٠

10. *Qálu lau kunná nasma'u 'au na'quilu má kunná fí 'ashábis-sa'ír*

10. E dirão (mais): Se tivéssemos escutado e meditado, não estaríamos entre os condenados ao fogo abrasador!

فَٱعْتَرَفُوا۟ بِذَنۢبِهِمْ فَسُحْقًا لِّأَصْحَـٰبِ ٱلسَّعِيرِ ١١

11. *Fá'tarafu bizambihim fasuhqan lia'shábis-sa'ír.*

11. E confessarão os seus pecados; distantes estarãoa os condenados ao Fogo abrasador!

سُورَةُ المُلْك

Surat Al Mulk

إِنَّ ٱلَّذِينَ يَخْشَوْنَ رَبَّهُم بِٱلْغَيْبِ لَهُم مَّغْفِرَةٌ وَأَجْرٌ كَبِيرٌ ﴿١٢﴾

12. Innal-lazína yakhchauna rabbahum bil-ghaybi lahum maghfiratun wa ajrun kabír.

12. Em verdade, aqueles que temerem intimamente o seu Senhor obterão indulgência e uma grande recompensa.

وَأَسِرُّواْ قَوْلَكُمْ أَوِ ٱجْهَرُواْ بِهِۦٓ إِنَّهُۥ عَلِيمٌۢ بِذَاتِ ٱلصُّدُورِ ﴿١٣﴾

13. Wa 'assirrú caulakum 'auijharú bihi 'innahu 'alímun bizátis-sudúr.

13. Quer faleis privativa ou publicamente, Ele é Conhecedor das intimidades dos corações.

أَلَا يَعْلَمُ مَنْ خَلَقَ وَهُوَ ٱللَّطِيفُ ٱلْخَبِيرُ ﴿١٤﴾

14. Alá ya'lamu man khalaqa wa huwal Latíful-khabír.

14. Como não haveria de conhecê-las o Criador, sendo Ele o Onisciente, o Sutilíssimo?

هُوَ ٱلَّذِى جَعَلَ لَكُمُ ٱلْأَرْضَ ذَلُولًا فَٱمْشُواْ فِى مَنَاكِبِهَا وَكُلُواْ مِن رِّزْقِهِۦ ۖ وَإِلَيْهِ ٱلنُّشُورُ ﴿١٥﴾

15. Huwal-lazí ja'ala lakumul-ardha zalúlan famchú fi manákibiha wa kulú min rizquihi wa 'ilayhin nuchúr.

15. Ele foi Quem vos fez a Terra manejável. Percorrei-a, pois, por todos os seus quadrantes e desfrutai das Suas mercês; a Ele será o retorno!

ءَأَمِنتُم مَّن فِى ٱلسَّمَآءِ أَن يَخْسِفَ بِكُمُ ٱلْأَرْضَ فَإِذَا هِىَ تَمُورُ ﴿١٦﴾

16. A-amíntum man fis-samá'i 'an yakhsifa bikumul-'ardha fa'izá hiya tamúr.

16. Estais, acaso, seguros de que Aquele que está no céu não vos fará ser tragados pela Terra? Ei-la que treme!

أَمْ أَمِنتُم مَّن فِى ٱلسَّمَآءِ أَن يُرْسِلَ عَلَيْكُمْ حَاصِبًا ۖ فَسَتَعْلَمُونَ كَيْفَ نَذِيرِ ﴿١٧﴾

17. Am 'amintum man fis-samá'i 'an yursila 'alaykum <u>h</u>ásiban fassata'lamúna kayfa nazír.

17. Ou estais seguros de que Aquele que está no céu não desencadeará um violento furacão sobre vós? Logo sabereis como é a Nossa advertência.

وَلَقَدْ كَذَّبَ ٱلَّذِينَ مِن قَبْلِهِمْ فَكَيْفَ كَانَ نَكِيرِ ﴿١٨﴾

18. Wa laqad kazzabal-lazína min cablihim fakayfa kána nakír.

18. Em verdade, os seus antepassados desmentiram os Meus enviados. Porém, que terrível foi a Minha rejeição!

سُورَةُ المُلْكِ

Surat Al Mulk

أَوَلَمْ يَرَوْاْ إِلَى ٱلطَّيْرِ فَوْقَهُمْ صَٰٓفَّٰتٍ وَيَقْبِضْنَ مَا يُمْسِكُهُنَّ إِلَّا ٱلرَّحْمَٰنُ إِنَّهُۥ بِكُلِّ شَىْءٍ
بَصِيرٌ ﴿١٩﴾

19. Awalam yarau 'ilát-tayri fauqahum sáffátin wa yaqbidhna má yumsikuhunna 'illar-rahmánu 'innahu bikulli chay'in basír.

19. Não reparam, acaso, nos pássaros que pairam sobre eles, estirando e recolhendo as suas asas? Ninguém os mantém no espaço, senão o Clemente, porque é Onividente.

أَمَّنْ هَٰذَا ٱلَّذِى هُوَ جُندٌ لَّكُمْ يَنصُرُكُم مِّن دُونِ ٱلرَّحْمَٰنِ إِنِ ٱلْكَٰفِرُونَ إِلَّا فِى غُرُورٍ ﴿٢٠﴾

20. Am-man házal-lazí huwa jundun lakum yanşurukum min dúnir rahmáni 'inil-káfiruna 'illá fí ghurur.

20. Ou então, qual é o exército com que contais para socorrer-vos, em vez do Clemente? Em verdade, os incrédulos estão grandemente iludidos.

أَمَّنْ هَٰذَا ٱلَّذِى يَرْزُقُكُمْ إِنْ أَمْسَكَ رِزْقَهُۥ بَل لَّجُّواْ فِى عُتُوٍّ وَنُفُورٍ ﴿٢١﴾

21. Am-man házal-lazí yarzuqukum 'in 'amsaka rizqahu bal lajjú fí 'utúwin wa nufur.

21. Ou então, quem será que os sustentará se Ele retiver as Suas mercês? Não obstante, obstinam-se na incredulidade e no extravio.

أَفَمَن يَمْشِى مُكِبًّا عَلَىٰ وَجْهِهِۦٓ أَهْدَىٰٓ أَمَّن يَمْشِى سَوِيًّا عَلَىٰ صِرَٰطٍ مُّسْتَقِيمٍ ﴿٢٢﴾

22. Afaman yamchi mukibban 'alá wajhihi 'ahdá 'am-man yamchí sawíyan 'alá sirátin mustaquim?

22. Quem está melhor encaminhado: o que anda, vacilante, pela tortuosidade, ou quem anda, altaneiro, pela senda reta?

قُلْ هُوَ ٱلَّذِىٓ أَنشَأَكُمْ وَجَعَلَ لَكُمُ ٱلسَّمْعَ وَٱلْأَبْصَٰرَ وَٱلْأَفْـِٔدَةَ قَلِيلًا مَّا تَشْكُرُونَ ﴿٢٣﴾

23. Kul huwal-lazí ancha'akum wa ja'ala lakumus-sam'a wa al-'absára wa al-'af'idata calílan má tachkurún.

23. Dize-lhes: Foi Ele Quem vos criou e vos dotou de ouvidos, de vistas e de faculdades. Quão pouco Lhe agradeceis!

قُلْ هُوَ ٱلَّذِى ذَرَأَكُمْ فِى ٱلْأَرْضِ وَإِلَيْهِ تُحْشَرُونَ ﴿٢٤﴾

24. Kul huwal-lazí zara'akum fíl-'ardhi wa 'ilayhi tuhcharún.

24. Dize-lhes (mais): Foi Ele Quem vos multiplicou, na Terra, e ante Ele sereis congregados.

سُورَةُ المُلْك
Surat Al Mulk

وَيَقُولُونَ مَتَىٰ هَٰذَا ٱلْوَعْدُ إِن كُنتُمْ صَٰدِقِينَ ﴿٢٥﴾

25. Wa yaqúluna matá házal-wa'du 'in kuntum sádiquin.

25. Porém, perguntaram: Quando se cumprirá tal promessa? Dizei-nos, se estais certos.

قُلْ إِنَّمَا ٱلْعِلْمُ عِندَ ٱللَّهِ وَإِنَّمَآ أَنَا۠ نَذِيرٌ مُّبِينٌ ﴿٢٦﴾

26. Kul 'innamál-'ilmu 'indal-Láhi wa 'innamá 'aná nazírun mubín.

26. Responde-lhes: Só Deus o sabe, e eu sou unicamente um elucidante admoestador.

فَلَمَّا رَأَوْهُ زُلْفَةً سِيٓـَٔتْ وُجُوهُ ٱلَّذِينَ كَفَرُوا۟ وَقِيلَ هَٰذَا ٱلَّذِى كُنتُم بِهِۦ تَدَّعُونَ ﴿٢٧﴾

27. Falammá ra'auhu zulfatan sí'at wujúhul-lazina kafarú wa quíla házal-lazí kuntum bihi tadda'ún.

27. Mas, quando os incrédulos o virem (o castigo) de perto, seus rostos se ensombrecerão e lhes será dito: Aqui tendes o que pedíeis!

قُلْ أَرَءَيْتُمْ إِنْ أَهْلَكَنِىَ ٱللَّهُ وَمَن مَّعِىَ أَوْ رَحِمَنَا فَمَن يُجِيرُ ٱلْكَٰفِرِينَ مِنْ عَذَابٍ أَلِيمٍ ﴿٢٨﴾

28. Kul 'ara'aytum 'in 'ahlakaniyal Láhu wa man ma'i au rahimana faman yujirul-káfirina min 'azábin 'alim?

28. Dize-lhes: Se Deus me fizesse perecer, juntamente com os meus seguidores ou se tivesse pena de nós, quem livraria os incrédulos de um doloroso castigo?

قُلْ هُوَ ٱلرَّحْمَٰنُ ءَامَنَّا بِهِۦ وَعَلَيْهِ تَوَكَّلْنَا ۖ فَسَتَعْلَمُونَ مَنْ هُوَ فِى ضَلَٰلٍ مُّبِينٍ ﴿٢٩﴾

29. Kul huwar-rahmánu 'ámanna bihi wa 'alayhi tawakkalná fasata'lamuna man huwa fí dhalálin mubín.

29. Dize-lhes (mais): Ele é o Clemente, no Qual cremos e n'Ele confiamos. Logo sabereis quem está em erro evidente!

قُلْ أَرَءَيْتُمْ إِنْ أَصْبَحَ مَآؤُكُمْ غَوْرًا فَمَن يَأْتِيكُم بِمَآءٍ مَّعِينٍۭ ﴿٣٠﴾

30. Kul 'ara'aytum 'in ''ásbaha má'ukum ghauran faman ya'tíkum bimá'in ma'ín?

30. Dize-lhes (ainda): Que vos parece? Se a vossa água, ao amanhecer, tivesse sido toda absorvida (pela Terra), quem faria manar água potável para vós?

سُورَةُ القَلَمِ

Surat Al Calam

Surat 68. *AL CALAM* (O Cálamo) Revelada em Makka; 52 versículos, com exceção dos versículos de 17 a 23 e de 48 a 50, que foram revelados em Madina.

بِسْمِ اللَّهِ الرَّحْمَٰنِ الرَّحِيمِ

Bismilláhir Rahmánir Rahim

Em nome de Deus, o Clemente, o Misericordioso

نٓ وَٱلْقَلَمِ وَمَا يَسْطُرُونَ ﴿١﴾

1. ۞ *Nún wal-qalami wamá yasturún.*

1. Nun. Pelo cálamo e pelo que com ele escrevem,

مَآ أَنتَ بِنِعْمَةِ رَبِّكَ بِمَجْنُونٍ ﴿٢﴾

2. Má 'anta bini'mati rabbika bimajnún

2. Que tu (ó Mensageiro) não és, pela graça do teu Senhor, um louco!

وَإِنَّ لَكَ لَأَجْرًا غَيْرَ مَمْنُونٍ ﴿٣﴾

3. Wa 'inna laka la'ajran ghayra mamnún.

3. Em verdade, está reservada para ti uma infalível recompensa

وَإِنَّكَ لَعَلَىٰ خُلُقٍ عَظِيمٍ ﴿٤﴾

4. Wa 'innaka la'alá khuluquin

4. Porque és de nobilíssimo caráter.

فَسَتُبْصِرُ وَيُبْصِرُونَ ﴿٥﴾

5. Fasatubsiru wa yubşirún.

5. Logo verás, e eles também verão,

بِأَييِّكُمُ ٱلْمَفْتُونُ ﴿٦﴾

6. Bi'ayikumu al-maftún.

6. Quem, dentre vós, é o aflito!

إِنَّ رَبَّكَ هُوَ أَعْلَمُ بِمَن ضَلَّ عَن سَبِيلِهِۦ وَهُوَ أَعْلَمُ بِٱلْمُهْتَدِينَ ﴿٧﴾

سُورَةُ القَلَم

Surat Al Calam

7. 'Inna rabbaka huwa 'a'lamu biman đalla 'an sabílihi wa huwa 'a'lamu bil-muhtadín.
7. Em verdade, teu Senhor é o mais conhecedor de quem se desvia da Sua senda, assim como é o mais conhecedor dos encaminhados.

فَلَا تُطِعِ ٱلْمُكَذِّبِينَ ﴿٨﴾

8. Falá tuti'il-mukazzibín
8. Não dês, pois, ouvidos aos desmentidores,

وَدُّوا۟ لَوْ تُدْهِنُ فَيُدْهِنُونَ ﴿٩﴾

9. Waddú lau tud-hinu fayud-hinún
9. Porque anseiam para que sejas complacente, para o serem também.

وَلَا تُطِعْ كُلَّ حَلَّافٍ مَّهِينٍ ﴿١٠﴾

10. Walá tuti' kulla halláfin mahín
10. E jamais escutes a algum praguejador desprezível,

هَمَّازٍ مَّشَّآءٍۭ بِنَمِيمٍ ﴿١١﴾

11. Hammázin mach-chá'in binamím.
11. Difamadoor, caluniador,

مَّنَّاعٍ لِّلْخَيْرِ مُعْتَدٍ أَثِيمٍ ﴿١٢﴾

12. Manná'in lilkhayri mu'tadin 'acím.
12. Impedidor do bem, transgressor, pecador,

عُتُلٍّۭ بَعْدَ ذَٰلِكَ زَنِيمٍ ﴿١٣﴾

13. 'Útullin ba'da zálika zaním.
13. Grosseiro e, ademais, mal nascido

أَن كَانَ ذَا مَالٍ وَبَنِينَ ﴿١٤﴾

14. 'An kána zá málin wa banín.
14. Ainda que possua bens e (numerosos) filhos.

إِذَا تُتْلَىٰ عَلَيْهِ ءَايَـٰتُنَا قَالَ أَسَـٰطِيرُ ٱلْأَوَّلِينَ ﴿١٥﴾

سُورَةُ القَلَمِ

Surat Al Calam

15. 'Izá tutlá 'alayhi 'ayátuná qála 'assátírul-'auwalín.
15. (É) aquele que, quando lhe são recitados os Nossos versículos, diz: São fábulas dos primitivos,

سَنَسِمُهُۥ عَلَى ٱلۡخُرۡطُومِ ﴿١٦﴾

16. Sanasimuhu 'alá al-khurtúm.
16. Marcá-lo-emos no nariz!

إِنَّا بَلَوۡنَٰهُمۡ كَمَا بَلَوۡنَآ أَصۡحَٰبَ ٱلۡجَنَّةِ إِذۡ أَقۡسَمُواْ لَيَصۡرِمُنَّهَا مُصۡبِحِينَ ﴿١٧﴾

17. 'Inná balaunáhum kamá balauná 'ashábal-jannati 'iz 'aqsamú la-yasri munnahá musbihín
17. Por certo que os provaremos (o povo de Makka) como provamos os donos do pomar, ao decidirem colher os seus frutos ao amanhecer,

وَلَا يَسۡتَثۡنُونَ ﴿١٨﴾

18. Wa lá yastaçnún
18. Sem a invocação (do nome de Deus).

فَطَافَ عَلَيۡهَا طَآئِفٞ مِّن رَّبِّكَ وَهُمۡ نَآئِمُونَ ﴿١٩﴾

19. Fatáfa 'alaihá tá'ifum mir rabbika wa hum ná'imún
19. Porém, enquanto dormiam, sobreveio-lhes uma centelha do teu Senhor.

فَأَصۡبَحَتۡ كَٱلصَّرِيمِ ﴿٢٠﴾

20. Fa asbahat kassarím
20. E, ao amanhecer, estava (o pomar) como se houvesse sido ceifado.

فَتَنَادَوۡاْ مُصۡبِحِينَ ﴿٢١﴾

21. Fatanádau musbihín
21. E, pela manhã, confabularam mutuamente:

أَنِ ٱغۡدُواْ عَلَىٰ حَرۡثِكُمۡ إِن كُنتُمۡ صَٰرِمِينَ ﴿٢٢﴾

سُورَةُ الْقَلَمِ

Surat Al Calam

22. Anighdú 'alá harsikum in kuntum sárimín
22. Ide aos vossos campos, se quereis colher!

فَانطَلَقُوا وَهُمْ يَتَخَافَتُونَ ﴿٢٣﴾

23. Fantalaqú wa hum yatakháfatún
23. Foram, pois, sussurrando:

أَن لَّا يَدْخُلَنَّهَا الْيَوْمَ عَلَيْكُم مِّسْكِينٌ ﴿٢٤﴾

24.An lá yadkhulannahal yauma 'alaikum miskín
24. Que não entre hoje (em vosso pomar) nenhum necessitado.

وَغَدَوْا عَلَىٰ حَرْدٍ قَادِرِينَ ﴿٢٥﴾

25. Wa ghadau 'alá hardin qádirín
25. E iniciaram a manhã com uma (injusta) resolução.

فَلَمَّا رَأَوْهَا قَالُوا إِنَّا لَضَالُّونَ ﴿٢٦﴾

26. Falammá ra'auhá qálu 'inná ladhállun.
26. Mas, quando o viram daquele jeito, disseram: Em verdade, estamos perdidos!

فَلَمَّا رَأَوْهَا قَالُوا إِنَّا لَضَالُّونَ ﴿٢٦﴾

27. Bal nahnu mahrúmun.
27. Em verdade, estamos privados de tudo!

قَالَ أَوْسَطُهُمْ أَلَمْ أَقُل لَّكُمْ لَوْلَا تُسَبِّحُونَ ﴿٢٨﴾

28. Qála 'ausaṭuhum 'alam 'aqul lakum laulá tusabbihún.
28. E o mais sensato deles disse: Não vos havia dito? Por que não glorificastes (Deus)?

قَالُوا سُبْحَانَ رَبِّنَا إِنَّا كُنَّا ظَالِمِينَ ﴿٢٩﴾

29. Qálu subhána rabbiná 'inná kunná zálimin.
29. Responderam: Glorificado seja o nosso Senhor! Em verdade, fomos injustos!

فَأَقْبَلَ بَعْضُهُمْ عَلَىٰ بَعْضٍ يَتَلَاوَمُونَ ﴿٣٠﴾

30. Fa'aqbala ba'dhuhum 'alá ba'dhin yataláuamun.
30. E começaram a reprovar-se mutuamente.

سُورَةُ القَلَمِ

Surat Al Calam

قَالُوا يَٰوَيْلَنَآ إِنَّا كُنَّا طَٰغِينَ ﴿٣١﴾

31. Qálu yá waylaná 'inná kunná tághin. x
31. Disseram: Ai de nós, que temos sido transgressores!

عَسَىٰ رَبُّنَآ أَن يُبْدِلَنَا خَيْرًا مِّنْهَآ إِنَّآ إِلَىٰ رَبِّنَا رَٰغِبُونَ ﴿٣٢﴾

32. 'Açá rabbuná 'an yubdilaná khayran min-há 'inná 'ilá rabbiná rághibun.
32. É possível que o nosso Senhor nos conceda outro (pomar) melhor do que este, voltemo-nos, pois, ao nosso Senhor.

كَذَٰلِكَ ٱلْعَذَابُ ۖ وَلَعَذَابُ ٱلْءَاخِرَةِ أَكْبَرُ ۚ لَوْ كَانُوا۟ يَعْلَمُونَ ﴿٣٣﴾

33. Kazálikal-'azábu wala'azábul 'ákhirati 'akbaru lau kánu ya'lamun.
33. Tal foi o castigo (deste mundo); mas o castigo da Outra Vida será ainda maior. Se o soubessem!

إِنَّ لِلْمُتَّقِينَ عِندَ رَبِّهِمْ جَنَّٰتِ ٱلنَّعِيمِ ﴿٣٤﴾

34. 'Inna lilmuttaquina 'inda rabbihim jannátin-na'im.
34. Em verdade, para os tementes, haverá jardins do prazer, ao lado do seu Senhor.

أَفَنَجْعَلُ ٱلْمُسْلِمِينَ كَٱلْمُجْرِمِينَ ﴿٣٥﴾

35. 'Afanaj'alul-musslimína kalmujrimín.
35. Porventura, consideramos os muçulmanos, tal como os pecadores?

مَا لَكُمْ كَيْفَ تَحْكُمُونَ ﴿٣٦﴾

36. Má lakum kayfa tahkumún.
36. O que há convosco? Como julgais assim?

أَمْ لَكُمْ كِتَٰبٌ فِيهِ تَدْرُسُونَ ﴿٣٧﴾

37. 'Am lakum kitábun fihi tadrusun.
37. Ou, acaso, tendes algum livro em que aprendeis,

إِنَّ لَكُمْ فِيهِ لَمَا تَخَيَّرُونَ ﴿٣٨﴾

سُورَةُ القَلَمِ

Surat Al Calam

38. 'Inna lakum fíhi lamá takhayyarun.
38. A conseguir o que preferis?

أَمْ لَكُمْ أَيْمَٰنٌ عَلَيْنَا بَٰلِغَةٌ إِلَىٰ يَوْمِ ٱلْقِيَٰمَةِ إِنَّ لَكُمْ لَمَا تَحْكُمُونَ ﴿٣٩﴾

39. 'Am lakum 'aymánun 'alayná bálighatun 'ilá yaumil-quiyámati 'inna lakum lamá tahkumun.
39. Ou possuís, acaso, a Nossa promessa formal, até ao Dia da Ressurreição, de conseguirdes tudo o que desejardes?

سَلْهُمْ أَيُّهُم بِذَٰلِكَ زَعِيمٌ ﴿٤٠﴾

40. Salhum 'ayyuhum bizálika za'ím.
40. Pergunta-lhes qual deles está disposto a assegurar isto!

أَمْ لَهُمْ شُرَكَآءُ فَلْيَأْتُوا۟ بِشُرَكَآئِهِمْ إِن كَانُوا۟ صَٰدِقِينَ ﴿٤١﴾

41. 'Am lahum churaká'u falya'tú bichuraká'ihim 'in kánu sádiquin.
41. Ou têm, acaso, parceiros (junto a Mim)? Que os apresentem, pois, se estiverem certos!

يَوْمَ يُكْشَفُ عَن سَاقٍ وَيُدْعَوْنَ إِلَى ٱلسُّجُودِ فَلَا يَسْتَطِيعُونَ ﴿٤٢﴾

42. Yauma yukchafu 'an sáquin wa yud'auna 'ilás-sujúdi falá yastati'un.
42. No dia em que a perna ficar exposta, em que forem convocados à prostração e não o conseguirem,

خَٰشِعَةً أَبْصَٰرُهُمْ تَرْهَقُهُمْ ذِلَّةٌ ۖ وَقَدْ كَانُوا۟ يُدْعَوْنَ إِلَى ٱلسُّجُودِ وَهُمْ سَٰلِمُونَ ﴿٤٣﴾

43. Kháchi'atan 'absáruhum tarhaquhum zillatun wa qad kánú yud'auna 'ilás-sujúdi wa hum sálimún.
43. Seus olhares serão de humilhação, cobertos de ignomínia, porque foram convocados à prostração, enquanto podiam cumpri-la (e se recusaram).

فَذَرْنِى وَمَن يُكَذِّبُ بِهَٰذَا ٱلْحَدِيثِ ۖ سَنَسْتَدْرِجُهُم مِّنْ حَيْثُ لَا يَعْلَمُونَ ﴿٤٤﴾

44. Fazarní waman yukazzibu bihazal hadíçi sanastadrijuhum min hayçu lá ya'lamún.
44. Deixa-Me, pois, a sós com os que desmentem esta Mensagem. Logo os aproximaremos do castigo, gradualmente, de onde menos esperam.

وَأُمْلِى لَهُمْ ۚ إِنَّ كَيْدِى مَتِينٌ ﴿٤٥﴾

سورة القلم

Surat Al Calam

45. Wa 'umlí lahum 'inna kaydí matín.
45. E os tolerarei, porque o Meu plano é firme.

أَمْ تَسْـَٔلُهُمْ أَجْرًا فَهُم مِّن مَّغْرَمٍ مُّثْقَلُونَ ﴿٤٦﴾

46. 'Am tas'aluhum 'ajran fahum min maghramin
46. Acaso lhes exiges recompensa e por isso lhes pesa o débito?

أَمْ عِندَهُمُ ٱلْغَيْبُ فَهُمْ يَكْتُبُونَ ﴿٤٧﴾

47. 'Am 'indahumul-ghaybu fahum yaktubun
47. Ou estão de posse do desconhecido, e podem descrevê-lo?

تَكُن كَصَاحِبِ ٱلْحُوتِ إِذْ نَادَىٰ وَهُوَ مَكْظُومٌ ﴿٤٨﴾

48. Fasbir lihukmi rabbika walá takun kasáhibil-húti 'iz nádá wa huwa makzúm.
48. Persevera, pois (ó Mensageiro), até ao Juízo do teu Senhor, e não sejas como aquele que foi engolido pela baleia (Jonas), quando, angustiado, (Nos) invocou.

لَّوْلَآ أَن تَدَٰرَكَهُۥ نِعْمَةٌ مِّن رَّبِّهِۦ لَنُبِذَ بِٱلْعَرَآءِ وَهُوَ مَذْمُومٌ ﴿٤٩﴾

49. Laulá 'an tadárakahu ni'matun min rabbihi lanubiza bil-'ará'i wa huwa mazmúm.
49. Se não o tivesse alcançado a graça do seu Senhor, certamente teria sido arrojado sobre a orla desértica, em desgraça.

فَٱجْتَبَٰهُ رَبُّهُۥ فَجَعَلَهُۥ مِنَ ٱلصَّٰلِحِينَ ﴿٥٠﴾

50. Fájtabáhu rabbuhu faja'alahu minas-sálihin.
50. Porém, o Senhor o elegeu e o contou entre os virtuosos.

وَإِن يَكَادُ ٱلَّذِينَ كَفَرُوا۟ لَيُزْلِقُونَكَ بِأَبْصَٰرِهِمْ لَمَّا سَمِعُوا۟ ٱلذِّكْرَ وَيَقُولُونَ إِنَّهُۥ لَمَجْنُونٌ ﴿٥١﴾

51. Wa 'in yakádul-lazina kafarú layuzliqúnaka bi'absárihim lammá sami'úz-zikra wa yaqúluna 'innahu lamajnún.
51. Se pudessem, os incrédulos far-te-iam vacilar, com os seus olhares (de rancor), ao ouvirem a Mensagem. E dizem: Em verdade, é um louco!

وَمَا هُوَ إِلَّا ذِكْرٌ لِّلْعَٰلَمِينَ ﴿٥٢﴾

52. Wamá huwa 'illá zikrun lil'álamin.
52. E este (Alcorão) não é mais do que uma mensagem para todo o universo.

سُورَةُ الحَاقَّةِ

Surat Al Hácca

Surata 69. *AL HÁCCA* (A Realidade). Revelada em Makka; 52 versículos.

بِسۡمِ ٱللَّهِ ٱلرَّحۡمَٰنِ ٱلرَّحِيمِ

Bismilláhir Rahmánir Rahim

Em nome de Deus, o Clemente, o Misericordioso

ٱلْحَآقَّةُ ١

1. ۞ Al-hácca.

1. A realidade!

مَا ٱلْحَآقَّةُ ٢

2. Mal-hácca.

2. Que é a realidade?

وَمَآ أَدْرَىٰكَ مَا ٱلْحَآقَّةُ ٣

3. Wamá 'adráka mal-hácca.

3. E o que te fará entender o que significa a realidade?

كَذَّبَتْ ثَمُودُ وَعَادٌۢ بِٱلْقَارِعَةِ ٤

4. Kazzabat Çamúdu wa 'Ádun bil qária'.

4. Os povos de Samud e de 'Ad desmentiram a calamidade.

فَأَمَّا ثَمُودُ فَأُهْلِكُوا۟ بِٱلطَّاغِيَةِ ٥

5. Fa'ammá Çamúdu fa'uhlikú bit tághiyah.

5. Quanto ao povo de Çamud, foi fulminado pela centelha!

وَأَمَّا عَادٌ فَأُهْلِكُوا۟ بِرِيحٍ صَرْصَرٍ عَاتِيَةٍ ٦

6. Wa 'ammá 'Ádun fa'uhlikú biríhin sarsarin 'átiyah.

6. E, quanto ao povo de 'Ad, foi exterminado por um furioso e impetuoso furacão,

سَخَّرَهَا عَلَيْهِمْ سَبْعَ لَيَالٍ وَثَمَـٰنِيَةَ أَيَّامٍ حُسُومًا فَتَرَى ٱلْقَوْمَ فِيهَا صَرْعَىٰ كَأَنَّهُمْ
أَعْجَازُ نَخْلٍ خَاوِيَةٍ ٧

7. Sakh-kharahá 'alayhim sab'a layálin wa samániyata 'aiyámin hussúman fatarál-qauma fihá sar'á ka'annahum 'a'jázu nakhlin kháwiya.

سُورَةُ الحَاقَّةِ

Surat Al Hácca

7. Que Deus desencadeou sobre ele, durante sete noites e oito nefastos dias, em que poderias ver aqueles homens jacentes, como se fossem troncos caídos de tamareiras.

فَهَلْ تَرَىٰ لَهُم مِّنۢ بَاقِيَةٍ ﴿٨﴾

8. Fahal tará lahum min báquiya.
8. Porventura, viste algum sobrevivente, entre eles?

وَجَآءَ فِرْعَوْنُ وَمَن قَبْلَهُۥ وَٱلْمُؤْتَفِكَٰتُ بِٱلْخَاطِئَةِ ﴿٩﴾

9. Wa já'a Fir'aunu waman qablahu wa al-mu'utafikátu bil-kháti'a.
9. E o Faraó, os seus antepassados e as cidades funestas que disseminaram o pecado.

فَعَصَوْا۟ رَسُولَ رَبِّهِمْ فَأَخَذَهُمْ أَخْذَةً رَّابِيَةً ﴿١٠﴾

10. Fa'asau rassúla rabbihim fa'akhazahum 'akhzatan rábiya.
10. Desobedeceram ao mensageiro do seu Senhor, pelo quê Ele os castigou rudemente.

إِنَّا لَمَّا طَغَا ٱلْمَآءُ حَمَلْنَٰكُمْ فِى ٱلْجَارِيَةِ ﴿١١﴾

11. 'Inná lammá taghál-má'u <u>h</u>amalnákum fil-jáiya.
11. Em verdade, quando as águas (no caso de Noé) transbordaram, levamos-vos na arca,

لِنَجْعَلَهَا لَكُمْ تَذْكِرَةً وَتَعِيَهَآ أُذُنٌ وَٰعِيَةٌ ﴿١٢﴾

12. Linaj'alahá lakum tazkiratan wa ta'iyahá 'uzunun wá'iya.
12. Para fazermos disso um memorial para vós, e para que o recordasse qualquer mente atenta.

فَإِذَا نُفِخَ فِى ٱلصُّورِ نَفْخَةٌ وَٰحِدَةٌ ﴿١٣﴾

13. Fa'izá nufikha fis-súri nafkhatun wá<u>h</u>ida.
13. Porém, quando soar um só toque da trombeta,

وَحُمِلَتِ ٱلْأَرْضُ وَٱلْجِبَالُ فَدُكَّتَا دَكَّةً وَٰحِدَةً ﴿١٤﴾

14. Wa <u>h</u>umilati al-'ardhu wal-jibálu fadukkatá dakkatan wá<u>h</u>ida.
14. E a terra e as montanhas forem desintegradas e trituradas de um só golpe,

سُورَةُ الحَاقَّة

Surat Al Hácca

فَيَوۡمَئِذٖ وَقَعَتِ ٱلۡوَاقِعَةُ ١٥

15. Fayawma'izin waqa'atil wáqui'a.
15. Nesse dia, acontecerá o evento inevitável.

وَٱنشَقَّتِ ٱلسَّمَآءُ فَهِيَ يَوۡمَئِذٖ وَاهِيَةٞ ١٦

16. Wa anchaqqatis-samá'u fahiya yawma'izin wáhiya.
16. E o céu se fenderá, e estará frágil;

وَٱلۡمَلَكُ عَلَىٰٓ أَرۡجَآئِهَاۚ وَيَحۡمِلُ عَرۡشَ رَبِّكَ فَوۡقَهُمۡ يَوۡمَئِذٖ ثَمَٰنِيَةٞ ١٧

17. Wa al-malaku 'alá 'arjá'ihá wa yah̲milu 'archa rabbika fauqahum yawma'izin çamániya.
17. E os anjos estarão perfilados e, oito deles, nesse dia, carregarão o Trono do teu Senhor.

يَوۡمَئِذٖ تُعۡرَضُونَ لَا تَخۡفَىٰ مِنكُمۡ خَافِيَةٞ ١٨

18. Yawma'izin tu'radhúna lá takhfá minkum kháfiya.
18. Nesse dia sereis apresentados (ante Ele), e nenhum dos vossos segredos (Lhe) será ocultado.

فَأَمَّا مَنۡ أُوتِيَ كِتَٰبَهُۥ بِيَمِينِهِۦ فَيَقُولُ هَآؤُمُ ٱقۡرَءُواْ كِتَٰبِيَهۡ ١٩

19. Fa'ammá man 'útiya kitábahu biyamínihi fayaqúlu há'uum aqra'ú kitábiya
19. Então, aquele a quem for entregue o seu registro, na destra, dirá; Ei-lo aqui! Lede o meu registro;

إِنِّي ظَنَنتُ أَنِّي مُلَٰقٍ حِسَابِيَهۡ ٢٠

20. 'Inní žanantu 'anní muláquin h̲isábiya
20. Sempre soube que prestaria contas!

فَهُوَ فِي عِيشَةٖ رَّاضِيَةٖ ٢١

21. Fahuwa fí 'ichatin rádiya
21. E ele gozará de uma vida prazenteira,

سُورَةُ الحَاقَّةِ

Surat Al Hácca

فِي جَنَّةٍ عَالِيَةٖ ﴿٢٢﴾

22. Fí jannatin 'áliya
22. Em um jardim sublime,

قُطُوفُهَا دَانِيَةٞ ﴿٢٣﴾

23. Qutúfuhá dániya
23. Cujos frutos estarão ao seu alcance.

كُلُواْ وَٱشۡرَبُواْ هَنِيٓـَٔۢا بِمَآ أَسۡلَفۡتُمۡ فِي ٱلۡأَيَّامِ ٱلۡخَالِيَةِ ﴿٢٤﴾

24. Kulú wachrabú haní'an bimá 'aslaftum fil-'aiyámi al-kháliya
24. (E será dito àqueles que lá entrarem): Comei e bebei com satisfação, pelo bem que propiciastes em dias passados!

وَأَمَّا مَنۡ أُوتِيَ كِتَٰبَهُۥ بِشِمَالِهِۦ فَيَقُولُ يَٰلَيۡتَنِي لَمۡ أُوتَ كِتَٰبِيَهۡ ﴿٢٥﴾

25. Wa 'ammá man 'útiya kitábahu bichimálihi fayaqúlu yá laytaní lam 'úta kitábiya
25. Em troca, aquele a quem for entregue o seu registro na sinistra, dirá: Ai de mim! Oxalá não me tivesse sido entregue o meu registro,

وَلَمۡ أَدۡرِ مَا حِسَابِيَهۡ ﴿٢٦﴾

26. Wa lam 'adri má hisábiya
26. Nem jamais tivesse conhecido o meu cômputo;

يَٰلَيۡتَهَا كَانَتِ ٱلۡقَاضِيَةَ ﴿٢٧﴾

27. Yá laytahá kánatil-qáđiya
27. Oh! Oxalá a minha primeira (morte) tivesse sido a anulação;

مَآ أَغۡنَىٰ عَنِّي مَالِيَهۡۜ ﴿٢٨﴾

28. Má 'aghná 'anní málíya
28. De nada me servem os meus bens;

هَلَكَ عَنِّي سُلۡطَٰنِيَهۡ ﴿٢٩﴾

29. Halaka 'anní sultánya
29. A minha autoridade se desvaneceu…!

سُورَةُ الحَاقَّةِ
Surat Al Hácca

خُذُوهُ فَغُلُّوهُ ﴿٣٠﴾

30. Khudhúhu faghullúh
30. (Será dito aos donos do Fogo): Pegai-o, amarrai-o,

ثُمَّ ٱلۡجَحِيمَ صَلُّوهُ ﴿٣١﴾

31. Çummal-jahíma sallúh
31. E introduzi-o na fogueira!

ثُمَّ فِي سِلۡسِلَةٍ ذَرۡعُهَا سَبۡعُونَ ذِرَاعٗا فَٱسۡلُكُوهُ ﴿٣٢﴾

32. Çumma fi silsilatin zar'uhá sab'úna zirá'
32. Então, fazei-o carregar uma corrente de setenta cúbitos.

إِنَّهُۥ كَانَ لَا يُؤۡمِنُ بِٱللَّهِ ٱلۡعَظِيمِ ﴿٣٣﴾

33. 'Innahu kána lá yu'uminu bil-láhil 'azím
33. Porque não acreditou em Deus, o Ingente,

وَلَا يَحُضُّ عَلَىٰ طَعَامِ ٱلۡمِسۡكِينِ ﴿٣٤﴾

34. Walá yahuddhu 'alá ta'ámil-miskín
34. Nem diligenciou no sentido de alimentar os necessitados.

فَلَيۡسَ لَهُ ٱلۡيَوۡمَ هَٰهُنَا حَمِيمٞ ﴿٣٥﴾

35. Falaysa lahul-yauma háhuná hamím.
35. Assim, pois, não terá, hoje, nenhum amigo íntimo,

وَلَا طَعَامٌ إِلَّا مِنۡ غِسۡلِينٖ

36. Walá ţa'ámun 'illá min ghislín
36. Nem mais alimento do que o excremento,

لَّا يَأۡكُلُهُۥٓ إِلَّا ٱلۡخَٰطِـُٔونَ ﴿٣٧﴾

37. Lá ya'kuluhu 'illal-kháţi'un
37. Que ninguém comerá, a não ser os pecadores.

فَلَآ أُقۡسِمُ بِمَا تُبۡصِرُونَ ﴿٣٨﴾

سُورَةُ الحَاقَّةِ
Surat Al Hácca

38. Falá 'uqsimu bimá tubşirún
38. Juro, pois, pelo que vedes,

وَمَا لَا تُبْصِرُونَ ﴿٣٩﴾

39. Wamá lá tubşirún
39. E pelo que não vedes,

إِنَّهُۥ لَقَوْلُ رَسُولٍ كَرِيمٍ ﴿٤٠﴾

40. Innahu laqawlu rasúlin karím
40. Que este (Alcorão) é a palavra do Mensageiro honorável.

وَمَا هُوَ بِقَوْلِ شَاعِرٍ ۚ قَلِيلًا مَّا تُؤْمِنُونَ ﴿٤١﴾

41. Wamá huwa biqauli chá'irin qalílan má tu'minún
41. E não a palavra de um poeta – Quão pouco credes –,

وَلَا بِقَوْلِ كَاهِنٍ ۚ قَلِيلًا مَّا تَذَكَّرُونَ ﴿٤٢﴾

42. Walá biqauli káhinin qalílan má tazakkarún
42. Nem tampouco é a palavra de um adivinho – Quão pouco meditais!

تَنزِيلٌ مِّن رَّبِّ ٱلْعَٰلَمِينَ ﴿٤٣﴾

43. Tanzílun min rabbil-'álamin
43. (Esta) é uma revelação do Senhor do Universo.

وَلَوْ تَقَوَّلَ عَلَيْنَا بَعْضَ ٱلْأَقَاوِيلِ ﴿٤٤﴾

44. Wa lau taqauwala 'alayná ba'đal 'aqáwil
44. E se (o Mensageiro) tivesse inventado alguns ditos, em Nosso nome,

لَأَخَذْنَا مِنْهُ بِٱلْيَمِينِ ﴿٤٥﴾

45. La'akhazná minhu bil-yamín
45. Certamente o teríamos apanhado pela destra;

ثُمَّ لَقَطَعْنَا مِنْهُ ٱلْوَتِينَ ﴿٤٦﴾

46. Çumma laqaţa'ná minhu al-watín
46. E então, ter-lhe-íamos cortado a aorta

سُورَةُ الحَاقَّةِ

Surat Al Hácca

فَمَا مِنكُم مِّنْ أَحَدٍ عَنْهُ حَٰجِزِينَ ﴿٤٧﴾

47. Famá minkum min 'ahadin 'anhu hájizín
47. E nenhum de vós teria podido impedir-Nos.

وَإِنَّهُۥ لَتَذْكِرَةٌ لِّلْمُتَّقِينَ ﴿٤٨﴾

48. Wa 'innahu latazkiratun lilmuttaqín
48. E, certamente, este (Alcorão) é uma mensagem para os tementes.

وَإِنَّا لَنَعْلَمُ أَنَّ مِنكُم مُّكَذِّبِينَ ﴿٤٩﴾

49. Wa 'inná lana'lamu 'anna minkum mukazzibín
49. – E Nós sabemos aqueles que, dentre vós, são os desmentidores –

وَإِنَّهُۥ لَحَسْرَةٌ عَلَى ٱلْكَٰفِرِينَ ﴿٥٠﴾

50. Wa 'innahu lahasratun 'alál-káfirin
50. E ele é uma angústia para os incrédulos;

وَإِنَّهُۥ لَحَقُّ ٱلْيَقِينِ ﴿٥١﴾

51. Wa 'innahu lahaqqul-yaquín.
51. E ele é a verdade convicta.

فَسَبِّحْ بِٱسْمِ رَبِّكَ ٱلْعَظِيمِ ﴿٥٢﴾

52. Fasabbih bismi rabbika al-azím.
52. Assim sendo, glorifica o nome do teu Senhor, o Ingente.

سُورَةُ المَعَارِجِ

Surat Al Ma'árij

Surat 70. *AL MA'ÁRIJ* (As Vias de Ascensão). Revelada em Makka; 44 versículos.

بِسۡمِ ٱللَّهِ ٱلرَّحۡمَٰنِ ٱلرَّحِيمِ

Bismilláhir Rahmánir Rahím

Em nome de Deus, o Clemente, o Misericordioso

سَأَلَ سَآئِلُۢ بِعَذَابٖ وَاقِعٖ ١

1. Sa'ala sá'ilun bi'azábin wáqui'.

1. Alguém inquiriu sobre um castigo iminente,

لِّلۡكَٰفِرِينَ لَيۡسَ لَهُۥ دَافِعٞ

2. Lilkáfiryna laysa lahu dáfi'

2. E indefensável para os incrédulos,

مِّنَ ٱللَّهِ ذِي ٱلۡمَعَارِجِ ٣

3. Minal-Láhi zíl-ma'árij.

3. Que viria de Deus, o Possuidor das vias de ascensão.

تَعۡرُجُ ٱلۡمَلَٰٓئِكَةُ وَٱلرُّوحُ إِلَيۡهِ فِي يَوۡمٖ كَانَ مِقۡدَارُهُۥ خَمۡسِينَ أَلۡفَ سَنَةٖ ٤

4. Ta'rujul-malá'ikatu war-rúhu 'ilayhi fī yaumin kána miqdáruhu khamsína 'alfa sanat.

4. Até Ele ascenderão os anjos com o Espírito (o anjo Gabriel), em um dia cuja duração será de cinquenta mil anos.

فَٱصۡبِرۡ صَبۡرٗا جَمِيلًا ٥

5. Fásbir sabrán jamílá.

5. Persevera, pois (ó Mensageiro), de forma bela!

إِنَّهُمۡ يَرَوۡنَهُۥ بَعِيدٗا ٦

سُورَةُ المَعَارِج

Surat Al Ma'árij

6. 'Innahum yaraunahu ba'ída.
6. Em verdade, eles veem (o Dia) muito remoto,

وَنَرَىٰهُ قَرِيبًا ﴿٧﴾

7. Wa naráhu qaríba.
7. Ao passo que Nós o vemos iminente:

يَوْمَ تَكُونُ ٱلسَّمَآءُ كَٱلْمُهْلِ ﴿٨﴾

8. Yauma takúnus-samá'u kálmuhl.
8. Nesse dia, o céu estará como metal fundido,

وَتَكُونُ ٱلْجِبَالُ كَٱلْعِهْنِ ﴿٩﴾

9. Wa takúnul-jibálu kal'ihn
9. E as montanhas, desintegradas, tal qual (flocos de) lã (tingida).

وَلَا يَسْـَٔلُ حَمِيمٌ حَمِيمًا ﴿١٠﴾

10. Walá yas'alu hamímun hamímá.
10. E nenhum amigo perguntará pelo seu amigo íntimo,

يُبَصَّرُونَهُمْ ۚ يَوَدُّ ٱلْمُجْرِمُ لَوْ يَفْتَدِى مِنْ عَذَابِ يَوْمِئِذٍۭ بِبَنِيهِ ﴿١١﴾

11. Yubassarúnahum yawaddul mujrimu lau yaftadí min 'azábi yaumi'izin bibaníh.
11. Ainda que sejam colocados um perante o outro. Nesse dia, o pecador quererá redimir-se do castigo, com o sacrifício dos seus filhos,

وَصَٰحِبَتِهِۦ وَأَخِيهِ ﴿١٢﴾

12. Wa şáhibatihi wa 'akhíh.
12. Da esposa e do irmão,

وَفَصِيلَتِهِ ٱلَّتِى تُـْٔوِيهِ ﴿١٣﴾

13. Wa faşílatihi allatí tu'wyh
13. Dos seus parentes, que o amparavam,

سُورَةُ المَعَارِج

Surat Al Ma'árij

وَمَن فِي ٱلۡأَرۡضِ جَمِيعٗا ثُمَّ يُنجِيهِ ﴿١٤﴾

14. Waman fil-'arđi jami'an summa yunjih

14. E de tudo quanto existe na Terra, como se isso, então, pudesse libertá-lo (do castigo).

كَلَّآۖ إِنَّهَا لَظَىٰ ﴿١٥﴾

15. Kallá 'innahá lazá.

15. Qual! (Este) é o fogo infernal,

نَزَّاعَةٗ لِّلشَّوَىٰ ﴿١٦﴾

16. Nazzá'atan lich-chauá.

16. Que arranca o couro cabeludo,

تَدۡعُواْ مَنۡ أَدۡبَرَ وَتَوَلَّىٰ ﴿١٧﴾

17. Tad'ú man 'adbara wa tawallá

17. Que convocará o renegado desdenhoso,

وَجَمَعَ فَأَوۡعَىٰٓ ﴿١٨﴾

18. Wa jama'a fa'au'á

18. Que acumula (riqueza) e guarda!

۞ إِنَّ ٱلۡإِنسَٰنَ خُلِقَ هَلُوعًا ﴿١٩﴾

19. ۞ 'Innal-'insána khuliqa halú'a

19. Em verdade, o homem foi criado impaciente;

إِذَا مَسَّهُ ٱلشَّرُّ جَزُوعٗا ﴿٢٠﴾

20. 'Izá massahuch-charru jazú'a.

20. Quando o mal o açoita, irrita-se;

سُورَةُ المَعَارِج
Surat Al Ma'árij

وَإِذَا مَسَّهُ ٱلْخَيْرُ مَنُوعًا ﴿٢١﴾

21. Wa 'izá massahul-khayru manú'a.
21. Mas, quando o bem o acaricia, torna-se avarento,

إِلَّا ٱلْمُصَلِّينَ ﴿٢٢﴾

22. 'Illal-mussallín
22. Salvo os que oram,

ٱلَّذِينَ هُمْ عَلَىٰ صَلَاتِهِمْ دَآئِمُونَ ﴿٢٣﴾

23. Al-lazína hum 'alá salátihim dá'imun.
23. Que são constantes em suas orações,

وَٱلَّذِينَ فِىٓ أَمْوَٰلِهِمْ حَقٌّ مَّعْلُومٌ ﴿٢٤﴾

24. Wal-lazína fí 'amwálihim haqqun ma'lúm.
24. E em cujos bens há uma parcela, de direito,

لِّلسَّآئِلِ وَٱلْمَحْرُومِ ﴿٢٥﴾

25.Lissá'ili wa al-mahrúm.
25. Para o mendigo e o desafortunado.

وَٱلَّذِينَ يُصَدِّقُونَ بِيَوْمِ ٱلدِّينِ ﴿٢٦﴾

26. Wal-lazína yussaddiqúna biyaumid-dín.
26. São aqueles que creem no Dia do Juízo,

وَٱلَّذِينَ هُم مِّنْ عَذَابِ رَبِّهِم مُّشْفِقُونَ ﴿٢٧﴾

27. Wal-lazína hum min 'azábi rabbihim muchfiqún
27. E são reverentes, por temor ao castigo do seu Senhor,

إِنَّ عَذَابَ رَبِّهِمْ غَيْرُ مَأْمُونٍ ﴿٢٨﴾

سُورَةُ المَعَارِج
Surat Al Ma'árij

28. 'Inna 'azába rabbihim ghayru ma'mún.
28. Porque sabem que o castigo do seu Senhor é iniludível.

وَالَّذِينَ هُمْ لِفُرُوجِهِمْ حَافِظُونَ ﴿٢٩﴾

29. Wal-lazína hum lifurújihim háfizun.
29. São aqueles que observam a castidade,

إِلَّا عَلَىٰ أَزْوَاجِهِمْ أَوْ مَا مَلَكَتْ أَيْمَانُهُمْ فَإِنَّهُمْ غَيْرُ مَلُومِينَ ﴿٣٠﴾

30. Illá 'alá 'azwájihim 'au má malakat 'aymánuhum fa'innahum ghayru malúmin.
30. Exceto para com as esposas, ou aquelas que estiverem à mão (as cativas), – nisso não serão reprovados.

فَمَنِ ابْتَغَىٰ وَرَاءَ ذَٰلِكَ فَأُولَٰئِكَ هُمُ الْعَادُونَ ﴿٣١﴾

31. Famanibtaghá wará'a zálika fa'úlá'ika humul-'ádun.
31. Mas aqueles que se excederam nisso, serão os transgressores.

وَالَّذِينَ هُمْ لِأَمَانَاتِهِمْ وَعَهْدِهِمْ رَاعُونَ ﴿٣٢﴾

32. Wal-lazína hum li'amánátihim wa 'ahdihim rá'un.
32. Os que respeitam as suas obrigações e os seus convênios,

وَالَّذِينَ هُم بِشَهَادَاتِهِمْ قَائِمُونَ ﴿٣٣﴾

33. Wal-lazína hum bichahádatihim qá'imún.
33. Que são sinceros em seus testemunhos,

وَالَّذِينَ هُمْ عَلَىٰ صَلَاتِهِمْ يُحَافِظُونَ ﴿٣٤﴾

34. Wal-lazína hum 'alá salátihim yuháfizun.
34. E os que observam as suas orações,

أُولَٰئِكَ فِي جَنَّاتٍ مُّكْرَمُونَ ﴿٣٥﴾

35. 'Úlá'ika fí jannátin mukramún.

سُورَةُ المَعَارِج

Surat Al Ma'árij

35. Estes serão honrados com jardins.

فَمَالِ ٱلَّذِينَ كَفَرُواْ قِبَلَكَ مُهۡطِعِينَ ٣٦

36. Famálil-lazína kafarú quibalaka muhti'ín.

36. Assim, pois, que ocorre com os incrédulos que te rodeiam, furiosamente,

عَنِ ٱلۡيَمِينِ وَعَنِ ٱلشِّمَالِ عِزِينَ ٣٧

37. Anil-yamín, wa 'anich-chimáli 'izín.

37. Em grupos, pela direita e pela esquerda?

أَيَطۡمَعُ كُلُّ ٱمۡرِيٕٖ مِّنۡهُمۡ أَن يُدۡخَلَ جَنَّةَ نَعِيمٖ ٣٨

38. 'Ayaṭma'u kullumri'in minhum 'an yudkhala jannatan na'ím.

38. Acaso ambiciona cada um deles ser introduzido no Jardim do Prazer?

كَلَّآۖ إِنَّا خَلَقۡنَٰهُم مِّمَّا يَعۡلَمُونَ ٣٩

39. Kallá 'inná khalaqnáhum mimmá ya'lamún.

39. Qual! Em verdade, Nós os criamos do que já sabem!

فَلَآ أُقۡسِمُ بِرَبِّ ٱلۡمَشَٰرِقِ وَٱلۡمَغَٰرِبِ إِنَّا لَقَٰدِرُونَ ٤٠

40. Falá 'uqssimu birabbil-macháriqui wal-magháribi 'inná laqádirún

40. Juro, pois, pelo Senhor dos Orientes e dos Ocidentes que somos Poderoso,

عَلَىٰٓ أَن نُّبَدِّلَ خَيۡرٗا مِّنۡهُمۡ وَمَا نَحۡنُ بِمَسۡبُوقِينَ ٤١

41. Alá 'an nubaddila khayrán minhum wamá nahnu bimasbúquin.

41. Para suplantá-los por outros melhores do que eles, porque somos Invencível!

فَذَرۡهُمۡ يَخُوضُواْ وَيَلۡعَبُواْ حَتَّىٰ يُلَٰقُواْ يَوۡمَهُمُ ٱلَّذِي يُوعَدُونَ ٤٢

42. Fazarhum yakhúđú wa yal'abú hattá yuláqú yaumahumul-lazí yú'adún.

42. Deixai-os, pois, que tagarelem e se regozijem, até que deparem com o seu dia, o qual lhes foi prometido!

يَوۡمَ يَخۡرُجُونَ مِنَ ٱلۡأَجۡدَاثِ سِرَاعٗا كَأَنَّهُمۡ إِلَىٰ نُصُبٖ يُوفِضُونَ ٤٣

سُورَةُ نُوحٍ

Surat Nuh

43. Yauma yakhrujúna minal-'ajdáci sirá'an ka'annahum 'ilá nusubin yúfidhun.

43. Dia em que sairão apressados dos seus sepulcros, como se corressem para uma meta.

خَٰشِعَةً أَبْصَٰرُهُمْ تَرْهَقُهُمْ ذِلَّةٌ ذَٰلِكَ ٱلْيَوْمُ ٱلَّذِى كَانُوا۟ يُوعَدُونَ ﴿٤٤﴾

44. Kháchi'atan 'absáruhum tarhaquhum zillatun zálikal yaumul-lzhí kánu yú'adun.

44. Seus olhares serão de humilhação, estarão cobertos de ignomínia. Assim será o dia que lhes foi prometido.

Surat 71. *NUH* (Noé), 28 versículos. Revelada em Makka.

بِسْمِ ٱللَّهِ ٱلرَّحْمَٰنِ ٱلرَّحِيمِ

Bismilláhir Rahmánir Rahim

Em nome de Deus, o Clemente, o Misericordioso

إِنَّآ أَرْسَلْنَا نُوحًا إِلَىٰ قَوْمِهِۦٓ أَنْ أَنذِرْ قَوْمَكَ مِن قَبْلِ أَن يَأْتِيَهُمْ عَذَابٌ أَلِيمٌ ﴿١﴾

1. 'Inná 'arsalná Núhan 'ilá qaumihi 'an 'anzir qaumaka min qabli 'an ya'tiyahum 'azábun 'alím.

1. Em verdade, enviamos Noé ao seu povo, (dizendo-lhe): Admoesta o teu povo, antes que lhe açoite um castigo doloroso!

قَالَ يَٰقَوْمِ إِنِّى لَكُمْ نَذِيرٌ مُّبِينٌ ﴿٢﴾

2. Qála yá qaumi 'inní lakum nazírun mubín.

2. Disse: Ó povo meu, em verdade, sou um elucidativo admoestador para vós;

أَنِ ٱعْبُدُوا۟ ٱللَّهَ وَٱتَّقُوهُ وَأَطِيعُونِ ﴿٣﴾

3. 'Ani'budúl-laha wattaqúhu wa 'atí'ún.

3. Adorai a Deus, temei-O e obedecei-me.

سُورَةُ نُوحٍ

Surat Nuh

يَغۡفِرۡ لَكُم مِّن ذُنُوبِكُمۡ وَيُؤَخِّرۡكُمۡ إِلَىٰٓ أَجَلٖ مُّسَمًّىۚ إِنَّ أَجَلَ ٱللَّهِ إِذَا جَآءَ لَا يُؤَخَّرُۚ لَوۡ كُنتُمۡ تَعۡلَمُونَ ﴿٤﴾

4. *Yaghfir lakum min zunúbikum wa yu'uakh-khirkum 'ilá 'ajalin musammán 'inna 'ajalal-lahi 'izá já'a lá yu'uakh-kharu lau kuntum ta'lamún.*

4. Ele vos absolverá os pecados e vos concederá um prazo, até um término prefixado, porque quando chegar a hora do término prescrito por Deus, ele não será prorrogado. Se o soubésseis!

قَالَ رَبِّ إِنِّي دَعَوۡتُ قَوۡمِي لَيۡلٗا وَنَهَارٗا ﴿٥﴾

5. *Qála rabbi 'inní da'awtu qaumí laylan wa nahárá.*

5. (Noé) disse: Ó Senhor meu, tenho predicado ao meu povo noite e dia;

فَلَمۡ يَزِدۡهُمۡ دُعَآءِيٓ إِلَّا فِرَارٗا ﴿٦﴾

6. *Falam yazid-hum du'á'í 'illá firárá.*

6. Porém, a minha predicação não fez outra coisa senão aumentar o afastamento deles (da verdade).

وَإِنِّي كُلَّمَا دَعَوۡتُهُمۡ لِتَغۡفِرَ لَهُمۡ جَعَلُوٓاْ أَصَٰبِعَهُمۡ فِيٓ ءَاذَانِهِمۡ وَٱسۡتَغۡشَوۡاْ ثِيَابَهُمۡ وَأَصَرُّواْ وَٱسۡتَكۡبَرُواْ ٱسۡتِكۡبَارٗا ﴿٧﴾

7. *wa 'inní kullamá da'autuhum litaghfira lahum ja'alú 'asábi'ahum fí 'ázánihim wastaghchau siyābahum wa 'aṣarrú wastakbarú astikbárá.*

7. E cada vez que os convocava ao arrependimento, para que Tu os perdoasses, tapavam os ouvidos com os dedos e se envolviam com as suas vestimentas, obstinando-se no erro, e ensoberbecendo-se com persistência.

ثُمَّ إِنِّي دَعَوۡتُهُمۡ جِهَارٗا ﴿٨﴾

8. *Çumma 'inní da'awtuhum jihárá.*

8. Então, convoquei-os em voz alta;

ثُمَّ إِنِّيٓ أَعۡلَنتُ لَهُمۡ وَأَسۡرَرۡتُ لَهُمۡ إِسۡرَارٗا ﴿٩﴾

9. *Çumma 'inní 'a'lantu lahum wa 'asrartu lahum 'isrárá.*

9. Depois os exortei pública e privativamente,

فَقُلۡتُ ٱسۡتَغۡفِرُواْ رَبَّكُمۡ إِنَّهُۥ كَانَ غَفَّارٗا ﴿١٠﴾

سُورَةُ نُوحٍ
Surat Nuh

10. Faqultu ástaghfirú rabbakum 'innahu kána ghaffárá.
10. Dizendo-lhes: Implorai o perdão do vosso Senhor, porque é Indulgentíssimo;

يُرۡسِلِ ٱلسَّمَآءَ عَلَيۡكُم مِّدۡرَارٗا ﴿١١﴾

11. Yursilis-samá'a 'alaykum midrára.
11. Enviar-vos-á do céu copiosas chuvas,

وَيُمۡدِدۡكُم بِأَمۡوَٰلٖ وَبَنِينَ وَيَجۡعَل لَّكُمۡ جَنَّٰتٖ وَيَجۡعَل لَّكُمۡ أَنۡهَٰرٗا ﴿١٢﴾

12. Wa yumdidkum bi'amwálin wa banína wa yaj'al lakum jannátin wa yaj'al lakum 'anhára.
12. Aumentar-vos-á quanto aos vossos bens e filhos, e vos concederá jardins e rios.

مَّا لَكُمۡ لَا تَرۡجُونَ لِلَّهِ وَقَارٗا ﴿١٣﴾

13. Má lakum lá tarjúna lillahi waqárá.
13. Que vos sucede, que não depositais as vossas esperanças em Deus,

وَقَدۡ خَلَقَكُمۡ أَطۡوَارًا ﴿١٤﴾

14. Wa qad khalaqakum 'atwára.
14. Sendo que Ele vos criou gradativamente?

أَلَمۡ تَرَوۡاْ كَيۡفَ خَلَقَ ٱللَّهُ سَبۡعَ سَمَٰوَٰتٖ طِبَاقٗا ﴿١٥﴾

15. 'Alam tarau kayfa khalaqal-láhu sab'a samáwátin tibáqá.
15. Não reparastes em como Deus criou os sete firmamentos sobrepostos,

وَجَعَلَ ٱلۡقَمَرَ فِيهِنَّ نُورٗا وَجَعَلَ ٱلشَّمۡسَ سِرَاجٗا ﴿١٦﴾

16. Wa ja'alal-qamara fíhinna núran wa ja'alach-chamsa sirájá.
16. E colocou neles a lua reluzente, e o sol como uma lâmpada?

وَٱللَّهُ أَنۢبَتَكُم مِّنَ ٱلۡأَرۡضِ نَبَاتٗا ﴿١٧﴾

17. Walláhu 'anbatakum minal-'ardhi nabátá.
17. E Deus vos produziu da Terra, gradualmente.

ثُمَّ يُعِيدُكُمۡ فِيهَا وَيُخۡرِجُكُمۡ إِخۡرَاجٗا ﴿١٨﴾

18. Summa yu'ídukum fíhá wa yukhrijukum 'ikhrájá.

سُورَةُ نُوحٍ

Surat Nuh

18. Então, vos fará retornar a ela, e vos fará surgir novamente.

وَٱللَّهُ جَعَلَ لَكُمُ ٱلْأَرْضَ بِسَاطًا ﴿١٩﴾

19. Walláhu ja'ala lakumul-'ardha bisátá.
19. Deus vos fez a Terra como um tapete,

لِّتَسْلُكُواْ مِنْهَا سُبُلًا فِجَاجًا ﴿٢٠﴾

20. Litaslukú min-há subulan fijájá
20. Para que a percorrêsseis por amplos caminhos.

قَالَ نُوحٌ رَّبِّ إِنَّهُمْ عَصَوْنِى وَٱتَّبَعُواْ مَن لَّمْ يَزِدْهُ مَالُهُۥ وَوَلَدُهُۥٓ إِلَّا خَسَارًا ﴿٢١﴾

21. Qála Núhun rabbi 'innahum 'asauní wattabaú man lam yazid hu máluhu wa waladuhu 'illá khassárá.
21. Noé disse: Ó Senhor meu, eles me desobedeceram e seguiram aqueles para os quais os bens e filhos não fizeram mais do que lhes agravar a desventura!

وَمَكَرُواْ مَكْرًا كُبَّارًا ﴿٢٢﴾

22. Wa makarú makran kubbárá.
22. E (eis que) conspiraram enormemente (contra Noé).

وَقَالُواْ لَا تَذَرُنَّ ءَالِهَتَكُمْ وَلَا تَذَرُنَّ وَدًّا وَلَا سُوَاعًا وَلَا يَغُوثَ وَيَعُوقَ وَنَسْرًا ﴿٢٣﴾

23. Wa qálú lá tazarunna 'álihatakum wa lá tazarunna waddan walá suwá'an walá yaghúça wa ya'úqa wa nasrá.
23. E disseram (uns para os outros): Não abandoneis os vossos deuses, nem tampouco abandoneis Wadda, nem Sua'a, nem Yaguça, nem Ya'uca, nem Nassara,

وَقَدْ أَضَلُّواْ كَثِيرًا ۖ وَلَا تَزِدِ ٱلظَّٰلِمِينَ إِلَّا ضَلَٰلًا ﴿٢٤﴾

24. Wa qad 'adhallú kaciran walá tazidiz-zálimína 'illá dhalálá.
24. Apesar de estes haverem extraviado muitos; se bem que Tu, ó Senhor meu, não aumentarás em nada os injustos, senão em extravio.

سُورَةُ نُوحٍ

Surat Nuh

مِّمَّا خَطِيٓـَٔـٰتِهِمۡ أُغۡرِقُواْ فَأُدۡخِلُواْ نَارٗا فَلَمۡ يَجِدُواْ لَهُم مِّن دُونِ ٱللَّهِ أَنصَارٗا ﴿٢٥﴾

25. Mimmá khatí'átihim 'ughriqú fa'udkhilú náran falam yajidú lahum min dúnil-lahi 'anşárá

25. Foram afogados pelos seus pecados, serão introduzidos no fogo infernal e não encontrarão, para si, socorredores, além de Deus.

وَقَالَ نُوحٞ رَّبِّ لَا تَذَرۡ عَلَى ٱلۡأَرۡضِ مِنَ ٱلۡكَٰفِرِينَ دَيَّارًا ﴿٢٦﴾

26. Wa qála Núhun rabbi lá tazar 'alál 'arđi minal-káfirína daiyárá.

26. E Noé disse: Ó Senhor meu, não deixes sobre a Terra nenhum dos incrédulos!

إِنَّكَ إِن تَذَرۡهُمۡ يُضِلُّواْ عِبَادَكَ وَلَا يَلِدُوٓاْ إِلَّا فَاجِرٗا كَفَّارٗا ﴿٢٧﴾

27. 'Innaka 'in tazarhum yudhillú 'ibádaka walá yalidú 'illá fájiran kaffárá.

27. Porque, se deixares, eles extraviarão os Teus servos, e não gerarão senão os libertinos, ingratos.

رَّبِّ ٱغۡفِرۡ لِي وَلِوَٰلِدَيَّ وَلِمَن دَخَلَ بَيۡتِيَ مُؤۡمِنٗا وَلِلۡمُؤۡمِنِينَ وَٱلۡمُؤۡمِنَٰتِ وَلَا تَزِدِ
ٱلظَّـٰلِمِينَ إِلَّا تَبَارَۢا ﴿٢٨﴾

28. Rabbighfir lí waliwálidaiya wa liman dakhala baytiya mu'uminan wa lilmu'uminína wa al mu'umináti walá tazidiz-zálimína 'illá tabárá.

28. Ó Senhor meu, perdoa-me a mim, aos meus pais e a todo crente que entrar em minha casa, assim como também aos crentes e às crentes, e não aumentes em nada os injustos, senão em perdição.

سُورَةُ الجِنِّ

Surat Al Jin

Surata 72. *Al Jin* (Os Gênios), 28 versículos. Revelada em Makka.

بِسْمِ ٱللَّهِ ٱلرَّحْمَٰنِ ٱلرَّحِيمِ

Bismilláhir Rahmánir Rahim

Em nome de Deus, o Clemente, o Misericordioso

قُلْ أُوحِيَ إِلَيَّ أَنَّهُ ٱسْتَمَعَ نَفَرٌ مِّنَ ٱلْجِنِّ فَقَالُوٓا۟ إِنَّا سَمِعْنَا قُرْءَانًا عَجَبًا ١

1. ۞ Qul 'úhiya 'ilaiya 'annahustama'a nafarun mina al-jinni faqálú 'inná sami'ná qur'ánan 'ajabá.

1. Dize: Foi-me revelado que um grupo de gênios escutou (a recitação do Alcorão). Disseram: Em verdade, ouvimos um Alcorão admirável,

يَهْدِىٓ إِلَى ٱلرُّشْدِ فَـَٔامَنَّا بِهِۦ ۖ وَلَن نُّشْرِكَ بِرَبِّنَآ أَحَدًا ٢

2. Yahdí 'ilár-ruchdi fa 'ámanná bihi wa lan nuchrika birabbiná 'ahadá.

2. Que guia à verdade, pelo quê nele cremos, e jamais atribuiremos parceiro algum ao nosso Senhor;

وَأَنَّهُۥ تَعَٰلَىٰ جَدُّ رَبِّنَا مَا ٱتَّخَذَ صَٰحِبَةً وَلَا وَلَدًا ٣

3. Wa 'annahu ta'álá jaddu rabbiná mát-takhaza sáhibatan walá waladá.

3. Cremos em que – exaltada seja a Majestade do nosso Senhor – Ele jamais teve esposa ou filho,

وَأَنَّهُۥ كَانَ يَقُولُ سَفِيهُنَا عَلَى ٱللَّهِ شَطَطًا ٤

4. Wa 'annahu kána yaqúlu safíhuná 'alál-láhi chatatá.

4. E os insensatos, entre nós, proferiram extravagâncias a respeito de Deus.

وَأَنَّا ظَنَنَّآ أَن لَّن تَقُولَ ٱلْإِنسُ وَٱلْجِنُّ عَلَى ٱللَّهِ كَذِبًا ٥

5. Wa 'anná zananná 'an lan taqúlal 'insu wal-jinnu 'alál-láhi kazibá.

5. E jamais imaginamos que os humanos e os gênios iriam urdir mentiras a respeito de Deus.

وَأَنَّهُۥ كَانَ رِجَالٌ مِّنَ ٱلْإِنسِ يَعُوذُونَ بِرِجَالٍ مِّنَ ٱلْجِنِّ فَزَادُوهُمْ رَهَقًا ٦

6. Wa 'annahu kána rijálun minal-'insi ya`úzúna birijálin minal-jinni fazádúhum rahaqá.

سُورَةُ الجِنّ

Surat Al Jin

6. E, em verdade, alguns indivíduos, dentre os humanos, invocaram a proteção de pessoas, dentre os gênios. Porém, estes só lhes aumentaram os desatinos.

وَأَنَّهُمْ ظَنُّوا۟ كَمَا ظَنَنتُمْ أَن لَّن يَبْعَثَ ٱللَّهُ أَحَدًا ﴿٧﴾

7. Wa 'annahum zannú kamá zanantum 'an lan yab'açal-láhu 'ahadá.

7. E eles pensaram como pensastes: que Deus jamais ressuscitará alguém.

وَأَنَّا لَمَسْنَا ٱلسَّمَآءَ فَوَجَدْنَٰهَا مُلِئَتْ حَرَسًا شَدِيدًا وَشُهُبًا ﴿٨﴾

8. Wa 'anná lamasnás-samá'a fawajadnáhá muli'at ĥarassá chadídan wa chuhubá.

8. (Disseram os gênios): Quisemos inteirar-nos acerca do céu e o achamos pleno de severos guardiões e flamígeros meteoros.

وَأَنَّا كُنَّا نَقْعُدُ مِنْهَا مَقَٰعِدَ لِلسَّمْعِ ۖ فَمَن يَسْتَمِعِ ٱلْـَٔانَ يَجِدْ لَهُۥ شِهَابًا رَّصَدًا ﴿٩﴾

9. Wa 'anná kunná naq'udu min-há maqá`ida lilssam'i faman yastami'il-'ána yajid lahu chihában rasadá.

9. E usávamos sentar-nos lá, em locais (ocultos), para ouvir; e quem se dispusesse a ouvir agora, defrontar-se-ia com um meteoro, de emboscada.

وَأَنَّا لَا نَدْرِىٓ أَشَرٌّ أُرِيدَ بِمَن فِى ٱلْأَرْضِ أَمْ أَرَادَ بِهِمْ رَبُّهُمْ رَشَدًا ﴿١٠﴾

10. Wa 'anná lá nadrí 'acharrun 'urída biman fíl-'ardhi 'am 'aráda bihim rabbuhum rachadá.

10. E nós não compreendemos se o mal é destinado àqueles que estão na Terra ou se o Senhor tenciona encaminhá-los para a boa conduta.

وَأَنَّا مِنَّا ٱلصَّٰلِحُونَ وَمِنَّا دُونَ ذَٰلِكَ ۖ كُنَّا طَرَآئِقَ قِدَدًا ﴿١١﴾

11. Wa 'anná minnás-sálihúna wa minná dúna zálika kunná tará'iqa quidada.

11. E, entre nós (os gênios), há virtuosos e há também os que não o são, porque seguimos diferentes caminhos.

وَأَنَّا ظَنَنَّآ أَن لَّن نُّعْجِزَ ٱللَّهَ فِى ٱلْأَرْضِ وَلَن نُّعْجِزَهُۥ هَرَبًا ﴿١٢﴾

12. Wa 'anná žananná 'an lan nu'jizal Láha fíl-'arđi wa lan nu'jizahu harabá.

12. E achamos que jamais poderemos safar-nos de Deus na Terra, nem tampouco iludi-Lo, fugindo (para outras paragens).

وَأَنَّا لَمَّا سَمِعْنَا ٱلْهُدَىٰٓ ءَامَنَّا بِهِۦ ۖ فَمَن يُؤْمِنۢ بِرَبِّهِۦ فَلَا يَخَافُ بَخْسًا وَلَا رَهَقًا ﴿١٣﴾

سُورَةُ الجِنِّ

Surat Al Jin

13. Wa 'anná lammá sami'nál-hudá 'ámanná bihi faman yu'umin birabbihi falá yakháfu bakhsán walá rahaqá.

13. E quando escutamos a orientação, cremos nela; e quem quer que creia em seu Senhor, não há que temer fraude, nem desatino.

وَأَنَّا مِنَّا ٱلْمُسْلِمُونَ وَمِنَّا ٱلْقَـٰسِطُونَ ۖ فَمَنْ أَسْلَمَ فَأُو۟لَـٰٓئِكَ تَحَرَّوْا۟ رَشَدًا ﴿١٤﴾

14. Wa 'anná minnal-muslimúna wa minnál-qássitúna faman 'aslama fa'úlá'ika taharrau rachadá.

14. E, entre nós, há submissos, como também os há desencaminhados. Quanto àqueles que se submetem (à vontade de Deus), buscam a verdadeira conduta.

وَأَمَّا ٱلْقَـٰسِطُونَ فَكَانُوا۟ لِجَهَنَّمَ حَطَبًا ﴿١٥﴾

15. Wa 'ammál-qásitúna fakánú lijahannama hatabá.

15. Quanto aos desencaminhados, esses serão combustíveis do inferno.

وَأَلَّوِ ٱسْتَقَـٰمُوا۟ عَلَى ٱلطَّرِيقَةِ لَأَسْقَيْنَـٰهُم مَّآءً غَدَقًا ﴿١٦﴾

16. Wa 'allawistaqámú 'alá at-tariqati l'asqaynáhum má'an ghadaqá.

16. Mas, se tivessem sido firmes no (verdadeiro) caminho, tê-los-íamos agraciado com água abundante,

لِّنَفْتِنَهُمْ فِيهِ ۚ وَمَن يُعْرِضْ عَن ذِكْرِ رَبِّهِۦ يَسْلُكْهُ عَذَابًا صَعَدًا ﴿١٧﴾

17. Linaftinahum fihi wa man yu'ridh 'an zikri rabbihi yasluk-hu 'azában sa'adá.

17. Para prová-los, com ela. Em verdade, a quem se afastar da Mensagem do seu Senhor, Ele lhe infligirá um severo castigo.

وَأَنَّ ٱلْمَسَـٰجِدَ لِلَّهِ فَلَا تَدْعُوا۟ مَعَ ٱللَّهِ أَحَدًا ﴿١٨﴾

18. Wa 'annal-masájida lilláhi falá tad'ú ma'al-láhi 'ahadá.

18. Sabei que as mesquitas são (casas) de Deus; não invoqueis, pois, ninguém, juntamente com Deus.

وَأَنَّهُۥ لَمَّا قَامَ عَبْدُ ٱللَّهِ يَدْعُوهُ كَادُوا۟ يَكُونُونَ عَلَيْهِ لِبَدًا ﴿١٩﴾

19. Wa 'annahu lammá qáma 'abdul láhi yad'úhu kádú yakúnúna 'alayhi libadá.

19. E quando o servo de Deus se levantou para invocá-Lo (em oração), aglomeraram-se em torno dele.

سُورَةُ الجِنّ

Surat Al Jin

قُلْ إِنَّمَآ أَدْعُواْ رَبِّي وَلَآ أُشْرِكُ بِهِۦٓ أَحَدًا ﴿٢٠﴾

20. Qul 'innamá 'ad'ú rabbí walá 'uchriku bihi 'ahadá.

20. Dize-lhes: Invoco tão-somente o meu Senhor, a Quem não atribuo parceiro algum.

قُلْ إِنِّي لَآ أَمْلِكُ لَكُمْ ضَرًّا وَلَا رَشَدًا ﴿٢١﴾

21. Qul 'inní lá 'amliku lakum dharran walá rachadá.

21. Dize-lhes (mais): Não posso causar-vos mal, nem trazer-vos para a conduta verdadeira.

قُلْ إِنِّي لَن يُجِيرَنِي مِنَ ٱللَّهِ أَحَدٌ وَلَنْ أَجِدَ مِن دُونِهِۦ مُلْتَحَدًا ﴿٢٢﴾

22. Qul 'inní lan yujíraní minal-láhi 'ahadun wa lan 'ajida min dúnihi multahadá.

22. Dize- (ainda): Em verdade, ninguém poderá livrar-me de Deus, nem tampouco acharei amparo algum fora d'Ele;

إِلَّا بَلَٰغًا مِّنَ ٱللَّهِ وَرِسَٰلَٰتِهِۦ ۚ وَمَن يَعْصِ ٱللَّهَ وَرَسُولَهُۥ فَإِنَّ لَهُۥ نَارَ جَهَنَّمَ خَٰلِدِينَ فِيهَآ أَبَدًا ﴿٢٣﴾

23. 'Illá balághan minal-láhi wa rissálátihi wa man ya'sil-láha wa rassúlahu fa'inna lahú nára jahannama khálidína fíhá 'abadá.

23. Somente proclamo o que de Deus recebi, bem como a Sua mensagem. E aqueles que desobedecem a Deus e ao Seu Mensageiro, certamente terão o fogo infernal, onde morarão eternamente.

حَتَّىٰٓ إِذَا رَأَوْاْ مَا يُوعَدُونَ فَسَيَعْلَمُونَ مَنْ أَضْعَفُ نَاصِرًا وَأَقَلُّ عَدَدًا ﴿٢٤﴾

24. Hattá 'izá ra'au má yú'adúna fasaya'lamúna man 'adh'afu násirán wa 'aqallu 'adadá.

24. (Eles duvidarão) até que, quando se depararem com o que lhes foi prometido, saberão quem tem menos socorredores e quem tem menor número (de aliados).

قُلْ إِنْ أَدْرِىٓ أَقَرِيبٌ مَّا تُوعَدُونَ أَمْ يَجْعَلُ لَهُۥ رَبِّىٓ أَمَدًا ﴿٢٥﴾

25. Qul 'in 'adrí 'aqar-íbun má tú'adúna 'am yaj'alu láhu rabbí 'amadá.

25. Dize-lhes: Ignoro se o que vos tem sido prometido é iminente, ou se o meu Senhor fixou-lhe um término remoto.

عَٰلِمُ ٱلْغَيْبِ فَلَا يُظْهِرُ عَلَىٰ غَيْبِهِۦٓ أَحَدًا ﴿٢٦﴾

سُورَةُ الجِنِّ

Surat Al Jin

26. Álimul-ghaybi falá yuzhiru 'alá ghaybihi 'ahadá

26. Ele é Conhecedor do desconhecido e não revela os Seus mistérios a quem quer que seja,

إِلَّا مَنِ ٱرۡتَضَىٰ مِن رَّسُولٖ فَإِنَّهُۥ يَسۡلُكُ مِنۢ بَيۡنِ يَدَيۡهِ وَمِنۡ خَلۡفِهِۦ رَصَدٗا ٢٧

27. 'Illá manirtadhá min rassúlin fa'innahu yasluku min bayni yadayhi wa min khalfihi rasadá.

27. Salvo a um mensageiro que tenha escolhido, e faz marchar um grupo de guardas, na frente e por trás dele,

لِّيَعۡلَمَ أَن قَدۡ أَبۡلَغُواْ رِسَٰلَٰتِ رَبِّهِمۡ وَأَحَاطَ بِمَا لَدَيۡهِمۡ وَأَحۡصَىٰ كُلَّ شَيۡءٍ عَدَدَۢا ٢٨

28. Liya'lama 'an qad 'ablaghú risálati rabbihim wa 'ahátа bimá ladayhim wa 'ahsá kulla chay'in 'adadá.

28. Para certificar-se de que transmitiu as mensagens do seu Senhor, o Qual abrange tudo quanto os humanos possuem, e Que toma conta de tudo.

سُورَةُ المُزَّمِّل

Surat Al Muzammil

Surat 73. *AL MUZAMMIL* (O Acobertado), 20 versículos. Revelada em Makka; com exceção dos versículos 10, 11 e 20, que foram revelados em Madina.

بِسْمِ اللَّهِ الرَّحْمَٰنِ الرَّحِيمِ

Bismilláhir Rahmánir Rahim

Em nome de Deus, o Clemente, o Misericordioso

يَا أَيُّهَا الْمُزَّمِّلُ ﴿١﴾

1. Yá 'ayyuhal-muzammil

1. Ó tu, acobertado,

قُمِ اللَّيْلَ إِلَّا قَلِيلًا ﴿٢﴾

2. Qumil-layla 'illá qalíla.

2. Levanta-te à noite (para rezar), porém não durante toda a noite;

نِصْفَهُ أَوِ انْقُصْ مِنْهُ قَلِيلًا ﴿٣﴾

3. Nisfahu 'au anqus min-hu qalíla.

3. A metade dela ou pouco menos,

أَوْ زِدْ عَلَيْهِ وَرَتِّلِ الْقُرْآنَ تَرْتِيلًا ﴿٤﴾

4. 'Aw zid 'alayhi wa rattilil-qur'ána tartíla.

4. Ou pouco mais, e recita fervorosamente o Alcorão.

إِنَّا سَنُلْقِي عَلَيْكَ قَوْلًا ثَقِيلًا ﴿٥﴾

5. 'Inná sanulquí 'alayka qaulán çaquíla.

5. Em verdade, vamos revelar-te uma mensagem de peso.

إِنَّ نَاشِئَةَ اللَّيْلِ هِيَ أَشَدُّ وَطْئًا وَأَقْوَمُ قِيلًا ﴿٦﴾

6. 'Inna náchi'atal-layli hiya 'achaddu wat'án wa 'aqwamu quíla.

6. Em verdade, o ato de te levantares à noite para rezares é mais marcante e mais adequado,

إِنَّ لَكَ فِي النَّهَارِ سَبْحًا طَوِيلًا ﴿٧﴾

سُورَةُ الْمُزَّمِّلِ

Surat Al Muzammil

7. 'Inna laka finnahári sabhan tawila.
7. Porque durante o dia tens muitos afazeres.

وَاذْكُرِ اسْمَ رَبِّكَ وَتَبَتَّلْ إِلَيْهِ تَبْتِيلًا ﴿٨﴾

8. Wa azkurissma rabbika wa tabattal 'ilayhi tabtíla.
8. Porém, recorda-te do teu Senhor e consagra-te integralmente a Ele.

رَّبُّ الْمَشْرِقِ وَالْمَغْرِبِ لَا إِلَٰهَ إِلَّا هُوَ فَاتَّخِذْهُ وَكِيلًا ﴿٩﴾

9. Rabbul-machriqui wal-maghribi lá 'iláha 'illá huwa fattakhiz-hu waquíla.
9. Ele é o Senhor do Oriente e do Ocidente. Não há mais divindade além d'Ele! Toma-O, pois, por Guardião!

وَاصْبِرْ عَلَىٰ مَا يَقُولُونَ وَاهْجُرْهُمْ هَجْرًا جَمِيلًا ﴿١٠﴾

10. Wasbir 'alá má yaqúluna wahjurhum hajran jamíla.
10. E tolera tudo quanto te digam, e afasta-te dignamente deles.

وَذَرْنِي وَالْمُكَذِّبِينَ أُولِي النَّعْمَةِ وَمَهِّلْهُمْ قَلِيلًا ﴿١١﴾

11. Wa zarní wal-mukazzibina 'úlin na'mati wa mahhilhum qalíla.
11. E deixa por Minha conta os desmentidores, opulentos, e tolera-os por curto tempo,

إِنَّ لَدَيْنَا أَنكَالًا وَجَحِيمًا ﴿١٢﴾

12. 'Inna ladayná 'anklan wa jahíma.
12. Porque lhes reservamos os grilhões e o Fogo,

وَطَعَامًا ذَا غُصَّةٍ وَعَذَابًا أَلِيمًا ﴿١٣﴾

13. Wa ta'áman zá ghussatin wa 'azában 'alíma.
13. Um alimento que engasga e um doloroso castigo.

يَوْمَ تَرْجُفُ الْأَرْضُ وَالْجِبَالُ وَكَانَتِ الْجِبَالُ كَثِيبًا مَّهِيلًا ﴿١٤﴾

14. Yauma tarjufu al-'ardhu wal-jibálu wa kánatil-jibálu kaciban mahíla.
14. Será o dia em que haverão de tremer a Terra e as montanhas, e haverão de se converter, as montanhas, em dunas dispersas.

سُورَةُ المُزَمِّلِ

Surat Al Muzammil

إِنَّآ أَرۡسَلۡنَآ إِلَيۡكُمۡ رَسُولٗا شَٰهِدًا عَلَيۡكُمۡ كَمَآ أَرۡسَلۡنَآ إِلَىٰ فِرۡعَوۡنَ رَسُولٗا ﴿١٥﴾

15. 'Inná 'arsalná 'ilaykum rassúlan cháhidan 'alaykum kamá 'arsalná 'ilá Fir'auna rassúla.

15. Sabei que vos enviamos um Mensageiro, para ser testemunha contra vós, tal como enviamos um mensageiro ao Faraó.

فَعَصَىٰ فِرۡعَوۡنُ ٱلرَّسُولَ فَأَخَذۡنَٰهُ أَخۡذٗا وَبِيلٗا ﴿١٦﴾

16. Fa'asá Fir'aunur-rasúla fa'akhaznáhu 'akhzan wabíla.

16. Porém, o Faraó desobedeceu ao mensageiro pelo que o castigamos severamente.

فَكَيۡفَ تَتَّقُونَ إِن كَفَرۡتُمۡ يَوۡمٗا يَجۡعَلُ ٱلۡوِلۡدَٰنَ شِيبًا ﴿١٧﴾

17. Fakayfa tattaqúna 'in kafartum yauman yaj'alul-wildána chíba.

17. Se não crerdes, como, então, vos precavereis, no dia em que envelhecerão as crianças,

ٱلسَّمَآءُ مُنفَطِرُۢ بِهِۦۚ كَانَ وَعۡدُهُۥ مَفۡعُولًا ﴿١٨﴾

18. As-samá'u munfatirun bihi kána wa'duhu maf'úla.

18. E o céu se fenderá? Sabei que a Sua promessa se cumprirá!

إِنَّ هَٰذِهِۦ تَذۡكِرَةٞۖ فَمَن شَآءَ ٱتَّخَذَ إِلَىٰ رَبِّهِۦ سَبِيلًا ﴿١٩﴾

19. 'Inna hazihi tazkiratun faman chá'a attakhaza 'ilá rabbihi sabíla.

19. Em verdade, esta é uma admoestação e, quem quiser, poderá encaminhar-se para a senda do seu Senhor.

۞ إِنَّ رَبَّكَ يَعۡلَمُ أَنَّكَ تَقُومُ أَدۡنَىٰ مِن ثُلُثَيِ ٱلَّيۡلِ وَنِصۡفَهُۥ وَثُلُثَهُۥ وَطَآئِفَةٞ مِّنَ ٱلَّذِينَ مَعَكَۚ وَٱللَّهُ
يُقَدِّرُ ٱلَّيۡلَ وَٱلنَّهَارَۚ عَلِمَ أَن لَّن تُحۡصُوهُ فَتَابَ عَلَيۡكُمۡۖ فَٱقۡرَءُواْ مَا تَيَسَّرَ مِنَ ٱلۡقُرۡءَانِۚ عَلِمَ أَن
سَيَكُونُ مِنكُم مَّرۡضَىٰ وَءَاخَرُونَ يَضۡرِبُونَ فِي ٱلۡأَرۡضِ يَبۡتَغُونَ مِن فَضۡلِ ٱللَّهِ وَءَاخَرُونَ
يُقَٰتِلُونَ فِي سَبِيلِ ٱللَّهِۖ فَٱقۡرَءُواْ مَا تَيَسَّرَ مِنۡهُۚ وَأَقِيمُواْ ٱلصَّلَوٰةَ وَءَاتُواْ ٱلزَّكَوٰةَ وَأَقۡرِضُواْ ٱللَّهَ
قَرۡضًا حَسَنٗاۚ وَمَا تُقَدِّمُواْ لِأَنفُسِكُم مِّنۡ خَيۡرٖ تَجِدُوهُ عِندَ ٱللَّهِ هُوَ خَيۡرٗا وَأَعۡظَمَ أَجۡرٗاۚ وَٱسۡتَغۡفِرُواْ
ٱللَّهَۖ إِنَّ ٱللَّهَ غَفُورٞ رَّحِيمُۢ ﴿٢٠﴾

سُورَةُ المُزَّمِّلِ

Surat Al Muzammil

20. ۞ 'Inna rabbaka ya'lamu 'annaka taqúmu adná min sulusayil-layli wa nisfahu wa sulusahu wa tá'ifatun minal-lazína ma'aka walláhu yuqaddirul-layla wan nahára 'alima 'an lan tuhsúhu fatába 'alaykum fáqra'ú má tayassara minal-qur'áni 'alima 'an sayakúnu minkum mardhá wa 'ákharúna yadhribúna fíl-'ardhi yabtaghúna min fadhlil-láhi wa 'ákharúna yuqátilúna fí sabílil-láhi fáqra'ú má tayassara min-hu wa 'aquimús-saláta wa 'átuz-zakáta wa 'aqridhúl-láha qardhán hasanan wamá tuqaddimú li'anfusikum min khayrin tajidúhu 'indal-láhi huwa khayrán wa 'a'zama 'ajrán wa astaghfirúl-Láha 'innal-Láha ghafúrun rahím.

20. Em verdade, o teu Senhor sabe que tu te levantas para rezar, algumas vezes mais do que dois terços da noite, outras, metade, e outras, ainda, um terço, assim como (o faz) uma boa parte dos teus; mas Deus mede a noite e o dia, e bem sabe que não podeis precisar (as horas), pelo que vos absolve. Recitai, pois, o que puderdes do Alcorão! Ele sabe que, entre vós, há enfermos, e outros que viajam pela Terra, à procura da graça de Deus, e outros que combatem pela causa de Deus. Recitai, pois, dele (Alcorão) o que puderdes, e observai a oração, pagai o zakat e concedei a Deus um bom empréstimo. E todo o bem que fizerdes, será em favor às vossas almas, e achareis a sua recompensa em Deus, o Qual é preferível e mais recompensador. Implorai, pois, o perdão de Deus, porque Deus é Indulgente, Misericordioso.

سُورَةُ الْمُدَّثِّرِ

Surat Al Muddascer

Surat 74. *AL MUDDASCER*" (O Emantado), 56 versículos. Revelada em Makka.

بِسْمِ اللَّهِ الرَّحْمَٰنِ الرَّحِيمِ

Bismilláhir Rahmánir Rahim
Em nome de Deus, o Clemente, o Misericordioso

يَا أَيُّهَا الْمُدَّثِّرُ ﴿١﴾

1. Yá 'ayyuhal-muddascer.
1. Ó tu, envolto no manto!

قُمْ فَأَنذِرْ ﴿٢﴾

2. Qum fa'anzir.
2. Levanta-te e admoesta!

وَرَبَّكَ فَكَبِّرْ ﴿٣﴾

3. Wa rabbaka fakabbir.
3. E enaltece o teu Senhor!

وَثِيَابَكَ فَطَهِّرْ ﴿٤﴾

4. Wa siyábaka fatahhir.
4. E purifica as tuas vestimentas!

وَالرُّجْزَ فَاهْجُرْ ﴿٥﴾

5. War-rujza fáhjur.
5. E foge da abominação!

وَلَا تَمْنُن تَسْتَكْثِرُ ﴿٦﴾

6. Walá tamnun tastakcir
6. E não esperes, ao dares, qualquer aumento (em teu interesse),

وَلِرَبِّكَ فَاصْبِرْ ﴿٧﴾

سُورَةُ المُدَّثِّرِ

Surat Al Muddascer

7. Wa lirabbika fasbir.
7. Mas persevera, pela causa do teu Senhor,

فَإِذَا نُقِرَ فِي ٱلنَّاقُورِ ﴿٨﴾

8. Fa'izá nuquira fin-náqur.
8. Pois, quando for tocada a trombeta,

فَذَٰلِكَ يَوْمَئِذٍ يَوْمٌ عَسِيرٌ ﴿٩﴾

9. Fazálika yawma'izin yaumun 'assir.
9. Esse dia será um dia nefasto,

عَلَى ٱلْكَٰفِرِينَ غَيْرُ يَسِيرٍ ﴿١٠﴾

10. 'Alá al-káfirína ghayru yassir.
10. Insuportável para os incrédulos.

ذَرْنِي وَمَنْ خَلَقْتُ وَحِيدًا ﴿١١﴾

11. Zarní waman khalaqtu wahída.
11. Deixa por Minha conta aquele que criei sozinho,

وَجَعَلْتُ لَهُۥ مَالًا مَّمْدُودًا ﴿١٢﴾

12. Wa ja'altu lahu málan mamdúda.
12. Que depois agraciei com infinitos bens,

وَبَنِينَ شُهُودًا ﴿١٣﴾

13. Wa banína chuhúda.
13. E filhos, ao seu lado,

وَمَهَّدتُّ لَهُۥ تَمْهِيدًا ﴿١٤﴾

14. Wa mah-hadtu lahu tamhída.
14. A quem agraciei liberalmente,

ثُمَّ يَطْمَعُ أَنْ أَزِيدَ ﴿١٥﴾

15. :umma yatma'u 'an 'azída.
15. E que ainda pretende que lhe sejam acrescentados (os bens)!

سُورَةُ المُدَّثِّر
Surat Al Muddascer

كَلَّآ إِنَّهُۥ كَانَ لِأَيَـٰتِنَا عَنِيدًا ﴿١٦﴾

16. Kallá 'innahu kána li'yátiná 'anída.
16. Qual! Por ter sido insubmisso quanto aos Nossos versículos,

سَأُرْهِقُهُۥ صَعُودًا ﴿١٧﴾

17. Sa'urhiquhu sa'úda.
17. Infligir-lhe-ei extenuante escalada,

إِنَّهُۥ فَكَّرَ وَقَدَّرَ ﴿١٨﴾

18. 'Innahú fakkara wa qaddar.
18. Porque meditou e planejou.

فَقُتِلَ كَيْفَ قَدَّرَ ﴿١٩﴾

19. Faqutila kayfa qaddar.
19. Que pereça, pois, por planejar,

ثُمَّ قُتِلَ كَيْفَ قَدَّرَ ﴿٢٠﴾

20. Çumma qutila kayfa qaddar.
20. E, uma vez mais, que pereça por planejar!

ثُمَّ نَظَرَ ﴿٢١﴾

21. Çumma nažar.
21. Então, refletiu;

ثُمَّ عَبَسَ وَبَسَرَ ﴿٢٢﴾

22. Çumma 'abasa wa basar.
22. Depois, tornou-se austero e ameaçador;

ثُمَّ أَدْبَرَ وَٱسْتَكْبَرَ ﴿٢٣﴾

23. Çumma 'adbara wa astakbar.
23. Depois, renegou e se ensoberbeceu;

فَقَالَ إِنْ هَـٰذَآ إِلَّا سِحْرٌ يُؤْثَرُ ﴿٢٤﴾

سُورَةُ المُدَّثِّرِ

Surat Al Muddascer

24. Faqála 'in háza 'illá si<u>h</u>run yu'çar.
24. E disse: Este (Alcorão) não é mais do que magia, oriunda do passado;

إِنْ هَٰذَآ إِلَّا قَوْلُ ٱلْبَشَرِ ٢٥

25. 'In háza 'illá qaulu al-bachar.
25. Esta não é mais do que a palavra de um mortal!

سَأُصْلِيهِ سَقَرَ ٢٦

26. Sa'uslíhi saqar.
26. Por isso, introduzi-lo-ei no fogo abrasador!

وَمَآ أَدْرَىٰكَ مَا سَقَرُ ٢٧

27. Wamá 'adráka má saqar.
27. E o que te fará compreender o que é o fogo abrasador?

لَا تُبْقِى وَلَا تَذَرُ ٢٨

28. Lá tubquí walá tazar.
28. (Ele) nada deixa perdurar e nada deixa a sós!

لَوَّاحَةٌ لِّلْبَشَرِ ٢٩

29. Lauwá<u>h</u>atun lilbachar.
29. Carbonizador dos humanos,

عَلَيْهَا تِسْعَةَ عَشَرَ ٣٠

30. 'Alayhá tis'ata 'achar.
30. Guardado por dezenove.

وَمَا جَعَلْنَآ أَصْحَٰبَ ٱلنَّارِ إِلَّا مَلَٰٓئِكَةً ۙ وَمَا جَعَلْنَا عِدَّتَهُمْ إِلَّا فِتْنَةً لِّلَّذِينَ كَفَرُوا۟ لِيَسْتَيْقِنَ ٱلَّذِينَ
أُوتُوا۟ ٱلْكِتَٰبَ وَيَزْدَادَ ٱلَّذِينَ ءَامَنُوٓا۟ إِيمَٰنًا ۙ وَلَا يَرْتَابَ ٱلَّذِينَ أُوتُوا۟ ٱلْكِتَٰبَ وَٱلْمُؤْمِنُونَ ۙ وَلِيَقُولَ ٱلَّذِينَ فِى
قُلُوبِهِم مَّرَضٌ وَٱلْكَٰفِرُونَ مَاذَآ أَرَادَ ٱللَّهُ بِهَٰذَا مَثَلًا ۚ كَذَٰلِكَ يُضِلُّ ٱللَّهُ مَن يَشَآءُ وَيَهْدِى مَن يَشَآءُ ۚ وَمَا
يَعْلَمُ جُنُودَ رَبِّكَ إِلَّا هُوَ ۚ وَمَا هِىَ إِلَّا ذِكْرَىٰ لِلْبَشَرِ ٣١

سُورَةُ المُدَّثِّر

Surat Al Muddascer

31. wa má ja'alná 'aşĥában-nári 'illá malá'ikatan wamá ja'alná 'iddatahum 'illá fitnatan lillazína kitába wa yazdádal-lazína 'ámanú 'ímánan walá yartábal lazína 'útl-kitába wal mu'uminúna wa liyaqúlal-lazína fí qulúbihim maradhun wal káfiruna máza 'arádal-Láhu bihazá maçala. Kazálika yudhillul-Láhu man yachá'u wa yahdí man yachá'u wamá ya'lamu junúda rabbika 'illá huwa wamá hiya 'illá zikrá lilbachar.

31. E não designamos guardiões do Fogo, senão os anjos, e não fixamos o seu número, senão como prova para os incrédulos, para que os adeptos do Livro se convençam; para que os crentes aumentem em sua fé e para que os adeptos do Livro, assim como os crentes, não duvidem; e para que os que abrigam a enfermidade em seus corações, bem como os incrédulos, digam: Que quer dizer Deus com esta prova? Assim Deus extravia quem quer e encaminha quem Lhe apraz e ninguém senão Ele conhccc os exércitos do teu Senhor. Isto não é mais do que uma mensagem para a humanidade.

كَلَّا وَٱلۡقَمَرِ ﴿٣٢﴾

32. Kallá wal-qamar.

32. Qual! Pela lua,

وَٱلَّيۡلِ إِذۡ أَدۡبَرَ ﴿٣٣﴾

33. wal-layli 'iz 'adbar.

33. E pela noite, quando se extingue,

وَٱلصُّبۡحِ إِذَآ أَسۡفَرَ ﴿٣٤﴾

34. wa as-subhi 'izá 'asfar.

34. E pela manhã, quando surge,

إِنَّهَا لَإِحۡدَى ٱلۡكُبَرِ ﴿٣٥﴾

35. 'Innahá la'ihdál-kubar.

35. Que isto é um dos maiores portentos,

نَذِيرًا لِّلۡبَشَرِ ﴿٣٦﴾

36. Naziran lilbachar.

36. Admoestação para o gênero humano,

لِمَن شَآءَ مِنكُمۡ أَن يَتَقَدَّمَ أَوۡ يَتَأَخَّرَ ﴿٣٧﴾

سُورَةُ المُدَّثِّرِ

Surat Al Muddascer

37. Liman chá'a minkum 'an yataqaddama 'au yata'akh-khar.
37. E para aquele, dentre vós, que se antecipa ou se atrasa!

كُلُّ نَفۡسِۭ بِمَا كَسَبَتۡ رَهِينَةٌ ﴿٣٨﴾

38. Kullu nafsin bimá kasabat rahína.
38. Toda a alma é depositária das suas ações

إِلَّآ أَصۡحَٰبَ ٱلۡيَمِينِ ﴿٣٩﴾

39. 'Illá 'ashábal-yamín.
39. Salvo as que estiverem à mão direita,

فِي جَنَّٰتٖ يَتَسَآءَلُونَ ﴿٤٠﴾

40. Fí jannátin yatasá'alún.
40. Que estarão nos jardins das delícias. Perguntarão,

عَنِ ٱلۡمُجۡرِمِينَ ﴿٤١﴾

41. 'Ani al-mujrimín.
41. Aos pecadores:

مَا سَلَكَكُمۡ فِي سَقَرَ ﴿٤٢﴾

42. Má salakakum fí saqar.
42. O que foi que vos introduziu no fogo abrasador?

قَالُواْ لَمۡ نَكُ مِنَ ٱلۡمُصَلِّينَ ﴿٤٣﴾

43. Qálú lam naku mina al-musallín.
43. Responder-lhes-ão: Não nos contávamos entre os que oravam,

وَلَمۡ نَكُ نُطۡعِمُ ٱلۡمِسۡكِينَ ﴿٤٤﴾

44. Wa lam naku nut'imul-miskín.
44. Nem alimentávamos o necessitado;

وَكُنَّا نَخُوضُ مَعَ ٱلۡخَآئِضِينَ ﴿٤٥﴾

45. Wa kunná nakhúđu ma'al-khá'idhín.
45. Ao contrário, dialogávamos sobre futilidades, com faladores,

سُورَةُ الْمُدَّثِّرِ

Surat Al Muddascer

وَكُنَّا نُكَذِّبُ بِيَوۡمِ ٱلدِّينِ ﴿٤٦﴾

46. Wa kunná nukazzibu biyaumid-dín.
46. E negávamos o Dia do Juízo,

حَتَّىٰٓ أَتَىٰنَا ٱلۡيَقِينُ ﴿٤٧﴾

47. Ĥattá 'atánal-yaquín.
47. Até que nos chegou a (Hora) infalível!

فَمَا تَنفَعُهُمۡ شَفَٰعَةُ ٱلشَّٰفِعِينَ ﴿٤٨﴾

48. Famá tanfa'uhum chafá'atuch cháfi'ín.
48. De nada, então, valerá, a intercessão dos mediadores.

فَمَا لَهُمۡ عَنِ ٱلتَّذۡكِرَةِ مُعۡرِضِينَ ﴿٤٩﴾

49. Famá lahum 'anit-tazkirati mu'riđín.
49. Por que, pois, desdenham a admoestação,

كَأَنَّهُمۡ حُمُرٞ مُّسۡتَنفِرَةٞ ﴿٥٠﴾

50. Ka'annahum h̲ĥumurun mustanfirah.
50. Como se fossem asnos espantados,

فَرَّتۡ مِن قَسۡوَرَةِۭ ﴿٥١﴾

51. Farrat min qaswarah.
51. Fugindo de um leão?

بَلۡ يُرِيدُ كُلُّ ٱمۡرِيٕٖ مِّنۡهُمۡ أَن يُؤۡتَىٰ صُحُفٗا مُّنَشَّرَةٗ ﴿٥٢﴾

52. Bal yurídu kullu amri'in min-hum 'an yu'tá suh̲ufan munach-charah.
52. Porém, cada um deles quereria receber (agora) páginas abertas (com a revelação).

كَلَّاۖ بَل لَّا يَخَافُونَ ٱلۡأٓخِرَةَ ﴿٥٣﴾

53. Kallá bal lá yakháfúna al-'ákhirah.
53. Qual! Em verdade não temiam a Outra Vida.

كَلَّآ إِنَّهُۥ تَذۡكِرَةٞ ﴿٥٤﴾

54. Kallá 'innahu tazkirah.
54. Qual! Sabei que (o Alcorão) é uma admoestação.

فَمَن شَآءَ ذَكَرَهُۥ ﴿٥٥﴾

55. Faman chá'a zakarah.
55. Quem quiser, pois, que o recorde!

وَمَا يَذْكُرُونَ إِلَّآ أَن يَشَآءَ ٱللَّهُ ۚ هُوَ أَهْلُ ٱلتَّقْوَىٰ وَأَهْلُ ٱلْمَغْفِرَةِ ﴿٥٦﴾

56. Wamá yazkurúna 'illá 'an yachá'al Láhu huwa 'ahlut-taqwá wa 'ahlul-maghfirah.
56. Porém, não o recordarão, a menos que Deus o queira, porque é o Senhor do temor e o Senhor da remissão.

سُورَةُ القِيَامَةِ

Surat Al Quiyáma

Surat 75. *AL QUIYÁMA* (A Ressurreição), 40 versículos. Revelada em Makka.

بِسْمِ اللَّهِ الرَّحْمَٰنِ الرَّحِيمِ

Bismilláhir Rahmánir Rahim
Em nome de Deus, o Clemente, o Misericordioso

لَآ أُقْسِمُ بِيَوْمِ ٱلْقِيَـٰمَةِ ﴿١﴾

1. ۞ Lá 'úqsimu biyaumi al-quiyáma.
1. Juro, pelo Dia da Ressurreição,

وَلَآ أُقْسِمُ بِٱلنَّفْسِ ٱللَّوَّامَةِ ﴿٢﴾

2. Walá 'úqsimu bin-nafsil-lauwámah.
2. E juro, pela alma que reprova a si mesma

أَيَحْسَبُ ٱلْإِنسَـٰنُ أَلَّن نَّجْمَعَ عِظَامَهُۥ ﴿٣﴾

3. 'Ayahsabul-'insánu 'allan najma'a 'izámah
3. Porventura, o homem crê que jamais reuniremos os seus ossos?

بَلَىٰ قَـٰدِرِينَ عَلَىٰٓ أَن نُّسَوِّىَ بَنَانَهُۥ ﴿٤﴾

4. Balá qádirína 'alá 'an nusawiya banánah.
4. Sim, porque somos capaz de restaurar as pontas dos seus dedos.

بَلْ يُرِيدُ ٱلْإِنسَـٰنُ لِيَفْجُرَ أَمَامَهُۥ ﴿٥﴾

5. Bal yurídul-'insánu liyafjura 'amámah.
5. Porém, o homem deseja praticar o mal, (mesmo) perante Ele.

يَسْـَٔلُ أَيَّانَ يَوْمُ ٱلْقِيَـٰمَةِ ﴿٦﴾

6. Yas'alu 'aiyána yaumul-quiyámah.
6. Perguntam: Quando acontecerá o Dia da Ressurreição?

فَإِذَا بَرِقَ ٱلْبَصَرُ ﴿٧﴾

7. Fa'izá bariqal-basar.
7. (Responde-lhes): Quando vos forem ofuscadas as vistas,

سُورَةُ القِيَامَةِ

Surat Al Quiáma

وَخَسَفَ ٱلْقَمَرُ ﴿٨﴾

8. Wa khasafa al-qamar
8. E a lua mergulhar na escuridão,

وَجُمِعَ ٱلشَّمْسُ وَٱلْقَمَرُ ﴿٩﴾

9. Wa jumi'ach-chamsu wa al-qamar.
9. E o sol e a lua se juntarem!

يَقُولُ ٱلْإِنسَٰنُ يَوْمَئِذٍ أَيْنَ ٱلْمَفَرُّ ﴿١٠﴾

10. Yaqúlul-'insánu yauma'izin 'aynal mafar.
10. Nesse dia, o homem dirá: Para onde fugir?

كَلَّا لَا وَزَرَ ﴿١١﴾

11. Kallá lá wazar.
11. Qual! Não haverá escapatória alguma!

إِلَىٰ رَبِّكَ يَوْمَئِذٍ ٱلْمُسْتَقَرُّ ﴿١٢﴾

12. 'Ilá rabbika yauma'izin al-mustaqar.
12. Nesse dia, dar-se-á o comparecimento ante o teu Senhor.

يُنَبَّؤُا۟ ٱلْإِنسَٰنُ يَوْمَئِذٍۭ بِمَا قَدَّمَ وَأَخَّرَ ﴿١٣﴾

13. Yunabba'ul-'insánu yauma'izin bimá qaddama wa 'akhkhar.
13. Dia em que o homem será inteirado de tudo quanto fez e de tudo quanto deixou de fazer.

بَلِ ٱلْإِنسَٰنُ عَلَىٰ نَفْسِهِۦ بَصِيرَةٌ ﴿١٤﴾

14. Balil-'insánu 'alá nafsihi basíra.
14. Mais, ainda, o homem será a evidência contra si mesmo,

وَلَوْ أَلْقَىٰ مَعَاذِيرَهُۥ ﴿١٥﴾

15. Walau 'alqá ma'ázírah
15. Ainda que apresente quantas escusas puder.

لَا تُحَرِّكْ بِهِۦ لِسَانَكَ لِتَعْجَلَ بِهِۦٓ ﴿١٦﴾

سُورَةُ القِيَامَةِ

Surat Al Quiáma

16. Lá tuharrik bihi lisánaka lita'jala bih.
16. Não movas a língua com respeito (ao Alcorão) para te apressares (na sua revelação),

إِنَّ عَلَيْنَا جَمْعَهُۥ وَقُرْءَانَهُۥ ﴿١٧﴾

17. 'Inna 'alayná jam'ahu wa qur'ánah.
17. Porque a Nós incumbe a sua compilação e a sua recitação;

فَإِذَا قَرَأْنَٰهُ فَٱتَّبِعْ قُرْءَانَهُۥ ﴿١٨﴾

18. Fa'izá qara'náhu fattabi' qur'ánah.
18. E uma vez que o promulgamos, segue a sua recitação;

ثُمَّ إِنَّ عَلَيْنَا بَيَانَهُۥ ﴿١٩﴾

19. Çumma 'inna 'alayná bayánah.
19. Logo, certamente, a Nós compete a sua elucidação.

كَلَّا بَلْ تُحِبُّونَ ٱلْعَاجِلَةَ ﴿٢٠﴾

20. Kallá bal tuhibbúna al-'ájilah.
20. Qual! Mas, ó humanos, preferis a vida efêmera,

وَتَذَرُونَ ٱلْءَاخِرَةَ ﴿٢١﴾

21. Wa tazarúna al-'ákhirah.
21. E desprezais a Outra!

وُجُوهٌ يَوْمَئِذٍ نَّاضِرَةٌ ﴿٢٢﴾

22. Wujúhun yauma'izin názirah.
22. No Dia, haverá semblantes radiantes,

إِلَىٰ رَبِّهَا نَاظِرَةٌ ﴿٢٣﴾

23. 'Ilá rabbihá názirah.
23. Dirigindo os seus olhares para o seu Senhor;

وَوُجُوهٌ يَوْمَئِذٍ بَاسِرَةٌ ﴿٢٤﴾

سُورَةُ القِيَامَةِ

Surat Al Quiáma

24. Wa wujúhun yauma'izin básirah.
24. E também haverá, no Dia, rostos sombrios.

تَظُنُّ أَن يُفْعَلَ بِهَا فَاقِرَةٌ ﴿٢٥﴾

25. Tazunnu 'an yuf'ala bihá fáquirah.
25. E tu saberás que lhes sucederá uma calamidade.

كَلَّآ إِذَا بَلَغَتِ ٱلتَّرَاقِىَ ﴿٢٦﴾

26. Kallá 'izá balaghatit-taráq.
26. Sim! Quando a alma lhe subir à garganta,

وَقِيلَ مَنْ رَاقٍ ﴿٢٧﴾

27. Wa quíla man ráq
27. E for dito: Haverá, acaso, algum mágico (que te livre disto)?

وَظَنَّ أَنَّهُ ٱلْفِرَاقُ ﴿٢٨﴾

28. Wa zanna 'annahul-firáq.
28. E concluirá que chegou o momento da separação;

وَٱلْتَفَّتِ ٱلسَّاقُ بِٱلسَّاقِ ﴿٢٩﴾

29. Waltaffatis-sáqu bis-sáq.
29. E juntará uma perna à outra.

إِلَىٰ رَبِّكَ يَوْمَئِذٍ ٱلْمَسَاقُ ﴿٣٠﴾

30. 'ilá rabbika yawma'izinil-masáq.
30. Nesse dia, será levado ao teu Senhor,

فَلَا صَدَّقَ وَلَا صَلَّىٰ ﴿٣١﴾

31. Falá saddaqa walá sallá.
31. Porque não fez caridades, nem orou.

وَلَٰكِن كَذَّبَ وَتَوَلَّىٰ ﴿٣٢﴾

سُورَةُ القِيَامَةِ

Surat Al Quiáma

32. Walákin kazzaba wa tawallá.
32. Negou, outrossim, a verdade, e tornou-se insolente.

ثُمَّ ذَهَبَ إِلَىٰٓ أَهۡلِهِۦ يَتَمَطَّىٰٓ ٣٣

33. Çumma zahaba 'ilá 'ahlihi yatamaṭṭá.
33. Então, envaidecido, dirigiu-se aos seus.

أَوۡلَىٰ لَكَ فَأَوۡلَىٰ ٣٤

34. 'aulá laka fa'aulá.
34. Ai de ti (ó homem), ai de ti!

ثُمَّ أَوۡلَىٰ لَكَ فَأَوۡلَىٰٓ ٣٥

35. Çumma 'aulá laka fa'aulá.
35. E ai de ti (ó homem), ai de ti!

أَيَحۡسَبُ ٱلۡإِنسَٰنُ أَن يُتۡرَكَ سُدًى ٣٦

36. 'Ayahsabul-'insánu 'an yutraka sudá.
36. Pensa, acaso, o homem, que será deixado sem controle?

أَلَمۡ يَكُ نُطۡفَةٗ مِّن مَّنِيّٖ يُمۡنَىٰ ٣٧

37. 'Alam yaku nutfatan min maníyin yumná.
37. Não foi a sua origem uma gota de esperma ejaculada,

ثُمَّ كَانَ عَلَقَةٗ فَخَلَقَ فَسَوَّىٰ ٣٨

38. Çumma kána 'alaqatan fakhalaqa fasauwá.
38. Que logo se converteu em algo que se agarra, do qual Deus o criou, aperfeiçoando-lhe as formas,

فَجَعَلَ مِنۡهُ ٱلزَّوۡجَيۡنِ ٱلذَّكَرَ وَٱلۡأُنثَىٰٓ ٣٩

39. Faja'ala minhuz-zaujayni az-zakara wa al-'unçá
39. E dele fez dois sexos, o masculino e o feminino?

أَلَيۡسَ ذَٰلِكَ بِقَٰدِرٍ عَلَىٰٓ أَن يُحۡـِۧيَ ٱلۡمَوۡتَىٰ ٤٠

سُورَةُ الإِنسَان

Surat Al Insan

40. 'Alaysa zálika biqádirin 'alá 'an yuhyiyal-mautá.
40. Porventura, Ele não será capaz de ressuscitar os mortos?

Surat 76. *AL INSAN* (O Ser Humano), 31 versículos. Revelada em Madina.

بِسْمِ ٱللَّهِ ٱلرَّحْمَٰنِ ٱلرَّحِيمِ

Bismilláhir Rahmánir Rahim
Em nome de Deus, o Clemente, o Misericordioso

هَلْ أَتَىٰ عَلَى ٱلْإِنسَٰنِ حِينٌ مِّنَ ٱلدَّهْرِ لَمْ يَكُن شَيْـًٔا مَّذْكُورًا ﴿١﴾

1. Hal 'atá 'alál-'insáni hínun minad dahri lam yakun chay'an mazkurá.
1. Acaso, não transcorreu um longo período, desde que o ser humano nada era?

إِنَّا خَلَقْنَا ٱلْإِنسَٰنَ مِن نُّطْفَةٍ أَمْشَاجٍ نَّبْتَلِيهِ فَجَعَلْنَٰهُ سَمِيعًۢا بَصِيرًا ﴿٢﴾

2. 'Inná khalaqnal-'insána min nutfatin 'amchájin nabtalíhi faja'alnáhu samí'an basíra.
2. Em verdade, criamos o ser humano, de esperma misturado, para prová-lo, e o dotamos de ouvidos e vistas.

إِنَّا هَدَيْنَٰهُ ٱلسَّبِيلَ إِمَّا شَاكِرًا وَإِمَّا كَفُورًا ﴿٣﴾

3. 'Inná hadaynáhus-sabíla 'immá chákiran wa 'immá kafúra.
3. Em verdade, assinalamos-lhe uma senda, quer fosse agradecido, quer fosse ingrato.

إِنَّآ أَعْتَدْنَا لِلْكَٰفِرِينَ سَلَٰسِلَا۟ وَأَغْلَٰلًا وَسَعِيرًا ﴿٤﴾

4. 'Inná 'a'tadná lilkáfirina salásilan wa 'aghlálan wa sa'íra.
4. Em verdade, aos incrédulos, destinamos correntes, grilhões e o fogo abrasador.

إِنَّ ٱلْأَبْرَارَ يَشْرَبُونَ مِن كَأْسٍ كَانَ مِزَاجُهَا كَافُورًا ﴿٥﴾

سُورَةُ الإِنسَانِ
Surat Al Insan

5. 'Innal-'abrára yachrabúna min ka'sin kána mizájuhá káfúra.
5. Em verdade, os justos beberão, em uma taça, um néctar mesclado com cânfora,

عَيْنًا يَشْرَبُ بِهَا عِبَادُ ٱللَّهِ يُفَجِّرُونَهَا تَفْجِيرًا ٦

6. 'Aynan yachrabu bihá 'ibádul-láhi yufajjirúnahá tafjíra.
6. De uma fonte, da qual beberão todos os servos de Deus, fazendo-a fluir abundantemente,

يُوفُونَ بِٱلنَّذْرِ وَيَخَافُونَ يَوْمًا كَانَ شَرُّهُۥ مُسْتَطِيرًا ٧

7. Yúfuna bin-nazri wa yakháfuna yauman kána charruhu mustatíra.
7. Porque cumprem os seus votos e temem o dia em quc o mal estará espalhado,

وَيُطْعِمُونَ ٱلطَّعَامَ عَلَىٰ حُبِّهِۦ مِسْكِينًا وَيَتِيمًا وَأَسِيرًا ٨

8. Wa yut'imúnat-ta'áma 'alá hubbihi miskínan wa yatíman wa 'asírá.
8. E porque, por amor a Ele (Deus), alimentam o necessitado, o órfão e o cativo.

إِنَّمَا نُطْعِمُكُمْ لِوَجْهِ ٱللَّهِ لَا نُرِيدُ مِنكُمْ جَزَآءً وَلَا شُكُورًا ٩

9. 'Innamá nut'imukum liwajhil-Láhi lá nurídu minkum jazá'an walá chukúra.
9. (Dizendo): Certamente vos alimentamos por amor a Deus; não vos exigimos recompensa, nem gratidão.

إِنَّا نَخَافُ مِن رَّبِّنَا يَوْمًا عَبُوسًا قَمْطَرِيرًا ١٠

10. 'Inná nakháfu min rabbiná yauman 'abúsan qamtaríra.
10. Em verdade, tememos, da parte do nosso Senhor, o dia da aflição calamitosa.

فَوَقَىٰهُمُ ٱللَّهُ شَرَّ ذَٰلِكَ ٱلْيَوْمِ وَلَقَّىٰهُمْ نَضْرَةً وَسُرُورًا ١١

11. Fawaqáhumul-láhu charra zálikal yaumi wa laqqáhum nadhratan wa surúra.
11. Mas Deus os preservará do mal daquele dia, e os receberá com esplendor e júbilo;

وَجَزَىٰهُم بِمَا صَبَرُوا۟ جَنَّةً وَحَرِيرًا ١٢

12. Wa jazáhum bimá sabarú jannatan wa haríra.
12. E os recompensará, por sua perseverança, com um vergel e (vestimentas de) seda,

سُورَةُ الإِنسَانِ

Surat Al Insan

مُتَّكِـِٔينَ فِيهَا عَلَى ٱلۡأَرَآئِكِۖ لَا يَرَوۡنَ فِيهَا شَمۡسٗا وَلَا زَمۡهَرِيرٗا ١٣

13. Muttaki'ína fíhá 'alál-'ará'iki lá yarauna fíhá chamsan walá zamharíra.
13. Onde, reclinados sobre almofadas, não sentirão calor nem frio excessivos.

وَدَانِيَةً عَلَيۡهِمۡ ظِلَٰلُهَا وَذُلِّلَتۡ قُطُوفُهَا تَذۡلِيلٗا ١٤

14. Wa dániyatan 'alayhim ziláluha wa zullilat qutúfuhá tazlíla.
14. E as sombras (do vergel) os cobrirão, e os cachos (de frutos) estarão pendurados, em humildade.

وَيُطَافُ عَلَيۡهِم بِـَٔانِيَةٖ مِّن فِضَّةٖ وَأَكۡوَابٖ كَانَتۡ قَوَارِيرَا۠ ١٥

15. Wa yutáfu 'alayhim bi'ániyatin min fiddhatin wa 'akwábin kánat qawárira.
15. E serão servidos em taças de prata e em copos cristalinos,

قَوَارِيرَاْ مِن فِضَّةٖ قَدَّرُوهَا تَقۡدِيرٗا ١٦

16. Qawárira min fiddhatin qaddarúhá taqdíra.
16. Feitos de prata, semelhantes a cristal, que lhes serão fornecidos em abundância.

وَيُسۡقَوۡنَ فِيهَا كَأۡسٗا كَانَ مِزَاجُهَا زَنجَبِيلًا ١٧

17. Wa yusqauna fíhá ka'san kána mizájuhá zanjabíla.
17. E ali ser-lhes-á servido um copo de néctar, cuja mescla será de Zanjabil (gengibre),

عَيۡنٗا فِيهَا تُسَمَّىٰ سَلۡسَبِيلٗا ١٨

18. 'Aynan fíhá tusammá salsabíla.
18. De uma fonte (no Paraíso), chamada Salsabil.

۞ وَيَطُوفُ عَلَيۡهِمۡ وِلۡدَٰنٞ مُّخَلَّدُونَ إِذَا رَأَيۡتَهُمۡ حَسِبۡتَهُمۡ لُؤۡلُؤٗا مَّنثُورٗا ١٩

19. ۞ Wa yatúfu 'alayhim wildánun mukhalladúna 'izá ra'aytahum hasibtahum lu'ulu'uan mançúra.
19. E os servirão mancebos imortais; quando os vires, parecer-te-ão pérolas dispersas.

وَإِذَا رَأَيۡتَ ثَمَّ رَأَيۡتَ نَعِيمٗا وَمُلۡكٗا كَبِيرًا ٢٠

20. Wa 'izá ra'ayta samma ra'ayta na'íman wa mulkan kabíra.

20. E quando olhares além, verás glórias e um magnífico reino.

عَٰلِيَهُمۡ ثِيَابُ سُندُسٍ خُضۡرٞ وَإِسۡتَبۡرَقٞۖ وَحُلُّوٓاْ أَسَاوِرَ مِن فِضَّةٖ وَسَقَىٰهُمۡ رَبُّهُمۡ شَرَابٗا طَهُورًا ﴿٢١﴾

21. 'Áliyahum siyábu sundusin khudhrun wa 'istabraqun wa hullú 'asáwira min fiddhatin wa saqáhum rabbuhum charában tahúra.

21. Sobre eles haverá vestimentas verdes, de tafetá e de brocado; estarão enfeitados com braceletes de prata e o seu Senhor lhes saciará a sede com uma bebida pura!

إِنَّ هَٰذَا كَانَ لَكُمۡ جَزَآءٗ وَكَانَ سَعۡيُكُم مَّشۡكُورًا ﴿٢٢﴾

22. 'Inna házá kána lakum jazá'an wa kána sa'yukum machkúra.

22. Sabei que esta será a vossa recompensa, e os vossos esforços serão reconhecidos.

﴿٢٣﴾ إِنَّا نَحۡنُ نَزَّلۡنَا عَلَيۡكَ ٱلۡقُرۡءَانَ تَنزِيلٗا ﴿٢٣﴾

23. 'Inná nahnu nazzalná 'alaykal qur'ána tanzíla.

23. Em verdade, temos-te revelado (ó Mensageiro), o Alcorão, por etapas.

فَٱصۡبِرۡ لِحُكۡمِ رَبِّكَ وَلَا تُطِعۡ مِنۡهُمۡ ءَاثِمًا أَوۡ كَفُورٗا ﴿٢٤﴾

24. Fásbir lihukmi rabbika walá tuti' min-hum 'áciman 'au kafúrá.

24. Persevera, pois, até ao Juízo do teu Senhor, e não obedeças a nenhum dos pecadores ou incrédulos,

وَٱذۡكُرِ ٱسۡمَ رَبِّكَ بُكۡرَةٗ وَأَصِيلٗا ﴿٢٥﴾

25. Wazkur assma rabbika bukratan wa 'asílá.

25. E celebra o nome do teu Senhor, de manhã e à tarde.

وَمِنَ ٱلَّيۡلِ فَٱسۡجُدۡ لَهُۥ وَسَبِّحۡهُ لَيۡلٗا طَوِيلًا ﴿٢٦﴾

26. Wa minal-layli fássjud lahu wa sabbihhu laylan tawila.

26. E adora-O, e glorifica-O durante grande parte da noite.

إِنَّ هَٰٓؤُلَآءِ يُحِبُّونَ ٱلۡعَاجِلَةَ وَيَذَرُونَ وَرَآءَهُمۡ يَوۡمٗا ثَقِيلٗا ﴿٢٧﴾

27. 'Inna há'ulái' yuhibbúnal-'ájilata wa yazarúna wará'ahum yauman saquíla.

سُورَةُ الإِنسَانِ
Surat Al Insan

27. Em verdade, (quanto aos outros) preferem a efêmera vida terrena e tentam afastar a lembrança de um dia (que será) pesado.

نَّحۡنُ خَلَقۡنَٰهُمۡ وَشَدَدۡنَآ أَسۡرَهُمۡۖ وَإِذَا شِئۡنَا بَدَّلۡنَآ أَمۡثَٰلَهُمۡ تَبۡدِيلًا ﴿٢٨﴾

28. Nahnu khalaqnáhum wa chadadná 'asrahum wa 'izá chi'ná baddalná 'amçálahum tabdíla.

28. Nós os criamos e fortalecemos as suas estruturas; porém se quiséssemos, suplantá-los-íamos inteiramente por outros, semelhantes a eles.

إِنَّ هَٰذِهِۦ تَذۡكِرَةٞۖ فَمَن شَآءَ ٱتَّخَذَ إِلَىٰ رَبِّهِۦ سَبِيلٗا ﴿٢٩﴾

29. 'Inna hazihi tazkiratun faman chá'a attakhaza 'ilá rabbihi sabíla.

29. Em verdade, esta é uma admoestação; e, quem quiser, poderá encaminhar-se até à senda do seu Senhor.

وَمَا تَشَآءُونَ إِلَّآ أَن يَشَآءَ ٱللَّهُۚ إِنَّ ٱللَّهَ كَانَ عَلِيمًا حَكِيمٗا ﴿٣٠﴾

30. Wamá tachá'úna 'illá 'an yachá'al 'Láhu 'innal-Láha kána 'alíman hakíma.

30. Porém, só o conseguireis se Deus o permitir, porque é Prudente, Sapientíssimo.

يُدۡخِلُ مَن يَشَآءُ فِي رَحۡمَتِهِۦۚ وَٱلظَّٰلِمِينَ أَعَدَّ لَهُمۡ عَذَابًا أَلِيمَۢا ﴿٣١﴾

31. Yudkhilu man yachá'u fí rahmatihi waz-zálimína 'a'adda lahum 'azában 'alíma.

31. Ele admite em Sua misericórdia quem Lhe apraz; porém, destinou aos injustos, um doloroso castigo.

سُورَةُ المُرسَلات

Surat Al Mursalat

Surat 77. *AL MURSALAT* (Os Enviados), 50 versículos. Revelada em Makka, com exceção do versículo 48, que foi revelado em Madina.

بِسۡمِ ٱللَّهِ ٱلرَّحۡمَٰنِ ٱلرَّحِيمِ

Bismilláhir Rahmánir Rahim
Em nome de Deus, o Clemente, o Misericordioso

وَٱلۡمُرۡسَلَٰتِ عُرۡفٗا ١

1. Wal-mursaláti 'urfá.
1. Pelos (ventos) enviados, uns após os outros,

فَٱلۡعَٰصِفَٰتِ عَصۡفٗا ٢

2. Fál'ásifáti 'asfa.
2. Que sopram impetuosamente,

وَٱلنَّٰشِرَٰتِ نَشۡرٗا ٣

3. Wan-náchiráti nachra.
3. E dispersam (as coisas) violentamente;

فَٱلۡفَٰرِقَٰتِ فَرۡقٗا ٤

4. Fálfáriqáti farqá.
4. E as separam umas das outras,

فَٱلۡمُلۡقِيَٰتِ ذِكۡرًا ٥

5. Fálmulquiyáti zikrá.
5. E disseminam a Mensagem,

عُذۡرًا أَوۡ نُذۡرًا ٦

6. 'Uzrán 'au nuzrá.
6. Seja de justificação ou de admoestação,

سُورَةُ المُرۡسَلَات

Surat Al Mursalat

إِنَّمَا تُوعَدُونَ لَوَٰقِعٞ ﴿٧﴾

7. 'Innamá tú'adúna lawáqui'
7. De que o que vos é prometido está iminente!

فَإِذَا ٱلنُّجُومُ طُمِسَتۡ ﴿٨﴾

8. Fa'izán-nujúmu tumisat.
8. Quando as estrelas se tornarem escuras,

وَإِذَا ٱلسَّمَآءُ فُرِجَتۡ ﴿٩﴾

9. Wa 'izás-samá'u furijat.
9. Quando o céu se fender,

وَإِذَا ٱلۡجِبَالُ نُسِفَتۡ ﴿١٠﴾

10. Wa 'izál-jibálu nusifat.
10. Quando as montanhas forem desintegradas,

وَإِذَا ٱلرُّسُلُ أُقِّتَتۡ ﴿١١﴾

11. Wa 'izár-russulu 'uqquitat.
11. E quando os mensageiros forem citados!

لِأَيِّ يَوۡمٍ أُجِّلَتۡ ﴿١٢﴾

12. L'aiyi yaumin 'ujjilat.
12. Para que dia foi deferido (o portento)?

لِيَوۡمِ ٱلۡفَصۡلِ ﴿١٣﴾

13. Liyaumil-fassl.
13. Para o Dia da Discriminação.

وَمَآ أَدۡرَىٰكَ مَا يَوۡمُ ٱلۡفَصۡلِ ﴿١٤﴾

14. Wamá 'adráka má yaumu al-fassl.
14. E o que te fará compreender o que é o Dia da Discriminação?

وَيۡلٞ يَوۡمَئِذٖ لِّلۡمُكَذِّبِينَ ﴿١٥﴾

سُورَةُ المُرسَلات

Surat Al Mursalat

15. Wailun yauma'izin lilmukazzibín.
15. Ai, nesse dia, dos desmentidores!

أَلَمْ نُهْلِكِ ٱلْأَوَّلِينَ ﴿١٦﴾

16. Alam nuhlikil- 'auwalín.
16. Acaso, não exterminamos as gerações primitivas?

ثُمَّ نُتْبِعُهُمُ ٱلْآخِرِينَ ﴿١٧﴾

17. Çumma nutbi'uhumul-'ákhirín.
17. Então, fizemos os seus sucessores seguirem-nas.

كَذَٰلِكَ نَفْعَلُ بِٱلْمُجْرِمِينَ ﴿١٨﴾

18. Kazálika naf'alu bil-mujrimín.
18. Assim faremos com os pecadores.

وَيْلٌ يَوْمَئِذٍ لِّلْمُكَذِّبِينَ ﴿١٩﴾

19. Wailun yawma'izin lilmukazzibín.
19. Ai, nesse dia, dos desmentidores!

أَلَمْ نَخْلُقكُّم مِّن مَّآءٍ مَّهِينٍ ﴿٢٠﴾

20. 'Alam nakhluqkum min má'in mahín.
20. Porventura, não vos criamos de um líquido desprezível,

فَجَعَلْنَٰهُ فِى قَرَارٍ مَّكِينٍ ﴿٢١﴾

21. Faja'alnáhu fí qarárin makín.
21. Que depositamos em um lugar seguro,

إِلَىٰ قَدَرٍ مَّعْلُومٍ ﴿٢٢﴾

22. 'Ilá qadarin ma'lúm.
22. Até a um prazo determinado,

فَقَدَرْنَا فَنِعْمَ ٱلْقَٰدِرُونَ ﴿٢٣﴾

23. Faqadarná fani'mal-qádirun.

سُورَةُ المُرسَلَاتِ
Surat Al Mursalat

23. Que predestinamos? E somos o melhor Predestinador!

وَيۡلٞ يَوۡمَئِذٖ لِّلۡمُكَذِّبِينَ ٢٤

24. Wailun yauma'izin lilmukazzibín.
24. Ai, nesse dia, dos desmentidores!

أَلَمۡ نَجۡعَلِ ٱلۡأَرۡضَ كِفَاتًا ٢٥

25. 'Alam naj'alil-'ardha kifáta.
25. Porventura, não destinamos a Terra por abrigo,

أَحۡيَآءٗ وَأَمۡوَٰتٗا ٢٦

26. 'Ahyá'an wa 'amwáta.
26. Dos vivos e dos mortos,

وَجَعَلۡنَا فِيهَا رَوَٰسِيَ شَٰمِخَٰتٖ وَأَسۡقَيۡنَٰكُم مَّآءٗ فُرَاتٗا ٢٧

27. Wa ja'alná fíhá rawásiya chámikhátin wa 'asqaynákum má'an furáta.
27. Onde fixamos firmes e elevadas montanhas, e vos demos para beber água potável?

وَيۡلٞ يَوۡمَئِذٖ لِّلۡمُكَذِّبِينَ ٢٨

28. Wailun yauma'izin lilmukazzibín.
28. Ai, nesse dia, dos desmentidores!

ٱنطَلِقُوٓاْ إِلَىٰ مَا كُنتُم بِهِۦ تُكَذِّبُونَ ٢٩

29. Antaliqú 'ilá má kuntum bihi tukazzibun.
29. (Ser-lhes-á dito): Dirigi-vos, pois, ao destino que costumáveis negar!

ٱنطَلِقُوٓاْ إِلَىٰ ظِلّٖ ذِي ثَلَٰثِ شُعَبٖ ٣٠

30. Antaliqú 'ilá zillin zí saláci chu'ab.
30. Dirigi-vos à sombra (da fumaça que sobe) em três colunas,

لَّا ظَلِيلٖ وَلَا يُغۡنِي مِنَ ٱللَّهَبِ ٣١

31. Lá zalílin walá yughní minal-lahab.
31. Que em nada guarnece ou protege das chamas!

إِنَّهَا تَرۡمِي بِشَرَرٖ كَٱلۡقَصۡرِ ٣٢

32. 'Innahá tarmí bichararin kálqasr.

سُورَةُ المُرسَلات

Surat Al Mursalat

32. Sabei que arrojará chispas, que parecerão castelos,

كَأَنَّهُۥ جِمَٰلَتٌ صُفْرٌ ﴿٣٣﴾

33. Ka'annahu jimálatun sufr.
33. Semelhantes a camelos, de matizes amarelos.

وَيْلٌ يَوْمَئِذٍ لِّلْمُكَذِّبِينَ ﴿٣٤﴾

34. Wailun yauma'izin lilmukazzibín.
34. Ai, nesse dia, dos desmentidores!

هَٰذَا يَوْمُ لَا يَنطِقُونَ ﴿٣٥﴾

35. Házá yaumu lá yantiqún.
35. Esse será o dia em que não falarão (estarrecidos),

وَلَا يُؤْذَنُ لَهُمْ فَيَعْتَذِرُونَ ﴿٣٦﴾

36. Walá yu'uzanu lahum faya'tazirún.
36. Nem lhes será permitido escusarem-se.

وَيْلٌ يَوْمَئِذٍ لِّلْمُكَذِّبِينَ ﴿٣٧﴾

37. Wailun yauma'izin lilmukazzibín.
37. Ai, nesse dia, dos desmentidores!

هَٰذَا يَوْمُ ٱلْفَصْلِ ۖ جَمَعْنَٰكُمْ وَٱلْأَوَّلِينَ ﴿٣٨﴾

38. Házá yaumul-fassli jama'nákum wal-'auwalín.
38. Eis o Dia da Discriminação, em que vos congregaremos, juntamente com os vossos antepassados!

فَإِن كَانَ لَكُمْ كَيْدٌ فَكِيدُونِ ﴿٣٩﴾

39. Fa'in kána lakum kaydun fakídun.
39. Assim, pois, se possuís alguma conspiração, conspirai contra Mim!

وَيْلٌ يَوْمَئِذٍ لِّلْمُكَذِّبِينَ ﴿٤٠﴾

40. Waylun yauma'izin lilmukazzibín.
40. Ai, nesse dia, dos desmentidores!

إِنَّ ٱلْمُتَّقِينَ فِى ظِلَٰلٍ وَعُيُونٍ ﴿٤١﴾

41. 'Inna al-muttaquína fi zilálin wa 'uyún.
41. Por outra, os tementes estarão entre sombras e mananciais,

سُورَةُ المُرسَلَات

Surat Al Mursalat

وَفَوَٰكِهَ مِمَّا يَشۡتَهُونَ ﴿٤٢﴾

42. Wa fawákiha mimmá yachtahún.
42. E terão os frutos que lhes apetecerem.

كُلُواْ وَٱشۡرَبُواْ هَنِيٓـَٔۢا بِمَا كُنتُمۡ تَعۡمَلُونَ ﴿٤٣﴾

43. Kulú wachrabú haní'án bimá kuntum ta'malún.
43. Comei e bebei com proveito, pelo bem que fizestes!

إِنَّا كَذَٰلِكَ نَجۡزِي ٱلۡمُحۡسِنِينَ ﴿٤٤﴾

44. 'Inná kazálika najzíl-muhsinyn.
44. Certamente, assim recompensaremos os benfeitores.

وَيۡلٞ يَوۡمَئِذٖ لِّلۡمُكَذِّبِينَ ﴿٤٥﴾

45. Wailun yauma'izin lilmukazzibín.
45. Ai, nesse dia, dos desmentidores!

كُلُواْ وَتَمَتَّعُواْ قَلِيلًا إِنَّكُم مُّجۡرِمُونَ ﴿٤٦﴾

46. Kulú watamatta'ú qalílan 'innakum mujrimún.
46. Comei e regozijai-vos (hoje, ó injustos), transitoriamente;

وَيۡلٞ يَوۡمَئِذٖ لِّلۡمُكَذِّبِينَ ﴿٤٧﴾

47. Wailun yauma'izin lilmukazzibín.
47. Ai, nesse dia, dos desmentidores!

وَإِذَا قِيلَ لَهُمُ ٱرۡكَعُواْ لَا يَرۡكَعُونَ ﴿٤٨﴾

48. Wa 'izá quíla lahumurka'ú lá yarka'ún.
48. E quando lhes foi dito: Inclinai-vos, não se inclinaram.

وَيۡلٞ يَوۡمَئِذٖ لِّلۡمُكَذِّبِينَ ﴿٤٩﴾

49. Wailun yauma'izin lilmukazzibín.
49. Ai, nesse dia, dos desmentidores!

سُورَةُ المُرسَلَات

Surat Al Mursalat

فَبِأَيِّ حَدِيثٍۭ بَعْدَهُۥ يُؤْمِنُونَ ٥٠

50. Fabi'ayyi h̲adicin ba'dahu yu'minun.
50. Assim, pois, em que mensagem crerão, depois desta? **(fim do Juzi 29)**

سُورَةُ الفَاتِحَة

Surat Al Fátiha (da Abertura)

بِسۡمِ ٱللَّهِ ٱلرَّحۡمَٰنِ ٱلرَّحِيمِ (١)

1. Bismilláhir Rahmánir Rahím

1. Em nome de Deus, o Clemente, o Misericordioso·

ٱلۡحَمۡدُ لِلَّهِ رَبِّ ٱلۡعَٰلَمِينَ ٢

2. Alhamdu lilláhi Rabbil 'álamin

2. Louvado seja Deus, Senhor do Universo,

ٱلرَّحۡمَٰنِ ٱلرَّحِيمِ ٣

3. Ar-Rahmánir-Rahim

3. O Clemente, o Misericordioso,

مَٰلِكِ يَوۡمِ ٱلدِّينِ ٤

4. Máliki Yaumid-Din

4. Soberano do Dia do Juízo.

إِيَّاكَ نَعۡبُدُ وَإِيَّاكَ نَسۡتَعِينُ ٥

5. Iyyáka na'budu wa lyyáka nasta'in

5. Só a Ti adoramos e só de Ti imploramos ajuda!

ٱهۡدِنَا ٱلصِّرَٰطَ ٱلۡمُسۡتَقِيمَ ٦

6. Ihdinas-Sirátal-Mustaquim

6. Guia-nos à senda reta,

صِرَٰطَ ٱلَّذِينَ أَنۡعَمۡتَ عَلَيۡهِمۡ غَيۡرِ ٱلۡمَغۡضُوبِ عَلَيۡهِمۡ وَلَا ٱلضَّآلِّينَ ٧

7. Sirátal-lazina an'amta 'alaihim ghayril-maghdubi 'alaihim wa lad-dhállin

7. À senda dos que agraciaste, não à dos abominados, nem à dos extraviados.

سُورَةُ النَّبَإِ

Surat An Nabá

Juzi trinta

Surat 78. *AN NABÁ* (A NOTÍCIA). Revelada em Makka; 40 versículos.

بِسْمِ اللَّهِ الرَّحْمَٰنِ الرَّحِيمِ

Bismilláhir Rahmánir Rahím

Em nome de Deus, o Clemente, o Misericordioso

عَمَّ يَتَسَاءَلُونَ ﴿١﴾

1 - 'Am-ma yataçá-alun

1. Acerca de quê se interrogam?

عَنِ النَّبَإِ الْعَظِيمِ ﴿٢﴾

2 - 'Anin-naba-il 'azim,

2. Acerca da grande notícia,

الَّذِي هُمْ فِيهِ مُخْتَلِفُونَ ﴿٣﴾

3 - Al-lazi hum fi-hi mukhtalifun.

3. A respeito da qual discordam.

كَلَّا سَيَعْلَمُونَ ﴿٤﴾

4 - Kal-la saya'lamun!

4. Sim, logo saberão!

ثُمَّ كَلَّا سَيَعْلَمُونَ ﴿٥﴾

5 - Çumma kal-la saya'lamun!

5. Sim, realmente, logo saberão!

أَلَمْ نَجْعَلِ الْأَرْضَ مِهَادًا ﴿٦﴾

سُورَةُ النَّبَإِ

Surat An Nabá

6 - Alam naj'alil-ardha mihá-da,
6. Acaso, não fizemos da terra um leito,

وَٱلۡجِبَالَ أَوۡتَادٗا ﴿٧﴾

7- Wal-jibála awtáda,
7. E das montanhas, estacas?

وَخَلَقۡنَٰكُمۡ أَزۡوَٰجٗا ﴿٨﴾

8 - Wakhlacná-kum azwája,
8. E não vos criamos, acaso, em casais,

وَجَعَلۡنَا نَوۡمَكُمۡ سُبَاتٗا ﴿٩﴾

9 - Waja'alna nawmakum subáta,
9. Nem fizemos o vosso sono, para o descanso,

وَجَعَلۡنَا ٱلَّيۡلَ لِبَاسٗا ﴿١٠﴾

10 - Waja'alnal-laila libáça,
10. Nem fizemos a noite, como um manto,

وَجَعَلۡنَا ٱلنَّهَارَ مَعَاشٗا ﴿١١﴾

11 - Waja'alnan-nahára ma'ácha,
11. Nem fizemos o dia, para ganhardes o sustento?

وَبَنَيۡنَا فَوۡقَكُمۡ سَبۡعٗا شِدَادٗا ﴿١٢﴾

12 - Wabanaina faucakum sab'an chidáda,
12. E não construímos, por cima de vós, os sete f irmamentos?

وَجَعَلۡنَا سِرَاجٗا وَهَّاجٗا ﴿١٣﴾

سُورَةُ النَّبَإِ

Surat An Nabá

13 - Waja'alna sirajan wah-hája,
13. Nem colocamos neles um esplendoroso lustre?

وَأَنزَلْنَا مِنَ ٱلْمُعْصِرَٰتِ مَآءً ثَجَّاجًا ﴿١٤﴾

14 - Wa-anzalna minal-mu'siráti má-an saj-já-ja,
14. Nem enviamos, das nuvens, copiosa chuva,

لِّنُخْرِجَ بِهِۦ حَبًّا وَنَبَاتًا ﴿١٥﴾

15 - Linukhrija bihí *habban wanabáta,*
15. Para se produzirem, por meio dela, o grão e as plantas,

وَجَنَّٰتٍ أَلْفَافًا ﴿١٦﴾

16 - Wajan-náten al fáfa,
16. E frondosos jardins?

إِنَّ يَوْمَ ٱلْفَصْلِ كَانَ مِيقَٰتًا ﴿١٧﴾

17- In-na yawmal-fassli kána mi-cáta.
17. Sabei que o Dia da Discriminação está com a hora f ixada.

يَوْمَ يُنفَخُ فِى ٱلصُّورِ فَتَأْتُونَ أَفْوَاجًا ﴿١٨﴾

18 -Yauma yunfakhu fis-súri fa ta'tu-na afwája,
18. Será o dia em que a trombeta soará e em que comparecereis em grupos,

وَفُتِحَتِ ٱلسَّمَآءُ فَكَانَتْ أَبْوَٰبًا ﴿١٩﴾

19 - Wafutihatis-samá-u fakánat abwába.
19. E se abrirá o céu, e terá muitas portas.

وَسُيِّرَتِ ٱلْجِبَالُ فَكَانَتْ سَرَابًا ﴿٢٠﴾

20 - Waçui-iratil-jibálufakánat sarába.
20. E as montanhas serão dispersadas, parecendo uma miragem.

إِنَّ جَهَنَّمَ كَانَتْ مِرْصَادًا ﴿٢١﴾

21 - In-na jahan-nama kánat mirsáda,
21. Em verdade, o inferno é uma emboscada,

سُورَةُ النَّبَإِ

Surat An Nabá

لِّلطَّٰغِينَ مَـَٔابًا ﴿٢٢﴾

22 - Lit-tághina ma-ába,

22. Morada para os transgressores,

لَّٰبِثِينَ فِيهَآ أَحْقَابًا ﴿٢٣﴾

23 - Lábicina fi-há ahcába,

23. Onde permanecerão, por tempo ininterrupto.

لَّا يَذُوقُونَ فِيهَا بَرْدًا وَلَا شَرَابًا ﴿٢٤﴾

24 - La-yazucuna fi-há bardan wala charába

24. Em que não provarão do frescor, nem de (qualquer) bebida,

إِلَّا حَمِيمًا وَغَسَّاقًا ﴿٢٥﴾

25 - Il-la hamiman waghas-sáca,

25. A não ser água fervente e uma paralisante beberagem gelada,

جَزَآءً وِفَاقًا ﴿٢٦﴾

26 - Jazá-an wifáca,

26. Como castigo adequado (pelos seus feitos malignos),

إِنَّهُمْ كَانُوا۟ لَا يَرْجُونَ حِسَابًا ﴿٢٧﴾

27 - In-nahum kánu la yarjuna hisába,

27. Porque nunca temeram o cômputo,

وَكَذَّبُوا۟ بِـَٔايَٰتِنَا كِذَّابًا ﴿٢٨﴾

28 - Wakaz-zabu bi-ayátina kiz-zába.

28. E desmentiram, descarada e veementemente, os Nossos versículos.

وَكُلَّ شَىْءٍ أَحْصَيْنَٰهُ كِتَٰبًا ﴿٢٩﴾

29 - Wakul-la chai-in ahsai-náhu quitába.

سُورَةُ النَّبَإِ

Surat An Nabá

29. Mas anotamos tudo, em registro.

فَذُوقُوا۟ فَلَن نَّزِيدَكُمْ إِلَّا عَذَابًا ﴿٣٠﴾

30 - Fazúcu fa-lan nazidacum il-lá 'azába.

30. Sofrei, pois, conquanto nada vos proporcionaremos, senão castigo.

إِنَّ لِلْمُتَّقِينَ مَفَازًا ﴿٣١﴾

31 - In-na lilmut-taquina mafáza,

31. Por outra, os tementes obterão a recompensa;

حَدَآئِقَ وَأَعْنَٰبًا ﴿٣٢﴾

32 - Hadá-ica wa-a'nába,

32. Jardins e videiras,

وَكَوَاعِبَ أَتْرَابًا ﴿٣٣﴾

33 - Wakawá'iba atrába,

33. E donzelas, da mesma idade, por companheiras,

وَكَأْسًا دِهَاقًا ﴿٣٤﴾

34 - Waká'san diháka,

34. E taças transbordantes,

لَّا يَسْمَعُونَ فِيهَا لَغْوًا وَلَا كِذَّٰبًا ﴿٣٥﴾

35 - La yasma'una fi-há lagh-wan wala kiz-zába.

35. Onde não escutarão conversas banais nem mentiras.

جَزَآءً مِّن رَّبِّكَ عَطَآءً حِسَابًا ﴿٣٦﴾

36 - Jazá-an min-rab-ika 'atá-an hisába.

36. Será o dia em que a trombeta soará e em que comparecereis em grupos,

رَّبِّ ٱلسَّمَٰوَٰتِ وَٱلْأَرْضِ وَمَا بَيْنَهُمَا ٱلرَّحْمَٰنِ لَا يَمْلِكُونَ مِنْهُ خِطَابًا ﴿٣٧﴾

سُورَةُ النَّبَإِ

Surat An Nabá

37 - Rabis-samá-wáti wal-ardhi wa-ma bainahumar-rahmani, lá-yam likuna min-hu khitába.

37. (Do) Senhor dos Céus e da Terra e de tudo quanto existe entre ambos, o Clemente, com Quem ninguém pode dialogar.

يَوْمَ يَقُومُ ٱلرُّوحُ وَٱلْمَلَٰٓئِكَةُ صَفًّا ۖ لَّا يَتَكَلَّمُونَ إِلَّا مَنْ أَذِنَ لَهُ ٱلرَّحْمَٰنُ وَقَالَ صَوَابًا ﴿٣٨﴾

38 -Yauma yacumur-rúhu walma-lá ikatu saf-fan la yatakal-lamuna il-la mán azina lahur-rahmánu wacála sawaba.

38. No dia em que comparecerem o Espírito e os anjos enfileirados, ninguém poderá falar, salvo aquele a quem o Clemente o permitir; e falará a verdade.

ذَٰلِكَ ٱلْيَوْمُ ٱلْحَقُّ ۖ فَمَن شَآءَ ٱتَّخَذَ إِلَىٰ رَبِّهِۦ مَـَٔابًا ﴿٣٩﴾

39 -Zá likal-yaumul-hac. Faman chá-a it-akhaza ilá rab-bihi ma-ába!

39. Tal será o dia infalível; quem quiser, pois, poderá encaminhar-se para o seu Senhor!

إِنَّآ أَنذَرْنَٰكُمْ عَذَابًا قَرِيبًا يَوْمَ يَنظُرُ ٱلْمَرْءُ مَا قَدَّمَتْ يَدَاهُ وَيَقُولُ ٱلْكَافِرُ يَٰلَيْتَنِى
كُنتُ تُرَٰبًۢا ﴿٤٠﴾

40 -In-ná anzarnákum 'azá-ban ca-ri-ban, yauma yanzurul-mar'u má caddamat yadáhu, wa yaculul-káfiru: ya laitani kun-tu turába!

40. Sabei que vos temos advertido do castigo iminente, do dia em que o homem verá as obras das suas mãos, e o incrédulo dirá: Oxalá me tivesse convertido em pó!

سُورَةُ النَّازِعَاتِ

Surat An Názi'at

Surat 79. *AN NÁZI'AT*" (OS ARREBATADORES). Revelada em Makka; 46 versículos.

بِسْمِ ٱللَّهِ ٱلرَّحْمَٰنِ ٱلرَّحِيمِ

Bismilláhir Rahmánir Rahím

Em nome de Deus, o Clemente, o Misericordioso

وَٱلنَّٰزِعَٰتِ غَرْقًا ﴿١﴾

1 - Wan-názi'áti gharcá;

1. Pelos (anjos) que arrebatam violentamente (as almas dos corruptos),

وَٱلنَّٰشِطَٰتِ نَشْطًا ﴿٢﴾

2 - Wan-náchitáti nach-tá;

2. Pelos que extraem gentilmente (as almas dos abençoados);

وَٱلسَّٰبِحَٰتِ سَبْحًا ﴿٣﴾

3 - Was-sábiháti sab-há,

3. Pelos que se movimentam (na disseminação da misericórdia);

فَٱلسَّٰبِقَٰتِ سَبْقًا ﴿٤﴾

4- Fas-sábicáti sab-cá;

4. Então, precipitam-se, como numa corrida,

فَٱلْمُدَبِّرَٰتِ أَمْرًا ﴿٥﴾

5 - Fal-mudab-biráti amrá!

5. Que são arranjadores (para a execução) das ordens (do seu Senhor)!

يَوْمَ تَرْجُفُ ٱلرَّاجِفَةُ ﴿٦﴾

6 - Yauma tarjufur-rájifa,

6. No dia em que tudo o que se puder comover, estará em violenta comoção,

تَتْبَعُهَا ٱلرَّادِفَةُ ﴿٧﴾

سُورَةُ النَّازِعَاتِ

Surat An Názi'at

7- Tatbaha'uhar rádifa.

7. E em que acontecerá, pela segunda vez (a comoção),

قُلُوبٌ يَوۡمَئِذٖ وَاجِفَةٌ ﴿٨﴾

8 - Culúbun yauma izin wájifa,

8. Nesse dia, os corações baterão agitados,

أَبۡصَٰرُهَا خَٰشِعَةٞ ﴿٩﴾

9 - Absáruha kháchi'a

9. Enquanto os olhares estarão humildes.

يَقُولُونَ أَءِنَّا لَمَرۡدُودُونَ فِي ٱلۡحَافِرَةِ ﴿١٠﴾

10 – Yaculúna inna lamarduduna fil háfira!

10. Dirão: Quê! Porventura voltaremos ao nosso estado primitivo,

أَءِذَا كُنَّا عِظَٰمٗا نَّخِرَةٗ ﴿١١﴾

11- A izá kunna izáman nákhira?

11. Mesmo que também sejamos ossos deteriorados?

قَالُواْ تِلۡكَ إِذٗا كَرَّةٌ خَاسِرَةٞ ﴿١٢﴾

12 – Cálu tilka izan karratun khássira!

12. Dirão (mais): Tal será, então, um retorno com perdas!

فَإِنَّمَا هِيَ زَجۡرَةٞ وَٰحِدَةٞ ﴿١٣﴾

13 – Fa-in-namá hi-ya zajratun wá-hida,

13. Porém, certamente, será um só grito,

فَإِذَا هُم بِٱلسَّاهِرَةِ ﴿١٤﴾

سُورَةُ النَّازِعَاتِ

Surat An Názi'at

14- Fa izá hum bis-sáhira.
14. E, ei-los plenamente acordados.

هَلْ أَتَىٰكَ حَدِيثُ مُوسَىٰٓ ﴿١٥﴾

15 – Hal atáka hadiçu Mussá?
15. Conheces (ó Mensageiro) a história de Moisés?

إِذْ نَادَىٰهُ رَبُّهُۥ بِٱلْوَادِ ٱلْمُقَدَّسِ طُوًى ﴿١٦﴾

16 - Iz nádáhu rab-buhú bilwádil-mu-cad-daci Tuwa?
16. Seu Senhor o chamou, no vale sagrado de Tôwa,

ٱذْهَبْ إِلَىٰ فِرْعَوْنَ إِنَّهُۥ طَغَىٰ ﴿١٧﴾

17 - Iz-hab ilá fir'auna in-nahú taghá,
17. (E lhe disse): Vai ao Faraó, porque ele transgrediu,

فَقُلْ هَل لَّكَ إِلَىٰٓ أَن تَزَكَّىٰ ﴿١٨﴾

18 - Facul, hal laka il-lá an tazak-ka?
18. E dize-lhe: Desejas purificar-te,

وَأَهْدِيَكَ إِلَىٰ رَبِّكَ فَتَخْشَىٰ ﴿١٩﴾

19 - Wa-ahdíaka ilá rab-bika fa takh-cha?
19. E encaminhar-te até ao teu Senhor, para O temeres?

فَأَرَىٰهُ ٱلْـَٔايَةَ ٱلْكُبْرَىٰ ﴿٢٠﴾

20 - Fa-aráhul-ayatal-kubra.
20. E Moisés lhe mostrou o grande sinal,

سُورَةُ النَّازِعَاتِ
Surat An Názi'at

فَكَذَّبَ وَعَصَىٰ ﴿٢١﴾

21 - Fakaz-zaba wa'assa;
21. Porém (o Faraó) desmentiu (aquilo) e se rebelou;

ثُمَّ أَدْبَرَ يَسْعَىٰ ﴿٢٢﴾

22 - Çum-ma adbara yas'á.
22. Então, rechaçou-o, contendendo tenazmente.

فَحَشَرَ فَنَادَىٰ ﴿٢٣﴾

23 - Fa-hachara, fanáda,
23. Em seguida, congregou (as gentes) e discursou,

فَقَالَ أَنَا۠ رَبُّكُمُ ٱلْأَعْلَىٰ ﴿٢٤﴾

24 - Facala: aná rab-bukumul-a'la!
24. Proclamando: Sou o vosso senhor supremo!

فَأَخَذَهُ ٱللَّهُ نَكَالَ ٱلْءَاخِرَةِ وَٱلْأُولَىٰٓ ﴿٢٥﴾

25 - Fa-akhazahul-láhu nakalal-ákhirati wal-ú-la
25. Porém, Deus lhe infligiu o castigo e (fez dele) um exemplo para o Outro Mundo e para o presente.

إِنَّ فِى ذَٰلِكَ لَعِبْرَةً لِّمَن يَخْشَىٰٓ ﴿٢٦﴾

26 - In-na fi zálika la'ibratan liman yakhcha.
26. Certamente, nisto há um exemplo para o temente.

ءَأَنتُمْ أَشَدُّ خَلْقًا أَمِ ٱلسَّمَآءُ ۚ بَنَىٰهَا ﴿٢٧﴾

سُورَةُ النَّازِعَاتِ
Surat An Názi'at

27 - A-antum achad-du khalcan amis samá-u baná-ha?
27. Quê! Porventura a vossa criação é mais difícil ou é a do céu, que Ele erigiu?

رَفَعَ سَمْكَهَا فَسَوَّىٰهَا ﴿٢٨﴾

28 - Rafa'a samkahá fasau-wáha.
28. Elevou a sua abóbada e, por conseguinte, a ordenou,

وَأَغْطَشَ لَيْلَهَا وَأَخْرَجَ ضُحَىٰهَا ﴿٢٩﴾

29 - Wa-aghtacha lailaha wa-akhra-ja dhuhá-ha;
29. Escureceu a noite e, (consequentemente) clareou o dia;

وَٱلْأَرْضَ بَعْدَ ذَٰلِكَ دَحَىٰهَآ ﴿٣٠﴾

30 - Wal-ardha ba'da zálika dahá-ha,
30. E depois disso dilatou a Terra,

أَخْرَجَ مِنْهَا مَآءَهَا وَمَرْعَىٰهَا ﴿٣١﴾

31 - Akhraja min-ha má-a-ha wa mar'á-ha;
31. Da qual fez brotar a água e os pastos;

وَٱلْجِبَالَ أَرْسَىٰهَا ﴿٣٢﴾

32 - Waljibála arsá-ha,
32. E fixou, firmemente, as montanhas,

مَتَٰعًا لَّكُمْ وَلِأَنْعَٰمِكُمْ ﴿٣٣﴾

33 - Matá'an lakum wali-an'ámikum.
33. Para o proveito vosso e do vosso gado.

سُورَةُ النَّازِعَاتِ

Surat An Názi'at

فَإِذَا جَاءَتِ الطَّامَّةُ الْكُبْرَىٰ ﴿٣٤﴾

34 - Fa-izá já-atit-tám-matul-kubra,

34. Mas, quando chegar o grande evento,

يَوْمَ يَتَذَكَّرُ الْإِنسَانُ مَا سَعَىٰ ﴿٣٥﴾

35 - Yauma yatazak-karul-insánu má s'a

35. O dia em que o homem se há de recordar de tudo quanto tiver feito,

وَبُرِّزَتِ الْجَحِيمُ لِمَن يَرَىٰ ﴿٣٦﴾

36 - Wabur-rizatil jahímu liman yará,

36. E a fogueira for exposta visivelmente, para quem a quiser ver,

فَأَمَّا مَن طَغَىٰ ﴿٣٧﴾

37 - Fa-am-má man taghá,

37. Então, quem tiver transgredido,

وَآثَرَ الْحَيَاةَ الدُّنْيَا ﴿٣٨﴾

38 - Wa-áçaral-hayatad-dunyá,

38. E preferiu a vida terrena.

فَإِنَّ الْجَحِيمَ هِيَ الْمَأْوَىٰ ﴿٣٩﴾

39 - Fa-in-nal jahima hiyal-ma'wá.

39. Esse certamente terá a Fogueira por morada.

وَأَمَّا مَنْ خَافَ مَقَامَ رَبِّهِ وَنَهَى النَّفْسَ عَنِ الْهَوَىٰ ﴿٤٠﴾

سُورَةُ النَّازِعَاتِ

Surat An Názi'at

40 - Wa-am-ma man kháfa makama rab-bihi wanahan-nafsa 'anil-hawá,

40. Ao contrário, quem tiver temido o comparecimento ante o seu Senhor e se tiver refreado em relação à luxúria,

فَإِنَّ ٱلْجَنَّةَ هِىَ ٱلْمَأْوَىٰ ﴿٤١﴾

41 - Fa-inal-jan-nata hiyal-ma'wá.

41. Terá o Paraíso por abrigo.

يَسْـَٔلُونَكَ عَنِ ٱلسَّاعَةِ أَيَّانَ مُرْسَىٰهَا ﴿٤٢﴾

42 - Yas-alúnaka anis-sá'ati ai-yána mursáhá?

42. Interrogar-te-ão acerca da Hora: Quando será?

فِيمَ أَنتَ مِن ذِكْرَىٰهَآ ﴿٤٣﴾

43- Fima anta min zikrá-há?

43. Com quem estás tu (envolvido), com tal declaração?

إِلَىٰ رَبِّكَ مُنتَهَىٰهَآ ﴿٤٤﴾

44 -Ilá rab-bika munta-há-há.

44. Só ao teu Senhor incumbe tal conhecimento.

إِنَّمَآ أَنتَ مُنذِرُ مَن يَخْشَىٰهَا ﴿٤٥﴾

45 - In-namá anta munziru man yakhcháhá.

45. Tu és somente um admoestador, para quem a (Hora) teme.

كَأَنَّهُمْ يَوْمَ يَرَوْنَهَا لَمْ يَلْبَثُوٓا۟ إِلَّا عَشِيَّةً أَوْ ضُحَىٰهَا ﴿٤٦﴾

46 - Ka-an-nahum yawma yarawna-há lam yalbaçu il-lá achi-yatan au dhuha-há.

46. No dia em que a virem, parecer-lhes-á não terem permanecido no mundo mais do que um entardecer ou um amanhecer do mesmo.

سُورَةُ عَبَسَ

Surat 'Ábaça

Surat 80. *'ÁBAÇA* (O AUSTERO), Revelada em Makka; 42 versículos.

بِسۡمِ ٱللَّهِ ٱلرَّحۡمَٰنِ ٱلرَّحِيمِ

Bismillâhir Rahmânir Rahím

Em nome de Deus, o Clemente, o Misericordioso

عَبَسَ وَتَوَلَّىٰٓ ﴿١﴾

1 - Abaça watawal-la,

1. (O Profeta) tornou-se austero e voltou as costas,

أَن جَآءَهُ ٱلۡأَعۡمَىٰ ﴿٢﴾

2 - An já-ahul-a'ma,

2. Quando o cego foi ter com ele.

وَمَا يُدۡرِيكَ لَعَلَّهُۥ يَزَّكَّىٰٓ ﴿٣﴾

3- Wama yudrika la'al-lahú yaz-zak-ka

3. E quem te assegura que não poderia vir a ser agraciado,

أَوۡ يَذَّكَّرُ فَتَنفَعَهُ ٱلذِّكۡرَىٰٓ ﴿٤﴾

4- Au yaz-zak-karu fatanfa'ahuz--zikrá?

4. Ou receber (admoestação) e, a lição lhe seria proveitosa?

أَمَّا مَنِ ٱسۡتَغۡنَىٰ ﴿٥﴾

5- Am-ma manis-staghná,

5. Quanto ao que se tem como autossuficiente,

فَأَنتَ لَهُۥ تَصَدَّىٰ ﴿٦﴾

6 - Fa-anta lahú tasçad-dá,

سُورَةُ عَبَسَ

Surat 'Ábaça

6. Tu o atendes.

وَمَا عَلَيْكَ أَلَّا يَزَّكَّىٰ ﴿٧﴾

7 - Wama 'alaika al-la yaz-zaka.

7. Não tens culpa se ele não cresceu (em conhecimentos espirituais).

وَأَمَّا مَن جَآءَكَ يَسْعَىٰ ﴿٨﴾

8 - Wa-am-má man já-aka yas'a,

8. Porém, quem acorreu a ti,

وَهُوَ يَخْشَىٰ ﴿٩﴾

9 - Wahwa yakhcha,

9. E é temente,

فَأَنتَ عَنْهُ تَلَهَّىٰ ﴿١٠﴾

10 - Fa-anta 'anhu talah-ha!

10. Tu o negligenciaste!

كَلَّآ إِنَّهَا تَذْكِرَةٌ ﴿١١﴾

11 - Kal-la in-nahá tazkira.

11. Não! Em verdade, (o Alcorão) é uma mensagem de advertência.

فَمَن شَآءَ ذَكَرَهُۥ ﴿١٢﴾

12 - Fàman chá-a zakarah.

12. Quem quiser, pois, que guarde na lembrança.

سُورَةُ عَبَسَ

Surat 'Ábaça

فِى صُحُفٍ مُّكَرَّمَةٍ ﴿١٣﴾

13 - Fi suhufin mukar-ramah
13. (Está registrado) em páginas honoráveis,

مَّرْفُوعَةٍ مُّطَهَّرَةٍ ﴿١٤﴾

14 - Marfú'atin, mutah-harah,
14. Exaltadas, purificadas,

بِأَيْدِى سَفَرَةٍ ﴿١٥﴾

15 - Bi-aidi safarah,
15. Por mãos de escribas,

كِرَامٍ بَرَرَةٍ ﴿١٦﴾

16 - Kirámin, bararah,
16. Nobres e piedosos.

قُتِلَ ٱلْإِنسَٰنُ مَآ أَكْفَرَهُۥ ﴿١٧﴾

17 - Cutilal-insánu, má akfarah!
17. Ai do homem; quão pecador é!

مِنْ أَىِّ شَىْءٍ خَلَقَهُۥ ﴿١٨﴾

18 - Min ai-i chai-in khalacah?
18. De que Ele o criou?

مِن نُّطْفَةٍ خَلَقَهُۥ فَقَدَّرَهُۥ ﴿١٩﴾

سُورَةُ عَبَسَ

Surat 'Ábaça

19 - Min nutfatin, khalacahu facad-darah.
19. De uma gota de esperma; Ele o criou e o modelou (em seguida).

ثُمَّ ٱلسَّبِيلَ يَسَّرَهُۥ ﴿٢٠﴾

20 - Çummas-sabíla yas-sarah,
20. Então, suavizou-lhe o caminho,

ثُمَّ أَمَاتَهُۥ فَأَقْبَرَهُۥ ﴿٢١﴾

21 - Sum-ma amátahu fa-acbarah;
21. Depois, fê-lo morrer e o sepultou;

ثُمَّ إِذَا شَآءَ أَنشَرَهُۥ ﴿٢٢﴾

22 - Sum-ma izá chá-a ancharah.
22. E, por fim, quando Lhe aprouver, ressuscitá-lo-á.

كَلَّا لَمَّا يَقْضِ مَآ أَمَرَهُۥ ﴿٢٣﴾

23 - Kal-la lam-ma yacdhi má-amarah
23. Qual! O homem ainda não cumpriu o que Ele lhe ordenou.

فَلْيَنظُرِ ٱلْإِنسَٰنُ إِلَىٰ طَعَامِهِۦٓ ﴿٢٤﴾

24 -Falyanzuril-insánu ilá ta'ámih.
24. Que o homem repare, pois, em seu alimento.

أَنَّا صَبَبْنَا ٱلْمَآءَ صَبًّا ﴿٢٥﴾

25 - An-na sababnal-má-a sab-bá,
25. Em verdade, derramamos a água em abundância,

سُورَةُ عَبَسَ

Surat 'Ábaça

ثُمَّ شَقَقۡنَا ٱلۡأَرۡضَ شَقّٗا ﴿٢٦﴾

26 - Çumma chacacnal-ardha chac-cá,

26. Depois abrimos a terra em fendas,

فَأَنۢبَتۡنَا فِيهَا حَبّٗا ﴿٢٧﴾

27 - Fa-anbatna fí-ha hab-bá,

27. E fazemos nascer o grão,

وَعِنَبٗا وَقَضۡبٗا ﴿٢٨﴾

28 - Wa'inaban wacadhbá,

28. A videira e as plantas (nutritivas),

وَزَيۡتُونٗا وَنَخۡلٗا ﴿٢٩﴾

29 - Wa zaitunan wanakhlá,

29. A oliveira e a tamareira,

وَحَدَآئِقَ غُلۡبٗا ﴿٣٠﴾

30 - Wa hadá-ica ghulbá,

30. E jardins frondosos,

وَفَٰكِهَةٗ وَأَبّٗا ﴿٣١﴾

31 - Wafáquihatan wa ab-bá,

31. E o fruto e a forragem,

مَّتَٰعٗا لَّكُمۡ وَلِأَنۡعَٰمِكُمۡ ﴿٣٢﴾

32 - Matá'an lakum wali an'ami-kum.

32. Para o vosso uso e o do vosso gado.

فَإِذَا جَآءَتِ ٱلصَّآخَّةُ ﴿٣٣﴾

33 - Fa-izá já-atis-sákh-khah,
33. Porém, quando retumbar o toque ensurdecedor,

يَوۡمَ يَفِرُّ ٱلۡمَرۡءُ مِنۡ أَخِيهِ ﴿٣٤﴾

34 - Yauma yafir-rul-mar-u min akhih,
34. Nesse dia, o homem fugirá do seu irmão,

وَأُمِّهِۦ وَأَبِيهِ ﴿٣٥﴾

35 - Wa úmi-hi wa-abíh,
35. Da sua mãe e do seu pai,

وَصَٰحِبَتِهِۦ وَبَنِيهِ ﴿٣٦﴾

36 - Wasáhibatihí wabaníh.
36. Da esposa e dos filhos.

لِكُلِّ ٱمۡرِيٕٖ مِّنۡهُمۡ يَوۡمَئِذٖ شَأۡنٞ يُغۡنِيهِ ﴿٣٧﴾

37 - Likulli mri-in min-hum yaw--ma-izin cha'nun yughníh.
37. Nesse dia, a cada qual bastará a preocupação consigo mesmo.

وُجُوهٞ يَوۡمَئِذٖ مُّسۡفِرَةٞ ﴿٣٨﴾

38 - Wujuhun yawma-izin musfirah,
38. Nesse dia, haverá rostos resplandecentes,

ضَاحِكَةٞ مُّسۡتَبۡشِرَةٞ ﴿٣٩﴾

39 - Dháhikatun, mustabchirah.
39. Risonhos, regozijantes.

وَوُجُوهٌ يَوْمَئِذٍ عَلَيْهَا غَبَرَةٌ ﴿٤٠﴾

40 - Wa-wujuhun yawma-izin 'alai-ha ghabarah,
40. E também haverá, nesse dia, rostos cobertos de pó,

تَرْهَقُهَا قَتَرَةٌ ﴿٤١﴾

41 - Tarhacuhá catarah,
41. As trevas os cobrirão.

أُوْلَٰٓئِكَ هُمُ ٱلْكَفَرَةُ ٱلْفَجَرَةُ ﴿٤٢﴾

42 -Ulá-ika humul-kafaratul-faja-rah.
42. Estes serão os rostos dos incrédulos, dos depravados.

سُورَةُ التَّكْوِيرِ
Surat Attaqüir

Surat 81. *AT TAQÜIR* (O ENROLAMENTO). Revelada em Makka; 29 versículos.

بِسْمِ ٱللَّهِ ٱلرَّحْمَٰنِ ٱلرَّحِيمِ

Bismilláhir Rahmánir Rahím

Em nome de Deus, o Clemente, o Misericordioso

إِذَا ٱلشَّمْسُ كُوِّرَتْ ﴿١﴾

1 - Izach-chamsu kúwirat,
1. Quando o sol for enrolado,

وَإِذَا ٱلنُّجُومُ ٱنكَدَرَتْ ﴿٢﴾

سُورَةُ التَّكوِيرِ

Surat Attaqüir

2 - Wa-izan-nujúmu inkadarat,
2. Quando as estrelas se dispersarem,

وَإِذَا ٱلْجِبَالُ سُيِّرَتْ ﴿٣﴾

3 - Wa-izal-jibálu sui-irat,
3. Quando as montanhas estiverem dispersas,

وَإِذَا ٱلْعِشَارُ عُطِّلَتْ ﴿٤﴾

4 - Wa-izal 'ichàru 'ut-tilat,
4. Quando as fêmeas de camelos, prenhas de dez meses, forem abandonadas,

وَإِذَا ٱلْوُحُوشُ حُشِرَتْ ﴿٥﴾

5 - Wa-izal-wuhuchu húchirat,
5. Quando as feras forem congregadas,

وَإِذَا ٱلْبِحَارُ سُجِّرَتْ ﴿٦﴾

6 - Wa-izal biháru súj-jirat,
6. Quando os mares transbordarem,

وَإِذَا ٱلنُّفُوسُ زُوِّجَتْ ﴿٧﴾

7 - Wa-izan-nufúçu zúwijat,
7. Quando as almas forem reunidas,

وَإِذَا ٱلْمَوْءُۥدَةُ سُئِلَتْ ﴿٨﴾

8 - Wa-izal-mau-údatu su-ilat:
8. Quando a filha, sepultada viva, for interrogada:

سُورَةُ التَّكوِيرِ

Surat Attaqüir

بِأَيِّ ذَنۢبٍ قُتِلَتۡ ﴿٩﴾

9 - Bi-ai-i zanbin cútilat?
9. Por que delito foi assassinada?

وَإِذَا ٱلصُّحُفُ نُشِرَتۡ ﴿١٠﴾

10 - Wa-izas-suhufu núchirat,
10. Quando as páginas forem abertas,

وَإِذَا ٱلسَّمَآءُ كُشِطَتۡ ﴿١١﴾

11 - Wa-izas-samá-u kúchitat,
11. Quando o céu for desvendado,

وَإِذَا ٱلۡجَحِيمُ سُعِّرَتۡ ﴿١٢﴾

12 - Wa-izal-jahímu sú'irat,
12. Quando o inferno for aceso,

وَإِذَا ٱلۡجَنَّةُ أُزۡلِفَتۡ ﴿١٣﴾

13 - Wa-izal jan-natu úzlifat,
13. E quando o jardim for aproximado,

عَلِمَتۡ نَفۡسٞ مَّآ أَحۡضَرَتۡ ﴿١٤﴾

14 - 'Alimat nafsun má ah-dharat.
14. Então, saberá, cada alma, o que está apresentando.

فَلَآ أُقۡسِمُ بِٱلۡخُنَّسِ ﴿١٥﴾

15 - Falá úksimu bilkhun-nas,
15. Juro pelas estrelas,

سُورَةُ التَّكوِير

Surat Attaqüir

ٱلْجَوَارِ ٱلْكُنَّسِ ﴿١٦﴾

16 - Al-jawaril-kún-nas,
16. Que se mostram e se escondem,

وَٱلَّيْلِ إِذَا عَسْعَسَ ﴿١٧﴾

17 - Wal-laili izá 'ass'ass,
17. E pela noite, quando escurece,

وَٱلصُّبْحِ إِذَا تَنَفَّسَ ﴿١٨﴾

18 - Was-súbhi izá tanaf-fas,
18. E pela aurora, quando respira,

إِنَّهُۥ لَقَوْلُ رَسُولٍ كَرِيمٍ ﴿١٩﴾

19 -In-nahu lacaulu raçúlin karim,
19. Que esta é a palavra de um honorável Mensageiro,

ذِى قُوَّةٍ عِندَ ذِى ٱلْعَرْشِ مَكِينٍ ﴿٢٠﴾

20 -Zi cúwatin, 'inda zil'archi maquin.
20. Forte, digníssimo, ante o Senhor do Trono.

مُّطَاعٍ ثَمَّ أَمِينٍ ﴿٢١﴾

21 - Mutá-in çam-ma amin.
21. Que deve ser obedecido, e no qual se deve confiar.

وَمَا صَاحِبُكُم بِمَجْنُونٍ ﴿٢٢﴾

22 - Wamá sáhibukum bimajnun!

سُورَةُ التَّكوِير

Surat Attaqüir

22. E o vosso companheiro (ó povos), não é um louco!

وَلَقَدْ رَءَاهُ بِٱلْأُفُقِ ٱلْمُبِينِ ﴿٢٣﴾

23 - Wa-lacad ra-á-hu bil-úfuquil-mubin.
23. Ele o viu (Gabriel), no claro horizonte,

وَمَا هُوَ عَلَى ٱلْغَيْبِ بِضَنِينٍ ﴿٢٤﴾

24 - Wama huwa 'alal ghaibi bidha-nin.
24. E não guarda para si, avaramente, o conhecimento do desconhecido.

وَمَا هُوَ بِقَوْلِ شَيْطَٰنٍ رَّجِيمٍ ﴿٢٥﴾

25 - Wama huwa bicauli chaitánin rajim.
25. E não é (o Alcorão) a palavra do maldito Satanás.

فَأَيْنَ تَذْهَبُونَ ﴿٢٦﴾

26 - Fa-aina tazhabún?
26. Assim, pois, aonde ides?

إِنْ هُوَ إِلَّا ذِكْرٌ لِّلْعَٰلَمِينَ ﴿٢٧﴾

27 - In-n huwa il-lá zikrun lil 'álamín.
27. Certamente, isto não é mais do que uma mensagem para o universo,

لِمَن شَآءَ مِنكُمْ أَن يَسْتَقِيمَ ﴿٢٨﴾

28 - Li-man chá-a minkum an yas-taquim.
28. Para quem de vós se quiser encaminhar.

وَمَا تَشَآءُونَ إِلَّآ أَن يَشَآءَ ٱللَّهُ رَبُّ ٱلْعَٰلَمِينَ ﴿٢٩﴾

سُورَةُ الانفِطَار
Surat Al Infitar

29 - Wama tachá-úna il-la an yachá-al-láhu rab-bul 'álamín.

29. Porém, não vos encaminhareis, salvo se Deus, o Senhor do Universo, assim o permitir.

Surat 82. *AL INFITAR* (O FENDIMENTO), revelada em Makka; 19 versículos

بِسْمِ ٱللَّهِ ٱلرَّحْمَٰنِ ٱلرَّحِيمِ

Bismilláhir Rahmánir Rahím

Em nome de Deus, o Clemente, o Misericordioso

إِذَا ٱلسَّمَآءُ ٱنفَطَرَتْ ﴿١﴾

1 - *Izas-samá-un-fatarat,*

1. Quando o céu se fender,

وَإِذَا ٱلْكَوَاكِبُ ٱنتَثَرَتْ ﴿٢﴾

2. - Wa-izal-kawákibu intaçarat,

2. Quando as estrelas se dispersarem,

وَإِذَا ٱلْبِحَارُ فُجِّرَتْ ﴿٣﴾

3. - Wa-izal-biháru fuj-jirat,

3. Quando os oceanos sofrerem explosões,

وَإِذَا ٱلْقُبُورُ بُعْثِرَتْ ﴿٤﴾

4. - Wa-izal-cuburu bu'sirat,

سُورَةُ الانفِطَار

Surat Al Infitar

4. E quando os sepulcros forem revirados,

عَلِمَتۡ نَفۡسٞ مَّا قَدَّمَتۡ وَأَخَّرَتۡ ٥

5. - 'Alimat nafsun má cad-damat wa-akharat
5. Saberá cada alma o que fez e o que deixou de fazer.

يَٰٓأَيُّهَا ٱلۡإِنسَٰنُ مَا غَرَّكَ بِرَبِّكَ ٱلۡكَرِيمِ ٦

6- Ya-ai-u-hal-insánu má ghar-raka birab-bikal karim,
6. ó humano, o que te iludiu em relação ao teu Senhor, o Munificentíssimo,

ٱلَّذِي خَلَقَكَ فَسَوَّىٰكَ فَعَدَلَكَ ٧

7 - Al-lazi khalacaka, façau-wáka, fa 'adalak.
7. Que te criou, formou-te, aperfeiçoou-te,

فِيٓ أَيِّ صُورَةٖ مَّا شَآءَ رَكَّبَكَ ٨

8 - Fi ai-i súratin má chá-a rak kabak?
8. E te modelou, na forma que Lhe aprouve?

كَلَّا بَلۡ تُكَذِّبُونَ بِٱلدِّينِ ٩

9 - Kal-la bal tukaz-zibuna bid-din!
9. Qual! Apesar disso, desmentis o (Dia do) Juízo!

وَإِنَّ عَلَيۡكُمۡ لَحَٰفِظِينَ ١٠

10 - Wa-in-na 'alaikum laháfizin
10. Porém, certamente, sobre vós há anjos de guarda,

كِرَامٗا كَٰتِبِينَ ١١

11- Kiráman, kátibin,

سُورَةُ الانفِطَار
Surat Al Infitar

11. Generosos e anotadores,

يَعْلَمُونَ مَا تَفْعَلُونَ ﴿١٢﴾

12 - Ya'lamuna má taf'alún.

12. Que sabem (tudo) o que fazeis.

إِنَّ ٱلْأَبْرَارَ لَفِي نَعِيمٍ ﴿١٣﴾

13 - In-nal-abrara la-fi na'im.

13. Sabei que os piedosos estarão em deleite;

وَإِنَّ ٱلْفُجَّارَ لَفِي جَحِيمٍ ﴿١٤﴾

14 - Wa-in-nal-fujjára la-fi ja-him,

14. Por outra, os ignóbeis irão para a fogueira,

يَصْلَوْنَهَا يَوْمَ ٱلدِّينِ ﴿١٥﴾

15 - Yaslawnahá yawmad-din,

15. Em que entrarão, no Dia do Juízo,

وَمَا هُمْ عَنْهَا بِغَآئِبِينَ ﴿١٦﴾

16 - Wama hum 'an-ha bighá-ibin.

16. Da qual jamais poderão esquivar-se.

وَمَآ أَدْرَىٰكَ مَا يَوْمُ ٱلدِّينِ ﴿١٧﴾

17 - Wama adráka má yaumud-din

17. E, o que te fará entender o que é o Dia do Juízo?

ثُمَّ مَآ أَدْرَىٰكَ مَا يَوْمُ ٱلدِّينِ ﴿١٨﴾

سُورَةُ المُطَفِّفِين
Surat Al Mutaffifin

18 - Çum-ma má adráka má yaumud-din?
18. Novamente: o que te fará entender o que é o Dia do Juízo?

يَوْمَ لَا تَمْلِكُ نَفْسٌ لِّنَفْسٍ شَيْـًٔا ۖ وَٱلْأَمْرُ يَوْمَئِذٍ لِّلَّهِ ﴿١٩﴾

19- Yauma lá tamliku naf-sun li-nafsin chai-a, wal-amru yaw-ma-izin lil-lah.
19. É o dia em que nenhuma alma poderá advogar por outra, porque o mando, nesse dia, só será de Deus.

Surat 83. *AL MUTAFFIFIN* (OS FRAUDADORES). Revelada em Makka; 36 versículos.

بِسْمِ ٱللَّهِ ٱلرَّحْمَٰنِ ٱلرَّحِيمِ

Bismilláhir Rahmánir Rahím

Em nome de Deus, o Clemente, o Misericordioso

وَيْلٌ لِّلْمُطَفِّفِينَ ﴿١﴾

1 - Wailun lilmutaf-fifín,
1. Ai dos fraudadores,

ٱلَّذِينَ إِذَا ٱكْتَالُوا۟ عَلَى ٱلنَّاسِ يَسْتَوْفُونَ ﴿٢﴾

2 - Al-lazina iza-ktálu 'alan'náci yastawfún;
2. Aqueles que, quando alguém lhes mede algo, exigem a medida plena.

وَإِذَا كَالُوهُمْ أَو وَّزَنُوهُمْ يُخْسِرُونَ ﴿٣﴾

3 - Wa-izá ká-lúhum au wazanúhum yukhcirun.

سُورَةُ المُطَفِّفِين

Surat Al Mutaffifin

3. Porém, quando eles medem ou pesam para os demais, dão-lhes menos que o devido.

أَلَا يَظُنُّ أُوْلَٰٓئِكَ أَنَّهُم مَّبۡعُوثُونَ ٤

4 - Alá yazun-nu u-lá-ika an-nahum mab'úçun.

4. Porventura, não consideram que serão ressuscitados,

لِيَوۡمٍ عَظِيمٍ ٥

5 - Liyaumin 'azim,

5. Para o Dia terrível?

يَوۡمَ يَقُومُ ٱلنَّاسُ لِرَبِّ ٱلۡعَٰلَمِينَ ٦

6 - Yauma yacúmun-náçu Iirab-bil 'álamín?

6. Dia em que os seres comparecerão perante o Senhor do Universo?

كَلَّآ إِنَّ كِتَٰبَ ٱلۡفُجَّارِ لَفِي سِجِّينٖ ٧

7- Kal-la in-na kitabal-fuj-jári lafi sij-jin.

7. Qual! Sabei que o registro dos ímpios estará preservado em Sijjin.

وَمَآ أَدۡرَىٰكَ مَا سِجِّينٞ ٨

8 - Wamá adráka má sij-jin?

8. E o que te fará entender o que é Sijjin?

كِتَٰبٞ مَّرۡقُومٞ ٩

9 - Kitábun marcúm.

9. É um registro escrito.

وَيۡلٞ يَوۡمَئِذٖ لِّلۡمُكَذِّبِينَ

10 - Wailun yauma izin lilmukaz-zibin!

سُورَةُ الْمُطَفِّفِين

Surat Al Mutaffifin

10. Ai, nesse dia, dos desmentidores!

ٱلَّذِينَ يُكَذِّبُونَ بِيَوْمِ ٱلدِّينِ ﴿١١﴾

11 - Al-lazina yukaz-zibuna bi yaumid-din,

11. Que negam o Dia do Juízo,

وَمَا يُكَذِّبُ بِهِۦٓ إِلَّا كُلُّ مُعْتَدٍ أَثِيمٍ ﴿١٢﴾

12 - Wamá yukaz-zibu bihí il-la kul-lu mu'tadin acim.

12. Coisa que ninguém nega, senão o transgressor, pecador.

إِذَا تُتْلَىٰ عَلَيْهِ ءَايَٰتُنَا قَالَ أَسَٰطِيرُ ٱلْأَوَّلِينَ ﴿١٣﴾

13 - Izá tutlá 'alaihi á-yátuna cála açatírul-auwalín!

13. É aquele que, quando lhe são recitados os Nossos versículos, diz: São meras fábulas dos primitivos!

كَلَّا ۖ بَلْ ۜ رَانَ عَلَىٰ قُلُوبِهِم مَّا كَانُوا۟ يَكْسِبُونَ ﴿١٤﴾

14 - Kal-la bal rána 'alá kulúbihim má kanu yaksibún.

14. Qual! Em seus corações há a mácula (do pecado), que cometem.

كَلَّآ إِنَّهُمْ عَن رَّبِّهِمْ يَوْمَئِذٍ لَّمَحْجُوبُونَ ﴿١٥﴾

15 - Kal-la in-nahum 'an rab-bihim yauma-izin lamahjubún.

15. Qual! Em verdade, nesse dia, estar-lhes-á vedado contemplar o seu Senhor.

ثُمَّ إِنَّهُمْ لَصَالُوا۟ ٱلْجَحِيمِ ﴿١٦﴾

16 - Çum-ma in-nahum laçálul-ja-him.

16. Então, entrarão na fogueira.

ثُمَّ يُقَالُ هَٰذَا ٱلَّذِى كُنتُم بِهِۦ تُكَذِّبُونَ ﴿١٧﴾

سُورَةُ المُطَفِّفِين

Surat Al Mutaffifin

17 - Çum-ma yucálu házal-lazi kun-tum bihi tukaz-zibún!
17. Em seguida, ser-lhes-á dito: Esta é a (realidade) que negáveis!

كَلَّآ إِنَّ كِتَٰبَ ٱلْأَبْرَارِ لَفِى عِلِّيِّينَ ﴿١٨﴾

18 - Kal-la in-na kitabal-abrári la-fi 'il-liy-in!
18. Qual! Sabei que o registro dos piedosos está preservado em 'Illiyin!

وَمَآ أَدْرَىٰكَ مَا عِلِّيُّونَ ﴿١٩﴾

19 - Wama adráka má 'il-liy-ún?
19. E o que te fará entender o que é 'Illiyun?

كِتَٰبٌ مَّرْقُومٌ ﴿٢٠﴾

20 - Kitábun marcúm,
20-. É um registro manuscrito,

يَشْهَدُهُ ٱلْمُقَرَّبُونَ ﴿٢١﴾

21 - Yach-haduhúl-mucar-rabun.
21. Atestado por aqueles que estão próximos (ao seu Senhor).

إِنَّ ٱلْأَبْرَارَ لَفِى نَعِيمٍ ﴿٢٢﴾

22 - In-nal-abrára la-fi na'im,
22. Em verdade, os piedosos estarão em deleite,

عَلَى ٱلْأَرَآئِكِ يَنظُرُونَ ﴿٢٣﴾

23 - 'Alal-ará-iki yanzurún,
23. Reclinados sobre almofadas, olhando-se de frente.

تَعْرِفُ فِى وُجُوهِهِمْ نَضْرَةَ ٱلنَّعِيمِ ﴿٢٤﴾

سُورَةُ المُطَفِّفِين

Surat Al Mutaffifin

24 - Ta'rifu fi wujuhihim nadhra-tan-na'im.
24. Reconhecerás, em seus rostos, o esplendor do deleite.

يُسْقَوْنَ مِن رَّحِيقٍ مَّخْتُومٍ ﴿٢٥﴾

25 - Yuscauna min rahiquen makhtum
25. Ser-lhes-á dado a beber um néctar (de um frasco) selado,

خِتَٰمُهُۥ مِسْكٌ ۚ وَفِى ذَٰلِكَ فَلْيَتَنَافَسِ ٱلْمُتَنَٰفِسُونَ ﴿٢٦﴾

26 - Khitámuhu mis-kun wafi zálika fal yatanáfacil mutanáfiçún
26. Cujo lacre será de almíscar – que os que aspiram a isso diligenciem em sua aspiração

وَمِزَاجُهُۥ مِن تَسْنِيمٍ ﴿٢٧﴾

27 - Wamizá-júhu min tasnim,
27. Cuja mistura vem do Tasnim,

عَيْنًا يَشْرَبُ بِهَا ٱلْمُقَرَّبُونَ ﴿٢٨﴾

28 - 'Ainan yachrabu bihál-mucar-rabún.
28. Que é uma fonte, da qual beberão os que estão próximos (a Deus).

إِنَّ ٱلَّذِينَ أَجْرَمُوا۟ كَانُوا۟ مِنَ ٱلَّذِينَ ءَامَنُوا۟ يَضْحَكُونَ ﴿٢٩﴾

29 - In-nal lazina ajramú kánu mi-nal-lazina ámanu yadh-hakun.
29. Sabei que os pecadores riam-se dos crentes.

وَإِذَا مَرُّوا۟ بِهِمْ يَتَغَامَزُونَ ﴿٣٠﴾

30 - Wa-izá mar-ru bi-him yataghá-mazun,
30. E quando passavam junto a eles, piscavam os olhos, uns para os outros,

وَإِذَا ٱنقَلَبُوٓا۟ إِلَىٰٓ أَهْلِهِمُ ٱنقَلَبُوا۟ فَكِهِينَ ﴿٣١﴾

سُورَةُ المُطَفِّفِينَ

Surat Al Mutaffifin

31- Wa-izán-calabú ilá ahlihim incalabu fákihin;

31. E quando voltavam aos seus, voltavam ridicularizando (os crentes);

وَإِذَا رَأَوْهُمْ قَالُوٓا۟ إِنَّ هَٰٓؤُلَآءِ لَضَآلُّونَ ﴿٣٢﴾

32 - Wa-izá ra-ú-hum cálu: in-na há-u-lá-i ladhállun!

32. E quando os viam, diziam: Em verdade, estes estão extraviados!

وَمَآ أُرْسِلُوا۟ عَلَيْهِمْ حَٰفِظِينَ ﴿٣٣﴾

33 - Wamá ur-silú ‘alai-him háfizin.

33. Embora não estivessem destinados a ser os seus guardiões.

فَٱلْيَوْمَ ٱلَّذِينَ ءَامَنُوا۟ مِنَ ٱلْكُفَّارِ يَضْحَكُونَ ﴿٣٤﴾

34 - Fal-yawmal-lazina ámanu minal-kuf-fári yadh-hakún

34. Porém, hoje, os crentes riem-se dos incrédulos.

عَلَى ٱلْأَرَآئِكِ يَنظُرُونَ ﴿٣٥﴾

35 - ‘Alal-ará-iki yanzurún

35. E, reclinados sobre almofadas, observam-nos.

هَلْ ثُوِّبَ ٱلْكُفَّارُ مَا كَانُوا۟ يَفْعَلُونَ ﴿٣٦﴾

36 - Hal çú-wi-bal-kuf-fáru ma kánú yaf‘alún?

36. Acaso, os incrédulos não serão punidos, por tudo quanto tiverem cometido?

سُورَةُ الانْشِقَاقِ

Surat Al Inxicac

Surat 84. *AL INXICAC* (A FENDA). Revelada em Makka; 25 versículos.

بِسْمِ اللَّهِ الرَّحْمَٰنِ الرَّحِيمِ

Bismilláhir Rahmánir Rahím

Em nome de Deus, o Clemente, o Misericordioso

إِذَا السَّمَاءُ انشَقَّتْ ﴿١﴾

1 - Izas-samá-u inxak-kat,

1. Quando o céu se fender,

وَأَذِنَتْ لِرَبِّهَا وَحُقَّتْ ﴿٢﴾

2 - Wa-âzinat lirab-biha wa-huc-cat,

2. E obedecer ao (mando do) seu Senhor, e o fizer devidamente,

وَإِذَا الْأَرْضُ مُدَّتْ ﴿٣﴾

3 - Wa-izal-ardhu mud-dat,

3. E quando a Terra for dilatada,

وَأَلْقَتْ مَا فِيهَا وَتَخَلَّتْ ﴿٤﴾

4 - Wa-alcat má-fi-ha watakhal-lat,

4. E arrojar tudo quanto nela há, e ficar vazia,

وَأَذِنَتْ لِرَبِّهَا وَحُقَّتْ ﴿٥﴾

5 - Wa-âzinat lirab-bihá wa-huc-cat,

5. E obedecer ao (mando do) seu Senhor, e o fizer devidamente,

يَا أَيُّهَا الْإِنسَانُ إِنَّكَ كَادِحٌ إِلَىٰ رَبِّكَ كَدْحًا فَمُلَاقِيهِ ﴿٦﴾

سُورَةُ الانْشِقَاقِ

Surat Al Inxicac

6 - Ya-ai-u-hal-insánu in-naka kádihun ilá rab bika kad-han famulá-quíh!

6. Ó humano, em verdade, esforçar-te-ás afoitamente por compareceres ante o teu Senhor. Logo O encontrarás!

فَأَمَّا مَنْ أُوتِيَ كِتَٰبَهُۥ بِيَمِينِهِۦ ﴿٧﴾

7 - Fa-am-ma man u-ti-ya kitábahu biyamínih,

7. Quanto àquele a quem for entregue o registro na destra,

فَسَوْفَ يُحَاسَبُ حِسَابًا يَسِيرًا ﴿٨﴾

8 - Fa-saufa yuhá-sabu hisçaban ya-sira,

8. De pronto será julgado com doçura,

وَيَنقَلِبُ إِلَىٰٓ أَهْلِهِۦ مَسْرُورًا ﴿٩﴾

9 - Wa yancalibu ilá ahlihi masrura.

9. E retornará, regozijado, aos seus.

وَأَمَّا مَنْ أُوتِيَ كِتَٰبَهُۥ وَرَآءَ ظَهْرِهِۦ ﴿١٠﴾

10 - Wa am-ma man u-ti-ya kitábahu wará-a zah-rih,

10. Porém, aquele a quem for entregue o registro, por trás das costas,

﴿١٠﴾ فَسَوْفَ يَدْعُوا۟ ثُبُورًا ﴿١١﴾

11 - Fa-saufa yad'u çubura,

11. (Este) suplicará, de pronto, pela perdição,

وَيَصْلَىٰ سَعِيرًا ﴿١٢﴾

12 - Wa yasla sa'i-ra

12. E entrará no fogo abrasador,

إِنَّهُۥ كَانَ فِىٓ أَهْلِهِۦ مَسْرُورًا ﴿١٣﴾

سُورَةُ الإنشِقَاق

Surat Al Inxicac

13 - In-nahú kana fi ahlihi masrura
13. Por se ter regozijado entre os seus,

إِنَّهُۥ ظَنَّ أَن لَّن يَحُورَ ﴿١٤﴾

14 - In-nahú zan-na an lan ya-húra!
14. E por ter acreditado que jamais compareceria (ante Nós)!

بَلَىٰٓ إِنَّ رَبَّهُۥ كَانَ بِهِۦ بَصِيرًا ﴿١٥﴾

15 - Ba-lá in-na rab-bahu kana bihi bacira.
15. Pois sim! Em verdade, seu Senhor o via.

فَلَآ أُقْسِمُ بِٱلشَّفَقِ ﴿١٦﴾

16 - Fa-lá uccimu bich-chafac,
16. Juro, pelo crepúsculo róseo,

وَٱلَّيْلِ وَمَا وَسَقَ ﴿١٧﴾

17 - Wal-laili wa-ma waçac,
17. E pela noite, e por tudo quanto ela envolve,

وَٱلْقَمَرِ إِذَا ٱتَّسَقَ ﴿١٨﴾

18 - Wal-camari *izat-taçac,*
18. E pela lua, quando está cheia,

لَتَرْكَبُنَّ طَبَقًا عَن طَبَقٍ ﴿١٩﴾

19 - Latarkabun-na tabacan 'an tabac.
19. Que caminhareis de estágio em estágio.

فَمَا لَهُمْ لَا يُؤْمِنُونَ ﴿٢٠﴾

سُورَةُ الانشِقَاقِ

Surat Al Inxicac

20 - Fa-má la-hum lá yu 'minun?
20. Que há com eles, que não creem?

وَإِذَا قُرِئَ عَلَيۡهِمُ ٱلۡقُرۡءَانُ لَا يَسۡجُدُونَ ۩ ﴿٢١﴾

21 - Wa-izá curi-a 'alai-himul-cur-á-nu la yasjudun;
21. E por que, quando lhes é lido o Alcorão, não se prostram? (fazer sajda)

بَلِ ٱلَّذِينَ كَفَرُواْ يُكَذِّبُونَ ﴿٢٢﴾

22 - Ba-lil-lazina kafarú yukaz-zibun
22. E os incrédulos o negam?

وَٱللَّهُ أَعۡلَمُ بِمَا يُوعُونَ ﴿٢٣﴾

23- Wal-láhu a'lamu bi-má yú 'un
23. Mas Deus bem sabe tudo quanto segredam.

فَبَشِّرۡهُم بِعَذَابٍ أَلِيمٍ ﴿٢٤﴾

24- Fa-bach-chir-hum bi 'azabin alim.
24. Anuncia-lhes, pois, um doloroso castigo,

إِلَّا ٱلَّذِينَ ءَامَنُواْ وَعَمِلُواْ ٱلصَّٰلِحَٰتِ لَهُمۡ أَجۡرٌ غَيۡرُ مَمۡنُونِۭ ﴿٢٥﴾

25 - Il-lal-lazina ámanu wa 'amilus sálih//áti la-hum ajrun ghairu mamnún.
25. Exceto aos crentes, que praticam o bem, os quais obterão uma recompensa infalível.

سُورَةُ البُرُوجِ

Surat Al Buruj

Surat 85. *AL BURUJ* (AS CONSTELAÇÕES). Revelada em Makka; 22 versículos.

بِسْمِ اللَّهِ الرَّحْمَٰنِ الرَّحِيمِ

Bismilláhir Rahmánir Rahím

Em nome de Deus, o Clemente, o Misericordioso

وَالسَّمَاءِ ذَاتِ الْبُرُوجِ ﴿١﴾

1 - Was-samá-i zátil-burúj;

1. Pelo céu, (mostrando) as constelações;

وَالْيَوْمِ الْمَوْعُودِ ﴿٢﴾

2 - Wal-yaumil-mau'ud;

2. E pelo Dia (do Julgamento) prometido;

وَشَاهِدٍ وَمَشْهُودٍ ﴿٣﴾

3 - Wachá-hidin wamach-húd;

3. E pela testemunha e por aquilo de que presta testemunho;

قُتِلَ أَصْحَابُ الْأُخْدُودِ ﴿٤﴾

4 - Cuti-la asshábul-ukhdúd,

4. Que pereçam os donos do fosso,

النَّارِ ذَاتِ الْوَقُودِ ﴿٥﴾

5 - An-nári zátil wacúd.

5. Do fogo, com (abundante) combustível.

سُورَةُ البُرُوجِ

Surat Al Buruj

إِذۡ هُمۡ عَلَيۡهَا قُعُودٞ ٦

6 - Iz hum 'alai-há cu'úd,

6. Estando eles sentados ao seu redor,

وَهُمۡ عَلَىٰ مَا يَفۡعَلُونَ بِٱلۡمُؤۡمِنِينَ شُهُودٞ ٧

7 - Wa-hum 'alá ma yaf'aluna bil-mu'minina chu-húd,

7. Presenciando o que fizeram contra os crentes,

وَمَا نَقَمُواْ مِنۡهُمۡ إِلَّآ أَن يُؤۡمِنُواْ بِٱللَّهِ ٱلۡعَزِيزِ ٱلۡحَمِيدِ ٨

8 - Wa-ma nacamú min-hum il-la an-yu'minu bil láhil-'azizil-hamid,

8. Maltrataram-nos, porque acreditavam em Deus, o Poderoso, o Laudabilíssimo,

ٱلَّذِي لَهُۥ مُلۡكُ ٱلسَّمَٰوَٰتِ وَٱلۡأَرۡضِۚ وَٱللَّهُ عَلَىٰ كُلِّ شَيۡءٖ شَهِيدٌ ٩

9 - Al-lazi lahú mulkus-samawáti wal árdh; wal-láhu 'alá kul-li chai-in chahid,

9. Ao Qual pertence o reino dos Céus e da Terra; e Deus é de tudo Testemunha.

إِنَّ ٱلَّذِينَ فَتَنُواْ ٱلۡمُؤۡمِنِينَ وَٱلۡمُؤۡمِنَٰتِ ثُمَّ لَمۡ يَتُوبُواْ فَلَهُمۡ عَذَابُ جَهَنَّمَ وَلَهُمۡ عَذَابُ
ٱلۡحَرِيقِ ١٠

10 - In-nal-lazina fatanul-mu'minina wal-mu'mináti sum-ma lam ya-túbu, fa-la-hum 'azábu jahan nama, wala-hum 'azábul haric.

10. Sabei que aqueles que perseguem os crentes e as crentes e não se arrependem, sofrerão a pena do inferno, assim como o castigo do Fogo.

ٱلَّذِينَ ءَامَنُواْ وَعَمِلُواْ ٱلصَّٰلِحَٰتِ لَهُمۡ جَنَّٰتٞ تَجۡرِي مِن تَحۡتِهَا ٱلۡأَنۡهَٰرُۚ ذَٰلِكَ ٱلۡفَوۡزُ
ٱلۡكَبِيرُ ١١

سُورَةُ البُرُوجِ

Surat Al Buruj

11 - In-nal-lazina ámanu wa'amilus sáli<u>h</u>áti la-hum jan-natun taj-ri min ta<u>h</u>-ti-hal an-háru; zá likal fawzul-kabir!

11. Por outra, os crentes, que praticam o bem, obterão jardins abaixo dos quais correm rios; tal será o grande benefício!

إِنَّ بَطْشَ رَبِّكَ لَشَدِيدٌ ﴿١٢﴾

12 - In-na batcha rab-bika lachadid,

12. Em verdade, a punição do teu Senhor será severíssima,

إِنَّهُۥ هُوَ يُبْدِئُ وَيُعِيدُ ﴿١٣﴾

13 - In-nahu hu-a yubdi-u wayu'id.

13. Porque Ele origina (a criação) e logo a reproduz.

وَهُوَ ٱلْغَفُورُ ٱلْوَدُودُ ﴿١٤﴾

14 - Wa-hual-ghafurul-wadud,

14. É o Remissório, o Amabilíssimo,

ذُو ٱلْعَرْشِ ٱلْمَجِيدُ ﴿١٥﴾

15 - Zul'archil-majid.

15. O Senhor do Trono Glorioso.

فَعَّالٌ لِّمَا يُرِيدُ ﴿١٦﴾

16 - Fa'álon limá yurid.

16. Executante de tudo quanto Lhe apraz.

هَلْ أَتَىٰكَ حَدِيثُ ٱلْجُنُودِ ﴿١٧﴾

سُورَةُ البُرُوجِ

Surat Al Buruj

17 - Hal atáka hadiçul-junúd
17. Reparaste, acaso, na história dos exércitos,

فِرۡعَوۡنَ وَثَمُودَ ﴿١٨﴾

18 - Fir'auna waçamúd
18. Do Faraó e do povo de Çamud?

بَلِ ٱلَّذِينَ كَفَرُواْ فِي تَكۡذِيبٖ ﴿١٩﴾

19 - Balil-lazina kafarú fi takzíb
19. Sem dúvida, os incrédulos persistem em desmentir-te;

وَٱللَّهُ مِن وَرَآئِهِم مُّحِيطُۢ ﴿٢٠﴾

20 - Wal-láhu min wará-i-him muhít
20. Porém, Deus os cerca a todos.

بَلۡ هُوَ قُرۡءَانٞ مَّجِيدٞ ﴿٢١﴾

21 - Bal hua cur-ánun majid,
21. Sim, este é um Alcorão Glorioso,

فِي لَوۡحٖ مَّحۡفُوظِۭ ﴿٢٢﴾

22 - Fi lau-hin mahfúz.
22. Inscrito em uma Tábua Preservada.

سُورَةُ الطَّارِقِ

Surat At Táric

Surat 86. *AT TÁRIC* (O VISITANTE NOTURNO). Revelada em Makka; 17 versículos

بِسۡمِ ٱللَّهِ ٱلرَّحۡمَٰنِ ٱلرَّحِيمِ

Bismilláhir Rahmánir Rahím

Em nome de Deus, o Clemente, o Misericordioso

وَٱلسَّمَآءِ وَٱلطَّارِقِ ١

1 - Was-samá-i wat-táric.

1. Pelo céu e pelo visitante noturno;

وَمَآ أَدۡرَىٰكَ مَا ٱلطَّارِقُ ٢

2 - Wa-ma adráka mat-táric?

2. E o que te fará entender o que é o visitante noturno?

ٱلنَّجۡمُ ٱلثَّاقِبُ ٣

3 -An-najmus-sáquib!

3. É a estrela fulgurante!

إِن كُلُّ نَفۡسٍ لَّمَّا عَلَيۡهَا حَافِظٞ ٤

4 - In kul-lu nafsin lam-ma 'alai-ha háfiz.

4. Cada alma tem sobre si um guardião (angelical).

فَلۡيَنظُرِ ٱلۡإِنسَٰنُ مِمَّ خُلِقَ ٥

5 - Falyanzurul-ins ánu mim-ma khulic!

5. Que o homem considere, pois, do quê foi criado!

خُلِقَ مِن مَّآءٖ دَافِقٖ ٦

6- Khulika mim máin dáfik,

6. Foi criado de uma gota ejaculada,

سُورَةُ الطَّارِقِ

Surat At Táric

يَخۡرُجُ مِنۢ بَيۡنِ ٱلصُّلۡبِ وَٱلتَّرَآئِبِ ۝٧

7- Yakhruju min bainas-súlbi wat-tará-ib

7. Que emana de entre a espinha dorsal e das costelas.

إِنَّهُۥ عَلَىٰ رَجۡعِهِۦ لَقَادِرٞ ۝٨

8- In-nahu ‘alá raj‘i-hi lacádir.

8. Sabei que Ele é capaz de ressuscitá-lo!

يَوۡمَ تُبۡلَى ٱلسَّرَآئِرُ ۝٩

9 - Yauma tublas-sará-ir,

9. (Isso se dará) no dia em que forem revelados os segredos,

فَمَا لَهُۥ مِن قُوَّةٖ وَلَا نَاصِرٖ ۝١٠

10 - Fa-ma Ia-hu min cuw-watin wa-lá nássir.

10. E em que (o homem) carecerá de poder e de um socorredor.

وَٱلسَّمَآءِ ذَاتِ ٱلرَّجۡعِ ۝١١

11- Was-samá-i zátir-raj‘i.

11. Pelo céu, que proporciona a volta da chuva.

وَٱلۡأَرۡضِ ذَاتِ ٱلصَّدۡعِ ۝١٢

12- Wal-ardhi zátis-sad‘i

12. E pela terra, que se fende (com o crescimento das plantas),

إِنَّهُۥ لَقَوۡلٞ فَصۡلٞ ۝١٣

سُورَةُ الطَّارِقِ

Surat At Táric

13 - In-nahu lacau-lun fasl.
13. Que esta é a palavra que distingue (o bem do mal),

وَمَا هُوَ بِٱلْهَزْلِ ﴿١٤﴾

14 - Wa-ma hu-a bil-hazl.
14. E não entretenimento.

إِنَّهُمْ يَكِيدُونَ كَيْدًا ﴿١٥﴾

15 - In-nahum yakiduna kaida,
15. Em verdade, eles conspiram intensivamente (contra ti),

وَأَكِيدُ كَيْدًا ﴿١٦﴾

16 - Wa akidu kaida.
16. E Eu conspiro intensivamente (contra eles).

فَمَهِّلِ ٱلْكَٰفِرِينَ أَمْهِلْهُمْ رُوَيْدًۢا ﴿١٧﴾

17- Famah-hilil-káfirina amhil-hum ruwaida!
17. Tolera, pois, os incrédulos; tolera-os, por ora!

سُورَةُ الأَعْلَى

Surat Al A'la

Surat 87. *AL A'LA* (O ALTÍSSIMO). Revelada em Makka; 19 versículos.

بِسْمِ اللَّهِ الرَّحْمَٰنِ الرَّحِيمِ

Bismilláhir Rahmánir Rahím

Em nome de Deus, o Clemente, o Misericordioso

سَبِّحِ ٱسْمَ رَبِّكَ ٱلْأَعْلَى ﴿١﴾

1 - Sab-bih íssma rab-bikal a'alá,

1. Glorifica o nome do teu Senhor, o Altíssimo,

ٱلَّذِى خَلَقَ فَسَوَّىٰ ﴿٢﴾

2 - Al-lazi khalaka fa-saw-wá;

2. Que criou e aperfeiçoou tudo;

وَٱلَّذِى قَدَّرَ فَهَدَىٰ ﴿٣﴾

3 - Wal-lazi cad-dara fa-hadá,

3. Que tudo predestinou e encaminhou;

وَٱلَّذِىٓ أَخْرَجَ ٱلْمَرْعَىٰ ﴿٤﴾

4 - Wal-lazi akhrajal-mar'á,

4. E que faz brotar o pasto,

فَجَعَلَهُۥ غُثَآءً أَحْوَىٰ ﴿٥﴾

5 - Fa-ja'alahu ghuçá-an ahwá.

5. Que se converte em feno.

سَنُقْرِئُكَ فَلَا تَنسَىٰٓ ﴿٦﴾

سُورَةُ الأَعْلَى

Surat Al A'la

6 - Sanuc-ri-u-ka fa-lá tan-sá.

6. Ensinar-te-emos a recitar (a Mensagem), para que não esqueças,

إِلَّا مَا شَآءَ ٱللَّهُۚ إِنَّهُۥ يَعۡلَمُ ٱلۡجَهۡرَ وَمَا يَخۡفَىٰ ﴿٧﴾

7 - Il-la ma chá-al-láhu in-nahú ya'lamul-jahra wa-ma yakhfá.

7. Senão o que Deus permitir, porque Ele bem conhece o que está manifesto e o que é secreto.

وَنُيَسِّرُكَ لِلۡيُسۡرَىٰ ﴿٨﴾

8 - Wanuyas-siruka lil-yusra.

8. E te encaminharemos pela (senda) mais simples.

فَذَكِّرۡ إِن نَّفَعَتِ ٱلذِّكۡرَىٰ ﴿٩﴾

9 - Fa-zak-ker in nafa'atiz-zikra!

9. Admoesta, pois, porque a admoestação é proveitosa (para o atento)

سَيَذَّكَّرُ مَن يَخۡشَىٰ ﴿١٠﴾ !

10. - Sa-yaz-zak-karu man yakhcha.

10. Ela guiará aquele que é temente.

وَيَتَجَنَّبُهَا ٱلۡأَشۡقَى ﴿١١﴾

11 - Wayatajan-nabuhal-achca;

11. Porém, o desventurado a evitará;

ٱلَّذِى يَصۡلَى ٱلنَّارَ ٱلۡكُبۡرَىٰ ﴿١٢﴾

12 - Al-lazi yaslan-náral-kubra.

12. Entrará no fogo maior (o infernal),

ثُمَّ لَا يَمُوتُ فِيهَا وَلَا يَحۡيَىٰ ﴿١٣﴾

13 - Çum-ma lá yamútu fi-ha wa-lá yah-ya.

13. Onde não morrerá, nem viverá.

قَدْ أَفْلَحَ مَن تَزَكَّىٰ ﴿١٤﴾

14 - Cad af-laha man tazak-ka,
14. Bem-aventurado aquele que se purificar,

وَذَكَرَ ٱسْمَ رَبِّهِۦ فَصَلَّىٰ ﴿١٥﴾

15 - Wazákarassma rab-bihi fa-sal-la!
15. E mencionar o nome do seu Senhor e orar!

بَلْ تُؤْثِرُونَ ٱلْحَيَوٰةَ ٱلدُّنْيَا ﴿١٦﴾

16 - Bal tu'cirunal-hayatad-dun-ya,
16. Entretanto, vós, (ó incrédulos) preferis a vida terrena,

وَٱلْآخِرَةُ خَيْرٌ وَأَبْقَىٰٓ ﴿١٧﴾

17 - Wal-ákhiratu khairun wa-ab-ca!
17. Ainda que a Outra Vida seja preferível, e mais duradoura!

إِنَّ هَـٰذَا لَفِى ٱلصُّحُفِ ٱلْأُولَىٰ ﴿١٨﴾

18 - In-na há-za lafis-súhufil-u-la,
18. Em verdade, isto se acha nos Livros primitivos,

صُحُفِ إِبْرَٰهِيمَ وَمُوسَىٰ ﴿١٩﴾

19 - Súhufi Ibrahima wa Mussá.
19. Nos Livros de Abraão e de Moisés.

سُورَةُ الغَاشِيَةِ

Surat Al Gháxiya

SURAT 88. *AL GHÁXIYA* (O EVENTO ESMAGADOR). Revelada em Makka; 26 versículos.

بِسْمِ اللَّهِ الرَّحْمَٰنِ الرَّحِيمِ

Bismilláhir Rahmánir Rahím

Em nome de Deus, o Clemente, o Misericordioso

هَلْ أَتَىٰكَ حَدِيثُ ٱلْغَٰشِيَةِ ﴿١﴾

1 - Hal atáka hadiçul-ghách-ya?

1. Porventura, chegou-te a notícia do evento assolador?

وُجُوهٌ يَوْمَئِذٍ خَٰشِعَةٌ ﴿٢﴾

2 - Wujuhun yauma-izin kháchi-áh,

2. Haverá rostos humildes, nesse dia,

عَامِلَةٌ نَّاصِبَةٌ ﴿٣﴾

3 - 'Amilatun, nássibah,

3. Fatigados, abatidos,

تَصْلَىٰ نَارًا حَامِيَةً ﴿٤﴾

4 - Tass-lá ná-ran há-mi-yah!

4. Chamuscados, pelo fogo abrasador!

تُسْقَىٰ مِنْ عَيْنٍ ءَانِيَةٍ ﴿٥﴾

5 - Tuss-cá min'ainin á-ni-ya,

5. Ser-lhes-á dado a beber de um manancial fervente;

لَّيْسَ لَهُمْ طَعَامٌ إِلَّا مِن ضَرِيعٍ ﴿٦﴾

6 - Lai-sa la-hum ta'á-mun illa min dhari',

سُورَةُ الغَاشِيَة

Surat Al Gháxiya

6. Não terão, por alimento, nada além de frutos amargos e espinhosos,

لَّا يُسۡمِنُ وَلَا يُغۡنِي مِن جُوعٖ ٧

7- La yuss-minu wa-lá yughni min ju'!

7. Que não os alimentarão, nem lhes saciarão a fome!

وُجُوهٞ يَوۡمَئِذٖ نَّاعِمَةٞ ٨

8 - Wujú-hun yauma-izin ná'imah,

8. (Outros) rostos, nesse dia, estarão calmos,

لِّسَعۡيِهَا رَاضِيَةٞ ٩

9 - Li-sa'yihá rádhi-ah;

9. Contentes, por seus (passados) esforços;

فِي جَنَّةٍ عَالِيَةٖ ١٠

10- Fi jan-natin 'á-li-yah,

10. Estarão em um jardim suspenso,

لَّا تَسۡمَعُ فِيهَا لَٰغِيَةٗ ١١

11- La tassma'u fi-há lá-ghi-yah;

11. Onde não ouvirão futilidade alguma;

فِيهَا عَيۡنٞ جَارِيَةٞ ١٢

12 - Fi-há 'ai-nun já-ri-yah,

12. Nele haverá um manancial fluente,

فِيهَا سُرُرٞ مَّرۡفُوعَةٞ ١٣

13- Fi-há sururun marfú'ah,

13. Nele haverá leitos elevados,

سُورَةُ الغَاشِيَةِ

Surat Al Gháxiya

وَأَكْوَابٌ مَّوْضُوعَةٌ ﴿١٤﴾

14 - Wa akwabun mau-dhú'ah,

14. E taças, ao alcance da mão,

وَنَمَارِقُ مَصْفُوفَةٌ ﴿١٥﴾

15 - Wa-namáricu massfú-fah,

15. E almofadas enfileiradas,

وَزَرَابِيُّ مَبْثُوثَةٌ ﴿١٦﴾

16 - Wazará-bi-yu mabçuçah.

16. E tapetes de seda estendidos.

أَفَلَا يَنظُرُونَ إِلَى ٱلْإِبِلِ كَيْفَ خُلِقَتْ ﴿١٧﴾

17 - Afá-lá yanzuruna ilal-íbili kaifa khúlicat?

17. Porventura, não reparam nos camelídeos, como são criados?

وَإِلَى ٱلسَّمَآءِ كَيْفَ رُفِعَتْ ﴿١٨﴾

18 - Wa-ilas-samá-i kaifa rufi'át?

18. E no céu, como foi elevado?

وَإِلَى ٱلْجِبَالِ كَيْفَ نُصِبَتْ ﴿١٩﴾

19 - Wa-ilal-jibáli kaifa nucibat?

19. E nas montanhas, como foram fixadas?

وَإِلَى ٱلْأَرْضِ كَيْفَ سُطِحَتْ ﴿٢٠﴾

20 - Wa-ilal-ardhi kaifa sutihat?

سُورَةُ الغَاشِيَة

Surat Al Gháxiya

20. E na Terra, como foi dilatada?

فَذَكِّرْ إِنَّمَآ أَنتَ مُذَكِّرٌ ﴿٢١﴾

21- Fazak-kir in-namá anta mu-zak-kir!

21. Admoesta, pois, porque és tão-somente um admoestador!

لَّسْتَ عَلَيْهِم بِمُصَيْطِرٍ ﴿٢٢﴾

22- Lasta 'alai-him bimu-saitir

22. Não és, de maneira alguma, guardião eles.

إِلَّا مَن تَوَلَّىٰ وَكَفَرَ ﴿٢٣﴾

23- Il-la man tawal-lá wakafar,

23. E, àquele que te for adverso e incrédulo,

فَيُعَذِّبُهُ ٱللَّهُ ٱلْعَذَابَ ٱلْأَكْبَرَ ﴿٢٤﴾

24- fa-yu'az-zibuhul-láhul 'azabal-akbar.

24. Deus lhe infligirá o maior castigo.

إِنَّ إِلَيْنَآ إِيَابَهُمْ ﴿٢٥﴾

25 - In-na ilai-na iyabahum.

25. Em verdade, o seu retorno será para Nós;

ثُمَّ إِنَّ عَلَيْنَا حِسَابَهُم ﴿٢٦﴾

26- Çum-ma in-na 'alaina hisába-hum.

26. E o seu cômputo Nos concerne.

سُورَةُ الفَجْر

Surat Al Fajr

Surat 87. *AL FAJR* (A AURORA). Revelada em Makka; 30 versículos.

بِسۡمِ ٱللَّهِ ٱلرَّحۡمَٰنِ ٱلرَّحِيمِ

Bismilláhir Rahmánir Rahím

Em nome de Deus, o Clemente, o Misericordioso

وَٱلۡفَجۡرِ ﴿١﴾

1- Wal-fajr,

1. Pela aurora,

وَلَيَالٍ عَشۡرٍ ﴿٢﴾

2- Walaylin 'achr,

2. E pelas dez noites,

وَٱلشَّفۡعِ وَٱلۡوَتۡرِ ﴿٣﴾

3 - Wach-chaf'i wal watr,

3. E pelo par e pelo ímpar,

وَٱلَّيۡلِ إِذَا يَسۡرِ ﴿٤﴾

4 - Wal-laili izá yasr!

4. E pela noite, quando se retira (que sereis castigados)!

هَلۡ فِي ذَٰلِكَ قَسَمٌ لِّذِي حِجۡرٍ ﴿٥﴾

5 - Hal fi zá-lika cas-samun lizi hijr?

5. Porventura, não há nisso um juramento adequado, para o sensato?

سُورَةُ الفَجرِ

Surat Al Fajr

أَلَمْ تَرَ كَيْفَ فَعَلَ رَبُّكَ بِعَادٍ ﴿٦﴾

6 - A-lam tará kaifa fa'ala rab buka bi'Ád,
6. Não reparaste em como o teu Senhor procedeu, em relação à (tribo de) 'Ad,

إِرَمَ ذَاتِ ٱلْعِمَادِ ﴿٧﴾

7 - I-rama zátil 'imád,
7. Aos (habitantes de) Iram, (cidade) de pilares elevados,

ٱلَّتِي لَمْ يُخْلَقْ مِثْلُهَا فِي ٱلْبِلَٰدِ ﴿٨﴾

8 -Al-lati lam yukhlac miç-lu-há fil-bilad?
8. Cujo similar não foi criado em toda a Terra?

وَثَمُودَ ٱلَّذِينَ جَابُواْ ٱلصَّخْرَ بِٱلْوَادِ ﴿٩﴾

9 - Wa-çamúdal-lazina jábus-sakhra bil-wád?
9. E no povo de Çamud, que perfurou rochas no vale?

وَفِرْعَوْنَ ذِى ٱلْأَوْتَادِ ﴿١٠﴾

10 - Wa-fir'auna zil awtád,
10. E no Faraó, o senhor das estacas,

ٱلَّذِينَ طَغَوْاْ فِى ٱلْبِلَٰدِ ﴿١١﴾

11 - Al-lazina taghau fil-bilád,
11. Os quais transgrediram, na Terra,

فَأَكْثَرُواْ فِيهَا ٱلْفَسَادَ ﴿١٢﴾

12 - Fa-akçaru fi-hal-fa-sád,
12. E multiplicaram, nela, a corrupção,

فَصَبَّ عَلَيْهِمْ رَبُّكَ سَوْطَ عَذَابٍ ﴿١٣﴾

سُورَةُ الفَجۡرِ

Surat Al Fajr

13 - Fa-sab-ba 'alai-him ra-buka sauta 'azáb?

13. Pelo quê o teu Senhor lhes infligiu variados castigos?

إِنَّ رَبَّكَ لَبِٱلۡمِرۡصَادِ ١٤

14 - In-na rab-baka labil-mirsád.

14. Atenta para o fato de que o teu Senhor está sempre alerta.

فَأَمَّا ٱلۡإِنسَٰنُ إِذَا مَا ٱبۡتَلَىٰهُ رَبُّهُۥ فَأَكۡرَمَهُۥ وَنَعَّمَهُۥ فَيَقُولُ رَبِّيٓ أَكۡرَمَنِ ١٥

15- Fa-am-mal insánu izá mab-taláhu rab-buhú fa-akramahú wa na'ama-hú fayaculu rab-bi akraman!

15. Quanto ao homem, quando seu Senhor o experimenta, honrando-o e agraciando-o, diz (empertigado): Meu Senhor me honrou!

وَأَمَّآ إِذَا مَا ٱبۡتَلَىٰهُ فَقَدَرَ عَلَيۡهِ رِزۡقَهُۥ فَيَقُولُ رَبِّيٓ أَهَٰنَنِ ١٦

16- Wa-am-ma izá mab-taláhu facad ara 'ali-hi izcahú fayaculu rab-bi ahánan!

16. Porém, quando o prova, restringindo a Sua graça, diz: Meu Senhor me humilhou!

كَلَّاۖ بَل لَّا تُكۡرِمُونَ ٱلۡيَتِيمَ ١٧

17- Ka-la bal la-tukrimúnal-yatim,

17. Qual! Vós não honrais o órfão,

وَلَا تَحَٰٓضُّونَ عَلَىٰ طَعَامِ ٱلۡمِسۡكِينِ ١٨

18 -Wala tahád dhuna 'ala ta'amil misquin;

18. Nem vos estimulais a alimentar o necessitado;

وَتَأۡكُلُونَ ٱلتُّرَاثَ أَكۡلٗا لَّمّٗا ١٩

19 - Wata'kulunat-turáça aklan lam-ma,

سُورَةُ الفَجۡرِ

Surat Al Fajr

19. E consumis avidamente as heranças,

وَتُحِبُّونَ ٱلۡمَالَ حُبّٗا جَمّٗا ﴿٢٠﴾

20- Watuhib-bunal-má-la hub-ban jam-ma!

20. E cobiçais insaciavelmente os bens terrenos!

إِذَا دُكَّتِ ٱلۡأَرۡضُ دَكّٗا دَكّٗا ﴿٢١﴾

21 -Kal-la izá duk-katil-ardhu dak-kan dak-ka,

21. Qual! Quando a Terra for triturada fortemente,

وَجَآءَ رَبُّكَ وَٱلۡمَلَكُ صَفّٗا صَفّٗا ﴿٢٢﴾

22 - Wajá-a rab-buka wal-malaku saffan saf-fa,

22. E aparecer o teu Senhor, com os Seus anjos em desfile,

وَجِاْيٓءَ يَوۡمَئِذِۭ بِجَهَنَّمَۚ يَوۡمَئِذٖ يَتَذَكَّرُ ٱلۡإِنسَٰنُ وَأَنَّىٰ لَهُ ٱلذِّكۡرَىٰ ﴿٢٣﴾

23- Wajá-a yawma-izin bijahan nam, yawma-izin yatazak-krul insánu; wa-an-na lahuz-zikra?

23. E o inferno, nesse dia, for destacado, então o homem recordará; porém de que lhe servirá a recordação?

يَقُولُ يَٰلَيۡتَنِي قَدَّمۡتُ لِحَيَاتِي ﴿٢٤﴾

24- Yacúlu: ya-laitani cad-damtu li-ha-yáti!

24. Dirá: Oxalá tivesse diligenciado (na prática do bem), durante a minha vida!

فَيَوۡمَئِذٖ لَّا يُعَذِّبُ عَذَابَهُۥٓ أَحَدٞ ﴿٢٥﴾

25 -Fa-yawma-izin la yu'az-zibu 'azá-bahú áhad,

25. Porém, nesse dia, ninguém castigará como Ele (o fará),

وَلَا يُوثِقُ وَثَاقَهُۥٓ أَحَدٞ ﴿٢٦﴾

سُورَةُ الفَجۡرِ

Surat Al Fajr

26- Wala yuwcicu wiçácahu áhad;
26. Nem ninguém acorrentará, como Ele (o fará);

يَٰٓأَيَّتُهَا ٱلنَّفۡسُ ٱلۡمُطۡمَئِنَّةُ ٢٧

27 - Ya ai-yatu-han-nafsul mutma-in-na.
27. E tu, ó alma tranquila,

ٱرۡجِعِيٓ إِلَىٰ رَبِّكِ رَاضِيَةٗ مَّرۡضِيَّةٗ ٢٨

28- Irji'i ilá rab-biki, rádhiyatan mardi-yah!
28. Retorna ao teu Senhor, satisfeita (com Ele) e Ele satisfeito (contigo)!

فَٱدۡخُلِي فِي عِبَٰدِي ٢٩

29 - Fadkhuli fi 'ibádi!
29. Entra no número dos Meus servos!

وَٱدۡخُلِي جَنَّتِي ٣٠

30 - Wadkhuli jan-nati!
30. E entra no Meu Paraíso!

سُورَةُ البَلَد

Surat Al Balad

Surat 90. *AL BALAD* (A METRÓPOLE). Revelada em Makka; 20 versículos.

بِسْمِ اللَّهِ الرَّحْمَٰنِ الرَّحِيمِ

Bismilláhir Rahmánir Rahím

Em nome de Deus, o Clemente, o Misericordioso

لَآ أُقْسِمُ بِهَٰذَا ٱلْبَلَدِ ﴿١﴾

1 - Lá-ucsimu biházal-balad,

1. Qual! Juro por esta metrópole, (Makka),

وَأَنتَ حِلٌّۢ بِهَٰذَا ٱلْبَلَدِ ﴿٢﴾

2 - Wa-anta hil-un biházal-balad

2.– E tu és um dos habitantes desta metrópole,

وَوَالِدٍ وَمَا وَلَدَ ﴿٣﴾

3 - Wa-wálidin wa-ma walad.

3. Pelo procriador e pelo que procria,

لَقَدْ خَلَقْنَا ٱلْإِنسَٰنَ فِى كَبَدٍ ﴿٤﴾

4 - Lacad khalacnal-insána fi ka-bad.

4. Que criamos o homem em uma atmosfera de aflição.

أَيَحْسَبُ أَن لَّن يَقْدِرَ عَلَيْهِ أَحَدٌ ﴿٥﴾

5 - Ayahsabu an lan yacdira 'alaihi ahad?

5. Pensa, acaso, que ninguém poderá com ele?

يَقُولُ أَهْلَكْتُ مَالًا لُّبَدًا ﴿٦﴾

6 - Yaculu: ahlaktu má-lan lubada.

6. Ele diz: Já consumi vastas riquezas.

سُورَةُ البَلَد

Surat Al Balad

أَيَحۡسَبُ أَن لَّمۡ يَرَهُۥٓ أَحَدٌ ٧

7 - A-yahsabu an lam yarahú ahad?
7. Crê, ele, porventura, que ninguém o vê?

أَلَمۡ نَجۡعَل لَّهُۥ عَيۡنَيۡنِ ٨

8 - A-lam naj'al lahú 'ainain,
8. Não o dotamos, acaso, de dois olhos,

وَلِسَانٗا وَشَفَتَيۡنِ ٩

9 - Wali-sánan wachafatain.
9. De uma língua e de dois lábios,

وَهَدَيۡنَٰهُ ٱلنَّجۡدَيۡنِ ١٠

10 - Wahadaináhun-najdain?
10. E lhe indicamos os dois caminhos?

فَلَا ٱقۡتَحَمَ ٱلۡعَقَبَةَ ١١

11 - Fa-lá ictahamal 'acabah?
11. Porventura, ele tentou vencer as vicissitudes?

وَمَآ أَدۡرَىٰكَ مَا ٱلۡعَقَبَةُ ١٢

12 - *Wama adráka mal'acabah?*
12. E o que te fará entender o que é vencer as vicissitudes?

فَكُّ رَقَبَةٍ ١٣

13- Fac-cu racabah
13. É libertar um cativo,

أَوۡ إِطۡعَٰمٞ فِي يَوۡمٖ ذِي مَسۡغَبَةٖ ١٤

سُورَةُ البَلَدِ

Surat Al Balad

14-Au it'ámun fi yawmin zi masghabah,

14. Ou alimentar, num dia de privação,

يَتِيمًا ذَا مَقْرَبَةٍ ﴿١٥﴾

15 - Yatíman za macrabah,

15. O parente órfão,

أَوْ مِسْكِينًا ذَا مَتْرَبَةٍ ﴿١٦﴾

16 - Au misquinan za matrabah,

16. Ou o indigente necessitado.

ثُمَّ كَانَ مِنَ ٱلَّذِينَ ءَامَنُوا۟ وَتَوَاصَوْا۟ بِٱلصَّبْرِ وَتَوَاصَوْا۟ بِٱلْمَرْحَمَةِ ﴿١٧﴾

17 - Çum-ma kana minal-lazina á-manu watawá-saw bis-sabri watawá-saw bil-marhamah.

17. É, ademais, contar-se entre os crentes, que recomendam mutuamente a perseverança e se recomendam à misericórdia.

أُو۟لَٰٓئِكَ أَصْحَٰبُ ٱلْمَيْمَنَةِ ﴿١٨﴾

18 - U-lá-íka ás-hábul-maimanah.

18. Esses são os companheiros da direita.

وَٱلَّذِينَ كَفَرُوا۟ بِـَٔايَٰتِنَا هُمْ أَصْحَٰبُ ٱلْمَشْـَٔمَةِ ﴿١٩﴾

19 - Wal-lazina kafaru bi-ayá-tina hum ás-hábul-machamah.

19. Por outra, aqueles que negam os Nossos versículos serão os companheiros da esquerda.

عَلَيْهِمْ نَارٌ مُّؤْصَدَةٌۢ ﴿٢٠﴾

20 - 'Alai-him ná-run mú-sadah!

20. E serão circundados pelo fogo infernal!

سُورَةُ الشَّمْسِ
Surat Ax Xams

Surat 91. *AX XAMS* (O SOL). Revelada em Makka; 15 versículos.

بِسْمِ ٱللَّهِ ٱلرَّحْمَٰنِ ٱلرَّحِيمِ

Bismilláhir Rahmánir Rahím

Em nome de Deus, o Clemente, o Misericordioso

وَٱلشَّمْسِ وَضُحَىٰهَا ﴿١﴾

1 - Wach-chamsi wadhu-há-ha,

1. Pelo sol e pelo seu esplendor (matinal),

وَٱلْقَمَرِ إِذَا تَلَىٰهَا ﴿٢﴾

2 - Wal-camari izá talá-ha,

2. Pela lua, que o segue,

وَٱلنَّهَارِ إِذَا جَلَّىٰهَا ﴿٣﴾

3 - Wan-nahári izá jal-láha,

3. Pelo dia, que o revela,

وَٱلَّيْلِ إِذَا يَغْشَىٰهَا ﴿٤﴾

4 - Wal-laili izá yaghchá-ha,

4. Pela noite, que o encobre.

وَٱلسَّمَآءِ وَمَا بَنَىٰهَا

5 - Was-samá-i wa-ma baná-ha,

5. Pelo firmamento e por Quem o construiu,

وَٱلْأَرْضِ وَمَا طَحَىٰهَا ﴿٦﴾

6 - Wal-ardhi wa-ma tahá-ha,

6. Pela Terra e por Quem a dilatou,

سُورَةُ الشَّمْسِ
Surat Ax Xams

وَنَفْسٍ وَمَا سَوَّىٰهَا ﴿٧﴾

7 - Wanafsin wa-ma saw-wáha,
7. Pela alma e por Quem a aperfeiçoou,

فَأَلْهَمَهَا فُجُورَهَا وَتَقْوَىٰهَا ﴿٨﴾

8 - Fa-al-hama-ha fujúra-ha watac-wáha,
8. E lhe inspirou o que é certo e o que é errado;

قَدْ أَفْلَحَ مَن زَكَّىٰهَا ﴿٩﴾

9 - Cad afla-ha man zak-ká-ha,
9. Que será venturoso quem a (a alma) purificar,

وَقَدْ خَابَ مَن دَسَّىٰهَا ﴿١٠﴾

10- Wa-cad khá-ba man das-sá-há.
10. E desventurado quem a corromper.

كَذَّبَتْ ثَمُودُ بِطَغْوَىٰهَآ ﴿١١﴾

11 - Kaz-zabat Çamudu bitagh-wáha
11. A tribo de Çamud, por suas transgressões, desmentiu o seu mensageiro.

إِذِ ٱنۢبَعَثَ أَشْقَىٰهَا ﴿١٢﴾

12 - Izin-ba'aça axcá-ha.
12. E o mais perverso deles se incumbiu (de matar a fêmea de camelo)...

فَقَالَ لَهُمْ رَسُولُ ٱللَّهِ نَاقَةَ ٱللَّهِ وَسُقْيَٰهَا ﴿١٣﴾

13 - Facála lahum raçulul-láhi: ná-katal-láhi waçuc yáha!

سُورَةُ الشَّمْسِ

Surat Ax Xams

13. Apesar de o mensageiro de Deus lhes dizer: É a fêmea de camelo de Deus! Não a priveis da sua bebida!

فَكَذَّبُوهُ فَعَقَرُوهَا فَدَمْدَمَ عَلَيْهِمْ رَبُّهُم بِذَنۢبِهِمْ فَسَوَّىٰهَا ﴿١٤﴾

14 - Fakaz-abú-hu fa'acarú-ha fadam-dama 'alaihim ra-buhum bizanbihim façaw-wáha

14. Porém, desmentiram-no e a esquartejaram, pelo que o seu Senhor os exterminou, pelos seus pecados, a todos por igual.

وَلَا يَخَافُ عُقْبَٰهَا ﴿١٥﴾

15 – Walá yakháfu 'ucbá-há.

15. E Ele não teme as consequências.

Surat 92. *AL LAIL* (A NOITE). Revelada em Makka; 21 versículos.

بِسْمِ ٱللَّهِ ٱلرَّحْمَٰنِ ٱلرَّحِيمِ

Bismilláhir Rahmánir Rahím

Em nome de Deus, o Clemente, o Misericordioso

وَٱلَّيْلِ إِذَا يَغْشَىٰ ﴿١﴾

1 - Wal-laili izá yagh-chá,

1. Pela noite, quando cobre (a luz),

وَٱلنَّهَارِ إِذَا تَجَلَّىٰ ﴿٢﴾

2 - Wan-nahári izá tajal-la,

2. Pelo dia, quando resplandece,

سُورَةُ اللَّيْلِ

Surat Al Lail

وَمَا خَلَقَ ٱلذَّكَرَ وَٱلْأُنثَىٰٓ ﴿٣﴾

3 - Wama khalacaz-zakara wal-ún-ça;

3. Por Quem criou o masculino e o feminino,

إِنَّ سَعْيَكُمْ لَشَتَّىٰ ﴿٤﴾

4 - In-na sa'yakum la-chat-ta.

4. Que os vossos esforços são diferentes (quanto às metas a serem atingidas).

فَأَمَّا مَنْ أَعْطَىٰ وَٱتَّقَىٰ ﴿٥﴾

5 - Fa-am-ma man a'ta wat-taca.

5. Porém, àquele que dá (em caridade) e é temente a Deus,

وَصَدَّقَ بِٱلْحُسْنَىٰ ﴿٦﴾

6 - Waçad-daca bil-<u>h</u>us-na,

6. E crê no melhor,

فَسَنُيَسِّرُهُۥ لِلْيُسْرَىٰ ﴿٧﴾

7 - Faça-nuyas-siruhu lil-yusra.

7. Facilitaremos o caminho do conforto.

وَأَمَّا مَنۢ بَخِلَ وَٱسْتَغْنَىٰ ﴿٨﴾

8 - Wa-am-ma man bâkhila was taghna

8. Porém, àquele que mesquinhar e se considerar suficiente,

وَكَذَّبَ بِٱلْحُسْنَىٰ ﴿٩﴾

سُورَةُ اللَّيۡلِ

Surat Al Lail

9 - Wakaz-zaba bil-hus-na,
9. E negar o melhor,

فَسَنُيَسِّرُهُۥ لِلۡعُسۡرَىٰ ١٠

10 - Faça-nuyas-siruhu lilyusra.
10. Facilitaremos o caminho da adversidade.

وَمَا يُغۡنِي عَنۡهُ مَالُهُۥٓ إِذَا تَرَدَّىٰٓ ١١

11- Wama yugh-ni 'an-hu má-lu-hu izá tarad-da.
11. E de nada lhe valerão os seus bens, quando ele cair no abismo.

إِنَّ عَلَيۡنَا لَلۡهُدَىٰ ١٢

12 - In-na 'alaina lal-hudá,
12. Sabei que a Nós incumbe a orientação,

وَإِنَّ لَنَا لَلۡأٓخِرَةَ وَٱلۡأُولَىٰ ١٣

13 - Wa-in-na laná lal-ákhirata wal-úla.
13. Assim como também são Nossos o fim e o começo.

فَأَنذَرۡتُكُمۡ نَارٗا تَلَظَّىٰ ١٤

14 -Fa-anzartucum náran talaz-za,
14. Por isso, tenho-vos admoestado com o fogo voraz,

لَا يَصۡلَىٰهَآ إِلَّا ٱلۡأَشۡقَى ١٥

15 - Lá-yas-láha il-lal axka,
15. Em que não entrará senão o mais desventurado,

سُورَةُ اللَّيۡلِ

Surat Al Lail

ٱلَّذِي كَذَّبَ وَتَوَلَّىٰ ١٦

16 - Al-lazi kaz-zaba watawal-la.

16. Que desmentir (a verdade) e a desdenhar.

وَسَيُجَنَّبُهَا ٱلۡأَتۡقَى ١٧

17 - Wa-sayujan-nabuhal-atcá

17. Contudo, livrar-se-á dele o mais temente a Deus,

ٱلَّذِي يُؤۡتِي مَالَهُۥ يَتَزَكَّىٰ ١٨

18 - Al-lazi yu'ti má-lahu yatazak-ká,

18. Que aplica os seus bens, com o fito de purificá-los,

وَمَا لِأَحَدٍ عِندَهُۥ مِن نِّعۡمَةٖ تُجۡزَىٰٓ ١٩

19 - Wama li-a<u>*h*</u>*adin 'indahu min ni'matin tujzá,*

19. E não faz favores a ninguém com o fito de ser recompensado,

إِلَّا ٱبۡتِغَآءَ وَجۡهِ رَبِّهِ ٱلۡأَعۡلَىٰ ٢٠

20 - Il-lab-tighá-a wajhi rab-bihil a'la;

20. Senão com o intuito de ver o Rosto do seu Senhor, o Altíssimo;

وَلَسَوۡفَ يَرۡضَىٰ ٢١

21 - Wala saufa yardhá.

21. E logo alcançará (completa) satisfação.

سُورَةُ الضُّحَى

Surat Adh-Dhuha

Surat 93. *ADH-DHUHA* (AS HORAS DA MANHÃ). Revelada em Makka; 11 versículos.

بِسْمِ ٱللَّهِ ٱلرَّحْمَٰنِ ٱلرَّحِيمِ

Bismilláhir Rahmánir Rahím

Em nome de Deus, o Clemente, o Misericordioso

وَٱلضُّحَىٰ ﴿١﴾

1 - Wad-dh-uhá,

1. Pelas horas da manhã,

وَٱلَّيْلِ إِذَا سَجَىٰ ﴿٢﴾

2 - Wal-laili izá sajá,

2. E pela noite, quando é serena,

مَا وَدَّعَكَ رَبُّكَ وَمَا قَلَىٰ ﴿٣﴾

3 - Má-wad-da'aka rab-buka wamá ca-lá.

3. Que o teu Senhor não te abandonou, nem te odiou.

وَلَلْءَاخِرَةُ خَيْرٌ لَّكَ مِنَ ٱلْأُولَىٰ ﴿٤﴾

4 - Wa-lal-ákhiratu khairun laka minal-ú-la.

4. E sem dúvida que a Outra Vida será melhor para ti, do que a presente.

وَلَسَوْفَ يُعْطِيكَ رَبُّكَ فَتَرْضَىٰٓ ﴿٥﴾

5 -Wa-la-saufa yu'tika rab-buka fa tardha.

5. Logo o teu Senhor te agraciará, de um modo que te satisfaça.

سُورَةُ الضُّحَى

Surat Adh-Dhuha

أَلَمۡ يَجِدۡكَ يَتِيمٗا فَـَٔاوَىٰ ﴿٦﴾

6 - A-lam yajidka yatiman fa-á-wa?

6. Porventura, não te encontrou órfão e te amparou?

وَوَجَدَكَ ضَآلّٗا فَهَدَىٰ ﴿٧﴾

7 - Wa-wajadaka dhál-lan fa-hadá?

7. Não te encontrou extraviado e te encaminhou?

وَوَجَدَكَ عَآئِلٗا فَأَغۡنَىٰ ﴿٨﴾

8 - Wa-wajadaka 'á-ilan fa-agh-na?

8. Não te achou necessitado e te enriqueceu?

فَأَمَّا ٱلۡيَتِيمَ فَلَا تَقۡهَرۡ ﴿٩﴾

9 - Fa-am-mal yatima fa-lá tak-har.

9. Portanto, não maltrates o órfão,

وَأَمَّا ٱلسَّآئِلَ فَلَا تَنۡهَرۡ ﴿١٠﴾

10 - Wa-am-mas-sá-i-la fa-lá-tan-har,

10. Nem tampouco repudies o mendigo,

وَأَمَّا بِنِعۡمَةِ رَبِّكَ فَحَدِّثۡ ﴿١١﴾

11 - Wa-am-ma bini'mati rab-bika fa-had-dis.

11. Mas divulga a mercê do teu Senhor, em teu discurso.

سُورَةُ الشَّرۡحِ

Surat Ax Xarh

Surat 94. AX XARH" (A EXPANSÃO). Revelada em Makka; 8 versículos.

بِسۡمِ ٱللَّهِ ٱلرَّحۡمَٰنِ ٱلرَّحِيمِ

Bismilláhir Rahmánir Rahím

Em nome de Deus, o Clemente, o Misericordioso

أَلَمۡ نَشۡرَحۡ لَكَ صَدۡرَكَ ١

1 - A-lam nach-rah laka sadrak,

1. Acaso, não expandimos o teu peito,

وَوَضَعۡنَا عَنكَ وِزۡرَكَ ٢

2 - Wa-wadha'na 'an-ka wizrak,

2. E aliviamos o teu fardo,

ٱلَّذِيٓ أَنقَضَ ظَهۡرَكَ ٣

3 - Al-lazí ankadha zah-rak,

3. Que dobrava as tuas costas,

وَرَفَعۡنَا لَكَ ذِكۡرَكَ ٤

4 - Warafa'na la-ka zik-rak?

4. E enaltecemos a tua reputação?

فَإِنَّ مَعَ ٱلۡعُسۡرِ يُسۡرًا ٥

5 - Fa-in-na ma'al 'usri yusrá!

5. Em verdade, com a adversidade está a facilidade!

سُورَةُ الشَّرۡح

Surat Ax Xarh

إِنَّ مَعَ ٱلۡعُسۡرِ يُسۡرٗا ﴿٦﴾

6 - In-na ma'al 'usri yusrá!
6. Certamente, com a adversidade está a facilidade!

فَإِذَا فَرَغۡتَ فَٱنصَبۡ ﴿٧﴾

7 - Fa-izá faragh-ta fan-sab,
7. Assim, pois, quando estiveres livre (dos teus afazeres), continua o teu esforço,

وَإِلَىٰ رَبِّكَ فَٱرۡغَب ﴿٨﴾

8 - Wa-ilá rab-bika far-ghab.
8. E volta para o teu Senhor (toda) a atenção.

سُورَةُ التِّينِ

Surat At Tin

Surat 95. *AT TIN* (O FIGO). Revelada em Makka; 8 versículos.

بِسْمِ اللَّهِ الرَّحْمَٰنِ الرَّحِيمِ

Bismilláhir Rahmánir Rahím

Em nome de Deus, o Clemente, o Misericordioso

وَالتِّينِ وَالزَّيْتُونِ ﴿١﴾

1 - Wat-tini waz-zaitún,

1. Pelo figo e pela oliva,

وَطُورِ سِينِينَ ﴿٢﴾

2 - Watúri sínin,

2. Pelo monte Sinai,

وَهَٰذَا الْبَلَدِ الْأَمِينِ ﴿٣﴾

3 - Wa-házal-baladil-amin,

3. E por esta metrópole segura (Makka),

لَقَدْ خَلَقْنَا الْإِنسَانَ فِي أَحْسَنِ تَقْوِيمٍ ﴿٤﴾

4 - Lacad khalacnal-insána fi ah-sani tacwim.

4. Que criamos o homem na mais perfeita proporção.

ثُمَّ رَدَدْنَاهُ أَسْفَلَ سَافِلِينَ ﴿٥﴾

5 - Çum-ma radad-náhu asfala sáfilin.

5. Então, o reduzimos à mais baixa das escalas,

إِلَّا الَّذِينَ آمَنُوا وَعَمِلُوا الصَّالِحَاتِ فَلَهُمْ أَجْرٌ غَيْرُ مَمْنُونٍ ﴿٦﴾

سُورَةُ العَلَق

Surat Al 'Alac

6 -Il-lal lazina ámanu wa 'amilus sáliháti fa-lahum ajrun ghairu mam-nún.
6. Salvo os crentes, que praticam o bem; estes terão uma recompensa infalível.

فَمَا يُكَذِّبُكَ بَعْدُ بِٱلدِّينِ ﴿٧﴾

7- Fa-má yukaz-zibuka ba'du bid-din?
7. Quem, então, depois disto, te contradirá, quanto ao Dia do Juízo?

أَلَيْسَ ٱللَّهُ بِأَحْكَمِ ٱلْحَٰكِمِينَ ﴿٨﴾

8- A-laiçal-láhu bi-ahkamil-háquimín?
8. Acaso, não é Deus o mais prudente dos juízes?

Surat 96. *AL 'ALAC* (O COÁGULO). Revelada em Makka; 19 versículos. Foi a primeira Surata revelada ao Profeta.

بِسْمِ ٱللَّهِ ٱلرَّحْمَٰنِ ٱلرَّحِيمِ

Bismilláhir Rahmánir Rahím

Em nome de Deus, o Clemente, o Misericordioso

ٱقْرَأْ بِٱسْمِ رَبِّكَ ٱلَّذِى خَلَقَ ﴿١﴾

1 -Ic-rá bis-mi rab-bikal-lazi khalak
1. Lê, em nome do teu Senhor Que criou;

خَلَقَ ٱلْإِنسَٰنَ مِنْ عَلَقٍ ﴿٢﴾

سُورَةُ العَلَق

Surat Al 'Alac

2 - Khalakal-insána min 'alak.

2. Criou o homem de algo que se agarra (coágulo).

اقْرَأْ وَرَبُّكَ الْأَكْرَمُ ﴿٣﴾

3 - Ic-rá warab-bukal akram,

3. Lê, que o teu Senhor é o mais Generoso,

الَّذِي عَلَّمَ بِالْقَلَمِ ﴿٤﴾

4 - Al-lazi 'al-lama bil-calam,

4. Que ensinou através da pena,

عَلَّمَ الْإِنسَانَ مَا لَمْ يَعْلَمْ ﴿٥﴾

5 - 'Al-lamal-insána má-lam ya'lam.

5. Ensinou ao homem o que este não sabia.

كَلَّا إِنَّ الْإِنسَانَ لَيَطْغَىٰ ﴿٦﴾

6 - Kal-la in-nal-insána lai-yat-ghá,

6. Qual! Em verdade, o homem transgride,

أَن رَّآهُ اسْتَغْنَىٰ ﴿٧﴾

7 - An ra-á-hus-staghná.

7. Quando se vê rico.

إِنَّ إِلَىٰ رَبِّكَ الرُّجْعَىٰ ﴿٨﴾

8 - In-na ilá rab-bikar-ruj'á.

8. Sabe (ó Mensageiro) que o retorno de tudo será para o teu Senhor.

أَرَأَيْتَ الَّذِي يَنْهَىٰ ﴿٩﴾

سُورَةُ العَلَق

Surat Al 'Alac

9 - Ara-aital-lazi yan-há,
9. Viste aquele que impede

عَبۡدًا إِذَا صَلَّىٰٓ ١٠

10 - 'Abdan izá sal-lá?
10. O servo (de Deus) de orar?

أَرَءَيۡتَ إِن كَانَ عَلَى ٱلۡهُدَىٰٓ ١١

11 - Ara-aita in kana 'alal-hudá?
11. Viste se ele está na orientação?

أَوۡ أَمَرَ بِٱلتَّقۡوَىٰٓ ١٢

12 - Au amara bit-tacwá?
12. Ou recomenda a piedade?

أَرَءَيۡتَ إِن كَذَّبَ وَتَوَلَّىٰٓ ١٣

13- Ara-aita in kaz-zaba watawal-lá?
13. Viste se ele nega (a verdade) e a desdenha?

أَلَمۡ يَعۡلَم بِأَنَّ ٱللَّهَ يَرَىٰ ١٤

14- A-lam ya'lam bi-an-nal-láha yará?
14. Ignora ele, acaso, que Deus o observa?

كَلَّا لَئِن لَّمۡ يَنتَهِ لَنَسۡفَعًۢا بِٱلنَّاصِيَةِ ١٥

15 - Kal-la la-in lam yantahi lanas-fa'an bin-ná-siah,
15. Qual! Em verdade, se não se contiver, agarrá-lo-emos pelo topete,

نَاصِيَةٖ كَٰذِبَةٍ خَاطِئَةٖ ١٦

سُورَةُ العَلَق

Surat Al 'Alac

16 - Na-siatin kázibatin kháti-ah.
16. Topete de mentiras e pecados.

فَلْيَدْعُ نَادِيَهُۥ ﴿١٧﴾

17 - Fal-yad'u nádi-yah;
17. Que chamem, então, os seus conselheiros;

سَنَدْعُ ٱلزَّبَانِيَةَ ﴿١٨﴾

18 - Sanad'uz-zabáni-yah!
18. Chamaremos os guardiões do inferno!

كَلَّا لَا تُطِعْهُ وَٱسْجُدْ وَٱقْتَرِب ۩ ﴿١٩﴾

19 - Kal-la la tuti'hu; was-jud wac-tarib!
19. Qual! Não os escutes; porém, prostra-te e aproxima-te (de Deus)! **(Fazer Sajda)**

سُورَةُ القَدۡرِ

Surat Al Cadr

Surat 97. *AL CADR* (O DECRETO). Revelada em Makka; 5 versículos.

بِسۡمِ ٱللَّهِ ٱلرَّحۡمَٰنِ ٱلرَّحِيمِ

Bismilláhir Ra<u>h</u>mánir Ra<u>h</u>ím

Em nome de Deus, o Clemente, o Misericordioso

إِنَّآ أَنزَلۡنَٰهُ فِي لَيۡلَةِ ٱلۡقَدۡرِ ﴿١﴾

1 - In-na anzalná-hu fi lailatil-cadr.

1. Sabei que o revelamos (o Alcorão), na Noite do Decreto.

وَمَآ أَدۡرَىٰكَ مَا لَيۡلَةُ ٱلۡقَدۡرِ ﴿٢﴾

2 - Wamá adráka má lailatul-cadr?

2. E o que te fará entender o que é a Noite do Decreto?

لَيۡلَةُ ٱلۡقَدۡرِ خَيۡرٞ مِّنۡ أَلۡفِ شَهۡرٖ ﴿٣﴾

3 - Lailatul-kadri khairun min alfi chahr.

3. A Noite do Decreto é melhor do que mil meses.

تَنَزَّلُ ٱلۡمَلَٰٓئِكَةُ وَٱلرُّوحُ فِيهَا بِإِذۡنِ رَبِّهِم مِّن كُلِّ أَمۡرٖ ﴿٤﴾

4 - Tanaz-zalul-malá-ikatu war-rúhu f i-há, bi-izni rab-bi-him min kul-li amr.

4. Nela descem os anjos e o Espírito (Anjo Gabriel), com a anuência do seu Senhor, para executar todas as Suas ordens.

سَلَٰمٌ هِيَ حَتَّىٰ مَطۡلَعِ ٱلۡفَجۡرِ ﴿٥﴾

5- Salá-mun hi-ya hat-ta matla 'il-fajr!

5. (Ela) é paz, até ao romper da aurora!

سُورَةُ البَيِّنَةِ

Al Bayinat

Surat 98. *AL BAYINAT* (A CLARA EVIDÊNCIA). Revelada em Madina; 8 versículos.

بِسْمِ اللَّهِ الرَّحْمَٰنِ الرَّحِيمِ

Bismilláhir Rahmánir Rahím

Em nome de Deus, o Clemente, o Misericordioso

لَمْ يَكُنِ ٱلَّذِينَ كَفَرُوا۟ مِنْ أَهْلِ ٱلْكِتَـٰبِ وَٱلْمُشْرِكِينَ مُنفَكِّينَ حَتَّىٰ تَأْتِيَهُمُ ٱلْبَيِّنَةُ ﴿١﴾

1 - Lam yakunil-lazina kafaru min ah-lil kitábi walmuchriquina munfaq-quina hat-ta ta-tiyahu-mul bai-i-nah;

1. Os incrédulos, entre os adeptos do Livro, bem como os idólatras, não desistiriam da sua religião, a não ser quando lhes chegasse a clara Evidência:

رَسُولٌ مِّنَ ٱللَّهِ يَتْلُوا۟ صُحُفًا مُّطَهَّرَةً ﴿٢﴾

2 - Raçulun minal-láhi yatlu suhu-fan mutah-ha-rah.

2. Um Mensageiro de Deus que lhes recitasse páginas purificadas...

فِيهَا كُتُبٌ قَيِّمَةٌ ﴿٣﴾

3 - Fi-há kutubun cai-i-mah.

3. Que contivessem escrituras corretas.

وَمَا تَفَرَّقَ ٱلَّذِينَ أُوتُوا۟ ٱلْكِتَـٰبَ إِلَّا مِنۢ بَعْدِ مَا جَآءَتْهُمُ ٱلْبَيِّنَةُ ﴿٤﴾

4- Wama tafar-racal-lazina u-tul quitá-ba il-lá min bá'di má já-at-humul-bai-i-nah,

4. Os adeptos do Livro não se dividiram, senão depois de lhes ter chegado a Evidência;

وَمَآ أُمِرُوٓا۟ إِلَّا لِيَعْبُدُوا۟ ٱللَّهَ مُخْلِصِينَ لَهُ ٱلدِّينَ حُنَفَآءَ وَيُقِيمُوا۟ ٱلصَّلَوٰةَ وَيُؤْتُوا۟ ٱلزَّكَوٰةَ

وَذَٰلِكَ دِينُ ٱلْقَيِّمَةِ ﴿٥﴾

سُورَةُ البَيِّنَة
Al Bayinat

5 -*Wama úmiru il-la li ya'budul láha mukhli-sina lahud-dina hunafá, wayuquimus-saláta wa yútuz-za-káta; wazá-lika di--nul-cai-i-mah.*

5. E lhes foi ordenado que adorassem sinceramente a Deus, fossem monoteístas, observassem a oração e pagassem o zakat; esta é a verdadeira religião.

إِنَّ ٱلَّذِينَ كَفَرُواْ مِنۡ أَهۡلِ ٱلۡكِتَٰبِ وَٱلۡمُشۡرِكِينَ فِي نَارِ جَهَنَّمَ خَٰلِدِينَ فِيهَآۚ أُوْلَٰٓئِكَ هُمۡ شَرُّ ٱلۡبَرِيَّةِ ٦

6-*In-nal lazina kafaru min ahlil-quitábi, walmuchriquina, fi nári ja-han-nama, khálidina fi-há, ulá-ika hum char-rul-bari-yah!*

6. Em verdade, os incrédulos, dentre os adeptos do Livro, bem como os idólatras, entrarão no fogo infernal, onde permanecerão eternamente. Estas são as piores das criaturas!

إِنَّ ٱلَّذِينَ ءَامَنُواْ وَعَمِلُواْ ٱلصَّٰلِحَٰتِ أُوْلَٰٓئِكَ هُمۡ خَيۡرُ ٱلۡبَرِيَّةِ ٧

7-*In-nal-lazina âmanu wa 'ami lus-sáli háti u-lá-ika hum khairul-bari-yah,*

7. Por outra, os crentes, que praticam o bem, são as melhores criaturas,

جَزَآؤُهُمۡ عِندَ رَبِّهِمۡ جَنَّٰتُ عَدۡنٖ تَجۡرِي مِن تَحۡتِهَا ٱلۡأَنۡهَٰرُ خَٰلِدِينَ فِيهَآ أَبَدٗاۖ رَّضِيَ ٱللَّهُ عَنۡهُمۡ وَرَضُواْ عَنۡهُۚ ذَٰلِكَ لِمَنۡ خَشِيَ رَبَّهُۥ ٨

8 - *Jazá-uhum 'inda rab-bihim: jan-nátu 'ad-nin taj-ri min tahtihal-an-háru, khálidina fi-há abadá. Radhial-láhu 'an-hum waradhu 'anh. Zálika li-man khaxi-ya rab-bah.*

8. Cuja recompensa está em seu Senhor: Jardins do Éden, abaixo dos quais correm os rios, onde morarão eternamente. Deus se comprazerá com eles e eles se comprazerão n'Ele. Isto acontecerá com quem teme o seu Senhor.

سُورَةُ الزَّلزَلَة

Surat Az Zálzala

Surat 99. *AZ ZÁLZALA* (O TERREMOTO). Revelada em Madina; 8 versículos.

بِسْمِ اللَّهِ الرَّحْمَٰنِ الرَّحِيمِ
Bismilláhir Ra<u>h</u>mánir Ra<u>h</u>ím
Em nome de Deus, o Clemente, o Misericordioso

إِذَا زُلْزِلَتِ ٱلْأَرْضُ زِلْزَالَهَا ﴿١﴾

1 - Izá zulzilatil-ardhu zilzá-la-há,
1. Quando a Terra executar o seu tremor predestinado,

وَأَخْرَجَتِ ٱلْأَرْضُ أَثْقَالَهَا ﴿٢﴾

2 - Wa-akhrajatil-ardhu ascá-la-há,
2. E descarregar os seus fardos,

وَقَالَ ٱلْإِنسَٰنُ مَا لَهَا ﴿٣﴾

3 - Wa-cálal-insánu má la-há,
3. O homem dirá: Que ocorre com ela?

يَوْمَئِذٍ تُحَدِّثُ أَخْبَارَهَا ﴿٤﴾

4 - Yauma-izin tuhad-diçú akhbá-ra-há,
4. Nesse dia, ela declarará as suas notícias,

بِأَنَّ رَبَّكَ أَوْحَىٰ لَهَا ﴿٥﴾

5- Bi-an-na rab-baka au-há la-há.
5. Porque o teu Senhor lhas terá revelado.

يَوْمَئِذٍ يَصْدُرُ ٱلنَّاسُ أَشْتَاتًا لِّيُرَوْا۟ أَعْمَٰلَهُمْ ﴿٦﴾

6- Yauma-izin yasdurun-náçu ach-tá-tan liyuraw a'má-la-hum.

سُورَةُ الزَّلزَلَة

Surat Az Zálzala

6. Nesse dia, os homens comparecerão, em massa, para que lhes sejam mostradas as suas obras.

فَمَن يَعۡمَلۡ مِثۡقَالَ ذَرَّةٍ خَيۡرٗا يَرَهُۥ ٧

7- Fa-man ya'mal miscála zar-ratin khairan yarah.

7. Quem tiver feito o bem, quer seja do peso de um átomo, vê-lo-á.

وَمَن يَعۡمَلۡ مِثۡقَالَ ذَرَّةٖ شَرّٗا يَرَهُۥ ٨

8- Wa-man ya'mal miscála zar-ratin char-ran yarah.

8. E quem tiver feito o mal, quer seja do peso de um átomo, vê-lo-á.

Surat 100. AL 'ADIÁT (OS CORCÉIS). Revelada em Makka; 11 versículos.

بِسۡمِ ٱللَّهِ ٱلرَّحۡمَٰنِ ٱلرَّحِيمِ

Bismilláhir Ra<u>h</u>mánir Ra<u>h</u>ím

Em nome de Deus, o Clemente, o Misericordioso

وَٱلۡعَٰدِيَٰتِ ضَبۡحٗا ١

1 - Wal 'adi-ati dhab-<u>ha</u>,

1. Pelos corcéis resfolegantes,

فَٱلۡمُورِيَٰتِ قَدۡحٗا ٢

2 - Fal muri-ati cad-<u>ha</u>,

2. Que lançam chispas de fogo,

سُورَةُ العَادِيَاتِ

Surat Al 'Adiát

فَٱلْمُغِيرَٰتِ صُبْحًا ﴿٣﴾

3 - Fal-mughírá-ti sub-ha,
3. Que atacam ao amanhecer,

فَأَثَرْنَ بِهِۦ نَقْعًا ﴿٤﴾

4 - Fa-açar-na bi-hi nac'a,
4. E que levantam nuvens de poeira,

فَوَسَطْنَ بِهِۦ جَمْعًا ﴿٥﴾

5 - Fawasat-na bi-hi jam'a,
5. E que irrompem, nas colunas adversárias,

إِنَّ ٱلْإِنسَٰنَ لِرَبِّهِۦ لَكَنُودٌ ﴿٦﴾

6 - In-nal-insána lirab-bi-hi laka-núd.
6. Que o homem é ingrato para com o seu Senhor.

وَإِنَّهُۥ عَلَىٰ ذَٰلِكَ لَشَهِيدٌ ﴿٧﴾

7 - Wa-in-nahu 'ala zálika lachahid
7.– Ele mesmo é testemunha disso!

وَإِنَّهُۥ لِحُبِّ ٱلْخَيْرِ لَشَدِيدٌ ﴿٨﴾

8 - Wa-in-nahu li-hub-bil khairi la chadid.
8. E que é violento quanto ao amor aos bens terrenos.

۞ أَفَلَا يَعْلَمُ إِذَا بُعْثِرَ مَا فِى ٱلْقُبُورِ ﴿٩﴾

9 - Afa-lá ya'lamu izá bú'sira má fil-cubúr,
9. Ignora ele, acaso, que quando os que estão nos sepulcros forem revolvidos,

سُورَةُ القَارِعَةِ

Surat Al Cári'a

وَحُصِّلَ مَا فِي ٱلصُّدُورِ ﴿١٠﴾

10 - Wa-hus-sila máfis-sudúr,
10. E for revelado tudo quanto encerram os corações (humanos),

إِنَّ رَبَّهُم بِهِمْ يَوْمَئِذٍ لَّخَبِيرٌۢ ﴿١١﴾

11- In-na rab-ba-hum bi-him yawma-izen lakhabir?
11. Nesse dia, o seu Senhor estará bem inteirado quanto a eles?

Surat 101. *AL CÁRI'A* (O CLAMOR). Revelada em Makka; 11 versículos.

بِسْمِ ٱللَّهِ ٱلرَّحْمَٰنِ ٱلرَّحِيمِ
Bismilláhir Rahmánir Rahím
Em nome de Deus, o Clemente, o Misericordioso

ٱلْقَارِعَةُ ﴿١﴾

1 - Al-cári'a!
1. O clamor!

مَا ٱلْقَارِعَةُ ﴿٢﴾

2 - Mal-cária?
2. Que é o clamor?

سُورَةُ القَارِعَةِ

Surat Al Cári'a

وَمَآ أَدۡرَىٰكَ مَا ٱلۡقَارِعَةُ ٣

3 - Wamá adráka mal-cári 'a?

3. E o que te fará entender o que é o clamor?

يَوۡمَ يَكُونُ ٱلنَّاسُ كَٱلۡفَرَاشِ ٱلۡمَبۡثُوثِ ٤

4 - Yauma yakunun-náçu kal-firá chil-mabsus,

4. (Acontecerá) no dia em que os homens estiverem como mariposas dispersas,

وَتَكُونُ ٱلۡجِبَالُ كَٱلۡعِهۡنِ ٱلۡمَنفُوشِ ٥

5 - Wa-takunul jibá-lu kal 'ihnil-man-fúch!

5. E as montanhas como lã cardada!

فَأَمَّا مَن ثَقُلَتۡ مَوَٰزِينُهُۥ ٦

6 -Fa-am-ma man sakulat mawá zi-nuh,

6. Porém, quanto àquele cujas ações pesarem na balança,

فَهُوَ فِي عِيشَةٖ رَّاضِيَةٖ ٧

7 - Fa-hua fi 'icha-ten rádhi-yah.

7. Desfrutará de uma vida prazenteira.

وَأَمَّا مَنۡ خَفَّتۡ مَوَٰزِينُهُۥ ٨

8 - Wa-am-ma man khaffat mawá zi-nuh.

8. Em troca, aquele cujas ações forem leves na balança,

فَأُمُّهُۥ هَاوِيَةٞ ٩

9 - Fa-um-muhú háwi-yah.

9. Terá como lar um (profundo) precipício.

سُورَةُ التَّكَاثُرِ

Surat At Tacáçur

وَمَآ أَدۡرَىٰكَ مَا هِيَهۡ ﴿١٠﴾

10 - Wama adráka má-hi-yah?
10. E o que é que te fará entender o que é isso?

نَارٌ حَامِيَةُۢ ﴿١١﴾

11 - Nárun há-miyah!
11. É o fogo ardente!

Surat 102. *AT TACÁÇUR* (O ACÚMULO). Revelada em Makka; 8 versículos.

بِسۡمِ ٱللَّهِ ٱلرَّحۡمَٰنِ ٱلرَّحِيمِ

Bismilláhir Rahmánir Rahím

Em nome de Deus, o Clemente, o Misericordioso

أَلۡهَىٰكُمُ ٱلتَّكَاثُرُ ﴿١﴾

1 -*Al-hákumut-takáçur,*
1. O acúmulo vos entreterá,

حَتَّىٰ زُرۡتُمُ ٱلۡمَقَابِرَ ﴿٢﴾

2 - Hat-ta zurtumul-makáber,
2. Até visitardes os sepulcros.

كَلَّا سَوۡفَ تَعۡلَمُونَ ﴿٣﴾

سُورَةُ التَّكَاثُرِ

Surat At Tacáçur

3 - Kal-la saufa ta'lamun!
3. Qual! Logo o sabereis!

ثُمَّ كَلَّا سَوۡفَ تَعۡلَمُونَ ٤

4 - Sum-ma kal-la saufa ta'lamun!
4. Novamente, qual! logo o sabereis!

كَلَّا لَوۡ تَعۡلَمُونَ عِلۡمَ ٱلۡيَقِينِ ٥

5 - Kal-la lau ta'lamuna 'ilmal-yaquin,
5. Qual! Se soubésseis da certeza da mente!

لَتَرَوُنَّ ٱلۡجَحِيمَ ٦

6 - *Latarawunnal jahim!*
6. Verdadeiramente, então, havíeis de ver a fogueira do inferno!

ثُمَّ لَتَرَوُنَّهَا عَيۡنَ ٱلۡيَقِينِ ٧

7 - Sum-ma latarawuan-nahá 'ainal-yaquin,
7. Logo a vereis claramente.

ثُمَّ لَتُسۡـَٔلُنَّ يَوۡمَئِذٍ عَنِ ٱلنَّعِيمِ ٨

8 - Sum-ma latus-alun-na yawma--izin 'anin-na'im.
8. Então, sereis interrogados, nesse dia, a respeito dos prazeres (mundanos).

سُورَةُ العَصۡرِ
Surat Al 'Asr

Surat 103. *AL 'ASR* (A ERA). Revelada em Makka; 3 versículos.

بِسۡمِ ٱللَّهِ ٱلرَّحۡمَٰنِ ٱلرَّحِيمِ

Bismilláhir Rahmánir Rahím

Em nome de Deus, o Clemente, o Misericordioso

وَٱلۡعَصۡرِ ١

1 - Wal'asr,

1. Pela era,

إِنَّ ٱلۡإِنسَٰنَ لَفِي خُسۡرٍ ٢

2 - In-nal-insána lafi khusr,

2. Que o homem está na perdição,

إِلَّا ٱلَّذِينَ ءَامَنُواْ وَعَمِلُواْ ٱلصَّٰلِحَٰتِ وَتَوَاصَوۡاْ بِٱلۡحَقِّ وَتَوَاصَوۡاْ بِٱلصَّبۡرِ ٣

3- *Il-lal-lazina ámanu* wa'amilus-sálihāti watawáçau bil-hac-qui, watawáçau bis-sabr!

3. Salvo os crentes, que praticam o bem, aconselham-se na verdade e recomendam, uns aos outros, a paciência!

سُورَةُ الهُمَزَةِ

Surat Al Húmaza

Surat 104. *AL HÚMAZA* (O DIFAMADOR). Revelada em Makka; 9 versículos.

بِسۡمِ ٱللَّهِ ٱلرَّحۡمَٰنِ ٱلرَّحِيمِ

Bismilláhir Rahmánir Rahím

Em nome de Deus, o Clemente, o Misericordioso

وَيۡلٞ لِّكُلِّ هُمَزَةٖ لُّمَزَةٍ ١

1 - Wailun likul-li humazatin lumazah,

1. Ai de todo o difamador, caluniador,

ٱلَّذِي جَمَعَ مَالٗا وَعَدَّدَهُۥ ٢

2 - Al-lazi jama'a málan wa'ad-da-dah,

2. Que acumula riquezas e as conta (continuamente),

يَحۡسَبُ أَنَّ مَالَهُۥٓ أَخۡلَدَهُۥ ٣

3 - Yahsabu an-na málahu akhladah,

3. Pensando que as suas riquezas o imortalizarão!

كَلَّاۖ لَيُنۢبَذَنَّ فِي ٱلۡحُطَمَةِ ٤

4- Kal-la layunbazan-na fil-hútamah.

4. Qual! Sem dúvida que ele será precipitado naquilo que o esmagará.

وَمَآ أَدۡرَىٰكَ مَا ٱلۡحُطَمَةُ ٥

5 - Wama adráka mal-hútamah'

5. E o que te fará entender o que é aquilo que o esmagará?

سُورَةُ الهُمَزَة

Surat Al Húmaza

نَارُ ٱللَّهِ ٱلۡمُوقَدَةُ ﴿٦﴾

6 - Nárul-láhil-múcadah.
6. É o fogo de Deus, aceso,

ٱلَّتِي تَطَّلِعُ عَلَى ٱلۡأَفۡـِٔدَةِ ﴿٧﴾

7 - Al-lati tat-tali'u 'alal-af-idah,
7. Que acenderá aos corações.

إِنَّهَا عَلَيۡهِم مُّؤۡصَدَةٌ ﴿٨﴾

8 - In-naha 'alai-him mu'sadah,
8. Em verdade, isso será desfechado sobre eles,

فِي عَمَدٖ مُّمَدَّدَةِۭ ﴿٩﴾

9 - Fi 'amaden mumad-dadah!
9. Em colunas estendidas!

سُورَةُ الفِيلِ
Surat Al Fil

Surat 105. *AL FIL* (O ELEFANTE). Revelada em Makka; 5 versículos.

بِسْمِ ٱللَّهِ ٱلرَّحْمَٰنِ ٱلرَّحِيمِ

Bismilláhir Rahmánir Rahím

Em nome de Deus, o Clemente, o Misericordioso

أَلَمْ تَرَ كَيْفَ فَعَلَ رَبُّكَ بِأَصْحَٰبِ ٱلْفِيلِ ﴿١﴾

1 -A-lam tará kaifa fa'ala rab-buká bi-asshabil-fíl?

1. Não reparaste no que o teu Senhor fez com os possuidores do elefante?

أَلَمْ يَجْعَلْ كَيْدَهُمْ فِى تَضْلِيلٍ ﴿٢﴾

2 -A-lam yaj'al kaidahum fi tadh-líl,

2. Acaso, não desbaratou Ele as suas conspirações,

وَأَرْسَلَ عَلَيْهِمْ طَيْرًا أَبَابِيلَ ﴿٣﴾

3 - Wa-arsala 'alaihim tairan abábíl,

3. Enviando contra eles um bando de criaturas aladas,

تَرْمِيهِم بِحِجَارَةٍ مِّن سِجِّيلٍ ﴿٤﴾

4 - Tarmihim bihijáratin min sij-jíl,

4. Que lhes arrojaram pedras de argila endurecida,

فَجَعَلَهُمْ كَعَصْفٍ مَّأْكُولٍ ﴿٥﴾

5 - Faja'alahum ka'asfin ma'kúl?

5. E os deixou como plantações devastadas (pelo gado)?

سُورَةُ قُرَيْشٍ

Surat Curaix

Surat 106. *CURAIX* (OS CORAIXITAS). Revelada em Makka; 4 versículos.

بِسۡمِ ٱللَّهِ ٱلرَّحۡمَٰنِ ٱلرَّحِيمِ

Bismilláhir Ra<u>h</u>mánir Ra<u>h</u>ím

Em nome de Deus, o Clemente, o Misericordioso

لِإِيلَٰفِ قُرَيۡشٍ ١

1 - Li-iláfi curaix,

1. Pelo convênio dos coraixitas,

إِۦلَٰفِهِمۡ رِحۡلَةَ ٱلشِّتَآءِ وَٱلصَّيۡفِ ٢

2 - I-láfihim rihlatach-chitá-i was-saif!

2. O convênio das viagens de inverno e de verão!

فَلۡيَعۡبُدُواْ رَبَّ هَٰذَا ٱلۡبَيۡتِ ٣

3 - Fal-ya'budú rab-ba házal-bait,

3. Que adorem o Senhor desta Casa,

ٱلَّذِيٓ أَطۡعَمَهُم مِّن جُوعٖ وَءَامَنَهُم مِّنۡ خَوۡفِۭ ٤

4 - Al-lazi at'amahum min ju'in, Wa-ámanahum min khauf.

4. Que os provê contra a fome e os salvaguarda do temor (do perigo)!

سُورَةُ الْمَاعُون

Surat Al Ma'un

Surat 107. *AL MA'UN* (OS OBSÉQUIOS). Revelada em Makka; 7 versículos.

بِسْمِ اللَّهِ الرَّحْمَٰنِ الرَّحِيمِ

Bismillâhir Rahmánir Rahím

Em nome de Deus, o Clemente, o Misericordioso

أَرَءَيْتَ ٱلَّذِى يُكَذِّبُ بِٱلدِّينِ ﴿١﴾

1 -Ara-aita-lazi yukaz-zibu bid-dín?

1. Tens reparado em quem nega a religião?

فَذَٰلِكَ ٱلَّذِى يَدُعُّ ٱلْيَتِيمَ ﴿٢﴾

2 - Fazálikal-lazi yadhu 'ul-yatím,

2. É quem repele o órfão,

وَلَا يَحُضُّ عَلَىٰ طَعَامِ ٱلْمِسْكِينِ ﴿٣﴾

3 -Walá yahud-dhu 'ala ta'amil-misquín?

3. E não estimula (os demais) à alimentação dos necessitados.

فَوَيْلٌ لِّلْمُصَلِّينَ ﴿٤﴾

4 - Fawilun lilmuçal-lín,

4. Ai, pois, dos praticantes das orações,

ٱلَّذِينَ هُمْ عَن صَلَاتِهِمْ سَاهُونَ ﴿٥﴾

5 -Al-lazina hum 'an salátihim sá-hun.

5. Que são negligentes em suas orações,

ٱلَّذِينَ هُمْ يُرَآءُونَ ﴿٦﴾

سُورَةُ المَاعُونِ

Surat Al Ma'un

6 - Al-lazina hum yurá-un,
6. Que as fazem por ostentação,

وَيَمۡنَعُونَ ٱلۡمَاعُونَ ٧

7 - Wa yam-na'unal-má'un!
7. Negando-se, contudo, a prestar obséquios!

سُورَةُ الكَوۡثَرِ

Surat Al Cauçar

Surat 108. *AL CAUÇAR* (A ABUNDÂNCIA). Revelada em Makka; 3 versículos.

بِسۡمِ ٱللَّهِ ٱلرَّحۡمَٰنِ ٱلرَّحِيمِ

Bismilláhir Rahmánir Rahím

Em nome de Deus, o Clemente, o Misericordioso

إِنَّآ أَعۡطَيۡنَٰكَ ٱلۡكَوۡثَرَ ١

1 - In-na a'tainákal-kauçar.

1. Em verdade, agraciamos-te com a abundância.

فَصَلِّ لِرَبِّكَ وَٱنۡحَرۡ ٢

2 - Façal-li lirab-bica wan-har.

2. Reza, pois, ao teu Senhor, e faze sacrifício.

إِنَّ شَانِئَكَ هُوَ ٱلۡأَبۡتَرُ ٣

3 - In-na cháni-a-ka hual-abtar.

3. Em verdade, quem te odiar será privado (de toda a esperança).

سُورَةُ الكَافِرُون

Surat Al Cáfirun

Surat 109. *AL CÁFIRUN*" (OS INCRÉDULOS). Revelada em Makka; 6 versículos.

بِسْمِ اللَّهِ الرَّحْمَٰنِ الرَّحِيمِ

Bismilláhir Rahmánir Rahím

Em nome de Deus, o Clemente, o Misericordioso

قُلْ يَٰٓأَيُّهَا ٱلْكَٰفِرُونَ ﴿١﴾

1 - Cul ya-aiyuhal - cáfirún,

1. Dize: ó incrédulos,

لَآ أَعْبُدُ مَا تَعْبُدُونَ ﴿٢﴾

2 - Lá a'budu ma-tá'budún,

2. Não adoro o que adorais,

وَلَآ أَنتُمْ عَٰبِدُونَ مَآ أَعْبُدُ ﴿٣﴾

3 - Walá ântum 'ábiduna má a'bud,

3. Nem vós adorareis o que adoro.

وَلَآ أَنَا۠ عَابِدٌ مَّا عَبَدتُّمْ ﴿٤﴾

4 - Walá aná 'ábidun má 'abadtum,

4. Nem adorarei o que adorais,

وَلَآ أَنتُمْ عَٰبِدُونَ مَآ أَعْبُدُ ﴿٥﴾

5 - Walá ântum 'ábiduna ma a'bud,

5. Nem vós adorareis o que adoro.

لَكُمْ دِينُكُمْ وَلِىَ دِينِ ﴿٦﴾

6 - Lakum dinukum waliya din.

6. Vós tendes a vossa religião e eu tenho a minha.

سُورَةُ النَّصْرِ

Surat An Nasr

Surat 110. *AN NASR* (O SOCORRO). Revelada em Madina; 3 versículos. Foi revelada em Mina, durante a peregrinação da despedida.

بِسْمِ ٱللَّهِ ٱلرَّحْمَٰنِ ٱلرَّحِيمِ

Bismilláhir Rah̲mánir Rah̲ím

Em nome de Deus, o Clemente, o Misericordioso

إِذَا جَآءَ نَصۡرُ ٱللَّهِ وَٱلۡفَتۡحُ ١

1 - Izá já-a nasraul-láhi wal-fath̲,

1. Quando te chegar o socorro de Deus e o triunfo,

وَرَأَيۡتَ ٱلنَّاسَ يَدۡخُلُونَ فِي دِينِ ٱللَّهِ أَفۡوَاجٗا ٢

2 - Wara-aitan-náça yadkhluna fi dinil-láhi afwája,

2. E vires entrar a gente, em massa, na religião de Deus,

فَسَبِّحۡ بِحَمۡدِ رَبِّكَ وَٱسۡتَغۡفِرۡهُۚ إِنَّهُۥ كَانَ تَوَّابَۢا ٣

3 -Fa-sab-bih̲ bih̲amdi rab-bica wastaghfirhú, in-nahú kána tauwába.

3. Celebra, então, os louvores do teu Senhor, e implora o Seu perdão, porque Ele é Remissório.

سُورَةُ المَسَد

Surat Al Massad

Surat 111. *AL MASSAD* (O ESPARTO). Revelada em Makka; 5 versículos.

بِسْمِ اللَّهِ الرَّحْمَٰنِ الرَّحِيمِ

Bismilláhir Rahmánir Rahím

Em nome de Deus, o Clemente, o Misericordioso

تَبَّتْ يَدَآ أَبِي لَهَبٍ وَتَبَّ ﴿١﴾

1 - Tab-bat yadá abi lahabin wa-tab!

1. Que pereça o poder de Abu Láhab e que ele pereça também!

مَآ أَغْنَىٰ عَنْهُ مَالُهُۥ وَمَا كَسَبَ ﴿٢﴾

2 - Má aghna ʻan-hu máluhu wamá kássab.

2. De nada lhe valerão os seus bens, nem tudo quanto lucrou.

سَيَصْلَىٰ نَارًا ذَاتَ لَهَبٍ ﴿٣﴾

3 - Sayasla náran záta lahab,

3. Entrará no fogo flamígero,

وَٱمْرَأَتُهُۥ حَمَّالَةَ ٱلْحَطَبِ ﴿٤﴾

4 - Wamra-átuhu ham-malatal-hatab,

4. Bem como a sua mulher, a portadora de lenha,

فِي جِيدِهَا حَبْلٌ مِّن مَّسَدٍ ﴿٥﴾

5 - Fi jídiha hablun min mássad.

5. Que levará ao pescoço uma corda de esparto.

سُورَةُ الإِخْلَاصِ

Surat Al Ikhlas

Surat 112. *AL 'IKHLAS* (A SINCERIDADE). Revelada em Makka; 4 versículos.

بِسْمِ اللَّهِ الرَّحْمَٰنِ الرَّحِيمِ

Bismilláhir Ra<u>h</u>mánir Ra<u>h</u>ím

Em nome de Deus, o Clemente, o Misericordioso

قُلْ هُوَ اللَّهُ أَحَدٌ ﴿١﴾

1 - Cul: hual-láhu, a<u>h</u>ad!

1. Dize: Ele é Deus, o Único!

اللَّهُ الصَّمَدُ ﴿٢﴾

2 - Al-láhus-samad!

2. Deus! O Absoluto!

لَمْ يَلِدْ وَلَمْ يُولَدْ ﴿٣﴾

3 - Lam yalid walam yúlad!

3. Jamais gerou ou foi gerado!

وَلَمْ يَكُن لَّهُۥ كُفُوًا أَحَدٌ ﴿٤﴾

4 - Walam yakun lahú kufu-wan a<u>h</u>ad!

4. E ninguém é comparável a Ele!

سُورَةُ الفَلَق

Surat Al Falac

Surat 113. *AL FALAC* (A ALVORADA). Revelada em Makka; 5 versículos.

بِسْمِ ٱللَّهِ ٱلرَّحْمَٰنِ ٱلرَّحِيمِ

Bismilláhir Rahmánir Rahím

Em nome de Deus, o Clemente, o Misericordioso

قُلْ أَعُوذُ بِرَبِّ ٱلْفَلَقِ ﴿١﴾

1- Cul: a'úzo birab-bil-falac.

1. Dize: Amparo-me no Senhor da Alvorada;

مِن شَرِّ مَا خَلَقَ ﴿٢﴾

2 - Min char-ri má khalac.

2. Do mal de quem por Ele foi criado.

وَمِن شَرِّ غَاسِقٍ إِذَا وَقَبَ ﴿٣﴾

3 -Wa-min char-ri gháciquin izá wacab.

3. Do mal da tenebrosa noite, quando se estende.

وَمِن شَرِّ ٱلنَّفَّٰثَٰتِ فِى ٱلْعُقَدِ ﴿٤﴾

4- Wa-min char-rin-naf-fáçáti fil 'ukad.

4. Do mal das que assopram nós (praticam ciências ocultas).

وَمِن شَرِّ حَاسِدٍ إِذَا حَسَدَ ﴿٥﴾

5- Wa-min char-ri hásidin izá hasad.

5. Do mal do invejoso, quando inveja!

سُورَةُ النَّاسِ

Surat An Náss

Surat 114. *AN NÁSS* (OS HUMANOS). Revelada em Makka; 6 versículos.

بِسْمِ ٱللَّهِ ٱلرَّحْمَٰنِ ٱلرَّحِيمِ

Bismilláhir Rahmánir Rahím

Em nome de Deus, o Clemente, o Misericordioso

قُلْ أَعُوذُ بِرَبِّ ٱلنَّاسِ ﴿١﴾

1 - Cul: a'úzu birabin-nás,

1. Dize: Amparo-me no Senhor dos humanos,

مَلِكِ ٱلنَّاسِ ﴿٢﴾

2 -Maliquin-náss,

2. O Rei dos humanos,

إِلَٰهِ ٱلنَّاسِ ﴿٣﴾

3 -Ilâhin-náss,

3. O Deus dos humanos,

مِن شَرِّ ٱلْوَسْوَاسِ ٱلْخَنَّاسِ ﴿٤﴾

4 -Min char-ril-waswásil-khan-náss

4. Contra o mal do sussurro do malfeitor,

ٱلَّذِى يُوَسْوِسُ فِى صُدُورِ ٱلنَّاسِ ﴿٥﴾

5 -Al-lazi yuwaswisu fi sudúrin-nás,

5. Que sussurra aos corações dos humanos,

مِنَ ٱلْجِنَّةِ وَٱلنَّاسِ ﴿٦﴾

6 - Minal jin-nati wan-nás!

6. Entre gênios e humanos!